Da Administração
à Fiscalização das Sociedades

Da Administração à Fiscalização das Sociedades

A OBRIGAÇÃO DE VIGILÂNCIA DOS ÓRGÃOS
DA SOCIEDADE ANÓNIMA

2017 • Reimpressão

José Ferreira Gomes

DA ADMINISTRAÇÃO
À FISCALIZAÇÃO DAS SOCIEDADES
A OBRIGAÇÃO DE VIGILÂNCIA DOS ÓRGÃOS DA SOCIEDADE ANÓNIMA
AUTOR
José Ferreira Gomes
EDITOR
EDIÇÕES ALMEDINA, S.A.
Rua Fernandes Tomás, nos 76-80
3000-167 Coimbra
Tel.: 239 851 904 · Fax: 239 851 901
www.almedina.net · editora@almedina.net
DESIGN DE CAPA
FBA.
PRÉ-IMPRESSÃO
EDIÇÕES ALMEDINA, S.A.
IMPRESSÃO E ACABAMENTO
DPS - DIGITAL PRINTING SERVICES, LDA
Agosto, 2017
DEPÓSITO LEGAL
394172/15

Apesar do cuidado e rigor colocados na elaboração da presente obra, devem os diplomas legais dela constantes ser sempre objecto de confirmação com as publicações oficiais.
Toda a reprodução desta obra, por fotocópia ou outro qualquer processo, sem prévia autorização escrita do Editor, é ilícita e passível de procedimento judicial contra o infractor.

 | GRUPOALMEDINA

BIBLIOTECA NACIONAL DE PORTUGAL – CATALOGAÇÃO NA PUBLICAÇÃO
DA ADMINISTRAÇÃO À FISCALIZAÇÃO DAS SOCIEDADES
(Teses de doutoramento)
GOMES, José João Montes Ferreira
ISBN 978-972-40-5846-7
CDU 347

Ao meu querido avô, amigo, homónimo e colega
Aos meus pais
À minha mulher, Sara
Ao meu filho, Henrique

NOTA PRÉVIA E AGRADECIMENTOS

A presente dissertação de doutoramento foi apresentada na Faculdade de Direito da Universidade de Lisboa em 19 de junho de 2013 e discutida em 28 de maio de 2014, perante um júri presidido pelo Professor Doutor Pedro Pais de Vasconcelos e constituído pelos Professores Doutores António Menezes Cordeiro (coorientador), Manuel Carneiro da Frada (coorientador), Pedro Maia (arguente), Januário Costa Gomes (arguente), Miguel Teixeira de Sousa e Eduardo Paz Ferreira.

Na preparação da publicação, introduzi algumas correções formais e remeti alguns desenvolvimentos para nota de rodapé, procurando facilitar a vida ao leitor a quem este texto se dirige.

Neste momento em que se encerra um importante capítulo, expresso publicamente os seguintes agradecimentos:

- Ao Professor Doutor António Menezes Cordeiro, de quem fui aluno e assistente, pela orientação da dissertação e pelo apoio concedido no início e em diversos outros momentos da minha carreira académica;
- Ao Professor Doutor Manuel Carneiro da Frada, que foi o meu primeiro Mestre nesta longa caminhada, agradeço não só o apoio constante e a orientação nas mais difíceis encruzilhadas, mas sobretudo a amizade que não mereço e que tanto me honra;
- Ao Professor Doutor Karsten Schmidt agradeço os prontos conselhos que me orientaram por entre a inabarcável doutrina alemã;
- Ao Professor Doutor Pedro Maia agradeço a estimulante e desafiante arguição desta dissertação e as tão simpáticas, e certamente imerecidas, palavras proferidas nas provas de doutoramento a propósito da minha pessoa e da presente dissertação;
- Ao Professor Doutor Januário Costa Gomes, de quem fui assistente, agradeço igualmente a arguição desta dissertação e as simpáticas palavras expressas nas provas públicas;

- À Faculdade de Direito da Universidade de Lisboa e, em particular, ao Professor Doutor Eduardo Vera-Cruz Pinto, agradeço as condições de trabalho proporcionadas durante todos estes anos de investigação;
- À Columbia University School of Law (Nova Iorque) e, em particular, ao Prof. Jeffrey N. Gordon, agradeço a receção como *visiting scholar and research fellow*, as condições de trabalho proporcionadas e a oportunidade de voltar a participar nos seus extraordinários seminários e, em particular, na conferência comemorativa dos 75 anos da obra de Berle e Means;
- Ao Max-Planck-Institut für ausländisches und internationales Privatrecht (Hamburgo) e, em particular, ao Professor Doutor Klaus J. Hopt, agradeço a receção e as condições de trabalho proporcionadas, em sucessivas jornadas de investigação, bem como a bolsa concedida para o efeito;
- À Fundação para a Ciência e Tecnologia agradeço a bolsa de doutoramento atribuída;
- À Semapa e à Portucel, na pessoa do Dr. Miguel Ventura, agradeço o precioso apoio concedido no início da investigação desenvolvida nos Estados Unidos;
- À CMVM – Comissão do Mercado de Valores Mobiliários agradeço a licença sem vencimento concedida para preparação das provas de doutoramento;
- À Dra. Sofia Soares, da Biblioteca da Faculdade de Direito da Universidade de Lisboa, agradeço a imensa paciência com que sempre foi recebendo e dando seguimento aos meus pedidos de empréstimos interbibliotecários; e
- Ao Senhor Veloso da Cunha agradeço a inexcedível atenção colocada nas revisões formais deste texto.

Deixo os melhores para o fim – a minha família e os meus amigos – a quem tudo devo e tudo agradeço.

Uma palavra especial para aos meus queridos amigos Diogo Costa Gonçalves, Francisco Mendes Correia e Fernando Sá, a quem agradeço a amizade e a paciência com que acompanharam as minhas euforias e os meus desânimos, certo de que sem as suas palavras nos momentos de desespero não teria encontrado a luz ao fundo do túnel. Agradeço-lhes ainda, bem como à Ana Perestrelo de Oliveira, as muitas horas de discussão e a revisão de capítulos inteiros da dissertação.

Ao meu avô agradeço, sobretudo, o exemplo de perseverança e dedicação, bem como o incentivo para seguir o curso de Direito e para abraçar o desafio que agora termina.

Aos meus pais, aos meus irmãos e à Sara não tenho como agradecer o seu amor incondicional, ao qual tudo o mais se resume e sem o qual a vida e, nela, qualquer projeto como este que assim se conclui, não fariam sentido.

RESUMO

O presente estudo visa contribuir para a compreensão da obrigação de vigilância dos órgãos da sociedade anónima, nos seus diferentes modelos de governo, sistematizando o seu conteúdo. Nesse sentido, inclui uma análise crítica do equilíbrio interorgânico próprio de cada modelo de governo da sociedade anónima, fruto de específicas condições históricas (*path dependency*); da essência das atividades de administração e de fiscalização e sua interpenetração entre fluídas fronteiras normativamente reconhecidas; da articulação entre o modo singular e coletivo de exercício de cada uma destas atividades; da correta identificação dos fins a prosseguir e dos meios para os alcançar; do papel da informação e do complexo de vinculações destinados a assegurar o seu fluxo adequado; dos critérios que em cada caso presidem à avaliação dos factos conhecidos; da reação devida em função das irregularidades detetadas. Tudo isto pairando, por um lado, sobre a tensão entre a *confiança* que sustenta qualquer divisão de trabalho e a *desconfiança* que assegura a redução dos custos de oportunismo (em prejuízo da sociedade) e, por outro, sobre a imprescindível *discricionariedade* de quem é chamado a "multiplicar os pães e os peixes" e o *controlo* por quem deve evitar a sua indevida subtração.

ABSTRACT

This study contributes to the understanding of the monitoring duties of the organs of the public limited company (sociedade anónima), in its different governance models, systematizing their content. For this purpose, it includes a critical analysis of the inter-organic balance of each governance model, arising from specific historical events (path dependency); of the essence of management and monitoring tasks and their interpenetration within fluid boundaries normatively recognised; of the interrelation between the singular and collective development of each of these tasks; of the correct determination of the goals and the means to achieve them; of the role of information and the multiplicity of duties meant to ensure its adequate flow; of the criteria that, in each case, preside to the evaluation of the facts that become known; of the reaction due in face of the irregularities detected. All this hovering above, on the one hand, the tension between the trust that sustains every division of labour and the distrust that ensures the reduction of the costs of opportunism (in detriment of the company) and, on the other hand, the necessary discretion of those who are required to "multiply the loaves and the fish" and the control by those who are bound to avoid their undue subtraction.

ADVERTÊNCIAS

As monografias citam-se pelo autor, título, local de publicação, editora, ano e página. Nas referências subsequentes, o título é abreviado e omitem-se as indicações subsequentes, salvo a edição, que é indicada em numeral sobre-elevado.

Os artigos citam-se pelo autor, título, publicação periódica ou obra na qual se integram e página. Nas referências subsequentes, o título é abreviado e omitem-se as indicações subsequentes.

As decisões judiciais portuguesas citam-se pelo tribunal, data, relator, número de processo e local de publicação. As demais citam-se de acordo com a forma habitualmente usada no sistema de origem.

As disposições legais não acompanhadas da fonte pertencem ao Código das Sociedades Comerciais, aprovado pelo Decreto-Lei n.º 262/86, de 2 de setembro, salvo quando do contexto resultar outra pertença.

Salvo indicação em contrário, as traduções incluídas são da nossa responsabilidade.

Incluem-se a final os índices de siglas e abreviaturas usadas (omitindo-se as de uso mais corrente), de jurisprudência (identificando as decisões, as razões pelas quais são citadas e as notas onde são citadas), ideográfico e de bibliografia citadas.

A tese está atualizada com referência à legislação em vigor e à bibliografia e jurisprudência consultadas até abril de 2013 (sem prejuízo de pontuais atualizações legislativas posteriores).

PLANO DA TESE

INTRODUÇÃO

CAPÍTULO I – A OBRIGAÇÃO DE VIGILÂNCIA DOS ÓRGÃOS DA SOCIEDADE ANÓNIMA: O MODELO TRADICIONAL PORTUGUÊS ENQUANTO MODELO BASE

Secção I – Introdução histórico-crítica
Secção II – As obrigações de vigilância do conselho de administração e dos seus membros
Secção III – As obrigações de vigilância do conselho fiscal e dos seus membros (ou do fiscal único)
Secção IV – Em especial, as obrigações de vigilância do conselho de administração e do conselho fiscal perante negócios com conflitos de interesses
Secção V – A obrigação de vigilância do revisor oficial de contas

CAPÍTULO II – A OBRIGAÇÃO DE VIGILÂNCIA DOS ÓRGÃOS DA SOCIEDADE ANÓNIMA: O MODELO GERMÂNICO

Secção I – Introdução histórico-crítica
Secção II – As obrigações de vigilância do conselho de administração executivo e dos seus membros
Secção III – As obrigações de vigilância do conselho geral e de supervisão e dos seus membros
Secção IV – Em especial, as obrigações de vigilância do conselho de administração executivo e do conselho geral e de supervisão perante negócios com conflitos de interesses
Secção V – A obrigação de vigilância do revisor oficial de contas

DA ADMINISTRAÇÃO À FISCALIZAÇÃO DAS SOCIEDADES

CAPÍTULO III – A OBRIGAÇÃO DE VIGILÂNCIA DOS ÓRGÃOS DA SOCIEDADE ANÓNIMA: O MODELO ANGLO-SAXÓNICO

SECÇÃO I – Enquadramento
SECÇÃO II – A introdução do modelo anglo-saxónico e as obrigações de vigilância da comissão de auditoria e dos seus membros

CAPÍTULO IV – A CONSTRUÇÃO UNITÁRIA DA OBRIGAÇÃO DE VIGILÂNCIA DOS ÓRGÃOS DA SOCIEDADE ANÓNIMA

CONCLUSÕES

Introdução

§ 1. A IMPORTÂNCIA E A ATUALIDADE DO TEMA

I. A desassossegada discussão académica que, naquele ano letivo de 2003/2004, determinou o conteúdo de tantos seminários e conferências em Columbia University, alertou-nos para uma realidade que até então não tínhamos apreendido: a força dos escândalos societários e mobiliários na promoção de reformas legislativas[1]. Naquele que é um dos palcos por excelência da discussão sobre o Direito societário e dos valores mobiliários, pela sua proximidade a Wall Street e a toda a dinâmica económico-financeira de Nova Iorque, sentiam-se então os ecos da revolta da opinião pública e dos seus representantes senatoriais, devidamente propagada pelos diferentes meios de comunicação social. O que falhara não em uma, mas em várias sociedades que, até há tão pouco tempo, aparentavam ser símbolos de bom governo societário e de crescimento e progresso económico?

Logo se levantaram vozes contra a "bolha" do mercado bolsista, o declínio da moral no mundo dos negócios e o aumento da "ganância infecciosa"[2]. A mais clarividente discussão académica permitiu depois identificar, como causas estruturais, falhas ao nível dos mecanismos de fiscalização e controlo daquela

---

[1] Como refere PAUL DAVIES: *«...there is nothing like a good scandal to produce company law reform»*, ou, noutro ponto: *«...in democracies a public scandal makes available for reformers that most precious of legal commodities, legislative time»*. Cfr. PAUL DAVIES – "Enron and corporate governance reform in the UK and the European Community", in JOHN ARMOUR e JOSEPH A. McCAHERY (eds.) – After Enron: Improving corporate law and modernising securities regulation in Europe and the US, Oxford: Hart, 2006, p. 417, 442.

[2] Estas últimas palavras foram proferidas por Alan Greenspan, então presidente da *Federal Reserve*. Cfr. JOHN C. COFFEE, JR. – Gatekeeper failure and reform: the challenge of fashioning relevant reforms, *Boston University Law Review*, 84, 2004, p. 302-303.

DA ADMINISTRAÇÃO À FISCALIZAÇÃO DAS SOCIEDADES

que é a força motriz dos sistemas capitalistas: a tendência de cada indivíduo para reduzir os seus custos e maximizar os seus proveitos[3].

A nível interno, falhou o conselho de administração, eixo do sistema de administração e fiscalização das sociedades norte-americanas[4]. A nível externo, falharam os *gatekeepers* (revisores de contas, bancos de investimento, analistas financeiros, sociedades de notação de risco e, questionavelmente, advogados) enquanto responsáveis pela verificação ou certificação de informação em benefício do mercado[5].

---

[3] Sobre este postulado da racionalidade económica, cfr., por todos, FERNANDO ARAÚJO – *Introdução à economia*, 3.ª ed., Coimbra: Almedina, 2005, p. 46-47. A extrapolação deste postulado foi refletida no famoso monólogo do personagem Gordon Gekko, no filme "Wall Street", de 1987, produzido por Oliver Stone:

> *«Greed, for lack of a better word, is good. Greed is right. Greed works. Greed clarifies, cuts through, and captures, the essence of the evolutionary spirit. Greed, in all of its forms; greed for life, for money, for love, knowledge, has marked the upward surge of mankind and greed, you mark my words, will not only save Teldar Paper, but that other malfunctioning corporation called the U.S.A.».*

[4] JEFFREY N. GORDON – Governance failures of the Enron board and the new information order of Sarbanes-Oxley, *Connecticut Law Review*, 35, 2003, p. 1127.

[5] Como desenvolvemos em JOSÉ FERREIRA GOMES – A fiscalização externa das sociedades comerciais e a independência dos auditores: A reforma europeia, a influência norte-americana e a transposição para o direito português, *Cadernos do Mercado de Valores Mobiliários*, 24, 2006, p. 180 ss., este conceito é comummente usado no âmbito do mercado de valores mobiliários norte-americano (e cada vez mais a nível europeu) onde se denominam normalmente por *gatekeepers* os «intermediários reputacionais que servem os investidores através da preparação, verificação ou certificação da informação que recebem».

Os exemplos típicos de *gatekeepers* são os auditores ou revisores de contas, responsáveis pela revisão de contas, os bancos de investimento, responsáveis pela estruturação e implementação de transações financeiras, os analistas financeiros, responsáveis pela análise da informação relativa a emitentes e valores mobiliários, as sociedades de notação de risco, responsáveis pela análise do risco de crédito e, questionavelmente, os advogados, responsáveis pela emissão de pareceres jurídicos essenciais para determinadas transações financeiras. Como resulta do exposto, em algumas profissões, os serviços de *gatekeeping* constituem o núcleo essencial dos serviços prestados, enquanto noutras este tipo de serviços é prestado acessória e ocasionalmente.

A estabilidade do mercado assenta no papel desempenhado por estes profissionais, cujos incentivos privados para fiscalizar a informação recebida dos seus clientes servem de garantia à fiabilidade dessa mesma informação. A tais incentivos privados acrescem incentivos legais, nomeadamente os decorrentes da responsabilidade civil, disciplinar, administrativa e penal. Os seus incentivos privados decorrem do penhor da sua reputação (o seu ativo mais precioso e condição de acesso ao mercado) na prestação dos seus serviços. Na medida em que prejudiquem esse ativo por um cliente, arriscam-se a perder os demais clientes. Os incentivos legais baseiam-se na ideia teorizada por REINIER H. KRAAKMAN – The anatomy of a third-party enforcement strategy, *Journal of Law, Economics and Organization*, 2:1, 1986, que pode ser sintetizada nos seguintes termos: os *gatekeepers*, enquanto profissionais independentes, têm um benefício muito reduzido nas práticas fraudulentas dos seus clientes, mas assumem um risco muito elevado (risco de perder a sua reputação). Assim, são necessários menos incentivos legais para garantir o cumprimento da legalidade através dos *gatekeepers* do que para garanti-lo através dos seus clientes. Neste sentido, entende-se que a intervenção de *gatekeepers* diminui substancialmente a prática

INTRODUÇÃO

No calor da discussão, reagiu o legislador através do *Sarbanes Oxley Act*[6], 4
depois desenvolvido por instrumentos de regulação da *Securities and Exchange Commission* (SEC).

II. Dizia-se, aquém Atlântico, que o fenómeno era exclusivo do sistema 5
norte-americano e produto das suas específicas instituições e enquadramento normativo. Porém, a rápida sucessão de escândalos europeus, entre os quais se destacaram os da Royal Ahold, Skandia Insurance of Sweden e Parmalat, contrariou uma tal perspetiva. Os acontecimentos forçaram a Comissão Europeia a liderar o debate então espoletado. Ao Relatório Winter II[7] seguiu-se o Plano de Ação da Comissão[8] e, a este, sucessivos instrumentos legislativos que, sendo dirigidos à proteção e desenvolvimento dos mercados de capitais, não podiam deixar de refletir novas iniciativas europeias em matéria de governo das sociedades, tema este particularmente sensível desde a rejeição das sucessivas versões da proposta de 5.ª Diretriz[9].

No centro deste movimento estava, tal como nos Estados Unidos, o reforço 6
da fiscalização, vigilância ou supervisão societária[10], termos que o nosso Código das Sociedades Comerciais não distingue.

III. A iniciativa europeia despertou um debate, há muito adormecido entre 7
nós, sobre o governo da sociedade anónima e, em particular, sobre a sua fiscaliza-

---

de irregularidades financeiras. Cfr. JOHN C. COFFEE, JR. – The attorney as gatekeeper: An agenda for the SEC, *Columbia Law Review*, 103, 2003, COFFEE – *Gatekeeper failure..*, JOHN C. COFFEE, JR. – *Gatekeepers: The profession and corporate governance*, Oxford; New York: Oxford University Press, 2006, JOHN C. COFFEE, JR. – Understanding Enron: "It's about the gatekeepers, stupid", *Business Lawyer*, 57, 2002, JOHN C. COFFEE, JR. – What caused Enron?: A capsule social and economic history of the 1990's, *Cornell Law Review*, 89, 2004. Para uma perspetiva europeia deste tema, cfr. GUIDO FERRARINI e PAOLO GIUDICI – "Financial scandals and the role of private enforcement: The Parmalat case", in JOHN ARMOUR e JOSEPH A. McCAHERY (eds.) – *After Enron*, 2006.

[6] Public Company Accounting Reform and Investor Protection Act of 2002, 15 U.S.C. § 7201 ss., 107 Pub. L. No. 204, 116 Stat. 745.

[7] THE HIGH LEVEL GROUP OF COMPANY LAW EXPERTS – *Report on a modern regulatory framework for company law in Europe*, 2002.

[8] COMISSÃO EUROPEIA – *Comunicação da Comissão ao Conselho e ao Parlamento Europeu – Modernizar o direito das sociedades e reforçar o governo das sociedades na União Europeia – Uma estratégia para o futuro*, COM (2003) 284 final, 2003.

[9] Para uma análise destes instrumentos, cfr. FERREIRA GOMES – *A fiscalização..., passim.*

[10] Cfr. CMVM – *Governo das sociedades anónimas: Propostas de alteração do código das sociedades comerciais (processo de consulta pública n.º 1/2006)*, 2006, disponível em http://www.cmvm.pt/CMVM/Comunicados/ Comunicados/Documents/56be6a08403749cbbfdada63db3da0aaproposta_alter_csc.pdf, p. 7.

DA ADMINISTRAÇÃO À FISCALIZAÇÃO DAS SOCIEDADES

ção[11]. Os casos BPN e BPP, num primeiro momento, e o caso BCP, num segundo, ofereceram à discussão um palco que de outra forma lhe seria negado. Tendo acompanhado de perto este debate[12], apercebemo-nos de muitas das fragilidades das soluções normativamente consagradas (*law in the books*), mas, o que mais nos surpreendeu foram as limitações da sua aplicação prática (*law in action*)[13].

[11] O esquecimento do tema claramente não era compatível com a sua centralidade na evolução histórica do Direito das sociedades, tal como reconhecida pelo legislador e por alguma doutrina. Cfr., *v.g.*, os preâmbulos do Decreto-Lei 49.381, de 15 de novembro de 1969, do Decreto-Lei n.º 257/96, de 31 de dezembro, e do Decreto-Lei n.º 76-A/2006, de 29 de março, bem como ANTÓNIO MENEZES CORDEIRO – *Direito das sociedades*, 1, 3.ª ed., Coimbra: Almedina, 2011, p. 132, para quem «[u]m dos primeiros motores da evolução do Direito das sociedades em Portugal, na primeira metade do Século XX, tem a ver com a sua fiscalização».

[12] Cfr. JOSÉ FERREIRA GOMES – Auditors as gatekeepers: The European reform of auditors' legal regime and the American influence, *The Columbia Journal of European Law*, 11:3, 2005, FERREIRA GOMES – *A fiscalização...*, JOSÉ FERREIRA GOMES – "A responsabilidade civil dos auditores", in *Código das Sociedades Comerciais e Governo das Sociedades*, Coimbra: Almedina, 2008, JOSÉ FERREIRA GOMES – Os deveres de informação sobre negócios com partes relacionadas e os recentes Decretos-Lei n.º 158/2009 e 185/2009, *Revista de Direito das Sociedades*, 1:3, 2009, JOSÉ FERREIRA GOMES – "Conflitos de interesses entre accionistas nos negócios celebrados entre a sociedade anónima e o seu accionista controlador", in PAULO CÂMARA (ed.) – *Conflito de interesses no direito societário e financeiro: Um balanço a partir da crise financeira*, Coimbra: Almedina, 2010, JOSÉ FERREIRA GOMES – "O governo dos grupos de sociedades", in PAULO CÂMARA (ed.) – *O governo das organizações: A vocação universal do corporate governance*, Coimbra: Almedina, 2011, JOSÉ FERREIRA GOMES, in PAULO CÂMARA (ed.) – *Código do Governo das Sociedades anotado*, Coimbra: Almedina, 2012.

[13] Cfr. FERREIRA GOMES – *Conflitos de interesses...* p. 203-213.
Paradoxalmente, o crescimento exponencial do debate e da regulação sobre o governo das sociedades nas últimas décadas não determinou idêntica evolução do conhecimento sobre a forma como funcionam os conselhos de administração e demais órgãos sociais. A justificação prende-se com a confidencialidade necessariamente associada aos acontecimentos ocorridos no seu seio. As reuniões do conselho não são abertas ao público e raramente é permitida a presença de *outsiders*. Nessa medida, os estudos desenvolvidos sobre conselhos de administração e demais órgãos sociais – que se multiplicaram nos últimos anos – tendem a limitar-se à análise da informação que é divulgada publicamente em relatórios anuais e em comunicações dirigidas ao mercado. Essa é a razão pela qual a maioria dos estudos se centra em questões de estrutura e composição do conselho (dissociação dos cargos de *chairman* e CEO, composição do conselho, presença de administradores independentes, constituição e composição de comissões especializadas, etc.). Tende, assim, a ficar relegada para segundo plano a análise das condutas dos titulares dos órgãos sociais, em particular, no contexto do processo decisório. Cfr. RICHARD LEBLANC e JAMES GILLIES – *Inside the boardroom : How boards really work and the coming revolution in corporate governance*, Mississauga, Ontario: Wiley, 2005, p. 1-3.
Os escândalos públicos e as intervenções que se lhes seguem constituem uma oportunidade de sentido inverso: o Relatório Powers permite compreender o funcionamento da administração da Enron e as falhas que permitiram à sociedade ocultar das suas contas a dívida colossal progressivamente contraída através de *special purpose entities* (SPEs) (cfr. WILLIAM C. POWERS, JR., RAYMOND S. TROUBH e HERBERT S. WINOKUR, JR. – *Report of Investigation by the Special Investigative Committee of the Board of Directors of Enron, Corp.*, 2002); o Relatório Thornburgh esclarece como é que a WorldCom manipulou as suas contas, de forma a sustentar a elevada cotação das suas ações que lhe permitia manter o seu ritmo de crescimento,

INTRODUÇÃO

Em grande medida, tais limitações são fruto da insipiência do desenvolvi-   8
mento jurisprudencial e doutrinário do tema, a qual se reflete na inadequada
compreensão, pelos agentes económicos, do papel que os membros dos diferentes órgãos sociais são chamados a desempenhar. Esta incompreensão não é
exclusiva das grandes empresas. Antes pelo contrário. Nas pequenas e médias
empresas, a especial proximidade entre as pessoas envolvidas, frequentemente
fruto de laços familiares, determina a sobrevalorização da confiança mútua, erra-
damente entendida como normativamente admissível. O presente estudo visa
de alguma forma contribuir para a alteração deste *statu quo*, sistematizando o
conteúdo das obrigações de vigilância que, nos diferentes modelos de governo,
são imputadas aos órgãos sociais.

IV. A consecução deste propósito passa pela assimilação do equilíbrio inter-   9
orgânico próprio de cada modelo de governo da sociedade anónima, fruto de
específicas condições históricas (*path dependency*); da essência das atividades de
administração e de fiscalização e sua interpenetração entre fluídas fronteiras
normativamente reconhecidas; da articulação entre o modo singular e coletivo
de exercício de cada uma destas atividades; da correta identificação dos fins a
prosseguir e dos meios para os alcançar; do papel da informação e do complexo
de vinculações destinados a assegurar o seu fluxo adequado; dos critérios que
em cada caso presidem à avaliação dos factos conhecidos; da reação devida em
função das irregularidades detetadas.

baseado na aquisição de outras empresas [cfr. DICK THORNBURGH – *First Interim Report of Dick Thornburgh, Bankruptcy Court Examiner (In re: Worldcom Inc.)*, 2002]; o caso *SEC v. Parmalat Finanziaria S.p.A.* [case no. 03 CV 10266 (PKC)(S.D.N.Y.), *Accounting and Auditing Enforcement Release No. 1936*, 30-dez.-2003] oferece uma exposição sobre «uma das maiores e mais descaradas fraudes societárias e financeiras na história». Entre nós, o Relatório da Comissão de Inquérito da Assembleia da República, sobre a situação que levou à nacionalização do BPN e sobre a supervisão bancária inerente, constitui uma oportunidade única para tomar conhecimento do funcionamento dos órgãos sociais. Para uma análise detalhada dos casos Enron, Parmalat e BPN, cfr. FERREIRA GOMES – *O governo dos grupos...* p. 136-146.

Mais recentemente, o Relatório de Larosière descreveu as causas da crise financeira iniciada em 2007, identificando as falhas no governo das sociedades como das mais importantes nesta crise, e chamando a atenção para a necessidade de atender à questão da gestão interna do risco. Cfr. THE HIGH-LEVEL GROUP ON FINANCIAL SUPERVISION IN THE EU – *Report on financial supervision in the EU*, 2009, p. 29 ss.

Também o caso das sociedades *off-shore* do BCP, ainda em curso, constitui um importante *case study* a ter em consideração. Cfr. CMVM – COMISSÃO DO MERCADO DE VALORES MOBILIÁRIOS – *Decisão no processo de contra-ordenação n.º 41/2008, contra Banco Comercial Português, S.A.*, 2009, disponível em http://www.cmvm.pt/cmvm/comunicados/contrordmtograves/pages/contraordenaçõesgravesemuito%20graves. aspx, CMVM – COMISSÃO DO MERCADO DE VALORES MOBILIÁRIOS – *Decisão no processo de contra-ordenação n.º 42/2008, contra Jorge Manuel Jardim Gonçalves e outros*, 2010, disponível em http://www.cmvm.pt/cmvm/comunicados/contrordmtograves/pages/contraordenaçõesgravesemuito%20graves.aspx.

DA ADMINISTRAÇÃO À FISCALIZAÇÃO DAS SOCIEDADES

10   Tudo isto pairando, por um lado, sobre a tensão entre a *confiança* que sustenta qualquer divisão de trabalho e a *desconfiança* que assegura a redução dos custos de oportunismo (em prejuízo da sociedade) e, por outro, sobre a imprescindível *discricionariedade* de quem é chamado a "multiplicar os pães e os peixes" e o *controlo* por quem deve evitar a sua indevida subtração.

§ 2. PLANO DE EXPOSIÇÃO E METODOLOGIA

11   I. O presente estudo encontra-se dividido em introdução, quatro capítulos e conclusões. Na introdução procuramos dar resposta a algumas questões prévias.

12   Em primeiro lugar: qual a *ratio* da criação de mecanismos internos de fiscalização das sociedades comerciais, de acordo com a teoria económica? Na medida em que a sociedade comercial dá forma jurídica a uma realidade económica – assumindo-se como um instrumento jurídico que habilita o exercício institucionalizado de atividades comerciais[14] –, importa compreender esta mesma realidade antes de abordar o complexo normativo que sobre a mesma incide.

13   Em segundo lugar: qual a *ratio* da imposição normativa de órgãos com obrigações de vigilância na sociedade anónima? Esta questão, apesar de próxima, não se confunde com a primeira. Enquanto aquela se centra no sentido dos mecanismos de fiscalização em si mesmos (independentemente de a sua criação ter sido voluntária ou normativamente imposta), segundo critérios de racionalidade económica, esta centra-se no fundamento da sua imposição normativa num determinado sistema.

14   A resposta a esta questão neste ponto é, porém, apenas introdutória, porquanto, sendo essa imposição fruto de contingências históricas, só pode ser totalmente compreendida no contexto da mais aprofundada análise histórico-crítica de cada um dos modelos de governo das sociedades anónimas, hoje admitidos entre nós (art. 278.º/1), que ensaiamos nos capítulos que seguem. Está em causa a "dimensão histórica" do Direito das sociedades, a que se refere KARSTEN

---

[14] Segundo CASSIANO DOS SANTOS, a sociedade comercial, desde a sua origem, serviu os interesses do exercício coletivo de atividades económicas; apresenta-se como mecanismo estruturado para o exercício coletivo de empresas. Diríamos que, perante o reconhecimento das sociedades unipessoais, a sociedade comercial não vai necessariamente dirigida ao exercício "coletivo". No entanto, seja a sociedade uni ou pluripessoal, institucionaliza o exercício da atividade económica. Cfr. FILIPE CASSIANO DOS SANTOS – *Estrutura associativa e participação societária capitalística: Contrato de sociedade, estrutura societária e participação do sócio nas sociedades capitalísticas*, Coimbra: Coimbra Editora, 2006, p. 13, 18.

INTRODUÇÃO

SCHMIDT[15]: a evolução deste, bem como do Direito dos valores mobiliários, é historicamente determinada pela reação a escândalos e crises de diversa ordem[16]. Seguindo a regra do Direito privado, não é fruto de qualquer plano racional[17], mas sim de uma paulatina evolução[18]. Nessa medida, só perante um enquadramento histórico podemos compreender o atual equilíbrio entre a autonomia privada e a regulação injuntiva dos modelos de governo da sociedade anónima.

Por fim, delimitamos o conceito de modelo de governo da sociedade anónima que serve de base à estruturação dos capítulos subsequentes.

15

II. Nos capítulos I, II e III analisamos as obrigações de vigilância dos órgãos da sociedade anónima, em cada um dos modelos de governo admitidos entre nós – o modelo tradicional português, o modelo germânico e o modelo anglo-saxónico –, com o propósito de determinar o seu sentido, conteúdo e alcance.

16

Cada modelo traduz uma fórmula matricial de organização da administração e da fiscalização da sociedade anónima[19], determinada por específicas contingências históricas (*path dependency*)[20]. Sem prejuízo das variações hoje admitidas,

17

---

[15] KARSTEN SCHMIDT – *Gesellschaftsrecht*, 4.ª ed., Köln, Berlin, Bonn, München: Heymann, 2002, p. 54. Cfr. também, *v.g.*, MASSIMILIANO SCOTTON – "C" di Commenda: una costante nella storia del diritto commerciale? Ovvero sulla storicità del diritto, *Rivista del Diritto Commerciale e del Diritto Generale delle Obbligazioni*, 104, 2006, *passim*, em especial, p. 369, sobre a lógica inevitavelmente histórica de todo o Direito comercial.

[16] Cfr. DAVIES – *Enron...* p. 417, 442, citado na nota 1 *supra*. No mesmo sentido, HOPT explica que a história da proteção dos investidores pelo Direito das sociedades e do mercado de capitais é marcada pela necessidade económica, por um lado, e pelos escândalos e colapsos financeiros, por outro. No entanto, acrescenta, os legisladores parecem responder mais a estes últimos. Cfr. KLAUS J. HOPT – "Modern Company and Capital Market Problems: Improving European Corporate Governance After Enron", in JOHN ARMOUR e JOSEPH A. MCCAHERY (eds.) – *After Enron: Improving Corporate Law and Modernising Securities Regulation in Europe and the US*, Oxford: Hart, 2006, p. 446.

[17] ANTÓNIO MENEZES CORDEIRO – *Da responsabilidade civil dos administradores das sociedades comerciais*, Lisboa: Lex, 1997, p. 73.

[18] MENEZES CORDEIRO – *Direito das sociedades*, 1³... p. 48.

[19] PAULO CÂMARA – "Os modelos de governo das sociedades anónimas", in ANTÓNIO MENEZES CORDEIRO e PAULO CÂMARA (eds.) – *A reforma do código das sociedades comerciais: Jornadas em homenagem ao Prof. Doutor Raúl Ventura*, Coimbra: Almedina, 2007, p. 198. Cfr. § 5 *infra* para mais desenvolvimentos sobre os modelos de governo.

[20] A este propósito, *vide* MARK J. ROE – Chaos and evolution in law and economics, *Harvard Law Review*, 109, 1996, bem como, na sua sequência, a interessante exposição de HELMUT KOHL – Corporate governance: Path dependence and German corporate law: Some skeptical remarks from the sideline, *Columbia Journal of European Law*, 5, 1999. A própria CMVM reconheceu, na sua proposta de alteração do Código das Sociedades Comerciais que viria a enformar a reforma de 2006, que «[c]ada modelo de governação oferece características próprias, que se ligam nomeadamente ao contexto histórico em que surgem e às necessidades funcionais a que visa responder». Cfr. CMVM – *Governo das sociedades anónimas...*, 2006.

DA ADMINISTRAÇÃO À FISCALIZAÇÃO DAS SOCIEDADES

em benefício da liberdade contratual, cuja importância é cada vez mais reconhecida neste domínio, o sistema continua a basear-se em regras imperativas. Destas resulta um específico equilíbrio interorgânico[21]. A compreensão deste exige uma cuidadosa análise da articulação dos diferentes órgãos, face ao regime jurídico subjacente a cada modelo.

III. Estes regimes jurídicos, como referimos, são historicamente determinados, justificando a introdução histórico-crítica[22] com que iniciamos cada um dos referidos capítulos. Não se pretende que uma tal perspetivação substitua a elaboração dogmática, mas não se pode negar que a compreensão da *ratio legis* historicamente localizada é o mais seguro ponto de partida para a construção dogmática subsequente, própria de um sistema que se assume como aberto a permanentes desenvolvimentos[23]. A aplicação do Direito de forma sistemá-

---

[21] Como bem refere JOSÉ ENGRÁCIA ANTUNES, *et al.* – *Report of the reflection group on the future of EU company law*, 2011, p. 10-11, cada modelo regula a distribuição de poderes dentro da sociedade, bem como as estruturas organizativas que a constituem, tendo sido desenvolvido ao longo do tempo, refletindo um cuidadoso equilíbrio de interesses, a relação do Direito das sociedades com outros ramos do ordenamento de origem, bem como diferentes acontecimentos e interesses histórico-sociais.

[22] No mesmo sentido, MENEZES CORDEIRO – *Da responsabilidade civil...* p. 74.

[23] Cfr., por todos, CLAUS-WILHELM CANARIS – *Pensamento sistemático e conceito de sistema na ciência do Direito*, 3.ª ed., Lisboa: Fundação Calouste Gulbenkian, 2002, p. 103-126. Como se verá, ao longo da sua história, foram várias as modificações tanto do *sistema científico* como do *sistema objetivo* jus-societário.

Sobre o *elemento histórico da interpretação*, explicava MANUEL DOMINGUES DE ANDRADE – *Ensaio sobre a teoria da interpretação das leis*, 4.ª ed., Coimbra: Arménio Amado, 1987, p. 142-144 com uma elegância que sugere a sua reprodução:

«Uma norma de direito não brota dum jacto, como Minerva armada da cabeça de Júpiter legislador. Mesmo quando versa sobre relações novas, a regulamentação inspira-se frequentemente na imitação de outras relações que já têm disciplina no sistema; e, independentemente disto, o direito, em especial o direito privado, é o produto de uma lenta evolução».

«Compreende-se que precioso auxílio para a plena inteligência dum texto resulta de se descobrir a sua origem histórica, e seguir o seu desenvolvimento e as suas transformações, até ao arranjo definitivo do assunto no presente. Fórmulas e princípios que considerados só pelo lado racional parecem verdadeiros enigmas, encontram a chave de solução numa razão histórica, no rememorar de condições e concepções dum tempo longínquo que lhe deram uma fisionomia especial».

«A histórica dogmática dos institutos do direito civil ainda não é para nós mais do que um pio desejo (...) por isso convém que todo o estudioso solícito dum problema jurídico tenteie por si os precedentes históricos, para adquirir uma visão plena e nítida da disposição».

No mesmo sentido, BAPTISTA MACHADO ensinava que o conhecimento do fim visado pelo legislador ao elaborar a norma, sobretudo quando acompanhado do conhecimento das circunstâncias em que a norma foi elaborada ou da conjuntura político-económico-social que a motivou, constitui um subsídio da maior importância para determinar o seu sentido. Em particular, permite esclarecer a valoração dos diversos interesses subjacentes e, portanto, o seu peso relativo e a opção por entre os mesmos. Cfr. JOÃO BAPTISTA MACHADO – *Introdução ao direito e ao discurso legitimador*, 19.ª reimp., Coimbra: Almedina, 2011, p. 182-183, 190.

INTRODUÇÃO

tica[24] – segundo uma conceção do sistema interno como axiológico ou teleoló-gico[25] – é facilitada pelo conhecimento dos problemas que estiveram na base de uma determinada solução, das alternativas preteridas em favor da consagrada na lei, e das intenções do legislador manifestadas em trabalhos preparatórios e outros materiais legislativos. Não se entendem tais elementos como vinculativos[26], no sentido subjetivista defendido por HECK, mas, com MANUEL DE ANDRADE, reco-nhece-se o «seu valor heurístico, por sugerir uma possibilidade interpretativa, a confirmar ou repelir por intervenção dos outros factores hermenêuticos»[27].

Considerando que tanto o modelo germânico, como o modelo anglo-saxó-nico, atualmente disponíveis entre nós, constituem – pelo menos alegadamente –"transplantes legislativos"[28] de outros sistemas, é particularmente relevante o conhecimento das fontes estrangeiras, na sua perspetiva histórico-dogmática[29].

19

Compreendidas as premissas de base, está o intérprete-aplicador em condi-ções de melhor enquadrar os desenvolvimentos posteriores, naquilo que tradu-zem quebras face a paradigmas previamente vigentes ou meras concretizações

20

---

[24] Recorde-se que, para CANARIS – *Pensamento sistemático*³... p. 159, a argumentação a partir do sistema interno da lei situa-se no mais alto nível entre os meios da interpretação.

[25] Cfr. *ibidem*, p. 152-153.

[26] No sentido proposto por LARENZ,

«o intérprete há de ter sempre presente a globalidade dos fins que servem de base a uma regulação. Certamente que esses fins terão sido as mais das vezes tidos também em conta pelo legislador, mas este não necessita de ter dado conta de todas as consequências em particular daí decorrentes. É verdade que o intérprete, ao partir dos fins estabelecidos pelo legislador histórico, mas examinando ulteriormente as suas consequências e ao orientar a eles as disposições legais particulares, vai já para além da "vontade do legislador", entendida como facto histórico, e das ideias normativas concretas dos autores da lei, e entende a lei na sua racionalidade própria».

Prossegue, portanto, uma interpretação teleológica, ou seja, uma interpretação de acordo com os fins cognoscíveis e as ideias fundamentais de uma regulação. A interpretação teleológica tem sempre primazia sobre a interpretação histórica. Cfr. KARL LARENZ – *Metodologia da Ciência do Direito*, 4.ª ed., Lisboa: Fundação Calouste Gulbenkian, 2005, p. 468, CANARIS – *Pensamento sistemático*³... p. 160 (nota 23).

[27] Cfr. BAPTISTA MACHADO – *Introdução*... p. 180-181.

[28] Sobre o conceito de "transplante legislativo" como consagração de uma regra estranha ao sistema jurídico, por pura importação cultural, cfr. ALAN WATSON – *Legal transplants: An approach to comparative law*, 2.ª ed., Athens, Ga.: University of Georgia Press, 1993, p. 116, passim. Cfr. também, em resposta às críticas de PIERRE LEGRAND sobre a impossibilidade de transplantes legislativos, ALAN WATSON – *Legal transplants and European private law*, 2000, disponível em <http://www.ejcl.org/ejcl/44/44-2.html>.

[29] Cfr. MENEZES CORDEIRO – *Direito das sociedades*, 1³... p. 159-160. Entendemos aqui por "fontes das leis" os textos legais ou doutrinários que inspiraram o legislador na elaboração da lei, tanto nacionais como estrangeiros, tal como proposto por BAPTISTA MACHADO – *Introdução*... p. 184. Como bem ensinava este autor, «[u]ma indagação monográfica no domínio do Direito português coenvolve as mais das vezes uma investigação de Direito Comparado». No presente estudo, procuramos, com o recurso à análise comparatística, realizar a dupla função epistemológica e heurística a que se refere DÁRIO MOURA VICENTE – *Direito comparado*, 1, 2.ª ed., Coimbra: Almedina, 2012, p. 22 ss.

DA ADMINISTRAÇÃO À FISCALIZAÇÃO DAS SOCIEDADES

na continuidade dos referentes previamente ordenados. Recorde-se que a evolução histórica do Direito das sociedades não foi sempre linear. As reações aos escândalos e às crises que se sucederam determinaram alterações de paradigmas, de tal forma que se deve afirmar, com BAPTISTA MACHADO que,

«se o legislador insuflou de espírito novo (...) o regime de uma determinada matéria, [altera-se] o termo de referência para a compreensão da fórmula verbal de uma norma antiga que se mantenha em vigor»[30].

21   Esta alteração é, como veremos, particularmente notória ao nível da fiscalização das sociedades anónimas[31].

22   Em suma, não se pretendem fundamentar as soluções propostas numa perspetivação histórica, mas encontrar nesta a clarificação que se imponha para a inclusão de cada uma das normas analisadas no sistema jus-societário em geral, e no modelo de governo a que pertença, em particular.

23   IV. Chegados, na sequência do referido percurso histórico-crítico, ao Código das Sociedades Comerciais, deparamo-nos com as dificuldades inerentes àquele

---

[30] BAPTISTA MACHADO – *Introdução...* p. 191-192. Este autor perspetivava a interpretação atualista como transposição do juízo valorativo que presidiu à feitura da lei para o condicionalismo atual, «ajustando o significado da norma à evolução entretanto sofrida (...) pelo ordenamento em cuja vida ela se integra». Cfr. *ibidem*, p. 190-191. Assim, não obstante a importância da segurança jurídica, assente em conceitos claros e em quadros sistemáticos conclusivos, o Direito «precisa de se abrir à mudança das concepções sociais e às alterações da vida trazidas pela sociedade técnica – isto é, precisa de adaptar-se e de se fazer permeável aos seus próprios fundamentos ético-sociais». Cfr. *ibidem*, p. 112.
Sobre o desenvolvimento do espírito da lei ao longo do tempo (*elemento atualista*), ensinava MANUEL DE ANDRADE – *Ensaio*[4]... p. 142-144, que, na análise de uma norma de há um século, não está incondicionalmente vinculado a procurar a razão que historicamente induziu o legislador, mas a procurar o seu atual fundamento racional, sendo certo que a norma que foi ditada por certo fim pode adquirir função e destino diversos:
«A *ratio legis* é uma força vivente móvel que anima a disposição, acompanhando-a em toda a sua vida e desenvolvimento; é como linfa que mantém sempre verde a planta da lei e faz brotar sempre novas flores e novos frutos. A disposição pode, desta sorte, ganhar com o tempo um sentido novo e aplicar-se a novos casos».
[31] Assim sendo, importa ultrapassar as soluções e construções tradicionais que, tendo perdido sustentação face a novos quadros sistemáticos, perduram frequentemente na jurisprudência e na doutrina. Como sublinha CARLOS MOTA PINTO – *Cessão da posição contratual*, reimp., Coimbra: Almedina, 2003, p. 9-11, e também PAULO MOTA PINTO – *Interesse contratual negativo e interesse contratual positivo*, 1, Coimbra: Coimbra Editora, 2008, p. 68, no processo de determinação do direito, deve prevenir-se a intervenção de conceitos tradicionais como preconceitos, da tradição como *"rem surdam et inexorabilem"*, por força de uma atitude de pura inércia ou de adoração da história.

INTRODUÇÃO

que se apresenta, nas palavras de MENEZES CORDEIRO, como o mais complexo Direito das sociedades da Europa[32].

No que importa ao objeto deste estudo, esta complexidade está patente na dispersão da regulação de diversos institutos pelas suas diversas partes, pela multiplicação de modelos e de submodelos de governo da sociedade anónima, pela deficiente articulação destes modelos e submodelos entre si, pela sobreposição de funções de fiscalização e pela deficiente redação das normas relativas aos "deveres fundamentais" e à responsabilidade civil dos titulares dos órgãos sociais.

Perante este cenário, o estudo das obrigações de vigilância dos vários órgãos da sociedade anónima exige uma prévia exposição crítico-descritiva do regime jurídico que sustente a subsequente construção dogmática. A importância desta exposição decorre ainda do facto de o Código das Sociedades Comerciais ter sofrido, nesta matéria, inúmeras alterações, ao longo dos seus vinte e seis anos de vigência, que não foram totalmente enquadradas pela nossa doutrina, nem pela nossa jurisprudência.

Impõe-se ao intérprete-aplicador, como bem refere MENEZES CORDEIRO, a aproximação de preceitos dispersos, com todas as dúvidas que daí advêm, e, com base nos elementos legislativos, reconstruir a "verdade" dos institutos, pensando sempre nas consequências das considerações apresentadas[33].

Estamos cientes da vulnerabilidade da nossa opção metodológica à crítica fácil da multiplicação de páginas de cariz eminentemente descritivo. Contrapomos com a reafirmação da sua necessidade: «sem uma cuidadosa análise da lei, não há Ciência Jurídica possível»[34].

V. Na construção dogmática da obrigação de vigilância de cada órgão social seguimos, em geral, uma matriz comum: caracerização geral; decomposição analítica do seu conteúdo em poderes-deveres de obtenção de informação e de inspeção, dever de avaliação e poderes-deveres de reação; a sua variável intensidade; e outros deveres. A esta matriz somam-se os desvios que em cada caso se justificam.

Através desta construção procuramos determinar o sentido, o conteúdo e o alcance de cada uma destas situações jurídicas, bem como a forma como as mesmas se articulam entre si, na ordenação funcional dos diferentes órgãos sociais à prossecução do interesse da sociedade. Debruçamo-nos em particular sobre o equilíbrio próprio de cada modelo de governo, identificando as suas fragilidades

---

[32] MENEZES CORDEIRO – *Direito das sociedades*, 1[3]... p. 160, 217-218.
[33] Cfr. *ibidem*, p. 156, 158.
[34] *Ibidem*, p. 228.

DA ADMINISTRAÇÃO À FISCALIZAÇÃO DAS SOCIEDADES

e virtudes operacionais, procurando traçar uma imagem clara da sua articulação sistemática interna. Neste labor, comparamos os vários modelos e submodelos entre si, procurando compreender quais as diferenças que se justificam face ao equilíbrio próprio de cada um e, no polo oposto, quais os paralelos exigidos pela coerência interna do sistema.

30   VI. Com base nos resultados alcançados na construção periférica, ao nível de cada modelo de governo, apresentamos no capítulo IV uma construção unitária da obrigação de vigilância dos órgãos da sociedade anónima, densificando os seus aspetos estruturantes face aos quadros gerais jus-obrigacionais. Concluindo, perante estes, pela existência de uma margem de discricionariedade dos órgãos sociais, traduzida em alternativas de ação normativamente reconhecidas, questionamos o sentido da *business judgment rule* introduzida no art. 72.º/2 e a sua aplicabilidade aos órgãos de fiscalização. Abordamos ainda a discricionariedade dos órgãos sociais na interpretação de normas jurídicas. Apresentamos a final as nossas conclusões.

31   VII. O presente estudo visa, portanto, dar resposta às questões sobre em que consiste, qual o sentido e qual o alcance das obrigações de vigilância dos órgãos sociais (de administração e fiscalização), em cada modelo de governo da sociedade anónima[35].

32   Sem prejuízo da introdução histórico-crítica a cada um dos modelos, nos termos já referidos, baseia-se no método jurídico-dogmático e problemático, através do qual se visa a compreensão integrada do fundamento teleológico e valorativo do seu regime jurídico[36]. Este é, pois, um estudo de Direito positivo, com um discurso essencialmente intrassistemático[37]. Propõe critérios de decisão jurídica integrados e articulados não só no microssistema em que se traduz cada modelo de governo, mas também no sistema mais vasto do Direito das sociedades e dos valores mobiliários. Parte, portanto, da periferia – da decomposição sistemática da obrigação de vigilância de cada órgão social, em cada modelo de governo da

---

[35] O presente estudo não é, portanto, um estudo sobre responsabilidade civil dos órgãos sociais com funções de fiscalização. Como bem sublinha PESSOA JORGE, a análise do comportamento devido não pertence ao capítulo da responsabilidade, mas antes à teoria do cumprimento ou ao estudo da prestação. É, nas palavras do autor, uma *questão prévia*. Cfr. FERNANDO PESSOA JORGE – *Ensaio sobre os pressupostos da responsabilidade civil*, Lisboa: Centro de Estudos Fiscais da Direcção-Geral das Contribuições e Impostos, Ministério das Finanças, 1968, p. 71.

[36] Estamos assim cientes de que a meta do trabalho juscientífico consiste, por um lado, na descoberta de uma unidade interna, de uma contínua conexão de sentido das normas e, por outro lado, na sua concretização tendo em vista distintas constelações de casos. Cfr. LARENZ – *Metodologia...* p. 341.

[37] *Ibidem*, p. 319-320.

INTRODUÇÃO

sociedade anónima – para o centro, questionando a validade e o sentido útil da construção de uma conceção unitária da obrigação de vigilância dos órgãos da sociedade anónima.

Vai, pois, dirigido ao desenvolvimento de uma das funções essenciais da dogmática jurídica, qual seja a de despir o material jurídico dado pela lei e pelas decisões judiciais «da sua imediatez e do seu ser um mero "dado"», integrando-o num contexto geral e, olhando-o de novo a partir daqui, torná-lo suscetível de interpretação numa medida mais ampla[38].

Em todo o percurso, estamos conscientes de que a específica racionalidade finalística (*Zweckrationalität*) do direito societário não exclui a sua racionalidade axiológica (*Wertrationalität*)[39], não perdendo o sentido do Direito enquanto realização da justiça[40], não redutível a uma organização viável ou eficaz da sociedade, com o dever-ser de uma axiológica validade e correlativos fundamentos normativos e não tão-só com o mundo empírico da factualidade, da eficácia e dos efeitos[41].

VIII. Esta opção metodológica não determina, como pretende alguma doutrina, uma rejeição da análise económica do Direito[42]. Esta pode ser considerada numa tripla perspetiva: (i) para descrição de situações de facto, "problemas", que reclamam uma solução jurídica; (ii) como critério de decisão de "problemas"; ou (iii) como critério de crítica de soluções existentes e avaliação de soluções *de lege ferenda*[43]. A primeira e última perspetiva não sofrem, em geral, con-

---

[38] NIKLAS LUHMANN – *Rechtssystem und Rechtsdogmatik*, Berlin: W. Kohlhammer, 1974, p. 15 ss, tal como citado em LARENZ – *Metodologia...* p. 321. Não obstante a referência, não deixamos de reconhecer a crítica de LARENZ à qualificação da dogmática, por LUHMANN, como valorativamente neutra (cfr. *ibidem*, p. 325), como aliás resulta do texto em seguida.

[39] Sobre estes conceitos, cfr., por todos, ANTÓNIO CASTANHEIRA NEVES – *Metodologia jurídica: Problemas fundamentais*, Coimbra: Coimbra Editora, 1993, p. 37-42.

[40] Cfr. a posição de LUHMANN, tal como exposta por LARENZ – *Metodologia...* p. 324. Nas palavras de JOSEF ESSER – Möglichkeiten und Grenzen des dogmatischen Denkens im modernen Zivilrecht, *Archiv für die civilistische Praxis*, 172, 1972, p. 97-130, a dogmática é o caminho de tornar questões de justiça, nos seus diversos âmbitos, juridicamente operacionais.

[41] ANTÓNIO CASTANHEIRA NEVES – "Método jurídico", in *Digesta: Escritos acerca do Direito, do pensamento jurídico, da sua metodologia e outros*, 2, Coimbra: Coimbra Editora, 1995, p. 330-331.

[42] Sobre este movimento teórico, cfr. MARTIN GELTER e KRISTOFFEL R. GRECHENIG, *History of Law and Economics*, MPI Collective Goods Preprint, n.º 2014/5, disponível em http://papers.ssrn.com/sol3/Papers. cfm?abstract_id=2421224 e, entre nós, a síntese de PAULO MOTA PINTO – *Interesse contratual...* p. 45-47.

[43] No mesmo sentido, ANTÓNIO MENEZES CORDEIRO – *Tratado de direito civil português*, 1:1, 3.ª ed., Coimbra: Almedina, 2007, p. 135-136. A este propósito, é frequente a distinção entre as tendências teóricas *descritivas* e *normativas* da análise económica do Direito. Cfr., por todos, FERNANDO ARAÚJO – *Teoria económica do contrato*, Coimbra: Almedina, 2007, p. 31 e 222.

DA ADMINISTRAÇÃO À FISCALIZAÇÃO DAS SOCIEDADES

testação, na medida em que são aceites como acessórias[44] ou instrumentais[45] da ciência jurídica. A consideração da análise económica do direito como critério de decisão, pelo contrário, é em geral rejeitada nos sistemas continentais[46].

Neste estudo, recorremos à teoria económica com um propósito descritivo-analítico, dirigido à melhor compreensão não só dos fenómenos que estiveram na base da intervenção e valoração do legislador[47], mas também das consequências decorrentes da interpretação (sinépica)[48] no âmbito do círculo hermenêutico[49]. De facto, a concretização de uma norma não se limita à inter-

---

[44] Assim, *e.g.*, PAULO MOTA PINTO – *Interesse contratual...* p. 47.

[45] Neste sentido, *e.g.*, MANUEL CARNEIRO DA FRADA – *Teoria da confiança e responsabilidade civil*, Coimbra: Almedina 2004, p. 450, nota 465.

[46] Neste sentido, mais recentemente, PAULO MOTA PINTO – *Interesse contratual...* p. 47-48 defendeu que os conhecimentos e a técnica científico-económicos devem ter um papel auxiliar na clarificação da relevância da realidade a que se dirigem e dos efeitos de um determinado regime, mas não resolvem o problema jurídico-normativo. Afirma ainda o autor que a substituição ou superação do Direito como disciplina autónoma constitui «um sério desvio metodológico, a revelar grave incompreensão do específico sentido do Direito, quando não mesmo uma opção antropológica discutível e, se levada até ao fim, um retrocesso cultural».

[47] A revelação dos factos sobre os quais recai a valoração jurídica constitui, em si, uma fase do processo de realização do Direito, pelo que o recurso à análise económica do Direito, no sentido proposto, tem um impacto efetivo nessa realização. Com efeito, tais factos consubstanciam o referente transpositivo sem cujo conhecimento o direito positivo não faz sentido. Só através do conhecimento da permanente tensão dialética entre os pólos positivos e extrapositivos podemos alcançar o sentido do Direito vigente. Cfr. BAPTISTA MACHADO – *Introdução...* p. 208-210. A este propósito, recordamos as palavras de MENEZES CORDEIRO de que a

> «distinção entre facto e direito (ser e dever-ser) constitui uma reminiscência neo-kantiana hoje pacificamente identificada. Pela sua filiação como pelas suas conexões, ela postula Ciência Jurídica formalizada e marcadamente conceptual. Admitir um mundo jurídico separado dos factos leva à subsunção, à inversão e à definitiva incapacidade para lidar com conceitos indeterminados, para integrar lacunas, para tratar princípios em contradição ou para encarar, sequer, normas injustas».

Cfr. ANTÓNIO MENEZES CORDEIRO – Ciência do Direito e metodologia jurídica nos finais do século XX, *Revista da Ordem dos Advogados*, 48:3, 1998, p. 147, bem como ANTÓNIO MENEZES CORDEIRO – Anotação ao Acórdão do Tribunal Arbitral de 31 de Março de 1993, *Revista da Ordem dos Advogados*, 55:1, 1995, p. 699 ss.

[48] Cfr. WOLFGANG FIKENTSCHER – *Methoden des Rechts*, 5 – Nachträge, Register, Tübingen: Mohr, 1977, p. 30, 32, e ANTÓNIO MENEZES CORDEIRO – *Da boa fé no direito civil*, Coimbra: Almedina, 1982, p. 36-37, 39, que prefere o uso do neologismo "sinépica" à transposição rigorosa de *synépeia* para "sinépeica" proposta por FIKENTSCHER.

[49] ENGISCH refere-se a um "ir e vir de perspetiva" entre o elemento de previsão da norma e a situação fáctica. KARL ENGISCH – *Logische Studien zur Gesetzesanwendung*, 2.ª ed., Heidelberg: Carl Winter Universitatsverlag, 1942, p. 15. Cfr. MENEZES CORDEIRO – *Da boa fé...* p. 36-40, LARENZ – *Metodologia...* p. 286-287, ANTÓNIO CASTANHEIRA NEVES – *O actual problema metodológico da interpretação jurídica* 1, Coimbra: Coimbra Editora, 2003, p. 104. Seguindo ainda MENEZES CORDEIRO, a este propósito, recorda-se que o processo de realização do Direito é unitário e não compartimentado, sendo sobrepostas (e não sucessivas) as diversas fases da realização do Direito, numa espiral de aplicação: «haverá tantas idas aos "factos", às "fontes", às "soluções" e às "normas" quantas as necessárias para tomar a decisão conforme com o sistema

INTRODUÇÃO

pretação, dado que, na prática quotidiana, outras experiências entram também no processo de concretização como "relacionadas com a norma"[50]. Com LUHMANN[51], LARENZ explica que as consequências requerem uma valoração e que as pautas para esta valoração só podem ser de natureza jurídica[52]. Contudo, tal não obsta a que se recorra à teoria económica para melhor compreender o objeto da valoração jurídica, bem como as consequências da mesma decorrentes. Se um e outras são de natureza económica, devem antes de mais ser compreendidos à luz dessa ciência. Só depois de compreendidos nesta dimensão – como só a respectiva ciência o permite – será possível desenvolver os juízos de valoração que no caso imponha o Direito.

Em casos mais restritos, exige-se ainda o recurso à análise económica do Direito enquanto critério *mediato* de decisão. Com efeito, a aplicação de critérios económicos pode, em determinadas situações, constituir uma solução propugnada pelo sistema que, deste modo, não os relega para o plano da ajuridicidade[53]. Quando assim seja, tais critérios, originariamente económicos, passam a ser também jurídico-normativos.

37

que a legitime». Cfr. MENEZES CORDEIRO – *Anotação ao Acórdão do Tribunal Arbitral de 31 de Março de 1993*, p. 138-140, MENEZES CORDEIRO – *Ciência do Direito...* p. 759-763.

[50] Cfr. ULRICH SCHROTH – "Hermenêutica filosófica e jurídica", in ARTHUR KAUFMANN, et al. (eds.) – *Introdução à filosofia do direito e à teoria do direito contemporâneas*, Lisboa: Fundação Calouste Gulbenkian, 2002, p. 397 que realça ainda a incorporação de normas sociais – interiorizadas pelo intérprete-aplicador – no processo interpretativo.

[51] LUHMANN – *Rechtssystem...* p. 17 ss.

[52] LARENZ – *Metodologia...* p. 323. Como afirma este autor, na senda de LUHMANN, «[a] divisão entre "Direito não Direito" não pode em última instância fazer depender-se (...) das suas próprias consequências».

[53] Antes pelo contrário: o sistema incorpora tais valores para encontrar a regra aplicável. Cfr. MIGUEL TEIXEIRA DE SOUSA – "Positivismo e valores", in *Estudos de homenagem ao Prof. Doutor Jorge Miranda*, 6, Coimbra: Almedina, 2012, p. 409-410. Como recorda FERNANDO JOSÉ BRONZE – *Lições de introdução ao direito*, 2.ª ed., Coimbra: Coimbra Editora, 2006, p. 662-664, 669, a realidade jurídica – ou seja, a realidade *ab origine* marcada pela normatividade jurídica – não pode ser tida como mero campo de aplicação desta; deve ser perfilada como uma sua "ineliminável dimensão constitutiva". É neste contexto que o autor chama a atenção para a importância da realidade económica na modelação do direito privado (ou, nas palavras de FIKENTSCHER, a "recíproca 'condicionalidade'" do direito e da economia), bem como para a "função normativa" de muitas informações de carácter técnico-científico (parte da "realidade cultural"). Como explica FRITZ DOLDER – Zur Normativität von Regeln der Technik, *Archiv fur Rechts und Sozialphilosophie*, 62 – Herausforderungen an das Recht am Ende des 20. Jahrhunderts, 1995, p. 149, tais informações técnicas desempenham uma "função cognitiva", mas desempenham ainda, como consequência inevitável desta, uma "função normativa", na medida em que permitem controlar o comportamento dos sujeitos activos tecnicamente, bem como as propriedades do sistema técnico: interagem com as normas jurídicas, seja porque são transformadas em componentes destas, seja porque são chamadas a concretizá-las e densificá-las. Vale aqui, portanto, a conclusão de FERNANDO JOSÉ BRONZE – *Lições*[2]... p. 672, de que «o *corpus iuris* constitui uma (...) deveniente teia articulada de reenvios, entretecida pelos diferentes elementos que o compõem».

DA ADMINISTRAÇÃO À FISCALIZAÇÃO DAS SOCIEDADES

38   Pensemos no seguinte exemplo: perante a questão de saber se o sistema de gestão de riscos criado pelo conselho de administração é ou não *adequado* às concretas circunstâncias da sociedade, para efeitos de determinação do cumprimento da sua obrigação de vigilância, o intérprete-aplicador pode ver-se forçado a aferir se, no momento historicamente considerado, era expectável, por um gestor criterioso e ordenado, que o benefício marginal de um Euro investido no sistema de gestão de riscos superaria o custo desse mesmo investimento. Caso tivesse fundadas razões para concluir que o custo superaria o benefício marginal desse investimento, deveria considerar-se justificada a sua decisão de não realização desse investimento[54].

39   Noutro exemplo: o administrador que, com a sua conduta desnecessariamente crítica e agressiva deu causa à criação de um ambiente hostil no conselho, da qual resultou uma limitação dos fluxos de informação, não pode prevalecer-se desta mesma limitação para justificar o desconhecimento de uma irregularidade na administração. Num tal caso, o administrador deveria ter assegurado o restabelecimento de adequados fluxos de informação através da pacificação das relações internas ou da criação de mecanismos funcionalmente equivalentes[55].

40   Por fim, na aplicação da *business judgment rule*, qualquer que seja a sua interpretação, o intérprete-aplicador é remetido para a aferição de critérios de racionalidade económica na apreciação da conduta dos membros dos órgãos sociais[56].

Esta perspetiva é particularmente patente no domínio societário, mas pode ser igualmente exemplificada noutros quadrantes. Assim, por exemplo, no domínio contratual, a descoberta da solução justa, conforme ao sistema (logo, objeto de valoração jurídica), pode justificar um apelo à análise económica na concretização da materialidade subjacente a uma determinada norma contratual, enquanto critério de resolução de um problema de acordo com a boa-fé. Neste sentido, explica MENEZES CORDEIRO – *Tratado*, 1:1³... p. 778-779, que, na integração negocial (interpretação complementadora ou integrativa) segundo a boa-fé (critério último da integração), se deve atender, por um lado, à confiança que as partes tenham depositado no funcionamento e na adequação do contrato e, por outro, à materialidade subjacente, de acordo com a lógica imanente do contrato. Segundo o autor, na concretização da materialidade subjacente aos negócios onerosos importa apreender a situação económica regulada pelo contrato. Para o efeito, deve apelar-se à análise económica, ponderando-se «critérios de racionalidade económica, do maior aproveitamento dos custos, e da redução destes, por forma a conseguir uma prossecução óptima dos fins do contrato».

[54] Note-se que a decisão consciente e racional de não realização de um investimento adicional no desenvolvimento de um sistema de gestão de riscos não se confunde com a ausência de análise, ponderação e de decisão que constituem um dos primeiros indícios da ausência e da negligência do administrador.

[55] A este propósito, cfr. os desenvolvimentos da teoria económica dos "conselhos amigáveis", § 3.3 *infra*. Num plano jurídico, sobre a importância da confiança endo e interorgânica nos fluxos de informação, cfr. § 62.7 *infra*.

[56] Cfr. § 64.8, parág. IV *infra*.

INTRODUÇÃO

Nestes, como noutros casos, a análise económica do Direito oferece critérios *mediatos* de decisão. Mediatos porquanto válidos não por si, mas por exigência do sistema jurídico.

41

§ 3. A *RATIO* DOS MECANISMOS INTERNOS DE FISCALIZAÇÃO

3.1. Considerações gerais

A análise da distribuição de funções ou competências entre os diferentes órgãos da sociedade anónima, traduzida em complexos de situações jurídicas hoje suscetíveis de recondução ao *status*[57], é pelo menos tão antiga quanto a própria sociedade anónima[58] ou quanto o seu regime legal nascido no séc. XIX[59]. Não obstante, colheu nas últimas décadas uma especial atenção no contexto do movimento do *corporate governance*[60], com raízes nos anos 1930[61], mas desenvolvido sobretudo nos anos 1970, nos Estados Unidos[62].

42

---

[57] Sobre o *status*, enquanto qualidade que implica ou condiciona uma massa pré-determinada de situaçõcs jurídicas, cfr., por todos, ANTÓNIO MENEZES CORDEIRO – *Tratado de direito civil*, 4, Coimbra: Almedina, 2011, p. 373 ss.

[58] PAUL L. DAVIES – *Gower and Davies' principles of modern company law*, 8.ª ed., London: Sweet & Maxwell, 2008, p. 359, PEDRO MAIA – *Voto e corporate governance: um novo paradigma para a sociedade anónima*, Dissertação para doutoramento em Ciências Jurídico-Empresariais apresentada à Faculdade de Direito da Universidade de Coimbra, inédito, 2009, p. 710 (agradecemos ao autor a dispobilização desta obra, ainda não publicada).

[59] KLAUS J. HOPT – New ways in corporate governance: European experiments with labor representation on corporate boards, *Michigan Law Review*, 82, 1984, p. 1338, em especial, nota 1, PEDRO MAIA – *Voto...* p. 710.

[60] Usamos aqui o termo em inglês para referir não o sistema (visão estrutural) ou processo (visão funcional) de administração e fiscalização da sociedade, mas o movimento económico-jurídico desenvolvido, sobretudo nos anos 1970, nos Estados Unidos (cfr. DANIEL R. FISCHEL – The corporate governance movement, *Vanderbilt Law Review*, 35:6, 1982, p. 1259-1260). Seguimos assim PEDRO MAIA – *Voto...* p. 708 na identificação do movimento pela sua designação em inglês, e não em português, mas por razões diferentes das por si sustentadas. Com efeito, contrariamente ao sustentado pelo autor, parece-nos existir hoje entre nós um significativo movimento de "governo das sociedades" que reflete no seu conteúdo as especificidades das sociedades anónimas portuguesas e do Direito português. Simplesmente, a consideração dessas especificidades não permite autonomizar os estudos desenvolvidos entre nós de um movimento que tem carácter global. A excecional riqueza do movimento reside precisamente no diálogo não só interdisciplinar, mas também transfronteiriço. Também contrariamente a PEDRO MAIA, parece-nos que o facto de o "movimento" dever ser identificado pela sua designação em inglês não obsta a que nos possamos referir ao "sistema" ou ao "processo" de administração e fiscalização usando o termo português "governo das sociedades".

[61] No debate mantido entre BERLE e DODD. Cfr. ADOLF A. BERLE e GARDINER C. MEANS – *The modern corporation and private property*, reimp., New York: Harcourt, Brace & World, 1968, primeiramente publicado em 1932, ADOLF A. BERLE – For whom corporate managers are trustees: A note, *Harvard Law Review*, 45, 1932, E. MERRICK DODD, JR. – For whom are corporate managers trustees?, *Harvard Law*

DA ADMINISTRAÇÃO À FISCALIZAÇÃO DAS SOCIEDADES

43   Na base deste movimento esteve a convicção – rapidamente generalizada entre académicos, entidades reguladoras e mesmo entre empresários – de que «algo estava "errado" na forma como as sociedades eram governadas», multiplicando-se as afirmações de "falhas de responsabilização", "ilegalidade generalizada" e "falta de legitimidade"[63]. Estas afirmações devem ser enquadradas num conjunto de acontecimentos que marcaram a década de 1970: a queda da *Penn Central Railroad* (vista então como a mais *blue* das *blue chips* norte-americanas) e, no contexto do caso *Watergate*, o conhecimento público das contribuições ilegais para campanhas políticas e da corrupção de funcionários públicos estrangeiros para obter vantagens competitivas nos respetivos mercados[64].

44   Desde então, multiplicaram-se os estudos económico-jurídicos sobre os problemas e sobre as possíveis soluções para os mesmos, relatórios de diferentes instituições e iniciativas legislativas de diferente carácter e alcance. Grande parte deste movimento assentou num mesmo fundamento teórico: a teoria dos problemas e dos custos de agência[65]. Justifica-se assim a análise que se segue sobre os termos essenciais desta teoria económica e de que forma a mesma permite enquadrar a fiscalização das sociedades.

3.2. A teoria dos problemas e dos custos de agência
A. Considerações gerais

45   Basicamente, esta teoria explica que a divergência entre os incentivos do "agente" (*i.e.*, a pessoa que tem poder discricionário sobre algum aspeto do investimento do "principal" numa relação) face aos incentivos do principal constitui um "problema" do qual decorrem necessariamente "custos". Estes "custos

---

Review, 45, 1932, E. MERRICK DODD, JR. – Is effective enforcement of the fiduciary duties of corporate managers practicable?", *University of Chicago Law Review*, 2, 1934-1935, E. MERRICK DODD, JR. – Statutory developments in business corporation law, 1886-1936, *Harvard Law Review*, 50, 1936.

[62] Cfr. FISCHEL – *The corporate governance movement...* p. 1259-1260.

[63] *Ibidem*.

[64] Cfr. JEFFREY N. GORDON – The rise of independent directors in the United States, 1950-2005: Of shareholder value and stock market prices, *Standford Law Review*, 59:6, 2007, p. 1514-1515, JAY W. LORSCH e ELIZABETH MACIVER – *Pawns or potentates: The reality of America's corporate boards*, Boston: Harvard Business School Press, 1989, p. 5. Como explicava, em 1977, JOHN C. COFFEE, JR. – Beyond the shut-eyed sentry: Toward a theoretical view of corporate misconduct and an effective legal response, *Virginia Law Review*, 63, 1977, p. 1101, no seu estilo inconfundível:

> *«for the past four years, the business pages of America newspapers have carried a continuing story of corporate misconduct with the same daily regularity as the sports pages have reprinted the baseball box scores».*

Para uma análise destes acontecimentos, cfr. JOEL SELIGMAN – A sheep in wolf's clothing: The American Law Institute Principles of Corporate Governance project, *George Washington Law Review*, 55, 1987. Entre nós, cfr. PEDRO MAIA – *Função e funcionamento do conselho de administração da sociedade anónima*, Coimbra: Coimbra Editora, 2002, p. 721 ss.

[65] PEDRO MAIA – *Função...* p. 768.

INTRODUÇÃO

de agência" são custos associados ao exercício de discricionariedade pelo agente sobre bens do principal[66].

A teoria dos problemas e dos custos de agência não é, de todo, desconhecida entre nós, sendo objeto de análise cuidadosa nalguma doutrina recente[67]. Nessa medida, limitamo-nos aqui ao desenvolvimento estritamente necessário à compreensão do fundamento da imputação de obrigações de vigilância aos órgãos da sociedade anónima. Antes, porém, refira-se que, apesar de esta teoria assentar numa conceção da sociedade como "rede de contratos" (*"nexus of contracts"*)[68], não é necessário aderir a uma tal conceção *jurídica* para reconhecer a existência, no plano económico, de "problemas de agência" e dos custos a eles inerentes[69], na busca da justificação económica das obrigações de vigilância dos órgãos da sociedade anónima e da sua imposição *ex lege*.

B. Os problemas de agência

De acordo com a doutrina económica, estamos perante um "problema de agência"[70], no seu sentido mais lato, sempre que o bem-estar económico de uma parte, designada por "principal", depende da atuação de uma outra parte, dita

---

[66] WILLIAM T. ALLEN e REINIER KRAAKMAN – *Commentaries and Cases on the Law of Business Organizations*, New York: Aspen Publishers, 2003, p. 10.

[67] Cfr., *v.g.*, FERNANDO ARAÚJO – *Introdução*, p. 426 ss., FERNANDO ARAÚJO – *Teoria económica...* p. 427, 596-624, 215-223, PEDRO MAIA – *Voto...* p. 765-860.

[68] Expressão da autoria de MICHAEL C. JENSEN e WILLIAM H. MECKLING – The theory of the firm: managerial behavior, agency costs and ownership structure, *Journal of Financial Economics*, 3:4, 1976, p. 8, para quem a *public corporation*

> «*is the nexus of contracts amongst customers, workers, managers, and the suppliers of materials, capital, and risk bearing. This means the parties contract, not between themselves bilaterally, but unilaterally with the legal fiction called the "corporation", thus greatly simplifying the contracting process. The rights of the interacting parties are determined by law, the corporation's charter, and the implicit and explicit contracts with each individual*».

Cfr. MICHAEL C. JENSEN – "Introduction", in MICHAEL C. JENSEN (ed.) – *A theory of the firm: governance, residual claims, and organizational forms*, Cambridge, London: Harvard University Press, 2003, p. 1. Para mais detalhes sobre esta conceção, cfr., entre nós, PEDRO MAIA – *Voto...* p. 772-779.

[69] Como aponta PEDRO MAIA – *Voto...* p. 780-784, as relações de agência, os problemas e os custos a elas subjacentes situam-se no plano económico, sendo a sua análise e a perceção da sua efetiva existência independentes da conceção jurídica de sociedade; não resultam de uma determinada conceção jurídica de sociedade, mas sim do facto de existir uma separação entre a qualidade de acionista e a competência para administrar a sociedade.

[70] MENEZES CORDEIRO – *Direito das sociedades*, I[3]... p. 892 prefere a tradução "problemas de representação". Parece-nos que o autor usa aqui o termo "representação" para se referir à ideia geral de representação subjacente a diferentes esquemas jurídicos, dogmaticamente distintos entre si. Como explica noutra sede: «não há nenhuma razão para limitar a ideia de representação à celebração de negócios e à emissão de declarações de vontade». Desenvolvendo, esclarece que «[q]ualquer situação jurídica exercitável pode cair na representação: aproveitamento de direitos, cumprimento de deveres ou iniciativas possessórias, a título de meros exemplos», e que «[a] representação traduz uma forma de cooperação entre os seres

DA ADMINISTRAÇÃO À FISCALIZAÇÃO DAS SOCIEDADES

"agente"[71]. Em termos económicos, este problema traduz-se na dificuldade inerente à motivação de uma pessoa para atuar no interesse de outrem, considerando os custos decorrentes da celebração e cumprimento do contrato[72] que titula essa atuação para as partes envolvidas, verificando-se, em geral, em todas as relações contratuais baseadas na assimetria de informação[73], na incerteza e no risco[74], dado que o principal não tem conhecimento suficiente sobre se, e em que medida, o contrato foi cumprido pelo agente[75].

humanos, ocorrendo nas mais distintas sociedades». ANTÓNIO MENEZES CORDEIRO – *Tratado de direito civil*, 5, Coimbra: Almedina, 2011, p. 28.

[71] FERNANDO ARAÚJO prefere os termos "comitente" e "comissário", definindo a "teoria da agência" como aquela em que «um comitente (alguém que comete uma tarefa a outrem) procura estabelecer um contrato que assegure acções apropriadas da parte do comissário (aquele a quem a tarefa é cometida), "acções apropriadas" no sentido de alinharem a conduta e o esforço do comissário com a prossecução e maximização dos interesses do comitente, vencendo os obstáculos de assimetria informativa e das oportunidades de desalinhamento de interesses por ela propiciados». Cfr. FERNANDO ARAÚJO – *Teoria económica...* p. 427, 596-624 e, para uma confrontação da "teoria da agência" com outros caminhos na "teoria dos contratos", p. 215-223.

[72] Referimo-nos aqui a "contrato" em termos económicos e não no seu sentido técnico-jurídico. Mesmo no sistema norte-americano, como explica JEFFREY N. GORDON – The mandatory structure of corporate law, *Columbia Law Review*, 89, 1989, p. 1549-1550,

«the economists' conception of a "contract" as an arrangement between two or more actors supported by reciprocal expectations and behavior is far broader than the lawyer's conception, which focuses on the existence of judicially cognizable duties and obligations. Thus the lawyer, but not the economist, will pay particularly close attention to the indicia of contract formation – offer and acceptance, an exchange of promises – ideally reflected in an explicit bargaining process. This difference in perspective becomes acute in the case of an "implied" contract. To a lawyer, an implied contract is one that does not actually exist, but because of some overriding principle of justice is judicially enforceable nonetheless. To an economist, an implied contract is one that is enforced through marketplace mechanisms such as reputation effects rather than in a court, a means of enforcement that may not bring relief to the aggrieved party but will over time penalize parties who welsh».

Do ponto de vista jurídico, no sistema norte-americano, o *Restatement (Second) of Contracts* §1 (1977) define contrato como

«a promise or the set of promises for the breach of which the law gives a remedy, or the performance of which the law in some way recognizes as a duty».

Cfr. EDWARD ALLAN FARNSWORTH – *Contracts*, 4.ª ed., New York, NY: Aspen Publ., 2004, § 1.1. Cfr. também, entre nós, PEDRO MAIA – *Voto...* p. 780-781 (nota 1218), em particular no que respeita às considerações sobre a não existência de um paralelo ao *implied contract* entre nós. Por fim, cfr. a nota 75 *infra*.

[73] Em termos económicos, verifica-se "assimetria de informação" quando uma das partes de um negócio dispõe de mais ou melhor informação do que a sua contraparte.

[74] De acordo com FRANK H. KNIGHT – *Risk, Uncertainty and Profit*, Boston: Hart, Schaffner & Marx; Houghton Mifflin Company, 1921, que estabeleceu a diferença entre "risco" e "incerteza", o "risco" refere-se a uma situação em que há uma probabilidade específica associada a cada resultado possível, enquanto a "incerteza" se refere a uma situação de probabilidades desconhecidas.

[75] Cfr. EUGENE F. FAMA e MICHAEL C. JENSEN – Agency Problems and Residual Claims, *The Journal of Law and Economics*, 26:2, 1983, p. 327. Quando analisados nesta perspetiva tão lata, os problemas de agência abrangem um conjunto de situações que estão muito para além do conceito legal da relação de agência

INTRODUÇÃO

Assim sendo, a diferença no acesso à informação constitui um incentivo   48
para que o agente atue oportunisticamente[76], procurando maximizar os seus
benefícios, em prejuízo dos interesses do principal. O mesmo será dizer que
quanto maior for a assimetria de informação, menor será o valor da atuação do
agente para o principal, por efeito direto ou devido aos custos dos incentivos e
dos meios de fiscalização suportados pelo principal para assegurar a qualidade
da prestação do agente (este decréscimo de valor corresponde, como veremos
adiante, aos chamados "custos de agência"). Perante este cenário, quanto mais
complexa for a prestação do agente, maior será o seu poder discricionário e,
tendencialmente, maiores serão os custos de agência envolvidos.

Por outras palavras, idealmente o agente atua no interesse do principal,   49
beneficiando-o com as suas decisões; mas o agente pode não ter muito a ganhar
com o benefício do principal e pode não ter muito a perder com os prejuízos
provocados, na medida em que o principal não esteja em posição de detetar e

---

nos sistemas jurídicos da *common law*, apesar de nele ter as suas raízes. Nos Estados Unidos o conceito
legal de agência está hoje refletido no *Restatement (Third) Agency* § 1.01:
> «[a]gência é a relação fiduciária que surge quando uma pessoa (o "principal") manifesta o seu assen-
> timento a outra pessoa (o "agente") para que o agente atue por conta e sob controlo do principal,
> e o agente manifesta o seu assentimento ou de outra forma consente em atuar em conformidade».

No Reino Unido, GERALD HENRY LOUIS FRIDMAN – *The law of agency*, London: Butterworths, 1976, p. 8
define *"agency"* como
> «a relação que existe entre duas pessoas quando uma, chamada de *agent*, que pode afetar a posição
> jurídica no que respeita a terceiros face a essa relação através da celebração de contrato ou da
> disposição da propriedade» (tradução de PEDRO LEITÃO PAIS DE VASCONCELOS – *A procuração
> irrevogável*, Coimbra: Almedina, 2002, p. 19).

Como facilmente se depreende, nos termos aqui referidos, a *agency* também não se confunde com o conceito de agência decorrente do Decreto-Lei n.º 178/86, de 3 de julho, tendo um significado e estrutura
diferentes do contrato de agência no Direito continental. Aliás, neste sentido amplo, *agency* refere-se não
à fonte da relação estabelecida entre dois sujeitos, mas à relação em si mesma. Cfr. PEDRO MAIA – *Voto...*
p. 769-771. Como explica JENSEN e MECKLING – *The theory of the Firm...* p. 6 (na versão atualizada, disponível em http://papers.ssrn.com/abstract=94043, com data de 1 de novembro de 2006), pode tratar-se
de qualquer situação envolvendo a cooperação entre indivíduos. Cfr. também MICHAEL C. JENSEN e
CLIFFORD W. SMITH, JR. – "Stockholder, manager, and creditor interests: Applications of agency theory",
in MICHAEL C. JENSEN (ed.) – *A Theory of the Firm: Governance, Residual Claims, and Organizational Forms*,
Cambridge, MA: Harvard University Press, 2003, p. 3.

[76] Seguimos HANSMANN e KRAAKMAN no uso do termo "oportunismo", apresentado por WILLIAMSON
referido à atuação egoísta que envolve elementos de intenção de enganar, falsas representações ou má-fé.
Cfr. HENRY HANSMANN e REINIER KRAAKMAN – "Agency problems and legal strategies", in *The anatomy
of corporate law: A comparative and functional approach*, reimp., Oxford, New York: Oxford University Press,
2006, p. 21, nota 2, OLIVER E. WILLIAMSON – *The economic institutions of capitalism: firms, markets, relational
contracting*, New York, London: Free Press, Collier Macmillan, 1985, p. 47-49.

DA ADMINISTRAÇÃO À FISCALIZAÇÃO DAS SOCIEDADES

aferir esses prejuízos[77] ou não tenha um interesse suficientemente forte para o fazer[78].

50   II. Identificam-se facilmente dois problemas de agência no âmbito das sociedades comerciais – (i) aquele que opõe os sócios aos administradores da sociedade ("problema de agência dos gestores" ou *"managerial agency problem"*[79]) e (ii) aquele que opõe os sócios controladores aos sócios minoritários ("problema de agência dos acionistas controladores" ou *"controlling shareholder agency problem"*[80])[81] – que analisamos adiante.

51   Enquanto o problema de agência dos gestores (*managerial agency problem*) assume especial relevância nos mercados norte-americano e britânico, tendencialmente caracterizados por uma dispersão do capital, o relativo aos acionistas controladores (*controlling shareholder agency problem*) é, de longe, o mais expressivo no resto do mundo, onde os mercados revelam uma concentração do capital e a determinação dos destinos societários pelo sócio ou grupo de controlo.

---

[77] Cfr. FERNANDO ARAÚJO – *Introdução*, p. 426.

[78] Como veremos adiante, este é o caso das grandes sociedades com grande dispersão do capital, em que nenhum dos pequenos acionistas tem, por si só, um interesse suficientemente forte para controlar ou fiscalizar a atuação da administração da sociedade, atendendo à ponderação dos custos e benefícios que resultam da sua atuação. Esta questão assume um especial relevo a propósito das ações de responsabilidade civil dos administradores, razão pela qual a ação popular teve o desenvolvimento registado no universo anglo-americano.

[79] Traduzido por PEDRO MAIA – *Voto...* p. 795 como "conflito acionistas/managers".

[80] Traduzido por PEDRO MAIA, *ibidem*, como "conflito acionistas no controlo/acionistas fora do controlo".

[81] Para além destes, poderia ainda referir-se o problema que decorre da relação da sociedade com terceiros, ou seja, com os seus trabalhadores, credores (incluindo o Estado) e clientes, e que traduz a dificuldade sentida por estes terceiros em limitar os comportamentos oportunistas da sociedade, em seu prejuízo. ALLEN e KRAAKMAN – *Commentaries...* p. 11, JOHN ARMOUR, HENRY HANSMANN e REINIER KRAAKMAN – "Agency problems and legal strategies", in *The Anatomy of Corporate Law: A Comparative and Functional Approach*, 2.ª ed., Oxford, New York: Oxford University Press, 2009, p. 36. Enquanto os dois problemas referidos no texto traduzem divergências de incentivos *no seio da sociedade* – seja opondo os administradores aos sócios, seja opondo os sócios controladores aos demais sócios –, este último traduz uma divergência *externa à sociedade*, própria do relacionamento desta com outros sujeitos. O carácter externo deste problema é reforçado, entre nós, pelo facto de, contrariamente ao verificado em vários Estados-membros da União Europeia [cfr. LUCA ENRIQUES, HENRY HANSMANN e REINIER KRAAKMAN – "The basic governance structure: The interests of shareholders as a class", in *The Anatomy of Corporate Law: A Comparative and Functional Approach*, 2.ª ed., Oxford, New York: Oxford University Press, 2009, p. 100 (nota 46)], o nosso sistema não prever soluções gerais de participação dos trabalhadores nos órgãos das sociedades. Da mesma forma, não prevê esquemas gerais de participação dos credores e dos clientes no governo de sociedades (solventes). Na medida em que o presente estudo se centra nas obrigações de vigilância dos órgãos da sociedade anónima, para com esta, não desenvolvemos esta temática. No entanto, como veremos adiante, a fiscalização da administração aproveita *indiretamente* a todos os sujeitos que contratam com a sociedade e, logo, ao interesse público.

INTRODUÇÃO

No entanto, mesmo nestes mercados, os dois problemas de agência não podem ser analisados de forma estanque. Com efeito, aos sócios minoritários importa alinhar não apenas a conduta do sócio controlador com os interesses comuns dos sócios, mas também a conduta dos gestores e administradores da sociedade, sem a colaboração dos quais o sócio controlador não poderá extrair benefícios especiais (*private benefits of control*)[82].

III. A teoria económica afirma como princípio geral que, em todas as relações, os indivíduos procuram maximizar o seu benefício pessoal[83]. Aplicando este princípio no âmbito societário, afirma-se que, perante um conflito de interesses, o sócio controlador tenderá a maximizar os seus benefícios especiais, em prejuízo do interesse social (logo, prejudicando os sócios minoritários). O mesmo princípio é aplicável aos gestores e administradores da sociedade, onde o conflito de interesses pode decorrer da perspetiva de um benefício próprio ou da pressão exercida pelo sócio controlador para a extração de determinados benefícios especiais.

Por outro lado, por mais informação que um sócio minoritário obtenha através do exercício dos seus direitos legais e contratuais, nunca atingirá o mesmo nível de informação do sócio controlador que, pelo controlo que exerce sobre a administração, tende, *de facto*, a ter acesso a toda a informação de que a mesma disponha[84]. Neste quadro, quanto maior for a assimetria de informação, a incerteza e o risco inerentes à relação contratual em causa, maior será a margem concedida ao sócio controlador para extrair benefícios especiais, dada a impossibilidade de os demais sócios assegurarem sem custos que os gestores e administradores, por um lado, e o sócio controlador, por outro, atuam de acordo com o melhor interesse da sociedade.

---

[82] Note-se que, contrariamente à opção expressa em estudos anteriores, optamos aqui pelo termo "benefícios especiais" e não "benefícios privados", por nos parecerem convincentes os argumentos apresentados por PEDRO MAIA – *Voto...* p. 472-474 (nota 670).

[83] Como refere simplesmente JOSÉ DE OLIVEIRA ASCENSÃO – *Direito civil: Teoria geral*, 2 – Acções e factos jurídicos, 2.ª ed., Coimbra: Coimbra Editora, 2003, p. 81, a propósito da autonomia como causa eficiente do negócio jurídico, «o homem é por natureza propenso a sobrestimar os seus interesses e a sacrificar os dos outros».

[84] Como afirma FERNANDO ARAÚJO – *Introdução*, p. 426 (nota 2172), a assimetria de informação é tanto mais relevante quanto implica uma dificuldade real dos sócios em determinar se os administradores da sociedade – neste caso por pressão do sócio controlador – cumpriram efetivamente as suas obrigações para com a sociedade. Ora, o não cumprimento pontual das obrigações dos administradores pode consistir num óbvio conflito de interesses – próprio ou do sócio controlador que determina a sua conduta – ou, simplesmente, no aproveitamento dos recursos da sociedade de forma não inteiramente compatível com os melhores interesses comuns dos sócios, como sejam os fenómenos de sobre-expansão, sobre-investimento, excesso de endividamento ou assunção excessiva de risco.

DA ADMINISTRAÇÃO À FISCALIZAÇÃO DAS SOCIEDADES

54 Ora, os custos resultantes para a sociedade da atuação do sócio controlador (incluindo, como veremos adiante, custos de incentivos, custos de fiscalização e perdas residuais) que não sejam suportados por "credores específicos" – *i.e.*, contrapartes da sociedade em relações contratuais ou legais determinadas (*e.g.*, os trabalhadores no âmbito dos seus contratos de trabalho, os fornecedores no âmbito dos seus contratos de fornecimento, etc.) – serão suportados por todos os sócios, na proporção da sua participação no capital da sociedade. Os sócios apresentam-se, assim, como "credores residuais" que suportam o risco empresarial[85].

55 O sócio controlador compensará as suas perdas com os benefícios especiais entretanto extraídos, mas os sócios minoritários suportarão totalmente a sua participação nos custos. Analisemos então estes custos, em maior detalhe, a partir da teoria dos custos de agência apresentada por FAMA, JENSEN e MECKLING[86], complementada com as perspetivas de GILSON e GORDON sobre o chamado *"controlling shareholder tradeoff"*[87].

C. Os custos de agência

56 I. Perante um problema de agência – o problema inerente à motivação de uma pessoa para atuar no interesse de outrem, considerando os custos decorrentes da celebração e do cumprimento do contrato que titula essa atuação entre as partes envolvidas – o principal poderá limitar as divergências de interesses desenvolvendo incentivos destinados a alinhar os interesses do agente com os seus próprios interesses. Os custos inerentes a estes mecanismos são designados, por JENSEN e MECKLING[88], como *"bonding costs"*, que aqui traduzimos por "custos dos incentivos"[89].

---

[85] O "credor residual" é aquele que suporta o "risco residual", *i.e.*, o risco remanescente após consideração de todos os riscos quantitativamente determinados. FRANK EASTERBROOK e DANIEL FISCHEL – The corporate contract, *Columbia Law Review*, 89, 1989, p. 1425.
A construção dos acionistas como credores residuais é habitualmente apresentada para fundamentar a atribuição do direito de voto sobre as questões fundamentais da vida da sociedade. Sendo credores residuais, os acionistas teriam o maior incentivo para maximizar o valor da sociedade. Esta perspetiva foi posta em causa por BERNARD S. BLACK – *Corporate law and residual claimants*, 2001, disponível em http://ssrn.com/abstract=1528437, o qual, partindo de um novo conceito de "credores residuais", afirma que os acionistas não são os únicos credores residuais. Cfr. também, com mais indicações bibliográficas, PEDRO MAIA – *Voto...* p. 426-427 (nota 614).
[86] Cfr. FAMA e JENSEN – *Agency Problems and Residual Claims..*, JENSEN e MECKLING – *The theory of the Firm....*
[87] RONALD J. GILSON e JEFFREY N. GORDON – Controlling Controlling Shareholders, *University of Pennsylvania Law Review*, 152:2, 2003.
[88] JENSEN e MECKLING – *The theory of the Firm...* p. 5. Cfr. também FAMA e JENSEN – *Agency Problems and Residual Claims...* p. 327.
[89] Literalmente, o termo *bonding costs* traduz-se por custos de ligação. Porém, parece-nos mais correta a tradução funcional proposta no texto.

INTRODUÇÃO

A primeira referência entre os modelos de incentivos vai naturalmente para   57
as diversas formas de remuneração que podem ser concebidas para que os administradores atuem de acordo com os melhores interesses da sociedade: remuneração variável em função dos resultados, remuneração em ações ou em opções
de compra de ações, etc.[90]. A discussão atual sobre este tema começou por se
desenvolver nos Estados Unidos, onde se verificou que, perante a dispersão do
capital nas grandes sociedades, era necessário criar mecanismos que assegurassem o alinhamento dos interesses dos gestores e administradores, por um lado, e
da sociedade, por outro. Na prática, o sistema de incentivos mais utilizado (com
um desenvolvimento exponencial durante a década de 1990) foi o da remuneração através de opções de compra de ações (*stock options*)[91].

Durante muito tempo entendeu-se que esta discussão sobre formas de ali-   58
nhamento dos interesses dos administradores com os interesses da sociedade
não fazia sentido noutros mercados, como os da Europa continental – caracterizados por uma concentração do capital – onde os sócios controladores podem
exercer pressão direta sobre a administração para assegurar o cumprimento dos
objetivos fixados. Esta pressão resulta do seu poder de fiscalização e substituição
da administração (*command and control*). Todavia, como referimos antes, apesar

---

[90] Cfr., uma vez mais, FERNANDO ARAÚJO – *Introdução*, p. 428-433.

[91] Estas atribuem o direito de, durante um determinado prazo (mais ou menos longo), comprar ações da
sociedade a um preço pré-determinado.
A questão dos incentivos dos administradores através da sua remuneração tem sido discutida sobretudo
nas sociedades cotadas. No entanto, a mesma não deixa de se colocar nas demais sociedades comerciais em
que haja uma maior ou menor separação entre a propriedade e o controlo societários. O princípio (ainda
hoje) subjacente a este mecanismo é o de que, se a sociedade for bem gerida, a sua cotação no mercado
bolsista evoluirá positivamente ao longo do tempo, permitindo ao administrador, imediatamente após o
exercício da sua opção de compra (pelo preço de exercício da opção predeterminado), vender as ações
adquiridas com um lucro instantâneo (correspondente à diferença entre o preço de exercício da opção
pré-determinado e a valorização bolsista entretanto verificada). Procurou-se por este meio alinhar os
interesses destes profissionais com os interesses da sociedade.
No entanto, parece que estes sistemas de remuneração estiveram na origem da maioria dos escândalos
verificados nos Estados Unidos no fim dos anos 1990 e princípio deste século, caracterizados pela
manipulação de contas, para que estas apresentassem resultados que permitissem um proveitoso exercício
das opções sobre ações. Concluiu-se que, na generalidade dos casos, a forma como foram estruturados
estes sistemas de remuneração não só não alinhou os interesses dos gestores e das sociedades a longo
prazo – na medida em que o interesse dos gestores se resumia à maximização dos proveitos da sociedade
pelo prazo suficiente ao exercício das suas opções (que era, em geral, curto) –, como criou incentivos à
criação de esquemas fraudulentos que permitissem aumentar artificialmente os resultados da sociedade.
Para uma breve e clara exposição sobre esta forma de remuneração, nas suas diversas modalidades, *vide*,
entre nós, FERNANDO ARAÚJO, *ibidem*, p. 429-431. De uma forma mais desenvolvida, *vide* MICHAEL C.
JENSEN, KEVIN J. MURPHY e ERIC G. WRUCK – *Remuneration: Where we've been, how we got to here, what are
the problems, and how to fix them*, 2004, disponível em http://ssrn.com/paper=561305. Sobre as causas dos
escândalos financeiros nos Estados Unidos, *vide*, por todos, COFFEE – *Gatekeepers...*, 15-78.

DA ADMINISTRAÇÃO À FISCALIZAÇÃO DAS SOCIEDADES

de a conduta do sócio controlador reduzir os custos subjacentes ao problema de agência dos gestores, potencia os custos inerentes ao problema relativo ao acionista controlador. Com efeito, perante um conflito de interesses, o sócio controlador tende a determinar a conduta da administração de acordo com os seus próprios interesses e não de acordo com os melhores interesses da sociedade (que beneficiam a todos os sócios na proporção da sua participação social). Assim, também a nível europeu tem sido cada vez mais discutida a questão dos incentivos dos administradores, como forma de alinhamento dos interesses dos gestores e administradores com os interesses da sociedade[92].

59 Para além dos custos dos incentivos aos administradores, podem ainda ser considerados os custos do alinhamento dos interesses dos sócios controladores com os interesses da sociedade (e, logo, com os interesses dos demais sócios), através de mecanismos legais e contratuais.

60 II. Os incentivos criados não são, em geral, suficientes para assegurar a resolução de um problema de agência. Na verdade, se o principal não controlar a atividade do agente, perante uma sensação de impunidade, este tenderá a somar aos benefícios que decorrem da sua atuação oportunista os benefícios decorrentes dos incentivos criados pelo principal. É por isso necessária a implementação de mecanismos de controlo/fiscalização da conduta do agente. Os custos decorrentes da implementação destes mecanismos são designados, por JENSEN e MECKLING, como *"monitoring costs"*[93], que aqui traduzimos por "custos de fiscalização"[94].

61 Entre os custos de fiscalização destacam-se os diretamente suportados pela sociedade, como sejam, *e.g.*, os custos inerentes ao sistema de auditoria interna, à fiscalização pelo conselho de administração, à fiscalização contabilística pelo revisor oficial de contas e à fiscalização global pelo conselho fiscal, comissão de auditoria ou conselho geral e de supervisão. Não podem, porém, ser ignorados outros custos, como os decorrentes do exercício de direitos de informação pelos

---

[92] Cfr. GUIDO A. FERRARINI e NIAMH MOLONEY – *Executive remuneration in the EU: The context for reform*, 2005, disponível em http://ssrn.com/paper=715862.

[93] JENSEN e MECKLING – *The theory of the Firm...* p. 5.
HENRY HANSMANN – Ownership of the Firm, *Journal of Law, Economics and Organization*, 4, 1988, p. 275-277 explica que *"costs of ownership"* para os acionistas incluem (i) os custos inerentes à aquisição de informação sobre a atividade da sociedade; (ii) os custos da comunicação entre acionistas para efeitos da transmissão de informação e tomada de decisões; e (iii) os custos da implementação das suas decisões junto da administração da sociedade.

[94] Ainda antes do estudo de JENSEN e MECKLING (1976), os custos de fiscalização foram tratados num importante estudo, ARMEN A. ALCHIAN e HAROLD DEMETZ – Production, information costs, and economic organization, *American Economic Review*, 62:5, 1972.

INTRODUÇÃO

sócios, incluindo aqueles que decorrem do tempo despendido pelos administradores e colaboradores da sociedade na prestação dessa informação, tempo esse que poderia ser despendido noutras atividades produtivas[95].

III. Dada a impossibilidade de as partes assegurarem a custo zero que o agente tomará sempre as melhores decisões do ponto de vista dos interesses do principal – não obstante a concessão de incentivos e a implementação de mecanismos de fiscalização –, na generalidade das relações de agência devem ser consideradas as perdas associadas à divergência entre as decisões efetivamente tomadas pelo agente e as decisões hipotéticas que, se tivessem sido tomadas, maximizariam os interesses do principal. Estas perdas são designadas por "perdas residuais" (*"residual loss"*[96]). Não podendo ser completamente eliminadas, devem ser limitadas tanto quanto possível[97].

62

IV. Em suma, os custos de agência correspondem à soma dos custos dos incentivos, dos custos da fiscalização e das perdas residuais[98].

63

D. A relação dos gestores com a sociedade: o problema de agência dos gestores (*managerial agency problem*)

D.1. Questão prévia: a separação entre a propriedade e o controlo

I. Durante séculos, o sistema económico, assente numa economia predominantemente artesanal e mercantil, retratou a imagem de um universo económico fundamentalmente *concorrencial e atomístico*, cujo personagem central era a empresa individual, explorada pelo comerciante singular. Esta representava, por excelência, o quadro institucional da organização de pequenas unidades económicas, com exíguos meios financeiros, estruturas rudimentares (reunião numa mesma pessoa da propriedade e gestão desses meios), poucos trabalhadores e

64

---

[95] Deve ainda atender-se aos custos inerentes ao processo de seleção e formação de administradores, incluindo os administradores independentes que têm sido apresentados como essenciais à fiscalização das sociedades cotadas, fazendo face aos problemas de agência dos gestores e dos acionistas controladores. Sobre o tema, *vide*, em especial, JEFFREY N. GORDON – Rise of independent directors in Italy: A comparative perspective, *Rivista delle Società*, 2007, GORDON – *The rise...*.

[96] Cfr. JENSEN e MECKLING – *The theory of the Firm...* p. 5. Cfr. também FAMA e JENSEN – *Agency Problems and Residual Claims...* p. 327.

[97] FRANCK EASTERBROOK e DANIEL FISCHEL – *The economic structure of corporate law*, Cambridge e London: Harvard University Press, 1991, p. 10.

[98] JENSEN e MECKLING – *The theory of the Firm...* p. 5-6. Cfr. também FAMA e JENSEN – *Agency Problems and Residual Claims...* p. 327. Entre nós, PEDRO MAIA – *Voto...* p. 817 refere-se a custos de aconselhamento, custos de monitorização e custos residuais, tripartição que não nos parece descrever adequadamente os diferentes custos em causa.

DA ADMINISTRAÇÃO À FISCALIZAÇÃO DAS SOCIEDADES

relações comerciais circunscritas, dirigidas a mercados locais e a uma procura estática[99].

O renascimento do comércio internacional, porém, exigia avultados investimentos e uma exposição ao risco dificilmente suportáveis pelo comerciante singular[100]. Assim, em Itália desenvolveu-se a "*commenda*" como uma das mais antigas técnicas de investimento de capital num empreendimento comercial – senão mesmo a mais antiga[101] –, normalmente associada ao comércio internacional[102].

Paralelamente, nas cidades interiores emergiu uma outra forma de financiamento de empreendimentos comerciais: a *compagnia*[103].

---

[99] José Engrácia Antunes – *Os grupos de sociedades: Estrutura e organização jurídica da empresa plurissocietária*, 2.ª ed., Coimbra: Almedina, 2002, p. 31-32.

[100] Como explica Carlo M. Cipolla – *Storia economica dell'Europa pre-industriale*, Bologna: Il Mulino, 2009, p. 184, os comerciantes necessitavam de liquidez para adquirir as mercadorias a comerciar e tinham manifestas vantagens na alavancagem dos seus empreendimentos: o aumento das disponibilidades financeiras permitia aumentar o volume de negócios e com isso a obtenção de maiores ganhos. Por outro lado, a associação a outros indivíduos permitia-lhes repartir os riscos inerentes a tais empreendimentos.

[101] Neste sentido Guido A. Ferrarini – "Origins of limited liability companies and company law modernisation in Italy: A historical outline", in Ella Gepken-Jager, et al. (eds.) – *VOC 1602-2002: 400 years of company law*, Deventer: Kluwer Legal Publishers, 2005, p. 190.

[102] Nos termos deste contrato, os "investidores", mais ou menos abastados, entregavam um determinado montante a um comerciante que se predispunha a empreender uma viagem de comércio, normalmente internacional. Se o comerciante fosse bem sucedido, os investidores teriam direito a três quartos dos lucros; se o não fosse, os investidores suportariam as perdas correspondentes.

De acordo com Cipolla – *Storia economica...* p. 184, os comerciantes anunciavam as suas viagens e, nos notários existentes nas praças e nos portos, celebravam os contratos de "*commenda*" com aqueles que preferiam o investimento ao aforro. Como realça este autor, um importante aspeto desta realidade consistia no envolvimento de todos os membros da sociedade que tivessem disponibilidades líquidas e não apenas operadores institucionais:

«Assim se ativaram o pequeno e o grande aforro, os poucos soldos da viúva e do artesão e os sacos de moedas de ouro e prata dos ricos».

No séc. XIII, a *commenda* assumiu um especial relevo em cidades como Veneza (onde tinha a designação de "*colleganza*", cfr. Cipolla, *ibidem*, Armando Sapori – Dalla "Compagnia" alla "Holding", *Rivista delle Società*, 1:1, 1956, p. 72), na qual muitos aforradores investiam as suas poupanças através deste contrato, ao ponto de Cipolla – *Storia economica...* p. 186, afirmar que o mesmo desempenhou, naqueles tempos, um papel equivalente ao atualmente desempenhado pelas ações das sociedades anónimas, permitindo que um elevado número de pessoas participasse nos lucros de grandes empreendimentos industriais, comerciais e financeiros.

No séc. XIV as técnicas comerciais foram sofrendo alterações à medida que os comerciantes viajantes se tornaram menos numerosos e foram sendo substituídos por comerciantes residentes que comerciavam a nível internacional através de agentes. Consequentemente, no séc. XV a *commenda* tinha praticamente desaparecido. Ferrarini – *Origins...* p. 190-191.

[103] Nos seus primórdios, esta estava intimamente relacionada com a família e com a entrada dos bens desta para o desenvolvimento do projeto comum. No entanto, a expansão do comércio ditou a necessidade de ampliação das suas disponibilidades financeiras, pelo que as *compagnie* foram admitindo um crescente

INTRODUÇÃO

No séc. XV destaca-se a introdução da responsabilidade limitada tanto na 67
compagnia como na "velha" *commenda*: pela lei florentina de 1408 foi instituída
a "*società in acomandita*", nos termos da qual coexistiam os sócios de responsabilidade limitada, que contribuíam com capital, e os sócios de responsabilidade
ilimitada[104].

Alguns autores, com destaque para GOLDSCHMIDT, identificaram outras 68
experiências na origem das sociedades anónimas, desde os empréstimos públicos garantidos pela cobrança de determinados impostos (*montes*)[105], às *maone*
genovesas[106] e ao Banco de São Jorge[107].

número de sócios exteriores cada vez mais distantes do círculo da família. SAPORI – *Dalla "Compagnia"
alla "Holding"*... p. 72-73.

[104] FERRARINI – *Origins...* p. 191. Tanto a *compagnia* como a *acomandita* constituíram, naquela época,
equivalentes funcionais às sociedades de responsabilidade limitada dos nossos tempos. Não podem, no
entanto, ser com estas confundidas por diversas razões: não só porque a sua organização era elementar
e a sua dimensão e necessidades económicas muito mais reduzidas do que as das companhias coloniais
(que estão na origem das atuais sociedades anónimas), mas sobretudo porque os seus administradores
respondiam ilimitadamente pelas obrigações das mesmas e porque não existia um mercado secundário
para os investimentos realizados pelos seus investidores.

[105] O Estado ou o príncipe que necessitava de capitais realizava um empréstimo público dando aos subscritores, em garantia do seu capital e juros, a cobrança privilegiada de determinados impostos (esta prática italiana era designada por *compera delle imposte*). Os credores eram inscritos num registo público e
os seus empréstimos eram divididos em partes iguais (*loca*), as quais eram livremente transmissíveis e
comerciáveis. Os titulares das *loca* formavam uma organização (*societas comperarum*) para cobrar os impostos e obter pagamento dos seus empréstimos. Em princípio, estas organizações eram temporárias, mas
algumas prolongaram-se no tempo, como foi o caso da *Maona di Chio e di Focea* (também designada por
Maona dei Giustiniani, 1346-1566). Esta *Maona* foi fundada para financiar a aquisição e operação de 29
galés, empregues na conquista de Chio e de Focea. A dívida total foi dividida em *loca* de acordo com o
modelo da *compera delle imposte*, dando a república genovesa, como garantia do reembolso, o usufruto
de Chio e Focea, junto com alguns privilégios comerciais. Os poderes da república eram exercidos por
magistrados genoveses, mas o usufruto era gerido pela *Maona*, a qual, no fim da sua vida, tinha 600 participantes. Cfr. *ibidem*, p. 192-193, LEVIN GOLDSCHMIDT – *Universalgeschichte des Handelsrecht*, Stuttgart:
Enke, 1891, p. 293-295. Note-se que a existência de 600 participantes é negada por VIGHI, que afirma
que a *maona* era dividida em 12 *duodene*, e só os titulares destas constavam como titulares do domínio da
ilha. Só estes últimos podiam «*pro tota mahona et pro omnibus et singulis participibus dicte mahone... contrahere et
disponere solutionem recipere et pacisci vendere et alia facere*». Assim, de acordo com VIGHI, só estes eram comproprietários representantes do grupo de credores do Estado. ALBERTO VIGHI – Notizie storiche sugli
amministratori ed i sindaci delle società per azioni anteriori al codice di commercio francese (Contributo
alla storia delle società per azioni), *Rivista delle Società*, 14:1, 1969, p. 670-671.

[106] GOLDSCHMIDT – *Universalgeschichte* ..., p. 290 ss. A tese de GOLDSCHMIDT, de que algumas das *maone*
genovesas eram substancialmente similares às sociedades anónimas, foi criticada por alguns autores
(cfr., *e.g.*, KARL LEHMANN – *Die geschichtliche Entwicklung des Aktienrechts bis zum Code de commerce*, reimp.,
Frankfurt a.M., 1968, p. 7 ss, VIGHI – *Notizie storiche...*, em especial, p. 667-674), que realçaram o facto de
estas constituírem associações de credores cujos empréstimos eram remunerados anualmente, de acordo
com uma percentagem fixa previamente estabelecida, correspondente apenas ao juro do capital desembolsado. Não se tratava portanto de um *dividendo*, mas sim de uma *renda* (LEHMANN – *Die geschichtliche*

DA ADMINISTRAÇÃO À FISCALIZAÇÃO DAS SOCIEDADES

69   IV. No séc. XVII, as novas técnicas comerciais, o extraordinário desenvolvimento do comércio marítimo e a crescente necessidade de capitais para financiar novos empreendimentos imporia a criação de um novo modelo associativo, nos termos do qual um crescente número de pessoas assumia uma participação de capital, sem correspondência na gestão efetiva do negócio. Assim surgiram as companhias coloniais, com especial destaque para a *East India Company*, fundada em 31 de dezembro de 1600, e para a *Vereenigde Oost-Indische Compagnie*, também conhecida por "VOC", fundada em 20 de março de 1602, e considerada a primeira antecessora das sociedades anónimas e primeira experiência do género

Entwicklung ..., p. 17, VIGHI – *Notizie storiche...* p. 668). Por sua vez, «[o]s *loca* das *Maone* genovesas eram, pelo seu fundamento jurídico, títulos de renda, não *ações*» (*ibidem*, p. 669). Acresce que, segundo parece, a *maona* não constituía um organismo em si distinto das pessoas dos seus sócios (contra, *e.g.*, HEINRICH SIEVEKING – *Historia Económica Universal*, Madrid: Editorial Revista de Derecho Privado, 1941, p. 136). Segundo VIGHI – *Notizie storiche...* p. 671, todos os contratos de concessão entre Génova e a *maona* foram celebrados individualmente com os seus *maonisti*, e não com a *maona* como tal. Finalmente, parece que os sócios da *maona* não gozavam de responsabilidade limitada (contra, FERRARINI – *Origins...* p. 193). Pelo contrário, refere VIGHI – *Notizie storiche...* p. 671, é ilustrativo um passo dos *libri jurium*, II, col. 571, de acordo com o qual os *maonisti* garantiam *con ogni loro avere* o cumprimento das obrigações constantes do contrato celebrado com o estado de Génova. Não obstante, as *maone* eram organizações complexas, com uma estrutura de governo encarregue da representação dos interesses de uma massa de investidores (FERRARINI – *Origins...* p. 193) que, de alguma forma, antecedeu aquela que viria a caracterizar as companhias coloniais.

[107] GOLDSCHMIDT – *Universalgeschichte* ..., p. 296 ss. O Banco de São Jorge foi fundado em 1407 como *Officium procuratorum S. Georgii* para consolidar um conjunto de *comperae delle imposte*. Em 1454 este administrava praticamente toda a dívida pública de Génova no interesse dos respetivos credores. Os *loca* emitidos pelo banco eram registados nos livros públicos, onde também eram anotadas as respetivas transmissões, sendo emitidas certidões a pedido, para comprovar os dados registados em tais livros públicos. A sua estrutura de governo era oligárquica, cabendo o poder aos maiores participantes. O banco era gerido por oito protetores, com 100 *loca* caca, cabendo o poder de fiscalização e controlo a um conselho de 480 participantes, com 10 *loca* cada. Com o tempo, o banco tornou-se numa autoridade soberana, – *dominus et status*, como se intitulava nos seus documentos –, um Estado dentro do Estado, de acordo com a descrição de Niccolò Machiavelli (FERRARINI – *Origins...* p. 194). De acordo com LEVIN GOLDSCHMIDT – *Universalgeschichte* ..., p. 296 ss., o banco pagava dividendos a partir do *cash flow* gerado pela cobrança de impostos nas colónias genovesas (incluindo a Córsega) cujo usufruto lhe foi concedido em troca de financiamento ao Estado, sendo assimilável às sociedades anónimas. Também esta assimilação foi criticada por diversos autores, entre os quais VIGHI – *Notizie storiche...* p. 669-670, que negava a qualificação de dividendos aos montantes distribuídos pelo banco aos seus participantes. De acordo com este autor, tratava-se, tal como nas *maone*, de uma renda fixa que, a partir de 1418, passou a renda variável, pela simples razão de que o banco não tinha condições financeiras para continuar a pagar juros de 7% ao ano. Apesar disso, como realça FERRARINI – *Origins...* p. 195, havia algumas semelhanças entre o Banco de São Jorge e as sociedades anónimas: a emissão de instrumentos financeiros (*loca*), livremente transmissíveis num mercado significativo, os quais, não obstante a sua qualificação como títulos de dívida, concediam aos seus titulares direito a uma renda variável em função do *cash flow* do banco. MENEZES CORDEIRO – *Da responsabilidade civil...* p. 77, realça ainda a multiplicidade de participantes e a limitação da sua responsabilidade.

INTRODUÇÃO

no mundo[108]. Tanto numa como noutra companhia, essa gestão era confiada aos antecessores dos atuais conselhos de administração das sociedades anónimas[109].

Na VOC verificou-se uma socialização do capital[110] a que não correspondeu, porém, uma socialização do poder económico. Os grandes comerciantes holandeses solicitavam a entrada de capitais mas não o consenso. Desde cedo, a VOC assumiu, por isso, um carácter oligárquico que se viria a acentuar com o tempo[111]. A sua organização interna distinguia-a claramente das suas congéneres inglesas: poder absoluto dos administradores, sem qualquer possibilidade de os acionistas fazerem sentir a sua influência[112].

70

[108] Apesar de as companhias coloniais serem apontadas como os primeiros empreendimentos económicos baseados numa grande dispersão de capital e concentração do poder de administração, o mesmo fenómeno pode ser observado em situações anteriores, como vimos. Cfr., CLEMENT BATES – *Law of Limited Partnership*, Boston: Little, Brown, 1886, p. 18-21, STANLEY E. HOWARD – The Limited Partnership in New Jersey, *Journal of Business of the University of Chicago*, 7:4, 1934, p. 296-317, também citados por ROBERT HESSEN – The modern corporation and private property: A reappraisal, *The Journal of Law and Economics*, 26:2, 1983, p. 282-283. Cfr. ainda, *e.g.*, WALTER WERNER – Corporation Law in Search of Its Future, *Columbia Law Review*, 81, 1981, p. 1611. Entre nós, *vide, e.g.*, JOSÉ PIRES CARDOSO – *Problemas do anonimato: Fiscalização das sociedades anónimas*, 2, Lisboa: Empresa Nacional de Publicidade, 1943, p. 27-36. Apesar de a *East India Company* ter sido constituída dois anos antes, só mais tarde reuniu as condições essenciais que permitiam caracterizá-la como antecessora da sociedade anónima, como veremos adiante. Entre nós, cfr., por todos, MENEZES CORDEIRO – *Tratado*, 4... p. 689-690, *v.g.*, que sustenta que as primeiras grandes companhias estão na origem das atuais sociedades anónimas e que às mesmas se deve o desenvolvimento da dogmática da personalidade coletiva (destacando o pioneirismo do *octrooi* da VOC).

[109] Na *East India Company* a administração cabia ao *Governor* e ao *Court of Directors*, enquanto representantes dos acionistas, e, na VOC, aos *Heeren XVII*, enquanto representantes das *Kamers* das cidades portuárias de Amesterdão, Delft, Roterdão, Enkhuizen, Hoorn e Midelburgo.

[110] A composição social da VOC, que se destaca pelo seu pioneirismo e influência (como destaca MENEZES CORDEIRO – *Tratado*, 4... p. 689-690), foi descrita em 1610 pelo embaixador veneziano em Amesterdão, Tomaso Contarini, da seguinte forma:

> «*di sei milioni et seicento milli fiorini di Fiandra, che sonno soldi cinquanta per uno, è il capitale di questa compagnia dell'Indie, nella quale sono interessate persone di ogni qualità, havendone parte mercanti et del paese et stranieri, et oltre molti cavalieri Inglesi et Francesi, dicevasi anco l'istesso Re di Francia; essendo ella già stata formata libera, con facultà a chi si voglia nel termine di sei mesi di entrarvi per la summa, che più gli piacesse. Onde fra i servitori et le serventi delle case in quelle parti molti vi sono, che hanno voluto havervi portione, qual di trenta, qual di cinquanta fiorini più et meno, secondo la misura et le forze della loro povera fortuna*».

Cfr. N.D. – Le Compagnie olandesi del secolo XVII nelle Relazioni degli ambasciatori veneti, *Rivista delle Società*, 5:3, 1960, p. 584.

[111] FRANCESCO GALGANO – *Storia del diritto commerciale*, Bologna: Società editrice il Mulino 1976, p. 116.

[112] Apesar de o *octrooi* de 1602 – que pode ser consultado, tanto na sua versão original, como na sua transcrição e na sua tradução para inglês, em ELLA GEPKEN-JAGER, GERARD VAN SOLINGE e TIMMERMAN LEVINUS – *VOC 1602-2002: 400 Years of Company Law*, Deventer: Kluwer Legal Publisher, 2005, p. 1-38 – não distinguir, os acionistas dividiam-se entre "participantes principais" e "sub-participantes". Os primeiros acabariam por ver a sua posição legalmente reconhecida no renovado *octrooi* de 1622, sendo-lhes conferido o direito a nomear os *bewindhebbers* (administradores) e um limitado poder de controlo da gestão, mas a situação de facto manter-se-ia inalterada dados os laços económicos e sociais que uniam

DA ADMINISTRAÇÃO À FISCALIZAÇÃO DAS SOCIEDADES

71 O modelo da VOC acabou por influenciar a evolução de inúmeros sistemas europeus ao longo de séculos[113]. Distinguia-se do modelo "democrático" inglês, do qual o primeiro exemplo é a *East India Company*, fundada em 1600, que sucedeu a séculos de evolução do Direito corporativo inglês, através dos *guilds*, das *corporations* e das *regulated companies*. O seu *charter* permitia «*to make reasonable laws by the greatest part of a general assembly*». A soberania residia na coletividade dos participantes, em pé de igualdade, que elegiam anualmente os administradores e determinavam a sua remuneração quando o andamento dos negócios o justificava. Podiam ainda acompanhar a atividade social através da consulta dos livros da sociedade em qualquer momento. Cada sócio tinha direito a um voto, independentemente da sua participação no capital social, que só podia exercer pessoalmente, como só pessoalmente podia exercer o direito de inspeção dos livros da sociedade. Tinha ainda direito à repartição periódica de lucros e ao reembolso do capital em caso de liquidação da sociedade[114].

72 A VOC e a *East India Company* distinguiam-se ainda pela dimensão da sua base acionista: dispersa na primeira, restrita na segunda[115]. No caso da VOC, o art. 10 do *octrooi* admitia, desde 1602, a participação de qualquer pessoa. No caso da *East India Company*, foi necessário quase um século para que a mesma ideia tivesse eco[116]. Enquanto na VOC era livre a transmissão de participações, o mesmo não se verificava na *East India Company*, onde a desconfiança face aos *outsiders* e a elevada taxa de admissão fazia corresponder o interesse da companhia ao interesse de uma casta[117].

estes acionistas aos *bewindhebbers*. Os segundos eram considerados como uma espécie de credores, tendo sido sempre excluídos de qualquer forma de controlo sobre a sociedade. Cfr. ARIBERTO MIGNOLI – Idee e problemi nell'evoluzione della "company" inglese, *Rivista delle Società*, 5:4, 1960, p. 639-641. Manteve-se assim um abismo entre administradores e acionistas dado que, apesar das soluções consagradas logo no *octrooi* de 1602, os acionistas eram mantidos à margem da vida da sociedade, não acedendo sequer a qualquer informação sobre os negócios da mesma. Entre tais soluções destacam-se: os diretores deviam fechar as contas ao fim de dez anos, findos os quais os participantes podiam retirar o seu investimento (cfr. art. 9); os sócios podiam, através de um representante, aceder à administração para ser informados sobre o estado do ativo e do passivo da sociedade (cfr. art. 16); sempre que em caixa existisse cinco por cento, devia o mesmo ser repartido pelos participantes (cfr. art. 17).

[113] Destaca-se o Direito alemão, ao qual tanto deve o Direito da sociedade anónima. Cfr. FELIX HECHT – *Zur Reform des Aktiengesellschaftsrechts*, Berlim: Simion, 1882, p. 23.

[114] *Ibidem*, p. 118.

[115] GALGANO – *Storia...* p. 118-119, MIGNOLI – *Idee e problemi...* p. 669-670.

[116] Durante todo este período, a *East India Company* continuou a ser caracterizada como uma associação de comerciantes ("*merchant adventurers*"), na qual participavam essencialmente três tipos de pessoas: comerciantes de Londres, cortesãos ou pessoas politicamente influentes e descobridores de novas terras (e só ocasionalmente cidadãos ou comerciantes da província). Cfr. MIGNOLI – *Idee e problemi...* p. 669-670.

[117] Só com a eliminação do direito de exoneração dos participantes e da taxa de admissão, a partir de 1688, se pode afirmar a livre transmissibilidade de participações nesta companhia. *Ibidem*, p. 671-672.

INTRODUÇÃO

Assim, na *East India Company*, a democracia interna andava a par do isola-   73
mento face ao exterior, o qual precludia a participação da pequena e média burguesia e concentrava o controlo nas mãos dos mais ricos e influentes comerciantes e aristocratas, refletindo também a este nível o equilíbrio de forças existente,
na Inglaterra do séc. XVII, entre a aristocracia e a burguesia[118]. A abertura face ao
exterior levou ao desenvolvimento de um fenómeno já experimentado na VOC,
mas que seria primeiramente teorizado por autores britânicos: a dissociação
entre a propriedade e o controlo[119].

IV. No final do séc. XVIII, assistiu-se a nova transformação do modelo econó-   74
mico, caracterizado já não pela excecionalidade e pelos privilégios monopolistas
típicos das companhias coloniais, mas por um reconhecimento geral da impres-
cindibilidade de uma idêntica estrutura societária para o desenvolvimento dos
grandes empreendimentos industriais que surgiram na sequência da primeira
e da segunda revoluções industriais. O modelo atomístico-concorrencial das
pequenas empresas individuais, que subsistira e caracterizara o sistema económico à margem das companhias coloniais, foi dando progressivamente lugar a
um modelo de *concentração* da atividade económica na empresa coletiva, explorada pela sociedade anónima. Só esta permitia dar resposta às novas exigências
de natureza financeira, organizativa e jurídica da produção industrial[120].

Enquanto técnica jurídica de organização da empresa moderna, a sociedade   75
anónima aparecia assim como que predestinada a fornecer a estrutura legal
necessária ao funcionamento do sistema económico então emergente, em virtude da sua aptidão única para institucionalizar juridicamente os imperativos
financeiros, organizativos e jurídicos inerentes à dinâmica concentracionista

---

[118] GALGANO – *Storia...* p. 119.
[119] A este propósito são esclarecedoras as palavras de ADAM SMITH – *Inquérito sobre a natureza e as causas da riqueza das nações*, 2, 4.ª ed., Lisboa: Fundação Calouste Gulbenkian, 2006, p. 362, 363, para quem as *companies* facilitam a especialização, permitindo desta forma aos indivíduos alcançar uma maior produtividade. O mesmo autor alertava, no entanto, para o facto de as *companies* apresentarem um importante inconveniente face a outras formas tradicionais de organização económica, por exigirem a contratação de gestores profissionais que

> «sendo gestores, mais do dinheiro de terceiros do que do seu próprio dinheiro, não se pode esperar que cuidem dele com a mesma vigilância aturada com que frequentemente os membros de uma sociedade privada cuidam do seu. (...) Deste modo a negligência e o esbanjamento têm sempre, mais ou menos, que prevalecer na administração dos negócios de uma companhia deste tipo».

ADAM SMITH afirmava assim que os proprietários de grandes *companies* teriam maior dificuldade em fiscalizar e controlar a atuação dos respetivos gestores, pelo que este modelo de organização económica teria um uso limitado. Apesar de a história ter desmentido esta previsão, a identificação dos problemas relacionados com a gestão do património social por gestores profissionais foi indiscutivelmente acertada.
[120] ENGRÁCIA ANTUNES – *Os grupos...* p. 33-34.

DA ADMINISTRAÇÃO À FISCALIZAÇÃO DAS SOCIEDADES

desse mesmo sistema[121]. A importância da sociedade comercial foi sublinhada por BUTLER, então *president* da Columbia University, em Nova Iorque:

> «*I weigh my words when I say that in my judgement the limited liability corporation is the greatest single discovery of modern times, whether you judge it by its social, by its ethical, by its industrial or, in the long run – after we understand it and know how to use it – by its political, effects. Even steam and electricity are far less important than the limited liability corporation and would have been reduced to comparative impotence without it*»[122].

76   A evolução e desenvolvimento das sociedades anónimas determinou, em grande medida, uma progressiva dispersão do capital e uma correspondente concentração da gestão social nas mãos de gestores profissionais, com participações de capital minoritárias ou mesmo sem qualquer participação. Esta separação entre a propriedade e o controlo foi primeiramente abordada por ADAM SMITH no séc. XVIII[123], mas foi só em 1932, na sequência de estudos como os desenvolvidos por VEBLEN[124], CARVER[125] e RIPLEY[126], que BERLE e MEANS lançaram a discussão sobre a relação dos administradores com a sociedade e os seus acionistas[127], nos termos em que ainda hoje tem lugar.

77   V. Naquela que seria, tanto do ponto de vista económico como jurídico, uma das obras de referência nos Estados Unidos no séc. XX – *The Modern Corporation and Private Property* –, BERLE e MEANS afirmam o começo de uma nova era de organização económica, devida à separação entre a titularidade e o controlo das grandes sociedades anónimas (nas quais, realçavam, se verificava uma crescente

---

[121] *Ibidem*, p. 37.

[122] NICHOLAS M. BUTLER – *Why should we change our form of government?: Studies in practical politics*, New York: Charles Scribner's sons, 1912, p. 82.

[123] Cfr. nota 119 *supra*.

[124] THORSTEIN VEBLEN – *Absentee ownership: Business enterprise in recent times: The case of America*, New York: B.w.Heubsch, 1923.

[125] THOMAS NIXON CARVER – *The present economic revolution in the United States*, Boston: Little, Brown, 1925.

[126] WILLIAM Z. RIPLEY – *Main Street and Wall Street*, Boston: Little, Brown, 1927.

[127] Como referimos antes, também JOHN MAYNARD KEYNES – *The end of laissez-faire*, London: L. & Virginia Woolf, 1926 afirmava a tendência da "*big enterprise*"

> «para se tornar numa grande instituição (...) em que os proprietários do capital, i.e., os proprietários das partes sociais, estão já por completo dissociados da direcção, resultando daí que o seu imediato interesse pessoal em obterem um grande lucro se torna absolutamente secundário» [segundo tradução de ORLANDO DE CARVALHO – *Critério e estrutura do estabelecimento comercial*, 1 – O problema da empresa como objecto de negócios, Coimbra: s.n., 1967, p. 303 (nota 117)].

INTRODUÇÃO

concentração de poder económico[128]), baseada em três proposições fundamentais: (i) via de regra, a grande sociedade anónima é detida por tantos acionistas que nenhum deles (ou conjunto deles) detém uma fracção significativa do seu capital social; (ii) em geral, os gestores da sociedade detêm apenas uma percentagem muito pequena do capital da sociedade; e por último, (iii) os interesses dos gestores da sociedade diferem em grande medida dos interesses dos seus acionistas[129].

Apesar da incorreção relativa à verificação histórica da separação entre propriedade e controlo – que, como vimos anteriormente, se verificava há muito

78

---

[128] Apresentando uma lista das 200 maiores sociedades não financeiras nos Estados Unidos, em 1930, que detinham 49% da riqueza societária não bancária. Cfr. BERLE e MEANS – *The modern corporation*... p. 18-46.

[129] Na sua análise, BERLE e MEANS explicam como o desenvolvimento da moderna sociedade anónima dissociou a "propriedade nominal" do poder de controlo que normalmente lhe estava associado. Para ilustrar este fenómeno, os autores estabelecem um paralelo entre o trabalhador independente que, ao ser integrado numa fábrica, passa a ser um trabalhador assalariado, sujeito ao poder de direção de outrem, e o proprietário de um determinado montante de capital que, ao investir numa sociedade anónima, coloca esse capital à disposição da administração desta, trocando a sua posição de proprietário independente por uma posição de beneficiário dos proveitos do seu investimento de capital. *Ibidem*, p. 5-7, e 64-65.

De acordo com estes autores, a sociedade anónima tornou-se, na prática, tanto num regime de propriedade, como numa forma de organização da vida económica baseada na concentração da riqueza de inúmeros indivíduos e na comissão da sua gestão a uma direção unificada. Cfr. *ibidem*, p. 4. Assim, assistimos à transição de um modelo de organização económica caracterizado pela intervenção direta do comerciante na sua atividade comercial (sendo o responsável pelas entradas de capital e pela gestão da atividade) para um modelo caracterizado pela especialização de funções, potencialmente opondo os sócios aos administradores. Por outras palavras, estes autores afirmam que o proprietário da sociedade passou de uma posição ativa, de controlo direto e imediato sobre a atividade societária, para uma posição passiva, de titularidade de uma participação social à qual estão adstritos um conjunto de direitos e deveres, sem controlo direto sobre aquela atividade e sobre os meios de produção.

Enquanto ao proprietário da riqueza resta apenas um símbolo da sua propriedade, o poder, a responsabilidade e a substância que outrora integravam o conceito de propriedade foram transferidos para o grupo que detém o controlo. Cfr. *ibidem*, p. 64, 65.

Os autores definiram vagamente o conceito de "controlo", referindo-se, numa perspetiva pragmática, ao poder real de um indivíduo ou grupo de indivíduos de determinar a eleição do conselho de administração (ou a sua maioria), seja pelo exercício do seu direito de voto ("controlando" direta ou indiretamente a maioria dos votos necessários para o efeito), seja pelo exercício da pressão e influência necessárias para determinar a sua escolha. Este conceito de "controlo" societário pode ainda referir-se ao poder de determinar a conduta do conselho de administração (e não a sua escolha). O exemplo apresentado é o de um banco que determina a política de uma sociedade gravemente endividada. Não obstante, na maioria dos casos, o "controlo" identifica-se com o poder de escolha do conselho de administração. Partindo desta definição, os autores identificaram cinco formas de "controlo" societário: (i) o controlo através da titularidade quase total (*control through almost complete ownership*); (ii) o controlo por participação maioritária (*majority control*); (iii) o controlo por meios legais (*control through a legal device*); (iv) o controlo por participação minoritária (*minority control*); e (v) o controlo pela administração (*management control*). Enquanto as três primeiras formas têm base legal e se baseiam no exercício do direito de voto, as duas últimas são formas de controlo *de facto*, ou "extra-legais". Cfr. *ibidem*, p. 5-7, 66-111.

DA ADMINISTRAÇÃO À FISCALIZAÇÃO DAS SOCIEDADES

–, a análise sistemática dos autores, conjugada com os dados estatísticos apresentados, chamou a atenção para a propagação desse fenómeno nas "sociedades gigantescas"[130] norte-americanas no início do séc. XX, numa altura em que tanto a doutrina económica e jurídica, como o público em geral, se encontravam muito recetivos às afirmações apresentadas, atendendo à rutura da bolsa norte-americana em 1929 e à crise económica que se seguiu[131].

79   Não obstante partirem da constatação do facto da separação entre propriedade e controlo nas "gigantescas" sociedades norte-americanas (caracterizadas pela enorme dispersão do capital), que pouco releva para efeitos do presente estudo[132], os mesmos autores cedo afirmaram que a referida separação poderia verificar-se em diferentes graus, desde a separação absoluta típica das sociedades americanas, com o seu capital completamente disperso no mercado, às sociedades dominadas por um acionista controlador, onde essa separação tem lugar apenas face aos demais acionistas[133]. Assim, aquela separação pode verificar-se em todas as sociedades cuja dimensão ou complexidade da sua atividade impliquem uma especialização da sua administração ou uma concentração do controlo societário nas mãos de algum ou alguns sócios controladores, implicando uma alienação dos demais sócios face à atividade social.

80   Entre nós, em 1943, nas palavras de PIRES CARDOSO, as sociedades anónimas revestiam as mesmas características fundamentais:

> «[d]istingue a sociedade anónima, além do mais, essa qualidade específica e primordial de a propriedade dos bens se encontrar normalmente separada da sua gerência; o capital pulverizado em milhares de parcelas e por milhares de pessoas não tem a geri-lo todos os seus proprietários, que na sua grande maioria se encontram afastados da administração dos negócios e até do conhecimento deles. Esta separação entre a propriedade e a gestão enforma de baixo a cima a instituição do Anonimato»[134].

---

[130] Qualificação usada pelos autores para distinguir e classificar sociedades cujos ativos excediam 100.000.000 de dólares. *Ibidem*, p. 27.

[131] Para uma análise sistemática e crítica sobre a obra de BERLE e MEANS, cfr. GEORGE J. STIGLER e CLAIRE FRIEDLAND – The literature of Economics: The case of Berle and Means, *Journal of Law and Economics*, 26:2, 1983, p. 237-268.

[132] Atendendo não só à natural desatualização dos dados estatísticos apresentados, mas ainda ao facto de esta estrutura societária norte-americana não ter, em geral, paralelo entre nós. Neste sentido, já na década de 1960, A. SEBASTIÃO GONÇALVES – *O capital das sociedades anónimas: posição dos accionistas do ponto de vista económico*, 3.ª ed., Lisboa: edição do autor, 1961, p. 10.

[133] BERLE e MEANS – *The modern corporation...* p. 5-6.

[134] PIRES CARDOSO   *Fiscalização...* p. 18-19.

IV. Do legado de Berle e Means, para efeitos do presente estudo, interessa sobretudo a estrutura analítica (apresentada em 1932) baseada em três proposições centrais, a saber: (i) quanto maior e mais complexa é uma sociedade, maior será, em princípio, a dispersão do seu capital social e a especialização da sua administração, consubstanciando uma maior ou menor separação da propriedade e do controlo societário; (ii) atendendo a essa separação, em geral, os administradores e gestores da sociedade detêm apenas uma pequena parcela do capital social ou não são sequer sócios da mesma; e, por último, (iii) numa estrutura desse tipo, os interesses dos administradores diferem em grande medida dos interesses dos sócios, atendendo à sua diferente posição face à sociedade, à sua atividade e ao risco envolvido.

Esta estrutura analítica está na base da teoria dos problemas e dos custos de agência que, por sua vez, tem permitido explicar a razão de ser da fiscalização das sociedades comerciais, numa perspetiva económica.

D.2. A relação dos gestores com a sociedade: o problema de agência dos gestores (*managerial agency problem*)

I. Como referimos antes, o problema de agência dos gestores é fruto da separação entre a propriedade e o controlo da sociedade e consiste na dificuldade dos sócios em motivar os gestores da sociedade a atuar de acordo com os melhores interesses desta. Segundo a doutrina económica:

(i) há uma tendência natural dos gestores para maximizar o seu bem-estar em prejuízo dos interesses da sociedade, que será tanto mais acentuada quanto maior for a separação entre a titularidade e o controlo da sociedade;

(ii) por mais informação que um sócio de uma sociedade obtenha através do exercício dos seus direitos legais e contratuais, dificilmente atinge o mesmo nível de informação dos administradores (que analisaram todos os factos que consideram relevantes para decidir sobre a melhor opção para a sociedade perante uma determinada situação concreta); e

(iii) os sócios suportam os custos resultantes dessa divergência de interesses.

Não obstante a comunhão de determinados objetivos inerentes ao desenvolvimento da sociedade, atendendo a que ambas as partes tendem naturalmente a maximizar o seu bem-estar no desenvolvimento da sua relação, é expectável que o agente nem sempre atue de acordo com os melhores interesses do principal[135].

---

[135] Pedro Maia – *Voto...* p. 805-806 vai mais longe, sugerindo que os administradores não têm um objetivo comum aos acionistas.

85   A assimetria de informação é relevante por implicar uma dificuldade real dos sócios em determinar se os administradores da sociedade cumpriram efetivamente as suas obrigações para com a sociedade. O não cumprimento pontual das suas obrigações pode traduzir um conflito de interesses ou, simplesmente, um aproveitamento dos recursos da sociedade de forma não inteiramente compatível com os melhores interesses da sociedade (incluindo fenómenos de sobre-expansão, sobre-investimento, excesso de endividamento ou assunção excessiva de risco)[136].

86   O resultado final é claro. Todos os custos de ineficiência que não sejam suportados por credores específicos – *i.e.*, contrapartes da sociedade em relações contratuais determinadas – serão necessariamente suportados pelos "credores residuais" da sociedade, *i.e.* os sócios. Assim, quanto maior for a separação entre a propriedade e o controlo da sociedade, resultante da dispersão do capital social e da concentração da administração, maior será a dificuldade de os sócios poderem exercer suficiente pressão sobre a administração, para que esta seja o mais diligente possível na prossecução dos interesses da sociedade, controlando a sua tendência natural para prosseguir interesses pessoais e fiscalizando a conduta de todos os seus subordinados. No extremo, a dispersão do capital implica que os sócios sejam praticamente impotentes e, como tal, passivos face à conduta da administração. São "proprietários" da sociedade, mas ficam desprovidos do "poder de controlo" para determinar a conduta social.

87   II. A assimetria informativa é justificada ainda pelo chamado *collective action problem*. Em primeiro lugar, o sócio que detém uma pequena parcela do capital social tende a considerar que o seu voto não é decisivo, não tendo por isso um incentivo para investir parte do seu tempo e dos seus recursos na análise dos assuntos da sociedade e no exercício do seu direito de voto com base em informação adequada[137].

88   Em segundo lugar, a análise dos assuntos da sociedade comporta custos que são *integralmente* suportados pelo sócio que pretenda intervir na sociedade (independentemente da percentagem de capital social de que o mesmo seja detentor), mas os benefícios eventualmente decorrentes da sua intervenção fiscalizadora são *repartidos* por todos os sócios na proporção das suas participações[138]. Na medida em que suporta todos os custos e reparte os benefícios, o

---

[136] FERNANDO ARAÚJO – *Introdução*, p. 426 (nota 2172).

[137] BERNARD S. BLACK – Shareholder passivity reexamined, *Michigan Law Review*, 89, 1990, p. 527, EASTERBROOK e FISCHEL – *The Economic Structure...* p. 66.

[138] O benefício obtido pelos sócios que não realizaram idêntico investimento na intervenção nos assuntos da sociedade é descrito como um *"free-riding problem"*. BLACK – *Shareholder passivity...* p. 528, EASTERBROOK

INTRODUÇÃO

resultado líquido da sua intervenção tende a ser negativo. Constitui, pois, um incentivo ao afastamento face à administração da sociedade e à concreta conduta do agente, à passividade[139] e à "apatia racional"[140].

III. A total alienação dos sócios face à sociedade verifica-se apenas no contexto de uma significativa dispersão do capital social, situação típica das grandes sociedades anglo-americanas[141], menos frequente no resto do mundo, onde tendencialmente pelo menos um dos sócios tem uma participação relevante que lhe permite exercer alguma pressão sobre a administração. No entanto, mesmo nestes casos, verifica-se sempre um problema de agência. Este poderá ser menos intenso na relação da administração com o sócio controlador, mas continua a ser relevante na relação da administração com os sócios minoritários. Acresce que, nestes casos, o problema de agência dos gestores acresce ao relativo ao acionista controlador que analisamos em seguida: a administração da sociedade terá uma tendência natural para maximizar não só os seus interesses, mas ainda os interesses do sócio controlador, em prejuízo da sociedade (e, logo, dos sócios minoritários)[142].

89

---

e FISCHEL – *The Economic Structure...* p. 172.

[139] *Vide*, a este propósito, a *"passivity story"* contada por BLACK – *Shareholder passivity...* p. 522, 526-529.

[140] Cfr., *v.g.*, *ibidem*, p. 524, EASTERBROOK e FISCHEL – *The Economic Structure...* p. 66-67, FRANCK EASTERBROOK e DANIEL FISCHEL – Voting in corporate law, *The Journal of Law and Economics*, 26, 1983, p. 402-403. Entre nós, cfr. PEDRO MAIA – *Voto...* p. 791, 816-817 (nota 1279).

[141] Sobre a concentração de poder económico em grandes sociedades nos Estados Unidos, cfr. BERLE e MEANS – *The modern corporation...* p. 18 ss. Segundo BLACK – *Shareholder passivity...* p. 522, esta perspetiva das sociedades norte-americanas está atualmente cada vez mais obsoleta, face ao desenvolvimento da posição dos investidores institucionais.

[142] Segundo JENSEN e MECKLING, existem três cenários relevantes: o primeiro, em que o administrador é o sócio único da sociedade, suportando todos os custos e todos os benefícios; o segundo, em que se assiste a uma alienação progressiva das participações sociais do sócio-administrador, que leva a que o mesmo pondere diferentemente a relação custo-benefício da sua atuação, uma vez que o risco é partilhado com os demais sócios; e um terceiro e último cenário, em que o sócio-administrador não detém qualquer participação na sociedade.

No primeiro caso, o sócio-administrador tende a gerir a atividade social de forma a maximizar os seus interesses pessoais. Entre os interesses que procurará maximizar incluem-se não apenas benefícios de natureza pecuniária (como os derivados, por exemplo, de distribuições de dividendos), mas também muitos outros de natureza diversa, associados ao desenvolvimento pessoal da sua atividade, *e.g.*: localização do seu escritório, aparência dos seus colaboradores, nível de disciplina dos mesmos, contribuições para ação social, relações pessoais (amizade, respeito e outras) com os seus colaboradores, ou aquisição de produtos e serviços a amigos e conhecidos. Segundo JENSEN e MECKLING, a combinação óptima (na ausência de impostos) entre os vários benefícios pecuniários e não pecuniários é atingida quando a utilidade marginal derivada da despesa de um dólar (líquido de efeitos produtivos) é igual para cada elemento não pecuniário e igual à utilidade marginal derivada de um dólar adicional de poder de compra após impostos (riqueza). JENSEN e MECKLING – *The theory of the Firm...* p. 10-11.

DA ADMINISTRAÇÃO À FISCALIZAÇÃO DAS SOCIEDADES

E. A relação do sócio controlador com a sociedade: o problema de agência do sócio controlador (*controlling shareholder agency problem*) e sua compensação (*o controlling shareholder tradeoff*)

E.1. A relação do sócio controlador com a sociedade: o problema de agência do sócio controlador (*controlling shareholder agency problem*)

90   I. A constituição da sociedade comercial assenta na manifestação de uma vontade comum dos sócios (quando não seja constituída por um sócio apenas) dirigida à criação de um ente social, com um património próprio distinto do seu, para prosseguir em comum uma determinada atividade social, através da qual procuram alcançar um determinado proveito económico. Assim,

> «a sociedade é expressão de um conjunto de interesses individuais que se harmonizam quanto ao meio de realização, mas não deixam de ser interesses do sujeito que os formulou, limitando-se a aceitar a transferência da sua realização para o modo colectivo»[143].

Se o sócio-administrador vender participações sociais (de natureza idêntica à sua) a terceiros, a divergência entre os seus interesses e os dos novos sócios gerará custos de agência, na medida em que passará a suportar apenas uma fração dos custos dos seus benefícios não-pecuniários associados à maximização dos seus interesses. Se o administrador detiver 95% do capital social, tende a despender recursos até ao ponto em que a utilidade marginal derivada da despesa de um dólar de recursos da sociedade em benefícios não-pecuniários seja igual à utilidade marginal de 95 cêntimos adicionais de poder de compra geral (*i.e.*, a sua participação na redução de riqueza) e não um dólar. Cfr. *ibidem*, p. 11. A extração de tais benefícios pelo sócio-administrador pode ser limitada (mas provavelmente não eliminada) pelo investimento de recursos pelos sócios minoritários em atividades de fiscalização.

À medida que for decrescendo a participação do sócio-administrador e, correspondentemente, a sua participação nos dividendos sociais, será maior a sua tendência para obter benefícios especiais (por oposição aos interesses comuns dos sócios) e, logo, será maior o interesse dos demais sócios na fiscalização da sua conduta. Paralelamente, o custo a suportar pelo sócio-administrador na obtenção de capital no mercado aumentará à medida que decrescer a sua participação social, até ao caso extremo em que não detenha qualquer participação na sociedade. JENSEN e MECKLING – *The theory of the Firm...* p. 11-12. Note-se que, neste caso, JENSEN e MECKLING usam um conceito restrito de benefícios especiais, referente apenas aos benefícios decorrentes da sua posição de administrador, excluindo portanto os benefícios inerentes à qualidade de sócio controlador, ainda que esta última qualidade possa potenciar a obtenção daqueles benefícios. Este conceito restrito contrapõe-se àquele outro, mais amplo, que abrange todos os benefícios económicos que, independentemente da sua fonte, não são repartidos entre todos os sócios na proporção da sua participação social, sendo apropriados exclusivamente pelo sócio controlador. Cfr. ALEXANDER DYCK e LUIGI ZINGALES – Private benefits of control: An international comparison, *The Journal of Finance*, 59:2, 2004, p. 540-541.

Em suma, na ausência de outros mecanismos, quanto maior a separação entre a propriedade e o controlo, mais ineficiente tende a ser a administração da sociedade.

[143] CASSIANO DOS SANTOS   *Estrutura associativa...* p. 94.

INTRODUÇÃO

No entanto, os interesses inicialmente harmonizados no momento da constituição da sociedade podem divergir num momento posterior da vida da sociedade. Acresce que, para além do núcleo de interesses comuns, cada sócio individualmente considerado tem interesses próprios que podem divergir ou colidir com os interesses dos demais[144].

II. Entre os possíveis conflitos de interesses entre sócios, destaca-se aquele que opõe o sócio controlador aos demais sócios. Este traduz-se igualmente num conflito entre o sócio controlador e a própria sociedade, entendida como expressão do interesse comum dos sócios enquanto sócios. Este conflito é designado pela doutrina económica como *controlling shareholder agency problem* e apresentado como o mais relevante problema do Direito das sociedades comerciais em mercados caracterizados por concentração do capital, dos quais Portugal é um exemplo paradigmático. Verificando-se uma tal concentração em quase todos os mercados (com exceção do norte-americano e do britânico), este problema tem sido alvo de atenção de grande parte da doutrina internacional sobre o governo e o financiamento das sociedades comerciais, tanto do ponto de vista teórico como empírico[145]. Enquanto nos mercados caracterizados por dispersão do capital o principal desafio reside no alinhamento dos interesses dos administradores e gestores com os interesses da sociedade, a existência de um sócio controla-

---

[144] Cfr. *ibidem*. Neste sentido, JORGE COUTINHO DE ABREU – *Curso de direito comercial*, 2, 4.ª ed., Coimbra: Almedina, 2013, p. 304-306, distingue os interesses dos sócios entre interesses (i) *sociais*: interesses dos sócios enquanto sócios, incindíveis da participação social, e (ii) *extra-sociais*: interesses dos sócios enquanto terceiros, dissociando nos primeiros os (a) interesses *comuns* ou *coletivos* e os (b) interesses *individuais*.
Sobre o modo coletivo, cfr. MENEZES CORDEIRO – *Direito das sociedades*, 1³... p. 286-287.

[145] Substituindo-se assim ao tema das ofertas públicas de aquisição hostis nos mercados norte-americano e britânico, também discutido noutros quadrantes, incluindo a União Europeia, onde foi especialmente debatido a propósito da 13.ª Diretriz de Direito Societário (Diretriz 2004/25/CE do Parlamento Europeu e do Conselho de 21 de abril de 2004 relativa às ofertas públicas de aquisição, JO L 142 de 30/04/2004, p. 0012–0023). Cfr. RONALD J. GILSON – Controlling shareholders and corporate governance: Complicating the comparative taxonomy, *Harvard Law Review*, 119:6, 2006, p. 1642.
Para o desenvolvimento desta questão – que está na base dos estudos sobre proteção dos investidores e o seu papel no desenvolvimento dos mercados de capitais, em especial, os estudos de LA PORTA, LOPEZ-DE-SALINES e SHLEIFER – muito contribuíram os estudos de GROSSMAN e HART. Cfr. SIMEON DJANKOV, *et al.* – *The Law and Economics of Self-Dealing*, 2006, disponível em http://ssrn.com/abstract =864645, DYCK e ZINGALES – *Private Benefits of Control*, p. 537-538.

DA ADMINISTRAÇÃO À FISCALIZAÇÃO DAS SOCIEDADES

dor[146] altera por completo os dados da equação[147]. Pela posição assumida, este sócio está em condições práticas de fiscalizar diretamente a administração da sociedade (e, em muitos casos, de dar instruções[148]), reduzindo a margem da mesma para prosseguir os seus próprios interesses pessoais[149]. No entanto, não é linear que a limitação da margem da administração para prosseguir os seus interesses pessoais se traduza numa maior eficiência na prossecução do interesse social, entendido como o interesse comum de todos os sócios, enquanto sócios (perspetiva contratualista). Perante a pressão exercida pelo sócio controlador, do qual depende para assegurar a continuidade do seu mandato à frente dos destinos da sociedade, não será de estranhar que a administração privilegie os interesses particulares[150] deste sócio em prejuízo do interesse comum.

---

[146] Optámos aqui pelo termo "controlador", normalmente usado no tratamento da responsabilidade solidária do sócio nos termos do art. 83.º. Preterimos assim o termo "maioritário", apesar do entendimento de que «[m]aioria é quem controla a sociedade e seus órgãos; minoria quem não pode controlar». Cfr. RAUL VENTURA – *Sociedades por quotas: Comentário ao Código das Sociedades Comerciais*, 1, 2.ª ed., 3 reimp., Coimbra: Almedina, 1989, p. 137, onde o autor cita FALKENHAUSEN. No mesmo sentido, CASSIANO DOS SANTOS – *Estrutura associativa...* p. 96 refere-se à minoria como sinónimo de sócios afastados do controlo da sociedade. Preterimos igualmente o termo "sócio dominante", normalmente limitado à matéria das sociedades coligadas, nos termos do art. 481.º ss. Cfr., *v.g.*, PAULA COSTA E SILVA – Sociedade aberta, domínio e influência dominante, *Revista da Faculdade de Direito da Universidade de Lisboa*, 48:1 e 2, 2007, p. 40, 46-47 que usa o termo "domínio" associado à titularidade de participações qualificadas que atingem ou ultrapassem um terço ou metade dos direitos de voto, que obriga ao lançamento de oferta pública de aquisição, nos termos do art. 187.º/1 CVM. Segundo a autora, domina a sociedade quem domina os seus órgãos, *i.e.*, os titulares da maioria dos direitos de voto ou aqueles que, independentemente dos direitos de voto de que sejam titulares, possam determinar quem serão os titulares dos órgãos de administração e fiscalização da sociedade. Note-se no entanto que na versão portuguesa da Diretriz 2004/25/CE do Parlamento Europeu e do Conselho, de 21 de abril de 2004, relativa às ofertas públicas de aquisição, se usa o termo "controlo" e não "domínio".

[147] Cfr., para maiores desenvolvimentos, *e.g.*, LUCA ENRIQUES e PAOLO VOLPIN – Corporate governance reforms in Continental Europe, *Journal of Economic Perspectives*, 21:1, 2007, p. 117 ss., KLAUS J. HOPT – "Comparative Company Law", in MATHIAS REIMANN e REINHARD ZIMMERMANN (eds.) – *The Oxford Handbook of Comparative Law*, Oxford: American Society of Comparative Law, 2006, p. 1166 ss.

[148] Note-se que, numa perspetiva estritamente legal, «a influência directa do sócio maioritário na condução da actividade social é, em abstracto, tendencialmente nula, reduzida ao poder de nomeação e destituição dos administradores». CASSIANO DOS SANTOS – *Estrutura associativa...* p. 192. Mas na prática é inegável que este poder atribui ao acionista controlador a possibilidade de pressionar a administração e conduzir os destinos da sociedade.

[149] A fiscalização desenvolvida pelo sócio controlador pode assim ser configurada como uma alternativa a outros mecanismos de governo societário, *v.g.*, administradores independentes e aquisições hostis. Cfr. GILSON – *Controlling Shareholders and Corporate Governance...* p. 1652.

[150] A nossa jurisprudência tende a referir-se aos conceitos de "interesses particulares" – *vide*, *e.g.*, RPt 1-mar.-1990 (LOPES FURTADO), processo n.º 0408829, sumário disponível em www.dgsi.pt – e de "interesses individuais" – *vide*, *e.g.*, o STJ 23-mai.-2002 (ABEL FREIRE), processo n.º 02B1152, disponível em www.dgsi.pt.

INTRODUÇÃO

Pelo poder de determinação da composição da administração, o sócio controlador tem mais influência sobre a sociedade do que qualquer outra pessoa[151] – ao ponto de se afirmar que o poder de controlo se traduz num poder de orientação da administração da sociedade, com a respetiva conformação da vontade social[152] –, razão pela qual assume particular importância o conflito entre os seus interesses particulares e os interesses comuns dos sócios que caracterizam o interesse social.

III. O mercado português é um exemplo paradigmático de concentração do capital nas sociedades anónimas, onde os "sócios empresários" procuram, com a sua participação na sociedade, conduzir efetivamente os negócios sociais[153]. É assim manifesto o peso do poder empresarial unitário[154] do sócio controlador, o qual, controlando a sociedade e as decisões empresariais, «é o condutor-aplicador dos investimentos que lhe são confiados pela mais ou menos extensa mole dos outros sócios»[155].

A diminuta expressão do nosso mercado bolsista[156], só por si, implica que o universo de sociedades cujo capital social poderia estar disperso por uma massa maior ou menor de investidores é igualmente reduzido. Assim, são poucas as sociedades onde poderia existir uma verdadeira "separação entre a propriedade e o controlo da empresa"[157], traduzida na alienação dos sócios face à condução da atividade social.

Acresce que, em Portugal, mesmo as sociedades cotadas têm, em geral, uma estrutura acionista concentrada. Neste sentido, vejam-se os dados divulgados pela CMVM no relatório anual sobre o governo das sociedades cotadas de 2012:

---

[151] GERARD HERTIG e HIDEKI KANDA – "Related party transactions", in *The anatomy of corporate law: A comparative and functional approach*, 1.ª ed., 2006 reimp., Oxford, New York: Oxford University Press, 2006, p. 118.

[152] TERESA ANSELMO VAZ – A responsabilidade do accionista controlador, *O Direito*, 128:3-4, 1996, p. 341. Não obstante o dever que impende sobre os sócios de não influenciar a administração da sociedade senão nos órgãos para isso apropriados, através do exercício dos seus direitos sociais, tal influência pode ser, na prática, uma realidade. Cfr. *ibidem*, p. 356, 360.

[153] CASSIANO DOS SANTOS – *Estrutura associativa...* p. 28.

[154] Na expressão de CASSIANO DOS SANTOS, *ibidem*, p. 60.

[155] *Ibidem*, p. 29.

[156] Em 31 de dezembro de 2010, havia apenas 47 sociedades com ações admitidas à negociação em mercado regulamentado em Portugal. CMVM – *Relatório anual sobre o governo das sociedades cotadas em Portugal*, 2012, disponível em http://www.cmvm.pt/CMVM/Estudos/Em%20Arquivo/Documents/RGS_2012.pdf, p. 17.

[157] Cfr. BERLE e MEANS – *The modern corporation....* Cfr. também JORGE COUTINHO DE ABREU – *Governação das sociedades comerciais*, 2.ª ed., Coimbra: Almedina, 2010, p. 14-15, CASSIANO DOS SANTOS – *Estrutura associativa...* p. 43, FERNANDO ARAÚJO – *Teoria económica...* p. 426.

DA ADMINISTRAÇÃO À FISCALIZAÇÃO DAS SOCIEDADES

em 31 de dezembro de 2010, «[e]m metade das empresas analisadas uma pessoa física ou jurídica exercia domínio»[158]; «o capital social disperso representava, em média, 22,5% do capital social das sociedades cotadas, sendo particularmente representativo nas empresas do modelo dualista (47,4%), mas também entre as empresas do sector financeiro (35,1%) e as integrantes do PSI20 (31,3%). Por oposição, era particularmente reduzido entre as empresas de menor dimensão e liquidez»[159].

97   IV. A causa da profundidade e liquidez dos mercados de capitais tem sido objeto de intensa discussão a nível internacional, num plano simultaneamente económico-financeiro e jurídico, ultrapassando a posição ortodoxa segundo a qual a dispersão do capital constitui consequência inevitável do crescimento das grandes sociedades, dada a incapacidade de um número restrito de indivíduos realizar os investimentos necessários para o desenvolvimento das suas atividades[160]. Sem aprofundar a análise que extravasa o âmbito do presente estudo, des-

---

[158] Acrescenta que «[t]odavia, estas 22 empresas representavam apenas 26,9% da capitalização total. O *free float* medido pelo capital social foi de 22,5% em média, particularmente representativo nas empresas do modelo dualista (47,4%), mas também entre as do sector financeiro (35,1%) e as de maior dimensão (31,3%). O *free float* rondou os 30% quando medido em termos de capitalização bolsista». Cfr. CMVM *Relatório anual 2012...*, p. 9.

[159] *Ibidem*, p. 19. Aparentemente estes dados traduzem uma concentração do capital relativamente idêntica à apresentada por Becht e Mayer para outros Estados-membros da União Europeia, como a Áustria, a Bélgica, a Alemanha e a Itália. De acordo com estes autores o maior "bloco de direitos de voto" nos países referidos representa em média 52%, 56%, 57% e 54%, respetivamente. Em contraste, os valores apresentados para outros Estados-membros são menores: Espanha 34,5%, França 20% (no CAC40), Países Baixos 43,5%, Suécia 34,9%, Reino Unido 9,9%. Marco Becht e Colin Mayer "Introduction", in Fabrizio Barca e Marco Becht (eds.) *The Control of Corporate Europe*, Oxford: Oxford University Press, 2001, p. 1819.
Apesar das diferenças, Portugal integra-se no quadro mais vasto dos mercados da Europa Continental caracterizados em geral pelo controlo estável das sociedades por um grupo empresarial. Para um análise deste fenómeno entre nós, *vide, e.g.*, Cassiano dos Santos *Estrutura associativa...* p. 60. Para uma análise mais desenvolvida na doutrina além fronteiras, *vide, e.g.*, Becht e Mayer *Introduction..*, Stijn Claessens, Simeon Djankov e Larry H.P. Lang The separation of ownership and control in East Asian corporations, *Journal of Financial Economics*, 58, 2000, Enriques e Volpin *Corporate governance reforms in Continental Europe*, Mara Faccio e Larry H.P. Lang The ultimate ownership of western European corporations, *Journal of Financial Economics*, 65, 2002, Gilson *Controlling Shareholders and Corporate Governance...* p. 1654, Gilson e Gordon *Controlling Controlling Shareholders...* p. 787, Thomas Kirchmaier e Jeremy Grant Corporate ownership structure and performance in Europe, *European Management Review*, 2:3, 2005, Rafael La Porta, Florencio LopezdeSilanes e Andrei Shleifer Corporate ownership around the World, *The Journal of Finance*, 54:2, 1999, Mark J. Roe Legal origins, politics and modern stock markets, *Harvard Law Review*, 120:2, 2006, Mark J. Roe *Political determinants of corporate governance*, Oxford, New York: Oxford University Press, 2003, p. 119.

[160] Brian R. Cheffins – Does law matter? The separation of ownership and control in the United Kingdom, *The Journal of Legal Studies*, 30:2, 2001, p. 461. Esta perspetiva ortodoxa, de justificação da

INTRODUÇÃO

tacam-se apenas quatro posições que marcaram especialmente esta discussão a nível internacional.

Os estudos de LA PORTA, LOPEZ-DE-SILANES, SHLEIFER e VISHNY[161] relançaram a discussão, relacionando a distribuição acionista num determinado mercado com a "qualidade" da respetiva lei, sendo essa qualidade determinada em função da proteção assegurada aos acionistas minoritários[162]. Assim, as ordens jurídicas que não protegem adequadamente os acionistas minoritários face à extração de benefícios especiais pelos acionistas controladores são caracterizadas por uma concentração do capital. Neste contexto, o acionista controlador que promove a abertura do capital da sociedade a outros acionistas mantém o controlo da sociedade, com receio de que, caso aliene esse controlo, o acionista adquirente aproveite a sua posição maioritária para explorar os acionistas minoritários[163]. 98

Em contraposição, ROE[164] relaciona a dispersão do capital com opções políticas, identificando as ordens jurídicas que tendencialmente mais protegem os 99

---

dispersão do capital pelo extraordinário aumento da dimensão de algumas sociedades norte-americanas, foi posta em causa pela identificação de sociedades de idêntica dimensão em sistemas caracterizados por uma concentração do capital, como a Alemanha e o Japão. MARK J. ROE – Foundations of corporate finance: the 1906 pacification of the insurance industry, *Columbia Law Review*, 93, 1993, p. 641 ss, MARK J. ROE – A political theory of American corporate finance, *Columbia Law Review*, 91, 1991, p. 15 ss. Entre nós, cfr. PEDRO MAIA – *Voto...* p. 564-565.

[161] Cfr. RAFAEL LA PORTA, *et al.* – Legal determinants of external finance, *The Journal of Finance*, 52:3, 1997, RAFAEL LA PORTA, FLORENCIO LOPEZ-DE-SILANES e ANDREI SHLEIFER – Law and finance, *The Journal of Political Economy*, 106:6, 1998, LA PORTA, LOPEZ-DE-SILANES e SHLEIFER – *Corporate ownership around the World...*, RAFAEL LA PORTA, *et al.* – Investor protection and corporate governance, *Journal of Financial Economics*, 58, 2000.

[162] Esta teoria enquadra-se na perspetiva da superioridade do sistema norte-americano, caracterizado pela dispersão do capital, com poderosos mercados de capitais e elevada transparência, no qual o mercado para o controlo das sociedades constituiu o melhor mecanismo disciplinador. Desta perspetiva decorreria aqueloutra segundo a qual, do confronto darwiniano entre sistemas, o norte-americano prevaleceria, forçando os demais à convergência funcional para o *shareholder-oriented model*. JOHN C. COFFEE, JR. – The rise of dispersed ownership: The roles of Law and the State in the separation of ownership and control, *Yale Law Journal*, 111, 2001, p. 3 ss., EASTERBROOK e FISCHEL – *The Economic Structure...* p. 4-15, HENRY HANSMANN e REINIER KRAAKMAN – The end of history for corporate law, *Georgetown Law Journal*, 89, 2001. Entre nós, cfr. PEDRO MAIA – *Voto...* p. 565 ss.

[163] Note-se que entre nós, já em 1994, PEDRO MAIA realçava a necessária correlação entre a proteção legal dos pequenos acionistas e a capacidade de angariação do aforro particular, explicando que o «engrandecimento dos poderes das administrações coincidiu, tendencialmente, com as épocas de prosperidade económica, quando não se afigurava necessário ceder poder à assembleia para atrair pequenos investidores. Diversamente, em épocas de crise e de depressão, a necessidade de angariação do pequeno aforro particular postulava medidas que imprimissem à sociedade anónima um carácter mais "democrático"». PEDRO MAIA – *Função...* p. 121.

[164] KIRCHMAIER e GRANT – *Corporate ownership structure..*, ROE – *Legal origins..*, ROE – *Poitical determinants....*

DA ADMINISTRAÇÃO À FISCALIZAÇÃO DAS SOCIEDADES

trabalhadores como aquelas onde se verifica maior concentração do capital. Nestas, os gestores são pressionados para preterir oportunidades de negócio dirigidas à maximização dos lucros da sociedade, com vista à manutenção de elevados níveis de emprego[165]. «Onde os trabalhadores, através da política, apresentam uma voz unitária, o capital tem de se concentrar para responder eficazmente»[166].

Criticando as teorias anteriores, GILSON sustenta que as mesmas, sendo importantes para explicar um conjunto de questões, não explicam suficientemente os padrões de distribuição acionista nas diferentes ordens jurídicas. Tal como refere o ROE, há acionistas controladores tanto em mercados com "boas" leis, como em mercados com "más" leis, pelo que a lei, só por si, não pode explicar a distribuição acionista[167]. Por outro lado, podemos encontrar uma concen-

---

[165] O autor não pretendeu negar o valor de um forte Direito societário na proteção de acionistas distantes, denegrir a sua utilidade para desenvolver empreendimentos comerciais eficazes ou refutar a sua utilidade académica na explicação de algumas diferenças fundamentais nas sociedades à volta do mundo (especialmente em países em desenvolvimento ou transição). O autor procurou, no entanto, determinar os limites do argumento de LA PORTA, LOPEZ-DE-SILANES, SHLEIFER e VISHNY, afirmando que um Direito das sociedades de alta qualidade não é suficiente para induzir a separação entre a propriedade e o controlo nos países mais ricos e desenvolvidos. Segundo o autor, em muitos destes países existe um Direito societário de alta qualidade, mas não se verifica tal separação sempre que os *managerial agency costs* são elevados. E estes custos, contrariamente ao *insider self-dealing*, não estão estritamente relacionados com o Direito societário. Continua o autor sustentando que, com efeito, a *business judgement rule* no Direito societário norte-americano determina a não intervenção dos tribunais em questões de *managerial agency costs*.

Na sequência da análise de alguns dos países mais ricos, o autor apresentou duas conclusões, uma dita "forte" e outra dita "fraca". A "forte" é a de que, em geral, se sobrevaloriza o papel da lei nos países mais ricos. A "fraca" é que as agências internacionais podem estar a implementar as melhores soluções para preparar os países em desenvolvimento ou transição para a separação entre propriedade e controlo, mas – nas expressivas palavras do autor – *«it's at least possible that no one comes to the party»*. ROE explica ainda que a *business judgement rule* norte-americana mantém os tribunais e a lei à margem das decisões empresariais onde os administradores podem ganhar ou perder a maior parte do dinheiro dos acionistas. Estes custos são no entanto controlados por instituições não-legais, como a concorrência de produto, a remuneração por incentivos, etc. Assim, se estes mecanismos não funcionarem adequadamente, os custos de agência dos administradores serão elevados, ainda que a lei societária seja boa. Ainda que consideremos que a lei tem um papel fundamental na promoção destas outras instituições, a análise persiste na medida em que diferentes leis regulam tais instituições: Direito da concorrência, Direito fiscal, etc. A decisão de dispersar o capital social é baseada na soma dos benefícios especiais de controlo e dos custos de agência dos administradores. Ainda que o direito das sociedades limite os benefícios especiais a zero, a concentração do capital persiste, se os custos de agência dos administradores – não limitados pelo direito das sociedades, segundo o autor – se mantiverem elevados. MARK J. ROE – "What corporate law cannot do", in CURTIS J. MILHAUPT (ed.) – *Global Markets, Domestic Institutions: Corporate Law and Governance in a New Era of Cross-Border Deals*, New York: Columbia University Press, 2003, p. 142-144.

[166] Estas palavras são de GILSON – *Controlling Shareholders and Corporate Governance...* p. 1644.

[167] RONALD J. GILSON – Globalizing Corporate Governance: Convergence of Form or Function, *American Journal of Comparative Law*, 49, 2001 defende, aliás, que os sistemas podem encontrar soluções distintas, mas funcionalmente equivalentes para os mesmos problemas. Entre nós, sobre a convergência

INTRODUÇÃO

tração do capital em sistemas que não são caracterizados por uma especial proteção dos trabalhadores, pelo que também a política se apresenta como uma resposta insuficiente. GILSON chama ainda a atenção para o facto de tanto uma como outra teoria atenderem essencialmente à dependência histórica (*path dependency*), ignorando o argumento da eficiência inerente ao sucesso de alguns sistemas de concentração do capital (como é o caso da Suécia). Sustenta o autor,

> «as instituições são moldadas por uma espécie de placas tectónicas de governo societário, nas quais as exigências das circunstâncias atuais colidem com a influência das condições iniciais. Assim, uma explicação mais completa da distribuição de participações sociais deve integrar a política, a lei, a eficiência, juntamente com as diversas condições iniciais de cada país»[168].

V. Entre nós, tentando explicar a razão de ser dos fenómenos de concentração e dispersão do capital, CASSIANO DOS SANTOS afirma que

> «maiores necessidades de captação de investimento ou de cooperação entre sujeitos levam à acentuação dos lados contratuais do mecanismo de que os sujeitos se servem, ao passo que a abundância de capitais ou o predomínio de um sujeito no projeto conduzem inevitavelmente a encarar a sociedade como um mecanismo de expressão do poder do capitalista ou do empresário dominantes»[169].

Não podemos concordar com esta perspetiva que nos parece redutora. Parece-nos que a realidade portuguesa, só por si, demonstra a insuficiência desta explicação: historicamente, em Portugal sempre se verificou uma escassez de capitais à disposição dos empreendedores e o mercado português sempre foi caracterizado por uma concentração do capital.

---

funcional, cfr. João CALVÃO DA SILVA – "A responsabilidade civil dos administradores não executivos", in *A Reforma do Código das Sociedades Comerciais: Jornadas em Homenagem ao Professor Doutor Raúl Ventura*, Coimbra: Almedina, 2007, p. 107 ss., aderindo a esta tese, PAULO CÂMARA – "O governo das sociedades e a reforma do código das sociedades comerciais", in PAULO CÂMARA (ed.) – *Código das Sociedades Comerciais e Governo das Sociedades*, Coimbra: Almedina, 2008, p. 127 ss., PAULO CÂMARA – *Os modelos...* p. 253 ss., considerando porém que há modelos indesmentivelmente superiores a outros, JORGE COUTINHO DE ABREU – *Governação*[2]*...* p. 37-39. Cfr. ainda PEDRO MAIA – *Função...* p. 253 ss., onde o autor sustentou que diferentes ordens jurídicas encontraram soluções funcionalmente idênticas para resolver um mesmo problema.

[168] GILSON – *Controlling Shareholders and Corporate Governance...* p. 1644-1645.
[169] CASSIANO DOS SANTOS – *Estrutura associativa...* p. 14.

DA ADMINISTRAÇÃO À FISCALIZAÇÃO DAS SOCIEDADES

103   Mais correta parece ser a perspetiva de PEDRO MAIA, para quem a evolução para um sistema de capital disperso não foi determinada apenas por motivos de maior eficiência das sociedades, em especial do seu financiamento, mas sim para prosseguir os interesses dos acionistas anteriormente no controlo ou dos acionistas empresário-promotores[170].

104   VI. O aprofundamento do mercado de capitais e o aumento da dispersão do capital tem sido um objetivo prosseguido um pouco por todo o mundo, como forma de aumentar a eficiência das sociedades e a competitividade das economias nacionais. Para alcançar este objetivo não basta, como vimos, a existência de uma "boa" lei, mas – tal como realça LUCA ENRIQUES – todos reconhecem que esta é uma condição essencial, ou pelo menos uma ferramenta útil, ao desenvolvimento do mercado de capitais[171]. Contudo, o fator relevante não é tanto a *"law on the books"*, mas sim a *"law in action"*, resultante de combinação da lei com os seus mecanismos de aplicação (*enforcement*)[172].

105   VII. O problema de agência do sócio controlador (*controlling shareholder agency problem*) pode assumir diferentes configurações, às quais correspondem diferentes formas de extração de benefícios especiais pelo sócio controlador[173].

---

[170] PEDRO MAIA – *Voto...* p. 577 ss.

[171] LUCA ENRIQUES – "Off the books, but on the record: Evidence from Italy on the relevance of judges to the quality of corporate law", in CURTIS J. MILHAUPT (ed.) – *Global Markets, Domestic Institutions: Corporate Law and Governance in a New Era of Cross-Border Deals*, New York: Columbia University Press, 2003, p. 257-258.

[172] LUCA ENRIQUES, *ibidem*. Cfr. ainda o importante estudo de KATHARINA PISTOR, DANIEL BERKOWITZ e JEAN-FRANCOIS RICHARD – *Economic development, legality and the transplant effect*: SSRN, 1999, p. 13. Em 1998 LA PORTA *et alia* tinham já identificado esta questão na sua análise, tendo testado a hipótese de, em países com "má lei" *"on the books"* (de acordo com os seus índices de proteção dos direitos dos acionistas), os tribunais ativos e com bom funcionamento (*well-functioning*) intervirem no sentido de «salvar os investidores abusados pela administração», tendo concluído que as "famílias legais" com leis mais favoráveis aos investidores são também aquelas que apresentam uma mais forte aplicação das leis (*enforcement*). LA PORTA, LOPEZ-DE-SILANES e SHLEIFER – *Law and finance...*.

[173] Nos mercados emergentes, a obtenção de benefícios especiais pelos sócios controladores – fenómeno conhecido por *"tunnelling"*, termo usado originalmente para referir a expropriação dos acionistas minoritários na República Checa, por referência à remoção de bens de uma sociedade através de um túnel subterrâneo, e tornado popular por SIMON JOHNSON, *et al.* – Tunneling, *The American Economic Review*, 90:2, 2000, p. 22, descrevendo *«the transfer of assets and profits out of firms for the benefit of those who control them»* – verifica-se tendencialmente através de transações financeiras, como por exemplo: (i) emissão de ações a adquirir pelos sócios controladores abaixo do seu valor de mercado ou (ii) dispersão do capital social através de uma oferta pública e subsequente reaquisição potestativa, caso em que o valor das ações dos sócios minoritários é descontado pelo valor capitalizado dos benefícios especiais do sócio controlador, permitindo que este obtenha o valor capitalizados dos futuros benefícios especiais. VLADIMIR ATANASOV,

INTRODUÇÃO

Atendendo à diversidade de problemas que suscitam (e aos mecanismos legais existentes para os enfrentar), destacamos apenas as mais óbvias[174]:

(i) Celebração de negócios (fora das condições de mercado) entre a sociedade e o seu sócio controlador, beneficiando este último em prejuízo da sociedade;

(ii) Mecanismos abusivos de compensação dos administradores, através dos quais o sócio controlador (que ocupa essa posição) extrai riqueza da sociedade que não é distribuída proporcionalmente por todos os sócios;

(iii) (Ab)uso de bens da sociedade, que se verifica, por exemplo, quando o sócio controlador (que ocupa determinados cargos sociais) usa em proveito próprio determinados bens da sociedade, sem que esse uso

et al. – How does law affect finance? An examination of equity tunneling in Bulgaria, 2008, disponível em http://ssrn.com/abstract=902766, GILSON e GORDON – *Controlling Controlling Shareholders...* p. 787.

Nos mercados desenvolvidos é mais frequente o recurso a mecanismos operacionais (contratos celebrados entre a sociedade e o sócio controlador ou entidades relacionadas). Cfr. MARIANNE BERTRAND, PARAS MEHTA e SENDHIL MULLAINATHAN – Ferreting out tunneling: An application to Indian business groups, *The Quarterly Journal of Economics*, 117:1, 2002. Como explicam GILSON e GORDON – *Controlling Controlling Shareholders...* p. 787,

«os acionistas controladores podem extrair benefícios significativos através de esquemas de repartição de custos que pagam excessivamente aos acionistas controladores pela prestação de serviços centrais, como é o caso dos serviços de pensões, contabilidade, ou similares. Alternativamente, o acionista controlador pode beneficiar de "tunneling" – i.e., através de contratos com a sociedade, como preços de transferência, que favoreçam o acionista controlador. Em qualquer caso, o acionista controlador obtém valor através da sua posição de controlo que não é obtido pelos acionistas não-controladores».

Sobre o conflito de interesses entre sócios decorrente da celebração de negócios entre a sociedade e o seu sócio controlador, e sua relevância no contexto português, cfr. FERREIRA GOMES – *Conflitos de interesses entre accionistas...*

De acordo com TOM KIRCHMAIER e JEREMY GRANT – *Financial Tunneling and the Revenge of the Insider System: How to Circumvent the New European Corporate Governance Legislation*, 2005, disponível em http://eprints.lse.ac.uk/13324/, a celebração de contratos entre a sociedade e acionistas é comummente identificada como a forma mais comum de extração de benefícios especiais de controlo nas economias europeias. Este facto levou alguns autores a concluir que as estruturas acionistas europeias são frequentemente ineficientes. Apesar de a doutrina económica afirmar que para o mercado releva o nível de benefícios especiais pelos acionistas controladores, parece que o mesmo tem pouca capacidade para determinar atempadamente que benefícios estão de facto a ser expropriados. OLAF EHRHARDT e ERIC NOWAK – *Private benefits and minority shareholder expropriation (or what exactly are private benefits of control?)* 2003, disponível em http://ssrn.com/paper=423506.

É também frequente a venda da posição de controlo com um prémio relativamente ao valor proporcional das ações dos demais sócios, capitalizando assim o *cash flow* futuro associado aos benefícios especiais do sócio controlador (GILSON e GORDON – *Controlling Controlling Shareholders...* p. 787), dado que o valor das suas ações inclui o valor atual líquido dos benefícios especiais por si esperados. Cfr. RONALD. J. GILSON – *Controlling Shareholders and Corporate Governance...* p. 1654.

[174] Cfr. ROBERT CHARLES CLARK – *Corporate Law*, New York: Aspen Publishers, 1996, p. 141-150.

DA ADMINISTRAÇÃO À FISCALIZAÇÃO DAS SOCIEDADES

tenha sido aprovado pelos órgãos competentes como parte da sua remuneração[175];

(iv) Aplicação de fundos da sociedade para manter a situação de controlo, a qual se verifica, por exemplo, quando a sociedade compra a participação de um sócio concorrente do controlador para evitar uma alteração do controlo[176];

(v) Negócios relativos ao controlo da sociedade, incluindo fusões, venda de participações de controlo, aquisições tendentes ao domínio total ou outras formas de exclusão dos sócios minoritários (*freezout*); e aquisição de ações através de ofertas públicas de aquisição[177].

106   A doutrina jurídico-económica afirma em geral que, nas economias europeias (incluindo Portugal), a forma mais comum de extração de benefícios especiais pelos sócios controladores é a celebração de contratos com a sociedade[178], diretamente ou através de entidades relacionadas, através dos quais é desviado valor da sociedade para esse sócio. Assume especial relevância a celebração de contratos intragrupo[179], através dos quais são coordenadas as atividades de diversas sociedades. Esta coordenação pode servir legítimos objetivos empresariais, mas cada contrato celebrado para o efeito constitui uma oportunidade para a expropriação dos sócios minoritários, especialmente quando estão envolvidas sociedades nas quais o sócio controlador detém diferentes percentagens de direitos patrimoniais (*e.g.*, uma sociedade com ações admitidas à negociação em mercado regulamentado e uma subsidiária detida a 100%)[180].

---

[175] Entre o abuso de bens da sociedade, podemos incluir também a apropriação de oportunidades de negócios da sociedade e o abuso de informação privilegiada.

[176] Esta aplicação pode envolver uma diluição da posição dos demais sócios (quando o preço pago pela participação acima do valor do mercado reduz os ativos da sociedade de forma desproporcional ao valor da participação que saiu do mercado) e um custo de oportunidade, traduzido no desaproveitamento do aumento de valor que poderia estar associado à assunção do controlo da sociedade pelo sócio concorrente e correspondente alteração da administração e das políticas da sociedade.

[177] Dependendo da sua configuração específica, alguns destes negócios podem envolver questões já enumeradas nas alíneas anteriores, mas apresentamo-los aqui autonomamente, sem concretização, para facilitar a exposição.

[178] KIRCHMAIER e GRANT – *Financial Tunneling* .... Cfr. nota 174 *supra*.

[179] Note-se que nos reportamos aqui a grupos de sociedades *lato sensu* e não à configuração que lhes é dada pelo Código das Sociedades Comerciais nos arts. 481.º a 508.º-E. Sobre esta configuração, cfr., por todos, ENGRÁCIA ANTUNES – *Os grupos...* p. 278-285.

[180] PIERRE-HENRI CONAC, LUCA ENRIQUES e MARTIN GELTER – *Constraining dominant shareholders' self-dealing: The legal framework in France, Germany, and Italy*, 2007, disponível em http://ssrn.com/paper=1023890, p. 7-8. Ainda assim, nem todos os negócios onde se verifica um conflito de interesses são ineficientes. Em determinadas situações, o negócio com um sócio interessado pode ser a melhor opção disponível para a sociedade, desde logo porque este pode ter uma vantagem competitiva no mercado ou

INTRODUÇÃO

E.2. O equilíbrio entre os custos e os benefícios decorrentes da existência de um sócio controlador: o *controlling shareholder tradeoff*

I. Como vimos, a presença de um sócio controlador determina custos de agência específicos. Porém, em compensação, o sócio controlador tem incentivos acrescidos para exercer uma estrita fiscalização da administração – atendendo ao valor do seu investimento na sociedade e ao facto de, contrariamente aos pequenos investidores, não beneficiar da dispersão do seu risco através da diversificação dos seus investimentos – e esta determina uma redução dos custos associados ao problema de agência dos gestores, na medida em que aproveita a toda a sociedade e, indiretamente, aos demais sócios[181].

No entanto, os custos inerentes à manutenção de uma participação de controlo – *i.e.*, os custos de investimento, de falta de diversificação e de falta de liquidez – e ao exercício da fiscalização pelo sócio controlador são dificilmente compensados pelos simples ganhos de eficiência na administração da sociedade: enquanto tais custos são suportados apenas pelo sócio controlador, os eventuais ganhos de eficiência ao nível da gestão societária aproveitam a todos os sócios na proporção das suas participações[182].

107

108

decorrente da sua proximidade da sociedade. O facto de estes negócios poderem ser eficientes ou ineficientes está na base do problema dos conflitos de interesses, determinando o afastamento da simples proibição da sua celebração e requerendo um sistema que permita distinguir os bons dos maus negócios, maximizando a celebração de negócios eficientes e minimizando a celebração de negócios ineficientes. Daniel Berkowitz, Katharina Pistor e Jean-François Richard – Economic development, legality, and the transplant effect, *European Economic Review*, 47, 2003, p. 18-19. Sobre as soluções ensaiadas para o problema da extração de benefícios especiais pelo sócio controlador, cfr. Ferreira Gomes – *Conflitos de interesses...*, em especial, p. 90 ss.

[181] Gilson – *Controlling Shareholders and Corporate Governance...* p. 1652, Gilson e Gordon – *Controlling Controlling Shareholders...* p. 785-786.

[182] Gilson – *Controlling Shareholders and Corporate Governance...* p. 1652. Segundo Pedro Maia, a extração de benefícios especiais pelo acionista controlador determinou a consagração do voto de capital e do princípio maioritário, bem como a defraudação dos tetos de voto impostos pelo legislador através de vários esquemas no tráfico societário. O autor realça a passagem da famosa obra de Berle e Means onde se pode ler que a existência de tais benefícios nas sociedades do final do séc. XIX e começos do séc. XX constituía a *«prime force motivating control»* (Berle e Means – *The modern corporation...* p. 114). Realça ainda a posição de Rathenau para quem o controlo da sociedade pelo detentor da maioria do seu capital fundamentava a decisão deste de concentração do seu património numa empresa, em vez o subdividir por várias empresas, exercendo nestas os direitos de minoria (Walther Rathenau – La realtà della società per azioni: Riflessioni suggerite dall'esperienza degli affari, *Rivista delle Società*, 5, 1960, p. 931). Explica Pedro Maia – *Voto...* p. 479-481:

«a concentração do investimento numa só sociedade tinha uma "premissa" e uma "condição": a consagração do princípio maioritário que permitisse ao maior investidor controlar a sociedade. De outro modo, o capitalista assumiria o comportamento economicamente racional, guiado pela sua aversão ao risco: promoveria a dispersão do seu risco, investindo em muitas sociedades, mas pouco em cada uma. Na ausência de um princípio maioritário assente no voto de capital, não haveria

DA ADMINISTRAÇÃO À FISCALIZAÇÃO DAS SOCIEDADES

109   Nessa medida, do ponto de vista económico, justifica-se que o sócio controlador extraia determinados benefícios especiais da sociedade, de forma a compensar os custos por si suportados[183]. O desafio está na determinação do equilíbrio eficiente entre os benefícios comuns decorrentes da fiscalização exercida pelo sócio controlador e os custos decorrentes da extração de benefícios especiais. Os demais sócios só serão prejudicados pela existência de um sócio controlador na medida em que os custos correspondentes aos seus benefícios especiais superem os benefícios comuns decorrentes da fiscalização desenvolvida pelo mesmo[184]. Esta é a base do paradigma dos sócios controladores apresentada por GILSON:

«*focused monitoring in return for some private benefits of control and at a cost in speed of adaptation*»[185].

110   II. Este paradigma contradiz o entendimento – baseado nos estudos de LA PORTA, LOPEZ-DE-SILANES, SHLEIFER e VISHNY, que relacionam a dispersão do capital com a qualidade do Direito de uma determinada jurisdição[186] – de que os mercados caracterizados por uma dispersão do capital são necessariamente mais eficientes do que os caracterizados por uma concentração do capital.

111   Assim, de acordo com GILSON e GORDON, a distinção mais apropriada será aquela que contraponha os sistemas que suportam uma diversidade de distribuições de capital aos sistemas que apenas comportam uma concentração do capital[187]. Um sistema eficiente – em que os benefícios de uma fiscalização focada pelo sócio controlador excede os custos dos seus benefícios especiais[188] – suportará diferentes distribuições do capital (dispersão ou concentração do capital), enquanto um sistema ineficiente suportará apenas uma concentração do capital.

---

concentração de investimento numa só sociedade, o capitalista não se comportaria como empresário, mas apenas como investidor».

[183] GILSON – *Controlling Shareholders and Corporate Governance...* p. 1652.

[184] GILSON e GORDON – *Controlling Controlling Shareholders...* p. 785-786.

[185] GILSON – *Controlling Shareholders and Corporate Governance...* p. 1673.

[186] *Vide, e.g.*, LA PORTA, LOPEZ-DE-SILANES e SHLEIFER – *Corporate ownership around the World..*, LA PORTA, LOPEZ-DE-SILANES e SHLEIFER – *Law and finance..*, LA PORTA, *et al.* – *Investor protection..*, LA PORTA, *et al.* – *Legal determinants....*

[187] GILSON – *Controlling Shareholders and Corporate Governance...* p. 1644.

[188] Como explica GILSON, *ibidem*, p. 1652, 1661,

«onde a lei funcionalmente boa limita o nível de benefícios especiais, os acionistas minoritários beneficiam da fiscalização mais apurada do acionista controlador, originando um melhor desempenho. Sem controlo sobre os benefícios especiais, os acionistas minoritários são prejudicados (are net worse off) pelo acionista controlador».

INTRODUÇÃO

A construção de GILSON e GORDON é útil para o desenvolvimento do debate 112
sobre o papel da lei no desenvolvimento dos mercados de capitais e para o afastamento da ideia comummente veiculada – especialmente na sequência das
posições de LA PORTA *et alia* – de que a concentração do capital é necessariamente ineficiente. Recorda-nos ainda uma máxima já defendida noutra sede:
não existe um modelo único de bom governo, pelo que, no desenvolvimento
do nosso sistema, por iniciativa própria ou seguindo orientações europeias ou
internacionais, devemos privilegiar o aproveitamento das estruturas com tradições em Portugal, evitando transpor acrítica e apressadamente soluções estrangeiras ou soluções não testadas[189].

3.3. A limitação da teoria da agência face à teoria dos "conselhos amigáveis"

I. Partindo da teoria da agência, afirma-se em geral que as perdas residuais 113
serão tanto mais limitadas quando mais intensa for a fiscalização desenvolvida
sobre o agente. Esta afirmação determinou um excesso de concentração na fiscalização das sociedades com consequências perniciosas que se fizeram sentir
no desenvolvimento doutrinário e nas iniciativas de reforma legislativa baseadas
na teoria da agência.

Efetivamente, a sobrevalorização da análise crítica (própria da fiscalização) 114
face à colaboração, própria do trabalho de equipa, tende a criar um fosso entre
fiscalizadores e fiscalizados que reduz a produtividade[190] e restringe os fluxos de
informação (essenciais à própria fiscalização)[191]. Quanto mais agressiva é a fiscalização, maior é a propensão do fiscalizado para omitir ou "gerir" a informação
prestada, limitando o seu valor. Para além disso, quanto maior é a dissidência
num órgão coletivo, menor é o envolvimento dos seus membros na prossecução
dos seus fins[192].

A colaboração entre fiscalizador e fiscalizado, por seu turno, aumenta a pro- 115
ximidade e a confiança entre ambos e, com isso, o risco de redução da objetividade na formulação de juízos críticos. Porém, fomenta os fluxos de informação e
o espírito de equipa necessário ao adequado funcionamento do órgão plural, na
prossecução dos melhores interesses da sociedade.

---

[189] Cfr. OCDE – *Principles of corporate governance*, 2004, disponível em http://www.oecd.org/dataoecd/
32/18/31557724.pdf, PAULO CÂMARA – A actividade de auditoria e a fiscalização de sociedades cotadas:
Definição de um modelo de supervisão, *Cadernos do Mercado de Valores Mobiliários*, 16, 2003, p. 95,
FERREIRA GOMES – *A fiscalização...* p. 201.
[190] LESLIE LEVY – Reforming board reform, *Harvard Business Review*, 59:1, 1981, p. 169.
[191] RENÉE B. ADAMS e DANIEL FERREIRA – A theory of friendly boards, *The Journal of Finance*, 62:1, 2007,
DONALD C. LANGEVOORT – The human nature of corporate boards: Law, norms, and the unintended
consequences of independence and accountability, *Georgetown Law Journal*, 89, 2001, p. 810-811.
[192] LANGEVOORT – *The human nature of corporate boards...* p. 810-811.

DA ADMINISTRAÇÃO À FISCALIZAÇÃO DAS SOCIEDADES

116   Assim, ADAMS e FERREIRA, no seu artigo *"A theory of friendly boards"* (2007), sugerem a necessidade de um equilíbrio entre a colaboração e a fiscalização, com vista à manutenção de adequados fluxos de informação[193]. A adoção de uma conduta "amigável" face à administração, valorizando a prestação de conselhos face à pura vigilância repressiva, tende a aumentar os níveis de informação, possibilitando uma fiscalização mais eficiente.

117   II. A importância deste equilíbrio tinha ficado já patente, por exemplo, no Relatório Cadbury (1992)[194] que, sustentando a unidade e a coesão do conselho de administração, imputava duas funções essenciais aos administradores não-executivos: a vigilância e a contribuição para o estabelecimento da estratégia empresarial. Esta configuração, com óbvio impacto ao nível da responsabilidade civil dos administradores face ao Direito britânico[195], seria depois refletida nas diferentes versões do *Combined Code*, entretanto substituído pelo *UK Corporate Governance Code*. Estes instrumentos e, depois, o Relatório Higgs (2003), tentaram evitar uma concentração excessiva sobre a vigilância e o controlo, face ao risco de os administradores não-executivos se verem a si próprios como meros fiscalizadores, separados do resto do conselho[196].

118   III. Contrariamente ao sustentado por ADAMS e FERREIRA, que restringem o equilíbrio entre a colaboração e a fiscalização ao modelo anglo-saxónico – único que, segundo os mesmos, concentra estas duas funções num só conselho[197] – este equilíbrio vale para qualquer modelo de governo das sociedades anónimas.

119   Como veremos adiante, a função de aconselhamento é hoje perspetivada como uma forma de *fiscalização preventiva*. Nessa medida, a competência para a fiscalização da administração da sociedade compreende necessariamente a com-

---

[193] ADAMS e FERREIRA – *A theory of friendly boards*, p. 218. A teoria dos autores assenta em quatro ideias simples: (i) o CEO não aprecia a fiscalização, porque valoriza o seu controlo; (ii) o CEO aprecia a prestação de conselhos, porque estes tendem a aumentar o valor sociedade sem colocar em causa o seu controlo; (iii) tanto a fiscalização como a prestação de conselhos são tanto mais eficazes quanto melhor a afirmação disponível; e (iv) tanto numa função como noutra, o conselho depende em grande medida da informação prestada pelo conselho. *Ibidem*, p. 220.

[194] §§ 4.1, 4.4, 4.10, em termos confirmados depois pelos §§ 3.7 e 3.8 do Relatório Hampel (1998) e pelos §§ 6.1 e 6.2 do Relatório Higgs (2003). Cfr. § 56 *infra* para mais desenvolvimentos.

[195] Para uma interessante síntese sobre a problemática da responsabilidade civil dos administradores e, em particular, dos administradores não-executivos por incumprimento dos *duties of care and skill*, aos quais se reconduz esta discussão, cfr. EILÍS FERRAN – *Company law and corporate finance*, Oxford, New York: Oxford University Press, 1999, p. 206-238.

[196] Relatório Higgs, p. 27, §§ 6.1 a 6.2. Para mais desenvolvimentos, cfr. p. 637 *infra*.

[197] ADAMS e FERREIRA – *A theory of friendly boards*, p. 219.

INTRODUÇÃO

petência para a prestação de conselhos a essa mesma administração[198], valendo as considerações apresentadas em qualquer dos modelos de governo admitidos entre nós.

Esta questão foi particularmente discutida perante as críticas ao *monitoring model* e ao papel normativamente atribuído aos administradores independentes no sistema norte-americano, objeto de análise no § 55.5.

120

§ 4. A *RATIO* DA IMPOSIÇÃO NORMATIVA DE ÓRGÃOS COM OBRIGAÇÕES DE VIGILÂNCIA NA SOCIEDADE ANÓNIMA

I. Sendo inevitáveis os conflitos de interesses no seio da sociedade, traduzidos em "problemas" e "custos" de agência, nos termos referidos, pode questionar-se porque não preveem as partes soluções contratuais dirigidas à sua eliminação ou, pelo menos, à sua limitação. Não pode simplesmente aceitar-se que os sócios, aquando da celebração e da alteração do contrato de sociedade, acreditam na utopia da concretização do projeto comum sem divergências.

121

Poderia afirmar-se que, nos casos em que preveem possíveis divergências ou conflitos de interesses, as partes podem negociar soluções adequadas para os eliminar ou para minorar os seus efeitos, tanto no contrato de sociedade como em acordos parassociais. No entanto, apesar das diferentes possibilidades ao alcance das partes, a *praxis* demonstra que os sócios não estabelecem tais mecanismos ou, quando o fazem, há um sem número de situações (mais ou menos relevantes) que não são abrangidas (consciente ou inconscientemente).

122

A doutrina jurídico-económica apresenta justificações para este comportamento dos agentes económicos na negociação do contrato de sociedade (e de acordos parassociais), entre as quais destacamos[199]:

123

(i) A assimetria entre a informação possuída por cada uma das partes, que se reflete no facto de as mesmas não terem conhecimento de todas as possíveis contingências do negócio. Esta consideração é válida no momento da constituição da sociedade e reforçada ao longo da vida desta, porquanto o ambiente que a rodeia ao longo dos tempos se altera constantemente, gerando novos circunstancialismos que dificilmente

---

[198] Não é, portanto, verdadeira a premissa, da qual partem ADAMS e FERREIRA, de que nos modelos dualistas não há "cumulação de funções". *Ibidem*, p. 235.

[199] Seguimos sobretudo a exposição de BRIAN R. CHEFFINS – *Company law: Theory, structure, and operation*, reimp., Oxford: Clarendon Press, 1997, p. 66 ss.

DA ADMINISTRAÇÃO À FISCALIZAÇÃO DAS SOCIEDADES

poderiam ter sido previstos pelas partes no momento da constituição da sociedade.

(ii) Os "custos de transação" que levam a que os agentes económicos, em determinados momentos, optem por condutas menos dispendiosas, dispensando o acompanhamento jurídico que seria necessário à consideração e negociação de soluções adequadas à gestão de eventuais conflitos de interesses, ou dispensem a consagração de complexas fórmulas contratuais[200].

(iii) O otimismo dos fundadores no começo do projeto leva-os frequentemente a ter uma perceção errada das possíveis contingências (muitas vezes porque os fundadores são amigos ou familiares) ou a não querer discutir abertamente possíveis conflitos, dado o receio de corromper o bom ambiente existente entre as partes ou perder boas oportunidades de negócio.

(iv) A falta de conhecimento de cada uma das partes sobre as opções mais adequadas à prossecução dos seus melhores interesses, decorrente, por exemplo, da sua falta de experiência comercial.

124   A estas considerações deve acrescentar-se a dificuldade sentida por um sócio que tenha adquirido a sua participação social num momento posterior à constituição da sociedade – e que, como tal, não tenha participado na negociação inicial do contrato de sociedade – em impor novas soluções para a gestão dos conflitos de interesses. Esta "dificuldade" é tanto mais relevante quanto maior seja a dispersão do capital da sociedade, à qual corresponderá uma separação entre a propriedade e o controlo.

125   II. Face às dificuldades inerentes à estipulação contratual de soluções para os eventuais conflitos de interesses, assumem uma particular importância os mecanismos legais dirigidos à sua gestão ou resolução. Dentro destes, ARMOUR, HANSMANN e KRAAKMAN distinguem as *"regulatory strategies"* das *"governance strategies"*[201]: no primeiro caso, a lei regula os termos substantivos da relação entre o principal e o agente, delimitando a conduta devida por este último; no segundo caso, a lei estabelece mecanismos que facilitam o controlo do principal sobre o agente.

---

[200] Como recordam UDO C. BRÄNDLE e JÜRGEN NOLL – The power of monitoring, *German Law Journal*, 5:11, 2004, p. 1349, a propósito do *managerial agency problem*, a redação de um contrato que assegure um equilíbrio entre os incentivos dos gestores e a maximização do *shareholder value* não é uma tarefa fácil.

[201] ARMOUR, HANSMANN e KRAAKMAN – *Agency problems*[2]... p. 38.

INTRODUÇÃO

Para efeitos deste estudo, destacamos a importância do reconhecimento de   126
uma função de fiscalização do órgão de administração relativamente à conduta
dos seus membros e das pessoas que compõem a estrutura administrativa que
lhe está subordinada. Destacamos ainda a importância da criação de órgãos que,
sendo mais ou menos afastados da administração da sociedade, são especificamente dirigidos à fiscalização desta. Uns e outros têm em comum a vinculação a
uma função fiscalizadora ou, por outras palavras, a adstrição a uma obrigação de
vigilância sobre a administração da sociedade.

III. As considerações que precedem, permitindo de alguma forma compreen-   127
der a importância da intervenção legal nesta matéria, não permitem fundamentar a imputação injuntiva de obrigações de vigilância. Até podem justificar a
previsão normativa de soluções *supletivas*, mas não justificam necessariamente a
previsão de soluções *injuntivas*. Só o interesse público, enquanto representação
difusa de interesses de terceiros, justifica a restrição da autonomia privada nesta,
como noutras matérias[202].

Neste campo, revela-se uma vez mais, com cristalina clareza, a "dimensão   128
histórica" do Direito das sociedades a que se refere KARSTEN SCHMIDT[203]. Como
bem recorda NOGUEIRA SERENS[204], a sociedade anónima apresentava, aos olhos
dos primeiros liberais, uma especial perigosidade político-económica e jurídica.
Este perigo decorria, em primeiro lugar, do facto de tais sociedades desenvol-
verem a sua atividade com base «não já no esforço pessoal de poucos, mas no
pouco capital de muitos», sendo os seus administradores «gestores mais do

---

[202] Segundo MENEZES CORDEIRO – *Direito das sociedades*, 1³... p. 279-280, as regras injuntivas do Direito
das sociedades destinam-se a defender os interesses de terceiros e do mercado em geral. Diversamente,
LOBO XAVIER sustenta que há normas imperativas que têm por fundamento não o interesse público
– recorde-se que o autor adota uma noção restrita de "interesse público", enquanto objeto de tutela
normativa, correspondente «às hipóteses em que não é possível divisar sujeitos privados como suportes
do interesse protegido pelo preceito» [cfr. p. 136 (nota 28)] – mas os interesses de terceiros específicos
ou os interesses dos acionistas, incluindo os interesses dos "futuros acionistas", que exclui do conceito
de terceiros [p. 140 (nota 33)], na fundamentação da imperatividade de certas normas de direito das
sociedades. Segundo o autor, nalguns casos é desnecessária a ideia de que a proteção dos sócios importa,
indiretamente, a tutela de terceiros e da economia em geral (cfr. p. 169). Como resulta do texto, não nos
parece ser o caso da imputação injuntiva de obrigações de vigilância a diferentes órgãos da sociedade
anónima. Não podemos aqui analisar a questão paralela da crítica do autor à ideia mais genérica de que é
necessariamente público o interesse servido por uma norma legal imperativa. Cfr. VASCO DA GAMA LOBO
XAVIER – *Anulação de deliberação social e deliberações conexas*, reimp., Coimbra: Almedina, 1998, p. 153-158,
162-163, 168-179 (notas 76 e 76a).
[203] SCHMIDT – *Gesellschaftsrecht*... p. 54. Cfr. também, *v.g.*, SCOTTON – *"C" di Commenda...*, *passim*, em
especial, p. 369, sobre a lógica inevitavelmente histórica de todo o Direito comercial.
[204] MANUEL NOGUEIRA SERENS – *A monopolização da concorrência e a (re-)emergência da tutela da marca*,
Coimbra: Almedina, 2007, p. 35 ss.

DA ADMINISTRAÇÃO À FISCALIZAÇÃO DAS SOCIEDADES

dinheiro de terceiros do que do seu próprio dinheiro»[205]. Esse perigo seria agravado pelo facto de o poder conferido aos administradores «não ser condicionado pelo grau de responsabilidade (ou *risco*) que os sócios se dispunham assumir»[206]. Nessa medida, acrescenta, «neste tipo de sociedades (...), a *ambição de poder* (de mercado) dos sócios (de todos ou de alguns deles) *não era auto-controlada*»[207].

129   Em segundo lugar, causavam particular preocupação a especulação e a agiotagem associada à negociabilidade das ações, com potencial prejuízo para os investidores no mercado[208].

130   Em terceiro lugar, surgiam os receios das tendências monopolistas inerentes ao ilimitado potencial de crescimento da sociedade anónima e a ameaça daí decorrente para a liberdade de comércio e para a posição dos pequenos comerciantes[209].

131   Por último, a responsabilidade limitada dos sócios era ainda vista com desconfiança, senão mesmo como uma «verdadeira *heresia*»[210].

132   IV. As sucessivas crises e escândalos societários e financeiros desempenharam um papel decisivo na modelação do pensamento então corrente e no aprofundamento da reflexão sobre os conflitos de interesses inerentes à sociedade anónima. Assim, por exemplo, face à crise verificada na Alemanha no início dos anos 1870, escrevia JHERING:

> «O juízo niilista de um boletim da época da última catástrofe (1873) sobre todo o nosso sistema de ações, comparado com um boletim do período da constituição, dificilmente poderia ser atenuado. Apresenta a imagem de um campo de batalha ou de um cemitério – poças de sangue, cadáveres, covas – doentes, coveiros, somente estes últimos estando bem, já que só estes ganham! Caso os desastrosos efeitos das sociedades anónimas se restringissem aos imediatamente participantes, poderíamos conformar-nos, de certa forma, com a ideia de que esses deveriam ter tido mais cautela, embora a incúria não confira qualquer título que autorize o seu ludíbrio, nem a imprudência, o direito a furtá-los. Mas não: é, ao mesmo tempo, a sociedade inteira

---

[205] ADAM SMITH – *Inquérito...* p. 362, 363

[206] NOGUEIRA SERENS – *A monopolização...* p. 37. Como explica o autor,
    «na sociedade anónima, a dimensão da empresa, que é a medida do poder daqueles que administram, não interfere com a responsabilidade dos sócios, que é sempre limitada ao valor da respectiva entrada».

[207] *Ibidem.*

[208] *Ibidem.*

[209] *Ibidem*, p. 37-39.

[210] Nas palavras de NOGUEIRA SERENS, *ibidem*, p. 40-41.

INTRODUÇÃO

que se vê afetada. As sociedades anónimas conseguiram abalar o equilíbrio económico em que assenta toda a ordem e segurança do nosso comércio; conseguiram sacudi-lo em todas as direcções e da mais funesta forma»[211].

V. Os receios referidos justificaram assim que, na Europa do séc. XIX, a evolução se fizesse de um sistema de outorga (*Oktroisystem*) para um sistema de concessão (*Konzessionsystem*), e não diretamente para um sistema normativo (*Normativsystem*)[212], como sucedeu, por exemplo, no Estado de Nova Iorque em 1811[213]. Como sustentava então TEIXEIRA DUARTE:

133

> «Ao Governo, auxiliado pelos princípios d'Economia Política, é que cumpre ponderar as razões de conveniencia ou desvantagem publica, antes de conceder a autorisação, de que depende a formação d'uma Companhia»[214].

VI. As desconfianças face à sociedade anónima só lentamente foram sendo superadas, face ao progressivo reconhecimento da sua importância para o desenvolvimento económico, até à transição para um sistema normativo (*Normativsystem*) na segunda metade do séc. XIX. Na base da transição esteve a conclusão, enunciada por VEIGA BEIRÃO, de que

134

> «Nem o governo póde, nem, quando o podesse, deveria assegurar, e, ainda menos, parecer que assegura a proficuidade de um emprehendimento particular. Não illudamos, pois, pelo menos aquillo que se póde considerar o grosso do publico. Deixemos á iniciativa particular e á previdencia do capital o que só áquella pertence e d'esta depende»[215].

Ainda assim, pode afirmar-se que, mesmo então, as resistências não foram nunca totalmente ultrapassadas, razão pela qual, apesar de prescindir do controlo administrativo, os legisladores fizeram acompanhar a liberdade de consti-

135

---

[211] RUDOLPH VON JHERING – *Der Zweck im Recht* 1, Leipzig: Breitkopf & Härtel, 1877, p. 228-229.

[212] Sobre estes sistemas, cfr. a detalhada introdução histórico-crítica a cada modelo de governo da sociedade anónima nos capítulos II, III e IV.

[213] Cfr. JAMES D. COX e THOMAS L. HAZEN – *Cox & Hazen on corporations: Including unincorporated forms of doing business*, 2.ª ed., New York: Aspen Publishers, 2003, p. 87-88.

[214] RICARDO TEIXEIRA DUARTE – *Commentario ao título XII, parte 1.ª, liv. 2.º do Codigo Commercial Portuguez*, Lisboa: Imp. Nacional, 1843, p. 30.

[215] *Appendice ao Codigo Commercial Portuguez, aprovado pela Carta de Lei de 28 de Junho de 1888*, contendo o relatorio do ministro da justiça, os pareceres das comissões das camaras dos deputados e pares do reino e a discussão em ambas estas camaras sobre o projecto d'aquele codigo, 2.ª ed., Coimbra: Imprensa da Universidade, 1893.

DA ADMINISTRAÇÃO À FISCALIZAÇÃO DAS SOCIEDADES

tuição de sociedades anónimas com a regulação da sua constituição, organização, administração e fiscalização (orgânica). O propósito era, sobretudo, salvaguardar o mercado. As partes não podiam ser entregues a si próprias para que, através da sua diligência, se protegessem contra logros, erros, ilusões e descuidos. Entendeu-se ser necessária uma atitude ativa, no sentido de auxiliar as partes e promover a sua proteção. Prevaleceu a ideia de que, sem especiais meios de proteção, nem o público nem o indivíduo poderiam controlar adequadamente os fundadores e os gestores da sociedade, e reagir face aos mesmos[216].

136   A intervenção era então justificada com base em dois argumentos, um de política legislativa geral e outro especificamente dirigido à sociedade anónima. Por um lado, o Estado deveria intervir para auxiliar o público contra os excessos e evitar o abuso das instituições pelos mais hábeis. Por outro,

> «Se a lei confere ao capital uma forma através da qual pode reunir forças e exercer o seu poder livremente, então tem o dever de impor os necessários limites. Certamente, apenas para prevenir que o público seja vítima da mesma»[217].

137   Na prossecução deste propósito, porém, os legisladores não pretendiam que o Estado se substituísse aos particulares na proteção dos seus interesses. Pretendiam apenas colocar à sua disposição especiais mecanismos de proteção, através de um sistema de *Selbsthilfe*[218].

138   VII. O processo legislativo alemão e o debate que o rodeou, bem documentados, permitem compreender a opção do legislador pela imposição e regulação de um órgão interno de fiscalização, dirigido em primeira instância à salvaguarda dos interesses da sociedade e, indiretamente, do interesse público: o mercado beneficia da estabilidade da sociedade anónima, assegurada pelo adequado funcionamento dos seus órgãos sociais. Ao interesse dos sócios somam-se, portanto, uma multiplicidade de interesses específicos que gravitam em torno da sociedade anónima e que são difusamente representados no conceito de inte-

---

[216] PETER HOMMELHOFF – "Eigenkontrolle statt Staatskontrolle: rechtsdogmatischer Überblick zur Aktienrechtsreform 1884", in WERNER SCHUBERT e PETER HOMMELHOFF (eds.) – *Hundert Jahre modernes Aktienrecht ...*, p. 62-63.

[217] No original:

> «*Wenn die Gesetzgebung dem Kapital eine Form verleiht, durch welche es mit vereinigten Kräften seine Macht frei entfalten kann, so hat sie auch die Pflicht, dieser Macht die nöthigen Schranken aufzuerlegen. Freilich nur, um zu verhindern, daß das Publikum derselben nicht zur Beute werde*». *Ibidem*, p. 63.

[218] Cfr. § 39.6 *infra* para mais desenvolvimentos.

INTRODUÇÃO

resse público[219]: os interesses dos trabalhadores, dos credores e, sobretudo nas sociedades prestadoras de serviços de interesse económico geral[220], os próprios clientes.

O mesmo vale para o nosso sistema que, com a Lei das Sociedades Anonymas (1867), passou a impor a constituição do conselho fiscal, o qual – como explicou o próprio legislador – constituía uma «salutar garantia para os associados e para o publico»[221]. A imperatividade deste sistema de fiscalização, no específico contexto de evolução de paradigma normativo, não permite circunscrevê-lo à sua dimensão interna[222], antes devendo reconhecer-se o propósito de salvaguarda do interesse público através da estabilidade no governo da sociedade[223].

VIII. Esta perspetiva histórica é confirmada pelas atuais coordenadas sistemáticas, face às quais a *imposição normativa* de específicos órgãos de fiscalização global e contabilística – que se somam ao conselho de administração que, no cumprimento da sua obrigação de diligente administração, é o primeiro responsável pela fiscalização da administração da sociedade[224] – só encontra fundamento na salvaguarda do interesse público. O propósito não parece ser a proteção do sócio controlador, atentos os seus poderes de controlo *de facto* sobre a administração, nem dos acionistas minoritários porque, se assim fosse, a designação dos membros dos órgãos de fiscalização global – conselho fiscal, conselho geral e de supervisão ou comissão de auditoria – e do revisor oficial de contas não caberia à assembleia geral, deliberando por maioria simples[225], nem seria imposta a constituição de tais órgãos nas sociedades com um único acionista[226] ou nas quais todos os sócios sejam administradores[227].

139

140

---

[219] No mesmo sentido, cfr. José Engrácia Antunes – *A fiscalização das sociedades comerciais: Estudo preparatório de reforma legislativa*, inédito, 1997, p. 40-42. Agradecemos ao autor a disponibilização deste texto.
[220] Sobre o governo destas sociedades, cfr. Rui de Oliveira Neves – "O governo das sociedades prestadoras de serviços de interesse económico geral: notas acerca de algumas características do caso português", in Paulo Câmara (ed.) – *O governo das organizações: a vocação universal do corporate governance*, Coimbra: Almedina, 2011.
[221] *Diario de Lisboa* de 23 de janeiro de 1867, n.º 18, p. 195, citado por João Tavares de Medeiros – *Direito Comercial: Commentario da Lei das Sociedades Anonymas de 22 de Junho de 1867*, Lisboa: Livraria Ferreira, 1886, p. 144.
[222] Assim parece defender Engrácia Antunes – *A fiscalização...* p. 178.
[223] Para maiores desenvolvimentos, cfr. § 8 *infra*.
[224] Cfr. § 13 *infra*.
[225] Cfr. arts. 415.º/1, 423.º-C, n.ºs 1 e 2, 435.º/1, 446.º/1.
[226] O mesmo valendo para as sociedades unipessoais por quotas. Cfr. arts. 488.º, 489.º, 270.º-G, 262.º, 2.
[227] No mesmo sentido, Engrácia Antunes – *A fiscalização...* p. 40-42. Note-se que, no caso dos revisores, as suas funções são expressamente qualificadas pelo art. 40.º/1, *a)* EOROC como de interesse público.

DA ADMINISTRAÇÃO À FISCALIZAÇÃO DAS SOCIEDADES

141   IX. Face a este enquadramento da imposição normativa de órgãos sociais com obrigações de vigilância valem hoje com especial acuidade as dúvidas manifestadas, em meados do séc. XIX, sobre a bondade da intervenção estatal. Já então se questionava se a lei podia efetivamente contribuir para a limitação dos abusos, assegurando uma adequada proteção da sociedade e, com isso, dos seus acionistas e demais *stakeholders*[228].

142   O risco residia então, tal como hoje, na criação de uma sensação de segurança, frequentemente ilusória e promotora de comportamentos arriscados por parte dos agentes económicos. Na medida em que comprometa o desenvolvimento da necessária circunspeção do público, abdicando de uma saudável cautela e moderação, o Direito corre o risco de promover precisamente aquilo que pretende evitar[229].

143   Não se pretende, com esta observação, desestimar o papel da lei no governo das sociedades e no desenvolvimento económico que lhe está subjacente[230]. Não pode, porém, deixar de se reconhecer que a imposição normativa de estruturas formais no seio das sociedades anónimas frequentemente não produz os resultados desejados, especialmente quando a *law in the books* não tenha adequado reflexo na *law in action*.

---

[228] Expressão anglo-saxónica, comummente usada a nível internacional, para referir todos aqueles que têm um interesse legítimo na sociedade, em particular, acionistas, trabalhadores e (outros) credores (incluindo o próprio Estado).

[229] *Vide*, neste sentido, a posição dos representantes de Hamburgo no processo de consulta de Nuremberga que precedeu o ADHGB. Cfr. § 39.5 *infra*.

[230] Sobre este tema, cfr., *v.g.*, BERNARD S. BLACK – Is corporate law trivial? A political and economic analysis, *Northwestern University Law Review*, 84, 1990, CHEFFINS – *Company law...* p. 24, CHEFFINS – *Does law matter?..*, JOHN C. COFFEE, JR. – The future as history: The prospects for global convergence in corporate governance and its implications, *Northwestern University Law Review*, 93, 1999, JOHN C. COFFEE, JR. – Privatization and corporate governance: The lessons from securities market failure, *Journal of Corporation Law*, 25, 1999, COFFEE – *The rise..*, FRANK H. EASTERBROOK – International corporate differences: markets or law?, *Journal of Applied Corporate Finance*, 9:4, 1997, LA PORTA, LOPEZ-DE-SILANES e SHLEIFER – *Corporate ownership around the World..*, LA PORTA, LOPEZ-DE-SILANES e SHLEIFER – *Law and finance..*, LA PORTA, *et al.* – *Investor protection..*, LA PORTA, *et al.* – *Legal determinants....* Cfr., em particular, ÉRICA GORGA – Culture and corporate law reform: a case study of Brazil, *University of Pennsylvania Journal of International Economic Law*, 27, 2006, onde a autora analisa o papel das instituições (formais e informais) que modelam as estruturas de governo e a razão pela qual resistem determinadas regras ineficientes apesar dos esforços dirigidos à melhoria da eficiência, e debruça-se sobre a tese de que a ideologia pode limitar os resultados económicos. GORGA usa como *case study* a reforma do Direito societário brasileiro de 2001. Este estudo é particularmente interessante porque o Brasil, tal como Portugal, apresenta mercados de capitais ineficientes, uma elevada concentração acionista e elevados benefícios especiais de controlo.

INTRODUÇÃO

§ 5. OS MODELOS DE GOVERNO DAS SOCIEDADES ANÓNIMAS

I. Os modelos de governo podem ser definidos como «fórmulas matriciais de organização da administração e fiscalização de sociedades anónimas»[231], compreendendo o elenco, a composição e as competências dos órgãos sociais e a posição jurídica dos seus membros[232]. Esta estruturação tipológica é taxativa[233], sem prejuízo da sua concretização em subtipos e da possível consagração de outros órgãos societários no contrato de sociedade, desde que não usurpando funções imperativamente atribuídas aos órgãos legais[234]. Assim, a mera referência ao tipo legal permite conhecer a estrutura que é habitualmente reputada essencial da administração e fiscalização da sociedade, condição essencial para a segurança no tráfego jurídico.

De acordo com o art. 278.º/1, são admitidos três modelos de governo de sociedades anónimas[235]: *(a)* o *modelo tradicional português*, com um conselho de

144

145

---

[231] PAULO CÂMARA – *Os modelos...* p. 198.

[232] *Ibidem.* Como explica PAULO CÂMARA, cada modelo propicia uma relação de forças potencialmente diferente dentro da sociedade, determinando o seu processo decisório e a medida de influência dos administradores executivos, dos acionistas (dominantes, qualificados ou minoritários) e dos membros dos órgãos de fiscalização, da sua conformação dependendo a profundidade de avaliação do desempenho societário e o escrutínio sobre atos de potencial conflito de interesses. Tal não prejudica, porém, a existência de traços de regime comuns aos vários modelos, nem diversas manifestações de convergência funcional (por contraposição à convergência para um modelo único) patentes na evolução histórico-dogmática dos mesmos entre nós e além fronteiras. *Ibidem*, p. 199, 253. Sobre o fenómeno de convergência funcional, cfr. PAUL DAVIES – Board structure in the UK and Germany: Convergence or continuing divergence, *International and Comparative Corporate Law Journal*, 2:4, 2001, GILSON – *Globalizing Corporate Governance...* p. 124 ss., GILSON – *Controlling Shareholders and Corporate Governance...* p. 1 ss., HOPT – *Modern...* p. 453 ss. Cfr. também, entre nós, PEDRO MAIA – *Função...* p. 253 ss., CALVÃO DA SILVA – *A responsabilidade civil dos administradores não executivos...* p. 107 ss., PEDRO MAIA – *Voto...* p. 563-564 (nota 817).

[233] Assim, é proibida a adoção de modelos não previstos no art. 278.º. Cfr. PAULO CÂMARA – *Os modelos...* p. 209.

[234] Neste sentido, *e.g.*, já relativamente ao Direito anterior, mas também face ao Código das Sociedades Comerciais, RAUL VENTURA – *Novos estudos sobre sociedades anónimas e sociedades em nome colectivo*, reimp., Coimbra: Almedina, 2003, p. 40.

[235] Recorde-se que, na versão originária de 1986, esta disposição previa apenas dois modelos de governo, dispondo: «A administração e a fiscalização da sociedade podem ser estruturadas segundo uma de duas modalidades: a) conselho de administração e conselho fiscal; b) direção, conselho geral e revisor oficial de contas». Dispunha depois o n.º 2 do mesmo artigo que, nos casos previstos na lei, em vez de conselho de administração ou de direção poderia haver um só administrador ou diretor e, em vez de conselho fiscal, poderia haver um fiscal único.

DA ADMINISTRAÇÃO À FISCALIZAÇÃO DAS SOCIEDADES

administração[236] e um conselho fiscal[237] (e um revisor oficial de contas[238]); *(b)* o *modelo anglo-saxónico*, com um conselho de administração, compreendendo uma comissão de auditoria, e revisor oficial de contas[239]; e *(c)* o *modelo germânico*, com um conselho de administração executivo[240], um conselho geral e de supervisão[241] e um revisor oficial de contas[242].

Todos os modelos apresentam uma conjugação de dois tipos de fiscalização: uma fiscalização global[243] da administração da sociedade – pelo conselho fiscal

---

[236] Nas sociedades com um capital social inferior a € 200.000, o conselho de administração pode ser substituído por um administrador único. Cfr. art. 424.º/2.

[237] Salvo nas sociedades de grande dimensão e nas sociedades emitentes de valores mobiliários admitidos à negociação em mercado regulamentado [art. 413.º/2, *a)*], o conselho fiscal pode ser substituído por um fiscal único. Cfr. arts. 278.º/1, *a)* e n.º 2, e 413.º/1, *a)* e n.º 2, *b)*.

[238] Cfr. arts. 278.º/3 e 414.º/2.

[239] Cfr. art. 278.º/1, *b)*.

[240] Designado "direção" antes da reforma do Código das Sociedades Comerciais de 2006. Se a sociedade tiver um capital social inferior a € 200.000, o conselho de administração executivo pode ser substituído por um administrador único, tal como no modelo tradicional português. Cfr. art. 424.º/2.

[241] Antes da reforma de 2006, era designado simplesmente "conselho geral". Nas sociedades emitentes de valores mobiliários admitidos à negociação em mercado regulamentado e nas sociedades que cumpram os critérios referidos na alínea *a)* do n.º 2 do art. 413.º, o conselho geral e de supervisão deve incluir uma comissão para as matérias financeiras, especificamente dedicada ao exercício das funções de fiscalização do processo de preparação, divulgação e revisão de informação financeira; verificação da eficácia do sistema de gestão de riscos, do sistema de controlo interno e do sistema de auditoria interna; e assegurar a independência do revisor oficial de contas (devendo, inclusivamente, propor o revisor para nomeação pela assembleia geral). Cfr. alíneas *f)* a *o)* do art. 441.º, *ex vi* art. 444.º/2.

[242] Cfr. art. 278.º/1, *c)*. Já quanto às sociedades por quotas, a fiscalização compete antes de mais aos próprios sócios, sendo facultativa a constituição do conselho fiscal (art. 262.º/1). Segundo RAUL VENTURA, o contrato de sociedade por quotas pode ainda, em circunstâncias idênticas às previstas para as sociedades anónimas, adotar o regime do fiscal único. Cfr. RAUL VENTURA – *Sociedades por quotas: Comentário ao Código das Sociedades Comerciais*, 3, reimp., Coimbra: Almedina, 1996, p. 206. A esta fiscalização acresce a exercida pelo revisor oficial de contas, seja este membro do conselho fiscal (quando exista) ou nomeado quando a sociedade atinja determinada dimensão, *i.e.*, quando sejam ultrapassados, durante dois anos consecutivos, dois dos três critérios seguintes: *(a)* total do balanço: 1.500.000 euros; *(b)* total das vendas líquidas e outros proveitos: 3.000.000 euros; e *(c)* número de trabalhadores empregados em média durante o exercício: 50 (art. 262.º/2). Este regime foi estabelecido de acordo com o art. 51.º/2 da 4.ª Diretriz (78/66//CEE), de 25 de julho de 1979, relativa às contas anuais de certas sociedades, que permitiu isentar da aplicação das obrigações previstas nesta Diretriz as sociedades de reduzida dimensão. Sobre esta transposição do regime comunitário, RAUL VENTURA, *ibidem*.

[243] Como forma de distinção face à "fiscalização contabilística", esta é frequentemente apelidada na nossa doutrina de "fiscalização política". Em tempos, partindo da classificação de FELIPE DE SOLÁ CAÑIZARES – *Tratado de Derecho Comercial Comparado*, 3, Barcelona: Montaner y Simón, 1943, p. 411, distinguimos entre fiscalização pessoal pelos sócios, fiscalização administrativa, fiscalização judicial e fiscalização privada pelos órgãos sociais. Dentro desta última distinguimos entre fiscalização interna e externa: a primeira pelo órgão "interno" da sociedade (conselho fiscal, conselho geral e de supervisão ou comissão de auditoria), a segunda por um auditor independente (o revisor oficial de contas). FERREIRA GOMES – *A fiscalização...* p. 183-184. Hoje, esta classificação parece-nos parcialmente desacertada. Assim, num primeiro

INTRODUÇÃO

(ou fiscal único)[244], pelo conselho geral e de supervisão[245] ou pela comissão de auditoria[246] – e uma fiscalização contabilística, a cargo de um perito contabilista, entre nós o revisor oficial de contas[247]. Em todos os casos, os membros do órgão de fiscalização global e o revisor são eleitos e destituídos pela assembleia geral[248].

Os modelos referidos admitem concretizações diferenciadas, podendo assumir-se a existência de vários submodelos. O sistema assegura assim alguma liberdade contratual, mas a sua natureza continua a ser eminentemente injuntiva, tal como nos demais sistemas continentais (seja de matriz napoleónica, seja de matriz romano-germânica)[249]. Esta matriz é assim claramente contraposta à dos sistemas anglo-saxónicos nos quais, sem prejuízo das inúmeras diferenças entre si[250], prevalecem soluções supletivas, vigorando uma ampla liberdade contratual. Neste sentido, é elucidativo comparar o nosso art. 278.º com o § 141 da *General Corporations Law* do Estado do Delaware[251]:

147

---

nível, partindo de um critério subjetivo, distinguimos entre fiscalização administrativa (por entidades administrativas); fiscalização judicial (por tribunais); fiscalização acionista (por um ou mais acionistas); fiscalização orgânica (por órgãos da sociedade). Dentro desta, partindo de um critério funcional, distinguimos entre fiscalização global da administração da sociedade e fiscalização contabilística, nos termos enunciados no texto. MENEZES CORDEIRO – *Direito das sociedades*, I³... p. 1009-1012, por seu turno, refere-se a fiscalização orgânica, na qual, realce-se, não integra a atividade do revisor oficial de contas, que qualifica como fiscalização "exterior" (cfr. *ibidem*, p. 136, 1012-1013). JORGE COUTINHO DE ABREU – *Governação²*... p. 175, seguido, *v.g.*, por TIAGO JOÃO ESTÊVÃO MARQUES – *Responsabilidade civil dos membros de órgãos de fiscalização das sociedades anónimas* Coimbra: Almedina, 2009, p. 19-21, distingue entre fiscalização interna e externa, referindo-se a primeira à cometida a entidades externas à sociedade fiscalizada e a segunda à desenvolvida pelos sócios ou órgãos societários.

[244] Cfr. arts. 420.º e 452.º.

[245] Cfr. arts. 441.º e 453.º.

[246] Cfr. art. 423.º-F.

[247] Cfr. arts. 420.º/3; 420.º-A, 446.º, 421.º/2 e 3.

[248] Cfr. arts. 415.º, 419.º, 423.º-C, 423.º-E, 435.º. Não existe qualquer norma específica de atribuição de competência à assembleia geral para a destituição dos membros do conselho geral e de supervisão, valendo portanto a norma geral do art. 373.º/2, segundo a qual compete aos acionistas deliberar sobre todas as matérias que não estejam compreendidas nas atribuições de outros órgãos da sociedade.

[249] Frequentemente referidos conjuntamente na discussão internacional como sistemas de *civil law*, por contraposição aos sistemas de *common law*.

[250] Incluindo dentro dos próprios Estados Unidos, dado que o direito societário é regulado autonomamente por cada Estado, sem prejuízo da intervenção cada vez mais acentuada das instituições federais em diferentes matérias, ao abrigo da *Interstate Commerce Clause*. Esta constitui um desenvolvimento jurisprudencial e doutrinário da mais ampla *Commerce Clause* da constituição norte-americana, nos termos da qual o Congresso tem poder *«to regulate Commerce with foreign Nations, and among the several States, and with the Indian Tribes»* (art. I, secção 8, cláusula 3).

[251] O Estado do Delaware, não obstante a sua reduzida dimensão, compreende a maioria das mais importantes sociedades comerciais norte-americanas. Sobre a evolução do sistema societário norte-americano, cfr. § 55.1 *infra*.

DA ADMINISTRAÇÃO À FISCALIZAÇÃO DAS SOCIEDADES

«The business and affairs of every corporation organized under this chapter shall be managed by or under the direction of a board of directors, except as may be otherwise provided in this chapter or in its certificate of incorporation. *If any such provision is made in the certificate of incorporation, the powers and duties conferred or imposed upon the board of directors by this chapter shall be exercised or performed to such extent and by such person or persons as shall be provided in the certificate of incorporation»* (itálico nosso).

148   No Reino Unido, também o *Companies Act 2006* assegura uma ampla liberdade contratual, exigindo apenas que as *private companies* tenham um administrador e as *public companies* dois (secção 154). Quanto ao demais, vale apenas a recomendação do *UK Corporate Governance Code*[252], diretamente aplicável apenas às sociedades admitidas à negociação no mercado principal da *London Stock Exchange* (LSE)[253], segundo o qual:

«*Every company should be headed by an effective board which is collectively responsible for the long-term success of the company.*

There should be a clear division of responsibilities at the head of the company between the running of the board and the executive responsibility for the running of the company's business. No one individual should have unfettered powers of decision»[254].

149   Ainda assim, a reforma do Código das Sociedades Comerciais de 2006 ampliou o leque de alternativas disponíveis entre nós. Segundo a detalhada análise de PAULO CÂMARA, no total, computam-se nove modelos de governação possíveis[255].

150   II. Quanto à sua natureza, os modelos apresentam-se como tipos organizativos que, em determinada medida, admitem adaptações através de soluções estatutárias onde existam específicas normas permissivas ou onde, por não serem aplicáveis normas injuntivas, vigore o princípio da liberdade contratual, sempre sem prejuízo da coerência sistemática de cada modelo[256].

---

[252] Cfr. L.R. 9.8.6(5), FINANCIAL REPORTING COUNCIL – *The UK Corporate Governance Code*, 2010, disponível em http://www.frc.org.uk/corporate/ukcgcode.cfm. Antes designado por *The Combined Code on Corporate Governance* ou, simplesmente, *Combined Code*.

[253] De acordo com FINANCIAL SERVICES AUTHORITY – *Listing rules*, 2011, disponível em http://fsahandbook.info/FSA/html/handbook.

[254] Sobre a configuração do sistema de administração e fiscalização britânico, cfr. § 56.2 *infra*.

[255] PAULO CÂMARA – *Os modelos...* p. 204.

[256] Face às várias opções possíveis depois da reforma de 2006, ANTÓNIO MENEZES CORDEIRO – A grande reforma das sociedades comerciais, *O Direito*, 138:3, 2006, p. 451 afirma que o nosso Direito «passou,

INTRODUÇÃO

III. Quanto à sua designação e como já ficou patente, partimos do critério da origem geográfica que é, como bem recorda PAULO CÂMARA, aquele que subjaz à arrumação comparatística das famílias de Direito[257]. Porém, não acompanhamos PAULO CÂMARA nas suas opções de restrição desta matriz classificatória. Segundo o autor:

«Em causa está sobretudo a vulnerabilidade dos modelos de governação a adaptações normativas, seja por efeito da permeabilidade a orientações políticas conjunturais, seja em virtude da juventude do tratamento dogmático correspondente, seja ainda em resultado da influência de experiências provindas de outros sistemas jurídicos».

Por isso, conclui o autor ser difícil detetar modelos de governo puros. Quanto ao modelo previsto no art. 278.º/1, *a)*, prefere qualificá-lo como "clássico"[258] e não como "latino", desde logo porque alguns sistemas jurídicos não latinos, como o japonês, facultam a adoção desta estrutura. A este ponto, acrescentamos um outro: há países latinos (europeus) onde este modelo não conheceu implantação, como é o caso da Espanha[259]. Quanto ao modelo previsto no art. 278.º/1, *c)*, afirma não dever qualificar-se como "germânico", porquanto tem raízes his-

---

assim, a ser aquele que mais hipóteses organizativas dá às suas sociedades comerciais». Com a devida vénia, não podemos concordar. Basta para tanto verificar a ampla liberdade contratual concedida pelos sistemas anglo-saxónicos, caracterizados por soluções supletivas e não injuntivas. PAULO CÂMARA – *Os modelos...* p. 253-254, por seu turno, afirma existir uma *ampla* margem de conformação por cada sociedade (itálico nosso) e afirma ir no mesmo sentido JOSÉ ENGRÁCIA ANTUNES – *An economic analysis of Portuguese corporation law: System and current developments*, 2004, disponível em www.uni-bocconi.it/dirittocommerciale, p. 38. Parece-nos contudo que ENGRÁCIA ANTUNES se limita a realçar que, na análise dos méritos e deméritos de cada modelo, mais importante do que considerar as soluções formalmente consagradas, é analisar a forma como os mesmos são depois vividos na prática societária. Concluía portanto o autor que em ambos os modelos então em vigor em Portugal (este texto é anterior à reforma de 2006, na qual foi introduzido o modelo anglo-saxónico) se podiam criar e desenvolver bons padrões e práticas de governo societário. O problema central, afirmava, é o equilíbrio intrínseco dos *modelos vivos* (*the inner balance of the* living models) relativamente à vigilância dos administradores pelos acionistas minoritários e *outsiders*.

[257] PAULO CÂMARA – *Os modelos...* p. 204.

[258] No mesmo sentido, *e.g.*, ANTÓNIO PEREIRA DE ALMEIDA – *Sociedades comerciais, valores mobiliários e mercados*, 6.ª ed., Coimbra: Coimbra Editora, 2011, p. 453 ss., PAULO OLAVO CUNHA – *Direito das sociedades comerciais*, 5.ª ed., Coimbra: Almedina, 2012, p. 787. CALVÃO DA SILVA, por seu turno, refere-se ora a modelo "clássico" ora a modelo "tradicional", mas parece dar preferência a esta última designação. JOÃO CALVÃO DA SILVA – A responsabilidade civil dos administradores não executivos, da comissão de auditoria e do conselho geral e de supervisão, *Revista da Ordem dos Advogados*, 67:1, 2007, p. 108 ss., passim.

[259] A *Ley de sociedades de capital*, aprovada pelo *Real Decreto Legislativo 1/2010*, de 2 de julho, e que entrou em vigor a 1 de setembro de 2010, continua a não prever um órgão de fiscalização interna semelhante ao nosso conselho fiscal ou ao *collegio sindacale* italiano.

DA ADMINISTRAÇÃO À FISCALIZAÇÃO DAS SOCIEDADES

tóricas anteriores às do sistema alemão e as diversas intervenções societárias, como as operadas em 1971 na Holanda e em 2006 em Portugal, apropriam-se do modelo, mitigando largamente a influência do sistema alemão. Em particular, sublinha o facto de, com exceção da Áustria, todos os demais ordenamentos terem rejeitado a representação dos trabalhadores nos órgãos sociais. Já o modelo previsto no art. 278.º/1, *b*), não obstante as diferenças entre o regime norte-americano e o regime britânico, afirma ser preferível tomá-lo como modelo "anglo-saxónico".

153   Quanto à designação do "modelo latino", são justas as críticas apresentadas, mas não vemos vantagem na sua designação como "clássico". Se o intuito é afirmar a sua correspondência ao modelo único com tradição secular em Portugal, é preferível qualificá-lo como "modelo tradicional português"[260]. A designação como modelo "latino" é usada frequentemente na prática, na doutrina[261] e até em documentos da CMVM[262] e de outras entidades públicas[263], mas não procede perante a referida crítica de que nem todos os sistemas jurídicos latinos comportam uma tal fórmula matricial. Sem prejuízo dos paralelos que se possam estabelecer entre o nosso modelo – resultante de uma evolução centenária do nosso regime jurídico das sociedades anónimas, iniciada em 1867 – e o modelo tradicional italiano (no qual se destaca o *collegio sindacale* desde 1882), não se justifica a designação comum "modelo latino".

154   Definitivamente afastada fica ainda a contraposição entre modelos "monistas" e "dualistas", claramente desadequada perante o modelo tradicional português[264], habitualmente apresentado como sendo monista (por contraposição ao modelo dualista de origem germânica) quando na verdade pressupõe necessariamente dois órgãos de administração e fiscalização: por um lado, o conselho de administração (ou administrador único) e, por outro, o conselho fiscal (ou fiscal

---

[260] Neste sentido, COUTNHO DE ABREU – *Curso*, 2⁴... p. 60-61, seguido por ESTÊVÃO MARQUES – *Responsabilidade civil*... p. 39 ss.

[261] Cfr., *e.g.*, ANTÓNIO MENEZES CORDEIRO – *Manual de direito das sociedades*, 2, 2.ª ed., Coimbra: Almedina, 2007, p. 771, apesar de o autor se referir frequentemente também a modelo monista.

[262] Assim, por exemplo, CMVM – *Governo das sociedades anónimas*, capítulo II; CMVM – *Código de governo das sociedades da CMVM (Recomendações)*, 2010, disponível em http://www.cmvm.pt/CMVM/Recomenda cao/Recomendacoes/Documents/CodigodeGovernodasSociedadesCMVM2010.pdf, CMVM – COMISSÃO DO MERCADO DE VALORES MOBILIÁRIOS – *Consolidação de fontes normativas e do Código de Governo das Sociedades*, 2010, disponível em http://www.cmvm.pt/CMVM/Recomendacao/Recomendacoes/Documents/ConsFontesGS022010.pdf, p. 33.

[263] Cfr., *e.g.*, ASSEMBLEIA DA REPÚBLICA – *Relatório da comissão de inquérito sobre a situação que levou à nacionalização do BPN e sobre a supervisão bancária inerente*, 2009, p. 63, 105.

[264] No mesmo sentido, JORGE COUTINHO DE ABREU – *Governação*²... p. 36.

INTRODUÇÃO

único)[265]. Mesmo o modelo anglo-saxónico, tal como consagrado entre nós, se apresenta como dualista, porquanto a comissão de auditoria constitui, por si, um órgão[266] autónomo e necessário[267].

Quanto ao *modelo germânico*, sem prejuízo das suas raízes em experiências anteriores, foi claramente no espaço alemão que se desenvolveu e afirmou numa regulação de carácter geral e abstrato, por contraposição à regulamentação casuísta própria dos *Oktroi*. Nos mesmos termos, o facto de diferentes ordenamentos se terem desviado, em maior ou menor medida, do modelo original, não significa que aquele não continue a ser o modelo de referência na discussão comparatística face ao qual são contrapostas as especificidades de cada regime divergente. Impõe-se ainda esta referência por uma questão de coerência histórico-dogmática: foi o sistema alemão que, mais do que qualquer outro, influenciou o modelo que viria a ser adoptado pelo nosso legislador em 1986, seja diretamente, seja pela configuração da proposta de 5.ª Diretriz, seja ainda por intermédio do sistema francês vertido na *Loi n.º 66-537 du 24 juillet 1966 sur les sociétés commerciales*[268]. Assim, no estudo do modelo consagrado hoje no art. 278.º/1, *c)* importa considerar, mais do que quaisquer outros, os antecedentes alemães que determinaram a configuração do sistema recebido em 1986. Da mesma forma, importa considerar, através da identificação de lugares paralelos, de que forma a evolução dogmática entretanto verificada no sistema germânico permite construir modelos de decisão[269] à luz do direito nacional.

155

---

[265] Neste sentido, *e.g.*, RAUL VENTURA – *Novos estudos...* p. 12. Para maiores desenvolvimentos sobre a desadequação desta matriz classificatória, com análise da doutrina comparatística internacional, cfr. PAULO CÂMARA – *Os modelos...* p. 200-202. Não obstante, é frequente ainda o uso desta distinção. Assim, *v.g.*, MENEZES CORDEIRO – *Manual*, 2².., p. 772 e *passim*.

[266] Assim, *e.g.*, EDUARDO LUCAS COELHO – Reflexões epigramáticas sobre a nova governação de sociedades, *Revista da Ordem dos Advogados*, 68:1, 2008.

[267] Em aparente contradição, *e.g.*, CALVÃO DA SILVA refere-se ao "sistema monista anglo-saxónico" e MENEZES CORDEIRO ao "modelo monista anglo-saxónico", tal como se refere ao "modelo monista latino". Cfr. MENEZES CORDEIRO – *Manual*, 2²..., p. 780, JOÃO CALVÃO DA SILVA – "Corporate governance": A responsabilidade civil dos administradores não executivos, da comissão de auditoria e do conselho geral e de supervisão, *Revista de Legislação e de Jurisprudência*, 136:3940, 2006, *passim*.

[268] Publicada entre nós no *BMJ*, 169 (1967), 229-230 e 170 (1967), 287-359. Sobre a influência do Direito alemão na reforma jus-societária francesa de 1966, *vide*, entre nós, MENEZES CORDEIRO – *Direito das sociedades*, 1³... p. 101-105. Quanto à influência desta entre nós cfr., *v.g.*, RAUL VENTURA – *Novos estudos...* p. 10-11.

[269] Sobre os modelos de decisão, cfr., *v.g.*, ANTÓNIO MENEZES CORDEIRO – Tendências actuais da interpretação da lei: do juiz-autómato aos modelos de decisão jurídicos, *Tribuna da Justiça*, 12, 1985, MENEZES CORDEIRO – *Ciência do Direito...* p. 764 ss., CARNEIRO DA FRADA – *Teoria da confiança...* p. 88-90 (nota 71).

DA ADMINISTRAÇÃO À FISCALIZAÇÃO DAS SOCIEDADES

IV. Neste estudo centramo-nos na obrigação de vigilância de cada órgão social (de administração e fiscalização), em cada modelo de governo da sociedade anónima. Para tanto, acompanhamos a estrutura do Código das Sociedades Comerciais e tomamos por base o modelo tradicional português, partindo deste para a análise dos modelos germânico e anglo-saxónico. A bondade desta opção metodológica é confirmada pela importância do primeiro modelo entre nós, fruto da sua tradição histórico-dogmática e do seu enraizamento histórico-cultural na *praxis* empresarial, caracterizando ainda hoje a grande maioria das nossas sociedades anónimas.

Capítulo I

A obrigação de vigilância dos órgãos da sociedade anónima: o modelo tradicional português enquanto modelo base

SECÇÃO I – Introdução Histórico-Crítica

§ 6. O *CODE DE COMMERCE* COMO BERÇO DO DIREITO SOCIETÁRIO CONTINENTAL EUROPEU: O SISTEMA DE CONCESSÃO

I. A adequada compreensão do regime jurídico das sociedades anónimas atualmente vigente em Portugal e, em particular, os seus modelos de governo, não se basta com a análise atomista e desgarrada de aspetos parcelares. Impõe-se uma consideração de cada modelo no seu todo, procurando o seu equilíbrio intrínseco. Cada modelo de governo é fruto de uma longa evolução histórica. Para a compreensão desta, mais do que discutir o aparecimento da sociedade anónima e seus antecedentes (da *societas* na Antiguidade às companhias coloniais europeias do séc. XVII), releva a análise histórico-crítica da regulação, com carácter geral e abstrato, dos requisitos de administração e fiscalização das sociedades anónimas, sem prejuízo da análise casuística das experiências antecedentes onde isso se justifique. Nesta perspetiva, o *Code de Commerce* é apontado como o berço de todo o Direito das sociedades anónimas da Europa continental[270].

---

[270] Kurt Bösselmann – Die Entwicklung des deutschen Aktienwesens im 19. Jahrhundert: ein Beitrag zur Frage der Finanzierung gemeinwirtschaftlicher Unternehmungen und zu den Reformen des Aktienrechts, Berlin: de Gruyter, 1939, p. 63, Bernhard Grossfeld – Aktiengesellschaft, Unternehmenskon-

DA ADMINISTRAÇÃO À FISCALIZAÇÃO DAS SOCIEDADES

158   II. O *Code de Commerce* marcou uma viragem na história do Direito societário na medida em que, não obstante apresentar um conteúdo jus-privatístico
incompleto e incongruente[271] que, em grande medida, se limitou a consolidar
soluções já existentes[272], apresentou pela primeira vez um regime geral para

zentration und Kleinaktionär, Tübingen: Mohr Siebeck, 1968, p. 121, KARL LEHMANN – *Die geschichtliche Entwicklung* ..., p. 1, RUDOLF MÜLLER-ERZBACH – Deutsches Handelsrecht, 3.ª ed., Tübingen: Mohr, 1928, p. 38, GUSTAV VOGT – Zur Theorie der Handelsgesellschaften, insbesondere der Actiengesellschaft, Zeitschrift für das gesammte Handelsrecht, 1, 1858, p. 480-481. Para uma análise da evolução anterior ao Code de Commerce, vide, e.g., *LEHMANN – Die geschichtliche Entwicklung....* Entre nós, cfr., por todos, MENEZES CORDEIRO – Da responsabilidade civil... p. 80 ss.

Contrariamente ao verificado na Europa Continental, o *Code de Commerce* teve uma influência limitada no desenvolvimento do Direito britânico. Cfr. JOHN ARMOUR – "Codification and UK company law", in ASSOCIATION DU BICENTENAIRE DU CODE DE COMMERCE (ed.) – *Bicentenaire du Code de Commerce 1807-2007: Les Actes des Colloques*, Paris: Dalloz, 2008, p. 287 ss.

[271] Neste sentido, *v.g.*, HALPÉRIN realça criticamente, entre outros pontos, a sua restrição e ilogismo, nomeadamente no que respeita às sociedades de capitais, apontando como exemplo o facto de só as sociedades anónimas ficarem sujeitas a um regime de concessão governamental, sendo livre a constituição de sociedades em comandita. Cfr. JEAN-LOUIS HALPÉRIN – *Histoire du droit français depuis 1804*, Paris: Presses Univ. de France, 1996, p. 35-36.

[272] Logo em 1807, LOCRÉ explicava a necessária incompletude deste código na sua relação com o direito privado comum em termos que, pelo seu valor histórico, reproduzimos:

> «*Le Code de Commerce, au contraire [du Code civil], n'étant qu'une loi d'exception, destinée à régler des affaires d'une nature particulière, ne peut se suffire à lui-même, vient s'enter sur le droit commun, laisse sous l'empire de ce droit tout ce qu'il n'excepte pas, et s'y réfère, même pour ce qu'il excepte*».

E defendia o autor que

> «*Les lois civiles étant des lois principales, il est possible d'en réduire chaque partie à un système complet. Les lois du commerce n'étant que des lois d'exception, qui, comme je l'ai dit reçoivent leur complément du droit civil, ne peuvent seules former un système complet sur prèsqu'aucune des matières qu'elles règlent. Elles se prêtent donc mieux à la forme de commentaire qu'à celle de traité*».

Cfr. JEAN GUILLAUME LOCRÉ – *Esprit du Code de commerce: ou Commentaire puisé dans les Procès-verbaux du Conseil d'état, les Exposés de motifs et discours, les Observations du Tribunal, celles des Cours d'appel, Tribunaux et Chambre de Commerce, etc., etc.*, 1, Paris: Garnery, 1807, p. iv. Por outro lado, explicava o autor que este código não substituía todo o Direito comercial que o antecedeu:

> «*Le Code maintient, au contraire, les dispositions qui se rapportent à des matières ou à des points particuliers dont il ne s'est pas occupé*».

Cfr. *ibidem*, p. xiii. A título de balanço, noutro estudo, LOCRÉ questiona o valor deste código, concluindo que é simultaneamente bom e mau: bom nas disposições que importou das leis anteriores, melhorando algumas, que reuniu e dispôs segundo uma sistemática; mau nas partes em que inovou. A propósito desta crítica, afirmava o autor:

> «*Et voilà le danger des innovations; voilà le danger de donner à des juges de commerce, négocians honnêtes d'ailleurs, très habiles dans les affaires commerciales, une legislation compliquée, qui exige une étude approfundie; qui suppose même de hautes connaissances de droit!*».

Cfr. JEAN GUILLAUME LOCRÉ e WERNER SCHUBERT – *La législation civile, commerciale et criminelle*, 1, Frankfurt am Main: Keip, 1990, p. 79, 84.

O MODELO PORTUGUÊS ENQUANTO MODELO BASE

aquela que designou como *société anonyme*, num primeiro esforço de codificação[273]. É por isso alvo de um merecido aplauso.

Não obstante, o mesmo não deixaria de ser frequentemente criticado[274], em especial pela sua perspetiva restritiva de consagração das bem conhecidas características das sociedades anónimas, deixando o demais à *praxis*[275]. Assim afirmavam RIPERT e ROBLOT que

> «*Le Code de Commerce n'est pas comparable au Code civil, c'est une oeuvre d'une valeur médiocre, réserve faite du livre II consacré au commerce maritime, qui a d'ailleurs beaucoup vieilli. (...) Le plan n'est pas excellent, la rédaction est souvent maladroite et en tout cas archaïque*»[276].

III. No centro das preocupações do legislador francês estava a clarificação da responsabilidade da sociedade limitada aos bens sociais através de uma desig-

---

[273] BRIGITTE BAUMS-STAMMBERGER – *Der Versuch einer Aktiengesetzgebung in Sachsen 1836/1837*, Hagen, 1980, p. 21, JEAN-MARIE CARBASSE – *Manuel d'introduction historique au droit*, Paris: Presses universitaires de France, 2009, p. 274-275, HANS HATTENHAUER – *Europäische Rechtsgeschichte*, Heidelberg: Müller, 2004, p. 674, MÜLLER-ERZBACH – *Deutsches Handelsrecht*... p. 37, NORBERT REICH – *Die Entwicklung des deutschen Aktienrechtes im neunzehnten Jahrhundert*, HELMUT COING, Ius Commune, 2, Frankfurt am Main: Klostermann, 1969, p. 241-242.

[274] Assim, afirmava SEHRT em termos expressivos:
> «*Dieses Moment des Mißtrauens und der Voreingenommenheit darf nicht unterschätzt werden, insbesondere nicht, da der Code de Commerce das Rechtsinstitut der Aktiengesellschaft nicht plastisch geformt, sonder nur in dunklen Umrissen gezeichnet hatte, so daß die breite Masse es nicht fassen konnte*».

Cfr. OTTO SEHRT – *Die niederrheinischen Aktiengesellschaften unter dem Code de commerce*, 1912, p. 87-88, em especial p. 87. Cfr. também BÖSSELMANN – *Die Entwicklung des deutschen Aktienwesens*... p. 62, ANDREAS DEUTSCH – "Die Aktiengesellschaft im Code de Commerce von 1807 und ihre Vorbildfunktion für die Entwicklung in Deutschland", in WALTER BAYER e MATHIAS HABERSACK (eds.) – *Aktienrecht im Wandel*, 1 ..., p. 51, KARL RAUCH – Die Aktienvereine in der geschichtlichen Entwicklung des Aktienrechts, *Zeitschrift der Savigny-Stiftung für Rechtsgeschichte (Germanistische Abteilung)*, 69, 1952, p. 239, 240, ROMUALD SZRAMKIEWICZ – *Histoire du droit des affaires*, Paris: Montchrestien, 1989, p. 274-277, em especial, p. 276, parag. 699 e 700.

[275] MÜLLER-ERZBACH – *Deutsches Handelsrecht*... p. 37.

[276] GEORGES RIPERT e RENE ROBLOT – *Traité élémentaire de droit commercial*, 1 – Commerçants, sociétés, valeurs mobilières et bourses de valeurs, banques et opérations de banque, Paris: Pichon & Durand Auzias, 1963, p. 15. Segundo os autores, tal devia-se ao facto de apesar de os redatores terem à sua disposição a *ordonnance de 1673* e o projeto de revisão de Miromesnil, não tinham a notável doutrina que forneceu aos redatores do Código Civil as suas fórmulas afortunadas. Acresce que havia desaparecido o regime corporativo e não existia qualquer regra sobre o exercício do comércio. A isto, soma SZRAMKIEWICZ o facto de os pais do *Code Civil* terem maior liberdade na redação do mesmo, por inexistirem fontes anteriores às quais se devessem ater, ao passo que os autores do *Code de Commerce* estavam prisioneiros de textos anteriores de reconhecido mérito. SZRAMKIEWICZ – *Histoire du droit des affaires*... p. 275.

DA ADMINISTRAÇÃO À FISCALIZAÇÃO DAS SOCIEDADES

nação apropriada, distinguindo-a claramente de outras formas societárias[277]. A limitação da responsabilidade era contrabalançada pela dependência da sua constituição de uma autorização prévia do governo.

161 Este era, em si, um mecanismo de *fiscalização prévia*. De acordo com a *Instruction ministérielle du 22 octobre 1817*, na avaliação dos estatutos da sociedade anónima a constituir, devia determinar-se se «os estatutos preparados pela administração facultam aos sócios uma garantia moral e, em qualquer caso, os instrumentos de controlo e o exercício dos direitos que os mesmos esperam como contrapartida do uso do seu dinheiro»[278].

162 Este mecanismo viria a ser complementado com um modelo de *fiscalização sucessiva*, assente na possibilidade de a autorização governamental poder ser revogada, levando à imediata dissolução e liquidação da sociedade, em caso de inexecução ou violação dos estatutos (segundo a *Instruction ministérielle du 11 juillet 1818*)[279].

163 O controlo do Estado sobre as sociedades anónimas foi discutido na primeira comissão legislativa do *Code de Commerce* que sugeriu a criação de uma autoridade para a sua fiscalização. Esta sugestão não foi acolhida, mas nalguns casos o ato de autorização necessário para a constituição da sociedade anónima impunha um tal controlo, através de um *"commissaire du gouvernement"*, à semelhança do verificado no *Ancien Regime*[280]. A *Instruction ministérielle du 22 octobre 1817* foi

---

[277] DEUTSCH – *Die Aktiengesellschaft...* p. 47, 51-52, ESTELLE ROTHWEILER e STEFAN GEYER – "Von der Compagnie de commerce zur société anonyme: Die Geschichte der Aktiengesellschaft in Frankreich bis zum Code de commerce", in WALTER BAYER e MATHIAS HABERSACK (eds.) – *Aktienrecht im Wandel*, 1 ..., p. 45, RUDOLF WIETHÖLTER – *Interessen und Organisation der Aktiengesellschaft im amerikanischen und deutschen Recht*, Karlsruhe: Müller, 1961, p. 64.
Apesar de nem todas as atuais características do direito das sociedades anónimas terem origem no *Code de Commerce*, as cinco normalmente apontadas como essenciais resultavam já do mesmo, a saber: a sociedade anónima (i) tinha o capital social dividido em ações; (ii) sendo a responsabilidade dos sócios face a terceiros limitada ao valor dessas ações; (iii) apresentava uma organização corporativa (não se dissolvia pela morte dos seus sócios; a sua estrutura não se confundia com os sócios, podendo os administradores ser sócios ou não-sócios; a assembleia geral – que sendo o órgão mais importante, não era referida no *Code de Commerce* – deliberava de acordo com o princípio da maioria, moldado pelo espírito da revolução francesa), (iv) tinha personalidade jurídica e (v) era sempre (pelo menos de acordo com a letra da lei) uma sociedade comercial. Cfr. DEUTSCH – *Die Aktiengesellschaft...* p. 54-76.
[278] Cfr. GALGANO – *Storia...* p. 125.
[279] Cfr. AUGUSTE VAVASSEUR – *Traité des sociétés civiles et commerciales (avec formules)*, 2, 6.ª ed., Paris: LGDJ, 1910, p. 2, bem como os textos a p. 455 ss. Cfr. também CLAUDE-ALPHONSE DELANGLE – *Des sociétés commerciales: commentaire du titre III, livre Ier du Code de Commerce*, Paris: Joubert, 1843, Rn. 475, EUGÈNE PERSIL – *Des sociétés commerciales ou Commentaire sur les sociétés en général* Paris: Nève, 1833, art. 34, anotação 1, DEUTSCH – *Die Aktiengesellschaft...* p. 86-87, RIPERT e ROBLOT – *Traité élémentaire*, 1..., p. 59-61, PAOLO UNGARI – *Profilo storico del diritto delle anonime in Italia*, Roma: Bulzoni, 1974, p. 32-33.
[280] DEUTSCH – *Die Aktiengesellschaft...* p. 67. Segundo VAVASSEUR, este modelo era porém ineficaz, tendo acabado por cair em desuso. VAVASSEUR – *Traité des sociétés...* p. 147.

O MODELO PORTUGUÊS ENQUANTO MODELO BASE

mais longe, sujeitando todas as sociedades cujo objeto estivesse relacionado com a ordem pública a controlo governamental (incluindo, *e.g.*, bancos hipotecários e operadoras de pontes e canais).

Não obstante o silêncio do *Code de Commerce*, à margem deste controlo governamental, a assembleia geral podia usar revisores de livros e contas como órgãos de fiscalização. De acordo com Deutsch, estes podiam ser designados para exercer as suas funções a título permanente, escolhidos de entre o círculo de acionistas (*"censeurs"*) ou provenientes da administração (*"controleurs"* ou *"inspecteurs"*), ou apenas em casos de especial necessidade (*"commissaires aux comptes"*)[281]. 164

Para além disso, na prática, num primeiro momento da vigência do *Code*, a administração da sociedade era frequentemente atribuída pelos estatutos simultaneamente a diretores[282] e ao conselho de administração. Neste caso, este podia ficar encarregue apenas da vigilância da gestão ou ser chamado a intervir em determinados negócios ou a desempenhar completas funções de administração[283]. Num segundo momento, os estatutos passaram a prever apenas um conselho de administração. Os diretores continuaram a existir, sendo contudo entendidos como mandatários do conselho de administração e já não da assembleia geral[284]. 165

A composição plural do conselho de administração foi sendo defendida como forma de representação dos grandes acionistas empresários que, no contexto da assembleia geral, não prescindiam de um acompanhamento e fiscalização da gestão social[285]. 166

---

[281] Deutsch – *Die Aktiengesellschaft...* p. 67, Szramkiewicz – *Histoire du droit des affaires...* p. 313-314.

[282] Segundo A. Lefèbvre-Teillard – *La société anonyme au XIXéme siècle: du Code de commerce à la loi de 1867, histoire d'un instrument juridique du développement capitaliste*, Paris: Presses universitaires de France, 1985, p. 260, a terminologia empregue variava, sendo frequentes as designações de administrador, diretor-geral, gerente, regente, administrador-gerente, síndico, agente-geral, etc.

[283] *Ibidem*, p. 259.

[284] *Ibidem*, p. 265 ss.

[285] O conselho de administração assumia-se assim como um mecanismo de resolução de conflitos de interesses com expressão na assembleia geral (*ibidem*, p. 271) e como órgão predominantemente fiscalizador da gestão social [razão pela qual Thaller defendia a sua designação como *conseil de surveillance*; cfr. Edmond Thaller – *Traité élémentaire de droit commercial e l'exclusion du droit maritime*, 4.ª ed., Paris: Librairie Nouvelle de Droit et de Jurisprudence, 1910, p. 354-355 e 367 (nota 1)], a cargo do diretor-geral, figura entretanto subordinada ao conselho de administração. Cfr. Pedro Maia – *Função...*, p. 82-85, sobre o diretor-geral, e 87-92, sobre a razão da ser da pluripessoalidade da administração da sociedade anónima.

DA ADMINISTRAÇÃO À FISCALIZAÇÃO DAS SOCIEDADES

167   IV. A imposição da autorização governamental como requisito de constituição da sociedade anónima[286] denunciava as reservas então ainda vigentes relativamente a este tipo de iniciativa, numa linha de continuidade face aos mecanismos político-económicos dos períodos antecedentes, traduzidos no ato do rei ou do governo do qual dependia a constituição das companhias coloniais do *Ancien Régime* e das medidas do período revolucionário que se seguiu[287]. Ficou assim aquém da iniciativa liberal da contemporânea lei do Estado norte-americano de Nova Iorque (1811), impondo um regime de forte carácter publicista[288].

168   São vários os fundamentos apontados para tais reservas[289]. Desde logo, destaca-se o receio do grande poder económico associado à sociedade anónima, na perspetiva autoritária da lógica centralista do sistema imperial, avessa a grandes potências sociais independentes. Explica UNGARI: a sociedade anónima, como tudo o mais, devia manter-se firmemente na mão do governo[290]. Este entendimento era suportado pela teoria jurídica dominante na época, segundo a qual a pessoa coletiva correspondia a uma ficção legal, sendo uma criação voluntária e artificial do poder, admissível apenas em concurso com prevalentes motivos de ordem pública. Só a partir da metade do séc. XIX ganharia forma uma nova corrente doutrinária, de acordo com a qual a personalidade jurídica se funda na liberdade e no contrato e não na autoridade do Estado[291].

169   O poder económico da sociedade anónima suscitava ainda receios numa perspetiva de mercado, dado que, podendo ser contrário ao interesse público, poderia originar monopólios ou outras posições de domínio que distorcessem o mercado. Frequentemente, porém, a preocupação central residia na proteção

---

[286] De acordo com o art. 37 do *Code de Commerce* (revogado pela *Loi du 24 juillet 1867*),
    «*La société anonyme ne peut exister qu'avec l'autorisation du roi et avec son approbation pour l'acte qui la constitue; cette approbation doit être donnée dans la forme prescrite pour les règlements d'administration publique*».
Este texto pode ser consultado em COPPER ROYER – *Traité théorique et pratique des sociétés anonymes: suivi de formules annotées concernant tous les actes de la vie sociale*, 1, 3.ª ed., Paris: Marchal et Godde, 1925, p. 10.

[287] Em agosto de 1793 a Convenção jacobina sujeitou as companhias a um regime de autorização legislativa que substituiu a *charte royale* (décret du 24 août 1793) e, em abril de 1794, no auge do terror de Robespierre, as mesmas foram suprimidas por decreto revolucionário (*décret de 26-29 Germinal 2nd anée*). Contudo, em novembro de 1795, uma lei do Directório eliminou praticamente todas as restrições, tornando estas a conhecer um grande desenvolvimento (*loi de 30 Brumaire 4ème anée*). Cfr. GEORGES RIPERT – *Aspects juridiques du capitalisme moderne*, 2.ª ed., Paris: LGDJ, 1951, p. 58 RIPERT e ROBLOT – *Traité élémentaire*, 1..., p. 471, UNGARI – *Profilo storico...* p. 29-30.

[288] Neste sentido, *e.g.*, UNGARI – *Profilo storico...* p. 30-32.

[289] Cfr. § 4 *supra*.

[290] UNGARI – *Profilo storico...* p. 34.

[291] *Ibidem*.

O MODELO PORTUGUÊS ENQUANTO MODELO BASE

dos credores e nos interesses dos acionistas, oferecendo uma justificação priva-
tística para um controlo administrativo[292].

Para além destes, outro fundamento é apresentado pelo *archichancelier* do 170
Império, Cambacérès: só pode reivindicar a justo título inteira liberdade quem
gere com risco capitais próprios e não quem, pelo contrário, pelo facto de fazer
circular ações pelo mercado, apela ao capital da nação[293].

V. O *Code de Commerce* codificou, assim, a transição do sistema de outorga 171
para um sistema de concessão[294], com uma diferença frequentemente subesti-
mada: a função do processo de autorização[295]. O sistema de outorga era baseado
numa conceção de poder absolutista-mercantilista, de acordo com o qual a autorização era concedida caso a caso, quando fosse politicamente desejável, sendo
frequentemente relacionada com monopólios, regalias, soberania ou outros privilégios[296]. O sistema de concessão, pelo contrário, era corolário da liberdade de
comércio, servindo de controlo no sentido de *"bonne police"*[297]: a população devia
ser protegida face aos riscos inerentes às sociedades anónimas, fossem decorrentes do abuso de posições dominantes no mercado ou monopólios, fossem da
especulação na compra e venda das suas ações[298]. Não existindo sócios pessoalmente responsáveis, a sociedade anónima era tida por particularmente imprevi-
sível e arriscada. A fraude detetada em 1720 na *Compagnie des Indes* francesa, bem
como a reação britânica, no mesmo ano, ao escândalo da *South Sea Company* pelo
Bubble Act, eram sobejamente conhecidas em toda a Europa[299].

---

[292] BERNHARD GROSSFELD – "Die rechtspolitische Beurteilung der Aktiengesellschaft im 19.
Jahrhundert", in HELMUT COING e WALTER WILHELM (eds.) – *Wissenschaft und Kodifikation des Privatrechts
im 19. Jahrhundert*, 4, 1979, p. 236 ss, PERSIL – *Des sociétés commerciales...*, art. 34, anotação 1, DEUTSCH – *Die
Aktiengesellschaft...* p. 80, UNGARI – *Profilo storico...* p. 33.

[293] HENRI LÉVY-BRUHL – *Histoire juridique des sociétés de commerce en France aux XVIIe et XVIIIe siècles*, Paris:
Domat-Montchrestien, 1938, p. 52-53, RIPERT – *Aspects juridiques du capitalisme moderne*, p. 59, UNGARI –
Profilo storico... p. 33.

[294] Cfr., *v.g.*, GROSSFELD – *Aktiengesellschaft...* p. 121.

[295] DEUTSCH – *Die Aktiengesellschaft...* p. 80-81.

[296] Para maiores desenvolvimentos sobre o *Oktroisystem*, cfr., *v.g.*, GROSSFELD – *Aktiengesellschaft...*
p. 115-120.

[297] Sobre o conceito de "bonne police" em França, sua evolução histórica e enquadramento atual, cfr., *v.g.*
ANDREA ISELI – *"Bonne police": frühneuzeitliches Verständnis von der guten Ordnung eines Staates in Frankreich*,
Tübingen: Bibliotheca Academica Verlag, 2003.

[298] Para maiores desenvolvimentos sobre o *Konzessionssystem*, cfr., *v.g.*, GROSSFELD – *Aktiengesellschaft...*
p. 120-131.

[299] DEUTSCH – *Die Aktiengesellschaft...* p. 80-81. Sobre a evolução do Direito britânico, cfr. § 56.1 *infra*.

DA ADMINISTRAÇÃO À FISCALIZAÇÃO DAS SOCIEDADES

172   VI. A sujeição da constituição das sociedades anónimas a autorização foi desde cedo criticada, sendo objeto da maioria dos (poucos) comentários apresentados ao primeiro projeto de *Code de Commerce*. Sobretudo os tribunais das cidades costeiras, onde historicamente se desenvolveram sociedades por ações (e outras) para o dia a dia, opuseram-se a este requisito, defendendo uma perspetiva diferente para este tipo de sociedade[300]. O Tribunal do comércio de Le Havre, por exemplo, defendeu a restrição de tal requisito à constituição de sociedades anónimas de grandes dimensões, na medida em que afetassem o interesse público ou que fossem de qualquer forma titulares de um privilégio[301].

173   A comissão limitou-se a garantir que tal requisito não seria aplicável às sociedades em comandita. Quanto às sociedades anónimas, aparentemente perspetivadas como correspondendo necessariamente a grandes sociedades, a comissão temia a formação de monopólios que pusessem em causa o equilíbrio do mercado livre, perspetivando a autorização e subsequente fiscalização como a única forma de limitar as atividades das sociedades anónimas em áreas onde os pequenos comerciantes pudessem ser prejudicados. Em subsequentes deliberações da *Section de l'Intérieur* do *Conseil d'État*, o porta-voz da secção, Regnaud de Saint-Jean-d'Angély justificou a necessidade de intervenção estatal pelo facto de as sociedades anónimas serem instituições muito recentes e pela necessidade de proteção das poupanças dos cidadãos face a sociedades mal organizadas e mal geridas, sublinhando os riscos que uma entidade por ações sem controlo implicava para a paz e ordem públicas[302]. Perante as críticas de Teillard, de acordo com o qual a autorização governamental só se justificaria naquelas sociedades que tivessem qualquer relação com a ordem pública, Regnaud afirmava não ser possível tal distinção: todas as sociedades anónimas tinham uma relação com a ordem pública, na medida em que constituíam armadilhas colocadas à credulidade dos cidadãos:

> *«Point de doute qu'une société qui travaille sur ses propres fonds, n'ait pas besoin d'autorisation; mais si elle forme ses fonds par des actions mises sur la place, il faut bien que l'autorité superieur examine la valeur de ces effets, et n'en permette le cours que lorsqu'elle s'est bien convaincue qu'ils ne cachent pas de surprise»*[303].

---

[300] *Ibidem*, LÉVY-BRUHL – *Histoire juridique...* p. 45 ss.

[301] Observations du tribunal de cassation, des tribunaux d'appel et des tribunaux et chambres de commerce sur le projet de Code de Commerce, 2, Paris, 1802, n.º 1803, p. 447. DEUTSCH – Die Aktiengesellschaft... p. 82.

[302] Cfr. *VIII. Procès-Verbaux du Conseil d'Etat, Séance du 15 janvier 1807*, e *Exposé de Motifs*, in *ibidem*, JEAN GUILLAUME LOCRÉ e WERNER SCHUBERT – *La législation civile, commerciale et criminelle*, 11, Frankfurt am Main: Keip, 1990, p. 99-100, 165-166.

[303] Cfr. *VIII. Procès Verbaux du Conseil d'Etat, Séance du 15 janvier 1807*, in LOCRE e SCHUBERT – *La législation*, 11... p. 99-100.

O MODELO PORTUGUÊS ENQUANTO MODELO BASE

A discussão continuou no plenário do *Conseil d'État*, mas sem alterar os con-   174
tornos da solução que viria a conhecer consagração legal[304].

VII. O processo de concessão de autorização para a constituição de socieda-   175
des anónimas viria a ser regulado pelo *Règlement du 23 décembre 1807*, nos termos
prescritos pela II parte do art. 37 do *Code de Commerce*[305]. Este acabaria por ser
complementado dez anos mais tarde pela *Instruction ministérielle du 22 octobre
1817*, a qual especificou numerosos detalhes do procedimento, permanecendo
fundamental até à revogação do requisito de autorização, não obstante as intervenções de 1818 e 1819[306]. A autorização devia ser requerida ao prefeito com
jurisdição, a quem competia analisar não apenas as condições financeiras, mas
também *«les qualités et la moralité, soit des auteurs du projet, soit des pétitionnaires»*.
Devia ainda aferir se a empresa prevista afetava os bons costumes, as práticas de
comércio habituais ou os usos comerciais[307]. Este sistema atribuía aos prefeitos
uma enorme responsabilidade, para a qual não tinham a especialização necessária, sendo por isso habitual a consulta às câmaras do comércio, pelo menos
numa fase inicial. Depois de reunidos os materiais, o prefeito devia enviá-los ao
Ministro do Interior, o qual examinava os pedidos apresentados e os submetia a
aprovação final do *Conseil d'État*[308].

VIII. Inúmeros estudos analisam o impacto do *Code de Commerce* no desen-   176
volvimento da sociedade anónima em França, com dados estatísticos que variam
ligeiramente, em parte pela classificação (ou não) de algumas entidades como
sociedades anónimas, em parte pela consideração (ou não) da extensão de concessões previamente existentes. Em todo o caso, como sublinha DEUTSCH, todos
apresentam uma conclusão semelhante: nos primeiros anos de vigência do *Code
de Commerce* foram muito poucas as sociedades anónimas constituídas[309]. Este

---

[304] Cfr. *VIII. Procès-Verbaux du Conseil d'Etat, Séance du 15 janvier 1807*, e *Exposé de Motifs*, in *ibidem*, p. 99-100, 165-166.

[305] Règlement de son excellence le ministre de l'intérieur, du 21 décembre 1807, sur l'exécution de l'article 37 du Code de Commerce, ralatif aux sociétés anonymes, in *ibidem*, p. 212-213. DALLOZ – *Jurisprudence générale – Répertoire méthodique et alphabétique de législation, de doctrine et de jurisprudence*, 4, 2.ª ed., 1859, parág. 1457.

[306] *Instruction ministérielle du 22 octobre 1817*, in DALLOZ – *Jurisprudence générale*, 4..., parag. 1457; *Instruction ministérielle du 11 juillet 1818* in *ibidem*, parág. 1459; *Instruction ministérielle du 9 avril 1819*, in *ibidem*, parág. 1460.

[307] Cfr. *Règlement de son excellence le ministre de l'intérieur, du 21 décembre 1807, sur l'exécution de l'article 37 du Code de Commerce, ralatif aux sociétés anonymes*, in LOCRÉ e SCHUBERT – *La législation*, 11... p. 212-213.

[308] DEUTSCH – *Die Aktiengesellschaft...* p. 84.

[309] *Ibidem*, p. 87. Cfr. também MENEZES CORDEIRO – *Da responsabilidade civil...* p. 83-84, RIPERT – *Aspects juridiques du capitalisme moderne*, p. 60.

DA ADMINISTRAÇÃO À FISCALIZAÇÃO DAS SOCIEDADES

facto é atribuído não apenas às incertezas económicas, decorrentes das guerras napoleónicas e da perda de mercados após essas guerras, mas sobretudo à pouca familiaridade dos agentes económicos com o novo instituto e à complexidade do processo de autorização[310].

177   Este último aspeto é reforçado pelo aumento exponencial do número de sociedades em comandita constituídas no mesmo período (a que a doutrina frequentemente se refere como a *fièvre des commandites*). O facto de a constituição destas sociedades não depender de autorização prévia tornou-as num instrumento adequado para os empreendedores que pretendiam evitar as restrições legais à sociedade anónima. Tanto mais que, usando homens de palha e criando labirintos e truques subtis nas normas estatutárias para circundar a proibição legal de os sócios comanditários participarem na administração da sociedade, a *praxis* deformou o tipo legal da sociedade em comandita, aproximando-a da sociedade anónima (ao ponto de, segundo UNGARI, consubstanciar uma anónima dissimulada[311]), evitando contudo o requisito da autorização, revogável a todo o tempo, e a subsequente fiscalização dos *commissaire* do governo nos principais atos da vida social[312].

178   IX. O *Code de Commerce* foi introduzido, juntamente com o *Code Civil*, nos territórios anexados pela França[313]. Alguns destes territórios mantiveram tais diplomas depois da queda de Napoleão[314]. Pode assim concluir-se, com DEUTSCH, que, no que respeita ao direito das sociedades anónimas, o *Code de Commerce* desenvolveu o modelo dominante para todas as leis subsequentes, tendo por isso criado as fundações para um *"droit commun de l'europe"*, tal como previu o

---

[310] Cfr. MENEZES CORDEIRO – *Da responsabilidade civil...* p. 83-84, DEUTSCH – *Die Aktiengesellschaft...* p. 87.

[311] UNGARI – *Profilo storico...* p. 45.

[312] *Ibidem*, p. 44-45.

[313] MÜLLER-ERZBACH – *Deutsches Handelsrecht...* p. 38.

[314] Assim, por exemplo, a Bélgica, o Luxemburgo, o Egito, bem como partes da Polónia e de Itália (incluindo Lombardia, Véneto, Toscânia e Génova). Para além disso, numerosas codificações posteriores foram fortemente influenciadas pelo *Code de Commerce*, entre as quais se destacam as da Grécia (1835), Roménia (inicialmente apenas na Valáquia, 1841), Sérvia (1860) e numerosos Estados não-europeus, como o Haiti (1826), Turquia (1850) ou o Brasil (1850). Em Itália, o mesmo sucedeu com os códigos de Nápoles (1819), do Vaticano (1821) e de Piemonte (1842). Pelo menos no que diz respeito à sociedade anónima, também as leis mercantis da Sicília (1819) e de vários cantões suíços: Neuchâtel (1833), Friburgo (1850), Vaud (1852) e Valais (1853). Por fim, é também inquestionável a influência do *Code de Commerce* nas codificações comerciais de Espanha (1829) e Portugal (1833). O *"Wetboek van Koophandel"* holandês, também fortemente influenciado pelo direito francês, é considerado particularmente importante para o desenvolvimento da codificação do direito das sociedades anónimas no espaço alemão. A primeira comissão de redação reuniu em 1814, mas o processo arrastou-se até 1838, data em que entrou em vigor na Holanda, então delimitada pela cisão da Bélgica. Cfr. DEUTSCH – *Die Aktiengesellschaft...* p. 89-90.

conselheiro de Estado e depois Ministro das Finanças, Louis-Emmanuel Corvetto, em 1807[315]:

> «Le C. d. C. peut même devenir une loi commune aux peuples que leur intérét place dans notre système de féfération et d'alliance. Notre auguste empereur l'avait ainsi prévu, quando il a demandè, que les dispositions du C. d. C. fussent, le plus possible, en harmonie avec les autres législations commerciales de l'europe». – «Le temps n'est pas loin sans doute où la victoire, aù la paix r'ouviront les mers aux nations et ses routes ordinaires au commerce. Le Code que vous avez adopté deviendra allors le droit commun de l'europe».

Contudo, não podem ignorar-se as suas limitações que não permitem acompanhar o tribuno Auguste Jubé quando afirmava[316]:

> «Bientot Messieurs, cette loi nouvelle (le C. d C.) ne sera point circonscrite par les limites de notre territoire. Ce monument de gloire, à l'élévation duquel vos mais ont concouru, sera aussi pour le monde un gage de bienfaisance. Semblable à ce premier de phares, modèle admirable de tous les autres, et sur lequel on lisait cette inscription: aux dieux conservateurs, pour l'avantage de ceux qui naviguent ce nouveau Code pourra porter a son frontispice: aux dieux bienfaisance et à la bonne foi, pour l'avantage de ceux qui se dévouent au commerce et à la navigation».

§ 7. A FISCALIZAÇÃO DAS SOCIEDADES ANÓNIMAS NO SISTEMA DE CONCESSÃO DO CÓDIGO COMERCIAL DE FERREIRA BORGES (1833)

I. O *Code de Commerce* exerceu uma influência decisiva no Código Comercial de Ferreira Borges, publicado em 18 de setembro de 1833[317]. FERREIRA BORGES procurou, contudo, ir mais longe, atendendo a outras fontes, declarando na sua carta de apresentação do projeto de código ao Rei:

---

[315] Cfr. *Le Moniteur 1807*, n.º 253, transcrição in JOHANN ANTON LUDWIG SEIDENSTICKER – *Einleitung in den Codex Napoleon*, Tübingen: Cotta, 1808, p. 452. Cfr. também DEUTSCH – *Die Aktiengesellschaft...* p. 97.

[316] Cfr. *Le Moniteur 1807*, n.º 260, transcrição in SEIDENSTICKER – *Einleitung...* p. 452-453. Cfr. também DEUTSCH – *Die Aktiengesellschaft...* p. 97.

[317] Nas palavras de MENEZES CORDEIRO – *Da responsabilidade civil...* p. 202, FERREIRA BORGES «fez algo de teoricamente impossível: uma codificação sem substrato», tornada possível pela receção da ciência jurídica napoleónica.

DA ADMINISTRAÇÃO À FISCALIZAÇÃO DAS SOCIEDADES

«Na compilação deste Código tive á vista não só todos os codigos commerciaes, que conheço, isto é, o da Prussia, da Flandres, da França, o projecto do codigo d'Italia, o código d'Hespanha, e as leis commerciaes de Inglaterra, e o direito da Escocia, mas também as ordenanças da Russia e quasi todas as muitas parciaes d'Alemanha (graças aos trabalhos de Phoonsen e Boucher) alem de todas essas collecções maritimas, preciosos monumentos da antiguidade escapados á fouce do tempo, e golpes de despotismo»[318].

181   II. A matéria das *Companhias, Sociedades, e Parcerias Commerciaes* foi regulada no Título XII do Livro II. Logo na secção I eram reguladas as *companhias do commercio*, definidas no art. XIII (art. 536[319]):

«Companhia é uma associação d'accionistas sem firma social, qualificada pela designação do objecto da sua empresa, e administrada por mandatarios temporários, revogaveis[320], accionistas ou não accionistas, assalariados ou gratuitos»[321].

182   A sua constituição dependia de «auctorização especial do governo, e aprovação da sua instituição» (art. XXI, art. 546) e estava sujeita a escritura pública (art. XIV, art. 539). Os acionistas não respondiam para além do seu interesse na mesma (art. XX, art. 545) e os administradores respondiam apenas pela execução do seu mandato, não tendo qualquer obrigação, nem solidária, nem pessoal, relativamente às convenções da companhia (art. XVII, art. 542)[322].

---

[318] Cfr. Fernando Olavo – *Direito Comercial*, 1, 2.ª ed., Lisboa: [s.n.], 1974, p. 37-38. Cfr. também *Codigo Commercial Portuguez*, Lisboa: Imprensa Nacional, 1833, fl. 2.

[319] A doutrina tende a referir-se a estes parágrafos como artigos. Contrariamente aos primeiros, em numeração romana, a numeração destes é contínua, desde o início do Código. Parece-nos que a referência a uns e outros como "artigos" gera desnecessária confusão. Seguimos no entanto esta prática para evitar o mal maior da referência por um qualquer outro termo sem paralelo na doutrina ou na jurisprudência.

[320] A propósito da revogabilidade do mandato dos administradores, afirmava Teixeira Duarte – *Commentario...* p. 31, em termos interessantes, que

    «a confiança muitas vezes é mais facil de se sentir, do que explicar; por conseguinte seria injusto obrigar os accionistas (...) a que alegassem os motivos, por que não confiavam em que certos indivíduos administrassem os seus cabedaes».

[321] Recorde-se que a inclusão de múltiplas definições no Código Comercial de 1833 foi, desde cedo, objeto de crítica. Assim, afirmava Teixeira Duarte, *ibidem*, p. 6:

    «As definições são da escola: a explanação da lei pertence ao Jurisconsulto: toda a vez que o legislador exorbita para aquellas atribuições, mais confunde, do que ensina».

[322] Seguia-se aqui, assumidamente, a solução do *Code de Commerce*, tanto quanto ao vínculo dos administradores (José Ferreira Borges – *Jurisprudência do contracto-mercantil de sociedade, segundo a legislação, e arestos dos Codigos, e Tribunaes das Naçoens mais cultas da Europa*, 2.ª ed., Lisboa: Typ. da Sociedade

O MODELO PORTUGUÊS ENQUANTO MODELO BASE

III. O processo de autorização, próprio de um mecanismo de fiscalização administrativa, correspondia ao sistema de concessão estabelecido pelo *Code de Commerce*, a meio caminho entre o antecedente sistema de outorga, marcado pela excecionalidade da limitação da responsabilidade face ao direito comum, e a livre constituição das companhias. Explicava TEIXEIRA DUARTE:

> «As Companhias contêm essencialmente uma derrogação dos princípios geraes, que regulam o contracto de Sociedade Mercantil, por conseguinte é necessário, que na sua formação intervenha um principio de utilidade publica, que mereça esta derrogação. Como as Companhias têm por objecto empresas muito consideráveis, ordinariamente arruinariam uma grande porção de pequenas emprezas da mesma espécie, e com ellas a fortuna dos seus proprietários: é por tanto mister (...) que elas ofereçam uma estabilidade e proveito taes, que vão muito além de compensar tais prejuízos. Finalmente, como nas Companhias, os associados não arriscam mais do que os capitaes das suas Acções, e esta irresponsabilidade os podesse convidar a intentar emprezas temerarias, ou a armar á credulidade publica com lisonjeiras e fraudulentas prospectivas de extraordinarios lucros, cumpria que se evitassem estes abusos»[323].

As preocupações subjacentes eram, portanto, as mesmas que haviam determinado a instituição do sistema de concessão no *Code de Commerce*. Como vimos, este era um sistema fundamentado na liberdade de comércio, por contraposição ao sistema de outorga, mas onde o Estado chamava a si a proteção do público face aos riscos inerentes às sociedades anónimas, seja decorrentes do abuso de posições dominantes no mercado ou monopólios, seja da especulação na compra e venda das suas ações. Estávamos numa fase de transição, na qual as reservas ainda existentes face a este tipo de iniciativas económicas determinava uma intervenção do governo, coerente com a conceção da pessoa coletiva como ficção legal, ou seja, como criação voluntária e artificial do poder, admissível apenas em concurso com prevalentes motivos de ordem pública.

IV. A fiscalização administrativa não se esgotava na autorização. O instrumento pelo qual o governo autorizava a constituição das companhias aprovava

---

Propagadora dos Conhecimentos Uteis, 1844, p. 32), como relativamente à dependência de autorização governamental para a constituição da sociedade (DUARTE – *Commentario...* p. 41-42).

[323] TEIXEIRA DUARTE – *Commentario...* p. 41-42. Nas sintéticas palavras de MENEZES CORDEIRO, estava em causa a proteção dos incautos e das pequenas empresas. MENEZES CORDEIRO – *Da responsabilidade civil...* p. 201 (nota 45).

DA ADMINISTRAÇÃO À FISCALIZAÇÃO DAS SOCIEDADES

igualmente os seus estatutos e designava um ou mais fiscais incumbidos de representar o Estado junto de cada nova sociedade autorizada, fiscalizando a sua gestão no interesse público[324]. Segundo a Portaria de 5 de outubro de 1865, estes fiscais tinham direito a assistir, quando o julgassem conveniente, às sessões das assembleias gerais e de emitir opinião (não vinculativa) sobre questões de interpretação dos estatutos. Era assim estabelecido novo paralelo face ao sistema francês, no qual, como vimos, o ato de autorização podia impor a fiscalização por um *commissaire du gouvernement*[325].

186   V. Paralelamente, era negada a fiscalização pessoal pelos sócios, através do exercício de direitos de informação e inspeção, salvo nos termos prescritos nos estatutos. Esta solução, prevista no art. CXXVII (art. 652), derrogava a norma geral do art. XI (art. 536)[326] que, como bem sublinhava TEIXEIRA DUARTE, «constitue um importante direito dos associados, que lhes serve de garantia contra incuria, imperícia ou má fé dos administradores»[327]. A fiscalização exercida pela assembleia geral era então ilusória, não só porque aos acionistas faltava o incentivo para assegurar uma vigilância permanente da administração, mas também porque não dispunham dos meios para o efeito.

187   O Código de Ferreira Borges não previa, portanto, qualquer órgão de fiscalização[328]. Face a este cenário, segundo TEIXEIRA DUARTE, na prática, era frequente a reserva de competência da assembleia geral para a aprovação de determinado tipo de negócios, considerados mais importantes, bem como para o exame das contas e do balanço[329]. Era igualmente comum a nomeação de uma

---

[324] Cfr. PIRES CARDOSO – *Fiscalização...* p. 234, JORGE PINTO FURTADO – *Código Comercial anotado*, 2:1, Coimbra: Almedina, 1979, p. 440. Segundo PIRES CARDOSO, estes fiscais não constituíram antecedente do conselho fiscal, mas antes dos comissários do governo para as «sociedades anónimas que explorarem concessões feitas pelo Estado ou por qualquer corporação administrativa, ou tiverem constituído em seu favor qualquer privilégio ou exclusivo», que viriam a ser previstos no art. 178.º do C.Com. 1888. Tanto num caso como noutro estava em causa uma representação do governo e não dos acionistas, sistema que viria a ser substituído, em 1986, pelo art. 392.º/8. PIRES CARDOSO – *Fiscalização...* p. 234-235.

[325] Cfr. § 6 *supra*.

[326] Neste preceito podia ler-se:
     «Em nenhuma associação mercantil, seja qual fôr a sua especie ou qualidade, se póde recusar aos socios o exame de todos os documentos comprovadores do balanço, que se formar, para manifestar o estado da administração social».

[327] TEIXEIRA DUARTE – *Commentario...* p. 21. GASPAR PEREIRA DA SILVA referira-se já à necessidade de promoção da confiança do público, necessária ao investimento nas Companhias. Cfr. GASPAR PEREIRA DA SILVA – *Fontes proximas do codigo commercial portuguez ou referencia aos codigos de nações civilisadas e ás obras dos melhores jurisconsultos onde se encontrão disposições ou doutrinas identicas, ou similhantes á legislação do mesmo codigo*, Porto: Typographia Commercial Portuense, 1843, p. 157.

[328] PIRES CARDOSO – *Fiscalização...* p. 235.

[329] TEIXEIRA DUARTE – *Commentario...* p. 31-32.

O MODELO PORTUGUÊS ENQUANTO MODELO BASE

mesa da assembleia geral que desempenhava funções de vigilância, mas que, na ausência de regulação legal, só poderia exercer os poderes que lhe fossem atribuídos pelos estatutos[330]. Segundo PIRES CARDOSO, na atividade desta mesa está o antecedente nacional do conselho fiscal, cuja constituição viria posteriormente a ser imperativa[331]. Mais recentemente, porém, PINTO DUARTE identificou a sua origem noutros órgãos previstos nos estatutos de companhias portuguesas então existentes. Nos exemplos apontados, este órgão era designado por "comissão fiscal", apresentando competências semelhantes às que viriam a ser imputadas ao conselho fiscal[332].

§ 8. A EVOLUÇÃO DE UM SISTEMA DE CONCESSÃO PARA UM SISTEMA NORMATIVO NA LEI DAS SOCIEDADES ANONYMAS (1867): O ADVENTO DO CONSELHO FISCAL

I. O quadro restritivo do sistema de concessão decorrente do Código de Ferreira Borges e o atraso na industrialização do país determinaram o insucesso das companhias. Segundo ARMANDO DE CASTRO, em 1849 havia tão só 8 companhias em Portugal[333]. Desde cedo se tornou patente a necessidade de revisão deste Código, mas esta não se verificou por incipiência jurídico-científica ou por falta de continuidade nos impulsos políticos[334]. Avançou-se então com a reforma limitada ao regime das companhias, através da *Lei das Sociedades Anonymas* de 1867[335].

188

---

[330] Segundo TEIXEIRA DUARTE, *ibidem*, p. 32:
«[a assembleia geral] ordinariamente procede á nomeação d'uma Mesa, chamada de Direcção, com o encargo de vigiar e promover o progresso da companhia; convocar a Assembléa Geral nos negócios graves; dar o seu parecer sobre as contas apresentadas pelos administradores etc. Todavia nem esta Mesa, nem os Accionistas têm o direito de fazer exames ou investigação na administração senão nos termos legislados no artigo 652».

[331] No mesmo sentido, PIRES CARDOSO – *Fiscalização...* p. 236. Em França, como vimos, a solução era outra: não obstante o silêncio do *Code de Commerce*, reconhecia-se a possibilidade de a assembleia geral usar revisores de livros e contas como órgãos de fiscalização. Cfr. § 6 *supra*.

[332] RUI PINTO DUARTE – "O quadro legal das sociedades comerciais ao tempo da Alves e C.ª", in *Estudos comemorativos dos 10 anos da Faculdade de Direito da Universidade Nova de Lisboa*, 2, Coimbra: Almedina, 2008, p. 487.

[333] ARMANDO DE CASTRO – "Sociedades anónimas", in *Dicionário de História de Portugal*, 6, 1979, p. 51-53, em especial, p. 52.

[334] J. F. AZEVEDO E SILVA – *Commentario ao Novo Codigo Commercial Portuguez*, 1, Lisboa: Typographia Nacional, 1888, p. 95 ss. descreve as sucessivas reformas e tentativas de reforma, parciais ou totais, do Código de Ferreira Borges.

[335] Carta de Lei de 22 de junho de 1867. A proposta foi apresentada a 19 de janeiro de 1867 por João de Andrade Corvo, então Ministro das Obras Públicas. Cfr. TAVARES DE MEDEIROS – *Commentario...* p. 1.

DA ADMINISTRAÇÃO À FISCALIZAÇÃO DAS SOCIEDADES

189   Nesta reforma, foram particularmente influentes as leis francesas de 17 de julho de 1856 (*Loi sur les sociétés en commandite par actions*) e de 23 de maio de 1863 (*Loi sur les sociétés à responsabilité limitée*). A primeira tinha o propósito de fazer face aos abusos potenciados pelas sociedades em comandita, introduzindo medidas várias, como o controlo pela assembleia dos acionistas e a constituição de um conselho de vigilância[336]; a segunda consagrou a liberdade de constituição de sociedades anónimas[337] com capital social até vinte milhões de francos.

190   II. Nos termos do art. 2.º desta lei, a sociedade anónima – designação de influência francesa que substituiu a tradicional designação de companhia – constituía-se pela simples vontade dos seus associados, sem dependência de prévia autorização administrativa e aprovação dos seus estatutos[338]. A dispensa da autorização do governo para a constituição da sociedade traduzia a evolução de um sistema de concessão para um sistema normativo, nos termos do qual podiam ser livremente constituídas sociedades anónimas, desde que fossem respeitados determinados requisitos legais. Através deste, generalizou-se o princípio da limitação da responsabilidade, sem o qual «jámais se teriam realizado os maravilhosos progressos da industria e do commercio a que tem attingido a maior parte das nações»[339]. Foi eliminada a tutela preventiva e repressiva do "Ministério das obras publicas, commercio e industria", na constituição e dissolução das sociedades anónimas, sem prejuízo da competência do Ministério

---

[336] MENEZES CORDEIRO – *Da responsabilidade civil...* p. 85.

[337] Apesar de a lei se referir a *sociétés à responsabilité limitée*, eram verdadeiras sociedades anónimas que se não confundiam com as *sociétés à responsabilité limitée*, idênticas às nossas sociedades por quotas e introduzidas no sistema francês em 1925. Cfr. PEDRO MAIA – *Função...* p. 94 (nota 158).

[338] O § único excepcionava as sociedades que tivessem por fim a aquisição de bens imóveis para os conservar no seu domínio por mais de dez anos.

[339] TAVARES DE MEDEIROS *Commentario...* p. 2. Não obstante as críticas que lhe foram dirigidas, esta opção legislativa manter-se-ia nos diplomas subsequentes sobre a matéria. Face à afirmação de que crises como a verificada em 1867 se teriam ficado a dever à liberdade de constituição das sociedades anónimas, responderia VEIGA BEIRÃO que, mesmo que se admitisse ter sido essa a causa (o que negou),

> «quando tal liberdade tenha produzido essa ou outra crise, condemnal-a por isso, esquecendo os serviços que ella tem prestado á civilização e que estão na memoria de todos, o mesmo seria prohibir o emprego do vapor pelas explosões a que tem dado causa, ou o uso da electricidade por haver fulminado uma ou outra pessoa».

Cfr. *Appendice...* p. 32.
Para uma breve análise comparatística desta evolução de um *Konzessionssystem* para um *Normativsystem* em diferentes ordenamentos, em particular europeus, cfr. PIERO VERRUCOLI "Esperienze comparatistiche in tema di controlli interni ed esterni sulle societá per azioni con particular risguardo ai paesi della CEE", in *Controlli interni ed esterni delle societa per azioni*, Milano: Giuffrè, 1972, p. 61-64.

O MODELO PORTUGUÊS ENQUANTO MODELO BASE

Público, perante os competentes tribunais, quando tais sociedades não cumprissem o disposto na lei[340].

Esta reforma integrou-se no ideário liberal, onde floresceu o princípio da liberdade de comércio. Como afirmava TAVARES DE MEDEIROS:

191

> «É necessario considerar o Estado, ou a sociedade em geral politicamente organisada, sob o ponto de vista do seu verdadeiro fim e destino, para lhe não dar mais attribuições do que carece tornando-a instituição antipathica e espoliadora; é indispensavel attender ás forças e manifestações individuaes em harmonia com as suas proprias leis, para as não anarchisar, á falta de ordem, ou amesquinhar á sombra de uma tutela perniciosa e excessivamente asphixiante»[341].

Neste contexto, consolidou-se a perspetiva de que a autorização prévia para a constituição de sociedades anónimas só seria compatível com um sistema de política absorvente em que o indivíduo desaparece perante o Estado[342]. De facto, onde antes se afirmava a necessidade de proteger o público incauto, reconhecia-se agora a incapacidade do Estado para conhecer e garantir as vantagens prometidas ao público pelos fundadores das sociedades. Por outro lado, o receio de perigos incertos não podia obstar à realização de lucros certos ou prováveis[343].

192

III. A administração continuava a caber a «mandatarios temporarios, revogáveis, retribuídos ou gratuitos, escolhidos d'entre os associados» (art. 13.º), mas, como veremos adiante, exigia-se agora a constituição de um conselho fiscal. Já então se referia que, sem prejuízo da sua qualificação como mandatário, ao administrador não se podia aplicar sem mais as regras do mandato:

193

> «Na sociedade anonyma, como em qualquer outra especie de sociedade, o administrador é alguma cousa mais que um siples mandatário, isto é, mais

---

[340] TAVARES DE MEDEIROS – *Commentario...* p. 3.
[341] *Ibidem*, p. 38.
[342] *Ibidem*, p. 39.
[343] *Ibidem*. Aquando da proposta que daria lugar ao Código Comercial de 1888, VEIGA BEIRÃO, *Appendice...* p. 32, reafirmou os inconvenientes de o público em geral constituir o garante moral da empresa constituída, através do processo de autorização para a sua constituição, em termos já citados (cfr. § 4 *supra*):
> «Nem o governo póde, nem, quando o podesse, deveria assegurar, e, ainda menos, parecer que assegura a proficuidade de um emprehendimento particular. Não illudamos, pois, pelo menos aquillo que se póde considerar o grosso do publico. Deixemos á iniciativa particular e á previdencia do capital o que só áquella pertence e d'esta depende».

DA ADMINISTRAÇÃO À FISCALIZAÇÃO DAS SOCIEDADES

que uma terceira pessoa que obra em logar e nome de outra, porque ele não sómente representa a sociedade de uma maneira muita mais precisa que o mandatario ordinário representa o seu mandante, mas também porque é d'ella o seu órgão legal, a sua personificação. Quando o administrador practica qualquer acto, é a própria sociedade que o faz pelo unico modo de accção directa que possue»[344].

Estávamos nos primórdios da organicidade.

194 Os *mandatários* só respondiam pela execução do mandato, sendo responsáveis, «conforme as regras de direito comum, para com a sociedade e para com terceiros, pela falta de execução do mandato, violação da lei e dos estatutos e preceitos d'esta lei» (art. 16.º)[345]. Face a esta norma, já então afirmava TAVARES DE MEDEIROS, em termos que demonstram claramente que o tratamento da problemática subjacente à *business judgment rule* norte-americana não era exclusiva deste sistema:

> «Os homens mais cônscios da sua honra e intelligencia duvidarão sempre sujeitar-se a responsabilidades por êrros que, commettidos em boa fé, não pódem estar sujeitos á acção dos tribunaes»[346].

195 Aos *mandatários* era expressamente vedada a possibilidade de contratar por conta própria, direta ou indiretamente, com a sociedade cuja gerência lhes estivesse confiada, salvo autorização especial e expressa da assembleia geral (art. 19.º). Os negócios celebrados em violação desta norma eram, nos termos gerais

196 do art. 10.º do Código Civil de Seabra, nulos[347]. Admitia-se, porém, a "sanação" desta nulidade, pelo consentimento da sociedade em assembleia geral, que importaria a ratificação do ato. Trata-se do antecedente do atual art. 397.º CSC[348].

O art. 20.º admitia que as operações que dependessem de conhecimentos técnicos e especiais, ou a administração quotidiana dos negócios sociais fossem confiadas a um ou mais *gerentes*, que podiam ser acionistas ou não, devendo a sua nomeação, exoneração e atribuições ser reguladas pelos estatutos. Este artigo visava obviar aos inconvenientes da exigência legal de os *mandatários* serem associados (art. 13.º), sem prejuízo da possibilidade de um dos *mandatários* acu-

---

[344] TAVARES DE MEDEIROS – *Commentario...* p. 114.

[345] Note-se que a referência, lado a lado, da responsabilidade pela "falta de execução do mandato" e pela violação dos estatutos e da lei se manteria no art. 173.º C.Com. que analisamos na nota 1081 *infra*.

[346] TAVARES DE MEDEIROS – *Commentario...* p. 124 ss.

[347] *Ibidem*, p. 139.

[348] Sobre o regime do artigo 397.º, cfr. §§ 29 ss. *infra*.

O MODELO PORTUGUÊS ENQUANTO MODELO BASE

mular as funções de *gerente*, caso em que se designava *director* ou *administrador delegado*[349].

Realçava então Tavares de Medeiros que, apesar de no relatório do governo se dizer que os gerentes não devem ser entendidos como representantes da sociedade, porque a sua missão se restringiria a auxiliar a administração propriamente dita, os gerentes respondiam para com a sociedade como mandatários (nos termos do § único daquele artigo) e como mandatários representavam legalmente a sociedade em todos os atos praticados dentro dos limites das suas atribuições[350]. Na ausência de disposição legal específica, equivalente à existente na lei francesa e na lei brasileira, entendia o mesmo autor que os administradores não eram responsáveis perante a sociedade pelos atos dos gerentes[351]. De acordo com uma tal prática, não haveria, portanto, responsabilidade *in vigilando*.

197

IV. A liberdade de constituição foi acompanhada de um reforço da fiscalização orgânica que assim se substituía à fiscalização administrativa. Impôs o art. 21.º, pela primeira vez, a constituição de um conselho fiscal, composto por, pelo menos, três membros associados, eleitos e destituídos pela assembleia geral[352]. Esta solução, na sua essência, manter-se-ia no Código Comercial de Veiga Beirão[353]. Explicava então Tavares de Medeiros que a necessidade de implementação de mecanismos de fiscalização se fazia sentir em todos os sistemas jurídicos:

198

> «A fiscalisação dos actos da administração é uma necessidade reconhecida em todas as leis, posto que umas intendam que ella dêva limitar-se ao exame da situação da sociedade e á verificação do balanço e contas que teem de ser apresentadas á assembleia geral, como são as leis franceza e brasileira, e outras, como a nossa e a belga, lhe dêem um caracter de permanencia, fazendo-a acompanhar a administração com o seu voto consultivo e vigilancia exercida sobre todos os actos e operações, ainda que pareçam menos importantes»[354].

Note-se, porém, que o autor não fundamentava a exigência deste mecanismo de fiscalização no interesse público:

199

[349] Tavares de Medeiros – *Commentario...* p. 140-141.
[350] *Ibidem*, p. 141.
[351] *Ibidem*, p. 142.
[352] Este artigo tem por base o art. 20.º do projeto do governo, por sua vez baseado nos arts. 32.º da lei francesa, 54.º da lei belga e 14.º da lei brasileira. *Ibidem*, p. 143.
[353] Cfr. § 9 *infra*.
[354] Tavares de Medeiros – *Commentario...* p. 143.

DA ADMINISTRAÇÃO À FISCALIZAÇÃO DAS SOCIEDADES

«A fiscalisação pertence de direito a todos os accionistas, como interessados na boa administração e prosperidade da sociedade; mas porque só pode exercer-se convenientemente por delegação em um pequeno numero, como acontece com a administração, a lei creou outra especie de mandatarios, que em numero de três, pelo menos, constituem o conselho fiscal com as atribuições marcadas no artigo 22.º»[355].

200   O próprio legislador não deixava no entanto de reconhecer que a existência deste conselho, com as competências que lhe eram imputadas, constituiria uma «salutar garantia para os associados e para o publico»[356]. A imperatividade deste sistema de fiscalização, no específico contexto de evolução de paradigma normativo, não permite circunscrevê-lo à sua dimensão interna[357], antes devendo reconhecer-se o propósito de salvaguarda do interesse público através da estabilidade no governo da sociedade.

201   Este propósito dependia da importância que, na *praxis*, fosse dada ao cargo de fiscal. Afirmava por isso TAVARES DE MEDEIROS, em termos que, com toda a justeza, seriam atuais nos tempos que correm:

«Os logares de vogaes dos conselhos fiscais não são simples sinecuras, como em geral se teem considerado, com direito a uma senha de comparência e nada mais. A necessidade de fiscalização impõe-lhes attribuições importantes de que derivam responsabilidades de igual valôr»[358].

202   No seu art. 22.º[359], a lei imputava ao conselho fiscal cinco deveres: (i) examinar, sempre que o julgasse conveniente, a escrituração da sociedade[360]; (ii) convocar a assembleia geral, quando o julgasse necessário[361]; (iii) assistir às

---

[355] *Ibidem*, p. 143-144.

[356] *Diario de Lisboa* de 23 de janeiro de 1867, n.º 18, p. 195, citado por TAVARES DE MEDEIROS, *ibidem*, p. 144.

[357] Assim parece defender ENGRÁCIA ANTUNES – *A fiscalização...* p. 178.

[358] TAVARES DE MEDEIROS – *Commentario...* p. 148.

[359] Este artigo tem por base o art. 21.º do projeto do governo, por sua vez baseado nos arts. 32.º da lei francesa, 55.º da lei belga e 14.º da lei brasileira. Cfr. *ibidem*.

[360] Note-se que, nos termos do art. 30.º, a direção devia apresentar *semestralmente* ao conselho fiscal um resumo do balanço para efeitos do acompanhamento da atividade da sociedade pelo mesmo. Para além disso, nos termos do art. 31.º, devia apresentar *no final de cada ano*, o inventário desenvolvido do ativo e do passivo da sociedade, acompanhado do balanço ou conta corrente de perdas e ganhos e de um relatório da situação comercial, financeira e económica da sociedade, para efeitos da emissão do parecer previsto no § 4.º do art. 22.º e posterior submissão aos acionistas para aprovação.

[361] Exigia-se então unanimidade quando o conselho fosse composto por três membros, e maioria de dois terços, quando fosse maior o número dos seus membros. Segundo o legislador, as disposições previstas nesta parte da lei constituíam paralelos do disposto na lei inglesa de 1856 relativamente aos «inspectores

O MODELO PORTUGUÊS ENQUANTO MODELO BASE

reuniões da direção, mas «com voto unicamente consultivo», sempre que o julgasse conveniente; (iv) fiscalizar a administração da sociedade; (v) dar parecer sobre o balanço, inventário e relatório da situação comercial, financeira e económica da sociedade.

Tavares de Medeiros reconhecia a possibilidade de os estatutos ampliarem a esfera de ação do conselho fiscal, impondo a sua intervenção direta ou o seu acordo em determinados atos ou operações[362], numa solução que se aproxima daquela que está hoje prevista no art. 442.º/1 para o conselho geral e de supervisão no modelo germânico. Este aspecto é importante na medida em que demonstra a potencial flexibilidade deste modelo de governo da sociedade anónima, face ao qual se questiona a necessidade de previsão de modelos paralelos como o germânico e o anglo-saxónico, referidos hoje nas alíneas *b*) e *c*) do n.º 1 do art. 278.º.

203

Uma proposta do governo que não vingou no séc. XIX, mas veria a luz do dia no séc. XXI (ainda que em diferentes moldes), foi a relativa à possibilidade de os membros do conselho fiscal recorrerem a consultores estranhos à sociedade, a expensas da mesma, quando por maioria o julgassem necessário como meio de informação. A eliminação do proposto art. 24.º na versão final foi fundamentada na sua alegada desnecessidade e contrariedade aos princípios do mandato. Desnecessidade porque se entendia que o mandatário se devia habilitar a cumprir bem o seu mandato, segundo a sua capacidade ou recursos de que possa dispor; contrariedade aos princípios do mandato porque, «contendo uma espécie de substituição sem designação de pessoa, ou limitava a responsabilidade do conselho nos termos do art. 1:342.º do código civil, o que era inconveniente, ou a deixava intacta, o que era absurdo». Sustentava Tavares de Medeiros que nem aquela disposição, nem as razões que levaram à sua eliminação, se referiam a consultores de conhecimentos técnicos e especiais que os mandatários podiam não possuir (*v.g.*, conhecimentos jurídicos). No entanto, quando estes fossem

204

---

de companhias formadas por acções». *Diario de Lisboa* de 23 de janeiro de 1867, n.º 18, p. 195, citado por Tavares de Medeiros – *Commentario...* p. 144.

A convocação da assembleia geral podia servir o propósito de proposta de destituição dos administradores face à «marcha irregular da administração» ou por falta de autorização especial para atos não compreendidos no mandato. Podia ainda servir para dar conhecimento aos acionistas de quaisquer operações ou acontecimentos de que possam resultar vantagens importantes ou graves prejuízos, incluindo a vacatura de um lugar de administrador ou de vogal do conselho fiscal, cujo preenchimento não tenha sido prevenido. Como resulta do relatório do governo que acompanhou a proposta de lei, não basta uma simples divergência sem valor que ponha em causa a administração da sociedade. Cfr. *ibidem*, p. 154.

[362] Segundo o autor, a nossa lei não impedia a concomitante restrição estatutária dos poderes dos administradores, antes o permitia no art. 13.º § 2.º. Cfr. *ibidem*, p. 149.

DA ADMINISTRAÇÃO À FISCALIZAÇÃO DAS SOCIEDADES

necessários, caberia à direção, enquanto titular do poder executivo da sociedade, contratá-los[363].

205   Quanto à responsabilidade civil dos membros do conselho fiscal, aplicavam-se as regras do mandato, por remissão expressa do art. 24.º.

206   V. Para além da fiscalização pelo conselho fiscal, a Lei das Sociedades Anonymas previa ainda no seu art. 25.º que a assembleia geral podia nomear, quando o julgasse necessário, comissões especiais de inquérito para o exame dos atos da administração. Face à recondução da administração ao mandato, nos termos do qual o mandante tem sempre o direito de pedir contas ao seu mandatário e de examinar o estado da administração, entendia TAVARES DE MEDEIROS não ser necessária uma disposição especial como esta. A mesma tinha no entanto o mérito de esclarecer quaisquer dúvidas que pudessem existir pelo facto de a fiscalização ser também cometida ao conselho fiscal. O recurso a tais comissões justificar-se-ia então em circunstâncias anormais, devendo os estatutos fixar o número de acionistas necessários para a sua nomeação[364].

Excurso: a evolução do sistema francês nas décadas de 1850 e 1860 e sua influência na Ley das Sociedades Anonymas de 1867

207   I. Como vimos no § 6, o *Code de Commerce* constituiu o berço do direito societário continental europeu, marcando a evolução de um sistema de outorga para um sistema de concessão. Não obstante, como vimos também, a sujeição da constituição das sociedades anónimas a autorização foi logo criticada, na discussão do primeiro projeto do *Code*. Apesar disso, a comissão encarregada da sua redação manteria a sua posição, face aos receios de constituição de monopólios (em prejuízo dos pequenos comerciantes) e à necessidade de proteção das poupanças dos cidadãos, sublinhando os riscos que uma entidade por ações sem controlo implicava para a paz e ordem públicas.

208   Face ao reduzido número de sociedades anónimas constituídas, à febre das comanditas e à concorrência britânica[365] – sentida sobretudo na sequência de um tratado de comércio de 1862 que permitia a sua atuação em França[366] –, impunha-se uma reforma e assim sucedeu.

---

[363] Cfr. *ibidem*, p. 155.
[364] Cfr. *ibidem*, p. 156-157.
[365] Sobre a evolução do sistema britânico, cfr. § 56.1 *infra*.
[366] Cfr. JAQUES BOUTERON – "Le Commissariat des Sociétés Anonymes", in *La società per azioni alla metà del secolo XX: Studi in memoria di Angelo Sraffa*, Padova: CEDAM, 1961, p. 127, MENEZES CORDEIRO – *Da responsabilidade civil...* p. 83-84.

O MODELO PORTUGUÊS ENQUANTO MODELO BASE

Destacamos as leis de 17 de julho de 1856 (*Loi sur les sociétés en commandite par actions*) e de 24 de julho de 1867 (*Loi sur les sociétés*). A primeira tinha o propósito de fazer face aos abusos potenciados pelas sociedades em comandita, introduzindo medidas várias, como o controlo pela assembleia dos acionistas e a constituição de um conselho de vigilância[367]. A segunda[368], com importante impacto no Direito societário, aboliu o requisito da autorização do governo para efeitos da constituição das sociedades anónimas (art. 21.º, 1.º parágrafo), estabelecendo, em contrapartida, um esquema de controlos internos[369], baseado em normas sobre o capital social (arts. 1.º a 4.º, *ex vi* art. 24.º), sobre a administração e sua responsabilidade civil (arts. 22.º, 17.º *ex vi* art. 39.º, 40.º, 42.º, 44.º e 45.º), sobre a fiscalização contabilística por *commissaires* (arts. 32.º, 33.º e 43.º) e sobre a prestação de contas anuais (art. 34.º)[370].

Operou-se assim, também no sistema francês, a evolução de um sistema de concessão para um sistema normativo, tributário da liberdade de constituição de sociedades, equilibrada por mecanismos de controlo interno[371]. Esta perspetiva, nas palavras de RIVIÈRE, traduz uma notável alteração nos espíritos: a intervenção da autoridade pública já não é perspetivada como conferindo inteira segurança aos investidores e desejável garantia a terceiros. Os obstáculos e a lentidão que dela decorrem sobrepõem-se às garantias que poderia oferecer[372].

II. Segundo MENEZES CORDEIRO, estas leis teriam uma influência decisiva na nossa Lei das Sociedades Anonymas de 1867[373]. Têm em comum a perspetiva de que aos acionistas cabe salvaguardar os seus próprios interesses, sobretudo através da nomeação, destituição e responsabilização dos administradores e de um órgão de fiscalização – "sistema de auto-ajuda" ("*Selbsthilfesystem*") –, e de que os credores podem exigir contratualmente investigações e garantias mais eficazes do que as possibilitadas pela intervenção pública[374].

---

[367] MENEZES CORDEIRO – *Da responsabilidade civil...* p. 85.

[368] Disponível, *e.g.*, em ROYER – *Traité*³... p. 12 ss.

[369] Note-se que esta lei foi precedida por uma outra, de 23 de maio de 1863, nos termos da qual foi admitida a constituição de sociedades de capital inferior a 20 milhões de francos, designadas "sociedades de responsabilidade limitada". Cfr. MENEZES CORDEIRO – *Da responsabilidade civil...* p. 85-86.

[370] Cfr., *v.g.*, H. F. RIVIÈRE – *Commentaire de la loi du 24 juillet 1867 sur les sociétés*, Paris: A. Marescq Ainé, 1868, p. 199-201, JAN LIEDER – "Die 1. Aktienrechtsnovelle vom 11. Juni 1870", in WALTER BAYER e MATHIAS HABERSACK (eds.) – *Aktienrecht im Wandel*, 1 ..., p. 331-332.

[371] RIVIÈRE – *Commentaire...* p. 9.

[372] *Ibidem*, p. 8.

[373] Apesar de a lei francesa de 1867 ter data posterior, estava em discussão há uns anos. MENEZES CORDEIRO – *Da responsabilidade civil...* p. 206.

[374] Cfr. *v.g.*, RIVIÈRE – *Commentaire...* p. 204.

DA ADMINISTRAÇÃO À FISCALIZAÇÃO DAS SOCIEDADES

212   Deve no entanto referir-se que, no particular contexto da fiscalização orgânica, a nossa *Lei das Sociedades Anonymas* de 1867 se aproxima mais do regime fixado para as sociedades em comandita do que do previsto para as sociedades anónimas francesas[375].

213   III. A lei francesa de 1867 regulava a administração da sociedade anónima por um ou mais mandatários no seu art. 22, sem contudo impor uma qualquer estrutura específica. Na prática, eram utilizadas diversas combinações para a administração da sociedade. Havendo vários administradores, compunham o que habitualmente se designava por *conseil d'administration*, o qual podia delegar poderes num *comité d'exécution* – composto por membros do conselho designados e destituídos para o efeito pelo mesmo – ou num *directeur*[376]. Face a esta prática, discutia-se se, em caso de delegação, os administradores seriam responsáveis apenas por *culpa in eligendo*, ou se, pelo contrário, seriam também responsáveis por *culpa in vigilando*, como se os atos tivessem sido por si diretamente praticados. Segundo uns, não era exigível aos administradores a intervenção permanente na atividade da sociedade, para fiscalizar os atos dos seus mandatários e evitar as suas faltas. O conselho de administração não teria de levar a cabo a gestão corrente da sociedade, mas apenas deliberar (por maioria) sobre as questões que, nos termos dos estatutos, lhe devessem ser submetidas. Esta perspetiva, contudo, parece não ter vingado, considerando-se que os administradores respondiam pessoalmente pelos atos dos seus mandatários[377]. Dito isto, havendo delegação de poderes, os administradores assumiam-se como os primeiros "órgãos" com competências de fiscalização sobre a condução da atividade social.

214   No entanto, a lei francesa de 1867 foi mais longe, instituindo a figura dos *commissaires*, eleitos pela assembleia geral (art. 15), que, no trimestre anterior à reunião anual daquela, deviam examinar as operações sociais (art. 33) e apresentar àquela assembleia um relatório sobre a situação da sociedade, sobre o balanço e sobre as contas apresentadas pelos administradores (art. 32)[378].

215   Contrariamente ao verificado no sistema nacional logo em 1867, ou no sistema italiano quinze anos depois (1882), o sistema francês não previa um mecanismo de vigilância permanente, mas apenas um mecanismo temporalmente delimitado, destinado a confirmar as informações apresentadas pela administra-

---

[375] A mesma aproximação ao regime das comanditas pode ser vista no sistema tudesco.

[376] Rivière – *Commentaire...* p. 227-228.

[377] *Ibidem*, p. 229-234.

[378] Nos termos do art. 32, estes *commissaires* podiam ser ou não acionistas Cfr. Bouteron – *Le Commissariat...* p. 128-129, Rivière – *Commentaire...* p. 200, 272 ss..

ção à assembleia geral ordinária (anual)[379]. O mandato destes *commissaires*, que podiam ser ou não acionistas, era anual (art. 32), mas renovável[380].

Também distante face ao disposto no art. 22.º da nossa Lei das Sociedades Anonymas, a propósito das funções do conselho fiscal, era a restrição das funções dos *commissaires* no sistema gaulês a uma fiscalização de teor essencialmente contabilístico (cfr. arts. 32 e 33). Esta restrição não era, porém, absoluta, porquanto os *commissaires* deviam atender às operações espelhadas nas contas da sociedade, as quais deveriam ser refletidas no seu relatório sobre a situação da sociedade (art. 32)[381].

IV. No que respeita às sociedades em comandita, a lei francesa de 1867 impunha a constituição de um *conseil de surveillance*, composto por três acionistas nomeados pela assembleia geral (art. 5)[382]. Através deste, os sócios fiscalizavam os atos da administração de acordo com o seu interesse comum[383].

Apesar de a sua atuação não estar temporalmente delimitada, como sucedia relativamente aos *commissaires* nas sociedades anónimas, a sua função, tal como descrita no art. 10, era igualmente restringida a uma fiscalização de teor contabilístico[384].

§ 9. A FISCALIZAÇÃO DAS SOCIEDADES ANÓNIMAS NO CÓDIGO COMERCIAL DE VEIGA BEIRÃO (1888)

I. O Código Comercial de Veiga Beirão foi aprovado pela Carta de Lei de 28 de junho de 1888, na sequência da discussão da reforma iniciada logo após a aprovação do Código Comercial de Ferreira Borges. Esta discussão foi marcada pela apresentação de vários projetos e trabalhos desenvolvidos por várias comissões que se arrastaram improdutivamente no tempo até que Veiga Beirão,

---

[379] Tal como entre nós, também no sistema francês se entendia que a vigilância da administração cabia não a cada acionista individualmente (o que seria causa de embaraços e dificuldades), mas à maioria de acionistas, por intermédio de *commissaires* (frequentemente apelidados de *commissaires de surveillance* ou *commissaires du controle*). Rivière – *Commentaire...* p. 273.

[380] *Ibidem*, p. 274.

[381] Cfr. *ibidem*, p. 274-276. No séc. XX, o papel dos *commissaires* seria alargado, aproximando-se em 1935 do controlo permanente e global da administração, através do *décret-loi du 8 Aoùt 1935*. Cfr. Bouteron – *Le Commissariat...* p. 125, 137, Verrucoli – *Esperienze comparatistiche...* p. 69.

[382] Este artigo segue, com ligeiras modificações, o que já dispunha a lei de 1856. Cfr., uma vez mais, Rivière – *Commentaire...* p. 94.

[383] *Ibidem*.

[384] Cfr., Bouteron – *Le Commissariat...* p. 131-132, Rivière – *Commentaire...* p. 132-147.

DA ADMINISTRAÇÃO À FISCALIZAÇÃO DAS SOCIEDADES

Ministro da Justiça no primeiro governo de Luciano de Castro, alterou a metodologia e incumbiu a personalidades individualmente tomadas a preparação de parcelas determinadas do futuro código[385].

220 Nos seus trabalhos, estas personalidades deveriam, tanto quanto possível, conservar as disposições anteriores e, nas reformas a introduzir, deveriam seguir os códigos comerciais estrangeiros mais recentes, com relevo para o espanhol e o italiano, mas sem olvidar os nossos usos e tradições. O projeto resultante destes trabalhos, revisto por Veiga Beirão, seguiu os demais passos do processo legislativo até à sua promulgação em 28 de junho de 1888, para entrar em vigor a 1 de janeiro de 1889[386].

221 II. Este código desenvolveu as matérias da administração e fiscalização da sociedade anónima nos seus arts. 171.° a 178.°, mantendo contudo os traços essenciais da Lei das Sociedades Anonymas que o precedeu[387].

222 A administração era confiada a uma direção, e a fiscalização desta a um conselho fiscal, eleitos pela assembleia geral (art. 171.°). Os diretores eram escolhidos de entre os sócios, a termo certo não superior a três anos, podendo ser livremente e a todo o tempo destituídos pela assembleia geral (art. 172.°)[388].

223 Os diretores respondiam apenas pela inexecução do mandato e pela violação dos estatutos e da lei (art. 173.°), estando isentos aqueles que não tivessem tomado parte na respetiva resolução ou que tivessem protestado contra as deliberações da maioria antes de lhe ser exigida a competente responsabilidade (art. 173.° § 1). A celebração pelos diretores, por conta da sociedade, de negócios alheios ao seu objeto ou fim constituía violação expressa do mandato (art. 173.° § 2). Os diretores não podiam contratar, por conta própria[389], direta ou indire-

---

[385] ANTÓNIO MENEZES CORDEIRO – *Manual de direito comercial*, 3.ª ed., Coimbra: Almedina, 2012, p. 101 ss., MENEZES CORDEIRO – *Direito das sociedades*, 1³... p. 126.

[386] MENEZES CORDEIRO – *Manual de direito comercial*³... p. 102-104.

[387] O propósito geral do Código foi, segundo afirmação de Veiga Beirão, «traduzir na lei mercantil as alterações que a sciencia do direito comercial tem aconselhado, e a pratica do commercio nacional tornado necessárias». Quanto às sociedades, desenvolveu em particular o regime da sociedade anónima dado que esta, «pela sua índole especial, – a responsabilidade limitada – que mais se afasta dos princípios geraes que regem, o que muitos reputam a sociedade comercial, por excellencia, isto é, aquella em que cada socio se obriga pessoal, ilimitada e solidariamente. Além d'isso, o anonymato (...) é a forma pela qual se têm realisado os grandes commettimentos commerciaes e industriaes do nosso tempo». Cfr. *Appendice...* p. 26, 31.

[388] Note-se que, salvo disposição dos estatutos em sentido contrário, a reeleição era proibida. Cfr. art. 172.° §1.

[389] Esta redação do §3 parecia não abranger os casos de contratação por conta, ou no interesse, de terceiros, *maxime* de acionistas controladores. Sobre esta temática à luz do Código das Sociedades Comerciais, cfr. §§ 29 ss. *infra*.

O MODELO PORTUGUÊS ENQUANTO MODELO BASE

tamente com a sociedade (art. 173.º § 3), nem podiam com esta concorrer, neste último caso salvo autorização da assembleia geral (art. 173.º § 4).

III. O conselho fiscal era composto por pelo menos três sócios, eleitos pela assembleia geral (art. 175.º). Os estatutos deviam regular o modo de suprir as faltas temporárias de qualquer dos seus membros. No seu silêncio, caberia à mesa da assembleia geral a nomeação até à reunião da mesma assembleia (art. 175.º § 1)[390].

Ao conselho fiscal cabia, nos termos do art. 176.º, (i) examinar, sempre que o julgasse conveniente, e pelo menos de três em três meses, a escrituração da sociedade; (ii) convocar a assembleia geral extraordinária, quando o julgasse necessário, exigindo-se neste caso o voto unânime do conselho, quando composto só de três membros, e de dois terços dos vogais, quando composto de maior número; (iii) assistir às sessões da direção, sempre que o entendesse conveniente; (iv) fiscalizar a administração da sociedade, verificando frequentemente o estado da caixa, e a existência dos títulos ou valores de qualquer espécie confiados à guarda da sociedade; (v) verificar o cumprimento dos estatutos relativamente às condições estabelecidas para a intervenção dos sócios nas assembleias; (vi) vigiar pelas operações da liquidação da sociedade; (vii) dar parecer sobre o balanço, inventário e relatório apresentado pela direção; e (viii) geralmente, vigiar para que as disposições da lei e dos estatutos fossem observadas pela direção[391]. Sem prejuízo de estes deveres serem imputados ao conselho fiscal como um todo e não aos seus membros individualmente considerados, o § único do art. 176.º permitia a cada um destes exercer separadamente o poder de assistir às reuniões da direção.

IV. Paralelamente à fiscalização desenvolvida pelo conselho fiscal, as sociedades que explorassem concessões feitas pelo Estado ou por qualquer corporação administrativa, ou que tivessem constituído em seu favor qualquer privilégio ou exclusivo, podiam ser fiscalizadas por agentes especiais designados pelo Governo, mesmo que tal mecanismo de fiscalização não estivesse previsto no

---

[390] Este pode ser considerado um antecedente da solução que viria a ser consagrada no art. 7.º/3 do Decreto-Lei n.º 519-L2/79, depois reproduzida no art. 41.º/3 do Decreto-Lei n.º 422.-A/93 (ECROC) e no art. 50.º/3 do Decreto-Lei n.º 487/99 (EOROC). Cfr. §§ 12.2, parág. III, 33.3, parág. V, e 33.4, parág. IV *infra*. Como veremos adiante, se esta solução do Código de Veiga Beirão era já de si criticável, muito mais o é a prevista no art. 50.º/3 EOROC, na medida em que prevê que, na falta de designação pela mesa da assembleia geral, a mesma caberá ao órgão de gestão, ou seja, ao próprio fiscalizado.

[391] Cfr. Pinto Furtado – *Código Comercial anotado*, 2:1... p. 421-434, Luiz da Cunha Gonçalves – *Comentário ao Código Comercial português*, 1, Lisboa: Empreza Editora J.B., 1914, p. 438-441.

DA ADMINISTRAÇÃO À FISCALIZAÇÃO DAS SOCIEDADES

título de constituição (art. 178.º)[392]. Esta fiscalização estava porém limitada ao cumprimento da lei e dos estatutos e, em especial, ao cumprimento das obrigações estipuladas em favor do público. Os referidos agentes especiais podiam, para efeito desta fiscalização, proceder a quaisquer investigações nos arquivos e escrituração da sociedade (art. 178.º § 1.º) e assistir às reuniões da direção e da assembleia geral, fazendo constar das actas as recomendações que entendessem convenientes (art. 178.º § 2.º).

227   V. O art. 58.º permitia ainda a fiscalização pelo Ministério Público em casos extremos, o qual podia promover a dissolução das sociedades anónimas que funcionassem ou se estabelecessem em contravenção das disposições legais[393].

Excurso: a evolução do sistema italiano e sua influência no Código de Veiga Beirão

228   I. Dada a influência da codificação italiana de 1882 no nosso código comercial de 1888[394] e os frequentes paralelos estabelecidos entre o modelo tradicio-

---

[392] Cfr. PINTO FURTADO – *Código Comercial anotado*, 2:1... p. 441.

[393] Para uma análise crítica deste preceito, cfr. *ibidem*, p. 440.

[394] Segundo MENEZES CORDEIRO – *Manual de direito comercial*[3]... p. 103, o Código de Veiga Beirão foi especialmente influenciado não só pelo código italiano, mas também pelo código espanhol, por serem então os mais recentes no panorama das "nações civilizadas". No que respeita à vigilância orgânica, porém, parece não haver paralelos entre o código espanhol e o código português.

Até 1829, a legislação mercantil espanhola era ambígua e incerta. Contava entre as suas compilações o *Consulado del mar* e as *Ordenanzas de Bilbao*, mas nem um nem outra eram códigos gerais obrigatórios em todo o território espanhol, nem satisfaziam as necessidades que se faziam sentir. Face à necessidade de uma codificação, o Rei espanhol aceitou o projeto de Pedro Sainz de Andino que, promulgado como lei em 30 de maio de 1829, revogava todas as leis, ordenanças e demais disposições então em vigor em matéria mercantil. Sem prejuízo do avanço então verificado face aos códigos vigentes, as matérias relativas à constituição e ao governo das sociedades anónimas não sofreram alterações significativas face ao verificado no *code* francês já analisado. Cfr. PEDRO GOMES DE LA SERNA e JOSÉ REUS Y GARCÍA – *Código de comercio concordado y anotado: precedido de una Introduccion histórico-comparada, y seguido de la Ley del Enjuiciamiento sobre los negocios y causas de comercio, y de un Repertorio alfabético de la legislación y del procedimiento mercantil*, 4.ª ed., Madrid: Revista de Legislación, 1863, p. 19-23.

O *Codigo de Comercio* de 1885, por seu turno, previa a liberdade de constituição de companhias (arts. 117, 119), acompanhada de especiais cautelas de publicidade como forma de prevenção de fraudes. Cfr. JOSÉ REUS Y GARCIA – *Codigo de Comercio de 1885 comentado y concordado con el anterior y los extranjeros*, Madrid: Revista de legislación, 1886, p. 209-225, 270-271. Nos termos deste código, a administração cabia a administradores nos termos livremente fixados nos estatutos. Estes, que podiam ser ou não sócios, eram entendidos como mandatários da sociedade, nomeados pelos sócios, que respondiam *pro rata* pelos prejuízos causados em violação da lei, dos estatutos ou das deliberações dos sócios (arts. 155 e 156). Cfr. *ibidem*, p. 277-279. Nada mais foi estabelecido relativamente à administração das sociedades. Por outro lado, os direitos de inspeção dos sócios eram limitados, só podendo ser exercidos nos momentos e pelas formas previstas nos estatutos e regulamentos. Nada sendo estabelecido, estes direitos

O MODELO PORTUGUÊS ENQUANTO MODELO BASE

nal português e o modelo tradicional italiano de governo da sociedade anónima, entendemos conveniente abordar aqui os primeiros passos da regulação da sociedade anónima em Itália, de forma a iluminar a sua verdadeira relevância para a adequada compreensão do nosso sistema.

II. Em Itália, sem prejuízo das figuras jurídicas que em maior ou menor medida refletiam já algumas das suas características, as primeiras sociedades comerciais de responsabilidade limitada surgiram após e de acordo com o modelo da *Verenigde Oostindische Compagnie* (VOC), comumente identificada como a primeira experiência do género a nível mundial[395].

229

podiam ser exercidos a final do ano, por um prazo não inferior a quinze dias (art. 158). Neste período, os administradores não podiam negar aos sócios o exame de todos os documentos comprovativos dos balanços relativos ao estado da administração social (art. 173). Cfr. *ibidem*, p. 307-308. Para além de restringir os direitos de controlo pelos sócios, o código não estabelecia qualquer mecanismo adicional de controlo da administração das sociedades anónimas.

[395] Assim, a *Compagnia di Nostra Signora della Libertà* foi a primeira sociedade constituída *"all'olandese"*, sendo considerada a primeira sociedade de responsabilidade limitada italiana. Foi constituída em Génova, no ano de 1638, com o propósito de desenvolver o uso das *"galee di libertà"*, ou seja, as galés movidas pela força de remadores livres, em vez de escravos, como era comum na altura. Esta sociedade acabaria rapidamente sem sucesso devido à oposição dos mais próximos a Espanha na redefinição da política naval genovesa. Cfr. Ferrarini – *Origins...* p. 196, Galgano – *Storia...* p. 115.

A *Compagnia Genovese delle Indie Orientali* foi constituída em 1647, com um capital de 100.000 *scudi* aportado, numa parte substancial, pelos principais acionistas da anterior *Compagnia di Nostra Signora della Liberta*. Esta sociedade foi criada com o intuito de iniciar comércio com a Índia, seguindo o bem sucedido exemplo da VOC. A criação desta sociedade refletiu as orientações de política naval e desenvolvimento de comércio internacional da República Genovesa. No mesmo ano, o governo da *Serenissima* concedeu uma autorização e um privilégio especial pelo período de 30 anos que cobria a navegação e o comércio com as Índias. Em 1648 foi emitido outro decreto pela *Serenissima* que é considerado a licença oficial da *compagnia*. Apesar dos ambiciosos planos, também esta *compagnia* não foi bem sucedida, desta feita pela oposição política, comercial e militar da VOC que, alertada por Francisco de Sousa Coutinho, embaixador de D. João IV, rei de Portugal, tomou rapidamente as medidas necessárias para evitar a concorrência da mesma. Os navios desta *compagnia* acabariam por ser apreendidos em 1649 por duas frotas da VOC sediadas em Batavia, um mês depois dos primeiros relatórios sobre a sua tentativa de entrada no comércio da pimenta em Sumatra. Mas os genoveses não desistiram e a *Compagnia Genovese delle Indie Orientali* foi transformada na *Compagnia Marittima di S. Giorgio*, mais poderosa do que a sua predecessora, da qual herdou todos os privilégios que foram ainda ampliados de forma a cobrir outras áreas de comércio. Esta *compagnia* seguia de perto os modelos inglês e holandês, mantendo uma forte relação com o Estado. Para o desenvolvimento inicial do seu negócio aproveitou a oportunidade concedida por Portugal que, na altura, não dispunha dos meios necessários para explorar o comércio com as suas próprias colónias. No entanto, esta oportunidade, como aliás a atividade da *compagnia* em geral, não se revelou lucrativa.

Seguindo o exemplo destas *compagnias* genovesas, foram constituídas outras sociedades de responsabilidade limitada em Itália na segunda metade do séc. XVII e, especialmente, ao longo do séc. XVIII. Cfr. Ferrarini – *Origins...* p. 197-201. O estudo de Paolo Ungari, que recolheu os estatutos de 110 sociedades desse tempo, demonstra uma certa uniformidade entre os mesmos, apesar da inexistência de um direito geral sobre as sociedades de responsabilidade limitada. Demonstra ainda uma certa

DA ADMINISTRAÇÃO À FISCALIZAÇÃO DAS SOCIEDADES

230   Até ao *Code de Commerce* francês de 1807, imposto por Napoleão aos territórios italianos anexados ao império francês e que, como vimos, regulava brevemente a *société anonyme*, também em Itália a forma societária era encarada como um fenómeno excecional, ligado a específicas contingências políticas e a específicos desígnios de colonização. Com o *Code de Commerce*, a sociedade anónima passou a corresponder a um ordinário fenómeno da economia que, tal como as novas técnicas de produção, podia ser reproduzido numa múltipla série de aplicações. Deixou de ser considerada como uma forma de concessão de privilégios de exploração comercial para ser um mero instrumento jurídico[396]. Contudo, a introdução deste regime geral não trouxe consigo a liberdade de constituição destas sociedades[397]. O requisito da autorização administrativa para a constituição das sociedades anónimas revelava o receio do legislador face aos abusos perpetrados pela administração de tais sociedades em prejuízo dos accionistas e da tranquilidade pública[398].

231   III. Após a queda do império francês, o *Code de Commerce* continuou a vigorar em muitas das regiões anteriormente ocupadas, mas o Reino da Sardenha preparou um novo código (o chamado *Codice Albertino*), aprovado em 1842, que viria a ser estendido ao Reino de Itália após a sua unificação no ano de 1864[399].

232   Nesse tempo, o principal ponto de discussão residia nas vantagens e inconvenientes da supressão da autorização administrativa para a constituição de sociedades, chegando a ser apresentada uma proposta de instituição da liberdade de constituição de sociedades, com base no argumento de que a autorização administrativa não constituía um adequado meio de prevenção de fraudes e coartava de forma significativa a liberdade de comércio. Apesar dos méritos desta proposta, a mesma acabou por ser rejeitada face à forte oposição que se seguiu a alguns casos de fraude financeira. Assim, o primeiro *Codice di Commercio* de 1865

---

prevalência do modelo inglês, mais democrático, face ao modelo holandês, sem prejuízo da aceitação, nalgumas das primeiras sociedades, de uma estrutura oligárquica caracterizada pelos reduzidos poderes da assembleia geral e pela restrição do direito de voto aos principais accionistas. PAOLO UNGARI – *Statuti di compagnie e società azionarie italiane (1638-1808): per la storia delle società per azioni in Italia*, Milano: Giuffrè, 1993. Cfr. também FERRARINI – *Origins...* p. 201.

[396] GALGANO – *Storia...* p. 121.

[397] Cfr. § 6 *supra*. Cfr. também, no contexto italiano, *v.g.*, FERRARINI – *Origins...* p. 202, GALGANO – *Storia...* p. 122-123.

[398] Cabia assim ao governo exercer um papel de intermediário entre os empreendedores e os acionistas, verificando se a iniciativa económica para a qual era proposta a constituição de uma sociedade apresentava um grau suficiente de seriedade. Esta intervenção visava no entanto proteger não só os subscritores de ações, mas ainda os credores sociais que, em face da limitação de responsabilidade, podiam ver frustradas as suas expectativas perante a insolvência da sociedade. GALGANO – *Storia...* p. 122-124.

[399] FERRARINI – *Origins...* p. 203.

O MODELO PORTUGUÊS ENQUANTO MODELO BASE

seguiu o modelo do *Codice Albertino*, mantendo o requisito da autorização governamental para a constituição das sociedades anónimas[400].

IV. A liberdade de constituição de sociedades anónimas – que tinha sido introduzida em França logo em 1867 – só foi reconhecida em Itália com o segundo *codice di commercio*, de 1882 (*Codice Mancini*[401]). A preparação deste código estendeu-se ao longo de uma década, com a participação de alguns dos melhores académicos italianos, tendo sido consideradas as soluções adotadas na lei inglesa de 1861[402], na lei francesa de 1867[403], no código de comércio alemão de 1861 (ADHGB)[404] e na lei belga de 1873[405]. Nas palavras de CALAMANDREI,

233

---

[400] *Ibidem*, p. 204. A solução italiana foi claramente contrária ao movimento iniciado nos Estados Unidos, com a Lei do Estado de Nova Iorque de 1811, que deixou de exigir autorização governamental para a constituição de sociedades anónimas, refletido no *Joint Stock Companies Act* de 1844, em Inglaterra, e um pouco por toda a Europa (incluindo Portugal e França, em 1867, e Alemanha, em 1870). Cfr. UNGARI – *Profilo storico...* p. 57-58.

Para além da vigilância *ex ante*, inerente ao procedimento de autorização governamental, foi estendida a toda a Itália a vigilância do governo *ex post* sobre todas as sociedades que emitissem ações ao portador, pelo *Decreto 11 agosto 1863 del Ministero di agricoltura, industria e commercio*. Uma lei do ano seguinte, *Legge 18 dicembre 1864, n. 2091*, conferiu ainda ao governo a faculdade de determinar, nalguns casos, o local da sede da sociedade, para evitar algumas fraudes fáceis. Em 1865, uma série de decretos e ordenanças ditaram normas sobre a autorização para a constituição das sociedades, sobre a sua vigilância e sobre os *organi commissariali* chamados a exercê-la. Esta série de medidas culminou no *Regio decreto 27 maggio 1866* que instituiu um único *Ufficio di Sindacato sulle Società commerciali e gli Istituti di credito*, no seio do Ministério das Finanças, concentrando as funções antes disseminadas por vários *uffici commissariali*, extintos pelo mesmo ato. Cfr. *ibidem*, p. 51-55. As críticas não se fizeram esperar, tendo o *Regio decreto 5 settembre 1869, n. 5256* substituído o *sindacato governativo* por uma controlo mais brando, exercido de forma descentralizada por *uffici provinciali di ispezione* compostos pelo *Prefetto* e por dois membros eleitos cada dois anos pela Câmara do Comércio. Na busca de um equilíbrio entre a iniciativa pública de fiscalização e os interesses privados, as inspeções foram sujeitas à prévia reclamação motivada dos acionistas. Este sistema desapareceria com o Código Comercial de 1882.

É ainda interessante atentar no enquadramento político-administrativo subjacente ao exercício dos poderes de autorização para a constituição de sociedades anónimas, conferidos pelo *Codice di Commercio* de 1865, dado por uma circular de 26 de novembro de 1866:

«*Il Governo veglia per tutelare l'interesse degli azionisti che confidano i loro risparmi a un ente anonimo, per seguire il movimento dei grandi capitali che governano il mercato, per sicurtà dei terzi che contrattano con le compagnie anonime*». «*Gli stati di contabilità e i bilanci saranno pubblicati per cura del Governo, il quale intende soccorrere con tutti i mezzi che la legge gli appresta ai legittimi richiami delle minoranze*».

A mesma circular indicava aos sócios a possibilidade de contemplar nos estatutos da sociedade a instituição de «*censori chiamati a vigilare la esecuzione dei patti sociali*». Cfr. *ibidem*, p. 55-56.

[401] Este código deve a designação ao autor do seu projeto, Pasquale Stanislao Mancini. UNGARI – *Profilo storico...* p. 61.

[402] Cfr. § 56.1 *infra*.

[403] Cfr. p. 106 ss. *supra*.

[404] Cfr. § 39.5 *infra*.

[405] FERRARINI – *Origins...* p. 204-205.

DA ADMINISTRAÇÃO À FISCALIZAÇÃO DAS SOCIEDADES

«[a] necessidade de uma reforma da parte importantíssima da legislação comercial, que se refere à Sociedade de Comércio, era universalmente sentida em Itália, na medida em que as disposições do *codice* de 1865 já não correspondiam ao maior desenvolvimento do espírito de associação, o qual reclamava um sistema idóneo à conciliação da liberdade e responsabilidade privada, liberta dos vínculos da ingerência governativa e dos perigos e das ilusões que são inseparáveis da mesma, com a necessidade de outras garantias eficazes contra a fraude e o abuso da boa-fé»[406].

234   Em substituição da intervenção estatal, entre outras medidas[407], foram introduzidos os *sindaci* – a lei não referia ainda o *collegio sindacale*[408] –, encarregues da

---

[406] RODOLFO CALAMANDREI – *Delle società e delle associazioni commerciali: Commento al libro 1, titolo IX del nuovo codice di commercio italiano*, 1, Torino: Unione Tipografico Editrice, 1884, p. 5.

[407] Destacamos o mais rigoroso regime de constituição e de publicidade (arts. 87 a 104), o requisito da integral subscrição do capital social e de realização em dinheiro de pelos menos três décimos do mesmo (art. 131), a regulação dos direitos e obrigações dos sócios em caso de aumento e redução do capital social (arts. 96, 101 e 158), a definição dos deveres dos administradores relativamente à conservação de documentos e dos atos relativos à constituição da sociedade (art. 139), à manutenção dos livros sociais (art. 140) e às deliberações em caso de administração plural (art. 141), a regulação do direito dos sócios à inspeção dos livros sociais (art. 142), a regulação da responsabilidade civil dos administradores (arts. 147 a 149), a regulação dos conflitos de interesses dos administradores, com dever de informação e de não participação em deliberações afetadas (art. 150), a regulação da ação social *ut universi* contra administradores, da competência da assembleia, a exercer por intermédio dos *sindaci*, que assim, numa aproximação ao Direito alemão, representavam a sociedade contra os administradores (art. 152, I), a regulação da competência dos *sindaci* para receber denúncias dos acionistas, do dever de apresentar observações e propostas face às denúncias recebidas (quando as denúncias tivessem sido apresentadas por sócios que representassem pelo menos um décimo do capital social)(art. 152, II) e do dever de convocar a assembleia geral quando os factos denunciados fossem considerados fundamentados e urgentes (art. 152, IV), a regulação da ação social *ut singuli* (art. 153), a regulação do balanço (art. 176) e da distribuição de dividendos (art. 181). Cfr. *ibidem*, p. 6-10. A regulação assim alcançada consagrava um novo equilíbrio normativo entre a liberdade de estipulação no contrato de sociedade e de atuação dos administradores e a sua heterolimitação. Como afirmou VIDARI, jurista participante da reforma citado por GIOVANNI GRIPPO – *Deliberazione e collegialità nella società per azioni*, Milano: Giuffrè, 1979, p. 14 (nota 28),
«as leis são um testemunho contínuo e indiscutível das dificuldades em que estas se debatem entre o muito permitir e o muito proibir».

[408] Neste sentido, afirmava GIUSEPPE NOTO-SARDEGNA – *Le società anonime*, Palermo: Orazio Fiorenza, 1908, p. 452 que os *sindaci*, apesar de serem em número plural, e contrariamente aos administradores, não constituíam um conselho, não deliberando por maioria. No mesmo sentido, *v.g.*, CESARE VIVANTE – *Trattato di Diritto Commerciale*, 2 – Le società commerciali, 5.ª ed., Milano: Francesco Vallardi, 1923, p. 283, que, contudo realça a intervenção colegial num único caso: quando os *sindaci* devessem, juntamente com os administradores remanescentes, prover à substituição de um administrador em falta (art. 125). Diferentemente, explicava NAVARRINI que os deveres previstos nos arts. 183 e 184 eram imputados a cada *sindaco* individualmente considerado e não a um qualquer órgão coletivo, sendo contudo admissível uma divisão de tarefas entre si. Para além disso, algumas normas pressupunham uma atuação coletiva dos *sindaci*: a aprovação das deliberações dos administradores nas quais se verificasse um conflito de

O MODELO PORTUGUÊS ENQUANTO MODELO BASE

fiscalização da administração e das contas da sociedade. Apesar de se tratar da substituição da ação do governo por uma (pretensa) eficaz vigilância pelos próprios interessados[409], este mecanismo, juntamente com o regime da publicidade de atos sociais e de responsabilidade civil dos administradores[410], era visto como uma importante garantia dos interesses não só dos sócios, mas também de terceiros[411], à imagem do que sucedia no Direito inglês[412].

Nos termos do art. 183, na assembleia constitutiva e em cada assembleia geral ordinária (anual), deviam ser designados três ou cinco *sindaci* efetivos e dois suplentes, que podiam ser sócios ou não sócios, para a vigilância das operações sociais e para a revisão do balanço. Estas obrigações, de carácter geral, eram depois concretizadas num catálogo injuntivo[413] de deveres previsto no art. 184[414]. A sua responsabilidade civil estava sujeita ao regime jurídico do mandato (art. 185)[415].

235

interesses e a preparação do relatório dos *sindaci* sobre o balanço. Nestes casos, impunha-se a regra da maioria, como resultava do número necessariamente impar dos *sindaci*. Cfr. UMBERTO NAVARRINI – *Commentario al Codice di Commercio*, 2 – Delle società e delle associazioni commerciali, Milano: Francesco Vallardi, s.d., p. 691-692. Cfr. também UMBERTO NAVARRINI – *Trattato elementare di diritto commerciale*, 2 – I commercianti (persone single ed enti collectivi), la tutela e la fine del rapporto giuridico commerciale (esercizio delle azioni, fallimento, prescrizione), Milano: Fratelli Bocca, 1911, p. 132.

[409] UNGARI – *Profilo storico...* p. 66.

[410] UNGARI realça ainda a preocupação, subjacente logo ao projecto de Mancini, de reforçar os direitos dos acionistas minoritários. *Ibidem*, p. 66-67.

[411] Cfr., *v.g.*, NAVARRINI – *Commentario...* p. 687-688, bem como, NOTO-SARDEGNA – *Le società anonime...* p. 450-451, 455-456, que, sem prejuízo de configurar a atuação dos *sindaci* como um substituto ao controlo dos acionistas – que, sendo em grande número e estando geograficamente dispersos, não podiam exercer qualquer vigilância sobre a condução dos negócios comuns pelos gestores – afirmava, com MANCINI, a importância dos *sindaci* na garantia dos interesses dos sócios e de terceiros. VIVANTE, por seu turno, realçava a vigilância pessoal e contínua da administração, na qualidade de delegados dos acionistas que a não podiam exercer pessoalmente. VIVANTE – *Tratatto*[5]..., p. 277.

Sem prejuízo do propósito do legislador de salvaguardar a posição dos sócios e de terceiros, a atuação dos *sindaci* era reconduzida à relação de mandato estabelecida com a sociedade (art. 185), pelo que, no contexto dessa relação, aqueles seriam responsáveis apenas perante a sociedade e não perante os sócios individualmente considerados ou perante credores. NAVARRINI – *Trattato Elementare...* p. 132, UMBERTO NAVARRINI – *Trattato teorico-pratico di diritto commerciale*, 4 – Diritto delle persone: I commercianti (persone single, enti colletivi), Milano: Fratelli Bocca, 1919, p. 447-448.

[412] Cfr. FERRARINI – *Origins...* p. 205.

[413] Neste sentido, cfr., *v.g.*, NAVARRINI – *Commentario...* p. 692, VIVANTE – *Tratatto*[5]..., p. 283.

[414] NAVARRINI – *Trattato Elementare...* p. 131, NAVARRINI – *Trattato Teorico-Pratico...* p. 446 reconduzia as situações jurídicas imputadas aos *sindaci* ao seu dever geral de vigilância, o qual separava a função complexa dos *sindaci* daqueloutra dos administradores, mesmo quando a natureza das coisas impusesse uma ação de iniciativa.

[415] Cfr. nota 411 *supra*.

DA ADMINISTRAÇÃO À FISCALIZAÇÃO DAS SOCIEDADES

236   Face ao esquema delineado em 1882, os *sindaci* deviam desenvolver uma pura
função de vigilância, não interferindo na administração da sociedade[416]. Para
tanto, deviam ter um completo conhecimento de todos os negócios sociais, de
modo a poder assegurar aos acionistas a verdade do balanço, e dar o seu parecer
sobre a condução da atividade social. Não podiam eximir-se ao cumprimento
deste dever afirmando que os administradores se recusaram a informá-los[417].

237   A sua reação devia ter lugar em sede de assembleia geral, na qual deviam
não só relatar os resultados da sua atuação, mas também denunciar as falhas
detetadas, apontar os males e os remédios e completar o cumprimento dos seus
deveres, assegurando a inserção das suas propostas na ordem de trabalhos[418].

238   IV. Desde cedo houve críticas a esta matriz organizacional. NOTO-SARDEGNA,
por exemplo, questionava a necessidade de uma vigilância complementar à
desenvolvida pelo conselho de administração, afirmando que da sua composição plural nasceria o controlo[419]. Para além disso afirmava, em termos que ainda
merecem intensa reflexão, que

«a fraude nos atos dos administradores é de difícil deteção, os erros enter-
rados na multiforme e complexa atuação administrativa dificilmente podem
ser revelados. Para assegurar a sua inexistência, os *sindaci* deveriam rever
toda a contabilidade social e este é um trabalho penoso e complicado que
não pode ser desenvolvido senão por um técnico especializado. A vigilância dos *sindaci* é ineficaz, porque sendo eleitos pelos mesmos que elegem
os administradores, pertencem ao mesmo partido e não estarão dispostos a
combatê-lo. Não será fácil encontrar pessoas respeitáveis que consintam em
assumir o cargo de *sindaci* dado o seu carácter odioso. Aqueles que considerassem este mandato como um emprego, seriam expostos a uma tentação
irresistível quando se encontrassem na encruzilhada de comprometer a sua
posição, ou de fazer-se pagar pelo silêncio de uma pouco escrupulosa administração. E no caso de os *sindaci* serem pessoas aversas aos administradores,
estes retirar-se-iam perante tal prova de desconfiança ou, permanecendo,
seguir-se-iam contestações danosas ao interesse social. O órgão dos *sindaci*
não tem, em substância, toda a independência que deveria ter um poder de
controlo para ser eficaz. Os *sindaci* que são nomeados pela assembleia são, na

---

[416] Cfr., *v.g.*, VIVANTE – *Tratatto*⁵..., p. 280-281.

[417] *Ibidem*, p. 281.

[418] Cfr. NOTO-SARDEGNA – *Le società anonime...* p. 455.

[419] *Ibidem*, p. 456.

O MODELO PORTUGUÊS ENQUANTO MODELO BASE

maior parte dos casos, apresentados pelos administradores. (...) Os controladores são assim escolhidos pelos controlados»[420].

Face às críticas à regulação dos *sindaci* nos arts. 183-185, resumidas na constatação de que, na prática, a sua vigilância ficava muito aquém do ideal legislativo[421], foram promovidas alterações nos anos 1930, conformando o sistema que viria posteriormente a ser adotado no *Codice Civile* de 1942[422].

§ 10. O DECRETO DE 14 DE JANEIRO DE 1911 E A LEI N.º 1.995, DE 17 DE MAIO DE 1943: O BREVE REGRESSO À FISCALIZAÇÃO ADMINISTRATIVA E OS ANTECEDENTES DOS REVISORES OFICIAIS DE CONTAS

I. O regime de fiscalização das sociedades anónimas estender-se-ia às sociedades por quotas que tivessem um conselho fiscal, nos termos da Lei das Sociedades por Quotas de 11 de abril de 1901[423]. No entanto, a opção subjacente a tal regime não era pacífica entre a doutrina, especialmente após as falências da Companhia Real dos Caminhos de Ferro, do Banco Lusitano e do Banco do Povo[424], havendo quem sugerisse, numa situação de crise, uma fiscalização dos balanços das sociedades anónimas por agentes do governo[425]. Foi neste sentido

---

[420] *Ibidem*, p. 456-457. Para fazer face a este cenário, NOTO-SARDEGNA sustentava a necessidade de rever a relação entre os administradores e os *sindaci*: deveria estender-se o mandato destes, possibilitando o seu conhecimento do sistema de gestão da sociedade, a sua força económica e necessidades diárias; a designação e destituição dos administradores deveria depender exclusivamente da sua apreciação; deveriam prestar caução e possuir ações da sociedade durante o seu mandato. *Ibidem*, p. 457. No mesmo sentido, *v.g.*, VIVANTE – *Tratatto*[5]..., p. 282. De entre estas sugestões, realçamos o reconhecimento da importância dos poderes de designação e destituição dos administradores na determinação do equilíbrio interorgânico. Como veremos adiante no § 39.11, esta questão seria tratada, no modelo alemão, pela AktG 1937, que conferiu ao *Aufsichtsrat* o poder de nomeação e destituição dos membros do *Vorstand*, consolidando a *praxis* empresarial que o antecedeu.

[421] VIVANTE – *Tratatto*[5]..., p. 277.

[422] O regime do código comercial foi alterado primeiro pelo *Real Decreto Legislativo 24 iuglio 1936, n. 1548*, e depois pela *legge 3 aprile 1937 n. 517*. Cfr. GIANCARLO FRÉ – *Società per azioni: art. 2325-2461*, Commentario del Codice Civile a cura di Antonio Scialoja e Giuseppe Branca, 5.ª ed., Bologna, Roma: Nicola Zanichelli Editore, Soc. Ed. del Foro Italiano, 1982, p. 543.

[423] Cfr. *art. 33.º* da Lei das Sociedades por Quotas.

[424] Cfr. VISCONDE DE CARNAXIDE – *Sociedades anonymas: Estudo theorico e pratico de direito interno e comparado*, Coimbra: F. França Amado, 1913, p. 17-18.

[425] O VISCONDE DE CARNAXIDE, então deputado, apresentou um projeto de lei «com o fim de tutelar os portadores de obrigações e donos de depósitos, evitando-se quanto possível a insolvencia das sociedades anonymas, que pela limitação da responsabilidade dos accionistas ou sócios deixariam a descoberto todos os seus credores», em que se estabelecia a fiscalização dos balanços das sociedades anónimas por

DA ADMINISTRAÇÃO À FISCALIZAÇÃO DAS SOCIEDADES

que, vinte anos decorridos sobre a entrada em vigor do Código Comercial, foi publicado o Decreto de 14 de janeiro de 1911, sujeitando as sociedades anónimas e cooperativas a fiscalização governamental. Não obstante, o sistema desenvolvido pelo *Regulamento da fiscalização das sociedades anonymas*, aprovado ao abrigo deste diploma pelo Decreto de 13 de abril de 1911[426], seria revogado pelo art. 19.º da Lei fiscal de 30 de junho de 1913, embora algumas das suas disposições, aliás sem interesse (nas palavras de ADELINO DA PALMA CARLOS[427]), viessem a ser reproduzidas pelo Decreto n.º 24, de 7 de julho de 1913, que regulava o funcionamento do serviço de fiscalização das sociedades anónimas e a situação dos respetivos funcionários[428].

241   A questão da necessidade de fiscalização de sociedades continuou a ser discutida durante o período do Estado Novo, mantendo-se a tendência pela fiscalização administrativa, contrária às experiências de outros países europeus.

242   II. Na Lei n.º 1.995, de 17 de maio de 1943[429], podemos encontrar os antecedentes da fiscalização exercida hoje pelos revisores oficiais de contas. Nos termos

---

agentes do governo em caso de crise. Esta proposta deu origem a uma acesa discussão, havendo quem preferisse «uma determinação precisa e rigorosa da responsabilidade civil e penal dos directores e fiscaes das sociedades anonymas».

Ainda assim, o Decreto de 12 de julho de 1894, relativo a instituições bancárias, adotou parcialmente a proposta do VISCONDE DE CARNAXIDE no que toca àquelas instituições. *CLP* 1894, 217-219 (219, 1.ª col.). Cfr. VISCONDE DE CARNAXIDE – *Projecto de lei relativo à fiscalisação de sociedades anonymas apresentado na Camara dos Senhores Deputados: em sessão de 20 de Janeiro de 1892*, Lisboa: Imprensa Nacional, 1892, p. 3. Cfr. também JOSÉ BENEVIDES – *Um projecto de lei e a responsabilidade na gerência das sociedades anonymas*, Coimbra: Imprensa da Universidade 1893, p. 27.

[426] *CLP*, 1911, p. 2072-2077. Este regulamento era aplicável também às sociedades por quotas, incumbindo a fiscalização de sociedades a uma repartição técnica que examinava os balanços e relatórios das sociedades, dava parecer sobre os mesmos e elaborava um relatório anual onde propunha medidas que melhor pudessem assegurar o exato cumprimento da lei e o fomento da riqueza pública, acautelando os interesses do Estado e das sociedades, como elementos de progresso que deviam ser da situação financeira do país. Este regulamento previa ainda a existência de peritos contabilistas que tinham funções de arbitragem entre a repartição técnica e as sociedades quando existissem reclamações de uma ou outra parte.

[427] Cfr. CÂMARA CORPORATIVA – Parecer n.º 32/IX ao Projecto de decreto-lei n.º 13/IX, p. 2291.

[428] *CLP*, 1913, p. 343-344.

[429] Em 18 de março de 1936, pela Lei n.º 1.936, foi o Governo autorizado a modificar o regime de fiscalização das sociedades anónimas, para que esta passasse a ser efetuada por técnicos especializados e ajuramentados. Todavia, não tendo o Governo usado esta autorização legislativa, só em 1943 foi este assunto abordado, sendo publicada a Lei n.º 1.995, de 17 de maio de 1943. Algumas disposições desta lei abordavam questões cuja atualidade se mantém: nenhum verificador poderia fiscalizar a mesma sociedade por tempo superior a cinco anos, os verificadores não podiam exercer qualquer outra atividade profissional, pública ou privada, encontrando-se sujeitos a responsabilidade civil, criminal e disciplinar. Os critérios para determinação das sociedades abrangidas por esta lei eram, entre outros, os seguintes:

O MODELO PORTUGUÊS ENQUANTO MODELO BASE

deste diploma, a fiscalização das sociedades por ações competia a peritos ajuramentados mediante intervenção do Tribunal, os quais fariam parte da Câmara dos Verificadores das Sociedades por Acções[430]. Esta era, de resto, à data, a regra em inúmeros países europeus. De entre as competências dos verificadores[431], destacamos a de «[e]laborar em cada ano uma declaração sucinta, para ser apresentada à assembleia geral ordinária, da qual constaria se tinham obtido todos os esclarecimentos de que necessitaram para o cabal exercício da sua função e se os documentos submetidos pela direcção à assembleia geral estavam devidamente organizados e exprimiam com fidelidade a situação da sociedade»[432].

Este diploma determinava ainda que, à medida que o seu regime entrasse em vigor, nas sociedades fiscalizadas deixaria de existir um conselho fiscal, salvo se a assembleia geral decidisse mantê-lo, e as disposições legais relativas ao conselho fiscal seriam revistas de forma a coordenar a sua ação com a dos verificadores[433]. Podemos encontrar nestas disposições o embrião para o regime que se seguiria e

243

(a) ter a sociedade sido constituída por subscrição pública; (b) estarem os respetivos títulos admitidos à cotação na Bolsa, à data da publicação da Lei; (c) número das ações e importância do capital social. Estavam ainda sujeitas a este regime aquelas sociedades cujos sócios assim o deliberassem em assembleia geral. Para mais desenvolvimentos, cfr. CÂMARA CORPORATIVA – Parecer sobre a proposta de lei relativa à fiscalização das sociedades por ações, p. 172 ss.

[430] A esta competia designar dois verificadores para a fiscalização daquelas sociedades.

[431] De acordo com o número 1 da base XII da Lei, competiria aos verificadores: (a) examinar todos os livros e documentos justificativos das operações realizadas ou contabilizadas; (b) verificar o estado da caixa e a existência de valores de qualquer espécie pertencentes à sociedade ou a ela confiados; (c) averiguar se o quantitativo em que estivessem computados os valores pertencentes à sociedade se encontrava corretamente fixado, segundo sãos e prudentes critérios; (d) verificar o cumprimento das disposições relativas à intervenção dos sócios nas assembleias; (e) vigiar pelo exato cumprimento dos estatutos e da lei, para os efeitos do disposto na base XIII; (f) pedir aos diretores e outros órgãos da sociedade as informações necessárias ao desempenho da sua função; (g) sugerir aos corpos gerentes a adoção de normas e providências que pudessem concorrer para melhorar a organização das contas da sociedade e dos elementos que deveriam ser presentes à assembleia geral; (h) prestar todos os esclarecimentos e auxílio técnico pedidos pelos membros da direção ou do conselho fiscal; (i) assistir às assembleias gerais, incluindo as extraordinárias; (j) usar da palavra nas assembleias, sobre o conteúdo e alcance da declaração a que se referia a alínea k) sempre que o quisessem e mediante prévia autorização da Câmara dos Verificadores, devendo, porém, no exercício desta atribuição, agir com a maior prudência e em rigorosa conformidade com as regras estabelecidas na base XI; (k) elaborar em cada ano uma declaração sucinta, para ser apresentada à assembleia geral ordinária, da qual constaria se tinham obtido todos os esclarecimentos de que necessitaram para o cabal exercício da sua função e se os documentos submetidos pela direção à assembleia geral estavam devidamente organizados e exprimiam com fidelidade a situação da sociedade; (l) fazer anualmente um relatório circunstanciado sobre as contas, o qual seria entregue ao conselho diretivo da Câmara dos Verificadores, de onde constariam as diligências realizadas. Deste relatório seria fornecida cópia à administração da sociedade.

[432] A esta disposição acresce outra nos termos da qual seriam nulas as deliberações das assembleias gerais tomadas sem prévia apresentação desta declaração.

[433] Base XXIII da referida Lei.

DA ADMINISTRAÇÃO À FISCALIZAÇÃO DAS SOCIEDADES

que veio permitir a substituição do conselho fiscal por um fiscal único (que teria de ser necessariamente um revisor oficial de contas).

244 No entanto, o projeto de regulamento preparado pelo Ministério da Justiça[434], indispensável à execução desta lei, nunca chegou a ser publicado e a fiscalização continuou a ser exercida apenas pelo conselho fiscal (composto somente por sócios).

§ 11. A FISCALIZAÇÃO DAS SOCIEDADES ANÓNIMAS NO DECRETO-LEI N.º 49.381, DE 15 DE NOVEMBRO DE 1969: A INTRODUÇÃO DE UM SISTEMA HÍBRIDO, INCLUINDO O REVISOR OFICIAL DE CONTAS COMO MEMBRO DO CONSELHO FISCAL

245 I. Assim se manteve a situação até à publicação do Decreto-Lei n.º 49.381, de 15 de novembro de 1969[435], que instituiu um novo regime de fiscalização das sociedades anónimas. Este diploma, publicado quando iam já adiantados os estudos preparatórios da reforma do Código Comercial[436], estabeleceu um sistema híbrido: em princípio, a fiscalização societária caberia a um conselho fiscal ou a um fiscal único (admissível apenas nas sociedades cujo capital não excedesse os 2.500.000$00)[437]. Todavia, e salvo disposição estatutária em contrário,

---

[434] Cfr. *BMJ* n.º 25, 157.

[435] Parcialmente alterado mais tarde pelo Decreto-Lei n.º 648/70, de 28 de dezembro.

[436] Em especial no que respeita ao regime das sociedades comerciais. No entanto, entendeu o Governo ser «urgente, porém, aperfeiçoar o regime de fiscalização das sociedades anónimas. Assim o [exigiam] o volume e a importância dos interesses em jogo nessa espécie de sociedades, o ritmo do seu desenvolvimento e a expansão do recurso à subscrição pública para obtenção dos capitais de que carecem». Cfr. o preâmbulo deste diploma.

A reforma do Código Comercial começou com uma primeira iniciativa da Comissão Permanente do Direito Marítimo Internacional que funcionava no Ministério da Marinha. Esta preparou um projeto para o novo Livro Terceiro do Código Comercial em 1935, tendo sido relator LUIZ DA CUNHA GONÇALVES. Já em 1961, o Ministro da Justiça entendeu promover a revisão do Código Comercial, por despacho de 1 de agosto. Esta aguardou no entanto a conclusão da reforma do Direito civil, sendo os membros da comissão incumbida dos estudos preparatórios da revisão do Direito das sociedades comerciais nomeados em 1966 e 1967, por despachos de 1 de junho de 1966 e 20 de setembro de 1967. Em 1977 foi nomeada nova comissão de reforma pelo Ministro da Justiça, encabeçada por FERRER CORREIA, presidente da Comissão do Código Comercial, tendo os trabalhos sido concentrados na reforma do regime das sociedades comerciais. Por fim, no princípio dos anos 1980, o novo ministro da justiça incumbiu RAUL VENTURA de preparar o anteprojeto do código das sociedades comerciais, publicado em 1983: Código das Sociedades (Projecto), BMJ, 327, 1983. Para mais desenvolvimentos, *vide* FERNANDO OLAVO – Alguns apontamentos sobre a reforma da legislação comercial, BMJ, 293, 1980, p. 18-19.

[437] Cfr. *art.* 1.º deste diploma. Nos termos do art. 10.º/1, ao conselho fiscal competia (a) fiscalizar a administração da sociedade, (b) vigiar pela observância da lei e dos estatutos, (c) verificar a regularidade dos livros, registos contabilísticos e documentos que lhe servem de suporte, (d) verificar, quando o

O MODELO PORTUGUÊS ENQUANTO MODELO BASE

a assembleia podia dispensar o órgão interno de fiscalização e confiar o exercício das suas funções a uma sociedade de revisores oficiais de contas[438].

II. Acresce que um dos membros do conselho fiscal ou o fiscal único, consoante o caso, tinham de ser designados entre os inscritos na lista de revisores oficiais de contas a que se refere o seu art. 43.º (art. 1.º/3)[439]. Este foi o primeiro diploma a utilizar este conceito[440]. No entanto, contrariamente ao que atualmente resulta do Código das Sociedades Comerciais, o revisor oficial de contas não tinha então competências específicas, mas apenas os poderes e deve-

246

julgasse conveniente e pela forma que entendesse adequada, a extensão da caixa e as existências de qualquer espécie de bens ou valores pertencentes à sociedade ou por ela recebidos em garantia, depósito ou outro título, (e) verificar a exatidão do balanço e da conta de resultados ou de ganhos e perdas, (f) verificar se os critérios valorimétricos adotados pela sociedade conduziam a uma correta avaliação do património e dos resultados, (g) elaborar anualmente relatório sobre a sua ação fiscalizadora e dar parecer sobre o relatório, contas e propostas apresentados pela administração, (h) convocar a assembleia geral, quando a respetiva mesa o não fizesse, devendo fazê-lo, e (i) cumprir as demais obrigações impostas pela lei e pelos estatutos da sociedade.

O art. 10.º estabelecia ainda os poderes-deveres do conselho fiscal e dos seus membros para o exercício das suas competências.

[438] Cfr. *art.* 4.º deste diploma.

[439] Refira-se ainda que os membros do conselho fiscal ou o fiscal único podiam ser ou não sócios da sociedade e eram nomeados por indicação nos estatutos ou pela assembleia geral. Quanto às incompatibilidades, o número 1 do art. 2.º determinava que não podiam fazer parte do conselho fiscal ou ser fiscais únicos: *(a)* os beneficiários de vantagens particulares, os administradores e os diretores da própria sociedade; *(b)* os administradores, os diretores e os membros do conselho fiscal de sociedades que mantivessem com a sociedade fiscalizada relações de domínio ou de dependência, nos termos do art. 39.º; *(c)* os sócios de sociedades em nome coletivo e os donos de empresas, a respeito das quais se verificasse qualquer das situações previstas na alínea anterior; *(d)* os que recebessem da própria sociedade fiscalizada, ou de sociedade ou empresa compreendida nas alíneas *b)* ou *c)* remunerações por quaisquer funções que não fossem a de membro do conselho fiscal; *(e)* os que exercessem funções em empresa concorrente; *(f)* os cônjuges, os parentes e os afins, até ao terceiro grau, inclusive, das pessoas abrangidas pelas alíneas *a), b), c)* e *e)* e os cônjuges das pessoas indicadas na alínea *d)*; *(g)* os que exercessem funções de administração, direção ou fiscalização em cinco sociedades; e *(h)* os interditos, os inabilitados, os insolventes, os falidos e os condenados a pena que implicasse a inibição, ainda que temporária, do exercício de funções públicas.

[440] Termo que substituía o de "verificadores das sociedades por acções", utilizado pela Lei n.º 1995, de 17 de maio de 1943. A inclusão dos revisores oficiais de contas no órgão de fiscalização foi uma opção criticada, desde logo, pela Câmara Corporativa no seu parecer sobre o projeto que viria a dar lugar ao Decreto-Lei n.º 49.381. Cfr. CÂMARA CORPORATIVA – *Parecer n.º 32/IX ao Projecto de decreto-lei n.º 13/IX*, p. 2289 ss. Neste parecer, a Câmara defendeu que se deveria fazer uma opção entre duas soluções possíveis: ou confiar a fiscalização apenas a um órgão social ou confiá-la a organismos especializados. A Câmara ainda admitiu que se pudessem cumular estas duas formas de fiscalização, mas manifestou-se contra a interferência do revisor oficial de contas, enquanto pessoa estranha à sociedade, no órgão interno da sociedade. Ainda que se pudessem sobrepor estas duas formas de fiscalização, estas não se podiam misturar como propunha o Governo no art. 1.º do projeto, solução que se veio a manter na versão final do Decreto-Lei n.º 49.381, não obstante as críticas da Câmara Corporativa.

DA ADMINISTRAÇÃO À FISCALIZAÇÃO DAS SOCIEDADES

res imputados a qualquer membro do conselho fiscal. A referência do art. 1.º/3 resumia-se, portanto, a uma exigência de qualificações profissionais a um dos membros do conselho fiscal e não à autonomização de um qualquer órgão social. O revisor oficial de contas desempenhava então as suas funções como qualquer outro membro daquele conselho.

247 O elenco de incompatibilidades previsto no art. 2.º constitui o esqueleto daquele que consta hoje do art. 414.º-A CSC, assegurando, nomeadamente, a independência dos membros do conselho fiscal, não só face à administração da própria sociedade ou de sociedade em relação de domínio ou de dependência (nos termos do art. 39.º daquele diploma)[441], mas também face a empresas concorrentes e a parceiros comerciais.

248 III. Uma solução experimentada apenas neste diploma, não criando raízes entre nós, foi a possibilidade de a assembleia geral confiar o exercício das funções do conselho fiscal a uma sociedade de revisores oficiais de contas (art. 4.º/1). Outras porém, criaram algumas raízes, como a possibilidade de nomeação judicial de membros do conselho fiscal a requerimento da administração, do conselho fiscal ou de acionistas titulares de acções representativas de uma décima parte do capital social (art. 5.º)[442].

249 IV. É ainda interessante notar a preocupação do legislador de 1969 em assegurar modelos de nomeação dos membros do conselho fiscal que assegurassem a independência deste face à administração da sociedade: não sendo os membros do conselho fiscal eleitos pela assembleia (art. 3.º/1), *devia* a administração, e *podia* qualquer acionista, requerer a sua nomeação judicial (art. 7.º/1). Veremos adiante que o legislador societário sempre manteve esta preocupação (relativamente à nomeação dos membros do conselho fiscal em geral e do revisor oficial de contas em particular), mas que a legislação avulsa, relativa ao regime jurídico do revisor oficial de contas, baralharia seriamente as coordenadas societárias.

250 V. Quanto à destituição dos membros do conselho fiscal, exigia o art. 9.º a existência de justa causa e a prévia audição dos visados sobre a mesma. A confirmar-se a destituição, os membros cessantes deviam preparar um relatório sobre a fiscalização exercida, o qual deveria ser entregue ao presidente da mesa da

---

[441] Contrariamente ao que hoje dispõe a alínea *c)* do n.º 1 do art. 414.º-A, constituía causa de incompatibilidade, face ao regime de 1969, a participação no conselho fiscal de sociedades em relação de domínio ou dependência com a sociedade fiscalizada.

[442] Atualmente, o art. 418.º prevê apenas a nomeação a requerimento de acionistas titulares de ações representativas de pelo menos um décimo do capital social, com diferenças significativas de regime.

O MODELO PORTUGUÊS ENQUANTO MODELO BASE

assembleia geral, para que este o distribuísse à administração, ao conselho fiscal e à assembleia.

Excurso: o advento e a evolução dos revisores de contas a nível internacional
A. Dos primórdios da contabilidade à revisão de contas no Reino Unido

I. Sem prejuízo dos seus antecedentes históricos[443], atribui-se particular importância ao advento da prestação de contas por dupla partida, fixada e divulgada pelo monge italiano Luca Pacioli. Este publicou, em 1494, um primeiro trabalho sobre as práticas contabilísticas usadas pelos mercadores italianos há pelo menos cinquenta anos[444]. Nesse tempo, porém, os contabilistas limitavam-se a auxiliar os comerciantes, registando de forma mais ou menos sistemática as trocas ocorridas na sua atividade, ou a entender as consequências económicas de um projeto específico. Só no séc. XIX, a contabilidade alcançou a síntese intelectual de que as contribuições dos proprietários, adicionadas ou deduzidas dos subsequente resultados positivos ou negativos, traduziam o valor líquido do negócio. O advento desta "teoria de entidade" (juntamente com a aceitação da responsabilidade limitada das sociedades) permitiu uma separação dos negócios face aos seus donos. Em princípio, quaisquer terceiros podiam agora examinar e fundamentar os seus investimentos nas demonstrações financeiras do negócio em causa. Contudo, a confiança desses investidores nas demonstrações financeiras que apareceram no séc. XIX exigia algum tipo de verificação e avaliação. Começa a registar-se então, ao que parece, uma evolução do mero contabilista para a figura do auditor ou revisor de contas[445].

II. A evolução da contabilidade moderna ocorreu, em grande medida, no Reino Unido, provavelmente por ter sido a maior potência comercial do séc. XIX e o berço da revolução industrial[446]. Esta evolução deve ser entendida no específico contexto da tradição britânica, que remonta à época medieval, onde se destaca a pré-existência de um conceito de *auditor*, com raízes no séc. XIII[447].

O contabilista tradicional era um empregado ou auxiliar do comerciante e não um profissional independente encarregue da verificação das contas deste.

---

[443] Sobre estes antecedentes, cfr., por todos, Menezes Cordeiro – *Direito das sociedades*, I³... p. 1019-1026.

[444] A. C. Littleton – *Accounting evolution to 1900*, New York: Garland Publishing, Inc., 1988, p. 12-21.

[445] Coffee – *Gatekeepers...* p. 108. Como realça o autor, a evolução está intimamente ligada à progressiva separação entre a propriedade e controlo das sociedades comerciais.

[446] Sobre a experiência anglo-saxónica, cfr., por todos, Menezes Cordeiro – *Direito das sociedades*, I³... p. 1030-1032.

[447] Coffee – *Gatekeepers...* p. 109, Sean M. O'Connor – Be careful what you wish for: how accountants and congress created the problem of auditor independence, *Boston College Law Review*, 45, 2004, p. 756 ss.

DA ADMINISTRAÇÃO À FISCALIZAÇÃO DAS SOCIEDADES

De facto, ninguém esperava realisticamente que este pautasse a sua atuação por critérios de objetividade e independência, ou que questionasse a correção das demonstrações financeiras do seu empregador[448].

254 No entanto, no Reino Unido existia uma tradição antecessora da revisão de contas: desde o séc. XIII, os membros de uma comunidade ou partes de um empreendimento cometiam a um deles a tarefa de «verificar a honestidade das pessoas com responsabilidades fiscais e não de administração», ou seja, para atuar como "*awdytours*". As pessoas auditadas podiam ser gestores de entidades públicas ou privadas. Por exemplo, desde 1310, «seis bons homens da cidade eleitos na presença de toda a comunidade» eram encarregues de auditar o *chamberlain* da cidade de Londres. A partir do séc. XIV, este sistema foi sendo adotado nas *manors* da Inglaterra medieval, nas quais o mais fiel dos criados era responsável por "ouvir as contas" apresentadas pelos demais criados encarregues da gestão de bens ou dinheiro. O auditor chegou a ter um poder substancial: caso detetasse dívidas por pagar, o criado delinquente poderia ser sujeito a pena de prisão com base no testemunho do auditor[449].

255 Para o que ora releva, realça-se o facto de, na tradição britânica, o *auditor* não ser um mero contabilista, mas sim um inspetor, encarregue da verificação dos registos contabilísticos de outrem, em benefício daqueles que o nomeavam: ou o *lord of the manor* ou os membros de uma corporação de mesteres ou outra entidade pública ou comercial[450].

256 III. Em coerência com esta tradição, o *Joint Stock Companies Act* de 1844 fez acompanhar a livre constituição de sociedades comerciais – ou seja, sem a autorização prévia da Coroa ou do Parlamento, exigida antes pelo *Bubble Act*[451] – da designação obrigatória e anual de um auditor independente pelos sócios, o qual seria responsável pela revisão das contas anuais[452].

257 O *auditor*, que não podia ser titular de qualquer cargo na sociedade, não tinha de ser um contabilista. No entanto, a previsão do *Companies Clauses Act* de 1845[453] – que estendia as proteções previstas no *Joint Stock Companies Act* às sociedades constituídas com autorização do Parlamento –, segundo a qual o auditor podia

---

[448] COFFEE – *Gatekeepers...* p. 109, O'CONNOR – *Be careful...* p. 756 ss..
[449] Cfr. LITTLETON – *Accounting evolution to 1900...* p. 260-261, cuja perspetiva foi adotada recentemente por COFFEE – *Gatekeepers...* p. 109, O'CONNOR – *Be careful...* p. 756 ss.
[450] COFFEE – *Gatekeepers...* p. 110, O'CONNOR – *Be careful...* p. 756 ss.
[451] O *Bubble Act of 1720* (6 Geo I, c. 18) constituiu a reação do Parlamento inglês à primeira grande bolha especulativa dos mercados de valores mobiliários: a *South Seas Bubble*. Esta lei foi revogada em 1825. Sobre este quadro legal, cfr. § 56.1 *infra*.
[452] COFFEE – *Gatekeepers...* p. 110, O'CONNOR – *Be careful...* p. 756 ss.
[453] 8 & 9 Vict., ch 16, art. 108 (1845).

O MODELO PORTUGUÊS ENQUANTO MODELO BASE

contratar contabilistas profissionais, às custas da sociedade, para o auxiliar na sua tarefa, implicou um significativo aumento da procura dos seus serviços. Esta procura gerou um rápido desenvolvimento da profissão em Inglaterra, com a constituição de várias organizações profissionais (*professional societies*) que, recebendo *royal charters*, permitiam aos seus membros o uso do título *chartered accountants*[454]. Estas organizações, que visavam a distinção dos seus membros face aos demais contabilistas, impunham exames de admissão e padrões de conduta[455].

O risco de responsabilidade civil (segundo a *common law*) que pendia sobre o *auditor* que não detetasse falhas nas contas da sociedade constituía um incentivo adicional à contratação de auxiliares contabilistas e ao desenvolvimento da profissão[456].

258

IV. A exigência de revisão das contas anuais por um auditor seria afastada pelo *Joint Stock Companies Act 1856* que, segundo GOWER, foi o primeiro dos modernos *Companies Acts*[457]. Refletindo a doutrina do liberalismo económico e o *laissez-faire* então prevalecente, a opção sobre a designação de auditores foi remetida para os fundadores e acionistas, os quais passaram a gozar a liberdade de adoptar ou não os *model articles of association* que constavam da *Table B*, em anexo à nova lei[458]. Não obstante, segundo GOWER, tais disposições continuaram a ser adoptadas pela maioria das sociedades, expressa ou implicitamente, pelo que se manteve costumeira a prática salutar de uma auditoria profissional até à reintrodução das auditorias obrigatórias para os bancos, pelo *Companies Act 1879*, e para a generalidade das sociedades, pelo *Companies Act 1900*[459].

259

---

[454] *Vide* JOHN L. CAREY – *The rise of the accounting profession: From technician to professional, 1896-1936*, New York: American Institute of Certified Public Accountants, 1969, p. 19 e também COFFEE – *Gatekeepers...* p. 111.

[455] COFFEE – *Gatekeepers...* p. 111.

[456] *Ibidem*, O'CONNOR – *Be careful...* p. 756 ss.

[457] LAURENCE C. B. GOWER – *Gower's principles of modern company law*, with contributions from D.D. Prentice e B.G. Pettet, 5.ª ed., London: Sweet & Maxwell, 1992, p. 45. Para mais desenvolvimentos, cfr. § 56.1 *infra*.

[458] Cfr. JOSEPHINE MALTBY – UK joint stock companies legislation 1844-1900: Accounting publicity and "mercantile caution", *Accounting History*, 3:9, 1998, p. 22-25, onde a autora refuta a perspetiva de que o *Joint Stock Companies Act 1856* afastou radicalmente as exigências de publicidade anteriormente previstas no *Joint Stock Companies Act 1844*. Segundo esta autora, em 1856 só foi afastada a exigência de publicidade das contas auditadas, denotando os debates parlamentares sobre a mesma controvérsia então associada à publicidade contabilística. Entre as críticas, sobressaíam as que sustentavam que a publicidade punha em causa o segredo comercial; que as contas podiam ser facilmente adulteradas; que tecnicamente era difícil determinar o montante ou mesmo a existência de lucros; que a publicação das contas gerava uma confiança infundada nas mesmas, criando uma falsa sensação de segurança nos investidores que assim não exerceriam a necessária *"ordinary mercantile caution"*.

[459] Cfr. secção 21 *Companies Act 1900*. GOWER – *Principles*[5]..., p. 46 (nota 58).

DA ADMINISTRAÇÃO À FISCALIZAÇÃO DAS SOCIEDADES

260   V. O *Companies Act 1948* marcou uma viragem na evolução do regime jurídico dos *auditors* das *public companies*, ao impor requisitos mínimos de qualificação profissional que assim se somavam aos critérios de incompatibilidade (já
incluídos no *Companies Act 1900*), com o intuito de assegurar a independência
dos *auditors* e a qualidade do seu serviço[460]. O *Companies Act 1964*, por sua vez,
marcou idêntica viragem ao nível das *private companies*, ao excluir as normas que
isentavam tais sociedades dos requisitos de incompatibilidades e de qualificação
profissional dos *auditors*. A aplicação de tais requisitos, bem como do requisito
de publicação das contas anuais através do *Registrar of Companies*, determinaram
uma maior transparência neste tipo de sociedades, mas também um aumento
dos custos a suportar pelas mesmas. A transparência e os custos inerentes seriam
reforçados em 1989, com a transposição da 8.ª Diretriz de Direito Societário,
nos termos da qual foi exigido que os *auditors* das *private companies* fossem membros de uma entidade de supervisão como o *Institute of Chartered Accountants in
England and Wales* (ICAEW)[461].

261   VI. Desde a introdução da obrigação de publicação das contas anuais, tem
sido discutida a *ratio* da certificação das contas pelos *auditors*, entre aqueles que
sustentam que a mesma serve apenas os acionistas e aqueloutros que nela identificam um mais amplo propósito de salvaguarda dos interesses dos obrigacionistas e dos investidores no mercado, independentemente de, no momento da
publicação da informação auditada, não terem qualquer participação na sociedade. O aresto proferido no famoso caso *Capparo plc. v. Dickman & Ors.*[462] parece
ter esclarecido que nem todas as pessoas que têm direito a consultar as contas
anuais e a sua certificação no *Registrar of Companies* podem demandar o *auditor*
por negligência nessa certificação[463]. A relação fundamentante do *duty of care*
do *auditor* é estabelecida com a sociedade e, eventualmente, com os acionistas.
Porém, mesmo quando admitido face aos acionistas, estes só podem invocar
uma violação daquele dever no contexto da informação necessária ao exercício
dos seus direitos sociais, não abrangendo a informação usada pelos acionistas
para efeitos da aquisição de novas ações na sociedade[464].

---

[460] Cfr. secção 161 *Companies Act 1948*.

[461] Cfr. CHEFFINS – *Company law...* p. 509-510.

[462] [1990] 1 All ER 568, [1990] UKHL 2, [1990] 2 AC 605.

[463] Cfr., *v.g.*, GOWER – *Principles*[5]..., p. 490-498, em particular, p. 492, e PAUL L. DAVIES e SARAH
WORTHINGTON – *Principles of modern company law*, 9.ª ed., London: Sweet & Maxwell, 2012, p. 849-850.

[464] São particularmente elucidativas as declaração de *Lord* Oliver of Aylmerton, em *Capparo*:
    *«(...) the primary purpose of the statutory requirement that a company's accounts shall be audited annually
    is almost self-evident. The structure of the corporate trading entity, at least in the case of public companies
    whose shares are dealt with on an authorised Stock Exchange, involves the concept of a more or less widely*

O MODELO PORTUGUÊS ENQUANTO MODELO BASE

VII. Refira-se ainda que, a partir dos anos 1990, a exigência de revisão legal de contas perdeu o seu carácter universal, sendo progressivamente restringida, no contexto de um movimento de desregulação, destinado a libertar as pequenas sociedades dos custos associados a uma tal exigência[465]. O argumento avançado para sustentar este movimento reside no aumento dos custos associados à alteração do *Companies Act 1989* pela 8.ª Diretriz[466], que seriam superiores aos benefícios decorrentes de uma tal revisão e dificilmente suportáveis por sociedades de pequena dimensão. Desde o momento em que foi aberta a porta à desoneração das pequenas sociedades face a este requisito, «parece que o movi-

distributed holding of shares rendering the personal involvement of each individual shareholder in the day-to-day management of the enterprise impracticable, with the result that management is necessarily separated from ownership. (...) Hence the legislative provisions requiring the board annually to give an account of its stewardship to a general meeting of the shareholders. This is the only occasion in each year upon which the general body of shareholders is given the opportunity to consider, to criticise and to comment upon the conduct by the board of the company's affairs, to vote upon the directors' recommendation as to dividends, to approve or disapprove the directors' remuneration and, if thought desirable, to remove and replace all or any of the directors. It is the auditors' function to ensure, so far as possible, that the financial information as to the company's affairs prepared by the directors accurately reflects the company's position in order, first, to protect the company itself from the consequences of undetected errors or, possibly, wrongdoing (by, for instance, declaring dividends out of capital) and, secondly, to provide shareholders with reliable intelligence for the purpose of enabling them to scrutinise the conduct of the company's affairs and to exercise their collective powers to reward or control or remove those to whom that conduct has been confided».

No entanto, acrescenta:

«... the history of the legislation is one of an increasing availability of information regarding the financial affairs of the company to those having an interest in its progress and stability. It cannot fairly be said that the purpose of making such information available is solely to assist those interested in attending general meetings of the company to an informed supervision and appraisal of the stewardship of the company's directors, for the requirement to supply audited accounts to, for instance, preference shareholders having no right to vote at general meetings and to debenture holders cannot easily be attributed to any such purpose. Nevertheless, I do not, for my part, discern in the legislation any departure from what appears to me to be the original, central and primary purpose of these provisions, that is to say, the informed exercise by those interested in the property of the company, whether as proprietors of shares in the company or as the holders of rights secured by a debenture trust deed, of such powers as are vested in them by virtue of their respective proprietary interests».

A posição de *Lord* Oliver não seria acompanhada pelos seus pares que, por um lado, parecem não reconhecer a posição dos obrigacionistas face ao *auditor* por violação do seu *duty of care*, e, por outro, parecem restringir o escopo da certificação pelo auditor à habilitação dos acionistas a defender os seus interesses (apenas) *em assembleia geral*. Cfr. GOWER – *Principles*[5]..., p. 490-498. Segundo DAVIES, para lá da responsabilidade civil do *auditor* face ao seu cliente, *i.e.*, a sociedade, a jurisprudência só tem aceite as pretensões daqueles que demonstrem a existência de um contrato ou de uma relação similar a um contrato. DAVIES e WORTHINGTON – *Principles*[9]..., p. 835-838.

[465] Para uma sintética análise da evolução dos requisitos de publicação e de certificação de contas aplicáveis às pequenas sociedades, cfr., *v.g.*, CHEFFINS – *Company law*... p. 508-521.

[466] Diretriz 84/253/CE, relativa à aprovação das pessoas encarregadas da fiscalização legal dos documentos contabilísticos. JO L 126 de 12.5.1984, p. 20-26.

DA ADMINISTRAÇÃO À FISCALIZAÇÃO DAS SOCIEDADES

mento ganhou vida própria», tendo sido progressivamente alargado o âmbito da exceção[467].

263 VIII. Por fim, uma nota sobre o atual regime jurídico dos *auditors*. Nos termos do *Companies Act 2006*, os *auditors* são designados anualmente nas reuniões da assembleia geral em que se discutem as contas anuais[468], só excecionalmente sendo admitida a designação pelos administradores[469]. No entanto, sem prejuízo da transposição do art. 41.º da Diretriz 2006/43/CE através das *Listing Rules* da FSA[470], são estes que apresentam a proposta para a designação, raramente rejeitada pelos acionistas, gerando dúvidas sobre se, na prática, são os fiscalizados que escolhem os seus fiscalizadores, com todas as consequências que daí advêm para a independência dos *auditors*. O mesmo se diga da remuneração que, em teoria, é determinada pelos acionistas ou pela forma indicada pelos acionistas, mas, na prática, acaba por ser determinada segundo a proposta submetida pelos administradores[471].

264 No decurso do seu mandato, o *auditor* só pode ser destituído por deliberação dos acionistas, em reunião da assembleia, podendo apresentar declarações escritas que devem ser dadas a conhecer aos acionistas juntamente com a convocatória[472]. Não é no entanto exigida justa causa para a destituição, que pode ter lugar em qualquer momento, por se entender que o sistema deve salvaguardar a independência dos *auditors* face à administração, mas não deve impedir os acionistas de o destituir quando entendam adequado, especialmente, quando entendam que não é suficientemente independente face à administração[473].

---

[467] DAVIES e WORTHINGTON – *Principles*[9]..., p. 802-805.

[468] Cfr. a secção 485, relativamente às *private companies*, e a secção 489 *Companies Act 2006*, para as *public companies*. Não obstante, nas *private companies*, em princípio considera-se renovado o seu mandato caso não seja nomeado novo *auditor* no final do seu mandato. Cfr. secção 487 *Companies Act 2006*.

[469] Cfr. DAVIES e WORTHINGTON – *Principles*[9]..., p. 817.

[470] Cfr. § 56.4, parág. IV *infra*.

[471] Segundo DAVIES, a divulgação dos honorários dos *auditors* em nota às contas anuais constitui provavelmente um mecanismo de proteção mais eficaz, permitindo aos acionistas criticar os administradores quando os valores não sejam adequados. DAVIES e WORTHINGTON – *Principles*[9]..., p. 818.

[472] Cfr. secções 510-514 *Companies Act 2006*.

[473] Segundo DAVIES, a exigência de justa causa – imposta pelo art. 37.º da Diretriz 2006/43/CE – teria o efeito adverso de impedir a destituição do *auditor* quando os acionistas não estivessem em condições de fundamentar devidamente as suas suspeitas de colusão entre a administração e o *auditor*. Esta preocupação é especialmente relevante porque no Reino Unido, contrariamente ao verificado no resto da Europa, a dispersão acionista e, logo, a dissociação dos acionistas face à administração, é uma realidade. Assim, a solução encontrada foi a alteração da secção 994 *Companies Act 2006*, relativa à petição de intervenção do tribunal em casos de *unfair prejudice*. Passou então a prever-se como fundamento de tal petição a destituição do auditor com fundamento em (i) divergências de opinião quanto a critérios contabilísticos

O MODELO PORTUGUÊS ENQUANTO MODELO BASE

Tal como na destituição, também na renúncia ao cargo pelo auditor se exigem especiais cautelas, para assegurar que, quando tal saída seja fundamentada em divergências com a administração, os acionistas possam ter conhecimento das mesmas[474].

IX. A título de balanço, refira-se que o sistema britânico de revisão de contas sempre constituiu uma referência para os seus congéneres continentais[475], determinando, em grande medida, a sua evolução, até ao momento em que a iniciativa da Comissão Europeia, e consequente harmonização do Direito aplicável nos diferentes Estados-membros, se sobrepôs ao natural desenvolvimento sistemático de cada ordem jurídica. O sistema britânico, por sua vez, foi progressivamente influenciado pelos desenvolvimentos verificados nos Estados Unidos, com a implementação do sistema de *full disclosure* após 1934.

B. A evolução da revisão de contas nos Estados Unidos

I. Se o conhecimento do papel do auditor na Grã Bretanha se justifica pelo advento histórico deste profissional e pela sua influência no desenvolvimento de idênticas figuras em diferentes direitos societários um pouco por toda a Europa, o conhecimento da experiência norte-americana justifica-se pela influência do sistema de *full disclosure*, exportado do Direito federal norte-americano para a generalidade dos sistemas mobiliários, com reflexos posteriores ao nível dos próprios sistemas societários.

Mais do que isso, justifica-se pela necessidade de enquadramento e compreensão das diferentes reformas implementadas nos Estados Unidos sobre esta matéria, com destaque para aquela que se seguiu aos escândalos financeiros verificados no início deste milénio e que tanto influenciou a discussão a nível internacional e, em especial, a nível da União Europeia. De facto, perante os clamores de reforma oriundos de diferentes quadrantes, a resposta europeia pautou-se frequentemente por linhas diferentes daquela que foi delineada além-Atlântico, mas nem por isso esta última deixou de ser o padrão de comparação de todas e cada uma das medidas defendidas e adotadas.

---

ou procedimentos de auditoria ou em (ii) qualquer outro fundamento impróprio. É duvidoso que esta solução preencha os requisitos da Diretriz. Cfr. DAVIES e WORTHINGTON – *Principles*[9]..., p. 820.

Recorde-se ainda que, nos termos do art. 38.º/2 da mesma Diretriz, a destituição do *auditor* deve ser comunicada à autoridade responsável pela supervisão pública da sua atividade, tanto pelo auditor (secção 522 *Companies Act 2006*) como pela sociedade (secção 523 *Companies Act 2006*).

[474] Cfr. secções 516-520 *Companies Act 2006*. Cfr. *ibidem*, p. 822-824.

[475] Sem prejuízo das críticas que lhe eram dirigidas por autores continentais. Cfr., sobre estas, nos anos 1970, *v.g.*, VERRUCOLI – *Esperienze comparatistiche*... p. 65-67.

DA ADMINISTRAÇÃO À FISCALIZAÇÃO DAS SOCIEDADES

269   II. Até ao *New Deal*, a contabilidade não foi, em geral, regulamentada nos Estados Unidos, nem pela lei federal, nem pela *common law of torts*. Neste contexto de mercado privado, a procura de serviços de contabilidade era reduzida e os contabilistas não tinham capacidade de controlo sobre os seus clientes, cenário que seria alterado apenas após a entrada em vigor das leis federais sobre valores mobiliários dos anos 1930[476]. Comparando com a realidade inglesa, em 1850 existiam 210 contabilistas na cidade de Londres[477], face aos meros 19 existentes em Nova Iorque, Chicago e Filadélfia[478]. No entanto, o aumento do investimento britânico nos Estados Unidos no final do séc. XIX determinou o início de uma mudança, porquanto os *auditors* britânicos passaram a cruzar o Atlântico para controlar os investimentos dos seus clientes, passando, em determinado momento, a contar com escritório próprios além-Atlântico. Estes *chartered accountants* aumentaram o prestígio da profissão nos Estados Unidos, mas também geraram reações hostis por parte dos seus colegas americanos que viam os clientes mais lucrativos preferir os serviços britânicos[479].

270   Foi então criada, em 1887, a *American Association of Public Accountants* (AAPA), a qual, após várias fusões, viria a evoluir para o *American Institute of Certified Public Accountants* (AICPA). No entanto, a dimensão da AAPA aquando da sua fundação (31 membros) não era comparável à dimensão do *Institute of Chartered Accountants in England and Wales*, o qual, à data da sua fundação em 1880, contava com 1000 membros. Por outro lado, ao contrário da sua congénere britânica, que gozava de um *royal charter*, a AAPA não era certificada publicamente, não tendo poderes para impedir o acesso à profissão ou para excluir do seu seio os membros incompetentes ou sem qualificações adequadas[480]. Este cenário foi sendo lentamente alterado na passagem para o séc. XX, através de diferentes leis estaduais, mantendo-se porém um lasso controlo sobre a profissão[481]. Só em meados do séc. XX foram adotados critérios uniformes de admissão em todos os Estados[482], mantendo-se contudo uma fraca exigência nos primórdios da sua autorregulação[483].

---

[476] Esta perspetiva sobre a profissão não invalida aqueloutra sobre as técnicas contabilísticas que, como explica MENEZES CORDEIRO – *Direito das sociedades*, I³... p. 1031, conheceram um importante desenvolvimento, em particular nas grandes companhias ferroviárias, metalúrgicas e químicas.

[477] CAREY – *The rise...* p. 19.

[478] GARY JOHN PREVITS e BARBARA DUBIS MERINO – *A history of accountancy in the United States: the cultural significance of accounting*, Columbus: Ohio State University Press, 1998, p. 131.

[479] COFFEE – *Gatekeepers...* p. 113-114.

[480] *Ibidem*, p. 114.

[481] *Ibidem*, p. 115.

[482] De acordo com o *Uniform CPA Examination* do AICPA. Cfr. *ibidem*, p. 115 (nota 33).

[483] *Ibidem*, p. 116.

O MODELO PORTUGUÊS ENQUANTO MODELO BASE

III. Na primeira década do séc. XX – a chamada *Progressive Era* nos Estados   271
Unidos – verificou-se um impulso reformador, desconfiado do poder societário, dos mercados livres e do impacto das grandes fortunas no processo político. Estes reformadores perspetivavam o auditor como fiscalizador das grandes
sociedades comerciais, não só no interesse dos investidores, mas também do
interesse público, perspetiva que COFFEE qualifica de irrealista[484].

Ironicamente, as principais reformas desta época, que aumentaram subs-   272
tancialmente a procura de serviços de auditoria (*e.g.*, a criação de um imposto
federal sobre o rendimento em 1913), exacerbaram os conflitos de interesses dos
auditores, na medida em que também aumentaram exponencialmente a procura
de serviços de consultoria fiscal prestados pelos mesmos. Nasceu assim a discussão sobre se o *auditor* devia assumir uma atitude de neutralidade, de defesa dos
interesses do Estado ou de defesa dos seus clientes. Concluiu-se ser legítimo o
posicionamento do auditor na defesa dos interesses dos seus clientes[485]. Verificou-se então uma expansão da profissão, mas à custa da sua independência[486].

IV. As aspirações de reforma da *Progressive Era* foram rapidamente esqueci-   273
das perante o crescimento do mercado nos loucos anos 1920: a banca comercial
evoluiu para a banca de investimento, passando os bancos a exigir não auditorias
independentes, para efeitos de concessão de crédito, mas sim uma colaboração
do auditor na promoção dos interesses dos seus clientes – os emitentes de valores mobiliários –, de forma a que estes obtivessem um rendimento justo pelo
seu investimento (*fair return on investment*). A esta perspetiva de colaboração –
contrária à perspetiva crítica que seria de esperar de um revisor – acrescia o facto
de muitos auditores (*certified public accountants* ou CPAs) dependerem dos rendimentos obtidos através da prestação de serviços de consultoria aos seus clientes
de auditoria[487].

A década de 1920 representou o último período de vida do mercado livre de   274
prestação de serviços de revisão de contas, período esse que terminaria com as
reações ao *crash* de 1929 já nos anos 1930[488].

---

[484] A contraposição entre estes interesses era clara, por exemplo, na divulgação de lucros excessivos
pelos emitentes. Na perspetiva dos reformadores, esta prática traduzia falhas na concorrência e
desenvolvimento de oligopólios. Os investidores, por seu turno, não pretendiam saber se os lucros eram
excessivos, mas tão só se eram reais. Cfr. *ibidem*, p. 118-119.

[485] PREVITS e MERINO – *A history of accountancy...* p. 182.

[486] COFFEE – *Gatekeepers...* p. 118-120.

[487] *Ibidem*, p. 122-123.

[488] Neste contexto, realça COFFEE: o mercado livre não promoveu a concorrência reputacional entre
participantes no mercado que a teoria económica viria a prever. Neste aspeto, os anos 1920 foram um
presságio do que viria a suceder nos anos 1990. Cfr. *ibidem*, p. 123.

DA ADMINISTRAÇÃO À FISCALIZAÇÃO DAS SOCIEDADES

275   V. O *crash* de 1929 determinou mudanças radicais nos Estados Unidos que não se refletiram de imediato nos auditores, pelo simples facto de que a recriminação pública não recaiu primariamente sobre estes profissionais. Ainda assim, foi reforçada a sua responsabilidade civil, foi imposta a sua independência e foram conferidos poderes à SEC para regular as atividades de contabilidade e auditoria[489]. Não obstante, nem a crise, nem as medidas que se lhe seguiram, tiveram grande impacto[490].

276   Reconhecendo que a auto-regulação não poderia sobreviver sem um mais sério compromisso de regulação, a AICPA desenvolveu esforços nesse sentido ao longo de anos, mas sem sucesso[491]. Decorridas décadas, continuava a

---

[489] *Ibidem*, p. 123-124, 129.

[490] Em primeiro lugar, a reputação dos auditores foi pouco afetada perante a dimensão da crise. Em segundo lugar, perante as dificuldades sentidas na definição e imposição externa de normas técnicas, a SEC demonstrou pouca vontade de intervenção face aos auditores ao longo dos anos 1930, não fazendo uso dos poderes que lhe haviam sido conferidos pelo *Securities Act 1933* e pelo *Securities Exchange Act 1934*. Como a SEC viria a concluir ao longo de décadas, o uso dos seus poderes dependia em grande medida do capital político disponível no momento da sua intervenção, sendo certo que a intensa reação dos auditores a medidas impopulares determinava uma redução desse mesmo capital. Por fim, o impacto do novo regime de responsabilidade civil dos auditores não se fez sentir de imediato (de facto, só se fez sentir com o aperfeiçoamento do regime das *class actions* nos anos 1970). Os auditores resistiram ainda à pressão dos seus aliados naturais, como a *New York Stock Exchange* (NYSE), para assumir maiores responsabilidades de fiscalização. Manteve-se assim a perspetiva de uma auto-regulação reduzida ao mínimo. *Ibidem*, p. 129-130.

Neste contexto, a SEC delegou (*de facto*) nos próprios auditores os poderes de determinação dos critérios contabilísticos ao afirmar no *Accounting Series Release No. 4*:

    «In cases where there is a difference of opinion between the Commission and the registrant as to the proper principles of accounting to be followed, disclosure will be accepted in lieu of correction of the financial statements themselves only if the points involved are such that there is substantial authoritative support for the practices followed by the registrant and the position of the Commission has not previously been expressed in rules, regulations, or other official releases of the Commission, including the published opinions of its chief accountant» (itálico nosso).

Cfr. CAREY – *The rise...* p. 200.

[491] A AICPA expandiu o seu *Committee on Accounting Procedure* (CAP) em 1938 para o efeito. No entanto, as deliberações da CAP relativas à fixação de critérios contabilísticos deviam ser adotadas por maioria de dois terços e divulgados os votos de vencido. Tais requisitos requeriam um amplo consenso acerca dos critérios a adotar, constituindo os votos dissidentes uma base de apoio – eram apresentados como *"substantial authoritative support"* para efeitos do *supra* referido *Accounting Series Release No. 4* (cfr. nota 490) – para o não cumprimento dos critérios pelos emitentes que assim o desejassem. Cfr. CAREY – *The rise...* p. 12-15.

Assim se chegou a 1959, ano em que a AICPA, perante as críticas que lhe foram sendo dirigidas, substituiu a CAP pelo *Accounting Principles Board* (APB), numa tentativa de reforçar a credibilidade do sistema. Apesar da manutenção do quórum de deliberação de dois terços e da publicação dos votos dissidentes, o APB tentou enfrentar algumas questões complexas. Porém, perante a feroz oposição aos critérios por si aprovados, a AICPA acabaria por se pronunciar em 1964 no sentido de que «apesar de as opiniões do APB constituírem *"substantial authoritative support"*, este poderia existir em posições divergentes das

O MODELO PORTUGUÊS ENQUANTO MODELO BASE

não existir um código de princípios contabilísticos compreensivo e dotado de autoridade, nem uma pressão significativa no sentido da comparabilidade das demonstrações financeiras[492].

VI. Perante a clara subordinação da auditoria aos interesses dos seus clientes, em 1998, a SEC tentou reagir uma vez mais, sob iniciativa do seu *Chairman*, Arthur Levitt, propondo diversas medidas destinadas a garantir a independência dos auditores. Mais uma vez, a pressão exercida pelos auditores forçou a SEC a recuar, mas, desta vez, com custos políticos – cada vez mais, os auditores eram

277

opiniões do APB». O resultado final foi a eliminação da imperatividade das opiniões do APB, passando estas a constituir nada mais do que recomendações que podiam ou não ser adotadas pelos emitentes. *Ibidem*, p. 96, 119-121.

[492] Cfr. *ibidem*, p. 143. Perante a impotência do APB, a AICPA formou uma comissão liderada por Francis Wheat, ex-comissário da SEC, para equacionar as necessárias alternativas para a formulação de princípios contabilísticos. Perante o reconhecimento geral de que os princípios contabilísticos haviam sido delineados em função dos interesses dos clientes dos auditores e não de acordo com os interesses dos investidores ou do interesse público, esta comissão recomendou em 1972 a substituição do APB pelo *Financial Accounting Standards Board* (FASB). As mais relevantes diferenças deste novo conselho face ao anterior diziam respeito (i) à forma de designação dos seus membros destinada a aumentar a sua independência, (ii) aos requisitos de dedicação exclusiva e independência dos seus membros, e (iii) ao quórum de deliberação de maioria simples (alterado em 1991 para maioria qualificada de 5 em 7 membros). O FASB começou a operar em 1973 e, para facilitar a sua função, a SEC emitiu o *Accounting Series Release No. 150*, de acordo com o qual os emitentes deviam cumprir as regras da SEC, bem como as posições que a mesma tivesse adotado e divulgado sobre assuntos específicos, mas que, onde a SEC não se tivesse pronunciado, deviam os emitentes preparar as suas demonstrações financeiras de acordo com os princípios, padrões e práticas definidos pelo FASB. Cfr. COFFEE – *Gatekeepers...* p. 133-134, 136, JOHN C. COFFEE, JR. e JOEL SELIGMAN – *Securities Regulation*, 9.ª ed., New York: Thomson West, 2003, p. 554.
Não obstante estes esforços iniciais, a verdade é que também o FASB se veio a revelar impotente para definir, de forma independente, adequados critérios contabilísticos uniformes. Exemplo disto mesmo foi a proposta apresentada pelo mesmo, em 1993, acerca da contabilização de alguns custos associados à concessão de opções sobre ações. Perante a pressão sofrida, em 1994, o FASB foi forçado a retirar a sua proposta de resolução de um problema que uma década depois seria apontado como uma das mais relevantes causas dos escândalos financeiros que vieram a público no início deste milénio.
Acresce que, perante a iniciativa demonstrada pelo FASB, o *Financial Executives Institute* (FEI), composto pelos CEOs das sociedades que compõem a Fortune 500, pressionou fortemente no sentido de redução da dimensão, pessoal auxiliar e orçamento do FASB, para além da alteração do seu quórum de deliberação para uma maioria qualificada de 80%. Apesar de, naquele momento, a SEC ter conseguido fazer frente à pressão do FEI, a verdade é que o FASB viria a sofrer uma outra forma de pressão já testada com sucesso noutros cenários paralelos: dado que o financiamento do FASB dependia das contribuições dos auditores, estes limitaram-se a cortar o seu financiamento, tal como o haviam feito no caso do *Public Oversight Board* (POB) que se mostrara "excessivamente" diligente no controlo dos processos disciplinares internos da AICPA. A mensagem para estas e outras entidades de auto-regulação era clara: o ativismo correspondia ao fim do financiamento. Cfr. COFFEE – *Gatekeepers...* p. 135, COFFEE e SELIGMAN – *Securities Regulation...* p. 718.

DA ADMINISTRAÇÃO À FISCALIZAÇÃO DAS SOCIEDADES

vistos por Washington e pelo público em geral, não como profissionais objetivos e neutrais, mas como um duro grupo de pressão política – que se viria a sentir na reação aos escândalos financeiros que começaram a vir a público no final de 2001[493].

VII. Enquanto os princípios contabilísticos geraram controvérsia nos Estados Unidos ao longo de mais de cinquenta anos, o mesmo não pode ser dito dos princípios de auditoria. Os diversos escândalos financeiros verificados ao longo séc. XX, face aos quais foi frequentemente questionada a integridade dos auditores, não implicaram uma grande controvérsia em torno dos princípios de auditoria[494].

[493] COFFEE – *Gatekeepers...* p. 135-136. Paralelamente ao confronto descrito, houve outro facto com profundas consequências na atividade de revisão de contas e nos escândalos verificados. Em 1984, perante as dificuldades em alcançar no FASB o consenso necessário à adoção de critérios contabilísticos, a AICPA criou uma *Emerging Issues Task Force* (EITF), composto por CPAs das principais sociedades de auditores, com poderes para interpretar e estender os *Generally Accepted Accounting Principles* definidos pelo FASB, sem no entanto os alterar ou contradizer. Aparentemente, a EITF funcionava mais como um fórum de discussão onde as grandes sociedades de auditores discutiam as situações específicas dos seus clientes, do que um fórum orientado à definição de soluções profissionais. Esta entidade, que basicamente concedia isenções ou dispensas relativas à aplicação de determinados princípios, pronunciou-se centenas de vezes (face aos meros 150 *Statements* do FASB entre 1973 e 2003), estabelecendo regras específicas de resolução de casos do dia-a-dia, onde o FASB estabelecera apenas princípios gerais. De forma ilustrativa, foi o EITF que liberalizou o tratamento das entidades-veículo (*special purpose entities*), mecanismo usado pela Enron para ocultar grande parte do seu passivo. De acordo com COFFEE, esta atitude dos auditores norte-americanos, consistente ao longo de décadas, demonstra não uma filosofia de *laissez-faire*, mas a sua submissão aos interesses dos seus clientes. Cfr. *ibidem*, p. 136-138.

[494] COFFEE avança três argumentos complementares entre si.

Em primeiro lugar, os auditores partilham um interesse com as entidades reguladoras quanto ao desenvolvimento destes princípios: os auditores têm um interesse económico na promoção de princípios mais exigentes, na medida em que a maior exigência destes se traduz num aumento dos honorários cobrados pelos auditores aos seus clientes.

Em segundo lugar, o desenvolvimento dos controlos internos coincidiu com a ascensão do "*monitoring model*" nos Estados Unidos, como paradigma do papel do conselho de administração: este passou a ser entendido mais como um órgão de fiscalização da estrutura piramidal de gestão da sociedade, do que como um órgão de aplicação de estratégias de negócio (sobre a ascensão do *monitoring model*, cfr. § 55.2 *infra*.). Neste contexto, porque os administradores não-executivos desempenham o seu papel a tempo parcial e dependem, em grande medida, dos alertas dos auditores relativamente aos problemas encontrados, as sociedades passaram a consumir ainda mais serviços de auditoria, em especial no âmbito do controlo interno.

Em terceiro e último lugar, a evolução nesta área é, em geral, determinada pela necessidade de reagir a escândalos financeiros tornados públicos. Perante a necessidade de reforma, os auditores sempre demonstraram uma preferência pelo aumento da exigência dos princípios de auditoria. Esta perspetiva foi defendida não só pelas duas comissões encarregues da análise do papel do auditor na deteção de fraudes – as Comissões Cohen e Treadway – mas também pelo *Blue Ribbon Panel of Experts* nomeado pelo *Public Oversight Board* (POB) a pedido do *Chairman* da SEC, Arthur Levitt. Entre outros aspetos, o relatório

O MODELO PORTUGUÊS ENQUANTO MODELO BASE

VIII. Foi neste contexto que o mercado norte-americano entrou no novo milénio, cujos primórdios ficaram marcados por graves escândalos financeiros – Enron, Worldcom, Tyco, entre outros – que abalaram a economia e evidenciaram um sem número de fragilidades no governo das *public corporations*[495]. Na reação a esta crise destacou-se o facto de, pela primeira vez, ter sido questionada a auto-regulação da atividade de auditoria. Neste sentido, o *Sarbanes-Oxley Act* criou o *Public Company Accounting Oversight Board* (PCAOB), atribuindo-lhe a função de supervisão da auditoria às *public companies,* com o intuito de proteção dos investidores e de promoção do interesse público, na preparação de relatórios de auditoria com carácter informativo, preciso e independente[496].

C. A introdução e evolução do *Abschlussprüfer* no sistema alemão

I. O modelo alemão assenta historicamente no equilíbrio estabelecido entre a direção (*Vorstand*) e o conselho de supervisão (*Aufsichtsrat*). Em termos gerais, ao primeiro cabe a direção e representação da sociedade; ao segundo, a vigilância da administração, incluindo a sua dimensão contabilística. O revisor de contas (*Abschlussprüfer*) só foi introduzido no modelo tudesco em 1931, pelo decreto de emergência[497] destinado a fazer face ao agravamento da crise económica que

---

deste *Panel of Experts* recomendou a criação de um dever de desenvolvimento de trabalho "forense" pelos auditores, de acordo com o qual os auditores deveriam realizar ações de fiscalização surpresa, com o intuito de detetar fraudes. Esta recomendação gerou uma enorme controvérsia porquanto os auditores preferiam a realização de uma avaliação inicial do risco associado às demonstrações financeiras do seu cliente, seguida de um "trabalho de campo" cingido apenas às áreas de maior risco estimado. O referido dever de desenvolvimento de trabalho "forense" colocaria o auditor na desconfortável posição de desconfiança face ao seu cliente, prejudicando a relação auditor-cliente. *Ibidem*, p. 138-142.

[495] Na determinação das causas dos escândalos verificados nos Estados Unidos, COFFEE aponta o dedo aos chamados *gatekeepers* e, em especial, aos auditores. De acordo com este autor, a falha dos auditores deveu-se em especial a quatro causas: (i) o incremento dos serviços de consultoria e o seu impacto na cultura das sociedades de auditores; (ii) o declínio do risco de litigância; (iii) a falha da disciplina profissional; e (iv) a tendência de consolidação e aumento da concorrência no mercado dos serviços de auditoria. Cfr. *ibidem*, p. 146.

[496] Na concretização dos amplos poderes de que foi dotado o PCAOB, a famosa *Section* 404 do *Sarbanes-Oxley Act* aponta o caminho a seguir – o reforço dos sistemas de controlo interno das sociedades –, levantando de novo a velha questão do *expectations gap*: quais as legítimas expectativas dos investidores face ao reforço dos sistemas de controlo interno? Segundo COFFEE, o facto de o regulador concentrar as suas atenções no reforço do controlo interno tem permitido aos auditores evitar aquilo que mais receiam: a imposição de deveres "forenses" de "caça à fraude". Nas expressivas palavras deste autor, a conceção e o teste de controlos internos é um trabalho intelectualmente estimulante e lucrativo; a auditoria "forense" em geral não é um, nem outro. Acresce que a imposição de tal dever implicaria uma maior exposição ao risco de litigância. Cfr. *ibidem*, p. 142-146.

[497] *Verordnung des Reichspräsidenten über Aktienrecht, Bankenaufsicht und über eine Steueramnestie. RGBl* 1931, I, p. 493 ss.

DA ADMINISTRAÇÃO À FISCALIZAÇÃO DAS SOCIEDADES

se seguiu ao *crash* da bolsa de Nova Iorque, em 24 de outubro de 1929, através de diversas alterações ao HGB[498].

281   II. Numa série de colapsos empresariais relacionados com a crise económica vivida na Alemanha desde a I Guerra Mundial e, em especial, desde o *crash* de 1929, foram detetadas inúmeras irregularidades, imputadas então à sobrecarga do *Aufsichtsrat* com a revisão de contas. Através do decreto de emergência de 1931, foram introduzidas diversas novidades, visando restaurar a confiança na prestação de contas pelas sociedades.

282   Em primeiro lugar, as contas anuais deviam ser preparadas de forma a permitir uma visão tão clara e transparente (*klar und übersichtlich*) quanto possível da situação da sociedade (§ 260b(2) HGB) e deviam ser acompanhadas de um relatório de gestão sujeito ao mesmo princípio da fiel e conscienciosa prestação de contas.

283   Em segundo lugar, ao dever do *Aufsichtsrat* de rever as contas anuais e pronunciar-se sobre as mesmas no seu relatório dirigido à assembleia geral (§ 246(1)3 HGB), e à possibilidade de a assembleia geral designar revisores independentes (§ 266(1) HGB), somou-se a *exigência* da revisão das contas por um ou mais revisores independentes, nas sociedade por ações com um capital social superior a 3 milhões de marcos (§ 262b(1) HGB). Para garantir um controlo objetivo e independente destes revisores, a lei estabeleceu um regime de incompatibilidades e impôs-lhes várias obrigações (§ 262c HGB). Estabeleceu ainda um regime de responsabilidade penal, nos termos da qual a revisão de contas incompleta ou falsa era punida com pena de prisão de até cinco anos (§ 318a HGB).

284   O exame do revisor não se limitava às contas anuais, devendo abranger também os registos contabilísticos subjacentes ao relatório de gestão. Não devia limitar-se à sua confirmação formal, sendo imposta uma revisão material de cada rubrica (§ 262a(1) e (2) HGB).

285   O seu relatório devia ser submetido ao *Aufsichtsrat*, a quem cabia a responsabilidade de se pronunciar por escrito, no seu relatório à assembleia geral, e verbalmente, perante a mesma, se o relatório merecesse críticas (§ 262e(2)1 e (3) HGB).

286   III. O *Abschlussprüfer* foi, assim, introduzido ao lado do *Aufsichtsrat*, para o auxiliar no exame das contas. No entanto, a evolução do seu enquadramento normativo determinaria uma progressiva autonomização da sua atuação, tendo em vista a recuperação da confiança perdida nas empresas alemãs. Passou então

[498] Cfr. § 39.10 *infra*.

O MODELO PORTUGUÊS ENQUANTO MODELO BASE

a assumir-se mais como garante face ao mercado de capitais e menos como órgão auxiliar do *Aufsichtsrat*.

Esta perspetiva refletir-se-ia na AktG 1965, face à qual lhe cabe uma função de controlo, com um exame e um processo de decisão independentes, sob responsabilidade própria. Pautado por critérios de legalidade (*Rechtsmäßigkeit*) e regularidade (*Ordnungsmäßigkeit*) contabilística, visa assegurar a veracidade das contas perante os acionistas e perante terceiros. Não obstante, quando tenha graves dúvidas sobre o mérito da gestão social ou tenha tomado conhecimento de factos que comportem um risco para a subsistência da sociedade, impliquem um prejuízo sensível ao seu desenvolvimento, ou que constituam violações graves da lei ou dos estatutos, deve referi-lo no seu relatório (§ 166 AktG). 287

Este relatório deve concluir com a certificação do balanço, com expressa declaração de que a contabilidade, o balanço e o relatório do *Vorstand* sobre a gestão social estão conformes à lei e aos estatutos (§ 167 AktG)[499]. 288

O *Abschlussprüfer* é responsável perante a sociedade, de acordo com o § 168 AktG, e perante terceiros, segundo o § 826 BGB (interpretado extensivamente) ou, quando implique violação de direitos subjetivos, nos termos do § 823(1) BGB[500]. 289

IV. Até à *Gesetz zur Kontrolle und Transparenz im Unternehmensbereich* (KonTraG) de 1998, o relatório de gestão, preparado pelo *Vorstand*, abrangia apenas os eventos relativos ao exercício transacto e não perspetivas de desenvolvimento futuro da sociedade (cfr. § 289 AktG na versão anterior a 1998). Nessa medida, também a avaliação do *Abschlussprüfer* sobre o mesmo era de carácter retrospetivo (cfr. § 317 AktG na versão anterior a 1998). Este facto explicava, nalguma medida, o fosso existente entre a real capacidade da certificação de contas para determinar a viabilidade e o potencial de uma sociedade e a sobrestimação que o público dela fazia (*expectations gap*). A KonTraG de 1998 e, depois, a *Gesetz zur weiteren Reform des Aktien- und Bilanzrechts, zu Transparenz und Publizität* (TransPuG) de 2002, visaram reduzir tal fosso, estendendo o âmbito da avaliação de uma simples análise financeira (*financial audit*) para uma análise empresarial (*business audit*), abrangendo uma dimensão prospetiva. 290

Para além disso, a KonTraG de 1998 reorientou a sua atividade, aproximando-o novamente da posição de auxiliar do *Aufsichtsrat*. Em primeiro lugar, passou a caber ao *Aufsichtsrat* a competência para conferir ao *Abschlussprüfer* mandato para examinar as contas anuais (§ 111(2)3 AktG). Em segundo lugar, o 291

---

[499] A declaração de não conformidade não impede a aprovação de tais instrumentos de prestação de contas pelo *Aufsichtsrat*.
[500] Cfr. VERRUCOLI – *Esperienze comparatistiche...* p. 67-69.

DA ADMINISTRAÇÃO À FISCALIZAÇÃO DAS SOCIEDADES

Abschlussprüfer passou a estar obrigado a participar nas reuniões do *Aufsichtsrat* (do pleno ou das comissões) relativas à apreciação das contas anuais (§ 171(1)2 AktG). Pela aproximação do *Abschlussprüfer* ao *Aufsichtsrat* é potenciada a capacidade deste último para adquirir as informações de que necessita para uma adequada fiscalização da administração[501].

D. A introdução e evolução do *revisore contabile* no sistema italiano

292   I. Como vimos antes[502], a experiência italiana ditou, desde 1882, a consagração de um modelo de fiscalização centrado na figura dos *sindaci*, a quem cabia vigiar a administração da sociedade, incluindo a sua dimensão contabilística. Nas palavras de Mossa, este órgão não prestou provas brilhantes; provou ser um órgão domesticado e rentável[503].

293   Na sequência da crise de 1929, impunham-se reformas, tendo sido criada uma lista de *revisori ufficiali* pelo *Regio Decreto Legge 24 luglio 1936, n. 1548*, no Ministério da Justiça, mas com condições de inscrição que se revelaram pouco restritivas: bastava a cidadania italiana, uma *specchiata moralità*, a inscrição numa outra associação profissional regulada e o exercício efetivo de uma de determinadas funções: *sindaco* efetivo, administrador ou dirigente administrativo ou contabilístico, por um período mínimo de cinco anos, numa sociedade anónima com capital social superior a cinco milhões de liras (art. 12).

294   Sublinhe-se que este diploma não previa qualquer verificação de competências técnicas. Previa no entanto requisitos de composição e funcionamento do *collegio sindacale*[504].

295   II. Esta matriz organizativa seria acolhida no *Codice Civile* de 1942 que, nos arts. 2397 ss., passou a prever já não a instituição de *sindaci* – solução que, como vimos, gerou dúvidas sobre a sua forma de atuação (individual, conjunta ou colegial) – mas de um *collegio sindacale*, sujeito a uma disciplina unitária para todas as *società per azioni*.

296   Este órgão funcionaria então, como metaforicamente sugere Brunetti, como os "olhos" da assembleia geral[505]. Não obstante, na vigência do *Codice Civile* mantém-se a perspetiva de que a sua atuação constitui igualmente uma

---

[501] Cfr. § 40.3 *infra*.

[502] Cfr. p. 96 ss.

[503] Lorenzo Mossa – *Trattato del Nuovo Diritto Commerciale*, 4 – Società per Azioni, Padova: CEDAM, 1957, p. 433-434.

[504] Cfr. A. Falzea, *et al.* – *Enciclopedia del Diritto*, Milano: Giuffré, 1958, p. 1016, Filippo Vassalli, *Trattato di Diritto Civile Italiano*, 10:3, Torino: UTET, 1971, p. 542-543, Adriano Fiorentino – *Gli organni delle società di capitali: Assemblea, amministratori, sindaci*, Napoli: Casa Editrice Dott. Eugenio Jovene, 1950, p. 162.

[505] Antonio Brunetti – *Trattato del diritto delle società*, 2 – Società per azioni, Milano: Giuffrè, 1948, p. 401.

O MODELO PORTUGUÊS ENQUANTO MODELO BASE

garantia, ainda que indireta, para terceiros, na medida em que assegura o regular desenvolvimento da atividade social e garante a regularidade e a veracidade da documentação social, em especial no que respeita à situação patrimonial da sociedade[506].

Quanto à composição do *collegio*, o legislador seguiu a solução introduzida em 1936. Assim, na versão original do *Codice Civile*, o *collegio* integrava no seu seio os *revisori*[507] que, nessa medida, assumiam um papel de vigilância permanente e global[508], por contraposição aos peritos encarregues da revisão das contas, então existentes nos sistemas anglo-saxónicos ou mesmo no sistema alemão[509].

Não obstante as alterações introduzidas com vista ao reforço da independência deste órgão, entre outras, a doutrina acabaria por concluir que também este

---

[506] FERRI – *Le Società*..., p. 541.

[507] O art. 2397 *exigia* uma composição de três a cinco membros, que podiam ser sócios ou não. Sendo composto por três membros, pelo menos um devia estar inscrito no registo de *revisori ufficiali*; sendo composto por cinco membros, deviam estar inscritos dois dos seus membros. Nas demais sociedades, um dos *sindaci* devia ser escolhido de entre os inscritos em associação profissional determinada por lei. O presidente do *collegio* devia ser escolhido de entre os *revisori* (art. 2398).

[508] Ao *collegio sindacale* competia controlar a administração da sociedade, vigiar a observância da lei e do ato constitutivo e verificar a regularidade da contabilidade social, a correspondência do balanço e da demonstração de resultados face livros e escritos contabilísticos, bem como a observância das normas estabelecidas para a avaliação do património social (art. 2403, 1.º parágrafo, *Codice Civile*).

Este órgão não podia, por isso, assumir a gestão ou a representação *permanentes* da sociedade. Não obstante, a doutrina e a jurisprudência reconheciam a sua competência exclusiva para representar a sociedade nas relações com os administradores, bem como a possibilidade de os estatutos estabelecerem formas de cooperação ocasional, em determinados atos, com os administradores ou outros órgãos sociais. Segundo MOSSA, devia ainda admitir-se a possibilidade de a própria assembleia geral, na presença dos administradores e dos *sindaci*, determinar a sua cooperação nalguns actos. O fundamento estaria na competência da assembleia para atos determinados. MOSSA – *Società per Azioni*... p. 437.

O *collegio sindacale* não podia delegar os seus poderes a terceiros (dentro ou fora da sociedade), mas podia nomear auxiliares para a prática de atos determinados, como a inspeção técnica dos livros, da contabilidade ou do balanço, caso em que se manteriam inalterados os seus deveres para com a sociedade. *Ibidem*, p. 443.

No contexto da sua vigilância, o *collegio sindacale* devia receber as denúncias efetuadas pelos acionistas ou outros, em função de cuja gravidade e veracidade variava substancialmente o seu dever de reação. *Ibidem*. Quanto ao controlo contabilístico, a doutrina alertava para o facto de o mesmo não poder ser entendido como uma mera verificação da regularidade formal dos documentos contabilísticos, mas antes como a confirmação de que os mesmos traduzem uma imagem fiel da situação da sociedade, tal como apurada ao longo do exercício. Cfr. FRÉ – *Società per azioni*... p. 557.

[509] BRUNETTI – *Società per azioni*..., p. 401-402. Como vimos, também em Portugal, inicialmente, o revisor oficial de contas integrava o conselho fiscal, partilhando com os demais membros deste a responsabilidade pela fiscalização global da sociedade.

DA ADMINISTRAÇÃO À FISCALIZAÇÃO DAS SOCIEDADES

regime não logrou responder aos desafios que então se colocavam à vigilância das sociedades anónimas[510], que continuou a ser escassamente eficaz[511].

299 III. Face à sentida ineficácia do *collegio sindacale*, em 1974 foi introduzido um controlo contabilístico adicional para as sociedades cotadas, através de uma *società di revisione*[512]. Esta reforma, mantendo inalterada a disciplina do *collegio sindacale*, impôs uma sobreposição que se revelou pouco funcional[513]. Este regime seria alterado em 1992, em transposição da 8.ª Diretriz de Direito das Sociedades, com vista a um maior profissionalismo e eficácia do *collegio sindacale*.

300 Não obstante, a sobreposição funcional só seria eliminada em 1998, com a concentração do dever de fiscalização contabilística das sociedades cotadas nas *società di revisione*[514], registadas então junto da CONSOB e, depois de 2012, no

---

[510] Sobre estes desafios, cfr., *v.g.*, UNGARI – *Profilo storico...* p. 68 ss.

[511] Neste sentido, GIAN FRANCO CAMPOBASSO – *Diritto commerciale*, 2 – Diritto delle società, 6.ª ed., reimp., Torino: UTET Giuridica, 2007, p. 392. Uma das principais razões apontadas para o insucesso do *collegio sindacale*, tal como delineado na versão original do *Codice Civile*, foi o facto de os seus membros deverem a sua designação à mesma maioria que escolhia os administradores, traduzindo por isso uma confluência de interesses. Nessa medida, multiplicaram-se as propostas no sentido de introduzir controlos mais ou menos "externos". REMO FRANCESCHELLI – "Traccia per la relazione generale sul tema dei «controlli interni ed esterni delle società per azioni»", in *Controlli interni ed esterni dele società per azioni*, Milano: Giuffrè, 1972, p. 8-9.

Segundo FERRI, num estudo de 1971, mesmo com as reformas então em curso, era improvável que o *collegio sindacale* adquirisse uma efetiva funcionalidade: a sua competência continuaria limitada a um controlo da *Rechtsmäßigkeit* (legalidade) da atividade dos administradores, não se estendendo ao controlo da sua *Zweckmässigkeit* (adequação) e da sua *Wirtschaftlichkeit* (economicidade) ou, no que respeita aos dependentes, à *Berücksichtigung der sozialen Belange* (prossecução do interesse social) que caracterizavam a actividade do *Aufsichtsrat* no sistema tudesco. Para além disso, a competência para sanções face às irregularidades eventualmente detetadas continuava a caber exclusivamente à assembleia geral. FERRI – *Le Società...*, p. 539.

[512] Cfr. Decreto Legislativo 8 aprile 1974, n. 95, convertido depois na Legge 7 giugno 1974, n. 216, bem como o Decreto del Presidente della Repubblica 31 marzo 1975, n. 136, em exercício de poderes delegados nos termos daquela lei.

À *società di revisione*, escolhida pela assembleia geral de entre as inscritas na *Commissione Nazionale per le Società e la Borsa* (Consob), cabia controlar a regularidade da contabilidade, a correspondência entre o balanço e os registos contabilísticos e a observância das normas sobre avaliação do património social. Cfr. FRÉ – *Società per azioni...* p. 542 (nota 1).

[513] CAMPOBASSO – *Diritto delle società...* p. 393. Como veremos adiante, também em Portugal é pouco clara a sobreposição do controlo contabilístico pelo revisor oficial de contas àqueloutro desenvolvido pelo conselho fiscal, na sequência das alterações introduzidas ao esquema cuidadosamente delineado por RAUL VENTURA. Cfr. §§ 33.1.A e 37.2.B *infra*.

[514] *Ibidem*.

Registro dei revisori legali, para o qual transitaram as *società di revisione* anteriormente registadas junto da CONSOB[515].

IV. Com a reforma de 2003 – à semelhança do que sucederia em 2006 em Portugal – alterou-se finalmente o panorama das sociedades não cotadas. Nas sociedades não sujeitas a consolidação de contas, a norma supletiva passou a autonomizar o *revisore contabile* face ao *collegio sindacale*. Contudo, os estatutos podem prever o exercício da revisão legal de contas pelo *collegio sindacale*, caso em que tal órgão deve ser composto por *revisori legali*. Nas sociedades sujeitas a consolidação de contas a autonomização é injuntiva (art. 2409-bis, II, *Codice Civile*). Tal como no sistema português, a autonomização visou permitir a imputação de novas competências ao *collegio sindacale*, no sentido de assegurar uma maior independência do *revisore contabile* face à administração da sociedade[516].

§ 12. A REGULAÇÃO DA ATIVIDADE DOS REVISORES OFICIAIS DE CONTAS NO DECRETO-LEI N.º 1/72 E NO DECRETO-LEI N.º 519-L2/79: A REGULAÇÃO DA PROFISSÃO E A AUTONOMIZAÇÃO DO REVISOR OFICIAL DE CONTAS COMO ÓRGÃO SOCIAL

12.1. A regulação da profissão no Decreto-Lei n.º 1/72

I. O art. 43.º do Decreto-Lei n.º 49.381 referia a necessidade de regulamentar as atividades dos revisores oficiais de contas e das sociedades de revisão, o que veio a suceder através do Decreto-Lei n.º 1/72, de 3 de janeiro. Segundo o preâmbulo deste diploma, «[é] manifesta a importância de que se reveste a fiscalização das sociedades anónimas, quer para as próprias sociedades e para os interesses dos seus sócios e credores, quer ainda para o interesse público». Por este motivo, era «indispensável estruturar a profissão de revisor oficial de contas em moldes que garantam um exercício eficaz das funções que lhe são cometidas». Em síntese: a regulação da atividade destes profissionais visaria «assegurar o bom exercício desta e a salvaguarda da dignidade e independência dos respectivos profissionais».

II. Segundo o art. 1.º do Decreto-Lei n.º 1/72, competia aos revisores oficiais de contas a revisão da contabilidade de empresas comerciais ou de quaisquer outras entidades, o exercício das funções de membro de conselho fiscal ou de

---

[515] Cfr. art. 161 do *Decreto Legislativo 24 febbraio 1998, n. 58* (T.U.F.) e art. 43.1, *i*), do *Decreto Legislativo 27 gennaio 2010, n. 39*, que transpôs para o sistema italiano a Diretriz 2006/43/CE.

[516] Cfr. o *Decreto Legislativo 27 gennaio 2010, n. 39*, que transpôs para o sistema italiano a Diretriz 2006/43//CE.

DA ADMINISTRAÇÃO À FISCALIZAÇÃO DAS SOCIEDADES

fiscal único e a prestação de serviços de consulta compreendidos no âmbito da sua especialidade. Atenta a importância destas funções, o art. 4.º exigia não apenas conhecimentos técnicos adequados (traduzidos numa habilitação académica prescrita), mas ainda que os revisores dessem «sérias garantias de boa formação moral e de competência profissional». Entre os deveres gerais enunciados no art. 32.º/1, merece destaque o de contribuir para a solidez e prosperidade das entidades a que prestassem serviços. Esta norma consubstanciava uma clara ordenação teleológica da atividade do revisor oficial de contas à promoção do interesse social, não permitindo uma leitura formalista das suas funções. Destaque ainda para alguns deveres específicos, como o dever de documentação da sua atividade, destinado a permitir a fiscalização *ex post* da atividade dos revisores pela respetiva Câmara, a quem competia o seu controlo de qualidade (art. 37.º).

304   III. A independência era assegurada por um regime de incompatibilidades limitado (arts. 38.º e 39.º/1 e 2). Sistematicamente enquadrada num preceito sobre incompatibilidades relativas estava a proibição de desempenho de funções nas entidades suas clientes (por eleição ou escolha desta) ou por esta dominadas, nos três anos seguintes ao termo do respetivo contrato e ainda que deixassem de ser revisores (art. 39.º/3). A violação desta norma consubstanciava ilícito penal, punível com multa de duas a cinco vezes o montante das importâncias recebidas pelas funções ilegalmente desempenhadas (art. 57.º/2). Tratava-se da primeira consagração do *cooling-off period* que seria intensamente discutido no início deste milénio, a propósito da reforma do regime jurídico dos auditores e das garantias da sua independência. Estranhamente, a primeira regulação foi mais adequada do que todas as que lhe sucederam.

305   Ainda a propósito da sua independência, deve referir-se que este diploma permitia expressamente a prestação de «serviços de consulta compreendidos no âmbito da sua especialidade» (art. 1.º/1) e previa um regime específico para apreciação da justa causa da sua resolução pela entidade fiscalizada (art. 45.º).

306   IV. Tal como os demais membros do conselho fiscal, o revisor oficial de contas devia participar ao Ministério Público os factos delituosos de que tivesse tomado conhecimento e que constituíssem crimes públicos (art. 12.º/3 Decreto-Lei n.º 49.381). Contudo, só no caso do revisor oficial de contas a falta de participação consubstanciava ilícito penal, punível com pena de prisão até dois anos e multa correspondente [art. 57.º/1, *g*)][517].

---

[517] Tratando-se de sociedade de revisores, seria punível o respetivo sócio, nos termos do art. 107.º/1, *h*).

O MODELO PORTUGUÊS ENQUANTO MODELO BASE

V. A título de balanço, pode afirmar-se que este diploma não isolava os revi- 307
sores sobre si mesmos. Neste sentido depunham várias das suas soluções: a composição do júri do exame de acesso à profissão (art. 10.º)[518], a composição da
comissão encarregada da inscrição na lista de revisores (art. 12.º)[519], a composição do conselho disciplinar (art. 29.º)[520] e a previsão de um extenso leque de
ilícitos penais (art. 107.º). Tudo em contraste com o puro sistema de *peer review*
que se lhe seguiria, através dos diplomas seus sucessores. Para além disso, fazia
apelo a uma dimensão ética da profissão [cfr. art. 4.º/1, *b*)], mitigada nos diplomas seus sucessores.

12.2. A autonomização do revisor oficial de contas como órgão social no Decreto-Lei n.º 519-L2/79

I. O Decreto-Lei n.º 1/72 teria um curto período de vida, tendo sido subs- 308
tituído pelo Decreto-Lei n.º 519-L2/79, de 29 de dezembro. A substituição foi
justificada pela necessidade de correção de um regime que tinha carácter experimental, por institucionalizar aspetos até então sem tradição entre nós. O novo
regime ia dirigido ao enquadramento das novas funções do revisor oficial de
contas, a «rodear o exercício das *funções de interesse público* prosseguidas pelos
mesmos das necessárias garantias de independência face às entidades que fisca-
lizam, a dotar a mesma fiscalização da maior eficácia que os interesses em jogo
impõem e a definir um nível de profissionalização e de responsabilização coerente com as funções em causa»[521].

Sem prejuízo de vários outros diplomas afirmarem que a fiscalização impe- 309
rativa das sociedades tinha subjacente um interesse público, este foi o primeiro
diploma a qualificar expressamente a atividade do revisor oficial de contas como
sendo de interesse público.

II. Este diploma teve aspetos positivos e negativos. Nos primeiros destaca-se 310
a introdução do dever de certificação legal de contas pelo revisor que integrasse
o conselho fiscal [arts. 1.º/1, *a*) e 2.º], bem como dos deveres de elaboração de
relatório anual sobre a sua atividade fiscalizadora, distinto do relatório exigido

---

[518] O júri deveria ser composto por um juiz da relação (que seria presidente do júri), dois professores de Direito ou de Economia e dois revisores.

[519] Segundo esta norma, a comissão seria composta por um juiz da relação (que seria presidente da comissão) e dois juízes de direito (nomeados pelo Ministro da Justiça), um funcionário do Ministério das Finanças (nomeado pelo Ministro das Finanças) e o presidente do conselho diretivo da Câmara dos Revisores Oficiais de Contas (CROC) ou um seu representante.

[520] O conselho disciplinar era presidido pelo auditor, o qual devia ser um procurador da República nomeado pelo Ministro da Justiça, e por dois vogais eleitos pela assembleia geral.

[521] Cfr. preâmbulo do Decreto-Lei n.º 519-L2/79. Itálico nosso.

DA ADMINISTRAÇÃO À FISCALIZAÇÃO DAS SOCIEDADES

ao conselho fiscal no qual se integra, e de documento sobre a conformidade do relatório do órgão de gestão com as contas do exercício [art. 10.º/1, *a*) e *c*)]. Mais do que quaisquer outros, a consagração destes deveres autonomizou parcialmente o revisor oficial de contas face ao conselho fiscal, no qual ainda se integrava. O revisor passou portanto a estar sujeito não só ao *status* ou complexo de poderes e deveres inerentes à qualidade de membro do conselho fiscal, mas ainda a deveres próprios, característicos de um função especializada. Esta circunstância permitiu automomizar pela primeira vez o cargo de revisor oficial de contas como órgão social: órgão autónomo (singular) para o desempenho de umas funções e parte de um outro órgão (coletivo) para o desempenho de outras.

311 Igualmente positiva é a atribuição de competência para a convocatória da assembleia geral quando o conselho fiscal, podendo, o não faça [art. 10.º/1, *e*)], bem como o enquadramento do exame e certificação das contas por normas emanadas da Câmara dos Revisores Oficiais de Contas (CROC) (art. 3.º/3).

312 Deve ainda destacar-se pela positiva o facto de neste diploma se manter a opção de não fechar os revisores sobre si mesmos num puro sistema de *peer review*. Assim, por exemplo, a comissão de inscrição na lista de revisores era maioritariamente composta por não-revisores[522] e continuou a ser prevista uma extensa lista de ilícitos penais, por contraposição às opções atualmente vigentes de justiça puramente disciplinar (art. 112.º).

313 Uma nota positiva ainda para a previsão de um regime de limitação da pluriocupação dos revisores com base num sistema de pontos (art. 9.º) e outra para a manutenção das obrigações de documentação dos serviços prestados e de manutenção dessa documentação por um período de dez anos, para efeitos de fiscalização, às quais se somou o dever da CROC de proceder anualmente, por sorteio, ao exame da documentação de revisores (art. 88.º). Infelizmente, este dever não viria a constar dos diplomas que sucederam ao Decreto-Lei n.º 519-L2/79, até à introdução do sistema de supervisão pública em 2008.

314 III. Quanto aos aspectos negativos, destaca-se a duplicação da regulamentação do Decreto-Lei n.º 49.381. Esta duplicação, sem revogação *expressa* do regime anterior, traduz nalguns pontos uma revogação *tácita* do mesmo, noutros uma simples complicação.

---

[522] Esta comissão era composta por um juiz da relação (que presidia) e dois juízes de primeira instância (nomeados pelo Ministro da Justiça), um funcionário do Ministério das Finanças (designado pelo respetivo ministro), e um representante da CROC (art. 57.º/1). Em sentido contrário, a composição da comissão de acesso deixou de ser expressamente regulada como era, sendo remetida para um regulamento de exame (art. 69.º/2).

O MODELO PORTUGUÊS ENQUANTO MODELO BASE

Assim, por exemplo, as regras relativas à designação do revisor oficial de contas constituem uma revogação tácita do regime anterior, numa reprovável técnica legislativa que se perpetuaria no tempo, como veremos. Nos termos do art. 7.º/1, a competência para a sua designação continua a caber à assembleia geral, mas os números seguintes acrescentam algumas regras. Em primeiro lugar, na falta de proposta para designação cabe ao presidente da mesa da assembleia geral fazê-la e, caso o não faça, poderá fazê-lo o sócio detentor da maior participação de capital (art. 7.º/2). Em segundo lugar, é atribuída competência para a designação entre reuniões da assembleia geral à mesa desta e, na sua falta, ao órgão de gestão (art. 7.º/3).

Esta solução – que se perpetuaria na regulação da atividade dos revisores – é duplamente incompreensível. Por um lado, o presidente da mesa da assembleia[523] tem alguns poderes de fiscalização[524], mas estes destinam-se tão somente a assegurar a regularidade das reuniões da assembleia geral, não fazendo qualquer sentido atribuir-lhe competências de nomeação do revisor; por outro lado, é especialmente grave a atribuição da competência de nomeação do órgão fiscalizador ao órgão fiscalizado[525].

Em contraposição, normas como as relativas à "revisão legal" [art. 1.º/1, *b*) e 3.º] parecem nada acrescentar relativamente ao papel do revisor oficial de contas no seio ou em substituição do conselho fiscal, tal como o regime da "inamovibilidade do revisor" (art. 12.º)[526] nada acrescenta face ao disposto para os membros

315

316

317

---

[523] Sem prejuízo de esta norma imputar o poder de nomeação do revisor oficial de contas à mesa da assembleia geral, devia considerar-se imputado ao presidente desta, na medida em que a mesa não tem um funcionamento colegial, cabendo ao presidente decidir. Cfr. EDUARDO DE MELO LUCAS COELHO – "Exercícios vários acerca da presidência das assembleias especiais de categorias de accionistas", in *Estudos em homenagem ao Prof. Doutor Raul Ventura*, 2003, p. 422, ANTÓNIO MENEZES CORDEIRO – *SA: Assembleia geral e deliberações sociais*, Coimbra: Almedina, 2007, p. 79-81, PEDRO MAIA – *Voto...* p. 957 (nota 1559).

[524] No sentido do reconhecimento de determinadas funções de fiscalização que justificam a aproximação ao regime dos titulares dos órgãos de fiscalização, PEDRO MAIA – "O presidente das assembleias de sócios", in *Problemas do Direito das Sociedades*, Coimbra: Almedina, 2002, p. 422 ss., PEDRO MAIA – *Voto...* p. 957 (nota 1559), MENEZES CORDEIRO – *SA: Assembleia Geral...* p. 59-60. Segundo PEDRO MAIA – *Voto...* p. 1032, ao presidente cabe assegurar que os trabalhos da assembleia decorrem com ordem. MENEZES CORDEIRO – *SA: Assembleia Geral...* p. 59 ss., vai mais longe, identificando: funções gerais de acompanhamento da sociedade; convocação e preparação das reuniões da assembleia geral; apreciação e decisão de pedidos de convocação extraordinária e convocação por iniciativa própria; e direção e condução das reuniões da assembleia. Temos dúvidas sobre o fundamento normativo e, sobretudo, sobre o alcance da função geral de acompanhamento da sociedade.

[525] Cfr. também §§ 33.3, parág. V, e 33.4, parág. IV *infra*.

[526] Melhor era a solução do Decreto-Lei n.º 1/72, cujo art. 45.º previa um regime específico para apreciação da justa causa da resolução pela entidade fiscalizada do contrato celebrado com o revisor.

DA ADMINISTRAÇÃO À FISCALIZAÇÃO DAS SOCIEDADES

do conselho fiscal no Decreto-Lei n.º 49.381, complicando desnecessariamente o respetivo quadro normativo[527].

318   Por fim, a afirmação da independência do revisor oficial de contas no art. 5.º é positiva, mas insuficiente, faltando mecanismos destinados a assegurá-la. Aliás, como vimos, a solução introduzida para a designação do revisor entre assembleias é claramente contrária a esta afirmação.

319   Igualmente criticável é a suavização do regime do *cooling-off period* de três anos (art. 99.º) que, com o intuito de flexibilização, perdeu impacto: passou a permitir-se o exercício de cargos nas entidades previamente fiscalizadas mediante suspensão de exercício da atividade de revisor oficial de contas e parecer favorável do conselho disciplinar. A sanção penal continuou a ser a multa de duas a cinco vezes o montante das importâncias recebidas pelas funções ilegalmente desempenhadas (art. 112.º/4). No seu todo, o novo regime traduz uma redução da garantia de independência dos revisores.

320   IV. Numa apreciação conclusiva: o Decreto-Lei n.º 519-L2/79 ficou marcado pela parcial autonomização do revisor oficial de contas como órgão social, dotado de competências próprias de fiscalização contabilística, a exercer também no interesse público.

SECÇÃO II – As Obrigações de Vigilância do Conselho de Administração e dos Seus Membros

§ 13. A RECONDUÇÃO DAS OBRIGAÇÕES DE VIGILÂNCIA DO CONSELHO DE ADMINISTRAÇÃO E DOS SEUS MEMBROS ÀS RESPETIVAS OBRIGAÇÕES DE ADMINISTRAÇÃO

321   I. O Código das Sociedades Comerciais, aprovado pelo Decreto-lei n.º 262/86, de 2 de setembro, introduziu algumas novidades face ao regime resultante do Decreto-Lei n.º 49.381, mantendo-se contudo o elenco dos órgãos sociais no nosso modelo tradicional [arts. 278.º/1, *a*) e 414.º/2]: conselho de administração (ou administrador único), conselho fiscal (ou fiscal único) e revisor oficial de contas. Começamos pelo enquadramento normativo da obrigação de vigilância do conselho de administração[528] e dos seus membros.

---

[527] Note-se que, segundo o art. 3.º/3, a revisão legal de empresas consistia na fiscalização das contas e da gestão, bem como do cumprimento das disposições legais e estatutárias, funções já previstas nas competências do conselho fiscal no qual se integrava necessariamente o revisor.

[528] Aplicável com as necessárias adaptações ao administrador único, nos termos do art. 390.º.

O MODELO PORTUGUÊS ENQUANTO MODELO BASE

Nos termos do art. 405.º – cuja redação se mantém substancialmente inalterada desde 1986[529] –, compete ao conselho de administração gerir as atividades da sociedade, devendo subordinar-se às deliberações dos acionistas ou às intervenções do conselho fiscal apenas nos casos em que a lei ou o contrato de sociedade o determinarem. Esta norma de competência do conselho para a *gestão* da sociedade tem um sentido deôntico não meramente *permissivo*, mas sim *impositivo*, resultante da sua requalificação pela sujeição do exercício das funções orgânicas à prossecução do interesse social. Assim, o conselho de administração tem não um poder ou um direito subjetivo de gestão ou administração[530], mas sim uma *obrigação de administração*[531] em sentido técnico[532].

O Código das Sociedades Comerciais não define exaustivamente o conteúdo desta obrigação[533], cabendo ao intérprete-aplicador procurar uma noção compreensiva face à dispersão sistemática de elementos. Podemos afirmar constituir uma situação jurídica complexa e compreensiva, analiticamente decomponível em múltiplas situações jurídicas, entre as quais se destacam os *poderes de gestão* enunciados nos arts. 405.º/1 e 406.º e os *poderes de representação* previstos no art. 405.º/2[534]. O mesmo será dizer que a obrigação de administração constitui

322

323

---

[529] A única alteração prende-se com a adição da referência à comissão de auditoria em 2006, de forma a cobrir a matriz organizacional própria do modelo anglo-saxónico.

[530] Em sentido contrário, cfr., *v.g.*, MENEZES CORDEIRO – *Direito das sociedades*, I³... p. 848, sustentando a classificação da administração como um direito potestativo.

[531] Os termos "administração" e "gestão" são frequentemente apresentados no nosso Direito como sinónimos. No entanto, aqui referimo-nos apenas à "obrigação de administração", distinguindo-a dos "poderes de gestão" a que aludimos em seguida.

[532] Preterimos a construção da situação jurídica de administração como um poder-dever porquanto a mesma não compreende uma qualquer margem de liberdade do sujeito para decidir *se* administra ou não, mas apenas para decidir quanto ao *modo* como cumpre a sua obrigação de administrar. Sem prejuízo de, num exercício de decomposição, se poderem identificar situações jurídicas ativas no seu seio, a sua dimensão compreensiva é necessariamente passiva. Para um desenvolvimento detalhado desta problemática, cfr. §§ 62.1 e 62.6 *infra*.

[533] Cfr. MENEZES CORDEIRO – *Direito das sociedades*, I³... p. 846, ISABEL MOUSINHO DE FIGUEIREDO – O administrador delegado: A delegação de poderes de gestão no Direito das sociedades, *O Direito*, 137:3, 2005, p. 568.

[534] Entre nós, são vários os autores que sustentam um conceito amplo de administração, englobando tanto a atividade interna (gestão ou administração *stricto sensu*) como a atividade externa (representação) dos administradores. Cfr., *v.g.*, LUÍS BRITO CORREIA – *Os administradores de sociedades anónimas*, Coimbra: Almedina, 1993, p. 58, ALEXANDRE SOVERAL MARTINS – *Os poderes de representação dos administradores de sociedades anónimas*, Coimbra: Coimbra Editora, 1998, p. 23-27, ALEXANDRE SOVERAL MARTINS – A responsabilidade dos membros do conselho de administração por actos ou omissões dos administradores delegados ou dos membros da comissão executiva, *Boletim da Faculdade de Direito da Universidade de Coimbra*, 78, 2002, p. 366, ENGRÁCIA ANTUNES – *Os grupos...* p. 635 e JORGE COUTINHO DE ABREU – *Governação*²... p. 39. Diversamente, por exemplo, MENEZES CORDEIRO descreve o poder de gestão como compreendendo a possibilidade de decidir e agir, em termos materiais e jurídicos, e o poder de representação como

DA ADMINISTRAÇÃO À FISCALIZAÇÃO DAS SOCIEDADES

um conceito-síntese (*Inbegriff*) do complexo normativo a que estão sujeitos os órgãos de administração[535].

324

Mas esta afirmação não basta. Sem prejuízo das dificuldades inerentes e da óbvia impossibilidade de uma descrição exaustiva[536], importa fixar algumas coordenadas adicionais que nos permitam compreender não só a que se vincula cada administrador ao aceitar o seu cargo, mas também os termos da sua contraposição à obrigação de vigilância imputada a diferentes órgãos sociais. Para além

---

correspondendo à possibilidade de produzir efeitos jurídicos através da atuação negocial em nome da sociedade. Cfr. MENEZES CORDEIRO – *Da responsabilidade civil...* p. 367-370, MENEZES CORDEIRO – *Direito das sociedades*, I³... p. 848, ANTÓNIO MENEZES CORDEIRO, in ANTÓNIO MENEZES CORDEIRO (ed.) – *Código das Sociedades Comerciais anotado*, 2.ª ed., 2.ª reimp., Coimbra: Almedina, 2012, art. 405.º, n.ᵒˢ 2 e 4.

[535] Referindo-se à obrigação de administração como *Inbegriff*, MANUEL CARNEIRO DA FRADA – "A *business judgment rule* no quadro dos deveres gerais dos administradores", in *A Reforma do Código das Sociedades Comerciais: Jornadas em Homenagem ao Professor Doutor Raúl Ventura*, Coimbra: Almedina, 2007, p. 66. Mais recentemente, a propósito do dever de legalidade, refere-se a conceito-quadro (*Rahmenbegriff*) e a conceito-resumo (*Sammelbegriff*), como forma de expressão de uma multiplicidade de deveres que sujeitam todos os administradores. Justifica uma tal referência com a função da ciência jurídica de descrever e ordenar as matérias jurídicas, com clareza e simplificação. Cfr. MANUEL CARNEIRO DA FRADA – O dever de legalidade: um novo (e não escrito?) dever fundamental dos administradores, *Direito das Sociedades em Revista*, 4:8, 2012, p. 67.

No Direito alemão, face ao jogo de conceitos resultante da contraposição dos § 76(1), nos termos do qual é imputada ao *Vorstand* a obrigação de "direção" (*Leitung*) da sociedade, § 77, impondo a "gestão" (*Geschäftsführung*) pelo conjunto dos *Vorstandsmitglieder*, § 78 imputando ao *Vorstand* plenos poderes de "representação" (*Vertretung*), e § 111, imputando ao *Aufsichtsrat* a obrigação de vigiar a "gestão" (*Geschäftsführung*) da sociedade, a doutrina tem discutido o sentido e a articulação dos conceitos de "direção" e "gestão". Para uns, os conceitos são sinónimos. Para outros, como SEMLER, o conceito de "direção" compreende tanto a "representação" como a "gestão" (JOHANNES SEMLER – *Leitung und Überwachung der Aktiengesellschaft*, 2.ª ed., Bonn, München: Heymann, 1996, p. 5-8, em especial, p. 8). Para outros ainda, que constituem atualmente doutrina dominante, a direção corresponde a uma parte da gestão, permitindo delimitar a esfera de atuação inalienável do *Vorstand* (cfr., neste sentido, HOLGER FLEISCHER – "Leitungsaufgabe des Vorstands", in HOLGER FLEISCHER (ed.) – *Handbuch des Vorstandsrechts*, München: Beck, 2006, n.º 11 e, também, n.º 6). Independentemente das divergências assinaladas, a segunda e terceira perspetivas têm em comum a recondução da atividade do órgão de administração a um conceito síntese que releva, desde logo, como demonstra a sua origem histórico-dogmática, para efeitos da delimitação da competência do *Vorstand* face à assembleia geral e face ao *Aufsichtsrat*. Cfr. *ibidem*, n.º 10. Contudo, tal recondução tem uma dimensão explicativa da função imputada aos administradores que vai para além dessa delimitação, à qual se soma uma dimensão heurística: a melhor compreensão das conexões objetivas entre as diferentes situações jurídicas imputadas aos administradores não poderia deixar de ter reflexos na formulação de novas regras jurídicas. Sobre a função heurística das teorias jurídicas, cfr. CLAUS-WILHELM CANARIS – Funktion, Struktur und Falsifikation juristischer Theorien, *Juristenzeitung*, 48:8, 1993, p. 378-379.

[536] Sobre esta dificuldade, cfr., *v.g.*, MANUEL R. THEISEN – *Die Überwachung der Unternehmungsführung: Betriebswirtschaftliche Ansätze zur Entwicklung erster Gründsätze ordnungsmäßiger Überwachung*, Stuttgart: Poeschel, 1987, p. 39-41, para quem os conceitos não são verdadeiros ou falsos, mas apenas adequados para um determinado propósito, sendo o conceito de "administração" um exemplo eloquente das dificuldades inerentes ao uso de uma terminologia comum dentro de uma mesma disciplina.

O MODELO PORTUGUÊS ENQUANTO MODELO BASE

disso, a densificação do conceito de "obrigação de administração" permite clarificar os contornos do conceito de "administração", assim delimitando o objeto da obrigação de vigilância dos diferentes órgãos sociais com competências de fiscalização[537].

II. Elemento decisivo da obrigação de administração é a adstrição do conselho de administração – e, reflexa e sucessivamente, de cada administrador, nos termos referidos adiante – à prática dos atos necessários à *promoção* do fim ou interesse social[538], tomando a *iniciativa* na condução da atividade

325

---

[537] Sobre a necessidade de clarificação de conceitos para este efeito, cfr., *v.g.*, *ibidem*, p. 40.

[538] No mesmo sentido, ANA PERESTRELO DE OLIVEIRA sustenta que o dever de promoção do fim da sociedade decorre do dever de administrar e não do dever de lealdade. Este último fixaria apenas o alcance e a extensão de tal dever. Nesta medida, conclui a autora, ser imperfeita a redação do art. 64.º/1, *b)*, acompanhando as críticas que tinham sido já formuladas por CARNEIRO DA FRADA – *A business judgment rule...* p. 72-73 e reafirmadas por NUNO TRIGO REIS – "Os deveres de lealdade dos administradores de sociedades comerciais", in *Cadernos o Direito: Temas de Direito Comercial*, Coimbra: Almedina, 2009, p. 338. Cfr. ANA PERESTRELO DE OLIVEIRA – *Grupos de sociedades e deveres de lealdade: por um critério unitário de solução do "conflito de grupo"*, Coimbra: Almedina, 2012, p. 250-252, em especial, n.º 339 (agradecemos à autora a pronta disponibilização desta obra, antes da sua publicação).

Estes autores, porém, aproximam o dever de prossecução do fim aos deveres de cuidado (tal como GABRIELA FIGUEIREDO DIAS – *Fiscalização de sociedades e responsabilidade civil*, Coimbra: Almedina, 2006, p. 44), apesar de noutros pontos se referirem indistintamente ao dever de administrar, em termos que nos parecem redutores porque, como veremos adiante no § 62.5 *infra*, os deveres de cuidado, tal como regulados no art. 64.º/1, *a)*, constituem meras concretizações *ex lege* da obrigação de diligente administração (logo, são deveres de conduta), não a substituindo nem consumindo.

Face à confusão terminológica que tem caracterizado a discussão doutrinária (sendo frequente a referência indistinta a deveres de cuidado e ao dever de administrar), na sequência da reforma do Código das Sociedades Comerciais de 2006 e da infeliz redação dada ao seu art. 64.º, importa afirmar com clareza: o dever de promover o fim social deve ser reconduzido à obrigação de diligente administração. Um e outra não se compreendem isoladamente: o fim social é promovido pelos administradores administrando (cumprindo a sua obrigação de administração) e a administração só tem sentido quando dirigida à promoção do fim social.

Não podemos igualmente acompanhar, no seu todo, a posição de ANA PERESTRELO DE OLIVEIRA, na parte em que afirma que os deveres de lealdade constituem critério de fixação do alcance e extensão do dever de prossecução do fim (ANA PERESTRELO DE OLIVEIRA – *Grupos de sociedades...* p. 250-252, em especial, n.º 339). Como desenvolvemos no § 62.3 *infra*, o conteúdo da obrigação de administração é delimitado sobretudo, segundo os cânones gerais jus-obrigacionais, pelo padrão de diligência normativa. Não se nega, porém, o papel da lealdade na conformação do complexo de poderes e deveres imputado a cada órgão.

O mesmo se diga da posição da autora na parte em que afirma, face à redação da alínea *b)* do art. 64.º/1, que a lealdade proporciona «uma valoração *ad hoc* dos interesses em causa e a sua justa composição à luz do sistema». Só poderia aceitar-se esta afirmação, no seu todo, se se admitisse a existência de um dever de lealdade (específico) dos administradores face aos "outros sujeitos relevantes para a sustentabilidade da sociedade" (*stakeholders*) semelhante ao existente face à sociedade (que a autora reconhece não decorrerem do art. 64.º: cfr. *ibidem*, p. 308-312). Sem prejuízo da lealdade devida pela sociedade – e logo,

DA ADMINISTRAÇÃO À FISCALIZAÇÃO DAS SOCIEDADES

social[539]. Nas sintéticas palavras de SEMLER, o órgão ao qual é imputada a obrigação de administração deve fazer tudo quanto seja necessário para um efetivo e bem sucedido desenvolvimento da empresa[540]. Estamos, portanto, perante um

pelo seus administradores – a tais sujeitos, nos termos gerais do Direito civil, a referência que lhes é feita naquela alínea do art. 64.º consubstancia uma heterolimitação do interesse social e, logo, também da obrigação de diligente administração (na prossecução deste interesse) e do dever jus-societário de lealdade face à sociedade, imputados aos administradores (cfr. p. 741-747 *infra*). Ainda assim, parece-nos correta a afirmação da autora na medida em que a lealdade delimita a conduta normativamente admissível do administrador na prossecução de outros interesses, assim subordinados à prossecução do interesse da sociedade.

Uma nota ainda para sublinhar, face a quanto é referido no § 62.4 *infra*, não dever identificar-se o resultado definidor da prestação devida pelos administradores com o "objeto social", sem prejuízo do estabelecido no art. 259.º para as sociedades por quotas. Por um lado, o objeto identifica apenas, de forma genérica, as atividades comerciais a desenvolver pela sociedade com vista à obtenção de lucro. Por outro, ao conselho de administração é imputada a obrigação de desenvolvimento e concretização deste, pelo que o mesmo não pode servir de resultado definidor da prestação. Em sentido oposto, cfr., *v.g.*, FRANCESCO FERRARA JR. e FRANCESCO CORSI – *Gli imprenditori e le società*, 13.ª ed., Milano: Dott. A. Giuffrè Editore, 2006, p. 576, onde os autores identificam a gestão da empresa com a missão de desenvolver as operações necessárias à realização do objeto social.

Por fim, é interessante notar que, na positivação dos deveres gerais dos administradores no *Companies Act 2006*, o legislador britânico incluiu o *duty to to promote the success of the company* (secção 172 *Companies Act 2006*), sendo grande a expectativa sobre a sua aplicação pelos tribunais, em especial face ao disposto na secção 170(4), nos termos da qual «os deveres gerais devem ser interpretados e aplicados tal como as regras da *common law* e princípios de equidade, devendo atender-se às correspondentes regras da *common law* e princípios de equidade na interpretação e aplicação dos deveres gerais». LEN SEALY e SARAH WORTHINGTON – *Cases and materials in company law*, 8.ª ed., Oxford, New York: Oxford University Press, 2008, p. 283 ss. Sobre a positivação deste dever e seus antecedentes na *common law*, cfr. ainda, *v.g.*, STEPHEN D. GIRVIN, SANDRA FRISBY e ALASTAIR HUDSON – *Charlesworth's Company Law*, 18.ª ed., London: Sweet & Maxwell, 2010, p. 328-334.

[539] No mesmo sentido, entre nós, ISABEL MOUSINHO DE FIGUEIREDO – *O administrador delegado...* p. 568, sustenta que, tanto no Direito privado como no público, a administração implica uma *iniciativa ativa*, acrescentando que esta não se compadece com uma enumeração ou descrição exaustiva das ações abrangidas.

Face ao Direito alemão, cfr., *v.g.*, JOHANNES SEMLER – *Die Überwachungsaufgabe des Aufsichtsrats*, Berlin, Bonn, München: Heymann, 1980, p. 49-50,86, SEMLER – *Leitung und Überwachung*[2]... p. 53, para quem a diferença entre as atividades de direção (*Leitung*) pelo *Vorstand* e vigilância (*Überwachung*) pelo *Aufsichtsrat* reside precisamente na iniciativa para a atuação empresarial (*die Initiative zum geschäftsführenden Handeln*). No mesmo sentido, HOLGER FLEISCHER – Leitungsaufgabe des Vorstands im Aktienrecht, *Zeitschrift für Wirtschaftsrecht*, 24:1, 2003, p. 2-3 caracteriza o *Vorstand* como "*Initiativorgan*" e "*Entscheidungs- und Handlungszentrum*".

[540] SEMLER – *Leitung und Überwachung*[2]... p. 9-10. Na doutrina italiana clássica, a referência é a execução do contrato de sociedade. Cfr., *v.g.*, ARTURO DALMARTELLO – *I rapporti giuridici interni nelle società commerciali*, Milano: Giuffrè, 1937, p. 88 ss., em especial, p. 153, GUSTAVO MINERVINI – *Gli amministratori di società per azioni*, Milano: Giuffrè, 1956, p. 182-183.

O MODELO PORTUGUÊS ENQUANTO MODELO BASE

conceito normativo determinado pela função (*Zweckbegriff*)[541] cujo conteúdo é *a priori* parcialmente indeterminado[542], mas determinável no caso concreto, em função do padrão de diligência normativa[543].

A *iniciativa* na *promoção* do interesse social é o elemento central da distinção da conduta devida pelos administradores face àqueloutra devida pelos fiscalizadores. Mesmo nos casos em que a obrigação de administração imputada aos administradores se traduz numa vigilância dos seus pares e das estruturas administrativas subordinadas ao conselho, a *iniciativa* não deixa de constituir elemento central do comportamento devido. Com efeito, quanto mais ampla for a delegação, maior será a iniciativa exigível aos delegados e correspondentemente menor a iniciativa exigível – num primeiro plano – aos demais administradores. No entanto, o conselho de administração deve acompanhar e vigiar o desenvolvimento da actividade social pelos delegados e, onde se justifique, deve intervir, sobrepondo a sua própria iniciativa à dos delegados, seja porque esta é inadequada ou simplesmente insuficiente à prossecução dos melhores interesses da sociedade[544].

[541] Cfr. LARENZ – *Metodologia...* p. 686-692, que descreve este tipo de conceito como dirigido à realização de um escopo normativo. Segundo FLEISCHER, a propósito do § 76(1) AktG, segundo o qual «*Der Vorstand hat unter eigener Verantwortung die Gesellschaft zu leiten*», o conceito de direção (*Leitung*) é dirigido aos seguintes propósitos: (i) atribuição de competência ao *Vorstand* e sua delimitação face à competência da assembleia geral e do *Aufsichtsrat*, (ii) sujeição do *Vorstand* ao princípio da colegialidade na medida em que *Leitung ist stets „Gesamtleitung"*»; (iii) delimitação de um núcleo inalienável de esferas de atuação do *Vorstand*, constituindo, por um lado, um limite à liberdade de delegação de funções em membros individuais do *Vorstand*, em estruturas administrativas subordinadas ao *Vorstand* e a terceiros e, por outro lado, uma garantia da autodeterminação da sociedade face a influências exteriores; (iv) imputação ao *Vorstand* do poder-dever (*Pflichtrecht*) orgânico de direção no interesse alheio; e (v) clarificação dogmática da posição jurídica dos membros do *Vorstand* segundo uma função empresarial: enquanto representantes legais da sociedade, exercem as funções de entidade patronal e de empresário, mas não assumem por si a qualidade de comerciantes. FLEISCHER – *Leitungsaufgabe...*, n.os 3-8.

[542] Afirmamos que é "parcialmente" indeterminado porquanto a lei identifica, com maior ou menor exatidão, inúmeras concretizações da obrigação de administração, de difícil sistematização, atenta a dispersão normativa por diversas fontes legais.

[543] Cfr. § 62.3 *infra*.

[544] SEMLER – *Leitung und Überwachung*[2]*...* p. 53. Mesmo nos casos em que a obrigação de administração imputada aos administradores se traduz numa vigilância dos seus pares e das estruturas administrativas subordinadas ao conselho, a *iniciativa* não deixa de constituir elemento central do comportamento devido. Com efeito, quanto mais ampla for a delegação, maior será a iniciativa exigível aos delegados e correspondentemente menor a iniciativa exigível – num primeiro plano – aos demais administradores. No entanto, o conselho de administração deve acompanhar e vigiar o desenvolvimento da atividade social pelos delegados e, onde se justifique, deve intervir, sobrepondo a sua própria iniciativa à dos delegados, seja porque esta é inadequada ou simplesmente insuficiente à prossecução dos melhores interesses da sociedade.

DA ADMINISTRAÇÃO À FISCALIZAÇÃO DAS SOCIEDADES

327

III. A determinação dos atos necessários à promoção do interesse social, a praticar pelo conselho de administração, dependerá das circunstâncias do caso concreto. Para efeitos deste estudo, importa recordar em particular que quanto maior for uma sociedade e mais complexa for a sua atividade, mais ilusória e irrealista será a perspetiva funcional do conselho de administração como o órgão responsável pela administração diária da atividade social. De facto, não é expectável que o conselho de administração possa gerir de forma eficaz, e muito menos de forma eficiente, toda a atividade social. O normal é, portanto, que o conselho de administração crie uma estrutura administrativa, com diferentes níveis hierárquicos, aos quais correspondem diferentes centros de decisão[545]. No topo desta estrutura administrativa estão frequentemente diferentes administradores, encarregues da gestão de diferentes áreas de negócio, nos quais o conselho de administração delega poderes de administração, nos termos e para os efeitos do art. 407.º[546]. Estes administradores, por sua vez, podem ou não compor uma comissão executiva que, por sua vez, reporta ao conselho de administração[547].

---

[545] Parafraseando ISABEL MOUSINHO DE FIGUEIREDO – *O administrador delegado...* p. 548, a empresa, personificada pela sociedade, «funciona graças ao contributo dos titulares dos órgãos sociais, dos trabalhadores e de terceiros. Todos eles *administram* a sociedade – ou, em rigor, a empresa».
No direito alemão, perante o § 76 AktG, no qual se lê que *«Der Vorstand hat unter eigener Verantwortung die Gesellschaft zu leiten»* (o *Vorstand* deve, sob sua responsabilidade, dirigir a sociedade), a doutrina distingue entre a direcção (*Leitung*) e demais atos de gestão da sociedade (*Geschäftsführung*). A primeira cabe necessariamente ao *Vorstand* enquanto órgão. As demais tarefas de gestão podem ser delegadas em membros individuais do *Vorstand* ou em níveis subordinados. CHRISTOPH H. SEIBT, in KARSTEN SCHMIDT e MARCUS LUTTER (eds.) – *Aktiengesetz Kommentar*, 1, Köln: Verlag Dr. Otto Schmidt, 2008, § 76, n.ºs 8 ss.
Nos Estados Unidos, normas como o § 141(a) *General Corporations Law* do Estado do Delaware, segundo o qual a atividade da sociedade deve ser gerida pelo ou *sob a direção do board of directors*, estabelecem a ponte com a realidade económica, perante a qual é clara a impossibilidade do *board* praticar, por si, todos os atos necessários ao sucesso da sociedade.
[546] Como bem refere ISABEL MOUSINHO DE FIGUEIREDO – *O administrador delegado...* p. 547, 558, a delegação de poderes de administração não passa de uma parte da repartição de tarefas, já dentro de um contexto maior de arrumação de funções na sociedade, destinada a tornar a administração operativa.
A progressiva especialização da gestão social que acompanhou paralelamente a complexificação da atividade empresarial havia já determinado a autonomização e reforço de poderes próprios do conselho de administração face à assembleia geral, relegando este órgão – outrora reconhecido como o órgão soberano da sociedade anónima – para um papel secundário neste âmbito. Sobre este ponto, *vide* PEDRO MAIA – *Função...*, p. 13 (em especial, nota 3), 14, 25-26.
[547] Segundo a maioria da doutrina, existindo uma comissão executiva, o exercício dos poderes delegados será colegial; inexistindo tal comissão, o exercício dos poderes delegados será conjunto ou disjunto, conforme estabelecido nos estatutos ou no ato de delegação. Cfr. RAUL VENTURA e LUÍS BRITO CORREIA – *Responsabilidade civil dos administradores e directores das sociedades anónimas e dos gerentes das sociedades por quotas: Estudo comparativo dos direitos alemão, francês, italiano e português. Nota explicativa do capítulo II do Decreto-Lei n.º 49381 de 15 de Novembro de 1969*, Separata do Boletim do Ministério da Justiça n.ºs 192, 193, 194 e 195, Lisboa: Ministério da Justiça, 1970, p. 284, BRITO CORREIA – *Os administradores...* p. 275, ILÍDIO DUARTE RODRIGUES – *A administração das sociedades por quotas e anónimas*, Lisboa: Petrony, 1990, p. 90,

O MODELO PORTUGUÊS ENQUANTO MODELO BASE

Sem prejuízo dos desenvolvimentos expostos nos capítulos seguintes, podemos adiantar que, quanto mais complexa for a organização administrativa de
uma sociedade, maior é a probabilidade de que o conselho de administração se
limite (i) a planear a estratégia empresarial, (ii) a definir a estrutura organizacional adequada à prossecução daquela estratégia, (iii) a decidir sobre os assuntos mais importantes (que, nos termos da lei[548], dos estatutos ou de acordo com
a perspetiva dos administradores, são levados a deliberação do mesmo)[549] e (iv)
a exercer uma função de vigilância sobre a administração da sociedade (desenvolvida pela estrutura administrativa no seu todo, incluindo os administradores
com competências delegadas)[550].

328

MANUEL NOGUEIRA SERENS – *Notas sobre a sociedade anónima*, Studia Iuridica, 2.ª ed., Coimbra: Coimbra
Editora, 1997, p. 78, CALVÃO DA SILVA – *Corporate governance...* p. 38 (nota 14).

Outros autores, porém, defendem que a atuação da comissão executiva pode ser conjunta ou colegial, e a
dos administradores delegados singular. Cfr. PEDRO MAIA – *Função...* p. 260-261 (nota 321). Outros ainda,
sustentam que a lei não impõe expressamente a colegialidade para a comissão executiva. Cfr. ISABEL
MOUSINHO DE FIGUEIREDO – *O administrador delegado...* p. 566-567. Parece-nos que têm razão PEDRO
MAIA e ISABEL MOUSINHO DE FIGUEIREDO no que toca à comissão executiva: não sendo a colegialidade
imposta por qualquer norma da nossa lei, não se compreende porque se há-de limitar a liberdade do
conselho de administração para definir o modelo de funcionamento (colegial ou conjunto) que considerar
mais adequado face às circunstâncias do caso concreto. Não concordamos, porém, com PEDRO MAIA,
na parte em que sustenta que a atuação dos administradores delegados será necessariamente disjunta.
Basta pensar na possibilidade de, sem criar uma comissão, o conselho de administração delegar a gestão
corrente em dois administradores delegados, fixando um conjunto de matérias que, pela sua importância,
requerem atuação conjunta.

[548] Cfr. art. 407.º, n.ᵒˢ 2 e 4.

[549] Cfr., *v.g.*, GERALD SPINDLER, in WULF GOETTE, et al. (eds.) – *Münchener Kommentar zum Aktiengesetz*, 2 –
§§ 76-117, MitbestG, DrittelbG, 3.ª ed., München: Beck, Franz Vahlen, 2008, § 77, n.º 62, HANS-JOACHIM
MERTENS, in *Kölner Kommentar zum Aktiengesetz*, 2.ª ed., 1988, § 77, n.º 23.

[550] Tal como exposto detalhadamente adiante, no § 55, a propósito do desenvolvimento histórico-
-dogmático do sistema norte-americano, esta óbvia conclusão determinou uma densificação dos deveres
dos administradores em conformidade, assente numa evolução da construção doutrinária e jurisprudencial. Como veremos no § 56, no Reino Unido manteve-se a perspetiva de que o *board* deve assegurar não
só a vigilância da administração conduzida pelos *executives* e demais estrutura administrativa, mas também uma participação ativa na definição da estratégia empresarial.
Também a nível da Europa continental esta perspetiva é há muito realçada, estando patente nos diferentes
ordenamentos de referência. Como referimos adiante no § 40.1 e § 44, a propósito da configuração
dogmática do modelo germânico, no Direito alemão admite-se uma repartição de competências ou
de pelouros (*Ressortverteilung, Geschäftsverteilung*) no seio do *Vorstand* que, contudo, não pode incidir
sobre determinadas matérias que, pela sua importância, constituem a competência mínima do pleno
(*Mindestzuständigkeit des Gesamtvorstands*) (cfr., *v.g.*, FLEISCHER – *Leitungsaufgabe (ZIP)...* p. 7-8). Havendo
repartição de pelouros, recai sobre cada *Vorstandsmitglieder* um dever de vigilância, ao qual é associado um
poder-dever de informação sobre toda a atividade social (cfr., *e.g.*, SEIBT – *AktG Kommentar...* p. 892-893,
JOHANNES SEMLER e MARTIN PELTZER – *Arbeitshandbuch für Vorstandsmitglieder*, München: C. H. Beck,
2005, p. 72-77). Admite-se ainda a delegação de poderes a colaboradores da sociedade, desde que
salvaguardada a já referida competência mínima do pleno. Cfr., *v.g.*, SEMLER – *Leitung und Überwachung*²...

DA ADMINISTRAÇÃO À FISCALIZAÇÃO DAS SOCIEDADES

329   Com isto não se pretende afirmar uma limitação das competências do conselho de administração para a gestão da sociedade. Efetivamente, tanto o encargo especial, segundo o art. 407.º/1 (também designado delegação imprópria[551], delegação restrita[552] ou entrega de matérias[553]), como a delegação da gestão corrente da sociedade, de acordo com o art. 407.º/3 e 4 (também chamada delegação própria[554]) num ou mais administradores delegados (ou numa comissão executiva), não exclui a competência do conselho para atuar sobre os mesmos assuntos (cfr. 407.º/2 e 8). Trata-se portanto de uma competência concorrente ou cumulativa[555] cujo sentido será explicitado nos capítulos seguintes.

330   IV. Face ao exposto, podemos afirmar que a obrigação de vigilância do conselho de administração encontra o seu fundamento na sua obrigação de diligente administração da sociedade – nos termos conjugados dos arts. 405.º e 64.º/1, *a)* – à qual se reconduz[556]. Constitui dado comum da experiência e noção fundamental da ciência das organizações que, sendo a atividade empresarial desenvolvida não só pelo conselho, mas por estruturas administrativas ao mesmo subordinadas, o controlo assume-se como um momento essencial da sua atividade gestória: ao conselho não basta emitir instruções, deve assegurar-se que essas instruções são corretamente cumpridas[557].

---

p. 17-22. Note-se, no entanto, que FLEISCHER, por exemplo, parece admitir apenas a delegação de tarefas de preparação ou de execução de decisões de direção (*Führungsentscheidungen*) em pessoal administrativo subordinado ao *Vorstand* (que goza nesta matéria de discricionariedade empresarial). De acordo com esta perspetiva só é admissível a delegação de tarefas (*Aufgaben*) e já não de decisões de direção (*Leitungsentsceidungen*): o princípio da congruência, formulado pela teoria económica, segundo o qual tarefas (*Aufgaben*), competências (*Kompetenzen*) e responsabilidade (*Verantwortung*) devem coincidir, não teria aplicação no quadro do § 76(1) AktG. Assim, o *Vorstand* responde por *cura in eligendo, cura in instruendo* e *cura in custodiendo*. Cfr., *v.g.*, FLEISCHER – *Leitungsaufgabe (ZIP)*... p. 8-9.

[551] PEDRO MAIA – *Função*... p. 247.

[552] JORGE COUTINHO DE ABREU – *Governação²*... p. 99.

[553] MENEZES CORDEIRO – *CSC anotado²*..., art. 407.º, n.ºs 2-3.

[554] PEDRO MAIA – *Função*... p. 249.

[555] Cfr., *v.g.*, RAUL VENTURA e BRITO CORREIA – *Responsabilidade civil*... p. 288, e também, a propósito dos grupos de sociedades, ANA PERESTRELO DE OLIVEIRA – *A responsabilidade civil dos administradores nas sociedades em relação de grupo*, Coimbra: Almedina, 2007, p. 121-124.

Sobre o conceito de competência e o sentido deôntico das normas de competência jus-societárias, cfr. capítulo § 62.1 *infra*.

[556] Este argumento, contrariamente ao relativo à composição plural do conselho de administração nas sociedades anónimas (explicado adiante no corpo do texto), é extensível à administração de qualquer outra pessoa coletiva, razão pela qual é criticável a jurisprudência que ignora a obrigação de vigilância dos gerentes nas sociedades por quotas.

[557] Cfr. parecer de PIETRO ABBADESSA em SCOTTI CAMUZZI – I poteri di controllo degli amministratori di minoranza (membro del Comitato esecutivo con "voto consultivo"?), *Giurisprudenza Commerciale*, 7:1, 1980, p. 818.

O MODELO PORTUGUÊS ENQUANTO MODELO BASE

Independentemente da complexidade que possa assumir a estrutura organizatória da sociedade, o conselho é sempre o primeiro responsável pela sua atividade empresarial, devendo promover o interesse social não só na sua intervenção direta, mas também através do controlo exercido sobre a atuação dos diferentes níveis dessa estrutura[558].

331

Nessa medida, o facto de a prática de um ato ter sido confiada a um dos administradores ou a um qualquer colaborador da sociedade não isenta os demais administradores do cumprimento dos seus deveres para com a sociedade. Nas palavras de FERRI, «a lei não quer administradores inertes que se limitam a estar presentes nas reuniões do conselho, indiferentes aos interesses da sociedade e sem consciência da responsabilidade que assumiram ao aceitar o seu cargo»[559].

332

Por isso mesmo, a lei prevê expressamente que, *mesmo nos casos* em que seja delegada a gestão corrente da sociedade, os demais administradores devem vigiar a atuação dos administradores delegados, salvaguardando o interesse social (art. 407.º/8)[560]. A vigilância sobre a administração da sociedade, em toda a sua dimensão, constitui, assim, uma "tarefa originária de gestão" (*originären*

333

---

[558] A nossa jurisprudência não ignora a concreta modelação da obrigação de administração, identificando uma função de vigilância do conselho de administração. Cfr., *v.g.*, STJ 14-maio-2009 (OLIVEIRA ROCHA), processo n.º 09B0563, disponível em www.dgsi.pt, no qual o tribunal considerou, numa ação de responsabilidade civil dirigida contra um ex-administrador, um ex-trabalhador da autora e contra uma sociedade por quotas da qual aqueles eram os únicos sócios-gerentes, que as funções exercidas pelo 1.º réu, administrador à data dos factos, estavam sujeitas ao controlo dos demais administradores. O tribunal parece rejeitar implicitamente a argumentação da autora de que não relevava, no caso, a conduta dos demais administradores, dado que estes «não tinham intervenção na gestão efectiva da empresa (sendo por isso que o 1º réu era o único administrador remunerado)». No entanto, acabou por decidir em favor da autora na questão em apreço – ou seja, em saber se era admissível no caso o incidente de intervenção principal provocada relativamente aos demais administradores –, por entender que, sendo a responsabilidade subjetiva e tendo a autora intentado ação apenas contra os referidos réus, só se justificava a intervenção dos demais administradores se os réus tivessem mencionado «factos concretos que implicassem a responsabilidade dos chamados, ou seja, a sua participação causal conjunta na produção dos alegados resultados danosos, que constitui o pressuposto da solidariedade passiva». Apesar de esta afirmação final ser equívoca – porquanto a responsabilidade solidária decorre não apenas da «participação causal conjunta na produção dos alegados resultados danosos», mas também da omissão da conduta devida para evitar a prática desses atos (cfr. nota 576 *infra*) – a conclusão do tribunal parece acertada no caso: só se justificaria a intervenção principal provocada dos demais administradores para efeitos do exercício do direito de regresso. Ora, neste caso, os réus não tinham qualquer direito de regresso sobre os demais administradores.

[559] FERRI – *Le Società...*, p. 489.

[560] Como bem explica BONELLI, a obrigação de vigilância, não sendo algo de diverso da obrigação de administrar com diligência, cabe necessariamente a todos e a cada um dos administradores, independentemente de existir ou não delegação de poderes. FRANCO BONELLI – *La responsabilità degli amministratori di societá per azioni*, Milano: Giuffrè, 1992, p. 53-54.

DA ADMINISTRAÇÃO À FISCALIZAÇÃO DAS SOCIEDADES

Geschäftsführungsaufgabe)[561] que, nessa medida, não pode ser posta em causa por qualquer delegação de poderes, seja ao nível interno do conselho, seja face às estruturas administrativas ao mesmo subordinadas. O conselho de administração é, portanto, o primeiro fiscalizador da atividade da empresa[562].

334   V. Destaca-se ainda a correspondência entre a necessária pluripessoalidade do conselho de administração (quando o capital social exceda os 200.000 euros[563]) e as exigências de *controlo* e *vigilância geral* da administração da sociedade, sustentada por PEDRO MAIA. Como bem realça este autor, o Direito português exige uma composição plural do conselho de administração nas sociedades de maior dimensão, mas não impõe a gestão plural, porquanto admite a delegação de poderes de gestão do conselho de administração num único administrador delegado (art. 407.º)[564]. Conclui portanto o autor:

> «A imperatividade do regime de composição pluripessoal do conselho de administração não visa intransigentemente a pluripessoalidade na administração da empresa social, mas sim, afinal, a pluripessoalidade no *controlo* e na *vigilância geral* daquela administração – o que, convenhamos, é coisa bem distinta»[565].

335   Nem outra poderia ser a conclusão perante a reconhecida impossibilidade de um órgão colegial gerir, pelo menos quotidianamente, a empresa social[566]. De facto, em termos de *gestão*, um órgão colegial não pode mais do que traçar as grandes linhas de desenvolvimento da atividade[567] social e deliberar sobre

---

[561] Cfr. JOHANNES SEMLER – "Die interne Überwachung in der Holding", in MARCUS LUTTER (ed.) – *Holding Handbuch: Recht, Management, Steuern*, 4.ª ed., Köln: Schmidt, 2004, p. 177-178.

[562] ASSOCIAZIONE FRA LE SOCIETÀ ITALIANE PER AZIONI – Circolare ASSONIME n. 16/2010, *Rivista delle Società*, 55:4, 2010, p. 888.

[563] *Ex art.* 390.º/2.

[564] PEDRO MAIA – *Função...* p. 18-19.

[565] *Ibidem*, p. 19, 91, 211-213. Noutro ponto, explica o autor que, historicamente, a pluripessoalidade da administração surgiu espontaneamente como reflexo da existência de vários grandes acionistas: «Sendo muitos os sócios detentores de importantes participações na sociedade, por certo que nenhum deles estaria disposto a permanecer totalmente alheado dos negócios da empresa social». Tratava-se, portanto, não de obviar às exigências da gestão da grande empresa, mas sim de gerir conflitos de interesses com expressão na assembleia geral. O aumento do número de membros do conselho de administração, permitindo que este órgão exprimisse as diversas fações da assembleia geral, remeteu-o para funções predominantemente fiscalizadoras e de controle genérico da atividade social. *Ibidem*, p. 87-92.

[566] *Ibidem*, p. 92, nota 152.

[567] *Ibidem*, p. 92, nota 153.

O MODELO PORTUGUÊS ENQUANTO MODELO BASE

assuntos de especial relevância. Caso contrário, teria forçosamente de impor-se a reunião permanente do órgão colegial para a tudo atender.

Acresce que, caso a *ratio* da composição plural do conselho fosse a gestão eficiente da sociedade, não se compreenderia a intervenção do legislador em substituição da livre composição pelos acionistas. Tal intervenção é, no entanto, concebível no plano da *vigilância* da atividade social, porquanto esta obedece não apenas a considerações de interesse privado dos acionistas, mas também a considerações de interesse público. Não queremos com isto afirmar que o exercício de funções de vigilância pelos administradores se submeta a uma lógica de interesse público – como é, aliás, manifesto no caso do revisor oficial de contas –, mas apenas que a estabilidade da sociedade, derivada do cumprimento dos deveres dos administradores, aproveita também ao interesse público[568].

336

Sublinhe-se, no entanto, que a necessária composição plural do conselho de administração, e o seu funcionamento colegial, não permitem fundamentar cabalmente a obrigação de vigilância do órgão de administração. Essa composição e funcionamento vão dirigidos à vigilância dos administradores entre si na atividade deliberativa do órgão pluripessoal que integram, não fundamentando a vigilância devida sobre os atos de execução das deliberações do conselho[569] e sobre as estruturas administrativas subordinadas ao órgão de administração, independentemente de este ter uma composição singular ou coletiva[570].

337

Deve assim concluir-se que, apesar de a *ratio* da composição pluripessoal do conselho e o seu funcionamento colegial[571] corresponderem a exigências de controlo e vigilância, o fundamento último das obrigações de vigilância do con-

338

---

[568] Numa perspetiva mais restritiva, ELISABETE GOMES RAMOS – *Responsabilidade civil dos administradores e directores das sociedades anónimas perante os credores sociais*, Coimbra: Coimbra Editora, 2002, p. 115, sublinha o facto de a «imposição do dever de vigilância e de intervenção aos administradores não-delegados» tutelar, pelo menos mediatamente, os interesses dos sócios e dos credores sociais, na medida em que visa evitar a diluição do património social. No acórdão STJ 12-jan.-2012 (ÁLVARO RODRIGUES), processo n.º 916/03.2TBCSC.L1.S1, disponível em www.dgsi.pt, o tribunal foi mais longe, considerando que a violação do dever de diligência, imposto pelo artigo 64.º, constitui fundamento de responsabilidade civil, nos termos do 78.º/2.

[569] Cfr. *ibidem*, p. 117.

[570] A complexidade da atividade empresarial, mesmo numa sociedade cujo capital não exceda os 200.000 euros, pode determinar um afastamento do administrador face ao desenvolvimento direto da mesma, modelando o complexo de direitos e deveres que lhe são imputados. Quanto mais complexa for a atividade, maior será a delegação de funções e, logo, maior a proeminência da obrigação de vigilância no *status administratoris*.

[571] O funcionamento colegial resulta da atribuição da competência para a administração da sociedade exclusivamente ao conselho de administração, no art. 405.º/1, e das condições fixadas para o seu funcionamento no art. 410.º. Cfr., por todos, PEDRO MAIA – *Função...* p. 179-181.

DA ADMINISTRAÇÃO À FISCALIZAÇÃO DAS SOCIEDADES

selho de administração e de cada um dos seus membros reside nas respetivas obrigações de diligente administração, nos termos já referidos.

339   VI. Não deve igualmente identificar-se como fundamento da obrigação de vigilância o regime da solidariedade passiva dos administradores previsto no art. 73.º (e 72.º/4)[572]. Nos termos desta disposição, a sociedade pode demandar qualquer dos administradores-devedores solidários pela totalidade dos danos sofridos (art. 519.º CC), não podendo estes opor-lhe o benefício da divisão (art. 518.º CC).

340   Sujeitando cada administrador-devedor ao risco de pagamento da totalidade da prestação indemnizatória, sem que os demais administradores-codevedores lhe tenham entregue antecipadamente, ou venham a entregar posteriormente (em virtude de insolvência, por exemplo) a parte que lhes competia[573], este regime constitui, *de facto*, um incentivo essencial ao adequado desempenho das funções dos administradores.

341   Porém, tecnicamente, não pode dele retirar-se um qualquer dever de acompanhamento dos negócios sociais. Pelo contrário, a existência de incumprimento deste dever é pressuposto da aplicação do regime da solidariedade aos administradores que, não tendo praticado o ato de gestão danoso (não correspondendo a sua omissão a um dever de o praticar no caso concreto), deveriam ter evitado a sua prática ou tomado as medidas necessárias para eliminar ou restringir as suas consequências danosas[574]. Nas palavras de MENEZES CORDEIRO, «[a] solidarie-

---

[572] Pelo contrário, a obrigação de vigilância constitui fundamento do regime da solidariedade passiva dos administradores.

[573] MANUEL DE ANDRADE sublinha a vantagem do instituto da solidariedade passiva para o credor, traduzida na maior segurança que proporciona ao seu crédito, assim garantido por vários patrimónios. Cfr. MANUEL A. DOMINGUES DE ANDRADE – *Teoria geral das obrigações*, com a colaboração de Rui Alarcão, 3.ª ed., Coimbra: Almedina, 1966, p. 113 ss., em particular 131. ELISABETE GOMES RAMOS – *Responsabilidade civil...* p. 250-251, acrescenta, a propósito da solidariedade passiva dos administradores, que esta também confere mais proteção aos interesses do tráfego mercantil, da sociedade e dos próprios credores sociais, na medida em que estimula a participação e empenhamento dos administradores na gestão societária.

[574] A aplicação do regime da solidariedade passiva nestes casos não obsta ao reconhecimento de que os deveres de indemnização de cada um dos administradores solidariamente responsáveis pela satisfação do interesse da sociedade à reparação dos danos sofridos têm causas diversas. Com MASSIMO FRANZONI – *L'illecito*, Trattato della responsabilità civile, 1, 2.ª ed., Milano: Giuffrè, 2010, p. 156 (quando escreve a propósito da solidariedade passiva entre *amministratori* e *sindaci*), podemos afirmar que não releva o facto de serem distintos os títulos de responsabilidade, na medida em que a *unidade do evento danoso* pode resultar de uma pluralidade de factos sucessivos no tempo, mesmo quando seja diversa a causa e o título: num caso, o facto ilícito danoso corresponde ao incumprimento da *obrigação de administração em sentido estrito* (através da prática de um ato de gestão danoso ou da omissão de um ato de gestão devida); noutro caso, o facto ilícito danoso corresponde ao incumprimento da *obrigação de vigilância*.

O MODELO PORTUGUÊS ENQUANTO MODELO BASE

dade depende de, em momento prévio, se poder afirmar que os envolvidos são responsáveis. Ela não funciona como fonte autónoma de responsabilidade»[575].

Os conteúdos de uma e de outra obrigação, concretizados por referência à bitola de diligência normativa, perante as circunstâncias do caso concreto, não se confundem. Tanto uma como outra se reconduzem à *obrigação de administração em sentido amplo*, verdadeiro conceito-síntese (*Inbegriff*) do *status administratoris*. Porém, à sua diferenciação analítica correspondem diferentes normas de conduta no caso, cuja violação pressupõe diferentes factos ilícitos, praticados em diferentes momentos, que constituem causa da respetiva obrigação de indemnização. Assim sendo, para que opere a solidariedade passiva é necessário que se verifique, no caso, uma unidade do evento danoso, ou seja, que se verifique um concurso entre os inadimplementos dos administradores *executantes* e *vigilantes* e que destes resultou um único evento danoso.

Nestes casos, temos, portanto, diferentes causas, diferentes obrigações de indemnização, mas de conteúdo idêntico, no sentido em que todos os administradores-codevedores estão vinculados à satisfação do mesmo interesse da sociedade credora na prestação: o ressarcimento dos prejuízos sofridos. Estamos perante casos em que existe uma *pluralidade de devedores* (nesta expressão incluindo tanto os casos em que existe uma pluralidade de vínculos obrigacionais como aqueles em que à pluralidade de sujeitos corresponde uma única obrigação), mas não uma *obrigação subjetivamente complexa* (segundo a distinção de JANUÁRIO DA COSTA GOMES – *Assunção fidejussória de dívida: Sobre o sentido e o âmbito da vinculação como fiador*, Coimbra: Almedina, 2000, p. 162).

Diferentemente, quando o ato de gestão danoso, que traduz uma violação da obrigação de administração em sentido estrito, é praticado por mais do que um administrador, estaremos perante uma mesma causa e uma mesma obrigação de indemnização (*obrigação subjetivamente complexa*, segundo a distinção sugerida por JANUÁRIO DA COSTA GOMES, *ibidem*), sem prejuízo de nela se identificarem tantos deveres de prestar quantos os sujeitos passivos em causa.

Em todo o caso, deve hoje entender-se que a *eadem causa obligandi* não constitui pressuposto da solidariedade passiva face ao disposto no art. 512.º CC, nos termos do qual se exige apenas a responsabilidade dos codevedores pela prestação integral e a liberação recíproca (efeito extintivo recíproco). Cfr., por todos, JANUÁRIO DA COSTA GOMES, *ibidem*, p. 183 ss., em particular, p. 220-221, JOÃO ANTUNES VARELA – *Das obrigações em geral*, 1, 10.ª ed., Coimbra: Almedina, 2000, p. 755-765, em particular, p. 759-762. Em sentido contrário, ANTÓNIO MENEZES CORDEIRO – *Direito das obrigações*, 1, reimp., Lisboa: AAFDL, 1994, p. 373-374, 372, limita a obrigação solidária ao círculo da obrigação subjetivamente complexa, sendo esta caracterizada pela pluralidade de sujeitos, uma única prestação e uma única causa. Atualmente, o autor não apresenta a *eadem causa obligandi* como pressuposto da solidariedade passiva (*Tratado de Direito civil*, 6, 2.ª ed., Coimbra: Almedina, 2012, p. 766), mas não deixa de qualificar a obrigação solidária como uma única obrigação subjetivamente complexa, com prestação repartível apenas depois do cumprimento, sem prejuízo de, pelo prisma dos envolvidos, existirem tantos direitos de crédito quanto os credores (sobre a mesma prestação) e/ou tantos deveres de prestação quantos os devedores (relativos à mesma prestação) (cfr. *ibidem*, p. 776, bem como *Tratado de Direito civil português*, 2:3, Coimbra: Almedina, 2010, p. 732).

[575] MENEZES CORDEIRO – *CSC anotado*[2]..., art. 73.º/3, p. 281. Face a esta afirmação do autor, temos reservas quanto àqueloutra de que «a solidariedade dá corpo ao princípio da colegialidade, pedra de toque de qualquer órgão colectivo. Quer isso dizer que cada administrador tem o direito e o dever de acompanhar, com cuidado, os negócios sociais». Como referimos no texto, apesar de o regime da solidariedade passiva dos administradores constituir, de facto, um incentivo essencial ao adequado desempenho das funções dos administradores, tecnicamente não pode dele retirar-se um qualquer dever de acompanhamento dos negócios sociais. Para além disso, estando o art. 73.º inserido na parte geral do Código, vale tanto para as sociedades anónimas, nas quais vigora o princípio da administração colegial, como para os demais tipos

DA ADMINISTRAÇÃO À FISCALIZAÇÃO DAS SOCIEDADES

342   VII. Podemos assim concluir pela existência no sistema português de uma obrigação de fiscalização ou vigilância do próprio conselho de administração, independentemente de este encarregar (ou não) um ou mais administradores de certas matérias de administração, nos termos do art. 407.º/1, ou de delegar (ou não) a gestão corrente da sociedade num ou mais administradores ou numa comissão executiva, segundo o art. 407.º/3, 4 e 8[576]. O desenvolvimento da atividade social por administradores com poderes delegados ou por estruturas administrativas subordinadas ao conselho não colide com a responsabilidade global deste (*Gesamtverantwortung*) pela administração da sociedade[577].

343   Esta obrigação do conselho de administração projeta-se na esfera jurídica de cada um dos seus membros (chamados a participar no seu cumprimento em modo coletivo), contribuindo para a concreta determinação do elenco e conteúdo dos seus poderes e deveres. Se a competência do conselho de administração para *administrar* a sociedade se reflete numa obrigação dos seus membros relativamente à administração da sociedade, também o reconhecimento de uma obrigação de *vigilância* (decorrente da sua obrigação de administração) se reflete no necessário reconhecimento de uma obrigação de vigilância na esfera jurídica dos administradores[578].

---

de sociedades, nos quais assim não é. Cfr. art. 193.º, que sujeita supletivamente a gerência plural das sociedades em nome coletivo à regra da disjunção (sendo aplicável também às sociedades em comandita simples, *ex vi art.* 474.º) e art. 261.º, nos termos do qual a gerência plural nas sociedades por quotas obedece à regra da conjunção.

[576] Neste sentido, a afirmação de que o sistema português assenta numa diferenciação e segregação das funções de administração e gestão executiva, por um lado, e as funções de fiscalização, por outro (cfr., *v.g.*, GABRIELA FIGUEIREDO DIAS – *Fiscalização de sociedades...* p. 8), de acordo com o *Trennungsprinzip*, deve ser entendida *cum grano salis*. Como resulta do texto, a função de fiscalização é desenvolvida, em primeira linha, pelo órgão de administração, não havendo separação formal e rígida entre a obrigação de administração e a obrigação de vigilância. A distinção entre o espaço de atuação normativamente reservado aos órgãos de administração e a compreensão da atuação exigível aos órgãos de fiscalização impõe uma análise mais cuidada, tarefa a que vai dedicado o presente estudo.

[577] No Direito alemão, da responsabilidade global (*Gesamtverantwortung*) do *Vorstand* pela direção da sociedade decorrem o princípio da direção global (*Prinzip der Gesamtleitung*), nos termos do qual nenhum dos membros do *Vorstand* pode fazer suas as competências mínimas daquele órgão, e o princípio da vigilância mútua (*Prinzip der gegenseitigen Überwachung*), nos termos do qual cada membro do *Vorstand* deve participar na vigilância geral da gestão como um todo. Cfr. FLEISCHER – *Überwachungspflicht...*, n.os 5-6. No nosso sistema, como veremos de seguida, o princípio da direção global pode ser restringido por "delegação da gestão corrente da sociedade", autorizada pelos acionistas no contrato de sociedade, sem que tal colida com a responsabilidade global (*Gesamtverantwortung*) do conselho: mantém-se intocado o dever de vigilância mútua, a este se somando o dever de vigilância da estrutura subordinada ao conselho.

[578] Como explica MENEZES CORDEIRO – *Da responsabilidade civil...* p. 318-319, a pessoa coletiva é um centro de imputação de normas jurídicas (que não corresponde a um ser humano), sendo tais normas acatadas por pessoas singulares capazes, em modo coletivo: «as regras (...) vão seguir canais múltiplos e específicos, até atingirem o ser pensante, necessariamente humano, que as irá executar ou violar».

O MODELO PORTUGUÊS ENQUANTO MODELO BASE

Esta obrigação deve ser reconduzida e enquadrada na obrigação fundamental de administrar diligentemente a sociedade[579], tal como densificada pelos deveres de cuidado, previstos no art. 64.º/1, a)[580], e pela *business judgment rule*, prevista no art. 72.º/2[581]. Faz parte do conteúdo mínimo desta "obrigação fundamental" de qualquer administrador – sempre que haja mais do que uma pessoa com funções de administração (sejam administradores, funcionários ou colaboradores da sociedade) – que não pode ser posto em causa pela delegação de poderes, qualquer que seja a sua forma[582].

344

Não pretendemos com esta afirmação sustentar que a imputação de uma obrigação de vigilância ao conselho determina a imputação de *idênticas* situações jurídicas a cada um dos seus membros. Antes pelo contrário, como veremos adiante, a obrigação de vigilância imputada ao conselho não tem o mesmo conteúdo daqueloutra imputada a cada um dos seus membros.

345

VIII. Tanto quanto pudemos apurar, não existe entre nós um tratamento compreensivo da obrigação de vigilância dos administradores[583]. Apesar de diferentes autores se referirem brevemente à existência de um *dever* de vigilância de

346

Assim, nas sociedades anónimas, as normas imputadas diretamente aos seus órgãos são executadas ou violadas pelos seus titulares, em cuja esfera jurídica surgem específicas situações jurídicas, destinadas a atuar as situações jurídicas imputadas ao órgão que integram, atuando este por sua vez as situações jurídicas imputadas à pessoa coletiva.

[579] Cfr., *v.g.*, FLEISCHER – *Überwachungspflicht...*, n.ᵒˢ 5-6. Cfr., a este propósito, STJ 13-nov.-1987 (MENÉRES PIMENTEL), processo n.º 75021, *CJ*, 13:1, p. 7-13, de acordo com o qual sobre cada administrador ou gerente incide a obrigação de vigiar os atos praticados pelos colegas, designadamente impedindo a prática de atos ilícitos, sob pena de também eles serem responsabilizados.

[580] Sobre estes deveres, cfr. § 62.5 *infra*.

[581] Sobre o sentido do artigo 72.º/2, cfr. § 64.9 *infra*.

[582] Como explicava MENEZES CORDEIRO – *Da responsabilidade civil...* p. 40, a propósito da anterior redação do art. 64.º, «[este] preceito é fundamental, sendo certo que dele decorre, no essencial, todo o resto». Sendo a obrigação fundamental dos administradores administrar diligentemente a sociedade, cada administrador deve promover o interesse social não só nos atos por si diretamente praticados em nome da sociedade, mas ainda zelar por esse mesmo interesse na atuação dos demais administradores e da estrutura administrativa dependente do conselho de administração. O facto de um ato ser praticado isoladamente por um dos administradores ou por um qualquer colaborador da sociedade não isenta os demais administradores do cumprimento dos seus deveres para com a sociedade. Nesse sentido, a lei prevê expressamente que, mesmo nos casos em que exista "delegação da gestão corrente da sociedade", os demais administradores devem vigiar a atuação dos administradores delegados, salvaguardando o interesse social. Cfr. art. 407.º/8. No mesmo sentido, face ao texto do Código das Sociedades Comerciais anterior à reforma de 2006, *v.g.*, ELISABETE GOMES RAMOS – *Responsabilidade civil...* p. 116.

[583] Mesmo no Direito alemão, os deveres de vigilância (*Überwachungspflichten*) dos administradores estão ainda pouco desenvolvidos, não sendo claros os seus contornos. FLEISCHER – *Überwachungspflicht...*, n.ᵒˢ 1, 13.

DA ADMINISTRAÇÃO À FISCALIZAÇÃO DAS SOCIEDADES

todos os administradores[584], tal *dever* só tem sido criticamente analisado a propósito da delegação da gestão corrente da sociedade, segundo o art. 407.º/8. Trata-se de uma lacuna que aqui se pretende superar.

§ 14. A OBRIGAÇÃO DE VIGILÂNCIA DOS ADMINISTRADORES PERANTE A DELEGAÇÃO DE PODERES PELO CONSELHO DE ADMINISTRAÇÃO: SENTIDO E ALCANCE DO "ENCARGO ESPECIAL" PREVISTO NO ART. 407.º/1 E 2 CSC

347   I. Segundo o art. 407.º/1 e 2, o conselho de administração pode encarregar especialmente um ou mais administradores para se ocuparem de certas matérias de administração, delegando os necessários poderes para o efeito, sem que tal determine uma exclusão da competência normal dos outros administradores ou do conselho, nem a responsabilidade daqueles nos termos da lei. Tanto pode estar em causa uma "distribuição de pelouros" no seio do conselho, envolvendo a delegação de poderes para a prática de um conjunto mais ou menos vasto de atos compreendidos numa "certa matéria de administração", como, numa perspetiva mais restritiva, a delegação de poderes para a prática de atos determinados.

348   Ao conselho de administração caberá definir as melhores soluções face às circunstâncias do caso concreto, com dois limites[585]. O primeiro resulta diretamente do art. 407.º/2: o encargo especial não pode abranger as matérias previstas nas alíneas *a)* a *m)* do art. 406.º[586]. O segundo resulta do regime previsto no

---

[584] Já na vigência do Código Comercial, CUNHA GONÇALVES – *Comentário*, 1... p. 429, afirmava que a responsabilidade dos administradores é solidária pela necessidade de os administradores se fiscalizarem reciprocamente. Na vigência do Código das Sociedades Comerciais, pronunciaram-se pela existência de um dever de cada administrador de vigiar a atuação dos demais, mesmo na ausência de delegação de poderes nos termos do art. 407.º, *v.g.*, RAUL VENTURA – *Estudos vários sobre sociedades anónimas: Comentário ao Código das Sociedades Comerciais*, 1 reimp., Coimbra: Almedina, 2003, p. 536, ELISABETE GOMES RAMOS – *Responsabilidade civil...* p. 116-117, SOVERAL MARTINS – *A responsabilidade...* p. 375-376, PEDRO MAIA – *Função...* p. 273 (nota 327), 274-277, e CORDEIRO – *CSC anotado²...*, art. 73.º, n.º 3.
O mesmo dever é há muito pacificamente aceite nos ordenamentos de referência, como veremos adiante a propósito do sistema italiano, neste capítulo, do sistema alemão, no capítulo III, e dos sistemas anglo-saxónicos, no capítulo IV. Sobre o sistema francês, cfr., *v.g.*, RAPHAËL CONTIN – *Le Contrôle de la Gestion des Sociétés Anonymes*, Paris: Libr. techn., 1975, p. 408 ss.
[585] Em sentido contrário, numa interpretação que nos parece injustificadamente restritiva, MENEZES CORDEIRO – *CSC anotado²...*, art. 407.º, n.º 3, sustenta que o encargo especial (a que chama "entrega de matérias") pode respeitar (a) à preparação de assuntos a submeter ao conselho, (b) à execução de decisões aí tomadas, (c) à prática de atos que não surjam inovadores em relação ao já decidido.
[586] A saber: (a) escolha do presidente do conselho, sem prejuízo do disposto no art. 395.º; (b) cooptação de administradores; (c) pedido de convocação de assembleias gerais; (d) relatórios e contas anuais; (e) aquisição, alienação e oneração de bens imóveis; (f) prestação de cauções e garantias pessoais ou reais pela sociedade; (g) abertura ou encerramento de estabelecimentos ou de partes importantes destes;

O MODELO PORTUGUÊS ENQUANTO MODELO BASE

art. 407.º/3, nos termos do qual se exige autorização estatutária para a "delegação da gestão corrente da sociedade". Este segundo limite requer uma explicação mais detalhada.

II. Segundo a generalidade da nossa doutrina[587], tanto no "encargo especial" como na "delegação da gestão corrente da sociedade", a inerente delegação de

(h) extensões ou reduções importantes da atividade da sociedade; (i) modificações importantes na organização da empresa; (j) estabelecimento ou cessação de cooperação duradoura e importante com outras empresas; (l) mudança de sede e aumentos de capital, nos termos previstos no contrato de sociedade; (m) projetos de fusão, de cisão e de transformação da sociedade.

[587] Assim, por exemplo, PEDRO MAIA – *Função...* p. 247-251, NOGUEIRA SERENS – *Notas...* p. 77-78, ISABEL MOUSINHO DE FIGUEIREDO – *O administrador delegado...* p. 562, 582-583, ELISABETE GOMES RAMOS – *Responsabilidade civil...* p. 115.

A nossa doutrina dominante parece seguir uma tendência da doutrina e da jurisprudência italianas. Em 1952, FANELLI sustentava que, se a delegação não cria uma nova e distinta relação orgânica e não dá lugar, portanto, a uma competência própria do delegado, deixando inalterada a estrutura orgânica da sociedade e a posição formal e substancial do órgão delegante, permanecem inalterados não só todos os poderes, mas também todos os deveres e a consequente responsabilidade face à sociedade dos membros deste órgão. Estes não seriam por isso exonerados, pela delegação, do dever de exercer por inteiro a função administrativa e, consequentemente, da responsabilidade por qualquer deficiência ou desvio, ainda que imputável ao órgão delegado. Se, pelo contrário, se reconhecer nas pessoas investidas da delegação a qualidade de verdadeiros e próprios órgãos sociais, distintos do ordinário órgão administrativo e, como tal, titulares de uma função própria e, logo, de poderes e competências próprias, então deve considerar-se o órgão delegante exonerado do dever de realizar aquela parte da atividade administrativa que é delegada e que se tornou competência própria do órgão delegado, com as inevitáveis consequências ao nível da responsabilidade. GIUSEPPE FANELLI – *La delega di potere amministrativo nella società per azioni*, Milano: Giuffrè, 1952, p. 13.

Na construção de FANELLI: (a) o poder de delegação é um poder de imputar a outro sujeito uma função administrativa permanente que, no Direito italiano (art. 2381 *Codice Civile*), depende de autorização da assembleia geral (a legitimidade para a delegação decorre do ato autorizativo); (b) o exercício do poder de delegação é discricionário (art. 2381 *Codice Civile*), sendo por isso revogável e modificável pelo órgão delegante; (c) a delegação comporta a atribuição permanente do poder administrativo ao órgão delegado, no sentido de que este último fica autorizado a praticar não atos individualizados, mas todos os atos que considere compreendidos no poder delegado (pelo que não constitui delegação de poderes o mandato conferido pelo órgão a um ou mais dos seus membros para praticar um ou mais atos concretos de administração); (d) a delegação não priva o órgão delegante do poder administrativo delegado, gerando antes uma competência concorrente; e (e) enquanto o órgão delegante não revogar a delegação ou modificar o seu conteúdo e não tenha praticado atos compreendidos no poder delegado, o órgão delegado pode exercer discricionariamente esse poder, com a mesma discricionariedade que caberia ao órgão delegante, nos termos legais e estatutários. Cfr. *ibidem*, p. 16-20.

Cfr. também, *v.g.*, FRÉ – *Società per azioni...* p. 434-444, FRANCO BONELLI – *Gli amministratori di s.p.a. dopo la riforma delle società*, Milano: Giuffrè, 2004, p. 46-48, FRANCO BONELLI – *Gli amministratori di società per azioni*, Milano: Giuffrè, 1985, p. 248, ORESTE CAGNASSO – *Gli organi delegati nelle società per azioni: Profili funzionali*, Torino: Giapichelli, 1976, p. 85 ss, CAMUZZI – *I poteri...* p. 790-791, MINERVINI – *Gli amministratori...* p. 441 ss. Quanto a jurisprudência, cfr., *v.g.*, CssIt 29-ago.-2003, n.º 12696, *Giustizia Civile Massimario*, 2003, p. 7-8.

DA ADMINISTRAÇÃO À FISCALIZAÇÃO DAS SOCIEDADES

poderes tem um *função positiva*, traduzida na concessão a um ou mais administradores de poderes que individualmente não detinham.

350   A diferença entre um e outra residiria, então, na *função negativa* da delegação da gestão corrente da sociedade – sem paralelo no encargo especial –, consubstanciada na restrição dos deveres imputados aos administradores *não-delegados*. Estes, na sequência dessa delegação, deixariam de ter um «autêntico dever de administrar», para passarem a ter apenas um «dever de vigiar genericamente a actividade dos administradores delegados»[588] e, sendo caso disso, convocar o conselho de administração para tomar as medidas adequadas (nos termos do art. 407.º/8)[589].

351   Por outras palavras, tanto a solução prevista no n.º 1, como aqueloutra prevista no n.º 3 do art. 407.º, implicariam uma alteração do complexo de situações jurídicas imputadas aos administradores *delegados* (ou membros da comissão executiva). Contudo, só a segunda implicaria igualmente uma alteração do *status* dos administradores *não-delegados*.

352   Esta diferença de efeitos justificaria, segundo a mesma corrente, a imposição de um requisito de autorização estatutária para a "delegação da gestão corrente", mas não para o "encargo especial". Nas palavras de PEDRO MAIA:

> «se a delegação própria [ou seja, a delegação da gestão corrente nos termos do n.º 3 do art. 407.º CSC] interfere com os deveres dos administradores (não-delegados), aliviando-os da obrigação de intervir activamente na gestão da empresa social, é lógica a exigência de uma expressa cláusula estatutária para esse fim»[590].

353   Não podemos concordar com esta perspetiva que parece esquecer o carácter indeterminado da obrigação de administração. Este reclama uma adequada metodologia de concretização *in casu*, não compaginável com pretensões de delimitação *ex ante* do seu conteúdo, como aquela que se pretende assegurar através da intervenção dos acionistas, autorizando a "delegação da gestão corrente da sociedade".

354   Parece-nos que tais pretensões de delimitação apriorística são ilusórias. Ninguém questiona a possibilidade de o conselho de administração constituir uma estrutura administrativa destinada ao desenvolvimento da atividade empresarial sob as suas instruções. Da mesma forma, não se questiona que, quanto maior

---

[588] Referimo-nos aqui aos termos usados, *v.g.*, por PEDRO MAIA – *Função...* p. 251.

[589] PEDRO MAIA, *ibidem*, p. 250-251, NOGUEIRA SERENS – *Notas...* p. 77-78, ISABEL MOUSINHO DE FIGUEIREDO – *O administrador delegado...* p. 562, 582-583.

[590] PEDRO MAIA – *Função...* p. 252.

O MODELO PORTUGUÊS ENQUANTO MODELO BASE

e mais complexa se torna essa estrutura, maior será o alheamento do conselho face à gestão corrente da atividade empresarial, sendo progressivamente relegado para funções de coordenação e de vigilância[591].

Independentemente da redação do art. 407.º, não nos parece razoável exigir do conselho de administração um permanente acompanhamento de todos os atos praticados no contexto da atividade da sociedade. Com uma tal configuração, a obrigação poderia ser, pura e simplesmente, impossível. Uma tal prestação poderia ser objetiva e originariamente impossível (art. 401.º CC) ou, com o crescimento da sociedade, poderia tornar-se objetivamente impossível por causa não imputável ao devedor, extinguindo-se (art. 790.º CC)[592].

355

Dito isto: se se admite, nestes casos, a concreta modelação do conteúdo da obrigação de administração em função das circunstâncias do caso, deve igualmente admitir-se tal modelação perante o ato pelo qual o conselho encarrega um ou mais administradores de se ocuparem de certas matérias de administração, previsto no art. 407.º/1. A coerência interna do sistema não permite uma solução diversa: não permite que a delegação de poderes em colaboradores da sociedade tenha repercussões sobre o complexo de situações jurídicas imputadas ao conselho e a cada um dos seus administradores, mas não a delegação de poderes em administradores (para lá do caso previsto no art. 407.º/3).

356

Por outro lado, através da distribuição de tarefas subjacente ao "encargo especial" visa-se uma mais eficiente administração da sociedade que, obviamente, seria prejudicada pela sobreposição da atuação de vários administradores. Se o conselho encarrega um ou mais administradores de certas matérias de

357

---

[591] Note-se que construções da obrigação de administração como a sustentada por ANTÓNIO FERRER CORREIA – Lições de direito comercial, reedição conjunta dos volumes 1, 2 e 3 publicados em 1973, 1968 e 1975, Lisboa: Lex, 1994, p. 390 – «orientação técnico-económica da empresa, nomeadamente a escolha, a organização e a direcção dos elementos pessoais e dos meios materiais necessários ao seu funcionamento, e ainda, para além disso, a escrituração regular de todas as operações sociais» – são suficientemente flexíveis para compreender não só a intervenção direta do conselho na gestão corrente de pequenas sociedades, mas também fenómenos de desconcentração e descentralização da atividade administrativa em estruturas empresariais de maior dimensão. No mesmo sentido, v.g., ILÍDIO DUARTE RODRIGUES – A administração... p. 86.

[592] No mesmo sentido, MARIA AUGUSTA FRANÇA explica que a noção legal de gestão «engloba todos os actos necessários à realização dos fins sociais, que não estejam expressamente atribuídos a outros órgãos e que não alterem os princípios e os condicionalismos impostos pelos sócios nos estatutos», sem que isso, contudo, implique que os administradores devam praticar todos estes actos com a suas próprias mãos». Segundo a autora, «[t]al conclusão seria, para além de absurda, face à impossibilidade física do seu cumprimento, uma violação à própria noção de gestão. O dever de praticar os actos necessários à realização do fim social é satisfeito, neste caso e perante esta impossibilidade, pela organização da empresa e pelo controlo da actividade desenvolvida» (itálico nosso). Cfr. MARIA AUGUSTA FRANÇA – A estrutura das sociedades anónimas em relação de grupo, Lisboa: AAFDL, 1990, p. 69.

DA ADMINISTRAÇÃO À FISCALIZAÇÃO DAS SOCIEDADES

administração, não devem os demais imiscuir-se *permanentemente* na prática dos atos subjacentes[593].

358   Em suma, a obrigação de administração é indeterminada, mas determinável *no caso concreto*, de acordo com o padrão de diligência normativa, atendendo às específicas circunstâncias do caso concreto. A delegação da gestão corrente da sociedade prevista no art. 407.º/3 delimita o conteúdo dos poderes e deveres imputados ao conselho e aos seus membros, mas não esgota o universo de variáveis delimitadoras desse mesmo conteúdo, entre as quais se destaca o encargo especial de certas matérias de administração a algum ou alguns administradores, segundo o art. 407.º/1[594].

359   III. Neste contexto, não nos parece inteiramente correta a descrição tanto da *função positiva*, como da *função negativa* da delegação de poderes – traduzindo-se a primeira na atribuição de novos poderes a certos administradores e a segunda

---

[593] No Direito alemão, neste sentido, cfr., por todos, FLEISCHER – *Überwachungspflicht..*, HOLGER FLEISCHER – Zum Grundsatz der Gesamtverantwortung im Aktienrecht, *Neue Zeitschrift für Gesellschaftsrecht*, 6:10, 2003, p. 452, n.ᵒˢ 3, 9, acompanhado, *v.g.*, por SPINDLER – *MünchKomm. AktG*³..., § 77, n.º 59.

[594] No Direito alemão, a doutrina maioritária entende que a repartição de pelouros (*Ressortverteilung* ou *Geschäftsverteilung*) entre os membros do *Vorstand* determina uma alteração do complexo de deveres dos administradores que ficam responsáveis pela sua mútua vigilância. Cfr., por todos, FLEISCHER – *Zum Grundsatz...* p. 452, FLEISCHER – *Überwachungspflicht...*, n.ᵒˢ 3, 10, SPINDLER – *MünchKomm. AktG*³..., § 77, n.º 59. No entanto, tal alteração parece depender de uma clara, senão mesmo formal (nos estatutos ou no regimento do órgão), repartição de pelouros. FLEISCHER – *Überwachungspflicht...*, n.ᵒˢ 11, 12, 15. Cfr. também, *v.g.*, MERTENS – *Kölner Komm. AktG*²..., § 77, n.º 21. Esta construção parece colidir com a perspetiva da determinação *in casu* do conteúdo da obrigação de administração sustentada no corpo do texto. Segundo FLEISCHER, existe consenso na doutrina sobre os elementos essenciais da responsabilidade de vigilância (*Überwachungsverantwortung*) dos administradores: (i) trata-se de responsabilidade subjetiva por atos próprios (cfr. *ibidem*, § 93, n.º 18, KLAUS J. HOPT, in *Aktiengesetz Großkommentar*, 3 – §§ 76-94, 4.ª ed., 1999, § 93, n.º 55, FLEISCHER – *Überwachungspflicht...*, n.º 14, UWE HÜFFER – *Aktiengesetz*, 10.ª ed., München: C.H. Beck, 2012, § 93, n.º 14); (ii) a violação do dever pelo membro do *Vorstand* pode resultar do próprio ato de repartição de pelouros, quando sejam repartidas tarefas indelegáveis, quando a repartição de pelouros não cumpra os requisitos formais, ou quando os membros do *Vorstand* não adotem a diligência devida na distribuição de tarefas entre si, encarregando matérias a administradores sem as necessárias qualificações profissionais (cfr. SPINDLER – *MünchKomm. AktG*³..., § 93, n.º 131-134, FLEISCHER – *Überwachungspflicht...*, n.ᵒˢ 15); (iii) a responsabilidade pode ainda decorrer da insuficiente vigilância (cfr. HOPT – *AktG Großkommentar*⁴..., §93, n.º 62, FLEISCHER – *Überwachungspflicht...*, n.º 16). Face a esta terceira questão, discute-se até que ponto um membro do *Vorstand* pode confiar nos seus colegas. A lei alemã, tal como a nossa, não especifica as medidas de vigilância a adotar por cada membro do *Vorstand*. Cfr. *ibidem*, n.º 17. Em geral, a doutrina alemã afirma apenas que o grau de vigilância depende das circunstâncias de cada caso. Cfr. HOPT – *AktG Großkommentar*⁴..., § 93, n.º 62, HÜFFER – *Aktiengesetz*¹⁰..., § 93, n.º 13a, SPINDLER – *MünchKomm. AktG*³..., § 77, n.º 59, MERTENS – *Kölner Komm. AktG*²..., § 77, n.º 23, FLEISCHER – *Überwachungspflicht...*, n.ᵒˢ 17. Recentemente, porém, o tema conheceu novos desenvolvimentos, analisados no § 62.7 *infra*.

O MODELO PORTUGUÊS ENQUANTO MODELO BASE

na retirada de deveres a outros administradores –, sugerida por PEDRO MAIA[595], seguindo de perto BORGIOLI[596].

Quanto à *função positiva*: a delegação de poderes, tanto nos termos do n.º 1 como nos termos do n.º 3 do art. 407.º, não implica simplesmente uma *imputação ex novo* de poderes aos administradores delegados, dado que estes, antes da delegação, estavam já obrigados a participar da administração da sociedade, de acordo com a normal imputação sucessiva de situações jurídicas aos membros do órgão coletivo responsável pela mesma[597]. Implica sim uma específica concretização do conteúdo da sua obrigação de administrar diligentemente a sociedade: onde antes devia atuar como membro do conselho, passa a dever atuar como administrador delegado (sozinho, em colaboração com os demais administradores delegados ou como membro da comissão executiva, consoante o que seja decidido pelo conselho)[598].   360

Quanto à *função negativa*: parece-nos redutora a perspetiva de que a "delegação da gestão corrente" *retira* deveres aos administradores não-delegados. Como sustentámos já, tanto face a um "encargo especial", como face à "delegação da gestão corrente", o conselho de administração não deixa de estar adstrito a uma participação ativa nas matérias delegadas. Simplesmente, essa participação é de natureza *subsidiária*: o conselho *pode* e *deve* intervir sempre que a atuação dos administradores delegados ou da comissão executiva não seja adequada ou suficiente.   361

Esse dever de intervenção, modelado pelas circunstâncias do caso concreto, deve ser dogmaticamente reconduzido à obrigação de vigilância que, por sua vez, decorre da obrigação de administração diligente da sociedade.   362

Antecipando a decomposição analítica da obrigação de vigilância em poderes-deveres de obtenção de informação e de inspeção, dever de avaliação e poderes-deveres de reação, que apresentamos adiante[599], podemos enquadrar o *poder-dever de intervenção* dos administradores não-delegados na gestão corrente da sociedade: caso os administradores não-delegados, na sequência da informação recolhida, concluam pela existência de irregularidades na condução da   363

---

[595] PEDRO MAIA – *Função...* p. 251.

[596] ALESSANDRO BORGIOLI – *L'Amministrazione delegata*, Firenze: Nardini, 1982, p. 79 ss.

[597] Sobre a imputação sucessiva de situações jurídicas aos membros dos órgãos coletivos referida no texto, cfr. § 61 *infra*.

[598] À partida, parece-nos que só existe a imputação de situações jurídicas *ex novo* em caso de constituição de uma comissão executiva. Só assim surge um novo centro de imputação de situações jurídicas ao qual será imputada uma nova obrigação de gestão corrente da sociedade. Isto sem prejuízo de tal obrigação se refletir na esfera jurídica dos seus membros, modelando as obrigações já decorrentes da sua participação no conselho de administração.

[599] Cfr. §§ 16 ss., bem como o § 62.6 *infra*.

DA ADMINISTRAÇÃO À FISCALIZAÇÃO DAS SOCIEDADES

gestão corrente da sociedade – e isto vale tanto para a condução dessa atividade pelos administradores não-delegados, como por qualquer outro colaborador da sociedade – e pela necessidade de reação, na sequência de uma avaliação ponderada da situação, têm não só o *poder*, mas também o *dever*[600] de intervir diretamente nas matérias delegadas[601].

364 Em princípio, essa intervenção é mediada pelo plenário do conselho de administração[602], a quem é imputada, em primeira linha, a obrigação de diligente administração da sociedade[603]. No entanto, como veremos adiante, casos há em que se justifica a reação direta de um administrador individualmente considerado, a título preventivo, evitando a produção de danos ou o agravamento dos mesmos, até à intervenção do conselho[604].

365 Em suma, a *função negativa* da delegação não consubstancia uma "retirada de deveres", mas uma modelação do seu conteúdo[605].

---

[600] Face à redação do art. 407.º/8, I parte, ninguém questiona a competência concorrente do conselho de administração sobre as matérias delegadas, tal como não deve ser questionado o reflexo dessa competência na imputação sucessiva de situações jurídicas aos membros do conselho. Tendo as normas de competência jus-societárias um modo deôntico de imposição, nos termos sustentados adiante no § 62.1, os poderes imputados aos órgãos sociais devem ser necessariamente configurados como *poderes-deveres* ou *poderes funcionais*. Assim, se se mantém a vinculação do conselho face à gestão corrente da sociedade, mantém-se igualmente a vinculação dos seus membros (em modo coletivo).

[601] Esta é uma diferença fundamental da obrigação de vigilância dos administradores face àqueloutra do conselho fiscal (ou do conselho geral e de supervisão ou da comissão de auditoria), na medida em que este não *pode* nunca (logo, não *deve*) substituir-se ao conselho de administração, intervindo diretamente na gestão corrente da sociedade. O fundamento para a *iniciativa* refletida na intervenção do conselho de administração ou dos administradores não-delegados reside na sua competência concorrente com a dos administradores delegados. Em princípio, caberia ao conselho intervir na gestão corrente [a pedido de qualquer administrador, arts. 406.º, *n*) e 407.º/8]. Nalguns casos, porém, justifica-se a intervenção direta de um ou mais administradores individualmente considerados nos termos desenvolvidos adiante no § 19. Sobre o fundamento da competência concorrente, cfr., *v.g.*, GIUSEPPE FERRI – "I controlli interni nelle società per azioni", in *Controlli interni ed esterni delle societa per azioni*, Milano: Giuffrè, 1972, p. 15-16, que se debruça em particular sobre a intervenção do conselho de administração na atividade desenvolvida pelos administradores delegados ou pela comissão executiva.

[602] O qual deve intervir a pedido de qualquer administrador. Cfr. arts. 406.º, *n*) e 407.º/8.

[603] Nos termos do art. 405.º, inalterados pela delegação, como expressamente resulta do art. 407.º/8.

[604] A intervenção do conselho pode ser mais ou menos demorada em função da necessidade de convocatória e das concretas circunstâncias do caso que permitem a concretização do conceito de "antecedência adequada" previsto no art. 410.º/3. Cfr. § 19 *infra*.

[605] Afirmações no sentido de os administradores não-delegados *só responderem* pela vigilância geral dos administradores delegados ou pela omissão de provocação da intervenção do conselho (neste sentido, *v.g.*, ALEXANDRE SOVERAL MARTINS – *Os administradores delegados das sociedades anónimas: algumas considerações*, Coimbra: Fora do texto, 1998, p. 19) induzem em erro, na medida em que parecem sugerir que os administradores não-delegados não estão obrigados a intervir na gestão corrente da sociedade.

O MODELO PORTUGUÊS ENQUANTO MODELO BASE

IV. Qual então o sentido da exigência de autorização prevista no contrato de sociedade para a "delegação de gestão corrente", nos termos do art. 407.º/3, sem paralelo no "encargo especial"? Na sequência de quanto foi referido, a diferença não pode justificar-se pela alegada distinta posição dos administradores não-delegados numa e noutra situação. Só pode justificar-se pela diferente extensão da delegação de poderes num caso e noutro.

366

A delegação para lá dos limites fixados no n.º 2 do art. 407.º habilita um outro órgão, para além do conselho de administração, a desempenhar funções centrais na administração da sociedade – como sejam as funções de planeamento estratégico [cfr., neste âmbito, as als. *g*) a *j*) do art. 406.º] e de organização e coordenação [cfr. al. *i*) do art. 406.º] – funções estas que, sem prejuízo da competência concorrente do conselho de administração, na prática serão exercidas por este outro órgão.

367

Perante esta realidade, a lei estabelece um equilíbrio entre os poderes do conselho de administração e os poderes dos acionistas. Em princípio, são os acionistas que escolhem a matriz organizacional básica da administração e fiscalização da sociedade, cabendo ao conselho o dever de se organizar internamente e de organizar as estruturas administrativas a si subordinadas. No entanto, face ao poder que pela "delegação da gestão corrente" é conferido aos administradores delegados ou à comissão executiva, o legislador estabeleceu um desvio a esta regra: a iniciativa para a criação do órgão, a definição das suas competências e a regulação do seu funcionamento continuam a caber ao conselho, mas a criação do mesmo depende de prévia autorização dos acionistas no contrato de sociedade[606].

368

V. Face a esta construção, poderia concluir-se ser esta solução formalista e inoperante na prática, podendo o conselho de administração alcançar o mesmo resultado prático sem delegar formalmente a gestão corrente da sociedade, seja através de sucessivos encargos especiais em administradores (segundo o art. 407.º/1), seja através do desenvolvimento de estruturas administrativas subordinadas ao conselho mas que, na prática, desenvolveriam a gestão corrente da

369

---

[606] Pelo contrário, a mera repartição de pelouros no seio do conselho não exige o consentimento dos sócios, porque não cria um novo órgão com extensos poderes de administração e, logo, não altera o equilíbrio subjacente à matriz organizacional escolhida pelos acionistas no contrato de sociedade. Recordem-se, a este propósito, as palavras de ABBADESSA, sublinhando que a autorização dos acionistas tem um fim garantístico que não tem sentido perante a distribuição interna de pelouros. Segundo este autor, a subordinação da delegação de poderes do conselho no Direito italiano a autorização dos sócios devia ser adequadamente enquadrada no desenvolvimento histórico-dogmático do instituto da delegação de tais poderes. PIETRO ABBADESSA – *La gestione dell'impresa nella società per azioni: profili organizzativi*, Milano: Giuffrè, 1975, p. 108 (em particular, nota 82).

DA ADMINISTRAÇÃO À FISCALIZAÇÃO DAS SOCIEDADES

sociedade, seja através da constituição de uma ou mais sociedades-filhas através das quais a sociedade – então sociedade-mãe – desenvolveria a sua atividade.

370   Parece-nos, contudo, que do art. 407.º/3 resulta um princípio de direção global (*Prinzip der Gesamtleitung*) ou de responsabilidade global (*Gesamtverantwortung*)[607], nos termos do qual um núcleo central de matérias – relativas ao planeamento estratégico, à organização e coordenação da atividade empresarial – não pode ser delegado pelo conselho de administração, nem posto em causa pela constituição de sociedades-filhas, salvo autorização dos acionistas no contrato de sociedade. Do mesmo princípio resulta que a tarefa de vigilância do pleno não pode ser posta em causa sequer com autorização estatutária.

371   Tendo os acionistas definido uma matriz organizacional para a administração e fiscalização no contrato de sociedade – nos termos da qual o conselho de administração deve assegurar a direção global –, não pode a mesma ser subvertida por uma desoneração do conselho face a tarefas nucleares da administração[608]. Há portanto um conjunto de tarefas que devem ser desenvolvidas diretamente pelo conselho, sem prejuízo de tanto os atos preparatórios, como os atos de execução das deliberações do conselho poderem ser cometidos seja a administradores (individualmente ou organizados em comissões), seja a outros colaboradores da sociedade[609].

---

[607] Cfr., *v.g.*, MICHAEL HOFFMANN-BECKING – Zur rechtlichen Organisation der Zusammenarbeit im Vorstand der AG, *Zeitschrift fur Unternehmens- und Gesellschaftsrecht*, 27:3, 1998, p. 506-514, UWE HÜFFER – *Aktiengesetz*, 7.ª ed., München: C.H. Beck, 2002, § 77, n.º 18, SEIBT – *§ 77 AktG Kommentar...*, n.º 19, FLEISCHER – *Leitungsaufgabe..*, FLEISCHER – *Leitungsaufgabe (ZIP)...* p. 2, SEMLER – *Leitung und Überwachung*[2]... p. 17-22, n.º 5, FLEISCHER – *Überwachungspflicht...*, n.º 5. Para a aplicação deste princípio face à existência de sociedades-filhas, cfr., *v.g.*, HEINRICH GÖTZ – Leitungssorgfalt und Leitungskontrolle der Aktiengesellschaft hinsichtlich abhängiger Unternehmen, *Zeitschrift fur Unternehmens- und Gesellschaftsrecht*, 27:3, 1998.

[608] No Direito alemão, entende-se que o *Vorstand* não exerce a sua competência orgânica se, transmitindo as suas competências legais, não dirige (*leiten*) a sociedade, exercendo por si as competências mínimas (*Mindestzuständigkeiten*). Cfr., *v.g.*, SEMLER – *Leitung und Überwachung*[2]... p. 5.

[609] Normalmente admite-se a prática de atos preparatórios e de execução por outros sujeitos porque o conselho mantém a sua responsabilidade contínua sobre esses atos (traduzida em deveres de seleção dos sujeitos e de vigilância sobre a sua atuação) e a competência exclusiva para a deliberação. Cfr., *v.g.*, UWE HÜFFER – "Der Vorstand als Leitungsorgan und die Mandats- sowie Haftungsbeziehungen seiner Mitglieder ", in WALTER BAYER e MATHIAS HABERSACK (eds.) – *Aktienrecht im Wandel*, 2 – Grundsatzfragen des Aktienrechts, München: C.H. Beck, 2007, p. 354-355. No entanto, a afirmação de que a reserva de competência mínima do conselho não obsta à prática de atos preparatórios e de execução das suas deliberações por outros sujeitos deve ser entendida *cum grano salis*. Tanto uns como outros não são neutros.

Por um lado, a preparação de uma deliberação implica não uma (pura) *recolha* de informação, mas um *tratamento* da informação. O tratamento de informação inclui juízos sobre a relevância ou irrelevância de determinados factos, com vista à seleção, síntese e apresentação dos mais relevantes, agilizando o processo deliberativo do coletivo de administradores. Nessa medida, a seleção, a síntese e a forma

O MODELO PORTUGUÊS ENQUANTO MODELO BASE

VI. Sem prejuízo das concretizações que possam resultar diretamente da lei, a concretização do núcleo de matérias insuscetível de delegação sem autorização dos acionistas no contrato de sociedade – ou seja, ao abrigo do art.

372

de apresentação dos factos subjacente ao tratamento da informação podem induzir o conselho a decidir num sentido ou noutro. A este propósito, veja-se o ensaio de Matthias Graumann – "Der Entscheidungsbegriff in § 93 Abs. 1 Satz 2 AktG – Rekonstruktion des traditionellen Verständnisses und Vorschlag für eine moderne Konzeption", in *Zeitschrift fur Unternehmens- und Gesellschaftsrecht*, 2011, sobre o conceito de "decisão" enquanto "síntese coordenadora das necessárias subdecisões" – ou seja, não enquanto "elemento compacto", mas como construção que cobre seis diferentes fases do processo de decisão» –, recusando a tradicional distinção, na doutrina e jurisprudência, entre "decisão" (*Entscheidung*) e "preparação de decisão" (*Entscheidungsvorbereitung*) ou "preparação das bases da decisão" (*Erstellung der Entscheidungsgrundlagen*). Como sublinha o autor, o processo de decisão é marcado por decisões sucessivas, cuja variável complexidade e dificuldade pode superar aquelas que caracterizam a decisão final (*ibidem*, p. 300). Exemplo disso são os casos que vieram a público com a crise financeira de 2009: muitos bancos sofreram perdas elevadas, decorrentes de negócios sobre instrumentos financeiros estruturados, tendo sido discutido se os administradores dos mesmos teriam avaliado diligentemente os riscos associados a tais negócios. Segundo Graumann, *ibidem*, esta avaliação não se situa numa "área de decisão" (*"Vorbereich der Entscheidung"*), como sugere Marcus Lutter – Die Business Judgment Rule und ihre praktische Anwendung, *Zeitschrift für Wirtschaftsrecht*, 28:18, 2007, p. 844; envolve múltiplas subdecisões no processo de preparação da decisão sobre os previsíveis efeitos das alternativas de ação consideradas e sobre os riscos que as mesmas acarretavam para os bancos. A preocupação subjacente a este ensaio jus-societário de Graumann tem paralelo no Direito administrativo, tendo sido um dos elementos determinantes da valorização do *procedimento administrativo* (face ao ato administrativo), que entretanto passou a ocupar lugar central neste ramo do Direito. Como explica Vasco Pereira da Silva – Em busca do acto administrativo perdido, Coimbra: Almedina, 1986, p. 301-309, citando Cassese, a função administrativa é de tal forma complexa que praticamente nenhuma decisão é "one shot", ou seja, nenhuma decisão se esgota num único acto». Esta valorização do procedimento tem por base um entendimento das medidas administrativas como o resultado de um processo de tratamento de informação» e uma valorização do elemento procedimental de qualquer decisão». Segundo o autor, citando W. Schmidt, «[a] decisão administrativa teria, portanto, de ser entendida "como procedimento" ("als Vorgang") e não como resultado dese procedimento ("als Produkt dieses Vorgang")».

Por outro lado, a prática de *atos de execução* envolve uma maior ou menor margem de discricionariedade que não pode ser ignorada. Como bem referia Gomes da Silva: «em todas as prestações, ainda as mais determinadas, há sempre qualquer coisa de vago, e por isso todas as obrigações são em maior ou menor medida indeterminadas; mesmo os operários de indústrias em que a especialização profissional é minuciosíssima, e em que a cada trabalhador se exigem, por vezes, actos simples e especificados, mesmo esses operários (...) podem cometer faltas de perícia, desperdiçando materiais, deteriorando ferramentas, etc, o que prova que a determinação prévia, porventura excessiva, dos actos devidos, não elimina por completo a necessidade de quem os pratica resolver por si algumas dúvidas sobre eles, e tomar algumas cautelas gerais, deixadas ao seu arbítrio». Cfr. Manuel Gomes da Silva – O dever de prestar e o dever de indemnizar, 1, Lisboa: FDL, 1944, p. 238.

Naturalmente, quanto mais vaga for a deliberação do conselho, maior será a margem de discricionariedade daquele que for chamado a executá-la.

Dito isto, estando em causa matérias da sua reserva de competência mínima, deve o conselho usar de *especial diligência* não só na seleção dos sujeitos encarregues da prática dos actos preparatórios e de execução das suas deliberações, mas também na vigilância desses actos.

173

DA ADMINISTRAÇÃO À FISCALIZAÇÃO DAS SOCIEDADES

407.º/1 – depende das concretas circunstâncias da sociedade em causa[610]. Em todo o caso, para além daquelas que resultam diretamente do art. 407.º/2, podem identificar-se algumas matérias que normalmente farão parte desse núcleo – numa análise tipológica[611], orientada não só por considerações económicas[612], mas sobretudo por considerações normativas[613] –, sendo certo que tais matérias se subsumem à ideia de que o conselho deve assegurar que a sociedade é bem sucedida no presente e que está preparada para o futuro[614].

373   No Direito alemão[615], para além das que resultam diretamente da lei[616], a competência mínima do plenário do *Vorstand* (*Mindestzuständigkeit des Gesamtvorstands*) inclui as seguintes tarefas [identificadas como funções de direção empresarial originárias (*originären unternehmerischen Führungsfunktionen*)]: (i) determinação dos objetivos de médio e longo prazo da política empresarial (*Unternehmensplanung*); (ii) organização e coordenação das tarefas administrativas cometidas a áreas parciais da empresa (*Unternehmenskoordinierung*);

---

[610] Também no Direito alemão se reconhece que a concretização das tarefas inalienáveis de direção do *Vorstand* depende das circunstâncias do caso concreto. FLEISCHER – *Leitungsaufgabe (ZIP)...* p. 5-6.

[611] Perante a indeterminação (*ex ante*) da obrigação de administração, não é possível identificar rigorosamente os seus contornos, mas apenas descrevê-la tipologicamente. Cfr. *ibidem*, p. 5.

[612] A contribuição científica da teoria da administração de empresas é particularmente relevante neste ponto, na medida em que permite identificar os deveres associados às funções de gestão e a relação entre os mesmos. Cfr. *ibidem*. Entre nós, PEDRO CAETANO NUNES, neste ponto acompanhado por ANA PERESTRELO DE OLIVEIRA, sustenta que o conteúdo do dever de administração «é sobretudo delimitado pelas *leges artis* da gestão de empresas», sendo as regras da boa gestão «(...) essencialmente definidas pela ciência e arte da gestão de empresas». Cfr. PEDRO CAETANO NUNES – *Corporate governance*, Coimbra: Almedina, 2006, p. 34, ANA PERESTRELO DE OLIVEIRA – *A responsabilidade civil...* p. 107. Para uma análise desta questão, cfr. p. 697 ss., em especial a nota 2577, bem como p. 842, 848, 869.

[613] Segundo HÜFFER, está em causa a configuração de um vínculo jurídico, pelo que a análise tipológica tem de ser normativamente orientada. Cfr. HÜFFER – *Aktiengesetz*[10]..., § 76, n.º 8.

[614] SEMLER – *Leitung und Überwachung*[2]... p. 10.

[615] Em Itália, na sequência da reforma de 2003, dispõe o art. 2381(4) *Codice Civile* serem indelegáveis as atribuições indicadas nos arts. 2420-ter (relativo à emissão de obrigações convertíveis), 2423 (relativo à preparação das contas anuais), 2443 (relativo ao aumento do capital autorizado pelos estatutos), 2446 (relativo à redução do capital por perdas), 2447 (relativo à redução do capital abaixo do mínimo legal e consequente aumento), 2501-ter (relativo ao projeto de fusão) e 2506-bis (relativo ao projeto de cisão) do mesmo código. Para uma breve análise do novo regime face ao anterior, cfr., *v.g.*, GIUSEPPE FERRI JR. – *L'amministrazione delegata nella riforma*, *Rivista del Diritto Commerciale e del Diritto Generale delle Obbligazioni*, 101:1, 2003, p. 625-626, 634-635.

No Direito francês, dispõe o art. L. 225-35 *Code de Commerce* que o conselho de administração determina as orientações da atividade da sociedade e assegura a sua concretização. Cabem portanto a este órgão os impulsos fundamentais e as orientações estratégicas da empresa.

No Direito suíço, o art. 716a do *code des obligations* inclui entre as atribuições inalienáveis e irrevogáveis do conselho a alta direção da sociedade e a definição da sua organização. Cfr. ZAMPERETTI – *Il dovere...* p. 63-64.

[616] Cfr., *v.g.*, SPINDLER – *MünchKomm. AktG*[3]..., § 77, n.º 64.

O MODELO PORTUGUÊS ENQUANTO MODELO BASE

(iii) controlo corrente e posterior da execução e dos resultados das tarefas de gestão delegadas (*Unternehmenskontrolle*); (iv) atribuição de posições de direção (*Führungspostenbesetzung*)[617].

Mais recentemente, FLEISCHER criticou esta enumeração que considera ser "incolor" (*farblos*) e demasiado cautelosa do ponto de vista da moderna gestão de empresas. Segundo este autor, as tarefas de direção inalienáveis traduzem-se na responsabilidade: (i) pelo planeamento e direção (*Planungs- und Steuerungs-verantwortung*), incluindo o dever de estabelecimento de um quadro estratégico (determinação dos objetivos empresariais a longo-prazo e das principais áreas de negócio e tomada das mais importantes decisões de investimento) e, paralelamente, o dever de intervir quando surjam perturbações na execução do plano; (ii) pela organização (*Organisationsverantwortung*), traduzida na estruturação da empresa em subunidades funcionais (com particular destaque para a unidade de controlo) e seu ajustamento contínuo em função das necessidades da empresa; (iii) pelas finanças (*Finanzverantwortung*), compreendendo tanto o planeamento como o controlo financeiro da empresa; e (iv) pela informação (*Information-sverantwortung*), dado que esta não tem apenas um papel auxiliar da gestão, antes constituindo "o bem empresarial por excelência" (*"Unternehmensressource schlechthin"*), constituindo a sua gestão uma verdadeira tarefa de liderança[618].

374

Esta densificação da tarefa de direção (*Leitungsaufgabe*), atribuída ao *Vorstand*, pode ser transposta para o nosso sistema, em concretização do núcleo mínimo de competências do conselho de administração, insuscetível de delegação sem autorização dos acionistas no contrato de sociedade. No contexto desta transposição, parece-nos que a proposta de FLEISCHER tem o mérito de colocar o planeamento e o controlo financeiros, por um lado, e a gestão da informação, por outro, no centro da atuação do conselho de administração. Esta proposta peca, porém, em dois pontos essenciais: desvaloriza a tarefa de vigilância do conselho e eleva a obtenção de informação a um fim em si mesmo.

375

Nessa medida, parece-nos que a matriz tipológica apresentada por SEMLER continua a constituir um adequado ponto de partida para a concretização da obrigação de administração do conselho no caso concreto e dos limites à delegação dos seus poderes, nos termos do art. 407.º/1 e 2 (como desenvolvido no parágrafo seguinte).

376

---

[617] SEMLER – *Leitung und Überwachung*[2]... p. 10. No mesmo sentido, *v.g.*, MERTENS – *Kölner Komm. AktG*[2]..., § 76, n.º 5, HÜFFER – *Aktiengesetz*[10]..., § 76, n.º 8, HÜFFER – *Der Vorstand als Leitungsorgan*... p. 345, n.º 20-21. Esta perspetiva é reflectida também no n.º 4.1.2 DCGK.

[618] FLEISCHER – *Leitungsaufgabe (ZIP)*... p. 5. Cfr. também o § 4.1.2 do *Deutscher Corporate Governance Kodex* (DCGK), nos termos do qual o *Vorstand* desenvolve a orientação estratégica da empresa, em coordenação com o *Aufsichtsrat*, e assegura a sua concretização.

DA ADMINISTRAÇÃO À FISCALIZAÇÃO DAS SOCIEDADES

377   Fazendo uso das considerações tecidas por FLEISCHER, acrescentamos apenas que hoje se justifica uma densificação das funções de planeamento e de controlo que destaque o planeamento e o controlo financeiros. Para além disso, hoje, mais do que nunca, é clara a importância transversal da informação e a responsabilidade do conselho pela criação e manutenção de adequados fluxos de informação que permitam não só ao próprio conselho, mas também aos demais órgãos sociais, desempenhar eficaz e eficientemente as correspondentes funções[619].

378   VII. Para efeitos deste estudo, releva em particular a obrigação de vigilância do conselho face à atuação não só dos administradores com encargos especiais, mas de toda a estrutura administrativa subordinada ao conselho a qual não pode ser posta em causa por nenhum tipo de delegação. Esta obrigação do conselho reflete-se na esfera jurídica dos seus membros, a quem são imputadas diferentes situações jurídicas, umas de exercício em modo coletivo, outras de exercício individual, mas em geral reconduzíveis à sua obrigação de vigilância, enquanto conceito síntese (*Inbegriff*). Desenvolvemos estes pontos adiante[620].

§ 15. A OBRIGAÇÃO DE VIGILÂNCIA DOS ADMINISTRADORES PERANTE A DELEGAÇÃO DE PODERES PELO CONSELHO DE ADMINISTRAÇÃO: SENTIDO E ALCANCE DA "DELEGAÇÃO DA GESTÃO CORRENTE" REGULADA PELO ART. 407.º/3 A 8 CSC

379   I. Contrariamente ao verificado no sistema alemão, é admissível entre nós a derrogação *parcial* do princípio de direção global (*Prinzip der Gesamtleitung*)[621], analisado no capítulo anterior – sem colocar em causa a responsabilidade global (*Gesamtverantwortung*) do conselho pela administração da sociedade –, quando os acionistas assim o autorizem nos estatutos, nos termos do art. 407.º/3.

380   Esta disposição prevê a delegação da "gestão corrente" da sociedade, termo que parece restringir o conjunto de matérias delegáveis a uma atividade de concretização diária das opções de "alta administração" que deveriam permanecer na competência exclusiva do conselho de administração. Essa restrição, porém, perde sentido perante a conjugação desta norma com a do n.º 4 do mesmo artigo, que fixa os limites à "delegação da gestão corrente".

---

[619] Cfr. §§ 17 ss. *infra*.

[620] Cfr. §§ 16 ss. *infra*.

[621] Cfr., *v.g.*, HOFFMANN-BECKING – *Zur rechtlichen Organisation...* p. 506-514, HÜFFER – *Aktiengesetz*[7]..., § 77, n.º 18, SEIBT – *AktG Kommentar...*, § 77, n.º 19, FLEISCHER – *Leitungsaufgabe..*, FLEISCHER – *Leitungsaufgabe (ZIP)...* p. 2, SEMLER – *Leitung und Überwachung*[2]... p. 17-22, n.º 5, FLEISCHER – *Überwachungspflicht...*, n.º 5. Para a aplicação deste princípio face à existência de sociedades-filhas, cfr., *v.g.*, GÖTZ – *Leitungssorgfalt....*

O MODELO PORTUGUÊS ENQUANTO MODELO BASE

Contrariamente ao verificado no "encargo especial", admite-se agora a delegação de poderes para a aquisição, alienação e oneração de bens imóveis; para a abertura ou encerramento de estabelecimentos ou de partes importantes destes; para as extensões ou reduções importantes da atividade da sociedade; para as modificações importantes na organização da empresa; e para o estabelecimento ou cessação de cooperação duradoura e importante com outras empresas [als. *e)* e *g)* a *j)* do art. 406.º]. Basicamente, está em causa o planeamento estratégico, a organização e a coordenação da atividade empresarial. A admissibilidade da delegação destas matérias afasta qualquer pretensão de restrição do conceito de gestão corrente nos termos referidos[622].

381

II. Em geral, esta perspetiva parece ser aceite pela nossa doutrina que, como vimos já, admite uma constrição dos deveres dos administradores não-delegados perante a "delegação da gestão corrente", de tal forma que deixa de lhes ser exigível uma participação ativa na gestão da sociedade, para passar a exigir-se-lhes apenas que fiscalizem ou controlem a atividade dos administradores delegados, segundo o n.º 8 do art. 407.º[623]. Como sustentámos já, não podemos admitir uma tal *função negativa* da "delegação da gestão corrente". Parece-nos porém admissível a sua *função positiva*, traduzida na habilitação de um ou mais administradores ou da comissão executiva para a prática de atos subsumíveis à direção global (*Gesamtleitung*)[624]. Devem no entanto acrescentar-se algumas notas.

382

Em primeiro lugar, a nossa doutrina parece assumir que a "delegação da gestão corrente" é sempre feita em bloco[625] quando, na verdade, o art. 407.º/3 admite a delegação parcial de poderes, ao prever o dever de fixação dos limi-

383

---

[622] Determinando um afastamento significativo deste modelo face ao modelo alemão no qual, como veremos, uma tal delegação de poderes não faria sentido – e não é admissível – face ao equilíbrio de competências entre o conselho de administração executivo e o conselho geral e de supervisão. Cfr. as remissões do art. 431.º/3 para o regime do conselho de administração, entre as quais se destaca a omissão do art. 407.º.

No Direito italiano, na sequência da reforma de 2003, distingue-se entre a delegação autorizada pelos estatutos nos termos do art. 2381 *Codice Civile*, que pode abranger *poderes organizativos*, e a delegação não autorizada (atribuição de funções em concreto a um ou mais administradores», referida no art. 2392(1) *Codice Civile*), que pode abranger apenas *poderes executivos* (segundo a terminologia de FERRI JR. – *L'amministrazione delegata...* p. 634-635). FERRI JR. associa a necessidade de autorização dos sócios a uma *repartição vertical* de competências (ficando o órgão delegado com poderes operativos e o órgão delegante com poderes de avaliação), por contraposição a uma *repartição horizontal. Ibidem*, p. 635.

[623] Cfr. § 14 parág. II *supra*.

[624] Sem prejuízo das críticas já dirigidas à descrição habitual desta função positiva. Cfr. p. 168 *supra*.

[625] Só assim se compreende que se defenda a constrição dos deveres dos administradores não-delegados ao ponto de lhes ser exigível apenas uma vigilância geral da atuação dos administradores delegados ou da comissão executiva.

DA ADMINISTRAÇÃO À FISCALIZAÇÃO DAS SOCIEDADES

tes da delegação na correspondente deliberação. Face a uma delegação parcial de poderes de "gestão corrente" – mais ampla do que a admitida pelo art. 407.º/1 –, o conselho de administração deve instituir mecanismos e procedimentos que permitam a articulação dos diferentes sujeitos encarregues da administração da sociedade numa visão de conjunto. A delegação parcial é admitida face ao disposto no art. 407.º/3, mas não pode pôr em causa a administração da sociedade como um todo. Este é um corolário do dever de organização da administração pelo conselho[626], cuja violação sujeitará os seus membros a responsabilidade civil e demais consequências do inadimplemento.

Em segundo lugar, sem prejuízo da manutenção da competência do conselho de administração para deliberar sobre as matérias delegadas (art. 407.º/8), o normal é que tal competência não seja exercida *de facto*[627], a menos que o administrador delegado ou a comissão executiva entendam submeter determinado assunto a deliberação do conselho ou que este decida intervir por si num determinado assunto, como reação a uma situação patológica. Esta realidade fáctica deve ser normativamente enquadrada não como uma desoneração do conselho de administração ou dos seus membros não-delegados – o que corresponderia à *função negativa* da delegação que expressamente rejeitámos – mas como modelação das correspondentes obrigações de administração. Como referimos a propósito do "encargo especial", nas matérias delegadas nem o conselho de administração, nem os seus membros não-delegados, deixam de estar adstritos a uma participação ativa. Simplesmente, essa participação é de *natureza subsidiária*[628]: o conselho e os seus membros não-delegados *podem* e *devem* intervir sempre que a atuação dos administradores delegados ou da comissão executiva não seja adequada ou suficiente[629].

Esse dever de intervenção, modelado pelas circunstâncias do caso concreto, deve ser dogmaticamente reconduzido à obrigação de vigilância que, por sua vez, decorre da obrigação de diligente administração da sociedade.

---

[626] Cfr. § 21 *infra*.

[627] Segundo PEDRO MAIA – *Função...* p. 188, quando o conselho de administração delega poderes visa justamente desobrigar-se do exercício dos poderes objeto da delegação.

[628] Parece-nos que esta construção dá resposta às preocupações manifestadas por RAUL VENTURA – *Estudos vários...* p. 541, acerca da tendência do conselho de administração para se demitir da sua competência e responsabilidade na sequência da delegação de poderes.

[629] Esta perspetiva é consentânea com a obrigação dos administradores de exercício pessoal do cargo, imposta não só para satisfazer o interesse creditório da sociedade, na fisionomia que este assume como uma avaliação socialmente típica, mas também em consequência do particular estatuto subjetivo ao qual o legislador entendeu sujeitar de forma inderrogável o exercício da função para tutela dos interesses externos à própria sociedade» (ABBADESSA – *La gestione...* p. 75-76).

O MODELO PORTUGUÊS ENQUANTO MODELO BASE

Antecipando uma vez mais a decomposição analítica da obrigação de vigilância em poderes-deveres de informação, dever de avaliação e poderes-deveres de reação, que apresentamos adiante[630], estamos em condições de enquadrar o poder-dever de intervenção dos administradores não-delegados na gestão corrente da sociedade. Caso os administradores não-delegados, na sequência da informação recolhida, concluam pela existência de irregularidades na condução da gestão corrente da sociedade – e isto vale tanto para a condução dessa atividade pelos administradores delegados como por qualquer outro colaborador da sociedade – e pela necessidade de reação, na sequência de uma avaliação ponderada da situação, têm não só o *poder*, mas também o *dever*[631] de intervir diretamente nas matérias delegadas[632].

Em princípio, essa intervenção é mediada pelo plenário do conselho de administração[633], a quem é imputada, em primeira linha, a obrigação de diligente administração da sociedade[634]. No entanto, como veremos adiante, em casos de manifesta urgência, justifica-se a reação direta e preventiva de um administrador individualmente considerado, evitando a produção de danos ou o agravamento dos mesmos até à intervenção do conselho[635].

III. Em suma, a *função negativa* da delegação não consubstancia uma "retirada de deveres", mas uma modelação do seu conteúdo[636]. Fica portanto salvaguardada a responsabilidade global (*Gesamtverantwortung*) do conselho pela administração da sociedade, sendo certo, porém, que as funções de planeamento (*Unternehmensplanung*), organização e coordenação (*Unternehmenskoordinierung*)[637] e atribuição de cargos de direção (*Führungspostenbesetzung*)[638] passam a estar enquadradas na função de controlo ou vigilância (*Unternehmenskontrolle*): o conselho em princípio não *determina* a estratégia e organizações empresariais, nem *designa* os titulares de posições de direção, limitando-se a *controlar* a prática desses atos pelos órgãos a quem foi delegada a gestão corrente, *intervindo ou reagindo*

386

387

388

---

[630] Cfr. §§ 16 ss., bem como o § 62.6 *infra*.

[631] Cfr. nota 600 *supra*.

[632] Cfr. nota 601 *supra*.

[633] Cfr. nota 602 *supra*.

[634] Cfr. nota 603 *supra*.

[635] Cfr. nota 604 *supra* e § 19 *infra*.

[636] Cfr. nota 605 *supra*.

[637] Cfr. als. *e)* e *g)* a *j)* do art. 406.º.

[638] Assumindo, quanto a este ponto, a existência de uma *reserva de competência do pleno não escrita* que, nos termos referidos no corpo do texto, não pode ser posta em causa, salvo autorização dos acionistas nos estatutos. Integra, portanto, a competência mínima do plenário, numa articulação simbiótica com a sua competência de organização (externa) e coordenação.

DA ADMINISTRAÇÃO À FISCALIZAÇÃO DAS SOCIEDADES

apenas quando entenda que a atuação destes não é adequada ou suficiente. Só assim não será nas matérias insuscetíveis de delegação, nos termos do art. 406.º, *a) a d), f), l), m), ex vi* art. 407.º/4[639].

§ 16. O CONTEÚDO DA OBRIGAÇÃO DE VIGILÂNCIA: CONSIDERAÇÕES GERAIS

389   I. Definida a existência e a fundamentação dogmática da obrigação de vigilância tanto do conselho de administração como dos seus membros, importa fixar o seu conteúdo. Este tem sido um ponto largamente ignorado pela nossa doutrina que, apesar de reconhecer a existência de um dever geral de vigilância dos administradores, não especifica o seu conteúdo, salvo no caso específico previsto no n.º 8 do art. 407.º (anterior n.º 5).

390   Perante esta norma que, como vimos, concretiza a obrigação de vigilância no caso de "delegação da gestão corrente da sociedade", a nossa doutrina tende a distinguir o dever (individual) de cada administrador, de «vigilância geral da actuação do administrador ou administradores-delegados ou da comissão executiva», e o dever (colegial) do conselho de administração de intervenção para
391   tomar as medidas adequadas ao caso.

Tende também a afirmar a natureza sintética (geral), e não analítica (específica), do dever de vigilância, no sentido em que incidiria, não sobre atos singulares, mas sim sobre o andamento geral da gestão. Nas palavras de ELISABETE GOMES RAMOS:

> «não será lícito que os administradores não-delegados controlem cada uma das opções singulares realizadas em nome e por conta da sociedade, mas devem verificar se a gestão no seu todo se adequa ao interesse social»[640].

392   Para tanto, o administrador goza de larga discricionariedade na determinação das modalidades e da amplitude do seu poder de investigação, não podendo no entanto embaraçar o normal desenvolvimento das atribuições delegadas. Tem poderes de inspeção dos documentos da sociedade e pode solicitar informações aos administradores delegados.

---

[639] Para além destas, poderia discutir-se a inclusão de outras matérias por exigência do sistema. Para questão paralela no Direito italiano, cfr., *v.g.*, ABBADESSA – *La gestione...* p. 101 (nota 64), com indicações bibliográficas sobre cada ponto em discussão.

[640] Cfr. ELISABETE GOMES RAMOS – *Responsabilidade civil...* p. 120. Para uma análise da equívoca dicotomia entre vigilância "sintética" e "analítica", cfr. § 20.1 *infra*.

O MODELO PORTUGUÊS ENQUANTO MODELO BASE

Quanto ao dever de intervenção, em geral afirma-se que ao administrador   393
individualmente considerado é apenas exigido que provoque a intervenção
do conselho de administração, cabendo depois a este, enquanto órgão colegial sujeito à regra da maioria, tomar as medidas adequadas. Caso este decida
não intervir, o administrador singular exonerar-se-á da sua responsabilidade se
cumprir os requisitos do art. 72.º/2[641].

II. Esta delimitação do conteúdo da obrigação de vigilância não satisfaz, por   394
diversos motivos. Em primeiro lugar, pela delimitação do poder de informação
resultante da restrição dos seus sujeitos passivos aos administradores delegados. Em segundo lugar, pela autonomização do dever de reação face à obrigação
de vigilância. Em terceiro lugar, pela delimitação do dever de reação que, na
generalidade da doutrina, é restringido ao dever de provocar a intervenção do
conselho de administração e de, na reunião deste, votar em sentido contrário ao
do ato danoso, ignorando o alcance do dever de oposição previsto no art. 72.º/4.
Em quarto e último lugar, pelo facto de não especificar e explicar o dever de
avaliação da informação obtida como parte da obrigação de vigilância.

Defendemos por isso a configuração dogmática da obrigação de vigilância,   395
tanto do conselho de administração como dos seus membros, como uma situação jurídica compreensiva passiva, na qual se identificam os seguintes tipos de
situações jurídicas analíticas[642]: (i) poderes-deveres de obtenção de informação

---

[641] Cfr. *Ibidem*, p. 122.

[642] A decomposição da obrigação de vigilância nestes tipos de situações jurídicas traduz um desenvolvimento da afirmação de SEMLER, que fez escola na doutrina germânica e influenciou vários autores italianos, de que a vigilância envolve necessariamente uma atividade de natureza cognoscitiva, um juízo ou
avaliação e, finalmente, perante uma avaliação negativa da situação, uma medida de reação. Cfr. BOR-
GIOLI – *L'Amministrazione delegata...* p. 267, CAMUZZI – *I poteri...* p. 789, SEMLER – *Die Überwachungsaufgabe...* p. 6, SEMLER – *Leitung und Überwachung*[2]... p. 58. Entre nós, também MARIA AUGUSTA FRANÇA – *A
estrutura...* p. 105 se aproxima desta construção ao afirmar que «o "controlo" pressupõe informação sobre
a actividade desenvolvida e meios de reação contra actuações indesejadas ou mesmo ilícitas».
Sobre a classificação das situações jurídicas analíticas e compreensivas, *vide*, por todos, MENEZES
CORDEIRO – *Tratado*, 1:1[3]... p. 308-309.
Esta construção dogmática unitária da obrigação de vigilância não colide com a nossa afirmação anterior,
de que o conteúdo da obrigação de vigilância do conselho de administração não coincide com o da
obrigação dos seus membros. Como veremos adiante, o conteúdo das situações jurídicas analíticas em
que se decompõem uma e outra não é coincidente.
Refira-se ainda que para efeitos desta decomposição da obrigação de vigilância não releva a distinção,
frequente, *e.g.*, na doutrina alemã, entre obrigações de vigilância *horizontal* (relativa à atividade
desenvolvida pelos demais administradores) e *vertical* (relativa à atividade desenvolvida pela estrutura
administrativa subordinada ao administrador em causa) dos administradores. Cfr., por todos, FLEISCHER
– *Überwachungspflicht...*, n.ºs 2-45.

DA ADMINISTRAÇÃO À FISCALIZAÇÃO DAS SOCIEDADES

e de inspeção; (ii) dever de avaliação da informação obtida; e (iii) poderes-deveres de reação às irregularidades detetadas.

396 Analisamos em seguida cada um destes tipos de situações jurídicas, tal como imputados ora ao conselho de administração, ora aos seus membros individualmente considerados, tanto na perspetiva da sociedade autónoma, como dos grupos de sociedades. Na sequência dessa análise, debruçamo-nos sobre uma questão transversal a toda esta temática, visando superar, na qualificação da vigilância pelos administradores, a equívoca dicotomia entre vigilância sintética (geral) e vigilância analítica (específica).

§ 17. OS PODERES-DEVERES DE OBTENÇÃO DE INFORMAÇÃO E DE INSPEÇÃO DO CONSELHO DE ADMINISTRAÇÃO E DOS SEUS MEMBROS

17.1. Os poderes-deveres de obtenção de informação e de inspeção do conselho de administração e dos seus membros em geral

397 I. A vigilância desenvolvida pelo órgão de administração corresponde, antes de mais, a uma atividade cognoscitiva[643]: à prática dos atos necessários ou convenientes à tomada de conhecimento (i) do desempenho (*performance*) de cada uma das unidades da empresa, visando assegurar a mais eficaz e eficiente prossecução do interesse social; (ii) dos riscos associados ao desenvolvimento da atividade empresarial; e (iii) dos factos que evidenciem uma violação de deveres por parte dos sujeitos cuja atividade é vigiada. Nesta medida, no contexto da decomposição, para efeitos analíticos, da obrigação de vigilância, devem reconhecer-se, ao conselho e a cada um dos seus membros (individualmente considerados), poderes-deveres de obtenção das informações[644] que permitam a mais adequada avaliação da administração da sociedade e a determinação da reação apropriada a cada caso[645].

---

[643] BORGIOLI – *L'Amministrazione delegata...* p. 267, CAMUZZI – *I poteri...* p. 789, SEMLER – *Leitung und Überwachung*[2]... p. 58.

[644] A locução "deveres de informação" pode abranger diferentes realidades, incluindo, desde logo, a vinculação à prestação de informação (*Benachrichtigung*) e a adstrição à obtenção de informação (*Erkundigung*). Cfr., por todos, ZAMPERETTI – *Il dovere...* p. 2-9. Referimo-nos, por isso, a poderes-deveres de obtenção de informação.

[645] Não nos parece, por isso, correta, a dissociação entre "dever de vigilância" e "dever de investigação" proposta por BRUNO FERREIRA – Os deveres de cuidado dos administradores e gerentes (Análise dos deveres de cuidado em Portugal e nos Estados Unidos da América fora das situações de disputa sobre o controlo societário), *Revista de Direito das Sociedades*, 3, 2009, p. 714-718.

O MODELO PORTUGUÊS ENQUANTO MODELO BASE

II. Assim, tanto o conselho, como qualquer administrador a título individual, podem solicitar ou aceder diretamente a quaisquer informações da sociedade. Em particular, tendo havido delegação de poderes pelo conselho, pode este ou qualquer dos seus membros exigir a informação que entenda conveniente a qualquer dos administradores delegados ou à comissão executiva[646]. Para além disso, independentemente da informação que obtenha destes, *podem* – e *devem*, consoante as circunstâncias – aceder diretamente a quaisquer documentos ou registos, assistir a quaisquer reuniões, bem como questionar quaisquer funcionários[647], órgãos sociais, colaboradores externos ou terceiros que tenham realizado operações por conta da sociedade, de forma a obter a informação necessária ao cumprimento da sua obrigação de vigilância[648] (sem prejuízo do disposto no art. 398.º/4 quanto à limitação do acesso a informação sensível).

398

A nível internacional, o desenvolvimento dos deveres de informação no Direito das sociedades e do mercado de capitais obedeceu a três momentos fundamentais. (i) Num primeiro momento, verificou-se um desenvolvimento dos *fluxos exosocietários* (da sociedade para o mercado), como instrumento fundamental de tutela dos investidores, dos sócios minoritários, dos credores e, em geral, de todos os sujeitos abrangidos pela noção de *stakeholders*, destacando-se o papel do revisor oficial de contas nestes fluxos. (ii) Num segundo momento, destacou-se o desenvolvimento dos *fluxos interorgânicos*, principalmente entre o órgão de administração e os órgãos de fiscalização, permitindo que estes últimos cumprissem as suas funções. (iii) Num terceiro momento, ganharam terreno os *fluxos endoconsiliares*, relativos à circulação de informação no seio do próprio órgão de administração. Cfr. ZAMPERETTI – *Il dovere...* p. 21-23.

[646] Neste caso, vale o disposto no art. 407.º/6, nos termos do qual é imputado ao presidente da comissão executiva um específico dever de assegurar a prestação de informação pela comissão executiva, que ZAMPERETTI – *Il dovere...* p. 97 ss, apelida de *dever de interação informativa* (*dovere di interazione informativa*). A este soma-se o dever de prestação de informação imputado a todos os membros da comissão executiva. No sistema italiano, a propósito da imputação ao presidente do conselho de administração de um dever de prestação de adequada informação sobre as matérias enunciadas na ordem de trabalhos a todos os administradores, pelo art. 2381(1) *Codice Civile* (pós reforma de 2003), mas em termos claramente transponíveis para o disposto no art. 410.º/6 CSC, ZAMPERETTI afirma que a mesma realiza uma versão evoluída da colegialidade, na qual a informação não é já um dado marginal, mas um elemento central da função de ponderação do conselho e dado estrutural do exercício colegial do poder de gestão. A presença de um sujeito "garante" do fluxo informativo endoconsiliar revela-se arquitrave do sistema informativo e de um governo societário eficiente. Cfr. *ibidem*, p. 102, 104, 138 ss.

[647] Quanto a este ponto em particular, em sentido parcialmente divergente, cfr. BRUNO FERREIRA – *Os deveres...* p. 717, o qual, apesar de sustentar que não pode ser negado o contacto direto dos administradores não-executivos aos trabalhadores, afirma que o pedido deve ser dirigido ao administrador executivo responsável pela supervisão direta da área em que a pessoa em questão trabalha. O autor não fundamenta esta posição que, a nosso ver, não tem fundamento, não é aceitável e pode condicionar indevidamente a fiscalização societária. Esta problemática é desenvolvida adiante a propósito do acesso direto à informação pelo conselho fiscal e pelos membros deste. Cfr. § 24.6 *infra*.

[648] Na concretização dos poderes-deveres de informação e inspeção dos administradores (a título individual), pode o intérprete-aplicador socorrer-se da enunciação legal dos poderes dos membros do conselho fiscal (ou do fiscal único) no art. 421.º. A referência a esta norma deve ser tida como ponto de

DA ADMINISTRAÇÃO À FISCALIZAÇÃO DAS SOCIEDADES

399   Estão em causa poderes-deveres de informação e inspeção que podem ser exercidos tanto a título individual[649], como em virtude de um mandato conferido pelo conselho, delimitados pelo seu escopo e pelo princípio da leal cooperação endoconsiliar e interorgânica[650].

400   III. Como qualquer poder orgânico, os poderes de obtenção de informação e de inspeção, estando funcionalmente vinculados à prossecução do interesse social, são, tecnicamente, poderes-deveres. A vinculação dos administradores ao

apoio ou lugar paralelo para a concretização da obrigação de administrar. Justificada pela proximidade das funções de vigilância desenvolvidas, é exigida pela necessária coerência interna do sistema.

Face a questão paralela no Direito italiano, sustentando a aplicação analógica aos administradores da norma que confere aos *sindaci* o poder de assistir às reuniões da comissão executiva (art. 2405 *Codice Civile*), cfr., *v.g.*, o parecer de ARTURO DALMARTELLO e GIUSEPPE B. PORTALE, em CAMUZZI – *I poteri...* p. 802, bem como BORGIOLI – *L'Amministrazione delegata...* p. 268. Contra, cfr., *v.g.*, o parecer de CESARE GRASSETTI em CAMUZZI – *I poteri...* p. 810, sustentando que falta a identidade de *ratio* necessária à aplicação analógica, na medida em que aos *sindaci* caberia uma função de vigilância e aos administradores uma função deliberativa. Na sequência do já exposto, não podemos aceitar esta construção.

Por serem aqueles que alguma dúvida poderiam suscitar, destacamos no art. 421.º o poder de obter de terceiros que tenham realizado operações por conta da sociedade as informações necessárias ao conveniente esclarecimento de tais operações [al. *c*)] e o poder de assistir às reuniões da comissão executiva [al. *d*)].

[649] Também PEDRO MAIA – *Função...* p. 269, nota 324 reconhece no poder de vigilância dos administradores não-delegados um poder de inspeção e um poder de informação, que lhe permitem o acesso a quaisquer documentos ou coisas da sociedade, bem como a obtenção de informações dos próprios administradores delegados e dos trabalhadores da sociedade, quaisquer que eles sejam. ISABEL MOUSINHO DE FIGUEIREDO – *O administrador delegado...* p. 586, por seu turno, no contexto da "delegação da gestão corrente", realça a importância da «formulação periódica de pedidos de informação aos administradores delegados, [bem como de] uma postura activa de procurar informação directamente junto da fonte, nomeadamente junto dos colaboradores da empresa», recordando que o administrador delegado é o vigiado, pelo que não deve a vigilância esgotar-se na análise da informação disponibilizada por este». A este propósito, referia já CUNHA GONÇALVES – *Comentário*, 1... p. 429-430:

> «um desvio de fundos pelo caixa não poderá ser imputado aos directores, quando êstes não tenham meio de o prever e evitar; mas não poderão êstes ser isentos da responsabilidade derivada de falta de fiscalização da escrituração, das cobranças quotidianas, dos balanços semanaes, etc. e bem assim da negligência na guarda das chaves do cofre-forte».

Cfr. também RAUL VENTURA e BRITO CORREIA – *Responsabilidade civil...* p. 155-156.

[650] Os pedidos de informação devem ser delimitados por uma ponderação dos custos (nomeadamente de tempo, suportados pelo sujeito adstrito à prestação de informação) e dos benefícios (inerentes à consideração da informação pelo sujeito que a pede) associados à recolha de informação. Nessa medida, é normal que, por regra, a informação seja solicitada ao administrador responsável pelo pelouro (ou ao presidente da comissão executiva, quando aplicável). Ocasionalmente, porém, deve ser obtida informação "neutra", *i.e.*, sem intervenção desse administrador. Para além disso, perante as circunstâncias do caso concreto, poderá considerar-se que a discricionariedade dos administradores na escolha das fontes de informação é "reduzida a zero". Em tais casos, a concretização dos poderes-deveres de obtenção de informação conduz ao reconhecimento de deveres específicos de obtenção de informação "neutra".

O MODELO PORTUGUÊS ENQUANTO MODELO BASE

exercício desses poderes resulta assim, no seguimento do enquadramento dogmático já defendido, da obrigação de administrar a sociedade com a diligência de um gestor criterioso e ordenado.

Esta é densificada pela expressa consagração dos deveres de cuidado, no art. 64.º/1, *a*) [651], e da *business judgment rule*, no art. 72.º/2[652], nos termos dos quais cada administrador deve diligenciar no sentido de obter a informação necessária ao cumprimento dos seus deveres. Numa ação de responsabilidade civil, cada administrador deve demonstrar ter tomado as medidas necessárias à obtenção de informação adequada para afastar a presunção de *culpa* prevista no art. 72.º/1[653].

401

---

[651] Sobre os deveres de cuidado, cfr. § 62.5 *infra*.

[652] Sobre o sentido da *business judgment rule* no nosso sistema, cfr. § 64.9 *infra*.

[653] Sobre o sentido da presunção de culpa do art. 72.º/1, cfr. nota 3238 *infra*.

No Direito italiano, face à redação do art. 2392(2) parágrafo anterior à reforma de 2003, nos termos do qual

«In ogni caso gli amministratori sono solidalmente responsabili se non hanno vigilato sul generale andamento della gestione o se, essendo a conoscenza di atti pregiudizievoli non hanno fatto quanto potevano per impedirne il compimento o eliminarne o attenuarne le conseguenze dannose» (itálico nosso)

alguma doutrina sustentava que, sendo a competência para administrar a sociedade imputada ao conselho, enquanto órgão colegial, também o dever de vigilância seria de cumprimento colegial, não podendo os administradores, a título individual, exercer os poderes inerentes. Nomeadamente, só em sede do conselho, poderiam solicitar informações ou realizar inspeções. Cfr. Camuzzi – *I poteri...* p. 791, Fabrizion Devescovi – Controllo degli amministratori sull'attività degli organi delegati, *Rivista delle Società*, 26, 1980, p. 98-108. Contra, sustentando já então a imputação de deveres de informação aos administradores a título individual, cfr., *v.g.*, os pareceres de Arturo Dalmartello e Giuseppe B. Portale, por um lado, e de Pietro Abbadessa, por outro, em Camuzzi – *I poteri...* p. 797, 816. Para Abbadesssa, o repúdio da administração pluripessoal disjunta, e a consagração do método colegial, foram motivados pela necessidade de salvaguardar a coerência da gestão social, a qual não seria posta em causa pela imputação de poderes instrutórios aos administradores a título individual. O exercício individual de tais poderes, que se não confundem com os poderes de intervenção, não exporia a sociedade a qualquer risco de conduta incoerente, que o princípio da colegialidade visa remover, e permitiria a aquisição de mais elementos de juízo, destinados a melhor orientar as decisões no conselho. Para além disso, acrescenta, a subordinação dos poderes instrutórios ao princípio da colegialidade e, consequentemente, à regra da maioria, traduziria uma extensão aos administradores da "filosofia" aplicável aos sócios. No caso destes, segundo Abbadessa justificar-se-ia subordinar a prestação de informação à regra da maioria em assembleia, porque o sócio não estaria vinculado à prossecução do interesse social, não existindo remédios eficazes contra os seus abusos. Uma tal limitação não se justificaria a respeito dos administradores, que devem agir no interesse da sociedade, podendo os seus abusos ser reprimidos convenientemente (destituição com justa causa, ação de responsabilidade civil). Os argumentos avançados por Abbadessa em 1980 são insustentáveis entre nós face aos desenvolvimentos entretanto verificados nesta área, não só quanto à ratio da colegialidade (*vide*, entre nós, *v.g.*, Pedro Maia – *Função...* p. 189-191), mas também quanto à vinculação dos sócios à prossecução do interesse social, hoje admitida por grande parte da doutrina continental, em determinadas condições, enquanto decorrência do dever de lealdade (cfr., por todos, Ana Perestrelo de Oliveira – *Grupos de sociedades...* p. 244 ss., n.ᵒˢ 328 ss.). Vale, no entanto,

DA ADMINISTRAÇÃO À FISCALIZAÇÃO DAS SOCIEDADES

402 IV. Os poderes-deveres de informação do conselho de administração (e de cada um dos seus membros) devem ser articulados com os seus deveres de organização interna (do próprio conselho) e externa (da estrutura administrativa subordinada ao conselho) e de criação de sistemas de informação, de forma a assegurar fluxos de informação que permitam ao pleno do conselho, aos seus membros e aos demais órgãos sociais, o cumprimento das suas obrigações[654].

403 Em particular, quando as circunstâncias da sociedade assim o exijam, devem ser criados sistemas de gestão de riscos, de controlo interno e de auditoria interna, que permitam o conhecimento atempado de quaisquer irregularidades que possam pôr em causa a prossecução dos melhores interesses da sociedade, controlando a situação patrimonial, a solvabilidade e a rentabilidade das diferentes unidades em que se decompõe a empresa[655].

---

a ideia de que os administradores devem poder aceder individualmente à informação, podendo os eventuais abusos ser resolvidos no quadro dos mecanismos gerais existentes.

Com a reforma operada pelo *Decreto Legislativo 17 gennaio 2003, n. 6* (G.U. 22 gennaio 2003, suppl. ordinario n. 8), foi alterado o referido art. 2392(2) e expressamente regulado o poder de informação dos administradores no art. 2381(6) *Codice Civile*. Neste pode ler-se agora que

> «*[g]li amministratori sono tenuti ad agire in modo informato; ciascun amministratore può chiedere agli organi delegati che in consiglio siano fornite informazioni relative alla gestione della società*».

Face a este novo regime, o fluxo de informação passa necessariamente pelos órgãos delegados e termina no conselho de administração, questionando-se em que medida e com que instrumentos podem os administradores não-delegados aferir da veracidade ou falsidade da informação recebida. Ferrara Jr. e Corsi – *Gli Imprenditori...* p. 581-582 (em especial, nota 11). Cfr. também Bonelli – *Gli amministratori...* p. 35, em particular, nota 41.

Entre nós, parece-nos não existir fundamento normativo para uma tal restrição dos poderes-deveres de informação dos administradores individualmente considerados, seja face ao disposto no art. 407.º/5 (hoje n.º 8) (cfr., *v.g.*, Elisabete Gomes Ramos – *Responsabilidade civil...* p. 118-119) e ao paralelo estabelecido com o disposto para os membros do conselho fiscal no art. 421.º, seja face à redação dada pela reforma de 2006 aos arts. 64.º/1, *a*) e 72.º/2, nos termos dos quais se deve reconhecer a imputação de um dever de obtenção de informação a cada administrador a título individual (que aparece como um dever de cuidado, cfr. § 62.5 *infra*).

[654] Como referimos já, estes são poderes-deveres nucleares do conselho de administração que, pela sua importância transversal, devem ser articulados com as tarefas que, em virtude do princípio de direção global (*Prinzip der Gesamtleitung*), devem ser desenvolvidas diretamente pelo conselho. Cfr. p. 172 ss. *supra*. Para mais desenvolvimentos, cfr. § 21 *infra*.

[655] Neste sentido, para questão paralela no Direito alemão, sustenta Hommelhoff que só através da criação de um sistema de controlo interno compreensivo e eficiente pode o *Vorstand* cumprir o seu dever de direção do grupo. Este sistema é um instrumento indispensável para o conhecimento e controlo da situação patrimonial da própria sociedade, da sua solvabilidade e rentabilidade. Peter Hommelhoff – *Die Konzernleitungspflicht: zentrale Aspekte eines Konzernverfassungsrechts*, Köln, Berlin, Bonn, München: Heymann, 1982, p. 184-185. Este dever foi entretanto positivado no Direito alemão, em 1998, no § 91(2) AktG. Em sentido contrário, afirmando não existir um dever de estabelecimento de um tal sistema, *v.g.*, Spindler – *MünchKomm. AktG³...*, § 93, n.º 143.

O MODELO PORTUGUÊS ENQUANTO MODELO BASE

Estas medidas devem envolver todos os membros da administração, assegu- 404
rando não só o controlo interno do órgão coletivo, mas também o controlo das
diferentes estruturas administrativas que lhe estão subordinadas[656].

A sua concreta configuração só é passível de determinação perante as cir- 405
cunstâncias do caso concreto – atendendo, em particular, ao tipo de atividade
desenvolvida, à dimensão e à complexidade da empresa – devendo reconhecer-se uma ampla margem de discricionariedade ao conselho de administração
nesta matéria. Em todo o caso, o sistema deve permitir a qualquer membro do
conselho obter uma visão geral da situação económica e financeira da sociedade
em cada momento[657].

V. Por fim, sublinhe-se que, sem prejuízo do disposto no art. 398.º/4, não 406
podem opor-se quaisquer argumentos de confidencialidade ao exercício dos
poderes-deveres de obtenção de informação e de inspeção dos administradores.
Como bem alertam DALMARTELLO e PORTALE, a delegação de poderes de gestão tem por fundamento a procura da maior eficiência possível na condução da
atividade empresarial, e não a «constituição de uma esfera de reserva e segredo
a favor dos administradores a quem são conferidos os poderes delegados face
àqueloutros a quem não são os mesmos conferidos»[658].

17.2. Os poderes-deveres de obtenção de informação e de inspeção no con-
texto dos grupos de sociedades: considerações gerais

I. Na medida em que, como refere WIEDEMANN, *«im Konzern ist alles anders»*[659], 407
as posições jurídicas imputadas aos órgãos da sociedade, tida como autónoma
e independente, devem ser reanalisadas à luz da integração da sociedade num
grupo, por forma a determinar se o seu conteúdo se mantém inalterado ou se,
pelo contrário, se estende ou restringe[660]. A importância e atualidade deste
desenvolvimento é manifesta perante a conclusão, também sublinhada por
LUTTER[661], de que a maioria dos escândalos societários e financeiros da nossa

---

[656] FLEISCHER fundamenta o dever de criação do sistema de informações (*Berichtssystems*) no dever de
autocontrolo interno do órgão que, sem uma base de informação adequada, não é de todo concebível.
FLEISCHER – *Sorgfaltspflicht...*, n.º 44, FLEISCHER – *Überwachungspflicht...*, n.ºs 10, 21.

[657] FLEISCHER – *Überwachungspflicht...*, n.º 21. Cfr. ainda § 21 *infra*.

[658] Cfr. o parecer dos autores em CAMUZZI – *I poteri...* p. 803.

[659] No grupo tudo é diferente». HERBERT WIEDEMANN – *Die Unternehmensgruppe im Privatrecht: Methodische und sachliche Probleme des deutschen Konzernrechts*, Tübingen: Mohr, 1988, p. 9.

[660] FLEISCHER – *Vorstand im Unternehmensverbund...*, n.º 1.

[661] MARCUS LUTTER – Vergleichende Corporate Governance: Die deutsche Sicht, *Zeitschrift für
Unternehmens- und Gesellschaftsrecht*, 2001, p. 234.

DA ADMINISTRAÇÃO À FISCALIZAÇÃO DAS SOCIEDADES

geração tiveram a sua origem no uso indevido das potencialidades da integração em grupo.

A integração da sociedade num grupo – *de facto* ou *de iure*[662] – determina uma acrescida complexidade da função de vigilância, tanto do seu conselho de

---

[662] Os grupos *de iure* assentam na estrita delimitação das "relações de grupo" no Capítulo III do Título VI do Código das Sociedades Comerciais, arts. 488.º a 508.º. Trata-se de uma técnica de regulamentação casuística, assente num conceito de conteúdo determinado e preciso, cuja previsão normativa indica taxativa e exaustivamente os casos concretos abrangidos pelo mesmo. Cfr. José ENGRÁCIA ANTUNES – *Os direitos dos sócios da sociedade-mãe na formação e direcção dos grupos societários*, Porto: Universidade Católica Portuguesa Editora, 1994, p. 70. Nos termos daquele enquadramento normativo, as "relações de grupo" distinguem-se em função da sua fonte, *i.e.*, dos instrumentos legal e taxativamente previstos para o efeito: a participação totalitária inicial (art. 488.º), a participação total superveniente (art. 489.º), o contrato de grupo paritário (art. 492.º) e o contrato de subordinação (art. 493.º).

Esta técnica de regulamentação casuística não esgota o universo dos grupos de sociedades entendidos, em sentido amplo, por ENGRÁCIA ANTUNES como «conjunto mais ou menos vasto de sociedades comerciais que, conservando embora as respectivas personalidades jurídicas próprias e distintas, se encontram subordinadas a uma direcção económica unitária e comum». ENGRÁCIA ANTUNES – *Os grupos...* p. 52 e *A supervisão consolidada dos grupos financeiros*, Porto: Publicações Universidade Católica, 2000, p. 15. Segundo esta definição, o elemento caracterizador fundamental dos grupos é a sujeição do conjunto mais ou menos vasto de sociedades – que conservam as respetivas personalidades jurídicas próprias e distintas – a uma "direção económica unitária e comum" (*einheitlich Leitung*). Cfr., por todos, ENGRÁCIA ANTUNES – *Os grupos...* p. 52 e, também, RAUL VENTURA – Grupos de sociedades: Uma introdução comparativa a propósito de um Projecto Preliminar da Directiva da C.E.E., *Revista da Ordem dos Advogados*, 41, 1981, p. 24, quando explica que o grupo de sociedades opera uma "concentração na pluralidade" (por oposição à fusão que opera uma "concentração na unidade").

O conceito de "direção económica unitária" não é de fácil definição, desde logo porque não existe um modelo único de direcção unitária (cfr., *v.g.*, ANTONIO PAVONE LA ROSA – Nuovi profili della disciplina dei gruppi societari, *Rivista delle Società*, 48:4, 2003, p. 774). A experiência revela uma grande variedade de situações, desde a total subordinação da administração da sociedade controlada aos desígnios da administração da sociedade controladora, até à tendencial rebeldia de algumas administrações supostamente controladas. Na maioria dos casos, porém e segundo FRANCESCO GALGANO – *Trattato di Diritto Commerciale e di Diritto Pubblico dell'Economia*, 29 – Il nuovo diritto societario, Padova: CEDAM, 2003, p. 176-177, o relacionamento entre os dois órgãos de administração é um relacionamento dialético de recíproca persuasão e de retificação dos pontos de vista originais. Este relacionamento dialético dá depois origem a uma "direção por consenso" do grupo que se manifesta não só nos contactos directos entre *managers* da sociedade controladora e da sociedade controlada, mas também na prática – comum nos grandes grupos – de reuniões de um órgão de grupo informal. Neste âmbito, as Diretrizes da sociedade-mãe acabam por perder o carácter de imposição superior, revelando-se fruto das contribuições de todos na sua definição, incluindo daqueles que terão de as executar.

A este propósito, RAÚL VENTURA – *Grupos de sociedades...* p. 32, alertava que «[a]o estabelecer os quadros jurídicos, [o jurista] não pode ignorar (...) que a direcção pela empresa dominante nuns casos consiste em meras verificações *a posteriori*, enquanto noutros casos chega à imposição de "manuais" de conduta rotineira; que por vezes a direcção emana duma entidade central – que pode ser um indivíduo – enquanto outras vezes são institucionalizados conselhos com larga participação das administrações dependentes». Noutro ponto, *ibidem*, p. 53, acrescenta o autor a propósito da noção de direcção unitária": trata-se do exercício do poder de decisão de que dispõe a sociedade dominante, qualquer que seja a natureza deste

O MODELO PORTUGUÊS ENQUANTO MODELO BASE

administração, como dos seus membros. Em particular, colocam-se importantes desafios à obtenção de informação, dado que a competência dos órgãos sociais

poder (financeiro, humano, etc.); este exercício não exclui uma larga descentralização e não implica obrigatoriamente a existência duma célula única de tomada de decisões». Nos grupos igualitários, pode estar em causa a criação de um órgão comum de administração, a coincidência pessoal dos membros dos órgãos directivos; contratos pelos quais as diferentes sociedades se vinculam quanto à harmonização da sua gestão. Nos grupos de subordinação podem referir-se encontros, discussões, meros conselhos dos órgãos da sociedade controladora aos órgãos das sociedades controladas, coincidência de administradores e, em última análise, a ordem pura e simples. Cfr. *ibidem*, p. 55

Salvo nos casos de domínio total ou de contrato de subordinação – em que a administração da sociedade dominante ou diretora tem o direito de dar instruções à sociedade dominada ou subordinada, nos termos do art. 503.º (aplicável diretamente ou por remissão do art. 491.º) – a prossecução de um "interesse do grupo" ou de um "interesse de sociedades do grupo", em prejuízo do interesse da sociedade individualmente considerada, não é defensável no Direito português. Assim sendo, a "direção unitária" do grupo reflete-se normalmente no exercício de direitos de voto na assembleia geral e, naquelas matérias que excedem a competência deste órgão, é corporizada em diretrizes transmitidas pelo acionista controlador diretamente aos administradores da sociedade controlada, sem que para tanto haja o respaldo de uma qualquer vinculação jurídica destes ao seu cumprimento, mas apenas uma relação fiduciária que, *de facto* e não *de iure*, as sustenta. Nessa medida, a prossecução da atividade societária de acordo com as diretrizes do acionista controlador em colisão com o interesse da sociedade é uma realidade de difícil justificação à luz do nosso Direito societário, mas de manifesta evidência fáctica. Esta realidade impõe reflexões sobre o esvaziamento de sentido e substância das competências da assembleia geral da sociedade-filha – virtualmente absorvidas pelas estruturas organizativas que, a nível do grupo, determinam a política ou estratégia económica comum e os concretos passos para a sua concretização por cada sociedade do mesmo – e, paralelamente, sobre a limitação da autonomia dos seus órgãos de administração. Tal restrição é, naturalmente, mais severa no contexto da sociedade anónima, na medida em que implica uma alteração do paradigma da autonomia do conselho de administração para conduzir a atividade social, livre de interferências externas, *maxime* de interferência dos acionistas, salvo nos casos expressamente previstos na lei ou nos estatutos. Neste contexto, como explica ENGRÁCIA ANTUNES – *Os grupos...* p. 129-132, «o poder de direcção e governo de uma sociedade, passando a depender de um centro de decisão externo, não reside mais na sua própria estrutura organizativa».

Perante este enquadramento normativo, importa compreender a realidade fáctica da subordinação da administração de diferentes sociedades a uma "direção unitária", dado que, como afirma ENGRÁCIA ANTUNES, *ibidem*, p. 45:

> «Esta discrepância entre direito e realidade arrisca-se a criar uma importante lacuna jurídica para um sector cada vez mais importante da vida económico-societária hodierna, arrastando consigo perigosas consequências de desregulação para todos os destinatários jurídico-societários (sócios, credores sociais, administradores, trabalhadores, Estado)».

Paralelamente à relação formal entre a assembleia e os administradores, que é uma relação entre órgãos investidos de distintas competências, existe uma relação fiduciária entre o "capital de comando" e os administradores, na medida em que o primeiro, através do seu voto, determina a composição dos órgãos sociais, *maxime* do órgão de administração, implicando uma sujeição fáctica destes à sua influência dominante. Como refere GALGANO, esta relação fiduciária manifesta-se em diretrizes "confidenciais" do capital de comando, às quais os administradores se conformam espontaneamente. GALGANO – *Il nuovo diritto societario...* p. 174. Esta relação fiduciária pode assumir um relevo jurídico externo, na medida em que a sociedade controladora pode ser responsabilizada pelos prejuízos causados pelas suas diretrizes

DA ADMINISTRAÇÃO À FISCALIZAÇÃO DAS SOCIEDADES

à sociedade controlada, aos seus sócios e aos seus credores. A influência dominante é, no entanto, uma situação *de facto*: desta pode nascer uma responsabilidade para quem emitiu as diretrizes, mas nunca uma vinculação jurídica dos administradores a que são destinadas. Estas diretrizes não são imperativas para os administradores: estes, se atuam em conformidade com as mesmas, fazem-no sob sua responsabilidade, assumindo como próprias as decisões tomadas nesse sentido. A não atuação do administradores em conformidade com tais diretrizes reflete-se "apenas" na relação fiduciária entre os administradores da sociedade controladora e os da sociedade controlada. Por outras palavras: provavelmente determina, para aqueles que não acatam tais diretrizes, a perda do lugar e de outros benefícios. Cfr. *ibidem*, p. 174-175.

Note-se que a delimitação jus-societária dos conceitos de "domínio" e de "influência dominante" – definida por ANA PERESTRELO DE OLIVEIRA – *Grupos de sociedades...* p. 29, n.º 18, como «o poder que assiste à sociedade dominante de, imediata ou mediatamente agir sobre o governo da sociedade dependente, determinando a sua vontade juridicamente relevante» –, assente em critérios materiais ou funcionais, não tem paralelo no Direito dos valores mobiliários, no qual tais conceitos são rigidamente delimitados, na definição das participações qualificadas para efeitos da constituição de deveres de comunicação (arts. 16.º ss. CVM) e do dever de lançamento de oferta pública de aquisição (art. 187.º/1 CVM), segundo critérios formais assentes na imputação de determinada percentagem dos direitos de voto. Neste caso, a necessária segurança jurídica sobrepôs-se à justeza de soluções. Cfr. *ibidem*, p. 29-31, n.ºs 18-19. Cfr. também as posições antagónicas de CARLOS OSÓRIO DE CASTRO – A imputação de direitos de voto no código dos valores mobiliários, *Cadernos do Mercado dos Valores Mobiliários*, 7, 2000, e PAULA COSTA E SILVA – *Sociedade aberta....*

Na perspetiva da sociedade-mãe, o exercício da direção económica unitária consubstancia uma forma de exercício indireto da sua atividade social, através da qual a empresa *unisocietária* dá lugar à empresa *plurisocietária*. Esta, como referimos antes, constitui uma fonte de potenciais distorções no equilíbrio de poderes subjacente a cada modelo de governo societário, caracterizadas pela expansão das competências da administração e correspetiva restrição dos poderes de intervenção dos sócios, os quais deixam de exercer os seus direitos sociais face a *toda a empresa*, passando a exercê-los apenas sobre aquela *parte da empresa* desenvolvida *diretamente* pela sociedade-mãe. Esta perspetiva, centrada na sociedade-mãe, tem as suas origens nos estudos da "escola de LUTTER" na Europa, e de EISENBERG, nos Estados Unidos, na década de 1970, que contrariaram a tendência inicial de concentração do estudo sobre grupos de sociedades na resposta do sistema jurídico ao crescente fosso entre o Direito e a realidade ao nível das sociedades-filhas. Cfr., por todos, ENGRÁCIA ANTUNES – *Os direitos dos sócios...* p. 11-16.

A construção dos grupos com base no conceito de "direção económica unitária" parece afastar a construção de soluções com base no simples "controlo", o que motivou a nossa objeção noutro estudo, no qual expusemos as nossas dúvidas de que o conceito de "direção unitária" seja absolutamente relevante para delimitar os problemas próprios deste fenómeno económico-jurídico e para definir adequadas soluções. Com efeito, afirmámos então que o problema se centra no controlo societário por um ou mais acionistas, permitindo a extração de benefícios especiais (*private benefits of control*) em prejuízo da sociedade (o chamado *controlling shareholder agency problem*). Neste contexto, parece ser irrelevante se os acionistas controladores exercem ou não uma direção económica unitária. Esta pode determinar uma específica intensidade do problema mais geral, sem no entanto justificar a sua autonomização analítica, nos termos sugeridos pela generalidade da doutrina. Cfr. JOSÉ FERREIRA GOMES – *O governo dos grupos...* p. 129-131 e, já antes, sobre a problemática extração de benefícios especiais pelo acionista controlador e sobre as soluções legais dirigidas à sua limitação ou exclusão, FERREIRA GOMES – *Conflitos de interesses....* Cfr. também entre nós, com maior desenvolvimento, PEDRO MAIA – *Voto...* p. 470-526. Note-se que, contrariamente à opção expressa em estudos anteriores, optamos aqui pelo termo "benefícios especiais" e não "benefícios privados", por nos parecerem convincentes os argumentos apresentados PEDRO MAIA, *ibidem*, p. 472-474 (nota 670).

O MODELO PORTUGUÊS ENQUANTO MODELO BASE

é regulada no Código das Sociedades Comerciais e noutros instrumentos legislativos de acordo com o paradigma da sociedade independente e autónoma[663].

ANA PERESTRELO DE OLIVEIRA, por seu turno, elegeu o "controlo interempresarial" como base da noção de grupo e, enquanto tal, como conceito central delimitador da sua tese sobre os grupos de sociedades e deveres de lealdade. A autora constrói o "controlo" como um conceito funcional, dirigido «à proteção da sociedade-filha face à efetiva ou potencial atividade de direção da sociedade-mãe ou, mais amplamente, de outra empresa». Esta opção, porém, não vai de encontro às dúvidas que expressámos, dado que, no contexto do estudo da autora, visa apenas compreender não apenas uma *efetiva*, mas também a *potencial* direção económica unitária: «a necessidade de proteção [da sociedade-filha] (...) revela-se com clareza em face da potencialidade da direção unitária». Apesar da extensão desta construção para lá dos estritos limites dos grupos, tal como definidos no Código das Sociedades Comerciais, tomando como base uma noção ampla de "empresa" enquanto sujeito do controlo – em conformidade com uma interpretação teleológica do conceito de "controlo" (aproximando-se da regra de "neutralidade" ou "independência" da forma dos sujeitos coligados vigente noutros ordenamentos) –, abrangendo não só sociedades por quotas, anónimas ou em comandita por ações (como pressupõe o art. 481.º/1), mas também sociedades de pessoas, os ACE e AEIE, as cooperativas e entes não societários, tais como as associações e as fundações, os entes públicos e, sublinhe-se, até «pessoas singulares com interesses empresariais noutras entidades quando surjam como "cabeça do grupo"», ANA PERESTRELO DE OLIVEIRA perspetiva o grupo sempre como uma "unidade económica", capaz de justificar um tratamento unitário das partes que o compõem. Cfr. ANA PERESTRELO DE OLIVEIRA – *Grupos de sociedades...* p. 25-165, em especial, p. 25, 106-107, 115-126, 140-165 (em particular, p. 143, n.º 172). Pelo contrário, no estudo desenvolvido noutra sede, centrámos a nossa análise no fenómeno da extração de benefícios especiais (*private benefits of control*), que caracterizam o *controlling shareholder agency problem*, independentemente de esta extração assentar, ou não, numa qualquer integração de partes envolvidas num todo unitário que possa ser designado "grupo". Cfr. FERREIRA GOMES – *Conflitos de interesses....*

[663] Ainda hoje o Direito das sociedades comerciais assenta no paradigma da "sociedade autónoma", ou seja, da sociedade individual e economicamente independente que, dessa forma, desenvolve a sua atividade empresarial, segundo a sua própria vontade, na prossecução do seu interesse social, tal como definido pelos seus órgãos sociais. RAUL Ventura – *Grupos de sociedades...* p. 34, ENGRÁCIA ANTUNES – *Os grupos...* p. 45, 103-104, 106. Por isso se diz que o advento dos grupos de sociedades «veio abrir uma crise sem precedentes nos quadros jurídico-societários tradicionais, dado que o postulado de referência em que estes assentam – a pressuposta autonomia do ente societário e o seu estatuto "ideal" ("Gesetztypus") de sociedade isolada e independente – está em total oposição com aquele que constitui afinal o traço distintivo do fenómeno dos grupos de sociedades – o fenómeno do controlo intersocietário e o seu estatuto "real" ("Lebenstypus") de sociedade coligada e dependente». ENGRÁCIA ANTUNES, *ibidem*, p. 45, 103-104. Cfr. também MARIA AUGUSTA FRANÇA – *A estrutura...* p. 29.

Como referimos já, paralelamente a este problema, relacionado com a autonomia das sociedades-filhas, coloca-se um outro ao nível da própria sociedade-mãe: o enquadramento legal da sua administração e fiscalização é tributário de um desenvolvimento direto da atividade social, sendo a descentralização dessa atividade (através da criação ou aquisição de participações de outras sociedades ou entidades) uma fonte de potenciais distorções no equilíbrio de poderes subjacente a cada modelo de governo societário.

Tal como o Direito das sociedades comerciais, também os estudos de *corporate governance* são frequentemente limitados à sociedade comercial individualmente considerada. Cfr., *v.g.*, JANET DINE – *The Governance of Corporate Groups*, Cambridge: Cambridge University Press, 2000, p. 37. São por isso centrados na distribuição de poderes entre os sócios e a administração dessa sociedade (sem prejuízo das competências próprias dos demais órgãos sociais) no contexto do desenvolvimento direto da sua atividade social. Ora, como bem adverte JORGE COUTINHO DE ABREU, «o estudo do direito

DA ADMINISTRAÇÃO À FISCALIZAÇÃO DAS SOCIEDADES

Está *aparentemente* delimitada pelas fronteiras desta e funcionalmente orientada à prossecução do seu interesse. Só nos casos abrangidos pelo disposto no art. 504.º se poderia eventualmente falar num "interesse do grupo"[664].

409   Sendo o interesse da sociedade-mãe prosseguido de forma indireta, através de uma ou mais sociedades-filhas, colocam-se em causa as fronteiras primeiramente definidas para as competências dos seus órgãos[665].

410   Na medida em que a sociedade-mãe seja titular de um *poder* de direção (*de facto* ou *de iure*) sobre outras sociedades, deve entender-se que a competência do seu conselho de administração abrange não apenas a gestão da atividade social desenvolvida diretamente pela sociedade-mãe, mas também a atividade desenvolvida pelas suas sociedades-filhas, sob a modalidade da direção e controlo global do grupo[666]. Vale o princípio jus-societário de que ao *poder* de direção da

---

das sociedades comerciais não pode mais bastar-se (...) com o estudo das singulares e autónomas sociedades».. JORGE COUTINHO DE ABREU – *Da empresarialidade*, Coimbra: Almedina, 1999, p. 19. Da mesma forma, também o estudo do governo das sociedades não pode deixar de considerar as implicações da integração da sociedade num contexto de grupo, refletindo em particular sobre os especiais riscos que tal acarreta e sobre os desafios organizacionais que tal coloca, com vista à boa e responsável administração e fiscalização empresarial. Efetivamente, a aplicação das regras de *corporate governance* aos grupos de sociedades determina extensões e modificações específicas dos deveres e padrões gerais de administração e fiscalização, tanto da sociedade-mãe, como das sociedades-filhas. DETLEF KLEINDIEK – "Konzernstrukturen und Corporate Governance: Leitung und Überwachung im dezentral organisiert Unternehmensverbund", in PETER HOMMELHOFF, et al. (eds.) – *Handbuch Corporate Governance: Leitung und Überwachung börsennotierter Unternehmen in der Rechts- und Wirtschaftspraxis*, 2.ª ed., Stuttgart, Köln: Schäffer-Poeschel, Schmidt, 2009, p. 788.

[664] Cfr. nota 662 *supra*. Sobre a problemática interpretação do conceito de "interesse do grupo", cfr. nota 688 *infra*.

Da mesma forma, o *status socii* refere-se à sociedade individualmente considerada e já não a quaisquer outras sociedades com esta relacionadas. Assim, por exemplo, nas sociedades por quotas, nos termos dos arts. 214.º e 215.º, os sócios têm direito a obter informação verdadeira, completa e elucidativa sobre a gestão da sociedade, e a consultar na sede social a respetiva escrituração, livros e documentos. O exercício efetivo deste direito não pode ser impedido pelo contrato social, nem o seu âmbito injustificadamente limitado. Acresce que o exercício deste direito não tem de ser justificado ou fundamentado, só podendo ser recusado quando for de recear que o sócio utilize a informação para fins estranhos à sociedade, e com prejuízo desta, ou quando a prestação da mesma implique violação de segredo imposto por lei no interesse de terceiros. Cfr., *v.g.*, RAUL VENTURA – *Novos estudos...* p. 131-154. Nas sociedades anónimas, tanto o direito mínimo à informação (art. 288.º), como o direito "coletivo" à informação (art. 291.º) – recordamos que o uso do adjetivo "coletivo" na epígrafe desta norma é equívoco porquanto o direito é conferido não apenas a um coletivo de acionistas, mas também a qualquer acionista que individualmente detenha 10% do capital social –, o direito à informação preparatória das assembleias gerais (art. 289.º/1) e o direito à informação em assembleia geral (art. 290.º) correspondem a um dever de prestação de informação pela administração da sociedade em causa, ainda que, neste último caso, abranja expressamente «as relações entre a sociedade e outras sociedades com ela coligadas».

[665] Cfr. nota 662 *supra*.

[666] Sem prejuízo da possibilidade de delegação de poderes. ENGRÁCIA ANTUNES – *Os grupos...* p. 721-723.

O MODELO PORTUGUÊS ENQUANTO MODELO BASE

sociedade-mãe corresponde necessariamente o *dever* de direção[667] ou *poder-dever* de direção do seu conselho de administração[668], com reflexos na esfera jurídica dos seus membros, conformando a sua obrigação de diligente administração da sociedade-mãe[669].

As participações sociais são parte do ativo desta, devendo ser geridas eficientemente na prossecução dos seus interesses. A gestão dessas participações depende contudo das possibilidades (*de iure* ou *de facto*) de influência sobre as sociedades-filhas[670] e das circunstâncias do caso concreto, devendo ser considerada à luz da margem de discricionariedade que assiste ao conselho de administração, resultante da concretização da sua obrigação de administração segundo o padrão de diligência normativa[671]. Assim, em princípio, cabe ao conselho de administração da sociedade-mãe decidir se e em que medida deve intervir na administração das sociedades-filhas (fazendo uso das possibilidades de influência que no caso se lhe apresentem).

411

II. Em todo o caso, na medida em que a atividade empresarial deixe de ser desenvolvida diretamente pela sociedade-mãe, mas indiretamente através de sociedades-filhas – caso em que existirá um poder de direção *de facto* ou

412

---

[667] SEMLER – *Leitung und Überwachung*[2]... p. 162-164.

[668] No contexto dos grupos *de iure* fundados em contrato de subordinação ou domínio total, neste sentido, ENGRÁCIA ANTUNES – *Os grupos*... p. 731, ENGRÁCIA ANTUNES – *Os direitos dos sócios*... p. 148. ANA PERESTRELO DE OLIVEIRA – *A responsabilidade civil*... p. 113-120 sustenta idêntica posição, vincando, porém, que o sujeito activo deste dever é apenas a sociedade-mãe. No Direito italiano, de forma semelhante, cfr., *v.g.*, o parecer de ARTURO DALMARTELLO e GIUSEPPE B. PORTALE, em CAMUZZI – *I poteri*... p. 804. Contra, *v.g.*, o parecer de CESARE GRASSETTI em *ibidem*, p. 810.

[669] Em tempos defendemos que, nos casos em que fosse aplicável o art. 504.º, o poder-dever de direção dos administradores da sociedade-mãe era exercido no "interesse do grupo" (FERREIRA GOMES – *O governo dos grupos*... p. 148-149), posição que entretanto abandonámos, face à convincente argumentação de ANA PERESTRELO DE OLIVEIRA – *Grupos de sociedades*..., em especial, p. 223-230. Para mais desenvolvimentos sobre este ponto, cfr. nota 688 *infra*.

[670] KLEINDIEK – *Konzernstrukturen*... p. 796, SEMLER – *Leitung und Überwachung*[2]... p. 162-163. O mesmo não pode ser afirmado, porém, quando o objeto da sociedade, determinado no contrato de sociedade, excluir o dever de direção. SEMLER aponta o caso paradigmático das participações dos bancos em sociedades de atividade industrial, por motivos puramente financeiros. Na medida em que tais participações se não destinam a ampliar a atividade desenvolvida pela sociedade mãe, não se pode admitir um dever de direção face à sociedade filha. Tais participações não servem o propósito de criação de vínculo duradouro com as sociedades participadas, nos termos do § 271(1)1 HGB. Cfr. *ibidem*.

[671] Sobre a discricionariedade do conselho de administração no nosso quadro sistemático, cfr. § 63 *infra*. Entre nós, ANA PERESTRELO DE OLIVEIRA – *A responsabilidade civil*... p. 106-110, enuncia uma obrigação do administrador do grupo, na sua relação com a sociedade-mãe, relativa ao desenvolvimento de um conjunto de tarefas tendentes a promover a integração societária (*Pflicht zur Konzernintegration*), analisando as principais tarefas à mesma subsumíveis. A autora reconhece a existência e a importância da margem de discricionariedade dos administradores nesta matéria.

DA ADMINISTRAÇÃO À FISCALIZAÇÃO DAS SOCIEDADES

de iure –, é essencial identificar, quantificar e gerir os riscos no contexto da empresa plurisocietária[672]. A vigilância ativa da administração da empresa em todos os seus níveis, incluindo as sociedades-filhas, é parte das "funções de gestão originárias" (*originären Geschäftsführungsaufgabe*) do conselho de administração. De acordo com o princípio de direção global (*Prinzip der Gesamtleitung*) ou de responsabilidade global (*Prinzip der Gesamtverantwortung*), é inalienável, no sentido em que não pode o conselho deixar de responder pela adequada vigilância da empresa. A falta de uma tal vigilância constitui violação da sua obrigação de diligente administração[673].

413   III. Face ao quase total silêncio da lei sobre esta problemática[674], importa determinar se existem ou não (e, em caso afirmativo, qual o alcance) poderes-deveres de obtenção de informação e de inspeção tanto do conselho de administração da sociedade-mãe, como dos seus membros individualmente considerados, para além das fronteiras dessa sociedade, sendo certo que – como ficou claro em casos como os da Enron, da Parmalat e do BPN[675] – o exercício indireto da atividade empresarial, usando sociedades-filhas para o efeito, é um mecanismo frequentemente dirigido à redução da eficácia de diferentes formas de fiscalização societária.

---

[672] Para além das garantias que eventualmente tenham sido prestadas pela sociedade-mãe ou do regime de responsabilidade civil que decorra diretamente da lei (nos casos das relações de grupo decorrentes de contrato de subordinação ou de domínio total) deve ser especialmente avaliado o risco inerente à participação noutras sociedades (e aos créditos resultantes de empréstimos acionistas). No mesmo sentido, no sistema alemão, JOHANNES SEMLER – "Die Kompetenzen des Vorstands und der Vorstandsmitglieder", in JOHANNES SEMLER e MARTIN PELTZER (eds.) – *Arbeitshandbuch für Vorstandsmitglieder*, München: C. H. Beck, 2005, p. 67-68, afirma que, no âmbito da sua obrigação de vigilância, os administradores devem controlar e avaliar as participações noutras sociedades com especial diligência (*mit besonderer Sorgfalt*), independentemente da forma como são integradas na atividade social, dado o seu potencial impacto na situação financeira da sociedade, considerando os riscos de perdas associadas e o risco de desvalorização das mesmas.

[673] Cfr. SEMLER – *Die interne Überwachung...* p. 177-178. Como veremos adiante, a delegação do poder de direção sobre uma sociedade-filha (incluindo o poder de controlar a execução das instruções dadas) não colide com a afirmação do texto, na medida em não implica uma desresponsabilização do coletivo pela adequada vigilância da empresa plurisocietária, de intensidade variável de acordo com as circunstâncias do caso.

[674] A ausência de resposta no texto da lei não é um desafio exclusivo do nosso sistema. O mesmo se verifica, por exemplo, no Direito alemão. Cfr., *v.g.*, FLEISCHER – *Vorstand im Unternehmensverbund...*, CHRISTINE WINDBICHLER – "Prozessspezifika unter besonderer Berücksichtigung des faktischen Konzerns", in PETER HOMMELHOFF, et al. (eds.) – *Handbuch Corporate Governance: Leitung und Überwachung börsennotierter Unternehmen in der Rechts- und Wirtschaftspraxis*, Köln, Stutgard: Schmidt, Schäffer-Poeschel, 2003, p. 607, n.º 32.

[675] Para uma análise destes casos, cfr. FERREIRA GOMES – *O governo dos grupos...* p. 136-146.

O MODELO PORTUGUÊS ENQUANTO MODELO BASE

A resposta a esta questão exige uma distinção entre diferentes situações que 414
nos propomos analisar separadamente: (i) os poderes-deveres de informação do
conselho de administração da sociedade-mãe e dos seus membros em grupos *de
iure* emergentes de contratos de subordinação e de domínio total; (ii) os poderes-deveres de informação do conselho de administração da sociedade-mãe e
dos seus membros em caso de consolidação de contas; e (iii) os poderes-deveres
de informação do conselho de administração da sociedade-mãe e dos seus membros noutros grupos (*de iure* e *de facto*).

IV. Na perspetiva das sociedades-filhas, a subordinação (*de facto* ou *de iure*) à 415
sociedade-mãe não determina uma idêntica necessidade de reequacionamento
da extensão das competências do conselho de administração ou dos seus membros, para efeitos da fiscalização societária.

A exceção parece ser a necessidade de reconhecimento de um direito 416
de informação da sociedade-filha perante instruções desvantajosas da sociedade-mãe, funcionalmente ordenado à confirmação da licitude dessas instruções[676]. Nos casos em que se reconheça a existência de um poder de direção *de
iure* da sociedade-mãe, deve reconhecer-se necessariamente um tal direito de
informação da sociedade-filha[677].

À margem deste ponto, os desafios centram-se na gestão do conflito de 417
interesses entre a sociedade-mãe e a sociedade-filha – traduzido no conflito de
interesses do sócio controlador (*controlling shareholder agency problem*)[678] – e na
eventual restrição da autonomia dos órgão de administração da sociedade-filha,
com reflexos ao nível da fiscalização societária[679].

---

[676] Sobre o dever dos administradores da sociedade-filha de não cumprimento das instruções ilícitas da
sociedade-mãe, cfr., por todos, Ana Perestrelo de Oliveira, in António Menezes Cordeiro (ed.) –
Código das Sociedades Comerciais anotado, 2.ª ed., Coimbra: Almedina, 2012, art. 504.º, n.ºs 26, 32, e também
art. 503.º, n.ºs 9, 13, 18 , 20. Cfr. também, sobre os limites ao direito de dar instruções, Antunes – *Os
grupos...* p. 648, 733-747, Ana Perestrelo de Oliveira – *Grupos de sociedades...* p. 476-484.

[677] Como veremos adiante, nos casos em que o poder de direção da sociedade-mãe seja meramente fáctico
não são admissíveis instruções desvantajosas sem adequada compensação, não sendo, em rigor, correta a
referência a "instruções desvantajosas", senão por referência a um espaço temporal delimitado, quando
a compensação seja diferida no tempo. Nessa medida, não existindo um dever de cumprimento das
instruções da sociedade-mãe, estas só poderão ser acatadas na sequência de um processo negocial *at arm's
lenght*, no qual caberá à administração da sociedade-filha exigir a prestação das informações que considere
adequadas. Em todo o caso, segundo Ana Perestrelo de Oliveira – *Grupos de sociedades...* p. 546,
n.º 783, «quando a sociedade controladora exerça o seu poder fáctico de direção, a sociedade-filha adquire,
ex vi da lealdade que lhe é devida pela sociedade-mãe, o direito de obter desta a informação relevante para
decidir sobre o cumprimento da instrução ou da adoção de medida por aquela determinada».

[678] Sobre este, cfr. § 3.2.E *supra*.

[679] Sobre este tema, cfr. Ferreira Gomes – *Conflitos de interesses....*

DA ADMINISTRAÇÃO À FISCALIZAÇÃO DAS SOCIEDADES

17.3. Os poderes-deveres de obtenção de informação e de inspeção do conselho de administração da sociedade-mãe e dos seus membros nos grupos *de iure* emergentes de contratos de subordinação e de domínio total

418   I. Nas relações de grupo emergentes de um contrato de subordinação ou de domínio total, a sociedade-mãe é titular de um poder de direção *de iure* (art. 503.º, aplicável diretamente ou por remissão do art. 491.º), ao qual corresponde um especial regime de responsabilidade por dívidas (arts. 501.º, 502.º e 491.º). Este poder de direção deve ser entendido em sentido amplo, abrangendo não só o poder de dar instruções, mas também o poder de as controlar. Deve ser exercido pelo conselho de administração da sociedade-mãe, nos termos do art. 405.º, podendo no entanto ser objeto de delegação nos termos do art. 407.º.

419   Coloca-se então a questão: pode o conselho de administração e podem os administradores (a título individual) obter informações e realizar inspeções nas sociedades-filhas, de forma a controlar a atividade desenvolvida pelos demais administradores (em caso de mera distribuição de pelouros), pelo administrador delegado ou pela comissão executiva (em caso de delegação própria), pelas demais estruturas administrativas da sociedade-mãe responsáveis pela área de negócio desenvolvida pela sociedade-filha e, bem assim, por aqueles que implementem as instruções emitidas ao nível da sociedade-filha?

420   II. Quanto ao conselho de administração, a sua competência, nos termos do art. 405.º, é limitada à sociedade-mãe. No entanto, sendo esta titular de um poder de direção (*de iure*) sobre outras sociedades, deve entender-se que a competência do seu conselho de administração se estende para além das suas fronteiras originárias, abrangendo a atividade desenvolvida pelas sociedades-filhas. Neste caso, o poder-dever de direção que lhe é imputado compreende não só o poder de dar instruções às sociedades-filhas, mas também o poder de as controlar[680].

421   Sendo a sociedade-mãe responsável pelas dívidas das sociedades-filhas, o seu conselho de administração pode – e deve, consoante os casos – exigir a prestação das informações e realizar as inspeções (mandatando um ou mais dos seus membros ou funcionários da sociedade para o efeito, que poderão fazer-se acompanhar de um revisor oficial de contas) que sejam necessárias ou convenientes

---

[680] No Direito administrativo, explicava MARCELLO CAETANO – *Manual de direito administrativo*, 1 – Introdução, organização administrativa, actos e contratos administrativos (revisto e actualizado por Diogo Freitas do Amaral), 10.ª ed., Coimbra: Almedina, 1980, p. 246-247, que o poder de inspeção – que definia como «a faculdade que o superior possui de tomar conhecimento, directamente ou por seus delegados, de todos os actos e factos ocorridos no desempenho dos serviços sob sua direcção» – é um corolário do poder de direção, tão natural é que se permita, a quem dirige, o conhecimento do modo como são entendidas e executadas as suas prescrições».

O MODELO PORTUGUÊS ENQUANTO MODELO BASE

ao conhecimento da sua situação em todos os momentos[681]. Estabelecendo um paralelo face ao disposto no art. 181.º (relativamente aos direitos dos sócios à informação nas sociedades em nome coletivo[682]), pode afirmar-se a existência de um princípio geral segundo o qual o sócio, quando responde ilimitadamente pelas dívidas da sociedade, deve poder aceder a todas as informações[683].

Em princípio, os pedidos de informação do conselho devem ser dirigidos ao órgão de administração da sociedade-filha, na qualidade de seu representante legal. A sujeição da sociedade-filha à direção da sociedade-mãe reflete-se num dever do seu órgão de administração a cumprir as instruções recebidas e de prestar as informações pedidas sobre o cumprimento das mesmas.

422

No entanto, no exercício do seu poder-dever de inspeção, por intermédio de quem seja mandatado para o efeito, pode o conselho inquirir diretamente os colaboradores da sociedade-filha sobre a escrituração, livros e documentos consultados, dentro dos limites do princípio da lealdade interorgânica, que opera aqui a um nível intersocietário. Dita a experiência que, na prática, muitos registos e documentos não são (totalmente) percetíveis por terceiros, senão com a colaboração dos funcionários da sociedade que com eles têm um contacto direto. Nessa medida, a rejeição do poder de inquirição esvaziaria de conteúdo útil, em grande medida, o direito de inspeção.

423

---

[681] No mesmo sentido, ENGRÁCIA ANTUNES – *Os grupos...* p. 725 (nota 1405) sustenta que o poder de direção da sociedade-mãe abrange implícita e instrumentalmente, uma pretensão jurídica de informação relativa a todos os elementos relevantes ou pertinentes à direção da empresa plurisocietária, não sendo oponíveis os constrangimentos gerais (*v.g.*, os limites impostos pelos arts. 215.º e 291.º/4). A mesma orientação pode ser confrontada em ANA PERESTRELO DE OLIVEIRA – *Grupos de sociedades...* p. 545, n.º 781. Sobre questão paralela no Direito alemão, cfr. SVEN H. SCHNEIDER – *Informationspflichten und Informationssystemeinrichtungspflichten im Aktienkonzern*, Berlin: Duncker & Humblot, 2006, p. 148, e também GÖTZ – *Leitungssorgfalt...* p. 527, apelando ao § 294(3) HGB que impõe a prestação de informações pelas sociedades-filhas em caso de consolidação de contas (em termos paralelos ao disposto, entre nós, no art. 508.º-A/3).
A questão não deve assim ser enquadrada no direito de informação dos sócios, nos termos do art. 290.º que, no sentido sugerido por RAUL VENTURA – *Novos estudos...* p. 145, abrange apenas as informações sobre as "relações" entre a sociedade em causa e as sociedades com ela coligadas, não abrangendo informações sobre estas últimas sociedades em si. Face a este entendimento, JOÃO LABAREDA – "Direito à informação", in *Problemas do Direito das Sociedades*, Coimbra: Almedina, 2002, p. 147-151, em particular, p. 150, sugere «o reequacionamento global da temática do direito à informação, no quadro do fenómeno legalmente denominado de coligação de sociedades».

[682] Perante questão paralela no Direito italiano, PIETRO ABBADESSA sustenta a aplicação analógica do regime das sociedades em nome coletivo. Cfr. o seu parecer em CAMUZZI – *I poteri...* p. 819. Sobre este direito no regime das sociedades em nome coletivo entre nós, cfr., por todos, MENEZES CORDEIRO – *Manual*, 2²..., p. 190-191.

[683] Nas palavras de MENEZES CORDEIRO – *Manual*, 2²..., p. 191, a propósito do art. 181.º: «o sócio, até porque ilimitadamente responsável, deve poder aceder a tudo».

DA ADMINISTRAÇÃO À FISCALIZAÇÃO DAS SOCIEDADES

424   III. Quanto aos administradores da sociedade-mãe (individualmente considerados), o *dever* de conhecimento da atividade da sociedade – um dos "deveres de cuidado", segundo o art. 64.º/1, *a*)[684], completado pelo disposto no art. 72.º/2[685] –, estende-se não apenas à atividade empresarial desenvolvida diretamente pela sociedade-mãe, mas também à desenvolvida indiretamente, através das sociedades-filhas[686]. A direção unitária de outras sociedades constitui também administração da sociedade-mãe[687].

425   Resta saber se o *dever* de estar informado e de atuar em termos informados se traduz igualmente numa posição jurídica ativa que lhe permita exigir a informação pretendida aos órgãos de administração das sociedades-filhas e ou realizar os atos de verificação e inspeção que considere convenientes. A resposta não pode deixar de ser positiva.

426   A extensão dos poderes-deveres de informação e inspeção imputados a cada administrador (individualmente considerado) é determinada pela extensão da competência de administração do conselho. Estendendo-se tal competência do conselho à direção das sociedades-filhas, nos termos já sustentados, estendem-se igualmente os poderes-deveres de informação e inspeção de cada um dos seus membros. Sendo a sociedade-mãe responsável pelas dívidas da sociedade-filha, não se compreenderia que os seus administradores não pudessem efetuar as diligências necessárias à determinação do risco decorrente da atividade desenvolvida indiretamente através da mesma. Um tal entendimento permitiria uma fácil subtração de atividades sociais à efetiva vigilância dos administradores. A autonomia formal das sociedades não pode sobrepor-se à solução material exigida pelo sistema.

---

[684] Sobre os "deveres de cuidado", tal como previstos no art. 64.º/1, *a*), cfr. § 62.5 *infra*.

[685] Sobre o sentido desta disposição, cfr. § 64.9 *infra*.

[686] A propósito da responsabilidade dos administradores de sociedades em relação de grupo, também ANA PERESTRELO DE OLIVEIRA – *A responsabilidade civil...* p. 126 afirma ser exigível aos administradores um esforço e diligência acrescidos que se reflete, por exemplo, no mais vasto âmbito do seu dever de se informarem sobre a atividade empresarial: devem informar-se «do andamento não apenas da sua sociedade mas do conjunto das sociedades integrantes do grupo. Tal implica não apenas um dever de investigação, mas também um dever de diligente conhecimento do funcionamento da sociedade e, sobretudo, do grupo globalmente considerado, reclamando-se, portanto, um esforço alargado de acompanhamento da realidade plurisocietária». A autora não refere, porém, quais os meios colocados ao dispor dos administradores pelo sistema para o efeito.

[687] Cfr., *v.g.*, MARCUS LUTTER – *Information und Vertraulichkeit im Aufsichtsrat*, 3.ª ed., Köln, Berlin, Bonn, München: Heymann, 2006, n.º 156, MERTENS – *Kölner Komm. AktG*²..., § 111, n.º 23, KLAUS J. HOPT e MARKUS ROTH, in *Aktiengesetz Großkommentar*, 4 – §§ 95-117, 4.ª ed., 2005, § 111, n.ºs 369 ss., KERSTEN V. SCHENCK – "Überwachung der Geschäftsführung", in JOHANNES SEMLER e KERSTEN V. SCHENCK (eds.) – *Arbeitshandbuch für Aufsichtsratsmitglieder*, 3.ª ed., München: Beck, Vahlen, 2009, p. 296-297, n.ºs 37-41, MARCUS LUTTER e GERD KRIEGER – *Rechte und Pflichten des Aufsichtsrats*, 5.ª ed., Köln: Schmidt, 2008, p. 56, n.º 132.

O MODELO PORTUGUÊS ENQUANTO MODELO BASE

Por outro lado, caso se entendesse que só o conselho de administração, 427
enquanto órgão coletivo, poderia exigir a prestação de informações pelas sociedades-filhas, haveria graves distorções no funcionamento colegial do conselho
de administração. A operacionalidade deste órgão assenta no pressuposto da
participação informada dos seus membros na discussão dos assuntos submetidos à sua consideração e nas deliberações sobre as propostas apresentadas.
A assimetria informativa entre os seus membros empobrece a discussão e determina a captura do órgão coletivo pelo administrador que domina a informação.
Ao nível da vigilância, tendo um administrador dúvidas sobre a forma como
está a ser conduzida a atividade empresarial através de uma ou mais sociedades-filhas (totalmente dominadas), não podendo obter destas informações para
o seu esclarecimento, terá sérias dificuldades em confrontar, perante o coletivo,
o administrador responsável pelas mesmas. Este, dominando a informação,
poderia facilmente manipular a discussão e afastar como infundadas as dúvidas
apresentadas.

Devem por isso reconhecer-se, a todos os administradores da sociedade-mãe 428
(incluindo os administradores não-delegados), poderes-deveres de obtenção de informação, de acesso aos documentos e registos das sociedades-filhas,
bem como de inquirição dos colaboradores desta, nos termos que considerem
adequados[688].

---

[688] Em tempos, sustentámos idêntica conclusão, mas com um fundamento que hoje expressamente
recusamos (cfr. FERREIRA GOMES – *O governo dos grupos...* p. 157-158), a saber: a configuração do dever
de diligência dos administradores da sociedade-mãe face às sociedades-filhas (sociedades subordinadas
ou totalmente dominadas), previsto no art. 504.º, no sentido de nele reconhecer implicitamente uma
norma de conduta: um dever de administração diligente do grupo. Tal como MARIA AUGUSTA FRANÇA
– *A estrutura...* p. 48 entendíamos que o paralelismo entre os arts. 64.º e 504.º/1 permitia pressupor a
existência de uma mesma atividade de gestão subjacente. Ora, o estudo entretanto desenvolvido sobre
o sentido deôntico das normas de competência (cfr. § 62.1 *infra*) permite-nos hoje acompanhar ANA
PERESTRELO DE OLIVEIRA, que alerta para o facto de não existir um tal *dever* face às sociedades-filhas,
nos termos que anteriormente sustentámos. Efetivamente, se não existe um *dever* da sociedade-mãe de
emitir instruções dirigidas às sociedades-filhas, mas tão só um *direito* (art. 503.º/2), não pode admitir-se a
existência de um *dever* dos seus administradores face às sociedades-filhas relativamente à administração
do grupo, salvo em casos excecionais. Cfr. ANA PERESTRELO DE OLIVEIRA – *A responsabilidade civil...*
p. 116-118 e *Grupos de sociedades...* p. 230-231, em especial, n.ºs 297-298. Cfr. também ENGRÁCIA ANTUNES
– *Os grupos...* p. 731-732, defendendo a existência de um dever de emitir instruções, mas apenas num
sentido estrito.
No entanto, quando os administradores da sociedade-mãe emitam instruções, seja em exercício do *direito*
da sociedade-mãe, seja em cumprimento do *dever* para com as sociedades-filhas (nos casos excecionais em
que o mesmo deva ser reconhecido), devem adotar, relativamente ao grupo, a diligência exigida por lei
quanto à administração da sua própria sociedade (art. 504.º/1).
Sobre a questão paralela da fundamentação, no art. 504.º/1, de deveres de lealdade dos administradores
da sociedade-mãe face às sociedades-filhas, cfr. ANA PERESTRELO DE OLIVEIRA – *Grupos de sociedades...*
p. 483-484.

DA ADMINISTRAÇÃO À FISCALIZAÇÃO DAS SOCIEDADES

429   IV. Mais complexa é a questão do acesso à informação, já não das socieda-des-filhas, mas das sociedades-netas. Ou seja, na medida em que a sociedade "A" domine totalmente a sociedade "B", e esta a sociedade "C", pode o conselho de administração de "A" exigir informações e realizar inspeções diretamente sobre a sociedade "C"?[689].

Relacionada com esta questão está aqueloutra do reconhecimento de um "interesse do grupo" porquanto, como explica ANA PERESTRELO DE OLIVEIRA, o "interesse do grupo" releva não só enquanto limite ao direito de os administradores da sociedade-mãe darem instruções vinculantes aos administradores das sociedades-filhas (art. 503.º/2), mas também como critério positivo de atuação dos mesmos, ou seja, «como modelo de orientação e de avaliação da conduta dos administradores do grupo (e, porventura, de cada uma das sociedades que o compõem)». Neste sentido, é comum a afirmação de um dever dos administradores de atuar no "interesse do grupo" por conjugação dos arts. 503.º/2 e 504.º/1. Cfr. *ibidem*, p. 224 (em especial, nota 720), bem como *A responsabilidade civil...* p. 98.
Ora, em coerência com a noção contratualista por nós sustentada (cfr. § 62.4 *infra*), e contrariamente ao sustentado, *v.g.*, por MARIA AUGUSTA FRANÇA – *A estrutura...* p. 45, para quem o "interesse do grupo" resulta da consideração global de todas as unidades do grupo, entendido em termos semelhantes à sociedade individual, parece-nos correta a asserção de ANA PERESTRELO DE OLIVEIRA – *A responsabilidade civil...* p. 102, de que, neste tipo de grupos, «é sempre o interesse da sociedade-mãe que é prosseguido através do grupo». No mesmo sentido, já antes, JORGE COUTINHO DE ABREU – *Da empresarialidade...* p. 270, explicava que:
> «um grupo de sociedades (não paritário) se baseia não numa coordenação para fins comuns, mas numa subordinação para fins (fundamentalmente) unilaterais. A sociedade directora tem o direito de denegar o interesse social das subordinadas, se com isso forem satisfeitos lícitos interesses dela própria ou (caso existam) de outras sociedades do grupo. E é por destes interesses não comungarem as sociedades sacrificadas que se impõe uma tutela especial dos sócios minoritários e dos credores da mesma».

Esta ideia foi desenvolvia por ANA PERESTRELO DE OLIVEIRA – *Grupos de sociedades...* p. 229, n.º 295:
> «A subordinação (...) das restantes empresas do grupo é feita em função do interesse próprio da sociedade de topo, que define o "interesse do grupo" de acordo com o seu interesse individual e instrumentaliza as restantes sociedades à respetiva prossecução, através da emissão de instruções, que, pelo menos nos grupos assentes em contrato de subordinação e em domínio total, podem mesmo ser desvantajosas, desde que com contrapartida em vantagens para a sociedade-mãe ou outra sociedade do grupo. Limite único à prossecução do interesse da sociedade de topo seria, aparentemente, a proibição de colocar em risco a sobrevivência económica das controladas, admitindo-se, porém, que mesmo este limite possa ceder quando esteja em inultrapassável conflito com o interesse da sociedade-mãe. Assim se vê que é sempre o interesse da cúpula que é prosseguido através do grupo».

Deve no entanto sublinhar-se que, em coerência com a afirmação de que os interesses dos *stakeholders* da sociedade constituem uma heterolimitação ao interesse social (cfr. § 62.4 *infra*), não pode olvidar-se que o interesse do grupo – que não traduz nada conceptualmente distinto do interesse da sociedade-mãe – é igualmente heterodelimitado pelos interesses dos *stakeholders* das várias sociedades que compõem o grupo.

[689] Como explica ANA PERESTRELO DE OLIVEIRA – *Grupos de sociedades...* p. 163-165, n.ºs 197-200, o fenómeno dos grupos multinível não é, em geral, regulado nem no nosso sistema, nem naqueles que nos servem de referência, deste quadro resultando a necessidade de encontrar soluções jurisprudenciais e doutrinárias adequadas à realidade em causa.

O MODELO PORTUGUÊS ENQUANTO MODELO BASE

Na medida em que o fundamento dos poderes-deveres de informação e inspeção do conselho e dos seus membros se encontra no poder de direção da sociedade-mãe, previsto no art. 503.º, a resposta à questão enunciada depende da resposta que se dê à questão prévia sobre a existência de um poder de direção da sociedade-mãe ("A") sobre a sociedade-neta ("C"). 430

Como refere ENGRÁCIA ANTUNES, a resposta a esta questão prévia «não poderá deixar de ser negativa, já que qualquer outra solução conduzia inelutavelmente a fazer tábua rasa dos direitos e deveres de controlo em que estão investidos os órgãos de administração da sociedade B relativamente à licitude das instruções emitidas por A a C – admissível será apenas, assim, que A instrua directamente B, a fim de que este o faça posteriormente em relação a C»[690]. No mesmo sentido segue ANA PERESTRELO DE OLIVEIRA, segundo a qual «[n]os grupos multinível, um pedido direto da sociedade-neta, a ela dirigido, não é justificado, uma vez que o poder de direção da sociedade-avó não é diretamente exercido»[691]. 431

Não obstante, na prática, dificilmente a sociedade-neta recusará um pedido de informações ou uma inspeção realizada diretamente pela sociedade-avó. 432

17.4. Os poderes-deveres de obtenção de informação e de inspeção do conselho de administração da sociedade-mãe e dos seus membros em caso de consolidação de contas

I. Analisado o problema nos grupos *de iure* constituídos por contrato de subordinação ou por domínio total, passamos agora à análise dos casos em que a sociedade-mãe está obrigada à consolidação de contas com sociedades-filhas, nos termos do Decreto-Lei n.º 158/2009, de 13 de julho (não abrangidos pelo capítulo anterior). A amplitude com que é delimitada a esfera de sociedades sujeitas a uma tal obrigação pelo art. 6.º deste diploma[692] permitiria concluir 433

---

[690] ENGRÁCIA ANTUNES – *Os grupos...* p. 630.

[691] ANA PERESTRELO DE OLIVEIRA – *Grupos de sociedades...* p. 546, n.º 784.

[692] Nos termos desta disposição,

«Qualquer empresa mãe sujeita ao direito nacional é obrigada a elaborar demonstrações financeiras consolidadas do grupo constituído por ela própria e por todas as subsidiárias, sobre as quais:

a) Independentemente da titularidade do capital, se verifique que, em alternativa: *(i)* Possa exercer, ou exerça efectivamente, influência dominante ou controlo; *(ii)* Exerça a gestão como se as duas constituíssem uma única entidade;

b) Sendo titular de capital, quando ocorra uma das seguintes situações: *(i)* Tenha a maioria dos direitos de voto, excepto se for demonstrado que esses direitos não conferem o controlo; *(ii)* Tenha o direito de designar ou de destituir a maioria dos titulares do órgão de gestão de uma entidade com poderes para gerir as políticas financeiras e operacionais dessa entidade; *(iii)* Exerça uma influência dominante sobre uma entidade, por força de um contrato celebrado com esta ou de uma outra cláusula do contrato social desta; *(iv)* Detenha pelo menos 20% dos direitos de voto e a maioria

DA ADMINISTRAÇÃO À FISCALIZAÇÃO DAS SOCIEDADES

pela inclusão no seu âmbito de praticamente todas as modalidades de grupos de sociedades e ainda muitas relações em que, existindo *domínio*, não se verifica uma *direção económica unitária* (elemento caracterizador dos grupos de sociedades)[693].

434 O âmbito de aplicação desta norma é, porém, delimitado por outras normas do mesmo diploma, com destaque para a resultante do art. 7.º/1, nos termos do qual uma sociedade-mãe fica dispensada de elaborar contas consolidadas quando o conjunto das entidades a consolidar, com base nas suas últimas contas anuais aprovadas, não ultrapasse dois dos seguintes três limites, durante dois anos consecutivos: *(a)* total do balanço: €7.500.000; *(b)* total das vendas líquidas e outros rendimentos: €15.000.000; *(c)* número de trabalhadores empregados em média durante o exercício: 250[694]. Fica assim isenta da obrigação de consolidação a larguíssima maioria das sociedades portuguesas, dado que, segundo dados do Instituto Nacional de Estatística, relativos a 2008, a dimensão média das empresas portuguesas é de 8,6 trabalhadores e de €993,300 de volume de negócios[695].

435 II. A consolidação de contas visa a apresentação da situação patrimonial e financeira de um conjunto de entidades como se de uma única entidade eco-

---

dos titulares do órgão de gestão de uma entidade com poderes para gerir as políticas financeiras e operacionais dessa entidade, que tenham estado em funções durante o exercício a que se reportam as demonstrações financeiras consolidadas, bem como, no exercício precedente e até ao momento em que estas sejam elaboradas, tenham sido exclusivamente designados como consequência do exercício dos seus direitos de voto; *(v)* Disponha, por si só ou por força de um acordo com outros titulares do capital desta entidade, da maioria dos direitos de voto dos titulares do capital da mesma». Por "controlo" deve entender-se «o poder de gerir as políticas financeiras e operacionais de uma entidade ou de uma actividade económica a fim de obter benefícios da mesma». Cfr. art. 2.º, *a)* do Decreto-Lei n.º 158/2009. Recorde-se que o art. 15.º do Decreto-Lei n.º 158/2009, de 13 de julho, revogou, entre outros diplomas, o Decreto-Lei n.º 238/91, de 2 de julho, que anteriormente regulava a obrigação de consolidação de contas.

[693] Cfr. nota 662 *supra*. Como explica CAMPOBASSO, controlo societário e grupo são fenómenos conceitualmente distintos e não necessariamente coincidentes: podem existir situações de controlo que não dão lugar a relações de grupo, por falta da unidade de direção económica pela sociedade-mãe e, no pólo oposto, podem existir grupos que não derivam de uma relação de controlo. Cfr. GIAN FRANCO CAMPOBASSO – "Controllo societário e poteri della capogruppo nei gruppi e nei gruppi bancari", in PAOLA BALZARINI, et al. (eds.) – *I Gruppi di Società: Atti del Convegno Internazionale di Studi*, 2, Milano: Giuffrè, 1996, p. 789.

[694] Destaca-se ainda a exclusão prevista no art. 8.º, segundo o qual «[u]ma entidade pode ser excluída da consolidação quando não seja materialmente relevante para a realização do objectivo de as demonstrações financeiras darem uma imagem verdadeira e apropriada da posição financeira do conjunto das entidades compreendidas na consolidação».

[695] Dados disponíveis no sítio da Internet do IAPMEI, em http://www.iapmei.pt/iapmei-faq-02.php?tema=7 , consultado em 11/06/2012.

O MODELO PORTUGUÊS ENQUANTO MODELO BASE

nómica se tratasse[696], permitindo uma melhor avaliação global do conjunto por todos os interessados e uma mais adequada identificação e gestão dos inerentes riscos.

Para este efeito, o art. 508.º-A/3 imputa ao órgão de administração da socie-   436
dade *consolidada* um dever de prestação das informações necessárias à consolidação de contas[697]. Com base nesta informação, o órgão de administração da sociedade *consolidante* deve preparar o relatório e as contas consolidadas, segundo os arts. 508.º-B, 508.º-C e 508.º-F, que devem ser submetidos a exame do revisor oficial de contas e do órgão de fiscalização desta sociedade, nos termos do art. 508.º-D, antes da sua submissão aos sócios para aprovação (art. 508.º-A).

III. Contrariamente ao verificado no contexto dos grupos *de iure* fundados   437
num contrato de subordinação ou numa situação de domínio total, a existência de um *direito* da sociedade consolidante e, logo, de um *poder-dever* do seu conselho de administração, relativamente à prestação da informação necessária à consolidação de contas pelas sociedades consolidadas, não se reflete na imputação sucessiva de poderes-deveres de informação aos membros do conselho individualmente considerados.

De facto, o fundamento da imputação sucessiva então enunciado – a exten-   438
são da competência do conselho de administração da sociedade-mãe relativamente à atividade desenvolvida através das sociedades-filhas, usando o poder de direção previsto no art. 503.º/2 – não tem paralelo nos casos de simples consolidação de contas, em que se mantém a autonomia entre as sociedades consolidante e consolidada.

Assim, só o conselho de administração, órgão coletivo, enquanto titular dos   439
poderes de representação da sociedade consolidante (art. 405.º/2), pode exercer o direito desta à obtenção da informação necessária à consolidação de contas. Tal não prejudica, porém, o espaço de liberdade normativamente reconhecido ao conselho de administração para conceder poderes de representação para esse efeito a um ou mais dos seus administradores ou colaboradores (cfr. art. 391.º/7).

---

[696] Neste sentido, corresponde ao conjunto de operações contabilísticas de agregação das contas individuais do conjunto de entidades, traduzido na adição dos saldos das contas constantes em cada rubrica do balanço e da demonstração de resultados e a eliminação dos valores correspondentes às operações realizadas entre as sociedades agrupadas. Cfr. ENGRÁCIA ANTUNES – *Os grupos...* p. 194.

[697] Nos termos desta norma, «[o]s gerentes, administradores ou directores de cada sociedade a incluir na consolidação que seja empresa filial ou associada devem, em tempo útil, enviar à sociedade consolidada o seu relatório e contas e a respectiva certificação legal ou declaração de impossibilidade de certificação a submeter à respectiva assembleia geral, *bem como prestar as demais informações necessárias à consolidação de contas*» (itálico nosso). Para uma análise do § 294(3) HGB, norma paralela no Direito alemão, cfr., *v.g.*, GÖTZ – *Leitungssorgfalt...* p. 527, LUTTER – *Information und Vertraulichkeit*³... p. 49 ss.

DA ADMINISTRAÇÃO À FISCALIZAÇÃO DAS SOCIEDADES

Uma tal concessão de poderes de representação poderá inclusive acompanhar a delegação de poderes de gestão, seja por encargo especial (art. 407.º/1), seja por delegação da gestão corrente da sociedade (art. 407.º/3). Pense-se no caso comum de concessão de tais poderes de representação ao administrador a quem foi confiado o pelouro financeiro.

440   IV. O conteúdo do direito da sociedade consolidante (e do correspondente poder-dever do seu conselho de administração) é delimitado pelo propósito da consolidação de contas. Estamos novamente perante um conceito normativo determinado pela função (*Zweckbegriff*): o órgão de administração da sociedade consolidada só está obrigado a prestar as informações *necessárias* à consolidação de contas e não quaisquer outras eventualmente solicitadas pela administração da sociedade consolidante (cfr. art. 508.º-A/3)[698].

441   Esta delimitação finalística separa claramente este regime do anteriormente analisado, relativo aos grupos *de iure* constituídos por contrato de subordinação ou domínio total. Enquanto naquele a administração da sociedade-mãe estava legitimada para exigir as informações necessárias à direção económica unitária do grupo de sociedades – pela qual respondia, em última análise o património da sociedade-mãe – neste, a administração da sociedade consolidante só pode exigir a informação necessária para apresentar uma imagem fiel da situação patrimonial e financeira do conjunto de sociedades consolidadas.

442   Não obstante, face ao disposto no art. 508.º-C sobre o conteúdo do relatório consolidado de gestão, o conteúdo do direito de informação da sociedade consolidante não é tão restrito quanto poderia sugerir uma tal construção. De facto, o sistema apresenta uma certa esquizofrenia, na medida em que não reconhece à sociedade consolidante um poder de direção *de iure*, mas exige desta uma prestação de contas própria de quem exerce um tal poder. Destaca-se o dever de exposição fiel e clara da evolução dos negócios, do desempenho e da posição das empresas compreendidas na consolidação, consideradas no seu conjunto, bem como de descrição dos principais riscos e incertezas com que se defrontam (cfr. art. 508.º-C/1). Destacam-se ainda as concretizações deste dever [resultantes das alíneas *b)*, *e)*, *f)* do n.º 5 do mesmo artigo], segundo as quais deve ser descrita a evolução previsível do *conjunto de empresas*, os objetivos e as políticas *da sociedade* em matéria de gestão dos riscos financeiros, e os principais elementos dos sistemas de controlo interno e de gestão de riscos *do grupo* relativamente ao processo de elaboração das contas consolidadas, quando os valores mobiliários da

---

[698] Contrariamente ao verificado nos grupos *de iure* constituídos por contrato de subordinação ou domínio total, neste caso a informação prestada não se destina a permitir uma orientação "empresarial" da sociedade-mãe sobre a sociedade-filha. Cfr., sobre a questão paralela, GÖTZ – *Leitungssorgfalt...* p. 724.

204

O MODELO PORTUGUÊS ENQUANTO MODELO BASE

sociedade sejam admitidos à negociação em mercado regulamentado. A (vasta) extensão do relatório consolidado de gestão determina a (vasta) extensão do direito de informação da sociedade consolidante.

V. Poderia questionar-se se a referida ponderação teleológica releva para efeitos da delimitação não apenas do conteúdo do *dever* de informação da sociedade consolidada, mas também do espaço de liberdade conferido ao seu órgão de administração para *voluntariamente* prestar essa informação. Com efeito, à primeira vista, a prestação de informações para lá dos limites decorrentes dessa ponderação traduziria uma violação dos seus deveres de confidencialidade e de tratamento paritário dos acionistas[699]. Não nos parece, porém que esta seja uma conclusão inelutável. A este ponto voltaremos adiante, na medida em que traduz uma problemática transversal a todos os grupos *de facto*[700].

443

VI. Existindo dúvidas sobre a (veracidade ou completude da) informação prestada pela administração da sociedade consolidada à consolidante, pode esta promover a prática dos atos de inspeção necessários à sua confirmação?

444

Quando a sociedade-filha consinta nessa inspeção – o que normalmente sucederá sempre que a sociedade consolidante tenha um poder de direção *de facto* sobre a sociedade consolidada –, o problema não se coloca[701]. As dificuldades surgem perante a oposição desta.

445

A lei não prevê *expressamente* nenhum direito de inspeção no contexto da consolidação de contas, pelo que, à partida, a sociedade consolidante poderia apenas lançar mão de um inquérito judicial, por interpretação analógica dos arts. 216.º, quando a sociedade consolidada seja uma sociedade por quotas, e 292.º, quando seja uma sociedade anónima (segundo o regime desenvolvido nos arts. 1048.º ss. CPC, correspondentes aos arts. 1479.º ss. na versão anterior à Lei n.º 41/2013, de 26 de junho)[702].

446

---

[699] FLEISCHER – *Vorstand im Unternehmensverbund...*, n.º 33. Veja-se, a este propósito, o disposto no § 131(4) AktG, segundo o qual, caso tenha sido prestada informação a um acionista, nessa qualidade, fora da assembleia, a mesma deve ser prestada a qualquer outro acionista, a pedido, em assembleia, mesmo quando a mesma não seja necessária para a adequada ponderação de qualquer ponto da ordem de trabalhos.

[700] Bem como aos grupos *de iure* cuja fonte não seja o contrato de subordinação ou o domínio total. Cfr. § 17.5 *infra*.

[701] Apesar de a lei não imputar à sociedade consolidada qualquer obrigação de suportar intervenções inspetivas da sociedade consolidante, deve seguramente admitir-se como legítimo (no sentido de lícito) o consentimento dado pelo seu órgão de administração, na medida em que as inspeções se cinjam aos limites teleológicos referidos a propósito do dever de informação.

[702] Não se aplica neste caso o regime do inquérito às contas previsto no art. 67.º, o qual vai dirigido apenas à apresentação das contas pelos gerentes ou administradores da sociedade ou à sua preparação e

DA ADMINISTRAÇÃO À FISCALIZAÇÃO DAS SOCIEDADES

447 Deve, no entanto, dar-se um passo adiante e admitir-se a construção de uma norma no caso (segundo o art. 10.º/3 CC), a partir das coordenadas sistemáticas disponíveis: deve reconhecer-se um direito de inspeção da sociedade consolidante relativamente à sociedade consolidada, mas de alcance limitado. Um tal direito pode ser fundamentado na especial natureza do direito de informação prescrito pelo art. 508.º-A/3, destinado a assegurar a apresentação de uma imagem fiel da situação patrimonial e financeira do conjunto de sociedades consolidadas, em benefício dos seus credores e do público em geral. O seu alcance deve no entanto ser limitado, não só pelas mesmas considerações teleológicas – só devem admitir-se os atos de inspeção da sociedade consolidante destinados a confirmar a fidelidade da informação recebida –, mas também pela necessidade de salvaguardar os legítimos segredos empresariais da sociedade consolidada. No entanto, quando a inspeção desenvolvida *diretamente* pela sociedade consolidante possa contundir com tais segredos, deve ainda assim admitir-se a inspeção *indireta*, por um revisor oficial de contas independente que, mantendo a confidencialidade sobre os livros, registos e documentos da sociedade consolidada, confirme os elementos sobre os quais incidem as dúvidas da sociedade consolidante[703].

448 VII. Deve rejeitar-se a perspetiva de que, sendo as contas da sociedade consolidada certificadas por um revisor oficial de contas – voluntariamente ou por imposição legal, quando esta seja uma sociedade anónima (arts. 451.º e 453.º) ou uma sociedade por quotas cuja dimensão assim o exija (art. 262.º) – deve a administração da sociedade consolidante bastar-se com a mesma, para efeitos da preparação das contas consolidadas. Esta tem uma responsabilidade própria pela adequada preparação das contas consolidadas, de forma a que estas reflitam, de forma fiel, a situação patrimonial do conjunto das sociedades abrangidas pela consolidação. Tendo dúvidas sobre algum dos elementos apresentados por uma destas sociedades, deve praticar os atos necessários ao esclarecimento das mesmas.

449 Este ponto tem estado no centro da reforma do regime jurídico da revisão legal de contas a nível internacional, em especial na sequência dos escândalos verificados no início deste milénio que demonstraram – uma vez mais – o perigo da contabilidade criativa, combinada agora com o uso igualmente criativo de entidades veículo para restrição da eficácia dos mecanismos de controlo da administração. O caso Enron, nos Estados Unidos, e o caso Parmalat, a nível

---

apresentação por um administrador nomeado pelo tribunal para o efeito. Sobre este processo, cfr., *v.g.*, Menezes Cordeiro – *Direito das sociedades*, 1³... p. 1082-1083.

[703] O exame das contas por um revisor oficial de contas independente tem paralelo no art. 67.º/5.

O MODELO PORTUGUÊS ENQUANTO MODELO BASE

europeu, são bons exemplos desta criatividade e dos seus efeitos perniciosos. O legislador europeu reagiu às fragilidades realçadas pelo caso Parmalat, passando a exigir, no art. 27.º, *a*) da Diretriz 2006/43/CE[704], que o "revisor oficial de contas do grupo" seja inteiramente responsável pelo relatório ou certificação legal das contas consolidadas[705]. Esta norma foi transposta pelo art. 44.º-A EOROC. Apesar de esta norma se aplicar apenas ao revisor oficial de contas, denota uma evolução do sistema no sentido de, por um lado, exigir dos responsáveis pela preparação e certificação das contas consolidadas a prática dos atos necessários à sua fidelidade e completude e, por outro, restringir a exclusão da sua responsabilidade com fundamento na dependência da informação transmitida pelas sociedades consolidadas[706].

VIII. A posição de restrição dos poderes-deveres de informação e inspeção ao conselho de administração, negando-os aos seus membros a título individual, parece não ser consistente com as posições de ENGRÁCIA ANTUNES e MENEZES CORDEIRO, a propósito da extensão dos poderes de informação dos membros do *órgão de fiscalização* da sociedade consolidante. ENGRÁCIA ANTUNES afirma que tais poderes se estendem ao conjunto das sociedades compreendidas no âmbito da consolidação, com base no art. 508.º-D[707]. MENEZES CORDEIRO, por

450

---

[704] Diretriz 2006/43/CE do Parlamento Europeu e do Conselho, de 17 de maio de 2006, relativa à revisão legal das contas anuais e consolidadas, que altera as Diretrizes 78/660/CEE e 83/349/CEE do Conselho e que revoga a Diretriz 84/253/CEE do Conselho, JO L 157/87, 9.6.2006, p. 0087-0107.

[705] Segundo a alínea *b*) do mesmo artigo, deve examinar o trabalho desenvolvido por auditores de Estados que não sejam membros da União Europeia e guardar a documentação dessa análise, para efeitos de fiscalização pela autoridade nacional de supervisão dos revisores oficiais de contas (em Portugal: o CNSA). Para além disso, nos termos da alínea *c*) do mesmo artigo, sempre que uma parte de um grupo de empresas for examinada por um ou mais auditores de um Estado com o qual não existe qualquer acordo de cooperação, o revisor oficial de contas do grupo é responsável por garantir a entrega adequada, quando pedida, às autoridades responsáveis pela supervisão pública da documentação dos trabalhos de revisão ou auditoria realizados pelo auditor ou auditores ou pela outra entidade ou entidades de auditoria desse Estado, nomeadamente os documentos de trabalho relevantes para a revisão ou auditoria do grupo.

[706] Para uma análise da nossa posição anteriormente expressa sobre este ponto, cfr. FERREIRA GOMES – *O governo dos grupos*....

[707] Cfr. ENGRÁCIA ANTUNES – *A fiscalização*... p. 158. O autor remete para a 1.ª edição da sua principal obra sobre grupos de sociedades, mas nem nesta, nem na 2.ª edição, conseguimos encontrar desenvolvimentos desta afirmação. Cfr. ENGRÁCIA ANTUNES – *Os grupos*... p. 193 ss..

Na sua monografia ENGRÁCIA ANTUNES – *A supervisão*..., o autor debruça-se sobre a contradição verificada ao nível da supervisão dos grupos financeiros. Por um lado, o regime legal da supervisão em base consolidada concretiza-se no «estabelecimento de um conjunto de parâmetros e coeficientes prudenciais cujo cumprimento deverá ser observado ao nível consolidado do grupo»; por outro, as relações internas entre as sociedades do grupo estão sujeitas ao regime geral das sociedades comerciais. Nos termos deste, como vimos, a sociedade-filha é autónoma, estando vinculada à prossecução de um interesse próprio e não do grupo (salvo nos casos de contrato de subordinação ou domínio total), e a sociedade-mãe não

DA ADMINISTRAÇÃO À FISCALIZAÇÃO DAS SOCIEDADES

seu turno, afirma que o regime aplicável é o comum da fiscalização de contas, «decididamente adaptado à situação de consolidação»[708].

451 Seguindo estas posições, por maioria de razão, deveria admitir-se a extensão dos poderes de informação não só ao *conselho de administração*, mas também a *cada um dos seus membros*, na mesma medida. Sendo a preparação das contas anuais (individuais e consolidadas) uma competência do conselho de administração – que não pode sequer ser delegada [arts. 407.º/4 e 406.º, *d*)] – não se compreenderia que o poder de informação dos administradores fosse mais restrito que o de outros órgãos sociais com funções de fiscalização. Afinal, são estes os primeiramente obrigados a confirmar que as contas consolidadas traduzem uma imagem autêntica e verdadeira das sociedades sujeitas a consolidação, permitindo aos seus destinatários «ter a exacta percepção do impacto de quaisquer operações, susceptíveis de expressar riscos ou benefícios relevantes na avaliação financeira das sociedades»[709].

452 Em sentido contrário, porém, valem decisivamente as considerações expostas sobre a não verificação, neste caso, de fundamento para a imputação sucessiva de poderes-deveres de informação aos membros do conselho de administração. Só este órgão coletivo, enquanto titular dos poderes de representação da sociedade consolidante, pode exercer o direito desta à obtenção da informação e à realização das inspeções necessárias à consolidação de contas.

453 IX. Caso a sociedade consolidada recuse a prestação de informações ou se oponha à realização de inspeções pela sociedade consolidante, a esta só restará a via judicial. Caso a sociedade consolidante se veja na contingência de ter de promover um inquérito judicial, é possível, senão mesmo inevitável, que o mesmo não seja concluído entre a data da recepção da informação pela sociedade consolidada[710] e a data em que a administração da sociedade consolidante deve aprovar as contas consolidadas e submetê-las, primeiro, à fiscalização do

---

tem o poder *de iure* de emitir instruções vinculantes à sociedade-filha, seja de *carácter estratégico*, visando a sua subordinação a uma política prudencial global de grupo, seja de carácter operacional, no sentido de impor medidas concretas de gestão. Conclui o autor que esta "lacuna regulatória" do nosso sistema só pode ser preenchida *"de iure condendo"*, com a consagração de um poder-dever genérico de direção e coordenação prudencial da sociedade consolidante sobre as sociedades consolidadas. O autor não trata, porém, o problema que ora nos ocupa: o direito da sociedade-mãe a praticar atos de verificação e inspeção no perímetro das sociedades consolidadas, para efeitos da confirmação da informação recebida para preparação das contas consolidadas.

[708] O autor não desenvolve, porém, esta posição. Cfr. MENEZES CORDEIRO – *CSC anotado*[2]..., art. 508.º-D, n.º 3.

[709] Cfr. preâmbulo do Decreto-Lei n.º 185/2009, de 12 de agosto.

[710] Tendencialmente, a informação será prestada entre janeiro e abril, dado o encerramento das contas após 31 de dezembro, e sua aprovação pela assembleia geral da sociedade consolidada até ao final

O MODELO PORTUGUÊS ENQUANTO MODELO BASE

revisor oficial de contas e do conselho fiscal e, depois, à aprovação da assembleia geral[711]. Nesse caso, deverá refletir nas contas as dúvidas que tenha.

17.5. Os poderes-deveres de obtenção de informação e de inspeção do conselho de administração da sociedade-mãe e dos seus membros noutros grupos (*de iure* e *de facto*)

I. Nos demais grupos *de iure* e *de facto*, aos quais não é aplicável nem o disposto no art. 503.º, nem a obrigação de consolidação de contas, nem o conselho de administração da sociedade-mãe, nem os seus membros a título individual têm poderes jurídicos de informação e de inspeção sobre as sociedades-filhas[712].

454

Paralelamente, não estão os administradores destas adstritos a qualquer dever legal de informação para com aqueles, nem obrigados a suportar a sua intervenção fiscalizadora[713]. Mantendo-se inalterada – no plano jurídico – a situação de independência e de autonomia das sociedades-filhas, e estando em causa também os interesses de outros acionistas (para além dos interesses da sociedade-mãe), a administração destas não está vinculada a disponibilizar qualquer informação para além do exigível em cumprimento dos seus deveres (legais e estatutários) de informação aos acionistas e a terceiros.

455

Face a este cenário, são gravemente restringidas as condições para o cumprimento da obrigação de vigilância a que estão adstritos tanto o conselho de administração da sociedade-mãe, como os seus membros individualmente considerados.

456

II. Não obstante, devem ponderar-se alguns pontos relevantes. Em primeiro lugar, os administradores da sociedade-mãe que, em nome desta, lidem com sociedades-filhas, devem tomar as medidas necessárias para garantir a transparência dos seus atos face aos demais administradores. Estão ainda adstritos a um dever de informação para com os demais administradores, de acordo com o qual lhes devem disponibilizar toda a informação necessária para que estes possam cumprir pontualmente a sua obrigação de vigilância. Assim, devem proativamente disponibilizar a informação necessária à compreensão dos negócios mais relevantes (no contexto da sociedade e do grupo) e prestar todas as demais

457

---

de março, nos termos do art. 65.º/5. Isto, claro, assumindo o cumprimento dos prazos legais, o que frequentemente se não verifica na prática.

[711] As contas consolidadas devem ser apresentadas à assembleia geral da sociedade consolidante até ao final de maio, segundo o disposto no art. 65.º/5.

[712] Neste sentido, para questão paralela no Direito alemão, cfr., *v.g.*, SCHNEIDER – *Informationspflichten...* p. 152 e, no Direito italiano, o parecer de PIETRO ABBADESSA em CAMUZZI – *I poteri...* p. 819.

[713] No mesmo sentido, na análise de questão paralela no sistema alemão, *vide, v.g.*, LUTTER e KRIEGER – *Rechte*[5]... p. 101.

DA ADMINISTRAÇÃO À FISCALIZAÇÃO DAS SOCIEDADES

informações (verbais e documentais) que sejam solicitadas pelos demais administradores, sobre esses ou outros negócios ou atividades, sendo dispensada qualquer justificação para tal solicitação.

458 Em segundo lugar, quando tenham quaisquer dúvidas ou seja insuficiente a informação prestada pelos administradores responsáveis pelas relações com as sociedades-filhas[714], os demais administradores podem e devem aceder a outras fontes de informação para confirmar os dados disponibilizados sobre os negócios do grupo: (a) devem consultar os documentos e registos da sociedade-mãe sobre as sociedades-filhas e inquirir os administradores e funcionários daquela sobre as dúvidas existentes; (b) devem consultar a informação publicada ou divulgada ao público por imposição legal ou por opção das sociedades-filhas, incluindo os relatórios do seu órgão de fiscalização e do seu revisor oficial de contas, bem como, no caso das sociedades cotadas, a informação produzida e divulgada pelos auditores externos, ou por outros *gatekeepers*[715] (com destaque para as sociedades de notação de risco e para os analistas financeiros); e (c) devem tomar conhecimento da informação que tenha sido produzida pelos consultores externos da sociedade-mãe, estando estes adstritos a prestar toda a informação que lhes seja solicitada por qualquer administrador da mesma. Para além da consulta de toda esta informação *escrita*, os administradores podem e devem obter, junto do revisor oficial de contas e dos consultores externos da sociedade, os esclarecimentos adicionais, *verbais* e *escritos*, que considerarem adequados à pontual compreensão do assunto em análise.

459 Em terceiro lugar, o próprio conselho de administração deve adotar as medidas necessárias para garantir um adequado fluxo de informação para os demais administradores. Tais medidas podem incluir, *e.g.*, a imputação de um dever aos administradores responsáveis para, na negociação de determinados contratos que envolvam maior risco para a sociedade-mãe, assegurarem (pela via contratual) o poder de os demais administradores (e membros de outros órgãos de fiscalização) consultarem determinado tipo de documentos ou inquirirem diretamente os administradores ou determinados colaboradores da sociedade participada[716].

---

[714] Em rigor, a obrigação de vigilância dos administradores impõe a consulta *regular* de informação prestada por outras fontes – mesmo na ausência de dúvidas sobre a informação disponibilizada ou sobre a sua suficiência – dado que só desta forma poderão estes administradores confirmar e completar os dados apresentados por aqueles que devem vigiar. Sobre esta questão ao nível do *Aufsichtsrat*, no sistema alemão, cfr. *ibidem*, p. 81.

[715] Sobre este conceito, cfr. nota 1377 *infra*.

[716] No sistema alemão, o dever de criação de mecanismos que assegurem um adequado fluxo de informação decorre necessariamente da distribuição de funções no seio do *Vorstand*. Neste sentido, cfr. SEIBT – *AktG Kommentar...*, § 77, n.º 18.

O MODELO PORTUGUÊS ENQUANTO MODELO BASE

Por fim, o presidente da comissão executiva, quando esta exista, deve asse-　460
gurar os fluxos de informação para os demais administradores [art. 407.º/6, *a*)].

III. Os casos da Enron, Parmalat e BPN[717] constituem bons exemplos da atua-　461
ção errónea da administração face ao desenvolvimento indireto da atividade
social (através de sociedades-filhas).

Tanto no caso Enron como no caso Parmalat, o conselho de administração　462
tinha conhecimento da (extraordinariamente) complexa estrutura de sociedades subordinadas que tinha sido criada para desenvolver determinados negócios, em termos tais que tornava ineficaz qualquer dos mecanismos tradicionais
de fiscalização societária, não tendo aplicado – ou exigido que fossem aplicadas
– medidas alternativas adequadas a garantir a fiscalização dessa atividade[718].

No caso BPN, os referidos casos da participação do grupo na SLN Imobi-　463
liária (e a sua alegada alienação para a Camden, para efeitos de cumprimento
dos requisitos impostos pelo Banco de Portugal) e no Banco Insular (através da
alegada teia de ligações ilícitas que permitiu que, entre dezembro de 2001 e o
início de 2009, tivessem sido desviados para fora do balanço consolidado cerca
de 9,7 mil milhões de euros) denunciam uma ausência de adequadas medidas de
fiscalização ao nível da administração.

IV. Por fim, note-se que a construção apresentada poderia ser posta em　464
causa por quem aceite a tese de ANA PERESTRELO DE OLIVEIRA no sentido de,
nos grupos que ora nos ocupam, a lealdade permitir legitimar o exercício do
poder de direção *de facto,* traduzido na emissão de instruções desvantajosas às

---

Entre nós, sobre as cláusulas relativas à prestação de informação (*reporting covenants*) que exigem ao
devedor a entrega de cópias dos documentos necessários para a vigilância da atividade da sociedade, no
contexto mais vasto dos *covenants* e sua implicação ao nível do poder dos credores sobre os devedores,
cfr. a breve exposição de ANA PERESTRELO DE OLIVEIRA – *Grupos de sociedades...* p. 280 ss., n.ᵒˢ 371 ss. Cfr.
também sobre os sistemas de informação, § 21 *infra.*

[717] Para uma análise destes casos, cfr. FERREIRA GOMES – *O governo dos grupos...* p. 136-146.

[718] Temos aqui presente a advertência de ENGRÁCIA ANTUNES – *A supervisão...* p. 115-116, de que, fora dos
casos dos grupos *de iure* baseados num contrato de subordinação ou numa situação de domínio total,
a administração da sociedade-mãe "de facto" não tem – nos termos legais – o direito de subordinar a
administração das sociedades-filhas a um controlo da respetiva gestão. Tal não impede, porém, a
densificação da obrigação de diligente administração dos administradores da sociedade-mãe, no sentido
de reconhecer um dever de subordinar, pela via contratual, a realização de determinados investimentos
ou a celebração de determinados negócios à imputação de adequados deveres de informação às
sociedades-filhas e à criação de adequados mecanismos de fiscalização que permitam a vigilância destas
pelos administradores da sociedade-mãe.

DA ADMINISTRAÇÃO À FISCALIZAÇÃO DAS SOCIEDADES

sociedades-filhas[719]. Estas instruções seriam lícitas sempre que as desvantagens infligidas fossem compensadas[720]. Paralelamente, a lealdade imporia às

[719] ANA PERESTRELO DE OLIVEIRA – *Grupos de sociedades...* p. 501, n.º 707 delimita os casos em que é legítimo o exercício do *poder fáctico* de controlo em termos desvantajosos para a sociedade-filha, mas reconhece não existir, nas sociedades anónimas, um *poder jurídico* de influência, nem, portanto, um *dever de cumprimento* das instruções pela sociedade-filha, por ausência da necessária base legal. No mesmo sentido, sobre questão paralela face ao § 311 AktG, vai a doutrina maioritária alemã. Cfr., *v.g.*, HÜFFER – *Aktiengesetz*[10]..., § 311, n.º 8, FLEISCHER – *Vorstand im Unternehmensverbund...*, n.º 4.

[720] ANA PERESTRELO DE OLIVEIRA – *Grupos de sociedades...* p. 489, n.º 688. Segundo esta construção, a ausência de compensação integra o *Tatbestand* da responsabilidade civil, pelo que as instruções desvantajosas só seriam lícitas – e, logo, fundamento de responsabilidade pelo danos causados – se não fossem compensadas. Cfr. *ibidem*, p. 486, n.º 680.

A lealdade teria então, neste tipo de grupos, uma "função privilegiadora", na medida em que amplia «o espaço do poder de instrução da sociedade-mãe e, consequentemente, os limites da direção unitária» [nos termos referidos na nota 719, e não no sentido da imputação de um dever de cumprir instruções desvantajosas à administração da sociedade-filha (neste sentido, como refere HÜFFER – *Aktiengesetz*[10]..., § 311, n.º 8, não se pode falar de uma *Privilegierungsfunktion*)]; e uma "função protetora", assegurando os «meios de tutela *ex ante* e *ex post* dos interesses potencialmente afetados pela presença do grupo». As duas funções articular-se-iam, na medida em que a maior proteção conferida permitiria maior amplitude ao poder de direção. ANA PERESTRELO DE OLIVEIRA – *Grupos de sociedades...* p. 485.

A autora atribui à lealdade, entre nós, as funções que decorrem, no Direito alemão, diretamente do § 311 AktG. Cfr., *v.g.*, HANS-FRIEDRICH MÜLLER, in GERALD SPINDLER e EBERHARD STILZ (eds.) – *Kommentar zum Aktiengesetz*, 2.ª ed., München: Beck, 2010, *Vorbemerkung zu den §§ 311 bis 318*, n.º 2, § 311, *passim*, em particular n.º 49, sobre a função privilegiadora (*Privilegierungsfunktion*), no sentido de, na verificação dos pressupostos, serem afastadas as regras gerais de responsabilidade civil. Cfr. também, *v.g.*, MATHIAS HABERSACK, in VOLKER EMMERICH e MATHIAS HABERSACK (eds.) – *Aktien- und GmbH-Konzernrecht*, 6.ª ed., München: Beck, 2010, § 311, *passim*, sobretudo n.ºs 1-2, 4, com inúmeras referências jurisprudenciais e doutrinárias.

Temos dúvidas relativamente à necessidade de recurso à lealdade para legitimar a adoção de medidas desvantajosas adequadamente compensadas pela sociedade-mãe, nos termos sustentados por ANA PERESTRELO DE OLIVEIRA. Sendo estas medidas compensadas, a sua execução não traduz uma violação da obrigação de diligente administração dos administradores da sociedade-filha. Tais atos, sendo compatíveis com uma diligente prossecução do interesse da sociedade-filha, não correspondem a uma violação de dever (*Pflichtverletzung*) e, logo, não preenchem o correspondente *Tatbestand* de responsabilidade civil. Só assim não seria quando fossem excedidos os limites da discricionariedade empresarial reconhecida ao conselho de administração da sociedade-filha, perante as circunstâncias do caso concreto.

Sobre a determinação da margem de discricionariedade, enquanto conjunto de alternativas de conduta normativamente admissíveis, na sequência de uma concretização da obrigação de administração *in casu*, de acordo com o padrão de diligência normativa, cfr. § 62.3 *infra*.

Imaginemos o seguinte caso real: a sociedade "A", dedicada à exportação de vinhos portugueses, tem um plano de negócios (a médio prazo) que passa pela intensificação da exportação de determinado vinho para o mercado brasileiro. Nesse contexto, incorreu em custos (quantificáveis) de rotulagem das garrafas de vinho, de acordo com as especificações exigidas nesse mercado, bem como em custos de *marketing* e publicidade. Entretanto, um parceiro comercial dedicado à distribuição de vinhos no mercado polaco, *pressiona* a sociedade para direcionar os seus esforços no sentido de intensificar a exportação de vinhos para aquele mercado [sobre a inclusão da "pressão" no conceito de "causa" (*Veranlassung*) da celebração de negócios jurídicos desvantajosos pela sociedade controlada, para efeitos do disposto no § 311 AktG,

O MODELO PORTUGUÊS ENQUANTO MODELO BASE

sociedades-filhas um "comportamento amigo do grupo" (*Konzernfreundliches Verhalten*)[721], com uma eficácia de proteção (*Schutzwirkung*) para com a sociedade-mãe e para com as sociedades-irmãs[722]. No entanto, como sustenta ANA PERESTRELO DE OLIVEIRA, nem mesmo esta tese permite sustentar a imputação à sociedade-filha de deveres de prestação de informação ou de sujeição a inspeções pela sociedade-mãe[723]. Permite apenas legitimar e regular a prestação voluntária de informação pelas sociedades-filhas à sociedade-mãe, delimitando

cfr., *v.g.*, MÜLLER – *Spindler/Stilz Kommentar AktG...*, § 311, n.º 12; cfr. também, *v.g.*, HABERSACK – *Aktien- und GmbH-Konzernrecht...*, § 311, n.ºs 22-24; entre nós, qualificando as instruções da sociedade-mãe como declarações de vontade receptícias, expressas ou tácitas, através da qual determina de forma vinculativa a gestão social da sociedade-filha, ENGRÁCIA ANTUNES – *Os grupos...* p. 646, 724-726]. A administração pondera os custos e benefícios envolvidos, incluindo a necessidade de manter boas relações com este importante parceiro comercial, e decide redirecionar os seus esforços para a exportação para o mercado polaco, na condição de o seu parceiro comercial compensar os custos inerentes à rotulagem das garrafas de vinho (que tinham sido já preparadas para o mercado brasileiro) e às ações de *marketing* e publicidade (equivalentes às já desenvolvidas no mercado brasileiro). Face a esta situação, pergunta-se: houve violação de dever pela administração da sociedade "A"? A conclusão seria outra se o parceiro comercial fosse acionista controlador da sociedade "A"? Parece-nos que a resposta é negativa, tanto num caso, como noutro. Não pode no entanto negar-se a importância da convocação da lealdade na determinação da conduta devida no caso concreto, seja com fundamento nos deveres de lealdade jus-civilistas imputáveis à sociedade e que, nessa medida, modelam a conduta devida no caso concreto pelos seus administradores (assim vinculados a uma conduta leal em representação da sociedade), seja com base na lealdade devida para com a sociedade administrada, nos termos do art. 64.º/1, *b*).
Também no Direito alemão se discute a articulação do § 311 com a lealdade. Segundo ZÖLLNER, esta norma legal constitui uma reação falhada ao entendimento jurídico vigente antes da AktG de 1965. Se o dever de lealdade fosse já então reconhecido, provavelmente o legislador teria criado normas mais estritas, dado que as normas do § 311 são mais favoráveis à sociedade-mãe do que as atuais exigências dogmáticas daquele dever. Segundo MÜLLER, esta conclusão, porém, não habilita o intérprete-aplicador a corrigir as regras delineadas cuidadosamente pelo legislador após intensa discussão, substituindo-as por construções jus-políticas próprias através do "veículo do dever de lealdade". WOLFGANG ZÖLLNER – Treupflichtgesteuertes Aktienkonzernrecht, *Zeitschrift für das gesammte Handelsrecht und Wirtschaftsrecht*, 162, 1998, em especial, p. 241, MÜLLER – *Spindler/Stilz Kommentar AktG...*, § 311, n.ºs 66-67.

[721] HANS-GEORG KOPPENSTEINER, in *Kölner Kommentar zum Aktiengesetz*, 6 – §§ 15-22, 291-328 AktG, 3.ª ed., 2004, § 308, n.º 71, HÜFFER – *Aktiengesetz[10]...*, § 308, n.º 20, ANA PERESTRELO DE OLIVEIRA – *Grupos de sociedades...* p. 232, n.º 304.

[722] ANA PERESTRELO DE OLIVEIRA – *Grupos de sociedades...* p. 231-232, n.ºs 300-302, 304, p. 240, n.º 319. Recorde-se que a autora sustenta (*ibidem*, p. 237, n.º 315) o dever de lealdade como critério unitário de solução do "conflito de grupo" (entendido o "grupo" nos termos amplos referidos na nota 662 *supra*):
«(...) o controlo interempresarial justifica *prima facie*, deveres de lealdade da empresa controladora em face da empresa controlada mas (...) estes deveres irradiam depois para a dimensão do grupo, configurando-se como deveres multidirecionais (ao nível dos sujeitos passivos e da "direção de proteção"), vinculando a pluralidade dos membros do grupo aos demais, ainda que com conteúdo e intensidade distintos».

[723] Neste sentido *ibidem*, p. 546, n.ºs 782.

DA ADMINISTRAÇÃO À FISCALIZAÇÃO DAS SOCIEDADES

negativamente o *Tatbestand* de responsabilidade civil por violação de deveres de confidencialidade e de tratamento paritário dos acionistas[724].

§ 18. O DEVER DE AVALIAÇÃO PELO CONSELHO DE ADMINISTRAÇÃO E PELOS SEUS MEMBROS

465 I. Em qualquer atividade de vigilância, a obtenção de informação é necessariamente associada a um duplo exercício de avaliação, cindível apenas para efeitos analíticos.

466 Em primeiro lugar, deve ser avaliada a veracidade, pertinência e completude da informação obtida. O juízo de veracidade é absoluto, os demais são relativos, dependendo dos fins prosseguidos. Em função desta avaliação, o conselho (ou o administrador a título individual, consoante for o caso) poderá concluir pela necessidade de obtenção de informações ou esclarecimentos adicionais.

467 Em segundo lugar, devem ser avaliados os *factos* subjacentes face a um determinado *padrão* que, tendo subjacente um *objetivo político-jurídico*[725], fundamenta e determina o conteúdo da *reação* do conselho (ou do administrador a título individual).

468 II. Os *factos* avaliados são comportamentos humanos[726] (ações e omissões[727]) dos administradores, trabalhadores e colaboradores da sociedade (ou das suas

---

[724] Cfr. § 17.4 *supra*, a propósito da questão no contexto da consolidação de contas. No Direito alemão, a doutrina maioritária considera que, na prestação de informações pela sociedade-filha à sociedade-mãe num grupo *de facto*, não se verificam os pressupostos de aplicação do § 131(4) AktG, nos termos do qual, quando tenha sido prestada informação a um acionista, nessa qualidade, fora da assembleia, a mesma informação deve ser prestada a qualquer outro acionista que o requeira, em assembleia, mesmo quando a mesma não seja necessária para a adequada ponderação de qualquer ponto da ordem de trabalhos. Quanto à fundamentação: se o Direito reconhece o grupo *de facto*, deve tomar em conta as suas condições operativas da sua direção unitária. Cfr., *v.g.*, FLEISCHER – *Vorstand im Unternehmensverbund...*, n.º 35. Pelo contrário, de acordo ainda com a doutrina maioritária, perante uma situação de simples dependência, é plenamente aplicável o disposto no § 131(4) AktG. *Ibidem*. Multiplicam-se, no entanto, as vozes discordantes quanto a esta última conclusão, afirmando que mesmo a simples dependência justifica um tratamento diferenciado dos acionistas. Cfr. HÜFFER – *Aktiengesetz*[10]..., § 311, n.º 38.

[725] Sobre os juízos valorativos, enquanto medição de pessoas, acontecimentos ou estados segundo parâmetros pré-estabelecidos, traduzindo objetivos político-jurídicos, dirigidos à realização de ideias de valor, cfr., *v.g.*, BERND RÜTHERS, CHRISTIAN FISCHER e AXEL BIRK – *Rechtstheorie mit Juristischer Methodenlehre*, 6.ª ed., München: Beck, 2011, § 109.

[726] Em sentido divergente, CAMUZZI – *I poteri...* p. 789, defende que o objeto da avaliação pode ser um ato, uma atividade, uma pessoa ou um ente.

[727] Neste contexto, a omissão pode ser considerada relevante independentemente da sua configuração como violação de um dever de ação, dado que, como referimos em seguida, a avaliação só acessoriamente vai dirigida à apreciação do cumprimento de deveres jurídicos.

O MODELO PORTUGUÊS ENQUANTO MODELO BASE

sociedades-filhas) que desenvolvem a atividade empresarial[728]. Não obstante, a avaliação acaba por incidir *indiretamente* também sobre outros factos com relevância para a sociedade.

Por exemplo, sendo um administrador chamado a avaliar a conduta de um diretor financeiro na celebração de contratos de cobertura de risco de taxa de câmbio em determinadas operações da sociedade, não pode deixar de avaliar a evolução da taxa em causa para aferir se a conduta de dito director foi ou não adequada.

469

O *padrão*, face ao qual é avaliada a conduta de gestão, varia de acordo com o *escopo político-jurídico*[729] que se tenha em perspetiva[730]. Ou seja, depende da concretização e delimitação do interesse da sociedade no caso concreto[731]. Está em causa a promoção do melhor desempenho (*performance*) possível de cada uma das unidades da empresa, no sentido da mais eficaz e eficiente prossecução do interesse da sociedade, dentro dos limites legais, e a adequada gestão dos riscos associados ao desenvolvimento da atividade empresarial[732].

470

III. O *escopo político-jurídico* de promoção da melhor gestão possível da sociedade é servido pela conformação *ex ante* da conduta do sujeito avaliado: a cons-

471

Não podemos aqui desenvolver o complexo tema da omissão juridicamente relevante para efeitos de responsabilidade civil e dos seus paralelos face às construções jus-penalistas. Entre nós, este tema foi tratado, no Direito civil, por PEDRO NUNES DE CARVALHO – *Omissão e dever de agir em Direito civil*, Coimbra: Almedina, 1999. Para uma análise da questão no Direito penal, cfr., *v.g.*, AMÉRICO TAIPA DE CARVALHO – *Direito penal: parte geral: questões fundamentais, teoria geral do crime*, 2.ª ed., reimp., Coimbra: Coimbra Editora, 2011, p. 549-573.

[728] Sendo estes comportamentos juridicamente relevantes, desde logo por traduzirem o cumprimento ou incumprimento de deveres jurídicos, estamos perante atos jurídicos. Sobre a distinção entre os conceitos de facto jurídico *stricto sensu* e ato jurídico, cfr., por todos, MENEZES CORDEIRO – *Tratado*, 1:1³... p. 443-445.

[729] Como explicam RÜTHERS, FISCHER e BIRK – *Rechtstheorie...*, § 109, todas as normas que impõem juízos valorativos traduzem objetivos político-jurídicos, sendo dirigidas à realização de ideias de valor.

[730] Em sentido divergente, CAMUZZI – *I poteri...* sustenta que a avaliação se traduz sempre no confronto da atividade controlada com as regras jurídicas ou técnicas aplicáveis.

[731] Sobre o interesse da sociedade enquanto resultado definidor da conduta devida pelos órgãos sociais, cfr. §§ 62.3 e 62.4 *infra*.

[732] Está portanto em causa não apenas uma aferição da legalidade (observância da lei e dos estatutos), mas também da adequação económica da conduta avaliada. HOFFMANN-BECKING – *Zur rechtlichen Organisation...* p. 512, FLEISCHER – *Überwachungspflicht...*, n.º 24. Fazendo uso dos desenvolvimentos operados na doutrina e jurisprudência alemãs sobre os critérios de avaliação da gestão da sociedade pelo *Aufsichtsrat*, também o padrão de avaliação pelo conselho de administração (e pelos seus membros a título individual) poderia ser decomposto analiticamente em critérios de legalidade (*Rechtsmäßigkeit*), regularidade (*Ordnungsmäßigkeit*), adequação (*Zweckmäßigkeit*) e economicidade (*Wirtschaftlichkeit*) (cfr. § 25.2 *infra*, a propósito dos critérios de avaliação da administração pelo conselho fiscal). No entanto, não se verificam aqui as preocupações de delimitação do espaço próprio de atuação de cada órgão social que estão na base desta decomposição.

DA ADMINISTRAÇÃO À FISCALIZAÇÃO DAS SOCIEDADES

ciência de que a sua conduta será objeto de avaliação, associada à consciência que dessa avaliação podem decorrer consequências, consubstancia um incentivo ao melhor desempenho das suas funções[733].

472 A avaliação da conduta de gestão traduz também uma apreciação do cumprimento dos deveres jurídicos aplicáveis aos sujeitos implicados, resultantes, consoante o caso, de relações laborais, de relações de prestação de serviços ou de vinculações orgânicas. Essa apreciação – obviamente, dirigida também à prossecução dos interesses da sociedade – é relevante para efeitos da determinação da existência de justa causa para a cessação do vínculo jurídico que une o sujeito à sociedade[734] e à determinação da sua responsabilidade disciplinar (no caso dos trabalhadores), civil e penal. Para este efeito em particular, o *padrão* de avaliação será o dever jurídico em causa tal como concretizado em cada caso[735].

§ 19. OS PODERES-DEVERES DE REAÇÃO DO CONSELHO DE ADMINISTRAÇÃO E DOS SEUS MEMBROS

473 I. Quando o conselho de administração (ou algum dos seus membros), no cumprimento do seu dever de avaliação, conclua pela existência de uma qualquer irregularidade[736], independentemente de esta traduzir a violação de deveres pelos administradores (ou outros colaboradores da sociedade) ou não, deve reagir de forma a salvaguardar o interesse da sociedade, sendo certo que, para efeitos normativos, este não pode deixar de implicar a observância da lei e do contrato de sociedade.

474 Numa primeira aproximação, poderíamos ser tentados a afirmar simplesmente que a concretização da reação devida varia em função das circunstâncias do caso concreto, devendo os administradores fazer tudo quanto possam para impedir a prática de atos danosos ou eliminar ou atenuar as suas consequências

---

[733] Cfr. § 3.2.D *supra*, sobre o *managerial agency problem*.

[734] Ou seja, à determinação da existência de justa causa de *destituição*, no caso dos administradores, de *despedimento*, quando estejam em causa trabalhadores, ou de *resolução* do respetivo contrato, no caso de prestadores de serviços independentes.

[735] Se estes forem *ex ante* indeterminados, mas determináveis, impõe-se a sua determinação no caso concreto. Cfr. § 62.3 *infra*.

[736] Para este efeito, por "irregularidade" deve entender-se qualquer facto que, na sequência da avaliação efetuada nos termos referidos no ponto anterior, tenha sido objeto de um juízo de reprovação. Não está aqui em causa uma restrição da vigilância a questões de legalidade (*Rechtsmäßigkeit*) ou regularidade (*Ordnungsmäßigkeit*).

O MODELO PORTUGUÊS ENQUANTO MODELO BASE

danosas[737]. No entanto, esta afirmação parece, por um lado, ficar aquém da competência imputada ao *conselho de administração* e, por outro, ir além do exigível aos *administradores a título individual,* face à redação do n.º 3 do art. 72.º e do n.º 8 do art. 407.º. Numa análise mais cuidadosa, devem então distinguir-se os dois planos, ponderando, por um lado, a posição do conselho de administração e, por outro, a posição dos administradores a título individual.

II. Comecemos pelo conselho de administração. Neste caso, na ausência de normas específicas, são aplicáveis os critérios gerais de determinação da obrigação de diligente administração e, dentro desta, da obrigação de diligente vigilância (*ex ante* parcialmente indeterminadas)[738]. Face a estes critérios, não pode aceitar-se uma concretização da qual resulte um conteúdo meramente *negativo,* no sentido de evitar atos danosos ou eliminar ou atenuar as suas consequências danosas.   475

Como referimos antes[739], elemento decisivo da obrigação de administração é a adstrição do conselho de administração à prática dos atos necessários à *promoção* do interesse social, tomando a *iniciativa* na condução da atividade social. Assim, exige-se uma concretização também de conteúdo *positivo*: quando o conselho tome conhecimento de uma qualquer irregularidade[740], deve não só tomar as medidas necessárias para evitar a prática do ato danoso ou limitar ou eliminar as suas consequências, mas, no uso da sua competência – competência essa que será *concorrente* quando tenha existido delegação de poderes nos termos do art. 407.º[741] –, fazer tudo quanto seja necessário para um efetivo e bem sucedido desenvolvimento da empresa.   476

Desde logo, se avaliou negativamente a conduta desenvolvida por qualquer administrador ou colaborador da sociedade, pode substituir-se ao mesmo na definição da conduta alternativa que, na sua perceção, é mais conforme à prosse-   477

---

[737] Este é o teor do art. 2392(2) *Codice Civile,* cujo sentido é reproduzido, entre nós, *v.g.*, por Nogueira Serens – *Notas...* p. 93, Elisabete Gomes Ramos – *Responsabilidade civil...* p. 114, Isabel Mousinho de Figueiredo – *O administrador delegado...* p. 586.

[738] Cfr. § 13 *supra* e § 62.3 *infra.*

[739] Cfr. § 13 *supra.*

[740] Sobre o sentido de irregularidade no texto, cfr. nota 736 *supra.*

[741] Cfr. art. 407.º, n.ºs 2 e 8.

DA ADMINISTRAÇÃO À FISCALIZAÇÃO DAS SOCIEDADES

cução do interesse social (sem prejuízo dos direitos adquiridos de terceiros)[742]. Para além disso, deve apurar responsabilidades pela irregularidade[743].

478   III. Também do ponto de vista dos administradores, não é suficiente a afirmação de que devem fazer – a título individual – tudo quanto possam para impedir a prática de atos danosos ou eliminar ou atenuar as suas consequências danosas[744].

---

[742] Naturalmente, para efeitos externos, a reação do conselho não pode pôr em causa os atos validamente praticados em nome da sociedade, ficando por isso salvaguardada a posição dos terceiros que tenham contrato com a mesma.

A este propósito, pode estender-se ao conselho de administração a sistematização da vigilância devida pelo *Aufsichtsrat* sugerida por SEMLER: (i) em circunstâncias normais é devida uma vigilância de acompanhamento (*begleitende Überwachung*); (ii) se o vigiado não cumprir adequadamente as suas funções, ameaçando a situação da sociedade, é devida uma intervenção mais intensa, própria de uma vigilância adjuvante (*unterstützende Überwachung*); (iii) perante uma situação de crise, o conselho de administração deve tomar as rédeas da situação, assumindo uma vigilância de liderança (*Führende Überwachung*). SEMLER – *Die Überwachungsaufgabe...* p. 87-88. Não se aplicam neste caso as críticas que foram dirigidas a esta sistematização no contexto do equilíbrio interorgânico entre o *Vorstand* e o *Aufsichtsrat*. Cfr. § 27, parág. III *infra*.

[743] Segundo CAMUZZI – *I poteri...* p. 789-790, a reação do conselho de administração pode traduzir-se (i) numa aprovação ou censura; (ii) na emissão de uma diretriz (positiva ou negativa); (iii) na intervenção direta para suprir uma omissão, anular um ato praticado ou remediar as suas consequências; (iv) na destituição de um administrador delegado ou despedimento de um diretor geral, etc. BORGIOLI – *L'Amministrazione delegata...* p. 70, por seu turno, refere ser comum a afirmação de que os poderes-deveres de intervenção podem ser dirigidos em várias direções: (i) sobre a delegação, revogando ou modificando-a; (ii) sobre a posição dos delegados, destituindo-os ou despedindo-os (o autor refere-se a revogação); (iii) sobre os atos a praticar (substituição do conselho ao delegado na prática do ato ou na formulação da diretriz). Sustenta, porém, que esta configuração tende a dilatar excessivamente o conceito do dever de intervenção previsto no art. 2392 *Codice Civile*. Cfr. também CAGNASSO – *Gli organi...* p. 111 ss., DEVESCOVI – *Controllo...* p. 119.

[744] No Direito italiano, segundo ABBADESSA – *La gestione...* p. 105 (nota 72), a fórmula do art. 2392(2) *Codice Civile*, cujo sentido é reproduzido por alguma da nossa doutrina nos termos referidos no texto (cfr. nota 737 *supra*), não tem carácter individual na medida em que a competência para decidir sobre as medidas de intervenção cabe sempre ao conselho; a norma deve ser interpretada no sentido de imputar aos administradores não-delegados o dever de, quando necessário, promover *ut singuli* a oportuna deliberação do conselho. Segundo o autor, esta solução normativa resulta de um compromisso entre a linha intransigente expressa no *Progetto preliminare per il nuovo códice di commercio* (VIVANTE), que impunha aos administradores o ónus de provar a impossibilidade de prevenir ou descobrir os atos danosos do delegado, e a linha permissiva representada pela doutrina (sobretudo de FRÉ) que negava a possibilidade de configurar uma culpa *in vigilando* dos delegantes. Cfr. também, a propósito da intervenção devida em modo coletivo, CAGNASSO – *Gli organi...* p. 93-99, BORGIOLI – *L'Amministrazione delegata...* p. 268. Note-se, porém, que, como sublinha o parecer de ARTURO DALMARTELLO e GIUSEPPE B. PORTALE, em CAMUZZI – *I poteri...* p. 798, é devida, em primeira linha, uma vigilância individual, na qual se insere a decisão do administrador (a título individual) de provocar a intervenção do conselho.

O MODELO PORTUGUÊS ENQUANTO MODELO BASE

A título individual, cada administrador[745] deve, perante o conhecimento de atos ou omissões prejudiciais para a sociedade ou do propósito de os praticar[746]:

(i) provocar a intervenção do conselho, para que este, enquanto órgão colegial, tome as medidas adequadas (arts. 407.º/8 e 410.º/1)[747]; e

(ii) exercer o direito de voto no conselho em sentido contrário ao prejudicial para a sociedade[748] (não bastando a abstenção[749]), *podendo* (?), quando tenha votado vencido, fazer lavrar a sua declaração de voto no prazo de

---

[745] Incluem-se aqui tanto os administradores com poderes delegados como os administradores não-delegados. Repetindo quanto já foi sustentado: a obrigação de vigilância recai sobre todos e cada um dos administradores, enquanto concretização da sua obrigação de diligente administração. Na medida em que o art. 407.º/8 se limita a clarificar que a delegação da gestão corrente não põe em causa uma tal obrigação dos administradores não-delegados, não pode a sua redação ser invocada para sustentar uma interpretação restritiva, no sentido de negar a obrigação de vigilância dos administradores com poderes delegados. A mesma conclusão é hoje pacífica nos principais ordenamentos que servem de referência ao nosso Direito societário.

[746] Quanto a este ponto, analisámos já neste estudo o conteúdo do dever de todos e cada um dos administradores de se informarem sobre a atividade não só da própria sociedade, mas também das sociedades do grupo usadas para prosseguir indiretamente tal atividade. Os administradores que não conhecessem o ato (ou omissão), devendo conhecê-lo, não respondem pelo incumprimento do dever de convocação do conselho, mas pela violação da sua obrigação de vigilância. No mesmo sentido, SOVERAL MARTINS – *A responsabilidade...* p. 374.

[747] Neste sentido, PEDRO MAIA – *Função...* p. 271 (nota 326) afirma que a lei remete (em exclusivo) para o conselho a adoção das medidas adequadas. Também no Direito alemão se identifica idêntica solução: caso um membro do *Vorstand* tenha uma fundada dúvida sobre a gestão do pelouro de um colega, tem o direito de apresentar medidas no plenário do *Vorstand*. Cfr. MICHAEL KORT, in KLAUS J. HOPT e HERBERT WIEDEMANN (eds.) – *Aktiengesetz Großkommentar*, 3 – §§ 76-94, 4.ª ed., 2003, § 77, n.º 38. Este *direito* de intervenção (*Interventionsrecht*), segundo MERTENS – *Kölner Komm. AktG²...*, § 77, n.º 23, constitui o reverso do seu dever de vigilância pessoal e traduz-se, em regra, num *dever* de intervenção (*Interventionspflicht*), com base no vínculo fiduciário orgânico face à sociedade. HOFFMANN-BECKING – *Zur rechtlichen Organisation...* p. 512, KORT – *AktG Großkommentar⁴...*, § 77 n.º 38, FLEISCHER – *Überwachungspflicht...*, n.º 24. Na base da intervenção podem estar não apenas violações da lei ou dos estatutos, mas também dúvidas sobre a adequação econômica (*wirtschaftlichen Zweckmäßigkeit*) de uma medida. Cfr. HOFFMANN-BECKING – *Zur rechtlichen Organisation...* p. 512, FLEISCHER – *Überwachungspflicht...*, n.º 24.

[748] Esta solução normativa não é substancialmente diferente da que resultava do art. 173.º, § 1.º CCom, «[d]esta responsabilidade [para com a sociedade e terceiros pela inexecução do mandato e pela violação dos estatutos e preceitos da lei] são isentos os directores que não tiverem tomado parte na respectiva resolução, ou tiverem protestado contra as deliberações da maioria antes de lhes ser exigida a competente responsabilidade». Face ao disposto no Código Comercial, os administradores não eram responsáveis pela deliberação que protestassem. CUNHA GONÇALVES – *Comentário*, 1... p. 427-435, RAUL VENTURA e BRITO CORREIA – *Responsabilidade civil...* p. 149-151.

[749] No mesmo sentido, *v.g.*, RAUL VENTURA e BRITO CORREIA – *Responsabilidade civil...* p. 37, JORGE COUTINHO DE ABREU – *Responsabilidade civil dos administradores de sociedades*, 2.ª ed., Coimbra: Almedina, 2010, p. 50, JORGE COUTINHO DE ABREU e ELISABETE GOMES RAMOS, in JORGE M. COUTINHO DE ABREU (ed.) – *Código das Sociedades Comerciais em comentário*, 1, Coimbra: Almedina, 2010, art. 72.º, n.º 4.1, p. 849.

DA ADMINISTRAÇÃO À FISCALIZAÇÃO DAS SOCIEDADES

cinco dias, quer no livro de atas, quer em escrito dirigido ao órgão de fiscalização, quer perante notário ou conservador[750] (art. 72.º/3).

480   Tendo cumprido estes deveres, os administradores podem ainda ser responsabilizados pelo não exercício do direito de oposição conferido por lei, quando estivessem em condições de o exercer (art. 72.º/4).

481   Este quadro normativo requer alguns desenvolvimentos.

482   IV. Quanto ao *dever de provocar a intervenção do conselho*, importa realçar que, nos termos do n.º 1 do art. 410.º, o mesmo só pode ser convocado pelo seu presidente ou por quaisquer dois administradores. Conjugando esta disposição com o referido dever de provocar a intervenção do conselho de administração (art. 407.º/8), são possíveis duas soluções.

483   Caso se considere que um administrador não-delegado não tem o poder para, individualmente, convocar o conselho de administração, não pode ser responsabilizado pela sua não convocação caso tenha tomado todas as medidas possíveis para o efeito, ou seja, caso tenha, de forma diligente, tentado obter o acordo do presidente ou de outro administrador para efeitos da convocação devida[751]. Nesta perspetiva, o dever de convocação do conselho de administração previsto na parte final do n.º 8 do art. 407.º seria, necessariamente, um dever de meios e não um dever de resultados: contrariamente ao que resulta do texto desta norma, o administrador estaria vinculado não à *causação* do resultado definidor (a convocação do conselho), mas apenas à *adequada tentativa da sua causação*[752].

484   Em sentido contrário, PEDRO MAIA defende, e bem, que do art. 407.º/8 resulta um desvio ao disposto no art. 410.º/1, nos termos do qual qualquer dos "outros administradores" tem, excecionalmente, o poder de convocar uma reu-

---

[750] Face à letra da lei, esta declaração constitui meio probatório que pode ser substituído por outros, não sendo condição de exoneração de responsabilidade do administrador vencido. Neste sentido, *v.g.*, RAUL VENTURA e BRITO CORREIA – *Responsabilidade civil...* p. 414-415, PEDRO MAIA – *Função...* p. 195, JORGE COUTINHO DE ABREU – *Responsabilidade civil²...*, p. 50. Em sentido aparentemente contrário, afirmando que o voto de vencido deverá se acompanhado de declaração de voto documentada, SOVERAL MARTINS – *A responsabilidade...* p. 370.
Historicamente, o art. 173.º, § 1.º CCom (entretanto revogado pelo Decreto-lei n.º 49.381, de 15 de novembro de 1969, por sua vez revogado pelo Código das Sociedades Comerciais) exigia o protesto.
[751] Tanto SOVERAL MARTINS – *A responsabilidade...* p. 377-378, como ELISABETE GOMES RAMOS – *Responsabilidade civil...* p. 121, se bem entendemos, adotam uma perspetiva ainda menos exigente, de acordo com a qual o dever de provocar a intervenção do conselho se resume a solicitar a convocação, seja ao presidente, seja a um outro membro do mesmo para em conjunto cumprir os requisitos do art. 410.º/1. ELISABETE GOMES RAMOS refere, inclusive, que basta solicitar tal intervenção ao presidente do conselho de administração.
[752] Sobre a distinção, cfr. § 62.2 *infra*.

O MODELO PORTUGUÊS ENQUANTO MODELO BASE

nião do conselho de administração[753]. Segundo o autor, esta posição tem fundamento nos interesses dos acionistas, dos credores e da própria sociedade, contrapostos ao mero interesse dos administradores na desresponsabilização face a atos lesivos da sociedade.

V. O *dever de exercício do direito de voto em sentido contrário ao prejudicial para a sociedade*, segundo o n.º 3 do art. 72.º, pressupõe o dever de participação na reunião do conselho onde o assunto seja discutido, não podendo aceitar-se a perspetiva, sustentada por COUTINHO DE ABREU e ELISABETE GOMES RAMOS, de que para afastar a responsabilidade pelos danos decorrentes da deliberação ilícita e danosa basta a mera não participação, «tenha ou não o administrador violado o seu dever de participar nas deliberações»[754]. Em sentido contrário, como referiam RAUL VENTURA e BRITO CORREIA[755], ainda face ao regime do Código Comercial, mas em termos que se mantêm plenamente atuais, os administradores são responsáveis pelos danos decorrentes daquelas deliberações quando a sua ausência seja culposa, correspondendo a uma falta de diligência ou até a uma forma de cumplicidade com o ato danoso.

Para além disso, face ao disposto no n.º 4 do art. 72.º, a causa de exclusão de responsabilidade prevista no n.º 3 deve ser interpretada restritivamente, operando não perante a mera *emissão de um voto* em sentido contrário ao prejudicial para a sociedade, mas tão-só perante a *oposição* do administrador à aprovação da proposta de deliberação danosa[756]. Esta oposição traduz-se na manifestação fundamentada da sua posição, explicando ao conselho a razão pela qual o ato em causa lhe parece ser contrário aos interesses da sociedade, tentando demover os demais membros da sua aprovação e, se possível e necessário, apresentando propostas alternativas, conformes aos interesses da sociedade. Quando não consiga evitar a aprovação da deliberação, deve pelo menos diligenciar no sentido de obter aprovação, no conselho, de medidas que permitam eliminar ou minorar os seus efeitos danosos.

485

486

---

[753] PEDRO MAIA – *Função...* p. 271-272, nota 327.

[754] JORGE COUTINHO DE ABREU e ELISABETE GOMES RAMOS – *CSC em comentário...*, art. 72.º, n.º 4.1, p. 849.

[755] RAUL VENTURA e BRITO CORREIA – *Responsabilidade civil...* p. 151-152.

[756] Esta solução aproxima-se da vigente antes da entrada em vigor do Código das Sociedades Comerciais. No art. 173.º, § 1.º do C.Com. lia-se: «são isentos desta responsabilidade [a referida no proémio do artigo] os directores que não tiverem tomado parte na respectiva resolução, ou tiverem protestado contra as deliberações da maioria antes de lhe ser exigida a competente responsabilidade». Por outro lado, também o art. 185.º ressalvava o caso do protesto contra a responsabilidade solidária de todos os que tomassem parte nos atos ou deliberações. Cfr. *ibidem*, p. 149-150.

DA ADMINISTRAÇÃO À FISCALIZAÇÃO DAS SOCIEDADES

487   Neste sentido, deve interpretar-se o *poder* do administrador de fazer lavrar a sua declaração de voto no prazo de cinco dias, quer no livro de atas, quer em escrito dirigido ao órgão de fiscalização, quer perante notário ou conservador (arts. 72.º/3, *in fine* e 37.º CCom), como um *poder-dever*: as circunstâncias do caso poderão exigir que o administrador vencido faça lavrar a sua declaração de voto. A sua consagração por escrito pode ter um peso significativo na ponderação das consequências dos atos em causa pelos demais administradores, face a riscos de responsabilidade política perante os acionistas (que poderão alegar justa causa para a destituição) e mesmo de responsabilidade civil perante a sociedade[757].

488   VI. Relativamente ao "direito de oposição" referido no art. 72.º/4, não existe consenso na doutrina. Numa perspetiva restritiva, sustentada, por exemplo, por COUTINHO DE ABREU e ELISABETE GOMES RAMOS[758], a reação às irregularidades detetadas caberia apenas ao conselho e não aos seus membros a título individual[759]. Não obstante, de acordo com estes autores, face ao art. 72.º/4, poderiam ser responsabilizados pelo incumprimento dos deveres de:

(i)   não executar, nem permitir que seja executada, deliberação nula (art. 412.º/4), devendo promover a declaração da sua nulidade (art. 412.º/1);

(ii) tentar evitar a execução de deliberações anuláveis, promovendo as respetivas suspensão judicial e anulação[760];

---

[757] Em sentido contrário, JORGE COUTINHO DE ABREU – *Responsabilidade civil*²..., p. 50, *v.g.*, sustenta não ser obrigatório fazer declaração de voto.

[758] JORGE COUTINHO DE ABREU e ELISABETE GOMES RAMOS – *CSC em comentário*..., art. 72.º, n.º 4.1., p. 849.

[759] Neste sentido, *v.g.*, ELISABETE GOMES RAMOS, afirmava, em 2002, aparentemente sem atender à contradição face ao que afirma noutro ponto sobre o "direito de oposição", que «é lícito o impulso individual – destinado a provocar a intervenção do conselho –, mas a adopção de medidas adequadas é da competência do conselho de administração». A propósito do "direito de oposição", no entanto, refere que o padrão de diligência de um gestor ordenado e criterioso exige que os administradores fiscalizem e intervenham sempre que a concretização das opções empresariais seja díspar do que foi decidido no conselho e não se adeque ao interesse social». Cfr. ELISABETE GOMES RAMOS – *Responsabilidade civil...* p. 119, 121-123 e, sobre o direito de oposição, p. 117.

[760] JORGE COUTINHO DE ABREU – *Governação*²... p. 129 ss. Justifica-se a diferença das soluções aplicáveis às deliberações nulas e anuláveis, porquanto, segundo o regime geral da anulabilidade, até à anulação da deliberação, esta é eficaz, devendo ser cumprida pelo administrador. Nos termos gerais, ao interessado é imputado um direito potestativo de requerer a anulação do negócio (cfr., *v.g.*, MENEZES CORDEIRO – *Tratado*, 1:1³... p. 861). No domínio societário, segundo o regime especial do art. 412.º/1, cabe ao conselho de administração ou à assembleia geral anular a deliberação, a requerimento de qualquer administrador, do conselho fiscal ou de qualquer acionista com direito de voto, dentro do prazo de um ano a contar do conhecimento da irregularidade, mas não depois de decorridos três anos a contar da data deliberação. No Direito alemão, não é ainda clara a posição do membro do *Vorstand* que votou vencido na execução da deliberação. Segundo a doutrina dominante, um membro do *Vorstand* que votou vencido não está isento

O MODELO PORTUGUÊS ENQUANTO MODELO BASE

(iii) advertência aos demais administradores da conveniência da não execução da deliberação ou de serem atenuados os seus efeitos danosos,
quando esta não seja nula nem anulável[761].

Numa perspetiva mais abrangente, NOGUEIRA SERENS defende que os administradores podem ser responsabilizados se não tiverem feito tudo o que podiam
para impedir a prática do ato causador do dano[762].

Acompanhamos NOGUEIRA SERENS neste ponto, mas com algumas preci-
sões, dado que o art. 72.º/4 – que não tem sido tratado pala nossa doutrina como
merece – exige uma análise mais detalhada. Esta disposição não tem paralelo
nem no Código Comercial, nem no Decreto-Lei n.º 49.381, de 15 de novembro
de 1969, que, como se sabe, consagrou o regime de responsabilidade civil dos
administradores que transitou, com poucas alterações, para o Código das Sociedades Comerciais. Corresponde, no Projeto de Código das Sociedades de 1983,
ao art. 92.º/4, sendo patente o paralelo com o art. 2392(2) do *Codice Civile*[763].

Desta norma resulta a responsabilidade civil dos administradores pelo
incumprimento (omissivo e culposo) de um dever legal, aqui estranhamente
nominado como "direito de oposição"[764]. Ora, esta disposição é tautológica,
porquanto estatui em especial aquilo que já resultava das regras gerais: nos ter-

489

490

491

---

de corresponsabilidade por decisões contrárias à lei ou aos estatutos. Numa fórmula muito difundida,
deve continuar a fazer o possível e razoável para induzir a sociedade a um comportamento lícito. Isto
inclui, segundo o BFH, a ameaça de demissão e a sua execução. Em todo o caso, o BGH considerou, num
caso em que era sistematicamente negada a um gerente a análise da contabilidade, existir o *direito* de
resolução do contrato de emprego (*Anstellungsvertrages*) sem aviso prévio, mas não é obrigado a renunciar
para evitar a sua responsabilização. Refira-se ainda que o envolvimento de terceiros estranhos à sociedade
deve ser considerado depois de esgotadas todas as possibilidades de influência interna, sem prejuízo
de o seu envolvimento ser limitado pelo dever orgânico de sigilo, que se opõe ao dever de denúncia
de pequenos delitos e a alegações não suficientemente fundamentadas do ponto de vista substancial.
FLEISCHER – *Überwachungspflicht...*, n.º 25.

[761] JORGE COUTINHO DE ABREU – *Responsabilidade civil²...*, p. 51.

[762] NOGUEIRA SERENS – *Notas...* p. 93. Sufragando esta posição, ELISABETE GOMES RAMOS – Aspectos
substantivos da responsabilidade civil dos membros do órgão de administração perante a sociedade,
Boletim da Faculdade de Direito da Universidade de Coimbra, 78, 1997, p. 246.

[763] Art. 2392(2) *Codice Civile*:

«*In ogni caso gli amministratori, fermo quanto disposto dal comma terzo dell'articolo 2381, sono solidalmente
responsabili se, essendo a conoscenza di fatti pregiudizievoli, non hanno fatto quanto potevano per impedirne il
compimento o eliminarne o attenuarne le conseguenze dannose*».

[764] Dizemos "estranhamente" dado que, perante as consequências indemnizatórias de que a lei faz
acompanhar o não exercício de tal direito, deve entender-se que o mesmo corresponde a uma situação
jurídica passiva e não ativa. Não estamos perante uma permissão normativa específica de aproveitamento
de um bem (fazendo uso da definição de direito subjetivo de MENEZES CORDEIRO), mas sim perante
um vínculo jurídico por virtude do qual uma pessoa (o administrador) fica adstrita para com outra (a
sociedade) à realização de uma prestação (cfr. art. 397.º CC).

DA ADMINISTRAÇÃO À FISCALIZAÇÃO DAS SOCIEDADES

mos do art. 72.º/1 os administradores são civilmente responsáveis pelos atos ou omissões praticados com preterição dos seus deveres legais ou contratuais, salvo se provarem que procederam sem culpa, vigorando a regra da solidariedade passiva nos termos do art. 73.º.

492

Para além disso, a referência ao "direito de oposição conferido por lei" é geradora de dúvidas[765], porquanto não se encontra na lei societária uma consagração expressa de um tal poder-dever, para lá do disposto no art. 412.º/4. Apesar do silêncio da lei, não julgamos correta a restrição operada por COUTINHO DE ABREU e ELISABETE GOMES RAMOS. A solução está na obrigação de vigilância que impende sobre todos e cada um dos administradores, nos termos da qual devem fazer tudo o que puderem – incluindo a prática de atos tanto materiais como jurídicos – para impedir a prática de atos danosos ou para eliminar ou minorar os efeitos lesivos dos atos já praticados[766].

493

VII. Na perspetiva do administrador *com* poderes delegados deve analisar-se se os poderes que foram conferidos cobrem a intervenção necessária para evitar (por si) o ato danoso ou para eliminar ou minorar as suas consequências danosas. Nesta análise, devem ponderar-se, em particular, as regras (*maxime*, estatuárias e regimentais) de funcionamento da administração que regulam a coordenação da intervenção dos diferentes administradores delegados.

494

VIII. Na perspetiva do administrador *sem* poderes delegados (suficientes):

(i) Estando em causa a prática de um ato danoso por um administrador com poderes delegados, deve manifestar fundamentadamente a sua oposição, explicando a razão pela qual o ato em causa lhe parece ser contrário aos interesses da sociedade. Não existindo uma qualquer subordinação hierárquica do administrador delegado, não pode o outro administrador emitir uma qualquer instrução vinculativa destinada a conformar a conduta daquele.

(ii) Estando em causa a prática de um ato por qualquer funcionário ou colaborador da sociedade, subordinado ao conselho de administração, e não sendo possível a intervenção deste em tempo útil, *deve*[767] emitir

---

[765] JORGE COUTINHO DE ABREU – *Responsabilidade civil²*..., p. 50 (nota 102), qualifica-a de ambígua.

[766] Em sentido idêntico ao disposto no art. 2392(2) do *Codice Civile*.

[767] De acordo com PEDRO MAIA – *Função*... p. 293, nas situações de urgência como a que aqui abordamos, o administrador tem um *poder*, mas não um *dever* de atuar, porque se imporia a consideração do «interesse razoável do administrador em não se ver envolvido numa situação de que lhe pode advir responsabilidade». Segundo o autor, neste tipo de situações, o administrador enfrenta a incerteza sobre se deve ou não atuar isoladamente, não devendo responder pelos danos causados pela não atuação. Com

O MODELO PORTUGUÊS ENQUANTO MODELO BASE

instruções no sentido de *suspender* a prática do ato, evitando um dano eminente, até à análise do caso pelo conselho. Está em causa uma intervenção em substituição do conselho de administração justificada pela urgência da questão, aplicando-se analogicamente o disposto no art. 985.º/5 CC, *in fine* (*ex vi* art. 2.º) para a administração das sociedades civis[768]. Neste sentido, o administrador deve limitar as suas instruções ao mínimo indispensável para evitar o dano até à intervenção do conselho e conformar a sua conduta de acordo com a vontade real (caso a conheça ou deva conhecer) ou presumida deste sobre a questão.

(iii) Quando as circunstâncias do caso exijam uma outra intervenção urgente, *deve*[769] o administrador agir com o mesmo fundamento, devendo, tal como no caso anterior, resumir-se ao mínimo indispensável a evitar o dano até à intervenção do conselho e conformar a sua conduta de acordo com a "vontade" real ou presumida deste sobre a questão[770].

---

a devida vénia, não nos parece correto este entendimento; não pode ser dada uma resposta perentória e apriorística a esta questão no sentido da exclusão do dever do administrador. A incerteza neste caso não é qualitativamente diferente da incerteza associada a um sem número de decisões empresariais que sempre caracterizam a atividade dos administradores. Neste, como noutros casos, deve concretizar-se a obrigação de diligente administração de acordo com o padrão de diligência normativa, face aos melhores interesses da sociedade e às circunstâncias do caso concreto, com vista à determinação da existência de um *dever* nesse mesmo caso. Sobre o processo de concretização das obrigações de diligente administração e vigilância, cfr. § 62.3 *infra*.

[768] Neste sentido, a propósito da aplicação do art. 2258 *Codice Civile* às sociedades anónimas, cfr. GRIPPO – *Deliberazione...* p. 123-124. Segundo o autor, esta norma é expressão de um princípio aplicável, *mutatis mutandis*, também à administração das sociedades de capitais. BORGIOLI – *L'Amministrazione delegata...* p. 269, 117 (nota 171), por seu turno, sustenta que a analogia se justifica porquanto, tanto num caso como noutro, estamos perante administradores com poderes de gestão, mas de exercício em modo coletivo e não individual, salvo em caso de urgência.

A propósito do art. 985.º CC, escreveu FERRER CORREIA ter o mesmo «como claro pressuposto a impossibilidade de fazer funcionar o regime da administração conjunta a tempo de, através de uma decisão normal, se poder evitar o dano iminente». Cfr. PIRES DE LIMA e ANTUNES VARELA – *Código civil anotado*, 2, 4.ª ed., Coimbra: Coimbra Editora, 1997, art. 985.º, n.º 4, p. 296.

Refira-se ainda o paralelo face ao disposto no art. 470.º, nos termos do qual os sócios podem intervir em casos de urgência, perante o impedimento ou falta dos gerentes efetivos. Também aqui se admite a prática de atos de gestão por quem, em circunstâncias normais, não tem competência para o efeito. Note-se que a aplicação do art. 985.º/5 CC apenas habilita o administrador a atuar em substituição do conselho. A sua vinculação decorre da concretização da sua obrigação de vigilância.

[769] Cfr. nota 767 *supra*.

[770] Naturalmente, o comportamento contrário à "vontade" real ou presumida do conselho é ilícito, sujeitando o administrador às consequências do incumprimento dos seus deveres. O desvio face a essa vontade, porém, não permite pôr em causa os atos praticados pelo administrador em nome e representação da sociedade, vinculando-a perante terceiros (assumindo que tinha poderes para o efeito), salvo se estes estivessem de má-fé.

DA ADMINISTRAÇÃO À FISCALIZAÇÃO DAS SOCIEDADES

495   IX. Para além disso, não reunindo o conselho quando convocado ou, reunindo, não tomando as medidas adequadas à salvaguarda dos interesses da sociedade, pode e deve o administrador, se as circunstâncias do caso assim o exigirem:

(i) Comunicar os factos relevantes ao conselho fiscal (ou ao fiscal único), a quem compete, nos termos do art. 420.º/1, *j)*, receber as comunicações de irregularidades[771]; e

(ii) Informar os acionistas, na primeira reunião que se realize, de todas as irregularidades e inexatidões verificadas, aplicando-se analogicamente o disposto no art. 422.º/1, *e)* para o conselho fiscal (ou fiscal único) e seus membros.

496   X. Concluindo, na determinação dos poderes-deveres de reação dos administradores individualmente considerados não podem ser consideradas isoladamente as disposições dos arts. 72.º/3 e 407.º/8, antes se impondo uma conjugação sistemática, teleologicamente ordenada à salvaguarda e à promoção dos melhores interesses da sociedade no caso concreto.

497   Neste sentido, deve entender-se que a norma resultante do art. 72.º/3 traduz – tal como a resultante do n.º 2 do mesmo artigo (a chamada *business judgment rule*[772]) – uma densificação da obrigação de vigilância e, logo, da obrigação de administração dos administradores, definindo pela negativa uma norma de conduta: cada administrador deve votar contra e opor-se à aprovação da deliberação prejudicial para a sociedade.

498   Cumprida esta norma, o administrador não responde pelos danos decorrentes da aprovação da deliberação. Não significa porém que não responda pelos danos que poderiam ter sido evitados pelo cumprimento dos demais poderes-deveres enunciados[773].

---

[771] No Direito alemão, face ao silêncio do § 77 AktG sobre esta problemática, é defendida idêntica solução (informação ao *Aufsichtsrat*): caso um membro do *Vorstand* não veja adequadamente consideradas as suas dúvidas, em questões substanciais, deve informar o *Aufsichtsrat*. MERTENS – *Kölner Komm. AktG*²..., § 77, n.ᵒˢ 28, 49. Um membro do órgão não pode defender-se alegando que a sua intervenção teria sido inútil desde o início, face à posição dominante de alguns colegas. Circunstâncias deste tipo não limitam a sua responsabilidade. FLEISCHER – *Überwachungspflicht*..., n.º 24. Cfr. também SEIBT – *AktG Kommentar*... p. 891.

[772] Cfr. § 64.9 *infra*.

[773] A correta construção da "exclusão de responsabilidade civil" prevista no art. 72.º/3 clarifica a inexistência de uma contradição de normas, da qual pudesse decorrer uma lacuna de colisão. Caso não se aceite a construção proposta, deverá procurar-se uma solução normativa para a (aparente) contradição entre a norma "os administradores não serão responsáveis se votarem vencidos" e aqueloutra "os administradores serão responsáveis se não cumprirem o seu dever de oposição". Sobre a contradição de normas e a lacuna de colisão, cfr., *v.g.*, CANARIS – *Pensamento sistemático*³... p. 218-224.

§ 20. A VARIÁVEL INTENSIDADE DAS OBRIGAÇÕES DE VIGILÂNCIA DO CONSELHO DE ADMINISTRAÇÃO E DOS SEUS MEMBROS

20.1. A equívoca dicotomia entre vigilância sintética (geral) e vigilância analítica (específica) perante a delegação da gestão corrente da sociedade e sua superação

I. Como referimos antes, por manifesta influência da doutrina italiana[774] e com base no disposto no art. 407.º/8, é comummente afirmado entre nós que, perante a "delegação da gestão corrente da sociedade", a vigilância a desenvolver pelos administradores tem um carácter "sintético" (ou geral)[775] e não "analítico" (ou específico), no sentido em que incide, não sobre atos singulares, mas sim sobre o andamento geral da gestão. Veja-se, neste sentido, a paradigmática afirmação de SOVERAL MARTINS no sentido de que a vigilância de todos e cada um dos atos praticados pelos administradores delegados seria contraproducente, atrasaria a prática do mesmo, tornaria a gestão mais pesada, contrariando o resultado pretendido com a delegação de poderes de gestão[776].

Ora, mesmo restringindo a questão à obrigação de vigilância dos administradores em caso de "delegação da gestão corrente da sociedade", parece-nos que a simples contraposição de uma vigilância de carácter genérico a uma vigilância de todos e cada um dos atos praticados não satisfaz. Como vimos a propósito de cada um dos principais tipos de situações analíticas em que se decompõe a obrigação de vigilância, aquilo que se exige dos administradores é que implementem os mecanismos que, no caso, se mostrem necessários ou convenientes à criação e manutenção de um fluxo de informação que permita um adequado conhecimento do andamento da atividade social e dos riscos empresariais em cada momento, que avaliem a informação recebida, solicitando os esclarecimentos e realizando as inspeções que se mostrem necessárias ou convenientes em cada caso, e que reajam em função da sua avaliação e de acordo com o princípio da proporcionalidade[777]. Em todos os passos, sempre com a diligência de um gestor criterioso e ordenado.

---

[774] Cfr. em particular BORGIOLI – *L'Amministrazione delegata...* p. 264-267, muito citado pela Escola de Coimbra.

[775] PEDRO MAIA – *Função...* p. 251.

[776] SOVERAL MARTINS – *A responsabilidade...* p. 376-377.

[777] Sobre o princípio da proporcionalidade no Direito privado, *vide*, por todos, ANDRÉ FIGUEIREDO – "O princípio da proporcionalidade e a sua expansão para o direito privado", in *Estudos Comemorativos dos 10 anos da Faculdade de Direito da Universidade Nova de Lisboa*, 2, Coimbra: Almedina, 2009.

DA ADMINISTRAÇÃO À FISCALIZAÇÃO DAS SOCIEDADES

501   II. Esta perspetiva é dificilmente enquadrável na referida contraposição entre "vigilância sintética" e "vigilância analítica". Efetivamente, poder-se-ia dizer que, *em circunstâncias normais*, a vigilância dos administradores tem um carácter mais genérico, baseada na informação disponibilizada pelos administradores delegados, pelo sistema de informação implementado e pelos demais órgãos sociais, com destaque para o revisor oficial de contas.

502   No entanto, *verificados (objetivamente) determinados sinais de risco* para a sociedade (comummente referidos na prática empresarial como *red flags*), intensificam-se os poderes e os deveres do conselho e dos seus membros em matéria de vigilância: (i) devem questionar as habituais fontes de informação, realizando as inspeções que se mostrem necessárias para o efeito (com meios internos ou externos) e obtendo informação de fontes independentes; (ii) devem avaliar a informação com um acrescido sentido crítico; e, finalmente, (iii) devem tomar as medidas que se justifiquem face às circunstâncias do caso concreto[778].

503   A identificação de sinais de risco (*red flags*) não deve limitar-se ao conhecimento da iminência de atos danosos que, nos termos da parte final do n.º 8 do art. 407.º, fundamentam o dever de provocar a intervenção do conselho de administração[779]. De facto, o administrador pode desconhecer a iminência de atos danosos e, no entanto, ter o dever de perceber que determinado tipo de situações acarretam riscos acrescidos (e sobretudo não acautelados) para a sociedade que devem ser adequadamente geridos.

504   III. Deve dar-se um passo mais: a intensificação da vigilância pode ser exigida não apenas pela identificação de sinais de risco, mas ainda por uma *adequada construção da vigilância preventiva e pela concretização do dever de leal cooperação interorgânica e endoconsiliar*.

---

[778] Neste sentido, é interessante considerar a afirmação do *Supreme Court of Louisiana*, já em 1829, no caso *Percy v. Millaudon*, 8 Mart.(n.s.) 68, 1829 WL 1592 (La.), a propósito do dever de vigilância dos administradores não-executivos de um banco, face a uma atuação ilícita do *president* e *cashier* do mesmo:

«*If nothing has come to their knowledge, to awaken suspicion of the fidelity of the president and cashier, ordinary attention to the affairs of the institution is sufficient. If they become acquainted with any fact calculated to put prudent men on their guard, a degree of care commensurate with the evil to be avoided is required, and a want of that care certainly makes them responsible*».

Mais recentemente, relevam especialmente as decisões proferidas nos *leading cases Graham v. Allis-Chalmers Manufacturing Company*, de 1963 (188 A.2d 125, 130), do qual resulta o dever dos administradores de investigar condutas incorretas para as quais tenham sido alertados, e *In re Caremark International Inc. Derivative Litigation*, de 1996 (698 A.2d 959), nos termos do qual o conselho de administração deve assegurar a criação e manutenção de um sistema de informações que permita a transmissão de informação aos administradores em tempo útil. Para mais desenvolvimentos sobre estes casos, cfr. nota 2038 *infra*.

[779] Isabel Mousinho de Figueiredo – *O administrador delegado...* p. 588.

O MODELO PORTUGUÊS ENQUANTO MODELO BASE

Em geral, a doutrina pretende limitar a obrigação de vigilância, afirmando   505
que a mesma pode pôr em causa a confiança entre fiscalizados e fiscalizadores,
necessária a uma eficiente cooperação no desenvolvimento da atividade empresarial. Parece-nos, porém, que o sentido deve ser outro[780].

Na medida em que a intensificação da atividade de vigilância se traduz,   506
em primeira linha, na prática de atos destinados à obtenção ou confirmação
de informação pelos administradores, o conselho deve fixar *a priori* políticas e
procedimentos para a realização de inspeções e, em geral, para a obtenção da
informação *neutra* necessária ou conveniente à confirmação da veracidade e da
completude da informação prestada pelas diferentes estruturas administrativas
da sociedade (e pelos vários administradores), independentemente da verificação de quaisquer sinais de risco.

Estes atos de fiscalização aleatórios ou periódicos, destinados a assegurar   507
adequados fluxos de informação endosocietários, traduzem uma intensificação da vigilância, enquadrável nos sistemas internos de informação. Cumprem
imperativos de fiscalização preventiva e, sendo realizados de acordo com políticas pré-determinadas, não têm carácter de exceção, afastando-se a sua perceção
como manifestações de desconfiança[781].

IV. Contra esta configuração poderia apontar-se o teor literal do art. 407.º/8,   508
de acordo com o qual, os *outros* administradores são responsáveis pela «vigilância
geral da atuação do administrador ou administradores delegados ou da comissão
executiva» (itálico nosso). Contudo, não nos parece que este seja um argumento
decisivo. O adjetivo "geral" implica, naturalmente, não ser expectável que os
outros administradores acompanhem a prática de todo e qualquer ato pelos delegados, mas não implica a sua desresponsabilização pela prática dos atos que se
imponham, no caso concreto, para salvaguarda do interesse da sociedade.

---

[780] Como refere o RLx 22-jun.-2010 (MARIA AMÉLIA RIBEIRO), processo n.º 34/2000.L1-7, disponível
em www.dgsi.pt, o valor da confiança que é indispensável ao funcionamento de qualquer grupo ou
instituição não pode ilidir os deveres de vigilância que se repercutem no plano das relações externas da
mesma. Neste caso ficou demonstrado que um membro de uma cooperativa de construção reteve cheques
que lhe foram entregues em pagamento de andares construídos, e que o presidente e o tesoureiro da
cooperativa violaram os seus deveres de vigilância: «Se os (...) RR. tivessem dado atenção aos extratos
bancários teriam facilmente constatado (...) que algo de anormal se passava», não podendo justificar a sua
conduta pela confiança depositada no seu cooperante faltoso.

[781] Neste sentido e contra a doutrina maioritária na Alemanha, a propósito da obtenção, pelo *Aufsichtsrat*,
de informação independente do *Vorstand*, PATRICK C. LEYENS – *Information des Aufsichtsrats*, Tübingen:
Mohr Siebeck, 2006, p. 180 e *passim*. Para mais desenvolvimentos, cfr. § 24.6, bem como as explanações
sobre a legitimidade da confiança depositada na informação recebida pelos órgãos sociais (a questão da
reliance) no § 62.7 *infra*.

DA ADMINISTRAÇÃO À FISCALIZAÇÃO DAS SOCIEDADES

509   Como defendemos antes, a obrigação de vigilância dos administradores deve ser dogmaticamente reconduzida à sua obrigação de administração diligente, no interesse da sociedade, cujo conteúdo deve ser determinado perante as circunstâncias do caso concreto, segundo o padrão de diligência normativa. O sentido correto do art. 407.º/8 é precisamente o de frisar que, mesmo em caso de «delegação da gestão corrente», não é prejudicada a obrigação de vigilância que, como concretização da sua obrigação de administração, impende sobre todos e cada um dos administradores[782].

510   Nessa medida, esta norma não afasta os critérios gerais jus-obrigacionais e jus-societários de concretização da obrigação de administração, indeterminável *ex ante*, mas (pelo menos parcialmente) determinável no caso concreto[783]. Devendo ser interpretada no sentido de garantir e clarificar a subsistência da obrigação de vigilância, não deve admitir-se o recurso ao seu teor literal para sustentar a restrição de tal obrigação.

511   V. Diga-se, aliás, que a construção da "vigilância geral" comumente apresentada pela nossa doutrina, sendo de inspiração italiana, ignora os desenvolvimentos apresentados pela correspondente doutrina face à redação do art. 2392(2) parágrafo *anterior à reforma de 2003*[784].

---

[782] Nesta medida, deve ser lida *cum grano salis* a afirmação de NOGUEIRA SERENS – *Notas...* p. 78, na linha de alguma doutrina italiana, de que a delegação da gestão corrente determina «o *surgir* de um diverso título de responsabilidade para esses administradores, os quais podem ser chamados a responder por não terem feito tudo quanto podiam para impedir a prática de actos prejudiciais à sociedade ou para eliminar ou atenuar as suas consequências danosas» (itálico nosso). Como sustentámos já, a obrigação de administração é modelada pelas concretas circunstâncias da sociedade, dela decorrendo uma obrigação de vigilância, de variável intensidade, sempre que a estrutura administrativa da sociedade obste a um desenvolvimento direto da atividade social por cada um dos administradores. Nessa medida, o momento em que materialmente *surge* a obrigação de vigilância pode não coincidir com a delegação formal da gestão corrente da sociedade num ou mais administradores delegados ou numa comissão executiva, nos termos do art. 407.º/3.

[783] Para mais desenvolvimentos sobre este tema, cfr. § 62.3 *infra*.

[784] A redação anterior do art. 2392(2) *Codice Civile* foi já exposta na nota 653 *supra*. Esta foi alterada na reforma de 2003, operada pelo *Decreto Legislativo 17 gennaio 2003, n. 6* (*Gazzetta Ufficiale* 22 de janeiro de 2003, *suppl. ordinario n. 8*), passando a dispor:

«*In ogni caso gli amministratori, fermo quanto disposto dal comma terzo dell'articolo 2381, sono solidalmente responsabili se, essendo a conoscenza di fatti pregiudizievoli, non hanno fatto quanto potevano per impedirne il compimento o eliminarne o attenuarne le conseguenze dannose*». No art. 2381(3), para o qual remete, lê-se: «*Il consiglio di amministrazione determina il contenuto, i limiti e le eventuali modalità di esercizio della delega; può sempre impartire direttive agli organi delegati e avocare a sé operazioni rientranti nella delega. Sulla base delle informazioni ricevute valuta l'adeguatezza dell'assetto organizzativo, amministrativo e contabile della società; quando elaborati, esamina i piani strategici, industriali e finanziari della società; valuta, sulla base della relazione degli organi delegati, il generale andamento della gestione*».

O MODELO PORTUGUÊS ENQUANTO MODELO BASE

É verdade que a referência ao "andamento geral da gestão" era então enten- 512
dida pela jurisprudência no sentido de não exigir dos administradores que não
estavam diariamente presentes na sociedade a verificação direta dos atos de gestão[785]. Este entendimento não era porém absoluto.

Sublinhando a necessidade de estabelecer diferenciações, ABBADESSA dis- 513
tinguia, em 1975, entre a vigilância devida sobre os atos dos colaboradores, correspondente a um controlo analítico e assíduo, e a vigilância devida sobre os
atos dos administradores com poderes delegados, nos termos do art. 2381 *Codice
Civile*, face ao qual admitia a limitação do controlo ao andamento geral da gestão, «evitando uma obrigação a tempo inteiro a cargo de todos os administradores, a qual eliminaria a *"breadth, objectivity (and) specific experience"* assegurada
pela presença de administradores "externos"»[786]. Acrescentava o autor que, na
prática, o dever de vigilância é cumprido pelo pedido de relatórios periódicos
sobre o andamento geral da atividade social, sem prejuízo da adopção de medidas extraordinárias de confirmação (inspeções de caixa, do armazém, das instalações, controlo dos registos contabilísticos) quando circunstâncias particulares
a tanto aconselhassem[787].

CAGNASSO[788], por exemplo, advertia, já em 1976, que a natureza sintética da 514
vigilância não exclui a necessidade da sua extensão, segundo o caso, também a
atos singulares dos administradores, especialmente, quando tais atos sejam suscetíveis, pela sua grandeza relativa face à dimensão da sociedade, de influir nos
destinos desta.

Na mesma linha, DALMARTELLO e PORTALE[789], sublinhavam em 1980, 515
seguindo aliás os ensinamentos de GRECO de 1959[790], que o poder-dever de controlo não tem um conteúdo pré-determinado, devendo modelar-se de acordo
com as circunstâncias do caso e, sobretudo, de acordo com o tipo de empresa e
das particulares situações em que esta deve operar.

Já em 1992, BONELLI explicava que os deveres de vigilância e de interven- 516
ção previstos no art. 2392 *Codice Civile* não modificam o critério de avaliação
da diligência devida pelos administradores e são enquadráveis na bitola da nor-

---

Com esta redação, alterou-se o conteúdo do direito dos administradores não-delegados a exigir informação dos delegados, como vimos na nota 653 *supra*, mas não foi alterado o âmbito da vigilância, face ao
disposto na parte final do art. 2381(3) *Codice Civile*.

[785] FERRARA JR. e CORSI – *Gli Imprenditori...* p. 581.

[786] ABBADESSA – *La gestione...* p. 104-105.

[787] *Ibidem*.

[788] Cfr. CAGNASSO – *Gli organi...* p. 97.

[789] Cfr. o parecer de ARTURO DALMARTELLO e GIUSEPPE B. PORTALE, em CAMUZZI – *I poteri...* p. 799-800.

[790] PAOLO GRECO – *Le società nel sistema legislativo italiano*, Torino: Giappichelli, 1959, n.º 85, p. 315.

DA ADMINISTRAÇÃO À FISCALIZAÇÃO DAS SOCIEDADES

mal diligência do bom pai de família[791]: o administrador deve "fazer o possível" para impedir o ato danoso ou para eliminar ou diminuir as suas consequências danosas[792]. Mas logo acrescenta que, da mesma forma, corresponde à "normal" diligência que, na presença de circunstâncias não usuais ou que possam causar perplexidade, os administradores devem praticar atos adicionais de verificação e de aprofundamento do controlo e da vigilância[793].

517   VI. Atualmente, *na sequência da reforma de 2003*, consolida-se em Itália uma nova perspetiva do administrador e do seu papel na sociedade. Como refere ZAMPERETTI,

> «a inovação mais importante relativa ao órgão respeita à *fattispecie*-base do titular do poder de gestão e do seu exercício – o administrador – o qual, independentemente do papel que em concreto desempenha (delegante, delegado, independente ou não independente) já não pode atuar normativamente como convidado de pedra numa *pièce* já escrita, mas deve estar *presente, informado, ativo*, e apresentar contributos em termos de gestão ativa ou de controlo segundo as suas "específicas competências"»[794].

518   Segundo o autor, alterou-se a substância normativa do papel do administrador e a forma da atividade de gestão, que assume novas modalidades de expressão baseadas numa transparência das condutas. Esta alteração incidiu não sobre o papel do conselho, mas dos seus membros, ainda que, indiretamente, se tenha refletido sobre a consideração normativa do conselho que já não é, como anteriormente, uma entidade monolítica, mas uma estrutura articulada, com diferentes papéis no seu seio. E conclui o autor: «a nova configuração da função de gestão postula uma contínua circulação de informação entre os vários elementos do órgão administrativo e, na origem, a realização e a contínua verificação da eficiência de adequados canais informativos»[795], de tal forma que, como sustenta FERRI JR.: «administração e controlo já não constituem funções clara-

---

[791] Em Itália, até à reforma de 2003, a bitola de diligência aplicável aos administradores era a do bom pai de família. Porém, devendo este critério ser concretizado em função da natureza da atividade desenvolvida, entendia-se que seria irrelevante se, em vez desta, a lei se referisse à bitola de um *"regolato e coscienzioso amministratore"*, como sucede no Direito alemão. BONELLI – *La responsabilità...* p. 49.

[792] *Ibidem*, p. 51-52.

[793] *Ibidem*, p. 52 (nota 81).

[794] ZAMPERETTI – *Il dovere...* p. 93.

[795] *Ibidem*, p. 93 94.

O MODELO PORTUGUÊS ENQUANTO MODELO BASE

mente distintas entre si (...) mas representam as duas faces de um único sistema integrado»[796].

Decisiva nesta evolução foi a alteração do art. 2392(2) na reforma de 2003, nos termos da qual foi eliminada a referência a um dever de vigilância sobre o andamento geral da gestão[797], mantendo-se o dever de intervir para impedir a prática de atos danosos, ou de eliminar ou atenuar as suas consequências danosas, de que o administrador tenha conhecimento. Neste contexto, este último dever assume um significado mais importante[798].

519

20.2. A variável intensidade das obrigações de vigilância do conselho de administração e dos seus membros: parâmetros gerais e grupos de casos

I. Ultrapassando os estritos limites da "delegação da gestão corrente da sociedade", prevista no art. 407.º/3, pode afirmar-se genericamente que a obrigação de vigilância dos administradores – seja em modo coletivo (conselho de administração), seja a título individual – traduz uma vinculação a um controlo geral, que se torna mais intenso ou pormenorizado perante situações de crise ou motivos de suspeita[799], ou por exigência de adequadas construção da vigi-

520

---

[796] Ferri Jr.– *L'amministrazione delegata...* p. 638.

[797] Para uma análise da reação da doutrina a esta alteração e dos seus reflexos na obrigação de vigilância dos administradores, cfr., *v.g.*, Bonelli – *Gli amministratori...* p. 181-182 (nota 253).

[798] Ferri Jr. – *L'amministrazione delegata...* p. 628, 633.

[799] Na doutrina alemã é comum a afirmação de que a intensidade da vigilância devida depende das circunstâncias de cada caso, sendo mais intensa se a sociedade estiver numa situação de crise, se tiverem sido detetadas irregularidades ou se estiverem em causa tarefas impostas especificamente ao plenário do *Vorstand* (e não as tarefas gerais de gestão). Cfr., *v.g.*, Hopt – *AktG Großkommentar*⁴..., § 93, n.º 62, Wolfgang Hefermehl e Gerald Spindler, in *Münchener Kommentar zum Aktiengesetz*, 2 – §§ 76-117, 2.ª ed., München: Beck, Franz Vahlen, 2004, § 77, n.º 28, Spindler – *MünchKomm. AktG*³..., § 93, n.ᵒˢ 135 ss., Hüffer – *Aktiengesetz*¹⁰..., § 93, n.º 13b.

Em geral, sublinha que os requisitos do dever de vigilância dos membros do *Vorstand*, perante uma repartição de pelouros, não devem ser excessivamente estendidos, bastando, em regra, o acompanhamento contínuo das atividades de cada pelouro nas reuniões do *Vorstand*. Na ausência de indícios de irregularidades, um membro do *Vorstand* poderia limitar-se a obter informação sobre os pelouros dos seus colegas nas reuniões do plenário. Perante indícios de irregularidades, deveria intervir. Cfr., *v.g.*, Hopt – *AktG Großkommentar*⁴..., § 93, n.º 62, Kort – *AktG Großkommentar*⁴..., § 77, n.º 40, bem como a decisão do BGH 20-out.-1954, *BGHZ* 15, 71, 78.

Outros, porém, argumentam que um membro do *Vorstand* não deve bastar-se com a imagem formada nessas reuniões a partir da informação prestada pelos demais membros. Cfr., *v.g.*, Hüffer – *Aktiengesetz*¹⁰..., § 93, n.º 13b, Mertens – *Kölner Komm. AktG*²..., § 93, n.º 54. Nesta perspetiva, não seria suficiente um simples "*laissez faire*" ("*Geschehenlassen*") na ausência de indícios de incumprimento de deveres. Hans-Joachim Priester – "Hinzutritt außenstehender Gesellschafter beim GmbH-Unternehmensvertrag", in Marcus Lutter (ed.) – *Festschrift für Martin Peltzer zum 70. Geburtstag*, Köln: Schmidt, 2001, p. 347.

DA ADMINISTRAÇÃO À FISCALIZAÇÃO DAS SOCIEDADES

lância preventiva e concretização do dever de leal cooperação interorgânica e endoconsiliar[800].

521   A necessária intensificação da vigilância é demonstrada por casos tão famosos como os da Enron, da Parmalat e do BPN[801]:

(i)   No caso Enron, segundo GORDON, havia duas situações de risco que deveriam ter determinado uma fiscalização acrescida por parte do conselho de administração. Em primeiro lugar, a conjugação da estrutura de remuneração da equipa de gestão (baseada em planos de opções sobre ações extraordinariamente ambiciosos), a inerente tentação de manipulação dos resultados financeiros que afetam o preço das ações, e uma política de divulgação de informação financeira que tornava o desempenho financeiro da sociedade substancialmente opaco para os mercados de capitais, criaram um risco fora do comum que deveria ter determinado uma igualmente fora do comum e intensa fiscalização pelo conselho. Em segundo lugar, apesar de alguns dos objetivos de cobertura de risco (*risk-hedging*) poderem ser defendidos em termos de racionalidade empresarial, a opção pela criação de *special purpose entities* pejadas de conflitos de interesses, em substituição de veículos abertos ao mercado, deveria ter alertado o conselho para a viabilidade económica de tal cobertura de risco. Tanto num caso como noutro, o conselho não tomou as medidas necessárias para intensificar a sua vigilância, perante

---

Numa linha intermédia, FLEISCHER – *Überwachungspflicht...*, n.º 22, defende, em primeiro lugar, não poder exigir-se a cada membro do *Vorstand* que formule um juízo próprio sobre cada assunto discutido na reunião do mesmo e que explore as fontes de informação disponíveis para esse efeito. Deve apenas assegurar que a informação prestada pelos seus colegas não omite áreas significativas, procurando o preenchimento de todas as lacunas com pedidos de informação. Em segundo lugar, defende que desconfiança não pode constituir a regra geral, por duas razões essenciais: (i) os membros do *Vorstand* não devem pôr em causa a responsabilidade primária dos seus colegas sobre os respetivos pelouros; e (ii) a colaboração produtiva num órgão coletivo pressupõe um mínimo de confiança, tal como reconhecido pela jurisprudência também noutras áreas que envolvem divisão do trabalho, a que FLEISCHER acede por via dogmática através do princípio da confiança (*Vertrauensgrundsatz*). Em suma, rejeita pretensões indemnizatórias contra membros do *Vorstand* por irregularidades em pelouros vizinhos que não foram identificadas, mesmo com diligente e crítico acompanhamento da gestão global. Neste caso, falta não só culpa, mas também ilicitude (incumprimento de um dever: *Pflichtverletzung*), nos termos do § 93(1) AktG.

Para uma análise desta questão, perante desenvolvimentos jurisprudenciais mais recentes, cfr. § 62.7 *infra*, onde tratamos a variável intensidade das obrigações de vigilância no confronto com o princípio jussocietário da confiança (*reliance*) dos órgãos sociais na informação recebida.

[800] Cfr. parág. III do § anterior.

[801] Para uma análise mais completa destes casos, cfr. FERREIRA GOMES – *O governo dos grupos...* p. 136-146.

O MODELO PORTUGUÊS ENQUANTO MODELO BASE

a evidência de que os habituais mecanismos de controlo pelo mercado não funcionariam no caso da Enron[802].

(ii) No caso Parmalat, assumindo que os administradores desconheciam as práticas ilícitas do fundador da empresa, Calisto Tanzi, pode afirmar-se que os mesmos deveriam ter tomado as medidas necessárias ao completo esclarecimento da situação do grupo perante a concentração das suas disponibilidades de caixa (3,35 mil milhões de euros) numa subsidiária com sede nas Ilhas Caimão (a Bonlat), associada às sucessivas e complexas emissões de obrigações (para cobrir as necessidades de financiamento do grupo) e à complexa estruturação do grupo, que tornava a informação financeira opaca e os mecanismos de fiscalização ineficazes.

(iii) No caso BPN, não se compreende como é que, perante a complexa teia de ligações do grupo[803], o conselho de administração não tomou medidas de forma a tornar compreensível o risco associado à atividade desenvolvida pela mão (isolada e sem controlo) do presidente do seu conselho de administração[804]. De facto, perante o alerta do Banco de Portugal, em 2002, sobre a excessiva exposição a Grandes Riscos, perante as reservas do revisor oficial de contas na certificação das contas anuais de 1999, 2000, 2001, 2002 e 2003[805]; perante as notícias da imprensa sobre a gestão irregular do Grupo BPN[806], não se compreende como é que só em fevereiro de 2008 o conselho de administração da SLN tomou medidas para conhecer a verdadeira situação financeira e contabilística do grupo e afastar o Dr. José Oliveira Costa da sua administração. Cada uma das referidas situações era suficiente, só por si, para justificar uma vigilância acrescida do conselho de administração sobre a atividade desenvolvida pelo seu presidente, não sendo admissível a afirmação de alguns administradores de que não reagiram por desconhecimento dos ilícitos praticados. Perante as referidas *red flags*, os administradores tinham o dever de tomar conhecimento do que se passava para, em seguida, poderem avaliar a situação e reagir em conformidade[807].

---

[802] GORDON – *Governance failures...* p. 1128.

[803] Neste sentido, o depoimento de António Franco na Comissão de inquérito da Assembleia da República sobre o caso BPN e a notícia do jornal Expresso de 9 de fevereiro de 2008, citados em ASSEMBLEIA DA REPÚBLICA – *Relatório...* 2009, p. 63 e 67.

[804] Cfr. *ibidem*, p. 67.

[805] Cfr. *ibidem*, p. 108-110.

[806] Cfr., *e.g.*, a reportagem da revista Exame de março de 2001.

[807] Perante as referidas *red flags*, deveriam ter sido desde logo requeridas as auditorias externas extraordinárias que só vieram a ser requeridas pelo Dr. Miguel Cadilhe no Verão de 2008. Cfr. ASSEMBLEIA

DA ADMINISTRAÇÃO À FISCALIZAÇÃO DAS SOCIEDADES

522   II. Como defendemos antes, o conteúdo da obrigação de vigilância só é determinável perante a avaliação das circunstâncias do caso concreto. Não obstante, é possível identificar parâmetros gerais cuja ponderação permite enriquecer uma tal avaliação. Partindo da sistematização de FLEISCHER, podem identificar-se parâmetros relativos à empresa, à importância das tarefas delegadas e às pessoas envolvidas no caso[808]:

(i)   *Parâmetros relacionados com a empresa*: A intensidade da vigilância depende do tipo, do tamanho e da organização da empresa[809]. Assim, por exemplo, perante uma organização divisional de pelouros (em função de produtos, serviços, fábricas ou filiais), na qual tendencialmente se verifica uma maior independência face ao conselho de administração do que numa organização funcional de pelouros, os requisitos de vigilância devem ser mais elevados[810].

(ii) *Parâmetros relacionados com a importância das tarefas delegadas*: A importância das tarefas delegadas pode exigir do colégio de administradores uma maior diligência na vigilância.

(iii) *Parâmetros relacionados com as pessoas envolvidas no caso*: As circunstâncias especiais atinentes aos colegas e demais pessoas envolvidas podem justificar diferentes níveis de confiança na atividade por estas desenvolvida. Por exemplo, quanto mais recente for a atribuição de uma tarefa a um membro do conselho, mais intensa deve ser a correspondente vigilância pelos demais administradores; pelo contrário, perante uma colaboração de longo prazo, com provas dadas pelo administrador em causa, justifica-se uma maior confiança no trabalho por este desenvolvido, sem que com isso se aceite uma confiança cega.

523   III. Na densificação da obrigação de vigilância dos administradores relevam ainda, para além destas indicações gerais, os grupos de casos típicos[811], construídos a partir da jurisprudência sobre esta matéria. Atenta a exiguidade das decisões nacionais sobre o tema, recorremos aqui aos grupos de casos construídos

---

DA REPÚBLICA – *Relatório...* 2009, p. 73.

[808] Segundo sistematização de FLEISCHER – *Überwachungspflicht...*, n.º 17.

[809] MERTENS – *Kölner Komm. AktG²...*, § 77, n.º 23.

[810] Sobre a admissibilidade da repartição de pelouros no seio do *Vorstand*, tanto funcional como divisional, cfr., *v.g.*, *ibidem*, § 77, n.º 15.

[811] Constituindo estes, nas palavras de NUNO TRIGO REIS – *Os deveres de lealdade...* p. 369, conjuntos de proposições colocados num plano intermédio entre a teoria e o caso *decidendo*, auxiliam o intérprete-aplicador na determinação da obrigação de vigilância perante o caso concreto.

O MODELO PORTUGUÊS ENQUANTO MODELO BASE

pela doutrina alemã e italiana, com base nas respetivas experiências jurisprudenciais. No espaço alemão, FLEISCHER identifica os seguintes grupos de casos[812]:

(i) *Circunstâncias suspeitas*: É consensual a posição de que, tendo indicações
de erros ou irregularidades, o *Vorstandsmitglieder* deve investigá-los imediatamente. O inquérito conforme à obrigação de vigilância deve começar o mais tardar quando existam indícios tangíveis de incumprimento
de deveres no exercício do cargo por um colega membro do *Vorstand*.
Se necessário, o *Vorstandsmitglieder* deve questionar o seu colega ou
outros colaboradores da sociedade ou procurar mais informações através dos meios de controlo institucionalizados. Sendo a suspeita confirmada, deve tomar medidas para pôr fim às irregularidades.

(ii) *Situações de crise financeira*: Em determinadas situações são necessárias
medidas de vigilância mais intensas, como sejam as situações de crise
financeira, em que não é possível o pagamento contínuo de todas as dívidas, pondo em causa os pagamentos à segurança social e ao fisco. Nestes
casos, os tribunais exigem o estabelecimento de um sistema que permita
comprovar a realização pontual dos pagamentos devidos.

(iii) *Tarefas do plenário do Vorstand*: A jurisprudência alemã tem aplicado um
padrão especialmente rigoroso nos casos em que estão em causa tarefas do plenário do *Vorstand* (*Gesamtvorstandsaufgaben*)[813] cuja preparação
caiba a um dos seus membros, bem como perante situações excecionais
em que a jurisprudência identifica tarefas não escritas do plenário do
Vorstand.

(iv) *Conflito de interesses*: Por fim, exige-se um maior controlo perante situações em que exista um risco de conflito de interesses, razão pela qual a
lei rodeia o tratamento destas situações de particulares cautelas[814].

IV. Com base na jurisprudência italiana, BONELLI identifica os seguintes grupos de casos[815]:

(i) *Responsabilidade dos administradores puramente formais*: A jurisprudência é
pacífica na afirmação da responsabilidade dos administradores que não
se ocupam de facto da gestão social. A afirmação do administrador de

---

[812] FLEISCHER – *Überwachungspflicht...*, n.º 20.
[813] Estas tarefas constituem objeto da competência mínima do plenário do *Vorstand* (*Mindestzuständigkeit des Gesamtvorstands*) que analisámos no § 14 *supra*.
[814] Entre nós, destaca-se o regime do art. 397.º. Cfr. §§ 29 ss. *infra*. Deve ainda prestar-se particular atenção aos negócios com acionistas controladores. Cfr., sobre o tema, FERREIRA GOMES, *Conflitos ...*
[815] BONELLI – *La responsabilità...* p. 56-61.

DA ADMINISTRAÇÃO À FISCALIZAÇÃO DAS SOCIEDADES

que não tinha conhecimento da gestão social não só não exclui a sua responsabilidade, como constitui confissão do incumprimento da sua obrigação de vigilância.

(ii) *Conhecimento com base nos registos contabilísticos*: O administrador não-delegado (ou *sindaco*) que podia conhecer a situação real, resultante da contabilidade oficial, é responsável se não detetar que as contas anuais não estão conformes com tal contabilidade, se não convoca a assembleia geral (nos termos dos arts. 2446 e 2447 *Codice Civile*) ou se não se apercebe da existência de operações resultantes dos registos contabilísticos.

(iii) *Vigilância de terceiros com poderes delegados*: É responsável o administrador que não vigia de modo algum o terceiro ao qual foi confiada a gestão de toda a atividade social, ou que não deteta que o procurador da sociedade adquiriu bens por um preço muito superior ao seu valor real a outra sociedade administrada pelo mesmo procurador.

(iv) *Falta a reuniões do conselho de administração*: É responsável o administrador que falte injustificadamente a reuniões do conselho, bem como o administrador que se ausentou da reunião determinando falta de quórum. Mesmo que a ausência do administrador seja justificada, este não pode deixar de cumprir a sua obrigação de vigilância e de intervenção prevista no art. 2392 *Codice Civile*, devendo informar-se das deliberações aprovadas em conselho e intervir se necessário.

(v) *Deteção e reação face a irregularidades imputáveis a administradores substituídos*: Aquele que substitui outrem no cargo de administrador é responsável pelos danos causados por este se não detetar ou não reagir às irregularidades a este imputáveis. A responsabilidade não é limitada ou excluída se o administrador se limitar a renunciar ao cargo, sem adotar medidas destinadas à reparação da situação (provocando o pedido de insolvência, se for esse o caso).

(vi) *Vigilância sobre as sociedades controladas*: Apesar de, à data do estudo de BONELLI, não existirem decisões publicadas sobre o assunto, já então se discutia o problema dos limites e conteúdo do dever de vigilância dos administradores da sociedade controladora sobre a sociedade controlada. Uma parte da doutrina afirmava que a vigilância se resume às relações entre as duas sociedades; outros entendiam que deve ser igualmente desenvolvido um controlo sintético sobre o andamento geral da sociedade controlada[816].

---

[816] No primeiro sentido, *vide* GRASSETTI e MINERVINI; no segundo *vide* DALMARTELLO e PORTALE, bem como as posições matizadas de ABBADESSA e CAMUZZI, tudo em CAMUZZI – *I poteri*....

O MODELO PORTUGUÊS ENQUANTO MODELO BASE

(vii) *Impugnação de deliberações inválidas da assembleia e do conselho*: Discute-se igualmente se os administradores estão obrigados a impugnar as deliberações inválidas da assembleia e do conselho. Em geral, entende-se que a resposta é negativa relativamente às deliberações da assembleia sobre matérias de gestão, quando os administradores possam evitar danos à sociedade simplesmente pela omissão da sua execução. Mais complicada é a questão da impugnação das deliberações de um e outro órgão cujos efeitos danosos não dependam da prática de atos de execução, havendo posições doutrinárias num e noutro sentido.

§ 21. OUTROS DEVERES DO CONSELHO DE ADMINISTRAÇÃO

I. A compreensão da posição jurídica dos administradores (em modo coletivo e individualmente considerados), no contexto da sua função de fiscalização, exige a ponderação de outros deveres que podem ser reconduzidos à sua obrigação de vigilância [enquanto conceito-síntese e conceito normativo determinado pela função (*In- und Zweckbegriff*)]. Destacamos aqui, sinteticamente, o dever de organização, o dever de criação de sistemas de informação e o dever de definição das políticas de gestão de riscos pelo conselho de administração.

II. Em primeiro lugar, o conselho de administração deve organizar-se a si próprio de forma adequada ao desempenho das suas funções e, em particular, ao desenvolvimento de uma fiscalização eficaz e eficiente. Neste contexto, destaca-se (i) a delegação de poderes nos termos do art. 407.º, seja em administradores delegados, seja numa comissão executiva (se necessário, propondo aos acionistas a alteração dos estatutos, de forma a autorizar a delegação da gestão corrente da sociedade), e (ii) a criação de outras comissões com funções consultivas, de preparação de deliberações ou mesmo com poderes delegados.

Em segundo lugar, deve organizar adequadamente a estrutura administrativa que lhe está subordinada, assegurando o melhor desempenho possível no desenvolvimento da atividade da sociedade, em conjugação com adequados mecanismos de controlo dos riscos associados.

A organização serve não apenas a direção da atividade empresarial (*stricto sensu*), mas também a sua vigilância[817], constituindo uma tarefa a desempenhar diretamente pelo plenário do conselho[818].

---

[817] Neste segundo contexto, o dever de organização reconduz-se à obrigação de vigilância.

[818] As instituições de crédito devem atender às alíneas *f)*, *g)* e *h)* do art. 14.º/1 RGIC (introduzidas pelo Decreto-Lei n.º 104/2007, de 3 de abril), nos termos das quais devem: (i) apresentar dispositivos

DA ADMINISTRAÇÃO À FISCALIZAÇÃO DAS SOCIEDADES

529   III. Não existe entre nós uma norma expressa como a do § 91(2) AktG, que impõe expressamente ao *Vorstand* o dever de tomar "medidas apropriadas", incluindo a criação de um sistema de vigilância, para assegurar a identificação antecipada de riscos que possam colocar em causa a continuidade da sociedade[819]. Não existe igualmente um desenvolvimento jurisprudencial como o verificado nos Estados Unidos, em especial nos casos *In Re Caremark*, de 1996[820], e *Stone ex rel. AmSouth Bancorporation v. Ritter*, de 2006[821]. Não obstante, deve entender-se que do dever de diligente administração pode decorrer um dever de criação e gestão de adequados sistemas de informação, se as específicas características da sociedade (incluindo a sua dimensão, a complexidade da sua ati-

---

sólidos em matéria de governo da sociedade, incluindo uma estrutura organizativa clara, com linhas de responsabilidade bem definidas, transparentes e coerentes [cfr. também o disposto nos arts. 17.º/1, *f*), 2 e 3, 116.º-C/2, *b*), 120.º/1, *f*) RGIC]; (ii) organizar processos eficazes de identificação, gestão, controlo e comunicação dos riscos a que está ou possa vir a estar exposta [cfr. também o disposto nos arts. 120.º/1, *c*) e 132.º-B/1 RGIC]; e (iii) dispor de mecanismos adequados de controlo interno, incluindo procedimentos administrativos e contabilísticos sólidos [cfr. também o disposto nos arts. 81.º/5, *b*), 116.º-C/2, *b*), 120.º/1, *g*) e 132.º-B/1, 133.º, *c*), 141.º/2, *d*) RGIC]. Esta última alínea é desenvolvida pelo Aviso BdP n.º 5/2008, tal como alterado pelo Aviso BdP n.º 9/12. Cfr. Sofia Leite Borges – "O governo dos bancos", in Paulo Câmara (ed.) – *O Governo das organizações: A vocação universal do corporate governance*, Coimbra: Almedina, 2011, p. 279-280, 286. Neste contexto, deve atender-se ao princípio *"know your structure"* prescrito pelas *Guidelines on Internal Governance (GL44)*, 2011, da European Banking Authority, disponíveis em http://www.eba.europa.eu/Publications/Guidelines.aspx, p. 18-19, 28, nos termos das quais a administração deve conhecer e compreender a todo o tempo a estrutura operacional da instituição, de modo a assegurar que a mesma se adequa à estratégia empresarial aprovada e ao seu perfil de risco. Deve ainda atender-se às demais recomendações sobre sistemas de informação, controlo e gestão de riscos. Cfr. *ibidem*, p. 37-44, 44-47.

As empresas de seguros, por sua vez, estão sujeitas ao art. 122.º-A do Decreto-Lei n.º 94-B/98, de 17 de abril (republicado pelo Decreto-Lei n.º 2/2009, de 5 de janeiro, e alterado pelo Decreto-Lei n.º 52/2010, de 26 de maio), que prevê o dever de «possuir uma boa organização administrativa e contabilística, procedimentos adequados de controlo interno», bem como à Norma ISP 14/2005 e à Circular 7/2009. Para maiores desenvolvimentos, cfr. Paulo Câmara – "A auditoria interna e o governo das sociedades", in *Estudos em Homenagem ao Professor Doutor Paulo de Pitta e Cunha*, 3, Coimbra: Almedina, 2010, p. 303-304, Ana Rita Almeida Campos – "O governo das seguradoras", in Paulo Câmara (ed.) – *O Governo das organizações: A vocação universal do corporate governance*, Coimbra: Almedina, 2011, p. 436-440.

Para os intermediários financeiros vale o disposto nos arts. 305.º-A a 305.º-C CVM – que transpôs para o nosso Direito o art. 13.º (em especial o seu n.º 5) da Diretriz 2004/39/CE e o art. 6.º da Diretriz 2006/73//CE –, bem como os Regulamentos CMVM n.ºˢ 2/2007 e 3/2008. Cfr. Paulo Câmara – *Manual de direito dos valores mobiliários*, 2.ª ed., Coimbra: Almedina, 2011, p. 377-381.

[819] Estas medidas estão sujeitas à vigilância do *Aufsichtsrat*. Nas sociedades cotadas, este é auxiliado pelo *Abschlussprüfer* na vigilância do cumprimento deste dever pelo *Vorstand*, na medida em que deve abranger no seu exame os sistemas de "conhecimento antecipado" e de vigilância estabelecidos pelo *Vorstand* (§ 317(4)HGB) e deve informar separadamente o *Aufsichtsrat* sobre o seu parecer (§ 321(4) HGB). Lutter e Krieger – *Rechte*⁵... p. 34, n.º 81.

[820] 698 A.2d 959, decidido pelo *Court of Chancery of Delaware*. Sobre este caso, cfr. nota 2038 *infra*.

[821] 911 A.2d 362, decidido pelo *Supreme Court of Delaware*. Sobre este caso, cfr. p. 816-817 e nota 2038 *infra*.

O MODELO PORTUGUÊS ENQUANTO MODELO BASE

vidade e os riscos a que está exposta) assim o exigirem[822]. Assim, em primeira linha, cabe ao conselho de administração avaliar a necessidade de criação de tais sistemas e, em segunda linha, cabe ao conselho fiscal avaliar essa decisão[823], beneficiando para o efeito da posição tomada pelo revisor oficial de contas[824].

530

Este dever está intimamente relacionado com o dever de organização e visa assegurar o conhecimento atempado[825] do desempenho de cada unidade empresarial e de quaisquer irregularidades que possam pôr em causa a prossecução dos melhores interesses da sociedade, permitindo ao conselho – e aos demais órgãos com funções de fiscalização – controlar a situação patrimonial, a solvabilidade e a rentabilidade das diferentes unidades em que se decompõe a empresa. Um tal sistema deve envolver todos os membros da administração, assegurando não só o autocontrolo (interno) do órgão coletivo de administração, mas também o controlo das diferentes estruturas administrativas que lhe estão subordinadas, e incluir os sistemas de gestão de riscos, de controlo interno e de auditoria interna [cuja eficácia deverá ser fiscalizada também pelo conselho fiscal, art. 420.º/2, i)].

A configuração destes sistemas varia de caso para caso, de acordo com as concretas características da empresa em causa. As suas fronteiras são fluidas, podendo identificar-se áreas de sobreposição na sua integração num mais vasto sistema de *enterprise risk management (ERM)*[826].

531

---

[822] No mesmo sentido, Paulo Câmara – *A auditoria interna...* p. 311-312.

[823] Como veremos adiante no § 25.

[824] Cfr. § 37.2.A *infra*.

[825] Para questão paralela no sistema alemão, face ao disposto no § 91(2) AktG, Hüffer sustenta que o órgão de administração está obrigado à criação de um sistema de difusão de informação (*Informationsweitergabesystems*), através do qual possam ser conhecidos os riscos que levem a pôr em causa a continuidade da sociedade, num momento em que ainda possam ser neutralizados. Acrescenta ainda que uma aquisição de conhecimento "empírico" ("*erfahrungsgemäße*") pelo *Vorstand* não é suficiente, devendo a adequada avaliação do risco e o encaminhamento das informações para o *Vorstand* ser assegurados através de procedimentos planeados, vigiados e documentados internamente, através de um sistema de controlo (*controlling*). Este "pacote" de deteção de riscos, encaminhamento, controlo e documentação deve, por sua vez, ser vigiado pelo *Aufsichtsrat*. Hüffer – *Aktiengesetz*[10]..., § 91, n.ºs 6 ss. Cfr. também, no mesmo sentido, *v.g.*, Wolfgang Ballwieser – "Controlling und Risikomanagement: Aufgaben des Vorstands", in Peter Hommelhoff, et al. (eds.) – *Handbuch Corporate Governance: Leitung und Überwachung börsennotierter Unternehmen in der Rechts- und Wirtschaftspraxis*, Köln, Stutgard: Schmidt, Schäffer-Poeschel, 2003, p. 430-431, Lutter e Krieger – *Rechte*[5]... p. 35, n.º 82.

[826] Cfr. Oliver Bungartz – *Handbuch Interne Kontrollsysteme (IKS): Steuerung und Überwachung von Unternehmen*, 3.ª ed., Berlin: Erich Schmidt, 2011, p. 457-502. Neste sentido, sustenta Lück que são instrumentos de gestão de risco os sistemas de auditoria interna (*internes Überwachungssystem*), de controlo interno (*Controlling*) e de deteção antecipada de riscos (*Frühwarnsystem*). Wolfgang Lück – Elemente eine Risiko- Managementsystems. Die Notwendigkeit eines Risiko-Managementsystems durch den Entwurf eines Gesetzes zur Kontrolle und Transparenz im Unternehmensbereich (KonTraG), *Der Betrieb*, 51:1-2, 1998, p. 9-11.

DA ADMINISTRAÇÃO À FISCALIZAÇÃO DAS SOCIEDADES

532   III. O *sistema de gestão de riscos* pode ser definido como o complexo norma-tivo orgânico-procedimental interno da sociedade dirigido à (i) identificação, (ii) análise e quantificação, (iii) ponderação, (iv) tratamento e (v) exame *ex post* do tratamento dos riscos, entendidos estes em sentido estrito[827].

533   O primeiro passo consiste na identificação sistemática e contínua de riscos, exigindo uma prévia determinação das áreas de observação e de pontos de refe-rência (objetivos empresariais), face aos quais podem assinalar-se desvios na condução da atividade empresarial. A análise e quantificação dos riscos passa pela compreensão dos fatores determinantes do risco, a probabilidade da sua ocorrência, qual a extensão de risco aceitável e que relação existe ou pode vir a existir entre diferentes tipos de riscos. A ponderação do risco consiste na determinação da relevância ou irrelevância do risco identificado. O tratamento dos riscos (*Risikobewältigung*) inclui, por exemplo, a contratação de seguros, a diversificação, a celebração de contratos de cobertura de risco e a alteração de estratégia. A análise posterior das medidas adotadas no tratamento dos riscos permite introduzir melhorias no tratamento futuro de outros riscos[828].

534   O sistema deve ser concebido e aplicado de forma a permitir o conhecimento e gestão não só dos riscos associados a cada unidade de negócio, mas também ao nível da empresa como um todo integrado.

535   IV. O *sistema de controlo interno* é o complexo normativo orgânico-procedi-mental interno da sociedade dirigido ao acompanhamento crítico da atividade desenvolvida pela estrutura administrativa subordinada ao conselho de admi-nistração, com vista ao estabelecimento de um fluxo de informação[829] paralelo ao (e destinado ao confronto com o) decorrente da prestação de informação pela cadeia hierárquica.

536   Através deste fluxo de informação paralelo, a informação interna pode ser confirmada pelos diferentes níveis hierárquicos e, sobretudo, pelo conselho de administração, com vista ao desenvolvimento de adequados processos decisó-rios e ao apuramento de responsabilidades.

---

[827] O risco, segundo Ballwieser, corresponde ao "perigo de falhar os objetivos" (*Gefahr der Zielverfehlung*), abrangendo, num sentido amplo, qualquer desvio face a um estado desejado ou a um ponto de referência e, num sentido estrito, apenas o desvio prejudicial. O sistema empresarial de gestão de riscos vai dirigido a este risco em sentido estrito. Em geral, distingue-se entre riscos externos, riscos de desempenho económico, riscos financeiros e riscos na direção da empresa. Wolfgang Ballwieser – "Controlling und Risikomanagement", in Peter Hommelhoff, et al. (eds.) – *Handbuch Corporate Governance: Leitung und Überwachung börsennotierter Unternehmen in der Rechts- und Wirtschaftspraxis*, 2.ª ed., Köln, Stutgard: Schmidt, Schäffer-Poeschel, 2009, p. 449-450.

[828] *Ibidem*.

[829] Ballwieser – *Controlling¹*... p. 431.

242

O MODELO PORTUGUÊS ENQUANTO MODELO BASE

Assim caracterizado, o sistema de controlo interno não envolve competências decisórias[830], salvo no respeitante ao tratamento da informação veiculada[831].

V. O *sistema de auditoria interna* é o complexo normativo orgânico-procedimental interno da sociedade, integrado no sistema de controlo interno[832], dirigido à vigilância da adequação e eficácia deste, através de exames independentes da estrutura hierárquica da sociedade[833]. O seu propósito último é a prestação de informação rigorosa aos órgãos de administração e fiscalização[834] e a consequente prevenção de irregularidades ou controlo dos efeitos danosos de irregularidades já praticadas.

Nela cabem diferentes tarefas, como por exemplo: (i) a auditoria interna *stricto sensu*, envolvendo exames, inquéritos, inspeções e outros exercícios analíticos dirigidos à avaliação da adequação do controlo interno e à eventual formulação de recomendações de melhoria; (ii) a revisão limitada (*quickscan*), abrangendo um exame mais limitado dirigido à identificação de riscos e respetivos controlos; e (iii) os trabalhos de auditoria interna *ad hoc*, de objeto variável[835].

VI. Sem prejuízo do seu enquadramento geral, enquanto decorrência da obrigação de diligente administração da sociedade, o dever de criação e gestão de adequados sistemas de informação é parcialmente regulado em normas

---

[830] BALLWIESER – *Controlling²*... p. 448, BALLWIESER – *Controlling¹*... p. 431.

[831] Todos os processos de tratamento de informação envolvem decisões sucessivas dirigidas à seleção da informação que é relevante. Estas decisões são relevantes na medida em que condicionam necessariamente a decisão última. Para mais desenvolvimentos, cfr. nota 609 *supra*.

[832] PAULO CÂMARA – *A auditoria interna*... p. 306.

[833] A sua atividade é frequentemente orientada à vigilância da eficácia operacional (auditoria operacional), da conformidade com regras jurídicas ou éticas (auditoria de cumprimento ou *compliance*) e da regularidade do processo de preparação dos documentos de prestação de contas (auditoria dos documentos financeiros). Cfr. *ibidem*, p. 305.

[834] PAULO CÂMARA identifica ainda os acionistas como destinatários da informação decorrente do sistema de auditoria interna. Parece-nos, porém, não existir um fluxo de informação *direto* para os acionistas. Pode no entanto afirmar-se existir um fluxo indireto, porquanto a informação resultante daquele sistema será avaliada pelos órgãos de administração e fiscalização e eventualmente refletida nos relatórios destes órgãos aos acionistas. Cfr. *ibidem*, p. 306.

[835] *Ibidem*. Para a compreensão do que seja o sistema de auditoria interna, deve atender-se ao disposto no art. 305.º-C CVM, nos termos do qual os intermediários financeiros devem estabelecer um serviço de auditoria interna que atue com independência e seja responsável por (a) adoptar e manter um plano de auditoria para examinar e avaliar a adequação e a eficácia dos sistemas, procedimentos e normas que suportam o sistema de controlo interno do intermediário financeiro; (b) emitir recomendações baseadas nos resultados das avaliações realizadas e verificar a sua observância; e (c) elaborar e apresentar ao órgão de administração e ao órgão de fiscalização um relatório, de periodicidade pelo menos anual, sobre questões de auditoria, indicando e identificando as recomendações que foram seguidas.

DA ADMINISTRAÇÃO À FISCALIZAÇÃO DAS SOCIEDADES

específicas, como vimos antes[836]. Para além disso, do Código de Governo das Sociedades da CMVM de 2010, constavam ainda recomendações específicas (recomendações II.1.1.2. e II.1.1.3.) a atender de acordo com o sistema de *comply or explain* aplicável às sociedades cotadas[837]. Na versão de 2013, o tema é tratado mais timidamente na recomendação II.1.5, de acordo com a qual «[o] Conselho de Administração ou o Conselho Geral e de Supervisão, consoante o modelo aplicável, devem fixar objetivos em matéria de assunção de riscos e criar sistemas para o seu controlo, com vista a garantir que os riscos efetivamente incorridos são consistentes com aqueles objetivos».

541   VII. Do art. 66.º/5, *h)* resulta ainda um dever de definição de políticas internas de gestão de riscos – incluindo não só os riscos financeiros, mas também os riscos de preço, de crédito, de liquidez e de fluxos de caixa que sejam relevantes – que deve ser articulado com o dever de criação de sistemas de informação dirigidos à gestão de riscos.

SECÇÃO III – As obrigações de vigilância do conselho fiscal e dos seus membros (ou do fiscal único)

§ 22. EVOLUÇÃO DO ENQUADRAMENTO NORMATIVO

542   O enquadramento normativo do conselho fiscal e do fiscal único sofreu várias e complexas alterações desde a entrada em vigor do Código das Sociedades Comerciais. Estas alterações, introduzidas, em grande medida, por imposição comunitária, determinaram um reposicionamento destes órgãos na matriz organizacional que a exiguidade da doutrina e jurisprudência nacionais sobre esta matéria não permitiu que passasse da *law in the books* para a *law in action.*

543   Nesta medida, a compreensão do papel atualmente desempenhado por estes órgãos no modelo tradicional português de governo das sociedades anónimas exige uma prévia análise crítica desta evolução. Só depois desta estaremos em condições de clarificar o sentido e o alcance da obrigação de vigilância do conselho fiscal e dos seus membros, através da decomposição sistemática do seu conteúdo.

---

[836] Cfr. parág. II *supra*.

[837] Cfr. Paulo Câmara, in Paulo Câmara (ed.) – *Código de Governo das Sociedades anotado*, Coimbra: Almedina, 2012, Introdução, n.ᵒˢ 65-91. Cfr. ainda Câmara – *A auditoria interna...* p. 310-311.

O MODELO PORTUGUÊS ENQUANTO MODELO BASE

Aplicando-se ao fiscal único, com as necessárias adaptações, o disposto quanto ao conselho fiscal (art. 413.º/5), referimo-nos, na medida do possível, apenas ao conselho fiscal, para facilitar a exposição.

22.1. Do regime original de 1986 às alterações de 1996

I. De acordo com a redação original do Código das Sociedades Comerciais, nas sociedades anónimas que adotassem a estrutura de administração e fiscalização prevista na al. *a)* do n.º 1 do art. 278.º, a fiscalização competia a um conselho fiscal.

Este devia ser composto por três ou cinco membros, que podiam ser ou não acionistas (art. 413.º/1 e 2), sendo um necessariamente revisor oficial de contas (art. 414.º/2), eleitos[838] e destituídos (com justa causa) pela assembleia geral, que escolhia também o seu presidente (arts. 415.º/1 e 2, e 419.º/1)[839].

Só nas sociedades que tivessem um capital social inferior a 20.000 contos se admitia que, em alternativa, a fiscalização fosse confiada a um fiscal único (art. 413.º/1 e 4), que teria de ser um revisor oficial de contas (art. 414.º/2). Ao fiscal único aplicava-se, com as necessárias adaptações, o disposto quanto ao conselho fiscal (art. 413.º/5).

Já então, os deveres específicos de fiscalização da legalidade e da regularidade da administração, sobretudo ao nível contabilístico, eram enquadrados pela mais genérica vinculação à fiscalização da administração da sociedade[840] que adiante analisamos. Esta solução normativa foi decalcada do art. 10.º do Decreto-Lei n.º 49.381 que, por sua vez, constituíra um desenvolvimento do que antes resultava do § 176 C.Com.

---

[838] Sem prejuízo do regime da nomeação judicial a requerimento de minorias, previsto no art. 418.º. Sobre esta norma e seu enquadramento no princípio democrático, cfr., *v.g.*, ENGRÁCIA ANTUNES – *A fiscalização...* p. 39, 69-73.

[839] Se o mesmo não tiver sido nomeado pelos acionistas no contrato de sociedade. Se o presidente nomeado pela assembleia geral cessar funções antes de terminado o período para o qual foi eleito, os membros do conselho fiscal escolherão um deles para desempenhar aquelas funções até ao fim do referido período (cfr. n.º 2 do art. 415.º).

[840] Ao conselho fiscal competia fiscalizar a administração da sociedade; vigiar pela observância da lei e do contrato de sociedade; verificar a regularidade dos livros, registos contabilísticos e documentos que lhe servem de suporte; verificar a extensão da caixa e as existências de qualquer espécie dos bens ou valores pertencentes à sociedade ou por ela recebidos em garantia, depósito ou outro título; verificar a exatidão do balanço e da demonstração dos resultados; verificar se os critérios valorimétricos adotados pela sociedade conduziam a uma correta avaliação do património e dos resultados; elaborar anualmente relatório sobre a sua ação fiscalizadora e dar parecer sobre o relatório, contas e propostas apresentados pela administração; convocar a assembleia geral, quando o presidente da respetiva mesa o não fizesse, devendo fazê-lo; e cumprir as demais atribuições constantes da lei ou do contrato de sociedade (art. 420.º/1).

DA ADMINISTRAÇÃO À FISCALIZAÇÃO DAS SOCIEDADES

549   Contrariamente ao que hoje sucede, ao conselho fiscal cabia essencialmente uma função de *fiscalização retrospetiva*. A *análise prospetiva* era residual, limitando-se à tomada de posição sobre o relatório de gestão, no qual se deveria incluir uma declaração da administração sobre a "evolução previsível da sociedade" [art. 66.º/2, *c)*[841]].

550   Para o cumprimento da sua obrigação de fiscalização ou vigilância, eram imputados aos membros do conselho fiscal os mesmos poderes-deveres de obtenção de informação e de inspeção que hoje lhes assistem[842].

551   Tal como hoje, estavam sujeitos a um dever de participação ao Ministério Público de crimes públicos de que tivessem conhecimento (art. 422.º/3), ficando assim claro que a atividade deste órgão – se dúvidas houvesse –, sendo num primeiro plano dirigida à salvaguarda do interesse social, visava indiretamente também a salvaguarda de interesses públicos[843].

552   As regras relativas à nomeação e destituição dos membros do conselho fiscal, embora seguissem o modelo do Decreto-Lei n.º 49.381, apresentavam algumas diferenças relevantes.

553   Caso a assembleia geral (ou a assembleia constitutiva ou os estatutos, nos termos do art. 415.º) não nomeasse os membros do conselho fiscal, *devia* a administração e *podia* qualquer acionista requerer a sua nomeação judicial (art.

---

[841] Corresponde à al. *c)* do n.º 5 do art. 66.º.

[842] Deviam proceder, conjunta ou separadamente, e em qualquer época do ano, a todos os atos de verificação e inspeção que considerassem convenientes (art. 420.º/2).

Para além disso, segundo o art. 421.º/1, podiam obter da administração a apresentação, para exame e verificação, dos livros, registos e documentos da sociedade, bem como verificar as existências de qualquer classe de valores, designadamente dinheiro, títulos e mercadorias; obter *da administração* ou de qualquer dos *administradores* informações ou esclarecimentos sobre o curso das operações ou atividades da sociedade ou sobre qualquer dos seus negócios; obter de terceiros que tenham realizado operações por conta da sociedade as informações de que careçam para o conveniente esclarecimento de tais operações [já então o n.º 2 excluía do conceito de informações a prestar os *documentos*, incluindo contratos escritos, detidos por terceiros, salvo se judicialmente autorizada ou solicitada pelo revisor oficial de contas, no uso dos poderes conferidos pela legislação que rege a sua atividade; restava portanto a prestação de informação *verbal* por terceiros que a tanto ficam obrigados, não podendo opor segredo profissional que não pudesse ser também oposto à administração da sociedade]; assistir às reuniões da administração, sempre que o entendessem conveniente.

Face a esta norma, poderia questionar-se se o acesso às fontes de informação pelos membros do conselho fiscal era direto ou, pelo contrário, necessariamente mediado pela intervenção da administração (entenda-se: pelo conselho de administração ou administrador único, excluindo a estrutura administrativa ao mesmo subordinada).

[843] Como vimos a propósito da evolução histórico-dogmática do modelo tradicional português, na passagem do sistema de concessão para o sistema normativo, o Estado demitiu-se, em grande medida, do papel paternalista até então desempenhado. No entanto, ao heterolimitar a iniciativa privada, impondo uma matriz organizacional às sociedades anónimas, visava assegurar uma estabilidade no mercado e salvaguardar os interesses públicos subjacentes.

O MODELO PORTUGUÊS ENQUANTO MODELO BASE

417.º). Paralelamente, caso não fosse nomeado um revisor oficial de contas como membro do conselho fiscal, valeria a norma especial do art. 416.º, segundo a qual deveria a administração comunicar à CROC tal facto, para que esta nomeasse oficiosamente um revisor para a sociedade. Esta solução, embora divergente da prevista no Decreto-Lei n.º 49.381, assegurava, ainda assim, a independência da nomeação dos órgãos de fiscalização face ao órgão fiscalizado (a administração).

Quanto à nomeação judicial de membros do conselho fiscal, antes permitida pelo art. 5.º do Decreto-Lei n.º 49.381, a requerimento tanto da administração como de acionistas (titulares de ações representativas de pelo menos um décimo do capital social), passou a estar restringida a requerimento dos acionistas (art. 418.º). 554

As regras relativas à destituição mantiveram-se inalteradas: o art. 419.º exigia justa causa e audição prévia dos visados. Confirmada a destituição, deviam estes apresentar relatório sobre a fiscalização exercida ao presidente da mesa, para que este o distribuísse à administração, ao conselho fiscal e à assembleia. 555

As causas de incompatibilidade dos membros do conselho fiscal foram fixadas no art. 414.º/3, entre as quais se destacam as relativas à independência destes face a interesses próprios na sociedade [als. *a)* e *e)*]; face à administração da própria sociedade e de sociedades em relação de domínio ou de grupo[844] [als. *b)* e *c)*]; e face a empresas concorrentes [al. *f)*]. Destaca-se ainda a causa de incompatibilidade dirigida à limitação da pluriocupação dos membros do conselho fiscal, com o propósito de assegurar a disponibilidade destes para o exercício efetivo dos seus deveres [al. *h)*]. 556

II. Em 1991, foi transposta a sétima Diretriz (83/349/CEE), relativa às contas consolidadas[845], pelo Decreto-Lei n.º 238/91, de 2 de julho. Para o que ora importa, este diploma introduziu o Capítulo IV do Título VI do Código das Sociedades Comerciais, relativo à apreciação anual da situação de sociedades obrigadas à consolidação de contas. 557

Nos termos dos novos arts. 508.º-A e 508.º-D, a administração da sociedade consolidante devia submeter aos órgãos competentes – no nosso modelo tradicional, sucessivamente, o conselho fiscal (incluindo o revisor oficial de contas) e a assembleia geral – o relatório consolidado de gestão, o balanço consolidado, 558

---

[844] Nos termos da alínea *c)* constituía causa de incompatibilidade não só o facto de ser membro de órgão de administração, mas também de um órgão de fiscalização de sociedade que se encontrasse em relação de domínio ou de grupo com a sociedade fiscalizada. Como veremos de seguida, este aspeto seria corrigido em 1991.

[845] JO n.º L 193, 18.7.1983, p. 0001-0017.

DA ADMINISTRAÇÃO À FISCALIZAÇÃO DAS SOCIEDADES

a demonstração consolidada de resultados e o anexo ao balanço e demonstração de resultados consolidados.

559 Daqui resultou uma extensão da competência de fiscalização do conselho fiscal (e do revisor oficial de contas da sociedade consolidante), que passou a abranger todo o universo das sociedades consolidadas[846]. Efetivamente, em termos *imediatos*, esta extensão visou assegurar que as contas consolidadas dão uma imagem verdadeira e apropriada da situação financeira e dos resultados das operações do conjunto formado por estas empresas[847]. Em termos *mediatos*, está em causa uma extensão da competência do conselho fiscal para a apreciação dos riscos que do conjunto dessas sociedades pode resultar para a sociedade consolidante e da forma como são geridos pela administração desta.

560 O Decreto-Lei n.º 238/91 alterou ainda a al. *c)* do n.º 3 do art. 414.º– então com a epígrafe "requisitos e incompatibilidades" –, eliminando a proibição de designação, como membro do conselho fiscal, de quem fosse membro de um *órgão de fiscalização* numa sociedade em relação de domínio ou de grupo. Andou bem o legislador. Não fazia sentido a multiplicação de membros de *órgãos de fiscalização* em tais sociedades, havendo manifesta vantagem na concentração dos cargos de *fiscalização* dessas sociedades nas mesmas pessoas, permitindo uma visão de conjunto sobre a atividade das mesmas.

561 III. Em 1995 foi alterado, no Código das Sociedades Comerciais, o regime do processo de elaboração, apresentação e exame das contas, através do Decreto-Lei n.º 328/95, de 9 de dezembro. Tratou-se apenas de uma clarificação de regime que não alterou significativamente as coordenadas pré-existentes.

22.2. As alterações de 1996: a desvalorização do conselho fiscal

562 I. Dez anos volvidos sobre a aprovação do Código das Sociedades Comerciais, o legislador parece ter esquecido a razão de ser do conselho fiscal, tanto numa dimensão histórica como atualista, ao promover nova alteração deste Código através do Decreto-Lei n.º 257/96, de 31 de dezembro.

563 No preâmbulo deste diploma, o legislador reconduziu a composição do conselho fiscal exclusivamente por acionistas (só abandonada entre nós com o Decreto-Lei n.º 49.381, de 15 de novembro de 1969) a uma questão de «preservação do sigilo comercial», e configurou a sua função como limitada ao controlo contabilístico, entendido este como a fiscalização das contas das sociedades, para verificação da «sua conformidade com os preceitos legais, os princípios

---

[846] Sobre idêntica extensão da obrigação de vigilância dos administradores, cfr. § 17.4 *supra*.

[847] Cfr. ponto 13.1 do Plano Oficial de Contabilidade, tal como alterado pelo Decreto-Lei n.º 238/91.

contabilísticos legalmente definidos e o contrato social antes de serem submetidas à aprovação dos sócios em assembleia geral»[848]. Não se compreende.

Demonstrou ainda aparente desconhecimento da realidade noutros quadrantes, afirmando, com alguma ligeireza, que «a composição generalizada do órgão de fiscalização das contas das sociedades comerciais nos países europeus encaminhou-se para a figura do fiscal único, profissional dotado de qualificação técnica superior. Dos países da União Europeia só a Itália mantém uma estrutura idêntica à do conselho fiscal». *564*

De facto, nos países onde a fiscalização global era cometida a um órgão coletivo, sentiu-se a sua incapacidade prática para o adequado exame das contas da sociedade, tendo sido criado um órgão adicional, com um perfil técnico especializado. No entanto, contrariamente ao afirmado pelo legislador de 1996, este novo órgão foi criado para *auxiliar* o órgão de fiscalização global e não para o *substituir*. *565*

Podemos apontar como exemplo o sistema alemão, no qual a introdução da revisão de contas pelo *Abschlussprüfer* não eliminou a competência concorrente de fiscalização do *Aufsichtsrat* sobre as contas preparadas pelo *Vorstand*, ainda que à luz de diferentes critérios[849]. Aliás, como veremos adiante, dois anos depois desta intervenção do nosso legislador, o seu congénere alemão acentuou a sua opção em sentido inverso. Pela KonTraG de 1998 foi reafirmado o papel auxiliar do *Abschlussprüfer* face à fiscalização global pelo *Aufsichtsrat*. *566*

Mesmo nos sistemas berço do *auditor*, onde tradicionalmente o controlo da gestão era confiado ao próprio *board of directors* e não a um outro órgão societário, consolidava-se o *monitoring model*, no qual se destacava o *audit committee*[850]. A evolução a nível internacional era, assim, exatamente inversa à que fazia crer o nosso legislador. *567*

Só estas premissas de base permitem explicar que o legislador tenha dado passos na direção exatamente oposta àquela que se impunha já então: a eliminação da obrigatoriedade do conselho fiscal (enquanto órgão colegial) – até então obrigatório para todas as sociedades cujo capital fosse igual ou superior a 20.000 contos (art. 413.º/4) – que passou a poder ser livremente substituído por *568*

---

[848] Cfr. ponto 3 do preâmbulo, a p. 4703 do diploma.
[849] Cfr. § 11.C *supra*.
[850] Cfr. § 11.A e § 11.B *supra*.

um fiscal único, que deveria ser um revisor oficial de contas[851], independentemente da dimensão da sociedade (413.º/1)[852].

Se esta solução se poderia justificar no contexto de uma revisão mais vasta do Código das Sociedades Comerciais, com vista ao reforço da autonomia privada nas pequenas e médias sociedades anónimas[853], o mesmo não se pode dizer das sociedades que, pela sua dimensão ou tipo de atividade, requerem um adequado sistema de fiscalização que não pode ficar na disposição das partes. Como vimos, o sistema de fiscalização das sociedades anónimas assenta não só no interesse daquelas partes, mas também, ainda que indiretamente, no interesse público.

---

[851] Afirmava então o legislador no preâmbulo deste diploma (ainda no ponto 3, p. 4703), em termos reproduzidos no preâmbulo do Decreto-Lei n.º 26-A/96, de 27 de março, que extinguiu os conselhos fiscais das sociedades de capitais públicos: «Pelas razões expostas, impõe-se rever a natureza do conselho fiscal e a própria obrigatoriedade da sua existência, substituindo-a pela regra geral da existência do revisor oficial de contas». Não se compreende: por um lado, a alteração legislativa não alterou a natureza do conselho fiscal; por outro, a nomeação de um revisor oficial de contas era já obrigatória para todas as sociedades anónimas, nos termos da versão original do art. 414.º/2.

Para além disso, em 1996, decorria um intenso debate a nível internacional sobre a independência do auditor e sobre a melhor forma de a intensificar no confronto com as estruturas de governo societário. A este propósito, escrevia Cándido Paz-Ares que «um simples olhar sobre a imprensa económica mais recente revela que a questão da independência do auditor voltou a ser aflorada, e com maior virulência do que noutros tempos. Tanto no nosso país [Espanha] como no resto dos que nos rodeiam, o fenómeno foi favorecido por alguns escândalos financeiros que encheram de inquietude a opinião pública. (...) Todos – reguladores e profissionais – convergem ao admitir que a situação é preocupante e que perante a mesma é preciso reagir para restabelecer a confiança pública na instituição. O desacordo e a controvérsia começam na hora de selecionar as medidas e instrumentos da reação». Cándido Paz-Ares – *La ley, el mercado y la independencia del auditor*, Madrid: Editorial Civitas, 1996, p. 21. Recorde-se também que o Relatório Cadbury, que data de 1992, afirma que um *audit committee* – com óbvio paralelo no nosso conselho fiscal, como viria a ser consagrado no Código das Sociedades Comerciais em 2006 – eficaz e independente constitui um mecanismo de resposta essencial a muitos dos problemas verificados na atuação dos *auditors* (cfr. Committee on the Financial Aspects of Corporate Governance – *Report on the financial aspects of corporate governance*, 1992, comummente conhecido como "Relatório Cadbury", § 5.26). Em 1996, o legislador português parece ter ignorado tudo quanto a este propósito se discutia além fronteiras.

[852] Neste artigo passou a ler-se então: «A fiscalização da sociedade compete a um fiscal único, que deve ser revisor oficial de contas ou sociedade de revisores oficiais de contas, ou a um conselho fiscal».

A obrigação de o fiscal único ser revisor oficial de contas resultava ainda do art. 414.º/1, segundo o qual «[o] fiscal único e o suplente ou, no caso de existência de conselho fiscal, um membro efectivo e um dos suplentes, têm de ser revisores oficiais de contas ou sociedades de revisores oficiais de contas e não podem ser accionistas».

[853] Recorde-se a este propósito que o art. 51.º/2 da 4.ª Diretriz de Direito das sociedades (78/660/CEE) previa a possibilidade de isentar da revisão obrigatória de contas as sociedades de pequena e média dimensão (tal como descritas no art. 11.º dessa Diretriz), possibilidade que só foi utilizada nas sociedades por quotas (art. 262.º), mas não nas sociedades anónimas. Aquela Diretriz permitia desta forma uma maior liberdade de manobra às pequenas e médias sociedades que, pela sua dimensão, não suscitam iguais preocupações de interesse público.

O MODELO PORTUGUÊS ENQUANTO MODELO BASE

A fiscalização da sociedade não se resume a uma atividade de controlo con- 570
tabilístico, como afirmou o legislador de 1996, exigindo dos seus responsáveis
conhecimentos e qualidades adequados às características da empresa em causa.
Como bem refere VISCONTI,

> «[i]n realtà i sindaci possono difficilmente riunire questa dupla attitudine di
> contabili capaci di rivedere i conti e di uomini di affari capaci di dare il con-
> siglio e il giudizio sull' indirizzo dell'amministrazione»[854].

Para além disso, a complexidade da vigilância das sociedades de maiores 571
dimensões não é compatível com a composição unipessoal[855]. Como bem explicam PAULO CÂMARA e GABRIELA FIGUEIREDO DIAS[856]:

> «O modelo do fiscal único, sobretudo nas grandes sociedades anónimas
> e nas cotadas, centralizando numa e na mesma pessoa todas as funções de
> fiscalização, sem que sobre ela se façam actuar quaisquer mecanismos de
> controlo mínimo, é em si mesmo indesejável, pela impossibilidade de cober-
> tura de todos os aspectos da fiscalização que lhe são cometidos por um só
> sujeito[857], pela fragilização da posição do fiscal único em relação à adminis-
> tração, pela limitação inevitável da actividade de fiscalização aos aspectos
> contabilísticos, com prejuízo evidente pelas restantes vertentes da fiscaliza-
> ção, pela maior ameaça da independência do fiscalizador e pelos consequen-
> tes riscos de ineficiência da fiscalização a que conduz».

II. Relevante parece ter sido a concretização dos deveres do revisor oficial 572
de contas pelo art. 420.º-A/1 a 4, prevendo a comunicação de irregularidades
up the ladder: primeiro ao presidente do conselho de administração (ou à direção, no modelo germânico) e, na falta de resposta satisfatória, ao conselho de

---

[854] GIORGIO MORO VISCONTI – *Il collegio sindacale: funzioni, compensi, e responsabilità dei sindaci delle società di capitali*, 4.ª ed., Roma: Buffetti, 1987, p. 54. No mesmo sentido, entre nós, *v.g.*, GABRIELA FIGUEIREDO DIAS – *Fiscalização de sociedades...* p. 14-15, JORGE COUTINHO DE ABREU – *Governação*[2]... p. 185, PAULO PAULO CÂMARA e GABRIELA FIGUEIREDO DIAS – "O governo das sociedades anónimas", in PAULO CÂMARA (ed.) *O governo das organizações: A vocação universal do corporate governance*, Coimbra: Almedina, 2011, p. 80-81.

[855] GABRIELA FIGUEIREDO DIAS – *Fiscalização de sociedades...* p. 14, JORGE COUTINHO DE ABREU – *Governação*[2]... p. 186.

[856] PAULO CÂMARA e GABRIELA FIGUEIREDO DIAS – *O governo das sociedades anónimas...* p. 80.

[857] Como explicam os autores, estes aspetos «são demasiado extensos para serem convenientemente exercidos por uma só pessoa e demasiado diversificados para merecerem uma igual diligência e percepção por quem se encontra naturalmente vocacionado para um aspecto particular da fiscalização – a revisão legal de contas». Cfr. *ibidem*, p. 80 (nota 95).

DA ADMINISTRAÇÃO À FISCALIZAÇÃO DAS SOCIEDADES

administração como um todo e, uma vez mais, na falta de resposta satisfatória, à assembleia geral.

573   Trata-se de um dever de reação às irregularidades detetadas que sempre resultaria da concretização dos deveres gerais pelo próprio órgão: naturalmente, não seria admissível que o revisor oficial de contas – que então ou era membro do conselho fiscal ou era fiscal único – nada fizesse perante a deteção de uma irregularidade ou que se pudesse exonerar pela simples comunicação da mesma a um órgão inoperante face à irregularidade. Em todo o caso, andou bem o legislador, esclarecendo dúvidas que pudessem subsistir, através de uma densificação que tem também um importante valor pedagógico[858].

574   O mesmo se diga do disposto nos n.ºs 5 e 6 do mesmo artigo, que regulam aspetos da responsabilidade civil do revisor oficial de contas neste contexto. Mais um vez, podemos afirmar consubstanciarem concretizações das regras gerais, decorrentes do quadro dogmático jus-obrigacional e societário que valem apenas pelo seu papel esclarecedor e pedagógico: o revisor oficial de contas, então membro do conselho fiscal ou fiscal único, é civilmente responsável pela violação da sua obrigação de vigilância e, naturalmente, não pode ser responsabilizado pelo cumprimento adequado de um dever legal.

575   Note-se, porém, que, com a segregação do revisor oficial de contas face ao conselho fiscal, em determinadas sociedades anónimas[859], operada pela reforma de 2006 [cfr. art. 413.º/, b)], o art. 420.º-A assume uma importância que até então não tinha, na medida em que impõe ao revisor oficial de contas segregado – logo, limitado a uma *fiscalização contabilística* e já não a uma *fiscalização global* da administração da sociedade – deveres que de outra forma dificilmente lhe seriam imputáveis.

576   III. Desacertada foi a disposição prevista no n.º 7 daquele mesmo artigo, nos termos do qual os membros do conselho fiscal, quando existisse, deveriam comunicar (por carta registada) ao revisor oficial de contas «quaisquer factos que revelem dificuldades na prossecução normal do objecto social» e de que se

---

[858] Sem prejuízo do silêncio do art. 420.º-A sobre este ponto, deve entender-se que, sendo o revisor oficial de contas membro do conselho fiscal, deve informar os demais membros deste órgão sobre os problemas detetados, habilitando-os ao cumprimento dos seus deveres para com a sociedade. O mesmo vale nas sociedades em que o revisor oficial de contas não seja membro do conselho fiscal [art. 413.º/1, b), na redação dada pela reforma de 2006], dada a ligação imposta entre estes dois órgãos pelo atual enquadramento normativo e pela clarificação da posição do conselho fiscal como coordenador da atividade fiscalizadora e, logo, destinatário das comunicações de quaisquer irregularidades [art. 420.º/1, j), na redação dada pela reforma de 2006].

[859] Apelidadas de "grandes sociedades anónimas" por Paulo Olavo Cunha – *Direito das sociedades comerciais*[5]... p. 35.

O MODELO PORTUGUÊS ENQUANTO MODELO BASE

tivessem apercebido. Recebida a informação, ao revisor caberia comunicá-la *up the ladder*, primeiro à administração e, depois, à assembleia geral, nos termos já descritos.

O desacerto decorre não da previsão do dever de informação em si, mas da subversão sistemática que encerra: a fiscalização "contabilística" é uma função auxiliar da fiscalização "global" da administração[860] e não o inverso. Assim se compreende que, noutros quadrantes, se tenha discutido a colaboração dos revisores de contas face aos órgãos de fiscalização global, nomeadamente através da prestação de informação sobre irregularidades detetadas, e não o inverso.

577

Assim sucedeu tanto nos modelos de estrutura dualista, como o alemão – em que o *Abschlussprüfer*, sem prejuízo da sua independência, se assumiu como auxiliar do *Aufsichtsrat* (perante a incapacidade deste para examinar em profundidade os documentos de prestação de contas) – como naqueles de estrutura monista, como o norte-americano e o britânico – nos quais o *auditor* reportava, em última análise, ao *board of directors* (que, em função da dimensão da sociedade e da complexidade da sua atividade, tende a funcionar mais como órgão de fiscalização do que de administração corrente da sociedade) e não ao *management*. Seriam necessários dez anos mais para que a lógica se impusesse novamente no sistema nacional e, então, só por força do Direito europeu.

578

IV. Refira-se ainda a alteração do n.º 3 do art. 423.º, nos termos da qual passou a ser conferido voto de qualidade ao revisor oficial de contas (ou à sociedade de revisores oficiais de contas), em substituição daquele que era antes conferido ao presidente do conselho fiscal.

579

V. Por fim, andou bem o legislador ao introduzir um novo n.º 3 no art. 452.º, nos termos do qual se passou a exigir expressamente ao conselho fiscal que fundamentasse a sua posição em caso de discordância com a certificação legal das contas. Diga-se de passagem que esta era obviamente já exigível face ao regime

580

---

[860] Esta fiscalização global foi apelidada por GABRIELA FIGUEIREDO DIAS – *Fiscalização de sociedades...* p. 14, de fiscalização "política". A autora cita PAULO OLAVO CUNHA – *Direito das sociedades comerciais*, 2.ª ed., Coimbra: Almedina, 2006, p. 444, mas este autor limitou-se a referir que, historicamente, o conselho fiscal surgiu como um órgão de controlo político, referência que manteria, *e.g.*, na 3.ª edição da obra, mas já não, *e.g.*, na 5.ª edição. Aliás, nesta edição, o autor afirma que «no final do século XX, o papel dos conselhos fiscais estava, em muitas situações, reduzido a um controlo de natureza contabilística em total detrimento da fiscalização do desempenho comercial da gestão societária, frequentemente sob a forma de órgão de composição singular (o fiscal único)» (cfr. PAULO OLAVO CUNHA – *Direito das sociedades comerciais*[5]... p. 788), posição que não podemos deixar de criticar. Da mesma forma, merece críticas a restrição da atual função do conselho fiscal ao controlo da administração da sociedade, «no que respeita à legalidade da respetiva atuação» (cfr. *ibidem*, p. 790).

DA ADMINISTRAÇÃO À FISCALIZAÇÃO DAS SOCIEDADES

anterior, valendo a sua consagração legal pelo esclarecimento de quaisquer dúvidas que pudessem subsistir e pelo seu papel pedagógico.

22.3. As alterações de 2004 e de 2005: o reforço da fiscalização prospetiva pelo conselho fiscal

581   I. Em 2004 houve uma alteração que não tem merecido a devida atenção. Na sua versão original, o art. 66.º exigia que o relatório de gestão contivesse «uma exposição fiel e clara sobre a evolução dos negócios e a situação da sociedade», cobrindo em particular os pontos referidos no n.º 2 desse artigo[861]. Tratava-se, em geral, de uma *análise retrospetiva* sobre os factos ocorridos durante o exercício e sobre a situação da sociedade no momento do encerramento do mesmo. Só a al. *c)* do n.º 2 previa uma *análise prospetiva* do conselho de administração sobre a "evolução previsível da sociedade".

582   Este facto não podia deixar de ter consequências ao nível da fiscalização pelo conselho fiscal. Nessa altura, tal como atualmente, a doutrina dominante via, ínsita na atividade fiscalizadora do conselho fiscal, apenas uma análise *retrospetiva* da conduta da administração face a critérios de legalidade[862]. Ora, na medida em que se impunha (já então) ao conselho fiscal a avaliação do relatório, das contas e das propostas apresentadas pela administração, para efeitos da elaboração do seu parecer, nos termos dos arts. 420.º/1, *g)* e 452.º[863], não podia deixar de

---

[861] Na versão original do art. 66.º, com epígrafe "Relatório de gestão", podia ler-se: «1 – O relatório da gestão deve conter, pelo menos, uma exposição fiel e clara da evolução dos negócios e a situação da sociedade. 2 – O relatório deve indicar, em especial: a) A evolução da gestão nos diferentes sectores em que a sociedade exerceu actividade, designadamente no que respeita a condições do mercado, investimentos, custos, proveitos e actividades de investigação e desenvolvimento; b) Os factos relevantes ocorridos após o termo do exercício; c) A evolução previsível da sociedade; d) As aquisições de acções próprias, referindo os motivos de cada aquisição, bem como o número e valor nominal de todas as acções próprias em carteira e a fracção do capital subscrito que representam; e) As autorizações concedidas a negócios entre a sociedade e os seus administradores, nos termos do art. 397.º; f) Uma proposta de aplicação de resultados devidamente fundamentada».
O Decreto-Lei n.º 280/1987, de 8 de julho, alterou a alínea *d)*, que passou a abranger também quotas próprias, e o Decreto-Lei n.º 225/1992, de 21 de outubro, aditou uma alínea *g)*, segundo a qual devia ser indicada no relatório a existência de sucursais.

[862] Cfr., *v.g.*, PAULO CÂMARA – *O governo das sociedades e a reforma...* p. 48.

[863] Recorde-se que a redação do art. 452.º (com epígrafe «Apreciação pelo conselho fiscal»), em vigor em 2004, resultava da alteração promovida pelo Decreto-Lei n.º 328/95, de 9 de dezembro: «1 – O conselho fiscal deve apreciar o relatório de gestão, as contas do exercício, o relatório anual do revisor oficial de contas e a certificação legal das contas ou a declaração de impossibilidade de certificação. 2 – Se o conselho concordar com a certificação legal das contas ou com a declaração de impossibilidade de certificação, deve declará-lo expressamente no seu relatório. 3 – Se discordar do documento referido no número anterior, o conselho deve consignar no relatório as razões da sua discordância; se esta for no sentido de recusar a aprovação ou de a conceder com reservas, deve lançar essa menção; se a discordância for no sentido de aprovar plenamente as contas ou de as aprovar com reservas diferentes das propostas,

O MODELO PORTUGUÊS ENQUANTO MODELO BASE

se reconhecer a imposição, também a este órgão, de uma análise *prospetiva* sobre a "evolução previsível da sociedade". Só em função da sua própria análise, independente, poderia o conselho fiscal apreciar as declarações da administração.

II. O Decreto-Lei n.º 88/2004, de 20 de abril[864], veio densificar esta obriga- 583
ção de *análise prospetiva*, ao introduzir uma nova al. *h)* no n.º 2 do art. 66.º [com paralelo no art. 508.º-C/2, *e*), no contexto das contas consolidadas], segundo a qual o relatório devia passar a indicar também:

> «Os objectivos e as políticas da sociedade em matéria de gestão dos riscos financeiros, incluindo as políticas de cobertura de cada uma das principais categorias de transacções previstas para as quais seja utilizada a contabilização de cobertura, e a exposição por parte da sociedade aos riscos de preço, de crédito, de liquidez e de fluxos de caixa, quando materialmente relevantes para a avaliação dos elementos do activo e do passivo, da posição financeira e dos resultados, em relação com a utilização dos instrumentos financeiros».

Trata-se de uma densificação da alínea *c)* já referida que, pela sua expressa 584
positivação, impôs ao conselho de administração uma maior ponderação na gestão de riscos financeiros e, concomitantemente, uma mais intensa fiscalização prospetiva pelo conselho fiscal. Se, perante a alínea *c)*, era previsível uma exposição de lugares comuns pela administração que, na prática, inviabilizava um qualquer controlo pelo conselho fiscal, a concretização agora prevista na alínea *h)* permitiria, pelo menos em teoria, alterar o cenário.

A questão central, contudo, continua a ser de *law in action* e não de *law in the* 585
books[865].

---

não pode tal menção ser lançada e, em vez dela, deve ser declarado que, pelas razões especificadas, o conselho não chegou a acordo sobre a aprovação das contas. 4 – O relatório e parecer do conselho fiscal devem ser remetidos ao conselho de administração no prazo de 15 dias a contar da data em que tiver recebido os referidos elementos de prestação de contas».
Antes de 1995, o art. 452.º versava sobre o exame das contas pelo revisor oficial de contas e respetiva certificação. A apreciação pelo conselho fiscal, enquanto órgão colegial, era regulada no art. 453.º. Vigorava a versão original destes preceitos.
[864] Este diploma transpôs para o ordenamento interno a "Diretriz *fair value*", ou seja a Diretriz n.º 2001/65/ /CE, de 27 de setembro, que altera as Diretrizes 78/660/CEE, 83/349/CEE e 86/635/CEE relativamente às regras de valorimetria aplicáveis às contas anuais e consolidadas de certas formas de sociedades, bem como dos bancos e de outras instituições financeiras. JO L 283, 27.10.2001, p. 0028-0032.
[865] Sobre a problemática aplicação prática do Direito societário em Portugal e sobre a ponte entre *law in the books* e *law in action*, cfr. FERREIRA GOMES – *Conflitos de interesses...* p. 203 ss.

DA ADMINISTRAÇÃO À FISCALIZAÇÃO DAS SOCIEDADES

586   III. Em 2005 seria novamente densificado o conteúdo do relatório de gestão, com nova alteração do art. 66.º (com paralelo no art. 508.º-C, no contexto das contas consolidadas) pelo Decreto-Lei n.º 35/2005, de 17 de fevereiro[866]. Em particular, esta alteração reforçou a obrigação do conselho de administração de se pronunciar especificamente sobre «os principais riscos e incertezas com que a [sociedade] se defronta», com reflexos no seu controlo, tanto retrospetivo como prospetivo, pelo conselho fiscal.

587   Recorde-se que, já de acordo com a versão original do art. 70.º, o relatório de gestão e os documentos de prestação de contas deviam ser depositados na conservatória do registo comercial[867], permitindo também o seu controlo por qualquer terceiro interessado.

---

[866] Este Decreto-Lei transpôs para a ordem jurídica interna a "Diretriz de Modernização", ou seja, a Diretriz n.º 2003/51/CE, de 18 de junho, que altera as Diretrizes n.ᵒˢ 78/660/CEE, 83/349/CEE, 86/635/ /CEE e 91/674/CEE, relativas às contas anuais e às contas consolidadas de certas formas de sociedades, bancos e outras instituições financeiras e empresas de seguros, e visa assegurar a coerência entre a legislação contabilística comunitária e as Normas Internacionais de Contabilidade (NIC), em vigor desde 1 de maio de 2002.

Nos termos do art. 8.º deste diploma, o art. 66.º passava a dispor: «1 – O relatório da gestão deve conter, pelo menos, uma exposição fiel e clara da evolução dos negócios, do desempenho e da posição da sociedade, bem como uma descrição dos principais riscos e incertezas com que a mesma se defronta. 2 – A exposição prevista no número anterior deve consistir numa análise equilibrada e global da evolução dos negócios, dos resultados e da posição da sociedade, em conformidade com a dimensão e complexidade da sua actividade. 3 – Na medida do necessário à compreensão da evolução dos negócios, do desempenho ou da posição da sociedade, a análise prevista no número anterior deve abranger tanto os aspectos financeiros como, quando adequado, referências de desempenho não financeiras relevantes para as actividades específicas da sociedade, incluindo informações sobre questões ambientais e questões relativas aos trabalhadores. 4 – Na apresentação da análise prevista no número 2 o relatório da gestão deve, quando adequado, incluir uma referência aos montantes inscritos nas contas do exercício e explicações adicionais relativas a esses montantes. 5. – (Anterior n.º 2.)».

[867] A redação desta disposição foi alterada pelo Decreto-Lei n.º 328/1995, de 9 de dezembro, passando a exigir-se o depósito do «relatório de gestão, das contas de exercício e demais documentos de prestação de contas devidamente aprovados».

Foi depois novamente alterada pelo Decreto-Lei n.º 185/2009, de 12 de agosto, cujo n.º 1 passou a remeter simplesmente para o art. 42.º CRCom: «A informação respeitante às contas do exercício e aos demais documentos de prestação de contas, devidamente aprovados, está sujeita a registo comercial, nos termos da lei respectiva».

Até 2007, o art. 42.º/1 do CRCom exigia o registo do relatório de gestão. Só com a introdução da Informação Empresarial Simplificada, pelo Decreto-Lei n.º 8/2007, de 17 de janeiro, foi abolida esta obrigação. Esta opção é discutível. Por um lado, o relatório de gestão é um elemento fundamental para o conhecimento da real situação de uma sociedade e das suas perspetivas de futuro. Por outro lado, a divulgação do mesmo pode pôr em causa informação confidencial e estratégica da empresa, prejudicando a sua competitividade. Este último argumento, porém, é esvaziado pela exigência de publicação do relatório de gestão, entre outros documentos, no sítio da Internet da sociedade (quando exista) (art. 70.º/2, introduzido pela reforma de 2006). Se a preocupação era a confidencialidade da informação,

O MODELO PORTUGUÊS ENQUANTO MODELO BASE

22.4. A reforma de 2006: a reação às crises do novo milénio pelo reforço da fiscalização, em transposição da Diretriz 2006/43/CE

I. Em 2006 verificou-se a mais profunda alteração do regime jurídico da fiscalização das sociedades comerciais desde a introdução do revisor oficial de contas em 1969[868]. No que respeita ao modelo tradicional português, o Decreto-Lei n.º 76-A/2006[869], de 29 de março, redefiniu o papel do conselho fiscal e, em particular, a sua relação com o revisor oficial de contas[870].

588

---

então não poderia manter-se a exigência do art. 70.º/2. Mantendo-se esta exigência, devia ser alterado em conformidade o disposto no art. 42.º CRCom.

Sem prejuízo desta crítica, a opção do nosso legislador está enquadrada nas Diretrizes europeias sobre esta matéria. O art. 2.º/1, *f*) da 1.ª Diretriz de Direito Societário (Diretriz 68/151/CEE do Conselho, de 9 de março de 1968), na sua versão original, impunha apenas a publicidade do balanço e da conta de ganhos e perdas de cada exercício. Com a Diretriz 2003/58/CE do Parlamento Europeu e do Conselho, de 15 de julho de 2003, a referida al. *f*) passou a exigir a publicidade dos «documentos contabilísticos de cada exercício, que devem ser publicados em conformidade com as Directivas 78/660/CEE, 83/349/CEE, 86/635/CEE e 91/674/CEE do Conselho». Ora, apesar de o primeiro parágrafo do n.º 1 do art. 47.º da Diretriz 78/660/CEE (4.ª Diretriz de Direito Societário), desde a sua versão original, exigir a publicação não só das contas anuais (tal como definidas no art. 2.º), mas também do relatório de gestão, o segundo parágrafo desse mesmo preceito previa a possibilidade de a legislação dos Estados-membros não exigir a publicidade deste último. Esta solução consta hoje do art. 30.º/1, 2.º parág. da Diretriz 2013/34/UE do Parlamento Europeu e do Conselho, de 26 de junho de 2013, relativa às demonstrações financeiras anuais, às demonstrações financeiras consolidadas e aos relatórios conexos de certas formas de empresas, que altera a Diretriz 2006/43/CE do Parlamento Europeu e do Conselho e revoga as Diretrizes 78/660//CEE e 83/349/CEE do Conselho, JO L 182, 29.6.2013 ("Diretriz da Contabilidade").

[868] Sobre este reforma, cfr., por todos, Menezes Cordeiro – *A grande reforma...*, Menezes Cordeiro – *Direito das sociedades*, 1³... p. 217-229.

[869] Na base deste diploma esteve uma proposta apresentada pela CMVM em janeiro de 2006, dando início a um curto (mas badalado) processo de consulta pública. A participação da CMVM neste movimento de reforma justificava-se, segundo as suas palavras, pelo trabalho desenvolvido na área do governo das sociedades, traduzido num envolvimento ativo nos *fora* internacionais que mais tinham debatido os correspondentes temas: o *Steering Group on Corporate Governance* da OCDE, o *Expert Group on Company Law* e outras instâncias da União Europeia e a IOSCO.

O objetivo central da alteração proposta era o reforço da fiscalização nas sociedades anónimas, dada a desatualização do correspondente regime jurídico face à evolução da prática empresarial, dos ordenamentos jurídicos de referência e do Direito europeu; a ineficácia do sistema de fiscalização, decorrente do *controlling shareholder problem* e da inerente falta de independência dos membros dos órgãos de fiscalização; e, por fim, a erosão funcional do conselho fiscal. Ou seja, o «esvaziamento de facto do conselho fiscal enquanto órgão societário de fiscalização, reduzindo-o na prática a um órgão de revisão de contas». Acrescentava a CMVM, em termos insatisfatórios: Pode falar-se aqui, com propriedade, de erosão de funções, na medida em que há muitas outras competências do conselho fiscal que não respeitam à revisão de contas [*inter alia*, convocatória de assembleias gerais (art. 377.º/1), divulgação ou arguição de invalidade de deliberações (arts. 57.º e 59.º), parecer sobre negócios entre partes relacionadas (art. 397.º)]. Nas sociedades que envolvam fiscal único, muitas competências do órgão de fiscalização quedam-se, nestes termos, claramente subaproveitadas». Cfr. CMVM – *Governo das sociedades anónimas...*, p. 10-12.

[870] Como vimos, historicamente, ao conselho fiscal competia uma ampla fiscalização da administração da sociedade. No entanto, perante as específicas necessidades da fiscalização contabilística, para a qual

DA ADMINISTRAÇÃO À FISCALIZAÇÃO DAS SOCIEDADES

589   A evolução do Direito da União Europeia[871] e, em particular, o art. 41.º da Diretriz 2006/43/CE, exigia um regresso ao sistema de fiscalização plural, pelo menos ao nível das chamadas "entidades de interesse público"[872]. Nestas, exigia-se um comissão de auditoria – ou outro órgão plural funcionalmente equivalente, como o conselho fiscal – que operasse como fórum de discussão com o revisor oficial de contas, sobre todos os assuntos considerados relevantes na revisão das contas da sociedade e sobre possíveis fraudes de que suspeitasse ou tivesse conhecimento, em particular, aquando do envolvimento de altos funcionários ou administradores da sociedade[873].

590   Vários aspetos do regime jurídico nacional revelavam a sua inadequação face a esta perspetiva[874]. Em primeiro lugar, a competência do fiscal único e do conselho fiscal era circunscrita à fiscalização da administração e não do revisor oficial de contas. Em segundo lugar, a possível substituição do conselho fiscal por um fiscal único[875] não era compatível com a configuração plural do órgão de fiscalização interna agora exigida. Em terceiro lugar, a integração do revisor oficial de contas no conselho fiscal não era compatível com as novas funções de seleção e vigilância desse revisor pelo órgão interno de fiscalização[876].

---

o conselho fiscal parecia não estar capacitado, foi introduzido o revisor oficial de contas, à imagem do que sucedera noutros sistemas. O seu papel era complementar face ao desenvolvido pelo conselho fiscal. Porém, como vimos já, numa intervenção desastrosa, através do Decreto-Lei n.º 257/96, o legislador tornou facultativa a constituição do conselho fiscal para todas as sociedades anónimas, independentemente da sua dimensão. Cfr. § 22.2 *supra*. No entanto, manteve-se inalterado o seu quadro de competências, nos termos do art. 420.º, face ao qual, pelo menos nas grandes sociedades, a solução do fiscal único era manifestamente desadequada.

[871] Para uma análise da evolução do Direito da União Europeia sobre esta matéria, cfr. FERREIRA GOMES – *A fiscalização*....

[872] Tal como definidas pelo ponto 13 do art. 2.º desta Diretriz.

[873] Como referia já o § 5.26 do Relatório Cadbury, este espaço de diálogo entre o revisor oficial de contas e a sociedade é essencial nos casos de fraude ou irregularidades em que o revisor suspeite do envolvimento de altos funcionários ou administradores executivos da sociedade, sem contudo conseguir obter provas suficientes para fundamentar as suas suspeitas. Como referimos noutro estudo, neste tipo de situações, o revisor não está numa posição suficientemente forte para confrontar a administração, nem tem fundamentos suficientes para apresentar uma denúncia às autoridades competentes. O acesso ao conselho fiscal permite-lhe expor as suas suspeitas e procurar em conjunto com estes uma solução para o caso. Cfr. FERREIRA GOMES – *A fiscalização...* p. 191-192.

[874] Cfr. *ibidem*, p. 202.

[875] Segundo PAULO CÂMARA – *A actividade de auditoria...* p. 96, 44% das sociedades admitidas à negociação no mercado de cotações oficiais e 50% das sociedades negociadas no segundo mercado tinham um fiscal único e não um conselho fiscal.

[876] Cfr. art. 41.º/ 3 e 2 da Diretriz 2006/43/CE. Poderia ainda acrescentar-se o facto de o regime de incompatibilidades dos membros do conselho fiscal estar pensado para assegurar a sua independência face à administração da sociedade e não face aos seus acionistas controladores, bem como o facto de o Código das Sociedades Comerciais não estabelecer quaisquer critérios de competência técnica para os

O MODELO PORTUGUÊS ENQUANTO MODELO BASE

II. Na sequência da reforma de 2006, o Código das Sociedades Comer- 591
ciais passou a prever, dentro do nosso modelo tradicional, soluções distintas,
consoante a dimensão da sociedade. Ao nível da administração, manteve-se a
possibilidade de substituir o conselho de administração por um administrador
único, nas sociedades com um capital social igual ou inferior a 200.000,00 euros
(arts. 278.º/2 e 390.º/2)[877]. Ao nível da fiscalização, passou a distinguir-se entre
as pequenas e médias (segundo o critério previsto no art. 413.º/2) e as grandes
sociedades.

Nas primeiras foi reforçada a autonomia contratual, podendo a fiscalização 592
ser assegurada por *(a)* um fiscal único (que deve ser revisor oficial de contas[878]),
por *(b)* um conselho fiscal no qual se integra o revisor oficial de contas, ou por *(c)*
um conselho fiscal no qual não se integra o revisor oficial de contas [arts. 278.º/1
e 3, 413.º/1 e 2, *b)* e 414.º].

Nas sociedades cotadas e, em geral, nas sociedades de maior dimensão, por 593
razões de interesse público, é obrigatória a adopção desta última solução [art.
413.º/2, *a)*]: exige-se uma separação entre o conselho fiscal e o revisor oficial de
contas, possibilitando o cumprimento das novas funções de fiscalização da conduta do segundo pelo primeiro [cfr. art. 420.º/2, *b)* a *d)*].

A obrigação de dissociação entre o conselho fiscal e o revisor oficial de con- 594
tas foi estendida a todas as "entidades de interesse público" pelo art. 3.º/1 do
Decreto-Lei n.º 225/2008, de 20 de novembro, tal como definidas pelo art. 2.º
do mesmo diploma.

III. Pela primeira vez, o Código das Sociedades Comerciais passou a prever 595
requisitos de composição qualitativa do conselho fiscal, para além dos aplicáveis
ao revisor oficial de contas. Em todas as sociedades anónimas, os membros do
conselho fiscal «devem ter as qualificações e a experiência profissional adequadas ao exercício das suas funções» (art. 414.º/3).

Nas sociedades cotadas, nas sociedades de maior dimensão e, bem assim, nas 596
"entidades de interesse público", sujeitas a um regime de fiscalização reforçada

---

membros do conselho fiscal. Exigia-se apenas que o revisor oficial de contas tivesse capacidade técnica
necessária à adequada fiscalização da administração da sociedade.

[877] Como bem concluiu PEDRO MAIA – *Função...* p. 197 ss., a razão de ser da necessária colegialidade nas
sociedades de maior dimensão deve-se não só ao equilíbrio de interesses dos acionistas, mas sobretudo
à função de fiscalização do conselho de administração. Acrescenta MENEZES CORDEIRO: a colegialidade
«reforça o cuidado, a atenção, a operacionalidade, a autocontenção e o controlo, sendo de norma nos
tribunais superiores, nos júris académicos e nas comissões de crédito». MENEZES CORDEIRO – *CSC
anotado*[2]..., art. 390.º, n.º 6, p. 1046.

[878] A lei refere-se alternativamente a sociedades de revisores oficiais de contas. Feita esta advertência,
referimo-nos apenas a revisores oficiais de contas para facilitar a exposição.

DA ADMINISTRAÇÃO À FISCALIZAÇÃO DAS SOCIEDADES

imperativo, é ainda obrigatória a inclusão de «um membro que tenha curso superior adequado ao exercício das suas funções e conhecimentos em auditoria ou contabilidade e seja independente» (art. 414.º/4 CSC e art. 3.º/2 do Decreto-Lei n.º 225/2008)[879].

597   Nas sociedades cotadas exige-se ainda que o conselho fiscal seja composto por uma maioria de membros independentes (art. 414.º/6).

598   Para além disso, foi igualmente revisto o elenco de incompatibilidades, agora previsto no art. 414.º-A/1, com restrição da al. *b)* (que passou a permitir a designação de ex-administradores da sociedade como membro do conselho fiscal, fiscal único ou revisor[880]) e ampliação das alíneas *e)* (abrangendo como impedimento não só a prestação de serviços, mas também também a existência de uma relação comercial significativa) e *f)* (clarificando a aplicação do impedimento não somente aos casos de estrito exercício de funções em empresa concorrente, mas também àqueloutros de atuação em representação ou por conta desta ou de vínculo aos interesses da mesma por qualquer outra forma).

599   IV. Com esta reforma, as competências do conselho fiscal foram nalguns casos ampliadas, noutros simplesmente clarificadas[881] ou concretizadas[882]. Merecem destaque as novas als. *i)*, *j)* e *l)* do art. 420.º/1. Pode afirmar-se que a fiscalização da eficácia do sistema de gestão de riscos, do sistema de controlo interno e do sistema de auditoria interna, se existentes, consubstancia um desenvolvimento ou concretização da obrigação de vigilância da administração prevista na al. *a)* do mesmo preceito. O mesmo, porém, não pode ser dito das competências rela-

---

[879] O conceito de independência, para este efeito, é definido no art. 414.º/5. Sobre os requisitos de competência técnica e de independência dos membros do conselho fiscal no contexto da discussão internacional e do processo legislativo europeu, cfr. FERREIRA GOMES – *A fiscalização...* p. 196-199.

[880] Note-se contudo que, relativamente aos revisores oficiais de contas, valiam então e valem ainda, os impedimentos previstos no respetivo Estatuto. Assim, nos termos do art. 78.º/1, *e)* do Decreto-Lei n.º 487/99, aqueles que tenham exercido funções de administração numa sociedade não podem ser designados revisores da mesma nos três anos subsequentes ao exercício dessas funções.

[881] Veja-se, *e.g.*, a nova redação da al. *e)* do art. 420.º/1 que prevê a verificação da «exactidão dos documentos de prestação de contas» e já não simplesmente do balanço e da demonstração de resultados. Trata-se de uma mera clarificação e não de uma ampliação, porquanto a verificação da exatidão do relatório de gestão impunha-se já por força da al. *g)* do mesmo artigo, segundo o qual o conselho fiscal devia e deve «dar parecer sobre o relatório, as contas e propostas apresentados pela administração». Não poderia o conselho fiscal dar tal parecer sem primeiro verificar a exatidão de todos os documentos de prestação de contas.

[882] Neste sentido, a al. *f)* do art. 420.º/1 passou a exigir a verificação não só dos critérios valorimétricos adotados pela sociedade, mas também das políticas contabilísticas, com vista à correta avaliação do seu património e dos seus resultados. Da conjugação da al. *a)*, referente à fiscalização da administração da sociedade, com a versão anterior da al. *f)* já resultaria uma tal imposição. Estamos, portanto, perante uma mera concretização legal.

O MODELO PORTUGUÊS ENQUANTO MODELO BASE

tivas à receção de comunicações de irregularidades apresentadas por acionistas, colaboradores da sociedade ou outros ou à contratação da prestação de serviços de peritos coadjuvantes dos seus membros no exercício das suas funções[883].

V. A atribuição da competência para a receção de comunicações de irregu-   600
laridades está associada a um reforço do papel do conselho fiscal no equilíbrio interorgânico e, em especial, na sua relação com o revisor oficial de contas, inver-tendo a lógica introduzida pelo Decreto-Lei n.º 257/96. Recorde-se que este diploma introduzira o n.º 7 do art. 420.º-A, segundo o qual qualquer membro do conselho fiscal devia comunicar imediatamente ao revisor oficial de contas factos que revelassem dificuldades na prossecução normal do objeto social. Esta última disposição mantém-se, mas, face ao desenvolvimento histórico-dogmá-tico entretanto verificado, terá um alcance distinto, por interpretação sistemá-tica. O guardião último da sociedade não é, agora, o revisor oficial de contas, mas sim o conselho fiscal. Neste sentido, o conselho fiscal é a entidade competente

---

[883] Este reforço das competências do conselho fiscal é produto de um movimento reformista internacional que ganhou especial relevo na sequências dos escândalos verificados tanto nos Estados Unidos, como na Europa, no início deste milénio.

No âmbito deste movimento, um dos temas mais discutidos, tanto nos Estados Unidos como na Europa, é o da existência e da função das comissões de auditoria. A comissão de auditoria, tal como desenvolvida nos Estados Unidos e em Inglaterra (cfr. §§ 55.4 e 56.4 *infra*), é criada no seio do conselho de administração das *public companies* e composta por administradores não-executivos (nuns casos, exigindo-se que todos sejam independentes, noutros exigindo-se apenas que a maioria sejam independentes), sendo responsável não só pela organização dos sistemas de auditoria interna e pela fixação das políticas de informação financeira da sociedade, mas também pela seleção, contratação, comunicação e destituição dos auditores.

Como sustentámos noutro estudo, FERREIRA GOMES – *A fiscalização...* p. 191-201, apesar de a discussão europeia sobre este mecanismo ter seguido de perto a discussão norte-americana, as propostas da Comissão Europeia divergiram das soluções norte-americanas em diversos aspetos. As diferenças mais significativas, que se viriam a refletir no texto final da Diretriz n.º 2006/43/CE (art. 41.º), referem-se (i) aos poderes desta comissão, (ii) à determinação das sociedades sobre as quais incide e (iii) aos critérios de independência e competência técnica dos seus membros.

Em todo o caso, mantinha-se a perspetiva da comissão de auditoria como mecanismo institucional de garantia interna da regularidade do processo de informação financeira, assegurando a criação de mecanismos adequados de controlo interno e de produção de informação financeira, supervisionando a auditoria interna e assumindo os contactos diretos com o revisor oficial de contas, representando um fórum de discussão com o revisor oficial de contas sobre todos os assuntos com relevância para a revisão de contas e sobre condutas fraudulentas de que suspeitem ou tenham conhecimento. A aproximação do revisor à comissão de auditoria visou assegurar a necessária distância daquele face aos interesses dos acionistas dominantes e dos administradores executivos, procurando um espaço livre de pressões para o adequado desempenho das suas funções de fiscalização. No entanto, pela complexidade e custos inerentes, esta solução só faz sentido em sociedades que, pela sua dimensão ou especial atividade desenvolvida, justifiquem uma fiscalização reforçada.

DA ADMINISTRAÇÃO À FISCALIZAÇÃO DAS SOCIEDADES

para receber e analisar, no contexto da sua obrigação de vigilância, as comunicações de irregularidades apresentadas por acionistas, colaboradores da sociedade e outros (*whistleblowing*)[884].

601   VI. A competência para a contratação de peritos coadjuvantes dos seus membros, no exercício das suas funções[885], já admitida antes entre nós[886] e agora expressamente prevista na lei, corresponde à imputação excecional de poderes de representação ao conselho fiscal. Justifica-se pela necessidade de assegurar a independência do mesmo face ao conselho de administração. A solução contrária deixaria o órgão de fiscalização à mercê do órgão fiscalizado que, tendo competência para negociar a contratação e remuneração dos peritos, tinha condições para exercer uma pressão decisiva sobre os mesmos[887].

602   VII. Quando seja adotada, por imposição legal [art. 413.º/2, *a*)] ou voluntariamente [art. 413.º/2, *b*)], o submodelo de governo previsto na al. *b*) do n.º 1 do art. 413.º, que separa o revisor oficial de contas do conselho fiscal, este último tem ainda as competências previstas no art. 420.º/2: *(a)* a fiscalização do processo de preparação e de divulgação de informação financeira; *(b)* a escolha do revisor oficial de contas para proposta de eleição à assembleia geral; *(c)* a fiscalização da revisão de contas; e *(d)* a fiscalização da independência do revisor oficial de contas (em especial, no tocante à prestação de serviços adicionais)[888].

603   A previsão destas competências de fiscalização reforçada[889] reconfigura o conselho fiscal como um fórum de discussão com o revisor, sobre todos os assuntos considerados relevantes na revisão das contas da sociedade e sobre possíveis fraudes de que suspeitem ou tenham conhecimento, à margem da pressão exercida pela administração e pelos acionistas controladores. Esta solução é particularmente relevante quando estejam envolvidos altos funcionários ou administradores da sociedade.

604   Daqui resulta não apenas uma garantia da independência do revisor, mas também a sua qualificação como órgão auxiliar do conselho fiscal no desenvol-

---

[884] Sobre o conceito de *"whistleblowing"*, cfr. § 24.7 *infra*.

[885] A regulação desta competência consta do art. 421.º, n.ºs 3 a 5.

[886] Neste sentido, ENGRÁCIA ANTUNES – *A fiscalização...* p. 167.

[887] Sobre esta problemática, cfr., *v.g.*, LEYENS – *Information des Aufsichtsrats ...*, p. 223-231, atentando porém ao facto de que, no sistema alemão admite-se a delegação de poderes de inspeção ao perito (contrariamente ao verificado no nosso sistema, no qual o perito se limita a coadjuvar os membros do órgão de fiscalização).

[888] Cfr. art. 41.º da Diretriz 2006/43/CE.

[889] Referindo-se a "modelo latino reforçado", *v.g.*, PAULO CÂMARA – *Os modelos...* p. 222, PAULO CÂMARA e GABRIELA FIGUEIREDO DIAS – *O governo das sociedades anónimas...* p. 74.

O MODELO PORTUGUÊS ENQUANTO MODELO BASE

vimento de uma fiscalização global e, através desta, na prossecução do interesse social[890].

A imposição destas competências *ex lege* surge associada à necessidade de assegurar a competência técnica e a independência do revisor[891] não só face à administração, mas também face ao acionista controlador. Deve, por isso, afastar-se a possibilidade de um ou mais acionistas poderem propôr a designação de outro revisor quando a proposta de designação do conselho fiscal tenha sido rejeitada[892]. Isto não obstante o disposto no art. 50.º/2 EOROC, segundo o qual

605

> «Na falta de proposta para designação de revisor oficial de contas cabe ao presidente da mesa da assembleia geral fazê-lo ou, na falta desta, ao sócio presente detentor da maior participação de capital, ou ainda, havendo igual-

---

[890] Sendo certo que o conselho fiscal se apresenta hoje como o guardião último da sociedade no modelo latino, em especial face à sua competência para receber as denúncias apresentadas por acionistas, colaboradores da sociedade ou outros, expressa no art. 420.º/1, *j*). Cfr. § 24.7 *infra*.

[891] Cfr. *Circolare ASSONIME n. 16/2010...* p. 904-905, a propósito do art. 13(1) do *Decreto legislativo 27 gennaio 2010, n. 39* (com referência também às normas dos arts. 2409-*quater*(1) *Codice Civile* e 159(1) TUF, revogadas em 2010).

[892] No mesmo sentido, *v.g.*, no sistema italiano, considerando a influência das Diretrizes europeias, MARIO BUSSOLETTI – Bilancio e revisione contabile: sette anni di disciplina all'ombra degli IAS e delle direttive comunitarie, *Rivista delle Società*, 56:6, 2011, p. 1154.

Entre nós, em sentido contrário, PAULO CÂMARA e GABRIELA FIGUEIREDO DIAS – *O governo das sociedades anónimas...* p. 79, sustentam que «[n]ão é evidente que com esta atribuição [de competência ao conselho fiscal] o legislador tenha querido excluir a possibilidade de os próprios accionistas submeterem uma proposta de auditor à assembleia geral». Argumentam os autores que perante a solução sustentada, «poderá dar-se a situação insólita de os accionistas não ratificarem a proposta do órgão de fiscalização, terem uma proposta alternativa mas, ainda assim, ser necessário convocar uma nova assembleia geral e aguardar por nova proposta do órgão de fiscalização, situação que pode repetir-se *ad eternum*, com evidentes prejuízos para a sociedade e seus accionistas». Não pode aceitar-se esta posição. Tal como exposto no texto, o conselho fiscal deve assegurar a independência do revisor não só face à administração, mas também face aos acionistas de controlo, pelo que "é evidente" o sentido normativo de reservar ao conselho fiscal a competência para a escolha e proposta de designação do revisor. Diga-se ainda que, como resulta do texto, o sistema prevê expressamente solução para a falta de designação de revisor pela assembleia, pelo que não se verifica o vaticinado prolongamento do impasse *ad eternum*. Por fim, não poderia nunca aceitar-se sem mais a solução proposta pelos autores, na medida em que colide com as regras imperativas sobre convocatória (art. 377.º/8) e sobre informações preparatórias da assembleia geral [art. 289.º/1, *d*)]. Mesmo que se aceitasse a apresentação de propostas alternativas pelos acionistas, estas deveriam (sem prejuízo das possibilidades previstas no art. 54.º/1) ser apresentadas *antes* da assembleia, nos termos do art. 378.º, dado estar em causa a eleição de corpos sociais. Cfr. PEDRO MAIA – *Voto...* p. 1111. Assim, a votação de propostas relativas à designação do revisor, apresentadas por acionistas em assembleia, deveriam em princípio ser recusadas pelo presidente da mesa da assembleia geral. Cfr. PEDRO MAIA – *O presidente...* p. 460, MENEZES CORDEIRO – *SA: Assembleia Geral...* p. 76. Só assim não seria se os acionistas manifestassem *unanimemente* a vontade de deliberar sobre a proposta, sem observância de formalidades prévias (aplicando-se analogicamente o disposto no art. 54.º/1).

DA ADMINISTRAÇÃO À FISCALIZAÇÃO DAS SOCIEDADES

dade de participação, atender-se-á, sucessivamente, à maior antiguidade do sócio e à idade».

606 Esta norma geral – em si mesma absolutamente desrazoável[893], tanto na primeira parte, como na segunda, que se aproxima da regra supletiva sobre a presidência da assembleia geral nas sociedades por quotas (art. 248.º/4) – não tem aplicação no caso especial das sociedades sujeitas a reforçadas exigências de fiscalização. Nestas, a admissão de uma tal possibilidade afastaria a responsabilidade do conselho fiscal por culpa *in eligendo* e eliminaria um importante instrumento de reação do mesmo perante indícios de dependência do revisor face ao acionista de controlo. Em sua substituição, teríamos um mecanismo de escolha do revisor por um órgão unipessoal – o presidente da mesa –, solução que o legislador comunitário pretendeu expressamente evitar, ao exigir uma composição plural do "órgão de fiscalização" neste tipo de sociedades. Ou pior, na ausência de designação por este, o revisor seria designado pelo acionista controlador, esvaziando de conteúdo a iniciativa do legislador europeu dirigida à garantia da independência dos revisores[894].

607 Assim, quando a sua proposta tenha sido rejeitada pelos acionistas, deverá o conselho fiscal ponderar e sugerir alternativas[895], na *mesma assembleia* (se os acionistas manifestarem *unanimemente* a sua vontade de que a assembleia delibere sobre essa proposta alternativa, sem observância de formalidades prévias[896]) ou em *nova assembleia* [cumprindo o dever de informação resultante dos arts. 377.º/8 e 289.º/1, *d*)]. Isto sem prejuízo das possibilidades previstas no art. 54.º/1.

---

[893] Vejam-se a este propósito as resistências do tribunal no acórdão RPt 8-jun.-2000 (CUSTÓDIO MONTES), processo n.º 576/2000, *CJ*, 25:3, 2000, p. 206-211, onde afirma que impondo a lei a independência funcional e hierárquica do revisor oficial de contas, não permite que o mesmo fique ligado ao órgão de gestão que o designou para além do lapso temporal entre duas assembleias, em situação de aparente promiscuidade, dependência e subordinação... Sobre este tema, cfr. também § 33.1.B *infra*.

[894] Como refere BUSSOLETTI – *Bilancio e revisione contabile...* p. 1154, é evidente a tentativa de distanciar a assembleia, ou seja, do acionista maioritário, da nomeação do revisor, no esforço de realizar um "mercado eficiente" de revisão. Para maiores desenvolvimentos sobre o processo legislativo europeu dirigido à garantia da independência dos revisores, cfr. FERREIRA GOMES – *A fiscalização...*.

[895] Num tal processo, naturalmente, o conselho fiscal deverá atender às preferências dos acionistas, dentro dos limites das suas competências. Por outras palavras, existindo várias alternativas que assegurem idênticos níveis de competência técnica e independência face à administração e aos acionistas de controlo, de acordo com o juízo do conselho fiscal, deverá este considerar as preferências dos acionistas.

[896] A apresentação de uma proposta alternativa não pode colidir com o disposto nos arts. 289.º/1, *d*) e 377.º/8, pelo que a deliberação baseada em nova proposta – alternativa à rejeitada pelos acionistas nessa mesma assembleia – só será válida quando os acionistas tenham *unanimemente* manifestado a sua vontade de que a assembleia delibere sobre essa proposta, com preterição das formalidades prévias de convocação, aplicando-se analogicamente o disposto no art. 54.º/1.

O MODELO PORTUGUÊS ENQUANTO MODELO BASE

Naturalmente, existindo várias alternativas que assegurem idênticos níveis de competência técnica e independência face à administração e aos acionistas de controlo, de acordo com o juízo do conselho fiscal, poderá este considerar as preferências dos acionistas, evitando tanto quanto possível a criação de situações de impasse. Pode, inclusive, apresentar mais do que uma opção, exprimindo a sua preferência fundamentada por uma delas[897]. 608

Verificando-se uma situação de impasse, não sendo designado o revisor, a competência para a sua designação cabe à Ordem dos Revisores Oficiais de Contas, nos termos do art. 50.º/5 EOROC. 609

VIII. A reforma de 2006 trouxe ainda modificações ao nível da organização interna do conselho fiscal. Anteriormente, segundo o art. 415.º/2, o presidente devia ser designado no contrato de sociedade ou eleito pela assembleia geral. Somente nos casos em que o presidente eleito pelos acionistas cessasse as suas funções antes do termo do período para o qual fosse eleito poderiam os membros do conselho fiscal escolher um deles para desempenhar aquelas funções, até ao termo do referido período. 610

Após a reforma, o novo art. 414.º-B passou a prever que, se a assembleia geral não o designar, deverá o conselho fiscal designar o seu presidente, aplicando-se, com as necessárias adaptações, o disposto no art. 395.º/3 quanto ao voto de qualidade do presidente do conselho de administração. 611

Esta norma conflitua, aparentemente, com o disposto no art. 415.º/2, que se mantém em vigor nos termos referidos[898]. Trata-se, contudo, de um mero conflito aparente e não de um conflito real. As normas devem ser aplicadas conjuntamente: haverá lugar a eleição interna quando o contrato não designe o presidente e a assembleia o não eleja[899]. 612

---

[897] Esta perspetiva consta da mais recente iniciativa legislativa da Comissão Europeia. De acordo com os n.ᵒˢ 2 e 3 do art. 32.º, da Proposta de Regulamento relativo aos requisitos específicos para a revisão legal de contas das entidades de interesse público, o processo de escolha do revisor pela "comissão de auditoria" passará a ser regulado (n.º 3) e a proposta submetida à assembleia geral deverá passar a incluir duas opções (exprimindo a preferência fundamentada por uma delas), permitindo uma escolha real pela mesma. Cfr. Comissão Europeia – *Proposta de Regulamento do Parlamento Europeu e do Conselho relativo aos requisitos específicos para a revisão legal de contas de entidades de interesse público*, COM(2011) 779 final, 2011. Esta proposta foi entretanto aprovada e publicada como Regulamento (UE) n.º 537/2014 do Parlamento Europeu e do Conselho, de 16 de abril de 2014, relativo aos requisitos específicos para a revisão legal de contas das entidades de interesse público e que revoga a Decisão 2005/909/CE da Comissão, JO L 158, 27.5.2014, p. L 158/77 – L 158/112.

[898] Segundo Menezes Cordeiro, estamos perante um conflito a que não se atentou em 2006. Menezes Cordeiro – *CSC anotado²...*, art. 414.º-B, n.º 3, p. 1096.

[899] No mesmo sentido, Menezes Cordeiro, *ibidem*.

DA ADMINISTRAÇÃO À FISCALIZAÇÃO DAS SOCIEDADES

613   Note-se ainda que o presidente do conselho fiscal tem novamente voto de qualidade (nos termos do art. 395.º/3 *ex vi* art. 414.º-B/2), tendo sido eliminada a disposição (introduzida em 1996) que conferia voto de qualidade ao revisor oficial de contas que antes integrava necessariamente o conselho fiscal (antigo 423.º/3)[900].

614   IX. O Decreto-Lei n.º 225/2008, de 20 de novembro, veio completar a transposição da Diretriz 2006/43/CE, delimitando o conceito de "entidades de interesse público"[901] e estendendo-lhes os requisitos de fiscalização reforçada aplicáveis às "sociedades de grande dimensão", nos termos do Código das Sociedades Comerciais.

22.5. As alterações de 2009: o reforço da prestação de contas em transposição da Diretriz n.º 2006/46/CE

615   I. Em 2009, seriam novamente densificados os deveres do conselho fiscal, através do Decreto-Lei n.º 185/2009, de 12 de agosto. Este diploma transpôs a Diretriz n.º 2006/46/CE para o nosso Direito interno[902]. Como se lê no preâmbulo deste diploma, as novas disposições visam «garantir que a informação financeira de uma sociedade reproduza uma imagem autêntica e verdadeira da respectiva situação económico-financeira e que, ademais, o público tenha a

---

[900] Na versão original do art. 423.º/3, tal como, antes disso, no art. 14.º/3 do Decreto-Lei n.º 49.381, de 15 de novembro, era conferido voto de qualidade ao presidente do conselho fiscal. A solução que vigorava antes da reforma de 2006 foi a introduzida pelo malfadado Decreto-Lei n.º 257/1996.

[901] Nos termos do art. 2.º deste diploma, são qualificados como entidades de interesse público: «*a*) Os emitentes de valores mobiliários admitidos à negociação num mercado regulamentado; *b*) As instituições de crédito que estejam obrigadas à revisão legal das contas; *c*) Os fundos de investimento mobiliário previstos no regime jurídico dos organismos de investimento colectivo; *d*) Os fundos de investimento imobiliário previstos no regime jurídico dos fundos de investimento imobiliário; *e*) As sociedades de capital de risco e os fundos de capital de risco; *f*) As sociedades de titularização de créditos e os fundos de titularização de créditos; *g*) As empresas de seguros e de resseguros; *h*) As sociedades gestoras de participações sociais, quando as participações detidas, directa ou indirectamente, lhes confiram a maioria dos direitos de voto nas instituições de crédito referidas na alínea *b*); *i*) As sociedades gestoras de participações sociais no sector dos seguros e as sociedades gestoras de participações mistas de seguros; *j*) Os fundos de pensões; *l*) As empresas públicas que, durante dois anos consecutivos, apresentem um volume de negócios superior a € 50 000 000, ou um activo líquido total superior a € 300 000 000».

[902] A qual altera a Diretriz n.º 78/660/CEE, do Conselho, relativa às contas anuais de certas formas de sociedades, a Diretriz n.º 83/349/CEE, do Conselho, relativa às contas consolidadas, a Diretriz n.º 86/635/ /CEE, do Conselho, relativa às contas anuais e às contas consolidadas dos bancos e outras instituições financeiras, e a Diretriz n.º 91/674/CEE, do Conselho, relativa às contas anuais e às contas consolidadas das empresas de seguros. Sobre esta Diretriz e o seu enquadramento, cfr. ENRIQUES, HERTIG e KANDA – *Related party...* p. 156-157.

O MODELO PORTUGUÊS ENQUANTO MODELO BASE

exacta percepção do impacto de quaisquer operações, susceptíveis de expressar riscos ou benefícios relevantes na avaliação financeira das sociedades».

De acordo com a redação dada pela referida Diretriz n.º 2006/46/CE à 4.ª Diretriz de Direito Societário, relativa às contas anuais de certas formas de sociedades, os Estados-membros devem impor às sociedades anónimas, às sociedades em comandita por ações e às sociedades por quotas que divulguem no anexo às suas contas anuais «[a]s operações realizadas pela sociedade com partes relacionadas, incluindo os montantes dessas operações, a natureza da relação com a parte relacionada e quaisquer outras informações sobre as transacções que se revelem necessárias para efeitos de avaliação da situação financeira da sociedade, desde que essas operações sejam relevantes e não tenham sido realizadas em condições normais de mercado» (cfr. art. 43.º/1, ponto 7-B, 4.ª Diretriz de Direito Societário, tal como alterada em 2006[903]).

616

Note-se que, nos termos do § 2 do mesmo ponto 7-B, os Estados-membros podem autorizar as *sociedades anónimas* "de pequena dimensão"[904] a limitar a informação a prestar a, no mínimo, operações realizadas direta ou indiretamente entre: (i) a sociedade e os seus acionistas controladores e (ii) a sociedade e os membros dos órgãos de administração, de direção e de fiscalização[905]. Nos termos da mesma disposição, os Estados-membros podem ainda autorizar as *demais sociedades* "de pequena dimensão" a simplesmente omitir estas informações. Face a esta disposição, o legislador nacional só estava obrigado a aplicar este regime a um restrito número de sociedades em Portugal, mas optou por transpor e aplicar este dever de informação acriticamente a todas as sociedades[906].

617

---

[903] Diretriz 78/660/CEE relativa às contas anuais de certas formas de sociedades, tal como alterada pela Diretriz 2006/46/CE. Recorde-se que a 4.ª Diretriz do Conselho (78/660/CEE) foi entretanto revogada pela Diretriz da Contabilidade (2013/34/UE).
O termo "parte relacionada" tem o significado dado pelas normas internacionais de contabilidade, em particular, a IAS 24, tal como publicada no Regulamento (CE) n.º 1126/2008 da Comissão, de 3 de Novembro de 2008, que adopta determinadas normas internacionais de contabilidade nos termos do Regulamento (CE) n.º 1606/2002 do Parlamento Europeu e do Conselho.

[904] Ou seja, aquelas que, nos termos do art. 27.º da 4.ª Diretriz, tal como alterado pela Diretriz n.º 2006/46/ /CE, na data de encerramento do seu balanço, não ultrapassem os limites quantitativos de dois dos três seguintes critérios: (i) total do balanço: € 17.500.000; (ii) montante líquido do volume de negócios: € 35.000.000; e (iii) número de membros de pessoal empregue em média durante o exercício: 250.

[905] Não é aplicável às sociedades anónimas de pequena dimensão a I parte deste § 2 do ponto 7-B – não podendo os Estados-membros simplesmente isentar tais sociedades da obrigação de prestação da informação – dada a remissão para os tipos de sociedades identificados no art. 1.º/1 da Diretriz 77/91/CEE (entre os quais se conta a sociedade anónima).

[906] Como facilmente se constata, a imposição deste dever às sociedades de pequenas dimensões é manifestamente desadequada, em especial se atendermos ao facto de o art. 66.º-A/3 remeter a definição do conceito de "parte relacionada" para a exigente IAS 24. Repare-se no seguinte caso absurdo: uma sociedade por quotas que não atinja, durante dois anos consecutivos, dois dos critérios do art. 262.º/2 – (a)

DA ADMINISTRAÇÃO À FISCALIZAÇÃO DAS SOCIEDADES

618   A referida Diretriz n.º 2006/46/CE alterou ainda a 7.ª Diretriz de Direito Societário, relativa às contas consolidadas, a qual obriga agora os Estados-membros a impor às *sociedades obrigadas à consolidação de contas* a divulgação, no anexo às suas contas anuais, «[da]s operações, com excepção das operações intragrupo, realizadas pela sociedade-mãe ou por outras sociedades incluídas no perímetro de consolidação com partes relacionadas, incluindo os montantes dessas operações, a natureza da relação com a parte relacionada e quaisquer outras informações sobre as operações que se revelem necessárias para efeitos de avaliação da situação financeira das sociedades incluídas no perímetro de consolidação, desde que essas operações sejam relevantes e não tenham sido realizadas em condições normais de mercado» (cfr. art. 34.º, ponto 7-B da Sétima Diretriz de Direito Societário, tal como alterada em 2006[907]).

619   II. Em cumprimento destas Diretrizes, o n.º 1 do art. 66.º-A CSC, introduzido pelo referido Decreto-Lei n.º 185/2009, impõe a prestação de informação, no anexo às contas anuais[908], sobre operações fora do balanço (*off-balance sheet*

---

total do balanço: € 1.500.000; (b) total das vendas líquidas e outros proveitos: € 3.000.000; (c) número de trabalhadores empregados em média durante o exercício: 50 – não está obrigada à designação de um ROC para efeitos da certificação das suas contas (o mais básico mecanismo de fiscalização societária), mas está obrigada à divulgação da informação referida com todas as suas "partes relacionadas" no anexo às suas contas anuais. Para além do peso imposto desnecessariamente às pequenas sociedades, acresce que a informação divulgada no anexo às contas (como impõe o art. 66.º-A) será de pouca utilidade para quaisquer destinatários se não for devidamente certificada por um revisor. Este será o cenário que se verificará em todas as sociedades que não estejam obrigadas à designação de um revisor e à certificação das suas contas.

[907] Diretriz 83/349/CEE relativa às contas consolidadas, tal como alterada pela Diretriz 2006/46/CE. O termo "parte relacionada" tem o significado dado pelas normas internacionais de contabilidade. Cfr. nota 903 *supra*.

[908] O anexo às contas anuais é um dos elementos das demonstrações financeiras, resultante da nova enumeração destes pelo art. 11.º/1 do Decreto-Lei n.º 158/2009, de 13 de julho, que substituiu o Plano Oficial de Contabilidade (POC) pelo Sistema de Normalização Contabilística (SNC). Nos termos deste, o anexo visa a divulgação das bases de preparação e políticas contabilísticas adotadas e outras divulgações exigidas pelas normas contabilísticas e de relato financeiro (NCRF) (pontos 2.1.4 *e*) e 3.1 *e*) SNC). O modelo de anexo foi aprovado pela Portaria n.º 986/2009, de 7 de setembro, que contém uma extensa compilação das divulgações exigidas pelas NCRF. O art. 66.º-A/1 veio alargar o papel do anexo, que deve passar a indicar também os elementos nele referidos. Os elementos exigidos pelo n.º 2 do art. 66.º-A constam do ponto 6 do modelo de anexo. Para as "pequenas entidades", tal como definidas pelo art. 9.º do Decreto-Lei n.º 158/2009 (alterado pela Lei n.º 20/2010, de 23 de agosto), às quais se aplica a norma contabilística e de relato financeiro para pequenas entidades (NCRF-PE), vale o modelo de anexo reduzido previsto na Portaria n.º 986/2009. Quanto às "microentidades", vale o regime do Decreto-Lei n.º 36-A/2011, de 9 de março, sendo aplicáveis os modelos de demonstrações financeiras, incluindo o anexo, previstos na Portaria n.º 104/2011, de 14 de março. Nem um nem outro destes modelos refere as transacções com partes relacionadas, mas, sendo o n.º 2 do art. 66.º-A aplicável também às sociedades que

O MODELO PORTUGUÊS ENQUANTO MODELO BASE

transactions)[909], sobre os honorários do revisor oficial de contas[910] e sobre negócios com partes relacionadas[911]. Idêntica obrigação foi estabelecida no novo art. 508.º-F/1 para as sociedades obrigadas à consolidação de contas que não elaboram as suas contas de acordo com as normas internacionais de contabilidade.

A importância da prestação de informação sobre operações fora do balanço ficou patente no caso Enron[912]. Como se lê nos considerandos da Diretriz

620

---

sejam "pequenas entidades" ou "microentidades", o seu anexo reduzido deverá conter as informações exigidas por este, para além daquelas que são exigidas pelo n.º 1 do mesmo artigo.

Uma nota ainda para referir que as sociedades anónimas, independentemente da sua dimensão, devem apresentar um anexo completo, não estando abrangidas pelos conceitos de "pequena entidade" e de "microentidade", os quais excluem todas as entidades sujeitas a certificação legal de contas. Cfr. art. 9.º do Decreto-Lei n.º 158/2009, art. 3.º do Decreto-Lei n.º 36-A/2011 e arts. 451.º e 453.º CSC.

Juntamente com os demais documentos de demonstrações financeiras, o anexo constitui «uma representação estruturada da posição financeira e do desempenho financeiro de uma entidade. O objectivo das demonstrações financeiras de finalidades gerais é o de proporcionar informação acerca da posição financeira, do desempenho financeiro e dos fluxos de caixa de uma entidade que seja útil a uma vasta gama de utentes na tomada de decisões económicas. As demonstrações financeiras também mostram os resultados da condução, por parte do órgão de gestão, dos recursos a ele confiados». Para além disso, «ajuda os utentes das demonstrações financeiras a prever os futuros fluxos de caixa da entidade e, em particular, a sua tempestividade e certeza» (ponto 2.1.3 SNC).

Como bem refere MENEZES CORDEIRO, estamos perante regras contabilísticas que, nessa medida, não deveriam constar do Código das Sociedades Comerciais, como sucede com o disposto no art. 66.º-A. Cfr. MENEZES CORDEIRO – *CSC anotado*²..., art. 66.º-A, n.º 7, p. 265.

[909] Quanto às operações não incluídas no balanço, exige-se a prestação de informação sobre a sua natureza e objetivo comercial, bem como o respetivo impacto financeiro, quando os riscos ou os benefícios resultantes de tais operações sejam relevantes e na medida em que a divulgação de tais riscos ou benefícios seja necessária para efeitos de avaliação da situação financeira da sociedade [art. 66.º-A/1, *a)*].

[910] Neste ponto exige-se a prestação de informação, separadamente, sobre os honorários totais faturados durante o exercício pelo revisor oficial de contas (ou pela sociedade de revisores oficiais de contas) relativamente à revisão legal das contas anuais, e os honorários totais faturados relativamente a outros serviços de garantia de fiabilidade, os honorários totais faturados a título de consultoria fiscal e os honorários totais faturados a título de outros serviços que não sejam de revisão ou auditoria [art. 66.º-A/1, *b)*].

[911] A informação a prestar sobre os negócios com partes relacionadas deve incluir os montantes dessas operações, a natureza da relação com a parte relacionada e outras informações necessárias à avaliação da situação financeira da sociedade, se tais operações forem relevantes e não tiverem sido realizadas em condições normais de mercado (art. 66.º-A/2). O conceito de "partes relacionadas" tem o significado definido nas normas internacionais de contabilidade adoptadas nos termos de Regulamento comunitário; as informações sobre as diferentes operações podem ser agregadas em função da sua natureza, exceto quando sejam necessárias informações separadas para compreender os efeitos das operações com partes relacionadas sobre a situação financeira da sociedade (art. 66.º-A/3).

[912] Como explicámos noutro estudo (FERREIRA GOMES – *O governo dos grupos...* p. 136-140), os resultados financeiros da Enron eram extraordinariamente opacos para o mercado. Uma significativa parte do seu negócio era desenvolvida através de *off-balance Special Purpose Entities* ("SPEs"), ou seja, entidades cujos resultados não eram refletidos nas demonstrações financeiras da sociedade, criadas especificamente com o propósito de desenvolver parte da sua atividade social. No exercício do ano 2000, o número de SPEs da Enron ascendia a 4.000, listadas ao longo de 45 páginas do relató-

DA ADMINISTRAÇÃO À FISCALIZAÇÃO DAS SOCIEDADES

n.º 2006/46/CE, «[a]s operações [fora do balanço][913] podem expor uma sociedade a riscos e a benefícios relevantes para efeitos de avaliação da situação financeira da sociedade e, quando esta pertence a um grupo, da situação financeira do grupo no seu conjunto» (ponto 8)[914].

rio da sociedade (Form 10-K) depositado pela sociedade junto da SEC (cfr. Enron Corp, 2000 Ann. Rep. Ex. 21 (2001), disponível em http://www.sec.gov/Archives/edgar/data/1024401/0001 02440101500010/0001024401-01-500010.txt, consultado em 17/12/2009). Grande parte dos proveitos da Enron advinham de negócios celebrados com estas entidades, entre as quais se destacava a (hoje) famosa Chewco. De acordo com o *Report of Investigation by the Special Investigative Committee of the Board of Directors of Enron Corp.*, merece especial atenção a participação na Chewco Investments L.P. ("Chewco"), uma *limited partnership* constituída em 1997, que consubstanciou um prólogo dos negócios que viriam a ser celebrados com as LJM *partnerships*. Foi através desta entidade que pela primeira vez a Enron, sob a direcção do seu CFO, Andrew Fastow, usou uma SPE para manter uma significativa parceria de investimento fora das contas consolidadas da sociedade. Mas havia mais. Vejam-se, *e.g.*, os negócios celebrados com outras SPEs, as chamadas "Raptors", constituídas para cobrir o risco (*hedging*) de perdas inerente aos seus investimentos de banca comercial. De acordo com a Enron, entre 2000 e 2001, a sociedade teria ganho 1,1 mil milhões de dólares em transações com tais SPEs, ou seja, 73% dos resultados antes de impostos da sociedade. Como afirma GORDON – *Governance failures...* p. 1133, à margem de quaisquer questões de fraude, manipulação ou indevida aplicação de normas contabilísticas sobre consolidação de contas, um analista ou um investidor que se baseasse na informação divulgada pela Enron não poderia compreender verdadeiramente o negócio da sociedade. A limitada informação disponível simplesmente manietava a capacidade do mercado para controlar o desempenho da administração da sociedade. Mesmo admitindo que a interpretação das normas contabilísticas defendida na altura pelos gestores da Enron tinha cabimento, é evidente que havia uma opção de fundo da administração quanto à forma como queriam divulgar o negócio da sociedade. De facto, independentemente da extensão dos deveres de informação em vigor, perante a complexidade da sua atuação, a sociedade poderia ter optado por uma política de divulgação voluntária de mais e melhor informação. No entanto, a opção parece ter sido sempre pela opacidade, e não pela claridade da informação. Como defende GORDON, ainda que tal política tivesse uma adequada fundamentação do ponto de vista da gestão do negócio, o facto é que a mesma determinava a ineficácia dos tradicionais mecanismos de fiscalização societária, potenciando as tentações de fraude. Perante este cenário, cabia ao conselho de administração, caso pretendesse manter a "obscuridade", implementar adequados mecanismos de fiscalização que compensassem a ineficácia dos demais. Recorde-se que, numa primeira resposta às questões relacionadas com o caso Enron, a COMISSÃO EUROPEIA afirmaria que *«the off balance sheet treatment for Special Purpose Entities which are de-facto under the control of the reporting entity, would not be possible under IAS».* Esta afirmação é ininteligível na versão portuguesa deste documento. Cfr. COMISSÃO EUROPEIA – *Uma primeira resposta da UE às questões relacionadas com a Enron: Nota dirigida ao conselho informal ECOFIN a realizar em Oviedo em 12 e 13 de Abril, 2002,* disponível em http://ec.europa.eu/internal_market/company/docs/enron/ecofin_2004_04_enron_pt.pdf, p. 2.

Para uma compreensão deste e outros escândalos centrados em operações fora do balanço, cfr. uma clara exposição em J. EDWARD KETZ – *Hidden financial risk: understanding off-balance sheet accounting*, Hoboken: Wiley, 2003.

[913] A versão portuguesa desta Diretriz refere-se, incompreensivelmente, a operações "extrapatrimoniais", termo aliás também usado na versão portuguesa de outros documentos como, *v.g.*, COMISSÃO EUROPEIA – *Uma primeira resposta...*, p. 2.

[914] Como é referido no ponto 9 dos considerandos: «Essas operações [fora do balanço] podem consistir em quaisquer transacções que as sociedades possam realizar ou acordos a que possam ter chegado com

O MODELO PORTUGUÊS ENQUANTO MODELO BASE

A prestação de informação sobre os honorários do revisor oficial de contas, enquadra-se num conjunto de soluções destinadas a garantir a sua independência, mas fica aquém do necessário para alcançar os objetivos a que se propõe[915]. **621**

Sobre a prestação de informação sobre negócios com partes relacionadas, remetemos para quanto foi dito noutro estudo sobre esta matéria[916]. Aqui sublinhamos apenas que estes negócios só estão sujeitos a publicidade se *forem relevantes* e *não tiverem sido realizados em condições normais de mercado*. Ora, a interpretação que a administração da sociedade faça dos conceitos gerais e abstratos aqui refletidos – *relevância da operação* e *condições normais do mercado* – só poderá ser posta em causa por quem venha a saber da existência dos negócios em causa por outros meios e esteja na disposição de suportar os custos de tal contestação[917]. Com efeito, na medida em que a administração *entenda* que uma determinada operação com uma parte relacionada não é relevante ou obedece a condições normais de mercado, o mesmo não será divulgado, impossibilitando o seu conhecimento pelos *outsiders*. **622**

Afirmámos em tempos que, perante esta solução, a esperança recairia sobre o revisor oficial de contas, ao qual cabe questionar, no exame às contas[918], a avaliação da administração quanto à *relevância da operação* e às *condições da mesma face ao mercado*[919]. **623**

---

entidades não incluídas no balanço, mesmo que não se trate de sociedades. Essas operações [fora do balanço] podem estar associadas à criação ou utilização de [um ou mais veículos] (*special purpose entities*) e com actividades *offshore* destinadas a servir, nomeadamente, objectivos económicos, jurídicos, fiscais ou contabilísticos. São exemplo destas operações extrapatrimoniais as operações de partilha de riscos e benefícios ou as obrigações decorrentes de um contrato, designadamente, de *factoring*, os acordos combinados de venda e de recompra, as operações de consignação de existências, as operações de compra obrigatória, a titularização realizada através de empresas distintas e entidades que não sejam sociedades, os activos dados em garantia, os acordos de locação financeira, a externalização e outras operações semelhantes. A divulgação adequada dos riscos e das vantagens relevantes dessas operações não incluídas no balanço deverá ser realizada no anexo às contas ou às contas consolidadas».

Face a este cenário, a Diretriz n.º 2006/46/CE introduziu o n.º 7-A no art. 43.º da Diretriz 78/660/CEE, norma que constitui a fonte do art. 66.º-A/1, *a*) CSC. Recorde-se que a 4.ª Diretriz do Conselho (78/660//CEE) foi entretanto revogada pela Diretriz da Contabilidade (2013/34/UE).

[915] Cfr. FERREIRA GOMES – *A fiscalização*... p. 205 ss.

[916] JOSÉ FERREIRA GOMES – Os deveres de informação sobre negócios com partes relacionadas e os recentes Decretos-Lei n.º 158/2009 e 185/2009, *Revista de Direito das Sociedades*, 1:3, 2009.

[917] Sobre a discricionariedade na interpretação de normas jurídicas e, em particular, de conceitos jurídicos indeterminados, cfr. § 65 *infra*.

[918] Nos termos dos arts. 451.º/3 e 453.º/3.

[919] No entanto, no mesmo estudo recordámos a discussão sobre o *expectations gap* entre aquilo que, na prática, se espera da intervenção do revisor e aquilo que desta pode efetivamente resultar. Cfr. FERREIRA GOMES – *Os deveres de informação*... p. 621.

DA ADMINISTRAÇÃO À FISCALIZAÇÃO DAS SOCIEDADES

624 Para o que ora importa e como já vimos antes, a ampliação dos deveres de informação do conselho de administração nos documentos de prestação de contas implica uma concomitante ampliação dos deveres de avaliação do conselho fiscal, na medida necessária à preparação do parecer exigido pelos arts. 420.º/1, *g)* e 452.º.

625 Está em causa mais uma concretização legal da obrigação de vigilância do conselho fiscal prevista no art. 420.º/1, *a)*, traduzindo uma evolução sistemática no sentido do aprofundamento da função de fiscalização do conselho fiscal.

626 III. Estes deveres foram ainda densificados através da introdução do n.º 6 do art. 420.º CSC, pelo mesmo Decreto-Lei n.º 185/2009, segundo o qual o conselho fiscal deve, no seu parecer, *exprimir a sua concordância ou não* com os documentos de prestação de contas – entenda-se: relatório de gestão e demonstrações financeiras, tal como enumeradas pelo art. 11.º/1 do Decreto-Lei n.º 158/2009 –, para além de incluir a declaração subscrita por cada um dos seus membros, prevista na al. *c)* do n.º 1 do art. 245.º CVM[920].

627 Assim, por exemplo, da conjugação desta norma com os n.ºs 1 e 2 do art. 66.º-A resulta o dever do conselho fiscal de analisar e tomar posição sobre:

(a) as operações não incluídas no balanço, para poder afirmar se concorda ou não com a apreciação do conselho de administração acerca da relevância dos riscos e benefícios das mesmas para a sociedade e sobre a necessidade de prestação de informação sobre as mesmas, para efeitos da avaliação da situação financeira da sociedade [nos termos do art. 66.º-A/1, *a)*];

(b) os honorários do revisor oficial de contas, para apreciar a veracidade da informação prestada acerca dos mesmos pelo conselho de administração; e

(c) os negócios com partes relacionadas, de forma a poder avaliar a apreciação do conselho de administração sobre a sua relevância e sobre a sua conformidade com as condições normais de mercado.

---

[920] Está em causa a declaração de que, tanto quanto é do seu conhecimento, o relatório de gestão, as contas anuais, a certificação legal de contas e demais documentos de prestação de contas exigidos por lei ou regulamento foram elaborados em conformidade com as normas contabilísticas aplicáveis, dando uma imagem verdadeira e apropriada do ativo e do passivo, da situação financeira e dos resultados da sociedade (e das sociedades incluídas no perímetro da consolidação, quando for o caso), e que o relatório de gestão expõe fielmente a evolução dos negócios, do desempenho e da posição da sociedade (e das sociedades incluídas no perímetro da consolidação), contendo uma descrição dos principais riscos e incertezas com que se defronta(m). Parece-nos que, sem prejuízo das dúvidas que possa suscitar a redação imperfeita desta disposição, esta declaração só é exigível aos membros do conselho fiscal das sociedades referidas no art. 244.º/1 CVM (*ex vi art.* 245.º/1 CVM).

O MODELO PORTUGUÊS ENQUANTO MODELO BASE

Caso conclua que o conselho de administração incumpriu os seus deveres de informação, nos termos daquelas normas, deve o conselho fiscal manifestar fundamentadamente a sua discordância com os documentos de prestação de contas. Para além disso, deve ainda prestar a informação em falta ou corrigir a informação que considere incorreta, se tiver a possibilidade, *de facto*, de o fazer[921].

628

O n.º 6 do art. 420.º consubstancia a concretização de uma exigência anterior ao Decreto-Lei n.º 185/2009: a formulação de um juízo de valor sobre os documentos de prestação de contas decorreria já dos arts. 420.º/1, *g)* e 452.º. Não se compreenderia que o conselho fiscal fosse chamado «a dar parecer sobre o relatório, contas e propostas apresentados pela administração» e não afirmasse a sua concordância ou discordância com os mesmos. Da mesma forma, se o conselho fiscal deve «vigiar pela observância da lei e do contrato de sociedade», «verificar a regularidade dos livros, registos contabilísticos e documentos que lhe servem de suporte» e «verificar a exactidão dos documentos de prestação de contas» [art. 420.º/1, *b)*, *c)* e *e)*], compreende-se que deva declarar a conformidade das contas com as normas contabilísticas aplicáveis. Em todo o caso, andou bem o legislador, esclarecendo dúvidas que pudessem subsistir através de uma densificação que tem também um importante valor pedagógico.

629

IV. O Decreto-Lei n.º 185/2009 aditou ainda o n.º 5 do art. 420.º CSC, nos termos do qual passou a exigir-se ao conselho fiscal que, no caso de sociedades emitentes de valores mobiliários admitidos à negociação em mercado regulamentado, ateste se o relatório sobre a estrutura e práticas de governo societário divulgado inclui os elementos referidos no art. 245.º-A CVM. Está em causa uma apreciação simples e formal da correspondência dos elementos integrantes do referido relatório aos elementos legalmente exigidos. Não inclui qualquer juízo de valor sobre o conteúdo do relatório.

630

§ 23. CONFIGURAÇÃO GERAL: A OBRIGAÇÃO DE VIGILÂNCIA COMO CONCEITO-SÍNTESE E COMO CONCEITO DETERMINADO PELA FUNÇÃO (*IN- UND ZWECKBEGRIFF*); A NATUREZA DA RELAÇÃO COM O CONSELHO DE ADMINISTRAÇÃO; A NATUREZA REPRESSIVA (RETROSPETIVA) E PREVENTIVA (PROSPETIVA) DA VIGILÂNCIA DEVIDA; A VIGILÂNCIA DO MÉRITO DA ADMINISTRAÇÃO

I. Como vimos, o leque de competências do conselho fiscal consta sobretudo do art. 420.º. Esta norma de competência tem um sentido deôntico não meramente *permissivo*, mas sim *impositivo*, resultante da sua requalificação pela sujei-

631

---

[921] Ou seja, se tiver a informação necessária à sua disposição ou se a puder obter em tempo útil.

DA ADMINISTRAÇÃO À FISCALIZAÇÃO DAS SOCIEDADES

ção do exercício das funções orgânicas à prossecução do interesse social. Dela resultam, portanto, diversas obrigações para o conselho fiscal, enquanto órgão coletivo (ou para o fiscal único, enquanto órgão singular[922]).

632   Fazendo uso de uma má técnica legislativa, o legislador apresenta a *obrigação de fiscalizar a administração da sociedade* [n.º 1, *a*)] ao lado de vínculos mais específicos que a concretizam, incluindo tanto deveres principais, como deveres secundários, instrumentais face aos deveres principais[923]. Uma correta interpretação sistemática permite, porém, identificá-la não só como vínculo obrigacional principal e geral, mas como verdadeiro conceito síntese (*Inbegriff*) do complexo normativo a que está sujeito o conselho fiscal[924].

633   II. A fiscalização desenvolvida pelo conselho fiscal não obedece a uma lógica de negociação *inter pares* dentro de um só órgão social, como sucede no caso do conselho de administração, mas também não se enquadra num sistema hierárquico, baseado na institucionalização de diferentes centros de decisão e controlo que *pode*[925] caracterizar o modelo germânico[926]. Situa-se a um nível intermédio. Por um lado, não pode sujeitar-se a prática de determinadas categorias de atos pela administração à obtenção de prévio consentimento do conselho fiscal, contrariamente ao verificado no modelo germânico para o conselho geral

---

[922] Como referimos antes, para facilitar a exposição, evitamos, na medida do possível, a referência constante ao fiscal único, referindo-nos apenas ao conselho fiscal e seus membros, sendo certo que tais referências se devem considerar extensíveis ao fiscal único, com as necessárias adaptações.

[923] São deveres (de prestar) principais os deveres de vigiar pela observância da lei e do contrato de sociedade [n.º 1, *b*)]; de verificar a regularidade dos livros, registos contabilísticos e documentos que lhe servem de suporte [n.º 1, *c*)]; de verificar a extensão da caixa e as existências de qualquer espécie dos bens ou valores pertencentes à sociedade ou por ela recebidos em garantia, depósito ou outro título [n.º 1, *d*)]; de verificar a exatidão dos documentos de prestação de contas [n.º 1, *e*)]; de verificar se as políticas contabilísticas e os critérios valorimétricos adotados pela sociedade conduziam a uma correta avaliação do património e dos resultados [n.º 1, *f*)]; de fiscalizar a eficácia do sistema de gestão de riscos, do sistema de controlo interno e do sistema de auditoria interna, se existentes [n.º 1, *i*)]; de fiscalizar o processo de preparação e de divulgação de informação financeira [n.º 2, *a*)]; e o de fiscalizar a revisão de contas [n.º 2, *c*)].
Todas as demais competências enumeradas no art. 420.º constituem deveres secundários, instrumentais face aos principais. Na classificação das obrigações de MOTA PINTO – *Cessão...* p. 337, são deveres (de prestar) secundários acessórios.

[924] Referindo-se à obrigação de administração como *Inbegriff*, CARNEIRO DA FRADA – *A business judgment rule...* p. 66.

[925] Consoante sejam imputadas ou não ao conselho geral e de supervisão as competências para a nomeação e destituição dos administradores [art. 441.º/1, *a*)], para a designação do administrador que servirá de presidente do conselho de administração executivo [art. 441.º/1, *b*)], e consoante sejam ou não adequadamente delimitadas nos estatutos as categorias de atos sujeitos ao seu consentimento prévio (art. 442.º/1). Cfr. § 48 *infra*.

[926] LEYENS – *Information des Aufsichtsrats* ..., p. 133.

O MODELO PORTUGUÊS ENQUANTO MODELO BASE

e de supervisão (art. 442.º/1). Por outro, igualmente em contraste com o seu congénere no modelo germânico [cfr. art. 441.º, *a*)], não se verifica qualquer tipo de subordinação hierárquica (*de facto*) da administração ao conselho fiscal, dada a ausência de poderes deste sobre a nomeação, destituição e remuneração dos membros daquele. Assim, no desenvolvimento da atividade de fiscalização pelo conselho fiscal estabelece-se uma relação paritária de controlo e não de subordinação (fática).

III. No contexto desta relação, o controlo efectuado pelo conselho fiscal é comummente perspetivado como *repressivo*. A afirmação de uma função de fiscalização *preventiva* deste órgão sobre a gestão da sociedade, como aquela que, no sistema alemão, é hoje imposta ao *Aufsichtsrat*[927], confronta-se com alguns obstáculos.   634

Entre nós, o conselho fiscal nunca foi concebido como um órgão de gestão, nem se assumiu, na prática, como plataforma institucional de relacionamento com acionistas e parceiros comerciais. Contrariamente ao verificado no sistema alemão, não existem *normas sociais* que sustentem uma pressão do conselho fiscal sobre a administração. Assim, estando arredado dos processos de decisão pela administração da sociedade e não tendo outros argumentos para realizar pressão sobre o órgão de gestão, tem maiores dificuldades em desempenhar uma fiscalização *preventiva* nos termos hoje exigidos ao *Aufsichtsrat* no sistema alemão. Isto não significa, porém, que lhe não sejam exigíveis atos de cariz preventivo.   635

Desde logo, caso o conselho fiscal tome conhecimento da *intenção* da prática de algum ato objetável – face a critérios de legalidade, regularidade, economicidade e adequação[928] – deve manifestar a sua posição ao conselho de administração e, se necessário, exercer os seus demais poderes-deveres de reação[929]. Em particular, quando tais atos sejam potencialmente danosos para a sociedade, envolvendo riscos desadequados face aos interesses da sociedade, obviamente não deverá esperar pela sua prática para reagir; deve atuar tempestiva e preventivamente, com vista a evitar a produção do dano ou a assunção do risco desadequado[930].   636

Neste sentido, o Código das Sociedades Comerciais prevê deveres específicos de análise prospetiva que devem ser enquadrados no mais vasto contexto   637

---

[927] Cfr. § 40.2 e §§ 45 ss. *infra*.

[928] Sobre os critérios subjacentes ao dever de avaliação do conselho fiscal, cfr. § 25 *infra*.

[929] Sobre os poderes-deveres de reação do conselho fiscal, cfr. § 26 *infra*.

[930] A este ponto voltaremos adiante no capítulo relativo aos poderes-deveres de reação do conselho fiscal. Cfr. § 26 *infra*.

DA ADMINISTRAÇÃO À FISCALIZAÇÃO DAS SOCIEDADES

da fiscalização preventiva. Como referimos antes[931], face à versão original de 1986, devendo o conselho fiscal dar parecer sobre o relatório e contas anuais e propostas da administração [arts. 420.º/1, *g*) e 452.º], e devendo o relatório de gestão incluir uma declaração da administração sobre a «evolução previsível da sociedade» [art. 66.º/2, *c*)[932]], não podia deixar de se reconhecer a imposição, também a este órgão, de uma análise prospetiva sobre a «evolução previsível da sociedade». Como vimos também, o Decreto-Lei n.º 88/2004, de 20 de abril, veio densificar este dever de análise prospetiva, através da nova alínea *h*) naquele que é hoje o n.º 5 (n.º 2 na versão original) do art. 66.º, impondo ao conselho de administração uma maior ponderação na gestão de riscos financeiros e, concomitantemente, uma mais intensa fiscalização prospetiva e preventiva pelo conselho fiscal.

638   O dever de reação preventiva pode resultar ainda da receção de comunicações de irregularidades [art. 420.º/1, *j*)].

639   IV. O controlo exercido pelo conselho fiscal, seja repressivo ou preventivo, não é de cariz meramente formal, como por vezes afirma a nossa doutrina[933], por

---

[931] Cfr. § 22.1 *supra*.

[932] Corresponde à al. *c*) do n.º 5 do art. 66.º.

[933] Cfr., *v.g.*, MARIA AUGUSTA FRANÇA – *A estrutura...* p. 109, onde afirma que, atendendo à composição do órgão, aos conhecimentos especiais exigidos aos seus membros e à possibilidade de substituição pelo fiscal único, que o seu controlo não pode ser de mérito, mas apenas da «legitimidade e dos meios com que as operações são realizadas»: «Este órgão não está tecnicamente preparado para fiscalizar a rendibilidade e a conveniência da actividade da administração». Estes argumentos não colhem. Basta pensar que os requisitos de composição do órgão e de conhecimentos especiais dos seus membros, bem como a possibilidade de substituição do órgão coletivo por um órgão singular eram idênticos no âmbito da fiscalização e da administração da sociedade. Nessa medida, a aceitação destes argumentos para recusar a apreciação do mérito da gestão pelo conselho fiscal forçar-nos-ia a recusar o poder do conselho de administração para tomar decisões empresariais. Esta crítica intensifica-se perante a atual redação do Código das Sociedades Comerciais: face ao reforço operado pela reforma de 2006, os requisitos legais aplicáveis aos órgãos de fiscalização são mais exigentes do que os aplicáveis aos órgãos de administração. Cfr. também PAULO OLAVO CUNHA – *Direito das sociedades comerciais*, 3.ª ed., Coimbra: Almedina, 2007, p. 508-509, que, nesta edição, se referia a um «controlo político, de verificação, em concreto, dos negócios sociais», *designadamente*, de aferição periódica da *regularidade* dos mesmos» (itálico nosso), visando assegurar a sua correspondência ao objeto social. GABRIELA FIGUEIREDO DIAS – *Fiscalização de sociedades...* p. 14, aparentemente seguindo PAULO OLAVO CUNHA, acaba por apresentar uma visão mais estreita: omite o advérbio "designadamente" e reconduz a fiscalização dita "política" à «verificação e aferição da *regularidade* dos negócios celebrados pela sociedade e da sua conformidade com o objeto social» (itálico nosso). Numa edição mais recente, PAULO OLAVO CUNHA – *Direito das sociedades comerciais*[5]... p. 790 sustenta que «o conselho fiscal tem por missão controlar a administração da sociedade, no que respeita à legalidade da respetiva atuação e verificar com detalhe documentos e critérios elaborados e utilizados pela administração, de entre inúmeras funções que hoje tem». Para PAULO CÂMARA – *O governo das sociedades e a reforma...* p. 47-48, os membros dos órgãos de fiscalização não tomam decisões empresariais,

O MODELO PORTUGUÊS ENQUANTO MODELO BASE

influência de alguma doutrina italiana[934], entretanto definitivamente afastada pelo legislador italiano, na reforma de 2003.

A nova redação do art. 2403(1) *Codice Civile* (tal como o art. 149 TUF) prevê a vigilância do respeito pelos princípios de correta administração[935]. Assim, a fiscalização pelos *sindaci* deve abranger a conformidade material dos atos dos administradores com os seus deveres legais, em toda a sua extensão. Não pode ser de mera e estreita legalidade, devendo abranger a ponderação da racionali-

640

---

não fazem uso de critérios de racionalidade empresarial, utilizando apenas critérios de legalidade pelo que, nessa medida, cairiam fora do âmbito da *business judgment rule*. Só naqueles (poucos) casos em que os órgãos de fiscalização praticam "atos para-administrativos", como sejam a contratação de peritos, que não se reconduzem ao "núcleo da atividade fiscalizadora", admite o autor a aplicação do n.º 2 do art. 72.º. Nos demais casos não seria aplicável, sustentando que a norma remissiva do art. 81.º/1 «não é de aplicação cega, obrigando a juízo de adequação entre o regime de responsabilidade da administração e as singularidades do órgão de fiscalização».

Em sentido contrário, afirmando que a fiscalização geral não é de pura legalidade, antes cabendo ponderar as estratégias, as opções e os seus desenvolvimentos, sem que isso implique uma substituição do conselho fiscal ao conselho de administração, MENEZES CORDEIRO – *CSC anotado*²..., art. 420.º, n.º 4. Neste sentido, também JORGE COUTINHO DE ABREU – *Governação*²... p. 185.

[934] Foi longamente debatido na doutrina italiana se o dever geral de fiscalização da administração pelo *collegio sindacale* abrangia apenas um controlo de licitude ou também de mérito. Defendendo o controlo meramente técnico e não de mérito (sem prejuízo do poder do *collegio sindacale* para se pronunciar face à violação de princípios de boa gestão), cfr., *v.g.*, FRÉ – *Società per azioni*... p. 555-556, FRANCESCO MESSINEO – *Manuale di diritto civile e commerciale*, 4, 8.ª ed., Milano: Giuffrè, 1954, p. 618 ss. Também FERRI – *Le Società*..., p. 539-541 sustentava que, mesmo com as reformas então em curso, era improvável que o *collegio sindacale* adquirisse uma efetiva funcionalidade: a sua competência continuaria limitada a um controlo da licitude (*Rechtmäßigkeit*) da atividade dos administradores, não se estendendo ao controlo da sua adequação (*Zweckmässigkeit*) e da sua economicidade (*Wirtschaftlichkeit*) ou, no que respeita aos dependentes, à prossecução do interesse social (*Berücksichtigung der sozialen Belange*) que caracterizavam a atividade do *Aufsichtsrat* no sistema tudesco.

Em sentido contrário, a favor do controlo de mérito, cfr. Corte d'Appello di Torino, 09-jul.-1975, Giurisprudenza Commerciale, 1976, II, p. 871; Tribunale di Catania, 09-set.-1975, in Rivista dei Dottori Commercialisti, 1976, p. 524; Tribunale di Milano, 01-jul.-1976, Giurisprudenza Commerciale, 1977, II, p. 880. Cfr. VISCONTI – Il collegio sindacale... p. 55-56.

[935] Nos termos do art. 154/1 TUF, o art. 2403 do *Codice Civile* não se aplica às sociedades com ações cotadas em bolsa. Sobre os deveres dos *sindaci* destas sociedades, cfr. o art. 149 ss. TUF, em particular o art. 149/1:
> «Il collegio sindacale vigila: a) sull'osservanza della legge e dell'atto costitutivo; b) sul rispetto dei principi di corretta amministrazione; c) sull'adeguatezza della struttura organizzativa della società per gli aspetti di competenza, del sistema di controllo interno e del sistema amministrativo-contabile nonché sull'affidabilità di quest'ultimo nel rappresentare correttamente i fatti di gestione; c-bis) sulle modalità di concreta attuazione delle regole di governo societario previste da codici di comportamento redatti da società di gestione di mercati regolamentati o da associazioni di categoria, cui la società, mediante informativa al pubblico, dichiara di attenersi; d) sull'adeguatezza delle disposizioni impartite dalla società alle società controllate (...)».

DA ADMINISTRAÇÃO À FISCALIZAÇÃO DAS SOCIEDADES

dade e diligência[936] das estratégias e das opções da administração[937] no cumprimento dos princípios de correta administração[938].

641   No entanto, o consenso sobre a necessidade de um controlo de mérito não abrange a extensão de tal controlo. Assim, por exemplo, FERRARA e CORSI, seguindo um acórdão da *Corte Suprema di Cassazione*, de 1998[939], defendem que a fiscalização dos *sindaci* é um controlo de sistema, ou seja, sobre a correção da estratégia de governo da sociedade, sobre princípios e não sobre atos singulares, muito menos sobre a sua conveniência ou sobre os seus riscos[940]. Segundo FORTUNATO, «a vigilância do "respeito pelos princípios de correta administração" constitui uma cláusula geral através da qual se visa um controlo da "diligente" gestão dos administradores e, assim, sobre todos os perfis da administração em relação com as especificidades dimensionais-qualitativas da sociedade individualmente considerada, com o limite das escolhas de mérito em sentido estrito»[941]. CAMPOBASSO, por seu turno, defende que o *collegio sindacale* deve fiscalizar a administração da sociedade globalmente considerada, vigiando não apenas o estrito cumprimento da lei, mas o cumprimento dos deveres dos administradores em toda a sua extensão. Sem prejuízo das concretizações legais, este dever de fiscalização é de carácter global e sintético. No entanto, estando o seu concreto exercício na discricionariedade do *collegio*, pode assumir um carácter analítico se as circunstâncias assim o ditarem (*e.g.*, se forem detetados indícios de irregularidades)[942].

642   No sistema alemão entende-se, em geral, que a vigilância desenvolvida pelo *Aufsichtsrat*, nos termos do § 111(1) AktG – no qual se lê simplesmente «*[d]er Aufsichtsrat hat die Geschäftsführung zu überwachen*» –, abrange não só a regularidade (*Ordnungsmäßigkeit*) e a legalidade (*Rechtsmäßigkeit*), mas também a economicidade (*Wirtschaftlichkeit*) e a adequação (*Zweckmäßigkeit*) da atividade de gestão[943]. Esta delimitação dos critérios de vigilância tem por base os deveres

---

[936] Neste sentido, FEDERICO PARMEGGIANI – Il collegio sindacale e il comitato per il controllo interno: una convivenza possibile?, *Giurisprudenza Commerciale*, 36:2, 2009, p. 319/I.

[937] Face a idêntica questão no Direito português, cfr. MENEZES CORDEIRO – *CSC anotado*[2]..., art. 420.º, n.º 4.

[938] GIAN FRANCO CAMPOBASSO – *Manuale di diritto commerciale*, 4.ª ed., Torino: UTET Giuridica, 2007, p. 400.

[939] Cfr. CssIt 17-set.-1997, n.º 9252, *Società*, 1998, p. 1025.

[940] FERRARA JR. e CORSI – *Gli Imprenditori*... p. 630.

[941] SABINO FORTUNATO – I "controlli" nella riforma del diritto societario, *Rivista delle Società*, 48:4, 2003, p. 872.

[942] CAMPOBASSO – *Manuale*... p. 399-400.

[943] ADOLF BAUMBACH e ALFRED HUECK – *Aktiengesetz*, 8.ª ed., München, Berlin: Beck, 1954, § 95, n.º 2, LUTTER – *Information und Vertraulichkeit*[3]..., n.os 114 ss., LUTTER e KRIEGER – *Rechte*[5]..., n.os 71-84, SEMLER – *Die Überwachungsaufgabe*... p. 68-72, SEMLER – *Leitung und Überwachung*[2]... p. 46-51, HANS-JOACHIM

O MODELO PORTUGUÊS ENQUANTO MODELO BASE

de informação do *Vorstand* face ao *Aufsichtsrat*, previstos no § 90(1) AktG[944], que incidem sobre a política empresarial e outras questões essenciais de planeamento empresarial (incluindo planeamento financeiro, de investimento e de pessoal); a rentabilidade da sociedade e, em especial, a rentabilidade dos capitais próprios, os resultados dos negócios (em especial, os proveitos) e a situação da sociedade; negócios que possam ter um impacto importante na rentabilidade e liquidez da sociedade. Nos termos da mesma disposição, o *Vorstand* deve ainda informar o presidente do *Aufsichtsrat* sobre outros desenvolvimentos significativos, incluindo negócios com sociedades relacionadas que possam ter um impacto significativo na sociedade[945].

Entre nós, o § 90(1) AktG tem um paralelo no art. 432.º/1 e 3, relativo ao modelo germânico, mas o mesmo não se verifica a propósito do modelo tradicional português. Neste modelo, porém, os arts. 420.º/3 e 425.º parecem conferir direitos de informação mais amplos ao conselho fiscal. Ainda assim, face à redação da alínea *a)* do art. 420.º/1 e seu enquadramento sistemático, não encontramos fundamentos para restringir a fiscalização operada pelo conselho fiscal a um mero controlo formal, sendo certo que a separação funcional e o respeito pelo espaço próprio de atuação do conselho de administração não o exigem. 643

Em sentido contrário, depõem a evolução histórico-dogmática já analisada, com paralelo nos sistemas jus-societários que nos servem de referência em reação aos sucessivos escândalos societários e financeiros, os trabalhos preparatórios da mais recente reforma jus-societária e os instrumentos de Direito da União Europeia que estiveram na sua base, bem como as atuais coordenadas sistemáticas. 644

Em particular, não há razão para distinguir, neste ponto, entre as soluções do modelo germânico e do modelo tradicional português, face ao claro paralelo entre os arts. 420.º/1, *a)* e 441.º/1, *d)*. Para além disso, face à redação do art. 645

Mertens, in *Kölner Kommentar zum Aktiengesetz*, 2.ª ed., 1995, § 111, n.º 11, Leyens – *Information des Aufsichtsrats* ..., p. 173-174, Claudia Steinbeck – *Überwachungspflicht und Einwirkungsmöglichkeiten des Aufsichtsrats der Aktiengesellschaft*, Berlin: Duncker und Humblot, 1992, p. 85 ss., Michael Hoffmann-Becking – "Aufsichtsrat", in Michael Hoffmann-Becking (ed.) – *Münchener Handbuch des Gesellschaftsrecht*, 4 – Aktiengesellschaft, 3.ª ed., 2007, § 29, n.º 26. Para uma análise destes critérios cfr. § 26.2 *infra*.

[944] Dietrich Hoffmann e Peter Preu – *Der Aufsichtsrat*, 5.ª ed., München: Beck, 2003, p. 2, Semler – *Leitung und Überwachung*[2]... p. 65-66, 89, n.º 102

[945] Face a estes deveres de informação, a decisão LG Stuttgart 29-out.1999, *AG* 2000, 237, 238, sustenta que o *Aufsichtsrat* deve desenvolver também uma revisão das medidas essenciais à rentabilidade e liquidez da sociedade, no sentido da sua economicidade (*Wirtschaftlichkeit*) orientada exclusivamente pelo bem da sociedade. Cfr. Hoffmann e Preu – *Der Aufsichtsrat*... p. 2, n.º 102.

DA ADMINISTRAÇÃO À FISCALIZAÇÃO DAS SOCIEDADES

420.º/1 – que enumera, lado a lado, as obrigações de «vigiar pela observância da lei e do contrato de sociedade» [al. *b*)] e de «fiscalizar a administração da sociedade» [al. *a*)] – só pode entender-se que a fiscalização a desenvolver por este órgão se não limita ao controlo da legalidade, porquanto qualquer outro entendimento deixaria vazia de conteúdo a referida alínea *a*) deste artigo.

646   Impõe-se, portanto, não só uma avaliação da regularidade e legalidade da administração, mas também da sua economicidade e adequação[946].

647   A afirmação de um tal controlo de mérito pelo conselho fiscal não colide com o reconhecimento de um espaço próprio de atuação do conselho de administração, assegurado pela articulação da competência deste nos termos do art. 405.º, com a delimitação dos poderes-deveres de reação daquele, como veremos adiante[947].

648   V. Tal como a obrigação de administração, já analisada, também a obrigação de vigilância do conselho fiscal consubstancia um conceito normativo determinado pela função (*Zweckbegriff*)[948]. O seu conteúdo é *a priori* parcialmente indeterminado[949], mas determinável no caso concreto, em função do padrão de diligência normativa[950]. Sem prejuízo dessa relativa indeterminação, esta obrigação, como qualquer obrigação de vigilância societária[951], pode ser qualificada como uma situação jurídica compreensiva suscetível de decomposição em[952] (i) poderes-deveres de informação e inspeção; (ii) dever de avaliação da informação obtida; e (iii) poderes-deveres de reação às irregularidades detectadas.

649   Analisamos adiante cada um destes tipos de situações jurídicas, tal como imputadas ao conselho fiscal e aos seus membros (ou ao fiscal único), tanto na sociedade autónoma, como na sociedade integrada num grupo.

---

[946] Este ponto é desenvolvido adiante no § 25 *infra*.

[947] Cfr. § 26 *infra*. Também no sistema alemão é hoje pacífico que as afirmações de um controlo de economicidade (*Wirtschaftlichkeit*) e de adequação (*Zweckmäßigkeit*) pelo *Aufsichtsrat* e de um espaço próprio de atuação do *Vorstand* não se excluem mutuamente. Cfr., *v.g.*, HOFFMANN e PREU – *Der Aufsichtsrat...* p. 10, n.º 104.

[948] Ou seja, é um conceito determinado pela função, dirigido à realização de um escopo normativo. Cfr. LARENZ – *Metodologia...* p. 686-692.

[949] Afirmamos que é "parcialmente" indeterminado porquanto a lei identifica, com maior ou menor exatidão, inúmeras concretizações da obrigação de vigilância.

[950] Cfr. § 62.3 *infra*.

[951] Cfr. § 62.6 *infra*.

[952] Esta estrutura acompanha a construção clássica de SEMLER – *Die Überwachungsaufgabe...* p. 6, SEMLER – *Leitung und Überwachung²...* p. 58. Cfr. nota 2755 *supra*.

O MODELO PORTUGUÊS ENQUANTO MODELO BASE

§ 24. OS PODERES-DEVERES DE OBTENÇÃO DE INFORMAÇÃO E DE INSPEÇÃO DO CONSELHO FISCAL E DOS SEUS MEMBROS

24.1. Os poderes-deveres de obtenção de informação e de inspeção do conselho fiscal e dos seus membros em geral

I. O acesso à informação constitui um importante desafio à operacionalidade do conselho fiscal enquanto órgão de fiscalização[953]. De acordo com o princípio jus-societário de dissociação das funções de administração e fiscalização (*aktien-rechtliches Trennungsprinzip*), mais intenso no nosso modelo tradicional do que no modelo germânico[954], o conselho fiscal está arredado da gestão empresarial, pelo que o seu acesso à informação nunca é imediato, no sentido em que as alternativas de ação na condução da atividade empresarial não são submetidas à sua apreciação para deliberação. A dificuldade no acesso à informação é, aliás, comummente apontada como a maior fragilidade dos modelos de governo ditos dualistas (incluindo tanto o nosso modelo tradicional como o modelo germânico).

Neste contexto, assumem especial relevância os mecanismos destinados a assegurar um adequado fluxo de informação sobre (i) o desempenho (*performance*) de cada uma das unidades da empresa; (ii) os riscos associados ao desenvolvimento da atividade empresarial; e (iii) os factos que evidenciem uma violação de deveres por parte dos sujeitos cuja atividade é vigiada, que permita ao conselho fiscal compreender e controlar a atividade empresarial e reagir quando assim o exija o interesse social.

Este fluxo de informação deve compreender a atividade não só da sociedade, mas de todo o grupo. Este aspeto é tanto mais importante quanto, como refere LUTTER, a maioria dos escândalos societários e financeiros da nossa geração tiveram origem no uso indevido das potencialidades de integração em grupo[955]. Isto mesmo ficou patente em casos tão mediáticos como os da Enron, da Par-

650

651

652

---

[953] Assumindo que os membros do conselho fiscal estão motivados para desempenhar adequadamente as suas funções. Na base do *controlling shareholder agency problem* (cfr. § 3.2.E *supra*), característico de mercados de concentração acionista, dos quais Portugal é um exemplo paradigmático, está a pressão exercida pelo acionista controlador sobre os órgãos da sociedade para a prossecução dos seus próprios interesses, em prejuízo da sociedade. Determinando este a designação tanto dos órgãos de administração como dos órgãos de fiscalização, estes últimos são frequentemente pressionados para ignorar irregularidades praticadas pelos órgãos de administração.

[954] No sistema alemão, não obstante a redação do § 111(1) e (4)I AktG, segundo o qual não podem ser delegados poderes de gestão ao *Aufsichtsrat*, afirma-se que a delimitação de competências e tarefas entre o *Vorstand* e o *Aufsichtsrat* operada pelo princípio da dissociação (*Trennungsprinzip*) é falaciosa, atento o dever de sujeitar um catálogo de matérias de gestão a consentimento do *Aufsichtsrat* (§ 111(4)II AktG). LEYENS – *Information des Aufsichtsrats* ..., p. 128-129.

[955] LUTTER – *Vergleichende Corporate Governance...* p. 234.

DA ADMINISTRAÇÃO À FISCALIZAÇÃO DAS SOCIEDADES

malat ou do BPN, nos quais muitas das irregularidades foram praticadas através de sociedades controladas, de forma a impedir a sua fiscalização[956]. Muitas das operações baseadas em sociedades-filhas são estruturadas de forma a evitar a consolidação de contas, evitando o seu reflexo no balanço da sociedade-mãe. Tais casos demonstram de sobremaneira a relevância, senão mesmo a essencialidade, da fiscalização plurisocietária.

653 II. O Código das Sociedades Comerciais prevê diferentes mecanismos destinados a assegurar o fluxo de informações. Estes são enquadrados pelo disposto no art. 420.º/3, segundo o qual os membros do conselho fiscal *devem*, conjunta ou separadamente, realizar os atos de verificação e inspeção que sejam necessários ou convenientes em cada momento, de acordo com as circunstâncias de cada caso.

654 Face a esta norma, deve reconhecer-se a cada membro do conselho fiscal uma certa margem de discricionariedade para decidir, em função das circunstâncias de cada caso, se se justifica o acesso direto à informação[957] ou se basta a informação prestada pelo conselho de administração. O comando normativo do art. 420.º/3 é completado pelo disposto noutras normas analisadas em seguida.

655 III. Em primeiro lugar, os membros do conselho fiscal *devem* assistir às assembleias gerais[958] e às reuniões da administração[959] para que o presidente da mesma

---

[956] Ferreira Gomes – *O governo dos grupos...* p. 136-146.

[957] Sobre a problemática inerente a um tal acesso, cfr. § 24.6 *infra*.

[958] A presença dos fiscais na assembleia geral justifica-se pelo direito dos acionistas a obter, dos órgãos da sociedade habilitados para o efeito, as informações que lhes permitam formar opinião sobre os assuntos sujeitos a deliberação (art. 290.º/1). Na ausência dos fiscais, pode ficar prejudicado o direito dos acionistas à informação em assembleia geral, caso em que deve ser admitida a anulação da deliberação eventualmente tomada, dado o paralelo face à recusa injustificada de informações (art. 290.º/3). Assim, caso qualquer acionista se aperceba da não convocação dos fiscais para a assembleia geral, pode exigir do presidente da mesa a convocação destes, para que nesta possa exigir-lhes as informações e os esclarecimentos que entender adequados.

[959] Esta referência à "administração" deve ser interpretada em sentido amplo, pelo que aqui se devem incluir as reuniões de todos os órgãos da sociedade com competências originárias ou delegadas de administração, ou seja, as reuniões do conselho de administração, da comissão executiva (ou qualquer outra comissão do conselho de administração) ou dos administradores delegados (quando estes não componham uma comissão executiva). Afirmando que deve ser *permitida* a assistência dos fiscais às reuniões da comissão executiva, Raul Ventura – *Estudos vários...* p. 548.

Segundo o autor, a exigência da convocação e justificação da presença dos membros do conselho fiscal nestas reuniões do conselho de administração residem na informação a receber por estes e não na informação a prestar pelos mesmos, razão pela qual a falta de convocação ou a falta de comparência dos fiscais não dever ser entendida como causa de invalidade das deliberações do conselho de administração. Cfr. *ibidem*, p. 547. Esta perspetiva é redutora. A presença dos fiscais nas reuniões habilita-os não só à

O MODELO PORTUGUÊS ENQUANTO MODELO BASE

os convoque *ou* em que se apreciem as contas do exercício [arts. 422.º/1, *a*) e 379.º/4]. *Podem* ainda assistir às demais reuniões da administração[960] quando as circunstâncias assim o exijam ou aconselhem [art. 421.º/1, *d*)].

O primeiro caso traduz uma vinculação de cumprimento estrito[961]; o segundo permite uma margem de apreciação: em função das circunstâncias do caso podem identificar-se diferentes alternativas de ação normativamente admissíveis, *i.e.*, uma margem de discricionariedade[962].

656

obtenção de informações, mas também ao desenvolvimento da sua função de fiscalização preventiva, manifestando a sua oposição perante a intenção da prática de atos que considerem contrários aos melhores interesses da sociedade (cfr. p. 284 *infra*). Dito isto, a falta de convocação dos fiscais constitui violação de dever por quem estava incumbido da convocação. Porém, não nos parece que a ausência dos fiscais seja causa de invalidade das deliberações da administração.

[960] Também esta referência à "administração" deve ser interpretada em sentido amplo. Cfr. nota 959 *supra*. A imputação deste poder aos fiscais exige o reconhecimento de um dever de prestação de informação aos mesmos, por quem seja chamado a convocar a reunião – no caso do conselho de administração, em princípio será o seu presidente (art. 410.º/1) –, no sentido de lhes dar conhecimento atempado das reuniões e das correspondentes ordens de trabalho. Cfr. nota 962 *infra*.

[961] Do texto da lei parece resultar a imputação de um dever de estar presente nas reuniões para as quais sejam convocados a todos os membros do conselho fiscal. No entanto, deve admitir-se que o conselho fiscal, no exercício do seu poder de organização da sua atividade, se faça representar nas reuniões da administração apenas por um dos seus membros. Se assim o fizer, a presença dos demais membros será facultativa e não obrigatória. Isto não vale, porém, para as reuniões da administração em que se apreciem as contas do exercício, dada a sua importância estrutural no balanço sobre o exercício transato e no equilíbrio interorgânico subjacente ao processo de aprovação de contas. Poderia ainda questionar-se a existência de um dever de participação nos casos em que o conselho de administração convoque especificamente um determinado fiscal, para tomar conhecimento de verificações, fiscalizações e diligências que este tenha feito, e do resultado das mesmas, quando não tenha sido cumprido o dever de informação previsto no art. 422.º/1, *d*). Parece-nos que a resposta depende das circunstâncias do caso. Nalguns casos, a informação deve ser prestada pessoal e presencialmente. Noutros, porém, deve admitir-se a possibilidade de o fiscal responder à exigência de informação por escrito.

No caso da convocatória para assistir às reuniões da assembleia geral, devem prevalecer os deveres de prestação de contas e de informação aos acionistas sobre o poder de organização do conselho fiscal: sendo convocados para uma reunião de acionistas, todos os fiscais devem estar presentes para responder adequadamente às questões por estes colocadas.

[962] Segundo ENGRÁCIA ANTUNES – *A fiscalização...* p. 151-152, os membros do conselho fiscal *devem* ser convocados para todas as reuniões da administração, pelo que sempre operaria o disposto no art. 422.º/1, *a*). Ou seja, estaria excluída qualquer discricionariedade, *devendo* os fiscais estar sempre presentes em todas as reuniões da administração. A falta injustificada a duas destas reuniões constituiria causa de perda do cargo (art. 422.º/4). Não nos parece correto este entendimento. Da conjugação sistemática dos arts. 421.º/1, *d*) e 422.º, n.º1, *a*) resulta que os membros do conselho fiscal devem estar presentes nas reuniões da administração em que se discutam questões mais relevantes – como as contas do exercício –, devendo, por isso, ser convocados para as mesmas. Nos demais casos, deverá ser reconhecida uma margem de discricionariedade aos fiscais para decidir sobre a sua presença na reunião. Certo é que uma tal decisão exige o conhecimento prévio da existência das reuniões e dos assuntos que nela se vão discutir, razão pela qual a administração *deve* prestar sempre essa informação atempadamente aos fiscais. Note-se, porém, que a prestação dessa informação, essencial à tomada de decisão informada, não se confunde com uma

DA ADMINISTRAÇÃO À FISCALIZAÇÃO DAS SOCIEDADES

657   Esta última solução diverge da sua congénere italiana, prevista no art. 2405 *Codice Civile*, traduzida na imputação aos *sindaci* de um dever estrito de participação nas reuniões do conselho de administração, nas assembleias de acionistas e nas reuniões da comissão executiva[963].

658   Tanto uma solução como outra constituem reação do sistema à mais contundente crítica dirigida aos modelos dualistas, como os modelos tradicionais italiano, português e alemão: a dissociação das funções de administração e fiscalização (*aktienrechtliches Trennungsprinzip*) limita o fluxo da informação necessária ao controlo da administração. Caso os fiscais não assistam às reuniões da administração, estarão frequentemente dependentes da informação que por esta lhes venha a ser disponibilizada para o cumprimento dos seus deveres de controlo. Naturalmente, o controlo baseado na informação disponibilizada pelos controlados tende a ser menos eficaz. Ainda que os fiscais possam obter o mesmo nível (qualitativo e quantitativo) de informação através de outros mecanismos, não estão nas mesmas condições em que estariam, para compreender o impacto da informação na condução da atividade social, se tivessem presenciado a discussão sobre a mesma no seio do órgão de administração[964].

659   Para além disso, estando presentes nas reuniões da administração, podem pedir imediatamente as informações e os esclarecimentos que entendam convenientes à cabal compreensão dos assuntos em discussão, tornando mais eficiente a sua atividade fiscalizadora[965]. Podem ainda colaborar consultivamente na formação das deliberações da administração e alertar para a existência de irregularidades e, quando o seu alerta não seja atendido, manifestar a sua oposição e

---

convocatória para a reunião, a qual sempre determinaria o dever de presença dos fiscais (não nos parece fazer sentido, por isso, a distinção entre convocatória "normal" e "especial" sugerida por ENGRÁCIA ANTUNES, *ibidem*, p. 151, nota 464).

[963] O código comercial italiano de 1882 impunha aos *sindaci* o *dever* de participar em todas as assembleias gerais, mas não impunha semelhante dever quanto às reuniões do conselho de administração. Limitava-se a prever o *poder* de assistir a tais reuniões. Esta solução veio a ser alterada pela *legge 3 aprile 1937 n. 517*, que impôs o *dever* de participação nas reuniões do conselho de administração, mas não nas reuniões da comissão executiva. Quanto a estas, figurava apenas o *poder*, mas não o *dever*, de assistência. Esta solução viria a ser reproduzida na versão original do art. 2405 do *Codice Civile*. No entanto, tal *poder* viria a ser transformado num *dever*, ficando portanto os *sindaci* juridicamente vinculados a assistir às assembleias gerais, às reuniões do conselho de administração e da comissão executiva.

[964] No entanto, a proximidade dos fiscalizadores aos fiscalizados também comporta desvantagens que importa considerar na avaliação global do sistema: quanto maior a proximidade e familiaridade entre os fiscalizadores e fiscalizados, menor será a capacidade de avaliação objetiva dos primeiros e maior será a capacidade de pressão dos segundos sobre os primeiros. Sobre esta questão, cfr., *v.g.*, ADAMS e FERREIRA – *A theory of friendly boards*. Cfr. também § 3.3 *supra*.

[965] Neste sentido, cfr. ENGRÁCIA ANTUNES – *A fiscalização...* p. 150-152.

O MODELO PORTUGUÊS ENQUANTO MODELO BASE

exigir o seu registo em ata[966]. Está em causa o desenvolvimento da sua função de fiscalização preventiva.

IV. Em segundo lugar, *pode* qualquer fiscal *obter da administração* a apresen-   660
tação, para exame e verificação, dos livros, registos e documentos da sociedade que entender necessários ou convenientes[967], bem como verificar a existência de qualquer classe de valores, designadamente dinheiro, títulos e mercadorias [art. 421.º/1, *a*)].

A redação desta norma está desatualizada face à realidade empresarial   661
dos nossos tempos, sendo necessária uma interpretação atualista da mesma. O objeto da inspeção identificado na norma deve ser tido como meramente exemplificativo, estendendo-se os poderes de inspeção dos fiscais a todos os bens e a todos os documentos (em sentido técnico, art. 262.º, II parte CC) da sociedade[968]. Incluem-se, portanto, todos os registos informáticos, devendo ser concedido acesso irrestrito à rede informática da sociedade[969]. Para o exercício destes poderes, os fiscais têm direito de acesso a quaisquer instalações e observar todas as atividades da sociedade. Não existem limites objetivos aos pode-res-deveres de inspeção dos fiscais[970].

Estamos perante um poder-dever imputado diretamente aos fiscais e não   662
ao conselho fiscal, enquanto órgão coletivo. Esta solução aproxima-se da con-sagrada no sistema italiano (arts. 2403-*bis*, parágrafo 1.º *Codice Civile* e 151/1 TUF[971]) e contrapõe-se à prevista no nosso modelo germânico, reflexo da solu-ção alemã, nos termos da qual os poderes-deveres de inspeção são imputados ao

---

[966] No mesmo sentido, cfr. *ibidem*.

[967] Como refere ENGRÁCIA ANTUNES, *ibidem*, p. 154, nota 473, sendo pessoalmente responsáveis pelo desempenho pessoal e autónomo desta função fiscalizadora, «natural é que seja aos próprios fiscais que caiba, em primeira linha e soberanamente, distrinçar (sic) entre o que consideram informação útil e inútil». O critério da conveniência resulta da articulação com o disposto no art. 420.º/3.

[968] Face a idêntica norma no sistema alemão, JOHANNES SEMLER, in *Münchener Kommentar zum Aktiengesetz*, 2 – §§ 76-117, MitbestG, DrittelbG, 2.ª ed., München: Beck, Franz Vahlen, 2004, § 111, n.ºs 291-292, LEYENS – *Information des Aufsichtsrats* ..., p. 171, HÜFFER – *Aktiengesetz*[10]..., § 111, n.º 11.

[969] No mesmo sentido, para questão paralela no sistema alemão, cfr. LEYENS – *Information des Aufsichtsrats* ..., p. 176-178. Entre nós, a propósito desta norma, ENGRÁCIA ANTUNES – *A fiscalização*... p. 154, refere «livros, documentos contabilísticos tradicionais ou informatizados, sintéticos ou analíticos, contratos e demais escrituras públicas, correspondência comercial, contas bancárias, facturas e recibos, relatórios de auditorias solicitadas avulso pela administração a entidades externas, documentos de prestação de contas de exercícios anteriores, etc.».

[970] Face a idêntica norma no sistema alemão (§ 111(2)1 AktG), SEMLER – *MünchKomm. AktG*[2]..., § 111, n.ºs 292-293.

[971] Cfr., *v.g.*, FORTUNATO – *I "controlli"* ... p. 872.

DA ADMINISTRAÇÃO À FISCALIZAÇÃO DAS SOCIEDADES

órgão coletivo (cfr. §§ 90 e 111(2) AktG e art. 432.º CSC) e não aos seus membros a título individual.

663   De acordo com o seu teor literal, o art. 421.º/1, *a*) habilita os membros do conselho fiscal a exigir da administração[972] a apresentação dos documentos para exame e verificação; não os habilita a aceder *diretamente* aos documentos. Não obstante, face ao disposto no art. 420.º/3, nos termos do qual

> «O fiscal único ou qualquer membro do conselho fiscal, quando este exista, devem proceder, conjunta ou separadamente e em qualquer momento do ano, a todos os actos de verificação e inspecção que considerem convenientes para o cumprimento das suas obrigações de fiscalização»

deve ou não ser reconhecido aos fiscais um poder-dever de acesso *direto* aos documentos da sociedade para o cumprimento das suas funções? Atenta a sua complexidade, esta problemática será analisada em local próprio[973]. No entanto, podemos avançar desde já que a resposta deve ser afirmativa.

664   V. Em terceiro lugar, os membros do conselho fiscal *podem*, conjunta ou separadamente, exigir da administração ou de qualquer dos administradores informações ou esclarecimentos sobre o curso das operações ou atividades da sociedade ou sobre qualquer dos seus negócios [art. 421.º/1, *b*)]. Devem partilhar com os seus colegas as informações que recebam a título individual.

665   Esta solução, de acordo com a qual a informação pode ser exigida por qualquer membro do conselho fiscal, devendo ser prestada diretamente a esse membro, diverge da solução adotada no sistema alemão. Neste, tanto o *Aufsichtsrat* como qualquer dos seus membros pode solicitar informações ao *Vorstand*, mas estas devem ser prestadas diretamente ao *Aufsichtsrat* enquanto órgão coletivo (§ 90(3)2 AktG).

666   No Direito italiano, os *sindaci* individualmente (nas sociedades cotadas) e o *collegio sindacale* (nas demais *società per azione*) pode(m) solicitar ao conselho de administração informações sobre o andamento da atividade social ou sobre determinado assunto específico (arts. 2403-*bis*, parágrafo 2.º *Codice Civile* e 151/1 TUF)[974].

---

[972] Esta referência à "administração" deve ser interpretada em sentido amplo. Cfr. nota 959 *supra*.
[973] Cfr. § 24.6 *infra*.
[974] Cfr., *v.g.*, GALGANO – *Il nuovo diritto societario...* p. 295.

O MODELO PORTUGUÊS ENQUANTO MODELO BASE

O Código das Sociedades Comerciais não prevê qualquer dever de *prestação*   667
periódica de informações pelo conselho de administração ao conselho fiscal[975],
contrariamente ao verificado no nosso modelo germânico (art. 432.º)[976], no sistema alemão (§ 90 AktG), ou mesmo no sistema italiano para as sociedades
cotadas (art. 150/1 TUF)[977]. Porém, nada obsta a que o contrato de sociedade
ou o regimento do conselho de administração prevejam tais deveres. Da mesma
forma, *pode* e *deve* o conselho fiscal exigir, ao abrigo do art. 421.º/1, *b*), a *prestação periódica* das informações que sejam necessárias ao adequado acompanhamento da atividade empresarial. Em particular, deve exigir da administração o
cumprimento do seu dever de criação de sistemas de informações adequados às
concretas circunstâncias da sociedade (e, quando aplicável, do grupo no qual
se integra), participando na sua concreta configuração através do exercício dos
poderes previstos no art. 421.º/1.

VI. Em quarto lugar, o art. 421.º/1, *c*) habilita os fiscais a obter de terceiros   668
que tenham realizado operações por conta da sociedade as informações de que
necessitem para o conveniente esclarecimento de tais operações. ENGRÁCIA
ANTUNES sublinha o facto de o exercício deste poder estar subordinado a dois
requisitos[978]:

(i) Que os terceiros tenham realizado operações por conta da sociedade.
Incluem-se, por isso, todos os mandatários sociais mesmo sem poderes
de representação, *i.e.*, comissários no sentido geral do art. 266.º CCom
e arts. 1180.º ss. CC, como sejam agentes comerciais, bancos, intermediários financeiros, procuradores "*ad hoc*", etc. (não concordamos com
a inclusão do secretário da sociedade neste elenco, nos termos sugeridos pelo autor, por considerarmos que o mesmo não é um terceiro face
à sociedade). Ficam excluídos aqueles que tenham estabelecido meras

---

[975] A exceção é a apresentação do relatório de gestão e das contas anuais até trinta dias antes da assembleia
geral convocada para apreciar os documentos de prestação de contas, nos termos do art. 451.º/1.

[976] Recorde-se que, no nosso modelo germânico, tal como no sistema alemão, não são imputados
poderes-deveres de informação e inspeção aos membros do conselho geral e de supervisão, mas apenas
ao órgão coletivo.

[977] Nos termos deste artigo, os administradores das sociedades cotadas estão adstritos ao dever de
informar tempestivamente o *collegio sindacale*, segundo a modalidade estabelecida nos estatutos e com
periodicidade pelo menos trimestral, sobre a atividade desenvolvida e sobre as operações de maior
relevo económico, financeiro e patrimonial, realizadas pela sociedade e pelas sociedades controladas. Em
particular, devem informar sobre operações nas quais tenham um interesse próprio ou de terceiro ou nas
quais se manifeste uma influência do "sujeito que exerce a atividade de direção e coordenação".

[978] ENGRÁCIA ANTUNES – *A fiscalização...* p. 157.

DA ADMINISTRAÇÃO À FISCALIZAÇÃO DAS SOCIEDADES

relações jurídico-negociais com a sociedade (*v.g.*, fornecedores, clientes, consumidores, etc.) ou relações jurídicas de outra natureza (*v.g.*, administração fiscal, segurança social, etc.). Acrescenta-se: devem incluir-se os consultores e colaboradores externos da sociedade.

(ii) Em segundo lugar, exige-se que as informações solicitadas sobre tais operações sejam necessárias ou úteis para o desempenho da função fiscalizadora. Segundo ENGRÁCIA ANTUNES, não obstante caber ao fiscal o juízo primário sobre a necessidade da informação e estar vedada ao terceiro a invocação de segredo profissional, este poderia recusar a informação sempre que fosse manifesta a falta de pertinência da mesma para a função fiscalizadora. Não podemos acompanhar o autor neste último ponto, porquanto entendemos que o juízo sobre a pertinência de uma informação para a função fiscalizadora só é possível perante o conhecimento da investigação que está a ser desenvolvida. Ora, o terceiro não conhece, nem deve conhecer, o teor das investigações desenvolvidas pelos fiscais, pelo que, abrir a porta à recusa de informação – ainda que limitada aos casos de alegada "manifesta" falta de pertinência – pode comprometer a própria função fiscalizadora. Basta tomar como exemplo um dos famosos escândalos societários a que já nos referimos. Se, numa situação como a do BPN, o fiscal suspeitasse da existência de práticas fraudulentas envolvendo os mais altos responsáveis da instituição, deveria investigar e, no curso dessa investigação, deveria pedir informações aos terceiros que tivessem realizado operações por conta da sociedade. Se tivesse de justificar a relevância do pedido de informações a cada um desses terceiros, rapidamente seria exposta a sua investigação e comprometido o seu sucesso.

669   Questão diferente é a do acesso direto aos próprios trabalhadores e colaboradores da sociedade, não regulada expressamente na nossa lei societária. Podem os fiscais contactar e inquirir diretamente os trabalhadores e colaboradores da sociedade, para obter as informações e esclarecimentos que entendam necessários ou convenientes ao exercício das suas funções? Esta questão, de crucial importância prática, gera dificuldades de articulação interorgânica que, face à sua complexidade, serão analisadas em local próprio[979].

670   VII. Na determinação do conteúdo *ativo* destes poderes-deveres, *i.e.*, da habilitação normativa para exigir da administração o acesso a (ou a prestação de)

[979] Cfr. § 24.6 *infra*.

O MODELO PORTUGUÊS ENQUANTO MODELO BASE

informação, deve reconhecer-se uma ampla margem de manobra aos fiscais, sob pena de ficarem reféns da circunscrição da informação considerada "necessária" pela administração.

Na determinação da sua dimensão *passiva*, *i.e.*, da sua vinculação à exigência da prestação de informações e esclarecimentos, valem os critérios gerais jus-obrigacionais de determinação do conteúdo da prestação em função do padrão de diligência normativa[980]. Só assim não será perante vinculações de cumprimento estrito, como as resultantes do art. 422.º/1, *a)*.   671

VIII. A recusa de acesso ou de prestação da informação pretendida pelos fiscais, bem como a recusa de acesso a reuniões da administração, constituem delito jurídico-societário de impedimento à fiscalização, nos termos do art. 522.º, punível com pena de prisão e multa, sem prejuízo de responsabilidade civil nos termos gerais[981].   672

IX. Por fim, refira-se que, na sequência da reforma de 2006, o Código das Sociedades Comerciais passou a reconhecer expressamente a possibilidade de o conselho fiscal contratar peritos que coadjuvem um ou vários dos seus membros no exercício das suas funções[982]. Cabe portanto ao conselho, e não a cada um dos fiscais, escolher os peritos que considere adequados, negociar as condições contratuais aplicáveis e representar a sociedade na sua contratação (art. 421.º/3 a 5).   673

Nos termos legais, estes peritos podem "coadjuvar", mas não "substituir" os membros do conselho fiscal no exercício das suas funções[983]. Esta solução afasta-se, portanto, do disposto na lei alemã (§ 111(2)2 AktG), nos termos da qual o *Aufsichtsrat* pode contratar peritos para desenvolver tarefas específicas incluídas nas suas competências.   674

No Direito italiano, os "dependentes" e "auxiliares" que os *sindaci* podem contratar, sujeitos aos mesmos impedimentos que lhes são aplicáveis, desempenham as suas funções sob responsabilidade e a expensas dos *sindaci* (art. 2403-*bis*   675

---

[980] Cfr. § 62.3 *infra*.

[981] ENGRÁCIA ANTUNES – *A fiscalização...* p. 154, nota 473.

[982] Esta possibilidade era, já antes da reforma, admitida por ENGRÁCIA ANTUNES, *ibidem*, p. 167.

[983] Como vimos, os poderes-deveres de informação são imputados aos fiscais e não ao conselho enquanto órgão coletivo. Daqui decorre uma muito maior autonomia dos seus membros na obtenção da informação que consideram necessária ou conveniente ao desempenho das suas funções. Não ficam, portanto, limitados pela regra da maioria que se imporia caso os pedidos de informação ou a realização de inspeções dependesse de prévia deliberação do conselho. Cada membro do conselho fiscal tem o dever de se manter informado sobre a atividade empresarial conduzida pela sociedade, avaliando em cada momento se necessita de informações adicionais para o adequado cumprimento das suas funções.

DA ADMINISTRAÇÃO À FISCALIZAÇÃO DAS SOCIEDADES

Codice Civile)[984]. Parece portanto que o contrato de prestação de serviços é celebrado não com a sociedade, mas com os *sindaci*, os quais respondem perante a sociedade pelos atos dos seus auxiliares nos termos gerais.

24.2. Os poderes-deveres de obtenção de informação e de inspeção do conselho fiscal e dos seus membros no contexto dos grupos de sociedades: considerações gerais

676   No contexto dos grupos de sociedades, como refere WIEDEMANN, tudo é diferente[985], valendo, antes de mais, as considerações gerais aduzidas a propósito do conselho de administração[986].

677   Quanto à questão de saber se, face ao quase total silêncio da lei sobre esta problemática, existem ou não (e, em caso afirmativo, qual o alcance) poderes-deveres de informação e inspeção tanto do conselho fiscal da sociedade-mãe, como dos seus membros individualmente considerados, também aqui se devem distinguir diferentes situações:

(i)   Os poderes-deveres de informação do conselho fiscal da sociedade-mãe e dos seus membros em grupos *de iure* emergentes de contratos de subordinação e de domínio total;

(ii)   Os poderes-deveres de informação do conselho fiscal da sociedade-mãe e dos seus membros em caso de consolidação de contas; e

(iii) Os poderes-deveres de informação do conselho fiscal da sociedade-mãe e dos seus membros noutros grupos (*de iure* e *de facto*).

678   Também a propósito de cada um destes cenários vale a construção apresentada a propósito do conselho de administração, com as adaptações que se impõem e que desenvolvemos em seguida.

---

[984] Este mecanismo é claramente mais abrangente do que aquele que, nos termos da redação desta disposição normativa anterior à reforma de 2003, só permitia aos *sindaci* fazer uso de dependentes e auxiliares em específicas operações de controlo da regularidade contabilística e da correspondência entre o balanço com os resultados dos livros e registos contabilísticos. Concede também um maior espaço de manobra aos *sindaci* do que aquele que prevê o TUF no seu art. 151/3, nos termos do qual tal poder é concedido apenas para efeitos da avaliação da adequação e fiabilidade do sistema administrativo-contabilístico, com a agravante de que é expressamente reconhecido que a sociedade pode recusar o acesso dos auxiliares à informação que considere reservada. Cfr. FORTUNATO – *I "controlli"* ... p. 872.

[985] WIEDEMANN – *Die Unternehmensgruppe im Privatrecht* ..., p. 9.

[986] Cfr. § 17.2 *supra*.

O MODELO PORTUGUÊS ENQUANTO MODELO BASE

24.3. Os poderes-deveres de obtenção de informação e de inspeção do conselho fiscal da sociedade-mãe e dos seus membros em grupos *de iure* emergentes de contratos de subordinação e de domínio total

I. Nos grupos de *de iure* emergentes de contratos de subordinação e de domínio total, a extensão da competência do conselho de administração da sociedade-mãe para além das suas fronteiras originárias, abrangendo a atividade desenvolvida pelas sociedades-filhas, determina uma idêntica extensão da competência de fiscalização do conselho fiscal[987]. O fundamento desta afirmação reside no facto de a direção unitária de outras sociedades constituir também administração da sociedade-mãe[988], sendo por isso também objeto da obrigação de vigilância da administração prescrita pelo art. 420.º/1, *a)*.

679

II. Aquando da análise dos poderes-deveres de informação do conselho de administração da sociedade-mãe neste contexto, afirmámos que, sendo esta sociedade responsável pelas dívidas das sociedades-filhas, o seu conselho de administração podia exigir a prestação das informações e realizar as inspeções necessárias ou convenientes ao conhecimento da sua situação em todos os momentos. Aplica-se analogicamente o disposto no art. 181.º, relativamente aos direitos dos sócios à informação nas sociedades em nome coletivo, e afirma-se um princípio geral segundo o qual o sócio, quando responde ilimitadamente pelas dívidas da sociedade, deve poder aceder a todas as informações.

680

Nos mesmos termos, também o conselho fiscal pode exigir a prestação das informações e realizar as inspeções que sejam necessárias ou convenientes ao conhecimento da sua situação em todos os momentos.

681

Quanto aos membros do conselho fiscal (individualmente considerados), a extensão dos seus poderes-deveres de informação e inspeção é determinada pela extensão da competência do conselho que integram. Estendendo-se tal competência do conselho à direção das sociedades-filhas, nos termos já sustentados, estendem-se igualmente os poderes-deveres de informação e inspeção de cada um dos seus membros.

682

III. Contra esta construção, refere a doutrina alemã dominante que o grupo não tem forma jurídica própria, de nada valendo a ficção de que os órgãos da

683

---

[987] Para questão paralela no sistema alemão, LUTTER e KRIEGER – *Rechte*[5]... p. 55-56, n.º 132.

[988] LUTTER – *Information und Vertraulichkeit*[3]..., n.º 156, MERTENS – *Kölner Komm. AktG*[2]..., § 111, n.º 23, HOPT e ROTH – *AktG Großkommentar*[4]..., § 111, n.º[os] 369 ss., LUTTER e KRIEGER – *Rechte*[5]... p. 56, n.º 132. Mesmo aqueles, como v. SCHENCK – *Überwachung*... p. 296-297, n.º[os] 37-41, que delimitam a função vigilância do *Aufsichtsrat* numa perspetiva orgânica, logo circunscrita à atividade do *Vorstand*, entendem que essa função se deve estender tanto quanto a influência dominante do *Vorstand* da sociedade-mãe. Cfr., no mesmo sentido, de forma mais desenvolvida, SCHNEIDER – *Informationspflichten*... p. 156-161.

DA ADMINISTRAÇÃO À FISCALIZAÇÃO DAS SOCIEDADES

sociedade-mãe são órgãos do grupo[989]. O órgão de fiscalização da sociedade-mãe não é portanto órgão de fiscalização das sociedades-filhas, não podendo exigir informações aos órgãos de administração destas, nem inspecionar os seus livros e registos ou consultar os seus colaboradores[990]. Pode apenas exigir as informações de que necessita ao órgão de administração da sociedade-mãe[991].

684   As sociedades-filhas são formalmente autónomas face à sociedade-mãe, pelo que a exigência de informações e a consulta de documentos daquelas devem ser reconduzidas ao exercício de poderes de informação e de inspeção da sociedade-mãe. Na medida em que o artigo 405.º/2 imputa ao conselho de administração exclusivos e plenos poderes de representação da sociedade-mãe, compreendem-se as reticências da doutrina face ao reconhecimento de poderes de representação ao conselho fiscal.

685   Não pode, no entanto, aceitar-se uma tal restrição, face à especial relação que, nestes grupos *de iure*, se estabelece entre a sociedade-mãe e a sociedade-filha, fruto do poder da sociedade-mãe de dar instruções desvantajosas à sociedade-filha (art. 503.º) e da concomitante responsabilidade ilimitada da sociedade-mãe pelas dívidas da sociedade-filha (art. 501.º/1)[992].

686   A autonomia formal das sociedades não pode sobrepor-se à solução material exigida pelo sistema[993]: o órgão de fiscalização não pode ficar limitado à informação disponibilizada pelo órgão fiscalizado sob pena de esvaziamento do

---

[989] v. SCHENCK – *Überwachung...* p. 296, n.º 38, LUTTER e KRIEGER – *Rechte*[5]... p. 57, n.º 134.

[990] Do entendimento consensual sobre a extensão da competência de vigilância do *Aufsichtsrat* à administração em grupo (cfr. nota 687 *supra*) não decorre um reconhecimento de direitos de informação e inspeção deste órgão diretamente sobre os órgãos das sociedades-filhas. Não poderia portanto visitar uma sociedade-filha, analisar os seus livros e consultar os respetivos colaboradores. Isto só seria possível com o consentimento dos *Vorstande* da sociedade-mãe e da sociedade-filha em causa. Segundo esta construção, dominante, o *Aufsichtsrat* deveria obter a sua informação através do seu diálogo com o *Vorstand* da sociedade-mãe. SCHNEIDER – *Informationspflichten...* p. 157, LUTTER e KRIEGER – *Rechte*[5]... p. 57, n.º 134.

[991] Entre nós, neste sentido, também MARIA AUGUSTA FRANÇA – *A estrutura...* p. 110.

[992] Como sintetiza ANA PERESTRELO DE OLIVEIRA – *Grupos de sociedades...* p. 600, n.º 883:
    «a solução do art. 501.º representa adequado reconhecimento de que não ocorrem, nas relações de grupo, os fundamentos da limitação da responsabilidade tipicamente inerentes à personalização das sociedades: a separação económica e patrimonial é negada no grupo – por força da permissão de emissão de instruções desvantajosas – e com ela também a separação de responsabilidades. Se a autonomia jurídica formal das sociedades agrupadas não é atingida, o mesmo não se dirá do ponto de vista substantivo: admitindo-se a instrumentalização da subsidiária deixam de verificar-se os valores que justificariam a separação patrimonial no momento da responsabilidade. Por esse motivo, desconsidera-se uma das principais consequências da personalidade jurídica autónoma das sociedades: a limitação da responsabilidade».

[993] É interessante notar que MARIA AUGUSTA FRANÇA – *A estrutura...* p. 111-112 identifica corretamente o problema e as limitações da solução formalista, mas conforma-se com o mesmo, não procurando uma solução sistemática para o ultrapassar.

O MODELO PORTUGUÊS ENQUANTO MODELO BASE

sentido útil da sua função[994]. Caso contrário, pretendendo o conselho de administração ocultar parte da atividade empresarial do escrutínio do conselho fiscal, bastar-lhe-ia constituir uma sociedade-filha (detida a cem por cento pela sociedade-mãe) para o desenvolvimento da mesma.

Os escândalos internacionais e nacionais já referidos (Enron, Parmalat e BPN)[995] ilustram este perigo, ao qual o sistema não pode deixar de dar resposta[996].

Conclui-se portanto que, neste tipo de grupos, se deve admitir a atuação do conselho fiscal da sociedade-mãe diretamente sobre as sociedades-filhas, como se parte da primeira se tratassem, assim desconsiderando a autonomia formal da sociedade-filha[997].

687

688

[994] Noutro plano, ENGRÁCIA ANTUNES alerta para o facto de a prossecução da atividade social através de sociedades-filhas implicar uma virtual subversão do sistema legal de competências entre os órgãos da sociedade-mãe, «traduzido num inusitado insuflamento dos poderes do Conselho de Administração (ou Direcção) e da correspondente perda das atribuições próprias da Assembleia Geral dos sócios». Acrescenta o autor de forma clara: «é que, se no quadro da estrutura empresarial unissocietária, os sócios exerciam os seus direitos de participação social («maxime», direito de voto, direito de informação) relativamente a toda a empresa, no contexto da estrutura da empresa plurissocietária eles acabam por perder tais direitos relativamente aos sectores da empresa global destacados nas sociedades-filhas, em favor dos administradores». Face a este problema, ENGRÁCIA ANTUNES propõe a sujeição da formação do grupo *de iure* a uma intervenção legitimadora da assembleia geral (deliberando por maioria qualificada). Cfr. ENGRÁCIA ANTUNES – *Os direitos dos sócios...*, *passim*, em especial a síntese conclusiva a p. 155 ss. Note-se, porém, que esta construção de ENGRÁCIA ANTUNES reflete um reequilíbrio de poderes entre os sócios e os administradores no seio da sociedade-mãe e não uma qualquer extensão de poderes dos órgãos desta sobre a sociedade-filha, nos termos propostos no texto.

[995] Cfr. FERREIRA GOMES – *O governo dos grupos...* p. 136-146.

[996] Veremos adiante que o legislador comunitário não ficou indiferente a esta problemática. Nos termos do art. 27.º, *a*) da Diretriz 2006/43/CE, os Estados-membros devem assegurar que «[o] revisor oficial de contas do grupo tenha inteira responsabilidade pelo relatório de auditoria ou certificação legal das contas relativamente às contas consolidadas».

[997] Poderia afirmar-se aqui uma aproximação ao levantamento da personalidade jurídica enquanto instituto de enquadramento, nos termos sustentados por ANTÓNIO MENEZES CORDEIRO – *O levantamento da personalidade colectiva*, Coimbra: Almedina, 2000, p. 147-149. A propósito deste tipo de grupos, a doutrina admite verificar-se um levantamento *ex lege* da personalidade da sociedade-filha limitado ao aspeto da responsabilidade por dívidas (art. 501.º) (cfr. *ibidem*, p. 82). Poderia no entanto afirmar-se que face ao risco, habitualmente referido pela doutrina, de que a sociedade-mãe poderia encaminhar para a sociedade-filha boa parte das suas dívidas (*ibidem*), o sistema exigiria igualmente uma extensão das competências do conselho fiscal, de forma a acompanhar a *longa manus* do conselho de administração. Neste caso, desaparecem os valores que implicam não só a total separação de patrimónios, mas também a total separação das esferas de atuação dos órgãos de cada sociedade. Tecnicamente, porém, não é clara a inclusão do caso em análise no âmbito de aplicação deste instituto, sempre fluído e de difícil determinação. Não está aqui em causa a tensão entre a limitação da responsabilidade e a tutela dos credores que caracteriza os casos tipicamente identificados pela jurisprudência no contexto dos grupos de sociedades (cfr. *ibidem*, p. 149). Mais importante ainda, a construção apresentada conduz à não aplicação das regras que regulam a atividade da pessoa jurídica societária (cfr. MANUEL CARNEIRO DA FRADA – Acordos parassociais "omnilaterais", *Direito das Sociedades em Revista*, 1:2, 2009, p. 130), e à

DA ADMINISTRAÇÃO À FISCALIZAÇÃO DAS SOCIEDADES

689   IV. Pelas mesmas razões, devem estender-se às sociedades-filhas, neste tipo de grupos, os poderes-deveres de informação e inspeção imputados pelos arts. 420.º/3 e 421.º a "qualquer membro do conselho fiscal" da sociedade-mãe. A possibilidade de qualquer membro deste conselho obter informações sobre a atividade empresarial conduzida através das sociedades filhas é essencial ao adequado funcionamento do conselho fiscal enquanto órgão colegial. A operacionalidade deste órgão assenta no pressuposto da participação informada dos seus membros na discussão dos assuntos submetidos à sua consideração e nas deliberações sobre as propostas apresentadas[998].

24.4. Os poderes-deveres de obtenção de informação e de inspeção do conselho fiscal da sociedade-mãe e dos seus membros em caso de consolidação de contas

690   I. Analisamos agora os casos de consolidação de contas não abrangidos pelo exposto no ponto anterior. Nos termos do art. 508.º-D, o conselho de administração da sociedade consolidante deve submeter o relatório e as contas consolidadas a exame do revisor oficial de contas e do conselho fiscal desta sociedade, antes da sua submissão à assembleia geral para aprovação (art. 508.º-A)[999]. O art. 508.º-D não define, contudo, os meios ao dispor destes órgãos para a realização do exame exigido.

691   Segundo Engrácia Antunes, os poderes de informação dos membros do órgão de fiscalização da sociedade consolidante estendem-se ao conjunto das sociedades compreendidas no âmbito da consolidação, com base neste artigo[1000]. Menezes Cordeiro, por seu turno, afirma que o regime aplicável é o comum da

---

aplicação de regras que, *au pied de la lettre,* não teriam aplicação. No primeiro caso, estão as que reservam aos órgãos da sociedade-filha a atuação no seu seio. No segundo, estão as normas de competência do conselho fiscal da sociedade-mãe. A sua recondução parece possível, porém, perante uma construção ampla do levantamento como a sustentada por Menezes Cordeiro – *O levantamento...* p. 153, no sentido de exprimir uma situação na qual, mercê de vetores sistemáticos concretamente mais ponderosos, as normas que firmam a personalidade coletiva são substituídas por outras.

[998] Como vimos antes, no modelo tradicional português, nos termos dos arts. 420.º/3 e 421.º, as informações podem ser exigidas por qualquer membro do conselho fiscal, devendo ser prestadas diretamente a esse membro e não ao órgão coletivo que o mesmo integra, como verificado no sistema alemão.

[999] Recorde-se que, antes de 2006, no modelo germânico, as contas anuais eram aprovadas pelo conselho geral e de supervisão [art. 441.º, f), na versão então em vigor]. Atualmente, porém, essa competência cabe necessariamente à assembleia geral.

[1000] Engrácia Antunes – *A fiscalização...* p. 158. O autor remete para a 1.ª edição da sua principal obra sobre grupos de sociedades, mas nem nesta, nem na 2.ª edição conseguimos encontrar fundamentação para esta afirmação. Cfr. Engrácia Antunes – *Os grupos...* p. 193 ss.

O MODELO PORTUGUÊS ENQUANTO MODELO BASE

fiscalização de contas, decididamente adaptado à situação de consolidação[1001]. Qual o alcance destas afirmações?

II. Como vimos antes[1002], o art. 508.º-A/3 imputa ao órgão de administração da sociedade consolidada um dever de prestar à sociedade consolidante as informações necessárias à consolidação de contas[1003]. À primeira vista, está em causa um direito de informação da sociedade consolidante sobre a sociedade consolidada que, nos termos gerais do art. 405.º/2, só pode ser exercido pelo seu conselho de administração, enquanto órgão com exclusivos poderes de representação.

692

Quando a administração da sociedade consolidada preste *voluntariamente* a informação solicitada pelo conselho fiscal da sociedade consolidante ou consinta na realização de quaisquer inspeções – o que em princípio ocorrerá sempre que a sociedade consolidante tenha um poder de direção *de facto* sobre a sociedade consolidada – o problema não se coloca[1004]. As dificuldades surgem perante a oposição desta.

693

Neste caso, se o conselho fiscal da sociedade consolidante, ou qualquer dos seus membros, necessitar de informações ou esclarecimentos adicionais para o desenvolvimento das suas funções, só podem exigir a prestação de informações ao conselho de administração desta sociedade, nos termos do art. 421.º/1, *a)* e *b)*[1005]. Só o conselho de administração da sociedade consolidante poderá (e deverá[1006]) então exigir das sociedades consolidadas as informações que lhe tenham sido solicitadas e de que não disponha, ao abrigo do art. 508.º-A/3, assegurando a sua transmissão imediata ao solicitante.

694

[1001] Sem fundamentação porém. Cfr. MENEZES CORDEIRO – *CSC anotado*[2]..., art. 508.º-D, n.º 3.

[1002] Cfr. § 17.4 *supra*.

[1003] Nos termos desta norma, «[o]s gerentes, administradores ou directores de cada sociedade a incluir na consolidação que seja empresa filial ou associada devem, em tempo útil, enviar à sociedade consolidante o seu relatório e contas e a respectiva certificação legal ou declaração de impossibilidade de certificação a submeter à respectiva assembleia geral, *bem como prestar as demais informações necessárias à consolidação de contas*» (itálico nosso). Para uma análise do § 294(3) HGB, norma paralela no Direito alemão, cfr., *v.g.*, GÖTZ – *Leitungssorgfalt...* p. 527, LUTTER – *Information und Vertraulichkeit*[3]... p. 49 ss.

[1004] Devem admitir-se como legítimos (no sentido de lícitos) a prestação voluntária de informações e o consentimento para a realização de inspeções pela sociedade consolidada, na medida em que se cinjam aos seus limites teleológicos. Estes fluxos de informação não colidem com as regras sobre abuso de informação (art. 378.º CVM e 449.º CSC), sobre os deveres de confidencialidade e de tratamento paritário dos acionistas pela administração das sociedades consolidadas.

[1005] No mesmo sentido, cfr. ENGRÁCIA ANTUNES – *A fiscalização...* p. 159.

[1006] Em rigor, trata-se de um poder-dever de cumprimento estrito.

DA ADMINISTRAÇÃO À FISCALIZAÇÃO DAS SOCIEDADES

695   III. Esta solução legal fica aquém das necessidades de um adequado sistema de fiscalização: o facto de o acesso dos fiscalizadores à informação ser mediado pelo órgão fiscalizado reduz a credibilidade do processo de fiscalização[1007].

696   Em todo o caso, se o conselho fiscal não obtiver prontamente toda a informação necessária ou conveniente ao desenvolvimento da sua função e fique com dúvidas sobre quaisquer elementos do relatório de gestão consolidado ou das contas consolidadas, deve relatar esse facto no seu parecer sobre os mesmos [art. 420.º/1, *g*)].

24.5. Os poderes-deveres de informação e inspeção do conselho fiscal da sociedade-mãe e dos seus membros noutros grupos (*de iure* e *de facto*)

697   I. Nos demais grupos *de iure* e *de facto*, aos quais não é aplicável o disposto no art. 503.º/2, nem a obrigação de consolidação de contas, o conselho fiscal da sociedade-mãe, por um lado, e os seus membros a título individual, por outro, não têm poderes jurídicos de informação e de inspeção sobre as sociedades-filhas. Paralelamente, não estão os administradores destas adstritos a qualquer dever legal de informação para com aqueles, nem obrigados a tolerar a sua intervenção fiscalizadora[1008].

698   II. O nosso sistema não acompanhou o seu congénere italiano. Neste sistema, os *sindaci* individualmente (nas sociedades cotadas) ou o *collegio sindacale* (nas demais *società per azione*) podem trocar informações sobre os sistemas de administração e controlo e sobre o andamento geral da atividade social com os correspondentes órgãos de controlo das sociedades controladas (arts. 2403-*bis*(2), *Codice Civile* e 151/2 TUF)[1009]. Para além disso, no âmbito das sociedades cotadas, o *collegio sindacale* pode solicitar informações sobre o andamento da atividade social ou sobre assuntos específicos, não só aos administradores da sua socie-

---

[1007] Também no sistema alemão, o *Aufsichtsrat* vê os seus "direitos de inspeção e exame" (§ 111(2)1 AktG) limitados à sociedade na qual se integra. Não obstante, as lacunas de informação do *Aufsichtsrat* podem ser integradas não apenas através da informação prestada pelo *Vorstand* da mesma sociedade, mas ainda por uma revisão legal das contas do grupo, na medida em que poderes-deveres de inspeção do *Abschlussprüfer* se estendem quer à sociedade-mãe, quer às sociedades-filhas (§ 320(2)3 HGB). Cfr., *v.g.*, HOPT e ROTH – *AktG Großkommentar*⁴..., § 111, n.ᵒˢ 435-437. No sistema italiano, o revisor tem poderes-deveres de inspeção sobre as sociedades consolidadas (art. 14(6) do *Decreto legislativo 27 gennaio 2010, n. 39*). Entre nós, como veremos adiante no § 35.2 *infra*, os poderes-deveres de inspeção do revisor são limitados à sua sociedade.

[1008] No mesmo sentido, na análise de questão paralela no sistema alemão, *vide*, *v.g.*, LUTTER e KRIEGER – *Rechte*⁵... p. 101.

[1009] CAMPOBASSO – *Manuale*... p. 401, GALGANO – *Il nuovo diritto societario*... p. 295.

O MODELO PORTUGUÊS ENQUANTO MODELO BASE

dade, mas também *diretamente* aos órgãos de administração e fiscalização das sociedades controladas (art. 151/1 TUF)[1010].

III. Ao conselho fiscal e aos seus membros resta-lhes, portanto, o exercício dos poderes de informação dirigidos à sociedade-mãe[1011], já analisados[1012]. Em particular, podem exigir do conselho de administração ou de qualquer dos seus membros as informações ou os esclarecimentos que entendam necessários ou adequados, não só sobre as relações da sociedade-mãe com as sociedades-filhas, mas também sobre qualquer questão interna das sociedades-filhas que possa ser relevante para a sociedade-mãe.

699

Impõe-se, portanto, uma interpretação extensiva do art. 421.º/1, *b*), no sentido de incluir nas «operações ou actividades da sociedade», também aquelas que sejam desenvolvidas *indiretamente*, através de sociedades-filhas[1013]. Naturalmente, os deveres de confidencialidade face a tais sociedades que recaiam sobre os administradores não são oponíveis aos fiscalizadores[1014].

700

[1010] A este propósito, note-se ainda que, nos termos do art. 2625 *Codice Civile*, são penalmente sancionados os administradores que, ocultando documentos ou outros meios de prova, impeçam ou de outra forma prejudiquem o desempenho da fiscalização pelo *collegio sindacale*. CAMPOBASSO – *Manuale...* p. 401.

[1011] Também ENGRÁCIA ANTUNES – *A fiscalização...* p. 159 defende que a informação sobre as sociedades coligadas deve ser exigida à administração da própria sociedade, nos termos do art. 421.º/1, *a*) e *b*). Não podemos, porém, acompanhar o autor na sua fundamentação. Segundo ENGRÁCIA ANTUNES:

«se é verdade que a função fiscalizadora é uma função social instrumental relativamente ao direito à informação dos sócios (...) e se este dever abrange também nos termos gerais "as relações entre a sociedade e outras sociedades com elas (sic) coligadas" (art. 290.º, n.º 1), então será curial concluir que os deveres de apresentação e informação acima referidos, que obrigam a administração social em face do órgão fiscal, não vinculam esta a prestar apenas esclarecimentos sobre os negócios e operações da própria sociedade, mas ainda sobre qualquer facto ou relação (de natureza negocial ou outra) intercedente entre outra sociedade ou terceiro cujo conhecimento seja necessário para o cabal controlo da gestão e vida da sociedade fiscalizada».

A recondução dos poderes de informação dos fiscais ao direito de informação dos acionistas previsto no art. 290.º determinaria uma restrição inadmissível do seu conteúdo, deixando de fora todos os factos sobre as sociedades coligadas que possam ser relevantes para a cabal compreensão da situação económico-financeira da sociedade-mãe e que não respeitem às "relações entre a sociedade e outras sociedades com ela coligadas". O fundamento e a extensão dos poderes de informação são outros, como resulta do texto.

[1012] Cfr. § 24.1 *supra*.

[1013] Também em Itália se afirma que os *sindaci* individualmente (nas sociedades cotadas) ou o *collegio sidacale* (nas demais *società per azione*) pode(m) solicitar à administração da sociedade (na qual exercem as suas funções) informação sobre o andamento da atividade social ou sobre determinados assuntos relativos às sociedades por esta controladas (arts. 2403-*bis*, parágrafo 2.º do *Codice Civile* e 151/1 do TUF). GALGANO – *Il nuovo diritto societario...* p. 295.

[1014] Também estes estão sujeitos a um dever de confidencialidade, nos termos do art. 422.º/1, *c*).

DA ADMINISTRAÇÃO À FISCALIZAÇÃO DAS SOCIEDADES

701 Para além disso, quando tenham quaisquer dúvidas ou seja insuficiente a informação prestada pelos administradores, devem aceder a outras fontes de informação: (a) devem consultar os documentos e registos da sociedade-mãe sobre as sociedades-filhas e inquirir os administradores e funcionários daquela sobre as dúvidas existentes; (b) devem consultar a informação publicada ou divulgada ao público por imposição legal ou por opção das sociedades-filhas, incluindo os relatórios do seu órgão de fiscalização e do seu revisor oficial de contas, bem como, no caso das sociedades cotadas, a informação produzida e divulgada pelos auditores externos, ou por outros *gatekeepers*[1015] (com destaque para as sociedades de notação de risco e para os analistas financeiros); e (c) devem tomar conhecimento da informação que tenha sido produzida pelos consultores externos da sociedade-mãe, estando estes adstritos a prestar toda a informação que lhes seja solicitada por qualquer fiscal da mesma [art. 421/1, *c*)].

702 Para além da consulta de toda esta informação escrita, os membros do conselho fiscal podem e devem obter, junto do revisor oficial de contas e dos consultores externos da sociedade, os esclarecimentos adicionais, verbais e escritos, que considerarem adequados à pontual compreensão do assunto em análise.

24.6. A problemática do acesso direto à informação (sem intervenção da administração)

703 I. Quando analisámos os poderes-deveres de obtenção de informação e de inspeção do conselho fiscal e dos seus membros, deixámos em aberto a questão do *acesso direto* à informação da sociedade, *i.e.*, sem intermediação do conselho de administração ou dos seus membros. As questões que se colocam são essencialmente duas:

(i) Estão os fiscais habilitados para aceder diretamente aos documentos da sociedade ou dependem da conduta da administração, traduzida na entrega dos mesmos para análise?

(ii) E estão os fiscais habilitados a inquirir diretamente os trabalhadores e colaboradores da sociedade, para obter as informações e os esclarecimentos que entendam necessários ou convenientes para o exercício das suas funções, ou a prestação de tais informações aos fiscais está reservada à administração?

704 II. No sistema alemão, a doutrina dominante privilegia a prestação de informação pelo *Vorstand*, seja através da apresentação de relatórios (§ 90(1) AktG), seja através dos esclarecimentos solicitados pelo *Aufsichtsrat* ou por algum dos

---

[1015] Sobre este conceito, cfr. nota 1377 *infra*.

O MODELO PORTUGUÊS ENQUANTO MODELO BASE

seus membros (§ 90(3) AktG)[1016]. O *Aufsichtsrat* deve confiar na completude e veracidade da informação prestada pelo *Vorstand*, salvo quando especiais circunstâncias exijam uma vigilância acrescida (*erhöhte Wachsamkeit*) ou quando os relatórios apresentados pelo *Vorstand* nos termos do § 90 AktG não cumpram o seu propósito[1017].

Segundo SEMLER, o *Aufsichtsrat* não é totalmente livre no exercício dos seus poderes de informação. O conteúdo destes é delimitado pelo respetivo escopo: «o *Aufsichtsrat* não pode requerer, e o *Vorstand* não está obrigado a prestar, aquilo de que o *Aufsichtsrat* não necessite para o adequado cumprimento dos seus deveres»[1018]. Nesta medida, caso o *Vorstand* entenda que a conduta do *Aufsichtsrat* consubstancia manifestamente um abuso dos seus poderes de informação, pode recusar-se a responder às questões colocadas e pode recusar a entrada dos seus membros nas instalações da sociedade e a realização de actos de inspeção sobre as operações em curso ou sobre documentos guardados (§ 111(2) AktG)[1019].

Segundo a mesma construção, na medida em que a vigilância do *Aufsichtsrat* tem por objecto a conduta do *Vorstand*, não lhe competindo vigiar os colaboradores da sociedade (subordinados ao mesmo), em princípio não pode o *Aufsichtsrat* exigir informações aos colaboradores da sociedade[1020]. Só excecionalmente se admite essa possibilidade: quando o *Aufsichtsrat* necessite de uma informação, para o exercício da sua vigilância sobre o *Vorstand*, que só um determinado colaborador pode prestar. Ainda assim, o pedido de informação deve ser dirigido ao *Vorstand* e o inquérito do colaborador deve em princípio ter lugar na presença do *Vorstand* ou de um dos seus membros[1021].

[1016] SEMLER – *Leitung und Überwachung*[2]... p. 94.

[1017] HANS-DIETER LIPPERT – Überwachungspflicht, Informationsrecht und gesamtschuldnerische Haftung des Aufsichtsrates nach dem Aktiengesetz 1965, Bern: Lang, 1976, p. 83-86, SEMLER – MünchKomm. AktG2.., SEMLER – Leitung und Überwachung[2]... p. 90-91, § 111, n.º 274-275, LUTTER – Information und Vertraulichkeit[3]... p. 107-108, n.º 294, p. 120-121, n.º 320, MERTENS – Kölner Komm. AktG[2]..., § 111, n.º 42.

[1018] SEMLER – *MünchKomm. AktG2*..., § 111, n.º 278.

[1019] Segundo o autor, caso o *Aufsichtsrat* demonstre a existência de uma ligação entre os atos que pretende praticar e os seus deveres, deve o *Vorstand* admitir a prática dos mesmos. *Ibidem*, § 111, n.º 281.

[1020] De acordo com esta construção, ao *Vorstand* cabe tomar as medidas necessárias ao controlo dos seus subordinados. No entanto, se o não fizer, deve o *Aufsichtsrat* tomar as medidas necessárias para que o *Vorstand* cumpra os seus deveres, sem no entanto estender a sua vigilância diretamente aos subordinados deste. *Ibidem*, § 111, n.º 286, SEMLER – *Leitung und Überwachung*[2]... p. 68-69.

[1021] SEMLER – *MünchKomm. AktG*[2]..., § 111, n.º 286.

Em estudo anterior, de forma ainda mais restritiva, sustentava SEMLER que, caso o *Aufsichtsrat* necessitasse de uma informação que só um colaborador podia prestar, deveria o *Vorstand* obter essa informação e transmiti-la ao *Aufsichtsrat*. Só se o *Vorstand* não prestasse essa informação, poderia o *Aufsichtsrat* questionar diretamente um colaborador ou um perito ou consultor da sociedade, nos termos do § 109(1)2 AktG). No entanto, os colaboradores poderiam solicitar a presença de membros do *Vorstand* na reunião

DA ADMINISTRAÇÃO À FISCALIZAÇÃO DAS SOCIEDADES

707   A consulta direta a um tal colaborador sem o conhecimento e a presença do *Vorstand* (ou de um dos seus membros) só é admissível em casos muito excecionais, quando a clarificação de uma questão não possa ser alcançada de qualquer outra forma (*e.g.*, perante alegações contra um dos membros do *Vorstand*, nomeadamente, quando esteja em causa a imediata destituição deste)[1022].

708   A mesma construção é habitualmente aplicada aos poderes de inspeção. Neste sentido explica MERTENS que o *Aufsichtsrat* não pode realizar inspeções e exames sem uma justificação específica, na medida em que os mesmos podem consubstanciar manifestações de desconfiança face ao *Vorstand*[1023].

709   Em suma, a construção da doutrina dominante assenta numa conceção da estrutura de competências societárias baseada no domínio da informação pelo *Vorstand*, segundo a qual o acesso direto à informação pelo *Aufsichtsrat* deve ceder perante a apresentação de relatórios do *Vorstand*[1024]. Especialmente relevante é o facto de a doutrina dominante enquadrar o acesso direto à informação, fora dos casos referidos, como uma violação do dever de, no exercício dos seus poderes de consulta e exame, evitar uma manifestação de desconfiança face ao *Vorstand* (*Vermeidung einer Misstrauensbekundung*)[1025].

710   Perante estes argumentos, pode questionar-se igualmente entre nós: o acesso direto à informação pelo conselho fiscal, ou por qualquer dos seus membros, pode consubstanciar uma violação do seu dever de leal cooperação interorgânica face ao conselho de administração?

711   III. Entre nós, face ao disposto no art. 420.º/3, nos termos do qual

«O fiscal único ou qualquer membro do conselho fiscal, quando este exista, devem proceder, conjunta ou separadamente e em qualquer momento

---

do *Aufsichtsrat*, dado que estes (e não os membros do *Aufsichtsrat*) são os seus superiores hierárquicos. SEMLER – *Leitung und Überwachung*²... p. 99.

[1022] SEMLER – *MünchKomm. AktG*²..., § 111, n.º 286.

[1023] MERTENS – *Kölner Komm. AktG*²..., § 111, n.º 42. Pela mesma razão, SEMLER sustenta que o *Aufsichtsrat* deve restringir o exercício dos seus poderes de inspeção e exame aos casos em que se exija uma vigilância acrescida (*erhöhte Wachsamkeit*). Segundo o autor, também aqui deve ser considerada a proporcionalidade dos meios: primeiro deve o *Vorstand* apresentar os documentos necessários ou permitir a inspeção de unidades de produção ou de produtos da empresa; somente quando tal não seja suficiente ou não permita alcançar o objetivo da vigilância, pode e deve o *Aufsichtsrat* levar a cabo o seu próprio exame. SEMLER – *MünchKomm. AktG2*.., SEMLER – *Leitung und Überwachung*²... p. 100-101, § 111, n.ºs 293, 296.

[1024] LUTTER – *Information und Vertraulichkeit*³..., n.ºs 294, 308, MERTENS – *Kölner Komm. AktG*²..., § 111, n.º 42.

[1025] Sobre os requisitos do exercício dos direitos de exame e consulta previstos no § 111(2) AktG, cfr., *v.g.*, LUTTER e KRIEGER – *Rechte*⁵..., n.º 243, MERTENS – *Kölner Komm. AktG*²..., § 111, n.º 42, JOHANNES SEMLER, in *Münchener Kommentar zum Aktiengesetz, 2 – §§ 76-117, MitbestG, DrittelbG*, 3.ª ed., München: Beck, Franz Vahlen, 2008, § 111, n.º 296, SEMLER – *Leitung und Überwachung*²... p. 100-101, n.º 174.

O MODELO PORTUGUÊS ENQUANTO MODELO BASE

do ano, a todos os actos de verificação e inspecção que considerem convenientes para o cumprimento das suas obrigações de fiscalização»

a resposta deve ser negativa. Deve reconhecer-se aos fiscais um poder-dever de acesso *direto* à informação da sociedade para o cumprimento das suas funções, com uma ampla margem de discricionariedade, independente de autorização do conselho de administração[1026].

Em primeiro lugar, do confronto dos arts. 420.º/1, *c*) e *d*) e 3, e 421.º/1, *a*) e *b*) não resulta qualquer limitação ao poder-dever de inspeção do conselho fiscal[1027]. O argumento de que, sendo completa a informação prestada pelo conselho de administração, não se justifica o acesso direto do conselho fiscal à fonte, não tem sustentação normativa. Os poderes de exigir informações ao conselho de administração e de realizar inspeções para obter diretamente informações não são mutuamente excludentes[1028]. O controlo aleatório deve ser admissível mesmo sem uma suspeita fundada sobre a conduta da administração[1029].

Em segundo lugar, não há fundamento para equiparar o acesso direto à informação a uma manifestação de desconfiança: o órgão de administração que cumpra os seus deveres de informação face ao órgão de fiscalização não deve ter receio do exame dos dados subjacentes[1030]. Como bem refere LEYENS[1031], trata-se no fundo de uma questão de cultura empresarial, que deve ser melhorada por medidas apropriadas de colaboração eficiente entre os dois órgãos[1032]. Neste sentido, o conselho fiscal deve fixar os seus objetivos e procedimentos de obtenção e exame de informação independente, consultando previamente o conselho de administração ou colaborando com o mesmo nessa tarefa[1033]. Na medida em que o conselho de administração tenha de contar com a obtenção de informação independente pelo conselho fiscal, deixa de se verificar o carácter de exceção

712

713

[1026] LEYENS – *Information des Aufsichtsrats* ..., p. 172.

[1027] Tal como da redação do §111(2) da AktG não resulta qualquer limitação ao direito de obtenção de informação independente do *Aufsichtsrat*. *Ibidem*.

[1028] Cfr. *ibidem*, p. 172-175.

[1029] HOFFMANN-BECKING – *Münchener Hdb. AG...* p. 387, n.º 33, LEYENS – *Information des Aufsichtsrats* ..., p. 174 (nota 352).

[1030] LEYENS – *Information des Aufsichtsrats* ..., p. 179.

[1031] *Ibidem*, p. 180.

[1032] Como sugere e desenvolve o n.º 3 do *Deutscher Corporate Governance – Kodex* (DCGK). Cfr. AXEL V. WERDER, in HENRIK-MICHAEL RINGLEB, et al. (eds.) – *Kommentar zum Deutscher Corporate Governance Kodex*, 4.ª ed., München: Beck, 2010, p. 111 ss., n.ºs 351 ss.

[1033] Sobre esta colaboração, no sistema alemão, MARCUS LUTTER, in HENRIK-MICHAEL RINGLEB, et al. (eds.) – *Kommentar zum Deutscher Corporate Governance Kodex*, 4.ª ed., München: Beck, 2010, p. 123, n.º 380.

DA ADMINISTRAÇÃO À FISCALIZAÇÃO DAS SOCIEDADES

das suas inspeções e consultas e, com isso, a causa normativa para a suposição de uma declaração de desconfiança[1034].

714   IV. No sentido da limitação do acesso direto do *Aufsichtsrat* à informação, a doutrina dominante alemã sustenta ainda que este deve atender aos efeitos externos dos seus atos de inspeção e exame, os quais, sendo conhecidos dos colaboradores da sociedade, se tornam do conhecimento quase público, com possíveis danos para a reputação da sociedade. Nas sociedades cotadas, esta questão reputacional poderia ter reflexos negativos na cotação das ações da sociedade em bolsa[1035]. Também face ao nosso sistema se poderia questionar se o acesso direto à informação pelo conselho fiscal pode ser condicionado nestes termos.

715   Em princípio, a resposta deverá, uma vez mais, ser negativa. Não obstante o risco reputacional a curto prazo, a intervenção do conselho fiscal é essencial para assegurar o sucesso empresarial a longo prazo, afastando danos maiores ou restituindo a confiança perdida dos investidores[1036]. Nesta perspetiva, o acesso direto à informação pelo conselho fiscal não prejudica a sociedade, mas apenas, quanto muito, o conselho de administração, cuja posição orgânica não beneficia de proteção[1037].

716   Em suma: a longo prazo, a intervenção do conselho fiscal tem um valor positivo para o mercado que, valoriza a adequada vigilância da sociedade pelos seus órgãos internos. A curto prazo, os riscos referidos podem ser minorados pela publicação de regras sobre o acesso do conselho fiscal à informação, nas quais se especifiquem os objetivos e procedimentos para a sua obtenção de informação independente, tornando assim mais clara e previsível a sua atuação perante o mercado[1038].

717   V. Quanto à questão específica sobre se o conselho fiscal pode consultar diretamente os trabalhadores e colaboradores da sociedade, recordamos que, face a questão paralela no sistema alemão, a doutrina dominante sustenta só ser possível quando o relatório apresentado pelo *Vorstand*, a pedido do *Aufsichtsrat* (§ 90(3) AktG), não tenha cumprido o seu propósito informativo[1039], não tendo

---

[1034] Leyens – *Information des Aufsichtsrats* ..., p. 180.
[1035] Semler – *MünchKomm. AktG³* ..., § 111, n.º 296.
[1036] Cfr. Leyens – *Information des Aufsichtsrats* ..., p. 181.
[1037] Cfr. *ibidem*. Como realça este autor, também o revisor oficial de contas realiza inspeções anuais, sem que a sua atuação seja limitada por considerações semelhantes. A melhoria da transparência interna nos termos sustentados é coerente com as linhas de orientação internacionais de agravamento dos padrões de vigilância interna.
[1038] Cfr. *ibidem*.
[1039] Cfr. *ibidem*, p. 182-183.

O MODELO PORTUGUÊS ENQUANTO MODELO BASE

o *Aufsichtsrat* obtido a clarificação necessária[1040] ou desconfie da veracidade das informações recebidas[1041]. Seria então necessária a existência de suspeitas concretas e graves sobre a gestão inadequada do *Vorstand*[1042].

Caso se admitisse esta construção entre nós, face ao disposto no art. 421.º/1, *b)*, o conselho fiscal só poderia consultar diretamente os trabalhadores e colaboradores da sociedade nos poucos casos em que a sua discricionariedade fosse "reduzida a zero", ficando obrigado a reagir perante o conselho de administração[1043].

Parece-nos, porém, que do confronto desta norma com o disposto no art. 420.º/3 não resulta qualquer argumento contra o reconhecimento de um poder de consulta aos trabalhadores e demais colaboradores da sociedade. Antes pelo contrário: a amplitude da norma constante do n.º 3 do art. 420.º constitui um forte argumento no sentido da admissão dos contactos diretos com trabalhadores e colaboradores. De facto, a locução "atos de verificação e inspeção" é suficientemente ampla para incluir tais contactos, sendo certo que, na prática, estes são frequentemente essenciais à cabal e atempada compreensão dos documentos e registos da sociedade[1044].

Para além disso, se se admite expressamente, entre nós, o contacto direto dos membros do conselho fiscal com terceiros que tenham realizado operações por conta da sociedade, de forma a obter informações sobre essas operações, nos termos do art. 421.º/1, *c)*, por maioria de razão deve admitir-se o contacto direto com quaisquer trabalhadores e colaboradores da sociedade sobre assuntos nos quais estes tenham estado envolvidos[1045]. Acrescente-se que, não distinguindo a lei, a consulta dirigida a tais pessoas vai dirigida não apenas a um juízo de legali-

718

719

720

[1040] SEMLER – *MünchKomm. AktG*[3]..., § 111, n.º 286.

[1041] LIPPERT – *Überwachungspflicht*... p. 82-83 refere-se a dúvidas face à sinceridade do *Vorstand* no relato apresentado.

[1042] MERTENS – *Kölner Komm. AktG*[2]..., § 90, n.º 52, refere-se a "casos extremos especiais" em que esteja em causa a vigilância e preparação da representação da sociedade em negócios com membros da direção, ou quando exista uma forte suspeita de violação de um dever, HOFFMANN-BECKING – *Münchener Hdb. AG*..., § 29, n.º 24 refere-se a fundada suspeita de que o *Vorstand* prestou informações falsas ou omitiu questões essenciais, SEMLER – *Leitung und Überwachung*[2]... p. 70, n.º 121, por seu turno, afirma que só o *Vorstand* está obrigado a prestar informações ao *Aufsichtsrat* e que os empregados da sociedade só respondem perante o *Vorstand*.

[1043] LEYENS – *Information des Aufsichtsrats* ..., p. 183.

[1044] Facilmente se compreende que a simples consulta de documentos pode não ser suficiente para se compreender os contornos de uma operação empresarial e, mesmo nos casos em que isso é possível, sem o auxílio dos trabalhadores e colaboradores da sociedade envolvidos nessa operação, os fiscais demoram necessariamente muito mais tempo para concluir o seu exame.

[1045] Face a esta norma perdem sentido, entre nós, os demais termos da discussão mantida na doutrina germânica sobre este tema e que podem ser confrontados em LEYENS – *Information des Aufsichtsrats* ..., p. 182-199.

DA ADMINISTRAÇÃO À FISCALIZAÇÃO DAS SOCIEDADES

dade em sentido estrito, mas, em geral, à avaliação da correspondência da atividade desenvolvida aos melhores interesses da sociedade[1046].

721   VI. Em suma, deve reconhecer-se um amplo *poder* de qualquer membro do conselho fiscal de aceder direta e livremente a quaisquer informações sobre a atividade empresarial conduzida pela sociedade, tanto autonomamente, como no contexto da empresa plurisocietária. Não devem, portanto, aceitar-se as afirmações nem da necessidade de prévio consentimento do conselho de administração, nem da possibilidade de os trabalhadores e colaboradores da sociedade se recusarem a apresentar documentos ou a prestar as informações e os esclarecimentos que lhes sejam solicitados.

722   VII. O reconhecimento de um amplo poder de acesso à informação, essencial para garantir uma adequada fiscalização da administração, não pode implicar, porém, uma *sistemática sobreposição* do conselho fiscal (e dos seus membros) ao conselho de administração (e dos seus membros) na criação de fluxos de informação.

723   Uma análise mais cuidada das normas de competência que sustentam um tal poder conduz à inevitável conclusão de que as mesmas não só *habilitam* os membros do conselho fiscal a aceder a essa informação – vinculando os sujeitos passivos à sua prestação – como, sendo o seu sentido deôntico de imposição[1047], *obrigam-nos* a aceder à mesma sempre que a prossecução dos melhores interesses da sociedade assim o exija[1048].

724   Por outras palavras, este poder está funcionalmente orientado à prossecução do interesse social, sendo, portanto, um poder-dever. O seu conteúdo passivo é *a priori* indeterminado, mas determinável pelo devedor no caso concreto. A este cabe, perante as circunstâncias do caso, ponderar os custos e benefícios e determinar se se justifica o acesso direto à informação ou se a sociedade é melhor servida pelo uso da informação assegurada pela administração.

[1046] O dever dos trabalhadores e colaboradores de prestar informação ao conselho fiscal abrange apenas a informação que estes tenham disponível. A obtenção e tratamento de nova informação corresponde a um exame que, em geral, não pode ser ordenado pelo conselho fiscal, mas apenas pelo conselho de administração ou por quem tenha poderes de gestão delegados. Deve, contudo, ser reconhecido um tal poder aos fiscais em casos excecionais, nos quais haja fundadas dúvidas sobre a completude ou veracidade da informação prestada pela administração ou, em última análise, sobre o envolvimento de um ou mais administradores na prática de irregularidades. Cfr. *ibidem*, p. 196.

[1047] Cfr. § 62.1 *infra*.

[1048] Opera aqui o dever de lealdade dos membros do conselho fiscal. Para questão paralela no sistema alemão, cfr., *v.g.*, LIPPERT – *Überwachungspflicht...* p. 94-95.

O MODELO PORTUGUÊS ENQUANTO MODELO BASE

Certo é que não deve formular pedidos inúteis ou excessivamente onerosos, sobrecarregando os trabalhadores e colaboradores da sociedade desnecessariamente. Para além disso, deve exercer os seus poderes conciliando, tanto quanto possível, as sensibilidades das pessoas envolvidas, evitando conflitos desnecessários com a administração, trabalhadores e colaboradores da sociedade.   725

Neste contexto, deve aproveitar os fluxos de informação assegurados pelo conselho de administração, articulando a obrigação de vigilância deste com a sua: uma simples sobreposição das tarefas cognitivas destes órgãos seria absolutamente ineficiente, implicando um desperdício de recursos inaceitável.   726

Dito isto, podem enunciar-se os seguintes princípios: 727

(i) Ao conselho de administração cabem os deveres de organização interna e externa, de criação e gestão de um adequado sistema de informação e de definição de políticas internas de gestão de riscos[1049].

(ii) Ao conselho fiscal cabe a fiscalização da eficácia da organização interna e externa do conselho de administração e dos sistemas referidos [art. 420.º/1, *i*)], exigindo as melhorias necessárias aos fluxos de informação, de forma a permitir aos membros de um e outro órgão o conhecimento da real situação da sociedade em cada momento.

VIII. Esta delimitação dos poderes-deveres do conselho fiscal e dos seus membros, no sentido de evitar uma *sobreposição sistemática* ao conselho de administração, não pode, porém – repita-se uma vez mais – ser confundida com a afirmação da necessidade de consentimento deste para o acesso daqueles à informação, nem construída no sentido de habilitar os trabalhadores e colaboradores da sociedade a recusar a prestação das informações e dos esclarecimentos que lhes sejam solicitados.   728

Em princípio, a decisão do conselho fiscal ou de qualquer dos seus membros pelo acesso direto insere-se no *espaço de discricionariedade* normativamente reconhecido aos mesmos. Só em casos extremos, de exercício manifestamente abusivo da sua posição jurídica, poderá o conselho de administração opor-se ao mesmo.   729

Um entendimento diverso acarretaria a necessidade de prévia fundamentação do exercício dos poderes-deveres de informação e inspeção pelo conselho fiscal (e pelos seus membros), situação que seria particularmente gravosa para a sociedade nos casos em que o conselho fiscal (ou algum dos seus membros) suspeite do envolvimento direto de um ou mais administradores nos problemas detetados.   730

[1049] Nos termos enunciados no § 21 *supra*.

DA ADMINISTRAÇÃO À FISCALIZAÇÃO DAS SOCIEDADES

24.7. A obtenção de informação pelo conselho fiscal através das comunicações de irregularidades: o enquadramento normativo do *whistleblowing*

731   I. Nos termos da al. *j)* do art. 420.º/1, introduzida em 2006, o conselho fiscal tem competência para receber as comunicações de irregularidades apresentadas por acionistas, colaboradores da sociedade ou outros. Estas comunicações correspondem ao fenómeno comummente designado por *whistleblowing* e a definição do conselho fiscal como seu destinatário reforça o seu peso no equilíbrio interorgânico.

732   O termo *"whistleblowing"* traduz, segundo SAHA, todo o ato voluntário (não obrigatório) e intencional de comunicação de alguma ilegalidade ou irregularidade (*wrongdoing*) confirmada, suspeita ou prevista[1050].

733   Este ato está frequentemente associado a uma ponderação e sobreposição do interesse público a interesses privados, com reflexos em definições como a sustentada por KIRSTINE DREW, segundo a qual *"whistleblowing"* corresponde à comunicação de informações no interesse público[1051].

734   No contexto do art. 420.º/1, *j)*, porém, esta expressão deve ser entendida como referida à comunicação, ao conselho fiscal, de informações sobre irregularidades ou suspeita de irregularidades (incluindo atos ilícitos, mas não só), voluntariamente ou por imposição legal, não só no interesse público, mas também no interesse da própria sociedade[1052].

[1050] ARPITA SAHA – *Whistle-blowing in the United Kingdom*, 2008, disponível em http://ssrn.com/paper=1106544, p. 2.

[1051] KIRSTINE DREW – *Whistle blowing and corruption: an initial and comparative review*, 2003, disponível em http://www.psiru.org/reports/whistleblowing-and-corruption-initial-and-comparative-review.

[1052] Segundo CELINA CARRIGY, a promoção da denúncia de irregularidades tem raízes nos EUA, no *False Claims Act* de 1863, nos termos do qual podem ser responsabilizadas pessoas singulares ou coletivas por fraudes ou irregularidades cometidas em programas federais. Esta lei, aprovada durante a guerra civil americana (para promover a denúncia de fraudes na contratação pública, então frequentes) e ainda em vigor, prevê um mecanismo (*"qui tam"*) segundo o qual os cidadãos podem proceder judicialmente contra os lesantes, em representação do governo, recebendo a final uma percentagem (entre 15 e 25%) da indemnização paga. Segundo os dados do sítio da internet do *The False Claims Act Legal Center* (www.taf.org), o governo federal recuperou por esta via cerca de 22 mil milhões de dólares entre 1986 e 2008. Cfr. http://www.taf.org/FCA-stats-DoJ-2008.pdf (consultado a 26-jan.-2012). Cfr. CELINA CARRIGY – Denúncia de irregularidades no seio das empresas (corporate whistle blowing), *Cadernos do Mercado dos Valores Mobiliários*, 21, 2005, p. 38-39. Cfr. também PAULO CÂMARA – *CGS anotado...*, recomend. 2.1.4., em especial p. 165.

No Reino Unido, merece destaque o *Public Interest Disclosure Act* (PIDA) de 1998, aprovado na sequência de uma série de tragédias – como o capotamento do Zeebrugge ferry em 1987, o desastre ferroviário de Clapham de 1988 e a explosão da plataforma petrolífera Piper Alpha em 1988 – e da perceção de que as mesmas poderiam ter sido evitadas (ou pelos menos os seus efeitos atenuados) se os funcionários das empresas envolvidas tivessem denunciado as irregularidades de que tinham conhecimento e se tais empresas tivessem reagido adequadamente. A PIDA concede proteção aos trabalhadores que, atuando de boa-fé, denunciem práticas ilegais nas suas organizações. Cfr. SAHA – *Whistle-blowing in the United*

O MODELO PORTUGUÊS ENQUANTO MODELO BASE

II. No meio societário, como em qualquer organização, a denúncia é habitualmente interpretada ora como uma atitude desleal face à sociedade (principalmente por aqueles que podem vir a ser responsabilizados pela irregularidade detetada, como ficou patente na reação de Andy Fastow, CFO da Enron, perante a conduta de Sherron Watkins)[1053], ora como uma atitude corajosa que permite evitar ou minorar danos à mesma.

735

Naturalmente, aquele que denuncia tem receio de ser prejudicado ou mesmo despedido[1054], mas há outros obstáculos à denúncia pelos trabalhadores: é frequente pensar-se que a irregularidade detetada tem uma qualquer justificação simples, que não está ao seu alcance; no contexto de uma dinâmica de

736

Kingdom, em especial p. 4-5, também citado por PAULO CÂMARA – *CGS anotado...*, recomend. 2.1.4., em especial p. 165. Cfr. também CARRIGY – *Denúncia de irregularidades...* p. 43-44.

Mais recentemente, o tema voltou a estar na ordem do dia, mas desta feita a propósito do governo das sociedades, em especial, na sequência dos escândalos da Enron e da WorldCom. O problema passou a ser enquadrado não só na salvaguarda do interesse público, mas também no interesse das próprias sociedades.

No caso Enron, merece destaque Sherron Watkins, técnica oficial de contas e vice-presidente que sublinhou os graves problemas da sociedade num memorando dirigido ao presidente do conselho de administração, Kenneth Lay. Reuniu depois com o mesmo, expondo minuciosamente os problemas detetados em vários memorandos, alertando-o para a necessidade de conduzir uma auditoria interna, usando os serviços de outra sociedade de advogados que não a *Vinson & Elkins*, envolvida nos problemas detetados. Contrariamente ao esperado por Watkins, Lay entregou o caso à *Vinson & Elkins* que rapidamente concluiu pela inexistência de quaisquer problemas. Isto na véspera de a Enron anunciar perdas trimestrais de 500 milhões de dólares e uma redução dos capitais próprios em mil milhões de dólares. Três meses depois a sociedade foi declarada insolvente.

Na WorldCom, Cynthia Cooper começou por alertar os auditores (Arthur Andersen) para a inflação dos proveitos da sociedade. Perante a atitude displicente destes e perante a reação hostil de Scott Sullivan (CFO), Cooper e a sua equipa promoveram uma extensa auditoria interna durante a noite, copiando a informação relevante para CDs para que não fosse destruída. No espaço de meses descobriu uma fraude de milhares de milhões de dólares. Quando foi descoberta, Scott Sullivan exigiu que parasse imediatamente a auditoria, mas Cooper não obedeceu. Pelo contrário, levantou a questão perante o presidente da comissão de auditoria do conselho de administração. Esta comissão reuniu na semana seguinte e ouviu todas as partes envolvidas. Tendo concluído pela insuficiência das justificações dadas pelo CFO da sociedade, disse-lhe que se não se demitisse com efeitos imediatos seria despedido no dia seguinte pelo conselho de administração (o que veio a suceder).

Sherron Watkins e Cynthia Cooper seriam distinguidos pela revista *Time* como personalidades do ano de 2002.

RICHARD LACAYO e AMANDA RIPLEY – Persons of the year, *Time*, 30 de dezembro de 2002, p. 30. Para um análise detalhada do papel desempenhado por estes dois *whistleblowers*, cfr. KATHLEEN F. BRICKEY – From Enron to WorldCom and beyond: Life and crime after Sarbanes-Oxley, *Washington University Law Quarterly*, 81, 2003, p. 360-370.

[1053] Cfr. BRICKEY – *From Enron to WorldCom...* p. 362-364.

[1054] Cfr. *ibidem*, p. 365 apresenta interessantes dados estatísticos retirados de um estudo do *National Whistleblower Center* e outro do *Government Accountability Project*, ambos de 2002, sobre consequências a que foram sujeitos *whistleblowers* nos Estados Unidos.

DA ADMINISTRAÇÃO À FISCALIZAÇÃO DAS SOCIEDADES

grupo, o indivíduo tende a pensar que, se outras pessoas com conhecimento do problema nada disseram, também ele não deve suscitar questões; por fim, em muitos casos, o trabalhador teme ter de provar a irregularidade de que suspeita, o que frequentemente não está em condições de fazer cabalmente[1055].

737   Por estas e outras razões é tão importante a implementação de soluções institucionais que facilitem a denúncia antecipada de problemas, de forma a que os mesmos possam ser analisados e solucionados antes de ser tarde de mais.

738   III. Nos Estados Unidos, a secção 806 do *Sarbanes Oxley Act*[1056] protege os *whistleblowers* das sociedades cotadas, proibindo-as de despedir, suspender, ameaçar, pressionar ou de qualquer outra forma discriminar funcionários que prestem informações ou que de outra forma auxiliem agências federais, membros do Congresso ou qualquer pessoa com poderes de vigilância sobre tal funcionário, em virtude de condutas que o funcionário "razoavelmente entenda" constituir violação de leis sobre valores mobiliários ou leis federais dirigidas à proteção de acionistas. A violação desta disposição constitui fundamento de uma *civil action*.

739   Para além disso, a secção 301 exige que os *audit committees* criem procedimentos para *(a)* a recepção e tratamento de denúncias relativas a questões de contabilidade, de controlos contabilísticos internos e auditoria e *(b)* a apresentação anónima e confidencial de denúncias por empregados relativas a questões de questionável contabilidade ou auditoria.

740   A secção 1107 do *Sarbanes Oxley Act* vai ainda mais longe, definindo como ilícito penal a retaliação contra *whistleblowers*:

> «*Whoever knowingly, with the intent to retaliate, takes any action harmful to any person, including interference with the lawful employment or livelihood of any person, for providing to a law enforcement officer any truthful information relating to the commission or possible commission of any Federal offense, shall be fined under this title or imprisoned not more than 10 years, or both*»[1057].

IV. Também os *Principles of Corporate Governance* da OCDE[1058] abordam esta questão. No ponto E do capítulo IV pode ler-se:

[1055] Cfr. SAHA – *Whistle-blowing in the United Kingdom*, p. 5-6, onde a autora analisa as razões pelas quais, numa série de casos, os trabalhadores não denunciaram as irregularidades de que tinham conhecimento.

[1056] Cfr. nota 6 *supra*.

[1057] Para uma análise mais detalhada sobre este ponto, cfr. BRICKEY – *From Enron to WorldCom...* p. 365--369. Cfr. também, entre nós, CARRIGY – *Denúncia de irregularidades...* p. 41-42.

[1058] OCDE – *Principles of corporate governance*, p. 21.

O MODELO PORTUGUÊS ENQUANTO MODELO BASE

«Os sujeitos com interesses relevantes, incluindo os trabalhadores e seus órgãos representativos, devem poder comunicar livremente as suas preocupações sobre práticas ilegais ou contrárias aos princípios de ética ao órgão de administração, não devendo os seus direitos ser prejudicados por este facto»[1059].

As anotações a este ponto realçam a importância da denúncia de irregularidades para salvaguarda dos direitos não só dos *stakeholders*, mas também da sociedade e seus acionistas, recomendando a criação de mecanismos adequados à proteção dos denunciantes e sustentando[1060] que, na ausência de uma resposta interna adequada, devem as irregularidades ser levadas ao conhecimento das autoridades[1061].

V. A nível europeu destaca-se a Recomendação da Comissão Europeia 2005/162/CE, de 15 de fevereiro de 2005, a qual refere que

«O comité de auditoria deve controlar o procedimento através do qual a sociedade cumpre as disposições em vigor no que diz respeito à possibilidade de os empregados notificarem irregularidades importantes, alegadamente cometidas na sociedade, apresentando uma queixa ou enviando uma carta anónima, normalmente a um administrador independente, e assegurar-se de que existe um dispositivo que prevê uma investigação independente e proporcionada destas questões, acompanhada de medidas apropriadas»[1062].

VI. Em Portugal, o Código das Sociedades Comerciais imputa deveres de comunicação de irregularidades a vários órgãos sociais.

No nosso modelo tradicional, os membros do conselho fiscal (ou o fiscal único), a quem compete vigiar pela observância da lei e do contrato de sociedade [art. 420.º/1, *b*)], bem como o revisor oficial de contas, devem comunicar ao Ministério Público os factos delituosos de que tenham tomado conhecimento no desempenho das suas funções e que constituam crimes públicos (art. 422.º/3). Para além disso, devem dar conhecimento à administração e aos sócios (na primeira assembleia que se realize) de todas as irregularidades e inexatidões que

741

742

743

744

[1059] Tradução de CARRIGY – *Denúncia de irregularidades...* p. 40.

[1060] Por remissão para as OCDE – *Guidelines for Multinational Enterprises*, 2011, disponível em http://www. oecd.org/dataoecd/43/29/48004323.pdf.

[1061] Cfr. OCDE – *Principles of corporate governance*, p. 47-48.

[1062] Cfr. COMISSÃO EUROPEIA – *Recomendação relativa ao papel dos administradores não executivos ou membros do conselho de supervisão de sociedades cotadas e aos comités do conselho de administração ou de supervisão, de 15 de fevereiro de 2005 (2005/162/CE)*, JO 51/52, 25.2.2005, p. 12 (JO L 52/62).

DA ADMINISTRAÇÃO À FISCALIZAÇÃO DAS SOCIEDADES

tiverem detetado nas suas verificações, fiscalizações e diligências [art. 422.º/1, *d*) e *e*)]. Os membros do conselho fiscal devem ainda, como referimos já, comunicar *imediatamente* ao revisor oficial de contas, por carta registada, «os factos que revelem dificuldades na prossecução normal do objecto social» (art. 420.º-A/7).

745 No caso do revisor oficial de contas, como referimos já, o procedimento de comunicação de irregularidades resulta do art. 420.º-A/1 a 4, que prevê um dever de comunicação sucessiva *up the ladder*, ou seja: deve primeiro comunicar, por carta registada, ao presidente do conselho de administração; caso este não responda no prazo devido ou a resposta não seja satisfatória, deve requerer a convocação do conselho de administração para apreciação dos factos e tomada das medidas adequadas, na sua presença; se tal reunião não se verificar ou não forem tomadas medidas adequadas à salvaguarda do interesse da sociedade, deve requerer a convocação de uma assembleia geral para apreciar e deliberar sobre os factos em causa[1063]. Os n.os 1 a 4 do art. 420.º-A referem-se apenas ao revisor oficial de contas, mas o procedimento neles descrito deve considerar-se aplicável também aos membros do conselho fiscal nos termos referidos adiante[1064].

746 VII. Contrariamente ao verificado no Direito italiano, o Código das Sociedades Comerciais não prevê expressamente um dever de troca tempestiva de informações entre o conselho fiscal e os responsáveis pela fiscalização contabilística da sociedade, na medida do necessário ao cumprimento dos seus deveres[1065].

[1063] Nos termos do art. 420.º-A, o revisor oficial de contas que não cumpra estes passos é solidariamente responsável com os membros do conselho de administração pelos prejuízos decorrentes para a sociedade.
[1064] Cfr. § 26.2 *infra*.
[1065] Cfr. arts. 2409-*septies* do *Codice Civile* e 150/3 TUF. CAMPOBASSO – *Manuale...* p. 401, FORTUNATO – *I "controlli"* ... p. 872. Este mecanismo, no sistema italiano, deve ser conjugado com o disposto para as sociedades cotadas no art. 155/2 TUF (o mesmo mecanismo estava anteriormente previsto no art. 1, II parágrafo do *Decreto del Presidente della Repubblica 31 marzo 1975, n. 136*). Segundo esta norma, a *società di revisione* deve informar o *collegio sindacale* (e também a Consob) acerca de "factos censuráveis". De acordo com a *Comunicazione Consob* sobre esta matéria (*Comunicazione Consob n. SOC/RM/93002422 del 31 marzo 1993*), entende-se por facto censurável «(...) um facto irregular ou ilícito praticado por pessoas ou órgãos da sociedade decorrente de desvios à norma jurídica ou à norma estatutária que tenha efeito relevante no balanço». É interessante notar que, de acordo com a Consob, a "certeza" da irregularidade não é pressuposto deste dever de informação, bastando a existência de elementos suficientes que permitam a consideração da operação examinada como censurável. Cfr. RAFFAELE CALDARONE e GIOVANNA TUCCI – La responsabilità nell'esercizio dell'attivitàdi revisione e certificazione del bilancio: prime pronunce della giurisprudenza e tendenze evolutive, *Giurisprudenza Commerciale*, 22:1, 1995, p. 309. Ainda neste contexto, merece referência o dever dos responsáveis pelo controlo interno da sociedade de, por sua própria iniciativa ou a pedido de qualquer um dos *sindaci*, prestar informações ao *collegio sindacale* (art. 150/4 TUF).

O MODELO PORTUGUÊS ENQUANTO MODELO BASE

Não obstante o silêncio do Código das Sociedades Comerciais, deve o revisor   747
oficial de contas comunicar imediatamente ao conselho fiscal todas as irregularidades de que tome conhecimento, como desenvolvemos adiante[1066].

VIII. À margem destes deveres de comunicação imputados aos órgãos sociais,   748
coloca-se a questão, mais relevante, de saber qual a proteção de que gozam os
trabalhadores que denunciem irregularidades, não obstante não estarem obrigados a tanto. Naturalmente, a denúncia de irregularidades não constitui fundamento válido para despedimento ou aplicação de sanções ao trabalhador,
mas, como realça CARRIGY, poderá ser difícil ao trabalhador provar que essa foi
a causa do despedimento, quando outro fundamento (legítimo) seja invocado.
Para além da óbvia solução da demonstração de ausência de justa causa para o
despedimento, sustenta CARRIGY poder o trabalhador fazer uso da proibição de
discriminação (art. 23.º CTrab), demonstrando que «em idêntica situação ocorrida com outro trabalhador o empregador não aplicou o despedimento e que o
fez no respectivo caso devido à denúncia realizada»[1067]. Não nos parece que esta
seja uma solução suficiente na prática.

Note-se ainda que a denúncia de irregularidades a terceiros que não tenham   749
competência para apreciar das mesmas (com destaque para os meios de comunicação social) pelo trabalhador constitui violação do seu dever de lealdade [art.
128.º/1, f) CTrab].

IX. Face a este quadro normativo, propôs CARRIGY a previsão de uma reco-   750
mendação da CMVM, dirigida às sociedades cotadas, no sentido da adoção de
uma política de denúncia que contenha os seguintes elementos:

«indicação dos meios através dos quais as denúncias de práticas irregulares podem ser feitas internamente, incluindo as pessoas com legitimidade
para receber as denúncias, indicação do tratamento a ser dado às denúncias, incluindo tratamento confidencial, caso assim seja pretendido pelo
declarante»[1068].

Esta proposta viria a ser adotada pela CMVM logo em novembro de 2005,   751
nas Recomendações sobre o Governo das Sociedades Cotadas (n.º 10-A),
mantendo-se inalterada nas versões do Código de Governo das Sociedades de

---

[1066] Cfr. § 37.2.A *infra*.
[1067] CARRIGY – *Denúncia de irregularidades...* p. 45.
[1068] *Ibidem*, p. 47.

setembro de 2007 e de janeiro de 2010[1069]. Paralelamente, nos termos do Regulamento CMVM 1/2010, o relatório sobre governo da sociedade devia incluir

> «Informação sobre a política de comunicação de irregularidades adoptada na sociedade (meios de comunicação, pessoas com legitimidade para receber as comunicações, tratamento a dar às mesmas e indicação das pessoas e órgãos com acesso à informação e respectiva intervenção no procedimento)»[1070].

752　Com a entrada em vigor do Regulamento da CMVM n.º 4/2013 e do Código de Governo das Sociedades de 2013, esta matéria deixou de ser objeto de recomendação, mantendo-se o dever de incluir, no relatório sobre governo da sociedade, informação sobre os meios e sobre a política de comunicação de irregularidades ocorridas na sociedade[1071].

753　Contra o sustentado por Paulo Bandeira, parece-nos que a competência para a formulação de uma tal política não pode caber apenas ao conselho de administração. Segundo o autor,

> «[s]endo este eminentemente um acto de gestão ou "executivo" e na ausência de norma atributiva de competência aos órgãos de fiscalização, a mesma é do Conselho de Administração, podendo ser delegada na Comissão Executiva. Não obstante, sendo o sistema de comunicação de irregularidades aplicado pelos órgãos de fiscalização, manda o bom-senso que na estruturação do mesmo estes sejam auscultados (embora sem qualquer carácter vinculativo)»[1072].

754　Não nos parece que possa ser esta solução. A política de comunicação de irregularidades tem um duplo alcance: por uma lado, estrutura a forma como as irregularidades devem ser comunicadas ao conselho fiscal e, por outro, o tratamento a dar a essas comunicações pelo conselho fiscal. Tanto numa dimensão

---

[1069] Cfr. n.ᵒˢ II.1.4.1. e II.1.4.2. Cfr. também a anotação da CMVM à recomendação em 2005.

[1070] Cfr. ponto II.35 do esquema de relatório sobre o governo da sociedade. Como bem refere Paulo Bandeira, a previsão deste dever de informação não torna obrigatória a formulação de uma tal política. Esta norma visa apenas a estruturação da informação do relatório e o referido Código do Governo das Sociedades está estruturado segundo o princípio do *comply or explain*, face ao qual a sociedade pode simplesmente declarar e explicar porque não formulou uma tal política. Cfr. Paulo Bandeira, in Paulo Câmara (ed.) – *Código de Governo das Sociedades anotado*, Coimbra: Almedina, 2012, recomend. 2.1.4., n.º 31.

[1071] Cfr. ponto 49 da parte I do modelo de relatório.

[1072] *Ibidem*, recomend. 2.1.4., n.º 29.

O MODELO PORTUGUÊS ENQUANTO MODELO BASE

como noutra, afeta a organização interna do conselho fiscal no exercício da suas competências. Ora, esta é uma questão da exclusiva competência do conselho fiscal. Não pode aceitar-se que seja o órgão fiscalizado a determinar a organização do órgão fiscalizador, sob pena de manifesto comprometimento da sua independência e da sua eficácia fiscalizadora. Assim, da competência do conselho fiscal para organizar o seu funcionamento e para receber as comunicações de irregularidades [art. 420.º/1, *j*)] decorre a competência para aprovar a política de comunicação de irregularidades.

Pode, portanto, admitir-se que o conselho de administração elabore e apresente propostas ao conselho fiscal sobre esta matéria, as quais poderão, por exemplo, articular a prestação de informação ao conselho de administração e ao conselho fiscal. A competência última para a sua aprovação, porém, deve caber ao conselho fiscal. 755

X. No contexto das instituições de crédito, para além dos deveres de comunicação que incidiam já sobre os revisores oficiais de contas, nos termos do art. 121.º RGIC[1073], o Decreto-Lei n.º 31.º-A/2012, de 10 de fevereiro, veio introduzir novidades nesta matéria, assim sintetizadas no seu preâmbulo: 756

> «Outra inovação de carácter marcadamente preventivo respeita à consagração de um dever de comunicação ao Banco de Portugal, por parte de um conjunto largo de pessoas ligadas às instituições, de situações de dificuldade financeira que afectem as mesmas e de um dever de participação de irregularidades. Este dever passa a ter um âmbito mais alargado, pois é antecipado o momento da sua verificação e são introduzidos pressupostos mais objectivos para o seu cumprimento, por forma a criar condições para, sem prejuízo do papel insubstituível dos órgãos de fiscalização, melhorar os canais de comunicação ao supervisor de informação sobre eventuais irregularidades que possam afectar a actividade das instituições».

[1073] Estes deveres de comunicação incidem sobre factos suscetíveis de (a) constituir uma infração grave às normas, legais ou regulamentares, que estabeleçam as condições de autorização ou que regulem de modo específico o exercício da atividade das instituições de crédito; ou (b) afetar a continuidade da exploração da instituição de crédito; ou (c) determinar a recusa da certificação das contas ou a emissão de reservas. Este dever é extensível, nos termos do n.º 2 aos factos de que venham a ter conhecimento no contexto de funções idênticas, mas exercidas em empresa que mantenha com a instituição de crédito onde tais funções são exercidas uma relação de proximidade. Este dever prevalece sobre quaisquer restrições à divulgação de informações legal ou contratualmente previstas, não envolvendo nenhuma responsabilidade para os respetivos sujeitos o seu cumprimento (n.º 3).

DA ADMINISTRAÇÃO À FISCALIZAÇÃO DAS SOCIEDADES

757   Estas novidades traduziram-se no aditamento dos arts. 116.º-F e 116.º-G ao RGIC. O art. 116.º-G regula o *internal whistleblowing*, imputando às instituições de crédito um dever de «implementar os meios adequados de recepção, tratamento e arquivo das participações de irregularidades graves relacionadas com a administração, organização contabilística e fiscalização interna da instituição de crédito, suscetíveis de as colocarem em situação de desequilíbrio financeiro, de modo a assegurar que sejam comunicadas *ao órgão de fiscalização* pelos empregados da instituição de crédito, seus mandatários, comissários ou outras pessoas que lhes prestem serviços a título permanente ou ocasional» (itálico nosso). Os meios implementados devem garantir a conservação das participações recebidas «em papel ou noutro suporte duradouro que permita a reprodução integral e inalterada da informação, pelo prazo de cinco anos» (n.º 4).

758   Como bem refere PAULO CÂMARA, «[p]onto essencial deste regime é que as denúncias feitas por colaboradores são objecto de uma dupla garantia, quer quanto à preservação da confidencialidade das participações [cfr. n.º 2], quer quanto à proibição de acções disciplinares, civis ou criminais retaliatórias das denúncias efectuadas»[1074] [cfr. n.º 5].

759   Temos dúvidas, porém, sobre a afirmação subsequente do autor no sentido de que esta proteção se aplica apenas quando as irregularidades denunciadas sejam suscetíveis de colocar o banco em situação de desequilíbrio financeiro e que, em caso contrário, a imunidade do denunciante não deve ser considerada assegurada. Com efeito, podem estar em causa importantes irregularidades, que de outra forma não seriam do conhecimento dos órgãos competentes, e que não chegam a colocar em causa o equilíbrio financeiro da instituição de crédito. A imunidade só deve ser excluída nos casos triviais em que o denunciante tenha usado a denúncia com o propósito de excluir a sua responsabilidade.

760   Na sequência do já referido a propósito da recomendação da CMVM sobre esta matéria, cabe ao conselho de administração o *dever* de elaborar e apresentar ao conselho fiscal uma proposta para o cumprimento do art. 116.º-G RGIC. A este último cabe o poder de aprovação das propostas do conselho de administração.

761   O art. 116.º-F prevê deveres de *external whistleblowing*, imputando aos órgãos de administração e fiscalização amplos deveres de comunicação ao Banco de Portugal. Estes deveres são imputados, em primeira linha, ao órgão coletivo. Porém, caso este omita ou defira a comunicação devida, estão os seus membros individualmente obrigados à comunicação (n.º 3). Naturalmente, o cumprimento destes deveres pressupõe o cumprimento dos deveres de estar informado sobre a atividade da sociedade pelos membros dos órgãos de administração e

---

[1074] Cfr. PAULO CÂMARA – O controverso "whistleblowing", *Jornal de Negócios (online)*, 6 de março de 2012, PAULO CÂMARA – Um método perigoso, *www.governancelab.org*, 20 de março de 2012.

fiscalização, para cujo efeito relevam as denúncias internas, efetuadas ao abrigo dos arts. 420.º/1, *j*) CSC e 116.º-G RGIC.

A título de conclusão sobre este ponto, parece-nos correto o balanço de Paulo Câmara sobre estas novidades, ao afirmar que as mesmas vão no bom sentido, ao fortalecer o ambiente de cumprimento nos bancos e intensificar a responsabilidade dos membros dos órgãos de fiscalização. A estes cabe apreciar as queixas e avaliar a pertinência dos seus fundamentos.

> «É nas suas mãos que repousa, afinal, o equilíbrio do novo regime, para que resulte num instrumento de transparência – em termos de prevenção e detecção interna de irregularidades – e não se converta num inadvertido meio de credibilização de queixas infundadas»[1075].

§ 25. O DEVER DE AVALIAÇÃO DO CONSELHO FISCAL E DOS SEUS MEMBROS

25.1. O dever de avaliação

I. Em qualquer atividade de vigilância, a obtenção de informação surge necessariamente associada a um exercício de avaliação, destinado a aferir não só a sua veracidade, pertinência e completude, mas também a necessidade de reação em função dos fins prosseguidos. Valem aqui as considerações tecidas a propósito da obrigação de vigilância do conselho de administração e dos seus membros[1076], com as adaptações que se seguem.

II. De acordo com o princípio jus-societário de dissociação das funções de administração e fiscalização (*aktienrechtliches Trennungsprinzip*), vigente no modelo tradicional português, ao conselho fiscal não cabe tomar a iniciativa na promoção dos melhores interesses da sociedade, mas apenas assegurar que o fazem os órgãos de administração – conselho de administração, comissão executiva ou administradores delegados – e as estruturas administrativas aos mesmos subordinadas. A estes cabe a iniciativa na condução da atividade empresarial; ao conselho fiscal e aos seus membros cabe, no contexto da sua vigilância, a reconstrução das suas decisões, aferindo se, face às circunstâncias do caso, correspondem aos melhores interesses da sociedade.

Esta distinção funcional entre os órgãos de administração e os órgãos de fiscalização releva não tanto ao nível da obtenção de informação, ou da sua avaliação, mas especialmente ao nível da determinação da reação devida pelo agente

---

[1075] Cfr. Paulo Câmara – *O controverso "whistleblowing"*, Paulo Câmara – *Um método perigoso*.
[1076] Cfr. § 18 *supra*.

DA ADMINISTRAÇÃO À FISCALIZAÇÃO DAS SOCIEDADES

em função das suas conclusões. Perante indícios de má gestão, ao conselho de administração cabe praticar os atos necessários à correção dos problemas identificados; ao conselho fiscal cabe, como veremos adiante, dialogar com o conselho para que este os resolva ou levar o assunto ao conhecimento dos acionistas, propondo medidas para a sua correção.

766   Independentemente da reação que se imponha, a avaliação de uns e outros não é, em si mesma, substancialmente diferente: também o conselho fiscal tem de concretizar, ainda que implicitamente, quais os melhores interesses da sociedade em cada caso, formulando um padrão face ao qual deve contrapor a decisão ou atuação da administração (ou dos seus subalternos). Ao fazê-lo, reconstrói as decisões da administração, aferindo se, face às circunstâncias do caso, correspondem aos melhores interesses da sociedade[1077].

767   III. Como tivemos já oportunidade de afirmar[1078], contrariamente ao sustentado em geral pela nossa doutrina, face à redação da alínea *a)* do art. 420.º/1 CSC e ao seu enquadramento sistemático, não encontramos fundamentos para restringir a fiscalização operada pelo conselho fiscal a um mero controlo formal, sendo certo que a separação funcional e o respeito pelo espaço próprio de atuação do conselho de administração não o exigem. Em sentido contrário, depõem a evolução histórico-dogmática já analisada, com paralelo nos sistemas jus-societários que nos servem de referência em reação aos sucessivos escândalos societários e financeiros, os trabalhos preparatórios da mais recente reforma jus-societária e os instrumentos de Direito da União Europeia que estiveram na sua base[1079], bem como as atuais coordenadas sistemáticas.

768   Historicamente, o conselho fiscal surgiu como uma comissão de acionistas, destinado a controlar efetiva e permanentemente a administração, perante a impossibilidade de os acionistas o fazerem por si. Um tal controlo visava assegurar aos acionistas a promoção dos melhores interesses da sociedade e não apenas o cumprimento de requisitos legais. A autonomização do dever de «vigiar pela observância da lei e do contrato de sociedade», por seu turno, surge associada à salvaguarda do interesse público, compreensível perante o enquadramento his-

---

[1077] Perante a questão sobre se o *Aufsichtsrat* deve avaliar de acordo com critérios próprios e distintos ou se deve determinar os critérios aplicáveis ao *Vorstand* e apreciar se este agiu em conformidade, SEMLER sustenta que o *Aufsichtsrat* não se pode substituir ao *Vorstand* na iniciativa sobre medidas de gestão, pelo que deve valer a segunda perspetiva. SEMLER – *Die Überwachungsaufgabe...* p. 49-50.

[1078] Cfr. § 23 *supra*.

[1079] Cfr. CMVM – *Governo das sociedades anónimas...*, em especial, p. 11-12.

O MODELO PORTUGUÊS ENQUANTO MODELO BASE

tórico da imposição normativa do conselho fiscal, na passagem do sistema de concessão para o sistema normativo de constituição da sociedade anónima[1080].

Do ponto de vista sistemático, a previsão de um dever de controlo de legalidade ao lado da obrigação de fiscalizar a administração da sociedade [cfr. alíneas *a)* e *b)* do art. 420.° CSC] não pode deixar de ter consequências na delimitação do conteúdo destas situações jurídicas. O primeiro refere-se ao controlo da legalidade estrita, face a normas de fonte legal ou contratual; o segundo refere-se ao controlo do cumprimento da obrigação de diligente administração, em toda a sua extensão[1081], exigindo por isso a ponderação de outros critérios para além da estrita legalidade referida na alínea *b)*.

769

Para além disso, não existe fundamento para distinguir, neste ponto, entre as soluções do nosso modelo tradicional e do nosso modelo germânico, face ao claro paralelo entre os arts. 420.°/1, *a)* e 441.°/1, *d)*. Impõe-se portanto, como referimos antes[1082] e tal como no sistema alemão, uma avaliação não só da licitude (*Rechtsmäßigkeit*) e da regularidade (*Ordnungsmäßigkeit*), mas também da economicidade (*Wirtschaftlichkeit*) e da adequação (*Zweckmäßigkeit*) da atividade de gestão[1083]. Analisamos em seguida cada um destes critérios de avaliação[1084].

770

IV. Antes porém, deve referir-se que a atividade de avaliação da administração da sociedade pelo conselho fiscal, enquanto órgão coletivo, não se confunde

771

[1080] Cfr. § 8, parág. IV *supra*. Nesta evolução, como vimos, as alterações introduzidas em 1996 correspondem a uma quebra sistemática corrigida em 2006.

[1081] Neste sentido, ainda face ao disposto no art. 173.° do Código Comercial, que responsabilizava o administrador pela inexecução do mandato e pela violação dos estatutos e dos preceitos da lei, referiam RAUL VENTURA e BRITO CORREIA que a "execução do mandato" correspondia

«à prática dos actos de administração, com o conteúdo definido pelas formas idóneas para isso: antes de mais, pela lei comercial, em seguida, os estatutos da sociedade e ainda, pelo menos, as deliberações da assembleia geral (...). Daqui resulta que o artigo 173.° não fez uma classificação rigorosa de fontes de obrigações dos administradores; *sob esse ponto de vista, a inexecução do mandato não pode ter lugar autónomo ao lado da lei e dos estatutos*. O artigo 173.° contrapôs a violação dos preceitos da lei e dos estatutos, como casos precisos e nítidos de responsabilidade dos administradores, ao conteúdo vago da falta de cumprimento do dever de administrar» (itálico nosso). RAUL VENTURA e BRITO CORREIA – *Responsabilidade civil...* p. 66.

[1082] Cfr. § 23, parág. IV *supra*.

[1083] BAUMBACH e HUECK – *AktG*[8]..., § 95, n.° 2, LUTTER – *Information und Vertraulichkeit*[3]..., n.°[os] 114 ss., LUTTER e KRIEGER – *Rechte*[5]..., n.°[os] 71-84, SEMLER – *Die Überwachungsaufgabe...* p. 68-72, SEMLER – *Leitung und Überwachung*[2]... p. 46-51, MERTENS – *Kölner Komm. AktG*[2]..., § 111, n.° 11, LEYENS – *Information des Aufsichtsrats...*, p. 173-174, STEINBECK – *Überwachungspflicht...* p. 85 ss., HOFFMANN-BECKING – *Münchener Hdb. AG...*, § 29, n.° 26.

[1084] A colocação sistemática destes critérios ao nível do dever de avaliação permite uma maior clareza analítica, sem prejuízo de os mesmos influenciarem, por um lado, o volume e tipo de informação que os fiscalizadores devem exigir ou por si obter e, por outro, as reações que se impõem face às conclusões alcançadas.

DA ADMINISTRAÇÃO À FISCALIZAÇÃO DAS SOCIEDADES

com a atividade desenvolvida por cada um dos seus membros, a título individual, sobre a informação obtida. Com efeito, na medida em que os poderes-deveres de informação e inspeção previstos nos arts. 420.º/3 e 421.º/1 são imputados a cada membro do conselho, também sobre estes recai o dever de avaliar, em cada momento, a sua veracidade, pertinência e completude, bem como a necessidade de reação em função dos fins prosseguidos. Esta avaliação, em si mesma, não é substancialmente diversa da operada pelo conselho fiscal. A diferença, como veremos adiante, revela-se ao nível da reação normativamente exigida ao conselho e a cada um dos seus membros (a título individual).

25.2. Os critérios de avaliação: licitude, regularidade, economicidade e adequação

A. A licitude

772   I. O dever do conselho fiscal de avaliar a licitude (*Rechtsmäßigkeit*) da administração, face à lei e ao contrato de sociedade, resulta diretamente da alínea *b)* do art. 420.º/1. Está em causa a observância não só do Direito societário, mas também dos demais ramos do Direito aplicáveis à sociedade (*v.g.*, concorrência, fiscal, ambiente, contratação pública, etc.)[1085]. Deve ser dado particular destaque aos ilícitos penais. O conselho fiscal é assim apresentado como um garante da legalidade da atividade desenvolvida pela sociedade, tanto diretamente como, no caso dos grupos, através das sociedades-filhas.

773   II. Na definição dos meios necessários para o efeito, deve reconhecer-se uma margem de discricionariedade ao conselho fiscal, sendo certo que, pelo menos nas médias e grandes empresas, impõe-se hoje um controlo da licitude mais sistemático e "enérgico", nas palavras de Lutter e Krieger[1086].

774   Neste contexto destaca-se o dever de criação de sistemas de controlo interno e, em particular, de controlo de cumprimento (*compliance*)[1087], no quadro mais vasto dos sistemas de informação dirigidos à gestão de riscos[1088]. A estrutura de

---

[1085] Lutter e Krieger – *Rechte*[5]... p. 30, n.º 72. Entre nós, *v.g.*, Jorge Coutinho de Abreu – *Governação*[2]... p. 184.

[1086] Lutter e Krieger – *Rechte*[5]... p. 31, n.º 72.

[1087] O Código dos Valores Mobiliários refere-se a sistemas de controlo de cumprimento (art. 305.º-A), locução adotada também por alguma doutrina. Cfr., *v.g.*, Paulo Câmara – *Manual*[2]... p. 377 referindo-se a serviços de controlo de cumprimento.

[1088] Paulo Câmara, *ibidem*, p. 378 destaca o facto de esta organização constituir uma extensão das funções de gestão de risco, neste caso do risco de incumprimento, e ser apta a criar valor, através do «afinamento de práticas da organização».

O MODELO PORTUGUÊS ENQUANTO MODELO BASE

uma tal organização depende, em grande medida, das específicas circunstâncias de cada empresa[1089].

Apesar de a sua definição e instituição ser, naturalmente, da competência 775 do conselho de administração, o conselho fiscal deve *avaliar* e *assegurar-se da sua adequação* [art. 420.º/1, *i*)]. Neste contexto, deve exigir da administração o cumprimento do seu dever de criação de sistemas de informações adequados às concretas circunstâncias da sociedade (e, quando aplicável, do grupo no qual se integra), participando na sua concreta configuração através do exercício dos poderes previstos no art. 421.º/1[1090].

B. A regularidade

I. A regularidade da administração corresponde essencialmente à adequa- 776 ção da organização da empresa à dimensão, à estrutura e à natureza da sociedade e do grupo, de acordo com conhecimentos de economia e a experiência empresariais[1091]. Inclui, portanto, a organização do conselho de administração (organização interna), a organização das estruturas administrativas ao mesmo subordinadas (organização externa), bem como a articulação do conselho de administração com os demais órgãos societários[1092].

Neste contexto, deve o conselho fiscal avaliar: (i) se o conselho de adminis- 777 tração tem uma composição adequada, se as suas tarefas estão adequadamente delimitadas e se a sua operação está adequadamente organizada (nomeadamente, através da delegação de poderes nos termos do art. 407.º); (ii) se as regras do regimento, caso exista, são cumpridas; (iii) se os requisitos de planeamento empresarial, de contabilidade e de preparação e divulgação de informação financeira são cumpridos; (iv) se as deliberações dos órgãos de administração são preparadas, discutidas e justificadas com a diligência necessária, de forma a que o conselho fiscal possa avaliar a sua licitude, economicidade e adequação; e (v) se os fluxos de informação para e dentro do conselho de administração são adequados e se os deveres de informação para com o conselho fiscal e para com o revisor oficial de contas são sistemática, tempestiva e exaustivamente cumpridos[1093].

[1089] Lutter e Krieger – *Rechte*[5]... p. 31, n.º 72.

[1090] Para maiores desenvolvimentos, cfr. § 21 *supra* e § 27, parág. V *infra*.

[1091] Lutter e Krieger – *Rechte*[5]... p. 31-32, n.º 74.

[1092] Menezes Cordeiro – *Direito das sociedades*, 1[3]... p. 1015 refere-se apenas à regularidade contabilística e patrimonial.

[1093] A delimitação apresentada assenta, em parte, no estudo de Semler – *Leitung und Überwachung*[2]... p. 107-108, n.º 184.

DA ADMINISTRAÇÃO À FISCALIZAÇÃO DAS SOCIEDADES

778   II. Na apreciação da organização da empresa destaca-se a avaliação dos fundamentos das decisões[1094] e do planeamento empresarial[1095].

779   A falta ou insuficiência de fundamentação é uma das causas que mais frequentemente determina más decisões[1096], sendo certo que a sua avaliação pelo conselho fiscal constitui um forte incentivo à adoção de maior ponderação nos processos de administração.

780   O planeamento facilita a atuação não só dos diferentes níveis hierárquicos de administração, mas também dos órgãos de fiscalização, dado que a apreciação dos resultados obtidos como positivos ou negativos é facilitada pela existência de termos de comparação. Existindo um planeamento apropriado, poderão os fiscalizadores contrapor os resultados efetivamente alcançados aos resultados planeados[1097]. Perante desvios negativos face ao planeado, o conselho fiscal pode promover uma discussão sobre os seus motivos e sobre as medidas necessárias para se passar da situação real à situação planeada[1098].

781   Na ausência de um planeamento apropriado, torna-se mais difícil a vigilância, multiplicando-se os casos em que é necessária a formulação de juízos próprios do conselho fiscal sobre o melhor sentido da gestão e o inerente risco de indevida sobreposição ao conselho de administração. Por isso, deve o conselho fiscal exigir e assegurar-se da existência de um tal planeamento, adaptado às concretas circunstâncias da sociedade (e do grupo no qual se insere), do qual resulte com clareza a estratégia a seguir pela empresa[1099].

782   O conselho fiscal deve manifestar-se contra o plano apresentado se este não cumprir estes requisitos, se for contrário a princípios técnicos, à lei, ao contrato de sociedade ou ao regimento do conselho de administração. Pelo contrário, não deve opor-se por simples discordância face às conceções e opções empresariais subjacentes. Perante a oposição fundamentada do conselho fiscal, o conselho

---

[1094] *Ibidem*, p. 108, n.º 185.

[1095] LUTTER e KRIEGER – *Rechte*[5]... p. 31-32, n.º 74.

[1096] SEMLER – *Leitung und Überwachung*[2]... p. 108, n.º 185.

[1097] Em alemão, vale a sugestiva expressão *Soll-Ist-Vergleich (Planung/Ergebnis)*. LUTTER e KRIEGER – *Rechte*[5]... p. 32, n.º 75.

[1098] *Ibidem*, n.º 75.

[1099] Segundo LUTTER e KRIEGER, o planeamento deve incluir um plano de curto prazo (o orçamento para o ano em curso e para os anos seguintes) e um plano de médio prazo para a produção, para o volume de vendas, para as finanças (liquidez e resultados) e para os investimentos, no desenvolvimento para um determinado período de tempo (entre 3 a 4 anos). O dever de planeamento de longo prazo, para além de 4 ou 5 anos só existe quando a dimensão e a estrutura da atividade empresarial desenvolvida o justifique. Cfr. *ibidem*, p. 32-33, n.º 76.

O MODELO PORTUGUÊS ENQUANTO MODELO BASE

de administração deve rever o plano apresentado. Poderá ainda considerar as sugestões por este apresentadas[1100].

III. Outro elemento fundamental de uma adequada organização empresarial – a avaliar pelo conselho fiscal – é o fluxo de informação para o conselho de administração (e dentro deste) e para os órgãos de fiscalização.

783

É neste contexto que se devem enquadrar os sistemas de informação, incluindo nestes os sistemas de gestão de risco, de controlo interno e de auditoria interna que, em função das específicas circunstâncias da empresa, devem ser criados pelo conselho de administração.

784

Face ao disposto no art. 420.º/1, *i*), poderia entender-se que a competência do conselho fiscal nesta matéria se limitaria à fiscalização da eficácia[1101] destes sistemas *se existentes*. Porém, sendo chamado a avaliar a regularidade da administração, deve o conselho fiscal ponderar se, no caso concreto, as específicas circunstâncias da sociedade, incluindo a sua dimensão e a complexidade da sua atividade, bem como os riscos a que está sujeita, implicam o reconhecimento de um dever do conselho de administração relativamente à criação de tais sistemas.

785

Efetivamente, apesar de não existir no Código das Sociedades Comerciais[1102] uma norma expressa como a do § 91(2) AktG – que impõe expressamente ao *Vorstand* o dever de tomar "medidas apropriadas", incluindo a criação de um sistema de vigilância, para assegurar a identificação antecipada de riscos que possam colocar em causa a continuidade da sociedade[1103] – não pode deixar de se reconhecer que um tal dever decorre diretamente da obrigação de diligente administração do conselho de administração, a quem competirá criar tais sistemas de informação, sob vigilância do conselho fiscal[1104].

786

[1100] O conselho de administração deve ignorar as alterações ao plano sugeridas pelo conselho fiscal que, na sua perspetiva, sejam desvantajosas para a sociedade ou irrealistas. Cfr. *ibidem*, p. 33, n.º 78. Contrariamente ao verificado no nosso modelo germânico, no modelo tradicional português nem sequer podem sujeitar-se determinadas matérias ao consentimento do órgão de fiscalização.

[1101] Como bem sugere PAULO CÂMARA, um sistema "eficaz" deve proporcionar um razoável conforto (*reasonable assurance*) e não uma garantia absoluta contra o risco. PAULO CÂMARA – *A auditoria interna...* p. 413-314.

[1102] Como vimos, este dever foi positivado, entre nós, para determinados tipos de sociedades. Cfr. § 21, parág. II *supra*.

[1103] Estas medidas estão sujeitas à vigilância do *Aufsichtsrat*. Nas sociedades cotadas, este é auxiliado pelo *Abschlussprüfer* na vigilância do cumprimento deste dever pelo *Vorstand*, na medida em que deve abranger no seu exame os sistemas de "conhecimento antecipado" e de vigilância estabelecidos pelo *Vorstand* (§ 317(4)HGB) e deve informar separadamente o *Aufsichtsrat* sobre o seu parecer (§ 321(4) HGB). LUTTER e KRIEGER – *Rechte*[5]... p. 34, n.º 81.

[1104] *Ibidem*, n.º 82.

DA ADMINISTRAÇÃO À FISCALIZAÇÃO DAS SOCIEDADES

787   Na sua avaliação, o conselho fiscal pode beneficiar da posição tomada pelo revisor oficial de contas acerca das insuficiências no sistema de controlo interno que tenha detetado[1105].

788   IV. Uma palavra ainda para a apreciação da regularidade contabilística. Dentro desta, deve considerar-se, em especial, a ponderação das políticas contabilísticas e critérios valorimétricos adotados pela administração e que o conselho fiscal deverá, face ao disposto na al. *f)* do art. 420.°/1, verificar se conduzem a uma correta avaliação do património e dos resultados. Não podemos acompanhar MENEZES CORDEIRO na autonomização desta "área da fiscalização" face à regularidade contabilística e patrimonial[1106]: a adequada ponderação dos elementos contabilísticos apresentados pela administração não pode ser dissociada da verificação das políticas contabilísticas e dos critérios valorimétricos que lhes estão subjacentes. Acompanhamos no entanto o autor na afirmação certeira de que

> «estamos numa área em que são legalmente possíveis vários critérios de avaliação da realidade, cabendo à sociedade escolher os concretamente mais adequados. Trata-se de um domínio técnico, mas no qual jogam já opções político-empresariais próximas da gestão»[1107].

789   Na medida em que o órgão de fiscalização é chamado a sindicar estas opções da administração, tem de reconstruir os seus diversos passos. Neste processo, tal como no caso da administração, também o seu processo decisório é determinado pela limitação da informação disponível e pelos mesmos fatores de pressão, com destaque para os constrangimentos temporais. Tudo isto releva, como veremos, no juízo sobre o cumprimento da sua obrigação de vigilância[1108].

790   Ainda no contexto da regularidade contabilística, deve o conselho fiscal exprimir a sua concordância ou não com o relatório anual de gestão e com as contas de exercício e deve cada um dos seus membros subscrever a declaração

---

[1105] Cfr. capítulo § 37.2.A *infra* sobre o dever do revisor oficial de contas de comunicar irregularidades ao conselho fiscal. Note-se que, contrariamente ao verificado nos sistemas alemão e italiano, o CSC não chama o revisor oficial de contas a pronunciar-se sobre estes sistemas. Cfr. §§ 317(4) e 321(4) HGB; art. 19(3) do *Decreto legislativo 27 gennaio 2010, n. 39*. O dever de pronúncia resulta, porém, de outras normas. Cfr., *v.g.*, ISA 265 e ISA 260.

[1106] MENEZES CORDEIRO – *Direito das sociedades*, 1³... p. 1015.

[1107] *Ibidem*.

[1108] Como desenvolvemos detalhadamente adiante, na concretização da obrigação de vigilância *ex post*, para efeitos de juízo sobre o seu cumprimento pelo devedor, reconhecem-se frequentemente alternativas de ação normativamente admissíveis (espaço de discricionariedade). Cfr. § 63 *infra*.

O MODELO PORTUGUÊS ENQUANTO MODELO BASE

de conformidade das contas com as normas contabilísticas aplicáveis[1109] (cfr. arts. 420.º/6 CSC e 245.º CVM). Perante estas normas, assumem uma especial importância as questões da qualificação técnica dos fiscais[1110] e da articulação entre o conselho fiscal e o revisor[1111].

C. A economicidade

I. O juízo de economicidade compreende tanto o acompanhamento dos resultados obtidos, como a análise dos juízos de prognose da administração[1112], com vista a assegurar a viabilidade (*Lebensfähigkeit*) e a sobrevivência (*Überlebensfähigkeit*) da sociedade[1113]. Como bem refere LUTTER face a questão paralela no sistema alemão:

791

> «ninguém, nem sequer nenhuma empresa, pode viver de perdas, sem resultados suficientes cai a capacidade de investimento e, logo, a capacidade de inovação da sociedade. Isto reduz a sua capacidade de sobrevivência face à concorrência com outras empresas. Assim, o *Aufsichtsrat* tem de se assegurar que o *Vorstand* perspetiva como tarefa permanente e central da sua direção a garantia da liquidez da sociedade, o seu financiamento adequado, a sua rentabilidade e a sua posição no mercado, e que toma as medidas adequadas para o efeito»[1114].

Assim, na formulação do juízo de economicidade sobre decisões empresariais da administração em casos concretos, deve o conselho fiscal ponderar os inerentes custos e proveitos, de acordo com um dos muitos métodos desenvolvidos pela teoria económica da administração de empresas[1115]. Inclui, portanto, ponderações de eficiência económica.

792

[1109] Quanto a este último dever, poderia questionar-se se o art. 420.º/6 tem natureza constitutiva, ou se visa apenas articular o Código das Sociedades Comerciais com o Código de Valores Mobiliários, caso em que um tal dever só existiria nas sociedades abrangidas pelo art. 245.º CVM. Parece-nos decisiva a diferença entre a redação do art. 420.º/6 e a do art. 451.º/5. Contrariamente ao verificado neste último caso, naquele primeiro o legislador não especificou a delimitação do dever aos «emitentes abrangidos pelas disposições em causa». Deve por isso entender-se que o art. 420.º/6 se aplica a todas as sociedades anónimas que adotem o modelo tradicional português.

[1110] Cfr. § 22.4, parág. III *supra* e § 28, parág. V *infra*.

[1111] Cfr. § 28, parág. III *supra* e § 37.2.B *infra*.

[1112] Cfr. SEMLER – *Die Überwachungsaufgabe*... p. 68-72.

[1113] LUTTER e KRIEGER – *Rechte*[5]... p. 35, n.º 83.

[1114] *Ibidem*, p. 35-36, n.º 83. No mesmo sentido, SEMLER – *Leitung und Überwachung*[2]...

[1115] SEMLER – *Leitung und Überwachung*[2]... p. 110, n.º 191.

DA ADMINISTRAÇÃO À FISCALIZAÇÃO DAS SOCIEDADES

793   II. A economicidade, tal como a adequação (analisada em seguida), inclui-se no conceito mais vasto de racionalidade económica que deve nortear o processo de decisão da administração (cfr. art. 72.º/2)[1116] e que deve ser controlada pelo conselho fiscal[1117].

D. A adequação

794   I. No juízo de adequação trata-se já não de saber se o resultado da ponderação dos custos e proveitos de uma medida é positivo (o juízo de economicidade já analisado), mas de enquadrar a medida num contexto mais vasto, incluindo a avaliação das áreas de negócio nas quais se inclui, dos investimentos alternativos em diferentes horizontes temporais, dos riscos incorridos e da sua proporcionalidade face aos meios disponíveis[1118].

795   Deve por isso, como sustenta SEMLER, distinguir-se o juízo de adequação face ao da economicidade: um projeto tanto pode ser económico, mas não adequado, como pode ser adequado, mas não económico[1119].

796   II. Na medida em que o conselho fiscal se não deve substituir ao conselho de administração na escolha dos rumos a prosseguir pela sociedade, o controlo da adequação de uma medida pelo primeiro não pode ser confundido com um poder de interferência nas alternativas do segundo[1120]. No entanto, não pode aceitar-se simplesmente a afirmação *apriorística* de que esta é uma questão de discricionariedade da administração sobre a qual não deve incidir a ponderação

---

[1116] Sobre o papel da *business judgment rule* entre nós, enquanto densificação das obrigações de administração e fiscalização, cfr. § 64.9 *infra*.

[1117] Parece-nos que este juízo corresponde ao que MENEZES CORDEIRO – *Direito das sociedades*, I[3]... p. 1015 designa de «análise da própria gestão *lato sensu*».

[1118] Cfr. SEMLER – *Die Überwachungsaufgabe*... p. 68-72. A diferença face ao sistema alemão prende-se, não com o conteúdo da avaliação, mas com as possibilidades de reação do órgão de fiscalização. O *Aufsichtsrat*, contrariamente ao conselho fiscal, administra (*verwaltet*) a sociedade conjuntamente com o *Vorstand* (§ 120(2) AktG) (cfr., *v.g.*, SEMLER – *Leitung und Überwachung*[2]... p. 53). Este enquadramento, como veremos, projeta-se no elenco de poderes-deveres de reação do *Aufsichtsrat*, sem paralelo no nosso modelo tradicional.

[1119] SEMLER – *Leitung und Überwachung*[2]... p. 111, n.º 191. Em sentido contrário, LUTTER, por exemplo, considera que a adequação está já incluída na maioria dos aspetos já mencionados e, portanto, em regra não constitui um critério autónomo de vigilância. Em todo o caso, sustenta este autor que alguns casos podem não caber nos demais critérios, permitindo o critério da adequação assegurar o controlo do *Aufsichtsrat* em benefício da sociedade. Assim, por exemplo, a constante reorganização da empresa e, com esta, a permanente deslocação interna e externa de recursos pode ser considerada uma desadequação *per se* da gestão empresarial. LUTTER e KRIEGER – *Rechte*[5]... p. 36, n.º 84.

[1120] LUTTER e KRIEGER – *Rechte*[5]... p. 36, n.º 84.

O MODELO PORTUGUÊS ENQUANTO MODELO BASE

do conselho fiscal[1121]. O conselho fiscal deve sempre ponderar a adequação da medida em causa face às circunstâncias do caso concreto, analisando os seus prós e contras. Só na sequência dessa avaliação poderá concluir pela existência – ou não – de verdadeiras alternativas de ação da administração normativamente admissíveis.

III. Tomemos por exemplo um caso[1122] em que a administração de uma socie-   797
dade industrial decidiu investir parte das disponibilidades de tesouraria num portfólio de produtos derivados, alegadamente de alta rentabilidade. Uma tal decisão pode ser decomposta para efeitos analíticos. Na concretização daquilo que considerava ser a prossecução dos melhores interesses da sociedade, a administração considerou que:

(i) o investimento de parte das disponibilidades de tesouraria era preferível à manutenção das mesmas numa conta à ordem;
(ii) o investimento mais adequado, atendendo ao perfil da sociedade e às circunstâncias do caso concreto, nomeadamente quanto às alternativas de investimento possíveis, era o investimento em derivados financeiros com (alegada) alta rentabilidade.

Naturalmente, o conselho fiscal deverá avaliar a adequação desta decisão   798
empresarial face às específicas circunstâncias da sociedade. Quanto à primeira parte da mesma, dificilmente o conselho fiscal poderia objetar, porquanto parece incluir-se pacificamente entre as alternativas de ação normativamente admissíveis. Diferentemente, a escolha dos derivados financeiros em preterição de outros investimentos de baixo risco parece mais dificilmente sustentável nestas circunstâncias.

Não obstante, tanto num caso como noutro, impõe-se uma atividade de   799
avaliação pelo conselho fiscal, não sendo admissíveis respostas apriorísticas. A questão do respeito pelo espaço próprio de atuação do órgão de administração colocar-se-ia num momento subsequente, *i.e.*, no momento da reação adequada às conclusões alcançadas no processo de avaliação. Neste caso, traduzir-se-ia na *omissão de reação* quanto à parte da decisão relativa ao investimento de parte das

---

[1121] No mesmo sentido, Semler – *Leitung und Überwachung*[2]... p. 111, n.º 193.
[1122] Exemplo inspirado em STJ 12-jan.-2012 (Álvaro Rodrigues), processo n.º 916/03.2TBCSC.L1.S1, disponível em www.dgsi.pt.
Para uma introdução aos instrumentos financeiros derivados, cfr., entre nós, Paulo Câmara – *Manual*[2]... p. 188 ss. Sobre o impacto destes instrumentos no governo das sociedades, cfr. Ana Perestrelo de Oliveira e Madalena Perestrelo de Oliveira – Derivados financeiros e governo societário: A propósito da nova regulação mobiliária europeia, *Revista de Direito das Sociedades*, 4:1, 2012.

DA ADMINISTRAÇÃO À FISCALIZAÇÃO DAS SOCIEDADES

disponibilidades de tesouraria, e na *intervenção* sobre a parte relativa à escolha dos derivados financeiros como investimento.

800 As alternativas de intervenção do conselho fiscal perante problemas detetados serão analisadas em seguida.

§ 26. OS PODERES-DEVERES DE REAÇÃO DO CONSELHO FISCAL E DOS SEUS MEMBROS

26.1. A necessária articulação do conselho fiscal com a assembleia geral e o problema da dependência face ao acionista controlador

801 I. Na sintética locução de SEMLER: «*Wer überwachen soll, muß agieren*»[1123]. Tendo sustentado que as obrigações de vigilância são suscetíveis de decomposição, para efeitos analíticos, em vinculações a condutas cognitivas, valorativas e reativas, é no contexto destas últimas que encontramos a mais profunda diferença entre a prestação devida pelos órgãos de administração e aqueloutra a que estão adstritos os órgãos de fiscalização.

802 Segundo o princípio jus-societário de dissociação das funções de administração e fiscalização (*aktienrechtliches Trennungsprinzip*), ao conselho de administração compete gerir as atividades da sociedade, devendo praticar os atos necessários à promoção do fim ou interesse social, tomando a iniciativa na condução da atividade social. Ao conselho fiscal não cabe tomar a iniciativa na promoção dos melhores interesses da sociedade, mas apenas assegurar que o fazem os órgãos de administração e as estruturas administrativas aos mesmos subordinadas. Como bem sublinha Maria Augusta França,

> «é necessário equacionar a questão dos meios de reacção aos comportamentos ilícitos ou indesejáveis da administração. Não é a informação que equilibra os amplos poderes do órgão, mas a actuação sobre os actos praticados e sobre a situação dos seus membros. A informação é apenas o meio necessário à actuação»[1124].

803 Ora, contrariamente ao verificado no caso do conselho de administração[1125], o conselho fiscal não pode corrigir *diretamente* as irregularidades detetadas; pode

---

[1123] SEMLER – *Die Überwachungsaufgabe...* p. 6, SEMLER – *Leitung und Überwachung²...* p. 58.

[1124] FRANÇA – *A estrutura...* p. 106.

[1125] Como vimos, quando o conselho de administração tome conhecimento de uma qualquer irregularidade, deve não só tomar as medidas necessárias para evitar a prática do ato danoso ou limitar ou eliminar as suas consequências, mas fazer tudo quanto seja necessário para um efetivo e bem sucedido desenvolvimento da empresa. Cfr. § 19 *supra*.

O MODELO PORTUGUÊS ENQUANTO MODELO BASE

apenas tomar medidas destinadas a assegurar que as mesmas são corrigidas pela administração.

II. Tal como no sistema italiano e contrariamente ao verificado tanto no sistema alemão[1126], como nos sistemas anglo-saxónicos[1127], que influenciaram a configuração dos nossos modelos germânico e anglo-saxónico no Código das Sociedades Comerciais, no nosso modelo tradicional, o órgão de fiscalização opera apenas como uma estrutura institucional intermédia entre a administração da sociedade e os seus acionistas.

804

No início dos anos 1970, FERRI recordava que, no sistema italiano, a competência para aplicação de sanções face a irregularidades eventualmente detetadas continuava a caber exclusivamente à assembleia geral, sendo o poder do *collegio sindacale* limitado à prestação de informação sobre os factos apurados ou à apresentação de propostas de deliberação àquela assembleia. Nessa medida, a funcionalidade do *collegio sindacale* pressupunha – e pressupõe – sempre a funcionalidade da assembleia[1128]. Estando os seus *sindaci* sujeitos a uma obrigação de confidencialidade, não podem discutir os resultados do seu exame fora da sociedade, tudo dependendo da assembleia e das suas decisões. Se a assembleia não funciona de forma adequada, o controlo do *collegio sindacale* fica inevitavelmente frustrado, porquanto as irregularidades eventualmente detetadas ficam sem sanção adequada. Tudo depende da assembleia e das suas decisões. Por isso, afirmava este autor que a crise do instituto dos *sindaci* era consequência imediata da crise da assembleia[1129].

805

Esta reflexão, explanada há quatro décadas, mantém a sua atualidade e é plenamente transponível para o caso português. Também o conselho fiscal vê os seus poderes de reação (*de iure*) limitados à informação e à formulação de propostas aos acionistas. Contrariamente ao verificado no modelo germânico, ao conselho fiscal não pode ser conferido o poder último de reação: o poder de

806

[1126] No sistema alemão, o *Aufsichtsrat* tem vários poderes de reação, entre os quais se destaca o poder para destituir os administradores (com justa causa) e designar outros em sua substituição (§ 84(1) e (3) AktG) e o poder para sujeitar determinados tipos de negócios ao seu consentimento prévio (§ 111(4)2 AktG). Para maiores desenvolvimentos, cfr. § 40.2 *infra*.

[1127] No sistema norte-americano, prevalece hoje o modelo do *monitoring board*, nos termos do qual o conselho de administração exerce sobretudo funções de vigilância da equipa de gestão liderada pelo *chief executive officer* (CEO), face à qual tem os mais amplos poderes de reação, incluindo os poderes de nomeação e destituição dos seus membros. O mesmo vale no sistema britânico, ainda que neste seja mais nebulosa a afirmação de um modelo de *monitoring board*. Para maiores desenvolvimentos, cfr. §§ 55.2 e 56.2 *infra*.

[1128] FERRI – *Le Società...*, p. 539-541.

[1129] FERRI – *I controlli interni...* p. 20.

DA ADMINISTRAÇÃO À FISCALIZAÇÃO DAS SOCIEDADES

destituir administradores e de nomear outros em sua substituição[1130]. Em geral também não se admite a possibilidade de os estatutos atribuírem ao conselho fiscal poder de veto sobre determinadas medidas de gestão[1131].

807 Resta-lhe, portanto, a possibilidade (i) de requerer ao presidente da mesa a convocação da assembleia geral quando o entenda conveniente (arts. 375.º/1 e 377.º/1), (ii) de convocar a assembleia geral quando o presidente da mesa o não faça, devendo fazê-lo [arts. 377.º/7 e 420.º, n.º1, *h*)] e (iii) de informar os acionistas na primeira assembleia que se realize [art. 422.º/1, *e*)]. Mais discutível é a admissibilidade da formulação de propostas de deliberação dirigidas à resolução do problema verificado (no contexto das competências da coletividade de acionistas) ou à propositura de ações sociais de responsabilidade civil *ut universi* contra os administradores (cfr. art. 75.º/1). Apesar do silêncio da lei, deve admitir-se esta possibilidade, no contexto da obrigação de vigilância do conselho fiscal[1132].

[1130] Cfr., no modelo germânico, art. 441.º/1, *a*) CSC.

[1131] Recorde-se que, como vimos no § 8 *supra*, face à Lei das Sociedades Anonymas (1867), TAVARES DE MEDEIROS reconhecia a possibilidade de os estatutos ampliarem a esfera de ação do conselho fiscal, impondo a sua intervenção direta ou o seu acordo em determinados atos ou operações. Este é um tema a revisitar.

Cfr., no modelo germânico, art. 442.º/1 CSC. Como veremos detalhadamente adiante, na reforma de 2006, andou mal o legislador ao eliminar o poder do conselho geral e de supervisão de, *por iniciativa própria*, sujeitar determinadas categorias de atos ao seu consentimento prévio.

[1132] No que respeita à proposta de deliberação sobre a propositura de ações sociais *ut universi*, nos termos do art. 75.º/1, valem, com as necessárias adaptações, as conclusões do BGH no caso ARAG/Garmenbeck (BGH 21-abr.-1997, *BGHZ* 135, 244): «2. O *Aufsichtsrat* tem o dever, com fundamento na sua tarefa de vigilância e controlo sobre a atividade do *Vorstand*, de examinar, sob responsabilidade própria, se existem pretensões de indemnização de danos da sociedade anónima contra os membros do *Vorstand*. (...) 3. Caso o *Aufsichtsrat* conclua que o *Vorstand* é responsável pelos danos, deve avaliar se e em que medida uma ação judicial permitiria o ressarcimento dos danos, com base numa análise de risco diligente e apropriada». Não vale, porém, a conclusão seguinte do tribunal, baseada no poder de representação judicial e extrajudicial da sociedade pelo *Aufsichtsrat* face a membros do *Vorstand* (§ 112 AktG), segundo a qual: «4. Caso, de acordo com o seu exame, conclua que a sociedade anónima tem uma pretensão válida de indemnização, em geral deve o *Aufsichtsrat* prosseguir esta pretensão». Cfr., *v.g.* SCHMIDT – *Gesellschaftsrecht...* p. 819.

No nosso modelo tradicional, a representação da sociedade para a propositura de ações sociais *ut universi* cabe, nos termos gerais, ao conselho de administração (art. 405.º/2), sem prejuízo da possibilidade de designação de representantes especiais pelos acionistas (art. 75.º/1) ou pelo tribunal, a requerimento de acionistas que detenham, pelo menos, 5% do capital social (art. 76.º/1). Cfr., por todos, MENEZES CORDEIRO – *Direito das sociedades*, 1³... p. 991-993.

Este regime comporta um elevado potencial de conflito de interesses e gera sérias dúvidas sobre a capacidade da administração para formular um juízo independente sobre esta matéria à luz dos melhores interesses da sociedade. Admitindo que a administração não submete aos acionistas qualquer proposta para a propositura de uma ação social *ut universi*, poderia entender-se que restaria a possibilidade de os acionistas apresentarem propostas neste sentido, nos termos gerais. No entanto, face ao conhecido *collective action problem* (assente nos riscos de apatia racional e de *free riding*), que levou os legisladores dos diferentes sistemas a imputar obrigações de fiscalização da administração a diferentes órgãos sociais

O MODELO PORTUGUÊS ENQUANTO MODELO BASE

Para além disso, o conselho fiscal deve requerer ao conselho de administra-   808
ção ou à assembleia geral que declare a nulidade ou anule deliberações do conselho viciadas, nos termos do art. 412.º/1.

A sua articulação com a assembleia geral traduz-se ainda na apresentação do   809
seu relatório anual sobre a sua atividade fiscalizadora e do seu parecer sobre o
relatório, contas e propostas apresentadas pela administração [art. 420.º/1, *g*)].

A assembleia poderá reagir, por exemplo, (i) aprovando a propositura de   810
uma ação social *ut universi*, nos termos do art. 75.º, (ii) não aprovando as contas
anuais, a proposta de aplicação de resultados e ou a administração da sociedade
(neste último caso, podendo inclusive destituir um ou mais administradores ou
manifestar a sua desconfiança quanto aos mesmos), de acordo com o art. 376.º/1,
(iii) proceder à destituição de um ou mais administradores nos termos do art.
403.º/1[1133], ou (iv) refletir a sua avaliação da administração na futura remuneração da mesma (art. 399.º).

III. O único meio de reação *direta* do conselho fiscal é a suspensão de admi-   811
nistradores quando o interesse da sociedade o exija [art. 400.º/1, *b*) *in fine*], mas,
neste caso, estamos perante uma medida preventiva, destinada a salvaguardar o
efeito útil da intervenção dos acionistas.

IV. A negação de adequados poderes-deveres de reação face a problemas   812
detetados não parece coerente com a limitação da liberdade contratual, traduzida na imposição de um duplo grau de fiscalização. Com efeito, a conjugação
deste quadro normativo com a concentração acionista que caracteriza o nosso
mercado constitui um forte desincentivo à efetiva operacionalidade do conselho
fiscal como órgão autónomo de fiscalização: os seus membros tendem a perspetivar a sua função como parcialmente inútil, na medida em que prolifera a convicção de que, submetendo um qualquer problema à consideração dos acionistas,
estes nada farão contra a administração que, regra geral, cumpre as instruções
do acionista controlador[1134]. O nosso modelo tradicional, longe de assegurar a
operacionalidade do conselho fiscal como órgão autónomo face aos acionistas,
assenta na sua articulação com estes. Fica, portanto, refém do mesmo acionista

---

(cfr., *v.g.* PEDRO MAIA – *Voto...* p. 816-817, nota 1279), deve admitir-se a iniciativa do conselho fiscal na
formulação de propostas dirigidas à propositura de ações de responsabilidade civil.

[1133] Cfr., com algumas diferenças, MARIA AUGUSTA FRANÇA – *A estrutura...* p. 112.

[1134] Este fenómeno está na base do chamado *controlling shareholder agency problem*, como vimos no § 3.2.E
supra.

DA ADMINISTRAÇÃO À FISCALIZAÇÃO DAS SOCIEDADES

controlador que determina o sentido da atividade de gestão desenvolvida pelo conselho de administração[1135].

813   Na medida em que a imposição da criação de órgãos de fiscalização na sociedade anónima – com inerente limitação da liberdade contratual – visa a salvaguarda do interesse da sociedade e, indiretamente, do interesse público, perante o potencial de extração de benefícios especiais (*private benefits of control*), não parece adequado sujeitar a operacionalidade do conselho fiscal àquele que tem a maior propensão para a extração de tais benefícios: o acionista controlador[1136]. Impõe-se uma reponderação global do sistema *de iure condendo* à luz destas considerações.

814   V. Em suma, mesmo admitindo a motivação dos membros do conselho fiscal para o diligente desempenho das suas funções, a sua utilidade para a sociedade depende da operacionalidade da assembleia geral como mecanismo de controlo

---

[1135] O paradigma da escolha dos fiscalizados e dos fiscalizadores pela mesma maioria acionista é há muito criticado pela nossa doutrina. Cfr., *v.g.*, VISCONDE DE CARNAXIDE – *Sociedades anonymas...* p. 9 ss., CUNHA GONÇALVES – *Comentário*, 1... p. 439, JOSÉ TAVARES – *Sociedades e empresas comerciais*, 2.ª ed., Coimbra: França Amado, 1924, p. 301, 311.

[1136] Também em Itália o problema da independência dos *sindaci* face aos acionistas controladores foi, e continua a ser, especialmente sublinhado pela doutrina que, perante a típica concentração acionista no mercado italiano, realça o perigo que representa o poder de determinação da concreta composição tanto do conselho de administração, como do órgão destinado à sua fiscalização pelo acionista controlador. Como vimos, perante um fenómeno de concentração acionista, o *controlling shareholder agency problem* sobrepõe-se ao *managerial agency problem*, devendo o Direito acautelar os comportamentos oportunistas que prejudiquem o interesse social e, nessa medida, os acionistas minoritários.

A eleição dos *sindaci* por maioria simples em assembleia sujeita-os aos caprichos do acionista controlador, o qual pode, em regra, determinar a sua contratação *ab initio*, bem como a renovação do seu mandato, estando apenas limitado na destituição dos mesmos, atenta a regra da sua inamovibilidade sem justa causa. Por isso mesmo, perante a questão de fundo de saber que diligência se pode esperar de um órgão eleito pela maioria na proteção dos contrapostos interesses da minoria, GALGANO via-se forçado a concluir, em 1984, que a solução então em vigor tornava o *collegio sindacale* numa figura equívoca e pouco eficiente. FRANCESCO GALGANO – *Trattato di Diritto Commerciale e di Diritto Pubblico dell'Economia*, 7 – La società per azioni, Padova: CEDAM, 1984, p. 286.

Não obstante, foram várias as vozes que, visando o equilíbrio de poderes ao nível dos órgãos societários, defenderam o dever de o *collegio sindacale* atender aos interesses dos acionistas minoritários que, nessa medida, não estariam representados no conselho de administração, nem poderiam conformar a condução da atividade social, reservada por lei ao conselho de administração. Neste sentido, GALGANO afirmava que os beneficiários da atividade do *collegio sindacale* não são os acionistas maioritários, que têm o poder de controlar a administração de forma mais intensa do que aquela que compete legalmente ao *collegio sindacale*, mas sim os acionistas minoritários que, nessa medida, não têm acesso à informação societária (salvo nos casos expressamente previstos na lei) nem controlam a administração. Assim, «a presença, na estrutura organizativa da sociedade, de um órgão ao qual é confiado o controlo da administração é, institucionalmente, destinada a "compensar" aquela falta de acesso do accionista individual à informação e controlo». Cfr. *ibidem*, p. 285-286. No mesmo sentido, *v.g.*, FRÉ – *Società per azioni...* p. 542-543.

O MODELO PORTUGUÊS ENQUANTO MODELO BASE

da administração. Na medida em que a assembleia geral seja dominada por um acionista controlador que controla também, *de facto,* a administração da sociedade, existe um sério risco de inutilidade da fiscalização desenvolvida pelo conselho fiscal.

Há, no entanto, outras dimensões que não podem ser ignoradas: a denúncia de irregularidades pelo conselho fiscal à assembleia geral poderá ainda fundamentar ações de responsabilidade dos acionistas minoritários contra o acionista controlador, nos termos do art. 83.º/4 ou, mais genericamente, por violação do seu dever de lealdade[1137], bem como ações sociais *ut singuli* contra administradores[1138].

815

26.2. A necessária articulação do conselho fiscal com o conselho de administração na reação às irregularidades detetadas

I. Independentemente do juízo de utilidade que se possa fazer sobre esta possibilidade, a submissão de um problema à assembleia geral deve ser vista como um mecanismo de último recurso, quando o diálogo e a pressão institucional sobre o conselho de administração não tenham permitido encontrar soluções adequadas para o problema detetado.

816

O mecanismo previsto nos n.ºs 1 a 4 do art. 420.º-A aplica-se apenas ao revisor oficial de contas, mas dele pode extrair-se um princípio de diálogo institucional *up the ladder*, com vista à resolução dos problemas verificados. Este dever de diálogo impõe-se também ao conselho fiscal[1139], com base no seu dever de leal cooperação interorgânica, concretizado no art. 422.º/1, *d)*[1140].

817

Assim, caso um membro do conselho fiscal tome conhecimento de um problema que entenda ser relevante, deve comunicá-lo aos demais membros conselho fiscal[1141]. Caso o órgão coletivo entenda que o problema é relevante,

818

[1137] Sobre esta problemática, remetemos para FERREIRA GOMES – *Conflitos de interesses...* p. 121-152.

[1138] Cfr., *v.g.*, RAUL VENTURA e BRITO CORREIA – *Responsabilidade civil...* p. 45 ss., JORGE COUTINHO DE ABREU – *Responsabilidade civil²...*, p. 60 ss., MANUEL CARNEIRO DA FRADA e DIOGO COSTA GONÇALVES – A acção *ut singuli* (de responsabilidade civil) e a relação do Direito cooperativo com o Direito das sociedades comerciais, *Revista de Direito das Sociedades*, 1:4, 2009.

[1139] Relativamente a questão paralela no sistema italiano, GIOVANNI DOMENICHINI – "Il collegio sindacale nelle società per azioni", in PIETRO RESCIGNO (ed.) – *Trattato di diritto privato*, 16, Torino: UTET, 1985, p. 567 explica que, apesar de os fiscais não poderem impor ou impedir a prática de atos de gestão ou impor sanções aos administradores, podem influir na sua decisão, exprimindo o seu dissenso, seja nas reuniões do conselho de administração a que assistam, seja mediante declarações a este dirigidas.

[1140] Como referimos adiante, apesar de, segundo a letra da lei, este dever ser imputado aos «membros do conselho fiscal», deve entender-se que, em princípio, o mesmo deve ser exercido em modo coletivo.

[1141] Sem prejuízo da comunicação devida ao revisor oficial de contas, nos casos previstos no n.º 7 do art. 420.º-A. Seguramente não é admissível a construção segundo a qual os membros do conselho fiscal se exonerariam pela mera comunicação das irregularidades detetadas ao revisor, nos termos desta norma,

DA ADMINISTRAÇÃO À FISCALIZAÇÃO DAS SOCIEDADES

na sequência da sua ponderação conjunta, deverá dialogar com o conselho de administração com vista à sua resolução. No contexto deste diálogo, destaca-se a importância da prestação de conselhos por parte do conselho fiscal[1142].

819   II. Sendo o presidente do conselho de administração responsável pela coordenação dos trabalhos deste órgão, as comunicações do conselho fiscal devem, em princípio, ser-lhe dirigidas. A este caberá então, no contexto da autonomia institucional do conselho de administração, promover a melhor forma de resolução do problema no seio deste órgão[1143].

820   III. O conselho fiscal deve, não obstante, assegurar-se de que, na sequência dessa comunicação, o conselho de administração aborda convenientemente o problema e, estando envolvido algum dos seus membros, opera o controlo mútuo no seio do conselho, exigido pelo princípio da colegialidade[1144]. Neste sentido, caso o presidente não responda à sua comunicação, ou responda de forma insatisfatória, deverá o conselho fiscal exigir a convocação do conselho de administração, para que nessa reunião possa expor o problema e exigir a sua resolução. Somente perante o silêncio ou resposta inadequada do conselho de administração, deverá o conselho fiscal suscitar a intervenção dos acionistas.

---

recaindo sobre este o dever de assegurar a correção das mesmas *up the ladder*. Esta construção poderia ser sustentada pelo confronto do art. 420.º-A com o art. 262.º-A, aplicável às sociedades por quotas. Enquanto neste último se exige o contacto direto dos membros do conselho fiscal com a gerência, no art. 420.º-A o contacto com a administração parece ser mediado pela intervenção do revisor. Não é aceitável um tal entendimento. Refira-se ainda, *a latere*, que, apesar de o art. 262.º-A impor a "qualquer membro do conselho fiscal" a "comunicação imediata" das irregularidades detetadas à gerência, se deve entender que uma tal comunicação deve ser precedida de uma ponderação colegial dos factos em causa. A avaliação sobre se os factos "revelam graves dificuldades na prossecução do objeto da sociedade" deve caber ao conselho fiscal, de acordo com o princípio da colegialidade subjacente ao seu funcionamento perante o quadro sistemático.

[1142] Face à questão paralela no sistema alemão, declarou o BGH 25-mar.-1991, *BGHZ* 114, 127:
> «*Die Aufgabe des Aufsichtsrats, die Geschäftsführung zu überwachen, enthält die Pflicht, den Vorstand in übergeordneten Fragen der Unternehmensführung zu beraten*».

O BGH não explicitou o conceito de "conselho" (*Beratung*), afirmando apenas que o controlo do *Aufsichtsrat* se deve estender de forma a cobrir questões básicas de política futura e que tal controlo só pode ser efetivamente exercido através da constante discussão com o *Vorstand* e de aconselhamento contínuo (*BGHZ* 114, 127, 130).
Neste sentido, sublinham HOFFMANN e PREU – *Der Aufsichtsrat...* p. 11, n.º 105: vigilância e aconselhamento são apenas dois aspetos de uma mesma realidade. Cfr. também, *v.g.*, SEMLER – *Leitung und Überwachung*²... p. 141.

[1143] Para questão paralela no Direito alemão, SEMLER – *MünchKomm. AktG*²..., § 111, n.º 106.

[1144] Paralelamente, no sistema alemão, LEYENS – *Information des Aufsichtsrats* ..., p. 134.

O MODELO PORTUGUÊS ENQUANTO MODELO BASE

Não se compreenderia que o conselho fiscal se dirigisse diretamente aos 821
acionistas, sem primeiro dar uma oportunidade ao conselho de administração
para explicar o problema de que tomou conhecimento e procurar, em conjunto
com este, soluções adequadas para o mesmo. Uma tal conduta atenta contra o
princípio da leal cooperação interorgânica que deve ser reconduzido à boa-fé.

Só assim não será nos casos em que o conselho fiscal suspeite do envolvi- 822
mento do conselho de administração numa fraude ou problema semelhante
e considere imprescindível levar a questão diretamente ao conhecimento dos
acionistas, após devida ponderação dos custos e benefícios dessa atuação para a
sociedade (e apenas para a sociedade, com limite nas regras do abuso de direito,
na modalidade de desequilíbrio no exercício)[1145].

26.3. Os poderes-deveres de reação dos membros do conselho fiscal a título individual

I. Em geral, o Código das Sociedades Comerciais não imputa poderes-deveres 823
de reação diretamente aos membros do conselho fiscal, assentando a fiscalização
no funcionamento colegial do órgão coletivo[1146]: a este cabe avaliar a conduta
da administração e decidir sobre as reações que se imponham. Nessa medida, a
imputação de poderes-deveres de informação diretamente aos fiscais é instrumental face ao papel central do órgão coletivo. O equilíbrio do sistema repousa
na articulação da atividade cognitiva individual com a ponderação e intervenção colegiais. Como explica ENGRÁCIA ANTUNES, na senda de DOMENICHINI[1147],

«a fiscalização é um processo duradouro, composto por uma multiplicidade
de processos (...), em cujo contexto preparatório a conjugação de uma intervenção individual e conjunta dos membros do conselho fiscal potencia a eficiência do próprio desempenho orgânico no seu conjunto – sem que isso
signifique, porém, que a decisão final sobre um concreto assunto objecto
de fiscalização não deva permanecer uma prerrogativa do próprio *collegium*
enquanto tal, antes que dos seus membros individualmente considerados»[1148].

Acrescenta ENGRÁCIA ANTUNES que: 824

«defender tese oposta seria admitir a existência de poderes de fiscalização
concorrentes, descoordenados e porventura até contraditórios, com inevi-

---

[1145] Cfr., a propósito dos limites da discricionariedade do órgão de fiscalização, o acórdão do BGH no caso *ARAG/Garmenbeck* (BGH 21-abr.-1997, *BGHZ* 135, 244).
[1146] Assim também ENGRÁCIA ANTUNES – *A fiscalização...* p. 102-103.
[1147] DOMENICHINI – *Il collegio sindacale...* p. 544-555.
[1148] ENGRÁCIA ANTUNES – *A fiscalização...* p. 103.

DA ADMINISTRAÇÃO À FISCALIZAÇÃO DAS SOCIEDADES

táveis consequências, seja no plano interno (podendo conduzir, no limite, à desagregação do próprio órgão), seja no plano externo (conduzindo a uma paralisação das funções sociais de controlo)»[1149].

825   Esta conclusão não invalida a necessidade de um juízo prévio e individual sobre a relevância dos factos apurados para o coletivo, nos termos já referidos, tal como não invalida que, na sequência dessa avaliação, possam ser devidas condutas específicas pelos fiscais, a título individual.

826   II. Destacam-se, assim, os seguintes poderes-deveres de reação dos membros do conselho fiscal, a título individual[1150]:

(i)   Em primeiro lugar, caso um membro do conselho fiscal, no exercício dos seus poderes-deveres de informação e inspeção, tome conhecimento de uma irregularidade que entenda ser relevante, deve comunicá-la aos demais membros do conselho fiscal[1151] e convocar uma reunião deste órgão para a sua avaliação[1152].

Na ausência de uma norma que regule a convocação do conselho fiscal, devem aplicar-se *por analogia* as disposições dos arts. 410.º/1[1153] e 407.º/8. Como defendemos antes[1154], do art. 407.º/8 resulta um desvio ao disposto no art. 410.º/1. Da aplicação analógica ao presente caso resulta que qualquer membro do conselho fiscal tem, excecionalmente, o poder de convocar uma reunião do conselho fiscal, quando tal seja necessário para evitar a prática de atos danosos ou para eliminar ou diminuir os efeitos danosos de atos já praticados.

[1149] *Ibidem.*

[1150] Propositadamente, não incluímos neste elenco o dever dos fiscais de participação de factos delituosos que constituam crimes públicos ao Ministério Público (422.º/3), nem outros similares (*v.g.*, art. 116.º-F, n.os 2-5 RGIC, sobre os deveres de comunicação ao Banco de Portugal), na medida em que tais deveres visam salvaguardar o interesse público, não se integrando na obrigação de vigilância dirigida à promoção dos melhores interesses da sociedade, ainda que o seu cumprimento possa beneficiar indiretamente a sociedade.

[1151] Sem prejuízo da comunicação devida ao revisor oficial de contas nos casos previstos no art. 420.º-A/7.

[1152] Quando o fiscal que toma conhecimento da irregularidade é o revisor oficial de contas, nas sociedades organizadas segundo o submodelo de governo previsto no art. 413.º/1, *a*), e a *irregularidade* identificada traduza "graves dificuldades na prossecução do objeto da sociedade", é também aplicável o disposto no art. 420.º-A, gerando um conflito de competências positivo. Ou seja, verifica-se uma sobreposição parcial das competências do revisor e do conselho fiscal. Sobre esta questão e sua solução, cfr. § 37.3 *infra*.

[1153] Também ENGRÁCIA ANTUNES – *A fiscalização...* p. 101, 105 (nota 314) sustenta a aplicação analógica das normas sobre a convocação do conselho de administração.

[1154] Cfr. § 19, parág. 4 *supra*.

O MODELO PORTUGUÊS ENQUANTO MODELO BASE

Caso a gravidade e a urgência da questão não justifique uma comunicação imediata ao conselho (e a convocação de uma reunião extraordinária), poderá limitar-se a informar o conselho na primeira reunião que tenha lugar.

Não obstante o art. 422.º/1, *d)* imputar «aos membros do conselho fiscal» um dever de comunicar à administração as «verificações, fiscalizações e diligências que tenham feito e do resultado das mesmas», deve entender-se que uma tal comunicação deve, em princípio, ser feita em modo coletivo. Um entendimento diverso poderia retirar espaço de manobra ao conselho fiscal na sua apreciação dos problemas detetados na atividade cognitiva desenvolvida pelos seus membros a título individual. Caso a administração tome conhecimento de ter sido detetado um problema antes de o conselho fiscal ter tido oportunidade de o apreciar, corre-se o risco de indesejável interferência da administração no juízo deste órgão colegial que se pretende independente. Em suma, o conselho fiscal só deverá realizar a comunicação prescrita depois de concluída a sua avaliação do problema e em articulação com a sua reação.

(ii) Na reunião do conselho fiscal, deve cada membro zelar pelos melhores interesses da sociedade e, sendo vencido na votação, deve fazer inserir na ata os motivos da sua discordância face à posição da maioria (art. 423.º/2)[1155].

(iii) Adicionalmente, os membros do conselho fiscal devem comunicar ao revisor oficial de contas, por carta registada, os factos que revelem dificuldades na prossecução normal do objecto social (art. 420.º/7).

(iv) Sem prejuízo disso, quando a urgência da situação o justifique, não sendo possível a intervenção do conselho fiscal em tempo útil, deve o membro que se aperceba de um problema expor a situação direta e imediatamente ao administrador encarregue do pelouro respetivo, com vista a evitar a prática de atos danosos ou eliminar ou diminuir os efeitos danosos de atos já praticados[1156]. Aplica-se analogicamente, com as necessárias adaptações, o disposto no art. 985.º/5 CC[1157].

[1155] Na base desta norma está, como revela RAUL VENTURA – *Estudos vários...* p. 564, a preocupação da clara fiscalização da sociedade.

[1156] ENGRÁCIA ANTUNES – *A fiscalização...* p. 103 opõe-se à intervenção individual dos fiscais *dissidentes*, com fundamento no art. 423.º/2, ou seja, à intervenção individual subsequente a uma deliberação do órgão colegial. Não nos parece que tal objeção abarque a intervenção cautelar sugerida no texto.

[1157] Recorde-se que defendemos idêntica solução a propósito dos poderes-deveres de reação dos administradores. Cfr. § 19, parág. VIII *supra*.

DA ADMINISTRAÇÃO À FISCALIZAÇÃO DAS SOCIEDADES

(v) Para além disso, não reunindo o conselho fiscal quando convocado ou, tendo reunido, *manifestamente*[1158] não tenha tomado as medidas adequadas à salvaguarda dos interesses da sociedade, pode e deve qualquer dos seus membros reagir, a *título individual*, perante o conselho de administração [art. 422.º/1, *d)*].

(vi) Perante uma ausência de resposta ou perante uma resposta inadequada do conselho de administração – e, não reunindo o conselho fiscal quando convocado ou, tendo reunido, manifestamente não tenha tomado as medidas adequadas, se as circunstâncias do caso assim o exigirem, *pode* e *deve* informar os acionistas, na primeira reunião que se realize, de todas as irregularidades e inexatidões verificadas, nos termos do art. 422.º/1, *e)*[1159].

§ 27. A VARIÁVEL INTENSIDADE DA OBRIGAÇÃO DE VIGILÂNCIA DO CONSELHO FISCAL E DOS SEUS MEMBROS: PARÂMETROS GERAIS E GRUPOS DE CASOS

827

I. Sem prejuízo das suas concretizações legais, as obrigações de vigilância do conselho fiscal e de cada um dos seus membros apresentam uma intensidade variável de acordo com as específicas circunstâncias do caso concreto: em princípio traduzem a vinculação a um controlo geral, que se torna mais intenso ou pormenorizado perante situações de crise ou motivos de suspeita. A intensificação da vigilância pode ainda decorrer de uma adequada construção da vigilância preventiva e da concretização do dever de leal cooperação interorgânica, nos termos sustentados no § 20.1 e aqui desenvolvidos.

828

II. Face às concretizações normativas resultantes do art. 420.º/1 e 2, o conselho fiscal deve manter-se periódica e adequadamente informado sobre: (i) a regularidade dos livros, registos contabilísticos e documentos que lhe servem de suporte [n.º 1, *c)*]; (ii) a extensão da caixa e as existências de qualquer espécie dos bens ou valores pertencentes à sociedade ou por ela recebidos em garantia, depósito ou outro título [n.º 1, *d)*]; (iii) a exatidão dos documentos de prestação de contas [n.º 1, *e)*]; (iv) a adequação das políticas contabilísticas e os critérios valorimétricos adotados pela sociedade [n.º 1, *f)*]; (v) a eficácia dos sistema de

---

[1158] Justifica-se esta restrição para evitar que um fiscal, a título individual, se sobreponha ao coletivo perante uma qualquer divergência de opinião, esvaziando de conteúdo o princípio da colegialidade aplicável à ponderação neste órgão.

[1159] Parece-nos que a previsão normativa expressa deste poder-dever de reação contradiz a posição de ENGRÁCIA ANTUNES – *A fiscalização...* p. 103, segundo a qual não deve admitir-se a reação individual.

336

O MODELO PORTUGUÊS ENQUANTO MODELO BASE

gestão de riscos, de controlo interno e de auditoria interna, se existentes [n.º 1, *i*)]; (vi) a legalidade e regularidade do processo de preparação e de divulgação de informação financeira [n.º 2, *a*), quando aplicável][1160]; (vii) a legalidade e regularidade da revisão dos documentos de prestação de contas [n.º 2, *c*), quando aplicável]; e (viii) a independência do revisor oficial de contas, designadamente no tocante à prestação de serviços adicionais [n.º 2, *d*), quando aplicável].

III. À margem destas concretizações legais, a obrigação de vigilância apresenta uma intensidade variável de acordo com as concretas circunstâncias da empresa em causa.

829

No sistema alemão, destaca-se a graduação tripartida da intensidade da obrigação de vigilância do *Aufsichtsrat*, sugerida por SEMLER em 1980 e desenvolvida em estudos posteriores. Em circunstâncias normais, o *Aufsichtsrat* deve desenvolver uma vigilância de acompanhamento (*begleitende Überwachung*), ou seja, um controlo mais genérico, com base na informação prestada pelo próprio *Vorstand* (§ 90(1) AktG), mantendo-se os dois órgãos numa situação paritária. No entanto, perante sinais de que o *Vorstand* não cumpre adequadamente as suas funções, ameaçando a situação da sociedade, o *Aufsichtsrat* deve intervir de forma mais intensa, no contexto de uma vigilância adjuvante (*unterstützende Überwachung*), exigindo a prestação de mais informação pelo *Vorstand* e estabelecendo reservas de consentimento (§ 111(4) AktG[1161]). Neste caso, estes órgãos passam de uma situação paritária para uma situação de relativa sobreposição do *Aufsichtsrat* ao *Vorstand* (o que não significa que o *Aufsichtsrat* possa intervir na gestão em substituição do *Vorstand* ou dando instruções ao mesmo). Por fim, perante uma situação de crise, o *Aufsichtsrat* deve assumir uma vigilância de conformação (*gestaltende Überwachung*)[1162], avaliando se o *Vorstand* está à altura dos desafios com que se defronta a sociedade. Caso entenda que não, deve reforçar o *Vorstand* ou, se necessário, substituir alguns dos seus membros (ou mesmo todos). Nesta situação, o *Aufsichtsrat* tem a máxima responsabilidade

830

[1160] Esta norma distingue-se da prevista nas als. *c*) e *e*) do n.º 1, porquanto nessas a vigilância incide sobre os *documentos* em si e nesta incide sobre a regularidade e adequação do *processo* de produção desses documentos. Cfr., sobre este ponto no sistema italiano, *Circolare ASSONIME n. 16/2010...* p. 942.

[1161] Similar ao nosso art. 442.º/1, na redação anterior a 2006.

[1162] No seu estudo de 1980, SEMLER referia-se antes a vigilância de liderança (*Führende Überwachung*). Cfr. SEMLER – *Die Überwachungsaufgabe...* p. 87-88. Esta sugestão foi objeto de críticas no sentido de que não cabe nas previsões legais ou que é infeliz, pelo menos quanto à sua designação. Perante situações de crise, deve intensificar-se a intervenção do *Aufsichtsrat*, mas sem que isso se traduza na liderança da atividade empresarial conduzida pela sociedade. HOFFMANN e PREU – *Der Aufsichtsrat...* p. 2-4, n.ºs 102.1-102.2. Na sequência destas críticas, SEMLER passou a referir-se a vigilância de conformação (*gestaltende Überwachung*), com os desenvolvimentos referidos no texto. SEMLER – *Leitung und Überwachung*[2]*...* p. 132-133.

DA ADMINISTRAÇÃO À FISCALIZAÇÃO DAS SOCIEDADES

na sociedade, sem no entanto assumir funções de gestão a um nível superior. A sua responsabilidade traduz-se em assegurar que o *Vorstand* tem condições para resolver os problemas da sociedade, sem que se possa substituir a este na tarefa de gestão. Assim que o *Vorstand* tenha as condições necessárias ao cumprimento dos seus deveres, o *Aufsichtsrat* deve remeter-se à sua tarefa de vigilância de acompanhamento[1163].

831   Contra esta construção, afirma-se que uma estrita autonomização de três fases, às quais correspondem diferentes intensidades da obrigação de vigilância, não é possível na prática. Afirma-se ainda que a graduação da intensidade não tem fundamento na *Aktiengesetz*: o *Aufsichtsrat* não está dispensado de uma diligente vigilância da administração no curso normal das operações, nem assume uma posição de órgão superior (*oberstes Organ*) da sociedade anónima em tempos de crise[1164]. Perante a rejeição da estrita graduação tripartida da intensidade da obrigação de vigilância do *Aufsichtsrat*, sustenta-se simplesmente que essa obrigação se intensifica perante uma significativa deterioração da situação da sociedade (*v.g.*, MERTENS)[1165] ou, simplesmente, em função da situação da sociedade (*v.g.*, HÜFFER)[1166].

832   IV. Face ao nosso modelo tradicional, a vinculação dos fiscais à obtenção de informação tem, *em circunstâncias normais*, um carácter mais genérico, podendo estes basear-se na informação disponibilizada pela administração, pelos siste-

---

[1163] SEMLER – *Die Überwachungsaufgabe...* p. 87-88, SEMLER – *Leitung und Überwachung²...* p. 131-133. No mesmo sentido, cfr., *v.g.*, PETER HOMMELHOFF – "Zur Anteil- und Beteiligungsüberwachung im Aufsichtsrat", in *Festschrift für Walter Stimpel zum achtundsechzigsten Geburtstag am 29. November 1985*, Berlin, New York: de Gruyter, 1985, p. 612-613, STEINBECK – *Überwachungspflicht...* p. 92 ss.

[1164] CARSTEN-PETER CLAUSSEN – Abgestufte Überwachungspflicht des Aufsichtsrats?, *Die Aktiengesellschaft*, 29:1, 1984, p. 20-21, MANUEL R. THEISEN – Das Board-Modell: Lösungsansatz zur Überwindung der "Überwachungslücke" in deutschen Aktiengesellschaften?, *Die Aktiengesellschaft*, 34:5, 1989, p. 164.

[1165] MERTENS – *Kölner Komm. AktG²...*, § 111, n.º 20.

[1166] De acordo com esta última perspetiva, em geral, o *Aufsichtsrat* pode limitar-se a examinar os relatórios do *Vorstand* (§ 90 AktG), se necessário, exigir relatórios suplementares, estabelecer prioridades para a sua própria atuação e confrontar o *Vorstand* com os seus argumentos, segundo parâmetros de razoabilidade, devendo assegurar que o *Vorstand* e os seus membros cumprem os seus deveres, em particular, o dever de apresentação à insolvência. Cfr. BGH 16-mar.-2009, *NJW*, 2009, 2454, parágs. 14 ss; OLG Brandenburg 17-fev.-2009, *ZIP* 2009, 866, 869-870. Perante tensões na situação da sociedade ou outras situações de risco, a sua vigilância deve intensificar-se para fazer face à situação. O *Aufsichtsrat* não pode participar na tarefa de direção do *Vorstand*, mas numa situação crítica pode, *e.g.*, substituir os membros do *Vorstand* (§ 84). HÜFFER – *Aktiengesetz¹⁰...*, § 111, n.º 7.

Sobre este tema, cfr. ainda LUTTER e KRIEGER – *Rechte⁵...*, n.ᵒˢ 86 ss., distinguindo entre *Normallage, Krise* e *Zustimmungsvorbehalten*, bem como HOPT e ROTH – *AktG Großkommentar⁴...*, § 111, n.ᵒˢ 313-321, para uma perspetiva global.

O MODELO PORTUGUÊS ENQUANTO MODELO BASE

mas de informação implementados e pelos demais órgãos sociais, com destaque para o revisor oficial de contas. No entanto, *verificados determinados sinais de risco* (*red flags*) ou motivos de suspeita[1167], intensificam-se os poderes e os deveres do conselho e dos seus membros: devem questionar-se as habituais fontes de informação, realizando as inspeções que se mostrem necessárias para o efeito (com meios internos ou externos) e obtendo informação de fontes independentes; deve avaliar-se a informação com um acrescido sentido crítico; e, finalmente, devem tomar-se as medidas que se justifiquem face às circunstâncias do caso concreto.

V. O conselho fiscal não tem ao seu dispor poderes-deveres de reação como aqueles que, no sistema alemão, assistem ao *Aufsichtsrat* (nomeadamente, os poderes de estabelecer reservas de consentimento e de destituir e designar administradores), pelo que nunca poderia assumir uma vigilância de conformação, nos termos sugeridos por SEMLER.   833

Em todo o caso, o conselho fiscal e os seus membros devem ter, logo à partida, um papel pro-ativo na configuração dos sistemas destinados a assegurar um adequado fluxo de informação, através do exercício dos poderes-deveres estabelecidos no art. 421.º/1, *a)* e *b)*. Estes habilitam os fiscais não só a obter informações pontuais, mas também a exigir a prestação periódica de informações. Devem portanto exigir da administração o cumprimento do seu dever de criação de sistemas de informações adequados às concretas circunstâncias da sociedade (e, quando aplicável, do grupo no qual se integra), participando na sua concreta configuração através do exercício daqueles poderes. Os fiscais devem ainda avaliar a informação recebida, com vista ao acompanhamento regular da atividade empresarial, solicitando os esclarecimentos e realizando as inspeções que se mostrem necessárias ou convenientes em cada caso.   834

Para além disso, a sua atividade cognitiva deve intensificar-se perante a verificação de sinais de risco que, como vimos a propósito dos administradores[1168], não se limita ao conhecimento da iminência de atos danosos: também os fiscais têm o dever de perceber que determinado tipo de situações acarretam riscos acrescidos (e sobretudo não acautelados) para a sociedade que devem ser adequadamente geridos. Basta, portanto, que se verifiquem *motivos de suspeita* de condutas ilícitas, irregulares, ineficientes ou inadequadas.   835

[1167] Cfr., *v.g.*, SEMLER – *MünchKomm. AktG*²..., § 111, n.ºˢ 208 ss., MATHIAS HABERSACK, in WULF GOETTE, et al. (eds.) – *Münchener Kommentar zum Aktiengesetz*, 2 – §§ 76-117, MitbestG, DrittelbG, 3.ª ed., München: Beck, Franz Vahlen, 2008, § 111, n.ºˢ 45-46, LUTTER e KRIEGER – *Rechte*²..., n.º 70.

[1168] Cfr. § 20, em particular, § 20.1, parág. II *supra*.

DA ADMINISTRAÇÃO À FISCALIZAÇÃO DAS SOCIEDADES

836   Também como vimos a propósito dos administradores[1169], a intensificação da vigilância pode ser exigida não apenas pela identificação de sinais de risco, mas ainda por uma *adequada construção da vigilância preventiva e pela concretização do dever de leal cooperação interorgânica*. O questionamento de determinada conduta da administração, os pedidos sucessivos de informação ou o inquérito direto de trabalhadores ou colaboradores da sociedade são frequentemente percecionados como manifestações de desconfiança face à administração. Sem prejuízo de faltar fundamento legal para uma tal afirmação, o conselho fiscal pode ultrapassar este problema prático através da determinação e divulgação interna, *a priori*, de políticas e procedimentos para a obtenção de informação e, em particular, para a realização de inquéritos, como vista à confirmação da veracidade e da completude da informação recebida, independentemente da verificação de quaisquer sinais de risco. Se os visados tiverem de contar *a priori* com a prática de tais atos (aleatórios ou periódicos) dirigidos à obtenção de informação, os mesmos perdem o seu carácter de exceção, deixando de existir fundamento significativo para os equiparar a manifestações de desconfiança[1170].

837   VI. Para além destas coordenadas gerais, na determinação do conteúdo da obrigação de vigilância do conselho fiscal e dos seus membros, relevam, com as necessárias adaptações, os parâmetros gerais e os grupos de casos identificados a propósito do conselho de administração[1171], cuja ponderação permite enriquecer uma tal avaliação. Acrescente-se ainda que:

(i) A previsão legal ou contratual de deveres específicos dos administradores determina uma idêntica concretização da obrigação de vigilância dos fiscais, na medida em que estes devem assegurar o cumprimento de tais deveres pelos respetivos sujeitos passivos[1172].

(ii) As propostas apresentadas pela administração a deliberação dos acionistas determinam um específico dever de vigilância do conselho fiscal que sobre as mesmas deve dar parecer [art. 420.º/1, g)].

(iii) O conhecimento de irregularidades praticadas determinam uma intensificação da obrigação de vigilância do conselho fiscal[1173] com vista à

[1169] Cfr. § 20, em particular, § 20.1, parág. III *supra*.

[1170] Neste sentido e contra a doutrina maioritária na Alemanha, a propósito da obtenção, pelo *Aufsichtsrat*, de informação independente do *Vorstand*, LEYENS – *Information des Aufsichtsrats* ..., p. 180 e *passim*.

[1171] Cfr. § 20.2 *supra*.

[1172] Em sentido idêntico, a propósito do disposto no § 93(3) AktG, SEMLER – *Leitung und Überwachung²* ... p. 136-137.

[1173] GINO CAVALLI – "I sindaci", in G.E. COLOMBO e G.B. PORTALE (eds.) – *Trattato delle società per azioni*, 5, Torino: UTET, 1988, p. 163.

O MODELO PORTUGUÊS ENQUANTO MODELO BASE

determinação da sua exata extensão, à sua resolução e à garantia de que não se repetem.

(iv) A fundada desconfiança ou sérias dúvidas sobre a conduta do conselho de administração, de algum dos seus membros ou de alguma pessoa ao mesmo subordinado determina igualmente uma intensificação da obrigação de vigilância do conselho fiscal[1174].

(v) Quando a estrutura da sociedade ou do grupo seja caracterizada por uma reduzida garantia de recíproco condicionamento entre os diferentes órgãos sociais, devem ser instituídos mecanismos e procedimentos de controlo alternativos. Assim, *e.g.*, a imputação da gestão a um administrador único e a delegação de poderes demasiado ampla eliminam substancialmente os freios inerentes à organização colegial do conselho de administração, constituindo, por si, um fator de risco a ter em consideração na vigilância pelo conselho fiscal[1175].

(vi) Também quando a estrutura da sociedade ou do grupo seja caracterizada por uma reduzida transparência face ao mercado, reduzindo a eficácia dos respetivos mecanismos de controlo, devem ser instituídos mecanismos e procedimentos de controlo alternativos. A título de exemplo, vejam-se os casos Enron e Parmalat já descritos[1176].

(vii) Quando a base acionista da sociedade seja restrita, pode ocorrer uma confusão entre acionistas e administradores que limita o controlo que os primeiros devem exercer sobre os segundos, exponenciando os riscos para os terceiros credores e para a sociedade personificada[1177].

§ 28. OUTROS DEVERES DO CONSELHO FISCAL E DOS SEUS MEMBROS

I. Para além das vinculações já analisadas, são imputáveis ao conselho fiscal e aos seus membros outros deveres suscetíveis de recondução à obrigação de vigilância, enquanto conceito-síntese e conceito normativo determinado pela função (*In- und Zweckbegriff*). Destacamos os deveres do conselho fiscal de organização interna, de vigilância da revisão legal de contas e de controlo da legalidade das deliberações dos acionistas, e os deveres de cada fiscal de obtenção das qualificações técnicas necessárias ao desenvolvimento das suas funções e de confidencialidade.

838

[1174] *Ibidem*, p. 163-164, SEMLER – *Leitung und Überwachung*²... p. 137-138.
[1175] CAVALLI – *I sindaci...* p. 163-164.
[1176] Cfr. § 20.2 *supra*.
[1177] CAVALLI – *I sindaci...* p. 164.

DA ADMINISTRAÇÃO À FISCALIZAÇÃO DAS SOCIEDADES

839   II. O conselho fiscal tem o dever de se organizar internamente da forma mais adequada ao desenvolvimento da sua função, de acordo com as específicas características da sociedade. Neste sentido, questiona-se se pode admitir-se a repartição interna de tarefas ou a constituição de comissões no seio do conselho fiscal. Sendo a obrigação de vigilância imputada ao conselho fiscal, enquanto órgão coletivo, e funcionando este colegialmente[1178], todos os seus membros estão conjunta e igualmente obrigados ao desempenho da função de vigilância. Ora, a divisão de tarefas através da constituição de comissões e da especialização dos membros individuais está numa relação de tensão com o princípio jus-societário da colegialidade e da (assim garantida) igualdade dos membros do órgão coletivo[1179].

840   No nosso modelo tradicional, a tarefa de obtenção de informação é expressamente imputada a cada um dos fiscais e não ao órgão coletivo, como sucede no modelo germânico. Perante este quadro normativo, na prática os cenários possíveis situam-se entre dois pólos. Num pólo pode identificar-se um cenário em que todos os fiscais desenvolvem diligente e simultaneamente a sua atividade cognitiva, sobrepondo-se e multiplicando as exigências de informação à administração e às estruturas administrativas subordinadas, gerando uma incomportável ineficiência. No pólo oposto temos um cenário no qual cada fiscal vê na competência concorrente dos seus pares um incentivo para não desenvolver adequadamente a sua atividade cognitiva, gerando um fluxo informativo insuficiente ao adequado desempenho da função de vigilância do órgão coletivo.

841   Só uma adequada organização interna e distribuição de tarefas permite clarificar o papel de cada fiscal e a sua responsabilidade perante o coletivo. Por outro lado, sendo a assimetria informativa entre os vários fiscais uma inevitabilidade aceite pelo sistema, deve o conselho fiscal organizar-se internamente de forma a minorá-la o mais possível. Se necessário, aprovando um regimento que regule as relações internas do conselho. Assim, deve *pelo menos* admitir-se a repartição interna de tarefas[1180] e a constituição de comissões internas, *com vista à preparação das decisões do plenário*, agilizando o seu processo deliberativo.

842   Recorde-se, porém, não ser possível uma dissociação absoluta entre funções preparatórias e funções executivas, na medida em que o mero processo de recolha e tratamento da informação pressupõe juízos quanto à relevância de determinados factos (e irrelevância de outros) e sua apresentação ao plenário,

---

[1178] O funcionamento colegial do conselho geral e de supervisão resulta do art. 410.º, *ex vi art.* 445.º/2.
[1179] Hopt e Roth – *AktG Großkommentar⁴...*, § 107, n.º 7-10, Leyens – *Information des Aufsichtsrats...*, p. 237.
[1180] No mesmo sentido, Engrácia Antunes – *A fiscalização...* p. 166.

O MODELO PORTUGUÊS ENQUANTO MODELO BASE

juízos esses que podem condicionar, em maior ou menor medida, o processo deliberativo[1181].

Nessa medida, no contexto da sua organização interna, o conselho fiscal deve tomar medidas adequadas para que todos os fiscais estejam em condições de compreender os trabalhos preparatórios das questões submetidas ao plenário[1182]. Desde que isso seja assegurado, o sistema parece admitir que um membro do conselho fiscal lidere a discussão sobre o assunto técnico por si preparado e submetido ao plenário. Cada fiscal continua a ser livre na sua apreciação crítica e, tendo dúvidas sobre qualquer questão, pode inclusive solicitar o aconselhamento por peritos, nos termos hoje previstos expressamente no art. 420.º/1, *p*)[1183].   843

Contrariamente ao verificado a propósito do conselho de administração (art. 407.º) ou do conselho geral e de supervisão no modelo germânico (art. 444.º), não existe uma norma que expressamente habilite o conselho fiscal a delegar poderes nos seus membros ou a constituir comissões no seu seio. Não obstante, a tensão verificada entre a necessidade de repartir tarefas, com vista ao mais eficiente desenvolvimento de funções, e o princípio da colegialidade, não obstou a que, em casos paralelos, se aceitasse progressivamente a repartição de tarefas. Veja-se, por exemplo, o caso da repartição de pelouros no seio do *Vorstand*, hoje pacificamente aceite no sistema alemão[1184].   844

Dito isto, as comissões preparatórias podem ser incumbidas da análise e ponderação da informação recolhida sobre a atividade da sociedade, propondo ao plenário as medidas adequadas à resolução das irregularidades detetadas. As suas funções são, portanto, de tratamento de informação, de avaliação e de aconselhamento ao plenário.   845

A este, e só a este, pode caber o exercício dos *poderes-deveres de reação* imputados diretamente ao conselho fiscal[1185].   846

Naturalmente, o conselho fiscal é responsável pela atuação das suas comissões internas, devendo tomar as medidas necessárias à direção e controlo das mesmas[1186].   847

Por fim e ainda a propósito da sua organização interna, o conselho fiscal deve promover, através de propostas dirigidas aos acionistas, uma sua composição adequada às específicas circunstâncias da sociedade, ou seja, que os seus mem-   848

[1181] Cfr., sobre esta problemática, nota 609 *supra*.

[1182] Leyens – *Information des Aufsichtsrats ...*, p. 238.

[1183] *Ibidem*.

[1184] Cfr. § 40.1 e § 44 *infra*.

[1185] Cfr. § 26 *supra*.

[1186] Leyens – *Information des Aufsichtsrats ...*, p. 279.

DA ADMINISTRAÇÃO À FISCALIZAÇÃO DAS SOCIEDADES

bros, no seu conjunto, reúnam as competências e a experiência necessárias ao mais eficaz e eficiente cumprimento das suas funções[1187].

849   III. Nas sociedades anónimas sujeitas a fiscalização reforçada, de acordo com o submodelo de governo previsto no art. 413.º/1, *b*), destaca-se ainda a obrigação do conselho fiscal de vigiar a revisão legal de contas. Nesta obrigação de vigilância incluem-se:

(i) O dever de prévia avaliação da competência técnica e da independência do revisor, inerente ao dever de submeter a proposta de designação do mesmo à assembleia geral [art. 420.º/2, *b*) e *d*)].

(ii) O dever de vigilância da conduta do revisor no processo de revisão legal de contas, assegurando que os seus serviços são prestados com independência e diligência [art. 420.º/2, *c*) e *d*)][1188].

850   A previsão desta obrigação traduziu não só uma ampliação do objeto da fiscalização pelo conselho fiscal para lá da administração da sociedade, mas também uma reconfiguração do conselho fiscal como fórum de discussão com o revisor[1189] sobre todos os assuntos considerados relevantes na revisão das contas da sociedade e sobre possíveis fraudes de que este suspeite ou tenha conhecimento – em particular, aquando do envolvimento de altos funcionários ou administradores executivos da sociedade –, à margem da pressão exercida pela administração e pelos acionistas controladores[1190].

851   A imposição destas competências *ex lege* surge associada à necessidade de salvaguardar a independência do revisor *também* face ao acionista controlador. Deve, por isso, ser afastada a possibilidade, sugerida por alguns autores, de os acionistas poderem propor a designação de outro revisor quando a proposta de designação do conselho fiscal tenha sido rejeitada[1191].

[1187] Cfr. parág. V *infra*.

[1188] Naturalmente, as conclusões alcançadas na vigilância da conduta do revisor devem refletir-se na decisão do conselho fiscal relativamente a futuras propostas de desginação do revisor.

[1189] Em bom rigor, o conselho fiscal assume-se como um fórum de discussão de todas as irregularidades, sendo agora expressa a sua competência para receber as denúncias apresentadas por acionistas, colaboradores da sociedade ou outros, nos termos do art. 420.º/1, *j*).

[1190] Sobre o processo legislativo europeu que conduziu a esta reconfiguração do conselho fiscal, cfr. FERREIRA GOMES – *A fiscalização...* p. 191-203.

[1191] Para um desenvolvimento sobre esta questão, cfr. § 22.4, parág. VII *infra*.

O MODELO PORTUGUÊS ENQUANTO MODELO BASE

IV. Nos termos dos arts. 57.º e 59.º, é imputado ao conselho fiscal um dever de controlo da legalidade das deliberações dos acionistas[1192].

852

Tendo concluído pela *nulidade* da deliberação, deve dá-la a conhecer aos acionistas, em assembleia geral, para que estes possam renovar a deliberação ou promover a respectiva declaração judicial de nulidade (art. 57.º/1). Caso os acionistas não tomem um ou outro caminho no prazo de dois meses, deve o conselho fiscal «promover sem demora a declaração judicial de nulidade da mesma deliberação» (art. 57.º/2).

853

Tendo concluído pela *anulabilidade* da deliberação, deve ainda ponderar se a anulação da deliberação serve os melhores interesses da sociedade. Em caso afirmativo, deve promover a competente ação de anulação no prazo de trinta dias (art. 59.º/1 a 3).

854

V. No que respeita à qualificação técnica dos fiscais, o Código das Sociedades Comerciais exige a presença de um revisor oficial de contas [no submodelo previsto no art. 413.º/1, *a*); cfr. art. 414.º/2] ou de um membro que «tenha curso superior adequado ao exercício das suas funções e conhecimentos em auditoria ou contabilidade e que seja independente» [no submodelo previsto no art. 413.º/1, *b*); cfr. art. 414.º/4].

855

Os demais membros devem ter «as qualificações e a experiência profissional adequadas ao exercício das suas funções» (art. 414.º/3)[1193].

856

[1192] Note-se que, não obstante o seu enquadramento no presente capítulo, esta obrigação só pode ser qualificada como secundária, instrumental face à vigilância da administração, nos casos em que a deliberação dos sócios tenha reflexo sobre a administração da sociedade.

[1193] O art. 414.º/3 deve ser interpretado no sentido de permitir a participação dos acionistas no conselho fiscal, mas não no sentido de limitar a participação de não-acionistas. Defendendo solução idêntica, cfr. PAULO OLAVO CUNHA – *Direito das sociedades comerciais*[5]... p. 789 (nota 1090), PAULO CÂMARA E GABRIELA FIGUEIREDO DIAS – *O governo das sociedades anónimas*... p. 78. A redação atual é fruto da reforma de 2006. Os requisitos referidos no texto sempre resultariam da conjugação dos n.ºs 1, *a*) e 2 do art. 64.º.

Como analisamos noutro estudo, no rescaldo dos escândalos financeiros, verificaram-se importantes divergências nas reações legislativas aquém e além Atlântico. Entre estas incluem-se os requisitos de competência técnica dos membros do órgão interno de fiscalização global. Nos Estados Unidos, uma vez mais positivando uma prática já estabelecida, o *Sarbanes Oxley Act* exige (de acordo com o esquema *comply or explain*) que todos os membros da comissão de auditoria tenham algumas noções de contabilidade e que pelo menos um deles seja um "perito contabilista". Assim, nos termos da secção 407 do *Sarbanes Oxley Act*, a SEC deve adotar normas que requeiram a divulgação trimestral e anual de informação sobre se pelo menos um dos membros da comissão de auditoria é um perito contabilista e, caso não seja, porquê. A SEC foi também incumbida da definição do termo "perito contabilista", considerando se uma pessoa tem a necessária competência

«*through education and experience as a public accountant or auditor or a principal financial officer, comptroller, or principal accounting officer of an issuer, or from a position involving the performance or similar functions*».

857   Naturalmente, a determinação das *«qualificações e a experiência profissional adequadas ao exercício das suas funções»* só é possível perante as específicas características de cada sociedade, em cada caso concreto, sendo certo que todos os fiscais têm de estar habilitados a compreender a atividade desenvolvida pela sociedade e, em particular, os principais riscos que possam comprometer não só a sua continuidade, mas também a sua situação económico-financeira e a sua rentabilidade futura [cfr. art. 64.º/1, *a*) e 2].

858   Sem prejuízo das dificuldades inerentes a uma tal concretização no caso concreto, há pelo menos uma qualificação técnica indiscutivelmente exigida a todos os fiscais, em todas as sociedades anónimas: a *literacia financeira*. Ou seja, face aos deveres de vigilância do conselho fiscal (i) sobre a regularidade dos livros, registos contabilísticos e documentos de suporte, (ii) sobre a exatidão dos documentos de prestação de contas, e (iii) sobre a adequação das políticas contabilísticas e critérios valorimétricos, bem como (iv) sobre o processo de produção e divulgação da informação financeira [no caso das sociedades organizadas de acordo com o submodelo previsto no art. 413.º/1, *b*)], é essencial que todos os seus membros tenham pelo menos algum tipo de formação ou experiência contabilística, para que possam cumprir adequadamente as suas funções. Por outras palavras, devem não só saber ler e compreender demonstrações financeiras, mas também ser capazes de realizar uma análise crítica das mesmas, adequada ao cumprimento dos deveres enunciados.

859   Tanto na ponderação da literacia financeira como de outras qualificações e experiências profissionais adequadas ao exercício das suas funções, determináveis face às específicas circunstâncias da sociedade, não deve aceitar-se o argumento de que basta que um membro do conselho (*v.g.*, o revisor oficial de contas, quando este integre o conselho) tenha esses conhecimentos, nem aqueloutro de que o conselho pode contratar peritos que coadjuvem os seus membros no exercício das suas funções. Tanto num caso como noutro, verificar-se-ia uma substituição no cumprimento dos deveres, inadmissível nos termos da lei,

---

Na União Europeia, o Relatório Winter II, p. 8, recomenda que todos os "administradores" (o relatório refere-se a *executive* e *non-executive directors* como termos genéricos, devendo realizar-se as necessárias adaptações na concretização face aos diferentes modelos de governo) tenham "conhecimentos básicos de contabilidade" e que o seu nível de conhecimentos seja divulgado anualmente. Esta solução rejeita implicitamente a exigência do *Sarbanes Oxley Act* de que pelo menos um dos membros da comissão de auditoria seja um perito contabilista. O art. 41.º/1 da Diretriz 2006/43/CE, por seu turno, inclui uma solução ainda menos exigente, não requerendo sequer que os membros da comissão de auditoria (termo de referência ao órgão interno de fiscalização global) tenham os tais "conhecimentos básicos de contabilidade", nem que um deles seja um perito em contabilidade. Requer apenas que um dos membros da comissão tenha "competência nos domínios da contabilidade e/ou da revisão ou auditoria" (art. 41.º, n.º1). Para maiores desenvolvimentos, cfr. FERREIRA GOMES – *A fiscalização...* p. 199-200.

O MODELO PORTUGUÊS ENQUANTO MODELO BASE

e ou uma captura do coletivo pelo membro mais qualificado tecnicamente, em violação do princípio da colegialidade.

Assim, faltando a um fiscal, *ab initio* ou *a posteriori* (*v.g.*, em função do crescimento da sociedade ou da maior complexidade da sua atividade), um conhecimento técnico necessário ao desenvolvimento das suas funções, deverá este tomar as providências necessária para o obter. O incumprimento deste dever constituirá, nos termos gerais, justa causa de destituição e fundamento de responsabilidade civil pelos danos que daí advierem para a sociedade.

860

Para lá dos *requisitos mínimos* impostos *ex lege* a todos os fiscais, caberá ao conselho fiscal identificar as competências e a experiência *adicionais* que os seus membros, no seu conjunto, deverão ter, para assegurar o cumprimento eficaz e eficiente das suas funções, bem como a sua repartição por cada um dos seus membros.

861

Contrariamente aos conhecimentos mínimos exigidos pelo art. 414.º/3, estes conhecimentos *adicionais* não têm de ser comuns a todos os fiscais, antes beneficiando o conselho da sinergia estabelecida entre os diferentes conhecimentos especializados dos seus membros. Em função das necessidades da sociedade, pode identificar-se um dever do conselho fiscal dirigido à criação de um plano de formação para os seus membros, assegurando que estes, *no seu conjunto*, têm as competências mais adequadas ao cumprimento das funções do órgão coletivo. Pode ainda identificar-se um dever de solicitar à assembleia geral a designação de membros especializados em determinadas matérias, com vista a colmatar lacunas de conhecimento do coletivo[1194].

862

Por fim, recorde-se que, como é hoje amplamente reconhecido[1195] e como realça o Relatório de Larosière (2009), apesar de o governo das instituições financeiras não ter sido, *per se*, uma das principais causas da crise financeira de 2007-2009, um adequado governo daquelas instituições teria permitido mitigar os piores efeitos desta crise. Sabe-se hoje que, em muitos casos, os conselhos

863

[1194] Segundo o BGH, o dever de estar em condições de cumprir a tarefa de vigilância recai não sobre cada membro individual do *Aufsichtsrat*, mas sobre os membros deste no seu conjunto. BGH 15-nov.-1982, *BGHZ* 85, 293, 296. No mesmo sentido, sobre os conhecimentos técnicos dos membros do *Aufsichtsrat* no seu conjunto, cfr. HOPT e ROTH – *AktG Großkommentar*⁴..., § 100, n.ᵒˢ 184-186, § 111, n.ᵒˢ 119-122, LEYENS – *Information des Aufsichtsrats*, p. 292-293.

[1195] Como descreve ANDREW ROSS SORKIN – *Too big to fail: inside the battle to save Wall Street*, New. York: Penguin, 2009, p. 3:

«*In 2007, at the peak of the economic bubble, the financial services sector had become a wealth-creation machine, ballooning to more than 40 percent of total corporate profits in the United States. Financial products* – including a new array of securities so complex that even many CEOs and boards of directors didn't understand them – *were an ever greater driving force of the nation's economy*» (itálico nosso).

Este facto, aliás, era há muito criticado por alguns (poucos) agentes no mercado. Cfr., neste sentido, MICHAEL LEWIS – *The big short: Inside the doomsday machine*, New York: Penguin, 2010, p. 4, 166, 191, 255.

DA ADMINISTRAÇÃO À FISCALIZAÇÃO DAS SOCIEDADES

de administração e os altos dirigentes das instituições financeiras simplesmente não compreendiam as características dos novos e altamente complexos produtos financeiros que negociavam e não tinham conhecimento da exposição global das suas sociedades, tendo por isso subestimado, em grande medida, o risco que as mesmas corriam[1196].

864   Como realçam Paulo Câmara e Gabriela Figueiredo Dias, este fenómeno não foi estranho à realidade portuguesa onde a crise revelou o baixo domínio do funcionamento e dos riscos associados a certos produtos e operações pelos fiscalizadores[1197].

865   A dimensão dos problemas identificados e da crise económico-financeira que se seguiu ilustram bem a importância do dever de obtenção das qualificações técnicas necessárias ao desenvolvimento das funções de fiscalização.

866   VI. O dever de confidencialidade dos membros do conselho fiscal está estruturalmente relacionado com os seus poderes-deveres de informação[1198]. Sem a garantia de que a informação prestada será tratada de forma confidencial, assegurando os interesses da sociedade, cessam os fluxos de informação essenciais ao controlo da administração. Este dever consubstancia uma evidente decorrência do seu dever de lealdade[1199]. Não obstante, o nosso legislador consagrou-o expressamente no art. 422.º/1, c).

867   Nos termos desta norma, deve ser tratada como confidencial toda a informação de que tiverem conhecimento no exercício das suas funções[1200], independentemente da forma da sua transmissão.

[1196] Comissão Europeia – *Corporate Governance in Financial Institutions: Lessons to be drawn from the current financial crisis, best practices*, SEC(2010) 669, 2010, p. 3, High-Level Group on Financial Supervision in the EU – *Relatório de Larosière*... 2009, p. 8. Cfr. nota 2318 *infra*.

[1197] Paulo Câmara e Gabriela Figueiredo Dias – *O governo das sociedades anónimas*... p. 92.

[1198] Lutter – *Information und Vertraulichkeit*[3]... p. 146, n.º 385. Entre nós, Engrácia Antunes – *A fiscalização*... p. 167.

[1199] Lutter – *Information und Vertraulichkeit*[3]... p. 146/385, Fritz Rittner – "Die Verschwiegenheitspflicht der Aufsichtsratsmitglieder nach *BGHZ* 64, 325", in *Festschrift für Wolfgang Hefermehl zum 70. Geburtstag*, München: Beck, 1976, p. 367.

[1200] Face ao art. 422.º/1, c), o dever de confidencialidade não está circunscrito às informações cuja confidencialidade seja objetivamente requerida pelo interesse social, como sucede no Direito alemão. Lutter – *Information und Vertraulichkeit*[3]... p. 158-163, n.os 415-427, Rittner – *Die Verschwiegenheitspflicht*... p. 368-370. Note-se, porém, que no sistema alemão a confidencialidade da informação no *Aufsichtsrat* assume contornos específicos decorrentes da participação dos trabalhadores (*ex lege*) e de outros *stakeholders* neste órgão. Lutter – *Information und Vertraulichkeit*[3]... p. 147-148, n.º 388, Rittner – *Die Verschwiegenheitspflicht*... p. 366.

A nossa solução aproxima-se, portanto, da solução italiana e francesa. Cfr. art. 233, III Loi n.º 66-537 du 24 juillet 1966 sur les sociétés commerciales («en raison de ses fonctions»), art. 2407(1) Codice Civile («per ragione del loro ufficio»). Cfr. Engrácia Antunes – A fiscalização... p. 159-160.

O MODELO PORTUGUÊS ENQUANTO MODELO BASE

Naturalmente, a confidencialidade deve ser mantida face a terceiros, mas 868
não perante aqueles a quem deva ser prestada informação nos termos legais.
Não colide, portanto, com o dever de informar a administração sobre todos os
factos de que tomem conhecimento e que possam ser relevantes para o cumprimento dos seus deveres [dever que deve ser enquadrado no art. 422.º/1, *d*)], com
o dever de informar a assembleia geral [nos termos do art. 422.º/1, *e*)], face ao
qual deverá usar de particulares cautelas para assegurar os interesses da sociedade; e face ao dever de participar ao Ministério Público os factos delituosos
de que tenha tomado conhecimento e que constituam crimes públicos (art.
422.º/3), ou com quaisquer outros deveres de informação de base legal[1201] ou
contratual[1202].

SECÇÃO IV - Em especial, as obrigações de vigilância do conselho de administração e do conselho fiscal perante negócios com conflitos de interesses

§ 29. ENQUADRAMENTO GERAL

I. A fiscalização orgânica das sociedades comerciais em geral, e das socie- 869
dades anónimas em particular, assume particular relevância perante situações
de conflito entre os interesses da sociedade, por um lado, e os interesses dos
seus administradores ou dos seus sócios controladores[1203], por outro, nas quais

---

[1201] Cfr., *v.g.*, os deveres de comunicação previstos no art. 116.º-F RGIC.

[1202] Segundo ENGRÁCIA ANTUNES – *A fiscalização...* p. 169, este dever não pode ser restringido por via estatutária (sobre questão paralela no sistema alemão, cfr., *v.g.*, RITTNER – *Die Verschwiegenheitspflicht...* p. 367). O autor parece, no entanto, admitir que a "própria sociedade" permita a divulgação de informações. Quanto a nós, parece-nos que o dever de confidencialidade é modelado pelas concretas circunstâncias de cada caso e, em particular, pelas relações da sociedade com os terceiros em causa. Naturalmente, a solução não poderia ser a mesma para a relação da sociedade com um terceiro incógnito e com um terceiro com o qual, por exemplo, tenha sido estabelecida uma parceria comercial para o desenvolvimento de um projeto comum. No contexto de uma tal parceria, é perfeitamente admissível que as partes contratem a prestação recíproca de informações, como forma de controlo sobre o desenvolvimento do projeto. Em particular, é admissível a contratação da troca de informações entre os respetivos órgãos de fiscalização, por forma a assegurar uma adequada fiscalização da atividade comum e dos riscos associados. Decorrendo o dever de confidencialidade do dever de lealdade, beneficia da elasticidade deste. Sobre o papel da lealdade na dogmática, cfr., *v.g.*, ANA PERESTRELO DE OLIVEIRA – *Grupos de sociedades...* p. 17-20.

[1203] A estes podem ser equiparados, em determinadas situações, os credores controladores. Cfr. sobre esta problemática, por todos, ANA PERESTRELO DE OLIVEIRA – *Grupos de sociedades...* p. 276-291, n.os 370-385, ANA PERESTRELO DE OLIVEIRA – Os credores e o governo societário: deveres de lealdade para os credores controladores, *Revista de Direito das Sociedades*, 1:1, 2009.

DA ADMINISTRAÇÃO À FISCALIZAÇÃO DAS SOCIEDADES

se verifica um elevado potencial de extração de benefícios especiais (*private benefits of control*).

870   Como tivemos oportunidade de analisar, segundo a doutrina jurídico--económica, a forma mais comum de extração de benefícios especiais (*private benefits of control*) consiste na celebração de contratos com a sociedade, diretamente ou por interposta pessoa, por meio dos quais é desviado valor da sociedade em benefício da contraparte[1204].

871   Não obstante, nem todos os negócios onde se verifica um conflito de interesses são ineficientes. Em determinadas situações, um tal negócio pode ser a melhor opção disponível para a sociedade, desde logo porque a contraparte pode ter uma vantagem competitiva no mercado decorrente da sua proximidade face à sociedade[1205].

872   O facto de estes negócios poderem ser eficientes ou ineficientes determina o afastamento da simples proibição da sua celebração, exigindo soluções que permitam distinguir os bons dos maus negócios, maximizando a celebração de negócios eficientes e minimizando a celebração de negócios ineficientes[1206].

873   Em diferentes sistemas têm sido ensaiadas diferentes soluções para o problema da extração de benefícios especiais (*private benefits of control*)[1207], as quais

---

[1204] Num outro estudo, FERREIRA GOMES – *Conflitos de interesses...*, analisámos o caso mais relevante nos mercados caracterizados por uma concentração acionista, de que Portugal é um exemplo paradigmático: o conflito entre os interesses da sociedade (entendidos como os interesses dos sócios enquanto sócios) e os interesses do acionista controlador e a extração de benefícios especiais (*private benefits of control*), através de contratos celebrados entre uma e outro. Nesse estudo, destacámos a problemática subjacente à celebração de contratos intra-grupo (referimo-nos aqui a grupos de sociedades *lato sensu* e não à configuração que lhes é dada pelo Código das Sociedades Comerciais nos arts. 481.º a 508.º-E, ENGRÁCIA ANTUNES – *Os grupos...* p. 278-285), através da qual são coordenadas as atividades das diversas sociedades que o compõem. Vimos que esta coordenação pode servir legítimos objetivos empresariais, mas que cada contrato celebrado para o efeito constitui uma oportunidade para a expropriação dos acionistas minoritários, especialmente quando estão envolvidas sociedades nas quais o sócio controlador detém diferentes percentagens de direitos patrimoniais (*e.g.*, uma sociedade com ações admitidas à negociação e uma subsidiária detida a 100%). CONAC, ENRIQUES e GELTER – *Constraining dominant shareholders' self-dealing...*, p. 7-8.

[1205] Neste sentido, VAZ SERRA explicava, a propósito do contrato consigo mesmo, ainda na vigência do Código de Seabra, que, «apesar dos seus perigos (que aconselham a sua limitação a casos onde eles não existam ou onde o representante o autorize), pode ter vantagens, não só pela rapidez com que é feito, mas também de outra natureza», exemplificando com a facilitação da realização de atos úteis ou até necessários. Cfr. ADRIANO VAZ SERRA – Contrato consigo mesmo, *Revista de Legislação e de Jurisprudência*, 91, 1958, p. 180.

[1206] BERKOWITZ, PISTOR e RICHARD – *Economic development...* p. 18-19.

[1207] Partindo do quadro proposto por HERTIG e KANDA – *Related party transactions...* p. 121-122, podemos classificar estas soluções específicas em três grupos: (i) mecanismos de aprovação ou ratificação dos negócios que envolvam conflitos de interesses, nos termos dos quais o mérito do negócio a celebrar é avaliado *ex ante* pelos acionistas desinteressados, pelos administradores desinteressados ou por um órgão

O MODELO PORTUGUÊS ENQUANTO MODELO BASE

devem ser consideradas no contexto mais vasto dos mecanismos de governo das sociedades, não só de carácter legal, mas também económico e social[1208].

II. O legislador português dedicou pouca atenção a este problema funda-   874
mental da vida societária, contrariamente ao verificado recentemente noutras ordens jurídicas, regulando apenas a aquisição de bens a acionistas enquanto quase-entradas (art. 29.º) e os negócios dos administradores com a sociedade (art. 397.º).

O primeiro mecanismo, já analisado noutra sede[1209], tem um alcance limi-   875
tado, visando impedir que os fundadores ou sócios da sociedade evitem a aplica-

---

de fiscalização, podendo ou não consubstanciar mecanismos de legitimação (ou seja, mecanismos que, uma vez cumpridos, «emprestam licitude ao acto praticado em conflito», PAULO CÂMARA – "Conflito de interesses no direito financeiro e societário: Um retrato anatómico", in PAULO CÂMARA (ed.) – *Conflito de interesses no direito societário e financeiro: Um balanço a partir da crise financeira*, Coimbra: Almedina, 2010, p. 57-58); (ii) mecanismos de avaliação *ex post* por um tribunal, com base num determinado padrão de conduta imposto à administração ou diretamente ao acionista controlador; e (iii) mecanismos informativos, ou seja, deveres de informação destinados a reduzir a assimetria informativa entre *insiders* e *outsiders*, potenciando o adequado funcionamento de mecanismos de mercado e de outros mecanismos legais. Estes mecanismos foram já por nós tratados noutros estudos, pelo que não os abordamos aqui. Cfr. FERREIRA GOMES – *Conflitos de interesses...*, FERREIRA GOMES – *Os deveres de informação....*

Também não tratamos aqui a questão da remuneração dos administradores, muito desenvolvida entre nós, sobretudo por PAULO CÂMARA, para cujos estudos remetemos. Cfr. PAULO CÂMARA – A comissão de remunerações, *Revista de Direito das Sociedades*, 3:1, 2011, PAULO CÂMARA – O governo societário dos bancos – em especial as novas regras e recomendações sobre remuneração na banca, *Revista de Direito das Sociedades*, 4:1, 2012, PAULO CÂMARA – Say on pay: O dever de apreciação da política remuneratória pela assembleia geral, *Revista de Concorrência e Regulação*, 2, 2010, PAULO CÂMARA – "Vocação e influência universal do corporate governance: uma visão transversal sobre o tema", in PAULO CÂMARA (ed.) – *O Governo das Organizações: A vocação universal do corporate governance*, Coimbra: Almedina, 2011, p. 31-39, PAULO CÂMARA e GABRIELA FIGUEIREDO DIAS – *O governo das sociedades anónimas...* p. 58-59. Cfr. também os importantes desenvolvimentos de PEDRO MAIA – *Voto...* p. 861-1021.

VAZ SERRA apresenta uma classificação ligeiramente diferente, mas muito esclarecedora, das principais soluções a nível internacional para o problema dos negócios entre a sociedade e os seus diretores ou gerentes, à data de 1967. Cfr. ADRIANO VAZ SERRA – Contrato consigo mesmo e negociação de directores ou gerentes de sociedades anónimas ou por quotas com as respectivas sociedades, *Revista de Legislação e de Jurisprudência*, 100, 1967, p. 97-101.

[1208] Sobre a integração do Direito na ordem social cfr., *v.g.*, MACHADO – *Introdução...* p. 11-14. Para um desenvolvimento do papel das normas sociais no âmbito das sociedades comerciais e da sua relação com o Direito das sociedades comerciais, cfr. MELVIN A. EISENBERG – Corporate law and social norms, *Columbia Law Review*, 99, 1999.

[1209] FERREIRA GOMES – *Conflitos de interesses...* p. 96-101. Cfr. também FERNANDO OLIVEIRA E SÁ – "A transformação de créditos em capital e o problema das entradas em espécie ocultas", in *Nos 20 anos do Código das Sociedades Comerciais: Homenagem aos Profs. Doutores A. Ferrer Correia, Orlando de Carvalho e Vasco Lobo Xavier*, 2, Coimbra: Coimbra Editora, 2007, p. 683 ss., PAULO DE TARSO DOMINGUES – *Do capital social*, 2.ª ed., Coimbra: Coimbra Editora, 2004, p. 88, PAULO DE TARSO DOMINGUES – *Variações sobre o capital social*, Coimbra: Almedina, 2009, p. 240-244

DA ADMINISTRAÇÃO À FISCALIZAÇÃO DAS SOCIEDADES

ção do art. 28.º na constituição da sociedade ou no aumento do seu capital social, realizando as suas participações em dinheiro e não em espécie, na expectativa de o reaverem contra a entrega de bens num momento posterior à constituição da sociedade ou do aumento do seu capital. Caso não existisse esta disposição, seria fácil contornar a aplicação do art. 28.º, evitando assim a avaliação dos bens aportados pelo revisor oficial de contas[1210].

O segundo mecanismo, pelo contrário, tem um alcance mais vasto e exige uma análise mais detalhada, dado o "acanhamento"[1211] da sua redação na regulação da vasta problemática subjacente. Sem prejuízo da proibição de concessão de crédito aos administradores prevista (n.º 1 do art. 397.º CSC[1212]), «são nulos os contratos celebrados entre a sociedade e os seus administradores, directamente ou por pessoa interposta, se não tiverem sido previamente autorizados por deliberação do conselho de administração, na qual o interessado não pode votar, e com o parecer favorável do conselho fiscal» (n.º 2 do mesmo artigo). Não basta, por isso, que estes contratos sejam aprovados por um ou mais mandatários da sociedade, um ou mais administradores-delegados, ou pela comissão executiva (quando exista). Têm de ser aprovados por deliberação do plenário do conselho, na qual não pode votar o administrador interessado (solução que aliás já decorreria da regra geral do art. 410.º/6).

[1210] Como referem F. V. GONÇALVES DA SILVA e J.M. ESTEVES PEREIRA – *Contabilidade das sociedades*, 10.ª ed., Lisboa: Plátano, 1996, p. 109:

«Para obterem o que, com razão ou sem ela, consideram condigna compensação da sua iniciativa, do seu trabalho e dos seus riscos, os promotores-fundadores recorrem algumas vezes a manobras de discutível lisura: contabilizar como gastos de constituição, no todo ou em parte, a importância do capital por eles subscrito, mascarar as suas entregas *in natura* de entregas em dinheiro (seguidas de compras simuladas), etc».

Ainda a propósito desta questão, deve atender-se à proibição de compensação prevista no art. 27.º/5. Cfr., sobre esta, FERNANDO OLIVEIRA E SÁ – *A transformação de créditos em capital...*, p. 678-683.

[1211] Usamos aqui a qualificação de PAULO CÂMARA – *Conflito de interesses...* p. 40-41, que critica «o conceito excessivamente acanhado de transações entre partes relacionadas acolhido na lei societária (art. 397.º) ao não abranger contratos entre as sociedades e sócios».

[1212] Nesta disposição pode ler-se: «É proibido à sociedade conceder empréstimos ou crédito a administradores, ou efectuar pagamentos por conta deles, prestar garantias a obrigações por eles contraídas e facultar-lhes adiantamentos de remunerações superiores a um mês». No âmbito de aplicação do Regime Jurídico das Instituições de Crédito e Sociedades Financeiras, deve atender-se ao disposto no seu art. 85.º, em cujo n.º 1 se pode ler: «Sem prejuízo do disposto nos n.ºs 5, 6 e 7, as instituições de crédito não podem conceder crédito, sob qualquer forma ou modalidade, incluindo a prestação de garantias, quer directa quer indirectamente, aos membros dos seus órgãos de administração ou fiscalização, nem a sociedades ou outros entes colectivos por eles directa ou indirectamente dominados». Entre os desvios a esta regra destaca-se a sua não aplicação, nos termos do n.º 4 do mesmo artigo, «[à]s operações de carácter ou finalidade social ou decorrentes da política de pessoal, bem como o crédito concedido em resultado da utilização de cartões de crédito associados à conta de depósito, em condições similares às praticadas com outros clientes de perfil e risco análogos».

O MODELO PORTUGUÊS ENQUANTO MODELO BASE

III. Para lá do disposto nos arts. 29.º e 397.º, valem a cláusula dos bons costumes e as regras sobre distribuição de bens a acionistas que analisamos adiante, a propósito dos negócios entre a sociedade e o seu acionista controlador.

§ 30. ANTECEDENTES NORMATIVOS DO ART. 397.º/2 CSC

I. Antes da entrada em vigor do Código das Sociedades Comerciais, esta matéria era regulada pelo art. 173.º, § 3 CCom, segundo o qual era «expressamente proibido aos diretores das sociedades anónimas negociar por conta própria, directa ou indirectamente, com a sociedade, cuja gerência lhes estiver confiada»[1213].

Segundo FERRER CORREIA, esta solução justificava-se «pela consideração de que não seria razoável confiar a uma só vontade a representação e a defesa de dois interesses antagónicos, pelo risco de sacrifício injusto que doutra forma um deles teria necessariamente de suportar»[1214]. Era coerente com os princípios gerais sobre o contrato do representante consigo mesmo, de que os n.ºs 1 e 2 do art. 1562.º CC 1867[1215] constituíam caso particular de aplicação[1216]. Por outras palavras, mas no mesmo sentido, GALVÃO TELLES afirmava que a finalidade desta proibição era não permitir ao diretor que usasse o mandato em prejuízo da sociedade[1217]. O parecer da Direção-Geral dos Registos e do Notariado de 21-abr.-1949[1218] atribuía-lhe o fim de «impedir que o gerente [utilizasse] o seu mandato em proveito próprio e detrimento da sociedade, ou, pelo menos, (...) obstar a que entre ambos se [levantasse] oposição de interesse que pudesse ser resolvido pelo único arbítrio do primeiro, em virtude dos seus poderes para representar e obrigar a segunda».

A violação desta proibição determinava então não só responsabilidade civil dos diretores, mas também a *ineficácia* do contrato, nos termos do art. 186.º,

---

[1213] Sobre este preceito, cfr., *v.g.*, CUNHA GONÇALVES – *Comentário*, I... p. 427 ss, em particular, p. 433-434.

[1214] ANTÓNIO FERRER CORREIA – *Sociedades fictícias e unipessoais*, Coimbra: Livraria Atlântida, 1948, p. 314.

[1215] No Código de Seabra o problema era tratado apenas em sede de compra e venda. Cfr. INOCÊNCIO GALVÃO TELLES – *Manual dos contratos em geral*, Lisboa: FDL, 1965, p. 321-322, INOCÊNCIO GALVÃO TELLES – *O contrato consigo mesmo*, O Direito, 79, 1947, p. 5-7.

[1216] FERRER CORREIA – *Sociedades fictícias...* p. 313. No mesmo sentido, VAZ SERRA – *Contrato consigo mesmo...* p. 213, sustentava não haver motivo para considerar proibidos apenas os casos previstos neste artigo do CC 1867, «pois a razão em que a proibição se funda tem aplicação geral».

[1217] INOCÊNCIO GALVÃO TELLES – Contrato entre a sociedade anónima e o seu director, O Direito, 87, 1955, p. 18.

[1218] *BMJ*, 20, p. 171, também citado, *v.g.*, por VAZ SERRA – *Contrato consigo mesmo e negociação...* p. 83.

DA ADMINISTRAÇÃO À FISCALIZAÇÃO DAS SOCIEDADES

§ 2.º CCom[1219]. Aliás, esta sempre seria a solução, mesmo na falta desta disposição, dado que, como explicava então VAZ SERRA, a violação daquela proibição consubstanciava uma atuação sem poderes de representação à qual, nos termos gerais, correspondia o desvalor da ineficácia. Esta solução era justificada ainda pelas vantagens que comportava para o representado que, querendo beneficiar do negócio, podia ratificá-lo (o que não sucederia se o desvalor fosse a nulidade) ou, não querendo, não tinha de promover a sua anulação (o que sucederia se o desvalor fosse a anulabilidade)[1220]. Afirmava-se ainda que a possibilidade da ratificação seria também mais justa para o representante[1221].

881   II. A doutrina densificou a previsão normativa do art. 173.º, § 3.º CCom, nele incluindo (i) os negócios celebrados pessoalmente entre os diretores e a sociedade e (ii) os negócios celebrados entre os diretores e a sociedade por interposta pessoa. Num caso e noutro, desde que os negócios em causa consubstanciassem "transações privadas"[1222].

882   Mais problemática era a inclusão da dupla representação, ou seja, dos casos em que um diretor representasse simultaneamente duas sociedades. Em sentido negativo pronunciou-se o STJ no seu acórdão de 27-jan.-1967[1223], referindo-se a um outro acórdão seu de 1-fev.-1939[1224], afirmando que aquela disposição não proibia que duas sociedades contratassem entre si, por intermédio de um representante comum, gerente de ambas[1225].

883   Este problema enquadrava-se num outro de carácter mais geral: o art. 173.º, § 3 CCom consubstanciava apenas uma aplicação da doutrina geral sobre contrato consigo mesmo ou, pelo contrário, tinha um alcance mais vasto?

[1219] Segundo o art. 186.º, § 2.º CCom, «[a]s resoluções tomadas e os actos praticados pela direcção contra os preceitos da lei ou dos estatutos, ou contra as deliberações da assembleia geral, não obrigam a sociedade, e todos os que tomarem parte em tais actos ou deliberações ficam pelos seus efeitos pessoal e solidariamente responsáveis, salvo o caso de protesto, nos termos deste Código».
Não obstante, GALVÃO TELLES – *Contratos entre sociedades anónimas...* p. 15. 22, afirmava que os negócios celebrados contra o disposto no art. 173.º, § 3.º CCom eram *anuláveis*, dado que «[o] interesse em jogo, que se quer proteger, é exclusivamente o do *representado* ou representados», só este ou estes tendo legitimidade para anular o contrato ou ratificá-lo, nos termos do § único do art. 10.º CC 1867.

[1220] VAZ SERRA – *Contrato consigo mesmo e negociação...* p. 162.

[1221] *Ibidem.*

[1222] CUNHA GONÇALVES – *Comentário*, 1... p. 433.

[1223] *BMJ*, 163, p. 322; *RLJ*, 100, p.81.

[1224] *RT*, 57, p. 117.

[1225] No caso, o art. 173.º, § 3 CCom era aplicável à sociedade por quotas *ex art.* 31.º da Lei de 11 de abril de 1901.

O MODELO PORTUGUÊS ENQUANTO MODELO BASE

Nesta questão mais vasta incluía-se a da eficácia do contrato celebrado pelo diretor com a sociedade representada por outro diretor. GALVÃO TELLES[1226] propugnava pela admissibilidade destes contratos[1227]. Em sentido contrário, autores como CUNHA GONÇALVES[1228] e FERRER CORREIA[1229] incluíam na proibição os casos em que um diretor negociava com a sociedade, ainda que esta fosse representada no ato por outro diretor. Também neste sentido VAZ SERRA defendia que o art. 173.º, § 3 CCom não devia ser havido somente como uma aplicação dos princípios dos contratos consigo mesmo. Argumentava, por um lado, que a norma em causa proibia, sem distinguir, aos diretores da sociedade que negociassem por conta própria com a sociedade, direta ou indiretamente[1230], e, por outro lado, que o contrário resultaria do espírito da disposição, que se destinava a precaver a sociedade contra os perigos de contratos celebrados pelos seus diretores[1231]. Segundo o autor: «a situação de director de uma sociedade atribui a quem a possui especiais facilidades de lesão dos interesses desta por meio de contratos dele com ela, ainda que representada por outro director ou por terceiro»[1232].

Com esta questão, porém, não se confundia a da dupla representação, não abrangida pelo teor literal do art. 173.º, § 3 CCom, na medida em que neste caso o diretor não negoceia *por conta própria* com a sociedade cuja administração lhe está confiada, mas sim em nome e representação de duas sociedades com interesses opostos. Segundo VAZ SERRA, este não deixa de ser um caso de negociação consigo mesmo[1233]. Nele verificam-se perigos semelhantes aos patentes nos contratos celebrados em nome próprio. Assim, com GALVÃO TELLES[1234], conclui que se o contrato celebrado em dupla representação não era proibido

---

[1226] GALVÃO TELLES – *Contratos entre sociedades anónimas...* p. 12 ss.

[1227] Admitia no entanto uma abertura daquela norma proibitiva do Código Comercial, considerando existir contrato consigo mesmo quando o diretor contratasse em nome próprio no interesse de outrem ou contratasse como representante de terceiro, pois a razão seria a mesma.

Também no sentido da não proibição dos contratos celebrados com outro diretor em representação da sociedade, cfr. o parecer da Direcção-Geral dos Registos e do Notariado de 21-Abr.-1949, *BMJ*, 20, p. 171, também citado, *v.g.*, por VAZ SERRA – *Contrato consigo mesmo e negociação...* p. 83.

[1228] CUNHA GONÇALVES – *Comentário*, 1... p. 433.

[1229] FERRER CORREIA – *Sociedades fictícias...* p. 312.

[1230] VAZ SERRA – *Contrato consigo mesmo...* p. 203 (nota 1).

[1231] VAZ SERRA – *Contrato consigo mesmo e negociação...* p. 83.

[1232] *Ibidem.*

[1233] VAZ SERRA – *Contrato consigo mesmo...* p. 179, VAZ SERRA – *Contrato consigo mesmo e negociação...* p. 130.

[1234] GALVÃO TELLES – *O contrato consigo mesmo...* p. 12-13. Segundo o autor: «por elementar imposição de justiça, é forçoso reconhecer que também no nosso país a proibição dessa espécie de contrato [contrato consigo mesmo] constitui um *princípio geral*, aplicável mesmo fora dos casos particulares em que é objecto de expressa consagração legislativa».

DA ADMINISTRAÇÃO À FISCALIZAÇÃO DAS SOCIEDADES

por aquela disposição do art. 173.º, § 3 CCom, «podia sê-lo pelos princípios que regem os contratos consigo mesmo»[1235].

886   III. A matéria do negócio consigo mesmo viria a ser regulada no art. 261.º CC, em termos não inteiramente satisfatórios, face aos argumentos de VAZ SERRA já referidos. Contrariamente ao disposto no art. 7.º do Anteprojeto de RUI ALARCÃO sobre a representação[1236], o Código consagrou a solução da *anulabilidade* – seguindo o art. 1395 do *Codice Civile* – e não a da *ineficácia*, introduzindo uma disparidade normativa face aos casos de representação sem poderes (art. 268.º CC) e de abuso de representação (art. 269.º CC)[1237].

887   Com a entrada em vigor do Código das Sociedades Comerciais a disparidade normativa agravou-se, estatuindo o art. 397.º/2 como desvalor, para os negócios celebrados pela sociedade com os seus administradores, a *nulidade*[1238].

[1235] VAZ SERRA – *Contrato consigo mesmo e negociação...* p. 130.

[1236] RUI DE ALARCÃO – *Breve motivação do anteprojecto sobre o negócio jurídico na parte relativa ao erro, dolo, coacção, representação, condição e objecto negocial*, Separata do Boletim do Ministério da Justiça, nº 138, Lisboa: [s.n.], 1964, n.º 28.

[1237] Contrariamente ao verificado no sistema italiano onde o desvalor é sempre o da anulabilidade. Face à disparidade verificada no nosso sistema, VAZ SERRA sugere até que,

> «não obstante a diversidade de expressões usadas nos arts. 261.º e 268.º, *poderia* (...) sustentar-se que o negócio consigo mesmo não permitido é ineficaz e não anulável, porque esse acto é, afinal, um acto celebrado em nome de outrem sem poderes de representação: nos poderes conferidos ao representante não está incluído o de contratar consigo mesmo (...) e, por isso, o caso é de representação sem poderes, a que é aplicável o artigo 268.º» (itálico nosso).

Acrescenta ainda que

> «o negócio consigo mesmo, no qual o representante celebra o acto contra a proibição do artigo 261.º, é uma hipótese de abuso de representação ou, pelo menos, uma hipótese tão semelhante a essa que seria incoerente a lei que subordinasse a um regime diferente do aplicável do abuso da representação».

VAZ SERRA, apresentando também a possibilidade interpretativa contrária, com base no argumento literal e na substituição da palavra ineficaz por anulável no Anteprojeto, acaba por afirmar não tomar posição. Cfr. VAZ SERRA – *Contrato consigo mesmo e negociação...* p. 163-165. Também ANTÓNIO FERRER CORREIA – "A representação de menores sujeitos ao pátrio poder na assembleia geral das sociedades comerciais ", in *Estudos Jurídicos*, 2 – Estudos de direito civil, comercial e criminal, 2.ª ed., Coimbra: Almedina, 1985, p. 83, defende que a solução da ineficácia teria sido mais adequada. Mais recentemente, também JORGE DUARTE PINHEIRO – "O negócio consigo mesmo", in *Estudos em Homenagem ao Professor Doutor Inocêncio Galvão Telles*, 4, 2003, p. 171-172 critica esta incoerência sistemática inerente à previsão de diferentes soluções para o negócio consigo mesmo, à representação sem poderes e ao abuso de representação.

[1238] Afirmando existir uma tal disparidade normativa, cfr. DIOGO COSTA GONÇALVES – "O Governo das Sociedades por Quotas: Breves reflexões sobre a celebração de negócios entre o gerente e a sociedade", in PAULO CÂMARA (ed.) – *O Governo das Organizações: A vocação universal do corporate governance*, Coimbra: Almedina, 2011, p. 112.

Na ausência de trabalhos preparatórios sobre esta matéria, não conseguimos identificar a origem desta solução normativa que não só não é coerente com a nossa solução anterior, nem com a dos sistemas de

O MODELO PORTUGUÊS ENQUANTO MODELO BASE

§ 31. RECONDUÇÃO DOGMÁTICA E ESCOPO DA NORMA DO ART. 397.º/2 CSC

I. Ao fazer depender a validade dos negócios entre a sociedade e os seus   888
administradores de prévia deliberação do conselho de administração[1239] e do
conselho fiscal, o art. 397.º/2 sujeita a prática do ato a deveres específicos de vigi-

referência (por exemplo, em Itália o desvalor jurídico associado a tais negócios é a anulabilidade; na Alemanha é a ineficácia), como fora já muito criticada pela nossa doutrina (cfr., por todos, VAZ SERRA – *Contrato consigo mesmo e negociação...* p. 162).

[1239] Em termos comparados, nota-se que, em geral, é atribuída maior relevância ao papel dos administradores desinteressados na avaliação dos negócios entre a sociedade e os administradores do que aquela que lhe é reconhecida no contexto dos negócios entre a sociedade e os seus acionistas controladores. No entanto, alguns ordenamentos de referência fazem uso deste mecanismo a propósito dos negócios com acionistas controladores, seja isoladamente – é o caso dos ordenamentos alemão (*Konzernrecht*, § 318 AktG) e do Estado do Delaware, nos Estados Unidos (cfr. a sentença proferida pelo *Delaware Supreme Court*, no caso *Kahn v. Lynch Communications Systems, Inc.*, 638 A.2d 1110, 1994) – seja em conjugação com a aprovação de tais negócios pelos sócios – como se verifica em França (art. L. 225-38 *Code de Commerce*). Cfr. HERTIG e KANDA – *Related party transactions...* p. 121-122. Sobre a evolução dos principais sistemas de referência, até 1967, cfr., entre nós, VAZ SERRA – *Contrato consigo mesmo e negociação....*
O mecanismo de aprovação de negócios entre a sociedade e os seus administradores pelo conselho de administração apresenta duas grandes vantagens (especialmente quando comparado com a aprovação pelos acionistas): por um lado, é pouco oneroso para as grandes sociedades (em particular, para as sociedades cotadas); por outro, provavelmente não desincentiva a celebração de negócios *eficientes*. Quanto aos inconvenientes, os administradores desinteressados podem não ser suficientemente independentes para avaliar o negócio em causa, dada a sua seleção pelos acionistas maioritários, pelos principais gestores ou por ambos (cfr. VINCENZO ALLEGRI – "Brevi appunti in tema di tutela degli azionisti esterni nei gruppi di società", in PAOLA BALZARINI, et al. (eds.) – *I Gruppi di Società: Atti del Convegno Internazionale di Studi*, 1, Milano: Giuffrè, 1996, p. 605, que, não obstante, reconhece que, sem prejuízo das suas limitações práticas e na falta de melhores soluções legislativas, as normas sobre conflitos de interesses são o "principal escudo" posto à disposição dos acionistas minoritários pelo ordenamento). Acresce que, na medida em que a aprovação do negócio pelo conselho limite a intervenção dos acionistas (nos casos em que se assuma como mecanismo legitimador), este mecanismo pode ser especialmente ineficiente. A fragilidade deste mecanismo deve assim ser tida em consideração na ponderação global dos mecanismos usados no controlo de conflitos de interesses.
Uma possível alternativa passa pela imposição da aprovação dos negócios com acionistas controladores pelos acionistas minoritários. Um tal mecanismo não tem merecido grande aceitação, provavelmente por contrariar o princípio maioritário nas deliberações sociais. Só os Estados Unidos têm uma tradição de aceitação deste mecanismo como a forma mais adequada de controlo dos negócios entre uma sociedade e os seus acionistas controladores. Noutros ordenamentos é imposta a aprovação pela minoria em determinados tipos de sociedades (em França, na SARL e, na Alemanha, na GmbH) ou é consagrada a proteção das minorias pela anulação de deliberações sociais por *"minority fraud"* ou *"extreme unfairness"* (este é o caso do Japão e do Reino Unido). Na Alemanha, os sócios só têm de provar que o voto do controlador foi decisivo (§ 243 AktG), mas o efeito desta disposição tem sido posto em causa dada a sua limitada aplicação. HERTIG e KANDA – *Related party transactions...* p. 121-122. Em França os minoritários têm ainda direito a nomear um *expert de gestion* para investigar este tipo de negócios, reunindo a informação necessária para reagir judicialmente. *Vide* Arts. L. 225-231 e art. L. 223-37 *Code de Commerce*. Cfr. *ibidem*, p. 122.

DA ADMINISTRAÇÃO À FISCALIZAÇÃO DAS SOCIEDADES

lância, imputados a cada um destes órgãos coletivos[1240], com imputação sucessiva de poderes-deveres a cada um dos seus membros.

889   Como concluímos noutro estudo, esta norma previne a tentação inerente ao conflito de interesses, eliminando a oportunidade[1241] de aproveitamento da especial posição do administrador face à sociedade, impondo deveres de informação ao administrador interessado sobre os termos do negócio e sobre os seus interesses no mesmo (cfr. art. 410.º/6), bem como a discussão colegial de uns e

GERARD HERTIG e HIDEKI KANDA sugerem que a aprovação deste tipo de negócios pelos acionistas minoritários é o único mecanismo credível, mas limita significativamente os direitos de controlo dos acionistas controladores, razão pela qual a regra da aprovação pela "maioria da minoria" está mais desenvolvida nos Estados Unidos (caracterizado por uma dispersão acionista e, logo, pela ausência de acionistas controladores), mas menos desenvolvida a nível Europeu (onde os acionistas controladores e os acionistas institucionais têm um poder de voto significativo). *Ibidem*, p. 123.

A imposição da aprovação deste tipo de negócios pelos acionistas tem sido amplamente discutida também a nível económico. Neste âmbito, ZOHAR GOSHEN – "Controlling corporate self-dealing: convergence or path dependency", in CURTIS J. MILHAUPT (ed.) – *Global markets, domestic institutions: Corporate law and governance in a new era of cross-border deals*, New York: Columbia University Press, 2003, p. 18-19, explica que, em termos económicos, a votação é comumente aceite como o melhor método para alcançar um consenso num grupo a partir de diferentes avaliações subjetivas dos indivíduos que compõem o grupo. O mecanismo do voto baseia-se na assunção de que a opinião da maioria reflete a "preferência do grupo", *i.e.*, a escolha ótima para o grupo como um todo (SHEMUEL NITZAN e URIEL PROCACCIA – Optimal voting procedures for profit maximizing firms *Public Choice*, 51, 1986). Presume-se que a perspetiva da maioria é o melhor indicador de um negócio eficiente (LUCIAN ARYE BEBCHUK – The sole owner standard for takeover policy, *Journal of Legal Studies*, 17, 1988, SHEMUEL NITZAN e JACOB PAROUSH – Optimal decision rules in uncertain dichotomous choice situations, *International Economics Review*, 23, 1982). No entanto, o voto só traduz eficazmente a posição do grupo na medida em que o voto dos vários indivíduos que o compõem se baseia numa avaliação honesta dos seus melhores interesses enquanto membro do grupo (*"sincere voting"*) (cfr. AMARTYA SEN – Behavior and the Concept of Preference, *Economica*, 40, 1988). Sempre que tais indivíduos considerem o sentido de voto de outros membros (*"strategic voting"*) (cfr. ZOHAR GOSHEN – Controlling strategic voting: Property rule or liability rule?, *University of California Law Review*, 70, 1997), ou votem de acordo com o seus interesses pessoais que conflituam com os interesses do grupo (*"conflict-of-interest voting"*) (BERKOWITZ, PISTOR e RICHARD – *Economic development...*), o processo de voto deixa de ser um indicador de negócios eficientes. A participação da parte interessada na deliberação não contribui com informação pertinente sobre os benefícios do negócio para o grupo como um todo. A solução da aprovação dos negócios pelos acionistas desinteressados evita que a parte interessada possa impor a sua vontade à minoria, mas implica a perda de negócios eficientes em determinadas situações. Quando o grupo minoritário é pequeno, verifica-se um risco de *strategic voting*, em que a minoria (ou parte dela) tenta obter uma maior percentagem dos benefícios do negócio. Sempre que o valor extraído pela minoria permita, ainda assim, a extração de um benefício pela maioria, o negócio poderá concretizar-se. No entanto, se a percentagem do valor extraído pela minoria for demasiado elevado, poderá perder-se o negócio (*ibidem*, p. 21).

[1240] Naturalmente, quando o conselho fiscal seja substituído por um fiscal único, ser-lhe-á aplicável o disposto quanto àquele órgão (art. 413.º/6), incluindo o disposto no art. 397.º/2.

[1241] Usando as expressivas palavras de RAÚL VENTURA a propósito do art. 251.º. Cfr. RAUL VENTURA – *Sociedades por quotas: Comentário ao Código das Sociedades Comerciais*, 2, 1.ª ed., 2 reimp., Coimbra: Almedina, 1999, p. 298.

O MODELO PORTUGUÊS ENQUANTO MODELO BASE

outros, com vista à promoção (apenas) dos melhores interesses da sociedade[1242]. A intervenção do órgão de fiscalização reforça a transparência e o debate sobre os benefícios do negócio em causa, em confronto com outras alternativas disponíveis no mercado.

II. Traduz portanto uma concretização do dever de lealdade de cada administrador[1243] e das obrigações de vigilância do conselho de administração e do conselho fiscal.

890

Tendo um qualquer interesse no negócio, o administrador deve abster-se de atuar em conflito (art. 72.º/2[1244]) e prestar toda a informação necessária e conveniente à avaliação do negócio pelos dois conselhos (art. 410.º/6)[1245], exclusivamente à luz do interesse da sociedade, devendo ser recusada a sua celebração sempre que no mercado possam ser encontradas alternativas mais vantajosas para a sociedade[1246]. Permite assim o desenvolvimento adequado da sua vigilân-

891

[1242] Cfr. FERREIRA GOMES – *Conflitos de interesses...* p. 119. Nos casos em que a sociedade tenha um administrador único, deverá o negócio ser aprovado pela assembleia geral, com parecer prévio favorável do conselho fiscal, assegurando-se assim a discussão colegial do negócio, na prossecução dos melhores interesses da sociedade. Cfr. parágrafo V *infra*. Como refere RGm 27-fev.-2012 (ESPINHEIRA BALTAR), processo n.º 243/10.9TBBCL.G1, disponível em www.dgsi.pt, é mais exigível o controlo dos negócios com o administrador único que, de outra forma, «teria todo o poder executivo concentrado em si», sendo a exigência do controlo pela assembleia geral a interpretação que melhor se coaduna com a teleologia da norma.

[1243] Entre os grupos de casos apresentados pela doutrina para desenvolver a lealdade, destaca-se precisamente o caso dos negócios entre a sociedade e os seus administradores. Cfr., *v.g.*, THOMAS M.J. MÖLLERS – "Treuepflichten und Interessenkonflikte bei Vorstands und Aufsichtsratsmitgliedern", in PETER HOMMELHOFF, et al. (eds.) – *Handbuch Corporate Governance: Leitung und Überwachung börsennotierter Unternehmen in der Rechts- und Wirtschaftspraxis*, 2.ª ed., Köln, Stutgard: Schmidt, Schäffer-Poeschel, 2009, p. 432 [referindo-se aos negócios não só com os membros do *Vorstand* e do *Aufsichtsrat*, mas também com partes relacionadas (*nahe stehenden Dritten*)] e, entre nós, ANTÓNIO MENEZES CORDEIRO – Os deveres fundamentais dos administradores de sociedades, *Revista da Ordem dos Advogados*, 66:2, 2006 , n.º 15, NUNO TRIGO REIS – *Os deveres de lealdade...* p. 369-372.

[1244] Sobre o sentido do art. 72.º/2, cfr. § 64.9 *infra*.

[1245] O dever de informação previsto no art. 410.º/6 deve ser estendido, de forma a abranger todos e quaisquer negócios em que um administrador tenha um interesse direto ou indireto, independentemente de ter sido submetido a aprovação do conselho ou não.

Por outro lado, deve entender-se que não basta informar o presidente da existência do conflito de interesses. O dever de prestação de informação inclui todas as informações necessárias e convenientes à adequada avaliação do negócio, tanto pelo conselho de administração, como pelo conselho fiscal.

Em termos procedimentais, depois de o administrador interessado ter informado o presidente do conselho de administração, a este caberá tomar as medidas necessárias à obtenção do parecer do conselho fiscal, prestando-lhe todas as informações sobre o negócio que tenha em seu poder.

[1246] Como referimos noutra sede, para aquele que gere bens alheios, o dever de gerir esses bens de acordo com os melhores interesses do seu titular – e não de acordo com os seus próprios interesses ou de terceiros – é o primeiro e o mais básico mandamento, cujo desconhecimento não o pode proteger em sede de

DA ADMINISTRAÇÃO À FISCALIZAÇÃO DAS SOCIEDADES

cia, sobrepondo a promoção do interesse social a qualquer interesse do administrador, dos acionistas controladores ou de terceiros[1247].

892 Para assegurar que a discussão e a deliberação se pautam exclusivamente pelo interesse da sociedade, deve prevenir-se a tentação, eliminando (ou pelo menos contrariando) a oportunidade de sobrepor outros interesses ao interesse da sociedade.

893 Nestes termos, na reunião em que a questão é submetida ao conselho de administração – depois de obtido o parecer do conselho fiscal – o administrador interessado deve estar presente e participar normalmente na discussão e deliberação sobre todos os assuntos sobre os quais não tenha um interesse; chegados, pela ordem de trabalhos, ao momento da discussão do assunto no qual tem um interesse, o administrador interessado deve, nos termos do art. 410.º/6 *in fine*, expor ao conselho o seu conflito de interesses, na medida do necessário para que estes possam tomar uma decisão informada sobre o seu sentido de voto. Em seguida, deve retirar-se da sala para que os administradores desinteressados possam discutir adequadamente o assunto, tendo em vista apenas os melhores interesses da sociedade. Finda a discussão, o administrador interessado deve estar presente no momento da votação apenas e tão só quando a sua presença

---

responsabilidade civil, em especial quando a conduta devida em concretização de tal dever genérico se apresenta como consensual nos usos comerciais e plasmada em disposições como o art. 186.º/2 CIRE. Cfr. FERREIRA GOMES – *Conflitos de interesses...* p. 167-170.

Como explica MÖLLERS – *Treuepflichten...* p. 427-428, 431, não são ainda inteiramente claras a correta derivação dogmática, a extensão e as consequências jurídicas dos deveres de lealdade, mas domina a perspetiva da sua derivação do poder de disposição sobre interesses patrimoniais alheios. Este dever vincula os órgãos, no quadro das relações fiduciárias e de benefício de outrem, a abster-se de tudo quanto possa ser prejudicial para a empresa, sobrepondo os interesses desta aos seus próprios interesses ou aos interesses de terceiros, evitando conflitos de interesses. Constitui, tal como o dever de lealdade dos acionistas, um limite geral ao exercício de posições jurídicas.

Para maiores desenvolvimentos sobre o dever de lealdade dos administradores entre nós, cfr., por todos, NUNO TRIGO REIS – *Os deveres de lealdade...*, MENEZES CORDEIRO – *Os deveres fundamentais...*, n.º IV, ANTÓNIO MENEZES CORDEIRO – A lealdade no direito das sociedades, *Revista da Ordem dos Advogados*, 66:3, 2006, CARNEIRO DA FRADA – *A business judgment rule...* p. 69 ss.

[1247] Neste sentido, sem prejuízo das consequências que decorrem diretamente do art. 397.º/2, a celebração de negócios *infetados* por um conflito de interesses, com preterição dos melhores interesses da sociedade, traduzem um incumprimento dos deveres dos administradores, com as consequências que daí advêm.

A deliberação de aprovação dos negócios "infetados" deve ser adequadamente fundamentada (cfr. GIORGIO BIANCHI – *Amministratori e sindaci: Gli adempimenti e le responsabilità*, Torino: UTET Giuridica, 2010, p. 327), de forma a permitir o controlo *ex post* do cumprimento dos deveres dos administradores, segundo critérios não só de legalidade (*Rechtsmäßigkeit*) ou regularidade (*Ordnungsmäßigkeit*), mas também de economicidade (*Wirtschaftlichkeit*) e adequação (*Zweckmäßigkeit*).

O MODELO PORTUGUÊS ENQUANTO MODELO BASE

seja necessária para assegurar o quórum constitutivo, caso em que não poderá votar nem interferir na votação[1248].

III. Sem prejuízo de se identificar como escopo da norma a prevenção dos riscos inerentes ao conflito de interesses, este não integra a previsão do art. 397.º/2. Ou seja, o negócio celebrado entre a sociedade e o administrador será nulo se não tiver sido cumprido o procedimento de aprovação regulado naquela norma, independentemente de no caso se verificar existir um conflito de interesses. A declaração de nulidade não depende da confirmação da existência de uma contraposição entre um qualquer interesse do administrador e um qualquer interesse da sociedade, em termos tais que a prossecução de um determina o sacrifício do outro.

894

[1248] A propósito do art. 410.º/6, RAÚL VENTURA – *Estudos vários...* p. 552-553, afirma que ao administrador interessado está apenas vedado o direito de voto no assunto em que tenha interesse, pelo que o mesmo pode participar na discussão sobre o assunto em causa, valendo a sua presença na reunião para efeitos do cálculo do quórum de deliberação. Afirma expressivamente o autor:

> «Não me parece que a possibilidade de o sócio administrador influenciar os outros na discussão da matéria em que surge o conflito de interesses deva ter algum peso no problema – mal seria que os outros administradores não soubessem preservar o interesse da sociedade, apesar da argumentação de um deles».

Como decorre do texto, não podemos concordar com esta posição. O administrador interessado deve estar presente na reunião do conselho e deve contar para efeitos do quórum constitutivo, o qual, nos termos literais do art. 410.º/4 e como realça RAÚL VENTURA, é exigido não apenas para poder ser iniciada a reunião, mas também no momento da tomada de cada deliberação. Isto não significa que tal administrador tenha de estar presente em todos os momentos da reunião. De facto, contrariamente ao afirmado pelo referido Professor, a prática demonstra que os administradores interessados têm um significativo poder de persuasão sobre os demais administradores e que a participação daqueles vicia a discussão – que se pretende totalmente desinteressada – sobre o assunto em causa. A questão assume contornos mais graves quando o administrador interessado "representa" o acionista controlador no conselho, dada a influência que este tem na composição do conselho, condicionando a capacidade de avaliação "desinteressada" dos administradores "desinteressados". Cfr. *ibidem*, p. 554.

Tomemos como exemplo a venda de um imóvel da sociedade ("A") a uma outra sociedade ("B"), na qual um administrador de "A" tem um interesse. O interesse de "B" será defendido pelos seus representantes na negociação com os representantes de "A", não havendo qualquer razão que justifique que tal interesse seja também defendido no seio do conselho de administração da sociedade "A". O conselho de "A" deve por isso assegurar que, em todos os momentos, a negociação se processa *at arm's lenght*, ou seja, que o assunto é discutido e deliberado com total independência face aos *insiders* interessados, de forma a alcançar um resultado procedimental e substancialmente justo para a sociedade, tal como o deveria fazer ao negociar com um terceiro no mercado.

Cfr. FERREIRA GOMES – *Conflitos de interesses...* p. 165-166. Também JOÃO SOUSA GIÃO defende que o administrador interessado não deve estar presente nas reuniões que têm por objeto a autorização dos negócios em conflito. Cfr. JOÃO SOUSA GIÃO – "Conflitos de interesses entre administradores e os accionistas na sociedade anónima: Os negócios com a sociedade e a renumeração dos administradores", in PAULO CÂMARA (ed.) – *Conflito de interesses no direito societário e financeiro: Um balanço a partir da crise financeira*, Coimbra: Almedina, 2010, p. 255.

DA ADMINISTRAÇÃO À FISCALIZAÇÃO DAS SOCIEDADES

895   IV. Ao preterir tanto a solução da *ineficácia* – aplicável aos casos de representação sem poderes (art. 268.º CC) e abuso de representação (art. 269.º CC) – como a da *anulabilidade* – aplicável aos negócios consigo mesmo abrangidos pelo art. 261.º CC –, em favor da solução da *nulidade*, o legislador afastou a possibilidade de ratificação do negócio, por mais favorável que este possa ser para a sociedade[1249]. Os negócios *infetados*[1250] têm, portanto, de ser *previamente* discutidos, avaliados e aprovados pelo conselho de administração, enquanto órgão colegial, em cooperação com o órgão de fiscalização[1251].

896   Em contraposição à solução da *anulabilidade*, esta solução salvaguarda a sociedade perante negócios celebrados por um ou mais dos seus administradores que poderiam nunca chegar ao conhecimento dos demais administradores e dos acionistas. Caso a consequência fosse a *anulabilidade*, nos termos gerais, enquanto tais negócios permanecessem ocultos e não fossem anulados, produziriam todos os seus efeitos[1252]. Nesta medida, no contexto societário, a solução da *nulidade*, é mais adequada à salvaguarda dos interesses da sociedade do que aqueloutra da anulabilidade[1253].

897   Para além disso, a solução da nulidade obsta ao problema da legitimidade associada à anulabilidade. Nos termos gerais do art. 287.º/1 CC, só têm legitimidade para arguir a anulabilidade as pessoas em cujo interesse a lei a estabelece. Ou seja, só a sociedade poderia requerer a anulação do negócio[1254]. Uma tal

---

[1249] *Vide*, uma vez mais, as críticas de Vaz Serra – *Contrato consigo mesmo e negociação...* p. 162 a esta solução.

[1250] Expressão de Marcus Lutter – "Interessenkonflikte und Business Judgment Rule", in *Festschrift für Claus-Wilhelm Canaris zum 70. Geburtstag*, 2, München: C. H. Beck, 2007, p. 249-250.

[1251] A "aprovação" pelo conselho de administração e o "parecer favorável" do conselho fiscal são condições de validade dos referidos contratos.

[1252] Esta conclusão parece ter sido ignorada no REv 19-jun.-2008 (Fernando Bento), processo n.º 521/08-2, disponível em www.dgsi.pt, no qual o tribunal afirmou que «desinteressa para o caso se se trata de uma anulabilidade (art. 261º nº 1 CC) ou de uma verdadeira nulidade (art. 397º, nº 2 CSC)»: a invalidade do negócio consigo mesmo (não autorizado pela agravante) e o propósito da agravante de a invocar e de dela se prevalecer «comprometem a génese do direito de crédito de que a agravada se arroga e reclama e consequentemente fazem desaparecer o pressuposto fundamental do decretamento do arresto, qual seja, a probabilidade de existência do crédito» (p. 14). O tribunal ignorou o facto de que, sendo aplicável o regime da anulabilidade por via do art. 261.º CC, cabe ao representado – neste caso: a agravante – requerer a anulação do negócio, o qual, entretanto, produz todos os seus efeitos. Podia, assim, a agravante basear-se no negócio consigo mesmo (ainda que não autorizado e, logo, anulável) para sustentar o seu direito de crédito. Em suma, contrariamente ao sustentado pela Relação de Évora, é fundamental distinguir a cominação da anulabilidade da de nulidade do negócio consigo mesmo.

[1253] Eventualmente justificar-se-ia um desvio às regras gerais da legitimidade para arguição da nulidade, na medida em que, pela aplicação do art. 286.º CC, qualquer interessado pode invocar a nulidade dos negócios celebrados pela sociedade com algum dos seus administradores a todo o tempo. Melhor seria se apenas a sociedade e os seus sócios pudessem invocar a nulidade, mas não foi essa a solução consagrada.

[1254] Neste sentido, no contexto de uma sociedade por quotas, cfr. RPt 5-fev.-2009 (Pinto de Almeida), processo n.º 5545/08, *CJ*, 34:1, 2009, p. 222-228, 225 (= processo n.º 0835545, disponível em www.dgsi.pt).

O MODELO PORTUGUÊS ENQUANTO MODELO BASE

solução beneficiaria indevidamente os membros do conselho de administração, a quem cabem, em geral, exclusivos poderes de representação da sociedade (art. 405.º/2), e prejudicaria gravemente os acionistas minoritários, os quais não só não poderiam impugnar o negócio, como não poderiam – na ausência de consenso com os acionistas controladores – substituir os administradores[1255].

No confronto com a solução da *ineficácia*, por um lado, a solução legal da nulidade defende a sociedade perante propostas de ratificação de factos consumados, cuja rejeição seria muito rara face às consequências negativas que daí poderiam advir. Por outro lado, densifica tanto o dever de lealdade dos administradores como a obrigação de vigilância *preventiva* do plenário do conselho de administração e de cada um dos seus membros.

898

V. Naturalmente, esta solução não pode valer sem mais para as sociedades que, nos termos do art. 390.º/2, tenham um administrador único e não um conselho de administração. Neste caso, como sugere Diogo Costa Gonçalves, impõe-se a criação de uma norma *ad hoc*, de acordo com o art. 10.º/3 CC, nos termos da qual são nulos os contratos celebrados entre a sociedade e o seu administrador único, diretamente ou por interposta pessoa, se não tiverem sido previamente autorizados pela assembleia geral[1256]. Acrescentamos, porém, ser necessário o parecer prévio favorável do conselho fiscal (ou do fiscal único)[1257]. O autor acompanha assim a posição por nós anteriormente sustentada quanto à necessidade de submeter o negócio à discussão, avaliação e aprovação de um órgão colegial, como forma de assegurar a sobreordenação do interesse da sociedade a outros interesses[1258].

899

[1255] Sem prejuízo do disposto quanto ao inquérito judicial, previsto no art. 292.º, e do disposto no art. 403.º/3.

[1256] Diogo Costa Gonçalves – *O Governo...* p. 121-122.

[1257] Diogo Costa Gonçalves parece não exigir o parecer prévio favorável do conselho fiscal. No mesmo sentido segue Jorge Coutinho de Abreu – *Responsabilidade civil²...*, p. 27 (nota 43), ao afirmar que quando a sociedade tem um só administrador, parece ser exigível, além de parecer do órgão fiscalizador, deliberação dos sócios autorizando o negócio. Esta posição foi reafirmada em Jorge Coutinho de Abreu – Negócios entre sociedades e partes relacionadas (administradores, sócios), *Direito das Sociedades em Revista*, 5:9, 2012, p. 16-17.

[1258] Cfr. Ferreira Gomes – *Conflitos de interesses...* p. 119. Esse parece ser também o sentido a retirar da exposição anterior de Jorge Coutinho de Abreu – *Responsabilidade civil²...*, p. 27.
Como refere Diogo Costa Gonçalves – *O Governo...* p. 122:

> «a intervenção da assembleia geral (...) garante a discussão do possível conflito de interesses subjacente aos negócios em causa por um órgão colegial no qual se crê existir uma especial ponderação do interesse social. Por outro lado, obtém-se uma unidade normativa quanto ao desvalor do acto jurídico em causa e quanto ao regime subjacente».

Cfr. também nota 1242 *supra* e RGm 27-fev.-2012 (Espinheira Baltar), processo n.º 243/10.9TBBCL. G1, disponível em www.dgsi.pt.

DA ADMINISTRAÇÃO À FISCALIZAÇÃO DAS SOCIEDADES

900 Face a questão paralela no Direito italiano, alguns autores afirmam tratar-se de uma solução demasiado onerosa[1259]. Não nos parece, porém, que este argumento proceda: a administração só pode ser confiada a um administrador único nas sociedades de menor dimensão (com um capital social inferior a duzentos mil euros, nos termos do art. 390.º/2), nas quais não são tão relevantes os custos enunciados, a saber: os custos de convocatória e de reunião, os custos de oportunidade inerentes à presença dos acionistas em assembleia[1260], e os custos da informação aos acionistas necessária à formação de uma opinião sobre a operação em causa[1261].

§ 32. DELIMITAÇÃO DA PREVISÃO NORMATIVA DO ART. 397.º/2 CSC

901 De acordo com o seu teor literal, o art. 397.º/2 aplica-se aos contratos celebrados entre a sociedade e um ou mais dos seus administradores, diretamente ou por interposta pessoa. A sua previsão é recortada pelo disposto no n.º 5 do mesmo artigo, nos termos do qual a referida proibição «não se aplica quando se trate de ato compreendido no próprio comércio da sociedade e nenhuma vantagem especial seja concedida ao contraente administrador».

902 A inclusão na previsão normativa dos casos em que os contratos não são celebrados diretamente com o administrador, mas sim por interposta pessoa[1262], per-

---

[1259] Cfr., *v.g.*, BONELLI – *Gli amministratori...* p. 151-152, LUCA ENRIQUES – Il conflitto d'interessi nella gestione delle società per azioni: spunti teorici e profili comparatistici in vista della riforma del diritto societario, *Rivista delle Società*, 45:3-4, 2000, p. 525.

[1260] Segundo LUCA ENRIQUES – *Il conflitto d'interessi nella gestione...* p. 525, esta questão é relevante no sistema italiano onde, na prática, não funcionam os instrumentos de voto por correspondência e por delegação.

[1261] Cfr. *ibidem*.

[1262] Na vigência do art. 173.º, § 3 CCom, VAZ SERRA – *Contrato consigo mesmo...* p. 203, afirmava haver «contrato consigo mesmo ainda que o director contrate em nome próprio no interesse de outrem ou que contrate como representante de terceiro, pois a razão é a mesma, ou ainda que ele contrate indirectamente consigo mesmo (isto é, por meio de pessoa interposta, que contrate em nome próprio mas por conta do director)».
Quanto ao critério da "interposição de pessoas", defende RAÚL VENTURA, a propósito do art. 254.º/3, não existir um critério especial, aplicando-se os critérios gerais civilísticos: basicamente os fornecidos pelo art. 579.º/2 CC. De acordo com este preceito: «Entende-se que a cessão é efectuada por interposta pessoa, quando é feita ao cônjuge do inibido ou a pessoa de quem este seja herdeiro presumido, ou quando é feita a terceiro, de acordo com o inibido, para o cessionário transmitir a este a coisa ou direito cedido». Cfr. RAUL VENTURA – *Sociedades por quotas*, 3..., p. 57. No mesmo sentido, *v.g.*, SOVERAL MARTINS – *Os poderes de representação...* p. 268 (nota 495), bem como RGm 11-jul.-2005 (VIEIRA E CUNHA), processo n.º 2374/04, *CJ*, 30:4, 2005, p. 295-297. Em sentido divergente, JORGE COUTINHO DE ABREU – *Responsabilidade civil²...*, p. 27, nota 43, defende que nas "pessoas interpostas" se devem incluir «não

364

O MODELO PORTUGUÊS ENQUANTO MODELO BASE

mite resolver os casos de "identidade económica", não sendo necessário recorrer à analogia, como se tem verificado na jurisprudência alemã a propósito do § 112 AktG[1263]. Como exemplo pode apontar-se o negócio celebrado com outra sociedade na qual o administrador tem uma participação maioritária. A inclusão deste caso-tipo no âmbito de aplicação do art. 397.º/2 evita o esvaziamento do seu conteúdo útil, dado que em muitos casos, os administradores não negoceiam diretamente com a sociedade na qual exercem funções, antes usando uma sociedade (ou outra pessoa) por si controlada para o efeito.

Outros casos, porém, suscitam mais dúvidas. Analisamos em seguida a possibilidade de extensão da previsão normativa aos casos de dupla representação[1264]

apenas as referidas no art. 579.º/2 CC, mas ainda outros sujeitos singulares ou colectivos, próximos dos administradores em causa – todos os sujeitos que os administradores podem influenciar». Desenvolvendo esta posição, João Sousa Gião – *Conflitos de interesses...* p. 254 afirma não lhe chocar que o conceito de "pessoas interpostas" seja interpretado, para este fim específico, de modo a incluir todos os casos em que o conflito de interesses existe. Conclui ainda: «Interpretação contrária é que parece frustrar o propósito normativo da regra».

Infelizmente, o alargamento da previsão normativa do art. 397.º/2 tem sido recusado pela jurisprudência. Cfr. RPt 5-fev.-2009 (Pinto de Almeida), processo n.º 5545/08, *CJ*, 34:1, 2009, p. 222-228 (= processo n.º 0835545, disponível em www.dgsi.pt), no qual o Tribunal sufragou o critério do art. 579.º/2 CC, analisando se no caso se provaram factos que permitam concluir existir quer uma *interposição fictícia*, quer uma *interposição real* de pessoas. Sobre estes conceitos, cfr., por todos, Carlos da Mota Pinto, António Pinto Monteiro e Paulo Mota Pinto – *Teoria geral do direito civil*, 4.ª ed., Coimbra: Coimbra Editora, 2005, p. 469-470.

Como resulta do texto, entendemos que esta solução restritiva é manifestamente insuficiente, ficando muito aquém da *ratio* da norma. Basta pensar no exemplo de escola enunciado no texto, sempre apresentado na discussão sobre *self-dealing transactions* e sobre a extração de benefícios especiais (*private benefits of control*): o negócio celebrado com um terceiro (sociedade) na qual o administrador tem uma participação maioritária. Através destes negócios, infelizmente tão frequentes na prática, o administrador desvia valor da sociedade a que está vinculado para a sociedade que domina. Em França, por exemplo, o art. 101 *Loi n.º 66-537 du 24 juillet 1966*, prevê expressamente este caso, lado a lado com a interposição de pessoas.

[1263] Conac, Enriques e Gelter – *Constraining dominant shareholders' self-dealing...*, p. 12.

[1264] A importância do problema é atestada pela jurisprudência sobre o mesmo. Veja-se, por exemplo, RCb 12-set.-2006 (Hélder Roque), processo n.º 69/04.9TBACN.C1, disponível em www.dgsi.pt, que recusou a aplicação do art. 397.º/2 a um caso de dupla representação da sociedade dominante e da sociedade dominada, afirmando que «a nulidade cominada (...), mesmo quando relativa à coligação de sociedades, em relação de domínio ou de grupo, contende sempre com os contratos celebrados entre os administradores de uma sociedade e as sociedades integradas nessa relação de domínio ou grupal, e não já com os negócios jurídicos outorgados pelas próprias sociedades» (p. 7). Na sua ponderação, a Relação de Coimbra ignorou por completo a problemática da dupla representação no contexto do art. 397.º/2, mas já não no contexto do art. 261.º CC. Esta decisão demonstra o apego da jurisprudência ao teor literal das normas: faltando uma referência no texto do art. 397.º/2 à dupla representação, o tribunal nem sequer ponderou o problema.

Em RLx 10-out.-2006 (Isabel Salgado), processo n.º 4916/2006-7, disponível em www.dgsi.pt, a Relação de Lisboa considerou que, não obstante estar em causa um caso de dupla representação,

DA ADMINISTRAÇÃO À FISCALIZAÇÃO DAS SOCIEDADES

e de comunhão de administradores (sem dupla representação)[1265]. Abordamos depois os casos dos negócios com membros do conselho fiscal e dos negócios com acionistas controladores[1266]. Por fim, dedicamos algumas linhas à aferi-

tendo a gerente da *sociedade por quotas* atuado «em consonância com as regras do Código das Sociedades Comerciais a este propósito», e tendo estatutariamente os poderes para, por si mesma, representar e vincular ambas as sociedades no negócio jurídico, não exorbita os limites dos poderes de representação e vinculação das sociedades em causa (p. 6). Para além disso, o tribunal fez depender a aplicação do art. 261.º CC da verificação de um interesse próprio individual e pessoal» do *gerente* no negócio (p. 7). Em suma: o tribunal ignorou a problemática subjacente à dupla representação, restringindo a aplicação do art. 261.º CC – contra o seu teor literal – aos negócios celebrados entre a sociedade e o seu representante. Mais recentemente, em RPt 5-fev.-2009 (Pinto de Almeida), processo n.º 5545/08, *CJ*, 34:1, 2009, p. 222-228 (= processo n.º 0835545, disponível em www.dgsi.pt), a Relação do Porto analisou um caso de dupla representação de *sociedades por quotas*, ensaiando a aplicação ao caso tanto do art. 261.º CC, como do art. 397.º/2 CSC. Este acórdão é um bom exemplo das dúvidas que ainda reinam a propósito da dupla representação, tanto face ao regime jus-civil, como face ao regime jus-societário. Nesta decisão pode ler-se:
«... é controvertida a questão de saber se existe negócio consigo mesmo se o agente actuar como órgão de duas ou mais pessoas colectiva. É sabido que, apesar de nessa situação se aludir a representação (cfr. art. 6.º n.º 5), esta não equivale a representação em sentido técnico, tratando-se antes de um modo cómodo e sugestivo de exprimir os nexos de organicidade que imputam, ao ser colectivo, a actuação dos titulares dos seus órgãos. Em rigor, os "representantes" não representam a pessoa colectiva: são parte integrante desta. Daí que parte da doutrina e da jurisprudência defenda que, na hipótese apontada, não existe negócio consigo mesmo. Como se afirma no citado Ac. do STJ de 15.05.97, no negócio consigo mesmo, a mesma pessoa física aparece a representar, no acto, duas entidades diferentes ou a actuar em nome próprio e como representante de outrem. Não é o caso de alguém intervir como representante de duas sociedades. A personalidade destas sobrepuja a do mandatário. Outros autores e decisões integram na "representação", para efeitos do art. 261º do CC, a representação orgânica. Como refere Galvão Telles, nestas situações há contrato consigo mesmo; quer o director contrate em nome próprio ou em nome alheio, e quer no primeiro caso proceda no seu interesse ou no interesse doutrem, sempre contrata consigo mesmo, desde que por outra parte intervenha em representação da sociedade» (p. 7-8).
Na sequência desta exposição, o tribunal entendeu que o negócio seria anulável face ao disposto no art. 261.º/1 CC, mas não o anulou por falta de legitimidade dos autores. Debruçando-se depois sobre a aplicabilidade do art. 397.º/2 CSC, sustentou que:
«mesmo que se entenda aplicável às sociedades por quotas o regime do citado art. 397º nº 2, o negócio em que interveio o réu marido, como representante das duas sociedades, não seria, em princípio, subsumível na previsão dessa norma, uma vez que *esse negócio foi celebrado entre duas sociedades e não directamente entre uma sociedade e um seu gerente*» (itálico nosso) (p. 9).

[1265] Cfr., *v.g.*, RCb 4-out.-2005 (Monteiro Casimiro), processo n.º 2158/05, disponível em www.dgsi.pt.
[1266] Tanto quanto temos conhecimento, a nossa jurisprudência não admite a extensão da aplicação do art. 397.º/2 aos negócios celebrados entre a sociedade e um seu acionista controlador. Cfr. neste sentido o RLx de 10-jul.-2004 (Manuel Gonçalves), processo n.º 2503/2004-6, disponível em www.dgsi.pt, no qual o tribunal analisou um caso de transmissão de ações (na Público – Comunicação Social, S.A.) da sociedade controladora (SONAE – Investimentos, SGPS, S.A.) para a sociedade controlada (Interlog – SGPS, S.A.), irrelevando não só a demonstração do controlo, mas também do facto de um administrador (que não outorgou o contrato em causa) ter sido indicado pela acionista controladora.

O MODELO PORTUGUÊS ENQUANTO MODELO BASE

ção da existência de vantagens especiais e da inclusão do contrato no próprio comércio da sociedade, face ao n.º 5 do art. 397.º CSC.

32.1. Extensão da previsão normativa aos casos de dupla representação

I. *Apertis verbis*, o art. 397.º/2 não cobre os casos de dupla representação – em que o administrador representa simultaneamente a sociedade e a sua contraparte – na medida em que nestes não há contratação entre a sociedade e um seu administrador, mas entre a sociedade e o outro representado. Alguma doutrina[1267] e jurisprudência[1268] têm por isso rejeitado a aplicação desta norma a estes casos.

904

Não pode aceitar-se este entendimento face à *ratio* da norma já enunciada. Já na vigência do art. 173.º, § 3 CCom e dos n.ºs 1 e 2 do art. 1562.º CC 1867, cujo teor literal não incluía a dupla contratação, a doutrina se insurgia contra alguma jurisprudência que recusava a proibição deste tipo de negócios[1269], nos quais se verificam perigos semelhantes aos patentes nos contratos celebrados em nome

905

[1267] Cfr., *v.g.*, Soveral Martins – *Os poderes de representação...* p. 272-277, defendendo não ser aplicável o art. 397.º, 2, mas sim o disposto no art. 261.º CC, sendo o desvalor cominado para o ato a anulabilidade e não a nulidade. Segundo o autor, os casos de dupla representação são menos graves que os de contratação direta entre o administrador e a sociedade, razão pela qual se justifica a disparidade de soluções. O autor cita Vaz Serra – *Contrato consigo mesmo...* p. 180 (nota 3), que sustenta que «[o] perigo não é tão grande no caso da dupla representação, onde não estão em jogo os interesses do representante». Não é feito, porém, o enquadramento desta afirmação no pensamento de Vaz Serra, expresso tanto neste artigo, como em Vaz Serra – *Contrato consigo mesmo e negociação....* Nestes escritos, Vaz Serra aproxima todos estes casos, em torno da ideia do perigo de sacrifício dos interesses do representado pelo representante (independentemente de o grau de perigo poder variar de caso para caso) e da sua recondução dogmática unitária à falta de poderes de representação para o ato, razão pela qual propugna pela uniformidade de soluções para todos estes casos.

[1268] Cfr. STJ 27-jan.-1967 (Gonçalves Pereira), *BMJ*, 163, 1967, p. 322-326, muito criticado por Vaz Serra – *Contrato consigo mesmo e negociação....* Cfr. ainda, mais recentemente, STJ 15-mai.-1997 (Figueiredo de Sousa), processo n.º 96B734, sumário disponível em www.dgsi.pt – no qual o tribunal afirmou que «[n]o negócio consigo mesmo, a mesma pessoa física aparece a representar, no acto, duas entidades diferentes ou a actuar em nome próprio e como representante de outrem. Não é o caso de alguém intervir como representante de duas sociedades. A personalidade destas sobrepuja a do mandatário» –, STJ 18-mai.-2006 (Sebastião Póvoas), processo n.º 06A1106, ou o RPt 5-Fev.-2009 (Pinto de Almeida), processo n.º 5545/08, *CJ*, 34:1, 2009, p. 222-228 (= processo n.º 0835545, disponível em www.dgsi.pt). Este último foi já analisado na nota 1264 *supra*.

Pelo contrário, no Direito italiano, a jurisprudência entende que nos casos de dupla representação se presume existir um conflito de interesses, sendo por isso aplicável o disposto no art. 2391 *Codice Civile*. Cfr., *v.g.*, a sentença do *Tribunale di Milano*, de 3-out.-1985, analisada em Enzo Rossi – *Amministratori di società ed esercizio del potere: con particolare riferimento alle normative OPA e antitrust*, Milano: Giuffrè, 1989, p. 223.

[1269] Cfr. § 30 *supra*.

DA ADMINISTRAÇÃO À FISCALIZAÇÃO DAS SOCIEDADES

próprio. Aliás, GALVÃO TELLES[1270], como vimos, afirmava que tais contratos sempre seriam proibidos face aos princípios gerais sobre a matéria, mesmo que não existissem aquelas normas do Código Comercial e do Código de Seabra.

906   Esta discussão teve reflexos no atual Código Civil, cujo art. 261.º determina ser «anulável o negócio celebrado pelo representante consigo mesmo, seja em nome próprio, *seja em representação de terceiro*, a não ser que o representado tenha especificadamente consentido na celebração, ou que o negócio exclua por sua natureza a possibilidade de um conflito de interesses» (itálico nosso).

907   Certamente por lapso, o nosso legislador societário não previu este caso no art. 397.º, sendo certo que este traduz apenas uma concretização de princípios gerais decorrentes do dever de lealdade dos administradores, por um lado, e da obrigação de vigilância do conselho, por outro.

908   II. Deve então admitir-se a interpretação extensiva do art. 397.º/2, aplicando-o aos contratos celebrados com terceiros – incluindo acionistas – representados pelo mesmo representante da sociedade, ou seja, «quando um representante comum de dois representados contrata em nome de ambos estes» (dupla representação).

909   Com efeito, parece-nos que o legislador disse menos do que pretendia, não esclarecendo que a solução do Código das Sociedades Comerciais é aplicável tanto aos casos em que o administrador atua *em nome próprio*, como aos casos em que o administrador atua *em representação de terceiro*[1271]. Como explica PIRES DE LIMA e ANTUNES VARELA a propósito da dupla representação prevista no art. 261.º CC, os perigos do contrato consigo mesmo são evidentes: o representante sentir-se-á tentado a sacrificar os interesses de um dos representados em benefício dos do outro[1272]. Secundando VAZ SERRA[1273]: este não deixa de ser um caso de negociação consigo mesmo. Nele verificam-se perigos semelhantes aos patentes nos contratos celebrados em nome próprio.

[1270] GALVÃO TELLES – *O contrato consigo mesmo...* p. 12-13.

[1271] No mesmo sentido, na vigência do art. 173.º, § 3 do Código Comercial, VAZ SERRA – *Contrato consigo mesmo...* p. 203 que afirma haver

> «contrato consigo mesmo ainda que o director contrate em nome próprio no interesse de outrem *ou que contrate como representante de terceiro*, pois a razão é a mesma, ou ainda que ele contrate indirectamente consigo mesmo (isto é, por meio de pessoa interposta, que contrate em nome próprio mas por conta do director)» (itálico nosso).

[1272] PIRES DE LIMA e ANTUNES VARELA – *Código civil anotado*, 1, 4.ª ed., Coimbra: Coimbra Editora, 1987, p. 243. Já antes da entrada em vigor do atual Código Civil, como vimos, a doutrina em geral enquadra este caso nos negócios consigo mesmo. Cfr. § 30 *supra*.

[1273] VAZ SERRA – *Contrato consigo mesmo...* p. 179, SERRA – *Contrato consigo mesmo e negociação...* p. 130.

O MODELO PORTUGUÊS ENQUANTO MODELO BASE

III. A negação deste entendimento introduziria uma incongruência sistemática: se no domínio civil vale a equiparação do negócio consigo mesmo à dupla
representação – como se defendia já antes da entrada em vigor do atual Código
Civil – não pode admitir-se a sua dissociação no domínio societário.   910

Nem sequer a afirmação de que a representação orgânica não constitui verdadeira representação[1274] pode obstar ao paralelismo entre o disposto nos arts.
397.º/2 CSC e 261.º CC. De facto, já autores como Galvão Teles, Vaz Serra e
Ferrer Correia defendiam que, «[n]o que toca aos órgãos da pessoa colectiva, embora não sejam verdadeiros representantes desta, a razão de ser desta
orientação leva, por analogia, às mesmas soluções»[1275]. Independentemente
de a "representação" referida no art. 261.º ter um diferente enquadramento
dogmático face à "representação orgânica", impõe-se uma unidade valorativa.
O conteúdo teleológico destas disposições (arts. 261.º CC e 397.º/2) é claro:
ambas visam evitar conflitos de interesses inerentes à gestão de bens alheios[1276].
Exige-se, por isso, a ordenação sistemática do art. 397.º/2 – de acordo com o sistema interno, de carácter axiológico ou teleológico – para entender esta norma
«não apenas como fenómeno isolado, mas como parte de um todo»[1277].   911

[1274] Cfr. Menezes Cordeiro – *Direito das sociedades*, I³... p. 849, sustentando que a "representação" da
sociedade pelos administradores não equivale à representação em sentido técnico, sendo «um modo
cómodo sugestivo de exprimir os nexos de organicidade que imputam, ao ser colectivo, a actuação dos
titulares dos seus órgãos». Para mais desenvolvimentos sobre este tema, cfr. § 61 *infra*.

[1275] Galvão Telles – *Contratos entre sociedades anónimas*... p. 14, Vaz Serra – *Contrato consigo mesmo*...
p. 247, Ferrer Correia – *Sociedades fictícias*... p. 312.

[1276] A sujeição da decisão sobre a celebração ou não do negócio a um procedimento específico
consubstancia assim, como afirmámos já, uma densificação do dever de lealdade dos administradores –
que desta forma sobrepõem a prossecução do interesse social aos seus próprios interesses –, bem como
da sua obrigação de vigilância, que deve ser exercida em modo coletivo, de acordo com o princípio da
colegialidade, e em coordenação com o conselho fiscal.

[1277] Sobre a ordenação sistemática e determinação do conteúdo teleológico, *vide* Canaris – *Pensamento
sistemático*³... p. 154 e segs. (p. 156).
Raúl Ventura – *Sociedades por quotas, 3*..., p. 177-178, defende a aplicação do art. 261.º CC, enquanto
princípio geral da representação, diretamente às sociedades por quotas (perante a impossibilidade de
lhes aplicar o art. 397.º). Esta posição é sufragada por alguma jurisprudência que aplica diretamente o
art. 261.º aos negócios consigo mesmo nas sociedades por quotas, tanto na modalidade de negócio consigo mesmo *stricto sensu*, como de dupla representação. *Vide* neste sentido RPt 13-dez.-2005 (Alziro
Cardoso), processo n.º 0521121, e RPt 5-fev.-2009 (Pinto de Almeida), processo n.º 0835545, disponíveis em www.dgsi.pt (neste último caso = processo n.º 5545/08, *CJ*, 34:1, 2009, p. 222-228). Jorge
Coutinho de Abreu – *Responsabilidade civil²*..., p. 28 (nota 46), pelo contrário, defende a aplicação analógica do art. 397.º a sociedades de outro tipo.
Mais recentemente, Diogo Costa Gonçalves, desenvolveu um estudo sobre esta matéria, concluindo
– em termos que merecem a nossa total concordância – que a manifesta lacuna do regime das sociedades por quotas deve ser integrada nos termos do art. 10.º/3 CC, mediante formulação de uma norma
ad hoc. Segundo o autor, a construção desta deve nortear-se pelos seguintes objetivos: «a) o regime a criar

DA ADMINISTRAÇÃO À FISCALIZAÇÃO DAS SOCIEDADES

912   Como ensina MENEZES CORDEIRO, o Direito civil é o mais comum e o mais abstrato de todos os ramos do direito, constituindo a base a partir da qual, por especialização, por complementação ou por inovação se vão erguendo todos os demais ramos jurídico-normativos[1278]. No caso em apreço, não divisamos qualquer especialidade do Direito das sociedades que justifique uma solução diferente à do direito comum.

32.2. Extensão da previsão normativa aos casos de comunhão de administradores (sem dupla representação)

913   I. Mais complexo é o caso em que uma mesma pessoa tem assento na administração de ambas as partes contratantes, mas (i) não representa qualquer delas, ou (ii) representa apenas uma delas na celebração do negócio em questão. Tanto a nossa jurisprudência[1279] como a nossa doutrina[1280], parecem rejeitar a aplicação a este caso não só do art. 397.º/2 CSC, mas também do art. 261.º CC.

deve ser normativamente idêntico ao previsto no art. 397.º/2, criando assim a harmonização normativa que o sistema interno reclama, que o regime anterior conhecia e que, segundo cremos, no processo de codificação societária não se desejou abandonar; b) a solução preconizada deve dar cobro aos tradicionais casos de autocontratação mas ainda àqueles em que a celebração de negócios entre os gerentes e a sociedade é indirecta ou realizada não com a sociedade mas com outras que com aquela se encontra em relação de domínio ou de grupo; c) a intervenção orgânica em razão da qual o negócio é válido deve ficar a cargo da assembleia geral, seja a gerência uni ou pluripessoal; d) a excepção ao regime deve coincidir com a exclusão da possibilidade de conflito de interesses, prevista no art. 261.º/1, de que o art. 397.º/5 é concretização». Face a estes objetivos, propõe a seguinte norma: «são nulos, salvo autorização prévia da assembleia geral, os negócios celebrados, directa ou indirectamente, entre os gerentes e a sociedade ou entre estes e as sociedades que com aquela se encontrem em relação de domínio ou de grupo, salvo se o negócio em causa, pela sua natureza ou circunstâncias, exclua a possibilidade de conflito de interesses». Cfr. DIOGO COSTA GONÇALVES – *O Governo...* p. 120-121.
A necessidade de aprovação do negócio pela assembleia geral é, em geral, reconhecida pela jurisprudência. Cfr., *v.g.*, RPt 13-abr.-1999 (AFONSO CORREIA), processo n.º 391/99, in *CJ*, 24:2, 1999, p. 196-202, em especial, p. 201.
[1278] MENEZES CORDEIRO – *Tratado*, 1:1³... p. 55.
[1279] Cfr., *v.g.*, RCb 4-out.-2005 (MONTEIRO CASIMIRO), processo n.º 2158/05, disponível em www.dgsi.pt.
[1280] Cfr., *v.g.*, SOVERAL MARTINS – *Os poderes de representação...* p. 275-276, em particular nota 510. O autor reconhece haver dificuldades apenas nos casos em que tenha sido nomeado um procurador da sociedade, tendo o administrador em causa participado nessa nomeação. Considera que o n.º 2 do art. 261.º CC «não prevê os casos em que o administrador intervém na nomeação de um representante para celebrar um negócio em nome de uma sociedade e intervém ao mesmo tempo nesse negócio como administrador de outra sociedade». Só considera abrangidos por esta norma «os casos em que o administrador intervém como tal em representação de certa sociedade na celebração de um negócio e substabelece noutra pessoa os poderes que recebera para o mesmo negócio por procuração da contraparte». Em todo o caso, defende que ambos os casos referidos merecem idêntico tratamento. De fora ficariam, então, apenas os casos em que o conselho de administração delega certas matérias num dos seus membros (recebendo este poderes de representação) que depois celebra um contrato com uma sociedade representada por outro administrador. Não conseguimos alcançar a justificação para a disparidade de soluções defendidas pelo autor.

O MODELO PORTUGUÊS ENQUANTO MODELO BASE

A dificuldade resulta do facto de o administrador não ser parte no contrato, nem representar a contraparte da sociedade. Não obstante, não podemos aceitar a não aplicação daquele artigo a estes casos, por entendermos que o problema está mal colocado.

A questão não se põe ao nível da *representação*, mas sim ao nível do processo de decisão que antecede a vinculação da sociedade face a terceiros. O que releva é saber como foi formada a "vontade" da sociedade que esteve na base da celebração do negócio. A formação dessa vontade foi determinada exclusivamente pela promoção dos melhores interesses da sociedade? Ou, pelo contrário, há indícios que permitam duvidar da imparcialidade do juízo das pessoas envolvidas, nomeadamente, pela especial posição de influência de um ou mais administradores da sociedade sobre as mesmas? 914

Ora, a comunhão de administradores entre duas sociedades levanta necessariamente dúvidas sobre a motivação das pessoas envolvidas no processo de decisão, dada a especial posição de influência daqueles sobre os responsáveis pela decisão relativa à celebração ou não do negócio. Em particular, gera dúvidas sobre se o administrador comum a ambas as sociedades contratantes pretendeu evitar a aplicação do art. 397.º/2, fazendo intervir outro(s) administrador(es) (sobre o(s) qual(is) consegue exercer pressão suficiente) para representar a(s) sociedade(s) na celebração do negócio. Se é certo que o regime jurídico das sociedades anónimas confere aos administradores um amplo espaço de manobra na gestão da atividade empresarial, não é menos certo que esse espaço é severamente restringido perante dúvidas sobre a motivação dos administradores na prossecução dos melhores interesses da sociedade[1281]. 915

II. Perante o risco que a falta de transparência no processo de decisão acarreta para a sociedade, deve afirmar-se a existência de uma lacuna[1282] a integrar por aplicação analógica do art. 397.º/2. A identidade de razão entre o caso nele previsto e o caso aqui em análise exige resultados normativamente idênticos, que assegurem a harmonia reclamada pelo sistema interno[1283]. 916

Contra esta solução, não deve admitir-se o argumento de que o nível de risco associado ao negócio consigo mesmo *stricto sensu* é superior ao verificado 917

[1281] Este aspeto é patente na delimitação da responsabilidade dos administradores pela *business judgment rule*. Sobre os elementos da previsão normativa do art. 72.º/2 e, em especial, sobre a "atuação livre de qualquer interesse pessoal", cfr. § 64.8, parág. III *infra*.

[1282] Como facilmente se pode constatar, o art. 397.º/2 não constitui norma excecional, não sendo portanto aplicável a proibição do art. 11.º CC.

[1283] Cfr. CUNHA GONÇALVES – *O Governo...* p. 120 a propósito da construção de uma solução normativa *ad hoc* para o caso dos negócios entre o gerente e a sociedade por quotas, onde o autor sustenta esta exigência.

DA ADMINISTRAÇÃO À FISCALIZAÇÃO DAS SOCIEDADES

nos casos de comunhão de administradores[1284], dado o seu inadmissível apriorismo: o risco existe e é normativamente relevante tanto num caso como noutro. O nível desse risco só pode ser determinado no caso concreto, justificando-se a aplicação do art. 397.º/2 precisamente pela necessidade da sua adequada avaliação, no contexto de uma discussão informada, aberta e transparente num órgão colegial, com confronto face ao órgão de fiscalização, assegurando a prossecução exclusiva dos melhores interesses da sociedade.

918   III. Estamos conscientes de que esta interpretação amplia o campo de aplicação do art. 397.º/2, abrangendo um enorme grupo de casos não cobertos pelo teor literal do preceito, nos quais poderá não existir um qualquer conflito de interesses. Parece-nos, no entanto, que uma tal conclusão sobre a não existência de conflitos de interesses deve caber ao conselho de administração (em colaboração com o conselho fiscal), em cujo funcionamento colegial reside a esperança de limitação de tais conflitos. A este caberá então aprovar tais negócios, em geral (por categorias de negócios, por exemplo) ou em particular (caso a caso).

32.3. Extensão da previsão normativa aos negócios celebrados com membros do conselho fiscal: remissão

919   Não obstante o silêncio do Código das Sociedades Comerciais, a norma do art. 397.º/2 é igualmente aplicável aos negócios celebrados entre a sociedade e os membros do conselho fiscal: estamos perante uma lacuna que deve ser preenchida pela aplicação analógica do disposto no art. 445.º/1, para os negócios celebrados entre a sociedade e os membros do conselho geral e de supervisão, no modelo germânico. A coerência do sistema interno a tanto impõe, não havendo razões que justifiquem uma solução diferente em cada um dos modelos de governo da sociedade anónima. Remetemos a análise da norma resultante do art. 445.º/1 para local próprio[1285].

32.4. A nulidade dos negócios entre a sociedade e o seu acionista controlador por contrariedade aos bons costumes e por violação das regras sobre distribuição de bens aos sócios

920   I. As soluções propostas não dão resposta a um problema central da vida societária nos mercados caracterizados por uma concentração acionista de que

---

[1284] Cfr., *v.g.*, SOVERAL MARTINS – *Os poderes de representação...* p. 274-275, afirmando, a propósito não deste caso, mas do da dupla representação, ser maior o risco de conflito de interesses nos casos em que é o próprio administrador que celebra contratos com a sociedade, o que justificaria o regime mais severo da nulidade (por contraposição ao da anulabilidade que o autor defende ser aplicável à dupla representação).
[1285] Cfr. § 52 *infra*.

O MODELO PORTUGUÊS ENQUANTO MODELO BASE

Portugal é um exemplo paradigmático: o problema dos contratos celebrados pela sociedade com o seu acionista controlador[1286]. Como referimos antes[1287], de acordo com a teoria económica, neste tipo de mercados, estes contratos são a forma mais comum de extração de benefícios especiais (*private benefits of control*).

Não obstante, afirmámos em tempos não nos parecer possível, face ao nosso direito constituído, ir mais longe, de forma a reconhecer a aplicação do art. 397.º/2 a todos os negócios nos quais um administrador tenha um "interesse próprio ou de terceiro" – à semelhança do verificado no sistema italiano[1288] –, abrangendo

921

[1286] A estes podem ser equiparados em determinadas situações os credores controladores. Cfr. sobre esta problemática, por todos, ANA PERESTRELO DE OLIVEIRA – *Os credores...*, n.ᵒˢ 370-385, ANA PERESTRELO DE OLIVEIRA – *Grupos de sociedades...* p. 276-291.

[1287] Cfr. § 3.2.E e § 29 *supra*.

[1288] Em Itália, o art. 2391 do *Codice Civile* (*Interessi degli amministratori*) regula os negócios entre a sociedade e os seus administradores, sendo reforçado pelas disposições penais do art. 2631 do mesmo código. Sobre este regime *vide*, *v.g.*, CAMPOBASSO – *Manuale...* p. 256-258 e, de forma mais desenvolvida, FERRARA JR. e CORSI – *Gli Imprenditori...* p. 592-593. Para efeitos de comparação de soluções, transcrevemos os primeiros parágrafos desta norma (de acordo com a redação dada pela reforma de 2003):

> «*L'amministratore deve dare notizia agli altri amministratori e al collegio sindacale di ogni interesse che, per conto proprio o di terzi, abbia in una determinata operazione della società, precisandone la natura, i termini, l'origine e la portata; se si tratta di amministratore delegato, deve altresì astenersi dal compiere l'operazione, investendo della stessa l'organo collegiale, se si tratta di amministratore unico, deve darne notizia anche alla prima assemblea utile.*
>
> *Nei casi previsti dal precedente comma la deliberazione del consiglio di amministrazione deve adeguatamente motivare le ragioni e la convenienza per la società dell'operazione.*
>
> *Nei casi di inosservanza a quanto disposto nei due precedenti commi del presente articolo ovvero nel caso di deliberazioni del consiglio o del comitato esecutivo adottate con il voto determinante dell'amministratore interessato, le deliberazioni medesime, qualora possano recare danno alla società possono essere impugnate dagli amministratori e dal collegio sindacale entro novanta giorni dalla loro data; l'impugnazione non può essere proposta da chi ha consentito con il proprio voto alla deliberazione se sono stati adempiuti gli obblighi di informazione previsti dal primo comma. In ogni caso sono salvi i diritti acquistati in buona fede dai terzi in base ad atti compiuti in esecuzione della deliberazione*».

Os negócios precedidos de deliberação do conselho, mas com violação do disposto no art. 2391 são anuláveis nos termos desta norma (no curto prazo de noventa dias); os negócios não precedidos de deliberação do conselho (bem como os decididos e celebrados pelo administrador único) são anuláveis nos termos gerais do art. 1394 *Codice Civile* (com salvaguarda dos terceiros de boa-fé). Cfr., *v.g.*, ALESSANDRO BAUDINO – *Gli amministratori delle società per azioni e a responsabilità limitata*, Milano: Giuffrè, 1994, p. 114-116, ROSSI – *Amministratori...* p. 222-224, na qual destacamos as referências jurisprudenciais sobre o conceito de conflito de interesses para este efeito, a nota 19, BIANCHI – *Amministratori...* p. 327-339, BONELLI – *Gli amministratori...* p. 84-90, FERRARA JR. e CORSI – *Gli Imprenditori...* p. 585-595, GIUSEPPE FERRI – *Manuale di Diritto Commerciale*, 12.ª ed., Torino: UTET Giuridica, 2006, p. 352. Esta solução é mais abrangente do que a resultante do art. 397.º/2, na medida em que abrange não só os negócios celebrados com um administrador, mas todos os negócios nos quais qualquer administrador tenha um interesse, seja pessoal, seja de terceiro.

Na concretização da referência ao "interesse de terceiro", discute-se se são abrangidos pela disciplina do art. 2391 os negócios nos quais um acionista controlador tem um interesse, dado que tais acionistas, pelos

DA ADMINISTRAÇÃO À FISCALIZAÇÃO DAS SOCIEDADES

direitos de votos de que são titulares, determinam a nomeação de um ou mais administradores, os quais ficam por isso intimamente ligados aos interesses daqueles acionistas. Por exemplo, pronunciam-se pela positiva LUCA ENRIQUES – *Il conflitto d'interessi degli amministratori di società per azioni*, Torino: Dott. A. Giuffrè Editore, 2000, p. 156-157, CONAC, ENRIQUES e GELTER – *Constraining dominant shareholders' self-dealing...*, p. 11-12, e pela negative FERRARA JR. e CORSI – *Gli Imprenditori...* p. 590. Estes últimos sustentam que não tem sentido aplicar-se o regime do art. 2391 a estes negócios e que a solução para este problema deve ser encontrada no regime previsto nos arts. 2391-*bis*, que disciplina os negócios das sociedades cotadas com partes relacionadas (e que analisamos em seguida), e 2497, que disciplina a responsabilidade pela direção e coordenação da sociedade. Note-se que este regime tem um âmbito de aplicação mais vasto do que o regime previsto no art. 501.º CSC, dado que o conceito de "grupo" no sistema italiano não coincide com o conceito vigente em Portugal. Em rigor, o *Codice Civile* não apresenta uma definição de "grupo de sociedades", referindo-se a este fenómeno pela expressão *"direzione e coordinamento di società"*. A "atividade de direção" consiste no exercício de uma influência dominante, mediante instruções ou diretivas às sociedades do grupo, e a "atividade de coordenação" consiste na harmonização da atividade e objetivos de cada uma das sociedades do grupo. Afirmam-se contudo dúvidas sobre o cabimento desta restrição face à letra da lei, bem como sobre se os regimes dos arts. 2391-bis e 2497 apresentam uma alternativa viável para enfrentar o problema aqui em análise, o qual também é significativo no mercado italiano.

Refira-se ainda que, aquando da reforma de 2003, o legislador italiano eliminou a referência ao "conflito de interesses" na redação do art. 2391 *Codice Civile*, que se entendia existir quando o administrador fosse portador de dois interesses opostos entre si: o primeiro relativo à realização de um comportamento favorável ao próprio administrador ou a um terceiro; o segundo relativo à realização de um comportamento favorável à sociedade, de tal forma que a realização de um comporta o sacrifício do outro. Face à nova redação, o conflito de interesses deixou de integrar a *fattispecie*, pelo que a aplicação da norma deixou de exigir a verificação da existência de interesses em conflito, mas apenas da existência de um interesse do administrador na operação. BIANCHI – *Amministratori...* p. 328-329. Não obstante, nos casos em que seja aplicável o art. 1394 (e não o art. 2391, como referimos antes), cuja *fattispecie* inclui o *conflitto d'interessi*, mantém-se as dificuldades na interpretação deste conceito. Cfr. BONELLI – *Gli amministratori...* p. 88-90, onde o autor enuncia os três principais critérios de determinação de um conflito de interesses.

No que respeita às sociedades cotadas, o legislador italiano foi mais longe na alteração ao *Codice Civile* pelo *Decreto Legislativo 310/2004*, dispondo agora o já referido art. 2391-bis (*Operazioni con parti correlate*):

> *«Gli organi di amministrazione delle società che fanno ricorso al mercato del capitale di rischio adottano, secondo princìpi generali indicati dalla Consob, regole che assicurano la trasparenza e la correttezza sostanziale e procedurale delle operazioni con parti correlate e li rendono noti nella relazione sulla gestione; a tali fini possono farsi assistere da esperti indipendenti, in ragione della natura, del valore o delle caratteristiche dell'operazione.*
>
> *I princìpi di cui al primo comma si applicano alle operazioni realizzate direttamente o per il tramite di società controllate e disciplinano le operazioni stesse in termini di competenza decisionale, di motivazione e di documentazione. L'organo di controllo vigila sull'osservanza delle regole adottate ai sensi del primo comma e ne riferisce nella relazione all'assemblea».*

É assim implementado um princípio de auto-regulamentação, impondo à administração a adoção de normas internas que assegurem a correção substancial e procedimental das "operações" com "partes relacionadas", nos termos dos princípios gerais indicados pela Consob. A interpretação do conceito de "parte relacionada" é essencial na aplicação deste artigo. A Consob apresentou uma definição deste conceito na comunicação DEM/2064231 de 30 de setembro de 2002, mas mais recentemente – em alteração ao art. 2 do *regolamento 11971* pela *delibera 14 aprile 2005*, em *Gazzetta Ufficiale*, *Suppl. n. 81*, de 5 de maio de 2005 – optou por remeter a definição do mesmo para o IAS 24. Quanto ao conceito de "operações", defendem FERRARA e CORSI que «abarca a realidade mais ampla de "contrato"». FERRARA JR. e CORSI – *Gli Imprenditori...* p. 592-593. Estes autores alertam ainda para o facto de esta nova norma,

O MODELO PORTUGUÊS ENQUANTO MODELO BASE

pela sua generalidade, omitir fatalmente qualquer indicação sobre as consequências da sua violação, «abrindo um campo de vastíssima problemática».

Em França, determinados negócios celebrados com acionistas de referência estão sujeitos a aprovação do conselho de administração (sob pena de responsabilidade civil dos interessados e de serem anuláveis quando se prove que causaram danos à sociedade) e dos sócios (sob pena de responsabilidade civil dos interessados e, eventualmente, dos demais membros do conselho de administração e de serem anuláveis em caso de fraude). Com efeito, nos termos dos arts. 225-38 a 225-42 *Code de Commerce* (alterados pela *Loi n.° 2003-706*, de 1 de agosto de 2003, art. 123), também os negócios celebrados entre a sociedade e um acionista que seja titular de direitos de voto superiores a 10% do capital social (diretamente ou através de uma sociedade controlada, nos termos definidos no art. 233-3, ou ainda no caso de tal acionista ser apenas indiretamente interessado no negócio) estão sujeitos a autorização do conselho de administração (na qual não podem votar os administradores interessados), salvo se se tratar de "negócio sobre operações correntes e celebrado em condições normais". Mas mesmo estes negócios devem ser comunicados pelo interessado ao presidente do conselho de administração, o qual, por sua vez, deverá apresentar a lista e o conteúdo destes negócios aos demais administradores e aos *commissaires aux comptes*. Todos os negócios aprovados pelo conselho de administração devem ser comunicados aos *commissaires aux comptes* e submetidos a aprovação da assembleia geral, a qual deve avaliar também o relatório dos *commissaires aux comptes*. Esta solução aplicável ao modelo clássico, monista, é adaptada também aos diferentes modelos de governo societário em França (cfr., *e.g.* 225-86 e seguintes). Quando comparado com o regime português, o regime francês revela uma solução mais flexível (a sanção prevista é a anulabilidade, a qual só pode ser arguida caso o negócio em causa tenha causado danos à sociedade), mais abrangente e mais precisa, clarificando quais os negócios com acionistas que devem ser sujeitos a uma análise criteriosa pelo conselho de administração, pelos *commissaires aux comptes* e pela assembleia geral.

No sistema alemão, em geral, o poder de representação da sociedade é imputado ao *Vorstand* (§ 78(1) AktG), mas esta regra não se aplica à celebração de contratos com membros deste conselho, sendo a sociedade então representada pelo seu *Aufsichtsrat* (§ 112 AktG). A este caberá apreciar e aprovar os negócios celebrados entre a sociedade e qualquer *Vorstandsmitglieder*. A mesma solução é aplicável aos negócios celebrados entre a sociedade e qualquer *Aufsichtsratsmitglieder* (§§ 114(1) AktG). Cfr. § 52 *infra*. Não existe porém qualquer regra relativa a contratos celebrados entre a sociedade e outras partes relacionadas, sendo os tribunais relativamente restritivos na sua interpretação do §§ 112 e 114(1) AktG, os quais geralmente não são aplicados a outras *self-dealing transactions* por analogia (com exceção dos casos de identidade económica entre o administrador e o terceiro envolvido). Um negócio pode no entanto ser invalidado de acordo com os princípios gerais de direito civil, quando os administradores e terceiros tenham conscientemente cooperado para causar dano à sociedade. COGNAC, ENRIQUES e GELTER – *Constraining dominant shareholders' self-dealing...*, p. 12. Por outro lado, o § 181 BGB – de acordo com o qual um representante não pode celebrar um negócio com o representado, em seu nome ou em representação de terceiro, salvo se autorizado para tanto – também se aplica aos administradores. HOPT e ROTH – *AktG Großkommentar*[4]..., § 111, n.° 44. Este mecanismo deve ser conjugado com a proteção conferida pela jurisprudência aos acionistas minoritários através da qualificação de alguns contratos entre a sociedade e o seu acionista controlador como distribuição oculta e, logo, ilícita de bens aos sócios. Cfr. HOLGER FLEISCHER – "Disguised Distributions and Capital Maintenance in European Company Law", in MARCUS LUTTER (ed.) – *Legal Capital in Europe*, Berlin: de Gruyter, 2006.

No sistema britânico, verificou-se uma evolução ao longo dos anos, nos termos da qual os negócios entre a sociedade e os seus administradores deixaram de estar sujeitos a aprovação pelos sócios (como exigia a *common law*), para estarem sujeitos apenas a deveres de informação prévia ao *board*, permitindo que este tome as medidas que considere adequadas em cada caso. No entanto, vários casos demonstraram as fragilidades deste mecanismo, tendo o legislador britânico reagido pela introdução da secção 317 do

DA ADMINISTRAÇÃO À FISCALIZAÇÃO DAS SOCIEDADES

assim os negócios nos quais tenha interesse um acionista que, pelos direitos de voto que detém, determina a nomeação de um ou mais administradores[1289].

Parecia-nos então que tal interpretação não teria apoio na letra da lei, nem seria sustentável com base na extensão da norma ou na integração de lacunas: o grau de insegurança jurídica sobrepõe-se às razões justificativas de uma solução

Companies Act 1985, que regulou exaustivamente aquele dever e, nalguns casos, reintroduziu a regra da *common law* de aprovação pelos acionistas e, noutros ainda, proibiu determinados tipos de negócios. O *Companies Act 2006*, porém, substituiu estas proibições por requisitos de aprovação pelos acionistas. Assim, atualmente, de acordo com o *Companies Act 2006*, se um administrador tem qualquer interesse, direto ou indireto (*in any way, directly or indirectly interested*) num negócio a celebrar (secção 177) ou já celebrado (secção 182) com a sociedade, deve declarar a natureza e a extensão do seu interesse aos demais administradores. Caso o negócio em causa seja abrangido por alguma das disposições do Capítulo IV (secções 188-225), o negócio deverá ser previamente sujeito a aprovação dos sócios, o que implica uma deliberação prévia do *board* sobre o mesmo, no sentido da sua aprovação e posterior apresentação aos sócios. DAVIES e WORTHINGTON – *Principles*[9]..., p. 571-588.

Em quase todos os Estados norte-americanos foram introduzidas os chamados "*safe-harbor statutes*", de acordo com os quais os negócios celebrados pela sociedade com algum dos seus administradores não são anuláveis simplesmente pelo facto de existir um conflito de interesses, se tais negócios: (i) forem aprovados pela maioria dos administradores desinteressados, (ii) forem aprovados pela maioria dos acionistas ou (iii) forem justos para a sociedade. A aprovação pelos administradores ou pelos acionistas deve obedecer aos princípios da imparcialidade e boa-fé e deve ser precedida da divulgação integral dos factos relevantes sobre o conflito de interesses e sobre o negócio em si. Quando a letra da lei não refere expressamente que só os acionistas desinteressados podem votar, o mesmo resultado tem sido alcançado pela interpretação da referência ao princípio da boa-fé. Para além do requisito da independência, cumpre referir ainda a aplicação do chamado *waste standard* na avaliação judicial destes negócios, de acordo com o qual não basta o voto da maioria para validar negócios muito desequilibrados, pelos quais são dissipados irracionalmente bens da sociedade. Ou seja: «*an exchange to which no reasonable person not acting under compulsion and in good faith could agree [that the transaction is fair]*». Nestes casos, só o voto unânime dos acionistas pode salvar o negócio. Cfr. *Lewis v. Vogelstein*, 699 A.2d 327 (Del. Ch. 1997), *Model Business Corporations Act* §§8.60-8.63, e AMERICAN LAW INSTITUTE – *Principles of corporate governance: Analysis and recommendations*, Draft 2, St. Paul: American Law Institute Publishers, 1984, §5.02(a)(2)(D). Quanto a Delaware, *vide* em especial DGCL § 144(a). Para uma análise mais cuidada sobre este tema, cfr. COX e HAZEN – *Corporations*... p. 524-533. Tal como comummente interpretada pelos tribunais, esta norma não exclui a avaliação da justeza (*fairness*) do negócio pelos mesmos. Esta interpretação é especialmente suportada pela doutrina quando estão em causa negócios entre a sociedade e um acionista controlador, dado que em caso de aprovação pelo conselho de administração se questiona a independência até dos "administradores desinteressados", cuja eleição e manutenção no cargo depende do acionista controlador. Assim, de acordo com a lei de Delaware, a aprovação do negócio pelos administradores desinteressados apenas inverte o ónus da prova quanto à justeza do negócio, não determinando a aplicação da *business judgment rule*. *Vide Kahn v. Lynch Communication Systems*, 638 A.2d 1210 (Del. 1994). ALLEN e KRAAKMAN – *Commentaries*... p. 297-318. Para uma análise mais detalhada desta questão nos Estados Unidos *vide* ainda MELVIN ARON EISENBERG – Self-interested transactions in corporate law, *Journal of Corporation Law*, 1988.

[1289] Mesmo no sistema italiano é discutível se a referência a um "interesse de terceiro" permite aplicar o regime do art. 2391 do *Codice Civile* aos negócios entre a sociedade e o seu acionista controlador. Cfr. supra nota 1288 e bibliografia nela referida.

O MODELO PORTUGUÊS ENQUANTO MODELO BASE

idêntica às sugeridas em cima para outros casos[1290]. Não parecia sequer viável explorar uma interpretação criativa da lei[1291] ou um desenvolvimento do Direito superador da lei[1292], porquanto a consideração das consequências (a referida insegurança jurídica), que se impõe[1293], nos afastava desse caminho[1294].

II. Porém, voltando a este tema, defendemos desde 2011 não poderem ser ignorados os limites impostos pelo art. 280.º/2 CC, nos termos do qual deve ser considerado nulo o contrato celebrado entre a sociedade e um acionista que seja ofensivo dos bons costumes[1295].   923

Efetivamente, deve reconhecer-se a aplicação dos bons costumes no domínio das sociedades comerciais, dando corpo ao que MENEZES CORDEIRO apelida de "deontologia societária"[1296]. Esta tem sido aplicada por via do art. 56.º/1, *d)*.   924

Neste sentido, pronunciou-se a jurisprudência[1297]: a Relação do Porto considerou nula a deliberação unânime de vender a uma irmã de um sócio o único imóvel da sociedade por um valor muito inferior ao valor real[1298]; o STJ considerou nula a deliberação de vender por 210.000 contos o estabelecimento e sede da sociedade, quando o sócio minoritário presente ofereceu 518.000 contos, equivalentes ao valor real[1299]; e novamente o STJ considerou nula a deliberação   925

[1290] Tal como nas deliberações sociais, também nas deliberações dos administradores é particularmente importante assegurar a certeza e a segurança jurídicas. A propósito das deliberações sociais, *vide* MANUEL CARNEIRO DA FRADA – *Deliberações sociais inválidas no novo código das sociedades*, separata de Novas perspectivas do direito comercial, Coimbra: Almedina, 1988, p. 320-321.

[1291] Sobre a interpretação criativa da lei, cfr., *v.g.*, MENEZES CORDEIRO – *Tratado*, 1:1³... p. 151-154, 266-269.

[1292] Cfr. LARENZ – *Metodologia...* p. 588 ss.

[1293] MENEZES CORDEIRO – *Tratado*, 1:1³... p. 151-154, 266-269.

[1294] Em sentido contrário, pronuncia-se JOÃO SOUSA GIÃO – *Conflitos de interesses...* p. 251-252, defendendo que o dever de transparência dos administradores existe não apenas nos casos em que o administrador é parte no negócio proposto, mas em todos os casos em que o administrador tenha um interesse pessoal, financeiro ou de outra natureza, relativo aos resultados do negócio.

[1295] Apesar de apresentado em 2011, o texto só seria publicado no início de 2012. Cfr. José FERREIRA GOMES, in PAULO CÂMARA (ed.) – *CGS anotado*, recomend. IV.1.1. e IV.1.2., n.ᵒˢ 15 ss.
Recente e diferentemente, JORGE COUTINHO DE ABREU – *Negócios...*, p. 24, afirmou que nos casos de *colusão* entre os administradores que vinculam a sociedade e o sócio, a solução é a *nulidade*, por o seu fim (comum) ser ofensivo dos bons costumes (art. 281.º CC). Sustentou ainda que os negócios de *abuso evidente* são *ineficazes* por aplicação analógica do artigo 269.º CC. Não nos parece correta a posição do autor: no primeiro caso, não é apenas o fim do negócio que é contrário aos bostumes; no segundo não existe lacuna a integrar, como resulta do texto.

[1296] Cfr. MENEZES CORDEIRO – *Direito das sociedades*, 1³... p. 780-782, MENEZES CORDEIRO – *Tratado*, 1:1³... p. 709-710.

[1297] Seguimos aqui as indicações de MENEZES CORDEIRO – *Direito das sociedades*, 1³... p. 781-782.

[1298] RPt 13-abr.-1999 (AFONSO CORREIA), *CJ*, 24:2, 1999, p. 196-202, em especial, p. 200-201.

[1299] STJ 3-fev.-2000 (MIRANDA GUSMÃO), *CJ – STJ*, 8:1, 2000, p. 59-63, em especial, p. 62.

DA ADMINISTRAÇÃO À FISCALIZAÇÃO DAS SOCIEDADES

de trespassar um estabelecimento e vender terrenos por menos de metade do seu valor real[1300].

Segundo MENEZES CORDEIRO, «[e]ssa deontologia impõe-se quando estejam em jogo violações grosseiras, em termos a determinar *in concreto*»[1301]. Acrescente-se: a violação grosseira da ética societária constitui ofensa aos bons costumes, independentemente da aplicação do art. 56.º/1, *d)* CSC. São portanto nulos, por aplicação direta do art. 280.º/2 CC, os negócios celebrados com um acionista *em manifesto prejuízo da sociedade*[1302], em termos tais que constituam uma ofensa aos bons costumes[1303], densificados numa deontologia societária (*critério de correção substancial*)[1304].

[1300] STJ 15-dez.-2005 (OLIVEIRA BARROS), processo n.º 05B3320, disponível em www.dgsi.pt.

[1301] MENEZES CORDEIRO – *Direito das sociedades*, 13... p. 781-782. Acrescenta o autor que a indeterminação daqui resultante não é grave, porquanto a experiência demonstra que, na prática, os juristas se põem facilmente de acordo quanto àquilo que está fora da ética dos negócios.

[1302] A determinação da existência de um prejuízo para a sociedade não pode corresponder a uma simples comparação entre as condições do negócio celebrado (como um todo, não bastando uma mera comparação de preço; cfr. BIANCHI – *Amministratori...* p. 333) e as condições de mercado: nessa apreciação deve atender-se ao *"controlling shareholder tradeoff"* enunciado por GILSON e GORDON. Cfr. § 3.2.E.2 *supra*.

[1303] No mesmo sentido, em 1958, defendia VAZ SERRA que «[a]inda que não se verifiquem os pressupostos da ineficácia do contrato consigo mesmo, pode o contrato ser ineficaz para o dono do negócio. Essa ineficácia pode resultar de outros princípios, nomeadamente do que proíbe os contratos contrários aos bons costumes. Assim, se o representante e o terceiro sabiam que prejudicavam o dono do negócio de modo contrário aos bons costumes ou se o representante abusou em seu proveito e o terceiro podia reconhecer o abuso».

Como bem refere o autor, «[e]sta regra terá sobretudo vantagem quando se restrinja o princípio da proibição do contrato consigo mesmo de maneira a não abranger os contratos celebrados com terceiros». VAZ SERRA – *Contrato consigo mesmo...* p. 215, incluindo nota 2.

Em 1967, já na vigência do atual Código Civil, mas antes do Código das Sociedades Comerciais, VAZ SERRA voltaria ao tema, afirmando que este *poderia* ser um caso de abuso de poderes de representação, na medida em que o representante pratica o ato dentro dos limites formais dos poderes conferidos, mas contrariamente aos fins da representação. Caso assim se entendesse – o autor não se compromete com este entendimento – o desvalor seria a ineficácia do negócio face ao representado, caso a outra parte conhecesse ou devesse conhecer o abuso de poderes (art. 269.º CC). VAZ SERRA – *Contrato consigo mesmo e negociação...* p. 177-179.

Tanto a primeira como a segunda referência do autor à *ineficácia* do negócio devem ser historicamente enquadradas. Cfr. § 30 *supra*. No primeiro caso, vigorava o art. 1562.º do Código de Seabra, face ao qual o autor defendia a solução da ineficácia, em coerência com o desvalor associado pelo art. 186.º, § 2 à violação do art. 173.º § 3.º do Código Comercial. No segundo caso, embora vigorasse já o art. 261.º do atual Código Civil, os negócios entre os diretores e a sociedade anónima continuavam sujeitos ao regime do art. 186.º, § 2.º Código Comercial.

[1304] Em sentido idêntico, RITA ALBUQUERQUE – A vinculação das sociedades comerciais e a limitação dos poderes de representação dos administradores, *O Direito*, 139:1, 2007, p. 120 sustenta que

«a proteção do terceiro que negoceia e contrata com a sociedade não é ilimitada, não legitimando, nomeadamente, procedimentos fraudulentos ou contrários aos bons costumes por parte do terceiro. (...) quando o terceiro não ignora que o negócio contraria o interesse social, tendo antes sido

O MODELO PORTUGUÊS ENQUANTO MODELO BASE

III. Sem prejuízo de quanto foi dito, os negócios através dos quais o acionista controlador manifestamente extrai benefícios especiais da sociedade – ou seja, benefícios extraídos para satisfação dos seus interesses pessoais, em prejuízo do interesse social e dos interesses dos demais sócios, que excedem, em termos proporcionais, a sua participação no capital social[1305] – podem ser qualificados como *distribuição oculta de bens a um sócio*, sendo nulos por violação do art. 31.º CSC (art. 294.º CC)[1306].

Esta questão foi especialmente desenvolvida no Direito alemão a propósito do § 57(1)3 AktG, que proíbe tanto a distribuição aberta como a distribuição oculta de bens a acionistas (*verdeckte Vermögensverlagerungen* ou *verdeckte Vermögenszuwendung*)[1307], em estreita correlação com as normas fiscais sobre preços de transferência[1308]. Foi também tratada no Reino Unido, onde, a partir do início dos anos 1980, os tribunais passaram a tratar os contratos de troca[1309] desequilibrados como distribuições ilícitas de bens a sócios, com diferentes argumentos. Destacam-se as decisões proferidas nos casos *Re Halt Garage*, em

927

928

celebrado em benefício do próprio administrador ou qualquer terceiro, revelando-se evidente que qualquer administrador cumpridor dos deveres que sobre si impendem nunca agiria daquele modo, comete uma fraude. Por outro lado, também não é admissível que o terceiro, em conluio com o administrador, aja contrariamente aos bons costumes, por forma a prejudicar a própria sociedade. Ora, nestes casos, continuam a imperar os princípios gerais do direito, que poderão conduzir à nulidade do negócio ou do acto em causa».

Note-se que a posição sustentada no texto é mais restrita da que em tempos defendemos em JOSÉ FERREIRA GOMES, in PAULO CÂMARA (ed.) – *CGS anotado*, recomend. IV.1.1. e IV.1.2., n.os 15-18, na medida em que abandonámos a inclusão dos critérios de correção procedimental no conceito de bons costumes, para efeitos da aplicação do art. 280.º/1.

[1305] Em princípio, os benefícios da sociedade devem ser repartidos por todos os sócios na proporção da sua participação no capital social, seja através da distribuição de dividendos (cfr. art. 22.º/1), seja através da repartição do produto da liquidação da sociedade (cfr. art. 156.º).

[1306] Como refere TARSO DOMINGUES a propósito do art. 31.º, nada impede que o órgão de administração, independentemente de qualquer deliberação social nesse sentido, entregue bens aos sócios, quando eles se apresentem perante a sociedade como um qualquer terceiro, nomeadamente enquanto parte em negócio com ela celebrado. PAULO DE TARSO DOMINGUES, in JORGE M. COUTINHO DE ABREU (ed.) – *Código das Sociedades Comerciais em comentário*, I, Coimbra: Almedina, 2010, art. 31.º, n.º 1, p. 480. O mesmo não valerá, porém, quando o negócio seja de tal forma desequilibrado para a sociedade que permita qualificar a prestação realizada a favor do sócio como uma distribuição oculta.

[1307] Numa análise comparada, FLEISCHER, secundando BEZZENBERGER, afirma que a origem e os princípios da distribuição oculta de bens a um sócio são produto do pensamento legal e institucional alemão. FLEISCHER – *Disguised Distributions...* p. 95.

[1308] *Ibidem*, p. 97. Cfr. também a decisão do BGH 25-fev.-1999, *BGHZ* 141, 79, sobre *"Steuerumlage in gewerbesteuerlicher Organschaft"*.

[1309] Sobre este tipo de contratos entre nós, cfr., por todos, CARLOS FERREIRA DE ALMEIDA – *Contratos II: Conteúdo. Contratos de troca*, Coimbra: Almedina, 2007, p. 129 ss.

DA ADMINISTRAÇÃO À FISCALIZAÇÃO DAS SOCIEDADES

1982, *Aveling Barford Ltd. v. Perion Ltd.*, em 1989, e *MacPherson v. European Strategic Bureau Ltd.*, em 2000[1310].

929

IV. Por fim, note-se ser hoje obrigatória a divulgação de informação sobre negócios com partes relacionadas nas contas anuais das sociedades anónimas[1311]. Para que o conselho possa cumprir este dever é necessário que cada administrador lhe preste a informação necessária para o efeito. Como bem explica ZAMPERETTI, não podem existir adequados fluxos de informação interorgânicos e exossocietários se a informação não circula adequadamente a nível endoconsiliar[1312].

930

O dever de prestação de informação pelo conselho nas contas anuais é relevante na medida em que habilita os *outsiders* a avaliar a celebração de negócios

---

[1310] No primeiro caso, o tribunal considerou que tendo o administrador ficado doente e continuado a receber remuneração, os pagamentos eram de tal forma desproporcionais face ao possível valor gerado pelo seu exercício do cargo que não podia considerá-los como verdadeira remuneração. Cfr. *Re Halt Garage* (1964) Ltd. [1982] 3 All ER 1016, 1042.

No segundo caso estava em causa a venda de um terreno pela sociedade ao seu acionista maioritário por 25% a 50% do seu preço de mercado, tendo o tribunal concluído que o contrato não consubstanciava uma verdadeira venda, mas uma *"dressed-up contribution"* que infringia as regras de conservação do capital. Cfr. *Aveling Barford Ltd. v. Perion Ltd.* [1989] 5 BCC 677, 683.

No terceiro caso o tribunal debruçou-se sobre o pagamento de remunerações *ex post*, por serviços prestados pelos administradores que, *ex ante*, deveriam ter sido prestados de forma gratuita, considerando corresponderem a uma *unlawful distribution*, segundo a secção 263 *Companies Act 1985*. Cfr. *MacPherson v. European Strategic Bureau Ltd.* [2000] BCLC 683, 701-704.

[1311] O n.º 2 do art. 66.º-A CSC, introduzido pelo Decreto-Lei n.º 185/2009, de 12 de agosto, obriga as sociedades que não elaboram as suas contas de acordo com as normas internacionais de contabilidade (as sociedades que elaboram as suas contas de acordo com estas normas estão sujeitas a deveres de informação mais exigentes que cobrem esta matéria, pelo que não se justifica a duplicação de encargos) a proceder à divulgação, no anexo às contas, de informações sobre as operações realizadas com partes relacionadas, incluindo, nomeadamente, os montantes dessas operações, a natureza da relação com a parte relacionada e outras informações necessárias à avaliação da situação financeira da sociedade, se tais operações forem relevantes e não tiverem sido realizadas em condições normais de mercado. Idêntica obrigação foi estabelecida no novo art. 508.º-F/2, para as sociedades obrigadas à consolidação de contas que não elaboram as suas contas de acordo com as normas internacionais de contabilidade. Estas devem proceder à divulgação, no anexo às contas, de informações sobre as operações, com exceção das operações intra-grupo, realizadas pela sociedade-mãe, ou por outras sociedades incluídas no perímetro de consolidação, com partes relacionadas, incluindo, nomeadamente, os montantes dessas operações, a natureza da relação com a parte relacionada e outras informações necessárias à avaliação da situação financeira das sociedades incluídas no perímetro de consolidação, se tais operações forem relevantes e não tiverem sido realizadas em condições normais de mercado. Para as entidades que devam elaborar as suas contas de acordo com as normas internacionais de contabilidade, nos termos do Regulamento (CE) n.º 1606/2002 e do Decreto-Lei n.º 158/2009, de 13 de julho, vale o disposto na IAS 24, com epígrafe "divulgações de partes relacionadas".

Cfr. FERREIRA GOMES, *Os deveres de informação sobre negócios com partes relacionadas.*

[1312] ZAMPERETTI – *Il dovere...* p. 4.

380

O MODELO PORTUGUÊS ENQUANTO MODELO BASE

potencialmente ineficientes pela sociedade, permitindo o funcionamento da pressão do mercado e dos mecanismos de aplicação do direito (*enforcement*)[1313]. Por outro lado, a violação de deveres de informação é mais facilmente sancionável do que a violação dos deveres gerais dos administradores.

O dever de informação que dele decorre para cada administrador a título individual, por seu turno, habilita ainda o conselho a avaliar todos e cada um desses negócios e a tomar as medidas necessárias ou convenientes face às suas conclusões.

931

32.5. A aferição da existência de vantagens especiais e da inclusão do contrato no próprio comércio da sociedade face ao n.º 5 do art. 397.º CSC

I. O art. 397.º suscita ainda um outro problema que importa referir. Nos termos do n.º 5 deste preceito, a estatuição da nulidade do n.º 2 não é aplicável «quando se trate de acto compreendido no próprio comércio da sociedade e nenhuma vantagem especial seja concedida ao contraente administrador».

932

Aparentemente, de acordo com esta solução, o administrador com poderes delegados e interessado na celebração do negócio com a sociedade deve determinar, caso a caso, se o contrato a celebrar se enquadra nesta previsão normativa, para saber se o mesmo deve ou não ser levado ao conhecimento e sujeito à aprovação do conselho de administração.

933

Como é fácil de ver, num sem número de casos, esta solução transforma um mecanismo preventivo – razão pela qual se exige a deliberação *prévia* do conselho de administração e não se admite a posterior ratificação do contrato – num mecanismo de controlo *ex post*. Efetivamente, na medida em que o conselho de administração não é chamado a pronunciar-se sobre a inclusão do contrato em causa naquela previsão normativa, só naqueles casos (remotos) em que o conselho de administração tome conhecimento (*a posteriori*) do incumprimento do disposto no art. 397.º pelo administrador delegado ou pela comissão executiva, poderá reagir, invocando a nulidade do contrato em causa.

934

Por outras palavras, passa-se de uma solução em que se pretendia prevenir a tentação, eliminando a oportunidade[1314], para uma solução em que cabe ao interessado interpretar conceitos gerais e abstratos, potenciando a tentação e a oportunidade.

935

Dado que, em princípio, o conselho não toma conhecimento, só por si, sem iniciativa dos administradores envolvidos, dos contratos celebrados ao abrigo do n.º 5 do art. 397.º, é de esperar que esta válvula de escape seja usada de forma

936

[1313] ENRIQUES, HERTIG e KANDA – *Related party...* p. 155.
[1314] Usando as expressivas palavras de RAÚL VENTURA – *Sociedades por Quotas*, 2..., p. 298, a propósito do art. 251.º.

DA ADMINISTRAÇÃO À FISCALIZAÇÃO DAS SOCIEDADES

abusiva num sem número de casos, esvaziando, em grande medida, o conteúdo útil do mecanismo previsto no n.º 2 do mesmo preceito[1315].

937 II. Aceitamos a preocupação do legislador, que entendeu inexistir um perigo para a sociedade decorrente de contratos inseridos no comércio próprio da sociedade em que nenhuma vantagem especial é concedida ao administrador[1316]. Como ensinam LARENZ e CANARIS, esta preocupação insere-se no contexto mais vasto da redução teleológica das normas que prescrevem a nulidade ou anulabilidade aos "negócios consigo mesmo", de forma a excluir do seu âmbito de aplicação os negócios que não envolvem conflitos de interesses entre representante e representado[1317] (cfr. parte final do art. 261.º/1 CC).

938 GALVÃO TELLES e VAZ SERRA apresentam a este propósito vários exemplos:

> «se o caixeiro comprar, no estabelecimento onde trabalha, ao preço estabelecido pelo dono deste para a venda ao público, tal contrato é eficaz, pois ao dono do estabelecimento é indiferente a venda ao caixeiro ou a qualquer outra pessoa, desde que ela se faça por aquele preço; se o bilheteiro de uma casa de espectáculos comprar para si um bilhete, o contrato é eficaz também, uma vez que ao estabelecimento não importa que o adquirente seja aquele ou qualquer outra pessoa do público, uma vez que o preço é o mesmo»[1318].

939 É verdade que, nestes casos, não existe um perigo típico de auto-contratação, mas o n.º 5 do art. 397.º abrange muitos outros casos em que legítimas dúvidas interpretativas se colocam. Considerando que este é um mecanismo de fiscalização prévia e colegial – não compatível com exclusões genéricas como a que resulta desta disposição –, parece-nos que deveria ser o conselho de administração a aferir se no caso concreto existe ou não um conflito de interesses. Nesse contexto, todos os contratos a celebrar com administradores deveriam ser submetidos a aprovação prévia deste conselho, ainda que se admitisse uma deliberação genérica especificando os contratos que poderiam ser celebrados entre a sociedade e os seus administradores[1319]. Infelizmente, porém, não foi esta a solução consagrada pelo nosso legislador.

[1315] Também JOÃO SOUSA GIÃO – *Conflitos de interesses...* p. 256-257, critica esta solução.

[1316] Veja-se, por exemplo, VAZ SERRA – *Contrato consigo mesmo...* p. 231, GALVÃO TELLES – *Contratos entre sociedades anónimas...* p. 16.

[1317] Cfr. NEVES – *Metodologia...* p. 186-188.

[1318] GALVÃO TELLES – *Manual...* p. 323-324, como já antes nas edições de 1947 e 1962, VAZ SERRA – *Contrato consigo mesmo...* p. 230. Cfr. também GALVÃO TELLES – *Contratos entre sociedades anónimas...* p. 15-17.

[1319] A inclusão de uma permissão genérica nos estatutos da sociedade parece-nos menos adequada, não só face ao disposto no art. 397.º, que afirma que a aprovação dos contratos com administradores é

O MODELO PORTUGUÊS ENQUANTO MODELO BASE

De acordo com a solução legalmente consagrada, *a priori* cabe ao adminis-   940
trador interessado aferir se o negócio cabe no comércio da sociedade e se lhe é
concedida alguma vantagem especial. *A posteriori*, tal avaliação pode ser contestada em juízo, podendo ser declarada a nulidade do negócio e, eventualmente,
responsabilizado o administrador por violação dos seus deveres[1320].

SECÇÃO V – A obrigação de vigilância do revisor oficial de contas

§ 33. EVOLUÇÃO DO ENQUADRAMENTO NORMATIVO

Tal como nos pontos anteriores, também a análise do conteúdo da obrigação   941
de vigilância do revisor oficial de contas é aqui precedida de uma apreciação
crítica da evolução do seu enquadramento normativo no Código das Sociedades
Comerciais e no Estatuto da Câmara dos Revisores Oficiais de Contas (designação entretanto alterada para Estatuto da Ordem dos Revisores Oficiais de Contas), essencial à cabal compreensão da sua atual configuração.

Tendo o presente estudo por objeto as obrigações de vigilância dos órgãos   942
da sociedade anónima, não abordamos aqui o auditor externo e o seu papel no
sistema mobiliário, nos termos do Código dos Valores Mobiliários[1321], na medida

da competência do conselho de administração, mas também porque tal solução abre a porta a abusos,
limitando a capacidade do conselho para reagir a conflitos de interesses verificados no dia a dia da
sociedade. Em sentido idêntico, a propósito do art. 173.º, § 3 Código Comercial, GALVÃO TELLES –
Contratos entre sociedades anónimas... p. 17. Em sentido contrário, VAZ SERRA – *Contrato consigo mesmo...*
p. 227, afirmava que o consentimento da pessoa coletiva podia ser dado nos correspondentes estatutos.
Sobre a solução da autorização prévia de carácter genérico no Direito italiano, cfr., *v.g.*, BONELLI – *Gli
amministratori...* p. 150-151.

[1320] De acordo com as melhores práticas de governo das sociedades – mais exigentes do que a obrigação
jurídica antes analisada –, impõe-se uma restrição da discricionariedade do administrador interessado na
aferição da existência de vantagens especiais no contrato a celebrar. Quando ao administrador, enquanto
contraparte da sociedade no contrato, não couber liberdade de estipulação (mas apenas liberdade de
contratação), como tipicamente sucede na contratação em massa, sujeita a cláusulas contratuais gerais,
deve presumir-se a inexistência de vantagens especiais para o administrador. Nos demais casos em
que haja liberdade de estipulação, deve o administrador atender aos critérios gerais de determinação
de vantagens especiais que hajam sido estabelecidos pelo conselho de administração. Quando este não
tenha fixado quaisquer critérios para o efeito, o contrato que em concreto se pretende celebrar deve ser
submetido à sua aprovação, não podendo caber ao administrador interessado determinar se o mesmo o
beneficia indevidamente ou não.

[1321] Paralelamente às diferentes matrizes organizacionais previstas no Código das Sociedades Comerciais,
o Código dos Valores Mobiliários prevê um sistema de fiscalização externa adicional. Nos termos do seu
art. 8.º, deve ser objeto de relatório elaborado por auditor registado na CMVM a informação financeira
anual contida em documento de prestação de contas ou em prospetos que: *(a)* devam ser submetidos
à CMVM; *(b)* devam ser publicados no âmbito de pedido de admissão à negociação em mercado

DA ADMINISTRAÇÃO À FISCALIZAÇÃO DAS SOCIEDADES

em que este não é um órgão social. Contrariamente ao revisor oficial de contas, o auditor externo limita-se a prestar um serviço de certificação contabilística[1322].

33.1. O regime original do Código das Sociedades Comerciais: o revisor oficial de contas como órgão singular e como membro do conselho fiscal

A. A articulação das funções do revisor oficial de contas como órgão singular e como membro do conselho fiscal

943   I. Como vimos, depois de muitas hesitações, o revisor oficial de contas foi introduzido no sistema jus-societário português pelo Decreto-Lei n.º 49.381, de 15 de novembro de 1969. A sua atividade seria depois regulada, como vimos também, pelos Decretos-Leis n.º 1/72, de 3 de janeiro, e n.º 519-L2/79, de 29 de dezembro, deste último resultando a sua autonomização enquanto órgão social. Apesar de integrado no conselho fiscal, eram-lhe imputados deveres específicos de fiscalização contabilística: os deveres de certificação legal de contas e de apresentação de um relatório anual sobre a conformidade do relatório de gestão com as contas [arts. 1.º/1, *a*), 2.º, 10.º/1 *a*) e *c*)].

944   O Projeto de Código das Sociedades Comerciais, de RAUL VENTURA, afastava-se em parte da solução então em vigor, na medida em que previa uma mais cuidada articulação da intervenção autónoma do revisor com a sua participação no conselho fiscal. O processo era o seguinte:

(i)   o membro do conselho que fosse revisor devia proceder ao exame das contas submetidas pelo conselho de administração (art. 450.º/1);

(ii) devia depois apresentar ao plenário «um relatório elaborado em termos precisos e claros, referindo de forma objectiva e imparcial tudo aquilo que, por si e por seus auxiliares, pode verificar», com a seguinte estrutura: (a) âmbito do exame e elementos que lhe serviram de base; (b) estrutura do balanço e avaliação; (c) análise económica e financeira da empresa; (d) organização e estado da contabilidade interna; (e) comen-

---

regulamentado; ou *(c)* respeitem a instituições de investimento coletivo. No caso de as informações financeiras trimestrais ou semestrais terem sido sujeitas a auditoria ou a revisão limitada, deve ainda ser incluído o relatório de auditoria ou de revisão. Caso assim não suceda, deve apenas ser declarado tal facto. Joga-se aqui, em particular, a confiança dos investidores e o regular funcionamento do mercado. Cfr., *v.g.*, LUÍS MENEZES LEITÃO – "A responsabilidade civil do auditor de uma sociedade cotada", in *Direito dos Valores Mobiliários*, 6, Coimbra: Coimbra Editora, 2006, p. 229.

[1322] Refira-se apenas que a sobreposição de soluções de fiscalização contabilística – revisor oficial de contas e auditor externo – criou dificuldades de articulação de regimes, na medida em que o Código das Sociedades Comerciais não reconhece o auditor externo e não regula as suas relações com os órgãos sociais. *Vide*, a este propósito, FERREIRA GOMES – *A fiscalização...* p. 180 ss.. Cfr. também, PAULO CÂMARA – *A actividade de auditoria...* p. 94, GABRIELA FIGUEIREDO DIAS – "Controlo de contas e responsabilidade dos ROC", in *Temas societários*, Coimbra: Almedina, 2006.

O MODELO PORTUGUÊS ENQUANTO MODELO BASE

tário ao relatório da administração; (f) conclusões, incluindo proposta de nota final, no sentido ou da declaração de conformidade das contas e da contabilidade interna face à lei e ao contrato de sociedade, ou da aprovação com limitações ou da recusa de aprovação (art. 450.º/1 e 2).

(iii) Ao plenário cabia depois a análise do relatório do revisor e da proposta de nota final. Caso concordasse com a mesma, esta deveria ser incluída no seu relatório. Se não concordasse, o conselho deveria consignar as razões da sua discordância. Se a discordância fosse no sentido de aprovar plenamente as contas ou de as aprovar com limitações diferentes das propostas, não podia tal nota ser lançada e em vez dela, seria declarado que pelas razões especificadas o conselho não chegou a acordo sobre a aprovação das contas (art. 451.º).

(iv) À assembleia geral cabia depois a aprovação das contas [art. 389.º/1 a)].

Era um sistema claro do qual resultava uma perfeita harmonia funcional entre a intervenção do revisor e a do conselho fiscal: os exames eram levados a cabo pelo revisor que preparava a deliberação do conselho; ao conselho competia avaliar o exame levado a cabo pelo revisor, concluindo pela certificação de conformidade das contas face ao disposto na lei e no contrato de sociedade. Sem prejuízo da atuação individual do revisor numa fase preparatória, a avaliação era um ato coletivo expresso numa deliberação do conselho fiscal.   945

Esta solução, digna da mestria do seu autor, refletia já as Diretrizes comunitárias então em vigor, na sequência do acordo de pré-adesão à Comunidade Económica Europeia de 1980. Entre estas Diretrizes destacavam-se, em primeiro lugar, a 4.ª Diretriz[1323], segundo a qual as contas anuais das sociedades anónimas e das sociedades de responsabilidade limitada[1324] deviam ser certificadas por um profissional qualificado para o efeito[1325], e a Oitava Diretriz[1326], relativa à aprovação das pessoas responsáveis pela fiscalização legal de documentos   946

[1323] 4.ª Diretriz 78/660/CEE, de 25 de julho de 1978, relativa às contas anuais de certas formas de sociedades (JO L 222, 14.8.1978, p. 0011-0031). Cfr. em especial os arts. 48.º a 51.º.

[1324] Não obstante o art. 51.º/2 desta Diretriz prever um regime de isenção que foi transposto em Portugal para o art. 262.º/2.

[1325] A 7.ª Diretriz 83/349/CEE, de 13 de junho de 1983, relativa às contas consolidadas (JO L 193, 18.7.1983, p. 0001–0017), estendeu a obrigação de apresentação de contas certificadas a todas as entidades que estivessem sujeitas à consolidação de contas. Também a Diretriz 86/635/CEE, de 18 de dezembro de 1986, relativa às contas anuais e às contas consolidadas dos bancos e outras instituições financeiras, e a Diretriz 91/674/CEE, de 19 de dezembro de 1991, relativa às contas anuais e às contas consolidadas das empresas de seguros, impuseram a todas as entidades abrangidas pelas referidas diretivas a obrigação de sujeitarem as suas contas individuais e consolidadas a uma revisão por um profissional qualificado.

[1326] 8.ª Diretriz 84/253/CEE, de 10 de abril de 1984, relativa à aprovação das pessoas encarregadas da fiscalização legal dos documentos contabilísticos (JO L 126, 12.5.84).

DA ADMINISTRAÇÃO À FISCALIZAÇÃO DAS SOCIEDADES

contabilísticos, que definiu as qualificações mínimas dos revisores de contas, não só em termos de qualificações profissionais, como também a nível de idoneidade e independência.

947 Infelizmente, o sistema proposto por RAUL VENTURA não foi consagrado no Código das Sociedades Comerciais, sendo substituído por um sistema complexo e obscuro.

948 II. No Código das Sociedades Comerciais, o revisor integrava o conselho fiscal ou identificava-se com o fiscal único (art. 414.º/1)[1327], encontrando-se:

(i) situações jurídicas imputadas ao conselho fiscal (órgão colegial) que se refletiam na imputação sucessiva de diversas situações jurídicas aos seus membros individualmente considerados;

(ii) situações jurídicas imputadas diretamente aos membros do conselho fiscal individualmente considerados, independentemente das suas qualificações; e

(iii) situações jurídicas imputadas direta e especificamente ao membro do conselho fiscal (individualmente considerado) com a qualidade de revisor oficial de contas.

949 III. A imputação de situações jurídicas específicas ao revisor oficial de contas, só por si, não era suficiente para o qualificar como um órgão social, de acordo com a definição por nós sustentada[1328], segundo a qual os órgãos sociais consubstanciam centros de imputação de normas jurídicas, correspondentes a estruturas de organização humana permanentes, funcionalmente ordenadas à prossecução dos interesses da pessoa coletiva, nos termos das competências atribuídas a cada um, e que, em conjugação entre si, permitem a autodeterminação da mesma.

950 De facto, uma tal qualificação exige uma prévia asserção da vinculação funcional do revisor à prossecução dos interesses da pessoa coletiva, para lá daquela que sempre resultaria, nos termos gerais de um quadro jus-obrigacional, da determinação da prestação por referência à satisfação dos interesses do cre-

---

[1327] Nos termos do art. 414.º/1, o fiscal único, um membro efetivo do conselho fiscal e um dos suplentes tinham de ser revisores oficiais de contas ou sociedades de revisores oficiais de contas. Note-se que, *nesta norma*, a alusão ao revisor oficial de contas dita a especial qualidade profissional de um dos membros do conselho fiscal e não a autonomização de um órgão social. No entanto, da conjugação desta e das demais normas relativas ao conselho fiscal com o disposto no art. 452.º, resultava a imputação à pessoa do revisor oficial de contas de situações jurídicas diversas das imputadas ao conselho fiscal.
[1328] Cfr. § 61 *supra*.

O MODELO PORTUGUÊS ENQUANTO MODELO BASE

dor[1329]. Em 1986, uma tal vinculação resultava, não da simples prestação de um serviço de certificação de contas, mas da inserção do revisor no conselho fiscal, com o qual era chamado a colaborar. Contrariamente ao verificado noutros quadrantes, neste modelo de governo societário, o revisor oficial de contas surgiu e sempre permaneceu como órgão auxiliar do conselho fiscal, como desenvolvemos adiante. Estavam portanto verificados, já em 1986, os requisitos para a qualificação do revisor como órgão da sociedade anónima[1330] que adotasse o modelo tradicional português[1331].

Podemos então qualificar o revisor oficial de contas simultaneamente como um *órgão social singular*, na medida em que lhe são imputadas diretamente normas jurídicas[1332], e como *membro de um órgão social coletivo*: o conselho fiscal[1333].

951

IV. Contrariamente ao verificado no sistema proposto por RAUL VENTURA, o Código das Sociedades Comerciais não articulou as funções do revisor oficial de contas e do conselho fiscal, verificando-se uma duplicação da fiscalização contabilística [cfr. arts. 452.º e 420.º/1, *c)* a *g)*].

952

Com efeito, o revisor devia proceder ao exame do relatório e das contas apresentados pelo conselho de administração e elaborar *(a)* relatório anual sobre a fiscalização efetuada, distinto do relatório e do parecer exigido por lei ao conselho fiscal, e *(b)* documento de certificação legal das contas, com ou sem reser-

953

[1329] Cfr., *v.g.*, NUNO PINTO OLIVEIRA – *Princípios de direito dos contratos*, Coimbra: Coimbra Editora, 2011, p. 42-43 e, sobre as dúvidas que se colocam perante a construção da obrigação com um processo teleológico visando o interesse do credor, ANTÓNIO MENEZES CORDEIRO – *Tratado de Direito Civil Português*, 2:1, Coimbra: Almedina, 2009, p. 293-295.

[1330] No mesmo sentido, cfr., *v.g.*, ESTEVÃO MARQUES – *Responsabilidade civil...* p. 47-48, PAULO CÂMARA e GABRIELA FIGUEIREDO DIAS – *O governo das sociedades anónimas...* p. 76 (nota 88) e PAULO OLAVO CUNHA – *Direito das sociedades comerciais*[5]... p. 793. Cfr. também, neste sentido, STJ 16-mai.-2000 (SILVA PAIXÃO), processo n.º 259/2000, *CJ*, 8:2, p. 64-67.

[1331] Veremos adiante que esta construção foi reforçada pela introdução do art. 420.º-A em 1996, através do qual se imputaram deveres específicos ao revisor, não reconduzíveis a meros deveres de certificação contabilística.

A afirmação do revisor como um órgão da sociedade desaconselha a qualificação da função por este desenvolvida como de "fiscalização externa" como em tempos defendemos em FERREIRA GOMES – *A fiscalização...*, em especial, p. 183-184.

[1332] Naturalmente, a qualificação como órgão singular não é posta em causa pela nomeação de uma sociedade de revisores oficiais de contas (SROC) para o cargo, porquanto se trata sempre de imputação de situações jurídicas a uma única pessoa, seja esta singular ou coletiva. O exercício dessas situações jurídicas pela pessoa coletiva depende do regime jurídico aplicável à mesma, mas o Código das Sociedades Comerciais sempre exigiu que as SROC que fizessem parte de um conselho fiscal designassem até dois revisores para assistir às reuniões dos diferentes órgãos sociais. Cfr. art. 414.º/6, na sua versão original. Atualmente, cfr. art. 414.º-A/4.

[1333] Atualmente, esta afirmação vale apenas para as sociedades que adotem o submodelo de governo previsto no art. 413.º/1, *a)*.

DA ADMINISTRAÇÃO À FISCALIZAÇÃO DAS SOCIEDADES

vas, ou declaração de recusa de certificação legal ou declaração de impossibilidade de certificação. Para tanto, devia proceder a todos os exames e verificações necessários à revisão e certificação legais das contas, nos termos previstos em lei especial (art. 420.º/3).

954 Face a este cenário, sendo o revisor oficial de contas membro do conselho fiscal, devem considerar-se cumpridos pelo conselho fiscal os deveres previstos nas alíneas c) a f) do art. 420.º/1 quando cumpridos pelo revisor oficial de contas?[1334] A este ponto voltaremos adiante[1335].

B. A designação do revisor oficial de contas: as dificuldades na articulação do Código das Sociedades Comerciais com o regime jurídico específico dos revisores oficiais de contas

955 I. Nos termos do art. 415.º/1, tanto o revisor oficial de contas, como o seu suplente, deviam ser designados pela assembleia geral. Na falta de designação, a administração devia comunicar tal facto à Câmara dos Revisores Oficiais de Contas, a quem caberia nomear oficiosamente um revisor, podendo a assembleia geral confirmar a designação ou eleger outro revisor para completar o respetivo período de funções (art. 416.º)[1336].

956 Esta solução diferia da nomeação judicial dos membros do conselho fiscal (ou do fiscal único), quando a assembleia geral os não elegesse, prevista no art. 417.º. Recorde-se que a nomeação judicial a requerimento da administração ou de qualquer acionista era a solução prevista, entre nós, no art. 7.º do Decreto-Lei n.º 49.381 para todos os membros do conselho fiscal, incluindo o revisor oficial de contas. A nível europeu, o art. 55.º/2 da proposta de 5.ª Diretriz, relativa à

[1334] Veremos adiante que a questão é todavia mais complexa no caso das sociedades em que o revisor oficial de contas não integra o conselho fiscal, nos termos do art. 413.º/2, a), na redação posterior a 2006. Como resulta do texto, a revisão final do projecto de RAÚL VENTURA foi particularmente gravosa neste ponto. Soma-se o inconveniente da remissão do conteúdo do relatório do revisor para lei avulsa, cujo processo legislativo é dominado pelas instituições representativas dos revisores oficiais de contas, perdendo-se a visão de conjunto – essencial à construção de um adequado sistema de fiscalização societária – e o peso associado à consignação de tais regras no Código das Sociedades Comerciais.

[1335] Cfr. § 37.2.B infra.

[1336] Manteve-se parcialmente a solução do Decreto-Lei n.º 49.381, cujo art. 3.º/1 estabelecia que os membros do conselho fiscal, incluindo aquele que fosse revisor oficial de contas, deviam ser designados pela assembleia geral, sem prejuízo da possibilidade de serem designados nos estatutos ou pela assembleia constitutiva.

O MODELO PORTUGUÊS ENQUANTO MODELO BASE

estrutura das sociedades anónimas[1337], na sua versão de 1983[1338], previa a nomeação judicial do revisor oficial de contas, a requerimento do órgão de administração, do órgão de vigilância ou de qualquer acionista, quando a designação pela assembleia geral não tivesse sido feita em tempo útil ou quando alguma das pessoas designadas não pudesse assegurar as suas funções.

II. No entanto, como vimos já, à data da entrada em vigor do Código das Socie- 957
dades Comerciais não era claro o regime vigente a este propósito, porquanto o art. 7.º do Decreto-Lei n.º 519-L2/79 atribuía a competência para a designação do revisor oficial de contas entre reuniões da assembleia geral à mesa desta e, na sua falta, ao órgão de gestão, solução que já tivemos oportunidade de criticar[1339].

A nova solução nacional, não obstante divergente daqueloutras previstas no 958
Decreto-Lei n.º 49.381 e na proposta de 5.ª Diretriz, assegurava a designação do revisor oficial de contas por uma entidade independente da administração da sociedade, tendo em vista uma adequada fiscalização contabilística no interesse da sociedade e no interesse público em geral. A solução nacional tinha ainda o mérito de ser potencialmente mais expedita do que as previstas naquele Decreto-Lei e naquela proposta de Diretriz.

Acresce que, segundo a melhor interpretação, se devia considerar tacita- 959
mente revogada a solução do Decreto-Lei n.º 519-L2/79: face à *ratio* do art. 416.º CSC, só devia admitir-se a designação pela assembleia geral ou pela CROC.

33.2. As primeiras alterações ao Código das Sociedades Comerciais com impacto no revisor oficial de contas

Aparentemente, não foram muitas as alterações verificadas no regime jurídico 960
do revisor oficial de contas. Contudo, na análise da sua evolução histórico-dogmática, importa recordar que as alterações aos deveres de informação do conselho de administração, com reflexo nos documentos contabilísticos, alteraram também o alcance dos deveres de fiscalização contabilística, em termos paralelos aos já mencionados a propósito do conselho fiscal. A diferença entre uns e outros mantém-se pelo escopo da correspondente fiscalização, como vimos já.

Ainda assim, houve algumas alterações ao Código das Sociedades Comer- 961
ciais com impacto direto no regime jurídico do revisor oficial de contas. Logo

---

[1337] A proposta original foi apresentada pela Comissão a 9 de outubro de 1972 (JO C-131, 49-61, de 13.12.1972); a primeira versão alterada a 19 de agosto de 1983 (JO C-240, 2-38, de 9.9.1983); a segunda e última a 20 de novembro de 1991 (JO C-321, 9-12, de 12.12.1991).

[1338] Referimo-nos à versão de 1983 por ter sido a que influenciou o legislador português de 1986. Cfr. ANTÓNIO MENEZES CORDEIRO – *Direito europeu das sociedades*, Coimbra: Almedina, 2005, p. 679.

[1339] Cfr. § 12.2 *supra*.

DA ADMINISTRAÇÃO À FISCALIZAÇÃO DAS SOCIEDADES

em 1987, seria alterado o art. 414.º/3, *h)* pelo Decreto-Lei n.º 280/87, de forma a excluir os revisores oficiais de contas do regime limitativo da pluriocupação dos membros do conselho fiscal. A estes passaria a aplicar-se então o disposto no art. 9.º do Decreto-Lei n.º 519-L2/79, de 29 de dezembro, o qual estabelecia um limite à pluriocupação por referência à dimensão das entidades fiscalizadas (medida a partir dos ativos e proveitos de exploração).

33.3. A revogação do Decreto-Lei n.º 519-L2/79 pelo Decreto-Lei n.º 422-A/ /93: apreciação crítica; a autorregulação e o sistema de *peer review*

962   I. Paralelamente às alterações operadas no Código das Sociedades Comerciais, a regulação da atividade de revisor oficial de contas sofreu alterações com a revogação do Decreto-Lei n.º 519-L2/79 pelo Decreto-Lei n.º 422-A/93, de 30 de setembro. Contrariamente aos seus antecessores, este diploma fechou os revisores sobre si mesmos, através de uma reconfiguração da Câmara dos Revisores Oficiais de Contas (CROC) que, afirmando-se como estrutura profissional próxima das ordens profissionais *stricto sensu*[1340], chamou a si os poderes do Estado de regulamentação e disciplina do exercício da profissão que se afirma ser de interesse público.

963   Neste contexto, os órgãos da CROC passaram a obedecer ao apregoado princípio da sua "formação democrática"[1341], não incluindo quaisquer membros não revisores, e foi eliminada a lista de tipos penais antes previstos, substituindo a justiça penal pela disciplinar.

964   Como veremos adiante, a história viria a demonstrar a manifesta inadequação dos modelos de *self-regulation* e *peer review* propugnados por este diploma, exigindo o controlo externo e independente da atividade de revisão legal de contas, dado o seu manifesto interesse público.

965   II. Quanto à substituição da responsabilidade penal pela responsabilidade disciplinar: enquadra-se não só na preocupação dos revisores de internalização do tratamento de todas as questões relacionadas com a profissão, mas também no movimento de descriminalização em que se inseriu o atual Código Penal de 1982, de acordo com o projeto de EDUARDO CORREIA.

966   Em geral, a revisão do quadro penal anteriormente existente justificava-se pela necessidade de ultrapassar o fenómeno da "hiper-criminalização", restrin-

---

[1340] Nos termos do art. 1.º passou a ser uma pessoa coletiva pública, dotada de autonomia administrativa, financeira e patrimonial a quem compete representar e agrupar, mediante inscrição obrigatória, os revisores oficiais de contas e as sociedades de revisores oficiais de contas (...) bem como superintender em todos os aspetos relacionados com a profissão.

[1341] Cfr. preâmbulo e normas relativas à eleição e composição dos órgãos, *maxime*, art. 13.º.

O MODELO PORTUGUÊS ENQUANTO MODELO BASE

gindo a intervenção do Direito penal aos casos «onde se verifiquem lesões insuportáveis das condições comunitárias essenciais de livre realização e desenvolvimento da personalidade de cada homem»[1342].

No entanto, de entre as condutas previstas no art. 112.º do Decreto-Lei n.º 519-L2/79, justificava-se manter como ilícitos penais, face aos critérios subjacentes a tal movimento de descriminalização[1343], as relativas (i) à prestação ou confirmação de informações falsas sobre a situação de entidade a quem preste ou tenha prestado serviços como revisor (ou sócio de uma sociedade de revisores), ou sobre factos que lhe respeitem [alíneas *f*) do n.º 1 e *g*) do n.º 2]; e (ii) não participação ao Ministério Público de factos de que tenha tomado conhecimento por motivo do exercício de funções de revisor (ou sócio de uma sociedade de revisores), quando constituam crimes públicos [alíneas *g*) do n.º 1 e *h*) do n.º 2].

967

Na ausência de uma norma especial como aquela que resultava do art. 112.º do Decreto-Lei n.º 519-L2/79, deve verificar-se a aplicabilidade das normas gerais. Em particular, deve considerar-se se o revisor que, conscientemente, certifica contas contrárias à verdade, é *cúmplice* dos administradores ou *autor material* do crime previsto no art. 519.º CSC[1344].

968

[1342] Cfr. JORGE DE FIGUEIREDO DIAS – "O movimento de descriminalização e o ilícito de mera ordenação social", in CENTRO DE ESTUDOS JUDICIÁRIOS (ed.) – *Jornadas de Direito Criminal: O novo código penal português e legislação complementar*, Lisboa: CEJ, 1983, p. 320, 322. Sobre o fenómeno da "hiper-criminalização", associado à "crise" do Direito penal moderno, cfr., por todos, AUGUSTO SILVA DIAS – *"Delicta in se" e "delicta mere prohibita": Uma análise das descontinuidades do ilícito penal moderno à luz da reconstrução de uma distinção clássica*, Coimbra: Coimbra Editora, 2008.

[1343] Segundo FIGUEIREDO DIAS, a descriminalização deve obedecer aos seguintes critérios: (i) o comportamento não violar bens jurídicos claramente individualizáveis; (ii) o comportamento possa ser suficientemente contrariado ou controlado por meios não criminais de política social; e (iii) o comportamento, pela sua neutralidade ético-social, não tenha uma referência à ordem constitucional axiológica (concretização de valores constitucionais ligados aos direitos, liberdades e garantias ou aos direitos sociais e à organização económica). *Ibidem*, p. 323.

[1344] Nos termos do art. 26.º CP, é punível como autor quem executar o facto, por si mesmo ou por intermédio de outrem, ou tomar parte direta na sua execução, por acordo ou juntamente com outro ou outros, e ainda quem, dolosamente, determinar outra pessoa à prática do facto, desde que haja execução ou começo de execução. Segundo o art. 27.º CP é punível como cúmplice quem, dolosamente e por qualquer forma, prestar auxílio material ou moral à prática por outrem de um facto doloso.

Face a este quadro normativo, deve discutir-se se a conduta do revisor oficial de contas que, conscientemente, certifica as contas contrárias à verdade, é *cúmplice* dos administradores ou *autor material* do crime previsto no art. 519.º.

Comecemos pela hipótese da cumplicidade. Poderia afirmar-se que o revisor não pratica qualquer ato de auxílio material à administração, desde logo porque só intervém após a prática do facto pela administração. Porém, não é correta esta construção. A conduta ilícita da administração não se resume à preparação das contas contrárias à verdade: o art. 519.º refere-se à prestação de informação, compreendendo esta um conjunto de atos destinados a levar ao conhecimento dos sócios (num primeiro momento) e do público em geral (num segundo momento) a posição financeira, do desempenho financeiro e dos fluxos

DA ADMINISTRAÇÃO À FISCALIZAÇÃO DAS SOCIEDADES

969   III. O prazo de prescrição do procedimento disciplinar foi fixado em três anos, salvo se as infrações disciplinares também constituírem crime, caso em

de caixa da sociedade (cfr. ponto 2.1.3 SCN). A certificação legal de contas integra-se temporalmente entre tais atos, não sendo posterior ao termo da execução do crime (recorde-se que, caso se considerasse posterior, o ato de certificação não poderia ser considerado como de cumplicidade, mas sim como de encobrimento; cfr., *v.g.*, MANUEL CAVALEIRO FERREIRA – *Direito Penal Português*, 2, Lisboa: Verbo, 1982, p. 164), sendo certo que, em muitos casos, não será possível à administração prestar as informações falsas sem a aquiescência do revisor oficial de contas, donde a frequente qualificação deste como *gatekeeper* (sobre este conceito, cfr. nota 1377 *supra*). Por este mesmo facto, deve qualificar-se tal conduta do revisor como "ato de auxílio material", entendido este como todo o ato de preparação ou facilitação do crime (cfr., *v.g.*, *ibidem*, p. 152).

Contudo, parece-nos mais correta a qualificação da conduta do revisor como *coautoria* de um crime e *autoria* de outro. Comecemos por analisar o art. 519.º, face ao qual, aquele que, estando nos termos do Código das Sociedades Comerciais obrigado a prestar a outrem informações sobre matéria da vida da sociedade, as der contrárias à verdade, será punido com prisão até três meses e multa até 60 dias, se pena mais grave não couber por força de outra disposição legal. Face a este *Tatbestand*, deve qualificar-se a conduta do revisor como de *coautoria* da prestação de informação falsa pelos administradores e *autoria* da prestação de informação própria. Quanto ao primeiro crime, recorde-se que a distinção entre os atos de preparação e facilitação da execução do crime que caracterizam a atividade do *autor material* e os atos de preparação e facilitação da execução do crime que caracterizam a atividade do *cúmplice material* assenta na maior ou menor consistência do nexo causal de tais atos com o crime (este critério é apresentado por *ibidem*, p. 151 face ao n.º 5 do art. 20.º do Código Penal anterior, mas mantém a sua razão de ser face ao disposto no art. 26.º CP). Ora, caso se considere que, sem a certificação legal de contas pelo revisor, não teria sido possível aos administradores prestar a informação falsa, deve considerar-se que aquele, mais do que cúmplice, é coautor na execução de um crime colectivo. A sua conduta consubstancia um ato de execução do crime, sem o qual o crime não seria cometido. Como refere CAVALEIRO FERREIRA (cfr. *ibidem*, p. 99), «os actos que segundo o plano de execução concreta do crime são indispensáveis para que ele possa efectuar-se, integram a própria execução». Este caso, aliás, não difere dos exemplos académicos dos *atos de preparação* – *e.g.*, sacar de arma de fogo ou dissolver veneno em uma bebida para depois ser oferecida à vítima, quando tais atos sejam praticados imediatamente antes da execução por terceiros, preparando o ato final de execução – e dos *atos de facilitação* – *e.g.*, abrir a porta ou deixá-la aberta, de uma residência ou local de trabalho em que se é empregado, para que entre outrem para furtar – enunciados por CAVALEIRO FERREIRA (cfr. *ibidem*, p. 153). Deve portanto considerar-se que o ato do revisor constitui um ato de execução do crime de prestação de informações falsas pelos administradores previsto e punido nos termos do art. 519.º CP.

Para além disso, na medida em que sobre cada revisor recai um *dever próprio* de prestação de informação no seu relatório anual e no documento de certificação de contas, caso preste dolosamente informação contrária à verdade, será igualmente responsável como *autor* desse mesmo *crime próprio* (sobre este conceito, cfr., *v.g.* CAVALEIRO FERREIRA, *ibidem*, p. 133-139). O mesmo ato é punível simultaneamente face a um e outro enquadramento. O facto de ser *punível*, não quer dizer que, em concreto, o revisor possa ser *punido cumulativamente* pelos dois crimes: estando verificados os *Tatbestande* de um e outro crime, deve considerar-se a prestação de informações falsas pelos administradores e pelo revisor como um único crime, composto por vários atos lesivos de um mesmo bem jurídico.

Por fim, recorde-se que só será penalmente responsável o revisor que atue com dolo (art. 527.º/1). Assim, se o revisor *devia conhecer* a falsidade das contas apresentadas, mas *não conhecia*, pode ser civilmente, mas não penalmente responsável pela certificação legal das mesmas.

O MODELO PORTUGUÊS ENQUANTO MODELO BASE

que valerá o correspondente prazo prescricional (art. 79.º). Este prazo é manifestamente curto. A generalidade das infrações disciplinares dependem da conivência entre o revisor e a administração da entidade fiscalizada, pelo que só serão conhecidas com a substituição da administração, do revisor ou do sócio responsável pela revisão efetuada pela SROC. Se considerarmos a duração supletiva dos mandatos dos administradores (arts. 391.º/3 e 425.º/2) e do revisor (art. 415.º/1, aplicável também ao revisor no modelo germânico por analogia), na melhor das hipóteses estaremos perante um horizonte temporal médio (para o conhecimento de tais irregularidades) de três a seis anos. Se assim for, quando as irregularidades são conhecidas, há já muito prescreveu o procedimento disciplinar e, com este, a responsabilidade disciplinar.

IV. Para além disso, o Decreto-Lei n.º 422-A/93 fragilizou ainda mais o processo de controlo de qualidade dos serviços de revisão legal de contas, ao reduzir o prazo de conservação da documentação sobre os mesmos para cinco anos (art. 59.º) e ao substituir o *dever* de exame desta documentação pela CROC, previsto no diploma antecedente, por um mero *poder* (art. 58.º). Sem prejuízo de este dever ser construído como um poder-dever, foi indevidamente alargado o espaço de discricionariedade na CROC nesta matéria.

970

V. Sem prejuízo de alguns outros aspetos menos felizes[1345], grave foi igualmente a reprodução das soluções do Decreto-Lei n.º 519-L2/79 quanto à designação do revisor que se deveriam considerar tacitamente revogadas pelo Código das Sociedades Comerciais:

971

(i) Segundo o art. 41.º/1, a designação cabia à assembleia geral, tal como previsto no art. 415.º/1 CSC. No entanto, segundo o n.º 2, na falta de proposta para a designação de revisor, esta cabia sucessivamente: (i) ao presidente da mesa da assembleia geral; (ii) na falta desta, ao sócio presente detentor da maior participação de capital, (iii) havendo igualdade de participações, devia atender-se, sucessivamente, à maior antiguidade como sócio e à idade.

[1345] Assim, por exemplo, o disposto no art. 38.º, segundo o qual eram competências específicas dos revisores inerentes ao exercício da revisão legal «a fiscalização da gestão e da observância das disposições legais e estatutárias das empresas ou de outras entidades, sem prejuízo da competência atribuída por lei aos seus órgãos e aos membros destes». No que às sociedades anónimas respeita, parece ignorar que o revisor oficial de contas era necessariamente um membro do conselho fiscal e que, nessa medida, estava já adstrito à fiscalização da gestão nos termos do art. 420.º/1, *a*). Além disso, parece afastar a qualificação do revisor oficial de contas como órgão social, o que no nosso quadro jurídico – contrariamente ao verificado noutros quadrantes – não faz sentido.

DA ADMINISTRAÇÃO À FISCALIZAÇÃO DAS SOCIEDADES

(ii) Acrescentava o n.º 3 que a designação de revisor entre duas assembleias era da competência da respetiva mesa e, na sua falta, do órgão de gestão. Essa designação devia ser submetida à ratificação pela assembleia geral seguinte, sob pena de eventual resolução do contrato pelo revisor, sem prejuízo do direito à remuneração correspondente ao período em que exerceu funções.

(iii) Por fim, segundo o n.º 4, o órgão de gestão devia comunicar à CROC a falta de designação de revisor nos quinze dias posteriores, transferindo-se para esta o poder de designação.

972   Nada disto faz sentido. Não faz sentido introduzir regras específicas para as propostas de deliberação pela assembleia geral, mas sobretudo não faz sentido permitir a designação do órgão de fiscalização pela mesa da assembleia geral ou pelo órgão fiscalizado.

973   Pode ainda questionar-se: qual o sentido da possibilidade de resolução do contrato pelo revisor, caso a designação não seja submetida a ratificação da assembleia geral? E qual o sentido da comunicação do órgão de gestão à CROC para efeitos da transferência do poder de designação? Tendencialmente, tendo o órgão de administração a possibilidade de designar o seu fiscalizador, não irá submeter a questão à CROC.

974   As regras previstas no Código das Sociedades Comerciais destinavam-se a assegurar a independência do revisor face ao órgão de gestão e eram equilibradas: ou era designado pela assembleia geral (art. 415.º) ou pela CROC (art. 416.º). Esta solução era aliás coerente com as preocupações do legislador comunitário que, no art. 55.º/2 da Proposta de 5.ª Diretriz (1983), propunha

«Quando a designação pela assembleia geral não tenha sido feita em tempo útil ou quando alguma das pessoas nomeadas não possa assegurar as suas funções, o órgão de administração, de direcção ou de vigilância ou qualquer acionista deve poder pedir a uma autoridade judicial ou administrativa a designação de uma ou várias pessoas para o exercício da revisão de contas»[1346].

[1346] COMISSÃO EUROPEIA – *Proposta modificada de uma quinta diretiva baseada no artigo 54.º, n.º 3, c) do Tratado CEE, respeitante à estrutura das sociedades anónimas e aos poderes e obrigações dos seus órgãos*, JO C-240, 2-38, 9.9.1983. Cfr. MENEZES CORDEIRO – *Direito europeu...* p. 709.

O MODELO PORTUGUÊS ENQUANTO MODELO BASE

Não se compreende esta alteração legislativa nem quanto ao conteúdo, nem quanto à forma[1347], senão pelo facto de estar integrada num iniciativa legislativa da CROC, mais centrada sobre os interesses imediatos dos revisores.

975

VI. O Decreto-Lei n.º 422-A/93 regulou ainda a questão da independência dos revisores, dispondo genericamente que o revisor desempenha as suas funções em regime de completa independência funcional e hierárquica relativamente às entidades a quem presta serviços (art. 40.º) e que a profissão de revisor é incompatível com qualquer outra que possa implicar a diminuição da independência, do prestígio ou da dignidade da mesma ou ofenda outros princípios de ética e deontologia profissional (art. 66.º).

976

No entanto, continuaram a ser insuficientes os mecanismos para a assegurar. Ainda assim, entre o limitado regime de impedimentos (arts. 68.º e 69.º), merecem destaque positivo os que impedem o exercício de função de revisão legal nas sociedades em que o revisor tenha prestado serviços remunerados com carácter de permanência ou nas que tenha exercido cargo de administração nos últimos três anos (*cooling-off period*) [art. 69º/1, *c*) e *e*)].

977

Em sentido contrário, destaca-se a nova flexibilização da proibição de exercício de funções na entidade fiscalizada *após* a revisão legal das suas contas (*cooling-off period*)[1348]: a proibição passou a ser limitada ao exercício de funções de membro dos seus órgãos de administração. Para além disso, a responsabilidade penal foi substituída por mera «perda do cargo» e «multa, a aplicar nos termos do regulamento disciplinar»[1349]. Esta solução é, aliás, coerente com a eliminação de todos os tipos penais antes previstos no Decreto-Lei n.º 519-L2/79.

978

No seu todo, este diploma traduz uma progressiva deterioração da capacidade do revisor oficial de contas para desempenhar o papel que dele se esperava no sistema nacional, dados os parcos mecanismos destinados a assegurar a qualidade dos serviços de revisão legal de contas e a independência dos revisores.

979

[1347] Quanto à forma, diga-se que a regulação da designação de um órgão social num diploma avulso é inadmissível.

[1348] Recorde-se que o *cooling-off period* já tinha sido flexibilizado na revogação do Decreto-Lei n.º 1/72 pelo Decreto-Lei n.º 519-L2/79. Como referimos na p. 148 *supra*, de acordo com o art. 99.º deste Decreto-Lei, era proibido o exercício de qualquer função na entidade fiscalizada após a cessação de funções de revisor, durante um período de três anos. Ainda assim, o *cooling-off period* perdeu impacto – passou a permitir-se o exercício de cargos nas entidades previamente fiscalizadas mediante suspensão de exercício da atividade de revisor oficial de contas e parecer favorável do conselho disciplinar – traduzindo uma redução da garantia de independência dos revisores.

[1349] Contrariamente aos diplomas que o antecederam e sucederam, este não indicava o valor da multa aplicável.

DA ADMINISTRAÇÃO À FISCALIZAÇÃO DAS SOCIEDADES

33.4. As alterações verificadas entre 1991 a 2006, relativas à revisão das contas consolidadas, ao processo de elaboração, apresentação e exame das contas, à imputação de um "dever de vigilância" ao revisor oficial de contas e ao reforço da sua independência

980   I. Como referimos já a propósito do conselho fiscal, em 1991 foi transposta a sétima Diretriz (83/349/CEE), relativa às contas consolidadas[1350], pelo Decreto-Lei n.º 238/91, de 2 de julho. Este diploma introduziu o Capítulo IV no Título VI do Código das Sociedades Comerciais, relativo à apreciação anual da situação de sociedades obrigadas à consolidação de contas.

981   Nos termos dos novos arts. 508.º-A e 508.º-D, a administração da sociedade consolidante devia submeter aos órgãos competentes – no modelo tradicional, sucessivamente, o conselho fiscal (incluindo o revisor oficial de contas) e a assembleia geral – o relatório consolidado de gestão, o balanço consolidado, a demonstração consolidada de resultados e o anexo ao balanço e demonstração de resultados consolidados. Daqui resulta uma extensão da competência de fiscalização não só do conselho fiscal, mas também do revisor oficial de contas. A extensão da competência deste último visa assegurar que as contas consolidadas dão uma imagem verdadeira e apropriada da situação financeira e dos resultados das operações do conjunto formado por estas empresas (cfr. ponto 13.1 do Plano Oficial de Contabilidade, tal como alterado pelo Decreto-Lei n.º 238/91).

982   II. Em 1995, seria alterado, no Código das Sociedades Comerciais, o regime do processo de elaboração, apresentação e exame das contas pelo Decreto-Lei n.º 328/95, de 9 de dezembro. Como referimos já a propósito do conselho fiscal, tratou-se apenas de uma clarificação de regime que não alterou significativamente as coordenadas pré-existentes. No art. 451.º continuava a exigir-se ao revisor oficial de contas um relatório anual e a certificação das contas, em termos fixados em lei própria. Após o Decreto-Lei n.º 35/2005, de 17 de fevereiro, porém, o n.º 3 do art. 451.º (aplicável também à certificação das contas consolidadas, *ex vi* art. 508.º-D/1) passou a especificar o conteúdo do documento de certificação de contas[1351].

[1350] JO L 193, 18.7.1983, p. 0001-0017.

[1351] Lia-se nesta disposição: «Em consequência do exame das contas, o revisor oficial de contas deve emitir documento de certificação legal das contas, o qual deve incluir: *a)* Uma introdução que identifique, pelo menos, as contas do exercício que são objecto da revisão legal, bem como a estrutura de relato financeiro utilizada na sua elaboração; *b)* Uma descrição do âmbito da revisão legal das contas que identifique, pelo menos, as normas segundo as quais a revisão foi realizada; *c)* Um parecer sobre se as contas do exercício dão uma imagem verdadeira e apropriada de acordo com a estrutura do relato financeiro e, quando apropriado, se as contas do exercício estão em conformidade com os requisitos legais aplicáveis, sendo que o parecer de revisão pode traduzir uma opinião sem ou com reservas, uma opinião adversa ou, se o

O MODELO PORTUGUÊS ENQUANTO MODELO BASE

III. Em 1996, o Decreto-Lei n.º 257/96 introduziu o art. 420.º-A, segundo 983
o qual o revisor deve comunicar, *up the ladder*, os factos de que tenha conhecimento e que considere revelarem graves dificuldades na prossecução do objecto
da sociedade, designadamente: reiteradas faltas de pagamento a fornecedores,
protestos de títulos de crédito, emissão de cheques sem provisão, falta de pagamento de quotizações para a segurança social ou de impostos.

Como referimos antes[1352], neste diploma o legislador assumiu erroneamente 984
que a fiscalização da sociedade se resumia à atividade de revisão de contas e
que, através desta, podiam ser enfrentadas todas as irregularidades. É verdade
que os exemplos enunciados no texto da lei podem ser identificados numa mera
análise contabilística, mas para a qualificação de outros factos como "reveladores de graves dificuldades na prossecução do objeto da sociedade" pode não ser
suficiente uma tal apreciação.

A introdução do art. 420.º-A denunciou uma incompreensão da articulação 985
das competências do revisor oficial de contas, ora enquanto membro do conselho fiscal, ora enquanto órgão autónomo (com competências próprias)[1353].

IV. Em 1999 seria novamente alterado o regime jurídico da atividade de 986
revisor oficial de contas, com a revogação do Decreto-Lei n.º 422-A/93 pelo
Decreto-Lei n.º 487/99, de 16 de setembro, que aprovou o Estatuto da Ordem
dos Revisores Oficiais de Contas (EOROC). Em geral, manteve-se o quadro já
analisado e que mereceu juízo crítico[1354].

---

revisor oficial de contas não estiver em condições de expressar uma opinião, revestir a forma de escusa de
opinião; *d)* Uma referência a quaisquer questões para as quais o revisor oficial de contas chame a atenção
mediante ênfases, sem qualificar a opinião de revisão; *e)* Um parecer em que se indique se o relatório de
gestão é ou não concordante com as contas do exercício; *f)* Data e assinatura do revisor oficial de contas».
[1352] Cfr. § 22.2 *supra*.
[1353] A solução correta teria passado pela consagração de um dever de comunicação dos factos pelo revisor
ao conselho fiscal. A este último deveria caber, nos termos do art. 420.º/1, *a)*, a apreciação dos factos e
a determinação da reação aos mesmos, nomeadamente através da comunicação dos factos, *up the ladder*,
acompanhando depois a reação daquela aos problemas detetados. Somente perante a inação do conselho
fiscal, em violação dos seus deveres, poderia qualquer dos seus membros (incluindo o revisor) reagir a
título individual. Naturalmente, nos casos em que o conselho fiscal tivesse sido substituído por um fiscal
único, a competência para a apreciação dos factos e reação aos mesmos concentrar-se-ia no revisor oficial
de contas, mas por via da aplicação das normas relativas ao conselho fiscal, com as necessárias adaptações,
e não daqueloutras específicas do revisor.
[1354] A reprodução das competências do revisor oficial de contas enquanto membro de órgãos de fiscalização
(art. 47.º) que, pelo menos no tocando às sociedades anónimas, deveria ser regulado exclusivamente no
Código das Sociedades Comerciais; a consagração de um regime específico de designação do revisor
oficial de contas (art. 50.º) distinto do previsto no Código das Sociedades Comerciais, perpetuando as
soluções inicialmente previstas no Decreto-Lei n.º 519-L2/79; bem como o regime sancionatório de
cariz puramente disciplinar e não penal (arts. 80.º a 91.º). No seu todo, mantêm-se os vícios relativos ao

DA ADMINISTRAÇÃO À FISCALIZAÇÃO DAS SOCIEDADES

987   Destaque-se apenas, relativamente à independência do revisor, a introdução da regra segundo a qual a fixação de honorários não pode pôr em causa a sua independência profissional (art. 60.º/5) e o impedimento do exercício de funções em entidade na qual preste serviços remunerados que ponham em causa a sua independência [art. 78.º/1, c)].

988   Merece também aplauso a revisão da regra que proíbe o exercício de funções nas entidades cujas contas foram revistas nos três anos anteriores (art. 79.º). Apesar de continuar limitada ao exercício de funções de membro de órgão de administração, a proibição não podia agora ser afastada nos moldes previstos em 1993.

989   Pelo contrário, não se compreende a redução do prazo de prescrição do procedimento disciplinar a um ano a contar da data da prática do facto (art. 88.º/1), quando o prazo anteriormente vigente de três anos[1355] era já de si manifestamente curto, como tivemos oportunidade de referir[1356].

33.5. A reforma do Código das Sociedades Comerciais de 2006, em transposição da Diretriz 2006/43/CE: o reforço da fiscalização e a articulação do revisor oficial de contas com o conselho fiscal

990   I. A grande – mas não tão grande quanto desejável – reforma do regime jurídico dos revisores surgiu apenas por imperativo de transposição do Direito da União Europeia e em dois passos: o primeiro em 2006, com o Decreto-Lei n.º 76-A/2006, de 29 de março, que, como vimos já, alterou o Código das Sociedades Comerciais; o segundo em 2008, com o Decreto-Lei n.º 224/2008, de 20 de novembro, que alterou o Estatuto da Ordem dos Revisores Oficias de Contas.

991   II. Como vimos já a propósito do conselho fiscal, o Decreto-Lei n.º 76-A/2006 introduziu profundas alterações no modelo tradicional português de governo das sociedades anónimas e, em especial, na fiscalização. Estas alterações tiveram um grande impacto no *status* do revisor enquanto órgão social. O Código das Sociedades Comerciais passou então a prever, dentro deste modelo, soluções distintas consoante a dimensão da sociedade[1357]: numas, o revisor oficial de contas *poderia* continuar a integrar o conselho fiscal, noutras não, por razões de interesse público (arts. 278.º/1 e 3, 413.º/1 e 2 e 414.º).

---

controlo da qualidade (art. 68.º) e a insuficiência dos mecanismos destinados a garantir a independência do revisor.

[1355] Cfr. art. 79.º do Decreto-Lei n.º 422-A/93.

[1356] Cfr. p. 392-393 *supra*.

[1357] Cfr. p. 259 *supra*.

O MODELO PORTUGUÊS ENQUANTO MODELO BASE

Nas sociedades onde o revisor continua a integrar o conselho fiscal, são 992
pouco significativas as alterações ao seu *status*. Pelo contrário, naquelas em que o
revisor deixa de integrar tal conselho (adotando aquele que a CMVM designou
"modelo latino reforçado"[1358]), verifica-se uma restrição das suas competências,
sem que se possa contudo afirmar uma completa circunscrição à fiscalização
contabilística.

De facto, por um lado, o revisor continua obrigado: (i) a desenvolver todos 993
os exames e verificações necessários à revisão e certificação legais de contas (art.
420.º/4); (ii) a apreciar o relatório de gestão e completar o exame das contas
com vista à sua certificação legal (art. 451.º/2); e (iii) a emitir documento de
certificação legal das contas, compreendendo todos os elementos exigidos pelo
art. 451.º/3 (tal como alterado em 2005)[1359].

Contudo, por outro lado, continua adstrito a um dever de colaboração com 994
o conselho fiscal e ao dever de comunicação, *up the ladder*, de factos que revelem graves dificuldades na prossecução do objeto da sociedade (art. 420.º-A[1360]).
Estes deveres vinculam o revisor à prossecução dos interesses da sociedade,
extravasando a mera certificação contabilística[1361].

III. Nestas sociedades sujeitas a fiscalização reforçada [art. 413.º/1, *b*)], a atri- 995
buição ao conselho fiscal de competências de fiscalização sobre a revisão legal de
contas e sobre a independência do revisor [art. 420.º/2, *b), c)* e *d)*], determinou
a sujeição deste aos atos de fiscalização que o conselho fiscal entenda praticar.

Contrariamente ao que é frequentemente afirmado, esta alteração das com- 996
petências do conselho fiscal não se traduziu apenas numa ampliação do objeto
da sua fiscalização, no sentido de passar a abranger não só a administração, mas
também a revisão legal de contas. Com esta alteração, pretendeu assegurar-se a
configuração do conselho fiscal como um fórum de discussão com o revisor[1362],
sobre todos os assuntos considerados relevantes na revisão das contas da sociedade e sobre possíveis fraudes de que suspeite ou tenha conhecimento – em

---

[1358] Denominação usada desde logo em CMVM – *Governo das sociedades anónimas: Proposta de articulado
modificativo do código das sociedades comerciais (complemento ao processo de consulta pública n.º 1/2006)*, 2006,
disponível em http://www.cmvm.pt/CMVM/Consultas%20Publicas/Cmvm/Documents/59bf1f4f121
d4ca4a76729b3d33a0dc5proposta_articulado_csc.pdf, p. 13.

[1359] Note-se que deixou então de estar obrigado a emitir relatório anual sobre a fiscalização efetuada, na
sequência da alteração do n.º 2 deste artigo.

[1360] Introduzido pelo Decreto-Lei n.º 257/96. Cfr. p. 397 *supra*.

[1361] Sobre estes deveres, cfr. §§ 37.2 e 37.3 *infra*.

[1362] Em bom rigor, o conselho fiscal assume-se como um fórum de discussão de todas as irregularidades,
sendo agora expressa a sua competência para receber as denúncias apresentadas por acionistas,
colaboradores da sociedade ou outros, nos termo do art. 420.º/1, *j)*.

DA ADMINISTRAÇÃO À FISCALIZAÇÃO DAS SOCIEDADES

particular, aquando do envolvimento de altos funcionários ou administradores executivos da sociedade –, à margem da pressão exercida pela administração e pelos acionistas controladores[1363]. Daqui resulta não apenas uma garantia da independência do revisor, mas também a sua qualificação como *órgão auxiliar* do conselho fiscal no desenvolvimento de uma fiscalização global, qualificação esta que antes resultava da participação do revisor no conselho. Através desta, colabora na prossecução do interesse social[1364].

997 Como vimos já, a imposição destas competências *ex lege* surge associada à necessidade de salvaguardar a independência do revisor *também* face ao acionista controlador. Deve, por isso, ser afastada a possibilidade, sugerida por alguns autores, de os acionistas poderem propor a designação de outro revisor quando a proposta de designação do conselho fiscal tenha sido rejeitada[1365].

33.6. A alteração do Estatuto da Ordem dos Revisores Oficiais de Contas de 2008 e a criação do Conselho Nacional de Supervisão de Auditoria, em transposição da Diretriz 2006/43/CE: o reforço da independência do revisor oficial de contas

998 I. Em 2008, em transposição da Diretriz 2006/43/CE, foram introduzidas alterações no Estatuto da Ordem dos Revisores Oficiais de Contas (EOROC), pelo Decreto-Lei n.º 224/2008, de 20 de novembro, e aprovados os Estatutos do Conselho Nacional de Supervisão de Auditoria (ECNSA), pelo Decreto-Lei n.º 225/2008, de 20 de novembro, com vista a reforçar a independência dos revisores. Entre as diferentes medidas introduzidas, destacamos as seguintes para efeitos deste estudo:

(i) Nas sociedades ditas de interesse público passou (a) a exigir-se a rotação do sócio responsável pela orientação ou execução da revisão legal de contas com uma periodicidade não superior a sete anos (art. 54.º/2 EOROC); (b) a proibir-se a realização de revisão legal de contas em caso de auto-revisão ou de interesse pessoal (art. 68.º-A/4 EOROC); (c) a exigir-se a elaboração e divulgação de um relatório de transparência pelos revisores (art. 62.º-A EOROC); e (d) a sujeitar-se os mesmos a um controlo de qualidade mais frequente (em cada três anos) (art. 20.º/2 ECNSA).

[1363] Sobre o processo legislativo europeu que conduziu a esta reconfiguração do conselho fiscal, cfr. FERREIRA GOMES – *A fiscalização...* p. 191-203.

[1364] Sendo certo que o conselho fiscal se apresenta hoje como o guardião último da sociedade no modelo tradicional, em especial face à sua competência para receber as denúncias apresentadas por acionistas, colaboradores da sociedade ou outros, expressa no art. 420.º/1, *j*). Cfr. § 22.4, parág. V *supra* e § 37.2 *infra*.

[1365] Para um desenvolvimento sobre esta questão, cfr. § 22.4, parág. VII *supra*.

O MODELO PORTUGUÊS ENQUANTO MODELO BASE

(ii) O controlo de qualidade deve assentar numa organização, recursos e financiamento isentos de qualquer eventual influência indevida por parte dos revisores oficiais de contas *ou* na supervisão pública pelo Conselho Nacional de Supervisão de Auditoria (art. 20.º ECNSA).

(iii) Os deveres de independência, integridade e objetividade são densificados pela expressa previsão de um dever de recusa de qualquer trabalho quando as circunstâncias concretas – relação financeira, empresarial, de trabalho ou outra com a entidade examinada – sejam suscetíveis de prejudicar a observância daqueles princípios (art. 68.º-A EOROC).

(iv) A revisão legal de contas passou a dever ser realizada de acordo com as Normas Internacionais de Auditoria adotadas pela Comissão Europeia (arts. 44.º/11 EOROC e 26.º Diretriz 2006/43/CE).

(v) No caso da revisão das contas consolidadas, foi clarificada a responsabilidade dos diferentes revisores intervenientes (art. 44.º-A EOROC).

II. Aparentemente, o Decreto-Lei n.º 224/2008 ignorou a Recomendação da Comissão sobre a independência dos revisores oficiais de contas[1366], limitando-se a cumprir os mínimos exigidos pela Diretriz 2006/43/CE, desperdiçando uma oportunidade para considerar os termos mais amplos das questões em causa e procurar soluções de fundo refletidas e adequadas à prossecução dos objetivos pretendidos[1367].

999

[1366] COMISSÃO EUROPEIA – Recomendação relativa à independência dos revisores oficiais de contas na UE: Um conjunto de princípios fundamentais, de 16 de maio de 2002, JO L 191/22, 19.7.2002.

[1367] Em particular, não foram adequadamente clarificados os princípios subjacentes à fixação dos honorários dos revisores oficiais de contas, aspeto essencial no reforço da independência destes profissionais, tal como resulta da Recomendação da Comissão Europeia 2002/590/CEE sobre esta matéria e do texto da Diretriz 2006/43/CE. Particularmente relevante é a questão da remuneração dos sócios das sociedades de revisores oficiais de contas que tem sido ignorada. A propósito dos escândalos verificados no início deste milénio, foi apontado que a remuneração dos sócios destas sociedades é frequentemente determinada em função do volume de serviços extra-auditoria vendidos aos seus clientes de auditoria ou de outras variáveis ou condições. Ora, o condicionamento da remuneração de um sócio de uma sociedade de revisores nestes termos implica que não só esse sócio, mas também a própria sociedade não possam ser considerados independentes.

A temática da independência dos revisores foi objeto de análise noutro estudo para o qual remetemos. Cfr. FERREIRA GOMES – *A fiscalização....* Cfr. também ANDRÉ FIGUEIREDO – "Auditor independence and the joint provision of audit and non-audit services", in PAULO CÂMARA (ed.) – *Código das Sociedades Comerciais e Governo das Sociedades*, Coimbra: Almedina, 2008 e, mais recentemente, HELENA R. MORAIS, in PAULO CÂMARA (ed.) – *Código de Governo das Sociedades anotado*, Coimbra: Almedina, 2012, Recomendações III.1.3., n.ᵒˢ 16-20, III.1.5., n.ᵒˢ 12-16.

§ 34. CONFIGURAÇÃO GERAL DA OBRIGAÇÃO DE VIGILÂNCIA DO REVISOR OFICIAL DE CONTAS: A DUPLA FUNÇÃO DE CONTROLO

1000   I. Desde a sua autonomização enquanto órgão social, em 1979, o revisor oficial de contas desempenha, no nosso modelo tradicional, um dupla função de controlo. Por um lado, uma função de controlo *externa*, traduzida na sinalização da situação da sociedade ao mercado através da certificação das contas anuais (art. 451.º/3), divulgada através do registo comercial [art. 42.º, n.ºs 1, *c*) e 2, *c*) CRCom][1368]. Esta função habilita os terceiros que contactam com ou sobre a sociedade a tomar conhecimento da situação económico-financeira desta e, nessa medida, a tomar medidas para salvaguardar a sua posição na contratação com ou sobre a mesma. Neste sentido, na ISA 200 pode ler-se que o propósito da revisão de contas é o aumento do grau de confiança dos potenciais utilizadores das demonstrações financeiras[1369].

1001   Por outro lado, uma função de controlo *interna*, que constituiu um dos pilares do governo das sociedades anónimas, lado a lado com as funções de administração e de fiscalização (global)[1370]. Traduz-se na sua colaboração com o conselho fiscal, com o conselho de administração e, eventualmente, com a assembleia geral, assegurando um fluxo de informação *neutral*[1371] sobre irregularidades detetadas na administração da sociedade[1372].

1002   Esta última função deve ser enquadrada na dupla natureza do revisor enquanto órgão singular e membro do conselho fiscal (enquanto órgão coletivo) que, na versão anterior à reforma de 2006, culminava na apresentação do seu relatório anual sobre a fiscalização efetuada, para posterior apreciação pelo conselho fiscal (arts. 451.º/2 e 4, *in fine* e 452.º/1, ambos na redação anterior a 2006)[1373].

[1368] Leyens – *Information des Aufsichtsrats* ..., p. 201 refere-se sobretudo a uma garantia do mercado de capitais. Porém, não nos parece que, nos sistemas europeus, esse seja o sentido predominante do controlo externo, contrariamente ao verificado no sistema norte-americano.

[1369] Cfr. n.º 3, a p. 72.

[1370] Daniela Mattheus – "Die Rolle des Abschlussprüfers bei der Corporate Governance", in Peter Hommelhoff, et al. (eds.) – *Handbuch Corporate Governance: Leitung und Überwachung börsennotierter Unternehmen in der Rechts- und Wirtschaftspraxis*, 2.ª ed., Köln, Stutgard: Schmidt, Schäffer-Poeschel, 2009, p. 564.

[1371] No sentido de independente face às perspetivas da equipa de gestão (*management*).

[1372] Cfr. Leyens – *Information des Aufsichtsrats* ..., p. 201.

[1373] A lei não determinava o conteúdo deste relatório, mas do art. 451.º/2 resultava ser *algo mais* do que o documento de certificação legal das contas, diferenciando-se deste não apenas pela sua não inclusão nos documentos sujeitos a registo (e logo reservados ao plano interno do governo da sociedade), mas também pela maior extensão e profundidade do seu conteúdo. O § 321 HGB, que continua a prever o

O MODELO PORTUGUÊS ENQUANTO MODELO BASE

Como referimos antes, a articulação destas duas dimensões era mais clara no 1003
Projeto de Código das Sociedades Comerciais de RAUL VENTURA, tendo ficado
mais obscura face à redação original deste código[1374]. As dificuldades que então
se apresentavam ao intérprete-aplicador multiplicaram-se com a reforma de
2006[1375].

Com esta reforma, foi ampliado o conteúdo do documento de certificação 1004
de contas (art. 451.º/3) e eliminada a exigência do relatório anual do revisor,
destinado a assegurar a articulação da sua função interna de controlo com o conselho fiscal (art. 451.º/2). Poderia eventualmente concluir-se que destas alterações resultou uma circunscrição da atividade do revisor a uma pura função
externa de controlo, traduzida na prestação de um serviço de certificação de
contas. Parece-nos, porém, que uma ponderação mais cuidada das diferentes
coordenadas sistemáticas força a conclusão de que se mantém a dupla vertente
do controlo desenvolvido pelo revisor, como veremos adiante.

Prüfungsbericht do *Abschlussprüfer* no sistema alemão, oferece alguma luz sobre o que deveria constar de
um tal relatório. Nos termos desta disposição do § 321(1) HGB:

«O *Abschlussprüfer* deve informar por escrito, com a transparência devida, sobre o modo, o âmbito
e o resultado da sua revisão. No relatório deve, em primeiro lugar, apreciar a avaliação da situação
da empresa ou do grupo pelos representantes legais, em particular, a avaliação da situação atual e a
previsão da evolução futura da empresa, tendo em consideração o relatório de gestão, e, no exame
das contas consolidadas da sociedade consolidante, também do grupo, tendo em consideração o
relatório de gestão do grupo, na medida em que os documentos analisados, o relatório de gestão ou
o relatório de gestão do grupo permitam uma tal apreciação. Para além disso, deve pronunciar-se
sobre a existência de qualquer erro ou possível violação de alguma disposição legal, sobre factos
que possam pôr em causa a continuidade da empresa ou do grupo examinados, sobre qualquer
circunstância que possa prejudicar o seu desenvolvimento futuro, e sobre graves violações da lei, do
contrato de sociedade ou dos estatutos pelos representantes ou pelos trabalhadores da sociedade».

No contexto da discussão internacional e, em particular, europeia, sobre a melhoria do serviço prestado
pelos revisores, sugere-se frequentemente a imposição ao revisor de um dever de apresentação de uma
versão "mais longa" do documento de certificação legal das contas ao órgão interno de fiscalização global,
que não seria publicada, sendo apenas destinada a melhorar a coordenação e a troca de informações entre
estes órgãos. Nas palavras da COMISSÃO EUROPEIA – *Livro verde sobre política de auditoria: as lições da crise*,
COM(2010) 561 final, 2010, p. 9:

«Tal relatório, que não estará disponível para o público, resumirá de forma mais pormenorizada do
que o relatório de auditoria as conclusões fundamentais da mesma no que respeite ao pressuposto
de continuidade da actividade e correspondentes sistemas de seguimento, aos desenvolvimentos
esperados e aos riscos com que a sociedade se confronta, ao teor material das divulgações, às
irregularidades encontradas, aos métodos contabilísticos utilizados ou a quaisquer transacções com
fins "cosméticos"».

Cfr. também, *v.g.*, GIOVANNI STRAMPELLI – La revisione contabile nell'Unione europea: un'indagine della
Commissione, *Rivista delle Società*, 55:6, 2010, p. 1365-1366.

[1374] Cfr. § 33.1.A para maiores desenvolvimentos.
[1375] Cfr. § 33.5 para maiores desenvolvimentos.

DA ADMINISTRAÇÃO À FISCALIZAÇÃO DAS SOCIEDADES

1005   II. A importância desta dupla função foi amplamente realçada pelos escândalos financeiros que abalaram os Estados Unidos entre 2001 e 2003 (entre os quais se destacaram os de sociedades como a Enron, WorldCom e Tyco) e a Europa (com a Royal Ahold, a Skandia Insurance of Sweden e, finalmente, a Parmalat). O mesmo se diga relativamente a Portugal, com os casos BPN e Millennium bcp (relativo à aquisição de ações próprias).

1006   Nos Estados Unidos, GORDON apresenta como principais culpados dos escândalos os executivos responsáveis pela integridade dos negócios da sociedade e pela informação divulgada e que engendraram operações enganadoras e por vezes fraudulentas. No entanto, um adequado sistema de governo societário deveria permitir detetar tais comportamentos antes de se tornarem patológicos e implicarem consequências para os acionistas e demais *stakeholders*. Neste contexto, o dedo é apontado sobretudo ao conselho de administração[1376].

1007   Tendo já analisado o papel do conselho de administração, destaca-se agora uma outra corrente, liderada por COFFEE, que realça como principais causas destes escândalos o excessivo desenvolvimento regulamentar dos princípios contabilísticos (*General Accepted Accounting Pinciples* ou GAAP), o aumento dos incentivos dos gestores para cometer fraudes contabilísticas e, sobretudo, o aumento dos incentivos aos *gatekeepers*[1377] (ou "guardiões do sistema mobiliário"[1378]) para serem coniventes com essas fraudes[1379].

1008   As duas primeiras causas não encontram paralelo na Europa Continental, uma vez que os sistemas contabilísticos são, em geral, baseados em princípios gerais e não no desenvolvimento regulamentar e as opções sobre ações têm um peso muito menor na remuneração dos gestores[1380]. O mesmo não sucede com a

---

[1376] GORDON – *Governance failures...* p. 1127.

[1377] Sobre este conceito, cfr. nota 5 *supra*.

[1378] De acordo com a tradução de PAULO CÂMARA – O governo das sociedades em Portugal: Uma introdução, *Cadernos do MVM*, 12, 2001, p. 51. Noutro artigo – CÂMARA – *A actividade de auditoria...* p. 94 – o autor refere-se aos auditores como "guardiões da legalidade contabilística e do rigor da informação financeira".

[1379] As primeiras reações aos escândalos que se sucediam apontavam como principais causas (i) a euforia do mercado bolsista (*market bubble*), (ii) o declínio da moral no mundo dos negócios, (iii) a fraqueza dos conselhos de administração, e ainda (iv) um aumento da "ganância infecciosa". COFFEE – *Gatekeeper failure...*, COFFEE – *Understanding Enron...*, COFFEE – *What caused Enron?....*

[1380] No que respeita às normas contabilísticas, os GAAP são em grande medida baseados num desenvolvimento regulamentar (compreendendo dezenas de milhares de páginas de regras contabilísticas acumuladas ao longo de décadas) que estabelece regras precisas sobre práticas contabilísticas consideradas aceitáveis e inaceitáveis. Num mercado altamente dinâmico, caracterizado por sistemas de remuneração dos gestores das sociedades baseados no desempenho financeiro das respetivas sociedades (como veremos adiante) e pela inovação constante da "engenharia financeira" (em especial associada ao uso de derivados financeiros), os contabilistas e os advogados desenvolvem de forma criativa produtos e métodos contabilísticos que, permitidos pela letra da lei, limitam a capacidade das demonstrações financeiras para apresentar fielmente a situação contabilística das sociedades.

O MODELO PORTUGUÊS ENQUANTO MODELO BASE

terceira causa que parece explicar, em grande medida, os principais escândalos norte-americanos e europeus. Este fenómeno – o aumento dos incentivos dos *gatekeepers*[1381] para serem coniventes com as fraudes contabilísticas – deve ser

Na União Europeia, a Comissão tem promovido uma política de informação contabilística baseada em princípios concebidos para refletir a realidade económica e apresentar uma imagem verdadeira da posição financeira e do desempenho das sociedades. No centro desta estratégia está a aplicação das Normas Internacionais de Contabilidade a todas as sociedades europeias com valores mobiliários admitidos à negociação em mercado regulamentado. Cfr. Regulamento (CE) n.º 1606/2002 do Parlamento e do Conselho, de 19 de julho de 2002, relativo à aplicação das normas internacionais de contabilidade, JO L 243 de 11.9.2002, p. 1. Cfr. também COMISSÃO EUROPEIA – *Uma primeira resposta* ...

No que respeita aos incentivos dos gestores para cometer fraudes contabilísticas, a estrutura acionista dispersa, característica dos sistemas anglo-saxónicos (em especial do sistema inglês e norte-americano), implica a criação de incentivos aos gestores das sociedades (incluindo neste conceito não só os administradores executivos, mas também os funcionários no topo da hierarquia societária e com capacidade decisória) de forma a ultrapassar os respetivos problemas de agência. Dito de outra forma, num sistema de estrutura acionista dispersa, em que nenhum acionista assume uma posição suficientemente forte para pressionar a administração para maximizar o valor do capital investido pelos acionistas, os gestores têm a tendência natural para maximizar o seu proveito pessoal em prejuízo dos interesses da sociedade.

O sistema de incentivos mais usado nos Estados Unidos (que teve um desenvolvimento exponencial durante a década de 1990) foi o da remuneração dos gestores através de opções sobre ações. Procurou-se por este meio alinhar os interesses destes profissionais com os interesses da sociedade, na medida em que o resultado desta determina o valor das suas ações no mercado, sendo este essencial ao exercício proveitoso das opções sobre ações. Estes sistemas de remuneração estiveram, alegadamente, na origem da maioria dos escândalos verificados nos Estados Unidos, caracterizados pela adulteração das demonstrações financeiras das sociedades envolvidas, para que estas apresentassem resultados que permitissem um proveitoso exercício das opções pelos gestores. A forma como foram estruturados esses sistemas de remuneração não só não alinhou os interesses dos gestores e das sociedades a longo prazo – na medida em que o interesse dos gestores se resumia à maximização dos proveitos da sociedade pelo prazo suficiente ao exercício das suas opções que era, em geral, curto – como criou incentivos à criação de esquemas fraudulentos que permitissem aumentar artificialmente os resultados da sociedade.

Ao contrário, num sistema caracterizado por estruturas acionistas concentradas, como os sistemas típicos da Europa Continental, os acionistas dominantes podem exercer uma determinada pressão direta sobre a administração para assegurar o cumprimento de determinados objetivos por si fixados, através do seu poder de supervisão e substituição da administração (*command and control*). Deixam assim de fazer sentido tanto sistemas de incentivos como o das opções sobre ações. Neste contexto, os gestores têm menos espaço e menos incentivos para implementar esquemas para aumentar artificialmente os resultados da sociedade (à revelia dos acionistas dominantes). Acresce que os acionistas dominantes, enquanto tal, têm um interesse diminuto nas variações diárias da cotação das ações da sociedade no mercado. Primeiro, porque o seu investimento é tendencialmente de longo prazo (por oposição ao investimento dos pequenos investidores). Segundo, porque, caso decidam alienar a sua posição acionista, essa alienação decorrerá na sequência de negociações privadas em que procurarão extrair o maior "prémio de controlo" possível. Este sistema apresenta no entanto riscos próprios relativos à obtenção de benefícios especiais (*private benefits of control*) pelos acionistas de controlo. Apesar de estas considerações se referirem, na sua origem, ao governo das sociedades cotadas, não deixa de fazer sentido, com as necessárias adaptações, a propósito das sociedades não cotadas.

[1381] Sobre este conceito, cfr. nota 1377 *supra*.

DA ADMINISTRAÇÃO À FISCALIZAÇÃO DAS SOCIEDADES

visto como uma causa conjuntural e, como tal, deve ser conjugado com a principal causa estrutural das crises tipicamente europeias, isto é, a concentração acionista e a obtenção de benefícios especiais pelos acionistas dominantes[1382], em prejuízo da sociedade e dos seus *stakeholders*[1383]. O caso Parmalat, que conjugou estas causas, constitui o exemplo paradigmático das fraudes europeias, tal como a Enron e a Worldcom são os exemplos típicos das fraudes norte-americanas[1384].

1009

Sem a colaboração dos *gatekeepers*[1385] nas práticas fraudulentas dos seus clientes nunca se teriam verificado os escândalos referidos, dado que não teria sido possível aos gestores das sociedades envolvidas estruturar e executar as complexas operações que estiveram na sua origem[1386]. Na base dessa colaboração

[1382] Enquanto nos mercados emergentes a obtenção de benefícios especiais (*private benefits of control*) pelos acionistas de controlo ocorre tendencialmente através de transações financeiras (por exemplo quando o capital social é disperso através de uma oferta pública e depois readquirido através de aquisições potestativas abaixo do valor de mercado), nos mercados mais desenvolvidos utilizam-se mecanismos operacionais (por exemplo, quando os acionistas dominantes pressionam a administração da sociedade a contratar bens ou serviços de sociedades por si detidas). Este tipo de mecanismos, que permite aos acionistas dominantes transferir recursos de uma sociedade onde têm uma participação menor para uma sociedade onde têm uma participação maior, parecem ser frequentes nas economias europeias, levando alguns autores a defender que a concentração acionista (nas mãos de acionistas com maioria absoluta de capital social) é simplesmente ineficiente por permitir demasiados comportamentos predatórios.
De acordo com DYCK e ZINGALES – *Private Benefits of Control*, p. 537, os benefícios especiais extraídos pelos acionistas dominantes variam substancialmente de jurisdição para jurisdição, entre –4% e +65%, dependendo em grande medida da proteção legal dos acionistas minoritários. Cfr. também TATIANA NENOVA – The value of corporate voting rights and control: A cross-country analysis, *Journal of Financial Economics*, 68, 2003. Apesar de os estudos indicarem que o mercado se preocupa com o nível de benefícios especiais extraídos pelos acionistas dominantes, parece que o mesmo tem pouca capacidade para distinguir em tempo útil os benefícios que estão de facto a ser expropriados. Cfr. EHRHARDT e NOWAK – *Private benefits...*

[1383] Expressão anglo-saxónica, comumente usada a nível internacional, para referir todos aqueles que têm um interesse legítimo na sociedade, em particular, acionistas, trabalhadores e (outros) credores (incluindo o próprio Estado).

[1384] No caso Parmalat, o auditor certificou as contas desta sociedade, não obstante o historial de extração de benefícios especiais pela família Tanzi em prejuízo da sociedade, dos seus acionistas minoritários, trabalhadores e credores. Com efeito, o escândalo Parmalat tornou-se do conhecimento público quando se comprovou que uma conta de 3,9 mil milhões de Euros, aberta junto do Bank of America, era fictícia. Parece que cerca de 2,3 mil milhões de Euros foram indevidamente pagos a pessoas ligadas à empresa e ao acionista controlador. Tudo indica que este obteve benefícios ilícitos, através de transações com terceiros, ao longo de uma década. Para uma descrição detalhada do caso Parmalat, *vide* ALESSANDRA GALLONI e DAVID REILLY – How Parmalat spent and spent, *Wall Street Journal*, 23 de Julho de 2004. *Vide* também ANDREA MELIS – Corporate governance failures: To what extent is Parmalat a particularly Italian case?, *Corporate Governance: An International Review*, 13:4, 2005. Cfr. também FERREIRA GOMES, *O Governo dos Grupos*....

[1385] Sobre este conceito, cfr. nota 1377 *infra*.

[1386] Hoje parece ser indiscutível que alguns dos mais prestigiados bancos de investimento colaboraram ativamente na estruturação financeira dessas operações, que advogados prestaram a necessária assessoria

O MODELO PORTUGUÊS ENQUANTO MODELO BASE

estiveram graves conflitos de interesses que explicam porque é que estes profissionais arriscaram a sua reputação e se sujeitaram ao risco da responsabilidade em benefício de um cliente[1387].

No caso dos revisores de contas, estes e outros escândalos puseram a claro não só o *expectations gap* – *i.e.*, a diferença entre aquilo que na prática se espera da intervenção do revisor e aquilo que desta pode efetivamente resultar[1388] – inerente à sua função externa, mas também a importância da sua função interna (*de facto*[1389]), na articulação das suas intervenções com os demais órgãos societários[1390].

1010

III. Aos escândalos sucederam-se, nos Estados Unidos, o *Sarbanes-Oxley Act*[1391], as subsequentes iniciativas da SEC e a revisão das normas emitidas pelas próprias bolsas de valores.

1011

A nível europeu, distinguem-se dois momentos. Inicialmente, a Comissão Europeia limitou-se a rever o conteúdo da sua Recomendação sobre a independência dos auditores, então em preparação. Porém, à medida que aos escândalos norte-americanos se foram somando os escândalos europeus (com destaque para a Parmalat), a Comissão foi sujeita a uma crescente pressão para tomar medidas mais agressivas. Neste contexto, emitiu a Comunicação "Reforçar a revisão oficial de contas na UE"[1392], onde reconheceu que o plano apresentado em 1998, na

1012

---

jurídica, que os auditores certificaram as contas das sociedades, e que os analistas financeiros e as sociedades de notação de risco fizeram por ignorar determinados indícios de práticas ilícitas. Paralelamente, os investidores atuavam no mercado baseando as suas opções de investimento em pressupostos totalmente errados, vivendo o mercado à margem da realidade, dando por certo um conjunto de informações que na realidade fora produzido para o efeito.

[1387] FERREIRA GOMES – *A fiscalização...* p. 180-182.

[1388] Segundo a definição de RICHARD I. MILLER e MICHAEL R. YOUNG – Financial reporting and risk management in the 21st century, *Fordham Law Review*, 65, 1997, p. 2016: «*the gap between the perception of the professional's responsibility and the professional's responsibility in fact*». Segundo os autores, historicamente, a principal causa deste gap residia na falta de sofisticação dos destinatários da informação financeira que não discerniam o limitado papel do auditor e a limitada garantia inerente à sua intervenção. Para uma análise deste fenómeno no contexto dos referidos escândalos financeiros e das reformas legislativas que se lhes seguiram, cfr., *v.g.*, DONALD C. LANGEVOORT – Symposium: Lessons from Enron, how did corporate and securities law fail? Managing the "expectations gap" in investor protection: the SEC and the post-Enron reform agenda, *Villanova Law Review*, 48, 2003.

[1389] Veremos adiante se, tal como sugerimos antes, uma tal função interna se impõe *de iure*.

[1390] Cfr., *v.g.*, EDDY WYMEERSCH – "Corporate Governance Regeln in ausgewählten Rechtssytemen", in PETER HOMMELHOFF, et al. (eds.) – *Handbuch Corporate Governance: Leitung und Überwachung börsennotierter Unternehmen in der Rechts- und Wirtschaftspraxis*, 2.ª ed., Köln, Stutgard: Schmidt, Schäffer-Poeschel, 2009, p. 150.

[1391] Public Company Accounting Reform and Investor Protection Act of 2002, 15 U.S.C. §7201 e s., 107 Pub. L. No. 204, 116 Stat. 745.

[1392] JO 236, 02.10.2003, p.0002-0013.

DA ADMINISTRAÇÃO À FISCALIZAÇÃO DAS SOCIEDADES

"Comunicação relativa ao futuro da revisão oficial de contas na União Europeia", já não era suficiente, entendendo que a situação pós-Enron exigia novas iniciativas para reforçar a confiança dos investidores nos mercados de capitais e para fomentar a confiança do público nos auditores na União Europeia.

1013   Esta Comunicação representou um ponto de viragem na história da regulação da fiscalização de sociedades a nível europeu, traduzindo o abandono, pela Comissão, da sua posição de preferência pela autorregulação e pela intervenção através de instrumentos legislativos não vinculativos. Iniciou-se então uma fase mais intervencionista, baseada nos princípios estabelecidos nesta última Comunicação, e que viria a culminar nas Diretrizes 2006/43/CE[1393] e 2006/46/CE.

1014   Em Portugal, sucederam-se as já analisadas reformas de 2006 e de 2008, com alterações ao Código das Sociedades Comerciais e ao Estatuto da Ordem dos Revisores Oficiais de Contas.

1015   IV. Face a estes dados, pode afirmar-se, com MATTHEUS, que este ativismo global constitui uma oportunidade para compreender os fundamentos da revisão de contas e a sua integração no sistema de governo das sociedades, ponderando o sentido dogmático das últimas alterações e a sua integração no sistema existente[1394].

1016   Como veremos em seguida, o complexo de situações jurídicas atualmente imputadas ao revisor oficial de contas só pode ser cabalmente apreendido e compreendido através da sua sistematização sob a unidade da obrigação de vigilância, diferenciando entre as vinculações a atividades cognitivas, valorativas e reativas, sem prejuízo da sua articulação dialética.

§ 35. OS PODERES-DEVERES DE OBTENÇÃO DE INFORMAÇÃO E DE INSPEÇÃO DO REVISOR OFICIAL DE CONTAS

35.1. Os poderes-deveres de obtenção de informação e de inspeção do revisor oficial de contas em geral

1017   I. Na análise dos poderes-deveres de obtenção de informação e de inspeção do revisor oficial de contas, deve distinguir-se entre aqueles que lhes são impu-

---

[1393] Muitas das disposições desta Diretriz constavam já das Recomendações da Comissão antes referidas, mas considerando a necessidade de reforçar a confiança dos investidores nos auditores e no mercado, foram incluídas num instrumento legislativo de carácter vinculativo que garante uma maior rigidez e harmonização.

[1394] MATTHEUS – *Die Rolle des Abschlussprüfers...* p. 565.

O MODELO PORTUGUÊS ENQUANTO MODELO BASE

tados enquanto *membro do conselho fiscal* – quando neste se integre – daqueles que lhe são imputados enquanto *órgão singular autónomo*.

Quando o revisor *integre* o conselho fiscal [art. 413.º/1, *a*)], estará obrigado, como qualquer outro membro do mesmo, a *obter* e a *prestar* ao conselho as informações de que este necessita para desenvolver as suas funções (art. 420.º/3). Tais deveres são-lhe imputados *na específica qualidade de membro desse conselho* e não enquanto revisor. Incluem-se portanto no seu *status* de fiscal e não no seu *status* de revisor oficial de contas. Para além disso, deve obter a informação necessária ao desenvolvimento das suas funções específicas, enquanto órgão autónomo (art. 420.º/4).

1018

II. Quando o revisor *não integre* o conselho fiscal [art. 413.º/1, *b*)], os seus poderes-deveres de obtenção de informação e de inspeção estão sujeitos a uma distinta delimitação teleológica. Neste caso, o revisor só está obrigado a obter a informação necessária à revisão e certificação legais de contas. Vale o disposto no art. 420.º/4. Esta norma é completada pelo disposto nos arts. 421.º/1 e 2 e 422.º/1, *a*).

1019

Assim, enquanto *órgão singular autónomo*, o revisor *deve* assistir às reuniões da administração e assistir às assembleias gerais para que o presidente da mesma o convoque *ou* em que se apreciem as contas do exercício [art. 422.º/1, *a*)] e *pode* assistir às demais reuniões da administração quando as circunstâncias assim o exijam ou aconselhem [art. 421.º/1, *d*)]. Para além disso *pode* obter da administração a apresentação, para exame e verificação, dos livros, registos e documentos da sociedade, bem como verificar as existências de qualquer classe de valores, designadamente dinheiro, títulos e mercadorias [art. 421.º/1, *a*)]. *Pode* ainda obter as informações ou esclarecimentos sobre o curso das operações ou atividades da sociedade ou sobre qualquer dos seus negócios [art. 421.º/1, *b*)]. Por fim, *pode* contactar e inquirir diretamente os trabalhadores e colaboradores da sociedade, para obter as informações e esclarecimentos que entenda necessários ou convenientes [art. 421.º/1, *c*), por maioria de razão], bem como obter de terceiros que tenham realizado operações por conta da sociedade as informações de que necessite para o conveniente esclarecimento de tais operações [art. 421.º/1, *c*) CSC e art. 52.º/3 EOROC[1395]][1396].

1020

[1395] Nos termos desta disposição, o revisor pode solicitar a terceiros informações sobre contratos e movimentos de contas entre estes e a sociedade onde exerce funções, «originados por compras, vendas, depósitos, responsabilidades por aceites e avales ou quaisquer outras operações, bastando, para o efeito, invocar a sua qualidade, o que poderá ser comprovado, se necessário, pela apresentação da cédula profissional». O n.º 4 do mesmo artigo vai mais longe estabelecendo que, «[n]os casos de falta de resposta no prazo de 30 dias, ou de insuficiência da mesma, o revisor oficial de contas poderá examinar directamente a escrita e a documentação da empresa ou entidade solicitada, embora circunscrevendo o

DA ADMINISTRAÇÃO À FISCALIZAÇÃO DAS SOCIEDADES

1021   Da articulação sistemática destes diferentes poderes-deveres com o disposto no art. 420.º/4 CSC resulta uma delimitação teleológica e funcional da sua dimensão *passiva* à obtenção de informação: o conteúdo da vinculação do revisor enquanto órgão singular é delimitado pelo propósito da revisão e certificação legais de contas. Estamos novamente perante um conceito normativo determinado pela função (*Zweckbegriff*). Por um lado, o revisor está obrigado a procurar *todas* as informações necessárias no *momento* (com a periodicidade)[1397] e da *forma* mais adequadas à concretização desse propósito (*delimitação positiva*). Por outro lado, o revisor *só* está obrigado a procurar as informações necessárias para esse efeito (*delimitação negativa*).

1022   Nesta medida, quando o revisor não integre o conselho fiscal, não está obrigado a procurar informação específica para que esse órgão cumpra as suas funções. Não há base normativa para sustentar a imputação de um tal dever.

1023   Da mesma forma, não há base normativa para imputar ao revisor específicos deveres de exame e de verificação dirigidos à identificação de «factos que considere revelarem graves dificuldades na prossecução do objecto da sociedade» – para posterior comunicação ao conselho de administração e à assembleia geral –, como se poderia, à primeira vista, concluir a partir do art. 420.º-A. Desta norma resultam poderes-deveres de *reação* face a irregularidades detetadas, mas não uma delimitação funcional da sua atividade *cognitiva*: caso o revisor tome conhecimento de tais factos no decurso do seu exame dirigido à certificação de contas, deve comunicá-los ao conselho de administração ou à assembleia geral (conforme aplicável), mas desta norma não resulta um qualquer dever de realizar exames e verificações especificamente dirigidos ao conhecimento de tais factos[1398].

1024   III. Como veremos adiante, a dimensão passiva destes poderes-deveres de obtenção de informação e de inspeção é densificada não só pelo disposto na lei,

---

exame aos elementos pedidos; se tal atuação lhe for dificultada, poderá solicitar por escrito a obtenção das mesmas informações através de entidade legalmente competente, a qual, para o efeito, quando o caso o justifique, cobrará uma taxa à empresa ou outra entidade solicitada».

[1396] Valem aqui as considerações tecidas a propósito dos idênticos poderes-deveres de obtenção de informação e de inspeção dos membros do conselho fiscal, para as quais remetemos. Cfr. § 24.1 *supra*.

[1397] Contrariamente ao verificado no nosso sistema, a lei italiana exigia que o revisor verificasse a regularidade da contabilidade e o correto registo dos factos de gestão na escrituração contabilística com uma periodicidade pelo menos trimestral. Cfr. art. 2409-*ter Codice Civile*, revogado em 2010. Hoje cabe ao revisor determinar a periodicidade necessária em função das concretas circunstâncias da sociedade em causa. Cfr. *Circolare ASSONIME n. 16/2010...* p. 924.

[1398] Em sentido contrário, mas sem justificar, Paulo Câmara e Gabriela Figueiredo Dias – *O governo das sociedades anónimas...* p. 79.

O MODELO PORTUGUÊS ENQUANTO MODELO BASE

no contrato de sociedade e no contrato celebrado entre a sociedade e o revisor, mas também – e, em especial – pelas normas de auditoria emanadas da Ordem dos Revisores Oficiais de Contas, em conformidade com as Normas Internacionais de Auditoria (*International Standards on Auditing* ou ISA) aprovadas pela Comissão Europeia (arts. 44.º/11 EOROC e 26.º/1 e 2 Diretriz 2006/43/CE). À margem destas, também devem ainda ser consideradas as normas deontológicas constantes do Código de Ética da Ordem dos Revisores Oficiais de Contas.

35.2. Os poderes-deveres de informação do revisor oficial de contas nos grupos de sociedades. A questão da "inteira responsabilidade" do "revisor do grupo" pela certificação legal das contas consolidadas

I. No contexto dos grupos de sociedades, os poderes-deveres de informação do revisor têm alcance idêntico ao dos fiscais, já analisados, devendo distinguir-se entre: (i) os poderes-deveres de informação do conselho fiscal da sociedade-mãe e dos seus membros em grupos *de iure* emergentes de contratos de subordinação e de domínio total; (ii) os poderes-deveres de informação do conselho fiscal da sociedade-mãe e dos seus membros em caso de consolidação de contas; e (iii) os poderes-deveres de informação do conselho fiscal da sociedade-mãe e dos seus membros noutros grupos (*de iure* e *de facto*). Remetemos para os §§ 24.2 ss. para maiores desenvolvimentos.

II. Sem prejuízo desta remissão, na densificação da dimensão passiva dos poderes-deveres de obtenção de informação e de inspeção do revisor, releva ainda o disposto no art. 44.º-A do EOROC e nas Recomendações Técnicas da OROC.

Quanto a estas últimas, destacam-se atualmente as Recomendações n.os 9, relativa à "revisão das demonstrações financeiras consolidadas" (de setembro de 1991), e 19, relativa à "utilização do trabalho de outros revisores/auditores e de técnicos ou peritos" (de agosto de 1996)[1399]. Estas Recomendações Técnicas

1025

1026

1027

[1399] A Recomendação Técnica n.º 9 (de setembro de 1991) visa densificar os deveres do revisor em caso de consolidação de contas, distinguindo consoante as demonstrações financeiras das entidades incluídas na consolidação (não certificadas pelo próprio) (i) tenham sido certificadas por um outro revisor (nacional ou estrangeiro) ou (ii) não tenham sido examinadas por qualquer revisor. No primeiro caso, deve o revisor: (i) averiguar se os exames efetuados pelo (outro) revisor foram apoiados em normas técnicas de revisão equivalentes às normas a que se encontram vinculados os revisores de contas em Portugal; (ii) avaliar a qualidade das normas aplicadas; e (iii) apreciar a qualidade do trabalho do exame efetuado pelo revisor respetivo, (*a*) consultando os processos e registos do outro ou dos outros revisores ou (*b*) se a dispersão geográfica das sociedades consolidadas o não permitir, submetendo ao revisor respetivo, para preenchimento e confirmação, um formulário adequado onde detalhará os procedimentos cuja execução considera indispensáveis. No segundo caso, o revisor deve, «por todos os meios ao seu dispor

DA ADMINISTRAÇÃO À FISCALIZAÇÃO DAS SOCIEDADES

permitem densificar a conduta devida pelo revisor da sociedade consolidante, num sistema de *responsabilidade subjetiva* (art. 82.º/1 CSC), coerente com o prin-

ajuizar das características qualitativas das demonstrações financeiras». Assim, o revisor: (i) sempre que possível, deve realizar ele próprio um exame ou uma revisão limitada das demonstrações financeiras, consoante a relevância da sociedade no conjunto; (ii) se tal não for possível, devido, por exemplo, à dispersão geográfica das sociedades consolidadas, deve recorrer a outro revisor para que realize tal exame ou revisão limitada; e (iii) em qualquer caso, ainda que satisfeito com a imagem verdadeira e apropriada dessas demonstrações financeiras, deve divulgar aquela ausência de revisão na certificação legal que emitir e o tipo de trabalho realizado, não sendo, pois, aceitável limitar-se a dizer que tais contas não foram objeto de revisão e ressalvar o efeito respetivo na sua opinião.

A Recomendação Técnica n.º 19 (de agosto de 1996) debruça-se sobre a utilização pelo revisor do trabalho de outro revisor/auditor ou de técnicos ou peritos não enquadrados na sua própria estrutura profissional (sobre o mesmo tema, cfr. a ISA 220). Nos termos do seu n.º 5, «[o] revisor/auditor é sempre responsável por todo o trabalho que suporte as conclusões por si atingidas, mesmo nas situações em que utilize o trabalho de outro ou outros auditores/revisores ou de técnicos ou peritos. A divulgação da identidade e qualificação destes outros intervenientes não o isenta de tal responsabilidade, embora lhe permita nalguns casos *dividi-la*» (itálico nosso). De acordo com o n.º 6, a responsabilidade seria *divisível* (i) quando a entidade consolidada estivesse sujeita a revisão por outro revisor e fosse relevante no conjunto das sociedades consolidadas ou (ii) fosse necessário ao revisor recorrer ao trabalho ou parecer de técnicos ou peritos externos e o objeto da intervenção destes envolva conhecimentos ou preparação técnica extremamente especializados fora do alcance do revisor. Não é claro o sentido normativo da "divisão" da responsabilidade. Naturalmente, uma norma recomendatória como esta pode auxiliar o intérprete--aplicador na densificação da conduta devida pelo revisor, mas não pode contrariar as coordenadas fixadas pelas normas legais de responsabilidade civil. Nessa medida, não pode aceitar-se a construção desta norma como consagrando, no primeiro caso, uma exclusão da responsabilidade do revisor da sociedade consolidante pelos erros decorrentes de uma incorreta fiscalização das contas de sociedades consolidadas (certificadas por outro revisor) e, no segundo caso, um regime de desresponsabilização do revisor pelos atos das pessoas que use para o cumprimento da sua obrigação.

A Recomendação Técnica n.º 19 aborda ainda a dificuldade de o revisor documentar devidamente a verificação que fez do trabalho de outros revisores, para poder assumir como suas as conclusões atingidas por aqueles. Neste sentido, dispõem os n.os 9 ss. que:

(i) o revisor deve assegurar-se de que o outro interveniente, cujo trabalho pretende utilizar, possui habilitações e competência profissionais adequadas à realização do mesmo, não está abrangido por qualquer incompatibilidade e é independente em relação às entidades em causa;

(ii) quando o entender necessário, deve o revisor solicitar ao outro interveniente confirmação escrita de que reúne as condições referidas no parágrafo anterior;

(iii) também se o entender necessário, deve o revisor proceder às verificações ou diligências que lhe permitam confirmar a competência profissional e a qualidade do trabalho do outro interveniente, e documentar adequadamente tais verificações ou diligências;

(iv) *quando o outro interveniente seja um revisor inscrito na Ordem dos Revisores Oficiais de Contas ou em organismo congénere estrangeiro reconhecido, presume-se a sua competência profissional e a qualidade do seu trabalho,* bastando ao revisor obter prova, se o achar necessário, de tal inscrição;

(v) antes de o outro interveniente iniciar o trabalho que o revisor pretenda utilizar, deve ser delimitado o trabalho a desenvolver por este, devendo o revisor comunicar-lhe ou com ele debater e acordar: (a) a finalidade do trabalho a realizar pelo outro interveniente e a forma como deve ser documentado e relatado; (b) o uso que o revisor/auditor fará de tal trabalho; e (c) os aspetos mais importantes ou significativos a considerar pelo outro interveniente no desenvolvimento do seu trabalho; e

O MODELO PORTUGUÊS ENQUANTO MODELO BASE

cípio de que só existe obrigação de indemnizar independentemente de culpa nos casos especificados na lei, refletido no art. 483.º/3 CC. Isto sem prejuízo da sua responsabilidade objetiva pelos atos das pessoas que utilize para o cumprimento dos seus deveres (art. 800.º/1 CC).

Porém, destas recomendações não resultam, nem podiam obviamente resultar de um instrumento de tal natureza, quaisquer poderes-deveres *adicionais* de informação e inspeção sobre as sociedades consolidadas. Quanto a este ponto, vale portanto o quadro normativo já analisado, nos termos do qual as sociedades consolidadas só estão obrigadas a prestar informações *diretamente* ao revisor da sociedade consolidante, e a sujeitar-se às inspeções do mesmo, quando exista uma relação de grupo emergente de um contrato de subordinação ou de uma situação de domínio total. 1028

Nos demais casos, o acesso do revisor à informação sobre as sociedades consolidadas será sempre *mediado pelo conselho de administração* da sociedade consolidante, a quem compete o exercício do direito de informação previsto no art. 508.º-A/3. É a este que o revisor da sociedade consolidante deve dirigir os seus pedidos de informação ou de acesso a quaisquer documentos que entenda relevantes para efeitos da certificação das contas consolidadas. 1029

(vi) os princípios contabilísticos e as normas de revisão/auditoria a aplicar, a forma e o conteúdo do relatório e a divisão de tarefas (quando aplicável).

Deve depois o revisor/auditor executar e documentar procedimentos que lhe permitam confiar no trabalho realizado pelo outro revisor e assumir como suas as conclusões por ele atingidas. Tais procedimentos, quando o revisor/auditor não possa verificar os papéis de trabalho do outro revisor/auditor, devem consistir, pelo menos: (a) na obtenção de cópias dos documentos finais (demonstrações financeiras, relatórios emitidos pelo outro revisor, declaração de responsabilidade, etc.), quando aplicável; (b) na preparação de um questionário, a preencher pelo outro revisor, acerca do trabalho por este realizado e das conclusões atingidas; (c) na apreciação das respostas a esse questionário; (d) na discussão ou aclaramento de tais respostas, quando o entenda necessário; (e) na documentação da sua verificação e posição final sobre a fiabilidade do trabalho realizado e sobre as conclusões atingidas pelo outro revisor; e (f) na descrição das razões por que não foi efetuada a verificação dos papéis de trabalho do outro revisor. O revisor poderá prescindir da verificação dos papéis de trabalho do outro revisor com base no fraco risco envolvido (que justificará na sua documentação) ou na diminuta materialidade (que demonstrará na sua documentação) da área ou do componente examinado pelo outro revisor/auditor, devendo contudo obter sempre deste resposta ao questionário mencionado no parágrafo anterior.

Obviamente, a presunção da competência profissional e da qualidade do trabalho dos revisores inscritos na Ordem dos Revisores Oficiais de Contas, referida no ponto (iv), é manifestamente desadequada. O facto de a Ordem assegurar um nível mínimo de competências técnicas dos seus membros no acesso à profissão [arts. 123.º, *e*), *f*) e *g*) e 126.º-A EOROC] e um controlo de qualidade periódico (art. 68.º EOROC), não pode isentar o revisor da sociedade consolidante da verificação da adequação de outros revisores *no caso concreto*. A este ponto voltaremos adiante na análise da ISA 600.

DA ADMINISTRAÇÃO À FISCALIZAÇÃO DAS SOCIEDADES

1030   Esta solução, hoje ultrapassada nos sistemas que nos servem de referência[1400], limita a capacidade do revisor para questionar a veracidade e a adequação da imagem da empresa plurisocietária apresentada pela administração da sociedade consolidante nas contas consolidadas.

1031   Em todo o caso, sendo recusada a prestação de qualquer informação ou o acesso a qualquer documento que entenda relevante, o revisor deve relatar esse facto no documento de certificação legal das contas e, se as circunstâncias do caso o justificarem, deve qualificar a sua opinião de revisão [cfr. art. 451.º/3, c) e d)].

1032   III. É neste contexto que deve ser considerado o disposto no art. 44.º-A/1, a) EOROC, introduzido na reforma de 2008, em transposição do art. 27.º, a) da Diretriz 2006/43/CE[1401]. Nos termos desta disposição, em caso de consolidação de contas, o «revisor oficial de contas do grupo tem inteira responsabilidade pela certificação legal das contas relativamente às contas consolidadas».

1033   Esta norma deve ser interpretada com alguma cautela. Em primeiro lugar, o grupo não tem personalidade jurídica nem tem órgãos, devendo a referência ao "revisor do grupo" ser entendida como uma referência ao revisor da sociedade consolidante. Em segundo lugar, deve questionar-se o sentido da "inteira responsabilização" do revisor pela certificação das contas consolidadas.

1034   IV. O art. 27.º, a) da Diretriz 2006/43/CE constitui uma reação direta ao escândalo Parmalat e, como explica BUSSOLETTI, visou neutralizar a orientação de alguns princípios de revisão de contas que consentiam ao revisor da sociedade consolidante não assumir a responsabilidade pelas áreas do grupo cujas contas fossem certificadas por outro revisor[1402].

1035   Em Itália, de acordo com o regime anteriormente vigente, no controlo das contas consolidadas, o revisor devia verificar a regularidade e a correspondência das mesmas aos registos contabilísticos da sociedade consolidante, bem como às informações transmitidas pelas sociedades consolidadas (art. 41 do *Decreto legislativo 9 aprile 1991, n. 127*). Esta norma era interpretada no sentido de exigir apenas uma mera *comparação documental* entre os dados apresentados pela socie-

---

[1400] Cfr., *v.g.*, no sistema alemão, o § 320(2)3 HGB e, no sistema italiano, o art. 16(4) *Decreto legislativo 27 gennaio 2010, n. 39*.

[1401] Esta norma deve ser articulada com o ponto (15) dos considerandos da Diretriz 2006/43/CE, no qual se pode ler: «No caso das contas consolidadas, é importante que exista uma definição clara das responsabilidades dos diferentes revisores oficiais de contas que procedem à revisão ou auditoria de partes do grupo. Para o efeito, o revisor oficial de contas do grupo deverá assumir a total responsabilidade pelo relatório de auditoria ou certificação legal das contas».

[1402] BUSSOLETTI – *Bilancio e revisione contabile...* p. 1170-1171.

O MODELO PORTUGUÊS ENQUANTO MODELO BASE

dade consolidante e os registos contabilísticos desta. Dela não resultava o *dever*, nem o *poder*, de verificar a real correspondência entre estes dados e a realidade económica subjacente[1403].

Face ao novo regime (art. 14(6) do *Decreto legislativo 27 gennaio 2010, n. 39*[1404]) já não é possível um tal entendimento: o revisor é hoje "inteiramente responsável" pelo juízo proferido sobre as contas consolidadas e, para o efeito, (i) pode exigir a apresentação dos documentos da revisão das sociedades consolidadas aos sujeitos responsáveis pela mesma; (ii) pode exigir aos mesmos e aos administradores de tais sociedades outros documentos e informações que sejam úteis para efeitos da revisão das contas consolidadas; e (iii) pode praticar diretamente atos de inspeção, controlo e exame dos atos e documentos dessas sociedades[1405].

1036

V. Entre nós, o art. 27.º, *a)* da Diretriz 2006/43/CE e a sua transposição pelo art. 44.º-A/1, *a)* EOROC parecem não ter o mesmo alcance, porquanto não era já admissível entre nós, como vimos, a desresponsabilização do revisor pelas contas de parte do grupo certificadas por outro revisor. Com efeito, face ao art. 508.º-D/2 e 3, tal como densificado pelas referidas Recomendações Técnicas n.ºs 9 e 19, o revisor era já "inteiramente responsável" pela certificação legal das contas consolidadas[1406].

1037

Por outro lado, entre nós, a transposição desta norma da Diretriz não foi acompanhada da previsão de poderes-deveres adicionais de informação e inspeção face às sociedades consolidadas, como sucedeu no sistema italiano e previa já o sistema alemão, pelo que também neste ponto se manteve (infelizmente) inalterado o quadro normativo pré-vigente[1407]. Este ponto é tão relevante quanto é certo que, no processo de revisão, o revisor se depara frequentemente

1038

[1403] *Circolare ASSONIME n. 16/2010...* p. 925. Cfr. também G. OLIVERI − "La rilevanza giuridica del bilancio consolidato", in G.E. COLOMBO e G.B. PORTALE (eds.) − *Tratatto delle società per azioni*, 7, Torino: UTET, 1994, p. 626.

[1404] Este diploma pode ser consultado na *Rivista delle società*, 55:4, 2010, p. 831-867.

[1405] Cfr. também *Circolare ASSONIME n. 16/2010...* p. 925-926. Naturalmente, os correspondentes deveres de prestação de informação e de sujeição aos atos de inspeção e verificação só oneram as entidades consolidadas sujeitas ao Direito italiano, mantendo-se a questão em aberto quanto às sociedades estrangeiras. É interessante notar que a Diretriz 2006/43/CE prevê apenas a imputação de *deveres* ao revisor da sociedade consolidante (art. 27.º); não prevê quaisquer mecanismos destinados a assegurar o acesso deste à informação das sociedades consolidadas.

[1406] Como vimos, a "divisão" de responsabilidades referida na Recomendação Técnica não podia ser interpretada no sentido de excluir a responsabilidade do revisor pela certificação de parte das contas consolidadas certificada por outro revisor.

[1407] A transposição do art. 26.º da Diretriz 2006/43/CE determinou, contudo, uma maior densificação dos deveres do revisor da sociedade consolidante relativamente à documentação da sua atividade de revisão, com vista à certificação das contas consolidadas, nos termos do art. 44.º, n.ºs 1, *b)* e *c)*, 2 e 4 EOROC.

DA ADMINISTRAÇÃO À FISCALIZAÇÃO DAS SOCIEDADES

com indícios de irregularidades que, só por si, não o habilitam a confrontar a administração, a qualificar a sua opinião de revisão [art. 451.º/3, c)], nem sequer a incluir uma qualquer referência no documento de certificação de contas [art. 451.º/3, d)]. Só perante uma análise mais detalhada dos registos e documentos da sociedade em causa, ou da inquirição dos seus colaboradores, poderia formular um juízo sobre a relevância desses indícios. Ora, na ausência de adequados poderes-deveres de informação e inspeção face a tal sociedade, tende a ser menor a propensão do revisor para prosseguir este tipo de pistas. Na prática, face ao entendimento consolidado de que – não obstante dever ter uma atitude crítica face à sociedade, aos seus representantes e colaboradores e orientar o seu exame em conformidade – não tem de usar métodos criminalísticos no desenvolvimento das suas funções[1408], o revisor tende a atuar apenas perante os casos mais óbvios, face aos quais não terá como justificar a sua omissão.

1039   VI. Refira-se ainda a propósito da revisão das contas consolidadas que os deveres do revisor da sociedade consolidante são ainda densificados pelo disposto na Norma Internacional de Auditoria (*International Standard on Auditing* ou ISA) 600, cuja adoção pela Comissão Europeia se espera em breve.

1040   Segundo esta norma, o revisor da sociedade consolidante é totalmente responsável pela revisão das contas consolidadas, (i) devendo assegurar-se das capacidades e competências de todos os intervenientes nesse processo, incluindo outros revisores independentes responsáveis pela revisão de componentes das demonstrações financeiras consolidadas, bem como (ii) dirigir, vigiar e assegurar o desempenho da revisão das contas do grupo[1409].

[1408] MATTHEUS – *Die Rolle des Abschlussprüfers...* p. 593-594. O conceito de *"forensic audits"* é definido pela FÉDÉRATION DES EXPERTS COMPTABLES EUROPÉENS – *Provision of Accountancy, Audit and Related Services in Europe: A Survey on Market Access Rules*, 2005, p. 10 como:

«*performing investigation, inspection or examination of books, records and all kinds of documents in an attempt to identify a suspected fraud or financial wrongdoing and developing an expert opinion in matters of disputes referring to accounting issues*».

A este propósito, recordamos a análise do caso Enron por BRICKEY – *From Enron to WorldCom...* p. 373, face à qual ficam patentes as limitações do atual modelo de revisão de contas na deteção de fraudes contabilísticas:

«*With the aid of Wall Street lawyers, accountants, and investment banks, Enron also devised tax shelters that enabled the corporation to avoid paying any taxes over a period of years, even though it booked billions of dollars of profits. The transactions were so complex that even the IRS did not understand them. Effective investigation of these transactions thus requires an enormous investment of time, money, and personnel, including forensic experts. To sort the intricacies out, investigators need the benefit of insiders' knowledge of the corporate chain of command, the inner workings of the organization's accounting system, and the day-to-day interactions among key players*».

[1409] Cfr. n.ºs 4, a p. 579, e 11, a p. 582.

Aliás, antes de aceitar este encargo, o revisor da sociedade consolidante deve avaliar se pode razoavelmente esperar obter suficientes elementos que lhe permitam fundamentar um juízo sobre as contas

O MODELO PORTUGUÊS ENQUANTO MODELO BASE

Note-se que desta norma não resultam deveres para as sociedades consolidadas ou para os seus revisores relativamente à prestação de informação ao revisor da sociedade consolidante. Resulta apenas uma acrescida densificação dos deveres do revisor desta última, a quem cabe não só obter informação sobre as sociedades consolidadas, mas também confirmar a credibilidade da sua certificação pelos respetivos revisores. 1041

A responsabilidade do revisor da sociedade consolidante só será objetiva, nos termos do art. 800.º/1 CC, quando este seja designado revisor oficial de contas das sociedades sujeitas a consolidação e utilize outros revisores para o cumprimento das suas obrigações legais. 1042

35.3. A delimitação da dimensão passiva dos poderes-deveres de informação e inspeção do revisor oficial de contas

I. Como referimos já, os poderes-deveres de informação e inspeção do revisor oficial de contas (enquanto órgão singular) são delimitados, antes de mais, pelo propósito da certificação legal de contas, nos termos do art. 420.º/4: o revisor não está vinculado à obtenção de informação para qualquer outro propósito. 1043

Para além deste critério geral, a dimensão passiva destes poderes-deveres é delimitada não só pelo disposto na lei, no contrato de sociedade e no contrato com o revisor, mas também pelas normas de auditoria emanadas da Ordem dos Revisores Oficiais de Contas, que deverão respeitar as Normas Internacionais de Auditoria aprovadas pela Comissão Europeia (arts. 44.º/11 EOROC e 26.º/1 e 2 Diretriz 2006/43/CE). À margem destas, também devem ser consideradas as normas deontológicas constantes do Código de Ética da Ordem dos Revisores Oficiais de Contas[1410]. 1044

As normas de auditoria e, em particular, as Normas Internacionais de Auditoria, são, pelo seu detalhe e desenvolvimento, particularmente relevantes na concretização da conduta diligente devida pelo revisor no desenvolvimento das suas funções. Nesta medida, a sua observância constitui uma presunção *iuris tantum* do cumprimento da correspondente obrigação de vigilância, permitindo 1045

---

consolidadas. Em particular, deve avaliar o grupo e identificar os seus principais componentes e, sendo as contas destes certificadas por outros revisores, determinar se terá condições para ser envolvido no trabalho desenvolvido pelos mesmos, na medida necessária à obtenção dos tais elementos que lhe permitam formular um juízo sobre as contas consolidadas. Se concluir pela negativa e entender que o resultado previsível de uma sua intervenção será uma escusa de opinião, não deve aceitar o encargo da revisão e certificação legal das contas consolidadas. Cfr. n.ºs 12 e 13, a p. 582-583. Para uma análise sistemática e detalhada sobre a ISA 600, cfr. ANA SOFIA NUNES – Auditoria de demonstrações financeiras consolidadas, *Revisores e Auditores*, 47, 2009.

[1410] Disponível em http://www.oroc.pt/fotos/editor2/Bastonario/2011/CodigoEtica2011.pdf. Consultado em 11/10/2012.

DA ADMINISTRAÇÃO À FISCALIZAÇÃO DAS SOCIEDADES

ao revisor mitigar o seu risco de responsabilidade civil[1411]. Paralelamente, a sua inobservância constitui uma presunção de incumprimento. Tanto uma como outra são ilidíveis por referência a desvios impostos por específicas circunstâncias do caso concreto[1412].

1046   II. Perante o atual quadro normativo, o revisor deve assumir uma atitude crítica face à sociedade, aos seus representantes e colaboradores[1413], mas não está obrigado à utilização de métodos criminalísticos[1414].

1047   Nos termos da ISA 200, intitulada «objetivos gerais do auditor independente e condução de uma auditoria de acordo com as normas internacionais de auditoria»:

> «(...) as ISA exigem que o auditor obtenha garantia razoável da fiabilidade sobre se as demonstrações financeiras como um todo estão isentas de distorções materiais, devido a fraude ou a erro. A garantia razoável de fiabilidade é um nível elevado de garantia. É conseguida quando o auditor tiver obtido prova de auditoria suficiente e apropriada para reduzir o risco de auditoria (i.e., o risco de o auditor expressar uma opinião não apropriada quando as demonstrações financeiras estão materialmente distorcidas) para um nível aceitavelmente baixo. Porém, a garantia razoável de fiabilidade não é uma garantia de fiabilidade absoluta, porque uma auditoria tem limitações inerentes que resultam de a maior parte da prova de auditoria de que o auditor extrai as conclusões e em que baseia a sua opinião ser persuasiva e não conclusiva»[1415].

[1411] Cfr., no sistema italiano, face ao disposto no art. 11.º do *Decreto legislativo 27 gennaio 2010, n. 39*, segundo o qual a revisão legal deve ser desenvolvida de acordo com as normas de auditoria adotadas pela Comissão Europeia, nos termos do art. 26.º, n.os 1 e 2 da Diretriz 2006/43/CE, *Circolare ASSONIME n. 16/2010...* p. 930, 921-922.

[1412] Note-se, aliás, que as ISA referem frequentemente a necessidade de adaptação do seu conteúdo em função das circunstâncias do caso concreto. Neste sentido, cfr., *v.g.*, a ISA 600 sobre a revisão de contas consolidadas, a p. 579.

[1413] O n.º 7 da ISA 200, a p. 73, refere a necessidade de manter um "ceticismo profissional" no planeamento e desenvolvimento da revisão legal de contas. Este é definido como: «*An attitude that includes a questioning mind, being alert to conditions which may indicate possible misstatement due to error or fraud, and a critical assessment of audit evidence*». Cfr. n.º 13(1), a p. 77. Cfr. também o n.º 15, a p. 78.

[1414] Cfr. nota 1408 *supra*.

[1415] Cfr n.º 5, a p. 73. A tradução apresentada é da autoria da OROC e pode ser consultada em INTERNATIONAL FEDERATION OF ACCOUNTANTS – *Manual das normas internacionais de controlo de qualidade, auditoria, revisão, outros trabalhos de garantia de fibilidade e serviços relacionados*, I, New York: IFAC, 2010, p. 83.

§ 36. O DEVER DE AVALIAÇÃO DO REVISOR OFICIAL DE CONTAS

I. Nos termos do art. 451.º/2, o revisor deve apreciar o relatório de gestão   1048
e completar o exame das contas com vista à sua certificação legal. A avaliação levada a cabo pelo revisor vai, portanto dirigida a tal certificação e, nessa
medida, pauta-se por critérios de *legalidade* e *regularidade contabilística*, densificados pelo disposto nos n.ᵒˢ 3 a 5 daquele artigo e pelas normas técnicas emitidas
pela OROC.

Destaca-se, em particular, o disposto nas alíneas *c)* e *e)* do n.º 3, nos termos da   1049
qual o documento de certificação deve incluir:

> «Um parecer sobre se as contas de exercício dão uma imagem verdadeira
> e apropriada de acordo com a estrutura do relato financeiro e, quando apro-
> priado, se as contas do exercício estão em conformidade com os requisitos
> legais aplicáveis (...)».

> «Um parecer em que se indique se o relatório de gestão é ou não concor-
> dante com as contas do exercício»[1416].

Perante este enquadramento e contrariamente ao verificado para o conselho   1050
fiscal, o revisor não tem de avaliar *diretamente* a administração da sociedade[1417].
Tem de avaliar apenas se as contas do exercício dão uma imagem verdadeira e
apropriada da sociedade. Nessa medida, mesmo nos casos em que as opções da
administração ponham em causa a situação da sociedade, a sua rentabilidade ou
mesmo a sua continuidade, o revisor não deixará de certificar sem reservas as
contas da sociedade, se estas refletirem com clareza a situação da sociedade[1418].

II. Na medida em que não traduz um juízo independente sobre as circuns-   1051
tâncias económicas da empresa ou sobre a qualidade da sua administração[1419], a
certificação legal das contas não constitui, nas palavras da ISA 200, garantia da

---

[1416] Cfr. art. 66.º/1 sobre o conteúdo do relatório de gestão.

[1417] Em sentido contrário, mas sem justificação, PAULO CÂMARA e GABRIELA FIGUEIREDO DIAS –
O governo das sociedades anónimas... p. 79.

[1418] Cfr. MATTHEUS – *Die Rolle des Abschlussprüfers...* p. 566-569.

[1419] Cfr. *ibidem*, p. 567. De forma a limitar o *"expectations gap"* face a este enquadramento normativo, o
art. 420.º/3, *b)* exige que o documento de certificação legal de contas inclua uma «descrição do âmbito da
revisão legal de contas que identifique, pelo menos, as normas segundo as quais a revisão foi realizada».
O revisor deve aproveitar esta oportunidade para esclarecer que o dever de prestação de informação
sobre a sociedade recai sobre a sua administração e que ao revisor cabe apenas certificar a legalidade e
regularidade contabilística das contas. Neste sentido, para questão paralela no Direito alemão, cfr. *ibidem*,
p. 567-568.

DA ADMINISTRAÇÃO À FISCALIZAÇÃO DAS SOCIEDADES

futura viabilidade da sociedade, nem da eficiência ou eficácia com que a administração conduziu a sua atividade[1420].

1052   Este papel do revisor foi questionado pela Comissão Europeia no seu Livro verde sobre política de auditoria[1421], no qual lançou o debate sobre a sua reconfiguração, no sentido do alargamento dos seus deveres de informação, de forma a proporcionar garantias sobre a "saúde financeira" das empresas[1422]. Um tal alargamento refletir-se-ia, naturalmente, nos critérios de avaliação pelo revisor.

1053   No processo de consulta pública houve cerca de setecentas respostas. A maioria dos investidores pronunciou-se no sentido de os revisores deverem assegurar um maior conforto relativamente à "saúde financeira" das sociedades, mas dentro do seu quadro atual de competências, logo, sem extensão do seu papel. A maioria dos demais respondentes foi mais perentória na reação negativa à sugestão de reconfiguração do papel do revisor, afirmando-se contra uma ampliação das suas competências de revisão[1423]. Neste sentido, pode ler-se na síntese das respostas das autoridades públicas:

> *«Auditors should not replace the role of rating agencies and analysts, nor of those entrusted with governance».*

E noutro ponto:

> *«Auditors are not (and should not become) credit rating agencies predicting or assessing the future solvency of companies»*[1424].

Após a conclusão do processo de consulta pública, a Comissão não anunciou novas medidas sobre esta matéria[1425].

1054   III. A circunscrição dos critérios de avaliação pelo revisor à legalidade e regularidade contabilística não prejudicam o seu dever de, acessoriamente, comunicar de imediato ao conselho fiscal os factos de que tome conhecimento e que

---

[1420] Cfr. ISA 200, n.º A.1, a p. 80.

[1421] Sobre esta iniciativa, cfr., *v.g.*, GIOVANNI STRAMPELLI – La revisione contabile nell'Unione europea: i resultati della consultazione della Commissione sul Libro verde del 2010, *Rivista delle Società*, 56:2-3, 2011, STRAMPELLI – *La revisione contabile... un'indagine....*

[1422] COMISSÃO EUROPEIA – *Livro verde sobre política de auditoria...* 2010, em especial, p. 10. Cfr. nota 1373 *supra*.

[1423] COMISSÃO EUROPEIA – *Summary of responses: Green paper on audit policy: lessons from the crisis* 2011, p. 7-12.

[1424] *Ibidem*, p. 9.

[1425] Cfr. http://ec.europa.eu/internal_market/consultations/2010/green_paper_audit_en.htm. Consultado a 9 de outubro de 2012.

O MODELO PORTUGUÊS ENQUANTO MODELO BASE

possam ser relevantes para o desempenho das funções deste. O cumprimento deste dever pressupõe uma prévia avaliação, ainda que sumária e indiciária, sobre a relevância dos factos identificados face aos critérios aplicáveis ao conselho fiscal: legalidade, regularidade, economicidade e adequação[1426].

IV. Para além disso, caso o revisor tome conhecimento de "factos que revelem graves dificuldades na prossecução do objeto da sociedade", deve confirmar essa avaliação para efeitos do disposto no art. 420.º-A. Como vimos, o revisor não está obrigado a desenvolver quaisquer exames especificamente dirigidos à identificação de tais factos. No entanto, é provável que, aquando da realização dos exames dirigidos à certificação legal de contas, tome conhecimento de *irregularidades* que não são de natureza contabilística, nem interferem com a fiabilidade das demonstrações financeiras. Quando assim seja, deve avaliar tais factos para determinar se cabem no *Tatbestand* do art. 420.º-A/1, ou seja, se revelam «graves dificuldades na prossecução do objecto da sociedade». Em caso afirmativo, deverá reagir nos termos que analisamos adiante[1427]. 1055

V. Recorde-se ainda que, nas sociedades que adotem o submodelo previsto no art. 413.º/1, *a)*, o revisor integra o conselho fiscal (ou a posição de fiscal único) e, nessa medida, a delimitação teleológica do seu dever de avaliação enquanto órgão autónomo não pode prejudicar a mais abrangente avaliação da administração devida nesse contexto. 1056

VI. Por fim, contrariamente ao que é frequentemente veiculado, a apreciação das contas pelo revisor comporta uma importante *margem de discricionariedade técnica* que importa ter em consideração. Com efeito, o revisor é chamado a apreciar a conformidade das contas não só com conceitos técnico-jurídicos mais ou menos indeterminados, mas também de acordo com os princípios gerais de contabilidade e auditoria. 1057

Em muitos casos, a tarefa do revisor é facilitada por normas e recomendações técnicas, mas nem sempre assim acontece, sendo frequentemente confrontado com situações inovadoras às quais tem de dar resposta num curto espaço de tempo, em condições de incerteza[1428], com vista à certificação das contas. Este 1058

[1426] Cfr. § 25 e § 37.2 *infra*.

[1427] Cfr. § 37.3 *infra*.

[1428] Como sublinha GERALD SPINDLER – "Die Haftung von Vorstand und Aufsichtsrat für fehlerhafte Auslegung von Rechtsbegriffen", in ANDREAS HELDRICH, et al. (eds.) – *Festschrift für Claus-Wilhelm Canaris zum 70. Geburtstag*, München: Beck, 2007, p. 414, tal como noutras atividades dos órgãos sociais, também a interpretação de leis e a sua aplicação a situações concretas ocorre frequentemente em condições de incerteza.

DA ADMINISTRAÇÃO À FISCALIZAÇÃO DAS SOCIEDADES

facto é de crucial importância na apreciação da licitude da conduta do revisor oficial de contas, para efeitos de responsabilidade civil.

1059 Para determinar se o revisor cumpriu ou não a sua obrigação de vigilância, traduzida na certificação legal de contas, é necessário concretizar previamente o padrão face ao qual deve ser contraposta a sua conduta no caso concreto em análise. Na sequência desse processo, o intérprete-aplicador pode chegar à conclusão de que:

(i) não obstante a incerteza verificada no caso, só era normativamente admissível uma conduta; ou

(ii) dada a incerteza verificada no caso, eram normativamente admissíveis várias condutas, independentemente de apenas uma delas corresponder a uma adequada apreciação da conformidade das contas face às normas e princípios contabilísticos aplicáveis.

1060 Num segundo momento, o intérprete-aplicador deve determinar se a conduta do revisor no caso concreto cabe dentro das alternativas normativamente admissíveis de ação. Caso caiba numa dessas alternativas, a atuação do revisor é lícita, não havendo por isso lugar a responsabilidade civil, independentemente de a certificação legal de contas por si emitida não estar correta e ter causado danos à sociedade.

§ 37. OS PODERES-DEVERES DE REAÇÃO DO REVISOR OFICIAL DE CONTAS

1961 O Código das Sociedades Comerciais imputa ao revisor oficial de contas poderes-deveres de reação de diferente natureza. No centro da sua intervenção destaca-se a certificação legal de contas, na qual se materializa a reação do revisor oficial de contas, devida em função da apreciação destas face a padrões de legalidade e regularidade contabilística, nos termos referidos no capítulo anterior. À margem da certificação das contas, as circunstâncias poderão determinar a intervenção do revisor a outros níveis, seja perante o conselho fiscal, perante o conselho de administração ou perante a assembleia geral. Analisamos em seguida cada uma destas situações.

37.1. A certificação legal de contas

1062 No centro da intervenção do revisor destaca-se a certificação legal das contas[1429], nos termos prescritos pelo art. 28.º da Diretriz 2006/43/CE[1430]. Em função

---

[1429] De acordo com o art. 44.º/2 EOROC, «[a] certificação legal das contas exprime a opinião do revisor oficial de contas de que as demonstrações financeiras individuais e ou consolidadas apresentam, ou não,

O MODELO PORTUGUÊS ENQUANTO MODELO BASE

da sua avaliação sobre a legalidade e regularidade das contas analisadas, deve o revisor concluir (i) pela expressão de uma opinião *sem* reservas, (ii) pela expressão de uma opinião *com* reservas ou (iii) pela escusa de opinião [arts. 451.º/3, *c)* CSC e 44.º/3 EOROC]. Porém, quando seja inexistente ou significativamente insuficiente a matéria de apreciação ou haja indícios de esta ter sido ocultada, o revisor deve emitir declaração de impossibilidade de certificação legal (art. 44.º/5 EOROC).

A causação deste resultado – certificação legal de contas – conforma, como vimos, toda a atividade cognitiva e valorativa do revisor.

1063

37.2. O dever de colaboração com o conselho fiscal
A. O dever de comunicação de irregularidades ao conselho fiscal

I. Como referimos, para além da função externa de controlo, traduzida na certificação legal de contas, o revisor desempenha ainda uma função interna, traduzida na sua colaboração com o conselho fiscal, com o conselho de administração e, eventualmente, com a assembleia geral[1431], assegurando um fluxo de informação *neutral* sobre irregularidades detetadas na administração da sociedade[1432]. Nesta função interna, destaca-se a colaboração com o conselho fiscal.

1064

II. Contrariamente ao verificado no Direito italiano, o Código das Sociedades Comerciais não prevê expressamente um dever de troca tempestiva de informações entre o conselho fiscal e o revisor oficial de contas, na medida do necessário ao cumprimento dos seus deveres[1433], nem sequer um de-

1065

---

de forma verdadeira e apropriada, a posição financeira da empresa ou de outra entidade, bem como os resultados das operações e os fluxos de caixa, relativamente à data e ao período a que as mesmas se referem, de acordo com a estrutura de relato financeiro identificada e, quando for caso disso, de que as demonstrações financeiras respeitam, ou não, os requisitos legais aplicáveis».

[1430] Antes desta Diretriz, pelos arts. 51.º e 51.º-A da 4.ª Diretriz do Conselho, a Diretriz 78/660/CEE, do Conselho, de 25 de julho de 1978, relativa às contas anuais de certas formas de sociedades, JO L 222, 14.08.1978, p. 0011-0031, entretanto revogada pela Diretriz da Contabilidade (2013/34/UE).

[1431] Sobre os deveres de comunicação ao conselho de administração e à assembleia geral, nos termos do art. 420.º-A, *vide* § seguinte.

[1432] Cfr. LEYENS – *Information des Aufsichtsrats* ..., p. 201.

[1433] Cfr. arts. 2409-*septies* do *Codice Civile* e 150/3 TUF. CAMPOBASSO – *Manuale...* p. 401, FORTUNATO – *I "controlli"* ... p. 872. Este mecanismo deve ser conjugado com o previsto para as sociedades abertas no art. 155/2 TUF (o mesmo mecanismo estava anteriormente previsto no art. 1, II parágrafo do *Decreto del Presidente della Repubblica 31 marzo 1975, n. 136*). Segundo esta norma, a *società di revisione* deve comunicar sem demora ao *collegio sindacale* e à Consob os "factos censuráveis" de que tome conhecimento no desenvolvimento da atividade de revisão legal das contas individuais e consolidadas. De acordo com a *Comunicazione Consob* sobre esta matéria (*Comunicazione Consob n. SOC/RM/93002422 del 31 marzo 1993*), entende-se por facto censurável «(...) um facto irregular ou ilícito praticado por pessoas ou órgãos da sociedade decorrente de desvios à norma jurídica ou à norma estatutária que tenha efeito relevante

DA ADMINISTRAÇÃO À FISCALIZAÇÃO DAS SOCIEDADES

ver de informação periódica como o existente nos sistemas italiano[1434] e alemão[1435].

1066   Não obstante o silêncio da lei, o revisor oficial de contas deve comunicar imediatamente ao conselho fiscal, e discutir com este, todas as irregularidades de que tome conhecimento no desenvolvimento da revisão legal de contas.

1067   Quando o revisor integre o conselho fiscal, nas sociedades que adotem o submodelo previsto no art. 413.º/1, *a*), o dever de comunicação e discussão resulta dessa mesma integração: tendo o conselho fiscal por competência a fiscalização (global) da administração da sociedade [art. 420.º/1, *a*)], sobre cada um dos seus membros recai o dever de submeter à sua apreciação, e discutir no seu seio, os factos abrangidos por essa competência, independentemente da qualidade na qual tomaram conhecimento dos mesmos.

---

no balanço». É interessante notar que, de acordo com a Consob, a "certeza" da irregularidade não é pressuposto deste dever de informação, bastando a existência de elementos suficientes que permitam a consideração da operação examinada como censurável. Cfr. CALDARONE e TUCCI – *La responsabilità...* p. 309. Ainda neste contexto, merece referência o dever dos responsáveis pelo controlo interno da sociedade de, por sua própria iniciativa ou a pedido de qualquer um dos *sindaci*, prestar informações ao *collegio sindacale* (art. 150/4 TUF).

[1434] Cfr. art. 19(3) do *Decreto legislativo 27 gennaio 2010, n. 39*, segundo o qual o revisor deve apresentar ao órgão interno de fiscalização global um relatório sobre as questões fundamentais de que tomou conhecimento em sede de revisão legal e, em particular, sobre as falhas significativas no sistema de controlo interno em relação ao processo de informação financeira. Cfr. *Circolare ASSONIME n. 16/2010...* p. 929.

[1435] No sistema alemão, a KonTraG de 1998 reinstituiu a posição auxiliar do *Abschlussprüfer* face ao *Aufsichtsrat*, não só pela deslocação da competência para ordenar a revisão de contas do *Vorstand* para o *Aufsichtsrat* (§ 111(2)3 AktG) (HÜFFER – *Aktiengesetz*[10]..., § 111, n.º 12a) – em coerência com o princípio de que ao sujeito vigiado não pode caber a escolha e contratação do seu vigilante (SEMLER – *MünchKomm. AktG*[3]..., § 111, n.º 315) – mas também ao consagrar o *Aufsichtsrat* como destinatário do relatório sobre o exame das contas (*Prüfungsbericht*) (sobre este relatório, cfr. nota 1373 *supra*).

Este relatório, que até então era apresentado, em primeira mão, ao *Vorstand*, permitindo que este "acordasse" com o *Abschlussprüfer* alterações ao seu conteúdo, antes da sua submissão ao *Aufsichtsrat*, deve agora ser entregue diretamente a este (§ 321(5) HGB), já fechado e assinado. Face ao sistema atual, o *Vorstand* pode tomar posição sobre o relatório do *Abschlussprüfer*, em declaração dirigida ao *Aufsichtsrat*, permitindo que este confronte a posição do *Abschlussprüfer* com a do *Vorstand* na sua apreciação das contas anuais. LEYENS – *Information des Aufsichtsrats* ..., p. 206-207, 210.

Para além disso, foi imputado ao *Abschlussprüfer* o dever de participar na reunião anual do *Aufsichtsrat* destinada à discussão das contas anuais da sociedade (até então o *Abschlussprüfer* estava obrigado a participar apenas nas reuniões em que o *Aufsichtsrat* solicitasse a sua presença), na qual deverão ser trocadas todas as informações relevantes, devendo o *Abschlussprüfer* informar o *Aufsichtsrat* acerca dos resultados essenciais do seu exame e explicar as informações prestadas por escrito (§ 171(1)2 AktG). *Ibidem*, p. 210-211.

Estas alterações permitiram uma reafirmação do papel do *Abschlussprüfer* como auxiliar do *Aufsichtsrat* que esteve na sua génese, face ao qual se destaca a necessária colaboração e troca tempestiva das informações que se mostrem necessárias ou convenientes ao cumprimento das respetivas funções. *Ibidem*, p. 206-207.

O MODELO PORTUGUÊS ENQUANTO MODELO BASE

Quando o revisor *não* integre o conselho fiscal, nas sociedades sujeitas ao submodelo referido no art. 413.º/1, *b)*, o conselho fiscal surge como fórum de discussão sobre todos os assuntos considerados relevantes na revisão das contas da sociedade e sobre possíveis fraudes de que o revisor suspeite ou tenha conhecimento, em particular, aquando do envolvimento de altos funcionários ou administradores da sociedade[1436], no contexto da sua competência fiscalizadora sobre a revisão legal de contas [art. 420.º/2, *c)*].

1068

III. O reconhecimento deste dever é coerente com a competência do conselho fiscal para receber as comunicações de irregularidades, nos termos do art. 420.º/1, *j)*[1437], e não deve ser posto em causa pelo facto de o nosso legislador ter omitido a transposição do n.º 4 do art. 41.º da Diretriz 2006/43/CE, nos termos do qual

1069

> «o revisor oficial de contas ou a sociedade de revisores oficiais de contas deve informar o comité de auditoria sobre as questões fundamentais resultantes da revisão legal de contas, nomeadamente sobre insuficiências materiais de controlo interno do processo de informação financeira».

Uma interpretação sistemática e conforme à Diretriz deve permitir o reconhecimento desta norma entre nós[1438]. Não se trata de imputar, com base na

1070

[1436] Cfr. p. 258 *supra*.

[1437] Esta norma tem paralelo nos arts. 423.º-F, *j)*, relativo à competência da comissão de auditoria no modelo anglo-saxónico, e 441.º, *j)*, relativo à competência do Conselho Geral e de Supervisão no modelo germânico.

[1438] De acordo com a construção apresentada pelo TJCE (hoje TJUE) nos casos 26/62 *Van gend en Loos* [1963] ECR 1 e 6/64 *Costa v. ENEL* [1964] ECR 585, e hoje consolidada, as Diretrizes produzem *efeitos diretos* na ordem jurídica interna dos Estados-membros quando as suas normas, que sejam suficientemente precisas e incondicionais, não sejam adequadamente transpostas a nível nacional. Não produzem no entanto *efeitos diretos horizontais*. Na sequência das decisões proferidas nos casos 152/84 *Marshall I* [1986] ECR 723, 80/86 *Kolpinghuis* [1987] ECR 3969 e C-91/92 *Faccini Dori* [1994] ECR I-3325, reafirmou mais recentemente no caso C-80/06 *Carp* [2007] ECR I-4473, [20]:

> «A jurisprudência relativa ao efeito direto horizontal das directivas é tradicionalmente perentória em afirmar que "uma diretiva não pode, por si só, criar obrigações para um particular e não pode, portanto, ser invocada enquanto tal contra ele". Por conseguinte, "mesmo uma disposição clara, precisa e incondicional de uma diretiva que tem por objeto conferir direitos ou impor obrigações aos particulares não pode ter aplicação enquanto tal no âmbito de um litígio que envolva exclusivamente particulares"».

Cfr., *v.g.*, BRUNO DE WITTE – "Direct effect, primacy, and the nature of the legal order", in PAUL CRAIG e GRÁINNE DE BÚRCA (eds.) – *The evolution of EU Law*, Oxford: Oxford University Press, 2011, p. 335, SACHA PRECHAL – *Directives in EC Law*, 2.ª ed., Oxford: Oxford University Press, 2009, p. 55

DA ADMINISTRAÇÃO À FISCALIZAÇÃO DAS SOCIEDADES

Diretriz, um dever *ex novo* ao revisor face ao conselho fiscal[1439], mas simplesmente de determinar o correto alcance do seu dever de colaboração *endoconsiliar* ou *interorgânica* (consoante o submodelo de governo da sociedade em causa) *ex bona fide* (dever de leal cooperação)[1440]. Como sustentámos já, no primeiro caso,

Não obstante, como bem sublinha Prechal, domina hoje o entendimento de que o Direito europeu – como um todo, incluindo as suas Diretrizes – é parte integrante do sistema jurídico de cada Estado-membro, sem necessidade de quaisquer medidas de transposição ou incorporação. Esta foi a grande afirmação do acórdão proferido pelo TJUE no caso 26/62 *Van gend en Loos* [1963] ECR 1. Prechal – *Directives...* p. 92-93.

Daqui decorrem diversos efeitos, ainda que não a imputação, *per se*, de obrigações a particulares. Cfr., *v.g.*, *ibidem*, p. 106. Destaca-se o dever imputado aos tribunais dos Estados-membros de interpretar e aplicar o direito nacional e, em particular, a legislação adotada em transposição de Diretrizes, em conformidade com estas últimas. Como referiu o TJUE no caso C-168/95 *Arcaro* [1996] ECR I- 4705:

«a obrigação dos Estados-Membros, decorrente de tal directiva, de alcançar um resultado por este previsto, bem como o seu dever, por força do artigo 5 do Tratado, de tomar todas as medidas gerais ou especiais aptas a assegurar a execução dessa obrigação, impõem-se a todas as autoridades dos Estados-Membros, incluindo, no âmbito das suas competências, os órgãos jurisdicionais. Daqui resulta que, ao aplicar o direito nacional, o órgão jurisdicional nacional chamado a interpretá-lo é obrigado a fazê-lo, em toda a medida do possível, à luz do texto e da finalidade da directiva, para atingir o resultado por ela pretendido e cumprir desta forma o artigo 189, terceiro parágrafo, do Tratado»

Este dever foi reconhecido pelo TJCE, no caso 14/83 *Von Colson* [1984] ECR 1891, e entretanto considerado assente (cfr. caso C-373/90 X [1992] ECR I-131, parág. 7), decorrendo da vinculação dos órgãos dos Estados-membros ao resultado a alcançar pela Diretriz (art. 288.º, 3.º para. TFUE, correspondente ao revogado art. 249.º, 3.º parág. TCE).

[1439] A imposição *ex novo* de um dever ao revisor poderia ser construída como efeito direto horizontal da Diretriz, solução que, como vimos, é afastada pelo TJUE. Veja-se a este propósito, a afirmação no caso C-168/95 *Arcaro* [1996] ECR I-4705, parág. 42:

«[a] obrigação de o juiz nacional ter em conta o conteúdo da directiva ao interpretar as normas relevantes do direito nacional encontra os seus limites quando tal interpretação leve a impor a um particular uma obrigação prevista numa directiva não transposta ou, por maioria de razão, quando leve a determinar ou a agravar, com base na directiva e na falta de uma lei adoptada para sua aplicação, a responsabilidade penal daqueles que actuem em violação das suas disposições».

Esta afirmação parece limitar a interpretação conforme à Diretriz. No entanto, como bem refere Prechal – *Directives...* p. 212, a mesma deve ser inserida no contexto da responsabilidade penal e, como tal, interpretada restritivamente. Esta posição é suportada pela jurisprudência subsequente do TJUE em casos com *Océano* e *Centrosteel*, nos quais o tribunal entendeu que da interpretação conforme à Diretriz poderia resultar a imputação de obrigações a particulares ou, pelo menos, efeitos adversos na sua posição jurídica. Cfr. casos conjuntos C-240/98 e C-244/98 [2000] ECR I-4941 e caso C-456/98 [2000] ECR I-6007. A este propósito, por exemplo, no caso *Zanetti*, o advogado geral Jacobs sustentou a distinção entre o direito civil e o direito penal, afirmando que da interpretação conforme à «Diretriz podem resultar obrigações cujo cumprimento pode ser exigido em processos cíveis entre particulares que não resultaria da interpretação da legislação nacional tomada isoladamente». Casos conjuntos C-206/88 e C-207/88 [1990] ECR I-1461, para. 24-26.

[1440] Na interpretação conforme à Diretriz, aplica-se Direito nacional ao caso e não Direito europeu; este último apenas confere sentido ao primeiro. Cfr. opinião do advogado geral Van Gerven no caso C-106/89 *Marleasing* [1990] ECR I-4135.

O MODELO PORTUGUÊS ENQUANTO MODELO BASE

o dever enquadra-se na participação do revisor no órgão colectivo; no segundo caso na relação entre o revisor e o conselho fiscal emergente da competência deste último para a fiscalização da revisão legal de contas[1441].

O alcance deste dever deve ser determinado à luz das diferentes coordenadas sistemáticas, incluindo as concretizações do dever de colaboração do revisor decorrentes da Diretriz 2006/43/CE, transposta de forma incompleta. Como afirma PRECHAL[1442], 1071

> *«In cases of consistent interpretation in the sense of remedial interpretation, the interpretation must bridge the gap between national law and the directive».*

Só assim é possível alcançar os resultados pretendidos pela Diretriz, nos termos exigidos pelo art. 288.º, 3.º para. TFUE[1443].

III. Este quadro normativo é completado pelo disposto nas Normas Internacionais de Auditoria, em particular, pelo disposto na ISA 260, relativa às comunicações com os responsáveis pela supervisão da direção estratégica da entidade auditada[1444]. De acordo com esta norma, o revisor deve comunicar atempadamente[1445] ao conselho fiscal, entre outros elementos, os factos relevantes de que 1072

[1441] Este enquadramento é percetível, desde logo, pela inserção sistemática desta norma no art. 41.º da Diretriz, relativo ao "comité de auditoria", que se traduz no reforço das competências do conselho fiscal (*ex art.* 41.º/1, 2.º para. da Diretriz) através da introdução do regime hoje consagrado n.º 2 do art. 420.º pela reforma de 2006.

[1442] PRECHAL – *Directives...* p. 210.

[1443] Cfr., *ibidem*, p. 184-187, 190-210, sobre o alcance da interpretação conforme às Diretrizes, e p. 210-215, sobre os seus efeitos.

Contra a solução hermenêutica apresentada no texto, poderia argumentar-se que os resultados visados pela Diretriz 2006/43/CE são limitados às "entidades de interesse público", tal como definidas no seu art. 2.º/13, e que, nessa medida, não se estenderiam a todas as sociedades anónimas, mas apenas às que coubessem naquela definição, nos termos da Diretriz e do art. 2.º do Decreto-Lei n.º 225/2008, de 20 de novembro (que define entidades de interesse público). Porém, não nos parece que este argumento proceda, porquanto foi intenção expressa do legislador sujeitar todas as "grandes sociedades anónimas" ao regime de fiscalização reforçada previsto naquela Diretriz, daí decorrendo uma qualificação implícita como "entidades de interesse público" para efeitos do art. 2.º/13 da Diretriz. Quanto às demais sociedades anónimas, sujeitas ao submodelo de governo previsto no art. 413.º/1, *a*), a extensão do dever do revisor oficial de contas vale por maioria de razão, em virtude da sua participação no órgão coletivo e na realização das suas funções.

[1444] Cfr. n.º 10(a) ISA 260, a p. 216, aplicável às revisões legais de contas relativas a exercícios com início em, ou após, 15 de dezembro de 2009.

[1445] Cfr. n.º 21 ISA 260, a p. 218.

DA ADMINISTRAÇÃO À FISCALIZAÇÃO DAS SOCIEDADES

tome conhecimento na revisão legal de contas[1446]. Note-se que desta norma resulta apenas uma densificação dos deveres de comunicação do revisor e não uma qualquer extensão dos seus deveres de obtenção de informação ou de realização de quaisquer exames.

1073   Da ISA 260 resulta ainda um dever de comunicar ao conselho fiscal os factos de que tome conhecimento sobre (i) a adequação dos sistemas de controlo interno, eficácia das operações e cumprimento da lei[1447], bem como sobre (ii) outras questões relevantes para o cumprimento dos deveres deste, incluindo, por exemplo, as estruturas ou os processos de governo e os atos relevantes praticados por colaboradores de topo sem a devida autorização[1448].

1074   Este dever é desenvolvido pela ISA 265. De acordo com esta norma, o revisor deve, num primeiro momento, praticar os atos necessários à compreensão dos sistemas de controlo interno da entidade auditada, com vista à identificação e avaliação dos riscos de "distorção material"[1449] na revisão legal de contas e à criação e aplicação de procedimentos de revisão adequados às circunstâncias do caso[1450]. Num segundo momento, deve comunicar atempada e adequadamente ao conselho fiscal e ao conselho de administração as deficiências nos sistemas de controlo interno que tenha identificado durante a revisão legal de contas e que, de acordo com o seu juízo profissional, sejam suficientemente importantes para serem submetidos à consideração destes órgãos[1451]. Também desta norma não resulta uma qualquer extensão dos seus deveres de obtenção de informação ou

---

[1446] Assim, deve comunicar:
(a) Os seus pontos de vista acerca de aspetos qualitativos significativos das práticas contabilísticas da entidade, incluindo políticas contabilísticas, estimativas contabilísticas e divulgações de demonstrações financeiras. Quando aplicável, o auditor deve explicar aos encarregados da governação a razão pela qual considera que uma prática contabilística significativa, que seja aceitável segundo o referencial de relato financeiro aplicável, não é a mais apropriada às circunstâncias particulares da entidade;
(b) Dificuldades significativas, se existirem, encontradas durante a auditoria;
(c) A menos que todos os encarregados da governação estejam envolvidos na gestão da entidade:
    (i) Matérias significativas, se existirem, decorrentes da auditoria que foram debatidas ou objeto de correspondência com a gerência; e
    (ii) Declarações escritas solicitadas pelo auditor; e
(d) Outras matérias, se existentes, decorrentes da auditoria que, no julgamento profissional do auditor, sejam significativas para a supervisão do processo de relato financeiro.
Cfr. n.º 16 ISA 260, a p. 217, desenvolvido nos n.ºs A16-A20, a p. 224-225. A tradução apresentada é da autoria da OROC e pode ser consultada em IFA – *Manual ...*, p. 246.
[1447] Cfr. n.º A24 ISA 260, a p. 226.
[1448] Cfr. n.º A25 ISA 260, a p. 226.
[1449] Segundo tradução apresentada pela OROC e que pode ser consultada em IFA – *Manual...*, p. 268.
[1450] Cfr. n.º 2 ISA 265, a p. 238.
[1451] Cfr. n.º 5 ISA 265, a p. 238, desenvolvido no n.º 7 ss, a p. 239 ss.

O MODELO PORTUGUÊS ENQUANTO MODELO BASE

de realização de quaisquer exames, como expressamente explicita em diversos pontos[1452].

Ao conselho fiscal caberá analisar criticamente a informação prestada pelo revisor, para efeitos do cumprimento das suas funções, devendo ponderar-se até que ponto pode legitimamente confiar nessa mesma informação[1453].

B. O dever de colaboração com o conselho fiscal na articulação das competências cumulativas de fiscalização contabilística

I. Para além deste dever de comunicação e discussão de irregularidades com o conselho fiscal, o dever de colaboração do revisor opera ainda a um segundo nível, mais geral, de articulação das *competências cumulativas de fiscalização contabilística* [arts. 420.º/1, *c)* a *f)*, para o conselho fiscal, e 420.º/4 e 451.º/2 e 3, para o revisor oficial de contas][1454].

Qual o sentido normativo desta duplicação de funções? Devem o conselho fiscal e o revisor praticar autonomamente, sobrepondo-se mutuamente, atos de verificação (i) da regularidade dos livros, registos contabilísticos e documentos que lhe servem de suporte; (ii) da extensão da caixa e das existências de qualquer espécie dos bens ou valores pertencentes à sociedade ou por ela recebidos em garantia, depósito ou outro título; (iii) da exatidão dos documentos de prestação de contas; (iv) da adequação das políticas contabilísticas e dos critérios valorimétricos adotados pela sociedade? Ou, pelo contrário, deve considerar-se que a prática de tais atos pelo revisor exonera o conselho fiscal e seus membros relativamente à sua prática?

[1452] Ainda sobre esta matéria, o Código de Governo das Sociedades da CMVM (cfr. Paulo Câmara – *CGS anotado...*, Introdução: os códigos de governo das sociedades, em especial, p. 35 ss.) recomenda que o auditor externo – que poderá ou não coincidir com o revisor oficial de contas (cfr. Paulo Câmara e Gabriela Figueiredo Dias – *O governo das sociedades anónimas...* p. 81-82, onde os autores apresentam críticas a esta solução normativa) – verifique a eficácia e o funcionamento dos mecanismos de controlo interno e reporte quaisquer deficiências ao órgão de fiscalização da sociedade (recomendação III.1.4). Sobre esta recomendação, cfr. Helena Morais – *CGS anotado...*, recomendação III.1.4., p. 293 ss.

[1453] Sobre esta questão e seus recentes desenvolvimentos, cfr. § 62.7 *infra*.

[1454] Como bem refere Sabino Fortunato – I controlli amministrativi sulle società, *Rivista delle Società*, 43:2-3, 1998, p. 417,

> «*Sovrapposizioni permangono, ma francamente non si vede come sia possibile evitare che chi vigila sull'amministrazione possa esimersi dal verificare la corretta tenuta della contabilità che costituisce la fonte primaria delle informazioni necessarie e strumentali alla vigilanza sull'amministrazione*».

Entre nós, Paulo Câmara – *Os modelos...* p. 220-221 sustenta que a reforma de 2006 introduziu, no modelo latino reforçado, uma *segregação funcional* entre fiscalização e revisão de contas. Parece-nos que a abordagem do autor não é correta, porquanto o quadro de competências do conselho fiscal não foi alterado – e bem – mantendo-se o dever de dar parecer sobre o relatório e contas. Trata-se, portanto, de uma *duplicação ou sobreposição funcional*, como aliás reconhece em Paulo Câmara e Gabriela Figueiredo Dias – *O governo das sociedades anónimas...* p. 79.

DA ADMINISTRAÇÃO À FISCALIZAÇÃO DAS SOCIEDADES

1078   II. No sistema delineado por RAUL VENTURA no seu Projeto de Código das Sociedades Comerciais, a solução surgia articulada, simples e clara, dela resultando uma perfeita harmonia funcional entre a intervenção do revisor e a do conselho fiscal: os exames eram levados a cabo pelo revisor que preparava a deliberação do conselho; ao conselho competia avaliar o exame levado a cabo pelo revisor, concluindo pela certificação de conformidade das contas face ao disposto na lei e no contrato de sociedade. Sem prejuízo da atuação individual do revisor numa fase preparatória, a avaliação era um ato coletivo expresso numa deliberação do conselho fiscal[1455].

1079   Infelizmente, o sistema proposto por RAUL VENTURA não foi consagrado no Código das Sociedades Comerciais, sendo substituído por um sistema complexo e obscuro, agravado pelas alterações de 2006. Face ao sistema em vigor, deve distinguir-se consoante o revisor integre o conselho fiscal, nas sociedades sujeitas ao submodelo previsto no art. 413.º/1, *a)*, ou surja autonomizado, por exigências de fiscalização reforçada, de acordo com o submodelo descrito no art. 413.º/1, *b)*.

1080   III. No caso de o revisor oficial de contas *integrar o conselho fiscal*, a articulação das suas competências de fiscalização contabilística exige uma prévia decomposição dos deveres previstos nas alíneas *c)* a *f)* do art. 420.º/1. Enquanto concretizações da obrigação de vigilância, todos estes deveres podem ser decompostos em (i) poderes-deveres de (obtenção de) informação, (ii) dever de avaliação da informação recolhida face aos critérios legais e (iii) poderes-deveres de reação às conclusões alcançadas.

1081   Estes deveres são imputados ao conselho fiscal enquanto órgão colegial. Contudo, o princípio da colegialidade não opera em todos os momentos da sua atividade, não sendo exigível que os seus membros atuem colegialmente em todos os momentos.

1082   A própria lei imputa a atividade cognitiva a cada um dos fiscais (a título individual) – incluindo o fiscal que seja revisor –, nos termos do art. 420.º/3[1456], devendo a informação recolhida por cada um dos seus membros aproveitar ao conselho fiscal como um todo (sem prejuízo dos limites gerais à legitimidade da confiança na informação recebida[1457]).

[1455] Cfr. § 33.1.A *supra*.

[1456] Face ao *poder* conferido por esta norma (e pelas resultantes do art. 421.º) não se questionaria a *legitimidade* dos membros do conselho fiscal para, individualmente, praticarem os atos necessários à obtenção da informação. Aquilo que se pode questionar é o cumprimento dos *deveres* previstos no art. 420.º/1 pelo conselho fiscal.

[1457] Sobre esta questão e seus recentes desenvolvimentos, cfr. § 62.7 *infra*.

O MODELO PORTUGUÊS ENQUANTO MODELO BASE

No entanto, as tarefas de avaliação da informação e de reação face às conclu- 1083
sões alcançadas não podem senão ser desenvolvidas pelo conselho, enquanto
órgão colegial. Na base da exigência da colegialidade está precisamente o pressuposto de que da discussão colegial decorre um maior cuidado e ponderação,
bem como uma maior independência do órgão[1458], necessárias à avaliação dos
factos conhecidos e deliberação sobre a reação a eventuais irregularidades[1459]
está ainda a necessidade de assegurar uma reação uniforme às normas. O cumprimento destes deveres exige portanto uma intervenção do órgão colegial a
quem são imputados.

Note-se ainda que, em virtude de os deveres do conselho fiscal relativos à 1084
fiscalização contabilística serem integrados na mais ampla fiscalização global
da administração da sociedade – segundo critérios de legalidade, regularidade,
economicidade e adequação – é possível que o seu cumprimento exija a prática de atos não compreendidos na revisão legal de contas, nos termos do art.
420.º/4.

Concluindo, quando o revisor integre o conselho fiscal, pode este aproveitar 1085
a atividade cognitiva desenvolvida por aquele para efeitos da certificação legal
das contas, exigindo-se contudo do conselho uma atividade valorativa da informação recolhida, bem como as reações adequadas às conclusões alcançadas.
Não pode aceitar-se uma atitude passiva do conselho: este deve assegurar-se de
que a atividade cognitiva é adequadamente desenvolvida, deve avaliar a informação recolhida de forma crítica, com um razoável ceticismo profissional, questionando o revisor sobre as dúvidas que tenha e determinando a prática dos atos
necessários à obtenção das informações adicionais e dos esclarecimentos que
se imponham à completa aclaração dos factos apurados e ao cumprimento dos
deveres referidos nas alíneas *c)* a *f)* do art. 420.º/1[1460].

[1458] Sem prejuízo das óbvias limitações desta afirmação, é mais difícil pressionar um conjunto de pessoas reunidas num órgão plural do que um indivíduo isolado.

[1459] O mesmo não vale para a recolha da informação: na medida em que o conselho é chamado a analisar a informação recolhida, pode sempre exigir a recolha de informações adicionais se concluir pela sua insuficiência. Note-se, no entanto, que a distinção analítica entre a atividade cognitiva e a atividade valorativa tem limites, porquanto todo o tratamento de informação pressupõe uma avaliação da mesma, ainda que a título preliminar. Por isso mesmo, o conselho deve estar atento ao risco de a informação prestada ao conselho pelos seus membros ser filtrada pelos critérios destes, condicionando a sua avaliação colegial.

[1460] Cfr. no § 62.7 *infra* os critérios gerais sobre os quais assenta a legítima confiança na informação recebida pelos órgãos sociais.

DA ADMINISTRAÇÃO À FISCALIZAÇÃO DAS SOCIEDADES

1086   IV. Quando o revisor oficial de contas *não integre o conselho fiscal*, nas sociedades sujeitas a fiscalização reforçada, segundo o submodelo previsto no art. 413.º/1, *b)*, a questão é mais complexa.

1087   Neste caso, a atividade desenvolvida pelo revisor não exonera o conselho fiscal do cumprimento dos deveres que lhe são imputados pelo art. 420.º/1, *c)* a *f)*, devendo este assegurar a prática dos atos cognitivos necessários ao conhecimento dos factos relevantes, por um ou mais dos seus membros, se necessário com auxílio de um ou mais peritos [art. 420.º/1, *l)*].

1088   Não deve admitir-se, neste submodelo de governo da sociedade anónima, a possibilidade de o conselho fiscal (em representação da sociedade) contratar o revisor oficial de contas da sociedade como perito para coadjuvar os seus membros no exercício das suas funções [art. 420.º/1, *l)*], na medida em que uma tal prática comprometeria o cumprimento do seu dever de fiscalização da revisão legal de contas [art. 420.º/2, *c)*]. Tendo o legislador dissociado o revisor do conselho fiscal para assegurar o adequado cumprimento deste dever [cfr. art. 413.º/1, *b)*], não faria sentido admitir a sua integração por um mecanismo funcionalmente equivalente.

1089   Nestas sociedades temos, portanto, uma dupla função de fiscalização contabilística, devendo o conselho fiscal cumprir os deveres expressos nas als. *c)* a *f)* do art. 420.º/1 e, em geral, o dever de fiscalizar o processo de preparação e divulgação de informação financeira, previsto na al. *a)* do art. 420.º/2[1461].

1090   Isso não obsta, porém, a que o conselho fiscal aproveite o trabalho realizado pelo revisor, que deve ser conhecido e criticamente analisado por todos os fiscais[1462].

37.3. O "dever de vigilância" previsto no art. 420.º-A CSC: os deveres de comunicação ao conselho de administração e à assembleia geral de «factos que revelem graves dificuldades na prossecução do objecto da sociedade»

1091   I. Para além do dever de certificação legal de contas e do dever de colaboração com o conselho fiscal, já analisados, o revisor está ainda sujeito a outros deveres de colaboração interorgânica, no contexto da sua função interna de controlo.

[1461] Esta solução tem origem nas propostas do Relatório Winter II, por sua vez influenciadas pelo Relatório Cadbury. Cfr. § 57, parág. III *infra*.

[1462] Para um paralelo no sistema alemão, cfr. Tim Drygala, in Karsten Schmidt e Marcus Lutter (eds.) – *Aktiengesetz Kommentar*, 1, Köln: Verlag Dr. Otto Schmidt, 2008, § 171, n.º 7, Bruno Kropff, in *Münchener Kommentar zum Aktiengesetz*, 5/1 – §§ 148-151, 161-178 AktG, §§ 238-264c, 342, 342a HGB, München: Beck, Franz Vahlen, 2003, § 171, n.º 86. Cfr. ainda, no § 62.7 *infra*, os critérios gerais sobre os quais assenta a legítima confiança na informação recebida pelos órgãos sociais.

O MODELO PORTUGUÊS ENQUANTO MODELO BASE

De acordo com o art. 420.º-A, epigrafado "dever de vigilância", quando o revisor tenha conhecimento de factos que considere revelarem graves dificuldades na prossecução do objecto da sociedade – o que pressupõe o prévio cumprimento do dever de avaliação dos factos em causa para determinação da sua inclusão na previsão normativa – deve reagir diretamente perante o órgão de administração, com vista à solução do problema; caso este não solucione o problema, deve submeter a questão à assembleia geral.

A título introdutório diga-se que, face à construção da obrigação de vigilância por nós sustentada – decomponível em poderes-deveres de (obtenção de) informação, dever de avaliação e poderes-deveres de reação –, parece-nos incorreta a epígrafe deste artigo, porquanto dele não decorrem, como tivemos já oportunidade de afirmar[1463], quaisquer poderes-deveres de obtenção de informação especificamente dirigidos ao conhecimento de "factos que revelem graves dificuldades na prossecução do objeto social". Desta norma resultam apenas sucessivos poderes-deveres de reação que, naturalmente, pressupõem um dever de avaliação dos factos subjacentes[1464].

II. Esta norma determina um conflito positivo de competências, ou seja, a sobreposição parcial das competências do revisor e do conselho fiscal [cfr. arts. 420.º-A e 420.º/1, a)]. Tanto um como outro devem *apreciar* e *reagir* aos factos que ponham em causa a prossecução do objeto social, embora o revisor só deva reagir (a título individual) quando os factos sejam reveladores de "graves dificuldades". Este conflito gera complicações tanto no caso de o revisor integrar o conselho fiscal, como no caso de surgir dissociado do mesmo. As complicações são, no entanto, mais graves no primeiro caso.

Como vimos, esta norma foi introduzida pelo Decreto-Lei n.º 257/96, diploma no qual o legislador manifestou desconhecer tanto o papel normativamente atribuído ao conselho fiscal, reconduzindo-o a uma função de mera fiscalização contabilística, como a evolução verificada neste capítulo a nível internacional. Constatando que o conselho fiscal era ineficaz, o legislador demitiu-se da tarefa de reformar o sistema, de forma a torná-lo eficaz, optando antes pela sua desvalorização, de tal forma que, pelo menos aparentemente, este órgão passou a figurar subalternizado ao revisor oficial de contas. Assim se compreende o dever imputado aos membros do conselho fiscal de comunicar ao revisor os

---

[1463] Cfr. § 35.3 e § 36 *supra*.

[1464] Em sentido contrário, afirmando que compete ao revisor, em todos os modelos de governo das sociedades anónimas, o dever de vigiar a atividade da administração, cfr. PAULO CÂMARA e GABRIELA FIGUEIREDO DIAS – *O governo das sociedades anónimas...* p. 79. Note-se no entanto que esta afirmação não é fundamentada.

1092

1093

1094

1095

DA ADMINISTRAÇÃO À FISCALIZAÇÃO DAS SOCIEDADES

«factos que revelem dificuldades na prossecução normal do objecto social» de que se apercebam (art. 420.º-A/7). Aparentemente, ao revisor – e não ao conselho fiscal – caberia defender os interesses da sociedade perante a administração.

1096 À desvalorização do conselho fiscal seguiu-se, dez anos volvidos, a sua valorização pela reforma do Código das Sociedades Comerciais em 2006. Esta reforma manteve intocado, porém, o regime previsto no art. 420.º-A, gerando dificuldades hermenêuticas.

1097 Em face das atuais coordenadas sistemáticas, não pode aceitar-se que o revisor, enquanto órgão de fiscalização eminentemente contabilística, se sobreponha ao conselho fiscal numa tarefa que vai muito para além da manutenção da legalidade e regularidade contabilística[1465].

1098 Perante estes elementos, não obstante o teor literal do art. 420.º-A/1, deve entender-se que o revisor deve comunicar as irregularidades de que tome conhecimento primeiro ao conselho fiscal[1466], permitindo que este analise os factos e avalie a necessidade ou conveniência de uma reação. Só quando a urgência do problema o justifique ou quando entenda que o conselho fiscal não reagiu adequada e atempadamente, deve o revisor intervir diretamente junto do conselho de administração (e, eventualmente, junto da assembleia geral).

1099 III. Este entendimento é, aliás, o mais coerente com o disposto na Diretriz 2006/43/CE, segundo a qual os revisores «[p]oderão informar a entidade examinada das questões suscitadas pela revisão ou auditoria mas deverão abster-se dos processos de decisão internos da entidade examinada» (cfr. considerando 11).

1100 É verdade que aquilo que a Diretriz visa evitar é o risco de auto-revisão, assegurando a independência do revisor face às opções da administração (cfr. também o art. 68.º-A EOROC), e que, através do mecanismo previsto no art. 420.º-A, o revisor não tem intervenção *direta* no processo decisório. No entanto, também é verdade que os deveres impostos ao revisor o forçam a pressionar a administração no sentido de alinhar a reação desta com o seu critério de adequação, na medida em que, se o revisor considerar que as medidas adotadas pelo

---

[1465] A sobreposição do revisor ao conselho fiscal resulta do facto de o art. 420.º-A decorrer não de um mero dever de comunicação de irregularidades à administração, mas de um mecanismo de pressão para a resolução dos problemas detetados: caso o conselho de administração não resolva o problema de forma considerada satisfatória pelo revisor, este deverá submeter a questão diretamente à assembleia geral (art. 420.º-A/3). Desta forma, em última análise, caso a administração pretenda evitar a exposição do problema aos acionistas, com todas as consequências que daí poderiam advir, nomeadamente em termos de reputação dos administradores, acabará por atender aos critérios do revisor na resolução do problema, sendo certo que estes poderão divergir dos critérios do conselho fiscal.

[1466] Cfr. § anterior.

O MODELO PORTUGUÊS ENQUANTO MODELO BASE

conselho de administração não são adequadas à salvaguarda do interesse social, deve requerer a intervenção dos acionistas (art. 420.º-A/4).

Assim, o mecanismo de intervenção junto da administração deve operar apenas em casos urgentes ou na ausência de intervenção atempada e adequada do conselho fiscal, casos em que o interesse da sociedade inerente à correção das irregularidades detetadas se sobrepõe ao risco de auto-revisão.

1101

IV. Com estes deveres de reação no seio da sociedade não se confundem aqueloutros de denúncia a autoridades externas[1467]. Contrariamente aos deve-

1102

[1467] Destacam-se os seguintes deveres de denúncia a autoridades externas:

(i) Os revisores de qualquer sociedade devem participar ao Ministério Público os factos delituosos que constituam crimes públicos de que tome conhecimento (422.º/3).

(ii) Os revisores de instituições de crédito ou de entidades que com esta mantenham uma relação de proximidade devem comunicar ao Banco de Portugal, com a maior brevidade, os factos respeitantes a essa instituição de que tenham conhecimento no exercício das suas funções, quando tais factos sejam suscetíveis de: (a) constituir uma infração grave às normas, legais ou regulamentares, que estabeleçam as condições de autorização ou que regulem de modo específico o exercício da atividade das instituições de crédito; ou (b) afetar a continuidade da exploração da instituição de crédito; ou (c) determinar a recusa da certificação das contas ou a emissão de reservas (art. 121.º/1 e 2 RGIC). Nos termos do art. 13.º, § 12.º RGIC, a "relação de proximidade" corresponde à relação entre duas ou mais pessoas, singulares ou coletivas: (a) ligadas entre si através: (a1) de uma participação, entendida como a detenção, direta ou indireta, de percentagem não inferior a 20% do capital ou dos direitos de voto de uma empresa; ou (a2) de uma relação de domínio; ou (b) ligadas a uma terceira pessoa através de uma relação de domínio.

(iii) os revisores das empresas de seguros e resseguros, bem como os revisores de sociedades que tenham «uma relação de proximidade decorrente de uma relação de controlo com uma empresa de seguros ou de resseguros», devem comunicar imediatamente ao Instituto de Seguros de Portugal qualquer facto ou decisão de que tomem conhecimento no desempenho das suas funções e que seja suscetível de (*a*) constituir violação das normas legais, regulamentares e administrativas reguladoras do acesso e exercício da atividade seguradora ou resseguradora; (*b*) afetar a continuidade da exploração da empresa de seguros ou de resseguros; (*c*) acarretar a recusa da certificação das contas ou a emissão de quaisquer reservas às mesmas contas (art. 161.º/3 e 4, Decreto-Lei n.º 94-B/98, de 17 de abril);

(iv) o auditor – que poderá coincidir com o revisor oficial de contas (cfr., *v.g.*, Paulo Câmara e Gabriela Figueiredo Dias – *O governo das sociedades anónimas...* p. 81-82, com críticas a esta solução normativa) – deve comunicar imediatamente à CMVM os factos de que tome conhecimento, no exercício das suas funções, respeitantes à entidade a que preste serviços e a outras incluídas no respetivo perímetro de consolidação de contas, que sejam suscetíveis de: a) constituir crime ou contraordenação muito grave previstos em norma legal ou regulamentar cujo cumprimento esteja sujeito a supervisão da CMVM; b) afetar a continuidade do exercício da atividade da entidade em causa; ou justificar a emissão de reservas, escusa de opinião, opinião adversa ou impossibilidade de emissão de relatório (art. 9.º-A/3 CVM); bem como os factos de que tome conhecimento, no exercício das suas funções, respeitantes a *outras pessoas*, que pela sua gravidade, sejam suscetíveis de afetar o regular funcionamento dos mercados de instrumentos financeiros (art. 9.º-A/4 CVM);

(v) os auditores que prestem serviço a intermediário financeiro ou a empresa que com ele esteja em relação de domínio ou de grupo ou que nele detenha, direta ou indiretamente, pelo menos vinte por

DA ADMINISTRAÇÃO À FISCALIZAÇÃO DAS SOCIEDADES

res anteriormente analisados, subordinados à prossecução do interesse da sociedade, estes deveres são dirigidos à realização de distintos interesses públicos.

§ 38. OUTROS DEVERES DO REVISOR OFICIAL DE CONTAS

1103   I. Também o revisor oficial de contas, enquanto órgão autónomo, está adstrito a outros deveres, entre os quais destacamos o dever de manutenção da sua
independência, o dever de organização interna, o dever de prévia aferição das
suas competências técnicas e o dever de confidencialidade.

1104   II. A questão da independência dos auditores é há muito discutida a nível
internacional, especialmente na sequência de sucessivos escândalos societários
e financeiros, como aqueles que marcaram o início deste século[1468]. Desde então,
o tema tem estado no centro do debate sobre o governo das sociedades e da salvaguarda dos mercados de capitais[1469], planos nos quais desenvolve a sua dupla

cento dos direitos de voto ou do capital social, devem comunicar imediatamente à CMVM os factos
respeitantes a esse intermediário financeiro ou a essa empresa de que tenham conhecimento no
exercício das suas funções, quando tais factos sejam suscetíveis de: (a) constituir crime ou ilícito de
mera ordenação social que estabeleça as condições de autorização ou que regule, de modo específico,
atividades de intermediação financeira; ou (b) afetar a continuidade do exercício da atividade do
intermediário financeiro; ou (c) justificar a recusa da certificação das contas ou a emissão de reservas
(art. 304.º-C CVM).
Deve ainda atender-se ao disposto no art. 12.º do Regulamento (UE) n.º 537/2014, no qual se imputam
aos revisores de entidades de interesse público específicos deveres de comunicação às autoridades
competentes pela sua supervisão.

[1468] FERREIRA GOMES – *A fiscalização...* p. 189 ss. A independência dos auditores ou revisores de contas
está intimamente relacionada com a sua reputação, o seu ativo mais valioso empenhado na verificação
ou certificação de informação divulgada aos investidores. A redução da sua independência põe em
causa o equilíbrio de incentivos, na medida em que este é estabelecido entre o incentivo para manter a
reputação – como condição de acesso ao mercado – e o incentivo para colaborar (ativa ou passivamente)
nos atos fraudulentos da sociedade auditada. Se estes profissionais tiverem mais incentivos para colaborar
com os seus clientes do que para defender a sua reputação, todo o sistema entrará em rutura. Este é o
pressuposto base do entendimento do auditor como *gatekeeper*. Sobre este conceito, cfr. nota 1377 *supra*.
Sobre os escândalos verificados no início deste século, face aos quais se questionou, uma vez mais, a
independência dos revisores de contas, cfr. p. 402 *supra*.

[1469] Desde a 8.ª Diretriz do Conselho (que requeria que os revisores oficiais de contas fossem
independentes) que se discute o conceito de independência a nível europeu, mas, até hoje, não foi
possível alcançar um consenso quanto ao mesmo. Noutro estudo, definimos este conceito por referência
às ameaças à mesma, tal como enumeradas na COMISSÃO EUROPEIA – *Recomendação relativa à independência
dos revisores oficiais de contas na UE: Um conjunto de princípios fundamentais*, de 16 de maio de 2002/A.3.1, hoje
refletidas no art. 68.º-A/3 EOROC, como a ausência de interesse pessoal, auto-revisão, representação,
familiaridade ou confiança, intimidação, ou qualquer outra circunstância que reduza a objetividade do

O MODELO PORTUGUÊS ENQUANTO MODELO BASE

função de controlo (interna e externa)[1470]. Releva, portanto, não apenas para salvaguarda do interesse da sociedade, mas também do interesse público subjacente à revisão legal de contas [art. 40.º/1, *a*) EOROC][1471], tendo sido objeto de um importante movimento reformista a nível europeu, com manifesta influência norte-americana[1472].

Face ao quadro normativo em vigor, o revisor deve tomar as medidas necessárias para assegurar a sua independência – tanto efetiva como aparente[1473] – face à administração e aos acionistas controladores da sociedade a todo o momento (art. 68.º-A/3 e 9 EOROC)[1474].

1105

---

auditor no cumprimento das suas funções. Cfr. FERREIRA GOMES – *A fiscalização...* p. 190. Interessante também é a definição apresentada por BENITO ARRUÑADA e CÁNDIDO PAZ-ARES – Mandatory rotation of company auditors: A critical examination, *International Review of Law and Economics*, 17:1, 1997, p. 44: *«the auditor's willingness to report any irregularity that he has detected»*.

Quanto à questão de saber face a quem devem os revisores ser independentes, devemos considerar o tipo de estrutura acionista no sistema em causa. Nos países de estrutura acionista dispersa, como os Estados Unidos e Grã-Bretanha, a questão da independência dos revisores coloca-se, antes de mais, face à administração das sociedades auditadas, enquanto nos países da Europa continental a questão coloca-se também, e de forma premente, face aos acionistas controladores. Como vimos anteriormente, os acionistas controladores são aqueles que têm um maior interesse na prática de irregularidades contabilísticas, como forma de ocultar a extração de benefícios especiais da sua posição de controlo. O conceito de independência previsto no art. 414.º/5 reflete esta realidade. Sobre o requisito da independência dos membros do conselho fiscal, cfr. FERREIRA GOMES – *A fiscalização...* p. 196-199 e, mais recentemente, PAULO CÂMARA e GABRIELA FIGUEIREDO DIAS – *O governo das sociedades anónimas...* p. 85-91, PAULO OLAVO CUNHA – Aspectos críticos do regime da independência e da inexistência de incompatibilidades para o desempenho de alguns cargos sociais, *Direito das Sociedades em Revista*, I Congresso Direito das Sociedades em Revista, 2011, *passim*.

[1470] Cfr. § 34 *supra*.

[1471] Face a questão paralela no sistema alemão, cfr. *v.g.*, F. WERNER EBKE, in *Münchener Kommentar zum Handelsgesetzbuch*, München: Beck, Franz Vahlen, 2001, § 323, n.os 40-41.

[1472] Sobre este movimento, cfr. FERREIRA GOMES – *Auditors as gatekeepers...* e FERREIRA GOMES – *A fiscalização...*.

[1473] O n.º 4.1.3 do Código de Ética da Ordem dos Revisores Oficiais de Contas, baseado no seu homónimo da *International Federation of Accountants* (IFAC), refere-se a "independência da mente" e a "independência na aparência". A primeira surge definida como «[o] estado mental que permite a elaboração de uma opinião sem ser afectado por influências que comprometam o julgamento profissional, permitindo por este meio que um profissional actue com integridade e tenha objectividade e cepticismo profissional». A segunda como «[o] evitar factos e circunstâncias tão significativos que um terceiro razoável e informado, ponderando todos os factos e circunstâncias específicos, seria levado a concluir que a integridade, a objectividade ou o cepticismo profissional de uma firma, ou de um membro da equipa, tenham sido comprometidos».

[1474] Em particular, deve (i) desempenhar as suas funções em regime de completa independência funcional e hierárquica relativamente à sociedade (art. 49.º/1 EOROC); (ii) deve atuar livre de qualquer pressão, influência ou interesse e deve evitar factos ou circunstâncias que sejam suscetíveis de comprometer a sua independência, integridade ou objetividade, de acordo com padrões de um terceiro objetivo, razoável e informado (art. 68.º-A/1 EOROC); (iii) deve recusar qualquer trabalho que possa diminuir a sua

DA ADMINISTRAÇÃO À FISCALIZAÇÃO DAS SOCIEDADES

1106 III. Também o revisor oficial de contas – seja este um profissional individual ou uma sociedade de revisores oficiais de contas – tem o dever de se organizar internamente da forma mais adequada ao desenvolvimento da sua função, de acordo com as específicas características da sociedade. Este dever enquadra a contratação de colaboradores e auxiliares, em especial, de outros revisores [art. 49.º/1 *a*) EOROC][1475].

1107 IV. Nos termos do Código de Ética da Ordem dos Revisores Oficiais de Contas, antes de aceitar a prestação de serviços, o revisor deve aferir se possui ou se pode obter as competências técnicas necessárias à adequada realização do seu trabalho[1476]. Quando pretenda recorrer a peritos para colmatar uma competência em falta, o revisor deve avaliar a sua reputação, experiência, recursos disponíveis e normas profissionais e éticas aplicáveis[1477].

1108 Este dever deve ser articulado com o disposto em normas especiais, como os arts. 31.º/1 RGIC e 51.º/1, *a*) do Decreto-Lei n.º 94-B/98, de 17 de abril, nos termos dos quais os revisores oficiais de contas *que integrem o órgão de fiscalização* das instituições de crédito e das empresas de seguros e resseguros devem possuir qualificação adequada, nomeadamente através de habilitação académica ou experiência profissional. Naturalmente, deve entender-se que estas normas correspondem à concretização do mais genérico dever do revisor de aceitar o

independência, integridade e objetividade, nomeadamente quando exista qualquer relação financeira, empresarial, de trabalho ou outra, como seja a prestação, direta ou indireta, de serviços complementares que não sejam de revisão ou auditoria entre o revisor (ou a rede na qual se integra) e a entidade examinada, em virtude da qual um terceiro objetivo, razoável e informado, concluiria que a independência estava comprometida (art. 68.º-A/2 EOROC); (iv) deve recusar honorários que possam comprometer a sua independência (art. 60.º/5 EOROC); (v) deve confirmar anualmente ao conselho fiscal, por escrito, a sua independência relativamente à sociedade, comunicar-lhe anualmente todos os serviços adicionais (para além da revisão legal de contas) prestados à sociedade, e examinar com o mesmo as ameaças à sua independência e as salvaguardas aplicadas para atenuar essas ameaças [art. 62.º-B/1, *a*) a *c*) EOROC].
Sobre a problemática prestação de serviços extra-auditoria, cfr., *v.g.*, FERREIRA GOMES – *Auditors as gatekeepers...*, FERREIRA GOMES – *A fiscalização...* p. 205 ss., ANDRÉ FIGUEIREDO – *Auditor independence and the joint provision of audit and non-audit services*. Sublinhe-se que o art. 68.º-A/7 EOROC contém uma lista de serviços extra-auditoria que não podem ser prestados pelo revisor. Sobre a problemática remuneração dos revisores no contexto da sua independência, cfr. FERREIRA GOMES – *A fiscalização...* p. 195 ss. e 208 ss. Cfr. também o n.º 3.4.3 CEOROC que desenvolve a norma do EOROC, segundo o qual o revisor não pode (a) receber honorários em espécie, bem como honorários contingentes ou variáveis dependentes dos resultados do seu trabalho, no exercício de funções de interesse público; (b) receber de terceiros, ou de colegas, honorários ou comissões por ter indicado ou referenciado um cliente; (c) pagar a terceiros ou a colegas honorários ou comissões pela angariação de um cliente.

[1475] Caso em que se deve atender ao disposto no n.º 3.2.16 CEOROC. Cfr. também o Regulamento da CMVM n.º 1/2014, relativo ao registo dos auditores e seus deveres.

[1476] Cfr. n.º 3.2.7 CEOROC.

[1477] Cfr. n.º 3.2.8 CEOROC.

O MODELO PORTUGUÊS ENQUANTO MODELO BASE

cargo apenas quando tenha condições para o desempenhar adequadamente, incluindo no que respeita à competência técnica. Este dever articula-se com aqueleoutro de manter as suas competências atualizadas face às circunstâncias da sociedade ao longo do tempo.

V. O dever de confidencialidade ou de sigilo profissional do revisor oficial de contas é regulado pelo art. 72.º/1 EOROC, nos termos do qual lhe é vedada a prestação de informações de que tenha tomado conhecimento «por motivo de prestação dos seus serviços», salvo quando imposta *ex lege*[1478] ou autorizada pela entidade sujeita a revisão. Este dever não abrange, porém (a) as informações de um sócio a outros sócios de uma mesma sociedade de revisores oficiais de contas; (b) as informações prestadas a outros revisores com os quais tenham sido celebrados contratos de prestação de serviços e aos seus colaboradores, na medida estritamente necessária para o desempenho das suas funções; (c) as informações prestadas entre revisores, no âmbito da revisão legal das contas consolidadas, na medida estritamente necessária ao desempenho das suas funções, devendo os revisores dar conhecimento desse facto à administração da sociedade; (d) as informações prestadas pelo revisor substituído ao revisor que o substituir.

Este dever é ainda desenvolvido em diversos pontos pelo disposto na Secção 7 do CEOROC, entre os quais se destaca a previsão expressa de um dever de não usar a informação obtida para benefício pessoal ou de terceiros[1479], a extensão do dever de confidencialidade à informação prestada por potenciais clientes[1480], o dever de praticar os atos necessários para assegurar a manutenção da confidencialidade pelos «profissionais sob o seu controlo» e pelas «pessoas a quem foi pedido aconselhamento ou ajuda»[1481], a extensão do dever de confidencialidade *post pactum finitum*[1482].

Este dever do revisor, tal como o dever que impende sobre todos os membros do conselho fiscal[1483], está estruturalmente relacionado com os seus poderes-deveres de informação. Sem adequadas garantias de confidencialidade sobre os assuntos da sociedade, a administração não permitiria o acesso do revisor à sua informação.

1109

1110

1111

[1478] Cfr., *v.g.*, art. 121.º RGIC e art. 9.º-A/3 e 4 CVM.

[1479] Cfr. n.º 2.7.1, *b)* CEOROC.

[1480] Cfr. n.º 2.7.3 CEOROC.

[1481] Cfr. n.º 2.7.4 CEOROC.

[1482] Cfr. n.º 2.7.5 CEOROC.

[1483] LUTTER – *Information und Vertraulichkeit*[3]... p. 146, n.º 385. Entre nós, ENGRÁCIA ANTUNES – *A fiscalização*... p. 167.

Capítulo II

A obrigação de vigilância dos órgãos da sociedade anónima: o modelo germânico

SECÇÃO I – Introdução histórico-crítica

§ 39. OS ANTECEDENTES NORMATIVOS DA AKTIENGESETZ 1965 E A FISCALIZAÇÃO DA SOCIEDADE POR AÇÕES

39.1. O *Code de Commerce* como berço do *Aktienrecht*: remissão

I. No Direito alemão, a fiscalização da administração da *Aktiengesellschaft* 1112
assenta hoje na distribuição de competências entre a própria direção (*Vorstand)*,
o conselho de supervisão (*Aufsichtsrat*) e o revisor de contas (*Abschlussprüfer*).
Referimo-nos a estes órgãos pelas suas designações em alemão, de forma a distingui-los claramente dos seus congéneres noutros sistemas.

Este modelo de governo, previsto na *Aktiengesetz* de 1965, é fruto de uma 1113
longa evolução histórica. Tal como afirmado já a propósito do modelo tradicional
português, reitera-se que, para compreensão desta evolução histórica, releva a
análise histórico-crítica da regulação, com carácter geral e abstrato, dos requisitos de administração e fiscalização das sociedades comerciais. Não abordaremos,
portanto, o aparecimento da sociedade anónima e seus antecedentes (da *societas*
na Antiguidade às companhias coloniais europeias do séc. XVII), sem prejuízo
da análise casuística das experiências antecedentes onde isso se justifique.

441

DA ADMINISTRAÇÃO À FISCALIZAÇÃO DAS SOCIEDADES

1114
II. Nesta perspetiva, o *Code de Commerce* é apontado como o berço de todo o Direito das sociedades anónimas da Europa continental[1484], por ter apresentado, pela primeira vez, um regime geral para aquela que designou como *société anonyme*, num primeiro esforço de codificação[1485].

1115
O *code* teve uma influência particularmente intensa no espaço alemão por ter vigorado em numerosos territórios deste, como a Rheinland[1486], pelo menos durante algum tempo. Na maior parte dos casos, tais territórios foram anexados ou tornados dependentes por Napoleão[1487]. A sua influência acabaria por ser decisiva no desenvolvimento futuro do Direito societário alemão[1488].

1116
III. Ao *code* seguiram-se, como grandes marcos de evolução, a *Aktiengesetz* prusso de 1843, o ADHGB de 1861, as suas alterações de 1870 e 1884, e o HGB de 1897. Depois disso, no séc. XX, surgiram os *Aktiengesetzen* de 1937 e 1965[1489]. Desde então, como sublinham BAYER e HABERSACK, o direito societário alemão tem estado sujeito a um contínuo processo de reforma[1490].

[1484] BÖSSELMANN – *Die Entwicklung des deutschen Aktienwesens...* p. 63, GROSSFELD – *Aktiengesellschaft...* p. 121, LEHMANN – *Die geschichtliche Entwicklung...* p. 1, MÜLLER-ERZBACH – *Deutsches Handelsrecht...* p. 38, VOGT – *Zur Theorie der Handelsgesellschaften...* p. 480-481. Para uma análise da evolução anterior ao *Code de Commerce, vide, e.g.*, LEHMANN – *Die geschichtliche Entwicklung....*

[1485] BAUMS-STAMMBERGER – *Der Versuch...* p. 21, CARBASSE – *Manuel d'introduction...* p. 274-275, HATTENHAUER – *Europäische Rechtsgeschichte...* p. 674, MÜLLER-ERZBACH – *Deutsches Handelsrecht...* p. 37, REICH – *Die Entwicklung...* p. 241-242.

[1486] DEUTSCH – *Die Aktiengesellschaft...* p. 93, MÜLLER-ERZBACH – *Deutsches Handelsrecht...* p. 38.

[1487] Assim, o *Code* vigorou desde 1 de janeiro de 1808 nos territórios da margem esquerda do Reno, ocupados pela França nos termos do acordo de paz de Lunéville (1801). Na Ostfriesland e Jever vigorou a partir de 1 de janeiro 1811, tal como no Reino da Holanda, à qual pertenciam desde 1807. Em Munster vigorou desde 10 de fevereiro de 1811, nas cidades hanseáticas de Hamburgo, Bremen e Lübeck, ocupadas desde 1806 dado o incumprimento do bloqueio continental decretado por Napoleão e resistência inicial à lei deste, foram anexadas no final de 1810, juntamente com Lauenburgo e a região noroeste alemã, entre Elbe e Ems. Apesar de muitos territórios terem abolido o *code* imediatamente após a queda de Napoleão, o mesmo permaneceu em vigor em muitos outros. Para além de Rheinhessen, também Meisenheim e Birkenfeld, a Província do Reno, Baden e Frankfurt (Main). Cfr. DEUTSCH – *Die Aktiengesellschaft...* p. 91-92.

[1488] *Ibidem*, p. 47, GROSSFELD – *Aktiengesellschaft...* p. 121, WIETHÖLTER – *Interessen und Organisation...* p. 64. Assim afirmava KARL LEHMANN: «*Die heutige Aktiengesellschaft als von der Gesetzgebung geordnetes Rechtsinstitut stammt aus dem Code de Commerce*». LEHMANN – *Die geschichtliche Entwicklung...* p. 1.

[1489] WALTER BAYER e MATHIAS HABERSACK – *Aktienrecht im Wandel*, 1 ..., p. 3.

[1490] *Ibidem*.

O MODELO GERMÂNICO

39.2. O contexto alemão no princípio do séc. XIX, as limitações da *Personalgesellschaft*, regulada pelo ALR de 1794, e a sujeição da *Aktienverein* a um sistema de outorga (*Oktroisystem*)

I. A industrialização da Alemanha ocorreu numa época conturbada. Após o Congresso de Viena, esta não era mais do que uma lassa confederação de Estados independentes sob a *Deutscher Bund* de 1815, sem qualquer direção comum. O ideal do liberalismo fomentado pelas guerras napoleónicas foi combatido pelos Estados autoritários que reemergiram, sendo coartada a liberdade associativa, imposta a vigilância das universidades e apertada a censura sobre a imprensa. As tensões não se fizeram esperar, com a classe média a exigir liberdades económicas básicas, tendo começado a verificar-se mudanças a partir dos anos 1830. Em termos económicos, os territórios alemães sofreram com as consequências das guerras napoleónicas e com a concorrência inglesa decorrente do fim do bloqueio continental[1491]. Paralelamente, verificou-se um crescimento da população alemã, decorrente do desenvolvimento da agricultura e das condições médicas e higiénicas[1492].

1117

II. No final do séc. XVIII e princípios do séc. XIX, a liberdade da pessoa e da propriedade assumem-se como a base não apenas da justiça social, mas também de qualquer iniciativa privada[1493].

1118

[1491] Hans Mottek – "Einleitende Bemerkungen: Zum Verlauf und zu einigen Hauptproblemen der industriellen Revolution in Deutschland", in Hans Mottek (ed.) – *Studien zur Geschichte der industriellen Revolution in Deutschland*, Berlin, 1960, p. 18-26.

[1492] Entre 1816 e 1830 a população cresceu de 24,833 para 29,520 milhões (aproximadamente 20%). Erik Kiessling – "Eisenbahnbau und Industrialisierung als Katalysator der Entwicklung des Aktienrechts", in Walter Bayer e Mathias Habersack (eds.) – *Aktienrecht im Wandel*, 1 ..., p. 100-102, August Sartorius von Waltershausen – *Deutsche Wirtschaftsgeschichte 1815-1914*, 2.ª ed., Jena: Fischer, 1923, p. 34.

[1493] A liberdade pessoal, associada à abolição das anteriores restrições à transmissibilidade das terras, permitiu que muitos agricultores reagissem às difíceis condições económicas vendendo as suas propriedades, gerando mão de obra para a indústria emergente. Helmut Coing – "Allgemeine Züge der Privatrechtlichen Gesetzgebubg im 19. Jahrhundert", in Helmut Coing (ed.) – *Handbuch der Quellen und Literatur der neueren europäischen Privatrechtsgeschichte*, 3.1, München: Beck, 1982, *passim*, em especial p. 8, Dieter Grimm – "Die verfassungsrechtlichen Grundlagen der Privatrechtsgesetzgebung", in Helmut Coing (ed.) – *Handbuch der Quellen und Literatur ...*, *passim*, Kiessling – *Eisenbahnbau und Industrialisierung...* p. 102. Paralelamente, entre 1810 e 1811 foi finalmente abolida a obrigação de integração em corporações. Cfr. *Gesetz-Sammlung* 1810, p. 79 e *Gesetz-Sammlung* 1811, p. 253. Sobre esta questão *vide*, *v.g.*, Iosif M. Kulišer – *Allgemeine Wirtschaftsgeschichte des Mittelalters und der Neuzeit*, 2, 2.ª ed., München, Oldenbourg, 1958, p. 446, Dieter Strauch – "Unternehmensrecht im 19. Jahrhundert", in Karl Otto Scherner e Dietmar Willoweit (eds.) – *Vom Gewerbe zum Unternehmen: Studien zum Recht der gewerblichen Wirtschaft im 18. und 19. Jh.*, Darmstadt Wiss. Buchges., 1982, p. 208 ss., Dietmar Willoweit – "Gewerbeprivileg und „natürliche" Gewerbefreiheit", in Karl Otto Scherner e Dietmar Willoweit (eds.) – *Vom Gewerbe zum Unternehmen ...*, p. 109-111. Foi ainda consagrada a liberdade de comércio, fortalecida

443

DA ADMINISTRAÇÃO À FISCALIZAÇÃO DAS SOCIEDADES

1119   Aquando do início da revolução industrial em Inglaterra, a Alemanha era fortemente caracterizada pelas suas estruturas medievais, às quais se somavam a divisão política, com a inerente diversidade de políticas tributárias e aduaneiras, e a ausência de um adequado sistema rodoviário. A moeda, os sistemas de medição do peso e da distância variava de Estado para Estado, o mesmo valendo para os seus sistemas jurídicos. A agricultura era maioritariamente dirigida ao consumo próprio[1494].

1120   No entanto, entre 1800 e 1850, a produção agrícola[1495], mineral e industrial[1496] desenvolveu-se a um ritmo impressionante. Os caminhos de ferro desenvolveram-se em reação aos congestionamentos pré-industriais agravados pelo crescimento da população, pelo êxodo rural e pelo aumento do volume de transporte de bens alimentares a longa distância[1497]. A participação financeira dos Estados no desenvolvimento dos caminhos de ferro fez-se sentir desde cedo

por várias outras novidades deste período. GRIMM – *Die verfassungsrechtlichen Grundlagen* ..., p. 69 e ss, KIESSLING – *Eisenbahnbau und Industrialisierung...* p. 102-103.

[1494] KIESSLING – *Eisenbahnbau und Industrialisierung...* p. 104, HANS POHL – "Die Entwicklung der deutschen Volkswirtschaft (1830-1880)", in HELMUT COING e WALTER WILHELM (eds.) – *Wissenschaft und Kodifikation des Privatrechts im 19. Jahrhundert*, 2, Frankfurt: Klostermann, 1977, p. 28. A introdução dos meios mecânicos de produção foi recebida por uns com dúvidas, por outros com euforia. KIESSLING – *Eisenbahnbau und Industrialisierung...* p. 105, AKOS PAULINY e ULRICH TROITZSCH – *Mechanisierung und Maschinisierung 1600 bis 1840*, WOLFGANG KÖNIG, Propyläen Technikgeschichte: Einführung des Herausgebers, 3, Berlin, Framkfurt am Main: Propyläen, 1990, p. 483 ss.

[1495] Se em 1800 eram necessários quatro agricultores para alimentar um consumidor (não agricultor), em 1850 um agricultor produzia o suficiente para alimentar dois consumidores.

[1496] KIESSLING – *Eisenbahnbau und Industrialisierung...* p. 106, SARTORIUS VON WALTERSHAUSEN – *Deutsche Wirtschaftsgeschichte 1815-1914...* p. 7.

[1497] No início da era industrial, os meios de transporte tradicionais revelavam-se incapazes de escoar as matérias primas e os produtos finais para os centros comerciais e mercados de destino. Ao elevado crescimento do volume de bens transportados, soma-se o crescimento exponencial do número de pessoas transportadas. Não obstante os avultados investimentos dos Estados na rede de estradas, cuja dimensão triplicou na primeira metade do séc. XIX, o volume de bens e pessoas transportados continuava a não ser suficiente face às novas exigências económicas. O transporte fluvial e marítimo, por sua vez, era também insuficiente, especialmente pelas suas restrições naturais. Sem prejuízo do grande desenvolvimento do sistema de canais fluviais, os caminhos de ferro assumiram-se então como a alternativa mais viável, reduzindo, por exemplo, o tempo de viagem por terra entre Dresden e Leipzig (onde foi construída a primeira ligação ferroviária) de 2 dias para 3 horas, e entre Colónia e Berlim de uma semana para 14 horas. SARTORIUS VON WALTERSHAUSEN – *Deutsche Wirtschaftsgeschichte 1815-1914...*, *passim*, em especial quanto ao crescimento populacional, p. 34-38, e quanto aos meios rodovirários e ferroviários e navegação, p. 94-116, POHL – *Die Entwicklung...*, *passim*, BÖSSELMANN – *Die Entwicklung des deutschen Aktienwesens...*, *passim*, WOLFGANG KÖNIG e WOLFHARD WEBER – *Netzwerke: Stahl und Strom*, in WOLFGANG KÖNIG – *Propyläen Technikgeschichte: Einführung des Herausgebers*, 4, Berlin, Frankfurt am Main: Propyläen, 1990, *passim*, KIESSLING – *Eisenbahnbau und Industrialisierung...* p. 103, 108-111.

O MODELO GERMÂNICO

e estes passaram rapidamente de consequência a causa da industrialização e do crescimento económico da Alemanha[1498].

A crescente relevância dos caminhos de ferro refletiu-se na constituição de 1121 sociedades destinadas a financiar a sua construção e manutenção, dado que os investimentos necessários ao desenvolvimento de tais projetos não podiam ser assegurados através de pequenos grupos investidores, nem através dos banqueiros privados individuais, nem através do desorganizado mercado de capitais então existente. Os grandes bancos só começaram a surgir na Alemanha em meados do séc. XIX, não desempenhando o mesmo papel que desempenharam na Áustria e em França[1499].

Apesar de a solução passar pela reunião de fundos privados em sociedades, 1122 o ambiente económico não era o mais propício para o efeito, tendendo os investidores a preferir os investimentos mais conservadores (investimentos imobiliários, obrigações bancárias, obrigações hipotecárias e obrigações do tesouro), em detrimento dos investimentos mais especulativos. Este cenário decorria do reduzido número de títulos comercializados em bolsa na altura e da aversão ao risco associado à especulação desde os escândalos financeiros que assolaram a Grã-Bretanha, a França, a Holanda e também a Alemanha (o escândalo das obrigações do tesouro espanhol)[1500].

Contudo, no que respeita ao financiamento dos caminhos de ferro, a situação 1123 alterou-se rapidamente, sendo evidente a predisposição dos investidores para

---

[1498] As redes ferroviárias começaram por ligar os maiores centros residenciais, cobrindo depois a ligação dos centros industriais aos centros de produção de matérias primas, sendo operadas, na sua maioria, por operadores privados. Este facto justifica-se em parte pela má situação financeira dos Estados, mas também pelo desconhecimento inicial do potencial económico e político desde novo meio de transporte e pela desconfiança gerada pela alta mobilidade da população, pelo risco de acrescida mobilidade de tropas estrangeiras, pelo decréscimo das taxas de portagem nas rodovias, etc. LOTHAR GALL e MANFRED POHL – *Die Eisenbahn in Deutschland: von den Anfängen bis zur Gegenwart*, München: Beck, 1999, FRIEDRICH LIST – *Über ein sächsisches Eisenbahn-System als Grundlage eines allgemeinen deutschen Eisenbahn-Systems*, Schriften, Reden, Briefe, 3.1 – Schriften zum Verkehrswesen: Einleitung und Text, Berlin: Hobbing, 1929, p. 37, MOTTEK – *Einleitende Bemerkungen...* p. 27-38, em especial p. 31 e 32, KIESSLING – *Eisenbahnbau und Industrialisierung...* p. 112-122. Os dados estatísticos podem ser consultados em RAINER FREMDLING e RUTH FEDERSPIEL – *Statistik der Eisenbahnen in Deutschland (1835-1989)*, Quellen und Forschungen zur historischen Statistik von Deutschland, 17, St. Katharinen: Scripta-Mercaturae-Verl., 1995.

[1499] KIESSLING – *Eisenbahnbau und Industrialisierung...* p. 125-130.

[1500] No início, em 1805, na Bolsa de Berlim eram negociados seis títulos; em 1813, dezoito títulos; em 1830, quarenta e nove títulos, incluindo 26 títulos estrangeiros. KARL NEIDLINGER – *Studien zur Geschichte der deutschen Effektenspekulation von ihren Anfängen bis zum Beginn der Eisenbahnaktienspekulation: ein Beitrag zur Börsengeschichte*, Jena: Fischer, 1930, p. 42 ss., 57 ss. Sobre este ponto, cfr. também POHL – *Die Entwicklung...*, SARTORIUS VON WALTERSHAUSEN – *Deutsche Wirtschaftsgeschichte 1815-1914...*, p. 190, *passim*, BÖSSELMANN – *Die Entwicklung des deutschen Aktienwesens...*, *passim*, MOTTEK – *Einleitende Bemerkungen...*, *passim*, KIESSLING – *Das preußische Eisenbahngesetz von 1838...* p. 130-131.

DA ADMINISTRAÇÃO À FISCALIZAÇÃO DAS SOCIEDADES

investir nestes projetos, apesar de todas as reservas. O sucesso das primeiras linhas construídas permitiu aos respetivos investidores obter um ganho claramente acima da média, contribuindo para o afastamento dos receios que ainda subsistiam[1501].

1124   III. Do ponto de vista organizacional, as *Personalgesellschaften* – incluindo *offenen Handelsgesellschaften* e *Kommanditgesellschaften* –, reguladas pelo *Allgemeine Landrecht für die preußischen Staaten* de 1794 ("ALR"), não ofereciam um quadro jurídico apropriado para o desenvolvimento destes grandes projetos, com um número substancial de sócios.

1125   A lei regulava as relações entre os sócios e continha algumas disposições aplicáveis a estas sociedades comerciais (Parte II, Título 8 §§ 614 ss. ALR), mas era especialmente inadequada na regulação da relação destas com terceiros, por representarem uma comunhão de trabalho e de responsabilidade.

1126   A cooperação entre os sócios era estruturante: a sua participação na sociedade não era livremente transmissível e a existência da sociedade dependia da inalterabilidade dos seus membros. A responsabilidade pessoal dos sócios (Parte II, Título 8 § 614; Parte I, Título 17 §§ 239, 301; Parte I, Título 5 § 424 ALR) era requisito essencial do crédito nas relações comerciais e fundamento de uma sólida atividade económica[1502].

1127   Acresce que as *Personalgesellschaften* não tinham, de acordo com a doutrina da altura, capacidade jurídica própria. O gerente (*Geschäftsführer*) atuava em representação de todos os sócios[1503]. Concluindo, havia sérios inconvenientes no recurso a estas sociedades, especialmente ao nível da responsabilidade dos sócios face a terceiros, afastando empresários naturalmente adversos ao risco[1504].

1128   IV. Limitado às *Personalgesellschaften*, o ALR não regulava a nova "*Aktienverein*". Previa apenas algumas disposições sobre a própria *Aktie* (Parte I, Título 2

[1501] KIESSLING – *Das preußische Eisenbahngesetz von 1838...* p. 131. Assim, na Prússia, as sociedades destinadas ao financiamento dos caminhos de ferro representavam, no final da primeira metade do séc. XIX, 33% do número total de sociedades constituídas (85), sem contar com as sociedades que, não estando diretamente relacionadas com o financiamento da construção de caminhos de ferro, tinham uma atividade indiretamente relacionada com a mesma (desde a produção de matérias primas à produção de componentes metalo-mecânicos). KIESSLING – *Eisenbahnbau und Industrialisierung...* p. 123-126.

[1502] HELMUT COING – *Europäisches Privatrecht*, 1 – Älteres gemeines Recht (1500 – 1800), München: Beck, 1985, p. 468.

[1503] KIESSLING – *Das preußische Eisenbahngesetz von 1838...* p. 132.

[1504] Cfr. MENEZES CORDEIRO – *Da responsabilidade civil...* p. 83-84. O autor refere-se à experiência francesa, mas em termos facilmente transponíveis além fronteiras.

O MODELO GERMÂNICO

§ 12; Parte I, Título 11 § 793; Parte I, Título 13 § 415 ALR)[1505], remetendo o demais para o *Oktroi* (II 6 § 25 ALR).

A sociedade anónima surgia então sujeita a um sistema de outorga (*Oktroisys-tem*), nos termos do qual tudo dependia do que fosse estabelecido no instrumento de outorga, contrariamente ao sistema de concessão (*Konzessionsystem*) que viria a resultar do *Code de Commerce*. De acordo com este sistema, a personalidade jurídica não era uma decorrência de uma qualquer liberdade económica, mas um privilégio recebido do poder estatal, que aprovava os estatutos e atribuía à sociedade direitos e deveres de exceção, irredutíveis ao Direito comum[1506].

Ao longo do séc. XVIII, porém, é possível observar uma certa cristalização de determinadas normas nos diferentes *Oktroi*[1507]. Para efeitos deste estudo releva especialmente o facto de os acionistas só poderem exercer os seus direitos na assembleia geral, na qual a sua influência dependia da sua maior ou menor participação social. A participação era essencialmente limitada ao direito de voto, sendo outros direitos de participação ou fiscalização desconhecidos na altura. A atividade social era conduzida por um diretor, existindo também conselhos de administração ou vigilância (*Verwaltungs- oder Aufsichtsratten*), entendidos não tanto como órgãos de controlo, mas como assembleias de determinados acionistas e fundadores que, através dos mesmos, exerciam uma especial influência sobre a sociedade[1508].

V. De acordo com KIESSLING, não obstante o facto de o sistema continuar a assentar no *Oktroi*, este passou a ter um significado distinto com o ALR: tratava-se não tanto da atribuição de um monopólio, mas de uma forma de concessão de liberdade face às restrições do ALR para outras formas de organização societária. De facto, só através da *Korporation* era possível separar as relações jurídicas do indivíduo (também face a terceiros) das relações com a sociedade (personalidade jurídica da sociedade, exclusão da responsabilidade do sócio, direito de emitir ações e obrigações)[1509].

[1505] KIESSLING – *Das preußische Eisenbahngesetz von 1838...* p. 132, REICH – *Die Entwicklung...* p. 239.

[1506] MENEZES CORDEIRO – *Da responsabilidade civil...* p. 86-87. No mesmo sentido, *v.g.*, KIESSLING – *Das preußische Eisenbahngesetz von 1838...* p. 134-135.

[1507] KIESSLING – *Das preußische Eisenbahngesetz von 1838...* p. 135-136.

[1508] *Ibidem*, p. 136, GÖTZ LANDWEHR – "Die Organisationsstrukturen der Aktienunternehmen: Statutenpraxis in Preußen bis zur Aktienrechtsnovelle von 1870", in KARL OTTO SCHERNER e DIETMAR WILLOWEIT (eds.) – *Vom Gewerbe zum Unternehmen ...*, p. 251-302, FRITZ MARTENS – *Die Aktiengesellschaft in der Kritik der ersten drei Viertel des 19. Jahrhunderts und ein Beitrag zu ihrer Geschichte*: Dissertação Univ. Kiel, 1934, p. 14 ss.

[1509] KIESSLING – *Das preußische Eisenbahngesetz von 1838...* p. 137. Sobre o sentido do privilégio com *iura singularia* face ao *ius commune*, vide HEINZ MOHNHAUPT – "Erteilung und Widerruf von Privilegien nach der

DA ADMINISTRAÇÃO À FISCALIZAÇÃO DAS SOCIEDADES

1132   A outorga de *Oktroi* era contudo restringida, desde logo pela correspondência do fim da sociedade ao interesse público ou bem comum (Parte II, Título VI, § 2 ALR)[1510]. Na base desta perspetiva restritiva estavam os receios da aristocracia face ao crescente poder da classe média, o risco para o comércio existente e os efeitos nocivos de eventuais monopólios para os consumidores. A estes fundamentos somava-se o risco económico associado ao desenvolvimento de grandes sociedades, em especial face a determinados escândalos particularmente notórios em Inglaterra, França e Holanda, bem como os riscos específicos da especulação bolsista. Aos poucos porém, o Estado reconheceu a utilidade destas sociedades[1511].

39.3. A passagem de um sistema de outorga (*Oktroisystem*) a um sistema de concessão (*Konzessionsystem*) na regulação das sociedades de caminhos de ferro pela EBG de 1838: a combinação da fiscalização administrativa com deveres de publicação de informação societária; os antecedentes do *Aufsichtsrat*

1133   I. Desde 1817 (e, em especial, desde 1826, data em que foi nomeada uma comissão para a revisão do Direito comercial) estavam a ser desenvolvidos trabalhos sobre uma lei geral de sociedades por ações. Contudo, atendendo ao rápido desenvolvimento das sociedades de caminhos de ferro, tornava-se cada vez mais difícil atender a todos os pedidos de outorga e colocavam-se questões gerais que não podiam obter respostas diferentes de caso para caso (em especial no que respeitava a direitos de expropriação).

1134   O legislador sentiu, por isso, a necessidade de atender a este caso específico, desenvolvendo projetos de lei desde a primeira década do séc. XIX, fortemente influenciados pelos pioneiros na construção dos caminhos de ferro. Exemplo

---

gemeinrechtlichen Lehre vom 16. bis 19. Jahrhundert", in Barbara Dölemeyer e Heinz Mohnhaupt (eds.) – *Das Privileg im europäischen Vergleich*, 1, Frankfurt am Main: Klostermann, 1997, p. 93-121.

[1510] Nesta disposição podia ler-se: «*In so fern dieser Zweck mit dem gemeinen Wohl bestehen kann, sind dergleichen Gesellschaften erlaubt*».

[1511] Um bom exemplo é a *Pommersche Provinzial-Zuckersiederei* de 1818 que obteve o seu *Oktroi*, mesmo sem apresentar um fim de interesse público, constituindo um importante precedente para o futuro. Acresce que o próprio Estado acabou por participar nas sociedades de caminhos de ferro, como forma de combater a divisão entre as diferentes regiões da Alemanha e promover o desenvolvimento económico. Esta alteração de perspetiva implicou um afastamento da imperatividade da correspondência do fim social ao bem comum (Parte II, Título VI, § 2 ALR) por se entender que as sociedades implicavam benefícios económicos gerais. Neste sentido, era geralmente aplaudido o desenvolvimento económico associado a estas sociedades, até por considerações fiscais. Cfr. Kiessling – *Das preußische Eisenbahngesetz von 1838...* p. 137-141.

O MODELO GERMÂNICO

disso são os projetos de LIST[1512] e HANSEMANN[1513] que viriam a ser decisivos na redação da *Gesetz über die Eisenbahn-Unternehmungen* (*"Eisenbahngesetz"* ou, simplesmente, "EBG")[1514]. A redação deste foi ainda influenciada pelo *Code de Commerce* que subsistia em vigor nalgumas regiões (Renânia, Rheinhessen e no grão-ducado de Baden), bem como pelos códigos comerciais espanhol e holandês entretanto aprovados[1515].

II. A EBG foi promulgado por Friedrich Wilhelm III, a 3 de novembro de 1838, consistindo num conjunto de regras aplicáveis às sociedades de caminhos de ferro, incluindo a regulação dos direitos de expropriação e de obtenção de materiais para a construção dos caminhos de ferro, bem como determinados

1135

[1512] No projeto de FRIEDRICH LIST de 1833 sobre sociedades de caminhos de ferro destacava-se o facto de a administração da sociedade caber a um *Direktorium* eleito pela assembleia de acionistas (*Versammlung der Aktionäre*), hierarquicamente estruturado, deliberando por maioria simples. O seu presidente devia apresentar um relatório anual sobre a atividade da sociedade, podendo os acionistas analisar as contas da sociedade. LIST – *Über ein sächsisches Eisenbahn-System...*, *passim*, em especial, p. 69 ss., 155 ss., 214 ss., 820 ss. Cfr. também KIESSLING – *Das preußische Eisenbahngesetz von 1838...* p. 145.

[1513] De acordo com o projeto de DAVID HANSEMANN, apenas os acionistas, enquanto "proprietários da sociedade" (*Eigentümer der Gesellschaft*) podiam determinar o seu destino, exercendo os seus direitos de voto em assembleia. HANSEMANN era um forte defensor da criação imperativa de um órgão de fiscalização: o *Verwaltungsrat* deveria controlar o *Leitungsgremiums* (o qual tenderia a atuar de forma egoísta), não só para proteção dos credores, mas também dos acionistas que demonstram pouco interesse no controlo da sociedade. Tal falta de interesse, afirmava, devia-se ao facto de não serem pessoalmente responsáveis pelas dívidas da sociedade, à fungibilidade da sua participação e à sua menor experiência comercial. Para assegurar o funcionamento efetivo dos dois órgãos, defendia mandatos curtos para o órgão de fiscalização e mandatos longos para o órgão de administração. Para além disso, defendia a prestação de contas anuais à assembleia geral, às quais devia ser dada publicidade. Cfr. DAVID HANSEMANN – *Die Eisenbahnen und deren Aktionäre in ihrem Verhältnis zum Staat*, Leipzig e Halle: Renger, 1837, *passim*, em especial, p. 52, 61, 100 ss., 106. Cfr. também KIESSLING – *Das preußische Eisenbahngesetz von 1838...* p. 147-148.

[1514] Importa realçar que, ainda antes disso, a prática societária atendia com particular atenção à fiscalização societária. Assim, por exemplo, os estatutos da *Rheinischen Eisenbahngesellschaft* de 1837 previam um *Administrationsrat*, encarregue da vigilância da administração e da representação da sociedade face ao *Direktorium*, a quem cabia «a superior direção dos negócios e assuntos da sociedade». Por sua vez, os estatutos da *Magdeburg-Leipziger Eisenbahngesellschaft* do mesmo ano reservavam para a assembleia geral todas as decisões fundamentais, devendo esta nomear uma comissão, composta por vinte e quatro acionistas, à qual competia nomear o *Direktorium*, decidir sobre a sua remuneração, aprovar as suas decisões mais importantes e controlar a administração, constituindo assim um claro antecedente do *Aufsichtsrat*. O *Direktorium* era composto por seis membros (devendo um ser advogado e outro ter conhecimentos em matérias de construção) a quem competia administrar todos os assuntos da sociedade e representá-la face a terceiros. Cfr. KIESSLING – *Das preußische Eisenbahngesetz von 1838...* p. 142-144.

[1515] *Ibidem*, p. 135,149, REICH – *Die Entwicklung...* p. 239-276, *ibidem*, p. 241-243, WOLFGANG WAGNER – "Gesellschaftsrecht Deutschland", in HELMUT COING (ed.) – *Handbuch der Quellen und Literatur ...*, p. 3005-3006. Segundo BAUMS-STAMMBERGER – *Der Versuch...*, foi ainda influenciado pelo projeto de lei de sociedades anónimas da Saxónia de 1836.

449

DA ADMINISTRAÇÃO À FISCALIZAÇÃO DAS SOCIEDADES

direitos de exclusividade[1516]. Para efeitos deste estudo, releva em particular o facto de esta lei ter instituído pela primeira vez no espaço alemão (onde não vigorava o *Code de Commerce*) um dever de concessão para todas as sociedades de caminho de ferro privadas, a cargo do *Handelsministerium*, pondo assim fim ao sistema de outorga paralegislativa, no seu âmbito de aplicação[1517].

No processo de concessão eram analisados diversos aspetos com relevância não só jurídica, mas também técnica e financeira. Realçamos a análise da suficiência do capital social face aos planos estabelecidos (visando evitar a subcapitalização da sociedade)[1518], bem como a aplicação projetada do mesmo, asseverando os riscos de fraude acionista. Para além de deveres de publicação de informação, foram estabelecidos deveres contabilísticos rudimentares, orientados não à proteção de interesses do fisco, investidores ou credores, mas para permitir o cálculo da tarifa apropriada pelo serviço de transporte[1519].

III. A EBG continha ainda disposições destinadas a permitir o mais amplo controlo do Estado ao longo da vida da sociedade: o § 46 previa a nomeação de um *Commissarius* permanente para assegurar o cumprimento da fiscalização do Estado sobre a sociedade, com poderes para convocar o *Vorstand* e assistir às suas reuniões[1520]. Note-se no entanto que, como bem sublinha Kiessling, a

---

[1516] O texto integral deste diploma pode ser consultado em Alexander Müller – *Archiv für die neueste Gesetzgebung aller deutschen Staaten*, 8:1, Stuttgart: L. F. Rieger & Comp., 1838, p. 258-275.

[1517] Cfr. o § 3 EBG, onde se lê:

> «*Das Statut ist zu Unserer landesherrlichen Bestätigung einzureichen; es muß jedoch zuvor der Bauplan im wesentlichen festgestellt worden sein.*
>
> *So lange die Bestätigung nicht erfolgt ist, bestimmen sich die Verhältnisse der Gesellschaft und ihrer Vertreter nach den allgemeinen gesetzlichen Vorschriften über Gesellschafts- und Mandats- Verträge. Mittelst der Bestätigung des Statuts, welches durch die Gesetzsammlung zu publiciren ist, werden der Gesellschaft die Rechte einer Korporation oder einer anvny men Gesellschaft ertheilt*».

Cfr. Bösselmann – *Die Entwicklung des deutschen Aktienwesens...* p. 86-88, Kiessling – *Das preußische Eisenbahngesetz von 1838...* p. 152-157, Reich – *Die Entwicklung...* p. 250-252. Entre nós, também Menezes Cordeiro – *Da responsabilidade civil...* p. 87.

[1518] Cfr. §§ 1 e 2 EBG.

[1519] Cfr. Kiessling – *Das preußische Eisenbahngesetz von 1838...* p. 154-155.

[1520] De acordo com o § 46,

> «*Zur Ausübung des Aufsichtsrechts des Staates über das Unternehmen wird nach Ertheilung Unserer Genehmigung (§ 1) ein beständiger Commissarius ernannt werden an welchen die Gesellschaft sich in allen Beziehungen zur Staatsverwaltung zu wenden hat. Derselbe ist befugt ihre Vorstände zusammen zu berufen und deren Zusammenkünften beizuwohnen*».

Ou seja:

> «*Para o exercício da fiscalização do Estado sobre a empresa, depois de obtida a nossa autorização (§ 1), será nomeado um comissário permanente ao qual a sociedade se deverá dirigir para todas as relações com a administração pública. O mesmo tem poder para convocar o Vorstand e participar das suas reuniões*».

Cfr. Müller – *Archiv für die neueste Gesetzgebung ...*, p. 274.

O MODELO GERMÂNICO

perceção de que este diploma criou uma instância de fiscalização e controlo com a autoridade e funções similares às hoje reconhecidas ao *Aufsichtsrat* é incorreta, porquanto, tal como referido no § 1 do Regulamento do *Staatsministerium* de 24 de novembro de 1848[1521]:

> «A competência dos comissários reais dos caminhos ferro compreende a proteção do direito do Estado face às sociedades de caminhos de ferro, dos interesses das empresas de caminhos de ferro como instituições de interesse geral e dos interesses do público utilizador dos caminhos de ferro.
>
> Assim, são da competência dos comissários reais todas as questões financeiras e operacionais das sociedades de caminhos de ferro, na medida em que prevaleça o interesse geral, tal como o cuidado na preservação e cumprimento dos estatutos da sociedade e das condições impostas às sociedades, em especial também a fiscalização do cumprimento dos regulamentos policiais aplicáveis».

IV. A organização interna destas sociedades não era regulada pela lei. Na prática, obedecia a uma estrutura tripartida (assembleia geral, direção e órgão de fiscalização) ou uma estrutura dualista modificada (funcionários especiais, órgãos mistos, comissões, etc.), recebendo os órgãos diferentes designações. Das 48 sociedades de caminhos de ferro criadas até 1870, apenas uma adotou uma estrutura puramente dualista (assembleia geral e direção), havendo 26 com uma estrutura tripartida. Em muitas destas sociedades, a direção (*Direktorium*) era nomeada pelo órgão de fiscalização (*Verwaltungsrat*), noutras era nomeado pela assembleia geral. 1138

Esta prática demonstra a forte posição do *Verwaltungsrat* como parte do poder executivo, em parte com poderes de decisão, representando a sociedade face a terceiros, por si ou em conjunto com o *Direktorium*[1522]. 1139

V. No seu todo, a EGB sofreu forte oposição dos empresários dos caminhos de ferro que consideravam restringir gravemente a iniciativa empresarial e constituir "um meio de arruinar uma sociedade ferroviária"[1523]. Contudo, a história viria a evidenciar o forte desenvolvimento das sociedades de caminhos de ferro, aumentando significativamente o número de valores mobiliários no mercado, 1140

[1521] Segundo KIESSLING, na prática, eram ainda impostas às sociedades de caminhos de ferro outras condições a favor do Estado. KIESSLING – *Das preußische Eisenbahngesetz von 1838...* p. 161-162.

[1522] *Ibidem*, p. 162, LANDWEHR – *Die Organisationsstrukturen...* p. 265 ss.

[1523] DAVID HANSEMANN – *Kritik des preußischen Eisenbahn-Gesetzes vom 3. Nov. 1838*, Leipzig: Aachen, 1841, p. 22.

DA ADMINISTRAÇÃO À FISCALIZAÇÃO DAS SOCIEDADES

mobilizando pequenos e médios investidores a uma escala sem precedentes. Estes eram atraídos pelo retorno sobre o investimento, a taxas de 10 a 24%, claramente superiores às taxas de juro aplicáveis no mercado (de 3 a 4%). Em muitos casos, porém, a especulação começava ainda antes da constituição das sociedades, confiando os investidores na solidez das mesmas[1524].

39.4. A instituição de um sistema de concessão (*Konzessionsystem*) de carácter geral pela AktG 1843: a fiscalização administrativa, a regulação da organização interna pelos sócios, o papel do *Aufsichtsrat* na prática e os primórdios da fiscalização contabilística

1141

I. Depois da EBG, a Prússia voltaria a ser pioneira no contexto alemão, com a sua *Gesetz über die Aktiengesellschaften für die Königlich Preußischen Staaten vom 9. November 1843* (AktG 1843)[1525] que, abolindo o sistema de outorga (*Oktroisystem*), instituiu um sistema de concessão (*Konzessionssystem*) para todas as sociedades por ações, à imagem do resultante do *Code de Commerce*[1526].

1142

Voltaria no entanto a estar um passo atrás no contexto internacional, ficando longe do liberalismo patente na lei de Nova Iorque de 1811, nos termos da qual era já livre a constituição deste tipo de sociedades.

1143

Para compreender esta opção é necessário recordar que o requisito da concessão constituía não apenas um mecanismo de controlo, mas também expressão da profunda desconfiança face às empresas privadas, à concomitante ascensão da burguesia nos primórdios do liberalismo, e aos riscos das sociedades para os investidores, para os credores e para a economia pública[1527].

144

II. Esta lei foi motivada pelas insuficiências do ALR e pelo facto de o sistema de outorga (*Oktroisystem*) não oferecer segurança bastante contra os abusos verificados nas primeiras sociedades anónimas.

[1524] GALL e POHL – Die Eisenbahn in Deutschland... p. 18, KIESSLING – Das preußische Aktiengesetz von 1843... p. 199-200, MENO POEHLS – Das Recht der Actiengesellschaften: mit besonderer Rücksicht auf Eisenbahngesellschaften, Hamburg: Hoffmann und Campe, 1842, p. 46.

[1525] KARL LEHMANN – *Das Recht der Aktiengesellschaften*, 1, Berlin: Heymann, 1898, p. 77, também citado por MENEZES CORDEIRO – *Da responsabilidade civil...* p. 87. O texto deste diploma, bem como os projetos que estiveram na sua raiz, podem ser consultados em THEODOR BAUMS – *Gesetz über die Aktiengesellschaften für die königlich preussischen Staaten vom 9. November 1843: Text und Materialien*, Aalen: Scientia Verl., 1981.

[1526] Ainda antes da entrada em vigor do ADHGB, houve vários projetos de reforma do direito societário em vários Estados alemães, inspirados no *Code de Commerce* e numa transição do *Oktroisystem* para um *Konzessionssystem*. Cfr. CHRISTOPH BERGFELD – "Aktienrechtliche Reformvorhaben vor dem ADHGB", in WALTER BAYER e MATHIAS HABERSACK (eds.) – *Aktienrecht im Wandel*, 1 ..., p. 171.

[1527] KIESSLING – *Das preußische Aktiengesetz von 1843...* p. 208-209.

O MODELO GERMÂNICO

O projeto de lei foi objeto de intensa discussão, destacando-se o debate em torno do âmbito da lei, havendo quem defendesse a limitação da regulação às sociedades de interesse geral (neste sentido, os ministros v. Mühler e v. Alvensleben) e quem defendesse a total liberalização do direito societário e uma concessão total a todas as sociedades anónimas (assim, os ministros v. Rochow e v. Kamptz, bem como o seu sucessor, v. Savigny)[1528]. As soluções adotadas foram fortemente influenciadas pelas experiências anteriores em diversos Estados alemães (em sectores específicos como os caminhos de ferro e a atividade seguradora), bem como pelo código comercial holandês e, sobretudo, pelo *Code de Commerce* (ainda em vigor na Renânia)[1529].

III. Nos termos do seu § 8, «as *Aktiengesellschaften* adquirem pela autorização soberana a qualidade de pessoas jurídicas». O projeto de lei usava o termo "pessoa moral" (*moralische Person*), tal como o ALR e o *Code de Commerce*[1530], mas como sinónimo de "pessoa jurídica" (*juristische Person*), pessoa mística (*mystische Person*) ou pessoa ficcionada (*fingierte Person*). Segundo Kiessling,

«a AktG 1843 reconhece pela primeira vez no direito alemão uma combinação de pessoas que prossegue interesses individuais, como titular independente de direitos e obrigações, e inevitavelmente como um sujeito de direito abstraído dos seus membros»[1531].

A AktG 1843 não toma partido na discussão doutrinária sobre a natureza das pessoas coletivas própria do séc. XIX (*Sozietätslehre, Fiktionstheorie* ou *Genossenschaftstheorie*)[1532] ao conceder capacidade jurídica compreensiva, aproximando-se da *universitas* de direito romano[1533].

1145

1146

1147

[1528] Josef Enkling – Die Stellung des Staates zu den Privateisenbahnen in der Anfangszeit des preußischen Eisenbahnwesens (1830-1848), Köln, 1935, p. 31 e ss, Kiessling – Das preußische Aktiengesetz von 1843... p. 194, 196. Cfr. Barbara Dölemeyer – "Kodificationen und Projecte", in Helmut Coing (ed.) – *Handbuch der Quellen und Literatur* ..., p. 1493-1496 sobre as insuficiências do ALR; os trabalhos preparatórios em Eduard Gans – Beiträge zur Revision der preußischen Gesetzgebung, 1, Berlin, 1830-1832.

[1529] Kiessling – *Das preußische Aktiengesetz von 1843...* p. 196-197, Wagner – *Gesellschaftsrecht...* p. 3006.

[1530] Cfr. II 6 § 81 ALR.

[1531] Kiessling – *Das preußische Aktiengesetz von 1843...* p. 205.

[1532] Parafraseando Menezes Cordeiro – *Da responsabilidade civil...* p. 269, 309, este, que foi "o problema do séc. XIX", ocupou – por vezes em termos esgotantes – todos os civilistas da época.

[1533] Baums – *Gesetz über die Aktiengesellschaften...* p. 11, 41-44, Kiessling – *Das preußische Aktiengesetz von 1843...* p. 205-206.

DA ADMINISTRAÇÃO À FISCALIZAÇÃO DAS SOCIEDADES

1148   IV. Contrariamente ao verificado na outorga, os efeitos da concessão não eram temporalmente limitados, nem dependentes da prossecução de um fim de promoção do bem comum (*gemeinwohlförderlichen Zweck*)[1534]. Ainda assim, a concessão constituía um importante instrumento de controlo estatal. Segundo o preâmbulo da AktG 1843, a concessão visava

> «um diligente exame dos fins e planos da sociedade, da idoneidade das pessoas envolvidas, portanto da solidez da empresa no seu todo»[1535].

1149   Este exame, realizado aquando da constituição da sociedade, praticamente esgotava os instrumentos de fiscalização previstos neste diploma, dado que a vigilância susbsequente da sociedade se limitava ao previsto no § 25 AktG 1843: encontrando-se perdida metade do capital social, devia o governo inspecionar as contas da sociedade e, dependendo das circunstâncias, dissolver a sociedade. Porém, o legislador interveio em 1852, instituindo uma norma segundo a qual os estatutos de cada sociedade deviam incluir a seguinte disposição:

> «O governo real pode nomear um comissário para exercer o direito de fiscalização permanentemente ou em casos individuais. O comissário pode não só convocar validamente e estar presente nas reuniões do *Vorstand*, da assembleia geral ou de outros órgãos da sociedade, mas também inspecionar publicamente quaisquer livros, contas, registos ou outros procedimentos ou documentos da sociedade»[1536].

1150   V. Quanto à regulação da organização interna da sociedade, a AktG 1843 foi comedida, relegando aos acionistas a sua regulação. Segundo este diploma, eram órgãos da *Aktiengesellschaft* o *Vorstand*[1537] e a *Generalversammlung*. Não existia qualquer referência a um *Aufsichtsrat* ou *Verwaltungsrat*, que era já comum na

---

[1534] KIESSLING – *Das preußische Aktiengesetz von 1843...* p. 223-224. Sobre a discussão mantida em torno do primeiro projeto de lei sobre este ponto, *vide* HERMANN SCHUMACHER – *Die Entwicklung der inneren Organisation der Aktiengesellschaft im deutschen Recht bis zum Allgemeinen Deutschen Handelsgesetzbuch: ein Beitrag zur Frage der Führung der Aktiengesellschaft*, Stuttgart: Enke, 1937, p. 48 ss.

[1535] Atas das reuniões do *Königlichen Staatsrats zur Beratung des Entwurfs eines Aktiengesetzes*, reunião de 17 de junho de 1843, in BAUMS – *Gesetz über die Aktiengesellschaften...* p. 177.

[1536] KIESSLING – *Das preußische Aktiengesetz von 1843...* p. 215.

[1537] De acordo com o § 19, os negócios da sociedade eram administrados por um *Vorstand* nomeado de acordo com as disposições dos estatutos, cuja composição em cada momento deve ser publicitada. Dispunha depois o § 21 que o poder do *Vorstand* para representar judicial e extrajudicialmente a sociedade se estendia aos casos em que fosse necessário um poder especial de representação. A preparação das contas da sociedade era regulada pelos §§ 24 a 27.

O MODELO GERMÂNICO

prática (*e.g.*, praticamente todas as sociedades de caminhos de ferro tinham um *Aufsichtsrat* em 1843)[1538].

É frequente afirmar-se que a principal razão pela qual o *Aufsichtsrat* foi originalmente criado – para além da manutenção da influência dos acionistas fundadores – foi a necessidade de compensar a falta de controlo estatal inerente à abolição do sistema de *Oktroi*. Contudo, nas primeiras sociedades anónimas, os membros do *Direktorium* (ou *Vorstand*) eram responsáveis não tanto pela gestão corrente da sociedade, mas mais pela sua representação externa e *lobbying* a favor da mesma, razão pela qual se lhes exigia uma certa reputação social. Tais posições eram então ocupadas não por peritos técnicos ou comerciais, mas por líderes da vida política e económica. A gestão corrente, por seu turno, ficava a cargo de altos funcionários. 1151

Na prática, o *Vorstand* surgia assim como uma instância intermédia entre os acionistas e os gestores, com funções de controlo e proteção contra abusos. Ainda assim, sendo habitualmente composto pelos fundadores ou pelos principais acionistas da sociedade, várias sociedades acabaram por criar um terceiro órgão para além do *Vorstand* e da assembleia geral, com vista à limitação dos inerentes conflitos de interesses. Estas considerações não podem ser ignoradas na mais ampla análise da *ratio legis* da imposição legal do *Aufsichtsrat*[1539]. 1152

VI. À imagem da EBG, a AktG 1843 não previa qualquer mecanismo de fiscalização contabilística. A preparação das contas da sociedade era da responsabilidade do *Vorstand* (§ 24, I parte), que devia apesentá-las ao governo no distrito onde a sociedade tivesse a sua sede (§ 24, II parte). Os mecanismos de fizcalização contabilística eram contudo comuns na prática. De acordo com a investigação de LANDWEHR, em 1870, das 124 sociedades anónimas existentes na Prússia, 35 tinham um órgão especial de revisão de contas[1540]. 1153

Note-se, porém, que a AktG 1843 apresentava uma regulação da prestação de contas manifestamente insuficiente, especialmente considerando a prática corrente de apresentação de lucros fictícios (baseados essencialmente na incor- 1154

[1538] Na prática, este órgão assegurava alguns privilégios aos acionistas fundadores, razão pela qual HANSEMANN defendia a necessidade de criação de um órgão de controlo específico que assegurasse a fiscalização da sociedade com neutralidade. HANSEMANN – *Die Eisenbahnen...* p. 110 ss., 121 ss. Contudo, só em 1857 se veria uma referência ao *Aufsichtsrat* no projeto de código comercial prusso e apenas para as sociedades em comandita, usadas na prática para evitar o requisito da concessão aplicável às sociedades anónimas. Para maiores detalhes, cfr. KIESSLING – *Das preußische Aktiengesetz von 1843...* p. 218-219, LANDWEHR – *Die Organisationsstrukturen...* p. 251 ss, MARTENS – *Die Aktiengesellschaft...* p. 17 ss.

[1539] KIESSLING – *Das preußische Aktiengesetz von 1843...* p. 219-220.

[1540] LANDWEHR – *Die Organisationsstrukturen...* p. 261, 262 ss.

DA ADMINISTRAÇÃO À FISCALIZAÇÃO DAS SOCIEDADES

reta avaliação de ativos e práticas de depreciação), para melhorar a reputação da sociedade e a sua capacidade de recolher fundos no mercado.

1155   VI. Por fim, deve ainda referir-se que a AktG 1843 se aplicava a todas as novas sociedades constituídas em território prusso, pondo fim à sua repartição em função de regimes jurídicos aplicáveis. Para as sociedades dos demais Estados germânicos, a unificação viria a ocorrer anos mais tarde, com o ADHGB de 1861[1541].

39.5. A unificação do Direito das sociedades anónimas pelo ADHGB de 1861, de acordo com um sistema de concessão (*Konzessionsystem*): a fiscalização administrativa, a regulação da organização interna, a introdução do *Aufsichtsrat* como órgão típico facultativo

1156   I. Em 1861 seguiu-se *o Allgemeine Deutsche Handelsgesetzbuch* (ADHGB[1542]) que estabeleceu pela primeira vez um regime jurídico unitário para todo o território alemão, dez anos antes da unificação política do *Reich* e quarenta anos antes da entrada em vigor do BGB[1543].

1157   Esta codificação manteve a concessão como requisito para a constituição (art. 208, I parte ADHGB) e prorrogação das sociedades anónimas, bem como para a alteração do seus estatutos (art. 214 ADHGB), para a sua fusão e para a restituição parcial do seu capital aos acionistas. Estamos, portanto, perante mais um sistema de concessão (*Konzessionsystem*)[1544]. Apesar de o código admitir que os Estados pudessem dispensar este requisito (cfr. art. 249 ADHGB), tal praticamente não se verificou[1545]. Assim, cumpridos os requisitos, «a sociedade anó-

---

[1541] BÖSSELMANN – *Die Entwicklung des deutschen Aktienwesens...* p. 63, KIESSLING – *Das preußische Aktiengesetz von 1843...* p. 229-230.

[1542] O texto original deste código pode ser consultado, *e.g.*, em GEORG LÖHR – *Das Allgemeine Deutsche Handelsgesetzbuch: Erläutert aus den Materialien, der Rechtslehre un den Entscheidungen der deutschen Gerichte*, Elberfeld: Verlag von R. L. Friderichs, 1868 ou em FRIEDRICH ALBERT WENGLER – *Das allgemeine deutsche Handelsgesetzbuch*, Leipzig: Verlag von Bernhard Tauchnitz, 1867. Os trabalhos preparatórios podem ser consultados em JOHANN VON LUTZ – *Protokolle der Kommission zur Berathung eines Allgemeinen Deutschen Handelsgesetzbuches*, Würzburg: Stahel, 1858.

[1543] LEHMANN – *Das Recht der Aktiengesellschaften*, 1... p. 78 ss., JAN LIEDER – *Der Aufsichtsrat im Wandel der Zeit*, Jena: Jenaer Wissenschaftliche Verlagsgesellschaft, 2006, p. 77, LOUIS PAHLOW – "Aktienrecht und Aktiengesellschaft zwischen Revolution und Reichsgründung. Das Allgemeine Deutsche Handelsgesetzbuch von 1861", in WALTER BAYER e MATHIAS HABERSACK (eds.) – *Aktienrecht im Wandel*, 1 ..., p. 241. Cfr. também MENEZES CORDEIRO – *Da responsabilidade civil...* p. 87. Merece particular destaque a intensa discussão doutrinária então mantida em torno da personalidade jurídica da sociedade por ações.

[1544] MENEZES CORDEIRO – *Da responsabilidade civil...* p. 87.

[1545] Com exceção das cidades hanseáticas (Hamburgo, Bremen e Lübeck) e de Vurtemberga, que desde cedo se opuseram à introdução do *Konzessionsystem* a nível nacional e nas quais a constituição de sociedades dependia apenas do depósito dos estatutos. *Ibidem*, p. 88, GROSSFELD – *Aktiengesellschaft...* p. 139 ss., PAHLOW – *Aktienrecht und Aktiengesellschaft...* p. 260, WERNER SCHUBERT – Die Abschaffung

O MODELO GERMÂNICO

nima, como tal, [tinha] os seus direitos e obrigações, podendo adquirir propriedade e outros direitos reais sobre imóveis, podendo demandar e ser demandada
em tribunal (....)» (art. 213 ADHGB); e «os sócios [tinham] uma participação
proporcional no património da sociedade» (art. 216 ADHGB).

II. A relação da sociedade com o Estado não se esgotava na autorização
necessária à constituição da sociedade. Segundo PAHLOW, são escassos os elementos disponíveis sobre outros direitos de fiscalização concedidos ao Estado
após a constituição e ao longo da vida da sociedade, mas, na prática, existiam frequentemente *comissários nacionais* nos bancos, nas companhias de seguros, nas
empresas de transportes e noutras. Estes deviam ser informados das reuniões
dos órgãos sociais e tinham direito a participar das mesmas. Em determinadas
circunstâncias, podiam ordenar a dissolução da sociedade por atuação contrária
aos requisitos legais, aos estatutos ou outro interesse público[1546].

Estes poderes eram conferidos pelos estatutos das sociedades (nesse sentido, *v.g.*, os estatutos do Leipziger Bank ou do Frankfurter Bank[1547]) ou impostos diretamente pelos Estados através de diferentes instrumentos legais. Sem
prejuízo de, como sugere PAHLOW, as relações de manipulação e controlo nacional das sociedades anónimas pelo Estado (para além das decorrentes do ato de
concessão) constituírem uma das questões pendentes do Direito das sociedades
comerciais no séc. XIX, parece indubitável que os Estados mantinham direitos
de fiscalização societária para além da concessão, numa perspetiva que se aproxima mais do modelo mercantilista do séc. XVIII do que das ideias liberais do
séc. XIX[1548].

III. Neste contexto, merece especial destaque a posição manifestada pelos
representantes de Hamburgo no processo de consulta de Nuremberga, onde,
até então, não existia uma lei específica sobre sociedades por ações[1549]. Segundo
estes, era questionável

1158

1159

1160

---

des Konzessionssystems durch die Aktienrechtsnovelle von 1870, *Zeitschrift fur Unternehmens- und Gesellschaftsrecht*, 10:2, 1981, p. 287.

[1546] SUSANNE KALSS, CHRISTINA BURGER e GEORG ECKERT – *Die Entwicklung des österreichischen Aktienrechts*, Wien: Linde, 2003, p. 107, PAHLOW – *Aktienrecht und Aktiengesellschaft...* p. 263.

[1547] Segundo RENAUD, assim dispunham os §§ 43 e 44 *Statuts der Leipziger Bank (1845)* e o art. 76 ss. *Statuts der Frankfurter Bank*. Cfr. ACHILLES RENAUD – *Das Recht der Actiengesellschaften*, 1.ª ed., Leipzig: Verlag von Bernhard Tauchnitz, 1863, p. 178.

[1548] PAHLOW – *Aktienrecht und Aktiengesellschaft...* p. 264.

[1549] POEHLS – *Das Recht der Actiengesellschaften...* p. 12 ss.

DA ADMINISTRAÇÃO À FISCALIZAÇÃO DAS SOCIEDADES

«se e em que medida a lei pode efetivamente contribuir para a redução do abuso das sociedades por ações e para a proteção dos credores e acionistas, sem limitar simultânea e severamente o livre e forte desenvolvimento das sociedades comerciais, cujo contributo para os interesses económicos gerais é significativo, de tal forma que o remédio pode ser pior do que a doença»[1550].

Só um meio seria então adequado:

«a experiência própria do público, a qual conduz a que os indivíduos usem a necessária cautela e moderação, evitando assim danos próprios».

1161   Sustentavam ainda que quanto mais o Direito interviesse através de leis especiais, protegendo os particulares contra as consequências de uma imprudência própria e contra perdas comerciais nos seus interesses particulares, mais lenta e fragilmente se desenvolveria, pela "natureza das coisas", a necessária circunspeção do público e, por outro lado, mais facilitada seria a atuação de outras empresas astutas e sem escrúpulos. O Direito promoveria assim precisamente aquilo que pretende prevenir[1551]. E continuavam, afirmando que nenhuma legislação fora capaz de criar um remédio para "empresas fraudulentas por ações" e para o "vício propagado de enriquecer rapidamente e sem muito trabalho"[1552]. Caso o contrário fosse verdade, a incidência destes problemas seria particularmente grave em Hamburgo, onde as barreiras legais eram menores. Contudo, nada apontava nesse sentido, atuando os cidadãos de Hamburgo com particular moderação pelo que, concluíam, a legislação não poderia ter o propósito de constituir uma alternativa à cautela insatisfatória dos investidores[1553].

1162   Com base no argumento da "natureza das coisas", numa construção hoje próxima da análise económica do Direito, era já então clara a desconfiança face à intervenção do Estado na proteção dos particulares, não só pelos próprios limites da eficácia deste tipo de intervenção estatal na economia, mas também pelo inerente efeito perverso de desresponsabilização do público enquanto agente económico. Esta discussão atravessou os séculos e coloca-se hoje, provavelmente com maior acuidade, perante novas formas de intervenção estatal.

[1550] WERNER SCHUBERT – *Protokolle der Commission zur Berathung eines allgemeinen deutschen Handelsgesetz Buches*, 1, Frankfurt a.M.: Keip, 1984, p. 320.

[1551] *Ibidem*, p. 319-320.

[1552] *Ibidem*, p. 321.

[1553] *Ibidem*, p. 321-322.

O MODELO GERMÂNICO

IV. O requisito da concessão do governo para efeitos da constituição de socie-   1163
dades por ações manteve viva a discussão sobre a personalidade jurídica destas
sociedades e sobre o sentido daquele requisito. Assim, autores como Renaud[1554]
e Gengler[1555] defendiam que a autorização governamental era pressuposto da
personalidade jurídica. Outros, pelo contrário, negavam que um tal enquadramento pudesse resultar da natureza das sociedades em causa, especialmente
face ao disposto no ADHGB para as sociedades em comandita por ações e nas
cidades hanseáticas para as sociedades por ações, casos em que não era necessária uma autorização governamental para a constituição daquelas sociedades[1556].

V. O ADHGB regulou a organização interna da sociedade, impondo como   1164
órgãos obrigatórios a *Generalversammlung* e o *Vorstand*[1557], mantendo contudo
uma ampla liberdade contratual[1558].

A *Generalversammlung* exercia os direitos conferidos aos acionistas sobre os   1165
assuntos da sociedade (art. 224, I parte ADHGB[1559]), sendo comumente referida como o órgão supremo da sociedade[1560]; protegia o interesse da sociedade
(art. 237, 1 ADHGB) e decidia sobre a sua continuidade ou dissolução, bem
como sobre a alteração dos seus estatutos (arts. 214 e 242 ADHGB); nomeava
e destituía os membros do *Vorstand*, e delimitava o seu poder de representação
(art. 231, 1 ADHGB); e decidia sobre o reembolso parcial do capital social aos
acionistas (art. 248 ADHGB). Salvo disposição do contrato de sociedade em
contrário, a assembleia deliberava por maioria, salvo nos casos especiais de alteração do objeto social ou de fusão, em que se impunha a regra da unanimidade
(arts. 215 e 209, 10 ADHGB). Nos mesmos termos, a cada ação correspondia um
voto (art. 224, II parte ADHGB).

O *Vorstand* era composto por um ou mais membros que não tinham de ser   1166
acionistas da sociedade (art. 227 ADHGB); representava a sociedade judicial e
extrajudicialmente (arts. 227, 230 e 231 ADHGB); e era responsável pela orga-

---

[1554] Renaud – *Das Recht der Actiengesellschaften*[1]... p. 288-290.

[1555] Heinrich Gengler – *Lehrbuch des Deutschen Privatrechts*, Erlangen: Bläsing, 1854, p. 509-511,
afirmando tratar-se de uma personificação legal ou privilegiada.

[1556] Leopold Ladenburg – Ueber Handelsgesellschaften, *Zeitschrift für das gesammte Handelsrecht*, 1858,
p. 134. Cfr. também Pahlow – *Aktienrecht und Aktiengesellschaft*... p. 263.

[1557] Lieder – *Der Aufsichtsrat*... p. 77.

[1558] Pahlow – *Aktienrecht und Aktiengesellschaft*... p. 268.

[1559] De acordo com esta disposição «Os direitos conferidos aos acionistas nos assuntos da sociedade,
especialmente em relação à gestão dos negócios, análise e exame do balanço e determinação dos lucros
a distribuir, são exercidos pelo conjunto dos acionistas em assembleia geral». Ficava assim excluída a
possibilidade de cada acionista poder exercer individualmente os seus direitos.

[1560] Lieder – *Der Aufsichtsrat*... p. 77, Pahlow – *Aktienrecht und Aktiengesellschaft*... p. 268, Renaud – *Das
Recht der Actiengesellschaften*[1]... p. 279, 405, 442.

DA ADMINISTRAÇÃO À FISCALIZAÇÃO DAS SOCIEDADES

nização interna da sociedade. O *Vorstand* podia assim encarregar determinadas matérias de administração a funcionários da sociedade, aos quais podiam ser conferidos poderes de representação (art. 234 ADHGB), adaptando a organização interna da sociedade às necessidades económicas de cada momento. O *Vorstand* subordinava-se à *Generalversammlung*, devendo cumprir as instruções desta, a quem competia definir o interesse social (art. 231, I parte ADHGB)[1561].

1167   VI. Para além destes dois órgãos de criação obrigatória, foi introduzido pela primeira vez o *Aufsichtsrat* na organização das sociedades. Este era apresentado como um órgão facultativo que as sociedades *podiam* constituir, mas segundo um regime tipificado (art. 225(1) ADHGB). De acordo com LIEDER, mais de um terço das sociedades constituídas nos termos do ADHGB fizeram uso desta opção legal[1562].

1168   A primeira doutrina apresentava o *Aufsichtsrat* como uma comissão permanente de acionistas destinada a assegurar uma fiscalização contínua da administração, especialmente nas grandes sociedades, onde eram mais notórias as fraquezas estruturais da *Generalversammlung*. Funcionava assim como um elemento de ligação entre esta e o *Vorstand*[1563]. Como vimos anteriormente, antes do ADHGB eram já muitas as sociedades com uma organização tripartida, mas a falta de uniformidade quanto à estrutura e designação do órgão intermédio[1564] compeliu o legislador alemão a fixar um regime comum para este órgão opcional[1565], sem contudo impor quaisquer regras sobre a sua eleição ou composição. Estas matérias ficavam assim relegadas para estipulação estatutária[1566].

1169   Ao *Aufsichtsrat* (quando existisse) cabia a fiscalização da administração *em todos os seus ramos*[1567] e o exame das contas anuais e da proposta de distribuição

---

[1561] LIEDER – *Der Aufsichtsrat...* p. 77, PAHLOW – *Aktienrecht und Aktiengesellschaft...* p. 268-269.

[1562] LIEDER – *Der Aufsichtsrat...* p. 78.

[1563] Segundo LIEDER, esta descrição da natureza do *Aufsichtsrat* correspondia à descrição tradicional do *Vorstand* no séc. XIX, mas a doutrina ignorou sistematicamente a reorientação da tarefa de fiscalização, não apenas no interesse dos acionistas, mas também no interesse público e nos interesses dos credores da sociedade. *Ibidem*, p. 79.

[1564] As designações mais comuns eram *"Verwaltungsrat"*, *"Ausschuss"*, *"Kuratorium"* ou *"Direktorium"*. PAHLOW – *Aktienrecht und Aktiengesellschaft...* p. 270.

[1565] Note-se que este órgão era opcional apenas para as sociedades por ações, já que as sociedades em comandita por ações tinham de incluí-lo necessariamente. Cfr. arts. 175(6) e 177(3) ADHGB.

[1566] Cfr. WIETHÖLTER – *Interessen und Organisation...* p. 280-281, onde o autor questiona a perspetiva tradicional de que o *Aufsichtsrat* seria eleito por *todos* os acionistas, para exercício dos seus direitos de controlo sobre a administração.

[1567] Esta redação do art. 225(1) do ADHGB («*Ist ein Aufsichtsrath bestellt, so überwacht derselbe die Geschäftsführung der Gesellschaft in allen Zweigen der Verwaltung*») clarificava a extensão da tarefa de fiscalização a todos os ramos da estrutura administrativa implementada na sociedade. A ausência de tal especificação

de dividendos (refletido num relatório anual a submeter à assembleia geral). Na *praxis*, cabiam-lhe ainda frequentemente determinadas tarefas de gestão, como a aprovação de regulamentos gerais para diferentes áreas de negócio ou a emissão de instruções especiais à direção da sociedade[1568].

O ADHGB previu assim (pela primeira vez) uma organização tripartida com um órgão fiscalizador. Não obstante, seguindo PAHLOW, não se pode afirmar ter ocorrido uma privatização do controlo societário, porquanto os comissários estatais continuaram a desempenhar um relevante papel na prática societária[1569].

1170

VII. Entretanto, a sociedade assumiu-se neste período como "uma das mais engenhosas inovações do séc. XIX"[1570], mas as fraudes e outros problemas inerentes ao seu desenvolvimento alimentaram dúvidas e ceticismo. Esta situação refletiu-se em comentários sobre a necessidade de manutenção do sistema de concessão (*Konzessionssystem*), não só para proteção do interesse público face à concentração de poder económico[1571] e à ameaça ao comércio estabelecido, mas também para proteção dos interesses particulares dos credores e dos acionistas perante práticas abusivas ou fraudulentas e riscos da especulação[1572].

1171

---

em normativos posteriores levou alguns autores a delimitar o âmbito subjetivo da atuação do *Aufsichtsrat* ao *Vorstand*, excluindo a estrutura administrativa subordinada à sua direção.

[1568] PAHLOW – *Aktienrecht und Aktiengesellschaft...* p. 271-272.

[1569] *Ibidem*, p. 272-273.

[1570] *Ibidem*, p. 274, HANS-ULRICH WEHLER – *Deutsche Gesellschaftsgeschichte (1700-1990)*, 2, München: Beck, 2008, p. 103.

[1571] A concentração de poder económico nas sociedades era vista não só como uma ameaça à economia, mas também ao próprio Estado. As grandes sociedades, com avultados capitais, eram vistas como poderes reais, com influência controladora sobre as relações sociais. Através de corrupção e influência na determinação dos titulares de cargos públicos, potenciavam o risco de orientação das iniciativas legislativas em função dos seus interesses particulares. ROBERT VON MOHL – Die Aktiengesellschaften, volkswirthschaftlich und politisch betrachtet, *Deutsche Vierteljahrs-Schrift*, 4, 1856, p. 38-39, LUDWIG WILHELM AUERBACH – *Das Gesellschaftswesen in juristischer und volkswirthschaftlicher Hinsicht unter besonderer Berücksichtigung des allgemeinen deutschen Handelsgesetzbuchs*, Frankfurt a.M.: Sauerländer, 1861, p. 190 ss., 198, 290 ss., 292, JOHANN LUDWIG TELLKAMPF – *Über die neuere Entwicklung des Bankwesens in Deutschland mit Hinweis auf dessen Vorbilder in England, Schottland, und Nordamerika und auf die französische Société générale de Crédit mobilier*, 4.ª ed., Breslau: Morgenstern, 1857, p. 87 ss., PAHLOW – *Aktienrecht und Aktiengesellschaft...* p. 276, 277-279, LIEDER – *Die 1. Aktienrechtsnovelle vom 11. Juni 1870...* p. 324.

[1572] Este processo cobria a confirmação dos requisitos legais para constituição da sociedade, o exame das condições pessoais dos requerentes e uma análise jurídico-material dos documentos submetidos (estatutos e plano da empresa). Cfr. AUERBACH – *Das Gesellschaftswesen...* p. 194, MOHL – *Die Aktiengesellschaften...* p. 56 ss., 75, PAHLOW – *Aktienrecht und Aktiengesellschaft...* p. 276-277, 279-282, RICHARD H. TILLY – *Kapital, Staat und sozialer Protest in der deutschen Industrialisierung*, Göttingen: Vandenhoeck und Ruprecht, 1980, p. 77 ss., RICHARD H. TILLY – Zur Entwicklung des Kapitalmarktes und Industrialisierung im 19. Jahrhundert unter besonderer Berücksichtigung Deutschlands, *VSWG*, 60, 1973, p. 1445 ss., VOGT – *Zur Theorie der Handelsgesellschaften...* p. 514, 513.

DA ADMINISTRAÇÃO À FISCALIZAÇÃO DAS SOCIEDADES

1172 Estas dúvidas e receios originaram práticas restritivas de concessão (dificultando a constituição de sociedades) e a reserva de importantes poderes de fiscalização para os Estados[1573]. Era por isso comum que o processo de concessão demorasse mais de um ano, sendo requerida a apresentação de inúmeros documentos[1574].

1173 Ainda assim, a confiança depositada nas possibilidades de intervenção estatal era excessiva, dada a limitação da informação e dos instrumentos de intervenção disponíveis, bem como o facto de a concessão não constituir um adequado substituto dos princípios de publicidade, garantia do capital e adequado governo societário[1575]. Neste estado psicológico de excesso de confiança nos méritos do sistema de concessão, os investidores não empregavam os esforços necessários à determinação do risco real do seu investimento[1576].

1174 Neste sentido, na fundamentação da alteração de 1884 ao ADHGB podia ler-se:

> «A promessa de exame pelo Estado (...) teve como efeito, pelo contrário, o aumento das vítimas de fraude, em vez de a prevenir, porque o público é muito propenso a contar com a assistência prometida e a demitir-se da sua atuação e verificação»[1577].

1175 Acresce que, já no séc. XIX, as sociedades se deparavam com a questão da inércia dos pequenos acionistas que, comprando ações a título de investimento financeiro, não tinham nem a experiência e conhecimentos, nem o interesse

---

[1573] PAHLOW – *Aktienrecht und Aktiengesellschaft...* p. 279.

[1574] Se, por um lado, este peso burocrático permitia conter os comportamentos fraudulentos dentro de certos limites, por outro, constituía um obstáculo à criação de empresas eficientes e sólidas. A partir da década de 50 do séc. XIX, os Estados perderam a capacidade para analisar adequadamente o crescente número de pedidos de concessão. Este cenário gerou a constituição de sociedades fraudulentas e um "mercado de concessões". LIEDER – *Die 1. Aktienrechtsnovelle vom 11. Juni 1870...* p. 323.

[1575] PAHLOW – *Aktienrecht und Aktiengesellschaft...* p. 280.

[1576] SIBYLLE HOFER – "Das Aktiengesetz von 1884 – ein Lehrstück für prinzipielle Schutzkonzeptionen", in WALTER BAYER e MATHIAS HABERSACK (eds.) – *Aktienrecht im Wandel*, 1 ..., p. 405-406, LIEDER – *Die 1. Aktienrechtsnovelle vom 11. Juni 1870...* p. 323-324. Estava portanto confirmada a análise dos representantes de Hamburgo sobre a eficácia da fiscalização administrativa e sobre o seu efeito perverso sobre os agentes económicos, no processo de consulta de Nuremberga.

[1577] No original: «*Die Verheißung staatlicher Prüfung (...) musste im Gegentheil, weil das Publikum allzugeneigt ist, sich auf die verheißene Fürsorge zu verlassen und der eigenen Thätigkeit und Prüfung zu entschlagen, nicht selten die Opfer des Schwindels vermehren, statt sie zu verhüten*». Cfr. Allgemeine Begründung, Entwurf eines Gesetzes, betreffend die Kommanditgesellschaften auf Aktien und die Aktiengesellschaften vom 7.März 1884 (Aktenstück Nr. 21), in WERNER SCHUBERT e PETER HOMMELHOFF – *Hundert Jahre modernes Aktienrecht* ..., p. 407 ss.

O MODELO GERMÂNICO

necessários ao exercício de um efetivo controlo sobre os órgãos de gestão societária. Já em 1858 afirmava VOGT que

«as assembleias gerais contam com uma fraca assistência, constituindo as suas deliberações (...) uma mera formalidade»[1578].

Não se estranha portanto que cedo se tenham erguido vozes afirmando que a análise efectuada *ex ante* pelos Estados, para efeitos da concessão, não garantia de forma alguma que não ocorressem abusos *ex post*[1579]. Estas vozes, tributárias não do intervencionismo estatal, mas da responsabilidade própria e da precaução do investidor, deram origem à chamada "Escola de livre comércio" (*Freihandelsschule*). Esta escola postulava uma maior liberdade da sociedade face a interferências do Estado, defendendo, em substituição desta, a instituição de deveres legais de informação que permitissem àqueles que contactam com a sociedade avaliar os riscos envolvidos[1580].

39.6. A substituição do sistema de concessão (*Konzessionssystem*) por um sistema normativo (*Normativsystem*) através da primeira alteração ao ADHGB de 1870: a correção dos abusos económico-privados pelas forças de mercado e a consequente substituição da fiscalização administrativa pela regulação da constituição, organização, administração e fiscalização da sociedade; o *Aufsichtsrat* como órgão imperativo

I. Perante a evolução descrita, a *1. Aktienrechtsnovelle vom 11. Juni 1870*[1581] alterou o ADHGB, substituindo o sistema de concessão (*Konzessionssystem*) por um

---

[1578] VOGT – *Zur Theorie der Handelsgesellschaften...* p. 513-514.

[1579] KLAUS J. HOPT – "Ideelle und wirtschaftliche Grundlagen der Aktien-, Bank- und Börsenrechtsentwicklung im 19. Jahrhundert", in HELMUT COING e WALTER WILHELM (eds.) – *Wissenschaft und Kodifikation des Privatrechts im 19. Jahrhundert*, 5 (Geld und Banken), Frankfurt am Main: Klostermann, 1980, p. 152 ss.
A este propósito pronunciava-se TELLKAMPF – *Über die neuere Entwicklung des Bankwesens...* p. 88 com resignação: as sociedades «não têm alma, pelo que não devemos estranhar que as sociedades de capitais atuem desalmadamente, praticando atos que não seriam praticados por um membro individual pessoalmente responsável».

[1580] Segundo SCHAFFLE, esta premissa fundamenta um meio de controlo que permite ir bem mais longe do que através de comissários do Estado e desenvolver um «corretivo eficaz contra a especulação imoral». ALBERT SCHÄFFLE – *Das heutige Aktienwesen im Zusammenhang mit der neueren Entwicklung der Volkswirthschaft*, *Deutsche Vierteljahrs-Schrift*, 4, 1856, p. 301. Estes fundamentos teóricos de SCHAFFLE eram confirmados pela teoria económica que postulava uma livre concorrência entre as sociedades, devendo o Estado limitar-se a garantir o funcionamento desse princípio. *Ibidem*, p. 259 ss. Cfr. também PAHLOW – *Aktienrecht und Aktiengesellschaft...* p. 281.

[1581] *Gesetz, betreffend die Kommanditgesellschaften auf Aktien und die Aktiengesellschaften vom 11.6.1870*, *Bundes-Gesetzblatt des Norddeutschen Bundes*, 1870, 375. O texto dos arts. 173 a 249a do ADHGB, tal como

463

DA ADMINISTRAÇÃO À FISCALIZAÇÃO DAS SOCIEDADES

sistema normativo (*Normativsystem*), representando uma das mais importantes alterações no relacionamento das sociedades alemãs com a autoridade estatal[1582].

Enquanto o sistema de concessão sujeitava a constituição das sociedades por ações a uma autorização prévia do Estado[1583], o sistema normativo postulava uma relativa liberdade de constituição. Ou seja: podiam ser livremente constituídas sociedades por ações desde que fossem cumpridos determinados requisitos legais. A sociedade adquiria personalidade jurídica[1584] no momento em que a lei assim o determinava, verificadas as condições relativas à ordem interna e à segurança no tráfico e a sua inscrição no registo comercial[1585]. A constitiuição deixou, portanto, de depender de uma autorização concreta, dada em cada caso,

---

alterado por este diploma, pode ser consultado em SCHUBERT e HOMMELHOFF – *Hundert Jahre modernes Aktienrecht*... p. 107-126.

[1582] LIEDER – *Die l. Aktienrechtsnovelle vom 11. Juni 1870...* p. 321.

[1583] Cfr., *v.g.*, KIESSLING – *Das preußische Aktiengesetz von 1843...* p. 203-207, 236, KIESSLING – *Das preußische Eisenbahngesetz von 1838...* p. 137, 156-157.

[1584] No tratamento desta questão, como noutras, a doutrina alemã refere-se frequentemente a *Rechtsfähigkeit* (capacidade jurídica) e não a *Rechtspersönlichkeit* (personalidade jurídica). Tal é devido, como é sabido, à frequente confusão terminológica verificada neste campo básico do direito civil. MATTHIAS LEHMANN – Der Begriff der Rechtsfähigkeit, *Archiv für die civilistische Praxis*, 207:2, 2007, p. 225. O BGB não define, mas pressupõe o conceito de capacidade jurídica no seu § 1, ao dispor que a capacidade jurídica das pessoas se inicia com o nascimento completo. A opinião dominante entende que o termo capacidade jurídica – em parte tautologicamente – consiste na *capacidade* de ser sujeito de direitos e obrigações. *Ibidem*, p. 226. A capacidade jurídica é também definida como a suscetibilidade de ser "sujeito de relações jurídicas", ou também como "capacidade de ser centro de imputação de realidades jurídicas". Neste sentido, referem, *v.g.*, LARENZ/WOLF: «*Unter der Rechtsfähigkeit, (...), versteht man die Fähigkeit einer Person, Subjekt von Rechtsverhältnissen und daher Inhaber von Rechten und Adressat von Rechtspflichten zu sein. Rechtsfähigkeit ist deshalb die Fähigkeit, Träger vom Rechten und Pflichten zu sein*». KARL LARENZ e MANFRED WOLF – *Allgemeiner Teil des Bürgerlichen Rechts*, 9.ª ed., München: C. H. Beck, 2004, p. 100, 102, § 5.I.1-2. O legislador alemão acabaria por definir a "capacidade jurídica das sociedades pessoais" – clarificando, neste sentido, o conceito de capacidade jurídica – no § 14(2) BGB, introduzido em 2000, de acordo com a construção dominante do conceito. Cfr. LEHMANN – *Der Begriff der Rechtsfähigkeit...* p. 227. Também entre nós se verificou idêntica confusão terminológica entre personalidade e capacidade jurídica até ao aperfeiçoamento linguístico operado por PAULO CUNHA (cfr. PAULO CUNHA – *Teoria geral de direito civil*, Lisboa: FDL, 1971-1972, p. 14-15), em termos que se enraizariam na doutrina portuguesa. Cfr. JOÃO DE CASTRO MENDES – *Teoria geral do direito civil*, 1, Lisboa AAFDL, 1995, p. 119-128, MOTA PINTO, PINTO MONTEIRO e PAULO MOTA PINTO – *Teoria geral*[4]... p. 192, ANTÓNIO MENEZES CORDEIRO – *Tratado de direito civil português*, 1:3, 2.ª ed., Coimbra: Almedina, 2007, p. 338-339. No art. 1.º do Código de Seabra não se distinguiam os dois conceitos – «Só o homem é susceptível de direitos e obrigações. N'isto consiste a sua capacidade jurídica, ou a sua personalidade» – levando frequentemente a doutrina a equiparar a personalidade à capacidade. Neste sentido, *v.g.*, JOSÉ TAVARES – *Os principios fundamentais do direito civil*, 2, Coimbra: Coimbra Editora, 1928, p. 25, LUIZ DA CUNHA GONÇALVES – *Tratado de direito civil: em comentário ao Código Civil Português*, 1, Coimbra: Coimbra Editora, 1929, p. 176, MANUEL DOMINGUES DE ANDRADE – *Teoria geral da relação jurídica*, por António Ferrer Correia e Rui de Alarcão, 1, 2.ª ed., 3.ª reimp., Coimbra: Almedina, 1972, p. 30-31.

[1585] LIEDER – *Der Aufsichtsrat...* p. 97, LIEDER – *Die l. Aktienrechtsnovelle vom 11. Juni 1870...* p. 329.

O MODELO GERMÂNICO

dependendo das suas específicas condições, passando a vigorar uma permissão normativa geral para a emergência de uma nova pessoa coletiva. A discricionariedade (ou arbitrariedade) da administração estatal na concessão da personalidade coletiva foi substituída pelo direito subjetivo dos fundadores a inscrever a sociedade no registo comercial (desde que verificados os requisitos legais) e assim alcançar a personalidade coletiva[1586].

II. Note-se, no entanto, que a alteração de paradigma não implicou a dispensa de autorização prévia para a constituição de todos os tipos de sociedades. Em função do seu objeto, determinadas sociedades continuavam sujeitas a tal formalidade (§ 3(1) *1. Aktienrechtsnovelle vom 11. Juni 1870*)[1587]. Estavam nesta situação as sociedades cujo objeto fosse considerado pelo legislador como particularmente perigoso, impondo-se a manutenção de um controlo prévio pelo Estado: a construção de caminhos de ferro, a emissão de notas bancárias, a emissão de obrigações ao portador, a mediação na emigração e as atividades seguradoras[1588].

1179

III. Verificava-se já nesta altura um consenso em torno da ideia de que as sociedades por ações eram essenciais à captação dos capitais necessários à implementação de grandes projetos empresariais e, por inerência, ao desenvolvimento da economia alemã. Face aos esforços da Alemanha na promoção do progresso económico e social, não podia manter-se o pesado sistema de concessão. Na base da transição do sistema de concessão para o sistema normativo estão assim importantes alterações de politica económica, influenciadas pela teoria económica liberal de *"laissez faire"*[1589]: desenvolveu-se uma real «aversão à intervenção do Estado e ao paternalismo em todas as questões económicas»[1590].

1180

[1586] LIEDER refere, na nossa perspetiva de forma incorreta, «*ein Rechtsanspruch der Aktiengesellschaften*». Cfr. LIEDER – *Die 1. Aktienrechtsnovelle vom 11. Juni 1870...* p. 330.

[1587] Para uma análise detalhada deste preceito, *vide* HUGO KEYSSNER – *Die Aktiengesellschaften und die Kommanditgesellschaften auf Aktien unter dem Reichs-Gesetz vom 11. Juni 1870*, Berlin: Heymann, 1873, p. 76-90.

[1588] LUDWIG WILHELM AUERBACH – *Das Actienwesen*, Frankfurt a.M.: Sauerländer, 1873, p. 3 ss., LIEDER – *Die 1. Aktienrechtsnovelle vom 11. Juni 1870...* p. 328-329, FRIEDRICH ZIMMERMANN – Das Gesetz betr. die Commanditgesellschaften auf Actiën und die Actiengesellschaften vom 11. Juni 1870, *Archiv für Theorie und Praxis des Allgemeinen deutschen Handelsrechts*, 20, 1871, p. 412.

[1589] LIEDER – *Die 1. Aktienrechtsnovelle vom 11. Juni 1870...* p. 325, MENEZES CORDEIRO – *Da responsabilidade civil...* p. 88.

[1590] ADOLPH WAGNER, in BRUNO HILDEBRAND e JOHANNES CONRAD (eds.) – *Jahrbücher für Nationalökonomie und Statistik*, 21, 1873, p. 271-283 citado por LIEDER – *Die 1. Aktienrechtsnovelle vom 11. Juni 1870...* p. 326.

DA ADMINISTRAÇÃO À FISCALIZAÇÃO DAS SOCIEDADES

1181   A substituição de um sistema por outro implicou uma alteração do paradigma de fiscalização das sociedades por ações, não só no momento da sua constituição, mas também ao longo da sua atividade. Como vimos, até à alteração de 1870, os Estados exerciam não só o controlo inicial, mas também os poderes de fiscalização (poderes de informação e inspeção, ocasionalmente poder de veto em determinadas deliberações dos órgãos sociais, etc.) estabelecidos pela lei ou pelos estatutos das diferentes sociedades. De acordo com o pensamento liberal da segunda metade do séc. XIX, os abusos económico-privados encontram a sua "correção natural" no livre jogo das forças de mercado «muito antes de a sabedoria oficial lhes conseguir impor limites»[1591].

1182   Acresce que, como vimos também, a fiscalização estatal acabou por ser mais prejudicial do que benéfica, na medida em que gerava uma ilusória sensação de confiança nos seus méritos e capacidade para fazer face aos abusos societários. Nesta medida, é natural que a substituição do sistema de concessão pelo sistema normativo tenha implicado também uma alteração de paradigma ao nível da fiscalização societária pós-constituição[1592].

1183   V. A ausência de proteção estatal foi compensada por uma multiplicidade de normas relativas à constituição, organização e administração da sociedade. Particularmente influentes, nesta matéria foram as leis francesas de 17 de julho de 1856 (*Loi sur les sociétés en commandite par actions*) e 24 de julho de 1867 (*Loi sur les sociétés*)[1593].

1184   A primeira tinha o propósito de fazer face aos abusos potenciados pelas sociedades em comandita, introduzindo medidas várias, como o controlo pela assembleia dos acionistas e a constituição de um conselho de vigilância[1594].

1185   A segunda[1595], com importante impacto no Direito societário, aboliu o requisito da autorização do governo para efeitos da constituição das sociedades anónimas (art. 21.º, 1.º parágrafo), estabelecendo, em contrapartida, um esquema de controlos internos[1596], baseado em normas sobre o capital social (arts. 1.º a 4.º, *ex vi* artigo 24.º), sobre a administação e sua responsabilidade civil (arts. 22.º, 17.º *ex vi* artigo 39.º, 40.º, 42.º, 44.º e 45.º), sobre a fiscalização contabilística por

---

[1591] No original: «Die privatwirthschaftlichen Mißgriffe erhalten ihr natürliches Correctiv lange bevor die Amtsweisheit vernünftiger Weise ihren Zügel einzulegen vermag». SCHÄFFLE – Das heutige Aktienwesen... p. 290.

[1592] LIEDER – *Die 1. Aktienrechtsnovelle vom 11. Juni 1870...* p. 327-328, citando o preâmbulo do projeto prusso, disponível em *Verhandlungen des Bundesrathes des Norddeutschen Bundes* Nr. 86/1869, p.15.

[1593] *Ibidem*, p. 331-332.

[1594] MENEZES CORDEIRO – *Da responsabilidade civil...* p. 85.

[1595] Disponível, *e.g.*, em ROYER – *Traité³...* p. 12 ss.

[1596] MENEZES CORDEIRO – *Da responsabilidade civil...* p. 85-86.

O MODELO GERMÂNICO

commissaire aux comptes (arts. 32.º, 33.º e 43.º) e sobre a prestação de contas anuais (art. 34.º).

VI. Entre as modificações promovidas pela alteração de 1870 ao ADHGB destaca-se a imposição do *Aufsichtsrat* na organização da sociedade, em estreita relação com a conceção de uma assembleia geral forte, de forma a proteger os acionistas contra comportamentos abusivos (em substituição da concessão e supervisão públicas)[1597]. Neste sentido, o preâmbulo da novela refere-se «ao direito à auto-fiscalização das sociedades» e à dependência «exclusiva dos acionistas da sua percepção dos seus próprios interesses». Noutro ponto, refere o legislador que «a vontade da sociedade enquanto conjunto organizado de acionistas, (...) encontra a sua expressão somente na assembleia geral de acionistas»[1598].

1186

O legislador confiou no reconhecimento, pelos acionistas, da necessidade de tomar a fiscalização da sociedade nas suas próprias mãos[1599]. No entanto, dado que a assembleia geral reúne apenas esporadicamente, o legislador confiou a fiscalização da administração também a outro órgão, passando a impor a constituição de um *Aufsichtsrat* (art. 209/6 ADHGB 1870). A constituição deste órgão seria essencial, de tal forma que a apresentação do registo de constituição da sociedade deveria ser acompanhada de prova de que o mesmo tinha tinha sido eleito por deliberação da assembleia geral de acionistas (art. 210a, I parte/3 ADHGB 1870).

1187

Ao *Aufsichtsrat* caberia então representar os interesses dos acionistas face à administração da sociedade, exercendo em particular o poder de vigilância

1188

[1597] Destaca-se ainda a regulação do capital social, incluindo a introdução (i) do art. 209-a ADHGB, relativo à realização do capital social; (ii) do art. 209-b, relativo às entradas em espécie (ambos em termos que sofreram fortes críticas e que viriam a sofrer novas alterações na reforma operada pela alteração de 18 de julho de 1884; cfr., entre nós, MENEZES CORDEIRO, *ibidem*, p. 89-90), e à atribuição de vantagens especiais a acionistas; (iii) do art. 210-a relativo à prova, para efeitos de registo da sociedade, de que o capital social tinha sido realizado nos termos legais (esta prova era produzida perante um juiz comercial, ao qual competia a verificação do cumprimento dos requisitos para a constituição da sociedade e a subsequente promoção da sua matrícula no registo comercial; do registo nascia a personalidade coletiva nos termos do art. 211); e (iv) do art. 217, I, 2, relativo à preservação do capital social e restrição dos dividendos. Cfr. LIEDER – *Die 1. Aktienrechtsnovelle vom 11. Juni 1870...* p. 342-355. Face a estas medidas, tal como sucedera antes face ao controlo do Estado, gerou-se um *"expectations gap"*, ou seja: um desnível entre a proteção que os acionistas e credores entendiam que era assegurada por estas disposições e a proteção efetivamente assegurada, considerando em especial as práticas rapidamente instituídas para as circundar. Cfr. *ibidem*, p. 353-354.

[1598] Cfr. § 13 da Allgemeine Begründung des Entwurfs eines Gesetzes betreffend die Kommanditgesellschaften auf Aktien und die Aktiengesellschaften, in SCHUBERT e HOMMELHOFF – *Hundert Jahre modernes Aktienrecht...* p. 464.

[1599] LIEDER – *Die 1. Aktienrechtsnovelle vom 11. Juni 1870...* p. 357-358.

DA ADMINISTRAÇÃO À FISCALIZAÇÃO DAS SOCIEDADES

da assembleia geral[1600]. Nesta medida, o *Aufsichtsrat* era dogmaticamente cons-truído como uma "comissão de acionistas" (*Aktionärs-Ausschuss*) ou "assembleia geral reduzida" (*verkurzte Generalversammlung*)[1601].

1189

Apesar desta justificação do legislador para a imposição do *Aufsichtsrat*, vários autores viram na imperatividade legal deste órgão, o reconhecimento de que o exercício das suas funções obedecia não apenas a um interesse particular dos acionistas, mas também e paralelamente a um interesse público[1602], de forma irrestringível e irrenunciável[1603].

[1600] Neste sentido, o *Aufsichtsrat* desempenhava algumas das funções da assembleia geral até à sua reunião, em especial o controlo da direção da sociedade, funcionando como um elo de ligação entre aquela e esta. MOLLE – *Die Lehre von den Aktiengesellschaften und den Commanditgesellschaften auf Aktien: nach dem Allgemeinen Deutschen Handelsgesetzbuche und dem Reichsgesetz vom 11. Juni 1870*, Berlin: Vahlen, 1875, p. 71-74, em especial p. 72, PRIMKER – "Die Aktiengesellschaft", in WILHELM ENDEMANN (ed.) – *Handbuch des deutschen Handels-, See- und Wechselrecht*, 1, 1881, p. 580-584, em especial p. 580, RENAUD – *Das Recht der Actiengesellschaften*[1]... p. 550, ACHILLES RENAUD – *Das Recht der Actiengesellschaften*, 2.ª ed., Leipzig: Verlag von Bernhard Tauchnitz, 1875, p. 626. Cfr. também LIEDER – *Die I. Aktienrechtsnovelle vom 11. Juni 1870*... p. 357-358.

[1601] Nas palavras de RENAUD, o *Aufsichtsrat* substituía, dentro de determinados limites, a *General-versammlung*, como uma comissão societária (*Gesellschafts-Ausschuss*) que, tendo um menor número de membros e uma maior facilidade de reunião, bem como uma certa continuidade na sua composição e a possibilidade de tomar decisões atendendo ao conhecimento dos negócios sociais. RENAUD – *Das Recht der Actiengesellschaften*[1]... p. 551, RENAUD – *Das Recht der Actiengesellschaften*[2]... p. 626. Em sentido idêntico, HERMANN LÖWENFELD – *Das Recht der Actien-Gesellschaften: Kritik und Reformvorschläge*, Berlin: Guttentag, 1879, p. 226-227, o qual, no contexto da época, enquadra dogmaticamente os poderes do *Aufsichtsrat* numa relação de representação da assembleia geral. Cfr. também, *v.g.*, AUERBACH – *Das Gesellschaftswesen*... p. 379, bem como LIEDER – *Der Aufsichtsrat*... p. 78-79 para um desenvolvimento histórico-dogmático.

[1602] Neste sentido, LIEDER – Der Aufsichtsrat... p. 112-113, ALWIN STREY – Das Deutsche Handels-gesellschafts-Recht: insbesondere das Recht der offenen, Commandit-, Commandit-Actien- und Actiengesellschaften unter Berücksichtigung der Entscheidungen des Reichs-Oberhandelsgerichts und der ausländischen Gesetzgebungen, Berlin: Guttentag, 1873, p. 243. Em sentido contrário, afirmava LIPPERT que, com a novela de 1870, o legislador alemão abandonou a perspetiva da vigilância da socie-dade por ações no interesse público, projetando o Aufsichtsrat como órgão de controlo no interesse dos acionistas. LIPPERT – Überwachungspflicht... p. 60. De acordo com esta perspetiva, a fiscalização no interesse público limitava-se à verificação do cumprimento dos requisitos legais pelo Handelsregister aquando do registo de constituição da sociedade, não tendo o legislador providenciado adequados meca-nismos de fiscalização no interesse do mercado.

[1603] Assim, afirmava KOHLER que os poderes do *Aufsichtsrat* são determinados pelo disposto na lei, nos estatutos e no contrato de emprego (*Dienstvertrag*). Contudo, os poderes definidos pelas normas legais não podem ser restringidos ou renunciados, porquanto a lei sobre a função do *Aufsichtsrat* é *juris publici*. JOSEF KOHLER – Beiträge zum Aktienrecht *Archiv für Theorie und Praxis des allgemeinen deutschen Handels-und Wechselrecht*, 35, 1877, p. 284. No mesmo sentido, HUGO KEYSSNER – *Allgemeines deutsches Handels-gesetzbuch: Nach Rechtsprechung und Wissenschaft*, Stuttgart: Enke, 1878, p. 169. *Vide* também, KEYSSNER – *Die Aktiengesellschaften*... p. 164-295 com uma análise detalhada do regime do *Aufsichtsrat* na sequência da alteração de 1870, incluindo uma interessante análise comparativa face aos sistemas inglês e francês (em pé de página). Cfr. ainda no sentido do interesse público, LIEDER – *Der Aufsichtsrat*... p. 112-113.

O MODELO GERMÂNICO

VII. As funções do *Aufsichtsrat*[1604] eram estabelecidas pelo art. 225a ADHGB 1870, nos termos do qual lhe competia, antes de mais, «a fiscalização da administração da sociedade (*Geschäftsführung*) em todos os ramos da administração (*Verwaltung*)»[1605], podendo para o efeito informar-se sobre os assuntos da sociedade e inspecionar quaisquer livros e registos, bem como a extensão da caixa[1606]. Competia-lhe ainda examinar as contas anuais e a proposta de aplicação de resultados, apresentar anualmente um relatório de atividade à assembleia geral e convocar a mesma quando o interesse da sociedade o justificasse[1607].

1190

Os membros do *Aufsichtsrat* eram pessoalmente responsáveis pelos danos causados quando, com seu conhecimento e sem a sua intervenção, (1) os sócios levantassem os montantes depositados em realização das suas ações, (2) fossem adquiridas ou amortizadas ações próprias em violação das normas legais aplicáveis, (3) fossem pagos juros ou distribuídos dividendos estando a sociedade em liquidação ou se verificassem reembolsos de capital com redução ilegal do capital social (art. 225b ADHGB 1870)[1608].

1191

Paralelamente, a imposição do *Aufsichtsrat* a todas as sociedades por ações foi criticada por alguns, desde logo pelos custos que acarretava para as pequenas sociedade que não foram objeto de discriminação positiva pela lei. Foi por isso sugerida a manutenção do carácter opcional do *Aufsichtsrat* para as pequenas sociedades. Foi também argumentado que a extensão deste mecanismo de fiscalização das sociedades em comandita para as sociedades por ações deveria tomar em consideração as diferenças entre estes dois tipos de sociedades: enquanto nas sociedades em comandita os sócios comanditários estão permanentemente expostos aos sócios comanditados, nas sociedades por ações os administradores podem ser substituídos. Lieder – *Die 1. Aktienrechtsnovelle vom 11. Juni 1870...* p. 358.

[1604] O mandato dos membros do *Aufsichtsrat* era limitado a cinco anos, limite esse que era reduzido a um ano relativamente ao primeiro mandato (art. 191 *ex vi art.* 225 ADHGB 1970). Neste primeiro mandato, os mesmos não podiam ser remunerados (art. 192 *ex vi art.* 225 ADHGB 1970), sendo esta uma forma de limitação do risco de os acionistas fundadores assegurarem benefícios especiais, em prejuízo dos acionistas não fundadores.

[1605] Na versão original pode ler-se «Der Aufsichtsrath überwacht die Geschäftsführung der Gesellschaft in allen Zweigen der Verwaltung».

[1606] No que respeita à regulação de práticas contabilísticas, o art. 239a AHGB 1870 tinha por fim a fixação de padrões mínimos no interesse dos credores, limitando o risco de manipulação contabilística facilitada pela regulação rudimentar dos pré-existentes arts. 239, 240 e 225, II parte. Na prática porém, também esta disposição se revelou ou ineficaz ou severamente abusada. Lieder – *Die 1. Aktienrechtsnovelle vom 11. Juni 1870...* p. 365-367.

[1607] Sobre estas disposições *vide, e.g., ibidem*, p. 360, Molle – *Die Lehre von den Aktiengesellschaften...* p. 71-74.

[1608] Importa ainda realçar o enquadramento penal de algumas condutas dos *Aufsichtsratmitglieder*. Nos termos do art. 249 ADHGB 1870, eram punidos com pena de prisão: (1) a prestação intencional de declarações falsas sobre a subscrição e realização do capital social ao registo comercial; (2) os atos destinados a impedir a válida reunião do *Aufsichtsrat*, ou (3) a apresentação à assembleia geral de documentos falsos sobre o estado das relações societárias.

DA ADMINISTRAÇÃO À FISCALIZAÇÃO DAS SOCIEDADES

1192   VIII. Outra novidade da alteração de 1870 foi a imposição da publicação das contas anuais na forma estabelecida pelos estatutos da sociedade (arts. 239, 1.º parág., II parte; 209, n.º 11; 210, 2.º parág., n.º 6 ADHGB 1870). Na *praxis*, estas publicações eram já comuns, mas a sua consagração legal impôs a consideração dos interesses não só dos acionistas, mas também do público face à informação divulgada. Este regime era acompanhado por um enquadramento penal previsto no art. 249, 1.º parág., n.º 3 ADHGB 1870[1609].

1193   IX. A falha sistémica deste modelo de fiscalização ficou imediatamente patente na prática societária. Apostando o modelo na força da assembleia geral e sendo esta dominada pelo acionista controlador, estavam reunidas as condições para que este determinasse a composição do *Aufsichtsrat* em função das suas relações pessoais e não de quaisquer critérios de competência na fiscalização da administração, contribuindo para uma degradação deste órgão. Acresce que, pela pressão exercida, o *Aufsichtsrat* tinha o poder *de facto* de dar instruções ao *Vorstand*, o que o colocava no centro da administração da sociedade e, segundo LIEDER, reduzia a pretendida fiscalização interorgânica a uma ineficiente autofiscalização[1610].

1194   Na *praxis* societária eram ainda comuns as práticas abusivas dos acionistas controladores que facilmente encontravam forma de circundar a incipiente regulação legal, deixando claro que, na prática, o *Aufsichtsrat* não representava o interesse da sociedade, mas sim os interesses do acionista de controlo. Este cenário verificava-se não obstante o poder reconhecido à assembleia geral, enquanto órgão supremo da sociedade, de nomeação de peritos independentes para verificação das contas da sociedade, apesar de a lei nada dispor neste sentido[1611].

1195   X. Neste período intensificaram-se as práticas societárias fraudulentas, tendo as suas causas sido amplamente discutidas na doutrina, desde esse tempo até aos nossos dias. Em geral, é afirmado que tal se deveu não a uma razão em particular, mas à interação de diferentes fatores[1612]. A maioria da doutrina tende

---

[1609] LIEDER – *Die 1. Aktienrechtsnovelle vom 11. Juni 1870...* p. 367.

[1610] *Ibidem*, p. 362-363.

[1611] LIEDER – *Der Aufsichtsrat...* p. 110-111, LIEDER – *Die 1. Aktienrechtsnovelle vom 11. Juni 1870...* p. 363-364.

[1612] STREY – *Das Deutsche Handelsgesellschafts-Recht...* p. 17, BERTHOLD GEIGER – Zur Reform der Aktiengesetzgebung, *Archiv für Theorie und Praxis des Allgemeinen Deutschen Handels- und Wechselrechts*, 36, 1877, p. 1, 5 ss., J. v. STROMBECK – *Ein Votum zur Reform der Deutschen Actiengesetzgebung*, Berlin: Haude & Spener, 1874, p. 3, LEVIN GOLDSCHMIDT – Die Reform des Aktiengesellschaftsrechts, *Zeitschrift für das gesamte Handelsrecht und Wirtschaftsrecht*, 30, 1885, p. 69, 76, VIKTOR RING – *Das Reichsgesetz betreffend die Kommanditgesellschaften auf Aktien und die Aktiengesellschaften vom 18. Juli 1884*, Berlin: Heymann, 1893,

O MODELO GERMÂNICO

no entanto a afastar a alteração de 1870 como um desses fatores. A principal causa apontada é

«a própria e grande credulidade e ingenuidade, ou dito de outra forma: a tolice do público»[1613].

A ganância prevaleceu em todos os estratos da sociedade da época, levando o público a ignorar quaisquer precauções[1614]. Neste sentido afirmava STROMBECK:

«Na compra de ações, infelizmente muitas vezes é usada menos prudência do que na compra de uma saia, de um par de luvas e outras trivialidades semelhantes»[1615].

As condições económicas da década de 70 do séc. XIX foram moldadas pela guerra franco-germânica de 1870/1871 e pelas compensações pagas pela França, na sequência da sua derrota, que determinaram um enorme crescimento económico. A estas acresceram numerosas invenções técnicas, em especial na área da indústria química, que contribuíram decisivamente para o estímulo da economia. Estes estímulos aumentaram a procura, tanto interna como externamente, a qual determinou um aumento da produção, tendo este, por sua vez, aumentado novamente a liquidez. A liquidez generalizada gerou novos investimentos de capital, tanto em empresas existentes como em novas empresas, multiplicando-se o número de sociedades anónimas a um ritmo sem precedentes. 1196

Neste contexto, as pessoas não questionavam as necessidades económicas das empresas, permitindo a criação de sociedades sob a capa de um qualquer objeto social indefinido. O propósito era «criar ações como mercadorias de bolsa»[1616]. A recetividade do mercado gerou um crescimento excessivo da oferta que não foi acompanhado pela procura. O resultado era inevitável: uma explosão de falências[1617]. 1197

---

p. 9, Gutachten des Reichs-Oberhandelsgerichts, in SCHUBERT e HOMMELHOFF – *Hundert Jahre modernes Aktienrecht...* p. 162 ss., Allgemeine Begründung, in *ibidem*, p. 387, 412.

[1613] STREY – *Das Deutsche Handelsgesellschafts Recht...* p. 17, 89.

[1614] *Ibidem*, p. 90, STROMBECK – *Ein Votum...* p. 3 ss., WILHELM OECHELHÄUSER – *Die Nachtheile des Aktienwesens und die Reform der Aktiengesetzgebung*, Berlin: Springer, 1878, p. 35.

[1615] STROMBECK – *Ein Votum...* p. 4.

[1616] *Allgemeine Begründung*, in SCHUBERT e HOMMELHOFF – *Hundert Jahre modernes Aktienrecht...* p. 387, 412, Gutachten des Reichs-Oberhandelsgerichts, in *ibidem*, p. 157, 160.

[1617] LIEDER – *Die 1. Aktienrechtsnovelle vom 11. Juni 1870...* p. 378-380. Cfr. também BERTHOLD GEIGER – Ist es zulässig, daß die Mitglieder des Aufsichtsrathes einer Aktiengesellschaft durch Beschluß der Generalversammlung ihrer Stellung verlustig erklärt werden?, *Archiv für Theorie und Praxis des Allgemeinen*

DA ADMINISTRAÇÃO À FISCALIZAÇÃO DAS SOCIEDADES

1198   XI. A crise verificada obrigou ao aprofundamento da reflexão sobre os conflitos de interesses existentes no seio da sociedade anónima. A este propósito referia JHERING que a gestão de interesses alheios implica grandes tentações de prossecução de interesses próprios, sendo necessário assegurar que «existe, nestes casos em que o perigo é o maior possível, também a mais ampla garantia»[1618], acrescentando que

> «[o] valor da apresentação de faturas pelo director diante da assembleia geral é demonstrado pelo facto de tal não ter impedido, de modo algum, a pura mentira. Do mesmo modo, não se pode proteger um menor mediante a prestação de contas pelo tutor ao próprio menor. É evidente a necessidade de outros meios»[1619].

1199   Neste contexto, afirmava a sua convicção – em termos que, pelo menos em parte, a História viria a negar – de que «a legislação do porvir logrará solucionar o problema por meio de dispositivos penais e civis»[1620]. Tudo, porque, segundo afirmava em termos hoje célebres:

> «O direito não tem oferecido até agora, senão uma lacuna escancarada. A sociedade anónima é, na sua forma hodierna, uma das mais imperfeitas e nefastas instituições de todo o nosso direito; a maioria das desventuras que têm irrompido sobre nós nos últimos anos no terreno da vida comercial, provém ou diretamente dessa fonte ou, ao menos, se acha em íntima ligação com ela»[1621].

1200   Parece então que, pelo menos em parte, a responsabilidade pela crise se deveu também ao facto de a alteração de 1870 não ter instituído mecanismos adequados aos desafios do seu tempo, não obstante as dúvidas de que uma regulação mais restritiva tivesse podido evitar uma tal crise[1622]. As críticas mais severas centraram-se na ausência de um adequado regime de conservação do capital social. No entanto, na perspetiva do legislador, cabia aos credores assegurar,

---

Deutschen Handels- und Wechselrechts, 34, 1876, p. 1, 6 ss., SARTORIUS VON WALTERSHAUSEN – *Deutsche Wirtschaftsgeschichte 1815-1914...* p. 278, *Allgemeine Begründung*, in SCHUBERT e HOMMELHOFF – *Hundert Jahre modernes Aktienrecht...* p. 412.

[1618] JHERING – *Der Zweck im Recht* p. 226.

[1619] *Ibidem*, p. 227.

[1620] *Ibidem*.

[1621] *Ibidem*. Vale a pena recordar a impressiva descrição do autor já citada na p. 72 *supra*.

[1622] GOLDSCHMIDT – *Die Reform...* p. 69, 75.

O MODELO GERMÂNICO

por sua iniciativa, um adequado nível de proteção pela via contratual[1623]. Não era intenção do Estado criar um sistema compreensivo de proteção. Pretendia centrar-se apenas nos aspetos essenciais, permitindo, no demais, a intervenção do mercado e das forças da concorrência. Porém, mesmo nesta perspetiva, o legislador ficou aquém dos mínimos necessários, negligenciando a criação de instrumentos que permitissem um adequado funcionamento das forças do mercado[1624].

Em resposta à justificação da crise pela abolição do sistema de concessão, importa recordar que o crescimento exponencial do número de fraudes se verificou não só na Alemanha, mas também a nível internacional, em vários ordenamentos onde ainda vigorava um tal sistema[1625] (*vide, e.g.,* o caso austríaco[1626]). Assim se compreende que, não obstante a crise, a abolição da concessão enquanto requisito para a constituição da sociedade não tenha sido seriamente questionada[1627]. A História confirmaria a sabedoria de uma tal perspetiva[1628].

1201

[1623] MANFRED POHL – *Einführung in die deutsche Bankengeschichte: Die Entwicklung des gesamten deutschen Kreditwesens,* Frankfurt a.M.: Knapp, 1976.

[1624] LIEDER – *Die 1. Aktienrechtsnovelle vom 11. Juni 1870...* p. 382-383. Estas falhas devem no entanto ser entendidas no seu específico contexto: o legislador alemão estava a regular pela primeira vez um sem número de instrumentos e soluções. Não obstante ter baseado a sua intervenção nas experiências de determinados Estados alemães ou de países como a Inglaterra e a França, teve de adaptá-las às características específicas do *Reich,* sendo reduzida a capacidade de previsão do seu resultado prático. Só a *praxis* permitiria testar a eficácia das soluções importadas. *Ibidem,* p. 383-384. Cfr. também HEINZ-DIETER ASSMANN – "Einleitung", in *Aktiengesetz Großkommentar,* 1, Berlin: de Gruyter, 2004, LIPPERT – *Überwachungspflicht...* p. 61, parág. 83.

[1625] LIEDER – *Die 1. Aktienrechtsnovelle vom 11. Juni 1870...* p. 380-381. Cfr. também STREY – *Das Deutsche Handelsgesellschafts-Recht...* p. 88, STROMBECK – *Ein Votum...* p. 4, OECHELHÄUSER – *Die Nachtheile des Aktienwesens...* p. 31 ss. A alteração de 1870 é geralmente apontada como responsável pelo desenvolvimento. Assim, mais recentemente, REICH – *Die Entwicklung...* p. 239, 267.

[1626] Cfr. GROSSFELD – *Aktiengesellschaft...* p. 145, *Allgemeine Begründung,* in SCHUBERT e HOMMELHOFF – *Hundert Jahre modernes Aktienrecht...* p. 415.

[1627] LIEDER – *Die 1. Aktienrechtsnovelle vom 11. Juni 1870...* p. 381. Cfr. também Gutachten des Reichs--Oberhandelsgerichts, in SCHUBERT e HOMMELHOFF – *Hundert Jahre modernes Aktienrecht...* p. 157, 193, OECHELHÄUSER – *Die Nachtheile des Aktienwesens...* p. 31 ss., STREY – *Das Deutsche Handelsgesellschafts-Recht...* p. 87, ZIMMERMANN – *Das Gesetz...* p. 259-260.

[1628] Num balanço sobre a *1. Aktienrechtsnovelle vom 11. Juni 1870,* EDUARD LASKER afirmava ser um trabalho parcial» (*Stückwerk*), FELIX HECHT tratar-se de uma lei de ocasião» (*Gelegenheitsgesetz*) e LEVIN GOLDSCHMIDT constatava que «[a] alteração não foi certamente uma obra de arte legislativa, mas uma lei de emergência feita à pressa». Cfr. Interpelação de Eduard Lasker ao *Reichstag* em 4 de abril de 1873, in *Stenographische Berichte über die Verhandlungen des Deutschen Reichstages,* 1. *Legislaturperiode,* 4. *Session* 1873, 1, p. 41 ss., apud LIEDER – *Die 1. Aktienrechtsnovelle vom 11. Juni 1870...* p. 381, FELIX HECHT – *Das Börsen-und Actienwesen der Gegenwart und die Reform des Actien-Gesellschafts-Rechts,* Berlin: Simion, 1874, p. 35, GOLDSCHMIDT – *Die Reform...* p. 69-75.

DA ADMINISTRAÇÃO À FISCALIZAÇÃO DAS SOCIEDADES

39.7. O nascimento do "moderno" *Aktienrecht* com a segunda alteração ao ADHGB de 1884: o reforço dos deveres de informação, o reforço da *Selbsthilfe* orgânica através da reestruturação do *Aufsichtsrat*, e a promoção de opções de *Selbsthilfe* a exercer coletivamente pelos acionistas

1202   I. Como vimos, a alteração de 1870 representou a transição do sistema de concessão (*Konzessionsystem*) para o sistema normativo (*Normativsystem*), operando uma objetivação do regime societário – antes subjetivamente delimitado pelos estatutos de cada sociedade, parcialmente moldados pelas exigências estatais condicionantes da concessão – para um regime geral e abstrato, aplicável a todas as sociedades constituídas de acordo com o seu regime e, logo, incluídas no seu âmbito de aplicação.

1203   Contudo, face à incompletude da novela de 1870, não se estranha que a doutrina frequentemente faça corresponder o nascimento do "moderno" Direito das sociedades comerciais na Alemanha à segunda alteração do ADHGB de 1884[1629]. Esta foi fruto de um processo iniciado logo em 1873[1630], visto como urgente face à reforma geral do código comercial e aos excessos inerentes à constituição, administração e desenvolvimento das sociedades comerciais[1631]. Ainda assim, tal processo de reforma só seria concluído em 1884, num momento de acalmia posterior à crise económica de 1873-1879. Vingou o princípio de não

---

[1629] *Gesetz, betreffend die Kommanditgesellschaft auf Aktien und die Aktiengesellschaft vom 18.Juli 1884*. Os trabalhos preparatórios e o texto deste diploma estão disponíveis em SCHUBERT e HOMMELHOFF – *Hundert Jahre modernes Aktienrecht...* p. 107-608. No sentido da afirmação do texto, *vide* HOFER – *Das Aktiengesetz von 1884...* p. 388-389.

[1630] Para uma descrição deste processo, cfr., *v.g.*, HOFER – *Das Aktiengesetz von 1884...* p. 390-394.

[1631] Cfr. *Antrag Preußens beim Bundesrath, betreffend die Reform der Aktiengesetzgebung nebst der denselben motivirenden Denkschrift* (1877), in SCHUBERT e HOMMELHOFF – *Hundert Jahre modernes Aktienrecht...* p. 130. Este pedido da Prússia, parte do processo legislativo que conduziu à segunda e profunda alteração do ADHGB em matéria de Direito das sociedades comerciais, realça o facto de esta, como tantas outras intervenções legislativas nesta área, serem motivadas por considerações de interesse público. Este é um importante elemento a considerar no enquadramento de soluções legais que, pelo menos aparentemente, traduzem apenas uma tutela de interesses particulares. Neste sentido, são ilustrativas as questões dirigidas ao *Bundesrath* no início deste documento:

«Tem o governo imperial conhecimento dos abusos relativos ao estado atual e à aplicação habitual das leis sobre sociedades por ações, na sua constituição e administração, e dos danos provocados aos interesses públicos? Pretende o governo imperial providenciar uma solução para estes males? Para esse efeito pretende o mesmo alterar as leis existentes e apresentar um projeto nesse sentido ao *Reichstag*?»

No centro desta intervenção estava a pretensão de a legislação imperial assegurar (a) uma melhor proteção do interesse público, (b) um reforço da responsabilidade dos envolvidos na constituição, administração e fiscalização de empresas, (c) um controlo independente e eficaz sobre a gestão, e (d) a mais fácil deteção de violação de regras relativas ao interesse público. Cfr. *Ibidem*, p. 128-129.

O MODELO GERMÂNICO

reagir apressadamente a uma crise económica através de instrumentos legislativos de emergência[1632].

II. Existia então um consenso mais ou menos alargado quanto às causas da crise da década de 1870: a credulidade dos acionistas investidores e as específicas condições económico-políticas associadas à vitória militar da Alemanha sobre a França e ao desenvolvimento tecnológico. Contudo, o mesmo não se pode dizer relativamente à forma de reação à crise. Se, por um lado, autores como LASKER defendiam que «a autoridade da lei em geral» sofre quando o Estado não atua rapidamente para prevenir o seu incumprimento[1633]; por outro, havia quem afirmasse que a sucessão de diferentes alterações, em função de emergências específicas, afeta a reputação da lei[1634]. A discussão prolongou-se face às tentativas de afirmação de princípios económico-jurídicos estruturantes e à recondução das diferentes normas jus-societárias a tais princípios[1635].

Particularmente importante para efeitos deste estudo foi a discussão desenvolvida em torno da imperatividade das regras de organização societária, face ao princípio da liberdade contratual. Enquanto uns afirmavam que a liberdade contratual tinha permitido os abusos verificados após 1870, outros defendiam a essencialidade de tal liberdade para o desenvolvimento económico[1636]. De um lado, os partidários de um sistema de "auto-ajuda" ("*Selbsthilfe*"), de acordo com o qual a intervenção estatal requeria uma especial justificação (os chamados *Freihändler* como KARL VICTOR BÖHMERT[1637] ou HEINRICH BERNHARD OPPENHEIM[1638]). De outro, os defensores de um modelo de "ajuda estatal" ("*Staatshilfe*"), nos termos do qual o Estado devia intervir ativamente para proteger determinados subgrupos da população, afastando, no entanto, uma com-

---

[1632] HECHT – *Das Börsen- und Actienwesen...* p. 34 ss, HOFER – *Das Aktiengesetz von 1884...* p. 392, LÖWENFELD – *Das Recht...* p. 18 ss..

[1633] Interpelação de Eduard Lasker ao Reichstag em 4 de abril de 1873, in *Stenographische Berichte über die Verhandlungen des Deutschen Reichstages*, 1. *Legislaturperiode*, 4. *Session* 1873, 1, p. 41 ss., apud HOFER – *Das Aktiengesetz von 1884...* p. 215.

[1634] GEIGER – *Zur Reform...* p. 3 ss.. Cfr. também *Allgemeiner Begründung*, p. 236, in SCHUBERT e HOMMELHOFF – *Hundert Jahre modernes Aktienrecht...* p. 407.

[1635] É abundante o material disponível sobre esta discussão. Cfr. HOFER – *Das Aktiengesetz von 1884...* p. 393, com indicações bibliográficas a nota 42.

[1636] *Ibidem*, p. 397-403.

[1637] Cfr. CARL VICTOR BÖHMERT – *Der Sozialismus und die Arbeiter-Frage*, Zürich: Schabelitz, 1872, p. 50 ss.

[1638] Cfr. HEINRICH BERNHARD OPPENHEIM – *Die Gewerbefreiheit und der Arbeitsvertrag*, Breslau: Koebner, 1880, p. 80 ss.

DA ADMINISTRAÇÃO À FISCALIZAÇÃO DAS SOCIEDADES

pleta organização nacional própria das teorias socialistas (os chamados *Kathedersozialisten* como GUSTAV SCHMOLLER[1639])[1640].

1206   III. Não obstante o ensejo de distanciamento face à experiência da crise vivida, esta acabou por influenciar a reforma de 1884: muitas das medidas adotadas visavam a proteção dos acionistas[1641]. Tal não significou, porém, que o Estado se substituísse aos particulares na proteção dos seus interesses. Nessa medida, pode ler-se no preâmbulo da alteração de 1884, numa clara adoção do sistema de *Selbsthilfe*:

> «Contra o engano e o erro, ilusão e leviandade deve valer essencialmente a própria atenção dos envolvidos. A lei deve apenas indicar o caminho e não intervir na sua proteção»[1642].

1207   Entre as medidas mais relevantes da alteração de 1884 contam-se, assim, o reforço dos deveres de informação[1643], o reforço da *Selbsthilfe* orgânica, através

---

[1639] Cfr. GUSTAV SCHMOLLER, in BRUNO HILDEBRAND e JOHANNES CONRAD (eds.) – *Jahrbücher für Nationalökonomie und Statistik*, 22, 1874, p. 393 ss. *apud* HOFER – *Das Aktiengesetz von 1884...* p. 399.

[1640] Sobre este ponto, no contexto da discussão jusprivatística sobre os limites da liberdade contratual no séc. XIX, *vide* em geral, SIBYLLE HOFER – *Freiheit ohne Grenzen?: privatrechtstheoretische Diskussionen im 19. Jahrhundert*, Tübingen: Mohr Siebeck, 2001, p. 77-89, em especial p. 81-84, sobre BÖHMERT e OPPENHEIM, e p. 86-90 sobre SCHMOLLER. No centro desta problemática estava a chamada questão dos trabalhadores (*Arbeiterfrage*), enquanto aspeto central da mais vasta questão social, mas com outros campos de aplicação, como a proteção dos acionistas na perspetiva do conflito de princípios (*Prinzipienstreit*) da economia nacional. Sobre a relação entre os dois modelos de economia nacional também se pronunciou GOLDSCHMIDT – *Die Reform...* p. 75, afirmando que no direito sobre sociedades por ações se tinham alcançado numerosos compromissos entre correntes económicas opostas, refletidos na reforma de 1884. Cfr. HOFER – *Das Aktiengesetz von 1884...* p. 399.

[1641] No preâmbulo da alteração era referida a proteção do público face à "fragilidade" e à "inconsciência". Cfr. *Allgemeiner Begründung*, p. 244, in SCHUBERT e HOMMELHOFF – *Hundert Jahre modernes Aktienrecht...*. Paralelamente foi abordada a questão da proteção dos credores. Foram ainda mencionados outros aspetos, mas superficialmente, como o risco de constituição de monopólios e questões de política social. Neste sentido, cfr. GROSSFELD – *Die rechtspolitische Beurteilung...* p. 236, bem como as referências em WERNER SCHUBERT – "Die Entstehung des Aktiengesetzes von 1884", in WERNER SCHUBERT e PETER HOMMELHOFF (eds.) – *Hundert Jahre modernes Aktienrecht ...*, p. 49-50.

[1642] Cfr. *Allgemeine Begründung*, p. 245, in SCHUBERT e HOMMELHOFF – *Hundert Jahre modernes Aktienrecht...* p. 416. Cfr. também HOFER – *Das Aktiengesetz von 1884...* p. 403-404.

[1643] O reforço dos deveres de informação traduz a já referida opção do legislador relativamente ao abandono do modelo de *Staatshilfe*, promovendo a responsabilização dos investidores pelos seus próprios investimentos. Esta responsabilização tinha no entanto de ser acompanhada pela disponibilização da informação considerada adequada à avaliação do risco dos investimentos. Ao Estado cabia apenas garantir a divulgação da informação; aos investidores cabia a responsabilidade de, por si próprios e após cuidada análise da informação disponível, decidir sobre a sua participação na sociedade (no entanto, já

O MODELO GERMÂNICO

de uma reestruturação do *Aufsichtsrat*, e a promoção de opções de *Selbsthilfe* a exercer coletivamente pelos acionistas[1644].

nesse tempo se discutia a necessidade de não sobrecarregar o acionista). HOFER – *Das Aktiengesetz von 1884...* p. 405-406.

Face a este modelo de responsabilização dos investidores surgiram vozes críticas, segundo as quais seria irrealista assumir a capacidade do investidor para efetuar uma tal avaliação nos moldes expectados (FRANZ KLEIN – *Die neueren Entwicklungen in Verfassung und Recht der Aktiengesellschaft*, Wien: Manz, 1904, p. 25). Perante estas crítica, e como realçou GOLDSCHMIDT – *Die Reform...* p. 69-70, o legislador alemão mitigou a perspetiva inicialmente enunciada, apresentando um compromisso entre a *Staatshilfe* e a *Selbsthilfe*: colocando-se o problema particularmente ao nível dos pequenos investidores, cuja capacidade de avaliação dos riscos empresariais era especialmente questionada, o legislador alemão elevou o valor nominal mínimo das ações (cfr. art. 207a, I parte, ADHGB 1884; em 1870, pela alteração ao ADHGB e introdução do art. 207a, o valor nominal mínimo havia sido estabelecido pelo ADHGB em 50 e 100 *Vereinsthalern*, respetivamente para ações nominativas e ações ao portador). Pretendia desta forma afastar os investidores que não tivessem capacidade para sustentar um tal investimento, reservando a participação nas sociedades para investidores com maior capacidade financeira e, presumivelmente, com maior capacidade de análise do risco envolvido e das condições relativas ao exercício dos seus direitos sociais. Esta regra, porém, sofria importantes desvios: não se aplicava a sociedades públicas (*Unternehmen das Reich oder ein Bundestaat oder ein Provinzial-, Kreis- oder Amtsverband oder eine sonstige öffentliche Korporation auf die Aktien einen bestimmten Ertrag bedingungslos und ohne Zeitbeschränkung gewahrleistet hat*) nem a empresas de interesse público (*gemeinnützige Unternehmen*). Cfr. art. 207, II parte, bem como *Allgemeine Begründung*, p. 248-249, in SCHUBERT e HOMMELHOFF – *Hundert Jahre modernes Aktienrecht...* p. 419. Cfr. também HOFER – *Das Aktiengesetz von 1884...* p. 406-407.

Neste movimento, o legislador alemão afastou-se dos proclamados princípios liberais, colocando-se na posição do guardião zelador dos interesses dos seus cidadãos, incapazes de determinarem pelos seus meios o que é melhor para si. Cfr. *Allegemeine Begründung*, p. 248, in SCHUBERT e HOMMELHOFF – *Hundert Jahre modernes Aktienrecht...* p. 419. Cfr. também HOFER – *Das Aktiengesetz von 1884...* p. 406-407.

Já em 1870 haviam sido estabelecidos deveres de informação, nos termos dos quais o contrato de sociedade devia conter determinadas informações destinadas a garantir a transparência na constituição da sociedade. Em 1884, o legislador alemão foi mais longe, impondo agora a divulgação do número de ações subscritas por cada fundador, as entradas em espécie eventualmente realizadas, bem como as vantagens especiais eventualmente concedidas, dando assim a conhecer o peso relativo de cada um (art. 209b, II parte ADHGB 1884). O cumprimento destes deveres era assegurado por um regime de responsabilidade civil (arts. 213a e 213b ADHGB 1884) e penal (art. 249a, I parte, n.º 1 ADHGB 1884), bem como pela publicidade assegurada pelo registo comercial (art. 210, I parte ADHGB 1884).

[1644] Para o legislador de 1884 era necessário promover outro mecanismo de *gesellschaftsinterne Selbsthilfe*: a participação ativa dos sócios na vida societária, afastando a conceção de que «entre os acionistas, e entre estes e a sociedade, inexiste uma qualquer relação pessoal, um qualquer dever de atuação própria ou uma qualquer responsabilidade para além das suas entradas, visando os mais altos dividendos possíveis e tendo em cada instante a possibilidade de, pela venda das suas ações, sair da sociedade». Tal participação dos sócios corresponderia a uma *Kollektive Selbsthilfe der Aktionäre*. Cfr. *Allgemeine Begründung*, p. 241, in SCHUBERT e HOMMELHOFF – *Hundert Jahre modernes Aktienrecht...* p. 412. Segundo o legislador, a participação na vida da sociedade passaria sobretudo pela participação na assembleia geral, cujas deliberações traduziriam a "verdadeira vontade da sociedade" ("*wahren Willen der Gesellschaft*"). HOFER – *Das Aktiengesetz von 1884...* p. 410-411.

Para tanto, foram adotadas medidas como a alteração do regime da realização das entradas para o capital social. Se em 1870 se admitia que, no momento da constituição da sociedade, o capital fosse realizado

DA ADMINISTRAÇÃO À FISCALIZAÇÃO DAS SOCIEDADES

1208   V. Na perspetiva do legislador alemão de 1884, os deveres de informação constituíam apenas um aspeto parcial da *Selbsthilfe*: eram instrumentais da decisão de participação na sociedade. Entendia o legislador que, sendo a decisão de investimento positiva, colocava-se ainda, *a posteriori*, o problema da gestão da sociedade[1645]. Face a este problema, a reforma de 1884 reforçou um outro mecanismo de *Selbsthilf*: o *Aufsichtsrat* enquanto instrumento de "auto-fiscalização" ("*Selbstbeaufsichtigung*"), obrigatório nas sociedades por ações desde a alteração de 1870.

1209   Para assegurar o papel fiscalizador deste órgão, clarificando a separação de funções face ao *Vorstand* – frequentemente posta em causa face à lei anterior – foi desde logo instituído um regime de incompatibilidades, de acordo com o qual os membros do *Aufsichtsrat* não podiam ser simultaneamente membros do *Vorstand*.

1210   Este foi um primeiro passo, mas considerado insuficiente, dado que, mesmo após 1884, continuava a vigorar uma ampla liberdade de estipulação estatutária, nos termos da qual podiam ser atribuídos poderes de gestão ao *Aufsichtsrat*[1646]. Os deveres legais deste órgão eram definidos pelo ADHGB 1884 de forma gené-

---

apenas em quarenta por cento, em 1884 passou a exigir-se a sua integral realização. Cfr. *Allgemeine Begründung*, p. 254, in Schubert e Hommelhoff – *Hundert Jahre modernes Aktienrecht...* p. 425. Estas regras serviam fins económicos e de política legislativa: prevenir uma degradação do capital social perante variações com fins de agiotagem e de especulação. Serviam ainda o referido propósito de fomento da participação ativa dos acionistas, enquanto maiores interessados, no controlo da administração societária. Paralelamente, foi estabelecido, de forma clara, o princípio de que a cada ação corresponde um direito de voto, afastando a prática anterior de restrição do direito de voto (art. 221 ADHGB 1884). Por fim, competia à assembleia geral a aprovação de determinadas decisões fundamentais na vida da sociedade, incluindo a eleição dos membros do *Aufsichtsrat* (art. 224 em conjugação com o art. 191 ADHGB 1884), potenciando a extensão da sua influência a título permanente sobre a administração da sociedade. Hofer – *Das Aktiengesetz von 1884...* p. 409-413.

Como a prática viria a demonstrar, a fiscalização da administração pelos sócios através de mecanismos de *Selbsthilfe* apresenta fragilidades significativas dada a incapacidade da assembleia para intervir sobre a administração societária. Não obstante, este é um dos propósitos subjacentes à Diretriz dos acionistas.

[1645] Note-se que a dissociação entre o momento da decisão de investimento e o momento posterior de gestão do risco inerente à administração da sociedade por outrem é tanto mais relevante quanto menor for a liquidez no mercado para a participação social em causa e maior for o seu valor relativo. Assim, em mercados de elevada liquidez, o investidor que não tenha uma participação relativamente significativa pode desfazer-se do seu investimento alienando a sua participação (hoje comummente chamada "*the Wall Street rule*"). Caso o mercado não apresente suficiente liquidez ou caso a participação social seja de tal forma significativa que a sua alienação no mercado faça cair o preço da mesma, inviabilizando a alienação em termos economicamente eficientes, assumem maior relevância os mecanismos destinados a mitigar o risco da participação, dissociados da decisão de investimento.

[1646] Hofer – *Das Aktiengesetz von 1884...* p. 408-409, Heinrich Wiener – *Der Aktiengesetz-Entwurf: Betrachtungen u. Vorschläge*, Leipzig: Veit, 1884, p. 79.

O MODELO GERMÂNICO

rica (*v.g.*, exame do balanço, nos termos do art. 225), cabendo aos estatutos a sua concretização em função das especificidades da empresa em causa[1647].

Paralelamente, foi estabelecido um regime específico de responsabilidade civil dos membros do *Aufsichtsrat* (art. 226 ADHGB 1884), baseado num padrão de especial diligência: a diligência de um homem de negócios ordenado (*die Sorgfalt eines ordentlichen Geschaftsmannes*) (art. 226, 1.ª parte ADHGB 1884), destinado a assegurar uma adequada composição deste órgão[1648].

39.8. A fiscalização no contexto do HGB de 1897: a fiscalização inicial por *Revisoren*, a fiscalização orgânica pelo *Aufsichtsrat* e a fiscalização contabilística facultativa por *Revisoren*; a pretensão do Estado de intervenção nas sociedades anónimas

I. É comummente afirmado na história do Direito societário que o *Handelsgesetzbuch* de 1897 (HGB) apresenta uma sistemática mais apurada e um estilo de linguagem mais uniforme do que os seus antecessores[1649]. Quanto ao seu conteúdo, o legislador alemão planeara não apenas uma nova edição do ADHGB, mas uma reforma fundamental do Direito comercial. No entanto, muitos dos objetivos iniciais não foram cumpridos. Por um lado, pela limitação temporal do seu processo de preparação (1893-1897), bastante mais curto do que aquele que esteve na origem da reforma do ADHGB em 1884 ou mesmo do BGB (que, tal como o HGB, entrou em vigor a 1 de janeiro de 1900). Por outro lado, pela forte oposição de determinados grupos de interesses verificada face aos objetivos de reforma a que inicialmente se propunha. O HGB acabou assim por consistir numa revisão do ADHGB, com subtração das matérias entretanto reguladas pelo BGB. Em síntese, nas palavras de VON GIERKE, o HGB oferece «*keine bloße Novelle, aber auch nicht mehr als eine Revision*»[1650].

O livro segundo, relativo às sociedades por ações, foi claramente o mais revisto, mas não foram alterados os princípios fundamentais ou o paradigma deste tipo de sociedades. PAHLOW destaca o afastamento das dúvidas todavia existentes sobre a personalidade jurídica das sociedades por ações[1651] e a revisão dos regimes relativos à consituição da sociedade, aumento e redução do capital social e impugnação de deliberações sociais. O autor sistematiza ainda as altera-

---

[1647] HOFER – *Das Aktiengesetz von 1884...* p. 408-409.

[1648] Cfr. *Allgemeine Begründung*, p. 291, in SCHUBERT e HOMMELHOFF – *Hundert Jahre modernes Aktienrecht...* p. 462. Cfr. também HOFER – *Das Aktiengesetz von 1884...* p. 409.

[1649] PAHLOW – *Das Aktienrecht im Handelsgesetzbuch...* p. 417.

[1650] Em português: «não uma mera alteração, mas não mais do que uma revisão». Cfr. *Ibidem*, p. 418-419.

[1651] Note-se no entanto que o § 210 I HGB não inova para além do já disposto no art. 213 ADHGB. Cfr., *v.g.*, LEHMANN – *Das Recht der Aktiengesellschaften*, 1... p. 236. Cfr. também, numa perspetiva atual, PAHLOW – *Das Aktienrecht im Handelsgesetzbuch...* p. 418, 422.

DA ADMINISTRAÇÃO À FISCALIZAÇÃO DAS SOCIEDADES

ções de acordo com três linhas de força: (i) proteção da sociedade, acionistas e credores; (ii) obrigações dos acionistas e natureza da sociedade por ações; e (iii) relação da sociedade por ações com o Estado[1652].

II. Quanto à primeira linha de força – proteção da sociedade, acionistas e credores – a nova lei visou prevenir abusos na medida em que tal não fosse assegurado pelo *Börsengesetz* de 1896, sendo claro que o escopo da segurança não podia ser prosseguido a todo o custo, sob pena de tornar a sociedade anónima num instrumento economicamente inútil para o desenvolvimento das necessárias atividades económicas. Pretendia o legislador prosseguir este objetivo sobretudo através da promoção da transparência e da mais estrita regulação das responsabilidades civil e penal.

O reforço da transparência começava logo no momento da constituição da sociedade, pela promoção de uma maior independência dos *Revisoren* encarregues do exame do processo de constituição da sociedade[1653] quando algum dos membros do *Vorstand* ou *Aufsichtsrat* (a quem competia em primeira linha o exame daquele processo, nos termos do § 192 I HGB) fosse também acionista fundador, tivesse recebido alguma vantagem especial ou beneficiasse de alguma compensação ou remuneração relativa ao processo de constituição da sociedade (§ 192 II HGB[1654])[1655]. Este reforço não foi, porém, isento de críticas, afirmando

---

[1652] Cfr. PAHLOW – *Das Aktienrecht im Handelsgesetzbuch...* p. 422-423.

[1653] Nos termos do § 193 I HGB (e da remissão deste para o § 186), tanto o exame a efetuar pelos membros do *Vorstand* e do *Aufsichtsrat*, como o exame do Revisor devia cobrir necessariamente (i) a correção e suficiência das declarações dos fundadores relativas à subscrição e realização do capital social, (ii) as vantagens especiais concedidas a acionistas, (iii) as entradas em espécie, (iv) os montantes pagos aos acionistas fundadores a título de reembolso de despesas ou remuneração por serviços prestados relativamente à constituição da sociedade.

[1654] Esta regulação constava já do art. 209h do ADHGB, em termos que viriam a ser desenvolvidos no HGB, tal como descrito em seguida.

[1655] De acordo com o § 192 III HGB, tais *Revisoren* deviam agora ser nomeados pela Câmara do Comércio correspondente à sede da sociedade ou, na sua falta, pelo tribunal do distrito onde se localizasse a sociedade, tendo direito a ser remunerado pelos seus serviços e reembolsado das despesas que razoavelmente tivesse realizado no âmbito da sua investigação, sendo os correspondentes montantes determinados pela entidade competente para a nomeação do *Revisor* (§ 194 II HGB).
Uma cópia do relatório final dos *Revisoren* devia ser entregue à Câmara do Comércio, podendo ser consultada por qualquer pessoa (§ 193 III HGB).
A sua independência era ainda promovida pelo regime estabelecido para a resolução de conflitos entre o *Revisor* e os fundadores das sociedades. As eventuais divergências quanto ao âmbito da explicação e da informação a serem fornecidos ao *Revisor* deviam ser dirimidas pela entidade responsável pela nomeação deste. A decisão desta entidade era final; enquanto os fundadores não se conformassem com a mesma, não podia ser elaborado o relatório do exame pelo *Revisor* (§ 194 HGB); e enquanto não fosse elaborado tal relatório, a sociedade não podia ser inscrita no registo comercial, não se considerando validamente constituída (§ 195 e 200 HGB).

480

O MODELO GERMÂNICO

alguns autores tratar-se ainda de uma atividade de controlo estatal[1656] (afastado em 1870 com a abolição do sistema de concessão), vista por isso com ceticismo. Neste sentido, afirmava VICTOR RING, em 1896, que os relatórios dos *Revisoren* só seriam lidos por aqueles que quisessem desenvolver investigação teórica sobre a natureza da revisão; os relatórios não preveniriam más constituições, restringiriam apenas as boas[1657].

Outra das preocupações do legislador alemão do final do séc. XIX prendia-se com a falsa constituição de sociedades, associada à possibilidade de os acionistas fundadores venderem as suas ações antes da inscrição da sociedade no registo comercial. Nessa medida, veio a estabelecer o § 200 II HGB que a transmissão de quaisquer interesses na sociedade antes do seu registo não era oponível à sociedade, não podendo ser emitidas ações ou certificados provisórios antes do registo da sociedade[1658].

Relativamente ao papel do *Aufsichtsrat*, o § 246 HGB mantinha uma solução idêntica à prevista no § 225a ADHGB: «O *Aufsichtsrat* deve vigiar a administração (*Geschäftsführung*) da sociedade em todos os ramos da administração (*Verwaltung*), devendo para esse efeito manter-se informado do curso dos assuntos da sociedade». Acrescentava ainda que o *Aufsichtsrat* podia, a qualquer momento, exigir ao *Vorstand* um relatório sobre tais assuntos e, por si ou através de um dos seus membros por si escolhido, inspecionar os livros e documentos da sociedade, bem como o estado da caixa e as existências de valores mobiliários e bens da sociedade. Devia examinar as contas anuais, o balanço e a proposta de distribuição de lucros e apresentar relatório à *Generalversammlung*. Nos termos do § 227, competia-lhe ainda representar a sociedade nos negócios com membros do *Vorstand*, bem como nos processos movidos contra os mesmos na sequência de deliberação da *Generalversammlung*.

Ainda relativamente à fiscalização da sociedade, o § 266 HGB previa a possibilidade de a *Generalversammlung*, por maioria simples, nomear *Revisoren* para examinar o balanço ou as circunstâncias da promoção ou da condução

1216

1217

1218

[1656] Neste sentido, *v.g.*, HEINRICH SATTLER – *Die Revision bei Gründung von Aktiengesellschaften: nach der Praxis dargestellt*, Berlin: Vahlen, 1893, p. 16, JAKOB FRIEDRICH BEHREND – *Lehrbuch des Handelsrechts*, 1:1, Berlin, Leipzig: Guttentag, 1886, § 103, n.º 2, p. 729.

[1657] VIKTOR RING – Das Aktienrecht in dem Entwurf eines Handelsgesetzbuchs, *Deutsche Juristen-Zeitung*, 1, 1896, p. 410.

[1658] PAHLOW realça ainda a preocupação, na sequência aliás do que sucedera na reforma do ADHGB de 1884, relativa à conservação do capital social, sendo as alterações introduzidas de carácter formal, sobre o procedimento necessário para o efeito e, em particular, ao número de atos de registo envolvidos. Cfr. PAHLOW – *Das Aktienrecht im Handelsgesetzbuch...* p. 426-428.

DA ADMINISTRAÇÃO À FISCALIZAÇÃO DAS SOCIEDADES

de negócios[1659]. O *Vorstand* devia permitir que estes inspecionassem os livros e documentos da sociedade, o estado da caixa, bem como as existências de valores mobiliários e bens da sociedade (§ 267 I HGB). O relatório das investigações desenvolvidas deveria ser imediatamente depositado no registo comercial e dado a conhecer à *Generalversammlung* na sua próxima reunião (§ 267 II HGB). Cabia depois à *Generalversammlung* decidir se os custos correspondentes seriam suportados pela sociedade ou não (§ 267 III HGB).

1219   III. Paralelamente à proteção da sociedade, dos seus acionistas e dos seus credores, era essencial manter a atratividade da sociedade como importante instrumento de desenvolvimento da atividade económica e, em particular, da industrialização. Por isso, na discussão das propostas de reforma apresentadas, foi de alguma forma invertida a posição inicial relativa à participação dos pequenos acionistas nas venturas e desventuras da sociedade, apesar de se manterem os riscos e os receios de fraude que, em 1884, levaram o legislador alemão a elevar o valor nominal mínimo das ações[1660].

1220   Foi ainda intensamente discutido se os estatutos poderiam impor obrigações aos acionistas para além da realização das suas participações sociais, afirmando os representantes de diversas indústrias que a impossibilidade de previsão de obrigações específicas relativas, por exemplo, ao fornecimento de determinadas matérias primas, comprometia o desenvolvimento da atividade produtiva da sociedade[1661]. Em sentido contrário ergueram-se inúmeras vozes, afirmando que a possibilidade de prever outras obrigações corresponderia a uma subversão

---

[1659] Caso fosse rejeitada uma proposta de nomeação de *Revisoren* para analisar factos ocorridos dois anos antes da *Generalversammlung*, os mesmos podiam ser nomeados pelo tribunal a pedido de acionistas cujas ações representassem pelo menos dez por cento do capital social. Essa nomeação judicial dependia, contudo, da demonstração *prima facie* da ocorrência de práticas desonestas (*Unredlichkeiten*), ou de séria violação da lei ou do contrato de sociedade, bem como do depósito das ações dos acionistas e prova dessa qualidade nos seis meses anteriores à *Generalversammlung*. Antes da nomeação de tais *Revisoren*, deviam ainda ser ouvidos o *Vorstand* e o *Aufsichtsrat*. Por fim, a nomeação podia ainda ser condicionada à prestação de caução para garantia do pagamento dos custos, cujo valor seria determinado discricionariamente pelo tribunal.

[1660] Foram assim rejeitadas as propostas de introdução de um capital social mínimo (de 300.000 e 500.000 marcos) e foram discutidas as obrigações dos acionistas face à sociedade e a consequente natureza desta, naquela que PAHLOW identifica como sendo a segunda linha de força da reforma operada pelo HGB. Cfr. PAHLOW – *Das Aktienrecht im Handelsgesetzbuch...* p. 428-429. Cfr. os trabalhos da *"Komission Landwirthschaft"* sobre este ponto em WERNER SCHUBERT, BURKHARD SCHMIEDEL e CHRISTOPH KRAMPE – *Quellen zum Handelsgesetzbuch von 1897*, 2.1, Frankfurt am Main: Klostermann, 1987, p. 392 ss.

[1661] Cfr. PAHLOW – *Das Aktienrecht im Handelsgesetzbuch...* p. 428-429. Cfr. os trabalhos da *"Komission Landwirthschaft"* sobre este ponto em SCHUBERT, SCHMIEDEL e KRAMPE – *Quellen zum Handelsgesetzbuch*, 2.1... p. 392 ss.

O MODELO GERMÂNICO

da natureza capitalista da sociedade, em prejuízo dos investidores que investissem na mesma sem cuidar de confirmar se dos seus estatutos resultava alguma obrigação acessória[1662]. O § 212 HGB viria a consagrar a posição defendida pelas referidas indústrias, numa demonstração de que o legislador se adaptou às necessidade manifestadas pelos agentes económicos[1663].

IV. Quanto à relação da sociedade com o Estado: decorridos praticamente trinta anos sobre a abolição do sistema de concessão, mantinha-se uma tendência do Estado para assegurar um poder de interferência na sociedade. Assim, o primeiro projeto de lei previa a atribuição de poderes ao *Staatsanwalt* para impugnar deliberações sociais em função não só do interesse dos acionistas, mas também do interesse público (§ 228 *Entwurfs des Reichsjustizamtes Berlin von 1895* ou RJA-E I) e ainda poderes para promover a declaração de nulidade da sociedade (§ 257(1)2 RJA-E I), caso o contrato de sociedade não cumprisse determinados requisitos legais (fixados no § 149(2) RJA-E I).

O primeiro poder era justificado pela insuficiência da análise desenvolvida pelo *Registerrichter* no que respeita à validade das deliberações sociais, mas também pela inadequação do sistema em vigor para salvaguardar o interesse público, na medida em que os acionistas e membros dos órgãos sociais não tinham os necessários incentivos para se oporem às deliberações que contrariassem um tal interesse[1664]. Em sentido oposto, eram patentes os receios da intervenção estatal: RIESSER afirmava que o *Staatsanwalt* não deveria ter poderes de vigilância sobre a sociedade e deveria exercer os poderes propostos no § 228 RJA-E I de forma razoável[1665]. Na comissão consultiva sobre o primeiro projeto de lei, esta proposta foi intensamente criticada com base nos receios de regressão a formas de controlo estatal. Neste contexto, foi afirmado que os interesses dos acionistas e dos credores seria assegurado por outras vias e que o interesse público – que,

1221

1222

[1662] Neste sentido, cfr. a ata da reunião da *"Komission Landwirthschaft"*, de 6 de dezembro de 1895, disponível em SCHUBERT, SCHMIEDEL e KRAMPE – *Quellen zum Handelsgesetzbuch*, 2.1... p. 407.

[1663] Neste preceito podia ler-se:

«Para além das entradas de capital, pelo contrato de sociedade pode ser imposta aos acionistas a obrigação de prestações periódicas, não em dinheiro, desde que, nesse caso, a transmissão do direito de participação fique dependente do consentimento da sociedade. A obrigação e a extensão da prestação devem constar das ações ou dos certificados provisórios».

[1664] PAHLOW – *Das Aktienrecht im Handelsgesetzbuch...* p. 431.

[1665] Explica RIESSER que o § 288, que atribui poderes ao *Staatsanwalt* para recorrer de quaisquer deliberações da assembleia geral cujo conteúdo viole não só os interesses dos acionistas, mas também o interesse público, sofreu forte contestação. Um dos aspetos realçados pelo autor é o facto de o *Staatsanwalt* carecer de conhecimento dos negócios da sociedade que frequentemente envolvem questões comerciais complexas e minuciosas. JAKOB RIESSER – Die Kommissions-Beratungen über den Entwurf eines Handelsgesetzbuches, *Deutsche Juristen-Zeitung*, 1, 1896, p. 156.

DA ADMINISTRAÇÃO À FISCALIZAÇÃO DAS SOCIEDADES

nos termos da proposta, se pretendia defender – era demasiado vago, podendo legitimar intervenções do Estado em praticamente todas as deliberações sociais. Acresce que se renovaria o risco de o público confiar na fiscalização da sociedade pelo *Staatsanwalt*, não exercendo a necessária diligência no seu relacionamento com a sociedade[1666]. Esta proposta viria a ser mitigada no segundo projeto de lei (*Entwurfs des Reichsjustizamtes Berlin von 1896* ou RJA-E II), mas, mesmo nesta formulação, a proposta foi depois rejeitada, mantendo-se o sistema baseado apenas na intervenção do *Registerrichter*[1667].

1223   Também o segundo poder previsto no primeiro projeto de lei – de acordo com o qual o *Staatsanwalt* podia promover a declaração de nulidade da sociedade cujo contrato de sociedade não cumprisse determinados requisitos – foi objeto de críticas, acabando por ser abandonado. Nos termos do HGB a iniciativa para promover a declaração de nulidade da sociedade por incumprimento dos requisitos do contrato de sociedade previstos no § 182(2) HGB cabia apenas aos acionistas e aos membros do *Vorstand* e do *Aufsichtsrat* (cfr. § 309 HGB).

1224   V. A discussão mantida em torno destas propostas demonstra que o projeto de reforma do direito das sociedades por ações não se limitava a questões sistemáticas e de estilo. Antes refletia uma pretensão do legislador de introduzir profundas alterações no sistema em vigor. No entanto, tais pretensões foram rejeitadas, sobretudo pelos agentes económicos, e duramente criticadas. O Estado mantinha um interesse em assegurar meios de intervenção nas sociedades, mas os agentes económicos não aceitavam a regressão a formas já ultrapassadas de intervencionismo estatal. Ainda assim, o HGB introduziu não só alterações sistemáticas, mas também alterações de conteúdo, sobretudo ao nível da proteção da sociedade, dos acionistas e dos credores, bem como ao nível da relação da sociedade com os seus acionistas (possibilitando o estabelecimento *ex contractu* de obrigações de prestações acessórias de conteúdo não pecuniário)[1668].

39.9. A discussão e a evolução jus-societária na República de Weimar: o pensamento da *"Unternehmen an sich"*, a proteção das sociedades contra aquisições estrangeiras e a revisão dos mecanismos de fiscalização

1225   I. Por contraposição ao período que o antecedeu, marcado pela confirmação, desenvolvimento e adaptação de soluções existentes, sem abalar os fundamentos do sistema jus-societário, o período da República de Weimar foi caracterizado

---

[1666] Cfr. SCHUBERT, SCHMIEDEL e KRAMPE – *Quellen zum Handelsgesetzbuch*, 2.1... p. 429.

[1667] Cfr. WERNER SCHUBERT, BURKHARD SCHMIEDEL e CHRISTOPH KRAMPE – *Quellen zum Handelsgesetzbuch von 1897*, 2.2, Frankfurt am Main: Klostermann, 1988, p. 1078.

[1668] PAHLOW – *Das Aktienrecht im Handelsgesetzbuch...* p. 438-439.

O MODELO GERMÂNICO

por uma intensa discussão sobre numerosas questões fundamentais do Direito societário. No centro da discussão esteve sempre presente o desconforto verificado relativamente à sociedade por ações enquanto símbolo do capitalismo[1669], num contexto político de receção do movimento socialista e num contexto científico marcado pela discussão sobre a "empresa em si" (*"Unternehmen an sich"*), iniciada por RATHENAU[1670].

Paralelamente, a abertura do mercado alemão ao investimento estrangeiro após a I Guerra Mundial gerou um crescente receio face ao domínio estrangeiro sobre a economia alemã, dando nova ênfase ao conflito entre acionistas maioritários e minoritários. Não menos importante, o peso do Direito fiscal sobre as sociedades passou a determinar, mais do que nunca, específicas opções de organização societária, dando origem ao fenómeno dos grupos societários (*Konzernbewegung*). Face a estes, passaram a colocar-se específicas questões de proteção dos acionistas minoritários e dos credores[1671].

Apesar de tudo, a intervenção legislativa limitou-se à gestão *ad hoc* de crises, em grande medida decorrentes de maiorias políticas instáveis, e ao desenvolvimento de novas fontes de receita fiscal. Como pano de fundo, destacava-se a intensa discussão dogmática e de política legislativa sobre a sociedade por ações e sobre o seu papel no moderno direito comercial; a influência de figuras destacadas da *praxis* empresarial na construção de grupos de sociedades e no desenvolvimento de novas figuras jurídicas; e, por fim, o papel do RG na definição de padrões jus-societários, com importantes repercussões na discussão teórica e na prática, nos períodos subsequentes[1672].

II. A instabilidade que se seguiu à derrota na I Guerra Mundial não deixou incólume o Direito societário alemão. O movimento social-democrata deter-

---

[1669] Cfr. a este propósito KNUT WOLFGANG NÖRR – Zur Entwicklung des Aktien- und Konzernrechts während der Weimarer Republik, *Zeitschrift für das gesamte Handelsrecht und Wirtschaftsrecht*, 150, 1986, p. 157.

[1670] GERALD SPINDLER – "Kriegsfolgen, Konzernbildung und Machtfrage als zentrale Aspekte der aktienrechtlichen Diskussion in der Weimarer Republik", in WALTER BAYER e MATHIAS HABERSACK (eds.) – *Aktienrecht im Wandel*, 1 ..., p. 445-446. A *discussão* sobre a "empresa em si" começou com RATHENAU que, como sublinha MENEZES CORDEIRO, sustentou que a empresa não representava apenas a soma dos interesses jusprivatísticos dos seus acionistas, antes surgindo como um fator de produção da economia nacional em si (trata-se de um novo *Daseinsrecht*), mas o mote "empresa em si" só aparece, porém, nos escritos de FRITZ HAUSMANN. Cfr. WALTHER RATHENAU – "Vom Aktienwesen: Eine geschäftliche Betrachtung", in *Gesammelte Schriften*, 5, Berlin: S. Fischer, 1918, p. 154, MENEZES CORDEIRO – *Da responsabilidade civil...* p. 500-501.

[1671] SPINDLER – *Kriegsfolgen...* p. 446.

[1672] *Ibidem*. Nesta época conturbada, podem ser identificados diferentes períodos influenciados por diferentes grupos de pressão. *Ibidem*, p. 446-447.

DA ADMINISTRAÇÃO À FISCALIZAÇÃO DAS SOCIEDADES

minou a introdução da participação dos trabalhadores no *Aufsichtsrat* através da *Betriebsrategesetz vom 4.2.1920 (§ 70)*[1673] e da *Gesetz uber die Entsendung von Betriebsratsmitgliedern in den Aufsichtsrat vom 15.2.1922*[1674]. Os trabalhadores passaram assim a ter um ou dois representantes com assento no *Aufsichtsrat*. Apesar de a sua influência ser minimizada na prática, estava aberta a possibilidade para suscitar, naquele órgão, discussões sobre o interesse social na concretização do dever de diligência[1675].

1229   A instabilidade determinou ainda a emergência da economia social (*Gemeinwirtschaft*), conceito que não tinha um sentido uniforme. RATHENAU (1867-1922) foi identificado como o pai deste movimento[1676], defendendo que as grandes empresas não podiam continuar a ser encaradas apenas como objeto de interesses jusprivatísticos, devendo corresponder a um fator global de economia nacional[1677]. Assim, afirmava o autor de forma expressiva:

> «...a natureza da empresa não é a intensificação do pensamento económico-privado, mas a integração conscienciosa na economia como um todo, a interpenetração com o espírito da responsabilidade social e do bem da comunidade»[1678].

1230   O pensamento de RATHENAU deve ser enquadrado no seu contexto histórico: tendo dirigido o departamento de matérias-primas do Ministério de Guerra alemão durante a I Guerra Mundial, RATHENAU foi responsável pela organização da indústria alemã e pela sua ordenação ao esforço de guerra, implementando uma estrutura centralizada baseada na *Kriegsgesellschaft*, figura jurídica intermédia entre a sociedade por ações e a administração pública[1679]. Perante o sucesso

---

[1673] *RGBl.* I, p. 147.

[1674] *RGBl.* I, p. 209.

[1675] SPINDLER – *Kriegsfolgen...* p. 448-449.

[1676] Ao qual se sucederam muitos outros. Cfr. indicações bibliográficas em *ibidem*, p. 449-450, 478-482. Enquanto político proeminente, RATHENAU opôs-se ao socialismo e à estatização da economia, defendendo no entanto, no contexto social da época, a participação dos trabalhadores nos órgãos sociais da AG. Cfr., *v.g.*, HARTMUT P. VON STRANDMANN – *Walther Rathenau, industrialist, banker, intellectual, and politician: notes and diaries 1907-1922*, Oxford, New York: Oxford University Press, 1967. Afirmava RATHENAU que a economia «não é uma questão privada, mas sim da comunidade, não um fim em si mesmo mas um meio para um absoluto, não uma pretensão (*Anspruch*), mas uma responsabilidade (*Verantwortung*)». WALTHER RATHENAU – *Vom Kommenden Dingen*, Berlin: S. Fischer, 1918, p. 95.

[1677] RATHENAU – *Vom Aktienwesen...* p. 154.

[1678] No original: «...dem Wesen der Unternehmung wird nicht die Verstärkung des privatwirtschaftlichen Gedankens beschieden sein, sondern die bewußte Einordnung in die Wirtschaft der Gesamtheit, die Durchdringung mit dem Geiste der Gemeinverantwortlichkeit und des Staatswohls». *Ibidem*, p. 177.

[1679] Cfr. WALTHER RATHENAU – *Deutschlands Rohstoffversorgung*, Berlin: S. Fischer, 1916, p. 28 ss.

O MODELO GERMÂNICO

alcançado nesta tarefa, RATHENAU viria a defender, durante a República de Weimar, que a reconstrução de uma economia independente face a potências estrangeiras só seria possível se fosse evitado o desperdício de recursos através de um processo sistemático de racionalização e concentração do sector privado[1680]. Na base desse pensamento estava a autonomização da empresa a um nível intermédio entre o sector privado e a administração pública[1681].

III. Este período foi ainda dominado pelo proclamado perigo de domínio estrangeiro (*Uberfremdung*) dada a facilitação da aquisição de ações pela inflação dos anos 1920. A implementação de medidas protecionistas face a estrangeiros rapidamente se estenderia, servindo de pretexto também à proteção das sociedades contra aquisições hostis no mercado exclusivamente interno (a chamada "*inlandische Uberfremdung*")[1682].

1231

[1680] Cfr. WALTHER RATHENAU – *Probleme der Friedenswirtschaft*, Berlin: S. Fischer, 1917, p. 24, 33 ss.

[1681] Em 1919, defendeu a transferência de meios de produção para a chamada "mão morta" ("*toten Hand*"), comunidade de produção sob supervisão nacional. Os acionistas seriam convertidos em credores, recebendo uma renda anual fixa e uma quota de reembolso, assumindo os trabalhadores e funcionários da empresa os seus direitos e obrigações (sem assumirem contudo a posição de acionistas), incluindo o direito aos lucros anuais, que só por si seriam distribuídos.
Paralelamente, RATHENAU opunha-se terminantemente à propriedade estatal e ao planeamento da economia. Este pensamento teve eco na constituição de Weimar (*Weimarer Reichsverfassung*, de 1919) que, nos termos do seu art. 156(1), permitia ao *Reich*, por lei e com respeito pelas disposições relativas a expropriações, converter empresas privadas em propriedade comum (*Gemeineigentum*). Esta disposição teve contudo pouco alcance prático, tal como a sua sucessora, prevista no art. 15 da Constituição da República Federal Alemã (*Grundgesetz fur die Bundesrepublik Deutschland*, de 1949). Assim, a ideia de economia social acabou por ser realizada apenas em parte, no início dos anos 1920, através da criação de numerosos sindicatos e cooperativas. Refletir-se-ia ainda na discussão sobre a participação dos trabalhadores no capital social e nos lucros da sociedade por ações. SPINDLER – *Kriegsfolgen...* p. 450-452.

[1682] Este fenómeno acentuou a diferenciação entre dois tipos acionistas: o acionista empresário, com um interesse de longo prazo no desenvolvimento da empresa, e o acionista especulador. Estes últimos, então, tal como hoje, raramente participavam na vida societária e a intensa flutuação das estruturas acionistas sujeitavam a administração a maiorias aleatórias. Este era assim terreno fértil para as teorias da "empresa em si" que propugnavam uma maior independência dos órgãos de administração da sociedade por ações face aos seus acionistas. Neste sentido, cfr. *ibidem*, p. 452-453, para uma perspetiva global, e p. 454-469, para maiores desenvolvimentos sobre cada um dos mecanismos usados para a perpetuação do controlo societário.
Os tribunais viriam a reagir discretamente às novas formas de preservação do poder, limitando-se a uma análise da conformidade dos negócios jurídicos subjacentes face aos bons costumes. Só no final da República de Weimar se intensificaria o controlo do conteúdo das deliberações sociais. Segundo SPINDLER, as reservas dos tribunais em reagir a tais mecanismos eram, provavelmente, baseadas num receio de insegurança jurídica, porquanto a consequência legal do juízo de contrariedade aos bons costumes é a nulidade dos negócios jurídicos. Cfr. *Ibidem*, p. 453. Sobre este risco, cfr. também NÖRR – *Zur Entwicklung...* p. 163.

DA ADMINISTRAÇÃO À FISCALIZAÇÃO DAS SOCIEDADES

1232   IV. Na segunda metade dos anos 1920 assistiu-se a uma inversão do ciclo: passou-se de uma perspetiva protecionista para um compromisso com outras ordens jurídicas e um reforço da competitividade da sociedade por ações no mercado internacional. Fundamental para a reforma que então se impunha foi o impulso dado pela comissão legislativa da *Deutschen Juristentag*, liderada por Max Hachenburg, cujo relatório foi apresentado em 1928[1683].

1233   Entre as medidas então discutidas, destaca-se a intensificação dos deveres de informação contabilística, face às novas realidades dos grupos de sociedades, e a introdução da obrigação de revisão legal de contas por revisores independentes, à imagem do modelo britânico. O relatório da *Deutschen Juristentag* opôs-se a estas medidas, ora por considerar suficientes os deveres de informação existentes, ora por entender que a revisão legal de contas consumia demasiado tempo e causava demasiados incómodos às sociedades. Vistos em retrospetiva, estes argumentos são surpreendentes.

1234   Destaca-se ainda a pretendida separação entre a administração pelo *Vorstand* e a fiscalização pelo *Aufsichtsrat*. A sugestão então apresentada era no sentido de o *Aufsichtsrat* poder afastar a sua responsabilidade pela revisão das contas através da contratação de revisores externos, mas sem que tal implicasse uma restrição da função de fiscalização do *Aufsichtsrat*. Paralelamente, para aumentar a eficácia da fiscalização, o *Vorstand* deveria, regularmente, prestar informações ao *Aufsichtsrat* sobre o curso da atividade social, e este deveria poder requerer informações daquele a todo o tempo, sobre qualquer assunto social[1684]. Por fim, merece destaque a recusa do modelo da "empresa em si", bem como a proposta de impedimento de voto dos acionistas em deliberações sociais quando o mesmo visasse obter vantagens especiais para o acionista ou para terceiro, em prejuízo do interesse social, sob pena de incorrer em responsabilidade civil[1685].

39.10. Os projetos de reforma de 1930 e 1931 e o decreto de emergência de 1931: o equilíbrio entre a autonomia da administração e os direitos de informação dos acionistas, a prestação de contas, a fiscalização pelo *Aufsichtsrat* e a imperatividade da fiscalização contabilística por um *unabhängige Bilanzprüfer*, o desenvolvimento dos grupos de sociedades e a questão da sua fiscalização

1235   I. O fim do ciclo de crescimento económico na República de Weimar e a perspetiva da crise que se adivinhava percipitaram dois projetos de reforma do Direito das sociedades por ações que, sendo fruto da intensa discussão que os

---

[1683] Cfr. SPINDLER – *Kriegsfolgen...* p. 470-471.

[1684] *Ibidem*, p. 476.

[1685] *Ibidem*, p. 481-482.

O MODELO GERMÂNICO

precedeu, representaram um importante marco na história do Direito societário alemão, com direta repercussão na *Aktiengesetz* que veria a luz em 1937.

O primeiro projeto – *Erste Entwurf eines Gesetzes uber Aktiengesellschaften und Kommanditgesellschaften auf Aktien* (AktG-E 1930) – foi publicado pelo *Reichsjustizministerium* em 1930. Atentas as profundas alterações verificadas no contexto económico alemão, este projeto não se limitava a propor a alteração do sistema do HGB então em vigor, apresentando antes uma lei completamente nova sobre sociedade por ações. Por contraposição ao sistema do HGB, assente numa sociedade por ações controlada apenas pelos seus acionistas, a nova lei assentaria num novo paradigma de sociedade por ações, enquanto personificação da empresa ao serviço da economia nacional e dos *Volksinteressen*, assegurando uma maior proteção dos pequenos e minoritários acionistas. Nesta medida, o novo paradigma representava um patamar intermédio entre a estrutura tradicional e a teoria da "empresa em si"[1686]. 1236

Entretanto, o agravamento da crise económica que se seguiu ao *crash* da bolsa de Nova Iorque, em 24 de outubro de 1929[1687], determinou a intervenção do legislador a 19 de setembro de 1931, através de um decreto de emergência que introduziu alterações ao HGB (*Verordnung des Reichspräsidenten über Aktienrecht, Bankenaufsicht und über eine Steueramnestie*[1688]). Este diploma antecipou a introdução de alguns pontos previstos na AktG-E 1930 e introduziu alterações em várias matérias, com destaque (para o que ora nos ocupa) para os conflitos de interesses e direitos de informação dos acionistas, para a regulação das contas anuais, para vários pontos da regulação do *Vorstand* e do *Aufsichtsrat* e para os direitos dos acionistas minoritários[1689]. Esta intervenção legislativa impôs a revisão do AktG-E 1930 logo em 1931, ainda que sem alterações de fundo. Foi então publicado o *Zweite Entwurf eines Gesetzes über Aktiengesellschaften und Kommanditgesellschaften auf Aktien nebst erläuternden Bemerkungen*[1690]. 1237

II. Nos referidos projetos destacam-se a substituição da regulação casuística do impedimento de voto dos acionistas em conflito de interesses por 1238

[1686] *Ibidem*, p. 482-483.

[1687] Sobre o impacto do *crash* da bolsa de Nova Iorque na economia alemã enquanto causa dos decretos de emergência de 1931, *vide* SYLVIA ENGELKE e RENI MALTSCHEW – "Weltwirtschaftskrise, Aktienskandale und Reaktionen des Gesetzgebers durch Notverordnungen im Jahre 1931", in WALTER BAYER e MATHIAS HABERSACK (eds.) – *Aktienrecht im Wandel*, 1 ..., p. 573 ss.

[1688] *RGBl.* 1931 I, p. 493 ss.

[1689] Sobre este diploma, em especial os seus antecedentes e o seu processo legislativo, cfr. ENGELKE e MALTSCHEW – *Weltwirtschaftskrise...* p. 573 ss, em especial, p. 580-594, 616-617. Cfr. também NÖRR – *Zur Entwicklung...* p. 111, SPINDLER – *Kriegsfolgen...* p. 483.

[1690] Cfr. SPINDLER – *Kriegsfolgen...* p. 482.

DA ADMINISTRAÇÃO À FISCALIZAÇÃO DAS SOCIEDADES

uma cláusula geral que se pretendia mais eficaz (§ 252(3)2 HGB e § 137(1)2 AktG-E 1931) e a previsão da responsabilidade civil dos acionistas pelo exercício de influência sobre membros do *Vorstand* ou do *Aufsichtsrat*, com o intuito de obter vantagens especiais em prejuízo da sociedade (§ 86(1) AktG-E 1931). Destaca-se ainda, como contrapeso ao reforço da autonomia da administração, a consagração do direito "individual" do acionista à informação em assembleia geral (§ 88(1) AktG-E 1931). Este direito "individual" contrapunha-se ao direito que até aí assistia aos acionistas, mas dependente de prévia deliberação social, e era entendido como condição essencial ao adequado exercício do direito de voto pelos acionistas. Mais: atendendo à crescente integração económica então verificada, o direito de informação cobria não apenas a atividade da sociedade, mas ainda a sua relação com as sociedades dependentes (*abhängigen Gesellschaften*) e as sociedades de grupo (*Konzerngesellschaften*) (§ 88(1) 2 AktG-E 1931). O critério de delimitação da informação a prestar era material e não meramente formal – o *Vorstand* devia prestar informação de forma fiel e conscienciosa (§ 88(3)1 AktG-E 1931) – podendo a informação ser recusada com base num predominante interesse da sociedade ou num interesse público (§ 88(3)2 AktG-E 1931)[1691].

1239

III. Quanto às contas anuais, a grave crise económica então vivida pusera a descoberto as deficiências da sua regulamentação e da prática societária que, em grande medida, descredibilizara este mecanismo de publicidade da situação societária. Por um lado, faziam-se sentir as críticas ao conteúdo das demonstrações financeiras que era por muitos considerado insuficiente. Por outro, afirmava-se que, dada a sua opacidade e falta de transparência, as demonstrações financeiras haviam, em grande medida, perdido a sua utilidade. O decreto de emergência, visando restaurar a confiança na prestação de contas pelas sociedades, introduziu parte da regulação proposta em 1930, com destaque para a norma segundo a qual as contas anuais deviam ser preparadas de forma a permi-

---

[1691] Este direito "individual" contrapunha-se ao direito que até aí assistia aos acionistas, mas dependente de prévia deliberação social, e era entendido como condição essencial ao adequado exercício do direito de voto pelos acionistas. Mais: atendendo à crescente integração económica então verificada, o direito de informação cobria não apenas a atividade da sociedade, mas ainda a sua relação com as sociedades dependentes (*abhängigen Gesellschaften*) e as sociedades de grupo (*Konzerngesellschaften*) (§ 88(1)2 AktG-E 1931). O critério de delimitação da informação a prestar era material e não meramente formal – o *Vorstand* devia prestar informação de forma fiel e conscienciosa (§ 88(3)1 AktG-E 1931) – podendo a informação ser recusada com base num predominante interesse da sociedade ou num interesse público (§ 88(3)2 AktG-E 1931). *Ibidem*, p. 494-498.

O MODELO GERMÂNICO

tir uma visão tão clara e transparente quanto possível da situação da sociedade (§ 111(2) AktG-E 1930 e § 260b(2) HGB)[1692].

IV. Ainda relativamente às contas anuais, até 1931 o *Aufsichtsrat* tinha o dever de rever as contas anuais e pronunciar-se sobre as mesmas no seu relatório dirigido à assembleia geral (§ 246(1)3 HGB), podendo a assembleia geral designar revisores independentes (§ 266(1) HGB). Com o decreto de emergência passou a ser imperativa, para as sociedade anónimas com um capital social superior a 3 milhões de marcos, a revisão das contas por um revisor independente (*unabhängige Bilanzprüfer*), *selecionado* pela assembleia geral e *contratado* pelo *Vorstand* (§ 262b(1) HGB)[1693].

Esta medida foi considerada pelo *Oberregierungsrat* SCHMÖLDER de «elevada importância económica e moral, contribuindo significativamente para a recuperação do sistema das sociedades por ações alemão» e, em conjugação com outras exigências de publicidade, «a mais importante reforma na área do direito das sociedades por ações»[1694]. Para garantir um controlo objetivo e independente destes revisores, a lei estabeleceu um regime de incompatibilidades e impôs-lhes várias obrigações (§ 262c HGB). Estabeleceu ainda um regime de responsabilidade penal, nos termos da qual a revisão de contas incompleta ou falsa era punida com pena de prisão de até cinco anos (§ 318a HGB)[1695].

Paralelamente, o *Vorstand*, o *Aufsichtsrat* e acionistas representativos de pelo menos dez por cento do capital social tinham um direito de oposição à seleção do revisor (§ 119(2) AktG-E 1930 e § 262b(2) HGB). Caso entendesse ser justificada a oposição, o tribunal seria responsável pela nomeação de um revisor (§ 119(3) AktG-E 1930 e § 262b(3) HGB).

O exame do revisor não se limitava às contas anuais, devendo abranger também os registos contabilísticos subjacentes ao relatório de gestão; e não devia limitar-se à sua confirmação formal, sendo imposta uma revisão material de cada rubrica (§118(1) e (2) AktG-E 1930 e § 262a(1) e (2) HGB). O mesmo relató-

1240

1241

1242

1243

[1692] ENGELKE e MALTSCHEW – *Weltwirtschaftskrise...* p. 592-593.
As contas anuais deviam ser acompanhadas de um relatório de gestão sujeito ao mesmo princípio da fiel e conscienciosa prestação de contas. Atendendo ao conflito entre o interesse público subjacente à publicação do relatório de gestão e o interesse de confidencialidade da sociedade, foi desde logo especificado o conteúdo deste relatório, no qual se destaca a descrição das relações com sociedades dependentes (*abhängigen Gesellschaften*) ou em relação de grupo (*Konzerngesellschaften*) (§ 110 AktG-E 1930 e § 260a HGB). *Ibidem*, p. 593.
Cfr. SPINDLER – *Kriegsfolgen...* p. 509-510.
[1693] ENGELKE e MALTSCHEW – *Weltwirtschaftskrise...* p. 590-591.
[1694] *Ibidem*, p. 591.
[1695] Cfr. *ibidem*, p. 591-592.

DA ADMINISTRAÇÃO À FISCALIZAÇÃO DAS SOCIEDADES

rio devia ainda ser submetido ao *Aufsichtsrat*, a quem cabia a responsabilidade de se pronunciar por escrito no seu relatório à assembleia geral e verbalmente perante a mesma se o relatório merecia críticas (§ 262e(2)1 e (3) HGB).

1244   De acordo com SPINDLER, o exame dos revisores não excluía a obrigação de vigilância do *Aufsichtsrat*. Pelo contrário, ampliava o âmbito de tal obrigação, na medida em que cada um dos seus membros respondia para com a sociedade pela informação prestada e pelas declarações emitidas[1696].

1245   V. Quanto ao *Vorstand*, o decreto de emergência introduziu também, *v.g.*, a permissão de concessão de empréstimos pela sociedade aos *Vorstandsmitglieder* e às pessoas próximas deste, com autorização prévia do *Aufsichtsrat*, a qual deveria especificar a taxa de juro aplicável e as condições de reembolso (§ 240a HGB[1697])[1698].

1246   VI. Já quanto ao *Aufsichtsrat*, considerou o legislador alemão, no seu projeto de 1930, que a introdução da obrigação de revisão legal de contas permitia reformular a redação da obrigação de vigilância prevista no § 246(1)1 HGB. Assim, onde antes se lia que ao *Aufsichtsrat* competia a vigilância da administração da sociedade em todos os seus ramos e que para este efeito se devia informar sobre o andamento da atividade social, passaria a ler-se simplesmente que o *Aufsichtsrat* devia vigiar a administração (§79(1)1 AktG-E 1930). Segundo os autores do projeto de 1930, apesar de a revisão legal de contas (imperativa) não excluir ou limitar a responsabilidade do *Aufsichtsrat*, seria suficiente uma análise objetiva e crítica do relatório do revisor, sendo dispensável uma análise mais detalhada[1699].

1247   No decreto de emergência o legislador alemão introduziu também o poder dos membros do *Aufsichtsrat* (individualmente considerados) para requerer ao *Vorstand* a prestação de informações sobre a sociedade ao *Aufsichtsrat* (§ 79(2)1 AktG-E 1930 e § 246(1)4 HGB), bem como o direito a convocar o *Aufsichtsrat* (§ 77(1) AktG-E 1930 e § 244a HGB)[1700].

1248   O projeto de lei de 1931, por sua vez, previa a eleição de um membro do *Aufsichtsrat* pelos acionistas minoritários[1701], bem como a possibilidade de estipular no contrato de sociedade o direito de determinados acionistas a nomear

---

[1696] SPINDLER – *Kriegsfolgen...* p. 498-506.

[1697] Esta norma tem hoje paralelo no § 89 AktG.

[1698] ENGELKE e MALTSCHEW – *Weltwirtschaftskrise...* p. 590-591.

[1699] SPINDLER – *Kriegsfolgen...* p. 511-512.

[1700] *Ibidem*, p. 512.

[1701] De acordo com a proposta, os acionistas que representassem 10% do capital social podiam nomear um membro do *Aufsichtsrat*, desde que tivessem votado contra as propostas de eleição previamente apresentadas. Cfr. § 76 AktG-E 1931.

O MODELO GERMÂNICO

determinados membros do *Aufsichtsrat* (§§ 76 e 77 AktG-E 1931). Previa ainda a obrigação de confidencialidade dos membros do *Aufsichtsrat* e o seu direito a participar na assembleia geral (§§ 85(1)2 e 87(2) AktG-E 1931)[1702].

VII. Estas propostas somavam-se a outras que decorriam já do projeto de lei de 1930 e que viriam a ser incluídas no HGB pelo decreto de emergência, como aqueloutra que, visando facilitar as ações de responsabilidade civil contra membros do *Vorstand* e do *Aufsichtsrat*, as fazia depender de acionistas que representassem cinco por cento do capital social, desde que os factos que fundamentavam a ação resultassem de um relatório do revisor de contas (§ 132(1)2 AktG-E 1930 e § 268(1)2 HGB)[1703].

O legislador alemão considerou ainda que muitos dos problemas verificados durante a crise desse tempo se deviam a uma deficiente fiscalização societária. Nessa medida, para além da introdução da revisão de contas imperativa, reformulou a organização do *Aufsichtsrat*, de forma a assegurar o seu mais adequado funcionamento. Foi assim restringida a pluriocupação dos *Aufsichtsratsmitglieder*, que não podiam agora ser nomeados para tal cargo em mais de 20 sociedades por ações ou sociedades em comandita por ações (art. VIII(4) do decreto de emergência). Limitou-se assim a prática de ocupação simultânea de muitas dezenas de cargos: o empresário Jacob Goldschmidt, do Danatbank, que então apresentava graves dificuldades financeiras, desempenhava o cargo de *Aufsichtsratsmitglieder*, simultaneamente, em 125 sociedades[1704].

VIII. Quanto aos acionistas minoritários, entendia-se não poderem ser completamente afastados da administração da sociedade[1705]. Neste contexto, os referidos projetos de lei visavam a estabilização dos seus direitos, propondo medidas como a já referida eleição de um membro do *Aufsichtsrat* pelos acionistas minoritários ou a redução da percentagem do capital social da qual dependiam as ações de responsabilidade civil contra membros do *Vorstand* e do *Aufsichtsrat*. Para além destes direitos, o projeto de 1930 incluía ainda o direito de minorias representativas de, pelo menos, dez por cento do capital social requererem judicialmente exames às contas da sociedade e exames especiais, quando se tives-

---

[1702] SPINDLER – *Kriegsfolgen...* p. 512-513.

[1703] *Ibidem*, p. 513.

[1704] ENGELKE e MALTSCHEW – *Weltwirtschaftskrise...* p. 591-592.

[1705] Assim, por exemplo, HAUSSMANN defendia, em 1928, constituir um *Grundprinzip* do moderno Direito das sociedades por ações que os acionistas minoritários que tivessem alguma importância no longo prazo não podiam ser afastados da administração da sociedade. FRITZ HAUSSMANN – *Vom Aktienwesen und vom Aktienrecht*, Mannheim, Berlin, Leipzig: Bensheimer, 1928, p. 50.

DA ADMINISTRAÇÃO À FISCALIZAÇÃO DAS SOCIEDADES

sem oposto à nomeação do revisor de contas pela assembleia geral (§ 119(2) e (3) AktG-E 1930 e § 262b(2) e (3) HGB)[1706].

1252   IX. A República de Weimar assistiu ainda a um forte desenvolvimento dos grupos de sociedades, não só por motivos fiscais, mas também por necessidades de financiamento face às dificuldades colocadas pela inflação[1707]. Tal fenómeno forçou a formação de um Direito dos grupos de sociedades, centrado na discussão sobre a questão fundamental da influência externa no processo de formação da vontade social: a relação das sociedades-filhas com a sociedade-mãe e com os acionistas minoritários e a proteção dos credores sociais[1708]. Paralelamente à questão da legitimidade da direção unitária[1709], colocou-se desde cedo a relativa à fiscalização nos grupos de sociedades. Neste sentido, o decreto de emergência de 1931 estendeu a obrigação de vigilância do *Aufsichtsrat* às relações com sociedades dependentes (§ 246 I 3 HGB)[1710], sendo consideradas dependentes as sociedades que, por participação social ou outro meio, fossem objeto de uma influência dominante que fundamentasse uma unidade económica[1711].

39.11. A AktG 1937: o *Führerprinzip*, o novo equilíbrio interorgânico e os seus reflexos ao nível da fiscalização das sociedades por ações

1253   I. A 30 de janeiro de 1937 foi publicada a *Gesetz über Aktiengesellschaften und Kommanditgesellschaften auf Aktien vom 30. Januar 1937*[1712] (AktG 1937). Este diploma foi preparado por uma comissão de direito das sociedades por ações (*aktienrechtlichen Ausschuss*) da *Akademie für Deutsches Recht* (fundada em 26 de

---

[1706] SPINDLER – *Kriegsfolgen...* p. 514-515.

[1707] *Ibidem*, p. 515-516.

[1708] Cfr. *ibidem*, p. 550 ss.

[1709] Face ao estádio de desenvolvimento do Direito das sociedades por ações neste período, as instruções da sociedade-mãe face às sociedades-filhas não eram juridicamente vinculativas, mas eram comuns na *praxis* societária. A doutrina procurou por isso, desde cedo, desenvolver limites ao exercício do poder de direção do grupo com base na boa-fé, nos bons costumes e no princípio da igualdade dos acionistas. Tais conceções não foram, porém, acompanhadas pela jurisprudência, acabando por ter pouco relevo prático. Sobre este ponto, *vide, v.g., ibidem*, p. 560-564. A propósito da responsabilidade civil da sociedade-mãe, os tribunais só começaram a intervir em casos de subcapitalização da sociedade-filha nos anos 1930, sendo então excecional a aplicação do § 826 BGB.

[1710] Note-se que, em rigor, esta norma imputava ao *Vorstand* um dever de informação ao *Aufsichtsrat*, a pedido deste, sobre as relações da sociedade com sociedades dependentes ou do grupo. No original pode ler-se: «*Auf Verlangen des Aufsichtsrats ist [die Vorstand] auch über die Beziehungen zu einer abhängigen Gesellschaft oder einer Konzerngesellschaft zu berichten*». Considerando a instrumentalidade da informação, então como hoje, entendia-se que a extensão dos direitos de informação positivados delimitava positivamente o conteúdo do dever de vigilância.

[1711] SPINDLER – *Kriegsfolgen...* p. 560.

[1712] *RGBl.* 1937, Teil I, S. 107-165.

O MODELO GERMÂNICO

junho de 1933), com a colaboração do *Justizministerium*, num contexto de afirmação do nacional-socialismo.

A comissão tomou por base o projeto de lei apresentado em 1931 (AktG-E 1931), que analisámos no capítulo anterior, reformulando-o de acordo com o *"neuen Zeitgeist"*[1713]. Preparou dois relatórios sobre o trabalho desenvolvido que foram apresentados pelo seu presidente, KISSKALT, respetivamente em 1934[1714]

1254

[1713] WALTER BAYER e SYLVIA ENGELKE – "Die Revision des Aktienrechts durch das Aktiengesetz von 1937", in WALTER BAYER e MATHIAS HABERSACK (eds.) – *Aktienrecht im Wandel*, 1 ..., p. 623-624.

[1714] WILHELM KISSKALT – 1. Bericht über die Arbeiten des Aktienrechtsausschusses der Akademie für Deutsches Recht, *Zeitschrift der Akademie für Deutsches Recht*, 1934, p. 20 ss. O primeiro relatório centrou-se, em primeiro lugar, nas críticas ao anonimato dos acionistas, acompanhado de maiorias inconstantes e minorias ausentes, com pouco interesse no acompanhamento da atividade social e que, por isso mesmo e pelos custos inerentes, não compareciam nas assembleias gerais. Muitos faziam-se representar por bancos, fiduciários ou homens de palha. Foi então formulado o seguinte propósito de reforma:

«A assembleia geral deve contrapor-se à administração não mais como uma massa anónima, mas como um círculo conhecido de personalidades conhecidas».

Cfr. *ibidem*, p. 21. No sentido de abolição do anonimato foi proposto o aumento do capital social mínimo para 500.000 marcos, bem como o aumento do valor nominal mínimo das ações para 1.000 marcos. Cfr. *ibidem*, p. 25. Cfr. também BAYER e ENGELKE – *Die Revision des Aktienrechts...* p. 626-628. Estas medidas visavam afastar os pequenos acionistas que, pelo seu desinteresse face à vida da sociedade, permaneciam anónimos.

O primeiro relatório refletia ainda a proposta MÜLLER-ERZBACH sobre a diferenciação de dois tipos de acionistas: os acionistas com direito de voto (*die der stimmberechtigten Verwaltungsaktionäre*) e os acionistas sem direito de voto (*die der stimmrechtslosen Aktionäre*). Aos primeiros caberiam necessariamente ações nominativas com um valor nominal de pelo menos 5.000 marcos, estando a sua transmissão sujeita a consentimento da sociedade. Aos segundos caberiam ações ao portador de reduzido valor nominal. Os primeiros teriam um privilégio relativamente a eventuais lucros, mas estariam sujeitos a responsabilidade subsidiária até vinte e cinco por cento do valor nominal das suas ações. Os segundos teriam direito a um dividendo preferencial de três por cento. Esta proposta foi considerada pela comissão como forma de enfrentar o anonimato acionista, mas acabou por ser rejeitada pela mesma, por entender que a renda fixa e a responsabilidade subsidiária dos acionistas com direito de voto implicariam uma fuga para as ações ao portador. Cfr. KISSKALT – *1. Bericht...* p. 21-26. Cfr. também BAYER e ENGELKE – *Die Revision des Aktienrechts...* p. 629.

Foi também considerado e discutido o problema do exercício do direito de voto pelos bancos com ações em depósito, em representação dos titulares depositantes (*Depotstimmrecht der Banken*). Sob crítica estava não só o facto de os titulares não terem consciência do sentido do exercício do seu direito de voto, mas também o facto de os bancos obterem, como contrapartida do exercício desses direitos de voto, lucrativas posições no *Aufsichtsrat* das sociedades em causa. A comissão propôs então que os bancos só pudessem exercer os direitos de voto das ações depositadas se para tanto recebessem um mandato especial por escrito. Cfr. KISSKALT – *1. Bericht...* p. 25-26. Cfr. também BAYER e ENGELKE – *Die Revision des Aktienrechts...* p. 629-630.

A comissão considerou ainda positiva a abolição das ações com múltiplos direitos de votos, devendo contudo atribuir-se um direito de voto ao *Vorstand* e ao *Aufsichtsrat* da sociedade correspondente a uma percentagem entre dez e vinte por cento do capital social (o chamado *"Verwaltungsstimmrecht"*), o qual não poderia limitar a competência da assembleia geral relativamente à alteração dos estatutos e à

495

DA ADMINISTRAÇÃO À FISCALIZAÇÃO DAS SOCIEDADES

e 1935[1715]. Com base nestes relatórios, o *Reichsjustizministerium* preparou um projeto de lei logo em 1935[1716].

eleição do *Aufsichtsrat*. Cfr. KISSKALT – *1. Bericht...* p. 26. Cfr. também BAYER e ENGELKE – *Die Revision des Aktienrechts...* p. 630.

Na sequências das várias discussões mantidas, a comissão acabou por concluir que a regra do anonimato dos acionistas não podia ser afastada pelo facto de se ter tornado uma característica essencial desta forma de organização. Assim, referia o relatório de KISSKALT que os acionistas procuram um investimento seguro e uma rentabilidade razoável, inexistindo um sentimento de lealdade ou o desejo de conhecer os demais acionistas. O legislador deveria sujeitar-se a tal realidade. O anonimato podia ser enfrentado apenas pelo aumento do capital social mínimo e do valor nominal mínimo das ações. Cfr. KISSKALT – *1. Bericht...* p. 23. Cfr. também BAYER e ENGELKE – *Die Revision des Aktienrechts...* p. 630.

Para além de discutir o anonimato acionista, o primeiro relatório propôs a introdução do *Führerprinzip*, de acordo com o qual a sociedade por ações devia ser liderada por um forte líder empresarial. Este líder devia necessariamente ser alemão. Este princípio era caracterizado pela autoridade e pela responsabilidade, contrastando com o "princípio democrático do governo da maioria e das massas" (cfr. ADOLF HITLER – *Mein Kampf: zwei Bände in einem Band*, München: Eher, 1942, p. 378 ss., 501 LIEDER – *Der Aufsichtsrat...* p. 338-339). Consubstanciava não apenas um objetivo político, mas também de *praxis* económica. Cfr. KISSKALT – *1. Bericht...* p. 26. A penetração do *Führerprinzip* neste campo implicaria a restrição dos poderes da assembleia geral que assim deixaria de ser o órgão supremo da sociedade. A relação desta com a sociedade passaria então a corresponder àquela que se estabelece entre o povo e o seu Estado. A sua competência passaria a limitar-se às alterações do objeto social, aos aumentos de capital, à nomeação e destituição do *Aufsichtsrat*, bem como à aprovação ou reprovação da gestão desenvolvida pelo *Vorstand*. Seria por isso eliminada a sua competência para decidir sobre matérias de gestão da sociedade. Quanto à competência para aprovação das contas anuais, a maioria da comissão entendeu que deveria passar para o *Vorstand* e para o *Aufsichtsrat*, permanecendo todavia a assembleia responsável pela aprovação da aplicação de resultados. Cfr. *ibidem*, p. 27. Cfr. também BAYER e ENGELKE – *Die Revision des Aktienrechts...* p. 631-632.

Paralelamente à restrição dos poderes da assembleia geral, era afirmada a competência do *Vorstand* enquanto líder da sociedade, que deveria ser dirigida em prol do bem da empresa, dos seus trabalhadores [note-se que o relatório se referia a *Gefolgschaften* (seguidores) e não, *v.g.*, a *Arbeitnehmer* (trabalhadores)], do bem comum do povo e do *Reich*. O *Vorstand* teria responsabilidade própria pela sua gestão. Pela sua importância histórica, reproduzimos o original:

> «Der Vorstand ist der Führer der Aktiengesellschaft. Er hat die Gesellschaft so zu leiten, wie das Wohl des Betriebes und seiner Gefolgschaft und der gemeine Nutzen von Volk und Staat es erfordern. Für seine Geschäftsführung trägt er die selbständige Verantwortung».

Com esta afirmação, pretendia clarificar-se a competência própria do *Vorstand ex lege*, a qual não poderia assim ser entendida como decorrência de um qualquer mandato atribuído pela assembleia geral. KISSKALT – *1. Bericht...* p. 30.

A propósito da afirmação do *Führerprinzip*, a comissão ponderou a abolição do *Aufsichtsrat*, tendo concluído, pelo contrário, que se este órgão não existisse, deveria ser criado, dado desempenhar importantes funções que nenhum outro órgão poderia desempenhar. Cfr. *ibidem*, p. 29. Cfr. também BAYER e ENGELKE – *Die Revision des Aktienrechts...* p. 632-633, LIEDER – *Der Aufsichtsrat...* p. 331-410.

Este primeiro relatório acabaria por sofrer fortes críticas de fontes próximas do regime nacional-socialista, as quais acabaram, contudo, por não ser convincentes, não tendo consequências. BAYER e ENGELKE – *Die Revision des Aktienrechts...* p. 633-634.

[1715] WILHELM KISSKALT – 2. Bericht über die Arbeiten des Aktienrechtsausschusses der Akademie für Deutsches Recht, *Zeitschrift der Akademie für Deutsches Recht*, 1935, p. 247 ss. O segundo relatório,

O MODELO GERMÂNICO

II. Atenta a dimensão da nova regulação da sociedade por ações (304 pará- 1255
grafos), o legislador alemão optou pela primeira vez pela criação de um regime
à margem do código comercial[1717]. Surge assim a AktG 1937.

Entre as grandes alterações promovidas face ao regime anterior[1718], destaca- 1256
mos aqui o reforço do poder e das responsabilidades do *Vorstand*, de acordo com
o *Führerprinzip*. De acordo com este novo princípio, o *Vorstand* passou a ter uma
maior autonomia, deixando de estar sujeito às instruções da assembleia geral
e assumindo total responsabilidade pela sua atuação. Lia-se no § 70(1) AktG
1937 que o *Vorstand* devia dirigir a sociedade sob sua responsabilidade, segundo
as exigências do bem da sociedade e dos seus trabalhadores e do bem comum

publicado um ano depois do primeiro, denota algumas diferenças. Assim, por exemplo, parecem ter caído
as dúvidas da comissão sobre a proposta de Müller-Erzbach relativamente ao voto duplo dos acionistas
que constassem do registo de ações há mais de dois anos, bem como sobre o *Verwaltungsstimmrecht*, de
acordo com o qual o *Vorstand* teria um direito de voto correspondente a vinte por cento do capital social,
independentemente da titularidade de qualquer ação. Para evitar abusos, o *Aufsichtsrat* teria direito
de veto a exercer por maioria qualificada de três quartos. Neste relatório foram ainda clarificadas as
competências da assembleia geral, em particular no que respeita a medidas sobre o capital social, e foi
rejeitada a representação de minorias no *Aufsichtsrat*. *Ibidem*, p. 249-252.

Outro ponto do segundo relatório que suscita um especial interesse é o relativo ao direito dos acionista
à informação. Se antes se negava ao *Vorstand* o poder para decidir sobre o deferimento de um pedido
de informações (cfr. §§ 88 ss. AktG-E 1930), o segundo relatório, reafirmando o *Führerprinzip*, propõe
que o líder da sociedade decida sobre os pedidos de informação apresentados, ainda que não de forma
arbitrária: só poderia recusar a prestação de informações solicitadas quando assim o exigisse um interesse
predominante da sociedade ou o interesse público. *Ibidem*, p. 252.

Entre as diferentes críticas que se fizeram sentir a este segundo relatório merece destaque a de DIETRICH
para quem o direito de voto que a comissão propunha que fosse concedido ao *Vorstand* seria contrário ao
Führerprinzip nacional-socialista, porquanto assim como o *Führer* depende da confiança do povo, também
o *Vorstand* deve depender da confiança dos acionistas. Os administradores geram valores alheios, pelo
que aos investidores deve ser dado poder de influência sobre os negócios da sociedade. Pronunciava-se
ainda o autor contra a possibilidade de o *Vorstand* exercer tais direitos de voto na eleição e destituição
do *Aufsichtsrat* ou na aprovação ou reprovação da sua própria administração. Para uma análise desta e
de outras críticas, com indicações bibliográficas, *vide* BAYER e ENGELKE – *Die Revision des Aktienrechts...*
p. 637-638.

[1716] Das propostas apresentadas pela comissão, só não foram acolhidas as relativas ao voto duplo dos acionistas (*doppelte Stimmrecht für Daueraktionäre*), à restrição do número de membros do *Aufsichtsrat* (sete a
nove membros) e à decisão do *Vorstand* sobre os dividendos a distribuir. Cfr. § 124(3) do projeto de lei.
Cfr. também BAYER e ENGELKE – *Die Revision des Aktienrechts...* p. 639.

[1717] *Ibidem*, p. 644.

[1718] SPINDLER realça quatro grandes alterações face ao regime anterior: (i) o aumento do capital social
mínimo para 500.000 marcos e do valor nominal das ações para 1.000 marcos, (ii) o reforço do poder
e responsabilidade do *Vorstand* face à assembleia geral (antes designada *Generalversammlung* e agora
Hauptversammlung), de acordo com o *Führerprinzip*; (iii) a introdução do capital condicional e autorizado;
e (iv) a introdução de pontos de vista sociais e macroeconómicos. SPINDLER – *Kriegsfolgen...* p. 560.

DA ADMINISTRAÇÃO À FISCALIZAÇÃO DAS SOCIEDADES

do povo e do império[1719]. Foi assim consagrada a regra de que a assembleia geral não podia intervir em matérias de gestão, salvo a pedido do *Vorstand* (§ 103(2) AktG 1937)[1720].

1257   O *Führerprinzip* manifestava-se ainda no facto de, salvo disposição dos estatutos em sentido contrário, o *Vorstandsvorsitzer* decidir sempre que houvesse diferenças de opinião no *Vorstand* (§ 70(2)2 AktG 1937)[1721].

1258   Além disso, a eleição do *Vorstand* pelo *Aufsichtsrat*, que era já habitual na prática, ficou consagrada no § 75(1) AktG 1937, juntamente com a limitação do seu mandato a um máximo de cinco anos. Particularmente importante – atendendo ao seu papel, de acordo com *Führerprinzip*, expresso no § 70(2)2 AktG 1937 – era o facto de o *Aufsichtsrat* poder designar o *Vorstandsvorsitzer* de entre os membros do *Vorstand* (§ 75(2) AktG 1937).

1259   Em reforço da independência do *Vorstand*, a destituição dos seus membros só podia ocorrer por uma "importante razão" (*wichtiger Grund*), como a violação grave dos seus deveres ou incapacidade para gerir adequadamente a sociedade[1722]. Para o mesmo efeito, constituía "importante razão" a manifestação da falta de confiança da assembleia geral[1723].

[1719] Pelo seu interesse histórico, repetimos aqui a versão original:
«unter eigener Verantwortung (...) so zu leiten, wie das Wohl des Betriebs und seiner Gefolgschaft und der gemeine Nutzen von Volk und Reich es erfordern».
Note-se ainda que, não obstante a discussão sobre este ponto, a AktG 1937 atribuía os poderes de gestão e representação conjuntamente ao *Vorstand*, tendo o seu presidente o poder de decisão perante diferenças de opinião entre os membros do *Vorstand*, podendo impor a sua gestão contra a vontade dos demais membros. Cfr. § 70(2) AktG 1937.

[1720] A assembleia geral continuava a ser responsável pelas decisões fundamentais em matérias relacionadas com a estrutura constitucional da sociedade, bem como com a estrutura do seu capital. Assim, estavam sujeitas a aprovação pela assembleia geral as alterações dos estatutos (§§ 154 ss. AktG 1937), o aumento e a redução do capital social (§§ 149 ss. e 175 ss. AktG 1937), as fusões (§§ 234 ss. AktG 1937), transmissão de ativos e celebração de contratos de comunhão de lucros (§§ 253 ss. AktG 1937), a transformação da sociedade (§ 257 AktG 1937), a sua dissolução (§ 203 AktG 1937), a nomeação de revisores especiais (§§ 118 ss. AktG) e a proposição de ações de responsabilidade civil contra fundadores, membros do *Vorstand* e do *Aufsichtsrat* (§§ 43, 122 ss AktG 1937). Quanto a matérias de gestão, não podia deliberar senão a pedido do *Vorstand*. A sua influência nesta área era então indireta, baseada no seu poder de nomeação e destituição do *Aufsichtsrat*, a quem cabia, por sua vez, a nomeação do *Vorstand*.

[1721] Cfr. Lieder – *Der Aufsichtsrat...* p. 392.

[1722] Fundamentação oficial (*Amtliche Begründung*) do § 75 AktG 1937. Esta fundamentação pode ser consultada em Friedrich Klausing – *Gesetz über Akiengesellschaften und Kommanditgesellschaften auf Aktien (Aktien-Gesetz) nebst Einführungsgesetz und "Amtlicher Begründung"*, Berlin: Heymann, 1937, p. 61-62. Cfr. também Bayer e Engelke – *Die Revision des Aktienrechts...* p. 648, Lieder – *Der Aufsichtsrat...* p. 392.

[1723] Ficava assim patente a importância da confiança dos acionistas, já enunciada na fundamentação oficial (*Amtliche Begründung*) do § 75 AktG 1937 (Klausing – *Gesetz über Akiengesellschaften...* p. 62), bem como pela jurisprudência do BGH (BGH 28-abr.-1954, *BGHZ* 13, 188, 192 ss.).

O MODELO GERMÂNICO

Quanto à responsabilidade civil do *Vorstand*, o legislador alemão abando- 1260
nou a técnica de delimitação das situações de responsabilidade usada, *e.g.*, no
§ 241(3) HGB, apresentando no § 84(3) AktG 1937 apenas alguns exemplos de
situações fundamentadoras de responsabilidade civil. Substituiu ainda o critério
do *"ordentlichen Geschäftsmannes"*, previsto no § 241(1) HGB, pelo de *"ordentlichen und gewissenhaften Geschäftsleiters"*, que passou a estar previsto no § 84(2)
AktG 1937[1724].

III. A competência do *Aufsichtsrat* era definida, antes de mais, no § 95(1) 1261
AktG 1937, no qual se podia ler simplesmente que o *Aufsichtsrat* devia vigiar a
administração.

Apesar de a lei lhe não imputar o poder de dar instruções ao *Vorstand*, o 1262
Aufsichtsrat acabava por ter uma influência decisiva sobre o mesmo, na medida
em que tinha o poder para eleger e destituir os seus membros (§ 75(1) AktG
1937). Acresce que, nos termos do § 95(5)2 AktG 1937, os estatutos ou o próprio *Aufsichtsrat* podiam sujeitar a prática de determinados atos ao seu consentimento prévio.

Para assegurar o adequado cumprimento das suas funções, o *Vorstand* estava 1283
obrigado a apresentar regularmente ao *Aufsichtsrat* relatórios sobre a situação da
sociedade (§ 81 AktG 1937). O *Aufsichtsrat* podia também requerer a apresentação de relatórios sobre assuntos da sociedade (§ 95(2) AktG 1937), bem como
inspecionar e examinar os livros e registos da sociedade, a sua situação patrimonial, nomeadamente disponibilidades de caixa, valores mobiliários e bens
(§ 95(3) AktG 1937)[1725].

Quanto à sua composição, estabelecia o § 86(1) AtG 1937 um número 1264
mínimo de três membros que podia ser ampliado até um máximo de sete, doze
ou vinte membros, em função do capital social. O mesmo parágrafo limitava

---

Cfr. também BAYER e ENGELKE – *Die Revision des Aktienrechts...* p. 648, LIEDER – *Der Aufsichtsrat...*
p. 465-467.

[1724] Cfr. fundamentação oficial (*Amtliche Begründung*) do § 84 AktG 1937 (KLAUSING – *Gesetz über
Akiengesellschaften...* p. 70-72. Cfr. também BAYER e ENGELKE – *Die Revision des Aktienrechts...* p. 649-650.

[1725] Em geral, os membros do *Aufsichtsrat*, tal como no regime anterior (§ 243 HGB) eram eleitos pela
assembleia geral (§ 87 AktG 1937) para mandatos com a duração máxima de cinco anos. Podiam no
entanto ser nomeados pelos fundadores da sociedade no caso da primeira composição do órgão (§ 23
AktG 1937), nos demais casos, por determinados acionistas a quem os estatutos conferissem o poder para
eleger até um terço dos seus membros (§ 88(1) AktG 1937). Eventuais vagas existentes podem ainda ser
preenchidas pelo tribunal, nos termos do § 89 AktG 1937. A destituição dos *Aufsichtsratmitglieder* pela
assembleia geral não podia ser limitada pelos estatutos, por contrato ou por qualquer "razão importante",
como aquela que se impunha para a destituição dos *Vorstandsmitglieder*, devendo ser aprovada por três
quartos dos votos emitidos em assembleia geral (§ 87(2) AktG 1937) e já não, como no regime anterior,
por uma maioria de três quartos dos votos correspondentes ao capital social (§ 243(4) HGB).

DA ADMINISTRAÇÃO À FISCALIZAÇÃO DAS SOCIEDADES

ainda a pluriocupação dos membros deste órgão, não podendo ser nomeado como *Aufsichtsratsmitglieder* quem já ocupasse semelhante cargo em dez outras sociedades (§ 86(2) AktG 1937). Por fim, o § 99 mandava aplicar aos *Aufsichtsratsmitglieder* o dever de diligência e o regime de responsabilidade civil fixado para os *Vorstandsmitglieder*[1726].

1265   IV. Sem prejuízo de outros aspetos relevantes da AktG 1937, destacamos dois pontos para efeitos deste estudo. Em primeiro lugar, a consagração do regime de responsabilidade civil dos acionistas pelo exercício de influência sobre o *Vorstand* ou sobre o *Aufsichtsrat* (previsto no § 101 AktG 1937), que tinha sido já desenvolvido pela doutrina e pela jurisprudência com base no § 826 BGB. Em segundo lugar, o expresso reconhecimento (no § 112 AktG 1937) do direito de informação de cada acionista (individualmente considerado), em assembleia geral, sobre assuntos da sociedade. Contrariamente ao regime anteriormente vigente, não cabia agora à assembleia geral delimitar a informação a prestar. Porém, o *Vorstand* podia negar-se a prestar a informação solicitada se assim o exigisse um predominante interesse da sociedade ou de uma empresa relacionada ou o bem comum do povo e do império (§ 112(3) AktG 1937)[1727].

1266   V. A título de conclusão, pode afirmar-se que a AktG 1937 consagrou aquilo que era já, em grande medida, a prática societária da época, pelo que a generalidade das sociedades então existentes cumpria já os requisitos então estabelecidos. As exceções eram os mínimos estabelecidos para o capital social e para o valor nominal das ações.

1267   Releva ainda a reorientação da administração das sociedades em função não apenas dos interesses destas, mas também de critérios sociais: *das Wohl des Betriebs und seiner Gefolgschaft und der gemeine Nutzen von Volk und Reich.*

1268   Quanto ao equilíbrio entre os acionistas e a administração, o muito proclamado *Führerprinzip* alterou a estrutura funcional da sociedade antes positivada

---

[1726] Quanto à sua composição, estabelecia o § 86(1) AtG 1937 um número mínimo de três membros que podia ser ampliado até um máximo de sete, doze ou vinte membros, em função do capital social. O mesmo parágrafo limitava ainda a pluriocupação dos membros deste órgão, não podendo ser nomeado como *Aufsichtsratsmitglieder* quem já ocupasse semelhante cargo em dez outras sociedades (§ 86(2) AktG 1937). Por fim, o § 99 mandava aplicar aos *Aufsichtsratsmitglieder* o dever de diligência e o regime de responsabilidade civil fixado para os *Vorstandsmitglieder*.
Para maiores desenvolvimentos sobre esta matéria, com indicações bibliográficas, cfr., *v.g.*, BAYER e ENGELKE – *Die Revision des Aktienrechts...* p. 650-652.

[1727] Para maiores desenvolvimentos sobre esta matéria, com indicações bibliográficas, cfr., *v.g.*, *ibidem*, p. 654-655.

O MODELO GERMÂNICO

no HGB, permitindo ao *Vorstand* atuar com maior autonomia face a influências internas e externas. Contudo, esta concentração de poder foi acompanhada pela consagração de medidas várias de proteção do capital social, beneficiando assim não apenas os credores, mas também os acionistas[1728].

Apesar das (alegadas) influências nacional-socialistas, mais e mais vozes se erguem para elogiar o trabalho realizado aquando da preparação desta lei, orientado pelas necessidades económicas das sociedades do seu tempo[1729].

39.12. O movimento de reforma pós II Guerra Mundial e os propósitos da AktG 1965

I. A AktG 1937 não teve um período experimental calmo, dado o contexto político da época e a II Guerra Mundial. Depois disso, o primeiro período do pós-guerra foi dominado pela divisão da Alemanha pelas quatro forças de ocupação, com visões político-económicas muito diferentes, e pela devastação da guerra, determinando restrições ao desenvolvimento que progressivamente foram sendo ultrapassadas.

No final dos anos 1940 e princípio dos anos 1950 tomava forma o "milagre alemão", impulsionado pelo regresso da Alemanha ao comércio internacional e pelo plano Marshall. Contudo, o mercado de capitais não acompanhou esta evolução económica, mantendo-se incipiente. As empresas optavam então pelo financiamento com capitais próprios, restringindo a distribuição de lucros[1730], com três consequências imediatas: (i) a inexistência de um controlo da administração das empresas pelo mercado; (ii) a inexistência de incentivos para o crescimento do mercado de ações num ciclo vicioso; e (iii) a criação de estruturas de grupo destinadas a financiar novos projetos com capitais próprios, num processo de progressiva concentração económica que, na perspetiva de alguns, punha em causa a liberdade económica[1731].

Apesar de a AktG 1937 não ter tido um período experimental que permitisse avaliar serenamente os seus méritos, logo após o fim da II Guerra Mundial começaram a ouvir-se pedidos de reforma, multiplicando-se os projetos que, num sentido ou noutro, advogavam alterações às soluções vigentes. A maioria dos projetos defendia (i) um reforço da proteção dos acionistas e do papel da assembleia geral, por contraposição ao *Führerprinzip*, bem como (ii) o fomento

---

[1728] *Ibidem*, p. 668-669.

[1729] *Ibidem*, p. 669.

[1730] A restrição da distribuição de lucros devia-se ainda a considerações fiscais, porquanto os rendimentos das sociedades que fossem distribuídos eram objeto de dupla tributação, primeiro ao nível da sociedade e depois sobre os rendimentos dos sócios.

[1731] BRUNO KROPFF – "Reformbestrebungen im Nachkriegsdeutschland und die Aktienrechtsreform von 1965", in WALTER BAYER e MATHIAS HABERSACK (eds.) – *Aktienrecht im Wandel*, 1 ..., p. 682-687.

DA ADMINISTRAÇÃO À FISCALIZAÇÃO DAS SOCIEDADES

do mercado de capitais que, na sequência da II Guerra Mundial, era praticamente insignificante. Houve contudo muitas outras propostas, incluindo propostas relacionadas com normas contabilísticas e com a revisão legal de contas, com o exercício do direito de voto inerente a ações depositadas em instituições de crédito e com a extensão dos deveres de informação do *Vorstand* face ao *Aufsichtsrat*[1732].

1273   II. O primeiro ponto, relativo ao equilíbrio de poderes entre os órgãos da sociedade (em especial assembleia geral v. *Vorstand*), estava intimamente relacionado com a eliminação das referências ideológicas ao nacional socialismo e ao afastamento do *Führerprinzip*. Contudo, as referências nacional-socialistas na AktG 1937 eram meramente terminológicas e não justificavam uma reforma desta lei. De fato, como vimos antes, as soluções previstas na AktG 1937 foram fruto de projetos anteriores à instauração do regime nazi, tendo uma fundamentação que se impunha pelos seus méritos depois da queda deste regime[1733]. Neste sentido, apesar de no contexto deste movimento de reforma se multiplicarem as vozes para erguer novamente a assembleia geral a órgão supremo da sociedade, acabou por se concluir que tal se deveria refletir apenas na reserva de competência da mesma para aprovar alterações fundamentais da sociedade.

1274   Concluiu-se, portanto, que a distribuição de poderes prevista na AktG 1937 era adequada, centrando-se as exigências de reforma na cooperação entre o *Vorstand* e o *Aufsichtsrat*, na vigilância do *Vorstand* pelo *Aufsichtsrat*, nos deveres de informação do *Vorstand* face ao *Aufsichtsrat* e na participação deste na definição das políticas da sociedade[1734].

1275   III. A promoção do mercado de capitais e a dispersão acionista, por seu turno, assumiu um papel central no movimento de reforma, sentindo-se a necessidade de tornar as sociedades por ações e as participações sociais mais atrativas para os investidores. Uma das questões mais discutidas, para este efeito, foi a do direito dos acionistas aos lucros do exercício[1735].

[1732] *Vide*, por todos, *ibidem*, p. 687-694, com uma descrição dos principais projetos apresentados.

[1733] Em particular, o papel do presidente do *Vorstand* era consonante com a prática empresarial, já anterior a 1933, de nomeação de um *"Generaldirektor"* e a concentração de poderes de gestão no *Vorstand* era vista como uma necessidade operacional neste tipo de sociedades.

[1734] KROPFF – *Reformbestrebungen...* p. 698-701, 709.

[1735] Desde logo, nos termos do § 126 AktG 1937, a decisão relativa à aplicação de resultados cabia ao *Vorstand* e ao *Aufsichtsrat*, defendendo a opinião dominante a atribuição dessa competência novamente à assembleia geral. Contudo, em sentido oposto pronunciou-se a *Unternehmensrechtskommisssion* da *Deutscher Juristentag*, fundamentando essa posição na responsabilidade da administração pela direção da sociedade e na falta de conhecimentos da assembleia geral. Como contrapeso, defendia esta comissão

O MODELO GERMÂNICO

IV. Muitos outros aspectos foram ainda discutidos aquando da preparação da AktG 1965, com destaque para os deveres de publicidade das contas anuais, do relatório de gestão e do relatório de dependências[1736], bem como para a participação dos trabalhadores nos órgãos sociais, a qual acabaria por não se refletir na AktG 1965, mas sim na MitbestG de 1976[1737], e para a regulação dos grupos de sociedades.

1276

§ 40. A DIREÇÃO E A VIGILÂNCIA DA SOCIEDADE POR AÇÕES NA AKTG 1965

I. Na sequência da evolução histórico-dogmática apresentada, a *Aktiengesetz vom 6. September 1965* (AktG 1965)[1738], hoje em vigor, apresenta um modelo de

1277

que se limitassem as reservas ocultas e fosse prevista a possibilidade de acionistas titulares de ações correspondentes a pelo menos 5% do capital social impugnarem as contas anuais.

Refira-se a este propósito que a distribuição de lucros era condicionada pela constituição de reservas ocultas, através da desvalorização de ativos ou sobrevalorização de passivos nas contas da sociedade. Esta prática habitual permitia amenizar os resultados da sociedade, evitando discussões ao nível da assembleia geral sobre o financiamento da atividade social com capitais próprios, em prejuízo da distribuição de dividendos aos acionistas. Tal prática corresponde à falsificação das contas da sociedade e não só limitava as pretensões dos acionistas, como também o controlo do mercado sobre o risco da atividade social. Com efeito, caso a sociedade distribuísse os dividendos devidos e procurasse financiamento no mercado de capitais para o desenvolvimento futuro da sua atividade, o mercado avaliaria essa atividade, refletindo o correspondente risco de crédito na taxa de juro aplicável ao financiamento ou no valor das ações vendidas no mercado. A constituição de reservas ocultas permite o financiamento da atividade futura através de capitais próprios, eliminando a necessidade de obter financiamento no mercado e, logo, a possibilidade de o mercado avaliar de forma independente o correspondente risco. Acresce que tais práticas obstam a que os acionistas possam avaliar adequadamente as suas participações sociais, reduzindo a eficiência do mercado e aumentando o risco de aproveitamento por parte dos acionistas controladores e outros *insiders*, com acesso a informação privilegiada e capacidade para avaliar o real valor dessas participações. A discussão sobre estes pontos centra-se hoje no disposto no § 58 AktG 1965 e nas normas contabilísticas que regulam a constituição de reservas ocultas. Cfr. *ibidem*, p. 701-706, 845-856. Cfr. também, entre nós, FERNANDO OLIVEIRA E SÁ – *A transformação de créditos em capital...*, *passim*.

A promoção do mercado de capitais dependia ainda do reforço do alinhamento da atuação dos órgãos de administração com os interesses dos acionistas, qualificados como "proprietários da empresa". Esta qualificação foi criticada no quadro da construção civilista da autonomia da sociedade, enquanto pessoa coletiva, face aos seus acionistas. Assumida a autonomia da sociedade enquanto centro de imputação de situações jurídicas, a propriedade dos acionistas, em termos técnico-jurídicos, não pode deixar de se restringir à sua participação social, sendo a sociedade titular da empresa. Contudo, tal qualificação impôs-se numa perspetiva estritamente económica, realçando o facto de os acionistas serem fonte de financiamento e suportarem o risco da empresa, afastando-se da perspetiva da "empresa em si" e da vinculação da sociedade a interesses públicos, considerada contrária aos interesses do mercado de capitais. Cfr. KROPFF – *Reformbestrebungen...*, p. 705-706.

[1736] Com vista à cabal compreensão dos resultados da sociedade (em especial face à questão das reservas ocultas já referida) e ao controlo da administração. Cfr. *ibidem*, p. 709.

[1737] Cfr. nota 1759 *infra*.

[1738] BGBl. I S. 1089.

DA ADMINISTRAÇÃO À FISCALIZAÇÃO DAS SOCIEDADES

governo da *Aktiengesellschaft* assente no princípio jus-scocietário de dissociação das funções de administração e fiscalização (*aktienrechtliche Prinzip der Trennung von Leitung und Überwachung*), imputadas respetivamente ao *Vorstand* e ao *Aufsichtsrat*[1739]. O papel do *Abschlussprüfer* vem regulado no *Handelsgesetzbuch*.

Este é frequentemente apresentado como um *insider-Modell*, assente sobretudo em mecanismos institucionais criados no seio da sociedade (e não tanto nos mecanismos de mercado que caracterizam os sistemas anglo-americanos), nos quais se equilibram os interesses dos acionistas, dos principais parceiros financeiros e comerciais da sociedade e, nas sociedades de maiores dimensões, também dos seus trabalhadores.

Recentemente, porém, tem-se assistido a uma mudança progressiva no paradigma do sistema, com um desenvolvimento significativo das estruturas de controlo do mercado de capitais e uma retirada dos bancos dos *Aufsichtsräten* das sociedades suas clientes. Não obstante, a eficácia do controlo pelo mercado está ainda longe da verificada nos sistemas anglo-americanos[1740].

A caracterização histórica como um *insider-Modell* permite explicar a regulação do sistema sobretudo através de normas imperativas, com preterição das soluções baseadas em deveres de informação orientados ao mercado de capitais[1741]. Só com a imputação da obrigação de *comply or explain* com o *Deutscher Corporate Governance Kodex* (DCGK) às sociedades cotadas, nos termos do § 161 AktG, introduzido pela *Gesetz zur weiteren Reform des Aktien- und Bilanzrechts, zu Transparenz und Publizität* (ou TransPuG[1742]) de 2002, a transparência se assumiu como um mecanismo de controlo do governo societário[1743].

II. Não pretendemos aqui apresentar uma análise exaustiva deste modelo, nem sequer das obrigações de vigilância dos seus órgãos. Limitamo-nos a uma apresentação sumária do mesmo, desenvolvendo adiante os paralelos relevantes, aquando da análise do modelo germânico no Código das Sociedades Comerciais.

40.1. A direção da sociedade pelo *Vorstand*

I. Ao *Vorstand* cabe a direção (*Leitung*)[1744] e representação (*Vertretung*) da sociedade, nos termos dos §§ 76(1) e 78(1) AktG. Estas funções decorrem

---

[1739] Cfr., *v.g.*, Leyens – *Information des Aufsichtsrats* ..., p. 128-131.

[1740] *Ibidem*, p. 113.

[1741] *Ibidem*.

[1742] Em rigor, TransPuG constitui abreviatura de *Transparenz- und Publizitätsgesetz*.

[1743] Leyens – *Information des Aufsichtsrats* ..., p. 114.

[1744] Na *Aktiengesetz*, multiplicam-se os conceitos na contraposição das diferentes normas de competências: ao *Vorstand* é atribuída a direção (*Leitung*) da sociedade, mas não expressamente a condução dos seus negócios ou gestão (*Geschäftsführung*); ao *Aufsichtsrat* exige-se a vigilância da gestão (*Geschäftsführung*)

O MODELO GERMÂNICO

diretamente da lei e são desempenhadas sob sua responsabilidade, pelo que o *Vorstand* não está sujeito a instruções do *Aufsichtsrat* ou da *Hauptversammlung* (§ 119(2) AktG)[1745].

(§ 111(1) AktG). Impõe-se, por isso, ao intérprete-aplicador que considere as diferenças terminológicas no preenchimento dos comandos normativos. Como realça FLEISCHER, o conceito foi introduzido pela AktG 1937 com o propósito de sublinhar a redistribuição de competências, de longo alcance, entre a assembleia geral e o *Vorstand*. Cfr. fundamentação oficial (*Amtliche Begründung*) do §§ 70-124 AktG 1937, in FLEISCHER – *Leitungsaufgabe...* p. 7-8, KLAUSING – *Gesetz über Akiengesellschaften...* p. 56. Este era aliás o entendimento generalizado dos comentadores da época, para quem o conceito de direção (*Leitung*) abrangia tanto a atuação interna expressa pelo conceito de gestão (*Geschäftsführung*), como a atuação externa, consubstanciada na vinculação da sociedade perante terceiros (*Vertretung*). Cfr., *v.g.*, CARL RITTER – *Aktiengesetz mit Einführungsgesetz*, München, Berlin: Schweitzer, 1938, § 70 n. 4. Neste sentido, mais recentemente, cfr., por todos, SEMLER – *Leitung und Überwachung*[2]... p. 5-8, em especial, p. 8. No entanto, entende a doutrina atualmente dominante que a direção (*Leitung*) constitui uma parte da atividade de gestão (*Geschäftsführung*), ou mesmo uma parte proeminente desta. Segundo FLEISCHER, Esta distinção traduz a diferença de conceitos nos §§ 76, 77 e 78 AktG, não sendo contudo a lei clara na distinção, continuando o Direito societário a ser marcado por uma relatividade de conceitos. FLEISCHER – *Leitungsaufgabe...* p. 8.

[1745] Cfr., *v.g.*, FLEISCHER – *Leitungsaufgabe...* p. 6, SEMLER – *Leitung und Überwachung*[2]... p. 9. Importa considerar a jurisprudência do BGH na definição de competências não escritas da assembleia geral e, consequentemente, na redistribuição de competências entre esta e o *Vorstand* (cfr. §§ 76 e 119 AktG, em especial, § 119(2) AktG, no qual se lê que a assembleia geral só pode decidir sobre matérias de gestão a pedido do *Vorstand*). São particularmente relevantes os acórdãos *Holzmüller*, *Macroton* e *Gelatine* (I e II). No acórdão *Holzmüller* (BGH 25-fev.-1982, *BGHZ* 83, 122), o BGH pronunciou-se sobre um caso em que o *Vorstand* de uma sociedade por ações (*J.F. Müller & Sohn AG*) transferiu a sua principal unidade de negócios (negócio de gestão portuária), representando 80% dos seus ativos, para uma subsidiária detida a 100% pela sociedade (de acordo com o autor na ação, seguir-se-ia um aumento do capital da subsidiária, com diluição da participação da sociedade). Considerou o BGH a existência de outras competências da assembleia geral para além das expressamente previstas na AktG, devendo o *Vorstand* requerer a aprovação da assembleia geral quando exista uma interferência substancial com a participação e com os interesses económicos inerentes às suas participações. Nestes casos é eliminada a discricionariedade do *Vorstand* para sujeitar a questão a aprovação da assembleia geral (§ 119(2) AktG), se o *Vorstand* não puder razoavelmente assumir poder tomar tais decisões fundamentais (*grundlegende Entscheidungen*) sob sua responsabilidade (*BGHZ* 83, 122, 130-131). No caso *sub judice*, entendeu o tribunal que a transferência da unidade de negócios para a subsidiária tocava o núcleo da atividade comercial da sociedade, afetando a sua mais valiosa unidade de negócios e alterando a estrutura empresarial (*BGHZ* 83, 122, 131). Na visão do tribunal, a formação de uma estrutura de grupo ultrapassava largamente a moldura habitual dos atos de gestão, mesmo quando as competências da administração compreendem, em geral, o estabelecimento e a aquisição de subsidiárias e a colocação de capital nas mesmas. Ainda que a sociedade-filha fosse detida a 100% pela sociedade-mãe, a estrutura adotada implicava um enfraquecimento da posição legal dos seus acionistas que assim se viam privados de exercer a sua influência através da assembleia geral (*BGHZ* 83, 122, 136). Para além disso, considerou o tribunal que o aumento de capital da subsidiária requeria aprovação pela assembleia geral (*BGHZ* 83, 122, 140), porquanto existia o risco de o mesmo afetar a participação social dos acionistas através da sua diluição, dado não terem direitos de subscrição no aumento de capital da subsidiária (*BGHZ* 83, 122, 138).

DA ADMINISTRAÇÃO À FISCALIZAÇÃO DAS SOCIEDADES

1283   II. A lei não determina o conteúdo da função de direção. As concretizações legais prendem-se com a relação do *Vorstand* com outros órgãos ou com

Num primeiro momento, esta decisão suscitou reações muito negativas (sem prejuízo de algumas apreciações positivas, como MARCUS LUTTER – "Organzuständigkeit im Konzern", in Marcus Lutter, et al. (eds.) – *Festschrift für Walter Stimple zum 68. Geburtstag am 29. November 1985*, Berlin, New York: de Gruyter, 1985, p. 825). As críticas visavam a formulação da posição do tribunal, considerada excessivamente vaga e ampla, geradora de uma enorme insegurança jurídica que precipita a participação da assembleia geral em todos os casos duvidosos. Houve ainda quem qualificasse esta decisão como exercício inadmissível de poder legislativo. Outros ainda consideraram que, não obstante a necessidade de proteger os acionistas da sociedade-mãe em determinadas situações de grupos de sociedades, o tribunal perdera a oportunidade para delinear princípios claros de delimitação da competência do *Vorstand* face à assembleia geral.

Num segundo momento, observaram-se posições mais construtivas que, a partir do texto do acórdão, procuraram sistematizar os casos em que se impõe a intervenção dos acionistas e definir os critérios de importância qualitativa e quantitativa (percentagem dos ativos, do valor agregado do grupo, do valor do capital social, dos proveitos, etc.) que impõem essa intervenção. Contudo, a falta de acordo na doutrina sobre os critérios mais adequados para clarificar a questão acabou por aumentar a insegurança jurídica. Paralelamente, foi discutido o enquadramento dogmático destas competências não escritas da assembleia geral. Os diferentes enquadramentos propostos implicavam necessariamente diferentes soluções quanto à maioria exigida para a aprovação da deliberação social nos casos submetidos a apreciação da assembleia geral. O BGH afirmou tratar-se de uma restrição da discricionariedade do *Vorstand* (*BGHZ* 83, 122, 131), nos termos do § 119(2) AktG. A maioria da doutrina, porém, justificou as competências não escritas da assembleia geral por analogia (*Gesamtanalogie*) às competências previstas sobre alterações na estrutura societária, como sejam as alterações do contrato de sociedade (§179 AktG), aumento e redução do capital social (respetivamente §§182 ss. e §§ 222 ss. AktG), acordos de empresa (*Unternehmensverträge*, §§ 291 ss. AktG), integração (*Eingliederung*, §§ 319 ss. AktG), bem como outras alterações da estrutura societária (§§ 13, 123(3), 125, 65 UmwG). Todas estas alterações requerem uma maioria de três quartos do capital social representado na reunião da assembleia geral. Cfr. MARC LÖBBE – Corporate groups: Competences of the shareholders' meeting and minority protection – the German Federal Court of Justice's recent Gelatine and Macrotron cases redefine the Holzmüller doctrine, *German Law Journal*, 5, 2004, p. 1059-1069, em especial p. 1065-1067, com várias indicações bibliográficas.

No caso *Macroton* (BGH 25-nov.-2002, *ZIP*, 2003, 387), o BGH considerou que a exclusão da negociação das ações da sociedade *Ingram Macroton AG für Datenerfassung* em mercado regulamentado deveria ser objeto de decisão da assembleia geral (por maioria simples), porquanto conflitua com garantia constitucional do direito de propriedade (art. 14(1) *Grundgesetz*), a qual, de acordo com o BGH protege não apenas o direito de propriedade em si, mas também o valor de mercado das ações e a possibilidade de realizar valor económico através da sua venda no mercado em qualquer momento (BGH, *ZIP*, 2003, 387, 390). Este acórdão suscitou especial atenção na medida em que negou expressamente a aplicação da doutrina *Holzmüller* (BGH, *ZIP*, 2003, 387, 390), demonstrando uma construção das competências da assembleia geral aberta, não delimitada pela fundamentação apresentada no caso *Holzmüller*. Cfr. *ibidem*, p. 1070.

Os acórdãos *Gelatine I* (BGH 26-abr.-2004, *ZIP* 2004, 993) e *Gelatine II* (BGH 26-abr.-2004, *ZIP* 2004, 1001) permitiram a clarificação da doutrina *Holzmüller* há muito desejada. Quanto ao primeiro caso: a sociedade *Deutsche Gelatine-Fabriken Stoess AG* prosseguia a sua atividade direta e indiretamente, através de sociedades-filhas. Em 1998, o *Vorstand* transferiu ações em duas sociedades-filhas sujeitas a domínio total para uma outra sociedade-filha, também esta sujeita a domínio total. Perante a posição do autor nesta ação, o *Vorstand* submeteu a questão a deliberação dos acionistas, tendo a mesma sido aprovada por uma maioria de 70% dos votos. Contudo, o autor fez registar um protesto na ata, citando o caso

O MODELO GERMÂNICO

Hozmüller e afirmando que a deliberação teria de ser aprovada por uma maioria de três quartos dos votos (*ZIP* 2004, 993, 994). No segundo caso, os autores opuseram-se aos planos do *Vorstand* para transferir uma participação de 49% numa sociedade-filha (constituída sob a forma de GmbH & Co KG) para uma outra sociedade-filha detida a 100%, por razões fiscais. Também esta questão foi submetida a deliberação dos acionistas, tendo sido aprovada por uma maioria de 66,4% dos votos, e também esta deliberação foi impugnada pelos autores que uma vez mais afirmaram ser necessária uma maioria de três quartos dos votos. Tanto num caso como noutro, o BGH decidiu contra os autores, aproveitando a oportunidade para clarificar questões deixadas em aberto na doutrina *Holzmüller*. Cfr. *ibidem*, p. 1071-1072.

Em primeiro lugar, entendeu o BGH que em nenhum dos casos descritos se verificava uma alteração da estrutura societária (*Verfassung der Aktiengesellschaft*) que requeresse uma maioria de três quartos dos votos. Os estatutos da sociedade previam a possibilidade de a sociedade adquirir e constituir sociedades-filhas para desenvolver a sua atividade, pelo que caberia ao *Vorstand* gerir discricionariamente a atividade social nos termos do § 76 AktG. A decisão de desenvolver parte da atividade indiretamente, através de uma sociedade-filha, caberia então ao *Vorstand* (*ZIP*, 2004, 993, 995, *ZIP*, 2004, 1001, 1003).

Em segundo lugar, o BGH considerou o propósito do reconhecimento de competências não escritas da assembleia geral. Em primeiro lugar, a intervenção da assembleia geral tem o propósito de manter a influência dos acionistas em situações em que as suas possibilidades de controlo são prejudicadas pela transferência de importantes unidades de negócio para sociedades-filhas. Em segundo lugar, os princípios *Holzmüller* e *Gelatine* visam proteger os acionistas contra a degradação do valor das suas ações de longo prazo causada por decisões fundamentais do *Vorstand* (*ZIP*, 2004, 993, 996)

Em terceiro lugar, o BGH considerou o enquadramento dogmático da doutrina *Holzmüller*, enfrentando as críticas dirigidas à referência ao § 119(2) AktG. Segundo o tribunal, esta referência permite limitar os efeitos da participação da assembleia geral às relações internas da sociedade. Pelo contrário, a fundamentação da solução através da aplicação analógica das disposições relativas a alterações da estrutura societária implicaria a nulidade dos atos praticados pelo *Vorstand* sem prévia aprovação da assembleia geral, solução esta inadequada à doutrina *Holzmüller*. Não estando o BGH plenamente convencido quanto a nenhuma das duas soluções, decidiu

> «[absorver] os elementos aplicáveis de ambas as perspetivas, nomeadamente o efeito meramente interno e a orientação das situações consideradas às competências de participação legalmente estabelecidas e qualificar esta competência extraordinária como resultado de um desenvolvimento aberto do Direito (*offenen Rechtsfortbildung*)».

Em quarto lugar, para além do critério *qualitativo* já enunciado, o tribunal considerou o critério *quantitativo* que delimita a intervenção dos acionistas. Após análise de diferentes posições doutrinais sobre este ponto (*ZIP*, 2004, 993, 998), concluiu o tribunal que a exceção à distribuição de competências legalmente previstas só tem justificação «quando a matéria a que se estendem as medidas alcança, pela sua importância para a sociedade, a extensão da transferência decidida pelo senado [referência ao segundo *Zivilsenat* do BGH que decidiu o caso *Holzmüller*] no caso *Holzmüller*». Tal será o caso das medidas do *Vorstand* que afetem as competências nucleares da assembleia geral para decidir sobre os estatutos da sociedade (...) e que nos seus efeitos se aproximem de uma situação que só poderia resultar de uma alteração dos estatutos» (*ZIP*, 2004, 993, 999, *ZIP*, 2004, 1001, 1003).

Por fim, o tribunal debruçou-se sobre a questão da maioria necessária para aprovar a deliberação social no contexto da doutrina *Holzmüller*, tendo seguido a doutrina maioritária de três quartos dos votos. Segundo o tribunal, tal maioria justifica-se porque, ainda que não esteja em causa uma alteração dos estatutos, as medidas em causa aproximam-se de tal forma desta, pelo seu impacto na participação social dos acionistas, que o poder de direção do *Vorstand* deve ceder perante a necessária participação da assembleia geral. Acrescenta ainda que, atenta a necessária proteção dos acionistas, esta maioria é imperativa, não sendo admitida a estipulação contratual de uma maioria menos exigente (*ZIP*, 2004, 993, 998).

DA ADMINISTRAÇÃO À FISCALIZAÇÃO DAS SOCIEDADES

questões de interesse público[1746]. Assim, deve o *Vorstand* fazer tudo quanto seja necessário para um efetivo e bem sucedido desenvolvimento da empresa[1747]. Tal inclui tanto o planeamento estratégico, como todas as medidas de gestão corrente necessárias à sua implementação.

1284   Muitas destas tarefas podem ser delegadas em membros do *Vorstand* ou em colaboradores da sociedade, sem contudo colocar em causa a direção global da sociedade pelo *Vorstand* (*Prinzip der Gesamtleitung*). Este é um princípio organizacional imperativo que não pode ser ser posto em causa por qualquer delegação de competências[1748]. Na ausência de disposições expressas como as dos n.ᵒˢ 2 e 4 do art. 407.º, discute-se na doutrina tudesca quais as matérias indelegáveis pelo *Vorstand*[1749].

1285   III. Os poderes do *Vorstand* de representação da sociedade face a terceiros não podem ser limitados pelo contrato de sociedade ou por deliberação, quer da assembleia geral quer do *Aufsichtsrat*. Pelo contrário, os seus poderes de gestão podem ser limitados com efeitos meramente internos. Neste sentido, até à TransPuG, o contrato de sociedade ou o *Aufsichtsrat podiam* exigir que a celebração de determinados tipos de negócios ficasse dependente do consentimento do *Aufsichtsrat*. Contudo, na sequência da TransPuG, o § 111(4) AktG prevê hoje que o contrato de sociedade ou o *Aufsichtsrat devem* estabelecer que determinados tipos de negócios só podem ser celebrados com o consentimento do *Aufsichtsrat*. A lei não especifica que tipo de negócios devem depender do consentimento deste órgão, pelo que caberá aos acionistas e ao *Aufsichtsrat* tomar posição sobre o assunto, em função das específicas circunstâncias da sociedade em causa.

40.2. A vigilância da gestão pelo *Aufsichtsrat*

1286   I. O *Aufsichtsrat* é, por excelência, o órgão responsável pela *vigilância* (*Überwachung*) da gestão (*Geschäftsführung*) da sociedade, nos termos do § 111(1) AktG. Esta competência deve ser articulada, entre outras, com as competências para a nomeação e destituição dos membros do *Vorstand*, nos termos do § 84(1) AktG, e para sujeitar determinados negócios ao seu consentimento, nos termos do § 111(4) AktG. Através destas competências (ou da simples ameaça do seu exercício), o *Aufsichtsrat* pode exercer uma influência determinante sobre o

---

[1746] Semler – *Leitung und Überwachung*[2]... p. 8-9.
[1747] *Ibidem*, p. 9-10.
[1748] Fleischer – *Leitungsaufgabe*... p. 23-26.
[1749] Cfr. p. 172 ss. *supra*.

O MODELO GERMÂNICO

Vorstand, sem paralelo nos nossos modelos tradicional (conselho fiscal) e anglo saxónico (comissão de auditoria).

Este papel do *Aufsichtsrat* na sociedade por ações só pode ser verdadeiramente apreendido numa dimensão histórico-dogmática[1750], nos termos da qual evoluiu de uma comissão de acionistas para uma plataforma de interligação da sociedade com parceiros financeiros e comerciais e, depois, nas maiores sociedades, também de ponderação dos interesses dos trabalhadores[1751].

1287

II. Face à redação do § 111(1) AktG, colocam-se inúmeras questões sobre o sentido e alcance de tal função de vigilância que serão tratadas aquando da análise do modelo germânico no Código das Sociedades Comerciais. Por ora, refira-se apenas que a vigilância da gestão pelo *Aufsichtsrat* não compreende apenas uma apreciação restrospetiva e formal de eventos passados. Segundo SEMLER, tanto a direção (*Leitung*) como a vigilância (*Überwachung*) da empresa constituem, no sistema germânico, atividades empresariais, no sentido da determinação dos fins, do planeamento das operações e da sua concretização[1752]. Assim se compreende o § 120(2) AktG, segundo o qual o *Vorstand* e o *Aufsichtsrat* administram (*verwalten*) conjuntamente a sociedade[1753]. Segundo a doutrina ainda dominante, o *Aufsichtsrat* deve ainda exercer influência sobre os eventos futuros, transmitindo ao *Vorstand* a sua visão sobre os projetos mais importantes. Contudo, como veremos, alguma doutrina mais recente reclama uma intervenção mais ativa e abrangente do *Aufsichtsrat*.

1288

[1750] De facto, a sua posição é diferente da atribuída ao conselho fiscal no nosso modelo tradicional ou à comissão de auditoria nos sistemas anglo-saxónicos, surgindo na AktG com funções de coordenação e de vigilância. Cfr. LEYENS – *Information des Aufsichtsrats* ..., p. 130.

[1751] *Ibidem*, p. 113.

[1752] A vigilância do *Aufsichtsrat* não se esgotaria na obtenção de conhecimento de factos e na sua avaliação. Este *plus* diferenciaria o papel do *Aufsichtsrat* daquele que é desenvolvido pelo *Abschlussprüfer* (que, segundo SEMLER, pode e deve contentar-se com o conhecimento de factos e sua avaliação). SEMLER – *Leitung und Überwachung*[2]... p. 58. Como afirmámos já no § 37 *supra*, não nos parece correto este enquadramento, pelo menos face ao direito português, porquanto também ao revisor oficial de contas se imputam vários poderes-deveres de reação.

[1753] PETER HOMMELHOFF – Der aktienrechtliche Organstreit. Vorüberlegungen zu den Organkompetenzen und ihrer gerichtlichen Durchsetzbarkeit, *Zeitschrift fur das gesamte Handelsrecht und Wirtschaftsrecht*, 143, 1979, p. 289. No entanto, a atuação do *Vorstand* não se confunde com a do *Aufsichtsrat*, porquanto ao primeiro cabe a iniciativa da atuação de gestão da sociedade e, ao segundo, a reconstrução da decisão daquela no contexto da sua vigilância. Adicionalmente, o *Aufsichtsrat* deve exercer influência sobre os eventos futuros, transmitindo ao *Vorstand* a sua visão sobre projetos mais importantes. SEMLER – *Leitung und Überwachung*[2]... p. 53.

DA ADMINISTRAÇÃO À FISCALIZAÇÃO DAS SOCIEDADES

1289   III. Associada a esta função expressamente consagrada na AktG, reconhece-se que, historicamente, o *Aufsichtsrat* funcionou, num primeiro nível, como plataforma institucional de resolução de conflitos de interesses entre os acionistas e, num segundo, de interligação entre a sociedade e os seus principais parceiros comerciais[1754]. Numa análise económica, poderíamos afirmar que a participação destes no *Aufsichtsrat* fomentava uma confiança que, no contexto das relações de longo prazo, reduzia os custos de negociação (*transaction costs*) nos negócios com estes celebrados. Esta é, porém, apenas uma das faces da moeda – a positiva –, porquanto a participação destes parceiros no *Aufsichtsrat* é, em si mesma, geradora de conflitos de interesses ao nível do funcionamento deste órgão social[1755]. Tais membros do *Aufsichtsrat* respondem perante dois senhores: por um lado, aqueles que os indicam para designação e, por outro, a sociedade. Neste contexto, a participação dos bancos no *Aufsichtsrat*, muito comum na Alemanha[1756] – caracterizada por um sistema de *Universalbanken*[1757] – gerou, ao longo dos anos, inúmeros conflitos, na medida em que os interesses dos bancos, enquanto credores, nem sempre coincidem com os interesses da sociedade e dos seus acionistas.

1290   No mesmo contexto, a participação dos trabalhadores neste órgão é ainda mais controversa. Se, por um lado, tal participação foi historicamente aplaudida

---

[1754] Segundo BRUNO KROPFF – *Aktiengesetz*, Dusseldorf: Verl. Buchh. des Instituts der Wirtschaftsprüfer, 1965, p. 136, esta função era legítima, ao que acrescenta HOPT, ser economicamente desejável. KLAUS J. HOPT – "The German Two-Tier Board: Experience, Theories, Reforms", in KLAUS J. HOPT, et al. (eds.) – *Comparative Corporate Governance: The State of the Art and Emerging Research*, Oxford: Clarendon Press, 1998, p. 230.

[1755] O problema é analisado na doutrina alemã desde o séc. XIX. Para referências, cfr. KLAUS J. HOPT – "Corporate Governance und deutsche Universalbanken", in DIETER FEDDERSEN e THEODOR BAUMS (eds.) – *Corporate governance: Optimierung der Unternehmensführung und der Unternehmenskontrolle im deutschen und amerikanischen Aktienrecht*, Köln: O. Schmidt, 1996, p. 141, 154.

[1756] Existem sinais de inversão do cenário, com uma restrição voluntária da participação dos bancos nos órgãos sociais de outras empresas. Contudo, alerta HOPT, a participação dos bancos no *Aufsichtsrat* constituiu, historicamente, uma forma de institucionalização da relação das sociedades com os seus principais bancos, num mercado caracterizado muito mais pelo financiamento bancário do que pelo financiamento através do mercado. O importante, segundo este autor, é a relação entre as instituições e não a forma da sua institucionalização, pelo que a redução da participação dos bancos no *Aufsichtsrat*, frequentemente associada a significativas participações acionistas, seria de alguma forma *naïve*. A relação pode ser assegurada através de outras soluções, como órgãos consultivos de criação voluntária, como frequentemente sucede. HOPT – *The German Two-Tier Board: Experience...* p. 234.

[1757] Cfr., por todos, HOPT – *Corporate governance...*. Para uma perspetiva distinta da tradicional alemã, cfr. JEREMY EDWARDS – *Banks, finance and investment in Germany*, Cambridge: Cambridge Univ. Press, 1994, p. 164. Para uma análise sintética dos dados empíricos relativos a esta problemática, cfr. KLAUS J. HOPT – "The German Two-Tier Board: A German View on Corporate Governance", in KLAUS J. HOPT e EDDY WYMEERSCH (eds.) – *Comparative Corporate Governance: Essays and Materials*, Berlin, New York: de Gruyter, 1997, p. 10-11.

O MODELO GERMÂNICO

(apesar de mal recebida inicialmente) como uma forma de solucionar institucionalmente conflitos sociais e laborais, antecipando a resolução de divergências e evitando ruturas sociais, são cada vez mais as vozes que se opõem a este sistema que põe em causa a eficácia da atuação do *Aufsichtsrat*[1758].

[1758] Historicamente, o sistema de codeterminação (em alemão, *Mitbestimmung*, habitualmente traduzido, entre nós, por cogestão, opção que nos parece menos correta, atenta a natureza da atividade societária na qual participam os representantes dos trabalhadores no sistema alemão) correspondeu a uma solução para o problema social da luta de classes, alternativo às experiências coletivizantes da União Soviética. Cfr. ERICH POTTHOFF – "Zur Geschichte der Mitbestimmung", in Erich Potthoff, et al. (eds.) – *Zwischenbilanz der Mitbestimmung*, Tübingen Mohr, 1962, p. 1 ss. Tem a sua raiz no *Betriebsrätgesetz* de 1920, aprovado logo após a revolução alemã de 1918, conferindo aos trabalhadores determinados direitos de codeterminação, mas apenas ao nível de comissões de trabalhadores nas unidades fabris, com competências em matérias sociais, e não nos órgãos sociais. Porém, pouco tardou para que fosse introduzida a participação dos trabalhadores nestes órgãos, ainda que por um curto período de tempo, através de alterações ao *Betriebsrätgesetz* de 1920 (*RGBl* XVII, I, 209-210). Estas alterações aplicavam-se apenas a determinadas sociedades. Tendo o *Aufsichtsrat* mais do que três membros, dois seriam membros das comissões de trabalhadores. Segundo RAISER, este passo, embora não tenha implicado uma influência significativa dos trabalhadores, determinou uma alteração de paradigma ao nível do *Aufsichtsrat*, visto até então como um órgão de representação dos acionistas. Cfr. THOMAS RAISER – The theory of enterprise law in the Federal Republic of Germany, *The American Journal of Comparative Law*, 36:1 1988, p. 117-118.

Esta primeira experiência foi contudo, como referido antes, de curta duração, porquanto, com a ascensão do nacional-socialismo ao poder, em 1934, foram abolidas todas as formas de representação dos trabalhadores (FRANZ L. NEUMANN – *Behemoth: the structure and practice of national socialism, 1933-1944*, Toronto, New York: Oxford University Press, 1944, p. 413-428, DETLEV F. VAGTS – Reforming the "Modern" Corporation: Perspectives from the German, *Harvard Law Review*, 80, 1966, p. 66). Mas a participação dos trabalhadores voltaria a estar na ordem do dia após a II Guerra Mundial e a divisão do território alemão entre as forças de ocupação, tendo os sindicatos da zona britânica forçado a implementação de um sistema de codeterminação através de sucessivas greves em setores estratégicos da economia (nas indústrias de extração mineira, ferro, carvão e aço). Pretendia-se assim evitar o renascimento da estrita distinção de classes que outrora existira na Alemanha. Cfr. Hellmut Wißmann – Das Montan-Mitbes timmungsänderungsgesetz: Neuer Schritt zur Sicherung der Montan-Mitbestimmung, *Neue Juristische Wochenschrift*, 35, 1982, p. 423.

A *Gesetz über die Mitbestimmung der Arbeitnehmer in den Aufsichtsräten und Vorständen der Unternehmen des Bergbaus und der Eisen und Stahl erzeugenden Industrie vom 21.Mai 1951* ("Montan-MitbestG") impunha uma representação paritária de acionistas e trabalhadores ao nível do Aufsichtsrat das sociedades da indústria mineira (incluindo de carvão), do ferro e do aço. Só mais tarde, através da *Gesetz über die Mitbestimmung der Arbeitnehmer vom 4.Mai 1976* ("MitbestG"), seria imposta a representação (quasi) paritária dos trabalhadores ao nível do Aufsichtsrat em todas as sociedades por ações (AG), sociedades de responsabilidade limitada (GmbH), sociedades em comandita por ações (KgaAs) e cooperativas (Genossenschaften) com mais de 2000 trabalhadores. Este diploma consagrou uma solução mais vantajosa para os acionistas do que aquela que resulta da Montan-MitbestG, na medida em que a estes cabe a indicação do presidente do órgão, ao qual a lei atribui voto de qualidade. Aos trabalhadores cabia a indicação do vice-presidente. Atenta a ligeira vantagem dos acionistas face aos trabalhadores na composição do *Aufsichtsrat*, é comum a qualificação deste sistema como de representação quasi-paritária. HOPT – The German Two-Tier Board: Experience... p. 241-242, 246-248.

DA ADMINISTRAÇÃO À FISCALIZAÇÃO DAS SOCIEDADES

1291   Em todo o caso, esta questão deve ser conjugada com uma outra: na medida
em que a imposição do *Aufsichtsrat* constituiu, historicamente, um instrumento

A introdução da representação dos trabalhadores no *Aufsichtsrat* não foi acompanhada de uma revisão das funções deste órgão, inicialmente pensado para a representação dos acionistas, donde se compreende a afirmação de que este órgão passou a ser um "corpo estranho" ("*Fremdkörper*") do ponto de vista jus-societário. Por um lado, continua a valer como órgão de controlo da administração pelos acionistas, mas, por outro, corporiza o controlo empresarial "não capitalista" ("*kapitallose*") pelo público num sentido mais amplo. Cfr. WIETHÖLTER – *Interessen und Organisation...* p. 300. CURT EDUARD FISCHER – Rechtsschein und Wirklichkeit im Aktienrecht Rechtspolitische Betrachtungen zu einer Reform des Aktiengesetzes, *Archiv für die civilistische Praxis*, 154, 1955, p. 110, refere-se a uma desnaturação ("*Denaturierung*").

Paralelamente, o mesmo regime implicou ainda uma inflexão de construções absolutas de teor contratualistas, impondo que na prossecução dos interesses da sociedade, os membros do *Vorstand* tomem em consideração os interesses dos trabalhadores (cfr., por todos, SCHMIDT – *Gesellschaftsrecht...* p. 805), dever esse que se estende aos membros do *Aufsichtsrat* no exercício das suas funções. O *Aufsichtsrat* passou então a ser objeto de análise não só como órgão de fiscalização societária, mas também como forma de acomodar diferentes interesses inerentes à sociedade. Cfr. WIETHÖLTER – *Interessen und Organisation...* p. 300-301. Cfr. também JEAN DU PLESSIS e OTTO SANDROCK – "The German System of Supervisory Codetermination by Employees", in AA.VV. (ed.) – *German Corporate Governance in International and European Context*, Berlin, Heidelberg, New York: Springer, 2007, p. 119-121.

Provavelmente nenhum outro diploma foi tão mal recebido e suscitou tanta desconfiança entre os juristas alemães como a Montan-MitbestG de 1951, enquanto fruto de considerações políticas, imposto aos agentes económicos alemães sem grande reflexão. Idênticas críticas fizeram-se sentir pelos agentes económicos e em particular pela administração das empresas (VAGTS – *Reforming the "Modern" Corporation...* p. 66).

Em reação à *MitbestG*, várias das maiores sociedades alemãs, que então passaram a estar sujeitas a um regime de codeterminação, recorreram perante o BVerfG, alegando que algumas disposições desta lei violavam certos direitos fundamentais garantidos pela Constituição alemã. Em particular, a representação paritária dos trabalhadores contundia com o direito de propriedade da sociedade. No entanto, o BVerfG pronunciou-se contra este entendimento em março de 1979, afirmando não só a conformidade da *MitbestG* com a constituição alemã, mas ainda a sua necessidade para assegurar o bem comum (*BverfGE* 50, 290, disponível em http://www.servat.unibe.ch/dfr/bv050290.html, consultado em 02/02/2011). Esta posição viria a ser reforçada pelo BGH numa decisão de 1982, afirmando o interesse público subjacente às normas da *MitbestG*, bem como a consequente *nulidade* das deliberações sociais que as violassem, nos termos do § 241(3) AktG (BGH 25.-fev.-1982, *BGHZ* 83, 106). Para uma análise crítica deste acórdão, cfr. KLAUS-PETER MARTENS – Mitbestimmungsrechtliche Bausteine in der Rechtsprechung des Bundesgerichtshofs: Besprechung der Entscheidungen BGHZ 83, 106 ff, 144 ff, 151 ff, *Zeitschrift fur Unternehmens- und Gesellschaftsrecht*, 12:2, 1983.

Porém, o ceticismo foi sendo progressivamente ultrapassado, passando o sistema de codeterminação a ser apresentado como fonte de orgulho por administradores e políticos (cfr. BERNHARD GROSSFELD e U. LEHMANN – "Management Structures and Workers Codetermination in Germany with European Perspectives", in *The Corporate Law Development Series*, 1, 1994, p. 51-52, KOHL – *Corporate governance: Path dependence and German corporate law: Some skeptical remarks from the sideline*, p. 195, PAUL ROSE – EU company law convergence possibilities after Centros, *Transnational Law & Contemporary Problems*, 11, 2001, p. 133; para uma análise mais sintética, cfr. também JEAN J. DU PLESSIS – "Some Thoughts on the German System of Supervisory Codetermination by Employees", in ULRICH HÜBNER e WERNER F. EBKE (eds.) – *Festschrift für Bernhard Großfeld zum 65. Geburtstag*, Heidelberg: Verlag Recht und Wirtschaft, 1999, em especial, p. 883-888). Sendo inicialmente perspetivado como uma forma de restringir aspirações revolucionárias

O MODELO GERMÂNICO

sucedâneo da fiscalização administrativa na constituição e funcionamento da sociedade, a doutrina alemã tende a reconhecer que a função por si desempenhada, sendo *diretamente* dirigida à prossecução dos interesses da sociedade, visa também a proteção *indireta* do interesse público.

Esta função deve ser enquadrada na mais ampla discussão entre as perspetivas contratualista e institucionalista da sociedade anónima. Recorde-se que, apesar de a AktG 1965 não reproduzir o § 70(1) da AktG 1937, segundo o qual o *Vorstand* tinha de, sob sua responsabilidade, dirigir a sociedade – segundo as exigências do bem da sociedade e dos seus trabalhadores e do bem comum do povo e do império – é dominante a doutrina de que o *Vorstand* deve atender aos interesses dos trabalhadores na administração da sociedade[1759]. Esta é aliás uma perspetiva perfeitamente consolidada na prática empresarial alemã[1760].

1292

IV. Pela sua configuração nos termos referidos, afirma-se frequentemente que, em geral, o *Aufsichtsrat* não cumpre adequadamente a função de fiscalização que dele se espera. Este truísmo tem sido particularmente discutido e deba-

1293

---

dos trabalhadores (RAISER – *The theory...* p. 117-118), consolidou-se como uma valiosa contribuição do trabalho enquanto fator de produção (cfr., *v.g.*, WIETHÖLTER – *Interessen und Organisation...* p. 300; cfr. também PLESSIS e SANDROCK – *The German System of Supervisory Codetermination by Employees*, p. 122-125). Este favor de que beneficiou o mecanismo de participação dos trabalhadores nos órgãos sociais parece contudo ultrapassado, multiplicando-se novamente as críticas sobre o mesmo. Para efeitos deste estudo releva em particular a erosão da função de fiscalização do *Aufsichtsrat*, associada a inúmeras das críticas frequentemente enunciadas. Neste sentido, cfr., *v.g.*, HOPT – *The German Two-Tier Board: Experience...* p. 246-248, OTTO SANDROCK – Gehören die deutschen Regelungen über die Mitbestimmung auf Unternehmensebene wirklich zum deutschen ordre public?, *Die Aktiengesellschaft*, 49:2, 2004, p. 57 ss, PETER ULMER – Der Deutsche Corporate Governance Kodex: ein neues Regulierungsinstrument für börsennotierte Aktiengesellschaften, *Zeitschrift fur das gesamte Handelsrecht und Wirtschaftsrecht*, 166, 2002, p. 180-181, PETER ULMER – Editorial: Paritätische Arbeitnehmermitbestimmung im Aufsichtsrat von Großunternehmen – noch zeitgemäß?, *Zeitschrift fur das gesamte Handelsrecht und Wirtschaftsrecht*, 166, 2002, p. 271-272, MARTIN VEIT e JOACHIM WICHERT – Unternehmerische Mitbestimmung bei europäischen Kapitalgesellschaften mit Verwaltungssitz in Deutschland nach "Überseering" und "Inspire Art", *Die Aktiengesellschaft*, 49:1, 2004, p. 17-18. Para uma ponderação das críticas no seu contexto sistemático, macroeconómico e sócio-político, cfr., *v.g.*, KLAUS J. HOPT – Labor representation on corporate boards: Impacts and problems for corporate governance and economic integration in Europe, *International Review of Law and Economics*, 14:2, 1994, KATHARINA PISTOR – "Co-determination in Germany: A socio-political model with governance externalities", in MARAGERT BLAIR e MARK ROE (eds.) – *Employees and Corporate Governance*, Washington, DC: Brookings Institution Press, 1999.

[1759] HOPT – *The German Two-Tier Board: Experience...* p. 237.

[1760] Cfr. KORN/FERRY INTERNATIONAL – *European boards of directors study: board meeting in session*, London, 1996, p. 8, 25, RONALDO H. SCHMITZ – "Praktische Ausgestaltung der Überwachungstätigkeit des Aufsichtsrats in Deutschland", in DIETER FEDDERSEN e THEODOR BAUMS (eds.) – *Corporate governance: Optimierung der Unternehmensführung und der Unternehmenskontrolle im deutschen und amerikanischen Aktienrecht*, Köln: O. Schmidt, 1996, p. 234-242, 235, 238.

DA ADMINISTRAÇÃO À FISCALIZAÇÃO DAS SOCIEDADES

tido nas últimas décadas, tendo motivado a alteração da AktG pela KonTraG de 1998[1761].

1294   Deve ainda ter-se presente que, sem prejuízo da sua regulação unitária, o *Aufsichtsrat* se apresenta, na prática, como uma realidade diferente consoante a sua composição é, *de facto*, ditada pelo *Vorstand* (em sociedades com elevada dispersão acionista, ainda minoritárias na Alemanha), por um acionista controlador (em sociedades caracterizadas por uma elevada concentração acionista) ou por um conjunto de acionistas[1762]. Nas primeiras, existe um risco de subordinação do *Aufsichtsrat* ao *Vorstand*, tal como, nas segundas, existe um risco de subordinação tanto do *Vorstand* como do *Aufsichtsrat* ao acionista controlador. Esta situação é particularmente relevante se se considerar que cerca de 85% das maiores sociedades cotadas alemãs – aquelas em que seria possível uma maior dispersão acionista – têm um único acionista controlador que detém mais de 25% das ações com direito de voto[1763].

40.3. O *Abschlussprüfer* enquanto responsável pela certificação de contas e enquanto órgão auxiliar do *Aufsichtsrat*: remissão

1295   O papel do *Abschlussprüfer* foi já analisado no capítulo I[1764], para o qual remetemos. Recordamos apenas que este tem, no sistema alemão, uma dupla função: por um lado, certifica as contas preparadas e apresentadas pelo *Vorstand*, assegurando uma melhor prestação de contas; por outro, tem uma função auxiliar do *Aufsichtsrat*, assumindo-se como um pilar fundamental do governo das sociedades por ações[1765].

§ 41. A EXPANSÃO DO MODELO GERMÂNICO E A SUA RECEÇÃO EM PORTUGAL: A INTERMEDIAÇÃO DO DIREITO FRANCÊS E DA PROPOSTA DE 5.ª DIRETRIZ

1296   I. O modelo germânico expandiu a sua influência para além das fronteiras tudescas, tendo sido adotado como um modelo alternativo em diferentes países. Em França, por exemplo, foi introduzido pelo código das sociedades de 1966

[1761] Hopt – *Corporate governance...* p. 230.

[1762] Johannes Semler – "The practice of the German Aufsichtsrat", in Klaus J. Hopt, et al. (eds.) – *Comparative corporate governance: The state of the art and emerging research*, Oxford: Clarendon Press, 1998, p. 269.

[1763] Julian R. Franks e Colin Mayer – Ownership and control of German corporations, *The Review of Financial Studies*, 14:4, 2001, p. 944. Cfr. também Hopt – *The German Two-Tier Board: Experience...* p. 231-233, indicando serem dados de 1996.

[1764] Cfr. § 11.C *supra*.

[1765] Leyens – *Information des Aufsichtsrats ...*, p. 203.

O MODELO GERMÂNICO

como uma alternativa ao sistema monista tradicional, de *conseil d'administration* e concentração de poderes no *Président Directeur Générale*[1766]. Em Portugal, o CSC previu, logo em 1986, a opção pelo modelo germânico, lado a lado com o modelo tradicional. Em Itália, tal opção foi introduzida em 2003, pela reforma Vietti[1767], que se seguiu às recomendações da Comissão Mirone[1768].

II. A nível comunitário, a Comissão Europeia apresentou, a 9 de outubro de 1972, a primeira proposta de 5.ª Diretriz de Direito das sociedades[1769], relativa à estrutura das sociedades anónimas, na qual era notória a influência germânica[1770]. Tal influência traduzia-se na proposta imposição do modelo germânico de estruturação dualista da administração e fiscalização das sociedades – assumido como preferível face aos modelos monistas que então vigoravam em inúmeros Estados-membros – e da codeterminação.

As críticas que se seguiram[1771] levaram à apresentação de uma proposta modificada em 19 de agosto de 1983[1772], prevendo desde logo a possibilidade de manutenção dos sistemas monista e dualista e referindo, de forma mais flexível, a participação dos trabalhadores. Contudo, também esta proposta seria alvo de fortes críticas, tanto além-Mancha como além-Reno[1773], motivando ainda uma segunda e uma terceira propostas modificadas (de 13 de dezembro de 1990[1774] e

1297

1298

[1766] O sistema monista está hoje regulado nos arts. L. 225-17 a L. 225-56 e o dualista nos arts. L. 225-57 a L. 225-93 *Code de Commerce*.

[1767] Riforma organica della disciplina delle società di capitali e società cooperative, decreto legislativo 17 gennaio 2003, n.6; Gazzetta Ufficiale, 22.01.2003, n. 1, 7, suppl. ord. 8/L; também disponível em Giurisprudenza Commerciale, 2003, suppl. n. 4, com um comentário de VINCENZO BOUNOCORE.

[1768] O parlamento italiano adotou as propostas da comissão Mirone em 2001 e concedeu poderes ao governo para implementar a reforma por decreto legislativo (*Legge 3 ottobre 2001, n. 366, delega al Governo per la riforma del diritto societario, Gazzetta Ufficiale*, 8.10.2001). Para mais detalhes, *vide* STEFANO AMBROSINI – L'amministrazione e i controlli nella società per azioni, *Giurisprudenza Commerciale*, 1, 2003, STEFANO CAPIELLO e GIANMARIA MARANO – The Reform of the Legal Framework for Italian Enterprises and the 2003 Company Law, *International Company and Commercial Law Review*, 14:6, 2003, PAOLO MONTALENTI – The New Italian Corporate Law: An Outline, *European Company and Financial Law Review*, 1:3, 2004.

[1769] JOCE N.º C-131, 49-61, de 13 de dezembro de 1972. Esta proposta tinha como propósito a harmonização das garantias exigidas aos Estados-membros para proteger os interesses tanto dos associados como dos terceiros, no que respeita à estrutura das sociedades anónimas assim como aos poderes e atribuições dos seus órgãos. Cfr., para além do preâmbulo da proposta (49-50), MENEZES CORDEIRO – *Direito europeu...* p. 714-717.

[1770] *Ibidem.*

[1771] Cfr. *ibidem*, p. 715-716.

[1772] JOCE N.º C-240, 3-5, de 9 de setembro de 1983. O texto desta proposta, numa tradução portuguesa de MENEZES CORDEIRO, pode ser consultado em *ibidem*, p. 679-713.

[1773] Cfr. *ibidem*, p. 716-717.

[1774] JOCE N.º C-7, 4-6, de 11 de janeiro de 1991.

DA ADMINISTRAÇÃO À FISCALIZAÇÃO DAS SOCIEDADES

de 20 de novembro de 1991[1775]), com igual insucesso e posterior abandono pela Comissão[1776].

1299   III. Os projetos de Regulamento sobre o estatuto da *societas europaea* (SE) sofreram idêntica evolução. O primeiro projeto apresentado pela Comissão Europeia ao Conselho em 30 de junho de 1970[1777], baseado no projeto do Prof. PETER SANDERS[1778], previa um modelo dualista germânico (Título IV, arts. 62.º a 99.º) com codeterminação (Título V, arts. 100.º a 147.º). Cinco anos volvidos, considerando as posições defendidas no Parlamento Europeu e no Conselho Económico e Social, a Comissão Europeia apresentou um longo projeto modificado, conhecido como o Projeto de 1975[1779]. Este projeto, não obstante o interesse científico que despertou, não reuniu consenso político, desde logo por continuar a defender a implementação do modelo germânico a nível comunitário. Acabou por ser abandonado em 1982[1780].

1300   Apesar da pouca vontade política para reabrir este assunto, a Comissão Europeia acabou por ceder às pressões de empresários, apresentando novo projeto a 25 de agosto de 1989, desdobrado numa "proposta de regulamento que institui o estatuto da sociedade europeia" e numa "proposta de directiva que completa o estatuto da sociedade europeia (SE) no que se refere à posição dos trabalhadores"[1781]. Este projeto previa finalmente a opção por uma estrutura dualista ou monista de administração e fiscalização. Contudo, mantinha-se um modelo de codeterminação complexo e confuso, gerando múltiplas indicações de modificação pelo Comité Económico e Social e pelo Parlamento Europeu[1782].

1301   Seguiu-se, assim, o projeto de 1991, apresentado a 16 de maio de 1991[1783]. Neste, o grande obstáculo continuava a ser o regime de codeterminação que suscitou múltiplas intervenções e a um bloqueio dos trabalhos. A pressão dos empresários, bem como o relatório da comissão presidida por CARLO CIAMPI[1784], determinaram o relançamento dos trabalhos.

[1775] JOCE N.º C-321, 9-12, de 12 de dezembro de 1991.

[1776] MENEZES CORDEIRO – *Direito europeu...* p. 716-718.

[1777] JOCE n.º C-124, 1-59, de 10.10.1970. O texto pode ainda ser consultado, em língua italiana, no nosso *BMJ*, 216, 1972, p. 237-302, 217, 1972, p. 446-495 e 218, 1972, p. 441-489.

[1778] Sobre este projeto, cfr. entre nós AIRES CORREIA – O direito das sociedades na comunidade económica europeia, BMJ, 190, 1969, MENEZES CORDEIRO – *Direito europeu...* p. 908-910.

[1779] Apresentado em 30 de abril de 1975 e publicado a 13 de maio de 1975, COM (75) 150.

[1780] Cfr. MENEZES CORDEIRO – *Direito europeu...* p. 913-914.

[1781] JOCE N.º C-263, 69-72, de 16 de outubro de 1989.

[1782] Cfr. MENEZES CORDEIRO – *Direito europeu...* p. 915-916.

[1783] JOCE N.º C-176, 1-68, de 8 de julho de 1991.

[1784] COMPETITIVENESS ADVISORY GROUP – *Enhancing European competitiveness: Second report to the President of the European Commission, the Prime Ministers and Heads of State (Ciampi Report)*, 2005, disponível em

O MODELO GERMÂNICO

Em 1996 o Visconde Étienne Davignon foi encarregue de presidir a um 1302
grupo de peritos com o propósito de ultrapassar o bloqueio, apresentando o
seu relatório em 1997[1785]. Este, porém, não lograria alcançar o seu propósito.
Só a fórmula antes/depois, proposta por Lord Simon em 1998, permitiria ultrapassar o bloqueio: não havendo participação de trabalhadores antes da constituição da SE, não teria de a haver na SE; na situação inversa, a participação dos
trabalhadores teria de ser preservada de acordo com as práticas mais avançadas. O problema das SE provenientes de sociedades nacionais com e sem participação só viria a ser resolvido no Conselho de Nice de 7 e 8 de dezembro de
2000: reconheceu-se a vários Estados a faculdade de não transpor as disposições subsidiárias relativas à participação, nos casos de SE constituídas por fusão
(*opting-out*)[1786].

Surgiu então o Regulamento n.º 2157/2001, de 8 de outubro, relativo ao esta- 1303
tuto da *societas europaea* (SE)[1787]. Este começa logo por afirmar, no seu considerando 14, existirem a nível europeu «dois sistemas diferentes de administração
de sociedades anónimas», permitindo a escolha entre um dos dois. Impunha,
contudo, que fosse traçada «uma delimitação clara entre as responsabilidades
das pessoas encarregadas da gestão e as das pessoas responsáveis pela fiscalização». Neste sentido, dispõe o art. 38.º que a SE inclui, nas condições previstas
neste regulamento (a) uma assembleia geral de acionistas e (b) um órgão de fiscalização e um órgão de direção (sistema dualista), ou um órgão de administração (sistema monista), consoante a opção adotada nos estatutos. Cada um dos
sistemas é objeto de regulamentação pormenorizada nos artigos subsequentes
(Título III)[1788].

IV. Em Portugal, a opção pelo modelo germânico foi introduzida logo em 1304
1986, na versão original do Código das Sociedades Comerciais[1789], por manifesta
influência da *Loi n.º 66-537 du 24 juillet 1966 sur les sociétés commerciales*[1790] e da

---

http://aei.pitt.edu/2836/1/068.pdf.

[1785] Groupe Davignon – *Participation des travailleurs: Rapport final du Groupe Davignon*, 1997, disponível
em http://europa.eu/rapid/pressReleasesAction.do?reference=IP/97/396&format=HTML&aged=1&la
nguage=FR&guiLanguage=en.

[1786] Menezes Cordeiro – *Direito europeu...* p. 919-922.

[1787] JOCE N.º L-294, 2-21, de 10 de novembro de 2001. O texto desta proposta pode também ser
consultado em Menezes Cordeiro, *Direito europeu da sociedades*, p. 855-886.

[1788] Sobre esta regulamentação, cfr. *ibidem*, 953-957 e, sobre as SE com sede em Portugal, p. 968-981.

[1789] Sobre os antecedentes, a preparação, o sistema, as fontes e as alterações do Código das Sociedades
Comerciais, *vide*, por todos, Menezes Cordeiro – *Direito das sociedades*, 1³... p. 145-168.

[1790] Cfr. *Sous-Section II. – Directoire et conseil de surveillance*, art. 118.º ss. Quanto à influência desta lei, cfr., *v.g.*,
Raul Ventura – *Novos estudos...* p. 10-11.

517

DA ADMINISTRAÇÃO À FISCALIZAÇÃO DAS SOCIEDADES

proposta de 5.ª Diretriz de Direito das sociedades[1791]. Segundo RAUL VENTURA, pretendia-se então não só transpor esta Diretriz que (segundo previsão do autor que se não confirmaria), mais dia menos dia, viria a ser aprovada, e «oferecer a investidores estrangeiros a possibilidade de constituírem em Portugal sociedades com estruturas a que estejam habituados nos seus países»[1792].

1305   Este modelo acabou por não vingar entre nós[1793]. O próprio legislador reconheceu este facto, afirmando no preâmbulo do Decreto-lei n.º 76-A/2006, de 29 de março (que aprovou a reforma do Código das Sociedades Comerciais de 2006): «Sucede que, em Portugal, o modelo dualista, além de denotar especificidades, tem sido objecto de algumas distorções, que o tornaram quase inaplicado nas sociedades portuguesas», facto que motivou o legislador a eliminar tais elementos de distorção «de modo que a liberdade de escolha do modelo de governo societário passasse a ser efectiva»[1794].

1306   Com a reforma de 2006, multiplicaram-se as opções de estruturação da administração e fiscalização das sociedades comerciais. Não só foi introduzido o modelo anglo-saxónico[1795], como se multiplicaram as normas que permitem a

---

Note-se que a regulação do modelo germânico em França se afastava nalguns pontos decisivos do sistema original. Assim, por exemplo: (i) o *directoire*, cujos membros podiam ser destituídos sem justa causa, foi configurado como um órgão deliberativo interno, porquanto apenas o seu presidente tinha poderes para vincular a sociedade, salvo disposição em contrário dos estatutos (art. 126); e (ii) o *conseil de surveillance* era mais fraco do que o seu congénere alemão, não tendo poderes para destituir os diretores (podendo apenas propor a sua destituição pela assembleia geral), nem para aprovar as contas anuais [arts. 121(1) e 157(3)]. Paralelamente, mantendo o esquema anteriormente vigente, dois representantes da comissão de trabalhadores podiam participar nas reuniões do *conseil de surveillance*, mas sem direito de voto. Cfr. art. 3 da *ordonnance n.º 45-280, du 22 février 1945*, tal como alterada pelo art. 6 da *Loi n.º 66-427, de 18 juin 1966*, J.O. 25-6-1966, p. 5267-5268.

[1791] O art. 278.º/1 previa então que: «A administração e a fiscalização da sociedade podem ser estruturadas segundo uma de duas modalidades: a) Conselho de administração e conselho fiscal; b) Direcção, conselho geral e revisor oficial de contas».

[1792] RAUL VENTURA – *Novos estudos...* p. 12-13.

[1793] Assim, *e.g.*, *ibidem*, p. 11, afirmando que o insucesso deste modelo seguira o exemplo do que sucedera em França após introdução de indêntica alternativa.
Segundo MENEZES CORDEIRO – *Manual*, 2²..., p. 775-776, a contínua opção das sociedades nacionais pelo nosso modelo tradicional deveu-se ao facto de este ser mais adequado aos hábitos individualistas dos países do Sul: «um sistema verdadeiramente dualista pressupõe uma forte interação entre os dois órgãos (direção e conselho de vigilância), sob pena de paralisar o funcionamento da sociedade».

[1794] Os fatores de distorção eram sobretudo de ordem terminológica. Assim, por razões de prestígio pessoal dos titulares do órgão de administração, o legislador substituiu o termo "directores" por "administradores" e "direcção" por "conselho de administração executivo". Cfr. *ibidem*, p. 779.

[1795] De acordo com a redação de 2006, o art. 278.º/1 dispõe: «A administração e fiscalização da sociedade podem ser estruturadas segundo uma de três modalidades: a) Conselho de administração e conselho fiscal; b) Conselho de administração, compreendendo uma comissão de auditoria, e revisor oficial de

O MODELO GERMÂNICO

configuração de submodelos. Para além disso, seguindo a proposta apresentada pela CMVM, foi revista a regulação do modelo dualista:

«procurou-se, por um lado, actualizar o sistema de acordo com a evolução recente nos ordenamentos jurídicos mais próximos do português, que consagram igualmente aquele sistema. Por outro, pretendeu-se eliminar aquelas disparidades actualmente existentes entre este e o sistema latino, para as quais não se encontrou o devido fundamento»[1796].

A proposta da CMVM continha ainda algumas pistas importantes para efeitos da interpretação das soluções entretanto consagradas entre nós: por um lado, a revisão do modelo dualista visou atualizá-lo de acordo com a evolução recente nos ordenamentos jurídicos mais próximos do português, que consagram igualmente aquele sistema; por outro visou reforçar a autonomia privada das sociedades, o que implicou, nalguns pontos, o distanciamento face a traços característicos do sistema alemão[1797].

Segundo a CMVM, «[d]isponibilizar às sociedades portuguesas um arsenal de fórmulas organizativas modernas, flexíveis e credíveis afigura-se mais importante do que criar transplantes legais fiéis ao original»[1798]. Como veremos adiante[1799], não nos parece que seja necessariamente correto este entendimento.

§ 42. A CONFIGURAÇÃO DO MODELO GERMÂNICO NO CÓDIGO DAS SOCIEDADES COMERCIAIS ENTRE 1986 E 2006

Na versão original do Código das Sociedades Comerciais, o modelo germânico, apresentado no art. 278.º/1, *b*), compreendia a direção, o conselho geral e

---

contas; c) Conselho de administração executivo, conselho geral e de supervisão e revisor oficial de contas».

[1796] Cfr. CMVM – *Governo das sociedades anónimas...*, p. 38-39.
[1797] Nas palavras da CMVM:
   «Entendeu-se ser mais importante encontrar fórmulas organizativas flexíveis e avançadas do que desenhar modelos legislativos de governação que seja [*sic*] cópias fiéis dos originais. A título de exemplo, embora seja pedra de toque do modelo dualista a nomeação e destituição dos administradores pelo conselho geral (art. 441.º a)), preconiza-se a possibilidade de delegação estatutária de tal poder à assembleia geral, que goza de mais ampla representatividade pelos acionistas. Idênticos motivos conduziram a um redireccionamento da competência de aprovação de contas a favor do colégio de acionistas (...). Assim, resulta o modelo dualista plenamente conforme às exigências internacionais de boa governação – designadamente europeias e norte-americanas». *Ibidem*, p. 39.
[1798] Cfr. *ibidem*, p. 41.
[1799] Cfr. § 43 *infra*.

DA ADMINISTRAÇÃO À FISCALIZAÇÃO DAS SOCIEDADES

o revisor oficial de contas. A direção e o conselho geral seriam redenominados em 2006 para conselho de administração executivo e conselho geral e de supervisão. Analisamos em seguida a evolução do enquadramento normativo de cada um destes órgãos.

1310   Tal como o modelo tradicional, também este modelo assenta num princípio de dissociação das funções de administração e fiscalização (*aktienrechtliches Trennungsprinzip*), ainda que essa dissociação seja menos clara nalguns pontos, como veremos[1800].

42.1. Evolução do enquadramento normativo da direção

1311   I. Face à redação do Código das Sociedades Comerciais de 1986, a direção devia ser composta por um número impar de membros, no máximo de cinco (art. 424.º)[1801], cuja nomeação[1802], destituição e remuneração, tal como no Direito alemão[1803], competia ao conselho geral (arts. 425.º/1[1804], 430.º/1 e 429.º/1)[1805].

1312   Quanto à sua destituição, contrariamente ao verificado no Direito alemão e ao que parecia resultar à primeira vista do art. 430.º/1, admitia-se a destituição *ad nutum*, com direito a indemnização pelos danos sofridos (art. 430.º/3): a destituição sem justa causa constituía ato lícito, mas gerador de responsabilidade civil. Estava em causa o equilíbrio entre o interesse da sociedade na substituição da administração e o interesse do administrador na estabilidade do seu vínculo à sociedade (art. 406.º)[1806].

[1800] Também no sistema alemão, não obstante a redação do § 111(1) e (4)1 AktG, segundo o qual não podem ser delegados poderes de gestão ao *Aufsichtsrat*, afirma-se que a delimitação de competências e tarefas entre o *Vorstand* e o *Aufsichtsrat* operada pelo princípio jus-societário de dissociação (*Trennungsprinzip*) é falaciosa, atento o dever de sujeitar um catálogo de matérias de gestão a consentimento do *Aufsichtsrat* (§ 111(4)2 AktG). Leyens – *Information des Aufsichtsrats* ..., p. 128-129.

[1801] A direção colegial podia ser substituída por um diretor único quando o capital da sociedade fosse inferior a 20.000 contos. Cfr. arts. 278.º/2 e 424.º/2 na redação de 1986. Este artigo foi inspirado pela lei francesa (art. 119 da lei de 1966 e art. 96 do Decreto n.º 67-326). Cfr. José Menéres Pimentel – *Código das Sociedades Comerciais e legislação complementar*, com prefácio e notas de Menéres Pimentel, Lisboa: Instituto Progresso Social e Democracia – Francisco Sá Carneiro, 1987, p. 328.

[1802] Quanto à nomeação judicial, valiam as regras relativas aos membros do conselho de administração, já analisadas (art. 394.º, *ex vi* art. 426).

[1803] Cfr. § 84(1) AktG.

[1804] Baseado no § 84(1) AktG, arts. 120 e 122 da lei francesa e art. 3.º/1, *b*) da proposta de 5.ª Diretriz (1983). Cfr. Menéres Pimentel – *Código*... p. 328-329. Note-se contudo que, contrariamente ao disposto no art. 120 da lei francesa, o art. 436.º atribui ao conselho geral a competência para designar o seu próprio presidente.

[1805] As incompatibilidades e impedimentos previstos no art. 425.º/5 tiveram diferentes fontes: ora a lei francesa, ora o regime do conselho fiscal, ora a proposta de 5.ª Diretriz. Cfr. *ibidem*, p. 329.

[1806] Face à redação original do art. 430.º/1, a destituição só podia ocorrer com justa causa, incluindo esta, tal como no Direito alemão (§ 84(3)2 AktG), não só a violação grave de deveres, mas também a

O MODELO GERMÂNICO

inaptidão (no alemão *Unfähigkeit*, que RAUL VENTURA traduziu por incapacidade, tal como vertido no art. 430.º, suscitando interpretações divergentes na doutrina nacional) para a gestão devida da sociedade (*ordnungsmäßigen Geschäftsführung*) e a retirada de confiança pela assembleia geral (art. 430.º/2). Tratava-se de uma disposição da maior importância, *aparentemente* subvertida pelo disposto no n.º 3 do mesmo artigo (com paralelo já no n.º 3 do art. 431.º do projeto de RAUL VENTURA que, contudo, não previa limites à indemnização do diretor), segundo o qual, se a destituição não se fundasse em justa causa, o diretor teria direito a indemnização pelos danos sofridos, até ao limite do montante das remunerações que presumivelmente receberia até ao final do período para que foi eleito.

No Direito alemão, o § 84(3)2 AktG prevê como justa causa de destituição a retirada de confiança pela assembleia geral e, segundo a atual redação do § 84(3)4 AktG, considera anulável a destituição sem justa causa. Nas palavras da lei, «*Der Widerruf ist wirksam, bis seine Unwirksamkeit rechtskräftig festgestellt ist*»; em português: «a revogação [da nomeação] é eficaz até à determinação final da sua ineficácia». Assim sendo, a destituição deve ser registada, não podendo o *Registergericht* questionar a existência de justa causa. GREGOR THÜSING – "Abberufung und Kündigung der Anstellung des Vorstands", in HOLGER FLEISCHER (ed.) – *Handbuch des Vorstandsrechts*, München: Beck, 2006, p. 168, n.º 31. No entanto, como sublinha MERTENS, na prática a destituição é definitiva, porquanto a ação de anulação tendencialmente demora mais tempo do que o remanescente do mandato do diretor que seguramente não é renovado. Aliás, face à redação do § 84(3)4 AktG, não são admissíveis providências cautelares: só é admissível a substituição do entendimento do *Aufsichtsrat* pelo do tribunal após apreciação de todos os factos em juízo. Note-se ainda que, segundo o BGH, a deliberação de destituição sem justa causa objetiva não é em si viciada, porquanto a lei confere ao *Aufsichtsrat* a possibilidade de realizar uma apreciação jurídica independente e de deliberar com base nessa mesma apreciação. Vulnerável é, portanto, apenas a declaração de destituição (BGH 7-jun.-1962, *WM*, 1962, 811). Porém, quando a deliberação do *Aufsichtsrat* seja manifestamente ilegal ou arbitrária ou não seja baseada em circunstâncias específicas, será nula. Corresponde a uma transgressão abusiva da sua margem de apreciação do que constitui uma justa causa de destituição. Nestes casos deve ser admitida uma providência cautelar destinada a manter o diretor em funções. Cfr. MERTENS – *Kölner Komm. AktG²...*, § 84, n.ᵒˢ 97-101.

Em França, o art. 121 da *loi sur les sociétés commerciales n.º 66-537*, no qual alegadamente se baseou a solução nacional (MENÉRES PIMENTEL – *Código...* p. 329 refere-se ao art. 421, mas certamente por lapso, dado que este artigo nada tem a ver com esta matéria), estabelece que os membros da direção podem ser destituídos pela assembleia geral, mediante proposta do *conseil de surveillance*; faltando justa causa, os diretores têm direito a indemnização pelos danos sofridos.

Por seu turno, o art. 13.º da proposta de 5.ª Diretriz (1983) – também tida em consideração pelo legislador nacional (cfr. *ibidem*) – nada esclarece quanto a este ponto, dado que se limita a afirmar que os membros do órgão de direção podem ser destituídos pelo órgão de vigilância.

Tal como no Direito alemão ou no Direito francês, o n.º 1 do art. 430.º devia ser interpretado no sentido de manter um equilíbrio entre a direção e o conselho geral (cfr., *v.g.*, THÜSING – *Abberufung...* p. 159 para um paralelo no Direito alemão), evitando a total sujeição da primeira ao segundo: na ausência de uma justa causa objetiva, o conselho geral devia submeter a questão a deliberação dos acionistas. No entanto, *aparentemente*, esse equilíbrio era posto em causa pela solução resultante da conjugação dos n.ᵒˢ 1 e 3: a deliberação do conselho geral e a subsequente declaração de destituição de um diretor sem justa causa (e sem retirada de confiança dos acionistas) seriam válidas [e não nulas, nos termos do art. 411.º/1, *c) ex vi* art. 433.º, n.º 1], constituindo, no entanto, um direito de indemnização na esfera jurídica do diretor. Esta solução traduzia um poder do conselho geral de destituição *ad nutum* dos diretores, sem prejuízo de as consequências variarem consoante existisse ou não justa causa. Um tal poder constitui, como é sabido, um poderoso instrumento de pressão que podia ser usado pelo conselho geral contra os diretores. Em teoria, caso estes não atuassem nos termos pretendidos pelo conselho geral, poderiam ser livremente

DA ADMINISTRAÇÃO À FISCALIZAÇÃO DAS SOCIEDADES

destituídos. Na prática, o direito de indemnização pode constituir um ponderoso obstáculo à destituição dos diretores sem justa causa.

Dito isto, a solução portuguesa, apesar de *aparentemente* divergente da alemã, era na realidade próxima desta: entre nós, na prática, a destituição não era inteiramente livre; no espaço tudesco, na prática, o membro do *Vorstand* destituído sem justa causa só tem direito a indemnização pelos danos sofridos nos termos gerais, sendo a destituição definitiva, porquanto, como referido antes, a ação de anulação tendencialmente demora mais tempo do que o remanescente do mandato do diretor (cfr. HANS-JOACHIM MERTENS, in *Kölner Kommentar zum Aktiengesetz*, 2.ª ed., 1990, § 84, n.ºs 97-101, p. 174-175).

A redação do art. 430.º suscitava ainda um outra questão, debatida pela nossa doutrina e pela nossa jurisprudência: a retirada de confiança pela assembleia era arbitrária ou dependia de justa causa? A exigência de justa causa para a retirada de confiança pelos acionistas – neste sentido, MENEZES CORDEIRO – *Direito das sociedades*, 1³... p. 949, afirmando «não fazer sentido uma retirada arbitrária da confiança», «tal retirada teria de se basear em violações graves dos deveres exigíveis» – esvaziaria de conteúdo útil o n.º 2 do art. 430.º, porquanto, existindo "outra" justa causa, o conselho geral podia destituir o diretor sem prévia retirada de confiança pela assembleia geral.

Nos seus termos literais, o art. 430.º configurava a retirada de confiança como justa causa para efeitos da destituição sem direito a indemnização, lado a lado com a "violação grave dos deveres do diretor" e a sua "incapacidade para o exercício normal das respetivas funções". Esta redação traduzia uma perspetiva "civilista" da justa causa, como correspondendo a qualquer motivo justificado, a apreciar livremente pelo Tribunal, por contraposição a uma noção "mais laboral" (cfr. a contraposição em *ibidem*, p. 948), como correspondendo a um comportamento culposo que, pela sua gravidade e consequências, torna praticamente impossível a manutenção em funções (PINTO FURTADO – *Código Comercial anotado*, 2:1... p. 378).

Esta perspetiva "mais laboral" foi defendida por RAUL VENTURA – *Sociedades por quotas, 3...*, p. 91 ss., no contexto das sociedades por quotas, e por MENEZES CORDEIRO – *Direito das sociedades*, 1³... p. 947-952, em especial, p. 949-950 nas sociedades anónimas, incluindo de modelo germânico. Como realça este autor, a jurisprudência do STJ tem sido sensível a esta perspetiva, mas, em nossa opinião, em termos nem sempre claros.

Assim, no STJ 20-jan.-1982 (LIMA CUNY), *BMJ*, 323 (1983), p. 405-413 (p. 412-413) (na citação de MENEZES CORDEIRO surge, por lapso, com data de 1983) o tribunal considerou que,

> «enquanto sujeitos activos do direito a uma remuneração periódica pelo trabalho que desenvolvem, a situação deles perante as sociedades que administram tem grandes semelhanças com a dos trabalhadores por conta de outrem face à entidade patronal, situação essa sujeita ao "Regime Jurídico do Contrato Individual de Trabalho" (...)».

Pretendia o tribunal por esta via estender a aplicação da norma segundo a qual deveriam ser tidas como "retribuição" (remuneração) as "gratificações" que

> «pela sua importância e carácter regular e permanente, devam, segundo os usos, considerar-se como elemento integrante da remuneração...».

Tudo isto para justificar que, tendo determinadas prestações (qualificadas pela assembleia geral como "complemento de retribuição") sido pagas regularmente a determinado administrador, segundo os "usos" da sociedade (o Banco Pinto & Sotto Mayor, S.A.R.L.), não era necessária uma deliberação prévia da assembleia geral para que o respetivo pagamento fosse ordenado. Ora, não parece que esta sentença constitua fundamento suficiente para afirmar uma adesão do STJ a uma perspetiva "mais laboral" da justa causa para efeitos da determinação de um direito a indemnização pela destituição fundada em retirada de confiança pela assembleia geral. Contudo, no STJ 26-nov.-1987 (LIMA CLUNY), *BMJ*, 371 (1987), p. 490-495 (p. 494-495), o STJ partiu daquela primeira aproximação ao regime jurídico do contrato de trabalho para justificar o dever de indemnização em caso de destituição sem justa causa. Noutro acórdão

O MODELO GERMÂNICO

II. Nos termos do art. 431.º[1807], eram imputados à direção plenos poderes de gestão e representação da sociedade, sem prejuízo da possibilidade de a lei, o contrato de sociedade e o próprio conselho geral poderem fazer depender a prática de determinados atos do prévio consentimento do conselho geral (nos termos do art. 442.º/1). Quanto ao conteúdo e alcance destes poderes, remetia-se (e remete-se ainda hoje) para o disposto no modelo tradicional (arts. 406.º a 409.º, *ex vi* 431.º/3)[1808]. Contrariamente ao verificado no modelo tradicional, o exercício de outras atividades comerciais pelos diretores estava sujeito a autorização do conselho geral e não da assembleia geral (art. 428.º/1 a 3). Ao conselho geral cabia ainda a autorização dos negócios a celebrar entre a sociedade e os seus diretores (n.º 4 do mesmo artigo).

também interessante para este ponto, ainda que relativo à destituição do gerente de uma sociedade por quotas, o STJ associou a quebra de confiança entre a sociedade (representada pela assembleia geral) e o gerente com a violação grave dos deveres do gerente e a sua incapacidade para o exercício normal das respetivas funções. Cfr. STJ 10-fev.-2000, *BMJ*, 494 (2000), p. 353-358 (citado por Menezes Cordeiro, por equívoco, com data de 2002).

O problema estava na enunciação da "justa causa" simultaneamente como pressuposto da licitude da destituição e como pressuposto do direito à indemnização. Assim, defendia Menezes Cordeiro:

«o extraordinário preceito do artigo 430.º/2 devia, assim, na parte em que referia a retirada de confiança, ser simplesmente interpretado como dando legitimidade à assembleia geral das sociedades anónimas de tipo germânico para destituir os diretores. Quanto às consequências de tal destituição: dependiam, nos termos gerais, de haver ou não justa causa».

O autor identificou bem o problema e a colocação do art. 430.º ao nível da competência orgânica para a destituição dos diretores, mas não é correta a atribuição dessa competência à assembleia geral. O preceito em causa atribuía a competência para a destituição ao conselho geral, fazendo contudo depender o seu exercício de prévia deliberação da assembleia geral retirando a confiança ao diretor. A retirada de confiança consubstanciava, portanto, uma autorização, no sentido de ato legitimador. Cfr., *e.g.*, Menezes Cordeiro – *Tratado*, 5..., p. 20-23, Pedro Leitão Pais de Vasconcelos – *A autorização*, Coimbra: Coimbra Editora, 2012, p. 151 ss.

Por isso, concluindo, face à sua redação original, o art. 430.º devia ser interpretado no sentido de (i) permitir a destituição de diretores pelo conselho geral quando existisse justa causa; (ii) faltando justa causa, o conselho geral teria de submeter a questão à assembleia geral: caso esta retirasse a confiança aos diretores, o conselho geral podia destituí-los; (iii) em todo o caso, a questão da competência para a destituição não se confundia com aqueloutra relativa às consequências da destituição: faltando justa causa para a destituição (excluindo aqui a retirada de confiança pela assembleia), os diretores teriam direito a ser indemnizados até ao limite do que presumivelmente receberiam até ao final do período para que tinham sido eleitos.

A deficiente redação do art. 430.º foi ultrapassada no novo texto resultante da reformulação do modelo germânico em 2006, em termos que não merecem o nosso aplauso: perdeu-se o mecanismo de necessária articulação entre o conselho geral e de supervisão e a assembleia geral para a destituição de administradores sem justa causa.

[1807] Este preceito baseia-se nos §§ 76(1), 78(1) e 82 AktG, tendo sido considerados também os arts. 194.º e 196.º da lei francesa. Cfr. Menéres Pimentel – *Código*... p. 328.

[1808] O mesmo se diga quanto às deliberações da direção (arts. 411.º e 412.º/1, com as modificações previstas no art. 433.º/1), à caução, à reforma e à renúncia dos diretores (cfr. art. 433.º, n.ºs 2 a 4).

DA ADMINISTRAÇÃO À FISCALIZAÇÃO DAS SOCIEDADES

1314   III. Tal como no Direito alemão – e contrariamente ao verificado na relação do conselho de administração com o conselho fiscal no modelo tradicional – o Código das Sociedades Comerciais especificava determinados deveres de prestação periódica de informação pela direção ao conselho geral. Nos termos do art. 432.º/1, inspirado no § 90 AktG[1809], numa redação que ainda hoje se mantém inalterada[1810], a direção devia comunicar ao conselho geral (a) pelo menos uma vez por ano, a política de gestão que tenciona seguir, bem como os factos e questões que fundamentalmente determinaram as suas opções; (b) trimestralmente, antes da reunião do conselho geral, a situação da sociedade e a evolução dos negócios, indicando designadamente o volume de vendas e prestações de serviços; (c) na época determinada pela lei, o relatório completo da gestão, relativo ao exercício anterior.

1315   Para além deste dever de informação interorgânico, exigia (e exige ainda hoje) o n.º 2 do art. 432.º que a direção informasse o *presidente* do conselho geral sobre qualquer negócio que pudesse ter influência significativa na rentabilidade ou liquidez da sociedade e, de modo geral, sobre qualquer situação anormal ou por outro motivo importante.

1316   A referência do n.º 3 do mesmo artigo às ocorrências relativas a sociedades em relação de domínio ou de grupo, quando possam refletir-se na situação da sociedade considerada, permite esclarecer o alcance dos poderes-deveres de informação do conselho geral face ao desenvolvimento da atividade social através de sociedades participadas (e outras sociedades abrangidas naquelas categorias).

1317   A positivação destes deveres de informação, decorrente de uma longa evolução histórica no espaço tudesco, teve uma profunda influência na compreensão das funções do *Vorstand* e do *Aufsichtsrat* e do correspondente equilíbrio interorgânico. Entre nós, o disposto no art. 432.º corresponde a uma concretização dos poderes-deveres de obtenção de informação que integram a obrigação de vigilância global da administração da sociedade, transversais aos três modelos de governo da sociedade anónima.

[1809] Neste ponto, o legislador nacional foi além do disposto no art. 11.º da proposta de 5.ª Diretriz (1983). Assim, por exemplo: o dever de prestação de informação prospetiva [art. 432.º/1, a)] decorre diretamente do § 90(1)I-1 AktG, sem paralelo no normativo comunitário; o dever de prestação de informação ao presidente do conselho geral sobre qualquer negócio que possa ter influência significativa na rentabilidade ou liquidez da sociedade e, de modo geral, sobre qualquer situação anormal ou por outro motivo importante (art. 432.º/2) tem paralelo, tal como a expressa extensão dos deveres de informação às ocorrências relativas a sociedades em relação de domínio ou de grupo (art. 432.º/3), no § 90(1)II AktG, igualmente sem paralelo no texto comunitário.

[1810] Salvo quanto às designações dos órgãos sociais alteradas na reforma de 2006.

O MODELO GERMÂNICO

42.2. Evolução do enquadramento normativo do conselho geral

I. Na versão original do Código das Sociedades Comerciais, o conselho geral   1318
era composto necessariamente por um número impar de acionistas (titulares de
ações nominativas ou de ações ao portador registadas ou depositadas)[1811], sempre
superior ao número de diretores e não superior a quinze, eleitos pela assembleia
geral (arts. 434.º e 435.º)[1812]. A esta (ou a uma comissão por si designada) cabia
também definir a remuneração dos membros do conselho geral (art. 440.º)[1813].
Os arts. 438.º e 439.º estabeleciam as regras relativas à substituição e nomeação
judicial dos seus membros[1814] e o art. 437.º as causas de incompatibilidade[1815].

II. Para além das funções que, no modelo tradicional, eram imputadas ao   1319
conselho fiscal[1816], competia ao conselho geral, nos termos do art. 441.º, designar
e destituir os diretores e o seu presidente [als. *a)* e *b)*][1817]; representar a sociedade
nas relações com estes [al. *c)*][1818]; aprovar o relatório e as contas elaborados pela
direção [al. *f)*][1819]; e conceder ou negar o consentimento à transmissão de ações,
quando este fosse exigido pelo contrato [al. *h)*][1820]. Todas estas competências se
reconduziam à obrigação de «fiscalizar as *atividades da direção*» [al. *d)*][1821], redação que parecia limitar o âmbito da fiscalização às atividades desta, excluindo

---

[1811] O art. 5.º da proposta de 5.ª Diretriz não exigia a qualidade de acionista, contrariamente ao disposto
no art. 130 da lei francesa. No direito alemão, o § 96 AktG regula a complexa composição do *Aufsichtsrat*
de acordo com o sistema de codeterminação, não impondo contudo que os representantes dos acionistas
tenham eles próprios essa qualidade.

[1812] Cfr. paralelos nos §§ 95 e 96 AktG e nos arts. 129 e 134 da lei francesa.

[1813] Cfr. paralelos nos § 113 AktG, arts. 140 a 142 da lei francesa e no art. 8.º da proposta de 5.ª Diretriz
(1983).

[1814] Cfr. paralelo no § 104 AktG.

[1815] Cfr. paralelos nos § 105 AktG, art. 6.º da proposta de 5.ª Diretriz (1983) e no art. 133 da lei francesa.

[1816] Com exceção do dever de verificar se os critérios valorimétricos adoptados pela sociedade conduzem
a uma correta avaliação do património e dos resultados [art. 420.º, *f)*, na redação original] que, por
manifesto lapso do legislador, não foi previsto no art. 441.º.
Quanto à competência para verificar a regularidade dos livros, registos contabilísticos e documentos que
lhes servem de suporte, assim como a situação de quaisquer bens ou valores possuídos pela sociedade
a qualquer título, cfr. paralelo no § 111(2) AktG; quanto à competência para elaborar anualmente um
relatório sobre a sua atividade e apresentá-lo à assembleia geral, cfr. § 171(2) AktG.

[1817] Cfr. paralelo no § 84 AktG.

[1818] Cfr. também o art. 443.º/1, nos termos do qual o conselho geral tinha poderes de representação da
sociedade nas relações desta com os seus diretores, devendo nomear dois dos seus membros para o efeito.
Nos termos do n.º 2 do mesmo artigo, tinha ainda poderes de representação da sociedade para requerer
atos de registo comercial relativos aos seus próprios membros.
Cfr. também o paralelo no § 112 AktG.

[1819] Cfr. paralelo no § 172 AktG.

[1820] Cfr. paralelo no § 68(2) AktG.

[1821] Cfr. paralelo no § 111(1) AktG.

DA ADMINISTRAÇÃO À FISCALIZAÇÃO DAS SOCIEDADES

a atividade da estrutura administrativa à mesma subordinada[1822]. A este ponto voltaremos adiante.

1320   Sendo muitas das competências atribuídas ao conselho geral idênticas às atribuídas ao conselho fiscal, no modelo tradicional, teria sido preferível a solução normativa proposta por RAUL VENTURA, no art. 434.º do Projeto de Código das Sociedades Comerciais (1983). Esta solução evitava a duplicação de normas e assegurava uma maior coerência sistemática entre os diferentes modelos de governo da sociedade anónima, imputando ao conselho geral «[a]s funções de fiscalização atribuídas ao conselho fiscal pelo artigo 413.º e quaisquer outras funções atribuídas por lei àquele conselho» [al. *a*)] [1823]. Enunciavam-se depois os deveres específicos do conselho geral, sem paralelo no nosso modelo tradicional.

1321   Para além das competências referidas no art. 441.º, ao conselho geral era imputada uma outra competência da maior relevância: nos termos do art. 442.º/1, a lei, o contrato de sociedade e o próprio conselho podiam estabelecer que a direção devia obter o prévio consentimento do conselho geral para a prática de determinadas categorias de atos. Isto sem prejuízo de a sua recusa de consentimento poder ser superada por deliberação da assembleia geral, por maioria de dois terços, a pedido da direção. Trata-se do instituto da reserva de consentimento (*Zustimmungsvorbehalt*)[1824], severamente limitado pela reforma de 2006, como veremos.

1322   Para além disso, cabia-lhe autorizar a celebração de negócios entre a sociedade e os seus diretores (arts. 428.º/4 e 397.º) e dar parecer sobre os negócios entre a sociedade e os membros do conselho geral (arts. 445.º/1 e 397.º)[1825], bem como autorizar o exercício de outras atividades comerciais pelos diretores (art. 428.º/1 a 3).

1323   III. Quanto à sua organização interna, destaca-se o papel de coordenação do seu presidente, especialmente importante na garantia dos fluxos de informação (art. 432.º). O presidente devia ser designado pelo próprio conselho geral (art. 436.º), não podendo os acionistas, no contrato de sociedade ou por deliberação posterior, impor uma qualquer designação[1826]. Destaca-se ainda a *possibilidade* de

---

[1822] Esta interpretação é coerente com o disposto no art. 3.º/1, *a*) da proposta de 5.ª Diretriz, segundo a qual a sociedade é gerida por um órgão de direção, fiscalizado por um órgão de vigilância. Cfr. MENEZES CORDEIRO – *Direito europeu...* p. 681. Como veremos adiante, é também coerente com a doutrina ainda maioritária no Direito alemão, mas que não merece o nosso acolhimento.

[1823] Cfr. *Código das Sociedades (Projecto)*, p. 262.

[1824] Com paralelo no § 111(4), II parte.

[1825] Cfr. §§ 114 e 115.

[1826] Esta solução tem paralelo no § 107(1) AktG, nos termos do qual o *Aufsichtsrat* é responsável pela sua organização interna.

O MODELO GERMÂNICO

constituir comissões para preparar as suas deliberações e fiscalizar a execução destas, bem como a *obrigação* de constituir uma comissão com funções de fiscalização *permanente* da direção (art. 444.°). O conselho geral devia reunir pelo menos uma vez por trimestre [art. 445.°/2, *a*)].

IV. Em termos globais pode afirmar-se que a versão original do Código das Sociedades Comerciais previa um regime muito rígido e formalista, imputando ao conselho geral um conjunto de poderes que, no modelo tradicional, cabiam à assembleia geral, de acordo com a perspetiva de que os acionistas minoritários são tipicamente abstencionistas e de que os interesses da sociedade eram melhor assegurados pela intervenção de um órgão intermédio entre a direção e os acionistas. Para além disso, eram-lhe reconhecidos poderes de interferência na gestão desenvolvida pela direção sem paralelo no modelo tradicional.

1324

42.3. Evolução do enquadramento normativo do revisor oficial de contas

I. No Projeto de Código das Sociedades Comerciais de RAUL VENTURA, o modelo germânico era descrito como compreendendo dois órgãos: o conselho geral e a direção (art. 279.°/1). Contudo, exigia o art. 452.° que a assembleia geral designasse um revisor oficial de contas para proceder ao exame das contas e da contabilidade da sociedade, por um período não superior a três anos.

1325

Ao revisor aplicar-se-iam as incompatibilidades previstas na lei para os membros do conselho fiscal, bem como os *poderes* destes relativamente ao exame, inspeção e informação.

1326

Contrariamente ao verificado no modelo tradicional português[1827], a "nota final" sobre a conformidade das contas com a lei e o contrato de sociedade seria lançada pelo próprio revisor[1828]. Esta solução era coerente com a atribuição da competência para a aprovação das contas ao conselho geral [art. 434.°, *f*) do projeto]. Esta diferença face ao nosso modelo tradicional justificava que, contrariamente ao proposto para o conselho fiscal, o conselho geral não lançasse a referida "nota final". Se o fizesse, não haveria dissociação entre o lançamento da nota e a sua aprovação juntamente com as contas. A solução proposta por RAUL VENTURA, equilibrada, seria prejudicada pela revisão final do projeto.

1327

[1827] Cfr. § 33.1 *supra*.

[1828] No modelo tradicional, o revisor seria responsável pelo exame das contas, preparação do correspondente relatório e apresentação de uma proposta de "nota final" ao conselho fiscal. A este caberia a apreciação do relatório e lançamento da nota final sobre a conformidade das contas face à lei e ao contrato de sociedade, concordante ou não com a proposta do revisor (arts. 450.° e 451.° do projeto).

DA ADMINISTRAÇÃO À FISCALIZAÇÃO DAS SOCIEDADES

1328   II. No CSC, nos termos do art. 446.º, o revisor oficial de contas devia ser designado pela assembleia geral por tempo não superior a três anos, valendo as incompatibilidades previstas na lei para os membros do conselho fiscal[1829] (n.ᵒˢ 1 a 3).

1329   Desastrosamente, dispunha o n.º 4 caber ao revisor oficial de contas designado os *poderes e deveres* atribuídos ao conselho fiscal e aos seus membros. Como vimos, no projeto de RAUL VENTURA atribuíam-se ao revisor apenas os *poderes* de exame, inspeção e informação dos membros do conselho fiscal, bem como o dever de lançamento da "nota final", nos termos regulados para o revisor oficial de contas integrado no conselho fiscal, no modelo tradicional. Assegurava-se assim o acesso à informação necessária à avaliação das contas, à preparação do correspondente relatório e lançamento da nota final.

1330   Ora, qual o sentido da extensão ao revisor dos *poderes e deveres* do conselho fiscal e dos seus membros? Os poderes orgânicos são sempre funcionalmente orientados ao cumprimento de deveres. Nessa medida, do teor literal do art. 446.º/4 poderia retirar-se uma sobreposição parcial das funções do conselho geral e do revisor, o qual ficaria também obrigado à fiscalização da administração da sociedade [obrigação síntese da função do conselho fiscal, nos termos do art. 420.º/1, *a)*].

1331   Para além de inútil, esta solução seria prejudicial, por inexequível na prática, permitindo a desresponsabilização que sempre acompanha o conflito positivo de competências. Por razões sistemáticas, esta disposição devia ser interpretada restritivamente, de acordo com o sentido proposto por RAUL VENTURA: o revisor tinha os poderes de exame, inspeção e informação dos membros do conselho fiscal e o dever de revisão e certificação das contas e elaboração do correspondente relatório anual.

1332   Sublinhe-se ainda que, neste modelo, contrariamente ao verificado a propósito do modelo tradicional, o revisor oficial de contas era (e é) um órgão autónomo, não integrado na estrutura de fiscalização do conselho geral. Veremos adiante os desafios colocados à articulação entre estes dois órgãos.

1333   O art. 446.º só foi revisto na reforma de 2006, analisada adiante.

1334   III. O papel desempenhado pelo revisor neste modelo de governo era conformado também pelo disposto nos arts. 451.º ss., relativos à apreciação anual da situação da sociedade, já analisados a propósito do modelo tradicional.

[1829] Nos termos do n.º 3 do art. 446.º, aplicava-se a "este" revisor oficial de contas e à sociedade de revisores oficiais de contas o disposto nos arts. 414.º, 416.º e 419.º (segundo a redação retificada pelo Decreto-Lei n.º 280/87). Considerando que o art. 414.º inclui normas específicas do conselho fiscal, sem paralelo no conselho geral, não se compreende a alteração da redação proposta por RAUL VENTURA.

528

O MODELO GERMÂNICO

IV. Para além disso, importa considerar se o art. 420.º-A, relativo ao "dever 1335
de vigilância" do revisor, introduzido em 1996, vale igualmente no modelo germânico. Como vimos a propósito do modelo tradicional, desta norma resulta
o dever do revisor de comunicar, *up the ladder*, os factos de que tenha conhecimento e que considere revelarem graves dificuldades na prossecução do objeto
da sociedade, designadamente, reiteradas faltas de pagamento a fornecedores,
protestos de títulos de crédito, emissão de cheques sem provisão, falta de pagamento de quotizações para a segurança social ou de impostos. Sem prejuízo da
sua colocação sistemática na regulação do modelo tradicional, parece-nos que
esta norma vale necessariamente, por analogia, também no modelo germânico.
A tanto impõe a coerência do sistema interno.

V. À margem do Código das Sociedades Comerciais, devem ser consideradas 1336
as alterações ao regime jurídico dos revisores oficiais de contas (em especial, o
hoje designado Estatuto da Ordem dos Revisores Oficiais de Contas), já analisado a propósito do modelo tradicional. Recorde-se apenas que, desde 1979, os
sucessivos diplomas que regulam a profissão do revisor oficial de contas não se
limitaram a completar o disposto no Código das Sociedades Comerciais, antes
criando sobreposições de difícil articulação. Particularmente relevante para
efeitos do modelo germânico é a delimitação das funções do revisor. Não obstante o disposto no art. 446.º/4 que, como defendemos, devia ser interpretado
restritivamente, as funções do revisor circunscreviam-se então à fiscalização
contabilística, fruto da sua dissociação face ao conselho geral, a quem cabia a
fiscalização global da administração. Esta delimitação de funções era *aparentemente* prejudicada pelo disposto no art. 3.º/3 do Decreto-Lei n.º 519-L2/79,
nos termos do qual a "revisão legal" incluía não só a fiscalização das contas, mas
também a fiscalização da gestão e a fiscalização do cumprimento da legalidade.
Este diploma seria substituído pelo Decreto-Lei n.º 422-A/93, mas o cenário
manter-se-ia igualmente obscuro. Nos termos do seu art. 38.º,

«São competências específicas dos revisores inerentes ao exercício da
revisão legal a fiscalização da gestão e da observância das disposições legais
e estatutárias das empresas ou de outras entidades, sem prejuízo da competência atribuída por lei aos seus órgãos e aos membros destes».

Parece-nos, porém, que estas normas de competência tinham um sentido
deôntico de permissão, habilitando, mas não impondo aos revisores o desempenho destas funções. Mantinha-se portanto, nas sociedades anónimas, a circunscrição das funções do revisor à fiscalização contabilística, nos termos prescritos
pelo Código das Sociedades Comerciais.

529

DA ADMINISTRAÇÃO À FISCALIZAÇÃO DAS SOCIEDADES

§ 43. A REFORMA DO MODELO GERMÂNICO EM 2006: APRECIAÇÃO CRÍTICA DA MULTIPLICAÇÃO DE MODELOS E SUBMODELOS DE GOVERNO E DO AFASTAMENTO DO MODELO GERMÂNICO FACE AO SEU SISTEMA DE ORIGEM

1337   I. Com a reforma do Código das Sociedades Comerciais, levada a cabo pelo Decreto-Lei n.º 76-A/2006, de 29 de março, foi alterado o enquadramento normativo do modelo germânico. Na sua proposta de alteração do Código das Sociedades Comerciais, afirmava a CMVM que «em Portugal o modelo dualista, além de denotar especificidades, sofre de enviesamentos que o tornaram quase inaplicado nas sociedades portuguesas»[1830].

1338   Porém, nem tudo eram inconvenientes. Como vimos já, no centro da proposta de alteração do código pela CMVM estava a transposição da Diretriz 2006/43/CE, nos termos da qual se exigia uma separação entre as funções de fiscalização e de revisão de contas. Neste contexto, reconhecia a CMVM que o modelo dualista exibia «a inegável virtude de assegurar à partida uma segregação entre as funções de fiscalização e de revisão de contas»[1831].

1339   Porém, ainda segundo a CMVM, eram numerosos os aspetos de regime que, em comparação com o modelo tradicional, penalizavam o modelo dualista:

«a designação desajustada do órgão executivo; limitação máxima do seu número de membros; a omissão legislativa quanto à designação de suplentes e quanto à representação em reuniões do órgão de administração; a legitimidade indirecta dos membros do órgão de administração; a limitação dos casos de destituição dos administradores; o restritivo regime de impedimentos dos administradores; a competência exclusiva do conselho geral para designar o presidente do órgão executivo; a exigência de um administrador encarregue das relações com os trabalhadores; a necessária qualidade de accionista dos membros do conselho geral; a limitação quantitativa máxima dos membros do conselho geral; e a diferenciação entre competência de aprovação de contas e competência de aprovação da distribuição do dividendo anual».

1340   II. Segundo a CMVM

«[a] proposta de eliminação de enviesamentos em reforço da autonomia privada das sociedades implicou, nalguns pontos, o distanciamento em relação a traços do regime do ordenamento de origem do modelo dualista. Enten-

---

[1830] CMVM – *Governo das sociedades anónimas...*, p. 8.
[1831] *Ibidem*, p. 38.

O MODELO GERMÂNICO

deu-se ser mais importante encontrar fórmulas organizativas flexíveis e avançadas do que desenhar modelos legislativos de governação que seja cópias fiéis dos originais».

Como adiantámos já, não podemos concordar com esta apreciação da CMVM, essencialmente por dois motivos. Em primeiro lugar, ignora a necessidade de desenvolvimento jurisprudencial do Direito e, em particular, do Direito das sociedades comerciais[1832]. A nossa jurisprudência é parca sobre o nosso modelo tradicional, praticamente inexistente, sobre o modelo germânico e mais ainda sobre o modelo anglo-saxónico. Perante as dúvidas interpretativas que surgem na prática, ao intérprete-aplicador resta o recurso à jurisprudência dos sistemas de origem. Ora, quanto maiores forem as diferenças entre o nosso sistema e os sistemas de origem, mais se prejudica essa possibilidade, perdendo-se importantes elementos de apoio não só na aplicação de soluções já consolidadas naqueles sistemas, como no contínuo desenvolvimento jurisprudencial e doutrinal do Direito face aos novos desafios.

Em segundo lugar, a multiplicação de modelos torna o nosso Direito das sociedades comerciais – já apelidado "o mais complexo da Europa"[1833] –, ainda mais complexo. Desnecessariamente. As alterações introduzidas no modelo germânico permitem a sua aproximação ao modelo tradicional, tal como o modelo anglo-saxónico se aproxima de uma transposição do conselho fiscal para o seio do conselho de administração. Perante a pretendida aproximação de modelos, não seria mais simples conjugar a sua regulação no seio de um só modelo, eliminando as referências a múltiplos órgãos e a múltiplos modelos e submodelos que pouco clarificam? Afinal de contas, de acordo com o atual sistema, a vantagem, apontada por PAULO CÂMARA[1834], da regulação típica de modelos de governo, traduzida na clarificação das funções de cada órgão pela mera referência da sua designação legal, deve ser vista *cum grano salis*: tudo depende do que for estabelecido nos estatutos e da dimensão da sociedade; contrariamente ao sugerido por PAULO CÂMARA, a mera identificação de um órgão pelo seu *nomen iuris* não permite ao intérprete-aplicador conhecer, num golpe de vista, o complexo de

1341

1342

[1832] Cfr., por todos, JOHN C. COFFEE, JR. – The mandatory/enabling balance in corporate law: An essay on judicial role, *Columbia Law Review*, 89, 1989 e, mais recentemente, KATHARINA PISTOR e CHENGGANG XU – "Fiduciary duty in transitional civil law jurisdictions: Lessons from the incomplete law theory", in CURTIS J. MILHAUPT (ed.) – *Global Markets, Domestic Institutions: Corporate Law and Governance in a New Era of Cross-Border Deals*, New York: Columbia University Press, 2003.

[1833] MENEZES CORDEIRO – *Direito das sociedades*, I³... p. 160, 217-218.

[1834] PAULO CÂMARA – *O governo das sociedades e a reforma...* p. 79.

DA ADMINISTRAÇÃO À FISCALIZAÇÃO DAS SOCIEDADES

situações jurídicas que lhe é imputado, nem a concreta estruturação do poder dentro da sociedade[1835].

1343   III. Dito isto, é necessária cautela: no sistema original (ou seja, o alemão), o equilíbrio de soluções resulta de um século e meio de evolução progressiva, com tudo o que isso implica. Não devem alterar-se soluções historicamente comprovadas em função de um modelo concebido *a priori* como ideal, forçando uma convergência *real* de soluções. O movimento patente a nível internacional é de convergência *funcional* e não *real*, ou seja, mecanismos diferentes podem desempenhar funções idênticas.

1344   No que respeita ao modelo germânico, tendo o nosso legislador mantido alguns aspetos estruturantes do sistema alemão como soluções meramente supletivas (que antes eram imperativas), devem as partes usar de cautela no uso da sua autonomia para a adoção de novos figurinos; deve recordar-se que o sistema alemão, não sendo perfeito, está testado: tem méritos comprovados ao longo de um século e meio de hegemonia económica da Alemanha na Europa.

1345   IV. Como exemplo das alterações que se apartam do Direito alemão destacamos[1836] a nova redação do art. 425.º/1, nos termos do qual os administradores

---

[1835] O próprio autor parece reconhecer que a multiplicação de submodelos coloca em causa essa possibilidade.

[1836] Quanto às demais propostas, deixamos apenas alguns comentários genéricos.
Relativamente à composição do órgão executivo e à eliminação da restrição do número máximo de membros no art. 424.º/1, não obstante considerarmos como boa a solução de um órgão executivo de pequenas dimensões, parece-nos acertado o juízo da CMVM de que uma limitação a cinco membros pode ser desadequada para grandes sociedades. Cfr. CMVM – *Governo das sociedades anónimas...*, p. 40.
Relativamente às considerações da CMVM sobre a disparidade face ao modelo tradicional, deve recordar-se que, na limitação do número de membros do órgão executivo, RAUL VENTURA seguiu a *Loi n.º 66-537 du 24 juillet 1966 sur les sociétés commerciales* (art. 119). Com esta lei, pretendia o legislador francês introduzir a possibilidade de escolha de um modelo onde as funções de gestão da sociedade e de fiscalização ficassem organicamente apartadas. Cfr. MARCEL HAMIAUT – *La Réforme des Sociétés Commerciales: Loi nº 66-537 du 24 juillet 1966*, 2, Paris: Dalloz, 1966, p. 94-99. Assim, enquanto o *conseil d'administration*, composto por três a doze membros (art. 89), desempenhava ambas as funções, o *directoire*, composto por um máximo de cinco membros (art. 119), só desempenhava funções de gestão. Se bem percebemos, o seu reduzido número forçaria a que num tal órgão tivessem assento apenas membros com funções executivas. Cfr. G. VUILLERMET – *Droit des Sociétés Commerciales: Nouvelle Législation*, Paris: Dunod, 1969, p. 429. Entre nós, o art. 424.º/1 devia articular-se com o art. 434.º que impunha uma composição do conselho geral com um número de membros superior ao da direcção, mas não superior a quinze. Parece-nos que a lógica subjacente a esta disposição se prendia com a visão do conselho geral como um espaço de debate mais amplo (sobre as questões estruturais da sociedade) do que a restrita equipa de gestão. Pretender-se-ia que o maior número de membros de alguma forma assegurasse a não sobreposição prática da direção ao conselho geral. A ser assim, tratava-se de uma reprodução do modelo germânico pela força da lei e não da prática empresarial, consolidada ao longo do tempo.

O MODELO GERMÂNICO

(nova denominação dos diretores) podem ser designados pela assembleia geral se os estatutos assim o determinarem, passando a competência de designação do conselho geral e de supervisão (nova designação do conselho geral) a solução supletiva.

Como referimos já, o poder de nomeação é, no equilíbrio próprio do sistema germânico, um instrumento de suma importância para assegurar a capacidade de controlo – como mecanismo de *fiscalização preventiva* – do conselho geral e de supervisão sobre o conselho de administração executivo. Parece-nos, por isso, da maior vantagem para as partes adotar a solução supletiva, a menos que prevejam nos estatutos outras soluções funcionalmente equivalentes que permitam ao conselho geral e de supervisão assegurar aquela capacidade de pressão, sob pena de se lhe aplicarem as críticas oportunamente dirigidas ao conselho fiscal no nosso modelo tradicional[1837].

1346

Quanto à composição do conselho geral, uma nota apenas para afirmar não nos parecer correta a correlação estabelecida entre a norma que impunha a composição exclusivamente por acionistas e o poder de nomeação dos membros do órgão executivo (CMVM – *Governo das sociedades anónimas...*, p. 45). No Direito alemão, tal requisito – inexistente na AktG e certamente desatualizado face à evolução entretanto verificada e às atuais exigências de profissionalização deste órgão social em muitas sociedades – decorria da visão do *Aufsichtsrat* como uma comissão de acionistas, destinada a assegurar a prossecução dos interesses destes perante a impossibilidade prática da assembleia geral para o desempenho das correspondentes funções, tal como verificado com o conselho fiscal no modelo tradicional. No Direito francês, a referida *Loi n.º 66-537 du 24 juillet 1966* estabelecia idêntico requisito até para os membros do *conseil d'administration*, impondo que fossem titulares de *actions de garantie*. A *ratio* deste requisito – ingénuo, é certo – era assegurar que os administradores usassem na condução da atividade social a mesma diligência que usariam na condução dos seus próprios negócios. A mesma *ratio* era aplicável à exigência para os membros do *conseil de surveillance*. Cfr. VUILLERMET – *Droit des Sociétés Commerciales...* p. 344-346, 430.

Ainda quanto à composição do conselho geral, temos reservas relativamente à proposta de eliminação do número máximo de membros, antes fixado em quinze, que acabou por se refletir na redação do art. 434.º/1. A este propósito são muitas as linhas escritas sobre a ineficácia e ineficiência de órgãos excessivamente grandes. Basta pensar na hipótese de uma reunião de um conselho geral com, digamos, vinte membros. Se a estes adicionarmos os membros do órgão de gestão (com, por exemplo, dez membros), o revisor oficial de contas e um perito, presentes na reunião a convite, como é corrente nas sociedades com este tipo de estrutura, temos um total de trinta e duas pessoas sentadas à volta de uma mesa. Para que cada uma pudesse fazer uso da palavra por cinco minutos, estaríamos perante uma reunião de 2:45 horas. Se a isto somarmos o facto, dado com certo na prática empresarial, de que quanto maior é o órgão, mais desresponsabilizados se sentem os seus membros pelo desempenho das funções coletivas, facilmente se compreendem as reticências a esta alteração do Código das Sociedades Comerciais.

[1837] Cfr. § 26.1 *supra*.

DA ADMINISTRAÇÃO À FISCALIZAÇÃO DAS SOCIEDADES

1347   V. Destacamos ainda a nova redação do art. 430.º, relativo à destituição dos administradores, que veio corrigir as anomalias da redação anterior[1838]. A este propósito, referiu a CMVM acerca da sua proposta:

> «...parece não ter grande fundamento a previsão como justa causa da retirada de confiança pela assembleia geral. Mesmo caso se tivesse sublinhado, como na lei alemã, que as razões da retirada de confiança se não devessem fundar em factos patentemente inverídicos. Se, como se referiu, a consequência da destituição sem justa causa é o direito de indemnização e não qualquer direito de recondução no cargo, então é irrelevante para a sua apreciação se a confiança foi ou não retirada pela assembleia geral».

1348   Como vimos, nos termos da redação anterior, o conselho geral podia destituir qualquer diretor, com fundamento em justa causa, qualificando-se como tal não só a violação grave dos deveres do diretor, como também a sua incapacidade para o exercício normal das respetivas funções e a retirada de confiança pela assembleia geral. Tratava-se de um claro paralelo face ao disposto no § 84(3)2 AktG. Contudo, tal solução afastava-se do Direito alemão no que respeita às consequências da destituição sem justa causa: no espaço tudesco a *declaração* de destituição sem justa causa é anulável, tendo o membro do *Vorstand* direito a ser reconduzido no cargo. Entre nós, a consequência da destituição sem justa causa era, em princípio, a indemnização pelos prejuízos sofridos. Vimos, porém, que esta solução não respondia ao problema da qualificação da retirada de confiança pela assembleia geral como justa causa para efeitos da destituição sem direito a indemnização[1839].

1349   Face à nova redação do art. 430.º, a competência para a destituição dos administradores é atribuída ora ao conselho geral e de supervisão ora à assembleia geral, em paralelo com a competência para a designação dos mesmos. A destituição é livre, mas, quando não fundada em justa causa, gerará responsabilidade civil pelos danos sofridos pelo administrador (art. 403.º/4 e 5, *ex vi* art. 430.º/2). Desapareceu a qualificação da retirada de confiança pela assembleia geral como justa causa.

1350   Esta solução é criticável pelas razões já enunciadas a propósito da alteração das regras relativas à designação dos administradores no (reformado) modelo germânico: face a esta solução, ou o conselho geral tem o poder de destituição *ad*

[1838] Afirmando ter saudades da versão anterior, mau grado as suas anomalias, por (i) exigir justa causa, (ii) definir "justa causa" e (iii) referir o contrato de administração, cfr. MENEZES CORDEIRO – *CSC anotado²*..., art. 430.º, p. 1124.

[1839] Cfr. nota 1806 *supra*.

534

O MODELO GERMÂNICO

nutum dos administradores, ou não tem qualquer poder de destituição dos mesmos. Perdeu-se assim a oportunidade de recuperar a solução alemã que, assegurando algum poder de pressão do *Aufsichtsrat* sobre o *Vorstand* através do poder de destituição, limita esse mesmo poder quando não exista justa causa, fazendo intervir a assembleia geral.

VI. À determinação da remuneração dos administradores foi aplicada a 1351
mesma fórmula: a competência do conselho geral e de supervisão passou a ser solução supletiva. Os estatutos podem atribuir esta competência à assembleia geral, a qual pode designar uma comissão para o efeito (arts. 429.º e 399.º). Valem, portanto, as mesmas críticas.

VII. Pelas mesmas razões, não andou bem o legislador a propósito da apro- 1352
vação das contas, antes a cargo do conselho geral [cfr. anterior redação dos arts. 441.º, *f)* e 454.º], hoje a cargo da assembleia geral [art. 376.º, *a)*]. Querendo introduzir alterações, teria sido preferível uma solução idêntica à encontrada para a designação, destituição e remuneração dos administradores: mantinha-se a solução anterior como supletiva, admitindo a possibilidade de aprovação pela assembleia geral se os estatutos assim o determinassem.

VIII. Contrariamente ao indicado pela CMVM na sua proposta[1840], o balanço 1353
da reforma não é de reforço de conteúdo das competências de fiscalização do conselho geral e de supervisão.

Pela alteração do art. 441.º foram imputadas novas competências a este órgão, 1354
passando a incluir, desde logo, a vigilância pela observância da lei e do contrato de sociedade [al. *e)*] e a verificação se as políticas contabilísticas e os critérios valorimétricos adotados pela sociedade conduzem a uma correta avaliação do património e dos resultados [al. *g)*], competências que estranhamente não constavam da redação anterior a 2006.

Para além disso, paralelamente ao analisado a propósito do conselho fiscal no 1355
modelo tradicional, as competências do conselho geral e de supervisão passaram a incluir a fiscalização da eficácia do sistema de gestão de riscos, do sistema de controlo interno e do sistema de auditoria interna, se existentes [al. *i)*]. Passaram ainda a incluir, independentemente da dimensão da sociedade, a recepção das comunicações de irregularidades apresentadas por acionistas, colaboradores da sociedade ou outros [al. *j)*]; a fiscalização do processo de preparação e de divulgação de informação financeira [al. *l)*]; a proposta à assembleia geral para

---

[1840] CMVM – *Governo das sociedades anónimas...*, p. 48-49.

DA ADMINISTRAÇÃO À FISCALIZAÇÃO DAS SOCIEDADES

nomeação do revisor oficial de contas [al. *m*)]; a fiscalização da revisão de contas aos documentos de prestação de contas da sociedade [al. *n*)]; a fiscalização da independência do revisor oficial de contas, designadamente no tocante à prestação de serviços adicionais [al. *o*)]; e a contratação da prestação de serviços de peritos que coadjuvem um ou vários dos seus membros no exercício das suas funções [al. *p*)].

1356   Não obstante, este reforço de competências foi largamente compensado pela perda da capacidade de pressão associada aos poderes de designação, de destituição e determinação da remuneração dos administradores (quando estes sejam atribuídos pelo contrato de sociedade à assembleia geral), bem como pela atribuição *ex lege* do poder de aprovação das contas anuais a esta mesma assembleia. Numa apreciação global, foi prejudicada a capacidade fiscalizadora do conselho geral e de supervisão.

1357   IX. Relativamente ao revisor oficial de contas, foi alterado o disposto no art. 446.º. Onde antes se imputavam ao revisor oficial de contas os poderes e deveres atribuídos ao conselho fiscal e aos seus membros, passou a prever-se que ao revisor cabe o "exame das contas da sociedade" (n.º 1) e as funções previstas nas als. *c*) a *f*) do art. 420.º/1 (n.º 3). Foi assim esclarecida a circunscrição do papel do revisor à fiscalização contabilística, sem prejuízo da sua colaboração com o conselho geral e de supervisão, nos termos desenvolvidos adiante.

SECÇÃO II – As obrigações de vigilância do conselho de administração executivo e dos seus membros

§ 44. AS OBRIGAÇÕES DE VIGILÂNCIA DO CONSELHO DE ADMINISTRAÇÃO EXECUTIVO E DOS SEUS MEMBROS, DE ACORDO COM O CÓDIGO DAS SOCIEDADES COMERCIAIS: REMISSÃO

1358   I. Nos termos do art. 431.º/1 e 2, ao conselho de administração executivo compete gerir as atividades da sociedade, sem prejuízo do disposto no n.º 1 do art. 442.º, tendo plenos poderes de representação da sociedade perante terceiros, sem prejuízo do disposto na alínea *c*) do n.º 1 do art. 441.º. Estamos perante um paralelo face ao disposto no art. 405.º para o conselho de administração no modelo tradicional, valendo por isso, com as necessárias adaptações, quanto foi dito a este propósito[1841]. As diferenças centram-se na delimitação do seu espaço de atuação pelas competências conferidas, no modelo germânico, ao conselho

---

[1841] Cfr. § 13 *supra*.

O MODELO GERMÂNICO

geral e de supervisão: o consentimento para a prática de determinadas categorias de atos previstas na lei ou no contrato de sociedade (art. 442.º/1) e a representação da sociedade nas relações com os administradores [art. 441.º/1, c)].

II. Refira-se ainda que, tal como no Direito alemão e contrariamente ao verificado no art. 407.º para o conselho de administração no nosso modelo tradicional, o Código das Sociedades Comerciais não prevê a possibilidade de o conselho de administração executivo delegar poderes de gestão num ou mais administradores ou numa comissão executiva. **1359**

O silêncio da lei, porém, não impediu que a jurisprudência e a doutrina alemã reconhecessem a possibilidade de repartição de competências ou de pelouros (*Ressortverteilung, Geschäftsverteilung*) no seio do *Vorstand* que, contudo, não pode incidir sobre determinadas matérias que, pela sua importância, constituem a competência mínima do plenário (*Mindestzuständigkeit des Gesamtvorstands*)[1842]. Havendo repartição de pelouros, não é excluída a responsabilidade do *Vorstand* pela execução das tarefas delegadas. Este deve intervir no âmbito da sua função de controlo, tomando as medidas necessárias à correção de problemas detetados[1843]. Reconhece-se, portanto, ao *Vorstand* e a cada *Vorstandsmitglieder* um dever de vigilância[1844], ao qual é associado um poder-dever de informação sobre toda a atividade social[1845]. **1360**

Admite-se ainda a delegação de poderes a colaboradores da sociedade, desde que salvaguardada a já referida competência mínima do pleno[1846]. Nestes casos, o *Vorstand* responde por *cura in eligendo*, *cura in instruendo* e *cura in custodiendo*[1847]; **1361**

[1842] Esta questão foi desenvolvida no § 14, parág. VI *supra*, para o qual remetemos. Esta densificação da tarefa de direção (*Leitungsaufgabe*) cometida ao *Vorstand* pode ser transposta para o nosso sistema, em concretização do núcleo mínimo de competências do plenário do conselho de administração executivo.

[1843] SEMLER – *Leitung und Überwachung*[2]... p. 19.

[1844] O dever de vigilância de cada *Vorstandsmitglieder* estende-se tanto aos seus colegas como à estrutura empresarial subordinada ao *Vorstand*. Na medida em que não concordem com medidas de algum dos seus colegas ou entendam que estas suscitam dúvidas, devem requerer ao *Vorstand* (como um todo) que tome as medidas apropriadas. *Ibidem*, p. 22.

[1845] Cfr. *e.g.*, SEIBT – *AktG Kommentar*... p. 892-893, SEMLER e PELTZER – *Arbeitshandbuch für Vorstandsmitglieder*, p. 72-77.

[1846] Cfr., *v.g.*, SEMLER – *Leitung und Überwachung*[2]... p. 17-22. Alguns autores, porém, apresentam uma construção mais restritiva. FLEISCHER, por exemplo, parece admitir apenas a delegação de tarefas de preparação ou de execução de decisões de direção (*Führungsentscheidungen*) em pessoal administrativo subordinado ao *Vorstand* (que goza nesta matéria de discricionariedade empresarial). De acordo com esta perspetiva só é admissível a delegação de tarefas (*Aufgaben*) e já não de decisões de direção (*Leitungsentsceidungen*): o princípio da congruência, formulado pela teoria económica, segundo o qual tarefas (*Aufgaben*), competências (*Kompetenzen*) e responsabilidade (*Verantwortung*) devem coincidir, não teria aplicação no quadro do § 76(1) AktG. FLEISCHER – *Leitungsaufgabe (ZIP)*... p. 8-9.

[1847] FLEISCHER – *Leitungsaufgabe (ZIP)*... p. 8-9.

DA ADMINISTRAÇÃO À FISCALIZAÇÃO DAS SOCIEDADES

os *Vorstandsmitglieder* respondem por *cura in vigilando*[1848]. O *Vorstand* e cada um dos seus membros devem tomar as precauções adequadas e razoáveis na vigilância dos colaboradores subordinados e dos membos do *Vorstand*[1849].

1362   O mesmo vale necessariamente no nosso modelo germânico, com os desenvolvimentos expostos a propósito das obrigações de vigilância do conselho de administração e dos seus membros, no nosso modelo tradicional, para onde remetemos[1850]. Sublinhe-se que, nos termos expostos, neste modelo não pode ser posta em causa a direção global (*Gesamtleitung*) da sociedade pelo conselho de administração executivo, valendo os limites expostos a propósito do alcance do "encargo especial", previsto no art. 407.º/1 e 2, no modelo tradicional[1851].

1363   III. A obrigação de vigilância do conselho de administração executivo encontra o seu fundamento na obrigação de diligente administração da sociedade – nos termos conjugados dos arts. 431.º e 64.º/1, *a*) –, à qual se reconduz, e projecta-se na esfera jurídica dos seus membros, contribuindo para a concreta determinação do elenco e conteúdo dos seus poderes e deveres.

1364   Se a competência do conselho de administração executivo para *administrar* a sociedade se reflete numa obrigação dos seus membros relativamente à administração da sociedade, a afirmação do órgão coletivo de uma obrigação de *vigilância* (decorrente da sua obrigação de administração) reflete-se no necessário reconhecimento de uma obrigação de vigilância na esfera jurídica de cada um dos seus membros.

1365   Esta obrigação de vigilância dos administradores deve ser reconduzida e enquadrada na obrigação fundamental de administrar diligentemente a sociedade, tal como densificada pelos deveres de cuidado previstos no art. 64.º/1, *a*)[1852] e pela *business judgment rule* prevista no art. 72.º/2[1853]. Faz parte do conteúdo mínimo desta "obrigação fundamental" dos administradores que não pode ser posto em causa pela delegação de poderes, qualquer que seja a sua forma.

1366   Vale aqui, com as necessárias adaptações, o exposto nos §§ 13 ss., a propósito do conteúdo das obrigações de vigilância do conselho de administração e dos seus membros, no nosso modelo tradicional.

[1848] FLEISCHER – *Überwachungspflicht...*, n.º 1.

[1849] *Ibidem*, n.º 1.

[1850] Cfr. §§ 13 ss. *supra*.

[1851] Cfr. § 15 *supra*.

[1852] Sobre o sentido destes deveres entre nós, cfr. § 62.5 *infra*.

[1853] Sobre o sentido do art. 72.º/2, cfr. § 64.9 *infra*.

O MODELO GERMÂNICO

SECÇÃO III – As obrigações de vigilância do conselho geral e de supervisão e dos seus membros

§ 45. AS OBRIGAÇÕES DE VIGILÂNCIA DO CONSELHO GERAL E DE SUPERVISÃO E DOS SEUS MEMBROS FACE AO CÓDIGO DAS SOCIEDADES COMERCIAIS: CONFIGURAÇÃO GERAL

I. A competência do conselho geral e de supervisão é definida sobretudo nos arts. 441.º e 442.º. Estas normas de competência têm um sentido deôntico impositivo. Não obstante a má técnica legislativa – a obrigação de «fiscalizar as actividades do conselho de administração executivo» [art. 441.º/1, d)] é apresentada ao lado de vínculos mais específicos que a concretizam, incluindo tanto deveres principais, como deveres secundários[1854] – delas resulta um conjunto de vinculações subsumíveis à obrigação de vigilância enquanto conceito síntese (*Inbegriff*) do complexo normativo a que está sujeito o conselho geral e de supervisão.

1367

II. A fiscalização desenvolvida pelo conselho geral e de supervisão não obedece a uma lógica de negociação *inter pares* dentro de um só órgão social, como sucede no caso do conselho de administração; poderá enquadrar-se num sistema hierárquico (*de facto*) ou num sistema intermédio, consoante as competências que lhe sejam imputadas.

1368

Caso lhe sejam imputadas as competências para a nomeação e destituição dos administradores [art. 441.º/1, a)], para a designação do administrador que servirá de presidente do conselho de administração executivo [art. 441.º/1, b)], e

1369

[1854] São deveres (de prestar) principais os deveres de vigiar pela observância da lei e do contrato de sociedade [n.º 1, e)]; de verificar a regularidade dos livros, registos contabilísticos e documentos que lhe servem de suporte [n.º 1, f), I parte]; de verificar a situação de quaisquer bens ou valores possuídos pela sociedade a qualquer título [n.º 1, f), II parte]; de verificar se as políticas contabilísticas e os critérios valorimétricos adotados pela sociedade conduziam a uma correta avaliação do património e dos resultados [n.º 1, g)]; de dar parecer sobre o relatório de gestão e as contas do exercício [n.º 1, h)]; de fiscalizar a eficácia do sistema de gestão de riscos, do sistema de controlo interno e do sistema de auditoria interna, se existentes [n.º 1, i)]; de fiscalizar o processo de preparação e de divulgação de informação financeira [n.º 1, l)]; e o de fiscalizar a revisão de contas [n.º 1, n)]. Estranhamente, contrariamente ao verificado no modelo tradicional, no modelo germânico o legislador não reservou estes duas últimas concretizações para as "grandes sociedades anónimas".

São também deveres (de prestar) principais os deveres de designação e destituição dos administradores [art. 441.º/1, a)], o dever de fixar a remuneração destes (art. 429.º), o dever de designar o administrador que servirá de presidente do conselho de administração executivo [art. 441.º/1, b)] – se tais competências não forem atribuídas nos estatutos à assembleia geral – bem como o poder de prestação de consentimento à prática de determinadas categorias de atos identificadas na lei ou nos estatutos (art. 442.º/1).

Todas as demais competências enumeradas no art. 441.º/1 constituem deveres secundários, instrumentais face aos principais.

DA ADMINISTRAÇÃO À FISCALIZAÇÃO DAS SOCIEDADES

caso sejam adequadamente delimitadas nos estatutos as categorias de atos sujeitas ao seu consentimento prévio (art. 442.º/1), o conselho geral e de supervisão tende a enquadrar-se num *sistema hierárquico (de facto)*[1855], baseado na institucionalização de diferentes centros de decisão e controlo[1856]. Não nos parece, porém, que desta resulte uma polarização das funções de direção e vigilância, nos termos sugeridos por LEYENS[1857], atenta a complementaridade e necessária articulação entre as funções de vigilância do conselho de administração executivo e do conselho geral e de supervisão.

1370   Caso as referidas competências sejam atribuídas pelo contrato de sociedade à assembleia geral [arts. 425.º/1, *b)*, 430.º/1, *b)*] ou não sejam adequadamente delimitadas nos estatutos as categorias de atos sujeitos ao consentimento prévio do conselho geral e de supervisão (art. 442.º/1), a relação estabelecida entre este e o conselho de administração executivo aproximar-se-á de uma *relação paritária de controlo*, similar à estabelecida no modelo tradicional entre o conselho fiscal e o conselho de administração[1858].

1371   III. Tal como verificado na análise histórico-crítica do sistema alemão, também entre nós se exige do conselho geral e de supervisão não só uma fiscalização restrospetiva e formal de eventos passados submetidos à sua apreciação, com fins repressivos, mas também uma fiscalização prospetiva, assente na cooperação interorgânica, de escopo preventivo.

1372   Além-Reno, a autonomização funcional do *Vorstand* face ao *Aufsichtsrat* só foi alcançada, em definitivo, com a AktG 1937, que reservou para o primeiro a direção e para o segundo a vigilância da gestão da sociedade. Até então, o

---

[1855] Não se trata de um sistema hierárquico *de iure*, porquanto ao conselho geral e de supervisão não é imputado um poder de dar instruções vinculativas ao conselho de administração executivo. Não pode contudo deixar de se reconhecer uma certa subordinação *de facto*, decorrente das referidas competências. Acresce que a adequada delimitação das categorias de atos cuja prática requer o consentimento prévio do conselho geral e de supervisão tende a forçar a colaboração interorgânica, formal e informal, através da qual o conselho de administração executivo visa assegurar o consentimento do conselho geral e de supervisão para os atos que considera necessários ou adequados ao desenvolvimento da atividade da sociedade.

Realçando que o *Aufsichtsrat*, como indica a sua própria designação e resulta do § 111 AktG, é um órgão de fiscalização e não um órgão de alta administração, cabendo a direção ao *Vorstand*, sob sua própria responsabilidade (§ 76(1) AktG), cfr., *v.g.*, HOFFMANN e PREU – *Der Aufsichtsrat...* p. 1-2, n.os 100-101.

[1856] A propósito do sistema alemão, LEYENS – *Information des Aufsichtsrats* ..., p. 133. Em sentido aparentemente contrário, SEMLER explica que os três órgãos da sociedade anónima devem operar lado a lado, do seu sistema organizacional não resultando a sobreordenação ou subordenação de qualquer órgão em relação aos demais. SEMLER – *Die Überwachungsaufgabe...* p. 26.

[1857] A propósito do sistema alemão, LEYENS – *Information des Aufsichtsrats* ..., p. 133.

[1858] Cfr. § 23 *supra*.

540

Aufsichtsrat era tido como um órgão de gestão, facto que não deixa de ter reflexos no equilíbrio do sistema pós-1937, por força do peso social das instituições. Para além disso, na prática, o *Aufsichtsrat* constituiu, historicamente, uma plataforma institucional de resolução de conflitos de interesses entre os acionistas, e de interligação entre a sociedade e os seus principais parceiros comerciais[1859]. Esta configuração determinou um especial papel de aconselhamento do *Aufsichtsrat* face ao *Vorstand*, o qual dificilmente ignora as posições daquele, sob pena de prejudicar o equilíbrio nas relações entre a sociedade e os seus acionistas e parceiros[1860]. Naturalmente, a capacidade de pressão do *Aufsichtsrat* sobre o *Vorstand*, decorrente dos seus poderes de nomeação, destituição e remuneração dos membros deste (§§ 84(1) e (2), 87 AktG), bem como a *possibilidade* (até 2002) ou o *dever* (introduzido pela TransPuG de 2002) de sujeitar determinadas atos de gestão a consentimento do *Aufsichtsrat*, reforçaram esta função de aconselhamento que, progressivamente, foi sendo construída como de fiscalização preventiva. Atualmente, segundo a doutrina dominante, o *Aufsichtsrat* deve exercer influência sobre os eventos futuros, transmitindo ao *Vorstand* a sua visão sobre os projetos mais importantes. Segundo SEMLER, tanto a direção (*Leitung*) como a vigilância (*Überwachung*) da empresa constituem, no sistema alemão, atividades empresariais, no sentido da determinação dos fins, do planeamento das operações e da sua concretização[1861], só assim se compreendendo o § 120(2) AktG, segundo o qual o *Vorstand* e o *Aufsichtsrat* administram (*verwalten*) conjuntamente a sociedade[1862].

[1859] Segundo KROPFF – *Aktiengesetz*, p. 136, esta função era legítima, ao que acrescenta HOPT – *The German Two-Tier Board: Experience...* p. 230 ser economicamente desejável.

[1860] O BGH começou por exigir, no início dos anos 1990, a discussão constante entre os dois órgãos e o aconselhamento permanente do *Aufsichtsrat* ao *Vorstand* (BGH 25.-mar.-1991, *BGHZ* 114, 127, 130, confirmada em *BGHZ* 126, 340, 344 ss.). Em 1998, foi reforçado o papel do *Aufsichtsrat* no âmbito da fiscalização e da codecisão pela KonTraG. Em 2002, a TransPuG estabeleceu um dever de definição do conjunto de matérias sujeitas a acordo entre os dois órgãos. O DCGK fechou este círculo, recomendando a estreita cooperação entre o *Vorstand* e o *Aufsichtsrat* no interesse da sociedade, realçando o papel consultivo do *Aufsichtsrat*. LEYENS – *Information des Aufsichtsrats ...*, p. 138.

[1861] A vigilância do *Aufsichtsrat* não se esgotaria na obtenção de conhecimento de factos e na sua avaliação. Este *plus* diferenciaria o papel do *Aufsichtsrat* daquele que é desenvolvido pelo *Abschlussprüfer* (que, segundo SEMLER, pode e deve contentar-se com o conhecimento de factos e sua avaliação). SEMLER – *Leitung und Überwachung*[2]... p. 58. Como afirmámos já no § 37 *supra*, não nos parece correto este enquadramento, pelo menos face ao direito português, porquanto também ao revisor oficial de contas se imputam poderes-deveres de reação. Cfr. § 37 e § 53.

[1862] HOMMELHOFF – *Der aktienrechtliche Organstreit...* p. 289. No entanto, a atuação do *Vorstand* não se confunde com a do *Aufsichtsrat*, porquanto ao primeiro cabe a iniciativa da atuação de gestão da sociedade e, ao segundo, a reconstrução da decisão daquela no contexto da sua vigilância. Adicionalmente, o *Aufsichtsrat* deve exercer influência sobre os eventos futuros, transmitindo ao *Vorstand* a sua visão sobre

DA ADMINISTRAÇÃO À FISCALIZAÇÃO DAS SOCIEDADES

1373   Correspondendo o nosso modelo germânico a um transplante ou receção do sistema alemão, devem aproveitar-se, na medida do possível, os avanços da sua jurisprudência e da sua doutrina. Apesar de o § 120(2) AktG não ter paralelo entre nós, estando o conselho geral e de supervisão adstrito à prossecução dos melhores interesses da sociedade, caso tome conhecimento da *intenção* da prática de algum ato objetável deve manifestar a sua posição ao conselho de administração e, se necessário, deve exercer os seus demais poderes-deveres de reação[1863]. Em particular, quando tais atos sejam potencialmente danosos para a sociedade, envolvendo riscos desadequados face aos interesses da sociedade, obviamente não deverá esperar pela sua prática para reagir; deve atuar tempestiva e preventivamente, com vista a evitar a produção do dano ou a assunção do risco desadequado[1864].

1374   IV. Ainda quanto ao objeto da fiscalização devida pelo conselho geral e de supervisão, importa considerar as diferenças nas redações dos arts. 420.º/1, *a)*, para o conselho fiscal no modelo tradicional, e 441.º/1, *d)*, para o conselho geral e de supervisão no modelo germânico. Segundo este último, o conselho geral e de supervisão deve fiscalizar «as atividades do conselho de administração executivo» e não «a administração da sociedade».

1375   Esta redação do art. 441.º/1, *d)* parece transpor para o sistema português não a letra do § 111(1) AktG, nos termos do qual o *Aufsichtsrat* deve vigiar a gestão (*Geschäftsführung*), mas a posição tradicional da doutrina alemã sobre o mesmo. Esta teve reflexos na redação do art. 119, 3.º parágrafo, da *Loi n.º 66-427, de 18 juin 1966*[1865] – segundo a qual *«Le directoire exerce ses fonctions sous le contrôle d'un conseil de surveillance»*[1866] – e do art. 3.º/1, *a)* da Proposta de 5.ª Diretriz, relativa à estrutura das sociedades anónimas e aos poderes e obrigações dos seus órgãos – onde se pode ler «a sociedade é gerida por um órgão de direcção, fiscalizado por um órgão de vigilância».

1376   Segundo a doutrina ainda hoje dominante na Alemanha, a fiscalização do *Aufsichtsrat* tem por objeto apenas a atuação do *Vorstand*[1867]. Por sua vez, a este

---

projetos mais importantes. SEMLER – *Leitung und Überwachung*[2]... p. 53. Cfr. também, *v.g.*, LUTTER e KRIEGER – *Rechte*[5]... p. 23-24, n.º 58.

[1863] Sobre os poderes-deveres de reação do conselho geral e de supervisão, cfr. § 48 *infra*.

[1864] A este ponto voltaremos adiante, no § 48, relativo aos poderes-deveres de reação do conselho geral e de supervisão.

[1865] J.O. 25-6-1966, p. 5267-5268.

[1866] O mesmo consta hoje do art. L225-58 *Code de Commerce*.

[1867] Neste contexto, face à polissemia do conceito de gestão (*Geschäftsführung*) no § 111(1) AktG, degladiam-se as teorias de fiscalização *funcional* e as teorias de fiscalização *orgânica*. Assim, por exemplo, SEMLER defende uma teoria de fiscalização orgânica, com base no argumento de que o *Aufsichtsrat*

O MODELO GERMÂNICO

caberia a fiscalização da atividade desenvolvida pela estrutura administrativa ao mesmo subordinada[1868].

Contra a interpretação de que o *Aufsichtsrat* deve vigiar toda a atividade de gestão da sociedade, afirma-se frequentemente que, numa perspetiva histórica, o § 246 HGB impunha a vigilância da gestão «em todos ramos da sociedade»; a diferente redação do § 95(1) AktG 1937 e, mais tarde, do § 111 AktG sugeriria uma restrição do seu sentido normativo[1869].

1377

Segundo SEMLER, esta restrição é reforçada pelo § 90 AktG, que regula os deveres do *Vorstand* de prestação de informação ao *Aufsichtsrat*, a partir do qual delimita o âmbito da atividade fiscalizadora deste[1870]. Face a tais deveres, conclui SEMLER que o *Aufsichtsrat* deve vigiar o cumprimento das "funções de direção originais" (*originären unternehmerischen Führungsfunktionen*) pelo *Vorstand* (planeamento empresarial, coordenação empresarial e controlo empresarial), a nomeação dos altos dirigentes da sociedade, bem como outras decisões de direção fora do núcleo das "funções de direção originais". Deve ainda vigiar os negócios que não sejam baseados ou dependentes de decisões de direção, mas que tenham uma influência significativa na rentabilidade e liquidez da sociedade. Por fim, deve vigiar outras operações que lhe tenham sido comunicadas pelo *Vorstand* por alguma razão importante. Enquanto a vigilância das "funções de direção originais" deve ser constante (*laufende Überwachungspflicht*), a vigilância nos demais casos é eventual, dependendo de uma diligente avaliação da necessidade de lhes estender a vigilância (*erweiterten Überwachungspflicht*)[1871].

1378

Em sentido contrário, LEYENS defende que a atividade do *Aufsichtsrat* deve ter por base não só a informação prestada pelo *Vorstand* (de acordo com o referido § 90 AktG), mas também a informação independente deste, não se justificando a restrição dos direitos de inspeção e exame (*Einsichts- und Prüfungsrechts*) previstos no

1379

---

só pode obter a informação de que necessita para o cumprimento dos seus deveres e só pode reagir face a determinadas pessoas. Através desta atuação face a pessoas, influencia a sua atividade: a gestão (*Geschäftsführung*). O objeto da vigilância não seria portanto a gestão abstratamente considerada, enquanto resultado da atuação de muitos, mas sim um determinado grupo de pessoas. A vigilância imposta pelo § 111 AktG constituiria então um controlo *orgânico* e não um controlo *funcional*. SEMLER – *Leitung und Überwachung*[2]... p. 59-61. Segundo LUTTER e KRIEGER – *Rechte*[5]... p. 26, n.° 63 (nota 1), p. 28, n.° 68, a polémica é inútil porquanto não pode existir fiscalização da gestão sem consideração do *Vorstand*, enquanto órgão ao qual é imputada essa função, nem fiscalização do *Vorstand* sem consideração da função por este desenvolvida. No mesmo sentido, LEYENS – *Information des Aufsichtsrats* ..., p. 134, nota 125.

[1868] SEMLER – *Leitung und Überwachung*[2]... p. 61-66, HOFFMANN e PREU – *Der Aufsichtsrat*... p. 9, HOPT e ROTH – *AktG Großkommentar*[4]..., n.ºs 248 ss., LUTTER e KRIEGER – *Rechte*[5]... p. 25-26, n.° 63.

[1869] SEMLER – *Leitung und Überwachung*[2]... p. 61, HOPT e ROTH – *AktG Großkommentar*[4]..., n.ºs 251, LUTTER e KRIEGER – *Rechte*[5]... p. 25-26, n.° 63.

[1870] SEMLER – *Leitung und Überwachung*[2]... p. 61-65.

[1871] *Ibidem*, p. 65-66.

DA ADMINISTRAÇÃO À FISCALIZAÇÃO DAS SOCIEDADES

§ 111(2) AktG, e do direito de inquirição de colaboradores da sociedade, ao abrigo do § 109(1)2 AktG, aos casos em que se verifique uma "situação especial" que o justifique ou em que seja necessário confirmar uma informação prestada pelo *Vorstand*[1872].

1380   Do exposto resulta que a questão do objeto da fiscalização devida pelo *Aufsichtsrat* no sistema alemão, tal como pelo conselho geral e de supervisão face à redação do nosso art. 441.º/1, *d*), corresponde, afinal, às questões da delimitação dos factos que este órgão deve avaliar no contexto da sua obrigação de vigilância e dos sujeitos adstritos à prestação de informação ao mesmo. Por outras palavras: que factos devem ser apreciados pelo conselho geral e de supervisão e quem está obrigado a prestar-lhe informação sobre os mesmos.

1381   Quanto à primeira questão, a conduta do conselho de administração executivo objeto de avaliação inclui tanto as suas ações como as suas omissões, pelo que a sua avaliação exige uma análise da atividade desenvolvida pelas estruturas ao mesmo subordinadas, com vista à determinação do cumprimento dos seus deveres de direção, organização e vigilância.

1382   Quanto à segunda questão, a construção segundo a qual o conselho geral e de supervisão (órgão vigilante) só pode exigir informação ao conselho de administração executivo (órgão vigiado) esvazia de conteúdo útil a correspondente obrigação de vigilância, na medida em que frusta a sua finalidade. Uma interpretação sistemática e atualista permite ultrapassar o aparente silêncio da lei sobre o acesso do conselho geral e de supervisão e dos seus membros a informação independente do conselho de administração executivo.

1383   Esta construção não é prejudicada pelo facto de o conselho geral e de supervisão só poder reagir perante o conselho de administração executivo e não diretamente sobre a estrutura administrativa ao mesmo subordinada.

1384   V. A pretensa circunscrição da fiscalização desenvolvida pelo *Aufsichtsrat* à atividade desenvolvida pelo *Vorstand*, na AktG 1937, deve ser enquadrada na afirmação do *Führerprinzip* e da reserva *ex lege* de um espaço de atuação própria do *Vorstand* face aos demais órgãos sociais, com reflexos no princípio de dissociação das funções de administração e fiscalização (*aktienrechtliches Trennungsprinzip*).

1385   Esta separação *formal* não pode hoje ser admitida sem mais: o princípio da separação funcional reflete apenas uma distribuição básica de competências e responsabilidades entre o conselho de administração executivo e o conselho geral e de supervisão, sujeita à evolução sistemática e às exigências decorrentes

---

[1872] LEYENS – *Information des Aufsichtsrats ...*, p. 171-201.

O MODELO GERMÂNICO

de uma necessária concordância prática das suas áreas de competência no caso concreto, de acordo com as concretas circunstâncias da sociedade em causa[1873].

Assim, deve admitir-se que o controlo da atividade desenvolvida pelo conselho de administração executivo se deve moldar à forma como é estruturada a atividade deste. A delegação de competências do conselho de administração executivo em estruturas subordinadas exige do conselho geral e de supervisão uma avaliação do cumprimento dos seus deveres de direção, organização e vigilância.

1386

Por outro lado, vimos já que o sistema de governo das sociedades anónimas evoluiu no sentido do reforço da fiscalização, determinando uma densificação e extensão das obrigações de vigilância dos diferentes órgãos societários. Esta evolução teve um impacto significativo na construção do complexo de poderes e deveres do *Aufsichtsrat* e de cada um dos seus membros, no sistema alemão, devendo reconhecer-se idênticos reflexos no nosso sistema.

1387

§ 46. OS PODERES-DEVERES DE OBTENÇÃO DE INFORMAÇÃO E DE INSPEÇÃO DO CONSELHO GERAL E DE SUPERVISÃO

I. O princípio jus-societário de dissociação das funções de administração e fiscalização (*aktienrechtliches Trennungsprinzip*), vigente também no modelo germânico, visa assegurar uma maior objetividade na atividade do órgão fiscalizador, mas impõe um importante desafio à sua operacionalidade: o acesso à informação adequada ao desenvolvimento das suas funções.

1388

Salvo no caso previsto no art. 442.º/1, o conselho geral e de supervisão está arredado do processo decisório inerente à gestão empresarial, pelo que assumem especial relevância os mecanismos destinados a assegurar um adequado fluxo de informação sobre (i) o desempenho (*performance*) de cada uma das unidades da empresa; (ii) os riscos associados ao desenvolvimento da atividade empresarial; e (iii) os factos que evidenciem uma violação de deveres por parte dos sujeitos cuja atividade é vigiada, que permita ao conselho geral e de supervisão compreender e controlar a atividade empresarial e reagir quando assim o exija o interesse social

1389

Este fluxo de informação deve ser assegurado não apenas numa óptica endo-societária mas ainda, de forma mais vasta, numa perspetiva intra-grupo[1874].

1390

[1873] Conferir, neste sentido, *ibidem*, p. 131.
[1874] Para um paralelo face ao conselho fiscal, cfr. §§ 24 ss. *supra*.

DA ADMINISTRAÇÃO À FISCALIZAÇÃO DAS SOCIEDADES

1391   II. No modelo germânico, o acesso à informação constitui já não *um dos* mais importantes desafios à operacionalidade do órgão de fiscalização, mas *o* mais importante de todos os seus desafios. Com efeito, pelo menos aparentemente, os poderes-deveres de informação do conselho geral e de supervisão e dos seus membros são mais restritos do que os dos seus congéneres no modelo tradicional de governo das sociedades anónimas[1875]. Desde logo, contrariamente ao verificado neste último, no modelo germânico os poderes-deveres de informação são imputados apenas ao conselho geral e de supervisão *enquanto órgão coletivo* e não aos seus membros a título individual.

1392   O n.º 1 do art. 432.º prevê os deveres de prestação de informação *periódica*: (a) pelo menos uma vez por ano, sobre a política de gestão que tenciona seguir (incluindo os factos e questões que fundamentalmente determinaram as suas opções), (b) trimestralmente, sobre a situação da sociedade e a evolução dos negócios (incluindo o volume de vendas e prestações de serviços), (c) anualmente, o relatório de gestão do exercício transato[1876].

1393   Ao cobrir a política de gestão a seguir, bem como os factos e questões que determinaram as opções da administração, estes deveres têm claramente um carácter não somente *retrospetivo*, mas também *prospetivo*. Tal como verificado no Direito alemão, a positivação destes deveres de informação *prospetiva* contribuem para a clarificação do conteúdo e alcance da obrigação de vigilância do conselho geral e de supervisão. Deve hoje reconhecer-se, claramente, que a vigilância devida é não apenas *repressiva*, mas também *preventiva*[1877].

1394   O n.º 2 do art. 432.º prevê um dever de prestação de informação *eventual* sobre qualquer negócio que possa ter influência significativa na rentabilidade ou liquidez da sociedade e, de modo geral, sobre qualquer situação anormal ou por motivo importante[1878].

1395   Estas normas permitem compreender o dever de acompanhamento permanente da atividade societária pelo conselho geral e de supervisão, bem como a função de coordenação do seu presidente, patente também nos poderes-deveres de exigir informações adicionais à direção (n.º 4) e de assistir às reuniões desta

---

[1875] Por outro, como veremos adiante, no modelo germânico, o conselho geral e de supervisão pode dispor de importantes poderes-deveres de reação que não estão ao dispor do conselho fiscal no modelo tradicional. Sendo menor o desafio ao nível da reação a eventuais irregularidades, assumem uma maior proeminência as dificuldades verificadas ao nível da obtenção de informação.

[1876] Para uma análise detalhada destes deveres no sistema alemão (§ 90(1) AktG), cfr. LEYENS – *Information des Aufsichtsrats* ..., p. 148-150.

[1877] Para um paralelo no modelo tradicional, cfr. § 23 *supra*.

[1878] Para uma análise detalhada deste dever no sistema alemão (§ 90(1)1(4) AktG), cfr. LEYENS – *Information des Aufsichtsrats* ..., p. 150-151.

O MODELO GERMÂNICO

(podendo ser substituído por um membro do conselho geral delegado para o efeito, cfr. n.º 5).

Tanto num caso como noutro, incluem-se as ocorrências relativas a sociedades em relação de domínio ou de grupo, quando possam reflectir-se na situação da sociedade considerada (n.º 3)[1879]. 1396

Este regime pode ser desenvolvido no contrato de sociedade, no regimento do conselho de administração executivo ou mesmo num acordo interorgânico, de forma a adaptar o fluxo de informação às específicas circunstâncias da empresa[1880]. 1397

O art. 432.º transplantou para o nosso sistema o disposto no § 90(1) AktG no início dos anos 1980[1881], permanecendo inalterado desde então. Face à evolução entretanto verificada no sistema alemão, são várias as diferenças hoje existentes[1882]. Não obstante, a informação a prestar pelo conselho de administração executivo, de acordo com o art. 432.º, mantém-se como o pilar fundamental do fluxo de informação interorgânico[1883]. 1398

Numa análise comparativa face ao nosso modelo tradicional, conclui-se que a rigidez desta solução a torna particularmente inconveniente para as peque- 1399

[1879] Não estão aqui em causa apenas informações sobre as relações estabelecidas com tais sociedades (assim, *e.g.*, art. 290.º/1), mas quaisquer ocorrências relativas a tais sociedades que possam ter repercussões para a sociedade considerada.

[1880] Cfr., no sistema alemão, LEYENS – *Information des Aufsichtsrats* ..., p. 145-150.

[1881] RAUL VENTURA – *Estudos vários...* p. 35. O art. 432.º é mais abrangente do que o art. 128/4 e 5 da lei francesa de 1966 (*Loi n.º 66-427, de 18 juin 1966*) e do que o art. 11.º da Proposta de 5.ª Diretriz. Cfr. COMISSÃO EUROPEIA – *Proposta modificada de uma quinta diretiva* ..., MENEZES CORDEIRO – *Direito europeu...* p. 687.

[1882] No § 90(1) pode ler-se atualmente:

«O *Vorstand* deve apresentar ao *Aufsichtsrat* relatórios sobre

1. a política empresarial e outras questões fundamentais do planeamento empresarial (em especial planeamento financeiro, de investimentos e de pessoal) e, neste contexto, as divergências entre a situação atual e os objetivos constantes de relatórios anteriores, apresentando a justificação para as mesmas. Caso a sociedade seja uma sociedade-mãe (§ 190(1) e (2) HGB), o relatório deve incluir detalhes sobre quaisquer subsidiárias e sociedades co-consolidadas (§ 310(1) HGB);

2. a rentabilidade da sociedade, em especial a rentabilidade dos capitais próprios;

3. os resultados dos negócios, em especial, os proveitos e a situação da sociedade;

4. negócios que possam ser importantes para a rentabilidade ou liquidez da sociedade.

Adicionalmente, o presidente do *Aufsichtsrat* deve ser informado sobre quaisquer outros desenvolvimentos significativos; considera-se desenvolvimento significativo o processo negocial de um sociedade coligada que possa ter uma influência considerável na situação da sociedade que tenha chegado ao conhecimento do *Vorstand*».

Para uma análise dos desenvolvimentos verificados a este nível, Cfr. LEYENS – *Information des Aufsichtsrats* ..., p. 143 ss.

[1883] Assim também no sistema alemão os relatórios do *Vorstand* para o *Aufsichtsrat*. Cfr. *ibidem*.

DA ADMINISTRAÇÃO À FISCALIZAÇÃO DAS SOCIEDADES

nas e médias empresas[1884]. Deve questionar-se o mérito de uma tal regulação exaustiva. Justifica-se uma tal limitação da autonomia privada na regulação das relações interorgânicas?[1885]

1400   III. Em segundo lugar, à imagem do verificado no sistema alemão, o destinatário da informação referida no art. 432.º/2 é o presidente do conselho geral e de supervisão[1886]. A este cabe-lhe então receber todas as informações eventuais (por contraposição às periódicas, previstas no art. 432.º/1), avaliar essa mesma informação, solicitar os esclarecimentos adicionais que se imponham (art. 432.º/4) e, em função da urgência e da importância do assunto em causa, convocar uma reunião extraordinária do conselho para o discutir ou aguardar pela primeira reunião deste para o expor. Em todo o caso, todas as informações recebidas pelo presidente devem ser por este transmitidas aos demais membros do conselho (n.º 7).

1401   Caso *qualquer* membro do conselho[1887] necessite de informações ou esclarecimentos adicionais, deve exigi-los ao presidente que, por sua vez, os deverá exigir ao conselho de administração executivo (art. 432.º/4 *in fine*)[1888]. Ao presidente cabe, portanto articular as relações interorgânicas, assegurando o fluxo de informação necessário ao desenvolvimento da atividade fiscalizadora. Todas as informações recebidas pelo presidente devem ser por este transmitidas aos demais membros do conselho geral e de supervisão, em tempo útil, e o mais tardar na primeira reunião deste (art. 432.º/7).

1402   Sendo constituída, no seio do órgão fiscalizador, uma comissão para as matérias financeiras (art. 444.º/2), pode esta dirigir os seus pedidos diretamente ao órgão de administração (art. 432.º/4). Estamos, mais uma vez, perante um poder imputado a um órgão coletivo.

[1884] Para idêntica crítica no sistema alemão, cfr. *ibidem*, p. 146.

[1885] Sobre esta problemática, *vide*, uma vez mais, *ibidem*, p. 155-156.

[1886] No sistema alemão esta solução justifica-se não só pelo elevado número de membros que compõem o *Aufsichtsrat* (de acordo com o § 95 AktG são entre 9 a 21 membros, consoante a dimensão da sociedade), mas também pelo potencial conflito de interesses decorrente da participação dos representantes dos trabalhadores neste órgão, nas sociedade sujeitas ao regime da codeterminação (*Mitbestimmung*). Nestas sociedades o presidente deve decidir sobre a prestação ou não prestação de informação a algum dos membros do *Aufsichtsrat* que padeça de um conflito de interesses, assim salvaguardando a confidencialidade da informação da sociedade. Cfr. *ibidem*, p. 277.

[1887] Note-se que o art. 11.º/4 da Proposta de 5.ª Diretriz fazia depender um tal pedido de informação da subscrição de pelo menos um terço dos seus membros. Cfr. MENEZES CORDEIRO – *Direito europeu...* p. 687.

[1888] Este dever do presidente do conselho geral e de supervisão é de cumprimento estrito. Para uma análise detalhada deste poder no sistema alemão (§ 90(3)1 AktG), cfr. LEYENS – *Information des Aufsichtsrats ...*, p. 151-153.

O MODELO GERMÂNICO

O modelo germânico afasta-se assim, também neste ponto, do modelo tradicional[1889], no qual os membros do conselho fiscal podem, conjunta ou separadamente, exigir da administração ou de qualquer dos administradores informações ou esclarecimentos sobre o curso das operações ou atividades da sociedade ou sobre qualquer dos seus negócios [art. 421.º/1, *b*)][1890].

1403

Diverge igualmente da solução atualmente vigente no sistema alemão. Neste, tanto o *Aufsichtsrat* como qualquer dos seus membros pode solicitar informações ao *Vorstand*, sem prejuízo de estas deverem ser prestadas diretamente ao *Aufsichtsrat* enquanto órgão coletivo (§ 90(3)2 AktG).

1404

IV. Em terceiro lugar, só têm "direito" de assistência às reuniões do conselho de administração executivo o presidente do conselho geral e de supervisão e um dos membros deste, designado para o efeito (art. 432.º/5)[1891]. Tanto um como outro devem transmitir todas as informações obtidas nas reuniões aos demais membros do conselho geral e de supervisão, em tempo útil, e o mais tardar na primeira reunião deste (art. 432.º/7).

1405

Não obstante o teor literal do art. 432.º/5, não está em causa um direito subjetivo, mas um poder-dever de cumprimento estrito. Contrariamente ao verificado no modelo tradicional, neste caso não existe margem de discricionariedade. O presidente tem o dever de articular as relações interorgânicas devendo estar presente; o outro membro do conselho fiscal a quem é imputado o "direito" a estar presente na reunião do conselho de administração executivo é designado precisamente para esse efeito: o conselho tem uma margem de discricionariedade para decidir se se justifica a presença de um dos seus membros na reunião

1406

[1889] Note-se que, no Projeto de RAUL VENTURA, o poder do presidente do conselho geral e de supervisão era complementado com o poder conferido à comissão a constituir, nos termos do art. 430.º/2, para exercer as atribuições de fiscalização da direção referidas no art. 413.º/2, ou seja, o dever de «proceder, conjunta ou separadamente e em qualquer época do ano, a todos os actos de verificação e inspecção que considerem convenientes para o cumprimento das suas obrigações de fiscalização». Cfr. *Código das Sociedades (Projecto)*, p. 263, 251.

[1890] No Direito italiano, os *sindaci* individualmente (nas sociedades cotadas) e o *collegio sindacale* (nas demais *società per azione*) pode(m) solicitar ao conselho de administração informações sobre o andamento da atividade social ou sobre determinado assunto específico (arts. 2403-*bis*, parágrafo 2.º do *Codice Civile* e 151/1 do TUF). Cfr., *v.g.*, GALGANO – *Il nuovo diritto societario...* p. 295.

[1891] Perante a redação original do art. 432.º/5, no qual se podia ler que «[o] direito de assistir às reuniões da direção é limitado ao presidente do conselho geral ou a um membro delegado para o efeito», RAUL VENTURA – *Estudos vários...* p. 36-37 sustentava que só um destes podia assistir à reunião. Em princípio deveria assistir o presidente. Quando este não pudesse estar presente, delegaria o poder noutro membro do conselho geral. Segundo esta interpretação, o delegante seria portanto o presidente e não o conselho. Esta questão perdeu sentido face à nova redação do preceito.

DA ADMINISTRAÇÃO À FISCALIZAÇÃO DAS SOCIEDADES

do órgão de administração; entendendo que a mesma se justifica e designando um dos seus membros para o efeito, deve este estar presente.

1407
Para além disso, sendo constituída uma comissão para as matérias financeiras, nos termos do art. 444.º/2, todos os seus membros podem e devem assistir às reuniões do conselho de administração executivo em que sejam apreciadas as contas de exercício (art. 432.º/6).

1408
A recusa de acesso às reuniões da administração constitui delito jurídico-societário de impedimento à fiscalização, nos termos do art. 522.º, punível com pena de prisão e multa, sem prejuízo de responsabilidade civil nos termos gerais.

1409
Por um lado, este mecanismo visa assegurar o acesso do conselho geral e de supervisão à informação necessária ao adequado cumprimento das suas funções, obviando aos obstáculos criados pela dissociação das funções de administração e fiscalização (*aktienrechtliches Trennungsprinzip*). Estando dois dos seus membros presentes nas reuniões da administração, podem pedir imediatamente as informações e os esclarecimentos que entendam convenientes à cabal compreensão dos assuntos em discussão, tornando mais eficiente a sua atividade fiscalizadora. Podem ainda colaborar consultivamente na formação das deliberações da administração e alertar para a existência de irregularidades e, quando o seu alerta não seja atendido, manifestar a sua oposição e exigir o seu registo em ata[1892].

1410
Por outro lado, este mecanismo visa limitar o número de fiscalizadores que podem estar presentes nas reuniões do órgão de administração, assegurando o adequado funcionamento deste. Quanto a este ponto, é questionável esta solução, que se apresenta desnecessariamente formalista e rígida e, nessa medida, especialmente desadequada para as pequenas e médias empresas. Justifica-se a limitação da autonomia privada neste ponto?

1411
V. Em quarto lugar, os poderes-deveres de inspeção que, no modelo tradicional, são imputados a todos os membros do conselho fiscal, são imputados, no modelo germânico, apenas ao conselho geral e de supervisão (órgão coletivo), nos termos do art. 441.º/1, *f*). A este caberá designar um ou mais dos seus membros para exercer esta competência em cada caso[1893].

1412
A redação desta norma está desatualizada face à realidade empresarial dos nossos tempos, sendo necessária uma interpretação atualista da mesma. O objeto da inspeção identificado na norma deve ser tido como meramente

---

[1892] Para maiores desenvolvimentos e referências bibliográficas, cfr. o paralelo no modelo tradicional a p. 284 *supra*.

[1893] A designação de membros para este efeito deve ser enquadrada no cumprimento do seu dever de organização interna. Cfr. § 51 *infra*.

O MODELO GERMÂNICO

exemplificativo, estendendo-se os poderes de inspeção do conselho geral e de supervisão a todos os ativos e a todos os documentos (em sentido técnico, art. 262.º, II parte CC) da sociedade[1894]. Incluem-se, portanto, todos os registos informáticos, devendo ser concedido acesso irrestrito à rede informática da sociedade. Para o exercício destes poderes, deve ser concedido acesso a quaisquer instalações e a possibilidade de observar todas as atividades da sociedade. Não existem limites objetivos aos poderes-deveres de inspeção do conselho geral e de supervisão[1895].

A este cabe decidir quais os livros, registos contabilísticos e documentos de suporte cuja análise é relevante, bem como os bens ou valores possuídos pela sociedade cuja situação importa confirmar. Beneficia portanto de uma margem de discricionariedade vinculada, não podendo o conselho de administração executivo recusar a prestação da informação solicitada, salvo quando a mesma não apresente qualquer relação com o exercício das funções de fiscalização[1896].

1413

VI. Questão diferente é a da possibilidade de o conselho geral e de supervisão poder aceder diretamente aos documentos da sociedade, ou seja, sem intermediação do conselho de administração ou do administrador responsável pelo pelouro. Sobre este ponto, vale quanto foi exposto a propósito do modelo tradicional[1897].

1414

VII. Em quinto lugar, tal como no modelo tradicional, o Código das Sociedades Comerciais não prevê a possibilidade de o conselho geral e de supervisão contactar e inquirir diretamente os trabalhadores e colaboradores da sociedade, para obter as informações e esclarecimentos que entenda necessários ou convenientes. Este poder, de crucial importância prática, coloca algumas questões de articulação interorgânica que, pela sua complexidade, foram analisadas em local próprio[1898].

1415

VIII. O facto de não existir, na regulação do modelo germânico, uma norma paralela ao art. 420.º/3, não obsta à aplicação das mesmas. Efetivamente, esta

1416

[1894] Face a idêntica norma no sistema alemão (§ 111(2)1 AktG), cfr., *v.g.*, SEMLER – *MünchKomm. AktG²*..., § 111, n.ᵒˢ 291-292, HÜFFER – *Aktiengesetz¹⁰*..., LEYENS – *Information des Aufsichtsrats* ..., p. 171, § 111, n.º 11.

[1895] Face a idêntica norma no sistema alemão (§ 111(2)1 AktG), cfr., *v.g.*, SEMLER – *MünchKomm. AktG²*..., § 111, n.ᵒˢ 292-293. Para maiores desenvolvimentos e referências bibliográficas, cfr., a propósito do nosso modelo tradicional, p. 285 *supra*.

[1896] Para maiores desenvolvimentos e referências bibliográficas, cfr., a propósito do nosso modelo tradicional, p. 304 *supra*.

[1897] Cfr § 24.6 *supra*.

[1898] Remetemos, uma vez mais, para o § 24.6 *supra*.

DA ADMINISTRAÇÃO À FISCALIZAÇÃO DAS SOCIEDADES

norma representa, no nosso modelo tradicional, não mais do que uma concretização da obrigação de vigilância, nos termos das alíneas *a)*, *c)* e *d)* do art. 420.º/1 [preceitos que conhecem paralelo, no modelo germânico, nas alíneas *d)* e *f)* do art. 441.º/1]. Na sua base está sempre a vinculação do conselho fiscal à realização da mais eficiente e adequada fiscalização da administração. Na ausência de restrições normativas ou sistemáticas, deve admitir-se o cumprimento desta obrigação na sua máxima extensão. Ora, não existem, nem se justificam, pelo menos entre nós, as restrições analisadas a propósito do nosso modelo tradicional.

1417   Acrescente-se apenas que, face à redação do art. 441.º/1, *d)*, nos termos do qual o conselho geral e de supervisão deve «fiscalizar as actividades do conselho de administração executivo», se poderia sustentar a restrição dos poderes-deveres de informação do conselho geral e de supervisão, no sentido de este só poder exigir a prestação de informações ao conselho de administração executivo. Ficaria assim excluída a possibilidade de exigir informações diretamente aos colaboradores da sociedade ou a terceiros que tivessem realizado operações por conta desta. Já vimos porém não ser defensável uma tal construção[1899].

1418   IX. Em sexto lugar, estranhamente, no modelo germânico não se prevê a possibilidade de exigir a terceiros que tenham realizado operações por conta da sociedade informações necessárias ao conveniente esclarecimento de tais operações. Não se justificando a diferença face ao modelo tradicional, deve admitir-se a aplicação analógica do art. 421.º/1, *c)*[1900]. Contudo, em coerência com as demais coordenadas sistemáticas deste modelo já analisadas, este poder é imputado ao conselho geral e de supervisão e não a cada um dos seus membros[1901].

1419   A este cabe avaliar se é necessário ou conveniente aceder a tais fontes, não dependendo do consentimento do conselho de administração executivo para o exercício deste poder[1902].

1420   X. Na determinação do conteúdo *ativo* destes poderes-deveres, *i.e.*, da habilitação normativa para exigir da administração o acesso a, ou a prestação de informação, deve reconhecer-se uma ampla margem de manobra ao conselho geral e de supervisão (e da comissão para as matérias financeiras), sob pena de

---

[1899] Cfr. p. 542 *supra*.

[1900] Para uma análise crítica dos requisitos do exercício do poder previsto nesta norma enunciados por ENGRÁCIA ANTUNES, cfr. nota 978 *supra*.

[1901] Também no sistema alemão se entende que em nenhuma circunstância pode um membro do *Aufsichtsrat*, por si, discutir assuntos confidenciais com terceiros. O direito de inspeção e exame é imputado ao *Aufsichtsrat* (§ 111(2) AktG) e só pode ser exercido mediante deliberação deste e não individualmente por qualquer dos seus membros. Cfr. SEMLER – *Leitung und Überwachung*[2]... p. 101-102.

[1902] Vale aqui, uma vez mais, quanto foi exposto sobre o acesso direto à informação. Cfr. § 24.6 *supra*.

O MODELO GERMÂNICO

este ficar refém da circunscrição da informação considerada "necessária" pela administração.

Na determinação da sua dimensão *passiva*, *i.e.*, da sua vinculação à exigência da prestação de informações e esclarecimentos, valem os critérios gerais jus-obrigacionais de determinação do conteúdo da prestação em função do padrão de diligência normativa[1903]. Só assim não será nos casos das vinculações de cumprimento estrito, como as resultantes do art. 432.º/5 e 6.

1421

XI. A recusa de acesso ou de prestação de informação pretendida pelo conselho geral e de supervisão constitui delito jurídico-societário de impedimento à fiscalização, nos termos do art. 522.º, punível com pena de prisão e multa, sem prejuízo de responsabilidade civil nos termos gerais[1904].

1422

XII. Por fim, refira-se que, na sequência da reforma de 2006, o Código das Sociedades Comerciais passou a reconhecer expressamente a possibilidade de o conselho geral e de supervisão contratar peritos que coadjuvem um ou vários dos seus membros no exercício das suas funções[1905].

1423

Cabe ao conselho, e não a cada um dos seus membros, escolher os peritos que considere adequados, negociar as condições contratuais aplicáveis e representar a sociedade na sua contratação [art. 441.º/1, *p)*].

1424

Aparentemente, o legislador reproduziu aqui o disposto no art. 420.º/1, *l)* para o modelo tradicional, sem atentar nas diferenças próprias do modelo germânico. Neste modelo, as funções cognitivas são imputadas ao conselho enquanto órgão coletivo e não a cada um dos seus membros, pelo que os peritos devem coadjuvar não qualquer dos seus membros – como sucede no caso do conselho fiscal, no modelo tradicional –, mas apenas aquele ou aqueles em quem o conselho tenha delegado a tarefa cognitiva que lhe é legalmente confiada.

1425

Nos termos legais, estes peritos podem "coadjuvar", mas não "substituir" os membros do conselho no exercício das suas funções. Esta solução afasta-se, portanto, do disposto na lei alemã (§ 111(2)2 AktG), nos termos da qual o *Aufsichtsrat* pode contratar peritos para desenvolver tarefas específicas incluídas nas suas competências[1906].

1426

[1903] Cfr. § 62.3 *infra*.

[1904] No mesmo sentido, a propósito do nosso modelo tradicional, cfr. ENGRÁCIA ANTUNES – *A fiscalização...* p. 154, nota 473.

[1905] Esta possibilidade era, já antes da reforma, admitida por ENGRÁCIA ANTUNES. *Ibidem*, p. 167.

[1906] Para mais desenvolvimentos sobre esta questão, cfr., a propósito do modelo tradicional, p. 289 *supra*.

DA ADMINISTRAÇÃO À FISCALIZAÇÃO DAS SOCIEDADES

1427   XIII. Numa análise global, podemos afirmar que a regulação dos poderes-deveres de informação do conselho geral e de supervisão peca pelo seu formalismo e rigidez: se nas sociedades anónimas de maior dimensão um tal formalismo se poderia justificar pelo escopo de ordenação das relações interorgânicas, o mesmo manifesta-se especialmente desadequado nas sociedades de pequena e média dimensão. Repetimos a interrogação: justifica-se uma tal limitação da autonomia privada? Na resposta a esta questão deve atender-se à liberdade reconhecida às partes nos demais modelos de governo das sociedades anónimas. Não se compreende porque não aproveitou o legislador de 2006 a oportunidade da reforma então empreendida para rever este ponto crucial para a operacionalidade desta matriz organizacional.

1428   XIV. Sobre os poderes-deveres de informação do conselho geral e de supervisão no contexto dos grupos de sociedades, como referimos antes, «*im Konzern ist alles anders*»[1907]: as posições jurídicas imputadas aos órgãos da sociedade, tida como autónoma e independente, devem ser reanalisadas à luz da integração da sociedade num grupo, por forma a determinar se o seu conteúdo se mantém inalterado ou se, pelo contrário, se estende ou restringe.

1429   Vale aqui a análise crítica desenvolvida nos §§ 24.2 a 24.5, a propósito do conselho fiscal, com a diferença de que, no modelo germânico, os poderes-deveres de abstenção de informação e de inspeção são imputados ao órgão coletivo e não a cada um dos seus membros individualmente.

1430   XV. Por fim, para a questão da obtenção de informação pelo conselho geral e de supervisão através de comunicações de irregularidades, vale o que foi exposto já a propósito do conselho fiscal, no modelo tradicional de governo das sociedades anónimas, no § 24.7, para o qual remetemos.

1431   Acrescente-se apenas que, nas sociedades emitentes de valores mobiliários admitidos à negociação em mercado regulamentado e nas grandes sociedades anónimas [*i.e.*, as que cumpram os critérios referidos no art. 413.º/2, *a*)], a competência para receber tais comunicações será exercida, em primeira linha, pela comissão para as matérias financeiras (art. 444.º/2).

[1907] «No grupo tudo é diferente». WIEDEMANN – *Die Unternehmensgruppe im Privatrecht* ..., p. 9.

O MODELO GERMÂNICO

§ 47. O DEVER DE AVALIAÇÃO DO CONSELHO GERAL E DE SUPERVISÃO E DOS SEUS MEMBROS: REMISSÃO

I. A obtenção de informação surge necessariamente associada a um exercício de avaliação, destinado a aferir não só a sua veracidade, pertinência e completude, mas também a necessidade de reação em função dos fins prosseguidos. No modelo germânico, a avaliação da informação pelo conselho geral e de supervisão é determinada pelo princípio jus-societário de dissociação das funções de administração e fiscalização (*aktienrechtliches Trennungsprinzip*), nos termos do qual lhe cabe não a *iniciativa* na promoção dos melhores interesses da sociedade, mas apenas assegurar tal promoção pelo conselho de administração executivo e pelas estruturas administrativas ao mesmo subordinadas.

1432

II. Como referimos antes, no sistema alemão entende-se, em geral, que a vigilância desenvolvida pelo *Aufsichtsrat*, nos termos do § 111(1) AktG, abrange não só a legalidade (*Rechtsmäßigkeit*) e a regularidade (*Ordnungsmäßigkeit*), mas também a economicidade (*Wirtschaftlichkeit*) e a adequação (*Zweckmäßigkeit*) da atividade de gestão[1908]. Esta delimitação dos critérios de vigilância tem por base os deveres de informação do *Vorstand* face ao *Aufsichtsrat*, previstos no § 90(1) AktG[1909].

1433

Referimos também que o art. 432.º/1 a 3 transpôs para o nosso modelo germânico o § 90(1) AktG, na redação em vigor no início dos anos 1980. De acordo com esta construção, o dever de informação do conselho de administração executivo face ao conselho geral e de supervisão, sobre a política de gestão, a situação da sociedade e evolução dos negócios, qualquer negócio que possa ter influência significativa na rentabilidade ou liquidez da sociedade e, de modo geral, sobre qualquer situação anormal ou por outro motivo importante, só pode justificar-se pela imputação a este último de um dever de acompanhamento destas situações no contexto da sua obrigação de vigilância.

1434

Todos os factos que devem ser objeto de informações a prestar pelo conselho de administração executivo ao conselho geral e de supervisão devem ser igualmente objeto de vigilância por este último[1910].

1435

[1908] SEMLER – *Leitung und Überwachung*[2]... p. 46-51. Cfr. também, *v.g.*, BAUMBACH e HUECK – *AktG*[8]..., § 95, n.º 2, LEYENS – *Information des Aufsichtsrats* ..., p. 173-174, SEMLER – *Die Überwachungsaufgabe...* p. 68-72.

[1909] HOFFMANN e PREU – *Der Aufsichtsrat...* p. 2, SEMLER – *Leitung und Überwachung*[2]... p. 65-66, 89, n.º 102. Para mais desenvolvimentos sobre este ponto, cfr. p. 278 *supra*.

[1910] SEMLER – *Leitung und Überwachung*[2]... p. 65.

DA ADMINISTRAÇÃO À FISCALIZAÇÃO DAS SOCIEDADES

1436   III. Sem prejuízo da importância da clarificação oferecida pelo disposto no art. 432.º/1 a 3, esta norma mais não é do que uma concretização do art. 441.º/1, *d)* que exige, do conselho geral e de supervisão, a fiscalização das atividades do conselho de administração executivo no seu todo. Esta perspetiva é confirmada não só pela sua raiz histórico-dogmática, mas também pela inserção sistemática desta norma.

1437   Historicamente, o *Aufsichtsrat* – tal como o conselho fiscal no nosso modelo tradicional – surgiu como comissão de acionistas[1911] destinada a desenvolver o controlo da atividade do *Vorstand* que os acionistas, por si, não tinham condições de exercer. Visava, portanto, assegurar a prossecução dos melhores interesses da sociedade. A verificação da legalidade da conduta da administração era e é, antes de mais, um requisito de interesse público que só indiretamente aproveita aos acionistas. A progressiva integração neste órgão dos representantes dos seus parceiros comerciais[1912], lado a lado com os representantes dos acionistas, não alterou as variáveis da equação. Tanto uns como outros pretendiam assegurar um controlo efetivo e permanente da administração em todas as suas dimensões. O mesmo se diga com a posterior integração dos representantes dos trabalhadores nas sociedades abrangidas pelo regime de codeterminação (*Mitbestimmung*)[1913].

1438   Quanto à integração sistemática, não pode ignorar-se a dissociação entre a obrigação de «fiscalizar as actividades do conselho de administração executivo», previsto na alínea *d)* do art. 441.º/1, e o dever de «vigiar pela observância da lei e do contrato de sociedade», previsto na alínea *e)* do mesmo artigo. A recondução da fiscalização exigida pela alínea *d)* a meros critérios de legalidade esvaziaria de sentido a alínea *e)*. Deve portanto entender-se que, na ausência de outras restrições sistemáticas, da alínea *d)* resulta uma obrigação de fiscalizar a atividade do conselho de administração executivo no seu todo, incluindo não apenas uma fiscalização de legalidade ou regularidade, mas também de economicidade e adequação. Remetemos para quanto foi dito sobre esta problemática e sobre os critérios de avaliação pelo conselho fiscal no nosso modelo tradicional[1914].

1439   IV. A apreciação da conduta do conselho de administração executivo exige uma concretização, ainda que implícita, dos melhores interesses da sociedade em cada caso. Ao conselho geral e de supervisão cabe, portanto, formular um padrão face ao qual deve contrapor a conduta da administração. Ao fazê-lo,

---

[1911] Sobre este ponto, cfr. § 39.6, parág. VI *supra*. Cfr. ainda, entre nós, PEDRO MAIA – *Voto...* p. 310-314.
[1912] KROPFF – *Aktiengesetz*, p. 136, HOPT – *The German Two-Tier Board: Experience...* p. 230. Cfr. § 40.2, parág. III *supra* para mais desenvolvimentos.
[1913] Cfr. nota 1758 *supra*.
[1914] Cfr. os §§ 25.1, parág. III e 25.2 *supra*.

O MODELO GERMÂNICO

reconstrói as decisões da administração, aferindo se, face às circunstâncias do caso, correspondem aos melhores interesses da sociedade[1915].

§ 48. OS PODERES-DEVERES DE REAÇÃO DO CONSELHO GERAL E DE SUPERVISÃO E DOS SEUS MEMBROS

I. Contrariamente ao verificado a propósito do conselho fiscal no nosso modelo tradicional, o nosso legislador de 1986 imputou ao conselho geral (hoje conselho geral e de supervisão) importantes poderes-deveres de reação face à direção (hoje conselho de administração executivo). Alguns destes poderes foram abolidos na reforma de 2006, outros mantiveram-se, mas agora como solução supletiva e não injuntiva. **1440**

Face ao enquadramento normativo supletivo, apesar de o conselho geral e de supervisão não poder assumir a iniciativa e substituir o conselho de administração executivo na resolução dos problemas detetados – de acordo com o princípio jus-societário de dissociação das funções de administração e fiscalização (*aktienrechtliches Trennungsprinzip*) – *pode* e *deve* fazer uso dos seus poderes-deveres de reação para conformar a conduta da administração nesse sentido, quando tal se justifique perante as circunstâncias do caso concreto. **1441**

Entre estes poderes destacam-se não só os relativos à designação, destituição e fixação da remuneração dos administradores [arts. 441.º/1, *a*) e 429.º], de designação do administrador que servirá de presidente do conselho de administração executivo [art. 441.º/1, *b*)], mas também o relativo à autorização para a prática de determinadas categorias de atos pelo conselho de administração executivo (art. 442.º/1). **1442**

A estes soma-se o poder-dever de declarar a nulidade e de anular deliberações do conselho de administração executivo, a pedido de qualquer administrador ou de qualquer dos seus membros (art. 433.º/1). **1443**

Tal como o conselho fiscal no modelo tradicional, o conselho geral e de supervisão *pode* e *deve* ainda (i) requerer ao presidente da mesa a convocação da **1444**

[1915] SEMLER – *Leitung und Überwachung*[2]... p. 53. No sistema alemão, de acordo com a jurisprudência do BVerfG e do BGH, exige-se que os membros do *Aufsichtsrat* determinem o interesse da sociedade, o qual opera como padrão de conduta para o *Vorstand*. Nesta medida, a determinação do interesse social é uma constante tarefa de gestão do *Aufsichtsrat* e do *Vorstand*. *Ibidem*, p. 33-35. Isto não implica, porém, que o *Aufsichtsrat* se possa substituir ao *Vorstand* na iniciativa sobre medidas de gestão (SEMLER – *Die Überwachungsaufgabe*... p. 49-50), devendo reconhecer-se a este último uma ampla margem de discricionariedade na determinação do interesse social. SEMLER – *Leitung und Überwachung*[2]... p. 41. Para mais desenvolvimentos sobre esta questão, cfr. § 62.4, parág. VIII *infra*, sobre a concretização do interesse da sociedade.

DA ADMINISTRAÇÃO À FISCALIZAÇÃO DAS SOCIEDADES

assembleia geral quando o entenda conveniente (art. 375.º/1), (ii) convocar a assembleia geral quando o presidente da mesa o não faça, devendo fazê-lo [art. 441.º/1, s)][1916] e (iii) informar os acionistas na primeira assembleia que se realize [art. 422.º/1, e) por analogia][1917].

1445   Mais discutível é a admissibilidade da formulação de propostas de deliberação dos acionistas dirigidas à resolução do problema verificado (no contexto das competências da coletividade de acionistas) ou à propositura de ações sociais *ut universi* contra os administradores (cfr. art. 75.º/1)[1918]. Apesar do silêncio da lei, deve admitir-se esta possibilidade, no contexto da obrigação de vigilância do conselho geral e de supervisão[1919]. Em especial, no que respeita à propositura de ações de responsabilidade civil contra os administradores, esta possibilidade encontra fundamento igualmente no seu poder de representação da sociedade face aos administradores (art. 443.º/1).

1446   O conselho geral e de supervisão pode ainda reagir perante os acionistas, através do seu parecer sobre o relatório de gestão e as contas do exercício – incluindo a declaração sobre a conformidade das contas com as normas contabi-

---

[1916] De acordo com o teor literal da alínea s) do art. 441.º/1 – contrariamente ao resultante do art. 420.º, n.º 1, h) para o conselho fiscal –, o conselho geral e de supervisão pode convocar a assembleia geral «quando entenda conveniente». Não obstante, por força da necessária articulação entre as funções do presidente da mesa (art. 375.º) e do conselho geral e de supervisão, não deve este sobrepor-se àquele. Só quando o presidente da mesa não convoque a assembleia, devendo fazê-lo, deverá o conselho geral e de supervisão assumir esse encargo. Esta solução resulta expressamente do art. 377.º/7.

[1917] Dado que o conselho geral e de supervisão pode ter mais poderes ao seu dispor para resolver os problemas detetados do que o conselho fiscal no modelo tradicional, deve ponderar se no caso concreto se justifica a convocação da assembleia geral. Em particular, deve ponderar se a exposição do problema – por contraposição à sua resolução interna – corresponde aos melhores interesses da sociedade, atendendo aos custos de reputação da mesma no mercado, ao risco de exposição de fragilidades face a credores ou concorrentes, etc.

[1918] No que respeita à proposta de deliberação sobre a propositura de ações sociais *ut universi*, nos termos do art. 75.º/1, valem, com as necessárias adaptações, as conclusões do BGH no caso ARAG/Garmenbeck (BGH 21-abr.-1997, *BGHZ* 135, 244). Cfr. nota 1132 *supra*.

No nosso modelo germânico, a representação da sociedade para a propositura de ações sociais *ut universi* cabe, nos termos gerais, ao conselho geral e de supervisão, o qual deverá designar dois dos seus membros para o efeito (art. 443.º/1), sem prejuízo da possibilidade de designação de representantes especiais pelos acionistas (art. 75.º/1) ou pelo tribunal, a requerimento de acionistas que detenham, pelo menos, 5% do capital social (art. 76.º/1).

[1919] Perante a convocatória e eventual proposta de deliberação pelo conselho geral e de supervisão, a assembleia pode reagir, por exemplo, (i) aprovando a propositura de uma ação social *ut universi*, nos termos do art. 75.º, e (ii) não aprovando as contas anuais, a proposta de aplicação de resultados e ou a administração da sociedade, de acordo com o art. 376.º/1. Quando os estatutos lhe confiram competência para o efeito, a assembleia geral pode destituir um ou mais administradores e designar outros em sua substituição [arts. 425.º/1, b) e 430.º/1, b)], ou refletir a sua avaliação da administração na futura remuneração da mesma (art. 429.º)

O MODELO GERMÂNICO

lísticas aplicáveis – e do seu relatório anual sobre a atividade por si desenvolvida [art. 441.º/1, *h*) e *q*) CSC e art. 245.º/1, *c*) CVM, *ex vi* art. 420.º/6 *ex vi* art. 441.º/2 CSC].

II. Paralelamente, deve reconhecer-se um dever do conselho geral e de supervisão de aconselhamento ao conselho de administração executivo, no contexto da sua fiscalização preventiva, atendendo à construção desenvolvida pela doutrina e pela jurisprudência no sistema alemão[1920].

1447

Na medida do possível, o conselho geral e de supervisão deve desenvolver a sua atividade de controlo profilaticamente[1921]. Neste contexto, seja por iniciativa do conselho de administração executivo – quando este procure um consenso com o conselho geral e de supervisão, visando evitar contestações futuras – seja por sua própria iniciativa, deve o conselho geral e de supervisão prestar os conselhos que se imponham com vista à conformação da conduta da administração à prossecução dos melhores interesses da sociedade[1922].

1448

Da obrigação de vigilância decorre então um dever de aconselhamento, devidamente delimitado pelo facto de ao conselho geral e de supervisão não caber a administração da sociedade e pela necessidade de este manter um certo grau de desconfiança face à administração, sem a qual a vigilância é ineficaz[1923].

1449

III. Os poderes do conselho geral e de supervisão enunciados são, tecnicamente, poderes-deveres. Nessa medida, em cada caso concreto, o conselho geral e de supervisão deve atuar em conformidade com a sua avaliação da conduta do conselho de administração executivo, decidindo *se* e *como* fazer uso dos seus poderes-deveres.

1450

[1920] Cfr., *v.g.*, ERNST GESSLER, in ERNST GESSLER, et al. (eds.) – *Aktiengesetz Kommentar, 2 – §§ 76-147*, München: Vahlen, 1974, § 111, n.º 36, SEMLER – *Die Überwachungsaufgabe...* p. 95 ss., LUTTER – *Information und Vertraulichkeit³...* p. 7, n.os 20-21, p. 34, n.º 103, MERTENS – *Kölner Komm. AktG²...*, § 111, n.os 34. Neste sentido, sublinham HOFFMANN e PREU, vigilância e aconselhamento são apenas dois aspetos de uma mesma realidade. Cfr. HOFFMANN e PREU – *Der Aufsichtsrat...* p. 11, n.º 105. Cfr. também, *v.g.*, SEMLER – *Leitung und Überwachung²...* p. 141.

[1921] MERTENS – *Kölner Komm. AktG²...*, § 111, n.os 34.

[1922] Neste sentido, no sistema alemão, esclareceu o BGH 25-mar.-1991, *BGHZ* 114, 127:
«*Die Aufgabe des Aufsichtsrats, die Geschäftsführung zu überwachen, enthält die Pflicht, den Vorstand in übergeordneten Fragen der Unternehmensführung zu beraten*»
O BGH não explicitou o conceito de "conselho" (*Beratung*), afirmando apenas que o controlo do *Aufsichtsrat* se deve estender de forma a cobrir questões básicas de política futura e que tal controlo só pode ser efetivamente exercido através da constante discussão com o *Vorstand* e de aconselhamento contínuo (*BGHZ* 114, 127, 130). Cfr. também BGH 4-jul.-1994, *BGHZ* 126, 340, 344.

[1923] MERTENS – *Kölner Komm. AktG²...*, § 111, n.os 34.

DA ADMINISTRAÇÃO À FISCALIZAÇÃO DAS SOCIEDADES

1451 Na sintética locução de SEMLER: «*Wer überwachen soll, muß agieren*»[1924]. Assim, por exemplo, o conselho geral e de supervisão não pode concluir a sua intervenção com a simples conclusão de que a sociedade adquiriu ilicitamente ações próprias. Deve usar todos os seus poderes para reverter aquela aquisição e evitar os danos daí resultantes[1925]. Neste contexto, as suas decisões de intervenção, tomadas num contexto de incerteza e de risco, consubstanciam *decisões empresariais*[1926].

1452 IV. Na escolha dos meio de reação em cada caso concreto, o conselho geral e de supervisão deve atender ao princípio da *proporcionalidade*. Tendo concluído pela existência de uma irregularidade, em princípio, deve dialogar com o conselho de administração executivo com vista à sua resolução voluntária, prestando os conselhos que se imponham e fazendo uso, se necessário, da capacidade de pressão decorrente dos seus poderes de reação. Em muitos casos, a simples ameaça do exercício desses poderes permite alcançar a conformação da conduta do órgão de administração[1927], com vista à prossecução dos melhores interesses da sociedade[1928].

1453 O diálogo com o órgão de administração impõe-se não só relativamente a eventos passados, no contexto de uma fiscalização de cariz repressivo (retrospetivo), mas também relativamente a eventos futuros, no âmbito de uma fiscalização preventiva (prospetiva). O conselho geral e de supervisão deve exercer influência sobre os eventos futuros, transmitindo ao conselho de administração executivo a sua visão sobre os projetos mais importantes[1929].

1454 Em todo este processo, deve atender, na medida do possível, às considerações apresentadas pelo conselho de administração executivo na justificação das suas opções.

1455 Não obstante, quando o diálogo não produza os resultados esperados e as circunstâncias do caso assim o exigirem, deve fazer uso dos demais poderes de

---

[1924] SEMLER – *Die Überwachungsaufgabe...* p. 6, SEMLER – *Leitung und Überwachung*[2]... p. 58.

[1925] SEMLER – *Leitung und Überwachung*[2]... p. 58.

[1926] A qualificação como decisões empresariais é relevante no sistema alemão para efeitos da subsunção do caso à *business judgment rule*, hoje prevista no § 93(1)2 AktG:
> «Inexiste violação de dever quando o membro do *Vorstand*, numa decisão empresarial, podia razoavelmente supor que atuava com base em informação adequada para o bem da sociedade».

Para uma análise detalhada da problemática da *business judgment rule* no sistema alemão, cfr. § 64.3 *infra*.

[1927] SEMLER – *Leitung und Überwachung*[2]... p. 124.

[1928] O conselho geral e de supervisão deve expressar a sua opinião ao conselho de administração executivo sempre que, de acordo com a sua avaliação, um determinado projeto seja ilegal (*rechtmäßig*), irregular (*mangelnde Ordnungsmäßigkeit*), ineficiente (*unwirtschaftlich*) ou inadequado (*unzweckmäßig*), exercendo a sua influência com vista à sua correção. *Ibidem*, p. 114-115.

[1929] *Ibidem*, p. 53.

O MODELO GERMÂNICO

reação que tem ao seu dispor. Na sequência da reforma de 2006, já não pode estabelecer, por si, reservas de consentimento (art. 442.º/1), mas – de acordo com o elenco de poderes supletivo – pode alterar a composição do conselho de administração executivo [arts. 430.º/1, *a*) e 441.º/1, *a*)] e pode substituir o presidente deste (art. 427.º/1)[1930].

V. A sujeição ao princípio da proporcionalidade é particularmente relevante face à difícil delimitação, na prática, da margem de discricionariedade do conselho de administração executivo. Na medida em que os poderes supletivamente imputados ao conselho geral e de supervisão lhe conferem um grande potencial de interferência na esfera de atuação própria do conselho de administração executivo, deve atuar com especial cautela. Não lhe competindo tarefas de gestão (art. 442.º/1), e não lhe sendo imputado qualquer poder de direção, não pode o conselho geral e de supervisão exercer os seus poderes de reação com vista à substituição das opções empresariais do órgão de administração pelas suas[1931].

No sistema alemão, a doutrina dominante entende que o *Aufsichtsrat* deve reagir sempre perante uma conduta ilícita ou irregular do *Vorstand*. Diferentemente, perante condutas ineficientes ou inadequadas, deve respeitar a margem de discricionariedade do *Vorstand*. Quando este último atue dentro dessa margem, o *Aufsichtsrat* pode manifestar a sua posição divergente, mas não tomar outras medidas de reação contra a atuação do *Vorstand*. Quando este exceda a sua margem de discricionariedade, então deve o *Aufsichtsrat* intervir[1932]. Segundo SEMLER[1933], o *Vorstand* excede a sua margem de discricionariedade, impondo-se a intervenção do *Aufsichtsrat, e.g.*, quando:

(i) os meios necessários em relação aos benefícios previstos forem desproporcionadamente elevados ou colocarem a sociedade numa difícil situação financeira;

(ii) o objetivo for dificilmente alcançável com os meios previstos;

1456

1457

[1930] Não têm paralelo entre nós os poderes do *Aufsichtsrat* para regular o funcionamento e o poder de representação do *Vorstand* nos termos dos estatutos (§§ 77(1) e 78(3) AktG) ou de regulamento (§ 77(2) AktG) e para designar um dos seus membros como membro do *Vorstand* em circunstâncias especiais (§ 105(2) AktG. Cfr. *ibidem*, p. 125.

[1931] MERTENS – *Kölner Komm. AktG²...*, § 111, n.º 11. No modelo tradicional, a limitação dos poderes-deveres do conselho fiscal, em grande medida, à articulação de posições com o conselho de administração e com a assembleia geral, tornava relativamente inócua a incursão do conselho fiscal no espaço próprio de atuação do conselho de administração. No modelo germânico, porém, a questão assume outros contornos.

[1932] Esta aferição da conduta do *Vorstand* cabe na válida discricionariedade do *Aufsichtsrat*. Cfr., *v.g.*, SEMLER – *Leitung und Überwachung²...* p. 117-118.

[1933] Cfr. *Ibidem*.

DA ADMINISTRAÇÃO À FISCALIZAÇÃO DAS SOCIEDADES

(iii) os riscos do negócio forem desproporcionais face aos benefícios previstos; e

(iv) os riscos do negócio para a sociedade não forem completamente determináveis.

1458   Não podemos acompanhar esta construção, sem mais, por nos parecer demasiado rígida. Casos haverá em que a insuficiência ou inadequação da conduta da administração exigirá outras reações para lá da manifestação da sua posição divergente.

1459   Desde logo, a questão poderá ser exposta aos acionistas.

1460   Para além disso, quando entenda que as opções da administração não são suficientemente sólidas, deve recusar o consentimento para a prática de determinados atos de gestão abrangidos por reservas de consentimento fixadas legal ou estatutariamente (art. 442.º/1)[1934].

1461   Ainda assim, os casos apresentados por SEMLER como traduzindo uma atuação para lá da margem de discricionariedade devem ser tidos como critérios mínimos perante os quais se exige uma intervenção do conselho geral e de supervisão.

§ 49. EM PARTICULAR: A SUJEIÇÃO DE DETERMINADAS CATEGORIAS DE ATOS A PRÉVIO CONSENTIMENTO DO CONSELHO GERAL E DE SUPERVISÃO (ART. 442.º/1 CSC)

1462   I. Como resulta da análise histórico-crítica antes exposta, o *Aufsichtsrat* era, historicamente, um órgão de gestão que só com a reforma do Direito societário alemão de 1937 foi definitivamente afastado da *direção* (*Leitung*) da sociedade. Esta passou então a estar reservada ao *Vorstand*, sobre o qual passou a recair a responsabilidade de *dirigir* a sociedade sob responsabilidade própria, ou seja, com legitimidade própria *ex lege*, não derivada da assembleia geral ou do *Aufsichtsrat*. Sobre este último passou a recair então apenas a vigilância da gestão (*Geschäftsführung*) e é neste quadro que deve ser enquadrada a possibilidade de reserva de consentimento (*Zustimmungsvorbehalt*) do *Aufsichtsrat* para a prática de determinados atos, hoje prevista no § 111(4) AktG. O mesmo vale, entre nós, para o mecanismo previsto no art. 442.º/1[1935].

[1934] Cfr. § 49 *infra*.

[1935] Este artigo consubstancia uma clara transposição do § 111(4) AktG, afastando-se em diversos pontos do estabelecido no art. 128/2 da lei francesa de 1966 (*Loi n.º 66-427, de 18 juin 1966*), bem como do art. 11.º da Proposta de 5.ª Diretriz.

O MODELO GERMÂNICO

O consentimento do conselho geral e de supervisão para a prática de deter- 1463
minados atos pelo conselho de administração executivo consubstancia uma
forma de *fiscalização preventiva* da administração[1936]. Estando sujeito à intervenção prévia do conselho geral e de supervisão, o conselho de administração executivo vê-se forçado a fundamentar as suas opções e iniciativas, de forma a assegurar o consentimento daquele, potenciando o cuidado e a atenção colocados
no processo. Por seu turno, o conselho geral e de supervisão tem a oportunidade
de verificar *ex ante* a licitude, a regularidade, a economicidade e a adequação
das medidas propostas, incluindo, em particular, a solidez do *iter* decisional do
conselho de administração executivo e a gestão dos riscos associados, face às
concretas circunstâncias da empresa[1937].

Não se trata de substituir a iniciativa e as opções do conselho de administra- 1464
ção executivo pelas do conselho geral e de supervisão: a iniciativa é sempre do
primeiro, mas as suas opções terão de ser suficientemente sólidas para granjea-

---

[1936] Neste sentido, a decisão do BGH no caso *ARAG/Garmenbeck*, BGH 21-abr.-1997, *BGHZ* 135, 244,
254-255. Cfr. KARLHEINZ BOUJONG – Rechtliche Mindestanforderungen an eine ordnungsgemäße
Vorstandskontrolle und -beratung: Konsequenzen aus den Entscheidungen des Bundesgerichtshofs
BGHZ 114,127 und BGHZ 124,111, *Die Aktiengesellschaft*, 40:5, 1995, p. 205, PETER HOMMELHOFF –
Vernetzte Aufsichtsratsüberwachung im Konzern?: eine Problemskizze *Zeitschrift fur Unternehmens- und
Gesellschaftsrecht*, 25:2, 1996, p. 147, SEMLER – *Die Überwachungsaufgabe...* p. 4, 19 ss, SEMLER – *Leitung und
Überwachung*[2]... p. 131, STEINBECK – *Überwachungspflicht...* p. 149, § 111, n.º 100, HÜFFER – *Aktiengesetz*[10]...,
§ 311, n.º 16.

[1937] No sentido de reconhecer uma maior amplitude de movimentos ao *Aufsichtsrat*, perante o disposto no
§ 111(4) AktG, SEMLER afirma tratar-se de uma competência de codecisão (*Mitentscheidungskompetenz*): o
Aufsichtsrat não se limita a «supervisionar a discricionariedade» do *Vorstand*; pode recusar o seu consentimento a negócios adequados que caibam na margem de discricionariedade empresarial do *Vorstand* e face
aos quais não se possa afirmar ter havido falta de diligência deste. SEMLER – *Die Überwachungsaufgabe...*
p. 80.

No mesmo sentido, BRUNO KROPFF – "Mitwirkung des Aufsichtsrats bei einzelnen Maßnahmen der
Geschäftsführung", in JOHANNES SEMLER e KERSTEN V. SCHENCK (eds.) – *Arbeitshandbuch für Aufsichtsratsmitglieder*, 3.ª ed., München: Beck, Vahlen, 2009, p. 367 ss., em particular, p. 371, n.º 12, qualifica a atividade do *Aufsichtsrat* como «nicht nur Überwachung, sonder Mitwirkung». No mesmo sentido, *v.g.*, LUTTER
e KRIEGER – *Rechte*[5]..., n.º 58.

Desta construção de BRUNO KROPFF parece resultar uma restrição do conceito de vigilância que não nos
parece adequada. Uma vez aceite que a distinção entre as atividades de administração e vigilância assenta
no poder (*de iure*) de iniciativa, não vemos porque deva ser restringido o conceito de vigilância. Da mesma
forma, não vemos sentido útil na afirmação de que a atividade do conselho geral e de supervisão extravasa
a "mera vigilância". Assim, parece-nos mais correta a recondução da intervenção devida pelo conselho
geral e de supervisão, face ao disposto no art. 442.º/1, à sua obrigação de vigilância. Cfr., *v.g.*, HOFFMANN
e PREU – *Der Aufsichtsrat...* p. 2, n.º 101, p. 88 ss., n.ºs 300 ss.

Sobre a distinção entre as tarefas de reserva de consentimento (enquanto meio de vigilância) e
decisão posterior sobre o negócio (enquanto medida de codecisão), cfr. HANS-JOACHIM MERTENS –
Zuständigkeiten des mitbestimmten Aufsichtsrats, *Zeitschrift fur Unternehmens- und Gesellschaftsrecht*,
6, 1977, p. 280 ss.

DA ADMINISTRAÇÃO À FISCALIZAÇÃO DAS SOCIEDADES

rem o apoio do segundo. Não estamos, portanto, perante "poderes de gestão", caracterizados pela *iniciativa* na promoção do interesse social[1938]. Este é o elemento central da distinção da conduta devida pelos administradores face àqueloutra devida pelos fiscalizadores.

1465   O poder do conselho geral e de supervisão é um mero *poder de veto*[1939]; não se traduz na possibilidade (*de iure*) de impor alternativas da sua preferência[1940]. Na prática, porém, este poder confere ao conselho geral e de supervisão uma capacidade de pressão sobre a administração que, em última análise, se pode traduzir na imposição – *de facto* – de opções alternativas da sua preferência. Efetivamente, a recusa de consentimento só pode ser ultrapassada por deliberação dos acionistas, nos termos do art. 442.º/2, sendo esta, em muitos casos, uma solução mais onerosa para a administração do que a obtenção de um consenso com o órgão de fiscalização.

1466   II. Face à redação do art. 442.º/1 anterior a 2006 que, tal como no Direito alemão, admitia que fosse o próprio conselho geral a estabelecer reservas de consentimento *ad hoc*, podia afirmar-se que, sendo este poder devidamente aproveitado e associado aos poderes de designação e destituição dos administradores, a direção não poderia conduzir a atividade da sociedade a longo prazo de forma sistematicamente contrária às sensibilidades do conselho geral. Com LEYENS,

---

[1938] Como sustentámos no § 13, parág. II *supra*, elemento decisivo da obrigação de administração é a adstrição do conselho de administração – e, reflexa e sucessivamente, de cada administrador – à prática dos atos necessários à *promoção* do fim ou interesse social, tomando a *iniciativa* na condução da atividade social.

Não podemos assim concordar com a afirmação de CALVÃO DA SILVA – *Corporate governance...* p. 47 de que «a necessidade de parecer prévio traduz uma corresponsabilidade activa e não despicienda do conselho geral e de supervisão no exercício e direção estratégica da empresa, característica do sistema dualista, a impedir dizer-se o conselho de administração executivo investido da gestão "exclusiva" da sociedade».

Em sentido contrário, cfr. ESTÊVÃO MARQUES – *Responsabilidade civil...* p. 63-64 (nota 116) que, embora referindo posições de autores como LUTTER e HOPT, não fundamenta a sua posição.

[1939] Neste sentido, *v.g.*, FLEISCHER – *Leitungsaufgabe...*, n.º 49, HABERSACK – *MünchKomm. AktG*[3]..., § 111, n.º 100.

Não podemos, porém, acompanhar a perspetiva de que este direito de veto não afeta a margem de discricionariedade do conselho de administração executivo. Em tal sentido, *v.g.*, HEFERMEHL e SPINDLER – *MünchKomm. AktG*[2]..., § 76, n.º 19, FLEISCHER – *Leitungsaufgabe...*, n.º 49, HÜFFER – *Aktiengesetz*[10]..., § 76, n.º 11. Com efeito, na prática, perante reservas de consentimento, a administração vê-se confrontada com a necessidade de procurar consensos (assim limitando o seu leque de opções), de forma a assegurar a aprovação pelo conselho geral e de supervisão dos atos que pretende praticar. Neste sentido vai a afirmação de SEMLER – *Leitung und Überwachung*[2]... p. 129 de que a reserva de consentimento do *Aufsichtsrat* (§111(4)2 AktG) restringe o poder de direção do *Vorstand*.

[1940] SEMLER – *Die Überwachungsaufgabe...* p. 49, 80.

O MODELO GERMÂNICO

podia inclusive afirmar-se que o conselho geral incumpriria os seus deveres caso admitisse a condução da atividade social num sentido considerado incorreto[1941].

Na reforma de 2006, o legislador eliminou a possibilidade de o conselho geral e de supervisão estabelecer reservas de consentimento, restringindo gravemente a eficácia deste mecanismo de fiscalização preventiva, criando mais uma importante divergência sistemática face ao Direito alemão, com consequências na compreensão do equilíbrio interorgânico no nosso modelo germânico.   1467

Acrescente-se que, como é sublinhado no sistema alemão, a definição de um catálogo de atos sujeito a consentimento nos estatutos é desaconselhada, sendo preferida a sua delimitação pelo órgão de fiscalização. Em primeiro lugar, os acionistas têm um menor contacto com o desenvolvimento da atividade da sociedade, estando por isso em piores condições para delimitar os atos que, pela sua importância, devem estar sujeitos a consentimento. Em segundo lugar, a delimitação estatutária é menos flexível, porquanto a reação aos desenvolvimentos verificados na atividade da sociedade ficam dependentes de alterações estatutárias[1942].   1468

III. A operacionalidade deste mecanismo depende agora exclusivamente do que for estabelecido nos estatutos da sociedade. A lei não oferece critérios delimitadores dos tipos de atos que podem ser sujeitos a consentimento do conselho geral e de supervisão. Ainda assim, a partir dela e dos desenvolvimentos jurisprudenciais e doutrinários verificados no sistema alemão podemos encontrar alguns pontos de apoio[1943]:   1469

(i) *Podem* sujeitar-se a aprovação do conselho geral e de supervisão os atos de fundamental importância, concretizados em função do sector empresarial em causa, do tamanho e da complexidade da sociedade[1944].

[1941] LEYENS – *Information des Aufsichtsrats* ..., p. 372.

[1942] KROPFF – *Mitwirkung...* p. 370, n.º 8.

[1943] Para além dos critérios delimitadores, a doutrina alemã apresenta catálogos exemplificativos de categorias de atos que podem ser sujeitos a consentimento do *Aufsichtsrat*. Cfr. *v.g.*, LUTTER e KRIEGER – *Rechte*⁵... p. 47-48, n.º 109, KROPFF – *Mitwirkung...* p. 925, apêndice § 8-1, e também p. 376-378, n.ᵒˢ 31-40.

[1944] Contrariamente ao verificado no sistema alemão, não existe entre nós um *dever* de delimitação das categorias de atos que devem ser sujeitos ao consentimento do *Aufsichtsrat* (§ 111(4) AktG), em função do seu dever de controlo do *Vorstand*.

De acordo com o BGH, a discricionariedade do *Aufsichtsrat* sobre esta matéria é reduzida a zero nos casos em que a prática de um ato ilegal só pode ser evitada pela sujeição da sua prática ao seu consentimento. Cfr. BGH 15-nov.-1993, *BGHZ* 124, 111, 127. Cfr. também, *v.g.*, LUTTER e KRIEGER – *Rechte*⁵... p. 46, n.º 106.

Segundo o n.º 3.3.3 DCGK, *devem* ser sujeitas a consentimento as decisões ou medidas que alterem fundamentalmente a situação patrimonial, financeira ou dos proveitos da empresa. KROPFF – *Mitwirkung...* p. 370, n.º 7.

DA ADMINISTRAÇÃO À FISCALIZAÇÃO DAS SOCIEDADES

(ii) Só pode sujeitar-se a consentimento do conselho geral e de supervisão a prática de «determinadas categorias de atos», pelo que não são admissíveis reservas de consentimento genéricas, relativas a todos os atos importantes ou a um catálogo que abranja a maioria das decisões do conselho de administração executivo[1945].

(iii) As reservas de consentimento podem abranger tanto negócios jurídicos como atos jurídicos em sentido estrito[1946].

(iv) São admissíveis reservas de consentimento não só para a prática de atos *externos*, através dos quais se vincula a sociedade perante terceiros, mas também para a prática de atos *internos*, como aqueles que são dirigidos à organização interna da sociedade, ou à criação ou extinção de sucursais[1947].

(v) São admissíveis reservas de consentimento para a prática de atos sobre as sociedades-filhas[1948], porquanto essas medidas configuram igualmente um ato de gestão da sociedade-mãe[1949].

1470   A sujeição de determinadas matérias a consentimento do conselho geral e de supervisão deve pautar-se pela moderação, sob pena de: (i) este assumir competência em matérias de gestão, contrariamente ao disposto no próprio art. 442.º/1; (ii) a sua influência sobre a administração se tornar excessiva, verificando-se uma transferência de parte da responsabilidade pela administração

---

[1945] Cfr. OLG Stuttgart 27-fev.-1979, *WM* 1979, 1296, 1300. Cfr. FLEISCHER – *Leitungsaufgabe*..., n.º 49, HOFFMANN e PREU – *Der Aufsichtsrat*... p. 2, n.º 102, p. 90, n.º 304, LUTTER e KRIEGER – *Rechte*[5]... p. 47, n.º 109, HABERSACK – *MünchKomm. AktG*[3]..., § 111, n.º 106, KROPFF – *Mitwirkung*... p. 375 ss., n.º 28.
Cfr. também, entre nós, RAUL VENTURA – *Estudos vários*... p. 56 que acrescenta não serem igualmente aceitáveis reservas de consentimento para negócios isolados ou específicos. Esta questão perdeu no entanto relevância com a reforma de 2006: como bem sublinha o autor, é pouco natural que uma tal reserva seja estabelecida no contrato de sociedade, mas poderia ser exigida pelo próprio conselho, possibilidade esta que foi afastada na alteração do art. 442.º/1 em 2006.

[1946] Como resulta da letra do n.º 1 do art. 442.º. Para a distinção entre negócios jurídicos e atos jurídicos em sentido estrito, cfr., por todos, MENEZES CORDEIRO – *Tratado*, 1:1[3]... p. 447-451.

[1947] KROPFF – *Mitwirkung*... p. 375 ss., n.º 29. Não obstante, como referido em seguida no texto, os atos praticados pelos administradores em nome da sociedade e dentro dos poderes que a lei lhes confere, vinculam-na para com terceiros. Cfr. art. 409.º/1, *ex vi art.* 431.º/3.

[1948] HABERSACK – *MünchKomm. AktG*[3]..., § 111, n.ºs 100, 116-122.

[1949] Entre estas medidas destacam-se, por exemplo: a designação e destituição dos membros dos órgãos sociais das sociedades-filhas, decisões de investimento e desinvestimento, alterações substanciais na produção, aumentos de capital, alterações de estatutos, etc. Em todo o caso, vale o princípio de que a sujeição ao consentimento do conselho geral e de supervisão se deve limitar a medidas de alguma importância, não devendo restringir indevidamente a gestão corrente da atividade do grupo. LUTTER e KRIEGER – *Rechte*[5]... p. 64, n.º 149.

O MODELO GERMÂNICO

para o mesmo; (iii) tornar impossível a administração da sociedade pelo conselho de administração executivo sob sua própria responsabilidade[1950].

IV. Particularmente relevante é a clarificação das consequências da prática de um ato sem obtenção do consentimento prévio devido. A exigência de intervenção do conselho geral e de supervisão consubstancia uma limitação aos *poderes de gestão* e não aos *poderes de representação* do conselho de administração executivo[1951]. Este tem plenos poderes de representação da sociedade perante terceiros (art. 431.º/2) e os atos praticados pelos administradores, em nome da sociedade e dentro dos poderes que a lei lhes confere, vinculam-na para com terceiros, não obstante as limitações constantes do contrato de sociedade (art. 409.º/1, *ex vi* art. 431.º/3)[1952].

1471

Mesmo que consubstanciasse uma limitação aos poderes de representação, seria ineficaz perante terceiros (novamente art. 409.º/1, *ex vi* art. 431.º/3)[1953].

1472

Assim sendo, a prática de um ato pelos administradores, em nome e representação da sociedade, sem obtenção do consentimento devido, consubstancia uma violação dos seus deveres para com a sociedade, mas o ato não deixa de produzir os seus efeitos perante terceiros. A reserva de consentimento não afeta os poderes de representação dos administradores perante terceiros; tem, portanto, meros efeitos internos[1954].

1473

Assegura-se assim a proteção dos terceiros que negoceiam com a sociedade, garantindo que podem confiar na delimitação *ex lege* dos poderes de representa-

1474

[1950] Cfr. SEMLER – *Leitung und Überwachung*²... p. 128-129.

[1951] É decisiva não apenas a redação do art. 431.º/2, segundo a qual o conselho de administração executivo tem plenos poderes de representação da sociedade perante terceiros, mas ainda o enquadramento do disposto no art. 442.º/1 ao nível dos poderes de gestão pelo n.º 1 do art. 431.º.

[1952] Cfr. também o art. 9.º/1 da 1.ª Diretriz de Direito das Sociedades (68/151/CEE), relativa às garantias dos sócios e de terceiros, bem como RAUL VENTURA – Adaptação do Direito português à 1.ª Directiva do Conselho da CEE sobre Direito das Sociedades, *Documentação e direito comparado*, 2, 1980, p. 135 ss. Cfr. também, *v.g.*, PEDRO DE ALBUQUERQUE – A vinculação das sociedades comerciais por garantia de dívidas de terceiros, *Revista da Ordem dos Advogados*, 55:3, 1995, p. 692-695, recordando a aproximação à teoria alemã da aparência e, mais recentemente, RITA ALBUQUERQUE – *A vinculação*... p. 114-139.

[1953] SOVERAL MARTINS – *Os poderes de representação*... p. 206-215, em especial, p. 208, RITA ALBUQUERQUE – *A vinculação*... p. 120-123.

[1954] Assim também no sistema alemão. Cfr. HOPT e ROTH – *AktG Großkommentar*⁴..., § 111, n.º 702, HABERSACK – *MünchKomm. AktG*³..., § 111, n.º 129, KROPFF – *Mitwirkung*... p. 371, n.º 13, MERTENS – *Kölner Komm. AktG*²..., § 111, n.º 86.

O consentimento (*Zustimmung*) do *Aufsichtsrat* previsto no § 111(4) AktG não pode assim ser reconduzido ao consentimento (*Zustimmung*) regulado no § 182 BGB, na medida em que este último é tido como condição da eficácia do negócio jurídico. Da mesma forma, entre nós, não pode reconduzir-se o consentimento previsto no art. 442.º/1 à autorização, enquanto facto legitimador. MENEZES CORDEIRO – *Tratado*, 5..., p. 20-23, PEDRO LEITÃO PAIS DE VASCONCELOS – *A procuração irrevogável*... p. 157.

DA ADMINISTRAÇÃO À FISCALIZAÇÃO DAS SOCIEDADES

ção dos administradores, não tendo de averiguar se o ato praticado em nome da sociedade foi precedido de autorização interna ou de qualquer outro condicionamento interno[1955].

1475   V. Por fim, refira-se que, tal como no sistema alemão, também entre nós deve ser admitida a delegação do poder de prestação do consentimento para a prática de determinadas categorias de atos numa comissão constituída no seio do conselho geral e de supervisão, nos termos do art. 444.º/1[1956].

§ 50. A VARIÁVEL INTENSIDADE DA OBRIGAÇÃO DE VIGILÂNCIA DO CONSELHO GERAL E DE SUPERVISÃO: PARÂMETROS GERAIS E GRUPOS DE CASOS: REMISSÃO

1476   Sem prejuízo das suas concretizações legais, a obrigação de vigilância do conselho geral e de supervisão apresenta uma intensidade variável de acordo com as específicas circunstâncias do caso concreto: em princípio, traduz a vinculação a um controlo geral, que se torna mais intenso ou pormenorizado perante situações de crise ou motivos de suspeita. A intensificação da vigilância pode ainda decorrer de uma adequada construção da vigilância preventiva e da concretização do dever de leal cooperação interorgânica. Vale a este propósito quanto foi referido a propósito do conselho fiscal, no modelo tradicional, no § 27 *supra*.

§ 51. OUTROS DEVERES DO CONSELHO GERAL E DE SUPERVISÃO E DOS SEUS MEMBROS

1477   I. Entre os deveres do conselho geral e de supervisão e dos seus membros destacamos ainda: os deveres de organização interna e de controlo da legali-

---

[1955] Aliás, não têm sequer de averiguar se o ato foi precedido de deliberação pelo conselho de administração executivo. SOVERAL MARTINS – *Os poderes de representação...* p. 235-241, em especial, p. 238-239. Como explica MENEZES CORDEIRO – *Direito das sociedades*, 1³... p. 849: à partida, o âmbito dos poderes de representação estaria delimitado pelos poderes de gestão, mas a tutela da confiança determinou um esquema inverso (art. 6.º/4). Cfr. também, *v.g.*, PEDRO DE ALBUQUERQUE – *A vinculação das sociedades comerciais...* p. 702, RITA ALBUQUERQUE – *A vinculação...* p. 119-120. Como salienta o RLx 22-Jan.-2002 (ABRANTES GERALDES), *CJ*, 27:1, 2002, disponível em http://www.colectaneadejurisprudencia.com, p. 84:

    «a dinâmica da vida económica não se compatibiliza com a transferência para terceiros de um ónus que, em primeira via, deve impender sobre o colectivo dos sócios, através do controlo do funcionamento dos órgãos sociais, assegurando a persistência de uma relação de confiança que deve existir entre os titulares do capital social e aqueles que formalmente estão incumbidos das funções de representação da sociedade».

[1956] LUTTER – *Information und Vertraulichkeit*³... p. 135-136, n.ºˢ 364-368. Para mais desenvolvimentos sobre as comissões do conselho geral e de supervisão, cfr. § 51 *infra*.

O MODELO GERMÂNICO

dade das deliberações dos acionistas, imputados ao conselho geral e de supervisão, e os deveres de confidencialidade e de obtenção das qualificações técnicas necessárias ao desenvolvimento das suas funções, imputados a cada um dos seus membros. Valem aqui as considerações apresentadas a propósito do conselho fiscal, no nosso modelo tradicional[1957].

Quanto ao dever de confidencialidade de cada membro do conselho geral e de supervisão, acrescentamos apenas que o art. 441.°-A constitui um paralelo do art. 422.°/1, c).

1478

Já o dever de organização interna exige mais algumas palavras a propósito das possibilidades de distribuição interna de tarefas e de constituição de comissões.

1479

II. Sustentámos no § 28 que, em função das circunstâncias da sociedade, o conselho fiscal devia organizar-se internamente, distribuindo tarefas entre os seus membros e constituindo comissões preparatórias das decisões do plenário. Isto apesar de, contrariamente ao verificado a propósito do conselho de administração (art. 407.°) ou do conselho geral e de supervisão no modelo germânico (art. 444.°), não existir uma norma que expressamente o habilite a delegar poderes nos seus membros ou a constituir comissões no seu seio. Às comissões assim constituídas podem ser atribuídas funções de tratamento de informação, de avaliação e de aconselhamento ao plenário. A este, e só a este, pode caber o exercício dos *poderes-deveres de reação* imputados diretamente ao conselho fiscal[1958]. No modelo germânico colocam-se outros desafios. Por um lado, como vimos[1959], os poderes-deveres de obtenção de informação e de inspeção não são imputados aos membros do conselho geral e de supervisão a título individual. A informação periódica, prevista no art. 432.°/1, é prestada diretamente ao coletivo e os demais fluxos de informação com o conselho de administração executivo são assegurados pelo presidente do conselho geral e de supervisão. Os demais poderes-deveres de obtenção de informação e de inspeção são imputados ao órgão coletivo, cabendo a este designar um ou mais dos seus membros para o seu exercício.

1480

Por outro lado, existe uma norma que especificamente habilita o conselho geral e de supervisão a constituir comissões no seu seio. De acordo com o art. 444.°/1[1960]:

1481

[1957] Cfr. § 28 *supra.*

[1958] Cfr. § 26 *supra.*

[1959] Cfr. § 46 *supra.*

[1960] Este preceito, tal como aqueloutro relativo ao papel normativo do presidente do conselho geral e de supervisão no fluxo de informações do conselho de administração executivo para o conselho geral e de supervisão, transpôs para o nosso Direito uma solução do sistema alemão destinada a garantir a operacionalidade (LUTTER refere-se a flexibilidade, eficiência e discrição) do *Aufsichtsrat* perante o seu

DA ADMINISTRAÇÃO À FISCALIZAÇÃO DAS SOCIEDADES

«Quando conveniente, deve o conselho geral e de supervisão nomear, de entre os seus membros, uma ou mais comissões para o exercício de determinadas funções, designadamente para fiscalização do conselho de administração executivo e para fixação da remuneração dos administradores».

1482   III. As dúvidas centram-se na delimitação dos poderes suscetíveis de delegação numa comissão. Na análise desta questão, vale a pena consultar a proposta clara e bem articulada do Projeto de RAUL VENTURA, cujo art. 436.º dispunha:

«1. O conselho geral pode nomear, dentre os seus membros, uma ou mais comissões para preparar as suas deliberações ou para fiscalizar a execução destas[1961].

2. No primeiro mês após a sua eleição, deve o conselho nomear uma comissão especialmente encarregada de exercer permanentemente as atribuições de fiscalização da direcção previstas no art. 413.º n.º 2».

1483   Face ao art. 444.º/1 CSC, certamente podem ser criadas *comissões preparatórias (vorbereitende Ausschüsse)* dos trabalhos a desenvolver pelo plenário, nos termos sugeridos por RAUL VENTURA. A estas cabe o tratamento da informação e a formulação de conselhos ao plenário, agilizando o seu processo deliberativo[1962].

1484   No entanto, a sua atividade cognitiva é condicionada pelo disposto no art. 432.º/4, nos termos do qual só o presidente do conselho geral e de supervisão[1963] pode exigir a prestação de informações adicionais (para além das informações previstas no art. 432.º/1 a 3) ao conselho de administração executivo. Os seus pedidos de informação devem, portanto, ser dirigidos ao presidente que os remeterá posteriormente ao conselho de administração executivo. Naturalmente, esta norma não obsta à criação voluntária de fluxos de informação entre o conselho de administração executivo e as comissões do conselho geral e de supervisão[1964]. Não obsta igualmente a que o conselho geral e de supervisão confira poderes às comissões assim constituídas para que acedam diretamente

---

elevado número de membros. Cfr., *v.g.*, LUTTER – *Information und Vertraulichkeit*[3]... p. 131, n.º 352, LEYENS – *Information des Aufsichtsrats* ..., p. 262-263.

[1961] Esta redação é decalcada do § 107(3) AktG.

[1962] LUTTER – *Information und Vertraulichkeit*[3]... p. 131-132, 140-142, n.ºs 353, 377-379.

[1963] E a comissão para as matérias financeiras, quando exista.

[1964] Note-se, porém, que o plenário deste deve avaliar se pretende que a informação prestada às comissões o seja também simultaneamente ao plenário, como forma de assegurar o seu controlo sobre a atividade das comissões. LEYENS – *Information des Aufsichtsrats* ..., p. 276.

O MODELO GERMÂNICO

às demais fontes de informação (não mediadas pelo conselho de administração executivo)[1965].

Para além disso, recorde-se não ser possível uma dissociação absoluta entre as funções preparatórias e as funções executivas, na medida em que o mero processo de recolha e tratamento da informação pressupõe juízos quanto à relevância de determinados factos (e irrelevância de outros) e sua apresentação ao plenário, juízos esses que podem condicionar, em maior ou menor medida, o processo deliberativo. Assim, o conselho geral e de supervisão deve tomar as medidas de organização interna necessárias para que os seus membros estejam em condições de compreender os trabalhos preparatórios das questões submetidas à apreciação do plenário[1966].   1485

Dentro de tais condicionantes, estas comissões podem então assumir funções de tratamento de informação, de avaliação e de aconselhamento ao plenário.   1486

IV. Para além das comissões preparatórias, parecem também ser genericamente admissíveis as *comissões de fiscalização da execução das deliberações* do conselho geral e de supervisão, nos termos propostos no Projeto de RAUL VENTURA. Porém, as suas funções parecem não divergir das já enunciadas para as comissões preparatórias. Também a estas cabem funções de tratamento de informação, de avaliação e de aconselhamento ao plenário.   1487

Estas comissões parecem não se confundir com a comissão de «fiscalização do conselho de administração executivo», referida no art. 444.º/1. Que poderes podem ser delegados a uma tal comissão?   1488

Na resposta a esta questão, recuperamos a tripartição estrutural da obrigação de vigilância em poderes-deveres de obtenção de informação e de inspeção, dever de avaliação e poderes-deveres de reação.   1489

Quanto aos primeiros, deve admitir-se a possibilidade de, a pedido do conselho geral e de supervisão, o conselho de administração executivo prestar a informação periódica e eventual (art. 432.º/1 a 3) diretamente à comissão de fiscalização. Deve no entanto assegurar-se que a mesma informação é simultaneamente prestada pelo menos ao presidente do conselho geral e de supervisão (art. 432.º/2), a quem cabe coordenar a sua atividade. Por esta mesma razão, não pode admitir-se a delegação do seu poder de solicitar informações adicionais   1490

[1965] Cfr. § 46 *supra*.

[1966] Sobre esta problemática e seus desenvolvimentos, cfr. nota 609 *supra*. Cfr. também LEYENS – *Information des Aufsichtsrats* ..., p. 238. No sistema alemão, discute-se, *e.g.*, se uma comissão, encarregue da preparação da tarefa do plenário de escolha dos membros do *Vorstand*, pode fazer uma pré-seleção de possíveis candidatos e, em caso afirmativo, em que termos. Cfr. LUTTER – *Information und Vertraulichkeit*[3]... p. 141, n.º 378.

GRAUMANN – *Der Entscheidungsbegriff in § 93 Abs. 1 Satz 2 AktG*... p. 299.

DA ADMINISTRAÇÃO À FISCALIZAÇÃO DAS SOCIEDADES

ao conselho de administração executivo (art. 432.º/4). Ao presidente caberá, portanto, assegurar o fluxo de informações entre o conselho de administração executivo e a comissão de fiscalização.

1491 Para além disso, o conselho geral e de supervisão pode delegar na comissão de fiscalização (i) o poder para designar um dos seus membros para assistir às reuniões do conselho de administração executivo (art. 432.º/5), (ii) os poderes-deveres de inspeção e de inquirição de trabalhadores e colaboradores da sociedade [art. 441.º/1, *f*)], e (iii) o poder-dever de exigir informações a terceiros que tenham realizado operações por conta da sociedade [art. 421.º/1, *c*), por analogia].

1492 A comissão de fiscalização deve avaliar a informação assim recolhida e suscitar a intervenção do plenário para reagir quando isso se justifique. Com exceção do diálogo com o conselho de administração executivo (a quem pode prestar os conselhos que se imponham no caso), as reações às irregularidades detetadas estão reservadas ao plenário do conselho geral e de supervisão.

1493 Dito isto, em geral, à comissão de fiscalização do conselho de administração executivo podem ser atribuídas funções de tratamento de informação, de avaliação e de aconselhamento ao plenário, bem como na função de diálogo com o conselho de administração executivo própria de uma fiscalização preventiva.

1494 V. Para além das comissões preparatórias e das comissões fiscalizadoras, discute-se a admissibilidade de *comissões decisórias* (*Beschließende Ausschüsse*). Neste contexto, face às diferentes coordenadas sistemáticas, deve admitir-se a delegação de poderes para:

(i) aprovar a remuneração dos administradores (arts. 429.º e 444.º/1);

(ii) dar parecer sobre o relatório de gestão e as contas do exercício [art. 441.º/1, *h*)][1967] e selecionar e propor à assembleia geral a designação do revisor oficial de contas [art. 441.º/1, *m*)], poderes estes que devem ser exercidos pela comissão para as matérias financeiras, quando existente (art. 444.º/2);

(iii) prestar aconselhamento ao conselho de administração executivo, inerentes à tarefa de fiscalização preventiva;

(iv) contratar peritos coadjuvantes [art. 440.º/1, *p*)];

(v) conceder ou negar consentimento à transmissão de ações [art. 441.º/1, *r*)];

(vi) emitir parecer sobre o limite da emissão de obrigações (art. 349.º/3);

[1967] Incluindo a declaração sobre a conformidade das contas com as normas contabilísticas aplicáveis. Cfr. art. 245.º/1, *c*) CVM, *ex vi* art. 420.º/6.

O MODELO GERMÂNICO

(vii) conceder ou negar autorização para a celebração de negócios entre a sociedade e os administradores, para o exercício de atividade concorrente da sociedade e para o exercício de funções em sociedade concorrente (arts. 397.º/2 e 398.º/4, *ex vi* art. 428.º); e

(viii) conceder ou negar consentimento para a prática de determinadas categorias de atos (art. 442.º/1).

Sem prejuízo das imposições legais, a delegação deste tipo de poderes deve restringir-se aos casos em que a necessidade de salvaguardar a eficaz e eficiente operacionalidade do conselho geral e de supervisão assim o imponha, nomeadamente, em virtude da sua dimensão e composição.

1495

VI. Pela sua importância estrutural no equilíbrio interorgânico, são insuscetíveis de delegação[1968] os poderes relativos às relações do conselho geral e de supervisão com o conselho de administração executivo e com os acionistas, a saber, os poderes de:

1496

(i) designação e destituição dos administradores [art. 441.º/1, *a)*];

(ii) designação do administrador que servirá de presidente do conselho de administração executivo [art. 441.º/1, *b)*];

(iii) declaração da nulidade e de anulação de deliberações do conselho de administração executivo (art. 433.º/1);

(iv) requerer ao presidente da mesa a convocação da assembleia geral, quando o entenda conveniente, e de convocar a assembleia geral quando o presidente da mesa o não faça, devendo fazê-lo [arts. 375.º/1, 377.º/1 e 7, e 441.º/1, *s)*];

[1968] Na delimitação das matérias insuscetíveis de delegação, deve atender-se ao catálogo desenvolvido pela doutrina e pela jurisprudência no sistema alemão, hoje refletido no § 107(3)2 AktG, sem paralelo entre nós.

Nos termos desta norma estão reservadas ao plenário (i) as decisões relativas ao *Vorstand* como a designação, recondução no cargo e destituição dos seus membros, a designação do seu presidente e a destituição desse cargo (§ 84(1)1 e 3, (2) e (3)1 AktG) assim como a aprovação do regimento do *Vorstand* (§ 77(2)1 AktG); (ii) a decisão sobre a convocatória extraordinária de assembleia geral (§ 111(3) AktG); (iii) o estabelecimento de reservas de consentimento (§ 111(4)2 AktG), (iv) o consentimento para adiantamentos sobre lucros no decurso do exercício (§ 59(3) AktG), (v) o exame das contas anuais e a aprovação de relatório sobre as mesmas (§171 AktG), e (vi) a aprovação do relatório sobre as relações com sociedades coligadas (§ 314(2) e (3) AktG). Estão igualmente reservadas ao plenário do *Aufsichtsrat*, de acordo com o princípio da colegialidade e da paridade dos seus membros, as decisões sobre a sua organização interna, incluindo a escolha do presidente e dos seus representantes (§ 107(1)1 AktG) e a constituição de comissões. O elenco do § 107(3)2 AktG é considerado taxativo, não se admitindo a reserva do plenário sobre "todas as questões importantes", pela incerteza jurídica que a mesma acarretaria. Cfr. LEYENS – *Information des Aufsichtsrats* ..., p. 264-265.

DA ADMINISTRAÇÃO À FISCALIZAÇÃO DAS SOCIEDADES

(v) informar os acionistas de todas as irregularidades e inexatidões verifica-das, na primeira assembleia que se realize [art. 422.º/1, *e*), por analogia];

(vi) apresentar relatório anual sobre a atividade por si desenvolvida [art. 441.º/1, *h*) e *q*)];

(vii) dar parecer sobre as propostas da administração à assembleia geral [art. 420.º/1, *g*), por analogia].

1497 A insuscetibilidade de delegação resulta não só da importância estrutural destas matérias, mas também do facto de estas, em geral, não justificarem a res-trição do processo decisório a um núcleo mais restrito de membros do conselho geral e de supervisão. Poderá justificar-se a preparação dos trabalhos do plená-rio por uma comissão preparatória, mas não a delegação da competência para a decisão em si.

1498 VII. Devem considerar-se igualmente reservadas ao plenário do conselho geral e de supervisão, de acordo com o princípio da colegialidade e da paridade dos seus membros, as decisões sobre a sua organização interna, incluindo a esco-lha do seu presidente (art. 395.º/2, *ex vi* art. 436.º) e a constituição de comissões (art. 444.º).

SECÇÃO IV – Em especial, as obrigações de vigilância do conselho de administração executivo e do conselho geral e de supervisão perante negócios com conflitos de interesses

§ 52. EM ESPECIAL, AS OBRIGAÇÕES DE VIGILÂNCIA DO CONSELHO DE ADMINISTRAÇÃO EXECUTIVO E DO CONSELHO GERAL E DE SUPERVISÃO PERANTE NEGÓCIOS COM CONFLITOS DE INTERESSES

1499 I. Nos §§ 29 ss., no contexto do modelo tradicional, analisámos as obrigações de vigilância do conselho de administração e do conselho fiscal perante negó-cios com conflitos de interesses. Analisamos agora os contornos da questão nas sociedades anónimas sujeitas ao modelo germânico.

1500 Segundo o art. 428.º, aplica-se aos membros do conselho de administração executivo o disposto nos arts. 397.º e 398.º, competindo ao conselho geral e de supervisão as autorizações aí referidas. Por outro lado, dispõe o art. 443.º que, nas relações da sociedade com os seus administradores, a sociedade é obrigada pelos dois membros do conselho geral e de supervisão por este designados.

O MODELO GERMÂNICO

Para além disso, segundo o art. 445.º/1, o disposto no art. 397.º é igualmente 1501
aplicável, com as necessárias adaptações, aos negócios celebrados entre a sociedade e membros do conselho geral e de supervisão.

Perante este enquadramento normativo, há algumas questões, para além das
já abordadas a propósito do art. 397.º, que reclamam ponderação.

II. Face ao disposto no art. 428.º, a válida celebração de contratos com mem- 1502
bros do conselho de administração executivo depende de prévia autorização do
conselho geral e de supervisão. A deliberação sobre a autorização constitui uma
oportunidade para este conselho (e para cada um dos seus membros) avaliar o
negócio em causa à luz dos melhores interesses da sociedade, cumprindo a sua
obrigação de vigilância[1969].

Sendo concedida autorização, a sociedade é depois vinculada por dois mem- 1503
bros deste conselho na celebração do negócio, nos termos do art. 443.º/1. Esta
solução, que constava já do Projeto de RAUL VENTURA[1970], gera algumas dúvidas,
afastando-se da que foi consagrada pelo legislador alemão no § 112 AktG[1971].

Este preceito dispõe simplesmente que compete ao *Aufsichtsrat* represen- 1504
tar a sociedade face aos *Vorstandsmitgliedern*[1972]. Face a esta redação, entende-se
em geral que esta imputação de poderes de representação ao *Aufsichtsrat* inclui
a atribuição do poder de gestão subjacente[1973]. Cabe, portanto, ao *Aufsichtsrat*
decidir sobre a celebração do negócio. Com este mecanismo o legislador alemão visou assegurar a análise das condições do negócio no seio da sociedade, de
forma aberta e transparente, com vista à prossecução dos melhores interesses
da sociedade naqueles casos em que o conflito de interesses de um membro da
administração poderia comprometer a credibilidade da sua decisão no negó-

---

[1969] A este propósito, vale o que já foi dito a propósito do art. 397.º. Cfr. também, *v.g.*, DRYGALA – *AktG Kommentar...*, § 112, n.º 3.

[1970] No Projeto de RAUL VENTURA, o art. 429.º/5 dispunha que seriam nulos os contratos celebrados entre a sociedade e um seu diretor, diretamente ou por interposta pessoa, se não tivessem sido previamente autorizados pelo conselho geral. Quanto à representação da sociedade nas relações com os diretores, verificava-se uma incongruência entre o disposto no art. 434.º, *d*), segundo o qual o conselho geral teria a função de representar a sociedade, *por algum dos seus membros*, e o previsto no art. 435.º/2, segundo o qual a sociedade seria vinculada *por dois membros do conselho geral* designados por este. Cfr. *Código das Sociedades (Projecto)*, p. 260, 262-263.

[1971] Não tem igualmente paralelo na lei francesa de 1966, nem na Proposta modificada de 5.ª Diretriz de 1983.

[1972] No âmbito do § 112, o *Aufsichtsrat* é o representante orgânico da sociedade. DRYGALA – *AktG Kommentar...*, § 112, n.ºs 2, 12.

[1973] SEMLER – *MünchKomm. AktG*[3]..., § 110, n.º 46, MERTENS – *Kölner Komm. AktG*[2]..., § 112, n.ºs 22, 29, HÜFFER – *Aktiengesetz*[10]..., § 112, n.º 4,

DA ADMINISTRAÇÃO À FISCALIZAÇÃO DAS SOCIEDADES

cio em causa[1974]. Sendo decidida a celebração do negócio pelo *Aufsichtsrat*, e não sendo praticável a solução da representação da sociedade pela intervenção de todos os seus membros, deve o *Aufsichtsrat conferir poderes a um dos seus membros* para intervir no ato[1975] como *Erklärungsvertreter*[1976].

1505 Qual então o sentido da especificidade do regime português, no sentido da imposição da intervenção de *dois membros* deste conselho na celebração do negócio?

1506 Ao conselho geral e de supervisão cabe autorizar a celebração do negócio, com base em informação adequada sobre o mesmo, pelo menos sobre as suas condições essenciais, e sobre os inerentes conflitos de interesses. Só a discussão aberta do negócio e do conflito de interesses ao nível do conselho, onde podem ser debatidas as diferentes opiniões e perspetivas, permite ultrapassar a nebulosidade inerente a qualquer negócio "infetado".

1507 Aos dois membros designados cabe desenvolver a vontade assim manifestada, completando a negociação do contrato e representando a sociedade na

---

[1974] A concessão de poderes de decisão sobre esta matéria a um membro do *Aufsichtsrat*, ao *Vorstand* ou a um terceiro é estritamente proibida. DRYGALA – *AktG Kommentar...*, § 112, n.º 13. É no entanto admissível a delegação numa comissão, seja em termos genéricos, seja relativamente a um caso particular. HABERSACK – *MünchKomm. AktG*[3]..., § 112, n.º 22, 23.

[1975] HOPT e ROTH – *AktG Großkommentar*[4]..., § 112, n.º 82.

[1976] Cfr. BGH 6-abr.-1964, *BGHZ* 41, 282, 285; OLG Düsseldorf 17-nov.-2003, *NZG* 2004, 141, 142; OLG Karlsruhe 13-out.-1995, *WM* 1996, 161, 164; OLG Stuttgart 20-mar.-1992, BB 1992, 1669. HABERSACK – *MünchKomm. AktG*[3]..., § 112, n.º 26, DRYGALA – *AktG Kommentar...*, § 112, n.º 14.

A doutrina admite a concessão de tais poderes a membros do *Aufsichtsrat*, em especial ao seu presidente, ou a uma sua comissão; não admite a concessão ao *Vorstand* ou a algum dos seus membros. Estes últimos podem intervir apenas como núncios (*Erklärungsboten*). HABERSACK – *MünchKomm. AktG*[3]..., § 112, n.º 27, DRYGALA – *AktG Kommentar...*, § 112, n.º 14.

A *Erklärungsvertretung* (ou representação ativa) não se confunde com a *Botenschaft* (nunciatura): na primeira, o *legitimado* (tradução de *Ermächtigte*, coerente com a tradução de *Ermächtigung* para "legitimação" sugerida por MENEZES CORDEIRO – *Tratado*, 5..., p. 23, distinta daqueloutra de "autorização constitutiva" sugerida por FERNANDO PESSOA JORGE – *O mandato sem representação*, Lisboa: Edições Atica, 1961, p. 390-396, 400-404) emite uma declaração própria, desenvolvendo a vontade manifestada pelo *Aufsichtsrat* em nome da sociedade; na segunda, não há uma declaração própria em nome de um representado, mas apenas transmissão de uma declaração completa do principal. HABERSACK – *MünchKomm. AktG*[3]..., § 112, n.º 26. Cfr. também LARENZ e WOLF – *Allgemeiner Teil des Bürgerlichen Rechts*, p. 836-837, 848-850, n.ºs 29-30, 71-81. Entre nós, *v.g.*, MENEZES CORDEIRO – *Tratado*, 5..., p. 82.

Atuando o membro do *Aufsichtsrat* como *Erklärungsvertreter*, admite-se, em geral, uma margem de discricionariedade do mesmo na concretização da deliberação do *Aufsichtsrat*, desde que claramente delimitada por esta. SEMLER – *MünchKomm. AktG*[3]..., § 110, n.ºs 56 ss., DRYGALA – *AktG Kommentar...*, § 112, n.ºs 14-15, HANS-JOACHIM FONK – "Personalentscheidungen des Aufsichtsrats", in JOHANNES SEMLER e KERSTEN V. SCHENCK (eds.) – *Arbeitshandbuch für Aufsichtsratsmitglieder*, 3.ª ed., München: Beck, Vahlen, 2009, p. 514, n.º 83. Sobre o enquadramento geral da questão, cfr., *v.g.*, LARENZ e WOLF – *Allgemeiner Teil des Bürgerlichen Rechts*, p. 848, n.ºs 71-72.

O MODELO GERMÂNICO

sua celebração. A imposição da intervenção de dois membros parece justificar-se pela desconfiança do legislador face à margem conferida aos legitimados para desenvolver a vontade manifestada pelo conselho geral e de supervisão. No entanto, a ser assim, não se compreende a disparidade de soluções no modelo tradicional e no modelo germânico.

III. Sendo celebrado pelos dois membros designados sem prévia autorização do conselho geral e de supervisão, o contrato deve ser considerado *nulo*, nos termos do art. 397.º/2 *ex vi* art. 428.º.

1508

Poderíamos argumentar em favor de uma solução diversa se o administrador fizesse prova de que não conhecia, nem devia conhecer, a falta de autorização no caso concreto. Neste caso poderia admitir-se a validade do negócio de forma a tutelar a posição do administrador (contraparte do negócio), sem prejuízo das consequências internas que decorressem da celebração do negócio para os membros do conselho geral e de supervisão que celebraram o negócio sem autorização prévia para o efeito[1977]. Parece-nos no entanto que esta solução

1509

[1977] RAUL VENTURA – *Sociedades por quotas*, 3..., p. 173, a propósito das sociedades por quotas, considera excluídos da noção de terceiros, para efeitos do art. 260.º, os sócios e os administradores da sociedade. No mesmo sentido, a propósito do art. 409.º, RITA ALBUQUERQUE – *A vinculação...* p. 119 (nota 29) argumenta que «estes devem conhecer, pelo menos assim se presume, todos os condicionamentos relativos aos poderes dos membros do órgão representativo».

Se bem entendemos, OLIVEIRA ASCENSÃO e CARNEIRO DA FRADA defendem solução idêntica no caso da representação de uma empresa, por um seu agente, face a um terceiro:

«Quando o representante, actuando embora dentro dos limites formais dos poderes que lhe foram outorgados, utiliza conscientemente esses poderes em sentido contrário ao seu fim ou indicações do representado, só há ineficácia do negócio em relação ao representado se a outra parte no negócio conhecia ou devia conhecer o abuso».

Apesar de o caso analisado pelos autores ter contornos distintos ao que ora nos ocupa (até porque não se refere à "representação orgânica"), a questão de fundo mantém-se inalterada: se o terceiro (neste caso administrador da sociedade) conhecia ou devia conhecer as limitações dos poderes dos representantes da sociedade, não deve beneficiar de uma proteção que prejudica (ou é suscetível de prejudicar) a sociedade à qual deve lealdade. De facto, não se impõe a proteção do administrador – como se imporia face a um terceiro *outsider* – «contra a falta de transparência da diferenciação funcional no seio de uma empresa e dos riscos coligados a essa situação» porque este conhece (ou tem obrigação de conhecer) a organização da sociedade e a necessidade de obter autorização do conselho geral e de supervisão. Assim sendo, ainda que se reconheça que a sociedade em geral deve suportar o «risco de organização interna da empresa e da observância efectiva da divisão interna de funções por parte das pessoas e departamentos de acordo com as suas instruções», nos termos sugeridos por OLIVEIRA ASCENSÃO e CARNEIRO DA FRADA, parece-nos que neste caso específico não se justifica impor a validade do negócio à sociedade, porque o administrador conhece (ou deve conhecer) a divisão de funções e poderes dentro da empresa, não podendo beneficiar da sua "imagem externa". Cfr. JOSÉ DE OLIVEIRA ASCENSÃO e MANUEL CARNEIRO DA FRADA – Contrato celebrado por agente de pessoa colectiva. Representação, responsabilidade e enriquecimento sem causa, *Revista de Direito e Economia*, Anos XVI-XIX, 1990-1993, p. 53 e 57-58.

DA ADMINISTRAÇÃO À FISCALIZAÇÃO DAS SOCIEDADES

não tem qualquer apoio na lei: o administrador, enquanto *insider*, não pode ser equiparado a um terceiro que, sendo *outsider* face à sociedade, confia na aparência da validade do negócio celebrado por quem, nos termos legais, tem poderes para representar a sociedade. O administrador tem a obrigação de saber não só que o negócio devia ser previamente aprovado pelo conselho geral e de supervisão, mas ainda que, no caso concreto em causa, o negócio não foi validamente aprovado por quem de Direito. Deve por isso presumir-se o conhecimento pelo administrador (ou reconhecida a sua obrigação de conhecimento) da falta de autorização necessária para a celebração do negócio. Não pode, por isso, admitir-se uma solução de validade do negócio assente na salvaguarda dos direitos de terceiros (o administrador contraparte no negócio ou outros terceiros envolvidos no negócio) e da aparência tutelável.

1510   IV. Face ao disposto no art. 428.º, segundo o qual competem ao conselho geral e de supervisão as autorizações referidas no art. 397.º/2, o conselho de administração executivo parece ser afastado do processo decisório. Esta perspetiva não é, contudo, correta: o disposto nesta norma não afasta a obrigação de vigilância deste conselho e de cada um dos seus membros. Pelo contrário, a obrigação de vigilância intensifica-se perante o conhecimento da existência de uma situação de conflito de interesses, exigindo-se uma especial diligência no exercício quer dos seus poderes-deveres de informação e inspeção, quer do seu dever de avaliação da informação obtida. Não obstante, a intervenção do conselho de administração executivo não é condição de validade do ato.

1511   V. Aos negócios celebrados entre membros do conselho geral e de supervisão e a sociedade aplica-se, com as necessárias adaptações, o disposto no art. 397.º *ex vi* art. 445.º/1. Contrariamente ao verificado nos negócios com administradores neste modelo de governo, parece-nos que a validade de tais negócios depende da aprovação do conselho de administração executivo, com parecer favorável do conselho geral e de supervisão. Afastamo-nos assim da posição sustentada por RAUL VENTURA, para quem

> «[a] única adaptação necessária, mas duvidosa, é a da entidade competente para dar as autorizações. Só pode ser o próprio conselho geral, visto outro não haver, nem isso é de estranhar, pois também para os administradores competente é o conselho de administração»[1978].

[1978] RAUL VENTURA – *Estudos vários...* p. 61.

O MODELO GERMÂNICO

Esta solução, que se aproxima do disposto no § 114(1) AktG, segundo o qual os contratos[1979] celebrados com *Aufsichtsratsmitgliedern* estão sujeitos apenas ao consentimento (*Zustimmung*) do *Aufsichtsrat*[1980], sujeita-se a algumas críticas. Em primeiro lugar, o paralelo estabelecido com a aprovação dos negócios com administradores pelo conselho de administração no modelo tradicional não é correto, porquanto, naquele modelo, essa aprovação tem de ser precedida de um parecer favorável do conselho fiscal. Verifica-se portanto um duplo controlo do negócio, à luz dos interesses da sociedade, e não uma circunscrição da sua revisão ao órgão que integra o membro "infetado"[1981]. — 1512

Em segundo lugar, pode acrescentar-se que mais do que assegurar uma *equivalência formal* de soluções para os negócios entre a sociedade e os seus administradores, por um lado, e entre a sociedade e os membros do conselho geral e de supervisão, por outro, importa assegurar uma *equivalência funcional* de soluções, assentes na avaliação do negócio por um órgão que apresente maior distanciamento face ao conflito de interesses em causa. — 1513

Em terceiro e último lugar, a própria redação do art. 445.º/1, quando comparada com a do art. 428.º, parece depor em sentido contrário ao sugerido por RAUL VENTURA. Com efeito, pode argumentar-se que, caso o legislador pretendesse que as autorizações previstas no art. 397.º fossem dadas *apenas* pelo conselho geral e de supervisão, teria replicado no art. 445.º/1 a redação do art. 428.º. — 1514

Afastamo-nos igualmente da solução proposta por JOÃO GIÃO, de acordo com a qual os negócios entre a sociedade e os membros do conselho geral e de supervisão devem ser por este aprovados, com o parecer favorável da comissão para as matérias financeiras ou, caso esta não exista, pelo revisor oficial de contas[1982]. Parece-nos que uma tal solução não tem base normativa, sendo certo que — 1515

[1979] Estão apenas em causa contratos de prestação de serviços – dos quais não resulte uma relação laboral – fora do âmbito das funções de membro do *Aufsichtsrat*. DRYGALA – *AktG Kommentar...*, § 114, n.ºs 5-11.

[1980] Cfr. KROPFF – *Mitwirkung...* p. 401-413. Contrariamente ao resultante, entre nós, do art. 397.º, 2, no direito alemão admite-se tanto o consentimento prévio – autorização (*Einwilligung*) segundo o § 183 BGB – como o consentimento subsequente – ratificação (*Genehmigung*) segundo o § 184 BGB. DRYGALA – *AktG Kommentar...*, § 114, n.º 17. Seguimos aqui as traduções propostas por MENEZES CORDEIRO – *Tratado, 5...*, p. 21-22. Por outro lado, a nossa solução também difere da alemã quanto às consequências da celebração de um tal contrato sem o necessário consentimento: nos termos do § 114(2) AktG, a falta de consentimento não determina a invalidade do contrato, mas apenas a obrigação do membro do *Aufsichtsrat* de restituir à sociedade as remunerações auferidas ao abrigo do mesmo. DRYGALA – *AktG Kommentar...*, § 114, n.º 20.

[1981] Este ponto é também desenvolvido por JOÃO GIÃO – *Conflitos de interesses...* p. 258-263.

[1982] Cfr. *ibidem.*
O problema não reside no mecanismo previsto no art. 445.º/1, mas no regulado pelo art. 428.º: como refere JOÃO GIÃO, *ibidem*, p. 258, ao fazer depender a celebração de negócios entre a sociedade e um administrador apenas de autorização do conselho geral e de supervisão, o legislador abdicou de um nível

DA ADMINISTRAÇÃO À FISCALIZAÇÃO DAS SOCIEDADES

as preocupações manifestadas pelo autor – no sentido de evitar juízos singulares em matérias conflituais, impondo um controlo adicional para além do desenvolvido pelo conselho geral e de supervisão[1983] – encontram solução na interpretação aqui proposta.

SECÇÃO V – A obrigação de vigilância do revisor oficial de contas

§ 53. A OBRIGAÇÃO DE VIGILÂNCIA DO REVISOR OFICIAL DE CONTAS FACE AO CÓDIGO DAS SOCIEDADES COMERCIAIS E AO REGIME JURÍDICO DOS REVISORES OFICIAIS DE CONTAS: REMISSÃO

1516   I. Tal como no modelo tradicional, também no modelo germânico o revisor desempenha uma dupla função de controlo. Por um lado, uma função de controlo *externa*, traduzida na sinalização da situação da sociedade ao mercado, através da certificação das contas anuais (art. 451.º/ 3), divulgada pelo registo comercial [art. 42.º/1, *c*) e 2, *c*) CRCom]. Por outro lado, uma função de controlo *interna*, consubstanciada na colaboração com o conselho geral e de supervisão, com o conselho de administração executivo e, eventualmente, com a assembleia geral, assegurando um fluxo de informação neutral sobre irregularidades detetadas na administração da sociedade[1984].

1517   II. Na ausência de normas específicas no modelo germânico e tendo sido eliminada, pela reforma de 2006, a remissão do art. 446.º/4 para os *poderes* do conselho fiscal e dos seus membros, deve recorrer-se à analogia para aplicar ao revisor, neste modelo, as normas que fundamentam os poderes-deveres de obtenção de informação e de inspeção do revisor no modelo tradicional[1985]. Quanto ao dever de avaliação, aos poderes-deveres de reação e a outros deveres do revisor, valem igualmente as considerações apresentadas a propósito do modelo tradicional, para as quais remetemos. Ficam excluídas apenas aquelas que se prendem com a integração do revisor no conselho fiscal, nas sociedades sujeitas ao submodelo previsto no art. 413.º/1, *a*)[1986].

---

de controlo na regulação deste mecanismo de legitimação. Melhor seria se o legislador tivesse mantido a unidade do sistema, reclamando a intervenção tanto do órgão de administração, como do órgão de fiscalização.

[1983] *Ibidem*, p. 259.
[1984] Cfr. § 34 *supra*.
[1985] Cfr. § 35 *supra*.
[1986] Cfr. § 36, § 37 e § 38 *supra*. Recorde-se que, como sustentámos antes, o disposto no artigo 420.º-A deve ser aplicado analogicamente ao revisor oficial de contas no modelo germânico.

Capítulo III

A obrigação de vigilância dos órgãos da sociedade anónima: O modelo anglo-saxónico

SECÇÃO I – Enquadramento

§ 54. CONSIDERAÇÕES GERAIS

I. No capítulo anterior verificámos que, sem prejuízo das especificidades de algumas opções do legislador nacional, a introdução do modelo germânico – por influência do Direito francês e da proposta de 5.ª Diretriz – de alguma forma traduziu o *transplante* do equilíbrio interorgânico próprio do sistema alemão, salvo no que respeita à participação dos trabalhadores no conselho geral, própria do sistema de codeterminação (*Mitbestimmung*). A compreensão desse equilíbrio, em particular, na articulação das competências do conselho geral (hoje conselho geral e de supervisão) e da direção (hoje conselho de administração executivo), justificou uma extensa análise histórico-dogmática.

Pelo contrário, com a introdução do modelo anglo-saxónico, em 2006, não se verificou semelhante *transplante*: não foi importado o equilíbrio interorgânico próprio do sistema norte-americano ou britânico, mas tão só a experiência da comissão de auditoria, constituída no seio do conselho de administração, aliás refletida também no novo quadro de competências do conselho fiscal (no modelo tradicional português) e do conselho geral e de supervisão (no modelo germânico). Por isso mesmo, sem prejuízo de um breve enquadramento histórico-dogmático, concentramos a nossa atenção no advento da comissão de audi-

DA ADMINISTRAÇÃO À FISCALIZAÇÃO DAS SOCIEDADES

toria no espaço norte-americano, na sua expansão no Reino Unido[1987] e, posteriormente, por antecipação da imposição comunitária, também em Portugal. Essa mesma razão justifica a sequência da exposição.

§ 55. O ADVENTO DA COMISSÃO DE AUDITORIA NO ESPAÇO NORTE-AMERICANO

55.1. Enquadramento no Direito das sociedades norte-americano

1520   I. O sistema societário norte-americano é pluriforme, na medida em que é de origem eminentemente estadual e não federal, apresentando variações de maior ou menor alcance de Estado para Estado, sem prejuízo de alguns desenvolvimentos federais[1988].

1521   II. Desde o período imediatamente subsequente à revolução americana até ao início do séc. XIX, foram criadas poucas *corporations*. Estas eram criadas por atos legislativos especiais do parlamento de cada Estado, promulgados pelo respetivo governador (*sistema de outorga*). Estes atos legislativos constituíam a sociedade, atribuindo-lhe personalidade jurídica distinta dos seus sócios[1989], sendo as regras acordadas entre estes expressas no documento de outorga, designado por *charter*. Estas sociedades, criadas sobretudo para o desenvolvimento de atividades bancárias, seguradoras e de construção e operação de canais, pontes e rodovias, recebiam privilégios monopolistas, concedidos pelos Estados, bem como a possibilidade de levantar capital junto do público local[1990]. Nas palavras de BERLE e MEANS, o verdadeiro privilégio, porém, era a personalidade jurídica, a qual incluía o direito a desenvolver a atividade comercial em nome próprio, o direito a demandar e ser demandado em nome próprio e o direito à continuidade da entidade independentemente da modificação dos seus membros. Daqui decorria a limitação da responsabilidade dos associados[1991].

1522   Especialmente relevante para efeitos deste estudo é o facto de os Estados, através dos seus parlamentos, controlarem todo o processo de constituição da sociedade, aprovando cada ponto do negócio, exercendo o seu poder para os

---

[1987] Como veremos adiante, a prática da constituição de um *audit committee* no seio do *board of directors* e a sua posterior consagração normativa ocorreu primeiro nos Estados Unidos e só depois no Reino Unido, por influência clara dos primeiros. Neste sentido, cfr. *v.g.*, *Relatório Cadbury...* 1992, p. 27-28, 68-69. Para uma análise desta fenómeno, cfr., *v.g.*, PAUL COLLIER – The rise of the audit committee in UK quoted companies: a curious phenomenon?, *Accounting, Business & Financial History*, 6:2, 1996, p. 123-127.

[1988] DODD – *Statutory developments...* p. 27.

[1989] BERLE e MEANS – *The modern corporation...* p. 121-122.

[1990] *Ibidem*, p. 120.

[1991] *Ibidem*, p. 120-121.

O MODELO ANGLO-SAXÓNICO

regular exaustivamente[1992]. Este controlo era exercido no interesse do público em geral e, em menor medida, no interesse dos credores e dos sócios da sociedade. Segundo BERLE e MEANS, na altura, os legisladores não tinham presente a possibilidade de a participação acionista se tornar um fenómeno comum, razão pela qual não incluíam os interesses dos acionistas na sua ponderação do interesse público. Apesar de a bolha da *South Sea Company*, ocorrida um século antes em Inglaterra, aconselhar o contrário, os sócios eram então vistos como capitalistas razoavelmente capazes de se protegerem a si próprios. Não obstante, o controlo exercido acabava por proteger tanto os acionistas como qualquer outro grupo de interessados na sociedade[1993].

III. A construção publicista das *corporations* foi perdendo terreno à medida que o conceito de propriedade privada se enraizou na sociedade e na jurisprudência norte-americana. Desde o início do séc. XIX, as sociedades passaram a ser vistas cada vez menos como instrumentos do Estado e cada vez mais como um projeto assente num contrato entre privados[1994]. Na primeira metade do séc. XIX, os tribunais passaram a assumir que os membros da sociedade beneficiavam de uma limitação da sua responsabilidade, salvo declaração em contrário, e que a concessão de um *charter* não pressupunha necessariamente o privilégio

1523

[1992] *Ibidem*, p. 121-122.

[1993] A proteção dos Estados refletia-se em diversos aspetos: (i) na definição do empreendimento e na cuidadosa limitação do seu âmbito, assim limitando a margem de atuação dos administradores, prevenindo o seu domínio sobre a vida da sociedade a longo prazo, e assegurando o conhecimento pelos sócios do empreendimento no qual seriam aplicados os seus fundos; (ii) na estrita vigilância das entradas para o capital social, assegurando, *e.g.*, que a sociedade não iniciava a sua atividade até que uma certa parte do seu capital tivesse sido realizada, assim protegendo os credores da sociedade, e que todas as ações emitidas após a constituição da sociedade o eram a um valor mínimo – o valor nominal –, assim protegendo os sócios face à possível diluição das suas participações; e (iii) na rígida estruturação do capital social, de forma a que o Estado pudesse controlar todas as participações na sociedade. Cfr. *Ibidem*, p. 122-123. A estas somavam-se as proteções da *common law*, de acordo com a jurisprudência do tempo: (i) o controlo residual – *i.e.*, as decisões afetando os interesses gerais do grupo – competia aos sócios ou a uma específica proporção dos mesmos (a administração da sociedade era comumente confiada por contrato a um *board of directors*, mas quaisquer alterações na estrutura de capital ou na natureza do empreendimento, ou qualquer alteração do acordado tinha de ser aprovada pelos sócios; as alterações fundamentais tinham de ser aprovadas por unanimidade, dando aos sócios um poder considerável sobre as políticas da sociedade); (ii) os sócios tinham direito de preferência nos aumentos de capital; e (iii) a distribuição de dividendos só era possível a partir dos "lucros" da atividade empresarial, não podendo ser distribuídas partes do "capital social" aos sócios, em pequenos pagamentos, assim protegendo não só os credores, através da conservação do capital social, mas também os sócios, através da manutenção de uma sólida posição financeira. Cfr. *ibidem*, p. 123-124.

[1994] Logo em 1819, o *Supreme Court* sustentou, no caso *Trustees of Dartmouth College v. Woodward*, 17 U.S. (4 Wheat.) 518 (1819), que, face à Constituição, o legislador não podia alterar os direitos de propriedade inerentes à relação entre a sociedade e os seus membros.

DA ADMINISTRAÇÃO À FISCALIZAÇÃO DAS SOCIEDADES

do monopólio na atividade a desenvolver, o qual, aliás, era visto com crescente repulsa, dada a inerente agressão ao princípio da igualdade[1995].

1524   Com a crescente pressão da industrialização, os parlamentos foram forçados a aprovar legislação relativa à personalidade coletiva (*corporate status*), de forma a colmatar as ineficiências e a corrupção associada à concessão da mesma por ato legislativo especial. O processo culminou com a introdução de normas constitucionais estaduais, nos termos das quais só em casos excecionais poderiam ser criadas *corporations* por ato legislativo especial. Em geral, as *corporations* só podiam ser constituídas nos termos das normas gerais. Verificou-se assim uma evolução do *sistema de outorga* para o *sistema normativo*[1996].

1525   A primeira lei a permitir a livre constituição de *corporations*, desde que cumpridos determinados requisitos gerais, foi a do Estado de Nova Iorque, datada de 1811[1997]. Até 1835, não existia liberdade de constituição de sociedades comerciais em praticamente nenhum outro Estado. Porém, aquando do início da guerra civil americana (1861-1865), a maioria dos Estados norte-americanos tinha já leis gerais sobre *business corporations* dedicadas à manufatura e outras atividades comuns[1998]. O enquadramento normativo que, desde então, se tem desenvolvido é marcado, sem prejuízo das suas origens no direito medieval britânico (sobre as *royal charter corporations*) ou mesmo no Direito romano, pela resposta às necessidades económicas que se começaram a manifestar logo após a revolução[1999]. As leis gerais, inicialmente centradas nas sociedades de manufatura, foram abrangendo progressivamente outras atividades, até à permissão genérica de qualquer atividade lícita. Só a atividade bancária e os caminhos de ferro requeriam um tratamento específico[2000].

1526   IV. A lei de Nova Jersey de 1896 pode ser considerada a primeira moderna lei societária norte-americana caracterizada pela *permissividade* quanto à capacidade e à estrutura interna da sociedade, aos poderes e à limitação da responsabilidade dos seus administradores e dirigentes (*managers*)[2001]. No entanto, poste-

---

[1995] WILLIAM L. CARY – Federalism and corporate law: Reflections upon Delaware, *Yale Law Journal*, 83, 1974, p. 663-664, COX e HAZEN – *Corporations...* p. 86-87, DODD – *Statutory developments...* p. 27-28.
[1996] CARY – *Federalism...* p. 663-664, COX e HAZEN – *Corporations...* p. 86-87, DODD – *Statutory developments...* p. 27-28. Nos sistemas da Europa Continental, como vimos, a evolução foi diferente: do *sistema da outorga* passou-se ao *sistema da concessão* e só depois deste ao *sistema normativo*.
[1997] 1811 N.Y. Laws ch. 67, "*Act Relative to Incorporations for Manufacturing Purposes*". Cfr. COX e HAZEN – *Corporations...* p. 88.
[1998] DODD – *Statutory developments...* p. 28.
[1999] *Ibidem*.
[2000] *Ibidem*, p. 29.
[2001] COX e HAZEN – *Corporations...* p. 88-89.

O MODELO ANGLO-SAXÓNICO

riormente, face à iniciativa conservadora de Woodrow Wilson, então governador de Nova Jersey, foram restringidas algumas das disposições mais permissivas desta lei.

Perante esta restrição, o Estado do Delaware, que tinha baseado a sua lei geral sobre sociedades na lei de Nova Jersey, aproveitou a oportunidade para assumir a liderança no desenvolvimento de leis societárias permissivas, tornando-se no maior centro de constituição de *corporations* norte-americanas[2002].

1527

O movimento de liberalização iniciado no final do séc. XIX manteve o seu curso até à atualidade, moldando o Direito societário norte-americano como largamente permissivo (*enabling*), com poucas reminiscências de disposições injuntivas ou "paternalistas"[2003].

1528

Este carácter permissivo do Direito societário norte-americano tem uma dupla vertente: por um lado, é eminentemente dispositivo e não injuntivo, baseado sobretudo na liberdade contratual dos sócios para estabelecerem as soluções que entendem mais adequadas às específicas circunstâncias da sociedade em causa; por outro lado, confere aos administradores a máxima liberdade na condução da atividade da sociedade, protegendo-os da interferência dos sócios[2004] e do exigente padrão de responsabilidade civil do *trustee*[2005].

1529

[2002] *Ibidem*, p. 89.

[2003] Sobre o conceito de *"enabling" statute*, cfr., por todos, EASTERBROOK e FISCHEL – *The Economic Structure...* p. 2-4.

[2004] Em 1958, WILBER G. KATZ classificava as conceções subjacentes ao Direito das sociedades da seguinte forma: (i) em primeiro lugar, as conceções permissivas (*enabling*) no sentido de que são caracterizadas pela liberdade de escolha sobre quais, de entre as partes interessadas, assumem que riscos, controlo e benefícios; (ii) em segundo lugar, as que sendo ainda remissivas, são complementadas com certos requisitos destinados a manter as decisões básicas das partes interessadas em linha com as noções idealizadas de contrato, ilícito civil (*tort*) e relações fiduciárias; (iii) em terceiro lugar, aquelas que refletem a teoria da "responsabilidade parental"; e (iv) em quarto e último lugar, as que refletem a teoria da "responsabilidade social". Cfr. WILBER G. KATZ – The Philosophy of Midcentury Corporation Statutes, *Law and Contemporary Problems*, 23:2, 1958.

Esta classificação foi posteriormente recuperada e desenvolvida, *v.g.*, por ELVIN R. LATTY, na sua proposta de justificação do carácter eminentemente permissivo do Direito das sociedades norte-americano. Na perspetiva deste autor, este carácter permissivo (*enabling*) tem quatro facetas. Em primeiro lugar, liberta os participantes no projeto societário das grilhetas que, ao longo dos séculos, limitaram o empreendimento societário, conferindo liberdade de estipulação para alocação do risco, controlo, benefícios e propriedade residual. Em segundo lugar, nesta conceção, o Direito societário constitui um mapa para a construção, alteração, expansão e desmantelamento do mecanismo societário, bem como uma carta de navegação nas quais estão marcados os obstáculos, os canais, a profundidade e boias de navegação. Em terceiro lugar, a estrutura de poder deve ter liberdade não só para conduzir rápida e eficientemente a atividade social, mas também para determinar a estrutura básica da sociedade e para propor alterações subsequentes. Em quarto e último lugar, o Direito societário permissivo não parece traduzir uma preocupação de reforma ou de prevenção ou limitação de abusos de poder. Cfr. ELVIN R. LATTY – Why are business corporation laws largely "enabling"?, *Cornell Law Quarterly*, 50, 1964-1965, p. 601-602.

DA ADMINISTRAÇÃO À FISCALIZAÇÃO DAS SOCIEDADES

1530   Enquanto nalguns casos o movimento foi determinado pela concorrência gerada em torno das taxas cobradas pela constituição de sociedades e dos impostos subsequentes, Cox e Hazen sugerem que a explicação mais adequada reside na convicção, progressivamente sedimentada entre os legisladores estaduais, de que as sociedades não são monolíticas nas suas necessidades e operações, pelo que um só conjunto de regras não é apropriado para todas as sociedades (*one size does not fit all*). Nessa medida, especialmente desde os anos 1960, os legisladores estaduais foram permitindo às sociedades determinar a sua estrutura de governo de acordo com as suas específicas necessidades e relações[2006].

Cfr. também, *v.g.*, Cary – *Federalism...* p. 665-666, Fischel – *The corporate governance movement..*, Daniel R. Fischel – The "race to the bottom" revisited: Reflections on recent developments in Delaware's corporation law, *Northwestern University Law Review*, 76, 1982, em especial, p. 1287 ss., John C. Coffee, Jr. – No exit?: Opting out, the contractual theory of the corporation, and the special case of remedies, *Brooklyn Law Review*, 53, 1988, Roberta Romano – Metapolitics and corporate law reform, *Stanford Law Journal*, 36, 1984, William T. Allen – Our schizophrenic conception of the business corporation, *Cardozo Law Review*, 14, 1992, p. 263-264, Lucian Arye Bebchuk – Contractual freedom in corporate law, *Columbia Law Review*, 89, 1989, Gordon – *The mandatory structure..*, Roberta Romano – Empowering investors: A market approach to securities regulation, *Yale Law Journal*, 107:5, 1998, em especial, p. 2393 ss., William T. Allen, Jack B. Jacobs e Jr. Leo E. Strine – The great takeover debate: A meditation on bridging the conceptual divide, *University of Chicago Law Review*, 69, 2002, p. 1068, Lucian Arye Bebchuk e Allen Ferrell – Federalism and corporate law: The race to protect managers from takeovers, *Columbia Law Review*, 99, 1999, Stephen J. Choi e Andrew T. Guzman – Choice and federal intervention in corporate law, *Virginia Law Review*, 87, 2001, Roberta Romano – The Sarbanes-Oxley Act and the making of quack corporate governance *Yale Law Journal*, 114, 2005, E. Norman Veasey – Should corporation law inform aspirations for good corporate governance practices -- or vice versa?, *University of Pennsylvania Law Review*, 149, 2001, E. Norman Veasey – State-federal tension in corporate governance and the professional responsibilities of advisors, *Journal of Corporation Law*, 28, 2003, sugerindo a transformação das disposições injuntivas do *Sarbanes Oxley Act* em disposições supletivas, aproximando este regime do carácter *enabling* dos regimes estaduais de direito societário, John W. Cioffi – Corporate governance reform, regulatory politics, and the foundations of finance capitalism in the United States and Germany, *German Law Journal*, 7:6, 2006, em especial, p. 537 ss.

[2005] Decorrente da chamada *prudent man rule*, cuja aplicação no contexto societário é desadequada: enquanto do *trustee* se espera uma administração conservadora (prudente), do administrador da sociedade espera-se a assunção de riscos, própria da atividade empresarial. Cfr. Lorsch e MacIver – *Pawns or Potentates...* p. 7.

[2006] Cox e Hazen – *Corporations...* p. 89-90. Neste sentido, cfr. o § 141(a) *General Corporations Law* do Estado do Delaware, cuja transcrição apresentamos a p. 80 *supra*. No mesmo sentido, cfr. § 701 *Business Corporation Code* do Estado de Nova Iorque:

> «Subject to any provision in the certificate of incorporation (...), *the business of a corporation shall be managed under the direction of its board of directors, each of whom shall be at least eighteen years of age. The certificate of incorporation or the by-laws may prescribe other qualifications for directors*» (itálico nosso).

Apesar desta natureza supletiva, estudos empíricos demonstram que são surpreendentemente raros os casos de sociedades cujo pacto social se afasta significativamente das soluções supletivas da lei. Cfr. Yair Listokin – What do corporate default rules and menus do? An empirical analysis, *Journal of Empirical Legal Studies*, 6:2, 2009. Segundo John Armour, Henry Hansmann e Reinier Kraakman – "What is

O MODELO ANGLO-SAXÓNICO

VI. Esta evolução acabou por ser questionada. Logo em 1933, no dissenso ao 1531
aresto proferido no caso *Louis K. Liggett Co. v. Lee*[2007], o *Justice* BRANDEIS sustentaria que a remoção de uma série de restrições pelos legisladores estaduais se
devia não a uma convicção de que as mesmas eram indesejáveis, mas à conclusão
de que eram inúteis, dada a possibilidade de os empreendedores evitarem a sua
aplicação, constituindo a sociedade num outro Estado mais permissivo[2008].

A discussão doutrinária sobre o tema da *regulatory competition* ganharia novo 1532
fôlego em 1974, quando CARY qualificou o Estado do Delaware, de forma incen-
diária, como um pigmeu entre os cinquenta Estados norte-americanos que lide-
rava a "corrida para o fundo" (*"race to the bottom"*) entre os diferentes Estados, no
sentido de oferecer as leis mais favoráveis aos *managers*, à custa dos acionistas[2009].

Desde então, tem sido intenso o debate no espaço norte-americano sobre 1533
a qualificação da concorrência entre os diversos Estados como *race to the bottom*
(*i.e.*, promovendo uma evolução negativa) ou *race to the top* (*i.e.*, promovendo
uma evolução positiva do Direito das sociedades)[2010]. Associada a esta discussão

---

corporate law?", in *The anatomy of corporate law: A comparative and functional approach*, 2.ª ed., Oxford, New York: Oxford University Press, 2009, p. 24-25, deve-se, em parte, ao facto de as alterações às normas supletivas, produzidas pelo legislador ao longo dos tempos, se aplicarem a todas as sociedades cujos pactos sociais não sejam com as mesmas incompatíveis. Ao adotar uma solução supletiva, a sociedade tem um grau de certeza de que a mesma se não tornará anacrónica, beneficiando da evolução legislativa, não ficando sujeita às vicissitudes da alteração do contrato de sociedade decorrentes, desde logo, da possibilidade de um ou mais acionistas poderem bloquear determinadas alterações por considerações egoístas, não orientadas à promoção do interesse social. Diferentemente, no Direito inglês, onde as normas supletivas constam de modelos de estatutos (em anexo ao *Companies Act*), adotados pelas sociedades aquando da sua constituição ou da alteração dos seus estatutos – não se aplicando às sociedades que as não adotem expressamente dessa forma –, é mais frequente a adoção de soluções distintas (*"opt out"*). Cfr. RICHARD C. NOLAN – The continuing evolution of shareholder governance, *Cambridge Law Journal*, 65:1, 2006, p. 115-119.

[2007] 288 U.S. 517, 564-565 (1933).

[2008] No mesmo sentido, cfr. LATTY – *Why are business...* p. 611-612.

[2009] CARY – *Federalism...* p. 663-664.

[2010] No primeiro sentido, cfr., para além de CARY, *v.g.*, THOMAS LEE HAZEN – Corporate directors' accountability: The race to the bottom – the second lap (1987), *North Carolina Law Review*, 66, 1987, em especial, p. 179-182. No segundo sentido, foram muitos os autores que procuraram desacreditar a visão de CARY, sustentando que a concorrência entre os diversos Estados promove um ambiente adequado à incubação de novos procedimentos e mecanismos de governo societário. Para além disso, a diversidade de leis entre os diversos Estados permite aos acionistas e aos *managers* escolher o quadro normativo mais adequado às suas circunstâncias. Cfr., *v.g.*, CHOI e GUZMAN – *Choice and federal intervention..*, FISCHEL – *The "race to the bottom" revisited...* p. 921-923. Cfr. CARY
Sobre a relevância desta discussão na Europa, face ao direito de qualquer sociedade constituída num Estado-membro operar noutro Estado-membro, nos termos do art. 58 do Tratado de Roma (correspondente ao art. 48.º TCE e, depois disso, ao art. 54.º TFUE), cfr., *v.g.*, EDDY WYMEERSCH – The transfer of the company's seat in European company law, *Common Market Law Review*, 40, 2003. Para uma perspetiva económica, cfr., *v.g.*, ZSUZSANNA FLUCK e COLIN MAYER – Race to the top or bottom?

DA ADMINISTRAÇÃO À FISCALIZAÇÃO DAS SOCIEDADES

estão aqueloutras sobre a necessidade ou conveniência de um desenvolvimento legislativo *federal* de padrões mínimos de Direito societário[2011] e do ativismo dos tribunais norte-americanos no desenvolvimento jurisprudencial desses padrões de conduta e na interpretação criativa e na integração dos contratos de sociedade[2012].

1534   VII. Independentemente da sua natureza estadual ou federal, têm sido constantes os movimentos de reforma deste ramo do Direito, entendido no seu sentido mais amplo, como abrangendo fontes legislativas e regulamentares (tanto de entidades administrativas, como de entidades privadas gestoras de bolsas de valores ou outros mercados). Este movimento implicou uma revisão do quadro de funções do *board of directors* e dos seus membros, como veremos de seguida.

55.2. Do *advisory* ao *monitoring board*
1535   I. Tal como no nosso art. 405.º, também nas leis societárias norte-americanas a obrigação de administrar é estabelecida de forma indeterminada[2013]. Face a esta indeterminação, coube à jurisprudência e à doutrina densificar o conteúdo da vinculação ao longo dos tempos.

Corporate governance, freedom of reincorporation and competition in law, *Annals of Finance*, 1:4, 2005. Sobre a questão, entre nós, cfr. LUÍS DE LIMA PINHEIRO – "Competition between legal systems in the European Union and Private International Law", in *Estudos de Direito Interna ional Privado*, 2, Coimbra: Almedina, 2009, p. 161 ss.

[2011] Cfr. CARY – *Federalism*.... Segundo este autor, constituindo a evolução do Direito societário de natureza estadual uma *"race to the bottom"*, dada a *regulatory competition* interestadual, defende um desenvolvimento federal do Direito societário. Segundo o autor, a legislação federal sobre valores mobiliários, com claros reflexos no direito societário, bem como a sua aplicação e desenvolvimento pelos tribunais federais, demonstrava – já então (1974) – uma maior independência e imparcialidade, uma maior centralidade do interesse público e uma maior uniformidade (por contraposição à divergência do Direito estadual de Estado para Estado). *Ibidem*, p. 696-697. Cfr. também, *v.g.*, BEBCHUK e FERRELL – *Federalism and corporate law*.., CHOI e GUZMAN – *Choice and federal intervention*.., COX e HAZEN – *Corporations*... p. 102-103.

[2012] Sobre esta problemática, cfr., por todos, COFFEE – *The Mandatory/Enabling Balance*..., no qual o autor defende que, no debate entre aqueles que caracterizam o Direito societário norte-americano sobretudo como um conjunto de regras injuntivas e aqueloutros que o qualificam como eminentemente supletivo, a questão tem sido erroneamente colocada. Segundo COFFEE, a inovação contratual pode ser conciliada com um núcleo injuntivo estável se se reconhecer que o mais imperativo neste ramo do Direito não é o conteúdo substantivo de cada regra, mas antes a instituição da revisão judicial (*judicial oversight*): o ativismo judicial é o complemento necessário da liberdade contratual. A justificação, em termo sintéticos, é a seguinte: porque a contratualização de relações de longo prazo é necessariamente incompleta, o papel do tribunal consiste na prevenção de que uma das partes exerça poderes que lhe foram conferidos para o benefício mútuo de todos os acionistas para prosseguir fins puramente egoístas. Cfr. também COFFEE – *No exit?*....

[2013] Cfr., *v.g.*, o § 141(a) *General Corporations Law* do Estado do Delaware, cuja transcrição apresentamos na p. 80 *supra*.

O MODELO ANGLO-SAXÓNICO

Não obstante, desde meados do séc. XX, estudos empíricos demonstram a **1536** existência de um fosso entre as funções legais do *board*, tal como concretizadas pela jurisprudência e pela doutrina, e as funções efetivamente desenvolvidas pelo mesmo, tanto em pequenas, como em grandes sociedades[2014]. O reconhecimento deste fosso é tanto mais relevante quanto, como sublinha EISENBERG[2015], muitas normas societárias foram desenvolvidas no pressuposto de que o *board of directors* efetivamente administra a sociedade, tanto *de iure*, como *de facto*.

Quanto às pequenas sociedades, MACE concluiu, em 1948, que o *board* era, **1537** tendencialmente, um órgão composto por membros subservientes e dóceis face ao *owner-manager* que não desempenhava funções de gestão. Não passava, portanto, de um órgão no papel, sem consistência prática[2016].

Quanto às grandes sociedades, explicava BAKER, em 1945, que o *board of* **1538** *directors* não gere a sociedade, porque, na prática, simplesmente não consegue geri-la ou dirigi-la, no sentido operacional do termo. Esta função caberia aos *executives*[2017]. Era no entanto comum afirmar-se que o *board* estabelecia a política empresarial a ser concretizada e desenvolvida por aqueles *executives* e que, dessa forma, cumpria as exigências legais[2018]. Independentemente das críticas aduzidas a esta afirmação, o facto é que, na prática, os *boards* das grandes sociedades nem isso faziam[2019], como concluíram os estudos de GORDON[2020] e BAKER[2021], ambos de 1945.

[2014] Como explicava CONARD em 1972, era consensual a perspetiva de que os deveres dos administradores incluíam o de adoptar os *by laws* (aproximam-se funcionalmente dos nossos estatutos, mas são aprovados pelo *board of directors*, em desenvolvimento dos *articles of association*), designar os membros da equipa de gestão, cooptar administradores, propor alterações fundamentais, tais como alterações dos estatutos, fusões, vendas de ativos e dissolução, e, finalmente, gerir os negócios da sociedade. A dificuldade residia já então no preenchimento deste último conceito normativo face à impossibilidade prática de o *board* "gerir" efetivamente a sociedade, nos termos em que geralmente se entende esta atividade. Cfr. ALFRED F. CONARD, *et al.* – Functions of directors under the existing system, *Business Lawyer*, 27, 1972, p. 23-24.

[2015] MELVIN ARON EISENBERG – *The structure of the corporation: A legal analysis*, reimp., Washington DC: Beard Books, 2006, p. 148.

[2016] MYLES L. MACE – *The board of directors in small corporations*, Boston: Division of Research, Graduate School of Business Administration, Harvard Univ., 1948, p. 87. No mesmo sentido, cfr. EISENBERG – *The structure of the corporation...* p. 139.

[2017] J.C. BAKER – *Directors and their functions: a preliminary study*, Boston: Division of Research, Graduate School of Business Administration, Harvard University, 1945, p. 12 No mesmo sentido, cfr. EISENBERG – *The structure of the corporation...* p. 140.

[2018] EISENBERG – *The structure of the corporation...* p. 140.

[2019] *Ibidem.*

[2020] ROBERT AARON GORDON – *Business leadership in the large corporation*, Washington, D. C.: The Brookings Institution, 1945.

[2021] BAKER – *Directors...* p. 131-132.

DA ADMINISTRAÇÃO À FISCALIZAÇÃO DAS SOCIEDADES

1539 No mesmo sentido, MACE[2022], em 1971, baseado em centenas de entrevistas com administradores de sociedades norte-americanas, concluiu existir um enorme fosso entre as funções legais do *board*, identificadas pela doutrina e pelos *business executives*, e aquelas que eram efetivamente desempenhadas pelo mesmo[2023]. Assim, na prática, os *boards of directors* não desempenhavam as funções de (i) estabelecer os objetivos básicos, as estratégias e as grandes opções políticas da sociedade, (ii) colocar questões pertinentes e (iii) escolher o presidente[2024]. Sendo constituídos por uma larga maioria de *insiders*, desempenhavam essencialmente três funções: (i) prestar conselho aos *executives*, (ii) disciplinar a atividade dos mesmos[2025], e (iii) atuar em situações de crise[2026].

[2022] MYLES L. MACE – *Directors: Myth and reality*, Boston: Division of Research, Graduate School of Business Administration, Harvard Univ., 1971.

[2023] *Ibidem*, p. 1-2. Segundo os estudos empíricos analisados por EISENBERG, coincidentes com as conclusões de MACE, o fosso entre o quadro legal e a realidade prática era uma inevitabilidade decorrente de (i) limitações temporais, (ii) limitações de informação, (iii) limitações inerentes à composição do *board*, à seleção dos administradores e à sua manutenção no cargo. As *limitações temporais* decorriam do facto de a atuação do *board* pressupor a sua reunião e de esta ocorrer entre seis a doze vezes por ano, com uma duração média de algumas horas. Naturalmente, em 36 horas por ano não é possível "gerir" uma grande sociedade, no sentido próprio do termo. As *limitações de informação* decorrem do facto de (i) em muitas sociedades os *executives* não disponibilizarem atempadamente ao *board* a informação necessária ao processo de decisão; (ii) em muitas sociedades não terem acesso irrestrito à informação societária (os *executives* negavam acesso a determinadas categorias de informação); e (iii) não disporem de colaboradores próprios, encarregues da recolha e tratamento da informação societária, ficando dependentes dos *executives* para esse efeito, sendo os pedidos de informação frequentemente entendidos como "falta de boas maneiras". Quanto às *limitações inerentes à composição do* board, *à seleção dos administradores e à sua manutenção no cargo*: tipicamente, os *boards of directors* eram compostos por pessoas económica ou psicologicamente dependentes ou relacionadas com os *executives* e, em particular, com o CEO. Esta dependência não se resume à presença de *executives* no conselho (os chamados *insiders*), abrangendo também muitos *outsiders* com estreitos laços profissionais à sociedade, dependentes da equipa de gestão (*maxime*, advogados e banqueiros de investimento). Esta composição decorre do facto de, tipicamente, os administradores serem selecionados pelo CEO (e não pelo *board of directors*), estando a sua manutenção no cargo dependente da sua colaboração com o mesmo. EISENBERG – *The structure of the corporation...* p. 141-148, MACE – *Directors...*, *passim*.

[2024] MACE – *Directors...* p. 43-71.

[2025] Apesar de o presidente e de a sua equipa de gestão em geral confiarem no facto de os administradores não levantarem questões embaraçosas, o simples facto de terem de apresentar a evolução da atividade social numa reunião mensal (ou trimestral) a colegas respeitados no seu meio profissional tem um efeito disciplinador. Este efeito reflete-se, desde logo, na necessidade de fundamentação – por mais incipiente que possa ser – das opções de gestão, não só pelos administradores executivos, mas, por inerência hierárquica, também pelos seus subordinados. O facto de saber que tem de apresentar as suas opções e resultados, não querendo ser ridicularizado por impreparação, força o administrador a exigir dos seus subordinados os elementos necessários atempadamente. Nessa medida, a preparação da reunião do *board* forçava os executivos a gerir a sociedade com maior cuidado e ponderação. Cfr. *ibidem*, p. 23-24.

[2026] *Ibidem*, p. 10-42, em particular, p. 13.

O MODELO ANGLO-SAXÓNICO

III. Ao longo dos anos 1970, multiplicaram-se as propostas de reforma rela- 1540
tivas às *public corporations*[2027], no sentido de alinhar a prática societária com as
exigências legais[2028].

Contra este movimento, Eisenberg afirmava em 1978 que tais propostas 1541
assentavam numa premissa errada, na medida em que não era expectável que
o *board of directors* das grandes *public corporations* pudesse efetivamente gerir a
atividade da sociedade ou estabelecer a sua política empresarial. O desafio –
defendia – consistia na estruturação do *board* para assegurar o desempenho de
funções significativas que *pode* efetivamente desempenhar e para as quais está
devidamente habilitado[2029].

De entre as funções que o *board* pode desempenhar – (i) aconselhamento, 1542
(ii) autorização dos principais atos societárias, (iii) exercício de influência ou
controlo por acionistas e *stakeholders,* (iv) seleção e destituição do CEO e vigilância do seu desempenho – Eisenberg sustentou que este último conjunto
de funções é não só o mais importante, mas também o único que só pode ser
desempenhado pelo *board of directors*[2030]. Por isso, defendendo a reconstrução
do modelo legal como um *monitoring model*[2031], o autor sustenta que a função
do *board* é responsabilizar (*to hold accountable for*) os *executives* pela obtenção de
resultados adequados, cabendo a estes últimos determinar os meios para alcançar esses resultados[2032].

[2027] O conceito de *public corporations* aproxima-se do nosso conceito de sociedade aberta. Cfr., por todos,
Paulo Câmara – *Manual²*... p. 501-514.

[2028] Eisenberg sistematiza e critica as propostas então apresentadas, dividindo-as em três categorias: as
que reclamam administradores profissionais, as que reclamam administradores a tempo inteiro e as que
reclamam conselhos munidos de colaboradores e consultores próprios. Eisenberg – *The structure of the
corporation...* p. 149-156.

[2029] *Ibidem*, p. 156.

[2030] *Ibidem*, p. 156-170. Este ponto permite clarificar que a afirmação do "*monitoring board*" não se traduziu
na identificação de uma nova função do *board*, como sustenta Pedro Maia – *Voto...* p. 740, mas na
concentração do mesmo na função que podia efetivamente desempenhar, de entre aquelas que lhe eram
então imputáveis.

[2031] Eisenberg reconhecia que, em 1978, a maioria dos *board of directors* não desempenhava adequadamente a sua função de vigilância, não removendo o CEO por ineficiência e, mesmo em casos de crise, só
o faziam quando a mesma atingia níveis irremediáveis (como sucedeu, *v.g.*, nos casos da Penn Central,
L-T-V, Ampex e Memorex). O problema, segundo este autor, residia na perceção que, na prática, os administradores tinham da sua função: o *board* era habitualmente concebido como um órgão encarregue da
política empresarial, como parte da administração da sociedade, e não da fiscalização da equipa de gestão.
Eisenberg – *The structure of the corporation...* p. 171.

[2032] *Ibidem*, p. 165. Como bem reconhecia o autor, a vigilância do desempenho decorre, desde logo,
do poder de demitir o CEO e demais equipa de gestão. Para além disso, a vigilância pressupõe o
estabelecimento prévio de objetivos, implícita ou explicitamente, face aos quais devem ser medidos os
resultados da sociedade. Contudo, o estabelecimento de objetivos não se confunde com a determinação
dos meios para os alcançar. Cfr. *ibidem*, p. 164-165.

DA ADMINISTRAÇÃO À FISCALIZAÇÃO DAS SOCIEDADES

1543   Segundo o autor, as normas e os institutos legais deveriam ser reorientados para esse fim: o escopo das normas e institutos societários deveria ser, na medida do possível, (i) assegurar a independência do *board* face aos *executives* cujo desempenho deve vigiar[2033], e (ii) assegurar o fluxo de informação (ou pelo menos a capacidade de obter informação) adequada e objetiva sobre o desempenho dos *executives* para o *board*[2034].

1544   O primeiro objetivo era consistente com a evolução entretanto verificada na composição do *board of directors* das *public companies*, no sentido de uma crescente participação de administradores *outsiders*. Contudo, segundo EISENBERG, era necessária, por um lado, uma mais clara definição do conceito de independência e, por outro, que os administradores ditos independentes o fossem não só em sentido formal, mas também material, devendo ter o poder efetivo de selecionar e afastar os membros da equipa de gestão[2035].

1545   IV. A proposta de EISENBERG enquadra-se num movimento então em curso, assente, em parte, na divulgação da teoria dos problemas de agência e na reação a um conjunto de acontecimentos que marcaram a década de 1970: a queda da *Penn Central Railroad* (vista então como a mais *blue* das *blue chips* norte-americanas) e, no contexto do caso *Watergate*, o conhecimento público das contribuições ilegais para campanhas políticas e da corrupção de funcionários públicos

---

Ainda segundo EISENBERG, constituem requisitos da vigilância (*monitoring*) não só a disponibilidade de sistemas sofisticados e independentes de recolha de informação, mas também a existência de administradores igualmente sofisticados na interpretação de dados financeiros e não-financeiros. Cfr. *ibidem*, p. 165-166.

[2033] Neste sentido, deveriam ser considerados três modelos alternativos: (i) um sistema monista no qual se exigisse que todos os administradores fossem independentes da equipa de gestão; (ii) um sistema monista no qual os administradores independentes fossem claramente maioritários no conselho; ou (iii) um sistema dualista no qual os *managers* e os fiscalizadores fossem membros de diferentes órgãos sociais. Cfr. *ibidem*, p. 170-185.

[2034] Cfr. *ibidem*, p. 170. Explica o autor que a análise do desempenho da equipa de gestão pressupõe que (i) os índices aplicados sejam de natureza numérica, (ii) os números gerados sejam comparáveis com os decorrentes da mensuração da eficiência das equipas de gestão de empresas similares, (iii) os métodos pelos quais os números são gerados sejam tão objetivos quanto possível. Reconhece, contudo, que os resultados de uma empresa nunca podem ser determinados com inteira objetividade e em termos absolutamente comparáveis, na medida em que envolvem, em grande medida, escolhas subjetivas de princípios contabilísticos. Em teoria, a intervenção de meios institucionais, como o auditor independente, permite alcançar um certo nível de objetividade e comparabilidade. Na prática, porém, – explicava EISENBERG em 1978 – a teoria foi negada por falhas institucionais (a equipa de gestão é responsável pela escolha dos princípios contabilísticos; tem sido atribuída uma enorme discricionariedade à equipa de gestão na escolha desses princípios; e, finalmente, a designação e destituição do auditor cabe à própria equipa de gestão). *Ibidem*, p. 186-187.

[2035] *Ibidem*, p. 174-176.

O MODELO ANGLO-SAXÓNICO

estrangeiros por sociedades norte-americanas para obter vantagens competitivas nos respetivos mercados[2036].

Neste contexto, a proposta percursora de Eisenberg de reconstrução do modelo normativo – do *advisory model* para o *monitoring model*[2037] – teve um forte impacto na evolução da jurisprudência[2038] e da doutrina norte-ameri-

1546

[2036] Cfr. Gordon – *The rise...* p. 1514-1515, Lorsch e MacIver – *Pawns or Potentates...* p. 5. Para uma análise destes acontecimentos, cfr. Seligman – *A sheep....*

[2037] Segundo Fischel, o termo é da autoria de Eisenberg. Cfr. Fischel – *The corporate governance movement...* p. 1281 (nota 78).

[2038] Recorde-se que, em 1963, no caso *Graham v. Allis-Chalmers Mfg. Co.* (188 A.2d 125, 130), o *Supreme Court of Delaware* decidiu em favor de um *board of directors* que não tinha tido conhecimento da violação de normas de Direito da concorrência pela sociedade, afirmando:

> «[A]bsent cause for suspicion there is no duty upon the directors to install and operate a corporate system of espionage to ferret out wrongdoing which they have no reason to suspect exists».

Como sublinha Gordon – *The rise...* p. 1516-1517, esta posição desvalorizou o dever dos administradores de se informarem e de fiscalizarem a conduta dos seus subordinados. O próprio *Supreme Court of Delaware* qualificou este aresto como *quite confusing and unhelpful»* [em *Cede & Co. V. Technicolor, Inc.*, de 1993 (634 A.2d 345)] e vários autores sustentam que as sociedades devem ser obrigadas a manter programas destinados a assegurar o cumprimento da lei e a prevenir condutas indevidas pelos seus colaboradores, posição que é secundada pelos American Law Institute – *Principles of corporate governance: Analysis and recommendations*, St. Paul: American Law Institute Publishers, 1994, § 4.01(a), comentário d. Cfr. Stephen M. Bainbridge, Star Lopez e Benjamin Oklan – The convergence of good gaith and oversight, *UCLA Law Review*, 55, 2008, p. 577.

A evolução referida no texto está patente na também famosa decisão do *Court of Chancery of Delaware* proferida em 1996, no caso *In Re Caremark* (698 A.2d 959), na qual o tribunal afirmou que, mesmo que se entendesse que, face àquela decisão de 1963, o *board of directors* não estava adstrito a um *monitoring duty*, essa interpretação não seria aceitável em 1996. Pelo seu relevo histórico, sublinhamos a seguinte passagem do acórdão:

> «How does one generalize this holding [Graham v. Allis-Chalmers Mfg. Co.] today? Can it be said today that, absent some ground giving rise to suspicion of violation of law, that corporate directors have no duty to assure that a corporate information gathering and reporting systems exists which represents a good faith attempt to provide senior management and the Board with information respecting material acts, events or conditions within the corporation, including compliance with applicable statutes and regulations? I certainly do not believe so. I doubt that such a broad generalization of the Graham holding would have been accepted by the Supreme Court in 1963. The case can be more narrowly interpreted as standing for the proposition that, absent grounds to suspect deception, neither corporate boards nor senior officers can be charged with wrongdoing simply for assuming the integrity of employees and the honesty of their dealings on the company's behalf. (...)
> A broader interpretation of Graham v. Allis-Chalmers – that it means that a corporate board has no responsibility to assure that appropriate information and reporting systems are established by management – would not, in any event, be accepted by the Delaware Supreme Court in 1996, in my opinion».

O tribunal entendeu então, como *obiter dictum*, que o *board* devia tomar as medidas necessárias para assegurar a existência de adequados sistemas de informação (*information and reporting systems*) para conferir ao *senior management* e ao *board* informação atual e precisa, permitindo que estes tomem decisões informadas sobre a observância da lei e sobre o desempenho empresarial. O tribunal acrescentou ainda que

> «it is important that the board exercise a good faith judgment that the corporation's information and reporting system is in concept and design adequate to assure the board that appropriate information will come to its

DA ADMINISTRAÇÃO À FISCALIZAÇÃO DAS SOCIEDADES

cana nas décadas seguintes, bem como nas posições públicas da *Securities and Exchange Commission* (SEC), da *American Bar Association* (ABA) e até da *Business Roundtable*[2039].

1547 Juntamente com aqueles acontecimentos, esta reconstrução determinou a ascensão dos administradores independentes e do *audit committee*[2040] que analisamos adiante[2041].

1548 V. A afirmação do *monitoring model* continuou o seu curso ao longo dos anos 1980. Desta feita, o seu principal propulsor foi a própria elite da comunidade de gestores, ao constatar que a robustez do *board of directors* lhes conferia uma maior defesa (*safe harbor*) contra aquisições hostis (*hostile takeovers*), naquela que seria apelidada de *"Deal Decade"*[2042]: (i) os gestores necessitavam de um mecanismo de governo das sociedades que substituísse a abordagem centrada no mercado, associada a ofertas públicas de aquisição hostis; e (ii) os administradores independentes conferiam fundamento legal de resistência a tais ofertas hostis, de acordo com os padrões fiduciários do Estado do Delaware[2043].

1549 VI. O resultado ficou patente não só na construção normativa dos deveres dos administradores, explicitada nas recomendações da *Business Roundtable*[2044]

---

attention in a timely manner as a matter of ordinary operations, so that it may satisfy its responsibility». Cfr. 698 A.2d 970.

Como o próprio tribunal então reconheceu, isto não significa que o *board* deva ter informação detalhada sobre todos os aspetos da atividade da empresa.

Este entendimento viria a ser confirmado no caso *Stone ex rel. AmSouth Bancorporation v. Ritter*, de 2006 (911 A.2d 362, em especial, 370), no qual o *Supreme Court of Delaware* considerou que

«Caremark articulates the necessary conditions predicate for director oversight liability: (a) the directors utterly failed to implement any reporting or information system or controls; or (b) having implemented such a system or controls, consciously failed to monitor or oversee its operations thus disabling themselves from being informed of risks or problems requiring their attention».

No entanto, o tribunal parece ter alterado o enquadramento da função de vigilância: se em *Caremark* era reconduzida ao *duty of care*, em *Stone* é enquadrada nos *duties of good faith and loyalty*. Para uma análise crítica deste enquadramento, cfr. *ibidem*, p. 594-604.

[2039] GORDON – *The rise...* p. 1518.

[2040] *Ibidem*, p. 1518-1519.

[2041] Cfr. §§ 55.3 e 55.4 *infra*.

[2042] Cfr. GORDON – *The rise...* p. 1521-1523. Como refere o autor, apesar de a maioria das transações ter ocorrido de forma amigável, as aquisições hostis constituíram uma poderosa ameaça. Os dados estatísticos são impressionantes: quase um quarto das principais sociedades norte-americanas foi objeto de uma OPA hostil. Para além disso, esta ameaça determinou a conclusão de muitas das transações consideradas amigáveis. Cfr. *ibidem*, p. 1521.

[2043] *Ibidem*, p. 1522-1523.

[2044] A *Business Roundtable* especificou os seguintes deveres dos administradores: (i) supervisão da equipa de gestão (*management*) e seleção e sucessão dos membros do *board of directors*; (ii) revisão do desempenho

594

O MODELO ANGLO-SAXÓNICO

e do *American Law Institute* (ALI)[2045], mas também na *praxis* das *public corporations*[2046]. De acordo com o estudo empírico *Pawns or Potentates: The Reality of America's Corporate Boards,* publicado em 1989 por LORSCH e MACIVER, no final da década de 1980 os administradores já não se perspetivavam como "peões" da equipa de gestão, mas continuavam a reconhecer um sem número de limitações à sua capacidade para governar a sociedade de forma atempada e eficaz[2047].

financeiro da sociedade e alocação dos seus fundos; (iii) vigilância da responsabilidade social da sociedade; (iv) garantia do cumprimento da lei. Cfr. BUSINESS ROUNDTABLE – *The role and composition of the board of directors of the large publicly owned corporation: Statement of the Business Roundtable,* 1978, p. 3.

[2045] O *American Law Institute* apresenta uma abordagem diferente, mas não uma lista incompatível com a da *Business Roundtable*: (i) eleição, avaliação e, quando apropriado, destituição dos principais dirigentes da sociedade; (ii) vigilância da condução da atividade da sociedade, com vista à avaliação permanente da aplicação dos recursos da sociedade, de forma consistente com a maximização do valor acionista, dentro dos limites da lei e considerações éticas, e alocando um montante razoável dos recursos ao bem estar público e propósitos humanitários; (iii) revisão e aprovação dos planos e ações que o *board* e os principais dirigentes considerem relevantes (*major*) e alterações aos princípios contabilísticos que o *board* ou os principais dirigentes considerem relevantes (*material*); (iv) desempenho das demais funções estabelecidas na lei ou imputadas ao *board* sob um padrão da sociedade. Os administradores devem ainda (i) fazer recomendações aos acionistas; (ii) iniciar e adotar os principais planos societários, alterações relevantes nos princípios e práticas contabilísticos, instruir comissões, dirigentes e empregados, e rever as ações das comissões, dirigentes e empregados; e (iii) atuar em todas as questões societárias não reservadas aos acionistas. Cfr. AMERICAN LAW INSTITUTE – *Principles (1984)...* p. 66-67, cuja comissão de redação foi liderada por MELVIN EISENBERG.

[2046] No centro da evolução estava a necessidade de afirmar a operacionalidade e a eficácia do *board of directors* que, segundo o *monitoring model,* se resumia à fiscalização da equipa de gestão. Os opositores de um tal modelo, porém, afirmam a importância da sua participação no planeamento estratégico empresarial. Cfr., *v.g.*, KENNETH R. ANDREWS – Rigid rules will not make good boards, *Harvard Business Review,* 60:6, 1982, p. 44 e, mais recentemente, STEPHEN M. BAINBRIDGE – *The new corporate governance in theory and practice,* Oxford, New York: Oxford University Press, 2008, p. 160-161. Alguns dos argumentos de ANDREWS continuam hoje a ressoar na teoria económica:

> «*Intelligent evaluation of executive performance takes place in paradoxical combination with support for the chief executive. This support may be repaid by full information, trust, and cooperation in the survaillance of audit and control procedures and by the implementation of policy. Only this kind of sharing responsibility leaves boards reasonably contente with the integrity of the processes in place and alert to critical problem areas that need inquiry. Knowledge of the strategy of the company guides the information flowing to the board and its reaction to it*».

[2047] LORSCH e MACIVER – *Pawns or Potentates...* p. 1. Segundo os autores, o governo de uma sociedade pressupõe o exercício de autoridade ou poder (de decidir e aplicar as suas decisões, *de facto* e não somente *de iure*) em direção a um determinado fim. Assim, para governar com eficácia, os administradores devem ter suficiente poder de influência sobre o curso da atividade da sociedade. São várias as fontes de tal poder, não se resumindo à base legal: confiança para expressar ideias e pontos de vista, conhecimento e informação sobre as matérias em discussão, e controlo sobre a ordem de trabalhos e sobre o processo de discussão. Atendendo a estas fontes, em geral, os administradores estão em desvantagem face ao CEO/ *chairman of the board of directors*. A conclusão alcançada pelos autores sobre a situação na prática é óbvia: nos casos em que os *boards of directors* tiveram de atuar sem o apoio do CEO, foram prejudicados pela falta de *poder*, atrasando a sua intervenção. Para além disso, a deliberação do *board* dependeu da bem

DA ADMINISTRAÇÃO À FISCALIZAÇÃO DAS SOCIEDADES

1550   Os *boards of directors* passaram a ser tendencialmente compostos por uma maioria de *outsiders*, multiplicaram-se as comissões destinadas a facilitar o seu funcionamento, e tornou-se mais séria a perspetiva pessoal dos administradores relativamente às suas responsabilidades e ao seu envolvimento na administração da sociedade[2048].

1551   VII. Neste movimento de reconstrução normativa e de afirmação prática dos deveres dos administradores, assumiu particular destaque a introdução e o desenvolvimento do papel dos "administradores não-executivos" e dos "administradores independentes" no *board of directors* das *publicly traded corporations*.

1552   Nestas, como vimos, verificou-se uma evolução do *inside board* para *outside board*[2049], com base não só na percepção de que aqueles administradores constituíam um importante contributo para a sociedade, mas também no facto de os tribunais assentarem o seu juízo sobre a adequação de determinadas condutas societárias na participação daqueles administradores[2050].

1553   Paralelamente, foi especialmente relevante a progressiva introdução dos *audit committees* nas *public corporations*, como forma de melhorar o processo de produção e divulgação de informação financeira e de garantir a independência do *auditor* externo face à equipa de gestão. A introdução de uns e outras no espaço norte-americano é detalhadamente analisada adiante, pela relevância que tem na inclusão do novo modelo de governo societário no Código das Sociedades Comerciais, em 2006[2051].

---

sucedida ascensão de um líder entre os administradores *outsiders*. Em inúmeros casos, não se verificou essa ascensão, bloqueando o processo na prática. Cfr. *ibidem*, p. 12-15.

[2048] *Ibidem*, p. 5.

[2049] *Ibidem*.

[2050] Cox e Hazen – *Corporations...* p. 103.

[2051] A centralidade dos administradores independentes e da comissão de auditoria não só na evolução normativa – tanto através de instrumentos legais e regulamentares, como na construção jurisprudencial e doutrinária – (*hard law*), mas também nos códigos de bom governo das sociedades (*soft law*) revela a crescente importância da estrutura e composição do *board of directors*. Este facto não deixa de causar estranheza, na medida em que os estudos empíricos entretanto desenvolvidos não permitem estabelecer uma necessária correlação entre alterações na estrutura e composição do conselho de administração e o bom desempenho das sociedades (para uma análise destes estudos, cfr., *v.g.*, Gordon – *The rise...* p. 1500 ss.). A justificação, segundo Richard Leblanc e James Gillies, prende-se com o difícil conhecimento do que efetivamente se passa no seio dos conselhos de administração. Muito pouco se sabe sobre o funcionamento do conselho: seja sobre as características dos seus membros no contexto do processo decisório, seja sobre a forma como os indivíduos atuam conjuntamente para alcançar uma decisão, seja numa situação de crise, seja no desenvolvimento da gestão corrente da sociedade. Não sendo a reunião do conselho um evento público, o conhecimento dessa realidade depende da informação divulgada ao público (no contexto de processos judiciais, inquéritos parlamentares ou por imposição das bolsas de valores ou das entidades reguladoras, etc.) ou transmitida pessoalmente pelos seus membros. Os elementos que

O MODELO ANGLO-SAXÓNICO

55.3. A crescente importância dos administradores independentes no funcionamento do *board of directors*

I. A perceção generalizada da existência de problemas ao nível do governo das *public corporations* nos Estados Unidos deu origem a uma variedade de propostas para a reestruturação do *board of directors*[2052]. Como recorda FISCHEL[2053], em 1979, o antigo presidente da SEC, HAROLD M. WILLIAMS, chegou a propor que todos os administradores fossem independentes da equipa de gestão, com exceção do CEO, que ainda assim não deveria ser presidente do *board of directors*[2054].

1554

Apesar de esta proposta não ter granjeado grandes apoios, a noção de "administradores independentes" foi largamente aplaudida. Assim, tanto a *American Bar Association*[2055] como a *Business Roundtable*[2056] e a SEC[2057] *recomendaram* que o *board of directors* das *public corporations* fosse constituído por uma maioria de administradores independentes.

1555

A primeira versão preliminar dos *Principles of Corporate Governance* do ALI propunha que fosse *exigido* que o *board of directors* fosse composto por uma maio-

1556

---

necessariamente se conhecem e que são suscetíveis de apreciação objetiva são precisamente os relativos à estrutura e composição do *board*. Cfr. LEBLANC e GILLIES – *Inside the boardroom*... p. 1, 6-8.

Tentando inverter esta tendência, RICHARD LEBLANC e JAMES GILLIES desenvolveram uma análise empírica do funcionamento do *board of directors*, assente (i) na presença pessoal em reuniões de *boards of directors* de cerca de vinte e nove sociedades com fins lucrativos de capitais privados, quatro sociedades de capitais públicos, e seis sociedades sem fins lucrativos, ao longo de cinco anos, e (ii) em entrevistas a cerca de duzentos administradores. Os dados assim obtidos foram ainda contraditados pela experiência pessoal de um dos autores como membro do *board of directors* de cerca de trinta sociedades. Na sequência deste estudo, concluíram os autores que o processo de decisão é influenciado, em grande medida, pelas características comportamentais dos administradores individualmente considerados. *Ibidem*, p. 2-4. Defendem a tese de que a tomada de decisões resulta das faculdades (*competencies*) e características comportamentais dos administradores individualmente considerados e da forma como estas se conjugam. Assim, contrariamente ao que é frequentemente defendido, não serão alcançadas melhorias na operacionalidade dos *boards* através de mais iniciativas legais e regulamentares dirigidas à estrutura dos mesmos. Essa melhoria, sustentam, só será alcançada pela aceitação, pelos administradores, gestores, reguladores, acionistas e líderes societários, de novos e diferentes – de alguma forma radicais – critérios de escolha, designação e avaliação de administradores. *Ibidem*, p. 8.

[2052] Sobre a problemática concentração das propostas de reforma na estrutura e composição do *board of directors*, cfr. nota 2051 *supra*.

[2053] Cfr. FISCHEL – *The corporate governance movement*... p. 1280-1281.

[2054] Cfr. *ibidem*. Note-se que a proposta não é original. Neste sentido, cfr. a posição de ROGER M. BLOUGH em CONARD, *et al.* – *Functions of directors*... p. 38.

[2055] COMMITTEE ON CORPORATE LAWS, AMERICAN BAR ASSOCIATION – The overview committees of the board of directors, *Business Lawyer*, 34, 1979, p. 1844, 1849, 1854.

[2056] THE BUSINESS ROUNDTABLE – The Role and Composition of the Board of Directors of the Large Publicly Owned Corporation, *Business Lawyer*, 33, 1978, p. 2108.

[2057] SEC – *Corporate accountability*, Washington, DC: Commission Print, 1980, p. 581.

DA ADMINISTRAÇÃO À FISCALIZAÇÃO DAS SOCIEDADES

ria de administradores independentes[2058]. A principal função destes seria vigiar (*to monitor*) a equipa de gestão e não conduzir a gestão corrente da sociedade[2059]. Deveriam ter poder para designar e destituir a equipa de gestão, rever e aprovar as decisões societárias mais importantes, responsabilizar (*to hold accountable for*) a equipa de gestão pelos resultados e instituir programas de controlo interno (*compliance*), destinados a assegurar o cumprimento das leis aplicáveis e evitar negócios consigo mesmo (*self-dealing*)[2060].

1557   O fundamento das propostas de composição maioritária do *board of directors* por adminstradores independentes residia na promoção do bem-estar acionista (*shareholders' welfare*): estes administradores teriam maior capacidade de vigilância da equipa de gestão, assim reduzindo os *managerial agency costs*[2061].

1558   Compreende-se assim que os defensores da composição maioritária do *board* por administradores independentes defendessem igualmente a constituição de comissões de auditoria, de nomeação e de remuneração, compostas exclusivamente por administradores independentes[2062].

1559   II. O debate sobre o governo das sociedades desenvolvido nos anos 1970 determinou a divulgação do conceito de "administrador independente" onde antes se discutia apenas a contraposição entre administradores *"insiders"* e *"outsiders"*[2063]. Este conceito passou a identificar o administrador que, por excelência, é capaz de assegurar a vigilância da administração da sociedade[2064].

[2058] Para uma análise da regulação dos administradores independentes nos *Principles of Corporate Governance* do ALI, cfr. STEPHEN M. BAINBRIDGE – Independent directors and the ALI corporate governance project, *George Washington Law Review*, 61:1034, 1993.

[2059] Cfr. AMERICAN LAW INSTITUTE – *Principles of corporate governance: Restatement and recommendations, Draft 1*, St. Paul: American Law Institute Publishers, 1982, p. 71. Recorde-se que a comissão de redação do ALI era liderada por EISENBERG que, como vimos, foi o precursor do *monitoring model* do *board of directors*.

[2060] *Ibidem*, p. 57-70.

[2061] EUGENE F. FAMA – Agency Problems and Theory of the Firm, *Journal of Political Economy*, 2, 1980.

[2062] FISCHEL – *The corporate governance movement...* p. 1281.

[2063] GORDON – *The rise...* p. 1477.

[2064] Sem prejuízo de os administradores nominalmente independentes poderem ser igualmente passivos, ineficazes, ou dominados pela equipa de gestão, nos termos descritos em MACE – *The board....* Cfr. também LAURA LIN – The effectiveness of outside directors as a corporate governance mechanism: theories and evidence, *Northwestern University Law Review*, 90, 1996, p. 901-903, 912-917, onde a autora contrapõe a teoria de *"managerial hegemony"*, nos termos da qual o *management* controla o *board* independentemente da composição deste, à teoria de *"effective monitor"*, segundo a qual os *outside directors* estão motivados para proteger os interesses dos acionistas dada a sua vontade de proteger o seu capital reputacional como "peritos em controlo de decisões". Entre nós, sobre o administrador independente, cfr., *v.g.*, PAULA COSTA E SILVA – "O administrador independente", in *Direito dos Valores Mobiliários*, 6, Coimbra: Coimbra Editora, 2006.

O MODELO ANGLO-SAXÓNICO

O segundo movimento favorável ao crescimento do número de administra- 1560
dores independentes ocorreu nos anos 1990, após a década das OPAs hostis[2065].
A imposição de deveres de informação sobre a constituição e composição de
comissões de nomeações pela SEC, em 1992, determinou uma composição
maioritária das mesmas por administradores *outsiders*[2066]. Na mesma altura, tornou-se prática comum a constituição de comissões de nomeações, por pressão
dos investidores institucionais[2067].

O terceiro movimento resultou da reação aos escândalos da Enron, 1561
Worldcom e outros, por pressão de acionistas institucionais, bolsas de valores e
reguladores[2068].

Assim, entre 1950 e 2005, a composição do *board of directors* das grandes *public* 1562
corporations norte-americanas evoluiu drasticamente no sentido da inclusão de
administradores independentes. Se, em 1950, estes correspondiam a cerca de
20% do número total de administradores, em 2005 correspondiam a cerca de
70%[2069].

[2065] Gordon – *The rise...* p. 1477.

[2066] *Ibidem*, p. 1492.

[2067] *Ibidem*. Atualmente, a NYSE exige a composição de ambas as comissões exclusivamente por administradores independentes. Cfr. New York Stock Exchange – *Listed company manual*, 2012, disponível em
http://nysemanual.nyse.com/lcm/, §§ 303A.04(a), 303A.05(a). Consultado em 10/04/2012.

[2068] Gordon – *The rise...* p. 1477.

[2069] *Ibidem*, p. 1465, 1472-1476. Na análise desta evolução, Gordon sustenta que a mesma se deveu a dois
desenvolvimentos político-económicos inter-relacionados: por um lado, a afirmação do *shareholder value*
como principal fim societário; por outro, o aumento do nível informacional dos preços no mercado de
ações (o conceito económico de *stock market prices informativeness* traduz o volume de informação incorpo-
rado no preço das ações transacionadas no mercado). O resultado que a todos os demais se sobrepôs foi
a ordenação das sociedades segundo estratégias de maximização da riqueza dos acionistas, medida pelo
desempenho do preço das suas ações (*stock price performance*). Neste contexto, os administradores independentes são mais valiosos do que os *insiders*: estando menos vinculados à equipa de gestão e à sua visão,
estão em condições de observar, com maior objetividade, sinais exteriores de desempenho e são menos
capturados pela perspetiva interna, a qual se torna menos valiosa à medida que o preço das ações se torna
mais informado. Para além disso, são mais facilmente mobilizáveis por padrões legais de conduta destinados a assegurar os bens públicos de divulgação de informação (*disclosure*) mais precisa (com reflexos positivos no nível informacional dos preços das ações) e melhor cumprimento da lei (*compliance*). Segundo
Gordon, a maximização do valor dos acionistas pode produzir instituições que são simultaneamente
subótimas para uma determinada sociedade, mas que são *ótimas* para a economia onde se movem essas
sociedades. A introdução dos administradores independentes teve três efeitos essenciais no contexto
norte-americano: (i) aumentou a fidelidade dos administradores aos objetivos dos acionistas, tal como
contrapostos aos interesses dos próprios administradores ou aos interesses de *stakeholders*; (ii) aumentou
a fiabilidade da informação divulgada ao público pela sociedade, tornando os preços das ações num sinal
fiável para a alocação de capitais e para o controlo dos gestores (*managers*) tanto noutras sociedades como
na sua própria; (iii) vinculou (discutivelmente) a sociedade aos sinais do mercado de ações, mas de forma
limitada. *Ibidem*, p. 1465-1469.

DA ADMINISTRAÇÃO À FISCALIZAÇÃO DAS SOCIEDADES

1563   III. Paralelamente ao aumento do número de administradores independentes, foi sendo restringido o conceito de "independência". No início dos anos 1960 todos os administradores que não tivessem uma relação de emprego (*employment relationship*) com a sociedade eram considerados *outsiders*, como afirmou a *New York Stock Exchange* (NYSE) em 1962.

1564   Nos anos 1970, a crise do governo societário e a aplicação do *monitoring model*, que aumentou a procura de administradores independentes[2070], determinou igualmente uma restrição do conceito de "independência", por pressão regulamentar, por alteração dos critérios de admissão à negociação nas bolsas de valores, por desenvolvimento dos deveres fiduciários em diversos Estados e por recomendação de códigos de boas práticas[2071]. Para além das relações de emprego, passaram a ser consideradas outras relações pessoais ou económicas que pudessem ser vistas como suscetíveis de interferir num juízo independente (excluindo assim da categoria dos administradores independentes os advogados, os banqueiros de investimento, os banqueiros comerciais e outros que prestassem bens ou serviços à sociedade)[2072].

1565   Ao longo dos anos 1990, foram várias as fontes de restrição do conceito de independência: (i) os critérios fiscais para a aprovação da remuneração variável baseada no desempenho por administradores *"outsiders"*; (ii) os critérios estabelecidos pela SEC para a aprovação de negócios que envolvessem *short-swing profits*[2073] por administradores independentes; (iii) os critérios judiciais para indeferimento de ações sociais *ut universi* (*derivative litigation*) contra adminis-

---

[2070] Como veremos adiante, na transação de diversas ações judiciais, a SEC exigiu a reestruturação do *board of directors*, com aumento do número de administradores independentes e constituição de um *audit committee*. Cfr. p. 606-607 *infra*.

[2071] GORDON – *The rise...* p. 1478-1479.

[2072] Cfr. COMMITTEE ON CORPORATE LAWS, AMERICAN BAR ASSOCIATION – Corporate Director's Guidebook, *Business Lawyer*, 33, 1978, p. 1619-1620. Note-se no entanto que a NYSE, quando, em 1977, exigiu a constituição de um *audit committee* no seio do *board of directors*, composto por «administradores independentes da equipa de gestão», permitiu que os administradores originários de organizações que mantivessem «relações comerciais, industriais, bancárias, ou de *underwriting* habituais com a sociedade» exercessem funções no *audit committee*, salvo quando o *board* entendesse que essas relações [pudessem] interferir com o juízo independente como membro da comissão» (cfr. NYSE – *Listed company manual* (1983), § 303). Esta regra manteve-se inalterada até 1999, quando foram implementadas as recomendações do NEW YORK STOCK EXCHANGE e NATIONAL ASSOCIATION OF SECURITIES DEALERS – *Report and recommendations of the Blue Ribbon Committee on improving the effectiveness of corporate audit committees*, 1999. Cfr. GORDON – *The rise...* p. 1465, 1472-1479-1480.

[2073] De acordo com a secção 16(b) do *Securities Exchange Act*, de 1934, em princípio, os *insiders* que façam lucro na compra e venda de ações da sociedade ocorridas num período de seis meses devem transmitir esses lucros à sociedade. Em determinados casos, porém, a aprovação da transação por *"Non-Employee Directors"*, tal como definidos na lei, afasta a aplicação desta regra. Cfr. SEC – *Exchange Act Release no. 37260: "Ownership reports and trading by officers, directors and principal security holders"*, 1996.

O MODELO ANGLO-SAXÓNICO

tradores e gestores[2074], e para aprovação de medidas defensivas contra ofertas públicas de aquisição hostis; e (iii) as recomendações de melhores práticas, entre as quais se destacam os *Principles of Corporate Governance* do ALI, tal como aprovados e publicados em 1992[2075].

Os escândalos da Enron e de outras sociedades, verificados no início do novo milénio, determinaram alterações profundas no cenário societário[2076]. Logo em 2002, temendo a aprovação de legislação sobre o governo de sociedades, a NYSE reviu os seus critérios sobre a composição do *board of directors*, exigindo uma composição maioritariamente independente, com critérios de independência mais

1566

[2074] No caso *Zapata Corp. v. Maldonado*, de 1981 (430 A.2d 779), o *Delaware Supreme Court* sustentou que uma comissão composta por administradores independentes podia obter o indeferimento liminar da ação (*dismissal of the action*) caso demonstrasse que este era no melhor interesse da sociedade. No pedido de indeferimento, a sociedade tinha o ónus da prova da independência da comissão (430 A.2d 779, 779, 788), constituindo um forte incentivo para que o *board of directors* tivesse administradores sem qualquer ligação prévia à sociedade, assim restringindo o padrão de independência.

Note-se, porém, que em casos como *Auerbach v. Bennett*, de 1979 (847 N.Y.2d 619, 393 N.E.2d 994) o *Court of Appeals of New York* tinha entendido que a deliberação da comissão sobre a prossecução judicial dos interesses da sociedade contra administradores estava protegida pela *business judgment rule*. Assim, para que a ação prosseguisse, o autor deveria demonstrar a falta de independência da comissão ou a sua atuação de má-fé (847 N.Y.2d 619, 630-631).

A possibilidade de indeferimento de ações sociais nestes termos foi criticada, *v.g.*, por COX e SCHWARTZ. Segundo os autores, os administradores independentes têm uma natural predisposição favorável aos réus, pelo que não são imparciais na avaliação da ação face ao interesse da sociedade. Cfr. JAMES D. COX e DONALD E. SCHWARTZ – The Business Judgment Rule in the context of termination of derivative suits by independent committees, *North Carolina Law Review*, 61, 1983, p. 540-542.

No mesmo sentido CONARD recordava que os administradores eram parciais por duas ordens de razão: a maioria devia a sua designação para o *board* à equipa de gestão e era simultaneamente parte da equipa de gestão noutras sociedades, esperando idêntico tratamento favorável pelos administradores independentes dessas sociedades. Cfr. ALFRED F. CONARD – Beyond managerialism: Investor capitalism?, *University of Michigan Journal of Law Reform*, 22, 1988, p. 165-166.

Apesar das críticas, a jurisprudência subsequente continuaria a aceitar tal possibilidade de indeferimento. Cfr. GORDON – *The rise...* p. 1482 (nota 49).

[2075] GORDON – *The rise...* p. 1480-1482.

[2076] Como refere DAVIES: «...*there is nothing like a good scandal to produce company law reform*», ou, noutro ponto: «...*in democracies a public scandal makes available for reformers that most precious of legal commodities, legislative time*». No mesmo sentido, HOPT explica que a história da proteção dos investidores pelo Direito das sociedades e do mercado de capitais é marcada pela necessidade económica, por um lado, e pelos escândalos e colapsos financeiros, por outro. No entanto, acrescenta, os legisladores parecem responder mais a estes últimos. Cfr. DAVIES – Enron... p. 417, 442, HOPT – Modern... p. 446.

DA ADMINISTRAÇÃO À FISCALIZAÇÃO DAS SOCIEDADES

exigentes[2077]. Em 2003, a SEC, ao abrigo do *Sarbanes Oxley Act*[2078], estabeleceu requisitos mínimos de independência para os membros do *audit committee*[2079].

1567   IV. Concluindo: se, num primeiro momento, a introdução de administradores independentes era tida como cumprimento de um apelo de "bom governo das sociedades", num segundo momento tornou-se obrigatória para alguns efeitos. Assim, por exemplo:

(i)   Os tribunais do Estado do Delaware condicionam a aplicação da *business judgment rule* à verificação da atuação de administradores independentes;

(ii) A NYSE impõe à maioria das sociedades nela cotadas que tenham um *board of directors* composto por uma maioria de administradores independentes[2080], bem como comissões de auditoria, de nomeações e de remunerações compostas exclusivamente por administradores independentes[2081];

(iii) A *National Association of Securities Dealers* (NASD) impõe a aprovação de negócios com conflito de interesses por comissões compostas exclusivamente por administradores independentes[2082]; e

(iv) A legislação federal pós-Enron passou a exigir que as *public corporations* tenham um *audit committee* composto exclusivamente por administradores independentes[2083].

1568   As alterações na lei federal determinaram uma densificação da obrigação de vigilância dos administradores e, em particular, dos administradores independentes: para além da "vigilância do desempenho" (*"performance monitoring"*), consolidou-se a exigência de uma "vigilância dos controlos" (*"controls monitoring"*), de acordo com a qual o *board* deve fiscalizar o processo de preparação e

---

[2077] Cfr. New York Stock Exchange – *Corporate governance rule proposals reflecting recommendations from the NYSE Corporate Accountability and Listing Standards Committee as approved by the NYSE board of directors August 1*, 2002, disponível em http://www.nyse.com/pdfs/corp_gov_pro_b.pdf.

[2078] Cfr. nota 1056 *supra*.

[2079] Cfr. SEC – *Securities Act Release no. 8220: "Standards relating to listed company audit committees"*, 2003.

[2080] Este requisito não se aplica a sociedades que tenham um acionista titular de pelo menos 50% do capital social.

[2081] Salvo, quanto a estas duas últimas comissões, quando a sociedade tenha um acionista titular de pelo menos 50% do capital social. Cfr. secções 303A, 303A.01, 303A.04, 303A.05 e 303A.06 NYSE – *Listed company manual*.

[2082] Cfr. NASDAQ, Inc., *Marketplace Rules*, R. 4350(h), 2007.

[2083] Cfr. Securities and Exchange Act, Rule 10A-3(b)

O MODELO ANGLO-SAXÓNICO

divulgação de informação financeira, os sistemas internos de controlo financeiro e a relação da sociedade com o seu *auditor*[2084].

Não obstante, são muitas as críticas dirigidas à confiança depositada nos administradores independentes, não só pela dificuldade de aferição da sua independência em termos objetivos – sendo a independência uma qualidade *subjetiva*, os critérios *objetivos* normativamente estabelecidos constituem meras presunções de independência, não permitindo a sua cabal aferição –, mas também pelo facto de não ter sido possível estabelecer empiricamente uma necessária correlação entre a inclusão de administradores independentes no *board* e o bom desempenho da sociedade. Muitas das críticas centram-se no facto de a independência – ainda que não meramente nominal – não traduzir necessariamente um empenho desses administradores no cumprimento das suas obrigações para com a sociedade.

1569

Por fim, e para efeitos de posterior comparação com o atual regime português, note-se que, em geral, o Direito societário norte-americano, de origem estadual, não diferencia formalmente os administradores não-executivos (independentes ou não) face aos administradores executivos[2085]. Esta diferenciação resulta da prática empresarial, da consagração jurisprudencial e doutrinária, da intervenção regulatória federal da SEC, ao nível dos mercados de valores mobiliários, e das entidades gestoras destes mercados.

1570

55.4. O advento do *audit committee*

I. Apesar de a sua origem não ser absolutamente clara, parece que os *audit committees* surgiram nos Estados Unidos na sequência da fraude detetada na McKesson & Robins, Inc.[2086], em 1938, face à qual a NYSE e a SEC recomendaram que o *auditor* fosse selecionado por uma comissão especial composta por

1571

[2084] Cfr. GORDON – *The rise...* p. 1539-1540.

[2085] BRIAN R. CHEFFINS e BERNARD S. BLACK – Outside director liability across countries, *Texas Law Review*, 84, 2006, p. 1399.

[2086] BRENDA S. BIRKETT – The recent history of corporate audit committees, *The Accounting Historians Journal*, 13:2, 1986, p. 26. Neste caso constatou-se terem sido apresentados ativos no valor de 90 milhões de dólares nas contas divulgadas publicamente, entre os quais se incluía um conjunto de bens inexistentes no valor de 10 milhões de dólares, e sobrevalorizados créditos sobre clientes (*accounts receivable*) em aproximadamente 9 milhões de dólares. Alegadamente, esta fraude não foi detetada pelo auditor da sociedade, a Price Waterhouse, por não ter confirmado aqueles ativos. A confirmação destes elementos é, atualmente, parte integrante básica da revisão legal de contas, sem a qual não é possível atestar a veracidade das declarações da administração sobre os ativos da sociedade. No entanto, aquando da acusação pela SEC, a Price Waterhouse afirmou que a mesma era baseada numa avaliação retrospetiva, com elementos só posteriormente conhecidos (*«the unbridled use of hindsight»*). Segundo a Price Waterhouse, a SEC não podia acusá-la de não confirmar a existência dos inventários e dos créditos sobre clientes porque essa confirmação não era expressamente exigida ao tempo da auditoria e porque tinha recebido

DA ADMINISTRAÇÃO À FISCALIZAÇÃO DAS SOCIEDADES

administradores que não fossem *officers* da sociedade[2087]. Na base desta medida estavam as dúvidas de que o *outside auditor* fosse verdadeiramente independente da administração[2088]. Na sequência destas recomendações, sociedades como a General Motors constituíram comissões especiais a que chamaram *audit committees*[2089].

1572
Desde então e até 1967, a constituição de *audit committees* teve pouco apoio, permanecendo indefinidas as suas funções[2090]. Em julho de 1967, a comissão executiva do *American Institute of Certified Public Accountants* (AICPA) recomendou que as *publicly held corporations* constituíssem *audit committees*, compostas por membros *outsiders* do *board of directors*, afirmando que os *auditors* deveriam discutir com esta comissão quaisquer questões significativas, com um impacto relevante nas demonstrações financeiras da sociedade, que não tivessem obtido uma resposta satisfatória da equipa de gestão[2091].

1573
A discussão sobre o papel e os deveres desta comissão intensificou-se ao longo dos anos 1970: na sequência do conhecimento público de contribuições ilegais para campanhas políticas e subornos que se sucedeu ao escândalo Watergate, o público investidor exigia uma maior responsabilização (*accountability*) a nível societário, como forma de aumentar a confiança na qualidade da informação financeira divulgada publicamente[2092]. Em resposta, em março de 1972,

---

instruções claras da administração da sociedade para não o fazer. A defesa apresentada então pela Price Waterhouse pôs a descoberto o tipo de pressões a que os auditores estavam já então sujeitos:

> «[w]hile the procedures for whose omission we are now criticized were regarded as optional at the time, we were expressly instructed not to follow some of them, and we were not instructed to follow others, notwithstanding our written warning that the scope of our examinations was not sufficiently extensive "to reveal either possible misappropriations of funds or manipulations of the accounts." Furthermore, [the SEC report] quite overlooks the fact that the determination of the scope of our audit was delegated to the president of the company, who has now proved to have been the keystone of the intricately organized conspiracy». N.D. – Auditors answer criticism by SEC; Price, Waterhouse & Co. see an 'Unbridled Use of Hindsight' in McKesson Report, The New York Times, 7 de Dezembro de 1940.

Ficou então claro que a administração das sociedades controlava a extensão das auditorias, dessa forma limitando seriamente a sua utilidade. Mais do que qualquer outro, esse facto determinaria a reação da SEC e da NYSE descritas no texto. Cfr. CHARLES D. NIEMEIER – *Independent oversight of the auditing profession: Lessons from U.S. history*, 2007, disponível em http://pcaobus.org/News/Speech/Pages/11082007_NiemeierGermanPublicAuditorsCongress.aspx, p. 3-4.

[2087] Cfr. SEC – *Accounting Series Release no. 20*, 1940, para. n.º 3020, NEW YORK STOCK EXCHANGE – Independent audit and audit procedures, *Accountant*, 122:4, 1940, p. 383.

[2088] Cfr. nota 2086 *supra*.

[2089] Cfr. GENERAL MOTORS – *1979 Proxy Statement*, p. 2. Cfr. também LOUIS BRAIOTTA, JR. – *The audit committee handbook*, 4.ª ed., Hoboken, NJ: Wiley, 2004, p. 437.

[2090] *Ibidem*.

[2091] AMERICAN INSTITUTE OF CERTIFIED PUBLIC ACCOUNTANTS – Executive Committee Statements on Audit Committees of Boards of Directors, *Journal of Accountancy*, 124:1, 1967, p. 10.

[2092] BRAIOTTA – *The audit comm. handbook*[4]... p. 438.

O MODELO ANGLO-SAXÓNICO

a SEC voltou a recomendar a todas as *publicly held corporations* a constituição de *audit committees*, compostos por administradores não-executivos[2093]. Já em dezembro de 1974, a SEC estabeleceu deveres de informação sobre a existência e composição (voluntária) deste tipo de comissões, sujeitando as sociedades visadas à pressão do mercado[2094].

II. O passo seguinte seria decisivo: em janeiro de 1977, a NYSE emitiu uma declaração nos termos da qual as sociedades norte-americanas com ações ordinárias cotadas naquela bolsa *teriam de* constituir, até 30 de junho de 1978, e manter um *audit committee* composto exclusivamente por administradores independentes da equipa de gestão e livres de qualquer relação que, na opinião do *board of directors*, pudesse interferir no exercício de um juízo independente como membro da comissão[2095].   1574

Paralelamente, a NASD exigiu às sociedades do *National Market System*, em 1987, a constituição de tais comissões, compostas maioritariamente por administradores independentes[2096].   1575

O mesmo passo seria dado depois pela *American Stock Exchange* (AMEX) que, em 1989 proporia uma alteração às suas regras, de forma a requerer que todas as sociedades nela cotadas tivessem um *audit committee*, proposta que seria aprovada pela SEC em 1991[2097].   1576

[2093] Cfr. SEC – *Accounting Series Release no. 123: "Standing audit committees composed of outside directors"*, 1972, para. n.º 3124:

«(...) *[The SEC] endorses the establishment by all publicly held companies of audit committees composed of outside directors and urges the business and financial communities and all shareholders of such publicly held companies to lend their full and continuing support to the effective implementation of the above cited recommendations in order to assist in affording the greatest possible protection to investors who rely upon such financial statements*».

[2094] Cfr. SEC – *Accounting Series Release no. 165: "Notice of amendments to require increased disclosure of relationships between registrants and their independent public accountants"*, 1974, para. n.º 3167:

«*Disclosure is required of the existence and composition of the audit committee of the board of directors. The Commission has already expressed its judgment that audit committees made up of outside directors have significant benefits for the company and its shareholders (ASR 123). This disclosure will make stockholders aware of the existence and composition of the committee. If no audit or similar committee exists, the disclosure of that fact is expected to highlight its absence*».

Sobre o papel dos deveres de informação em articulação com a pressão do mercado no governo das sociedades, cfr. FERREIRA GOMES – *Os deveres de informação...* p. 595 ss.

[2095] NEW YORK STOCK EXCHANGE – *Statement of the New York Stock Exchange on audit committee policy*, 1977, p. 1.

[2096] *NASD Bylaws*, parte II, anexo D, secção 5(d) e (h), 1987. Esta obrigação não abrangia as pequenas sociedades, situação que se manteria inalterada até à intervenção da SEC em 2003, na sequência do *Sarbanes Oxley Act*. Cfr. LOUIS BRAIOTTA, JR., *et al.* – *The audit committee handbook*, 5.ª ed., Hoboken, NJ: Wiley, 2010, p. 4.01, COLLIER – *The rise...* p. 125.

[2097] *Exchange Act Release* n.º 39796, de 8 de outubro de 1991. Cfr. BRAIOTTA, *et al.* – *The audit comm. handbook*[5]... p. 4.01.

DA ADMINISTRAÇÃO À FISCALIZAÇÃO DAS SOCIEDADES

1577   III. O *audit committee* esteve ainda no centro de uma série de processos judiciais sobre divulgação inadequada de informação financeira. Assim, por exemplo, tanto em *SEC v. Lum's, Inc.*[2098], como em *SEC v. Mattel Inc.*[2099], ou em *SEC v. Killearn Properties, Inc.*[2100], as sociedades acusadas foram obrigadas a constituir um *audit committee*, como forma de assegurar um adequado processo de preparação e divulgação de informação financeira. Nestes casos, a SEC entendeu que a reestruturação do *board* traduzia um compromisso da sociedade face à correção das condutas ilegais detetadas. Permitia ainda assegurar a adequada fiscalização

---

[2098] 365 F.Supp. 1046, 1064-1065 (S.D.N.Y.1973). Neste caso foi imposta a constituição de um *audit committee*, composto por dois ou mais membros não-executivos, incumbido da revisão da avaliação dos controlos internos pelo auditor e da supervisão de outras avaliações necessárias nas operações dos casinos, do pessoal e da segurança. Cfr. BIRKETT – *The recent history...* p. 112.

[2099] No caso *SEC v. Mattel Inc.* [Fed. Sec. L. Rep. (CCH) f 94754 (D.D.C. 1974)], a SEC acusou a Mattel de prestação de informação financeira falsa, afirmando que as contas de 1971 apresentavam uma sobrevalorização das vendas em 14 milhões de dólares e dos resultados (antes de impostos) em 10,5 milhões de dólares. O processo terminaria com um acordo judicial, nos termos do qual a Mattel se obrigou a reestruturar o seu *board of directors*, de forma a apresentar uma maioria clara de administradores independentes que deveriam ser aprovados pela SEC e pelo tribunal. A sociedade obrigou-se ainda a constituir um *audit committee* composto por membros independentes.

[2100] Fed. Sec. L. Rep. (CCH), para. n.º 96.256. Especialmente relevante neste caso foi o facto de a SEC ter especificado as funções a desempenhar pelo *audit committee* da Killearn Properties, Inc., incluindo (i) a revisão do mandato do *auditor*, nomeadamente a extensão da auditoria, os respetivos procedimentos e a correspondente remuneração; (ii) a revisão com o *auditor*, com o *chief executive officer* (CFO) e outros funcionários da sociedade (se necessário) as políticas e procedimentos internos relativamente a auditoria, contabilidade e controlos financeiros; (iii) a revisão, com o *auditor* e após a auditoria, dos relatórios e das opiniões propostas, das perceções do *auditor* relativamente às demonstrações financeiras da sociedade e ao pessoal da área financeira e contabilística, da cooperação recebida pelo *auditor* durante a auditoria; a extensão do uso dos recursos da sociedade para minimizar o tempo despendido pelo *auditor*, de quaisquer negócios não usuais, de qualquer alteração nos princípios contabilísticos; de quaisquer ajustamentos significativos propostos pelo *auditor*; de quaisquer recomendações do *auditor*, incluindo sobre melhoria dos controlos internos, da escolha de princípios contabilísticos ou de sistemas de divulgação interna de informação; (iv) a inquirição dos funcionários da sociedade e do *auditor* sobre possíveis desvios face a códigos de conduta da sociedade e revisão periódica das políticas de conduta; (v) a reunião com os funcionários da área financeira, pelo menos duas vezes por ano, para rever e discutir procedimentos internos de contabilidade e auditoria e para determinar se as recomendações dos *auditors* internos ou do *auditor* externo foram implementadas; (vi) a preparação e apresentação de um relatório ao *board of directors*, recomendando a manutenção ou dispensa do *auditor* no ano subsequente; (vii) a direção e supervisão da investigação sobre qualquer assunto que tenha sido levado ao seu conhecimento dentro do âmbito das suas funções (incluindo a contratação de advogados externos para o efeito). Para além disso, ao *audit committee* foram ainda imputados os seguintes deveres especiais: (i) a revisão de toda a informação financeira, incluindo projeções, a ser divulgada pela sociedade aos meios de comunicação social, ao público ou aos acionistas; e (ii) a revisão das atividades dos dirigentes e administradores da sociedade relativas a negócios com a sociedade e a adoção das medidas consideradas adequadas em cada caso. Cfr. BIRKETT – *The recent history...* p. 111-112, FRANK M. BURKE, DAN M. GUY e KAY W. TATUM – *Audit committees: A guide for directors, management and consultants*, 5.ª ed., Chicago, IL: CCH, 2008, p. 2.07-2.08.

O MODELO ANGLO-SAXÓNICO

do processo de divulgação de informação financeira sem (excessiva) intervenção direta da mesma[2101].

IV. Perante esta pressão, o *audit committee* acabou por ser aceite como parte da estrutura de governo societário norte-americano, independentemente de qualquer imperativo legal[2102]. Não obstante, em 1987, perante um conjunto de novos e famosos casos de divulgação fraudulenta de informação financeira, a Comissão Treadway[2103] recomendou que a SEC exigisse que todas as *public corporations* tivessem um *audit committee* e sublinhou o papel destas na melhoria do processo de preparação e divulgação de informação financeira[2104]. Apesar disso, a SEC limitou-se a encorajar, sem impor, a constituição de *audit committees*, atendendo aos custos que de uma tal medida decorreriam para as pequenas sociedades[2105].

1578

V. Desde então, múltiplas entidades se pronunciaram sobre a constituição, o papel e as concretas funções dos *audit committees*, mas sempre no contexto da supervisão do processo de preparação e divulgação de informação financeira e da auditoria, visando a criação de incentivos para um incremento da exigência

1579

[2101] Cfr. BRAIOTTA – *The audit comm. handbook*[4]... p. 439-440.

[2102] Referindo-se a um estudo de KORN e FERRY, de 1989, COLLIER refere que 97,7% das sociedades inquiridas tinham um *audit committee*. COLLIER – *The rise...* p. 126.

[2103] A Comissão Treadway tinha três objetivos principais: (i) determinar as causas da divulgação de informação financeira fraudulenta, (ii) examinar o papel do *auditor* externo na prevenção, deteção e comunicação de fraudes; e (iii) identificar atributos societários estruturais que contribuíssem para a divulgação de informação financeira fraudulenta. Cfr. BRAIOTTA, *et al.* – *The audit comm. handbook*[5]... p. 3.01.

[2104] BRAIOTTA – *The audit comm. handbook*[4]... p. 441, COLLIER – *The rise...* p. 126.

A Comissão Treadway entendeu que os dirigentes de topo (*top management*) deveriam estabelecer o tom que influencia o ambiente corporativo no qual se desenvolve o processo de preparação e divulgação de informação financeira. Para estabelecer o tom adequado, estes dirigentes deveriam identificar e avaliar os fatores de risco que podem determinar a divulgação de informação financeira fraudulenta. Nessa medida, todas as *public companies* deveriam ter controlos internos que assegurassem razoavelmente a prevenção de tais fraudes ou a sua deteção antecipada. É neste contexto que se integram as suas várias recomendações, entre as quais se destacam que (i) a SEC deveria exigir que todas as *public companies*, independentemente da sua dimensão, tivessem um *audit committee* composto exclusivamente por administradores independentes; (ii) o *audit committee* deveria ser um supervisor informado, vigilante e eficaz do processo de preparação de informação financeira e dos controlos internos com este relacionados; (iii) o *audit committee* deveria rever a avaliação da equipa de gestão sobre a independência do *auditor* e os planos desta relativamente à contratação do *auditor* para prestar serviços de consultoria de gestão, incluindo consideração dos tipos de serviços e respetivas comissões; (iv) o *audit committee* deveria ter discricionariedade para iniciar investigações sobre impropriedades ou suspeitas de impropriedades, incluindo poderes de representação para contratar peritos e consultores legais. Cfr. BRAIOTTA, *et al.* – *The audit comm. handbook*[5]... p. 3.01-3.02.

[2105] COLLIER – *The rise...* p. 126.

DA ADMINISTRAÇÃO À FISCALIZAÇÃO DAS SOCIEDADES

da equipa de gestão na preparação e divulgação da informação financeira e o reforço da independência do *auditor* externo face a essa mesma equipa de gestão.

1580

Destacam-se (i) o *Statement on Auditing Standards* 61 (SAS 61) emitido pelo AICPA em 1988, promovendo o aumento do fluxo de informação entre o *auditor* e o *audit committee*[2106], (ii) a primeira lei federal a abordar o tema: o *Federal Deposit Insurance Corporation Improvement Act* (FDICIA), impondo a existência de *audit committees* para determinados depositários[2107], (iii) os vários relatórios do *Committee of Sponsoring Organizations of the Treadway Commission* (COSO)[2108]; o relató-

---

[2106] Na sequência do relatório Treadway, o *American Institute of Certified Public Accountants* (AICPA) emitiu, logo em 1988, o *Statement on Auditing Standards* 61 (SAS 61), com o título *Communication with Audit Committees*. Pretendia, por este meio, aumentar o fluxo de informação entre o *auditor* e o *audit committee*, impondo ao primeiro que comunicasse ao segundo determinadas questões relacionadas com a auditoria, assegurando o conhecimento de ajustamentos significativos na auditoria, divergências com a equipa de gestão, dificuldades com as quais se tenha deparado no desenvolvimento da auditoria e outras questões relacionadas com a mesma.

Em 2002, a secção 204 do *Sarbanes Oxley Act* estendeu o âmbito da SAS 61, de forma a abranger as mais importantes políticas contabilísticas e opções de tratamento contabilístico alternativo. Cfr. BRAIOTTA, *et al. – The audit comm. handbook*[5]... p. 4.02.

[2107] A primeira intervenção federal a tocar o assunto do *audit committee* verificou-se em dezembro de 1991, com a promulgação do *Federal Deposit Insurance Corporation Improvement Act* (FDICIA, *Title 1, Public Law no. 102-242*, de 19 de dezembro de 1991), nos termos do qual se passou a exigir que os bancos assegurados e outros depositários com ativos totais iguais ou superiores a 500 milhões de dólares tivessem um *audit committee* composto por administradores independentes. Os *audit committees* de depositários com ativos iguais ou superiores a 3 mil milhões de dólares deviam ainda incluir membros com experiência bancária ou financeira relevante e acesso a consultores jurídicos independentes. Por outro lado, não podiam ser membros de tais comissões quaisquer grandes clientes da sociedade. Esta lei criava ainda um sistema específico de pesos e contramedidas. Em primeiro lugar, exigia que a equipa de gestão avaliasse e apresentasse o seu relatório sobre a eficácia dos controlos internos, sobre o processo de preparação e divulgação de informação financeira e sobre o cumprimento da lei e dos regulamentos sobre empréstimos a *insiders* e restrições de dividendos da *Federal Deposit Insurance Corporation* (FDIC). Em segundo lugar, exigia que o *auditor* examinasse e apresentasse relatório sobre a avaliação dos controlos internos e do processo de preparação e divulgação de informação financeira pela equipa de gestão. Em terceiro lugar, o *audit committee* devia rever, com a equipa de gestão e com o *auditor*, as bases do relatório deste sobre a avaliação da equipa de gestão. Cfr. BRAIOTTA, *ibidem*, p. 4.04-4.05.

[2108] Report of the National Commission on Fraudulent Financial Reporting (1987), Internal Control – Integrated Framework (1992), Internal Control Issues in Derivative Usage: An information Tool for Considering the COSO Internal Control – Integrated Framework in Derivatives Applications (1996), Fraudulent Financial Reporting 1987-1997: An Analysis of U.S. Public Companies (1999), e Enterprise Risk Management – Integrated Framework (2004), Internal Control Over Financial Reporting – Guidance for Smaller Public Companies (2006), Guidance on Monitoring Internal Control Systems (2009), Effective Enterprise Risk Oversight: The Role of the Board of Directors (2009), Strengthening Enterprise Risk Management for Strategic Advantage (2009), Fraudulent Financial Reporting 1998-2007: An Analysis of U.S. Public Companies (2010), COSO's 2010 Report on ERM: Current State of Enterprise Risk Oversight and Market Perceptions of COSO's ERM Framework (2010), Board Risk Oversight – A Progress Report: Where Boards of Directors Currently Stand in Executing their Risk

O MODELO ANGLO-SAXÓNICO

rio do *Public Oversight Board* (POB) da AICPA, com o título *In the Public Interest: Issues Confronting the Accounting Profession*, de 1993, promovendo a consolidação das funções a desempenhar pelos *audit committees*[2109].

VI. Um novo marco na evolução do audit committee, enquanto instituto central do governo das public companies nos Estados Unidos foi o Report and Recommendations of the Blue Ribbon Committee on Improving the Effectiveness of Corporate Audit Committees, de 8 de fevereiro de 1999[2110], promovido pela NYSE e pela NASD, a pedido de Arthur Levitt, Jr., chairman da SEC.   1581

Este relatório continha um conjunto de recomendações dirigidas à NYSE, à NASD, à AMEX, à SEC e à AICPA, enquanto autoridades com poderes regulamentares, e centrava-se na indefinição associada à discricionariedade da administração com impacto na qualidade da informação divulgada ao mercado.   1582

O *Blue Ribbon Committee* sublinhou a necessidade de um sólido juízo financeiro por parte da equipa de gestão e do estabelecimento de procedimentos formais através dos quais o *auditor* externo e a comissão de auditoria possam avaliar esse juízo – perspetiva claramente contrária à conceção da fiscalização   1583

Oversight Responsibilities (2010), Developing Key Risk Indicators to Strengthen Enterprise Risk Management (2011), Embracing Enterprise Risk Management: Practical Approaches for Getting Started (2011), Enterprise Risk Management – Understanding and Communicating Risk Appetite (2012), Enhancing Board Oversight by Avoiding and Challenging Traps and Biases in Professional Judgement (2012). Estes relatórios estão disponíveis online em http://www.coso.org/guidance.htm. BRAIOTTA, *ibidem*, p. 4.05-4.06, sintetiza alguns destes relatórios.

[2109] *Ibidem*, p. 4.08-4.09.

[2110] Neste relatório destaca-se, desde logo, o seu primeiro parágrafo, pelo enquadramento sistemático do *audit committee*:

> «*Recommendations for the performance of audit committees must be founded in the practices and attitudes of the entire board of directors. We, therefore, at the outset, urge boards of directors to understand and adopt the attitude of the modern board which recognizes that the board must perform active and independent oversight to be, as the law requires, a fiduciary for those who invest in the corporation. Board membership is no longer just a reward for "making it" in corporate America; being a director today requires the appropriate attitude and capabilities, and it demands time and attention*». NEW YORK STOCK EXCHANGE e NATIONAL ASSOCIATION OF SECURITIES DEALERS – Report... 1999, p. 6.

Esta introdução é importante pelo enquadramento do *audit committee* como uma extensão do *board of directors* como um todo, especialmente responsável pelo processo de preparação e divulgação de informação financeira. Neste sentido, o relatório – referindo-se a um "banco de três pernas" que sustenta esse processo –, identifica a essencialidade da coordenação de esforços entre o *board* com um todo (incluindo o *audit committee*), a equipa de gestão financeira (incluindo os auditores internos) e o *auditor* externo, mas qualifica o *audit committee* como *primus inter pares*: responsável último pela vigilância do processo. *Ibidem*, p. 7.

As recomendações desta comissão visam o reforço da independência do *audit committee* (recomendações 1 e 2), da sua eficácia (recomendações 3 a 5), dos mecanismos de responsabilização (*accountability*) do *audit committee*, do *auditor* externo e da equipa de gestão (recomendações 6 a 10).

DA ADMINISTRAÇÃO À FISCALIZAÇÃO DAS SOCIEDADES

contabilística como um mero controlo formal, segundo critérios de legalidade contabilística[2111].

1584   Pretendiam os autores, através deste relatório, promover alterações pragmáticas e progressivas nas funções e nas expectativas atribuídas aos *boards of directors*, aos *audit committees*, à equipa de gestão (em particular da área financeira) e ao *auditor* externo, no contexto do processo de preparação e divulgação de informação financeira (*reporting*) e seu processo de supervisão[2112].

1585   A NYSE, a NASD e a AMEX responderam ao relatório do *Blue Ribbon Committee* com um desenvolvimento regulamentar dos requisitos de independência dos membros dos *audit committees* e exigindo que estes fossem compostos, no mínimo, por três membros e que aprovassem anualmente um regimento, através do qual fosse regulado o seu funcionamento.

1596   A SEC reagiu estabelecendo deveres de informação sobre esse regimento e deveres de revisão das contas trimestrais pelo *auditor* externo para todas as *public companies*. A AICPA estendeu os deveres de comunicação do *auditor* ao *audit committee*[2113].

1587   VII. Seguiram-se, em agosto de 2000, o relatório do *Panel on Audit Effectiveness*[2114], nomeado pelo POB, também a pedido de Arthur Levitt, Jr., e, em novembro do mesmo ano, atendendo à preocupação crescente face ao tipo e ao volume de serviços extra-auditoria prestados pelos *auditors*, a imposição pela SEC de deveres de informação sobre os honorários dos *auditors* relativos a serviços de auditoria e a serviços extra-auditoria[2115].

1588   VIII. A evolução enunciada não evitou o colapso surpresa da gigante Enron Corp., em dezembro de 2001, e da WorldCom Inc., em junho de 2002. Como reação a estes e a outros escândalos, foi aprovado o *Sarbanes Oxley Act*[2116] – sem

---

[2111] BRAIOTTA, *et al.* – *The audit comm. handbook*[5]... p. 5.01.

[2112] *Ibidem.*

[2113] *Ibidem*, p. 4.08-4.09.

[2114] PUBLIC OVERSIGHT BOARD – *Panel on Audit Effectiveness: Report and Recommendations*, 2000, disponível http://www.pobauditpanel.org/download.html. Entre as suas recomendações, destacam-se a relativa ao desenvolvimento de procedimentos "criminalistas" pelos auditores em todas as auditorias (ou seja, procedimentos de investigação e recolha de provas de quaisquer irregularidades, ilícitos civis ou penais, similares aos que seriam desenvolvidos no contexto da produção de prova numa ação judicial), como forma de aumentar a probabilidade de deteção de fraudes financeiras relevantes, e um reforço da *peer-review* sob supervisão do POB, no contexto de um sistema de supervisão da atividade dos auditores independente dos mesmos. Para uma síntese do mesmo, cfr., *v.g.*, BRAIOTTA, *et al.* – *The audit comm. handbook*[5]... p. 4.15-4.16. Para mais desenvolvimentos, cfr. nota 1384 *supra*.

[2115] *SEC Release* n.ᵒˢ 33-7919 e 34-43602.

[2116] Cfr. nota 1056 *supra*.

O MODELO ANGLO-SAXÓNICO

paralelo no Direito dos valores mobiliários norte-americano (de natureza federal) desde a aprovação do *Securities Act*, de 1933, e do *Securities Exchange Act*, de 1934[2117] –, concretizado por inúmeros regulamentos da SEC[2118].

Para o que ora importa, este diploma impôs (indiretamente[2119]) que todas as *sociedades cotadas* tivessem um *audit committee*, composto exclusivamente por membros independentes[2120], que fosse diretamente responsável pela nomeação, remuneração e supervisão dos serviços prestados por qualquer sociedade de auditoria contratada pelo emitente para preparar e emitir o relatório de auditoria ou para prestar serviços conexos, e que cada sociedade de auditoria respondesse diretamente perante o *audit committee* (secção 301)[2121]. | 1589

Nos termos da mesma disposição, o *audit committee* daquelas sociedades passou ainda a dever: (i) estabelecer procedimentos para a recepção, tratamento de queixas de terceiros sobre questões de contabilidade, controlos internos e auditoria, bem como procedimentos para receção confidencial de informações de trabalhadores da sociedade sobre práticas contabilísticas e de auditoria duvidosas (*whistleblowing*)[2122]; (ii) ter poderes para contratar advogados e consultores independentes; (iii) ter financiamento necessário ao pagamento dos *auditors* | 1590

[2117] Neste sentido, o próprio presidente dos Estados Unidos, George W. Bush, afirmou que este diploma incorporava «*the most far-reaching reforms of American business practices since the time of Franklyn Delano Roosevelt*». Cfr. GEORGE W. BUSH – *Remarks on Signing the Sarbanes-Oxley Act of 2002*, de 30 de julho de 2002, p. 1284, disponível em http://www.gpo.gov/fdsys/pkg/WCPD-2002-08-05/pdf/WCPD-2002-08-05-Pg1283.pdf, consultado em 29/03/2012.

[2118] Para uma lista dos regulamentos da SEC, organizada em paralelo com as correspondentes disposições do *Sarbanes Oxley Act* que visam concretizar, cfr. BRAIOTTA, *et al.* – *The audit comm. handbook*[5]... p. 6.02-6.05.

[2119] Exigindo à SEC que impusesse às bolsas de valores e às associações de valores mobiliários a proibição de negociação de sociedades que não cumprissem os requisitos estabelecidos no mesmo. Cfr. Secção 301 *Sarbanes Oxley Act*.

[2120] O critério de independência foi dado pela mesma disposição:

«*In order to be considered to be independent for purposes of this paragraph, a member of an audit committee of an issuer may not, other than in his or her capacity as a member of the audit committee, the board of directors, or any other board committee– (i) accept any consulting, advisory, or other compensatory fee from the issuer; or (ii) be an affiliated person of the issuer or any subsidiary thereof*».

[2121] Note-se que a atribuição desta competência a uma comissão do *board of directors* não levantou questões que se colocariam face ao Direito continental. Por um lado, estas funções cabiam ao *board of directors*, não se pondo a questão de, por este meio, se verificar uma apropriação indevida de competências dos acionistas. Por outro lado, atenta a natureza eminentemente dispositiva do Direito societário norte-americano, as sociedades podem assumir a configuração orgânica que os sócios entendam adequada no contrato de sociedade. Em particular, sendo a imputação da administração da sociedade ao *board of directors* de natureza dispositiva, podem os sócios atribui-la, no todo ou em parte, a outros órgãos constituídos para o efeito, como é o caso do *audit committee*. Veja-se, *v.g.*, o § 141(a) *General Corporation Law*, do Estado do Delaware, cuja transcrição apresentamos a p. 80 *supra*.

[2122] Para uma análise da problemática do *whistleblowing* e soluções adotadas entre nós e numa perspetiva comparada, cfr. § 24.7 *supra*.

DA ADMINISTRAÇÃO À FISCALIZAÇÃO DAS SOCIEDADES

encarregues da revisão de contas e à contratação dos referidos advogados e consultores independentes.

1591   Para além disso, a secção 201 contém uma lista de *non-audit services* que o *auditor* da sociedade não pode prestar – evitando que reveja o produto dos seus próprios serviços, opere como parte da equipa de gestão, limitando a sua capacidade de fiscalização e atue como defensor da mesma –, estando a prestação de qualquer outro serviço de auditoria ou extra-auditoria (não proibido pela secção 201) sujeito a autorização prévia do *audit committee* e a divulgação ao mercado (secção 202).

1592   IX. A título de balanço realça-se o facto de a discussão em torno da restruturação da organização do *board of directors* nos Estados Unidos, de forma a acomodar um *audit committee*, ter sido motivada por fraudes em processos de preparação e divulgação de informação financeira (*fraudulent reporting*), sendo por isso limitada a *public companies*.

1593   A mesma *ratio* determina o conteúdo dos deveres imputados a esta comissão que, sem prejuízo de variações consoante os instrumentos em análise, se centram na supervisão do processo de preparação e divulgação de informação financeira e da independência do *auditor* externo[2123].

1594   Por exclusão de partes, não se aplica àquelas sociedades que, por não oferecerem as suas ações ao público, não estão sujeitas a deveres de informação ao mercado, nem a certificação das suas contas por um *auditor* externo.

1595   Assim se compreende que tais deveres sejam impostos ou pelas entidades gestoras dos mercados de valores mobiliários (NYSE, AMEX, NASD...) ou pela SEC, na qualidade de autoridade supervisora dos mesmos, e não pelos legisladores estaduais.

55.5. A crítica ao *monitoring model* e ao papel normativamente atribuído aos administradores independentes

1596   A perspetiva do *monitoring board*, a que foi associada a exigência de introdução de administradores independentes no *board of directors* e o desenvolvimento do papel do *audit committee* não é, ainda hoje, isenta de críticas.

1597   No base das críticas estão as limitações da teoria dos problemas de agência, nos termos da qual, como vimos, os administradores, enquanto agentes económicos (*homo oeconomicus*), têm uma tendência natural para maximizar os seus benefícios pessoais, em prejuízo da sociedade, na ausência de adequados mecanismos de fiscalização. Esta perspetiva do problema determinou soluções

---

[2123] Contrariamente ao verificado a nível europeu, nos Estados Unidos a certificação de contas só é imposta às *public companies*.

O MODELO ANGLO-SAXÓNICO

centradas na *fiscalização*, a qual, sem mais, é suscetível de ser entendida como contraponto da *colaboração* com a equipa de gestão. A colaboração passou a ser frequentemente perspetivada como uma corroboração acrítica das opções do CEO e da equipa de gestão, em prejuízo dos sócios. A solução passaria, portanto, pelo redirecionamento da atuação dos administradores *outsiders* no sentido de uma fiscalização crítica e desafiadora dos *insiders*, assegurando a prossecução dos interesses dos sócios, enquanto sócios (interesse social)[2124].

Com vimos já[2125], as insuficiências deste modelo, entendido em termos absolutos, são hoje claras, sendo agravadas pelo facto de os estudos empíricos desenvolvidos sobre o tema não terem conseguido demonstrar uma correspondência entre a composição maioritária do *board of directors* por administradores independentes e o desempenho da sociedade[2126]. A título de justificação, alguns estudos apontam o problema de a sobrevalorização da análise crítica (própria da fiscalização) face à colaboração, própria do trabalho de equipa, reduzir a produtividade[2127] e os fluxos de informação (essenciais à própria vigilância)[2128]. Outros realçam o facto de que, quanto maior é a dissidência num órgão coletivo, menor é o envolvimento dos seus membros na prossecução dos seus fins[2129]. Face a essas insuficiências, divergem as propostas da doutrina jurídico-económica que, obviamente, não podemos aqui cobrir. Referimos apenas alguns exemplos.

A proposta de LANGEVOORT, por exemplo, centra-se na composição tripartida do *board of directors*, compreendendo não só administradores executivos (*insiders*, membros da equipa de gestão) e administradores independentes, mas

1598

1599

[2124] Entre os trabalhos precursores da teorização do *monitoring board* nos Estados Unidos destaca-se EISENBERG – *The structure of the corporation...*, em especial, p. 140-148.

[2125] Cfr. § 3.3 *supra*.

[2126] Para uma análise da doutrina económica neste sentido, cfr. SANJAI BHAGAT e BERNARD BLACK – *Independent directors*, 1998, disponível em http://ssrn.com/abstract=1139191, tal como publicado em *The New Palgrave Dictionary of Economics and the Law*, p. 283-287, SANJAI BHAGAT e BERNARD BLACK – The non-correlation between board independence and long-term firm performance, *Journal of Corporation Law*, 27, 2002, SANJAI BHAGAT e BERNARD BLACK – The uncertain relationship between board composition and firm performance, *Business Lawyer*, 54, 1999, p. 921-922 (publicação do *working paper* de 1997 citado nos artigos anteriormente referidos).

Note-se que, como é frequentemente reconhecido, os resultados dos estudos empíricos sobre o tema são obscurecidos pela dificuldade de asserção da independência dos administradores, dado que, sendo a "independência" um conceito eminentemente subjetivo, só pode ser trabalhado com base em "presunções de independência", necessariamente insatisfatórias. Cfr., neste sentido, VICTOR BRUDNEY – The Independent Director – Heavenly City or Potemkin Village?, *Harvard Law Review*, 95, 1982, p. 598-602, LANGEVOORT – *The human nature of corporate boards...* p. 799.

[2127] Cfr., *v.g.*, LEVY – *Reforming board reform...* p. 169.

[2128] Cfr., *v.g.*, ADAMS e FERREIRA – *A theory of friendly boards*, LANGEVOORT – *The human nature of corporate boards...* p. 810-811.

[2129] Neste sentido, *v.g.*, LANGEVOORT – *The human nature of corporate boards...* p. 810-811.

DA ADMINISTRAÇÃO À FISCALIZAÇÃO DAS SOCIEDADES

também administradores "mediadores", próximos dos *insiders* e especialmente incumbidos do estabelecimento da ponte entre estes e os independentes[2130].

1600 ROBERTS, MCNULTY e STILES, por seu turno, centram a sua proposta não sobre a composição, mas sim sobre a dinâmica processual de responsabilização (*accountability*) dentro do *board of directors*. Nessa medida, consideram que a estrutura, a composição e a independência *condicionam* a eficácia do *board*, mas o que verdadeiramente *determina* essa eficácia é a conduta dos administradores não-executivos face aos executivos[2131].

1601 Entre uma e outra posição temos aqueloutras como a sustentada por BHAGAT e BLACK, afirmando que a composição do *board* por administradores independentes pode não ser tão importante como frequentemente sustentado, propondo que (i) sobre aqueles que sugerem uma cada vez maior independência do *board of directors* deve recair o ónus da prova da produtividade das soluções defendidas (não podendo ser criticadas, sem mais, as sociedades que procuram composições do conselho adequadas às suas específicas circunstâncias), (ii) devem ser considerados outros critérios para, em conjugação com a independência, aferir o desempenho do conselho, (iii) devem ser reforçados os procedimentos que facilitam a vigilância (como reuniões específicas de administradores não-executivos), (iv) existem mecanismos alternativos para controlar os custos de agência nas grandes sociedades que, no caso concreto, podem ser complementos ou sucedâneos dos administradores independentes, e, por fim, (v) um *board of directors* ótimo compreende administradores executivos e admi-

---

[2130] *Ibidem*, p. 815-816. Partindo desta tripartição, o editor da *Harvard Law Review* sublinharia a necessidade de perspetivar a "independência" como uma qualificação da *atuação* de todos os administradores – promovendo a responsabilização (*accountability*) perante os sócios, "forçando" e "validando" informação e promovendo a voz dos sócios no governo da sociedade – e não como uma mera qualificação da *pessoa* do administrador em função de determinados critérios apriorísticos. Cfr. EDITOR – Beyond "Independent" Directors: A Functional Approach to Board Independence, *Harvard Law Review*, 119, 2006, em especial, p. 1570-1571.

[2131] Os administradores não-executivos podem tanto apoiar os executivos na direção da atividade social, como vigiar e controlar a sua conduta. Segundo os autores, mais do que descobrir a inerente tensão entre estes dois aspetos do seu papel, o que verdadeiramente importa para efeitos da eficácia do *board* é a medida em que os não-executivos, atuando individual ou coletivamente, conseguem criar condições de responsabilização (*accountability*) dentro do *board* face à estratégia e ao desempenho. Esta responsabilização é alcançada, na prática, através de uma variedade de comportamentos: desafiando, questionando, sondando, discutindo, testando, informando, debatendo, explorando, encorajando. Neste sentido, segundo os autores, a reforma do governo societário não deve centrar-se na luta contra a repartição da lealdade dos administradores não-executivos – conceção esta baseada na teoria da agência –, mas antes no reforço da real eficácia do *board* e da confiança dos investidores distantes relativamente ao que ocorre no seu seio. Cfr. JOHN ROBERTS, TERRY MCNULTY e PHILIP STILES – Beyond Agency Conceptions of the Work of the Non-Executive Director: Creating Accountability in the Boardroom, *British Journal of Management*, 16, 2005, p. S6.

O MODELO ANGLO-SAXÓNICO

nistradores independentes que aportam diferentes aptidões e conhecimentos, podendo a composição largamente maioritária de administradores independentes pôr em causa este equilíbrio[2132].

§ 56. A INTRODUÇÃO DA COMISSÃO DE AUDITORIA EM INGLATERRA

56.1. Enquadramento no Direito das sociedades inglês

I. Há ramos do moderno direito inglês, como o Direito das sociedades, que não podem ser adequadamente compreendidos sem referência ao seu enquadramento histórico[2133]. Neste sentido, GOWER divide a evolução histórica do Direito societário inglês em três períodos: (i) até à aprovação do *Bubble Act* de 1720; (ii) de 1720 até à revogação daquela lei em 1825; e (iii) desde 1825 até à atualidade[2134].

1602

II. Na época medieval eram conhecidos vários tipos de associações, relacionadas com entidades públicas e eclesiásticas às quais a personalidade jurídica era reconhecida por um *charter of the Crown* ou se considerava ter sido conferida por *prescription*[2135]. Na esfera comercial, as principais associações medievais eram os *guilds of merchants* que, tendo poucas semelhanças com as modernas sociedades, correspondiam a associações de proteção do comércio, sendo caracterizadas por um cerimonial próprio e *mutual fellowship*[2136]. O comércio conjunto de vários

1603

[2132] BHAGAT e BLACK – *The uncertain relationship...* p. 954-956.

[2133] GOWER – *Principles*[5]..., p. 19.

[2134] *Ibidem*. A exposição que segue é baseada, em grande medida, na síntese histórica de GOWER, muito aplaudida pela doutrina britânica. Cfr., *v.g.*, CLIVE M. SCHMITTHOFF – *Palmer's Company Law*, London, Edinburgh: Stevens & Sons, W. Green & Son, 1987, p. 6.

[2135] Definida como «*the effect of the lapse of time in creating and destroying rights*» (cfr. Blacks Law Dictionary, 2009) ou «*the establishment of a claim of title to something under common law usually by use and enjoyment for a period fixed by statute*» (cfr. Merriam Webster, disponível em www.merriam-webster.com/, consultado em 16/02/2012). Segundo GOWER – Principles[5]..., p. 19 (nota 2), é duvidoso que o Direito inglês se tenha comprometido de forma inequívoca com a teoria da "ficção" da personalidade coletiva. Parece ter adotado consistentemente a teoria da "concessão", nos termos da qual a personalidade jurídica depende de um ato de concessão do Estado, sem prejuízo do reconhecimento da personalidade jurídica de Estados estrangeiros e de determinadas entidades religiosas, neste último caso, por ato do Papa. Apesar de a concessão da personalidade jurídica por lei nunca ter sido posta em causa, na realidade, parece que só na parte final do séc. XVIII se passou a verificar a concessão por Acts of Parliament. Até então as leis eram usadas apenas para ampliar a prerrogativa real, autorizando a coroa a conferir *charters of incorporation* com privilégios para além daqueles que podiam ser conferidos pela mesma, como sucedeu com o Bank of England e com a South Sea Co.

[2136] Algumas conseguiram obter *charters of the Crown* para garantir o monopólio dos seus membros sobre uma área de comércio ou produto. Beneficiavam da personificação como método conveniente de distinção

DA ADMINISTRAÇÃO À FISCALIZAÇÃO DAS SOCIEDADES

indivíduos era levado a cabo através de um de dois tipos de *partnerships* então conhecidos: a *commenda* (misto de *partnership* com um empréstimo conferido por um financiador ao comerciante, nos termos do qual repartiam os benefícios do negócio, sem que o financiador respondesse para lá dos montantes mutuados[2137]) e a *societas* (tipo de associação mais permanente que se desenvolveu para dar lugar à moderna *partnership*, nos termos da qual cada sócio era *agent* dos demais, sendo todos totalmente responsáveis pelas dívidas da *partnership*[2138])[2139].

1604   O primeiro tipo de organização geralmente designada por "*company*" foi a usada pelos *merchant adventurers* para comerciar no estrangeiro. Os mais antigos *charters of the Crown* conferindo privilégios a tais *companies* datam do séc. XIV. No entanto, só se tornaram comuns no séc. XVI. A primeira das *companies* foi a "*regulated company*" que consistia numa extensão do *guild* para o comércio no estrangeiro, mantendo o respetivo cerimonial e *mutal fellowship*: cada comerciante negociava por conta própria, sujeito às regras da companhia. A personificação não era essencial, na medida em que as dívidas inerentes ao comércio de cada membro eram separadas das dos demais membros e da *company*. Ainda assim, foram obtidos alguns *charters* para assegurar o monopólio do comércio para os membros de *companies* e a concessão às mesmas do poder governamental sobre o respetivo território[2140].

1605   Só numa fase posterior estas *regulated companies* adotaram o *partnership principle*, à medida que se foram tornando empresas comerciais conjuntas e não somente associações de proteção do comércio[2141]. Este processo pode ser constatado no desenvolvimento da famosa *East India Company* que recebeu o seu *charter* em 1600, garantindo o monopólio do comércio com as Índias. No início, cada membro podia desenvolver comércio separadamente, apesar de haver um fundo comum (*joint stock*) que podia ser subscrito pelos membros que assim o entendessem, sendo os frutos do empreendimento comum distribuídos pelos subscritores após cada viagem. A partir de 1614, contudo, o fundo passou a ser

---

dos direitos e deveres da associação face aos dos seus membros. Esta distinção era particularmente relevante na medida em que o *guild* visava apenas regular a atividade comercial dos seus membros, que continuavam a comerciar em nome próprio, não a substituindo por uma atividade comum e própria do *guild*. Era portanto importante que os direitos e deveres dos seus membros, decorrentes do seu comércio próprio, se não confundissem com os da associação. Cfr. GOWER, *ibidem*, p. 20.

[2137] No Direito continental a *commenda* evoluiria, dando lugar à sociedade em comandita, tipo que não vingou em Inglaterra – segundo GOWER, devido ao atraso verificado nas técnicas contabilísticas – tendo sido legalmente reconhecida apenas em 1907. *Ibidem*.

[2138] Correspondem, grosso modo, às sociedades civis e sociedades em nome coletivo no Direito continental. MENEZES CORDEIRO – *Direito das sociedades*, 1³... p. 106-107.

[2139] GOWER – *Principles*⁵..., p. 20.

[2140] *Ibidem*, p. 21.

[2141] *Ibidem*.

O MODELO ANGLO-SAXÓNICO

subscrito por um determinado período de anos, prática que subsistiu até 1653, data em que foi introduzido um fundo permanente. Entretanto, só em 1692 foi proibido o comércio particular pelos membros da companhia, data até à qual a *East India Company* constituiu um compromisso entre uma *regulated company*, formada para o governo de um determinado comércio, e o tipo mais moderno de *company*, destinada a comerciar para benefício dos seus membros: a *joint stock company*[2142].

Só a partir do séc. XVII se passou a diferenciar claramente entre os dois tipos de sociedades (*regulated company* e *joint stock company*), sendo certo que a mais importante vantagem da personificação – a limitação da responsabilidade – não esteve na raiz da evolução[2143]. Em meados do séc. XVII, as poderosas sociedades monopolistas eram já vistas como anacronismos: considerava-se que os seus poderes governamentais deviam ser exercidos pelo Estado e que os seus monopólios restringiam indevidamente a liberdade de comércio. A maioria atrofiou; outras adaptaram-se a outros modelos[2144]. Depois da revolução de 1688, passou a assumir-se tacitamente que o *charter* real podia conferir personalidade jurídica, mas que eventuais monopólios e poderes especiais deviam ser concedidos por lei[2145]. No final do séc. XVII, foi ficando mais clara a maior das vantagens associadas ao conceito de *company*: a possibilidade de associar o capitalista ao empreendedor. Eram comuns os negócios sobre ações e o legislador tentou regular alguns abusos em 1696, mas é ilusório pensar que existia já então um Direito das sociedades[2146].

III. As primeiras duas décadas do séc. XVIII foram marcadas pelo mais frenético *boom* das cotações bolsistas, originando a famosa *South Sea Bubble*. Muitos dos promotores de novas empresas não estavam especialmente interessados em obter *charters* da Coroa, dado o custo e o tempo envolvidos. Aqueles que pretendiam associar o seu projeto a um símbolo de respeitabilidade, limitavam-se a

1606

1607

[2142] *Ibidem*.
[2143] O facto de um membro individual não responder pelas dívidas da *corporation* foi aceite logo no séc. XV no que respeita a *non-trading corporations* e, mais tarde, não sem algumas dúvidas, também relativamente às *trading companies*. Esta limitação da responsabilidade dos membros era no entanto ilusória, dado o direito das *companies* a exigir prestações ("*leviations*") dos seus membros: a sociedade era responsável pelas suas dívidas e, para poder pagá-las, podia exigir prestações aos seus membros; caso a sociedade o não fizesse, os credores podiam subrogar-se no direito da sociedade. Com o tempo porém, foram sendo previstas limitações ou exclusões ao direito de as sociedades exigirem prestações dos seus membros. Entretanto, era valorizado sobretudo o facto de a sociedade não responder pelas dívidas dos seus membros. *Ibidem*, p. 22-23.
[2144] *Ibidem*, p. 23.
[2145] *Ibidem*, p. 23-24.
[2146] *Ibidem*, p. 24.

DA ADMINISTRAÇÃO À FISCALIZAÇÃO DAS SOCIEDADES

adquirir *charters* de empresas moribundas. Muito do ímpeto foi dado pelo grandioso esquema da South Sea Company que conseguiu adquirir a quase totalidade da dívida pública (cerca de 31 milhões de libras), comprando-a aos seus titulares em troca de ações na sociedade. A teoria era que, com base no crédito sobre o Estado, podiam levantar uma grande quantidade de capital para expandir o seu comércio. A teoria não era absurda, mas a sociedade tinha pouco comércio para expandir.

1608   Quando a bolha especulativa estava no seu auge, o Parlamento decidiu intervir para verificar a situação que o próprio Governo tinha encorajado, ao apoiar o esquema da South Sea Company. Uma resolução da Câmara dos Comuns, de 27 de abril de 1720, ignorou as causas, centrando-se nos efeitos da especulação, chamando a atenção para várias empresas que afirmavam atuar como pessoas coletivas, mas que na realidade o não eram. Seguiu-se o *Bubble Act*, no mesmo ano, que tão pouco ofereceu uma base adequada para as *joint stock companies*, de forma a promover a industria e o comércio. Esta lei considerou serem ilegais e nulos os atos nela descritos, incluindo, por exemplo, a atuação como pessoa coletiva, a emissão de ações transmissíveis ou a transmissão de quaisquer ações sem autoridade legal de um *Act of Parliament* ou *Crown charter*, ou atuar ou pretender atuar com base num *charter* obsoleto. Foram expressamente excluídas do seu âmbito de aplicação as *companies* constituídas antes de 24 de junho de 1718, bem como a East India Company e a South Sea Company, para além de outras duas. Foi igualmente explicitado que a lei não obstaria ao desenvolvimento do comércio por *partnerships*. Esta lei dificultou a personificação das *joint stock companies*, mas não estabeleceu quaisquer normas de conduta no seio destas[2147].

1609   A aprovação do *Bubble Act* e, sobretudo, os processos movidos contra as companhias que operavam sob *charters* obsoletos, minou a confiança pública, levando ao desastroso colapso de 1720 e ao pânico generalizado, do qual a própria South Sea Company nunca recuperou, acabando por cair e levando consigo muitas das suas contemporâneas. Segundo GOWER, se a intenção do legislador era suprimir as *companies*, conseguiu alcançar o seu objetivo para lá das suas melhores expectativas; se o objetivo era proteger os investidores e salvaguardar a South Sea Company, falhou rotundamente[2148].

1610   Para além disso, face a esta lei, os funcionários da Coroa apresentavam agora uma grande relutância em recomendar a concessão de novos *charters*. Os poucos que eram concedidos eram rodeados de condições restritivas. O mesmo se diga do Parlamento[2149], pelo menos até ao final do séc. XVIII, altura em que a necessi-

---

[2147] *Ibidem*, p. 24-27.
[2148] *Ibidem*, p. 27-28.
[2149] *Ibidem*, p. 28.

O MODELO ANGLO-SAXÓNICO

dade de construção de canais o forçou a mudar de posição, conferindo personalidade jurídica por lei e moldando muitas das características das atuais *companies*, incluindo a limitação da responsabilidade dos membros ao valor nominal das suas ações[2150].

É neste contexto que devem ser entendidas as palavras de ADAM SMITH que, em 1776, afirmava que a *joint stock company* era um tipo de organização apropriado apenas para aquelas atividades que envolvessem uma determinada rotina, nomeadamente, a banca, seguro de incêndios e seguro marítimo, construção e manutenção de canais; e construção de condutas de fornecimento de água às cidades[2151].

1611

IV. Face às dificuldades da concessão da personalidade jurídica, os empreendedores recorreram à *unincorporated association* que assim reemergiu. Ironicamente, o *Bubble Act* potenciou o tipo de organização que visava destruir. A única limitação decorrente daquela lei para estas organizações parecia ser a proibição da livre transmissibilidade das ações, pelo que eram frequentes as limitações a uma tal transmissibilidade. Em meados do século, porém, generalizou-se a perspetiva da licitude da livre transmissibilidade[2152].

1612

O engenho jurídico permitiu que muitas destas associações sem personalidade jurídica operassem com algumas das vantagens da personificação através do instituto do *trust*. Nestes casos, a companhia era constituída por um *"deed of settlement"*, vinculando os vários acionistas e os *trustees*. Nos termos deste documento as partes declaravam estar associadas numa empresa com nome e fundo comum, dividido por ações, e sujeita a uma regulação específica, até que fosse dissolvida na forma pré-determinada. A regulação podia ser alterada por deliberação maioritária. A gestão era delegada num *committee of directors* e a propriedade dos bens atribuída a um corpo de *trustees*[2153]. Pretendia-se assim aproximar tais associações o mais possível das *corporations*, sem prejuízo de, em termos legais, não serem mais do que grandes *partnerships* com características específicas, sendo os seus membros totalmente responsáveis pelas suas dívidas[2154].

1613

Contudo, segundo GOWER, esta responsabilidade dos seus membros era ilusória em muitos casos. Porque a sociedade não tinha personalidade jurídica nem judiciária, qualquer ação tinha de ser proposta contra todos os seus membros, o que podia ser complicado, não só pelo seu grande número, mas também

1614

[2150] *Ibidem*, p. 28-29.
[2151] SMITH – *Inquérito...*, Livro V, Capítulo I, Parte III, art. I, p. 362-363.
[2152] GOWER – *Principles*⁵..., p. 29-30.
[2153] *Ibidem*.
[2154] SCHMITTHOFF – *Palmer's...* p. 7.

DA ADMINISTRAÇÃO À FISCALIZAÇÃO DAS SOCIEDADES

pelo facto de as suas posições serem sucessivamente transmissíveis. Acresce que o investidor não se tornava formalmente membro até à assinatura do *deed of settlement*, momento a partir do qual os credores podiam conhecer a sua identidade, e muitas sociedades iniciavam a sua atividade sem que este fosse assinado, desaparecendo frequentemente os promotores com os montantes entretanto realizados para o fundo comum. De facto, muitos projetos pereciam antes sequer de nascerem[2155].

1615   V. A primeira reação do legislador foi a revogação do *Bubble Act*, por iniciativa de Huskisson, presidente do *Board of Trade*, em coerência com a sua perspetiva da concessão da máxima liberdade às empresas privadas[2156]. A esta revogação sucedeu-se novo colapso do mercado, tornando evidente a necessidade de medidas construtivas de controlo[2157]. Não obstante, só em 1844 seria aprovado o *Joint Stock Companies Act*, por iniciativa de Gladstone, presidente do *Board of Trade*[2158].

1616   Com esta lei – com a qual nasceu o moderno Direito societário inglês[2159] – foram introduzidos três princípios estruturais: (i) a distinção entre as *private partnerships* e as *joint stock companies*, exigindo o registo das sociedades com mais de vinte e cinco membros e ações transmissíveis sem o consentimento de todos os membros; (ii) a constituição por mero registo, ainda que o correspondente processo fosse complexo e moroso; (iii) a exigência de total publicidade, a qual tem sido, desde então, a mais poderosa garantia contra fraudes[2160].

1617   Especialmente relevante para efeitos deste estudo foi o facto de o *Joint Stock Companies Act* de 1844 ter feito acompanhar a livre constituição de sociedades comerciais da designação obrigatória e anual de um *auditor* independente pelos sócios, e da sua revisão das contas anuais da sociedade[2161]. A responsabilidade dos sócios não era contudo limitada, continuando estes a responder pelas dívidas da sociedade[2162]. Acrescenta GOWER que Gladstone pode bem ser considerado o pai do moderno direito societário britânico, mas só resolveu a questão do estatuto legal das sociedades e não os problemas comerciais subjacentes[2163].

[2155] GOWER – *Principles*⁵..., p. 32-33.

[2156] *Ibidem*, p. 34-35, SCHMITTHOFF – *Palmer's*... p. 6.

[2157] GOWER – *Principles*⁵..., p. 37

[2158] SCHMITTHOFF – *Palmer's*... p. 8-9.

[2159] Cfr. HARRY RAJAK – *Sourcebook of Company Law*, 2.ª ed., Bristol: Jordan, 1995, p. 48.

[2160] GOWER – *Principles*⁵..., p. 39.

[2161] O'CONNOR – *Be careful...* p. 756 ss., COFFEE – *Gatekeepers...* p. 110, ROBERT G. DAY – *UK accounting regulation: An historical perspective*, 2000, disponível em http://eprints.bournemouth.ac.uk/3074/1/296. pdf, p. 5. Cfr. § 11.A *supra* para mais desenvolvimentos.

[2162] SCHMITTHOFF – *Palmer's*... p. 8-9.

[2163] GOWER – *Principles*⁵..., p. 40.

O MODELO ANGLO-SAXÓNICO

VI. A lei de 1844 foi aprovada no auge da *"railway mania"* e promoveu a constituição de sociedades em muitas outras áreas, aproximando os cidadãos comuns das sociedades como nunca antes se verificara, desenvolvendo os mercados bolsistas de Londres e das províncias. No entanto, inevitavelmente, o *boom* que se lhe seguiu terminou com novo colapso um ano depois[2164]. Este cenário só sofreria alterações com a aprovação do *Limited Liability Act 1855*, através do qual a responsabilidade dos membros da sociedade passou a ser limitada ao valor das suas ações, desde que se verificassem determinadas condições: (i) mínimo de vinte e cinco membros titulares de ações de 10 libras realizadas em pelo menos vinte por cento; (ii) pelo menos três quartos do capital deveria estar subscrito; (iii) a firma devia incluir o vocábulo *"Limited"*; e (iv) o *auditor* da sociedade fosse aprovado pelo *Board of Trade*[2165].

1618

VII. Este diploma teve, contudo, uma curta duração. No ano seguinte foi aprovado o *Joint Stock Companies Act 1856*, marcando uma nova era no Direito societário britânico[2166]. Segundo GOWER, foi o primeiro dos modernos *Companies Acts*[2167]. Refletindo a doutrina do liberalismo económico e o *laissez-faire* então prevalecente, o princípio subjacente a esta lei era permitir a mais vasta liberdade tanto na formação como no funcionamento da sociedade de responsabilidade limitada, assegurando simultaneamente que aqueles que lidam com a mesma estivessem devidamente informados acerca da limitação da responsabilidade dos seus membros[2168].

1619

Neste contexto, o processo de constituição de uma sociedade passou a ser simples e pouco oneroso: bastava um contrato escrito entre os seus membros (mínimo de sete), chamado *memorandum of association*, podendo a sociedade registar os seus estatutos ou adoptar o modelo anexo a esta lei. Estes documentos constitucionais deviam ser registados, obtendo a sociedade um *certificate of incorporation*, sem que fosse necessária a prévia realização do seu capital social antes de começar a operar, para além das sete ações dos seus fundadores. Simplesmente devia incluir o vocábulo *"Limited"* na sua firma e uma cláusula de limitação da responsabilidade dos seus membros nos seus estatutos[2169].

1620

[2164] *Ibidem*, p. 40-41.

[2165] SCHMITTHOFF – *Palmer's...* p. 9-10. Para um sumário do processo que conduziu a este diploma cfr. GOWER – *Principles*[5]..., p. 41-45 e p. 45 para uma análise do mesmo.

[2166] SCHMITTHOFF – *Palmer's...* p. 10-11. Entre 1844 e 1856 foram completamente registadas 956 sociedades ao abrigo do *Joint Stock Companies Act 1844*; nos seis anos subsequentes a 1856 foram registadas 2.479 sociedades. GOWER – *Principles*[5]..., p. 47 (nota 64).

[2167] GOWER – *Principles*[5]..., p. 45.

[2168] SCHMITTHOFF – *Palmer's...* p. 10.

[2169] GOWER – *Principles*[5]..., p. 45-46, SCHMITTHOFF – *Palmer's...* p. 10.

DA ADMINISTRAÇÃO À FISCALIZAÇÃO DAS SOCIEDADES

1621   Para efeitos deste estudo, releva em particular o facto de, face a este diploma, já não ser necessária a aprovação dos *auditors* pelo *Board of Trade*. De facto, não era sequer obrigatória a nomeação de um *auditor*[2170]. As disposições relativas aos *auditors* passaram a estar incluídas na *Table B*, de carácter opcional[2171]. No entanto, tais disposições continuaram a ser adotadas pela maioria das sociedades, expressa ou implicitamente, pelo que se manteve costumeira a prática salutar de uma revisão de contas profissional até à reintrodução das revisões obrigatórias para os bancos, pelo *Companies Act 1879*, e para a generalidade das sociedades, pelo *Companies Act 1900*[2172].

1622   VIII. Desde então, a evolução do Direito das sociedades inglês foi marcada pela restrição da total liberdade concedida pelo *Stock Companies Act 1856*, com imposição de maiores controlos e deveres de informação[2173]. Em termos formais, esta evolução foi marcada pela aprovação de inúmeras leis avulsas, depois con-

---

[2170] GOWER – *Principles*[5]..., p. 46.

[2171] Pelo seu interesse histórico, reproduzimos os pontos 74 a 84 deste anexo (disponível em http://www.companieshouse.gov.uk/about/tableA/comm14July1856JointStockCoAct_P1.pdf; consultado em 15/02/2012), nos quais se podia ler:

   «*74. The accounts of the company shall be examined and the correctness of the balance sheet ascertained by one or more auditor or auditors to be elected by the company in general meeting. 75. If not more than one auditor is appointed, all the provisions herein contained relating to auditors shall apply to him. 76. The auditors need not be shareholders in the company: no person is eligible as an auditor who is interested otherwise than as a shareholder in any transaction of the company; and no director or other officer of the company is eligible during his continuance in office. 77. The election of auditors shall be made by the company at their ordinary meeting, or, if there are more than one, at their first ordinary meeting in each year. 78. The remuneration of the auditors shall be fixed by the company at the time of their election. 79. Any auditor shall be re-eligible on his quitting office. 80. If any casual vacancy occurs in the office of auditor, the directors shall forthwith call an extraordinary general meeting for the purpose of supplying the same. 81. If no election of auditors is made in manner aforesaid, the Board of Trade may, on the application of one fifth in number of the shareholders of the company, appoint an auditor for the current year, and fix the remuneration to be paid to him by the company for his services. 82. Every auditor shall be supplied with a copy of the balance sheet, and it shall be his duty to examine the same, with the accounts and vouchers relating thereto. 83. Every auditor shall have a list delivered to him of all books kept by the company, and he shall at all times have access to the books and accounts of the company: He may, at the expense of the company, employ accountants or other persons to assist him in investigating such accounts, and he may in relation to such accounts examine the directors or any other officer of the company. 84. The auditors shall make a report to the shareholders upon the balance sheet and accounts, and in every such report they shall state whether, in their opinion, the balance sheet is a full and fair balance sheet, containing the particulars required by these regulations, and properly drawn up so as to exhibit a true and correct view of the state of the company's affairs, and in case they have called for explanations or information from the directors, whether such explanations or information have been given by the directors, and whether they have been satisfactory; and such report shall be read, together with the report of the directors, at the ordinary meeting*».

[2172] GOWER – *Principles*[5]..., p. 46 (nota 58). Para mais desenvolvimentos, cfr. § 11.A *supra*.

[2173] *Ibidem*, p. 47.

O MODELO ANGLO-SAXÓNICO

solidadas. Assim sucedeu, desde logo, com o *Companies Act 1862* que consolidou a lei anterior com várias leis avulsas[2174].

Paralelamente aos desenvolvimentos legislativos, os tribunais, com base no regime da *agency, trust* e *partnership*, desenvolveram pela primeira vez um corpo coerente de *company law*, afirmando alguns dos seus mais fundamentais princípios, com pouco ou nenhum apoio na lei entretanto positivada. Desde então, a maioria destes princípios foi codificada, alterada ou erodida por sucessivos *Companies Acts*[2175].

No final do séc. XIX, o *Board of Trade* estabeleceu a prática de nomear uma comissão para rever o Direito das sociedades a cada vinte anos, implementando as suas recomendações numa lei de alteração, depois substituída por uma consolidação de todo o Direito das sociedades num *Companies Act*[2176]. Esta prática foi seguida durante a primeira metade do séc. XX com novas consolidações em 1908, implementando o relatório da Comissão Loreburn[2177], em 1929, implementando o relatório da Comissão Greene[2178], bem como um anterior da Comissão Wrenbury[2179], e em 1948, implementando o relatório da Comissão Cohen[2180].

Depois disso surgiram dificuldades. A última comissão – a Comissão Jenkins – foi nomeada em 1960 e apresentou o seu relatório em 1962[2181]. Algumas das suas recomendações tiveram reflexo no *Companies Act 1967*, afirmando o governo trabalhista constituir o prelúdio de

> «mais vastas reformas relativas à estrutura e filosofia subjacentes ao Direito das sociedades, após reexame de toda a teoria e propósito da *limited joint stock company*, dos direitos e obrigações dos acionistas, dos administradores, dos trabalhadores e da comunidade em geral»[2182].

Este propósito não se concretizaria nem pelo governo trabalhista, nem pelo governo conservador que se lhe seguiu. Este último, tendo apresentado um projeto de lei nesse sentido em 1973, acabaria por ser afastado na sequência das elei-

---

[2174] *Ibidem*, p. 47-48.
[2175] *Ibidem*, p. 49.
[2176] Cfr. RAJAK – *Sourcebook...* p. 49.
[2177] 1906 Cmnd. 3052.
[2178] 1926 Cmd. 2657.
[2179] 1918 Cd. 9138.
[2180] 1945 Cmd. 6659.
[2181] 1962 Cmnd. 1749.
[2182] H.C.Debs., 741, Col. 359, citado por GOWER – *Principles*[5]..., p. 50.

DA ADMINISTRAÇÃO À FISCALIZAÇÃO DAS SOCIEDADES

ções de 1974, não tendo tal projeto tido seguimento na legislatura seguinte[2183]. Desde então e até 2006, a legislação produzida teve sempre um carácter parcelar e reativo: em grande medida com o propósito de transpor Diretrizes comunitárias, mas também com o propósito de prevenir a repetição de escândalos e oferecer condições idênticas para todos os investidores (*level playing field for investors*)[2184]. Neste sentido, o *Companies Act 1985* apresentava-se em geral como uma amálgama de disposições históricas que, em parte, datavam de 1844.

1627   IX. Em 1998, o governo britânico reconheceu que as diferentes reformas operadas no *Companies Act* durante mais de um século se traduziram em alterações técnicas e aditamentos para fazer face a necessidades e abusos das respetivas épocas, sem que tal fosse enquadrado numa reavaliação do seu todo e da sua articulação com outros diplomas[2185]. Foi então instituído o *Company Law Review Steering Group* (CLRSG) para levar a cabo uma reforma global do Direito das sociedades britânico. Este grupo, independente do governo, era constituído por membros da comunidade empresarial, de representantes dos auditores, eminentes juristas e representantes de várias instituições públicas. Apresentou o seu relatório final em julho de 2001[2186]. Na sua avaliação

---

[2183] JUDITH FREEDMAN – Accountants and corporate governance: Filling a legal vacuum?, *The Political Quarterly*, 64:3, 1993, p. 289, GOWER – *Principles*[5]..., p. 50.

[2184] FREEDMAN – *Accountants...* p. 288-289. Em todo o caso, em cada ato de transposição de Diretrizes comunitárias foi aproveitada a oportunidade para corrigir aspetos parcelares, engrossando consideravelmente o *Companies Act*. A "monumental" tarefa de consolidação destas intervenções resultou no *Companies Act 1985* e três leis suplementares: *Company Securities (Insider Dealing) Act*; *Business Names Act* e *Companies Consolidation (Consequential Provisions) Act*. De fora da consolidação ficaram os *Insolvency Acts 1985 and 1986*, então em preparação e que implementaram o relatório da comissão Cork [(1992) Cmnd. 8558]. Seguiu-se o *Companies Directors Disqualification Act 1986*, que consolidou a matéria relativa à inibição das pessoas consideradas culpadas pela insolvência para o exercício de cargos de administração ou de envolvimento na administração de sociedades, e o *Financial Services Act 1986* que instituiu um detalhado e sofisticado sistema de regulação dos profissionais de serviços de investimentos e substituiu as regras relativas a prospetos e algumas sobre uso de informação privilegiada (*insider dealing*). Estas iniciativas separaram claramente a *Company Law* da *Insolvency Law* e a *Securities Regulation*. O *Companies Act 1989* visou a transposição da 7.ª Diretriz sobre contas consolidadas e a 8.ª Diretriz sobre auditoria, sendo aproveitada a oportunidade para algumas reformas internas. GOWER – *Principles*[5]..., p. 52-54.

[2185] Nem sequer as recomendações da Comissão Jenkins foram totalmente aplicadas. JONATHAN RICKFORD – "A history of the company law review", in JOHN DE LACY (ed.) – *The Reform of United Kingdom Company Law*, London, Sydney, Portland, Oregon: Cavendisch, 2002, p. 5-8. Segundo o autor, em 1997, a lei societária britânica apresentava-se incoerente, sobredetalhada e inacessível face aos desenvolvimentos económicos verificados desde a época vitoriana.

[2186] COMPANY LAW REVIEW STEERING GROUP – *Modern company law for a competitive economy: Final Report*, 2001, disponível em http://webarchive.nationalarchives.gov.uk.

O MODELO ANGLO-SAXÓNICO

«Company law can help business or it can hinder it. Company law can encourage entrepreneurship, promote growth, enhance international competitiveness and create the conditions for investment and commitment of resources, whether of savings or employment. Or it can frustrate entrepreneurs, inhibit growth, restrict competitiveness and undermine the conditions for investment.

Too much of British company law frustrates, inhibits, restricts and undermines. It is overcautious, placing too high a premium on regulation and avoidance of risk. The company remains the choice of corporate vehicle for over a million businesses, and the core principles established by company law have served our economy well for over 150 years. But significant parts are outmoded or have become redundant and they are enshrined in law that is often unnecessarily complicated and inaccessible»[2187].

O propósito era então o reforço da competitividade das sociedades britânicas, sem esquecer a responsabilização dos seus agentes[2188].

X. O Relatório do Steering Group daria origem ao *Companies Act 2006*, hoje em vigor e que, segundo DAVIES e RICKFORD, 1628

«represents the first attempt since the 1850s (arguably, ever) comprehensively to re-examine and modernise substantially the whole of the existing UK legislation and significant parts of the case law on commercial companies»[2189].

Em coerência com o proclamado no Relatório do Steering Group, esta lei teve por base o princípio de que

---

[2187] *Ibidem*, p. ix.

[2188] No prefácio do relatório final pode ler-se:

«A key principle has been that company law should be primarily enabling or facilitative – it should provide an effective vehicle for business leadership and enterprise to flourish freely in a climate of discipline and accountability. We need an accessible framework for channelling the resources of the community to wealth generation. Small companies should be liberated from many of the constraints that were originally designed for large businesses. The framework should provide the necessary safeguards to allow people to deal with and invest in companies with confidence. It should enable our companies to be competitive in a global market where business can choose which jurisdiction to adopt for their regulation. Our law should provide the maximum possible freedom combined with the transparency necessary to ensure the responsible and accountable use of that freedom. We should strip out regulation that is no longer necessary. We should make more effective and accessible those rules which enable markets to work efficiently and which prevent patterns of abuse that disrupt and add cost to economic activity. Finally, company law should reflect the reality of the modern corporate economy, where those who run successful companies recognise the need to develop positive relationships with a wide range of interests beyond shareholders – such as employees, suppliers and customers». Ibidem.

[2189] PAUL DAVIES e JONATHAN RICKFORD – An introduction to the new UK Companies Act, *European Company & Financial Law Review*, 5:1, 2008, p. 49.

DA ADMINISTRAÇÃO À FISCALIZAÇÃO DAS SOCIEDADES

*«legislation should facilitate and promote the efficient operation of business to maxi-
mise wealth for all, by creating a domestic and internationally competitive environ-
ment for company operation; this is to be achieved wherever possible by leaving outco-
mes to individual, properly informed choice – a presumption in favour of freedom with
transparency, with the minimum of regulatory intervention; all such intervention
should be evaluated by reference to its effects on productive activity in modern conditions, making optimal use of modern communications technologies»*[2190].

Analisamos em seguida os aspetos deste diploma que são relevantes para
efeitos deste estudo.

56.2. A estrutura, a composição e a função do conselho de administração

1629   I. No sistema britânico, tal como no sistema norte-americano, a regulação da
estrutura, da composição e do funcionamento do conselho de administração é
consideravelmente mais flexível do que nos sistemas romano-germânicos. Nos
termos do *Companies Act 2006*, uma *private company* tem de ter pelo menos um
administrador; uma *public company* tem de ter pelo menos dois administradores
(secção 154). Contudo, a sua competência interna (*i.e.*, o poder de gestão, por
contraposição ao poder de representação que referimos adiante) não é regulada
com carácter injuntivo no corpo principal da lei, sendo antes objeto de disposições opcionais nos modelos de estatutos que tradicionalmente – e até 2009
– constavam da *Table A*, tanto para *public companies* como para *private companies*
(cfr. § 70)[2191].

1630   A *Table A* concedia ainda uma ampla margem de liberdade para a delegação
de poderes dos administradores (§ 72)[2192] – tanto mais relevante quanto maior

---

[2190] Este princípio de favorecimento da autonomia dos sócios da definição da estruturas de governo
da sociedade esteve na origem de três petições de princípio: (i) *"think small first"*, *i.e.*, na regulação das
sociedades comerciais, deve pensar-se primeiro nas pequenas sociedades; (ii) o esquema de governo das
sociedades deve ser inclusivo, aberto e flexível; e (iii) a estrutura institucional para a regulação deve ser
flexível e ter capacidade de resposta. *Ibidem*, p. 50-52.

[2191] Nos termos do § 70 destes modelos de estatutos, que podiam ser total ou parcialmente afastados pelos
articles of association:

> *«Subject to the provisions of the Act, the memorandum and the articles and to any directions given by special
> resolution, the business of the company shall be managed by the directors who may exercise all the powers of the
> company».*

[2192] O § 72 dos modelos de estatutos que compunham a *Table A* (mais uma vez, tanto para as *public
companies* como para as *private companies*) dispunham, também de forma mais permissiva do que nos
sistemas romano-germânicos:

> *«The directors may delegate any of their powers to any committee consisting of one or more directors. They
> may also delegate to any managing director or any director holding any other executive office such of their powers
> as they consider desirable to be exercised by him. Any such delegation may be made subject to any conditions the*

O MODELO ANGLO-SAXÓNICO

a dimensão da sociedade, dada a tendência para a gestão corrente da sociedade passar a ser desenvolvida não diretamente pelo conselho, mas pelas estruturas administrativas ao mesmo subordinadas[2193] –, bem como para a sua estruturação e funcionamento (cfr. §§ 72, 88-100)[2194]. Os acionistas eram por isso livres de estabelecer o modelo que entendessem mais conveniente para o governo da sociedade, atendendo às específicas características desta, solução claramente contrastante com as resultantes dos sistemas romano-germânicos[2195]. Note-se, contudo, serem raros os casos em que os acionistas reservam para si ou para outros órgãos o poder sobre determinadas matérias de gestão[2196].

Para as sociedades constituídas após 1 de outubro de 2009, os modelos de estatutos que constituíam a *Table A for private companies* e a *Table A for public companies* foram substituídos pelos *Model articles for private companies limited by shares, Model articles for private companies limited by guarantee, e Model articles for public companies*[2197].

1631

---

directors may impose, and either collaterally with or to the exclusion of their own powers and may be revoked or altered».

[2193] Cfr. EILÍS FERRAN – *Company law...* p. 116. Como afirmou *High Court of Justice Chancery Division* em *Re Continental Assurance Co. of London Plc*, [2007] 2 B.C.L.C. 287; [2001] B.P.I.R. 733: *«Many cases have recognised the reality of commercial and corporate life that, within a company, some degree of delegation and division of responsibility is inevitable».* Cfr. também CHEFFINS – *Company law...* p. 603-604, CARSTEN JUNGMANN – The effectiveness of corporate governance in one-tier and two-tier board systems: Evidence from the UK and Germany, *European Company and Financial Law Review*, 3:4, 2006.

[2194] Perante o silêncio da lei e da natureza supletiva das disposições constantes dos modelos de estatutos (cfr. § 88 *Table A*), na generalidade dos casos cabe ao *board of directors* regular a sua própria organização e funcionamento, dentro dos limites estabelecidos nos *articles of association*, e com respeito dos princípios gerais da *common law* relativos à convocatória adequada, informação apropriada, entre outros. RAJAK – *Sourcebook...* p. 380-381.

[2195] Perante a flexibilidade permitida pela lei britânica, é frequentemente veiculada a ideia de que uma sociedade britânica pode inclusive adotar o modelo de governo germânico (com um conselho de administração e um conselho de supervisão, com ou sem representação de trabalhadores), principalmente na sequência da discussão mantida a propósito da Proposta de 5.ª Diretriz sobre Direito societário. Cfr. DAVIES – *Board structure...*, p. 436. Recorde-se que a reação a essa proposta traduz a aversão da comunidade empresarial e do legislador britânico às estruturas dualistas, refletida, *v.g.*, no Relatório Higgs (§§ 1.7, 4.2, 4.3, 14.1). Cfr. também RICHARD C. NOLAN – "The legal control of directors' conflicts of interest in the United Kingdom: Non-executive directors following the Higgs Report", in JOHN ARMOUR e JOSEPH A. McCAHERY (eds.) – *After Enron: Improving corporate law and modernising securities regulation in Europe and the US*, 2006, p. 390.

[2196] Cfr. EILÍS FERRAN – *Company law...* p. 115, RAJAK – *Sourcebook...* p. 360.

[2197] Disponíveis em http://www.companieshouse.gov.uk/about/tableA/index.shtml. Consultado em 11/04/2012.

DA ADMINISTRAÇÃO À FISCALIZAÇÃO DAS SOCIEDADES

1632   Não obstante, a solução de fundo manteve-se inalterada[2198]: contrariamente ao verificado nos sistemas romano-germânicos – onde a competência dos órgãos de administração das sociedades anónimas é fixada *ope legis*, salvaguardando o seu espaço de atuação face a ingerências dos acionistas – no sistema britânico, a competência dos administradores deriva da vontade manifestada pelos acionistas e não da lei[2199].

1633   II. Desta afirmação não se pode, porém, deduzir sem mais um poder de intervenção dos acionistas sobre a administração da sociedade. Efetivamente, a jurisprudência britânica há muito sustenta que a solução decorre de uma adequada interpretação dos *articles of association* aplicáveis em cada caso: se os *articles* conferem aos administradores a competência para a administração da sociedade, nos termos prescritos nos sucessivos *model articles*, as decisões dos acionistas sobre a mesma devem ser consideradas nulas[2200].

[2198] No § 3 de qualquer um destes modelos pode ler-se:

«*Subject to the articles, the directors are responsible for the management of the company's business, for which purpose they may exercise all the powers of the company*».

Manteve-se igualmente a ampla liberdade de delegação de poderes dos administradores. Nos termos do § 5(1):

«*Subject to the articles, the directors may delegate any of the powers which are conferred on them under the articles – (a) to such person or committee; (b) by such means (including by power of attorney); (c) to such an extent; (d) in relation to such matters or territories; and (e) on such terms and conditions; as they think fit*».

[2199] Cfr. DAVIES e WORTHINGTON – *Principles*[9]..., p. 384. Diferentemente, o *Companies Act 2006* fixa injuntivamente o poder dos administradores para a representação da sociedade, afastando os resquícios da doutrina *ultra vires*. Segundo a secção 40(1):

«*In favour of a person dealing with a company in good faith, the power of the directors to bind the company, or authorise others to do so, is deemed to be free of any limitation under the company's constitution*».

[2200] Em 1883, no caso *Isle of Wight Railway Co v. Tahourdin*, (1884) L.R. 25 Ch. D. 320, o *Court of Appeal* recusou uma providência pela qual a administração da sociedade visava evitar a reunião da assembleia geral que tinha, entre os pontos da sua ordem de trabalhos, um relativo à nomeação de uma comissão destinada a reorganizar a administração da sociedade. Segundo o tribunal, a administração não podia evitar a reunião da assembleia geral, dado que esta constituía o único meio de os sócios interferirem caso entendessem que os administradores não estavam a atuar segundo os melhores interesses da sociedade. Porém, em 1906, em *Automatic Self Cleansing Filter Syndicate Co Ltd v. Cuninghame*, [1906] 2 Ch. 34 [1906] 2 Ch. 34, o *Court of Appeal* esclareceria que a divisão de poderes entre a assembleia geral e os administradores dependia da interpretação do estabelecido nos estatutos. Quando a administração tivesse sido conferida aos administradores, não podia a assembleia geral interferir. Esta perspetiva consolidou-se com o aresto proferido no caso *Quin & Axtens Ltd v. Salmon*, [1909] 1 Ch. 311, nos termos do qual, quando os estatutos estivessem em conformidade com os *model articles* sucessivamente publicados, a assembleia geral não podia interferir na administração da sociedade, salvo em caso de atuação dos administradores contrária à lei ou aos estatutos. O mesmo entendimento seria mantido em casos históricos como *John Shaw & Sons (Salford) Ltd v. Shaw*, [1935] 2 K.B. 113, e *Scott v Scott*, [1943] 1 All E.R. 582. A partir de 1985, os *model articles* passaram a clarificar esta questão, prevendo que a atribuição dos poderes de administração ao

O MODELO ANGLO-SAXÓNICO

A intervenção dos acionistas dependeria portanto da alteração dos *articles* 1634
of association (em princípio sujeita a maioria qualificada), e não de uma mera
deliberação por maioria simples. Porém, esta solução é parcialmente subvertida
pela regra atualmente prevista na secção 168 *Companies Act 2006*, introduzida
em 1948, nos termos da qual os acionistas podem destituir os administradores
por maioria simples. Esta disposição constituiu um forte instrumento de pressão, na medida em que, na prática, caso os administradores não sigam as instruções dos acionistas (constantes de deliberações aprovadas por maioria simples),
sujeitam-se a ser destituídos[2201].

III. Note-se ainda que, no *Companies Act 2006*, os poderes e deveres são 1635
imputados diretamente aos administradores e não ao conselho de administração. De facto, não existe qualquer dever de organização dos administradores
em "conselho"; não existe sequer qualquer referência na lei ao "conselho de
administração" ou ao seu "presidente"[2202]. O *board of directors* resulta portanto da
prática empresarial e não de imposição legal[2203], pelo que, como afirma DAVIES,
é difícil compreender a importância deste a partir de uma leitura do *Companies
Act 2006*[2204]. A *ratio*, segundo DAVIES e RICKFORT, reside na proteção de terceiros que confiem numa decisão de um conselho indevidamente constituído ou de
administradores *de facto*[2205].

IV. Este enquadramento legal traduz a perspetiva tradicional do Direito 1636
societário inglês de não regulação da estrutura e funcionamento do conselho
de administração[2206]. Contrariamente ao verificado no espaço continental, o

---

board of directors, "salvo disposição em contrário dos estatutos". Passaram ainda a prever expressamente
uma cláusula de "reserva de poderes dos sócios" (art. 3). Cfr. DAVIES – *Principles*[8]..., p. 369-371.
Sem prejuízo desta regra geral, a jurisprudência tem admitido ainda a intervenção dos acionistas
quando se verifique uma situação de bloqueio no *board of directors*, quando não haja administradores em
exercício de funções, quando não seja possível alcançar o quórum mínimo no conselho, ou quando os
administradores estejam impedidos de votar. Cfr. *ibidem*, p. 372-375.

[2201] Cfr. *ibidem*, p. 371.

[2202] COMPANY LAW REVIEW STEERING GROUP – *Modern company law for a competitive economy*..., p. 18, § 3.4.

[2203] A lei contém referências à estrutura habitual da prática empresarial, mas não impõe uma qualquer
estrutura.

[2204] DAVIES e WORTHINGTON – *Principles*[9]..., p. 384.

[2205] DAVIES e RICKFORD – *An introduction*... p. 59. Esta redação coloca, no entanto, diversas questões sobre
quando é que uma decisão pode ser imputada aos administradores e a que a lei não dá resposta: quantos
administradores devem decidir e intervir no ato praticado em nome da sociedade e em que condições?
Face à *ratio* enunciada, DAVIES e RICKFORT defendem a necessidade de os tribunais se pronunciarem em
favor da validade dos negócios celebrados pelos administradores em nome da sociedade.

[2206] DAVIES – *Board structure*..., p. 441.

DA ADMINISTRAÇÃO À FISCALIZAÇÃO DAS SOCIEDADES

legislador britânico sempre entendeu que a divisão interna de poderes devia ser determinada pelos acionistas e não pelo Parlamento, independentemente da dimensão da sociedade[2207].

1637   Esta perspetiva não pode, porém, ser entendida em termos absolutos. Face a mais um conjunto de escândalos societários verificados no Reino Unido, iniciou-se, com o Relatório Cadbury de 1992, um processo de reforma do governo das sociedades britânico, nos termos do qual foi instituído um conjunto de princípios sobre a estrutura e as funções básicas do conselho de administração[2208]. Este processo, sendo embora *privado*[2209], foi claramente marcado pela sombra da potencial intervenção *pública* pela via legislativa[2210].

1638   Os princípios desenvolvidos só são diretamente aplicáveis às sociedades com valores mobiliários admitidos à negociação em mercado regulamentado (*listed companies*)[2211]. Não obstante, esta restrição gerou incómodos no seio da própria comissão Cadbury, que acabou por referir que o seu relatório era dirigido a

---

[2207] *Ibidem*, p. 442. Ainda segundo DAVIES, esta característica do Direito societário britânico decorre da sua origem no Direito das *partnerships*, face ao qual os *partners* gozam de ampla liberdade de estipulação sobre os assuntos internos da *partnership*. DAVIES – *Principles*[8]..., p. 366. Cfr. também, *v.g.*, COMPANY LAW REVIEW STEERING GROUP – *Modern company law for a competitive economy*..., p. 20, § 3.10.

[2208] DAVIES – *Board structure*..., p. 441.

[2209] A natureza *privada* do processo de reforma decorre, desde logo, da sua fonte. As comissões que redigiram estes relatórios eram constituídas por uma combinação de representantes de organizações de entidades patronais, administradores de sociedades, auditores, investidores institucionais e a *London Stock Exchange* (LSE). Eram, porém, servidas por um secretário do *Department of Trade and Industry* e estavam plenamente conscientes de que o governo interviria pela via legislativa, caso não lograssem neutralizar as pressões públicas de reforma. A "privatização" do processo de reforma estava ainda patente nas propostas dos relatórios. Com exceção de algumas relativas à remuneração dos administradores, as propostas deviam ser implementadas através das normas relativas à admissão de valores mobiliários à negociação em mercado regulamentado (*listing rules*), que então eram da competência de uma entidade privada – a LSE –, e não através de instrumentos legislativos. Para além disso, aquelas normas não impuseram soluções substantivas específicas, mas antes deveres de informação relativamente ao cumprimento das recomendações constantes do *Combined Code* (hoje chamado *The UK Code of Corporate Governance*), pelo que também as sanções pelo não cumprimento das propostas apresentadas eram de natureza privada – próprias do mercado e da intervenção dos acionistas – e não pública. Cfr. DAVIES, *ibidem*, p. 439, 443. Mesmo a verificação do cumprimento dos deveres de informação estava a cargo da LSE.
Só em 2000 foram transferidos os poderes da LSE relativamente às *listing rules* e à verificação do seu cumprimento para a *Financial Services Authority* (FSA), passando a aplicação dos códigos de governo das sociedades a ter uma natureza híbrida público-privada. Cfr., *v.g.*, EILÍS FERRAN – Corporate law, codes and social norms: Finding the right regulatory combination and institutional structure, *Journal of Corporate Law Studies*, 2001:2, 2001, p. 384-385, NOLAN – *The legal control*... p. 370-371 e também EILÍS FERRAN – *Company law*... p. 218-219.

[2210] Cfr. EILÍS FERRAN – *Corporate law, codes*... p. 382-383, e também EILÍS FERRAN – *Company law*... p. 218-219.

[2211] O Relatório Cadbury continha propostas a implementar através de normas relativas à admissão à negociação em mercado regulamentado (cfr. nota 2209 *supra*).

O MODELO ANGLO-SAXÓNICO

todas as *listed companies* constituídas no Reino Unido, mas que encorajava o seu cumprimento por tantas sociedades quanto possível[2212].

Este apelo teve reflexos nalguma jurisprudência que considerou que, na ausência de adequada justificação, a não conformidade com os padrões assim estabelecidos constituía violação dos deveres dos administradores[2213]. Segundo EILÍS FERRAN é expectável que esta perspetiva se generalize, à imagem do que sucedeu face à determinação de padrões contabilísticos pelo *City Code on Takeovers and Mergers*[2214]. De facto, como escreve Hoffmann LJ em *Bishopsgate Investment Management Ltd. V. Maxwell*[2215]:

> «*In the older cases the duty of a director to participate in the management of a company is stated in very undemanding terms*[2216]. *The law may be evolving in response to changes in public attitudes to corporate governance*».

V. De acordo com o Relatório Cadbury, os escândalos verificados, decorrentes da insolvência de um conjunto de sociedades cujas contas mais recentemente publicadas «nada indiciavam do terror que se avizinhava»[2217], deveram-se a problemas gerais dos sistemas de governo das grandes sociedades britânicas, não se limitando portanto a questões de contabilidade e auditoria. No centro desses problemas estava o domínio das sociedades, não só pelos dirigentes de

---

[2212] Esta declaração, segundo DAVIES, reconheceu os argumentos em favor do cumprimento das recomendações por outras sociedades com dispersão acionista, mas não cotadas, sem contudo oferecer um mecanismo para assegurar esse cumprimento. Reconheceu ainda que as sociedades constituídas fora do Reino Unido (mas neste cotadas) não deveriam estar sujeitas ao seu *Code of Best Practice*, mas às regras do Estado de origem. DAVIES – *Board structure...*, p. 440.

[2213] Cfr. exposição de Arden J., no aresto da *Chancery Division* no caso *Re Macro (Ipswich) Ltd.*, [1994] 2 BCLC 354, relativo à proteção de acionistas contra *unfair prejudice* (nos termos da secção 461 *Companies Act 1985*). Cfr. SEALY e WORTHINGTON – *Cases and materials...* p. 243, 570-571 para uma análise deste caso. Cfr. também *Re BSB Holdings Ltd.*, [1996] 1 BCLC 155, e, em contraposição, *Re Astec (BSR) plc.*, [1999] BCC 59. Em 2000, o INSTITUTE OF CHARTERED ACCOUNTANTS IN ENGLAND AND WALES – *The Company Law Review: Completing the structure*, 2001 sugeriu a extensão das recomendações do *Combined Code* a todas as *publicly traded companies*.

[2214] EILÍS FERRAN – *Company law...* p. 223-224.

[2215] [1994] 1 All ER 261, CA, 264.

[2216] Recorde-se o famoso caso *Re Cardiff Savings Bank*, [1892] 2 Ch 100, 109-109, no qual o tribunal considerou que o Marquês de Bute, nomeado para o cargo de administrador do banco quando tinha seis meses de idade, cargo que ocupou durante trinta anos, não incumpriu os seus deveres ao confiar nos administradores executivos do banco, nem devia ser responsabilizado pela sua não participação na administração da sociedade, apesar de, durante os trinta anos em que ocupou o cargo, só ter estado presente numa reunião do conselho e, apesar de ter recebido cópias das contas anuais e de circulares do banco, não se recordar de alguma vez as ter recebido. Cfr., *v.g.*, EILÍS FERRAN – *Company law...* p. 224-225.

[2217] DAVIES – *Board structure...*, p. 436-437. Cfr. também Relatório Cadbury, prefácio, p. 9.

DA ADMINISTRAÇÃO À FISCALIZAÇÃO DAS SOCIEDADES

topo, mas sobretudo pelo "todo poderoso" administrador delegado ou CEO[2218]. Impunha-se, portanto, uma reforma da estrutura e do funcionamento do *board of directors* que tornasse esse domínio menos provável[2219].

1641 Por expressa influência norte-americana, o Relatório Cadbury e os seus sucessores visaram reforçar a função de vigilância (*monitoring function*) do *board*[2220] e o papel dos administradores não-executivos e independentes[2221], propondo e determinando a imposição de deveres de informação, nas contas anuais, relativamente ao cumprimento das propostas consignadas no *Combined Code*[2222], hoje designado *The UK Corporate Governance Code* (segundo a regra *comply or explain*[2223])[2224]. O conteúdo desta função de vigilância foi densificado

---

[2218] *Ibidem*, p. 437.

[2219] *Ibidem*.

[2220] A responsabilidade do *board*, como um todo, pelo estabelecimento de adequados mecanismos de fiscalização da conduta dos administradores delegados foi realçada também pelo *Takeover Code*. Cfr. The Panel on Takeovers and Mergers – *The City Code on Takeover and Mergers*, 10.ª ed., London: RR Donnelley, 2011, anexo 3, § 1. Cfr., sobre este ponto, Eilís Ferran – *Company law...* p. 226.

[2221] As disposições do *Combined Code* (que resultou dos esforços da Comissão Cadbury e da Comissão Hampel), hoje chamado *The UK Code of Corporate Governance*, sobre o conselho de administração são sintetizadas por Davies: (i) O *board* tem uma dupla função de "liderar" (*"lead"*) e de "controlar" (*"control"*) a sociedade. (ii) Pelo menos um terço dos membros do *board* devem ser administradores não-executivos, a maioria dos quais independentes (face à equipa de gestão e sem relações com a sociedade, de natureza comercial ou outra, que possam interferir significativamente com o seu juízo independente). Tal como os demais administradores, também os administradores não-executivos têm um papel na liderança e no controlo da sociedade. O seu controlo, contudo, inclui a vigilância do desempenho dos administradores executivos. (iii) Devem ser introduzidas comissões de auditoria, de remunerações e de nomeações no conselho, compostas exclusiva ou maioritariamente por administradores não-executivos. (iv) Em princípio, os cargos de CEO e de presidente do conselho não devem ser ocupados pela mesma pessoa. Contudo, o presidente não tem de ser um administrador não executivo, menos ainda um administrador independente. Pode ser um antigo CEO da sociedade. Em todo o caso, deve ser especificado um *senior independent non-executive director* para contactos com os acionistas. (v) O conselho deve especificar as questões que devem ser necessariamente submetidas à sua deliberação. (vi) Os administradores não-executivos devem ter acesso a consultoria profissional externa apropriada, bem como à informação interna da sociedade. Davies – *Board structure...*, p. 440-441.

[2222] Seguindo a proposta do Relatório Hampel (1998), o *Combined Code* resultou da conjugação das recomendações do Relatório Cadbury (1992) com aqueloutras, mais específicas, relativas à remuneração dos administradores, constantes do Relatório Greenbury (1995), tendo versões de 2000, 2003, 2006, 2008. Cfr. Committee on Corporate Governance – *Final report*, London: Gee, 1998, Committee on the Financial Aspects of Corporate Governance – *Relatório Cadbury...* 1992, Study Group chaired by Sir Richard Greenbury – *Report on Directors' Remuneration*, London: Gee, 1995.

[2223] *Listing rules*, regras 9.8.6(5) e (6), disponíveis no sítio da internet da FSA em http://fsahandbook.info/ FSA/html/handbook/LR/9/8, consultado em 24/04/2012.

[2224] Sobre este tipo de regulação, cfr., *v.g.*, Eilís Ferran – *Corporate law, codes...*, em especial, p. 384-385, onde classifica tais "códigos" como ferramentas complexas e híbridas. Cfr. também a síntese de Nolan – *The legal control...* p. 370-371 sobre a forma como estes códigos foram criados e são aplicados no Reino Unido.

O MODELO ANGLO-SAXÓNICO

pelo Relatório Turnbull de 1999 que, indo além do controlo do desempenho da gestão, desenvolveu a tarefa de avaliação dos sistemas de controlo dos riscos a que está exposta a sociedade na sua atividade[2225].

Tais propostas, apesar de não injuntivas, são largamente seguidas pelas sociedades sujeitas aos referidos deveres de informação, dada a pressão dos investidores institucionais que, na sua apreciação das sociedades para efeitos dos seus investimentos, as adotam como padrões mínimos de bom governo das sociedades[2226]. 1642

IV. Este quadro normativo deve ainda ser conjugado com o desenvolvimento jurisprudencial dos deveres dos administradores. Para além dos deveres gerais de lealdade e de cuidado – entretanto positivados nas secções 170 a 177 do *Companies Act 2006*[2227] – a jurisprudência desenvolveu deveres específicos, denotando uma evolução no sentido de uma maior exigência na vigilância da sociedade. Assim, por um lado, enquanto tradicionalmente os administradores não estavam obrigados a um acompanhamento permanente da sociedade[2228], atual- 1643

Segundo Davies – *Board structure...*, p. 442-443, esta solução traduz as dúvidas do legislador britânico relativamente à sua capacidade para desenhar estruturas de governo adequadas para todas as sociedades visadas e equilibra a concessão de flexibilidade às empresas com a força vinculativa inerente ao dever de informação (superior à de uma mera recomendação que pode ou não ser livremente adotada). Na prática, a possibilidade de adotar estruturas diferentes das recomendadas, explicando as razões desse desvio, tem sido usada sobretudo por pequenas sociedades cotadas.

[2225] Institute of Chartered Accountants in England and Wales – *Internal control: Guidance for directors on the Combined Code,* 1999. Segundo Davies – *Board structure...*, p. 449-450, este desenvolvimento constituiu reação aos escândalos verificados num conjunto de sociedades, nas quais funcionários situados no fundo da pirâmide hierárquica causaram graves prejuízos através de atividades não autorizadas, frequentemente através de negócios especulativos em mercados bolsistas estrangeiros.

[2226] Davies – *Board structure...*, p. 443-444.

[2227] A positivação dos deveres dos administradores foi precedida de extensos trabalhos preparatórios, desenvolvidos pela *English Law Commission*, pela *Scottish Law Commission*, pelo *Department of Trade and Industry* (DTI) e pelo *Company Law Review Steering Group* (CLRSG). As conclusões destes trabalhos foram sintetizadas por Sarah Worthington – Reforming directors' duties, *Modern Law Review,* 64:3, 2001.

[2228] Cfr. Re City Equitable Fire Insurance Co Ltd., [1925] Ch. 407, 429, onde o Court of Appeal sintetizou a jurisprudência então vigente:

«(1.) *A director need not exhibit in the performance of his duties a greater degree of skill than may reasonably be expected from a person of his knowledge and experience. A director of a life insurance company, for instance, does not guarantee that he has the skill of an actuary or of a physician. (...) It is perhaps only another way of stating the same proposition to say that directors are not liable for mere errors of judgment.* (2.) A director is not bound to give continuous attention to the affairs of his company. *His duties are of an intermittent nature to be performed at periodical board meetings, and at meetings of any committee of the board upon which he happens to be placed. He is not, however, bound to attend all such meetings, though he ought to attend whenever, in the circumstances, he is reasonably able to do so. (3.) In respect of all duties that, having regard to the exigencies of business, and the articles of association, may properly be left to some other official,* a director is, in the

DA ADMINISTRAÇÃO À FISCALIZAÇÃO DAS SOCIEDADES

mente estão obrigados a manter-se informados sobre a situação da sociedade[2229]. Por outro lado, enquanto nos casos mais antigos, na ausência de fundamentos de

absence of grounds for suspicion, justified in trusting that official to perform such duties honestly. (...) *Business cannot be carried on upon principles of distrust. Men in responsible positions must be trusted by those above them, as well as by those below them, un- til there is reason to distrust them»* (itálicos nossos).

[2229] Cfr. as decisões tanto da *Chancery Division* como do *Court of Appeals* no caso *Re Barings plc. Secretary of State for Trade and Industry v Baker & Ors (No. 5)*, [1999] 1 BCLC 433, [2000] 1 BCLC 523]. Neste caso foi avaliada a conduta de três administradores do Barings Group, uma instituição de crédito com longa história e reputação que colapsou em 1995, na sequência das perdas colossais nas atividades de *trading* não autorizadas de um único *trader*, Leeson, em Singapura. Neste processo não foi questionada a honestidade e a integridade dos administradores, mas sim a sua incompetência, tendo sido considerados culpados de violação grave dos seus deveres de gestão em relação às atividades de Leeson. Em particular, demonstrou-se que os administradores em causa ignoraram as recomendações da equipa de auditoria interna a propósito da atividade de Leeson, permitindo que o mesmo controlasse simultaneamente os departamentos de *dealing* e de *settlement* em Singapura, acedendo aos seus pedidos de fundos exorbitantes sem qualquer inquérito adequado, e não estabelecendo mecanismos de controlo interno de gestão apropriados. Cfr. SEALY e WORTHINGTON – *Cases and materials...* p. 268.

Na primeira decisão, JONATHAN PARKER J. sintetizou os deveres dos administradores nesta matéria da seguinte forma (p. 489):

«*(i) Directors have, both collectively and individually, a continuing duty to acquire and maintain a sufficient knowledge and understanding of the company's business to enable them properly to discharge their duties as directors. (ii) Whilst directors are entitled (subject to the articles of association of the company) to delegate particular functions to those below them in the management chain, and to trust their competence and integrity to a reasonable extent, the exercise of the power of delegation does not absolve a director from the duty to supervise the discharge of the delegated functions. (iii) No rule of universal application can be formulated as to the duty referred to in (ii) above. The extent of the duty, and the question whether it has been discharged, must depend on the facts of each particular case, including the director's role in the management of the company.*»

Este caso é igualmente interessante pela resposta do tribunal às alegações do advogado de um dos administradores de que, na ausência de prova pericial, o juiz de primeira instância não teria capacidade para avaliar a conduta do administrador no complexo mercado de derivados financeiros. Segundo JONATHAN PARKER J., não se tratava de saber se a conduta dos visados correspondia ou não a um padrão aceitável na atividade bancária, mas se, de acordo com as circunstâncias do caso, tinham sido incompetentes. O *Court of Appeal* secundaria a posição do juiz de primeira instância, sustentando não estar em causa a avaliação da conduta do administrador como operador no mercado de produtos financeiros ou derivados, mas da sua conduta como administrador, sendo diferente o correspondente padrão de competência.

No sentido deste acórdão, o *Court of Appeal* afirmou, no caso *Re Westmid Packing Services Ltd (No.2)*, [1998] B.C.C. 836, 842:

«*The collegiate or collective responsibility of the board of directors of a company is of fundamental importance to corporate governance under English company law. That collegiate or collective responsibility must however be based on individual responsibility. Each individual director owes duties to the company to inform himself about its affairs and to join with his co-directors in supervising and controlling them. A proper degree of delegation and division of responsibility is of course permissible, and often necessary, but not total abrogation of responsibility. A board of directors must not permit one individual to dominate them and use them*».

Esta posição viria a ser secundada ainda pelo *High Court of Justice Queens Bench Division Commercial Court*, no aresto proferido no caso *Equitable Life Assurance Society v. Bowley*, [2003] EWHC 2263 (Comm), no qual afastou expressamente a jurisprudência de *Re City Equitable Fire Insurance Co Ltd.*, [1925] Ch. 407,

O MODELO ANGLO-SAXÓNICO

suspeita, os administradores podiam confiar nos seus colegas administradores e nos demais dirigentes da sociedade, as decisões mais recentes realçam o facto de a delegação de poderes não eximir o administrador do seu dever de vigilância sobre a função delegada[2230].

56.3. O papel dos administradores não-executivos e, em particular, dos administradores independentes na vigilância da administração

I. Tal como nos Estados Unidos, também o Direito societário britânico não distingue formalmente entre administradores executivos e não-executivos[2231]: todos os administradores são igualmente responsáveis pela atuação da sociedade[2232]. Não obstante, os administradores não-executivos, fazendo há algum

1644

---

analisada na nota 2228 *supra*, num caso sobre os deveres dos administradores não-executivos (a que voltamos adiante, cfr. nota 2245 *infra*):

> «*I do not think this statement does represent the modern law at least if (...) it means unquestioning reliance upon others to do their job. It is well known that the role of non- executive directors in corporate governance has been the subject of some debate in recent years. For present purposes, (...) it in any event suffices to say that the extent to which a non-executive director may reasonably rely on the executive directors and other professionals to perform their duties is one in which the law can fairly be said to be developing and is plainly "fact sensitive". It is plainly arguable, I think, that a company may reasonably at least look to non-executive directors for independence of judgment and supervision of the executive management*».

[2230] Cfr. novamente Re Barings plc. Secretary of State for Trade and Industry v Baker & Ors (No. 5), [1999] 1 BCLC 433, 489. Cfr. também o aresto da Chancery Division no processo Re Landhurst plc, [1999] 1 BCLC 286, relativo à inabilitação (disqualification) de três administradores designados para os respetivos cargos numa altura em que a sociedade, liderada sobretudo por dois administradores executivos, Ball e Ashworth – que viriam posteriormente a ser condenados a pena de prisão por corrupção – enfrentava já dificuldades. O tribunal acabou por inabilitar dois desses três administradores, por considerar que tinham permitido que os referidos executivos ocultassem informação do auditor e do conselho de administração, não sendo aceitável o argumento de que tinham confiado nas garantias dadas pelos executivos. Segundo o tribunal, tendo consciência da ocultação de informação, deviam ter tomado as medidas necessárias para que o assunto fosse submetido ao conselho. Cfr. *ibidem*, p. 270-271 para uma análise deste caso. Cfr. ainda NOLAN – The legal control..., em especial, p. 390-412.

Não obstante a limitação jurisprudencial da *reliance* nos demais administradores e dirigentes societários, os tribunais tendem a reconhecer que os deveres do administrador devem ser determinados por referência ao papel que lhe é atribuído no contexto de uma divisão interna de tarefas, pelo que a concretização do padrão de diligência poderá não ser tão exigente para os administradores não-executivos quanto para os executivos. Cfr. nota 2245 *infra*.

[2231] COMPANY LAW REVIEW STEERING GROUP – *Modern company law for a competitive economy*..., p. 18, § 3.4. De acordo com a *Law Commission*, o conceito de "administrador não-executivo" abrange todos os administradores que não têm um contrato de prestação de serviços com a sociedade, para além do relativo ao exercício de funções no conselho. LAW COMMISSION e SCOTTISH LAW COMMISSION – *Company directors: Regulating conflicts of interest and formulating a statement of duties (a joint consultation paper)*, 1998, disponível em www.scotlawcom.gov.uk/download_file/view/99/127/, p. 281.

[2232] Cfr. *Dorchester Finance Co. Ltd. v. Stebbing*, [1989] B.C.L.C. 498 (Ch.), COMPANY LAW REVIEW STEERING GROUP – *Modern company law for a competitive economy*.... Cfr. também CHEFFINS e BLACK – *Outside director liability*... p. 1399.

DA ADMINISTRAÇÃO À FISCALIZAÇÃO DAS SOCIEDADES

tempo parte do panorama societário britânico[2233], assumiram um papel de destaque na sequência do Relatório Cadbury (1992), segundo o qual

«o calibre dos membros não-executivos do conselho é de especial importância no estabelecimento e na manutenção de padrões de governo da sociedade»[2234].

1645 II. O relatório concentra-se na função de *vigilância* destes administradores, mas alerta para a necessidade de não desconsiderar a sua contribuição primária e positiva para a liderança da sociedade, como membros paritários do conselho (§ 4.10). Assim, tais administradores devem contribuir com um juízo independente em matérias de estratégia, desempenho, recursos, incluindo nomeações-chave, e padrões de conduta (§ 4.11)[2235].

1646 Sendo a independência no seu juízo uma qualidade essencial destes administradores, o relatório recomenda que a maioria dos administradores não-executivos seja independente da sociedade. Ou seja, sem prejuízo da sua remuneração e participação social, devem ser independentes da equipa de gestão e de qualquer relação comercial ou de outra natureza que possa afetar significativamente a sua isenção de juízo (§ 4.12).

1647 A comissão de nomeações deve ser composta por uma maioria de administradores não-executivos (§ 4.30) e a comissão de auditoria deve ser composta exclusivamente por este tipo de administradores, na sua maioria independentes (§ 4.35).

1648 O Relatório Greenbury (1995) acrescentou depois recomendações relativas à constituição de uma comissão de remunerações, nas sociedades cotadas, com-

---

[2233] Até então a prática relativa à seleção e designação dos administradores não-executivos – nos termos da qual tais administradores deviam os seus cargos às relações pessoais mantidas com o presidente do conselho ou outros membros executivos –, bem como ao desempenho das suas funções, era considerada insatisfatória. EILÍS FERRAN – *Company law...* p. 220. Segundo A. D. COSH e A. HUGHES – The anatomy of corporate control: directors, shareholders and executive remuneration in giant US and UK corporations, *Cambridge Journal of Economics*, 11:4, 1987, na altura os administradores não-executivos eram essencialmente administradores executivos reformados (frequentemente da mesma sociedade) ou administradores executivos de outras sociedades nos sectores financeiro e industrial.

[2234] § 4.10. Sobre este ponto, cfr. NOLAN – *The legal control...* p. 385-386. A teoria subjacente ao movimento de introdução e desenvolvimento do papel dos administradores não executivos baseia-se na convicção de que um grupo de administradores com uma estrutura de incentivos diferente da dos executivos estará em melhor posição para desenvolver a tradicional função de vigilância do conselho sobre a equipa de gestão, em benefício dos acionistas, sem prejuízo da sua participação na determinação da estratégia da sociedade. PAUL L. DAVIES – *The board of directors: Composition, structure, duties and powers*, 2000, disponível em http://www.oecd.org/dataoecd/21/30/1857291.pdf, p. 8.

[2235] Relatório Cadbury, p. 22.

636

O MODELO ANGLO-SAXÓNICO

posta exclusivamente por administradores não-executivos independentes, para fixação da remuneração dos administradores executivos (§§ A1 e A4)[2236].

III. O Relatório Cadbury (1992)[2237], em termos confirmados depois pelo Relatório Hampel (1998)[2238], sustentou assim o princípio da unidade e coesão do conselho de administração, responsável pela liderança e pelo controlo da actividade da empresa, imputando duas funções essenciais aos administradores não-executivos: a vigilância (*monitoring*) e a contribuição para o estabelecimento da estratégia empresarial[2239].

1649

Esta configuração, com óbvio impacto ao nível da responsabilidade civil[2240], seria depois refletida nas diferentes versões do *Combined Code*, entretanto substituído pelo *UK Corporate Governance Code*. Estes relatórios e, depois, o Relatório Higgs (2003), tentaram evitar uma concentração excessiva sobre a vigilância e o controlo, face ao risco de os administradores não-executivos se verem a si próprios como meros fiscalizadores, separados do resto do conselho[2241]. Por este motivo, explicita[2242]:

1650

> «(...) it is important to establish a spirit of partnership and mutual respect on the unitary board. This requires the non-executive director to build recognition by executives of their contribution in order to promote openness and trust. Only then can non-execu-

---

[2236] Relatório Greenbury... p. 14.

[2237] §§ 4.1, 4.4, 4.10.

[2238] §§ 3.7 e 3.8. O Relatório Hampel é algo ambíguo neste ponto, ao conceder apoio à prática jurisprudencial, que então se começava a verificar, de consideração da concreta situação de cada administrador (*e.g.*, se era um administrador executivo a tempo inteiro ou um administrador não executivo) na aferição do cumprimento dos seus deveres. Relatório Hampel, p. 23, § 3.3.

[2239] Segundo o Relatório Hampel, a importância do governo da sociedade reside no seu contributo tanto para a prosperidade das empresas, como para a responsabilização (*accountability*) dos seus gestores, tendo esta última ocupado grande parte do debate público nos anos que o antecederam. Esta concentração na responsabilização tende a ofuscar a responsabilidade primeira do conselho de administração: alcançar a prosperidade da empresa ao longo do tempo (§1.1). Esta nota introdutória do Relatório Hampel, depois desenvolvida no Relatório Higgs (§§ 6.1 e 6.2), é coerente com alguns dos desenvolvimentos mais recentes da teoria económica sobre os limites das soluções baseadas na teoria da agência habitualmente apresentadas (cfr. § 3.3 *supra*), mas não deixa de ser criticada por aqueles que nela vêm uma ambiguidade que prejudica a concentração dos administradores não-executivos na tarefa de vigilância que só eles podem desenvolver eficazmente. Cfr. NOLAN – *The continuing evolution*... p. 368 e *passim*.

[2240] Para uma interessante síntese sobre a problemática da responsabilidade civil dos administradores e, em particular, dos administradores não-executivos por incumprimento dos *duties of care and skill*, aos quais se reconduz esta discussão, cfr. EILÍS FERRAN – *Company law*... p. 206-238.

[2241] Relatório Higgs, p. 27, §§ 6.1 a 6.2.

[2242] Relatório Higgs, § 6.3.

DA ADMINISTRAÇÃO À FISCALIZAÇÃO DAS SOCIEDADES

tive directors contribute effectively. The key to non-executive director effectiveness lies as much in behaviours and relationships as in structures and processes».

1651   Não obstante, a *Law Commission*, no documento que serviu de base à consulta pública sobre os deveres dos administradores, em 1998, parece reconhecer que o papel principal dos administradores não-executivos é de vigilância, e não de gestão propriamente dita, por entender «ser improvável que os mesmos obtenham informação empresarial valiosa como resultado do seu investimento de tempo e de esforço»[2243].

1652   Esta perspetiva parece ser partilhada por alguma jurisprudência mais recente que reconhece que as diferentes funções desempenhadas pelos administradores não-executivos permitem estabelecer diferenciações face aos executivos, na concretização do padrão objetivo pelo qual são julgados[2244], atendendo, em particular, ao desenvolvimento da sua atividade a tempo parcial e com menor infor-

---

[2243] LAW COMMISSION e COMMISSION – *Company directors...*, § 3.46. Noutro ponto, a *Law Commission* reafirma expressamente que os dois tipos de administradores – executivos e não-executivos – são igualmente responsáveis pela *liderança* da sociedade. Na prática, face à ausência de uma qualquer distinção no texto da lei, as suas funções e deveres divergem de acordo com a sua posição face às responsabilidades pela gestão corrente da sociedade. Na maioria das grandes sociedades, cujos conselhos compreendem administradores executivos e não-executivos, os primeiros terão responsabilidades e deveres adicionais decorrentes da sua posição executiva, nos termos expressos nos seus contratos de prestação de serviços. Os administradores não-executivos, por definição, não estarão adstritos a quaisquer deveres adicionais para com a sociedade. Estando sujeitos ao mesmo quadro normativo dos executivos, os administradores não-executivos encontram-se frequentemente na difícil posição de serem chamados a atuar sem o nível de conhecimento dos executivos sobre a empresa. Tanto uns como outros estão sujeitos ao mesmo dever de cuidado (*duty of care*) – sem prejuízo dos deveres adicionais que possam ser imputáveis aos executivos pelos seus contratos de prestação de serviços –, mas, como afirma a *Law Commission*, «é provável que os não-executivos tenham de fazer menos para demonstrar o cumprimento do seu dever». Com base no aresto *Dorchester Finance Co Ltd v. Stebbing*, [1989] BCLC 498, explica que o administrador não-executivo deve participar nas reuniões do conselho e demonstrar um interesse ativo pela atividade da sociedade (não podendo, por exemplo, aceitar acriticamente o que lhe seja apresentado pelo auditor), não sendo os seus deveres diferentes dos dos administradores executivos face ao *Companies Act*. Porém, cita também a decisão proferida em *Norman v. Theodore Goddard*, [1991] BCLC 1028, segundo a qual o tribunal admitia que, na determinação do cumprimento do dever de cuidado (*duty of care*), em particular, na aferição daquilo que o administrador devia saber, de acordo com um padrão de razoabilidade, o tribunal podia tomar em consideração os conhecimentos, a capacidade e a experiência que o mesmo efetivamente tinha, para além daqueles que é expectável que uma pessoa tenha no desenvolvimento das funções em causa. *Ibidem*, p. 281-282.

[2244] Cfr. EILÍS FERRAN – *Company law...* p. 215 e *passim*.

O MODELO ANGLO-SAXÓNICO

mação[2245]. Não obstante, todos os administradores estão sujeitos a certos padrões mínimos, independentemente das específicas funções desempenhadas[2246].

Na concretização do que sejam essas diferentes funções dos administradores não-executivos, o *High Court of Justice Queens Bench Division Commercial Court* afirmou, em *Equitable Life Assurance Society v. Bowley*[2247]:

> *«It is well known that the role of non-executive directors in corporate governance has been the subject of some debate in recent years. (...) It is plainly arguable, I think, that a company may reasonably at least look to non-executive directors for independence of judgment and supervision of the executive management»*[2248].

[2245] Cfr. Equitable Life Assurance Society v. Bowley, [2003] EWHC 2263 (Comm), no qual o High Court of Justice Queens Bench Division Commercial Court afirmou:

«35. *There is a considerable measure of agreement about the duty owed in law by a non-executive director to a company.* In expression it does not differ from the duty owed by an executive director but in application it may and usually will do so. 36. *In Re D' Jan of London Limited [1993] BCLC 646 Hoffmann LJ said, at page 648, "... the duty of care owed by a director at common law is accurately stated in sec. 214(4) of the Insolvency Act 1986. It is the conduct of: ... a reasonably diligent person having both– (a) the general knowledge, skill and experience that may reasonably be expected of a person carrying out the same functions as are carried out by that director in relation to the company, and (b) the general knowledge, skill and experience that that director has." 37.* Thus the first requirement is an objective test, the second looks to the actual knowledge, skill and experience of the director in question» (itálicos nossos).

Cfr. também Re Continental Assurance Co. of London Plc, [2007] 2 B.C.L.C. 287; [2001] B.P.I.R. 733, no qual o High Court of Justice Chancery Division sustentou:

«399. *(...) I accept that one of the duties of non-executive directors is to monitor the performance of the executive directors.* I accept that the managing director of a company (here Mr Burrows) has a general responsibility to oversee the activities of the company, which presumably includes its accounting operations. But I do not think that those responsibilities can go so far as to require the non-executive directors to overrule the specialist directors, like the finance director, in their specialist fields. *The duty is not to ensure that the company gets everything right.* The duty is to exercise reasonable care and skill up to the standard which the law expects of a director of the sort of company concerned, and also up to the standard capable of being achieved by the particular director concerned» (itálicos nossos).

[2246] Cfr. EILÍS FERRAN – *Company law...* p. 215-216, citando *Re Produce Marketing Consortium Ltd (No. 2)* [1989] BCLC 520.

[2247] [2003] EWHC 2263 (Comm), § 41. Cfr. nota 2245 *supra.*

[2248] Neste contexto, NOLAN critica a configuração expressa nos diversos relatórios sobre governo das sociedades e, em particular, no Relatório Higgs (2003), por conferir um papel ambíguo aos administradores não-executivos. Segundo o autor, um papel fiscalizador menos ambíguo permitiria configurar a atuação dos administradores não-executivos independentes como um mecanismo plausível para assegurar o cumprimento de deveres que, numa sociedade com elevada dispersão acionista, não pode ser realisticamente assegurado pelos acionistas, salvo em casos excepcionais.

No âmbito do dever de lealdade e recorrendo à expressão popular do "pau" e da "cenoura", NOLAN sustenta que a verificação do cumprimento (*enforcement*) deste dever pelos administradores independentes (o "pau") deve ser conjugada com uma configuração dessa verificação como um mecanismo legitimador (a "cenoura"). Ou seja, a ideia de que o consentimento prestado pelos administradores independentes a um determinado negócio, no qual se verifica um conflito de interesses de um ou mais administradores,

DA ADMINISTRAÇÃO À FISCALIZAÇÃO DAS SOCIEDADES

1654   IV. Do exposto resulta que, independentemente da discussão sobre se os administradores não-executivos se devem concentrar em funções de vigilância ou se devem participar na formulação da estratégia empresarial, os mesmos não estão obrigados a dedicar o mesmo tempo aos assuntos societários e a conhecê-los com a profundidade exigida aos executivos, em virtude dos seus específicos contratos de prestação de serviços.

1655   Nesse sentido, o Relatório Higgs esclarece que, embora os administradores não-executivos estejam sujeitos aos mesmos deveres dos executivos, é expectável que dediquem substancialmente menos tempo aos assuntos societários, pelo

desde que baseado em informação adequada, não poderia ser posto em causa *a posteriori*, constituiria um incentivo ao controlo interno de conflitos de interesses.

Sustenta também que os diferentes mecanismos do Direito societário inglês para responsabilizar os administradores executivos – (i) as ações de responsabilidade civil por violação de *fiduciary obligations*, (ii) os requisitos de aprovação de determinados negócios jurídicos pelos acionistas, (iii) a criminalização de determinadas condutas, (iv) os processos de inabilitação para o exercício de cargos de administração, (v) os poderes de investigação do *Department of Trade and Industry*, e (vi) as ações fundadas em *unfairly prejudicial conduct* –, bem como outros mecanismos não-legais – como a reputação, por exemplo – não são totalmente eficazes, razão pela qual não surpreende o crescente interesse pelos administradores independentes, enquanto mecanismo de responsabilização (*accountability*) dos administradores executivos. Cfr. NOLAN – *The legal control...* p. 368.

Neste sentido, segundo DEAKING e HUGHES (1999), os administradores independentes constituem já o mais significativo mecanismo de controlo dos administradores executivos, em sociedades cotadas. Cfr. SIMON DEAKIN e ALAN HUGHES – *Directors' duties: Empirical findings: Report to the Law Commissions*, 1999, disponível em http://lawcommission.justice.gov.uk/docs/lc261_Company_Directors_ESRC_Research. pdf, p. 15-16, § 5.1.

A dependência do sistema britânico face aos administradores independentes sugere a necessidade de reformas no seu Direito societário e processual. Contudo, face aos desafios que se colocam também ao sistema português, como em tempos analisámos (cfr. FERREIRA GOMES – *Conflitos de interesses...* p. 203-213), NOLAN sustenta ser pouco provável que tais reformas sejam atempadas e efetivas. NOLAN – *The legal control...* p. 384-385. O autor conclui também que a restrição da função dos administradores não-executivos à vigilância dos executivos é possível *de iure constituto*, face à flexibilidade do sistema britânico, tanto pelos acionistas – fazendo uso da ampla liberdade de distribuição de poderes nos estatutos da sociedade – como pelo próprio conselho de administração – no âmbito da sua liberdade de delegação de poderes. Acrescenta que nada no Direito britânico impõe aos administradores o desenvolvimento da gestão propriamente dita. Com base sobretudo nos acórdãos proferidos nos casos *Re Westmid Packing Services Ltd (No.2)* ([1998] B.C.C. 836, 842, cfr. nota 2229 *supra*) e *Re Barings plc. Secretary of State for Trade and Industry v Baker & Ors (No. 5)* ([1999] 1 BCLC 433, [2000] 1 BCLC 523, cfr. nota 2229 *supra*), conclui que os administradores podem delegar poderes de gestão, o que aliás é frequentemente essencial para que a sociedade possa desenvolver a sua atividade de forma eficiente, mas devem estar a todo o tempo informados sobre a atividade da sociedade que devem vigiar e controlar. Cfr. *ibidem*, p. 396-401.

Para mais indicações bibliográficas relativas à crítica à ambivalência das funções imputadas aos administradores não-executivos pelos diversos relatórios sobre o governo das sociedades, cfr., *v.g.*, EILÍS FERRAN – *Company law...* p. 221 (nota 62). Para uma crítica à concentração das funções dos administradores não-executivos na vigilância dos executivos face aos mais recentes desenvolvimentos na teoria económica, cfr. § 3.3 *supra*.

O MODELO ANGLO-SAXÓNICO

que é igualmente expectável que tenham menores conhecimento e experiência sobre esses mesmos assuntos[2249].

Dado que, no sistema britânico, o padrão de diligência dos administrado-   1656
res (*duty of care, skill and diligence*) era então eminentemente subjetivo[2250] – contrariamente ao verificado nos sistemas romano-germânicos –, esta conclusão relevava para efeitos da responsabilidade civil deste tipo de administradores: na aferição do conhecimento, habilidade e diligência razoavelmente expectável de cada administrador, o tribunal tendia a distinguir consoante este fosse executivo ou não executivo[2251].

V. Quanto à inclusão dos administradores não-executivos na composição do   1657
board of directors das sociedades cotadas, o Relatório Cadbury afirmava apenas que os mesmos deviam ser em número suficiente para que as suas perspetivas tivessem um peso significativo nas decisões do *board*, assegurando um equilíbrio de poderes e evitando o controlo irrestrito do processo de decisão por um qualquer indivíduo (§§ 1.3 e 1.2 *Code of Best Practice*)[2252].

O *Combined Code* veio especificar que os administradores não-executivos   1658
deviam corresponder a um terço do conselho (§ 3.1), sendo este número alargado em 2003, para compreender metade do conselho, salvo nas pequenas sociedades (§ A.3.2). Estas últimas, desde de 2006, devem ter pelo menos dois administradores não-executivos independentes (§ A.3.2)[2253].

[2249] Cfr. Relatório Higgs, anexo B, § 1.

[2250] Na classificação de PESSOA JORGE – *Ensaio...* p. 88 ss., a diligência seria apreciada *em concreto* (tomando como padrão a conduta do próprio agente) e não *em abstrato* (tomando por referência a conduta do homem médio).

Para uma crítica à caracterização do atual sistema britânico como subjetivista, cfr. DAVIES e WORTHINGTON – *Principles*⁹..., p. 518-519, onde o autor contrapõe a decisão proferida no caso *Re City Equitable Fire Insurance Co*, [1925] Ch. 407, com aqueloutra de *Dorchester Finance Co v. Stebbing*, de 1977, [1989] B.C.L.C. 498, *Norman v. Theodore Goddard*, [1991] B.C.L.C. 1027, *Re D'Jan of London Ltd.*, [1994] 1 B.C.L.C. 561, bem como *Cohen v. Selby*, de 2001, [2001] 1 B.C.L.C. 176. Esta evolução jurisprudencial refletiu-se no *Companies Act 2006*, cuja secção 174 se aproxima da secção 214 do *Insolvency Act 1986*, a qual estabelece um padrão objetivo.

[2251] Cfr. Relatório Higgs, anexo B, §§ 1-3.

[2252] Cfr. Relatório Cadbury, p. 58.

[2253] Esta solução manteve-se inalterada na versão do *Combined Code* de 2008, bem como no *UK Corporate Governance Code* que, atualmente, estabelece um critério geral de composição equilibrada do conselho de administração, incluindo administradores executivos e não-executivos (e, em particular, administradores independentes), de forma a que nenhum indivíduo ou grupo de indivíduos possa dominar o processo de decisão no conselho (§ A.3), sendo este princípio desenvolvido no sentido de assegurar uma composição maioritária do conselho por administradores não-executivos (§ A.3.2), salvo nas pequenas sociedades. Também quanto a estas últimas se mantém a recomendação de terem pelo menos dois administradores não-executivos independentes (§ A.3.2).

DA ADMINISTRAÇÃO À FISCALIZAÇÃO DAS SOCIEDADES

1659   Na sequência destas disposições, em 2006, numa típica *public company* britâ-nica, o conselho de administração era composto por uma maioria de administra-dores não-executivos (contra dois terços nos Estados Unidos)[2254].

1660   VI. Não obstante esta evolução, tal como nos Estados Unidos, também no Reino Unido existem dúvidas sobre a eficácia dos administradores não-execu-tivos no controlo dos executivos[2255], principalmente quando não são escolhidos nem apoiados pelos acionistas, em particular pelos acionistas institucionais[2256].

[2254] Cfr. CHEFFINS e BLACK – *Outside director liability...* p. 1399, SEALY e WORTHINGTON – *Cases and materials...* p. 244.

[2255] Cfr., *v.g.*, JULIAN FRANKS, COLIN MAYER e LUC RENNEBOOG – Who disciplines management in poorly performing companies?, *Journal of Financial Intermediation*, 10:3-4, 2001, em particular, p. 223-225, 234-235, 238, onde os autores concluem que, contrariamente ao esperado, os administradores não-executivos contribuem para a manutenção da equipa de gestão em sociedades com fraco desempenho, contrariando forças externas para a sua substituição, não constituindo um mecanismo disciplinador. De acordo com este estudo, os dados empíricos parecem demonstrar que o conselho de administração exerce uma função mais consultiva do que fiscalizadora. Cfr. *ibidem*, p. 234, 235, 238. Segundo os autores, a possível justificação para esta conclusão – contrária ao verificado nos Estados Unidos – é o facto de, como concluiu STAPLEDON, serem praticamente inexistentes as ações de responsabilidade civil por violação de deveres fiduciários. Cfr. G. P. STAPLEDON – *Institutional shareholders and corporate governance*, Oxford: Clarendon Press, 1996, p. 13-14, 131-133. Segundo MILLER, este padrão é determinado pelo problema de *free riding*, pela dificuldade em obter o pagamento dos inerentes custos legais pela sociedade, e a proibição de *quota litis*. Cfr. GEOFFREY MILLER – Political structure and corporate governance: Some points of contrast between the United States and England, *Columbia Business Law Review*, 1998:51, 1998.

Recorde-se a este propósito o estudo de JOHN ARMOUR e JEFFREY N. GORDON – *The Berle-Means corporation in the 21st Century*, University of Oxford, Columbia Law School, inédito, 2008, *passim*, em especial, p. 2-3, no qual os autores classificam o sistema norte-americano como *"law-oriented"*, assente no paradigma do investidor-consumidor (*retail investor*), e com três características essenciais: (i) imposição federal de extensos deveres de informação destinados a assegurar a prestação de informação pelas *public traded corporations* aos seus acionistas; (ii) relativa inexistência de direitos de controlo dos acionistas e consequente concentração de poder no conselho de administração, como corolário de uma eficiente distribuição do trabalho no mercado caracterizado por investidores numerosos, altamente dispersos e mal informados; (iii) aplicação agressiva dos deveres legais de informação (*aggressive enforcement*) pelos agentes públicos e privados. Em contraste, classificam o Reino Unido como *"governance-oriented"*, centrado na concessão de direitos de controlo aos investidores institucionais. Verifica-se, portanto, um maior poder de controlo nas mãos dos acionistas, especialmente em questões de governo das sociedades. Havendo uma menor concentração na proteção dos investidores-consumidores, os níveis de litigância são muito menores.

Sobre o caso particular dos administradores não-executivos, cfr., *v.g.*, o estudo comparativo CHEFFINS e BLACK – *Outside director liability...*, em particular, p. 1403-1420.

[2256] Na perspetiva das Comissões Cadbury e Hampel, a escolha dos administradores não-executivos cabe ao conselho ou a uma comissão deste (composta por administradores não-executivos) e não aos acionistas, a quem cabe apenas aprovar ou não a proposta de designação dos administradores que lhe é submetida. Segundo DAVIES, os acionistas institucionais estão de acordo com esta perspetiva, dadas as suas limitações de recursos (não dispõem de recursos para suportar uma estrutura de envolvimento

Estas dúvidas são alimentadas por casos como *Re Polly Peck International plc (No. 2)*[2257]. Esta é a razão pela qual se tem procurado conjugar, no sistema britânico, a reforma do *board of directors* com o incremento de intervenção dos investidores institucionais no governo das sociedades participadas[2258].

56.4. A introdução do *audit committee*

I. O *audit committee* foi introduzido progressivamente nas sociedades britânicas a partir dos anos 1970[2259], mas com especial intensidade em três períodos: 1979-1981, 1986-1990 e, sobretudo, 1992-1993.

1661

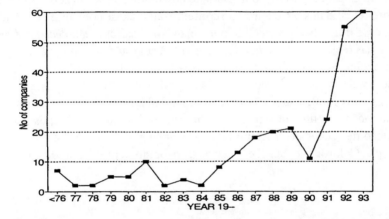

Fonte: PAUL COLLIER – The rise of the audit committee in UK quoted companies: a curious phenomenon?, *Accounting, Business & Financial History*, 6:2, 1996, p. 122.
Gráfico preparado com base num questionário enviado às sociedades do índice *Financial Times All Share*

contínuo na vigilância das sociedades que compõem o seu *portfolio*), os riscos legais (inerentes sobretudo às regras de *insider trading*, nos termos das quais ficaria limitada a sua liberdade de negociação no mercado), os riscos políticos (decorrentes da pressão pública de responsabilização destes investidores pelas falhas verificadas na administração das sociedades, a qual é tanto maior, quanto mais intenso o seu envolvimento com a gestão das sociedades em causa) e os conflitos de interesses (especialmente no caso dos gestores de fundos de instituições de crédito, os quais temem que as administrações de sociedades com fraco desempenho levantem os fundos depositados no banco, caso haja uma maior intervenção dos gestores dos fundos na sociedade). DAVIES – *Board structure...*, p. 444-445.

[2257] [1994] 1 BCLC 574. Sobre este caso, cfr., *v.g.*, DEREK FRENCH, STEPHEN W. MAYSON e CHRISTOPHER L. RYAN – *Mayson, French & Ryan on company law*, 25.ª ed., Oxford: Oxford University Press, 2008, p. 411, 693.

[2258] Cfr. PAUL DAVIES – "Post-Enron developments in the United Kingdom", in GUIDO FERRARINI, et al. (eds.) – *Reforming company and takeover law in Europe*, Oxford: Oxford University Press, 2004, p. 199-202.

[2259] De acordo com vários estudos enunciados por COLLIER – *The rise...* p. 122, praticamente nenhuma sociedade britânica tinha um *audit committee* antes de 1970 e muito poucas constituíram uma tal comissão entre 1970 e 1975.

DA ADMINISTRAÇÃO À FISCALIZAÇÃO DAS SOCIEDADES

1662
Esta evolução traduziu a significativa influência da experiência norte-americana no Reino Unido, tendo contudo dependido da mais lenta evolução do número de administradores não-executivos – e, em particular, de administradores independentes – no *board of directors* das sociedades britânicas, entre os quais podiam ser selecionados os membros do *audit committee*[2260]. Esta mesma influência foi reconhecida pelo Relatório Cadbury (1992), explicando que, mesmo nos casos em que a constituição do *audit committee* não era obrigatória, demonstrou o seu valor e tornou-se numa comissão essencial do *board of directors*[2261].

1663
A partir dos anos 1970, o *audit committee* foi apresentado como uma solução para os problemas de contabilidade e de auditoria verificados em diversos famosos escândalos financeiros, no contexto da "crise de confiança", centrada no frequente domínio da sociedade por uma só pessoa (*one-man-dominated companies*) e nas relações entre o *board* e o *auditor*. A sugestão de que o *audit committee* podia melhorar a contabilidade e auditoria das sociedades ganhou um crescente apoio, traduzido na evolução registada no gráfico de COLLIER exposto acima[2262].

1664
Nos anos 1980, a sugestão perdeu atualidade, mas voltou a estar no centro das atenções no final dessa década e no início dos anos 1990, após mais uma sucessão de escândalos societários (*e.g.*, British and Commonwealth plc, Polly Peck plc, Coloroll plc, BCCI e Maxwell), atribuídos a problemas de governo das

---

[2260] Cfr. *ibidem*, p. 127, onde o autor analisa a evolução do número de administradores não-executivos no Reino Unido. Recorde-se que, aquando da publicação do Relatório Cadbury, o conselho de administração das *publicly traded corporations* nos Estados Unidos era, em geral, composto por uma maioria de administradores independentes (ou, pelo menos, por uma minoria significativa). A Comissão Cadbury concluiu que tal objetivo era demasiado exigente para as sociedades britânicas no início dos anos 1990, tendo proposto apenas que os administradores não-executivos fossem em número suficiente para que as suas perspetivas tivessem um peso significativo nas decisões do conselho, assegurando um equilíbrio de poderes e evitando o controlo irrestrito do processo de decisão por um qualquer indivíduo (§§ 1.3 e 1.2 Code of Best Practice). Como vimos já, o *Combined Code* veio depois especificar que os administradores não-executivos deviam corresponder a um terço do conselho (§ 3.1), sendo este número alargado em 2003, para compreender metade do conselho, salvo nas pequenas sociedades (§ A.3.2). Estas últimas, desde de 2006, devem ter pelo menos dois administradores não-executivos independentes (§ A.3.2) . Na sequência destas disposições, em 2006, numa típica *public company* britânica, o conselho de administração era composto por uma maioria de administradores não-executivos (contra dois terços nos Estados Unidos).

[2261] Para além desta justificação, o Relatório Cadbury fundamenta ainda a recomendação da introdução de um *audit committee* com base nos seguintes argumentos: (i) verifica-se um entusiasmo crescente a propósito do valor dos *audit committee* na atividade das sociedades britânicas que o constituíram; e (ii) os *audit committee* constituem um meio adicional para assegurar aos acionistas que os *auditors*, que atuam por sua conta, estão em condições de salvaguardar os seus interesses. Cfr. Relatório Cadbury, p. 27-28 (§ 4.34) e, com maiores desenvolvimentos, no anexo 4, p. 68-69.

[2262] COLLIER – *The rise...* p. 128.

O MODELO ANGLO-SAXÓNICO

sociedades. Renovaram-se então as pressões[2263] para a constituição de *audit committees*, com reflexos na evolução registada no gráfico – em 1992, dois terços das 250 maiores *listed companies* tinham um *audit committee*[2264] – e na constituição da Comissão Cadbury[2265].

II. O Relatório Cadbury (1992) recomendou que todas as *listed companies* tivessem um *audit committee*, com um mínimo de três membros, que deviam ser administradores não-executivos, a maioria dos quais devia ser independente. Entre as suas funções incluíam-se a proposta de nomeação e de remuneração do *auditor*, a revisão das demonstrações financeiras da sociedade, a discussão da revisão das mesmas com o *auditor*, bem como a revisão da declaração sobre sistemas de controlo interno e investigação de factos descobertos em investigações internas[2266]. Não obstante, o *Code of Best Practice*, incluído na parte final deste relatório, referia apenas que o conselho deveria estabelecer um *audit committee* composto por pelo menos três administradores não-executivos, regulando por escrito a sua autoridade e deveres[2267].

O *Combined Code*, na sua versão original, acrescentou o requisito da composição maioritária por administradores independentes[2268] e especificou as funções da comissão, ainda que de forma bastante mais tímida do que a constante do Relatório Cadbury[2269].

1665

1666

[2263] A pressão foi não só do legislador britânico, mas também das entidades representativas dos auditores e outras. Cfr. *ibidem*, p. 130-134.

[2264] Relatório Cadbury, p. 26, § 4.33.

[2265] Segundo o autor, as propostas constituíam também uma reação às sugestões de alternativas ao modelo vigente de governo societário, no sentido de aproximação aos modelos dualistas e com representação de trabalhadores, que coincidiram com a apresentação das propostas de 5.ª Diretriz que foram duramente criticadas pela comunidade empresarial britânica. COLLIER – *The rise...* p. 128-129.

[2266] De acordo com o § 4.35(e) do Relatório Cadbury, são funções do *audit committee*, para além de outras que lhes sejam atribuídas, em função das específicas necessidades da sociedade, (i) apresentação de recomendações ao conselho sobre o *auditor* a designar, sobre a sua remuneração e sobre quaisquer questões relativas à sua renúncia ou destituição; (ii) revisão das demonstrações financeiras semestrais e anuais, antes da sua submissão ao conselho; (iii) discussão com o *auditor* sobre a natureza e o âmbito da auditoria, coordenação dos *auditors* (quando existam vários), discussão de quaisquer problemas ou reservas decorrentes da revisão de contas, bem como de quaisquer outras questões que o auditor pretenda discutir sem a presença de administradores executivos; (iv) revisão do relatório intitulado *auditors' management letter*; (v) revisão da declaração da sociedade sobre sistemas de controlo interno antes da sua aprovação pelo *board*; (vi) revisão de quaisquer factos significativos descobertos em investigações internas.

[2267] Combined Code, § 4.3.

[2268] Combined Code, § D.3.1.

[2269] Combined Code, § D.3.2.

DA ADMINISTRAÇÃO À FISCALIZAÇÃO DAS SOCIEDADES

1667 III. O *Combined Code* foi, porém, alterado em 2003, de forma a acolher as propostas do Relatório Smith[2270], conjugado com o Relatório Higgs[2271], preparados e publicados já na era pós-Enron[2272]. Em primeiro lugar, passou a permitir uma composição mais flexível do *audit committee* das pequenas sociedades, o qual devia ser composto apenas por dois administradores independentes[2273]. Em segundo lugar, passou a prever um requisito de qualificação aplicável a um dos membros do *committee*, o qual devia ter uma experiência financeira recente e relevante[2274]. Em terceiro lugar, desenvolveu as funções do *audit committee*, incluindo (i) a vigilância da integridade das demonstrações financeiras e de quaisquer anúncios formais relativos ao desempenho da sociedade e a revisão dos juízos contabilísticos relevantes neles contidos[2275]; (ii) a revisão dos mecanismos internos de controlo financeiro, bem como dos sistemas de controlo interno e de controlo de risco; (iii) a vigilância e revisão da função de auditoria interna; (iv) a recomendação ao conselho do auditor externo a submeter a aprovação dos acionistas e aprovação da sua remuneração; (v) a vigilância e a revisão da eficácia e independência do processo de revisão de contas; (vi) o desenvolvi-

---

[2270] FINANCIAL REPORTING COUNCIL – *Audit committees Combined Code guidance: A report and proposed guidance*, 2003.

[2271] Este relatório sofreu inicialmente uma forte resistência da comunidade empresarial, dada a conjugação do desenvolvimento das regras de limitação do poder dos CEO, inicialmente lançadas pela Comissão Cadbury, com o incremento de ativismo dos investidores institucionais no governo das sociedades participadas, na sequência do Relatório Myners (2001), da subsequente proposta do governo e da reação dos investidores institucionais, através da adoção de uma declaração de princípios pelo *Institutional Shareholders Comittee*. Cfr., *v.g.*, DAVIES – *Enron...* p. 438-441, DAVIES – *Post-Enron...* p. 193-202. Cfr. também PAUL MYNERS – *Institutional investment in the UK: A review*, 2001, HM TREASURY – *Myners principles for institutional investment decision-making: review of progress*, 2004, INSTITUTIONAL SHAREHOLDERS' COMMITTEE – *The responsibilities of institutional shareholders and agents – Statement of principles*, 2002.

[2272] Sobre a reação do Reino Unido ao caso Enron, cfr. DAVIES – *Enron..*, DAVIES – *Post-Enron....*

[2273] Cfr. *Combined Code*, § C.3.1.

[2274] Cfr. *Combined Code*, § C.3.1. Esta especificação é contraproducente, na medida em que permite o argumento de que, *a contrario*, os demais membros não estão sujeitos a um tal requisito, o que parece não fazer sentido, dadas as funções imputadas à comissão de auditoria. Neste sentido, a propósito da recomendação do DCGK acerca da qualificação dos membros do *Aufsichtsrat*, § 5.4.1, cfr. HOPT – *Modern...* p. 460.

[2275] Este parágrafo clarifica a competência da comissão de auditoria para controlar o juízo substantivo formulado pela administração sobre matérias contabilísticas (*financial reporting*). Note-se que uma clarificação similar foi sustentada, em 2003, pelo DEPARTMENT OF TRADE AND INDUSTRY (REVIEW GROUP) – *Review of the regulatory regime of the accountancy profession: Report to the Secretary of State for Trade and Industry*, 2003, p. 32-33, § 5.9, a propósito da supervisão pública dos auditores: segundo o *Review Group*, a vigilância deveria incidir não só sobre os procedimentos e sistemas dos auditores, mas também sobre os juízos por estes formulados. Esta vigilância sobre os juízos permitiria, segundo o *Review Group*, alinhar as práticas das pequenas e médias sociedades de auditores pelos melhores padrões.

646

O MODELO ANGLO-SAXÓNICO

mento e a aplicação da política de prestação de serviços extra-auditoria à sociedade pelos *auditors*[2276].

Para além destas, merece destaque a relativa à receção de denúncias por *whistleblowers* internos – na qual muitas atenções estavam centradas na sequência dos acontecimentos que chegaram ao conhecimento público nos casos Enron e Worldcom[2277] –, complementada pelo dever de assegurar que são tomadas as medidas necessárias para a investigação proporcional e independente dos factos denunciados[2278].

1668

O *Combined Code* passou ainda a incluir um extenso anexo, baseado no Relatório Smith, com um guia destinado a auxiliar o conselho de administração a tomar as medidas adequadas ao seu *audit committee*, e a auxiliar os membros deste a desempenhar as suas funções[2279]. Por fim, deve realçar-se a mudança de tom face aos seus predecessores, agora mais "combativo"[2280].

1669

IV. A evolução verificada entre 1992 e 2003 não alterou a característica mais estruturante da regulação do *audit committee*: estava em causa um regime de *soft law*, aplicável diretamente apenas a *listed companies*, segundo a regra de *comply or explain*. Esta solução não podia manter-se face à Diretriz 2006/43/CE, nos termos da qual as "entidades de interesse público" devem ter *necessariamente* uma comissão de auditoria (arts. 41.º e 42.º).

1670

[2276] *Combined Code*, §§ C.3.2–C.3.7.

[2277] Para uma análise da problemática do *whistleblowing* em geral, e destes casos em particular, cfr. § 24.7 *supra*.

[2278] Combined Code, § C.3.4.

[2279] Cfr. *Combined Code*, anexo intitulado *Audit Committees – Combined Code Guidance (The Smith Guidance)*, § 1.1. Neste destaca-se a afirmação de que, sem prejuízo do dever de cada administrador de atuar no interesse da *sociedade*, a comissão de auditoria deve assegurar os interesses dos *acionistas* face à preparação e divulgação de informação financeira e ao controlo interno (§ 1.4). Destaca-se ainda o reconhecimento de deveres de informação da administração, da equipa de gestão e demais colaboradores da sociedade para com a comissão (§ 1.8). Ainda neste contexto, especifica que a generalidade das funções da comissão se resumem a uma supervisão, não devendo imiscuir-se na administração da sociedade. Assim, por exemplo, deve assegurar a existência de um sistema interno de vigilância corrente dos mecanismos de controlo financeiro, mas não desenvolver diretamente essa vigilância (§ 1.9).

[2280] Adjetivo de DAVIES – *Post-Enron...* p. 202. Como se pode ler no anexo intitulado *Audit Committees – Combined Code Guidance (The Smith Guidance)*:

«(...) the audit committee has a particular role, acting independently from the executive, to ensure that the interests of shareholders are properly protected in relation to financial reporting and internal control» (§ 1.4).

Este enquadramento permite compreender a afirmação subsequente:

«[t]he audit committee must be prepared to take a robust stand, and all parties must be prepared to make information freely available to the audit committee, to listen to their views and to talk through the issues openly» (§ 1.7).

Cfr. também DAVIES e WORTHINGTON – *Principles*[9]..., p. 826-827.

DA ADMINISTRAÇÃO À FISCALIZAÇÃO DAS SOCIEDADES

1671
Os demais requisitos da Diretriz são menos exigentes do que os então resultantes do *Combined Code*, pelo que a única questão inerente à transposição da Diretriz era a *injuntividade* do regime subjacente. O governo britânico decidiu transpor os requisitos mínimos da Diretriz através das *Listing Rules* da FSA[2281], mantendo a aplicação dos demais requisitos constantes do *Combined Code* segundo a regra de *comply or explain*[2282].

56.5. Análise crítica do papel do *audit committee*

1672
I. A introdução generalizada do *audit committee* parece sugerir a existência de uma perceção no mercado de que a mesma constitui um instrumento eficaz na melhoria do governo das sociedades[2283]. No entanto, segundo COLLIER, os estudos desenvolvidos demonstram que a informação sobre a eficácia destas comissões que serviu de base a tais recomendações não é credível, não sendo baseada em factos objetivos[2284]. Face ao estado dos estudos económicos sobre a matéria à data da sua análise (2006), concluiu COLLIER que o mérito da constituição de *audit committees* é sustentado por *opiniões* sobre a sua eficácia, refletindo mais um "ato de fé" do que decisões fundamentadas em provas sólidas[2285].

1673
Às dúvidas sobre a sua eficácia juntam-se outras sobre os riscos inerentes à constituição de tais comissões: (i) interferência nas funções dos administradores executivos; (ii) afastamento dos administradores não-executivos da sua função de planeamento estratégico e outras; (iii) criação de divisões entre os

---

[2281] Cfr. §§ 7.1.1–7.1.7 das *Disclosure Rules and Transparency Rules* da FSA. Cfr. também DEPARTMENT FOR BUSINESS ENTERPRISE AND REGULATORY REFORM – *Implementation of Directive 2006/43/EC on statutory audits of annual and consolidated accounts (8th Company Law Directive): Policy conclusions and draft regulations*, 2007, p. 14-18.

[2282] Estes requisitos continuam a ser os únicos aplicáveis às *listed companies* não abrangidas pelo art. 41.º da Diretriz 2006/43/CE. Cfr. DAVIES e WORTHINGTON – *Principles*[9]..., p. 828-829.

[2283] Esta mesma ideia foi enfatizada pela Comissão Treadway (USA, 1987), pela Comissão MacDonald (Canadá, 1988) e pela Comissão Cadbury (RU, 1992) que recomendaram a sua constituição. Cfr. nota 2261 *supra*.

[2284] COLLIER – *The rise...* p. 123. Como realça SOMMER, a constituição de uma comissão de auditoria não significa que a mesma será eficaz na melhoria do processo de divulgação de informação financeira e da sua auditoria. Acresce que a informação então disponível permitia concluir pela existência de um *expectations gap*, ou seja, um fosso entre a perceção generalizada sobre os deveres das comissões de auditoria e a atividade efetivamente desenvolvida e os resultados efetivamente atingidos pelas mesmas. A. A. SOMMER, JR. – Auditing audit committees: An educational opportunity for auditors, *Accounting Horizons*, p. 91-93. MENON E WILLIAMS, por seu turno, concluíram que as comissões de auditoria são frequentemente criadas mais por uma questão de aparência, do que para melhorar o controlo dos gestores pelos acionistas. KRISHNAGOPAL MENON e JOANNE DEAHL WILLIAMS – The use of audit committees for monitoring, *Journal of Accounting and Public Policy*, 13:2, 1994, p. 137.

[2285] COLLIER – *The rise...* p. 123.

O MODELO ANGLO-SAXÓNICO

administradores executivos e não-executivos; e (iv) redução dos contactos entre o auditor e o conselho de administração como um todo[2286].

II. Paralelamente às dúvidas inerentes à *existência* de *audit committees* somaram-se outras relativas à *imposição* da mesma. Segundo a síntese de BRADBURY, a imposição desta comissão (i) pode gerar custos desiguais para as sociedades visadas, se existirem diferenças nos custos e benefícios dos mecanismos de fiscalização das sociedades; (ii) pode levar as sociedades visadas a transferir recursos previamente alocados a outras (talvez mais eficazes) atividades de fiscalização, no pressuposto de que os recursos para a fiscalização são limitados; e (iii) impedir que o mercado avalie a constituição *voluntária* do *audit committee* como mecanismo de fiscalização societária[2287].

1674

§ 57. A COMISSÃO DE AUDITORIA NO DIREITO EUROPEU

I. Face ao insucesso da proposta de 5.ª Diretriz, relativa à estrutura das sociedades anónimas[2288], a Comissão Europeia demonstra uma particular reserva na iniciativa legislativa em matéria de governo das sociedades. Esta perspetiva foi partilhada pelo "Grupo de Alto Nível de Peritos no Domínio do Direito das Sociedades" que, no Relatório Winter II (2002), manifestou as suas dúvidas sobre a regulação desta matéria a nível europeu[2289]. Sugeriu apenas a emissão de recomendações (não vinculativas) pela Comissão Europeia relativamente, por um lado, aos administradores não-executivos e membros do conselho de supervisão e, por outro, à remuneração dos administradores[2290]. Diferentemente, no que respeita à responsabilidade da administração pelas demonstrações financeiras, o Grupo entendeu que, face à já existente regulação comunitária, através

1675

[2286] *Ibidem*, p. 124.

[2287] MICHAEL E. BRADBURY – The incentives for voluntary audit committee formation, *Journal of Accounting and Public Policy*, 9:1, 1990, p. 20.

[2288] A proposta original foi apresentada pela Comissão a 9 de outubro de 1972 (JOCE n.º C-131, 49-61, de 13.12.1972); a primeira versão alterada a 19 de agosto de 1983 (JOCE n.º C-240, 2-38, de 9.9.1983); a segunda e última a 20 de novembro de 1991 (JOCE n.º C-321, 9-12, de 12.12.1991).

[2289] Em particular, rejeitou a ideia de um código europeu de governo das sociedades, por considerá-lo inviável face aos diferentes Direitos das sociedades dos Estados-membros e por considerar que a iniciativa nesta matérias deve partir do mercado e dos participantes neste. Cfr. Relatório Winter II, p. 72.

[2290] Relatório Winter II, p. 68. Esta proposta seria seguida através da *Recomendação relativa ao papel dos administradores não executivos* ..., e da *Recomendação relativa à instituição de um regime adequado de remuneração dos administradores de sociedades cotadas*, de 14 de dezembro de 2004 (2004/913/CE), JO L 385, 29.12.2004.

DA ADMINISTRAÇÃO À FISCALIZAÇÃO DAS SOCIEDADES

das 4.ª e 7.ª Diretrizes, relativas à prestação de contas das sociedades, a Comissão Europeia podia e devia promover a intervenção comunitária[2291].

1676 A tensão entre as matérias de puro governo das sociedades, onde a União Europeia ainda não legislou, e aqueloutras de contabilidade e auditoria, onde intervém desde os anos 1970, é ilustrada pelas disposições relativas à comissão de auditoria[2292]. O referido grupo de peritos recomendou que estas fossem incluídas na Recomendação sobre administradores não-executivos[2293], como aliás sucedeu[2294]. No entanto, a comissão de auditoria acabou por estar também no centro da Diretriz 2006/43/CE[2295].

1677 II. O Relatório Winter II (2002), preparado a pedido da Comissão Europeia, é manifestamente influenciado pelo Relatório Cadbury (1992). Assim, explicita que o bom governo das sociedades depende de um conselho de administração forte e equilibrado, como corpo fiscalizador da equipa de gestão da sociedade. Neste contexto, o Relatório realça o papel dos administradores não-executivos, a quem compete preencher o vazio existente entre os acionistas mal informados (*principais*) e os gestores executivos (*agentes*)[2296], a quem devem vigiar de perto. Nas sociedades com acionistas controladores, o seu papel assume uma particular relevância no controlo dos conflitos de interesses entre este e os minoritários. Entre as funções a desempenhar por estes administradores, destaca a vigilância do desempenho financeiro e a sua participação nas principais decisões relativas à estratégia e ao futuro da sociedade.

1678 Para além destas funções gerais, o Relatório afirma a necessidade da sua participação em três áreas onde são manifestos os conflitos de interesses dos administradores executivos: a nomeação de administradores, a remuneração de administradores e a revisão das contas que permitem determinar o desempenho da sociedade. Esta participação poderia concretizar-se através da criação, *nas sociedades cotadas*, de comissões de nomeações, de remunerações e de auditoria,

---

[2291] Cfr. Relatório Winter II, p. 68. Também esta proposta seria seguida através da Diretriz 2006/43/CE.

[2292] DAVIES – *Enron...* p. 421.

[2293] Relatório Winter II, p. 71.

[2294] *Recomendação relativa ao papel dos administradores não executivos* ..., considerando II, secção II (§ 5), secção III (§ 11.2), Anexo I (§§ 1.6, 4).

[2295] A regulação injuntiva da comissão de auditoria gerou fortes protestos do Reino Unido onde o mecanismo de *comply or explain*, mais flexível, tinha produzido bons resultados e era largamente preferido pelo participantes no mercado. Cfr. DAVIES – *Enron...* p. 421 (nota 19).

[2296] Uma vez mais, os termos principal e agente são aqui usados de acordo com o sentido dado pela teoria económica dos problemas e dos custos de agência. Cfr. §§ 3.2 ss. *supra*.

O MODELO ANGLO-SAXÓNICO

compostas por administradores não-executivos (ou membros do conselho de supervisão), na sua maioria independentes[2297].

Mais relevante para o que ora nos ocupa, o Relatório Winter II especifica as funções a desempenhar pela comissão de auditoria, tanto no contexto da auditoria interna, como da revisão de contas (ou auditoria externa), seguindo de perto os desenvolvimentos verificados no sistema britânico[2298].

III. As propostas do Relatório Winter II foram refletidas no Plano de Ação da Comissão Europeia, relativo à modernização do Direito das sociedades e ao reforço do governo das sociedades, apresentado em 2003[2299], na sequência do qual a Comissão emitiu a sua Recomendação de 15 de fevereiro de 2005, relativa ao papel dos administradores não-executivos ou membros do conselho de supervisão *de sociedades cotadas* e às comissões do conselho de administração ou de supervisão[2300].

Nesta Recomendação, a Comissão Europeia destaca a especial importância do seu papel na fiscalização dos administradores executivos e no tratamento de situações que envolvam conflitos de interesses, sem prejuízo de, na prática, serem contratados para uma grande variedade de funções[2301].

[2297] Relatório Winter II, p. 59-61.

[2298] A comissão de auditoria deveria (i) selecionar o revisor (a nomear pela assembleia geral ou pelo conselho de administração, consoante aplicável em cada Estado-membro), (ii) vigiar a relação entre o revisor e a equipa de gestão (assegurando a sua independência), (iii) vigiar a prestação de serviços extra-auditoria pelo revisor, (iv) reunir com o revisor pelo menos trimestralmente (e pelo menos uma vez por ano sem a presença de executivos), (v) assegurar que o revisor tem acesso a toda a informação de que necessita, (vi) receber do revisor a *management letter*, com os comentários às demonstrações financeiras, e avaliar se esses comentários devem ser divulgados juntamente com as demonstrações financeiras.

Quanto aos aspetos internos da auditoria, a comissão de auditoria deveria: (i) rever as políticas contabilísticas da sociedade, (ii) vigiar os procedimentos de auditoria interna e o sistema de gestão de risco, (iii) reunir periodicamente com os responsáveis pelos procedimentos de auditoria interna e pelo sistema de gestão de risco, (iv) avaliar em que medida os factos detetados pelo sistema de gestão de risco devem ser divulgados conjuntamente com as demonstrações financeiras; (v) ter acesso a toda a informação interna relevante para o desenvolvimento da sua função.

Cfr. Relatório Winter II, p. 71.

[2299] Neste plano, a Comissão destacou a necessidade de, perante os escândalos contabilísticos então recentes, prestar particular atenção à comissão de auditoria (ou organismo equivalente), promovendo o seu papel fulcral na supervisão da revisão de contas, tanto no que se refere aos seus aspetos externos (seleção do revisor a ser designado pelos acionistas, acompanhamento das relações com o mesmo, incluindo os eventuais honorários por funções não relacionadas com a revisão de contas), como aos seus aspetos internos (revisão da política contabilística da empresa, controlo e acompanhamento dos processos de auditoria interna da empresa e do seu sistema de gestão de risco). Cfr. *ibidem*, p. 17.

[2300] *Recomendação relativa ao papel dos administradores não executivos ....*

[2301] Cfr. *ibidem*, p. L52/51, considerando (3). A participação de administradores independentes no conselho, capazes de contestar as decisões de gestão, é vista como um meio de proteção dos interesses

DA ADMINISTRAÇÃO À FISCALIZAÇÃO DAS SOCIEDADES

1682   À imagem e semelhança do Relatório Cadbury, a fórmula defendida para a composição do conselho de administração por administradores independentes[2302] é flexível – o conselho de administração (ou de supervisão) deve incluir um número de membros independentes suficiente para efeitos do tratamento adequado de conflitos de interesses importantes que envolvam administradores – não fixando um número preciso[2303]. Para além disso, segundo esta Recomendação, os Estados-membros devem poder escolher, no todo ou em parte, entre a criação de comissões ou a utilização de outras estruturas – exteriores ao conselho de administração ou de supervisão – ou procedimentos[2304].

1683   O mesmo se diga das recomendações relativas à estrutura do conselho, igualmente caracterizadas pela flexibilidade: devem ser criadas comissões de nomeação, de remuneração e de auditoria no âmbito do conselho de administração ou de supervisão (sempre que tal conselho desempenhe um papel nestes domínios, de acordo com a legislação nacional)[2305], mas é admitido o agrupamento destas funções numa ou mais comissões, bem como o desempenho das mesmas pelo próprio conselho quando este tenha um número reduzido de membros (e cumpra os requisitos de composição e seja fornecida informação adequada)[2306].

1684   Subjacente a esta flexibilidade está a preocupação da Comissão Europeia em assegurar os objetivos de gestão de conflitos de interesses intra-societários, respeitando as diferenças entre os diferentes sistemas europeus: soluções diferentes podem permitir resultados funcionalmente idênticos.

1685   Da Recomendação resulta ainda que as comissões devem apresentar recomendações destinadas a preparar as decisões do conselho, reforçando a eficiência deste, mas não se substituindo ao mesmo nessas decisões[2307]. Admitindo-se

---

dos acionistas (em particular, dos acionistas minoritários) e de outros interessados (*stakeholders*). Cfr. considerando (7).

[2302] Sobre a definição de independência, cfr. considerando (18) e § 13:

«Um administrador deve ser considerado independente se não tem quaisquer relações comerciais, familiares ou outras – com a sociedade, o accionista que detém o controlo ou com os órgãos de direcção de qualquer um deles – que possam originar um conflito de interesses susceptível de prejudicar a sua capacidade de apreciação».

[2303] Cfr. *Recomendação relativa ao papel dos administradores não executivos ...*, p. L52/51, considerando (8) e § 4.

[2304] Cfr. *ibidem*, § 1.3.2.

[2305] Cfr. *ibidem*, § 5.

[2306] Cfr. *ibidem*, § 7.

[2307] Cfr. *ibidem*, § 6.1, nos termos do qual

«Os comités de nomeação, de remuneração e de auditoria devem apresentar recomendações destinadas a preparar as decisões a tomar pelo próprio conselho de administração ou de supervisão. O principal objectivo dos comités deve consistir em reforçar a eficiência desses conselhos, garantindo que as decisões se baseiam nos elementos relevantes e ajudando a organizar o seu trabalho tendo em vista assegurar que as decisões que os conselhos tomam não envolvam quaisquer conflitos de interesses importantes. A criação dos comités não se destina, em princípio, a retirar as questões que

O MODELO ANGLO-SAXÓNICO

o cumprimento da Recomendação através de soluções de *soft law*, segundo o mecanismo de *comply or explain*, era necessário salvaguardar o espaço de atuação próprio do conselho de administração (e do conselho de supervisão), nos termos das competências definidas *ope legis*, como sucede na generalidade dos sistemas romano-germânicos, por contraposição aos sistemas anglo-saxónicos[2308].

No que respeita, em particular, à comissão de auditoria, a Comissão Europeia teve o cuidado de explicitar as suas funções, decalcadas do Relatório Winter II, no § 4 do Anexo I. Manifestou ainda uma particular preocupação com a qualificação dos membros da comissão de auditoria, essencial ao adequado desempenho das suas funções, sustentando que a comissão deve possuir, *coletivamente*, experiência e formação recente e relevante em termos de gestão financeira e contabilidade de sociedades cotadas, apropriada às actividades da sociedade[2309].

1686

IV. Os administradores não-executivos e a comissão de auditoria voltariam a estar no centro das atenções com a Diretriz 2006/43/CE[2310]. Contrariamente à Recomendação relativa ao papel dos administradores não-executivos, esta impôs a criação de uma comissão de auditoria às "entidades de interesse público"[2311], ou seja, sociedades com valores mobiliários admitidos à negociação em mercado regulamentado de qualquer Estado-membro, instituições de crédito, companhias de seguros e outras que cada Estado-membro entenda assim qualificar em razão do seu tipo de atividades, da sua dimensão ou do seu número de trabalhadores[2312].

1687

A Diretriz exige que a comissão de auditoria seja composta exclusivamente por administradores não-executivos e, contrariamente ao verificado no Relató-

1688

---

incumbem ao próprio conselho de administração ou de supervisão, que continuam a ser inteiramente responsáveis pelas decisões tomadas no seu domínio de competência».

De acordo com o considerando (10) e o § 6.2, a organização e as funções das comissões deveriam ser fixadas pelo próprio conselho, solução preterida pelo nosso legislador em 2006.

[2308] Sobre a flexibilidade destes sistemas, assentes numa muito mais ampla liberdade de estipulação no contrato de sociedade, cfr. §§ 55.1 e 56.1 *supra*.

[2309] Cfr. *Recomendação relativa ao papel dos administradores não executivos ...*, p. L52/51, § 11.2. Deve sublinhar-se ainda a preocupação relativa à disponibilidade dos administradores para o desempenho das suas funções, afirmando-se que cada administrador deve dedicar às suas funções o tempo e a atenção necessários e deve comprometer-se a limitar o número dos seus outros compromissos profissionais (em especial, quaisquer cargos de administrador noutras sociedades), numa medida que garanta o desempenho apropriado das suas funções (§ 12.1).

[2310] Desde logo, pode ler-se no considerando (24) que as comissões de auditoria e a existência de um sistema eficaz de controlo interno ajudam a minimizar os riscos financeiros, operacionais e de não conformidade e reforçam a qualidade da informação financeira.

[2311] Cfr. art. 41.º.

[2312] Cfr. art. 2.º/13. Não obstante, a Diretriz admite o desempenho das funções atribuídas à comissão de auditoria pelo próprio conselho nas "pequenas e médias empresas". Cfr. art. 41.º/1, 2.º parágrafo.

DA ADMINISTRAÇÃO À FISCALIZAÇÃO DAS SOCIEDADES

rio Winter II e na Recomendação relativa ao papel dos administradores não-executivos, especifica que pelo menos um destes deve ser independente e ter competência nos domínios da contabilidade e/ou da revisão ou auditoria[2313].

1689   Esta comissão deve (i) acompanhar o processo de preparação e divulgação de informação financeira, (ii) controlar a eficácia dos sistemas de controlo interno, da auditoria interna, sempre que aplicável, e da gestão de risco da empresa, (iii) acompanhar a revisão legal das contas anuais e consolidadas, (iv) analisar e controlar a independência do revisor e, em especial, a prestação de serviços adicionais; e (v) selecionar e recomendar o revisor legal de contas a submeter pelo conselho de administração a aprovação dos acionistas[2314].

1690   Atendendo à diferença entre os modelos de governo existentes nos diversos Estados-membros, a Diretriz admite a possibilidade de os Estados-membros aplicarem as disposições relativas à comissão de auditoria a outros órgãos funcionalmente equivalentes[2315]: *e.g.*, o *Aufsichtsrat* no modelo alemão, o *collegio sindacale* no modelo tradicional italiano, ou o conselho fiscal no modelo tradicional português.

1691   V. Na introdução do modelo anglo-saxónico em Portugal, bem como na reforma do modelo tradicional português e do modelo germânico, o legislador português de 2006 tomou por base a proposta de Diretriz[2316] e a Recomendação sobre o papel dos administradores não-executivos já referida.

1692   Não obstante, o Direito Europeu sobre esta matéria seguiu o seu rumo e merece uma referência, ainda que breve, em particular, na sequência de mais um conjunto de escândalos e de mais uma crise financeira e económica.

1693   Como referimos já, segundo o Relatório de Larosière (2009), o governo das instituições financeiras não foi, *per se*, uma das principais causas da crise financeira de 2007-2009. Porém, um adequado governo daquelas instituições teria permitido mitigar os piores efeitos desta crise. Sabe-se hoje que, em muitos casos, os conselhos de administração e os altos dirigentes das instituições financeiras simplesmente não compreendiam as características dos novos e altamente complexos produtos financeiros que negociavam e não tinham conhecimento da exposição global das suas sociedades, tendo por isso subestimado, em grande

---

[2313] Cfr. art. 41.º/1.

[2314] Cfr. art. 41.º/2 e 3.

[2315] Cfr. art. 41.º/5.

[2316] O Decreto-Lei n.º 76-A/2006 foi publicado a 29 de março, na sequência do correspondente processo legislativo, que incluiu um brevíssimo processo de consulta pública. A Diretriz 2006/43/CE só seria publicada a 9 de junho de 2006. Recorde-se que também o legislador de 1986 antecipou a transposição de uma Diretriz: a 5.ª Diretriz, cuja proposta nunca viria a ser aprovada.

O MODELO ANGLO-SAXÓNICO

medida, o risco que as mesmas corriam[2317]. Prevaleceu frequentemente o "instinto de manada", numa corrida desenfreada pelo aumento de lucros, sem adequada ponderação dos riscos subjacentes. Os conselhos de administração não exerceram o devido controlo e vigilância sobre a sociedade; os administradores não-executivos estiveram "ausentes" ou foram incapazes de desafiar os executivos. A inadequada estrutura de remuneração dos administradores e *traders* conduziu à excessiva assunção de riscos e a uma perspetivação de curto prazo[2318].

Face a esta situação, a Comissão Europeia manifestou a necessidade de fortalecer significativamente e aplicar devidamente (*duly apply and enforce*) o actual sistema de pesos e contramedidas, de forma a que todos os envolvidos tenham maior consciência da sua responsabilidade (*accountability and liability*), sem minar o espírito de empreendedorismo necessário ao crescimento económico[2319]. Neste contexto, a Comissão Europeia lançou uma consulta pública através do "Livro verde sobre o governo das sociedades nas instituições financeiras e as políticas de remuneração", publicado com data de 2 de junho de 2010[2320].

1694

Paralelamente, entendeu que o papel desempenhado pelos bancos, fundos de retorno absoluto (*hedge funds*), agências de notação de risco, supervisores e bancos centrais tinha já sido questionado e analisado em pormenor em diversas instâncias, mas que não tinha sido ainda dedicada suficiente atenção à forma como a revisão de contas poderia ser reforçada para contribuir para uma maior

1695

[2317] Relatório de Larosière, p. 8, COMISSÃO EUROPEIA – *Corporate Governance in Financial Institutions...* 2010, p. 3.

[2318] *Ibidem*. Neste estudo, a Comissão criticou em particular (i) a perspetiva do conselho de administração a tempo parcial, com pluriocupação dos seus membros, particularmente nas grandes e complexas instituições financeiras, dada a incapacidade dos mesmos para compreender cabalmente os riscos inerentes à atividade dessas instituições; (ii) a falta de conhecimentos financeiros adequados ao desempenho das suas funções e ao eficiente desafio do CEO apostado em agressivas estratégias de crescimento; (iii) a falta de diversidade (de sexo, de raça, de enquadramento social, de representação de trabalhadores) dos membros do conselho de administração, a qual, de acordo com estudos empíricos, aumenta a eficiência do mesmo e melhora a vigilância sobre a sociedade, na medida em que abre o debate e evita os riscos de estreito "pensamento de grupo" inerentes aos conselhos provenientes de um estreito círculo social; (iv) a falta de avaliação do desempenho dos conselhos de administração, face às dificuldades sentidas no exercício das suas funções, em virtude da complexidade das instituições e à sua falta de informação atual, clara e compreensível; (v) o controlo de risco pelo conselho face à complexidade dos produtos financeiros negociados e à falta de conhecimento da exposição total da sociedade, subestimando assim o risco das suas operações; (vi) as políticas de remuneração aplicadas na prática, desadequadas à promoção do desempenho de longo prazo das instituições financeiras e a uma gestão de riscos sólida e eficaz; e (vi) a incapacidade dos administradores para compreender a dimensão sistémica dos riscos incorridos e o insuficiente diálogo com os supervisores sobre questões relacionadas com o governo de sociedades. Cfr. *ibidem*, p. 6-10.

[2319] *Ibidem*, p. 4.

[2320] COMISSÃO EUROPEIA – *Livro verde sobre o governo das sociedades nas instituições financeiras e as políticas de remuneração*, COM(2010) 284 final, 2010.

DA ADMINISTRAÇÃO À FISCALIZAÇÃO DAS SOCIEDADES

estabilidade financeira[2321]. Foi assim iniciado um outro processo de consulta pública, desta feita através do "Livro verde sobre política de auditoria: as lições da crise", publicado com data de 13 de outubro de 2010[2322].

1696   Por fim, aquando da preparação do "Livro verde sobre o governo das sociedades nas instituições financeiras e as políticas de remuneração", em 2010, a Comissão Europeia entendeu ser necessária uma mais ampla reflexão sobre o governo das sociedades cotadas em geral[2323]. Esta reflexão foi promovida através do "Livro verde sobre o quadro da UE do governo das sociedades", publicado com data de 5 de abril de 2011[2324] e centrado em três temas: (i) o conselho de administração[2325], (ii) os acionistas, e (iii) como aplicar a estratégia *comply or explain*[2326].

1697   Paralelamente, foi publicado o "Relatório do Grupo de Reflexão sobre o Futuro do Direito das Sociedades na UE"[2327] que, na sequência do debate promovido pela Comissão Europeia, serviu de base ao processo de consulta pública sobre o mesmo tema[2328].

1698   Na sequência do primeiro processo de consulta pública, a Comissão Europeia apresentou duas propostas destinadas à reforma do sector financeiro: uma Proposta de Diretriz[2329], com vista à alteração da Diretriz 2006/43/CE, relativa à revisão legal das contas anuais e consolidadas, e uma Proposta de Regulamento[2330], relativa aos requisitos específicos para a revisão legal de contas das entidades de interesse público. Estas propostas foram entretanto aprovadas e

---

[2321] Como bem refere a COMISSÃO EUROPEIA, *ibidem*, p. 3:

«O facto de muitos bancos terem reconhecido perdas gigantescas entre 2007 e 2009, relativamente a posições que detinham tanto dentro como fora do balanço, levanta não só a questão de saber como é que os auditores puderam emitir relatórios de auditoria sem reservas para os seus clientes nesses períodos mas também a questão de saber se o actual quadro legislativo é apropriado e adequado».

[2322] Cfr. nota 1373 *supra*.

[2323] COMISSÃO EUROPEIA – *Corporate Governance in Financial Institutions...* 2010, p. 5, COMISSÃO EUROPEIA – *Livro verde sobre o governo das sociedades nas instituições financeiras...*, p. 3.

[2324] COMISSÃO EUROPEIA – *Livro verde sobre o quadro da UE do governo das sociedades*, COM(2011) 164 final, 2011.

[2325] Nos termos expostos, o documento centra-se sobre a «função de supervisão exercida pelos administradores». *Ibidem*, p. 5.

[2326] *Ibidem*, p. 3-4.

[2327] ANTUNES, *et al.* – *Report on the future of EU company law...* 2011.

[2328] Para mais informações sobre este processo, cfr. o sítio da internet da Comissão Europeia em http://ec.europa.eu/internal_market/consultations/2012/company_law_en.htm.

[2329] COMISSÃO EUROPEIA – *Proposta de Diretriz do Parlamento Europeu e do Conselho que altera a Diretriz 2006/43/CE relativa à revisão legal das contas anuais e consolidadas*, COM(2011) 778 final, 2011.

[2330] COMISSÃO EUROPEIA – *Proposta de Regulamento...* 2011.

O MODELO ANGLO-SAXÓNICO

publicadas como Regulamento (UE) n.º 537/2014 e Diretriz 2014/56/UE[2331]. Para o que ora importa, estes diplomas separaram o regime da revisão legal de contas aplicável às "entidades de interesse público"[2332] – que passou a constar apenas de Regulamento próprio – do regime aplicável às demais sociedades – que continuará a constar da Diretriz 2006/43/CE, tal como alterada pela Diretriz 2014/56/UE[2333].

De acordo com a proposta da Comissão, a comissão de auditoria, que era imposta pelo art. 41.º da Diretriz 2006/43/CE às "entidades de interesse público"[2334], deixaria de estar regulada nos arts. 41.º a 43.º dessa Diretriz e passaria a ser regulada em especial pelos arts. 31.º e 32.º do Regulamento, admitindo-se a substituição de tal comissão por equivalentes funcionais (*i.e.*, *Aufsichtsrat* no sistema germânico, conselho fiscal no modelo tradicional português, etc.)[2335]. De acordo com tal proposta, continuaria a exigir-se a constituição de uma comissão de auditoria em cada "entidade de interesse público", composta por membros não-executivos. No entanto, agravar-se-iam as exigências de composição: onde se exige que pelo menos um membro seja independente e tenha competência nos domínios da contabilidade e/ou da auditoria, passaria a exigir-se que *um* membro tivesse qualificações em auditoria e *outro* em contabilidade e/ou auditoria, devendo os membros, no seu conjunto, ter qualificações relevantes no sector em que a sociedade exerce a sua atividade[2336]. Para além disso, passaria a exigir-se que a maioria dos membros da comissão fosse independente (e não somente um dos membros, como atualmente)[2337]. Passaria ainda a admitir-se que nas entidades de interesse público com reduzida capitalização

1699

[2331] Regulamento (UE) n.º 537/2014 do Parlamento Europeu e do Conselho, de 16 de abril de 2014, relativo aos requisitos específicos para a revisão legal de contas das entidades de interesse público e que revoga a Decisão 2005/909/CE da Comissão, JO L 158, 27.5.2014; Diretriz 2014/56/UE do Parlamento Europeu e do Conselho, de 16 de abril de 2014, que altera a Diretriz 2006/43/CE relativa à revisão legal das contas anuais e consolidadas, JO L 158, 27.5.2014.

[2332] De acordo com o texto da proposta de Diretriz, é ampliada a definição de "entidades de interesse público", de forma a incluir instituições de pagamento, instituições de moeda electrónica, empresas de investimento, fundos de investimento alternativo da UE, organismos de investimento coletivo em valores mobiliários (OICVM), entidades regidas pelo Direito de um Estado-membro que são depositárias centrais de valores mobiliários, e contrapartes centrais. Cfr. art. 1.º/1, *d*), relativo à alteração do n.º 13 do art. 1.º da Diretriz.

[2333] As disposições especiais relativas à revisão legal das contas de entidades de interesse público, que constavam dos arts. 39.º a 43.º da Diretriz 2006/43/CE, foram eliminadas desta, passando a constar e a ser desenvolvidas pelo Regulamento (UE) n.º 537/2014.

[2334] Como vimos na nota 2332 *supra*, a proposta de Regulamento amplia o conceito de "entidade de interesse público".

[2335] Cfr. art. 31.º/4 da Proposta de Diretriz.

[2336] Cfr. art. 31.º/1, 1.º e 2.º parágs. da Proposta de Diretriz.

[2337] Cfr. art. 31.º/1, 3.º parág. da Proposta de Diretriz.

DA ADMINISTRAÇÃO À FISCALIZAÇÃO DAS SOCIEDADES

bolsista e nas de pequena e média dimensão, as funções desta comissão fossem exercidas pelo conselho (de administração ou supervisão) como um todo[2338]. Estas propostas da Comissão acabaram por não ser acolhidas na versão final, mantendo-se a comissão de auditoria regulada na Diretriz 2006/43/CE.

1700   A proposta da Comissão Europeia visava também reforçar o papel da comissão de auditoria na seleção do revisor a submeter pelo conselho à aprovação dos sócios. Em primeiro lugar, a recomendação da comissão deveria ser precedida de um procedimento regulado de seleção. Em segundo lugar, a recomendação da comissão deveria incluir duas possíveis escolhas, fundamentando a preferência por uma delas, permitindo uma escolha real pela assembleia geral. Em terceiro e último lugar, o conselho deveria explicar se segue a recomendação da comissão e porquê[2339]. Estas propostas foram acolhidas no art. 16.º do Regulamento (UE) n.º 537/2014.

1701   Por fim, para o que ora importa, deve referir-se a proposta de reforço da informação a prestar pelo revisor à comissão de auditoria, num relatório mais vasto do que o relatório que é publicamente divulgado[2340], permitindo à comissão uma maior articulação com o revisor e, consequentemente, um mais adequado desempenho das suas próprias funções[2341]. Esta proposta foi acolhida no art. 11.º do Regulamento (UE) n.º 537/2014.

SECÇÃO II – A introdução do modelo anglo-saxónico e as obrigações de vigilância da comissão de auditoria e dos seus membros

§ 58. A INTRODUÇÃO DO MODELO ANGLO-SAXÓNICO NO CÓDIGO DAS SOCIEDADES COMERCIAIS EM 2006: APRECIAÇÃO CRÍTICA FACE AOS "SISTEMAS DE ORIGEM" E NEGAÇÃO DO "TRANSPLANTE"

1702   I. A introdução do chamado "modelo anglo-saxónico" no Código das Sociedades Comerciais baseou-se na Proposta da CMVM divulgada publicamente em janeiro de 2006[2342]. Segundo a CMVM, impunha-se dar continuidade ao sinal de abertura dado pelo legislador nacional ao introduzir o modelo germânico em

---

[2338] Cfr. art. 31.º/2 da Proposta de Diretriz. Também as entidades referidas no n.º 3 do mesmo artigo poderiam optar por não constituir uma comissão de auditoria.

[2339] Cfr. art. 32.º, n.ºˢ 2 a 5 da Proposta de Diretriz.

[2340] Cfr. art. 23.º da Proposta de Regulamento.

[2341] Recorde-se que, tanto no modelo tradicional como no modelo germânico, antes de 2006, o revisor devia apresentar ao órgão de fiscalização global um relatório anual sobre a fiscalização efetuada (arts. 452.º/1 e 453.º/2). Com a reforma de 2006, incompreensivelmente, o legislador eliminou este dever.

[2342] CMVM – *Governo das sociedades anónimas...*

O MODELO ANGLO-SAXÓNICO

1986. Seguindo o exemplo dado pela França e pela Itália, visava-se, por um lado, permitir que as sociedades nacionais cotadas em mercados estrangeiros pudessem seguir os modelos de governo aí vigentes, e, por outro, facilitar a atração de sociedades estrangeiras que quisessem constituir em Portugal sociedades dominadas com o mesmo figurino organizativo da empresa-mãe[2343]. Na base do alargamento do leque de modelos de governo possíveis estava a ideia de que «qualquer modelo de governação pode ser igualmente eficiente e que é importante conferir uma ampla margem de autonomia estatutária na escolha dos modelos de governação que melhor se adaptem às idiossincrasias de cada sociedade»[2344].

II. Nos termos do art. 278.º/1, *b)*, a administração e a fiscalização da sociedade podem ser estruturadas de forma a incluir um conselho de administração, compreendendo uma comissão de auditoria, e revisor oficial de contas. O conselho de administração e o revisor oficial de contas seguem a regulação já analisada a propósito do modelo tradicional português (cfr. arts. 390.º-412.º e 446.º). A única novidade prende-se com a introdução da comissão de auditoria como órgão autónomo, *i.e.*, como centro de imputação de situações jurídicas próprias que se não confundem com aqueloutras imputadas ao conselho de administração, em cujo seio se constitui (cfr. arts. 423.º-B a 423.º-H).

1703

Os princípios estruturantes do nosso Direito das sociedades mantêm-se inalterados. Em particular, sem prejuízo do aumento do número de opções normativamente disponíveis, mantém-se praticamente intocado o equilíbrio entre a regulação injuntiva e a liberdade de estipulação no contrato de sociedade. Ora, como vimos na análise dos modelos norte-americano e britânico, a flexibilidade inerente à ampla liberdade de estipulação no contrato de sociedade constitui elemento caracterizador fundamental dos sistemas anglo-saxónicos[2345]. Nestes sistemas, os acionistas gozam de uma ampla liberdade de estruturação da administração e fiscalização da sociedade, podendo aplicar as soluções que considerarem mais adequadas ao seu projeto empresarial (atendendo ao mercado no qual se integra a sociedade, ao tipo de atividade desenvolvida, à sua estrutura

1704

[2343] *Ibidem*, p. 12.

[2344] *Ibidem*, p. 13.

[2345] Cfr., §§ 55.1 e 56.1, *supra*. Como vimos, no Reino Unido, o *Companies Act 2006* simplesmente não regula a estrutura da administração e fiscalização quer das *public limited companies*, quer das *private limited companies*, conferindo total liberdade aos acionistas para a estruturação das mesmas nos *articles of association* (os quais podem seguir em maior ou menor medida os modelos disponibilizados). Nos Estados Unidos, a regulação é tendencialmente supletiva, sendo conferida uma ampla liberdade de estruturação da administração e fiscalização das sociedades. Cfr., *v.g.*, as leis dos Estados de Delaware (§ 141(a) *General Corporations Law*), Nova Iorque (§ 701 *NY Code – Business Corporation*), Nevada (NRS 78.115 e NRS 78.120 *Nevada Private Corporation Statutes*) ou Califórnia (§ 300 *Corporations Code*).

DA ADMINISTRAÇÃO À FISCALIZAÇÃO DAS SOCIEDADES

acionista, à sua interação com parceiros comerciais e financeiros, etc.). Não se trata simplesmente da possibilidade de escolha entre alguns figurinos normativamente delineados, como sucede entre nós (art. 278.º), mas sim da liberdade de estruturação nos termos que as partes envolvidas entendam mais convenientes, com respeito apenas pelos limites do sistema. Não se pode, portanto, afirmar ter existido entre nós, em 2006, um qualquer "transplante legislativo" nesta matéria[2346].

1705   III. Não pode sequer argumentar-se que, sem prejuízo da liberdade normativamente reconhecida, outros vetores, como a pressão do mercado, traduzida na penalização das sociedades que se afastam dos modelos supletivos[2347], determinam a primazia de um modelo de governo das sociedades que, afinal, caracteriza o panorama jurídico-económico e foi, como tal, transposto para o nosso sistema.

1706   Efetivamente, nos sistemas anglo-saxónicos, na prática, a administração e fiscalização das sociedades assentam no conselho de administração (que, nalguns ordenamentos, pode inclusive destituir administradores)[2348]: nas pequenas

---

[2346] Sobre o conceito de "transplante legislativo" como consagração de uma regra estranha ao sistema jurídico, por pura importação cultural, cfr. ALAN WATSON – *Legal transplants...*, p. 116, passim. Cfr. também, em resposta às críticas de PIERRE LEGRAND sobre a impossibilidade de transplantes legislativos, ALAN WATSON – *Legal transplants and European private law...*
Entre nós, também PAULO CÂMARA – *O governo das sociedades e a reforma...* p. 103 sustenta que a qualificação do sistema consagrado nos arts. 423.º-B a 423.º-H como anglo-saxónico deve ser feita *cum grano salis*.

[2347] A penalização traduz-se na redução do valor das correspondentes ações no mercado, de forma a traduzir os custos de transação inerentes à análise crítica das soluções consagradas nos estatutos (determinando em que medida se afastam das soluções-padrão e quais as consequências desse afastamento) pelos potenciais investidores. Neste sentido, cfr. ARMOUR, HANSMANN e KRAAKMAN – *What is corporate law?...* p. 20, EASTERBROOK e FISCHEL – *The Economic Structure...* p. 34; em sentido contrário, sustentando ser irrelevante a poupança conseguida nos custos de transação através de normas supletivas, IAN AYRES – Making a difference: The contractual contributions of Easterbrook and Fischel, *University of Chicago Law Review*, 59, 1992, p. 1396-1397. A penalização traduz "ainda" (ou, para quem aceite os argumentos de AYRES: "pelo contrário"), a ineficiência decorrente do afastamento das regras repetidamente interpretadas e aplicadas pelos tribunais (logo, com maior grau de certeza quanto ao sentido da sua aplicação prática). Cfr. *ibidem*, p. 1403-1408. Sobre este ponto, cfr. também EASTERBROOK e FISCHEL – *The Economic Structure...* p. 35, sustentando:

    «*Court systems have a comparative advantage in supplying answers to questions that do not occur in time to be resolved ex ante. Common law systems need not answer questions unless they occur. This is an economizing device. The accumulation of cases dealing with unusual problems then supplies a level of detail that is costly to duplicate through private bargaining. To put it differently, "contractual" terms for many kinds of problems turn out to be public goods!*».

Sobre o papel dos tribunais na aplicação de regras de governo societário e sua importância, cfr. ainda, entre outros, COFFEE – *The Mandatory/Enabling Balance..*, GORDON – *The mandatory structure....*

[2348] Como referem EASTERBROOK e FISCHEL – *The Economic Structure...* p. 2-3, salvo exceções triviais, todas as decisões empresariais são tomadas por, ou sob a supervisão do conselho de administração, sem controlo substancial por qualquer outra pessoa.

O MODELO ANGLO-SAXÓNICO

sociedades, este gere sem mais a atividade social; quanto maior e mais complexa for a sociedade, maior será a repartição de pelouros no seio do conselho e o desenvolvimento de funções por estruturas administrativas hierarquicamente subordinadas ao mesmo. Assim, quanto maior e mais complexa for a sociedade, maior será o alheamento do conselho face à gestão corrente da atividade social, concentrando-se sobretudo na fiscalização da conduta dos *managers* e, discutivelmente, na determinação das opções estratégicas a desenvolver pela empresa[2349].

1707   A comissão de auditoria surgiu e desenvolveu-se como mecanismo de governo das *sociedades cotadas*: como resposta à necessidade de assegurar um maior controlo, por um lado, sobre o processo de preparação e divulgação da informação financeira ao mercado e, por outro, sobre a independência do auditor externo face à equipa de gestão. Só num segundo momento, passou a imputar-se à comissão de auditoria a função de supervisão dos sistemas de auditoria interna e de gestão de riscos.

1708   Em todo o caso, tanto nos Estados Unidos – por força das regras das bolsas de valores e da NASD relativas à admissão à negociação, das regras da SEC e da pressão judicial – como no Reino Unido – por força do Relatório Cadbury e do movimento então iniciado e com expressão no *Combined Code* (hoje *The UK Corporate Governance Code*) – a comissão de auditoria apareceu e desenvolveu-se como um instrumento (praticamente) exclusivo das sociedades cotadas[2350]. No mesmo sentido, a regulação da comissão de auditoria a nível europeu tem um restrito âmbito de aplicação subjetiva – as "entidades de interesse público"[2351]

[2349] Sem prejuízo de o conselho de administração estar no centro do governo das sociedades nos sistemas anglo-saxónicos, a sua existência e regulação não são injuntivas porque, na perspetiva dos respetivos legisladores, constitui um mecanismo que aproveita apenas aos sócios da sociedade, não devendo o legislador substituir as opções destes pelas suas. Cfr. p. 629 *supra*. Diferentemente, o auditor, responsável por uma fiscalização contabilística, é imposto por lei: pelo Direito das sociedades no Reino Unido; pelo Direito dos valores mobiliários nos Estados Unidos. A *ratio* desta imposição reside no interesse público subjacente à atividade por este desenvolvida: a promoção da confiança do público nas contas anuais das sociedades, contribuindo para o funcionamento ordeiro dos mercados ao reforçar a integridade e a eficiência de tais contas (cfr., *v.g.*, o considerando (1) da Comissão Europeia – *Proposta de Regulamento...* 2011). Se a sua intervenção aproveitasse apenas aos sócios, provavelmente os legisladores anglo-saxónicos não se teriam substituído a estes na configuração deste mecanismo de fiscalização, tal como o não fizeram a propósito do conselho de administração.

[2350] Sem prejuízo das sugestões para a sua constituição noutras sociedades, especialmente em *publicly traded companies*, quando tal se justificasse. Este parece ser o sentido da declaração da Comissão Cadbury relativamente à aplicação do seu relatório às sociedades não cotadas. Cfr. § 56.2, parág. V *supra*.

[2351] As "entidades de interesse público" correspondem, como vimos também, às sociedades com valores mobiliários admitidos à negociação em mercado regulamentado de qualquer Estado-membro, instituições de crédito, companhias de seguros e outras que cada Estado-membro entenda assim qualificar em razão do seu tipo de atividades, da sua dimensão ou do seu número de trabalhadores. Cfr. capítulo § 57 *supra*.

DA ADMINISTRAÇÃO À FISCALIZAÇÃO DAS SOCIEDADES

– e delimita as competências da mesma em linha com o verificado no sistema britânico (o qual é, todavia, mais exigente).

1709   Contrariamente, em Portugal, a comissão de auditoria aparece como um mecanismo de fiscalização societária dirigida a sociedades anónimas de qualquer dimensão, incluindo sociedades sem qualquer impacto no interesse público. Enquanto nos sistemas anglo-saxónicos – nos quais prevalece a liberdade de estipulação – a comissão de auditoria é construída como um mecanismo de reforço da confiança dos investidores nas sociedades que apelam ao investimento público[2352], em Portugal o legislador de 2006, ainda que reforçando o leque de possibilidades de estruturação da administração e fiscalização, manteve o paradigma da constituição obrigatória de um órgão de fiscalização interna nas sociedades anónimas, independentemente da sua dimensão. Continua a prevalecer a ideia anacrónica de que as pequenas sociedades que pretendam reduzir os seus custos devem adotar o tipo de sociedade por quotas, mantendo-se a sociedade anónima como um regime (alegadamente) mais garantístico, destinado a facilitar a circulação de ações[2353].

1710   IV. Tal como nos "sistemas de origem"[2354], a comissão de auditoria é composta por "membros não-executivos"[2355] do conselho de administração[2356]. A estes são aplicáveis as causas de incompatibilidade dos membros do conselho fiscal, com as necessárias adaptações[2357]. Para além disso, nas sociedades com valores mobiliários admitidos à negociação e nas sociedades que cumpram os critérios previstos no art. 413.º/2, *a)*, um dos seus membros deve ser independente[2358] e ter curso superior adequado ao exercício das suas funções e conhecimentos em auditoria ou contabilidade[2359]. Nas sociedades com valores mobiliários admiti-

---

[2352] Nas sociedades que não apelam ao investimento público, a fiscalização da sociedade tende a ser assegurada apenas pelo conselho de administração, sem prejuízo da liberdade contratual das partes envolvidas para instituírem os mecanismos de controlo adicionais que considerarem relevantes para o efeito.

[2353] Cfr., *v.g.*, MENEZES CORDEIRO – *Manual*, 2²..., p. 482 ss.

[2354] Sobre o conceito de "sistema de origem", por contraposição ao "sistema de transplante", a que aqui nos referimos como "sistemas de destino", cfr., *v.g.* BERKOWITZ, PISTOR e RICHARD – *Economic development*....

[2355] Sobre o conceito de "membro não executivo", para efeitos do regime jurídico da comissão de auditoria, cfr. § 59 *infra*.

[2356] Cfr. art. 423.º-B/1. Nos termos do n.º 2 do mesmo artigo, é composta pelo número de membros fixado nos estatutos, no mínimo de três efetivos.

[2357] Cfr. art. 414.º-A, *ex vi art.* 423.º-B.

[2358] Nos termos do n.º 5 do art. 414.º.

[2359] Cfr. art. 423.º-B/4.

O MODELO ANGLO-SAXÓNICO

dos à negociação em mercado regulamentado, a maioria dos membros da comissão de auditoria deve ser independente[2360].

No entanto, diferentemente do verificado nos "sistemas de origem", nos quais a comissão de auditoria é constituída pelo próprio conselho de administração – o qual designa os seus membros, determina a sua estrutura e regras de funcionamento, no contexto do seu dever de organização interna[2361] – em Portugal, a comissão de auditoria é constituída pelos acionistas[2362], os quais designam e destituem (com justa causa) os seus membros[2363] e determinam a sua remuneração[2364].

1711

Da autonomização da comissão de auditoria face ao conselho de administração, no Código das Sociedades Comerciais, parece inclusive decorrer uma competência exclusiva daquela para organizar o seu próprio funcionamento, dentro dos limites fixados pelos acionistas nos estatutos, não podendo o plenário do conselho de administração impor à comissão uma qualquer solução para este efeito. Deve admitir-se, porém, a possibilidade de delegação de poderes *adicionais* do conselho na comissão, no contexto da fiscalização societária (ao abrigo do art. 407.º/1).

1712

V. Também diferentemente do verificado nos "sistemas de origem", o legislador nacional de 2006 estendeu as competências da comissão de auditoria para lá do previsto nos sistemas anglo-saxónicos e nos instrumentos normativos comunitários, reproduzindo o elenco de competências do conselho fiscal no modelo tradicional português[2365].

1713

Em particular, destaca-se a imputação à comissão de auditoria da obrigação de vigilância prevista no art. 423.º-F/1, *a)*, a qual – constituindo um paralelo face ao disposto no art. 420.º/1, *a)* para o conselho fiscal, no modelo tradicional português – consubstancia um conceito-síntese (*Inbegriff*) do complexo de situações jurídicas imputadas à comissão de auditoria, suscetível de sistematização em poderes-deveres de obtenção de informação e inspeção, num dever de ava-

1714

[2360] Cfr. art. 423.º-B/5.

[2361] O dever de organização interna do conselho de administração deve ser reconduzido ao dever de administrar diligentemente a sociedade: o conselho deve organizar não só as estruturas administrativas que a ele reportam, mas também a sua própria estrutura interna, de modo a prosseguir o fim da sociedade da forma mais eficaz e eficiente possível. Cfr. § 21 *supra*.

[2362] A comissão de auditoria é necessariamente constituída por disposição estatutária, nos termos dos arts. 272.º, *g)* e 278.º/1, *b)*.

[2363] Nos termos dos arts. 423.º-C e 423.º-E.

[2364] Sendo a comissão de auditoria composta por administradores, a remuneração destes é fixada nos termos do art. 399.º, devendo consistir numa quantia fixa, de acordo com o previsto no art. 423.º-D.

[2365] Comparar arts. 423.º-F e 420.º.

DA ADMINISTRAÇÃO À FISCALIZAÇÃO DAS SOCIEDADES

liação dos factos apurados e em poderes-deveres de reação face às irregularidades detetadas (sem prejuízo de outros deveres qualificáveis como secundários ou concretizadores daquela obrigação). Do art. 423.º-F/1, *a*) resulta, assim, uma função de *fiscalização global* da administração (executiva) da sociedade.

1715   VI. Face a um tal elenco de competências, deve concluir-se que o papel que a comissão de auditoria é chamada a desempenhar entre nós não tem, afinal, paralelo nos sistemas anglo-saxónicos, nos quais a *obrigação de vigilância* recai sobre o conselho de administração como um todo, desenvolvendo a comissão de auditoria um papel acessório e complementar.

1716   Nessa medida, este nosso modelo afasta-se inclusivamente da matriz prevista em Itália e apontada pela CMVM como referência no contexto da reforma de 2006[2366]. Com efeito, nos termos do art. 2409-*octiesdecies Codice Civile*, cabe ao *consiglio di amministrazione* determinar o número e designar os membros do *comitato per il controllo sulla gestione*[2367], cujas funções legais são substancialmente mais restritas do que as previstas para o *collegio sindacale*.

1717   O *comitato* limita-se a vigiar a adequação da estrutura organizativa da sociedade, do sistema de controlo interno e do sistema administrativo e contabilístico, bem como da sua idoneidade para representar corretamente os factos de gestão[2368]. Em comparação com o *collegio sindacale*, não é chamado a uma vigilância do cumprimento da lei e dos estatutos (controlo de legalidade), nem a uma vigilância geral sobre o respeito dos princípios de correta administração (controlo da diligente administração)[2369]. Nessa medida, o *comitato* assume-se mais como um órgão instrutório[2370] ou braço operativo[2371] do *consiglio di amminis-*

[2366] CMVM – *Governo das sociedades anónimas...*, p. 12.

[2367] No modelo italiano de inspiração anglo-saxónica e dito sistema monístico ou sistema *basato sul consiglio di amministrazione e un comitato constituito al suo interno* (arts. 2409-sexiesdecies a 2409-noviesdecies *Codice Civile*).

[2368] Nos termos do art. 2409-*octiesdecies* (5) *Codice Civile*:

      «*Il comitato per il controllo sulla gestione: a) elegge al suo interno, a maggioranza assoluta dei suoi membri, il presidente; b) vigila sull'adeguatezza della struttura organizzativa della società, del sistema di controllo interno e del sistema amministrativo e contabile, nonché sulla sua idoneità a rappresentare correttamente i fatti di gestione; c) svolge gli ulteriori compiti affidatigli dal consiglio di amministrazione con particolare riguardo ai rapporti con il soggetto incaricato di effettuare la revisione legale dei conti*».

Para além disso, nos termos do art. 13 do *Decreto legislativo 27.01.2010 n. 39, Gazzetta Ufficiale 23.03.2010*, o *comitato* deve apresentar proposta fundamentada de designação de *revisore legale* à assembleia geral.

[2369] FORTUNATO – *I "controlli"* ... p. 889.

[2370] *Ibidem.*

[2371] FEDERICO GHEZZI e MARCO RIGOTTI, in PIERGAETANO MARCHETTI, et al. (eds.) – *Commentario alla riforma delle società*, Sistemi alternativi di amministrazione e controllo: Artt. 2409-octies – 2409-noviesdecies c.c., Milano: Giuffrè, 2005, art. 2409-*noviesdecies*, p. 252.

O MODELO ANGLO-SAXÓNICO

trazione no controlo da estrutura societária, encabeçada pelo *management*[2372], do que como órgão de controlo sobre a administração[2373].

Por outro lado, o *comitato* aparece não como um órgão independente e autónomo, mas como um órgão delegado do *consiglio di amministrazione*[2374]. A este cabe a designação e destituição[2375] dos seus membros, bem como a delegação de outros poderes para além dos fixados *ex lege*.

1718

O *comitato* aproxima-se, por isso, mais ao *audit committee* anglo-saxónico do que ao *collegio sindacale* no modelo tradicional italiano[2376], como órgão auxiliar e não independente do *consiglio di amministrazione*, com uma função de vigilância limitada à estrutura a este subordinada[2377]. A sua constituição visa, portanto, aumentar a eficácia da vigilância desenvolvida pelo próprio *consiglio*[2378], aproximando-se da configuração recomendada pela Comissão Europeia[2379].

1719

VII. Em França, contrariamente ao que parece resultar da proposta de alteração do Código das Sociedades Comerciais pela CMVM, de 2006[2380], não foi ampliado o leque de modelos de governo disponíveis *nos termos propostos pela*

1720

[2372] *ibidem*, art. 2409-*noviesdecies*, p. 252.

[2373] Esta afirmação de alguma doutrina italiana pode gerar equívocos. É preciso não esquecer que da referida "estrutura societária" e do *"management"* fazem parte os membros do *comitato esecutivo*, os membros do *consiglio* nos quais tenham sido delegados poderes ou atribuídos encargos ou que desenvolvem, ainda que apenas *de facto*, funções atinentes à gestão da empresa social ou de sociedades que a controlem ou por ela sejam controladas: art. 2409-*noviesdecies* (2), *a contrario*. Rafaele Lener – "Gli amministratori indipendenti", in Guiliana Scognamiglio (ed.) – *Profili e problemi dell'amministrazione nella riforma delle società*, Milano: Giuffrè, 2003, p. 117-118.

[2374] A configuração como órgão delegado é, porém, limitada por alguns elementos normativos: a sua existência não cabe na livre discricionariedade do órgão de administração, sendo imposta *ex lege*; os limites e o conteúdo mínimo da sua competência são fixados *ex lege*; o *consiglio di amministrazione* não pode dar instruções, indicar soluções ou influenciar a atividade do *comitato*; o *consiglio di amministrazione* não pode avocar as competências legais do *comitato*. Ghezzi e Rigotti – *Commentario...*, art. 2409-*noviesdecies*, p. 250-251.

[2375] Neste sentido, não obstante o silêncio da lei e aplicando as regras gerais relativas à delegação, cfr. Vincenzo Calandra Buonaura – I modelli di amministrazione e controllo nella riforma del diritto societario, *Giurisprudenza Commerciale*, 30:1, 2003, Ghezzi e Rigotti – *Commentario...*, art. 2409-*noviesdecies*, p. 251-252.

[2376] Ghezzi e Rigotti – *Commentario...*, art. 2409-*noviesdecies*, p. 248.

[2377] Como esclarecem Ghezzi e Rigotti, *ibidem*, art. 2409-*noviesdecies*, p. 253-254, no exercício desta função, o *comitato* não pode exercer funções próprias do *consiglio*, substituindo-se a este. Detetando irregularidades deve informar o *consiglio* e, eventualmente, apresentar propostas com vista à sua resolução, mas não pode resolvê-las por si. Só assim não será perante uma delegação de poderes adicionais.

[2378] Cfr. *ibidem*, art. 2409-*noviesdecies*, p. 253.

[2379] Cfr. *Recomendação relativa ao papel dos administradores não executivos ...*, § 6.1. Cfr. nota 2307 *supra*.

[2380] CMVM – *Governo das sociedades anónimas...*, p. 12.

DA ADMINISTRAÇÃO À FISCALIZAÇÃO DAS SOCIEDADES

CMVM. Efetivamente, desde 1967, o sistema francês compreende apenas dois modelos de governo: o tradicional francês e o de inspiração germânica[2381].

1721 No primeiro modelo, sempre se admitiu a constituição de comissões no *conseil d'administration*. Nessa medida, tanto o Relatório Vienot I (1995)[2382], como o Relatório Vienot II (1999)[2383] ou o Relatório Bouton (2002)[2384] recomendavam a constituição de comissões de auditoria, mas apenas em sociedades cotadas, dirigidas ao exame das contas, ao acompanhamento da auditoria interna e à seleção do *commissaire aux comptes*.

1722 Este era o cenário em 2006, quando foi apresentada a proposta da CMVM. Só em 2008, com a transposição da Diretriz 2006/43/CE pela *Ordonnance no 2008-1278 du 8 décembre 2008*, se tornou obrigatória a constituição de uma *comité des comptes* no seio do órgão de administração (no modelo tradicional francês) ou do órgão de fiscalização (no modelo germânico) das sociedades cotadas, nas instituições de crédito e empresas de seguros.

1723 Nos termos do art. 14.º da referida *Ordonnance*, que inseriu o art. L 823-19 no *Code de Commerce*, esta comissão especializada deve assegurar o acompanhamento das questões relativas à elaboração e ao controlo das informações contabilísticas e financeiras, sendo a sua composição determinada pelo órgão no qual se insere e não pelos acionistas. Relevante ainda é o facto de, sendo constituída no seio do órgão de administração não poder ser constituída por aqueles que *«exerçant des fonctions de direction»*[2385].

1724 Por tudo isto, também aqui não podemos encontrar paralelo para a regulação da comissão de auditoria no nosso modelo anglo-saxónico.

1725 VIII. A configuração da comissão de auditoria no nosso modelo anglo-saxónico afasta-se ainda tanto da Recomendação da Comissão Europeia relativa ao papel dos administradores não-executivos ou membros do conselho de supervisão de sociedades cotadas e aos comités do conselho de administração ou de supervisão, como da Diretriz 2006/43/CE. Na primeira, a comissão de auditoria é apresentada como uma comissão preparatória das decisões do conselho, reforçando a eficiência deste, mas não se substituindo ao mesmo nessas decisões (§ 6.1)[2386]. Na segunda, a comissão aparece concentrada no acompanhamento

---

[2381] Cfr. § 41 *supra*.

[2382] Association Française des Entreprises Privées e Conseil National du Patronat Français – *Rapport sur le conseil d'administration des sociétés cotees*, 1995.

[2383] *Ibidem*.

[2384] *Ibidem*.

[2385] Cfr. Autorité des Marches Financiers: Groupe de Travail Présidé par Olivier Poupart Lafarge – *Rapport sur le comité d'audit*, 2010.

[2386] Cfr. nota 2307 *supra*.

O MODELO ANGLO-SAXÓNICO

do processo de preparação de informação financeira, no controlo da eficácia dos sistemas de controlo interno, da auditoria interna e da gestão de risco da empresa, no acompanhamento da revisão legal das contas e na análise e controlo da independência do revisor (art. 41.º/2)[2387].

IX. Não estamos, pois, perante um "transplante legislativo" em sentido pró-   1726
prio – ou seja, perante a consagração de uma regra estranha ao sistema jurídico, por pura importação cultural[2388] – devendo o estabelecimento de paralelos com os sistemas norte-americano ou britânico ser feito com cautela[2389]. Com efeito, as diferenças entre o modelo em vigor nestes sistemas e o chamado "modelo anglo-saxónico" previsto no Código das Sociedades Comerciais não correspondem a uma "adaptação" da solução normativa de origem às específicas condições do país de destino, considerada essencial pela teoria jurídico-económica sobre "transplantes legislativos"[2390].

Pelo contrário, parece-nos tratar-se de uma adaptação de uma solução nacio-   1727
nal: trata-se basicamente da importação do conselho fiscal para o interior do conselho de administração – ou, visto de outra forma, na inversão da regra de incompatibilidade prevista no art. 414.º-A/1, b) –, no pressuposto de que essa integração determinará fluxos de informação mais eficientes[2391].

Nesta medida, as diferenças entre o modelo anglo-saxónico e o modelo tra-   1728
dicional resumem-se à comissão de auditoria e aos seus membros, valendo para

---

[2387] Cfr. § 57, parág. IV *supra*.

[2388] Cfr. nota 2346 *supra*.

[2389] Mesmo nos casos de puro "transplante legislativo" a mesma norma tende a operar de forma diferente no sistema de origem e no sistema de destino, não só face ao seu enquadramento jus-sistemático, mas também face às instituições e às específicas condições sociais, económicas e culturais associadas a cada sistema jurídico. Cfr. Watson – *Legal transplants...*, p. 2-3. A redução da eficácia da norma transplantada no sistema de destino, face à verificada no sistema de origem, é classificada pela teoria económico-jurídica como o "efeito de transplante" (*"transplant effect"*). Para um desenvolvimento deste tema, cfr., *v.g.*, Berkowitz, Pistor e Richard – *Economic development....* Como também referem Bernard S. Black e Reinier Kraakman – A self enforcing model of corporate law, *Harvard Law Review*, 109, 1996, p. 1913:
    «...emerging economies cannot simply copy the corporate laws of developed economies. These laws depend upon highly evolved market, legal, and governmental institutions and cultural norms that often do not exist in emerging economies. Developed country corporate laws also reflect the idiosyncratic history of their country of origin. They are not necessarily efficient at home, let alone when transplanted to foreign soil».

[2390] Cfr., *v.g.*, Berkowitz, Pistor e Richard – *Economic development...* p. 174-180.

[2391] Mesmo assumindo como certa a ideia de que o modelo anglo-saxónico nos "sistemas de origem" permite um mais adequado fluxo de informação e, logo, um mais eficiente controlo da atividade empresarial, o mesmo não pode ser afirmado relativamente ao mesmo modelo em Portugal, enquanto "sistema de destino", sem uma adequada análise empírica que o comprove. No mesmo sentido, relativamente a questão paralela no sistema italiano, Zamperetti – *Il dovere...* p. 29.

DA ADMINISTRAÇÃO À FISCALIZAÇÃO DAS SOCIEDADES

os demais órgãos – o conselho de administração e o revisor oficial de contas – quanto foi exposto no capítulo I.

1729 Porém, antes de analisarmos as obrigações de vigilância da comissão de auditoria e dos seus membros, importa determinar quem pode integrar esta comissão. Ou seja, importa esclarecer o conceito de "administrador não-executivo" face ao disposto no art. 423.º-B/3.

§ 59. A COMPOSIÇÃO DA COMISSÃO DE AUDITORIA: O CONCEITO DE "ADMINISTRADOR NÃO-EXECUTIVO" FACE AO ART. 423.º-B/3

1730 I. Até 2006, a distinção entre administradores executivos e não-executivos não tinha base legal, como aliás não tem no Reino Unido, face ao *Companies Act 2006*, ou nos Estados Unidos, face ao Direito societário dos diferentes Estados[2392].

1731 O administrador executivo é tradicionalmente definido entre nós como o administrador no qual tenha sido delegada a gestão corrente da sociedade (nos termos do art. 407.º/3), em linha, aliás, com a definição das versões portuguesa, francesa[2393] ou alemã[2394] da Recomendação da Comissão Europeia sobre esta matéria[2395], bem como das Recomendações da CMVM sobre o Governo das Sociedades Cotadas (2005)[2396].

1732 Por contraposição, o administrador não-executivo é tradicionalmente entendido como o membro do conselho de administração que não recebe poderes delegados nem integra a comissão executiva.

1733 O fundamento desta distinção residiria na alteração do complexo de situações jurídicas imputadas ao administrador não-delegado que, em virtude da delegação da gestão corrente da sociedade numa comissão executiva ou num ou mais administradores delegados, não mais seria responsável pela mesma, pas-

---

[2392] Cfr. §§ 55.3 e 56.3 *supra*.

[2393] Na versão francesa é definido como «*tout membre de l'organe d'administration d'une société (structure unitaire) chargé de la gestion quotidienne de cette société*».

[2394] Na versão alemã é definido como «*ein für die Geschäftsführung der Gesellschaft zuständiges Mitglied des Verwaltungsrats (monistisches System)*».

[2395] Cfr. COMISSÃO EUROPEIA – *Recomendação relativa ao papel dos administradores não executivos* ..., p. L 52/54, § 2.3, no qual se define o administrador executivo como o administrador *encarregue* da gestão corrente da sociedade.

[2396] Disponíveis em http://www.cmvm.pt/CMVM/Recomendacao/Recomendacoes/Soccot/Soccot_ Nov2005/Documents/43d104c4a8434d1ea100c3565316970erecomendacoesNov2005.pdf, p. 4.

O MODELO ANGLO-SAXÓNICO

sando a responder apenas por uma "vigilância geral" (e não analítica) da atuação dos delegados (nos termos do art. 407.º/8)[2397].

II. Esta distinção não permite explicar a posição dos administradores não-executivos que, no nosso modelo anglo-saxónico, devem integrar a comissão executiva. Este modelo não pressupõe necessariamente uma delegação da gestão corrente da sociedade, mas pressupõe a existência de "administradores sem funções executivas" (art. 423.º-B/3), pelo que fica afastada a hipótese de fazer coincidir o conceito de administrador não-executivo com o de administrador não-delegado.

Neste modelo parece, portanto, verificar-se uma aproximação aos sistemas anglo-saxónicos, onde a qualificação como administrador executivo não pressupõe uma delegação *expressa* da gestão corrente da sociedade (autorizada pelos acionistas nos estatutos), correspondendo simplesmente ao *exercício de funções executivas*[2398] ou à prestação de serviços à sociedade ao abrigo de um outro vínculo contratual que não o de mero administrador[2399].

A diferente perspetiva dos sistemas anglo-saxónicos ficou refletida – por coincidência ou não – na versão inglesa da Recomendação da Comissão Europeia sobre esta matéria, na qual, contrariamente ao verificado nas versões portuguesa, francesa ou alemã já referidas, o "administrador executivo" é definido como «*any member of the administrative body (unitary board) who is* engaged in the

---

[2397] Esta perspetiva, com longa história, continua a merecer acolhimento da nossa doutrina. Neste sentido, *v.g.*, Soveral Martins – *Os administradores delegados...* p. 16-20, Pedro Maia – *Função...* p. 250-251, Calvão da Silva – *Corporate governance...* p. 36-40, José Vasques – *Estruturas e conflitos de poderes nas sociedades anónimas*, Coimbra: Coimbra Editora, 2007, p. 142-146. Se bem compreendemos, é também esta a posição de Menezes Cordeiro – *CSC anotado*[2]..., art. 407.º, p. 1077-1078. Como desenvolvemos nos §§ 14 e 15 *supra*, não podemos acompanhar esta construção.

[2398] Esta é, aliás, a redação do n.º 3 do art. 423.º-B, segundo o qual aos membros da comissão de auditoria é vedado o exercício de funções executivas.

[2399] Nas palavras de Lin – *The effectiveness...* p. 900:
«*Although "outside" directors can be defined in various ways, the reasoning underlying this reliance on outside directors as a monitoring mechanism is straightforward. Most corporate boards currently include some directors who are top managers of the firm (commonly referred to as "inside" directors) and some who are not currently employed by the firm (commonly referred to as "outside" directors)*».
A este propósito, como refere Ronald J. Gilson e Reinier Kraakman – Reinventing the Outside Directors: An Agenda for Institutional Investors, *Stanford Law Review*, 43, 1991, p. 873:
«*The justification for relying on outside directors as a monitoring mechanism is straightforward. Because such directors are "independent" – that is, they do not have a personal financial stake in retaining management – they can act as shareholder surrogates to assure that the company is run in the long-term best interests of its owners*».
Apesar de esta perspetiva ser mais comum nos sistemas anglo-saxónicos, historicamente a questão não é de todo estranha aos sistemas romano-germânicos. Neste sentido, analisava Mossa, em 1957, a posição jurídica dos administradores que acumulavam funções como *direttori*, ou seja, cargos de alta direção ou de mais alto funcionário (*impiegato*) da sociedade. Mossa – *Società per Azioni...* p. 447.

DA ADMINISTRAÇÃO À FISCALIZAÇÃO DAS SOCIEDADES

daily management of the company». O adjetivo *"engaged"* deve traduzir-se, neste contexto, como "envolvido" na gestão corrente da sociedade, afastando-se portanto dos adjetivos "encarregue", *"chargé"* e *"zuständiges"* que traduzem uma vinculação jurídica específica.

1737   Ficou ainda refletida no sistema italiano, na última concretização prevista no art. 2409-*octiesdecies* (2) *Codice Civile*, nos termos do qual só podem compor o *comitato per il controllo sulla gestione* os administradores que não sejam membros da comissão executiva, a quem não tenham sido delegados poderes ou atribuídos encargos ou que exerçam, ainda que apenas *de facto*, funções atinentes à gestão da empresa social ou de sociedade que controle a sociedade ou seja por esta controlada[2400].

1738   III. Em suma, tal como no sistema italiano, o art. 423.°-B/3 parece excluir da composição da comissão de auditoria tanto os administradores que componham a comissão executiva ou a quem tenham sido delegados poderes de gestão (art. 407.°/1 e 3), como aqueles que exerçam funções executivas *de facto*, independentemente de qualquer delegação *de iure*.

1739   Esta última parte, porém, coloca sérias dificuldades hermenêuticas, na medida em que implica delimitar *a priori* quais as funções desempenhadas pelos administradores qualificáveis como "executivas" e como "não-executivas", sendo certo que o critério frequentemente exposto pela doutrina e jurisprudência norte-americana – o exercício de funções ao abrigo de um outro vínculo contratual que não o de mero administrador – não pode ser acolhido entre nós, face ao disposto no art. 398.°/1. Nos termos desta disposição, os administradores não podem exercer quaisquer funções, temporárias ou permanentes, ao abrigo de contrato de trabalho ou de prestação de serviços[2401].

1740   O problema também se coloca face ao Direito italiano. Como referem GHEZZI e RIGOTTI[2402], o art. 2409-*octiesdecies* «torna muito aleatória e discricionária a [sua] aplicação, dada a dificuldade de individuar e julgar quais são, de facto, as funções atinentes à gestão que a administração desenvolve de facto». No entanto, o problema é de alguma forma ultrapassado na medida em que,

---

[2400] Esta última concretização é fruto de uma correção de última hora, não constando do projeto de setembro de 2002, destinada a fazer face às críticas entretanto apresentadas. Cfr. GHEZZI e RIGOTTI – *Commentario...*, art. 2409-*octiesdecies*, p. 263.

[2401] A lei refere-se a «contrato de trabalho, subordinado ou autónomo». Tecnicamente, o contrato de trabalho pressupõe subordinação. Quando esta não exista, estamos perante um contrato de prestação de serviços. Neste sentido, MENEZES CORDEIRO – *CSC anotado²...*, art. 398.°, n.° 5 (nota 4). Cfr. também ILÍDIO DUARTE RODRIGUES – *A administração...* p. 298-315, BRITO CORREIA – *Os administradores...* p. 575-593, RAUL VENTURA – *Novos estudos...* p. 189-196.

[2402] GHEZZI e RIGOTTI – *Commentario...*, art. 2409-*octiesdecies*, p. 263.

O MODELO ANGLO-SAXÓNICO

sendo o *consiglio di amministrazione* quem determina a composição do *comitato per il controllo sulla gestione*, é-lhe reconhecida uma margem de discricionariedade na determinação dessas funções em concreto[2403].

Entre nós, cabendo a designação dos membros da comissão executiva à assembleia geral, é necessário identificar um critério geral que permita, *a priori*, distinguir as condutas lícitas e ilícitas. Na medida em que a *ratio* do preceito é assegurar a adequada vigilância da administração por administradores, mas sem risco de auto-vigilância, recorremos aqui a quanto foi já afirmado sobre a obrigação de vigilância dos administradores[2404]. 1741

Sustentámos que tanto a expressa delegação de poderes de gestão (nos termos do art. 407.º/1 e 3), como a simples criação de estruturas administrativas subordinadas ao conselho de administração determinavam uma modelação das obrigações de administração tanto deste, como dos seus membros. Os administradores não-delegados não deixam de estar adstritos a *participar ativamente* na gestão da sociedade (em modo coletivo e em modo individual, nos termos desenvolvidos no § 19). Essa participação ou intervenção é, porém, *subsidiária:* deve verificar-se quando a atuação dos administradores delegados, da comissão executiva ou das estruturas subordinadas não seja adequada ou suficiente à prossecução dos melhores interesses da sociedade. Defendemos então que este dever de intervenção, modelado pelas circunstâncias do caso concreto, deve ser dogmaticamente reconduzido à *obrigação de vigilância* (que, por sua vez, decorre da obrigação de diligente administração da sociedade). 1742

Aplicando esta construção ao nosso modelo anglo-saxónico, podemos concluir que aos administradores que componham a comissão de auditoria *é vedada a iniciativa primária* na condução da atividade empresarial, estando adstritos a uma participação ativa mas *subsidiária*, traduzida no acompanhamento da atividade da empresa e na intervenção/reação sempre que a atuação dos administradores executivos não seja adequada ou suficiente à prossecução dos melhores interesses da sociedade. 1743

Para este efeito, os administradores não-executivos têm ao seu dispor os meios de intervenção/reação de qualquer administrador, nos termos já analisados no § 19. 1744

IV. Desta construção resulta que a delimitação de competências não determina uma exclusão dos membros da comissão de auditoria face a quaisquer matérias subsumíveis à competência do conselho de administração, mas apenas uma modelação da sua participação na administração da sociedade, de tal forma 1745

[2403] *Ibidem.*
[2404] Cfr. §§ 13 ss. *supra.*

DA ADMINISTRAÇÃO À FISCALIZAÇÃO DAS SOCIEDADES

que a sua intervenção é necessariamente de natureza subsidiária e enquadrada na sua obrigação de vigilância.

1746 Assim sendo, não se coloca qualquer obstáculo à sua participação nas deliberações do conselho de administração destinadas a dirigir a atividade empresarial, de acordo com as propostas submetidas a deliberação pelos executivos[2405].

1747 V. O desempenho *regular* de funções executivas por estes administradores, em violação do disposto no art. 423.º-B/3 determina a caducidade da sua designação não só como membros da comissão executiva, mas também como administradores. Com efeito, por um lado, o distanciamento face à gestão corrente da sociedade constitui um pressuposto do exercício do cargo, tal como qualquer causa de incompatibilidade prevista no art. 414.º-A, aplicável por remissão do mesmo art. 423.º-B/3. Por outro lado, estes administradores são designados pelos acionistas para integrarem *simultaneamente* o conselho de administração e a comissão de auditoria (art. 423.º-C/2). Caducando a designação para um dos órgãos, caduca a designação para o outro, sendo a sua vaga preenchida pelo suplente designado. Na falta de suplente, cabe aos acionistas designar novo membro para integrar simultaneamente os dois órgãos[2406].

[2405] Diferentemente, SOVERAL MARTINS parte da dissociação entre atividade técnico-operativa, por um lado, e atividades deliberativa e representativa, por outro. A primeira estaria reservada aos administradores ditos executivos, correspondendo as suas funções executivas a "funções de gestão corrente", *i.e.*, «a gestão quotidiana, a gestão do dia a dia», a «prática dos "actos técnico-operativos quotidianos"». As segundas estariam ao alcance também dos administradores ditos não executivos que assim poderiam participar nas reuniões e deliberações do conselho, salvo sobre matérias de gestão corrente e sobre matérias delegadas ou delegáveis. Cfr. ALEXANDRE SOVERAL MARTINS – "Comissão executiva, comissão de auditoria e outras comissões na administração", in *Reformas do Código das Sociedades Comerciais*, Coimbra: Almedina, 2007, p. 259 ss. Com a devida vénia e como resulta do texto, não podemos acompanhar esta posição. Para efeitos ilustrativos, consideremos o seguinte exemplo:
Um administrador dito executivo deu instruções a um funcionário para realizar determinados pagamentos a fornecedores em nome da sociedade. Perante dúvidas sobre alguns dos pagamentos em causa (nomeadamente, por suspeita de conflito de interesses), o conselho, com a participação dos administradores ditos não executivos, ordenou ao funcionário que suspendesse os pagamentos que lhe tinham sido indicados anteriormente, até ao esclarecimento da situação, e indicou os pagamentos que, pela sua urgência, podiam desde logo ser realizados. Parece-nos que este é um típico ato de vigilância preventiva – a qual reclama, por excelência, a intervenção dos não-executivos «que podem levar o conselho ao bom caminho», nas palavras de SOVERAL MARTINS – que incide sobre uma matéria de gestão corrente (e frequentemente delegada); ilustra a fluidez das fronteiras entre os atos de administração em sentido estrito e os atos de vigilância e, com isso, as insuficiências dos critérios de delimitação da intervenção dos administradores não-executivos em função da matéria em causa (matéria de gestão corrente, matéria delegada ou delegável nos termos legais, etc.).
[2406] Da mesma forma, a destituição do cargo de membro da comissão executiva em princípio determina a destituição do cargo de membro do conselho de administração. Só assim não será quando da deliberação dos acionistas resulte o contrário.

O MODELO ANGLO-SAXÓNICO

O desempenho *regular* de funções executivas constitui igualmente incumpri- 1748
mento do dever previsto no art. 423.º-B/3 e, logo, fundamento de responsabilidade civil nos termos gerais.

Referimo-nos aqui ao exercício "regular" de funções executivas, porquanto 1749
o exercício "eventual" de funções executivas, *e.g.*, perante a ausência ou impossibilidade temporária de atuação dos administradores executivos, deve *em prin-*
cípio ser admitido, sob pena de paralisação da sociedade. Esta atuação eventual
deve, porém, limitar-se ao mínimo indispensável à salvaguarda dos interesses da
sociedade até ao regresso dos executivos.

VI. Por fim, sublinhe-se que fica igualmente vedado aos membros da comis- 1750
são de auditoria o exercício de *funções executivas* em sociedades que se encontrem
em relação de domínio ou de grupo com a sociedade fiscalizada.

Nos termos do art. 414.º-A/1, *c)*, *ex vi* art. 423.º-B/3, não podem ser designa- 1751
dos membros da comissão de auditoria os membros dos órgãos de administração
de sociedade que se encontre em relação de domínio ou de grupo com a sociedade fiscalizada.

A remissão operada para o regime do conselho fiscal deve, porém, salva- 1752
guardar as necessárias adaptações. Tal como no modelo tradicional se admite
o exercício simultâneo de funções no conselho fiscal de várias sociedades em
relação de domínio ou de grupo, também se deve admitir o exercício de funções
não-executivas de administração, na comissão de auditoria de várias sociedades
sujeitas ao modelo anglo-saxónico.

§ 60. AS OBRIGAÇÕES DE VIGILÂNCIA DA COMISSÃO DE AUDITORIA E DOS SEUS MEMBROS: REMISSÃO

I. O quadro de competências da comissão de auditoria, previsto no art. 1753
423.º-F, é idêntico ao do conselho fiscal no submodelo de governo previsto no
art. 413.º/1, *b)* (art. 420.º/1 e 2) (modelo tradicional com fiscalização reforçada).
Tanto num caso como noutro se destaca a ordenação da sua atuação à "fiscalização global" da administração da sociedade, operando a correspondente obri-

---

Diferentemente, no sistema italiano, a destituição de um membro do *comitato per il controllo sulla gestione*
não determina a sua destituição do *consiglio di amministrazione*, porquanto não há correspondência no
mesmo órgão dos poderes para um e outro ato. Como vimos, a designação e destituição dos membros do
comitato cabe ao *consiglio*, mas só os acionistas podem designar e destituir os administradores. Cfr. Ghezzi
e Rigotti – *Commentario...*, art. 2409-*octiesdecies*, p. 257.

DA ADMINISTRAÇÃO À FISCALIZAÇÃO DAS SOCIEDADES

gação de vigilância como conceito-síntese (*Inbegriff*) do complexo de situações jurídicas imputadas ao órgão coletivo.

1754   Vale, por isso, quanto foi dito a propósito da obrigação de vigilância do conselho fiscal, nos §§ 23 ss., com as necessárias adaptações.

1755   II. Os membros da comissão de auditoria – contrariamente aos fiscais no modelo tradicional [art. 414.º-A/1, *b*)] – são simultaneamente administradores, estando por isso sujeitos a dois complexos de situações jurídicas que importa articular. Não pode simplesmente afirmar-se que se lhes aplica tudo quanto foi dito a propósito dos administradores (§§ 13 ss.), porque uma tal posição esvaziaria de sentido a comissão de auditoria, enquanto órgão colegial[2407].

1756   No exercício da sua atividade cognitiva, os membros da comissão de auditoria beneficiam da sua qualidade de administradores. Os poderes-deveres de obtenção de informação e de inspeção que lhes são imputados nessa qualidade[2408] não variam significativamente face aos reconhecidos aos fiscais no modelo tradicional. Beneficiam, porém, da participação constante na discussão sobre as opções de gestão que tenha lugar no conselho de administração.

1757   Sem prejuízo desse enquadramento geral, estão sujeitos ainda a um regime específico. Nos termos do art. 423.º-G/1, *devem*: (a) participar nas reuniões desta comissão; (b) participar nas reuniões do conselho de administração e da assembleia geral; (c) participar nas reuniões da comissão executiva (caso esta exista) onde se apreciem as contas do exercício; (d) guardar segredo dos factos e informações de que tiverem conhecimento em razão das suas funções; (e) registar por escrito todas as verificações, fiscalizações, denúncias recebidas e diligências que tenham sido efetuadas e o resultado das mesmas.

1758   O *dever* de participação nas reuniões do conselho de administração [art. 423.º-G/1, *b*)] serve um duplo propósito, coerente com a dupla qualidade de membro do conselho e de membro da comissão: exige-se a participação no cumprimento tanto das funções do conselho (donde, o disposto no art. 393.º/1), como das funções da comissão.

1759   O *dever* de participação nas reuniões da assembleia geral é tautológico, na medida em que esse dever já era imputado aos membros da comissão dada a sua qualidade de administradores, nos termos do art. 379.º/4. Visa assegurar, por um lado, a prestação de informações aos acionistas[2409] e, por outro, facilitar a obten-

---

[2407] Perante o silêncio da lei, deve aplicar-se o art. 423.º por analogia, sem prejuízo da periodicidade bimestral das reuniões, nos termos do art. 423.º-G/1, *a*).

[2408] Cfr. §§ 17 ss. *supra*.

[2409] Cfr. Menezes Cordeiro – *SA: Assembleia Geral...* p. 100-101.

O MODELO ANGLO-SAXÓNICO

ção de informação e permitir o cumprimento do dever de promover a declaração de nulidade das deliberações sociais que padeçam desse vício (art. 57.º).

A imputação de um *dever* de participação nas reuniões da comissão executiva (caso esta exista) em que se apreciem as contas do exercício não colide com o reconhecimento do *poder* de assistir às demais reuniões desta comissão, quando as circunstâncias assim o exijam ou aconselhem. Aplica-se analogicamente o disposto no art. 421.º/1, *d)*, nos termos do qual qualquer membro do conselho fiscal pode assistir às reuniões da *administração* sempre que o entenda conveniente. Como tivemos oportunidade de sustentar, esta referência à "administração" deve ser interpretada em sentido amplo, incluindo as reuniões de todos os órgãos da sociedade com competências originárias ou delegadas de administração[2410]. Visa permitir o acompanhamento da atividade da sociedade por aqueles a quem é exigida, em especial, a sua fiscalização[2411].

1760

III. Num plano diferente está a reação às irregularidades eventualmente detetadas pelo administrador que seja membro da comissão de auditoria. Estando integrado num outro órgão coletivo (a comissão), não pode simplesmente provocar, por si, *individualmente*, a intervenção do conselho de administração, para que este tome as medidas adequadas, nos termos sustentados a propósito da obrigação de vigilância dos administradores (arts. 407.º/8 e 410.º/1)[2412]. A reação deve ser precedida de uma *ponderação coletiva* da comissão, nos termos sustentados a propósito dos membros do conselho fiscal, no modelo tradicional[2413]. Assim:

1761

(i) Em primeiro lugar, caso tome conhecimento de uma irregularidade que entenda ser relevante, deve comunicá-la aos demais membros da comissão e convocar uma reunião deste órgão para a sua avaliação. Caso os administradores executivos tomem conhecimento de ter sido detetado um problema antes de a comissão ter tido oportunidade de o apreciar, corre-se o risco de indesejável interferência no juízo deste órgão colegial que se pretende independente.

(ii) Na reunião da comissão, deve cada membro zelar pelos melhores interesses da sociedade e, sendo vencido na votação, deve fazer inserir na ata

---

[2410] Cfr. nota 959 *supra* para mais desenvolvimentos.

[2411] A imputação deste poder aos membros da comissão de auditoria exige o reconhecimento de um dever de informação destes, no sentido de lhes dar conhecimento atempado das reuniões e das correspondentes ordens de trabalho. Este dever é imputado a quem seja chamado a convocar a reunião. Cfr. notas 960 e 962 *supra*.

[2412] Cfr. § 19 parág. III *supra*.

[2413] Cfr. § 26.3 *supra*.

os motivos da sua discordância face à posição da maioria (art. 423.º/2, por analogia).

(iii) Adicionalmente, os membros da comissão devem comunicar ao revisor oficial de contas, por carta registada, os factos que revelem dificuldades na prossecução normal do objeto social (art. 420.º/7, por analogia), assegurando a articulação e a colaboração do revisor com a comissão.

(iv) Sem prejuízo disso, quando a urgência da situação o justifique, não sendo possível a intervenção da comissão em tempo útil, deve o membro que se aperceba de um problema expor a situação direta e imediatamente ao administrador executivo encarregue do respetivo pelouro, com vista a evitar a prática de atos danosos ou eliminar ou diminuir os efeitos danosos de atos já praticados[2414]. Aplica-se analogicamente, com as necessárias adaptações, o disposto no art. 985.º/5 CC.

(v) Para além disso, não reunindo a comissão de auditoria quando convocada ou, tendo reunido, *manifestamente*[2415] não tenha tomado as medidas adequadas à salvaguarda dos interesses da sociedade, pode e deve qualquer dos seus membros reagir, a *título individual e enquanto administrador*, perante o conselho de administração[2416].

(vi) Perante uma ausência de resposta ou perante uma resposta inadequada do conselho de administração, se as circunstâncias do caso assim o exigirem, *pode* e *deve* informar os acionistas, na primeira reunião que se realize, de todas as irregularidades e inexatidões verificadas, nos termos do art. 422.º/1, *e*), por analogia.

1762

IV. Quanto aos negócios com conflitos de interesses, vale o exposto a propósito do modelo tradicional, com as necessárias adaptações[2417].

[2414] Como vimos, ENGRÁCIA ANTUNES – *A fiscalização*... p. 103 opõe-se à intervenção individual dos fiscais *dissidentes*, com fundamento no art. 423.º/2, ou seja, à intervenção individual subsequente a uma deliberação do órgão colegial. Não nos parece que tal objeção abarque a intervenção urgente sugerida no texto.

[2415] Justifica-se esta restrição para evitar que um fiscal, a título individual, se sobreponha ao coletivo perante uma qualquer divergência de opinião, esvaziando de conteúdo o princípio da colegialidade aplicável à ponderação neste órgão.

[2416] Cfr. § 19, parágs. III a V *supra*.

[2417] Cfr. § 29 *supra*.

Capítulo IV

A construção unitária da obrigação de vigilância dos órgãos da sociedade anónima

§ 61. DELIMITAÇÃO DO CONCEITO DE ÓRGÃO SOCIAL

I. Na sequência da análise das obrigações de vigilância de cada um dos órgãos da sociedade anónima, nos seus diferentes modelos de governo, estamos agora em condições de aventar uma construção unitária da obrigação de vigilância. Antes, porém, importa delimitar o conceito de *órgão social*, enquanto *sujeito* ao qual é imputado, em cada caso, uma tal obrigação[2418].

II. A concretização desta tarefa depende da resposta prévia a uma questão que aqui não podemos nem pretendemos desenvolver, mas que necessariamente se encontra no cerne de todo o Direito societário: a natureza da personalidade coletiva[2419]. Apesar da importância do desafio, não podemos ter a pretensão de aqui o solucionar, por não ser esse o objeto deste estudo. Não obstante, como refere KARSTEN SCHMIDT, o jurista não pode ficar indiferente à teoria da pessoa coletiva[2420].

[2418] A obrigação de vigilância, enquanto situação jurídica, é subjetiva, atinente ao sujeito (MENEZES CORDEIRO – *Tratado*, 1:1³... p. 303), razão pela qual exige a prévia delimitação do mesmo.

[2419] Quanto a esta questão, recordamos as palavras de MENEZES CORDEIRO – *O levantamento...* p. 66, MENEZES CORDEIRO – *Tratado*, 4... p. 590:

«parece admissível – e mesmo razoável – proclamar que, de momento, a Ciência do Direito não conseguiu explicar a essência da personalidade colectiva. (...) [T]endo sido considerado o problema do século XIX, conseguiu atravessar, sem solução, todo o século XX».

[2420] KARSTEN SCHMIDT – *Gesellschaftsrecht...* p. 159.

DA ADMINISTRAÇÃO À FISCALIZAÇÃO DAS SOCIEDADES

1765 Assumimos aqui a conceção de personalidade coletiva dita "analítica" ou "normativista", tal como apresentada entre nós por MENEZES CORDEIRO, segundo a qual a sociedade, enquanto pessoa coletiva, consiste num centro de imputação de normas jurídicas, capaz de se autodeterminar no espaço que lhe é conferido pelo Direito (refletindo a dimensão axiológica da locução "pessoa"[2421]), exprimindo um específico regime jurídico-positivo através do qual as normas que lhe são imputadas se concretizam e refletem indiretamente nos seres humanos nela implicados[2422].

1766 Esta conceção é criticada por diversos autores, defensores de teorias realistas, dominantes entre nós[2423]. Hoje, como ontem[2424], tais teorias apresentam como vetor comum a preocupação da delimitação da arbitrariedade do Estado na constituição de pessoas coletivas: apesar de a personalidade coletiva consistir numa criação do Direito, o Estado não poderia criar pessoas coletivas de acordo com o seu livre arbítrio[2425]; deveria explicar que tipo de realidade social lhes é

[2421] MENEZES CORDEIRO – O levantamento... p. 72 realça, seguindo GUSTAV NASS – Person, Persönlichkeit und juristische Person, Berlin: Duncker & Humblot, 1964, p. 89, que o conceito de personalidade é um Sollenbegriff, a retirar da Moral.

[2422] MENEZES CORDEIRO – O levantamento... p. 66, MENEZES CORDEIRO – Tratado, 4... p. 590. Para uma apresentação histórica das correntes normativistas e sua contraposição às teorias realistas, cfr., v.g., GAETANO ARANGIO-RUIZ – Gli enti soggetti dell'ordinamento internazionale, 1:2 – Il concetto di persona giuridica e la nozione degli enti soggetti, Milano: Giuffrè, 1951, p. 44 ss, FRANCESCO GALGANO – Struttura logica e contenuto normativo del concetto di persona giuridica: studi per un libro sulle persone giuridiche, Rivista di Diritto Civile, 11:1, 1965, em especial, p. 558-567 (= FRANCESCO GALGANO – Delle persone giuridiche, Commentario del Codice Civile a cura di Antonio Scialoja e Giuseppe Branca, Bologna, Roma: Nicola Zanichelli Editore, Soc. Ed. del Foro Italiano, 1969), MASSIMO BASILE e ANGELO FALZEA – "Persona giuridica (Diritto privato)", in Enciclopedia del Diritto, Milano: Giuffrè, 1983, p. 254-264.

[2423] Cfr., v.g., JOSÉ TAVARES – Os principios fundamentais... p. 105 ss., JOSÉ TAVARES – Teorias sobre o conceito e fundamento da personalidade colectiva, Gazeta da Relação de Lisboa, 38, 1924, p. 161-164 e 193-195, JOSÉ TAVARES – Elementos constitutivos da pessoa colectiva, Gazeta da Relação de Lisboa, 38, 1924, p. 241-245, JOSÉ TAVARES – Pessoas colectivas nacionais e estrangeiras, Gazeta da Relação de Lisboa, 38, 1924, p. 337-339, CUNHA GONÇALVES – Tratado de direito civil, 1... p. 742 ss., LUIZ DA CUNHA GONÇALVES – Breve estudo sobre a personalidade das sociedades commerciaes, Gazeta da Relação de Lisboa, 25, 1911, p. 305-307, 313-315, 353-354, 409-411, 425-426, 449-450, 481-482, 521-522, 545-546, 593-594 e 617-619, MANUEL DE ANDRADE – Teoria geral, 1²... p. 50-51, MOTA PINTO, PINTO MONTEIRO e PAULO MOTA PINTO – Teoria geral⁴... p. 192, JOSÉ DIAS MARQUES – Teoria geral do direito civil, 1, Coimbra: Coimbra Editora, 1958, p. 157 ss., CASTRO MENDES – Teoria geral, 1... p. 332-344.

[2424] A discussão sobre este tema prolonga-se há muito. Cfr., v.g., ARANGIO-RUIZ – Gli enti soggetti... p. 48 ss.

[2425] A doutrina realista afirma que a perspetiva normativista deixa o problema da personalidade coletiva no estado em que o encontra: a identificação, na personalidade coletiva, de um centro de imputação autónomo não permitiria distinguir o que há de novo que a demarque da pessoa singular. Luís A. CARVALHO FERNANDES – Teoria Geral do Direito Civil, 1, 6.ª ed., Lisboa: Universidade Católica Editora, 2012, p. 541-542. No mesmo sentido, v.g., JOSÉ DE OLIVEIRA ASCENSÃO – Direito civil: Teoria geral, 1 – Introdução, as pessoas, os bens, 2.ª ed., Coimbra: Coimbra Editora, 2000, p. 230. A particularidade da

A CONSTRUÇÃO UNITÁRIA DA OBRIGAÇÃO DE VIGILÂNCIA

inerente[2426], sem prejuízo de a personalidade coletiva constituir um instrumento jurídico para a realização de um fim normativo ou dos interesses a que é dirigida, envolvendo por isso uma nota de funcionalidade[2427]. A personificação dependeria da existência de um substrato dirigido à prossecução de interesses coletivos (em contraposição aos interesses individuais prosseguidos pela pessoa singular) e de meios técnicos (organização formal) adequados à formação e manifestação de uma vontade coletiva de forma juridicamente relevante, *i.e.*: *órgãos*[2428].

Reconhecemos que a posição "analítica" ou "normativista" da qual partimos não é inteiramente satisfatória[2429]. Contudo, também as conceções realistas entre nós dominantes, assentes na afirmação de uma *realidade jurídica* e nos pressupostos do *substrato* e da *organização formal* para que possa haver personificação normativa, não permitem explicar satisfatoriamente a natureza da pessoa coletiva[2430].

1767

---

pessoa coletiva, segundo esta corrente, residiria no *substrato* desta, entendido como conjunto de homens ou de bens juridicamente organizados. Seria este que permitiria afirmar uma existência da pessoa coletiva tão real como a da pessoa singular, a qual não poderia ser construída como uma «mera forma jurídica sem qualquer ligação com o mundo ou a vida social regulada pelo Direito».

[2426] OLIVEIRA ASCENSÃO – *Direito civil: Teoria geral*, 1... p. 216, 230 (nota 245), 232, CARVALHO FERNANDES – *Teoria geral*, 1⁶... p. 523-526, 541-542.

[2427] CARVALHO FERNANDES – *Teoria geral*, 1⁶... p. 541-542.

[2428] Cfr. *ibidem*, p. 437-439, 541-542.

[2429] Até MENEZES CORDEIRO reconhece o seu excessivo formalismo, reduzindo a personalidade a um expediente técnico, justificando contudo que, face à variedade de entidades às quais o Direito reconhece personalidade jurídica, independentemente do seu substrato, não é viável uma definição que mantenha uma referência a um qualquer substrato. MENEZES CORDEIRO – *O levantamento...* p. 73-74, MENEZES CORDEIRO – *Da responsabilidade civil...* p. 319-320, MENEZES CORDEIRO – *Tratado*, 4... p. 597-598.

[2430] Efetivamente, à crítica de que a teoria analítica «deixa o problema da personalidade colectiva no estado em que o encontra», contrapõe MENEZES CORDEIRO – *Direito das sociedades*, 1³... p. 317:

«O "realismo" jurídico é uma fórmula vazia: ela só significa algo pelo que cala: a inviabilidade das construções que a antecederam. Na verdade, a personalidade colectiva é, seguramente, personalidade jurídica e, daí, uma realidade jurídica. Mas com semelhante tautologia pouco teremos avançado, no sentido de determinar a sua natureza».

Mesmo autores realistas, como OLIVEIRA ASCENSÃO, reconhecem que,

«[n]um caso extremo, a lei pode criar personalidade jurídica onde não há nada – transformando as Berlengas numa nova Região Administrativa, ou instituir uma empresa pública *ex novo*».

Como refere ainda noutro ponto, já numa dimensão jusprivatista e contrapondo os conceitos de instituição-pessoa e instituição-coisa,

«quando hoje recebemos pelo correio propostas de venda de sociedades já prontas com sede nas Bahamas (!), nem com muito boa vontade conseguimos descobrir a instituição-pessoa que corresponda a esses artifícios personificados».

Cfr. OLIVEIRA ASCENSÃO – *Direito civil: Teoria geral*, 1... p. 221-222, 232-233.

Reconhece-se, portanto, que a existência de uma pessoa coletiva não depende da existência de um substrato. Mesmo afirmando que a pessoa coletiva não pode funcionar enquanto não lhe forem conferidas

DA ADMINISTRAÇÃO À FISCALIZAÇÃO DAS SOCIEDADES

1768   Face ao atual desenvolvimento da Ciência do Direito sobre a natureza da pessoa coletiva, e apesar de reconhecermos os seus limites, tomamos por base o conceito sugerido por MENEZES CORDEIRO[2431].

1769   III. Delimitado o conceito de pessoa coletiva que tomamos por base, estamos em condições de abordar a problemática inerente à delimitação do conceito de órgão social. Nesta tarefa, começamos por recordar a reconstrução da personali-

---

as necessárias bases de organização, o facto é que, como o próprio autor reconhece, há personalidade jurídica sem qualquer substrato.

Uma palavra ainda para clarificar não nos parecerem aplicáveis aqui as críticas aduzidas por PEDRO PAIS DE VASCONCELOS – *Teoria geral do direito civil*, 7.ª ed., Coimbra: Almedina, 2012, p. 118-119, às construções monistas, que colocam num mesmo plano a pessoa singular e a pessoa coletiva, e ao ficcionismo que nega toda a substância à personalidade jurídica. De facto, a definição formal da personalidade como centro de imputação de normas jurídicas, capaz de se autodeterminar no espaço que lhe é conferido pelo Direito, unitariamente aplicável tanto à pessoa singular como à pessoa coletiva, não invalida que estas tenham diferentes fundamentos ontológicos e axiológicos. Obviamente, como realça OLIVEIRA ASCENSÃO – *Direito civil: Teoria geral*, 1... p. 216, o peso ético da pessoa colectiva é muito diverso do da pessoa física. Ao ser humano é necessariamente reconhecida, nas palavras de PAIS DE VASCONCELOS – *Teoria geral*..., p. 33, "a qualidade de ser pessoa". O mesmo será dizer, com WINDSCHEID e KIPP, que a personalidade singular advém da natureza de "pessoa". BERNHARD WINDSCHEID e THEODOR KIPP – *Lehrbuch des Pandektenrechts*, 1, Frankfurt am Main: Scientia, 1963, p. 220. Sem prejuízo do enorme desafio jus-filosófico inerente à formulação do conteúdo preciso e real do conceito de pessoa – a que DIOGO COSTA GONÇALVES – *Pessoa e direitos de personalidade*, Coimbra: Almedina, 2008, p. 38, 63-64, se refere por "conceito real de pessoa" e que, com base numa investigação na história do pensamento antropológico e de uma análise estrutural da realidade humana, define como «aquele ente que, em virtude da especial intensidade do seu acto de ser, autopossui a sua própria realidade ontológica, em abertura relacional constitutiva e dimensão realizacional unitiva» – é incontestável que a Pessoa, enquanto tal, não pode deixar de ser reconhecida como pessoa para o Direito, o qual lhe reconhece assim (enquanto algo que heteronomamente se lhe impõe) a potencialidade para ser titular de direitos e adstrito a obrigações (ou, num sentido mais rigoroso, para ser centro de imputação de situações jurídicas). Numa perspetiva positivista: vale a regra básica – constitucionalmente pacífica, mas omissa no nosso Código Civil – de que todo o ser humano é pessoa. Cfr. MENEZES CORDEIRO – *Tratado*, 4... p. 362. Numa perspetiva jusnaturalista, o reconhecimento da personalidade às pessoas singulares corresponde a uma exigência universal ou categórica imposição da ordem natural. OLIVEIRA ASCENSÃO – *Direito civil: Teoria geral*, 1... p. 137. A pessoa coletiva, por seu turno, não se confunde com a pessoa singular. Contrariamente a esta, aquela configura uma criação do Direito, ainda que frequentemente determinada por realidades sociais que ao legislador se *impuseram* por diferentes motivos sócio-económicos. Esta criação do Direito, como tantas outras, visa dar resposta aos anseios e necessidades das pessoas singulares que, através da mesma, visam realizar diferentes fins num modo coletivo. Esta diferente dimensão ontológica e axiológica não impede a recondução da personalidade coletiva a um conceito unitário de "personalidade jurídica", que inclua também a personalidade singular, para efeitos técnico-jurídicos, permitindo compreender a imputação de situações jurídicas a tais entes. MARIO CAMPOBASSO – *L'imputazione di conoscenza nelle società*, Milano: Giuffrè, 2002, p. 173.

[2431] MENEZES CORDEIRO – *Da responsabilidade civil*... p. 318-319, MENEZES CORDEIRO – *O levantamento*... p. 72, MENEZES CORDEIRO – *Tratado*, 4... p. 596.

A CONSTRUÇÃO UNITÁRIA DA OBRIGAÇÃO DE VIGILÂNCIA

dade coletiva operada por VON GIERKE que, em reação ao ficcionismo, defendeu uma construção organicista.

Num momento anterior, SAVIGNY, seguindo a construção de HEISE[2432] e a tradição canonista[2433], apresentou a pessoa coletiva como todo o sujeito de relações jurídicas que, tecnicamente, não corresponda a uma "pessoa natural", mas que seja tratado como pessoa através de uma *ficção* teórica, numa situação que se justifica para permitir determinado escopo humano[2434].

1770

A teoria ficcionista assentava inicialmente na centralidade da pessoa humana, só admitindo uma existência fictícia ou intelectual da personalidade coletiva. Contudo, a perda progressiva das referências éticas savignyanas implicou um afastamento do homem como referência, remanescendo a referência à "ficção" apenas por razões técnicas[2435].

1771

Da construção ficcionista da pessoa coletiva decorria a incapacidade da mesma para concluir negócios jurídicos por si, só o podendo fazer através de um representante[2436]. Decorria igualmente a sua irresponsabilidade penal e civil aquiliana, dado que tal responsabilidade exigiria imputabilidade (no sentido de suscetibilidade de imputação de juízos de culpa, *Schuldfähigkeit*)[2437]. Ora, as pessoas coletivas, por natureza, seriam insuscetíveis de culpa, por não terem consciência, vontade e ação própria. Só os seus órgãos ou agentes, e não elas próprias, seriam suscetíveis de culpa[2438].

1772

[2432] Cfr. MENEZES CORDEIRO – *O levantamento...* p. 38.

[2433] *Ibidem*, p. 40.

[2434] FRIEDRICH CARL VON SAVIGNY – *System des heutigen Romischen Rechts*, 2, 2 reimp., Berlin, 1840, p. 235-236, 240. Cfr. também MENEZES CORDEIRO – *O levantamento...* p. 39.

[2435] MENEZES CORDEIRO – *O levantamento...* p. 49.

[2436] SAVIGNY – *System*, 2..., § 90, p. 282, e § 95, p. 317.

[2437] *Ibidem*, § 94, p. 310-318, § 95, p. 317. Cfr. também KARSTEN SCHMIDT – *Gesellschaftsrecht...* p. 251. Também MENEZES CORDEIRO – *O levantamento...* p. 41 realça que tal qualificação da pessoa coletiva tinha um imediato alcance dogmático, apontando dois pontos de regime: a impossibilidade de aplicação analógica das normas "ficciosas" e a irresponsabilidade, penal e civil aquiliana, das próprias pessoas coletivas. *Ibidem*, p. 42, 45. Realça ainda que a atribuição da paternidade do ficcionismo a SAVIGNY é equívoca, dado que, como demonstrou FLUME, SAVIGNY conhecia bem a existência de um substrato real subjacente às pessoas coletivas. Aliás, FLUME realça que «"a natureza das organizações humanas" é uma questão não tratada por Savigny». Cfr. WERNER FLUME – *Allgemeiner Teil des Burgerlichen Rechts*, 1:2 – Die juristische Person, Berlin, Heidelberg, New York, Tokyo: Springer, p. 3-11, posição que é realçada por LARENZ e WOLF – *Allgemeiner Teil des Bürgerlichen Rechts*, p. 149 (nota 5). Cfr. também FRANCISCO MENDES CORREIA – *Transformação de sociedades comerciais: Delimitação do âmbito de aplicação no direito privado português*, Coimbra: Almedina, 2009, p. 78 (nota 174). Ainda segundo MENEZES CORDEIRO – *O levantamento...* p. 45, só a descaracterização da construção savygniana operada ao longo do séc. XIX conduziu a uma verdadeira teoria da ficção.

[2438] MANUEL A. DOMINGUES DE ANDRADE – *Teoria geral da relação jurídica*, 1, reimp., Coimbra: Almedina, 1992, p. 132.

DA ADMINISTRAÇÃO À FISCALIZAÇÃO DAS SOCIEDADES

1773   IV. Contra esta construção, reclamava-se na *praxis* judicial, ainda no séc. XIX, a responsabilização da pessoa coletiva pelos atos ilícitos dos seus representantes legais. Contudo, uma base teórica para uma tal imputação só seria alcançada com a *Genossenschaftstheorie* de OTTO VON GIERKE[2439], enquadrada no mais vasto movimento das teorias realistas que afirmavam a pessoa coletiva como uma realidade social (e não como mera ficção jurídica) e se insurgiam contra a arbitrariedade no reconhecimento da personalidade colectiva[2440].

1774   Foi neste contexto que VON GIERKE veio afirmar a existência, na sociedade, de entidades coletivas que não se podem reduzir à soma dos indivíduos que as componham[2441]. Nas suas palavras,

> «[d]ie Verbandsperson ist eine wirkliche und volle Person gleich der Einzelperson, jedoch im Gegensatze zu dieser eine zusammengesetzte Person»[2442].

1775   Esta construção operou um corte relativamente não só à ficção sobre a existência da pessoa coletiva, mas também face a *"eine zweite Fiktion"*, relativa à imputação de uma vontade e ação juridicamente relevantes à pessoa coletiva: sendo esta uma mera ficção, não tem capacidade volitiva e de ação[2443]. Para VON GIERKE, a solução de recurso aos mecanismos de suprimento da incapacidade jurídica – próprios dos menores e dementes – era inaceitável, afirmando de forma categórica:

> «Die Körperschaft ist als reale Gesammtperson nicht blos rechtsfähig, sondern auch willens- und handlungsfähig»[2444].

Na exposição antropomórfica do autor, de cariz meramente explicativo[2445],

---

[2439] KARSTEN SCHMIDT – *Gesellschaftsrecht...* p. 251.

[2440] MENEZES CORDEIRO – *O levantamento...*, *passim*, em especial, p. 53-55.

[2441] OTTO FRIEDRICH VON GIERKE – *Die Genossenschaftstheorie und die deutsche Rechtsprechung*, Berlin: Weidmann, 1887, p. 603 e passim.

[2442] Afirmação que pode traduzir-se nos seguintes termos: «[a] pessoa colectiva é uma pessoa real e completa tal como a pessoa singular, mas, em contraste com esta, uma pessoa composta». OTTO FRIEDRICH VON GIERKE – *Deutsches Privatrecht*, 1 – Allgemeiner Teil und Personenrecht, Leipzig: Duncker & Humblot, 1895, p. 470.

[2443] VON GIERKE – *Die Genossenschaftstheorie...* p. 604 (notas 1 e 2).

[2444] *Ibidem*, p. 603. Em português: «A corporação, enquanto pessoa real completa é não só capaz de direito, mas também capaz de vontade e de atuação».

[2445] Como explica em OTTO FRIEDRICH VON GIERKE – *Das Wesen der menschlichen Verbände*, Berlin: Gustav Schade, 1902, p. 13 ss.

A CONSTRUÇÃO UNITÁRIA DA OBRIGAÇÃO DE VIGILÂNCIA

«Sie ist kein todtes Begriffsding, das der Vertretung durch andere Personen bedarf, sondern ein lebendiges Wesen, das als solches will und handelt»[2446]. *«Ihre Einheit verwirklicht sich nicht in einem einzelnen menschlichen Leibe, sondern in einem gesellschaftlichen Organismus, der zwar um seiner organischen Struktur willen gleichfalls seit alter Zeit als ein „Körper" mit „Haupt" und „Gliedern" um mit funktionierenden „Organen" vorgestellt und bezeichnet wird, jedoch als soziales Gebilde unterscheidet»*[2447].

A afirmação de que a sociedade atuava através de "órgãos" nela integrados, sendo por isso capaz de decidir por si pessoal e livremente, dava resposta a várias críticas apontadas à conceção anterior dos administradores (ou, em geral, dos membros do que hoje designamos por órgãos sociais) como mandatários dos sócios ou da assembleia geral[2448].
1776

V. No centro da teoria de VON GIERKE estão duas afirmações: do ponto de vista jus-dogmático, a atuação do órgão é *qualitativamente diferente* da atuação de terceiros como representantes ou auxiliares da pessoa coletiva; numa perspetiva
1777

[2446] VON GIERKE – *Deutsches Privatrecht...* 1, p. 472. Em português: «[a pessoa coletiva] não é um ente conceptual morto que requeira representação por outras pessoas, mas um ser vivo que quer e age como tal».

[2447] *Ibidem*, p. 473. Em português: «A sua unidade não se exprime numa essência humana singular, mas, antes, num organismo social que, na sua estrutura orgânica, surge tradicionalmente com um "corpo", com "cabeça" e "membros" e com "órgãos funcionais", mas apenas como imagem social».

[2448] Desde o *Code de Commerce* (art. 31), repetiram-se as referências legislativas à administração da sociedade anónima como mandatários em diferentes ordenamentos jurídicos. Na sua base estiveram razões históricas: a passagem do modelo publicista subjacente à administração das companhias coloniais, nos termos do qual os administradores exerciam os vastos poderes de tais companhias de acordo com diretrizes recebidas do Rei ou de grupos restritos de notáveis, para modelos privatísticos uniformizados por referência ao mandato. Como explica MENEZES CORDEIRO, o recurso ao mandato permitia dois objetivos: um político, a colocação dos administradores ao serviço dos sócios, e um técnico, facultando uma terminologia jurídica coerente. Para além disso, enquadrava o fenómeno da representação da sociedade anónima pelos seus administradores, solução que não mais se poderia aceitar depois da distinção entre representação e mandato alcançadas por JHERING e LABAND e fixada definitivamente entre nós por PESSOA JORGE – *O mandato sem representação...* p. 97 ss. Cfr. MENEZES CORDEIRO – *Da responsabilidade civil...* p. 336, PEDRO DE ALBUQUERQUE – *A representação voluntária em direito civil: Ensaio de reconstrução dogmática*, Coimbra: Almedina, 2006, p. 313 ss. A aplicação da figura do mandato suscitou ainda outras críticas. SOVERAL MARTINS – *Os poderes de representação...* p. 43, por exemplo, refere-se às dificuldades inerentes à identificação do mandante (dificilmente poderiam ser os sócios, na medida em que não era exigida unanimidade para a designação dos administradores, e a admissão da sociedade como mandante colocava o problema da dissociação da vontade da sociedade face à vontade dos sócios), à conceção de uma relação de mandato necessária, à inexistência de uma subordinação a um mandante e à possibilidade de o mandatário poder praticar atos materiais (não jurídicos). Por fim, a autonomia dos administradores é inconciliável com a natureza e regime do mandato.

DA ADMINISTRAÇÃO À FISCALIZAÇÃO DAS SOCIEDADES

jus-política, toda a atuação do órgão, a favor e contra a pessoa coletiva, é obrigatoriamente imputada a esta[2449].

1778   Esta técnica argumentativa antropomórfica pode parecer ingénua e superada, mas teve, pela sua capacidade sugestiva, repercussões notáveis na construção da pessoa coletiva[2450] e dos órgãos sociais[2451]. Assumida a função puramente explicativa de tais referências antropomórficas, a *intermediação orgânica* sedimentou-se como técnica legislativa[2452] distinta da representação voluntária ou legal[2453]: hoje é em geral aceite que os atos dos órgãos são imputáveis à respetiva pessoa coletiva como atos próprios desta[2454]. Assim, de acordo com a

---

[2449] KARSTEN SCHMIDT – *Gesellschaftsrecht...* p. 252.

[2450] A este propósito, afirma MENEZES CORDEIRO – *O levantamento...* p. 55-56 que a orientação orgânica de VON GIERKE teve o mérito de reconhecer que a personalidade coletiva corresponde a uma realidade histórica e sociológica que ultrapassa o arbítrio do Direito. Por um lado, este não pode reconhecer todos os "organismos" que o mereceriam; quando isso ocorra, o legislador esquece a realidade, atentando contra a ideia de Direito. Por outro, atribuir personalidade a algo que não corresponda a qualquer substrato está próximo da ficção. Afirma ainda MENEZES CORDEIRO que o grande óbice da sua construção reside na dimensão técnica que a personalidade coletiva veio a assumir posteriormente. Cfr. também VON GIERKE – *Deutsches Privatrecht...* 1, p. 471 e a apreciação crítica de KARSTEN SCHMIDT – *Einhundert Jahre Verbandstheorie im Privatrecht: aktuelle Betrachtungen zur Wirkungsgeschichte von Otto v. Gierkes Genossenschaftstheorie*, Hamburg: Joachim Jungius-Gesellschaft der Wissenschaften, 1987, p. 15.

Acrescente-se que as referências antropomórficas guierkianas não constituem em si uma novidade, multiplicando-se os exemplos deste tipo de paralelo explicativo, sobretudo na teoria jus-política. Assim, *v.g.*, já em 1762, JEAN-JACQUES ROUSSEAU – *Du Contrat Social ou Principes du Droit Politique*, Amsterdam: Marc Michel Rey, 1762, livro III, capítulo I, explicava, na contraposição do poder executivo ao poder legislativo:

«*Il faut donc à la force publique un agent propre qui la reunisse et la mette en œvre selon les directions de la volonté générale, qui serve à la communication de l'État et du souverain, qui fasse en quelque sorte dans la personne publique ce que fait* dans l'homme lunion de l'âme et du corps» (itálico nosso).

E acrescentava adiante:

«*Qu'est-ce donc que le gouvernement? Un corps intermédiaire établi entre les sujets et le souverain pour leur mutuelle correspondance, chargé de l'exécution des lois et du maintien de la liberté tant civile que politique*».

[2451] Note-se, por exemplo, a sua repercussão ao nível da teoria do conhecimento absoluto (*absolute Wissenstheorie*), levando o RG a afirmar, numa sentença de 1935, que «é da natureza das coisas que o conhecimento de qualquer pessoa qualificada como representante legal no momento determinante seja inerente à pessoa jurídica ou à sociedade». RG 8-fev.-1935, *JW* 1935, 2044. Cfr. FLUME – *Die juristische Person...* p. 400-401. Cfr. também MARIO CAMPOBASSO – *L'imputazione di conoscenza...*, passim, em particular, p. 41, 172.

[2452] MARIO CAMPOBASSO – *L'imputazione di conoscenza...* p. 173-175.

[2453] Entre nós, desde logo, MANUEL DOMINGUES DE ANDRADE – *Teoria geral da relação jurídica*, 2 – Facto jurídico, em especial, negócio jurídico, 2.ª ed., 9.ª reimp., Coimbra: Almedina, 2003, p. 288-289, suscitava a dúvida sobre a inclusão da representação das pessoas coletivas na representação legal ou voluntária, defendendo a afirmação de uma nova categoria – a representação orgânica – que não seria verdadeira representação, mas organicidade.

[2454] KARSTEN SCHMIDT – *Gesellschaftsrecht...* p. 252-253. Em sentido oposto, FLUME – *Die juristische Person...* p. 378-379, sustenta que a teoria organicista, tal como as demais teorias realistas sobre a personalidade coletiva, é «absolutamente inadmissível para a argumentação jurídica».

A CONSTRUÇÃO UNITÁRIA DA OBRIGAÇÃO DE VIGILÂNCIA

doutrina dominante, enquanto representante e representado são sujeitos distintos, o órgão é parte da pessoa coletiva e faz uso da sua capacidade jurídica e de atuação[2455].

Daqui decorre que, enquanto o representante atribui ao representado apenas os efeitos dos atos praticados[2456], na relação orgânica imputar-se-ia à pessoa coletiva a própria *facti-species* (ou previsão normativa[2457])[2458]: o ato é materialmente praticado pela pessoa física titular do órgão (imputação psicológica), mas seria juridicamente imputado à pessoa coletiva como se esta tivesse agido

---

[2455] A actuação dos titulares dos órgãos corresponderia juridicamente a uma actuação da própria pessoa coletiva «numa lógica própria do modo coletivo do funcionamento do Direito». MENEZES CORDEIRO – *Tratado*, 5..., p. 45. Não existiria, assim, a contraposição de dois sujeitos – representado e representante – ou mesmo de três, quando se inclua no *Tatbestand* da representação uma terceira pessoa com a qual o representante celebra o negócio ou ato jurídico destinado a produzir efeitos na esfera do *dominus*. Cfr. PEDRO DE ALBUQUERQUE – *A representação voluntária*... p. 498-499 (incluindo nota 7). Cfr. também MARIO CAMPOBASSO – *L'imputazione di conoscenza*... p. 176.

[2456] Depois de 1966, já face ao disposto no art. 259.º CC, por exemplo OLIVEIRA ASCENSÃO, MARIA DE LURDES PEREIRA e PEDRO DE ALBUQUERQUE defendem que não são apenas os efeitos que se imputam: o que se imputa é a ação ou comportamento, que é juridicamente havida como do representado, para dela se retirarem consequências jurídicas. Cfr. OLIVEIRA ASCENSÃO – *Direito civil: Teoria geral*, 2... p. 280-283, MARIA DE LURDES PEREIRA – Os estados subjectivos na representação voluntária. Em especial o conhecimento ou desconhecimento juridicamente relevante, *Revista da Faculdade de Direito da Universidade de Lisboa*, 39, 1998, p. 180-181, PEDRO DE ALBUQUERQUE – *A representação voluntária*... p. 1178-1201, em especial, p. 1180 (nota 2246).

Para MARIA DE LURDES PEREIRA, o argumento decisivo reside na necessidade de uma referência à pessoa do representado para determinar o grau de diligência devida no cumprimento de deveres de indagação, no sentido já antes defendido por MANUEL CARNEIRO DA FRADA – *Contrato e deveres de protecção*, Coimbra: Almedina, 1994, p. 209-212, a propósito do art. 800.º CC. Para este autor, esta norma determina a *projeção* do comportamento do auxiliar na pessoa do devedor – isto é, «este será responsável logo que a actuação dos auxiliares, *pensada* na pessoa do devedor, preencha uma previsão de responsabilidade» – porque o critério de apreciação da culpa não se refere às qualidades do auxiliar, mas sim pelo que se possa exigir ao devedor. Só assim se protegeria o credor perante a interposição de auxiliares no cumprimento pelo devedor. Acrescenta MARIA DE LURDES PEREIRA que o mesmo deve valer para a interposição de um representante em tudo o que respeite ao cumprimento do ónus ou dever de indagação.

Em sentido contrário, parece-nos continuar válida a contestação de PESSOA JORGE – *O mandato sem representação*... p. 22-23 (incluindo nota 16), segundo o qual a referência ao facto de, juridicamente, tudo se passar como se tivesse sido o próprio representado a praticar o ato tem um valor meramente sugestivo. Segundo o ilustre Professor,

> «[é] pura ficção considerar-se o acto praticado pelo representado e não pelo representante (o qual pode, inclusivamente, ser autor de grande parte do seu conteúdo), como não é real a doutrina, na qual essa ideia se filia, que distingue nos negócios jurídicos entre vontade psicológica e vontade jurídica ou normativa».

[2457] Cfr. BAPTISTA MACHADO – *Introdução*... p. 206-208.

[2458] MARIO CAMPOBASSO – *L'imputazione di conoscenza*... p. 177. Cfr. também HANS JULIUS WOLFF – *Organschaft und juristische person: untersuchungen zur rechtstheorie und zum offentlichen recht*, 2, reimp., Aalen: Scientia, 1968, p. 235, 242-243, 280-283, 289-294, em especial p. 293 (nota 1).

DA ADMINISTRAÇÃO À FISCALIZAÇÃO DAS SOCIEDADES

na primeira pessoa[2459]. Estaríamos perante um fenómeno de *imputação jurídica do ato* praticado, por contraposição à mera *imputação dos efeitos* característica da representação em sentido próprio (art. 258.º CC)[2460].

1780   Desta construção decorrem várias consequências dogmáticas: através dos seus órgãos, a pessoa coletiva é capaz de praticar atos para os quais não é permitida a representação voluntária[2461] e é capaz de cometer ilícitos civis, devendo responder por facto próprio face aos atos ilícitos dos seus órgãos[2462].

1781   Para além disso, como sublinha GIANNINNI, todas as dificuldades inerentes à imputabilidade ao representado da negligência, da má-fé e dos vícios da vontade do representante são ultrapassados através do *órgão*, «pois a imputação ao ente

---

[2459] Na doutrina italiana, é frequente a distinção entre imputação psicológica do ato a quem o praticou materialmente; imputação jurídica, característica da relação entre ente e órgão e imputação dos efeitos que decorrem entre representante e representado. MARIO CAMPOBASSO – *L'imputazione di conoscenza...* p. 177.

[2460] Assim se compreendem afirmações como as de JORGE MIRANDA – *Manual de direito constitucional*, 5, 4.ª ed., Coimbra: Coimbra Editora, 2011, p. 49-50:

    «Representação (de Direito privado) e imputação são, portanto, coisas bem diversas. O órgão não representa a pessoa colectiva; o órgão é a pessoa colectiva e esta não pode ter outra dinâmica jurídica senão a que lhe vem do órgão».

Esta conceção é baseada naqueloutra de MANUEL DE ANDRADE – *Teoria geral*, 1¹..., p. 118, segundo o qual, *«para o Direito*, o órgão identifica-se tão completamente com a pessoa colectiva como os órgãos dum ser vivo se identificam e compenetram com esse mesmo organismo *de que fazem parte*; ao passo que o representante conserva uma individualidade autónoma diferente da do representado. Como desenvolvimento dessa ideia, a vontade do órgão é referida ou imputada por lei à pessoa colectiva, constituindo, para o Direito, a própria vontade dessa pessoa; enquanto que a vontade do representante é a vontade dele mesmo, embora, numa certa medida, venha a produzir efeitos, desde logo, na esfera jurídica do representado. Correspondentemente, os actos do órgão valem como actos da própria pessoa colectiva, que assim agirá mediante os seus órgãos jurídicos, do mesmo modo que a pessoa singular actua e procede através dos seus órgãos físicos».

[2461] Assim, por exemplo, nos termos do art. 949.º CC, as liberalidades têm carácter pessoal (solução inspirada no art. 778 do *Codice Civile*). Cfr. PIRES DE LIMA e ANTUNES VARELA – *CC anotado*, 2..., p. 252.

[2462] Afastando a aplicação do regime da responsabilidade do comitente pelos atos do comissário (art. 500.º CC), quando os titulares dos órgãos tenham atuado nessa qualidade. Neste sentido, cfr., por todos, MENEZES CORDEIRO – *Tratado*, 4... p. 682-686, com evolução histórico-dogmática da questão. Segundo este autor, na senda das lições de MANUEL DE ANDRADE, do projeto de FERRER CORREIA e da posição também defendida por OLIVEIRA ASCENSÃO, a responsabilidade das pessoas coletivas pelos atos dos titulares dos seus órgãos decorre inelutavelmente da relação de organicidade, pelo que o art. 165.º CC se cinge à responsabilidade por atos de pessoas que não são titulares dos respetivos órgãos. Cfr. MANUEL DE ANDRADE – *Teoria geral*, 1¹..., p. 118-121, OLIVEIRA ASCENSÃO – *Direito civil: Teoria geral*, 1... p. 274-277. Num sentido mais restrito, CARNEIRO DA FRADA – *Teoria da confiança...* p. 278-280 (nota 260) defende uma restrição da responsabilidade delitual da pessoa coletiva a atos funcionalmente conexos com a sua atividade. No sentido da equiparação da pessoa coletiva a comitente e do órgão a comissário, aplicando o art. 500.º CC, cfr., *e.g.*, PIRES DE LIMA e ANTUNES VARELA – *CC anotado*, 1... p. 167-168, CARVALHO FERNANDES – *Teoria geral*, 1⁶... p. 616-625, bem como a análise crítica a p. 625-627.

é total; a tutela das situações jurídicas dos outros sujeitos da relação é plena (...) como se estes estivessem diante de uma outra pessoa singular»[2463].

[2463] Massimo Severo Giannini – "Organi (teoria generale)", in Costantino Mortati e Francesco Santoro-Passrelli (eds.) – *Enciclopedia del Diritto*, Milano: Giuffré, 1981, p. 45. Cfr. também Mario Campobasso – *L'imputazione di conoscenza...* p. 178-179.
Questão diferente é a da responsabilidade dos titulares dos órgãos face a terceiros pelos atos praticados em nome da pessoa coletiva. Face ao quadro da responsabilidade civil de Direito comum e parafraseando Carneiro da Frada – *Teoria da confiança...* p. 172 (nota 121), «a responsabilidade pessoal dos titulares de órgãos perante terceiros (...) depende em princípio da viabilidade de afirmar um fundamento de imputação pessoal do prejuízo a tais sujeitos, ultrapassando o âmbito dos deveres próprios da pessoa colectiva, pelos quais apenas esta responde (...)». No campo delitual, está em causa a conduta intencional ou dolosamente danosa do administrador (de acordo com a vinculação de todos ao mínimo ético-jurídico indeclinavelmente exigível). Fora desses casos extremos, haverá que averiguar da aplicação de normas de proteção ou da violação de direitos subjetivos alheios. Contudo, «[n]a actuação dos membros dos órgãos sociais *qua tale*, no âmbito portanto da actividade social, só circunstâncias qualificadas parecem justificar a sua responsabilidade individual; caso contrário, apenas responde a pessoa colectiva». Como bem explica o autor, é necessário verificar da existência de deveres no tráfico que incidam diretamente sobre os próprios titulares do órgão social e já não sobre a pessoa coletiva.
No específico quadro jus-societário, o sistema oferece atualmente várias alternativas aos *credores sociais* (sobre os antecedentes histórico-dogmáticos deste regime, cfr., por todos, Elisabete Gomes Ramos – *Responsabilidade civil...* p. 138-144). Os *danos indiretos* são ressarcíveis nos termos do art. 78.º e os *danos diretos* nos termos do art. 79.º.
O art. 78.º prevê duas soluções para o ressarcimento dos *danos indiretos*, ou seja, aqueles que decorram da insuficiência do património social para a satisfação dos créditos de terceiros [cfr. RLx 13-jan.-2011 (Ezagüy Martins), processo n.º 26108/09.9T2SNT-A.L1-2, disponível em www.dgsi.pt, seguindo Ilídio Duarte Rodrigues – *A administração...* p. 221-223]: por um lado, a ação de responsabilidade civil fundada na inobservância culposa de normas de proteção (legais ou contratuais) a intentar diretamente pelo credor e, por outro, a ação subrogatória que o credor poderá intentar em nome da sociedade, reclamando a indemnização a que esta tenha direito (mas não tenha exercido), nos termos dos arts. 606.º a 609.º CC. Interessa aqui sobretudo o primeiro caso, sem tratamento no corpo do texto: estamos perante a responsabilidade por violação de normas de proteção que a doutrina tende a qualificar como responsabilidade delitual, dada a inexistência de um vínculo obrigacional entre o administrador e o credor, à margem da relação entre este e a sociedade.
Segundo Elisabete Gomes Ramos – *Responsabilidade civil...* p. 202, trata-se de uma espécie típica de ilicitude, desenvolvimento da regra geral da II parte do art. 483.º/1 CC. Cfr., ainda face ao art. 23.º/1 do Decreto-Lei n.º 49.381, Raul Ventura e Brito Correia – *Responsabilidade civil...* p. 66, Pinto Furtado – *Código Comercial anotado, 2:1...*, p. 411-412; já face ao art. 78.º/1, Elisabete Gomes Ramos – *Responsabilidade civil...* p. 155-157, bem como Nogueira Serens – *Notas...* p. 90 e, atualmente, também Menezes Cordeiro – *Da responsabilidade civil...* p. 494, Menezes Cordeiro – *Direito das sociedades*, 1³... p. 994. De acordo com esta construção, este regime aplica-se somente a credores sociais e não aos demais terceiros, consagrando uma solução limitada e circunscrita, integrada no universo da eficácia externa das obrigações. Constituindo uma norma excecional face ao regime geral da relatividade dos créditos que resulta dos arts. 406.º/2 CC, 413.º e 421.º, 495.º/3 e 1306.º/1 CC, não comportaria aplicação analógica (art. 11.º CC). Cfr. Elisabete Gomes Ramos – *Responsabilidade civil...* p. 155-162. Sobre a relatividade dos créditos, cfr. a importante construção de Menezes Cordeiro – *Tratado, 6²...* p. 367-430, bem como a dissertação de Eduardo Santos Júnior – *Da responsabilidade civil de terceiro por lesão do direito de crédito,*

DA ADMINISTRAÇÃO À FISCALIZAÇÃO DAS SOCIEDADES

Coimbra: Almedina, 2003, p. 458-472. Cfr. também, *v.g.*, MÁRIO JÚLIO DE ALMEIDA COSTA – *Direito das obrigações*, 12.ª ed., Coimbra: Almedina, 2011, p. 91 ss.

Em sentido contrário, sustentando que o art. 78.º contém «uma norma simplesmente enunciadora de uma via de responsabilidade civil sempre aberta nos termos gerais», e que a responsabilidade perante credores pela violação de normas estatutárias se enquadra dogmaticamente nos contratos com eficácia de proteção para terceiros, CARNEIRO DA FRADA – *Teoria da confiança*... p. 255 (nota 231).

Quanto à delimitação do conceito de «disposições legais ou contratuais destinadas à proteção [dos credores]», deve aproveitar-se o desenvolvimento dogmático sobre as normas de proteção, conceito ao qual se reconduzem as disposições referidas no art. 78.º. Está portanto em causa a violação de normas que protegem interesses particulares (sem conferir no entanto um direito subjetivo a essa tutela) ou interesses coletivos, neste último caso atendendo no entanto aos interesses particulares subjacentes (sejam interesses de determinadas pessoas ou de classes ou grupos de pessoas). Importante é que sejam determinadas ou determináveis as pessoas ou círculo de pessoas protegidas pela norma, não bastando a proteção da coletividade em geral. Em cada caso será necessário averiguar se a norma visa a proteção daquela pessoa contra aquela espécie de danos e contra esse tipo de perigos. Cfr. JORGE SINDE MONTEIRO – *Responsabilidade por conselhos, recomendações ou informações*, Coimbra: Almedina, 1989, p. 237-257, ANTUNES VARELA – *Das obrigações em geral*, 1... p. 536-544. A proteção dos interesses em causa tem de ser um objetivo da norma, não bastando o reconhecimento de uma tutela reflexa ou indireta, «sob pena de se desequilibrar todo o edifício delitual e de se concederem pretensões indemnizatórias sem qualquer cobertura normativa e justificação valorativa em termos de adequação axiológica e funcional». ADELAIDE MENEZES LEITÃO – *Normas de protecção e danos puramente patrimoniais*, Coimbra: Almedina, 2009, p. 618. Cfr. também MANUEL CARNEIRO DA FRADA – *Direito civil – Responsabilidade civil – O método do caso*, Coimbra: Almedina, 2006, p. 74. Quanto à questão do fundamento contratual das normas de proteção, cfr. MENEZES CORDEIRO – *Da responsabilidade civil*... p. 495.

De acordo com ELISABETE GOMES RAMOS – *Responsabilidade civil*... p. 203-209, no contexto do art. 78.º, são normas de proteção dos credores as normas que visam a manutenção da garantia patrimonial dos mesmos (*i.e.*, o património societário, dado que os acionistas da sociedade anónima veem a sua responsabilidade limitada ao valor das ações subscritas, cfr. art. 271.º). Por exemplo: (i) de entre as normas reguladoras do cumprimento da obrigação de entrada dos acionistas, aquelas que afetem interesses dos credores, como sejam as relativas ao diferimento da realização da entrada, às entradas em espécie e à aquisição de bens aos sócios (cfr., *e.g.*, arts. 25.º a 29.º, 277.º, 285.º e 286.º), e (ii) de entre as normas relativas à intangibilidade do capital social, aquelas que impedem, em determinadas circunstâncias, certas atribuições patrimoniais aos sócios (cfr., *e.g.*, arts. 32.º a 35.º, 316.º/1, 317.º e 346.º). Neste sentido, lê-se em RLx 13-jan.-2011 (EZAGÜY MARTINS), seguindo ILÍDIO DUARTE RODRIGUES – *A administração*... p. 221-223, ser

> «"manifesto que todas as disposições que se propõem prover à realização e à conservação do capital social – não obstante serem distintos os conceitos de património social e de capital social e de ser aquele e não este que constitui a autêntica garantia de terceiros, maxime de credores sociais – se destinam directamente à protecção dos credores sociais". Para além dessa área, importará apurar, "caso a caso, quais as disposições que têm em vista a protecção dos credores sociais, o que se alcançará mediante interpretação adequada tendente a fixar o fim da norma (...) sendo certo que não basta que a norma também aproveite ao credor social, antes sendo necessário que ela também tenha em vista a sua protecção"».

Naturalmente, para efeitos de responsabilidade civil face aos credores, não basta a demonstração da violação de normas de proteção, sendo necessário demonstrar o nexo de causalidade *in casu* entre esse facto e a insuficiência do património da sociedade para satisfação dos respetivos créditos. ADELAIDE MENEZES LEITÃO – Responsabilidade dos administradores para com a sociedade e os credores sociais por violação de normas de protecção, *Revista de Direito das Sociedades*, 1:3, 2009, p. 675, refere-se a uma

A CONSTRUÇÃO UNITÁRIA DA OBRIGAÇÃO DE VIGILÂNCIA

"dupla causalidade": entre a violação da norma de proteção e a diminuição da garantia patrimonial, e entre esta e o dano sofrido pelo credor. Esta construção pode aceitar-se na medida em que se identifique o dano com a medida do crédito sobre a sociedade que não possa ser satisfeito através do património desta – nas palavras de ELISABETE GOMES RAMOS – *Responsabilidade civil...* p. 270: «o dano dos credores sociais traduz-se, antes de mais, na não realização da prestação devida pela sociedade» – e o nexo de causalidade como referido à relação entre o ato do administrador de redução da garantia patrimonial e a impossibilidade de o credor obter pagamento através do património da sociedade. A indemnização deve portanto equivaler à medida da insuficiência patrimonial verificada. MENEZES CORDEIRO – *CSC anotado*[2]..., art. 78.º, n.º 6.

Recorde-se ainda que, nos termos gerais da responsabilidade delitual, caberia ao lesado provar o dano, a sua extensão e o nexo de causalidade. Contudo, ELISABETE GOMES RAMOS parece sustentar uma solução mais favorável para o lesado, com base na exposição de SINDE MONTEIRO – *Responsabilidade por conselhos...* p. 283-284, segundo o qual, no âmbito das normas de proteção, a posição tradicional da jurisprudência alemã é de sustentar uma presunção judicial acerca da relação entre a violação da norma (provada) e o dano, com fundamento no fim da norma:

> «se após a sua infracção se verificam danos do tipo que ela se destinava a impedir, teria a "primeira impressão" (*erste Anschein*) de falar no sentido de uma conexão causal».

Alguns autores tudescos vão mais longe, reconhecendo por detrás da presunção de causalidade referida pela jurisprudência uma verdadeira inversão do ónus da prova. SINDE MONTEIRO, *ibidem*, p. 292-300, analisa ainda criticamente a possibilidade de reconhecimento de uma terceira ajuda ao lesado na prova do nexo de ilicitude segundo o pensamento da elevação do risco: o lesado teria de provar não o nexo de causalidade, mas somente que o dano cai no círculo de perigos que a norma pretende controlar; o lesante, perante a constatação de que a violação da norma de comportamento aumenta o risco do dano, teria de provar que o dano se verificou independentemente da sua violação. Conclui o autor que, em última análise, «a delimitação da inversão do ónus da prova em relação à prova por presunções tem de partir do conteúdo material da norma de protecção violada».

Em sentido contrário, para ADELAIDE MENEZES LEITÃO – *Responsabilidade dos administradores...* p. 675-676 (incluindo nota 92), a produção da insuficiência patrimonial traduz um ilícito de resultado cujo preenchimento deve ser provado pelo credor. Cfr. também, sobre a distinção entre ilícito de resultado e ilícito de ação para esta autora, ADELAIDE MENEZES LEITÃO – *Normas de protecção...* p. 648-653.

O art. 79.º prevê a responsabilidade dos gerentes ou administradores, *nos termos gerais*, para com *sócios* e *terceiros*, incluindo *credores*, pelos danos causados diretamente no exercício de funções. Em geral, entende-se que se trata de uma modalidade de responsabilidade civil delitual. Cfr. MENEZES CORDEIRO – *Da responsabilidade civil...* p. 496). A referência aos "termos gerais" operaria como remissão para o regime dos arts. 483.º a 500.º, 504.º/3, 504.º, 506.º a 508.º e 562.º a 572.º CC. Cfr. também RAUL VENTURA e BRITO CORREIA – *Responsabilidade civil...* p. 438 ss. (para estes autores, porém, a responsabilidade por violação de direitos sociais dos sócios tem natureza obrigacional e não delitual; cfr. *Ibidem*, p. 372 ss.).

De acordo com MENEZES CORDEIRO, está em causa a responsabilidade por violação de direitos absolutos ou por inobservância de normas de proteção, mas com uma restrição: estão cobertos apenas os danos causados *diretamente* pelo administrador no exercício das suas funções, ou seja, os danos causados sem a interferência da sociedade (ainda que no exercício de funções). Esta norma aplica-se não à afetação ilícita do património da sociedade, diminuindo a garantia patrimonial dos credores, mas à atuação do administrador para além do seu vínculo de representação orgânica. Esta, mesmo se invocada, é irrelevante (em sentido contrário, cfr., *v.g.*, JORGE COUTINHO DE ABREU e ELISABETE GOMES RAMOS – *CSC em comentário...*, art. 79.º, p. 906 ss.). Trata-se, portanto, de um ato cujos efeitos são imputáveis apenas ao administrador e já não à sociedade. Segundo MENEZES CORDEIRO, esta norma aplicar-se-ia apenas no tocante ao ressarcimento de danos resultantes do facto ilícito, «sem nenhuma intervenção de quaisquer

DA ADMINISTRAÇÃO À FISCALIZAÇÃO DAS SOCIEDADES

1782   VI. A afirmação de von Gierke de que a representação voluntária e a representação orgânica produzem uma imputação *qualitativamente diversa* é ainda hoje discutida[2464], por duas ordens de razões[2465].

1783   Em primeiro lugar, a ligação de um ato ao seu autor consubstancia uma realidade puramente material e não jurídica, pelo que não pode uma qualquer

outros eventos», ou seja: (i) práticas dolosas dirigidas à consecução do prejuízo verificado ou (ii) práticas negligentes grosseiras, cujo resultado seja, inelutavelmente, a verificação do dano em causa. Estaria em causa, segundo o autor, um levantamento da personalidade *ex lege*. Cfr. Menezes Cordeiro – *Direito das sociedades*, 1³... p. 997, Menezes Cordeiro – *CSC anotado*²..., art. 79.º, p. 292.

Parece-nos que tem razão Carneiro da Frada que, diferentemente, considera que as adstrições dos titulares dos órgãos perante os sócios podem pertencer a vários quadrantes dogmáticos, não necessariamente delituais (fora deste quadrante estariam os deveres que disciplinam ligações especiais entre sujeitos). No campo delitual, os titulares dos órgãos respondem pela violação do mínimo ético-jurídico (condutas intencionais ou dolosamente danosas), de normas de proteção e de direitos subjetivos. Podem ainda responder, no âmbito da atividade social, por violação de deveres no tráfico. Conclui Carneiro da Frada que, existindo normas jurídicas que imputam diretamente aos titulares dos órgãos determinados prejuízos pela sua conduta, é dispensável o recurso à desconsideração da personalidade jurídica enquanto noção técnica. Cfr. Carneiro da Frada – *Teoria da confiança...* p. 172-173 (nota 121).

Na mesma linha parece seguir Catarina Pires Cordeiro, ao rejeitar a natureza pré-determinada da responsabilidade dos administradores perante os sócios e ao explorar a via do contrato com eficácia de proteção para terceiros. Cfr. Catarina Pires Cordeiro – Algumas considerações críticas sobre a responsabilidade civil dos administradores perante os accionistas no ordenamento jurídico português, *O Direito*, 137:1, 2005, p. 127 ss. e passim.

Já Jorge Coutinho de Abreu e Elisabete Gomes Ramos – *CSC em comentário...*, art. 79.º, p. 910, referem que os casos de responsabilidade para com terceiros e sócios são, em geral, de responsabilidade delitual, mas que parece ser obrigacional a responsabilidade perante sócios por violação de obrigações em sentido técnico, como é o caso da obrigação de informar os sócios (arts. 214.º ss., 288.º ss., 518.º e 519.º). Os autores sustentam, porém, que mesmo nestes casos, se aplica o regime da responsabilidade delitual (art. 485.º/2), cabendo aos sócios lesados provar a culpa dos administradores.

[2464] Mario Campobasso – *L'imputazione di conoscenza...* p. 179-180. Na doutrina italiana, também Stefano Delle Monache – *La «contemplatio domini». Contributo alla teoria della rappresentanza*, Milano: Giuffrè 2001, p. 167-225 sustenta que a diferença entre a representação orgânica e a representação voluntária é meramente quantitativa (e não qualitativa), mas por razões opostas. Segundo este autor, tanto o órgão como o representante voluntário imputam ao representado a prática do ato (*imputação jurídica*) e não apenas os seus efeitos. Como referimos antes, também entre nós, face ao disposto no art. 259.º CC, por exemplo Oliveira Ascensão, Maria de Lurdes Pereira e Pedro de Albuquerque defendem que a representação é um instituto de imputação da ação ou comportamento do representante ao representado, mas sem daí retirarem como consequência uma aproximação da representação orgânica à representação em sentido estrito. Cfr. Lurdes Pereira – *Os estados subjectivos...* p. 180-181, Oliveira Ascensão – *Direito civil: Teoria geral*, 2... p. 280-283, Pedro de Albuquerque – *A representação voluntária...* p. 1178-1201, em especial p. 1180 (nota 2246).

[2465] Seguimos aqui a exposição de Mario Campobasso – *L'imputazione di conoscenza...* p. 179-180.

690

A CONSTRUÇÃO UNITÁRIA DA OBRIGAÇÃO DE VIGILÂNCIA

norma jurídica alterar a circunstância histórica de a previsão normativa ser realizada pelo titular do órgão e não pela pessoa coletiva[2466].

Em segundo lugar, o conceito de "imputação jurídica da *facti-species*" (imputação dos factos constitutivos da previsão normativa) é supérfluo e desviante se se considerar que o Direito não necessita de atribuir um facto a um sujeito para lhe imputar os correspondentes efeitos, com o alcance que se pretende na representação orgânica (por contraposição à representação voluntária). O Direito «"distribui" direitos e deveres, *não* "factos" ou "atos"»[2467]. Assim, se a imputação de factos (própria da relação orgânica) se traduz afinal numa imputação de efeitos, tal como na representação voluntária, então a diferença entre uma e outra é de *natureza quantitativa* e não *qualitativa*. Está em causa apenas a latitude da esfera aplicativa, abarcando a representação orgânica todos os atos praticados em nome e por conta da pessoa coletiva no âmbito da sua competência (incluindo atos ilícitos, atos pessoais e atos meramente materiais)[2468].

Destas considerações não resulta uma aproximação acrítica da representação orgânica à representação em sentido estrito, com o intuito de justificar a aplicação irrestrita do regime desta àquela[2469]. Não resulta também uma qualquer pretensão de justificar o fenómeno da representação orgânica através do esquema da representação em sentido estrito[2470]. Estamos perante institutos dogmaticamente distintos, mas essa distinção não é qualitativamente diferente daquela que contrapõe a representação legal à representação voluntária. Tanto num caso como noutro, a distinção é meramente *quantitativa*. Parece-nos poder

---

[2466] ARANGIO-RUIZ – *Gli enti soggetti...* p. 131-132. No mesmo sentido, PAOLO SPADA – *La tipicità delle Società*, Padova: CEDAM, 1974, p. 226-228 explica que «os atos, a *facti-species*, não se imputam, mas produzem-se». Os atos são um facto, não uma posição jurídica que possa ser atribuída a este ou àquele sujeito de direito.

[2467] ARANGIO RUIZ – *Gli enti soggetti...* p. 134.

[2468] MARIO CAMPOBASSO – *L'imputazione di conoscenza...* p. 179-180. No mesmo sentido, afirmando que a representação orgânica se traduz numa imputação de efeitos e não de *facti-species*, SPADA – *La tipicità...* p. 226-228. Entre nós, também PEDRO CAETANO NUNES vê na representação orgânica uma imputação de efeitos e não do ato, afirmando que, se assim não fosse, seria impossível explicar a responsabilidade dos titulares dos órgãos sociais por violação dos seus deveres orgânicos. Só afirmando que o ato é do devedor se pode aferir da sua conformidade aos seus deveres. Cfr. PEDRO CAETANO NUNES – *Dever de gestão dos administradores de sociedades anónimas*, Coimbra: Almedina, 2012, p. 54 (agradecemos ao autor a pronta disponibilização desta obra, antes da sua publicação).

[2469] À qual se opôs, desde logo, VON GIERKE nos primórdios do organicismo, destacando a evolução jurisprudencial então registada de aprofundamento da responsabilidade delitual das pessoas coletivas. Cfr. VON GIERKE – *Die Genossenschaftstheorie...*, em especial, p. 622. Cfr. também KARSTEN SCHMIDT – *Gesellschaftsrecht...* p. 251-253.

[2470] Concordamos com MENEZES CORDEIRO – *Tratado, 5...*, p. 45 quando afirma que a representação em sentido estrito não permite explicar o regime coletivo. Contudo, como resulta do corpo do texto, não podemos acompanhar o autor quando defende que a referência a uma "representação" orgânica se deve apena a uma "emergência conceitual" (*"Begriffsnot"*).

DA ADMINISTRAÇÃO À FISCALIZAÇÃO DAS SOCIEDADES

afirmar-se que, do ponto de vista *qualitativo*, estamos sempre perante esquemas de imputação de efeitos ao representado[2471].

1786   Note-se ainda que não se pretende com esta afirmação substituir todo o discurso historicamente instituído e consolidado de referência à vontade ou à ação das pessoas coletivas (através dos seus órgãos). Pretende-se apenas realçar que, como já KELSEN explicava, este é um discurso metafórico antropomórfico[2472], baseado naquilo que descreve como a "ficção da atribuição"[2473]. E, tal como a metáfora em geral na literatura, também este discurso tem uma importante função explicativa. Parece-nos, não obstante, que essa dimensão não pode ofuscar o facto de, dogmaticamente, a representação orgânica não ser qualitativamente diferente da representação em sentido estrito.

1787   Face a esta aproximação, mais se justifica a aplicação analógica das regras da representação voluntária às outras formas de "representação", quando as circunstâncias do caso assim o exijam[2474].

[2471] Assim parece reconhecer ANTÓNIO MENEZES CORDEIRO – *Tratado de direito civil português*, 1:4, reimp., Coimbra: Almedina, 2007, p. 80.

[2472] HANS KELSEN – *Teoria pura do Direito*, 4.ª ed., Coimbra: Arménio Amado, 1976, p. 248.

[2473] *Ibidem*, p. 229, 248. Assim, a afirmação de uma conduta de um membro como sendo da sociedade mais não é do que uma expressão figurativa que nada mais traduz do que o facto de essa conduta ser regulada por uma ordem jurídica parcial. *Ibidem*, p. 247.

[2474] MENEZES CORDEIRO recusa a construção de um conceito amplo de representação, a aproximação da representação orgânica e da representação legal à representação voluntária e a formulação de princípios comuns, mas não deixa de reconhecer a exigência sistemática de aplicação de algumas das regras da representação voluntária às outras formas de "representação" (aliás, quanto à representação orgânica, recorda que a mesma é histórica, cultural e dogmaticamente modelada pela representação voluntária). No entanto, afirmando primeiro que estas não consubstanciam regras excecionais, faz depender a sua aplicação às outras formas de "representação" da passagem pelo crivo da analogia. Cfr. MENEZES CORDEIRO – *Tratado*, 4... p. 667, 681, MENEZES CORDEIRO, *ibidem*, p. 45-47. Igualmente no sentido da aplicação analógica, cfr., *v.g.*, PAIS DE VASCONCELOS – *Teoria geral'...*, p. 285. Também a jurisprudência sustenta a aplicação analógica do regime da representação negocial à representação orgânica. Cfr., *v.g.*, o STJ 10-jul.-1997 (ALMEIDA E SILVA), processo n.º 923/96, *BMJ*, 469 (1997), p. 468-476, no qual o tribunal aplicou o art. 268.º/1 CC a uma situação de falta de poderes do presidente da Junta para vincular a freguesia de Unhais da Serra.

Face ao sistema italiano, MARIO CAMPOBASSO, por exemplo, defende a extensão do regime da representação à relação entre o ente e os seus órgãos, na falta de normas especiais, afirmando que a aplicação do regime da representação àquela relação é absolutamente dominante na jurisprudência italiana e ganha um consenso crescente entre a doutrina. Cfr. MARIO CAMPOBASSO – *L'imputazione di conoscenza...* p. 182-184 (incluindo nota 19), com inúmeras indicações de jurisprudência e doutrina. Particularmente importante para o tema da fiscalização societária é a aplicação do regime do conflito de interesses na atuação orgânica pelos acórdãos CssIt 5-jul.-1984, n.º 3945, *Giurisprudenza Italiana*, 1990, I, 1, p. 541; CssIt 6-jun.-1988, n.º 3829, *Giurisprudenza Italiana*, 1990, I, 1, p. 306; CssIt 22-jun.-1990, n.º 6278, *Giurisprudenza Commerciale*, 1992, II, p. 45; CssIt 19-set.-1992, n.º 10749, *Giustizia civile*, 1993, I, p. 3055, bem como a aplicação do regime dos negócios consigo mesmo (art. 1394 *Codice Civile*) aos actos dos órgãos pelo *Tribunale di Milano* 27-jul.-1995, *Giustizia civile*, 1996, p. 236. Segundo MARIO CAMPOBASSO, é constante a aplicação do

A CONSTRUÇÃO UNITÁRIA DA OBRIGAÇÃO DE VIGILÂNCIA

VII. Não obstante a centralidade da problemática da representação no desenvolvimento da construção dogmática dos órgãos sociais, a mesma não esgota o universo da atuação orgânica funcionalmente dirigida à prossecução dos fins da pessoa coletiva. Efetivamente, as pessoas coletivas apresentam não apenas órgãos representativos, orientados a uma dimensão externa, relacional, da pessoa coletiva (*maxime*, o conselho de administração nas sociedades anónimas), mas também órgãos puramente deliberativos (*maxime*, a assembleia geral) e órgãos fiscalizadores (*e.g.*, conselho fiscal). A estes somam-se ainda aqueles órgãos de funções meramente consultivas ou preparatórias (*e.g.*, determinadas comissões criadas no seio do conselho de administração ou do conselho geral e de supervisão). Uma construção do órgão social que se pretenda agregadora e sistematizadora deve atender à manifesta diversidade entre estas diferentes realidades.

Dito isto, não podemos acompanhar a perspetiva de atribuição de todas as condutas orgânicas à pessoa coletiva na qual se integram, segundo um fenómeno representativo, como sustentaram em tempos, *v.g.*, MARCELLO CAETANO, CASTRO MENDES e CARVALHO FERNANDES ou, recentemente, PEDRO CAETANO NUNES[2475]. Efetivamente, uma tal construção não só não permite compreender adequadamente as relações interorgânicas[2476], como é desnecessária. Basta considerar, a título ilustrativo, os poderes-deveres de informação do conselho fiscal sobre o conselho de administração. Quando o primeiro exige ao segundo uma informação sobre um determinado negócio ou investimento da sociedade, estamos perante um direito de informação da sociedade sobre a própria sociedade? Naturalmente, não pode aceitar-se a perspetiva, que em tempos vigorou também entre nós, segundo a qual as relações internas subjacentes à pessoa cole-

---

art. 1391 sobre estados subjetivos relevantes (correspondente ao nosso art. 259.º CC) à representação orgânica: CssIt 20-fev.-1956, n.º 480, *Monitore dei tribunali*, 1956, p. 535; CssIt 12-mar.-1973, n.º 674, *Repertorio del Foro Italiano*, 1973, voz *Spese giudiziali civil*, n.º 78; CssIt 11-fev.-1985, n.º 1133, *Massimario del Foro italiano*, 1983, p. 234; CssIt 20-ago.-1986, n.º 5103, *Massimario del Foro italiano*, 1986, p. 905; CssIt 13-dez.-1986, n.º 7467, *Massimario del Foro italiano*, 1986, p. 1296. Em sentido (pelo menos aparentemente) contrário, defendendo com autoridade que o ato do órgão é diretamente imputado à pessoa coletiva, não suscitando a aplicação das regras da representação voluntária. GIANNINI – *Organi...*, p. 45, FRANCESCO MESSINEO – *Manuale di diritto civile e commerciale*, 1, 9.ª ed., Milano: Giuffrè, 1957, p. 533-536.

[2475] MARCELLO CAETANO – *Manual de direito administrativo*[10]..., p. 204, CASTRO MENDES – *Teoria geral*, 1... p. 336-337, CARVALHO FERNANDES – *Teoria geral*, 1[6]... p. 439, PEDRO CAETANO NUNES – *Dever de gestão...* p. 68-69, 132, 146. Para uma análise destas posições, cfr. *infra* nota 2479.

[2476] Mesmo HANS WOLFF – *Organschaft*, 2... p. 250, para quem a atuação jurídica dos titulares do órgão é *transitoriamente* imputada ao órgão e *definitivamente* à pessoa coletiva, ressalvava as relações interorgânicas, sustentando que, nestes casos, se verificava uma imputação definitiva aos órgãos.

DA ADMINISTRAÇÃO À FISCALIZAÇÃO DAS SOCIEDADES

tiva não consubstanciariam relações jurídicas[2477]. No caso apresentado, estaria em causa um poder do conselho fiscal de obter do conselho de administração a informação solicitada nos termos legais. Sobre este último recairia o correspondente dever de prestação das informações solicitadas. Na medida em que esse dever corresponde a uma concretização da obrigação de diligente administração da sociedade, um incumprimento daquele corresponde a um incumprimento desta, podendo ser fundamento de destituição com justa causa e de responsabilidade civil pelos danos causados à sociedade.

1790   A atribuição de todas as situações jurídicas à sociedade implica uma negação do órgão social como centro de imputação de situações jurídicas, contrariando aquele que parece ser o sentido claro da lei. Assim, deve concluir-se que, sem prejuízo da dimensão representativa da atuação orgânica no plano externo à sociedade, não pode negar-se que, no plano interno, há situações jurídicas que são imputadas *especificamente* a cada órgão social para que, da sua articulação conjunta, possa resultar uma eficiente e eficaz prossecução do interesse social. Não obstante a configuração do órgão como um mero instrumento da sociedade – razão pela qual a violação das suas posições jurídicas ativas determinam responsabilidade civil perante a sociedade e não perante o órgão em si – deve afirmar-se a sua caracterização como centro de imputação de normas jurídicas.

1791   VIII. Pelo exposto, podemos configurar os órgãos sociais como centros de imputação de normas jurídicas, correspondentes a estruturas de organização humana permanentes, funcionalmente ordenadas à prossecução dos interesses da pessoa coletiva, nos termos das competências atribuídas a cada um, e que, em conjugação entre si, permitem a autodeterminação da mesma[2478].

1792   A caracterização dos órgãos sociais como centros de imputação de normas jurídicas não permite, só por si, a sua personificação. Falta-lhes a autonomia (face à pessoa coletiva na qual se integram) que caracteriza a personalidade jurídica[2479]. Consubstanciam, portanto, um regime jurídico, parte do mais amplo

---

[2477] Recorde-se que, segundo essa conceção, no domínio publicista, só a relação estabelecida entre a Administração e um particular teria natureza jurídica. Cfr. MARCELLO CAETANO – *Manual de direito administrativo*[10]..., p. 204. No domínio privatista, *v.g.*, CASTRO MENDES – *Teoria geral*, 1... p. 229 e, mais recentemente, CARVALHO FERNANDES – *Teoria geral*, 1[6]... p. 439. Cfr. nota 2479 *infra* para mais desenvolvimentos.

[2478] A este propósito, cfr. o conceito institucional de órgão de HANS WOLFF – *Organschaft*, 2... p. 224-252, como centro de imputação subjetiva dos efeitos de normas jurídicas.

[2479] No sentido da desnecessidade da personificação dos órgãos, cfr., *v.g.*, JORGE MIRANDA – *Manual*, 5[4]..., p. 53-54:

> «Uma vez que para o próprio Estado e para os destinatários permanentes da ordem jurídica estatal aquilo que importa, em última análise, são os actos finais, tudo quanto até lá se passe não se apresenta relevante no plano da personalidade colectiva e daí que não se descubra interesse nesse

A CONSTRUÇÃO UNITÁRIA DA OBRIGAÇÃO DE VIGILÂNCIA

regime jurídico da pessoa coletiva, destinado a regular a conduta de pessoas singulares na prossecução do interesse social[2480]. Nos termos defendidos por HANS WOLFF, o órgão constitui uma subjetividade jurídica no contexto das relações internas da organização, mas não face à ordem jurídica exterior[2481].

Trata-se assim de uma construção normativista, coerente com a noção de pessoa coletiva como centro de imputação de normas jurídicas, capaz de se autodeterminar no espaço que lhe é conferido pelo Direito, exprimindo um específico regime jurídico-positivo, através do qual as normas que lhe são imputadas se concretizam e refletem indiretamente nos seres humanos nela implicados.

1793

---

desdobramento ou multiplicação da figura. Aliás, não é preciso recorrer à técnica da personificação para qualificar qualquer situação ou relação como jurídica, como significativa do prisma do Direito. O Direito regula não só relações entre sujeitos mas também entre sujeitos e objectos e no interior de um mesmo sujeito».

Ressalvada a nossa discordância face à primeira afirmação e a impropriedade da expressão "relações entre sujeitos e objetos", acompanhamos o insigne Professor no reconhecimento da relevância jurídica das relações interorgânicas. Rejeitamos, assim, aquelas construções, tanto publicistas como privatísticas, que negam juridicidade às relações internas da sociedade. Cfr., nesse sentido, *e.g.*, MARCELLO CAETANO – *Manual de direito administrativo*[10]..., p. 204, para quem «[o]s actos dos órgãos são da própria pessoa e tudo quanto diz respeito às relações entre os diversos órgãos da mesma pessoa colectiva tem carácter meramente interno». No direito privado, CASTRO MENDES, numa posição seguida, *e.g.*, por CARVALHO FERNANDES, sustentava que «só em sentido figurado se pode falar em relações internas da pessoa colectiva, em relações de hierarquia entre os órgãos ou em relações entre a pessoa colectiva e os seus órgãos. Não se trata de verdadeiras relações jurídicas, uma vez que os órgãos, como tais, não são pessoas». CASTRO MENDES – *Teoria geral*, 1... p. 336-337, CARVALHO FERNANDES – *Teoria geral*, 1[6]... p. 439.

[2480] Para uma análise da construção da pessoa coletiva como um regime jurídico aplicável a pessoas singulares, através do qual são transformadas outras normas de conduta, com raízes em KELSEN, cfr., *v.g.*, ARANGIO-RUIZ – *Gli enti soggetti*... p. 44 ss., TULLIO ASCARELLI – Considerazioni in tema di società e personalità giuridica, *Rivista del Diritto Commerciale e del Diritto Generale delle Obbligazioni*, 52:1, 1954, TULLIO ASCARELLI – Personalità giuridica e problemi delle società, *Rivista delle Società*, 2:2, 1957, p. 981 ss., GALGANO – *Struttura logica e contenuto normativo del concetto di persona giuridica: studi per un libro sulle persone giuridiche*, em especial, p. 558-567 para uma introdução histórico-dogmática (= GALGANO – *Delle persone giuridiche*...), BASILE e FALZEA – *Persona giuridica (Diritto privato)*, p. 254-264, FLORIANO D'ALESSANDRO – *Persone giuridiche e analisi del linguaggio*, Padova: CEDAM, 1989, p. 2 ss.. Entre nós, cfr. MENEZES CORDEIRO – *O levantamento*... p. 71-72, MENEZES CORDEIRO – *Tratado*, 4... p. 594-598. Cfr. também FRANCISCO MENDES CORREIA – *Transformação*... p. 76 ss.,

[2481] HANS WOLFF – *Organschaft*, 2... p. 248-252. Recorde-se que este autor, no que respeita à atuação *externa* de órgãos deliberativos, distingue entre imputação definitiva (*endgültige Zurechnung*) e imputação transitória (*trasitorische Zurechnung*) dos efeitos da atuação negocial das pessoas singulares emitentes de voto maioritário: estes efeitos seriam imputados transitoriamente ao órgão deliberativo e, depois, definitivamente à pessoa coletiva. Nas relações *interorgânicas*, pelo contrário, os efeitos seriam definitivamente imputados aos órgãos sociais. HANS WOLFF, *ibidem*, p. 235, 239 (nota 5), 242-243, 250 Para uma análise desta posição, entre nós, cfr. PEDRO CAETANO NUNES – *Dever de gestão*... p. 134-135.

DA ADMINISTRAÇÃO À FISCALIZAÇÃO DAS SOCIEDADES

1794   IX. Esta perspetiva afasta-se da conceção dominante de órgão social na nossa doutrina que neste vê apenas um centro de imputação de *poderes funcionais*, exercidos pela pessoa física nele investida, enquanto desenvolvimento da definição de Marcello Caetano[2482]. Como vimos, o complexo de situações jurídicas

[2482] Segundo a definição de Marcello Caetano o órgão é
«o elemento da pessoa colectiva que consiste num centro institucionalizado de poderes funcionais a exercer pelo indivíduo ou colégio de indivíduos que nele estiverem providos com o objectivo de exprimir a vontade juridicamente imputável a essa pessoa colectiva».
Cfr. Marcello Caetano – *Manual de direito administrativo*[10]..., p. 203-204, Marcello Caetano – *Manual de ciência política e direito constitucional*, 1 – Introdução, estudo descritivo de algumas experiências constitucionais estrangeiras, teoria geral do Estado (revisto e actualizado por Miguel Galvão Teles), 6.ª ed., Coimbra: Almedina, 1983, p. 178-189. Esta definição foi adaptada pela maioria da doutrina nacional (José Vasques – *Estruturas...* p. 38 (nota 54)), tanto publicista como jus-privatística, ainda que, nalguns casos, com ligeiras alterações. No espaço do Direito público, destaque para Jorge Miranda – *Manual*, 5.ª..., p. 47.
«Por órgão do Estado entende-se, pois, o centro autónomo institucionalizado de emanação de uma vontade que lhe é atribuída sejam quais forem a relevância, o alcance, os efeitos (externos ou mesmo internos) que ela assuma; o centro de formação dos actos jurídicos do Estado (e no Estado); a instituição, tornada efectiva através de uma ou mais de uma pessoa física, de que o Estado carece para agir (para agir juridicamente)».
No Direito privado, cfr., *e.g.*, Pais de Vasconcelos – *Teoria geral*... p. 143-144, Carvalho Fernandes – *Teoria geral*, 1.ª... p. 439-440, Brito Correia – *Os administradores...* p. 203. Tais conceções são restritivas, não refletindo a variedade de situações jurídicas imputáveis aos órgãos sociais.
Mais correta nos parece a definição de Menezes Cordeiro – *Tratado*, 4... p. 662, para quem os órgãos das pessoas coletivas são as estruturas de organização humana permanentes, que permitem à pessoa coletiva autodeterminar-se, exercer os seus direitos e cumprir as suas obrigações. Parece-nos, porém, que não cose da melhor forma com a noção de pessoa coletiva defendida pelo mesmo, de cariz normativista ou analítico (cfr. o paralelo com a posição de Kelsen na nota 2484). Sem prejuízo do seu substrato pessoal, o órgão corresponde a um específico regime jurídico, nos termos aqui desenvolvidos. Pode ainda dizer-se que esta definição restringe o alcance da atuação orgânica que não só permite, direta ou indiretamente, o exercício de posições jurídicas da pessoa coletiva, mas também a prática dos atos materiais necessários ou convenientes à prossecução do fim social (que não se traduzam no exercício de uma posição jurídica). Com efeito, os órgãos têm não só *legitimidade jurídica*, mas também *legitimidade material* para atuar em "representação" da pessoa coletiva. Sobre estes conceitos, cfr. por todos, Menezes Cordeiro, *ibidem*, p. 19.
A construção defendida afasta ainda a conceção dos órgãos sociais como os elementos através dos quais a pessoa coletiva exprime a sua vontade: uma tal definição reduz a função dos órgãos nela implícita a um universo de intersubjetividade, ou seja, ao universo do relacionamento da pessoa coletiva com terceiros. Nessa dimensão relacional, a pessoa coletiva depende de tais elementos para formar e transmitir a sua vontade face ao outro. Ora, sem prejuízo das reservas já formuladas relativamente à afirmação de uma "vontade da sociedade", as funções dos órgãos sociais não se limitam à formação e manifestação de uma qualquer vontade face a terceiros. Numa dimensão tanto relacional como unisubjetiva, os órgãos realizam o fim da pessoa coletiva com base numa inevitável dialética entre as diferentes atividades por si desenvolvidas.
Quanto aos órgãos consultivos, Marcello Caetano – *Manual de direito administrativo*[10]..., p. 207, debatia a sua inclusão no seu conceito de órgão social, caracterizado pelo poder de manifestar uma vontade,

A CONSTRUÇÃO UNITÁRIA DA OBRIGAÇÃO DE VIGILÂNCIA

imputadas ao órgão social, reconduzido ao conceito de *status*, não é subsumível ao conceito de *poderes funcionais*.

Acresce que, como também já defendemos, tendo as normas de competência jus-societárias um modo deôntico de imposição (e não de permissão), expresso nas obrigações que constituem os conceitos-síntese (*Inbegriffe*) das competências de cada órgão (*obrigação de administração* ou *obrigação de vigilância*)[2483], não pode aceitar-se a sua síntese numa situação jurídica ativa, ainda que funcional: os órgãos de administração estão obrigados a administrar; os órgãos de fiscalização estão obrigados a fiscalizar. Em termos analíticos, só algumas situações jurídicas resultantes da decomposição (legal, jurisprudencial ou doutrinária) destes conceitos-síntese se podem qualificar como poderes-deveres ou poderes funcionais.

X. A perspetiva apresentada afasta-se também das conceções que confundem o órgão (no sentido de cargo, logo *Organ* ou *Amt*), enquanto centro de imputação de situações jurídicas, com o seu titular (*Organwalter* ou *Amtswalter*), que exerce tais situações jurídicas[2484]. Entre estas, destaca-se, entre nós, a posi-

---

considerando a sua função como «acessória da dos órgãos activos: o órgão consultivo realiza parte do acto volitivo na medida em que o prepara pela reflexão dos dados reunidos para decidir». Também BRITO CORREIA – *Os administradores...* p. 205, afirmava a existência de órgãos internos (não "representativos") que não chegam verdadeiramente a expressar a vontade da pessoa coletiva perante terceiros, limitando-se a contribuir internamente para a formação da vontade coletiva. Parece-nos que estas perspetivas não permitem, pelas razões já aduzidas, exprimir os muitos tipos de condutas devidas ou permitidas aos órgãos sociais, na realização dos fins a que estão normativamente vinculados.

[2483] Assim, por exemplo, como afirmámos antes, a obrigação de vigilância representa um "conceito-síntese" (*Inbegriff*), constitui uma obrigação de prestar que confere individualidade, tipicidade e unidade à situação do órgão social em causa, definindo o teor da relação de vigilância societária, distinguindo-a de outras relações. Enquanto conceito-síntese, a obrigação de vigilância tem uma natureza complexa, sendo um (pequeno) sistema que unifica, em torno de um ponto de vista unitário, as diversas prestações que o sirvam. Neste sistema, destacam-se, pelo seu sentido conformador do todo, situações de cariz procedimental: poderes-deveres de informação, dever de avaliação e poderes-deveres de reação face a irregularidades.

[2484] De acordo com a construção de HANS WOLFF, tributária da construção normativista da personalidade jurídica de KELSEN, o órgão (no sentido de cargo, logo *Organ* ou *Amt*), enquanto complexo de competências, não se confunde com o seu titular (*Organwalter* ou *Amtswalter*), que exerce tais competências. Cfr. HANS WOLFF – *Organschaft*, 2... p. 224-252, KELSEN – *Teoria pura...* p. 208-230, 236-265. Isto, segundo o autor, vale inclusivamente para os órgãos singulares, enquanto subjetividades jurídicas permanentes, inafectadas por sucessões de titulares no cargo. HANS WOLFF – *Organschaft*, 2... p. 105, 240. Note-se que este autor baseia a sua construção na conceção normativista da *personalidade jurídica* de KELSEN, mas não segue a posição deste na caracterização do *órgão*. KELSEN, na contraposição entre os conceitos de "função de órgão" e de "órgão", parece identificar o órgão com o titular do mesmo: «[n]o conceito de órgão exprime-se o sujeito ou o "suporte" da função, quer dizer, o elemento pessoal da conduta que representa

DA ADMINISTRAÇÃO À FISCALIZAÇÃO DAS SOCIEDADES

ção defendida mais recentemente por PEDRO CAETANO NUNES[2485] que considera existir uma subjetividade jurídica orgânica (um centro *autónomo* de imputação subjetiva dos efeitos de normas jurídicas no *interior* da organização) apenas nos casos que identifica como de atuação orgânica *deliberativa* (*i.e.*, aquela que tem por base uma declaração negocial deliberativa), mas não nos casos de atuação orgânica *conjunta* e *singular* (*i.e.*, que têm por base declarações negociais conjuntas ou singulares, respetivamente). Nestes dois últimos casos, o «poder normativo de representação orgânica (competência orgânica)» caberia à(s) pessoa(s) singular(es) e não a uma subjetividade jurídica autónoma desta(s)[2486].

a função e que, como toda a conduta humana, consiste de um elemento pessoal e de um elemento material – e, assim, já inclui em si o elemento pessoal». Cfr. KELSEN – *Teoria pura...* p. 215.

É interessante notar, como realça PEDRO CAETANO NUNES – *Dever de gestão...* p. 133, que VON GIERKE – *Die Genossenschaftstheorie...* p. 682-683, não obstante parecer reconduzir o órgão ao seu titular, defende que os colégios e outros órgãos organizados não podem ser reconduzidos à soma das pessoas físicas que os compõem, constituindo antes uma unidade dotada de personalidade orgânica (*Organpersönlichkeit*):

«Tais órgãos são dotados de uma específica personalidade orgânica, dentro da personalidade global (*Gesammtpersönlichkeit*) da associação, a sua estrutura podendo determinar um organismo social independente. No entanto, falta-lhes personalidade global (*Gesammtpersönlichkeit*) baseada em si próprios. É também possível que uma posição orgânica corresponda a uma associação-membro (*Gliedverbande*) com personalidade jurídica própria» [que o autor exemplifica com os órgãos dos Estados e com os Estados-membros dos Estados compostos, entre outros]. Neste caso, aparece como titular da posição de órgão uma pessoa jurídica como tal, que aqui é por sua vez representada através dos seus órgãos nomeados de acordo com as disposições da sua própria lei constitutiva (*Lebensgesetzes*)».

A construção de HANS WOLFF, com larga repercussão na doutrina publicista germânica, teve também reflexos concordantes na doutrina privatista. Cfr., *v.g.*, VOLKER BEUTHIEN – Gibt es eine organschftliche Stellvertretung?, *Neue Juristische Wochenschrift*, 52, 1999, p. 1143-1144, VOLKER BEUTHIEN e ANDREAS GÄTSCH – Vereinsautonomie und Satzungsrechte Dritter: statutarische Einfluß Dritter auf die Gestaltung von Körperschaftssatzungen, *Zeitschrift für das gesammte Handelsrecht und Wirtschaftsrecht*, 156, 1992, p. 467-469, REINHARD BORK – Materiell-rechtliche und prozeßrechtliche Probleme des Organstreits zwischen Vorstand und Aufsichtsrat einer Aktiengesellschaft, *Zeitschrift fur Unternehmens- und Gesellschaftsrecht*, 18:1, 1989, p. 3, HOMMELHOFF – *Der aktienrechtliche Organstreit...* p. 294-296, 303-305. Em sentido contrário, alguns autores privatistas reconduzem o órgão à pessoa ou pessoas que atuam em nome da pessoa coletiva. LARENZ e WOLF – *Allgemeiner Teil des Bürgerlichen Rechts*, p. 150-151, n.º 13. FLUME – *Die juristische Person...* p. 377 (nota 3) rejeita expressamente a conceção institucional de órgão de HANS WOLFF.

Entre nós, no sentido da equiparação do órgão ao titular, cfr., *v.g.*, RAUL VENTURA – *Sociedades comerciais: dissolução e liquidação*, 2, Lisboa: Ática, 1960, p. 135-141, MANUEL DE ANDRADE – *Teoria geral*, 1¹..., p. 115. No sentido institucionalista, cfr., *v.g.*, MARCELLO CAETANO – *Manual de direito administrativo*¹⁰..., p. 205 (nota 1), MOTA PINTO, PINTO MONTEIRO e PAULO MOTA PINTO – *Teoria geral*⁴... p. 277, JORGE COUTINHO DE ABREU – *Curso*, 2⁴... p. 57, ABREU – *Governação*²... p. 97-98, PAIS DE VASCONCELOS – *Teoria geral*⁷..., p. 143-144; MENEZES CORDEIRO – *Tratado*, 4... p. 662-664, CARVALHO FERNANDES – *Teoria geral*, 1⁶... p. 439-443.

[2485] PEDRO CAETANO NUNES – *Dever de gestão...* p. 140-150.

[2486] Distingue portanto entre um conceito amplo de órgão, que abrange as três modalidades descritas, e um conceito restrito, que abrange apenas a primeira.

A CONSTRUÇÃO UNITÁRIA DA OBRIGAÇÃO DE VIGILÂNCIA

Na base da distinção estaria, em primeiro lugar, um critério de atribuição da declaração negocial orgânica. Assim, enquanto as declarações negociais orgânicas (i) *conjuntas* e (ii) *singulares* seriam atribuídas diretamente às pessoas singulares titulares dos órgãos, as declarações negociais orgânicas (iii) *deliberativas* não poderiam ser atribuídas ao conjunto dos membros do órgão porque nem todos têm de intervir (não é necessária a participação de todos na votação, nem é necessário o voto favorável de todos)[2487].

Em segundo lugar, rejeita o argumento da permanência do órgão para lá da sucessão dos seus titulares, frequentemente apresentado para sustentar a teoria institucionalista do órgão social. Afirma PEDRO CAETANO NUNES que as vicissitudes podem ocorrer não só ao nível das pessoas singulares que integram a organização da pessoa coletiva, mas também ao nível das competências orgânicas, donde conclui: o órgão, como subjetividade jurídica, seria igualmente perecível, *i.e.*, os estatutos podem retirar total ou parcialmente o poder normativo de representação ao órgão singular. Para além disso, afirma, sendo a atuação orgânica definitivamente imputada à pessoa coletiva, manter-se-ia esta como subjetividade jurídica inalterada pela sucessão de pessoas físicas que integram a sua organização[2488].

Por fim, seria indistinta a situação jurídica atribuída ao órgão singular e ao seu titular, pelo que não seria «reclamada a atribuição de uma subjectividade jurídica orgânica de um poder normativo de representação da pessoa colectiva»[2489].

Com a devida vénia, estes argumentos não nos parecem procedentes. Desde logo, no tratamento dos órgãos sociais, a lei não distingue consoante a sua natureza deliberativa, conjunta ou singular. Assim, por exemplo, a competência do administrador único é definida por remissão para as normas aplicáveis ao conselho de administração que não pressuponham a pluralidade de administradores (art. 390.º/2); a competência do fiscal único é delimitada por remissão para as normas aplicáveis ao conselho fiscal (art. 413.º/6). Saber se a declaração pode ser imputada a todos os titulares dos órgãos ou apenas a alguns destes não parece esclarecer o problema.

Quanto ao segundo ponto: o facto de uma alteração dos estatutos poder extinguir ou criar órgãos, ou alterar as competências dos mesmos dentro do quadro legal, não parece afastar o argumento institucionalista da permanência do órgão para lá da sucessão dos seus titulares. Não se nega que o órgão pode ser extinto ou as suas competências alteradas. Simplesmente, esse facto não auxi-

---

[2487] PEDRO CAETANO NUNES – *Dever de gestão...* p. 144-145. Recorde-se que VON GIERKE só reconhecia *Organpersönlichkeit* aos órgãos coletivos. Cfr. VON GIERKE – *Die Genossenschaftstheorie...* p. 682-683.
[2488] PEDRO CAETANO NUNES – *Dever de gestão...* p. 144-145.
[2489] *Ibidem*, p. 145.

DA ADMINISTRAÇÃO À FISCALIZAÇÃO DAS SOCIEDADES

lia o intérprete-aplicador na solução do problema em causa: perante uma alteração dos estatutos, os efeitos serão uns; perante uma sucessão de titulares do órgão, os efeitos serão outros. Assim, para quem, como PEDRO CAETANO NUNES, identifique o órgão com o titular, ver-se-á na contingência de reconhecer que, havendo sucessão de titulares, haverá transmissão das situações jurídicas funcionais do anterior titular para o novo titular. Não só não existe na letra da lei qualquer ponto de apoio para esta interpretação, como a mesma coloca problemas desde logo quando o cargo não seja prontamente ocupado pelo novo titular[2490].

1802   Quanto ao terceiro e último ponto, o argumento de que seria indistinta a situação jurídica atribuída ao órgão singular e ao seu titular é limitado, pelos seus próprios termos, ao órgão singular. Deixa de fora o órgão plural que emita declarações negociais conjuntas. Este, segundo a construção de PEDRO CAETANO NUNES, também se confundiria com os seus titulares. Em todo o caso e contrariamente ao sustentado pelo autor, não nos parece que este argumento seja decisivo. Só assim se poderia considerar se se entendesse como inútil o reconhecimento de uma autónoma subjetividade, o que já se afastou com o argumento da permanência do órgão face à sucessão de titulares.

1803   Para além disso, mesmo no caso do órgão singular, pode não se verificar uma correspondência entre a situação jurídica do órgão singular e a do seu titular: enquanto a configuração da primeira resulta da lei, dos estatutos e das deliberações sociais, o conteúdo da segunda pode ser ainda modelado pelo que eventualmente tenha sido disposto no "contrato de administração"[2491] celebrado entre a sociedade e o titular do órgão. Havendo sucessão de titulares no cargo, o novo titular fica automática e necessariamente vinculado ao que resulte da lei, dos estatutos e das deliberações sociais, mas não fica adstrito a qualquer conduta exigida por contrato ao anterior titular do cargo.

1804   Dito isto, não deixamos de reconhecer que a qualificação do órgão como um centro de imputação de situações jurídicas, distinto do seu titular, assume especial importância nos órgãos plurais.

1805   XI. Na solução de casos concretos, deve articular-se a imputação sucessiva de normas jurídicas pelos diferentes centros de imputação, até alcançar a pessoa

---

[2490] Neste sentido, HANS WOLFF – *Organschaft*, 2... p. 105 sublinhava a necessidade de identificar uma subjetividade jurídica que não fosse afetada pelas alterações de titulares do órgão. Aquilo que resulta da lei é a permanência do órgão (sem prejuízo de eventuais alterações estatutárias) como centro autónomo de situações jurídicas que se repercutem na esfera jurídica dos seus titulares, nos termos sustentados adiante.

[2491] Termo usado por MENEZES CORDEIRO – *Direito das sociedades*, 1³... p. 908.

A CONSTRUÇÃO UNITÁRIA DA OBRIGAÇÃO DE VIGILÂNCIA

singular que as irá acatar. Como ensina MENEZES CORDEIRO (em termos que encontram raízes, desde logo, em KELSEN[2492]):

> «[Q]ualquer norma de conduta – permissiva ou de imposição – será sempre, em última análise, acatada por seres humanos conscientes, o que é dizer, por pessoas singulares capazes. (...) Na pessoa colectiva [entram] novas normas em acção, de modo a concretizar a imputação final dos direitos e dos deveres. (...) [T]udo se passa, então, em modo colectivo: as regras (...) vão seguir canais múltiplos e específicos, até atingirem o ser pensante, necessariamente humano, que as irá executar ou violar»[2493].

Assim, por exemplo, sendo conferido contratualmente um *poder* a uma sociedade (1.º nível de imputação), *deve* o conselho de administração deliberar se exerce ou não esse poder e em que termos (2.º nível de imputação). Perante este *dever* do conselho de administração, cada um dos seus membros *deve* obter a informação necessária para participar adequadamente na discussão do conselho sobre o tema, *deve* discutir os pontos que considere pertinentes nessa discussão e *deve* votar no sentido que melhor prossiga os interesses da sociedade (3.º nível de imputação). A passagem do 1.º ao 2.º nível de imputação depende da articulação das normas contratuais que fundamentam o poder da sociedade com as normas de competência do conselho de administração (art. 405.º/1); a passagem ao 3.º nível impõe a consideração adicional dos deveres individuais de cada membro do conselho no *iter* decisional, *maxime* os deveres de diligência[2494] e de lealdade para com a sociedade (art. 64.º/1)[2495]. Na solução de casos concretos é, portanto,

1806

[2492] Segundo KELSEN – *Teoria pura...* p. 246:
«Com uma afirmação (...) que se refere à corporação como uma pessoa atuante, descreve-se sempre a conduta de um determinado indivíduo através do qual a pessoa jurídica atua. É sempre a ação ou omissão de um determinado indivíduo que é interpretada como ação ou omissão da corporação, que é referida à pessoa jurídica, que lhe é atribuída».

[2493] MENEZES CORDEIRO – *Da responsabilidade civil...* p. 318-319. Sobre o pensamento de KELSEN subjacente, cfr., *v.g.*, ESPÍRITO SANTO – *Sociedades...*, p. 48 ss.

[2494] Como veremos adiante, a obrigação de diligente administração foi concretizada em normas de conduta mais precisas, em particular pela jurisprudência norte-americana, com importantes reflexos na discussão desta matéria a nível internacional e nas alterações introduzidas pelo nosso legislador, em 2006. No art. 64.º/1, *a)* são agora enunciados, como "deveres de cuidado" dos administradores, os deveres de disponibilidade, de obtenção da competência técnica e do conhecimento da atividade da sociedade adequados às suas funções. Paralelamente, o art. 72.º/2 reafirma o dever de obtenção da informação adequada ao exercício das suas funções e explicita o dever de atuação segundo critérios de racionalidade empresarial.

[2495] Parece-nos que estas considerações afastam em definitivo a construção de PEDRO CAETANO NUNES – *Dever de gestão...* p. 145-146, relativamente à atuação orgânica conjunta que, por centrada apenas na declaração conjunta, parece não considerar a complexa conjugação de diferentes quadros normativos,

DA ADMINISTRAÇÃO À FISCALIZAÇÃO DAS SOCIEDADES

necessário conhecer as normas através das quais os direitos e deveres da sociedade se projetam sobre concretas pessoas singulares.

1807   Da mesma forma, a imputação (*ex lege* ou *ex contractu*) de situações jurídicas *diretamente* aos órgãos sociais coletivos (que neste caso será a imputação de 1.º nível) determina a imputação sucessiva de diferentes situações jurídicas aos seus membros (que neste caso será a imputação de 2.º nível)[2496].

1808   Podendo o legislador imputar situações jurídicas aos órgãos coletivos (cfr., *e.g.*, art. 420.º/1 e 2) ou diretamente aos membros deste (cfr., *e.g.*, art. 420.º/3), enquanto órgãos singulares, deve determinar-se, em cada caso, a razão que levou o legislador a optar por uma ou outra via e suas consequências práticas. Estas são coordenadas dogmáticas a que atendemos na análise crítica do regime jurídico de cada órgão da sociedade anónima.

1809   XII. Por fim, sublinha-se que a imputação de situações jurídicas aos órgãos sociais assenta numa construção funcionalista, através da qual se pretende assegurar o cumprimento do escopo societário pela atuação coordenada dos diferentes órgãos. Toda a sua regulação é, portanto, moldada por esta *dimensão teleológica* que impõe uma construção funcionalista do conteúdo das situações jurídicas imputadas a cada órgão. Esta é uma coordenada dogmática relevante para a correta interpretação das normas de competência e das normas de conduta impu-

na sucessiva imputação de específicas situações jurídicas a diferentes níveis de centros de imputação, até chegar à pessoa singular que irá acatar a correspondente norma jurídica. Do exposto no texto resulta que não se trata apenas, como pretente o autor, da atribuição de um poder normativo de representação a um conjunto de pessoas físicas (poder normativo de emitir enunciados negociais conjuntos em nome da pessoa coletiva).

A mesma limitação do pensamento do autor está ainda subjacente à afirmação de que a suscetibilidade de situações jurídicas passivas é indissociável da capacidade jurídica patrimonial, ignorando a natureza intermédia do órgão na conformação das situações jurídicas que, em última análise, se projetam sobre seres humanos. Cfr. *ibidem*, p. 150.

[2496] Sublinhe-se que o fenómeno que designamos por "imputação sucessiva de situações jurídicas" não corresponde a uma negação da pessoa coletiva enquanto subjetividade jurídica. Não se pretende reconhecer, por esta via, a imputação final a pessoas singulares das situações jurídicas primeiramente imputadas à pessoa coletiva. Efetivamente, como bem realça ARANGIO-RUIZ – *Gli enti soggetti...* p. 94, as situações jurídicas imputadas à pessoa coletiva não correspondem a situações individuais idênticas do mesmo tipo ou sobre parte do mesmo objeto; são diversas seja no sentido de não corresponderem ao mesmo tipo, seja no sentido de não corresponderem a uma quota da situação imputada ao ente. Cfr. também, no mesmo sentido, FLORIANO D'ALESSANDRO – "Persone giuridiche e analisi del linguaggio", in *Studi in memoria di Tullio Ascarelli*, 1, Milano: Giuffrè, 1969, p. 68 ss., 79 ss. Pretende-se apenas realçar o facto de a imputação de uma situação jurídica à pessoa coletiva se projetar necessariamente na esfera jurídica dos titulares dos seus órgãos sociais, determinando a constituição, modificação ou extinção de situações jurídicas *próprias*, através da sucessiva articulação de regimes jurídicos.

A CONSTRUÇÃO UNITÁRIA DA OBRIGAÇÃO DE VIGILÂNCIA

tadas aos órgãos sociais e para a correta formulação de normas de decisão[2497]. A este ponto voltaremos adiante[2498].

§ 62. O CONTEÚDO DA OBRIGAÇÃO DE VIGILÂNCIA

62.1. As normas de competência societária e o seu modo deôntico: o fundamento normativo da obrigação de vigilância

I. Nos capítulos I, II e III, fundamentámos as obrigações de vigilância dos diferentes órgãos da sociedade anónima em diferentes normas de competência. Assim, por exemplo, no modelo tradicional português, fundamentámos a obrigação de vigilância do conselho de administração na norma resultante do art. 405.º/1, segundo a qual «[c]ompete ao conselho de administração gerir as actividades da sociedade», tendo concluído que a gestão da sociedade compreendia uma atividade de fiscalização, tanto mais relevante quanto maior e mais complexa fosse a estrutura administrativa subordinada ao conselho. Da mesma forma, fundamentámos a obrigação de vigilância do conselho fiscal na norma decorrente do art. 420.º/1, a), de acordo com a qual «[c]ompete ao (...) conselho fiscal fiscalizar a administração da sociedade».

Pretendemos agora desenvolver, com maior detalhe, a construção dessa fundamentação, através da determinação do sentido deôntico das normas de competência jus-societárias.

II. Entre nós, a competência, enquanto conceito geral, tem sido tratada sobretudo no âmbito do direito constitucional e do direito administrativo, sendo limitado o seu tratamento no domínio jus-societário. Em geral, tanto num campo como noutro, a competência é simplesmente construída como um conjunto de poderes funcionais atribuídos a um órgão para o exercício dos direitos da pessoa coletiva na qual se integra[2499]. Na medida em que os órgãos estão ao

1810

1811

1812

[2497] Como sublinhava já MARCELLO CAETANO – *Manual de direito administrativo*[10]..., p. 203-213, os atos dos órgãos da pessoa coletiva são sempre praticados na intenção de realizar qualquer dos fins coletivos. Havendo vários órgãos, origina-se uma especialização de funções. Entendendo o autor a competência como o conjunto de poderes funcionais, explicava: «O poder funcional, visto que traduz o exercício de uma função, *deve* ser exercido sempre que o interesse a cujo serviço se encontra assim o imponha».
Sobre a criação de normas de decisão, cfr., por todos, DAVID DUARTE – *A norma de legalidade procedimental administrativa: A teoria da norma e a criação de normas de decisão na discricionariedade instrutória*, Coimbra: Almedina, 2006, p. 160 ss.

[2498] Cfr. § 62.4 e, em particular, § 62.4.C *infra*.

[2499] Neste sentido, no campo jus-privatístico, *e.g.*, DIAS MARQUES – *Teoria Geral...* p. 223. No campo jus-publicista, vão no mesmo sentido as definições, *e.g.*, de JORGE MIRANDA, para quem a competência

703

DA ADMINISTRAÇÃO À FISCALIZAÇÃO DAS SOCIEDADES

serviço da pessoa coletiva que integram, todos os seus poderes estão funcionalmente dirigidos à satisfação dos interesses desta[2500].

1813 Parece-nos que esta construção da competência como conjunto de poderes, ainda que funcionais, é insuficiente. É necessária uma análise das normas de competência e do seu sentido deôntico para podermos afirmar o conteúdo da

corresponde ao conjunto de poderes de que uma pessoa coletiva pública dispõe para a realização das suas atribuições, devendo discernir-se, de harmonia com a estrutura funcional da pessoa coletiva, o segmento conferido a cada um dos seus órgãos, ou GOMES CANOTILHO, que define a competência como o poder de ação e de atuação atribuído aos vários órgãos e agentes constitucionais, com o fim de prosseguirem as tarefas de que são constitucionalmente ou legalmente incumbidos. Tais definições impõem a prévia compreensão dos conceitos de "atribuição", de "tarefas" e dos "meios de ação (poderes) necessários para a sua prossecução" desenvolvidas pelos autores e que aqui não abordaremos. Cfr. JORGE MIRANDA – *Manual*, 5⁴..., p. 58, JOSÉ JOAQUIM GOMES CANOTILHO – *Direito Constitucional e Teoria da Constituição*, 7.ª ed., 3.ª reimp., Coimbra: Almedina, 2012, p. 529.

[2500] JORGE MIRANDA – *Manual*, 5⁴..., p 59. Os poderes funcionais são tratados com maior detalhe no Direito da família e no Direito público, sem prejuízo da sua caracterização genérica na teoria geral do direito civil. Assim, por exemplo, CASTRO MENDES – *Teoria geral*, 1... p. 547-548 apresentava os poderes funcionais como direitos subjetivos que, sendo de carácter altruísta, seriam direitos de exercício não livre, mas vinculado. MENEZES CORDEIRO – *Tratado*, 1:1³... p. 349-350 afirma que o *poder funcional* tem uma natureza híbrida: há aproveitamento de um bem, mas tal aproveitamento não é permitido, mas obrigatório; não tem a mesma estrutura do direito subjetivo porque lhe falta o essencial dessa figura jurídica: a permissão. No entanto, é uma posição ativa por implicar sempre uma margem de escolha para o titular. JOSÉ DE OLIVEIRA ASCENSÃO – *Direito civil: Teoria geral*, 3 – Relações e situações jurídicas, Coimbra: Coimbra Editora, 2002, p. 59-60, por seu turno, afirma terem um carácter «evidentemente activo», ainda que sem justificar. Desenvolve por contraposição face ao direito subjetivo, afirmando não visarem atribuir uma vantagem que seja confiada à autonomia do sujeito; envolvem não a realização de interesses próprios, mas sim outros interesses (exemplificando com o interesse público).

No campo jus-publicista, afirmava MARCELLO CAETANO – *Tratado elementar de direito administrativo*, I, Coimbra: Coimbra Editora, 1943, p. 169, que o poder funcional é «o poder jurídico conferido ao órgão, agente ou representante de certa pessoa, ou ao membro de uma comunidade, para ser exercido no desempenho do dever de prosseguir os interesses dessa pessoa ou comunidade». Esta posição, que distingue o poder funcional face ao direito subjetivo com base no nexo de pertença do interesse prosseguido e juridicamente valorado, é acompanhada por JORGE MIRANDA, tanto no domínio jus-publicista, como do direito da família. Cfr. JORGE MIRANDA – *Manual*, 5⁴..., p. 59, JORGE MIRANDA – *Poder paternal e assistência social*, Lisboa: Ministério da Saúde e Assistência, 1969, p. 17-18.

MARCELLO CAETANO – *Tratado elementar*, 1..., p. 172-173, distinguia ainda entre poderes funcionais vinculados e discricionários: devendo o poder funcional ser exercido sempre que o interesse a cujo serviço se encontra assim o imponha, nem sempre a lei ou os estatutos regulam as circunstâncias em que o órgão ou agente deve exercer o poder que lhe está confiado. Frequentemente deixa ao órgão ou agente certa liberdade de apreciação sobre a conveniência e oportunidade de exercer o poder, ou mesmo sobre o modo desse exercício e do conteúdo do ato. No primeiro caso estamos perante poderes funcionais vinculados. No segundo, perante poderes discricionários. É ainda interessante notar que, para este autor, o exercício dos poderes discricionários não é sindicável senão pelo seu titular, não podendo os particulares exigir um uso do poder diferente daquele que foi feito, desde que esse uso tenha sido dirigido ao fim legal.

A CONSTRUÇÃO UNITÁRIA DA OBRIGAÇÃO DE VIGILÂNCIA

competência em termos gerais e, em particular, no contexto da fiscalização da administração das sociedades anónimas.

III. Como bem introduz BULYGIN, as normas de competência desempenham um importante papel no discurso jurídico, mas não é de todo clara nem a sua natureza, nem o seu *modus operandi*[2501]. As dificuldades são, desde logo, de carácter terminológico, verificando-se variações não apenas em função do espaço jurídico dos diferentes autores, mas ainda de acordo com o enquadramento jus-privatístico ou jus-publicista da discussão.

Quanto ao primeiro aspeto, sendo a discussão dominada pela língua inglesa, a doutrina anglo-americana tende a referir-se a *legal-power* e a *power conferring rules* (neste sentido BENTHAM, HOHFELD e HART), enquanto nos países de tradição civilista continental é mais comum a referência a *competence* e a *competence norms*[2502].

Quanto ao segundo aspecto, KELSEN afirmava que muitas das distinções apresentadas pela Ciência do Direito tradicional são de carácter mais terminológico do que conceptual. Assim, considerava KELSEN que os conceitos de *Kompetenz* ou *Zuständigkeit, Rechtsmacht, Handlungsfähigkeit* e *Deliktsfähigkeit* estão intimamente relacionados, todos se referindo a normas que conferem poderes ou autorizam, num sentido muito amplo (*ermächtigt*, segundo a conjugação verbal de KELSEN), uma conduta, tornando-a assim relevante para o Direito[2503].

[2501] EUGENIO BULYGIN – On norms of competence, *Law and Philosophy*, 11:3, 1992, p. 201.

[2502] *Ibidem*, p. 202.

[2503] Segundo o autor, a referência normativa a uma conduta implicava uma "autorização" automática da mesma, sem que tal acarretasse a sua recomendação. Cfr. *ibidem*, p. 203.

ALF ROSS – *Directives and norms*, Clark, NJ: The Lawbook Exchange, Ltd, 2009, p. 132-133, por seu turno, distinguia os conceitos de "poder da autoridade pública" e de "autonomia privada". Apesar de reconhecer não serem tais conceitos diferentes na sua essência, apresenta algumas dissemelhanças. O primeiro seria qualificado (no sentido de só poder ser exercido por determinadas pessoas qualificadas por uma designação), heterónomo (capacidade para criar normas que vinculam outros), exercido no interesse público e intransmissível para sucessores, enquanto o segundo seria não qualificado (no sentido de, em circunstâncias normais, qualquer adulto o ter), autónomo (serve para vincular a pessoa competente em si), discricionário (no sentido de livremente exercitável) e transmissível a um sucessor.

Também HERBERT L. A. HART – *The concept of law*, 2.ª ed., Oxford: Clarendon, 1994, p. 27-33 (em especial, 32-33), 79 ss., se refere aos dois tipos de normas de competência (públicas e privadas) afirmando inexistirem diferenças substanciais entre as duas: ambas constituem padrões face aos quais podem ser avaliadas criticamente determinadas condutas. Sobre esta posição, cfr. também BULYGIN – *On norms of competence*... p. 203-204. O facto de as normas de competência pública não serem distintas, na sua essência, das normas de competência privadas dispensa uma justificação acrescida do recurso aos desenvolvimentos da teoria jus-publicista no presente estudo.

DA ADMINISTRAÇÃO À FISCALIZAÇÃO DAS SOCIEDADES

1817   IV. Relativamente à natureza das normas de competência, discute-se há muito na teoria do Direito se as mesmas devem ser reconduzidas a normas de conduta (impositivas ou permissivas) ou se, pelo contrário, têm um estatuto próprio.

1818   No sentido da sua configuração como *normas impositivas*, destacam-se nomes como KELSEN e ROSS (de acordo com conceções que viriam a sofrer evoluções posteriores), para quem as normas de competência consubstanciam comandos indiretamente formulados. Para KELSEN (em 1945) todas as normas legais consubstanciam comandos dirigidos aos tribunais (e aos demais órgãos encarregues de aplicar a lei), impondo aos mesmos a aplicação de sanções em determinadas condições[2504]. Ross (em 1958), por seu turno, distinguia normas de conduta e normas de competência, de acordo com o seu conteúdo imediato, defendendo que as primeiras prescrevem uma determinada conduta, enquanto as segundas conferem «competências (poderes, autoridade)» e consubstanciam uma diretriz na medida em que as normas que decorrem do exercício dessas competências imponham condutas. Assim, as normas de competência consubstanciariam normas *indiretas* de conduta. Perante a questão «a quem se dirigem tais normas de conduta?», conclui o autor que são diretrizes dirigidas aos tribunais, devendo os particulares conformar a sua conduta de acordo com a reação expectável dos mesmos[2505]. Como realça BULYGIN, de acordo com estas construções, as normas de competência são fragmentos de normas legais e não normas independentes e completas, visão já criticada por HART. Segundo este último, a concessão de poderes não pode ser construída como uma ordem sustentada por uma ameaça de sanção. Segundo o exemplo dado, o sujeito, no exercício da sua liberdade testamentária, pode ou não cumprir as regras relativas ao número de testemunhas. Tal terá consequências ao nível da validade do testamento, mas não constitui violação de uma obrigação, construção que acarretaria confusão[2506].

1819   A construção como *normas permissivas* tem o seu expoente máximo em VON WRIGHT que qualifica as normas de competência como "normas de primeira ordem", aquelas cujo conteúdo são atos normativos, *i.e.*, emissão ou cancelamento de certas normas. Tais normas podem ser conjugadas com comandos ou ordens para emitir normas sobre determinados tipos de atos e os seus limites estabelecidos por proibições legais. Contudo, umas e outras normas não devem

---

[2504] HANS KELSEN – *General theory of Law and State*, New York: Russel & Russel, 1945, p. 58 ss.

[2505] ROSS – *Directives and norms...* p. 32.

[2506] HART – *The concept of law...*, em especial, p. 35-38, mas também p. 28, 42-44, 79 ss. Cfr. também BULYGIN – *On norms of competence...* p. 204-205.

A CONSTRUÇÃO UNITÁRIA DA OBRIGAÇÃO DE VIGILÂNCIA

ser confundidas[2507]. Contra esta linha de construção argumenta BULYGIN que, sendo estas normas de competência entendidas como permissões, qualquer proibição de utilização dos poderes conferidos constituiria uma contradição, solução que não corresponde ao tratamento jurídico não conflituante habitualmente conferido a este tipo de situações[2508].

V. No sentido da *distinção das normas de competência face às normas de conduta* destacam-se, *v.g.*, HART e, já em 1968, ROSS. Para HART, as normas de competência não impõem condutas nem constituem obrigações. Antes definem os modos pelos quais podem ser feitos validamente contratos, testamentos ou casamentos, ou as condições e limites face aos quais a decisão da autoridade legal (tribunal ou legislador) será válida. O incumprimento de tais normas seria não uma sanção, mas a nulidade do ato praticado[2509]. Para ilustrar a sua construção, HART estabelece um paralelismo entre as normas de competência e as regras de diferentes jogos. Segundo tal paralelismo, as regras que impõem aos árbitros dos jogos que sancionem determinadas condutas (por exemplo, no xadrez, o árbitro deve sancionar o jogador que tocar numa peça sem a mexer) não permitem explicar o jogo. As regras de competência só podem ser compreendidas do ponto de vista dos sujeitos que exercem a competência. No exemplo dado: o jogador de xadrez e não o árbitro. São as regras sobre movimentação de peças que permitem compreender o jogo (e não as regras que impõem ao árbitro o sancionamento de uma conduta como a de tocar na peça sem a mexer). Assim, a movimentação de uma peça fora dos modelos admitidos implica a invalidade da jogada[2510].

Ross, por seu turno, apresenta em 1968 uma conceção radicalmente diferente daquela que defendia em 1958[2511], distinguindo entre *normas regulativas* e *normas constitutivas* (tal como fizera antes SEARLE[2512]). As primeiras prescrevem

1820

1821

[2507] GEORG HENRIK VON WRIGHT – *Norm and action: a logical enquiry*, London: Routledge & Kegan Paul, 1963, p. 192.

[2508] BULYGIN – *On norms of competence...* p. 205-207.

[2509] HERBERT L. A. HART – *O conceito de direito*, Lisboa: Fundação Calouste Gulbenkian, 1986, p. 33-35.

[2510] Cfr. *ibidem, passim*, em particular p. 40-41. Sobre esta conceção, cfr. também a análise de BULYGIN – *On norms of competence...* p. 207-208.

[2511] Cfr. referência na nota 2505.

[2512] A distinção entre *normas regulativas* e *normas constitutivas* fora já apresentada em JOHN R. SEARLE – How to derive "ought" from "is", *The Philosophical Review*, 73:1, 1964, p. 55 ss., desenvolvendo os princípios regulativos e constitutivos kantianos, tendo sido desenvolvida depois em JOHN R. SEARLE – *Speech acts: An essay in the philosophy of language*, Cambridge: Cambridge University Press, 1969, p. 33 ss.. Segundo SEARLE, as *normas regulativas* regulam formas de comportamento anterior e independentemente existentes (por exemplo, regras de etiqueta que regulam relações interpessoais existentes independentemente de tais regras); *regras constitutivas* não se limitam a regular, antes criando ou definindo novas formas de

DA ADMINISTRAÇÃO À FISCALIZAÇÃO DAS SOCIEDADES

determinado tipo de comportamento; as segundas definem certos padrões de comportamento que são dependentes das regras. Para o autor, as normas de estacionamento na via pública ilustram o primeiro tipo; as regras do xadrez ilustram o segundo. O estacionamento é uma atividade "natural", no sentido em que é uma atividade cujo desenvolvimento (*performance*) é logicamente independente de quaisquer regras que a regulem (como explica Ross, os veículos já eram estacionados na via pública antes de existirem regras sobre estacionamento). O xadrez, pelo contrário, não é uma atividade natural, porquanto jogar xadrez consiste em praticar determinadas ações de acordo com as regras do xadrez. Na medida em que tais regras definem o xadrez, as mesmas não podem, em bom rigor, ser violadas: se um jogador fizer batota, realizando uma jogada irregular, não estará a jogar xadrez[2513]. Para Ross, as normas de competência, tal como as regras dos jogos, são *normas constitutivas*. Elaborar um testamento (liberdade testamentária), legislar (competência legislativa) ou decidir um caso (competência judicial) não são atos naturais, são atos jurídicos, concebíveis apenas como constituídos por normas legais. Por outras palavras, são as normas de competência que definem o que se deve entender por testamento, por ato legislativo ou por sentença judicial[2514].

1822 E explica que a competência não se confunde com a liberdade para exercer os poderes como entender, nem com o dever para os exercer de acordo com determinadas linhas. Importa distinguir entre a norma de competência e a norma de conduta que regula o exercício da competência[2515].

---

comportamento (as regras do futebol ou do xadrez, por exemplo, não se limitam à regulação da forma de jogar futebol ou xadrez, antes criam a própria possibilidade de jogar tais jogos). SEARLE – *How to derive "ought" from "is"...* p. 55, SEARLE – *Speech acts...* p. 33.

[2513] Ross – *Directives and norms...* p. 53 ss.

[2514] «Na medida em que a norma de competência prescreve as condições para a criação da norma, é tautológico afirmar que, se for feita uma tentativa de exercício de competência *ultra vires* (fora do escopo da competência) nenhuma norma legal é criada. Isto é expresso na afirmação de que o ato jurídico pretendido é inválido ou que o incumprimento de uma norma de competência resulta em invalidade». *Ibidem*, p. 56.

[2515] «Enquanto exceder a norma de competência (...) resulta em invalidade, a violação da norma de conduta não afeta a validade do ato jurídico, mas envolve responsabilidade civil, tal como outras violações de obrigações». *Ibidem*, p. 131.

Em sentido idêntico vai MACCORMICK (seguindo SEARLE), sustentado que as normas de competência são normas constitutivas, invenções da ciência e da teoria jurídicas e que não existem como tais no material jurídico pré-analítico. Contra, afirma CALSAMIGLIA que o critério de distinção entre normas constitutivas e regulativas não é claro, afirmando que todas as normas constitutivas têm algum aspeto regulativo e que as normas de competência são dependentes das normas de conduta (voltando a uma conceção kelseniana). Cfr. ALBERT CALSAMIGLIA – Geografia de las normas de competencia, *Doxa – Cuadernos de Filosofía del Derecho*, 15-16, 1994, p. 755-756.

A CONSTRUÇÃO UNITÁRIA DA OBRIGAÇÃO DE VIGILÂNCIA

V. Face ao exposto, parecem-nos decisivas as críticas à construção das nor- 1823
mas de competência necessariamente como *normas impositivas* ou como *normas permissivas*, sobretudo quando o sentido deôntico é determinado por referência a um sujeito que não o titular da competência. Acresce que a constatação fáctica de que existem tanto normas de competência não impositivas, como normas de competência impositivas, afasta construções absolutas sobre o sentido deôntico de tais normas[2516]. Assim, partimos da construção de David Duarte, segundo a qual as normas de competência são, antes de mais e segundo a distinção hartiana, *normas secundárias*, ou seja, normas sobre normas, por contraposição a *normas primárias* ou normas de conduta[2517].

Enquanto normas secundárias, «facultam aos indivíduos dispositivos[2518] para 1824
a realização dos seus desejos, conferindo-lhes poderes jurídicos legais para criar, através de certos procedimentos especificados e sujeitos a certas condições, estruturas de direitos e deveres dentro do quadro coercivo do direito»[2519]. Por outras palavras, são normas que habilitam à produção de efeitos jurídicos. Na sua dimensão jus-privatística são *private powers conferring norms*[2520]. Tal não significa que não tenham um sentido deôntico, como veremos de seguida.

Face à distinção[2521] entre *normas constitutivas* (que definem um padrão de 1825
conduta que não existe fora das normas, ou seja, a própria criação de normas), e *normas regulativas* (que se referem a condutas existentes independentemente de

---

[2516] Cfr. David Duarte – *A Norma de Legalidade...* p. 121-122.

[2517] *Ibidem*, p. 107-108, 115 ss. Igualmente no sentido da sua qualificação como normas secundárias, cfr., *e.g.*, Bulygin – *On norms of competence...* p. 207 ss., Calsamiglia – *Geografia...* p. 758 ss. Recorde-se que Hart atribuía grande importância a esta distinção entre *normas primárias* e *normas secundárias*, afirmando ser tão importante para a sociedade como a invenção da roda. Hart – *The concept of law...* p. 42. As primeiras, ao contrário das segundas, são acompanhadas de sanções. De facto, a violação das normas secundárias acarreta nulidade dos atos praticados e não qualquer sanção, afirmando repetidamente que a nulidade não pode ser considerada uma sanção. Afirmava Hart que reconduzir as normas secundárias a enunciados das condições de que depende a constituição de deveres conduz a um vício obscuro e acrescentava: «representar tais regras como meros aspetos ou fragmentos de regras de deveres é (...) obscurecer o carácter distintivo da lei e das atividades possíveis no seu quadro». *Ibidem*, p. 41. Sobre estes pontos, cfr. também, *v.g.*, Calsamiglia – *Geografia...* p. 753-754.

[2518] Na tradução de A. Ribeiro Mendes (da 1.ª edição original) do termo inglês *facilities*. Cfr. Hart – *O conceito de direito...* p. 35.

[2519] Hart – *The concept of law...* p. 27 28, segundo a tradução da 1.ª edição de A. Ribeiro Mendes. Cfr. Hart – *O conceito de direito...* p. 35.

[2520] Segundo expressão de Hart – *The concept of law...* p. 79-81, usada também por David Duarte – *A Norma de Legalidade...* p. 116-117, nota 34.

[2521] Distinção própria da teoria dos atos de fala (*speech acts*). David Duarte – *A Norma de Legalidade...* p. 122. Usando a mesma tradução de *speech acts*, cfr., *v.g.*, Paulo Mota Pinto – *Interesse contratual...* p. 42 (nota 147).

DA ADMINISTRAÇÃO À FISCALIZAÇÃO DAS SOCIEDADES

normas)[2522], afirma-se a inclusão das normas de competência jus-societárias (tal como as normas de competência jus-publicista) entre as primeiras, porquanto a competência dos órgãos societários (tal como a dos órgãos administrativos, sujeitos ao princípio da legalidade[2523]) não tem uma existência independente da norma que as fundamenta[2524].

[2522] DAVID DUARTE – *A Norma de Legalidade...* p. 122-123. Cfr. nota 2512 *supra*.

[2523] Como sublinha MARIA LUÍSA DUARTE – *A teoria dos poderes implícitos e a delimitação de competências entre a União Europeia e os Estados-membros*, Lisboa: Lex, 1997, p. 31-32, este é um princípio fundamental da teoria geral dos entes públicos, também designado por tipicidade da competência, prescrição normativa da competência ou estabelecimento normativo da competência. Cfr. também JORGE MIRANDA – *Manual*, 5⁴..., p. 60 ss., onde o autor explica que sendo a competência definida pelo Direito objetivo, o órgão não pode ter outra competência além da que a norma estipula.

[2524] Sem prejuízo da especialidade das normas de competência societárias, poderia discutir-se se, e em que medida, as normas de competência jus-privatísticas devem ser classificadas como normas regulativas (e não constitutivas), na medida em que ao ordenamento jurídico caiba não a constituição da autonomia privada, mas o seu reconhecimento. Neste sentido, recordamos as palavras de CARLOS FERREIRA DE ALMEIDA – *Texto e enunciado na teoria do negócio jurídico*, 1, Coimbra: Almedina, 1992, p. 240, para quem «[a] autonomia negocial impõe-se por si, como instituição pré-legal e extra-legal e até como poder pré-jurídico». Neste sentido, fundamenta o negócio jurídico na sua qualificação como ato performativo: «Os efeitos jurídico-negociais são gerados por conformidade com o significado do acto, de acordo com as *regras constitutivas* que forem aplicáveis. Estas são, antes de mais, as *regras sociais sobre a prática de negócios* reconhecidas pela ordem jurídica». Tal não prejudica, segundo o autor, que o reconhecimento pelo Direito seja crítico e que haja regras criadas *ex novo* pela atividade legislativa. Sobre o "reconhecimento" no quadro da fundamentação histórico-dogmática da eficácia do negócio jurídico, cfr. *ibidem*, p. 236-243. Segundo o autor,

> «Nenhuma doutrina recusa que a conformação dos efeitos jurídicos depende do conteúdo ou sentido do acto e de uma ordem normativa que lhe é aplicável e portanto o regula. As diferenças consistem no modo de configurar as incidências, a graduação e as relações mútuas entre autonomia e ordenamento jurídico».

A este propósito, recordamos que, como bem refere JOSEPH RAZ – em resposta crítica à afirmação de MACCORMICK de que todos os poderes legais são necessariamente conferidos por normas legais –, podem ser enunciados vários exemplos de poderes legais reconhecidos (mas não conferidos) por uma norma legal: um poder só é legal se for *reconhecido* por um sistema jurídico, mas isso não significa que seja *conferido* por uma norma jurídica. Cfr. NEIL MACCORMICK e JOSEPH RAZ – Voluntary Obligations and Normative Powers, *Proceedings of the Aristotelian Society, Supplementary Volumes*, 46, 1972, p. 59-78, JOSEPH RAZ – "Voluntary obligations and Nnormative powers", in STANLEY L. PAULSON e BONNIE LITSCHEWSKI PAULSON (eds.) – *Normativity and norms: critical perspectives on Kelsenian themes*, Oxford, New York: Oxford University Press, 1998, p. 455-457.

MENEZES CORDEIRO, a propósito do conceito de obrigação, afirma que «quer antropológica, quer dogmaticamente, considera-se apurado que as partes não têm, por si capacidades juridificadoras: o Direito, realidade exterior, é que dispõe do poder de, *reconhecendo* certas realidades humana, as elevar ao nível jurídico» (itálico nosso). Desenvolve assim a sua perspetiva sobre o instituto da autonomia privada enquanto «espaço de liberdade *reconhecido* a cada um dentro da ordem jurídica» (itálico nosso) e do direito subjetivo que, enquanto «omnipresença de uma ordem de liberdade e de autodeterminação», é definido como «permissão normativa específica de aproveitamento de um bem». Esta definição, nas palavras do autor, corresponde a uma síntese significativo-ideológica que traduz a projeção da competente fenomenolo-

A CONSTRUÇÃO UNITÁRIA DA OBRIGAÇÃO DE VIGILÂNCIA

Porém, isto não responde à questão do seu sentido deôntico[2525]. Podendo conter qualquer modo deôntico (em especial: a permissão e a imposição), à partida, devem ser vistas como permissivas. Como explica DAVID DUARTE, esse é o seu modo supletivo e também o seu modo *prima facie*: quando não sejam impositivas ou proibitivas, as normas de competência são permissivas[2526].

gia social subjurídica. O pensamento do Professor parece traduzir assim, a par da preocupação de um apurado tratamento técnico dos problemas e soluções jurídicas, uma conceção de necessário reconhecimento de valores pré-jurídicos, centrados na afirmação da liberdade (esta não é, porém, absoluta, ao sabor de um liberalismo primitivo, sendo necessariamente delimitada pelo Direito objetivo). Cfr. MENEZES CORDEIRO – *Tratado*, 1:1³... p. 391, 332, 328, 329, MENEZES CORDEIRO – *Tratado*, 6²... p. 321. Em prejuízo do carácter significativo-ideológico da conceção propugnada, verifica-se alguma flutuação terminológica na obra do autor. Assim, em MENEZES CORDEIRO – *Tratado*, 1:1³..., afirma em geral que o espaço de liberdade é *reconhecido* pelo Direito às pessoas. Por exemplo, a p. 332 refere-se à permissibilidade como «âmbito de liberdade concreta, *reconhecido* ao sujeito» (itálico nosso). No entanto, a p. 392 afirma que «a autonomia privada corresponde a um espaço de liberdade jurígena *atribuído*, pelo Direito, às pessoas, podendo definir-se como uma permissão genérica de produção de efeitos jurídicos» (itálico nosso). Poderia considerar-se a necessidade de uma fundamentação ontológica da liberdade (autonomia privada), questionando se, e em que medida, as regras sociais referidas por FERREIRA DE ALMEIDA são, por sua vez, regras regulativas e não constitutivas (como defendido pelo mesmo), porque impostas com fundamento último na Pessoa (não no seu sentido normativo, mas no seu sentido ontológico, metajurídico, segundo uma conceção substantiva como a defendida por DIOGO COSTA GONÇALVES – *Pessoa*..., para a qual remetemos). De facto, a Pessoa só se realiza enquanto tal na medida em que, na relação com os outros que é constitutiva da sua realidade ontológica, for livre para se autodeterminar.

Não cabe aqui desenvolver esta fundamentação última, nem o clássico problema de saber se do *Sein* (a Pessoa enquanto realidade ontológica) podemos retirar um *Sollen* (neste caso, a norma que habilita à auto-regulação de interesses). Basta apenas referir que esta dicotomia tem raízes, em primeiro lugar, na distinção kantiana entre *número* (realidade em si) e *fenómeno* (aparição da realidade tal como surge e se manifesta ao sujeito cognoscente) e na afirmação de que só o segundo é suscetível de conhecimento, a qual criou, no Direito um dualismo metódico que determina a distinção absoluta entre o *ser* e o *dever ser*. Em segundo lugar, relevam as raízes no empirismo britânico, com destaque para HUME. Cfr. JORGE EUGENIO DOTTI – "Quid juris und quid facti", in *Akten des 5. Internationalen Kant-Kongresses*, Bonn, 1981, p. 12-21, WOLFGANG FIKENTSCHER – *Methoden des Rechts*, 3 – Mitteleuropäischer Rechtskreis, Tübingen: Mohr, 1976, p. 25 ss.

[2525] Acompanhamos DAVID DUARTE – *A Norma de Legalidade*... p. 124-125 quando afirma que:

> «como todas as normas são unidades com um sentido de dever ser, porque isso é correlativo ao plano do direito, as normas de competência também têm de compreender, naturalmente, um sentido de dever ser: é que (...) a circunstância de uma norma conter um modo deôntico não a transforma numa norma de conduta (o critério destas é outro), dado que, como deôntico é sinónimo de normativo, isso apenas a identifica como norma».

Segundo o autor, o facto de uma norma de competência implicar uma conduta não determina a sua qualificação como norma de conduta, porquanto «é uma acção qualificada pelo efeito da norma (criar normas ou decisões), e que assim vale no direito como alteração deste (e não como uma conduta)».

[2526] Para DAVID DUARTE o modo de permissão é o modo deôntico primeiro, (i) no sentido em que dele todos os demais decorrem, nomeadamente por ser o único que se pode conceber sem os demais, e (ii) porque em todo o direito há sempre permissão quando não há imposição ou proibição, significado que não se justifica afastar nas normas de competência. Cfr. *ibidem*, p. 124, em especial nota 47, e, com

DA ADMINISTRAÇÃO À FISCALIZAÇÃO DAS SOCIEDADES

1827   A sua consideração como impositivas pode decorrer de um enunciado impositivo[2527] ou da sua conjugação com uma outra norma (em princípio uma norma de conduta) que exija o exercício da competência, seja constituindo um dever fora da competência, seja sujeitando o seu exercício a determinados objetivos, impondo, deste modo, a sua funcionalização[2528]. Neste último caso, opera uma transformação da norma que é *prima facie* permissiva numa norma impositiva.

1828   Conclui-se, portanto, com DAVID DUARTE, que a natureza *prima facie* das normas de competência permissivas significa que tais normas só são efetivamente permissivas se o conjunto não compreender outras que as requalifiquem quanto ao sentido de dever ser[2529].

1829   Assim sendo, podemos concluir que, tal como «a totalidade das normas de competência do direito administrativo, mesmo que formuladas como permissões relativas à criação de sentidos deônticos, são normas requalificadas como normas com operador de imposição por via de uma norma terceira»[2530] – a norma que sujeita o exercício da função administrativa à prossecução do *interesse público* –, também as normas de competência jus-societárias são requalificadas pela sujeição do exercício das funções orgânicas à prossecução do *interesse social*, nos termos prescritos, desde logo, pelo art. 64.º[2531].

---

maiores desenvolvimentos, DAVID DUARTE – Os argumentos da interdefinibilidade dos modos deônticos em Alf Ross: a crítica, a inexistência de permissões fracas e a completude do ordenamento em matéria de normas primárias, *Revista da Faculdade de Direito da Universidade de Lisboa*, 43:1, 2002, p. 266.

[2527] DUARTE – *A Norma de Legalidade...* p. 125.

[2528] *Ibidem*, p. 127

[2529] Por conseguinte, explica DAVID DUARTE:

«A questão do estatuto deôntico das normas de competência resolve-se, então, com a proposição afirmativa de poderem compreender qualquer modo deôntico, tudo dependendo dos termos inscritos nos seus enunciados e, também, das relações normativas que se estabelecem com outras normas, incidentes na matéria que recorta o domínio normativo da sua previsão». *Ibidem*.

O autor afasta-se assim daquelas construções segundo as quais a conjugação das normas de conduta com as normas de competência corresponde necessariamente a uma delimitação de uma permissão normativa. Como resulta do exposto, não podemos acompanhar tais construções, porque – como bem refere DAVID DUARTE – o sentido deôntico de permissão não se verifica em múltiplas hipóteses. Desde logo, não se verifica, no campo juspublicista, nas normas de competência administrativa que não atribuem ao sujeito uma permissão de atuação, mas um verdadeiro dever de atuação na prossecução de uma específica concretização do interesse público. O mesmo vale, com as necessárias adaptações, no plano jus-societário.

[2530] *Ibidem*, p. 375.

[2531] Como refere DAVID DUARTE, *ibidem*, p. 375-376,

«a requalificação deôntica que a norma de prossecução do interesse público realiza nas normas de competência de direito administrativo, quando não são originariamente impositivas é (...) o resultado do conflito entre a permissão que delas consta, supletiva ou não, e a imposição que por via dessa norma sobre elas se reflecte, conflito este que, naturalmente, se resolve pela prevalência da obrigação».

O mesmo vale, *mutatis mutandis*, para as normas de competência jus-societárias.

A CONSTRUÇÃO UNITÁRIA DA OBRIGAÇÃO DE VIGILÂNCIA

VI. Em suma: das normas de competência dos órgãos societários de admi-   1830
nistração e fiscalização, requalificadas pelas normas que sujeitam o exercício
dessas competências à prossecução do interesse social, decorrem as correspondentes obrigações de administração e de vigilância. Estes são conceitos-síntese
(*Inbegriffe*) do complexo normativo a que estão sujeitos tais órgãos[2532]. Identificada a sua fundamentação normativa *expressa*, não pode afirmar-se – como é
frequente a propósito da obrigação de administração – resultarem *implicitamente*
do art. 64.º.

Nos pontos seguintes, desenvolvemos o conteúdo da obrigação de vigilância,   1831
numa construção unitária, assente na análise crítica das obrigações de vigilância
dos diferentes órgãos sociais, nos diferentes modelos de governo da sociedade
anónima, apresentada nos capítulos I, II e III.

62.2. A obrigação de vigilância como obrigação de meios ou como obriga-
ção de resultado: a importância da classificação na compreensão do
seu conteúdo e na delimitação da conduta devida

I. Como vimos nos capítulos I, II e III, o conteúdo das obrigações de vigilân-   1832
cia dos diferentes órgãos da sociedade anónima não é uniforme: varia de órgão
para órgão, de modelo de governo para modelo de governo. As variações periféricas, porém, não parecem impedir que, a partir dos seus traços comuns, se
identifique um tronco central suficiente para a elaboração de um conceito geral
e abstrato de obrigação de vigilância[2533].

Face ao respetivo regime jurídico, já criticamente analisado, vimos que as   1833
obrigações de vigilância de todos os órgãos sociais se apresentam como obrigações de prestar complexas e compreensivas, de conteúdo *a priori* parcialmente

---

Note-se ainda que, como refere também DAVID DUARTE, *ibidem*, p. 379, o modo deôntico de imposição
das normas de competência de direito administrativo explica o carácter irrenunciável e inalienável da
competência: (i) a competência não pode deixar de ser exercida; (ii) a competência não pode deixar de
ser exercida pelo órgão a quem foi atribuída; e (iii) a competência não pode ser transferida ou repartida,
salvo previsão em contrário. Tanto é reconhecido, no direito administrativo, pelo art. 29.º/1 CPA.
No direito societário, estes enunciados devem ser reequacionados: ao órgão de administração admite-se
a delegação expressa ou tácita de poderes de gestão e de representação (dentro de determinados
limites, como vimos no § 14 e no § 15), com a consequente modelação de situações jurídicas que lhe
são normativamente impostas. Esta possibilidade ao alcance do órgão de administração, porque
funcionalizada à prossecução dos interesses da sociedade, deve ser enquadrada no dever de organização
interna e externa (cfr. § 21).

[2532] Referindo-se à obrigação de administração como *Inbegriff*, CARNEIRO DA FRADA – *A business judgment
rule...* p. 66.

[2533] O conceito geral e abstrato forma-se por reunião do que há de comum e por abstração do que há de
incomum na pluralidade designada. PEDRO PAIS DE VASCONCELOS – *Contratos atípicos*, 2.ª ed., Coimbra,
Almedina, 2009, p. 42-43.

713

DA ADMINISTRAÇÃO À FISCALIZAÇÃO DAS SOCIEDADES

indeterminado, mas determinável no caso concreto, de acordo com o padrão de diligência normativa. No ponto seguinte analisamos os contornos deste processo de concretização. Antes porém, importa clarificar se, face aos mais recentes desenvolvimentos no direito civil, se justifica a contraposição entre obrigações de meios e obrigações de resultados; em caso afirmativo, como se classificam as obrigações de vigilância dos órgãos da sociedade anónima e qual a relevância dessa classificação na compreensão e delimitação do seu conteúdo.

1834   II. Nos termos em que é classicamente discutida, a obrigação de meios «não vai dirigida à satisfação do interesse que em último termo o credor se propõe alcançar – interesse final ou primário –, mas antes se circunscreve a um interesse instrumental, de 2.º grau, que visa imediatamente tão-só uma actividade debitória tendente a promover a realização do interesse primário». Em contraposição, a obrigação de resultado traduziria a vinculação do devedor à concretização do resultado ou à realização do interesse primário do credor[2534].

[2534] MANUEL DE ANDRADE – *Teoria geral das obrigações*³... p. 412, seguindo LUIGI MENGONI – Obbligazioni "di risultato" e obbligazioni "di mezzi", *Rivista del Diritto Commerciale e del Diritto Generale delle Obbligazioni*, 52:1, 1954, p. 188-189. Por outras palavras, também correntes: nas obrigações de resultado, o devedor estaria vinculado a um resultado determinado, respondendo por incumprimento se esse resultado não fosse alcançado; nas obrigações de meios, o devedor não estaria vinculado à obtenção do resultado, mas apenas à atuação com a diligência necessária para que esse resultado seja obtido. Cfr. LUÍS MENEZES LEITÃO – *Direito das obrigações*, I – Introdução, da constituição das obrigações, 10.ª ed., Coimbra: Almedina, 2013, p. 125-126.

Explica MAZEAUD que a contraposição entre estes dois tipos de obrigações remonta ao direito romano, desenvolvida no *ancien droit* francês, nomeadamente por DOMAT (século XVIII) em termos que teriam reflexos na redação dos arts. 1137 e 1147 do *Code Civil* e que seriam assumidos pela maior parte dos juristas franceses desde então, citando GLASSON, ROBIN, PLANIOL e SALEILLES. Contudo, só com DEMOGUE, em 1925, seria adotada a terminologia hoje corrente de *"obligations de moyens"* e *"obligations de résultat"*. Antes porém, a distinção tinha já sido formulada pela doutrina alemã, ainda que com diferente terminologia, com destaque para BERNHÖFT e FISCHER, passando depois para a doutrina italiana sem grandes desenvolvimentos. Cfr. RENÉ DEMOGUE – *Traité des obligations en général*, 5, Paris: Arthur Rousseau, 1925, p. 536 ss, RENÉ DEMOGUE – *Traité des obligations en général*, 6, Paris: Arthur Rousseau, 1931, p. 644, HENRI MAZEAUD – Essai de classification des obligations: Obligations contractuelles et extra-contractuelles; "obligations déterminées" et "obligation générale de prudence et diligence", *Revue Trimestrielle de Droit Civil*, 35, 1936, p. 25 ss., MENGONI – *Obbligazioni "di risultato"*... p. 305-320, MANUEL DE ANDRADE – *Teoria geral das obrigações*³... p. 411-412 (nota 4). Cfr. ainda, para maiores desenvolvimentos sobre o tema, MENEZES CORDEIRO – *Tratado*, 6²... p. 477 ss., LUCAS RICARDO LUCAS RIBEIRO – *Obrigações de meios e obrigações de resultado*, Coimbra: Coimbra Editora, 2010, p. 24-28.

Recorde-se que, tradicionalmente, a ilicitude é referida ao resultado. Ou seja, a violação de um bem ou direito absolutamente protegido implica, em princípio, um juízo de antijuridicidade (antijuridicidade objetiva). Tecnicamente, a ilicitude corresponderia ao preenchimento do *Tatbestand*, salva a existência de uma causa de justificação. Por outras palavras, para haver ilicitude, bastaria a produção do resultado descrito na lei. De acordo com os seus defensores, esta doutrina da ilicitude do resultado (*Erfolgsunrechtlehre*) seria particularmente adequada à responsabilidade civil, dirigida à reparação de danos que não devem ser

A CONSTRUÇÃO UNITÁRIA DA OBRIGAÇÃO DE VIGILÂNCIA

Em termos práticos, a distinção refletiria a dificuldade sentida pelo devedor, num sem número de casos, em assegurar a consecução de um resultado que, atentas as variáveis em jogo, escaparia ao seu controlo[2535]. Os exemplos de escola são o caso do médico que não se vincula a curar o doente, mas tão-só a empregar os seus melhores esforços nesse sentido, ou do advogado que se compromete a fazer tudo ao seu alcance para vencer a ação, não podendo contudo assegurar o sucesso[2536].

1835

Esta distinção teria reflexos, desde logo, ao nível do cumprimento da obrigação que se consideraria verificado, nas obrigações de meios, se tivessem sido desenvolvidos os esforços e a diligência a que se vinculara o devedor, mesmo que o resultado final (satisfação do interesse primário) não fosse alcançado[2537].

1836

Teria também, como defendia DEMOGUE, consequências ao nível do ónus da prova da culpa: se alguém promete um resultado e este não for alcançado, estaria provada a responsabilidade desde que fosse demonstrada a existência da obrigação e a falta do resultado, cabendo ao devedor demonstrar ter sido impedido de cumprir por um caso fortuito ou de força maior. Pelo contrário, se o devedor não se compromete com o resultado, mas apenas com a prestação de determinados serviços, perante a não verificação do resultado, caberia ao credor provar que o devedor teve culpa nesse facto[2538].

1837

---

imputados à vítima, tendo reflexo no nosso art. 483.º/1, I parte CC. Contudo, esta doutrina foi sendo progressivamente questionada por fragilidades dogmáticas, afirmando os seus críticos que a ilicitude só corresponde ao resultado quando este tenha sido dolosamente causado (violação do princípio *neminem laedere*). Em casos de negligência, o juízo de ilicitude requereria a demonstração da violação de deveres de cuidado geralmente exigidos no tráfico. O juízo de ilicitude seria então referido ao comportamento desconforme aos deveres de cuidado e não apenas à produção de um resultado (doutrina da ilicitude do comportamento – *Verhaltensunrechtlehre*). Esta conceção é coerente com o entendimento de que só condutas humanas podem ser impostas ou proibidas, pelo que só sobre condutas deve recair o juízo de antijuridicidade. Não obstante, porque existem problemas que não obtêm resposta satisfatória nesta última teoria, defende SINDE MONTEIRO – *Responsabilidade por conselhos...* p. 300-307, deve considerar-se em princípio ilícito o «acto que atinge directamente um bem ou direito absolutamente protegidos, entendo-se (sic) por directa a violação que cai ainda no âmbito do próprio decurso da acção». Assim se concederia uma proteção acrescida aos direitos absolutos. Cfr. também ELISABETE GOMES RAMOS – *Responsabilidade civil...* p. 196-201.

[2535] MENEZES CORDEIRO – *Tratado*, 6^2... p. 478.

[2536] JOÃO CALVÃO DA SILVA – *Cumprimento e sanção pecuniária compulsória*, Coimbra: Almedina, 2007, p. 79 (nota 154). Como refere MENEZES CORDEIRO – *Tratado*, 6^2... p. 478-479, «ninguém pode, com seriedade, comprometer-se a ganhar um processo ou a curar um paciente: apenas poderá assumir o dever de, nesse sentido, fazer tudo o que seja possível».

[2537] CALVÃO DA SILVA – *Cumprimento...* p. 79 (nota 154), MENEZES LEITÃO – *Direito das obrigações*, 1^{10}... p. 125-126.

[2538] Cfr. DEMOGUE – *Traité*, 5... p. 1308 ss. Cfr. também a análise crítica das posições de DEMOGUE em GOMES DA SILVA – *O dever de prestar...* p. 205-206, 235-236.

DA ADMINISTRAÇÃO À FISCALIZAÇÃO DAS SOCIEDADES

1838

Por fim, sem preocupação de exaustão da problemática, teria ainda implicações ao nível da impossibilidade superveniente da prestação por causa não imputável ao devedor[2539].

Defendendo, entre nós, não poder aplicar-se a presunção de culpa do devedor prevista no art. 799.º/1 CC às obrigações de meios, cfr., *v.g.*, JORGE RIBEIRO DE FARIA – Da prova na responsabilidade civil médica: Reflexões em torno do direito alemão, *Revista da Faculdade de Direito da Universidade do Porto*, 1, 2004, p. 117-118.

CARNEIRO DA FRADA – *Contrato...* p. 193, por seu turno, sustenta que a presunção de culpa do art. 799.º/1 tem um alcance diferente no cumprimento das obrigações de resultado e no cumprimento das obrigações de meios. No primeiro caso, estamos perante uma presunção ampla da existência de uma conduta faltosa do devedor ou dos seus axiliares e da adequação dessa conduta para produzir o incumprimento da obrigação, abrangendo, assim, ilicitude, culpa e nexo de causalidade entre a conduta e o incumprimento (deixando de fora o nexo de causalidade entre o incumprimento e o dano). No segundo caso, a presunção reduz-se à censurabilidade pessoal da conduta do agente (culpa).

Já NUNO PINTO OLIVEIRA – "Responsabilidade civil em instituições privadas de saúde: problemas de ilicitude e de culpa", in *Responsabilidade civil dos médicos*, Coimbra: Coimbra Editora, 2005, p. 245, parecia considerar, em 2005, que, nas obrigações de resultado, o art. 799.º/1 CC se combina com um critério de tipicidade/ilicitude referido ao resultado, pelo que o credor estaria dispensado de alegar e de provar a tipicidade/ilicitude e a culpa. Nas obrigações de meios, combinar-se-ia com um critério de tipicidade/ /ilicitude referido à conduta, não dispensando o credor do ónus de alegar e de provar a tipicidade/ilicitude. Atualmente, o seu pensamento é outro. Afirma o autor que os critérios gerais de distribuição do ónus da prova são suficientes para uma adequada resolução dos problemas suscitados, «pelo que a reinterpretação dos conceitos de obrigações de meios e de obrigações de resultado como conceitos determinados pela função de conformar os critérios de distribuição do ónus da prova do cumprimento ou não cumprimento é *supérflua*». Para o autor, não sendo realizada qualquer prestação, o credor só tem de alegar e provar o facto constitutivo do direito de crédito; quando o devedor realiza uma prestação defeituosa, imperfeita ou inexata, os critérios gerais imporiam ao credor a alegação e a prova da desconformidade entre a prestação devida e a prestação realizada. Nas obrigações de prestação de coisa, o credor tem de alegar e provar o defeito da coisa; nas obrigações de prestação de facto, tem de alegar e provar o defeito do facto (o comportamento do devedor). Assim, conclui, os critérios aplicáveis às obrigações de meios, alegadamente especiais, são simplesmente os critérios gerais de distribuição do ónus da prova do cumprimento defeituoso de obrigações de prestação de facto. PINTO OLIVEIRA – *Princípios...* p. 40-41. Atualmente, o autor reserva o conceito de obrigação de resultado para os casos em que o devedor responde independentemente de culpa, caso em que, como explicava GOMES DA SILVA – *O dever de prestar...* p. 377, assume, ao lado do dever de efetuar a prestação, um dever especial de indemnizar. Cfr. PINTO OLIVEIRA – *Princípios...* p. 41-42.

Porém, a propósito da responsabilidade médica, a doutrina dominante sustenta, o entendimento de que o art. 799.º CC se aplica tanto às obrigações de resultado, como às obrigações de meios. LUCAS RIBEIRO – *Obrigações de meios...* p. 115. Assim, o doente deve demonstrar o incumprimento do contrato, ou seja, que não lhe foram prestados os melhores cuidados possíveis, mas não tem de provar a culpa do médico. Ao médico cabe provar que não podia ou não devia ter agido diferentemente. JORGE DE FIGUEIREDO DIAS e JORGE F. SINDE MONTEIRO – *Responsabilidade médica em Portugal*, Separata do Boletim do Ministério da Justiça, Lisboa: Ministério da Justiça, 1984, p. 30-31.

[2539] MENEZES CORDEIRO – *Tratado*, 6²... p. 479-480.

A CONSTRUÇÃO UNITÁRIA DA OBRIGAÇÃO DE VIGILÂNCIA

Para efeitos deste estudo releva sobretudo a primeira questão, no contexto 1839
da delimitação positiva da prestação de vigilância, sem prejuízo de dela não se
poder dissociar aqueloutra da culpa e da distribuição do ónus da sua prova.

III. A contraposição parece assentar na irrelevância do resultado para as 1840
obrigações de meios[2540], mas tal é hoje pacificamente recusado, afirmando-se
que todas as obrigações são dirigidas a um resultado[2541]. Neste sentido, sublinhava GOMES DA SILVA que, mesmo nas obrigações habitualmente qualificadas
como de meios, não pode prescindir-se da ideia de resultado[2542].

Face a esta conclusão, MENEZES CORDEIRO, logo em 1980[2543], parece acom- 1841
panhar a contestação dos termos da distinção, concluindo que só haveria prestações de resultados, dado que só estes interessariam ao devedor, sem prejuízo de
o resultado procurado conhecer infinitas graduações[2544]. Atualmente, sustenta o

---

[2540] Cfr., *v.g.*, DEMOGUE – *Traité*, 5... p. 538-540.

[2541] As referências doutrinárias neste sentido multiplicam-se. MANUEL DE ANDRADE – *Teoria geral das obrigações*³..., seguindo MENGONI – *Obbligazioni "di risultato"*... p. 187-188.
Na formulação de FRANZ WIEACKER – "Leistungshandlung und Leistungserfolg im bürgerlichen Schuldrecht", in *Festschrift für Hans Carl Nipperdey zum 70. Geburtstag*, 1, München: Beck, 1965, p. 790-798, 812, a prestação correspondia à «realização do interesse do credor através da ação de prestar do devedor». Neste sentido, CALVÃO DA SILVA – *Cumprimento*... p. 78 explica que, dirigindo-se o vínculo obrigacional à satisfação do interesse do credor a que a relação obrigacional está colimada, «o cumprimento como actuação da prestação, como realização ou execução do "programa de prestação" a que o devedor está adstrito, abrange não apenas a conduta ou acção de prestar do devedor (*Leistungshandlung*) mas também o resultado da prestação (*Leistungserfolg*)». No mesmo sentido, ensina MENEZES CORDEIRO – *Tratado*, 6²... p. 480, que a prestação, como toda a ação humana, engloba o seu próprio fim e que só por análise abstrata se pode, numa conduta, distinguir a atuação e o resultado. Assim, afirma, «[a] cisão analítica, porventura necessária para efeitos de estudo, deve ser superada por uma síntese final adequada, que reconstitua a riqueza do agir humano». Importa, segundo o Professor, identificar a fonte da obrigação e quais as consequências daí resultantes a nível de regime.

[2542] GOMES DA SILVA – *O dever de prestar*... p. 205-206, 238 ss. Segundo o autor, mesmo nas obrigações de meios existiria vinculação a um fim (o interesse do credor): o devedor obriga-se sempre a uma conduta (a prestação) e o credor pretende sempre um resultado (o seu interesse, art. 398.º/2 CC). Por outro lado, o ónus da prova da realização da prestação ou da ausência de culpa recairia sempre sobre o devedor (arts. 342.º/2 e 799.º CC).

[2543] MENEZES CORDEIRO – *Direito das obrigações*, 1..., p. 358-359.

[2544] Esta posição foi seguida pelo RCb 7-mai.-2005 (CARDOSO DE ALBUQUERQUE), processo n.º 1215/05, disponível em www.dgsi.pt, no qual o tribunal sustentou que a distinção entre obrigações de meios e obrigações de resultado «não tem razão de ser à luz do nosso direito, onde apenas há a considerar a prestação de resultados, uma vez que só estes interessam ao credor – artº 398º, nº 2, do C. Civ. –, havendo apenas que saber a natureza do resultado procurado, nas suas muitas graduações, pelo que cabe sempre ao devedor o ónus da prova de que realizou a prestação ou de que a falta de cumprimento não procede de culpa sua».

DA ADMINISTRAÇÃO À FISCALIZAÇÃO DAS SOCIEDADES

Professor que a contraposição entre obrigações de meios e obrigações de resultado é de natureza linguística[2545]:

> «tudo está em saber qual foi a fórmula usada na fonte (normalmente, no contrato) de onde promane a obrigação em jogo e quais as consequências porventura daí resultantes, a nível de regime».

1842   MENEZES LEITÃO, por seu turno, afirma que, em qualquer caso, aquilo a que o devedor se obriga é sempre uma conduta (a prestação), e aquilo que o credor visa é sempre um resultado que corresponde ao seu interesse (art. 398.º/2 CC), não havendo base no nosso direito para distinguir entre obrigações de meios e obrigações de resultado[2546].

1843   Outros porém, têm reafirmado a relevância da distinção[2547]. Entre estes, destacamos PEDRO MÚRIAS e MARIA DE LURDES PEREIRA, que aqui acompanhamos, para efeitos da delimitação da prestação de vigilância. Para estes autores, nas obrigações de resultado – que poderiam chamar-se "obrigações de causação" ou "obrigações causativas" – o devedor obriga-se a causar certo resultado (que designam por "resultado definidor da prestação"[2548]); nas obrigações de meios – que poderiam designar-se "obrigações de tentativa" ou "obrigações de

---

[2545] MENEZES CORDEIRO – *Tratado*, 6²... p. 480-481.

[2546] Segundo este autor, ao devedor cabe sempre o ónus da prova de que realizou a prestação (art. 342.º/2 CC) ou de que a falta de cumprimento não procede de culpa sua (art. 799.º CC). MENEZES LEITÃO – *Direito das obrigações*, 1¹⁰... p. 126.

[2547] Para uma análise do estado da questão no Direito português, cfr., *v.g.*, LUCAS RIBEIRO – *Obrigações de meios*... p. 38 ss.

[2548] Segundo a conceção de PEDRO MÚRIAS e MARIA DE LURDES PEREIRA – *Obrigações de meios, obrigações de resultado e custos da prestação*, inédito, 2012, p. 1000-1001, o conceito de "resultado definidor" da prestação contrapõe-se aos de "resultados exteriores" (o "fim da prestação") e "resultados subalternos". Nas obrigações de resultado, o resultado definidor da prestação é o resultado que o devedor se compromete a causar: «[c]omo o comportamento devido se define pela causação de um facto, *esse comportamento* ocorre apenas se o resultado ocorrer: só se causa o que acontece. Logo, um ato só será qualificado como cumprimento se o resultado vier *depois* a ocorrer». Nas obrigações de meios, o resultado definidor é aquele que o devedor se compromete a tentar causar, ou seja, «a praticar os actos que, numa apreciação *ex ante*, sejam adequados a causá-lo».
A delimitação do resultado definidor face aos resultados exteriores é elucidada pelo seguinte exemplo: «um veterinário contratado para tratar um animal, embora sabendo que o dono pensa levá-lo em breve a certo concurso, não vê a sua obrigação afectada por o concurso ser cancelado, mas só pela verificação de que a doença é incurável. A participação no concurso é um resultado exterior; a cura é o definidor». Por sua vez, subalternos são os resultados destinados a causar ou a contribuir para causar o definidor, os quais, nas obrigações de meios, são parte do cumprimento. Por exemplo, o ato do advogado de entrega de uma contestação para defesa do seu cliente numa ação judicial. Cfr. *ibidem*, p. 1008-1009.

718

A CONSTRUÇÃO UNITÁRIA DA OBRIGAÇÃO DE VIGILÂNCIA

adequação", o devedor não se obriga a causá-lo, mas a tentar causá-lo, ou seja: «a praticar os actos que, numa apreciação *ex ante*, sejam adequados a causá-lo»[2549].

Tanto umas como outras são assim definidas pelo resultado, residindo a diferença naquilo a que o devedor se obriga: nas obrigações de resultado obriga-se a causá-lo; nas de meios, a tentar adequadamente causá-lo[2550]. Para efeitos deste estudo relevam sobretudo os reflexos desta distinção ao nível da delimitação da conduta devida e, logo, do cumprimento: nas obrigações de resultado, definido o comportamento devido pela causação de um resultado, esse comportamento só ocorre se o resultado ocorrer[2551]; nas obrigações de meios, há cumprimento quando o resultado é adequadamente tentado[2552].

1844

[2549] *Ibidem*, p. 1000.

[2550] *Ibidem*.

[2551] De facto, atualmente domina o entendimento de que, neste tipo de obrigações, «o devedor deve não só o comportamento, mas também o resultado» ou, por outras palavras, «a prestação enquanto resultado *através* da [sua] acção de prestar». Cfr. *ibidem*, p. 1001-1002, MARIA DE LURDES PEREIRA – *Conceito de prestação e destino da contraprestação*, Coimbra: Almedina, 2001, p. 120-121, 191-209.

Segundo PEDRO MÚRIAS e MARIA DE LURDES PEREIRA – *Obrigações de meios...* p. 1001, sem prejuízo de a obrigação só poder referir-se a um comportamento, não existe uma contradição na afirmação de obrigações de resultado. Nestas, o que se deve é apenas um comportamento, mas *aquilo que define* esse comportamento como prestação devida e, logo, como cumprimento, é a causação de um resultado. Por outras palavras, só há cumprimento se o resultado se verificar. De acordo com esta conceção, o resultado integra a própria prestação, não sendo devido o resultado (distinto da ação). Prova disso, sustentam, são as situações em que o resultado contratual é obtido por outra forma que não o comportamento do devedor:

«Quando o resultado é obtido por outra forma, não é um comportamento do devedor que o causa. Não havendo um comportamento causador do resultado que define a prestação, não há qualquer cumprimento, ao contrário do que decorreria da fórmula de que "o devedor deve (não só um comportamento, mas também) um resultado". Estes são, portanto, casos de impossibilidade».

Na sua exposição, os autores aproximam a definição da obrigação de resultado do problema da análise semântica da linguagem especificamente causal, sustentando que o conceito jurídico de obrigação de resultado é comparável ao conceito linguístico de verbo causativo:

«Trata-se de verbos transitivos, muito comuns, que descrevem uma acção do sujeito – atribuindo-lhe, portanto, o «papel temático» de agente – em função de um resultado exterior a essa mesma acção e por ela causado. Pense-se em verbos como *aperfeiçoar, arrefecer, construir, curar, entorpecer, matar, produzir, recuperar, salvar, silenciar*.... Só se pode dizer que alguém aperfeiçoou, construiu, curou, etc., se algo ficar efectivamente aperfeiçoado, construído, curado, etc., por causa daquela acção. E o efeito não é parte da acção causadora».

Contudo, acrescentam que são também prestações de resultado aquelas cujo "efeito" não se distinga da própria acção. Assim, no exemplo dado, um ator de teatro contrai a obrigação de resultado de representar, não sendo este resultado autónomo da própria acção.

Esta posição afasta-se assim da conceção clássica de GOMES DA SILVA – *O dever de prestar...* p. 241-242 para quem as obrigações de resultado visam garantir o credor contra a insuficiência dos meios adotados para alcançar o fim da obrigação:

«a distinção passa a assentar exclusivamente sobre a intenção dos contraentes estabelecerem ou não uma garantia contra a falta do resultado, aspecto indiferente para caracterizar o regime legal

DA ADMINISTRAÇÃO À FISCALIZAÇÃO DAS SOCIEDADES

1845
IV. Delimitados os conceitos neste sentido, podemos acompanhar a afirmação corrente de que a obrigação de administração das sociedades consubstancia uma *obrigação de meios*, em termos facilmente transponíveis para a obrigação de vigilância[2553]. Tanto num caso como noutro o devedor está adstrito a uma conduta que, no quadro das suas competências, se traduz na tentativa de adequada causação de um resultado, subsumível ao interesse da sociedade.

1846
O administrador[2554] está adstrito à prática dos atos necessários à *promoção* do fim ou interesse social, tomando a *iniciativa* na condução da atividade social[2555]. O fiscalizador[2556] está adstrito à prática dos atos necessários à obtenção de informação sobre a administração da sociedade, à avaliação dos factos apurados e à reação adequada à promoção dos melhores interesses da sociedade.

1847
Nem um nem outro podem, obviamente, comprometer-se com o resultado, nem a lei o exige, porque este não depende apenas da sua conduta, mas de um sem número de variáveis. Um qualquer outro entendimento faria correr o risco empresarial por conta dos administradores e fiscalizadores da sociedade e não sobre os seus sócios que são, nos sugestivos termos da teoria económica, seus "credores residuais"[2557]. Estão apenas obrigados a tentar adequadamente alcançar determinados resultados.

1848
V. Este quadro geral não obsta ao reconhecimento de obrigações de resultado no quadro de competências normativamente delineado para determinados órgãos sociais. Com efeito, entre as inúmeras concretizações legais das obrigações de administração e de vigilância[2558], encontramos situações jurídicas que

---

da obrigação. Serve, no entanto, este critério para pôr em relevo que a "obrigação de resultado" é uma relação de crédito em que, além do dever de prestar, existe garantia do resultado, isto é, o dever de indemnizar pela falta objectiva do resultado; mostra-nos, numa palavra, que o obrigar-se alguém a um resultado não é assumir um dever de prestar particularmente intenso, mas assumir, ao lado do dever de efectuar a prestação, um dever especial de indemnizar – pormenor este, de grande importância, porque o defeito básico da noção de obrigação de resultado é precisamente, como melhor diremos em breve, o de confundir o dever de prestar com esse dever de garantia».
Esta posição de GOMES DA SILVA foi retomada recentemente por PINTO OLIVEIRA – *Princípios...* p. 41-42. Como referimos na nota 2538 *supra*.

[2552] PEDRO MÚRIAS e MARIA DE LURDES PEREIRA – *Obrigações de meios...* p. 1001.

[2553] No mesmo sentido, *e.g.*, ENGRÁCIA ANTUNES – *A fiscalização...* p. 173-174, CARNEIRO DA FRADA – *A business judgment rule...* p. 80-81.

[2554] Individualmente ou em modo coletivo, consoante o caso.

[2555] Cfr. § 13 *supra*. Recorde-se que as circunstâncias do caso podem ditar uma circunscrição de obrigações da administração e uma obrigação de vigilância.

[2556] Individualmente ou em modo coletivo, consoante o caso.

[2557] Cfr. § 3.2 *supra*.

[2558] Face às concretizações legais e estatutárias da obrigação de vigilância, devem distinguir-se os comportamentos reconduzíveis à(s) prestação(ões) principal(is), daqueloutros que constituem

A CONSTRUÇÃO UNITÁRIA DA OBRIGAÇÃO DE VIGILÂNCIA

adstringem o devedor à *causação* de resultados específicos e não tão somente à *adequada tentativa da sua causação*.

Assim, por exemplo, a norma resultante da al. *h)* do art. 420.º/1, segundo a qual «[c]ompete ao conselho fiscal convocar a assembleia geral, quando o presidente da mesa o não faça, devendo fazê-lo», ou aqueloutra prevista na al. *j)* do mesmo número, de acordo com a qual «[c]ompete ao conselho fiscal receber as comunicações de irregularidades apresentadas por accionistas, colaboradores da sociedade ou outros». Nestes casos, o legislador impôs expressamente a *causação* de um resultado; a adequada tentativa de causação desse mesmo resultado não traduz o cumprimento do vínculo subjacente.

A obrigação de vigilância do revisor oficial de contas merece particular destaque, na medida em que facilmente se cai no erro de a restringir ao dever de certificação legal de contas e de a qualificar simplesmente como uma obrigação de resultado. O dever de certificação legal das contas [prescrito, no modelo tradicional, pelos arts. 451.º/3, *c)* CSC e 44.º/3 EOROC] não esgota o complexo de situações jurídicas imputadas ao revisor oficial de contas e que podem ser reconduzidas à sua obrigação de vigilância para com a sociedade. Como vimos, ao revisor cabe não apenas uma função de controlo externa, traduzida na sinalização da sociedade ao mercado, através da certificação das contas anuais, mas também uma função de controlo interna, de colaboração com os órgãos de administração e de fiscalização (e, eventualmente, com a assembleia geral), assegurando um fluxo de informação neutral sobre as irregularidades detetadas na administração da sociedade[2559].

VI. Sem prejuízo das concretizações legais, também a determinação da obrigação de vigilância (*a priori* indeterminada) no caso concreto, face ao padrão de diligência normativa[2560], permite o reconhecimento de situações jurídicas analíticas e de normas de conduta no caso[2561], face às quais se identificam "resultados

---

prestações secundárias ou acessórias. Face a estas, devem ainda distinguir-se as prestações objeto de outras situações jurídicas que, estando necessariamente ligadas aos respetivos conceitos-síntese (a obrigação de administração ou a obrigação de vigilância, consoante o caso), no contexto do *status* aplicável, não são reconduzíveis aos mesmos. Em todo o caso, importa recordar que o elenco de deveres legais concretizadores da obrigação de administração e da obrigação de vigilância não é, nem poderia ser fechado. Neste sentido, cfr., *v.g.*, JORGE COUTINHO DE ABREU – "Deveres de cuidado e de lealdade dos administradores e interesse social", in JORGE COUTINHO DE ABREU, et al. (eds.) – *Reformas do Código das Sociedades*, Coimbra: Almedina, 2007, p. 17.

[2559] Cfr. § 34, § 53 e § 58 *supra*.

[2560] Cfr. § 62.3 *infra*.

[2561] Estas últimas podem admitir uma ou mais alternativas de ação, deixando uma maior ou menor margem de discricionariedade (*Ermessensraum*) ao órgão em causa. Sobre este tema, cfr. § 63 *infra*.

DA ADMINISTRAÇÃO À FISCALIZAÇÃO DAS SOCIEDADES

subalternos" ao "resultado definidor". Estes resultados, sendo subalternos, não valem por si, mas tão-só na medida em que se adequem ao definidor[2562], o que não deixa de ter consequências dogmáticas[2563].

62.3. A obrigação de vigilância como obrigação indeterminada e a sua determinação no caso concreto, em função do padrão de diligência normativa

1852   I. Como vimos, as obrigações de vigilância dos vários órgãos nos diferentes modelos de governo da sociedade anónima são parcialmente indeterminadas[2564]. Sem prejuízo das concretizações legais, em geral, não é possível conhecer *ab initio* a conduta devida pelos devedores. Esta é determinável apenas perante as específicas circunstâncias do caso concreto[2565], tanto *ex ante* como *ex post*, de acordo com padrão de diligência aplicável[2566], assim delimitando os comportamentos necessários ao cumprimento[2567].

1853   *Ex ante*, não estando integralmente definido pela norma aplicável, cabe ao devedor descobrir qual o comportamento devido em função do fim a atingir (o

---

[2562] Estes resultados não são relevantes para as obrigações de resultados porque consumidos pelo resultado definidor, mas são relevantes para as obrigações de meios, na medida em que a sua consecução constitui parte do cumprimento destas. Estes resultados, porém, não consumem os atos preparatórios. Por exemplo, a entrega de uma contestação por um advogado constitui um ato de cumprimento, mas, no contexto do cumprimento da sua obrigação de meios, tem igual estatuto face aos atos preparatórios de leitura da petição inicial, de estudo do direito relevante e de redação da contestação. Como explicam PEDRO MÚRIAS e MARIA DE LURDES PEREIRA, «[s]e, por qualquer causa, o processo se extinguir momentos antes da entrega da contestação, o advogado não deixa de ter cumprido a sua obrigação, embora afinal menos extensa do que planeado, com direito à remuneração que se apure». Por isso, concluem estes autores, a identificação de tais resultados no seio das obrigações de meios não implica o reconhecimento de obrigações de resultados no interior das de meios. Acrescentam ainda os autores que «os resultados subalternos não valem por si, mas apenas na medida em que se adequem ao definidor, com vários reflexos. A impossibilidade de um resultado subalterno, mantendo-se possível o definidor, não tem nenhum efeito na obrigação. Permanece a mesma, sendo sempre actos devidos e actos de cumprimento aqueles que, em cada momento, sejam adequados ao resultado definidor». Do ponto de vista metodológico, o resultado definidor é estabelecido na fonte da obrigação, enquanto os resultados subalternos se determinam, ao longo do tempo, em juízos de adequação ao definidor. PEDRO MÚRIAS e MARIA DE LURDES PEREIRA – *Obrigações de meios...* p. 1009.

[2563] Cfr. nota 2672 e § 62.6, parág. V *infra*.

[2564] A obrigação diz-se indeterminada quando a lei ou o negócio jurídico não delimitam integralmente o seu objeto, não permitindo às partes conhecer *ab initio* o seu percurso na execução da obrigação Cfr., por todos, MENEZES CORDEIRO – *Tratado*, 6²... p. 558, MENEZES LEITÃO – *Direito das obrigações*, 1¹⁰... p. 127-128.

[2565] BONELLI – *La responsabilità...* p. 50, em especial nota 79.

[2566] Este tem a função de circunscrever o âmbito da prestação objetivamente devida, contribuindo para individuar o seu conteúdo. Cfr. CAVALLI – *I sindaci...* p. 161, com indicações bibliográficas sobre o tratamento do tema pela doutrina juscivilista italiana.

[2567] PESSOA JORGE – *Ensaio...* p. 72.

A CONSTRUÇÃO UNITÁRIA DA OBRIGAÇÃO DE VIGILÂNCIA

resultado definidor, nos termos já referidos) e das circunstâncias do caso concreto[2568]. Parafraseando PESSOA JORGE, «o sujeito tem de *integrar* o imperativo da norma; esta, seja genérica ou individual, *confia* ao próprio destinatário a determinação dos actos que hão-de constituir a conduta devida»[2569]. O critério da esco-

---

[2568] *Ibidem*, p. 73, 77, 80-88.

Quanto às "circunstâncias do caso concreto" face às quais deve ser determinado o comportamento devido, ensina PESSOA JORGE, no contexto jus-civilista, dever atender-se ao próprio contrato de onde decorre a obrigação [*e.g.*: tanto do contrato de comodato, como de depósito gratuito, decorre um dever de conservar a coisa, mas o conteúdo desse dever é diferente num contrato e noutro: «representando o contrato de comodato um favor feito pelo credor ao devedor e o depósito gratuito um favor do devedor ao credor, é justo que o grau de diligência exigido ao comodatário seja superior ao exigido ao depositário (cfr., por exemplo, o artigo 1136.º, 1, do Cód. Civ., que parece não dever aplicar-se ao depósito, *maxime* ao depósito gratuito»)], à própria prestação, sua natureza e valor (*e.g.*: é diferente guardar um diamante do que um livro de pequeno valor; transportar um serviço de cristal é diferente de transportar cimento), às qualidades do agente (*e.g.*: os atos de primeiros socorros de um leigo em medicina não se confundem com os atos de um médico), e às concretas utilidades em causa (uma peça destinada à fábrica que, sem ela, irá parar, exige uma entrega mais diligente do que uma peça sobressalente). Cfr. *ibidem*, p. 81-82. No mesmo sentido, MENEZES CORDEIRO – *Tratado*, 6²... p. 484.

Este quadro é igualmente aplicável no contexto jus-societário, para determinação do conteúdo tanto da obrigação de administração, como da obrigação de vigilância. Sublinhe-se apenas que as circunstâncias subjacentes à fiscalização societária são altamente variáveis, não só em função da dimensão da sociedade em causa, mas sobretudo do tipo de atividade desenvolvida pela mesma. Cada sociedade, em cada momento histórico, tem as suas particularidades e riscos específicos, exigindo particular atenção na determinação da conduta devida pelos órgãos sociais.

[2569] PESSOA JORGE – *Ensaio*... p. 77. Não só os deveres indeterminados, mas também os ditos determinados são completados ou integrados pelo dever de diligência. Cfr. GOMES DA SILVA – *O dever de prestar*... p. 238. Estando a prestação definida, pode ainda assim o dever de diligência impor outros atos instrumentais ou acessórios. PESSOA JORGE – *Ensaio*... p. 78.

PESSOA JORGE foi acompanhado, no domínio jus-societário, desde logo por RAUL VENTURA e BRITO CORREIA: caberia ao administrador a escolha dos actos necessários à prossecução do fim imposto, atendendo às circunstâncias do caso e recorrendo às noções de diligência e de interesse social (noções que os autores delimitam brevemente). Cfr. RAUL VENTURA e BRITO CORREIA – *Responsabilidade civil*... p. 94-112. A violação dos deveres decorrentes de uma tal concretização constituiriam o administrador civilmente responsável pelos danos causados. Cfr. *ibidem*, p. 133. Segundo estes autores,

> «a actividade de uma sociedade envolve sempre, em certa medida, um risco económico, que é com frequência inerente à eficácia e ao progresso da empresa societária. Os deveres do administrador têm sempre de ser entendidos por isso de modo que não o impeçam de correr os riscos normais da empresa, inerentes à sua função».

O risco referido pelo autores insere-se na margem de discricionariedade dos administradores. A exposição de RAUL VENTURA e BRITO CORREIA foi depois seguida, ainda antes do Código das Sociedades Comerciais (mas face ao regime do Decreto-Lei n.º 49.381) por LOBO XAVIER – *Anulação*... p. 341-342 (em especial nota 90), e desenvolvida já na vigência deste código, *v.g.*, por ILÍDIO DUARTE RODRIGUES – *A administração*... p. 172-180, 208-218, para quem o dever de administrar corresponde a

> «uma obrigação de conteúdo indefinido, não especificado, o qual deveria ser sucessivamente determinado, atentas as circunstâncias do caso, segundo os critérios do administrador, em função de duas noções: a de diligência e a de interesse da sociedade (artigo 64.º do CSC)».

DA ADMINISTRAÇÃO À FISCALIZAÇÃO DAS SOCIEDADES

lha e execução desses atos, nos termos desejados pela ordem jurídica para satisfação do interesse do credor, é a "diligência normativa" ("diligência devida" ou "dever de diligência"), ou seja, aquela que PESSOA JORGE define como o grau de esforço requerido pelo Direito para a execução de uma conduta devida ou pres-

Em idêntico sentido, ELISABETE GOMES RAMOS – *Responsabilidade civil...* p. 65-99, em especial, p. 76, 87-90, para quem o dever de atuar com a diligência de um gestor criterioso e ordenado constitui não só padrão de concretização da conduta devida pelo administrador, mas também

«parâmetro de aferição do cumprimento dos seus deveres singulares, podendo determinar condutas não directamente especificadas na lei ou no contrato de sociedade».

Ainda na linha iniciada por RAUL VENTURA e BRITO CORREIA, antes da reforma do Código das Sociedades Comerciais de 2006, JOSÉ MARQUES ESTACA – *O interesse da sociedade nas deliberações sociais*, Coimbra: Almedina, 2003, p. 37. Depois da reforma, *v.g.*, ORLANDO VOGLER GUINÉ – *Da conduta (defensiva) da administração "opada"*, Coimbra: Almedina, 2009, p. 61-63, RICARDO COSTA e GABRIELA FIGUEIREDO DIAS, in JORGE COUTINHO DE ABREU (ed.) – *Código das Sociedades Comerciais em comentário*, I, Coimbra: Almedina, 2010, art. 64.º, p. 733-734, PEDRO CAETANO NUNES – *Dever de gestão...* p. 473-474, 479-485.

Na jurisprudência, merece inigualável destaque a sentença proferida pela 3.ª Vara Cível de Lisboa de 27-out.-2010 (PEDRO CAETANO NUNES), reproduzida em PEDRO CAETANO NUNES – *Corporate governance...* p. 9-44 (e também em *CJ – STJ*, II:3, 2003, p. 17-27), concluindo que, concretizando o dever de gestão, se deve considerar neles estarem incluídos «o dever de obtenção de informação no *iter* decisional e o dever de não tomar decisões irracionais», mas não o dever de tomar decisões adequadas», conceção que «constitui uma limitação de sindicabilidade do mérito das decisões empresariais (com correspondência na *business judgment rule*)». Cfr. PEDRO CAETANO NUNES – *Corporate Governance...*, p. 40.

Diversamente da linha sustentada por RAUL VENTURA e BRITO CORREIA, MENEZES CORDEIRO defendeu, ainda face à sua anterior redação, que «o art. 64.º, pela sua incompletude estrutural, nunca poderia, só por si, fundamentar a responsabilidade dos administradores, por erro de gestão», acrescentando que «os tribunais não estão apetrechados para proceder à apreciação do mérito da gestão». O limite seria o erro grosseiro que, na construção de MENEZES CORDEIRO, decorreria de uma norma construída a partir do princípio da boa-fé. MENEZES CORDEIRO – *Da responsabilidade civil...* p. 523. Na construção do Professor, a bitola de diligência fixada pelo art. 64.º seria uma regra de conduta incompleta que apenas em conjunto com outras normas teria um conteúdo útil preciso. Era assim negada a possibilidade de concretização do dever de gestão diligente sem referência a outras normas. MENEZES CORDEIRO manteve esta sua posição após a reforma do Código das Sociedades Comerciais de 2006, explicando que «ninguém actua diligentemente, *tout court*: há que saber de que conduta se trata para, então, fixar o grau de esforço exigido na actuação em jogo». Cfr. MENEZES CORDEIRO – *Direito das sociedades*, I³... p. 987-988, MENEZES CORDEIRO – *Os deveres fundamentais...* p. 453-454. Em suma, a responsabilização dos administradores sempre exigiria a infração de normas específicas atinentes à administração, legais ou contratuais. Mais recentemente, o insigne Professor viria ainda a acrescentar que, a partir dos conceitos de "disponibilidade", "competência técnica" e "conhecimento da atividade da sociedade", referidas no al. *a)* do n.º 1 do art. 64.º, não é possível retirar as condutas concretas a que está adstrito o administrador, pelo que restariam dois caminhos:

«– ou imaginar que os elencados deveres, genericamente ditos "de cuidado", sofrem um processo de autoconcretização; – ou entender que esses "deveres" só se concretizam em conjugação com outras normas. Imaginar um "dever de cuidado" como uma cláusula geral de conduta, a concretizar perante cada problema, equivale a uma inglória duplicação. Para tanto, temos já as cláusulas civis – da boa-fé e dos bons costumes; além disso, dispomos ainda da cláusula de lealdade – 64.º/1, *b)* –, especificamente societária».

A CONSTRUÇÃO UNITÁRIA DA OBRIGAÇÃO DE VIGILÂNCIA

tação[2570]. Esta é indefinível em abstrato, dependendo das circunstâncias do caso concreto e do fim (resultado definidor) da obrigação. Perante a bitola de diligência aplicável, deverá então o sujeito questionar-se sobre os atos necessários e adequados à consecução do fim visado (resultado definidor) no caso concreto[2571].

Na sequência desta exposição, reafirma MENEZES CORDEIRO considerar mais útil o tratamento dos "deveres de cuidado" como normas parcelares ou incompletas, exigindo-se uma norma de conduta de onde emerja um qualquer dever a cargo dos administradores. MENEZES CORDEIRO – *Direito das sociedades*, I[3]... p. 987-988.

Com a devida vénia, não podemos acompanhar o autor nesta construção, por considerarmos que essa norma de conduta pode resultar da concretização da obrigação de vigilância (ou da obrigação de administração, consoante o caso) face ao padrão de diligência normativa, na sequência aliás dos seus ensinamentos no campo obrigacional (MENEZES CORDEIRO – *Tratado*, 6[2]... p. 477-488), ou mesmo jus-societário, onde desenvolve a construção de PESSOA JORGE sobre a determinação e execução da conduta que integra o cumprimento do dever, de acordo com a bitola da diligência normativa (MENEZES CORDEIRO – *Direito das sociedades*, I[3]... p. 860-861).

[2570] PESSOA JORGE – *Ensaio...* p. 76-77. Em sentido idêntico, mas sem considerar a distinção proposta por PESSOA JORGE entre "diligência psicológica", "diligência normativa" e "diligência objetiva", JANUÁRIO DA COSTA GOMES – *Contrato de mandato*, reimp., Lisboa: AAFDL, 2007, p. 70-71 explica que

«a diligência constitui, de facto, um critério de determinação do conteúdo da prestação, indicativo da medida de atenção, de preocupação e do espaço psicológico que o devedor deve adoptar para actuar a prestação».

No mesmo sentido, ENGRÁCIA ANTUNES – *A fiscalização...* p. 175, para quem a diligência representa o *medium* jurídico-normativo através do qual se circunscreve o âmbito da própria prestação devida pelo sujeito no exercício da sua missão ou competência fiscalizadora concreta, e assim, indiretamente, o âmbito da sua responsabilidade pelos atos ou omissões praticados nesse mesmo exercício.

Estamos, portanto, no campo da ilicitude, da delimitação do *dever ser*, e não do juízo de censurabilidade inerente à determinação da culpa. Aparentemente em sentido contrário, cfr., *v.g.*, MENGONI – *Obbligazioni "di risultato"...* p. 192-194, para quem a diligência é uma qualidade subjetiva de uma atividade, significando cuidado, solicitude, esforço, estudo, atenção ao fim. A sua função técnica vai dirigida não tanto ao cumprimento, mas há manutenção da possibilidade de cumprir. É «um pressuposto do exato cumprimento. Jamais o objeto de uma obrigação de comportamento se reduz nos termos de um mero dever de esforço para conseguir fazer bem». O autor reconhece, porém, o desenvolvimento de um significado ulterior do vocábulo diligência, mais amplo do que o original, incluindo «a atividade conforme às regras da arte desenvolvida pelo devedor e assim suscetível de avaliação como habilidade técnica». Neste sentido, a diligência abrange ainda a determinação concreta do conteúdo da obrigação, de forma a que «o dever de diligência vem a coincidir com o dever de cumprimento». *Ibidem*, p. 194-195, 198.

[2571] PESSOA JORGE – *Ensaio...* p. 73-102, em especial, p. 80. No mesmo sentido, MENEZES CORDEIRO – *Tratado*, 6[2]... p. 483 ss. Este último, realçando a estreita ligação da diligência à boa-fé, mas defendendo a manutenção da sua distinção, afirmava que as duas noções são destinadas, muitas vezes, a agir lado a lado: a boa-fé no contexto negocial «é chamada a precisar e complementar a fonte negocial respectiva, actuando, depois, no conteúdo, seja para precisar a prestação, seja para lhe acrescentar deveres acessórios». À diligência, se bem percebemos esta exposição do Professor, não caberia um tal papel concretizador, mas antes «a determinação do esforço exigido aos intervenientes». MENEZES CORDEIRO – *Da boa fé...* p. 1230. Não obstante, atualmente, a posição deste autor é claramente consentânea com a de PESSOA JORGE: cfr. MENEZES CORDEIRO – *Tratado*, 6[2]... p. 477-488.

DA ADMINISTRAÇÃO À FISCALIZAÇÃO DAS SOCIEDADES

1854   *Ex post*, a concretização operada pelo devedor pode ser sindicada face aos critérios referidos, seja por outros órgãos sociais com competência para o efeito, seja pelo tribunal[2572] (nomeadamente, em ação de responsabilidade civil ou em ação relativa à destituição de titulares de órgãos sociais). Seguindo LARENZ, cabe ao julgador formular juízos de valor dirigidos à concretização de uma pauta "carecida de preenchimento", de forma a coordenar a situação facto com a previsão normativa[2573], atendendo não só ao fim pretendido, mas também ao poder do agente e demais circunstâncias do caso.

1855   Em última análise, «é a própria jurisprudência dos tribunais quem decide quais as exigências que hão-de colocar-se em cada caso»[2574]. A intervenção judicial permite a progressiva densificação e concretização do complexo de situações jurídicas imputadas a cada órgão, no contexto de um sistema aberto, cuja sistematização e compreensão reclama a formulação de parâmetros gerais e grupos de casos pela doutrina, como apontámos antes[2575]. Estes permitem de alguma forma balizar a variável intensidade da obrigação de vigilância.

1856   Este movimento de densificação e concretização é potenciado, aliás, pela dimensão constitutiva da própria realidade empresarial[2576], que se reflete no desenvolvimento contínuo das *leges artis*, compiladas ou não em códigos de bom governo das sociedades[2577] e noutros instrumentos. O sistema pode reclamar

---

[2572] Cfr. PESSOA JORGE – *Ensaio...* p. 80.

[2573] LARENZ – *Metodologia...* p. 406.

[2574] *Ibidem*, p. 408.

[2575] Cfr. § 20.2, a propósito do conselho de administração, e § 27, quanto ao conselho fiscal, para os quais remetemos na análise das obrigações de vigilância dos órgãos de administração e de fiscalização nos modelos germânico e anglo-saxónico.

[2576] Recordando novamente os ensinamentos de FERNANDO JOSÉ BRONZE – *Lições*[2]... p. 662-664, 669, a realidade jurídica – ou seja, a realidade *ab origine* marcada pela normatividade jurídica – não pode ser tida como mero campo de aplicação desta; deve ser perfilada como uma sua "inelimínável dimensão constitutiva". É neste contexto que o autor chama a atenção para a importância da realidade económica na modelação do direito privado (ou, nas palavras de FIKENTSCHER, a "recíproca 'condicionalidade'" do direito e da economia), bem como para a "função normativa" de muitas informações de carácter técnico-científico (parte da "realidade cultural"). Como explica DOLDER – *Zur Normativität...* p. 149, tais informações técnicas desempenham uma "função cognitiva", mas desempenham ainda, como consequência inevitável desta, uma "função normativa", na medida em que permitem controlar o comportamento dos sujeitos activos tecnicamente, bem como as propriedades do sistema técnico: interagem com as normas jurídicas, seja porque são transformadas em componentes destas, seja porque são chamadas a concretizá-las e densificá-las. Vale aqui portanto a conclusão de FERNANDO JOSÉ BRONZE – *Lições*[2]... p. 672 de que «o *corpus iuris* constitui uma ... deveniente teia articulada de reenvios, entretecida pelos diferentes elementos que o compõem».

[2577] É discutível o reconhecimento, entre as funções dos códigos de bom governo das sociedades, de um função auxiliar na interpretação de normas jurídicas e consequente densificação dos deveres dos membros dos órgãos sociais. Em sentido afirmativo, entre nós, PAULO CÂMARA – Códigos de governo das sociedades, *Cadernos do Mercado de Valores Mobiliários*, 15, 2002, p. 79, destaca a função dos códigos

A CONSTRUÇÃO UNITÁRIA DA OBRIGAÇÃO DE VIGILÂNCIA

como elemento de interpretação de leis, densificando conceitos indeterminados ou normas legais, designadamente sobre a conduta dos atores societários. No mesmo sentido MENEZES CORDEIRO – *CSC anotado*[2]..., art. 64.º, n.ºs 21, 32.

Metodologicamente, esta função dos códigos de bom governo cruza-se com aqueloutra de integração de lacunas, aceite por alguma doutrina alemã (admitindo, no Direito tudesco, a possibilidade de as normas dos códigos de bom governo serem usadas na integração de lacunas, cfr., *v.g.*, LUTTER – *Vergleichende Corporate Governance...* p. 227). PAULO CÂMARA – *Códigos de governo...* p. 78-80, considera não ser tecnicamente admissível a transposição analógica a partir de normas não jurídicas. No entanto, numa perspetiva que acompanhamos, admite que estas *podem* representar a norma que o intérprete criaria se houvesse que legislar dentro do espírito do sistema, para efeitos do art. 10.º/3 CC. O autor reconhece ainda outras funções aos códigos de bom governo, como sejam o reforço informativo em áreas não cobertas por deveres de informação de fonte legal ou regulamentar; a divulgação de boas práticas e de, aproveitando a pressão social e do mercado, fazer germinar condutas "ótimas" ligadas ao governo das sociedades; a disseminação de uma cultura de mercado; o teste de possíveis futuras normas injuntivas e, finalmente, a de constituir fonte de usos se, dotados de razoável penetração social, gerarem uma aplicação persistente e contínua.

Sem prejuízo de vozes divergentes, como a de LUTTER já referida, a doutrina alemã tende a considerar que dos códigos de governo das sociedades, como o *Deutscher Corporate Governance – Kodex* (DCGK), não são deduzíveis quaisquer concretizações juridicamente vinculativas do dever de diligência, por não constituírem normas jurídicas. Cfr. GEORG WIESNER e ERNST-THOMAS KRAFT – "Organpflichten des Vorstands", in MICHAEL HOFFMANN-BECKING (ed.) – *Münchener Handbuch des Gesellschaftsrechts*, 4, München: Beck, 2007, p. 302.

Nos Estados Unidos, o *Court of Chancery* do Estado do Delaware, no caso *Lewis v. Vogelstein*, de 1997 (699 A.2d 327), no qual foi avaliada a existência de deveres de informação aos acionistas sobre planos de opções sobre ações concedidas aos administradores da sociedade *Mattel, Inc.* afirmou:

> «... *it may be the case that good public policy recommends the disclosure to shareholders of estimates of present value (determined by one technique or another) of options that may be granted as compensation to senior officers and directors, when feasible techniques produce reliable estimates. But while it is unquestionably the case that corporation law plays an important part in the development of public policy in the area of directors' legal relations to corporations and shareholders, including disclosure law,* it does not follow that the fiduciary duty of corporate directors is the appropriate instrument to determine and implement sound public policy with respect to this technical issue» (itálico nosso).

No mesmo sentido se pronunciou o *Supreme Court of Delaware*, no caso *Brehm v. Eisner*, de 2000 (746 A.2d 244, 255-256) (conhecido como *"Disney II"*), no qual avaliou a conduta do conselho de administração da *The Walt Disney Company* na concessão de um pacote de compensações ao seu novo presidente, em caso de cessação dos efeitos do seu contrato, afirmando:

> «*This is a case about whether there should be personal liability of the directors of a Delaware corporation to the corporation for lack of due care in the decisionmaking process and for waste of corporate assets. This case is not about the failure of the directors to establish and carry out ideal corporate governance practices.*
>
> *All good corporate governance practices include compliance with statutory law and case law establishing fiduciary duties. But the law of corporate fiduciary duties and remedies for violation of those duties are distinct from the aspirational goals of ideal corporate governance practices. Aspirational ideals of good corporate governance practices for boards of directors that go beyond the minimal legal requirements of the corporation law are highly desirable, often tend to benefit stockholders, sometimes reduce litigation and can usually help directors avoid liability*. But they are not required by the corporation law and do not define standards of liability» (itálico nosso).

DA ADMINISTRAÇÃO À FISCALIZAÇÃO DAS SOCIEDADES

Ainda no contexto do mesmo litígio, mas na decisão do caso *In re Walt Disney Co. Derivative Litigation*, de 2003 (907 A.2d 693, 697) (conhecido como*"Disney IV"*) o *Court of Chancery* afirmou, em termos que merecem referência:

> «*This Court strongly encourages directors and officers to employ best practices, as those practices are understood at the time a corporate decision is taken. But Delaware law does not – indeed, the common law cannot – hold fiduciaries liable for a failure to comply with the aspirational ideal of best practices, any more than a common-law court deciding a medical malpractice dispute can impose a standard of liability based on ideal-rather than competent or standard-medical treatment practices, lest the average medical practitioner be found inevitably derelict*».

No Reino Unido, explica DAVIES e WORTHINGTON – *Principles*[9]..., p. 521-522, que, apesar de os códigos de governo das sociedades (no caso o autor refere-se ao Relatório Turnbull e ao *Combined Code*) não constituírem instrumentos legislativos, é provável que, nalguns casos, a apreciação do dever de diligência pelos tribunais seja influenciada pelas suas disposições. Acrescenta o autor que essa influência é já patente em ações de *disqualification of directors on grounds of unfitness*. Cfr., *v.g., Re Barings Plc (No. 5)*, [2000] 1 B.C.L.C. 523, CA.

Quanto a nós, parece-nos que as recomendações constantes de códigos de bom governo das sociedades não têm todas o mesmo peso: algumas correspondem a desenvolvimentos mais recentes, mas outras traduzem perspetivas da *leges artis* perfeitamente sedimentadas, traduzindo usos comerciais.

Quanto a estas, não podemos acompanhar sem mais RAUL VENTURA e BRITO CORREIA – *Responsabilidade civil...* p. 68 quando afirma que «não pode rejeitar-se *in limine* a possibilidade de constituição de obrigações, com base em regras costumeiras, *v.g.* nos "usos do comércio" (C.Com., artigo 238.º)», na medida em que não nos parece adequada a equiparação dos administradores ou fiscalizadores aos mandatários comerciais referidos no art. 238.º C.Com. Tais recomendações, porém, não deixam de ser relevantes como pontos de apoio na concretização da prestação devida, no contexto de um sistema aberto.

Nas claras e sintéticas palavras de BAPTISTA MACHADO – *Introdução...* p. 119-120, enquanto nos domínios jurídicos fechados, ao intérprete-aplicador cabe enquadrar ou integrar no sistema o caso a decidir, nos domínios abertos o julgador utiliza as aberturas ou "lacunas" do sistema para configurar juridicamente o caso «como que *fora do sistema*, atendendo às particularidades daquele, fazendo assim evoluir o Direito. A sua decisão é sempre fundada nos critérios indicados na lei, mas a concreta definição da fisionomia relevante do caso exige uma reconstrução que tenha em conta os dados da realidade de facto».

Efetivamente, parafraseando CASTANHEIRA NEVES, «o direito legalmente positivado fica sempre aquém do domínio histórico-socialmente problemático (na extensão e na índole dos problemas) a que se terá de responder jurídico-normativamente», pelo que «o sistema jurídico só pode ser normativo-funcionalmente adequado a essa sua problemática social afirmando-se como um *sistema aberto*, que nenhuma legalidade pode fechar». Cfr. ANTÓNIO CASTANHEIRA NEVES – "Entre o «legislador», a «sociedade» e o «juiz» ou entre «sistema», «função» e «problema» – Os modelos actualmente alternativos da realização jurisdicional do Direito", in *Digesta: Escritos acerca do Direito, do pensamento jurídico, da sua metodologia e outros*, 3, Coimbra: Coimbra Editora, 2008, p. 167.

Defendendo a concretização dos deveres dos administradores pelas *leges artis*, cfr., *v.g.* CARNEIRO DA FRADA – *Direito civil...* p. 122, GABRIELA FIGUEIREDO DIAS – *Fiscalização de sociedades...* p. 44, JORGE COUTINHO DE ABREU – *Responsabilidade civil*[2]..., p. 22, ANTÓNIO FERNANDES DE OLIVEIRA – "A responsabilidade civil dos administradores", in *Código das Sociedades Comerciais e Governo das Sociedades*, Coimbra: Almedina, 2008, p. 107, PEDRO CAETANO NUNES – *Dever de gestão...* p. 473, 532. Em sentido contrário, negando a existência de *leges artis* de gestão de empresas, ELISABETE GOMES RAMOS – *O seguro de responsabilidade civil dos administradores: Entre a exposição ao risco e a delimitação da cobertura*, Coimbra: Almedina, 2010, p. 105. Noutros domínios, *v.g.*: admitindo a concretização da prestação devida pelo empreiteiro de acordo com

A CONSTRUÇÃO UNITÁRIA DA OBRIGAÇÃO DE VIGILÂNCIA

aqui específicas valorações económicas, devendo o intérprete-aplicador socorrer-se das coordenadas dadas pela teoria económica[2578].

No caso dos revisores oficiais de contas, valem em particular as normas e recomendações técnicas que regulam a respetiva atividade[2579].

1857

Esta densificação progressiva permite, por um lado, a "descoberta" de princípios[2580] e, por outro, a elaboração de tipos intermédios entre a bitola legal e as concretas circunstâncias do caso[2581], promovendo a conformação *ex ante* da conduta dos sujeitos e conferindo modelos de decisão ao intérprete-aplicador. Estes serão modelos de decisão móveis[2582] que, nessa medida, sempre exigirão a ordenação de vários fatores em função das concretas circunstâncias do caso.

1858

---

as *leges artis*, cfr. PEDRO ROMANO MARTINEZ – *Cumprimento defeituoso: em especial, na compra e venda e na empreitada*, Coimbra: Almedina, 2001, p. 181; analisando a jurisprudência que admite a concretização da diligência devida pelo trabalhador por referência a normas técnicas que deve conhecer e aplicar, cfr. PEDRO MADEIRA DE BRITO – "Justa causa de despedimento com fundamento na violação dos deveres de assiduidade, zelo e diligência", in *Estudos do Instituto de Direito do Trabalho*, 2 – Justa causa de despedimento, Coimbra: Almedina, 2001, p. 130-133.

[2578] Cfr. § 2, parág. VIII *supra*.

[2579] ENGRÁCIA ANTUNES – *A fiscalização...* p. 176.

[2580] LARENZ – *Metodologia...* p. 674.

[2581] No mesmo sentido, cfr. CARNEIRO DA FRADA – *Direito civil...* p. 119-120 que, ainda face à redação anterior do art. 64.º, defendia «a desenvolução paulatina de um conteúdo actual e operativo [da respectiva] regra, segundo situações-tipo», como caminho apropriado para responder às exigências de uma correta governação empresarial. Cfr. também NUNO TRIGO REIS – *Os deveres de lealdade...* p. 333-334. Diferentemente, GOMES DA SILVA afirma-se contra a construção de tipos intermédios, na medida em que a formulação dos mesmos sirva para fundamentar objetivamente a responsabilidade civil. Com efeito, o autor critica a fundamentação da responsabilidade civil «no carácter anormal dos actos que originam os danos» – sem apreciação da culpa do sujeito face às circunstâncias do caso concreto –, ou seja, na simples circunstância de os atos danosos não corresponderem à diligência do homem médio, por entender ser impossível dizer-se o que seja o comportamento normal ou o modo de proceder do homem médio: «[a] forma correcta de agir depende de variadíssimas circunstâncias, e é, por isso, fundamentalmente atípica». Para além disso, acrescenta que, para determinar o que seja o comportamento normal, é necessário conceber o agente em circunstâncias fixas, criando tipos e abstraindo de todas as outras circunstâncias dos casos concretos. Qual seria então o critério de seleção das condições a atender? Segundo o autor, os critérios ensaiados são artificiosos e desprovidos de base científica: «cai-se necessàriamente no arbítrio». É neste contexto que GOMES DA SILVA expõe e critica a posição de SCHREIER que sustenta ser impossível construir um só homem-tipo, sugerindo a construção de uma infinidade de tipos, nos quais se atenderia a um grande número de condições (tipo de médico urbano, médico rural, médico velho, médico especialista, etc., considerando normais certos atos em função do tipo em causa). Segundo GOMES DA SILVA, este era um exemplo vivo do arbítrio e da fantasia a que podia levar aquela doutrina. Cfr. GOMES DA SILVA – *O dever de prestar...* p. 135-139.

[2582] Sobre os modelos de decisão, cfr., *v.g.*, MENEZES CORDEIRO – *Tendências actuais...* e *Ciência do Direito...* p. 764 ss., CARNEIRO DA FRADA – *Teoria da confiança...* p. 88-90 (nota 71).

DA ADMINISTRAÇÃO À FISCALIZAÇÃO DAS SOCIEDADES

1859   II. No domínio societário, o art. 64.º distingue, *aparentemente*, duas bitolas de diligência: no caso dos gerentes e administradores remete para o critério do "gestor criterioso e ordenado"[2583]; no caso dos órgãos sociais com funções de fiscalização[2584] exige o emprego de "elevados padrões de diligência profissional"[2585].

1860   Parece-nos que, não querendo apelidar os fiscalizadores de gestores – aplicando-lhes o critério do gestor criterioso e ordenado já com tradição entre nós –, o legislador de 2006 introduziu uma desnecessária duplicidade. Parafraseando CALVÃO DA SILVA, «[i]ndependentemente do copioso verbalismo utilizado no n.º 1 e no n.º 2 do artigo [64.º], o verdadeiro e decisivo alcance interpretativo não pode deixar de ser substancialmente o mesmo nos dois tipos de profissionais em apreço»[2586].

1861   Poderia entender-se, com CALVÃO DA SILVA, estar em causa «o estalão objectivo e tipicizado do *bonus pater familias* da profissão em apreço, com a diligência a dever apreciar-se em relação à natureza da actividade»[2587]. O legislador parece, no entanto, ter querido sublinhar este último aspeto, estabelecendo uma bitola de diligência mais exigente do que a bitola comum (*bonus pater familias*), por se dirigir a especialistas fiduciários encarregues, consoante o caso, da gestão de bens alheios[2588] ou da vigilância desta. Portanto, os deveres devem ser concretizados e cumpridos com «o grau de cuidado ou diligência profissional próprio

---

[2583] Cfr., *v.g.*, MENEZES CORDEIRO – *Direito das sociedades*, 1³... p. 982. Veremos adiante o sentido da referência aos deveres de cuidado neste preceito. Cfr. § 62.5 *infra*.

[2584] O padrão estabelecido no n.º 2 do art. 64.º para os órgãos de fiscalização vale também para os revisores oficiais de contas. O EOROC não prescreve qualquer especificidade, limitando-se a exigir, no seu art. 62.º/1, que os revisores oficiais de contas desempenhem as suas funções com zelo e competência.

[2585] Estas bitolas operam assim tanto na concretização da prestação devida (espaço de licitude), como da culpa. Note-se, contudo, que a consideração desta distinção tem aqui um propósito analítico de densificação da obrigação de vigilância, não esquecendo – segundo os ensinamentos de MENEZES CORDEIRO – que em sede de responsabilidade civil obrigacional, incluindo no contexto jus-societário referente aos órgãos sociais, a presunção de "culpa" se refere à "*faute*" do direito francês, acarretando um misto de culpa e de ilicitude. Assim, *v.g.*, MENEZES CORDEIRO – *Direito das sociedades*, 1³... p. 981.

[2586] CALVÃO DA SILVA – *A responsabilidade civil dos administradores não executivos (ROA)*... p. 145.

[2587] Cfr. *ibidem*. A descrição da bitola do *bonus pater familias*, na manualística de Direito das obrigações, como um padrão que, sendo abstrato, exige a ponderação das circunstâncias do caso concreto (condicionalismo do caso e tipo de atividade em causa, segundo MENEZES LEITÃO) parece, de resto, sustentar esta orientação. Assim, *v.g.*, MENEZES LEITÃO – *Direito das obrigações*, 110... p. 288, afirma ser compreensível que a diligência exigível a um profissional qualificado na sua actividade não seja a mesma que a exigida a um transeunte em passeio e que a ocorrência de uma situação de emergência implique uma apreciação da culpa distinta da que seria efetuada numa situação normal.

[2588] Cfr. MENEZES CORDEIRO – *Tratado*, 6²... p. 488, *Os deveres fundamentais*... p. 443-488 e *CSC anotado*²..., art. 64.º, n.º 12. De acordo com a construção de CARNEIRO DA FRADA – *Teoria da confiança*... p. 544-552, estando em causa a gestão de bens alheios, exige-se uma *uberrima fides*, tutelando energicamente aquele que confia os seus bens à gestão de outrem, impondo-se um padrão de conduta mais estrito do que aquele que vigora para os contratos em geral.

A CONSTRUÇÃO UNITÁRIA DA OBRIGAÇÃO DE VIGILÂNCIA

de uma pessoa razoável e prudente, na veste de administrador ou de supervisor», mas ciente de que gere (ou vigia a gestão de) bens que lhe não pertencem. Como tal, podem ser-lhe exigidos atos que não praticaria na gestão (ou na vigilância da gestão) dos seus próprios bens.

Em todo o caso, a bitola de diligência corresponde a um grau de esforço fixado em abstrato – diligência psicológica típica ou diligência dum tipo abstrato de homem[2589] – e não por referência à diligência psicológica de que o agente é capaz (*diligência máxima*), à diligência psicológica que ele põe normalmente nos próprios negócios (*diligência média*), ou à sua diligência psicológica normal (*diligência média*)[2590]. A consideração da diligência psicológica como bitola, sendo objeto de críticas antes de 1966[2591], foi expressamente afastada pelo atual Código Civil[2592] e pelo Código das Sociedades Comerciais.

1862

Note-se, porém, que, como referimos adiante, na determinação do comportamento devido, a abstração da bitola é corrigida pela consideração não só do fim visado, mas também das específicas circunstâncias do caso concreto[2593].

1863

III. Esta bitola de diligência é aplicável tanto à atividade do devedor dirigida à "descoberta" do comportamento adequado para atingir o fim que lhe é proposto, como à posterior "realização" desse comportamento. Como explica PESSOA JORGE, em ambos os momentos atua ou pode atuar a vontade (livre) do devedor dirigida ao cumprimento da obrigação, sendo por referência a esta (e não simplesmente a quaisquer faculdades intelectuais) que será formulado o juízo de louvor perante o cumprimento do dever ou o juízo de censura perante

1864

[2589] PESSOA JORGE – *Ensaio...* p. 89.

[2590] *Ibidem*, p. 92. Em sentido contrário, parece depor a afirmação de ENGRÁCIA ANTUNES – *A fiscalização...* p. 172-173 de que

«a aferição da conduta diligente de um membro do órgão de fiscalização não pode ser feita dedutivamente, por referência a um modelo apriorístico tipo "homem médio", mas indutivamente a partir dos próprios comportamentos concretos desse membro».

[2591] Cfr., *v.g.*, PESSOA JORGE – *Ensaio...* p. 93-96, MENEZES CORDEIRO – *Tratado*, 6²..., *ibidem*, p. 485-488.

[2592] Cfr., *v.g.*, PESSOA JORGE – *Ensaio...* p. 96-101, MENEZES CORDEIRO – *Tratado*, 6²... p. 485-488.

[2593] No mesmo sentido, no domínio jus-civil, MENEZES CORDEIRO, CORDEIRO – *Tratado*, 6²... p. 487, apela à concretização do critério do *bonus pater familias*, desde logo, inserindo-o na específica área de interesses e de competências técnicas em que se coloque o devedor. No Direito italiano, já antes da reforma do *Codice Civile* de 2003, BONELLI – *La responsabilità...* p. 47-49, ia mais longe, sustentando a concretização do critério de diligência não só em função da natureza da atividade desenvolvida (art. 1176 *Codice Civile*) – ou seja, à natureza da específica relação e a todas as circunstâncias de facto que concorram a determiná-la – mas também à expectativa da sociedade na obtenção de um resultado positivo, dado que a atividade do devedor vai necessariamente dirigida à realização do interesse do credor.

o não-cumprimento ilícito (juízos de valor ético-jurídicos)[2594]. Assim, explica o autor:

> «Se o sujeito vem a conhecer o comportamento adequado, tem, em princípio, o dever de o adoptar, mesmo que a descoberta de tal comportamento fosse inacessível à generalidade dos homens. Se alguém por acaso descobre que certa substância, geralmente considerada inócua, se torna explosiva quando colocada junto de outra, deve abster-se de o fazer, não podendo julgar-se liberto deste dever por à maioria dos homens e a ele próprio não ser exigível a cognoscibilidade de tal efeito lesivo»[2595].

1865   Assim, por exemplo, o órgão que, estando adstrito a uma obrigação de vigilância, não atua perante uma irregularidade *de que teve conhecimento*, não pode afastar a sua responsabilidade alegando que tal irregularidade *não era detetável por um homem médio*.

1866   Atenta a distinção entre estes dois momentos (descoberta/realização da conduta devida), verificada a omissão de um ato necessário à causação do resultado definidor, cabe ao devedor provar, atenta a bitola de diligência aplicável e as circunstâncias do caso (i) que não descobriu, nem lhe era exigível a "descoberta", daquele ato como necessário ou adequado à causação do fim ou (ii) que, tendo descoberto ou devendo descobrir tal ato como necessário ou adequado, não lhe era exigível a "prática" do mesmo.

1867   Se lhe era exigível a "descoberta" da vinculação, mas no caso concreto não foi descoberta, estamos perante um caso de "negligência inconsciente". Se foi descoberta a conduta devida mas, ainda assim, o devedor atuou de forma diversa – na expectativa de que a sua conduta não causaria danos à sociedade –, estamos perante um caso "negligência consciente". Se descobriu a conduta devida e atuou de forma diversa com o intuito de prejudicar a sociedade, estamos perante um ato doloso[2596].

[2594] Veja-se a decomposição analítica da conduta do devedor nestes dois momentos em PESSOA JORGE – *Ensaio...* p. 98-99.
No desenvolvimento desta problemática, importa considerar a questão da discricionariedade do devedor na interpretação de normas jurídicas e, em particular, de conceitos jurídicos indeterminados. Cfr. § 65 *infra*.

[2595] Cfr. *ibidem*, p. 99-100.

[2596] Seguimos aqui a sistematização de conceitos apresentada por ANTÓNIO MENEZES CORDEIRO – *Direito das obrigações*, 2, reimp., Lisboa: AAFDL, 1994, p. 318 no quadro jus-obrigacional da responsabilidade civil, ou, mais recentemente, *Tratado*, 2:3... p. 473. Cfr. também RAUL VENTURA e BRITO CORREIA – *Responsabilidade civil...* p. 124.

A CONSTRUÇÃO UNITÁRIA DA OBRIGAÇÃO DE VIGILÂNCIA

IV. Da aplicação desta bitola às obrigações de administração e de vigilância – que, como vimos, constituem obrigações de meios, vinculando o devedor a *tentar adequadamente alcançar o resultado definidor* – resulta a adstrição do mesmo à prática de todos os "atos adequados" ao resultado definidor – que PEDRO MÚRIAS e MARIA DE LURDES PEREIRA qualificam como "atos necessários" –, bem como as cautelas próprias do gestor criterioso e ordenado ou do fiscalizador sujeito a elevados padrões de diligência profissional[2597]. Como bem realçam aqueles autores, os "atos necessários" não correspondem necessariamente aos "atos suficientes" para a causação do resultado definidor. Assim, um ato pode ser *ex ante* necessário ao resultado definidor, mas pode vir a comprovar-se ser insuficiente para o causar[2598].

1868

62.4. O interesse da sociedade como resultado definidor da prestação de vigilância

A. A determinação do interesse da sociedade enquanto resultado definidor da prestação de vigilância

I. Sem prejuízo do que foi dito sobre a construção de tipos intermédios e como ensina PESSOA JORGE, «o comportamento delimitado em termos de diligência normativa é *indefinível em abstracto*: depende de *todas as circunstâncias* que rodeiam a actuação do sujeito e do *fim* que ele deve atingir»[2599]. No contexto da administração e fiscalização das sociedades comerciais, o "fim" ou "resultado definidor" é o interesse social. Esta afirmação encerra particulares dificuldades.

1869

Em primeiro lugar, como bem sublinha PAULO MOTA PINTO, o próprio conceito de "interesse" é caracterizado por uma congénita ambivalência, tanto na

1870

[2597] Cfr. PEDRO MÚRIAS e MARIA DE LURDES PEREIRA – *Obrigações de meios...* p. 1004-1005, face ao Direito comum.

[2598] Esta delimitação dos "atos necessários" não tem correspondência, *v.g.*, em GOMES DA SILVA – *O dever de prestar...* p. 247., que os fazia coincidir com todos os atos suficientes para a realização do fim, afirmando que o «comportamento exigido ao devedor *não abran[ge] todo o esforço necessário para atingir o fim*». Pretendia o autor realçar a importância do "fim" na conformação do conteúdo da obrigação de meios, sem que daí se pudesse retirar que tal implicava uma adstrição do devedor a todos os meios para o realizar, como se garantisse o resultado (caso em que se estaria perante uma obrigação de resultado e não de meios). Nesse contexto, defendia que o devedor estaria adstrito a praticar apenas os atos ditos "normais" e não todos os atos necessários à concretização do fim. Acrescenta ainda que:

> «se o bem que está adstrito ao fim é uma prestação, um acto, só à prática desse acto se estende o dever do devedor, ainda que se verifique que o acto é insuficiente. Mesmo que o fim se possa atingir por outro meio, o devedor, *se não tem especial obrigação de o fazer,* não tem o dever de o realizar por essa forma».

[2599] PESSOA JORGE – *Ensaio...* p. 80 e passim. Sobre a consideração das circunstâncias do caso concreto na determinação da obrigação, cfr. nota 2568 *supra*.

DA ADMINISTRAÇÃO À FISCALIZAÇÃO DAS SOCIEDADES

linguagem comum, como na terminologia especializada[2600]. O seu sentido deve ser determinado face a cada norma[2601] e concretizado perante as específicas circunstâncias do caso concreto[2602].

1871   II. Em segundo lugar, como explica GROSSMANN, o conceito de "interesse da sociedade" (*Unternehmensinteresse*), tal como o conceito de "fim da sociedade" (*Unternehmensziel*[2603]), constitui frequentemente uma abreviatura de programas políticos ou ideologias[2604]. Neste sentido, reconhecendo que a definição do conceito de interesse social constitui um dos principais problemas do direito societário, PEDRO DE ALBUQUERQUE sustenta que «[m]ais do que simples esquemas cognoscitivos da realidade normativa, as várias teorias nascidas com o propósito de delimitar os exactos contornos da noção de interesse social são verdadeiras e próprias "filosofias políticas" das sociedades comerciais, em especial das sociedades anónimas»[2605].

[2600] PAULO MOTA PINTO – *Interesse contratual...* p. 83-84. No mesmo sentido, MARGARIDA LIMA REGO – *Contrato de Seguro e Terceiros: Estudo de Direito Civil*, Coimbra: Coimbra Editora, 2010, p. 186, PEDRO MÚRIAS – "O que é um interesse no sentido que geralmente interessa ao juristas?", in *Estudos em memória do Prof. J. L. Saldanha Sanches*, 2, Coimbra: Coimbra Editora, 2011, p. 830. Face a esta ambivalência questiona-se a possibilidade da determinação útil do conceito ou a sua operatividade como instrumento dogmático. Não obstante, a sua relevância no plano metodológico não pode ser negada. PAULO MOTA PINTO – *Interesse contratual...* p. 83-84.

[2601] Só no Código Civil o conceito de interesse aparece em 83 artigos. Cfr. MENEZES CORDEIRO – *Tratado*, 6².. p. 312-317.

[2602] PAULO MOTA PINTO – *Interesse contratual...* p. 491. Como acrescenta MENEZES CORDEIRO – *Tratado*, 6².. p. 317-318, «as referências civis a "interesse" permitem concluir que, de um modo geral, elas correspondem a áreas dominadas por valores complexos, inexprimíveis em termos linguísticos claros», razão pela qual o legislador optou por deixar ao intérprete-aplicador a sua determinação perante as circunstâncias do caso concreto (no momento da realização do Direito). Assim, como bem afirma PAULO MOTA PINTO, «não se deve sobrevalorizar uma discussão de interesse exclusivamente teórico e, sobretudo, de "timbre conceitualista iniludível"». PAULO MOTA PINTO – *Interesse contratual...* p. 494. Tal como este autor, também nós renunciamos à tentativa de uma exata delimitação de uma noção geral de interesse. Cfr. *ibidem*, p. 500. Limitamo-nos a procurar, nas linhas que se seguem, um sentido operacional para o conceito de "interesse da sociedade" para efeitos da determinação do conteúdo da obrigação de vigilância (e da obrigação de administração).

[2603] Em rigor, os termos *Unternehmensinteresse* e *Unternehmensziel* correspondem, respetivamente, a interesse e fim da empresa, e não a interesse e fim da sociedade.

[2604] ADOLF GROSSMANN – *Unternehmensziele im Aktienrecht: Eine Untersuchung über Handlungsmaßtäbe für Vorstand und Aufsichtsrat*, Köln, Berlin, Bonn, München: Heymann, 1980, p. 5. Cfr. também HERBERT WIEDEMANN – Grundfragen der Unternehmensverfassung, *Zeitschrift fur Unternehmens- und Gesellschaftsrecht*, 4, 1975, p. 402.

[2605] PEDRO DE ALBUQUERQUE – Direito de preferência dos sócios em aumentos de capital nas sociedades anónimas e por quotas (Comentário ao código das sociedades comerciais), Coimbra: Almedina, 1993, p. 303.

A CONSTRUÇÃO UNITÁRIA DA OBRIGAÇÃO DE VIGILÂNCIA

Num estudo de direito positivo, assente no método jurídico-dogmático e 1872
problemático, como aquele que aqui expomos, importa não tomar o interesse
social como dado apriorístico imposto ao intérprete-aplicador, mas procurar o
seu conteúdo a partir das diferentes coordenadas sistemáticas.

III. Em terceiro lugar, o conceito de "interesse da sociedade" vive pare- 1873
des-meias com os conceitos de "fim" e de "objeto social", devendo esclarecer-se
a sua articulação.

O art. 6.º/1 parece consagrar, ao nível jus-societário, o princípio da especiali- 1874
dade (num claro paralelo com o art. 160.º CC), nos termos do qual a capacidade
de gozo da sociedade compreenderia apenas os direitos e obrigações necessários ou convenientes à prossecução do seu *fim*, excetuados aqueles que lhe sejam
vedados por lei ou sejam inseparáveis da pessoa singular[2606]. Apesar das resistências de alguma doutrina[2607] e da jurisprudência, parece-nos hoje ultrapassada
esta construção[2608]. Permanece a importância do *fim social* para a personalidade
coletiva, sublinhada por PAIS DE VASCONCELOS, como critério que orienta a vida
das pessoas coletivas e torna juridicamente valoráveis as suas ações[2609]. Nessa
medida, opera também como critério de valoração da conduta dos seus órgãos
sociais.

[2606] Cfr. MENEZES CORDEIRO – *CSC anotado²*..., art. 6.º, n.ᵒˢ 5-25, MENEZES CORDEIRO – *Direito das sociedades*, 1³... p. 375-378, onde o autor explica a origem histórica do princípio da especialidade. Merecem destaque as referências do autor às posições de GUILHERME DE MOREIRA – *Instituições do direito civil português*, 1, Coimbra: Imprensa da Universidade, 1907, p. 316-317 e de MANUEL DE ANDRADE – *Teoria geral*, 1²... p. 123 ss., relativas à consagração deste princípio entre nós.

[2607] Cfr., em particular, CARLOS OSÓRIO DE CASTRO – Da prestação de garantias por sociedades a dívidas de outras entidades, *Revista da Ordem dos Advogados*, 56:2, 1996 e De novo sobre a prestação de garantias por sociedades a dívidas de outras entidades: luzes e sombras, *Revista da Ordem dos Advogados*, 58:2, 1998, ALEXANDRE SOVERAL MARTINS – "Capacidade e representação das sociedades comerciais", in *Problemas do Direito das Sociedades*, Coimbra: Almedina, 2002, p. 472 e "Da personalidade e capacidade jurídicas das sociedades comerciais", in *Estudos de direito das sociedades*, 10.ª ed., Coimbra: Almedina, 2010, p. 110 ss., ALEXANDRE SOVERAL MARTINS – in JORGE COUTINHO DE ABREU (ed.) – *Código das Sociedades Comerciais em comentário*, 1, Coimbra: Almedina, 2010, art. 6.º, p. 110-112, 119, PEREIRA DE ALMEIDA – *Sociedades comerciais⁶*... p. 30-42.

[2608] Sobre a superação deste princípio, cfr., por todos, OLIVEIRA ASCENSÃO – *Direito civil: Teoria geral*, 1... p. 257 ss., MENEZES CORDEIRO – *Direito das sociedades*, 1³... p. 378-390, PAIS DE VASCONCELOS – *Teoria geral*..., p. 134-141, bem como PEDRO DE ALBUQUERQUE – *A vinculação das sociedades comerciais*..., PEDRO DE ALBUQUERQUE – Da prestação de garantias por sociedades comerciais a dívidas de outras entidades, *Revista da Ordem dos Advogados*, 57:1, 1997. Cfr. também, de forma desenvolvida, ESPÍRITO SANTO – *Sociedades*..., p. 99-180, em especial, p. 167-168.

[2609] PAIS DE VASCONCELOS – *Teoria geral*..., p. 138.

DA ADMINISTRAÇÃO À FISCALIZAÇÃO DAS SOCIEDADES

1875   O "fim" da sociedade referido no art. 6.º/1 tende a ser identificado, em primeira linha, com o seu escopo lucrativo[2610], resultante do enquadramento da "sociedade comercial" como espécie do género "sociedade" previsto no art. 980.º CC[2611]. O "fim" distinguir-se-ia portanto do "objeto social", traduzido nas atividades comerciais a desenvolver pela sociedade com vista à obtenção de lucro. No entanto, reconhece-se em geral a interligação entre estes dois conceitos, de tal forma que o primeiro surge frequentemente designado como "fim

---

[2610] Como sublinha MENEZES CORDEIRO – *Direito das sociedades*, 1³... p. 381, parte da doutrina atual continua a fazer corresponder o princípio da especialidade a um objeto final de conseguir lucros, «assim legitimando tudo e mais alguma coisa». Assim, *v.g.*, SOVERAL MARTINS considera que a capacidade de gozo das sociedades comerciais é limitada pelo seu fim, correspondendo este ao lucro. O autor, como aliás já JORGE COUTINHO DE ABREU – *Do abuso de direito: ensaio de um critério em direito civil e nas deliberações sociais*, Coimbra: Almedina, 1983, p. 128 e *Curso*, 2⁴... p. 187-191, contrapõe claramente o fim ao objecto social. O fim limitaria a capacidade de gozo da sociedade, o objeto social não. Cfr. SOVERAL MARTINS – *Capacidade...*, p. 472, SOVERAL MARTINS – *Da personalidade e capacidade...* p. 83, SOVERAL MARTINS – *CSC em comentário...*, art. 6.º, p. 110-112, 119. Na mesma linha, PEREIRA DE ALMEIDA distingue entre o objeto mediato, correspondente à realização de lucros, que qualifica como necessário para todas as sociedades face ao disposto no art. 980.º CC, do objeto imediato, a atividade comercial concreta que a sociedade se propõe exercer e que deve constar dos estatutos [arts. 9.º/1, *d*) e 11.º], limitando o princípio da especialidade ao primeiro. De acordo com o autor, a finalidade lucrativa da sociedade comercial permitiria explicar o n.º 2 do art. 6.º CSC, que limita os atos gratuitos da sociedade, bem como o n.º 3 do mesmo artigo, relativo à prestação de garantias reais a favor de terceiros. Cfr. PEREIRA DE ALMEIDA – *Sociedades comerciais⁶...* p. 39-42. Cfr. também OSÓRIO DE CASTRO – *Da prestação de garantias...*, em especial, p. 580.

[2611] JOSÉ DE OLIVEIRA ASCENSÃO – *Direito comercial*, 4 – Sociedades comerciais, parte geral, Lisboa: AAFDL, 2000, p. 15-20, em especial, p. 17. Cfr. também, *v.g.*, SOVERAL MARTINS – *Capacidade...*, p. 472, SOVERAL MARTINS – *CSC em comentário...*, art. 6.º, p. 110, citando LOBO XAVIER.

Contra a construção da "sociedade" prevista no art. 980.º CC como conceito geral e abstrato de sociedade ao qual se subsumem as sociedades comerciais, sustentando que corresponde apenas à sociedade civil simples, cfr. PAIS DE VASCONCELOS – *Contratos atípicos...* p. 65-70, 92, 175, PEDRO PAIS DE VASCONCELOS – *A participação social nas sociedades comerciais*, 2.ª ed., Coimbra: Almedina, 2006, p. 15-30. Segundo o autor, a restrita definição do art. 980.º exclui do seu âmbito as sociedades não diretamente lucrativas, as sociedades unipessoais e as sociedades que não traduzem um exercício em comum. A este propósito, devem recordar-se as palavras de FERRER CORREIA – *Lições...* p. 216-217, para quem o essencial não era o fim de obtenção de lucros a repartir pelos sócios, mas sim o exercício de uma atividade económica comum, com vista à realização do proveito económico dos sócios, por qualquer modo que seja. Cfr. também ANTÓNIO FERRER CORREIA – *Anteprojecto de lei das sociedades comerciais: parte geral*, I, com a colaboração de António A. Caeiro, separata do Boletim do Ministério da Justiça n.ºˢ 185 e 191, 1973, p. 1 ss. Mais recentemente, PEDRO MAIA – *Voto...* p. 7, 15 ss., sustentou que o exercício em comum de uma atividade económica corresponde à participação dos sócios em assembleia geral, enquanto órgão colegial. Sobre os elementos das sociedades, cfr. ainda MENEZES CORDEIRO – *Direito das sociedades*, 1³... p. 288-303.

A CONSTRUÇÃO UNITÁRIA DA OBRIGAÇÃO DE VIGILÂNCIA

mediato" e o segundo como "fim imediato"[2612]. Desta interligação deve reter-se a ideia de que o objeto social concretiza ou precisa o sentido do fim social[2613].

1876

Com os conceitos de "fim" (escopo lucrativo) e de "objeto" (atividades a desenvolver) relaciona-se ainda o conceito de "interesse da sociedade". Para o que ora importa, este traduz o fim orientador (ou resultado definidor) da conduta dos órgãos sociais, tal como concretizado e densificado não só pela lei (o tal escopo lucrativo[2614]) e pelos estatutos (as «actividades que os sócios propõem que a sociedade venha a exercer»[2615]), mas também pelos próprios órgãos sociais, de acordo com as normas de competência aplicáveis[2616]. Corresponde, portanto, a uma noção ampla de fim da sociedade[2617] e, logo, de fim (ou resultado definidor) da conduta dos órgãos sociais e dos demais devedores vinculados à prossecução do mesmo (trabalhadores e outros colaboradores da sociedade)[2618].

[2612] Cfr. OLIVEIRA ASCENSÃO – *Direito Comercial*, 4... p. 27-28, cujos termos são recordados por PEDRO DE ALBUQUERQUE – *Da prestação de garantias*... p. 100-101. Cfr. também MENEZES CORDEIRO – *Direito das sociedades*, 1³... p. 297, OSÓRIO DE CASTRO – *Da prestação de garantias*... p. 578, OSÓRIO DE CASTRO – *De novo sobre a prestação de garantias*... p. 837-838. Como vimos, Pereira de Almeida distingue entre o objeto mediato, correspondente à realização de lucros, do objeto imediato, a atividade comercial concreta que a sociedade se propõe exercer e que deve constar dos estatutos. Cfr. PEREIRA DE ALMEIDA – *Sociedades comerciais*⁶... p. 39-42.

[2613] PAIS DE VASCONCELOS – *Teoria geral*... p. 139-141, 152. Esta afirmação deve ser restringida à realidade das sociedades comerciais, porquanto, em abstrato, os conceitos de fim lucrativo e objeto social são logicamente independentes. Sobre esta questão, cfr. GROSSMANN – *Unternehmensziele*... p. 17.

[2614] Sem prejuízo de outros referentes normativos que direta ou indiretamente também contribuem para a delimitação do interesse da sociedade, como referimos, de seguida, no corpo do texto.

[2615] Cfr. art. 11.º/2.

[2616] A este propósito, recorde-se a recondução do "interesse" ao fim considerado pela lei, defendida por GOMES DA SILVA – *O dever de prestar*... p. 44. A propósito do interesse do credor, ALMEIDA COSTA – *Direito das obrigações*¹²... p. 110, afirma tratar-se da utilidade ou finalidade objetiva, ou, quando muito, do fim subjetivo que se deduza do conteúdo do negócio.

[2617] Englobando entre outros elementos os conceitos de fim (escopo lucrativo) e de objeto social (atividades que os sócios propõem que a sociedade venha a exercer).

[2618] Esta identificação do interesse com o fim da sociedade (em sentido amplo) encontra fundamento normativo no disposto no art. 6.º/3 e parece ser implicitamente aceite pela doutrina que se debruça sobre esta disposição. Cfr. JORGE COUTINHO DE ABREU – *Curso*, 2⁴... p. 198-207, OSÓRIO DE CASTRO – *Da prestação de garantias*..., *passim*, em especial, p. 580, OSÓRIO DE CASTRO – *De novo sobre a prestação de garantias*..., *passim*, CARLOS OSÓRIO DE CASTRO – "A prestação gratuita de garantias e a assistência financeira no âmbito de uma relação de grupo", in *Estudos em Homenagem a Miguel Galvão Teles*, 2, Coimbra: Almedina, 2012, *passim*, SOVERAL MARTINS – *CSC em comentário*..., art. 6.º, p. 114-118. Também a jurisprudência identifica o fim social com o interesse da sociedade, a propósito do art. 6.º/3. *E.g.*, em STJ 17-jun.-2004 (QUIRINO SOARES), processo n.º 04B1773, disponível em www.dgsi.pt, *CJ*, 12:2, 2004, p. 94-96, a propósito da constituição de um aval, afirmou o tribunal que «o justificado interesse da sociedade (...) há-de compreender-se por referência ao fim da sociedade, que é a obtenção e distribuição dos lucros da actividade económica (...)». Cfr. também STJ 17-set.-2009 (ALBERTO SOBRINHO), processo

DA ADMINISTRAÇÃO À FISCALIZAÇÃO DAS SOCIEDADES

1877

IV. Como vimos, o art. 64.º/1 e 2[2619] sujeita o exercício das competências dos órgãos sociais à prossecução do interesse social. Dele não resulta, porém, um critério substantivo para o preenchimento do conceito.

1878

Apesar disso, parece-nos que não tem razão GROSSMANN quando afirma que o Direito das sociedades não impõe um "fim da sociedade" (*Unternehmensziel*[2620]) como critério geral para a atuação dos órgãos sociais[2621], limitando-se a regular a forma pela qual esse fim deve ser determinado em cada caso concreto, através de regras organizacionais e de regras procedimentais[2622]. É verdade que, num quadro normativo próprio do direito privado, marcado pela autonomia privada – ainda que muito limitada no contexto da regulação societária da Europa continental –, a atuação dos órgão sociais é delimitada sobretudo pelo "sistema político" da sociedade anónima[2623]. Contudo, parece-nos que a partir das normas que regulam a *forma pela qual é determinado* o interesse social em cada momento podemos retirar elementos para a densificação do seu *conteúdo*.

1879

No início e dentro dos limites legais, os acionistas expressam o seu consenso sobre a criação do ente social, sobre o exercício coletivo de uma atividade comercial através do mesmo e sobre os termos desse mesmo exercício[2624]. O ato constitutivo e os estatutos da sociedade traduzem, portanto, uma manifestação conjunta de diferentes vontades individuais dos sócios que expressam uma comunhão de interesses num determinado projeto económico[2625]. Este projeto

---

n.º 267/09.9YFLSB.S1, disponível em www.dgsi.pt, e RPt 20-mai.-1999 (CUSTÓDIO MONTES), processo n.º 9930326, in *CJ*, 24:3, 1999, p. 189-196, sumário disponível em www.dgsi.pt.

Alguns autores identificam ainda expressamente o interesse social com o fim da sociedade, à margem do art. 6.º. É o caso, *e.g.*, de PAULO OLAVO CUNHA – *Direito das sociedades comerciais*[5]... p. 121-123. Note-se, porém, que este autor engloba no conceito de interesse da sociedade não só o interesse dos sócios, mas também os interesses dos trabalhadores, clientes e credores.

[2619] Recorde-se que a opção do legislador de 2006 de enquadrar a referência ao interesse da sociedade na regulação do dever de lealdade dos gerentes e administradores foi duramente criticada pela doutrina. Cfr., *v.g.*, MENEZES CORDEIRO – *Os deveres fundamentais...*, n.ºs 7.III e 13, CARNEIRO DA FRADA – *A business judgment rule...* p. 72-73.

[2620] Em rigor, "*Unternehmensziel*" traduz-se por "fim da empresa" e não por "fim da sociedade".

[2621] O autor nega que das pretensões dos acionistas aos lucros se possa retirar um fim para a gestão da sociedade. Nega igualmente que a afirmação do fim lucrativo com base na natureza comercial da sociedade anónima seja operacional. Neste sentido, afirma PAIS DE VASCONCELOS – *Teoria geral*... p. 137, partir do conceito ou da natureza da pessoa coletiva para o regime é de um "acabado conceptualismo".

[2622] GROSSMANN – *Unternehmensziele...*, em especial, p. 257. Segundo o autor, a AktG regula as competências e a influência na sociedade através de regras organizacionais, e regula a sua gestão através da concessão de um espaço de decisão delimitado por normas de competência, por normas estritas de conduta e pelo dever de diligência.

[2623] *Ibidem.*

[2624] Cfr. CASSIANO DOS SANTOS – *Estrutura associativa...* p. 93.

[2625] Deixamos de lado o específico enquadramento das sociedades unipessoais, bem como das sociedades constituídas por ato legislativo.

A CONSTRUÇÃO UNITÁRIA DA OBRIGAÇÃO DE VIGILÂNCIA

económico é delimitado, em traços gerais, pela cláusula do objeto social [art. 9.º/1, *d*)][2626], cabendo aos órgãos sociais desenvolver e concretizar o disposto no contrato de sociedade, de acordo com as regras de competência aplicáveis em cada caso[2627].

Num primeiro momento, esta tarefa cabe aos próprios acionistas, nos termos do art. 11.º/3. A estes compete «deliberar sobre as atividades compreendidas no objecto contratual que a sociedade efectivamente exercerá», assim concretizando o projeto económico pretendido.

Num segundo momento e dentro das linhas fixadas no contrato de sociedade e nas deliberações dos acionistas, aprovadas nos termos do art. 11.º/3 (art. 6.º/4), cabe ao conselho de administração[2628] concretizar esse mesmo projeto, no uso da sua competência para gerir as actividades da sociedade, devendo subordinar-se às deliberações dos acionistas ou às intervenções do conselho fiscal apenas nos casos em que a lei ou o contrato de sociedade o determinarem (art. 405.º/1)[2629].

V. Esta solução normativa traduz o equilíbrio entre a posição individual dos acionistas e a operacionalidade da sociedade anónima, paradigma das sociedades de capitais, assente num quadro organizativo de colaboração privada e dirigida à congregação de capitais de diferentes tipos de investidores com uma finalidade lucrativa[2630].

O requisito de unanimidade na posição dos acionistas esgota-se no ato de constituição da sociedade, no qual se define pouco mais do que a finalidade lucrativa e o objeto social. Após a constituição da sociedade, vale a regra da maioria, seja nas deliberações sobre as atividades compreendidas no objeto contratual que a sociedade efetivamente deverá desenvolver (art. 11.º/3), seja na designação dos titulares dos órgãos sociais que irão concretizar as (vagas) diretrizes dos sócios (arts. 391.º e 386.º). Face ao poder de determinar a designação

---

[2626] ENGRÁCIA ANTUNES – *Os direitos dos sócios...* p. 88, refere-se ao programa de atividades económicas delimitado pelo objeto social, para cujo exercício a sociedade foi constituída e que os sócios acordaram inicialmente que esta desenvolvesse.

[2627] CASSIANO DOS SANTOS – *Estrutura associativa...* p. 120, 125, 133.

[2628] Para facilitar a exposição, tomamos aqui por referência o modelo tradicional português de governo da sociedade anónima, valendo a construção apresentada igualmente para os modelos germânico e anglo-saxónico, com as necessárias adaptações.

[2629] CASSIANO DOS SANTOS – *Estrutura associativa...* p. 147. Como sublinha o autor, a delimitação do objeto social pelos sócios prende-se diretamente com a tutela do seu investimento. *Ibidem*, p. 151-152.

[2630] MENEZES CORDEIRO – *Manual, 2².*.., p. 482.

DA ADMINISTRAÇÃO À FISCALIZAÇÃO DAS SOCIEDADES

dos órgãos sociais, os acionistas controladores têm, *de facto*, um papel central na concretização do interesse social[2631].

1884   VI. *De iure*, porém, cabe ao conselho de administração a mais relevante concretização do fim da sociedade, dentro dos limites genéricos fixados pelos accionistas (nos estatutos e nas deliberações tomadas nos termos do art. 11.º/3)[2632].

[2631] Na medida em que a concretização do objeto social pelos acionistas obedece (salvo disposição contratual em contrário) a uma regra de maioria simples, logo nesse momento pode verificar-se um conflito entre a posição da maioria e a posição de algum ou alguns acionistas minoritários. Como afirma CASSIANO DOS SANTOS – *Estrutura associativa...* p. 97, apesar de a sociedade proceder à harmonização dos interesses dos diversos sócios na medida necessária à estruturação inicial da atividade económica visada, a mesma revela a «prevalência subsequente daqueles que estão em condições de reservar para si, pela posição que ocupam no acordo, um papel determinante». Como afirma JORGE COUTINHO DE ABREU – *Curso*, 2⁴... p. 297-298, «é comum haver diferentes opiniões acerca do interesse social. Os sócios podem divergir quanto à concretização e ao modelo de prosseguir o interesse social numa certa circunstância da sociedade. É saudável que assim seja e é por isso que existem órgãos sociais, como as assembleias gerais, especialmente vocacionadas *inter alia* para debater essas matérias. Se for obtido um consenso, tanto melhor; se não for funciona a regra da maioria». *Vide* também PAIS DE VASCONCELOS – *A participação social²...* p. 321.
[2632] Neste sentido, RAUL VENTURA e BRITO CORREIA – *Responsabilidade civil...* p. 101, na esteira de MINERVINI, afirmam que «[o] administrador diligente "tem de descobrir os actos adequados ao fim que se lhe impõe e de os realizar", mas "o fim que se lhe impõe" não é por vezes concretamente delimitado. É essa precisamente a função do conceito de interesse social: é o critério que permite ao administrador diligente definir o objectivo a alcançar, que lhe marca o caminho a seguir». Neste sentido, afirma também corretamente MARIA AUGUSTA FRANÇA – *A estrutura...* p. 52-63 que os sócios, ao constituírem a sociedade e a empresa por ela enquadrada estabelecem como fins o exercício de uma determinada atividade e a obtenção de ganhos e vantagens, sendo estes fins completados por outros fins secundários, concretizados nas decisões diárias dos gestores profissionais que integram os órgãos legalmente competentes. Nesta concretização, não visam só o lucro máximo (fim que seria válido apenas em mercados de concorrência perfeita, sob premissas de informação completa e flexibilidade ilimitada), mas também a capacidade de sobrevivência e a garantia da estabilidade, liquidez e crescimento. Porém, numa perspetiva institucionalista que não podemos acompanhar, a autora acrescenta que o art. 64.º, na redação anterior a 2006, impunha aos membros do órgão de administração a consideração também dos interesses dos trabalhadores na formação da vontade social, não sendo estes interesses meros limites ao interesse dos sócios, mas parte do interesse social.
Em sentido contrário ao sustentado no texto, afirmando caber aos sócios a definição e a concretização do interesse social, cfr., *v.g.*, PAIS DE VASCONCELOS – *A participação social²...* p. 328-329, CARNEIRO DA FRADA – *Acordos parassociais...* p. 117. Para MARIA DE FÁTIMA RIBEIRO é «ponto assente que a determinação do interesse social de uma dada sociedade cabe ao conjunto dos sócios». Cfr. MARIA DE FÁTIMA RIBEIRO – *A tutela dos credores da sociedade por quotas e a "desconsideração da personalidade jurídica"*, Coimbra: Almedina, 2009, p. 524.
Também no sistema alemão, a determinação do interesse social é uma tarefa constante e discricionária, de carácter empresarial, do *Vorstand* e do *Aufsichtsrat*. Cfr., *e.g.*, SEMLER – *Leitung und Überwachung²...* p. 33-34, 40-41.
Entre nós, sobre a distribuição legal de competências entre a assembleia geral e o conselho de administração nos termos dos arts. 373.º/3 e 405.º/1, *vide* em especial PEDRO MAIA – *Função...* p. 137-168,

A CONSTRUÇÃO UNITÁRIA DA OBRIGAÇÃO DE VIGILÂNCIA

Trata-se de uma competência própria e injuntiva, através da qual se pretende assegurar a formulação de um juízo autónomo face às deliberações dos acionistas (não incluídas no art. 11.º/3; cfr. art. 373.º/3).

Tomemos por exemplo uma sociedade anónima cujo objeto social corresponde ao fabrico e ao comércio de bicicletas e de acessórios para o ciclismo. Na ausência de deliberações dos acionistas, nos termos do art. 11.º/3, qual o fim a prosseguir pela administração e pela estrutura administrativa à mesma subordinada? É certo que deverão procurar fabricar e comercializar bicicletas e acessórios da forma mais rentável possível. Mas qual será a estratégia para o efeito? Só o planeamento estratégico, que cabe ao conselho de administração (art. 405.º/1), permite densificar o fim a prosseguir pela sociedade. 1885

O critério para esta concretização resulta das diferentes coordenadas sistemáticas. 1886

A sociedade resulta de uma iniciativa dos acionistas, traduzida numa manifestação de vontade conjunta, dirigida à criação de um mecanismo técnico-jurídico para, com maior comodidade e eficiência, organizar a realização dos seus interesses coletivos e duradouros[2633]. Esta configuração dogmática resulta não só dos efeitos normativamente associados à manifestação da vontade dos acionistas na constituição da sociedade [arts. 5.º e 7.º CSC e arts. 3.º/1, a) e 29.º/1 CRCom][2634], mas também do papel normativamente reconhecido aos acionistas na conformação da sociedade em cada momento: (i) os acionistas delimitam a conduta da administração (art. 6.º/4); (ii) os acionistas designam os membros do conselho de administração (art. 391.º[2635]); (iii) só os acionistas têm competência para aprovar as contas anuais (art. 376.º), a alteração do contrato de sociedade (art. 85.º), a fusão, a cisão, a transformação e a dissolução da sociedade [arts. 100.º/2, 117.º-F/1, 120.º, 133.º, 141.º/1, b)]; só os acionistas podem responsabilizar os administradores pela sua conduta, seja promovendo a sua destituição (com ou sem justa causa, art. 403.º/1), seja promovendo ações de responsabilidade civil em nome da sociedade (ações sociais *ut singuli*, art. 77.º). 1887

João Espírito Santo – *Sociedades por quotas e anónimas: vinculação: objecto social e representação plural*, Coimbra: Almedina, 2000, p. 411-417.

[2633] Mota Pinto, Pinto Monteiro e Paulo Mota Pinto – *Teoria geral*⁴... p. 139-140.

[2634] Como explica Cassiano dos Santos – *Estrutura associativa*... p. 93, a sociedade é constituída pela «reunião de vontades individuais, expressão naturalmente de interesses também individuais, a partir dos quais se gera um consenso sobre o exercício em colectivo de uma actividade e os termos desse exercício», e que «este papel da vontade, ao lado do impulso individual que a desencadeia, que dogmaticamente fundamentam que a sociedade seja, económica mas também juridicamente, um instrumento ao serviço dos sócios».

[2635] Tomamos aqui por referência o modelo tradicional português.

DA ADMINISTRAÇÃO À FISCALIZAÇÃO DAS SOCIEDADES

1888   Poderia questionar-se se o art. 64.º, seja na sua redação original, seja na sua redação atual, impõe uma orientação diferente. De acordo com o atual art. 64.º/1, *b*), os gerentes ou administradores da sociedade devem observar deveres de lealdade, no interesse da sociedade, atendendo aos interesses de longo prazo dos sócios e ponderando os interesses dos outros sujeitos relevantes para a sustentabilidade da sociedade, tais como os seus trabalhadores, clientes e credores. Perante esta norma, devem considerar-se tais interesses compreendidos no conceito de interesse social?

1889   Esta norma contém hoje uma referência aos diferentes *stakeholders* da sociedade, mas, historicamente, o debate tem sido centrado na posição dos trabalhadores[2636]. Face a esta questão e parafraseando ELISABETE GOMES RAMOS, «é lícito afirmar que o sistema português concebe os interesses dos trabalhadores como interesses estranhos ao interesse social e assenta numa perspectiva conflitual das relações entre os trabalhadores e a entidade empregadora», tal como reguladas pelo direito do trabalho[2637]. Como vimos, contrariamente ao verificado, *v.g.*, no sistema alemão[2638], os trabalhadores não participam no "sistema político" da sociedade anónima[2639]. Daqui não resulta que o Direito seja indiferente aos interesses dos trabalhadores. Simplesmente, trata-os no contexto do direito do trabalho[2640]. O mesmo vale, com as necessárias adaptações, para os

---

[2636] Na sua versão original o art. 64.º dispunha que «[o]s gerentes, administradores ou directores de uma sociedade devem actuar com a diligência de um gestor criterioso e ordenado, no interesse da sociedade, tendo em conta os interesses dos accionistas e dos trabalhadores».

[2637] Cfr. ELISABETE GOMES RAMOS – *Responsabilidade civil...* p. 109.

[2638] Cfr. nota 1758 *supra*.

[2639] Segundo PAULO CÂMARA – *O governo das sociedades e a reforma...* p. 38, este enfoque na posição dos acionistas serve melhor a vocação do Direito das sociedades que não é a de resolver conflitos laborais ou de prevenir cataclismos ambientais.

Face à formulação do art. 64.º/1, *b*), afirma JORGE COUTINHO DE ABREU – *Curso*, 2⁴... p. 301, constituir «*retórica normativa balofa e potencialmente desresponsabilizadora* dos administradores», dada a inexistência de sanções, ou de sujeitos com legitimidade para as requerer, no caso de os administradores não ponderarem os interesses dos administradores, clientes, credores, etc.

[2640] No mesmo sentido cfr., *v.g.*, RAUL VENTURA – *Sociedades por quotas*, 3..., p. 150-151, que se desmarcou da redação originária deste artigo, ao afirmar que «[o]s interesses dos trabalhadores estão protegidos pelas leis do trabalho e da segurança social, às quais os gerentes devem obediência, não por força do art. 64.º, mas sim por força delas próprias». Acrescenta ainda que este artigo «não tem o intuito de alargar essa protecção para extensão indeterminada» e que pensa que «a referência aos interesses dos trabalhadores neste artigo constitui um "toque" de preocupação social, sem conteúdo concreto».

Note-se ainda que, como realça MARIA DO ROSÁRIO PALMA RAMALHO, o Direito do trabalho não vive alheado da empresa, enquanto fenómeno económico subjacente quer à sociedade comercial autonomamente considerada, quer ao grupo de sociedades. Antes pelo contrário: «o desenvolvimento sistemático do direito do trabalho assentou, em larga medida, na realidade da empresa». Nessa medida, ao Direito do trabalho cabe a defesa dos interesses dos trabalhadores, através dos seus diversos institutos, cuja singularidade justifica, segundo a autora, a autonomia dogmática desta área jurídica. Cfr. MARIA DO

742

A CONSTRUÇÃO UNITÁRIA DA OBRIGAÇÃO DE VIGILÂNCIA

demais *stakeholders*, cujos interesses são salvaguardados por referência a outros quadros normativos (*maxime*, o direito das obrigações, incluindo o direito do consumo[2641] e da proteção dos utentes de serviços públicos essenciais[2642], e o direito da insolvência).

Estes interesses dos sujeitos relevantes para a sustentabilidade da sociedade consubstanciam, portanto, uma heterolimitação ao interesse da sociedade, entendido como o interesse comum dos sócios enquanto sócios[2643].

1890

A "ponderação" exigida pelo art. 64.º/1, *b*) consubstancia um ato de conjugação – ou concordância prática, nas palavras de ELISABETE GOMES RAMOS[2644] – do interesse da sociedade com os interesses de determinados terceiros legalmente protegidos[2645], sendo certo que, a longo prazo, o interesse da sociedade

1891

ROSÁRIO PALMA RAMALHO – *Grupos empresariais e societários: Incidências laborais*, Coimbra: Almedina, 2008, p. 25-32, MARIA DO ROSÁRIO PALMA RAMALHO – *Da autonomia dogmática do direito do trabalho*, Coimbra: Almedina, 2001, p. 711 ss. e *passim*.

[2641] Cfr., *v.g.*, a Lei n.º 24/96, de 31 de julho, e o Decreto-Lei n.º 67/2003, de 8 de abril.

[2642] Cfr., *v.g.*, a Lei n.º 23/96, de 23 de julho, relativa à proteção dos utentes de serviços públicos essenciais.

[2643] O que permite afirmar com clareza que à administração não compete a prossecução dos interesses destes *stakeholders*, mas apenas respeitá-los na prossecução do interesse comum dos sócios. Neste sentido, já RAUL VENTURA e BRITO CORREIA – *Responsabilidade civil...* p. 102: «No exercício da actividade social externa, os administradores devem respeitar os interesses de terceiros (credores, trabalhadores da empresa societária, empresas associadas) e o interesse público. Mas estes interesses são apenas um limite da prossecução do interesse social – ou incluem-se no próprio interesse dos sócios, na medida em que estes os considerem ou devam considerar como seus também (do mesmo modo que a realização da "função social" da propriedade se pode considerar como interesse do proprietário)». Esta é, aliás, a única conclusão possível face ao nosso sistema de responsabilidade civil dos administradores perante a sociedade. Se o interesse da sociedade reflectisse os interesses de outros *stakeholders*, a responsabilidade dos administradores para com a sociedade não poderia ser excluída por mera deliberação dos sócios, nos termos do n.º 5 do art. 72.º CSC.

Cfr. também MENEZES CORDEIRO – *Direito das sociedades*, 1³... p. 845.

[2644] ELISABETE GOMES RAMOS – *Responsabilidade civil...* p. 112.

[2645] GABRIELA FIGUEIREDO DIAS – *Fiscalização de sociedades...* p. 44-45 afirma a «necessidade de protecção (ou não agressão) de um conjunto de bens jurídicos titulados pela sociedade e também por terceiros», sustentando que os interesses de terceiros «podem perfilar-se como susceptíveis de protecção e autonomizáveis no contexto de uma relação jurídica sem deveres primários de prestação», convocando o dever de cuidado agora introduzido «todo o universo de interesses e de direitos a cuja tutela correspondem os *deveres de protecção*». Afastamo-nos em particular da afirmação de que o art. 64.º/1, *a*)

«acentua a necessidade de comportamentos conformes com um *interesse social* agora [depois da reforma de 2006] entendido em termos mais amplos. O *interesse social* não se reconduzirá, à luz desta norma, ao interesse da sociedade no exercício diligente da administração, estendendo-se à necessidade de protecção (ou não agressão) de um conjunto de bens jurídicos titulados pela sociedade e também por terceiros».

No mesmo sentido de uma ampla (ou institucional) conceção do interesse social, compreendendo não apenas o interesse dos sócios, mas também o interesse dos *stakeholders*, cfr., *v.g.*, JORGE COUTINHO DE ABREU – *Curso*, 2⁴... p. 306, PAULO OLAVO CUNHA – *Direito das sociedades comerciais*⁵... p. 499-501.

DA ADMINISTRAÇÃO À FISCALIZAÇÃO DAS SOCIEDADES

será tanto mais assegurado quanto, na sua prossecução e na medida do possível, se atenda aos interesses dos sujeitos relevantes para a sustentabilidade da socie-

Com efeito, parece-nos que o conceito de interesse social se mantém inalterado com a reforma de 2006. A referência aos interesses dos *stakeholders* não altera aquele conceito, limitando-se a concretizar e reforçar, numa atitude pedagógica, a solução que já era possível à luz dos princípios gerais do nosso direito privado comum (o que é, aliás, também reconhecido por GABRIELA FIGUEIREDO DIAS – *Fiscalização de sociedades...* p. 46), *i.e.*, que no cumprimento da obrigação de administrar para maximizar o interesse social, os administradores estão limitados pela ponderação dos interesses daqueles que têm uma relação especial (*Sonderverbindung*) com a sociedade.

Mais corretamente, CARNEIRO DA FRADA – *A business judgment rule...* p. 76-77 afirma que o dever de administrar visa maximizar a realização do interesse social, a essa maximização podendo opor-se outros interesses que o legislador manda ter em conta e ponderar. Segundo o autor,

> «com limites ou sem eles, a atendibilidade e a ponderação de tais outros interesses não pode sacrificar ordinariamente o interesse social. Este prepondera, mesmo que para tanto aqueloutros tenham de ficar por cumprir: não são exigências de lealdade, são interesses de terceiros implicados ou conexionados com a sociedade. Mas também não pode absolutizar-se o interesse social. Caso ele devesse prevalecer invariavelmente sobre os demais, a lei não mandava ponderar estes últimos».

Não obstante, os titulares dos órgãos sociais só serão civilmente responsáveis perante os titulares desses outros interesses protegidos quando estejam verificados os respetivos pressupostos, num quadro dogmático que não é necessariamente delitual.

Assim, haverá responsabilidade *delitual* quando tenha sido diretamente violado um direito subjetivo ou uma norma de proteção do terceiro em causa (art. 483.º/1 CC), ou ainda quando tenha sido violado o *mínimo ético-jurídico* em geral exigível (abrangendo a conduta intencional ou dolosamente danosa do titular do órgão social). Cfr. CARNEIRO DA FRADA – *Teoria da confiança...* p. 171-172 (nota 121).

Mas poderá também haver lugar a responsabilidade civil quando o terceiro seja credor de um dever específico, nomeadamente, um *dever de proteção* assente na boa-fé, na medida em que exista uma ligação especial (*Sonderverbindung*) entre este e os titulares dos órgãos sociais em causa. Cfr. CARNEIRO DA FRADA, *ibidem*. Recorde-se que os deveres de proteção, tal como apresentados por CARNEIRO DA FRADA – *Contrato...* p. 39-44, na esteira de STOLL, têm uma finalidade *negativa*: visam proteger o seu titular ativo dos riscos de danos na sua pessoa e património, sendo independentes do fim positivo visado com a constituição da obrigação. Recorde-se igualmente que, para o autor, a relação de proteção se apresenta como uma *relação obrigacional legal sem deveres primários de prestação* e que, ao nível da responsabilidade civil, se deve admitir a inversão do ónus da prova da culpa (quando o justifique o tipo, âmbito e intensidade do risco a que foi exposta a integridade pessoal ou patrimonial do terceiro, no contacto com o titular do órgão social). Cfr. *ibidem*, p. 101-103 (em especial, nota 197), 188-203, 258, 278-280.

Poderá igualmente haver lugar a responsabilidade civil dos titulares dos órgãos sociais perante a violação de um *dever de lealdade* para com terceiros. Segundo CARNEIRO DA FRADA, assim sucederá, *e.g.*, quando o administrador se tenha comprometido perante um terceiro em detrimento da sociedade, «quando não devia nem tinha por que tal». Neste caso, o administrador deve dar prevalência à prossecução do interesse da sociedade, mas não deixa de responder pelos danos causados pela violação da lealdade devida ao terceiro. CARNEIRO DA FRADA – *A business judgment rule...* p. 75. Se bem percebemos o pensamento do autor, esta situação deve ser enquadrada, em termos de sistema externo, nas *relações obrigacionais sem deveres primários de prestação*, podendo ter um conteúdo positivo (caso em que não se pode afirmar tratar-se de um dever de proteção, por serem estes limitados à mera preservação de danos, pessoal ou patrimonial). CARNEIRO DA FRADA – *Contrato...* p. 101-102 (nota 197).

MENEZES CORDEIRO, procurando retirar um sentido útil da nova redação do art. 64.º/1, *b*), afirma que os administradores devem lealdade apenas à sociedade e que a referência aos *stakeholders*, não obstante

A CONSTRUÇÃO UNITÁRIA DA OBRIGAÇÃO DE VIGILÂNCIA

dade. Ou seja, a longo prazo, a defesa do interesse social tende a passar pela motivação dos trabalhadores, pela confiança gerada nos credores e pela satisfação dos clientes[2646].

Em suma, estes interesses – potencialmente conflituantes com o interesse social – são instituídos como um limite externo à atuação da administração quando existam várias alternativas possíveis para a consecução do interesse social. Existindo apenas uma opção para a consecução desse interesse, não relevarão os interesses dos *stakeholders*[2647]. Note-se no entanto que estes interesses não ficam desprotegidos, dado que a sua proteção decorre diretamente do quadro contratual subjacente à relação da sociedade com cada um dos *stakeholders*[2648]. Esta proteção – que não é conferida aos acionistas, na qualidade

1892

a inversão do legislador, deve ser entendida como um dever de observância das regras atinentes à globalidade do ordenamento. Cfr. MENEZES CORDEIRO – *Os deveres fundamentais...* p. 42, MENEZES CORDEIRO – *Direito das sociedades*, I[3]... p. 873. Em MENEZES CORDEIRO – *CSC anotado*[2]..., art. 64.º, n.º 9, sustenta que, no desempenho das suas funções, os administradores devem ter em conta as *normas* ou conjunto de *normas* relativas à própria sociedade, aos sócios e aos *stakeholders*.

[2646] A mesma ideia é afirmada por JORGE COUTINHO DE ABREU – *Governação*[2]... p. 40-41 e *Curso*, 2[4]... p. 302-305. Num seminário promovido pela *Columbia University School of Law (Fall Semester 2007)*, RONALD GILSON ilustrava esta perspetiva recorrendo à análise da demonstração de resultados de uma sociedade, definindo em cada rubrica o *stakeholder* diretamente afetado/interessado que deve ser considerado sob pena de subdesenvolvimento da atividade social: na rubrica "receitas" devem ser considerados, antes de mais, os interesses dos clientes enquanto fonte das mesmas; na rubrica "custo das vendas" devem ser considerados, antes de mais, os interesses dos fornecedores da matéria prima necessária à produção desses bens; na rubrica "salários" devem, naturalmente, ser considerados os interesses dos trabalhadores; na rubrica "impostos" devem ser consideradas as relações da sociedade com o Estado; e, finalmente, na rubrica "lucros" devem ser considerados os interesses dos "sócios".

[2647] No mesmo sentido, *vide* PAULO CÂMARA – *O governo das sociedades e a reforma...* p. 37-38. Cfr. também CARNEIRO DA FRADA – *A business judgment rule...* p. 76-77. No âmbito da *perspetiva institucionalista*, vejam-se as dificuldades encontradas por JORGE COUTINHO DE ABREU para quem o conceito de interesse social – para efeitos da delimitação do dever de lealdade dos administradores nos termos da alínea *b)* do n.º 1 do art. 64.º – «resulta da *conjugação dos interesses dos sócios e de outros sujeitos ligados à sociedade*». O autor defende que a determinação do próprio conceito de interesse social implica a ponderação dos interesses dos *stakeholders*, mas logo reconhece que esta «é uma norma de conteúdo positivo quase nulo», na medida em que os trabalhadores, contrariamente aos sócios, «não podem evidentemente contrariar decisões dos administradores através de deliberações suas, nem podem destituí-los (mesmo havendo justa causa), nem responsabilizá-los por danos causados à sociedade (quando se considere ter havido danos ...)». Ainda assim, segundo o autor, esta norma teria o efeito útil de limitar ou excluir a responsabilidade dos administradores perante a sociedade. JORGE COUTINHO DE ABREU – *Curso*, 2[4]... p. 306, 304, 308-309. A mesma dificuldade tinha sido sentida já antes por MARIA AUGUSTA FRANÇA – *A estrutura...* p. 62-63, forçada a concluir que a os efeitos práticos da solução do art. 64.º (na redação anterior a 2006) «serão muito poucos ou quase nenhuns».

[2648] Sem prejuízo dos deveres de proteção que se imponham no caso. Cfr. nota 2645 *supra*.

DA ADMINISTRAÇÃO À FISCALIZAÇÃO DAS SOCIEDADES

de "credores residuais" – justifica, aliás, uma interpretação restritiva do conceito de interesse social[2649].

1893

Este é o sentido decorrente das diferentes coordenadas sistemáticas que a "ponderação" de interesses imposta pelo art. 64.º/1, *b)* não parece inverter. É igualmente o único sentido que permite limitar o potencial efeito desrespon-sabilizador associado à multiplicação de fins em função dos quais é concretizada a conduta devida pelos titulares dos órgãos sociais[2650]. Pelo menos entre nós,

---

[2649] Também HERBERT WIEDEMANN – *Gesellschaftsrecht*, 1, München: Beck, 1980, p. 626-627 recorda que enquanto os trabalhadores são protegidos pelo direito do trabalho, os acionistas só são protegidos pelo direito das sociedades.

[2650] Neste sentido, como referimos antes, reconhece JORGE COUTINHO DE ABREU – *Curso*, 2⁴... p. 301-302, que a formulação do art. 64.º/1, *b)* constitui «*retórica normativa balofa e potencialmente desresponsabilizadora dos administradores*»; «quanto maior o elenco de interesses a concretizar e quanto mais difusos e conflituantes eles forem, maior será a discricionariedade dos administradores e menor a controlabilidade da sua actuação». Noutro ponto, porém, o autor parece enaltecer este efeito desresponsabilizador, que qualifica como "efeito útil". Cfr. *ibidem*, p. 309. O autor desenvolve explicando que a conduta dos administradores que atendendo aos interesses dos trabalhadores decidem não encerrar uma secção empresarial deficitária, causando perdas à sociedade, constitui uma conduta ilícita – na medida em que «um gestor criterioso e ordenado actuando no interesse da sociedade não devia, na avaliação do interesse social, ter sobrevalorizado nessa medida os interesses dos trabalhadores» –, mas «aquela preocupação com os interesses dos trabalhadores poderá, se não excluir a culpa, pelo menos atenuá-la».

Idêntica posição tinha sido defendida já por MARIA AUGUSTA FRANÇA – *A estrutura...* p. 62-63, que, como referimos já, concluiu que os efeitos práticos «da solução inovadora do art. 64.º serão certamente muito poucos ou quase nenhuns». A grande diferença, explica, reside no facto de os sócios «não poderem legalmente exigir que só os seus interesses sejam considerados ou responsabilizar os administradores pela ponderação dos interesses dos trabalhadores».

Também CARNEIRO DA FRADA – *A business judgment rule...* p. 76-77, afirma que independentemente do teor e alcance atribuídos à referência legal aos outros interesses a considerar pelos administradores, «há certamente um campo de responsabilidade social da actividade societária que o direito constituído mostra *apertis verbis* acolher». Formalmente, só é condicionada a conduta dos administradores, mas deve considerar-se visada a conduta da sociedade enquanto tal (sendo a ela imputada pelo comportamento dos administradores). Daqui retira o autor que, «se a lei consente ao administrador atender e ponderar outros interesses para além do interesse da sociedade, tal significa necessariamente que uma gestão que não se tenha orientado estritamente para a maximização do lucro gerado pela empresa não conduz necessariamente a responsabilidade» (noutro estudo, porém, CARNEIRO DA FRADA – *Acordos parassociais...* p. 116-117, esclarece que os administradores podem, mas não estão obrigados a prosseguir outros interesses que não os dos sócios, e que o art. 64.º/1 não os legitima, sem mais, a desrespeitar o interesse comum dos sócios).

Ora, é exatamente este tipo de perigosos entendimentos que colocam em causa a clareza dos critérios de responsabilização dos administradores. Quanto maior for o leque de interesses que os mesmos podem invocar para excluir a sua *culpa* (de acordo com o entendimento de JORGE COUTINHO DE ABREU, para quem a consideração dos interesses dos *stakeholders* não releva para efeitos da determinação da *ilicitude* da atuação dos administradores), mais difícil será responsabilizá-los, reduzindo os incentivos à condução eficaz e eficiente dos negócios sociais. Estamos portanto em consonância com MENEZES CORDEIRO – *Os deveres fundamentais...* p. 42, quando afirma que

A CONSTRUÇÃO UNITÁRIA DA OBRIGAÇÃO DE VIGILÂNCIA

o Direito das sociedades não pretende «resolver conflitos laborais ou prevenir cataclismos ambientais»[2651]. Assim, os administradores devem sempre justificar a sua atuação em função dos interesses da sociedade. A ponderação dos demais interesses terá lugar quando se apresentem ao administrador várias alternativas de ação normativamente admissíveis para a prossecução do interesse social (*i.e.*, igualmente válidas do ponto de vista da racionalidade económico-empresarial, tendo em vista os interesses da sociedade). Em particular, tal ponderação será especialmente relevante na contraposição de políticas que visem incrementar o lucro a curto prazo face a políticas de crescimento sustentado a longo prazo (mais favoráveis aos interesses dos *stakeholders*)[2652].

VII. Face às referidas coordenadas sistemáticas, o interesse social é normati- 1894 vamente apresentado, para o que ora importa[2653], como o fim ou resultado defi-nidor da conduta devida pelos titulares[2654] dos órgãos sociais e traduz o interesse comum dos sócios enquanto sócios (ou o interesse dos sócios em modo cole-tivo). Na tripartição entre "interesse subjetivo", "interesse objetivo" e "interesse técnico", sugerida por MENEZES CORDEIRO[2655], enquadra-se na aceção do "inte-resse objetivo", como «a relação de adequação que surge entre uma pessoa, que tem necessidades (reais e constatáveis) e a realidade apta a resolvê-las»[2656].

Seguindo a sugestão de PEDRO MÚRIAS, poderia igualmente configurar-se 1895 como aquilo que um gestor criterioso e ordenado (ou um fiscalizador empre-gando elevados padrões de diligência profissional) entenderia como "bom" ou

«Quem é leal a todos, particularmente havendo sujeitos em conflito, acaba desleal perante toda a gente. Uma técnica legislativa elementar ensina que não se devem construir normas com um aditamento ilimitado de novos termos, sob pena de se lhes esvaziar os conteúdos».
Este é um argumento frequentemente considerado e referido na discussão internacional que contrapõe a perspetiva germânica à perspetiva anglo-saxónica do interesse social. *Vide, e.g.*, GUIDO FERRARINI – "Shareholder value and the modernisation of European corporate law", in KLAUS J. HOPT e EDDY WYMEERSCH (eds.) – *Capital markets and company law*, 2005 reimp., Oxford: Oxford University Press, 2003.
A propósito da consideração de interesses no âmbito do dever de lealdade, veja-se a advertência de CARNEIRO DA FRADA – *A business judgment rule*... p. 75, segundo o qual «a consideração (...) dos diversos interesses mencionados no art. 64/1, *b*), diz antes respeito ao dever de cuidar do interesse social, contemplado na al. *a*). Ao administrar é que se hão-de ponderar esses interesses, não para ser leal».
[2651] PAULO CÂMARA – *O governo das sociedades e a reforma*... p. 38.
[2652] Cfr. nota 2646 *supra*.
[2653] Ou seja, no contexto da obrigação de vigilância (tal como da obrigação de administração) dos órgãos da sociedade anónima.
[2654] Recorde-se que já GOMES DA SILVA – *O dever de prestar*... p. 44 reconduzia o "interesse" ao fim considerado pela lei.
[2655] MENEZES CORDEIRO – *Tratado*, 6²... p. 311-312.
[2656] *Ibidem*, p. 312.

DA ADMINISTRAÇÃO À FISCALIZAÇÃO DAS SOCIEDADES

"desejável" para os sócios (em modo coletivo), perante as circunstâncias do caso concreto.

1896   No primeiro caso, «[u]ma pessoa tem interesse em *x* se, e só se, *x* é bom para essa pessoa», sendo certo que "bom para" deve ser entendido no sentido próximo de "para o bem de", e não no de "considerado bom por". O propósito, como sustenta PEDRO MÚRIAS, é explicitar que o interesse corresponde a um *valor*: «[u]m juízo de interesse será um juízo de valor». Assim se admitindo, o interesse é enquadrável numa mesma categoria com os valores morais, estéticos, epistémicos, etc., apesar de não se tratar de um valor intrínseco, mas de um valor relativo a uma pessoa[2657].

1897   No segundo caso, não se confunde o interesse com o que é desejado, correspondendo o interesse àquilo que o seu titular *pode* ou *deve* desejar, assim erigindo a *razão* a critério da vontade. «Ter interesse em *x* é ter razão, tudo visto, para querer *x*»[2658]. Assim, «[d]escobrir se alguém tem ou não tem interesse em certa coisa é discutir as *justificações* ou os *fundamentos* que essa pessoa poderia ter para tal coisa»[2659].

1898   Segundo PEDRO MÚRIAS, a vantagem desta definição face à anterior está em evitar as dúvidas que os conceitos valorativos geralmente suscitam, situando o conceito de interesse na relação entre a razão (ou a racionalidade) e a vontade (ou desejo)[2660]. Com este enquadramento, «o interesse corresponde à vontade que se teria numa situação de informação plena e plena racionalidade, dadas as restantes características do titular e do mundo de que essa vontade resultaria. Interesse e vontade coincidem quando o titular for racional e tiver toda a informação pertinente»[2661].

1899   Sendo a sociedade anónima um instrumento para o desenvolvimento de uma atividade comercial, o critério de racionalidade subjacente à determinação do interesse social é, sobretudo, um critério de racionalidade económica ou empresarial[2662].

[2657] Acrescenta PEDRO MÚRIAS – *O que é um interesse...* p. 848-849, que a filosofia do interesse é, nesta visão, uma filosofia do valor ou axiologia, tal como a ética, etc. A partir daqui sugere que, tal como conhecidas teorias doutros campos, o conceito de interesse seria «um conceito fundamental ou básico, não analisável, um conceito *sui generis* e irredutível a outros, por ser também assim, porventura, o conceito não relativo de "bom"». Conclui que esta hipótese talvez não seja propriamente um "esclarecimento" do que é ter um interesse, mas é, ainda assim, uma tentativa de localização da respetiva filosofia. Segundo PEDRO MÚRIAS, «isto é uma vantagem relativamente à pseudo-análise contida na definição tradicional».

[2658] *Ibidem*, p. 853.

[2659] *Ibidem*, p. 854-855.

[2660] *Ibidem*, p. 854.

[2661] *Ibidem*, p. 856.

[2662] Como aliás resulta do art. 72.º/2.

A CONSTRUÇÃO UNITÁRIA DA OBRIGAÇÃO DE VIGILÂNCIA

Dito isto, dentro das linhas fixadas pelos acionistas, nos estatutos ou nas deli-   1900
berações tomadas nos termos do art. 11.º/3, cabe ao conselho de administração
concretizar e densificar o "interesse da sociedade" como aquilo que é "desejável" para os acionistas (em modo coletivo), perante as circunstâncias do caso
concreto[2663].

VIII. Sem prejuízo de ao conselho de administração caber o mais importante   1901
papel de concretização e densificação do fim da sociedade, não pode ignorar-se
o papel desempenhado pelo conselho fiscal[2664]. Como vimos, sendo este chamado a fiscalizar a administração da sociedade, deve reconstruir as decisões da
mesma, aferindo se, face às circunstâncias do caso, correspondem aos melhores interesses da sociedade[2665]. Por outras palavras, cabe-lhe aferir se as opções
da administração correspondem à vontade que os sócios (em modo coletivo)
teriam numa situação de informação plena e plena racionalidade, perante o caso
concreto.

Esta apreciação exige a prévia concretização dos melhores interesses da   1902
sociedade no caso concreto, ou seja, a formulação do padrão face ao qual deve
ser contraposta a conduta da administração[2666].

[2663] Analisamos adiante de que forma a imputação da determinação do interesse da sociedade ao conselho
de administração se reflete na discricionariedade que lhe é normativamente reconhecida.

[2664] Continuamos a tomar por referência o nosso modelo tradicional, sem prejuízo de a construção
apresentada valer, *mutatis mutandis*, para os demais modelos de governo.

[2665] Trata-se, portanto, de uma avaliação do "mérito" da administração, comummente recusada pela
doutrina. Parece-nos, no entanto, que a divergência entre a nossa afirmação e muitas das posições contrárias
se deve a uma insuficiente densificação do conceito de "mérito". Como bem recorda MENEZES CORDEIRO
– *Tratado*, 6²... p. 265-266, «[b]oa parte das dissensões doutrinárias advêm dos sentidos emprestados às
palavras, pelos diversos autores». Assim, sublinha-se, a afirmação de que o conselho fiscal deve avaliar o
"mérito" das decisões da administração assenta no pressuposto, aqui sustentado, de que a obrigação de
diligente administração da sociedade é *a priori* indeterminada, mas determinável no caso concreto. Esta
determinabilidade encontra frequentemente limites, face aos quais se reconhecem alternativas de ação
normativamente admissíveis (espaço de discricionariedade). A medida da determinabilidade da conduta
do órgão de administração corresponde à medida da possibilidade de avaliação pelo órgão fiscalizador.
Identificamos, portanto, o "mérito" da decisão com a sua substância. Neste sentido, sustentando que as
escolhas de mérito são, por definição, escolhas não predeterminadas nem predetermináveis pelas normas
preconcebidas e relativas ao sujeito ou órgão competente, cfr., *v.g.*, ENZO CAPACCIOLI – "Controllo sulle
società per azioni: Profili pubblicistici", in *Controlli interni ed esterni delle societa per azioni*, Milano: Giuffrè,
1972, p. 26.

[2666] SEMLER – *Leitung und Überwachung²*... p. 53. Cfr. nota 1915 *supra*, na qual expusemos que, de acordo
com a jurisprudência do BVerfG e do BGH, os membros do *Aufsichtsrat* devem determinar o interesse da
sociedade, sendo esta uma constante tarefa do *Aufsichtsrat* e do *Vorstand*. *Ibidem*, p. 33-35, sem que isso
implique que o *Aufsichtsrat* se possa substituir ao *Vorstand* na iniciativa sobre medidas de gestão (SEMLER
– *Die Überwachungsaufgabe*... p. 49-50), devendo reconhecer-se a este último uma ampla margem de
discricionariedade na determinação do interesse social (SEMLER – *Leitung und Überwachung²*... p. 41).

DA ADMINISTRAÇÃO À FISCALIZAÇÃO DAS SOCIEDADES

1903   Esta construção é coerente com quanto vai exposto no § 23 e também no § 25, no qual sustentámos que o conselho fiscal deve avaliar a conduta da administração não só segundo critérios de legalidade (*Rechtsmäßigkeit*), mas também de regularidade (*Ordnungsmäßigkeit*), economicidade (*Wirtschaftlichkeit*) e adequação (*Zweckmäßigkeit*)[2667].

1904   IX. Do exposto resulta que o interesse da sociedade não opera como "resultado definidor"[2668] senão em conjugação com as normas de competência legal e estatuariamente definidas para cada órgão social. Assim, por exemplo, ao conselho de administração cabe tomar a *iniciativa* na prossecução daquilo que é "desejável" para os acionistas (em modo coletivo), perante as circunstâncias do caso concreto[2669]; ao conselho fiscal cabe vigiar a atuação da administração[2670], assegurando a conformidade desta face àquele fim, contando para o efeito com o auxílio do revisor oficial de contas.

1905   Voltemos a um exemplo já apresentado: uma sociedade industrial tem disponibilidades de tesouraria numa conta à ordem, tendo o administrador a quem foi delegado o pelouro financeiro decidido que as mesmas deveriam ser rentabilizadas. Perante as várias alternativas disponíveis, o administrador decidiu investir num portfólio de derivados financeiros[2671], apresentados como tendo uma alta rentabilidade. Estamos perante duas decisões, autonomamente sindicáveis:

[2667] Cfr., *v.g.*, BAUMBACH e HUECK – *AktG*[8]..., § 95, n.º 2, SEMLER – *Die Überwachungsaufgabe...* p. 68-72, SEMLER – *Leitung und Überwachung*[2]... p. 46-51, para questão paralela no Direito alemão.

[2668] Não obstante as dúvidas que suscita a qualificação do interesse social face à distinção sugerida por PEDRO MÚRIAS e MARIA DE LURDES PEREIRA entre "resultado definidor da prestação" e "resultado exterior", deve o mesmo ser incluído na primeira categoria, por ser essencial à exata descrição da obrigação de administração e da obrigação de vigilância e por dever ser imperativamente tentado pelos respetivos órgãos sociais. Basta pensar que a impossibilidade do interesse social não pode deixar de ter consequências sobre a obrigação de administração ou sobre a obrigação de vigilância (quando seja conhecida ou cognoscível pelo devedor), pelo que não poderia qualificar-se como exterior à prestação. Cfr. PEDRO MÚRIAS e MARIA DE LURDES PEREIRA – *Obrigações de meios...* p. 1006-1008.

[2669] Cfr. § 13 *supra*.

[2670] Esta afirmação não é, em si, isenta de dificuldades, face à contraposição de posições doutrinárias e jurisprudenciais sobre o que seja "vigiar" ou "fiscalizar" ou quem e até que ponto deve ser vigiado. Cfr. nota 1867 *supra*. Quanto a nós, parece-nos que a questão não deve ser respondida em abstrato, mas sim na concreta consideração das situações jurídicas analíticas, de cariz procedimental, que caracterizam a obrigação de vigilância. Nesse sentido, nos capítulos anteriores procurámos responder às questões: a quem pode ser exigida informação? Como e face a quem podem os órgãos de fiscalização reagir perante eventuais irregularidades detetadas na administração da sociedade?

[2671] Exemplo inspirado no acórdão do STJ 12-jan.-2012 (ÁLVARO RODRIGUES), processo n.º 916/ /03.2TBCSC.L1.S1, disponível em www.dgsi.pt. Para uma introdução aos instrumentos financeiros derivados, cfr., entre nós, PAULO CÂMARA – *Manual*[2]... p. 188 ss.

A CONSTRUÇÃO UNITÁRIA DA OBRIGAÇÃO DE VIGILÂNCIA

a primeira identifica um "resultado subalterno" ao "resultado definidor"[2672]; a segunda o meio para a sua concretização. Estes factos são, pelo menos aparentemente, coerentes com o quadro de competências jus-societário[2673]: o conselho de administração distribuiu pelouros entre os seus membros (art. 407.º/1); o administrador com o pelouro financeiro, no exercício das suas competências delegadas, identificou um fim a prosseguir e o meio para o fazer (art. 405.º/1).

Neste caso, ao plenário do conselho de administração, bem como ao conselho fiscal, caberá, no contexto das respetivas obrigações de vigilância, aferir se a conduta do administrador delegado é conforme ao interesse da sociedade (atendendo em particular ao disposto no art. 6.º/4)[2674]. Caso o conselho de administração entenda que aquela conduta não é positiva, deverá substituir-se ao administrador, tomando a iniciativa, praticando os atos mais adequados à salvaguarda e/ou promoção dos melhores interesses da sociedade. O conselho fiscal, por seu turno, não se podendo substituir ao administrador, poderá ainda assim exercer os poderes-deveres de reação analisados no § 26, no contexto da sua relação com o conselho de administração e com a assembleia geral.

B. A heterodelimitação do interesse da sociedade perante o seu dever de lealdade e perante as instruções recebidas nos termos do art. 503.º/2

I. Quando a sociedade seja titular de participações noutras sociedades, o seu interesse, enquanto resultado definidor da conduta dos seus órgãos sociais, pode ser heterodelimitado pelo seu dever de lealdade face à sociedade partici-

---

[2672] Como vimos, na construção de PEDRO MÚRIAS e MARIA DE LURDES PEREIRA, "subalternos" são os resultados destinados a causar ou a contribuir para causar o "definidor". Cfr. nota 2562 *supra*.

[2673] Uma resposta definitiva à questão sempre dependeria de uma conclusão prévia sobre o cumprimento da parte final do art. 6.º/4.

Noutra perspetiva, podemos enquadrar estas decisões nas relações estabelecidas entre si e com o fim último da atuação orgânica (o interesse da sociedade). Neste quadro, a rentabilização das disponibilidades de tesouraria é simultaneamente um "meio" para prosseguir o fim do interesse da sociedade e o "fim" do investimento em derivados financeiros.

[2674] A este propósito, *vide* STJ 12-jan.-2012 (ÁLVARO RODRIGUES), processo n.º 916/03.2TBCSC.L1.S1, disponível em www.dgsi.pt. Neste acórdão, a propósito da confirmação da verificação dos pressupostos de responsabilidade civil aquiliana perante um credor da sociedade, nos termos do art. 78.º/1, o tribunal apreciou a conduta de um administrador que «realizou operações cambiais de mera especulação financeira, claramente excluídas do objecto social da sociedade administrada, com a dimensão e com os resultados que ficaram evidenciados em sede de matéria de facto».

DA ADMINISTRAÇÃO À FISCALIZAÇÃO DAS SOCIEDADES

pada e face aos demais sócios desta[2675] (mas não pela afirmação de um "interesse do grupo", distinto do interesse da sociedade-mãe[2676]).

1908 O dever de lealdade dos acionistas entre si e para com a sociedade participada é hoje, em geral, reconhecido[2677] e aplicado entre nós, à semelhança do que foi desenvolvido pela jurisprudência norte-americana[2678] e reconhecido no

---

[2675] Segundo LUTTER, o dever de lealdade dos sócios é, na sua essência, um dever principal, dado que não só delimita e controla o exercício jurídico de outros deveres, mas através dele é concretizado o conteúdo dos deveres de ação e omissão dos sócios. MARCUS LUTTER – Treupflichten und ihre Anwendungsprobleme, *Zeitschrift fur das gesamte Handelsrecht und Wirtschaftsrecht*, 162:2, 1998, p. 167. Entre nós, ANA PERESTRELO DE OLIVEIRA sustenta que, tal como no Direito civil, também no Direito societário – em particular, no contexto dos grupos de sociedades – os deveres de lealdade podem assumir-se como deveres principais ou deveres acessórios, consoante o caso. ANA PERESTRELO DE OLIVEIRA – *Grupos de sociedades...* p. 213-216. Sobre a configuração dos deveres de lealdade no Direito civil português, cfr. nota 2680 *infra*.

[2676] No contexto dos grupos de sociedades decorrentes de um contrato de subordinação ou do domínio total, o "interesse do grupo" prosseguido pelos administradores da sociedade-mãe corresponde, afinal, ao interesse desta sociedade em "modo de grupo". Os administradores de cada sociedade-filha, por seu turno, estão vinculados ao cumprimento das instruções da sociedade-mãe, mas, onde faltem tais instruções, devem prosseguir os interesses da sociedade-filha. Cfr. nota 688 *supra*, onde acompanhámos o pensamento de ANA PERESTRELO DE OLIVEIRA – *Grupos de sociedades...* p. 223-232, n.os 291-302.

[2677] No sentido da negação deste dever por falta de fundamento dogmático válido, cfr. CASSIANO DOS SANTOS – *Estrutura associativa...* p. 527 ss.

[2678] No direito norte-americano, o *duty of loyalty* foi desenvolvido pela jurisprudência e pela doutrina de acordo com diferentes formulações, numa história rica e de intenso confronto de posições que influenciou em grande medida o desenvolvimento deste dever enquanto pilar do direito das sociedades comerciais, muito para além das fronteiras norte-americanas. No início, de acordo com a *common law*, era ponto assente que um acionista, atuando enquanto tal, podia exercer os seus direitos de voto no seu próprio interesse, sem atender aos interesses dos demais acionistas [cfr., *e.g.*, Haldeman v. Haldeman, *197 S.W. 376, 381 (Ky.1917)*]. Em geral, esta solução mantém-se inalterada [cfr., *e.g.*, Thorpe v. CERBCO, Inc., *1993 WL 443406 (Del.Ch.1993)*, e Gabhart v. Gabhart, *370 N.E.2d 345, 355 (Ind.1977)*]. No entanto, o acionista que seja eleito para o conselho de administração e que atua na qualidade de administrador assume deveres fiduciários face aos demais acionistas [*Zahn v. Transamerica Corp., 162 F.2d 36 (3rd Cir.1947)*]. O caso do acionista controlador (que não seja membro da administração) situa-se entre estes dois extremos, na medida em que o seu poder de voto lhe permita determinar a eleição do conselho de administração. Os tribunais norte-americanos cedo reconheceram que, nestas circunstâncias, o conselho de administração não podia atuar de forma independente face ao acionista controlador, pelo que lhe estenderam os deveres fiduciários dos administradores [cfr., *e.g.*, a sentença do *U.S. Supreme Court* de 1919 no caso *Southern Pac. Co. v. Bogert, 250 U.S. 483, 487-488 (1919)*]. Para maiores desenvolvimentos, cfr., *v.g.*, STEPHEN M. BAINBRIDGE – *Corporation law and economics*, New York: Foundation Press, 2002, p. 335-336. O padrão de referência continua a ser aquele que foi estabelecido nas sentenças do *Supreme Court of Delaware* em *Sinclair Oil Corp. v. Levien* [280 A.2d 717 (Del.Supr.1971)] e do *Third Circuit* em *Zahn v. Transamerica Corp.* [162 F.2d 36 (3rd Cir.1947)]: do domínio exercido pelo acionista controlador sobre os administradores da sociedade decorre a falta de capacidade destes para representar a sociedade como o fariam face a um terceiro no mercado, pelo que o poder do acionista controlador para ditar o sentido da atuação dos administradores determina uma extensão do dever de lealdade a tal acionista. Cfr. FRANKLIN A. GEVURTZ – *Corporation law*, St. Paul: West Group, 2000, p. 347-349. No fundo, aquele que controla os administradores deve estar sujeito a um dever tão rigoroso como aquele que é aplicável a estes. Cfr.

A CONSTRUÇÃO UNITÁRIA DA OBRIGAÇÃO DE VIGILÂNCIA

Direito alemão[2679], em desenvolvimento dos conceitos gerais de direito civil[2680] (também nas sociedades anónimas[2681])[2682].

Cox e Hazen – *Corporations...* p. 602. No entanto, ainda de acordo com a decisão proferida em *Sinclair*, a atuação do acionista controlador só pode ser posta em causa perante um caso de *self dealing*, entendendo o tribunal que (280 A.2d, 720):

> «*Self dealing occurs when the parent, by virtue of its domination of the subsidiary causes the subsidiary to act in such a way that the parent receives something from the subsidiary to the exclusion of, and detriment to, the minority stockholders of the subsidiary*».

Com base neste teste, o tribunal entendeu que a distribuição de dividendos questionada naquele caso não podia ser posta em causa porque todos os acionistas tinham beneficiado da mesma na proporção das suas participações sociais. Note-se ainda que este teste, acerca da existência de *self dealing*, reporta-se à distribuição do ónus da prova, mas, na verdade, determina em grande medida a decisão sobre o mérito da causa. De facto, ao autor cabe provar a existência de *self dealing*. Caso o consiga, caberá ao réu provar que o negócio era justo (*fair*), tanto quanto ao preço, como quanto à negociação (*fair price* e *fair dealing*). No entanto, caso o autor prove *fair dealing* nos termos indicados, torna-se muito difícil ao réu provar que o negócio era justo. Cfr., *e.g.*, Iman Anabtawi e Lynn Stout – Fiduciary duties for activist shareholders, *Stanford Law Review*, 60, 2008, p. 1264, Cox e Hazen – *Corporations...* p. 603, Gevurtz – *Corporation law...* p. 352-354. Concretizando: o dever de lealdade dos acionistas controladores corresponde a um dever fiduciário, de acordo com o qual lhes é vedado o aproveitamento da sociedade ou dos seus co-acionistas, através de negócios *fraudulentos* ou simplesmente *injustos*. Os acionistas controladores devem, por isso, no exercício do seu poder institucional (incluindo o uso da informação referente à sociedade), agir de boa-fé na promoção dos interesses da sociedade. Por outro lado, quando negoceiem com a mesma, devem comunicar integralmente aos seus representantes desinteressados todos os factos relevantes para o efeito, e lidar com a sociedade em condições de intrínseca justeza (*intrinsic fairness*). Assim, os acionistas controladores não podem lidar com a sociedade por qualquer forma que os beneficie em prejuízo da mesma e, logo, dos demais acionistas. Allen e Kraakman – *Commentaries...* p. 285. Cfr. também, por exemplo, Clark – *Corporate Law...* p. 141.

Fora do contexto referido, a doutrina norte-americana tende a considerar que os acionistas não estão sujeitos a qualquer dever fiduciário, consideração que é especialmente relevante no contexto dos abusos de minoria e da responsabilidade dos acionistas institucionais (minoritários) pela influência exercida sobre a administração da sociedade. Esta situação deve ser entendida no contexto norte-americano, onde, em geral, são apontadas duas justificações para a ausência de responsabilização dos acionistas institucionais: o facto de a dispersão acionista no sistema norte-americano implicar uma apatia racional dos acionistas minoritários, cuja intervenção na vida da sociedade, em termos económicos, não compensa os custos inerentes; e o facto de a sua intervenção ser, em geral, qualificada como positiva, por se assumir que é baseada na intenção de promover o desempenho da sociedade, intenção essa que, nesses termos, estaria alinhada com os interesses da sociedade e dos demais acionistas. Sobre este tema, com uma crítica a estas assunções, *vide*, em especial Anabtawi e Stout – *Fiduciary duties...* p. 1257.

Cfr. também Ana Perestrelo de Oliveira – *Grupos de sociedades...*, p. 184-185 (nota 598), sobre o tema no Direito norte-americano, e p. 181-183 (nota 597), no Direito inglês.

[2679] Os *Treupflichten* dos sócios surgem no direito das sociedades comerciais alemão nos anos 20 do século passado. Na sua base esteve um desenvolvimento jurisprudencial *praeter legem* – em especial após a II Guerra Mundial, com destaque para as decisões nos casos *ITT* (BGH 5-jun.-1975, *BGHZ*, 65, 15), *Audi/NSU* (BGH 16-fev.-1976, *JZ* 1976, 561), *Linotype* (BGH 1-fev.-1988, *BGHZ*, 1988, 194) e *Girmes* (BGH 20-mar.-1995, *JZ*, 1995, 1064) – com importantes contribuições doutrinárias. Cfr. Menezes Cordeiro – *Os deveres fundamentais...* p. 472, Menezes Cordeiro – *A lealdade...* p. 1050-1051. Tradicionalmente entendia-se que a ideia de acionista apenas fundava direitos e deveres dos acionis-

DA ADMINISTRAÇÃO À FISCALIZAÇÃO DAS SOCIEDADES

Decorre, em princípio, da participação social[2683], sendo o seu conteúdo e alcance modelado pelo tipo de sociedade em causa e pela posição e relaciona-

tas face à sociedade e não entre si, pelo que a maioria podia decidir como entendesse dentro da lei. Nas palavras de PAULO CÂMARA, «pretendia-se que a personalidade colectiva significasse o total obnubilamento da esfera privada do associado». Cfr. PAULO CÂMARA – Parassocialidade e transmissão de valores mobiliários, dissertação de mestrado apresentada à Faculdade de Direito da Universidade de Lisboa, inédito, 1996, p. 272-273. Cfr. também NUNO TRIGO REIS – Os deveres de lealdade... p. 293-295. Progressivamente, porém, a jurisprudência foi intervindo nos casos mais escandalosos, ao abrigo da cláusula dos bons costumes, afirmando, por fim, o dever de lealdade dos acionistas entre si, enquanto membros da comunidade de sócios. Primeiro nas sociedades de pessoas e nas sociedades por quotas. Mais tarde, nas sociedades anónimas. Cfr. MENEZES CORDEIRO – Os deveres fundamentais... p. 471-474. As decisões referidas constituíram marcos significativos nesta evolução.

Resumidamente, no caso Audi/NSU, numa solução muito contestada pela doutrina, o OLG Celle negou a existência de qualquer relação jurídica entre o sócio maioritário e o sócio minoritário que justificasse um dever de proteção do primeiro sobre o segundo (nomeadamente de fidelidade). O BGH, por seu turno, confirmou este entendimento, recusando a relevância dos deveres de fidelidade para além dos limites do BGB ou da esfera intrassocietária, salvo em caso de exercício de influência da sociedade dominante sobre a dominada em desfavor desta. Em 1975, no caso ITT, o BGH afirmou já que a sócia maioritária de uma GmbH estava sujeita a um dever de lealdade face à minoria, como contrapeso da sua influência direta sobre a gerência daquela sociedade. No caso Linotype, em 1988, o BGH afirmou finalmente os deveres de fideli-dade entre acionistas, na sociedade anónima (a propósito da averiguação da validade de uma deliberação social ou de um acordo parassocial). Por fim, em 1995, a decisão proferida pelo BGH, no caso Girmes, reco-nheceu o dever de lealdade dos acionistas minoritários relativamente aos seus co-acionistas, em especial no que respeita ao exercício de direitos sociais. Cfr. PAULO CÂMARA – Parassocialidade... p. 277, NUNO TRIGO REIS – Os deveres de lealdade... p. 293-295, ANA PERESTRELO DE OLIVEIRA – Grupos de sociedades... p. 190-194.

[2680] Sobre a concretização do dever de lealdade, vide MENEZES CORDEIRO que distingue no Direito civil: (i) a lealdade como dever acessório que acompanha as obrigações, adstringindo as partes a, por ação, preservar os valores em jogo (apoiando-se no art. 762.º/2 CC); (ii) a lealdade como particular conforma-ção de prestações de serviços, variando na razão direta da confiança requerida (esta é uma manifestação mais intensa dos deveres acessórios que modelam a própria prestação principal; «em rigor já nem seriam "deveres acessórios", antes enformando a obrigação principal»); (iii) a lealdade como dever próprio de uma obrigação sem dever de prestação principal (relembrando a boa-fé in contrahendo e o art. 227.º/1 CC) e (iv) a lealdade como configuração das atuações requeridas a quem gira um negócio alheio, aproxi-mando-se dos deveres do gestor ou do mandatário [arts. 465.º, a), 1161.º e 1162.º CC], tendo, nesta ver-tente, um conteúdo fiduciário. MENEZES CORDEIRO – Os deveres fundamentais... p. 470, MENEZES COR-DEIRO – A lealdade... p. 1038-1039. Cfr. também MENEZES CORDEIRO – Da boa fé..., p. 606-607, na análise dos deveres de lealdade enquanto deveres acessórios ou laterais, e p. 555 ss., enquanto deveres pré-con-tratuais, bem como ANTÓNIO MENEZES CORDEIRO – Da pós-eficácia das obrigações, Lisboa: [s.n.], 1984, p. 31, enquanto deveres acessórios sem dever principal na fase pós-contratual. Cfr. ainda ANA PERESTRELO DE OLIVEIRA – Grupos de sociedades... p. 203-205.

[2681] Cfr. PAIS DE VASCONCELOS – A participação social²... p. 315, MENEZES CORDEIRO – Os deveres fundamen-tais... p. 471.

[2682] Para um desenvolvimento sobre este matéria, cfr., por todos, ANA PERESTRELO DE OLIVEIRA – Grupos de sociedades..., passim.

[2683] Este princípio sofre desvios. Como bem defende ANA PERESTRELO DE OLIVEIRA, não é só a partici-pação social que fundamenta deveres de lealdade. Também o controlo interempresarial os fundamenta,

A CONSTRUÇÃO UNITÁRIA DA OBRIGAÇÃO DE VIGILÂNCIA

mento do sócio com a sociedade e com os demais sócios[2684]. Apesar do silêncio da lei (contrariamente ao verificado para os administradores ou titulares de órgãos sociais com funções de fiscalização, de acordo com a redação dada na reforma de 2006 ao art. 64.º[2685])[2686], afirma-se em geral a sua fonte legal, desde logo pela impossibilidade de as partes preverem contratualmente todas as situações que servem de base à sua aplicação[2687]. Como explica CARNEIRO DA FRADA:

> «a lealdade resulta de uma ponderação ético-jurídica independente da previsão das partes nesse sentido e apresenta-se como consequência de uma valoração heterónoma (*ex lege*) da ordem jurídica»[2688].

II. Em termos de sistematização dogmática, entre nós o dever de lealdade é geralmente reconduzido à boa-fé[2689], sendo limitado por isso às relações espe-

1910

---

sendo certo que o controlo pode não coexistir com a participação social. Assim sucede perante um contrato de subordinação, de outros acordos (contratos de franquia, contratos de licença, contratos de crédito), ou da especial posição do credor, que revelam um poder negocial desproporcionado da sociedade dominante, equivalente ao que decorre da participação social de controlo. Cfr. *ibidem*, p. 130-135, 216-217, 219 (nota 706) e passim.

[2684] No mesmo sentido, PAIS DE VASCONCELOS – *A participação social²*... p. 333-334.

[2685] MENEZES CORDEIRO afirma que os "deveres de lealdade" dos administradores positivados na reforma de 2006 correspondem aos *fiduciary duties* britânicos, mais restritivos do que os deveres de lealdade propriamente ditos. Cfr. o glossário apresentado em MENEZES CORDEIRO – *A lealdade...* p. 1064-1065.

[2686] Recorde-se que o reconhecimento do dever de lealdade dos accionistas entre si levou mais tempo para ser reconhecido, em especial nas sociedades por capitais, tanto pela jurisprudência, como pela doutrina. Os críticos de um tal dever entre os acionistas afirmam a inexistência de relações contratuais entre os acionistas e o silêncio da lei sobre tal dever. No entanto, já em 1989, LUTTER realçava que a lei consagra concretizações do dever de lealdade (*vide* § 243 II AktG) e que o silêncio ou quase silêncio da lei não impediu a doutrina e a jurisprudência de *inventar* e desenvolver largamente a *culpa in contrahendo*. MARCUS LUTTER – Die Treupflicht des Aktionärs, *Zeitschrift fur das gesamte Handelsrecht und Wirtschaftsrecht*, 153:4, 1989, p. 454.

[2687] MENEZES CORDEIRO – *Da boa fé...* p. 554, CANARIS – *Pensamento sistemático³*... p. 429, CARNEIRO DA FRADA – *Teoria da confiança...* p. 66 ss. e 865 ss. e, mais recentemente, NUNO TRIGO REIS – *Os deveres de lealdade...* p. 342 ss.

Como explica PAIS DE VASCONCELOS, a inexistência de uma disposição idêntica à do art. 64.º para os accionistas «não significa, porém, que não existam outras situações jurídicas passivas, na posição jurídica do sócio, umas expressas na lei e outras não, qualificáveis como manifestações de um dever de lealdade que o vincule». PAIS DE VASCONCELOS – *A participação social²*... p. 312 e 333.

[2688] CARNEIRO DA FRADA – *A business judgment rule...* p. 70.

[2689] Neste sentido, MENEZES CORDEIRO (para quem o dever de lealdade impõe um exercício das posições sociais de acordo com a boa-fé, concretizando este princípio através da tutela da confiança – *e.g.*, proibição de *venire contra factum proprium* – e da primazia da materialidade subjacente – *e.g.*, proibição do exercício abusivo do direito de informação), PAIS DE VASCONCELOS (não obstante a referência, em determinado ponto, com KARSTEN SCHMIDT, que «[e]ste é um dever geral que é implicado pela própria natureza da sociedade, que é inerente ao relacionamento associativo, e que é natural na interacção societária»), NUNO TRIGO REIS e, mais recentemente, ANA PERESTRELO DE OLIVEIRA. Cfr. MENEZES CORDEIRO – *A*

DA ADMINISTRAÇÃO À FISCALIZAÇÃO DAS SOCIEDADES

ciais (*Sonderverbindungen*), que distinguem o relacionamento dos sócios entre si e com a sociedade dos contactos anónimos e ocasionais que nos remetem para o plano da responsabilidade delitual[2690].

1911 Esta não é no entanto a tendência mais atual além Reno e mesmo entre nós há quem sustente a autonomização dos deveres de lealdade, enquanto princípios próprios do direito das sociedades, face à boa-fé[2691].

---

lealdade... p. 1056, MENEZES CORDEIRO – *Direito das sociedades*, I³... p. 282, 451 ss., NUNO TRIGO REIS – *Os deveres de lealdade*... p. 342 ss., KARSTEN SCHMIDT – *Gesellschaftsrecht*... p. 595, PAIS DE VASCONCELOS – *A participação social²*... p. 312, 333. A análise mais aprofundada do tema cabe, entre nós, a ANA PERESTRELO DE OLIVEIRA – *Grupos de sociedades*... p. 203-216, onde podem ser consultadas indicações a favor e contra a recondução da lealdade à boa-fé.

CARNEIRO DA FRADA, a propósito do dever de lealdade dos administradores perante a sociedade, embora não recuse a recondução de tal dever à boa-fé, afirma que o mesmo

«ultrapassa certamente a medida de conduta genericamente reclamada em nome da boa fé pelo artigo 762.º, n.º 2 do Código Civil. Este visa promover apenas uma forma de concordância prática de interesses contrapostos das partes numa relação de troca. Não proíbe que se prossigam interesses próprios: tal não faria sentido nos contratos onerosos ou com interesses opostos. Apenas impõe padrões e limites de razoabilidade, atenta a existência concomitante de interesses de outrem».

O autor defende que a regra da boa-fé, neste caso, não tem como finalidade estabelecer limites à prossecução de interesses próprios (ou modos de o fazer), mas garantir a sobreordenação dos interesses da sociedade e as condições da sua prossecução, decorrentes da situação de curadoria de interesses alheios. Neste sentido, o administrador encontra-se colocado, perante a sociedade, numa situação de lealdade qualificada, distinta da que é imposta pelo art. 762.º/2 CC (CARNEIRO DA FRADA – *A business judgment rule*... p. 70-71), mas que, segundo ANA PERESTRELO DE OLIVEIRA, não justifica a retirada dos deveres de lealdade da alçada do princípio da boa-fé. ANA PERESTRELO DE OLIVEIRA – *Grupos de sociedades*... p. 208 (nota 680), 212. Noutro ponto, numa análise geral dos deveres de lealdade no contexto dos grupos (portanto, já não restringida aos deveres dos administradores), a autora sustenta que, consoante os casos, estes devem ser configurados ora como deveres acessórios dos deveres de prestar principais – enquanto não existe o poder de influência próprio do controlo interempresarial –, ora como deveres principais – quando estão na base de uma situação de controlo, são chamados para o centro da relação interempresarial e moldam, nuclearmente, o conteúdo desse relacionamento – pelo que não se podem fundar (apenas) no art. 762.º/2 CC que prevê deveres acessórios do dever principal de prestar no domínio da relação obrigacional complexa. *Ibidem*, p. 215-216.

[2690] Neste sentido e sobre as ligações ou relações especiais (*Sonderverbindungen*) enquanto pressuposto de aplicação da boa-fé, cfr. MENEZES CORDEIRO – *Da boa fé*... p. 647, 1223, SINDE MONTEIRO – *Responsabilidade por conselhos*... p. 535, 549, MANUEL CARNEIRO DA FRADA – *Uma "terceira via" no direito da responsabilidade civil?*, Coimbra: Almedina, 1997, p. 53, CARNEIRO DA FRADA – *Contrato*... p. 229 ss., 236 ss., sobre o sentido da *Sonderverbindung*, p. 38 ss. e 53 ss., e também CARNEIRO DA FRADA – *Teoria da confiança*... p. 742 ss.

Em particular, no contexto dos grupos, ANA PERESTRELO DE OLIVEIRA fundamenta os deveres de lealdade, não na qualidade de sócio, mas no "controlo interempresarial", qualquer que seja a sua fonte, e apresenta a "conexão de grupo" – traduza esta um relacionamento direto entre empresas ou não – como seu fundamento operativo, afastando o recurso à relação de confiança (por não serem identificáveis nas relações de controlo interempresarial). Cfr. ANA PERESTRELO DE OLIVEIRA – *Grupos de sociedades*... p. 217-241, em especial, n.ºˢ 283, 314-315, 319.

[2691] A evolução no espaço tudesco foi no sentido da fundamentação dos deveres de lealdade dos sócios, primeiro, na cláusula dos bons costumes (cuja violação daria lugar a responsabilidade aquiliana) e,

A CONSTRUÇÃO UNITÁRIA DA OBRIGAÇÃO DE VIGILÂNCIA

III. Referimos noutro estudo[2692] que, apesar de a pureza do modelo fazer corresponder à sociedade de capitais uma estrutura acionista anónima, que participa da vida social pelo exercício dos direitos e cumprimento das obrigações (ou poderes e deveres) inerentes à sua participação social, a vida real demonstra que os acionistas não são todos iguais, nem são todos anónimos e que a especial influência exercida sobre a sociedade – especialmente em virtude da titularidade de participações qualificadas ou do domínio da sociedade por um ou mais acionistas – se reflete na posição económico-jurídica dos demais acionistas e na sua maior ou menor apetência para participar no capital (determinando o valor de mercado das ações da sociedade) e na vida da sociedade[2693].

1912

Porque os acionistas não são todos iguais e a especial posição de um ou alguns deles pode determinar uma particular suscetibilidade de causação de danos à sociedade e aos demais acionistas, tem sido reconhecido que ao poder é associado um dever de lealdade face à sociedade e aos demais participantes no projeto comum[2694].

1913

IV. Sendo a sociedade um mecanismo técnico-jurídico de realização de interesses coletivos e duradouros dos acionistas, o dever de lealdade dos

1914

depois, na boa-fé, enquanto fundamento de deveres em relações especiais de proximidade. No entanto, mais recentemente, muitos autores autonomizam o dever de lealdade face à boa-fé. Neste sentido, LUTTER afirma que a existência de um dever de lealdade dos sócios entre si e face à sociedade não é hoje questionada, constituindo um princípio jurídico do direito das sociedades, uma cláusula geral de fonte jurisprudencial, estabelecida através do direito consuetudinário. Cfr. LUTTER – *Treupflichten und ihre Anwendungsprobleme...* p. 165. Para um maior desenvolvimento, cfr., entre nós, MENEZES CORDEIRO – *A lealdade...* p. 1042, NUNO TRIGO REIS – *Os deveres de lealdade...* p. 412 ss. (§ 10). Mais recentemente e com maior profundidade, ANA PERESTRELO DE OLIVEIRA – *Grupos de sociedades...* p. 206208.
Ainda entre nós, PAULO CÂMARA contrariou a tendência de recondução dos deveres de lealdade à boa-fé, afirmando que «a distinção entre boa fé e vínculos de fidelidade se pode considerar historicamente consolidada. Os deveres de lealdade – note-se – não excluem a geral aplicação dos deveres dimanados da boa fé. Aqueles, todavia, não se confundem com estes, na medida em que correspondem a exigências especiais do direito das sociedades, encontrando a sua legitimação, de forma implícita, na estrutura do sistema societário e não em disposições positivas sobre boa fé (§ 242 BGB ou art. 762.º CC, por exemplo)». PAULO Câmara *Parassocialidade...* p. 285. Mais recentemente, porém, o autor apresenta os deveres de lealdade como «particulares concretizações da boa fé nas relações entre sócios e entre sócios e a sociedade». PAULO Câmara *Manual²...* p. 632.s
[2692] FERREIRA GOMES – *Conflitos de interesses...* p. 133.
[2693] Quanto maior é a participação de um sócio e a sua influência na determinação dos destinos da sociedade, menor é a capacidade dos demais sócios de fazerem valer os seus pontos de vista perante a administração.
[2694] Neste sentido, a maioria da doutrina alemã sustenta o princípio da correlação entre o poder jurídico e a responsabilidade (*Prinzips der Korrelation zwischen Rechtsmacht und Verantwortung*). Cfr. KARSTEN SCHMIDT – *Gesellschaftsrecht...* p. 587 e seg.

DA ADMINISTRAÇÃO À FISCALIZAÇÃO DAS SOCIEDADES

acionistas (face à sociedade e entre si[2695]) tem um conteúdo negativo (*passive Loyalitätspflicht*), traduzido num dever de omitir intervenções danosas[2696], e um conteúdo positivo (*Förderpflicht*) de promoção do fim ou interesse social[2697], pela cooperação com os demais acionistas e com a sociedade na prossecução do fim comum[2698]. O grau, intensidade e conteúdo concreto do dever de lealdade (nesta dimensão positiva) depende, entre outros fatores, da maior ou menor influência

[2695] Em sentido contrário, LUTTER parece configurar o dever de promoção apenas face à sociedade, apresentando os deveres de lealdade dos sócios entre si como deveres de consideração (*Rücksichtspflichten*). LUTTER – *Die Treupflicht des Aktionärs...* p. 452-457.

PAULO CÂMARA – *Parassocialidade...* p. 278, afirma que, face à sociedade, o dever de lealdade «serve para preencher o conteúdo de direitos sociais e para integrar lacunas na definição da posição do accionista, determinando, em consequência, direitos e deveres de actuação positiva e de omissão. Nas relações entre sócios comunicam especiais cautelas de colaboração inter-associados, apelando para a consideração dos interesses dos co-sócios, como emanação da essência associativa».

[2696] Assumem-se, portanto, como deveres de proteção. Cfr. ANA PERESTRELO DE OLIVEIRA – *Grupos de sociedades...* p. 241-243, n.os 324-327. Nestes se incluem os "deveres de consideração" (*Rücksichtspflicht*) – na terminologia de LUTTER – *Die Treupflicht des Aktionärs...* p. 453-457 – dos interesses dos co-acionistas, para além dos interesses comuns que configuram o interesse social, que não podem ser ignorados pelos demais acionistas, em especial quando a sua especial posição de influência determine uma maior suscetibilidade de causação de danos. A consideração por esses outros interesses dos co-acionistas pode ser devida tanto no âmbito interno da sociedade, em especial através do exercício de posições sociais ou de influência sobre a administração (neste sentido, *ibidem*, p. 454), como fora da sociedade ainda que em estrita relação com esta, como cedo afirmou a doutrina alemã em reação ao caso Audi/NSU. As consequências da violação do dever de lealdade variam, porém, no âmbito da sociedade ou fora desta. No primeiro caso estará em causa, em princípio, a impugnação de uma deliberação social; no segundo, a reclamação de uma prestação. Cfr. FERREIRA GOMES – *Conflitos de interesses...* p. 135.

[2697] Acompanhamos ANA PERESTRELO DE OLIVEIRA – *Grupos de sociedades...* p. 244-245, n.os 328-329, quando afirma que, em rigor, a lealdade não é imprescindível para afirmar a existência de um dever de promover o fim social (que é «componente inalienável do estado de sócio»), mas a ela cabe definir o alcance e os limites deste dever.

[2698] Cfr. *ibidem*, p. 244-245. A afirmação do conteúdo positivo do dever de lealdade não é inteiramente partilhada pela doutrina. *E.g.*, JORGE COUTINHO DE ABREU afirma que se tem reconhecido um dever de lealdade dos sócios que, contrariamente ao que se verifica no dever de lealdade dos administradores – de conteúdo marcadamente positivo, atendendo à natureza dos seus "poderes-função" ou "poderes-deveres", de acordo com os quais os administradores devem prosseguir o interesse social, sendo este o critério de delimitação desses poderes – é de conteúdo essencialmente negativo, dado que «[o]s sócios têm o direito de, na sociedade, intentar satisfazer os seus próprios interesses – devendo porém fazê-lo dentro dos limites demarcados pelo interesse social». Segundo este autor, trata-se de um direito subjetivo e não de "direitos-função" ou "poderes-função". Nesta perspetiva, «este dever impõe que cada sócio não actue de modo incompatível com o interesse social (interesse comum a todos os sócios enquanto tais) ou com interesses de outros sócios relacionados com a sociedade». Cfr. JORGE COUTINHO DE ABREU – *Curso*, 2⁴... p. 312-313. PEREIRA DE ALMEIDA – *Sociedades comerciais⁶...* p. 129, por seu turno, realça apenas que o dever de lealdade «constitui um dever acessório de conduta em matéria contratual e um dever geral de respeito e de agir de boa fé», afirmando, na senda de JORGE COUTINHO DE ABREU, que este «é um dever mais de conteúdo negativo (de omitir ou não fazer) que positivo (de promover ou fazer). É o dever de não actuar contra o interesse da sociedade».

A CONSTRUÇÃO UNITÁRIA DA OBRIGAÇÃO DE VIGILÂNCIA

do acionista na condução da vida societária. Assim, enquanto o pequeno acionista tem, em princípio, o "direito ao desinteresse"[2699], o acionista que, isoladamente ou em conjunto com outros coacionistas, assuma influência sobre a administração da sociedade, está vinculado à promoção do interesse social[2700].

Assim sendo, na determinação da conduta devida pelos administradores e fiscalizadores da sociedade-mãe, deve atender-se ao interesse da sociedade-mãe, mas tal como delimitado pelo dever de lealdade para com as sociedades do grupo.

1915

V. No pólo oposto, estando em causa uma sociedade-filha subordinada *de iure*, em virtude de um contrato de subordinação ou de um situação de domínio total, devem ser ponderadas as instruções contrárias aos seus interesses individuais que eventualmente tenham sido dadas pela sociedade-mãe[2701] (art. 503.º/2)[2702].

1916

Contra estas perspetivas, PAIS DE VASCONCELOS – *A participação social²...* p. 356-357, afirma que a concretização negativa do dever de lealdade não é neutra; traduz uma atitude restritiva ou apenas prudente, que admite mais facilmente a vinculação do sócio a abster-se de comportamentos desleais do que a adoptar comportamentos específicos. Explica o autor:

«Este entendimento do dever de lealdade tem subjacente a ideia de que o sócio só está obrigado a entrar com o capital e, além disto, àquilo que a lei ou os estatutos previrem. Assim se defende o sócio de eventuais deliberações da sociedade (ou outros modos de concretização) em que, a título de concretização do dever de lealdade, lhes sejam impostos comportamentos ou sacrifícios injustificados».

A estas considerações contrapõe:

«Em si mesmo considerado, o dever de lealdade vincula o sócio a ser leal, a agir com lealdade e abster-se de agir com deslealdade. Nesta perspectiva, não tem muito sentido distinguir entre o dever de ser leal e o dever de não ser desleal. Em concreto, na concretização perante o caso, a conduta devida pode ser activa ou omissiva».

Também MENEZES CORDEIRO – *Os deveres fundamentais...* p. 470, realça a importância da distinção entre «a lealdade como fonte de meros deveres de abstenção e a lealdade enquanto dever de actuação positiva».

[2699] LUTTER – *Die Treupflicht des Aktionärs...* p. 452.

[2700] Como refere ANA PERESTRELO DE OLIVEIRA, «esse dever está sempre presente, apenas variando o seu conteúdo e extensão em função da forma e da estrutura real da sociedade, da posição legal e factual em que o sócio individual se encontra, do objeto da sociedade, *inter alia*». ANA PERESTRELO DE OLIVEIRA – *Grupos de sociedades...* p. 245, n.º 329.

[2701] Na ausência de instruções, os administradores da sociedade-filha estão adstritos à prossecução do interesse desta (e não ao interesse do grupo, da sociedade-mãe ou de qualquer outra sociedade do mesmo), sem prejuízo da consideração da posição e interesses das demais sociedades do grupo devida por força do princípio da boa-fé (deveres de lealdade). Cfr. *ibidem*, p. 231-232, n.ºˢ 300-302. Para questão paralela no Direito alemão, cfr., *v.g.*, KOPPENSTEINER – *Kölner Komm. AktG...*, § 308, n.º 71, FLEISCHER – *Vorstand im Unternehmensverbund...*, n.º 100.

[2702] ANA PERESTRELO DE OLIVEIRA – *Grupos de sociedades...*, em especial, p. 241, n.º 322, p. 484-502, vai mais longe, sustentando que os deveres de lealdade multidireccionais que decorrem do controlo interempresarial «permitem alargar o espaço de operatividade do poder de direcção no grupo, obrigando

DA ADMINISTRAÇÃO À FISCALIZAÇÃO DAS SOCIEDADES

1917   VI. Para além disso, independentemente de a subordinação da socie-dade-filha à sociedade-mãe ter fundamento jurídico ou meramente factual, a sua integração num grupo não é nunca irrelevante, exigindo-se um "compor-tamento amigo do grupo" (*konzernfreundliches Verhalten*)[2703], determinado pelos seus deveres de lealdade, com uma eficácia de proteção (*Schutzwirkung*) para com a sociedade-mãe e para com as sociedades-irmãs[2704].

C. A contraposição da racionalidade finalística ao funcionalismo jurídico

1918   I. A sujeição do exercício das competências dos órgãos sociais à prossecu-ção do interesse social traduz a racionalidade finalística (*Zweckrationalität*) do direito societário, «pois as sociedades e o seu regime justificam-se precisamente na medida em que servem e optimizam a realização de interesses humanos»[2705], que não exclui a sua racionalidade axiológica (*Wertrationalität*)[2706].

1919   Esta racionalidade finalística, traduzida numa pretensão de prossecução de escopos humanos, marcou a evolução do Direito das sociedades desde o séc. XIX, tendo estado na base das construções savignyana da pessoa colectiva como ficção teórica, como se de uma "pessoa natural" se tratasse[2707], e gierkeana sobre os "órgãos funcionais" (*"funktionierenden Organen"*)[2708].

1920   Foi também em reconhecimento desta que definimos os órgãos sociais como centros de imputação de normas jurídicas, correspondentes a estruturas de organização humana permanentes, funcionalmente ordenadas à prossecu-ção dos interesses da pessoa colectiva, nos termos das competências atribuídas a cada um, e que, em conjugação entre si, permitem a autodeterminação da mesma; como regime jurídico, parte do mais amplo regime jurídico da pessoa coletiva, dirigido à regulação da conduta de pessoas singulares na prossecução do interesse social.

1921   E nesta se enquadra a afirmação de que a imputação de situações jurídicas aos órgãos sociais assenta numa construção funcionalista, através da qual se

---

a sociedade-filha (mesmo no caso dos grupos de facto) a suportar intervenções danosas, até onde os deveres de lealdade o consintam».

[2703] KOPPENSTEINER – *Kölner Komm. AktG...*, § 308, n.º 71, HÜFFER – *Aktiengesetz*[10]..., § 308, n.º 20, ANA PERESTRELO DE OLIVEIRA – *Grupos de sociedades...* p. 232, n.º 304.

[2704] ANA PERESTRELO DE OLIVEIRA – *Grupos de sociedades...* p. 231-232, n.ºs 300-302, 304, p. 240, n.º 319. Recorde-se que esta tese sustenta o dever de lealdade como critério unitário de solução do "conflito de grupo" (entendido grupo nos termos amplos referidos na nota 662 *supra*). Cfr. nota 722 *supra*.

[2705] CARNEIRO DA FRADA – *Acordos parassociais...* p. 132 e já antes, em FRADA – *A business judgment rule...* p. 342 o autor refere-se a uma *Zweckrationalität* do Direito societário. Cfr. também ANA PERESTRELO DE OLIVEIRA – *Grupos de sociedades...* p. 166 169, n. os 202 207.

[2706] Sobre estes conceitos, cfr., por todos, CASTANHEIRA NEVES – *Metodologia...* p. 37-42.

[2707] SAVIGNY – *System*, 2... p. 235-236, 240.

[2708] VON GIERKE – *Deutsches Privatrecht...* 1, p. 473.

A CONSTRUÇÃO UNITÁRIA DA OBRIGAÇÃO DE VIGILÂNCIA

pretende assegurar o cumprimento do escopo societário, pela atuação coordenada dos diferentes órgãos. Enquanto parte desta *Zweckrationalität*, a *vigilância* apresenta-se como um conceito normativo determinado pela função (*funktionbestimmte Rechtsbegriff* ou *Zweckbegriff*), *i.e.*: dirigido à realização de um escopo normativo[2709]. O seu conteúdo, sendo *a priori* indeterminado, só é determinável e plenamente compreensível pela descoberta da valoração nela contida[2710] e sua concretização face às circunstâncias do caso concreto. O seu preenchimento valorativo depende não apenas da delimitação e articulação dos espaços próprios de administração e de vigilância, mas também da articulação dos diferentes tipos de vigilância[2711]. Havendo vários órgãos vinculados à vigilância da sociedade, importa compreender de que forma se articulam, identificando o papel ou função reservado a cada um na prossecução do interesse social[2712]. Este *papel* ou *função* confunde-se com o *resultado definidor* que há pouco enunciámos e que

---

[2709] Cfr., *v.g.*, Fleischer – *Leitungsaufgabe..*, Fleischer – *Leitungsaufgabe (ZIP)*... p. 1, n.º 3. Entre nós, qualificando a administração com um *Zweckbegriff*, Isabel Mousinho de Figueiredo – *O administrador delegado*... p. 568-569. Sobre os conceitos determinados pela função, cfr. Karl Larenz – *Methodenlehre der Rechtswissenschaft*, 6.ª ed., Berlin, Heidelberg, New York, London, Paris, Tokyo, Hong Kong, Barcelona, Budapest: Springer, 1991, p. 482-486 (Larenz – *Metodologia*... p. 686-693).

[2710] Nas palavras de Karl Engisch – *Introdução ao Pensamento Jurídico*, Lisboa: Gulbenkian, 1988, p. 213, a determinação do seu "volume normativo" depende do seu "preenchimento valorativo".

[2711] Na articulação de competências constata-se frequentemente que estas se apresentam como círculos concêntricos que, nessa medida, incluem espaços de sobreposição funcional. Caso a caso, deve determinar-se se essa sobreposição isenta um dos órgãos do dever em causa (casos de sobreposição aparente) ou não (casos de sobreposição real). Neste último caso, é fundamental determinar cânones de articulação interorgânica.

[2712] É discutível a aplicação às obrigações da perspetiva delimitadora da autonomia privada subjacente à referência à "função económica e social" no regime do abuso do direito. A referência a uma tal função no art. 334.º CC corresponde a uma delimitação do livre arbítrio subjacente às situações jurídicas ativas: os atos praticados no seu âmbito devem respeitar o escopo social e económico que presidiu à sua constituição. Ora, nas obrigações não está em causa um espaço de liberdade, pelo que poderia parecer ser inaplicável o regime do abuso do direito. Contudo, em casos como os da obrigação de vigilância, deve admitir-se a aplicação do instituto do abuso de direito às situações jurídicas nas quais se decompõe e que exibam um conteúdo (parcialmente) ativo. Será o caso dos poderes-deveres de informação e inspeção ou dos poderes-deveres de reação aos problemas eventualmente detetados na vigilância da sociedade. Neste contexto, deve considerar-se o princípio da cooperação leal, desenvolvido não só no espaço jus-publicista, mas também no domínio jus-societário.

Cfr. também Menezes Cordeiro – *Da boa fé...*, p. 1230-1234 sobre a função social e económica no contexto da boa-fé, p. 1125-1131, sobre o empirismo funcional, e p. 661-670, sobre a previsão legal do ato abusivo e o direito subjetivo. Note-se que Menezes Cordeiro, *ibidem*, p. 1231, considera ultrapassada a necessidade de funcionalização das situações jurídicas para efeito da delimitação negativa do seu conteúdo. Tal funcionalização, que considera própria dos primórdios do jussubjetivismo absolutizante e ultra-liberal, teria perdido sentido face aos progressos da Ciência do Direito no domínio das dimensões funcionais, teleológicas e sinépicas das operações de interpretação e aplicação:

DA ADMINISTRAÇÃO À FISCALIZAÇÃO DAS SOCIEDADES

resulta da conjugação do interesse da sociedade com as normas de competência de cada órgão.

1922   II. Esta dimensão teleológica não deve ser reconduzida a uma perspetiva própria do *funcionalismo jurídico*[2713], nas suas dimensões de funcionalismo político[2714], de funcionalismo sistémico[2715] ou de funcionalismo social (seja tecnológico[2716] ou económico). As dúvidas poderiam colocar-se, em especial, face a esta última dimensão que, segundo CASTANHEIRA NEVES, é expressa, por exemplo, na análise económica do direito. Nos termos desta, o Direito só teria sentido na perspetiva da eficiência económica, acabando por reduzir-se a um papel residual na coerência do "teorema de Coase" (competindo-lhe apenas reduzir os "custos de transação" e oferecer as condições para a resolução convencional das "externalidades") embora com possíveis e complementares intenções também distributivas[2717].

1923   Efetivamente, o funcionalismo jurídico pressupõe sempre uma *"voluntas titulada"*, ainda que controlada racionalmente, do intérprete-aplicador (*maxime*, o juiz), dirigida à escolha entre várias opções possíveis, com vista à realização de um objetivo. Implica o reconhecimento no intérprete-aplicador de uma "racionalidade estratégica", orientada por um princípio de otimização na realização de um certo objetivo, que passa pela escolha da solução que, em função das concretas circunstâncias do caso, melhor realizem o objetivo pretendido. Nesta construção, explica CASTANHEIRA NEVES, a decisão corresponde a um momento (o seu momento tácito ou de realização concreta) de um *Zweckprogramm* (no sentido dado por LUHMANN)[2718].

1924   Ora, não é isto que aqui se propõe. Limitamo-nos aqui a recordar o óbvio: que ao legislador não é possível nem desejável desenvolver e densificar à exaus-

---

     «Não há, pois, que falar em "função social e económica dos direitos ou outras posições jurídicas, mas antes que apurar, face a cada situação, até onde vai o espaço de liberdade concedido pela ordem jurídica, utilizando, para tanto, todas as dimensões da interpretação».

[2713] Explica CASTANHEIRA NEVES – *Entre o «legislador»...* p. 182-183 que o funcionalismo jurídico é caracterizado, pela pergunta *para que serve o direito?* e não *o que é o direito?*, duvidando da subsistência objetiva do direito como algo autónomo em si, independentemente da sua finalístico-funcional operacionalidade.

[2714] O funcionalismo político compreende o Direito como instrumento político e orienta-se por uma intenção expressa de politização da juridicidade. Cfr. *ibidem*, p. 183-184.

[2715] O funcionalismo sistémico vê no Direito «um subsistema social, seletivo e estabilizador de expectativas, numa organização estruturalmente invariante e de intencionalidade auto-referente». Cfr. *ibidem*, p. 184-185.

[2716] O funcionalismo social tecnológico perspetiva o Direito como «*"social engineering"* estratégico-crítico-racional no plano prescritivo». Cfr. *ibidem*, p. 184.

[2717] *Ibidem*.

[2718] *Ibidem*, p. 185.

A CONSTRUÇÃO UNITÁRIA DA OBRIGAÇÃO DE VIGILÂNCIA

tão o conteúdo da obrigação de vigilância, prevendo todas as situações possíveis no contexto do desenvolvimento da atividade de cada sociedade. A realidade é mais rica do que a imaginação legislativa, em especial no quadro da atividade empresarial em constante mutação. É por isso necessário o recurso a conceitos indeterminados e cláusulas gerais que constituem, nas palavras de BAPTISTA MACHADO, a parte *movediça* e *absorvente* do ordenamento que serve para ajustar e fazer evoluir a lei ao encontro das mudanças e das particularidades das situações da vida[2719]. Trata-se de enunciados legais que remetem para dados e regras da experiência com um conteúdo flexível. Ao intérprete-aplicador cabe pois, não decidir em função de um qualquer *Zweckprogramm*, mas apenas concretizar e densificar conceitos indeterminados, adaptando a norma à complexidade das circunstâncias do caso concreto.

No caso em apreço, reconhecendo que o órgão existe para desenvolver uma função no contexto da prossecução do interesse social, não pode negar-se que a *racionalidade axiológica* é, por imperativo legal, simultaneamente uma *racionalidade finalística*[2720]. O direito impõe a prossecução de um fim e a ele subordina todo o complexo relacional jus-societário. A simultânea qualificação da racionalidade subjacente como axiológica e finalística, assente num imperativo legal, afasta a construção subjetiva própria do funcionalismo, centrada na concretização de um programa pela vontade do julgador. A este cabe portanto identificar *o que é o Direito?*, concretizando e densificando as diretrizes normativas e não *para que serve o Direito?*, usando-o para a concretização de um qualquer outro programa exterior[2721].

62.5. O sentido dos "deveres de cuidado" referidos no art. 64.º/1, *a*) e 2 CSC face à obrigação de vigilância

I. Tendo afirmado que o objeto da obrigação de administração, tal como o da obrigação de vigilância, é determinado em função do padrão de diligência normativa (ou dever de diligência)[2722], qual o sentido da referência a "deveres de cuidado" no art. 64.º/1, *a*) e 2? Por outras palavras, como se articulam as refe-

---

[2719] BAPTISTA MACHADO – *Introdução...* p. 113.
[2720] Sobre a contraposição entre estas duas perspetivas, cfr., uma vez mais, CASTANHEIRA NEVES – *Entre o «legislador»...* p. 180-182.
[2721] Note-se que a construção proposta compreende o reconhecimento de uma margem de discricionariedade, traduzida na possibilidade de escolha dos administradores e fiscalizadores entre várias alternativas de ação normativamente admissíveis. Há portanto uma *voluntas* juridicamente relevante, normativamente delimitada quanto ao seu conteúdo e regulada numa dimensão procedimental que encontra o seu fundamento nas respetivas normas de competência. Para lá desta margem de discricionariedade a pergunta será sempre *"o que é o Direito?"*.
[2722] PESSOA JORGE – *Ensaio...* p. 77.

rências normativas a "deveres de cuidado" e ao "dever de empregar a diligência de um gestor criterioso e ordenado" [no art. 61.º/1 a)] e ao dever de empregar "elevados padrões de diligência profissional" (no art. 61.º/2)?

1927   Face à redação destes preceitos, muito criticada pela doutrina[2723], cabe ao intérprete-aplicador a difícil tarefa de encontrar um sentido útil para os mesmos, tendo em conta a presunção do art. 9.º/3 CC, de que o legislador consagrou as soluções mais acertadas e soube exprimir o seu pensamento em termos adequados.

1928   II. De acordo com a CMVM[2724], os "deveres de cuidado" correspondem aos chamados *duties of care* de origem anglo-saxónica.

1929   No sistema britânico, os *duties of skill, care and diligence* são baseados na *law of negligence*[2725], nos termos da qual a mera causação de um dano não era, nem é, por si, fundamento suficiente de responsabilidade civil. Deve verificar-se a existência prévia de um dever de cuidado (*duty of care*), sendo a violação deste dever – o ato ou omissão negligente – que fundamenta *tort liability*[2726]. Neste quadro geral da *law of negligence*, o *duty of care* aproxima-se dos deveres de proteção da dogmática continental, tendo uma finalidade eminentemente *negativa* (visam proteger o titular ativo dos riscos de danos na sua pessoa e património)[2727]. Em domínios específicos, porém, o *duty of care* assumiu contornos distintos[2728]. No domínio

---

[2723] Cfr., *v.g.*, JORGE COUTINHO DE ABREU – *Deveres de cuidado...* p. 20, MENEZES CORDEIRO – *Os deveres fundamentais...* p. 479-480. CARNEIRO DA FRADA – *A business judgment rule...* p. 66-68, por seu turno, afirma que não foi positiva a redução do "dever de administrar" – enquanto conceito-síntese (*Inbegriff*) – aos deveres de cuidado, explicando que sendo o "cuidado" um modo-de-conduta, o "dever de cuidado" não exprime, em regra, um dever de prestar, e muito menos um dever de prestar característico de uma relação obrigacional específica:

«Mesmo que o cuidado a ter pelo devedor lhe imponha deveres, trata-se de meros deveres de comportamento agregados a um dever de prestar; ou seja, redunda em deveres de protecção, que têm uma função essencialmente negativa, orientados que estão para a preservação da pessoa ou do património do outro sujeito da relação».

[2724] CMVM – *Governo das sociedades anónimas...*, p. 16.
[2725] DAVIES e WORTHINGTON – *Principles⁹...*, p. 517-518.
[2726] Até 1932, data em que a *negligence* passou a ser aceite como fundamento independente de ações de responsabilidade civil delitual (*cause of action in tort*), o autor teria de provar a existência de um dever específico de cuidar (*to take care*) (questão de direito a apreciar pelo juiz), a violação desse dever (questão de facto a apreciar pelo júri), e que a violação do dever causou (de facto e legalmente) os danos do autor. Cfr. GEOFFREY SAMUEL – *Law of obligations*, Cheltenham, Northampton: Edward Elgar, 2010, p. 194. Sobre a qualificação do *tort* como homólogo da "nossa" responsabilidade civil delitual, cfr. SANTOS JÚNIOR – *Da responsabilidade...* p. 194. No mesmo sentido, cfr. CARNEIRO DA FRADA – *Teoria da confiança...* p. 115.
[2727] SAMUEL – *Law of obligations...* p. 197-201.
[2728] MENEZES CORDEIRO – *Os deveres fundamentais...*, n.º 17.II, explica que, no Direito do trabalho, o dever de cuidado do empregador se aproxima do dever patronal de assistência e que, no Direito da família, pode abranger os nossos alimentos.

A CONSTRUÇÃO UNITÁRIA DA OBRIGAÇÃO DE VIGILÂNCIA

societário, tal como na *law of negligence*, o *duty of care* é formulado como um *duty to take care* ou *duty to act with care*[2729], ou seja, como um modo de conduta e não como um dever de prestar[2730]. Não obstante, o seu conteúdo é claramente mais amplo do que aquele que decorreria da mera aplicação dos princípios gerais da *tort law*[2731]. No seu desenvolvimento doutrinário e na sua aplicação pelos tribunais, é habitualmente referido como sinónimo da obrigação de diligente administração, acabando por traduzir, linguisticamente, não só a medida de diligência, mas também o comportamento devido[2732]. Traduziria, se essa dissociação fosse conhecida no sistema britânico de responsabilidade civil, tanto um critério de culpa, como de licitude. Na análise do seu conteúdo, deve atender-se às suas raízes na jurisprudência dos *Courts of Chancery* do séc. XIX, nos termos da qual os administradores eram tratados como "*trustees*" ou "*quasi-trustees*" – face à qual os administradores eram tidos como «*(hopefully) well meaning amateurs*» – e na evolução jurisprudencial e doutrinária verificada desde então, de progressiva intensificação do seu nível de exigência[2733].

O panorama normativo norte-americano, tendo as mesmas raízes históricas, não é hoje muito diferente do britânico. No entanto, sendo o Direito das sociedades de natureza eminentemente estadual, e não federal, variam as formulações deste dever consoante o Estado em causa. De acordo com o § 4.01(a) dos *ALI Principles of Corporate Governance*,

> «*a director or officer has a duty to the corporation to perform the director's or officer's functions (...) with the care that an ordinarily prudent person would reasonably be expected to exercise in a like position and under similar circumstances*»[2734].

[2729] Samuel – *Law of obligations...* p. 194.

[2730] Neste sentido, Romer J. afirmou na decisão proferida em *Re City Equitable Fire Insurance Co*, [1925] Ch 407:

> «*one cannot say whether a man has been guilty of negligence, gross or otherwise, unless one can determine what is the extent of the duty which he is alleged to have neglected*».

O essencial desta decisão pode ser consultado em Rajak – *Sourcebook...* p. 450-454.

[2731] Gevurtz – *Corporation law...* p. 274.

[2732] Terence Prime e Gary Scanlan – *The law of private limited companies*, London: Butterworths, 1996, p. 113-116.

[2733] Vanessa Finch – Company directors: Who cares about skill and care?, *The Modern Law Review*, 55:2, 1992, p. 200-202, C.A. Riley – The company director's duty of care and skill: The case for an onerous but subjective standard, *Modern Law Review*, 62, 1999, p. 697-698.

Face à evolução dramática do papel dos administradores nos últimos cem anos, discute-se a possibilidade da configuração do *duty of care* como mecanismo efetivo de eliminação da incompetência dos administradores. Finch – *Company directors...* p. 200-202, Riley – *The company director's duty of care and skill...* p. 697-698, Worthington – *Reforming...* p. 449-450.

[2734] Sobre este ponto, cfr., *v.g.*, Allen e Kraakman – *Commentaries...* p. 239-240, William A. Klein e John C. Coffee, Jr. – *Business organization and finance*, 9.ª ed., New York: Foundation Press, 2004, p. 154.

DA ADMINISTRAÇÃO À FISCALIZAÇÃO DAS SOCIEDADES

1931   Para o que ora importa: também nos Estados Unidos o *duty of care* é formulado como um modo de conduta e não como um dever de prestar[2735]. Não obstante, tal como no Reino Unido, também nos Estados Unidos se verifica um fenómeno de compressão linguística, próprio do discurso fluído que caracteriza a jurisprudência e doutrina norte-americana, de tal forma que o *duty of care* acaba por ser habitualmente referido como sinónimo da obrigação de diligente administração[2736]. Acaba portanto por ser trabalhado não só como um modo de conduta, mas também como um dever de prestar[2737]. É nesse sentido que nos

---

De forma similar, cfr. a redação anterior do § 8.30(a) do *Model Business Corporations Act*, segundo o qual «*[a] director shall discharge his duties as a director, including his duties as a member of a committee: (...) with the care an ordinarily prudent person in a like position would exercise under similar circumstances*». Entretanto, o *duty of care* passou para a alínea (b), na qual se pode ler:

«*The members of the board of directors or a committee of the board, when becoming informed in connection with their decisionmaking function or devoting attention to their oversight function, shall discharge their duties with the care that a person in a like position would reasonably believe appropriate under similar circumstances*».

[2735] Nas palavras de BAYLESS MANNING – The business judgment rule and the director's duty of attention: Time for reality, *Business Lawyer*, 39, 1984, p. 1478-1479, a propósito do § 4.01(a) *ALI Principles of Corporate Governance*, «*the sentence describes the manner in which the director should perform his duties and says nothing of what those duties are*».

Assumimos aqui a distinção entre "dever de prestar" e "dever de comportamento", estranha ao sistema norte-americano, guardando o primeiro conceito para as obrigações em sentido técnico (de acordo com o art. 397.º: o vínculo pelo qual alguém está adstrito para com outrem à realização de uma prestação) – que atribuem ao credor um novo bem jurídico, suplementar face aos que integravam já a sua esfera e independente deles –, cobrindo a segunda os comportamentos que se não identificam com prestações. Cfr. CARNEIRO DA FRADA – *Teoria da confiança...* p. 272-273 (nota 251).

[2736] Nas palavras de HENRY HANSMANN e REINIER KRAAKMAN – "The Basic Governance Structure", in *The Anatomy of Corporate Law: A Comparative and Functional Approach*, 1.ª ed., Oxford, New York: Oxford University Press, 2006, p. 52, o *duty of care* visa por si só garantir uma qualidade mínima na administração da sociedade.

[2737] Sobre o conceito de dever de prestar, cfr. nota 2735 *supra*.

Entre nós, sustenta PAULO CÂMARA – *O governo das sociedades e a reforma...* p. 30 que a locução "deveres de cuidado" engloba a universalidade dos deveres de comportamento profissional ínsitos na posição orgânico-funcional do titular do órgão social e decorrentes do investimento de confiança que lhes esteja associado (excluindo os imperativos de lealdade). Noutro ponto (*ibidem*, p. 34), porém, o autor defende uma diferenciação entre os deveres de cuidado e o grau de diligência empregue no seu cumprimento: os primeiros exprimiriam deveres jurídicos autónomos (critério de ilicitude); a segunda relevaria na avaliação da intensidade do esforço empregue no acatamento dos deveres legais (critério de culpa). Como resulta do que já foi exposto e do que desenvolvemos adiante, não podemos acompanhar o autor nesta construção. A obrigação de diligente administração – ou "deveres de cuidado", na locução preferida pelo autor – é concretizável de acordo com o padrão de diligência normativa, pelo que, em regra, não é possível dissociar os deveres jurídicos da intensidade do esforço devido no seu cumprimento. Só assim não será perante as concretizações daquela obrigação que estejam expressamente positivadas: verificado o incumprimento destas, deverá apurar-se a existência de culpa, para efeitos de responsabilidade civil. Diferentemente, BRUNO FERREIRA – *Os deveres...* p. 726-727 dissocia os "deveres de cuidado" face ao "dever de gestão", classificando os primeiros como instrumentais face ao segundo. Segundo o autor, o

A CONSTRUÇÃO UNITÁRIA DA OBRIGAÇÃO DE VIGILÂNCIA

ALI Corporate Governance Principles se afirma que o *duty of care* conhece algumas concretizações legais (sobretudo nas leis estaduais), mas é, em geral, indeterminado[2738], cabendo à jurisprudência o seu desenvolvimento e concretização[2739]. Este labor jurisprudencial de concretização do *duty of care* não pode ser separado do desenvolvimento da *business judgment rule*. Só na sua articulação com esta regra se consegue compreender o seu verdadeiro alcance[2740].

III. É este desenvolvimento e concretização jurisprudencial da obrigação de diligente administração – expressa na fórmula linguística "*duty of care*" –, tanto no sistema britânico como no sistema norte-americano, que ora relevam, na medida em que permitem identificar deveres específicos dos administradores e fiscalizadores[2741].

1932

Foram estes deveres específicos que o legislador procurou positivar no art. 64.º/1, *a*) e 2, sob a infeliz designação "deveres de cuidado"[2742]: deveres de dis-

1933

---

cumprimento dos deveres de cuidado é essencial ao cumprimento do dever de tomar decisões de gestão "razoáveis".

[2738] Segundo os *ALI Principles*, comentário ao § 4.01(a), primeiro parágrafo, p. 5, o seu conteúdo pode ainda ser concretizado pelo ato constitutivo (*certificate of incorporation*) ou pelos estatutos (*by-laws*) da sociedade, por deliberações dos acionistas ou do *board*, ou por prática aceite pela própria sociedade.

[2739] Esta concretização centra-se na dimensão processual da obrigação de diligente administração (*e.g.*, dever de estar informado e de devotar atenção à atividade da sociedade). Como não poderia deixar de ser, não envolve qualquer predeterminação das opções substantivas da administração. Ou seja, não vincula a administração ao desenvolvimento desta ou daquela estratégia, à produção e comercialização deste ou daquele produto, etc. Nas palavras do ABA – *MBCA annotated...* 2005, p. 367 (8-41), o § 8.30, sobre o «*duty of care, sets forth the standards of conduct for directors by focusing on the manner in which directors perform their duties, not the correctness of the decisions made*».

[2740] Independentemente de não existir uma formulação única para a *business judgment rule*, como veremos adiante (§ 64.1.C), esta regra ou delimita o conteúdo do *duty of care* ou as condições da sindicabilidade do seu cumprimento pelos administradores da sociedade.

[2741] Nos § 55.2 ss. e § 56.2 ss. *supra* analisamos a evolução jurisprudencial e doutrinária do papel normativamente reservado aos administradores nos sistemas societários britânico e norte-americano.

[2742] A opção terminológica é infeliz. Em primeiro lugar, estes "deveres de cuidado" não se confundem com os deveres de cuidado ou segurança, enquanto deveres acessórios ou laterais de conduta (*Nebenpflichten*) (cfr., *v.g.*, Mota Pinto – *Cessão...* p. 342-345 (nota 2), Menezes Cordeiro – *Da boa fé...* p. 603-604 e *Tratado*, 6².. p. 498-518, em especial, p. 517), nem com os deveres de cuidado delituais (deveres no tráfico ou deveres de prevenção de perigo)(cfr., *v.g.*, Carneiro da Frada – *Contrato...* p. 163 ss. e *Teoria da confiança...* p. 153 (nota 111), 235-238, 251-270, Menezes Cordeiro – *Tratado*, 6²... p. 393-397, 514). Tanto uns como outros têm uma finalidade *negativa*, visam proteger o seu titular ativo dos riscos de danos na sua pessoa e património. Pelo contrário, os "deveres de cuidado" referidos no art. 64.º/1, *a*), enquanto concretizações da mais ampla obrigação de diligente administração, são teleologicamente ordenados à prossecução e desenvolvimento dos melhores interesses da sociedade. Por outro lado, enquanto concretizações da mais ampla obrigação de diligente administração, não se confundem com "modos de conduta" que caracterizam o dever de diligência (ou dever de cuidado, neste outro sentido) (cfr. Carneiro da Frada – *A business judgment rule...* p. 67).

DA ADMINISTRAÇÃO À FISCALIZAÇÃO DAS SOCIEDADES

ponibilidade, de aquisição da competência técnica e de obtenção do conhecimento da atividade da sociedade adequados às suas funções (dever estrutural
de obtenção de informação)[2743]. A estes soma-se o dever de decidir em termos
informados (dever conjuntural de obtenção de informação) e segundo critérios
de racionalidade empresarial que, a nosso ver e como desenvolvemos adiante,
decorre do art. 72.º/2[2744]. Em conjunto, correspondem, no fundo, ao mínimo
denominador comum[2745] do complexo de deveres imputáveis aos *administradores*
e *fiscalizadores*[2746] em qualquer sociedade comercial[2747].

1934

Estamos portanto, já não perante uma bitola de diligência, mas perante verdadeiras normas de conduta que modelam a conduta dos sujeitos e constituem
critérios de ilicitude[2748].

[2743] Para uma análise destes deveres, remetemos para a nota 2749 *infra*, bem como para ABA – *MBCA annotated...* 2005, p. 373-375 (8-47 a 8-49), e, entre nós, para Paulo Câmara – *O governo das sociedades e a reforma...* p. 30-33 e Bruno Ferreira – *Os deveres...*, *passim*, com um apanhado da bibliografia sobre o tema.

Sublinhe-se apenas que as concretizações operadas correspondem a desenvolvimentos do mais amplo quadro dogmático jus-obrigacional. A concretização do dever de diligência, «constante da ordem jurídica», permite identificar, desde logo, deveres de "informação" ou "indagação", cujo conteúdo e alcance só é determinável em função dos institutos em jogo e das circunstâncias do caso concreto. Menezes Cordeiro – *Da boa fé...* p. 441.

[2744] No mesmo sentido, Bruno Ferreira – *Os deveres...* p. 711. Recorde-se que o art. 72.º/2 é aplicável aos membros dos órgãos de fiscalização *ex vi* art. 81.º. Cfr. 64.10 *infra*.

[2745] Em sentido idêntico, também Bruno Ferreira, *ibidem*.

[2746] O art. 64.º/1, *a)* refere-se apenas aos gerentes e administradores de sociedades, mas o n.º 2 imputa aos titulares de órgãos sociais com funções de fiscalização idênticos "deveres de cuidado".

[2747] De acordo com Cox e Hazen – *Corporations...* p. 492-493, também citado por Jorge Coutinho de Abreu – *Responsabilidade civil?...*, p. 18-24 , o *duty of care* pode ser dividido em três segmentos: (i) o dever de controlo ou vigilância organizativo-funcional; (ii) o dever de atuação procedimentalmente correta (para a tomada de decisões) e (iii) o dever de tomar decisões (substancialmente) razoáveis. Cfr., no mesmo sentido, Melvin Aron Eisenberg – The duty of care of corporate directors and officers, *University of Pittsburgh Law Review*, 51, 1990, *passim*.

Estes deveres são caracterizados como *procedimentais*. Assim foram desenvolvidos no espaço norte-americano, na articulação do *duty of care* com a *business judgment rule*. Como veremos adiante, face à sua relutância em sindicar decisões empresariais, os tribunais tendem a só desenvolver o conteúdo substantivo do *duty of care* quando não é aplicável a *business judgment rule*. Gevurtz – *Corporation law...* p. 286, Charles Hansen – The duty of care, the business judgment rule, and the American Law Institute corporate governance project, *Business Lawyer*, 48, 1993, p. 1356. Cfr. também, entre nós, Bruno Ferreira – *Os deveres...* p. 697. Assim os entendeu a CMVM – *Governo das sociedades anónimas...*, p. 16, afirmando que os deveres de diligência (*duties of care*) «se reportam, genericamente, ao desenvolvimento de um esforço adequado (designadamente informativo) e a uma correcção técnica da actuação dos administradores, segundo critérios de racionalidade económica».

[2748] Segundo Menezes Cordeiro – *Os deveres fundamentais...*, n.º 18.II, tratam-se de deveres que acompanham a atuação do administrador, prevenindo situações de negligência; apresentam um grau de abstração muito elevado, a concretizar nos meandros da *case Law*, estranha ao nosso Direito. Também qualificam os deveres de cuidado como critério de ilicitude, *v.g.*, Paulo Câmara – *O governo...* p. 171.

768

A CONSTRUÇÃO UNITÁRIA DA OBRIGAÇÃO DE VIGILÂNCIA

Face ao exposto, na aplicação do art. 64.º/1, *a)* e 2, deve o intérprete-aplicador recorrer não apenas aos elementos dos ordenamentos que, em geral, constituem segura referência para a evolução do nosso sistema, mas sobretudo à rica experiência jurisprudencial anglo-saxónica (e à doutrina sobre ela assente) que, nesta matéria, não pode ser ignorada[2749]. Sem prejuízo, naturalmente, das adaptações que se imponham face aos nossos quadros dogmáticos.

Aparentemente em sentido divergente, Jorge Coutinho de Abreu – *Responsabilidade civil²...*, p. 24 parece concluir que os deveres de cuidado previstos no art. 64.º/1, *a)* podem relevar, por si sós, em sede de ilicitude e de culpa.

Como bem sustenta Menezes Cordeiro – *Direito das sociedades*, 1³... p. 987-988, estes são deveres incompletos, no sentido de que ninguém pode ser responsabilizado por, em abstrato, não ter disponibilidade, competência técnica ou conhecimento da atividade da sociedade. Mas poderá sê-lo se, num caso concreto, se verificar que, pelo facto de não ter organizado a sua vida, assegurando disponibilidade para o exercício do seu cargo, incumpriu a sua obrigação de vigilância, causando danos à sociedade. Da mesma forma, se, não tendo a necessária competência técnica ou conhecimento da atividade da sociedade, não tiver tomado as medidas necessárias para os adquirir e, com isso, se tiver visto incapaz de detetar ou avaliar adequadamente um risco para a sociedade, responderá pelos danos que tiver causado. Esta posição é coerente com a estruturação da obrigação de vigilância que apresentamos em seguida.

[2749] Lançando idêntico apelo, cfr., *v.g.*, Pedro Pais de Vasconcelos – *Business judgment rule*, deveres de cuidado e de lealdade, ilicitude e culpa e o artigo 64.º do Código das Sociedades Comerciais, *Direito das Sociedades em Revista*, 1:2, 2009, p. 50-52, e Bruno Ferreira – *Os deveres...* p. 735.

Quanto ao dever de aquisição da competência técnica adequada às suas funções, cfr. a sentença do caso *Francis v. United Jersey Bank*, de 1981 (87 N.J. 15, 432 A.2d 814, 821-822), na qual o *Supreme Court of New Jersey* declarou:

> «*As a general rule, a director should acquire at least a rudimentary understanding of the business of the corporation. Accordingly, a director should become familiar with the fundamentals of the business in which the corporation is engaged (...). If one "feels that he has not had sufficient business experience to qualify him to perform the duties of a director, he should either acquire the knowledge by inquiry, or refuse to act*».

Porém, como explica Eisenberg – *The duty of care...* p. 951, os *officers* devem ter uma especial competência – a competência de *managers* – e, caso ocupem um cargo especializado (como um cargo financeiro), devem ter a competência necessária para o exercício desse cargo. Esta exigência vale, naturalmente, para os administradores executivos, ou seja, que são simultaneamente *directors* e *officers* da sociedade.

O dever de obtenção do conhecimento sobre a atividade da sociedade tem correspondência tanto no *duty to monitor* como no *duty of inquiry*. O *duty to monitor* compreende o dever de análise crítica da informação prestada aos membros do *board* ou que para estes flui através de sistemas de informação (incluindo os sistemas de gestão de riscos, os sistemas de controlo interno e os sistemas de auditoria interna) e o dever de assegurar a criação e manutenção de adequados sistemas de informação. Cfr. *Ibidem*, p. 951-952, Manning – *The business judgment rule...* p. 1484. A este propósito, cfr. novamente a sentença do caso *Francis v. United Jersey Bank*, de 1981 (432 A.2d 814, 822-823) na qual o tribunal afirmou:

> «*Directors are under a continuing obligation to keep informed about the activities of the corporation. Otherwise, they may not be able to participate in the overall management of corporate affairs. (...) Directors may not shut their eyes to corporate misconduct and then claim that because they did not see the misconduct, they did not have a duty to look. The sentinel asleep at his post contributes nothing to the enterprise he is charged to protect.*
>
> *Directorial management does not require a detailed inspection of day-to-day activities, but rather a general monitoring of corporate affairs and policies. (...) Accordingly, a director is well advised to attend board meetings regularly.*

DA ADMINISTRAÇÃO À FISCALIZAÇÃO DAS SOCIEDADES

1936   IV. Mas será que estes "deveres de cuidado" constituem novidades no nosso sistema, como pretende alguma doutrina? Será que se pode afirmar que, antes da reforma de 2006, os administradores e fiscalizadores não tinham que revelar disponibilidade, competência técnica e o conhecimento da atividade da sociedade adequados às suas funções? Podiam ser indisponíveis, tecnicamente incompetentes e sem conhecimento do que se passava na sociedade? Não nos parece[2750]. Sem prejuízo da sua importância clarificadora na densificação dos conceitos, não deve aceitar-se como inovadora a redação dada pela reforma de 2006 ao art. 64.º. Esta traduz, como defendemos noutro local[2751], uma transposição da "dinâmica" dos deveres fiduciários dos administradores nos espaços anglo-saxónicos. Ou seja, tem apenas um cariz densificador (que poderia resultar já do labor do intérprete-aplicador) e um importante valor pedagógico.

1937   Dito isto, o administrador ou fiscalizador diligente deverá demonstrar, nomeadamente, disponibilidade, competência técnica e conhecimento da ati-

> While directors are not required to audit corporate books, they should maintain familiarity with the financial status of the corporation by a regular review of financial statements. (...) The review of financial statements, however, may give rise to a duty to inquire further into matters revealed by those statements. (...) Upon discovery of an illegal course of action, a director has a duty to object and, if the corporation does not correct the conduct, to resign. (...)
>
>   In certain circumstances, the fulfillment of the duty of a director may call for more than mere objection and resignation. Sometimes a director may be required to seek the advice of counsel. (...) Sometimes the duty of a director may require more than consulting with outside counsel. A director may have a duty to take reasonable means to prevent illegal conduct by co-directors; in any appropriate case, this may include threat of suit.
>
>   A director is not an ornament, but an essential component of corporate governance. Consequently, a director cannot protect himself behind a paper shield bearing the motto, "dummy director"».

O *duty of inquiry* vincula o administrador a reagir aos indícios de irregularidades de que tome conhecimento. Como explica *ibidem*, p. 1484-1485:

> «[N]o director or group of directors may choose to ignore credible signals of serious trouble in the company. If a director is informed through a credible source that there is reason to believe that the chief financial officer is a compulsive gambler, the director must take an initiative; he may not sit back and wait for the management to bring the matter to the board's attention. There will usually be a wide range of possible actions which a director could reasonably take to pursue such a matter and thereby fulfill his obligation as a director; but he cannot simply do nothing. Execution of this responsibility of a director will be episodic and, typically, infrequent, but the responsibility itself is ongoing and present every day».

A este propósito, cfr. a sentença proferida pelo *Supreme Court of the United States* no caso *Bates v. Dresser*, de 1920 (251 U.S. 524), sobre a ausência de reação dos administradores à apropriação indevida de fundos de um banco, bem como a análise da mesma em EISENBERG – *The duty of care...* p. 956-958.

O dever de disponibilidade foi já abordado na citação da sentença proferida no caso *Francis v. United Jersey Bank*, a propósito do *duty to monitor*. Ficou então patente a necessidade de os administradores participarem nas reuniões do conselho de administração e de praticarem os atos necessários ao acompanhamento da actividade societária, não podendo ser meros figurantes (ou *"dummy directors"*, nas palavras do tribunal).

[2750] No mesmo sentido, cfr. MENEZES CORDEIRO – *Direito das sociedades*, 1³... p. 983. Cfr. ainda CATARINA CORDEIRO – *Algumas considerações...* p. 107-112.

[2751] FERREIRA GOMES – *Conflitos de interesses...* p. 205-206.

770

A CONSTRUÇÃO UNITÁRIA DA OBRIGAÇÃO DE VIGILÂNCIA

vidade da sociedade. Com a positivação destas concretizações das obrigações de administrar e de fiscalizar diligentemente a sociedade clarificam-se aspetos que, historicamente, foram objeto de intensa discussão jurisprudencial, em diferentes quadrantes.

62.6. A estrutura da obrigação de vigilância: poderes-deveres de informação e inspeção, dever de avaliação e poderes-deveres de reação

I. Como tivemos oportunidade de explorar em detalhe nos capítulos I, II e III, a obrigação de vigilância dos diferentes órgãos sociais, nos diferentes modelos de governo da sociedade anónima, é suscetível de decomposição analítica em diferentes situações jurídicas que estruturámos em:

1938

(i) *Poderes-deveres de obtenção de informação e de inspeção*: todas as obrigações de vigilância assentam na recolha de informação, seja com base num poder de acesso direto à informação na posse da sociedade (consultando os registos ou inquirindo trabalhadores e colaboradores da sociedade), num poder de informação face a outros órgãos sociais, num poder-dever de informação face a terceiros, ou num poder de recolha de informação pública. Todos estes poderes são funcionalizados à prossecução do interesse da sociedade e, nessa medida, são apresentados como poderes-deveres.

(ii) *Dever de avaliação da informação recolhida*: toda a informação recolhida ou recebida deve ser avaliada face aos padrões legais e estatutários, com vista à identificação de eventuais irregularidades na administração da sociedade[2752]. Trata-se de um processo dinâmico e espiral de tratamento da informação (compreendendo juízos sucessivos na seleção, compilação e sistematização da informação útil[2753]) que culmina com um juízo

---

[2752] Como referimos antes, para este efeito, por irregularidade deve entender-se qualquer facto que, na sequência da avaliação efetuada nos termos referidos no ponto anterior, tenha sido objeto de um juízo de reprovação. Não está aqui em causa uma restrição da vigilância a questões de legalidade (*Rechtsmäßigkeit*) ou regularidade (*Ordnungsmäßigkeit*).

[2753] Note-se que estes juízos são formulados em condições de incerteza, com restrições de tempo e sob pressão. Cabe ao órgão em causa, em cada caso concreto, selecionar, compilar e sistematizar a informação já disponível, ajuizando sobre a necessidade de obtenção de informações adicionais, tendo em consideração os custos e os benefícios associados a esse processo face aos constrangimentos referidos (cfr., sobre este aspeto, HOMMELHOFF – *Die Konzernleitungspflicht...* p. 173-174). Estas considerações não podem deixar de se refletir na delimitação da conduta devida e no consequente juízo de cumprimento ou incumprimento da obrigação de vigilância.

GROSSMANN, em *Unternehmensziele...*, não obstante identificar corretamente o problema da incerteza, afirma – em termos que, como resulta do exposto, não podemos acompanhar – que as decisões sobre a obtenção de informação, sendo tomadas num contexto de incerteza, não podem ser avaliadas por critérios objetivos. Nesse sentido, defende o autor que aos administradores só é exigível a análise da informação

771

DA ADMINISTRAÇÃO À FISCALIZAÇÃO DAS SOCIEDADES

sobre a existência ou não de uma irregularidade na administração da sociedade.

(iii) *Poderes-deveres de reação perante as irregularidades detetadas*: quando, na sequência da avaliação por si desenvolvida, um órgão social conclua pela ocorrência de uma irregularidade na administração da sociedade, deve reagir, fazendo uso dos meios ao seu dispor para salvaguardar e prosseguir o interesse da sociedade[2754]. Também estes poderes são funcionalizados à prossecução do interesse da sociedade e, como tal, apresentados como poderes-deveres[2755].

1939   Sem prejuízo da sua decomposição para efeitos analíticos, os poderes-deveres de informação e inspeção, o dever de avaliação e os poderes-deveres de

disponível; a decisão sobre a obtenção de informação adicional cairia no âmbito da sua liberdade de atuação não sindicável. Ainda de acordo com a construção deste autor, as decisões discricionárias não seriam suscetíveis de controlo jurídico, mas somente político-organizacional, através da distribuição de competências e do regime de nomeação e destituição de administradores. Para uma análise mais desenvolvida sobre esta posição, cfr., entre nós, PEDRO CAETANO NUNES – *Dever de gestão...* p. 365-368. Como facilmente se pode constatar, esta posição colide com a construção sustentada de que o dever de informação, enquanto concretização quer da obrigação de administração, quer da obrigação de vigilância, é suscetível de concretização no caso concreto segundo o padrão de diligência normativa. Com isto não queremos dizer que dessa concretização resulte necessariamente apenas uma alternativa de ação; como vimos, podem resultar várias alternativas. Independentemente disso, não pode considerar-se *a priori* que a decisão é "livre" e, por isso, insindicável face a cânones jurídicos. Nos termos sustentados, quem seja chamado a sindicar a conduta do devedor, deve determinar as alternativas de ação no caso concreto e se a conduta se inseriu no espaço de atuação normativamente delimitado.

[2754] Nalguns casos, como vimos, o sistema impõe reações tributárias de outros interesses, como seja o dever dos membros do conselho fiscal e do revisor de participar ao Ministério Público os factos delituosos de que tenham tomado conhecimento e que constituam crimes públicos (art. 422.º/3). Em geral, esse dever de reação não se enquadra na obrigação de vigilância funcionalmente orientada à prossecução do interesse da sociedade. Constitui um dever secundário com prestação autónoma.

[2755] Esta estrutura acompanha a construção clássica de SEMLER – *Die Überwachungsaufgabe...* p. 6, SEMLER – *Leitung und Überwachung²...* p. 58, para quem a tarefa de vigilância (*Überwachungsaufgabe*) do *Aufsichtsrat* inclui as obrigações de (i) identificação dos factos; (ii) formulação de um juízo sobre os mesmos e (iii) reação concordante com o juízo. Imediatamente após a publicação do primeiro estudo de SEMLER citado, alguns autores italianos reconheceram que a vigilância envolve necessariamente uma atividade de natureza cognoscitiva, um juízo ou avaliação e, finalmente, perante uma avaliação negativa da situação, uma medida de reação. Cfr., *v.g.*, BORGIOLI – *L'Amministrazione delegata...* p. 267, CAMUZZI – *I poteri...* p. 789. Recorde-se ser frequente a construção da obrigação de vigilância como autónoma dos deveres de informação e ou dos deveres de reação. Por exemplo, FERRI, num interessante exercício de definição do conceito de "controlo interno" nas sociedades anónimas italianas, identifica o controlo *«indagine sulla rispondenza di un atto, di un comportamento o di una situazione a determinate regole prestabilite, indagine che si conclude con un giudizio o con un accertamento»*. Enquadra, portanto, na vigilância a obtenção de informação e sua avaliação, mas não a reação às irregularidades eventualmente detetadas. Cfr. FERRI – *I controlli interni...* p. 13-14.

A CONSTRUÇÃO UNITÁRIA DA OBRIGAÇÃO DE VIGILÂNCIA

reação devem ser construídos como um todo, pois só como um todo caracterizam adequadamente a relação obrigacional estabelecida entre o devedor e a sociedade[2756].

São *situações jurídicas principais* que, conjuntamente, concretizam a obrigação de vigilância e só conjuntamente traduzem o seu objeto. O poder-dever de informação justifica-se pela necessidade de obtenção da informação necessária à formulação de um juízo sobre a administração; e tal juízo impõe uma reação funcionalmente dirigida à prossecução do interesse da sociedade, sob pena de esvaziamento dos respetivos conteúdos úteis[2757].

1940

Estas prestações que, noutro contexto, poderiam ser autonomamente consideradas, estão geneticamente interligadas e obedecem a um escopo comum no contexto da obrigação de vigilância[2758]. A sua sistematização num conceito unitário cumpre a função técnica que FERNANDO JOSÉ BRONZE reconhece à dogmá-

1941

[2756] Segundo OLIVEIRA ASCENSÃO – *Direito civil: Teoria geral*, 3... p. 49, a situação jurídica diz-se complexa quando juridicamente organizada de modo unitário.

[2757] Nenhum destes deveres funciona, face aos demais, como dever principal, por não constituir ponto de vista unitário em torno do qual se ordenam as demais atuações do sujeito (deveres secundários). Os três tipos de situações jurídicas operam lado a lado, como três elementos necessários e igualmente importantes na concretização da fiscalização societária. Esta não existe senão através das referidas prestações concretizadoras e estas não explicam aquela senão no seu conjunto: nenhuma das prestações individualmente considerada cumpre o desígnio funcional imposto pela já referida conjugação das normas de competência e da necessária prossecução do interesse social, da qual resulta um modo deôntico de imposição. Esse desígnio só é alcançável pela conjugação dos três deveres.
Sobre a distinção entre deveres principais e deveres secundários, cfr., *v.g.*, MOTA PINTO – *Cessão*... p. 337 ss., MENEZES CORDEIRO – *Da boa fé*... p. 590-592, CARNEIRO DA FRADA – *Contrato*... p. 36-38, PAIS DE VASCONCELOS – *Contratos atípicos*... p. 409, ALMEIDA COSTA – *Direito das obrigações*[12]... p. 76-77. Cfr. também MENEZES CORDEIRO – *Tratado*, 6[2]... p. 319-320.
Recorde-se que, para alguns autores, como PINTO OLIVEIRA – *Princípios*... p. 49-50, a contraposição entre os conceitos de prestação primária e de prestação secundária tem por base o critério da originariedade e não do grau hierárquico. De acordo com esse critério, os *deveres primários* correspondem a um programa de comportamento; os *deveres secundários* correspondem em geral a um programa de reparação de danos.

[2758] A decomposição analítica decorre da impossibilidade linguística de uma proposição normativa que traduza globalmente a prestação de vigilância. Como bem explica MENEZES CORDEIRO – *Da boa fé*... p. 591:

«A determinação de prestações, principais e, disso sendo caso, secundárias, faz-se pela interpretação das fontes. A boa fé pode, nesse campo, ser chamada a depor. Se bem se atentar, esta problemática releva puramente da linguagem. Querendo exprimir-se uma determinada obrigação, há, em regra, que recorrer a perífrases e conjunções verbais que dão, duma operação unitária em sentido social e jurídico, uma projecção complexa. A necessidade linguística de retratar, de modo aparentemente composto, uma conduta una, dá corpo à autonomização dos comportamentos que a constituam e que, como tudo, são cindíveis até ao infinito. Haja uma expressão capaz de, com cabalidade, figurar uma actuação complicada e a obrigação que a implique é simples; falte ela e a obrigação torna-se complexa, integrando prestações principais ou secundárias, consoante o concatenar linguístico dos factores verbais utilizados».

DA ADMINISTRAÇÃO À FISCALIZAÇÃO DAS SOCIEDADES

tica: «permite (...) que o jurista compreenda, com um simples "golpe de vista", um complexo acervo de referências de sentido»[2759].

1942   Pelo exposto, podemos afirmar que a obrigação de vigilância representa um "conceito-síntese" (*Inbegriff*), constitui uma obrigação de prestar que confere individualidade, tipicidade e unidade à situação do órgão social em causa, definindo o teor da relação de vigilância societária, distinguindo-a de outras relações[2760]. Enquanto conceito-síntese, a obrigação de vigilância tem uma natureza complexa, «é um (pequeno) sistema que unifica, em torno de um ponto de vista unitário, as diversas prestações que o sirvam»[2761].

1943   No caso dos órgãos de fiscalização, a obrigação de vigilância assume-se como "conceito-síntese primeiro"; no caso dos órgãos de administração[2762] corresponde a um "conceito-síntese segundo", que decorre da obrigação de administrar a sociedade (nesse caso, o conceito-síntese primeiro).

[2759] FERNANDO JOSÉ BRONZE – *Lições²*... p. 662, FERNANDO JOSÉ BRONZE – *A metodonomologia entre a semelhança e a diferença: reflexão problematizante dos pólos da radical matriz analógica do discurso jurídico*, Coimbra: Coimbra Editora, 1994, p. 521 ss. (nota 1181).
Em sentido contrário ao sustentado, as situações descritas são comumente sistematizadas de forma diversa. Em particular, o direito de informação (ou poder-dever de obter informação) é frequentemente apresentado como autónomo, mas funcionalmente dirigido à habilitação do sujeito ao adequado exercício de outras situações jurídicas. De acordo com tal sistematização, corresponderia a um *direito acessório ou secundário (sekundäre Hilfsrechte)*, i.e., instrumental e complementar face a situações jurídicas principais. Cfr., *v.g.*, BORK – *Materiell-rechtliche und prozeßrechtliche Probleme des Organstreits*... p. 15-16, 32-35.
Não podemos concordar com essa solução. Uma análise rigorosa da prestação de vigilância permite concluir que a realidade subjacente e linguisticamente figurada no conceito corresponde, antes de mais, a uma atividade de obtenção de informação. Donde, semanticamente, se define vigiar como «observar atentamente, espiar; espreitar (...)». Cfr. dicionário online da Porto Editora, Priberam, disponível em http://www.priberam.pt/dlpo/ (consultado em 02/09/2011), ou RUI GUEDES (Ed.) – *Cândido de Figueiredo: Grande Dicionário da Língua Portuguesa*, 4, 25.ª ed., Venda Nova: Bertrand, 1996.
Tal atividade não deve, portanto, ser artificialmente autonomizada da prestação de vigilância. Um tal artifício nada acrescenta do ponto de vista dogmático. Antes pelo contrário: introduz distorções na construção de normas de decisão.
[2760] Seguimos aqui a síntese dogmática de CARNEIRO DA FRADA – *A business judgment rule*... p. 66., a propósito da obrigação de administrar. Explica o Professor que esta obrigação «é decomponível em diversos deveres em função da necessidade de concretização (legal e jurisprudencial) em circunstâncias típicas e de modo a preencher correspondentes necessidades dogmáticas».
[2761] MENEZES CORDEIRO – *Tratado*, 6²... p. 320. As correspondentes situações jurídicas têm frequentemente um conteúdo simultaneamente *ativo*, traduzido em posições de vantagem interorgânicas, em posições potestativas de atuação material e jurídica na esfera da sociedade, ou mesmo em poderes de representação (em determinados casos específicos expressamente previstos na lei), e *passivo*, traduzido na vinculação à realização de prestações concretizadoras da função que ao órgão cabe na prossecução do interesse social.
[2762] Aos quais é normativamente atribuída uma importante função de vigilância, como vimos. Cfr. em especial o §§ 13 ss., § 44, § 55.2, § 56.2 e § 60 *supra*.

A CONSTRUÇÃO UNITÁRIA DA OBRIGAÇÃO DE VIGILÂNCIA

II. Ficou cabalmente demonstrado que o sentido deôntico das normas de competência jus-societária é de imposição[2763]: aos órgãos sociais não é conferida uma qualquer permissão normativa para fiscalizar ou não a sociedade; é-lhes imposto que o façam, sem qualquer margem de escolha para o titular. A síntese das situações jurídicas delas resultantes não pode deixar de ser *passiva*[2764]; é a *obrigação* (funcional[2765]) de vigilância.

Tal não prejudica a qualificação de algumas das situações jurídicas analíticas compreendidas no seu seio como "poderes-deveres"[2766] – habitualmente caracterizados como situações jurídicas ativas, sem prejuízo das suas especificidades[2767] –, porquanto, traduzindo a disponibilidade dos meios ao dispor do órgão para a realização da sua função[2768], o sistema confere-lhe um espaço de liberdade, ainda que funcionalmente delimitado pela sua função na prossecução do interesse social, para escolher o caminho a trilhar.

Poderia questionar-se se não seria preferível a qualificação como "deveres funcionais" que, segundo MENEZES CORDEIRO, traduzem algo de estruturalmente semelhante aos poderes funcionais, mas permitem a direta exigibilidade dos comportamentos postulados, mantendo embora uma larga margem de dis-

[2763] Não obstante a tradicional configuração da competência como um conjunto de poderes funcionais. Cfr. notas 2499 e 2500 *supra*.

[2764] A descrição apresentada afasta a qualificação da fiscalização como um poder funcional que, por definição, é uma posição ativa, ou seja, que implica sempre uma margem de escolha. Cfr. MENEZES CORDEIRO – *Tratado*, 1:1³... p. 350. Por outro lado, sobreordena a vinculação funcional do órgão ao conteúdo potestativo da sua posição. Ainda que o exercício da competência de fiscalização (tal como o exercício da competência de administração) possa determinar a alteração unilateral de outras esferas jurídicas, prevalece o sentido da vinculação nos termos descritos. Não tem portanto aplicação neste quadro a tradução da fiscalização por um poder potestativo, como sugerido por MENEZES CORDEIRO – *Direito das sociedades*, 1³... p. 1003 na análise da fiscalização no Direito privado.
Adoptamos aqui o critério de MENEZES CORDEIRO – *Tratado*, 1:1³... p. 308, relativamente à distinção entre situações jurídicas ativas e passivas. Não obstante, a conclusão seria a mesma face a outros critérios, como o da posição de vantagem ou de desvantagem, enunciado por autores como OLIVEIRA ASCENSÃO – *Direito civil: Teoria geral*, 3... p. 57: a situação jurídica complexa em que se traduz a competência de fiscalização, *na sua dimensão compreensiva*, não se configura numa qualquer posição de vantagem, mas sim numa vinculação do órgão a uma prestação que não pode senão ser considerada uma posição passiva.

[2765] Tal qualificação – proposta, *v.g.*, por MENEZES CORDEIRO – *Tratado*, 1:1³... p. 361 a propósito dos "deveres funcionais" – traduz o facto de tal situação passiva se constituir na esfera jurídica do sujeito por força da sua presença em determinada posição (*status* ou situação funcional).

[2766] ZAMPERETTI – *Il dovere*... p. 68, refere-se a poderes que são, simultaneamente, fisiologicamente estáticos e evolutivamente dinâmicos: quiescente, mas em permanente estado de tensão face à possível, imediata transformação em "dever" perante situações ou indícios que induzam a uma necessária ativação.

[2767] Cfr. nota 2500 *supra*.

[2768] Segundo a definição de GOMES DA SILVA – *O dever de prestar*... p. 48 para quem o poder, sem sentido técnico, se traduz na disponibilidade dum meio para atingir determinado fim ou um conjunto de fins, cuja utilização o direito regula de modo unitário.

DA ADMINISTRAÇÃO À FISCALIZAÇÃO DAS SOCIEDADES

cricionariedade do obrigado[2769]. Parece-nos que não. A posição adotada, não coincidente, visa realçar a específica posição de vantagem interorgânica estabelecida no seio da sociedade, nos termos da qual os órgãos de fiscalização podem exigir uma determinada prestação de outros órgãos, sujeitos aos correspetivos deveres[2770]. Tal qualificação não deve contudo ser entendida como afastando a possibilidade de os comportamentos devidos pelos órgãos de fiscalização poderem ser exigidos diretamente pela sociedade.

1947   III. A estruturação da obrigação de vigilância assente nos referidos três tipos de situações jurídicas traduz um afastamento face ao enquadramento dogmático da norma de legalidade procedimental administrativa que, no Direito administrativo, tem existência autónoma face às obrigações não procedimentais imputáveis a qualquer órgão administrativo. A este propósito, explica DAVID DUARTE:

> «O procedimento administrativo, como referência do conceito normativo de procedimento estabelecido na estatuição de uma norma que cobre toda a função administrativa, é, portanto, um segmento do exercício dessa função que tem uma representação normativa própria e individualizante: o que é relativo ao procedimento não se confunde com as normas e decisões da função, nem como as formas como esta se exerce»[2771].

1948   No domínio jus-societário, a dimensão procedimental dos deveres dos órgãos societários tem sido discutida especialmente a propósito da *business judgment rule* e da inerente questão da sindicabilidade do mérito da gestão. Por exemplo, antes da reforma do Código das Sociedades Comerciais de 2006, SOARES DA SILVA defendia uma perspetiva do dever de diligência de pendor claramente procedimental, traduzida

---

[2769] MENEZES CORDEIRO – *Tratado*, 1:1³... p. 361.

[2770] Assim, por exemplo, ao poder-dever de informação dos membros do conselho fiscal, nos termos do art. 421.º/1, *b*), corresponde um dever do conselho de administração (ou de qualquer administrador individualmente) a prestar a informação e os esclarecimentos solicitados.

[2771] DAVID DUARTE – *A Norma de Legalidade*... p. 409-410 e passim. Acrescenta ainda que a norma de legalidade procedimental administrativa

> «perspectiva o procedimento como um modo de agir administrativo próprio, constituindo, sem prejuízo das variações que dependem de normas que se aplicam em função do tipo de normas ou decisões finais em causa, e que lhe dão matizes diferenciados, um fundo comum que nada tem a ver com essas normas».

A CONSTRUÇÃO UNITÁRIA DA OBRIGAÇÃO DE VIGILÂNCIA

«na necessidade de observância de um processo (de informação, de ausência de conflitos de interesses, de boa fé), mais do que num juízo sobre a decisão em si»[2772].

Esta dissociação entre a dimensão procedimental e a dimensão substantiva da atuação dos órgãos sociais, que poderia depor a favor do reconhecimento de uma autónoma norma de legalidade procedimental jus-societária, é claramente afastada na construção por nós sustentada.

1949

Tanto os deveres substantivos como os deveres procedimentais compreendidos na obrigação de vigilância, tal como estruturada, têm, em geral, um conteúdo indeterminado, variando apenas a medida da indeterminação. A sua concretização depende sempre das circunstâncias do caso concreto. Só perante estas pode o órgão ajuizar sobre a informação necessária, só perante estas pode formular um juízo sobre os factos apurados, só perante estas pode decidir se é necessária ou conveniente uma reação (e que reação). Dito isto, não nos parece correta a afirmação apriorística de que uns atos são sindicáveis e outros não. Nos termos expostos e desenvolvidos adiante, o reconhecimento de uma margem de discricionariedade é um resultado normativo que depende da concretização das normas de conduta face às circunstâncias do caso concreto.

1950

Dito isto, reafirma-se que a obrigação de vigilância compreende a norma de legalidade procedimental, articulando-se esta, de forma indissociável, com as demais normas que daquela obrigação decorrem.

1951

IV. Esta afirmação leva associada uma consequência dogmática imediata: a obrigação de vigilância impõe o cumprimento de um procedimento diligente; não basta a realização de uma escolha acertada (dentro das alternativas normativamente admissíveis). Como obrigação de meios, só há cumprimento quando o resultado é adequadamente tentado. A escolha que, por mera sorte, e não por decorrência de um procedimento adequado, foi acertada, não traduz o cumprimento da obrigação de vigilância[2773] (o mesmo valendo para a obrigação de administração). Traduz um comportamento negligente com as consequências que daí advêm. A nível de responsabilidade civil, na medida em que o devedor

1952

[2772] JOÃO SOARES DA SILVA – A responsabilidade civil dos administradores de sociedades: os deveres gerais e os princípios da *corporate governance, Revista da Ordem dos Advogados*, 57, 1997, p. 605-628. Esta mesma dimensão procedimental foi também realçada por CARNEIRO DA FRADA – *Direito civil...* p. 121-122 e, já depois da reforma do Código das Sociedades Comerciais de 2006, a ideia seria retomada, *v.g.*, por MENEZES CORDEIRO – *Direito das sociedades*, 13... p. 887, MENEZES CORDEIRO – *CSC anotado*[2]..., art. 64.º, n.º 21.
[2773] Sobre a qualificação como ilícita de uma conduta que «logo como tal, sem atender a um resultado posterior, não satisfaz o cuidado exigido pela ordem jurídica», cfr. KARL LARENZ – *Lehrbuch des Schuldrechts*, 14.ª ed., München: Beck, 1987, p. 285, LARENZ – *Metodologia...* p. 688.

DA ADMINISTRAÇÃO À FISCALIZAÇÃO DAS SOCIEDADES

tomou, por sorte, uma opção acertada, provavelmente não haverá danos para o credor (a sociedade). Inexistindo danos, não haverá lugar a responsabilidade civil. Tal não impedirá, contudo, a aferição de justa causa para efeitos de destituição do devedor[2774].

1953

V. Em suma: a estruturação da obrigação de vigilância nos termos sugeridos, nela identificando os referidos tipos de situações jurídicas analíticas, oferece coordenadas dogmáticas inultrapassáveis quer pelo devedor, na delimitação positiva da prestação *ex ante*, quer por quem seja chamado a sindicar a sua conduta *ex post*.

1954

Nalguns casos, tais coordenadas estão expressamente positivadas, noutros resultam de um labor de construção dogmática segundo vetores de sistemática interna. Em todo o caso, traduzem imposições normativas de resultados subalternos que sempre acompanham a atuação dos fiscalizadores.

1955

Enquanto resultados subalternos, não valem por si, mas tão-só na medida em que se adequem ao definidor[2775], o que não deixa de ter consequências dogmáticas. Senão vejamos, a título de exemplo.

1956

Em primeiro lugar, a aquisição de informação pelos fiscalizadores não é auto-justificativa. Vai dirigida à habilitação dos mesmos para o desenvolvimento de uma avaliação ponderada dos factos subjacentes e definição das reações que aos mesmos se imponham. Ora, o facto de o devedor adquirir toda a informação relevante sobre uma determinada irregularidade, cumprindo a correspondente vinculação normativa, de nada serve ao credor (a sociedade) se não for sucedido de uma avaliação ponderada da informação e de uma reação apropriada. De nada vale o cumprimento do dever de aquisição de informação se o devedor tiver ficado aquém dos demais passos que se impunham. Da mesma forma, a correta avaliação da informação recolhida não serve o interesse da sociedade se

---

[2774] Cfr. art. 403.º, caso este seja membro do conselho de administração (e não membro da comissão de auditoria); artigo 419.º, sendo membro do conselho fiscal, fiscal único ou revisor oficial de contas; 423.º-E para administradores membros da comissão de auditoria; 430.º para membros do conselho de administração executivo. Note-se que, estranhamente, não existe nenhuma norma sobre a destituição dos membros do conselho geral e de supervisão. No silêncio da lei, discute-se se os seus membros podem ser destituídos *ad nutum*, como os membros do conselho de administração, ou se só podem ser destituídos com justa causa, tal como os membros do conselho fiscal. Atenta a função de fiscalização deste órgão, deve aplicar-se analogicamente o disposto no art. 419.º a propósito dos membros do conselho fiscal. No mesmo sentido, *v.g.*, PEREIRA DE ALMEIDA – *Sociedades comerciais*[6]... p. 514, ARMANDO M. TRIUNFANTE – *Código das Sociedades Comerciais anotado*, Coimbra: Coimbra Editora, 2007, arts. 419.º e 445.º, p. 427 (nota 452), 492-493, MENEZES CORDEIRO – *CSC anotado*[2]..., art. 445.º, n.º 3.

[2775] Cfr. nota 2562 *supra*.

A CONSTRUÇÃO UNITÁRIA DA OBRIGAÇÃO DE VIGILÂNCIA

o devedor não agir subsequentemente em conformidade. «*Wer überwachen soll, muß agieren*»[2776].

Em segundo lugar, a impossibilidade de um resultado subalterno, man-   1957
tendo-se possível o resultado definidor (a salvaguarda do interesse social no
caso concreto), não afeta a obrigação de vigilância. Por exemplo, não sendo possível ao fiscalizador obter informação sobre uma determinada transação, porque a respetiva base documental foi destruída e aqueles que nela intervieram
se recusam a divulgar pormenores sobre a mesma, não pode o fiscalizador avaliar a transação. Verifica-se uma impossibilidade fáctica do dever de avaliação.
Contudo, isso não afeta a obrigação de vigilância, antes impondo ao fiscalizador
a conformação da sua conduta em função desse imprevisto, ora procurando a
informação por outros meios ao seu dispor, ora reagindo legalmente contra os
intervenientes pela não prestação de informação a que estão obrigados e, simultaneamente, tomando as medidas necessárias para que a sociedade cubra os
riscos que, no pior cenário possível, possam decorrer da transação oculta. Seguramente não é admissível que, em sede de avaliação da conduta do fiscalizador,
este se defenda afirmando simplesmente que pediu a informação e que a mesma
não lhe foi prestada, como sucede em casos frequentemente noticiados.

62.7. A variável intensidade da obrigação de vigilância no confronto com o princípio jus-societário da confiança dos órgãos sociais na informação recebida: a questão da *reliance*

I. Afirmámos antes que as obrigações de vigilância dos órgãos da sociedade   1958
anónima são *a priori* indetermináveis, mas determináveis (pelo menos até determinado nível) perante as circunstâncias do caso concreto. O seu conteúdo varia,
portanto, de acordo com estas circunstâncias. O mesmo é dizer que as obrigações de vigilância apresentam uma intensidade variável que, como sustentámos
antes, pode ser balizada pelos parâmetros gerais e pelos grupos de casos delineados pela doutrina a partir da jurisprudência[2777].

Neste sentido, concluímos que tais obrigações de vigilância se traduzem   1959
numa vinculação a um controlo geral, que se torna mais intenso ou pormenorizado perante situações de crise ou motivos de suspeita, ou por exigência de
adequadas construção da vigilância preventiva e concretização do dever de leal
cooperação interorgânica e endoconsiliar. Propomo-nos agora dar um passo
mais, confrontando a afirmação desta variável intensidade com o princípio jus-
-societário da confiança dos órgãos sociais na informação recebida.

[2776] SEMLER – *Die Überwachungsaufgabe*... p. 6, SEMLER – *Leitung und Überwachung*²... p. 58.
[2777] Cfr. §§ 20.2 e 27.

DA ADMINISTRAÇÃO À FISCALIZAÇÃO DAS SOCIEDADES

1960   II. No exercício das suas funções, os membros dos órgãos sociais baseiam--se frequentemente em informações, conselhos e opiniões de colegas seus, de membros de outros órgãos sociais, de trabalhadores e colaboradores da sociedade e de terceiros que a esta prestam os seus serviços (contabilistas, revisores de contas, advogados e jurisconsultos, etc.). Em todos estes casos, coloca-se a questão de saber se, e em que medida, podem confiar na informação recebida. A questão tem sido discutida, em especial, nos países anglo-saxónicos, mas existe já alguma jurisprudência também na Alemanha, sobre a qual se pronunciou alguma doutrina.

1961   III. Nos Estados Unidos, a delimitação da responsabilidade dos administradores pela confiança (*reliance*) depositada na informação prestada por outras pessoas foi desenvolvida pela jurisprudência e conhece hoje positivação na generalidade dos Estados[2778]. Destacamos aqui, pela sua importância central, as soluções dos Estados do Delaware e de Nova Iorque, bem como aquelas que resultam do *Model Business Corporation Act* e dos *Principles of Corporate Governance* do ALI[2779].

[2778] Neste sentido, *Principles* (1994)..., § 4.02, coment. *a*. Cfr. também *Spirt v. Bechtel*, 232 F.2d 241 (2d Cir.1956); *Nanfito v. Tekseed Hybrid Co.*, 341 F.Supp. 240 (D.Neb.1972), *Prince v. Bensinger*, 244 A.2d 89 (Del.Ch.1968); *Pool v. Pool*, 22 So.2d 131 (La.App.1945); *McGlynn v. Schultz*, 95 N.J.Super. 412, 231 A.2d 386 (1967); *Gilbert v. Burnside*, 13 App.Div.2d 982, 216 N.Y.S.2d 430 (1961); *Cornell v. Seddinger*, 237 Pa. 389, 85 A. 446 (1912); *Baker v. Mutual Loan & Inv. Co.*, 213 S.C. 558, 50 S.E.2d 692 (1948).

Como explicam os mesmos *Principles*, § 4.02, coment. *c*, está em causa a proteção dos administradores que confiaram adequadamente noutras pessoas e a delimitação dessa proteção. Na discussão sobre o cumprimento do *duty of care* por um administrador, uma tal confiança constitui indício de uma conduta razoável. No mesmo sentido, mas em termos mais genéricos, explicam HAWES e SHERRARD que, em casos de negligência, a confiança legítima é aceite como indício de *due care*. Cfr. DOUGLAS W. HAWES e THOMAS J. SHERRARD – Reliance on advice of counsel as a defense in corporate and securities cases, *Virginia Law Review*, 62:1, 1976, p. 17.

[2779] De acordo com o § 141(e) DGCL:

    «A member of the board of directors, or a member of any committee designated by the board of directors, shall, in the performance of such member's duties, be fully protected in relying in good faith *upon the records of the corporation and upon such information, opinions, reports or statements presented to the corporation by any of the corporation's officers or employees, or committees of the board of directors, or by any other person as to matters the member* reasonably *believes are within such other person's professional or expert competence and who has been selected with* reasonable care *by or on behalf of the corporation»* (itálicos nossos).

Segundo o § 717(a) NYBCL:

    «In performing his duties, a director shall be entitled to rely on information, opinions, reports or statements including financial statements and other financial data, in each case prepared or presented by: (1) one or more officers or employees of the corporation or of any other corporation of which at least fifty per centum of the outstanding shares of stock entitling the holders thereof to vote for the election of directors is owned directly or indirectly by the corporation, whom the director believes to be reliable and competent in the matters presented, (2) counsel, public accountants or other persons as to matters which the director believes to be within such person's

A CONSTRUÇÃO UNITÁRIA DA OBRIGAÇÃO DE VIGILÂNCIA

Tal como construída pela jurisprudência e positivada nestes instrumentos normativos, a *reliance* constitui um meio de defesa através do qual o sujeito demonstra ter atuado de boa-fé (*in good faith*) ou diligentemente (*with due care*), em casos em que a violação destes padrões de conduta constitui parte da previsão normativa[2780].

1962

Constituem elementos deste meio de defesa: (i) a *razoável* convicção do sujeito de que aquele que presta informações, conselhos ou opiniões era fiável e competente; (ii) a prestação de informação sobre todos os factos relevantes para a emissão do conselho ou opinião, quando estes tenham sido pedidos por quem não tinha acesso direto a essa informação; (iii) a obtenção, pelo sujeito, de infor-

1963

> *professional or expert competence, or (3) a committee of the board upon which he does not serve, duly designated in accordance with a provision of the certificate of incorporation or the by-laws, as to matters within its designated authority, which committee the director believes to merit confidence, so long as in so relying he shall be acting in good faith and with such degree of care, but he shall not be considered to be acting in good faith if he has knowledge concerning the matter in question that would cause such reliance to be unwarranted».*

De acordo com a secção 8.30 MBCA:

> *«(e) In discharging board or committee duties a director, who does not have knowledge that makes reliance unwarranted, is entitled to rely on information, opinions, reports or statements, including financial statements and other financial data, prepared or presented by any of the persons specified in subsection (f).*
>
> *(f) A director is entitled to rely, in accordance with subsection (d) or (e), on: (1) one or more officers or employees of the corporation whom the director reasonably believes to be reliable and competent in the functions performed or the information, opinions, reports or statements provided; (2) legal counsel, public accountants, or other persons retained by the corporation as to matters involving skills or expertise the director reasonably believes are matters (i) within the particular person's professional or expert competence or (ii) as to which the particular person merits confidence; or (3) a committee of the board of directors of which the director is not a member if the director reasonably believes the committee merits confidence».*

Por fim, de acordo com o § 4.02 dos *Principles of Corporate Governance* do ALI,

> *«In performing his or her duties and functions, a director or officer who acts in good faith, and reasonably believes that reliance is warranted, is entitled to rely on information, opinions, reports, statements (including financial statements and other financial data) (...) prepared, presented, made, or performed by: (a) One or more directors, officers, or employees of the corporation, or of a business organization [§ 1.04] under joint control or common control [§ 1.08] with the corporation, who the director or officer reasonably believes merit confidence; or (b) Legal counsel, public accountants, engineers, or other persons who the director or officer reasonably believes merit confidence».*

Para além disso, de acordo com o § 4.03(b) dos mesmos *Principles*, pode ainda confiar em:

> *«Information, opinions, reports, and statements (including financial statements and other financial data), prepared or presented by a duly authorized committee of the board upon which the director does not serve, provided that the director reasonably believes the committee merits confidence».*

[2780] Nos casos em que a norma aplicável imputava responsabilidade independentemente da boa-fé ou da diligência do sujeito – *v.g.*, casos de responsabilidade objetiva (*strict liability*) –, a confiança depositada nos conselhos legais recebidos foi considerada irrelevante pela jurisprudência. Cfr. HAWES e SHERRARD – *Reliance...* p. 7.

Note-se, porém, que vários tribunais manifestaram relutância na aplicação deste mecanismo nos casos referidos no texto, por considerarem que o desconhecimento da lei não podia justificar a conduta contrária à mesma, perspetiva que é criticada por HAWES e SHERRARD. Cfr. *ibidem*, p. 18.

DA ADMINISTRAÇÃO À FISCALIZAÇÃO DAS SOCIEDADES

mações, conselhos ou opiniões errados; (iv) a não deteção do erro pelo sujeito na sua análise crítica das informações, conselhos ou opiniões recebidos; e (v) a atuação do sujeito de acordo com tais informações, conselhos ou opiniões[2781].

1964

IV. O primeiro elemento é desenvolvido pelos referidos instrumentos normativos, segundo os quais importa determinar a credibilidade da fonte de informação, conselhos ou opiniões, conjugando critérios subjetivos e objetivos. Vale a opinião do administrador sobre a fiabilidade (*reliability*) e sobre a competência técnica (*competence*) da pessoa que presta a informação, conselho ou opinião, delimitada por dois critérios objetivos: o critério da boa-fé[2782] e o critério da razoabilidade[2783].

1965

Este elemento foi especialmente desenvolvido pela jurisprudência a propósito da seleção de peritos para prestação de conselhos (cfr., *v.g.*, o caso *Brehm v. Eisner*, de 2000[2784]), em termos nem sempre satisfatórios. Assim, por exemplo,

---

[2781] Na nossa sistematização partimos da construção de HAWES e SHERRARD, datada de 1976, segundo a qual constituem elementos da *reliance* em conselhos legais, enquanto mecanismo de defesa: (i) a convicção do sujeito de que o consultor escolhido era competente; (ii) a transmissão ao mesmo de todos os factos que o sujeito considerava relevantes; (iii) a obtenção, pelo sujeito, de conselhos errados numa questão de Direito; e (iv) a atuação do sujeito de acordo com tais conselhos recebidos. Este estudo parte da confiança em conselhos legais, mas estende-se a conselhos noutras áreas. Cfr. *ibidem*, p. 19, 11-12. Na reconstrução e desenvolvimento do esquema de HAWES e SHERRARD, baseámo-nos nos instrumentos normativos referidos acima e na jurisprudência de referência sobre o tema. Este mesmo caminho fora já trilhado, no sistema alemão, por FLEISCHER e outros, cujas posições são criticamente analisadas adiante. Cfr., em particular, a nota 2851 *infra*.

[2782] Este critério corresponde à nossa boa-fé subjetiva, traduzida, como resulta expressamente da NYBCL e do MBCA, no desconhecimento de factos que tornem ilegítima a confiança na informação em causa. A anotação oficial à disposição do MBCA vai mais longe, esclarecendo que está em causa a boa-fé subjetiva não em sentido meramente psicológico, mas em sentido ético, o que sempre resultaria na compreensão deste critério à luz do nosso sistema (sobre o conceito da boa-fé subjetiva em sentido ético, cfr., por todos, MENEZES CORDEIRO – *Da boa fé*... p. 420-442, MENEZES CORDEIRO – *Tratado*, 1:1³... p. 404-407): não age de boa-fé o administrador que conhece, *ou deve conhecer*, factos que tornam ilegítima a confiança na informação em causa. De acordo com a referida anotação oficial, o administrador não pode "enfiar a cabeça na areia". Em sentido contrário, os *Principles* parecem atribuir um sentido puramente psicológico à boa-fé, descrevendo este requisito como um inquérito ao estado de espírito do administrador (ou dirigente) [cfr. *Principles* (1994)..., § 4.02, coment. *h*]. No entanto, o resultado prático é o mesmo, na medida em que o sentido ético é dado por um requisito autonomizado no § 4.02: o *reasonable belief that reliance is warranted*. Perante este requisito, a confiança não é legítima se o administrador não conhecia, *mas devia conhecer*, factos que a tornam ilegítima [cfr. *Principles* (1994)..., § 4.02, coment. *i*, bem como, por remissão deste, o § 11 do *Restatement (Second) of Torts*, atualizado a agosto de 2012].

[2783] Este critério é delimitado pelo *duty of care*. Cfr. ponto 5 da anotação oficial à secção 8.30(e) MBCA.

[2784] 746 A.2d 244, 262 (Del. 2000). Sobre este caso, cfr. nota 2577 *supra*. Nesta decisão pode ler-se:

«[T]*he complaint must allege particularized facts (not conclusions) that if proved, would show, for example, that: [...] the expert was not selected with reasonable care by or on behalf of the corporation, and the faulty selection process was attributable to the directors*».

A CONSTRUÇÃO UNITÁRIA DA OBRIGAÇÃO DE VIGILÂNCIA

a propósito da escolha de consultores jurídicos, os tribunais norte-americanos tendem a considerar que basta a razoável convicção do sujeito de que o consultor estava autorizado a exercer advocacia (*licensed to practice law*), não sendo exigível uma indagação de competências específicas[2785].

A exigência, exposta nalguns casos, de que o consultor deveria ser "experiente" ou de "conhecida reputação" (neste caso, os adjetivos usados foram "*reputable*" e "*eminent*") foi criticada por HAWES e SHERRARD, por não ser suficientemente densificada. Para estes autores, em geral, os clientes não têm capacidade para avaliar a experiência dos seus consultores, senão nos casos em que esta seja formalmente certificada, pelo que o requisito da experiência é desrazoavelmente vago, colocando um peso excessivo sobre os sujeitos na demonstração da legitimidade da confiança depositada nos seus consultores legais[2786]. Por outro lado, a conhecida reputação seria um critério insuscetível de mensuração objetiva[2787].

1966

De acordo com os autores, do § 8.30(f)(2) MBCA – segundo o qual o administrador pode confiar nas informações, conselhos e opiniões prestados por peritos que o mesmo razoavelmente considere estarem abrangidas pela competência profissional ou técnica desse perito[2788] – não resulta um dever de indagação da real experiência do mesmo. Basta que a convicção do administrador seja razoável, à luz das circunstâncias.

1967

Parece-nos que esta posição de HAWES e SHERRARD – secundada, no sistema alemão, como veremos adiante, por FLEISCHER – não traduz, de forma alguma, a bitola de diligência que conforma a conduta dos administradores (e fiscalizadores). Sendo responsáveis pela gestão de bens alheios (ou pela fiscalização desta), devem *tentar adequadamente*[2789] contratar uma pessoa com competência apropriada ao caso.

1968

[2785] Cfr. *Dill* v. *Boston Safe Deposit & Trust Co.*, 343 Mass. 97 (Mass. 1961). Cfr. também HAWES e SHERRARD – *Reliance...* p. 20 ss.

[2786] No caso *O'Neal* v. *McKinna*, 116 Ala. 606, 620 (Ala. 1897), o tribunal sustentou que:

> «*The attorney whose advice will be received is not one usually defined in the books as being "learned in the law." Though, with us, it is presumed that one admitted to the practice is "learned in the law," yet, as it is not a practical requirement of the rule under consideration, it would be taking a step too far to require a party to insure that his selection was of an attorney "learned in the law*».

Ainda assim, segundo HAWES e SHERRARD, nos casos de "claro abuso", como sejam aqueles em que o advogado manifestamente não tem conhecimentos de direito fiscal que lhe permitam emitir uma opinião fundamentada sobre uma complexa questão de direito fiscal societário, o tribunal pode negar a legitimidade da confiança nele depositada. Cfr. *ibidem*, p. 23-24 (nota 88).

[2787] Cfr. *ibidem*, p. 22-24.

[2788] À data do estudo destes autores, esta norma constava da secção 35 do MBCA.

[2789] Trata-se de uma prestação de meios e não de resultados. Cfr., sobre a distinção, § 62.2 *supra*.

DA ADMINISTRAÇÃO À FISCALIZAÇÃO DAS SOCIEDADES

1969   Isto mesmo consta hoje expressamente das anotações oficiais ao MBCA e aos *Principles*, de acordo com as quais, na sua avaliação da fiabilidade e competência da pessoa que presta a informação, conselho ou opinião, o administrador deve tipicamente considerar *(a)* a experiência e o âmbito da responsabilidade da pessoa, determinando a sua familiaridade e conhecimento da questão em causa, bem como *(b)* os dados existentes e a reputação dessa pessoa, no que respeita a honestidade, diligência e perícia no cumprimento dos seus deveres. Se a perícia é relevante, o administrador deve considerar igualmente as qualidades técnicas da pessoa em causa[2790].

1970   Portanto, em cada caso, o administrador (ou fiscalizador) deve: (i) indagar a real fiabilidade e competência (incluindo conhecimentos técnicos e experiência) dos peritos que podem ser contratados e (ii), com base na informação obtida, avaliar, perante as circunstâncias do caso, qual o perito que deve ser contratado[2791].

1971   V. Ainda a propósito do primeiro elemento, não pode ser considerada fiável a pessoa que o administrador (ou fiscalizador) sabe (ou deve saber) que tem um interesse pessoal *relevante* no assunto sobre o qual é chamada a pronunciar-se[2792]. A existência de um (potencial) conflito de interesses elimina a base de confiança sobre a qual deve assentar a atuação do administrador (ou fiscalizador).

1972   A este propósito, discute-se se pode ser considerado fiável o advogado interno de uma empresa que, estando sujeito a um dever de exclusividade, não tem outra fonte de rendimento. A sua dependência perante a empresa pode colocar em causa a sua objetividade, razão pela qual, em *Blaustein v. Pan Am. Petroleum & Transport Co.*, de 1940[2793], o tribunal considerou que a defesa exigia a seleção de um advogado externo independente e que a confiança deposi-

---

[2790] Cfr. ponto 6 da anotação oficial à secção 8.30(e) MBCA e § 4.02, coment. *f* dos *Principles* (1994)....
Naturalmente, só deve ser considerada legítima a confiança depositada num conselho ou opinião de um perito, quando esse conselho ou opinião se inclua na área de competência do perito. A questão é discutida nos Estados Unidos a propósito dos conselhos legais, prestados por advogados, sobre questões que envolvem uma complexa análise de factos empresariais. Cfr. HAWES e SHERRARD – *Reliance...* p. 30-34.
[2791] A decisão pela contratação do perito *X* ou do perito *Y* pode, em última análise, depender de uma ponderação de custo/benefício. Ou seja, na ponderação do preço dos serviços v. competência, o administrador (ou fiscalizador) pode concluir que a complexidade do assunto em causa não justifica a contratação do perito mais competente (e mais caro).
[2792] Cfr., v.g., United States of America v. Finance Committee to Re-Elect the President, 507 F.2d 1194, 1198 (C.A.D.C. 1974); Union v. United Battery Service Co., 35 Ohio App. 68 (Ohio App. 1929); Closegard Wardrobe Co. v. Charles R. Normandy, 158 Va. 50, 56 (Va. 1932), Gallin v. National City Bank, 281 N.Y.S.795 (1935), e Fitzpatrick v. Federal Deposit Ins. Corp., 765 F.2d 569, 577 (6th Cir. 1985). Cfr. também, neste sentido HAWES e SHERRARD – Reliance... p. 24-25.
[2793] 174 Misc. 601 (N.Y.Sup. 1940).

784

A CONSTRUÇÃO UNITÁRIA DA OBRIGAÇÃO DE VIGILÂNCIA

tada no advogado interno constituía prova *prima facie* de má-fé[2794]. Contra esta perspetiva, sustentam HAWES e SHERRARD que, na ausência de indícios de que o advogado interno comprometeu a sua independência, deve aceitar-se a sua fiabilidade[2795].

Parece-nos que a resposta a esta questão não pode ser tão linear. Perante as circunstâncias do caso concreto, o administrador (ou fiscalizador) deve fazer um juízo mais vasto sobre a adequação do advogado interno às necessidades do caso concreto. Assim, *v.g.*, em casos de especial delicadeza para o futuro da sociedade, poderá ser importante obter uma visão externa sobre os mesmos. Neste tipo de casos não deve correr-se o risco de "cegueira empresarial" (*Betriebsblindheit*) dos serviços jurídicos subordinados[2796], impondo-se um dever de contratação de um consultor externo que permita ao administrador (ou fiscalizador) tomar uma decisão verdadeiramente informada sobre o assunto.

1973

VI. Quanto ao segundo elemento, quando esteja em causa a prestação de um conselho ou opinião por quem não tem acesso direto à informação sobre os factos relevantes para o efeito, o sujeito deve assegurar que o mesmo recebe atempadamente essa mesma informação[2797]. Assim, *v.g.*, a confiança depositada no conselho legal prestado por um advogado só deve ser considerada legítima na medida em que lhe tenham sido transmitidos todos os factos relevantes sobre o caso (*full disclosure*)[2798].

1974

De acordo com a jurisprudência norte-americana, se a omissão de determinados factos foi intencional, considera-se que o sujeito estava de má-fé e que, como tal, não pode ser protegido[2799]. Mesmo nos casos em que a omissão não foi intencional, considera-se que o sujeito não pode ser protegido se atuou negligentemente[2800]. Pelo contrário, em casos de "omissão inocente" – ou seja, omissão de factos que o próprio sujeito desconhecia ou não sabia, nem tinha o dever

1975

[2794] Neste caso, o advogado interno era administrador da sociedade e simultaneamente responsável jurídico e administrador da sociedade-mãe que beneficiou do conselho prestado.

[2795] Cfr. HAWES e SHERRARD – *Reliance...* p. 26.

[2796] SPINDLER – *Die Haftung...* p. 421.

[2797] Nos casos em que a pessoa que presta o conselho ou opinião tem acesso direto, este segundo elemento é consumido pelo quarto elemento, relativo à apreciação crítica das informações, conselhos ou opiniões recebidas. Quando o sujeito recebe as informações, conselhos ou opiniões deve avaliar se os mesmos tiveram por base toda a informação relevante.

[2798] Cfr. HAWES e SHERRARD – *Reliance...* p. 29.

[2799] Cfr. *Stephens v. Stinson*, 292 F.2d 838 (9th Cir. 1961); *Davis v. Commissioner of Internal Revenue*, 184 F.2d 86, 88 (10th Cir. 1950); *United States v. McCormick*, 67 F.2d 867, 870 (2d Cir. 1933); *Merritt v. Peters*, 28 F.2d 679 (9th Cir. 1928); *In re Perel*, 51 F.2d 506, 507 (S.D. Tex. 1931).

[2800] Cfr. Atlantic Coast Line R. Co. v. Ward, 92 Fla. 526 (Fla. 1926).

DA ADMINISTRAÇÃO À FISCALIZAÇÃO DAS SOCIEDADES

de saber serem relevantes – deve o sujeito ser protegido[2801]. Nestes casos, ao perito cabe apresentar as questões que lhe pareçam relevantes para determinar a completude das informações recebidas para sua ponderação[2802].

1976   VII. Quanto ao terceiro elemento – a obtenção, pelo sujeito, de informações, conselhos ou opiniões errados – discute-se nos Estados Unidos não só a *natureza* das informações, conselhos ou opiniões, mas também a sua *forma*.

1977   Quanto à *natureza*, como referimos já[2803], considera-se só ser legítima a confiança depositada em conselhos e opiniões de peritos que se incluam na área de competência destes. A questão assume maior complexidade perante o cruzamento de áreas de competência. Assim, por exemplo, quando um advogado presta conselhos legais sobre questões que envolvem uma complexa análise de factos empresariais, cruza-se a competência jurídica com a competência para a compreensão das questões de facto subjacentes e da sua articulação com a política empresarial prosseguida. Num outro exemplo, quando um advogado presta conselhos sobre o enquadramento normativo de complexos instrumentos financeiros, cruza-se a sua competência jurídica com a competência para a compreensão da natureza e estrutura desses instrumentos[2804].

1978   Quanto à *forma*, discute-se se, para efeitos da *reliance* enquanto mecanismo de defesa, a relevância de os conselhos e opiniões serem prestados por escrito ou verbalmente, informal ou formalmente, a título preliminar ou a título definitivo, de forma inequívoca ou com reservas[2805]. De acordo com HAWES e SHERRARD, pode considerar-se que uma opinião prestada verbalmente é menos formal, mas tal não implica que a confiança depositada na mesma seja, só por isso, menos legítima. Tudo depende das circunstâncias do caso. Desde logo, em muitas situações, os constrangimentos de tempo não permitem obter atempadamente uma opinião escrita[2806].

1979   Vale a pena recordar que no caso *Smith v. Van Gorkom*, julgado em 1985[2807], o *Delaware Supreme Court* considerou que os administradores tinham violado os

---

[2801] Cfr. HAWES e SHERRARD – *Reliance...* p. 29.

[2802] Cfr. *ibidem*, p. 29-30 (nota 116).

[2803] Cfr. nota 2790 *supra*.

[2804] Cfr. HAWES e SHERRARD – *Reliance...* p. 30-34.

[2805] No caso *SEC v. M.A. Lundy Associates,* 362 F. Supp. 226 (D.R.I. 1973), o tribunal considerou que a opinião jurídica na qual alegadamente se basearam os sujeitos, acusados de violar as disposições relativas ao registo de ofertas públicas de valores mobiliários, era irrelevante para efeitos de *reliance*, por ter sido prestada a título "informal" e por referir que os valores mobiliários em causa estavam "provavelmente" isentos de registo.

[2806] Cfr. HAWES e SHERRARD – *Reliance...* p. 33.

[2807] 488 A.2d 858 (Del., 1985). Sobre este caso, cfr. nota 2941 *infra*.

A CONSTRUÇÃO UNITÁRIA DA OBRIGAÇÃO DE VIGILÂNCIA

seus deveres por não se terem informado devidamente sobre a fusão proposta pelo CEO. Segundo o tribunal, o facto de terem aprovado a fusão da sociedade numa reunião de apenas duas horas, com base numa mera apresentação oral de vinte minutos e sem qualquer suporte documental consubstanciava violação do seu *duty of care*[2808]. Foi considerado igualmente relevante o facto de não terem sido assistidos por consultores externos (banco de investimento e advogados externos), dado que os administradores não tinham à sua disposição informação para, por si, poderem determinar se o preço oferecido pelas ações da sociedade, no âmbito da fusão, era um preço justo ou não.

Quanto à qualificação das opiniões, como sucede no caso das opiniões legais perante questões que conhecem diferentes interpretações, deve considerar-se legítima a confiança depositada pelos administradores nas opiniões que sustentam que, sem prejuízo das dúvidas existentes, a "probabilidade" da legalidade da conduta é superior à "probabilidade" da sua ilegalidade[2809]. 1980

VIII. Quanto ao quarto elemento – a não deteção do erro pelo sujeito na sua análise crítica das informações, conselhos ou opiniões recebidos – afirma-se que o sujeito deve demonstrar, por um lado, ter tomado conhecimento e, por outro, ter analisado criticamente as informações, conselhos ou opiniões recebidos. 1981

Neste sentido, as anotações oficiais do MBCA e dos *Principles* sublinham que a confiança só é legítima na medida em que (i) o sujeito tenha efetivamente lido as informações, opiniões, relatórios ou declarações em causa, ou tenha estado presente nas reuniões nas quais foram apresentados, ou tenha tomado outras medidas para tomar conhecimento dos mesmos[2810]; e (ii) não tenha tido (nem devesse ter) conhecimento de outros factos que fundamentassem desconfiança sobre a informação recebida[2811]. 1982

[2808] Cfr. Cox e Hazen – *Corporations...* p. 194.

[2809] Cfr. Hawes e Sherrard – *Reliance...* p. 33-34. Cfr. também § 65 *infra* sobre a complexa questão da discricionariedade dos membros dos órgãos sociais perante a interpretação de normas jurídicas.

[2810] Cfr. ponto 5 da anotação oficial à secção 8.30(e) MBCA e *Principles* (1994)..., § 4.02, coment. *c*, que esclarece que este § 4.02. não deve ser interpretado no sentido de sugerir que os administradores devem sempre aceitar as recomendações daqueles que preparam ou apresentam a informação, opiniões, relatórios, etc.

[2811] Por outras palavras, o *"entitlement to rely"* constitui um "meio de defesa" em juízo, mas não tem carácter absoluto. Assim, por exemplo, a confiança depositada no relatório do auditor não é legítima se o administrador recebeu informações de uma fonte credível, de acordo com as quais as contas tinham sido manipuladas. Cfr. *Principles* (1994)..., § 4.02, coment. *c*.
Neste sentido, já em 1976, Hawes e Sherrard – *Reliance...* p. 7-8:
> «*reliance is recognized only as a factor or circumstance tending to show the defendant's good faith or exercise of due care; it is not in itself a complete and absolute defense*».

DA ADMINISTRAÇÃO À FISCALIZAÇÃO DAS SOCIEDADES

1983
Se o erro era detetável por uma pessoa média (*reasonable person*), ou seja, por «um leigo com inteligência, honestidade e sentido de correta atuação» (*fair play*), a confiança não deve ser considerada legítima[2812].

1984
No caso *New Haven Trust Co. v. Doherty*, de 1903[2813], o tribunal considerou negligentes e responsabilizou os administradores de uma companhia de seguros que efetuaram empréstimos em nome da sociedade, gerando perdas para as mesmas, em violação de proibição legal. Segundo o tribunal, não era legítima a confiança depositada pelos administradores na opinião do advogado contrária aos claros termos literais da lei aplicável.

1985
No caso *Hanson Trust PLC v. ML SCM Acquisition, Inc.*, de 1986[2814], o tribunal considerou que os administradores violaram o seu *duty of care* porque basearam a sua deliberação sobre a emissão de opções (enquanto *poison pill*[2815]) nas conclusões do seu consultor financeiro sobre o seu *fair value* sem verificar o fundamento das mesmas. Ficou demonstrado em juízo que, na verdade, o consultor não calculou qualquer intervalo de *fair value*, nem questionou por que é que as duas partes da empresa que geravam metade dos seus proveitos estavam a ser vendidas por um terço do preço total oferecido pela empresa, num acordo de *leveraged buy out*, nem qual seria a situação da sociedade se as opções de compra dessas partes da empresa fossem exercidas.

1986
IX. Quanto ao quinto elemento – a atuação do sujeito de acordo com tais informações, conselhos ou opiniões – discute-se até que ponto os desvios face à atuação aconselhada torna ilegítima a confiança. Segundo HAWES e SHERRARD, deve admitir-se a legitimidade desta quando o desvio não seja significativo e não traduza uma conduta negligente (*v.g.*, quando traduza uma incompreensão do completo sentido do conselho recebido)[2816].

Cfr. também BEVIS LONGSTRETH – Reliance on advice of counsel as a defense to securities law violations, *Business Lawyer*, 37, 1982, p. 1187.

[2812] Cfr. HAWES e SHERRARD – *Reliance...* p. 36.

[2813] 75 Conn. 555, 54 A. 209 (Conn. 1903).

[2814] 781 F.2d 264, 274 ss. (2d Cir. 1986).

[2815] *I.e.*, enquanto mecanismo de defesa contra uma OPA hostil. Sobre este mecanismo de defesa contra OPAs hostis, cfr. MARTIN LIPTON – Twenty-five years after takeover bids in the target's boardroom: Old battles, new attacks and the continuing war, *Business Lawyer*, 60, 2005. Recorde-se que MARTIN LIPTON é tido como o "inventor" das *poison pills* nos anos 1980. Entre nós, cfr., *v.g.*, ANTÓNIO MENEZES CORDEIRO – Da tomada de sociedades (*takeover*): Efectivação, valoração e técnicas de defesa, *Revista da Ordem dos Advogados*, 54, 1994, p. 774-775, LUÍS MENEZES LEITÃO – "As medidas defensivas contra uma oferta pública de aquisição hostil", in *Direito dos Valores Mobiliários*, 7, Coimbra: Coimbra Editora, 2007, p. 63, ORLANDO VOGLER GUINÉ – *Da conduta (defensiva)...*, p. 43 ss.

[2816] Cfr. HAWES e SHERRARD – *Reliance...* p. 35.

A CONSTRUÇÃO UNITÁRIA DA OBRIGAÇÃO DE VIGILÂNCIA

Em todo o caso, a confiança só é relevante na medida em que a informação, conselho ou opinião tenha antecedido a conduta do sujeito. Assim, *v.g.*, a obtenção de um conselho a meio da operação não legítima os atos já praticados[2817].

X. A questão da *reliance* ganhou especial relevância no sistema alemão perante alguma jurisprudência recente. Na sua análise merece destaque o estudo de Fleischer, cuja estrutura aqui acompanhamos num diálogo crítico, com vista à transposição dos desenvolvimentos norte-americanos para os nossos quadros dogmáticos.

Fleischer parte de quatro exemplos paradigmáticos, assentes na referida jurisprudência, e, fazendo uso dos desenvolvimentos verificados sobretudo no sistema norte-americano, constrói um princípio jus-societário da confiança (*kapitalgesellschaftsrechtlichen Vertrauensgrundsatz*), assente em cinco linhas orientadoras: (i) princípio da divisão de trabalho no seio dos órgãos sociais; (ii) princípio da cooperação com confiança; (iii) princípio do aconselhamento competente e fiável; (iv) princípio da completa informação; (v) princípio do exame adequado da informação[2818].

[2817] Cfr. *ibidem*, p. 36.

[2818] Pela designação em alemão, o *kapitalgesellschaftsrechtlichen Vertrauensgrundsatz* seria aplicável apenas às sociedades de capitais. Parece-nos, contudo, que não se justifica a restrição. A discussão sobre um tal princípio no domínio societário deve atender aos desenvolvimentos verificados no Direito penal. Sobre o princípio da confiança, em particular na colaboração decorrente da divisão de trabalho, cfr., por todos, Claus Roxin – *Strafrecht: Allgemeiner Teil*, 1- Grundlagen der Aufbau der Verbrechenslehre, 3.ª ed., München: Beck, 1997, § 24, n.º 25.

A posição de Fleischer sobre as referidas linhas orientadoras pode ser sintetizada da seguinte forma:

Quanto aos primeiros dois princípios, sustenta Fleischer que a divisão de tarefas no seio dos órgãos sociais é normativamente admitida e, numa perspetiva pragmática, reconhecida como essencial, perante os limites da capacidade de direção e fiscalização dos mesmos. Os benefícios de uma tal divisão de tarefas dependem do reconhecimento de uma responsabilidade "por camadas" (*"gestaffelten" Verantwortlichkeit*). Esta inclui uma confiança básica na honestidade dos membros do órgão diretamente responsáveis pela atuação e vinculados à prestação de informações sobre essa mesma atuação. De acordo com Fleischer, esta confiança básica cede apenas perante suspeitas concretas e perante situações de crise, na medida em que os interesses dos credores se sobrepõem ao princípio da confiança no seio do órgão. Quanto a nós, parece-nos que esta perspetiva restringe indevidamente as obrigações de vigilância dos membros dos órgãos sociais. Como tivemos já oportunidade de sustentar, a confiança não pode ainda obstar à concretização dos imperativos decorrentes de adequadas construção da vigilância preventiva e concretização do dever de leal cooperação interorgânica e endoconsiliar.

Do princípio do aconselhamento competente e fiável decorre um dever de diligente seleção daquele que é chamado a prestar conselhos, assim assegurando que a prestação de informação é objetiva, diligente, conforme ao seus deveres e responsável. De acordo com os desenvolvimentos norte-americanos, a pessoa selecionada deve ser competente e fiável, devendo prestar-se especial atenção à sua independência.

Do princípio da completa informação decorre o dever dos membros dos órgãos sociais de transmitir corretamente aos peritos contratados todos os factos relevantes.

DA ADMINISTRAÇÃO À FISCALIZAÇÃO DAS SOCIEDADES

1990   A construção de FLEISCHER parece confirmar o acerto da nossa síntese anterior (sobre os elementos da *reliance* enquanto mecanismo de defesa no sistema
norte-americano) face aos nossos quadros dogmáticos, podendo afirmar-se,
também entre nós, que a confiança do membro de um órgão social na informação recebida é legítima quando verificados os seguintes elementos: (i) a *razoável*
convicção do sujeito de que aquele que presta informações, conselhos ou opiniões era fiável e competente; (ii) a prestação de informação sobre todos os factos relevantes para a emissão do conselho ou opinião, quando estes tenham sido
pedidos por quem não tinha acesso direto a essa informação; (iii) a obtenção,
pelo sujeito, de informações, conselhos ou opiniões errados; (iv) a não deteção
do erro pelo sujeito na sua análise crítica das informações, conselhos ou opiniões recebidos; e (v) a atuação do sujeito de acordo com tais informações, conselhos ou opiniões.

1991   Acrescentamos que a aferição da "não deteção do erro" pelo sujeito, na sua
análise crítica das informações, conselhos ou opiniões recebidos, deve ser entendida não em sentido meramente psicológico – *tomou conhecimento ou não do erro*
–, mas em sentido ético-normativo – *devia ter tomado conhecimento ou não do erro.*

1992   Concluímos antes que o órgão de administração *deve organizar* sistemas de
informação adequados às concretas circunstâncias da sociedade (e, quando aplicável, do grupo no qual se integra) e que o órgão de fiscalização global *deve exigir
o cumprimento deste dever*, participando na sua concreta configuração através do
exercício dos seus poderes-deveres de informação e de inspeção (imputados a
cada fiscal e a cada membro da comissão de auditoria, a título individual, nos
modelos tradicional e anglo-saxónico, e ao conselho geral de supervisão, no seu
todo, no modelo germânico). Tais sistemas devem permitir não só a *obtenção*
da informação, mas também a *aferição* da sua completude e veracidade. Nessa
medida, o *risco da ignorância* dos factos de que teriam conhecimento através de
tais sistemas corre por conta tanto do órgão de administração, como do órgão de
fiscalização global. Somente aquele que atua diligentemente pode prevalecer-se
da ignorância[2819].

O último princípio traduz-se na vinculação dos membros dos órgãos sociais à analise crítica das
informações recebidas.

Cfr. HOLGER FLEISCHER – Vertrauen von Geschäftsleitern und Aufsichtsratsmitgliedem auf Informationen Dritter: Konturen eines kapitalgesellschaftsrechtlichen Vertrauensgrundsatzes, *Zeitschrift für
Wirtschaftsrecht*, 30:30, 2009, p. 1402 ss.

[2819] CAMPOBASSO – *L'imputazione di conoscenza...*, p. 363. Estabelece-se aqui um paralelo com os desenvolvimentos verificados a propósito da imputação do conhecimento (*Wissenszurechnung*): a propósito da
imputação aos órgãos sociais e, através destes, à pessoa coletiva, do conhecimento ou ignorância de factos que podem influir nos efeitos de um negócio celebrado entre a pessoa coletiva e um terceiro, deve
entender-se que o risco da organização interna da pessoa coletiva corre por conta da mesma (princípio

A CONSTRUÇÃO UNITÁRIA DA OBRIGAÇÃO DE VIGILÂNCIA

O mesmo vale para o revisor oficial de contas, sobre o qual recaiem *deveres* 1993
de cumprimento de adequados procedimentos destinados a assegurar a completude e
veracidade da informação recebida (cfr., *v.g.*, ISA 240, relativa às responsabilidades do auditor quanto a fraude numa auditoria às demonstrações financeiras,
n.os 16 ss.; ISA 300, relativa ao planeamento das auditorias de demonstrações
financeiras; ISA 315, relativa à identificação e avaliação dos riscos de distorção
material através do conhecimento da entidade e seu ambiente; ISA 505, relativa
a confirmações externas). O *risco da ignorância* dos factos de que teria conhecimento através de tais procedimentos corre por sua conta.

XI. Na exposição de FLEISCHER é particularmente interessante a análise crí- 1994
tica dos exemplos apresentados que aqui ponderamos.

Exemplo n.º 1 (gestor-gestor): o gerente de uma GmbH é informado, por tele- 1995
fone, por outro gerente, de que as contribuições para a segurança social foram
atempadamente pagas. Numa situação de crise financeira da empresa, pode o
primeiro confiar nesta informação ou deve assegurar-se do pagamento por si,
para evitar ser responsabilizado (§ 823(2) BGB e § 266a StGB)?[2820]

Sem prejuízo de o exemplo dizer respeito a uma GmbH, analisamos o caso 1996
à luz das regras aplicáveis às sociedades anónimas, dada a delimitação do objeto
do presente estudo.

Como vimos, tanto no sistema alemão, como no sistema português, o prin- 1997
cípio da responsabilidade global (*Gesamtverantwortung*) pela administração da
sociedade[2821] não preclude a repartição de tarefas no seio do órgão de administração (coletivo). Daqui resulta que cada membro deste órgão é inteiramente
responsável pelas tarefas que lhe são atribuídas (*Ressortverantwortung*), devendo
os demais desenvolver a atividade da sociedade para lá dos limites dessas tarefas
(*Restverantwortung*)[2822] e vigiar pelo cumprimento das mesmas. Para este efeito,
são imputados a cada administrador os mais vastos poderes-deveres de obtenção
de informação[2823], colocando-se a questão dos limites da confiança na informação assim prestada, traduzida na fórmula antitética "princípio de confiança v.
princípio da desconfiança" (*Vertrauens- versus Misstrauensprinzip*)[2824].

---

da responsabilidade pelo correto tratamento de dados). Cfr., *v.g.*, CAMPOBASSO – *L'imputazione di conoscenza...*, p. 363-372, 419. Esta é uma questão de particular importância e interesse, mas que aqui não
podemos desenvolver.

[2820] Cfr. BGH 9-jan.-2001, *DStR* 2001, 633, OLG Düsseldorf 27-out.-1995, *GmbHR* 1996, 368.

[2821] Sobre este princípio, cfr. notas 577 e 607 *supra*.

[2822] FLEISCHER – *Vertrauen...* p. 1399.

[2823] Cfr. § 17 *supra*.

[2824] FLEISCHER – *Vertrauen...* p. 1399.

DA ADMINISTRAÇÃO À FISCALIZAÇÃO DAS SOCIEDADES

1998   Fleischer, tal como a maioria da doutrina alemã, considera que os administradores estão obrigados a questionar esta informação perante sinais de incorreção ou incompletude (caso em que devem exigir a informação necessária ao seu cabal esclarecimento)[2825], intensificando-se esta obrigação perante situações de crise financeira na sociedade (momento em que deve ser dada particular atenção ao pagamento das contribuições para a segurança social)[2826].

1999   Conclui, portanto, Fleischer que, no exemplo apontado, estando a sociedade em situação de crise, o gerente devia ter confirmado o pagamento pontual das contribuições para a segurança social pelos seus próprios meios[2827].

2000   Segundo o autor, não se pode estender o princípio da desconfiança para lá destas fronteiras, podendo os administradores confiar na informação prestada pelos seus colegas se não houver razão para duvidar da sua correção e completude: por um lado, os demais membros do órgão coletivo devem tomar em consideração a responsabilidade do seu colega pelas tarefas que lhe foram imputadas; por outro lado, uma próspera coexistência num órgão colegial exige um mínimo de confiança[2828].

2001   Em coerência com o que sustentámos antes, não podemos acompanhar esta posição sem mais. A vigilância devida intensifica-se não só perante sinais de risco, mas também por imperativo de adequadas construção da vigilância preventiva e concretização do dever de leal cooperação endoconsiliar[2829]. Neste sentido, o órgão de administração deve fixar *a priori* políticas e procedimentos para a realização de inspeções e, em geral, para a obtenção de informações *neutras* necessárias ou convenientes à confirmação da veracidade e completude das informações prestadas pelas diferentes estruturas administrativas da sociedade (e pelos diferentes administradores), independentemente da verificação de quaisquer sinais de risco. Estes atos de fiscalização aleatórios ou periódicos, destinados a assegurar adequados fluxos de informação endosocietários, traduzem uma intensificação da vigilância[2830]. Cumprem imperativos de fiscalização preventiva e, sendo realizados de acordo com políticas pré-determinadas, não

---

[2825] Também entre nós, neste sentido, Paulo Câmara – "O governo das sociedades e os deveres fiduciários dos administradores", in Maria de Fátima Ribeiro (ed.) – *Jornadas sociedades abertas, valores mobiliários e intermediação financeira*, Coimbra: Almedina, 2007, p. 169.

[2826] Cfr. Neste sentido, *v.g.*, BGH 15-out.-1996, *BGHZ* 133, 370, 379.

[2827] Fleischer – *Vertrauen...* p. 1399-1400.

[2828] *Ibidem*. Segundo o autor, isto vale inclusive para os ludíbrios do administrador com o pelouro financeiro (CFO) objetivamente indetetáveis.

Sobre esta questão numa perspetiva económica, cfr. § 3.3 *supra*.

[2829] Como sustentado no § 20.1, bem como no § 24.6 *supra*.

[2830] Nas empresas de maior dimensão ou mais complexa atividade, estes atos devem ser enquadrados com os sistemas de informação, cuja criação e fiscalização foi já analisada, cfr. § 21 e § 28 *supra*.

A CONSTRUÇÃO UNITÁRIA DA OBRIGAÇÃO DE VIGILÂNCIA

têm carácter de exceção, afastando-se a sua perceção como manifestações de desconfiança[2831].

Dito isto, parece-nos correta a afirmação de FLEISCHER de que a legítima confiança é determinada pela fiabilidade pessoal, decorrente, por exemplo, de uma colaboração há muito bem sucedida[2832]. No entanto, contrariamente ao que resulta da exposição do mesmo, essa confiança deixa de ser legítima se o sujeito não lograr demonstrar terem sido criados e aplicados procedimentos (aleatórios ou periódicos) para a obtenção da informação *neutra* necessária ou conveniente[2833] à confirmação da veracidade e da completude da informação prestada pelas diferentes estruturas administrativas da sociedade (e pelos seus administradores delegados), independentemente da verificação de quaisquer sinais de risco.

2002

Por outras palavras, o sujeito não pode sem mais limitar-se a afirmar que confiou. Deve demonstrar que a sua conduta passada, adequada às circunstâncias do caso concreto (*maxime*, a dimensão e complexidade da empresa), o habilitou a confiar[2834].

2003

XII. *Exemplo n.º 2 (gestor-revisor)*: um membro do *Vorstand* de uma AG, tendo dúvidas sobre se sociedade (*start-up*) estava em situação de insolvência, obteve um relatório de um *Abschlussprüfer* em sentido negativo. Pode o mesmo ser responsabilizado por incumprimento do seu dever de apresentação da sociedade à insolvência (§ 15a(1)I InsO)?[2835]

2004

De acordo com a jurisprudência do OLG Stuttgart[2836] e do BGH[2837], quando o administrador não tenha conhecimentos para determinar a existência de uma

2005

[2831] O acórdão RLx 22-jun.-2010 (MARIA AMÉLIA RIBEIRO), processo n.º 34/2000.L1-7, disponível em www.dgsi.pt, demonstra alguma sensibilidade para esta questão. Nele se afirma que o valor da confiança que é indispensável ao funcionamento de qualquer grupo ou instituição não pode ilidir os deveres de vigilância que se repercutem no plano das relações externas da mesma.

[2832] Cfr. FLEISCHER – *Vertrauen...* p. 1400. Concordamos ainda com a afirmação do autor de que a confiança cega não é nunca legítima.

[2833] Os juízos de necessidade e conveniência são determinados, naturalmente, pela dimensão e complexidade da atividade em causa.

[2834] Assim, *v.g.*, numa pequena empresa, o sujeito poderia simplesmente demonstrar que *regularmente* (i) examinou os extratos de movimentos bancários e a reconciliação bancária, (ii) examinou os balancetes analíticos, (iii) controlou o estado do pagamento das dívidas vencidas da sociedade, em particular, das dívidas de impostos e de contribuições para a segurança social, (iv) dialogou com o técnico oficial de contas (TOC) para conhecer o estado da contabilidade, etc.
Numa empresa de maior dimensão, justifica-se a criação de adequados sistemas de informação, nos termos sugeridos no § 21 e no § 28 *supra*.

[2835] Cfr. BGH 14-mai.-2007, *ZIP* 2007, 1265; BGH 16-jul.-2007, *DStR* 2007, 1641.

[2836] Cfr. OLG Stuttgart 28-out.1997, *NZG* 1998, 232, 233.

[2837] Cfr. BGH 14-mai.-2007, *ZIP* 2007, 1265, já citada.

DA ADMINISTRAÇÃO À FISCALIZAÇÃO DAS SOCIEDADES

situação de insolvência, atenta a sua complexidade, (i) deve obter aconselhamento de um perito independente e tecnicamente qualificado para o efeito, (ii) deve informá-lo sobre todas as circunstâncias relevantes para a sua apreciação, e (iii) depois de sujeitar o conselho recebido a um controlo próprio de plausibilidade (*Plausibilitätskontrolle*), deve atuar em conformidade. Quando assim atue, não existe violação culposa do seu dever de diligência[2838].

2006 Como desenvolvemos adiante, parece-nos correta esta solução, salvo quanto ao seu enquadramento ao nível da culpa[2839].

2007 XIII. *Exemplo n.º 3 (órgão de fiscalização-administração)*: o gerente de uma GmbH apresentou ao *Aufsichtsrat* (órgão de constituição voluntária neste tipo de sociedades) planos para a compra de uma empresa, para efeitos da prestação de consentimento à prática do ato (§ 52(1) GmbHG e § 111(4) AktG). Devem os membros do *Aufsichtsrat* confiar na informação prestada pelo gerente[2840]?

2008 Segundo FLEISCHER, os membros do *Aufsichtsrat* têm o dever de examinar a completude e a adequação das informações apresentadas pela administração. Se estas não lhes permitirem obter uma visão completa da questão, devem requerer os esclarecimentos e as informações adicionais que se imponham. Para além disso, não devem confiar na completude da informação perante indícios de conflitos de interesses ou de informações falsas.

2009 No exemplo n.º 3, o BGH considerou que os membros do *Aufsichtsrat* violaram os seus deveres ao confiar na informação prestada quer pelo gerente que, no passado, quebrou o fundamento da confiança do *Aufsichtsrat*, pela prática de atos arbitrários, quer por aquele que iria assumir a gerência na sequência da operação e, nessa medida, não assegurava uma avaliação neutra e desinteressada dos riscos e das vantagens da mesma.

2010 Segundo FLEISCHER, fora destes casos e sem prejuízo dos deveres que decorram de normas estatutárias ou legais específicas[2841], o *Aufsichtsrat* pode limitar-se a um controlo de plausibilidade.

2011 Esta posição é consonante com a posição da doutrina maioritária na Alemanha que, como vimos no § 24.6, privilegia a prestação de informação pelo *Vorstand*, seja através da apresentação de relatórios (§ 90(1) AktG), seja através dos esclarecimentos solicitados pelo *Aufsichtsrat* ou por algum dos seus

---

[2838] FLEISCHER – *Vertrauen...* p. 1400.
[2839] Cfr. parág. XV *infra*.
[2840] Cfr. BGH 11-dez.-2006, *ZIP* 2007, 224.
[2841] Cfr., *v.g.*, os casos de reserva de consentimento [§111(4) AktG] ou de emissão de opinião sobre os termos da OPA (§ 27 WpÜG).

A CONSTRUÇÃO UNITÁRIA DA OBRIGAÇÃO DE VIGILÂNCIA

membros (§ 90(3) AktG)[2842]. De acordo com essa perspetiva, o *Aufsichtsrat* deve confiar na completude e veracidade da informação prestada pelo *Vorstand*, salvo quando especiais circunstâncias exijam uma vigilância acrescida (*erhöhte Wachsamkeit*) ou quando os relatórios apresentados pelo *Vorstand* nos termos do § 90 AktG não cumpram o seu propósito[2843]. Esta construção assenta numa conceção da estrutura de competências societárias baseada no domínio da informação pelo *Vorstand*, segundo a qual o acesso direto à informação pelo *Aufsichtsrat* deve ceder perante a apresentação de relatórios do *Vorstand*[2844]. Especialmente relevante é o facto de a doutrina dominante enquadrar o acesso direto à informação, fora dos casos referidos, como uma violação do dever de, no exercício dos seus poderes de consulta e exame, evitar uma manifestação de desconfiança face ao *Vorstand* (*Vermeidung einer Misstrauensbekundung*)[2845].

Sustentámos no § 24.6 que uma tal construção, restritiva, não tem, entre nós, fundamento normativo. De facto, tomando por base o nosso modelo tradicional, vimos que o art. 420.º/3 fundamenta um poder-dever dos fiscais de acesso *direto* à informação da sociedade para o cumprimento das suas funções, com uma ampla margem de discricionariedade, independente de autorização do conselho de administração. Defendemos então que do confronto dos arts. 420.º/1, *c)* e *d)*, e /3 e 421.º/1, *a)* e *b)* não resulta qualquer limitação ao poder-dever de inspeção do conselho fiscal e que não há fundamento para equiparar o acesso direto à informação a uma manifestação de desconfiança[2846]. | 2012

Sem prejuízo de os fiscais poderem aceder diretamente à informação da sociedade, até que ponto podem os fiscais confiar na informação prestada pela administração? | 2013

Como sustentámos no § 27, em geral, os fiscais podem limitar-se a um controlo geral, que se torna mais intenso ou pormenorizado perante situações de crise ou motivos de suspeita. Para além disso, a intensificação da vigilância pode ainda ser devida em função de adequadas construção da vigilância preventiva e concretização do dever de leal cooperação interorgânica. | 2014

[2842] Semler – *Leitung und Überwachung²*... p. 94.

[2843] Lippert – *Überwachungspflicht*... p. 83-86, Semler – *MünchKomm. AktG²*.., Semler – *Leitung und Überwachung²*... p. 90-91, § 111, n.º 274-275, Lutter – *Information und Vertraulichkeit³*... p. 107-108, n.º 294, p. 120-121, n.º 320, Mertens – *Kölner Komm. AktG²*..., § 111, n.º 42.

[2844] Lutter – *Information und Vertraulichkeit³*..., n.ᵒˢ 294, 308, Mertens – *Kölner Komm. AktG²*..., § 111, n.º 42.

[2845] Sobre os requisitos do exercício dos direitos de exame e consulta previstos no § 111(2) AktG, cfr., v.g., Lutter e Krieger – *Rechte⁵*..., n.º 243, Mertens – *Kölner Komm. AktG²*..., § 111, n.º 42, Semler – *MünchKomm. AktG³*..., § 111, n.º 296, Semler – *Leitung und Überwachung²*... p. 100-101, n.º 174.

[2846] Sobre esta mesma questão face ao nosso modelo germânico, cfr. também § 46 *supra*.

DA ADMINISTRAÇÃO À FISCALIZAÇÃO DAS SOCIEDADES

2015   Em particular, os fiscais devem ter um papel pro-ativo na configuração dos sistemas destinados a assegurar um adequado fluxo de informação, através do exercício dos poderes-deveres estabelecidos no art. 421.º/1, *a*) e *b*). Assim sendo, não podem defender-se afirmando ter atuado com base na informação disponível se a incompletude desta era devida (também) a um incumprimento do dever de participar na configuração de tais sistemas.

2016   Por outro lado, devem fixar *a priori* políticas e procedimentos para a realização de inspeções e, em geral, para a obtenção de informações *neutras* necessárias ou convenientes à confirmação da veracidade e completude das informações prestadas pela administração, independentemente da verificação de quaisquer sinais de risco. Nessa medida, a confiança dos fiscais na informação prestada pela administração não é legítima se não lograrem demonstrar terem sido criados e aplicados tais procedimentos (aleatórios ou periódicos) de confirmação.

2017   *XIV. Exemplo n.º 4 (órgão de fiscalização-comissão)*: a comissão de exame (*Prüfungsausschuss*) do *Aufsichtsrat* analisou detalhadamente as contas anuais apresentadas pelo *Vorstand* e transmitiu a sua análise ao pleno do *Aufsichtsrat*. Podem os demais membros deste confiar nesta análise para efeitos da aprovação das contas (§§ 171-172 AktG)?

2018   A atribuição de tarefas preparatórias a uma comissão, admitida tanto no sistema alemão como no nosso, não exclui os deveres de cada membro do órgão de fiscalização de examinar as contas anuais e de participar no processo deliberativo sobre as mesmas[2847].

2019   Naturalmente, podem basear-se no trabalho preparatório desenvolvido pela comissão. Caso contrário, esta seria inútil. Não podem, porém, confiar cegamente no mesmo. Devem analisar criticamente se a comissão adotou um procedimento adequado e se as suas conclusões são plausíveis[2848], dever este que deve ser articulado com aqueloutro de fiscalização das atividades da comissão, nos termos já referidos[2849].

2020   Cumpridos estes deveres, e na ausência de indícios de falhas, os membros do órgão de fiscalização que não integram a comissão podem confiar nos trabalhos preparatórios desta[2850].

[2847] Cfr. Drygala – *AktG Kommentar...*, § 171, n.º 7, Kropff – *MünchKomm. AktG²...*, § 171, n.º 86, Fleischer – *Vertrauen...* p. 1401.
[2848] Lutter e Krieger – *Rechte*5..., n.º 999, Fleischer – *Vertrauen...* p. 1401.
[2849] Cfr. § 28 e § 51 *supra*.
[2850] Cfr. OLG Hamburg 15-set.-1995, *ZIP* 1995,1673.

A CONSTRUÇÃO UNITÁRIA DA OBRIGAÇÃO DE VIGILÂNCIA

XV. Por fim, resta analisar se a legitimidade ou ilegitimidade da confiança depositada nas informações, conselhos ou opiniões recebidos deve ser reconduzida à apreciação da *ilicitude* da conduta ou da *culpa* do sujeito. **2021**

A propósito do dever dos administradores de apresentação da sociedade à insolvência, o BGH colocou a questão ao nível da culpa, considerando que: **2022**

> «um representante orgânico de uma sociedade viola o seu dever de apresentação da sociedade à insolvência *sem culpa* quando, não tendo competência para clarificar se a sociedade está em situação de insolvência, obtém aconselhamento de um profissional independente e tecnicamente qualificado, a quem informa adequadamente sobre todas as circunstâncias significativas para a apreciação, e depois de um exame de plausibilidade, segue o conselho recebido e não apresenta a sociedade à insolvência»[2851]. **2023**

[2851] BGH 14.-mai.- 2007, *NZG* 2007, 545. Esta posição foi confirmada em BGH 16-jul.-2007, *DStR* 2007, 1641. No original:

> «*Ein organschaftlicher Vertreter einer Gesellschaft verletzt seine Insolvenzantragspflicht nicht schuldhaft, wenn er bei fehlender eigener Sachkunde zur Klärung des Bestehens der Insolvenzreife der Gesellschaft den Rat eines unabhängigen, fachlich qualifizierten Berufsträgers einholt, diesen über sämtliche für die Beurteilung erheblichen Umstände ordnungsgemäß informiert und nach eigener Plausibilitätsprüfung der ihm daraufhin erteilten Antwort dem Rat folgt und von der Stellung des Insolvenzantrags absieht*».

Esta solução parece aproximar-se daqueloutra do "erro sobre a proibição", enquanto causa de exclusão da culpabilidade, em Direito penal. Ou seja, se o sujeito não podia vencer ou evitar o seu erro, considera-se ter atuado de modo típico e antijurídico, mas sem culpa. Cfr., por todos, Roxin – *Strafrecht*, 1..., § 21, n.º 4.

Segundo Fleischer, desta decisão pode deduzir-se, com cautela, um princípio geral de legítima confiança dos membros dos órgãos sociais na informação prestada por terceiros. Holger Fleischer – Vorstandshaftung und Vertrauen auf anwaltlichen Rat, *Neue Zeitschrift für Gesellschaftsrecht*, 13:4, 2010, p. 122, assente nalguns pontos que o autor desenvolve a propósito do aconselhamento jurídico e que aqui analisamos criticamente.

Em primeiro lugar, o membro do órgão social deve selecionar diligentemente o consultor jurídico, avaliando por si as específicas qualificações profissionais do mesmo. De acordo com a decisão do OLG Stuttgart 25-nov.-2009, *NZG* 2010, 141, 144, não é suficiente o contacto com o advogado apontado como competente pelo presidente do *Aufsichtsrat*. A escolha inadequada pode consubstanciar violação culposa de dever (*culpa in eligendo*). Cfr. Jens-Hinrich Binder – Geschäftsleiterhaftung und fachkundiger Rat, *Die Aktiengesellschaft*, 53:8, 2008, p. 284 ss., Fleischer – *Vertrauen*... p. 1403, Fleischer – *Vorstandshaftung*... p. 123. No mesmo sentido seguira também o *Delaware Supreme Court*, em 2000, no caso *Brehm v. Eisner*, 746 A.2d 244, 262 (Del. 2000), como vimos já.

Segundo Fleischer, o requisito da avaliação própria das específicas qualificações profissionais não deve ser indevidamente ampliado, não devendo considerar-se faltar uma tal avaliação quando o conselho segue um recomendação substanciada de um terceiro. Cfr. *ibidem*. A escolha do consultor deve ser considerada adequada se o administrador tiver *razoavelmente* considerado que o consultor reunia as necessárias qualificações de competência técnica (*competence*) e fiabilidade pessoal (*reliability*). Na perspetiva de Fleischer – *Vertrauen*... p. 1403, 1404-1405, este não é um critério puramente objetivo, mas sim um critério misto subjetivo/objetivo.

DA ADMINISTRAÇÃO À FISCALIZAÇÃO DAS SOCIEDADES

Contra esta posição, sustenta FLEISCHER não poder ser ignorado o paralelo do § 93(1)2 AktG, devendo a questão ser colocada no contexto do dever de dili-

A propósito da primeira, discute-se também na Alemanha se basta uma qualificação formal, como a inscrição na ordem dos advogados, ou se são exigíveis requisitos mais exigentes, próprios de um "especialista" (cfr. BINDER – *Geschäftsleiterhaftung...* p. 285-286) ou de um consultor com "experiência" na matéria em questão (segundo a decisão proferida em BGH 24-jun.-1960, *Juristische Rundschau* 1962, 348, só os advogados mais "velhos" ou "experientes" merecem irrestrita confiança). FLEISCHER segue a posição de HAWES e SHERRARD já analisada antes, afirmando que, por mais meritória que possa ser esta última perspetiva, um leigo dificilmente tem capacidade para avaliar as qualificações técnicas do consultor e o critério da experiência é demasiado vago, razão pela qual só é aplicável o critério da qualificação formal. Não nos parece que tenha razão. Em função da complexidade do assunto, os membros dos órgãos sociais devem, na medida do possível, obter um aconselhamento adequado ao caso (neste sentido, cfr. *ibidem*). Na ausência de conhecimentos próprios, constituem pontos de apoio para a decisão de contratação a inquirição de um leque de pessoas, mais ou menos alargado, com experiência no tipo de assunto em causa, bem como a consulta dos diretórios hoje disponíveis (cfr., *v.g.*, http://www.chambersandpartners. com, http://www.iflr1000.com, http://www.legal500.com).

Quanto à segunda, exige-se que o consultor seja independente, *i.e.*, livre de conflitos de interesses, nos termos já analisados a propósito do sistema norte-americano. Neste contexto, também na Alemanha se questiona a fiabilidade do consultor jurídico interno (*in-house*). São várias as vozes que apontam a tendencial falta de objetividade deste, dada a sua parcialidade perante os interesses económicos em causa (cfr. OLG Hamburg 12-out.-1966, *NJW* 1967, 213, 214-215; OLG Braunschweig 25-fev.-1998, *NStZ-RR* 1998, 251; OLG Bremen 23-mar.-1981, *NStZ* 1981, 265). Segundo FLEISCHER – *Vorstandshaftung...* p. 123- -124, não se justifica a genérica negação da fiabilidade destes profissionais, na medida em que (i) estão contratualmente obrigados a evitar prejuízos para a sociedade, (ii) tal como qualquer advogado externo, estão sujeitos a responsabilidade penal por instigação ou cumplicidade com os membros dos órgãos sociais, através da prestação de falsas informações, e (iii) os advogados externos são tão dependentes dos seus (grandes) clientes quanto os advogados internos (em sentido idêntico haviam já antes seguido, perante o sistema norte-americano, HAWES e SHERRARD – *Reliance...* p. 26). Contra este último argumento, vale a construção dos advogados externos como *gatekeepers*. Como referimos na nota 1377, de acordo com a ideia teorizada por KRAAKMAN – *The anatomy of a third-party enforcement strategy...*, os *gatekeepers*, enquanto profissionais independentes, têm um benefício reduzido nas práticas fraudulentas dos seus clientes, mas assumem um risco elevado (risco de perder a sua reputação). Assim, são necessários menos incentivos legais para garantir o cumprimento da legalidade através dos *gatekeepers* do que para garanti-lo através dos seus clientes. Neste sentido, entende-se que a intervenção de *gatekeepers* diminui substancialmente a prática de irregularidades. Nas expressivas palavras de COFFEE – *Gatekeepers...* p. 193:

> «*Corporate lawyers are (...) more likely to view themselves as value neutral technicians, not embattled advocates sharing the same foxhole with their clients*».

Na medida em que depende economicamente de um portfólio de clientes, e não de um só cliente, o advogado externo tem um incentivo acrescido para salvaguardar a reputação de que depende o exercício da sua profissão, não a colocando em causa em benefício de um cliente. Dito isto, aos membros dos órgãos sociais caberá avaliar, em função das circunstâncias do caso, se os advogados internos estão em condições de prestar um aconselhamento objetivo ou se se justifica a contratação de advogados externos independentes (neste sentido, não nos parecem corretas as afirmações de BINDER e FLEISCHER no sentido de ser "livre" a escolha entre advogados internos e externos; cfr. BINDER – *Geschäftsleiterhaftung...* p. 284, FLEISCHER – *Vertrauen...* p. 1403, FLEISCHER – *Vorstandshaftung...* p. 123-124). Certo é que, nos casos que envolvam conflitos de interesses ao mais alto nível da administração, a discricionariedade é reduzida a

A CONSTRUÇÃO UNITÁRIA DA OBRIGAÇÃO DE VIGILÂNCIA

gência[2852] (ou seja, da licitude). De acordo com esta disposição, que analisamos adiante[2853]:

> «Não existe violação de dever quando o membro do *Vorstand*, numa decisão empresarial, podia razoavelmente supor que atuava com base em informação adequada para o bem da sociedade».

2025

Quanto a nós, parece-nos que a resposta a esta questão não pode ser dada nestes termos. Como bem refere MENEZES CORDEIRO[2854], a distinção entre ili-

2026

---

zero: não pode considerar-se fiável o conselho prestado por alguém que se encontra na dependência funcional de pessoas "infetadas" por um conflito de interesses, impondo-se a contratação de um perito independente que garanta uma adequada prossecução do interesse da sociedade.

Em segundo lugar, os membros dos órgãos sociais devem prestar informação precisa e completa sobre os factos em causa aos seus consultores. Na medida em que uma tal informação não seja adequadamente prestada, os membros dos órgãos sociais não podem legitimamente confiar nos conselhos prestados com base na mesma. Cfr. FLEISCHER, p. 124. A este propósito discutem-se as consequências da falta de transmissão de informação que, por falta de conhecimentos técnicos sobre o assunto, não foi considerada importante. Segundo FLEISCHER, acompanhando a posição já exposta de HAWES e SHERRARD, não deve incluir-se o risco de incompletude na esfera de risco dos membros dos órgãos sociais. Aos consultores jurídicos cabe o dever de apreciar a completude dos factos, apresentando as questões que entendam pertinentes. De acordo com esta construção, que nos parece acertada (em coerência com a posição sustentada quanto à "descoberta" da conduta devida), nos casos *innocent omission*, não há ilicitude, logo, não há lugar a responsabilidade.

Em terceiro lugar, os conselhos jurídicos prestados assentam sobre questões de facto cuja determinação nem sempre está ao alcance dos advogados, podendo impor-se a consulta de outros peritos (cfr. *ibidem*). Assim, por exemplo, a propósito do cumprimento do dever de apresentação à insolvência, pode justificar-se a consulta prévia de um revisor oficial de contas (caso que abordamos adiante no texto).

Em quarto lugar, os membros dos órgãos sociais devem submeter os conselhos recebidos a um exame crítico, avaliando se foram considerados todos os factos e se o conselho prestado é, na perspetiva de um leigo, plausível (devendo verificar-se se o mesmo apresenta contradições, se se encontra devidamente fundamentado e se as suas conclusões são equilibradas, de acordo com a sua experiência económico--empresarial; cfr. HOLGER FLEISCHER – "Rechtsrat und Organwalterhaftung im Gesellschafts- und Kapitalmarktrecht", in *Festschrift für Uwe Hüffer zum 70. Geburtstag*, München: Beck, 2010, p. 195). Devem ainda ponderar se a medida que se propõe adotar está adequadamente coberta pelo conselho prestado (cfr. BGH 16-jul.-2007, *DStR* 2007, 1641, n.º 3. Cfr. FLEISCHER – *Vorstandshaftung...* p. 124).

Em quinto lugar, discute-se também na Alemanha se a prestação de conselhos está sujeita a alguma forma específica, afirmando-se frequentemente que só pode ser legitimamente invocada a confiança depositada numa exposição diligente constante de uma opinião prestada por escrito. A prestação de conselhos por escrito assegura uma maior correção, mas, frequentemente, perante as restrições temporais só é possível obter um aconselhamento verbal. Nestes casos é legítima a confiança depositada no mesmo. Cfr. FLEISCHER, p. 124-125.

[2852] Cfr. FLEISCHER – *Vertrauen...* p. 1405.

[2853] Cfr. § 64.3 *infra*.

[2854] Cfr. MENEZES CORDEIRO – *Da responsabilidade civil...* p. 459.

DA ADMINISTRAÇÃO À FISCALIZAÇÃO DAS SOCIEDADES

citude e culpa só releva na medida em que os critérios para aferição de uma e outra não sejam os mesmos.

2027   Ora, quando a "descoberta" da conduta devida integre a própria previsão normativa, a preencher de acordo com a bitola de diligência aplicável, a questão será de ilicitude. Neste caso, não há lugar a um juízo de censurabilidade do sujeito num momento logicamente posterior, na medida em que os critérios de um tal juízo foram já consumidos na aferição da licitude da sua conduta.

2028   Quando, pelo contrário, a "descoberta" da conduta não integre a previsão normativa, então a questão será de culpa. Ou seja, demonstrado o preenchimento da previsão normativa, segue-se o juízo de censurabilidade do sujeito.

2029   Assim, por exemplo, quando estejam em causa condutas enquadráveis nas obrigações gerais dos membros dos órgãos sociais – *i.e.*, a obrigação de diligente administração ou de diligente vigilância, consoante o caso –, a confiança nas informações, conselhos e opiniões recebidos deve ser enquadrada na descoberta da conduta devida. Trata-se, portanto, de uma questão de *licitude*.

2030   O mesmo vale para o caso abordado pelo referido acórdão do BGH[2855]. A determinação da existência de uma situação de insolvência, para efeitos do cumprimento do dever de apresentação da sociedade à insolvência (arts. 18.º e 19.º CIRE)[2856], pode não estar ao alcance do administrador, perante a com-

---

[2855] BGH 14.-mai.- 2007, *NZG* 2007, 545.

[2856] Sobre este dever, cfr., entre nós, *v.g.*, Manuel Carneiro da Frada – A responsabilidade dos administradores na insolvência, *Revista da Ordem dos Advogados*, 66:2, 2006, p. 699-701, Catarina Serra – *A falência no quadro da tutela jurisdicional dos direitos de crédito*, Coimbra: Coimbra Editora, 2009, p. 330 ss., Maria de Fátima Ribeiro – A responsabilidade de gerentes e administradores pela actuação na proximidade da insolvência de sociedade comercial, *O Direito*, 142:1, 2010, p. 123 ss., Pedro Pidwell – *O processo de insolvência e a recuperação da sociedade comercial de responsabilidade limitada*, Coimbra: Coimbra Editora, 2011, p. 98 ss. Em geral, sobre os critérios para a definição da situação de insolvência, cfr. Luis Menezes Leitão – *Direito da insolvência*, 4.ª ed., Coimbra: Almedina, 2012, p. 79 ss.

Note-se que a questão aqui analisada releva ainda, com as necessárias adaptações, para a aferição de responsabilidade civil pela dedução de pedido infundado de declaração de insolvência. Recorde-se que, não obstante o seu teor literal – considerado inadequado (cfr. Paula Costa e Silva – *A litigância de má fé*, Coimbra: Coimbra Editora, 2008, p. 506-511) –, a doutrina tende a aplicar o art. 22.º CIRE não só aos casos de dolo, mas também, por analogia, aos de negligência grosseira. Cfr. Luis Menezes Leitão – *Código da Insolvência e da Recuperação de Empresas – anotado*, 6.ª ed., Coimbra: Almedina, 2012, p. 71-72, Pedro de Albuquerque – *Responsabilidade processual por litigância de má fé, abuso de direito e responsabilidade civil em virtude de actos praticados no processo*, Coimbra: Almedina, 2006, p. 157-158, Luis Carvalho Fernandes e João Labareda – *Código da insolvência e da recuperção de empresas anotado*, 1, 2.ª ed., Coimbra: Quid Juris, 2009, p. 144.

Esta perspetiva é criticada por Carneiro da Frada, de acordo com o qual não existe lacuna a integrar por analogia. Para este autor, a preocupação restritiva do art. 22.º CIRE não é destituída de "algum" sentido, não devendo o mesmo ser reescrito para reconhecer uma ampla responsabilidade por ofensa de interesses patrimoniais puros em casos de mera negligência, quando nos movamos ao nível da responsabilidade delitual. Diferentemente, nos casos de responsabilidade obrigacional, assentes na relação especial de

A CONSTRUÇÃO UNITÁRIA DA OBRIGAÇÃO DE VIGILÂNCIA

plexidade das circunstâncias do caso concreto[2857]. Quando assim seja, na descoberta da conduta devida – apresentação ou não apresentação da sociedade à insolvência –, o administrador pode e deve pedir aconselhamento a um profissional independente e tecnicamente qualificado (*maxime*, um revisor oficial de contas). Verificados os elementos fundamentadores descritos anteriormente[2858], o administrador pode legitimamente confiar na opinião do revisor no sentido da inexistência de uma situação de insolvência. Neste caso, não há violação de dever porque o administrador não *conhecia nem devia conhecer* a existência de uma tal situação (cfr. art. 18.º/1 CIRE), na medida em que atuou diligentemente no sentido do esclarecimento da questão. Não havendo ilicitude, não há lugar a juízo sobre a censurabilidade do sujeito.

Quando, pelo contrário, esteja em causa a aferição do cumprimento de deveres *específicos* estabelecidos na lei, nos estatutos ou nos contratos celebrados entre a sociedade e os membros dos seus órgãos sociais, cujo conteúdo o sujeito conheça ou deva conhecer, a questão será de *culpa*.

2031

---

crédito – (i) do credor que apresenta um pedido infundado de insolvência da sociedade devedora ou (ii) da sociedade devedora que causa prejuízos aos seus credores pela apresentação indevida à insolvência – justifica-se uma outra solução. Nestes casos, «podem vigorar perfeitamente parâmetros mais rigorosos de apreciação da conduta do agente para efeito de uma obrigação de indemnizar». Deve aplicar-se o art. 762.º/2 CC, dele resultando deveres de proteção que fundamentam uma redução teleológica do art. 22.º CIRE ao plano delitual. Estes deveres de proteção podem ainda fundamentar responsabilidade pessoal dos administradores *por mera culpa* perante os sócios e perante os credores, em caso de apresentação infundada à insolvência. Neste caso, porém, é necessário demonstrar que «entre os administradores e os lesados se possa afirmar e justificar, tendo em conta as particularidades do caso concreto, uma relação especial que vinculava os primeiros a um cuidado e diligência para com os interesses patrimoniais dos segundos que vieram a ser afectados (o que é mais fácil ocorrer com respeito a sócios do que a credores)». Cfr. FRADA – *A responsabilidade dos administradores na insolvência...*, p. 657-669.
MENEZES CORDEIRO – *Manual de direito comercial*[3]... p. 520-525, por seu turno, afirma que a norma resultante do art. 22.º CIRE deve ser conjugada com a do art. 483.º/1 CC, da qual resulta a responsabilidade pelo pedido infundado, por dolo ou mera culpa.

[2857] Como bem realça CARNEIRO DA FRADA – *A responsabilidade dos administradores na insolvência...* p. 664-665, sendo a conduta dos administradores avaliada para aferição do cumprimento de deveres de sinal contrário – dever de apresentação à insolvência e dever de não apresentação de pedidos infundados – encontram-se os mesmos no "fio de uma navalha", dadas as incertezas com que se defrontam na prática.

[2858] A saber: (i) a *razoável* convicção do sujeito de que aquele que presta informações, conselhos ou opiniões era fiável e competente; (ii) a prestação de informação sobre todos os factos relevantes para a emissão do conselho ou opinião, quando estes tenham sido pedidos a quem não tinha acesso direto a essa informação; (iii) a obtenção, pelo sujeito, de informações, conselhos ou opiniões errados; (iv) a não deteção do erro pelo sujeito na sua análise crítica das informações, conselhos ou opiniões recebidos; e (v) a atuação do sujeito de acordo com tais informações, conselhos ou opiniões.

DA ADMINISTRAÇÃO À FISCALIZAÇÃO DAS SOCIEDADES

§ 63. A DISCRICIONARIEDADE DOS ÓRGÃOS SOCIAIS PERANTE NORMAS DE CONDUTA COM ALTERNATIVAS DE AÇÃO

2032   I. Nos pontos que antecedem fundamentámos a existência das obrigações de vigilância a partir das normas de competência jus-societárias relativas à administração e à fiscalização da sociedade; sustentámos serem obrigações de meios, dirigidas à *adequada tentativa de causação* do interesse da sociedade (resultado definidor), no contexto das específicas competências do órgão em causa.

2033   A prestação, assim caracterizada, é (parcialmente) indeterminada, mas determinável – pelo menos até determinado nível – segundo o padrão de diligência normativa, levando à descoberta de resultados subalternos que valem tão-só na medida em que se adequem ao resultado definidor, com as consequências dogmáticas que daí advêm[2859], implicando o reconhecimento de situações jurídicas analíticas concretizadoras da obrigação de vigilância e a formulação de normas de conduta no caso concreto.

2034   Tais normas de conduta podem admitir uma ou mais alternativas de ação, deixando uma maior ou menor margem de discricionariedade (*Ermessensraum*)[2860]

[2859] Cfr. nota 2562 e § 62.6, parág. V *supra*.

[2860] Nas palavras de ENGISCH – *Introdução...* p. 214, «o conceito de discricionariedade (poder discricionário) é um dos conceitos mais plurissignificativos e mais difíceis da teoria do Direito». Entre nós, tem sido desenvolvido sobretudo no Direito administrativo, sendo um dos temas mais tratados nesta área, multiplicando-se as conceções sobre o mesmo.

Tradicionalmente distingue-se entre a discricionariedade administrativa, como espaço de livre decisão conferido por lei à administração e insuscetível de controlo pelos tribunais, e a interpretação de conceitos vagos e indeterminados, na qual a Administração estaria vinculada à determinação do sentido da lei (não prevalecendo a sua vontade), estando sujeita ao controlo jurisdicional. Só assim não seria quando a lei confere à Administração a liberdade de escolher o sentido de um conceito vago e indeterminado. Nestes casos, afirma PAULO OTERO – *Conceito e fundamento da hierarquia administrativa*, Coimbra: Coimbra Editora, 1992, p. 197-198, a lei faz depender a concretização do conceito de uma *valoração* ou *avaliação* baseada numa prognose do órgão da Administração, isenta de controlo jurisdicional. Em todo o caso, a margem de livre apreciação na concretização de certos conceitos vagos e indeterminados corresponde a uma área de discricionariedade no processo interpretativo, mas não a uma interpretação discricionária. Onde há interpretação existe vinculação; onde há discricionariedade não pode existir interpretação. *Ibidem*, p. 198. No mesmo sentido, já antes, ANDRÉ GONÇALVES PEREIRA – *Erro e ilegalidade no acto administrativo*, Lisboa: Edições Ática, 1962, p. 217, realçando não haver liberdade na interpretação da norma e que «[a] discricionariedade começa onde acaba a interpretação».

Em sentido diverso, tem vindo a ganhar terreno, tanto na Alemanha como entre nós, a aproximação entre (i) a discricionariedade administrativa em sentido clássico, referida à existência de alternativas ou a um quadro normativo que confere possibilidades de escolha, e (ii) o espaço de autonomia existente na determinação e individualização de normas. Para DAVID DUARTE – *A Norma de Legalidade...* p. 477-478, a similitude material entre uma realidade e outra justifica que «a discricionariedade, como conceito normativo omnicompreensivo da autonomia administrativa, quando se trata de acções deônticas, também abranja a autonomia que se encontra [nos] casos em que não há ainda uma norma definida». Esta é uma

802

A CONSTRUÇÃO UNITÁRIA DA OBRIGAÇÃO DE VIGILÂNCIA

ao órgão em causa, face à qual se imponha uma decisão no sentido de atuar ou não atuar e, em caso afirmativo, sobre o sentido da sua atuação.

conceção unitária e ampla de discricionariedade como um espaço de decisão da responsabilidade da Administração decorrente de uma indeterminação legal (José Carlos Vieira de Andrade – *Sumários de direito administrativo* (2.º Ano, 1.ª Turma), policopiado, ano letivo de 2005/2006, p. 27, que abrange não apenas as situações de indeterminação estrutural, mas também as de indeterminação conceitual. Mesmo os defensores da tese de que a discricionariedade opera ao nível das consequências jurídicas da norma têm admitido que a utilização de conceitos jurídicos indeterminados confere uma certa *relativização da vinculação da administração à lei*. Cfr. Fernanda Paula Oliveira – *A discricionariedade de planeamento urbanístico municipal na dogmática geral da discricionariedade administrativa*, Coimbra: Almedina, 2011, p. 49, 72.

A propósito deste questão, José Manuel Sérvulo Correia – *Legalidade e autonomia contratual nos contratos administrativos*, Coimbra: Almedina, 1987, p. 474-478, distingue, dentro dos conceitos vagos ou imprecisos, (i) aqueles cuja imprecisão é apenas condicionada pela linguagem e, nessa medida, solucionável através de raciocínios teorético-discursivos (*i.e.*, através da interpretação da norma que não concede ao aplicador qualquer autonomia de decisão), e (ii) aqueloutros cuja indeterminação só é ultrapassável através de uma *avaliação* ou *valoração* da situação concreta baseada numa prognose (*i.e.*, numa estimativa sobre a futura atuação de uma pessoa, sobre a futura utilidade de uma coisa ou sobre o futuro desenrolar de um processo social). A estimativa, explica o autor, «já não assenta em métodos teorético-discursivos, mas antes em causal-teoréticos, através dos quais o aplicador da norma tem de ultrapassar com uma avaliação feita por sua conta as incertezas da evolução da situação concreta». Em tais situações, continua o autor, «o legislador remete para o executor a competência de fazer um juízo baseado na sua experiência e nas suas convicções, que não é determinado, mas apenas enquadrado por critérios jurídicos. O executor tem de optar entre várias hipóteses causais em abstracto possíveis e essa opção não é juridicamente determinada». Conclui então Sérvulo Correia que, neste caso, o executor está perante uma margem de livre decisão (*Entscheidungsspielraum*) que inclui, mas não se esgota na chamada margem de livre apreciação (*Beurteilungsspielraum*). Em coerência, afirma que a repetição do juízo de prognose pelo tribunal corresponderia a uma sobreposição de juízos subjetivos que não acrescentaria garantias de legalidade, por não ser objetivamente possível medir o conteúdo da decisão segundo parâmetros legais.

No mesmo sentido, Maria Luísa Duarte – A discricionariedade administrativa e os conceitos jurídicos indeterminados: contributo para uma análise da extensão do princípio da legalidade, Separata do BMJ nº 370, Lisboa: Ministério da Justiça, 1987, p. 32, distingue, dentro dos conceitos indeterminados, entre "conceitos discricionários", de base volitiva, e "conceitos vinculantes", de base cognitiva. Acrescenta ainda que a "margem de livre apreciação" é uma zona que conceptualmente não se confunde com a discricionariedade, mas que, por razões de impraticabilidade processual, está sujeita ao mesmo regime jurídico de insindicabilidade contenciosa. «É uma zona de transição cuja tendência evolutiva aponta para a sua progressiva eliminação e consequente submissão ao controlo judicial». Na distinção entre "interpretação" e "exercício de poderes discricionários", a autora apresenta um dualismo metodológico traduzido no facto de, pela interpretação, se procurar a única solução juridicamente correta, sendo por isso uma atividade vinculada, enquanto, no plano da discricionariedade, o agente escolher a solução preferível de entre um conjunto de soluções juridicamente possíveis. Cfr. *ibidem*, p. 30. A autora insurge-se ainda contra a tendência do Supremo Tribunal Administrativo para só apreciar a concretização de conceitos jurídicos indeterminados quando o critério administrativo se mostre «manifestamente desacertado e inaceitável», «ostensivamente inadmissível» ou a decisão assentar em «erro manifesto ou notório», afirmando que «o tribunal não pode auto-restringir a sua competência cognitiva, constitucionalmente consagrada». Cfr. *ibidem*, p. 35, 36-39 Para a autora, a interpretação dos conceitos jurídicos indeterminados é uma tarefa

DA ADMINISTRAÇÃO À FISCALIZAÇÃO DAS SOCIEDADES

2035   Estamos, portanto, no domínio da delimitação positiva da prestação: visa-se a concretização do *dever ser*, questionando qual a conduta devida pelo devedor no caso concreto em análise, atendendo ao fim que se pretende atingir e ao grau de esforço (diligência) exigível[2861]. Neste processo deve atender-se, como já vimos antes, às coordenadas dadas por outras normas jurídicas (com particular destaque para o Direito da insolvência) ou pelas *leges artis*, no contexto de um sistema aberto[2862]. Este pode aqui reclamar específicas valorações económicas. Quando assim seja, o intérprete-aplicador deve socorrer-se das coordenadas dadas pela teoria económica para a concretização da prestação devida[2863].

de natureza hermenêutica-subsuntiva, salvo nos casos excepcionais em que é conferida uma «margem de livre apreciação» ao agente. Cfr. *ibidem*, p. 39-41.

Mais recentemente, FERNANDA PAULA OLIVEIRA – *A discricionariedade...* p. 41-55, sistematiza as diferentes conceções sobre discricionariedade administrativa, segundo um critério teórico-normativo assente na estrutura lógico-formal das normas jus-administrativas que conferem a discricionariedade, em três correntes:

(i) Discricionariedade de consequências jurídicas (*Rechtsfolgeermessen*), incluindo *(a)* a possibilidade de atuar e não atuar; *(b)* a possibilidade de escolher uma de entre várias soluções alternativas normativamente determinadas; e *(c)* a possibilidade de escolha entre várias soluções alternativas não predeterminadas normativamente, todas tendo em comum o facto de a discricionariedade corresponder sempre a um processo "volitivo" (e não meramente cognitivo);

(ii) Discricionariedade operante tanto ao nível das consequências jurídicas como ao nível dos pressupostos de facto indeterminados das correspondentes normas (*Rechtsfolge- und Tatbestandsermessen*), considerando que a utilização de conceitos indeterminados na previsão normativa constitui uma forma de atribuição de poderes discricionários à administração; e

(iii) Discricionariedade operante apenas relativamente ao pressuposto de facto indeterminado das correspondentes normas, forçando a administração «a especificar, em sede aplicativa, os pressupostos da sua própria actuação que, na configuração normativa inicial, foram deixados intencionalmente imperfeitos (inacabados ou indeterminados)».

Quanto a jurisprudência, cfr., *v.g.*, STA 2-mai.-1985 (JOÃO PEDRO GOMES LOPES DA CUNHA), *Acórdãos Doutrinais*, 24:288, p. 1350-1358. Ainda sobre este tema, cfr. STA 22-jun.-1983 (ANTÓNIO LUIS CORREIA DA COSTA MESQUITA), *Acórdãos Doutrinais*, 23:265, p. 89-94, em especial, p. 93; STA 28-jul.-1977 (MANUEL GONÇALVES PEREIRA), *Acórdãos Doutrinais*, 17:196, p. 421-440, em especial, p. 434; STA 6-jul.-1978 (RUI DA FONSECA GARCIA PESTANA), *Acórdãos Doutrinais*, 17:203, p. 1295-1305, em especial, p. 1303; STA 16-jul.-1981 (FRANCISCO JOSÉ DE MIRANDA DUARTE), *Direito Administrativo*, 3:11, 1982, p. 37-42, em especial, p. 41.

[2861] Não nos parecem corretas portanto as posições que reconduzem o disposto no art. 64.º a uma questão de "culpa", como a sustentada por JOÃO ANTUNES VARELA – Anotação ao Acórdão do Tribunal Arbitral de 31 de Março de 1993, *Revista de Legislação e de Jurisprudência*, 126, 1994, p. 315, quando qualifica este preceito com uma norma «genérica e imprecisa, mais retórico do que realista destinado a definir o grau de diligência exigível dos responsáveis pela gestão da sociedade, capaz de interessar ao requisito da culpa (...) para que, como mandatários da sociedade ou equiparados, respondam civilmente perante ela pelos danos provenientes dos seus actos».

[2862] Cfr. nota 2577 *supra*.

[2863] Cfr. § 2, parág. VIII *supra*.

A CONSTRUÇÃO UNITÁRIA DA OBRIGAÇÃO DE VIGILÂNCIA

Quando a norma de conduta no caso concreto admita apenas uma conduta, não há discricionariedade, há uma obrigação de conteúdo especificado em função das circunstâncias do caso[2864]. Sendo admitidas duas ou mais alternativas de ação, há discricionariedade[2865], podendo o devedor escolher qualquer uma das alternativas[2866].

2036

[2864] Sobre o conceito de obrigação específica, cfr., *v.g.*, José Carlos Brandão Proença – *Lições de cumprimento e não cumprimento das obrigações*, Coimbra: Coimbra Editora, 2011, p. 112.

[2865] Como explica António Castanheira Neves – "O problema da discricionariedade", in *Digesta: Escritos acerca do Direito, do pensamento jurídico, da sua metodologia e outros*, 1, Coimbra: Coimbra Editora, 1995, p. 532-538, a essência da discricionariedade reside na liberdade quanto à vinculação jurídica, correspondendo «à possibilidade de opção autónoma entre várias decisões e comportamentos igualmente válidos». Contrariamente à decisão vinculada, a proferir mediante a aplicação subsuntiva de uma norma legal, a decisão discricionária é juridicamente válida embora não tenha sido subsuntivamente deduzida, direta ou indiretamente, de uma norma jurídica. Tal não obsta a que, no caso da discricionariedade orgânico-societária, haja sempre, de entre o catálogo de decisões consideradas normativamente admissíveis na sequência da concretização da obrigação de vigilância (ou de administração, consoante o caso), uma solução *idealmente* mais válida do que as demais, porque mais adequada à prossecução dos interesses da sociedade, segundo a convicção do próprio agente. Com base no princípio de que «o direito deixou de ser apenas o limite, para ser a própria máxima», o resultado definidor da obrigação legalmente imposta ao órgão societário opera como máxima da sua conduta. Diz-se por isso que a discricionariedade é juridicamente vinculada. A admissão de uma pluralidade de decisões pela norma exprime «a impossibilidade de determinar *a priori*, por uma prévia determinação lógico-conceitual, o sentido e conteúdo normativo da decisão concreta, que só viria a determinar-se *a posteriori* e materialmente». Cfr. *ibidem*, p. 541-545.

No domínio da doutrina jus-societária, a recondução da discricionariedade ao conteúdo do dever no caso concreto e, em particular, ao reconhecimento de uma multiplicidade de alternativas de ação admitidas pela norma do caso concreto não é pacífica, nem entre nós, nem nos ordenamentos que para nós constituem referência, como se pode ver ao longo do texto. Por ora, recordamos apenas, com Hopt, que em muitas decisões empresariais não existe apenas uma opção admissível, em especial quando estão em causa aspetos dependentes de circunstâncias futuras, casos em que se pode falar em decisão sob incerteza (*Entscheidung unter Unsicherheit*). Nestes casos, exige-se, em especial aos administradores, que assumam riscos empresariais em nome da sociedade (desde que exista adequação dos mesmos aos benefícios esperados, até ao limite da continuidade da sociedade, podendo este limite ser ultrapassado quando tal seja indispensável à permanência no mercado). Hopt e Roth – *AktG Großkommentar*[4]..., § 93, n.ºs 81-85 e 109.

No mesmo sentido, já antes Meinrad Dreher – Das Ermessen des Aufsichtsrats: Der Aufsichtsrat in der Aktiengesellschaft zwischen Verbandsautonomie und Richterkontrolle, *Zeitschrift für das gesammte Handelsrecht und Wirtschaftsrecht*, 158, 1994, p. 615-645, em especial, p. 644-645, a propósito da discricionariedade do *Aufsichtsrat*, sustentava que as normas jus-societárias têm um carácter de generalidade e abstração, muitas vezes assente em conceitos jurídicos indeterminados [*maxime*, o conceito de interesse da empresa (*Unternehmensinteresse*)], não sendo redigidas em função de casos concretos. A sua concretização depende de um complexo conjunto de fatores a ponderar pelo *Aufsichtsrat*, incluindo previsões económicas, jurídicas e outras. Deve, por isso, ser reconhecida ao *Aufsichtsrat* uma ampla margem de discricionariedade e de apreciação (*Ermessens- und Beurteilungsspielraum*) vinculada, na ausência de vínculos imperativos por força da lei ou dos estatutos.

Markus Roth – *Unternehmerisches Ermessen und Haftung des Vorstands: Handlungsspielräume und Haftungsrisiken insbesondere in der wirtschaftlichen Krise*, München: Beck, 2001, p. 8-9, 33, aproxima a

DA ADMINISTRAÇÃO À FISCALIZAÇÃO DAS SOCIEDADES

2037

II. A específica competência atribuída a cada órgão social determina diferentes níveis de discricionariedade.

discricionariedade empresarial à concretização do dever de diligência e aos limites do poder de direção, caracterizando-a não como um privilégio de irresponsabilidade, mas como a possibilidade de decidir entre várias soluções corretas. Contudo, segundo a construção deste autor, a conduta que excede a margem de discricionariedade não consubstancia necessariamente um ilícito gerador de responsabilidade civil: tais atos não discricionários deveriam ser apreciados de acordo com a bitola de um gestor ordenado e consciencioso.

Entre nós, apresentando a discricionariedade como correspondendo à possibilidade de eleição entre várias alternativas, cfr., *v.g.*, Jorge Coutinho de Abreu – *Responsabilidade civil²...*, p. 22, Elisabete Gomes Ramos – *O seguro...* p. 156-157, Jorge Coutinho de Abreu e Elisabete Gomes Ramos – *CSC em comentário...*, art. 72.º, p. 846. De forma menos clara, Ricardo Costa – "Responsabilidade dos administradores e *business judgment rule*", in *Reformas do Código das Sociedades*, Coimbra: Almedina, 2007, p. 67-68. Na doutrina administrativista, cfr., no mesmo sentido, David Duarte – "A discricionariedade administrativa e a competência (sobre a função administrativa do Provedor de Justiça)", in *O Provedor de Justiça: Novos Estudos*, Lisboa: Provedoria de Justiça, 2008, p. 36.

[2866] Tal como nas obrigações alternativas, o devedor exonera-se pela realização da prestação designada por escolha (art. 543.º/1 CC).

Segundo parte da doutrina, o regime da obrigação alternativa pressupõe uma delimitação das prestações *ex ante* pelas partes – cfr., *v.g.*, Antunes Varela – *Das obrigações em geral*, 1... p. 830-831, Brandão Proença – *Lições...* p. 120 –, o que claramente não se verifica neste caso. Parece-nos, contudo, que estas referências doutrinárias não têm apoio na letra da lei, na *mens legis* ou na *mens legislatoris*. Quanto a este último aspeto, cfr. Adriano Vaz Serra – Obrigações alternativas. Obrigações com faculdade alternativa, BMJ, 55, 1956, p. 64-66, onde o autor refere expressamente que

> «Para que exista uma obrigação alternativa, não é preciso que as partes tenham uma representação concreta de todas as prestações possíveis (podendo elas ignorar os objectos dessas várias prestações), visto que o que importa é que se concebam como uma só as várias possibilidades de prestação, de que se poderá escolher uma, consoante a vontade daquela a quem se atribuir o direito de escolha».

Ainda assim, a aproximação às obrigações alternativas não é absoluta: não se aplica à obrigação de vigilância (nem à obrigação de administração), por exemplo, o regime jurídico da escolha (arts. 543.º/2, 548.º e 542.º *ex vi* 549.º CC) ou da impossibilidade originária.

Quanto ao regime da escolha, em primeiro lugar, nas obrigações em apreço, a escolha da prestação cabe *necessariamente* ao devedor, não podendo a sociedade substituir-se ao devedor na escolha da prestação. Estamos perante um poder potestativo (Menezes Cordeiro – *Tratado*, 6²... p. 668) que é simultaneamente um dever, na medida em que constitui uma «ponte de passagem indispensável para o cumprimento da obrigação» (Antunes Varela – *Das obrigações em geral*, 1... p. 833). Em segundo lugar, o critério da escolha pelo devedor é livre, no sentido de que o devedor escolhe a alternativa que lhe parecer mais adequada, mas não no sentido de a escolha poder ser feita em função de um qualquer interesse seu, fundado no *favor debitoris* que em geral se retira do art. 543.º/2 CC (cfr., *v.g.*, Vaz Serra – *Obrigações alternativas...* p. 80-81, Pires de Lima e Antunes Varela – *CC anotado*, 1... p. 553, Brandão Proença – *Lições...* p. 121-122, Menezes Cordeiro – *Tratado*, 6²... p. 664), ou em função de um juízo de equidade (regime geral da determinação das obrigações indeterminadas previsto no art. 400.º/1 CC). Como bem refere Menezes Cordeiro – *Da boa fé...* p. 1197-1208, inúmeras remissões para a equidade no nosso Código Civil visam determinar aspectos quantitativos de certas prestações ou implicar uma latitude de decisão maior, mas, ainda assim, não por referência ao livre arbítrio do julgador, matizado por considerandos filosóficos: o julgador deve atender às diversas coordenadas do sistema na concretização da proposição inde-

A CONSTRUÇÃO UNITÁRIA DA OBRIGAÇÃO DE VIGILÂNCIA

Tomando por referência o modelo tradicional português, ao conselho de administração cabe, como realçámos antes, concretizar o interesse ou fim da sociedade (dentro dos limites legais, dos estatutos e das deliberações sociais previstas no art. 11.º/3), bem como os meios a adotar para a sua prossecução. O seu processo de decisão assenta num vasto leque de variáveis e, sobretudo, em juízos de prognose sobre a evolução do mercado – desde o mercado dos produtos comercializados ou serviços prestados pela sociedade, aos mercados financeiro e laboral de que depende a captação dos recursos financeiros e humanos para o desenvolvimento da sua atividade.

2038

Face à incerteza inerente a este processo decisório, a delimitação positiva *ex ante* da prestação devida pelo conselho ou pelos seus membros implica, *frequentemente*, uma conclusão de existência de várias alternativas de ação normativamente admissíveis. O facto de uma tal conclusão se impor *frequentemente* nos termos expostos não permite, porém, afirmar aprioristicamente a existência de uma qualquer discricionariedade da administração para além daquela que

2039

---

terminada subjacente à remissão para a equidade, de acordo com as circunstâncias do caso. A indeterminação da proposição resulta, como explica MENEZES CORDEIRO, *ibidem*, p. 1202, «quer da possibilidade de introduzir, na aplicação, novos factores a atender, quer da intermutabilidade dos vectores implicados na lei, cujo peso relativo carece, também, de determinação. Desenha-se, no fundo, o perfil da sistemática móvel». É este o caso da remissão do art. 400.º/1 CC para a equidade na determinação da prestação, face à qual deve o tribunal «seguir as regras negociais, se necessário com recurso aos princípios da integração, com primado para a boa fé – art. 239.º – e nunca as reflexões do juiz face ao caso concreto». Ora, a determinação da obrigação de vigilância, tal como a determinação da obrigação de administração, obedece a critérios específicos estabelecidos no Código das Sociedades Comerciais que derrogam a regra geral do art. 400.º/1 CC. Não há sequer qualquer vantagem no recurso a esta disposição naquele exercício. Antes pelo contrário, a introdução desta problemática só tornaria ainda mais complexa uma questão que, por si, já faz correr rios de tinta.

A determinação da prestação é dirigida à tentativa de causação do resultado definidor, ou seja, o interesse social, no contexto das competências do órgão social em causa. Este é também o critério que preside à concretização da obrigação de vigilância por quem seja chamado a sindicar a conduta do devedor, concretização essa à qual é contraposta a conduta do devedor para efeitos da sua avaliação.

Quanto ao regime da impossibilidade originária: recorde-se que a doutrina entende que, nas obrigações alternativas, a impossibilidade originária de uma das prestações determina a nulidade do negócio por aplicação do art. 280.º/1 (cfr., *e.g.*, VAZ SERRA – *Obrigações alternativas...* p. 108-112, PIRES DE LIMA e ANTUNES VARELA – *CC anotado*, 1... p. 554-555) ou do art. 401.º/1 CC (cfr. MENEZES CORDEIRO – *Tratado*, 6².... p. 668), sendo possível, para uns, a redução do negócio (cfr., *e.g.*, VAZ SERRA – *Obrigações alternativas...* p. 108-112, PIRES DE LIMA e ANTUNES VARELA – *CC anotado*, 1... p. 554-555) e, para outros, a sua conversão (cfr., *e.g.*, MENEZES CORDEIRO – *Tratado*, 6².. p. 668). Nas obrigações de administração e fiscalização não pode haver impossibilidade originária porque não há determinação originária das prestações alternativas pelas partes (salvo no caso académico da previsão de alternativas no contrato de sociedade ou no contrato de administração, caso exista).

DA ADMINISTRAÇÃO À FISCALIZAÇÃO DAS SOCIEDADES

resulta da concretização da obrigação de administração, de acordo com a bitola de diligência normativa[2867].

2040 Esta concretização da obrigação de administração depende, como vimos, do fim ou resultado definidor da prestação[2868]. Ou seja, depende do interesse da sociedade, tal como resultante das coordenadas legais (o escopo lucrativo), do objeto social fixado nos estatutos e das deliberações dos acionistas (previstas no art. 11.º/3), e progressivamente concretizado ou densificado pelo próprio conselho de administração[2869].

2041 Esta concretização ou densificação resulta *expressa* ou *implicitamente* das opções sucessivamente tomadas pela administração no desenvolvimento da atividade social. Estas opções encadeiam-se umas com as outras, permitindo a sua sindicância por referência às antecedentes, sindicabilidade essa que é tanto mais intensa quanto mais densificado se encontra o interesse social[2870].

2042 Retomemos o exemplo da sociedade anónima cujo objeto social corresponde ao fabrico e comércio de bicicletas. Na ausência de deliberações dos acionistas, nos termos do art. 11.º/3, o fim a prosseguir pela sociedade será concretizado pelo conselho de administração (art. 405.º/1), através do seu planeamente estratégico.

2043 Tendo o conselho de administração optado pela produção de bicicletas para parques urbanos, em parceria com Câmaras Municipais que pretendem promover o uso de meios de locomoção "amigos do ambiente", e tendo dirigido os recursos da sociedade para investimentos em infra-estruturas técnicas específicas para o efeito, as escolhas posteriores serão sindicáveis face aos objetivos previamente estabelecidos.

2044 Assim, a opção da administração pela produção de bicicletas para parques urbanos é dificilmente sindicável face à incipiência do "interesse social" até ao momento (fabrico e comércio de bicicletas com escopo lucrativo). No entanto, definida essa estratégia, poderá questionar-se se o investimento "A" é mais adequado do que o investimento "B" para o mais eficaz e eficiente desenvolvimento da produção e comercialização de bicicletas para parques urbanos.

2045 Da mesma forma, a alteração da estratégia empresarial será questionável face aos investimentos já realizados. Quem seja chamado a sindicar a conduta da administração pode e deve questionar qual a necessidade ou conveniência dessa

---

[2867] Como desenvolvemos adiante: a discricionariedade é um resultado normativo.

[2868] Cfr. § 62.3 *supra*.

[2869] Cfr. § 62.4 *supra*.

[2870] Não se verifica assim contradição entre as afirmações de que "a administração concretiza o interesse (ou fim) da sociedade" e de que "a conduta da administração é sindicável por referência ao interesse (ou fim) da sociedade".

A CONSTRUÇÃO UNITÁRIA DA OBRIGAÇÃO DE VIGILÂNCIA

alteração que, naturalmente, comportará custos adicionais para a sociedade. À administração caberá demonstrar que essa alteração serve os melhores interesses da sociedade.

III. Quanto ao conselho fiscal, importa afastar definitivamente alguns mitos e reconhecer a existência de uma maior ou menor margem de discricionariedade, consoante as circunstâncias do caso.

Em primeiro lugar, demonstrámos já que o mesmo não está limitado a um mero "juízo de licitude"[2871] [face à lei e ao contrato social; art. 420.º/1, *b*)] ou a outros juízos vinculados [*e.g.*, o juízo de regularidade dos livros, registos contabilísticos e documentos que lhe servem de suporte; art. 420.º/1, *c*)], como pretendeu o legislador de 2006[2872] e defende alguma doutrina[2873]. Exige-se uma mais vasta conduta de vigilância que, na melhor interpretação do art. 420.º/1, *a*), envolve juízos de mérito[2874] sobre a conduta da administração[2875]. Na análise de regime efetuada identificámos o "juízo de mérito" como a aferição

2046

2047

[2871] Face ao disposto na lei, referimo-nos aqui separadamente à "fiscalização da administração da sociedade" [art. 420.º/1, *a*)] e à "vigilância pela observância da lei e do contrato de sociedade" [art. 420.º/1, *b*)], sem prejuízo da sua indissociação material. Na referida "fiscalização da administração" está em causa também a aferição do cumprimento do obrigação *legal* de diligente administração, tal como determinada no caso concreto, pelo que também esta se traduz num controlo de legalidade. Neste sentido, ainda face ao disposto no art. 173.º do CCom, que responsabilizava o administrador pela inexecução do mandato e pela violação dos estatutos e dos preceitos da lei, referiam Raul Ventura e Brito Correia – *Responsabilidade civil...* p. 66, que a "execução do mandato" correspondia

> «à prática dos actos de administração, com o conteúdo definido pelas formas idóneas para isso: antes de mais, pela lei comercial, em seguida, os estatutos da sociedade e ainda, pelo menos, as deliberações da assembleia geral (...). Daqui resulta que o artigo 173.º não fez uma classificação rigorosa de fontes de obrigações dos administradores; *sob esse ponto de vista, a inexecução do mandato não pode ter lugar autónomo ao lado da lei e dos estatutos*. O artigo 173.º contrapôs a violação dos preceitos da lei e dos estatutos, como casos precisos e nítidos de responsabilidade dos administradores, ao conteúdo vago da falta de cumprimento do dever de administrar» (itálico nosso).

[2872] CMVM – *Governo das sociedades anónimas...*, p. 79.

[2873] Cfr., *e.g.*, Paulo Câmara – *O governo das sociedades e a reforma...* p. 47-48.

[2874] Recorde-se, uma vez mais, que a divergência entre a afirmação do texto e muitas das posições contrárias, no sentido de negar ao conselho fiscal uma apreciação do mérito das opções de gestão se deve a uma insuficiente densificação do conceito de "controlo do mérito". Apesar de não estarmos perante um "conceito essencialmente ambíguo", segundo a terminologia de van der Burg, nem por isso a discussão dogmática deixou de ser prejudicada pela vaguidade do conceito e das suas insuficientes concretizações em muitos estudos (cfr. Wibren van der Burg – Essentially ambiguous concepts and the Fuller-Hart-Dworkin debate, *Archiv für Rechts-und Sozialphilosophie*, 95:3, 2009, em particular, p. 306).

[2875] Esta outra vertente da fiscalização orgânica é classificada por alguns autores "política". Cfr., *v.g.*, Paulo Olavo Cunha – *Direito das sociedades comerciais*⁵... p. 787-788, Gabriela Figueiredo Dias – *Fiscalização de sociedades...* p. 14 e Paulo Câmara e Gabriela Figueiredo Dias – *O governo das sociedades anónimas...* p. 73 ss.

DA ADMINISTRAÇÃO À FISCALIZAÇÃO DAS SOCIEDADES

da adequação (*Zweckmäßigkeit*) e economicidade (*Wirtschaftlichkeit*) dos atos de administração[2876].

2048   Em segundo lugar, não pode afirmar-se simplesmente que a discricionariedade do conselho fiscal é necessariamente mais restrita do que a reconhecida ao conselho de administração, alegando que o primeiro não pode interferir na margem de discricionariedade do segundo, pretendendo substituir as opções deste pelas suas. Senão vejamos: partindo da decomposição da obrigação de vigilância em situações jurídicas analíticas de cariz procedimental já sustentada.

2049   No exercício dos respetivos poderes-deveres de informação e inspeção, tanto o conselho fiscal como os seus membros são chamados a avaliar em cada momento se a informação que têm disponível é suficiente para formular os juízos que se impõem em cada caso, ou se devem requerer ou obter pelos seus meios informações e esclarecimentos adicionais.

2050   No cumprimento do seu dever de avaliação sobre os atos de administração, tanto o conselho fiscal (no seu todo), como os seus membros (a título individual), são chamados a reconstruir as decisões da administração, aferindo se, face às circunstâncias do caso, correspondem aos melhores interesses da sociedade (reconstruindo, em última análise, a concretização e densificação dos interesses da sociedade operadas pela administração).

2051   No exercício dos seus poderes-deveres de reação, devem ponderar qual o meio mais adequado de intervenção, segundo critérios de adequação e proporcionalidade.

2052   Em qualquer dos juízos referidos, poderão identificar-se alternativas de ação normativamente admissíveis. Ou seja, poderá reconhecer-se uma margem de discricionariedade mais ou menos ampla.

2053   O alegado perigo de os fiscalizadores interferirem na margem de discricionariedade dos administradores, pretendendo substituir as opções destes pelas suas, releva apenas no juízo sobre a modalidade de intervenção do conselho ou dos fiscais. No entanto, mesmo neste caso, não pode afirmar-se de forma liminar que o conselho fiscal não pode intervir no espaço de discricionariedade do conselho de administração. Esta margem de livre apreciação da administração releva sobretudo para efeitos de responsabilidade civil e não de delimitação da intervenção dos fiscalizadores.

[2876] Cfr. § 23 e § 25 *supra*. Cfr. também, *v.g.*, BAUMBACH e HUECK – *AktG*[8]..., § 95, n.º 2, LUTTER – *Information und Vertraulichkeit*[3]..., n.os 114 ss., LUTTER e KRIEGER – *Rechte*[5]..., n.os 71-84, SEMLER – *Die Überwachungsaufgabe...* p. 68-72, SEMLER – *Leitung und Überwachung*[2]... p. 46-51, MERTENS – *Kölner Komm. AktG*[2]..., § 111, n.º 11, LEYENS – *Information des Aufsichtsrats ...*, p. 173-174, STEINBECK – *Überwachungspflicht...* p. 85 ss., HOFFMANN-BECKING – *Münchener Hdb. AG...*, § 29, n.º 26, para questão paralela no sistema alemão.

A CONSTRUÇÃO UNITÁRIA DA OBRIGAÇÃO DE VIGILÂNCIA

Assim, como sustentámos antes, caso discorde das opções da administração, 2054
pode e deve o conselho fiscal intervir junto do conselho de administração, manifestando a sua posição, num contexto de leal cooperação interorgânica. Caso
entenda que a gravidade da situação o justifica, pode ainda submeter a questão
aos acionistas[2877].

No modelo germânico, o conselho geral e de supervisão pode[2878] chamar a si 2055
a resolução do problema (dado que tem à sua disposição um mais vasto leque de
opções de reação direta) ou submeter a questão aos acionistas. Face aos importantes poderes-deveres de reação que lhe são imputados, o risco de substituição
das opções de gestão e de subversão da distribuição normativa de competências
é real, impondo-se especial cautela[2879].

No modelo anglo-saxónico, a comissão de auditoria pode reagir perante e no 2056
conselho de administração, no qual têm assento os seus membros, ou perante
os acionistas.

Em qualquer dos modelos, as circunstâncias do caso determinarão a modali- 2057
dade de intervenção, não podendo delimitar-se o espaço de atuação do órgão de
fiscalização de forma apriorística.

IV. O caso do revisor oficial de contas é diferente, devendo ainda assim reco- 2058
nhecer-se-lhe um específico espaço de discricionariedade. Este espaço manifesta-se a vários níveis.

Em primeiro lugar, deve reconhecer-se ao revisor uma certa discriciona- 2059
riedade técnica na apreciação das contas do exercício, para determinar se as
mesmas dão uma imagem verdadeira e apropriada da situação da sociedade
e se estão em conformidade com os requisitos legais aplicáveis. Com efeito, o
facto de a certificação de contas obedecer a critérios de regularidade e legalidade contabilística, e não de oportunidade empresarial, não obsta a que se possa
identificar uma certa indeterminação da prestação devida[2880]. Neste caso, valem
as regras gerais já enunciadas para a sua determinação, podendo concluir-se
pela existência, no caso concreto, de várias alternativas de ação normativamente
admissíveis. Por exemplo, poderá concluir-se que o revisor obteve toda a informação que podia e devia ter obtido perante as circunstâncias do caso concreto

---

[2877] Como desenvolvemos antes, o conselho fiscal opera apenas como uma estrutura institucional
intermédia entre a administração da sociedade e os seus acionistas, sendo restritos os seus poderes-deveres
de reação.

[2878] Caso os seus principais poderes-deveres de reação não tenham sido atribuídos pelos estatutos aos
acionistas.

[2879] Cfr. § 48, parág. V *supra*.

[2880] Como bem sublinhou Gomes da Silva – *O dever de prestar...* p. 238, mesmo as prestações ditas
determinadas encerram sempre alguma margem de indeterminação.

811

DA ADMINISTRAÇÃO À FISCALIZAÇÃO DAS SOCIEDADES

e que, havendo incorreções nas contas, as mesmas não eram graves o suficiente para que lhe fosse exigível a manifestação de reservas. Neste caso, poderia o revisor – discricionariamente – optar por manifestar ou não reservas às contas.

2060   Em segundo lugar, no contexto do seu dever de colaboração com o conselho fiscal, o revisor deve comunicar-lhe os factos de que tome conhecimento e que possam ser relevantes para o desempenho das suas funções. O cumprimento deste dever pressupõe uma prévia avaliação, ainda que sumária e indiciária, sobre a relevância dos factos identificados face aos critérios aplicáveis ao conselho fiscal: legalidade, regularidade, economicidade e adequação. Nesta sede valem, com as necessárias adaptações, as considerações já tecidas a propósito da discricionariedade do conselho fiscal.

2061   Em terceiro e último lugar, caso o revisor tome conhecimento de "factos que revelem graves dificuldades na prossecução do objeto da sociedade", deve confirmar essa avaliação para efeitos do disposto no art. 420.º-A. Também neste caso se poderá concluir existir uma margem de discricionariedade.

2062   V. Face ao exposto, quem seja chamado a controlar *ex post* a conduta do devedor, em qualquer dos casos descritos, deverá avaliar:

(i)   Se, no caso concreto, o devedor determinou adequadamente as alternativas de ação normativamente admissíveis, em função da bitola de "diligência normativa";

(ii)   Em caso afirmativo, sendo admissível apenas uma alternativa, se a conduta do devedor foi conforme à norma de conduta;

(iii) Sendo admissível mais do que uma alternativa, se a conduta do devedor se enquadra dentro do espaço de discricionariedade normativamente delimitado.

2063   Este quadro, sendo em si incompleto, requer alguns desenvolvimentos adicionais. Desde logo, caso se conclua que, no caso concreto, a conduta adequada para atingir os resultados propostos *não era ex ante determinável*, por uma razão ou por outra, deve entender-se que tal conduta estava fora do âmbito da prestação devida. Como vimos, a determinação da conduta devida é feita, segundo o padrão de diligência normativa, atendendo necessariamente às circunstâncias do caso, pelo que, se face a estas não era exigível ao devedor a descoberta dessa conduta, a mesma não pode ser considerada como parte da prestação devida. Não pode formular-se um juízo de incumprimento se a decisão, e subsequente atuação do devedor, se enquadrarem no leque possível de comportamentos do homem médio (segundo a bitola de diligência aplicável), face às incertezas verificadas no caso concreto, na prossecução do interesse social, no contexto das

A CONSTRUÇÃO UNITÁRIA DA OBRIGAÇÃO DE VIGILÂNCIA

suas competências. A conduta só é devida se e na estrita medida em que o devedor a possa identificar como tal, segundo o padrão de diligência normativa.

VI. Para além disso, é comum afirmar-se que os administradores e fiscalizadores são frequentemente chamados a atuar em cenários de incerteza, face aos quais têm de formular juízos de prognose, e que, neste contexto, «deve ser reconhecido à administração um amplo espaço de discricionariedade, sem o qual a atuação empreendedora não é concebível»[2881]. O espírito empreendedor, traduzido na capacidade de introdução de inovações no contexto empresarial, enquanto qualidade pessoal exigível aos membros dos órgãos sociais (*maxime*, aos administradores e, em menor medida, aos fiscalizadores), implica a capacidade para assumir riscos[2882]. Pense-se no exemplo da introdução de um produto inovador no mercado. Não existindo um historial de comercialização desse tipo de produto, é muito difícil prever o seu sucesso. Claro que a decisão empresarial sobre a sua produção e comercialização é balizada, entre outras variáveis, por estudos de mercado destinados a aferir a recetividade do consumidor face ao produto[2883]. No entanto, há sempre uma margem de incerteza até ao momento-chave da comercialização do mesmo.

2064

Veja-se o *case study* da Apple, cujos produtos revolucionaram os respetivos mercados em diferentes momentos, nos últimos trinta e poucos anos. Quando o iPad foi anunciado ao mercado, multiplicaram-se as vozes críticas que auguraram um resultado desastroso para a sua comercialização, por uma ou outra razão. Nessa altura, a revista *The Week* publicou um artigo intitulado "*Apple's long*

2065

[2881] Tal como afirmado pelo BGH no caso *ARAG/Garmenbeck*, BGH 21-abr.-1997, *BGHZ* 135, 244-257.

[2882] Para JOSEPH A. SCHUMPETER – *Capitalism, Socialism and Democracy*, 5.ª ed., London, New York: Taylor & Francis, 2003, cujo original de 1942 muito contribuiu para o entendimento atual do empreendedorismo, um empreendedor é uma pessoa predisposta e capaz de converter uma nova ideia ou invenção numa bem sucedida inovação. Este autor não assumia que o empreendedor suportasse os riscos. Com efeito, JOSEPH SCHUMPETER, defendia que a capacidade para assumir riscos não era uma qualidade do empreendedor, mas sim do capitalista: o capitalista suporta o risco; o empreendedor implementa novas ideias. De forma mais correta, porém, KNIGHT – *Risk, Uncertainty and Profit...*, explica que o empreendedorismo corresponde à assunção de riscos: o comportamento do empreendedor reflete a sua predisposição para colocar em causa a sua carreira e a sua segurança financeira para assumir riscos em nome de uma ideia, despendendo tanto tempo quanto capital num projeto incerto.

[2883] Note-se que a realização de estudos de mercado pode não ser possível ou não oferecer resultados satisfatórios para fundamentar uma determinada decisão empresarial, como ilustrou Steve Jobs num episódio icónico na história da Apple: no dia da apresentação do Macintosh (o computador pessoal que, baseado num interface gráfico, revolucionou o respetivo mercado) em 1984, um jornalista da revista *Popular Science* perguntou a Steve Jobs que tipo de estudos de mercado é que tinham sido desenvolvidos, ao que este respondeu: «*Did Alexander Graham Bell do any market research before he invented the telephone?*». Cfr. WALTER ISAACSON – *Steve Jobs*, New York, London, Toronto, New Delhi: Simon & Schuster, 2011, capítulo 14.

DA ADMINISTRAÇÃO À FISCALIZAÇÃO DAS SOCIEDADES

history of lousy first reviews" onde recordava que, no passado, cinco outros produtos desta marca tinham obtido péssimas críticas de vários especialistas, acabando quatro destes por ser marcos históricos de vendas e modelos definidores de toda uma indústria (o Mac, o iMac, o iPod e o iPhone)[2884]. O iPad confirmaria o génio empresarial de Steve Jobs, CEO da Apple, entretanto consagrado CEO norte-americano da primeira década do milénio[2885], por antever o sucesso de sucessivas inovações onde muitos teriam dado passo às inseguranças e às incertezas[2886]. No caso da Apple, a assunção de riscos correu bem. Muito bem. Mas poderia ter corrido mal. Aliás, houve vários produtos da Apple que não foram bem sucedidos. Uns ficaram ligeiramente aquém das expectativas, outros foram um desastre total (caso do Newton, apelidado como «*the most famous Apple flop*»[2887]). Contudo, transpondo este caso para o Direito português[2888], os administradores da Apple não poderiam ser responsabilizados simplesmente pelo facto de não terem alcançado um resultado positivo com o desenvolvimento e comercialização deste produto.

2066   Por um lado, os administradores não estão obrigados a causar certo resultado positivo, mas apenas a tentar adequadamente causá-lo. Por outro, a concretização das suas obrigações no caso concreto resulta frequentemente no reconhecimento de uma norma de conduta com inúmeras alternativas de ação, *i.e.*, no reconhecimento de um espaço normativo de discricionariedade empresarial. O facto de não alcançarem um resultado positivo pode desiludir os acionistas, mas não pode implicar, só por si, um juízo de negligência. Como explica PAUL DAVIES[2889]:

[2884] *The Week*, 9 de março de 2010, sem indicação de autor. Consultado online em http://theweek.com/article/index/200386/Apples_long_history_of_lousy_first_reviews, a 19 de setembro de 2011.

[2885] ADAM LASHINSKY e DORIS BURKE – The decade of Steve: How Apple's imperious, brilliant CEO transformed American business, *Fortune Magazine*, 5 de Novembro de 2009, consultado online em http://money.cnn.com/2009/11/04/technology/steve_jobs_ceo_decade.fortune/index2.htm#TOP, a 19 de setembro de 2011.

[2886] Na sequência da sua morte, entre as muitas homenagens, destacam-se as palavras do presidente norte-americano Barack Obama, recordando-o como «um dos maiores inovadores norte-americanos – corajoso o suficiente para pensar de forma diferente, audaz o suficiente para acreditar que podia mudar o mundo e talentoso o suficiente para o fazer. Ao construir uma das empresas mais bem sucedidas do planeta a partir da sua garagem, exemplificou o espírito do engenho norte-americano». Disponível em http://www.whitehouse.gov/blog/2011/10/05/president-obama-passing-steve-jobs-he-changed-way-each-us-sees-world. Consultado em 06/10/ 2011.

[2887] BRYAN GARDINER – Learning from failure: Apple's most notorious flops, *Wired*, 24 de janeiro de 2008, consultado online em http://www.wired.com/gadgets/mac/multimedia/2008/01/gallery_apple_flops, a 19 de setembro de 2011.

[2888] A transposição é feita para assegurar a coerência do discurso à luz do nosso Direito, mas as conclusões seriam as mesmas face ao Direito societário de qualquer Estado norte-americano.

[2889] DAVIES e WORTHINGTON – *Principles*[9]..., p. 522.

A CONSTRUÇÃO UNITÁRIA DA OBRIGAÇÃO DE VIGILÂNCIA

«since companies are in business to take risks, the fact that a business venture does not pay off and even leads the company into financial trouble does not necessarily indicate negligence, though it may encourage shareholders to replace directors».

O reconhecimento da existência de riscos implica, por inferência lógica, o reconhecimento de uma margem de erro possível[2890] que será tanto mais assumida pelos membros dos órgãos sociais quanto mais seguros estiverem de que não serão civilmente responsáveis pelos erros que caiam nesse âmbito e, consequentemente, pelos eventuais maus resultados financeiros que daí advierem.

2067

Ora, como vimos antes, o nosso Direito acompanha esta preocupação: nem os administradores nem os fiscalizadores se podem comprometer a causar um resultado, nem a lei o exige, porque este não depende apenas da sua conduta, mas de um sem número de variáveis. Um qualquer outro entendimento faria correr o risco empresarial por conta dos administradores e fiscalizadores da sociedade e não sobre os seus acionistas que são, nos sugestivos termos da teoria económica, seus "credores residuais".

2068

O Direito assegura, portanto, um espaço de autonomia dos administradores face a pressões inadmissíveis dos acionistas, traduzidas em ameaças de responsabilidade civil[2891]. Salvaguarda o espírito empreendedor e a capacidade prospetiva dos administradores, traduzida na assunção de riscos no mercado[2892]. Enquadra igualmente a atuação dos fiscalizadores a quem se exige que, na sua atividade de controlo de riscos, não frustrem a atuação empreendedora dos administradores, devendo em diversas circunstâncias efetuar um juízo ponderado face ao interesse da sociedade, num típico sistema de *checks and balances*.

2069

Este espaço de autonomia é, contudo, normativamente delimitado nos termos também expostos: quando se conclua que o devedor atuou fora das alternativas de ação normativamente admissíveis em função da bitola de diligência normativa, deve concluir-se pelo incumprimento da sua obrigação[2893].

2070

[2890] Em sentido técnico, não pode porém falar-se num "direito ao erro" (*"Recht auf Irrtum"*), como pretende, *v.g.*, HOMMELHOFF – *Die Konzernleitungspflicht...* p. 171-175, ou, entre nós, CALVÃO DA SILVA – *A responsabilidade civil dos administradores não executivos...* p. 150. Como vimos, o modo deôntico associado às normas de competência societária é de *imposição*. Estamos perante *obrigações* (situações jurídicas passivas por excelência), seja de administração (no caso dos administradores) ou de vigilância (no caso dos fiscalizadores), que, na sua concretização, admitem alternativas de ação. Não pode, por isso, admitir-se a caracterização da margem de discricionariedade dos órgãos sociais como uma situação jurídica ativa, a qual implicaria a recondução da referida *imposição* a uma *permissão* normativa específica de atuação.

[2891] CARNEIRO DA FRADA – *A business judgment rule...* p. 81.

[2892] Esta atitude que aos administradores se exige justifica o percurso histórico dos deveres dos administradores no espaço anglo-saxónico.

[2893] A doutrina enquadra frequentemente esta questão na dicotomia entre *atos discricionários* (atos propriamente de gestão, na terminologia de PAIS DE VASCONCELOS – *Business judgment rule...* p. 61-65)

DA ADMINISTRAÇÃO À FISCALIZAÇÃO DAS SOCIEDADES

2071   VII. Deve ainda referir-se que a discussão sobre a discricionariedade empresarial tem sido dominada por uma tendência garantística de uma margem de atuação dos órgãos das sociedades comerciais livre de sindicância judicial. Esta tendência está patente na afirmação corrente de que os tribunais «não podem sindicar decisões de mérito» da administração destas sociedades, seja porque tal condiciona a predisposição dos seus membros para a desejável assunção de riscos empresariais[2894], seja porque os tribunais não estão habilitados para decidir sobre o mérito de uma determinada opção empresarial[2895], seja ainda porque a revisão *a posteriori* de uma decisão tomada num contexto de incerteza é necessariamente viciada pelo conhecimento entretanto adquirido da situação subjacente (*hindsight bias*)[2896].

2072   Estamos perante uma tendência oposta àquela que domina a discussão jus-publicista sobre a discricionariedade administrativa, dominada pelos receios de subtração de partes da atividade administrativa ao controlo jurisdicional e das consequências que daí possam advir para os destinatários da função administrativa[2897]. Não obstante, justifica-se a reprodução do pensamento crítico de DAVID DUARTE, segundo o qual «as questões da discricionariedade são questões cuja abordagem depende, essencialmente, da compreensão das normas do conjunto normativo». Devem por isso ser afastadas as "análises emotivas" que desvalo-

---

e *atos vinculados*. Dado que tal dicotomia é habitualmente discutida a propósito da *business judgment rule*, remetemos para o capítulo próprio, assegurando um diálogo construtivo com a doutrina.

[2894] Cfr., *v.g.*, Cox e HAZEN – *Corporations...* p. 480.

[2895] Cfr., *v.g.*, MENEZES CORDEIRO – *Da responsabilidade civil...* p. 523.
Esta é uma tendência refletida em casos como *Lewis v. Vogelstein* (699 A.2d 327, 332-333), decidido pelo *Court of Chancery of Delaware*, no qual os acionistas demandaram os membros do conselho de administração da *Mattel Inc.* por incumprimento de um dever de informação sobre o valor das opções sobre ações concedidas a si mesmos:
> «...*a careful board or compensation committee may customarily be expected to consider whether expert estimates of the present value of option grants will be informative and reliable to itself or to shareholders. And if such estimates are deemed by the board, acting in good faith, to be reliable and helpful, the board may elect to disclose them to the shareholders, if it seeks ratification of its actions*».

Acrescentou ainda que a avaliação do que deve ser objeto de divulgação ao público não deve caber aos tribunais, mas por uma entidade administrativa especializada na matéria como a SEC:
> «*Judgments concerning what disclosure, if any, of estimated present values of options should be mandated are best made at this stage of the science, not by a court under a very general materiality standard, but by an agency with finance expertise. An administrative agency – the Securities and Exchange Commission – has a technical staff, is able to hold public hearings, and can, thus, receive wide and expert input, and can specify forms of disclosure, if appropriate. It can propose rules for comment and can easily amend rules that do not work well in practice*».

[2896] Cfr., *v.g.*, Cox e HAZEN – *Corporations...* p. 480-481. A problemática do *hindsight bias* prende-se com o facto de, em retrospetiva, a atuação lesiva tender a ser caracterizada como negligente, fenómeno amplamente estudado pela psicologia cognitiva. Para maiores desenvolvimentos, cfr. *supra* nota 2902.

[2897] DAVID DUARTE – *A Norma de Legalidade...* p. 459.

A CONSTRUÇÃO UNITÁRIA DA OBRIGAÇÃO DE VIGILÂNCIA

rizam a avaliação do exercício da discricionariedade com base no apuramento objetivo das condições normativas que suscitam.

Neste sentido e remetendo para quanto foi dito sobre a determinação da prestação de vigilância, segundo o critério da diligência normativa, não pode simplesmente afirmar-se estar vedada aos tribunais a apreciação das decisões de mérito da administração (ou mesmo dos órgãos de fiscalização) da sociedade[2898]. Pelo contrário, impõe-se uma concretização da prestação a que está vinculado

2073

[2898] Esta afirmação, como já referimos, é comum entre nós. Cfr., neste sentido, *v.g.*, MENEZES CORDEIRO – *Da responsabilidade civil...* p. 523, SOARES DA SILVA – *A responsabilidade civil dos administradores de sociedades...* p. 626, afirmando ser geralmente admitido em Portugal o princípio da insindicabilidade do mérito das decisões de gestão por parte dos tribunais.

Não pode igualmente aceitar-se a configuração da administração da sociedade, proposta por PAIS DE VASCONCELOS – *Business judgment rule...* p. 71-73, como compreendendo atos de gestão ajurídicos, para depois afirmar que «[o]s tribunais devem julgar questões jurídicas e não questões de negócios». De acordo com a conceção deste Professor, só «[o]s casos de *galactic stupidity* devem ser qualificados como de violação do dever de cuidado ou do dever de lealdade, ou de ambos», pelo que não deveria admitir-se entre nós uma apreciação substancial da razoabilidade das decisões de gestão (em sentido idêntico, *v.g.*, JORGE COUTINHO DE ABREU – *Responsabilidade civil²...*, p. 37 ss., JORGE COUTINHO DE ABREU e ELISABETE GOMES RAMOS – *CSC em comentário...*, art. 72.º, p. 845).

Não podemos aceitar esta posição porquanto a atuação dos administradores tem lugar nos termos da sua competência legal e estatutária que, como vimos, é caracterizada por um modo deôntico de *imposição*, refletido no reconhecimento de uma *obrigação* de administração. A atuação dos administradores é, portanto, normativamente exigida e regulada, ainda que a norma do caso concreto possa admitir várias alternativas de ação. Assim, exige-se aos tribunais não uma *abstenção* face à apreciação de questões de mérito (no sentido defendido por STEPHEN M. BAINBRIDGE – The business judgment rule as abstention doctrine, *Vanderbilt Law Review*, 57, 2004, com influência decisiva na posição do Prof. PAIS DE VASCONCELOS), mas a aplicação criteriosa do padrão de diligência normativa para descoberta das alternativas de ação normativamente admissíveis e a avaliação da conduta do devedor face às mesmas. Reafirme-se: estamos sempre perante uma "questão jurídica".

De forma elucidativa, já em 1970, ainda face ao art. 173.º do C. Com. então em vigor, segundo o qual o administrador era responsável pela "inexecução do mandato" e pela violação dos estatutos e dos preceitos da lei, explicavam RAUL VENTURA e BRITO CORREIA – *Responsabilidade civil...* p. 66 que, face ao direito então em vigor, a execução do mandato correspondia «à prática dos actos de administração, com o conteúdo definido pelas formas idóneas para isso: antes de mais, pela lei comercial, em seguida, os estatutos da sociedade e ainda, pelo menos, as deliberações da assembleia geral».

Em síntese, a avaliação da administração da sociedade, seja em questões de mérito ou de procedimento, é sempre uma questão jurídica a que os tribunais não se podem furtar. A esta questão voltaremos adiante, a propósito da *business judgment rule*.

A nossa jurisprudência parece confirmar a necessidade de uma apreciação de mérito.

Em STJ 12-jan.-2012 (ÁLVARO RODRIGUES), processo n.º 916/03.2TBCSC.L1.S1, disponível em www. dgsi.pt, o tribunal considerou que a celebração de «inúmeros "contratos forward", e respectivos "roll overs"», que deram causa a uma situação de incapacidade financeira», constituíram atos ilícitos, por ter sido extravasado o objeto social e por ter sido violado «o dever de diligência lhe era imposto pelo artigo 64.º do CSC». Para fundamentar este último juízo, o tribunal invocou as conclusões do relatório pericial onde se podia ler «não se pode dizer que a decisão de expor ao risco maiores quantidades de moeda fosse uma decisão prudente, quando comparada com a decisão de abandonar os investimentos especulativos».

DA ADMINISTRAÇÃO À FISCALIZAÇÃO DAS SOCIEDADES

o devedor nos termos gerais jus-obrigacionais, através da formulação da correspondente norma de conduta no caso concreto. Quando desta resultem duas ou

Já antes, em RLx 22-jun.-2010 (Maria Amélia Ribeiro), processo n.º 34/2000.L1-7, disponível em www. dgsi.pt, o tribunal concretizou o padrão de diligência normativa no contexto da administração de uma cooperativa, sustentando, relativamente ao réu presidente da cooperativa – a quem competia «coordenar os diversos pelouros da direcção além de poderes de controle e vigilância e ainda a convocação de reuniões ordinárias de acordo com a lei e os estatutos, nomeadamente no que toca à periodicidade mensal» – que

«a simples leitura dos extractos bancários da Cooperativa permitia perceber que algo de errado se estava a passar, uma vez que não iam sendo creditados os valores dos cheques de avultados montantes que iam sendo pagos pelos compradores dos andares».

Sustentou ainda, relativamente ao réu tesoureiro da cooperativa, que

«omitiu o dever de efectuar um controlo eficaz sobre os aspectos financeiros pelos quais era responsável e que lhe eram impostos pelos Estatutos da Cooperativa, tornou-se responsável, do ponto de vista jurídico, não lhe servindo como causa de justificação ou de desculpa a invocada juventude».

Sublinha-se ainda a afirmação do tribunal que

«[o] valor da confiança entre todos e cada um dos membros de uma cooperativa – que é indispensável ao funcionamento de qualquer grupo ou instituição – não pode elidir os deveres de vigilância que se repercutem no plano das relações externas da Cooperativa: a confiança, no domínio estrito do funcionamento interno; a vigilância, na esfera de terceiros que podem ser prejudicados com os comportamentos ou as omissões de algum ou alguns dos seus membros».

Este ponto do sumário é desenvolvido no corpo do acórdão:

«Os RR. R e F parecem contrapor a confiança ao exercício dos deveres de vigilância e fiscalização, o que não pode, de todo, aceitar-se. Porém, a confiança entre todos e cada um dos elementos – que é indispensável ao funcionamento de qualquer grupo ou instituição – não pode elidir os deveres de vigilância que se repercutem no plano das relações externas da Cooperativa. É que, enquanto que a confiança se prende com o domínio estrito do funcionamento interno, a vigilância prende-se com as repercussões na esfera de terceiros que podem ser prejudicados com os comportamento ou as omissões dos membros de uma dada instituição. Portanto, confiança e vigilância são dois valores distintos, mas não incompatíveis, que ordenam o comportamento dos elementos da direcção em planos distintos. Ou seja, têm ambos de estar presentes. Neste caso, houve prejuízo para terceiros. Por isso, não podem estes RR. ser isentos da responsabilidade pela violação do assinalado dever de vigilância, até porque, como se viu, este situava-se num padrão de exigência não acima de uma rigorosa normalidade, perfeitamente acessível a qualquer pessoa. Se os mesmos RR. tivessem dado atenção aos extractos bancários, teriam facilmente constatado, como se viu, que algo de anormal se passava. (...) Verifica-se, assim, que não só não foi pelos RR. R e F ilidida a presunção de culpa prevista no art.º 72.º CSC como, pelo contrário, ficou provado que os mesmos omitiram o dever de vigilância. Ou seja, agiram com culpa.

O argumento de que mesmo que os RR. cooperadores tivessem fiscalizado o modo de actuação do R. C, ter-lhes-ia sido impossível detectar a fraude, dada a complexidade dos mecanismos por ele utilizados, não se nos afigura de grande consistência. Na verdade, não se exigiriam grandes conhecimentos contabilísticos e de detecção de fraudes para surpreender a conduta fraudulenta do R. C. Aliás, também não seria necessária uma desconfiança activa e militante para detectar que as coisas não estavam a ser por ele conduzidas de acordo com os interesses da A.. Mais propriamente, os factos demonstram que, pela inexistência de repercussão do depósito dos cheques recebidos pelo R. C nos extractos das contas bancárias da A., os RR. R e F omitiram um dever de cuidado elementar e que se traduziria no mero controlo rotineiro dos extractos bancários da A.

Não foi, pois, afastada a verificação da culpa dos mesmos RR..».

A CONSTRUÇÃO UNITÁRIA DA OBRIGAÇÃO DE VIGILÂNCIA

mais alternativas de ação, estaremos perante um espaço de discricionariedade normativamente regulado e delimitado, face ao qual é reconhecida uma liberdade de escolha insuscetível de sindicância judicial.

VIII. Face às justificações mais frequentemente enunciadas para afastar a sindicância judicial das opções de mérito da administração, deve recordar-se que a discricionariedade é um resultado normativo, decorre unicamente do ordenamento jurídico e não de quaisquer considerações da ciência económica relativas à importância do empreendedorismo empresarial[2899].

2074

Dito isto, a afirmação de que a sindicância judicial limita a predisposição dos administradores para assumir riscos empresariais não constitui, por si só, argumento suficiente para afastar o quadro sistemático-dogmático jus-obrigacional de determinação da prestação, patente também no domínio jus-societário[2900].

2075

Note-se que o tribunal aplicou o conceito de culpa como "faute". Sobre esta questão, cfr. nota 3238 *infra*. Em STJ 2-mar.-2009 (PAULO SÁ), processo n.º 08A3991, disponível em www.dgsi.pt, o Supremo sustentou a responsabilidade dos gerentes na venda de um prédio de 160 mil contos por 20 mil contos, por considerar que a autorização dos sócios para o efeito não incluía a venda nestes termos: «de tais factos se extrai uma ilação que permite "afirmar que a venda realizada, por apenas 20.000.000$00 e muito abaixo do valor real da propriedade, não estava seguramente autorizada pelos sócios, nesses moldes, ao abrigo da deliberação social referida" e que se "evidencia manifestamente violação grosseira dos (...) deveres de gerentes", por parte dos RR».

Da mesma forma, os tribunais não se coíbem de concretizar o que seja o interesse da sociedade, no caso concreto, também para outros efeitos. Assim, *e.g.*, para efeitos do art. 58.º/1, *b*), os tribunais apreciam a conformidade de deliberações sociais com o interesse da sociedade. Cfr., *v.g.*, REv 5-jun.-1995 (OSCAR CATROLA), processo n.º 708, *CJ*, 20:3, 1995, p. 286, consultado em http://www.colectaneadejurisprudencia. com; RPt 13-abr.-1999 (AFONSO CORREIA), processo n.º 391/99, *CJ*, 24:2, 1999, p. 196-202. No contexto do art. 6.º/3, os tribunais apreciam a conformidade da prestação de garantias com um justificado interesse próprio da sociedade. Cfr., *v.g.*, RCb 17-out.-2000 (FERREIRA DE BARROS), processo n.º 1935/00, *CJ*, 25:4, p. 37-39, em especial, p. 38, na qual o tribunal sustenta uma apreciação objetiva do justificado interesse próprio no caso concreto, na linha do sustentado por JOÃO LABAREDA – "Nota sobre a prestação de garantias por sociedades comerciais a dívidas de outras entidades", in *Direito societário português: Algumas questões*, Coimbra: Quid Iuris, 1998, p. 186.

[2899] Esta afirmação não prejudica quanto foi dito sobre o recurso à análise económica do Direito na compreensão dos pressupostos de aplicação do Direito e das consequências decorrentes do processo hermenêutico, na concretização do princípio da materialidade subjacente (que informa a boa-fé) no domínio jus-societário, e, em casos restritos, no preenchimento de pautas valorativas, quando o sistema remeta para critérios económicos (que assim operam como critérios mediatos de decisão). Cfr. § 2 *supra*.

[2900] Recordem-se a este propósito as certeiras palavras de MENEZES CORDEIRO – *Direito das sociedades*, 1³... p. 860:

«Perante a realidade jurídica nacional e considerando as comuns e elementares aspirações de coerência jurídico-científica, não vemos qualquer utilidade em duplicar (ou multiplicar) os sistemas de responsabilidade civil. Haverá assim que manter os quadros civis. E em qualquer caso: será um grave erro de método pretender, sem justificação e sem atentar no que se faz, reescrever, a propósito da responsabilidade dos administradores, todo o sistema de responsabilidade civil».

DA ADMINISTRAÇÃO À FISCALIZAÇÃO DAS SOCIEDADES

2076   Quanto à afirmação de que os tribunais não estão habilitados para decidir sobre o mérito de uma determinada opção empresarial, não se perspetivam diferenças face a outras matérias que são levadas diariamente ao conhecimento dos tribunais, mas sobre as quais estes não têm qualquer conhecimento ou formação específica. O sistema prevê e dá resposta à falta de conhecimentos dos tribunais sobre as matérias *sub judice*, em particular, através da prova pericial que, nos termos do art. 388.º CC, «tem por fim a percepção ou apreciação de factos por meio de peritos, *quando sejam necessários conhecimentos especiais que os julgadores não possuem*» (itálico nosso). Esta, recorde-se, pode ser oficiosamente ordenada pelo juiz (art. 477.º CPC, na versão de 2013) ou requerida por qualquer das partes (art. 474.º ss. CPC, na versão de 2013)[2901].

2077   Quanto aos receios de *hindsight bias* – ou seja, da tendência para considerar os eventos que já ocorreram como sendo mais previsíveis do que efetivamente eram antes da sua ocorrência[2902] – estamos no domínio da delimitação do quadro factual a considerar pelo juiz, nos termos já expostos. Ainda que a concretização da obrigação ocorra em momento posterior – controlo *ex post* da descoberta da norma de conduta pelo devedor –, deverá ter sempre por referência o momento histórico da atuação (ou omissão) do devedor. Ou seja, aquele que seja chamado a sindicar a conduta do devedor não poderá tomar em consideração factos posteriores que não puderam ser atendidos pelo próprio devedor aquando da determinação da prestação orientada à prossecução dos melhores interesses da sociedade. Só poderá considerar os factos que o devedor conhecia ou devia conhecer naquele momento e não quaisquer outros posteriores[2903]. Dito isto, reconhecemos, naturalmente, o risco de inadequada interpretação dos factos pelo tribunal, dada a tendência para exagerar *ex post* a probabilidade *ex ante* de um evento[2904], demonstrada inequivocamente pelos estudos de psicologia cognitiva. Não nos parece, porém, que tal risco possa fundamentar uma alteração

---

[2901] Cfr., *v.g.*, José Lebre de Freitas – *A acção declarativa comum: À luz do código revisto*, Coimbra: Coimbra Editora, 2010, p. 261-265. Esta solução permitiu, aliás, sustentar o STJ 12-jan.-2012 (Álvaro Rodrigues), processo n.º 916/03.2TBCSC.L1.S1, disponível em www.dgsi.pt.

[2902] Este fenómeno, frequentemente referido em estudos de diversa índole, foi teorizado a partir dos estudos de psicologia cognitiva de Daniel Kahneman e Amos Tversky (o primeiro viria a ser galardoado com o Prémio Nobel da Economia; o falecimento prematuro do segundo não lhe permitiria idêntico reconhecimento)(cfr., *v.g.*, A. Tversky e D. Kahneman – Availability: A heuristic for judging frequency and probability, *Cognitive psychology*, 5, 1973), com inúmeros desenvolvimentos em diferentes áreas científicas, incluindo na Ciência do Direito. Para uma pequena introdução histórica aos estudos sobre esta matéria, cfr. Baruch Fischhoff – An early history of hindsight research, *Social Cognition*, 25:1, 2007.

[2903] Neste sentido, é interessante notar o tratamento dado à questão, há muitas décadas, pela jurisprudência norte-americana. Vide, *v.g.*, o acórdão *Otis & Co. v. Pennsylvania R. Co.*, de 1945 (61 F.Supp. 905), relativo ao desenvolvimento jurisprudencial da *business judgment rule* nos Estados Unidos. Cfr. nota 2918 *supra*.

[2904] Richard A. Posner – *Economic analysis of law*, New York: Aspen, 2007, p. 19.

A CONSTRUÇÃO UNITÁRIA DA OBRIGAÇÃO DE VIGILÂNCIA

do referido quadro dogmático, devendo antes motivar a doutrina a trabalhar no seu desenvolvimento, oferecendo adequados modelos de decisão que possam amparar, com maior segurança, a decisão judicial do caso concreto. A tanto vai dirigido o presente estudo[2905].

IX. Por fim, como vimos, a afirmação da necessidade do reconhecimento de um espaço de discricionariedade na atuação dos órgãos sociais é habitualmente limitada a "decisões empresariais" (*unternehmerischen Entscheidungen*), ou seja, a decisões baseadas em juízos de prognose e estimativas não sindicáveis que têm por objeto uma possibilidade de atuação empresarial[2906]. **2078**

Ora, sem prejuízo da sua relevância central, a discricionariedade subjacente a decisões empresariais (ou mais simplesmente "discricionariedade empresarial") não esgota o espaço de discricionariedade normativamente reconhecido aos órgãos sociais. A generalidade das normas de conduta imputadas aos órgãos sociais admite um maior ou menor espaço de avaliação e decisão não sindicável, na medida em que admita, no caso concreto, mais do que uma alternativa de ação[2907]. **2079**

Neste contexto, assume especial relevância a discussão em torno da responsabilidade dos membros dos órgãos pela errada interpretação de normas jurídicas. Dada a habitual colocação desta temática no campo da *business judgment rule*, só depois da análise desta nos debruçaremos sobre a mesma[2908]. **2080**

§ 64. A DISCRICIONARIEDADE DOS ÓRGÃOS SOCIAIS, A *BUSINESS JUDGMENT RULE* E O PAPEL DO ART. 72.º/2 CSC NA DENSIFICAÇÃO DA OBRIGAÇÃO DE VIGILÂNCIA

Face ao enquadramento dogmático proposto que, nos seus termos, prevê o espaço de discricionariedade necessário ao desenvolvimento empreendedor da **2081**

[2905] Fazendo face ao desafio de DAVID DUARTE – *A Norma de Legalidade...* p. 463, o presente estudo visa também a compreensão normativa do espaço de discricionariedade dos órgãos jus-societários, explicando tanto a sua delimitação (localização normativa da discricionariedade no contexto da obrigação de meios indeterminada e determinável por referência ao padrão de diligência normativa), como o seu exercício (através da norma de legalidade procedimental jus-societária assente no reconhecimento das situações jurídico-procedimentais descritas).

[2906] Para SPINDLER – *Die Haftung...* p. 414, a decisão empresarial corresponde à «escolha consciente de uma possibilidade de atuação empresarial, de especiais consequências económicas, entre várias alternativas possíveis, consequências essas que podem resultar da extensão ou do risco associado à situação patrimonial ou financeira da empresa ou da sua influência definidora no desenvolvimento global futuro da empresa». Cfr. § 64.8, parág. V para mais desenvolvimentos.

[2907] Cfr., a este propósito, a afirmação de GOMES DA SILVA – *O dever de prestar...* p. 238, já citada na nota 609 *supra*.

[2908] Cfr. § 65 *infra*.

DA ADMINISTRAÇÃO À FISCALIZAÇÃO DAS SOCIEDADES

atividade dos administradores e dos fiscalizadores, coloca-se necessariamente a questão: qual o sentido da *business judgment rule*, tal como introduzida entre nós?

2082 A resposta a esta questão exige um enquadramento histórico-crítico prévio que permita explicar a origem e a evolução desta regra nos Estados Unidos e os seus reflexos nos sistemas continentais que habitualmente nos servem de referência (sistemas alemão e italiano). Só assim se consegue compreender a discussão doutrinária mantida entre nós e encontrar o sentido correto da norma hoje constante do art. 72.º/2, no mais vasto quadro dogmático em que se insere.

64.1. A *business judgment rule* nos Estados Unidos da América
A. Origem e evolução inicial

2083 I. A *business judgment rule* constitui um princípio de *common law* relativo ao governo societário que se afirma ter origem em decisões judiciais norte-americanas com mais de 180 anos[2909]. Dada a natureza estadual (e não federal) e casuística do Direito das sociedades norte-americano, não existe uma formulação única para esta "regra"[2910]. Esta situação é agravada pela fluidez e pouca precisão da linguagem usada pelos tribunais na sua formulação[2911]. A ideia central, contudo, traduz-se na fórmula «*Courts should not second-guess good-faith decisions made by independent and disinterested directors*»[2912]. Na sua base está a consideração de que «os administradores, como seres humanos, não são infalíveis e não podem agradar a todos os acionistas, em todos os momentos»[2913].

2084 II. As referências às origens da *business judgment rule* multiplicam-se, sendo difíceis de determinar com precisão, podendo dizer-se que a identificação das origens sofre da mesma imprecisão de que padece a sua formulação, como se

---

[2909] A doutrina apresenta frequentemente como exemplos as decisões proferidas nos casos *Percy v. Millaudon*, de 1829 [8 Mart. (n.s.) 68, 1829 WL 1592 (La.)]; *Godbold v. Branch Bank*, de 1847 (11 Ala. 191); *Hodges v. New England Screw Co.*, de 1850 (1 R.I. 312); *Smith v. Prattville Mfg. Co.*, de 1857 (29 Ala. 503). Cfr., *v.g.*, S. SAMUEL ARSHT – The business judgment rule revisited, *Hofstra Law Review*, 8, 1979, p. 93, FRANKLIN A. GEVURTZ – The business judgment rule: Meaningless verbiage or misguided notion?, *Southern California Law Review*, 67, 2000, p. 287.

[2910] Cfr., *v.g.*, ALLEN e KRAAKMAN – *Commentaries...* p. 248. Entre nós, cfr., em especial, PAIS DE VASCONCELOS – *Business judgment rule...* p. 41-42, BRUNO FERREIRA – *Os deveres...* p. 67-68.

[2911] ARSHT – *The BJR revisited...* p. 94.

[2912] Cfr., *v.g.*, ALLEN e KRAAKMAN – *Commentaries...* p. 248.

[2913] O primeiro argumento, afirma ARSHT, «reconhece a natureza humana», o segundo «a necessidade de promover a economia empresarial e judicial, não permitindo a sindicância judicial de toda e qualquer transação a pedido de um acionista em desacordo». ARSHT – *The BJR revisited...* p. 95.

A CONSTRUÇÃO UNITÁRIA DA OBRIGAÇÃO DE VIGILÂNCIA

pode ver nas decisões proferidas nos casos *Percy v. Millaudon*, de 1829, e *Hodges v. New England Screw Co.*, de 1850[2914].

Estas divergências parecem assentar no facto de diferentes autores preten-   2085
derem realçar diferentes aspetos em diferentes decisões jurisprudenciais. Por exemplo, ARSHT centra-se na imposição de uma diligência razoável aos admi-nistradores, traduzida num adequado processo de decisão[2915], mas outros auto-res realçam antes a afirmação de um espaço de discricionariedade próprio dos administradores.

Neste último sentido, são frequentemente citadas as decisões proferidas   2086
pelo Supreme Court of the United States, no caso *New York, Lake Erie & Western Railroad v. Nickals*, de 1886, e pelo *Court of Appeals of New York*, no caso *Beveridge v. New York Elevated Railroad Co.*, de 1889, ambas relativas aos poderes e à discri-cionariedade dos administradores na formulação de propostas de distribuição de dividendos[2916].

[2914] Na primeira destas decisões – *Percy v. Millaudon*, de 1829 [8 Mart. (n.s.) 68, 1829 WL 1592 (La.)] – na parte relevante para o tema aqui em discussão, o tribunal limita-se a afirmar que quando, perante o Direito aplicável, haja mais do que uma alternativa de ação (*choice of measures*), o simples facto de da escolha do administrador ter resultado um prejuízo não determina a sua responsabilidade:

«(...) *we are of opinion that on the occurrence of difficulties, in the exercise of it [the trust imposed], which offer only a choice of measures, the adoption of a course from which loss ensues cannot make the agent responsible, if the error was one into which a prudent man might have fallen. The contrary doctrine seems to us, to suppose the possession, and require the exercies, of perfect wisdom in fallible beings. No man would undertake to render a service to another on such severe conditions*».

Já no caso *Hodges v. New England Screw Co.*, de 1850 (1 R.I. 312), perante uma violação dos estatutos da *Screw Company*, o tribunal limitou-se a questionar se tal resultou de um erro dos administradores quanto aos seus poderes e, em caso afirmativo, se tal erro resultou da falta de diligência apropriada, ou seja «*such care as a man of ordinary prudence practices in his own affairs*». Se o erro pudesse ter sido evitado pela aplicação da diligência apropriada, deveriam ser responsabilizados. Se, pelo contrário, o erro fosse tal que os administradores o poderiam cometer ainda que exercendo a diligência apropriada, tendo atuado de boa-fé e em benefício da *Screw Company*, não deveriam ser responsabilizados.

[2915] ARSHT – *The BJR revisited...* p. 100.

[2916] No caso *New York, Lake Erie & Western Railroad v. Nickals*, de 1886 (119 U.S. 296, 7 S.Ct. 209), o *Supreme Court of the United States* entendeu, perante o litígio sobre se os titulares de ações preferenciais tinham ou não, em determinadas circunstâncias, direito a um determinado dividendo, que esse direito só existiria se o dividendo fosse (ou devesse ser) declarado pela sociedade. Entendeu ainda que a decisão sobre a declaração de um dividendo pela sociedade cabia, em primeiro lugar, aos administradores, por referência ao património e atividade da sociedade. Sem prejuízo do reconhecimento dessa margem de discricionariedade da administração, o *Justice* Harlan fundamentou o seu voto esclarecendo que, naquele caso, se a administração tivesse decidido distribuir os dividendos pretendidos pelos autores, estaria a beneficiar os interesses dos acionistas a curto prazo, mas a prejudicá-los a longo prazo, dado que os fundos em causa eram necessários para realizar investimentos em infraestruturas consideradas essenciais à continuidade da atividade da sociedade (119 U.S. 296, 302-303; 7 S.Ct. 209, 211-213).

No caso *Beveridge v. New York Elevated Railroad Co.*, de 1889 (112 N.Y. 1, 19 N.E. 489), o *Court of Appeals of New York* decidiu mais um litígio sobre distribuição de dividendos. Afirmou o facto de, na gestão da sociedade,

DA ADMINISTRAÇÃO À FISCALIZAÇÃO DAS SOCIEDADES

2087   Independentemente da identificação de uma ou outra decisão como estando na origem desta "regra", pode observar-se uma evolução jurisprudencial, nos termos da qual os tribunais foram apurando os requisitos para a afirmação de um espaço de discricionariedade dos administradores, livre de sindicância judicial. Assim, por exemplo, em casos como *Bodell v. General Gas & Electric Corporation*, de 1927, *Litwin v. Allen*, de 1940, *Weinberger v. Quinn*, de 1942, e *Casey v. Woodruff*, de 1944[2917].

os administradores dependerem apenas do seu próprio conhecimento da atividade da sociedade e do seu juízo sobre o que os seus interesses requerem e que, sendo imputado um poder à sociedade, cabe aos administradores decidir quando exercê-lo, de acordo com o seu juízo sobre as necessidades ou interesses da sociedade (112 N.Y. 1, 23-24; 19 N.E. 489, 494-495).

[2917] Na decisão proferida pelo *Supreme Court of Delaware* em *Bodell v. General Gas & Electric Corporation*, em 1927 (15 Del.Ch. 420, 140 A. 264), o tribunal analisou o direito dos administradores da *General Gas & Electric Corporation* relativamente à emissão e venda de ações ordinárias de classe A a titulares desta classe de ações, a 25 dólares por ação, até ao montante dos dividendos a que tinham direito, vendendo praticamente ao mesmo tempo ações da mesma classe a outros acionistas e a bancos de investimento, a 45 dólares por ação. O tribunal decidiu não pôr em causa a decisão da administração afirmando:

«*It may be impossible to lay down a general rule on this subject, but we think the discretion of a board of directors in the sale of its no par value stock should not be interfered with, except for fraud, actual or constructive, such as improper motive or personal gain or arbitrary action or conscious disregard of the interests of the corporation and the rights of its stockholders*» (15 Del.Ch. 420, 426; 140 A. 264, 267).

No caso *Litwin v. Allen*, de 1940 (25 N.Y.S.2d 667), julgado pelo *New York Supreme Court*, estava em causa um pedido de indemnização dos acionistas, numa ação social contra os administradores da *Guaranty Trust Company of New York*, baseado na alegação de que estes teriam violado o seu *duty of care* ao concluir o negócio identificado como *Missouri Pacific Bond Transaction*. Nesta transação, desenvolvida ao longo de 1929, a *Alleghany Corporation*, necessitada de financiamento, decidiu vender determinadas obrigações de que era titular. A *J.P. Morgan & Co.* comprou tais obrigações, ficando a *Alleghany Corporation* com opção de recompra. Entretanto, a *Guaranty Trust Company of New York* comprometeu-se a participar na compra das obrigações e uma sua subsidiária comprometeu-se a ficar com tais obrigações se a *Alleghany Corporation* não exercesse a sua opção de recompra. Em outubro de 1929, verificou-se o *crash* do mercado de valores mobiliários. A questão de fundo residia no facto de, nos termos daquela transação, o banco suportar todo o risco do negócio, mas nenhum dos benefícios. Para efeitos deste estudo releva em particular a afirmação de que:

«*(...) directors are liable for negligence in the performance of their duties. Not being insurers, directors are not liable for errors of judgment or for mistakes while acting with reasonable skill and prudence. It has been said that a director is required to conduct the business of the corporation with the same degree of fidelity and care as an ordinarily prudent man would exercise in the management of his own affairs of like magnitude and importance. General rules, however, are not altogether helpful. In the last analysis, whether or not a director has discharged his duty, whether or not he has been negligent, depends upon the facts and circumstances of a particular case, the kind of corporation involved, its size and financial resources, the magnitude of the transaction, and the immediacy of the problem presented. A director is called upon 'to bestow the care and skill' which the situation demands*» (25 N.Y.S.2d 667, 678).

A propósito da conduta dos administradores do banco *J.P. Morgan & Co.*, o tribunal enunciou:

«*Directors of a banking institution are entrusted with the management of the affairs of the bank, and if, in the course of management, they make a decision for which there is reasonable basis, in good faith, with respect to a loan in which they have no personal interest, as the result of their independent judgment and uninfluenced by any consideration other than what they honestly believe to be for the welfare and the best interests of their bank,*

A CONSTRUÇÃO UNITÁRIA DA OBRIGAÇÃO DE VIGILÂNCIA

it is not the function of the court to say that it would have acted differently, and to charge directors for loss that occurs» (25 N.Y.S.2d 667, 726).
Para efeitos deste estudo, é interessante notar ainda a afirmação subsequente do tribunal:

«*The judgment which a director of a banking institution is called upon to use necessarily differs from that which is called into operation in administering the affairs of an ordinary business corporation. While not held to the liability of a trustee of an express trust, his position is to some extent analogous, for he is charged with the duty of protecting the interests of depositors and of safeguarding the rights of shareholders who may be subject to personal liability in the event of disaster. The judgment which a director of a bank is called upon to use is that fitted and proportioned to the occasion, the time and the event. But when that judgment has been fairly and honestly and reasonably exercised, although there may be a legitimate difference of opinion concerning the manner of its exercise, the director has discharged his duty, and is not subject to liability, because it turns out that he was wrong and that he made a mistake»* (25 N.Y.S.2d 667, 727).

O tribunal acabaria por concluir que o prejuízo sofrido pelo banco decorreu do exercício legítimo de discricionariedade empresarial. Contudo, concluiu em sentido contrário na apreciação dos factos relativos à conduta dos administradores da *Guaranty Trust Company of New York*:

«*The directors plainly failed in this instance to bestow the care which the situation demanded. Unless we are to do away entirely with the doctrine that directors of a bank are liable for negligence in administering its affairs liability should be imposed in connection with this transaction»* (825 N.Y.S.2d 667, 699).

O caso *Weinberger v. Quinn*, decidido pelo *New York Supreme Court* em 1942 (264 A.D. 405, 35 N.Y.S.2d 567) centrou-se na alegação de que a administração da *United Gas Corporation* teria optado pela distribuição de dividendos, em vez de redução do passivo da sociedade, em benefício do seu acionista controlador e em prejuízo da sociedade. Tal opção teria correspondido a uma atuação fraudulenta, de má-fé e na prossecução de um plano e conspiração da administração para usar o controlo da "sociedade-mãe" para enriquecimento injustificado desta, em detrimento da sociedade. Perante o caso, concluiu o tribunal (264 A.D. 405, 407-408; 35 N.Y.S.2d 567, 569-570):

«*The choice made by the directors in respect to payment of accumulated dividends, assuming that it was made upon a conscientious exercise of judgment, would clearly be legal and entirely proper. Determination of such matters as the declaration and payment of dividends belongs in the first instance to corporate directors. They are required to give due consideration to the company's business, property and affairs as a whole in making such determination.* Ordinarily a decision on such a question is within the discretionary powers of the directors, *and will not be interfered with by the courts. (...) While a court of equity will protect a corporation at the insistence of a minority stockholder against conduct of directors which is in breach of their trust,* the courts do not pass on or assume to pass on questions of mere business judgment or expediency. *Facts showing bad faith or other breach of duty must be alleged, before a court will interfere»* (itálicos nossos).

O tribunal continuou ainda realçando que, no caso, a administração estava perante duas alternativas de ação legalmente admissíveis, pelo que, na ausência de indícios de fraude, não caberia ao tribunal ajuizar se aquela fora ou não uma sábia decisão.

O caso *Casey v. Woodruff* foi decidido pelo *New York Supreme Court*, em 1944. Nesta ação, Bernard E. Casey, acionista da *Erie Railroad Company*, demandou Robert E. Woodruff e outros para reembolso das despesas indevidamente incorridas por estes no pedido de aprovação de um refinanciamento apresentado perante a *Interstate Commerce Commission* (ICC) e indeferido. O autor, pediu ainda o reembolso do valor dos serviços prestados e despesas incorridas pelos seus advogados na intervenção perante a *Interstate Commerce Commission*, pedido que o tribunal na altura considerou único e com consequências de longo alcance (49 N.Y.S.2d 625, 630).

Segundo o autor, o pedido foi aprovado pelos administradores na sequência de uma "conspiração" com o banco de investimento *Morgan Stanley & Co.*, para benefício deste último, em prejuízo da sociedade e dos seus acionistas. Ainda segundo o autor, os administradores atuaram de forma temerária e negligente,

DA ADMINISTRAÇÃO À FISCALIZAÇÃO DAS SOCIEDADES

2088   Contudo, tanto quanto nos foi possível determinar, só mais tarde, em casos como *Otis & Co. v. Pennsylvania R. Co.*, de 1945[2918], foi expressamente reconhecida a existência de uma "regra" sobre esta matéria.

incumprindo os seus deveres como *"agents"* e *"fiduciaries"*. Na sua análise, o tribunal ponderou o facto de a administração ter optado pela contratação direta e não por um qualquer processo concursal, tendo concluído ser aquela uma prática habitual de mercado; analisou e concluiu inexistirem administradores do banco de investimento com assento no conselho de administração da sociedade, nem quaisquer relações que, direta ou indiretamente, pudessem fundamentar conclusões de controlo, domínio ou influência imprópria (conflitos de interesses); analisou o processo que antecedeu o fecho do contrato com o banco de investimento e a apresentação do pedido à *Interstate Commerce Commission*, tendo concluído ter existido uma ampla discussão de alternativas pela comissão financeira do conselho de administração e que a remuneração acordada com a *Morgan Stanley & Co.*, apesar de não ter sido contraposta a propostas concorrentes, foi testada pelo mercado (quatro administradores da sociedade, relacionados com grandes instituições financeiras, avaliaram internamente o preço, tendo concluído tratar-se de um preço justo) (49 N.Y.S.2d 625, 632-634). Na sequência da sua análise concluiu o tribunal:

> «Mistakes in the exercise of honest business judgment do not subject the directors to liability for negligence in the discharge of their fiduciary duties. The standard is one of reasonable diligence, not the utmost amount of diligence. (...) The directors are entrusted with the management of the affairs of the railroad. If in the course of management they arrive at a decision for which there is a reasonable basis, and they act in good faith, as the result of their independent judgment, and uninfluenced by any consideration other than what they honestly believe to be for the best interests of the railroad, it is not the function of the court to say that it would have acted differently and to charge the directors for any loss or expenditures incurred» (itálico nosso) (49 N.Y.S.2d 625, 642-643).

Na sequência de alguma jurisprudência anterior, acrescentou ainda, em termos cuja atualidade ainda hoje ressoa:

> «Prescience is always desirable, but failure to foresee what at best is uncertain does not give rise to liability. The law recognizes that no director is infallible and that he will make mistakes, but if he is honest and uses reasonable diligence he will be absolved from liability although his opinion may turn out to have been mistaken and his judgment faulty. Moreover, we must 'look at the facts as they existed at the time of their occurrence, not aided or enlightened by those which subsequently take place».

A densificação do discurso jurisprudencial nesta matéria está ainda patente na exposição do tribunal sobre a conjugação da *business judgment rule* com o conceito de negligência:

> «The question is frequently asked, how does the operation of the so-called 'business judgment rule' tie in with the concept of negligence? There is no conflict between the two. When courts say that they will not interfere in matters of business judgment, it is presupposed that judgment – reasonable diligence – has in fact been exercised. A durector [sic] cannot close his eyes to what is going on about him in the conduct of the business of the corporation and have it said that he is exercising business judgment. Courts have properly decided to give directors a wide latitude in the management of the affairs of a corporation provided always that judgment, and that means an honest, unbiased judgment, is reasonable exercised by them».

Quanto a este último ponto, o tribunal citou ainda o acórdão do caso *Costello v. Costello*, 209 N.Y. 252, 262, 103 N.E. 148, 152 (N.Y. 1913) que merece destaque: «*Wisdom developed after an event, and having it and its consequences as a source, is a standard no man should be judged by*». No mesmo sentido, cfr., *v.g.*, *Matter of Clark's Will*, 257 N.Y. 132, 136, 177 N.E. 397, 77 A.L.R. 499 (N.Y. 1931), e *Helfman v. American Light & Traction Co.*, 121 N.J.Eq. 1, 26, 187 A. 540 (N.J.Eq. 1936).

[2918] O caso *Otis & Co. v. Pennsylvania R. Co.* (61 F.Supp. 905) foi decidido pelo *District Court, E.D. Pennsylvania*, em 1945. Nesta ação social (*derivative action*), a *Otis & Co.*, na qualidade de acionista, demandou os

A CONSTRUÇÃO UNITÁRIA DA OBRIGAÇÃO DE VIGILÂNCIA

III. Desde então, multiplicaram-se as decisões de diferentes tribunais norte-americanos afirmando a aplicação da *business judgment rule*, ao ponto de se afirmar, desde o final dos anos 1960, que as decisões de condenação de administradores por negligência são "espécies em vias de extinção" no sistema norte-americano[2919].

administradores da *Pennsylvania R. Co.* pelos prejuízos decorrentes do facto de não terem obtido o melhor preço possível no mercado, aquando da venda de obrigações da sociedade. Segundo a autora, tal deveu-se ao facto de os administradores terem contactado apenas um banco de investimento (*Kuhn, Loeb & Co.*, então um dos mais respeitados bancos de investimento) para a colocação dessas obrigações, em vez de procurarem o melhor preço possível no mercado para o serviço em causa (um concorrente daquele banco de investimento, o *Halsey, Stuart & Co., Inc.*, chegou a visitar o responsável financeiro da sociedade, solicitando a oportunidade para apresentar uma oferta concorrente, pedido esse reafirmado por escrito, mas recusada pelos administradores da sociedade). A consequência de «*failing to "shop around"*», nas palavras do tribunal foi, segundo a autora, uma perda de meio milhão de dólares. Responderam os réus que «o negócio tinha correspondido a um juízo honesto, que o procedimento adotado era o habitual para aquele tipo de sociedades e que era particularmente adequado ao caso. Foi ainda negada a existência de interesses adversos dos administradores» (61 F.Supp. 905, 908-909). No enquadramento da questão, o tribunal invocou a decisão do *New York Supreme Court* no caso *Casey v. Woodruff*, de 1944, já analisado – tendo verificado que o padrão de conduta dos administradores era idêntico nos Estados de Nova Iorque (onde fora julgado o primeiro caso) e da Pensilvânia (onde foi julgado este caso) –, afirmando que a mesma aplicava a regra habitualmente conhecida por "*business judgment rule*". Iniciava-se assim o uso desta expressão pela jurisprudência, começando uma longa tradição. Explicou ainda estar assente que os tribunais não podem substituir os juízos dos administradores pelo seus, que a negligência deve ser determinada por referência à data do negócio e que que os erros no exercício de juízo empresarial honesto não pode sujeitar os administradores a responsabilidade por negligência no cumprimento dos seus deveres (neste ponto, remete novamente para o acórdão no caso *Casey v. Woodruff*).
É interessante notar que o tribunal, na sequência deste enquadramento, não decide abster-se de apreciar a decisão da administração. Antes pelo contrário, conclui não ter existido negligência por parte dos administradores: os administradores negociaram "*at arms-lenght*" e obtiveram o que foi considerado "o melhor preço possível"; nas reuniões do conselho de administração, o administrador financeiro divulgou todos os factos relativos ao negócio e os administradores, "homens experimentados no campo financeiro e empresarial", atuando na base do seu conhecimento e das recomendações da equipa de gestão, aprovaram o negócio. Deve realçar-se também que, face à alegação dos autores de que o juízo sobre "o melhor preço possível" só poderia ter sido alcançado através da obtenção de propostas concorrentes ("*shopping around*"), o tribunal sustentou como decisivo o facto de o procedimento seguido pelo conselho de administração ser o habitual para aquele tipo de empresas à data, sendo portanto considerado correto. Assim, explicava, o facto de, posteriormente, a *Interstate Commerce Commission* ter aprovado um regulamento impondo um procedimento concursal não podia sustentar a posição dos autores (61 F.Supp. 905, 912).
[2919] STUART R. COHN – Demise of the director's duty of care: Judicial avoidance of standards and sanctions through the business judgment rule, *Texas Law Review*, 62, 1983, p. 591. Já antes, afirmava no mesmo sentido, JOSEPH W. BISHOP, JR. – Sitting ducks and decoy ducks: New trends in the indemnification of corporate directors and officers, *Yale Law Journal*, 77, 1968, p. 1099-1100:
> «*The search for cases in which directors of industrial corporations have been held liable in derivative suits for negligence uncomplicated by self-dealing is a search for a very small number of needles in a very large haystack*».
À data da publicação deste estudo (1968), BISHOP conseguiu identificar apenas quatro casos nesse sentido, concluindo a sua análise afirmando: «*none of these cases carries real conviction*». COFFEE chama a atenção para

DA ADMINISTRAÇÃO À FISCALIZAÇÃO DAS SOCIEDADES

2090
A formulação da "regra", contudo, não é unívoca. A falta de consenso entre os redatores do *Model Business Corporation Act*, que inicialmente pretendiam incluir neste uma tal definição, ilustra bem a dificuldade inerente a um tal propósito[2920]. A conclusão é portanto simples: não existe uma única "*business judgment rule*"[2921], mas múltiplas formulações que importa conhecer. A tanto nos dedicamos em seguida.

B. Articulação com o *duty of care*

2091
I. Antes de qualquer tentativa de sistematização dos diferentes entendimentos da *business judgment rule*, importa recordar que a mesma se articula com o *duty of care*. Sem uma análise deste, não é possível compreender aquela.

o facto de este número ser enganador, porquanto ignora o facto de a maioria dos casos serem resolvidos por transação e não por sentença. A justificação reside nos incentivos dos réus: o valor acordado em sede de transação será pago pelas seguradoras com quem contrataram seguros D&O; pelo contrário, em geral, a condenação judicial elimina tal possibilidade. Assim, os casos que se apresentam favoráveis aos autores tendem a ser resolvidos por acordo; os casos obviamente favoráveis aos réus tendem a ser objeto de indeferimento liminar. Segundo este Professor, as negociações dirigidas à transação são moldadas pelo conteúdo do *duty of care*, pelo que este assume assim algum efeito prático, em geral traduzido no montante das indemnizações acordadas. Por esta via, o *duty of care* acaba por funcionar ao moldar *ex ante* a conduta dos administradores. Nas expressivas palavras de COFFEE:

«(...) *even if the risk of due-care liability were no greater than that of being struck by a lightning bolt, one must observe that prudent men do not wander out needlessly in a thunderstorm; some are in fact terrified by lightning*».

Para além disso, sustenta ainda, o *duty of care* tem uma função pedagógica ou social. Em grande parte, esta função decorre da intervenção dos advogados que tendem a magnificar a gravidade de um risco relativamente remoto. Os advogados tendem a maximizar o seu rendimento através da identificação de um problema (ou uma perceção de um problema que na verdade pode não ser assim tão relevante) e da comunicação do mesmo aos seus clientes juntamente com a sua anunciada capacidade para lidar com o mesmo. Os riscos legais funcionam assim para os advogados como ações em bolsa que estes tendem a valorizar, tal como os ambientalistas tendem a sobrevalorizar os riscos de desastres ecológicos ou como os oficiais militares tendem a reagir excessivamente à perceção de concentrações militares estrangeiras. A posição de COFFEE é, em grande medida, apoiada no acórdão *Escott v. BarChris Construction Corp.*, de 1968 (283 F. Supp. 643) que revolucionou o comportamento dos conselhos de administração no contexto do Direito dos valores mobiliários. Cfr. JOHN C. COFFEE, JR. – Litigation and corporate governance: An essay on steering between Scylla and Charybdis, *George Washington Law Review*, 52, 1984, p. 795-797, 798. Para outras posições sobre a função pedagógica do *duty of care*, cfr. nota 2946 *infra*. Criticando o *duty of care*, advogando a abolição deste, cfr. KENNETH E. SCOTT – Corporation law and the American Law Institute Corporate Governance Project, *Stanford Law Review*, 35, 1983, em especial, p. 935-937:

«*If subsequently-determined personal liability ever became a significant factor, the board members would be biased towards taking fewer business risks and following more costly and time-consuming decisionmaking procedures. It is most doubtful whether that would be in the best interest of shareholders*». Conclui depois o autor: «*In short, very little of any value would be lost by outright abolition of the legal duty of care and its accompanying threat of a lawsuit. Other incentives for an appropriate degree of care in corporate decision-making would remain, and mechanisms would exist outside the courtroom to correct shortcomings*».

[2920] GEVURTZ – *The business judgment rule...* p. 289-290.
[2921] Cfr. *ibidem*, p. 290.

A CONSTRUÇÃO UNITÁRIA DA OBRIGAÇÃO DE VIGILÂNCIA

Face à natureza estadual do Direito das sociedades norte-americano, não existe uma formulação única deste dever, mas a doutrina qualifica-o como um padrão de conduta (*standard of conduct*) para administradores (*directors*) e outros dirigentes (*officers*) da sociedade, nos termos do qual devem exercer as suas funções «*with the care that an ordinarily prudent person would reasonably be expected to exercise in a like position and under similar circumstances*»[2922].

2092

Sem prejuízo desta sua formulação, alguma doutrina qualifica-o como um ideal (*aspirational statement*) a cujo incumprimento não corresponde necessariamente a responsabilidade civil dos administradores ou dirigentes. De acordo com a exposição habitual: «é desejável que estes atuem de forma prudente, cuidadosa e diligente, mas, por várias razões, não é óbvio que devam ser responsabilizados pelos danos decorrentes do incumprimento destes padrões»[2923]. Entre as razões habitualmente apontadas destacam-se as seguintes:

2093

(i) É no interesse dos acionistas que os administradores assumam riscos razoáveis (que tendem a não assumir se existir um risco substancial de responsabilidade civil)[2924];

(ii) Os tribunais têm pouca capacidade para avaliar o cálculo risco/benefício constantemente efetuado por administradores e dirigentes[2925]; e

(iii) Os administradores – contrariamente aos auditores ou aos bancos de investimento que prestam serviços à sociedade –, prestam serviços num

---

[2922] AMERICAN LAW INSTITUTE – *Principles (1994)...*, § 4.01(a).

[2923] KLEIN e COFFEE – *Business organization...* p. 155. No mesmo sentido, *vide, e.g.*, COX e HAZEN – *Corporations...* p. 480-482. ALLEN e KRAAKMAN explicam simplesmente que, «dado que a lei não pode exigir que os administradores tomem decisões corretas, aqueles que atuem deliberadamente e em boa-fé não devem nunca ser responsabilizados por prejuízos que venham a ocorrer, independentemente de quão estúpidas possam parecer as suas decisões *ex post*». ALLEN e KRAAKMAN – *Commentaries...* p. 252.

[2924] Cfr., neste sentido, também, *v.g.*, BRYAN F. SMITH – Corporate governance: A director's view, *University of Miami Law Review*, 37, 1983, p. 289-291.
Por esta razão, e porque considera haver outros mecanismos de mercado mais adequados para garantir uma gestão adequada da sociedade, KENETH SCOTT chega a defender a abolição do *duty of care* e da (fraca) ameaça de responsabilidade civil que lhe está associada. SCOTT – *Corporation law...* p. 935-937. *Vide* supra nota 2919.

[2925] Assim também FRANK H. EASTERBROOK e DANIEL R. FISCHEL – The proper role of a target's management in responding to a tender offer, *Harvard Law Review*, 94, 1984, p. 1196, afirmando:
«*The application of the business judgment rule contributes to the efficient management that shareholders desire. There is no reason to think that courts generally could improve the performance of managers. Courts lack the experience and information necessary to make business decisions. Although sometimes a court might be able to detect inferior decisionmaking or other agency costs, the burden of inquiry in the run of cases almost certainly would carry costs larger than the gains available in the few cases where courts could improve matters. Even if judges were well suited to the task of reviewing business judgments, the ratio of suits to improvements would be high, because plaintiff-shareholders, just like courts, would lack the information necessary to challenge managerial decisions intelligently*» (itálico nosso).

DA ADMINISTRAÇÃO À FISCALIZAÇÃO DAS SOCIEDADES

restrito conjunto de sociedades, não podendo dispersar o seu risco; não têm, por isso, capacidade para absorver a responsabilidade potencial como custo da sua atividade (incorporando o custo da sua atividade no preço cobrado pelos seus serviços)[2926].

2094

II. Essencialmente por estas razões, os tribunais americanos tendem a conjugar o *duty of care* com a *business judgment rule*, entendendo não dever examinar o mérito substantivo das decisões empresariais, salvo quando exista um conflito de interesses[2927]. Na conhecida fórmula de EISENBERG, o sistema assentaria na articulação do *duty of care*, enquanto "norma de conduta" (*standard of conduct*[2928]),

---

[2926] No mesmo sentido, cfr., *v.g.*, RICHARD A. BOOTH – Stockholders, stakeholders, and bagholders (or how investor diversification affects fiduciary duty), *Business Lawyer*, 53, 1998, p. 437-438.

[2927] KLEIN e COFFEE – *Business organization...* p. 155. Nas coloridas palavras de COHN – *Demise of the director's duty of care...* p. 594:

> «Courts often commence their opinions with the stern but tired maxims of fiduciary duties, or the common-law and statutory norms of diligence and care, only to subsequently invoke the purifying balm of the 'business judgment rule,' a judicially developed doctrine that has come to preclude inquiry into the merits of directors' decisions in the absence of evidence of bad faith, fraud, conflict of interest, or illegality».

[2928] Segundo EISENBERG, a compreensão do *duty of care* no espaço norte-americano pressupõe o conhecimento do que sejam papéis (*roles*), funções (*functions*), padrões de conduta (*standards of conduct*) e padrões de revisão judicial (*standards of review*). O papel consiste num padrão de atividade socialmente organizado e reconhecido. Em organizações, os papéis tomam a forma de posições, como a posição de administrador. Uma função consiste numa atividade que é esperada do sujeito em virtude do seu papel ou posição. Um padrão de conduta corresponde à forma como o sujeito deve desempenhar o seu papel, atuar na sua posição ou desenvolver as suas funções. Um padrão de revisão judicial corresponde ao teste que o tribunal deve aplicar na revisão da conduta do sujeito para determinar se há lugar a responsabilidade civil, se deve condenar o sujeito na prática de algum ato ou numa omissão (*injunctive relief*), ou se tal conduta é válida ou não. MELVIN ARON EISENBERG – *The duty of care in American corporate law*, Institute for Law and Finance – Johann Wolfgang Goethe-Universität Frankfurt, Working Paper Series no. 22 = *Der Konzern*, 2004, p. 1. Cfr. também MELVIN ARON EISENBERG – The divergence of standards of conduct and standards of review in corporate law, Fordham Law Review, 62, 1993, bem como WILLIAM T. ALLEN, JACK B. JACOBS e JR. LEO E. STRINE – Realigning the standard of review of director due care with Delaware public policy: a critique of Van Gorkom and its progeny as a standard of review problem, Northwestern University Law Review, 96, 2002, sustentando que a dicotomia standard of conduct / standard of judicial review permite compreender melhor o direito do Estado de Delaware. Esta dicotomia está hoje refletida no Model Business Corporation Act (MBCA), §§ 8.30 e 8.31, tendo suscitado críticas como as patentes em D. GORDON SMITH – A proposal to eliminate director standards from the Model Business Corporation Act, University of Cincinnati Law Review, 67, 1999.

Numa crítica mais ampla, cfr. BAINBRIDGE – *The BJR as abstention doctrine...*, rejeitando a configuração da *business judgment rule* como *standard of liability*, por poder colocar em causa o *director primacy model* por si sustentado, segundo o qual a *corporation*, enquanto nexo de contratos, é o veículo através do qual o conselho de administração contrata diferentes fatores de produção. Com base neste modelo, afirma BAINBRIDGE que a *business judgment rule* tem subjacente uma *abstention doctrine*, de acordo com a qual os tribunais se devem abster de rever decisões do conselho de administração, salvo quando verificados determinados pressupostos. Segue o autor afirmando – com base na teoria do economista (laureado

A CONSTRUÇÃO UNITÁRIA DA OBRIGAÇÃO DE VIGILÂNCIA

com a *business judgment rule*, enquanto "padrão de revisão judicial" (*standard of judicial review*[2929]), de forma a proteger os administradores face ao resultado de decisões que, retrospetivamente, se venham a demonstrar terem sido incorretamente formuladas ou que não tenham sido bem sucedidas "por falta de sorte"[2930]. Contudo, repita-se, a formulação desta "regra" não é unívoca[2931].

C. Diferentes perspetivas e apreciação crítica

I. A multiplicação de formulações da *business judgment rule* na jurisprudência, na doutrina, nos *ALI Principles of Corporate Governance* e no *Model Business Corporation Act* impõe a sua sistematização. Para esse efeito, recorremos aqui ao quadro de GEVURTZ, segundo o qual as interpretações da *business judgment rule* se repartem em duas grandes categorias.

O primeiro sentido interpretativo corresponde à proposição de que os administradores não são responsáveis, salvo quando exista uma razão para tanto, como seja a violação do seu dever de cuidado. O corolário desta interpretação é que a simples ocorrência de danos decorrentes da decisão empresarial, ou o facto de os acionistas não concordarem com o mérito da decisão, não significa,

2095

2096

---

com o prémio Nobel) KENNETH J. ARROW, para quem o poder de responsabilizar é, em última análise, o poder de decidir – que a sindicância do mérito das decisões do conselho de administração pelos tribunais restringe o poder que lhe é conferido por lei e, atendendo ao binómio autoridade/responsabilidade, torna a gestão da sociedade menos eficiente. Pelo contrário, num cenário de abstenção dos tribunais face à apreciação de tais decisões, os custos decorrentes de abusos pela administração seriam largamente compensados por ganhos de eficiência na gestão da sociedade, permitindo, em paralelo, a reação judicial em casos extremos.

Como o próprio autor explica, este entendimento constitui uma alternativa à moderna configuração da *business judgment rule* como um *standard of liability* (*substantive doctrine*), de acordo com a qual os tribunais avaliam o mérito das decisões da administração, ainda que residualmente, variando o critério: boa-fé subjetiva, racionalidade ou negligência grosseira.

A *abstention doctrine* estaria reflectida em sentenças como *Shlensky v. Wrigley*, 95 Ill.App.2d 173, 237 N.E.2d 776 (Ill.App. 1968). Por contraposição, a sentença no caso *Cede & Co. v. Technicolor, Inc.*, 634 A.2d 345 (Del. 1993), sustentaria a moderna tendência dos tribunais de tratar a *business judgment rule* como *substantive doctrine*, delimitando o âmbito da responsabilidade dos administradores e permitindo aos Tribunais algum espaço para avaliação do mérito das decisões do conselho de administração.

[2929] Um padrão de revisão judicial corresponde ao teste que o tribunal deve aplicar na revisão da conduta do sujeito, para determinar se há lugar a responsabilidade civil, se deve condenar o sujeito na prática de algum ato ou numa omissão (*injunctive relief*), ou se tal conduta é válida ou não. Cfr. a análise da construção desenvolvida por EISENBERG a nota 2928 *supra*.

[2930] Neste sentido, *v.g.*, COX e HAZEN – *Corporations*... p. 483, KLEIN e COFFEE – *Business organization*... p. 155.

[2931] Para maiores desenvolvimentos sobre o *duty of care* nos Estados Unidos, cfr., entre nós, BRUNO FERREIRA – *Os deveres...*.

DA ADMINISTRAÇÃO À FISCALIZAÇÃO DAS SOCIEDADES

só por si, que a mesma tenha sido negligente[2932]. Como sublinha GEVURTZ, este tipo de afirmações nada acrescenta, limitando-se a repetir o óbvio: os administradores não serão responsabilizados se não tiverem violado os seus *duties of loyalty and care*; o tribunal reconhece a competência dos administradores na gestão da sociedade[2933]. Fosse este o único sentido da regra, a mesma não teria razão de ser[2934].

2097   II. Num segundo sentido, a "regra" estabelece uma bitola de diligência específica (*special standard of culpability*) face à qual deve ser aferido o cumprimento do *duty of care* para efeitos de responsabilidade civil. Apesar de sustentado por jurisprudência e doutrina vária, não existe consenso sobre o padrão assim estabelecido. GEVURTZ identifica três perspetivas que têm em comum o facto de limitarem a responsabilidade civil dos administradores a casos de negligência agravada[2935]:

2098   (i) *"The good faith standard"*: este padrão traduz uma abordagem subjetivista, baseada na motivação da atuação do devedor[2936], em muitos casos, independente

---

[2932] Neste sentido, pode ver-se o acórdão proferido pelo *US Court of Appeals, 3rd Circuit*, no caso *Miller v. American Telephone & Telegraph Co.*, de 1974 (507 F.2d 759, 762):
> «*The sound business judgment rule (...) expresses the unanimous decision of American courts to eschew intervention in corporate decision-making if the judgment of directors and officers is uninfluenced by personal considerations and is exercised in good faith. (...) Underlying the rule is the assumption that reasonable diligence has been used in reaching the decision which the rule is invoked to justify*».

[2933] GEVURTZ – *The business judgment rule...* p. 291.

[2934] *Ibidem*, p. 288. Note-se, contudo, que alguma doutrina, não obstante identificar o cumprimento dos requisitos de aplicação da *business judgment rule* com o cumprimento do *duty of care*, negando por isso a sua função de delimitação substantiva do espaço de responsabilidade civil dos administradores e outros dirigentes, afirmam ter a mesma importantes funções processuais. Assim, por exemplo, ALLEN e KRAAKMAN afirmam que, se o administrador não estava numa situação de conflito de interesses, estava razoavelmente informado e decidiu de boa-fé (formulou um juízo honesto na prossecução dos interesses da sociedade) então não violou os seus deveres, pelo que não pode ser responsabilizado. Porém, face à questão "para que serve então a *business judgment rule*?", afirmam que a "regra" tem duas justificações. A primeira é de ordem processual: ao invocar a regra, o tribunal transforma uma questão de facto – que seria decidida por um júri – numa questão de direito – decidida pelo juiz – isolando os administradores de julgamentos por júri, permitindo o indeferimento liminar de alguns dos pedidos e a decisão dos demais pelo juiz. A segunda consiste na transformação da questão de saber se foi violado o padrão de diligência por aqueloutra sobre se a atuação dos administradores foi verdadeiramente desinteressada e independente e se não foi de tal forma extrema, imponderada ou inexplicada que não possa ser considerada um juízo de boa-fé. Na generalidade dos casos, os tribunais só dificilmente baseiam uma conclusão de falta de boa-fé no resultado das decisões do conselho de administração. ALLEN e KRAAKMAN – *Commentaries...* p. 252.

[2935] GEVURTZ – *The business judgment rule...* p. 296-303.

[2936] Nas palavras de COHN – *Demise of the director's duty of care...* p. 594:
> «*Although the doctrine began as an adjunct to duty of care standards designed to protect directors' decisions against hindsight evaluation when appropriate diligence had been exercised, the doctrine has enveloped the*

A CONSTRUÇÃO UNITÁRIA DA OBRIGAÇÃO DE VIGILÂNCIA

de qualquer aferição da razoabilidade objetiva dessa convicção[2937]. Face a este padrão, questiona-se apenas se os administradores atuaram na convicção da prossecução dos melhores interesses da sociedade[2938]. Em última análise, esta interpretação da *business judgment rule* implica a desconsideração quase absoluta do *duty of care*, porquanto os administradores só seriam responsáveis em casos limite como em *Francis v. United Jersey Bank*[2939], em que a administradora, a Senhora Pritchard, ignorou a sociedade enquanto os seus filhos a depredavam impunemente.

(ii) *"The gross negligence standard"*: este padrão, assente sobretudo na jurisprudência dos tribunais do Delaware[2940], pelo menos desde o início da década de 1980, está patente em casos famosos como *Aronson v. Lewis*, de 1984, ou *Smith v. Van Gorkom*, de 1985[2941], clarificando jurisprudência anterior[2942].

2099

---

primary inquiry. This approach shifts judicial emphasis from questions of diligence to narrow, motive-oriented factors that must be satisfied in order to overcome the business judgment rule's presumption of regularity».
Neste sentido, citam-se acórdãos como *Kamin v. American Express Company*, de 1976 (383 N.Y.S.2d 807), *Stern v. GE*, de 1991 (924 F.2d 472, 476), questionando a existência de *"fraud or bad faith"*, *Security Trust Co. v. Dabney*, de 1963 (372 S.W.2d 401, 496), questionando a existência de *"fraud, actual or constructive"*, *Swenson v. Thibaut*, de 1978 (250 S.E.2d 279, 298) questionando a existência de *"good faith"*.

[2937] Cfr., *v.g.*, *Shlensky v. Wrigley*, de 1968 (237 N.E.2d 776, 780-81), *Fielding v. Allen*, de 1951 (99 F.Supp. 137, 142).

[2938] Cfr., *v.g.*, *Stern v. GE*, de 1991 (924 F.2d 472, 478), equiparando *"bad faith"* a um propósito impróprio; *Washington Bancorporation v. Said*, de 1993 (812 F.Supp. 1256); *Levitan v. Stout*, de 1951 (97 F.Supp. 105, 117), definindo *"actual fraud"* como causação intencional de danos à sociedade, em benefício pessoal dos administradores, e *"constructive fraud"* como atos praticados sem o propósito de lesar a sociedade, mas numa situação de conflito de interesses; *Bodell v. General Gas & Elec. Corp.*, de 1927 (140 A. 264, 267).

[2939] 432 A.2d 814 (1981).

[2940] Com reflexos também noutra jurisprudência norte-americana. Cfr., v.g., *Louisiana World Exposition v. Federal Ins. Co.*, de 1989 (US Court of Appeals, 5th Circuit, 864 F.2d 1147); *Washington Bancorporation v. Said*, de 1993 (US District Court, District of Columbia, 812 F.Supp. 1256); *Deal v. Johnson*, de 1978 (Supreme Court of Alabama, 362 S.2d 214); *Holland v. American Founders Life Ins. Co.*, de 1962 (Supreme Court of Colorado, 376 P.2d 162); *Uccello v. Gold'N Foods, Inc.*, de 1950 (Supreme Judicial Court of Massachusetts, 90 N.E.2d 530); *Devereux v. Berger*, de 1971 (Court of Appeals of Maryland, 284 A.2d 605).

[2941] O caso *Aronson v. Lewis* (473 A.2d 805, 812), julgado pelo *Supreme Court of Delaware* em 1984, tinha por base uma demanda de Harry Lewis contra a Meyers Parking System, Inc. e os seus dez administradores, relativa a negócios entre a sociedade e um dos seus administradores (Leo Fink), titular de 47% do seu capital social. Tal ação social não foi precedida de um pedido ao conselho de administração para que atuasse no sentido de obter o ressarcimento dos danos sofridos pela sociedade. Por isso mesmo, os administradores requereram o seu indeferimento liminar. O autor alegou que tal pedido ao conselho de administração teria sido inútil porque os negócios em causa tinham sido aprovados pelo conselho de administração e porque cada um dos seus membros devia a sua nomeação para o cargo a Leo Fink (facto contestado pelos réus). O autor pretendia a resolução dos referidos negócios e o ressarcimento da sociedade. Em termos de enquadramento legal, a pretensão do autor só seria admissível – sem pedido prévio ao conselho de administração, nos termos referidos – se este demonstrasse *prima facie* haver fundamentos para a não aplicação *business judgment rule*. Na análise desta questão, o tribunal

DA ADMINISTRAÇÃO À FISCALIZAÇÃO DAS SOCIEDADES

De acordo com esta perspetiva, os administradores estão sujeitos a um padrão de conduta (o *duty of care*) baseado num conceito de simples negligência. Contudo, só poderão ser responsabilizados pelos danos decorrentes das suas

esclareceu os requisitos de aplicação da *business judgment rule*, afirmando que a sua proteção só poderia ser alegada por administradores desinteressados que tivessem cumprido o seu dever de obter toda a informação razoavelmente disponível e que tivessem atuado com a diligência necessária (*requisite care*) ou, em alternativa, tendo algum administrador um interesse no negócio, este tivesse sido aprovado pela maioria dos administradores desinteressados. Segundo o tribunal, os administradores só podem ser responsabilizados por negligência grosseira. Foi ainda afirmado que a *business judgment rule* constitui o reconhecimento das prerrogativas de gestão concedidas aos administradores no Estado do Delaware, sendo uma presunção de que, ao tomar uma decisão empresarial, os administradores atuaram de forma informada, de boa-fé e na honesta convicção de estarem a atuar nos melhores interesses da sociedade [cfr. no mesmo sentido, *v.g.*, *Kaplan v. Centex Corp.*, de 1971 (284 A.2d 119, 124); *Robinson v. Pittsburgh Oil Refinery Corp.*, de 1924 (126 A. 46)]. No recorte do campo de aplicação da *business judgment rule*, esta só se aplicaria a "ações" dos administradores, deixando de fora os casos em que estes ou abdicaram das suas funções ou simplesmente não atuaram (sem que tal omissão tenha sido baseada numa decisão conscienciosa). O tribunal acabou por concluir não existir fundamento suficiente para afastar a aplicação da *business judgment rule*, não podendo por isso ser admitida a ação social (473 A.2d 805, 812-813, 818).

No acórdão *Smith v. Van Gorkom*, de 1985 (488 A.2d 858, 873), o *Supreme Court of Delaware* decidiu uma ação movida por acionistas da *Trans Union Corporation* contra o CEO Jerome Van Gorkom e demais administradores, com vista à resolução da fusão da sociedade com uma outra controlada pela família Pritzker ou, em alternativa, o ressarcimento dos prejuízos sofridos. A fusão foi preparada e negociada por Van Gorkom (que há muito dirigia a sociedade e pretendia reformar-se) diretamente com Jay Pritzker, com pouco ou nenhum apoio fosse de consultores externos (sem banco de investimento ou advogados externos, tendo o tribunal considerado que a ausência de aconselhamento externo era relevante, dado que os administradores não tinham à sua disposição informação para, por si, poderem determinar se o preço oferecido pelas ações da sociedade no âmbito da fusão era um preço justo ou não), fosse dos altos dirigentes da própria sociedade. Tendo Jay Pritzker aceite o preço pedido por Van Gorkom (55 dólares por ação), o conselho de administração da sociedade foi rapidamente convocado e a fusão aprovada numa reunião de apenas duas horas, com base numa apresentação oral de vinte minutos e sem qualquer suporte documental. O *Supreme Court* considerou que, apesar de não ser exigível que os administradores leiam todos os documentos relativos à proposta de deliberação sujeita a votação, devem poder demonstrar que tinham um conhecimento adequado do que se passava. O tribunal decidiu em favor da indemnização, considerando que a decisão do conselho de administração não correspondia a um juízo empresarial informado, que o conselho tinha atuado de forma grosseiramente negligente na aprovação dos termos da fusão – o juízo de negligência grosseira referia-se à forma como foi aprovada a fusão, ou seja, a questões procedimentais e não a questões substantivas. De facto, o preço de 55 dólares por ação não chegou sequer a ser questionado –, e que não tinha comunicado aos acionistas todos os factos materiais que deveriam ser do seu conhecimento para efeitos da sua deliberação sobre a fusão. Em particular, afirma o tribunal, deveria ter sido comunicado aos acionistas que a proposta de deliberação social (de aprovação da fusão) não tinha sido precedida de nenhum estudo sobre o valor da sociedade ou sobre a adequação do prémio inerente ao preço oferecido face ao valor de mercado das ações.

[2942] Cfr. *Penn Mart Realty Co. v. Becker*, de 1972 (298 A.2d 349, 351); *Lutz v. Boas*, de 1961 (171 A.2d 381, 396); *Sinclair Oil Corp. v. Levien*, de 1971 (280 A.2d 717, 722) referindo-se a *"gross overreaching"*; *Warshaw v. Calhoun*, de 1966 (221 A.2d 487, 492-4993) referindo-se a *"gross abuse of discretion"*.

A CONSTRUÇÃO UNITÁRIA DA OBRIGAÇÃO DE VIGILÂNCIA

decisões se for demonstrado terem atuado com negligência grosseira[2943]. Esta construção implica a consideração do *duty of care* como um mero ideal (*aspirational statement*)[2944] e não como um dever cuja violação acarrete consequências jurídicas.

Contra este estado de coisas, insurge-se alguma doutrina, afirmando que «se o padrão de diligência razoável (*reasonable care standard*) deixou de constituir um meio viável para o governo societário, deveria ser removido da *common law* e dos livros de leis como um mito enganador (*misleading shibboleth*)[2945]. Contudo, o *statu quo* parece não perturbar outra parte da doutrina que reconhece na afirmação de um tal "dever" um "valor social": a possibilidade de sanções não jurídicas, como a perda de reputação, motivam os administradores a atuar corretamente, pelo que a enunciação do *standard of care* tem, antes de mais, um valor pedagógico de informação da conduta correta[2946].

2100

[2943] Segundo GEVURTZ, o conceito de *"gross negligence"* suscita dúvidas em *tort law* quanto ao seu alcance. GEVURTZ – *The business judgment rule...* p. 299. De acordo com a decisão proferida *Court of Chancery of Delaware* no caso *Rabkin v. Philip A. Hunt Chem. Corp.*, de 1986 (547 A.2d 963, 970), *«in the corporate area, gross negligence would appear to mean "reckless indifference to or a deliberate disregard of the stockholders" (...) or actions which are "without the bounds of reason"»*. Ainda segundo GEVURTZ, nos casos em que os tribunais consideraram haver *"gross negligence"* poderia afirmar-se ter existindo simplesmente *"negligence"*. O melhor exemplo seria o caso *Smith v. Van Gorkom* que acabámos de analisar. Contudo, segundo os críticos desta decisão – cfr., *v.g.*, DANIEL R. FISCHEL – The business judgment rule and the Trans Union case, *Business Lawyer*, 40, 1985 –, neste caso não ficou demonstrada sequer "negligência simples", muito menos "negligência grosseira" donde conclui GEVURTZ pelo reduzido impacto da adjetivação. GEVURTZ – *The business judgment rule...* p. 299-300.

[2944] KLEIN e COFFEE – *Business organization...* p. 155.

[2945] COHN – *Demise of the director's duty of care...* p. 594-595. Acrescenta porém o autor que, caso se considere o padrão economicamente ou pragmaticamente viável e relevante para os interesses dos acionistas (como o mesmo considera) então a sua preservação deve ser mais fortemente defendida. Cfr. também SCOTT – *Corporation law...* p. 935-937, citado na nota 2919 *supra*.

[2946] ALLEN e KRAAKMAN – *Commentaries...* p. 252-253, COFFEE – *Litigation...* p. 796-797 (sobre a interessante posição de COFFEE, cfr. ainda *supra* nota 2919). No sentido de defesa da adequação dos mecanismos de mercado para assegurar a diligência dos administradores, cfr., *v.g.*, FISCHEL – *The corporate governance movement...* p. 1288. Em sentido parcialmente contrário, enunciando as limitações dos mecanismos de mercado, cfr., *v.g.*, JAMES D. COX – Compensation, deterrence, and the market as boundaries for derivate suits procedures, *George Washington Law Review*, 52, 1984, p. 746-755, em especial p. 752 (nota 29).

É particularmente interessante o paralelo entre as sanções não legais no contexto societário e aquelas que habitualmente se reconhecem no contexto da contratação comercial. Vejam-se, neste contexto, por exemplo, as conclusões do estudo de CHARNY no sentido de que (i) as partes num contrato comercial frequentemente se baseiam racionalmente em sanções não legais para obter aplicação (*enforcement*) dos compromissos assumidos e de que, nesses casos, a interferência dos tribunais pode ser prejudicial; (ii) perante a falta de discernimento (*poor judgment*) das partes ou dos elevados custos de redação do contrato ideal, a intervenção legal pode melhorar o bem estar das partes, consideradas como grupo; e (iii) estas conclusões permitem reponderar a *common law* e a regulação administrativa da contratação

DA ADMINISTRAÇÃO À FISCALIZAÇÃO DAS SOCIEDADES

2101   (iii) *"The Process-Versus-Substance Distinction"*: esta distinção está refletida em inúmera jurisprudência e na secção 4.01(c) dos ALI *Principles of Corporate Governance*[2947], de acordo com a qual um administrador *(a)* deve estar informado relativamente ao objeto do juízo empresarial, na medida que o administrador "razoavelmente" considere apropriada face às circunstâncias, e *(b)* deve considerar "racionalmente" que o juízo empresarial serve os melhores interesses da sociedade[2948].

2102   Tal como explicado na correspondente anotação dos *Principles*, os termos "razoável" e "racional" são usados com sentidos distintos: a expressão "considere racionalmente" (*rationally believes*) corresponde a uma mais ampla discricionariedade do que aquela que seria permitida pelo conceito de "razoabilidade".

2103   Ainda segundo a mesma anotação, a fórmula tem um conteúdo simultaneamente subjetivo e objetivo: considera-se cumprido o *duty of care* caso o administrador julgue ter atuado nos melhores interesses da sociedade (conteúdo subjetivo) e essa convicção seja racional (conteúdo objetivo)[2949]. Vária jurisprudência e doutrina sustenta que o juízo empresarial dos administradores só é protegido se for "razoável"[2950]. Contudo, segundo o American Law Institute, «uma sólida política pública impõe a concessão de maior proteção aos administradores e dirigentes do que a conferida pelos tribunais e autores com base no teste da "razoabilidade"». Ainda segundo o American Law Institute, esta posição é sustentada pela larga maioria da jurisprudência[2951].

---

comercial. Cfr. DAVID CHARNY – Nonlegal sanctions in commercial relationships, *Harvard Law Review*, 104, 1990.

[2947] Para uma perspetiva global sobre estes princípios, cfr. MELVIN A. EISENBERG – An overview of the Principles of Corporate Governance, *Business Lawyer*, 48, 1993.

[2948] Está aqui em causa um padrão que, no nosso quadro dogmático, corresponde à boa-fé subjetiva em sentido ético (e não meramente psicológico). Sobre o conceito, cfr., por todos, MENEZES CORDEIRO – *Da boa fé...* p. 420-442, MENEZES CORDEIRO – *Tratado*, 1:1³... p. 404-407.

[2949] Cfr. Comment d. Duty of care standards as applied to business judgments, bem como o Comment to § 4.01(c): f. The "rationally believes" requirement.

O critério da racionalidade económica está patente em importantes acórdãos como *Panter v. Marshall Field & Co.*, de 1981 (646 F.2d 271, 293): «*courts will not disturb a business judgment if "any rational business purpose can be attributed" to a director's decision*»; *Unocal Corp. v. Mesa Petroleum Co.*, de 1985 (493 A.2d 946, 954): «*any rational business purpose test*»; *Sinclair Oil Corp. v. Levien*, de 1971 (280 A.2d 717, 720): «*rational business purpose test*». Cfr. ainda *RJR Nabisco, Inc. Shareholders Litigation*, de 1989 (556 A.2d 1070 n.13: «*As I conceptualize the matter, such limited substantive review as the rule contemplates (i.e., is the judgment under review 'egregious' or 'irrational' or 'so beyond reason,' etc.) really is a way of inferring bad faith*».

[2950] Cfr., *v.g.*, *Meyers v. Moody*, de 1982 (693 F.2d 1196, 1211); *McDonnell v. American Leduc Petroleums, Ltd.*, de 1974 (491 F.2d 380, 384). Segundo os comentários do ALI, este padrão de "convicção racional" é similar à "ausência de negligência grosseira".

[2951] Cfr. a vasta indicação de jurisprudência no ponto 4 da *Reporter's Note*.

836

A CONSTRUÇÃO UNITÁRIA DA OBRIGAÇÃO DE VIGILÂNCIA

De acordo com a decomposição analítica de GEVURTZ, a proposta do American Law Institute assenta simultaneamente num critério de "convicção razoável", aplicável ao *iter* decisional, e num critério de "convicção racional", relativo à substância da decisão.

Sem prejuízo das variações nas posições sobre o tema "processo v. substância", todas têm em comum sustentarem que a substância da decisão deve ser objeto de uma sindicância menos intensa do que o processo de decisão[2952]. Algumas, no extremo, consideram que esta regra preclude toda e qualquer sindicância da substância da decisão[2953].

III. Se nenhuma destas perspetivas está isenta de críticas no espaço norte-americano, onde o debate sobre o sentido e utilidade da *business judgment rule* prossegue, a sua transposição para o quadro jus-dogmático continental só pode ser equacionada com extrema cautela.

No contexto norte-americano, por exemplo, GEVURTZ[2954] começa por afirmar que a referência à proteção dos administradores face à sindicância de *"honest errors in judgment"* pelos tribunais é equívoca. Em casos paralelos de responsabilidade médica, colocou-se a mesma questão no contexto de pedidos de réus para que o juiz esclarecesse o júri no sentido de que os médicos não são responsáveis por *"an honest error in judgment"*. Um crescente número de tribunais recusou proferir uma tal instrução[2955], afirmando que confundiria os membros do júri, focando a sua atenção nas boas intenções subjetivas do médico e não na contraposição da sua atuação face a um objetivo *standard of care*[2956]. Pelas mesmas razões deve questionar-se a proposição central da *business judgment rule*, não se justificando um tratamento preferencial dos administradores.

Também a exigência de negligência agravada para efeitos de responsabilização dos administradores é criticada por GEVURTZ que, analisando as justificações habitualmente apresentadas para o efeito, considera não fazerem sentido. Começando pelo argumento das dificuldades inerentes à análise retrospetiva

---

[2952] GEVURTZ – *The business judgment rule...* p. 301-302.

[2953] Cfr., *v.g.*, a decisão do *New York Court of Appeals* no caso *Auerbach v. Bennett*, de 1979 (393 N.E.2d 994, 1002). No sentido da abstenção dos tribunais face à apreciação do mérito das decisões do conselho de administração, merece destaque o estudo de BAINBRIDGE – *The BJR as abstention doctrine...*, já analisado na nota 2928, que teve impacto entre nós, nomeadamente no artigo de PAIS DE VASCONCELOS – *Business judgment rule...*.

[2954] GEVURTZ – *The business judgment rule...* p. 303-304.

[2955] Cfr., *v.g.*, *Demmer v. Patt*, de 1986 (788 F.2d 1387); *Somer v. Johnson*, de 1983 (704 F.2d 1473); *Shumaker v. Johnson*, de 1990 (571 So. 2d 991); *Wall v. Stout*, de 1984 (311 S.E. 2d 571); *Rogers v. Meridian Park Hosp.*, de 1989 (772 P.2d 929).

[2956] Cfr. *Logan v. Greenwich Hosp. Ass'n*, de 1983 (465 A.2d 294, 303).

DA ADMINISTRAÇÃO À FISCALIZAÇÃO DAS SOCIEDADES

dos factos, recorda GEVURTZ que as mesmas não são diferentes daquelas que se verificam noutros contextos, como a responsabilidade de médicos e de juristas. Mais importante ainda, tais dificuldades não permitem excluir o *standard of negligence*. Com efeito, nos termos gerais, o simples facto de uma decisão poder acarretar danos não determina a sua qualificação como negligente[2957]. Apesar de, em análises retrospetivas, ser frequente a confusão entre maus resultados e negligência, a situação não é diferente da verificada num sem número de outros casos[2958].

2109 O argumento de que os juízes e membros do júri não são peritos em gestão também não convence, desde logo porque tal não preclude a sindicância de decisões empresariais quando seja aplicado o *intrinsic-fairness test*[2959], nem afasta a sindicância de decisões noutras áreas específicas, como a medicina[2960].

2110 IV. Face a esta alegação de indistinção das dificuldades sentidas na apreciação de decisões empresariais face às sentidas na apreciação de decisões de outras profissões, EISENBERG, por exemplo, sustenta que cada decisão empresarial é única e intuitiva, não podendo o tribunal substituir tal qualidade. A decisão médica, pelo contrário, é baseada em protocolos estabelecidos que permitem determinar a negligência[2961].

2111 Responde GEVURTZ que tal afirmação não é factualmente correta: existe uma extensa base de determinação da *leges artis* empresarial que nega a caracterização das decisões empresariais como um pântano insindicável. Por outro lado, a ideia de que os procedimentos médicos se reconduzem necessariamente

---

[2957] Com base na famosa fórmula do *Justice* Hand no caso *United States v. Carroll Towing Co.*, de 1947 (159 F.2d 169) – na qual considerou que a responsabilidade dependeria de o dever de prevenção ser menor do que a probabilidade do acidente, multiplicada pela gravidade da lesão – GEVURTZ – *The business judgment rule...* p. 305-306 formula a seguinte:

> «(...) *if the magnitude of gain expected from a board decision, multiplied by the probability measured ex ante of achieving the gain, exceeds the magnitude of loss risked by the decision, multiplied by the probability of the loss, than the decision presumably is reasonable. Accordingly, a negligence standard should neither deter the taking of desirable risks nor punish simply bad results*».

[2958] *Ibidem*, p. 306-307. O argumento do perigo das análises retrospetivas serve portanto apenas para recordar aos juízes a consideração das pressões do tempo e da limitação de recursos entre as concretas circunstâncias do processo deliberativo em análise. Assim, COHN – *Demise of the director's duty of care...* p. 606. Tal parece estar claramente ao alcance dos Tribunais como ficou patente em cima, na análise do caso *Casey v. Woodruff*, 49 N.Y.S. 2d 625. (N.Y. 1944).

[2959] Este teste é aplicável quando não haja lugar à aplicação da *business judgment rule*, nomeadamente, em casos de conflito de interesses.

[2960] GEVURTZ – *The business judgment rule...* p. 307.

[2961] EISENBERG – *The duty of care...* p. 963-964. No mesmo sentido, *v.g.*, ENRIQUES, HANSMANN e KRAAKMAN – *The basic*[2]... p. 79.

A CONSTRUÇÃO UNITÁRIA DA OBRIGAÇÃO DE VIGILÂNCIA

a protocolos geralmente aceites é um mito[2962]. Nestas e noutras profissões, há padrões indeterminados que requerem determinação no caso concreto[2963]. GEVURTZ rejeita ainda argumentos como o valor das indemnizações associadas a este tipo de casos ou a natureza dos autores que, sendo acionistas e estando descontentes, podem simplesmente vender as suas participações na sociedade, substituir os administradores ou diversificar os seus investimentos através da constituição de um portfólio[2964].

Em suma, a sua crítica centra-se no facto de que nenhum dos argumentos *políticos* apresentados permite distinguir *juridicamente* a responsabilidade civil dos administradores da responsabilidade civil de outras profissões, como médicos ou advogados, razão pela qual não devem admitir-se diferentes padrões de diligência[2965]. Conclui portanto GEVURTZ:

2112

[2962] GEVURTZ – *The business judgment rule...* p. 308.

[2963] Acrescenta ainda GEVURTZ não ser necessária uma alteração do padrão de conduta para concluir pela não responsabilização do devedor neste tipo de casos, porquanto é difícil ao autor provar que a escolha do réu face às concretas circunstâncias do caso não foi razoável e muito menos que uma outra escolha teria necessariamente determinado um outro resultado. A indeterminação prejudica a parte sobre a qual recai o ónus da prova – em regra, em casos de *civil litigation*, o ónus da prova recai sobre o autor. Cfr. *ibidem*, p. 310. No mesmo sentido, em particular sobre a irrelevância das considerações tecidas sobre o ónus da prova do autor face às regras gerais em casos como *Cede & Co. v. Technicolor, Inc.*, de 1993 (634 A.2d 345, 361), cfr. BAINBRIDGE – *The BJR as abstention doctrine...* p. 101. Recorda ainda BAINBRIDGE que segundo essas mesmas regras gerais, caso o autor não apresente prova *prima facie* suficiente sobre os factos que alega, o réu tem direito a indeferimento liminar do pedido (*summary judgment*), sendo irrelevantes as afirmações tautológicas frequentemente proferidas sobre tal direito no contexto da *business judgment rule*.

[2964] GEVURTZ – *The business judgment rule...* p. 312-315.

[2965] Cfr. *ibidem*, p. 327. O autor nega assim a proposição sustentada por parte da doutrina, como ARSCHT, para quem a função primordial da *business judgment rule* é simplesmente a concessão da mesma proteção necessária que é conferida a outras profissionais (como médicos ou advogados) pela *tort law* anglo-americana, em casos de negligência profissional. ARSHT – *The BJR revisited...* p. 97.
A este argumento soma o do tratamento dos conflitos de interesses em casos menos claros do que o óbvio negócio entre a sociedade e um dos seus administradores: basta pensar no exemplo da reação a uma OPA hostil. Na decisão deste tipo de casos, os tribunais ora consideram existir um conflito de interesses, negando a aplicação da *business judgment rule*, ora consideram não existir tal conflito, aplicando a regra. Face à nebulosidade dos critérios aplicados, não é claramente discernível a fronteira entre os critérios de *business judgment* e *fairness review*. GEVURTZ – *The business judgment rule...* p. 328-333.
Por fim, coloca-se a questão da conjugação da vária jurisprudência com as disposições legais dos diferentes Estados norte-americanos. Por exemplo, a *Section* 830(a) do *Revised Model Business Corporation Act*, transposto para o ordenamento de diferentes Estados, obriga os administradores a atuar «*with the care an ordinarily prudent person in a like position would exercise under similar circumstances*» e «*in a manner he reasonably believes to be in the best interests of the corporation*». Alguns tribunais têm interpretado esta norma como traduzindo um padrão de diligência menos exigente do que o ordinariamente aplicável (exigindo por exemplo negligência grosseira para efeitos de responsabilização dos administradores). Neste sentido, *v.g.*, *Louisiana World Exposition v. Federal Ins. Co.*, de 1989 (864 F.2d 1147, 1151). Outros afirmam que esta norma específica o *duty of care*, mas não as consequências da sua violação: o cumprimento do dever

DA ADMINISTRAÇÃO À FISCALIZAÇÃO DAS SOCIEDADES

«In the end, the business judgment rule turns out to be either meaningless (the first category of interpretation) or misguided (the second category). [Therefore] the rule should be abolished and directors be required to live with the same rules of negligence as everyone else»[2966].

2113   V. Já face ao argumento de que a sindicância judicial do mérito das decisões empresariais intensificaria a aversão dos administradores ao risco, limitando o seu empreendedorismo e, no limite, a sua disponibilidade para assumir o cargo de administrador – tal como expresso em decisões como *Smith v. Brown-Borhek Co.*, de 1964[2967], na qual o *Supreme Court of Pennsylvania*, divagando sobre os perigos do mundo empresarial, recitando realidades de insolvência, exclamou que a aplicação de um padrão de negligência a administradores tornaria impossível a tarefa de contratação de administradores competentes – responde COHN ser inapropriada a fundamentação de uma tal decisão no impacto que a aplicação de um padrão legal poderia ter no processo de seleção de novos administradores:

«Even if the application of a negligence standard would deplete the pool of able directors, the resolution lies not in judicial negation of standards but in the legislative realm, where public policy conflicts are best resolved»[2968].

2114   VI. À margem destas críticas mais intensas, alguns autores mais moderados limitam-se a defender a sindicabilidade judicial da conduta dos administradores face a um padrão de simples negligência (e não de negligência grosseira), independentemente de os administradores estarem ou não de boa-fé. Susten-

---

determina a ausência de responsabilidade, mas o seu incumprimento não determina necessariamente responsabilidade civil. Face a este cenário, há quem afirme que cabe aos tribunais determinar as consequências da violação do dever, podendo aplicar uma regra que proteja os administradores face a responsabilidade civil, ainda que tal se traduza na aplicação de um padrão de conduta menos exigente do que o *mandate of reasonable care*. Segundo GEVURTZ, *ibidem*, p. 334, isto mesmo resulta, desde logo, do comentário oficial à *Section* 8.30.

[2966] GEVURTZ – *The business judgment rule...* p. 288-289. Poderia ainda afirmar-se que a aplicação da *business judgment rule* no sistema jus-societário norte-americano assenta na ideia de que este "funciona bem", tal como demonstrado pelos raros desvios verificados face aos padrões normativos de conduta. Face a esta presunção, contrapõe COHN não ser claro que a conduta dos administradores nas principais empresas corresponde ao padrão de diligência exigido pelas fórmulas da *common law* e das diversas disposições legais. COHN – *Demise of the director's duty of care...* p. 598. Defende por isso a efetiva aplicação judicial do padrão de diligência, «como único mecanismo de controlo para assegurar efetivamente processos de decisão racionais e deliberativos, um dever primário dos administradores e demais dirigentes». Cfr. *ibidem*, p. 601.

[2967] 414 Pa. 325, 200 A.2d 398.

[2968] COHN – *Demise of the director's duty of care...* p. 600.

840

A CONSTRUÇÃO UNITÁRIA DA OBRIGAÇÃO DE VIGILÂNCIA

tam, contudo, a necessidade de os tribunais demonstrarem um respeito saudável por juízos empresariais, devidamente informados, sobre complexas questões empresariais[2969].

D. Evolução recente da problemática na articulação com as cláusulas estatutárias de exculpação e com a ascensão do *duty of good faith*

I. Não obstante os argumentos apresentados, as vozes críticas da *business judgment rule* são claramente minoritárias[2970]. Este facto está patente na evolução do sistema, particularmente marcada pela reação do legislador do Estado do Delaware ao aumento de litigiosidade jus-societária no início da década de 1980[2971] – e, em particular, à alegada insegurança jurídica propiciada pelo acórdão *Smith v. Van Gorkom* – e ao aumento dos prémios dos seguros D&O que se seguiu[2972].

2115

Tal reação foi marcada, logo em 1986[2973], pela permissão da limitação ou exclusão, por via estatutária, da responsabilidade civil dos administradores por violação do seu *duty of care*[2974]. Entre 1986 e 1988, cerca de 41 Estados norte-ame-

2116

[2969] Cfr., *v.g.*, Cox e Hazen – *Corporations...* p. 487-488, 489.

[2970] Assim, em 1996, o *Court of Chancery of Delaware* respondia a tais críticas reafirmando no caso *In Re Caremark* (698 A.2d 959):
> «*What should be understood,* but may not widely be understood by courts or commentators who are not often required to face such questions, *is that compliance with a director's duty of care can never appropriately be judicially determined by reference to the content of the board decision that leads to a corporate loss, apart from consideration of the good faith or rationality of the process employed*» (itálico nosso).

Mais recentemente, em 2003, afirmava o Chief Justice Veasey, do Supreme Court of Delaware: «*no one suggests that the courts should second-guess the merits of their business decision. This is the quintessential application of the Delaware common law of fiduciary duty. Common law in its classic form is dynamic and balanced as it flows with the times*» (Veasey – State-federal tension... p. 445-446), remetendo para o caso Brehm v. Eisner, de 2000 (746 A.2d 244, 266), no qual avaliou a conduta do conselho de administração da The Walt Disney Company na concessão de um pacote de compensações ao seu novo presidente em caso de cessação dos efeitos do seu contrato:
> «*The Board made a business decision to grant Ovitz a Non–Fault Termination. Plaintiffs may disagree with the Board's judgment as to how this matter should have been handled. But where, as here, there is no reasonable doubt as to the disinterest of or absence of fraud by the Board, mere disagreement cannot serve as grounds for imposing liability based on alleged breaches of fiduciary duty and waste*».

[2971] Coffee – *No exit?...* p. 920.

[2972] Cfr. Roberta Romano – Corporate governance in the aftermath of the insurance crisis, *Emory Law Journal*, 39, 1990, p. 1160-1161, Allen e Kraakman – *Commentaries...* p. 255, Easterbrook e Fischel – *The Economic Structure...* p. 107, Veasey – *State-federal tension...* p. 447.

[2973] Cfr. *Chapter 289, formerly Senate Bill no. 533*, aprovado em 18 de junho de 1986, e disponível em http://delcode.delaware.gov/sessionlaws/ga133/chp289.shtml (consultado em 07/11/2011).

[2974] De acordo com o § 102(b)(7) da *General Corporation Law* do Estado do Delaware, o contrato de sociedade pode incluir:
> «*A provision eliminating or limiting the personal liability of a director to the corporation or its stockholders for monetary damages for breach of fiduciary duty as a director, provided that such provision shall not eliminate or limit the liability of a director: (i) for any breach of the director's duty of loyalty to the corporation or its*

DA ADMINISTRAÇÃO À FISCALIZAÇÃO DAS SOCIEDADES

ricanos seguiram o exemplo do Delaware[2975], tendo a larga maioria das sociedades com sede nestes Estados alterado os seus estatutos em conformidade[2976].

2117   II. No entanto, contrariamente ao pretendido pelos diferentes legisladores,
este movimento legislativo e as subsequentes alterações estatutárias não foram
seguidos de uma redução dos prémios dos seguros D&O. Segundo ROBERTA
ROMANO, tal deveu-se não só (i) ao facto de tais disposições não permitirem a
limitação ou exclusão da responsabilidade civil por violação do *duty of loyalty*,
de leis mobiliárias federais e do *duty of care* por administradores executivos (nas
palavras da autora: *directors who are also officers*), mas sobretudo (ii) à incerteza
de como os tribunais interpretariam tais restrições face aos pedidos de indemnização estruturados para aproveitar os espaços deixados em aberto, particularmente alegando *recklessness* (negligência consciente ou dolo eventual) ou *willful
misconduct* (dolo), em vez de *negligence* (negligência).

> *stockholders; (ii)* for acts or omissions not in good faith *or which involve intentional misconduct or a
> knowing violation of law; (iii) under § 174 of this title; or (iv) for any transaction from which the director derived
> an improper personal benefit. No such provision shall eliminate or limit the liability of a director for any act or
> omission occurring prior to the date when such provision becomes effective. All references in this paragraph to a
> director shall also be deemed to refer to such other person or persons, if any, who, pursuant to a provision of the
> certificate of incorporation in accordance with § 141(a) of this title, exercise or perform any of the powers or duties
> otherwise conferred or imposed upon the board of directors by this title»* (itálico nosso).

Segundo COFFEE, esta alteração legislativa clarificou as dúvidas que pudessem subsistir, e que eram objeto
de acesa discussão, sobre a possibilidade de limitação da responsabilidade civil dos administradores pela
via contratual. Em particular, o *Corporate Governance Project* do *American Law Institute* (ALI) publicara em
1985 o seu primeiro documento para discussão pública, sugerindo tal possibilidade, independentemente
de qualquer alteração legislativa nesse sentido. COFFEE – *No exit?...* p. 922-925. Para uma sintética análise
da operacionalidade processual desta norma, cfr., *v.g.*, HILLARY A. SALE – Delaware's good faith, *Cornell
Law Review*, 89, 2004, p. 466-467.

[2975] ROBERTA ROMANO – *Corporate governance...* p. 1160-1161, ALLEN e KRAAKMAN – *Commentaries...* p. 255.

[2976] ROBERTA ROMANO – *Corporate governance...* p. 1160-1161. Paralelamente, na expectativa de evitar um
êxodo de administradores qualificados na sequência do aumento de litigiosidade verificado na década
de 1980, vários Estados alteraram as regras relativas à possibilidade de as sociedades reembolsarem os
seus administradores, dirigentes e funcionários por despesas judiciais e montantes pagos a título de
indemnização em que tenham sido condenados ou que tenham resultado de transação judicial. Nalguns
Estados, tais alterações só permitiam o reembolso nas ações movidas por terceiros em nome próprio,
ficando de fora as ações sociais *ut singuli (derivative suits)*. Contudo, uma solução mais radical foi ensaiada
nalguns Estados, permitindo o reembolso de despesas e de montantes pagos a título de indemnização,
inclusivamente em ações sociais *ut singuli*, desde que tais indemnizações tivessem sido pagas na sequência
de transação. Não abrangiam portanto as indemnizações em que os administradores, dirigentes ou
funcionários tivessem sido judicialmente condenados por dolo ou negligência. Cfr., neste sentido, a lei
do Estado do Missouri [MO.ANN.STAT. § 351.355(1)-(2) (Vernon Supp.1990)]. Como explica ROBERTA
ROMANO, o sistema favorece a transação, havendo fortes incentivos para que ambas as partes evitem um
julgamento. Cfr. *ibidem*, p. 1162-1163, 1166.

A CONSTRUÇÃO UNITÁRIA DA OBRIGAÇÃO DE VIGILÂNCIA

III. Os receios face à reação judicial revelaram-se fundados. Não podendo ficar indiferentes perante casos de manifesta negligência dos administradores na condução da atividade social, e não podendo responsabilizar os administradores por violação do *duty of care*, os tribunais acabaram por desenvolver o até então incipiente *duty of good faith*[2977]. Na base deste movimento esteve o facto de o § 102(b)(7) da *General Corporations Law* do Estado do Delaware não permitir a exclusão ou limitação da responsabilidade civil dos administradores por atos ou omissões de má-fé[2978].

2118

Numa análise desenvolvida após o debacle da *Enron*, HILLARY A. SALE argumentou que muitas das falhas verificadas neste e noutros escândalos decorrem de uma conceção minimalista e supletiva do direito societário promovida pelo Estado do Delaware (legislador e tribunais), deixando às sociedades um enorme espaço de autorregulação. Segundo a autora, o Estado do Delaware criou inúmeras lacunas e manteve-se à margem do debate sobre o governo das sociedades, apesar de serem manifestos os resultados negativos dessas lacunas.

2119

Ao caso *Smith v. Van Gorkom* seguiu-se um saudável debate, sobre a capacidade dos tribunais para sindicar a diligência dos administradores, que veio a ser interrompido pelas referidas alterações legislativas sobre a limitação ou exclusão da responsabilidade civil dos administradores por violação do seu *duty of care*. Foi assim restringida a potencial evolução da *common law* sobre este dever, bem como a discussão sobre o seu papel no contexto do governo societário. Esta intervenção do legislador teve uma repercussão negativa na reputação do Estado, espelhada na afirmação da revista *The Economist*:

2120

> «*Delaware has a bad name, as a haven for incumbent management*»[2979].

[2977] Para uma análise do *duty of good faith* há muito referido na legislação e jurisprudência norte-americana antes do recente desenvolvimento, cfr. MELVIN A. EISENBERG – The duty of good faith in corporate law, *Delaware Journal of Corporate Law*, 31:1, 2005, p. 4, 6 ss. O autor apresenta como exemplos, entre outros, os §§ 8.30 e 8.42 do *Model Business Corporation Act*, adotado em muitos Estados, que impõem tal dever aos *directors* e *officers* da sociedade. No que respeita a jurisprudência, releva em particular para efeitos deste estudo o facto de os tribunais fazerem depender a aplicação da *business judgment rule* da boa-fé do administrador. Cfr. neste sentido o § 4.01(c) *ALI Principles of Corporate Governance* (1994) e, *v.g.*, as decisões proferidas nos casos *Cede & Co. v. Technicolor*, de 1993 (634 A.2d 345, 361) e *Cinerama, Inc. v. Technicolor, Inc.*, de 1995 (663 A.2d 1156), *Malone v. Brincat*, de 1998 (722 A.2d 5, 10), *Emerald Partners v. Berlin*, de 2001 (787 A.2d 85, 90, 92).

[2978] Cfr. nota 2974 *supra*.

[2979] N.D. – Oracle versus PeopleSoft – Barbarians in the Valley: Oracle's hostile bid for PeopleSoft will supply the best evidence yet about whether the rules of American business are changing, *The Economist*, 28 de Junho de 2003. Disponível em http://www.economist.com/node/1877485. Consultado em 08/11/2011.

843

DA ADMINISTRAÇÃO À FISCALIZAÇÃO DAS SOCIEDADES

2121   Segundo a autora, este cenário só começou a sofrer alterações no início do novo milénio, com o reconhecimento da necessidade de reação às falhas detetadas (na sequência dos escândalos que se sucederam) pelos juízes do Delaware. Neste sentido, em 2003, o *Chief Justice* VEASEY sublinhou o facto de o Relatório Powers[2980], sobre o caso Enron, e o Relatório Thornburgh[2981], sobre o caso Worldcom apresentarem algumas conclusões comuns[2982]:

> «*(1) officers ran amok, wallowing in greed-driven schemes and other abuses; and (2) directors allowed it to happen, tolerating officers who were managing to the market while they contented the directors with ever-rising stock prices*».

2122   Grande parte da doutrina viu no *duty of good faith* o instrumento de reação dos tribunais[2983]. Este dever, como vimos[2984], para além de referido em inúmeras normas legais, fora já enunciado em várias decisões ao longo dos anos – com particular destaque para *Aronson v. Lewis*, de 1984[2985] e *Cede & Co. v. Technicolor, Inc.*, de 1993[2986] – mas não fora ainda adequadamente densificado, nem dogma-

---

[2980] POWERS, TROUBH e WINOKUR – *Powers Report...* 2002. Disponível em news.findlaw.com/wp/docs/Enron/specinv020102rpt1.pdf. Consultado em 08/11/2011.

[2981] THORNBURGH – *First Interim Report of Dick Thornburgh, Bankruptcy Court Examiner (In re: Worldcom Inc.)*, 2002. Disponível em news.findlaw.com/wp/docs/worldcom/thornburgh1strpt.pdf. Consultado em 08/11/2011.

[2982] VEASEY – *State-federal tension...* p. 441-442.

[2983] Assim, *e.g.*, EISENBERG – *The duty of good faith...* p. 6, sustenta que o *duty of good faith* confere aos tribunais uma base de princípio para articular novos deveres fiduciários, vistos como uma resposta apropriada às mudanças verificadas nas normas sociais e empresariais e na compreensão geral da eficiência e de outras considerações políticas, mas não pode ser facilmente acomodado nos deveres de cuidado e de lealdade. No mesmo sentido, HILLARY A. SALE – *Delaware's Good Faith...* p. 464. Para uma análise crítica deste enquadramento, que considera determinado pelos mesmos fundamentos que estiveram na origem do *Sarbanes Oxley Act* e das novas regras de admissão à negociação das bolsas de valores, cfr. BAINBRIDGE, LOPEZ e OKLAN – *The convergence...*, em especial, p. 574. Para estes autores, a discricionariedade dos administradores para gerir a sociedade não pode ser posta em causa pela afirmação de um autónomo *duty of good faith*; não deve ser prejudicado o tradicional equilíbrio do governo das sociedades do Delaware, entre a autoridade do *board* para decidir, por um lado, e a sua responsabilização (*accountability*), por outro, com prevalência da primeira sobre a segunda.

[2984] Cfr. nota 2977 *supra*.

[2985] 473 A.2d 805, 812, na qual o *Supreme Court of Delaware* explicou novamente a essência da *business judgment rule* segundo a sua perspetiva:
> «*The rule operates as both a procedural guide for litigants and a substantive rule of law. As a rule of evidence, it creates a "presumption that in making a business decision, the directors of a corporation acted on an informed basis [i.e., with due care], in good faith and in the honest belief that the action taken was in the best interest of the company*».

[2986] 634 A.2d 345, 361, onde o *Supreme Court of Delaware* faria referência a uma tríade de deveres fiduciários: boa-fé, lealdade e cuidado:

A CONSTRUÇÃO UNITÁRIA DA OBRIGAÇÃO DE VIGILÂNCIA

ticamente enquadrado[2987]. Discutia-se então se o *duty of good faith* se reconduzia aos *duty of care* e *duty of loyalty*[2988] ou se constituía um dever autónomo[2989] e, nesse contexto, qual seria o seu conteúdo.

IV. Especialmente relevantes na resposta a esta questão foram as várias decisões relativas ao litígio que opôs um grupo de acionistas da The Walt Disney

2123

«*To rebut business judgment rule, shareholder plaintiff assumes burden of providing evidence that directors, in reaching their challenged decision, breached any one of triads of their fiduciary duty, i.e., good faith, loyalty or due care; if shareholder plaintiff fails to meet this evidentiary burden, business judgment rule attaches to protect corporate officers and directors and decisions they make, and courts will not second-guess those business judgments*».

[2987] Assim se compreendem as palavras do *Chief Justice* VEASEY em 2003:

«*Although the concept of good faith is not fully developed in the case law, and factual scenarios are difficult to formulate, an argument could be made that reckless, disingenuous, irresponsible, or irrational conduct – but not necessarily self-dealing or larcenous conduct – could implicate concepts of good faith. If the board's decision or conduct is irrational or so beyond reason that no reasonable director would credit the decision or conduct, lack of good faith may, in some circumstances, be inferred*». VEASEY – State-federal tension... p. 447, remetendo para o caso Gagliardi v. Trifoods Int'l, Inc., de 1996 (683 A.2d 1049, 1051-1052). Cfr. no mesmo sentido, v.g., HILLARY A. SALE – Delaware's Good Faith... p. 465.

[2988] Ainda em 2001, o então *Vice-Chancellor* Jacobs, no caso *Emerald Partners v. Berlin*, reconduzia o *duty of good faith* ao *duty of loyalty*, afirmando ser um requisito subsidiário deste e assim reduzindo o seu alcance [2001 WL 115340 (Del.Ch.), 25 (nota 63)], remetendo para decisões como *In Re Gaylord Container Corporation Shareholders Litig.*, de 2000 (753 A.2d 462, 475, nota 41).

[2989] Cfr., *v.g.*, para além dos já referidos *Aronson v. Lewis*, de 1984, e *Cede & Co. v. Technicolor, Inc.*, de 1993, *Citron v. Fairchild Camera and Instrument Corp.*, de 1989 (569 A.2d 53, 64). Para HILLARY A. SALE – *Delaware's Good Faith...* p. 463-464, a resposta à questão sobre a autonomia do *duty of god faith* face ao *duty of loyalty* é relevante na medida em que dela depende a delimitação do âmbito de aplicação deste princípio: sendo um princípio autónomo, não está limitado aos casos de conflitos de interesses, como em geral sucede com o *duty of loyalty*. Esta preocupação parece contudo ser desvalorizada pela conceção do *duty of loyalty* para lá dos casos de conflitos de interesses (conteúdo negativo do dever), traduzido como a vinculação à prossecução dos melhores interesses da sociedade (conteúdo positivo do dever). Neste sentido, tal como defendido pelo *Vice-Chancellor* Strine no caso *Guttman v. Huang*, de 2003 (823 A.2d 492, 506, nota 34):

«*A director cannot act loyally towards the corporation unless she acts in the good faith belief that her actions are in the corporation's best interest. (...) It does no service to our law's clarity to continue to separate the duty of loyalty from its own essence; nor does the recognition that good faith is essential to loyalty demean or subordinate that essential requirement. There might be situations when a director acts in subjective good faith and is yet not loyal (e.g., if the director is interested in a transaction subject to the entire fairness standard and cannot prove financial fairness), but there is no case in which a director can act in subjective bad faith towards the corporation and act loyally. The reason for the disloyalty (the faithlessness) is irrelevant, the underlying motive (be it venal, familial, collegial, or nihilistic) for conscious action not in the corporation's best interest does not make it faithful, as opposed to faithless*».

Ainda assim, a doutrina tende a autonomizar o *duty of good faith* face ao *duty of loyalty*. Cfr. neste sentido as duras críticas dirigidas por EISENBERG – *The duty of good faith...* p. 12-21, à conceção do *Vice-Chancellor* Strine.

845

Company ao seu conselho de administração, numa ação social *ut singuli* (*derivative suit*)[2990].

[2990] Em causa estava a conduta do conselho de administração na contratação de Michael Ovitz (amigo de longa data do CEO, Michael Eisner) como presidente da empresa (substituindo assim o falecido Frank Wells) e posterior revogação do seu contrato (um ano depois, quando ficou claro para Eisner de que não conseguira reproduzir com Ovitz a relação de sucesso que mantivera com Wells). Estavam portanto em causa dois contratos: num primeiro momento, um *Employment Agreement* que previa um colossal pacote de compensações (incluindo uma compensação que seria devida em caso de cessação do contrato sem justa causa) e, num segundo momento, um *Termination Agreement*, relativo à cessação da sua relação com a sociedade, redigido de forma a assegurar que receberia a astronómica compensação resultante do primeiro contrato. Tanto o valor da compensação em si mesma (140 milhões de dólares por um ano de serviço), como a conduta dos sucessivos conselhos de administração da sociedade, suscitaram intensa controvérsia. O pedido dos acionistas num primeiro processo foi indeferido, primeiro pelo *Chancery Court* (*In re The Walt Disney Co. Derivative Litigation*, de 1996, 698 A.2d 959, designado abreviadamente por "*Disney I*") e depois pelo *Supreme Court of Delaware*, em grande medida com fundamento na ausência de factos provados suficientes que permitissem afastar a aplicação da *business judgment rule* [*Brehm v. Eisner*, de 2000 (746 A.2d 244, 249), designada abreviadamente por "*Disney II*"]. Foi no entanto assegurado que os autores poderiam realizar inspeções aos livros, registos e documentos da sociedade e, com base na informação recolhida, reformular o seu pedido. E assim foi feito.

Num segundo processo (*In re Walt Disney Co. Derivative Litigation*, de 2003, 825 A.2d 275, ou simplesmente "*Disney III*") foram alegados factos que o tribunal considerou "perturbadores": (i) que o valor total da compensação em causa era de 140 milhões de dólares, tendo Michael Ovitz trabalhado apenas um ano; (ii) que o *Employment Agreement* fora negociado diretamente e apenas pelo CEO Michael Eisner com o seu velho amigo Michael Ovitz, não tendo o conselho de administração levantado quaisquer questões sobre a sua remuneração e compensação, nem ponderado quaisquer alternativas; (iii) que embora o conselho de administração cessante (e a respetiva comissão de remunerações) tenha tido conhecimento de uma primeira minuta daquele acordo, não teve acesso, não aprovou, nem solicitou a apresentação da minuta final, na qual foram entretanto introduzidas alterações mais favoráveis a Michael Ovitz, incluindo alterações no pacote de remunerações que constituíam um forte incentivo financeiro para que Michael Ovitz abandonasse o seu cargo ao fim de um ano (como veio a suceder); (iv) tendo sabido, ao final de um ano de serviço, que Michael Ovitz estava a preparar a sua saída, o novo conselho de administração não colocou quaisquer questões sobre o assunto; (v) quando a sua saída se tornou pública, o conselho de administração (e a respetiva comissão de remunerações) não teve acesso, não aprovou, nem requereu a apresentação do *Termination Agreement* que, nos termos dos estatutos, estava sujeito à sua aprovação; (vi) nem sequer quando este acordo foi posteriormente revisto, com termos mais favoráveis para Michael Ovitz, o conselho de administração tomou conhecimento do mesmo, o aprovou ou solicitou a sua apresentação. Cfr. HILLARY A. SALE – *Delaware's Good Faith...* p. 478-481.

Face aos factos alegados, os réus limitaram-se a afirmar que, mesmo que tivesse existido violação do *duty of care* pelos administradores, o contrato de sociedade excluía, nos termos legais (§ 102(b)(7) da *General Corporations Law* do Estado do Delaware, analisado na nota 2974 *supra*) a sua responsabilidade civil por violação do mesmo. Em resposta à *motion to dismiss* apresentada pelos réus, o *Court of Chancery* viria a rejeitar a aplicação dessa disposição estatutária, afirmando que os factos alegados suscitavam dúvidas sobre se a conduta do conselho de administração fora "honesta e de boa-fé":

> «*The Court is appropriately hesitant to second-guess the business judgment of a disinterested and independent board of directors. As alleged in the new complaint, however, the facts belie any assertion that the New or Old Boards exercised any business judgment or made any good faith attempt to fulfill the fiduciary duties they owed to Disney and its shareholders*» (825 A.2d 275, 287).

A CONSTRUÇÃO UNITÁRIA DA OBRIGAÇÃO DE VIGILÂNCIA

Aparentemente, a decisão proferida pelo *Chancellor* Chandler no caso *Disney III*, de 2003[2991], revela a ascensão do *duty of good faith*, com autonomia face ao *duty of care*. Ainda que a responsabilidade possa ser excluída ou limitada por violações deste, pode a jurisprudência fazer uso daquele para reagir aos casos mais perturbadores: HILLARY A. SALE refere-se a *egregious decisions* e, numa tentativa de delimitação do seu campo de aplicação, afirma que os fiduciários são civilmente responsáveis por violação do seu *duty of good faith* quando incumpram conscientemente os seus deveres para com a sociedade e para com os seus acionistas. Assim, conclui, «a indiferença deliberada face às suas tarefas ou a subversão intencional dos seus deveres relegará os fiduciários para o reino da má-fé»[2992].

2124

Esta decisão gerou ondas de choque, dando origem à discussão sobre se o caso *Disney III* seria o novo *Smith v. Van Gorkom*, determinando a responsabilidade civil de administradores independentes e desinteressados pelas suas decisões empresariais, desvalorizando disposições estatutárias de exclusão de responsabilidade civil, baseadas em normas legais como o § 102(b)(7) da *General Corporations Law* do Estado do Delaware[2993].

2125

Na sequência da sua análise dos mesmos, concluiu o *Chancellor* Chandler que, caso se comprovassem os factos alegados, os réus não se teriam comportado apenas com negligência ou negligência grosseira, mas «com desrespeito consciente e intencional das suas responsabilidades», indeferindo a *motion do dismiss* e remetendo o processo para julgamento. Nas palavras do acórdão:

«*These facts, if true, do more than portray directors who, in a negligent or grossly negligent manner, merely failed to inform themselves or to deliberate adequately about an issue of material importance to their corporation. Instead, the facts alleged in the new complaint suggest that the defendant directors consciously and intentionally disregarded their responsibilities, adopting a "we don't care about the risks" attitude concerning a material corporate decision. Knowing or deliberate indifference by a director to his or her duty to act faithfully and with appropriate care is conduct, in my opinion, that may not have been taken honestly and in good faith to advance the best interests of the company*» (825 A.2d 275, 289).

Tendo sido rejeitada a *motion to dismiss*, o caso seguiu para julgamento, dando origem à decisão do *Chancery Court* em *In re Walt Disney Co. Derivative Litigation*, de 2005 (907 A.2d 693)(designada simplesmente por *"Disney IV"*) e do *Supreme Court of Delaware* em *In re Walt Disney Co. Derivative Litigation*, de 2006 (906 A.2d 27)(designada simplesmente por *"Disney V"*).

[2991] *In re Walt Disney Co. Derivative Litigation* (825 A.2d 275), *supra* analisada na nota 2990.

[2992] HILLARY A. SALE – *Delaware's Good Faith...* p. 484.

[2993] Note-se que a reação da jurisprudência às normas legais que permitiam a exclusão ou limitação de responsabilidade civil por violação do *duty of care* já se tinha feito sentir em casos julgados pelo *Delaware Supreme Court*, como *Malpiede v. Townson*, de 2001 (780 A.2d 1075, 1094), *Emerald Partners v. Berlin*, de 2001 (787 A.2d 85), bem como em casos federais como *McCall v. Scott*, do 6th Circuit, de 2001 (250 F.3d 997); *In re Abbott Laboratories Derivative Shareholders Litigation*, do 7th Circuit, de 2003 (325 F.3d 795). Para uma sintética análise do papel destes casos neste contexto, cfr. A. GILCHRIST SPARKS, III, S. MARK HURD e SAMUEL T. HIRZEL, II – Good faith and the Walt Disney Company derivative litigation: Guidance for directors of delaware corporations, *Practising Law Institute – Corporate Law and Practice Course Handbook*

847

DA ADMINISTRAÇÃO À FISCALIZAÇÃO DAS SOCIEDADES

2126   O caso suscitou ainda a questão de saber se, na sequência da queda da Enron e de outros escândalos, a decisão traduzia exigências de vigilância acrescida ou se fora apenas uma específica conjugação de factos que determinou uma tempestade perfeita naquele caso. Finalmente, colocava-se a questão de saber se qualquer violação do *duty of care* podia ser apresentada em juízo como *failure to act in good faith*[2994].

2127   Perante estas dúvidas, a 9 de agosto de 2005, o *Chancellor* Chandler, na *post-trial opinion* do caso *Disney IV*[2995], afirmou que a decisão *Disney III* não refletia uma mudança fundamental na forma como os tribunais do Delaware sindicam decisões empresariais, devendo o caso ser entendido como o resultado de uma específica combinação de factos alegados particularmente graves (muitos dos quais acabariam por não ser provados no decurso do julgamento) e da aplicação de padrões de deferência processual numa *motion to dismiss*[2996]. Nesta decisão o *Chancellor* Chandler acabou por não clarificar de sobremaneira o *duty of good faith*, mas reconheceu a sua flexibilidade e potencialidade no preenchimento das lacunas deixadas pelos deveres de lealdade e de cuidado na proteção dos acionistas, tendo aproveitado a publicidade do caso para enfatizar as deficiências na conduta dos administradores da Disney, com o propósito expresso de instruir os administradores em geral sobre como melhor atuar como fiduciários dos acionistas[2997]. Ainda assim, o *Chancellor* Chandler apresentou três exemplos

---

Series, 1528, 2006, p. 298-300. Entre estas decisões, realçamos *McCall v. Scott*, na qual foi afirmado que «*conscious disregard of known risks*» não estaria protegido pelo § 102(b)(7) DGCL, esclarecendo ainda que
> «*while it is true that duty of care claims alleging only grossly negligent conduct are precluded by a § 102(b)(7) waiver provision, it appears that duty of care claims based on reckless or intentional misconduct are not*».

O tribunal realçaria a alegação de que os administradores não atuaram de boa-fé:
> «*Here, [p]laintiffs accuse the directors not merely of 'sustained inattention' (...) but rather of 'intentional ignorance of' and 'willful blindness to' 'red flags' signaling fraudulent conduct throughout [the company]. Accordingly, regardless of how plaintiffs style their duty of care claims, we find that they have alleged a conscious disregard of known risks, which conduct, if proven, cannot have been undertaken in good faith*». 250 F.3d 997, 1000-1001.

[2994] Cfr. *ibidem*, p. 293, 297.

[2995] In re Walt Disney Co. Derivative Litigation (907 A.2d 693).

[2996] 907 A.2d 693, 697. Chandler afirmaria ainda:
> «*Unlike ideals of corporate governance, a fiduciary's duties do not change over time. How we understand those duties may evolve and become refined, but the duties themselves have not changed, except to the extent that fulfilling a fiduciary duty requires obedience to other positive law. (...) Times may change, but fiduciary duties do not. Indeed, other institutions may develop, pronounce and urge adherence to ideals of corporate best practices. But the development of aspirational ideals, however worthy as goals for human behavior, should not work to distort the legal requirements by which human behavior is actually measured. Nor should the common law of fiduciary duties become a prisoner of narrow definitions or formulaic expressions. It is thus both the province and special duty of this Court to measure, in light of all the facts and circumstances of a particular case, whether an individual who has accepted a position of responsibility over the assets of another has been unremittingly faithful to his or her charge*».

[2997] Cfr. SPARKS, HURD e HIRZEL – *Good faith...* p. 293, 303.

A CONSTRUÇÃO UNITÁRIA DA OBRIGAÇÃO DE VIGILÂNCIA

mais evidentes de conduta de má-fé: (i) a atuação com um propósito diferente da prossecução dos melhores interesses da sociedade; (ii) a atuação com intenção de violar uma disposição legal aplicável; e (iii) a omissão intencional de uma conduta devida, demonstrando um desprezo consciente pelos seus deveres[2998].

V. Na sequência das decisões referidas, HILLARY A. SALE analisou a fronteira entre o *duty of good faith* e o *duty of care*, na medida em que, sendo a conduta do administrador analisada apenas à luz deste último dever, a sua responsabilidade pode ser excluída ou limitada em função do que disponha o contrato de sociedade. Foi aliás nesta linha que os réus estruturaram a sua defesa no caso *Disney III*[2999].

Segundo HILLARY A. SALE, não basta um comportamento negligente para existir violação do dever de boa-fé, sendo necessário um comportamento deliberadamente indiferente, chocante (*egregious*), subversivo que coloque em causa as motivações dos administradores. No entanto, como bem refere a autora, não sendo fácil distinguir comportamentos grosseiramente negligentes (*grossly negligent*) de comportamentos chocantes (*egregious*), a decisão do caso *Disney III* poderia suscitar preocupações similares às de *Smith v. Van Gorkom*, que tanta tinta fizeram correr em meados da década de 1980[3000]. De acordo com a autora, a distinção reside no estado subjetivo do sujeito que se aproximará, num quadro jurídico-dogmático continental, dos conceitos de dolo direto (*intentional dereliction of duty*) e de negligência consciente ou dolo eventual (*conscious disregard for responsabilities*)[3001]. Na aferição de tal estado subjetivo, estabelece o paralelo com a problemática jus-mobiliária do *scienter standard*[3002], requisito para a admissão de uma ação nos termos da *SEC Rule 10b-5*[3003], sobre a proibição de ações e omissões das quais resulte fraude ou ludíbrio em relação com a compra ou venda de valores mobiliários.

Em contraposição, EISENBERG afirma que, no direito das sociedades, os elementos objetivos de aferição do cumprimento de um dever se sobrepõem aos subjetivos. Assim, numa tentativa de densificação e delimitação deste dever, que

---

[2998] 907 A.2d 693, 755-756.

[2999] 825 A.2d 275, 278.

[3000] HILLARY A. SALE – *Delaware's Good Faith...* p. 488-489.

[3001] Para uma sintética distinção entre os conceitos de negligência consciente e de dolo eventual, amplamente desenvolvida na doutrina penalista, cfr., *v.g.*, LUIS MENEZES LEITÃO – *Direito das obrigações*, I[10]... p. 284-285.

[3002] No caso *Ernst and Ernst v. Hochfelder*, de 1976 (425 U.S. 185, 96 S. Ct. 1375, 47 L. Ed. 2d 668), O *U.S. Supreme Court* descreveu *"scienter"* como um «estado mental incluindo intenção para ludibriar, manipular, defraudar».

[3003] 17 C.F.R. § 240.10b-5.

DA ADMINISTRAÇÃO À FISCALIZAÇÃO DAS SOCIEDADES

qualifica como um princípio geral insuscetível de definição através de uma pro-posição simples[3004], afirma que o mesmo tem não apenas uma dimensão nega-tiva, como sugerido por ROBERT S. SUMMERS em 1968, a propósito do papel da boa-fé no domínio contratual[3005], mas também uma dimensão positiva, como defendera já DEBORAH A. DEMOTT[3006], concretizada em quatro vetores[3007]: (i) honestidade subjetiva ou sinceridade[3008]; (ii) não violação de padrões de decência geralmente aplicáveis à gestão de empresas[3009]; (iii) não violação de normas societárias geralmente aceites[3010] e (iv) fidelidade ao cargo[3011]. Particu-larmente relevante nesta decomposição é a afirmação do autor, uma vez mais na senda de DEBORAH A. DEMOTT, de que a boa-fé, enquanto padrão de con-duta, não se basta com a convicção do sujeito – puramente subjetiva – acerca da correção da sua conduta, sob pena de o padrão perder todo o seu sentido normativo[3012]. Assim, os vetores (ii) a (iv) decorrem, segundo o autor, do sentido

---

[3004] Também DEBORAH A. DEMOTT – Puzzles and parables: Defining good gaith in the MBO context, *Wake Forest Law Review*, 25, 1990, p. 19, na sua construção, começa por realçar a plasticidade do dever de boa-fé como conceito legal.

[3005] ROBERT S. ROBERT S. SUMMERS – "Good Faith" in general contract law and the sales provisions of the Uniform Commercial Code, *Virginia Law Review*, 54:2, 1968, p. 196.

[3006] DEBORAH A. DEMOTT – *Puzzles and parables...* p. 24.

[3007] EISENBERG – *The duty of good faith...* p. 21-27.

[3008] *Ibidem*, p. 22.

[3009] *Ibidem*, p. 24, seguindo DEBORAH A. DEMOTT – *Puzzles and parables...* p. 24.

[3010] Entre estas inclui o autor *reasonable commercial standards of fair dealing*. EISENBERG – *The duty of good faith...* p. 24.

[3011] Segundo o autor, este vetor reflete as expectativas dos acionistas na forma como deve ser desempe-nhado o cargo, no contexto da organização em questão. *Ibidem*, p. 24-25

[3012] DEBORAH A. DEMOTT – *Puzzles and parables...* p. 22-23 realçara já, por exemplo, a facilidade com que qualquer sujeito é suscetível de configurar a sua conduta como correta num cenário de conflito de interesses, num argumento acompanhado por EISENBERG – *The duty of good faith...* p. 22-23. A construção da boa-fé como padrão objetivo de conduta está patente há muito em decisões como *First National Bank v. F.C. Trebein Co.*, de 1898 (52 N.E. 834, 837): «[G]ood faith in law (...) is not to be measured always by a man's own standard of right, but by that which [the law] has adopted and prescribed as a standard for the observance of all men in their dealings with each other» (itálico nosso). Na sua decisão *In re Landmark Land Co. of Carolina, Inc.*, de 1996 (76 F.3d 553) o 4th *Circuit Court* considerou que a atuação dos réus, contornando a autoridade de uma agência governamental, constituira má-fé, apesar de os réus considerarem terem atuado de acordo com os melhores interesses da sociedade. No caso *T.S. Kaung v. Cole National Corp.*, de 2005 (884 A.2d 500), em que Kaung reclamava o pagamento de despesas judiciais noutro processo a Cole, o *Supreme Court of Delaware* não só decidiu contra Kaung como, considerando que o mesmo tinha atuado de má-fé no decurso do processo, condenou-o no pagamento das despeas de Cole. Na apreciação da má-fé de Kaung, o tribunal não analisou a convicção subjetiva do mesmo, julgando apenas com base em elementos objetivos. À margem destes casos em que os tribunais aplicaram um padrão puramente objetivo, deve ainda notar-se que, mesmo naqueloutros casos em que os tribunais procuram determinar o estado subjetivo do sujeito, são forçados a recorrer a elementos objetivos – tal como a racionalidade ou razoabilidade dos cálculos e argumentos apresentados pelos réus – para o efeito. Assim, *v.g.*, as decisões

A CONSTRUÇÃO UNITÁRIA DA OBRIGAÇÃO DE VIGILÂNCIA

comum da boa-fé expresso em dicionários, do sentido normativo expresso em diferentes fontes legais e das razoáveis expectativas dos acionistas e da sociedade em geral[3013].

Numa tentativa de integração sistemática no quadro geral dos deveres dos administradores, EISENBERG defende a autonomia deste dever com base em quatro argumentos. Em primeiro lugar, há condutas que os tribunais têm considerado como consubstanciando violação do dever de boa-fé que não cabem na formulação habitual dos deveres de cuidado e de lealdade[3014]. Em segundo lugar, existem várias regras que limitam a responsabilidade dos administradores por violação dos deveres de cuidado[3015] e de lealdade[3016], mas são inaplicáveis quando esteja em causa a violação do dever de boa-fé, «atento o elevado grau de incorreção (*wrongfulness*) que tal conduta envolve»[3017]. Em terceiro lugar, a boa-fé funciona frequentemente como condição para a aplicação de regras que, por si mesmas, não fundamentam responsabilidade civil (*e.g.*, a *business judgment rule*), caso em que o não cumprimento do dever (correspondendo à não verificação de uma tal condição) também não determina, por si, responsabilidade civil[3018].

Do exposto parece resultar claramente que, não obstante o *duty of good faith* ser há muito referido em diferentes fontes normativas e na jurisprudência, passou a assumir-se mais claramente como válvula de escape, através da qual os

2131

2132

do *Supreme Court of Delaware* de 1989, *Citron v. Fairchild Camera & Instrument* (569 A. 2d 53), e do *Court of Chancery of Delaware* de 1988, *In re Fort Howard Corp. Shareholders Litigation* (1988 WL 83147), e de 1989, *In re Holly Farms Corp.* (564 A. 2d 342).

[3013] EISENBERG desenvolve ainda algumas concretizações do dever de boa-fé, como sejam (i) o dever de não causar conscientemente a prática de atos ilícitos pela sociedade; (ii) o dever de sinceridade (a tradução corresponde ao sentido mais amplo de *obligation of candor* sustentado pelo autor), traduzido no dever de não proferir declarações falsas ou ludibriantes em nome da sociedade e no dever de comunicar aos demais administradores e órgãos da sociedade (incluindo os acionistas) todas as informações que sejam necessárias ao cumprimento dos seus deveres ou à sua tomada de decisões; (iii) o dever de não promover a ação de um órgão societário através de um processo manipulador que viola as regras societárias básicas geralmente aceites; (iv) o dever de não atuação com base em motivações (não pecuniárias) inadmissíveis (como ódio, luxúria, vingança, vergonha ou orgulho); (v) o dever de diligência, no sentido em que o desrespeito substancial das suas responsabilidades consubstanciará, pela sua gravidade, não apenas uma violação do *duty of care* (eventualmente abrangida por uma norma de exculpação), mas também uma violação do *duty of good faith*. EISENBERG – *The duty of good faith...* p. 31-74.

[3014] *Ibidem*, p. 28-29.

[3015] Com destaque para a *business judgment rule* e para as chamadas regras de exculpação que, como vimos, permitem a exclusão ou limitação da responsabilidade civil dos administradores por violação do dever de cuidado.

[3016] Desde logo, um negócio celebrado pela sociedade em proveito de um administrador pode não gerar responsabilidade para esse administrador se o negócio tiver sido aprovado por uma maioria de administradores desinteressados no mesmo.

[3017] EISENBERG – *The duty of good faith...* p. 29-30.

[3018] *Ibidem*, p. 30.

DA ADMINISTRAÇÃO À FISCALIZAÇÃO DAS SOCIEDADES

tribunais reagem aos casos mais perturbadores de negligência que, de outra forma, não determinariam a responsabilidade civil dos administradores, atenta a generalização das disposições estatutárias de exclusão ou limitação de responsabilidade civil, expressamente admitidas pelo sistema da esmagadora maioria dos Estados norte-americanos. Pelo caminho, determina também o afastamento da *business judgment rule* quando, pelos seus demais termos, esta fosse aplicável ao caso[3019].

2133   VI. Contra esta autonomização do *duty of good faith*, pronunciou-se o Supreme Court of Delaware no caso *Stone ex rel. AmSouth Bancorporation v. Ritter*, de 2006[3020].

2134   Neste caso, o tribunal abordou o *duty of good faith* em conjugação com o dever de vigilância da observância da lei pelos colaboradores da sociedade. Considerou que a falta reiterada e sistemática de fiscalização pelo *board*, traduzida, por exemplo, na ausência de medidas destinadas a assegurar a criação de adequados sistemas de informação, consubstanciava uma violação do *duty of good faith*, tal como densificado no caso *Disney IV* (enquanto omissão intencional de uma conduta devida, demonstrando um desprezo consciente pelos seus deveres)[3021].

2135   Acrescentou ainda que a violação deste dever é condição necessária, mas não constitui, por si, fundamento suficiente de responsabilidade civil. Ainda que coloquialmente se possa falar de uma tríade de deveres fiduciários, o *duty to act in good faith* não consubstanciaria um dever fiduciário autónomo, paralelo ao *duty of care* e ao *duty of loyalty*. Só a violação de um destes fundamentaria responsabilidade civil. A violação do primeiro só *indiretamente* poderia determinar responsabilidade civil[3022].

2136   Esta construção corresponde a uma densificação do *duty of loyalty* que assim engloba não só uma dimensão *negativa*, de proibição de prossecução de interesses pessoais a expensas dos interesses da sociedade (conflito de interesses), mas também uma dimensão *positiva*, traduzida na vinculação ao desenvolvimento

---

[3019] Recorde-se uma vez mais que, nas suas diferentes formulações, a *business judgment rule* não é aplicável quando se conclua que os administradores não atuaram de boa-fé.

[3020] 911 A.2d 362.

[3021] 911 A.2d 369.

[3022] Nas palavras de LEO E. STRINE, JR., *et al.* – Loyalty's core demand: The defining role of good faith in corporation law, *Georgetown Law Journal*, 98, 2010, p. 633, consubstancia um padrão do estado de espírito (*state of mind*) com o qual deve atuar um administrador para cumprir o seu *duty of loyalty*.

A CONSTRUÇÃO UNITÁRIA DA OBRIGAÇÃO DE VIGILÂNCIA

dos melhores esforços, de boa-fé, para prossecução dos melhores interesses da sociedade[3023]. Citando o *Court of Chancery*, no caso *Guttman v. Huang*, de 2003[3024]:

> *«A director cannot act loyally towards the corporation unless she acts in the good faith belief that her actions are in the corporation's best interest».*

Não cabe aqui um desenvolvimento mais profundo desta matéria e da articulação dos *fiduciary duties* entre si no direito norte-americano.

64.2. A problemática no Reino Unido

I. Contrariamente ao verificado nos Estados Unidos, no Reino Unido os padrões de responsabilidade civil dos administradores não foram dissociados do *duty of skill, care and diligence*. A evolução repercutiu-se diretamente sobre o conteúdo deste dever[3025] e não sobre um qualquer padrão de revisão ou sindicabilidade judicial.

2137

[3023] Cfr. *ibidem*, p. 634, para os quais é possível, inclusive, uma recondução do *duty of care* ao *duty of loyalty*. Para uma análise crítica desta recondução do *duty to act in good faith* ao *duty of loyalty*, cfr. BAINBRIDGE, LOPEZ e OKLAN – *The convergence...*, em especial, p. 584-588.
Quanto a nós, limitamo-nos a manifestar a nossa estranheza quanto à possibilidade de reconduzir o dever de diligência ao dever de lealdade. Os administradores são designados pelos sócios para administrar diligentemente a sociedade; não são contratados para serem leais. Nessa medida se afirma, entre nós, que a obrigação de diligente administração tem origem (em princípio) num negócio jurídico e que o dever de lealdade «resulta de uma ponderação ético-jurídica independente de previsão das partes nesse sentido e apresenta-se como consequência de uma valoração heterónoma (*ex lege*) da ordem jurídica» (CARNEIRO DA FRADA – *A business judgment rule...* p. 70). Tem pressupostos e consequências jurídicas que não se confundem com os do dever de diligente administração. MÖLLERS – *Treuepflichten...* p. 430. Diferentemente do dever de lealdade dos sócios entre si e para com a sociedade, o dever de lealdade dos administradores tem um conteúdo eminentemente negativo, de proibição de prossecução de interesses próprios a expensas dos interesses da sociedade. Cfr., neste sentido, *ibidem*, p. 431, PAULO CÂMARA – *O governo das sociedades e a reforma...* p. 35 (não podemos acompanhar a afirmação subsequente do autor de que o dever de lealdade pode também ser lido em sentido positivo, «como o dever de aportar a maximização de benefícios em prol da sociedade, e não em proveito próprio ou de terceiros», porquanto corresponde a uma sobreposição face ao dever de diligente administração. Mais corretamente, pode afirmar-se que o mesmo não visa delimitar a legítima prossecução dos interesses próprios, mas subordená-los e assegurar a prossecução do interesse da sociedade. MÖLLERS – *Treuepflichten...* p. 428, CARNEIRO DA FRADA – *A business judgment rule...* p. 70.

[3024] 823 A.2d 492, 506, n.° 34.

[3025] Historicamente, a *common law* assentava num padrão pouco exigente, porque subjetivo, de diligência. DAVIES e WORTHINGTON – *Principles⁹...*, p. 517-518, SEALY e WORTHINGTON – *Cases and materials...* p. 300. Neste sentido, pode ler-se na decisão proferida pelo *Court of Appeal* no caso *Re City Equitable Fire Insurance Co*, [1925] Ch 407, no qual foi discutida a responsabilidade dos membros do conselho de administração pela sua falha na deteção da fraude cometida pelo *chairman*:
> *«a director need not exhibit in the performance of his duties a greater degree of skill than may reasonably be expected from someone of his knowledge and experience»* (itálico nosso). [1925] Ch 407, 427.

DA ADMINISTRAÇÃO À FISCALIZAÇÃO DAS SOCIEDADES

2138

Nesse sentido, aquando da discussão da reforma do Direito das sociedades nos anos 1990, a Law Commission considerou desnecessária a positivação de uma tal regra no Reino Unido[3026], recordando o entendimento consolidado na jurisprudência de que seria incorreta a substituição das opiniões da administração pelas do tribunal, bem como a sindicância da correção das decisões tomadas pela administração de boa-fé. A título de exemplo, apontou as decisões proferidas nos casos *Howard Smith Ltd v Ampol Petroleum Ltd*, de 1974[3027], *Re Smith & Fawcett Ltd*, de 1942[3028], *Re Tottenham Hotspur plc*, de 1994[3029], *Runciman v Walter Runciman plc*, de 1992[3030], e *Devlin v Slough Estates Ltd and others*, de 1983[3031].

Para uma análise deste caso, cfr. *ibidem*, p. 301-303.

É interessante notar ainda a posição do tribunal sobre a obrigação de vigilância inerente ao *duty of care* dos administradores que parece dar continuidade à jurisprudência do século XIX, entre a qual se destaca a decisão proferida no famoso caso *Re Cardiff Savings Bank*, [1892] 2 Ch. 100 (no qual o Marquês de Bute, que foi designado presidente do banco aos seis meses de idade e participou apenas numa reunião do *board* em toda a sua vida, foi considerado não responsável):

> «*for a director acting honestly himself to be held legally liable for negligence, in trusting the officers under him not to conceal from him what they ought to report to him appears to us to be laying too heavy a burden on honest businessmen*».

Este padrão, delineado numa ação de responsabilidade civil de administradores não-executivos, era, já então, manifestamente desadequada para os administradores executivos. Nos anos 1990, com o desenvolvimento dos códigos de bom governo das sociedades, ficou igualmente patente a sua desadequação para os administradores não-executivos. A evolução jurisprudencial para um padrão mais exigente e objetivo, com início na decisão proferida no caso *Dorchester Finance Co. Ltd. v. Stebbing*, [1989] B.C.L.C. 498 (Ch.), e, mais claramente ainda, em *Norman v. Theodore Goddard*, [1991] B.C.L.C. 1028 (Ch.) (o essencial destas decisões referidas pode ser consultado em RAJAK – *Sourcebook...* p. 454-462), acompanhou as alterações legislativas verificadas no Direito da insolvência, em especial, no *Insolvency Act 1986*. A positivação do *duty of care* na secção 174 do *Companies Act 2006* fechou o círculo. DAVIES e WORTHINGTON – *Principles*[9]..., p. 517-518, SEALY e WORTHINGTON – *Cases and materials...* p. 300. Nesta disposição, com epígrafe *"Duty to exercise reasonable care, skill and diligence"*, pode ler-se:

> «*(1) A director of a company must exercise reasonable care, skill and diligence.*
> *(2) This means the care, skill and diligence that would be exercised by a reasonably diligent person with– (a) the general knowledge, skill and experience that may reasonably be expected of a person carrying out the functions carried out by the director in relation to the company, and (b) the general knowledge, skill and experience that the director has*».

O critério subjetivo previsto na alínea (b) aplica-se apenas no sentido da intensificação do critério objetivo e não o inverso. LAW COMMISSION e SCOTTISH LAW COMMISSION – *Company directors: Regulating conflicts of interest and formulating a statement of duties (report)*, 1999, disponível em http://lawcommission.justice.gov. uk/areas/649.htm, p. 49, 51, pontos 5.9-5.20, DAVIES e WORTHINGTON – *Principles*[9]..., p. 517-518, SEALY e WORTHINGTON – *Cases and materials...* p. 300.

[3026] LAW COMMISSION e COMMISSION – *Company directors*, p. 51-53, pontos 5.21-5.29.

[3027] [1974] AC 821, 832 (PC).

[3028] [1942] Ch.304.

[3029] [1994], BCLC 655, 660.

[3030] [1992] BCLC 1084.

[3031] [1983] BCLC 497, 504.

A CONSTRUÇÃO UNITÁRIA DA OBRIGAÇÃO DE VIGILÂNCIA

II. Se, por um lado, se reconhece a relutância dos tribunais na sindicância das decisões da administração[3032], por outro, verifica-se uma densificação dos deveres dos administradores, seja por via legislativa, seja por desenvolvimento jurisprudencial[3033], associado à consagração de um padrão objetivo de diligência.

Segundo DAVIES, os desenvolvimentos da *common law* e a entrada em vigor do *Companies Act 2006* colocaram o *standard of care, skill and diligence* ao nível do exigido pela *law of negligence* noutras áreas da vida em sociedade[3034]. Segundo o autor, aos tribunais caberá um papel mais intenso na definição das funções do *board*, independentemente da sensibilidade dos mesmos face ao *hindsight bias*:

> «*For example, the courts' decisions on the rigour with which the board has to supervise the discharge of delegated tasks will help to define the monitoring role of the board, whilst decisions about whether the audit committee of the board has sufficiently scrutinised the tasks carried out by external auditors will help define the relationships between audit committees, auditors and management*»[3035].

Esta densificação fora há muito (em 1961) reclamada por GOWER:

> «*As the business world comes to expect higher standards, the law should develop in step. What has handicapped legal development so far has been the failure of the courts to recognise that "directing" is becoming a profession with developing standards of expertise*»[3036].

64.3. A problemática na Alemanha antes e depois da decisão *ARAG/Garmenbeck* e da positivação da *business judgment rule* no § 93(1)2 AktG

I. A problemática subjacente à *business judgment rule*, ou seja, a questão da sindicabilidade judicial da conduta dos órgãos societários, é há muito discutida no espaço continental. A questão ganhou, porém, uma nova dimensão com as deci-

---

[3032] CHEFFINS – *Company law...* p. 312-314, FINCH – *Company directors...* p. 189.

[3033] Entre as inovações legislativas destacam-se o *Insolvency Act 1986*, secção 214, o *Company Directors Disqualification Act 1986* e o *Companies Act 2006*, secção 174. Quanto a jurisprudência, *vide* a decisão proferida em *Dorchester Finance Co. Ltd. v. Stebbing*, [1989] B.C.L.C. 498 (Ch.), já referida. Cfr. DAVIES e WORTHINGTON – *Principles*[9]..., p. 523-524, FINCH – *Company directors...* p. 200-201, RILEY – *The company director's duty of care and skill...* p. 698.

[3034] A ser assim, terão sido dados passos na direção do apelo de FINCH – *Company directors...* p. 201:
> «*The case for rethinking the duty of skill and care is clear, as is the need to devise an effective machinery for eliminating directors' incompetence*».

[3035] DAVIES e WORTHINGTON – *Principles*[9]..., p. 523 524.

[3036] Cfr. FINCH – *Company directors...* p. 202.

855

DA ADMINISTRAÇÃO À FISCALIZAÇÃO DAS SOCIEDADES

sões judiciais proferidas na década de 1990[3037] e com o desenvolvimento doutrinário do tema que se lhes seguiu. Este movimento culminou na positivação de
normas que, alegadamente, correspondem à transposição daquela "regra" para
o sistema continental.

2143   No espaço alemão[3038], logo nos trabalhos preparatórios da AktG 1937 foi discutida a possibilidade de se instituir um regime de responsabilidade civil dos
administradores pelos resultados económicos, como contrapeso do reforço das
competências próprias do *Vorstand*, de acordo com o *Führerprinzip*[3039], levando
ao extremo a máxima *keine Herrschung ohne Haftung*. Entendeu-se porém que tal
implicaria uma retração dos administradores face à assunção de riscos considerada desejável ao desenvolvimento da sociedade e da economia[3040]. A questão
continuaria a ser referida na vigência da AktG 1937, mas, face ao regime legal,
havia um consenso no sentido de os administradores não poderem ser responsabilizados pela adoção de riscos na condução da atividade social[3041]. Segundo
WEIPERT, acompanhado depois por MESTMÄCKER, não haveria violação de
dever quando, no momento da sua celebração, o negócio se apresentasse (possi-
velmente ou com natural probabilidade) vantajoso para a sociedade[3042].

[3037] Cfr. THOMAS RAISER – Pflicht und Ermessen von Aufsichtsratsmitgliedern: Zum Urteil des OLG
Düsseldorf im Fall ARAG/Garmenbeck, *Neue Juristische Wochenzeitung*, 49, 1996, p. 552.

[3038] Na investigação subjacente à exposição que segue, partimos da desenvolvida análise do sistema
alemão levada a cabo, entre nós, por PEDRO CAETANO NUNES – *Dever de gestão*.... Para a mesma remetemos
para uma análise mais detalhada deste tema. Dispensamo-nos de referir, a cada passo, onde o tema é
tratado pelo autor.

[3039] Sobre os trabalhos preparatórios da *Aktiengesetz* 1937 e, em particular, sobre o *Führerprinzip*, cfr.
§ 39.11 *supra*.

[3040] KLAUSING – *Gesetz über Akiengesellschaften*... p. 70-71, WERNER SCHUBERT – *Akademie für Deutsches Recht, 1933 – 1945, Protokolle der Ausschüsse*, Frankfurt am Main, Berlin, Bern, Wien: Lang, 1986,
p. 492-494, WERNER SCHUBERT, PETER HOMMELHOFF e WOLFGANG SCHILLING – *Die Aktienrechtsre-
form am Ende der Weimarer Republik*, Berlin: de Gruyter, 1987, p. 190-194, 239-240 e 245, FRANZ SCH-
LEGELBERGER, in FRANZ SCHLEGELBERGER (ed.) – *Aktiengesetz*, 3.ª ed., Berlin: Vahlen, 1939, § 84, n.º 1,
O. WEIPERT, in WILHELM GADOW (ed.) – *Aktiengesetz Kommentar*, Berlin: de Gruyter, 1939, § 84, n.º 15,
BAUMBACH e HUECK – *AktG*[8]..., § 84, n.º 1, ERNST-JOACHIM MESTMÄCKER – *Verwaltung, Konzerngewalt und
Rechte der Aktionäre*, Karlsruhe: C. F. Müller, 1958, p. 211, THOMAS E. ABELTSHAUSER – *Leitungshaftung im
Kapitalgesellschaftsrecht – Zu den Sorgfalts- und Loyalitätspflichten von Unternehmensleitern im deutschen und im
US-amerikanischen Kapitalgesellschaftsrecht*, Köln, Berlin, Bonn, München: Heymann, 1998, p. 146, MARTIN
OLTMANNS – *Geschäftsleiterhaftung und unternehmerisches Ermessen. Die Business Judgment Rule im deutschen
und im amerikanischen Recht*, Frankfurt: Lang, 2001, p. 212-213.

[3041] WEIPERT – *AktG Kommentar*..., § 84, n.º 15, BAUMBACH e HUECK – *AktG*[8]..., § 84, n.º 4, MESTMÄCKER –
Verwaltung... p. 213. Esta perspetiva, aliás, manter-se-ia na vigência da *Aktiengesetz* 1965. Cfr. neste sentido,
v.g., JOACHIM MEYER-LANDRUT, in CARL HANS BARZ (ed.) – *Aktiengesetz Grosskommentar*, 3.ª ed., Berlin:
de Gruyter, 1970, § 111, n.º 3.

[3042] WEIPERT – *AktG Kommentar*..., § 84, n.º 15, MESTMÄCKER – *Verwaltung*... p. 213.

A CONSTRUÇÃO UNITÁRIA DA OBRIGAÇÃO DE VIGILÂNCIA

Já em 1954, Baumbach sustentava que o *Aufsichtsrat*, na sua tarefa de vigilân-   2144
cia, devia aferir não só da legalidade (*Rechtmäßigkeit*), mas também da adequação (*Zweckmäßigkeit*) e da "economicidade" (*Wirtschaftlichkeit*) da conduta do
Vorstand, mas devia respeitar, porém, a margem de discricionariedade deste[3043].
Acrescentaria Mestmäcker, em 1958, na contraposição face à *business judgment
rule* norte-americana[3044], que também no Direito alemão a decisão discricionária do administrador conforme ao dever (*pflichtgemäße Ermessensentscheidung*)
não podia ser avaliada *ex post* em função de resultados económicos positivos ou
negativos[3045].

II. A discussão manter-se-ia face à AktG 1965[3046], afirmando-se que o risco   2145
empresarial deveria correr por conta da sociedade e não dos administradores, e

---

[3043] Baumbach e Hueck – *AktG*8..., § 95, n.º 2, ideia que seria retomada, *v.g.*, por Semler – *Die
Überwachungsaufgabe...* p. 68-72, o qual acrescentaria a aferição da "regularidade" (*Ordnungsmäßigkeit*).
[3044] Mestmäcker – *Verwaltung...* p. 130-131.
[3045] *Ibidem*, p. 213.
[3046] Quanto ao fundamento da margem de discricionariedade, Wolfgang Hefermehl, in Ernst
Gessler, et al. (eds.) – *Aktiengesetz Kommentar*, 2 – §§ 76-147, München: Vahlen, 1974, § 76, n.º 14,
p. 20-21, Hommelhoff – *Die Konzernleitungspflicht...* p. 168 ss., Mertens – *Kölner Komm. AktG*2...,
§ 76, n.os 10 ss., Raiser – *Pflicht und Ermessen...* p. 552-553 e Peter Kindler – Unternehmerisches
Ermessen und Pflichtenbindung: Voraussetzungen und Geltendmachung der Vorstandshaftung in
der Aktiengesellschaft, *Zeitschrift für das gesamte Handelsrecht und Wirtschaftsrecht*, 162, 1998, p. 104-107,
por exemplo, apontam o § 76(1) AktG. Na medida em que ao *Vorstand* cabe a direção da sociedade *sob
responsabilidade própria*, deve este decidir, fazendo uso de uma "discricionariedade de direção" entre
várias possibilidades de atuação. Esta liberdade empresarial do *Vorstand* é, nas palavras de Kindler,
normativamente delimitada pela cláusula geral "incolor" (*farblosen*) do § 93(1) AktG. Neste sentido,
explica Roth – *Unternehmerisches Ermessen*, p. 8 que o conceito de "discricionariedade empresarial"
descreve a interseção entre o poder de direção e o dever de diligência (*Schnittstelle von Leitungsbefugnis
und Sorgfaltspflicht*), sendo o primeiro concretizado pelo segundo, delimitando possibilidades de atuação
e riscos de responsabilidade. Nessa medida, sustenta Kindler – *Unterehmerisches Ermessen...* p. 104, o
BGH andou bem no acórdão "*ARAG/Garmenbeck*" (BGH 21-abr.-1997, *BGHZ* 135, 244), ao enquadrar
a discricionariedade empresarial nos critérios de licitude, recusando a construção de Klaus J. Hopt –
"Die Haftung von Vorstand und Aufsichtsrat: Zugleich ein Beitrag zur corporate governance-Debatte",
in *Festschrift für Ernst-Joachim Mestmäcker: zum siebzigsten Geburtstag*, Baden-Baden: Nomos, 1996, p. 920,
de uma "violação de dever livre de responsabilidade" (*haftungsfreien Pflichtverletzung*). A atuação
compreendida nos limites da discricionariedade é uma atuação normativamente permitida. Roth –
*Unternehmerisches Ermessen und Haftung des Vorstands: Handlungsspielräume und Haftungsrisiken insbesondere
in der wirtschaftlichen Krise*, p. 9. Cfr. também Walter Paefgen – *Unternehmerische Entscheidungen und
Rechtsbindung der Organe in der AG*, Köln: O. Schmidt, 2002, em especial, p. 9-16, que vê no § 76(1) AktG
1965 não só uma competência, mas também um poder-dever de direção da empresa, cujo conteúdo é
determinado pela bitola de diligência do gestor ordenado e consciencioso prevista no § 93(1) AktG.

DA ADMINISTRAÇÃO À FISCALIZAÇÃO DAS SOCIEDADES

que a assunção de riscos é essencial à prossecução de soluções inovadoras e ao sucesso económico[3047].

2146 Assim, no sistema alemão, a responsabilidade sempre dependeria da aferição da violação de um dever e de culpa no caso concreto. Para tanto seria necessário concretizar a bitola resultante dos §§ 93(1) e 76(1) AktG, atendendo ao objeto social e à necessária prossecução do lucro, bem como, para autores como SEMLER e SCHILLING[3048], aos interesses de diversos sujeitos envolvidos na empresa[3049].

2147 Desde cedo, porém, a doutrina se confrontou com as dificuldades inerentes a uma tal concretização. KRIEGER, por exemplo, considerando que do conceito de *Unternehmensinteresse* não é possível extrair diretrizes de atuação no caso concreto, defende um controlo meramente *procedimental* das decisões empresariais. O controlo *substantivo* seria limitado às decisões completamente indefensáveis (*schlechterdings unvertretbaren*)[3050].

2148 HOMMELHOFF qualifica os casos extremos em que é admissível um controlo do conteúdo da decisão como sendo aqueles em que os riscos são absolutamente

---

[3047] Assim, *v.g.*, HANS-JOACHIM GOLLING – *Sorgfaltspflicht und Verantwortlichkeit der Vorstandsmitglieder für ihre Geschäftsführung innerhalb der nicht konzerngebundenen Aktiengesellschaft*, Köln: Wienand, 1968, p. 32-34, sustentando que, não sendo o administrador um empresário, o mesmo não pode ser civilmente responsável pelo resultado de decisões arriscadas tomadas no exercício do seu cargo, até porque, em regra, não lhe é possível antever todos os possíveis efeitos das suas decisões. Um entendimento diverso limitaria a sua capacidade decisória e a sua iniciativa empresarial. No mesmo sentido, logo em 1970, MERTENS – *Kölner Komm. AktG²...*, § 76, n.ºˢ 7, 32. ERNST GESSLER – Die Haftung des Vorstandes für wirtschaftliche Fehlentscheidungen, *Neue Betriebswirtschaft*, 2, 1972, p. 15-16, 19-20, acrescentaria que não existe atividade económica sem risco, sem prejuízo de constituir violação de dever a assunção de riscos que ponham em causa a subsistência da sociedade ou que sejam desproporcionais face aos benefícios esperados.
O risco decorreria, sobretudo, do facto de as decisões empresariais terem por base juízos de prognose sobre circunstâncias futuras, sendo manifesta a tendência de distorção retrospetiva, numa avaliação *ex post*, das probabilidades *ex ante* da ocorrência de determinadas consequências (*hindsight bias*). Cfr., *v.g.*, HEFERMEHL – *AktG Kommentar...*, § 76, n.º 14, p. 20-21, § 93, n.º 10, p. 274-275.

[3048] SEMLER – *Die Überwachungsaufgabe...* p. 50-67 e WOLFGANG SCHILLING – Das Aktienunternehmen, *Zeitschrift fur das gesamte Handelsrecht und Wirtschaftsrecht*, 144, 1980, p. 143-144.

[3049] Na contraposição do sistema alemão ao sistema norte-americano, GROSSFELD – *Aktiengesellschaft...* p. 217, 299 conclui que o primeiro é potencialmente mais severo, por assentar na culpa leve, podendo limitar a disponibilidade dos administradores para assumir riscos, caso se verificasse um aumento do número de ações de responsabilidade civil contra administradores. Defendia, portanto, uma intervenção do legislador no sentido de condicionar a legitimidade dos acionistas para intentar ações de responsabilidade civil, limitando-a a casos de negligência grosseira ou dolo.

[3050] GERD-WERNER KRIEGER – *Personalentscheidungen des Aufsichtsrats*, Köln, Berlin, Bonn, München: Heymann, 1981, p. 22-30. Cfr. também, a propósito da responsabilidade do *Aufsichtsrat* e analisando também o potencial da *business judgment rule* norte-americana na concretização do § 93(1)1 AktG, STEFAN MUTTER – *Unternehmerische Entscheidungen und Haftung des Aufsichtsrats der Aktiengesellschaft*, Köln: O. Schmidt, 1994, p. 178-199, 206-230.

A CONSTRUÇÃO UNITÁRIA DA OBRIGAÇÃO DE VIGILÂNCIA

desproporcionais face às possíveis vantagens da decisão[3051]. Segundo o autor, a solução não poderia ser outra, dado que aos administradores não se exige a conduta do empresário *médio* colocado na situação em causa, mas sim algo de original, inovador. Assim, conclui: a bitola de comparação com o gestor ordenado e consciencioso não serve para determinar a conduta dos administradores; o regime da sua responsabilidade civil permite apenas uma limitação marginal da autonomia de direção[3052].

Diversamente, ainda em 1996, RAISER sublinhava que, face aos desenvolvimentos verificados ao nível da responsabilidade dos médicos, advogados e gestores de património alheio, não havia razão para manter a responsabilidade dos membros dos órgãos sociais à margem de um tal desenvolvimento sistemático. Os casos de má gestão que então se sucediam a tanto exigiam, não sendo necessária nenhuma alteração da lei para o efeito. Segundo o autor, a necessária discricionariedade é delimitada pelos deveres fiduciários de lealdade e de diligência, inerentes à gestão de um património alheio. Afirmava RAISER ser necessário alcançar um "equilíbrio praticável" entre a liberdade de decisão e a vinculação dos órgãos sociais[3053].

2149

III. A questão ganhou relevo com o acórdão *ARAG/Garmenbeck*, datado de 21 de abril de 1997[3054], no qual o BGH tomou posição sobre o sentido da discricionariedade empresarial tanto do *Vorstand* como do *Aufsichtsrat* (neste caso, no contexto da decisão sobre a propositura de ações de responsabilidade civil contra membros do *Vorstand*).

2150

Segundo o tribunal, em princípio, só o *Vorstand* goza de discricionariedade relativa à "tarefa de gestão" (*Führungsaufgabe*). O *Aufsichtsrat* goza de uma margem de discricionariedade apenas nas tarefas de gestão que lhe são legalmente imputadas, como sejam a nomeação e a destituição de membros do *Vorstand* (§ 84(1) e (3) AktG) e a autorização para a prática de determinados atos (§ 111(4)2 AktG). Só nestes casos se poderia considerar participar o *Aufsichtsrat* na atividade empresarial do *Vorstand*, no sentido de um "controlo preventivo" (*präventiven Kontrolle*)[3055].

2151

[3051] HOMMELHOFF – *Die Konzernleitungspflicht...* p. 171-175. No mesmo sentido, MERTENS – *Kölner Komm. AktG²...*, § 93, n.os 29, 48.

[3052] Cfr. HOMMELHOFF – *Die Konzernleitungspflicht...* p. 174-175.

[3053] RAISER – *Pflicht und Ermessen...* p. 553.

[3054] BGH 21-abr.-1997, *BGHZ* 135, 244.

[3055] A limitação da margem de discricionariedade do *Aufsichtsrat* às matérias de controlo preventivo foi desde cedo criticada, *v.g.*, por MEINRAD DREHER – Anmerkung zu *BGHZ* 135-244 – ARAG/Garmenbeck, *Juristenzeitung*, 52:21, 1997, p. 1074-1076, para quem todas as decisões deste órgão envolvem a ponderação do interesse da sociedade e discricionariedade empresarial.

DA ADMINISTRAÇÃO À FISCALIZAÇÃO DAS SOCIEDADES

2152   Em particular, considerou o BGH que a decisão relativa à propositura de ações de responsabilidade civil contra membros do *Vorstand* seria vinculada, por constituir parte da sua atividade de "vigilância retrospetiva" (*nachträglichen Überwachungstätigkeit*), cujo propósito é incentivar o *Vorstand* a cumprir os seus deveres e evitar danos à sociedade[3056]. Sendo a sua decisão vinculada exclusivamente ao bem da sociedade, só excecionalmente poderia o *Aufsichtsrat* abster-se de fazer uso dos meios processuais adequados à obtenção da reparação dos danos causados à sociedade[3057].

2153   Acrescentou ainda que a decisão do *Aufsichtsrat* sobre a responsabilização de um membro do *Vorstand* requer a prévia determinação dos elementos de facto e de direito do *Tatbestand* da norma que fundamenta a pretensão de indemnização, bem como uma análise dos riscos processuais inerentes e da exequibilidade da decisão (*i.e.*, a possibilidade de obter ressarcimento dos danos através do património do devedor). Esta análise, segundo o BGH, é plenamente sindicável, por se tratar de uma questão cognitiva e não volitiva[3058].

2154   Em termos entretanto muito citados, afirma ainda que

«Na sua apreciação sobre se os factos apurados justificam a imputação ao conselho de administração de uma conduta ilícita e culposa, deve o *Aufsichtsrat* tomar em consideração que ao *Vorstand* deve ser reconhecida uma ampla margem de atuação na direção dos negócios da empresa societária, sem a qual uma atividade empreendedora simplesmente não é concebível»[3059].

[3056] Quanto a este ponto, o BGH cita RAISER – *Pflicht und Ermessen...* p. 552, 554.

[3057] Assim, por exemplo, quando a ação de responsabilidade civil seja prejudicial para a atividade ou para a reputação da sociedade, interfira com o ambiente de trabalho na sociedade e, em particular, no *Vorstand*. Expressamente excluídas estão considerações não relacionadas com o bem da sociedade, como sejam a proteção do membro do *Vorstand* ou as possíveis consequências sociais da ação para o mesmo e para a sua família. Excecionalmente, porém, tais circunstâncias podem ser tomadas em consideração, quando, por um lado, não seja severa a violação do dever e seja pequeno o dano da sociedade, e, por outro, a responsabilização do membro do *Vorstand* possa ter consequências drásticas para o mesmo. *BGHZ*, 135, 244, 254-256. Apesar de o BGH não o referir, estas considerações podem ser enquadradas nos termos gerais do abuso de direito, em particular, na modalidade de desequilíbrio no exercício. Cfr., entre nós, por todos, MENEZES CORDEIRO – *Tratado*, 5..., p. 341-350.

[3058] Só de forma limitada se pode reconhecer uma margem de apreciação (*Beurteilungsspielraum*). Segundo o tribunal, a questão da discricionariedade de atuação (*Handlungsermessens*) só se coloca entre diferentes alternativas de ação. Cfr. sobre este ponto, KINDLER – *Unterehmerisches Ermessen...* p. 108-114, 118-119, afirmando, tal como o tribunal, que a conduta do *Aufsichtsrat* é de teor cognitivo e não volitivo (logo, excluindo a discricionariedade). O autor admite, contudo, alguma margem de discricionariedade nas decisões do *Aufsichtsrat* relativamente à sua intervenção no contexto da sua atividade de vigilância.

[3059] *BGHZ* 135, 244, 253. No original:

«*Bei seiner Beurteilung, ob der festgestellte Sachverhalt den Vorwurf eines schuldhaft pflichtwidrigen Vorstandsverhaltens rechtfertigt, hat der Aufsichtsrat zu berücksichtigen, daß dem Vorstand bei der Leitung der*

A CONSTRUÇÃO UNITÁRIA DA OBRIGAÇÃO DE VIGILÂNCIA

Explicou o tribunal que, para além de o *Vorstand* dever assumir consciente-mente riscos na condução dos negócios da sociedade, existe um risco de apre-ciações e estimativas erradas (*Fehlbeurteilungen* ou *Fehleinschätzungen*) a que qual-quer gestor está exposto, por mais diligente que seja[3060]. Assim, segundo o BGH, só pode reconhecer-se um dever de indemnização:

(i) quando tenham sido claramente ultrapassados os limites dentro dos quais deve atuar um administrador consciencioso, orientado exclusi-vamente pelo bem da empresa, com cuidadosa averiguação dos funda-mentos da decisão na atuação empresarial,

(ii) quando seja irresponsavelmente grande a disposição para assumir riscos empresariais[3061], ou

(iii) quando a conduta do *Vorstand* deva ser considerada uma violação do dever por outras razões[3062].

Geschäfte des Gesellschaftsunternehmens ein weiter Handlungsspielraum zugebilligt werden muß, ohne den eine unternehmerische Tätigkeit schlechterdings nicht denkbar ist».
Como refere Hopt – *AktG Großkommentar*[4]..., § 93, n.ºs 81-82, em muitos casos não existe apenas uma alternativa de ação admissível, em especial quando estão em causa circunstâncias futuras cuja necessária ponderação implica uma decisão sob incerteza. Aos administradores exige-se a assunção de riscos empresariais em nome da sociedade, na prossecução do seu sucesso económico, balizados por um juízo de adequação face aos benefícios esperados. O limite, segundo o autor, é o perigo de continuidade da sociedade, mas mesmo este pode ser ultrapassado quando asim o exija a permanência no mercado.

[3060] O BGH sugere que, quando o *Aufsichtsrat* considere que o *Vorstand* não tem a habilidade necessária para liderar a sociedade, deve substitui-lo, ainda que tal não fundamente uma pretensão de responsabilidade civil.

[3061] De acordo com Hartwig Henze – Prüfungs- und Kontrollaufgaben des Aufsichtsrates in der Aktien-gesellschaft: Die Entscheidungspraxis des Bundesgerichtshofes, *Neue Juristische Wochenzeitung*, 51, 1998, p. 3010-3011, juíz do *2. Zivilsenat*, uma medida é "irresponsável" quando seja simplesmente "injustificá-vel" (*nicht zu rechtfertigen ist*) ou "inaceitável por um comerciante responsável e racional". Segundo Peter Ulmer – Die Aktionärsklage als Instrument zur Kontrolle des Vorstands- und Aufsichtsratshandelns, *Zeitschrift fur das gesamte Handelsrecht und Wirtschaftsrecht*, 163, 1999, p. 298-299, esta conceção do BGH é mais restritiva do que a do Direito norte-americano, que, nos termos do *waste test*, considera apenas o "desperdício" de bens da sociedade sem adequada contrapartida.

[3062] Nas palavras do BGH, *BGHZ* 135, 253-254:
«Eine Schadenersatzpflicht (...) kann erst in Betracht kommen, wenn die Grenzen, in denen sich ein von Verantwortungsbewußtsein getragenes, ausschließlich am Unternehmenswohl orientiertes, auf sorgfältiger Ermittlung der Entscheidungsgrundlagen beruhendes unternehmerisches Handeln bewegen muß, deutlich überschritten sind, die Bereitschaft, unternehmerische Risiken einzugehen, in unverantwortlicher Weise überspannt worden ist oder das Verhalten des Vorstands aus anderen Gründen als pflichtwidrig gelten muß».
De acordo com a tradução de Pedro Caetano Nunes – *Dever de gestão...* p. 378:
«a responsabilidade dos directores deve ser equacionada quando sejam nitidamente ultrapassados os limites dentro dos quais se deve mover um director consciencioso, orientado exclusivamente em prol da empresa e que actue baseado numa cuidadosa averiguação dos fundamentos da decisão empresarial, quando seja irresponsavelmente exagerada a disposição de assumir riscos empresariais ou quando a conduta de um director seja por qualquer outro motivo desconforme aos seus deveres».

DA ADMINISTRAÇÃO À FISCALIZAÇÃO DAS SOCIEDADES

2156   IV. Na sequência desta decisão e daqueloutra relativa ao caso *Siemens/Nold*, do mesmo ano[3063], intensificou-se o debate doutrinário sobre a discricionariedade do *Vorstand* na condução dos destinos da *Aktiengesellschaft*, com forte influência do Direito norte-americano[3064]. Particularmente interessante para efeitos deste estudo é a discussão sobre o enquadramento dogmático da decisão, na qual se destacam duas correntes: por um lado, aquela que configura a posição do BGH como uma exclusão de responsabilidade civil, com os mesmos critérios da *business judgment rule* norte-americana[3065], e, por outro, aqueloutra que vê nesta posição uma delimitação do dever dos administradores[3066]. A discricionariedade aparecia então definida ora como um privilégio de irresponsabilidade[3067], ora como a possibilidade de escolha entre várias condutas alternativas[3068].

2157   Eram então frequentes as afirmações de que o regime alemão conferia um menor espaço de discricionariedade do que o regime norte-americano[3069], sem prejuízo de os aspetos centrais da *business judgment rule* relevarem no Direito alemão, tal como reconheceu o BGH no caso *ARAG/Garmenbeck*. Entre estes

---

[3063] BGH 23-jun.-1997, *BGHZ* 136, 133.

[3064] Cfr., *v.g.*, HOLGER FLEISCHER – "Die „Business Judgment Rule" im Spiegel von Rechtsvergleichung und Rechtsökonomie", in *Festschrift für Herbert Wiedemann zum 70. Geburtstag*, München: Beck, 2002, p. 829-832.

[3065] Cfr., *v.g.*, NORBERT HORN – Die Haftung des Vorstands der AG nach § 93 AktG und die Pflichten des Aufsichtsrats, *Zeitschrift für Wirtschaftsrecht*, 18:26, 1997, p. 1131-1135, 1139, afirmando a exclusão da responsabilidade quando o administrador tenha atuado com base em informação suficiente e sem conflitos de interesses e a decisão seja defensável.

[3066] Cfr., *v.g.*, KINDLER – *Unterehmerisches Ermessen...* p. 104-107. De acordo com esta conceção, o administrador que adote um risco empresarial defensável atua em conformidade com o seu dever, tal como moldado pela "tarefa de direção" estabelecida pelo § 76(1) AktG – fundamento da discricionariedade empresarial a partir do qual se podem desenvolver indicações positivas ou, como formula MERTENS – *Kölner Komm. AktG²...*, § 76, n.º 22 (cfr. também SEMLER – *Leitung und Überwachung²...*, n.º 73), pontos de vista orientadores de discricionariedade –, e pelos deveres de obtenção de informação e de não adoção de riscos irresponsáveis decorrentes do § 93(1) AktG, por deveres legais específicos, como os previstos no § 93(3) AktG, e pelo dever de lealdade. Do § 93(2)1 AktG resulta, literalmente, que os membros do *Vorstand* respondem civilmente pelas violações de dever, pelo que, segundo KINDLER, *de lege lata* não há espaço para um grupo de determinadas violações de dever isentas de responsabilidade civil, nos termos referidos por HOPT – *Die Haftung von Vorstand und Aufsichtsrat...* p. 920.

[3067] Cfr., *v.g.*, LUTTER – *Interessenkonflikte...* p. 248-249, PAEFGEN – *Unternehmerische Entscheidungen...* p. 222-224, 228.

[3068] Neste sentido, cfr., *v.g.*, ROTH – *Unternehmerisches Ermessen*, p. 8-9, 33, 40-56, 74.

[3069] Cfr., *v.g.*, ULMER – *Die Aktionärsklage...* p. 298-299.

A CONSTRUÇÃO UNITÁRIA DA OBRIGAÇÃO DE VIGILÂNCIA

destacavam-se os problemas da delimitação dos deveres de obtenção de informação[3070] e de limitação dos riscos empresariais[3071].

No centro da discussão e do diálogo com a doutrina e jurisprudência norte-americanas estava também o *critério da sindicabilidade judicial* das decisões dos administradores. Segundo a doutrina dominante, a decisão que fosse "defensável" (*vertretbar*) não deveria ser posta em causa[3072]. Em sentido divergente, ROTH entendia que as condutas da administração não podiam ser todas sindicadas de acordo com a mesma bitola: perante deveres específicos que admitissem alguma margem de discricionariedade, seria aplicável o tal critério de "defensabilidade" (*Vertretbarkeit*); perante o dever de diligência, o critério não poderia ser restritivo, devendo aplicar-se uma bitola de "irresponsabilidade" (*Unverantwortlichkeit*), situada entre a defensabilidade e a arbitrariedade[3073]. A mesma preocupação de não restrição da discricionariedade empresarial dos administradores está patente na posição de OLTMANNS que, estabelecendo um paralelo face ao *any rational business purpose test* norte-americano, defende a aplicação de uma bitola de "compreensibilidade" (*Nachvollziehbarkeit*)[3074] à assunção de riscos empresariais: só constituiria fundamento de responsabilidade a adoção

2158

[3070] Quanto a este ponto, discutiam-se os argumentos – em pólos diametralmente opostos – da necessidade de fundamentação das decisões para evitar processos irracionais ou emocionais, e da necessidade de evitar a excessiva burocratização da vida societária. Face a estes argumentos, deveriam os administradores ponderar, *in casu*, os custos e benefícios da obtenção de informação adicional, bem como a pressão decorrente dos constrangimentos temporais. OLTMANNS – *Geschäftsleiterhaftung*, p. 277-284, 301-302, ROTH – *Unternehmerisches Ermessen*, p. 80-86.

[3071] Assim, *v.g.*, HOPT e ROTH – *AktG Großkommentar*[4]..., § 93, n.ºs 82 e 109, sustentavam a existência de um dever de limitação de riscos em função de critérios de proporcionalidade ou de adequação face aos benefícios esperados, e discutirem se o perigo de sobrevivência da empresa constituiria ou não um limite à assunção de riscos empresariais. Em sentido contrário, *v.g.*, OLTMANNS – *Geschäftsleiterhaftung*, p. 243-277 afirmava, por um lado, ser difícil a prognose das possíveis vantagens e, logo, a concretização de um critério de proporcionalidade no caso concreto, e, por outro, competir ao *Vorstand*, e não aos tribunais, a definição do grau adequado de exposição ao risco. Para melhor sustentar a sua posição, o autor apresenta três exemplos, também analisados, entre nós, por PEDRO CAETANO NUNES – *Dever de gestão...* p. 386-387, (i) a decisão de exploração de uma central nuclear implica o risco de acidente nuclear que, a verificar-se, poria seguramente em causa a sobrevivência da empresa; (ii) numa *start-up*, o lançamento de um qualquer produto constitui um risco de sobrevivência da empresa que se concretizará se o produto não for aceite pelo mercado; e (iii) numa empresa com dificuldades financeiras, em risco de insolvência, devem permitir-se mudanças estratégicas, com risco de sobrevivência da empresa.

[3072] Cfr., *v.g.*, UWE HÜFFER – "Das Leitungsermessen des Vorstands in der Aktiengesellschaft", in *Festschrift für Thomas Raiser zum 70. Geburstag am 20. Februar 2005*, Berlin: de Gruyter, 2005, p. 177-201, KRIEGER – *Personalentscheidungen...* p. 22-30, ANDREA LOHSE – *Unternehmerisches Ermessen*, Tübingen: Mohr Siebeck, 2005, p. 51-57.

[3073] ROTH – *Unternehmerisches Ermessen und Haftung des Vorstands: Handlungsspielräume und Haftungsrisiken insbesondere in der wirtschaftlichen Krise*, p. 54-55, 105-106.

[3074] Segundo tradução de PEDRO CAETANO NUNES – *Dever de gestão...* p. 387.

DA ADMINISTRAÇÃO À FISCALIZAÇÃO DAS SOCIEDADES

de riscos que não tivesse qualquer justificação plausível[3075]. No polo oposto, Paefgen rejeitava então a limitação da responsabilidade dos administradores aos
casos mais graves de violação do dever de direção, por considerar não ser compatível com o regime de *omnis culpa* previsto no § 93(1) AktG. A discricionariedade
seria então vinculada pela ordenação finalística da decisão empresarial[3076].

2159   V. Particularmente relevante para o presente estudo foi a discussão mantida
em torno da discricionariedade do *Aufsichtsrat*. Antes da decisão do BGH no
caso *ARAG/Garmenbeck* (de 1997), Dreher[3077] defendeu o reconhecimento de
uma "discricionariedade de vigilância", precisamente no contexto de decisões
do *Aufsichtsrat* sobre ações de responsabilidade civil contra membros do *Vorstand*. Esta posição, que seria acompanhada pelo OLG Dusseldorf, foi expressamente rejeitada pelo BGH no caso *ARAG/Garmenbeck*, como vimos antes.

2160   Esta posição da jurisprudência superior tudesca seria depois acompanhada
e desenvolvida, *v.g.*, por Kindler que distingue entre a tarefa de direção
(*Leitungsaufgabe*) e a tarefa de vigilância (*Überwachungsaufgabe*) do *Aufsichtsrat*.
Segundo o autor, o *Aufsichtsrat* desenvolve, antes de mais, uma atividade
vinculada (*pflichtengebundene*) de vigilância *ex post* da atividade de gestão do
Vorstand (§111(1) AktG), mas participa também no desenvolvimento da função
de direção do *Vorstand*.

2161   Para além da designada "competência de pessoal" (*Personalkompetenz*), relativa à nomeação e destituição dos membros do *Vorstand* (§ 84 AktG), enunciada
como exemplo no acórdão *ARAG/Garmenbeck*, e a "reserva de consentimento"
(*Zustimmungsvorbehalt*, § 111(4) AktG), podem ainda apontar-se outros exemplos: o consentimento para a distribuição antecipada de dividendos (§ 59(3)
AktG), a aprovação das contas anuais (§ 172 AktG) e a alocação de uma parte
dos resultados a reservas (§ 58(2) AktG), as decisões sobre as condições de distribuição de ações e a exclusão do direito de preferência no aumento de capital
autorizado (§ 204(1) AktG), bem como a colaboração no exercício de direitos de participação em sociedades filhas sujeitas ao regime de codeterminação
(§ 32 MitbestG 1976 e § 15 MitbestErgG 1956). Segundo o autor,

> «Nesta área, *Vorstand* e *Aufsichtsrat* trabalham lado a lado, tal como um
> parlamento com um verdadeiro sistema de duas câmaras ou de colaboração
> entre *Bundestag* e *Bundesrat*, na aprovação de leis sujeitas a consentimento do
> *Bundesrat* (cfr. art. 77(2) GG)».

[3075] Oltmanns – *Geschäftsleiterhaftung und unternehmerisches*, p. 243-277.
[3076] Paefgen – *Unternehmerische Entscheidungen...* p. 134-150.
[3077] Dreher – *Das Ermessen...* p. 614, 621-622, 637 ss.

A CONSTRUÇÃO UNITÁRIA DA OBRIGAÇÃO DE VIGILÂNCIA

Assim, conclui, nestes aspetos, *Vorstand* e *Aufsichtsrat* partilham, na mesma 2162
medida, a discricionariedade empresarial imanente à tarefa de direção. Caso
contrário, a aplicação de um critério mais restritivo ao *Aufsichtsrat* limitaria indiretamente o espaço de liberdade do *Vorstand*.

Pelo contrário, no âmbito da tarefa de vigilância do *Aufsichtsrat*, KINDLER 2163
parece reconhecer apenas a chamada "vigilância retrospetiva", face à qual
defende inexistir um espaço de discricionariedade, por não constituir uma atividade empresarial (contrariamente ao defendido por DREHER, mas de acordo
com o sustentado pelo BGH). Nesta, explica o autor, não está em causa a participação do *Aufsichtsrat* em decisões discricionárias, mas apenas o seu controlo,
pelo que não se lhe pode reconhecer o mesmo nível de discricionariedade que
é conferido ao *Vorstand*. Tendo por objeto a verificação e reação a violações de
dever pelo *Vorstand*, estender-se-ia a atos já praticados, sendo por isso, segundo
KINDLER, claramente distinta da participação em decisões empresariais, baseadas em previsões sobre desenvolvimentos futuros em cenários de incerteza[3078].

VI. O debate doutrinário desenvolvido na sequência da decisão *ARAG/* 2164
Garmenbeck, com forte influência da discussão norte-americana sobre a *business
judgment rule*[3079], culminou na introdução de uma nova frase no § 93(1) AktG[3080]

[3078] KINDLER – *Unterehmerisches Ermessen...* p. 108-111. Em particular, a decisão de propositura de uma ação
de responsabilidade civil contra membros do *Vorstand* – que o autor enquadra na vigilância retrospetiva –
seria vinculada: na sequência da sua avaliação da conduta do *Vorstand*, tendo concluído pela existência de
danos à sociedade e demais requisitos de responsabilidade civil, deve, em regra, nos termos do § 93(4)
AktG, propor uma ação de responsabilidade civil contra os membros daquele órgão para ressarcimento
da sociedade. O fundamento, afirma, decorre § 93(4)2 AktG, segundo o qual a responsabilidade dos
membros do *Vorstand* não é excluída pela aprovação da sua conduta pelo *Aufsichtsrat*. Em termos práticos,
a admissão da discricionariedade do *Aufsichtsrat* nesta matéria contrariaria o disposto nesta disposição.
Note-se que, inclusivamente, o § 93(4)(3) AktG dificulta uma renúncia à pretensão por parte do
Aufsichtsrat (em representação da sociedade, § 112 AktG), sujeitando-a a autorização da assembleia geral
e ao decurso de um prazo de três anos após o nascimento da pretensão.
Segundo KINDLER, a vigilância não se esgota na identificação de comportamentos faltosos. Contrariamente ao *Abschlussprüfer* (cfr. §§ 317(1)2, 321(1)2 HGB), o *Aufsichtsrat* deve também, com base no seu
exame *de facto* e *de iure*, intervir e corrigir as irregularidades detetadas (acompanhando SEMLER – *Leitung
und Überwachung*[2]..., n.º 99), assim cumprindo o papel que historicamente lhe foi imputado, enquanto
defensor dos interesses dos acionistas. KINDLER – *Unterehmerisches Ermessen...* p. 109-110.
[3079] A exposição de motivos da UMAG estabelece precisamente o paralelo com tal discussão e com o acórdão
ARAG/Garmenbeck. Cfr. Entwurf eines Gesetzes zur Unternehmensintegrität und Modernisierung
des Anfechtungsrechts ("Regierungsentwurf UMAG"), p. 21-22. Disponível online em http://www.
kapitalmarktrecht-im-internet.eu/de/Rechtsgebiete/Gesellschaftsrecht/Artikelgesetze/77/UMAG.
htm (consultado em 15/11/2011).
[3080] Em 1999, ULMER – *Die Aktionärsklage...* p. 299 apresentou uma sugestão de aditamento de uma frase
no § 93(2) AktG:

DA ADMINISTRAÇÃO À FISCALIZAÇÃO DAS SOCIEDADES

pela *Gesetz zur Unternehmensintegrität und Modernisierung des Anfechtungsrechtes* ("UMAG"), de 22 de setembro de 2005:

«Não existe violação de dever quando o membro do *Vorstand*, numa decisão empresarial, podia razoavelmente supor que atuava com base em informação adequada para o bem da sociedade»[3081].

«*Eine Pflichtverletzung liegt nicht vor, wenn der Schaden durch unternehmerisches Handeln im Interesse der Gesellschaft auf der Grundlage angemessener Informationen verursacht wurde, auch wenn dieses Handeln sich aufgrund späterer Entwicklungen oder Erkenntnisse als für die Gesellschaft nachteilig erweist*».

Em português:

«Não existe uma violação de dever se os danos foram causados por uma atuação empresarial, no interesse da sociedade, com base em informação adequada, ainda que tal atuação se mostre prejudicial à sociedade, face a desenvolvimentos ou conhecimentos posteriores».

Esta proposta foi acolhida na deliberação do 63. *Deutscher Juristentag* e recomendada pela Comissão Governamental sobre o Governo das Sociedades (*Corporate Governance Regierungskommission*), dando depois origem a uma primeira proposta de codificação que previa o aditamento de uma frase ao § 93(1) AktG:

«*Eine Pflichtverletzung liegt nicht vor, wenn das Vorstandsmitglieder bei einer unternehmerischen Entscheidung ohne grobe Fahrlässigkeit annehmen durfte, auf der Grundlage angemessener Information zum Whole der Gesellschaft zu handeln*».

Em português:

«Não existe uma violação de dever quando o membro do *Vorstand*, numa decisão empresarial, sem negligência grosseira, com base em informação adequada, podia assumir que atuava para o bem da sociedade».

Cfr. PETER ULMER – Haftungsfreistellung bis zur Grenze grober Fahrlässigkeit bei unternehmerischen Fehlentscheidungen von Vorstand und Aufsichtsrat?: Kritische Bemerkungen zur geplanten Kodifizierung der business judgment rule im UMAG-Entwurf (§ 93 Abs. 1 Satz 2 AktG), *Der Betrieb*, 57:16, 2004, p. 859, bem como a primeira versão do *Regierungsentwurf UMAG*, de janeiro de 2004 (supra nota 3079). Como explica PEDRO CAETANO NUNES – *Dever de gestão...* p. 399, a referência ao conceito de negligência grosseira (*große Fahrlässigkeit*) neste projeto de codificação sofreu críticas, por colidir com a regra da responsabilidade por *omnis culpa* e com a bitola geral de diligência, por implicar a importação de elementos de culpa para a definição da conduta violadora do dever e por implicar excessiva limitação da responsabilidade dos diretores. Foi ainda criticada a perspetiva subjetiva na avaliação do processo de obtenção de informação, bem como a ausência de uma qualquer referência à não existência de conflitos de interesses. Por fim, foi atacada a colocação sistemática no § 93(1), relativo ao dever de vigilância, em vez do § 93(2) relativo à responsabilidade civil dos membros do *Vorstand*. Na sequência de tal debate, seria substituída a expressão «podia sem negligência grosseira supor» (*ohne große Fahrlässigkeit annehmen durfte*) pela expressão «podia razoavelmente supor» (*vernünftigerweise annehmen durfte*), inspirada no § 4.01(c) dos *ALI Principles of Corporate Governance*.

[3081] No original:

«*Eine Pflichtverletzung liegt nicht vor, wenn das Vorstandsmitglied bei einer unternehmerischen Entscheidung vernünftigerweise annehmen durfte, auf der Grundlage angemessener Information zum Wohle der Gesellschaft zu handeln*».

A tradução de MENEZES CORDEIRO – *Os deveres fundamentais...* p. 450 é ligeiramente diferente:

«Não há uma violação de dever quando o membro da direcção, na base da informação adequada, devesse razoavelmente aceitar que, aquando da decisão empresarial, agia em prol da sociedade».

A CONSTRUÇÃO UNITÁRIA DA OBRIGAÇÃO DE VIGILÂNCIA

De acordo com a exposição de motivos do *Regierungsentwurf UMAG*[3082], esta disposição exclui o espaço de atuação empresarial[3083] do *Tatbestand* de violação do dever de diligência, previsto na primeira frase do § 93(1) AktG[3084]. Ainda de acordo com o legislador alemão, esta restrição do *Tatbestand* tem cinco elementos[3085]: (i) decisão empresarial[3086], (ii) boa-fé[3087], (iii) atuação sem interesses

CARNEIRO DA FRADA – *A business judgment rule...* p. 97, por sua vez, traduz nos seguintes termos: «Não há violação do dever [de actuar na direcção da empresa com a diligência de um gestor criterioso e ordenado] quando o membro da direcção, ao tomar uma decisão empresarial, podia razoavelmente supor que, na base de uma informação adequada, agia em benefício da sociedade». Não é indiferente a tradução face à discussão mantida na doutrina alemã. Para alguns autores, esta norma contém elementos de subjetividade, aplicando-se a locução "podia razoavelmente supor" não só à parte da "atuação para o bem da sociedade", mas também à parte da "atuação com base em informação adequada". Sustentando uma tal interpretação, cfr. HOPT e ROTH – *AktG Großkommentar*[4]..., § 116, n.º 80, § 93, n.ºs 4445, GERALD SPINDLER – Haftung und Aktionärsklage nach dem neuen UMAG, *Neue Zeitschrift für Gesellschaftsrecht*, 8, 2005, p. 872, GERALD SPINDLER – Prognosen im Unternehmensrecht, *Die Aktiengesellschaft*, 51:16, 2006, p. 681-682, JENS KOCH – "Das Gesetz zur Unternehmensintegrität und Modernisierung des Anfechtungsrechts (UMAG) – ein Überblick", in *Zeitschrift fur Unternehmens und Gesellschaftsrecht*, 2006, LUTTER – *Die Business Judgment Rule...* p. 844-845. De acordo com esta interpretação, a aferição depende da perspetiva do administrador no caso concreto (*ex ante*), desde que, numa ponderação *ex post*, esta se apresente como compreensível (*nachvollziehbar*) ou razoável (*vernünftig*). HÜFFER, *Aktiengesetz*[10]..., § 93, n.º 4g. Esta interpretação parece conformar-se com o proposto pelo legislador na 2.ª versão do *Regierungsentwurf UMAG*, nota 3079 *supra*, p. 2324. Em sentido contrário, defendendo um juízo puramente objetivo, cfr., *v.g.*, ULMER – *Haftungsfreistellung...* p. 859-862, RODERICH CHRISTIAN THÜMMEL – Organhaftung nach dem Referentenentwurf des Gesetzes zur Unternehmensintegrität und Modernisierung des Anfechtungsrechts (UMAG) – Neue Risiken für Manager?, *Der Betrieb*, 57:9, 2004, p. 472, CARSTEN SCHÄFER – Die Binnenhaftung von Vorstand und Aufsichtsrat nach der Renovierung durch das UMAG, *Zeitschrift für Wirtschaftsrecht*, 26:29, 2005, p. 1257-1258, JENS GRUNDEI e AXEL VON WERDER – Die Angemessenheit der Informationsgrundlage als Anwendungsvoraussetzung der Business Judgment Rule, *Die Aktiengesellschaft*, 50:22, 2005, p. 830-832, JOHANNES SEMLER – Zur aktienrechtlichen Haftung der Organmitglieder einer Aktiengesellschaft, *Die Aktiengesellschaft*, 50:9, 2005, p. 325.

[3082] Cfr. *Regierungsentwurf UMAG*, nota 3079 *supra*, p. 21 ss.

[3083] A exposição de motivos da 1.ª versão do projeto de lei referia-se a discricionariedade empresarial (*unternehmerischen Ermessens*) e a margem de atuação (*Handlungsspielraums*). Cfr. 1.ª versão do *Regierungsentwurf UMAG*, nota 3079 *supra*, p. 19.

[3084] Cfr. 2.ª versão do *Regierungsentwurf UMAG*, nota 3079 *supra*, p. 21-22.

[3085] Cfr. 2.ª versão do *Regierungsentwurf UMAG*, nota 3079 *supra*, p. 22.

[3086] Segundo a exposição de motivos, a nova regulação legal parte da diferenciação entre, por um lado, decisões empresariais que não foram bem sucedidas e, por outro, violações de outros deveres (deveres de lealdade, deveres de informação ou outros deveres gerais resultantes da lei ou dos estatutos), não sendo estas últimas abrangidas pelo "porto seguro", no sentido de liberdade de responsabilidade civil, previsto na nova regra. Parece-nos que esta explicação deve ser analisada em conjunto com aquela que resultava da exposição de motivos da 1.ª versão do projeto de lei, dado ser mais clara quanto à referência a estes "outros deveres". Efetivamente, como resulta dessa 1.ª versão, aquilo que se pretendia excluir da *business judgment rule* eram tão só os deveres que estivessem de tal forma determinados (na lei, nos estatutos ou no contrato de emprego) que não permitissem uma qualquer margem de apreciação ou de discricionariedade:

DA ADMINISTRAÇÃO À FISCALIZAÇÃO DAS SOCIEDADES

especiais ou influências externas[3088], (iv) atuação para o bem da sociedade[3089] e (v) atuação com base em informação adequada[3090].

> «a *business judgment rule* vale para atuações baseadas em decisões empresariais, mas não para violações do dever de lealdade ou outros deveres sem margem de discricionariedade resultantes da lei, dos estatutos ou do contrato de emprego. As decisões empresariais são caracterizadas por resultarem de previsões por juízos de prognose e estimativas. Isso distingue-as da observância de deveres claramente definidos sem margem de apreciação pela lei, pelos estatutos ou pelo contrato de emprego» (cfr. 1.ª versão do *Regierungsentwurf UMAG*, nota 3079 *supra*, p. 19).

A interpretação do conceito de "decisão empresarial" tornou-se um ponto central na discussão sobre o âmbito de aplicação do § 93(1)2 AktG. Entre nós, PEDRO CAETANO NUNES – *Dever de gestão...* p. 403-406 sistematiza as diferentes posições doutrinárias sobre a matéria em quatro correntes, com extensas indicações bibliográficas: (i) uma primeira corrente caracteriza as decisões empresariais pela prognose e projeção no futuro, invocando a ideia de "decisão sob incerteza" (*Entscheidung unter Unsicherheit*); (ii) uma segunda corrente delimita as decisões empresariais por contraposição às decisões vinculadas por deveres legais ou estatutários; (iii) para uma terceira corrente, as decisões empresariais, admitindo várias alternativas de ação, contrapor-se-iam às decisões vinculadas que admitem apenas uma alternativa de ação ou, noutra perspetiva, são totalmente sindicáveis; (iv) para uma quarta corrente, o conceito de decisão empresarial deve ser reconduzido à atividade dos administradores nas relações com terceiros (externas à sociedade).

[3087] Este elemento é apresentado como uma válvula de escape. HOPT e ROTH – *AktG Großkommentar*⁴..., § 93, n.º 42, FLEISCHER – *Sorgfaltspflicht...*, n.º 60. SPINDLER – *MünchKomm. AktG*³..., § 93, n.º 56, porém, critica a sua autonomização, afirmando que a conduta de má-fé que seja conforme ao interesse da sociedade não consubstancia uma violação do dever e, logo, não fundamenta responsabilidade civil.

[3088] A exposição de motivos esclarece também o que deve entender-se por "atuação": toda a concretização de uma decisão empresarial, incluindo tanto os atos – seja jurídicos (em sentido amplo, incluindo negócios jurídicos) ou materiais – como as omissões baseados numa decisão empresarial. A atuação que não seja baseada numa decisão empresarial não está abrangida pela regra. Cfr. 2.ª versão do *Regierungsentwurf UMAG*, supra nota 3079, p. 22. Esta posição é, em geral, acompanhada pela doutrina. Cfr., *v.g.* WALTER PAEFGEN – Dogmatische Grundlagen, Anwendungsbereich und Formulierung einer Business Judgment Rule im künftigen UMAG, *Die Aktiengesellschaft*, 49:5, 2004, p. 251, SPINDLER – *MünchKomm. AktG*³..., § 93, n.º 43, HANS-JOACHIM MERTENS e ANDREAS CAHN, in WOLFGANG ZÖLLNER e ULRICH NOACK (eds.) – *Kölner Kommentar zum Aktiengesetz*, 3.ª ed., 2010, § 93, n.º 22.

A atuação sem interesses especiais ou influências externas está implícita na atuação para o bem da sociedade. Para efeitos de comparação com a solução portuguesa que analisamos adiante, importa referir que, de acordo com a exposição de motivos, releva tanto a atuação no interesse próprio, como a atuação no interesse de uma pessoa ou sociedade próxima, salvo se o conflito de interesses tiver sido comunicado e seguido de uma atuação para o bem da sociedade. Cfr. 2.ª versão do *Regierungsentwurf UMAG*, analisada na nota 3079 *supra*, p. 23.

[3089] No que respeita à atuação para o bem da sociedade, lia-se na 1.ª versão do projeto de lei que o *Tatbestand* inclui um elemento subjetivo consubstanciado numa *"Annahme"*, que pode traduzir-se por "suposição", mas que, tal como expresso na exposição de motivos, é objetivado pela construção verbal *"annehmen Dürfen"* ("possa supor"). Cfr. 1ª versão do *Regierungsentwurf UMAG*, nota 3079 *supra*, p. 19. Na 2.ª versão, o legislador esclarece o que entende pela qualificação deste elemento como subjetivo, afirmando que a referência a "suposição" visa forçar uma mudança de perspetiva na apreciação: «os pressupostos da descoberta de decisão devem ser apreciados na perspetiva do órgão em causa». Este ponto de vista é "limitado" e "objetivado" pela referida construção *"annehmen Dürfen"* ("possa supor").

A CONSTRUÇÃO UNITÁRIA DA OBRIGAÇÃO DE VIGILÂNCIA

Atenta a redação desta norma («não existe violação de dever...»), a dou-   2166
trina germânica é praticamente unânime na afirmação de que não se reporta à
culpa[3091], mas nem por isso há consenso quanto à sua caracterização. Para alguns
autores está em causa uma concretização do dever de diligência previsto no

O critério da avaliação da conduta do *Vorstand* decorre do uso do advérbio "razoavelmente". Cfr. 2ª versão
do *Regierungsentwurf UMAG*, nota 3079 *supra*, p. 22. Quanto ao que seja o "bem da sociedade", referia a
exposição de motivos tratar-se da promoção da rentabilidade a longo prazo e do reforço da competitividade da empresa e dos seus produtos ou serviços, analisado na perspetiva *ex ante* do gestor de boa-fé, e não
à luz de considerações posteriores. Cfr. 2ª versão do *Regierungsentwurf UMAG*, nota 3079 *supra*, p. 22-23.
Na discussão doutrinária que se seguiu, a doutrina dividiu-se na interpretação da expressão "podia
razoavelmente supor" (*vernünftigerweise annehmen durfte*). Entre nós, PEDRO CAETANO NUNES – *Dever de
gestão...* p. 408-409 sistematizou as diferentes posições doutrinárias em quatro correntes (com extensas
indicações bibliográficas), distinguindo entre aqueles que sustentam: (i) uma bitola da irresponsabilidade
(*Unverantwortlichkeit*), face à qual a discricionariedade é delimitada pela irresponsavelmente elevada
assunção de riscos empresariais; (ii) um critério de defensabilidade (*Vertretbarkeit*), face ao qual só as
decisões indefensáveis constituirão violação de dever; (iii) um critério de racionalidade (*Rationalität*); e
(iv) uma bitola de evidência (*Evidenz*), de acordo com o qual só existe responsabilidade civil quando se
verifique um evidente prejuízo para a sociedade.

[3090] Quanto a este ponto, refere o legislador que «a decisão empresarial não deve ser sindicada ou (pre-
tensamente) objetivada», dado que «se baseia frequentemente no instinto, experiência, fantasia ou
intuição relativamente a desenvolvimentos futuros, ao sentimento do mercado e à reação de clientes e
concorrentes». O elemento "informação adequada" reflete o facto de, na tomada de decisões sob elevada
pressão, nem sempre ser possível um processo decisório compreensivo. Acrescenta ainda que «as informações objetivas disponíveis são muitas vezes imperceptível e subjetivamente coloridas por tendências
económicas ou sentimentos de mercado e é precisamente o empresário que atua em contra-ciclo e de
forma inesperada que é bem sucedido». Assim, «é concedida ao *Vorstand*, dentro dos limites do seu dever
de diligência, uma margem significativa para pesar as necessidades de informação e por si formar uma
convicção sobre as mesmas. A informação pode não ser exaustiva, mas deve abranger alguns pontos económicos fundamentais (rentabilidade, avaliação do risco, investimento, financiamento, etc.)». A intensidade da recolha de informações dependerá, continua a exposição de motivos, do tempo disponível,
da importância e da espécie de decisão, bem como da ponderação das normas de conduta empresarial
reconhecidas. Não pretendeu o legislador com isso exigir uma salvaguarda formal através de pedidos
rotineiros de pareceres, conselhos ou análises de mercado externas. A questão sobre a necessidade de tais
informações depende das necessidades económicas e das possibilidades da sociedade e não de estratégias
formais de salvaguarda. Cfr. 2ª versão do *Regierungsentwurf UMAG*, nota 3079 *supra*, p. 23-24. Quanto ao
desenvolvimento doutrinário subsequente sobre este ponto, cfr. nota 3081 *supra*.

[3091] Cfr. HOLGER FLEISCHER – Die "business judgment rule": vom Richterrecht zur Kodifizierung,
Zeitschrift für Wirtschaftsrecht, 25:15, 2004, p. 688, HOPT e ROTH – *AktG Großkommentar*[4]..., § 116, n.º
73, HÜFFER – *Aktiengesetz*[10]..., § 93, n.º 4c, LUTTER – *Die Business Judgment Rule...* p. 842-843, WIESNER e
KRAFT – *Organpflichten des Vorstands*, p. 302, bem como o autor material do projeto legislativo, ULRICH
SEIBERT – "UMAG – Zu den Begriffen "Unredlichkeit oder grobe Verletzung des Gesetes oder der
Satzung" in § 148 AktG und zu den Zusammenhängen zwischen §§ 93 und 148 AktG"", in *Festschrift für
Hans-Joachim Priester zum 70. Geburtstag*, Köln, 2007, p. 772, acompanhando a posição do BGH no acórdão
ARAG/Garmenbeck. Cfr. KINDLER – *Unterehmerisches Ermessen...* p. 104.

DA ADMINISTRAÇÃO À FISCALIZAÇÃO DAS SOCIEDADES

§ 93(1)1 AktG[3092]. Para outros, porém, esta norma traduz uma causa de exclusão de responsabilidade civil (*Tatbestandsausschlussgrund*)[3093], pelo que a falta de prova dos seus elementos constitutivos deixaria ainda em aberto a questão da conformidade da conduta face ao dever de diligência, tal como no direito norte-americano o *standard of judicial review* se não confunde com o *standard of conduct*[3094]. Para outros ainda, a *business judgment rule* consubstancia uma presunção inilidível de atuação objetivamente conforme ao dever[3095].

2167   VII. Na discussão que se seguiu à UMAG, releva em particular, para efeitos deste estudo, a questão da aplicabilidade do § 93(1)2 AktG à tarefa de vigilância. Na sequência da discussão anterior sobre o tema[3096], a doutrina tende a reconhecer um espaço de discricionariedade na tarefa de vigilância do *Vorstand*[3097].

2168   Quanto ao *Aufsichtsrat*, o § 116 remete para o § 93 AktG, pelo que a *business judgment rule* será aplicável aos seus membros se se verificarem, no caso concreto, os elementos do seu *Tatbestand*. Um dos elementos, como vimos, é a existência de uma "decisão empresarial", sendo que várias decisões do *Aufsichtsrat* podem ser qualificadas como tal, dado o seu fundamento em juízos de prognose. SCHÄFER[3098] destaca as decisões relativas à "reserva de consentimento" (§ 111(4) AktG), bem como à nomeação e destituição dos membros do *Vorstand* (§ 84), à contratação do *Abschlussprüfer* (318(1(4) HGB) e à sua colaboração na aprovação das contas anuais (§ 172 AktG). Pelo contrário, nega o carácter "empresarial" às decisões sobre a remuneração dos membros do *Vorstand*, afirmando que, nestes casos, o *Aufsichtsrat* beneficia de uma margem de ponderação inerente à concretização de conceitos jurídicos indeterminados (incluídos no *Tatbestand* do § 87(1) AktG) que se não confunde com a *business judgment rule*.

[3092] Cfr., *v.g.*, HOPT e ROTH – *AktG Großkommentar*⁴..., § 93, n.ᵒˢ 7, 10-12, SPINDLER – *MünchKomm. AktG*³..., § 93, n.ᵒ 38.

[3093] FLEISCHER – *Die "business judgment rule": vom Richterrecht zur...* p. 688-690 e *Sorgfaltspflicht...*, n.ᵒˢ 50-51, LUTTER – *Interessenkonflikte...* p. 249-251.

[3094] FLEISCHER – *Die "business judgment rule": vom Richterrecht zur...* p. 689-690 e *Sorgfaltspflicht...*, n.ᵒˢ 50-51.

[3095] HÜFFER – *Aktiengesetz*¹⁰..., § 93, n.ᵒˢ 4c-4d.

[3096] Cfr. parág. III *supra* para uma análise da questão na sequência do acórdão *ARAG/Garmenbeck*. Note-se que o debate sobre a "vigilância preventiva" só ganharia *momentum* na sequência da KonTraG de 1998, que introduziu o § 91(2) AktG, relativo ao dever do *Vorstand* de implementação de um sistema de controlo de riscos. Cfr., *v.g.*, FLEISCHER – *Sorgfaltspflicht..*, HOFFMANN-BECKING – *Zur rechtlichen Organisation...* p. 513-514, n.ᵒ 40.

[3097] FLEISCHER – *Die "business judgment rule": vom Richterrecht zur...* p. 690 e *Sorgfaltspflicht...*, n.ᵒˢ 41, 55, HOPT e ROTH – *AktG Großkommentar*⁴..., § 93, n.ᵒˢ 19-20, 48-52 e, em especial, 58. Em sentido contrário, cfr. KATRIN SCHLIMM – *Das Geschäftsleiterermessen des Vorstands einer Aktiengesellschaft*, Baden-Baden: Nomos, 2009, p. 192-195.

[3098] SCHÄFER – *Die Binnenhaftung...* p. 1258.

A CONSTRUÇÃO UNITÁRIA DA OBRIGAÇÃO DE VIGILÂNCIA

Esta perspetiva de interpretação de conceitos jurídicos indeterminados tem   2169
sido criticada, em termos que analisamos adiante no § 65. A aplicabilidade da
business judgment rule ao *Aufsichtsrat*, por sua vez, é desenvolvida no § 64.10.

64.4. A problemática em Itália

I. Também em Itália a questão da sindicabilidade das escolhas de gestão é há   2170
muito discutida pela doutrina, com reflexos na jurisprudência.

Já em 1976 CAPACCIOLI sustentava que as escolhas de mérito são, por defi-   2171
nição, escolhas não pré-determinadas nem pré-determináveis pelas normas
pré-concebidas e relativas ao sujeito ou órgão competente. Defendia que o juiz
só podia pronunciar-se sobre a substância ou sobre a forma de uma decisão na
medida em que o critério da decisão fosse pré-determinado numa norma de
direito substantivo e não somente de direito procedimental. Afirmava ainda
existirem situações organizativas em que o juiz deve procurar a norma nos factos, caso a caso, podendo o juiz pronunciar-se sobre a substância apenas no sentido da qualificação do facto sobre o perfil do justo e do injusto, com o fim da
decisão sobre o correto e o errado. Porém, quando se trate de temas de conveniência, de escolhas operativas, a tarefa é qualitativamente diversa. Se escolhe
o juiz, este muda de veste e transforma-se, no que respeita à matéria societária,
em assembleia geral ou em conselho de administração. Em suma, o mérito da
escolha coloca um problema de competência. Só pode ser decidido por quem é
investido na competência relativa. O sujeito competente é, permanente ou ocasionalmente, um gestor e as aquisições de conhecimento no plano da organização demonstram que o gestor, pelo menos em regra, deve ser responsabilizado.
Quem escolhe, responde; não se pode ser chamado a responder pelas escolhas
de outros. Para o efeito, são fixadas regras de conduta destinadas a garantir o
correto exercício do poder pelo sujeito ou órgão competente. O cumprimento
destas regras de conduta é sindicável, mas essa sindicância resume-se ao modo
de exercício do poder e já não ao mérito das escolhas[3099].

II. Esta perspetiva teria reflexos na jurisprudência italiana que há muito   2172
afirma que o juiz não pode sindicar o mérito dos atos praticados pelos administradores e pelos *sindaci* no exercício das suas funções, nem pode julgar com
base em critérios discricionários de oportunidade ou de conveniência, substituindo *ex post* a avaliação subjetiva expressa pelo órgão legitimado para o efeito.
Deve, pelo contrário, determinar e avaliar se os administradores cumpriram a
sua obrigação de prestar e os deveres que lhes são imputados pela lei e pelo ato

---

[3099] CAPACCIOLI – *Controllo...* p. 26-27.

DA ADMINISTRAÇÃO À FISCALIZAÇÃO DAS SOCIEDADES

constitutivo, com a diligência de um mandatário[3100]. A lei não impõe aos administradores uma obrigação de gerir a sociedade sem cometer erros (o que explicaria que o juiz não pudesse sindicar as opções de gestão), mas sim numerosas obrigações "específicas", bem como obrigações "gerais" de comportamento: obrigações de administrar com diligência e de prosseguir o interesse social sem conflitos de interesses[3101]. Assim, a responsabilidade por escolhas erróneas, ou má administração, surgiria apenas perante danos decorrentes de atos praticados pelos administradores com violação das suas obrigações (*e.g.*, atuando negligentemente ou em conflito de interesses com a sociedade)[3102].

2173   III. Não obstante, também em Itália multiplicaram-se os exemplos de casos contraditórios em que a jurisprudência[3103], reiterando a insindicabilidade das escolhas dos administradores, não deixa de afirmar a responsabilidade dos administradores que praticaram um ato «claramente irracional e contrário aos elementares princípios de regular administração»[3104]; praticaram um «ato especulativo e de alto risco»[3105]; que assumiram «compromisso totalmente desproporcional à consistência da sociedade», causando uma perda por «assustadora incapacidade comercial e administrativa»[3106]; que, por necessidades de tesouraria, venderam a preço muito reduzido um cinema-teatro que constituía o principal ativo social[3107]; que, depois de contraído um «financiamento enormemente superior ao capital social», «aplicaram (e perderam) em operações de pura sorte e sem qualquer garantia» o capital assim obtido, tudo com uma conduta «marcada, no mínimo, por uma enorme ligeireza»[3108]; que adquiriram ações por valor muito relevante em operação «irracional e aventurosa, e portanto contrária aos mais elementares princípios de prudente e cuidadosa

---

[3100] Cfr. acórdão da *Corte di Cassazione civile*, 12-nov.-1965, n.º 2359, *Il Foro Padano*, 1965, I, p. 1820. Para uma análise desta jurisprudência cfr. BONELLI – *La responsabilità...* p. 63-66. Para indicações sobre a jurisprudência e doutrina mais recentes, cfr., *v.g.*, BONELLI – *Gli amministratori...* p. 179-181.

[3101] BONELLI – *Gli amministratori...* p. 183-184.

[3102] BONELLI – *La responsabilità...* p. 64-65. Cfr. também, *v.g.*, ALESSANDRO BAUDINO e ROBERTO FRASCINELLI – *Gli amministratori delle società per azioni e a responsabilità limitata*, 2.ª ed., Milano: Giuffrè, 1996, p. 161-163, BIANCHI – *Amministratori...* p. 19-21, 45-46.

[3103] Segundo exposição de BONELLI – *La responsabilità...* p. 66 (nota 118).

[3104] Corte d'Appello di Genova 5-jul.-1986, Giurisprudenza Commerciale, 1988, II, p. 730.

[3105] *Tribunale di Milano* 28.-mar.-1985, Le Società, 1985, p. 1083.

[3106] Tribunale di Firenze 11-nov.-1952, Il diritto fallimentare e delle società commerciale, 1953, II, p. 752.

[3107] CssIt, 12-nov.-1965, n.º 2359, *Il Foro Padano*, 1965, I, p. 1820.

[3108] Tribunale di Milano, 30-mai.-1977, Giurisprudenza Italiana, 1978, I, 2, p. 81, Rivista del Diritto Commerciale e del Diritto Generale delle Obbligazioni, 1978, II, p. 320.

administração»[3109]; ou que praticaram atos «com emblemática imprudência, precipitação e irracionalidade»[3110].

Se, por um lado, a jurisprudência sentiu, também no sistema italiano, a necessidade de afirmar o óbvio – *i.e.*, que os administradores respondem apenas pela violação culposa de deveres e não objetivamente pelos danos decorrentes de erros de gestão –, por outro, não podia recusar-se a intervir em casos cujas escolhas da administração eram manifestamente contrárias aos interesses da sociedade.

IV. Bonelli foi sensível a este fenómeno, no seu estudo de 1992 sobre a responsabilidade civil dos administradores da *società per azioni*, afirmando a relevância jurídica dos erros de gestão, mas apenas enquanto "indícios" da violação da obrigação de administração com diligência e sem conflitos de interesses[3111]. Assim, por exemplo, a aquisição de bens a um preço superior ao de mercado; a nomeação como agente de uma pessoa que carece dos necessários meios técnicos ou financeiros; ou a construção de um grande edifício num momento em que as condições da sociedade ou do mercado claramente o desaconselhavam podem constituir presunções de que o administrador agiu motivado por interesses pessoais ou sem a devida ponderação e diligência. Nestes casos, a total irracionalidade do ato praticado pode ser, por si, suficiente para fazer presumir a violação culposa de deveres e responsabilizar os administradores[3112]. Neste sentido, já Jaeger sustentava que devem presumir-se dirigidas à realização de outros interesses as decisões que nenhuma pessoa possa razoavelmente considerar úteis para a sociedade[3113].

Segundo Bonelli, em geral, a jurisprudência indicada[3114] confirma o entendimento de que os erros de gestão não são *per se* suficientes para afirmar a responsabilidade dos administradores. Neste sentido, expõe:

(a) Os administradores que celebraram três contratos de empreitada, nos quais se concentrou a atividade da sociedade, com um desconto de 32% relativamente ao preço de mercado, teriam sido considerados responsáveis porque a prática do «ato especulativo e de alto risco» demonstrou

---

[3109] Tribunale di Milano 9-jun.-1977, Giurisprudenza Commerciale, 1977, II, p. 600.

[3110] Tribunale di Milano 26-jun.-1989, Giurisprudenza Commerciale, 1990, II, p. 122.

[3111] Bonelli – *La responsabilità...* p. 67. Cfr. também Baudino e Frascinelli – *Gli amministratori*²... p. 162-163.

[3112] Bonelli – *La responsabilità...* p. 68.

[3113] Pier Giusto Jaeger – *L'interesse sociale*, Milano: Giuffrè, 1964, p. 111.

[3114] Algumas das decisões indicadas em seguida já foram referidas no parág. III *supra*. Cfr. Bonelli – *La responsabilità...* p. 69-72.

DA ADMINISTRAÇÃO À FISCALIZAÇÃO DAS SOCIEDADES

assustadora incapacidade comercial e administrativa», bem como «incúria» dos administradores por nada fazerem para evitar as perdas (com violação, portanto, da sua obrigação de administrar com diligência) e pela sua provável "intenção dolosa" (com referência implícita à violação da obrigação de atuação sem conflito de interesses)[3115];

(b) No caso dos administradores que, por necessidades de tesouraria, venderam a preço muito reduzido um cinema-teatro que constituía o principal ativo social, o tribunal considerou terem atuado «de forma suspeita, quase de improviso (inesperadamente) e quase clandestinamente (praticamente em segredo)»[3116];

(c) O administrador que celebrou contratos de locação irrisórios, comodatos, avais e fianças gratuitas, não fazendo tudo quanto possível para restituir montantes aos sócios, foi considerado responsável por erros de gestão, mas apenas, segundo Bonelli, porque agiu, no contexto de um grupo familiar, em conflito de interesses[3117];

(d) O administrador que, com «extrema ligeireza», contraiu um «financiamento enormemente superior ao capital social», cujo capital «aplicou (e perdeu) em operações de pura sorte e sem qualquer garantia», tudo com uma conduta «marcada, no mínimo, por uma enorme ligeireza», foi condenado, de acordo com Bonelli, não pelo resultado, mas pelo modo da gestão, ou seja, pela atuação em violação da obrigação de administração com diligência e com suspeita de conflito de interesses[3118];

(e) O administrador delegado de sociedade financeira com um capital social de um milhão de liras que adquiriu (de uma sociedade da qual também era administrador delegado) ações de uma sociedade cotada, por vinte milhões de liras, que revendeu a outra sociedade financeira do mesmo grupo com uma perda de quase dois milhões, foi condenado porque a operação era, «pelo claro risco que comportava, irracional e aventurosa, e portanto contrária aos mais elementares princípios de prudente cuidadosa administração», sendo claro o conflito de interesses do administrador[3119]; e

---

[3115] *Tribunale di Firenze*, 11-nov.-1952, *Il diritto fallimentare e delle società commerciale*, 1953, II, p. 752, citado também na nota 3106.

[3116] CssIt, 12-nov.-1965, n.º 2359, *Il Foro Padano*, 1965, I, p. 1820.

[3117] Tribunale di Milano, 19-jan.-1974, Giurisprudenza Commerciale, 1974, II, p. 174.

[3118] Tribunale di Milano, 30-mai.-1977, Giurisprudenza Italiana, 1978, I, 2, p. 81, Rivista del Diritto Commerciale e del Diritto Generale delle Obbligazioni, 1978, II, p. 320, citado também na nota 3108 supra.

[3119] *Tribunale di Milano*, 9-jun.-1977, *Giurisprudenza Commerciale*, 1977, II, p. 600, citado também na nota 3109 *supra*.

A CONSTRUÇÃO UNITÁRIA DA OBRIGAÇÃO DE VIGILÂNCIA

(f) O administrador que praticou «atos especulativos de alto risco», emitindo títulos de crédito de valor quíntuplo do capital social, foi condenado por ter atuado sem um «mínimo de informação», baseando-se em afirmações indemonstradas, confiando num operador económico não profissional, marido da sócia maioritária, a favor do qual foram emitidos tais títulos, foi condenado, uma vez mais segundo BONELLI, não por sindicância do mérito da escolha do administrador, mas por violação da obrigação de agir com diligência e sem conflitos de interesses[3120].

No caso *"La Centrale"*, os administradores foram condenados a ressarcir os prejuízos sofridos por uma sociedade controlada cujas perdas não eram ocasionais, mas estruturais, por praticaram atos «com emblemática imprudência, precipitação e irracionalidade»[3121]. A conclusão do tribunal baseou-se no facto de os administradores terem adquirido participações sociais numa sociedade denominada Rizzoli, por 169 milhões de liras, que venderam subsequentemente aos administradores da La Centrale por 8 milhões, sem determinarem adequadamente o "valor real" dessa participação, tendo fundado a operação na «mera intuição de resultados favoráveis» da Rizolli[3122]. Para BONELLI, esta sentença suscita perplexidade porquanto, não obstante afirmar a insindicabilidade das escolhas de gestão, na realidade «procede a uma penetrante indagação do mérito, nos termos da qual conclui afirmando que as escolhas de gestão eram irracionais e, portanto, fonte de responsabilidade»[3123].

Para este autor, a sindicância das escolhas de gestão dos administradores comporta sempre uma larga margem de incerteza, penalizando as operações ou atividades inovadoras e inusuais que possam facilmente ser consideradas irracionais ou aventureiras[3124]. Logo, uma tal conclusão só poderia fundamentar um juízo de incapacidade ou inadequação dos administradores para gerir a sociedade, mas não um juízo de incumprimento dos seus deveres para com a sociedade e consequente responsabilidade civil[3125]. Isto sem prejuízo de uma tal conclusão poder fazer presumir a violação das obrigações de administrar com diligência e sem conflitos de interesses, a qual deve ser determinada face ao caso concreto[3126].

[3120] *Tribunale di Milano*, 28.-mar.-1985, *Le Società*, 1985, p. 1083, citado também na nota 3105 *supra*.

[3121] *Tribunale di Milano*, 26-jun.-1989, *Giurisprudenza Commerciale*, 1990, II, p. 122, já citado na nota 3110 *supra*.

[3122] BONELLI – *La responsabilità...* p. 73-74.

[3123] *Ibidem*, p. 74.

[3124] *Ibidem*, p. 75.

[3125] *Ibidem*, p. 76.

[3126] *Ibidem*.

DA ADMINISTRAÇÃO À FISCALIZAÇÃO DAS SOCIEDADES

2179   Entre nós, vale também a conclusão de que os administradores só podem ser responsabilizados pela violação dos seus deveres. Não nos parece porém correta a afirmação de BONELLI de que os "erros de gestão" são relevantes apenas e tão só enquanto *indícios* da violação de deveres. Estes podem, em si mesmos, consubstanciar uma violação da obrigação de diligente administração.

2180   V. Imediatamente antes da entrada em vigor da reforma do *Codice Civile* de 2003, a jurisprudência continuava a afirmar que o mérito da gestão, por corresponder a um espaço de discricionariedade empresarial, não podia ser sindicado. Não obstante, podia ser avaliado o quadro das escolhas dos administradores para verificar se houve omissão daquelas cautelas, atos de verificação ou de inquirição normalmente exigíveis para uma escolha do género em causa que configure violação da obrigação de cumprir com diligência o mandato de administração[3127].

2181   VI. Em sentido contrário ao dominante, foi defendida mais recentemente a sindicabilidade das «operações absolutamente desproporcionadas face aos meios técnicos ou financeiros da sociedade, ou quando estejam em causa erros macroscópicos ou grosseiros»[3128].

2182   Esta perspetiva poderia considerar-se reforçada pela redação dada pela reforma de 2003 ao art. 2392 *Codice Civile*, no qual foi substituída a bitola da «*diligenza del mandatario*» pela da «*diligenza richiesta dalla natura dell'incarico e dalle loro specifiche competenze*»[3129]. Não obstante, segundo BONELLI, tanto os trabalhos preparatórios da reforma de 2003, como a doutrina e jurisprudência dominantes mantêm a posição antes enunciada[3130].

64.5. A problemática em Portugal antes da positivação da *business judgment rule*

2183   I. Em Portugal, *a business judgment rule* foi positivada pela reforma do Código das Sociedades Comerciais de 2006. Não obstante, a problemática que lhes está subjacente fora já abordada pela nossa doutrina e jurisprudência. De facto, como vimos[3131], nos primórdios do nosso Direito societário, afirmava TAVARES DE MEDEIROS, perante o art. 16.º da Lei das Sociedades Anonymas (1867) que:

[3127] *Tribunale di Milano*, 20-fev.-2003, *Le Società*, 2003, p. 1268. Cfr. BIANCHI – *Amministratori...* p. 45-46.

[3128] MASSIMO FRANZONI – *Gli amministratori e i sindaci*, Torino: UTET, 2002, p. 309. Mantendo esta posição, mais recentemente, *L'illecito...* p. 297.

[3129] Cfr. BONELLI – *Gli amministratori...* p. 185. Note-se que o autor rejeita e critica esta perspetiva.

[3130] *Ibidem*, p. 186, com inúmeras indicações doutrinárias e jurisprudenciais a nota 257. Para uma sinopse das mais importantes novidades introduzidas pela reforma em matéria de responsabilidade civil dos administradores, cfr. p. 159 ss.

[3131] Cfr. p. 102 *supra*.

A CONSTRUÇÃO UNITÁRIA DA OBRIGAÇÃO DE VIGILÂNCIA

«Os homens mais cônscios da sua honra e intelligencia duvidarão sempre sujeitar-se a responsabilidades por êrros que, commettidos em boa fé, não pódem estar sujeitos á acção dos tribunaes»[3132].

Mais recentemente, em 1970, RAUL VENTURA e BRITO CORREIA consideravam que o dever de gestão era concretizável pelo administrador através das noções de diligência e de interesse social, sendo a primeira uma bitola de concretização da ilicitude[3133]. Não obstante, alertavam:

> «a actividade de uma sociedade envolve sempre, em certa medida, um risco económico, que é com frequência inerente à eficácia e ao progresso da empresa societária. Os deveres do administrador têm sempre de ser entendidos por isso de modo que não o impeçam de correr os riscos normais da empresa, inerentes à sua função»[3134].

A ideia seria depois desenvolvida por ILÍDIO DUARTE RODRIGUES, sublinhando que a concretização daquele dever se faria em função das circunstâncias do caso e nunca em abstrato, e que a bitola de diligência legalmente fixada – o padrão do gestor criterioso e ordenado, segundo a redação então vigente do art. 64.º – deixava aos administradores «a determinação do standard de diligência que deve corresponder ao exercício do cargo», sendo este revelado e densificado pelos comportamentos dos administradores nos casos concretos[3135]. Especialmente relevante para o tema que ora nos ocupa, afirmava caber aos administradores «a opção, de entre os actos susceptíveis de adoptar, daqueles que, segundo os critérios discricionários, consideram mais convenientes e oportunos para a prossecução do interesse social»[3136]. Assim, explicava, «se os administradores, exercendo esses poderes com diligência, no interesse da sociedade e sem violação das suas obrigações, praticarem actos que a posteriori venham a revelar-se fonte de dano para a sociedade, não poderão ser por eles responsabilizados». Ao exercício da gestão, afirmava, são inerentes os riscos normais da empresa[3137]. Esta construção assentava no facto de os administradores não estarem vinculados à causação de um resultado: «os administradores não se obrigam a obter

---

[3132] TAVARES DE MEDEIROS – *Commentario...* p. 124 ss.

[3133] Para maiores desenvolvimentos sobre esta posição, cfr. nota 2569 *supra*.

[3134] RAUL VENTURA e BRITO CORREIA – *Responsabilidade civil...* p. 58-112, em especial, p. 111-112. A exposição dos autores foi acompanhada por LOBO XAVIER – *Anulação...* p. 341-342 (em especial nota 90), ainda antes do Código das Sociedades Comerciais, mas já face ao regime do Decreto-Lei n.º 49.381.

[3135] ILÍDIO DUARTE RODRIGUES – *A administração...* p. 174-176.

[3136] *Ibidem*, p. 176-177.

[3137] *Ibidem*.

DA ADMINISTRAÇÃO À FISCALIZAÇÃO DAS SOCIEDADES

um resultado económico positivo, mas a desenvolver uma conduta conforme a certos requisitos»[3138].

2186 ELISABETE GOMES RAMOS, por seu turno, afirmava que o dever de atuar com a diligência de um gestor criterioso e ordenado constitui não só padrão de concretização da conduta devida pelo administrador, mas também «parâmetro de aferição do cumprimento dos seus deveres singulares, podendo determinar condutas não directamente especificadas na lei ou no contrato de sociedade»[3139]. Ao juiz cabe avaliar «não a oportunidade de determinada escolha empresarial, mas a conformidade desse acto com o padrão de diligência exigido»[3140]. E assim, se bem percebemos a autora, dentro da «área de possíveis comportamentos diligentes», cabe aos administradores optar por uma de várias alternativas possíveis[3141].

[3138] *Ibidem*, p. 177. É interessante ainda notar que este autor distingue, dentro do dever de administrar, o dever de diligência e o dever de prosseguir o interesse social, este último correspondendo, na sua densificação, ao dever de lealdade. Temos portanto uma autonomização do dever de lealdade face ao dever de diligência. Cfr. *ibidem*, p. 174-181.

[3139] ELISABETE GOMES RAMOS – *Responsabilidade civil...* p. 65-99, em especial, p. 76, 87-90.

[3140] *Ibidem*, p. 92, 97.

[3141] *Ibidem*, p. 97 (com destaque para a nota 203). Segundo a autora, esta escolha dentro dos parâmetros de diligência exigida é identificada por alguma doutrina italiana como "mérito de gestão", reduzindo assim o espectro da afirmação da "insindicabilidade das opções de mérito de gestão". Para efeitos do tema em análise no presente capítulo, é ainda interessante notar que na sua exposição sobre o dever de diligência, ELISABETE GOMES RAMOS estabelecia já então a ponte para o *duty of care* e para a *business judgment rule* no direito norte-americano. *Ibidem*, p. 81 (nota 163)

Ainda na linha iniciada por RAUL VENTURA e BRITO CORREIA, antes da reforma do Código das Sociedades Comerciais de 2006, cfr. MIGUEL PUPO CORREIA – Sobre a responsabilidade por dívidas sociais dos membros dos órgãos da sociedade, *Revista da Ordem dos Advogados*, 61:2, 2001, JOSÉ ESTACA – *O interesse...* p. 37. Cfr. também JOSÉ CARLOS SOARES MACHADO – A recusa de assinatura do relatório anual nas sociedades anónimas, *Revista da Ordem dos Advogados*, 54, 1994, p. 946 ss., para quem a lei prevê inúmeros deveres, «[o] primeiro dos deveres do administrador é, contudo, sem dúvida, o dever de gerir a sociedade, isto é, o dever de administrar» que decorre da própria natureza do cargo em questão, não sendo «mais do que, por definição, compete ao administrador cumprir, sob pena de não chegar a merecer a sua própria designação». Afirma por isso o autor que o dever de administrar se coloca «em plano lógico totalmente distinto dos outros referidos deveres. Está antes e acima dos mesmos» (afastando-se assim de ILÍDIO DUARTE RODRIGUES – *A administração...* p. 173, que os coloca no mesmo plano lógico). Dito isto, o autor autonomiza os deveres de diligência e de prossecução do interesse social, que afirma, «*coroam* toda a restante quantidade de obrigações, mais ou menos específicas, mais amplas ou mais restritas». O dever de diligência colocar-se-ia numa perspetiva subjetiva, relevando essencialmente do modo como o titular do cargo exerce o seu dever de administrar. O dever de prossecução do interesse social «revê[-se] nos *fins* para os quais o titular do cargo deve nortear a sua acção».

Depois da reforma, cfr., *v.g.*, ORLANDO VOGLER GUINÉ – *Da conduta (defensiva)...* p. 61-63, RICARDO COSTA – *CSC em comentário...*, art. 64.º, n.º 3.2, p. 733-734.

A CONSTRUÇÃO UNITÁRIA DA OBRIGAÇÃO DE VIGILÂNCIA

II. Soares da Silva preconizou uma orientação diferenciada. O autor considerava ser pacífica entre nós a insindicabilidade do mérito das decisões de gestão[3142], sustentando uma perspetiva do dever de diligência de pendor claramente procedimental (ou processual), traduzido «na necessidade de observância de um processo (de informação, de ausência de conflitos de interesses, de boa-fé), mais do que num juízo sobre a decisão em si»[3143].

2187

Esta mesma dimensão procedimental foi entretanto realçada também por Carneiro da Frada antes da reforma de 2006[3144]. Defendia já então o autor que a atividade empresarial é arriscada e não envolve responsabilidade pelo resultado, sendo contudo pautada pelos limites da função. Para além do cumprimento da lei e dos estatutos[3145], deveria o administrador respeitar o princípio da igualdade entre os sócios, a divisão de competências entre os órgãos sociais e obter as informações razoavelmente exigíveis para uma decisão conscienciosa (recordando a *business judgment rule* norte-americana)[3146]. Verificados tais requisitos, não seria sindicável a escolha dos objetivos e dos meios para os atingir: «Assim se harmoniza o reconhecimento da autonomia dessa função com a neces-

2188

[3142] Merece destaque a posição de Soares da Silva – *A responsabilidade civil dos administradores de sociedades...* p. 617-619 relativa à concretização do dever de administração, não só por referência à jurisprudência, mas também ao movimento de *corporate governance* internacional. Segundo o autor, as conclusões deste movimento não são importáveis sem mais, mas devem ser consideradas, dado que «a mundialização crescente da economia e das questões e realidades empresariais, acompanhadas da harmonização de legislações e da generalização da comunicação, tende a aproximar critérios e a esbater fronteiras de apreciação, permitindo um crescente aproveitamento crítico, por cada ordem jurídica, de experiências nascidas ou desenvolvidas noutros países, como é o caso da *corporate governance*». Assim, ainda que, para este autor, não exista, relativamente aos deveres gerais dos administradores, «um corpo de "regras de arte" a que se possa recorrer para identificar com maior simplicidade as referidas violações» (afastando assim considerações, como as aduzidas por Ilídio Duarte Rodrigues – *A administração...* p. 175, na senda de Bonelli e outros, de que «[t]omar como padrão o "gestor criterioso e ordenado" traduz-se em deixar à própria classe dos administradores a determinação do standard de diligência que deve corresponder ao exercício do cargo»), «há que permanecer atento aos factores que podem conduzir à evolução e afinação dos conceitos: e poucas dúvidas [restam ao autor] de que o desenvolvimento da *corporate governance* representa um dos que mais de perto carece de ser seguido».

[3143] Soares da Silva – *A responsabilidade civil dos administradores de sociedades...* p. 605-628.

[3144] No seu relatório sobre o programa, o conteúdo e os métodos de ensino de uma disciplina de responsabilidade civil, apresentado na Faculdade de Direito de Lisboa em 2004 e publicado em 2006 (já estava no prelo quando se iniciou a consulta pública promovida pela CMVM acerca da alteração do Código das Sociedades Comerciais).

[3145] Particularmente relevante é a referência ao dever de evitar conflitos de interesses, por forma a assegurar a orientação da administração pelo interesse social, evitando a interferência de considerações alheias à própria matéria sobre a qual incide a decisão. Carneiro da Frada – *Direito civil...* p. 122.

[3146] Alertava contudo o autor para o facto de a obtenção de informação poder ter custos desproporcionados e poder obviar à rápida tomada de decisões, essencial para o sucesso de determinados investimentos. *Ibidem.*

DA ADMINISTRAÇÃO À FISCALIZAÇÃO DAS SOCIEDADES

sidade de a sujeitar a controlo da ordem jurídica (*maxime*, mediante a sujeição dos administradores a responsabilidade». Continuava o autor, afirmando que nesta conceção poderia relevar o "erro de gestão", mesmo que não grosseiro: havendo um controlo procedimental da decisão da administração face à bitola do gestor criterioso e ordenado, poderia existir responsabilidade pela violação dos correspondentes deveres (de informação, de cálculo de risco segundo as *leges artis* comummente reconhecidas enquanto elemento prudencial para uma tomada de posição, etc.)[3147].

2189   III. Diversamente da linha doutrinária iniciada por RAUL VENTURA e BRITO CORREIA, defendeu MENEZES CORDEIRO, ainda face à sua anterior redação, que «o art. 64.º, pela sua incompletude estrutural, nunca poderia, só por si, fundamentar a responsabilidade dos administradores, por erro de gestão»[3148], acrescentando que «os tribunais não estão apetrechados para proceder à apreciação do mérito da gestão». O limite seria o erro grosseiro que, na construção de MENEZES CORDEIRO, decorreria de uma norma construída a partir do princípio da boa-fé[3149]. Na construção do Professor, a bitola de diligência fixada pelo art. 64.º seria uma regra de conduta incompleta que apenas em conjunto com outras normas teria um conteúdo útil preciso. Era assim negada a possibilidade de concretização da obrigação de administração diligente sem referência a outras normas[3150]. MENEZES CORDEIRO manteve esta sua posição após a reforma do Código das Sociedades Comerciais de 2006, explicando que «ninguém actua diligentemente, *tout court*: há que saber de que conduta se trata para, então, fixar o grau de esforço exigido na actuação em jogo»[3151]. Em suma, a responsabilização dos administradores sempre exigiria a infracção de normas específicas atinentes à administração, legais ou contratuais[3152].

[3147] *Ibidem*, p. 121-122. A ideia da dimensão procedimental seria retomada depois da reforma do Código das Sociedades Comerciais de 2006. Cfr., *v.g.*, MENEZES CORDEIRO – *Direito das sociedades*, 1³... p. 887, MENEZES CORDEIRO – *CSC anotado*²..., artigo 64.º, n.º 21, GABRIELA FIGUEIREDO DIAS – *Fiscalização de sociedades...* p. 76-77.

[3148] Esta posição entronca numa outra, de carácter mais genérico, de que a responsabilidade obrigacional funciona perante a violação de normas específicas, isto é, de normas que, por si, indicam a conduta a adoptar ou a evitar. MENEZES CORDEIRO – *Da responsabilidade civil...* p. 488. Na medida em que entende que o art. 64.º não revela, por si, tal conduta, era inevitável a sua conclusão em *ibidem*, p. 523.

[3149] *Ibidem*.

[3150] Para uma explicação desta posição da doutrina face à anterior redação do art. 64.º (à qual se opunha), cfr. CARNEIRO DA FRADA – *Direito civil...* p. 119.

[3151] MENEZES CORDEIRO – *Os deveres fundamentais...* p. 453-454 e desenvolvida em MENEZES CORDEIRO – *Direito das sociedades*, 1³... p. 987-988.

[3152] Mais recentemente, como vimos, MENEZES CORDEIRO viria ainda a acrescentar que a partir dos conceitos de "disponibilidade", "competência técnica" e "conhecimento da atividade da sociedade",

A CONSTRUÇÃO UNITÁRIA DA OBRIGAÇÃO DE VIGILÂNCIA

IV. A propósito da vinculação das sociedades comerciais por garantias prestadas em favor de outras entidades, PEDRO DE ALBUQUERQUE sublinha que saber se um ato é do interesse da sociedade ou não postula um conhecimento dos negócios da sociedade que só os respetivos órgãos estão em condição de ter. Permitir que um terceiro realize um controlo de mérito sobre uma deliberação social corresponderia à aceitação da possibilidade de os terceiros se substituírem às sociedades na determinação dos seus objetivos, ideia rejeitada pelo autor:

> «a escolha do rumo a seguir durante a vida do ente colectivo, tal como a definição dos meios mais adequados para atingir tal rumo, cabe tipicamente, e por natureza, na esfera de julgamento da sociedade»[3153].

Ainda assim, PEDRO DE ALBUQUERQUE admite uma apreciação jurisdicional de mérito sobre as deliberações sociais nos casos em que a lei impõe um processo formal de adoção das deliberações sociais que permite aos tribunais tomarem uma decisão sem se substituírem à sociedade na determinação dos seus fins. Seria o caso da supressão do direito de preferência dos sócios em aumentos de capital, mas não da prestação de garantias por parte de sociedades em benefício de outras entidades[3154].

Em resposta, OSÓRIO DE CASTRO começa por afirmar que não pode ser negado o recurso às vias judiciais para dirimir controvérsias sobre a existência de um justificado interesse próprio na prestação de garantias em benefício de outras entidades[3155], mas logo afirma que a judicialização da atividade societária «não pode ser boa coisa»[3156]. A propósito da supressão do direito de preferência dos sócios em aumento de capital, afirma, pois, dever valer «uma regra homóloga à *business judgment rule*, (...) exigindo-se tão somente que os sócios, ao aprovarem a limitação, tenham sido animados pelo escopo de fomentar o interesse social, e não por motivos extra-sociais»[3157]. Segundo o autor, a intervenção judicial redundaria não num controlo de mérito, mas apenas num controlo da legitimidade da motivação[3158].

---

referidos na al. *a*) do n.º 1 do art. 64.º CSC, não é possível retirar as condutas concretas a que está adstrito o administrador. Cfr. nota 694 para uma análise desta posição.

[3153] PEDRO DE ALBUQUERQUE – *A vinculação...* p. 707.

[3154] *Ibidem*, p. 707 (nota 47).

[3155] OSÓRIO DE CASTRO – *Da prestação de garantias...* p. 589.

[3156] *Ibidem*, p. 590.

[3157] *Ibidem*.

[3158] *Ibidem*, p. 589-590.

DA ADMINISTRAÇÃO À FISCALIZAÇÃO DAS SOCIEDADES

2193   V. Do exposto fica claro que a problemática subjacente à *business judgment rule* não era desconhecida entre nós, sem prejuízo da incipiência da sua discussão quando comparada com aquela que decorreu noutros quadrantes. Tal incipiência é comum não apenas à discussão doutrinária, mas também ao desenvolvimento jurisprudencial do Direito, sem prejuízo do inigualável destaque que merece a sentença proferida pela 3.ª Vara Cível de Lisboa em 27 de outubro 2003, pela pena de PEDRO CAETANO NUNES[3159]. Conclui esta sentença, na sequência de uma exposição do estado da arte no Direito alemão, italiano e nacional, que o dever de gestão, devidamente concretizado, inclui «o dever de obtenção de informação no *iter* decisional e o dever de não tomar decisões irracionais», mas não «o dever de tomar decisões adequadas», conceção que «constitui uma limitação de sindicabilidade do mérito das decisões empresariais (com correspondência na *business judgment rule*)»[3160].

2194   Outras sentenças abordaram, antes e depois desta, algumas das matérias objeto desta problemática. Assim, por exemplo, o acórdão STJ 23-maio-2002 (ABEL FREIRE)[3161], acompanha a construção de ANTUNES VARELA[3162], segundo a qual o art. 64.º é uma norma «genérica e imprecisa, mais retórico do que realista destinado a definir o *grau de diligência* exigível dos responsáveis pela gestão da sociedade, capaz de interessar ao requisito da *culpa,* não afasta o requisito da ilicitude requerida da *conduta* desses agentes para que, como mandatários da sociedade ou equiparados, respondam civilmente perante ela pelos danos provenientes dos seus actos»[3163].

2195   Já depois da reforma de 2006, no acórdão STJ 28-abr.-2009 (MOREIRA ALVES)[3164], o tribunal afirmou dever considerar-se não o mérito da decisão, «mas a observância dos deveres fundamentais no processo de decisão, designadamente o dever de informação necessária a evitar condutas que causem prejuízos à sociedade por cujo interesse lhe compete velar»[3165].

[3159] Reproduzida em PEDRO CAETANO NUNES – *Corporate governance...* p. 9-44 e *CJ – STJ*, 11:3, 2003, p. 17-27.

[3160] Cfr. *ibidem*, p. 40.

[3161] Processo n.º 02B1152, *CJ – STJ*, 5:3, p. 141, integralmente disponível em www.dgsi.pt.

[3162] ANTUNES VARELA – *Anotação...* p. 315, que, segundo o tribunal, seria seguida de perto por SOARES MACHADO – *A recusa de assinatura...* p. 948, mas não nos parece ser esta a posição deste autor que defende a determinabilidade do dever de administrar segundo a construção de RAUL VENTURA e BRITO CORREIA.

[3163] Inclui também uma referência algo descontextualizada ao movimento internacional de *corporate governance* e remissão para SOARES DA SILVA – *A responsabilidade civil dos administradores de sociedades...* p. 617.

[3164] Processo n.º 09A0346, integralmente disponível em www.dgsi.pt.

[3165] Cfr. p. 10, seguindo ANTÓNIO PEREIRA DE ALMEIDA – *Sociedades comerciais*, 4.ª ed., Coimbra: Coimbra Editora, 2006, p. 42, itálico nosso. Neste acórdão, o tribunal qualificou como contratual a relação do administrador com a sociedade (p. 13) e configurou o "dever de administrar" como «o primeiro dos deveres, que decorre naturalmente do cargo para que se foi eleito ou nomeado – dever que se coloca num

A CONSTRUÇÃO UNITÁRIA DA OBRIGAÇÃO DE VIGILÂNCIA

No acórdão STJ de 31-mar.-2011 (SERRA BAPTISTA)[3166], o tribunal qualificou 2196
a responsabilidade civil dos gerentes como de natureza contratual e subjetiva,
baseada na «preterição de deveres contratuais e legais», com «desconformidade entre a conduta do administrador e aquela que lhe era normativamente
exigível»[3167]. Afirmou que «o legislador [tomou o dever de diligência] como
autónomo, colocado no mesmo plano de qualquer dos outros deveres dos
gerentes, deverá entender-se que a diligência exigida neste artigo é um critério
vinculativo para a apreciação da conduta do gerente no cumprimento de todos
os seus deveres»[3168]. Qualificou a ilicitude como relativa não ao resultado, mas
antes a uma «avaliação do comportamento do agente»[3169].

VI. Sem prejuízo da importância destas e de outras decisões, não pode sim- 2197
plesmente afirmar-se estar vedada aos tribunais a apreciação do mérito das
decisões dos órgãos de administração (ou mesmo dos órgãos de fiscalização)
da sociedade. Com efeito, multiplicam-se os casos em que os tribunais se veem
confrontados com situações às quais não podem deixar de dar resposta e que
envolvem juízos de mérito sobre as opções da administração[3170].

64.6. A positivação da *business judgment rule* no art. 72.º/2 CSC

I. Com a reforma do Código das Sociedades Comerciais operada pelo 2198
Decreto-Lei n.º 76-A/2006, de 29 de março, passou a ler-se no n.º 2 do art. 72.º:

---

plano lógico antecedente, distinto dos outros deveres do administrador» (p. 13, com base em SOARES
MACHADO – *A recusa de assinatura...* p. 948, ou «ao nível de outros deveres específicos» (p. 14, remetendo
para ILÍDIO DUARTE RODRIGUES – *A administração...* p. 173).

[3166] Processo n.º 242/09.3YRLSB.S1, integralmente disponível em www.dgsi.pt.

[3167] Cfr. p. 15-16, com remissão para SOARES DA SILVA – *A responsabilidade civil dos administradores de
sociedades...* p. 613, analisando a bitola de diligência aplicável enquanto padrão objetivo, «que não é o do
simples bom pai de família mas sim o de um gestor dotado de certas qualidades» [que, como vimos, o
tribunal afirmara já entender como mais exigente, STJ 28-abr.-2009 (MOREIRA ALVES), *supra* referido na
p. 882, nota 3164.

[3168] Cfr. p. 16, seguindo RAUL VENTURA – *Sociedades por quotas*, 3..., p. 148. O tribunal sustentou ainda a
desnecessidade de autonomização do dever de lealdade ao dever de diligência, sendo uma faceta deste,
uma vez mais seguindo RAUL VENTURA.

[3169] Sublinhou ainda que «ao gerente, como órgão de administração das sociedades por quotas (art. 252.º)
compete praticar os actos que forem necessários ou convenientes para a realização do objeto social (art.
259.º), não se devendo servir das suas próprias funções para fins pessoais e alheios (até prejudiciais) ao
escopo da sociedade que representa» (p. 17-18).

[3170] Cfr. a análise da jurisprudência sobre esta questão na nota 2898 *supra*.

DA ADMINISTRAÇÃO À FISCALIZAÇÃO DAS SOCIEDADES

«A responsabilidade é excluída se alguma das pessoas referidas no número anterior[3171] provar que actuou em termos informados, livre de qualquer interesse pessoal e segundo critérios de racionalidade empresarial».

Esta disposição resultou da proposta da CMVM de alteração do Código das Sociedades Comerciais, na qual afirmava que «[q]ualquer reforma legislativa actual sobre a posição jurídica do administrador deve implicar uma tomada de posição sobre a consagração da chamada *business judgement rule*, de inspiração norte-americana». E continuava, esclarecendo:

«Como é sabido, estabelece-se aí uma presunção de licitude da conduta em favor dos administradores. Desde que reunidos certos pressupostos, designadamente a ausência de conflito de interesses e um adequado esforço informativo, o juiz abster-se-á de aferir do mérito da actuação do administrador»[3172].

II. Logo nessa proposta, a CMVM reconhecia a importância da manutenção da coerência interna do nosso sistema de imputação de danos (baseado na presunção de actuação culposa do devedor em sede de responsabilidade obrigacional), razão pela qual não seria desejável a introdução de semelhante presunção (de licitude) no ordenamento jurídico nacional[3173].

Reconhecia também a CMVM não se verificarem entre nós as razões que levaram ao desenvolvimento da *business judgment rule* pela jurisprudência norte-americana (ou da sua transposição para a Alemanha[3174]), nomeadamente, o excesso de litigância, preservando o espírito de iniciativa dos administradores. Pelo contrário, entre nós «existirá um défice de ocorrências jurisprudenciais nesta área, significando um subaproveitamento dos dispositivos nacionais sobre reparação de danos causados por administradores»[3175].

[3171] O número anterior, *i.e*, o n.º 1 do art. 72.º CSC, refere-se a gerentes e administradores. Recorde-se, porém, que o art. 81.º estende o regime jurídico da responsabilidade civil dos gerentes e administradores aos membros dos órgãos de fiscalização.

[3172] CMVM – *Governo das sociedades anónimas...*, p. 17. Vimos já que não existe uma formulação única da *business judgment rule* nos Estados Unidos, pelo que esta afirmação da CMVM é redutora.

[3173] *Ibidem*, p. 18.

[3174] Cfr., *v.g.*, Friedrich Kübler e Heinz-Dieter Assmann – *Gesellschaftsrecht: Die privatrechtlichen Ordnungsstrukturen und Regelungsprobleme von Verbänden und Unternehmen*, 6.ª ed., Heidelberg: Müller, 2006, p. 207-208.

[3175] CMVM – *Governo das sociedades anónimas...*, p. 18. O facto de não se verificar qualquer excesso de litigância nesta área em Portugal, antes pelo contrário, levou Menezes Cordeiro – *Os deveres fundamentais...* p. 452 a criticar a introdução desta regra entre nós no art. 72.º/1.

A CONSTRUÇÃO UNITÁRIA DA OBRIGAÇÃO DE VIGILÂNCIA

O reconhecimento deste facto não podia deixar de ter reflexos no conteúdo 2201 da regra que acabaria por ser transposta não no sentido de uma "suavização" do regime de responsabilidade dos administradores, como parecem deduzir alguns autores[3176], mas, como explica expressamente a CMVM, no sentido da «densificação dos elementos relevantes para o afastamento da responsabilidade do administrador», ou seja, da «densificação dos deveres dos titulares dos órgãos de administração (no sentido de uma actuação profissional e informada, livre de interesses pessoais) e facilita o escrutínio judicial em caso de danos produzidos por actuações ilícitas dos administradores»[3177]. Este propósito densificador da conduta devida é aliás, coerente com a positivação dos "deveres de cuidado" no art. 64.º/1, a) e 2[3178].

III. Contudo, lê-se depois na proposta da CMVM: visa essa densificação 2202 «[evitar] que o tribunal realize uma apreciação de mérito em matérias de gestão, para o que reconhecidamente não está preparado». Esta afirmação poderia ser

[3176] Assim, v.g., RICARDO COSTA – *Responsabilidade dos administradores e BJR...* p. 52, segundo o qual, a incorporação desta regra no nosso sistema daria resposta à pretensão dos administradores de «reconhecimento de um espaço de imunidade jurídica dos seus actos, onde a avaliação da qualidade das "decisões empresariais" salvaguardasse a discricionariedade dos administradores no que toca à *franja da sua actividade* marcada pela *autonomia* e pela *incerteza* (dos mercados onde a sociedade actua, desde logo), franja essa que se garantiria não poder se escrutinada pelos juízes sob o ponto de vista da sua correcção técnica ou adequação».

[3177] CMVM – *Governo das sociedades anónimas...*, p. 18. Em nota à proposta de articulado, esclarecia a CMVM:
«A influência da *business judgment rule* foi acolhida apenas quanto à explicitação dos elementos probatórios a ser utilizados pelo administrador demandado para ilidir a presunção de culpa. Enquadra-se, assim, como complemento da cláusula geral sobre responsabilidade dos administradores já vigente entre nós, na senda do que era sustentado por alguma jurisprudência. Tal contribui para uma densificação dos deveres dos titulares dos órgãos de administração (no sentido de uma actuação profissional e informada) e facilita o escrutínio judicial em caso de danos produzidos por actuações ilícitas dos administradores, evitando que o tribunal realize uma apreciação de mérito em matérias de gestão, para o que reconhecidamente não está preparado». CMVM – *Governo das sociedades anónimas: Proposta de articulado...*, p. 7.
O enquadramento sistemático do n.º 2 do art. 72.º CSC face à ilisão da presunção de culpa é coerente com a construção da culpa em sentido amplo (equivalente a *faute*) sustentada por MENEZES CORDEIRO – *Da responsabilidade civil...* p. 468-470, MENEZES CORDEIRO – *Tratado*, 2:3... p. 378, MENEZES CORDEIRO – *Direito das sociedades*, I³... p. 981. Poderia questionar-se a tomada de posição da CMVM numa discussão doutrinária em curso, dado o seu papel de autora do projeto de lei. Recorde-se que, como bem explica LARENZ – *Metodologia...* p. 464, apesar de as posições dos autores da lei não traduzirem a "vontade do legislador", nem constituírem bitola vinculativa, não deixam de ter um importante valor interpretativo «pois que pode supor-se que na escolha dos termos terão empreendido reflexões sobre o seu alcance e que trataram de os escolher de modo a que se aproximassem tanto quanto possível da intenção regulativa do legislador por eles compartilhada e analisada mais em pormenor».

[3178] A colocação desta norma merece críticas: tratando-se de uma norma densificadora da conduta devida, o seu local próprio seria o art. 64.º e não o art. 72.º, relativo à responsabilidade civil.

DA ADMINISTRAÇÃO À FISCALIZAÇÃO DAS SOCIEDADES

usada para sustentar uma nova orientação acerca da sindicabilidade judicial da conduta dos membros dos órgãos sociais, limitada agora a aspetos procedimentais e, logo, mais "suave" do que o regime precedente. Contudo, antecipando a exposição do ponto seguinte, não nos parece correto um tal entendimento.

2203 Em primeiro lugar, é claramente minoritária – tanto nos Estados Unidos, como nos espaços alemão e italiano (que constituem referência por excelência no desenvolvimento dos nossos quadros dogmáticos), ou mesmo entre nós – a doutrina e a jurisprudência que aceitam sem mais a exclusão da apreciação do mérito de tais condutas[3179]. Mesmo os mais árduos defensores desta perspetiva acabam por admitir válvulas de escape no sentido de permitir ao julgador apreciar as questões substantivas mais perturbadoras. Como defendemos adiante, deve dar-se por assente a perspetiva de que a *business judgment rule* não pode servir de "porto seguro" ao devedor perante condutas contrárias a um dever claramente determinado.

2204 Em segundo lugar, quando devidamente interpretada, a solução ora positivada não traduz uma qualquer "suavização" do regime pré-existente, mas antes uma densificação – na continuidade – do sistema jus-obrigacional e jus-societário português, assente na determinabilidade de obrigações *a priori* indeterminadas, de acordo com o padrão de diligência normativa[3180]. Não estamos perante dados novos no sistema, porquanto este era já o enquadramento dogmático tanto da obrigação de administração, como da obrigação de vigilância, face à redação anterior do Código das Sociedades Comerciais. Pode, porém, afirmar-se que os membros dos órgãos sociais em questão beneficiam agora de uma maior clarificação dos seus deveres, não só pelo disposto diretamente na lei – tanto no art. 72.º/2 como no art. 64.º/1, *a*) e 2 –, mas sobretudo pelo desenvolvimento dogmático que as alterações à mesma proporcionaram, através de um intenso diálogo científico, e pela concretização das *leges artis* em inúmeros debates tidos no contexto empresarial[3181].

2205 IV. Desta clarificação de deveres resulta a reafirmação de um espaço de discricionariedade (*Ermessensspielraum*) dos órgãos sociais na concretização do interesse da sociedade e na escolha dos meios para o alcançar, no específico quadro das suas competências legais e estatutárias e dentro dos limites impostos por normas de conduta específicas. Não se trata de um qualquer "privilé-

---

[3179] Como vimos, existem vozes defensoras da total exclusão de uma tal apreciação de mérito, mas claramente minoritárias.

[3180] Tal como detalhadamente desenvolvido no § 62.3 *supra*.

[3181] Tudo isto sem prejuízo das críticas que merece a inserção sistemática da densificação da conduta devida no art. 72.º/2, que assim se somam às críticas já aduzidas ao art. 64.º, n.ºs 1, *a*) e 2.

A CONSTRUÇÃO UNITÁRIA DA OBRIGAÇÃO DE VIGILÂNCIA

gio" dos administradores e fiscalizadores das sociedades comerciais que, no cumprimento dos seus deveres, beneficiariam de um espaço de liberdade face a intervenções judiciais – para o qual não existe fundamento dogmático –, mas da correta aplicação das coordenadas gerais do nosso quadro jus-obrigacional, tanto ao nível da determinação da prestação devida, como ao nível da responsabilidade civil dos membros dos órgãos sociais.

64.7. Principais orientações doutrinais sobre o art. 72.º/2 CSC

I. Face à redação do art. 72.º/2, tem sido discutido entre nós o enquadramento dogmático da *business judgment rule*, multiplicando-se as construções sobre a mesma. Assim, ora consubstancia (i) um privilégio de limitação de responsabilidade civil que opera ao nível do dever de indemnização; (ii) um padrão de apreciação judicial; (iii) uma causa de exclusão de ilicitude; (iv) uma causa de exclusão de *faute* (ou, insistindo-se na dissociação entre ilicitude e culpa, causa de exclusão de culpa); (v) uma presunção de ilicitude; ou, por fim, (vi) uma concretização do dever de administrar, contribuindo para fixar a ilicitude. Como veremos, esta última é a perspetiva que nos parece mais correta.

2206

II. A norma resultante do art. 72.º/2 parece prescrever, de acordo com o seu teor literal, uma causa de exclusão de responsabilidade[3182]. A sua redação, conjugada com o disposto no art. 72.º/1, parece colocar a questão num patamar diverso da aferição de um incumprimento culposo de deveres legais ou contratuais (licitude e culpa). Por outras palavras, parece colocar a questão ao nível da obrigação de indemnizar (enquanto causa de desculpação) e não da obrigação de prestar: se o administrador incumprir culposamente os seus deveres, deverá indemnizar a sociedade pelos danos causados. Contudo, se provar que atuou em termos informados, livre de qualquer interesse pessoal e segundo critérios de racionalidade empresarial, não terá que indemnizar tais danos.

2207

Esta é a posição sustentada entre nós por PEDRO CAETANO NUNES na sua tese sobre o dever de gestão[3183]. Para este autor, o disposto no art. 72.º/2 consubstancia um privilégio de limitação da responsabilidade civil[3184]. Demonstra-

2208

[3182] Sobre a noção de causas de exclusão ou isenção de responsabilidade civil, cfr., *v.g.*, PESSOA JORGE – *Ensaio...* p. 56-57.

[3183] Segundo PEDRO CAETANO NUNES – *Dever de gestão...* p. 515-516,
«[a] proposição normativa do artigo 72.º, n.º 2 não releva da norma que estabelece o dever primário de prestação dos administradores – o dever de gestão. Releva da norma que estabelece o dever secundário de indemnização pela violação do dever de gestão. O legislador refere, de forma expressa, que a *"a responsabilidade é excluída"*, em caso de verificação de determinados pressupostos».

[3184] PEDRO CAETANO NUNES estabelece um paralelo face à doutrina germânica, afirmando que também LUTTER – *Interessenkonflikte...* p. 249 sustenta um "privilégio de limitação de responsabilidade civil".

DA ADMINISTRAÇÃO À FISCALIZAÇÃO DAS SOCIEDADES

dos os elementos da previsão normativa, a responsabilidade seria excluída, inde-pendentemente de qualquer aferição sobre a violação do dever de gestão[3185]. A não demonstração de tais elementos determinaria a inaplicabilidade de um tal privilégio, abrindo as portas à análise do problema da violação do dever de gestão[3186]. Como PEDRO CAETANO NUNES expressamente reconhece, esta cons-trução é fortemente influenciada pelos ALI *Principles of Corporate Governance*[3187] e pela distinção entre *standard of conduct* (reportado ao *duty of care*) e *standard of judicial review* (reportado à *business judgment rule*)[3188], convocando a contraposição entre o dever primário de prestação e o dever secundário de indemnização[3189].

Apesar do teor literal dos n.os 1 e 2 do art. 72.º, não podemos concordar com CAETANO NUNES. Parece-nos que o alcance de tais preceitos será outro, não sendo possível a leitura sequencial dos mesmos. Com CARNEIRO DA FRADA, parece-nos ser de afastar a tese segundo a qual, demonstrada a violação do dever legal ou contratual, ainda assim haveria lugar à exclusão da responsabilidade ao abrigo do n.º 2 do art. 72.º. Tal solução «deixaria sem qualquer sanção aquilo que – supostamente – já se encontrava plenamente estabelecido constituir vio-lação dos deveres legais ou contratuais»[3190]. Por outras palavras, parece-nos que, na prática e em grande medida, esta tese esvaziaria de conteúdo útil a obriga-

Parece-nos porém que este paralelo exige esclarecimentos adicionais, porquanto, não obstante LUTTER se referir a um privilégio, este não tem correspondência com o sustentado por PEDRO CAETANO NUNES. Para LUTTER, a *business judgment rule* configura, na sua substância, uma presunção de licitude. Quando verificados os seus pressupostos, presume-se que o administrador ou gerente atuou exclusivamente para o bem da sociedade. Cfr. *ibidem*, p. 247. Quando tais pressupostos se não verifiquem, não fica respondida a questão da responsabilidade *in concreto*, sendo necessário verificar se houve violação do dever de diligência e culpa. Cfr. *ibidem*, p. 249.

Parece-nos que a posição de PEDRO CAETANO NUNES se aproxima mais do espaço de "violação de dever livre de responsabilidade" (*haftungsfreien Pflichtverletzung*) referido por HOPT – *Die Haftung von Vorstand und Aufsichtsrat...* p. 920, ainda antes do acórdão *ARAG-Garmenbeck*, e criticado por KINDLER – *Unterehmerisches Ermessen...* p. 104, como vimos antes.

[3185] Esta posição não parece ser muito diferente da apresentada por BRUNO FERREIRA – *Os deveres...* p. 724 ss., que qualifica os "deveres de cuidado" previstos nos arts. 64.º/1, *a*) e 72.º/2 como instrumentais face ao "dever principal de cuidado" (ou seja, o "dever de tomar decisões de gestão razoáveis") e defende que, tendo sido feita prova de que o comportamento do administrador foi informado, livre de interesses pessoais e racional, não deveria o tribunal entrar na total apreciação do mérito e oportunidade das decisões de gestão. Ou seja, verificado o cumprimento dos deveres instrumentais, não deveria o tribunal apreciar o cumprimento do dever de tomar decisões de gestão razoáveis.

[3186] PEDRO CAETANO NUNES – *Dever de gestão...* p. 516.

[3187] AMERICAN LAW INSTITUTE – *Principles (1994)...* p. 142.

[3188] Cfr. p. 765 *supra* e, em especial, nota 2930.

[3189] PEDRO CAETANO NUNES – *Dever de gestão...*, p. 516, apoiando-se em FLEISCHER – *Sorgfaltspflicht...* p. 50-51.

[3190] CARNEIRO DA FRADA – *A business judgment rule...* p. 88.

A CONSTRUÇÃO UNITÁRIA DA OBRIGAÇÃO DE VIGILÂNCIA

ção de administração e a obrigação de vigilância[3191]. Eliminada a sua utilidade jurídica, restaria apenas a sua utilidade social numa dimensão pedagógica ou de articulação com as forças do mercado na instituição de normas de conduta extralegais[3192].

III. Não muito longe desta posição parece andar Calvão da Silva, para quem o art. 72.º/2 consubstancia um teste ou padrão de apreciação de decisões empresariais[3193].

Esta posição deve ser compreendida no contexto da posição do autor relativamente aos deveres de cuidado e de lealdade que traduziriam «apenas a codificação ou *"transplante legal"* de uma bifurcação de origem anglo-americana já longínqua no campo dos deveres fiduciários e de sabor escolástico»[3194]. Os administradores, ocupando uma posição fiduciária na sociedade, «devem atuar de boa fé (com o cuidado e a lealdade devidos) no melhor interesse social e evitar colocar-se em situações de interesses conflituantes com os da sociedade (*no-conflict rule*) ou tirar benefícios injustificados (*no-profit rule*)»[3195].

Dito isto, entende Calvão da Silva que o dever de cuidado tem um conteúdo meramente procedimental: «o dever de cuidado requer que administradores e supervisores cumpram as suas responsabilidades legais com a diligência profissional devida», o que, na perspetiva do autor, corresponde ao "modo" como os administradores e fiscalizadores devem desempenhar as suas funções em cada caso concreto, só tendo sentido como "due diligence" no exercício dos poderes e deveres legais, estatutários e contratuais[3196].

Vendo Calvão da Silva a ilicitude e a culpa como autónomos e distintos pressupostos da responsabilidade civil (art. 483.º/1 CC), entende a violação do

---

[3191] Como bem refere Larenz – *Metodologia...* p. 688, a sanção das infrações jurídicas e as lesões de bens jurídicos através de um obrigação de indemnizar constitui uma espécie, e porventura a mais importante, da proteção de bens jurídicos. Sem esta proteção, a obrigação de prestar perderia o seu poder conformador da conduta dos agentes económicos e, assim, o seu sentido útil.

[3192] Como vimos, esta é uma perspetiva defendida por diversos autores perante o esvaziamento do conteúdo útil do *duty of care* face à *business judgment rule* norte-americana. Cfr. p. 834 *supra*.

[3193] Cfr. Calvão da Silva – *A responsabilidade civil dos administradores não executivos...* p. 150-151.

[3194] Continua o autor alertando para o facto de os administradores não serem mais vistos como *trustees*, que devem ser cuidadosos na preservação da *trust property* e evitar expô-la a riscos desnecessários, devendo, pelo contrário, «correr riscos e decidir se assumem um risco com vista a multiplicar o capital investido e de cuja gestão estão incumbidos». Cfr. *ibidem*, p. 146.

Tal como defendemos antes, não nos parece correto este entendimento. Cfr. Ferreira Gomes – *Conflitos de interesses...* p. 205-206. Cfr. também nota 3259 *infra*.

[3195] Calvão da Silva – *A responsabilidade civil dos administradores não executivos...* p. 146.

[3196] *Ibidem*, p. 147.

DA ADMINISTRAÇÃO À FISCALIZAÇÃO DAS SOCIEDADES

dever de cuidado exigível como elemento da culpa[3197]. Sendo a responsabilidade dos administradores e fiscalizadores de natureza contratual, compreende-se a presunção de culpa (art. 72.º/1 CSC), equivalente à regra do direito comum (art. 799.º CC)[3198], de acordo com a qual cabe aos administradores e/ou fiscalizadores demonstrar que procederam com o cuidado e diligência devido[3199].

2214   Neste contexto, o (novo) n.º 2 do art. 72.º corresponderia a um "porto seguro", nos termos do qual, verificados os seus três requisitos, «*a responsabilidade é excluída, sem mais*: o tribunal não substitui o seu julgamento ou ponto de vista ao julgamento (decisão) de gestores ou supervisores»[3200]. O tribunal só sindicaria «se a decisão questionada foi ao tempo uma decisão de *boa fé, independente* (desinteressada), *informada, com racional propósito empresarial*, na convicção séria e honesta de ser no melhor interesse da sociedade». Em conclusão, a *business judgment rule* constituiria entre nós um "*standard* de apreciação judicial das decisões empresariais", em resultado do qual «*gestores e supervisores que tenham observado este "modus operandi" ou "modus deliberandi" (...) não responderão por violação do dever de cuidado*, pois (como que) lhes é reconhecido o direito de errar na decisão em si mesma ('*error in iudicando' honesto e meramente negligente – culpa leve*)»[3201]. A responsabilidade seria por isso excluída mesmo que os administradores ou fiscalizadores não lograssem provar ter procedido sem culpa substantiva, agindo com a diligência profissional exigível. Concluindo, para CALVÃO DA SILVA a *business judgment rule* não deve aplicar-se na apreciação da antijuridicidade. Enquanto *standard* de apreciação judicial de decisões empresariais, relaciona-se em tensão com o dever de cuidado e diligência[3202].

2215   Não podemos acompanhar esta posição do Professor CALVÃO DA SILVA, mais do que tudo porque, tal como já afirmámos na crítica à posição de CAETANO NUNES, não nos parece admissível, face ao nosso quadro dogmático de responsabilidade civil, ver no n.º 2 do art. 72.º um padrão de apreciação judicial cuja aplicação, em última análise, permitiria que uma violação culposa dos deveres dos administradores pudesse ficar sem sanção[3203]. Tal como afirmámos e desen-

---

[3197] Seguindo ANTUNES VARELA – *Das obrigações em geral*, 1... p. 584 ss., CALVÃO DA SILVA – *A responsabilidade civil dos administradores não executivos...* p. 147.

[3198] Cabendo portanto, nesta perspetiva, à sociedade o ónus de alegar e provar o incumprimento do dever legal ou contratual, o dano e o nexo de causalidade adequada entre aquele acto ou omissão ilícito e o dano sobrevindo. Cfr. *ibidem*, p. 148.

[3199] *Ibidem*, p. 149.

[3200] *Ibidem*, p. 150.

[3201] *Ibidem*, p. 151-152.

[3202] *Ibidem*, p. 153.

[3203] Em bom rigor, e se bem compreendemos a posição de CALVÃO DA SILVA, o tribunal não apreciaria nem a questão da ilicitude, nem a questão da culpa, desde que o administrador ou fiscalizador lograssem

A CONSTRUÇÃO UNITÁRIA DA OBRIGAÇÃO DE VIGILÂNCIA

volvemos antes, esta tese esvaziaria de conteúdo útil as obrigações de administração e de vigilância.

Para além disso, na medida em que os elementos da previsão do art. 72.º/2 concretizam a conduta devida, em termos que sempre resultariam da aplicação dos quadros gerais jus-obrigacionais, não podem relevar, em momento logicamente posterior, para a formulação de um juízo de culpa.

IV. A interpretação do art. 72.º/2 no sentido de dele retirar um modelo ou padrão de revisão judicial está ainda patente nos escritos de outros autores, como RICARDO COSTA ou COUTINHO DE ABREU/ELISABETE GOMES RAMOS.

Sistematizando a posição de RICARDO COSTA, aquela norma traduziria simultaneamente «um *modelo de avaliação-revisão de conduta* (*standard of review*) que limita o juiz a não ajuizar do mérito e da razoabilidade (...), desde que certas circunstâncias se verifiquem»[3204], e uma causa justificativa da ilicitude decorrente da violação do dever de cuidado previsto no art. 64.º/1, *a*).

Quanto ao primeiro aspeto, defende que do seu teor não se retira uma delimitação da obrigação de conduta, mas apenas um critério judicial de escrutínio[3205]. Deste resultaria, em termos positivos, uma pauta mínima de boa administração que, não alargando a insindicabilidade da conduta da administração, implica uma sindicação mais favorável à isenção da responsabilidade: «diminui-se a *apreciação substancial* das decisões, bastando-se a lei com o controlo do *processo de tomada de decisão*»[3206]. Em termos negativos, qualifica a má administração, baseada num critério mais permissivo para efeitos de responsabilidade civil:

provar os requisitos da *business judgment rule*. Mas isso não invalida a crítica, senão vejamos. Imaginemos que numa ação de responsabilidade civil – e admitindo a dissociação entre ilicitude e culpa, como defende o autor – a sociedade autora no processo produziu prova cabal da ilicitude, que o administrador/ /fiscalizador réu não logrou impugnar a prova produzida pela sociedade relativamente a tal ilicitude, nem demonstrou ter procedido sem culpa. Limitou-se a invocar e provar os requisitos de aplicação da *business judgment rule*, a título de exceção perentória. Conclusão: pelas regras processuais, tanto os factos constitutivos da ilicitude como da culpa dar-se-iam como provados, mas o réu seria absolvido do pedido porque cumpriu um determinado procedimento.

[3204] RICARDO COSTA – *Responsabilidade dos administradores e BJR...* p. 65.

[3205] O autor alerta expressamente para o perigo de poder considerar-se que as circunstâncias de exclusão de responsabilidade civil nos termos do art. 72.º/2 «são verdadeiros padrões de conduta *normativamente equiparáveis* às condutas exigidas pelos deveres legais, gerais e específicos, que se superiorizariam a todos os restantes, se se demonstrar a sua verificação, no fito de alcançar a não responsabilidade dos administradores». O autor, aliás, considera que esse foi o logro no qual caiu a 3.ª Vara Cível de Lisboa, na sentença do caso Multidifusão, de 27-out.-2010, reproduzida em PEDRO CAETANO NUNES – *Corporate governance...* p. 9-44. Cfr. RICARDO COSTA – *Responsabilidade dos administradores e BJR...* p. 65-66.

[3206] RICARDO COSTA – *Responsabilidade dos administradores e BJR...* p. 73. Noutro ponto, explica o autor que do art. 72.º/2 decorre um «dever jurídico mínimo do administrador, que surge como sucedâneo do dever de tomar decisões razoáveis para o efeito de ser julgada a sua responsabilidade pela inobservância dessa

DA ADMINISTRAÇÃO À FISCALIZAÇÃO DAS SOCIEDADES

«se o administrador não tiver atuado com adequada informação, sem interesses conflituantes e sem base racional (...) será responsabilizado» (desde que a decisão tenha sido culposa)[3207].

2220 Quanto ao segundo aspeto, sugere que «[a] ilicitude decorrente do incumprimento do dever legal de conduta – dever de cuidado, de prestação mais exigente – previsto pelo art. 64.º/1, pode ser afastada pelo cumprimento desse dever (legal) mínimo de conduta, individualizado e imposto pelo art. 72.º/2»[3208]. Estaríamos assim perante uma causa justificativa que, não legitimando o dano, é expressão de uma "faculdade de agir" num patamar axiológico-normativo igual ao dever que lhe é sucedâneo. Por outras palavras, o sujeito pode ter agido ilicitamente, em violação do seu dever de cuidado, mas, porque «fez aquilo que a ordem jurídica pode *racionalmente* exigir dele no *âmbito do arbítrio gestório*», é excluída a responsabilidade[3209].

2221 Face ao que expusemos antes, não podemos concordar com RICARDO COSTA. Quanto à construção da norma do art. 72.º/2 como um padrão de revisão judicial, remetemos para as críticas já aduzidas à posição de PEDRO CAETANO NUNES e de CALVÃO DA SILVA.

2222 Quanto ao segundo aspeto, recordamos as críticas de CARNEIRO DA FRADA à destrinça entre "racionalidade empresarial" e "razoabilidade da decisão", segundo a qual aquela teria um âmbito mais vasto do que esta. A formulação da *business judgment rule* pelos ALI *Principles of Corporate Governance* – que está na base da destrinça de RICARDO COSTA – aponta para uma conceção mais concreta da racionalidade empresarial, determinada perante as circunstâncias do caso concreto. Assim, não se tratando de um estalão abstrato de qualquer medida de administração, é difícil distinguir a racionalidade da razoabilidade. Depreende-se que envolve um certo juízo sobre o mérito da gestão, mas o mesmo se diga do critério da razoabilidade[3210]. Sobre este ponto, acrescenta NUNO TRIGO REIS que

«descontando a diferença semântica, fica a ideia de que a primeira é limite menos estreito da liberdade de actuação dos administradores do que a segunda; ficam, entretanto, por explicar os limites intrínsecos de racionali-

---

obrigação: o dever de actuação *procedimentalmente* correcta e razoável em termos informativos e de tomar decisões *não irracionais*». Cfr. *ibidem*, p. 75.

[3207] Cfr. *Ibidem*, p. 74.
[3208] Cfr. *Ibidem*, p. 76.
[3209] *Ibidem*.
[3210] CARNEIRO DA FRADA – *A business judgment rule...* p. 95.

A CONSTRUÇÃO UNITÁRIA DA OBRIGAÇÃO DE VIGILÂNCIA

dade de decisão e, inversamente, o momento a partir do qual é possível uma apreciação do mérito da medida adoptada»[3211].

Como desenvolvemos adiante, não concordamos com a associação do crité- 2223
rio da racionalidade a um juízo sobre o mérito ou substância da gestão[3212]. Tal não impede que realcemos neste ponto as dificuldades inerentes à destrinça proposta por RICARDO COSTA entre os critérios de racionalidade e razoabili-dade, conforme aos ensinamentos de EISENBERG e espelhada nos *ALI Principles of Corporate Governance*.

Devemos, porém, ir mais longe: não podemos aceitar a ideia de que o cum- 2224
primento do «dever (legal) mínimo de conduta, individualizado e imposto pelo art. 72.º/2» justificaria a ilicitude decorrente da violação do «dever legal de con-duta – dever de cuidado, de prestação mais exigente – previsto pelo art. 64.º/1». Desde logo, a configuração como causa de exclusão de ilicitude não permite a afirmação do segundo dever como um *sucedâneo* do primeiro, nos termos suge-ridos por RICARDO COSTA. Se assim fosse, se o dever previsto no art. 72.º/2 fosse um sucedâneo do dever consagrado no art. 64.º/1, *a)*, então estaríamos perante *obrigações alternativas*[3213] e não perante uma causa de justificação de ilicitude. O devedor poderia exonerar-se realizando uma ou outra das prestações.

Parece-nos portanto que a posição de RICARDO COSTA deve ser enquadrada 2225
na temática do conflito de deveres: o cumprimento do dever previsto no art. 72.º/2 justificaria o incumprimento do dever previsto no art. 64.º/1, *a)*[3214]. Como

---

[3211] NUNO TRIGO REIS – *Os deveres de lealdade...* p. 326 (nota 142). Acrescenta ainda, em termos que não podemos acompanhar, que «a versão portuguesa do *business judgment rule*, ao apelar a "padrões de racio-nalidade" parece impor constrangimentos puramente objectivos, sem paralelo no Direito anglo saxó-nico (...) ou alemão». Não podemos concordar com esta última aferição, porquanto, como vimos, tanto no espaço norte americano como no espaço tudesco, a referência ao critério da racionalidade visa pre-cisamente introduzir critérios objetivos que moldam a perspetiva subjetivista centrada na posição do administrador.

[3212] Cfr. § 64.8, parág. IV *infra*.

[3213] Sobre as obrigações alternativas, o estudo mais desenvolvido entre nós continua a ser VAZ SERRA – *Obrigações alternativas....* Para desenvolvimentos mais actuais, cfr., por todos, MENEZES CORDEIRO – *Tratado*, 6².. p. 659 ss.

[3214] Neste sentido, GABRIELA FIGUEIREDO DIAS – *Fiscalização de sociedades...* p. 74-78 sobrepõe o primeiro ao segundo dever. Afirma estarmos perante uma causa de exclusão da ilicitude que elimina «a carga axiologicamente negativa do comportamento abstractamente ilícito». A autora acompanha ANTUNES VARELA – *Das obrigações em geral*, 1... p. 552, afirmando que a exclusão da ilicitude opera quando a infracção de um dever se dá por força do cumprimento de um outro dever ou do exercício regular de um direito, para além das causas especiais de justificação do facto previstas na lei. Segundo a construção da autora, o dever de atuação «procedimentalmente em conformidade com as exigências do artigo 72.º, n.º 2» sobrepõe-se a outros deveres de administração (nomeadamente os resultantes do art. 64.º). Caso o administrador logre provar o cumprimento do primeiro, o tribunal não sindicará o cumprimento dos segundos.

DA ADMINISTRAÇÃO À FISCALIZAÇÃO DAS SOCIEDADES

se sabe, o conflito de deveres justifica a exclusão da ilicitude quando não seja possível o cumprimento tempestivo ou simultâneo de deveres de agir em conflito, sendo necessário dar prevalência a um, sacrificando o outro: *ad impossibilita nemo tenetur*[3215]. Não nos parece, porém, que exista um qualquer conflito de deveres neste caso. Independentemente da posição que se tome sobre a alegada autonomização do dever decorrente do arts. 72.º/2 face ao dever decorrente do art. 64.º/1, e sobre a alegada sobreposição do primeiro ao segundo, certo é que não se verifica o requisito da impossibilidade de cumprimento tempestivo ou simultâneo destes deveres.

2226   Em suma, parece-nos que nesta construção de RICARDO COSTA falta uma adequada articulação do quadro dogmático jus-obrigacional de concretização da obrigação de administração com os referentes de cariz procedimental introduzidos pelo (novo) n.º 2 do art. 72.º. A obrigação de administração vincula o devedor à tentativa de causação adequada do resultado definidor, segundo vetores substantivos e procedimentais que se complementam. Não estamos, portanto, perante um conflito de deveres, porque estes não são incompatíveis entre si. Tais deveres complementam-se na teleológica orientação à prossecução de uma finalidade comum. Estamos perante uma densificação daquilo que é devido pelo devedor, recortando, por dentro, o espaço de ilicitude[3216].

2227   Deve, portanto, rejeitar-se a construção de RICARDO COSTA que esvaziaria de conteúdo útil as obrigações de administração e vigilância.

2228   V. Como referimos já, também COUTINHO DE ABREU/ELISABETE GOMES RAMOS veem no art. 72.º/2 a consagração de um padrão de revisão judicial (*standard of review*), mais permissivo do que o padrão de conduta (*standard of conduct*) que exige a tomada de decisões razoáveis, seguindo assim o modelo do Estado norte-americano do Delaware[3217]. Este raciocínio é coerente com a posição dos autores de que o mérito das decisões dos administradores não é julgado

---

Pelo contrário, não logrando demonstrar ter atuado de forma *procedimentalmente* correta (segundo o art. 72.º/2), o tribunal faria uma apreciação *material* da sua conduta, nomeadamente «pelo confronto da mesma com as exigências do art. 64.º/1 e das normas que em especial estabelecem os deveres e as funções dos administradores». Como resulta do exposto, esta é uma solução que não podemos acompanhar.

[3215] No domínio civilista, a questão é tratada a propósito da colisão de direitos (art. 335.º CC), sendo os termos desta convolados para a colisão de deveres. Cfr., por todos, ANTÓNIO MENEZES CORDEIRO – Da colisão de direitos, *O Direito*, 137:I, 2005, MENEZES CORDEIRO – *Tratado*, 2:3... p. 485-490. No Direito penal, a questão foi especialmente regulada no art. 36.º/1 CP, com claros contactos face ao disposto no art. 335.º CC. Cfr., por todos, JORGE FIGUEIREDO DIAS – *Direito penal: parte geral*, 1 – Questões fundamentais, a doutrina geral do crime, 2.ª ed., Coimbra: Coimbra Editora, 2007, p. 466 ss.

[3216] Neste sentido, também CARNEIRO DA FRADA – *A business judgment rule...* p. 90-91.

[3217] JORGE COUTINHO DE ABREU e ELISABETE GOMES RAMOS – *CSC em comentário...*, art. 72.º, p. 846.

A CONSTRUÇÃO UNITÁRIA DA OBRIGAÇÃO DE VIGILÂNCIA

pelos tribunais com base em critérios de "razoabilidade", mas segundo "um critério de avaliação excecionalmente limitado", de acordo com o qual o administrador será civilmente responsável apenas quando a sua decisão for considerada "irracional", nos termos da formulação dominante[3218].

Concluem os autores que, demonstrados os pressupostos do art. 72.º/2, o administrador ilide a presunção de culpa prevista no n.º 1 do mesmo artigo e, mais decisivamente, demonstrará a licitude da sua conduta: «a não violação (relevante) dos deveres de cuidado e a não violação dos deveres de lealdade»[3219]. 2229

Na sequência de tudo quanto já foi exposto, também não podemos concordar com esta construção da norma do art. 72.º/2 como um padrão de revisão judicial. Remetemos para as críticas já aduzidas às posições anteriormente expostas. 2230

VI. Com a devida vénia, parece-nos que as construções analisadas assentam num pré-juízo sobre o desenvolvimento da *business judgment rule* nos Estados Unidos, procurando na redação do art. 72.º/2 argumentos que permitam alcançar o mesmo resultado prático, tido *a priori* como recebido entre nós. Para além disso, contrariam a vontade expressa do legislador de não introduzir uma alteração aos nossos quadros jurídico-dogmáticos de responsabilidade civil[3220]. Como vimos, o nosso legislador não pretendeu suavizar o regime de responsabilidade civil dos administradores com vista a garantir um espaço de administração livre de sindicância judicial, mas, «de modo contrário» – palavras da CMVM –, concretizar os deveres dos administradores. 2231

Exige-se, portanto, uma cuidada integração sistemática do n.º 2 do art. 72.º nos nossos quadros jus-obrigacionais e uma ponderação face à realidade nacio- 2232

[3218] Jorge Coutinho de Abreu – *Responsabilidade civil¹...* p. 36-37, aplicando os ensinamentos de Melvin Aron Eisenberg – Obblighi e responsabilità degli amministratori e dei funzionari delle società nel diritto americano, *Giurisprudenza Commerciale*, 19:1, 1992, face ao Direito norte-americano (= Jorge Coutinho de Abreu e Elisabete Gomes Ramos – *CSC em comentário...*, art. 72.º, p. 845). Cfr. também Elisabete Gomes Ramos – *O seguro...* p. 159. Note-se que, no seu escrito de 2007, Jorge Coutinho de Abreu afirmava apenas que, provando o administrador as três condições previstas no n.º 2 do art. 72.º, ilidiria a presunção de culpa do n.º 1 deste preceito e, mais decisivamente, demonstraria a licitude da sua conduta: «a não violação (relevante) dos deveres de cuidado e a não violação dos deveres de lealdade». Jorge Coutinho Abreu – *Responsabilidade civil1...* p. 43. Se bem percebemos a exposição do autor, estava em causa uma delimitação ou concretização dos deveres dos administradores estatuídos pelo art. 64.º/1 e não uma dissociação entre padrões de conduta e padrões de revisão judicial. Esta solução era criticável, não só por contradição face à concretização dos deveres de cuidado operada pelo autor nesse mesmo estudo, mas também por excessiva restrição da obrigação de administração, obrigando o autor a considerar a redução teleológica do art. 72.º/2 à margem de uma construção cabal e compreensiva do potencial de concretização daquela obrigação no caso concreto.

[3219] Jorge Coutinho de Abreu e Elisabete Gomes Ramos – *CSC em comentário...*, art. 72.º, p. 846-847.

[3220] Cfr. CMVM – *Governo das sociedades anónimas – Propostas de alteração ...*, p. 17-18.

DA ADMINISTRAÇÃO À FISCALIZAÇÃO DAS SOCIEDADES

nal que – como também reconheceu expressamente a CMVM – se não confunde com a norte-americana, fortemente marcada por receios de litigância suscetíveis de limitar o empreendedorismo empresarial[3221].

2233 VII. Para PEDRO PAIS DE VASCONCELOS, o n.º 2 do art. 72.º traduz uma presunção de ilicitude[3222]. Esta posição deve ser enquadrada na sua configuração dual da responsabilidade civil, que separa a ilicitude da culpa (art. 483.º CC), que presume a culpa na responsabilidade civil contratual (art. 799.º CC) e que impõe ao lesado o ónus da sua prova na responsabilidade civil delitual (art. 487.º CC). Deve ainda ser analisada à luz da sua conceção do art. 64.º que conteria «o núcleo fundamental do critério de licitude e de ilicitude na gestão da sociedade»[3223], a concretizar no caso concreto pela natureza das coisas, ou seja, «pelas circunstâncias concretas do caso, e pelas concepções ético-comerciais dominantes, sem perder de vista que os gestores exercem a sua actividade e praticam os actos que a preenchem, por conta da sociedade e primordialmente no seu interesse»[3224].

2234 De acordo com esta construção, antes da reforma de 2006 e da introdução do art. 72.º n.º 2, numa ação de responsabilidade civil contra administradores, à sociedade caberia a demonstração da ilicitude da conduta do gestor, ao gestor a demonstração de que a sua conduta não foi culposa.

2235 Pelo contrário, com a nova norma, passaria a caber ao administrador o ónus da prova da licitude da sua conduta, ou seja, que atuou em termos informados, livre de qualquer interesse pessoal e segundo critérios de racionalidade empresarial[3225]. Estaríamos portanto perante uma modificação do equilíbrio do sistema que agrava a responsabilidade civil dos gestores[3226].

2236 Parece-nos que também esta não será a melhor perspetiva: como desenvolvemos adiante, o art. 72.º/2 não introduz uma alteração no equilíbrio do sistema, mas, pelo contrário, concretiza na continuidade o regime anterior.

2237 Menos relevante para a compreensão da nova disposição é a nossa discordância face à interpretação do art. 64.º/1, *a*). Sem prejuízo das concretizações da obrigação de diligente administração, designadas por "deveres de cuidado", parece-nos que esta norma não tem, só por si, o conteúdo prestacional próprio

---

[3221] Sobre a ineficiência do nosso sistema judicial e sua influência no sistema de governo das sociedades, cfr. FERREIRA GOMES – *Conflitos de interesses...* p. 203 ss.
[3222] Cfr. PEDRO PAIS DE VASCONCELOS – Responsabilidade civil dos gestores das sociedades comerciais, *Direito das Sociedades em Revista*, 1:1, 2009, p. 23-25, PAIS DE VASCONCELOS – *Business judgment rule...* p. 54-60.
[3223] Cfr. PAIS DE VASCONCELOS – *Responsabilidade civil...* p. 19.
[3224] Cfr. *Ibidem.*
[3225] Cfr. *Ibidem*, p. 24.
[3226] Cfr. *Ibidem*, p. 24, 23.

A CONSTRUÇÃO UNITÁRIA DA OBRIGAÇÃO DE VIGILÂNCIA

que lhe imputa o Prof. PAIS DE VASCONCELOS. Este resulta, num primeiro nível, do reconhecimento de uma *obrigação de administração* ou de uma *obrigação de vigilância*, consoante o caso – a partir da requalificação das normas de competência jus-societárias, pela sujeição do exercício das funções orgânicas à prossecução do interesse social – e, num segundo nível, pela determinação do conteúdo destas no caso concreto, por referência à bitola de diligência normativa prevista no art. 64.º/1, *a*) e 2. Estas normas prescrevem a bitola de diligência necessária à determinação da prestação, mas, só por si, não oferecem um conteúdo prestacional próprio.

Em terceiro e último lugar, parece-nos que esta conceção padece de um vício que apontámos já a uma outra posição[3227]: opera uma excessiva restrição da obrigação de administração, obrigando o autor a considerar a redução teleológica do art. 72.º/2 à margem de uma construção cabal e compreensiva sobre a concretização daquela obrigação no caso concreto. Por outras palavras, porque não apresenta uma solução global para a determinação da prestação de administração (ou da prestação de vigilância, consoante o caso)[3228] ao distinguir entre *atos propriamente de gestão* e *atos vinculados*, PAIS DE VASCONCELOS não oferece fundamento suficiente para a restrição da aplicação da *business judgment rule* aos primeiros[3229].

2238

VII. Segundo a construção de MENEZES CORDEIRO, a presunção estabelecida pelo n.º 1 do art. 72.º refere-se conjunta e globalmente à ilicitude e à culpa do inadimplemento[3230]. O n.º 2 constituiria, portanto, uma específica via de exclusão de culpa (*faute*)[3231], construção que desenvolve aqueloutras relativas ao art. 64.º[3232] e ao regime português da responsabilidade civil obrigacional[323].

2239

[3227] Cfr. nota 3218 *supra*.

[3228] PAIS DE VASCONCELOS – *Business judgment rule...* p. 57, parece acompanhar a construção de PESSOA JORGE que desenvolvemos neste estudo, mas não a aplica nem desenvolve no enquadramento do (novo) art. 72.º/2.

[3229] Cfr. *ibidem*, p. 61-64.

[3230] MENEZES CORDEIRO – *Direito das sociedades*, 1³... p. 981.

[3231] Segundo MENEZES CORDEIRO, *ibidem*, p. 984, esta solução é contrária à *business judgment rule* norte-americana, que delimita a culpa e a ilicitude no seu conjunto, dado que a *Common Law* não faz a distrinça, e é contrária também à sua versão alemã, que delimita as regras de conduta, afastando a ilicitude.

[3232] Quanto ao primeiro aspeto, vimos já (cfr. § 64.5, parág. III) que, para o autor, a bitola de diligência fixada pelo art. 64.º seria uma regra de conduta incompleta que apenas em conjunto com outras normas teria um conteúdo útil preciso. É assim negada a possibilidade de concretização do dever de gestão diligente sem referência a outras normas. Como vimos, MENEZES CORDEIRO manteve esta sua posição após a reforma do Código das Sociedades Comerciais de 2006, explicando que «ninguém actua diligentemente, *tout court*: há que saber de que conduta se trata para, então, fixar o grau de esforço exigido na actuação em jogo». Em suma, a responsabilização dos administradores sempre exigiria a infracção de normas especí-

DA ADMINISTRAÇÃO À FISCALIZAÇÃO DAS SOCIEDADES

2240   Segundo o autor, não se podem considerar os deveres legais e estatutários dos administradores revogados pelo (novo) art. 72.º/2, nem pode o seu incumprimento ser considerado genericamente justificado à luz desta norma:

> «Apenas no caso concreto o apelo ao *business judgement*[3234]*rule* permitirá isentar o administrador do juízo de censura que, sobre ele, irá incidir».

2241   Caso se insista na contraposição entre ilicitude e culpa na responsabilidade obrigacional, nos moldes germânicos, o art. 72.º/2 constituiria uma via de exclusão de culpa[3235].

2242   Nesta medida, sustenta MENEZES CORDEIRO que esta disposição não altera as coordenadas pré-existentes: se, antes da reforma de 2006, num caso concreto, um administrador que tivesse causado danos à sociedade, por preterir os seus deveres legais ou contratuais, provasse em juízo que tinha atuado em termos informados, sem qualquer interesse pessoal e seguindo critérios de racionalidade empresarial, não haveria lugar a responsabilidade, porquanto estaria a ilidir a presunção de culpa prevista no art. 72.º/1[3236].

2243   Aproximamo-nos de MENEZES CORDEIRO na medida em que se afaste a contraposição entre ilicitude e culpa, por esta não traduzir algo de substancialmente diverso daquela[3237]. Com CANARIS afirma MENEZES CORDEIRO que o *ilícito* nos

---

ficas atinentes à administração, legais ou contratuais. Cfr. MENEZES CORDEIRO – *Os deveres fundamentais...* p. 453-454, MENEZES CORDEIRO – *Direito das sociedades*, 1³... p. 987-988. Acrescenta ainda que a partir dos conceitos de "disponibilidade", "competência técnica" e "conhecimento da atividade da sociedade", referidos no art. 64.º/1, *a*), não seria possível retirar as condutas concretas a que está adstrito o administrador, pelo que imaginar um "dever de cuidado" como uma cláusula geral de conduta, a concretizar perante cada problema, equivaleria a uma inglória duplicação face às cláusulas civis da boa-fé e dos bons costumes e à cláusula de lealdade especificamente societária. Cfr. MENEZES CORDEIRO, *ibidem*. Para uma análise desta posição, cfr. nota 2569, p. 724.

[3233] Quanto ao segundo ponto, defende MENEZES CORDEIRO que, contrariamente ao regime de responsabilidade delitual do art. 483.º/1 CC, que dinstingue e contrapõe ilicitude e culpa, o regime português de responsabilidade civil obrigacional performa uma evolução do regime jurídico francês, de tal forma que a "culpa" do art. 799.º CC corresponde à *faute*, acarretando um misto de culpa e de ilicitude. MENEZES CORDEIRO – *Da responsabilidade civil...* p. 468-470, MENEZES CORDEIRO – *Tratado*, 2:3... p. 378, MENEZES CORDEIRO – *Direito das sociedades*, 1³... p. 981.

[3234] Note-se que MENEZES CORDEIRO tomou conscientemente partido pela redação britânica de "*judgement*", em vez da norte-americana "*judgment*". MENEZES CORDEIRO – *Direito das sociedades*, 1³... p. 857 (nota 2563). Não seguimos esta opção por considerarmos que, sendo a regra de origem norte-americana, faz mais sentido manter a redação original.

[3235] Cfr. *ibidem*, p. 985.

[3236] Cfr. *ibidem*, p. 983.

[3237] Como explica MENEZES CORDEIRO – *Da responsabilidade civil...* p. 459, em termos analíticos, a contraposição entre ilicitude e culpa só sobrevive se esta traduzir algo de substancialmente diverso daquela.

A CONSTRUÇÃO UNITÁRIA DA OBRIGAÇÃO DE VIGILÂNCIA

diz «porque e em que circunstâncias o prejudicado é protegido pela lei» e que a *culpa* reflete «porque e em que circunstâncias o agente é onerado com o competente dever de indemnizar». Com base nesta matriz, defende que para que haja contraposição, é necessário que os "porque e em que circunstâncias" tenham autonomia: normas independentes, valorações próprias e critérios autónomos. «Quando um único vector possa responder à tutela e à imputação, já não há ilicitude e culpa: temos a *faute*, expressa, embora, através de uma perífrase»[3238].

[3238] Cfr. *ibidem*. Na sequência de uma análise da jurisprudência do Supremo Tribunal de Justiça desde os finais dos anos quarenta até à aplicação do Código Civil de 1966, conclui MENEZES CORDEIRO pela indiferenciação dos pressupostos, os quais se tendem a concentrar na culpa, o que, na sua opinião, traduz o facto de, na aplicação do direito, os juristas portugueses não distinguirem «a subtileza da "verdadeira" culpa». Assim, o juízo de imputação, baseado no universo ontologicamente incindível dos factos e das normas aplicáveis, é intrinsecamente unitário: «Não há duas instâncias de controlo do ordenamento sobre a imputação, expressas pelas tradicionais "ilicitude" e "culpa"; apenas surge uma, que se exprime como culpa. Na realidade, é a *faute* ou, se se preferir, a culpa, bem nacional, anterior a Guilherme Moreira». Cfr. *ibidem*, p. 463, MENEZES CORDEIRO – *Tratado*, 2:3... p. 372.

Na análise do sistema de responsabilidade civil do Código Civil de 1966, afirma MENEZES CORDEIRO que os estudos de VAZ SERRA que lhe serviram de base manifestam flutuações, fruto da sua fragmentação, que não seriam corrigidas nas revisões ministeriais. Tais flutuações seriam patentes na contraposição das suas propostas de articulados para a responsabilidade obrigacional e aquiliana. Segundo MENEZES CORDEIRO, por razões não muito claras, na primeira, contrariamente à segunda, não haveria contraposição entre ilicitude e culpa. Na sequência destas propostas, a imputação delitual do art. 483.º/1 CC, tipicamente germânica, depende, por um lado, da aferição de dolo ou de mera culpa e, por outro, da aferição da anti-juridicidade (violação de um direito subjetivo ou de uma norma de proteção). A imputação obrigacional, por sua vez, basear-se-ia na "falta culposa ao cumprimento da obrigação", não sendo referida a "ilicitude". Já em 1997 afirmava MENEZES CORDEIRO ser decisivo o art. 799.º CC:

«O devedor que queira exonerar-se da "presunção de culpa" não irá aduzir causas de excusa: estas, aliás, teriam, sempre, de ser provadas por quem as invoque. Normalmente, o devedor irá provar a licitude da sua conduta ou a ausência de nexo de causalidade. A conclusão é inevitável: a culpa dos arts. 798.º e 799.º, do Código Civil, não é a culpa (*Schuld*) do artigo 483.º/1, do mesmo diploma, ou do § 823/I, do BGB; é, antes, a *faute*, do artigo 1382.º, do Código Civil francês ou a culpa da pré-codificação».

Cfr. MENEZES CORDEIRO – *Da responsabilidade civil...* p. 469. Cfr. também MENEZES CORDEIRO – *Tratado*, 2:3... p. 378.

Às críticas de JOSÉ DE OLIVEIRA ASCENSÃO – Arguição do currículo apresentado pelo Doutor António Menezes Cordeiro nas provas para obtenção do título de Professor Agregado, *Revista da Faculdade de Direito da Universidade de Lisboa*, 39:2, 1998, p. 824-826, sucederam-se três críticas de MENEZES LEITÃO – *Direito das obrigações*, 1[10]... p. 317-318. Em primeiro lugar, esta teoria poderia pôr em causa o movimento tendente a elidir as diferenças entre as responsabilidades delitual e obrigacional. Em segundo lugar, seria contestável que o art. 798.º CC tenha sido influenciado pelo modelo francês de *faute*, na medida em que este é um modelo delitual (sendo a responsabilidade contratual baseada no conceito de *inexécution*) que só mais tarde foi aplicado à responsabilidade contratual pela doutrina. Tendo essa aplicação correspondido a uma aproximação dos dois sistemas de responsabilidade civil, seria questionável que o modelo de *faute* pudesse ser usado entre nós para separar tais sistemas. Em terceiro lugar, no art. 798.º CC existiria uma clara distinção entre ilicitude (o incumprimento da obrigação) e a culpa (a censurabilidade do devedor pelo incumprimento dessa obrigação), a qual, segundo este Professor, não seria diferente da

DA ADMINISTRAÇÃO À FISCALIZAÇÃO DAS SOCIEDADES

2244   Afastamo-nos, porém, de MENEZES CORDEIRO, caso se insista na contraposição entre ilicitude e culpa. Como defendemos no ponto seguinte, os elemen-

contraposição entre a violação do direito subjetivo e a culpa no art. 483.º CC. A construção do art. 799.º como limitado à culpa pode ser confrontada já em LUÍS MENEZES LEITÃO – *A responsabilidade do gestor perante o dono do negócio no direito civil português*, Coimbra: Almedina, 2005, p. 297-298.

A mais consistente das críticas apresentadas por MENEZES LEITÃO à construção de MENEZES CORDEIRO prende-se com a alegada distinção entre ilicitude (o incumprimento da obrigação) e culpa (a censurabilidade do devedor pelo incumprimento dessa obrigação) na redação do art. 798.º CC. Recorde-se que, segundo MENEZES LEITÃO, esta distinção não é diferente da contraposição entre a violação do direito subjetivo e a culpa referidas no art. 483.º CC.

Respondeu MENEZES CORDEIRO – *Tratado*, 2:3... p. 380-381 com três argumentos. Em primeiro lugar, realçou a importância do art. 799.º CC para a compreensão da questão, afirmando que «[u]ma presunção de "culpa" não faz sentido se não envolver a de ilicitude»; «[p]resumir a culpa é presumir a ilicitude, já que aquela não existe sem esta, embora o inverso não seja necessário» (este argumento era já percetível em MENEZES CORDEIRO – *Da responsabilidade civil...* p. 486, em especial nota 58). Acrescente-se que a "culpa" traduz um juízo de censura ético-jurídico da atuação do agente (tal como definida por PESSOA JORGE – *Ensaio...* p. 315), pressupondo necessariamente a antijuridicidade de tal comportamento. Há uma interdependência entre a culpa e a omissão do comportamento devido, dado que não faria sentido censurar juridicamente o agente por uma conduta conforme ao Direito (cfr. *ibidem*, p. 316-318). Em segundo lugar, afirma MENEZES CORDEIRO, o incumprimento não envolve necessariamente, em termos técnicos, ilicitude, tal como não a envolve a violação do direito alheio prevista no art. 483.º/1 CC. Por fim, em terceiro lugar, alega o facto de as outras presunções de culpa (arts. 493.º, n.º1, 493.º/1 e 503.º/1 CC) serem também presunções de ilicitude.

Parecem-nos decisivos os argumentos da posição de MENEZES CORDEIRO – que, saliente-se, é minoritária no plano da doutrina nacional – aplicável tanto à norma geral do art. 799.º/1 CC, como à norma especial do art. 72.º/1 CSC.

Dito isto, há uma questão que não pode aqui ficar em branco. Segundo CARNEIRO DA FRADA – *Direito civil...* p. 80, a presunção do art. 799.º CC pode referir-se não só à culpa (em sentido estrito), mas também, antes disso, à ilicitude (comportamento ilícito do devedor na origem do inadimplemento). Já em *Contrato...* p. 191-192 defendera que a presunção do art. 799.º CC abrangia não apenas a culpa em sentido estrito, mas também a existência de um comportamento faltoso do devedor ou dos seus auxiliares e a causalidade entre esse comportamento e a falta de cumprimento ou o cumprimento defeituoso verificado. Recairia então sobre o devedor o risco do incumprimento se não provasse nenhuma circunstância liberatória; manifestar-se-ia neste campo a "porção de garantia do cumprimento" a que se refere. Cfr. também CARNEIRO DA FRADA – *Teoria da confiança...* p. 301-305 (nota 282).

Contudo, CARNEIRO DA FRADA – *Direito civil...* p. 80 entende que esta amplitude da presunção se explica como «*pivot* do equilíbrio traçado pelo legislador entre a prestação como resultado devido e a necessidade de ilicitude e culpa na responsabilidade obrigacional». Assim defende que só se justifica face às obrigações de resultado – e já não face às obrigações de meios, como é o caso das obrigações de administração e de vigilância jus-societárias – na medida é que a ausência do resultado prometido pelo devedor que indicia a responsabilidade deste, a quem competirá esclarecer se a não produção do resultado prometido se deveu a motivos que lhe não são imputáveis. A posição é clássica. Neste sentido, já DEMOGUE – *Traité*, 5... p. 538 ss. sustentava que nas obrigações de resultado, demonstrada a existência da obrigação e a falta desse resultado, estaria provada a responsabilidade do devedor, e a este caberia provar ter sido impedido de cumprir por um caso fortuito ou de força maior. Pelo contrário, nas obrigações de meios, caberia ao credor demonstrar a culpa do devedor e a não verificação do efeito desejado. Cfr. também a

900

A CONSTRUÇÃO UNITÁRIA DA OBRIGAÇÃO DE VIGILÂNCIA

tos da previsão normativa do art. 72.º/2 contribuem para a delimitação da conduta devida pelos administradores e fiscalizadores, não relevando por isso, num

análise desta posição de Demogue por Gomes da Silva – *O dever de prestar...* p. 235-236. Não bastaria ao credor demonstrar a falta de verificação de um resultado devido. Se o interesse do credor não é satisfeito nem por isso seria razoável supor sem mais a violação do contrato pelo devedor. O credor teria sempre de individualizar uma concreta falta de comportamento (ilícita): «Dada a índole da obrigação, carece demonstrar que os meios foram empregues pelo devedor ou que a diligência prometida com vista a um resultado não foi observada». Tudo isto sem prejuízo de sobre o devedor recair a presunção de censurabilidade própria da culpa em sentido estrito. Carneiro da Frada – *Contrato...* p. 193 e *Direito civil...* p. 81. Nuno Trigo Reis lançou as bases para aquela que nos parece ser a resposta adequada à posição de Carneiro da Frada, com base na distinção entre obrigações de meios e de resultados ensaiada por Pedro Múrias e Maria de Lurdes Pereira – *Obrigações de meios...*, e na teoria das esferas de risco desenvolvida pela jurisprudência tudesca. De acordo com esta construção, tanto as obrigações de meios, como as obrigações de resultado são definidas pelo resultado: na primeira o devedor obriga-se a causá-lo; na segunda, apenas a "tentar adequadamente causá-lo". Assim, mesmo nas obrigações de meios, o resultado não é exterior à própria prestação (cfr. p. 718 ss. *supra*). Com este pano de fundo, sustenta Nuno Trigo Reis – *Os deveres de lealdade...* p. 328, que também nas obrigações de meios se deve verificar uma "porção de garantia do cumprimento" por parte do devedor, pelo que, face ao direito comum (art. 799.º CC):

«provada a existência de um contrato, a ocorrência de danos e a não verificação de um resultado subalterno, o devedor deveria suportar o risco do incumprimento, demonstrando que praticara os actos adequados a causar ou tentar causar o resultado devido. Ao lesado não deve ser exigida uma prova da ilicitude da conduta do administrador, mas apenas a prova do não cumprimento de certo acto em concreto adequado a obter o resultado definidor. Nesta perspectiva, ao credor competiria a prova *prima facie* (*Anscheinbeweis*) da violação do dever de cumprir do devedor».

Divergimos face a Nuno Trigo Reis apenas na medida em que nos parece não existir, face ao disposto no art. 799.º CC, fundamento normativo para impor ao credor lesado a prova *prima facie* da violação do dever. Parece-nos, portanto, que ao credor cabe apenas o ónus de alegação do não cumprimento de certo ato (adequado a causar ou tentar causar o resultado devido), mas já não o ónus de produção de prova *prima facie* do mesmo.

Porém, coincidimos com Nuno Trigo Reis na interpretação do art. 72.º/2, face ao qual entende não ser sequer exigível à sociedade lesada uma prova *prima facie* da violação dos deveres pelos devedores, nos termos sustentados, *v.g.*, por Carneiro da Frada – *A business judgment rule...* p. 86-87, Pedro Caetano Nunes – *Corporate governance...* p. 9 ou Ana Perestrelo de Oliveira – *A responsabilidade civil...* p. 149-150. Em todo o caso, ainda que se admitisse a imposição de prova *prima facie* à sociedade, sempre teria de se reconhecer uma inversão do ónus da prova da licitude, no sentido de, feita prova *prima facie* e mantendo-se a dúvida, o juiz dever decidir a favor do credor lesado. Caso contrário, produzida prova *prima facie*, livremente apreciada pelo juiz de acordo com o regime das presunções judiciais (arts. 351.º e 396.º CC), bastaria ao devedor lesante tornar duvidosos os factos alegados pelo credor lesado mediante contraprova e, mantendo-se a dúvida, o juiz teria de decidir em favor do devedor lesante (art. 346.º CC). Neste tipo de casos, como refere Larenz – *Schuldrechts*[14] ... p. 373-374, o credor lesado vê-se colocado perante uma "crise de prova" (*"Beweisnotstand"*), porquanto, não sendo transparentes os atos ou omissões verificados na esfera de domínio do devedor, ser-lhe-á muito difícil, senão mesmo impossível, demonstrar a realidade dos factos (art. 341.º CC) para além de qualquer dúvida suscitada pela contraprova (art. 346.º CC) (noutros quadrantes o sistema admite meios de prova acrescidos que permitem, em maior ou menor medida, dar resposta a este problema; assim, por exemplo, o processo civil norte-americano prevê uma

DA ADMINISTRAÇÃO À FISCALIZAÇÃO DAS SOCIEDADES

momento logicamente posterior, para efeitos da censurabilidade ético-jurídica da conduta do devedor. Constituem, portanto, critérios de *ilicitude*, ficando prejudicada a sua consideração como critérios de *culpa (stricto sensu)*[3239].

2245   VIII. Dito isto e como desenvolvemos adiante, parece-nos que o art. 72.º/2 consubstancia uma densificação da obrigação de administração e da obrigação de vigilância, nas suas componentes procedimentais. Esta densificação tem carácter geral e abstrato, oferecendo coordenadas ao intérprete-aplicador, não retirando importância à consideração das específicas circunstâncias do caso concreto na formulação de normas de conduta, de acordo com uma metodologia problematizante e não meramente subsuntiva[3240].

fase dita de *discovery*, prévia ao julgamento, na qual as partes podem obter provas da parte contrária por diversos meios, seja por resposta a questionários, por apresentação de documentos ou outros). Já o devedor lesante tem pleno conhecimento dos acontecimentos, porque neles participou, e acesso direto a todos os meios de prova, estando por isso numa posição privilegiada para criar dúvidas sobre a prova *prima facie* eventualmente produzida pelo credor lesado.

Neste contexto, recorde-se a distinção entre prova suficiente e prova de primeira aparência ou *prima facie*: a primeira forma a plena convicção do juiz; a segunda produz apenas um grau de probabilidade bastante para forçar a outra parte à contraprova. Como explica ADRIANO VAZ SERRA – *Provas (direito probatório material)*, Lisboa: [s.n.], 1962, p. 22 ss., nos primórdios da teoria da prova *prima facie* afirmava-se que esta invertia o ónus da prova, mas há muito que se considera incorreta esta posição, na medida em que a contraprova contra a primeira aparência não é prova do contrário, visto ter já efeito se abalar seriamente a primeira aparência. Defendia então VAZ SERRA, em termos que nos parecem hoje pacíficos, dever reconduzir-se a teoria da prova *prima facie* à teoria das presunções judiciais, admitindo que, estando um dos litigantes obrigado a fazer prova dos factos que fundamentam o direito alegado, e não produzindo prova suficiente para determinar a convicção do juiz, lhe seja consentido fazer prova menos segura, forçando a parte contrária à contraprova, ou seja, a uma prova que crie um estado de dúvida ou incerteza no espírito do juiz. Cfr. também MENEZES CORDEIRO – *Tratado*, 1:4..., p. 484). Esta prova é admissível nos casos e nos termos em que o seja a prova testemunhal, sendo livremente apreciada pelo juiz (arts. 351.º e 396.º CC), podendo por isso ser afastada por contraprova (cfr. VAZ SERRA – *Provas...* p. 25-26, MIGUEL TEIXEIRA DE SOUSA – *As partes, o objecto e a prova na acção declarativa*, com atualizações (policopiadas) do autor no ano letivo de 2003/2004, Lisboa: Lex, 1995, p. 212). Na medida em que ao litigante caiba o ónus da prova, deve este fazer prova suficiente para criar no espírito do juiz a convicção da veracidade dos factos alegados, não se podendo limitar a produzir apenas uma prova *prima facie*. Contudo, nos casos – frequentes – em que não é possível produzir prova plena dos factos alegados, são admissíveis presunções judiciais (também chamadas presunções simples, naturais, de homem, de facto ou de experiência), fundadas nas regras práticas da experiência: ao formar a sua convicção sobre os factos relevantes para a decisão, pode o juiz utilizar a experiência da vida, da qual resulta que um facto é a consequência típica de outro já demonstrado, ou a primeira aparência. VAZ SERRA – *Provas...* p. 24-25, 134, MENEZES CORDEIRO – *Tratado*, 1:4..., p. 484.

[3239] O processo de determinação da conduta devida no caso concreto, face à bitola de diligência normativa, acaba por consumir critérios habitualmente reservados à determinação da culpa, retirando a esta parte do espaço que normalmente lhe é reservado no nosso sistema de responsabilidade civil.

[3240] MIGUEL TEIXEIRA DE SOUSA – Da crítica da dogmática à dogmática crítica, *O Direito*, 121:4, 1989, em especial, p. 734-735.

A CONSTRUÇÃO UNITÁRIA DA OBRIGAÇÃO DE VIGILÂNCIA

Entre nós, foi percursor desta posição CARNEIRO DA FRADA que começa por delimitar o campo de aplicação da *business judgment rule* através de uma interpretação restritiva (ou redução teleológica) do n.º 2 do art. 72.º, de forma a excluir os deveres que, pelo seu grau de concretização, possam considerar-se de «cumprimento estrito, sem espaço para qualquer ponderação dos administradores»[3241]. A regra aplicar-se-ia portanto apenas àqueles deveres cuja concretização dependa de uma ponderação do administrador. Verificados os seus pressupostos – atuação em termos informados, livre de qualquer interesse pessoal e segundo critérios de racionalidade empresarial –, a decisão seria lícita, mesmo que, por qualquer razão, se tenha revelado ruinosa. Segundo o Professor, apesar do dano, não existe responsabilidade por não haver sequer ilicitude[3242]:

> «A *business judgment rule* recorta, "por dentro", o espaço da ilicitude prévia, mas apenas provisoriamente indicado face ao art. 64.º/1, *a*)»[3243].

Ainda que a conduta seja ilícita, por não verificação daqueles pressupostos, poderia não haver lugar a responsabilidade civil, caso a conduta do devedor não

---

[3241] CARNEIRO DA FRADA – *A business judgment rule...* p. 89. Sustentando a redução teleológica, RICARDO COSTA – *Responsabilidade dos administradores e BJR...* p. 13 ss.

[3242] *Ibidem*, p. 90-91. Segundo o autor, este seria também o entendimento de GABRIELA FIGUEIREDO DIAS – *Fiscalização de sociedades...* p. 75-76. Porém, não nos parece correta esta afirmação, dado que, como vimos, esta autora defende a caracterização da norma do art. 72.º/2 como causa de exclusão de ilicitude o que, logicamente, pressupõe um prévio juízo de ilicitude sobre a conduta. Na mesma linha, também ANA PERESTRELO DE OLIVEIRA – *A responsabilidade civil...* p. 146-150 qualifica a *business judgment rule* como causa de exclusão de ilicitude, mas parece-nos que se tratará de um lapso, dado que a autora acompanha a posição de CARNEIRO DA FRADA que, como vimos, recorta "por dentro" a ilicitude. Se bem percebemos, a autora acompanha ainda a perspetiva da limitação da sindicância judicial ao processo de decisão, admitindo a limitada relevância do erro de gestão, nos termos sustentados por CARNEIRO DA FRADA. Ainda de acordo com esta posição, cfr. NUNO TRIGO REIS – *Os deveres de lealdade...* p. 324-330.

[3243] CARNEIRO DA FRADA – *A business judgment rule...* p. 91. O autor afasta assim a qualificação da norma do art. 72.º/2 como causa de exclusão de culpa. Considera que deve poder iniciar-se uma ação de responsabilidade civil contra os administradores com base apenas num indício de má administração, sem que seja necessário demonstrar que concreto dever possa ter sido violado. Cfr. *ibidem*, p. 89-90.
Afirma ainda que, caso se entendesse a verificação dos pressupostos do art. 72.º/2 como excluindo a culpa, então poderíamos concluir pela ilicitude da conduta do administrador (ainda que não culposa) por referência ao resultado negativo da conduta do administrador, o que seria inconciliável com o disposto no art. 64.º/1 *a*) «que preserva a autonomia de que o administrador tem de estar munido e o salvaguarda em relação ao resultado da sua actividade». Cfr. *ibidem*, p. 90.
Não podemos concordar com esta afirmação de CARNEIRO DA FRADA, porquanto o juízo de licitude ou ilicitude não seria feito por referência ao êxito/inêxito da medida de administração, como sustenta, mas sempre face à concretização da obrigação de prestar nos termos já sustentados. Como referimos adiante, o art. 72.º/2 mais não faz do que confirmar tal construção, especificando deveres de conduta relativos ao *iter* decisional.

DA ADMINISTRAÇÃO À FISCALIZAÇÃO DAS SOCIEDADES

fosse pessoalmente censurável. CARNEIRO DA FRADA apresenta como exemplo de desculpação o caso do administrador que esteve absorvido à cabeceira de um familiar gravemente doente e, por isso, não obteve ou valorou a informação adequada à decisão[3244].

2248

Note-se que esta conceção do autor entronca naqueloutra da caracterização da violação dos "deveres de cuidado" previstos no art. 64.º/1, *a*), não como "ilícito de resultado" (*Erfolgsunrecht*), mas como "ilícito de comportamento" (*Verhaltensunrecht*), interessando portanto a forma como o sujeito lidou com certo bem ou interesse, não sendo estes autonomamente protegidos. A *business judgment rule* surgiria assim para salvaguardar a autonomia do administrador, delimitando um espaço livre de responsabilidade (porto seguro)[3245].

2249

Menos clara parece ser a afirmação subsequente de CARNEIRO DA FRADA de que, caso se não verifiquem os pressupostos de aplicação da *business judgment rule*, «a actividade do administrador passa a ser totalmente escrutinável pelo tribunal e passível de uma avaliação de mérito se os resultados não são os adequados e se produziram danos»[3246]. Parece-nos que esta conclusão contradiz não só a qualificação anterior do dever de administrar a sociedade com cuidado (dever de cuidar da sociedade) – na formulação do autor – como meramente procedimental, mas ainda a sua conclusão posterior de que perante a não verificação de tais pressupostos, só restaria ao administrador demonstrar que a sua conduta não é pessoalmente censurável (não procedeu com culpa), afastando a presunção do art. 72.º/1.

2250

Em suma, concordamos com a perspetiva de CARNEIRO DA FRADA de que a *business judgment rule* recorta, "por dentro", o espaço da ilicitude. Concordamos também que do art. 72.º/2 não decorre, afinal, uma *exclusão* de responsabilidade civil, impondo-se a conclusão de que não existe responsabilidade por não existir ilicitude. Há, no entanto, importantes divergências entre as nossas posições que decorrem sobretudo do enquadramento desta disposição normativa no contexto da determinação do conteúdo das obrigações de administração e de vigilância, no caso concreto.

64.8. Os elementos da previsão normativa do art. 72.º/2 CSC

2251

I. Sem prejuízo de quanto já foi afirmado no ponto anterior, a tomada de posição definitiva sobre o sentido do art. 72.º/2 impõe uma análise prévia, ainda que sintética, dos elementos da sua previsão normativa, a saber: (i) a atuação em

---

[3244] *Ibidem.*
[3245] *Ibidem*, p. 80-81.
[3246] *Ibidem*, p. 81.

904

A CONSTRUÇÃO UNITÁRIA DA OBRIGAÇÃO DE VIGILÂNCIA

termos informados, (ii) a atuação livre de qualquer interesse pessoal; e (iii) a atuação segundo critérios de racionalidade empresarial.

II. O primeiro elemento traduz o reconhecimento da imputação aos administradores e fiscalizadores de um dever de obtenção da informação adequada às circunstâncias do caso.

2252

Este dever é habitualmente caracterizado como estando funcionalmente orientado à habilitação do órgão social para atuar de forma adequada, exercendo outras situações jurídicas com as quais se não confundiria. Nesta perspetiva, o dever de obtenção de informação surge hierarquicamente inferior, secundário e instrumental às situações jurídicas cujo exercício visa possibilitar[3247]. Não podemos aceitar esta caracterização no contexto da obrigação de vigilância. Como sustentámos antes, neste âmbito, o dever de obtenção de informação é um *dever principal* que, conjuntamente com o dever de avaliação de informação e os poderes-deveres de reação aos problemas eventualmente detetados, concretiza aquela obrigação e só conjuntamente com aqueloutras situações jurídicas traduz o seu objeto. Uma análise rigorosa da prestação de vigilância permite concluir que a realidade subjacente e linguisticamente figurada no conceito corresponde, antes de mais, a uma atividade de obtenção de informação. Donde, semanticamente, se define "vigiar" como «observar atentamente, espiar; espreitar (...)»[3248]. A configuração da obtenção de informação – enquanto objeto de poderes-deveres de informação e inspeção – como prestação principal e não secundária não é, como se sabe, dogmaticamente inócua[3249].

2253

Face à estrutura da obrigação de vigilância proposta no § 62.6, podemos concluir que a imputação de um dever de obtenção de informação pelo art. 72.º/2, para efeitos da exclusão de responsabilidade civil, nada acrescenta face aos quadros dogmáticos anteriores à reforma do Código das Sociedades Comer-

2254

[3247] Sobre a distinção entre deveres principais e deveres secundários, cfr., *v.g.*, MOTA PINTO – *Cessão*... p. 337 ss, MENEZES CORDEIRO – *Da boa fé*... p. 590-592, CARNEIRO DA FRADA – *Contrato*... p. 36-38, PAIS DE VASCONCELOS – *Contratos atípicos*... p. 409, ALMEIDA COSTA – *Direito das obrigações[12]*... p. 76-77. Cfr. também MENEZES CORDEIRO – *Tratado*, 6²... p. 319-320.
Recorde-se, contudo, que, para alguns autores, como PINTO OLIVEIRA – *Princípios*... p. 49-50, a contraposição entre os conceitos de prestação primária e de prestação secundária tem por base o critério da originariedade e não do grau hierárquico. De acordo com esse critério, os *deveres primários* correspondem a um programa de comportamento; os *deveres secundários* correspondem em geral a um programa de reparação de danos.
[3248] Cfr. nota 2759 *supra*.
[3249] Como explica MENEZES CORDEIRO – *Tratado*, 6²... p. 489, a prestação principal tem um papel decisivo, podendo: apelar às normas supletivas aplicáveis; ser tida em vista pelas partes, monopolizando, frequentemente, a atenção dos contraentes normais pela sua mera designação; infletir a concreta configuração dos deveres acessórios; e reportar o sentido teleológico da própria obrigação.

DA ADMINISTRAÇÃO À FISCALIZAÇÃO DAS SOCIEDADES

ciais de 2006. Traduz apenas uma concretização ou densificação – na continui-dade – do sistema pré-existente. De facto, como vimos, nos termos gerais, na concretização da prestação de vigilância – *ex ante*, para efeitos do cumprimento, e *ex post*, para efeitos de avaliação do cumprimento – identificam-se não apenas "resultados subalternos" ditos de mérito, mas também "resultados subalternos" de cariz procedimental: toda a atuação de um órgão social tem de ser precedida da obtenção de informação adequada e de uma avaliação ponderada das circuns-tâncias do caso concreto.

2255 A justificação é simples: tanto a obrigação de administração como a obriga-ção de vigilância têm por objeto prestações que não se esgotam na realização de uma escolha acertada (dentro das alternativas normativamente admissíveis). Como vimos, nas obrigações de meios, só há cumprimento quando o resultado é adequadamente tentado. O Direito exige assim o cumprimento de um deter-minado procedimento diligente[3250]. A escolha que, por mera sorte – e não por decorrência de um procedimento adequado –, foi acertada, não corresponde ao cumprimento da obrigação de administração ou da obrigação de vigilância. Traduz um comportamento negligente com as consequências que daí advêm.

2256 III. O elemento "atuação livre de qualquer interesse pessoal" traduz a dimen-são negativa do dever de lealdade[3251] que subordina a prossecução de outros interesses à satisfação do interesse social[3252]. Está em causa a exigência sistemá-tica de uma adequada gestão de conflitos de interesses.

2257 O conceito de "qualquer interesse pessoal", constante do art. 72.º/2, deve, por isso, ser objeto de interpretação extensiva, de forma a abranger todas as situações em que, de forma direta ou indireta, o sujeito possa ter um qualquer interesse que afete a sua capacidade para decidir de forma isenta sobre a melhor opção face aos interesses da sociedade[3253]. Assim o impõe a coerência interna do

---

[3250] A recondução da norma de legalidade procedimental jus-societária aos conceitos-síntese dos respetivos órgãos – obrigação de administração nos órgãos de administração e obrigação de vigilância nos órgãos de fiscalização – traduz um afastamento face ao enquadramento dogmático da norma de legalidade procedimental administrativa que, no Direito administrativo, tem existência autónoma face às obrigações não procedimentais imputáveis a qualquer órgão administrativo. Cfr. § 62.6, parág. III *supra*.

[3251] Como sustentámos antes, a dimensão *positiva* do dever de lealdade, da qual decorreria a vinculação à prossecução do interesse da sociedade, é consumida pelas obrigações de administração ou de vigilância, consoante o caso.

[3252] Neste sentido, cfr., *v.g.*, MÖLLERS – *Treuepflichten...* p. 427-428, 431 e, entre nós, CARNEIRO DA FRADA – *A business judgment rule...* p. 70.

[3253] Neste sentido, também CARNEIRO DA FRADA – *A business judgment rule...* p. 94, afirmando que o legislador foi curto neste ponto, devendo interpretar-se extensivamente esta norma por forma a abranger a prossecução dos interesses de terceiros em detrimento do da sociedade.

A CONSTRUÇÃO UNITÁRIA DA OBRIGAÇÃO DE VIGILÂNCIA

sistema que, no n.º 6 do art. 410.º[3254], veda a participação do administrador em deliberações do conselho de administração nas quais tenha, "por conta própria ou de terceiro", um interesse conflituante com o da sociedade.

No preenchimento da proposição "por conta de terceiro" deve atender-se aos avanços dogmáticos registados na periferia, a propósito dos "negócios com partes relacionadas", que constituem o mecanismo mais frequentemente usado na extração de benefícios especiais (*private benefits of control*), em prejuízo da sociedade[3255]. Sempre que exista, no caso concreto, um interesse de uma "parte relacionada", faltará ao sujeito a isenção necessária para que se possa assumir que a sua conduta visa a prossecução dos melhores interesses da sociedade. Logo, na aferição da isenção do sujeito face a um "interesse pessoal", nos termos do art. 72.º/2, deve atender-se às relações estabelecidas com "partes relacionadas", tal como definidas, em cada momento, nas normas internacionais de contabilidade (nomeadamente na IAS 24, intitulada "divulgações de partes relacionadas"[3256]) adotadas e utilizadas na União Europeia nos termos do Regulamento n.º 1606/2002/CE [arts. 66.º-A/3, *a*) e 508.º-F/3, *a*)][3257].

2258

Concluindo, também este elemento da previsão normativa do art. 72.º/2 não introduz nenhum outro dado para além daqueles que resultavam já da adequada concretização e densificação do dever de lealdade dos membros dos órgãos sociais. Como se sabe, este dever, tendo várias concretizações no Código das Sociedades Comerciais antes da sua reforma de 2006, foi positivado como dever geral na alínea *b*) do n.º 1 e no n.º 2 do art. 64.º[3258].

2259

IV. O elemento "atuação de acordo com critérios de racionalidade empresarial" é, de longe, o mais complexo, impondo uma análise mais cuidadosa[3259].

2260

[3254] Aplicável às deliberações do conselho de administração executivo, *ex vi* art. 433.º/1, e do conselho geral e de supervisão, *ex vi* art. 445.º/2.

[3255] Cfr. § 3.2.E.1, parág. VII *supra*.

[3256] Cfr. nota 903 *supra*.

[3257] Regulamento n.º 1606/2002/CE do Parlamento Europeu e do Conselho, de 19 de julho de 2002, relativo à aplicação das normas internacionais de contabilidade (JO L 243 de 11.9.2002), entretanto alterado pelo Regulamento n.º 297/2008/CE do Parlamento Europeu e do Conselho, de 11 de março de 2008 (JO L 97 de 9.4.2008).

[3258] Cfr. FERREIRA GOMES – *Conflitos de interesses...* p. 167 ss. e as indicações bibliográficas aí apresentadas.

[3259] Segundo PAULO CÂMARA – *O governo das sociedades e a reforma...* p. 47, a positivação da *business judgment rule* entre nós representaria, por isso, «um prolongamento das traves mestras do regime preexistente» e não um "transplante legislativo", ou seja, a consagração de uma regra estranha ao sistema jurídico, por pura importação cultural. Quanto a nós, a *business judgment rule*, tal como positivada no art. 72.º/2, constitui apenas uma concretização dos conceitos-síntese "obrigação de administração com cuidado" e "obrigação de vigilância segundo elevados padrões de diligência profissional": não estabelece presunções no sentido técnico do termo; não inverte o ónus da prova que já recaía sobre os membros dos órgãos

DA ADMINISTRAÇÃO À FISCALIZAÇÃO DAS SOCIEDADES

2261   Como realça PAULO CÂMARA, o critério da racionalidade empresarial seria já utilizado no nosso Direito antes da introdução do (novo) art. 72.º/2, com um pequeno desvio linguístico, na tipificação da administração danosa pelo art. 235.º CP, cujo n.º 1 dispõe:

> «Quem, infringindo intencionalmente normas de controlo ou regras económicas de uma gestão racional, provocar dano patrimonial importante em unidade económica do sector público ou cooperativo é punido com pena de prisão até 5 anos ou com pena de multa até 600 dias».

2262   De acordo com o comentário de COSTA ANDRADE[3260], com a referência a "normas de controlo ou regras económicas de uma gestão racional" pretendeu o legislador «significar o conjunto de deveres objectivos de cuidado pertinentes às *leges artis* duma gestão responsável, em última instância apostada em minimizar os custos e maximizar os proventos». Esta referência constituiria um paralelo

---

sociais nos termos do art. 72.º/1; não consagra qualquer teoria de abstenção no sentido pretendido por BAINBRIDGE – *The BJR as abstention doctrine*.... E bem, porque, como a própria CMVM reconheceu, as razões que levaram ao desenvolvimento desta regra no espaço norte-americano não têm paralelo entre nós. Relevante é a constatação de que a introdução da *business judgment rule* motivou uma evolução do direito relativo ao governo das sociedades, permitindo uma intensificação do diálogo trans-Atlântico já em curso sobre o conteúdo dos deveres dos administradores e fiscalizadores. Entre nós, independentemente das críticas que lhe possam ser aduzidas, a consagração do atual art. 72.º/2, juntamente com a reforma do art. 64.º, teve o mérito de (ajudar a) relançar a discussão sobre o governo das sociedades, praticamente adormecida. Multiplicaram-se os estudos doutrinários e as discussões no seio empresarial, com claros reflexos na evolução do nosso Direito. Sobre o conceito de "transplante legislativo", cfr. nota 2394 *supra*.
[3260] Neste sentido, afirma o autor, devem valer como "regras económicas" as chamadas "normas prudenciais" que impendem sobre as Instituições de Crédito com vista a assegurar a sua liquidez e solvabilidade, os princípios de gestão previstos no art. 21.º do Estatuto Geral das Empresas Públicas ou, em matéria de cooperativas, os chamados princípios cooperativos (art. 3.º), bem como as regras decorrentes do art. 63.º do Código Cooperativo. Como "normas de controlo" indica as injunções decorrentes do exercício do direito de tutela do Estado sobre as Empresas Públicas ou da supervisão a que se encontram sujeitas as instituições de crédito.
Acrescenta ainda o autor serem particularmente complexos os problemas suscitados por atos de gestão que implicam riscos. Estes "negócios de risco" (*Risikogeschäfte*) suscitam dificuldades tanto em sede de conduta, como de resultado típico. Segundo o autor, a conduta não será típica sempre que se mantenha dentro dos limites da "política de risco" definida pelo titular do património, *i.e.*, sempre que este declara o seu acordo à conduta. «Tudo está, assim, em saber até onde vai a legitimidade para definir a *política de risco* da unidade económica», no âmbito da disponibilidade, variando esta de acordo com o tipo de entidade em causa e as circunstâncias do caso. Como critérios orientadores, explica COSTA ANDRADE, deve considerar-se excluída a tipicidade sempre que exista uma probabilidade elevada de sucesso ou quando a perspetiva do lucro for mais consistente do que a do prejuízo.
Cfr. MANUEL DA COSTA ANDRADE, in JORGE DE FIGUEIREDO DIAS (ed.) – *Comentário Conimbrincense do Código Penal*, Coimbra: Coimbra Editora, 1999, art. 235.º, § 10-15, acompanhado por RCb 7-jan-2004 (ANTÓNIO RIBEIRO MARTINS), processo n.º 3526/03, *CJ*, 29:1, 2004, p. 39-40.

A CONSTRUÇÃO UNITÁRIA DA OBRIGAÇÃO DE VIGILÂNCIA

face às usadas noutras sedes como as exigências de "uma gestão sã e independente" (art. 118.° RGICSF) ou "diligência de um gestor criterioso e ordenado" (face à anterior redação do art. 64.°). Todas são «expressões com uma natural tensão centrífuga, que só no contexto do caso concreto podem ganhar sentido e alcance definitivos». Esta exposição denota a dificuldade, enunciada pelo autor logo em 1999, de antecipar com rigor e de forma abstrata o conteúdo desta fórmula. De facto, para além desta referência cruzada para o tratamento dado ao problema noutros ramos do Direito, o autor limita-se a remeter para diversos exemplos de positivação dos "deveres de cuidado".

No quadrante jus-societário, tem sido afirmado que a racionalidade empresarial corresponde à racionalidade económica, especificada quanto ao "fim" da sociedade (a consecução de lucros), ou seja, a consecução de lucros com o mínimo de dispêndio de meios (princípio da economia de meios) ou a consecução, com dados meios, do máximo grau de realização do fim (princípio do máximo resultado)[3261]. O dever de tomar decisões *não irracionais* corresponderia então ao "dever jurídico *mínimo* do administrador", sucedâneo do dever de tomar decisões razoáveis[3262].

2263

Estas coordenadas, sendo úteis, não são determinantes para a densificação do conceito, que depende da identificação do seu papel no sistema de responsabilidade civil dos administradores e fiscalizadores.

2264

Quanto a este aspeto, não nos parece de acolher a elevação deste elemento da previsão normativa a bitola de apreciação do mérito das decisões empresariais, no sentido pretendido, *v.g.*, por Ricardo Costa[3263] ou Coutinho de Abreu/Elisabete Gomes Ramos[3264], muito influenciados por alguma doutrina norte-americana. De acordo com estes autores, o mérito das decisões dos administradores não seria julgado com base em critérios de "razoabilidade", mas segundo "um critério de avaliação excecionalmente limitado": o administrador seria civilmente responsável apenas quando a sua decisão fosse considerada "irracional", nos termos da formulação dominante.

2265

[3261] Jorge Coutinho de Abreu e Elisabete Gomes Ramos – *CSC em comentário...*, art. 72.°, p. 847, Jorge Coutinho de Abreu – *Responsabilidade civil²...*, p. 37-38. Esta ideia tinha sido já defendida pelo autor noutro estudo, a propósito dos deveres de cuidado: Jorge M. Coutinho de Abreu – *Definição de empresa pública*, Suplemento ao Boletim da Faculdade de Direito da Universidade de Coimbra, 24, Coimbra: Coimbra Editora, 1990, p. 153 ss.

[3262] Ricardo Costa – *Responsabilidade dos administradores e BJR...* p. 75.

[3263] *Ibidem.*

[3264] Jorge Coutinho de Abreu e Elisabete Gomes Ramos – *CSC em comentário...*, art. 72.°, p. 845 (= Jorge Coutinho de Abreu – *Responsabilidade civil²...*, p. 37-38), aplicando os ensinamentos de Eisenberg – *Obblighi e responsabilità degli amministratori...* face ao Direito norte-americano.

DA ADMINISTRAÇÃO À FISCALIZAÇÃO DAS SOCIEDADES

2266 Como afirmámos antes, não podemos aceitar a construção redutora do n.º 2 do art. 72.º como traduzindo um padrão de revisão judicial, nos termos do qual se esvaziariam de conteúdo útil as obrigações de administração e de vigilância, substituindo os seus padrões de conduta pelos (mais leves) decorrentes desta norma. A letra da lei, a adequada ponderação sistemática desta norma, bem como a compreensão da sua *ratio*, tal como indiciada pela proposta da CMVM de alteração do Código das Sociedades Comerciais, implica uma outra perspetiva: o requisito de atuação de acordo com critérios de racionalidade empresarial traduz uma concretização ou densificação das obrigações de administração e de vigilância, de tal forma que o seu teor normativo decorria já das proposições gerais, nos termos sustentados nos pontos anteriores. Não podendo esvaziar de conteúdo a dimensão substantiva de tais proposições e não podendo valer como «expressão-síntese de todos os deveres em que se desdobra a conduta a que funcionalmente estão adstritos os administradores»[3265] ou fiscalizadores, deve reconhecer-se que *o conteúdo desta proposição se resume à concretização ou densificação da dimensão procedimental daquelas obrigações*[3266].

2267 Sublinhe-se novamente: esta dimensão procedimental das obrigações de administração e vigilância decorre da configuração destas como obrigações de meios, cujo cumprimento só tem lugar quando o resultado é *adequadamente tentado*[3267]. O Direito exige, assim, a observância de um procedimento adequado. A escolha que, por mera sorte – e não por decorrência de um procedimento adequado –, foi acertada, não corresponde ao cumprimento da obrigação de administração ou da obrigação de vigilância. Traduz um comportamento negligente com as consequências que daí advêm[3268].

2268 Na medida em que o devedor prove, em juízo, que atuou em termos informados, livre de interesses pessoais e segundo critérios de racionalidade empresarial, em princípio demonstra o cumprimento da dimensão procedimental da

---

[3265] CARNEIRO DA FRADA – *A business judgment rule...* p. 95.

[3266] No mesmo sentido, CARNEIRO DA FRADA, *ibidem*, p. 94-95, NUNO TRIGO REIS – *Os deveres de lealdade...* p. 326 (nota 142).

[3267] Cfr. § 62.2 *supra*.

[3268] No mesmo sentido, afirma CARNEIRO DA FRADA – *A business judgment rule...* p. 95-96, que a exclusão de responsabilidade depende da demonstração positiva da conformidade da conduta do devedor com os critérios do art. 72.º/2: «[os administradores] têm o dever de adequar o seu comportamento a essas regras, só essa adequação os salva da responsabilidade». O autor alerta, porém, para o facto de esta interpretação constituir, *na prática*, um estímulo aos administradores para adequarem as suas práticas de gestão empresarial aos *standards* normalmente reconhecidos e adquiridos como práticas de boa gestão, prejudicando a busca de mais audazes formas de a levar a cabo. Cfr. *ibidem*, p. 96. Parece-nos que este é um risco que deve ser tido em consideração, sem prejuízo de, *tecnicamente*, a norma impor apenas que os administradores e fiscalizadores fundamentem adequadamente as suas opções no *iter* decisional, não se limitando a seguir acriticamente o seu instinto ou intuição na gestão de bens alheios.

A CONSTRUÇÃO UNITÁRIA DA OBRIGAÇÃO DE VIGILÂNCIA

sua obrigação, sem prejuízo de se poder ver forçado ainda a demonstrar que o resultado produzido se enquadra dentro das alternativas normativamente admissíveis[3269].

Dito isto, estamos em condições de densificar a proposição normativa "atuação segundo critérios de racionalidade empresarial". Contrariamente ao pretendido por alguma doutrina, esta não corresponde a uma bitola de apreciação do *mérito* das *decisões* empresariais, a partir da qual se pode afirmar que uma decisão é boa ou má, eficaz ou ineficaz, eficiente ou ineficiente ou, numa perspetiva deôntica, se cabe nas alternativas de ação normativamente admissíveis. Corresponde sim a um critério de avaliação do *iter* decisional.

Segundo CASTANHEIRA NEVES, a racionalidade traduz a relação entre uma certa posição ou conclusão e certos pressupostos, sejam materiais, sejam formais, que discursivamente a sustentam: «[u]ma posição ou conclusão diz-se assim racional quando é sustentável pela referência a certos pressupostos, através de uma mediação estruturada de pensamento». Por isso, continua, «a antítese da "razão" têmo-la na "intuição" e na "emoção", enquanto atitudes vivenciais sem mediação pelo pensamento e o seu discurso e, portanto, também sem pressupostos de fundamentação e justificação». E conclui:

> «a racionalidade (...) será a característica de um pensamento que tem ou se propõe ter validade objetiva (...) e que esta validade se afere pela "capacidade de fundamentação" e pela "criticibilidade" da medição racional-discursiva das afirmações desse pensamento (das posições ou conclusões por ele manifestadas)»[3270].

Dito isto, esta proposição normativa densifica as obrigações de administração e de vigilância, no sentido de impor uma *atuação* racional – não baseada em critérios de mera intuição – e não uma decisão num sentido ou noutro. A delimitação das opções de gestão ou de vigilância normativamente admissíveis decorre da concretização das respetivas obrigações face à bitola de diligência normativa e não face um padrão de racionalidade empresarial.

Assim, no contexto da obrigação de vigilância, tanto na obtenção de informação, como na sua avaliação e na reação aos problemas eventualmente dete-

---

[3269] Caso a sociedade alegue não ter sido alcançado um resultado subalterno que o deveria ter sido. Sobre a distribuição do ónus da prova, cfr. nota 3238 *supra*.
[3270] CASTANHEIRA NEVES – *Metodologia...* p. 34-35.

DA ADMINISTRAÇÃO À FISCALIZAÇÃO DAS SOCIEDADES

tados, o devedor deverá pautar a sua atuação por critérios de racionalidade empresarial[3271].

2273 Em suma, trata-se de saber se, no *iter* decisional, foram adequadamente ponderadas todas as alternativas, os riscos inerentes, as vantagens e desvantagens ou se, pelo contrário, a decisão se baseou apenas no instinto ou na intuição do devedor ou se, pior ainda, traduziu a opção que lhe exigia menor esforço. Não se pretende com isto negar a importância do instinto e da intuição dos administradores e fiscalizadores para o sucesso da empresa. Simplesmente, por estar em causa a gestão de bens alheios (entendida agora em sentido amplo), deve o devedor sujeitar as conclusões decorrentes do seu instinto e intuição a um processo racional de confirmação[3272].

2274 V. Para além dos elementos da previsão normativa do art. 72.º/2 já analisados, é frequente a enunciação de um outro pela doutrina: a "atuação com base numa decisão empresarial discricionária". Por outras palavras, a responsabilidade dos administradores não seria excluída se tivesse por base a violação de deveres específicos, perante os quais as decisões são vinculadas e não discricionárias.

2275 Dado que a letra da lei não distingue entre a conduta discricionária e a conduta vinculada, alguns autores têm defendido uma interpretação restritiva[3273] ou restritivo-teleológica[3274] do art. 72.º/2, assegurando que este preceito se aplica somente «quando haja uma margem considerável de discricionariedade e autonomia na atuação do administrador e consequente realização dos interesses da sociedade». Ficariam assim de fora as atuações vinculadas, sujeitas a normas de conduta legais ou contratuais que, sendo específicas, delimitam detalhadamente a prestação devida[3275].

2276 Face à exposição anterior e à conclusão reafirmada no ponto seguinte, entendemos não ser necessária uma qualquer interpretação restritiva. Na medida em que o art. 72.º/2 nada acrescenta face ao quadro normativo anterior à reforma de

---

[3271] Contrariamente ao sustentado por CARNEIRO DA FRADA – *A business judgment rule...* p. 93, para quem os elementos do n.º 2 do art. 72.º são de tomar como distintos entre si, deve reconhecer-se que pelo menos o dever de obtenção de informação (reforçado por esta norma) se cruza necessariamente com o dever de atuar segundo critérios de racionalidade empresarial.

[3272] Neste sentido, cfr., *v.g.*, FLEISCHER – *Die "business judgment rule": vom Richterrecht zur...* p. 691, GRAUMANN – *Der Entscheidungsbegriff in § 93 Abs. 1 Satz 2 AktG...* p. 299, SPINDLER – *Prognosen...* p. 681-682.

[3273] Assim, *e.g.*, CARNEIRO DA FRADA – *A business judgment rule...* p. 89, que também fala em redução teleológica, e RICARDO COSTA – *Responsabilidade dos administradores e BJR...* p. 65, 67.

[3274] JORGE COUTINHO DE ABREU e ELISABETE GOMES RAMOS – *CSC em comentário...*, art. 72.º, p. 847.

[3275] Conclui CARNEIRO DA FRADA – *A business judgment rule...* p. 82:
«A *business judgment rule* não pode ilibar de responsabilidade o administrador quando foram violadas prescrições ou proibições específicas fixadas na lei ou nos estatutos. Não é esse o seu âmbito».

A CONSTRUÇÃO UNITÁRIA DA OBRIGAÇÃO DE VIGILÂNCIA

2006 e que hoje se mantém, o importante é assegurar uma correta interpretação e aplicação deste, através dos quais se alcançarão os resultados pretendidos pela doutrina através daquele expediente hermenêutico.

64.9. Conclusão sobre o sentido do art. 72.º/2 CSC

I. A obrigação de vigilância, tal como a obrigação de administração, é *a priori* indeterminada, mas determinável no caso concreto, não havendo fundamento normativo para se excluir, de forma absoluta e apriorística, a sindicância do mérito das condutas dirigidas ao seu cumprimento. Pelo contrário, deve afirmar-se de forma clara e inequívoca ser sindicável o *mérito* das decisões dos administradores e dos fiscalizadores[3276].

Tal sindicância não é contudo ilimitada. A sua fronteira é definida pelo reconhecimento – após a concretização da obrigação *ex ante* indeterminada – de alternativas de ação normativamente admissíveis, face às quais caberá ao devedor escolher a que lhe parecer mais adequada na tentativa de causação do resultado definidor (*i.e.*, na prossecução do interesse social).

Tal escolha não será sindicável senão quanto aos termos do seu processo e ao cumprimento dos limites das alternativas normativamente admissíveis. A bondade desta construção é reconhecida pela necessidade, sentida por vários autores[3277], de restringir o âmbito de aplicação da *business judgment rule* às decisões discricionárias, deixando de fora as decisões vinculadas, sem contudo oferecer uma fundamentação que satisfaça por completo. A construção apresentada permite, salvo melhor opinião, fechar o círculo, articulando as diferentes normas aplicáveis num sistema coerente.

Entre nós, a chamada *business judgment rule* corresponde, tal como sugerido pela CMVM na sua proposta de alteração do Código das Sociedades Comerciais, a uma concretização ou densificação da obrigação de prestar, na sua dimensão procedimental, que não exclui a necessidade de determinação dos resultados subalternos (que se podem dizer de "mérito") que se imponham (pela aplicação da bitola de diligência normativa) e da atuação em conformidade com os mesmos[3278].

2277

2278

2279

2280

[3276] Recorde-se que a doutrina dominante é contrária a este entendimento. Cfr., *v.g.*, Menezes Cordeiro – *CSC anotado²*..., art. 72.º, p. 281.

[3277] Cfr., *v.g.*, Carneiro da Frada – *A business judgment rule*... p. 89, Ricardo Costa – *Responsabilidade dos administradores e BJR*... p. 67-69, Jorge Coutinho de Abreu e Elisabete Gomes Ramos – *CSC em comentário*..., art. 72.º, p. 847-848, Caetano Nunes – *Dever de gestão*... p. 522.

[3278] Como sustentámos antes, se os deveres legais, devidamente concretizados, impuserem um resultado subalterno – ou, por outras palavras, uma conduta de tal forma determinada que não oferece margem de ponderação ou discricionariedade ao devedor – será *ilícita* a conduta desconforme, sem prejuízo da possibilidade de existência de uma qualquer causa de justificação que, num momento logicamente

DA ADMINISTRAÇÃO À FISCALIZAÇÃO DAS SOCIEDADES

2281   O devedor deve portanto atender aos critérios procedimentais de decisão de um gestor criterioso e ordenado, nomeadamente: (i) em termos *estruturais*, deve revelar a disponibilidade, a competência técnica e o conhecimento da atividade da sociedade adequados às suas funções[3279]; e (ii) em termos *conjunturais*, relativamente à concreta decisão em causa, deve demonstrar ter atuado em termos informados, livre de quaisquer interesses pessoais e segundo critérios de racionalidade empresarial[3280].

2282   Em suma, porque os deveres de cariz *procedimental* não esgotam o conteúdo das obrigações de vigilância e de administração, não basta o seu cumprimento para afastar o juízo de ilicitude e a consequente responsabilidade do devedor.

2283   Como em geral reconhece a doutrina, a adoção de um procedimento correto não justifica o incumprimento de um comando normativo determinado. Perante a violação de um tal comando – seja este determinado *ex ante* na lei, nos estatutos ou no contrato de administração (caso exista) ou, *ex post*, na sequência de um processo de concretização segundo o padrão de diligência normativa – não pode o devedor pretender afastar a sua responsabilidade simplesmente porque atuou com base em informação adequada, livre de qualquer interesse pessoal e segundo critérios de racionalidade empresarial.

2284   II. Dito isto, podemos concluir que o art. 72.º/2 positiva soluções que já antes decorreriam de uma adequada interpretação das diferentes normas aplicáveis. Não corresponde portanto a um privilégio de limitação de responsabilidade civil, a uma suavização ou intensificação desta face ao regime precedente, nem a um qualquer teste ou padrão de revisão judicial. Corresponde apenas, repita-se, a uma concretização parcial das obrigações de administração e de vigilância, na sua dimensão procedimental.

2285   Estas, sendo obrigações de meios, vinculam o devedor a *tentar adequadamente causar o resultado definidor*. Delas resulta, portanto, a exigência de cumprimento

---

posterior, afaste o juízo de antijuridicidade. Se a obrigação de prestar, devidamente determinada, admitir várias alternativas de ação, será *ilícita* a conduta que não caiba nas alternativas normativamente admissíveis.

[3279] Apesar do enquadramento sistemático destas concretizações na alínea *a)* do n.º 1 do art. 64.º (obrigação de administração), devem as mesmas estender-se à obrigação de vigilância. Naturalmente, também os fiscalizadores devem demonstrar a disponibilidade, a competência técnica e o conhecimento da actividade da sociedade adequados às suas funções. Tal resulta de uma elementar concretização da obrigação de vigilância.

[3280] Como vimos, desta afirmação resulta o afastamento da construção deste último pressuposto – decisão segundo critérios de racionalidade empresarial – como fundamento de uma sindicabilidade de último recurso do *mérito* das decisões empresariais, nos termos sustentados, *v.g.*, por RICARDO COSTA – *Responsabilidade dos administradores e BJR...* p. 69-72, JORGE COUTINHO DE ABREU e ELISABETE GOMES RAMOS – *CSC em comentário...*, art. 72.º, p. 847-848, PEDRO CAETANO NUNES – *Dever de gestão...* p. 517-518.

A CONSTRUÇÃO UNITÁRIA DA OBRIGAÇÃO DE VIGILÂNCIA

de um procedimento diligente. A escolha que, por mera sorte – e não por decorrência de um procedimento adequado –, fosse acertada, não corresponderia ao cumprimento da obrigação de administração ou da obrigação de vigilância.

No quadro dos pressupostos de responsabilidade civil dos administradores e fiscalizadores, integra-se, portanto, na delimitação do dever-ser, do espaço de licitude. Para quem, como nós, acompanha a construção de MENEZES CORDEIRO de conjugação da ilicitude, da culpa e do nexo de causalidade no conceito de culpa em sentido amplo (*faute*), estará então em causa a delimitação da *faute*.

64.10. A aplicação da *business judgment rule* aos órgãos de fiscalização

I. Apesar de o art. 81.º estender o disposto no art. 72.º aos membros dos órgãos de fiscalização, discute-se se a *business judgment rule* lhes é aplicável. Tal como expresso no processo de consulta pública que antecedeu a reforma de 2006[3281], a CMVM pretendia excluir a aplicação desta regra aos órgãos de fiscalização, mas tal aplicação acabou por ser sustentada por vários autores[3282], em termos que viriam a ser criticados por outros[3283].

Face à nossa leitura de que o disposto no art. 72.º/2 corresponde a uma concretização ou densificação da obrigação de prestar, na sua dimensão procedimental, a questão perde algum sentido. Assim, independentemente da sua positivação, deveria sempre reconhecer-se serem imputáveis aos membros dos órgãos de fiscalização deveres de obtenção de informação, de lealdade e de atuação segundo critérios de racionalidade económica. Vejamos, no entanto, os termos em que a questão tem sido discutida.

II. Alguma doutrina restringe a aplicação do art. 72.º/2 às "decisões empresariais"[3284] (*unternehmerische Entscheidungen*) que, como vimos, são um dos elementos da previsão normativa do § 93(1)2 AktG, que positivou a *business judgment rule* no sistema alemão[3285]. Neste quadrante, são designadas como empresariais as decisões que, sendo baseadas em juízos de prognose e estimativas não sindicáveis, podem ser descritas como escolhas conscientes de uma possibilidade de atuação empresarial, entre várias alternativas possíveis[3286].

[3281] CMVM – *Governo das sociedades anónimas...*, p. 79.

[3282] Cfr., *e.g.*, CALVÃO DA SILVA – *Corporate governance...*, ponto 6.II, GABRIELA FIGUEIREDO DIAS – *Fiscalização de sociedades...* p. 78-81 e *Estruturas de fiscalização de sociedades e responsabilidade civil*, in *Nos 20 anos do CSC* ..., p. 803-836, p. 831-833; PEREIRA DE ALMEIDA – *Sociedades comerciais*[6]*...* p. 495.

[3283] Cfr., *e.g.*, PAULO CÂMARA – *O governo das sociedades e a reforma...* p. 47-48.

[3284] Cfr., *e.g.*, PAULO CÂMARA, *ibidem*.

[3285] Cfr. nota 3086 *supra*.

[3286] Segundo SPINDLER – *§ 93 AktG – Münchener Kommentar AktG...* p. 557-558, SPINDLER – *Die Haftung...* p. 414, n.ᵒˢ 40-43: a decisão empresarial é descrita como a escolha consciente de uma possibilidade

DA ADMINISTRAÇÃO À FISCALIZAÇÃO DAS SOCIEDADES

2290   Para PAULO CÂMARA, os membros dos órgãos de fiscalização não tomam decisões empresariais[3287], não fazem uso de critérios de racionalidade empresarial, utilizando apenas critérios de legalidade pelo que, nessa medida, cairiam fora do âmbito da *business judgment rule*. Só naqueles (poucos) casos em que os órgãos de fiscalização praticam "atos para-administrativos", como sejam a contratação de peritos, que não se reconduzem ao "núcleo da atividade fiscalizadora", admite o autor a aplicação do n.º 2 do art. 72.º[03288]. Nos demais casos não seria aplicável, sustentando que a norma remissiva do art. 81.º/1 «não é de aplicação cega, obrigando a juízo de adequação entre o regime de responsabilidade da administração e as singularidades do órgão de fiscalização»[3289].

2291   Não podemos concordar com esta perspetiva redutora da atividade fiscalizadora. Como desenvolvemos detalhadamente a propósito de cada órgão social,

---

de atuação empresarial, de especiais consequências económicas, entre várias alternativas possíveis, consequências essas que podem resultar da extensão ou do risco associado à situação patrimonial ou financeira da empresa ou da sua influência no futuro desenvolvimento global da empresa.

[3287] Recorde-se que, na base da *business judgment rule* norte-americana está uma "decisão empresarial" discricionária (cfr., *v.g.*, EISENBERG – *The divergence of standards of conduct...* p. 440-441), sendo certo que muitos dos casos sobre fiscalização tiveram fundamento na ausência de uma atuação por parte do *board*. Cfr. BAINBRIDGE, LOPEZ e OKLAN – *The convergence...* p. 575, KENNETH B. DAVIS, JR. – Once more, the business judgment rule, *Wisconsin Law Review*, 2000, 2000, p. 576. Esta perspetiva teve reflexos no § 93(1)2 AktG que se refere expressamente a tal conceito. Entre nós, restringindo a aplicação do art. 72.º/2 CSC às decisões empresariais, cfr., *v.g.*, JORGE COUTINHO DE ABREU e ELISABETE GOMES RAMOS – *CSC em comentário...*, artigo 72.º, p. 846, ELISABETE GOMES RAMOS – *O seguro...* p. 156. Cfr. § 64.8, parág. V para mais desenvolvimentos.

Do facto de muitos dos casos sobre fiscalização assentarem numa ausência de atuação por parte do conselho de administração não pode, porém, retirar-se a conclusão de que a *business judgment rule* se não aplica a todos os casos sobre fiscalização.

[3288] PAULO CÂMARA – *O governo das sociedades e a reforma...* p. 48. Esta posição não se afasta muito da defendida, *v.g.*, por RAISER – *Pflicht und Ermessen...* p. 553-554 e KINDLER – *Unterehmerisches Ermessen...* p. 108-111 que, no espaço tudesco, distinguem entre a tarefa de direção (*Leitungsaufgabe*) e a tarefa de vigilância (*Überwachungsaufgabe*) do *Aufsichtsrat*, incluindo na primeira a nomeação e destituição dos membros do *Vorstand* e a autorização para a prática de determinados actos por este, à qual limitam a aplicação da *business judgment rule*. Cfr. também, *v.g.*, PETER DORALT e WALTER DORALT – "Haftung und Schadensersatz", in JOHANNES SEMLER e KERSTEN V. SCHENCK (eds.) – *Arbeitshandbuch für Aufsichtsratsmitglieder*, 3.ª ed., München: Beck, Vahlen, 2009, p. 809-810, n.º 50.

Na discussão sobre as funções dos membros do *Vorstand*, WULF GOETTE – "Leitung, Aufsicht, Haftung: zur Rolle der Rechtsprechung bei der Sicherung einer modernen Unternehmensführung", in *Festschrift aus Anlaß des fünfzigjährigen Bestehens von Bundesgerichtshof, Bundesanwaltschaft und Rechtsanwaltschaft beim Bundesgerichtshof*, Köln, Berlin, Bonn, München: Heymanns, 2000, p. 130-133, por exemplo, nega a existência de discricionariedade na vigilância tanto de colegas como do pessoal subordinado ao *Vorstand*, colocando assim esta matéria no mesmo plano do cumprimento da legalidade e da regularidade contabilística.

[3289] PAULO CÂMARA – *O governo das sociedades e a reforma...* p. 47.

A CONSTRUÇÃO UNITÁRIA DA OBRIGAÇÃO DE VIGILÂNCIA

em cada modelo de governo da sociedade anónima, o exercício das funções de fiscalização compreende margens de discricionariedade variáveis.

Em primeiro lugar, ao órgão de fiscalização global, como o conselho fiscal no modelo tradicional, exige-se hoje não só uma fiscalização *repressiva* (ou retrospetiva), mas também uma fiscalização *preventiva* (ou prospetiva): deve acompanhar a atividade da sociedade e, tomando conhecimento da intenção da prática de algum ato objetável, deve manifestar a sua posição ao conselho de administração e, se necessário, exercer os seus demais poderes-deveres de reação. Em particular, quanto tais atos sejam potencialmente danosos para a sociedade, envolvendo riscos desadequados face aos interesses da sociedade, não poderá esperar pela sua prática para reagir; deve atuar tempestiva e preventivamente, com vista a evitar a produção do dano ou a assunção do risco desadequado. A fiscalização preventiva, tal como a administração da sociedade, assenta, em grande medida, em juízos de prognose formulados em condições de incerteza[3290].

Por exemplo, caso a administração decida desenvolver novos projetos de alto risco, sem acautelar a futura sustentabilidade da sociedade, cabe ao conselho fiscal, naturalmente, avaliar esses riscos e reagir em conformidade, exigindo da administração as medidas necessárias à cobertura dos riscos ou à alteração da política em curso. A avaliação dos riscos e a determinação da melhor reação possível entre as diferentes alternativas legalmente admissíveis comporta "decisões empresariais", destinadas a acautelar a viabilidade da sociedade, o bom funcionamento da sua organização interna, a sua relação com fornecedores e clientes e a sua reputação no mercado. Sendo possível reagir acautelando tais variáveis, deve o conselho fiscal fazê-lo.

Em segundo lugar, tanto na vigilância repressiva, como na vigilância preventiva, o órgão de fiscalização global deve avaliar ou reconstruir as decisões da administração, aferindo se, face às circunstâncias do caso, correspondem aos melhores interesses da sociedade, segundo critérios de legalidade, regularidade, economicidade e adequação. Concluindo pela existência de irregularidades, deve escolher a reação mais adequada à prossecução desses interesses. Neste processo de reconstrução e de reação jogam-se, em maior ou menor medida, as variáveis determinantes do processo reconstruído.

Conclui-se, portanto, com DREHER que muitas das decisões deste órgão são discricionárias, envolvendo uma complexa ponderação de variáveis económicas,

2292

2293

2294

2295

[3290] A discricionariedade inerente à fiscalização preventiva é particularmente clara na decisão do conselho geral e de supervisão relativa ao consentimento para a prática de determinadas categorias de atos pelo conselho de administração executivo, nos termos do art. 442.º/1. Nestes casos, é mais claramente identificável um juízo de prognose do órgão de fiscalização face às específicas circunstâncias do caso. Cfr., *v.g.*, HABERSACK – *MünchKomm. AktG*[3]..., § 111, n.ºs 100, 127.

DA ADMINISTRAÇÃO À FISCALIZAÇÃO DAS SOCIEDADES

legais[3291] e outras, juízos de prognose e expectativas futuras[3292], em cenários de incerteza e sob pressão de tempo e de custos.

2296   Não são válidas, portanto, as generalizações apriorísticas de sentido inverso e mesmo os tipos intermédios que se possam formular não oferecem respostas definitivas para cada caso concreto. Em cada caso haverá que testar as referências sistemáticas disponíveis com vista à determinação da conduta devida, sendo certo que em muitos casos também os fiscalizadores se confrontam com alternativas de ação normativamente admissíveis, *i.e.*, um espaço de discricionariedade[3293]. Na decisão[3294] sobre o ato a praticar, devem cumprir os deveres de cariz procedimental hoje positivados, entre os quais se destaca, para este efeito, o dever de decidir segundo critérios de racionalidade empresarial.

2297   Em suma, muitas das decisões do órgão de fiscalização global são "decisões empresariais" que envolvem um espaço de discricionariedade[3295].

[3291] Entre estas destaca-se a necessidade de interpretação de normas jurídicas e, em particular, de conceitos jurídicos indeterminados em cenários de incerteza e sob pressão de tempo e de custos que desenvolvemos no § 65 *infra*. DREHER – *Das Ermessen...* p. 644.

[3292] *Ibidem*.

[3293] SEMLER – *Leitung und Überwachung*[2]... p. 46-51, 118, n.os 71 a 74, *ex vi* n.º 206, distingue entre a margem de apreciação (*Beurteilungsspielraum*) no juízo do *Aufsichtsrat* sobre a regularidade (*Ordnungsmäßigkeit*) e legalidade (*Rechtsmäßigkeit*) da atuação do *Vorstand*, e uma margem de discricionariedade (*Ermessensspielraum*) no juízo sobre a sua economicidade (*Wirtschaftlichkeit*) e adequação (*Zweckmäßigkeit*). Noutro estudo, explica que o juízo de "economicidade" compreende a análise dos juízos de prognose do *Vorstand* e o acompanhamento dos resultados obtidos, e que o juízo de adequação abrange a avaliação das áreas de negócio, dos investimentos alternativos, dos riscos incorridos e da sua proporção face aos meios disponíveis. SEMLER – *Die Überwachungsaufgabe...* p. 68-72.

Esta construção assenta na distinção entre margem de apreciação (*Beurteilungsspielraum*) e margem de discricionariedade (*Ermessensspielraum*). A primeira está associada às "decisões de conhecimento" (*Erkenntnisentscheidungen*), de carácter "cognitivo": quando existem apenas duas alternativas, uma verdadeira e uma falsa, deve o órgão escolher a verdadeira. A segunda está associada às "decisões discricionárias" (*Ermessensentscheidungen*), de carácter volitivo: quando existe um vasto leque de alternativas de ação, o órgão deve escolher uma das alternativas discricionariamente. SEMLER – *Leitung und Überwachung*[2]... p. 46, n.º 70.

Recorde-se que o conceito de "margem de apreciação" ou "espaço de livre apreciação" (*Beurteilungsspielraum*) foi introduzido por BACHOF a propósito das decisões de um júri de exame e das decisões sobre aptidão para o cargo, que exigem sempre uma valoração individual e que, não sendo judicialmente sindicáveis, almejam o "objetivamente" justo. Segundo ENGISCH, aproxima-se da "discricionariedade vinculada", face à qual o exercício do poder é orientado a um escopo e resultado considerado o "único acertado", e distingue-se da "discricionariedade livre", porque esta pressupõe um espaço de decisão própria face ao qual aquele a quem a competência é atribuída deve decidir segundo as suas "conceções próprias". ENGISCH – *Introdução...* p. 220-221.

[3294] Sobre o conceito de "decisão" para este efeito, remetemos para o ensaio de GRAUMANN – *Der Entscheidungsbegriff in § 93 Abs. 1 Satz 2 AktG...*, analisado na nota 609 *supra*.

[3295] Cfr. também CALVÃO DA SILVA – *A responsabilidade civil dos administradores não executivos...* p. 145-146 que sustenta a aplicação da *business judgment rule* aos atos dos membros dos órgãos de fiscalização que

A CONSTRUÇÃO UNITÁRIA DA OBRIGAÇÃO DE VIGILÂNCIA

III. Este entendimento é coerente com a decisão do *Chancery Court of Delaware* de 2009, no caso *In re Citigroup Inc. Shareholder Derivative Litigation*[3296], na qual se discutiu se os administradores do Citigroup violaram os seus deveres de vigilância sobre a administração da sociedade. Segundo os autores, perante a evidência das *red flags*, os administradores deveriam ter-se apercebido, em determinado momento, do risco associado aos investimentos em *collateralized debt obligations* (CDOs) e deveriam ter tomado medidas para reduzir a exposição da sociedade aos mesmos[3297]. Não o tendo feito, a sociedade sofreu perdas abismais. Segundo o tribunal, a avaliação do grau de risco da atividade desenvolvida pela sociedade corresponde a uma decisão empresarial protegida pela *business judgment rule*, pelo que a ação só poderia proceder perante a detalhada alegação de factos que sustentassem má-fé dos administradores.

2298

IV. Acompanhamos ainda Gabriela Figueiredo Dias na crítica à fundamentação pouco clara apresentada pela CMVM para a sua pretendida exclusão da aplicação da *business judgment rule* aos órgãos de fiscalização[3298]. Segundo a CMVM, a *business judgment rule* deveria aplicar-se aos administradores, executivos e não-executivos, mantendo intocado o regime de responsabilidade civil solidária dos administradores (nos termos prescritos pela 4.ª Diretriz de Direito das Sociedades) e fomentando o exercício independente e informado das suas funções pelos administradores não-executivos. Quanto à questão da responsabilidade solidária dos administradores, expunha a CMVM que, face ao regime já então vigente, os administradores não-executivos respondiam solidariamente pela conduta dos administradores executivos e só em sede de direito de regresso se apreciaria se haviam cumprido as suas funções de fiscalização ou se não lhes competia fiscalizar a conduta dos administradores executivos em causa. Ainda

2299

---

envolvem *business judgment*. A perspetiva do autor parece, porém, ser mais restritiva do que a aqui sustentada.

[3296] 964 A.2d 106 (Del. Ch. 2009), da qual foi relator o *Chancellor* W.B. Chandler. Para uma sintética análise desta decisão, cfr. Gian Giacomo Sandrelli – Doveri di controllo degli amministratori e crisi finanziaria: una decisione della Chancery Court del Delaware, *Rivista delle Società*, 54:2-3, 2009.

[3297] Como sublinhou o tribunal, de acordo com a decisão no caso *In re Caremark International Inc. Derivative Litigation*, 698 A.2d 959 (Del. Ch. 1996), tal como reinterpretada pelo *Supreme Court of Delaware* em *Stone v. Ritter*, 911 A.2d 362 (Del. 2006):

> «*The necessary conditions predicate for director oversight liability are: (1) the directors utterly failed to implement any reporting or information system or controls; or (2) having implemented such a system or controls, consciously failed to monitor or oversee its operations thus disabling themselves from being informed of risks or problems requiring their attention*».

[3298] Cfr. Gabriela Figueiredo Dias – *Fiscalização de sociedades...* p. 79.

DA ADMINISTRAÇÃO À FISCALIZAÇÃO DAS SOCIEDADES

segundo a CMVM, a «consagração (parcial) da *business judgment rule*[3299], que se aplica aos administradores e não aos membros de órgãos de fiscalização» corrigiria «o cenário assimétrico de partida atrás apontado, quanto ao correspondente regime de imputação de danos, e incentiva o exercício independente e informado da posição dos administradores não executivos, afastando nestas situações o risco da responsabilidade».

2300 Se esta exposição é dificilmente inteligível no que respeita à posição dos administradores não-executivos, seguramente nada contribui para a fundamentação de uma pretensa exclusão dos fiscalizadores do âmbito de aplicação da *business judgment rule*. Perde, por isso, força o argumento de *mens legislatoris* na (pretendida) restrição da remissão operada pelo art. 81.º/1 para o art. 72.º/2.

2301 Como bem refere GABRIELA FIGUEIREDO DIAS, a remissão do art. 81.º para o art. 72.º/2 só não operaria se esta disposição se revelasse, pela sua natureza ou razão de ser, insuscetível de aplicação aos titulares dos órgãos de fiscalização. Não é esse o caso. O dever de atuação informada, livre de conflitos de interesses e de acordo com critérios de racionalidade empresarial «veste com igual aprumo as funções do administrador (executivo) e as do fiscalizador ou administrador não executivo»[3300].

2302 III. Noutro ponto, porém, não podemos acompanhar GABRIELA FIGUEIREDO DIAS: quando afirma ser mais fácil a demonstração e a aferição do rigor profissional e da diligência dos fiscalizadores do que dos administradores. Segundo a autora:

> «o administrador, nas suas decisões e opções de gestão, enfrenta riscos dinâmicos e áleas diversas, relacionados com os múltiplos factores que podem condicionar o êxito do acto de administração: condições de mercado, factores políticos, cambiais, conjunturas económicas, flutuações do mercado, etc.».

[3299] Recorde-se que a CMVM perspetivava a introdução da *business judgment rule*, nos termos em que se pretendia positivada, como uma forma de «densificação dos elementos relevantes para o afastamento da responsabilidade do administrador», «[facilitando] o escrutínio judicial em caso de danos produzidos por actuações ilícitas dos administradores, evitando que o tribunal realize uma apreciação de mérito em matérias de gestão, para o que reconhecidamente não está preparado». CMVM – *Governo das sociedades anónimas...*, p. 18. Assim, aquilo que se pretendia não era reduzir um qualquer excesso de litigância (inexistente entre nós, como reconheceu a CMVM, *ibidem*) como aquele que motivou a introdução e evolução desta regra no espaço norte-americano, mas sim facilitar a apreciação da conduta dos administradores pelos tribunais, através da clarificação dos seus deveres.

[3300] GABRIELA FIGUEIREDO DIAS – *Fiscalização de sociedades...* p. 81.

A CONSTRUÇÃO UNITÁRIA DA OBRIGAÇÃO DE VIGILÂNCIA

À função de fiscalização, acrescenta a autora, corresponde um "risco meramente estático":

«enquanto o administrador decide para o futuro, sem o dominar, o fiscalizador manifesta-se sobre aquilo que já existe e se cristalizou – os documentos contabilísticos, os negócios já decididos e eventualmente celebrados, a execução passada de políticas contabilísticas, o relato financeiro produzido, enfim, um conjunto de realidades já imobilizadas sobre as quais é possível um juízo objectivo, a permitir, portanto, uma aferição também objectiva da conformidade ou não da actuação do fiscalizador com os procedimentos que lhe cumpria observar»[3301].

Como vimos já, a fiscalização societária envolve tanto uma "dimensão repressiva" como uma "dimensão preventiva". A primeira, de cariz retrospetivo, poderá corresponder à descrição de fiscalização "estática" apresentada por GABRIELA FIGUEIREDO DIAS, mas não esgota a atuação fiscalizadora. Repita-se: em muitos casos, na avaliação da conduta da administração, exige-se uma fiscalização preventiva, de cariz prospetivo, baseado em juízos (idênticos e paralelos aos realizados pela administração) sobre os riscos de um determinado projeto ou investimento. Só perante a sua própria e independente apreciação desses riscos, poderão os fiscalizadores concluir pela existência ou não de riscos inadmissíveis e pela desconformidade da atuação da administração face ao interesse da sociedade[3302].

2303

§ 65. A DISCRICIONARIEDADE DOS ÓRGÃOS SOCIAIS NA INTERPRETAÇÃO DE NORMAS JURÍDICAS

I. Paralelamente à questão da discricionariedade dita "empresarial", tem sido discutida a questão da responsabilidade (interna) dos órgãos sociais pela incorreta interpretação de normas jurídicas. O problema é sugestivamente descrito por SPINDLER:

2304

«a lei está tão recheada de conceitos jurídicos indeterminados[3303] que a sua aplicação aos membros dos órgãos, na falta de jurisprudência de tri-

---

[3301] *Ibidem.*
[3302] *Ibidem.*
[3303] Segundo a perspetiva de HECK, os conceitos jurídicos indeterminados são conceitos de extensão variável que incluem "núcleo" ou "zona iluminada" e um "halo" ou "zona de penumbra" (cfr. PHILIPP

bunais superiores, se transforma frequentemente numa tarefa de pura adivinhação»[3304].

HECK – Gesetzauslegung und Interessenjurisprudenz, *Archiv für die civilistische Praxis*, 112, 1914, p. 46 e 173), pelo que o juízo sobre a sua aplicabilidade a um caso concreto pode conduzir a três resultados: (i) indiscutivelmente aplicável, (ii) indiscutivelmente não aplicável, (iii) dúvida sobre a sua aplicabilidade, dado que a situação concreta não cabe no núcleo do conceito, mas não é certo que não caiba no seu halo. Cfr. também do autor *Introdução ao Direito*, Coimbra: Almedina, 2012, p. 305-306. Cfr. também, do autor, "Linguagem e Direito", in *Estudos em honra do Professor Doutor José de Oliveira Ascensão*, 1, Coimbra: Almedina, 2008, p. 272-276. É sobretudo nestes casos que se coloca a questão analisada no texto, mas não só, na medida em que se afaste a teoria *in claris non fit interpretatio* e a contraposição de HECK, nos termos sugeridos por CASTANHEIRA NEVES – *O actual problema metodológico...* p. 14 ss., em particular, p. 21-22, e NUNO TRIGO REIS – *Os deveres de lealdade...* p. 361 (nota 252).

[3304] SPINDLER – *Die Haftung...* p. 403-404. O autor exemplifica a problemática assinalando as dificuldades inerentes à interpretação do conceito de "legítimos interesses da sociedade" para efeitos do § 15(3) WpHG, segundo o qual:

> «O emitente está isento do dever de divulgação de informação (...) desde que tal seja necessário à proteção dos *seus legítimos interesses* e não seja suscetível de induzir o público em erro e o emitente seja capaz de assegurar que a informação interna permanecerá confidencial» (itálico nosso).

Entre nós, o art. 141.º, *b)* CVM constitui exemplo paralelo, impondo a avaliação pela administração do que seja "muito prejudicial para a sociedade emitente":

> «A requerimento do emitente ou do oferente, a CMVM pode dispensar a inclusão de informações no prospecto se: (b) A divulgação de tais informações for *muito prejudicial para o emitente*, desde que a omissão não seja susceptível de induzir o público em erro no que respeita a factos e circunstâncias essenciais para uma avaliação informada do emitente, oferente ou eventual garante, bem como dos direitos inerentes aos valores mobiliários a que se refere o prospecto» (itálico nosso).

Segundo SPINDLER, *ibidem*, p. 421-422, quando uma norma remete para os "interesses da empresa" ("*Interessen des Unternehmens*"), como é o caso do referido § 15(3) WpHG, discute-se se deve ser reconhecido ao *Vorstand* um espaço de livre apreciação (ou margem de apreciação) (*Beurteilungsspielraum*) (sobre estes conceitos, cfr. notas 2860 e 3293). Segundo o autor, não pode estabelecer-se um paralelo entre os "interesses da empresa" e o "interesse social" ("*Unternhemensinteresse*") a concretizar pelo próprio *Vorstand*. Não só aqueles têm um conteúdo diferente deste, como o reconhecimento de um espaço de avaliação face ao conceito utilizado em preceitos como o referido § 15(3) WpHG inverteria a norma: a exceção ao dever de informação *ad-hoc* não deve estar na livre discricionariedade do *Vorstand*, o qual se poderia libertar em qualquer momento deste dever, sem ter de recear um controlo judicial. Logo, na opinião do autor, a interpretação de conceitos como "interesses da empresa" *não pode estar abrangida por um espaço de avaliação insindicável*.

Face a quanto foi afirmado a propósito da concretização do conceito de interesse social (cfr. § 62.4 *supra*), não podemos concordar com a afirmação de SPINDLER no sentido da dissociação – que nos parece forçada e indevidamente justificada – entre os conceitos jurídicos de "interesses da empresa" ("*Interessen des Unternehmens*") e "interesse social" ("*Unternhemensinteresse*"). Parece-nos que, no máximo, se poderia afirmar serem os primeiros uma concretização do segundo para propósitos mais específicos, no contexto de regulações jurídicas sectoriais. Por outro lado, não convence o argumento de que a equiparação destes conceitos permitiria à administração afastar a norma em causa, dado o necessário reconhecimento de um espaço de concretização do "interesse da sociedade" pela administração. Um tal argumento só seria admissível caso se tivesse concluído não ser sindicável a concretização do interesse social pela administração, o que foi por nós expressamente recusado. O entendimento contrário sempre implicaria não poder

A CONSTRUÇÃO UNITÁRIA DA OBRIGAÇÃO DE VIGILÂNCIA

Na ausência de tal jurisprudência – ou de padrões de auditoria, quando seja o caso – os administradores e fiscalizadores movem-se em terreno inseguro[3305].

Entre nós, este problema tem sido discutido pela doutrina jus-publicista[3306], cujos desenvolvimentos não podem ser ignorados no contexto societário. Deve, porém, atender-se a uma importante diferença, com consequências dogmáticas. No Direito administrativo a questão da discricionariedade foi desenvolvida, sobretudo, a propósito da aferição da validade dos atos administrativos face ao princípio da legalidade, delimitando a sindicabilidade judicial dos atos administrativos, no contexto da separação de poderes que informa o Direito público. No Direito das sociedades, a discricionariedade releva, sobretudo, para efeitos da determinação do conteúdo dos deveres dos órgãos sociais, da aferição do seu cumprimento e da existência de responsabilidade civil ou de justa causa de destituição. Face ao Direito administrativo o juiz, chamado a sindicar um ato administrativo, avalia a sua conformidade *objetiva* face à norma aplicável, visando uma aplicação justa do Direito ao caso concreto. Face ao Direito societário, sendo o dever dos órgãos sociais *a priori* indeterminado, o juiz avalia se o devedor atuou diligentemente no caso concreto com vista à sua adequada determinação e, em caso afirmativo, se a sua conduta (logicamente subsequente) corresponde a uma das alternativas normativamente admissíveis.

O diferente enquadramento do problema impõe desenvolvimentos específicos ao nível societário que têm sido ensaiados no espaço tudesco[3307].

2305

2306

---

formular-se um juízo de ilicitude sobre uma atuação contrária ao interesse social (devidamente concretizado no caso concreto de acordo com o padrão de diligência normativa).

[3305] Cfr. *ibidem*, p. 411.

[3306] Cfr. nota 2860 *supra*.

[3307] Assim, *e.g.*, MUTTER – *Unternehmerische Entscheidungen...* p. 172-174, 230-262, estabelecendo paralelos com os desenvolvimentos jus-publicistas, analisa a distinção entre a "margem de apreciação" ou "margem de livre apreciação" (*Beurteilungsspielraum*) dos elementos da previsão normativa e a "margem de discricionariedade" (*Ermessensspielraum*) na determinação das consequências jurídicas, e critica a separação entre a questão da interpretação de conceitos jurídicos indeterminados e a questão da decisão empresarial.

SEMLER – *Leitung und Überwachung²...* p. 46-51, 118, n.ºˢ 70 a 74, *ex vi* n.º 206, como vimos já, distingue entre a margem de apreciação (*Beurteilungsspielraum*) no juízo do *Aufsichtsrat* sobre a regularidade (*Ordnungsmäßigkeit*) e legalidade (*Rechtsmäßigkeit*) da atuação do *Vorstand*, e uma margem de discricionariedade (*Ermessensspielraum*) no juízo sobre a sua economicidade (*Wirtschaftlichkeit*) e adequação (*Zweckmäßigkeit*). Cfr. nota 3293 *supra*. Cfr. também JOHANNES SEMLER – "Entscheidungen und Ermessen im Aktienrecht", in *Festschrift für Peter Ulmer zum 70. Geburtstag*, Berlin: de Gruyter, 2003, p. 631-637.

Também LOHSE – *Unternehmerisches Ermessen...* p. 60-87 se apoia nos desenvolvimentos jus-publicistas para distinguir entre as prerrogativas de concretização dos elementos da previsão normativa (*Einschätzungsprärogativen*) e a margem de discricionariedade na determinação das consequências jurídicas (*Ermessensspielräume*) e defende que as normas de competência (*Befugnisnormen*) jus-societárias incluem pressupostos de atuação (*Handlungsbedarfen*), envolvendo prerrogativas de concretização normativa,

DA ADMINISTRAÇÃO À FISCALIZAÇÃO DAS SOCIEDADES

2307

II. Neste contexto, a discricionariedade reconhecida aos órgãos sociais é habitualmente delimitada pelo conceito de "decisão empresarial" (*unternehmerische Entscheidung*) que, sendo baseada em juízos de prognose e estimativas não sindicáveis, pode ser descrita como a escolha consciente de uma possibilidade de atuação empresarial, entre várias alternativas possíveis[3308]. No direito alemão, aliás, a aplicação da *business judgment rule*, segundo o § 93(1)2 AktG 1965, à interpretação de conceitos jurídicos contradiz abertamente a exposição de motivos da UMAG[3309]. Neste, o legislador diferencia claramente entre decisões empresariais e decisões juridicamente vinculadas, afirmando que a *business judgment rule* não poderia ser porto seguro para comportamentos ilegais. Entre nós, apesar de a CMVM não ter afirmado expressamente, na sua proposta de alteração do Código das Sociedades Comerciais, a intenção de limitar a aplicação da *business judgment rule* a "decisões empresariais", a mesma não deixa de estar implícita na afirmação de que o reconhecimento desta regra entre nós permite evitar «que o tribunal realize uma apreciação de mérito em matérias de gestão, para o que reconhecidamente não está preparado»[3310].

2308

Ora, como bem explica SPINDLER, também a interpretação de normas legais e a sua aplicação a situações concretas ocorre frequentemente em condições de incerteza[3311]; todas as decisões dos órgãos sociais, mesmo as ditas empresariais,

e competências de atuação (*Handlungsbefugnis*), envolvendo uma margem de discricionariedade (*Ermessensspielraum*). Afirma, porém, que, a interpretação é mais difícil no domínio jus-societário do que no Direito administrativo porque as principais normas de competência (§§ 76(1) e 111(1) AktG) não distinguem entre previsão normativa (*Tatbestand*) e consequências jurídicas (*Rechtsfolge*), não podendo a questão dos espaços de livre decisão (*Entscheidungsfreiräumen*) ser respondida de forma geral e abstrata. Conclui ainda que os critérios de interpretação são diferentes no Direito das sociedades e no Direito administrativo, porquanto no contexto empresarial as decisões são tomadas em condições de incerteza e com base em perceções subjetivas sobre os pressupostos de atuação. Na mesma medida, também não seriam aplicáveis no contexto societário os critérios jus-administrativos para a determinação da margem de discricionariedade, na medida em que faltam no Direito societário as necessárias normas legais e os problemas que se colocam num âmbito e noutro não têm paralelo. No domínio jus-societário, as prerrogativas de concretização das previsões normativas e a margem de discricionariedade não se destinam a possibilitar uma aplicação justa do Direito ao caso concreto, mas antes a possibilitar um desenvolvimento da empresa, que deve ser orientado pelo objeto social e pelas representações finalísticas estabelecidas nos estatutos. Cfr. *ibidem*, p. 73-74.

[3308] Como vimos já, segundo SPINDLER – *MünchKomm. AktG*[3]..., § 93, n.os 40-43, a decisão empresarial é descrita como a escolha consciente de uma possibilidade de atuação empresarial, de especiais consequências económicas, entre várias alternativas possíveis, consequências essas que podem resultar da extensão ou do risco associado à situação patrimonial ou financeira da empresa ou da sua influência definidora no desenvolvimento global futuro da empresa.

[3309] Cfr. DEUTSCHER BUNDESTAG – *Entwurf eines Gesetzes zur Unternehmensintegrität und Modernisierung des Anfechtungsrechts (UMAG)*, Drucksache 15/5092, p. 11. Cfr. também SPINDLER – *Die Haftung...* p. 415.

[3310] CMVM – *Governo das sociedades anónimas...*, p. 18.

[3311] SPINDLER – *Die Haftung...* p. 414.

A CONSTRUÇÃO UNITÁRIA DA OBRIGAÇÃO DE VIGILÂNCIA

ocorrem num quadro jurídico que, de alguma forma, vincula a sua conduta; e, mesmo no campo das decisões vinculadas, os órgãos sociais estão frequentemente expostos a consideráveis incertezas.

Pode portanto concluir-se que, independentemente da maior ou menor objetividade da solução jurídica em si mesma, a operação de interpretação e aplicação do Direito ao caso concreto, num determinado momento histórico, sob pressão em termos de custos e de tempo, pode ser marcada por incertezas significativas. Quando assim seja, a aplicação do Direito ao caso concreto reveste um certo "carácter de prognose" sobre os riscos jurídicos que se não distingue daquele que caracteriza as chamadas "decisões empresariais". 2309

Assim, no sistema alemão, sustenta SPINDLER que, ainda que se considere que a regra do § 93(1)2 AktG não é diretamente aplicável – dada a referência normativa a "decisões empresariais" –, deve esta valer como referência na decisão sobre os requisitos aplicáveis em casos de interpretação de conceitos jurídicos indeterminados e de incerteza jurídica[3312]. 2310

III. Entre nós, esta conclusão é facilitada pela ausência de uma referência, no art. 72.º/2, a decisões empresariais. Assim, também nestes casos se imputam aos órgãos de administração e fiscalização deveres procedimentais de obtenção de informação e de decisão segundo critérios de racionalidade empresarial, em especial no que respeita à obtenção de assessoria jurídica especializada. 2311

Devem, por isso, informar-se não só sobre as circunstâncias do caso, mas também sobre o seu enquadramento legal, pedindo aconselhamento jurídico se necessário. Na avaliação da necessidade de informação, devem ponderar os custos e os benefícios de uma averiguação exaustiva dos factos e do enquadramento legal, atendendo à urgência e ao tipo de decisão em causa[3313]. 2312

Face ao aconselhamento jurídico assim obtido, pode concluir-se pela existência de alternativas de ação normativamente admissíveis. Ou seja, pode concluir-se que não era exigível ao devedor, face às circunstâncias do caso e à bitola de diligência aplicável, praticar mais atos com vista à determinação da solução *objetivamente correta* e que, com base nos dados disponíveis, havia mais do que uma alternativa *potencialmente correta*. 2313

[3312] *Ibidem*, p. 415.

[3313] Segundo SPINDLER, *ibidem*, p. 421, dependendo da complexidade da questão e da dimensão da empresa, podem limitar-se à obtenção de aconselhamento jurídico interno. Neste caso, porém, devem atender ao risco de uma "cegueira empresarial" (*Betriebsblindheit*) dos serviços jurídicos subordinados. Sendo a questão complexa, devem obter uma segunda opinião, para melhor avaliar a situação jurídica. Esta questão foi já por nós tratada no § 62.7 *supra*, para o qual remetemos.

DA ADMINISTRAÇÃO À FISCALIZAÇÃO DAS SOCIEDADES

2314   A escolha do devedor dentro deste leque de alternativas potencialmente corretas cabe dentro da sua margem de discricionariedade, mesmo que um tribunal considere, *a posteriori*, que a interpretação da norma em causa não foi *objetivamente* correta[3314]. Não há, portanto, incumprimento da obrigação de diligente administração ou da obrigação de diligente vigilância (consoante aplicável)[3315].

2315   Se assim não se entendesse, os titulares dos órgãos sociais seriam responsabilizados sempre que não lograssem, no caso concreto, descobrir a interpretação correta. Para este efeito não pode, portanto, replicar-se a afirmação, tão frequentemente veiculada no Direito administrativo, de que «não existem várias interpretações possíveis ou juridicamente indiferentes», porquanto «pela interpretação busca-se a vontade da lei»[3316]. Independentemente da validade dessa afirmação no Direito administrativo, que aqui não podemos discutir, certo é que a mesma só releva na apreciação da validade *objetiva* de atos administrativos; não pode fundamentar conclusões ao nível da responsabilidade civil dos titulares dos órgãos sociais perante a sociedade ou da justa causa para a sua destituição. Para este efeito releva apenas a delimitação do espaço de licitude na concretização da obrigação de diligente administração ou da obrigação de diligente vigilância (consoante o caso)[3317].

2316   IV. Esta margem de discricionariedade na interpretação de normas jurídicas é delimitada pelas construções jurídicas entretanto consolidadas. Esta não é, porém, uma regra absoluta: casos há em que se justifica um comportamento diferente da administração. Ainda assim, quanto mais consolidada for a interpretação jurídica em causa, especialmente pela jurisprudência dos tribunais superiores, maior será o ónus de fundamentação do devedor face à presunção do art. 72.º/1.

2317   Em todo o caso, sem prejuízo da importância da construção de tipos intermédios, não devem aceitar-se construções absolutas e apriorísticas que impeçam os membros dos órgãos sociais de adotar condutas diferentes, mais corretas perante as circunstâncias do caso concreto.

[3314] Nos Estados Unidos, esta questão é tratada a propósito da *reliance*, enquanto meio de defesa processual, sendo os tribunais propensos a considerar legítima a confiança depositada pelo devedor nos conselhos legais recebidos em questões complexas cuja compreensão não está ao seu alcance. Cfr. HAWES e SHERRARD – *Reliance...* p. 41-47. Para mais desenvolvimentos sobre esta questão, cfr. § 62.7 *supra*.

[3315] Cfr. SPINDLER, *ibidem*, p. 420-421, que baseia a sua construção no conceito de defensabilidade (*Vertretbarkeit*).

[3316] MARIA LUÍSA DUARTE – *A discricionariedade administrativa...* p. 15.

[3317] Para quem acompanhe a construção de MENEZES CORDEIRO, de incindibilidade do juízo de ilicitude face ao juízo de culpa, estamos perante uma delimitação da *faute*. Cfr. nota 3238 *supra*.

A CONSTRUÇÃO UNITÁRIA DA OBRIGAÇÃO DE VIGILÂNCIA

Se assim não se entendesse, nunca a administração de uma sociedade se sentiria confortável para, por exemplo, contestar uma prática constante da administração fiscal relativamente à liquidação de um imposto[3318].

2318

[3318] Cfr. SPINDLER – *Die Haftung...* p. 422.

Conclusões

§ 66. CONCLUSÕES

I. No início deste estudo propusemo-nos contribuir para a compreensão da obrigação de vigilância dos órgãos da sociedade anónima, nos seus diferentes modelos de governo, sistematizando o seu conteúdo.

A consecução deste propósito, afirmámos então, passaria pela assimilação do equilíbrio interorgânico próprio de cada modelo de governo da sociedade anónima, fruto de específicas condições históricas (*path dependency*); da essência das atividades de administração e de fiscalização e sua interpenetração entre fluídas fronteiras normativamente reconhecidas; da articulação entre o modo singular e coletivo de exercício de cada uma destas atividades; da correta identificação dos fins a prosseguir e dos meios para os alcançar; do papel da informação e do complexo de vinculações destinados a assegurar o seu fluxo adequado; dos critérios que em cada caso presidem à avaliação dos factos conhecidos; da reação devida em função das irregularidades detetadas.

Tudo isto pairando, por um lado, sobre a tensão entre a *confiança* que sustenta qualquer divisão de trabalho e a *desconfiança* que assegura a redução dos custos de oportunismo (em prejuízo da sociedade) e, por outro, sobre a imprescindível *discricionariedade* de quem é chamado a "multiplicar os pães e os peixes" e o *controlo* por quem deve evitar a sua indevida subtração.

Estes passos foram dados.

II. Aparentemente, o modelo tradicional [art. 278.º/1, *a*)] e o modelo germânico [art. 278.º/1, *c*)] aproximam-se por terem em comum o facto de assentarem no princípio jus-societário de dissociação das funções de administração e fiscalização (*aktienrechtliches Trennungsprinzip*). Em contraposição, o modelo

DA ADMINISTRAÇÃO À FISCALIZAÇÃO DAS SOCIEDADES

anglo-saxónico [art. 278.º/1, *b*)] seria caracterizado por uma concorrência funcional.

2324   Estas coordenadas, porém, não são esclarecedoras. Não só porque a dissociação funcional é mais aparente do que real, sendo fluídas as fronteiras entre as atividades de administração e de fiscalização, mas também porque a fiscalização é um todo, assente na articulação da conduta dos diferentes órgãos sociais, e não uma função perfeitamente autonomizável e imputada exclusivamente a um único órgão. O primeiro fiscalizador é, necessariamente, o órgão de administração, com o qual se deve articular o órgão de fiscalização global. O papel deste, por sua vez, não pode ser adequadamente desenvolvido senão em estreita colaboração com o revisor oficial de contas.

2325   Para além disso, contrariamente ao verificado nos sistemas norte-americano e britânico, não se verifica no nosso modelo dito anglo-saxónico uma verdadeira concorrência funcional. Pelo contrário, verifica-se, também neste modelo, uma dissociação funcional: as funções da comissão de auditoria são normativamente decalcadas das imputadas ao conselho fiscal e os seus membros são designados pela assembleia geral, com base em lista na qual são discriminados. Nessa medida, apesar de os membros do órgão de fiscalização serem igualmente membros do órgão de administração, este não tem qualquer poder sobre aquele e o equilíbrio entre os dois órgãos não difere significativamente daquele que caracteriza o nosso modelo tradicional.

2326   A reforma de 2006 complicou ainda mais os dados da distinção. Não só introduziu um modelo de alegada inspiração anglo-saxónica que, afinal, não tem paralelo nem no sistema norte-americano, nem no sistema britânico, como introduziu normas que permitem uma aproximação do modelo germânico ao nosso modelo tradicional, afastando-o, concomitantemente, do seu sistema de origem. Estas opções do legislador nacional são duplamente criticáveis. Por um lado, o afastamento face aos sistemas de origem elimina a possibilidade de recurso à correspondente jurisprudência para a resolução de casos que reclamam um desenvolvimento jurisprudencial do Direito. Por outro lado, a multiplicação de modelos torna o nosso Direito das sociedades comerciais (desnecessariamente) ainda mais complexo. Se a intenção era alcançar uma aproximação *real* entre os diferentes modelos – como parece –, teria sido mais simples conjugar a sua regulação no seio de um só modelo, eliminando as referências a múltiplos órgãos e a múltiplos modelos e submodelos que pouco clarificam. Note-se, porém, que o movimento internacional é de convergência *funcional* e não *real*: mecanismos diferentes podem desempenhar funções idênticas.

2327   III. Dito isto, a configuração das obrigações de vigilância do órgão de administração (e dos seus membros) e do revisor oficial de contas é semelhante

CONCLUSÕES

nos três modelos de governo. O diferente equilíbrio que os caracteriza resulta sobretudo do papel normativamente reservado ao órgão de fiscalização global, em particular na sua articulação com os demais órgãos sociais.

IV. A obrigação de diligente administração traduz-se na vinculação à prá- 2328
tica dos atos necessários à prossecução do interesse social, sendo especialmente caracterizada pela *iniciativa* na condução da atividade social.

Esta obrigação assume uma específica configuração perante a divisão de tra- 2329
balho, seja através de uma composição plural do órgão de administração, seja através da criação de estruturas administrativas ao mesmo subordinadas.

Ao órgão coletivo, no seu conjunto, cabe vigiar a conduta de cada um dos 2330
seus membros; a cada um destes cabe vigiar os demais; a um e outros cabe a vigilância das estruturas administrativas subordinadas.

Naturalmente, o conteúdo da obrigação de vigilância do órgão coletivo não 2331
coincide com a dos seus membros a título individual. Destaca-se a iniciativa do órgão coletivo que assume um *carácter subsidiário*: deve intervir sempre que a atuação daqueles que foram encarregues da tarefa não seja adequada ou suficiente. Aos seus membros, chamados a participar na administração em modo coletivo, cabe um outro papel, não podendo simplesmente afirmar-se estarem vinculados a fazer – a título individual – tudo quanto pudessem para impedir a prática de atos danosos ou eliminar ou atenuar as suas consequências.

V. Quanto aos órgãos de fiscalização global, as diferenças entre modelos 2332
centram-se não só nos seus poderes-deveres de obtenção de informação e de inspeção, mas também nos seus poderes-deveres de reação.

Quanto aos primeiros, o nosso modelo tradicional beneficia do facto de, na 2333
construção sustentada, os fiscais terem, a título individual, acesso direto a toda a informação da sociedade. O mesmo vale para o modelo anglo-saxónico, no qual os membros da comissão de auditoria, sendo administradores, beneficiam ainda da participação constante na discussão sobre as opções de gestão que tenha lugar no conselho de administração. No modelo germânico, a operacionalidade do conselho geral e de supervisão é prejudicada pela rigidez da regulação dos fluxos de informação. Os poderes são imputados ao órgão coletivo e não a cada um dos seus membros, sendo o fluxo de informação com o conselho de administração executivo assegurado necessariamente pelo presidente do conselho geral e de supervisão.

Quanto aos segundos, no nosso modelo tradicional, o conselho fiscal surge 2334
como um órgão intermédio entre a administração e os acionistas, sem poderes que lhe permitam, diretamente, intervir sobre a administração da sociedade. Nessa medida, a sua eficácia depende necessariamente da da assembleia geral.

DA ADMINISTRAÇÃO À FISCALIZAÇÃO DAS SOCIEDADES

No sistema germânico, o conselho geral e de supervisão pode e deve (na solução legal supletiva) intervir diretamente com vista à correção das irregularidades detetadas. A sua capacidade de pressão é alicerçada nos poderes de designação, de destituição e de fixação da remuneração dos membros do conselho de administração executivo. A estes acresce um outro poder que, sendo fundamental no sistema alemão, foi severa e incompreensivelmente restringido entre nós pela reforma de 2006: o poder de autorização prévia da prática de determinadas categorias de atos de gestão. No sistema anglo-saxónico, sendo o perfil da comissão de auditoria decalcado do do conselho fiscal, sofre de idêntica limitação estrutural.

2335   Comum a qualquer dos modelos é a configuração do dever de avaliação dos factos apurados pelo órgão de fiscalização global. Tanto no caso do conselho fiscal, como do conselho geral e de supervisão ou da comissão de auditoria, a avaliação assenta em critérios de legalidade (*Rechtsmäßigkeit*), regularidade (*Ordnungsmäßigkeit*), economicidade (*Wirtschaftlichkeit*) e adequação (*Zweckmäßigkeit*).

2336   VI. Ao revisor oficial de contas cabe uma dupla função de controlo, cuja complexidade não é habitualmente apreendida em toda a sua extensão. Por um lado, uma função de controlo *externa*, traduzida na sinalização da situação da sociedade ao mercado, através da certificação das contas anuais, habilitando os terceiros que contactam com a sociedade a tomar conhecimento da situação económico-financeira desta e, consequentemente, a tomar medidas para salvaguardar a sua posição na contratação com ou sobre a mesma.

2337   Por outro lado, uma função de controlo *interna*, que constituiu um dos pilares do governo das sociedades anónimas, traduzida na sua colaboração com o conselho fiscal, com o conselho de administração e, eventualmente, com a assembleia geral, assegurando um fluxo de informação *neutral* sobre irregularidades detetadas na administração da sociedade.

2338   VII. As diferenças de conteúdo nas obrigações de vigilância de cada órgão social, em cada modelo de governo da sociedade anónima, criticamente analisadas e sistematizadas, constituem variações periféricas que não obstam a que, a partir dos seus traços comuns, se identifique um tronco central suficiente para a elaboração de um conceito geral e abstrato de obrigação de vigilância dos órgãos da sociedade anónima.

2339   VIII. A construção deste conceito exige uma delimitação prévia do conceito de órgão social enquanto *sujeito* ao qual é imputada, em cada caso, a obrigação de vigilância. Neste sentido, partindo de uma conceção normativista ou analítica

CONCLUSÕES

de pessoa coletiva, sustentamos a sua configuração como centro de imputação de normas jurídicas, correspondente a uma estrutura de organização humana permanente, funcionalmente ordenada à prossecução dos interesses da pessoa coletiva, nos termos das competências que lhe são atribuídas, e que, em conjugação com os demais órgãos sociais, permitem a autodeterminação da pessoa coletiva.

IX. Para além disso, importa justificar a fundamentação normativa das obrigações de vigilância analisadas nas correspondentes normas de competência orgânica. Tomando posição, defendemos que tais normas, tendo em si mesmas um modo deôntico de permissão, são requalificadas como impositivas pela sujeição do exercício das competências à prossecução do interesse social. Fundamentam, portanto, uma situação jurídica que, na sua dimensão compreensiva, é necessariamente passiva, sem prejuízo de, na sua decomposição analítica, se identificarem inúmeras situações com conteúdo ativo.

X. Esta situação compreensiva, a obrigação de vigilância, é uma obrigação de prestar, na modalidade de obrigação de meios, parcialmente indeterminada.

Como obrigação de meios, e não de resultado, traduz-se na vinculação do devedor à adequada tentativa de causação do resultado definidor, ou seja, à pratica dos atos que, numa apreciação *ex ante*, sejam adequados a causá-lo.

O seu conteúdo é parcialmente indeterminado. À margem das concretizações legais e contratuais, que o não esgotam, o seu conteúdo é determinável em função do resultado definidor, da bitola de diligência normativa e das circunstâncias do caso. Estas determinam uma variável intensidade do seu conteúdo, em todas as suas dimensões estruturais.

Este processo de determinação permite a identificação de resultados subalternos ao resultado definidor que, nessa qualidade, não valem por si, mas tão-só na medida em que se adequem ao definidor, o que não deixa de ter consequências dogmáticas.

XI. O resultado definidor é, naturalmente, o *interesse da sociedade*. Esta afirmação encerra particulares dificuldades, decorrentes não só da congénita ambivalência do próprio conceito de *interesse*, mas também dos problemas associados à concretização do conceito de *interesse da sociedade* e da sua distinção face aos de *fim* e de *objeto social*.

Nesta encruzilhada, tomamos posição, afirmando corresponder a uma noção ampla do fim da sociedade – e, logo, de fim (ou resultado definidor) da conduta dos órgãos sociais e dos demais devedores vinculados à prossecução do mesmo (trabalhadores e outros colaboradores da sociedade) –, tal como concretizado

DA ADMINISTRAÇÃO À FISCALIZAÇÃO DAS SOCIEDADES

e densificado não só pela lei (escopo lucrativo) e pelos estatutos (as «atividades que os sócios propõem que a sociedade venha a exercer»), mas também pelos próprios órgãos sociais, de acordo com as normas de competência aplicáveis.

2347 Embora concordando com a afirmação de que a atuação dos órgão sociais é delimitada sobretudo pelo "sistema político" da sociedade anónima, rejeitamos a ideia de que o Direito das sociedades não impõe um "fim da sociedade": a partir das normas que regulam a *forma pela qual é determinado* o interesse social em cada momento podemos retirar elementos para a densificação do seu *conteúdo*.

2348 A solução normativa traduz o equilíbrio entre a posição individual dos acionistas e a operacionalidade da sociedade anónima, paradigma das sociedades de capitais, assente num quadro organizativo de colaboração privada e dirigida à congregação de capitais de diferentes tipos de investidores com uma finalidade lucrativa.

2349 Perante este quadro contratualista, a *ponderação* exigida pelo art. 64.º/1, *b)* consubstancia um ato de conjugação – ou concordância prática – do interesse da sociedade com os interesses de determinados terceiros, que o heterodelimitam enquanto resultado definidor, sendo certo que, a longo prazo, o interesse da sociedade será tanto mais assegurado quanto, na sua prossecução e na medida do possível, se atenda aos interesses dos sujeitos relevantes para a sustentabilidade da sociedade.

2350 Quando a sociedade seja titular de participações noutras sociedades, o seu interesse, enquanto resultado definidor da conduta dos seus órgãos sociais, pode ainda ser heterodelimitado pelo seu dever de lealdade face às sociedades participadas e face aos demais sócios destas.

2351 Heterodelimitação decorrente de sujeição a instruções recebidas nos termos do art. 503.º/2.

2352 XII. A afirmação de que a concretização ou determinação da obrigação de vigilância, enquanto situação compreensiva, permite a identificação de resultados subalternos ao resultado definidor, implica o reconhecimento de situações jurídicas analíticas concretizadoras daquela obrigação, muitas das quais expressamente positivadas.

2353 Os deveres de cuidado hoje positivados no art. 64.º/1, *a)* e 2 constituem exemplos deste tipo de situações jurídicas, fruto da rica evolução jurisprudencial norte-americana, com decisiva influência nos sistemas romano-germânicos.

2354 Perante a dispersão normativa, exige-se uma sistematização que possibilite, com um simples "golpe de vista", a adequada compreensão da obrigação de vigilância. Neste sentido, sugerimos a sua decomposição analítica em: (i) poderes-deveres de obtenção de informação e de inspeção; (ii) dever de avaliação da informação recolhida; e (iii) poderes-deveres de reação perante as irregularida-

CONCLUSÕES

des detetadas. Sem prejuízo da sua decomposição para efeitos analíticos, estas situações devem ser construídas como um todo, pois só como um todo caracterizam adequadamente a relação obrigacional estabelecida entre o devedor e a sociedade.

XIII. No exercício das suas funções, os membros dos órgãos sociais baseiam-se frequentemente em informações, conselhos e opiniões de colegas seus, de membros de outros órgãos sociais, de trabalhadores e colaboradores da sociedade e de terceiros que a esta prestam os seus serviços (contabilistas, revisores de contas, advogados e jurisconsultos, etc.). Em todos estes casos, coloca-se a questão de saber se, e em que medida, podem confiar na informação recebida, questão esta que se traduz na fórmula antitética "princípio de confiança v. princípio da desconfiança" (*Vertrauens- versus Misstrauensprinzip*).

Na transposição dos desenvolvimentos jurisprudenciais norte-americanos para os nossos quadros dogmáticos, concluímos que a confiança na informação recebida é legítima quando verificados os seguintes elementos: (i) a *razoável* convicção do sujeito de que aquele que presta informações, conselhos ou opiniões era fiável e competente; (ii) a prestação de informação sobre todos os factos relevantes para a emissão do conselho ou opinião, quando estes tenham sido pedidos por quem não tinha acesso direto a essa informação; (iii) a obtenção, pelo sujeito, de informações, conselhos ou opiniões errados; (iv) a não deteção do erro pelo sujeito na sua análise crítica das informações, conselhos ou opiniões recebidos; e (v) a atuação do sujeito de acordo com tais informações, conselhos ou opiniões.

Acrescentámos que a aferição da "não deteção do erro" pelo sujeito, na sua análise crítica das informações, conselhos ou opiniões recebidos, deve ser entendida não em sentido meramente psicológico – *tomou conhecimento ou não do erro* –, mas em sentido ético-normativo – *devia ter tomado conhecimento ou não do erro*.

Na medida em que o órgão de administração *deve organizar* sistemas de *obtenção e confirmação* da informação adequados às concretas circunstâncias da sociedade (e do grupo, quando aplicável) e que o órgão de fiscalização global *deve exigir o cumprimento deste dever*, participando na sua concreta configuração através do exercício dos poderes de obtenção de informação (no caso do conselho fiscal, no modelo tradicional, previsto no art. 421.º/1), corre por conta destes órgãos o *risco da ignorância* dos factos de que teriam conhecimento através de tais sistemas. Somente aquele que atua diligentemente pode prevalecer-se da ignorância.

O mesmo vale para o revisor oficial de contas, sobre o qual recaiem *deveres de cumprimento de adequados procedimentos* destinados a assegurar a completude e veracidade da informação recebida. O *risco da ignorância* dos factos de que teria conhecimento através de tais procedimentos corre por sua conta.

DA ADMINISTRAÇÃO À FISCALIZAÇÃO DAS SOCIEDADES

2360 XIV. As normas de conduta resultantes da concretização da obrigação de vigilância admitem, frequentemente, mais do que uma alternativa de ação, deixando uma maior ou menor margem de discricionariedade ao órgão em causa, face à qual se impõe uma decisão no sentido de atuar ou não atuar e, em caso afirmativo, sobre o sentido da sua atuação.

2361 Estamos no domínio da delimitação positiva da prestação: visa-se a concretização do *dever ser*, questionando qual a conduta devida pelo devedor no caso concreto em análise, atendendo ao fim que se pretende atingir e ao grau de esforço (diligência) exigível. Neste processo deve atender-se às coordenadas dadas por outras normas jurídicas (com particular destaque para o Direito da insolvência) ou pelas *leges artis*, no contexto de um sistema aberto. Este pode aqui reclamar específicas valorações económicas. Quando assim seja, o intérprete-aplicador deve socorrer-se das coordenadas dadas pela teoria económica para a concretização da prestação devida.

2362 A específica competência atribuída a cada órgão social determina diferentes níveis de discricionariedade.

2363 O papel do órgão de administração na concretização do interesse social e a incerteza que habitualmente rodeia o seu processo decisório, implicam, *frequentemente*, uma conclusão de existência de várias alternativas de ação normativamente admissíveis. O facto de uma tal conclusão se impor *frequentemente* não permite, porém, afirmar aprioristicamente a existência de uma qualquer discricionariedade da administração para além daquela que resulta da concretização da obrigação de administração, de acordo com a bitola de diligência normativa no caso concreto.

2364 Quanto ao órgão de fiscalização global, importa afastar definitivamente alguns mitos e reconhecer a existência de uma maior ou menor margem de discricionariedade, consoante as circunstâncias do caso: (i) o mesmo não está limitado a um mero "juízo de licitude", devendo avaliar a administração segundo critérios de legalidade (*Rechtsmäßigkeit*), de regularidade (*Ordnungsmäßigkeit*), de economicidade (*Wirtschaftlichkeit*) e de adequação (*Zweckmäßigkeit*); e (ii) não tem fundamento a afirmação de que a sua discricionariedade é necessariamente mais restrita do que a reconhecida ao órgão de administração, por não poder interferir na margem de discricionariedade deste.

2365 O caso do revisor oficial de contas é diferente, devendo ainda assim reconhecer-se-lhe um específico espaço de discricionariedade: (i) ao nível técnico-contabilístico, na apreciação das contas do exercício, para determinar se as mesmas dão uma imagem verdadeira e apropriada da situação da sociedade e se estão em conformidade com os requisitos legais aplicáveis; (ii) no cumprimento do dever de colaboração com o órgão de fiscalização global, caso em que valem, com as necessárias adaptações, as considerações referidas a propósito da discriciona-

CONCLUSÕES

riedade deste; (iii) no cumprimento do dever de colaboração com o órgão de administração, do qual resulta o dever de comunicar "factos que revelem graves dificuldades na prossecução do objeto da sociedade".

XV. O Direito assegura, portanto, um espaço de autonomia dos órgãos sociais face a pressões inadmissíveis dos acionistas, traduzidas em ameaças de responsabilidade civil. Salvaguarda o espírito empreendedor e a capacidade prospetiva dos administradores, traduzida na assunção de riscos no mercado. Enquadra igualmente a atuação dos fiscalizadores a quem se exige que, na sua atividade de controlo de riscos, não frustrem a atuação empreendedora dos administradores, devendo em diversas circunstâncias efetuar um juízo ponderado face ao interesse da sociedade, num típico sistema de *checks and balances*.   2366

Este espaço de autonomia é, contudo, normativamente delimitado: quando se conclua que o devedor atuou fora das alternativas de ação normativamente admissíveis, em função da bitola de diligência normativa, deve concluir-se pelo incumprimento da sua obrigação.   2367

Nesta medida, não pode aceitar-se a tendência garantística que tem dominado a discussão sobre a discricionariedade empresarial, patente na afirmação corrente de que os tribunais «não podem sindicar decisões de mérito» da administração destas sociedades, seja porque tal condiciona a predisposição dos seus membros para a desejável assunção de riscos empresariais, seja porque os tribunais não estão habilitados para decidir sobre o mérito de uma determinada opção empresarial, seja ainda porque a revisão *a posteriori* de uma decisão tomada num contexto de incerteza é necessariamente viciada pelo conhecimento entretanto adquirido da situação subjacente (*hindsight bias*).   2368

Pelo contrário, impõe-se uma concretização da prestação a que está vinculado o devedor nos termos gerais jus-obrigacionais, através da formulação da correspondente norma de conduta no caso concreto. Só quando desta resultem duas ou mais alternativas de ação, estaremos perante um espaço de discricionariedade normativamente regulado e delimitado, face ao qual é reconhecida uma liberdade de escolha insuscetível de sindicância judicial.   2369

A discricionariedade é um resultado normativo: decorre unicamente do sistema jurídico e não de quaisquer considerações da ciência económica relativas à importância do empreendedorismo empresarial.   2370

XVI. Face ao enquadramento dogmático proposto que, nos seus termos, prevê o espaço de discricionariedade necessário ao desenvolvimento empreendedor da atividade dos administradores e dos fiscalizadores, coloca-se necessariamente a questão: qual o sentido da *business judgment rule*, tal como introduzida entre nós?   2371

DA ADMINISTRAÇÃO À FISCALIZAÇÃO DAS SOCIEDADES

2372   Percorremos um longo caminho de enquadramento histórico-crítico pela origem e pela evolução desta regra nos Estados Unidos e pelos seus reflexos no Reino Unido e nos sistemas continentais que habitualmente nos servem de referência (sistemas alemão e italiano), e analisámos o seu tratamento entre nós. Concluímos que esta regra corresponde a uma concretização ou densificação da obrigação de prestar, na sua dimensão procedimental, que não exclui a necessidade de determinação dos resultados subalternos (que se podem dizer de "mérito") que se imponham (pela aplicação da bitola de diligência normativa) e da atuação em conformidade com os mesmos.

2373   Porque os deveres de cariz *procedimental* não esgotam o conteúdo das obrigações de vigilância e de administração, não basta o seu cumprimento para afastar o juízo de ilicitude e a consequente responsabilidade do devedor.

2374   XVII. Perante a nossa leitura de que o disposto no art. 72.º/2 corresponde a uma concretização ou densificação da obrigação de prestar, na sua dimensão procedimental, a discussão sobre a aplicabilidade da *business judgment rule* aos órgãos de fiscalização perde algum sentido.

2375   Em todo o caso, recusamos a perspetiva redutora de que os órgãos de fiscalização não tomam decisões empresariais e não fazem uso de critérios de racionalidade empresarial, mas apenas de critérios de legalidade, razão pela qual cairiam fora do âmbito da *business judgment rule.* Pelo contrário, reafirmamos que muitas das decisões de fiscalização envolvem uma complexa ponderação de variáveis económicas, legais e outras, juízos de prognose e expectativas futuras, em cenários de incerteza e sob pressão de tempo e de custos.

2376   Não são válidas, portanto, as generalizações apriorísticas de sentido inverso e mesmo os tipos intermédios que se possam formular não oferecem respostas definitivas para cada caso concreto. Em cada caso haverá que testar as referências sistemáticas disponíveis com vista à determinação da conduta devida, sendo certo que, em muitos casos, também os fiscalizadores se confrontam com alternativas de ação normativamente admissíveis (*i.e.*, um espaço de discricionariedade).

2377   XVIII. Por fim, face à questão da responsabilidade (interna) dos órgãos sociais pela incorreta interpretação de normas jurídicas, concluímos que independentemente da maior ou menor objetividade da solução jurídica em si mesma, a operação de interpretação e aplicação do Direito ao caso concreto, num determinado momento histórico, sob pressão em termos de custos e de tempo, pode ser marcada por incertezas significativas. Quando assim seja, a aplicação do Direito ao caso concreto reveste um certo "carácter de prognose" sobre

CONCLUSÕES

os riscos jurídicos que se não distingue daquele que caracteriza as chamadas "decisões empresariais".

Nessa medida, pode concluir-se que, face às circunstâncias do caso e à bitola de diligência aplicável, havia mais do que uma conduta normativamente admissível ao devedor na aplicação do Direito. A escolha do devedor dentro deste leque de alternativas potencialmente corretas cabe dentro da sua margem de discricionariedade, mesmo que um tribunal considere, *a posteriori*, que a interpretação do conceito jurídico indeterminado não foi *objetivamente* correta. Não há, portanto, incumprimento da obrigação de diligente administração ou da obrigação de diligente vigilância (consoante aplicável).   2378

XIX. Em suma, a aferição do cumprimento da obrigação de vigilância (ou de administração, consoante o caso) pelo devedor pode ser sistematizada da seguinte forma: 2379

(i) Perante as circunstâncias do caso, o devedor "descobriu" adequadamente a prestação devida (aplicando adequadamente o Direito), determinando as alternativas de ação normativamente admissíveis, em função da bitola de diligência normativa?

(ii) Em caso afirmativo, sendo admissível apenas uma opção – seja porque estava perante um dever específico, determinado por lei, pelos estatutos ou pelo contrato celebrado com a sociedade, seja porque essa conclusão resultou do processo de concretização da prestação perante as circunstâncias do caso, de acordo com a bitola de diligência normativa – a conduta do devedor foi conforme à norma de conduta?

(iii) Sendo admissível mais do que uma alternativa, a conduta do devedor enquadrou-se no espaço de discricionariedade normativamente delimitado (incluindo padrões de cariz substantivo e procedimental)?

ÍNDICE DE SIGLAS E ABREVIATURAS

AAPA	American Association of Public Accountants
ABA	American Bar Association
AG	Aktiengesellschaft
AG	Die Aktiengesellschaft
AICPA	American Institute of Certified Public Accountants
AktG	Aktiengesetz, 1965
AktG 1937	Aktiengesetz, 1937
ALI	American Law Institute
AMEX	American Stock Exchange
BB	Der Betriebs-Berater5
BGB	Bürgerliches Gesetzbuch, 1900
BGH	Bundesgerichtshof
BGHZ	Entscheidungen des Bundesgerichtshofes in Zivilsachen
BMJ	Boletim do Ministério da Justiça
BVerfG	Bundesverfassungsgericht
BverfGE	Entscheidungen des Bundesverfassungsgerichts
CAP	Committee on Accounting Procedure
Consob	Commissione Nazionale per le Società e la Borsa
Cass.	Corte Suprema di Cassazione
CP	Código Penal
CPA	Código do Procedimento Administrativo
CPL	Collecção de Legislação Portugueza
CSC	Código das Sociedades Comerciais
CVM	Código dos Valores Mobiliários
DGCL	Delaware General Corporations Law
DStR	Deutsches Steuerrecht

DA ADMINISTRAÇÃO À FISCALIZAÇÃO DAS SOCIEDADES

ECNSA	Estatutos do Conselho Nacional de Supervisão de Auditoria
EOROC	Estatuto da Ordem dos Revisores Oficiais de Contas
FASB	Financial Accounting Standards Board
FEI	Financial Executives Institute
FSA	Financial Services Authority
GmbH	Gesellschaft mit beschränkter Haftung
GmbHG	Gesetz betreffend die Gesellschaften mit beschränkter Haftung, 1892
HGB	Handelsgesetzbuch
IFA	International Federation of Accountants
ISA	International Standard on Auditing
InsO	Insolvenzordnung, 1994
KonTraG	Gesetz zur Kontrolle und Transparenz im Unternehmensbereich, 1998
LG	Landesgericht
LSE	London Stock Exchange
NASD	National Association Of Securities Dealers
NYBCL	New York Business Corporations Law
NJW	Neue Juristische Wochenschrift
NStZ	Neue Zeitschrift für Strafrecht
NStZ-RR	Neue Zeitschrift für Strafrecht-Rechtsprechungsreport
NYSE	New York Stock Exchange
NZG	Neue Zeitschrift für Gesellschaftsrecht
OLG	Oberlandesgericht
POB	Public Oversight Board
RG	Reichsgericht
RGBl	Reichsgesetzblatt
RGIC	Regime Geral das Instituições de Crédito e Sociedades Financeiras
RLJ	Revista de legislação e jurisprudência
RT	Revista dos Tribunais
SEC	Securities and Exchange Commission
SROC	Sociedade de revisores oficiais de contas
TCE	Tratado que estabelece a Comunidade Europeia
TFUE	Tratado sobre o Funcionamento da União Europeia
TJCE	Tribunal de Justiça das Comunidades Europeias que, desde o Tratado de Lisboa (2007), se designa Tribunal de Justiça da União Europeia
TJUE	Tribunal de Justiça da União Europeia, designado Tribunal de Justiça das Comunidades Europeias até ao Tratado de Lisboa (2007)
TransPuG	Transparenz- und Publizitätsgesetz ou Gesetz zur weiteren Reform des Aktien- und Bilanzrechts, zu Transparenz und Publizität, 2002

TUF	Testo unico delle disposizioni in materia di intermediazione finanziaria
WM	Wertpapier-Mitteilungen
WpÜG	Wertpapiererwerbs- und Übernahmegesetz
ZAkDR	Zeitschrift der Akademie für Deutsches Recht
ZIP	Zeitschrift fur Wirtschaftsrecht

ÍNDICE DE JURISPRUDÊNCIA*

JURISPRUDÊNCIA PORTUGUESA
(por tribunal e por ordem cronológica)

Supremo Tribunal de Justiça

STJ 27-jan.-1967 (GONÇALVES PEREIRA), *BMJ*, 163, 1967, p. 322-326 – Negação da extensão do art. 397.º aos casos de dupla representação – nota 1268

STJ 20-jan.-1982 (LIMA CUNY), *BMJ*, 323 (1983), p. 405-413 – Perspetiva mais laboral na destituição dos administradores – nota 1806

STJ 13-nov.-1987 (MENÉRES PIMENTEL), processo n.º 75021, *CJ*, 13:1, p. 7-13 – Sobre cada administrador ou gerente incide a obrigação de vigiar os atos praticados pelos colegas, designadamente impedindo a prática de atos ilícitos, sob pena de também eles serem responsabilizados – nota 579

STJ 26-nov.-1987 (LIMA CLUNY), *BMJ*, 371 (1987), p. 490-495 – Perspetiva mais laboral na destituição dos administradores – nota 1806

STJ 10-jul.-1997 (ALMEIDA E SILVA), processo n.º 923/96, *BMJ*, 469, 1997, p. 468--476 – Aplicação analógica do regime da representação negocial à representação orgânica – nota 2474

STJ 15-mai.-1997 (FIGUEIREDO DE SOUSA), processo n.º 96B734, sumário disponível em www.dgsi.pt – Negação da extensão do art. 397.º aos casos de dupla representação – nota 1268

STJ 10-jul.-1997 (ALMEIDA E SILVA), processo n.º 923/96, *BMJ*, 469 (1997), p. 468-476 – Aplicação do art. 268.º/1 CC a uma situação de falta de poderes do presidente da Junta para vincular a freguesia de Unhais da Serra – nota 2474

---

* Identifica-se a decisão, a razão pela qual é citada e a nota na qual é citada.

DA ADMINISTRAÇÃO À FISCALIZAÇÃO DAS SOCIEDADES

STJ 10-fev.-2000, *BMJ*, 494 (2000), p. 353-358 – Associação entre a quebra de confiança entre a sociedade (representada pela assembleia geral) e o gerente com a violação grave dos deveres do gerente e a sua incapacidade para o exercício normal das respetivas funções – nota 1806

STJ 16-mai.-2000 (SILVA PAIXÃO), processo n.º 259/2000, *CJ*, 8:2, p. 64-67 – Qualificação do revisor oficial de contas como órgão social; delimitação das funções do conselho geral; suspensão e destituição de diretores; concretização do interesse social pelo conselho geral (e sindicância pelo tribunal) para efeitos de determinação de existência de justa causa para destituição – nota 1330

STJ 23-mai.-2002 (ABEL FREIRE), Processo n.º 02B1152, *CJ – STJ*, 5:3, p. 141 – O artigo 64.º é norma genérica e imprecisa, relativa ao requisito da culpa e não da ilicitude – notas 150, 3161

STJ 17-jun.-2004 (QUIRINO SOARES), processo n.º 04B1773, disponível em www.dgsi.pt, *CJ*, 12:2, 2004, p. 94-96 – Identificação do fim social com o interesse da sociedade, a propósito do art. 6.º/3 CSC – nota 2618

STJ 18-mai.-2006 (SEBASTIÃO PÓVOAS), processo n.º 06A1106, disponível em www.dgsi.pt – Negação da extensão do art. 397.º aos casos de dupla representação – nota 1268

STJ 2-mar.-2009 (PAULO SÁ), processo n.º 08A3991, disponível em www.dgsi.pt – Responsabilidade dos gerentes por violação grosseira dos seus deveres – nota 2898

STJ 28-abr.-2009 (MOREIRA ALVES), processo n.º 09A0346, disponível em www.dgsi.pt – O tribunal deve considerar não o mérito da decisão, «mas a observância dos deveres fundamentais no processo de decisão, designadamente o dever de informação necessária a evitar condutas que causem prejuízos à sociedade por cujo interesse lhe compete velar» – nota 3167

STJ 14-maio-2009 (OLIVEIRA ROCHA), processo n.º 09B0563, disponível em www.dgsi.pt – A conduta de um administrador está sujeita ao controlo dos demais administradores; rejeição do argumento de que os administradores que não têm intervenção na gestão efetiva da empresa não devem ser responsabilizados – nota 558

STJ 17-set.-2009 (ALBERTO SOBRINHO), processo n.º 267/09.9YFLSB.S1, disponível em www.dgsi.pt – Identificação do fim social com o interesse da sociedade, a propósito do art. 6.º/3 CSC – nota 2618

STJ 31-mar.-2011 (SERRA BAPTISTA), processo n.º 242/09.3YRLSB.S1, disponível em www.dgsi.pt – A responsabilidade civil dos gerentes é de natureza contratual e subjetiva; o dever de diligência é autónomo, está no mesmo plano de qualquer dos outros deveres dos gerentes, e é um critério vinculativo para a apreciação da conduta do gerente no cumprimento de todos os seus deveres; ilicitude é relativa não ao resultado, mas ao comportamento do agente – nota 3166

ÍNDICE DE JURISPRUDÊNCIA

STJ 12-jan.-2012 (Álvaro Rodrigues), processo n.º 916/03.2TBCSC.L1.S1, disponível em www.dgsi.pt. – Pressupostos de responsabilidade civil aquiliana perante um credor da sociedade (art. 78.º/1 CSC); apreciação da diligência do administrador – notas 568, 1121, 2671, 2674, 2898, 2901

Supremo Tribunal Administrativo

STA 28-jul.-1977 (Manuel Gonçalves Pereira), *Acórdãos Doutrinais*, 17:196, p. 421-440 – Discricionariedade técnica – nota 2860
STA 6-jul.-1978 (Rui da Fonseca Garcia Pestana), *Acórdãos Doutrinais*, 17:203, p. 1295-1305 – Discricionariedade técnica – nota 2860
STA 16-jul.-1981 (Francisco José de Miranda Duarte), *Direito Administrativo*, 3:11, 1982, p. 37-42 – Discricionariedade administrativa – nota 2860
STA 22-jun.-1983 (António Luis Correia da Costa Mesquita), *Acórdãos Doutrinais*, 23:265, p. 89-94 – Discricionariedade técnica, interpretação de conceitos jurídicos indeterminados – nota 2860
STA 2-mai.-1985 (João Pedro Gomes Lopes da Cunha), *Acórdãos Doutrinais*, 24:288, p. 1350-1358 – Discricionariedade técnica – nota 2860

Relação de Coimbra

RCb 17-out.-2000 (Ferreira de Barros), processo n.º 1935/00, *CJ*, 25:4, p. 37-39 – Apreciação objetiva do justificado interesse próprio, no caso concreto, para efeitos do art. 6.º/3 CSC – nota 2898
RCb 7-jan-2004 (António Ribeiro Martins), processo n.º 3526/03, *CJ*, 29:1, 2004, p. 39-40 – Delimitação do conceito de "regras económicas de gestão racional" para efeitos do art. 235.º CP; apreciação dos atos de gestão com base em prova pericial – nota 3260
RCb 7-mai.-2005 (Cardoso de Albuquerque), processo n.º 1215/05, disponível em www.dgsi.pt – A distinção entre obrigações de meios e obrigações de resultado «não tem razão de ser à luz do nosso direito, onde apenas há a considerar a prestação de resultados, uma vez que só estes interessam ao credor» – nota 2544
RCb 4-out.-2005 (Monteiro Casimiro), processo n.º 2158/05, disponível em www. dgsi.pt – Suscetibilidade de extensão das regras dos negócios consigo mesmo aos negócios em que se verifica comunhão de administradores (sem dupla representação) – notas 1265, 1279
RCb 12-set.-2006 (Hélder Roque), processo n.º 69/04.9TBACN.C1, disponível em www.dgsi.pt – Recusa de aplicação do art. 397.º/2 a um caso de dupla representação da sociedade dominante e da sociedade dominada – nota 1264

Relação de Évora

REv 5-jun.-1995 (Oscar Catrola), processo n.º 708, *CJ*, 20:3, 1995 (consultado em http://www.colectaneadejurisprudencia.com) – Apreciação da conformidade de deliberações sociais com o interesse da sociedade para efeitos do art. 58.º/1, *b)* CSC – nota 2898

REv 19-jun.-2008 (Fernando Bento), processo n.º 521/08-2, disponível em www.dgsi.pt – não é relevante a distinção entre anulabilidade (art. 261.º/1 CC) ou nulidade (art. 397.º/2 CSC) do negócio celebrado por gerente consigo mesmo – nota 1252

Relação de Guimarães

RGm 11-jul.-2005 (Vieira e Cunha), processo n.º 2374/04, CJ. 30:4, 2005, p. 295-297 – Interpretação do conceito de interposta pessoa segundo o art. 579.º/2 CC, a propósito da proibição de concorrência – nota 1262

RGm 27-fev.-2012 (Espinheira Baltar), processo n.º 243/10.9TBBCL.G1, disponível em www.dgsi.pt – Controlo dos negócios do administrador único consigo mesmo pela assembleia geral – notas 1242, 1258

Relação de Lisboa

RLx 22-Jan.-2002 (Abrantes Geraldes), *CJ*, 27:1, 2002, disponível em http://www.colectaneadejurisprudencia.com – A tutela da confiança determina que os poderes de representação orgânica não sejam limitados pelos poderes de gestão – nota 1955

RLx 10-jul.-2004 (Manuel Gonçalves), processo n.º 2503/2004-6, disponível em www.dgsi.pt – Inadmissibilidade da extensão da aplicação do art. 397.º/2 aos negócios celebrados entre a sociedade e um seu acionista controlador – nota 1266

RLx 10-out.-2006 (Isabel Salgado), processo n.º 4916/2006-7, disponível em www.dgsi.pt – Não obstante estar em causa um caso de dupla representação, tendo a gerente da sociedade por quotas atuado em consonância com as regras do CSC, e tendo estatutariamente os poderes para, por si mesma, representar e vincular ambas as sociedades no negócio jurídico, não exorbita os limites dos poderes de representação e vinculação das sociedades em causa – nota 1264

RLx 22-jun.-2010 (Maria Amélia Ribeiro), processo n.º 34/2000.L1-7, disponível em www.dgsi.pt – Concretização do dever de diligência na administração de uma cooperativa, no contexto do controlo de aspetos financeiros; a confiança entre os membros e o cumprimento de deveres de vigilância – notas 780, 2831, 2898

RLx 13-jan.-2011 (Ezagüy Martins), processo n.º 26108/09.9T2SNT-A.L1-2, disponível em www.dgsi.pt – As soluções do art. 78.º – nota 2463

ÍNDICE DE JURISPRUDÊNCIA

Relação do Porto

RPt 1-mar.-1990 (Lopes Furtado), processo n.º 0408829, sumário disponível em www.dgsi.pt – Exemplo de referência a "interesses particulares" dos sócios – nota 150

RPt 13-abr.-1999 (Afonso Correia), processo n.º 391/99, *CJ*, 24:2, 1999, p. 196-202 – Aprovação de negócios dos gerentes com a sociedade por quotas pela assembleia geral; apreciação da conformidade de deliberações sociais com o interesse da sociedade (art. 58.º/1, *b*) CSC); apreciação de negócio com acionista controlador perante os bons costumes – nota 1277, 1298, 2898

RPt 20-mai.-1999 (Custódio Montes), processo n.º 9930326, *CJ*, 24:3, 1999, p. 189-196, sumário disponível em www.dgsi.pt – Identificação do fim social com o interesse da sociedade, a propósito do art. 6.º/3 CSC – nota 2618

RPt 8-jun.-2000 (Custódio Montes), processo n.º 576/2000, *CJ*, 25:3, 2000, p. 206-211 – Impondo a lei a independência funcional e hierárquica do revisor oficial de contas, não permite que o mesmo fique ligado ao órgão de gestão que o designou para além do lapso temporal entre duas assembleias, em situação de aparente promiscuidade, dependência e subordinação – nota 893

RPt 13-dez.-2005 (Alziro Cardoso), processo n.º 0521121, disponível em www. dgsi.pt – Aplicação do art. 261.º aos negócios consigo mesmo nas sociedades por quotas – nota 1277

RPt 5-fev.-2009 (Pinto de Almeida), processo n.º 5545/08, *CJ*, 34:1, 2009, p. 222- -228 (= processo n.º 0835545, disponível em www.dgsi.pt) – Negócio consigo mesmo; atuação como órgão de duas pessoas coletivas (dupla representação); aplicação dos arts. 261.º CC e 397.º/2 CSC às sociedades por quotas; delimitação do conceito de "interposta pessoa" segundo o art. 579.º/2 CC; apreciação do mérito do negócio, determinando a sua razoabilidade económica; ónus da prova da ilicitude recai sobre o autor – notas 1254, 1262, 1264, 1268, 1277

Primeira Instância

3.ª Vara Cível de Lisboa 27-out.-2010 (Pedro Caetano Nunes), *CJ – STJ*, 11:3, 2003, p. 17-27 – O dever de gestão, a responsabilidade civil dos administradores e a *business judgment rule* – notas 2569, 3205

Jurisprudência da União Europeia

(por ordem cronológica)

TJE, caso 14/83 *Von Colson* [1984] ECR 1891 – Dever dos tribunais dos Estados- -membros de interpretar e aplicar o direito nacional e, em particular, a legislação adotada em transposição de Diretrizes, em conformidade com estas últimas – nota 1438

DA ADMINISTRAÇÃO À FISCALIZAÇÃO DAS SOCIEDADES

TJE, caso 152/84 *Marshall I* [1986] ECR 723 – Efeitos diretos das Diretrizes – nota 1438

TJE, caso 26/62 *Van gend en Loos* [1963] ECR 1 – Efeitos diretos das Diretrizes – nota 1438

TJE, caso 6/64 *Costa v. ENEL* [1964] ECR 585 – Efeitos diretos das Diretrizes – nota 1438

TJE, caso 80/86 *Kolpinghuis* [1987] ECR 3969 – Efeitos diretos das Diretrizes – nota 1438

TJE, caso C-106/89 *Marleasing* [1990] ECR I-4135 – Interpretação conforme as Diretrizes – nota 1440

TJE, caso C-168/95 *Arcaro* [1996] ECR I- 4705 – Interpretação conforme as Diretrizes – notas 1438, 1439

TJE, caso C-373/90 X [1992] ECR I-131 – Dever imputado aos tribunais dos Estados-membros de interpretar e aplicar o direito nacional e, em particular, a legislação adotada em transposição de Diretrizes, em conformidade com estas últimas – nota 1438

TJE, caso C-456/98 *Centrosteel* [2000] ECR I-6007 – Interpretação conforme as Diretrizes – nota 1439

TJE, caso C-80/06 *Carp* [2007] ECR I-4473 – Efeitos diretos das Diretrizes – nota 1438

TJE, caso C-91/92 *Faccini Dori* [1994] ECR I-3325 – Efeitos diretos das Diretrizes – nota 1438

TJE, casos conjuntos C-206/88 e C-207/88 *Zanetti* [1990] ECR I-1461 – Efeitos diretos das Diretrizes – nota 1439

TJE, casos conjuntos C-240/98 e C-244/98 *Océano* [2000] ECR I-4941 – Interpretação conforme as Diretrizes – nota 1439

JURISPRUDÊNCIA ALEMÃ
(por tribunal e por ordem cronológica)

Reichsgericht
RG 8-fev.-1935, *JW* 1935, 2044 – Organicismo e teoria do conhecimento absoluto – nota 2451

Bundesgerichtshof
BGH 28-abr.-1954, *BGHZ* 13, 188 – Para efeitos da destituição dos diretores, constituía "importante razão" a manifestação da falta de confiança da assembleia geral – nota 1723

BGH 20-out.-1954, *BGHZ* 15, 71 – Na ausência de indícios de irregularidades, um membro do *Vorstand* poderia limitar-se a obter informação sobre os pelouros dos

ÍNDICE DE JURISPRUDÊNCIA

seus colegas nas reuniões do plenário. Perante indícios de irregularidades, deveria intervir – nota 799

BGH 24-jun.-1960, *Juristische Rundschau* 1962, 348 – Critério de confiança em conselhos legais – nota 2851

BGH 7-jun.-1962, *WM*, 1962, 811 – A deliberação de destituição de um diretor sem justa causa objetiva não é, em si viciada, porquanto a lei confere ao *Aufsichtsrat* a possibilidade de realizar uma apreciação jurídica independente e de deliberar com base nessa mesma apreciação – nota 1806

BGH 6-abr.-1964, *BGHZ* 41, 282 – Sendo decidida a celebração do negócio pelo *Aufsichtsrat*, e não sendo praticável a solução da representação da sociedade pela intervenção de todos os seus membros, deve o *Aufsichtsrat* conceder poderes a *um dos seus membros* para intervir no ato como *Erklärungsvertreter* – nota 1976

BGH 5-jun.-1975 (*ITT*), *BGHZ* 65, 15 – Deveres de lealdade, grupos de sociedades – nota 2679

BGH 16-fev.-1976 (*Audi/NSU*), *JZ*, 1976, 561 – Rejeição dos deveres de lealdade dos acionistas – nota 2679

BGH 25-fev.-1982, *BGHZ* 83, 106 – Reconhecimento do interesse público subjacente às normas da *MitbestG* e afirmação da consequente *nulidade* das deliberações sociais que as violassem – nota 1758

BGH 25-fev.-1982 (*Holzmüller*), *BGHZ* 83, 122 – Definição de competências não escritas da assembleia geral – nota 1745

BGH 15-nov.-1982, *BGHZ* 85, 293 – O dever de estar em condições de cumprir a tarefa de vigilância recai não sobre cada membro individual do *Aufsichtsrat*, mas sobre os membros deste no seu conjunto – nota 1194

BGH 1-fev.-1988 (*Linotype*), *BGHZ* 103, 184 – Deveres de lealdade dos acionistas minoritários – nota 2679

BGH 25-mar.-1991, *BGHZ* 114, 127 – O dever de aconselhamento como parte do dever de vigilância do *Aufsichtsrat* – notas 1142, 1860, 1922

BGH 15-nov.-1993, *BGHZ* 124, 111 – A discricionariedade do *Aufsichtsrat* sobre o estabelecimento de reservas de consentimento é reduzida a zero nos casos em que a prática de um ato ilegal só pode ser evitada pela sujeição da sua prática ao seu consentimento – nota 1944

BGH 4-jul.-1994, *BGHZ* 126, 340 – Dever de aconselhamento como parte do dever de vigilância do *Aufsichtsrat* – nota 1922

BGH 20-mar.-1995 (*Girmes*), *JZ* 1995, 1064 – Deveres de lealdade, sócios minoritários – nota 2679

BGH 15-out.-1996, *BGHZ* 133, 370 – Intensificação da obrigação de vigilância em situações de crise da sociedade e controlo do pagamento das contribuições para a segurança social – nota 2826

DA ADMINISTRAÇÃO À FISCALIZAÇÃO DAS SOCIEDADES

BGH 21-abr.-1997 (*Arag/Garmenbeck*), *BGHZ* 135, 244 – *Business judgment rule*, apreciação da conduta do *Vorstand* pelo *Aufsichtsrat* e decisão deste sobre a propositura de ação de responsabilidade civil contra os membros do *Vorstand* – notas 1132, 1145, 1918, 1936, 2881, 3046, 3054

BGH 23-jun.-1997 (*Siemens/Nold*), *BGHZ* 136, 133 – Discricionariedade do *Vorstand* – nota 3063

BGH 25-fev.-1999, *BGHZ* 141, 79 – Os negócios através dos quais o acionista controlador manifestamente extrai benefícios especiais da sociedade podem ser qualificados como *distribuição oculta de bens a um sócio* – nota 1308

BGH 9-jan.-2001, *DStR* 2001, 633 – Enquadramento da confiança depositada por um gerente noutro gerente sobre o pagamento de contribuições para a segurança social – nota 2820

BGH 25-nov.-2002 (*Macroton*), *ZIP*, 2003, 387 – Definição de competências não escritas da assembleia geral – nota 1745

BGH 26-abr.-2004 (*Gelatine I*), *ZIP* 2004, 993 – Definição de competências não escritas da assembleia geral – nota 1745

BGH 26-abr.-2004 (*Gelatine II*), *ZIP* 2004, 1001 – Definição de competências não escritas da assembleia geral – nota 1745

BGH 11-dez.-2006, *ZIP* 2007, 224 – Confiança dos membros do *Aufsichtsrat* na informação prestada pelo gerente de uma GmbH – nota 2840

BGH 14.-mai.- 2007, *NZG* 2007, 545 – Enquadramento da confiança depositada no *Abschlussprüfer* na apreciação da existência de uma situação de insolvência – notas 2835, 2837, 2851, 2855

BGH 16-jul.-2007, *DStR* 2007, 1641 – Enquadramento da confiança depositada no *Abschlussprüfer* na apreciação da existência de uma situação de insolvência – notas 2835, 2851

BGH, 16-mar.-2009, *NJW*, 2009, 2454 – O *Aufsichtsrat* deve intensificar a sua vigilância em momentos de crise na sociedade e assegurar que o *Vorstand* cumpre atempadamente o seu dever de apresentação à insolvência e não garante pagamentos que não sejam compatíveis com a diligência de um gestor prudente e consciencioso – nota 1166

Tribunais de apelação

OLG Hamburg 12-out.-1966, *NJW* 1967, 213 – Conhecimento da norma jurídica aplicável, falta de objetividade dos advogados internos – nota 2851

OLG Stuttgart 27-fev.-1979, *WM* 1979, 1296 – Não são admissíveis reservas de consentimento pelo *Aufsichtsrat* genéricas, relativas a todos os atos importantes ou a um catálogo que abranja a maioria das decisões do *Vorstand* – nota 1945

OLG Bremen 23-mar.-1981, *NStZ* 1981, 265 – Conhecimento da norma jurídica aplicável, falta de objetividade dos advogados internos – nota 2851

ÍNDICE DE JURISPRUDÊNCIA

OLG Stuttgart 20-mar.-1992, *BB* 1992, 1669 – O dever de estar em condições de cumprir a tarefa de vigilância recai não sobre cada membro individual do *Aufsichtsrat*, mas sobre os membros deste no seu conjunto; sendo decidida a celebração do negócio pelo *Aufsichtsrat*, e não sendo praticável a solução da representação da sociedade pela intervenção de todos os seus membros, deve o *Aufsichtsrat* conceder poderes a *um dos seus membros* para intervir no ato como *Erklärungsvertreter* – nota 1976

OLG Hamburg 15-set.-1995, *ZIP* 1995, 1673 – Na ausência de indícios de falhas, o *Aufsichtsrat* pode confiar nos trabalhos desenvolvidos pelas suas comissões preparatórias – nota 2850

OLG Karlsruhe 13-out.-1995, *WM* 1996, 161 – Sendo decidida a celebração do negócio pelo *Aufsichtsrat*, e não sendo praticável a solução da representação da sociedade pela intervenção de todos os seus membros, deve o *Aufsichtsrat* conceder poderes a *um dos seus membros* para intervir no ato como *Erklärungsvertreter* – nota 1976

OLG Düsseldorf 27-out.-1995, *GmbHR* 1996, 368 – Enquadramento da confiança depositada por um gerente noutro gerente sobre o pagamento de contribuições para a segurança social – nota 2820

OLG Stuttgart 28-out.1997, *NZG* 1998, 232 – Cumprimento do dever de apresentação à insolvência; contratação de perito; legitimidade da confiança depositada na opinião do perito – nota 2836

OLG Braunschweig 25-fev.-1998, *NStZ-RR* 1998, 251 – Conhecimento da norma jurídica aplicável, falta de objetividade dos advogados internos – nota 2851

OLG Düsseldorf 17-nov.-2003, *NZG* 2004, 141 – Sendo decidida a celebração do negócio pelo *Aufsichtsrat*, e não sendo praticável a solução da representação da sociedade pela intervenção de todos os seus membros, deve o *Aufsichtsrat* conceder poderes a *um dos seus membros* para intervir no ato como *Erklärungsvertreter* – nota 1976

OLG Brandenburg 17-fev.-2009, *ZIP* 2009, 866 – Em momentos de crise na sociedade, o *Aufsichtsrat* deve intensificar a sua vigilância e procurar possíveis soluções; deve ainda assegurar que o *Vorstand* cumpre atempadamente o seu dever de apresentação à insolvência – nota 1166

Jurisprudência italiana
(por tribunal e por ordem cronológica)

Corte Suprema di Cassazione

CssIt 20-fev.-1956, n.º 480, *Monitore dei tribunali*, 1956, p. 535 – Aplicação do art. 1391 sobre estados subjetivos relevantes (correspondente ao nosso art. 259.º CC) à representação orgânica – nota 2474

DA ADMINISTRAÇÃO À FISCALIZAÇÃO DAS SOCIEDADES

CssIt 12-nov.-1965, n.º 2359, in *Il Foro Padano*, 1965, I, p. 1820 – Sindicabilidade judicial da conduta dos administradores – notas 3107, 3116

CssIt 12-mar.-1973, n.º 674, *Repertorio del Foro Italiano*, 1973, voz *Spese giudiziali civil*, n.º 78 – Aplicação do art. 1391 sobre estados subjetivos relevantes (correspondente ao nosso art. 259.º CC) à representação orgânica – nota 2474

CssIt 5-jul.-1984, n.º 3945, *Giurisprudenza Italiana*, 1990, I, 1, p. 541 – Aplicação do regime do conflito de interesses na atuação orgânica – nota 2474

CssIt 11-fev.-1985, n.º 1133, *Massimario del Foro italiano*, 1983, p. 234 – Aplicação do art. 1391 sobre estados subjetivos relevantes (correspondente ao nosso art. 259.º CC) à representação orgânica – nota 2474

CssIt 20-ago.-1986, n.º 5103, *Massimario del Foro italiano*, 1986, p. 905 – Aplicação do art. 1391 sobre estados subjetivos relevantes (correspondente ao nosso art. 259.º CC) à representação orgânica – nota 2474

CssIt 13-dez.-1986, n.º 7467, *Massimario del Foro italiano*, 1986, p. 1296 – Aplicação do art. 1391 sobre estados subjetivos relevantes (correspondente ao nosso art. 259.º CC) à representação orgânica – nota 2474

CssIt 6-jun.-1988, n.º 3829, *Giurisprudenza Italiana*, 1990, I, 1, p. 306 – Aplicação do regime do conflito de interesses na atuação orgânica – nota 2474

CssIt 22-jun.-1990, n.º 6278, *Giurisprudenza Commerciale*, 1992, II, p. 45 – Aplicação do regime do conflito de interesses na atuação orgânica – nota 2474

CssIt 19-set.-1992, n.º 10749, *Giustizia civile*, 1993, I, p. 3055 – Aplicação do regime do conflito de interesses na atuação orgânica – nota 2474

CssIt 17-set.-1997, n.º 9252, *Società*, 1998, p. 1025 – Fiscalização dos *sindaci* é um controlo de sistema, ou seja, sobre a correção da estratégia de governo da sociedade, sobre princípios e não sobre atos singulares, muito menos sobre a sua conveniência ou sobre os seus riscos – nota 939

CssIt 29-ago.-2003, n.º 12696, *Giustizia Civile Massimario*, 2003, p. 7-8 – A delegação de poderes de administração e os seus efeitos – nota 587

Tribunais de Apelação

Corte d'Appello di Genova 5-jul.-1986, *Giurisprudenza Commerciale*, 1988, II, p. 730 – Sindicabilidade judicial da conduta dos administradores – nota 3104

Primeira Instância

Tribunale di Firenze 11-nov.-1952, *Il diritto fallimentare e delle società commerciale*, 1953, II, p. 752 – Sindicabilidade judicial da conduta dos administradores – notas 3106, 3115

Tribunale di Milano 19-jan.-1974, *Giurisprudenza Commerciale*, 1974, II, p. 174 – Sindicabilidade judicial da conduta dos administradores – nota 3117

ÍNDICE DE JURISPRUDÊNCIA

Tribunale di Milano 30-mai.-1977, *Giurisprudenza Italiana*, 1978, I, 2, p. 81, e *Rivista del Diritto Commerciale e del Diritto Generale delle Obbligazioni*, 1978, II, p. 320 – Sindicabilidade judicial da conduta dos administradores – notas 3108, 3118

Tribunale di Milano 9-jun.-1977, *Giurisprudenza Commerciale*, 1977, II, p. 600 – Sindicabilidade judicial da conduta dos administradores – notas 3109, 3119

Tribunale di Milano 28-mar.-1985, *Le Società*, 1985, p. 1083 – Sindicabilidade judicial da conduta dos administradores – notas 3105, 3120

Tribunale di Milano 26-jun.-1989, *Giurisprudenza Commerciale*, 1990, II, p. 122 – Sindicabilidade judicial da conduta dos administradores – notas 3110, 3121

Tribunale di Milano 27-jul.-1995, *Giustizia civile*, 1996, p. 236 – Aplicação do regime dos negócios consigo mesmo (art. 1394 *Codice Civile*) aos atos dos órgãos – nota 2474

Tribunale di Milano 20-fev.-2003, *Le Società*, 2003, p. 1268 – Sindicabilidade judicial da conduta dos administradores – nota 3127

JURISPRUDÊNCIA NORTE-AMERICANA
(por ordem alfabética)

Aronson v. Lewis, 473 A.2d 805 (Del., 1984) – *Business judgment rule*, presunção de correta atuação e critério da negligência grosseira, o *duty of good faith* como dever autónomo – notas 2941, 2989

Atlantic Coast Line R. Co. v. Ward, 92 Fla. 526 (Fla., 1926) – Se a omissão de determinados factos a quem foi pedido conselho ou opinião foi negligente, considera-se que não é legítima a confiança depositada pelo sujeito no conselho ou opinião errado – nota 2800

Auerbach v. Bennett, 393 N.E.2d 994 (N.Y., 1979) – Critérios judiciais para indeferimento de ações sociais *ut universi* (*derivative actions*) contra administradores e gestores; *business judgment rule* preclude toda e qualquer análise de mérito – notas 2074, 2953

Baker v. Mutual Loan & Inv. Co., 213 S.C. 558, 50 S.E.2d 692 (S.C. 1948) – A proteção da *reliance* no sentido consagrado nos *Principles (1994)*... § 4.02 – nota 2778

Bates v. Dresser, de 1920, 251 U.S. 524 (U.S. 1920) – *Duty of inquiry* vincula o administrador a reagir perante indícios de irregularidades – nota 2479

Beveridge v. New York Elevated Railroad Co., 112 N.Y. 1, 19 N.E. 489 (N.Y. 1889) – Origem da business judgment rule – nota 2916

Blaustein v. Pan Am. Petroleum & Transport Co., 174 Misc. 601 (N.Y.Sup. 1940) – A confiança (*reliance*), enquanto meio de defesa, exige a seleção de um advogado externo independente; a confiança depositada no advogado interno constitui prova *prima facie* de má-fé – nota 2793

DA ADMINISTRAÇÃO À FISCALIZAÇÃO DAS SOCIEDADES

Bodell v. General Gas & Electric Corporation, 15 Del.Ch. 420, 140 A. 264 (Del. 1927) – A *business judgment rule* e o critério da boa-fé subjetiva – notas 2917, 2938

Brehm v. Eisner, 746 A.2d 244 (Del. 2000) (*"Disney II"*) – Os imperativos de bom governo das sociedades não traduzem necessariamente vinculações jurídicas; *business judgment rule* – notas 2577, 2851, 2970, 2990

Casey v. Woodruff, 49 N.Y.S. 2d 625. (N.Y. 1944) – Origem da *business judgment rule* – notas 2917, 2918, 2958

Cede & Co. v. Technicolor, Inc., 634 A.2d 345 (Del. 1993) – A *business judgment rule*, a *substantive doctrine*, o *duty of good faith* como dever autónomo; o ónus da prova sobre a razoabilidade da decisão empresarial – notas 2038, 2928, 2963, 2977, 2989

Cinerama, Inc. v. Technicolor, Inc., 663 A.2d 1156 (Del. 1995) – A *business judgment rule* e a boa-fé – nota 2977

Citron v. Fairchild Camera and Instrument Corp., 569 A.2d 53 (Del. 1989) – O *duty of good faith* como dever autónomo e o recurso a critérios objetivos para determinar o estado subjetivo do sujeito – notas 2989, 3012

Closegard Wardrobe Co. v. Charles R. Normandy, 158 Va. 50 (Va. 1932) – Não é considerada fiável a pessoa que tenha um interesse pessoal no assunto sobre o qual é chamada a pronunciar-se – nota 2792

Cornell v. Seddinger, 237 Pa. 389, 85 A. 446 (Pa. 1912) – A proteção da *reliance* no sentido consagrado nos *Principles (1994)*... § 4.02 – nota 2778

Costello v. Costello, 209 N.Y. 252, 103 N.E. 148 (N.Y. 1913) – Origem da *business judgment rule* – nota 2917

Davis v. Commissioner of Internal Revenue, 184 F.2d 88 (10th Cir. 1950) – Se a omissão de determinados factos a quem foi pedido conselho ou opinião foi intencional, considera-se que o sujeito estava de má-fé e que, como tal, não é legítima a confiança por si depositada no conselho ou opinião errado – nota 2799

Deal v. Johnson, 362 S.2d 214 (Ala. 1978) – *Business judgment rule* e o critério da negligência grosseira – nota 2940

Demmer v. Patt, 788 F.2d 1387 [C.A.8 (S.D.), 1986] – Recusa de esclarecimento do júri no sentido de que os médicos não são responsáveis por *"an honest error in judgment"* – nota 2955

Devereux v. Berger, 284 A.2d 605 (Md. 1971) – *Business judgment rule* e o critério da negligência grosseira – nota 2940

Dill v. Boston Safe Deposit & Trust Co., 343 Mass. 97 (Mass. 1961) – Confiança em conselho legal, critério de aferição da competência do consultor legal – nota 2785

Emerald Partners v. Berlin, 787 A.2d 85 (Del.Supr., 2001) – A *business judgment rule* e a boa-fé; recondução do *duty of good faith* ao *duty of loyalty*; reação da jurisprudência às normas legais que permitiam a exclusão ou limitação de responsabilidade civil por violação do *duty of care* – notas 2977, 2988, 2993

ÍNDICE DE JURISPRUDÊNCIA

Ernst and Ernst v. Hochfelder, 425 U.S. 185, 96 S. Ct. 1375, 47 L. Ed. 2d 668 (U.S.Ill., 1976) – conceito de *"scienter"* – nota 3002

Escott v. BarChris Construction Corp., 283 F. Supp. 643 (D.C.N.Y. 1968) – Exemplo de acórdão que passou a conformar a conduta dos administradores no contexto do mercado de valores mobiliários – nota 2919

Fielding v. Allen, 99 F.Supp. 137 (D.C.N.Y. 1951) – A *business judgment rule* e o critério da boa-fé subjetiva – nota 2937

First National Bank v. F.C. Trebein Co., 52 N.E. 834 (Ohio 1898) – A boa-fé como padrão objetivo de conduta – nota 3012

Fitzpatrick v. Federal Deposit Ins. Corp., 765 F.2d 569 (C.A.6. 1985) – No cumprimento do seu *duty of inquiry*, o administrador não pode basear-se apenas nas declarações das partes interessadas; deve assegurar-se que foi realizada uma análise independente do negócio em causa – nota 2792

Francis v. United Jersey Bank, 432 A.2d 814 (N.J., 1981) – A *business judgment rule* e o critério da boa-fé subjetiva; dever de aquisição da competência técnica adequada às suas funções; dever de disponibilidade; *duty to monitor* – nota 2749, 2939

Gabhart v. Gabhart, 370 N.E.2d 345 (Ind. 1977) – Liberdade de acionista para exercer os seus direitos de voto no seu próprio interesse, sem atender aos interesses dos demais acionistas – nota 2678

Gagliardi v. Trifoods Int'l, Inc., 683 A.2d 1049 (Del.Ch., 1996) – Apreciação do cumprimento do *duty of good faith* – nota 2987

Gallin v. National City Bank, 281 N.Y.S. 795 (N.Y.Sup. 1935) – Ilegitimidade da confiança depositada na informação prestada por pessoa com interesse pessoal no assunto – nota 2792

Gilbert v. Burnside, 13 A.D.2d 982, 216 N.Y.S.2d 430 (N.Y.A.D. 1961) – A proteção da *reliance* no sentido consagrado nos *Principles (1994)*... § 4.02. – nota 2778

Godbold v. Branch Bank, 11 Ala. 191 (1847) – Origem da *business judgment rule* – nota 2909

Graham v. Allis-Chalmers Manufacturing Company, de 1963 (188 A.2d 125, 130) – Dever dos administradores de investigar condutas incorretas para as quais tenham sido alertados – notas 778, 2038

Guttman v. Huang, 823 A.2d 492 (Del.Ch., 2003) – Dimensão positiva do *duty of loyalty* e *duty of good faith* – notas 2989, 3024

Haldeman v. Haldeman, 197 S.W. 376 (Ky. 1917) – Liberdade de acionista para exercer os seus direitos de voto no seu próprio interesse, sem atender aos interesses dos demais acionistas – nota 2678

Hanson Trust PLC v. ML SCM Acquisition, Inc., 781 F.2d 264 (2d Cir. 1986) – Estabelece critérios para a legítima confiança dos administradores nas recomendações dos consultores financeiros – nota 2814

DA ADMINISTRAÇÃO À FISCALIZAÇÃO DAS SOCIEDADES

Helfman v. American Light & Traction Co., 121 N.J.Eq. 1, 187 A. 540 (N.J.Ch. 1936) – Origem da *business judgment rule* – nota 2917

Hodges v. New England Screw Co., 1 R.I. 312 (R.I. 1850) – Origem da *business judgment rule* – notas 2909, 2914

Holland v. American Founders Life Ins. Co., 376 P.2d 162 (Colo. 1962) – *Business judgment rule* e o critério da negligência grosseira – nota 2940

In re Abbott Laboratories Derivative Shareholders Litigation, 325 F.3d 795 [C.A.7. (Ill.) 2003] – Reação da jurisprudência às normas que permitem a exclusão ou limitação de responsabilidade civil por violação do *duty of care* – nota 2993

In re Caremark International Inc. Derivative Litigation, de 1996 (698 A.2d 959) – Dever do *board* de criação e manutenção de sistema de informações; *oversight liability* – notas 778, 820, 2038, 2970, 3297

In re Citigroup Inc. Shareholder Derivative Litigation, 964 A.2d 106 (Del.Ch. 2009) – Dever de vigilância dos administradores e reação a sinais de risco – nota 3296

In re Fort Howard Corp. Shareholders Litigation, 1988 WL 83147 (Del.Ch.,1988) – *Duty of good faith*, recurso a critérios objetivos para determinar o estado subjetivo do sujeito – nota 3012

In re Gaylord Container Corporation Shareholders Litig., 753 A.2d 462 (Del.Ch., 2000) – Recondução do *duty of good faith ao duty of loyalty* – nota 2988

In re Holly Farms Corp., 564 A. 2d 342 (Del.Ch., 1989) – *Duty of good faith*, recurso a critérios objetivos para determinar o estado subjetivo do sujeito – nota 3012

In re Landmark Land Co. of Carolina, Inc., 76 F.3d 553 [C.A.4 (S.C.), 1996] – A boa-fé como padrão objetivo de conduta – nota 3012

In re Perel, 51 F.2d 506, 507 (S.D. Tex. 1931) – Se a omissão de determinados factos a quem foi pedido conselho ou opinião foi intencional, considera-se que o sujeito estava de má-fé e que, como tal, não é legítima a confiança por si depositada no conselho ou opinião errado – nota 2799

In re RJR Nabisco, Inc. Shareholders Litigation, 556 A.2d 1070 (Del. 1989) – *Business judgment rule* e o critério da racionalidade económica – nota 2949

In re Walt Disney Co. Derivative Litigation, 698 A.2d 959 (Del.Ch., 1996) ("Disney I") – Duty of loyalty e duty of good faith – nota 2990

In re Walt Disney Co. Derivative Litigation, 825 A.2d 275 (Del.Sup. 2003) ("Disney III") – *Duty of loyalty* e *duty of good faith* – notas 2990, 2991, 2999

In re Walt Disney Co. Derivative Litigation, 906 A.2d 27 (Del.Supr. 2006)("Disney V") – *Duty of loyalty* e *duty of good faith* – nota 2990

In re Walt Disney Co. Derivative Litigation, 907 A.2d 693 (Del.Ch. 2005) (*"Disney IV"*) – Os imperativos de bom governo das sociedades não traduzem necessariamente vinculações jurídicas; *duty of loyalty* e *duty of good faith*; imutabilidade dos deveres fiduciários – notas 2577, 2990, 2995, 2996, 2998

ÍNDICE DE JURISPRUDÊNCIA

Kahn v. Lynch Communications Systems, Inc., 638 A.2d 1110 (Del., 1994) – O papel dos administradores desinteressados na avaliação dos negócios entre a sociedade e acionistas controladores – notas 1239, 1288

Kamin v. American Express Company, 383 N.Y.S.2d 807 (N.Y.Sup. 1976) – A *business judgment rule* e o critério da boa-fé subjetiva – nota 2936

Kaplan v. Centex Corp., 284 A.2d 119 (Del.Ch. 1971) – *Business judgment rule* e presunção de correta atuação – nota 2941

Levitan v. Stout, 97 F.Supp. 105 (D.C.Ky. 1951) – A *business judgment rule* e o critério da boa-fé subjetiva – nota 2938

Lewis v. Vogelstein, 699 A.2d 327 (Del.Ch. 1997) – Aprovação de negócios entre a sociedade e os seus administradores; incumprimento de deveres de informação aos acionistas; valor das opções sobre ações concedidas; imposição da comissão de auditoria pela SEC; os imperativos de bom governo das sociedades não traduzem necessariamente vinculações jurídicas – notas 1288, 2577, 2895

Litwin v. Allen, 25 N.Y.S.2d 667 (N.Y. 1940) – Origem da *business judgment rule* – nota 2917

Logan v. Greenwich Hosp. Ass'n, 465 A.2d 294 (Conn. 1983) – Recusa de esclarecimento do júri no sentido de que os médicos não são responsáveis por *"an honest error in judgment"* – nota 2956

Louisiana World Exposition v. Federal Ins. Co., 864 F.2d 1147 [C.A.5 (La.) 1989] – *Business judgment rule* e o critério da negligência grosseira – notas 2940, 2965

Lutz v. Boas, 171 A.2d 381 (Del.Ch. 1961) – *Business judgment rule* e as dúvidas face ao critério da negligência grosseira – nota 2942

Malone v. Brincat, 722 A.2d 5 (Del.Supr. 1998) – A *business judgment rule* e a boa-fé – nota 2977

Malpiede v. Townson, de 2001, 780 A.2d 1075 (Del.Supr., 2001) – Reação da jurisprudência às normas legais que permitem a exclusão ou limitação de responsabilidade civil por violação do *duty of care* – nota 2993

Matter of Clark's Will, 257 N.Y. 132, 177 N.E. 397, 77 A.L.R. 499 (N.Y. 1931) – Origem da *business judgment rule* – nota 2917

McCall v. Scott, 250 F.3d 997 (C.A.6, 2001) – Reação da jurisprudência às normas legais que permitiam a exclusão ou limitação de responsabilidade civil por violação do *duty of care* – nota 2993

McDonnell v. American Leduc Petroleums, Ltd., 491 F.2d 380 (C.A.N.Y. 1974) – A *business judgment rule* e o critério da razoabilidade – nota 2950

McGlynn v. Schultz, 95 N.J.Super. 412, 231 A.2d 386 (N.J.Super.A.D., 1967) – A proteção da *reliance* no sentido consagrado nos *Principles (1994)*... § 4.02. – nota 2778

Merritt v. Peters, 28 F.2d 679 (9th Cir. 1928) – Se a omissão de determinados factos a quem foi pedido conselho ou opinião foi intencional, considera-se que o sujeito

DA ADMINISTRAÇÃO À FISCALIZAÇÃO DAS SOCIEDADES

estava de má-fé e que, como tal, não é legítima a confiança por si depositada no conselho ou opinião errado – nota 2799

Meyers v. Moody, 693 F.2d 1196 (C.A.Tex., 1982) – *Business judgment rule* e o critério da razoabilidade – nota 2950

Miller v. American Telephone & Telegraph Co., 507 F.2d 759 (C.A.Pa. 1974) – A simples ocorrência de danos decorrentes da decisão empresarial, ou o facto de os acionistas não concordarem com o mérito da decisão, não significa, só por si, que a mesma tenha sido negligente – nota 2932

Nanfito v. Tekseed Hybrid Co., 341 F.Supp. 240 (D.Neb.1972) – A proteção da *reliance* no sentido consagrado nos *Principles (1994)*... § 4.02. – nota 2778

New Haven Trust Co. v. Doherty, 75 Conn. 555, 54 A. 209 (Conn. 1903) – Estabelece critérios para a legítima confiança dos administradores nas recomendações dos consultores legais – nota 2813

New York, Lake Erie & Western Railroad v. Nickals, 119 U.S. 296, 7 S.Ct. 209 (U.S. 1886) – Origem da *business judgment rule* – nota 2916

O'Neal v. McKinna, 116 Ala. 606, 620 (Ala. 1897) – Confiança em conselho legal, critério de aferição da competência do consultor legal – nota 2786

Otis & Co. v. Pennsylvania R. Co., 61 F.Supp. 905 (D.C.Pa. 1945) – *Business judgment rule*; reconhecimento da existência de uma regra; *hindsight bias* – notas 2903, 2918

Panter v. Marshall Field & Co., 646 F.2d 271 (C.A.Ill., 1981) – *Business judgment rule* e o critério da racionalidade económica – nota 2949

Penn Mart Realty Co. v. Becker, 298 A.2d 349 (Del.Ch. 1972) – *Business judgment rule* e as dúvidas face ao critério da negligência grosseira – nota 2942

Percy v. Millaudon, 8 Mart. (n.s.) 68, 1829 WL 1592 (La. 1829) – origem da *business judgment rule*; dever de vigilância dos administradores não-executivos – notas 778, 2909, 2914

Pool v. Pool, 22 So.2d 131 (La.App.1945) – A proteção da *reliance* no sentido consagrado nos *Principles (1994)*... § 4.02. – nota 2778

Prince v. Bensinger, 244 A.2d 89 (Del.Ch.1968) – A proteção da *reliance* no sentido consagrado nos *Principles (1994)*... § 4.02. – nota 2778

Rabkin v. Philip A. Hunt Chem. Corp., 547 A.2d 963 (Del.Ch., 1986) – *Business judgment rule* e o critério da negligência grosseira – nota 2943

Robinson v. Pittsburgh Oil Refinery Corp., 126 A. 46 (Del.Ch. 1924) – *Business judgment rule* e presunção de correta atuação – nota 2941

Rogers v. Meridian Park Hosp., 772 P.2d 929 (Or., 1989) – Recusa de esclarecimento do júri no sentido de que os médicos não são responsáveis por *"an honest error in judgment"* – nota 2955

SEC v. Killearn Properties, Inc., Fed. Sec. L. Rep. (CCH), para. n.º 96.256 – Imposição da SEC para criação de um *audit committee* – notas 13, 2100

ÍNDICE DE JURISPRUDÊNCIA

SEC v. Lum's, Inc., 365 F.Supp. 1046, 1064-1065 (S.D.N.Y.1973) – Imposição da SEC para criação de um *audit committee* – nota 2098

SEC v. M.A. Lundy Associates, 362 F. Supp. 226 (D.R.I. 1973) – Forma das opiniões recebidas para efeitos de *reliance* – nota 2805

SEC v. Mattel Inc., Fed. Sec. L. Rep. (CCH) f 94754 (D.D.C. 1974) – Imposição da SEC para criação de um *audit committee* – nota 2099

Security Trust Co. v. Dabney, 372 S.W.2d 401 (Ky. 1963) – A *business judgment rule* e o critério da boa-fé subjetiva – nota 2936

Shlensky v. Wrigley, 95 Ill.App.2d 173, 237 N.E.2d 776 (Ill.App. 1968) – A *business judgment rule* e a *abstention doctrine*; a *business judgment rule* e o critério da boa-fé subjetiva – notas 2928, 2937

Shumaker v. Johnson, 571 So.2d 991 (Ala., 1990) – Recusa de esclarecimento do júri no sentido de que os médicos não são responsáveis por *"an honest error in judgment"* – nota 2955

Sinclair Oil Corp. v. Levien, 280 A.2d 717 (Del.Supr.1971) – *Duty of loyalty* do acionista controlador; o critério da racionalidade económica: «*rational business purpose test*»; *business judgment rule*, as dúvidas face ao critério da negligência grosseira, o critério da racionalidade económica – notas 2678, 2942, 2949

Smith v. Prattville Mfg. Co., 29 Ala. 503 (1857) – Origem da *business judgment rule* – nota 2909

Smith v. Van Gorkom, 488 A.2d 858 (Del., 1985) – *Duty of care*; deveres de informação; *reliance* na informação prestada pelo CEO; forma da prestação da informação; importância da obtenção de conselho de consultores externos; *business judgment rule* e o critério da negligência grosseira – notas 2807, 2941, 2943

Somer v. Johnson, 704 F.2d 1473 (C.A.Fla., 1983) – Recusa de esclarecimento do júri no sentido de que os médicos não são responsáveis por *"an honest error in judgment"* – nota 2955

Southern Pac. Co. v. Bogert, 250 U.S. 483, 487-488 (1919) – *Duty of loyalty* do acionista controlador – nota 2678

Spirt v. Bechtel, 232 F.2d 241 (2d Cir.1956) – A proteção da *reliance* no sentido consagrado nos *Principles (1994)*... § 4.02.; dever dos administradores de apreciar criticamente a informação recebida – nota 2778

Stephens v. Stinson, 292 F.2d 838 (9th Cir. 1961) – Se a omissão de determinados factos a quem foi pedido conselho ou opinião foi intencional, considera-se que o sujeito estava de má-fé e que, como tal, não é legítima a confiança por si depositada no conselho ou opinião errado – nota 2799

Stern v. GE, 924 F.2d 472 [C.A.2 (N.Y.) 1991] – A *business judgment rule* e o critério da boa-fé subjetiva – nota 2936, 2938

DA ADMINISTRAÇÃO À FISCALIZAÇÃO DAS SOCIEDADES

Stone ex rel. AmSouth Bancorporation v. Ritter, de 2006 (911 A.2d 362, em especial, 370) – Dever de vigilância dos administradores, enquadrado nos *duties of good faith and loyalty*; elementos da *oversight liability* – notas 821, 2038, 3020

Swenson v. Thibaut, 250 S.E.2d 279 (N.C.App., 1978) – A *business judgment rule* e o critério da boa-fé subjetiva – nota 2936

T.S. Kaung v. Cole National Corp., 884 A.2d 500 (Del.Supr., 2005) – A boa-fé como padrão objetivo de conduta – nota 3012

Thorpe v. CERBCO, Inc., 1993 WL 443406 (Del.Ch. 1993) – Liberdade de acionista para exercer os seus direitos de voto no seu próprio interesse, sem atender aos interesses dos demais acionistas – nota 2678

Trustees of Dartmouth College v. Woodward, 17 U.S. (4 Wheat.) 518 (U.S. 1819) – Transição de construção publicista para construção jusprivada das *corporations* – nota 1994

Uccello v. Gold'N Foods, Inc., 90 N.E.2d 530 (Mass. 1950) – *Business judgment rule* e o critério da negligência grosseira – nota 2940

Union v. United Battery Service Co., 35 Ohio App. 68 (Ohio App. 1929) – Não é considerada fiável a pessoa que tenha um interesse pessoal no assunto sobre o qual é chamada a pronunciar-se – nota 2792

United States of America v. Finance Committee to Re-Elect the President, 507 F.2d 1194, 1198 (C.A.D.C. 1974) – Não é considerada fiável a pessoa que tenha um interesse pessoal no assunto sobre o qual é chamada a pronunciar-se – nota 2792

United States v. Carroll Towing Co., 159 F.2d 169 (C.A.2 1947) – nota 2957

United States v. McCormick, 67 F.2d 867, 870 (2d Cir. 1933) – Se a omissão de determinados factos a quem foi pedido conselho ou opinião foi intencional, considera-se que o sujeito estava de má-fé e que, como tal, não é legítima a confiança por si depositada no conselho ou opinião errado – nota 2799

Unocal Corp. v. Mesa Petroleum Co., 493 A.2d 946 (Del., 1985) – *Business judgment rule* e o critério da racionalidade económica – nota 2949

Wall v. Stout, 311 S.E.2d 571 (N.C., 1984) – Recusa de esclarecimento do júri no sentido de que os médicos não são responsáveis por "*an honest error in judgment*" – nota 2955

Warshaw v. Calhoun, 221 A.2d 487 (Del. 1966) – *Business judgment rule* e as dúvidas face ao critério da negligência grosseira – nota 2942

Washington Bancorporation v. Said, 812 F.Supp. 1256 (D.D.C. 1993) – *Business judgment rule* e o critério da negligência grosseira – notas 2938, 2940

Weinberger v. Quinn, 264 A.D. 405, 35 N.Y.S.2d 567 (N.Y. 1942) – Origem da *business judgment rule* – nota 2917

Zahn v. Transamerica Corp., 162 F.2d 36 (3rd Cir.1947) – *Duty of loyalty* do acionista controlador – nota 2678

Zapata Corp. v. Maldonado, de 1981 (430 A.2d 779) – Critérios judiciais para indeferimento de ações sociais *ut universi* (*derivative litigation*) contra administradores e gestores – nota 2074

JURISPRUDÊNCIA BRITÂNICA
(por ordem alfabética)

Automatic Self Cleansing Filter Syndicate Co Ltd v. Cuninghame, [1906] 2 Ch. 34 [1906] 2 Ch. 34 – Distribuição de poderes entre a assembleia geral e os administradores – nota 2200

Aveling Barford Ltd. v. Perion Ltd. [1989] 5 BCC 677 – Negócios entre a sociedade e o seu acionista controlador – nota 1310

Cohen v. Selby, de 2001, [2001] 1 B.C.L.C. 176 – Perspetiva objetivista do *duty of care* – nota 2250

Dorchester Finance Co. Ltd. v. Stebbing, [1989] B.C.L.C. 498 (Ch.) – Todos os administradores são igualmente responsáveis pela atuação da sociedade; perspetiva objetivista do *duty of care* – notas 2232, 2243, 2250, 3025, 3033

Equitable Life Assurance Society v. Bowley, [2003] EWHC 2263 (Comm) – Deveres dos administradores não executivos – nota 2292, 2245

Isle of Wight Railway Co v. Tahourdin, (1884) L.R. 25 Ch. D. 320 – Distribuição de poderes entre a assembleia geral e os administradores – nota 2200

John Shaw & Sons (Salford) Ltd v. Shaw, [1935] 2 K.B. 113 – Distribuição de poderes entre a assembleia geral e os administradores – nota 2200

MacPherson v. European Strategic Bureau Ltd. [2000] BCLC 683 – Negócios entre a sociedade e o seu acionista controlador – nota 1310

Norman v. Theodore Goddard, [1991] BCLC 1028 – Perspetiva objetivista do *duty of care* – notas 2243, 2250, 3025

Quin & Axtens Ltd v. Salmon, [1909] 1 Ch. 311 – Distribuição de poderes entre a assembleia geral e os administradores – nota 2200

Re Barings Plc (No. 5), [2000] 1 B.C.L.C. 523, CA – Influência dos desenvolvimentos sobre governo das sociedades na interpretação das vinculações jurídicas – notas 2229, 2230, 2248, 2577

Re Cardiff Savings Bank, [1892] 2 Ch. 100 – *Duty of care* e confiança nos subordinados – nota 2216, 3025

Re City Equitable Fire Insurance Co Ltd., [1925] Ch. 407 – Responsabilidade do *board* enquanto órgão coletivo; dever de vigilância de cada administrador; deveres dos administradores não executivos; perspetiva subjetivista do *duty of care* – notas 2228, 2229, 2250, 2729, 3025

DA ADMINISTRAÇÃO À FISCALIZAÇÃO DAS SOCIEDADES

Re D'Jan of London Ltd., [1994] 1 B.C.L.C. 561 – Perspetiva objetivista do *duty of care* – nota 2250

Re Halt Garage (1964) Ltd. [1982] 3 All ER 1016 – Negócios entre a sociedade e o seu acionista controlador – nota 1310

Re Westmid Packing Services Ltd (No.2), [1998] B.C.C. 836 – Responsabilidade do *board* enquanto órgão coletivo, dever de vigilância de cada administrador – nota 2229, 2248

Scott v Scott, [1943] 1 All E.R. 582 – Distribuição de poderes entre a assembleia geral e os administradores – nota 2200

ÍNDICE IDEOGRÁFICO

Abschlussprüfer, 280-291, 566, 578, 1112, 1277, 1295, 2004-2006, 2168

Acesso direto a informação (sem intervenção da administração), 398, 654, 663, 669, 703-730, 1938, 1963, 1974, 1990, 2011-2012, 2033, 2356

Acionista controlador, opção terminológica
– *vide* sócio controlador, opção terminológica

Adequação enquanto critério de avaliação, 636, 639-647, 767-770, 794--800, 828, 858, 1030, 1054, 1073, 1077, 1084, 1100, 1433-1439, 1463, 1552, 1717, 1901-1906, 2008, 2046--2057, 2060, 2144, 2178, 2290, 2294, 2335, 2364

Administrador independente, 742, 1547, 1559-1570, 1574-1576, 1596-1601, 1644-1660, 1662, 1665-1667, 1682, 1688, 1699, 1710, 2125

Administrador não-executivo, 1551--1553, 1570-1573, 1641, 1644-1660, 1662, 1665, 1673, 1675-1701, 1710, 1725, 1729, 1730-1752, 2299-2303

Agência, problemas e custos, 44, 45-112, 113-120, 121, 1545, 1597, 1601, 1695

Análise prospetiva, 290, 549, 581-587, 634-638, 1371-1373, 1393, 1452-1455, 2292-2298, 2303, 2366
– *vide* vigilância preventiva

Apatia racional, 88, 807 (nota 1132), 1908 (nota 2678)

Assimetria de informação, 47-49, 53, 85-88, 123, 427, 841

Atos executórios de decisões, 337, 371 (nota 609), 524

Atos preparatórios de decisões, 371 (nota 609), 1851 (nota 2562)

Auditoria interna, 61, 403, 530, 538-539, 599, 784, 828, 1355, 1667, 1679, 1689, 1707, 1721, 1725,
– *vide* sistema de auditoria interna

Autocontratação, 911 (nota 1277)
– *vide* negócios com conflitos de interesses
– *vide* negócios consigo mesmo

Banco de São Jorge, 68 (nota 107)

BCP, 7, 1005

Benefícios especiais, 51-55, 89 (nota 142), 99 (nota 165), 105-106, 107-112, 143 (nota 230), 408 (nota 662), 813, 869-873, 902 (nota 1262), 920, 927-

DA ADMINISTRAÇÃO À FISCALIZAÇÃO DAS SOCIEDADES

-928, 1008, 1104 (nota 1469), 1190 (nota 1604), 2258

Benefícios privados, 51 (nota 82)
– *vide* benefícios especiais

Bons costumes, 175, 877, 923-926

BPN, 7, 413, 461, 463, 521, 652, 668, 687, 1005

BPP, 7

Business judgment rule, 30, 40, 194, 344, 401, 497, 1365, 1567, 1931, 1948, 2080, 2081-2303, 2307, 2371, 2374-2375

Collective action problem, 87, 807 (nota 1132)

Comissão de auditoria, 61, 140, 145, 146, 154, 567, 589, 739, 1286, 1519, 1547, 1553, 1566-1567, 1571-1595, 1596, 1661-1701, 1703, 1706-1729, 1730--1752, 1753-1762, 1992, 2056, 2325, 2333, 2334, 2335
– *vide* administrador não-executivo

Comissão executiva, 327, 329, 342, 351, 360, 361, 368, 382, 384, 390, 398, 419, 460, 508, 526, 657, 753, 764, 876, 934, 1359, 1732, 1734, 1737, 1738, 1741, 1742, 1747, 1757, 1760
– *vide* delegação da gestão corrente da sociedade (art. 407.º/3-8)

Commenda, 65, 67, 1603

Compagnia, 66, 67, 229 (nota 395)

Compagnia di Nostra Signora della Libertà, 229 (nota 395)

Compagnia Genovese delle Indie Orientali, 229 (nota 395)

Compagnia Marittima di S. Giorgio, 229 (nota 395)

Competências inalienáveis do conselho de administração, 323 (nota 535), 325 (nota 541), 342 (nota 577), 370-

-378, 412, 1829 (nota 2531)

Competências mínimas do conselho de administração
– *vide* competências inalienáveis do conselho de administração

Comply or explain, 540, 751 (nota 1070), 856 (1193), 1280, 1670, 1676 (nota 2295), 1685

Comunicação de irregularidades (*whistleblowing*), 572, 600, 731-762, 1064-1075, 1097 (nota 1465) 1590, 1668

Concessão
– *vide* sistema de concessão

Conflitos de interesses, 45-112, 121-143, 144 (nota 232), 166 (nota 285), 234 (nota 407), 272, 334 (nota 565), 408 (nota 662), 417, 521, 523 (iv), 807 (1132), 814-815, 869-940, 1009, 1152, 1237, 1238, 1289, 1372, 1400 (nota 1886), 1499-1515, 1567 (iii), 1653 (nota 2248), 1660 (nota 2256), 1677--1678, 1681-1684, 1746 (nota 2405) 1762, 1787 (nota 2474), 1914-1915, 1948, 1971, 2008, 2023 (nota 2851), 2087 (nota 2917), 2096 (nota 2934), 2098 (nota 2938), 2109 (nota 2959), 2112 (nota 2965), 2122 (nota 2989), 2130 (nota 3012), 2136, 2156 (nota 3065), 2164 (nota 3080), 2165 (nota 3088), 2172, 2176, 2187, 2198, 2211, 2256-2259, 2301
– *vide* agência, problemas e custos
– *vide* conselho de administração, dever dos administradores de informação sobre conflitos de interesses
– *vide* dever de lealdade
– *vide* negócios com conflitos de interesses

ÍNDICE IDEOGRÁFICO

Conselho de administração
- competência mínima do plenário, 328 (nota 550) 333, 369-378, 412, 523 (nota 813), 1360, 1378
- dever de organização (interna e externa), 383, 525-540
- dever dos administradores
  - de informação sobre conflitos de interesses, 398 (nota 646), 876, 889-893
  - de oposição, 488-498
  - de provocar a intervenção do conselho de administração, 393-394, 478 (nota 744), 479, 482-484, 488 (nota 759), 496-498
  - de votar em sentido contrário ao prejudicial para a sociedade, 394, 479, 485-487, 496-498
- funções originárias do conselho
  - *vide* conselho de administração, competência mínima do plenário
- poder do conselho e dos administradores
  - de avaliação, 465-472
  - de obtenção de informações e de inspeção, 397-464
  - de reação, 473-498
- presidente, 398 (nota 646), 483 (nota 751), 572, 611, 745, 819, 891 (nota 1245), 921 (nota 1288), 1641 (nota 2221), 1644 (nota 2233)
- *vide* comissão de auditoria
- *vide* comissão executiva
- *vide* delegação da gestão corrente da sociedade (art. 407.º/3-8)
- *vide* delegação de poderes de gestão e de representação
- *vide* encargo especial (art. 407.º/1 e 2)

Conselho de administração executivo, 381 (nota 622), 1346, 1358-1366, 1369-1370, 1382-1387, 1397-1398, 1401, 1405-1410, 1417, 1419, 1432-1439, 1440-1455, 1463, 1471, 1480, 1484, 1490-1496, 1499-1515, 2257 (nota 3254), 2293 (nota 3290), 2334

Conselho fiscal
- advento
  - *vide* Lei das sociedades anonymas
- composição, 546-547, 595-598
- dever de controlo da legalidade das deliberações dos acionistas, 852-854
- dever de organização interna, 839-848
- dever de promoção da composição adequada do conselho fiscal, 848, 861-865
- dever dos membros do conselho fiscal
  - de confidencialidade, 866-868
  - de obtenção de conhecimentos técnicos adequados, 860-865
  - de provocar a intervenção deste e de votar em sentido contrário ao prejudicial para a sociedade, 826
- poder-dever de obtenção de informações através da comunicações de irregularidades (*whistleblowing*), 600, 731-762
  - *vide* comunicação de irregularidades
- presidente, 579, 610-613

Conselho geral e de supervisão
- composição, 1318, 1339
- organização interna, 1323
- presidente, 1323, 1400-1401

DA ADMINISTRAÇÃO À FISCALIZAÇÃO DAS SOCIEDADES

Contratos com acionistas controladores
– *vide* negócios com acionistas controladores
– *vide* negócios com conflitos de interesses
Contratos com administrador único
– *vide* negócios com administrador único
– *vide* negócios com conflitos de interesses
Contratos com administradores
– *vide* negócios com administradores
– *vide* negócios com conflitos de interesses
Contratos com conflitos de interesses
– *vide* negócios com conflitos de interesses
Contratos com dupla representação
– *vide* negócios com conflitos de interesses
– *vide* negócios com dupla representação
Contratos com gerentes
– *vide* negócios com conflitos de interesses
– *vide* negócios com gerentes
Contratos com membros do conselho fiscal
– *vide* negócios com conflitos de interesses
– *vide* negócios com membros do conselho fiscal
Contratos com membros do conselho geral e de supervisão
– *vide* negócios com conflitos de interesses
– *vide* negócios com membros do conselho geral e de supervisão

Contratos consigo mesmo
– *vide* negócios com conflitos de interesses
Controlo de mérito
– *vide* vigilância de mérito
Controlo interno
– *vide* sistema de controlo interno
Convocação da assembleia geral, 187 (nota 330), 202, 225, 234 (nota 407), 245 (nota 437), 311, 316 (nota 524), 348 (nota 586), 548 (nota 840), 588 (nota 869), 605 (nota 892), 745, 807, 900, 1190, 1444, 1496
Corporate governance, movimento, 42-44
Critérios de avaliação
– adequação, 794-800
– economicidade, 791-793
– licitude, 772-775
– pela comissão de auditoria (remissão), 1753-1754
– pelo conselho de administração e seus membros, 470 (nota 732)
– pelo conselho de administração executivo e seus membros (remissão), 1358
– pelo conselho fiscal e seus membros, 772-800
– pelo conselho geral e de supervisão (remissão), 1433-1439
– pelo revisor oficial de contas, 1048--1060
– regularidade, 776-790

Delegação da gestão corrente da sociedade (art. 407.º/3-8), 379-388
Delegação de poderes de gestão e de representação, 213, 328 (nota 550),

ÍNDICE IDEOGRÁFICO

329, 333 (incluindo nota 560), 347--388

Deontologia societária, 923-926

Dever de criação de sistemas de informação, 402-406, 459, 525, 529-540

Dever de lealdade, 325 (nota 538), 401 (nota 653), 416 (nota 677), 423, 428 (nota 688), 464, 723 (nota 1048), 749, 815, 866, 868 (nota 1202), 890--893, 898, 907, 911 (nota 1276), 1254 (nota 1714), 1509 (nota 1977), 1600 (nota 2131), 1643, 1653 (nota 2248), 1806, 1853 (nota 2569), 1877 (nota 2619), 1888-1893, 1907-1917, 1931 (nota 2737), 1935 (nota 2749), 2898 (nota 2073), 2122 (nota 2983), 2127, 2131, 2136 (nota 3023), 2149, 2156 (3066), 2165 (nota 3086), 2186 (nota 3138), 2196 (nota 3168), 2211, 2229, 2239 (nota 3232), 2256, 2259, 2288, 2350
– *vide* princípio da leal cooperação endoconsiliar e interorgânica

Dever dos administradores de prestação de informação sobre conflitos de interesses (art. 410.º/6), 398 (nota 646), 889, 891-893

Deveres de cuidado, em especial 1926--1937, mas também 325 (nota 538), 344, 401, 424, 1365, 1806 (nota 2494), 1834 (nota 2534), 1853 (nota 2569), 2122 (nota 2983), 2131, 2201, 2208 (nota 3185), 2211, 2229, 2237, 2248, 2262, 2353

Direito de oposição (art. 72.º/4)
– *vide* conselho de administração, dever dos administradores, de oposição

Discricionariedade, em especial 2032--2318, mas também 10, 31, 45, 328

(nota 550), 349 (nota 587), 371 (nota 609), 392, 399 (nota 650), 405, 411, 464 (nota 720), 641, 654, 656, 711, 729, 773, 789 (nota 1108), 796, 822 (nota 1145), 940 (nota 1320), 1282 (nota 1745), 1361 (nota 1846), 1406, 1413, 1456-1461, 1463 (nota 1937), 1465 (nota 1939), 1469 (nota 1944), 1543 (2034), 2104 (1578), 1582, 1718 (nota 2374), 1740, 1851 (nota 2561), 1853 (nota 2569), 1864 (nota 2594), 1893 (nota 2650), 1900 (nota 2663), 1901 (nota 2665), 1925 (nota 2721), 1950, 1980 (nota 2809), 2012, 2023 (nota 2851)

Dispersão acionista, 49 (nota 78), 51, 57, 64-82, 83-89, 92, 97-104, 107-112
– *vide* separação entre propriedade e controlo

Distribuição de pelouros
– *vide* encargo especial (art. 407.º/1 e 2)

Distribuição oculta de bens a sócios, 921 (nota 1288), 927

Dupla representação
– *vide* negócios com dupla representação

East India Company, 69-73, 1605, 1608

Eficácia enquanto critério de avaliação
– *vide* critérios de avaliação, economicidade

Eficiência enquanto critério de avaliação
– *vide* critérios de avaliação, economicidade

Empresa em si (*Unternehmen an sich*), 1225-1234

Encargo especial (art. 407.º/1 e 2), 329, 347-378, 381, 384, 439, 1362,

DA ADMINISTRAÇÃO À FISCALIZAÇÃO DAS SOCIEDADES

Enron, 7 (nota 13), 277 (nota 493), 279, 413, 449, 461-462, 521, 620 (nota 912), 652, 687, 734 (nota 1052), 735, 837, 1005, 1008, 1012, 1038 (nota 1408), 1561, 1567, 1588, 1667-1668, 2119, 2121, 2126

Enterprise risk management, 531, 5180 (2108)

Entidades de interesse público, 589, 594, 596, 608 (nota 897), 614, 1071 (nota 1443), 1102 (nota 1467), 1670, 1687, 1698-1699, 1708

Execução de deliberações
– *vide* atos executórios de decisões

Fiscal único, 145 (notas 235 e 237), 146, 243, 246, 303, 321, 398 (nota 648), 495, 542, 544, 547, 564, 568, 571, 573, 574, 577 (nota 860), 588 (nota 869), 590, 592, 598, 631, 630 (nota 933), 649, 663, 711, 888 (nota 1240), 899, 948, 956, 985 (nota 1353), 1056, 1800, 1952 (nota 2774)

Führerprinzip, 1254 (nota 1714), 1256--1258, 1268-1269, 1272-1274, 1384, 2143

Gatekeepers, 3, 279 (nota 495), 458, 701, 1007-1009, 2023 (nota 2851)

Gesetz über die Eisenbahn-Unternehmungen, Eisenbahngesetz de 1838 (EBG), 1133-1140, 1153

Gestão de riscos, 38, 145 (nota 241), 403, 442, 525, 528 (nota 818), 529--534, 540-541, 599, 632 (nota 923), 637, 828, 1355, 1367 (nota 1854), 1694 (nota 2318), 1707, 1935 (nota 2749)
– *vide* sistema de gestão de riscos

Grupos de sociedades
– controlo interempresarial, 408 (nota 662)
– direção económica unitária, 408 (incluindo nota 662)
– função privilegiadora da lealdade, 464 (nota 720)
– função protetora da lealdade, 464 (nota 720)
– grupo *de facto*, conceito, 408 (nota 662)
– grupo *de iure*, conceito, 408 (nota 662)
– instruções desvantajosas da sociedade-mãe, 416, 428 (nota 688), 464, 685
– interesse do grupo, 408 (nota 662), 410 (nota 669), 428 (nota 688), 1907, 1916 (nota 2701)

Handelsgesetzbuch de 1897 (HGB), 1116, 1212-1224
– os projetos de reforma de 1930 e 1931 e a imperatividade da fiscalização contabilística por um *unabhängige Bilanzprüfer*, 1235-1252

Informações de terceiros
– *vide* poder-dever de obtenção de informações junto de terceiros
Informações de trabalhadores e colaboradores
– *vide* poder-dever de obtenção de informações junto de trabalhadores e colaboradores
Informações periódicas
– *vide* prestação periódica de informações

Insider-Modell, 1278-1280

Interesse da sociedade, 29, 53, 325 (nota 538), 341 (nota 574), 401 (nota 653), 408 (nota 662), 409, 428 (nota 688), 464 (nota 720), 473, 470, 508-509, 745, 811, 813, 891-894, 1101-1104, 1165, 1190, 1194, 1238, 1312, 1372 (nota 1860), 1439 (nota 1915), 1565 (nota 2074), 1669 (nota 2279), 1845, 1853, 1869-1925, 1938, 1940, 1956, 2023 (nota 2851), 2032, 2040, 2069, 2073 (nota 2898), 2136 (nota 3023), 2151 (nota 3055), 2164 (nota 3080), 2185, 2190, 2205, 2214, 2256 (nota 3251), 2304 (nota 3304), 2345, 2349

Interesse público, enquanto fundamento de imposição normativa de órgãos com funções de fiscalização, 127-143, 169, 199-200, 271, 279, 302

Interesse social
– *vide* interesse da sociedade

Interposta pessoa, 870, 881, 899, 901, 1503 (nota 1970)

Irregularidade, conceito de que partimos, 473 (nota 736)

Juízos valorativos, 467 (nota 725), 470 (nota 729)

Legalidade enquanto critério de avaliação
– *vide* critérios de avaliação, licitude

Lei das sociedades anonymas, 139, 188-206, 211-212, 221, 806 (nota 1131), 2183

Licitude enquanto critério de avaliação
– *vide* critérios de avaliação, licitude

Maone, 68

Modelos de governo das sociedades anónimas, 14-16, 144-156
– crítica à multiplicação de modelos e ao seu afastamento face aos sistemas de origem, 1337-1357, 1702--1729
– designações (opções terminológicas),
– disponíveis no sistema português, 144-156
– e liberdade contratual, 147-149
– e modelo-base, 156
– noção, 144

Montes, 68

Negócios com acionistas controladores, 105 (nota 173), 223 (nota 389), 523 (nota 814), 617, 888 (nota 1239), 920--940, 1677, 1908 (nota 2678)
– *vide* negócios com conflitos de interesses

Negócios com administrador único, 889 (nota 1242)
– *vide* negócios com conflitos de interesses

Negócios com administradores, 869--918, 1499-1515, 1762
– *vide* negócios com conflitos de interesses

Negócios com conflitos de interesses, 869-940, 1499-1515, 1762

Negócios com dupla representação, 882-885, 903, 904-912
– *vide* negócios com administradores
– *vide* negócios com conflitos de interesses

Negócios com gerentes, 911 (nota 1277)
- *vide* negócios com conflitos de interesses
Negócios com membros do conselho fiscal, 919
Negócios com membros do conselho geral e de supervisão, 1511-1515
Negócios com partes relacionadas
- *vide* negócios com conflitos de interesses
Negócios em caso de comunhão de administradores (sem dupla representação), 903, 913-918
- *vide* negócios com administradores
- *vide* negócios com conflitos de interesses
Nexo de contratos, 46, 47 (nota 72), 2094 (nota 2928)
- *vide* agência, problemas e custos

Obrigação de administração
- a iniciativa como elemento caracterizador da obrigação de administração, 325-326
- caracterização, 322-329
- inclusão da obrigação de vigilância, 328-346
Obrigação de "fiscalizar a administração da sociedade" [arts. 420.º/1, *a*) e 423.º-F/1, *a*)], 202, 225, 245 (nota 437), 548, 631-649, 769, 1810, 1901
Obrigação de "fiscalizar as atividades do conselho de administração executivo" [art. 441.º/1, *d*)], 1374-1387, 1417, 1438
Obrigação de vigilância, construção unitária
- como obrigação de meios, 1832--1851

- como obrigação indeterminada e a sua determinação no caso concreto, 1852-1925
- estrutura: poderes-deveres de informação e inspeção, dever de avaliação e poderes-deveres de reação, 1938-1957
- fundamento normativo nas normas de competência, 1810-1831
- variável intensidade no confronto com o princípio jus-societário da confiança dos órgãos sociais na informação recebida, 1958-2031
Órgão social, delimitação do conceito, 1763-1809
Outorga
- *vide* sistema de outorga

Parmalat, 5, 7 (nota 13), 413, 449, 461, 521, 687, 837, 1005, 1008, 1012, 1034
Passividade acionista, 87-89
Peritos coadjuvantes [arts. 420.º/1, *l*), 423.º-F/1, *p*), 441.º/1, *p*)], 599, 601, 1494
Poder-dever de obtenção de informações através da comunicações de irregularidades (*whistleblowing*)
- *vide* conselho fiscal, poder-dever de obtenção de informações através da comunicações de irregularidades (*whistleblowing*)
- *vide* comunicação de irregularidades (*whistleblowing*)
Poder-dever de obtenção de informações junto da administração
Poder-dever de obtenção de informações junto de terceiros, 398-399, 550 (nota 842), 668, 720, 1020, 1938, 1960

ÍNDICE IDEOGRÁFICO

Poder-dever de obtenção de informações junto de trabalhadores e colaboradores, 398-399, 654, 663, 669, 703-730, 1938, 1963, 1974, 1990, 2011-2012, 2033, 2356
- *vide* acesso direto a informação (sem intervenção da administração)

Preparação de deliberações
- *vide* atos preparatórios de decisões

Presidente da mesa da assembleia geral, 250, 315-316, 555, 605-606, 655 (nota 958), 807, 971, 1444, 1496

Presidente do conselho de administração
- *vide* conselho de administração, presidente

Presidente do conselho fiscal
- *vide* conselho fiscal, presidente

Presidente do conselho geral e de supervisão,
- *vide* conselho geral e de supervisão, presidente

Prestação periódica de informações, 667, 833-836

Princípio da confiança dos órgãos sociais na informação recebida, em especial 1958-2031, mas também 520 (nota 799)

Princípio da direção global (*Prinzip der Gesamtleitung*), 342 (nota 577), 371, 379, 382, 402 (nota 654), 412, 1284, 1362

Princípio da leal cooperação endoconsiliar e interorgânica, 423, 504-507, 520, 710, 821, 827, 836, 1070, 1476, 1959, 1989 (nota 2818), 2001, 2014, 2054

Princípio da responsabilidade global
- *vide* princípio da direção global

Princípio de dissociação de funções (*Trennungsprinzip*), 342 (nota 576), 650, 658, 764, 802, 1310, 1384, 1388, 1409, 1432, 1441, 2323

Racionalidade empresarial, em especial, 2260-2273, mas também 639 (nota 933), 1806 (2494), 1933, 2198, 2207, 2222, 2246, 2251, 2283, 2296, 2301, 2311
- *vide business judgment rule*

Reforma do Código das Sociedades Comerciais de 2006, em especial 588--614, mas também 149, 325 (nota 538), 344 (nota 582), 575, 587 (nota 867)
- *vide* modelos de governo das sociedades anónimas, crítica à multiplicação de modelos e ao seu afastamento face aos sistemas de origem

Regulação pública
- e efeito contraproducente de redução do cuidado dos investidores, 141-143, 1171-1176
- *vide* sistema de concessão
- *vide* sistema de outorga
- *vide* sistema normativo

Reliance
- *vide* princípio da confiança dos órgãos sociais na informação recebida

Revisor oficial de contas
- articulação com o conselho fiscal na fiscalização contabilística, 943-954, 994
- articulação com o conselho geral e de supervisão, 1325-1334, 1516-1517
- auto-regulação (e *peer review*), 275--277, 279, 307, 312, 962-979, 1587 (nota 2114)

973

DA ADMINISTRAÇÃO À FISCALIZAÇÃO DAS SOCIEDADES

- como órgão social, 246, 308-320, 948-954, 1332, 1494
- critérios de avaliação
  - inerentes ao dever de colaboração com o conselho fiscal, 1054
  - inerentes ao dever de comunicação de graves dificuldades na prossecução do objeto da sociedade (art. 420.º-A), 1092-1093 e também 572-578, 1335
  - próprios da fiscalização contabilística, em especial 1048-1060, mas também 286, 298 (nota 511), 675 (nota 984)
- designação, 314-316, 318, 602-609, 617 (nota 906), 955-959, 971, 997, 1328,
- dever de colaboração com o conselho fiscal, 994, 1064-1090, 2060, 2365
- dever de comunicação de graves dificuldades na prossecução do objeto da sociedade (art. 420.º-A), 1091-1102, mas também 572-575, 600, 744-745, 817, 826 (notas 1151 e 1152), 950 (nota 1331), 983-985, 1023, 1055, 1335, 2061
- dever de confidencialidade, 447, 805, 1103, 1109-1111
- dever de independência, 1103-1105, mas também 145 (nota 241), 247, 301, 304-305, 308, 318-319, 553, 568 (nota 851), 578, 602, 604-606, 828, 946, 976, 979, 986-989, 996--997, 998-999, 1355
- dever de vigilância (art. 420.º-A)
  - *vide* revisor oficial de contas, dever de comunicação de graves dificuldades na prossecução do objeto da sociedade (art. 420.º-A)

- deveres de ponderação de competências técnicas antes da aceitação do cargo e de atualização das mesmas, 1107-1108
- discricionariedade, 2058-2061
- dupla função de controlo (interna e externa), 1000-1002
- enquanto auxiliar do conselho fiscal, 604, 950, 996
  - *vide* revisor oficial de contas, dever de colaboração com o conselho fiscal
- *expectations gap*, 279 (nota 496), 290, 623 (nota 919), 1010, 1051 (nota 1419), 1186 (nota 1597)

Sarbanes Oxley Act, 4, 279, 738-740, 856 (nota 1193), 1011, 1529 (nota 2004), 1566, 1575 (nota 2096), 1580 (nota 2106), 1588-1591, 2122 (nota 2983)

Separação entre propriedade e controlo, 64-82

Sistema de auditoria interna, 61, 145 (nota 241), 538-539, 599, 632, 1355, 1367 (nota 1854)
  - *vide* dever de criação de sistemas de informação

Sistema de concessão, 133, 157-179, 180--187, 188, 190, 207, 551 (nota 843), 768, 1129, 1141-1155, 1156-1176, 1177--1201, 1215, 1221

Sistema de controlo interno, 145 (nota 241), 403 (nota 655), 535-537, 538, 599, 632 (nota 923), 787, 1065 (nota 1434), 1355, 1367 (nota 1854), 1717
  - *vide* dever de criação de sistemas de informação

Sistema de gestão de riscos, 38, 145 (nota 241), 532-534, 599, 632 (nota 923), 1355, 1367 (nota 1854)

- *vide* dever de criação de sistemas de informação

Sistema normativo, 133, 134, 188-206, 210, 551 (nota 843), 768, 1177-1201, 1202, 1524

Sistema de outorga, 133, 171, 183, 207, 1129, 1135, 1141, 1521, 1524

Sistemas de informação, 402, 525, 529-531, 540, 541, 774, 784, 1546 (nota 2038), 1935 (nota 2749), 2001 (nota 2830), 2003 (nota 2834), 2134
- *vide* dever de criação de sistemas de informação

Sócio controlador, opção terminológica, 92 (nota 146)

Teoria dos "conselhos amigáveis", 113-120

Transplante legislativo, 28, 1704, 1726, 2260 (nota 3259)

Tunneling, 105 (nota 173)

Variável intensidade da obrigação de vigilância, 499-524, 827-837, 1476, 1855, 1958-2031, 2343

Vereenigde Oostindische Compagnie (VOC), 69-73, 229

Vigilância analítica (específica) v. vigilância sintética (geral), 396, 499-519, mas também 365 (nota 605), 383 (nota 625), 389-396, 1733
- *vide* variável intensidade da obrigação de vigilância

Vigilância de mérito, 287, 639-647, 873 (nota 1207), 1901-1903, 1948, 2046-2057
- *vide* critérios de avaliação

Vigilância específica (analítica)
- *vide* vigilância analítica (específica) v. vigilância sintética (geral)

Vigilância geral (sintética)
- *vide* vigilância analítica (específica) v. vigilância sintética (geral)

Vigilância preventiva (prospetiva) *v.* vigilância repressiva, 116, 119, 190, 387, 504-507, 520, 634-638, 827, 836, 898, 1372, 1373, 1393, 1447-1449, 1463, 1476, 1959, 1989 (nota 2818), 2001, 2014, 2167 (nota 3096), 2291-2297, 2303

Vigilância prospetiva
- *vide* vigilância preventiva (prospetiva) *v.* vigilância repressiva

Vigilância repressiva (retrospetiva)
- *vide* vigilância preventiva (prospetiva) *v.* vigilância repressiva

Vigilância retrospetiva
- *vide* vigilância preventiva (prospetiva) *v.* vigilância repressiva

Vigilância sintética (geral)
- *vide* variável intensidade da obrigação de vigilância
- *vide* vigilância analítica (específica) *v.* vigilância sintética (geral)

Whistleblowing
- *vide* comunicação de irregularidade

ÍNDICE BIBLIOGRÁFICO

ABBADESSA, PIETRO – *La gestione dell'impresa nella società per azioni: profili organizzativi*, Milano: Giuffrè, 1975

ABELTSHAUSER, THOMAS E. – *Leitungshaftung im Kapitalgesellschaftsrecht – Zu den Sorgfalts- und Loyalitätspflichten von Unternehmensleitern im deutschen und im US-amerikanischen Kapitalgesellschaftsrecht*, Köln, Berlin, Bonn, München: Heymann, 1998

ABREU, JORGE COUTINHO DE – *Curso de direito comercial*, 2, 4.ª ed., Coimbra: Almedina, 2013

ABREU, JORGE COUTINHO DE – *Da empresarialidade*, Coimbra: Almedina, 1999

ABREU, JORGE COUTINHO DE – "Deveres de cuidado e de lealdade dos administradores e interesse social", in ABREU, J. M. COUTINHO DE et al. – *Reformas do Código das Sociedades*, Coimbra: Almedina, 2007

ABREU, JORGE COUTINHO DE – *Do abuso de direito: ensaio de um critério em direito civil e nas deliberações sociais*, Coimbra: Almedina, 1983

ABREU, JORGE COUTINHO DE – *Governação das sociedades comerciais*, 2.ª ed., Coimbra: Almedina, 2010

ABREU, JORGE COUTINHO DE – Negócios entre sociedades e partes relacionadas (administradores, sócios), *Direito das Sociedades em Revista*, 5:9, 2012

ABREU, JORGE COUTINHO DE – *Responsabilidade civil dos administradores de sociedades*, 2.ª ed., Coimbra: Almedina, 2010

ABREU, JORGE COUTINHO DE e ELISABETE GOMES RAMOS, in ABREU, JORGE M. COUTINHO DE (ed.) – *Código das Sociedades Comerciais em comentário*, 1, Coimbra: Almedina, 2010

ABREU, JORGE M. COUTINHO DE – *Definição de empresa pública*, Suplemento ao Boletim da Faculdade de Direito da Universidade de Coimbra, vol. 24, Coimbra: Coimbra Editora, 1990

ADAMS, RENÉE B. e DANIEL FERREIRA – A theory of friendly boards, *The Journal of Finance*, 62:1, 2007

ALARCÃO, RUI DE – *Breve motivação do anteprojecto sobre o negócio jurídico na parte relativa ao erro, dolo, coacção, representação, condição e objecto negocial*, Separata do Boletim do Ministério da Justiça, nº 138, Lisboa: [s.n.], 1964

ALBUQUERQUE, PEDRO DE – *Da prestação de garantias por sociedades comerciais a dívidas de outras entidades*, Revista da Ordem dos Advogados, 57:1, 1997

ALBUQUERQUE, PEDRO DE – *Direito de preferência dos sócios em aumentos de capital nas sociedades anónimas e por quotas (Comentário ao Código das Sociedades Comerciais)*, Coimbra: Almedina, 1993

ALBUQUERQUE, PEDRO DE – *A representação voluntária em direito civil: Ensaio de reconstrução dogmática*, Coimbra: Almedina, 2006

ALBUQUERQUE, PEDRO DE – A vinculação das sociedades comerciais por garantia de dívidas de terceiros, *Revista da Ordem dos Advogados*, 55:3, 1995

ALBUQUERQUE, PEDRO DE – *Responsabilidade processual por litigância de má fé, abuso de direito e responsabilidade civil em virtude de actos praticados no processo*, Coimbra: Almedina, 2006

ALBUQUERQUE, RITA – A vinculação das sociedades comerciais e a limitação dos poderes de representação dos administradores, *O Direito*, 139:1, 2007

ALCHIAN, ARMEN A. e HAROLD DEMETZ – Production, information costs, and economic organization, *American Economic Review*, 62:5, 1972

ALLEGRI, VINCENZO – "Brevi appunti in tema di tutela degli azionisti esterni nei gruppi di società", in BALZARINI, PAOLA, GIUSEPPE CARCANO e GUIDO MUCCIARELLI (eds.) – *I Gruppi di Società: Atti del Convegno Internazionale di Studi*, 1, Milano: Giuffrè, 1996

ALLEN, WILLIAM T. – Our schizophrenic conception of the business corporation, *Cardozo Law Review*, 14, 1992

ALLEN, WILLIAM T., JACK B. JACOBS e JR. LEO E. STRINE – The great takeover debate: A meditation on bridging the conceptual divide, *University of Chicago Law Review*, 69, 2002

ALLEN, WILLIAM T., JACK B. JACOBS e JR. LEO E. STRINE – Realigning the standard of review of director due care with Delaware public policy: a critique of Van Gorkom and its progeny as a standard of review problem, *Northwestern University Law Review*, 96, 2002

ALLEN, WILLIAM T. e REINIER KRAAKMAN – *Commentaries and Cases on the Law of Business Organizations*, New York: Aspen Publishers, 2003

ALMEIDA, ANTÓNIO PEREIRA DE – *Sociedades comerciais*, 4.ª ed., Coimbra: Coimbra Editora, 2006

ALMEIDA, ANTÓNIO PEREIRA DE – *Sociedades comerciais, valores mobiliários e mercados*, 6.ª ed., Coimbra: Coimbra Editora, 2011

ÍNDICE BIBLIOGRÁFICO

ALMEIDA, CARLOS FERREIRA DE – *Contratos II: Conteúdo. Contratos de troca*, Coimbra: Almedina, 2007

ALMEIDA, CARLOS FERREIRA DE – *Texto e enunciado na teoria do negócio jurídico*, 1, Coimbra: Almedina, 1992

AMBROSINI, STEFANO – L'amministrazione e i controlli nella società per azioni, *Giurisprudenza Commerciale*, 1, 2003

AMERICAN BAR ASSOCIATION, COMMITTEE ON CORPORATE LAWS – Corporate Director's Guidebook, *Business Lawyer*, 33, 1978

AMERICAN BAR ASSOCIATION, COMMITTEE ON CORPORATE LAWS – *Model Business Corporation Act annotated: Official text with official comments and statutory cross-references*, 2005

AMERICAN BAR ASSOCIATION, COMMITTEE ON CORPORATE LAWS – The overview committees of the board of directors, *Business Lawyer*, 34, 1979

AMERICAN BAR ASSOCIATION, SECTION OF CORPORATION, BANKING AND BUSINESS LAW – The Role and Composition of the Board of Directors of the Large Publicly Owned Corporation – Statementof the Business Roundtable, *Business Lawyer*, 33, 1978

AMERICAN INSTITUTE OF CERTIFIED PUBLIC ACCOUNTANTS – Executive Committee Statements on Audit Committees of Boards of Directors, *Journal of Accountancy*, 124:1, 1967

AMERICAN LAW INSTITUTE – *Principles of corporate governance: Analysis and recommendations*, St. Paul: American Law Institute Publishers, 1994

AMERICAN LAW INSTITUTE – *Principles of corporate governance: Analysis and recommendations, Draft 2*, St. Paul: American Law Institute Publishers, 1984

AMERICAN LAW INSTITUTE – *Principles of corporate governance: Restatement and recommendations, Draft 1*, St. Paul: American Law Institute Publishers, 1982

ANABTAWI, IMAN e LYNN STOUT – Fiduciary duties for activist shareholders, *Stanford Law Review*, 60, 2008

ANDRADE, JOSÉ CARLOS VIEIRA DE – *Sumários de direito administrativo* (2.º Ano, 1.ª Turma), policopiado, ano letivo de 2005/2006

ANDRADE, MANUEL A. DOMINGUES DE – *Teoria geral da relação jurídica*, 1, reimp., Coimbra: Almedina, 1992

ANDRADE, MANUEL A. DOMINGUES DE – *Teoria geral das obrigações*, com a colaboração de Rui Alarcão, 3.ª ed., Coimbra: Almedina, 1966

ANDRADE, MANUEL DA COSTA, in DIAS, JORGE DE FIGUEIREDO (ed.) – *Comentário Conimbricense do Código Penal*, Coimbra: Coimbra Editora, 1999

ANDRADE, MANUEL DOMINGUES DE – *Ensaio sobre a teoria da interpretação das leis*, 4.ª ed., Coimbra: Arménio Amado, 1987

ANDRADE, MANUEL DOMINGUES DE – *Teoria geral da relação jurídica*, por António Ferrer Correia e Rui de Alarcão, 1, 2.ª ed., 3.ª reimp., Coimbra: Almedina, 1972

979

ANDRADE, MANUEL DOMINGUES DE – *Teoria geral da relação jurídica*, 2, 2.ª ed., 9.ª reimp., Coimbra: Almedina, 2003

ANDREWS, KENNETH R. – Rigid rules will not make good boards, *Harvard Business Review*, 60:6, 1982

ANTUNES, JOSÉ ENGRÁCIA – *An economic analysis of Portuguese corporation law: System and current developments*, 2004, disponível em www.uni-bocconi.it/dirittocommerciale

ANTUNES, JOSÉ ENGRÁCIA – *A fiscalização das sociedades comerciais: Estudo preparatório de reforma legislativa, inédito*, 1997

ANTUNES, JOSÉ ENGRÁCIA – *Os direitos dos sócios da sociedade-mãe na formação e direcção dos grupos societários*, Porto: Universidade Católica Portuguesa Editora, 1994

ANTUNES, JOSÉ ENGRÁCIA – *Os grupos de sociedades: Estrutura e organização jurídica da empresa plurissocietária*, 2.ª ed., Coimbra: Almedina, 2002

ANTUNES, JOSÉ ENGRÁCIA – *A supervisão consolidada dos grupos financeiros*, Porto: Publicações Universidade Católica, 2000

ANTUNES, JOSÉ ENGRÁCIA, et al. – *Report of the reflection group on the future of EU company law*, 2011

ARANGIO-RUIZ, GAETANO – *Gli enti soggetti dell' ordinamento internazionale*, 1:2 – Il concetto di persona giuridica e la nozione degli enti soggetti, Milano: Giuffrè, 1951

ARAÚJO, FERNANDO – *Introdução à economia*, 3.ª ed., Coimbra: Almedina, 2005

ARAÚJO, FERNANDO – *Teoria económica do contrato*, Coimbra: Almedina, 2007

ARMOUR, JOHN – "Codification and UK company law", in COMMERCE, ASSOCIATION DU BICENTENAIRE DU CODE DE (ed.) – *Bicentenaire du Code de Commerce 1807-2007: Les Actes des Colloques*, Paris: Dalloz, 2008

ARMOUR, JOHN e JEFFREY N. GORDON – *The Berle-Means corporation in the 21st Century*, University of Oxford, Columbia Law School, inédito, 2008

ARMOUR, JOHN, HENRY HANSMANN e REINIER KRAAKMAN – "Agency problems and legal strategies", in *The Anatomy of Corporate Law: A Comparative and Functional Approach*, 2.ª ed., Oxford, New York: Oxford University Press, 2009

ARMOUR, JOHN, HENRY HANSMANN e REINIER KRAAKMAN – "What is corporate law?", in *The anatomy of corporate law: A comparative and functional approach*, 2.ª ed., Oxford, New York: Oxford University Press, 2009

ARRUÑADA, BENITO e CÁNDIDO PAZ-ARES – Mandatory rotation of company auditors: A critical examination, *International Review of Law and Economics*, 17:1, 1997

ARSHT, S. SAMUEL – The business judgment rule revisited, *Hofstra Law Review*, 8, 1979

ASCARELLI, TULLIO – Considerazioni in tema di società e personalità giuridica, *Rivista del Diritto Commerciale e del Diritto Generale delle Obbligazioni*, 52:1, 1954

ÍNDICE BIBLIOGRÁFICO

ASCARELLI, TULLIO – Personalità giuridica e problemi delle società, *Rivista delle Società*, 2:2, 1957

ASCENSÃO, JOSÉ DE OLIVEIRA – Arguição do currículo apresentado pelo Doutor António Menezes Cordeiro nas provas para obtenção do título de Professor Agregado, *Revista da Faculdade de Direito da Universidade de Lisboa*, 39:2, 1998

ASCENSÃO, JOSÉ DE OLIVEIRA – *Direito civil: Teoria geral*, 3 – Relações e situações jurídicas, Coimbra: Coimbra Editora, 2002

ASCENSÃO, JOSÉ DE OLIVEIRA – *Direito civil: Teoria geral*, 1 – Introdução, as pessoas, os bens, 2.ª ed., Coimbra: Coimbra Editora, 2000

ASCENSÃO, JOSÉ DE OLIVEIRA – *Direito civil: Teoria geral*, 2 – Acções e factos jurídicos, 2.ª ed., Coimbra: Coimbra Editora, 2003

ASCENSÃO, JOSÉ DE OLIVEIRA – *Direito comercial*, 4 – Sociedades comerciais, parte geral, Lisboa: AAFDL, 2000

ASCENSÃO, JOSÉ DE OLIVEIRA e MANUEL CARNEIRO DA FRADA – Contrato celebrado por agente de pessoa colectiva. Representação, responsabilidade e enriquecimento sem causa, *Revista de Direito e Economia*, Anos XVI-XIX, 1990-1993

ASSEMBLEIA DA REPÚBLICA – Relatório da comissão de inquérito sobre a situação que levou à nacionalização do BPN e sobre a supervisão bancária inerente, 2009

ASSMANN, HEINZ-DIETER – "Einleitung", in *Aktiengesetz Großkommentar*, 1, Berlin: de Gruyter, 2004

ASSOCIATION FRANÇAISE DES ENTREPRISES PRIVÉES e CONSEIL NATIONAL DU PATRONAT FRANÇAIS – *Rapport sur le conseil d'administration des sociétés cotées*, 1995

ASSOCIAZIONE FRA LE SOCIETÀ ITALIANE PER AZIONI – Circolare ASSONIME n. 16/2010, *Rivista delle Società*, 55:4, 2010

ATANASOV, VLADIMIR, *et al.* – *How does law affect finance? An examination of equity tunneling in Bulgaria*, 2008, disponível em http://ssrn.com/abstract=902766

AUERBACH, LUDWIG WILHELM – *Das Actienwesen*, Frankfurt a.M.: Sauerländer, 1873

AUERBACH, LUDWIG WILHELM – *Das Gesellschaftswesen in juristischer und volkswirthschaftlicher Hinsicht unter besonderer Berücksichtigung des allgemeinen deutschen Handelsgesetzbuchs*, Frankfurt a.M. : Sauerländer, 1861

Autorité des Marches Financiers : Groupe de travail présidé par Olivier Poupart-Lafarge – *Rapport sur le comité d'audit*, 2010

AYRES, IAN – Making a difference: The contractual contributions of Easterbrook and Fischel, *University of Chicago Law Review*, 59, 1992

BAINBRIDGE, STEPHEN M. – The business judgment rule as abstention doctrine, *Vanderbilt Law Review*, 57, 2004

BAINBRIDGE, STEPHEN M. – *Corporation law and economics*, New York: Foundation Press, 2002

BAINBRIDGE, STEPHEN M. – Independent directors and the ALI corporate governance project, *George Washington Law Review*, 61:1034, 1993

DA ADMINISTRAÇÃO À FISCALIZAÇÃO DAS SOCIEDADES

BAINBRIDGE, STEPHEN M. – *The new corporate governance in theory and practice*, Oxford, New York: Oxford University Press, 2008

BAINBRIDGE, STEPHEN M., STAR LOPEZ e BENJAMIN OKLAN – The convergence of good gaith and oversight, *UCLA Law Review*, 55, 2008

BAKER, J.C. – *Directors and their functions: a preliminary study*, Boston: Division of Research, Graduate School of Business Administration, Harvard University, 1945

BALLWIESER, WOLFGANG – "Controlling und Risikomanagement", in HOMMEL-HOFF, PETER, KLAUS J. HOPT e AXEL V. WERDER (eds.) – *Handbuch Corporate Governance: Leitung und Überwachung börsennotierter Unternehmen in der Rechts- und Wirtschaftspraxis*, 2.ª ed., Köln, Stutgard: Schmidt, Schäffer-Poeschel, 2009

BALLWIESER, WOLFGANG – "Controlling und Risikomanagement: Aufgaben des Vorstands", in HOMMELHOFF, PETER, KLAUS J. HOPT e AXEL V. WERDER (eds.) – *Handbuch Corporate Governance: Leitung und Überwachung börsennotierter Unternehmen in der Rechts- und Wirtschaftspraxis*, Köln, Stutgard: Schmidt, Schäffer--Poeschel, 2003

BANDEIRA, PAULO, in CÂMARA, PAULO (ed.) – *Código de Governo das Sociedades anotado*, Coimbra: Almedina, 2012

BASILE, MASSIMO e ANGELO FALZEA – "Persona giuridica (Diritto privato)", in *Enciclopedia del Diritto*, Milano: Giuffrè, 1983

BATES, CLEMENT – *Law of Limited Partnership*, Boston: Little, Brown, 1886

BAUDINO, ALESSANDRO – *Gli amministratori delle società per azioni e a responsabilità limitata*, Milano: Giuffrè, 1994

BAUDINO, ALESSANDRO e ROBERTO FRASCINELLI – *Gli amministratori delle società per azioni e a responsabilità limitata*, 2.ª ed., Milano: Giuffrè, 1996

BAUMBACH, ADOLF e ALFRED HUECK – *Aktiengesetz*, 8.ª ed., München, Berlin: Beck, 1954

BAUMS, THEODOR – *Gesetz über die Aktiengesellschaften für die königlich preussischen Staaten vom 9. November 1843: Text und Materialien*, Aalen: Scientia Verl., 1981

BAUMS-STAMMBERGER, BRIGITTE – *Der Versuch einer Aktiengesetzgebung in Sachsen 1836/1837*, Hagen, 1980

BAYER, WALTER e MATHIAS HABERSACK – *Aktienrecht im Wandel*, 1 – Entwicklung des Aktienrechts, Tübingen: Mohr Siebeck, 2007

BAYER, WALTER e SYLVIA ENGELKE – "Die Revision des Aktienrechts durch das Aktiengesetz von 1937", in BAYER, WALTER e MATHIAS HABERSACK (eds.) – *Aktienrecht im Wandel*, 1 – Entwicklung des Aktienrechts, Tübingen: Mohr Siebeck, 2007

BEBCHUK, LUCIAN ARYE – Contractual freedom in corporate law, *Columbia Law Review*, 89, 1989

BEBCHUK, LUCIAN ARYE – The sole owner standard for takeover policy, *Journal of Legal Studies*, 17, 1988

BEBCHUK, LUCIAN ARYE e ALLEN FERRELL – Federalism and corporate law: The race to protect managers from takeovers, *Columbia Law Review*, 99, 1999

BECHT, MARCO e COLIN MAYER – "Introduction", in BARCA, FABRIZIO e MARCO BECHT (eds.) – *The Control of Corporate Europe*, Oxford: Oxford University Press, 2001

BEHREND, JAKOB FRIEDRICH – *Lehrbuch des Handelsrechts*, 1:1, Berlin, Leipzig: Guttentag, 1886

BENEVIDES, JOSÉ – *Um projecto de lei e a responsabilidade na gerência das sociedades anonymas*, Coimbra: Imprensa da Universidade, 1893

BERGFELD, CHRISTOPH – "Aktienrechtliche Reformvorhaben vor dem ADHGB", in BAYER, WALTER e MATHIAS HABERSACK (eds.) – *Aktienrecht im Wandel*, 1 – Entwicklung des Aktienrechts, Tübingen: Mohr Siebeck, 2007

BERKOWITZ, DANIEL, KATHARINA PISTOR e JEAN-FRANCOIS RICHARD – Economic development, legality, and the transplant effect, *European Economic Review*, 47, 2003

BERLE, ADOLF A. – For whom corporate managers are trustees: A note, *Harvard Law Review*, 45, 1932

BERLE, ADOLF A. e GARDINER C. MEANS – *The modern corporation and private property*, reimp., New York: Harcourt, Brace & World, 1968

BERTRAND, MARIANNE, PARAS MEHTA e SENDHIL MULLAINATHAN – Ferreting out tunneling: An application to Indian business groups, *The Quarterly Journal of Economics*, 117:1, 2002

BEUTHIEN, VOLKER – Gibt es eine organschftliche Stellvertretung?, *Neue Juristische Wochenschrift*, 52, 1999

BEUTHIEN, VOLKER e ANDREAS GÄTSCH – Vereinsautonomie und Satzungsrechte Dritter: statutarische Einfluß Dritter auf die Gestaltung von Körperschaftssatzungen, *Zeitschrift für das gesammte Handelsrecht und Wirtschaftsrecht*, 156, 1992

BHAGAT, SANJAI e BERNARD BLACK – *Independent directors*, 1998, disponível em http://ssrn.com/abstract=1139191

BHAGAT, SANJAI e BERNARD BLACK – The non-correlation between board independence and long-term firm performance, *Journal of Corporation Law*, 27, 2002

BHAGAT, SANJAI e BERNARD BLACK – The uncertain relationship between board composition and firm performance, *Business Lawyer*, 54, 1999

BIANCHI, GIORGIO – *Amministratori e sindaci: Gli adempimenti e le responsabilità*, Torino: UTET Giuridica, 2010

BINDER, JENS-HINRICH – Geschäftsleiterhaftung und fachkundiger Rat, *Die Aktiengesellschaft*, 53:8, 2008

DA ADMINISTRAÇÃO À FISCALIZAÇÃO DAS SOCIEDADES

BIRKETT, BRENDA S. – The recent history of corporate audit committees, *The Accounting Historians Journal*, 13:2, 1986

BISHOP, JOSEPH W., JR. – Sitting ducks and decoy ducks: New trends in the indemnification of corporate directors and officers, *Yale Law Journal*, 77, 1968

BLACK, BERNARD S. – *Corporate law and residual claimants*, 2001, disponível em http://ssrn.com/abstract=1528437

BLACK, BERNARD S. – Is corporate law trivial? A poitical and economic analysis, *Northwestern University Law Review*, 84, 1990

BLACK, BERNARD S. – Shareholder passivity reexamined, *Michigan Law Review*, 89, 1990

BLACK, BERNARD S. e REINIER KRAAKMAN – A self enforcing model of corporate law, *Harvard Law Review*, 109, 1996

BÖHMERT, CARL VICTOR – *Der Sozialismus und die Arbeiter-Frage*, Zürich: Schabelitz, 1872

BONELLI, FRANCO – *Gli amministratori di s.p.a. dopo la riforma delle società*, Milano: Giuffrè, 2004

BONELLI, FRANCO – *Gli amministratori di società per azioni*, Milano: Giuffrè, 1985

BONELLI, FRANCO – *La responsabilità degli amministratori di societá per azioni*, Milano: Giuffrè, 1992

BOOTH, RICHARD A. – Stockholders, stakeholders, and bagholders (or how investor diversification affects fiduciary duty), *Business Lawyer*, 53, 1998

BORGES, JOSÉ FERREIRA – *Jurisprudência do contracto-mercantil de sociedade, segundo a legislação, e arestos dos Codigos, e Tribunaes das Naçoens mais cultas da Europa*, 2.ª ed., Lisboa: Typ. da Sociedade Propagadora dos Conhecimentos Uteis, 1844

BORGES, SOFIA LEITE – "O governo dos bancos", in CÂMARA, PAULO (ed.) – *O Governo das organizações: A vocação universal do corporate governance*, Coimbra: Almedina, 2011

BORGIOLI, ALESSANDRO – *L'Amministrazione delegata*, Firenze: Nardini, 1982

BORK, REINHARD – Materiell-rechtliche und prozeßrechtliche Probleme des Organstreits zwischen Vorstand und Aufsichtsrat einer Aktiengesellschaft, *Zeitschrift fur Unternehmens- und Gesellschaftsrecht*, 18:1, 1989

BÖSSELMANN, KURT – *Die Entwicklung des deutschen Aktienwesens im 19. Jahrhundert: ein Beitrag zur Frage der Finanzierung gemeinwirtschaftlicher Unternehmungen und zu den Reformen des Aktienrechts*, Berlin: de Gruyter, 1939

BOUJONG, KARLHEINZ – Rechtliche Mindestanforderungen an eine ordnungsgemäße Vorstandskontrolle und -beratung: Konsequenzen aus den Entscheidungen des Bundesgerichtshofs BGHZ 114,127 und BGHZ 124,111, *Die Aktiengesellschaft*, 40:5, 1995

ÍNDICE BIBLIOGRÁFICO

BOUTERON, JAQUES – "Le Commissariat des Sociétés Anonymes", in *La società per azioni alla metà del secolo XX: Studi in memoria di Angelo Sraffa*, Padova: CEDAM, 1961

BRADBURY, MICHAEL E. – The incentives for voluntary audit committee formation, *Journal of Accounting and Public Policy*, 9:1, 1990

BRAIOTTA, LOUIS, JR. – *The audit committee handbook*, 4.ª ed., Hoboken, NJ: Wiley, 2004

BRAIOTTA, LOUIS, JR., *et al.* – *The audit committee handbook*, 5.ª ed., Hoboken, NJ: Wiley, 2010

BRÄNDLE, UDO C. e JÜRGEN NOLL – The power of monitoring, *German Law Journal*, 5:11, 2004

BRICKEY, KATHLEEN F. – From Enron to WorldCom and beyond: Life and crime after Sarbanes-Oxley, *Washington University Law Quarterly*, 81, 2003

BRITO, PEDRO MADEIRA DE – "Justa causa de despedimento com fundamento na violação dos deveres de assiduidade, zelo e diligência", in *Estudos do Instituto de Direito do Trabalho*, 2 – Justa causa de despedimento, Coimbra: Almedina, 2001

BRONZE, FERNANDO JOSÉ – *Lições de introdução ao direito*, 2.ª ed., Coimbra: Coimbra Editora, 2006

BRONZE, FERNANDO JOSÉ – *A metodonomologia entre a semelhança e a diferença: reflexão problematizante dos pólos da radical matriz analógica do discurso jurídico*, Coimbra: Coimbra Editora, 1994

BRUDNEY, VICTOR – The independent director – Heavenly city or potemkin village?, *Harvard Law Review*, 95, 1982

BRUNETTI, ANTONIO – *Trattato del diritto delle società*, 2 – Società per azioni, Milano: Giuffrè, 1948

BULYGIN, EUGENIO – On norms of competence, *Law and Philosophy*, 11:3, 1992

BUNGARTZ, OLIVER – *Handbuch Interne Kontrollsysteme (IKS): Steuerung und Überwachung von Unternehmen*, 3.ª ed., Berlin: Erich Schmidt, 2011

BUONAURA, VINCENZO CALANDRA – I modelli di amministrazione e controllo nella riforma del diritto societario, *Giurisprudenza Commerciale*, 30:1, 2003

BURKE, FRANK M., DAN M. GUY e KAY W. TATUM – *Audit committees: A guide for directors, management and consultants*, 5.ª ed., Chicago, IL: CCH, 2008

BUSINESS ROUNDTABLE – *The role and composition of the board of directors of the large publicly owned corporation: Statement of the Business Roundtable*, 1978

BUSSOLETTI, MARIO – Bilancio e revisione contabile: sette anni di disciplina all'ombra degli IAS e delle direttive comunitarie, *Rivista delle Società*, 56:6, 2011

BUTLER, NICHOLAS M. – Why should we change our form of government?: Studies in practical politics, New York: Charles Scribner's sons, 1912

CAETANO, MARCELLO – *Manual de ciência política e direito constitucional*, 1 – Introdução, estudo descritivo de algumas experiências constitucionais estrangeiras, teoria geral do Estado (revisto e actualizado por Miguel Galvão Teles), 6.ª ed., Coimbra: Almedina, 1983

CAETANO, MARCELLO – *Manual de direito administrativo*, 1 – Introdução, organização administrativa, actos e contratos administrativos (revisto e actualizado por Diogo Freitas do Amaral), 10.ª ed., Coimbra: Almedina, 1980

CAETANO, MARCELLO – *Tratado elementar de direito administrativo*, 1, Coimbra: Coimbra Editora, 1943

CAGNASSO, ORESTE – *Gli organi delegati nelle società per azioni: Profili funzionali*, Torino: Giapichelli, 1976

CALAMANDREI, RODOLFO – *Delle società e delle associazioni commerciali: Commento al libro 1, titolo IX del nuovo codice di commercio italiano*, 1, Torino: Unione Tipografico Editrice, 1884

CALDARONE, RAFFAELE e GIOVANNA TUCCI – La responsabilità nell'esercizio dell'attivitàdi revisione e certificazione del bilancio: prime pronunce della giurisprudenza e tendenze evolutive, *Giurisprudenza Commerciale*, 22:1, 1995

CALSAMIGLIA, ALBERT – Geografia de las normas de competencia, *Doxa – Cuadernos de Filosofía del Derecho*, 15-16, 1994

CÂMARA, PAULO, in CÂMARA, PAULO (ed.) – *Código de Governo das Sociedades anotado*, Coimbra: Almedina, 2012

CÂMARA, PAULO – A actividade de auditoria e a fiscalização de sociedades cotadas: Definição de um modelo de supervisão, *Cadernos do Mercado de Valores Mobiliários*, 16, 2003

CÂMARA, PAULO – "A auditoria interna e o governo das sociedades", in *Estudos em Homenagem ao Professor Doutor Paulo de Pitta e Cunha*, 3, Coimbra: Almedina, 2010

CÂMARA, PAULO – Códigos de governo das sociedades, *Cadernos do Mercado de Valores Mobiliários*, 15, 2002

CÂMARA, PAULO – A comissão de remunerações, *Revista de Direito das Sociedades*, 3:1, 2011

CÂMARA, PAULO – "Conflito de interesses no direito financeiro e societário: Um retrato anatómico", in CÂMARA, PAULO (ed.) – *Conflito de interesses no direito societário e financeiro: Um balanço a partir da crise financeira*, Coimbra: Almedina, 2010

CÂMARA, PAULO – *Manual de direito dos valores mobiliários*, 2.ª ed., Coimbra: Almedina, 2011

CÂMARA, PAULO – O controverso "whistleblowing", *Jornal de Negócios (online)*, 6 de março de 2012

CÂMARA, PAULO – "O governo das sociedades e a reforma do código das sociedades comerciais", in CÂMARA, PAULO (ed.) – *Código das Sociedades Comerciais e Governo das Sociedades*, Coimbra: Almedina, 2008

ÍNDICE BIBLIOGRÁFICO

CÂMARA, PAULO – "O governo das sociedades e os deveres fiduciários dos administradores", in RIBEIRO, MARIA DE FÁTIMA (ed.) – *Jornadas sociedades abertas, valores mobiliários e intermediação financeira*, Coimbra: Almedina, 2007

CÂMARA, PAULO – O governo das sociedades em Portugal: Uma introdução, *Cadernos do MVM*, 12, 2001

CÂMARA, PAULO – O governo societário dos bancos – em especial as novas regras e recomendações sobre remuneração na banca, *Revista de Direito das Sociedades*, 4:1, 2012

CÂMARA, PAULO – "Os modelos de governo das sociedades anónimas", in CORDEIRO, ANTÓNIO MENEZES e PAULO CÂMARA (eds.) – *A reforma do código das sociedades comerciais: Jornadas em homenagem ao Prof. Doutor Raúl Ventura*, Coimbra: Almedina, 2007

CÂMARA, PAULO – *Parassocialidade e transmissão de valores mobiliários*, dissertação de mestrado apresentada à Faculdade de Direito da Universidade de Lisboa, inédito, 1996

CÂMARA, PAULO – Say on pay: O dever de apreciação da política remuneratória pela assembleia geral, *Revista de Concorrência e Regulação*, 2, 2010

CÂMARA, PAULO – Um método perigoso, *www.governancelab.org*, 20 de março de 2012

CÂMARA, PAULO – "Vocação e influência universal do corporate governance: uma visão transversal sobre o tema", in CÂMARA, PAULO (ed.) – *O Governo das Organizações: A vocação universal do corporate governance*, Coimbra: Almedina, 2011

CÂMARA, PAULO e GABRIELA FIGUEIREDO DIAS – "O governo das sociedades anónimas", in CÂMARA, PAULO (ed.) – *O governo das organizações: A vocação universal do corporate governance*, Coimbra: Almedina, 2011

CAMPOBASSO, GIAN FRANCO – *Diritto commerciale*, 2 – Diritto delle società, 6.ª ed., reimp., Torino: UTET Giuridica, 2007

CAMPOBASSO, GIAN FRANCO – *Manuale di diritto commerciale*, 4.ª ed., Torino: UTET Giuridica, 2007

CAMPOBASSO, GIAN FRANCO – "Controllo societario e poteri della capogruppo nei gruppi e nei gruppi bancari", in BALZARINI, PAOLA, GIUSEPPE CARCANO e GUIDO MUCCIARELLI (eds.) – *I Gruppi di Società: Atti del Convegno Internazionale di Studi*, 2, Milano: Giuffrè, 1996

CAMPOBASSO, MARIO – *L'imputazione di conoscenza nelle società*, Milano: Giuffrè, 2002

CAMPOS, ANA RITA ALMEIDA – "O governo das seguradoras", in CÂMARA, PAULO (ed.) – *O Governo das organizações: A vocação universal do corporate governance*, Coimbra: Almedina, 2011

CAMUZZI, SCOTTI – I poteri di controllo degli amministratori di minoranza (membro del Comitato esecutivo con "voto consultivo"?), *Giurisprudenza Commerciale*, 7:1, 1980

CANARIS, CLAUS-WILHELM – Funktion, Struktur und Falsifikation juristischer Theorien, *Juristenzeitung*, 48:8, 1993

CANARIS, CLAUS-WILHELM – *Pensamento sistemático e conceito de sistema na ciência do Direito*, 3.ª ed., Lisboa: Fundação Calouste Gulbenkian, 2002

CAÑIZARES, FELIPE DE SOLÁ – *Tratado de Derecho Comercial Comparado*, 3, Barcelona: Montaner y Simón, 1943

CANOTILHO, JOSÉ JOAQUIM GOMES – *Direito Constitucional e Teoria da Constituição*, 7.ª ed., 3 reimp., Coimbra: Almedina, 2012

CAPACCIOLI, ENZO – "Controllo sulle società per azioni: Profili pubblicistici", in *Controlli interni ed esterni delle societa per azioni*, Milano: Giuffrè, 1972

CAPIELLO, STEFANO e GIANMARIA MARANO – The Reform of the Legal Framework for Italian Enterprises and the 2003 Company Law, *International Company and Commercial Law Review*, 14:6, 2003

CARBASSE, JEAN-MARIE – *Manuel d'introduction historique au droit*, Paris: Presses universitaires de France, 2009

CARDOSO, JOSÉ PIRES – *Problemas do anonimato: Fiscalização das sociedades anónimas*, 2, Lisboa: Empresa Nacional de Publicidade, 1943

CAREY, JOHN L. – *The rise of the accounting profession: From technician to professional, 1896-1936*, New York: American Institute of Certified Public Accountants, 1969

CARNAXIDE, VISCONDE DE – *Projecto de lei relativo à fiscalisação de sociedades anonymas apresentado na Camara dos Senhores Deputados: em sessão de 20 de Janeiro de 1892*, Lisboa: Imprensa Nacional, 1892

CARNAXIDE, VISCONDE DE – *Sociedades anonymas: Estudo theorico e pratico de direito interno e comparado*, Coimbra: F. França Amado, 1913

CARRIGY, CELINA – Denúncia de irregularidades no seio das empresas (corporate whistle blowing), *Cadernos do Mercado dos Valores Mobiliários*, 21, 2005

CARVALHO, AMÉRICO TAIPA DE – *Direito penal: parte geral: questões fundamentais, teoria geral do crime*, 2.ª ed., reimp., Coimbra: Coimbra Editora, 2011

CARVALHO, ORLANDO DE – *Critério e estrutura do estabelecimento comercial*, 1 – O problema da empresa como objecto de negócios, Coimbra: s.n., 1967

CARVALHO, PEDRO NUNES DE – *Omissão e dever de agir em Direito civil*, Coimbra: Almedina, 1999

CARVER, THOMAS NIXON – *The present economic revolution in the United States*, Boston: Little, Brown, 1925

CARY, WILLIAM L. – Federalism and corporate law: Reflections upon Delaware, *Yale Law Journal*, 83, 1974

CASTRO, ARMANDO DE – "Sociedades anónimas", in *Dicionário de História de Portugal*, 6, 1979

CASTRO, CARLOS OSÓRIO DE – Da prestação de garantias por sociedades a dívidas de outras entidades, *Revista da Ordem dos Advogados*, 56:2, 1996

CASTRO, CARLOS OSÓRIO DE – De novo sobre a prestação de garantias por sociedades a dívidas de outras entidades: luzes e sombras, *Revista da Ordem dos Advogados*, 58:2, 1998

CASTRO, CARLOS OSÓRIO DE – A imputação de direitos de voto no código dos valores mobiliários, *Cadernos do Mercado dos Valores Mobiliários*, 7, 2000

CASTRO, CARLOS OSÓRIO DE – "A prestação gratuita de garantias e a assistência financeira no âmbito de uma relação de grupo", in *Estudos em Homenagem a Miguel Galvão Teles*, 2, Coimbra: Almedina, 2012

CAVALLI, GINO – "I sindaci", in COLOMBO, G.E. e G.B. PORTALE (eds.) – *Trattato delle società per azioni*, 5, Torino: UTET, 1988

CHARNY, DAVID – Nonlegal sanctions in commercial relationships, *Harvard Law Review*, 104, 1990

CHEFFINS, BRIAN R. – *Company law: Theory, structure, and operation*, reimp., Oxford: Clarendon Press, 1997

CHEFFINS, BRIAN R. – Does law matter? The separation of ownership and control in the United Kingdom, *The Journal of Legal Studies*, 30:2, 2001

CHEFFINS, BRIAN R. e BERNARD S. BLACK – Outside director liability across countries, *Texas Law Review*, 84, 2006

CHOI, STEPHEN J. e ANDREW T. GUZMAN – Choice and federal intervention in corporate law, *Virginia Law Review*, 87, 2001

CIOFFI, JOHN W. – Corporate governance reform, regulatory politics, and the foundations of finance capitalism in the United States and Germany, *German Law Journal*, 7:6, 2006

CIPOLLA, CARLO M. – *Storia economica dell'Europa pre-industriale*, Bologna: Il Mulino, 2009

CLAESSENS, STIJN, SIMEON DJANKOV e LARRY H.P. LANG – The separation of ownership and control in East Asian corporations, *Journal of Financial Economics*, 58, 2000

CLARK, ROBERT CHARLES – *Corporate Law*, New York: Aspen Publishers, 1996

CLAUSSEN, CARSTEN-PETER – Abgestufte Überwachungspflicht des Aufsichtsrats?, *Die Aktiengesellschaft*, 29:1, 1984

CMVM – COMISSÃO DO MERCADO DE VALORES MOBILIÁRIOS – *Código de governo das sociedades da CMVM (Recomendações)*, 2010, disponível em http://www.cmvm.pt/CMVM/Recomendacao/Recomendacoes/Documents/CodigodeGovernodasSociedadesCMVM2010.pdf

CMVM – COMISSÃO DO MERCADO DE VALORES MOBILIÁRIOS – *Consolidação de fontes normativas e do Código de Governo das Sociedades*, 2010, disponível em http://www.cmvm.pt/CMVM/Recomendacao/Recomendacoes/Documents/ConsFontesGS022010.pdf

DA ADMINISTRAÇÃO À FISCALIZAÇÃO DAS SOCIEDADES

CMVM – COMISSÃO DO MERCADO DE VALORES MOBILIÁRIOS – *Decisão no processo de contra-ordenação n.º 41/2008, contra Banco Comercial Português, S.A.*, 2009, disponível em http://www.cmvm.pt/cmvm/comunicados/contrordmtograves/pages/contraordenaçõesgravesemuito%20graves.aspx

CMVM – COMISSÃO DO MERCADO DE VALORES MOBILIÁRIOS – *Decisão no processo de contra-ordenação n.º 42/2008, contra Jorge Manuel Jardim Gonçalves e outros*, 2010, disponível em http://www.cmvm.pt/cmvm/comunicados/contrordmtograves/pages/contraordenaçõesgravesemuito%20graves.aspx

CMVM – COMISSÃO DO MERCADO DE VALORES MOBILIÁRIOS – Governo das sociedades anónimas: Proposta de articulado modificativo do código das sociedades comerciais (complemento ao processo de consulta pública n.º 1/2006), 2006, disponível em http://www.cmvm.pt/CMVM/Consultas%20Publicas/Cmvm/Documents/59bf1f4f121d4ca4a76729b3d33a0dc5proposta_articulado_csc.pdf

CMVM – COMISSÃO DO MERCADO DE VALORES MOBILIÁRIOS – Governo das sociedades anónimas: Propostas de alteração do código das sociedades comerciais (processo de consulta pública n.º 1/2006), 2006, disponível em http://www.cmvm.pt/CMVM/Comunicados/Comunicados/Documents/56be6a08403749cbbfdada63db3da0aaproposta_alter_csc.pdf

CMVM – COMISSÃO DO MERCADO DE VALORES MOBILIÁRIOS – *O governo das sociedades cotadas em Portugal – Situação em Dezembro de 2005*, 2006, disponível em http://www.cmvm.pt/NR/rdonlyres/E8B96B8D-3C2F-463D-B857-8A9AF4CCC4B0/7771/gov_sociedades_2006.pdf

CMVM – COMISSÃO DO MERCADO DE VALORES MOBILIÁRIOS – *Recomendações da CMVM sobre o governo das sociedades cotadas*, 2005, disponível em http://www.cmvm.pt/CMVM/Recomendacao/Recomendacoes/Soccot/Soccot_Nov2005/Documents/43d104c4a8434d1ea100c3565316970erecomendacoesNov2005.pdf

CMVM – COMISSÃO DO MERCADO DE VALORES MOBILIÁRIOS – *Relatório anual sobre o governo das sociedades cotadas em Portugal – 2012*, 2012, disponível em http://www.cmvm.pt/CMVM/Estudos/Em%20Arquivo/Documents/RGS_2012.pdf

COELHO, EDUARDO DE MELO LUCAS – "Exercícios vários acerca da presidência das assembleias especiais de categorias de accionistas", in *Estudos em homenagem ao Prof. Doutor Raul Ventura*, 2003

COELHO, EDUARDO LUCAS – Reflexões epigramáticas sobre a nova governação de sociedades, *Revista da Ordem dos Advogados*, 68:1, 2008

COFFEE, JOHN C., JR. – The attorney as gatekeeper: An agenda for the SEC, *Columbia Law Review*, 103, 2003

COFFEE, JOHN C., JR. – Beyond the shut-eyed sentry: Toward a theoretical view of corporate misconduct and an effective legal response, *Virginia Law Review*, 63, 1977

COFFEE, JOHN C., JR. – The future as history: The prospects for global convergence in corporate governance and its implications, *Northwestern University Law Review*, 93, 1999

COFFEE, JOHN C., JR. – Gatekeeper failure and reform: the challenge of fashioning relevant reforms, *Boston University Law Review*, 84, 2004

COFFEE, JOHN C., JR. – *Gatekeepers: The profession and corporate governance*, Oxford; New York: Oxford University Press, 2006

COFFEE, JOHN C., JR. – Litigation and corporate governance: An essay on steering between Scylla and Charybdis, *George Washington Law Review*, 52, 1984

COFFEE, JOHN C., JR. – The mandatory / enabling balance in corporate law: An essay on judicial role, *Columbia Law Review*, 89, 1989

COFFEE, JOHN C., JR. – No exit?: Opting out, the contractual theory of the corporation, and the special case of remedies, *Brooklyn Law Review*, 53, 1988

COFFEE, JOHN C., JR. – Privatization and corporate governance: The lessons from securities market failure, *Journal of Corporation Law*, 25, 1999

COFFEE, JOHN C., JR. – The rise of dispersed ownership: The roles of Law and the State in the separation of ownership and control, *Yale Law Journal*, 111, 2001

COFFEE, JOHN C., JR. – Understanding Enron: "It's about the gatekeepers, stupid", *Business Lawyer*, 57, 2002

COFFEE, JOHN C., JR. – What caused Enron?: A capsule social and economic history of the 1990's, *Cornell Law Review*, 89, 2004

COFFEE, JOHN C., JR. e JOEL SELIGMAN – *Securities regulation*, 9.ª ed., New York: Thomson West, 2003

COHN, STUART R. – Demise of the director's duty of care: Judicial avoidance of standards and sanctions through the business judgment rule, *Texas Law Review*, 62, 1983

COING, HELMUT – "Allgemeine Züge der Privatrechtlichen Gesetzgebubg im 19. Jahrhundert", in COING, HELMUT (ed.) – *Handbuch der Quellen und Literatur der neueren europäischen Privatrechtsgeschichte*, 3.1, München: Beck, 1982

COING, HELMUT – *Europäisches Privatrecht*, 1 – Älteres gemeines Recht (1500--1800), München: Beck, 1985

COLLIER, PAUL – The rise of the audit committee in UK quoted companies: a curious phenomenon?, *Accounting, Business & Financial History*, 6:2, 1996

COMISSÃO EUROPEIA – Comunicação da Comissão ao Conselho e ao Parlamento Europeu – Modernizar o direito das sociedades e reforçar o governo das sociedades na União Europeia – Uma estratégia para o futuro, COM (2003) 284 final, 2003

COMISSÃO EUROPEIA – Corporate Governance in Financial Institutions: Lessons to be drawn from the current financial crisis, best practices, SEC(2010) 669, 2010

DA ADMINISTRAÇÃO À FISCALIZAÇÃO DAS SOCIEDADES

Comissão Europeia – Livro verde sobre o governo das sociedades nas instituições financeiras e as políticas de remuneração, COM(2010) 284 final, 2010

Comissão Europeia – Livro verde sobre o quadro da UE do governo das sociedades, COM(2011) 164 final, 2011

Comissão Europeia – Livro verde sobre política de auditoria: as lições da crise, COM(2010) 561 final, 2010

Comissão Europeia – Proposta de Diretriz do Parlamento Europeu e do Conselho que altera a Diretriz 2006/43/CE relativa à revisão legal das contas anuais e consolidadas, COM(2011) 778 final, 2011

Comissão Europeia – Proposta de Regulamento do Parlamento Europeu e do Conselho relativo aos requisitos específicos para a revisão legal de contas de entidades de interesse público, COM(2011) 779 final, 2011

Comissão Europeia – Proposta modificada de uma quinta diretiva baseada no artigo 54.º, n.º 3, c) do Tratado CEE, respeitante à estrutura das sociedades anónimas e aos poderes e obrigações dos seus órgãos, JO C-240, 2-38, 9.9.1983

Comissão Europeia – Recomendação relativa à independência dos revisores oficiais de contas na UE: Um conjunto de princípios fundamentais, de 16 de maio de 2002, JO L 191/22, 19.7.2002

Comissão Europeia – Recomendação relativa à instituição de um regime adequado de remuneração dos administradores de sociedades cotadas, de 14 de dezembro de 2004 (2004/913/CE), JO L 385, 29.12.2004

Comissão Europeia – Recomendação relativa ao papel dos administradores não executivos ou membros do conselho de supervisão de sociedades cotadas e aos comités do conselho de administração ou de supervisão, de 15 de fevereiro de 2005 (2005/162/CE), JO 51/52, 25.2.2005

Comissão Europeia – Summary of responses: Green paper on audit policy: lessons from the crisis, 2011

Comissão Europeia – Uma primeira resposta da UE às questões relacionadas com a Enron: Nota dirigida ao conselho informal ECOFIN a realizar em Oviedo em 12 e 13 de abril, 2002, disponível em http://ec.europa.eu/internal_market/company/docs/enron/ecofin_2004_04_enron_pt.pdf

Committee on Corporate Governance – *Final report*, London: Gee, 1998

Committee on the Financial Aspects of Corporate Governance – *Report on the financial aspects of corporate governance*, 1992

Company Law Review Steering Group – *Modern company law for a competitive economy: Developing the framework*, 2000, disponível em http://webarchive.nationalarchives.gov.uk/

Company Law Review Steering Group – *Modern company law for a competitive economy: Final Report*, 2001, disponível em http://webarchive.nationalarchives.gov.uk

COMPETITIVENESS ADVISORY GROUP – Enhancing European competitiveness: Second report to the President of the European Commission, the Prime Ministers and Heads of State (Ciampi Report), 2005, disponível em http://aei.pitt.edu/2836/1/068.pdf

CONAC, PIERRE-HENRI, LUCA ENRIQUES e MARTIN GELTER – *Constraining dominant shareholders' self-dealing: The legal framework in France, Germany, and Italy*, 2007, disponível em http://ssrn.com/paper=1023890

CONARD, ALFRED F. – Beyond managerialism: Investor capitalism?, *University of Michigan Journal of Law Reform*, 22, 1988

CONARD, ALFRED F., *et al.* – Functions of directors under the existing system, *Business Lawyer*, 27, 1972

CONTIN, RAPHAËL – Le Contrôle de la Gestion des Sociétés Anonymes, Paris: Libr. techn., 1975

CORDEIRO, ANTÓNIO MENEZES, in CORDEIRO, ANTÓNIO MENEZES (ed.) – *Código das Sociedades Comerciais anotado*, 2.ª ed., 2.ª reimp., Coimbra: Almedina, 2012

CORDEIRO, ANTÓNIO MENEZES – Anotação ao Acórdão do Tribunal Arbitral de 31 de Março de 1993, *Revista da Ordem dos Advogados*, 55:1, 1995

CORDEIRO, ANTÓNIO MENEZES – Ciência do Direito e metodologia jurídica nos finais do século XX, *Revista da Ordem dos Advogados*, 48:3, 1998

CORDEIRO, ANTÓNIO MENEZES – *Da boa fé no direito civil*, Coimbra: Almedina, 1982

CORDEIRO, ANTÓNIO MENEZES – Da colisão de direitos, *O Direito*, 137:1, 2005

CORDEIRO, ANTÓNIO MENEZES – *Da pós-eficácia das obrigações*, Lisboa: [s.n.], 1984

CORDEIRO, ANTÓNIO MENEZES – *Da responsabilidade civil dos administradores das sociedades comerciais*, Lisboa: Lex, 1997

CORDEIRO, ANTÓNIO MENEZES – Da tomada de sociedades (*takeover*): Efectivação, valoração e técnicas de defesa, *Revista da Ordem dos Advogados*, 54, 1994

CORDEIRO, ANTÓNIO MENEZES – *Direito das obrigações*, 1, reimp. Lisboa: AAFDL, 1994

CORDEIRO, ANTÓNIO MENEZES – *Direito das obrigações*, 2, reimp. Lisboa: AAFDL, 1994

CORDEIRO, ANTÓNIO MENEZES – *Direito das sociedades*, 1, 3.ª ed., Coimbra: Almedina, 2011

CORDEIRO, ANTÓNIO MENEZES – *Direito europeu das sociedades*, Coimbra: Almedina, 2005

CORDEIRO, ANTÓNIO MENEZES – A grande reforma das sociedades comerciais, *O Direito*, 138:3, 2006

CORDEIRO, ANTÓNIO MENEZES – A lealdade no direito das sociedades, *Revista da Ordem dos Advogados*, 66:3, 2006

CORDEIRO, ANTÓNIO MENEZES – *Manual de direito comercial*, 3.ª ed., Coimbra: Almedina, 2012

DA ADMINISTRAÇÃO À FISCALIZAÇÃO DAS SOCIEDADES

CORDEIRO, ANTÓNIO MENEZES – *Manual de direito das sociedades*, 2, 2.ª ed., Coimbra: Almedina, 2007

CORDEIRO, ANTÓNIO MENEZES – *O levantamento da personalidade colectiva*, Coimbra: Almedina, 2000

CORDEIRO, ANTÓNIO MENEZES – Os deveres fundamentais dos administradores de sociedades, *Revista da Ordem dos Advogados*, 66:2, 2006

CORDEIRO, ANTÓNIO MENEZES – *SA: Assembleia geral e deliberações sociais*, Coimbra: Almedina, 2007

CORDEIRO, ANTÓNIO MENEZES – Tendências actuais da interpretação da lei: do juiz-autómato aos modelos de decisão jurídicos, *Tribuna da Justiça*, 12, 1985

CORDEIRO, ANTÓNIO MENEZES – *Tratado de direito civil*, 4, Coimbra: Almedina, 2011

CORDEIRO, ANTÓNIO MENEZES – *Tratado de direito civil*, 5, Coimbra: Almedina, 2011

CORDEIRO, ANTÓNIO MENEZES – *Tratado de direito civil*, 6, 2.ª ed., Coimbra: Almedina, 2012

CORDEIRO, ANTÓNIO MENEZES – *Tratado de direito civil português*, 1:1, 3.ª ed., Coimbra: Almedina, 2007

CORDEIRO, ANTÓNIO MENEZES – *Tratado de direito civil português*, 1:3, 2.ª ed., Coimbra: Almedina, 2007

CORDEIRO, ANTÓNIO MENEZES – *Tratado de direito civil português*, 1:4, reimp., Coimbra: Almedina, 2007

CORDEIRO, ANTÓNIO MENEZES – *Tratado de direito civil português*, 2:1, Coimbra: Almedina, 2009

CORDEIRO, ANTÓNIO MENEZES – *Tratado de direito civil português*, 2:3, Coimbra: Almedina, 2010

CORDEIRO, CATARINA PIRES – Algumas considerações críticas sobre a responsabilidade civil dos administradores perante os accionistas no ordenamento jurídico português, *O Direito*, 137:1, 2005

CORREIA, AIRES – O direito das sociedades na comunidade económica europeia, *Boletim do Ministério da Justiça*, 190, 1969

CORREIA, ANTÓNIO FERRER – *Anteprojecto de lei das sociedades comerciais: parte geral, I*, com a colaboração de António A. Caeiro, separata do Boletim do Ministério da Justiça n.os 185 e 191, 1973

CORREIA, ANTÓNIO FERRER – *Lições de direito comercial*, Reedição conjunta dos volumes 1, 2 e 3 publicados em 1973, 1968 e 1975, Lisboa: Lex, 1994

CORREIA, ANTÓNIO FERRER – "A representação de menores sujeitos ao pátrio poder na assembleia geral das sociedades comerciais", in *Estudos Jurídicos*, 2 – Estudos de direito civil, comercial e criminal, 2.ª ed., Coimbra: Almedina, 1985

CORREIA, ANTÓNIO FERRER – *Sociedades fictícias e unipessoais*, Coimbra: Livraria Atlântida, 1948

ÍNDICE BIBLIOGRÁFICO

CORREIA, FRANCISCO MENDES – *Transformação de sociedades comerciais: Delimitação do âmbito de aplicação no direito privado português*, Coimbra: Almedina, 2009

CORREIA, JOSÉ MANUEL SÉRVULO – *Legalidade e autonomia contratual nos contratos administrativos*, Coimbra: Almedina, 1987

CORREIA, LUÍS BRITO – *Os administradores de sociedades anónimas*, Coimbra: Almedina, 1993

CORREIA, MIGUEL PUPO – Sobre a responsabilidade por dívidas sociais dos membros dos órgãos da sociedade, *Revista da Ordem dos Advogados*, 61:2, 2001

COSH, A. D. e A. HUGHES – The anatomy of corporate control: directors, shareholders and executive remuneration in giant US and UK corporations, *Cambridge Journal of Economics*, 11:4, 1987

COSTA, MÁRIO JÚLIO DE ALMEIDA – *Direito das obrigações*, 12.ª ed., Coimbra: Almedina, 2011

COSTA, RICARDO, in ABREU, JORGE M. COUTINHO DE (ed.) – *Código das Sociedades Comerciais em comentário*, 1, Coimbra: Almedina, 2010

COSTA, RICARDO – "Responsabilidade dos administradores e *business judgment rule*", in *Reformas do Código das Sociedades*, Coimbra: Almedina, 2007

COSTA, RICARDO e GABRIELA FIGUEIREDO DIAS, in ABREU, JORGE M. COUTINHO DE (ed.) – *Código das Sociedades Comerciais em comentário*, 1, Coimbra: Almedina, 2010

COX, JAMES D. – Compensation, deterrence, and the market as boundaries for derivate suits procedures, *George Washington Law Review*, 52, 1984

COX, JAMES D. e THOMAS L. HAZEN – *Cox & Hazen on corporations: Including unincorporated forms of doing business*, 2.ª ed., New York: Aspen Publishers, 2003

COX, JAMES D. e DONALD E. SCHWARTZ – The Business Judgment Rule in the context of termination of derivative suits by independent committees, *North Carolina Law Review*, 61, 1983

CUNHA, PAULO – *Teoria geral de direito civil*, Lisboa: FDL, 1971-1972

CUNHA, PAULO OLAVO – Aspectos críticos do regime da independência e da inexistência de incompatibilidades para o desempenho de alguns cargos sociais, *Direito das Sociedades em Revista*, I Congresso Direito das Sociedades em Revista, 2011

CUNHA, PAULO OLAVO – *Direito das sociedades comerciais*, 2.ª ed., Coimbra: Almedina, 2006, 3.ª ed., Coimbra: Almedina, 2007, 5.ª ed., Coimbra: Almedina, 2012

D'ALESSANDRO, FLORIANO – "Persone giuridiche e analisi del linguaggio", in *Studi in memoria di Tullio Ascarelli*, 1, Milano: Giuffrè, 1969

D'ALESSANDRO, FLORIANO – *Persone giuridiche e analisi del linguaggio*, Padova: CEDAM, 1989

DALLOZ – *Jurisprudence générale – Répertoire méthodique et alphabétique de législation, de doctrine et de jurisprudence* 4, 2.ª ed., 1859

DALMARTELLO, ARTURO – *I rapporti giuridici interni nelle società commerciali*, Milano: Giuffrè, 1937

DA ADMINISTRAÇÃO À FISCALIZAÇÃO DAS SOCIEDADES

DAVIES, PAUL – Board structure in the UK and Germany: Convergence or conti-nuing divergence, *International and Comparative Corporate Law Journal*, 2:4, 2001

DAVIES, PAUL – "Enron and corporate governance reform in the UK and the Euro-pean Community", in ARMOUR, JOHN e JOSEPH A. MCCAHERY (eds.) – *After Enron: Improving corporate law and modernising securities regulation in Europe and the US*, Oxford: Hart, 2006

DAVIES, PAUL – "Post-Enron developments in the United Kingdom", in FERRARINI, GUIDO, KLAUS J. HOPT, JAAP WINTER e EDDY WYMEERSCH (eds.) – *Reforming company and takeover law in Europe*, Oxford: Oxford University Press, 2004

DAVIES, PAUL L. – *The board of directors: Composition, structure, duties and powers*, 2000, disponível em http://www.oecd.org/dataoecd/21/30/1857291.pdf

DAVIES, PAUL L. – *Gower and Davies' principles of modern company law*, 8.ª ed., London: Sweet & Maxwell, 2008

DAVIES, PAUL L. e SARAH WORTHINGTON – *Principles of modern company law*, 9.ª ed., London: Sweet & Maxwell, 2012

DAVIES, PAUL e JONATHAN RICKFORD – An introduction to the new UK Companies Act, *European Company & Financial Law Review*, 5:1, 2008

DAVIS, KENNETH B., JR. – Once more, the business judgment rule, *Wisconsin Law Review*, 2000, 2000

DAY, ROBERT G. – *UK accounting regulation: An historical perspective*, 2000, disponível em http://eprints.bournemouth.ac.uk/3074/1/296.pdf

DE WITTE, BRUNO – "Direct effect, primacy, and the nature of the legal order", in CRAIG, PAUL e GRÁINNE DE BÚRCA (eds.) – *The evolution of EU Law*, Oxford: Oxford University Press, 2011

DEAKIN, SIMON e ALAN HUGHES – *Directors' duties: Empirical findings: Report to the Law Commissions*, 1999, disponível em http://lawcommission.justice.gov.uk/docs/lc261_Company_Directors_ESRC_Research.pdf

DELANGLE, CLAUDE-ALPHONSE – *Des sociétés commerciales: commentaire du titre III, livre Ier du Code de Commerce*, Paris: Joubert, 1843

DEMOGUE, RENÉ – *Traité des obligations en général*, 5, Paris: Arthur Rousseau, 1925

DEMOGUE, RENÉ – *Traité des obligations en général*, 6, Paris: Arthur Rousseau, 1931

DEMOTT, DEBORAH A. – Puzzles and parables: Defining good gaith in the MBO context, *Wake Forest Law Review*, 25, 1990

DEPARTMENT FOR BUSINESS ENTERPRISE AND REGULATORY REFORM – Implemen-tation of Directive 2006/43/EC on statutory audits of annual and consolidated accounts (8th Company Law Directive): Policy conclusions and draft regula-tions, 2007

DEPARTMENT OF TRADE AND INDUSTRY (REVIEW GROUP) – Review of the regula-tory regime of the accountancy profession: Report to the Secretary of State for Trade and Industry, 2003

ÍNDICE BIBLIOGRÁFICO

DEUTSCH, ANDREAS – "Die Aktiengesellschaft im Code de Commerce von 1807 und ihre Vorbildfunktion für die Entwicklung in Deutschland", in BAYER, WALTER e MATHIAS HABERSACK (eds.) – *Aktienrecht im Wandel*, 1 – Entwicklung des Aktienrechts, Tübingen: Mohr Siebeck, 2007

DEVESCOVI, FABRIZION – Controllo degli amministratori sull'attività degli organi delegati, *Rivista delle Società*, 26, 1980

DIAS, GABRIELA FIGUEIREDO – "Controlo de contas e responsabilidade dos ROC", in *Temas societários*, Coimbra: Almedina, 2006

DIAS, GABRIELA FIGUEIREDO – *Fiscalização de sociedades e responsabilidade civil*, Coimbra: Almedina, 2006

DIAS, AUGUSTO SILVA – "Delicta in se" e "delicta mere prohibita": Uma análise das descontinuidades do ilícito penal moderno à luz da reconstrução de uma distinção clássica, Coimbra: Coimbra Editora, 2008

DIAS, JORGE DE FIGUEIREDO – "O movimento de descriminalização e o ilícito de mera ordenação social", in CENTRO DE ESTUDOS JUDICIÁRIOS (ed.) – *Jornadas de Direito Criminal: O novo código penal português e legislação complementar*, Lisboa: CEJ, 1983

DIAS, JORGE DE FIGUEIREDO e JORGE F. SINDE MONTEIRO – *Responsabilidade médica em Portugal*, Separata do Boletim do Ministério da Justiça, Lisboa: Ministério da Justiça, 1984

DIAS, JORGE FIGUEIREDO – *Direito penal: parte geral*, 1 – Questões fundamentais, a doutrina geral do crime, 2.ª ed., Coimbra: Coimbra Editora, 2007

DINE, JANET – *The Governance of Corporate Groups*, Cambridge: Cambridge University Press, 2000

DJANKOV, SIMEON, *et al.* – *The Law and Economics of Self-Dealing*, 2006, disponível em http://ssrn.com/abstract=864645

DODD, E. MERRICK, JR. – For whom are corporate managers trustees?, *Harvard Law Review*, 45, 1932

DODD, E. MERRICK, JR. – Is effective enforcement of the fiduciary duties of corporate managers practicable?", *University of Chicago Law Review*, 2, 1934-1935

DODD, E. MERRICK, JR. – Statutory developments in business corporation law, 1886-1936, *Harvard Law Review*, 50, 1936

DOLDER, FRITZ – Zur Normativität von Regeln der Technik, *Archiv fur Rechts und Sozialphilosophie*, 62 – Herausforderungen an das Recht am Ende des 20. Jahrhunderts, 1995

DÖLEMEYER, BARBARA – "Kodificationen und Projeckte", in COING, HELMUT (ed.) – *Handbuch der Quellen und Literatur der neueren europäischen Privatrechtsgeschichte*, 3.2, München: Beck, 1982

DOMENICHINI, GIOVANNI – "Il collegio sindacale nelle società per azioni", in RESCIGNO, PIETRO (ed.) – *Trattato di diritto privato*, 16, Torino: UTET, 1985

DA ADMINISTRAÇÃO À FISCALIZAÇÃO DAS SOCIEDADES

DOMINGUES, PAULO DE TARSO, in ABREU, JORGE M. COUTINHO DE (ed.) – *Código das Sociedades Comerciais em comentário*, 1, Coimbra: Almedina, 2010

DOMINGUES, PAULO DE TARSO – *Do capital social*, 2.ª ed., Coimbra: Coimbra Editora, 2004

DOMINGUES, PAULO DE TARSO – *Variações sobre o capital social*, Coimbra: Almedina, 2009

DORALT, PETER e WALTER DORALT – "Haftung und Schadensersatz", in SEMLER, JOHANNES e KERSTEN V. SCHENCK (eds.) – *Arbeitshandbuch für Aufsichtsratsmitglieder*, 3.ª ed., München: Beck, Vahlen, 2009

DOTTI, JORGE EUGENIO – "Quid juris und quid facti", in *Akten des 5. Internationalen Kant-Kongresses*, Bonn, 1981

DREHER, MEINRAD – Anmerkung zu BGHZ 135-244 – ARAG/Garmenbeck, *Juristenzeitung*, 52:21, 1997

DREHER, MEINRAD – Das Ermessen des Aufsichtsrats: Der Aufsichtsrat in der Aktiengesellschaft zwischen Verbandsautonomie und Richterkontrolle, *Zeitschrift für das gesammte Handelsrecht und Wirtschaftsrecht*, 158, 1994

DREW, KIRSTINE – *Whistle blowing and corruption: an initial and comparative review*, 2003, disponível em http://www.psiru.org/reports/whistleblowing-and-corruption-initial-and-comparative-review

DRYGALA, TIM, in SCHMIDT, KARSTEN e MARCUS LUTTER (eds.) – *Aktiengesetz Kommentar*, 1, Köln: Verlag Dr. Otto Schmidt, 2008

DUARTE, DAVID – "A discricionariedade administrativa e a competência (sobre a função administrativa do Provedor de Justiça)", in *O Provedor de Justiça: Novos Estudos*, Lisboa: Provedoria de Justiça, 2008

DUARTE, DAVID – *A norma de legalidade procedimental administrativa: A teoria da norma e a criação de normas de decisão na discricionariedade instrutória*, Coimbra: Almedina, 2006

DUARTE, DAVID – Os argumentos da interdefinibilidade dos modos deônticos em Alf Ross: a crítica, a inexistência de permissões fracas e a completude do ordenamento em matéria de normas primárias, *Revista da Faculdade de Direito da Universidade de Lisboa*, 43:1, 2002

DUARTE, MARIA LUÍSA – *A discricionariedade administrativa e os conceitos jurídicos indeterminados: contributo para uma análise da extensão do princípio da legalidade*, Separata do Boletim do Ministério da Justiça nº 370, Lisboa: Ministério da Justiça, 1987

DUARTE, MARIA LUÍSA – *A teoria dos poderes implícitos e a delimitação de competências entre a União Europeia e os Estados-membros*, Lisboa: Lex, 1997

DUARTE, RICARDO TEIXEIRA – *Commentario ao título XII, parte 1.ª, liv. 2.º do Codigo Commercial Portuguez*, Lisboa: Imp. Nacional, 1843

ÍNDICE BIBLIOGRÁFICO

DUARTE, RUI PINTO – "O quadro legal das sociedades comerciais ao tempo da Alves e C.ª", in *Estudos comemorativos dos 10 anos da Faculdade de Direito da Universidade Nova de Lisboa*, 2, Coimbra: Almedina, 2008

DYCK, ALEXANDER e LUIGI ZINGALES – Private benefits of control: An international comparison, *The Journal of Finance*, 59:2, 2004

EASTERBROOK, FRANCK e DANIEL FISCHEL – The corporate contract, *Columbia Law Review*, 89, 1989

EASTERBROOK, FRANCK e DANIEL FISCHEL – *The economic structure of corporate law*, Cambridge, Mass. and London: Harvard University Press, 1991

EASTERBROOK, FRANCK e DANIEL FISCHEL – Voting in corporate law, *The Journal of Law and Economics*, 26, 1983

EASTERBROOK, FRANK H. – International corporate differences: markets or law?, *Journal of Applied Corporate Finance*, 9:4, 1997

EASTERBROOK, FRANK H. e DANIEL R. FISCHEL – The proper role of a target's management in responding to a tender offer, *Harvard Law Review*, 94, 1984

EBKE, F. WERNER, in *Münchener Kommentar zum Handelsgesetzbuch*, München: Beck, Franz Vahlen, 2001

EDITOR – Beyond "Independent" Directors: A Functional Approach to Board Independence, *Harvard Law Review*, 119, 2006

EDWARDS, JEREMY – *Banks, finance and investment in Germany*, Cambridge: Cambridge Univ. Press, 1994

EHRHARDT, OLAF e ERIC NOWAK – *Private benefits and minority shareholder expropriation (or what exactly are private benefits of control?)*, 2003, disponível em http://ssrn.com/paper=423506

EISENBERG, MELVIN A. – Corporate law and social norms, *Columbia Law Review*, 99, 1999

EISENBERG, MELVIN A. – The duty of good faith in corporate law, *Delaware Journal of Corporate Law*, 31:1, 2005

EISENBERG, MELVIN A. – An overview of the Principles of Corporate Governance, *Business Lawyer*, 48, 1993

EISENBERG, MELVIN ARON – The divergence of standards of conduct and standards of review in corporate law, *Fordham Law Review*, 62, 1993

EISENBERG, MELVIN ARON – *The duty of care in American corporate law*, Institute for Law and Finance – Johann Wolfgang Goethe-Universität Frankfurt, Working Paper Series no. 22 = Der Konzern2004

EISENBERG, MELVIN ARON – The duty of care of corporate directors and officers, *University of Pittsburgh Law Review*, 51, 1990

EISENBERG, MELVIN ARON – Obblighi e responsabilità degli amministratori e dei funzionari delle società nel diritto americano, *Giurisprudenza Commerciale*, 19:1, 1992

DA ADMINISTRAÇÃO À FISCALIZAÇÃO DAS SOCIEDADES

EISENBERG, MELVIN ARON – Self-interested transactions in corporate law, *Journal of Corporation Law*, 1988

EISENBERG, MELVIN ARON – *The structure of the corporation: A legal analysis*, reimp., Washington DC: Beard Books, 2006

ENGELKE, SYLVIA e RENI MALTSCHEW – "Weltwirtschaftskrise, Aktienskandale und Reaktionen des Gesetzgebers durch Notverordnungen im Jahre 1931", in BAYER, WALTER e MATHIAS HABERSACK (eds.) – *Aktienrecht im Wandel*, 1 – Entwicklung des Aktienrechts, Tübingen: Mohr Siebeck, 2007

ENGISCH, KARL – *Introdução ao Pensamento Jurídico*, Lisboa: Gulbenkian, 1988

ENGISCH, KARL – *Logische Studien zur Gesetzesanwendung*, 2.ª ed., Heidelberg: Carl Winter Universitatsverlag, 1942

ENKLING, JOSEF – *Die Stellung des Staates zu den Privateisenbahnen in der Anfangszeit des preußischen Eisenbahnwesens* (1830-1848), Köln1935

ENRIQUES, LUCA – *Il conflitto d'interessi degli amministratori di società per azioni*, Torino: Dott. A. Giuffrè Editore, 2000

ENRIQUES, LUCA – Il conflitto d'interessi nella gestione delle società per azioni: spunti teorici e profili comparatistici in vista della riforma del diritto societario, *Rivista delle Società*, 45:3-4, 2000

ENRIQUES, LUCA – "Off the books, but on the record: Evidence from Italy on the relevance of judges to the quality of corporate law", in MILHAUPT, CURTIS J. (ed.) – *Global Markets, Domestic Institutions: Corporate Law and Governance in a New Era of Cross-Border Deals*, New York: Columbia University Press, 2003

ENRIQUES, LUCA, HENRY HANSMANN e REINIER KRAAKMAN – "The basic governance structure: The interests of shareholders as a class", in *The Anatomy of Corporate Law: A Comparative and Functional Approach*, 2.ª ed., Oxford, New York: Oxford University Press, 2009

ENRIQUES, LUCA, GERARD HERTIG e HIDEKI KANDA – "Related party transactions", in *The Anatomy of Corporate Law: A Comparative and Functional Approach*, 2.ª ed., 2006 reimp., Oxford, New York: Oxford University Press, 2009

ENRIQUES, LUCA e PAOLO VOLPIN – Corporate governance reforms in Continental Europe, *Journal of Economic Perspectives*, 21:1, 2007

ESSER, JOSEF – Möglichkeiten und Grenzen des dogmatischen Denkens im modernen Zivilrecht, *Archiv für die civilistische Praxis*, 172, 1972

ESTACA, JOSÉ MARQUES – *O interesse da sociedade nas deliberações sociais*, Coimbra: Almedina, 2003

EUROPEAN BANKING AUTHORITY – *Guidelines on Internal Governance (GL44)*, 2011, disponível em http://www.eba.europa.eu/Publications/Guidelines.aspx

FACCIO, MARA e LARRY H.P. LANG – The ultimate ownership of western European corporations, *Journal of Financial Economics*, 65, 2002

FALZEA, A., *et al.* – *Enciclopedia del Diritto*, Milano: Giuffré, 1958

ÍNDICE BIBLIOGRÁFICO

Fama, Eugene F. – Agency Problems and Theory of the Firm, *Journal of Political Economy*, 2, 1980

Fama, Eugene F. e Michael C. Jensen – Agency Problems and Residual Claims, *The Journal of Law and Economics*, 26:2, 1983

Fanelli, Giuseppe – *La delega di potere amministrativo nella società per azioni*, Milano: Giuffrè, 1952

Faria, Jorge Ribeiro de – Da prova na responsabilidade civil médica : Reflexões em torno do direito alemão, *Revista da Faculdade de Direito da Universidade do Porto*, 1, 2004

Farnsworth, Edward Allan – *Contracts*, 4.ª ed., New York, NY: Aspen Publ., 2004

Fédération des Experts Comptables Européens – Provision of Accountancy, Audit and Related Services in Europe: A Survey on Market Access Rules, 2005

Fernandes, Luís A. Carvalho – *Teoria geral do direito civil*, 1, 6.ª ed., Lisboa: Universidade Católica Editora, 2012

Fernandes, Luís Carvalho e João Labareda – *Código da insolvência e da recuperção de empresas anotado*, 1, 2.ª ed., Coimbra: Quid Juris, 2009

Ferran, Eilís – *Company law and corporate finance*, Oxford, New York: Oxford University Press, 1999

Ferran, Eilís – Corporate law, codes and social norms: Finding the right regulatory combination and institutional structure, *Journal of Corporate Law Studies*, 2001:2, 2001

Ferrara Jr., Francesco e Francesco Corsi – *Gli imprenditori e le società*, 13.ª ed., Milano: Dott. A. Giuffrè Editore, 2006

Ferrarini, Guido – "Shareholder value and the modernisation of European corporate law", in Hopt, Klaus J. e Eddy Wymeersch (eds.) – *Capital markets and company law*, 2005 reimp., Oxford: Oxford University Press, 2003

Ferrarini, Guido A. – "Origins of limited liability companies and company law modernisation in Italy: A historical outline", in Gepken-Jager, Ella, Gerard van Solinge e Levinus Timmerman (eds.) – *VOC 1602-2002: 400 years of company law*, Deventer: Kluwer Legal Publishers, 2005

Ferrarini, Guido A. e Niamh Moloney – *Executive remuneration in the EU: The context for reform*, 2005, disponível em http://ssrn.com/paper=715862

Ferrarini, Guido e Paolo Giudici – "Financial scandals and the role of private enforcement: The Parmalat case", in Armour, John e Joseph A. McCahery (eds.) – *After Enron*, 2006

Ferreira, Bruno – Os deveres de cuidado dos administradores e gerentes (Análise dos deveres de cuidado em Portugal e nos Estados Unidos da América fora das situações de disputa sobre o controlo societário), *Revista de Direito das Sociedades*, 3, 2009

Ferreira, Manuel Cavaleiro – *Direito Penal Português*, 2, Lisboa: Verbo, 1982

DA ADMINISTRAÇÃO À FISCALIZAÇÃO DAS SOCIEDADES

FERRI, GIUSEPPE – "I controlli interni nelle società per azioni", in *Controlli interni ed esterni delle societa per azioni*, Milano: Giuffrè, 1972

FERRI, GIUSEPPE – *Le Società*, VASSALLI, FILIPPO, Trattato di Diritto Civile Italiano, 10:3, Torino: UTET, 1971

FERRI, GIUSEPPE – *Manuale di Diritto Commerciale*, 12.ª ed., Torino: UTET Giuridica, 2006

FERRI JR., GIUSEPPE – L'amministrazione delegata nella riforma, *Rivista del Diritto Commerciale e del Diritto Generale delle Obbligazioni*, 101:1, 2003

FIGUEIREDO, ANDRÉ – "Auditor independence and the joint provision of audit and non-audit services", in CÂMARA, PAULO (ed.) – *Código das Sociedades Comerciais e Governo das Sociedades*, Coimbra: Almedina, 2008

FIGUEIREDO, ANDRÉ – "O princípio da proporcionalidade e a sua expansão para o direito privado", in *Estudos Comemorativos dos 10 anos da Faculdade de Direito da Universidade Nova de Lisboa*, 2, Coimbra: Almedina, 2009

FIGUEIREDO, ISABEL MOUSINHO DE – O administrador delegado: A delegação de poderes de gestão no Direito das sociedades, *O Direito*, 137:3, 2005

FIKENTSCHER, WOLFGANG – *Methoden des Rechts*, 3 – Mitteleuropäischer Rechtskreis, Tübingen: Mohr, 1976

FIKENTSCHER, WOLFGANG – *Methoden des Rechts*, 5 – Nachträge, Register, Tübingen: Mohr, 1977

FINANCIAL REPORTING COUNCIL – Audit committees Combined Code guidance: A report and proposed guidance, 2003

FINANCIAL REPORTING COUNCIL – *The UK Corporate Governance Code*, 2010, disponível em http://www.frc.org.uk/corporate/ukcgcode.cfm

FINANCIAL SERVICES AUTHORITY – *Listing rules*, 2011, disponível em http://fsahandbook.info/FSA/html/handbook

FINCH, VANESSA – Company directors: Who cares about skill and care?, *The Modern Law Review*, 55:2, 1992

FIORENTINO, ADRIANO – *Gli organni delle società di capitali: Assemblea, amministratori, sindaci*, Napoli: Casa Editrice Dott. Eugenio Jovene, 1950

FISCHEL, DANIEL R. – The business judgment rule and the Trans Union case, *Business Lawyer*, 40, 1985

FISCHEL, DANIEL R. – The corporate governance movement, *Vanderbilt Law Review*, 35:6, 1982

FISCHEL, DANIEL R. – The "race to the bottom" revisited: Reflections on recent developments in Delaware's corporation law, *Northwestern University Law Review*, 76, 1982

FISCHER, CURT EDUARD – Rechtsschein und Wirklichkeit im Aktienrecht Rechtspolitische Betrachtungen zu einer Reform des Aktiengesetzes, *Archiv für die civilistische Praxis*, 154, 1955

ÍNDICE BIBLIOGRÁFICO

FISCHHOFF, BARUCH – An early history of hindsight research, *Social Cognition*, 25:1, 2007

FLEISCHER, HOLGER – Die "business judgment rule": vom Richterrecht zur Kodifizierung, *Zeitschrift für Wirtschaftsrecht*, 25:15, 2004

FLEISCHER, HOLGER – "Die "Business Judgment Rule" im Spiegel von Rechtsvergleichung und Rechtsökonomie", in *Festschrift für Herbert Wiedemann zum 70. Geburtstag*, München: Beck, 2002

FLEISCHER, HOLGER – "Disguised Distributions and Capital Maintenance in European Company Law", in LUTTER, MARCUS (ed.) – *Legal Capital in Europe*, Berlin: de Gruyter, 2006

FLEISCHER, HOLGER – "Leitungsaufgabe des Vorstands", in FLEISCHER, HOLGER (ed.) – *Handbuch des Vorstandsrechts*, München: Beck, 2006

FLEISCHER, HOLGER – Leitungsaufgabe des Vorstands im Aktienrecht, *Zeitschrift für Wirtschaftsrecht*, 24:1, 2003

FLEISCHER, HOLGER – "Rechtsrat und Organwalterhaftung im Gesellschafts- und Kapitalmarktrecht", in *Festschrift für Uwe Hüffer zum 70. Geburtstag*, München: Beck, 2010

FLEISCHER, HOLGER – "Sorgfaltspflicht der Vorstandsmitglieder", in FLEISCHER, HOLGER (ed.) – *Handbuch des Vorstandsrechts*, München: Beck, 2006

FLEISCHER, HOLGER – "Überwachungspflicht der Vorstandsmitglieder", in FLEISCHER, HOLGER (ed.) – *Handbuch des Vorstandsrechts*, München: Beck, 2006

FLEISCHER, HOLGER – Vertrauen von Geschäftsleitern und Aufsichtsratsmitgliedem auf Informationen Dritter: Konturen eines kapitalgesellschaftsrechtlichen Vertrauensgrundsatzes, *Zeitschrift für Wirtschaftsrecht*, 30:30, 2009

FLEISCHER, HOLGER – "Vorstand im Unternehmensverbund", in FLEISCHER, HOLGER (ed.) – *Handbuch des Vorstandsrechts*, München: Beck, 2006

FLEISCHER, HOLGER – Vorstandshaftung und Vertrauen auf anwaltlichen Rat, *Neue Zeitschrift für Gesellschaftsrecht*, 13:4, 2010

FLEISCHER, HOLGER – Zum Grundsatz der Gesamtverantwortung im Aktienrecht, *Neue Zeitschrift für Gesellschaftsrecht*, 6:10, 2003

FLUCK, ZSUZSANNA e COLIN MAYER – Race to the top or bottom? Corporate governance, freedom of reincorporation and competition in law, *Annals of Finance*, 1:4, 2005

FLUME, WERNER – *Allgemeiner Teil des Burgerlichen Rechts*, 1:2 – Die juristische Person, Berlin, Heidelberg, New York, Tokyo: Springer,

FONK, HANS-JOACHIM – "Personalentscheidungen des Aufsichtsrats", in SEMLER, JOHANNES e KERSTEN V. SCHENCK (eds.) – *Arbeitshandbuch für Aufsichtsratsmitglieder*, 3.ª ed., München: Beck, Vahlen, 2009

FORTUNATO, SABINO – I "controlli" nella riforma del diritto societario, *Rivista delle Società*, 48:4, 2003

1003

DA ADMINISTRAÇÃO À FISCALIZAÇÃO DAS SOCIEDADES

FORTUNATO, SABINO – I controlli amministrativi sulle società, *Rivista delle Società*, 43:2-3, 1998

FRADA, MANUEL CARNEIRO DA – "A business judgment rule no quadro dos deveres gerais dos administradores", in *A Reforma do Código das Sociedades Comerciais: Jornadas em Homenagem ao Professor Doutor Raúl Ventura*, Coimbra: Almedina, 2007

FRADA, MANUEL CARNEIRO DA – Acordos parassociais "omnilaterais", *Direito das Sociedades em Revista*, 1:2, 2009

FRADA, MANUEL CARNEIRO DA – A responsabilidade dos administradores na insolvência, *Revista da Ordem dos Advogados*, 66:2, 2006

FRADA, MANUEL CARNEIRO DA – *Contrato e deveres de protecção*, Coimbra: Almedina, 1994

FRADA, MANUEL CARNEIRO DA – *Deliberações sociais inválidas no novo código das sociedades*, separata de Novas perspectivas do direito comercial, Coimbra: Almedina, 1988

FRADA, MANUEL CARNEIRO DA – *Direito civil – Responsabilidade civil – O método do caso*, Coimbra: Almedina, 2006

FRADA, MANUEL CARNEIRO DA – O dever de legalidade: um novo (e não escrito?) dever fundamental dos administradores, *Direito das Sociedades em Revista*, 4:8, 2012

FRADA, MANUEL CARNEIRO DA – *Teoria da confiança e responsabilidade civil*, Coimbra: Almedina 2004

FRADA, MANUEL CARNEIRO DA – *Uma "terceira via" no direito da responsabilidade civil?*, Coimbra: Almedina, 1997

FRADA, MANUEL CARNEIRO DA e DIOGO COSTA GONÇALVES – A acção *ut singuli* (de responsabilidade civil) e a relação do Direito cooperativo com o Direito das sociedades comerciais, *Revista de Direito das Sociedades*, 1:4, 2009

FRANÇA, MARIA AUGUSTA – *A estrutura das sociedades anónimas em relação de grupo*, Lisboa: AAFDL, 1990

FRANCESCHELLI, REMO – "Traccia per la relazione generale sul tema dei "controlli interni ed esterni delle società per azioni"", in *Controlli interni ed esterni dele società per azioni*, Milano: Giuffrè, 1972

FRANKS, JULIAN, COLIN MAYER e LUC RENNEBOOG – Who disciplines management in poorly performing companies?, *Journal of Financial Intermediation*, 10:3-4, 2001

FRANKS, JULIAN R. e COLIN MAYER – Ownership and control of German corporations, *The Review of Financial Studies*, 14:4, 2001

FRANZONI, MASSIMO – *Gli amministratori e i sindaci*, Torino: UTET, 2002

FRANZONI, MASSIMO – *L'illecito*, Trattato della responsabilità civile, 1, 2.ª ed., Milano: Giuffrè, 2010

ÍNDICE BIBLIOGRÁFICO

FRÉ, GIANCARLO – *Società per azioni: Art. 2325-2461*, Commentario del Codice Civile a cura di Antonio Scialoja e Giuseppe Branca, 5.ª ed., Bologna, Roma: Nicola Zanichelli Editore, Soc. Ed. del Foro Italiano, 1982

FREEDMAN, JUDITH – Accountants and corporate governance: Filling a legal vacuum?, *The Political Quarterly*, 64:3, 1993

FREITAS, JOSÉ LEBRE DE – *A acção declarativa comum: À luz do código revisto*, Coimbra: Coimbra Editora, 2010

FREMDLING, RAINER e RUTH FEDERSPIEL – *Statistik der Eisenbahnen in Deutschland (1835-1989)*, Quellen und Forschungen zur historischen Statistik von Deutschland, 17, St. Katharinen: Scripta-Mercaturae-Verl., 1995

FRENCH, DEREK, STEPHEN W. MAYSON e CHRISTOPHER L. RYAN – *Mayson, French & Ryan on company law*, 25.ª ed., Oxford: Oxford University Press, 2008

FRIDMAN, GERALD HENRY LOUIS – *The law of agency*, London: Butterworths, 1976

FURTADO, JORGE PINTO – *Código Comercial anotado*, 2:1, Coimbra: Almedina, 1979

GALGANO, FRANCESCO – *Delle persone giuridiche*, Commentario del Codice Civile a cura di Antonio Scialoja e Giuseppe Branca, Bologna, Roma: Nicola Zanichelli Editore, Soc. Ed. del Foro Italiano, 1969

GALGANO, FRANCESCO – *Storia del diritto commerciale*, Bologna: Scietà editrice il Mulino 1976

GALGANO, FRANCESCO – Struttura logica e contenuto normativo del concetto di persona giuridica: studi per un libro sulle persone giuridiche, *Rivista di Diritto Civile*, 11:1, 1965

GALGANO, FRANCESCO – *Trattato di Diritto Commerciale e di Diritto Pubblico dell'Economia*, 29 – Il nuovo diritto societario, Padova: CEDAM, 2003

GALGANO, FRANCESCO – *Trattato di Diritto Commerciale e di Diritto Pubblico dell'Economia*, 7 – La societá per azioni, Padova: CEDAM, 1984

GALL, LOTHAR e MANFRED POHL – *Die Eisenbahn in Deutschland: von den Anfängen bis zur Gegenwart*, München: Beck, 1999

GALLONI, ALESSANDRA e DAVID REILLY – How Parmalat spent and spent, *Wall Street Journal*, 23 de Julho de 2004

GANS, EDUARD – *Beiträge zur Revision der preußischen Gesetzgebung*, 1, Berlin, 1830-1832

GARDINER, BRYAN – Learning from failure: Apple's most notorious flops, *Wired*, 24 de janeiro de 2008

GEIGER, BERTHOLD – Ist es zulässig, daß die Mitglieder des Aufsichtsrathes einer Aktiengesellschaft durch Beschluß der Generalversammlung ihrer Stellung verlustig erklärt werden?, *Archiv für Theorie und Praxis des Allgemeinen Deutschen Handels- und Wechselrechts*, 34, 1876

GEIGER, BERTHOLD – Zur Reform der Aktiengesetzgebung, *Archiv für Theorie und Praxis des Allgemeinen Deutschen Handels- und Wechselrechts*, 36, 1877

DA ADMINISTRAÇÃO À FISCALIZAÇÃO DAS SOCIEDADES

GELTER, MARTIN e GRECHENIG, KRISTOFFEL R. – *History of Law and Economics*, MPI Collective Goods Preprint, n.º 2014/5, disponível em ttp://papers.ssrn.com/sol3/Papers.cfm?abstract_id=2421224

GENGLER, HEINRICH – *Lehrbuch des Deutschen Privatrechts*, Erlangen: Bläsing, 1854

GEPKEN-JAGER, ELLA, GERARD VAN SOLINGE e TIMMERMAN LEVINUS – *VOC 1602-2002: 400 Years of Company Law*, Deventer: Kluwer Legal Publisher, 2005

GESSLER, ERNST, in GESSLER, ERNST, WOLFGANG HEFERMEHL, ULRICH ECKARDT e BRUNO KROPFF (eds.) – *Aktiengesetz Kommentar*, 2 – §§ 76-147, München: Vahlen, 1974

GESSLER, ERNST – Die Haftung des Vorstandes für wirtschaftliche Fehlentscheidungen, *Neue Betriebswirtschaft*, 2, 1972

GEVURTZ, FRANKLIN A. – The business judgment rule: Meaningless verbiage or misguided notion?, *Southern California Law Review*, 67, 2000

GEVURTZ, FRANKLIN A. – *Corporation law*, St. Paul: West Group, 2000

GHEZZI, FEDERICO e MARCO RIGOTTI, in MARCHETTI, PIERGAETANO, LUIGI A. BIANCHI, FEDERICO GHEZZI e MARIO NOTARI (eds.) – *Commentario alla riforma delle società*, Sistemi alternativi di amministrazione e controllo: Artt. 2409-octies – 2409-noviesdecies c.c., Milano: Giuffrè, 2005

GIANNINI, MASSIMO SEVERO – "Organi (teoria generale)", in MORTATI, COSTANTINO e FRANCESCO SANTORO-PASSRELLI (eds.) – *Enciclopedia del Diritto*, Milano: Giuffré, 1981

GIÃO, JOÃO SOUSA – "Conflitos de interesses entre administradores e os accionistas na sociedade anónima: Os negócios com a sociedade e a renumeração dos administradores", in CÂMARA, PAULO (ed.) – *Conflito de interesses no direito societário e financeiro: Um balanço a partir da crise financeira*, Coimbra: Almedina, 2010

GIERKE, OTTO FRIEDRICH VON – *Das Wesen der menschlichen Verbände*, Berlin: Gustav Schade, 1902

GIERKE, OTTO FRIEDRICH VON – *Deutsches Privatrecht*, 1 – Allgemeiner Teil und Personenrecht, Leipzig: Duncker & Humblot, 1895

GIERKE, OTTO FRIEDRICH VON – *Die Genossenschaftstheorie und die deutsche Rechtsprechung*, Berlin: Weidmann, 1887

GILSON, RONALD J. – Controlling shareholders and corporate governance: Complicating the comparative taxonomy, *Harvard Law Review*, 119:6, 2006

GILSON, RONALD J. – Globalizing Corporate Governance: Convergence of Form or Function, *American Journal of Comparative Law*, 49, 2001

GILSON, RONALD J. e JEFFREY N. GORDON – Controlling Controlling Shareholders, *University of Pennsylvania Law Review*, 152:2, 2003

GILSON, RONALD J. e REINIER KRAAKMAN – Reinventing the Outside Directors: An Agenda for Institutional Investors, *Stanford Law Review*, 43, 1991

GIRVIN, STEPHEN D., SANDRA FRISBY e ALASTAIR HUDSON – *Charlesworth's Company Law*, 18.ª ed., London: Sweet & Maxwell, 2010

GOETTE, WULF – "Leitung, Aufsicht, Haftung: zur Rolle der Rechtsprechung bei der Sicherung einer modernen Unternehmensführung", in *Festschrift aus Anlaß des fünfzigjährigen Bestehens von Bundesgerichtshof, Bundesanwaltschaft und Rechtsanwaltschaft beim Bundesgerichtshof*, Köln, Berlin, Bonn, München: Heymanns, 2000

GOLDSCHMIDT, LEVIN – Die Reform des Aktiengesellschaftsrechts, *Zeitschrift fur das gesamte Handelsrecht und Wirtschaftsrecht*, 30, 1885

GOLDSCHMIDT, LEVIN – *Universalgeschichte des Handelsrecht*, Stuttgart: Enke, 1891

GOLLING, HANS-JOACHIM – *Sorgfaltspflicht und Verantwortlichkeit der Vorstandsmitglieder für ihre Geschäftsführung innerhalb der nicht konzerngebundenen Aktiengesellschaft*, Köln: Wienand, 1968

GOMES DE LA SERNA, PEDRO e JOSÉ REUS Y GARCÍA – *Código de comercio concordado y anotado: precedido de una Introduccion histórico-comparada, y seguido de la Ley del Enjuiciamiento sobre los negocios y causas de comercio, y de un Repertorio alfabético de la legislación y del procedimiento mercantil*, 4.ª ed., Madrid: Revista de Legislación, 1863

GOMES, JANUÁRIO DA COSTA – *Assunção fidejussória de dívida: Sobre o sentido e o âmbito da vinculação como fiador*, Coimbra: Almedina, 2000

GOMES, JANUÁRIO DA COSTA – *Contrato de mandato*, reimp., Lisboa: AAFDL, 2007

GOMES, JOSÉ FERREIRA, in CÂMARA, PAULO (ed.) – *Código do Governo das Sociedades anotado*, Coimbra: Almedina, 2012

GOMES, JOSÉ FERREIRA – Auditors as gatekeepers: The European reform of auditors' legal regime and the American influence, *The Columbia Journal of European Law*, 11:3, 2005

GOMES, JOSÉ FERREIRA – "Conflitos de interesses entre accionistas nos negócios celebrados entre a sociedade anónima e o seu accionista controlador", in CÂMARA, PAULO (ed.) – *Conflito de interesses no direito societário e financeiro: Um balanço a partir da crise financeira*, Coimbra: Almedina, 2010

GOMES, JOSÉ FERREIRA – A fiscalização externa das sociedades comerciais e a independência dos auditores: A reforma europeia, a influência norte-americana e a transposição para o direito português, *Cadernos do Mercado de Valores Mobiliários*, 24, 2006

GOMES, JOSÉ FERREIRA – "O governo dos grupos de sociedades", in CÂMARA, PAULO (ed.) – *O governo das organizações: A vocação universal do corporate governance*, Coimbra: Almedina, 2011

GOMES, JOSÉ FERREIRA – Os deveres de informação sobre negócios com partes relacionadas e os recentes Decretos-Lei n.º 158/2009 e 185/2009, *Revista de Direito das Sociedades*, 1:3, 2009

GONÇALVES, A. SEBASTIÃO – *O capital das sociedades anónimas: posição dos accionistas do ponto de vista económico*, 3.ª ed., Lisboa: edição do autor, 1961

GONÇALVES, DIOGO COSTA – "O governo das sociedades por quotas: Breves reflexões sobre a celebração de negócios entre o gerente e a sociedade", in CÂMARA, PAULO (ed.) – *O Governo das organizações: A vocação universal do corporate governance*, Coimbra: Almedina, 2011

GONÇALVES, DIOGO COSTA – *Pessoa e direitos de personalidade*, Coimbra: Almedina, 2008

GONÇALVES, LUIZ DA CUNHA – Breve estudo sobre a personalidade das sociedades commerciaes, *Gazeta da Relação de Lisboa*, 25, 1911

GONÇALVES, LUIZ DA CUNHA – *Tratado de direito civil: em comentário ao Código Civil Português*, 1, Coimbra: Coimbra Editora, 1929

GONÇALVES, LUIZ DA CUNHA – *Comentário ao Código Comercial português*, 1, Lisboa: Empreza Editora J.B., 1914

GORDON, JEFFREY N. – Governance failures of the Enron board and the new information order of Sarbanes-Oxley, *Connecticut Law Review*, 35, 2003

GORDON, JEFFREY N. – The mandatory structure of corporate law, *Columbia Law Review*, 89, 1989

GORDON, JEFFREY N. – Rise of independent directors in Italy: A comparative perspective, *Rivista delle Società*, 2007

GORDON, JEFFREY N. – The rise of independent directors in the United States, 1950-2005: Of shareholder value and stock market prices, *Standford Law Review*, 59:6, 2007

GORDON, ROBERT AARON – *Business leadership in the large corporation*, Washington, D. C.: The Brookings Institution, 1945

GORGA, ÉRICA – Culture and corporate law reform: a case study of Brazil, *University of Pennsylvania Journal of International Economic Law*, 27, 2006

GOSHEN, ZOHAR – "Controlling corporate self-dealing: convergence or path dependency", in MILHAUPT, CURTIS J. (ed.) – *Global markets, domestic institutions: Corporate law and governance in a new era of cross-border deals*, New York: Columbia University Press, 2003

GOSHEN, ZOHAR – Controlling strategic voting: Property rule or liability rule?, *University of California Law Review*, 70, 1997

GÖTZ, HEINRICH – Leitungssorgfalt und Leitungskontrolle der Aktiengesellschaft hinsichtlich abhängiger Unternehmen, *Zeitschrift fur Unternehmens- und Gesellschaftsrecht*, 27:3, 1998

GOWER, LAURENCE C. B. – *Gower's principles of modern company law*, with contributions from D.D. Prentice e B.G. Pettet, 5.ª ed., London: Sweet & Maxwell, 1992

GRAUMANN, MATTHIAS – "Der Entscheidungsbegriff in § 93 Abs. 1 Satz 2 AktG – Rekonstruktion des traditionellen Verständnisses und Vorschlag für eine moderne Konzeption", in *Zeitschrift fur Unternehmens- und Gesellschaftsrecht*, 2011

GRECO, PAOLO – *Le società nel sistema legislativo italiano*, Torino: Giappichelli, 1959

GRIMM, DIETER – "Die verfassungsrechtlichen Grundlagen der Privatrechtsgesetzgebung", in COING, HELMUT (ed.) – *Handbuch der Quellen und Literatur der neueren europäischen Privatrechtsgeschichte*, 3.1, München: Beck, 1982

GRIPPO, GIOVANNI – *Deliberazione e collegialità nella società per azioni*, Milano: Giuffrè, 1979

GROSSFELD, BERNHARD – *Aktiengesellschaft, Unternehmenskonzentration und Kleinaktionär*, Tübingen: Mohr Siebeck, 1968

GROSSFELD, BERNHARD – "Die rechtspolitische Beurteilung der Aktiengesellschaft im 19. Jahrhundert", in COING, HELMUT e WALTER WILHELM (eds.) – *Wissenschaft und Kodifikation des Privatrechts im 19. Jahrhundert*, 4, 1979

GROSSFELD, BERNHARD e U. LEHMANN – "Management Structures and Workers Codetermination in Germany with European Perspectives", in *The Corporate Law Development Series*, 1, 1994

GROSSMANN, ADOLF – *Unternehmensziele im Aktienrecht: Eine Untersuchung über Handlungsmaßtäbe für Vorstand und Aufsichtsrat*, Köln, Berlin, Bonn, München: Heymann, 1980

GROUPE DAVIGNON – *Participation des travailleurs: Rapport final du Groupe Davignon*, 1997, disponível em http://europa.eu/rapid/pressReleasesAction.do?reference =IP/97/396&format=HTML&aged=1&language=FR&guiLanguage=en

GRUNDEI, JENS e AXEL VON WERDER – Die Angemessenheit der Informationsgrundlage als Anwendungsvoraussetzung der Business Judgment Rule, *Die Aktiengesellschaft*, 50:22, 2005

GUASTINI, RICCARDO – Fragments of a Theory of Legal Sources, *Ratio Juris*, 9:4, 1996

GUINÉ, ORLANDO VOGLER – *Da conduta (defensiva) da administração "opada"*, Coimbra: Almedina, 2009

HABERSACK, MATHIAS, in GOETTE, WULF, MATHIAS HABERSACK e SUSANNE KALSS (eds.) – *Münchener Kommentar zum Aktiengesetz*, 2 – §§ 76-117, MitbestG, DrittelbG, 3.ª ed., München: Beck, Franz Vahlen, 2008

HABERSACK, MATHIAS, in EMMERICH, VOLKER e MATHIAS HABERSACK (eds.) – *Aktien- und GmbH-Konzernrecht*, 6.ª ed., München: Beck, 2010

HALPÉRIN, JEAN-LOUIS – *Histoire du droit français depuis 1804*, Paris: Presses Univ. de France, 1996

HAMIAUT, MARCEL – *La Réforme des Sociétés Commerciales: Loi nº 66-537 du 24 juillet 1966*, 2, Paris: Dalloz, 1966

HANSEMANN, DAVID – *Die Eisenbahnen und deren Aktionäre in ihrem Verhältnis zum Staat*, Leipzig e Halle: Renger, 1837

HANSEMANN, DAVID – *Kritik des preußischen Eisenbahn-Gesetzes vom 3. Nov. 1838*, Leipzig: Aachen, 1841

HANSEN, CHARLES – The duty of care, the business judgment rule, and the American Law Institute corporate governance project, *Business Lawyer*, 48, 1993

HANSMANN, HENRY – Ownership of the Firm, *Journal of Law, Economics and Organization*, 4, 1988

HANSMANN, HENRY e REINIER KRAAKMAN – "Agency problems and legal strategies", in *The anatomy of corporate law: A comparative and functional approach*, reimp., Oxford, New York: Oxford University Press, 2006

HANSMANN, HENRY e REINIER KRAAKMAN – "The basic governance structure", in *The anatomy of corporate law: A comparative and functional approach*, 1.ª ed., Oxford, New York: Oxford University Press, 2006

HANSMANN, HENRY e REINIER KRAAKMAN – The end of history for corporate law, *Georgetown Law Journal*, 89, 2001

HART, HERBERT L. A. – *The concept of law*, 2.ª ed., Oxford: Clarendon, 1994

HART, HERBERT L. A. – *O conceito de direito*, Lisboa: Fundação Calouste Gulbenkian, 1986

HATTENHAUER, HANS – *Europäische Rechtsgeschichte*, Heidelberg: Müller, 2004

HAUSSMANN, FRITZ – *Vom Aktienwesen und vom Aktienrecht*, Mannheim, Berlin, Leipzig: Bensheimer, 1928

HAWES, DOUGLAS W. e THOMAS J. SHERRARD – Reliance on advice of counsel as a defense in corporate and securities cases, *Virginia Law Review*, 62:1, 1976

HAZEN, THOMAS LEE – Corporate directors' accountability: The race to the bottom – the second lap (1987), *North Carolina Law Review*, 66, 1987

HECHT, FELIX – *Das Börsen- und Actienwesen der Gegenwart und die Reform des Actien-Gesellschafts-Rechts*, Berlim: Simion, 1874

HECHT, FELIX – *Zur Reform des Aktiengesellschaftsrechts*, Berlim: Simion, 1882

HECK, PHILIPP – Gesetzauslegung und Interessenjurisprudenz, *Archiv für die civilistische Praxis*, 112, 1914

HECK, PHILIPP – *Interpretação da lei e jurisprudência dos interesses*, tradução de José Osório, Coimbra: Arménio Amado, 1947

HEFERMEHL, WOLFGANG, in GESSLER, ERNST, WOLFGANG HEFERMEHL, ULRICH ECKARDT e BRUNO KROPFF (eds.) – *Aktiengesetz Kommentar*, 2 – §§ 76-147, München: Vahlen, 1974

HEFERMEHL, WOLFGANG e GERALD SPINDLER, in *Münchener Kommentar zum Aktiengesetz*, 2 – §§ 76-117, 2.ª ed., München: Beck, Franz Vahlen, 2004

HENZE, HARTWIG – Prüfungs- und Kontrollaufgaben des Aufsichtsrates in der Aktiengesellschaft: Die Entscheidungspraxis des Bundesgerichtshofes, *Neue Juristische Wochenzeitung*, 51, 1998

HERTIG, GERARD e HIDEKI KANDA – "Related party transactions", in *The anatomy of corporate law: A comparative and functional approach*, 1.ª ed., 2006 reimp., Oxford, New York: Oxford University Press, 2006

HESSEN, ROBERT – The modern corporation and private property : A reappraisal, *The Journal of Law and Economics*, 26:2, 1983

HIGH LEVEL GROUP OF COMPANY LAW EXPERTS, THE – Report on a modern regulatory framework for company law in Europe, 2002

HIGH-LEVEL GROUP ON FINANCIAL SUPERVISION IN THE EU, THE – *Report on financial supervision in the EU*, 2009

HITLER, ADOLF – *Mein Kampf*, München: Eher, 1942

HM TREASURY – Myners principles for institutional investment decision-making: review of progress, 2004

HOFER, SIBYLLE – "Das Aktiengesetz von 1884 – ein Lehrstück für prinzipielle Schutzkonzeptionen", in BAYER, WALTER e MATHIAS HABERSACK (eds.) – *Aktienrecht im Wandel*, 1 – Entwicklung des Aktienrechts, Tübingen: Mohr Siebeck, 2007

HOFER, SIBYLLE – *Freiheit ohne Grenzen?: privatrechtstheoretische Diskussionen im 19. Jahrhundert*, Tübingen: Mohr Siebeck, 2001

HOFFMANN, DIETRICH e PETER PREU – *Der Aufsichtsrat*, 5.ª ed., München: Beck, 2003

HOFFMANN-BECKING, MICHAEL – "Aufsichtsrat", in HOFFMANN-BECKING, MICHAEL (ed.) – *Münchener Handbuch des Gesellschaftsrecht*, 4 – Aktiengesellschaft, 3.ª ed., 2007

HOFFMANN-BECKING, MICHAEL – Zur rechtlichen Organisation der Zusammenarbeit im Vorstand der AG, *Zeitschrift fur Unternehmens- und Gesellschaftsrecht*, 27:3, 1998

HOMMELHOFF, PETER – Der aktienrechtliche Organstreit. Vorüberlegungen zu den Organkompetenzen und ihrer gerichtlichen Durchsetzbarkeit, *Zeitschrift fur das gesamte Handelsrecht und Wirtschaftsrecht*, 143, 1979

HOMMELHOFF, PETER – *Die Konzernleitungspflicht: zentrale Aspekte eines Konzernverfassungsrechts*, Köln, Berlin, Bonn, München: Heymann, 1982

HOMMELHOFF, PETER – Vernetzte Aufsichtsratsüberwachung im Konzern?: eine Problemskizze *Zeitschrift fur Unternehmens- und Gesellschaftsrecht*, 25:2, 1996

HOMMELHOFF, PETER – "Zur Anteil- und Beteiligungsüberwachung im Aufsichtsrat", in *Festschrift für Walter Stimpel zum achtundsechzigsten Geburtstag am 29. November 1985*, Berlin, New York: de Gruyter, 1985

HOMMELHOFF, PETER – "Eigenkontrolle statt Staatskontrolle: rechtsdogmatischer Überblick zur Aktienrechtsreform 1884", in SCHUBERT, WERNER e PETER HOMMELHOFF (eds.) – *Hundert Jahre modernes Aktienrecht: Eine Sammlung von Texten*

DA ADMINISTRAÇÃO À FISCALIZAÇÃO DAS SOCIEDADES

und Quellen zur Aktienrechtsreform 1884 mit zwei Einführungen, Berlin, New York: de Gruyter, 1985

HOPT, KLAUS J. – *Aktiengesetz Großkommentar*, 3 – §§ 76-94, 4.ª ed., 1999

HOPT, KLAUS J. – "Comparative company law", in REIMANN, MATHIAS e REINHARD ZIMMERMANN (eds.) – *The Oxford Handbook of Comparative Law*, Oxford, 2006

HOPT, KLAUS J. – "Corporate Governance und deutsche Universalbanken", in FEDDERSEN, DIETER e THEODOR BAUMS (eds.) – Corporate governance: Optimierung der Unternehmensführung und der Unternehmenskontrolle im deutschen und amerikanischen Aktienrecht, Köln: O. Schmidt, 1996

HOPT, KLAUS J. – "Die Haftung von Vorstand und Aufsichtsrat : Zugleich ein Beitrag zur corporate governance-Debatte", in *Festschrift für Ernst-Joachim Mestmäcker: zum siebzigsten Geburtstag*, Baden-Baden: Nomos, 1996

HOPT, KLAUS J. – "The German two-tier board: A German view on corporate governance", in HOPT, KLAUS J. e EDDY WYMEERSCH (eds.) – *Comparative corporate governance: Essays and materials*, Berlin, New York: de Gruyter, 1997

HOPT, KLAUS J. – "The German two-tier board: Experience, theories, reforms", in HOPT, KLAUS J., HIDEKI KANDA, MARK J. ROE, EDDY WYMEERSCH e STEFAN PRIGGE (eds.) – *Comparative corporate governance: The state of the art and emerging research*, Oxford: Clarendon Press, 1998

HOPT, KLAUS J. – "Ideelle und wirtschaftliche Grundlagen der Aktien-, Bank- und Börsenrechtsentwicklung im 19. Jahrhundert", in COING, HELMUT e WALTER WILHELM (eds.) – *Wissenschaft und Kodifikation des Privatrechts im 19. Jahrhundert*, 5 (Geld und Banken), Frankfurt am Main: Klostermann, 1980

HOPT, KLAUS J. – Labor representation on corporate boards: Impacts and problems for corporate governance and economic integration in Europe, *International Review of Law and Economics*, 14:2, 1994

HOPT, KLAUS J. – "Modern company and capital market problems: Improving European corporate governance after Enron", in ARMOUR, JOHN e JOSEPH A. MCCAHERY (eds.) – *After Enron: Improving corporate law and modernising securities regulation in Europe and the US*, Oxford: Hart, 2006

HOPT, KLAUS J. – New ways in corporate governance: European experiments with labor representation on corporate boards, *Michigan Law Review*, 82, 1984

HOPT, KLAUS J. e MARKUS ROTH – *Aktiengesetz Großkommentar*, 4 – §§ 95-117, 4.ª ed., 2005

HORN, NORBERT – Die Haftung des Vorstands der AG nach § 93 AktG und die Pflichten des Aufsichtsrats, *Zeitschrift für Wirtschaftsrecht*, 18:26, 1997

HOWARD, STANLEY E. – The limited partnership in New Jersey, *Journal of Business of the University of Chicago*, 7:4, 1934

HÜFFER, UWE – *Aktiengesetz*, 7.ª ed., München: C.H. Beck, 2002

HÜFFER, UWE – *Aktiengesetz*, 10.ª ed., München: C.H. Beck, 2012

ÍNDICE BIBLIOGRÁFICO

HÜFFER, UWE – "Das Leitungsermessen des Vorstands in der Aktiengesellschaft", in *Festschrift für Thomas Raiser zum 70. Geburstag am 20. Februar 2005*, Berlin: de Gruyter, 2005

HÜFFER, UWE – "Der Vorstand als Leitungsorgan und die Mandats- sowie Haftungsbeziehungen seiner Mitglieder", in BAYER, WALTER e MATHIAS HABERSACK (eds.) – *Aktienrecht im Wandel*, 2 – Grundsatzfragen des Aktienrechts, München: C.H. Beck, 2007

INSTITUTE OF CHARTERED ACCOUNTANTS IN ENGLAND AND WALES – *The Company Law Review: Completing the structure*, 2001

INSTITUTE OF CHARTERED ACCOUNTANTS IN ENGLAND AND WALES – Internal control: Guidance for directors on the Combined Code, 1999

INSTITUTIONAL SHAREHOLDERS' COMMITTEE – The responsibilities of institutional shareholders and agents – Statement of principles, 2002

INTERNATIONAL FEDERATION OF ACCOUNTANTS – Manual das normas internacionais de controlo de qualidade, auditoria, revisão, outros trabalhos de garantia de fibilidade e serviços relacionados, 1, New York: IFAC, 2010

ISAACSON, WALTER – *Steve Jobs*, New York, London, Toronto, New Delhi: Simon & Schuster, 2011

ISELI, ANDREA – *"Bonne police": frühneuzeitliches Verständnis von der guten Ordnung eines Staates in Frankreich*, Tübingen: Bibliotheca Academica Verlag, 2003

JAEGER, PIER GIUSTO – *L'interesse sociale*, Milano: Giuffrè, 1964

JENSEN, MICHAEL C. – "Introduction", in JENSEN, MICHAEL C. (ed.) – *A theory of the firm: governance, residual claims, and organizational forms*, Cambridge, London: Harvard University Press, 2003

JENSEN, MICHAEL C. e WILLIAM H. MECKLING – The theory of the firm: managerial behavior, agency costs and ownership structure, *Journal of Financial Economics*, 3:4, 1976

JENSEN, MICHAEL C., KEVIN J. MURPHY e ERIC G. WRUCK – *Remuneration: Where we've been, how we got to here, what are the problems, and how to fix them*, 2004, disponível em http://ssrn.com/paper=561305

JENSEN, MICHAEL C. e CLIFFORD W. SMITH, JR. – "Stockholder, manager, and creditor interests: Applications of agency theory", in JENSEN, MICHAEL C. (ed.) – *A Theory of the Firm: Governance, Residual Claims, and Organizational Forms*, Cambridge, MA: Harvard University Press, 2003

JHERING, RUDOLPH VON – *Der Zweck im Recht* 1, Leipzig: Breitkopf & Härtel, 1877

JOHNSON, SIMON, *et al.* – Tunneling, *The American Economic Review*, 90:2, 2000

JORGE, FERNANDO PESSOA – *Ensaio sobre os pressupostos da responsabilidade civil*, Lisboa: Centro de Estudos Fiscais da Direcção-Geral das Contribuições e Impostos, Ministério das Finanças, 1968

JORGE, FERNANDO PESSOA – *O mandato sem representação*, Lisboa: Edições Atica, 1961

JUNGMANN, CARSTEN – The effectiveness of corporate governance in one-tier and two-tier board systems: Evidence from the UK and Germany, *European Company and Financial Law Review*, 3:4, 2006

JÚNIOR, EDUARDO SANTOS – *Da responsabilidade civil de terceiro por lesão do direito de crédito*, Coimbra: Almedina, 2003

KALSS, SUSANNE, CHRISTINA BURGER e GEORG ECKERT – *Die Entwicklung des österreichischen Aktienrechts*, Wien: Linde, 2003

KATZ, WILBER G. – The Philosophy of Midcentury Corporation Statutes, *Law and Contemporary Problems*, 23:2, 1958

KELSEN, HANS – *General theory of Law and State*, New York: Russel & Russel, 1945

KELSEN, HANS – *Teoria pura do Direito*, 4.ª ed., Coimbra: Arménio Amado, 1976

KETZ, J. EDWARD – *Hidden financial risk: understanding off-balance sheet accounting*, Hoboken: Wiley, 2003

KEYNES, JOHN MAYNARD – *The end of laissez-faire*, London: L. & Virginia Woolf, 1926

KEYSSNER, HUGO – *Allgemeines deutsches Handelsgesetzbuch: Nach Rechtsprechung und Wissenschaft*, Stuttgart: Enke, 1878

KEYSSNER, HUGO – *Die Aktiengesellschaften und die Kommanditgesellschaften auf Aktien unter dem Reichs-Gesetz vom 11. Juni 1870*, Berlin: Heymann, 1873

KIESSLING, ERIK – "Das preußische Aktiengesetz von 1843", in BAYER, WALTER e MATHIAS HABERSACK (eds.) – *Aktienrecht im Wandel*, 1 – Entwicklung des Aktienrechts, Tübingen: Mohr Siebeck, 2007

KIESSLING, ERIK – "Das preußische Eisenbahngesetz von 1838", in BAYER, WALTER e MATHIAS HABERSACK (eds.) – *Aktienrecht im Wandel*, 1 – Entwicklung des Aktienrechts, Tübingen: Mohr Siebeck, 2007

KIESSLING, ERIK – "Eisenbahnbau und Industrialisierung als Katalysator der Entwicklung des Aktienrechts", in BAYER, WALTER e MATHIAS HABERSACK (eds.) – *Aktienrecht im Wandel*, 1 – Entwicklung des Aktienrechts, Tübingen: Mohr Siebeck, 2007

KINDLER, PETER – Unternehmerisches Ermessen und Pflichtenbindung : Voraussetzungen und Geltendmachung der Vorstandshaftung in der Aktiengesellschaft, *Zeitschrift fur das gesamte Handelsrecht und Wirtschaftsrecht*, 162, 1998

KIRCHMAIER, THOMAS e JEREMY GRANT – Corporate ownership structure and performance in Europe, *European Management Review*, 2:3, 2005

KIRCHMAIER, TOM e JEREMY GRANT – *Financial Tunneling and the Revenge of the Insider System: How to Circumvent the New European Corporate Governance Legislation*, 2005, disponível em http://eprints.lse.ac.uk/13324/

KISSKALT, WILHELM – 1. Bericht über die Arbeiten des Aktienrechtsausschusses der Akademie für Deutsches Recht, *Zeitschrift der Akademie für Deutsches Recht*, 1934

KISSKALT, WILHELM – 2. Bericht über die Arbeiten des Aktienrechtsausschusses der Akademie für Deutsches Recht, *Zeitschrift der Akademie für Deutsches Recht*, 1935

KLAUSING, FRIEDRICH – *Gesetz über Akiengesellschaften und Kommanditgesellschaften auf Aktien (Aktien-Gesetz) nebst Einführungsgesetz und "Amtlicher Begründung"*, Berlin: Heymann, 1937

KLEIN, FRANZ – *Die neueren Entwicklungen in Verfassung und Recht der Aktiengesellschaft*, Wien: Manz, 1904

KLEIN, WILLIAM A. e JOHN C. COFFEE, JR. – *Business organization and finance*, 9.ª ed., New York: Foundation Press, 2004

KLEINDIEK, DETLEF – "Konzernstrukturen und Corporate Governance: Leitung und Überwachung im dezentral organisiert Unternehmensverbund", in HOMMELHOFF, PETER, KLAUS J. HOPT e AXEL V. WERDER (eds.) – *Handbuch Corporate Governance: Leitung und Überwachung börsennotierter Unternehmen in der Rechts- und Wirtschaftspraxis*, 2.ª ed., Stuttgart, Köln: Schäffer-Poeschel, Schmidt, 2009

KNIGHT, FRANK H. – *Risk, Uncertainty and Profit*, Boston: Hart, Schaffner & Marx; Houghton Mifflin Company, 1921

KOCH, JENS – "Das Gesetz zur Unternehmensintegrität und Modernisierung des Anfechtungsrechts (UMAG) – ein Überblick", in *Zeitschrift für Unternehmens- und Gesellschaftsrecht*, 2006

KOHL, HELMUT – Corporate governance: Path dependence and German corporate law: Some skeptical remarks from the sideline, *Columbia Journal of European Law*, 5, 1999

KOHLER, JOSEF – Beiträge zum Aktienrecht, *Archiv für Theorie und Praxis des allgemeinen deutschen Handels- und Wechselrecht*, 35, 1877

KÖNIG, WOLFGANG e WOLFHARD WEBER – *Netzwerke: Stahl und Strom*, KÖNIG, WOLFGANG, Propyläen Technikgeschichte : Einführung des Herausgebers, 4, Berlin, Frankfurt am Main: Propyläen, 1990

KOPPENSTEINER, HANS-GEORG – *Kölner Kommentar zum Aktiengesetz*, 6 – §§ 15-22, 291-328 AktG, 3.ª ed., 2004

KORN/FERRY INTERNATIONAL – European boards of directors study: board meeting in session, London1996

KORT, MICHAEL, in HOPT, KLAUS J. e HERBERT WIEDEMANN (eds.) – *Aktiengesetz Großkommentar*, 3 – §§ 76-94, 4.ª ed., 2003

KRAAKMAN, REINIER H. – The anatomy of a third-party enforcement strategy, *Journal of Law, Economics and Organization*, 2:1, 1986

KRIEGER, GERD-WERNER – *Personalentscheidungen des Aufsichtsrats*, Köln, Berlin, Bonn, München: Heymann, 1981

KROPFF, BRUNO – *Aktiengesetz*, Düsseldorf: Verl. Buchh. des Instituts der Wirtschaftsprüfer, 1965

DA ADMINISTRAÇÃO À FISCALIZAÇÃO DAS SOCIEDADES

KROPFF, BRUNO – "Mitwirkung des Aufsichtsrats bei einzelnen Maßnahmen der Geschäftsführung", in SEMLER, JOHANNES e KERSTEN V. SCHENCK (eds.) – *Arbeitshandbuch für Aufsichtsratsmitglieder*, 3.ª ed., München: Beck, Vahlen, 2009

KROPFF, BRUNO – *Münchener Kommentar zum Aktiengesetz*, 5/1 – §§ 148 -151, 161-178 AktG, §§ 238-264c, 342, 342a HGB, München: Beck, Franz Vahlen, 2003

KROPFF, BRUNO – "Reformbestrebungen im Nachkriegsdeutschland und die Aktienrechtsreform von 1965", in BAYER, WALTER e MATHIAS HABERSACK (eds.) – *Aktienrecht im Wandel*, 1 – Entwicklung des Aktienrechts, Tübingen: Mohr Siebeck, 2007

KÜBLER, FRIEDRICH e HEINZ-DIETER ASSMANN – *Gesellschaftsrecht: Die privatrechtlichen Ordnungsstrukturen und Regelungsprobleme von Verbänden und Unternehmen*, 6.ª ed., Heidelberg: Müller, 2006

KULIŠER, IOSIF M. – *Allgemeine Wirtschaftsgeschichte des Mittelalters und der Neuzeit*, 2, 2.ª ed., München, Oldenbourg1958

LA PORTA, RAFAEL, FLORENCIO LOPEZ-DE-SILANES e ANDREI SHLEIFER – Corporate ownership around the World, *The Journal of Finance*, 54:2, 1999

LA PORTA, RAFAEL, FLORENCIO LOPEZ-DE-SILANES e ANDREI SHLEIFER – Law and finance, *The Journal of Political Economy*, 106:6, 1998

LA PORTA, RAFAEL, *et al.* – Investor protection and corporate governance, *Journal of Financial Economics*, 58, 2000

LA PORTA, RAFAEL, *et al.* – Legal determinants of external finance, *The Journal of Finance*, 52:3, 1997

LABAREDA, JOÃO – "Direito à informação", in *Problemas do Direito das Sociedades*, Coimbra: Almedina, 2002

LABAREDA, JOÃO – "Nota sobre a prestação de garantias por sociedades comerciais a dívidas de outras entidades", in *Direito societário português: Algumas questões*, Coimbra: Quid Iuris, 1998

LACAYO, RICHARD e AMANDA RIPLEY – Persons of the year, *Time*, 30 de dezembro de 2002

LADENBURG, LEOPOLD – Ueber Handelsgesellschaften, *Zeitschrift für das gesammte Handelsrecht*, 1858

LANCEIRO, RUI TAVARES – "O Tratado de Lisboa e o princípio da cooperação leal", in *Cadernos o Direito: O Tratado de Lisboa*, 2010

LANDWEHR, GÖTZ – "Die Organisationsstrukturen der Aktienunternehmen: Statutenpraxis in Preußen bis zur Aktienrechtsnovelle von 1870", in SCHERNER, KARL OTTO e DIETMAR WILLOWEIT (eds.) – *Vom Gewerbe zum Unternehmen: Studien zum Recht der gewerblichen Wirtschaft im 18. und 19. Jh.*, Darmstadt Wiss. Buchges., 1982

LANGEVOORT, DONALD C. – The human nature of corporate boards: Law, norms, and the unintended consequences of independence and accountability, *Georgetown Law Journal*, 89, 2001

ÍNDICE BIBLIOGRÁFICO

LANGEVOORT, DONALD C. – Symposium: Lessons from Enron, how did corporate and securities law fail? Managing the "expectations gap" in investor protection: the SEC and the post-Enron reform agenda, *Villanova Law Review*, 48, 2003

LARENZ, KARL – *Lehrbuch des Schuldrechts*, 14.ª ed., München: Beck, 1987

LARENZ, KARL – *Methodenlehre der Rechtswissenschaft*, 6.ª ed., Berlin, Heidelberg, New York, London, Paris, Tokyo, Hong Kong, Barcelona, Budapest: Springer, 1991

LARENZ, KARL – *Metodologia da Ciência do Direito*, tradução de José Lamego, 4.ª ed., Lisboa: Fundação Calouste Gulbenkian, 2005

LARENZ, KARL e MANFRED WOLF – *Allgemeiner Teil des Bürgerlichen Rechts*, 9.ª ed., München: C. H. Beck, 2004

LASHINSKY, ADAM e DORIS BURKE – The decade of Steve : How Apple's imperious, brilliant CEO transformed American business., *Fortune Magazine*, 5 de Novembro de 2009

LATTY, ELVIN R. – Why are business corporation laws largely "enabling"?, *Cornell Law Quarterly*, 50, 1964-1965

LAW COMMISSION e SCOTTISH LAW COMMISSION – *Company directors: Regulating conflicts of interest and formulating a statement of duties (a joint consultation paper)*, 1998, disponível em www.scotlawcom.gov.uk/download_file/view/99/127/

LAW COMMISSION e SCOTTISH LAW COMMISSION – *Company directors: Regulating conflicts of interest and formulating a statement of duties (report)*, 1999, disponível em http://lawcommission.justice.gov.uk/areas/649.htm

LEBLANC, RICHARD e JAMES GILLIES – *Inside the boardroom: How boards really work and the coming revolution in corporate governance Mississauga*, Ontario: Wiley, 2005

LEFÈBVRE-TEILLARD, A. – *La société anonyme au XIXéme siècle: du Code de commerce à la loi de 1867, histoire d'un instrument juridique du développement capitaliste*, Paris: Presses universitaires de France, 1985

LEHMANN, KARL – *Das Recht der Aktiengesellschaften*, 1, Berlin: Heymann, 1898

LEHMANN, KARL – *Die geschichtliche Entwicklung des Aktienrechts bis zum Code de commerce*, Frankfurt a.M., 1895

LEHMANN, KARL – *Die geschichtliche Entwicklung des Aktienrechts bis zum Code de commerce*, reimp., Frankfurt a.M.1968

LEHMANN, MATTHIAS – Der Begriff der Rechtsfähigkeit, *Archiv für die civilistische Praxis*, 207:2, 2007

LEITÃO, ADELAIDE MENEZES – *Normas de protecção e danos puramente patrimoniais*, Coimbra: Almedina, 2009

LEITÃO, ADELAIDE MENEZES – Responsabilidade dos administradores para com a sociedade e os credores sociais por violação de normas de protecção, *Revista de Direito das Sociedades*, 1:3, 2009

LEITÃO, LUÍS MENEZES – "A responsabilidade civil do auditor de uma sociedade cotada", in *Direito dos Valores Mobiliários*, 6, Coimbra: Coimbra Editora, 2006

DA ADMINISTRAÇÃO À FISCALIZAÇÃO DAS SOCIEDADES

LEITÃO, LUÍS MENEZES – "As medidas defensivas contra uma oferta pública de aquisição hostil", – *Direito dos Valores Mobiliários*, 7, Coimbra: Coimbra Editora, 2007

LEITÃO, LUÍS MENEZES – *Direito da insolvência*, 4.ª ed., Coimbra: Almedina, 2012

LEITÃO, LUÍS MENEZES – *Direito das obrigações*, 1 – Introdução, da constituição das obrigações, 10.ª ed., Coimbra: Almedina, 2013

LEITÃO, LUÍS MENEZES – *A responsabilidade do gestor perante o dono do negócio no direito civil português*, Coimbra: Almedina, 2005

LEITÃO, LUÍS MENEZES – *Código da Insolvência e da Recuperação de Empresas – anotado*, 6.ª ed., Coimbra: Almedina, 2012

LENER, RAFAELE – "Gli amministratori indipendenti", in SCOGNAMIGLIO, GUILIANA (ed.) – *Profili e problemi dell'amministrazione nella riforma delle società*, Milano: Giuffrè, 2003

LEVY, LESLIE – Reforming board reform, *Harvard Business Review*, 59:1, 1981

LÉVY-BRUHL, HENRI – *Histoire juridique des sociétés de commerce en France aux XVIIe et XVIIIe siècles*, Paris: Domat-Montchrestien, 1938

LEWIS, MICHAEL – *The big short: Inside the doomsday machine*, New York: Penguin, 2010

LEYENS, PATRICK C. – *Information des Aufsichtsrats*, Tübingen: Mohr Siebeck, 2006

LIEDER, JAN – *Der Aufsichtsrat im Wandel der Zeit*, Jena: Jenaer Wissenschaftliche Verlagsgesellschaft, 2006

LIEDER, JAN – "Die 1. Aktienrechtsnovelle vom 11. Juni 1870", in BAYER, WALTER e MATHIAS HABERSACK (eds.) – *Aktienrecht im Wandel*, 1 – Entwicklung des Aktienrechts, Tübingen: Mohr Siebeck, 2007

LIMA, PIRES DE e ANTUNES VARELA – *Código civil anotado*, 1, 4.ª ed., Coimbra: Coimbra Editora, 1987

LIMA, PIRES DE e ANTUNES VARELA – *Código civil anotado*, 2, 4.ª ed., Coimbra: Coimbra Editora, 1997

LIN, LAURA – The effectiveness of outside directors as a corporate governance mechanism: theories and evidence, *Northwestern University Law Review*, 90, 1996

LIPPERT, HANS-DIETER – *Überwachungspflicht, Informationsrecht und gesamtschuldnerische Haftung des Aufsichtsrates nach dem Aktiengesetz 1965*, Bern: Lang, 1976

LIPTON, MARTIN – Twenty-five years after takeover bids in the target's boardroom: Old battles, new attacks and the continuing war, *Business Lawyer*, 60, 2005

LIST, FRIEDRICH – *Über ein sächsisches Eisenbahn-System als Grundlage eines allgemeinen deutschen Eisenbahn-Systems*, Schriften, Reden, Briefe, 3.1 – Schriften zum Verkehrswesen: Einleitung und Text Berlin: Hobbing, 1929

LISTOKIN, YAIR – What do corporate default rules and menus do? An empirical analysis, *Journal of Empirical Legal Studies*, 6:2, 2009

LITTLETON, A. C. – *Accounting evolution to 1900*, New York: Garland Publishing, Inc., 1988

LÖBBE, MARC – Corporate groups: Competences of the shareholders' meeting and minority protection – the German Federal Court of Justice's recent Gelatine and Macrotron cases redefine the Holzmüller doctrine, *German Law Journal*, 5, 2004

LOCRÉ, JEAN GUILLAUME – *Esprit du Code de commerce: ou Commentaire puisé dans les Procès-verbaux du Conseil d'état, les Exposés de motifs et discours, les Observations du Tribunat, celles des Cours d'appel, Tribunaux et Chambre de Commerce, etc., etc.*, 1, Paris: Garnery, 1807

LOCRÉ, JEAN GUILLAUME e WERNER SCHUBERT – *La législation civile, commerciale et criminelle*, 11, Frankfurt am Main: Keip, 1990

LOCRÉ, JEAN GUILLAUME e WERNER SCHUBERT – *La législation civile, commerciale et criminelle*, 1, Frankfurt am Main: Keip, 1990

LÖHR, GEORG – *Das Allgemeine Deutsche Handelsgesetzbuch: Erläutert aus den Materialien, der Rechtslehre un den Entscheidungen der deutschen Gerichte*, Elberfeld: Verlag von R. L. Friderichs, 1868

LOHSE, ANDREA – *Unternehmerisches Ermessen*, Tübingen: Mohr Siebeck, 2005

LONGSTRETH, BEVIS – Reliance on advice of counsel as a defense to securities law violations, *Business Lawyer*, 37, 1982

LORSCH, JAY W. e ELIZABETH MACIVER – *Pawns or potentates: The reality of America's corporate boards*, Boston: Harvard Business School Press, 1989

LÖWENFELD, HERMANN – *Das Recht der Actien-Gesellschaften: Kritik und Reformvorschläge*, Berlin: Guttentag, 1879

LÜCK, WOLFGANG – Elemente eine Risiko- Managementsystems. Die Notwendigkeit eines Risiko-Managementsystems durch den Entwurf eines Gesetzes zur Kontrolle und Transparenz im Unternehmensbereich (KonTraG), *Der Betrieb*, 51:1-2, 1998

LUHMANN, NIKLAS – *Rechtssystem und Rechtsdogmatik*, Berlin: W. Kohlhammer, 1974

LUTTER, MARCUS, in RINGLEB, HENRIK-MICHAEL, THOMAS KREMER, MARCUS LUTTER e AXEL V. WERDER (eds.) – *Kommentar zum Deutschen Corporate Governance Kodex*, 4.ª ed., München: Beck, 2010

LUTTER, MARCUS – Die Business Judgment Rule und ihre praktische Anwendung, *Zeitschrift für Wirtschaftsrecht*, 28:18, 2007

LUTTER, MARCUS – Die Treupflicht des Aktionärs, *Zeitschrift fur das gesamte Handelsrecht und Wirtschaftsrecht*, 153:4, 1989

LUTTER, MARCUS – *Information und Vertraulichkeit im Aufsichtsrat*, 3.ª ed., Köln, Berlin, Bonn, München: Heymann, 2006

LUTTER, MARCUS – "Interessenkonflikte und Business Judgment Rule", in *Festschrift für Claus-Wilhelm Canaris zum 70. Geburtstag*, 2, München: C. H. Beck, 2007

LUTTER, MARCUS – "Organzuständigkeit im Konzern", in LUTTER, MARCUS, HANS-JOACHIM MERTENS e PETER ULMER (eds.) – *Festschrift für Walter Stimple zum 68. Geburtstag am 29. November 1985*, Berlin, New York: de Gruyter, 1985

LUTTER, MARCUS – Treupflichten und ihre Anwendungsprobleme, *Zeitschrift fur das gesamte Handelsrecht und Wirtschaftsrecht*, 162:2, 1998

LUTTER, MARCUS – Vergleichende Corporate Governance: Die deutsche Sicht, *Zeitschrift fur Unternehmens- und Gesellschaftsrecht*, 2001

LUTTER, MARCUS e GERD KRIEGER – *Rechte und Pflichten des Aufsichtsrats*, 5.ª ed., Köln: Schmidt, 2008

LUTZ, JOHANN VON – *Protokolle der Kommission zur Berathung eines Allgemeinen Deutschen Handelsgesetzbuches*, Würzburg: Stahel, 1858

MACCORMICK, NEIL e JOSEPH RAZ – Voluntary Obligations and Normative Powers, *Proceedings of the Aristotelian Society, Supplementary Volumes*, 46, 1972

MACE, MYLES L. – *The board of directors in small corporations*, Boston: Division of Research, Graduate School of Business Administration, Harvard Univ., 1948

MACE, MYLES L. – *Directors: Myth and reality*, Boston: Division of Research, Graduate School of Business Administration, Harvard Univ., 1971

MACHADO, JOÃO BAPTISTA – *Introdução ao direito e ao discurso legitimador*, 19.ª reimp., Coimbra: Almedina, 2011

MACHADO, JOSÉ CARLOS SOARES – A recusa de assinatura do relatório anual nas sociedades anónimas, *Revista da Ordem dos Advogados*, 54, 1994

MAIA, PEDRO – *Função e funcionamento do conselho de administração da sociedade anónima*, Coimbra: Coimbra Editora, 2002

MAIA, PEDRO – "O presidente das assembleias de sócios", in *Problemas do Direito das Sociedades*, Coimbra: Almedina, 2002

MAIA, PEDRO – *Voto e corporate governance: um novo paradigma para a sociedade anónima*, Dissertação para doutoramento em Ciências Jurídico-Empresariais apresentada à Faculdade de Direito da Universidade de Coimbra, inédito, 2009

MALTBY, JOSEPHINE – UK joint stock companies legislation 1844-1900: Accounting publicity and "mercantile caution", *Accounting History*, 3:9, 1998

MANNING, BAYLESS – The business judgment rule and the director's duty of attention: Time for reality, *Business Lawyer*, 39, 1984

MARQUES, JOSÉ DIAS – *Teoria geral do direito civil*, 1, Coimbra: Coimbra Editora, 1958

MARQUES, TIAGO JOÃO ESTÊVÃO – *Responsabilidade civil dos membros de órgãos de fiscalização das sociedades anónimas*, Coimbra: Almedina, 2009

MARTENS, FRITZ – *Die Aktiengesellschaft in der Kritik der ersten drei Viertel des 19. Jahrhunderts und ein Beitrag zu ihrer Geschichte: Dissertação Univ. Kiel*, 1934

MARTENS, KLAUS-PETER – Mitbestimmungsrechtliche Bausteine in der Rechtsprechung des Bundesgerichtshofs: Besprechung der Entscheidungen BGHZ 83, 106 ff, 144 ff, 151 ff, *Zeitschrift fur Unternehmens- und Gesellschaftsrecht*, 12:2, 1983

MARTINEZ, PEDRO ROMANO – *Cumprimento defeituoso: em especial, na compra e venda e na empreitada*, Coimbra: Almedina, 2001

ÍNDICE BIBLIOGRÁFICO

MARTINS, ALEXANDRE DE SOVERAL, in ABREU, JORGE M. COUTINHO DE (ed.) – *Código das Sociedades Comerciais em comentário*, 1, Coimbra: Almedina, 2010

MARTINS, ALEXANDRE DE SOVERAL – "Capacidade e representação das sociedades comerciais", in *Problemas do Direito das Sociedades*, Coimbra: Almedina, 2002

MARTINS, ALEXANDRE DE SOVERAL – "Comissão executiva, comissão de auditoria e outras comissões na administração", in *Reformas do Código das Sociedades Comerciais*, Coimbra: Almedina, 2007

MARTINS, ALEXANDRE DE SOVERAL – "Da personalidade e capacidade jurídicas das sociedades comerciais", in *Estudos de Direito das Sociedades*, 10.ª ed., Coimbra: Almedina, 2010

MARTINS, ALEXANDRE DE SOVERAL – *Os administradores delegados das sociedades anónimas: algumas considerações*, Coimbra: Fora do texto, 1998

MARTINS, ALEXANDRE DE SOVERAL – *Os poderes de representação dos administradores de sociedades anónimas*, Coimbra: Coimbra Editora, 1998

MARTINS, ALEXANDRE DE SOVERAL – A responsabilidade dos membros do conselho de administração por actos ou omissões dos administradores delegados ou dos membros da comissão executiva, *Boletim da Faculdade de Direito da Universidade de Coimbra*, 78, 2002

MATTHEUS, DANIELA – "Die Rolle des Abschlussprüfers bei der Corporate Governance", in HOMMELHOFF, PETER, KLAUS J. HOPT e AXEL V. WERDER (eds.) – *Handbuch Corporate Governance: Leitung und Überwachung börsennotierter Unternehmen in der Rechts- und Wirtschaftspraxis*, 2.ª ed., Köln, Stutgard: Schmidt, Schäffer-Poeschel, 2009

MAZEAUD, HENRI – Essai de classification des obligations : Obligations contractuelles et extra-contractuelles; "obligations détérminées" et "obligation générale de prudence et diligence", *Revue Trimestrielle de Droit Civil*, 35, 1936

MEDEIROS, JOÃO TAVARES DE – *Direito Comercial: Commentario da Lei das Sociedades Anonymas de 22 de Junho de 1867*, Lisboa: Livraria Ferreira, 1886

MELIS, ANDREA – Corporate governance failures: To what extent is Parmalat a particularly Italian case?, *Corporate Governance: An International Review*, 13:4, 2005

MENDES, JOÃO DE CASTRO – *Teoria geral do direito civil*, 1, Lisboa AAFDL, 1995

MENGONI, LUIGI – Obbligazioni "di risultato" e obbligazioni "di mezzi", *Rivista del Diritto Commerciale e del Diritto Generale delle Obbligazioni*, 52:1, 1954

MENON, KRISHNAGOPAL e JOANNE DEAHL WILLIAMS – The use of audit committees for monitoring, *Journal of Accounting and Public Policy*, 13:2, 1994

MERTENS, HANS-JOACHIM, in *Kölner Kommentar zum Aktiengesetz*, 2.ª ed., 1988, 1990, 1995

MERTENS, HANS-JOACHIM – Zuständigkeiten des mitbestimmten Aufsichtsrats, *Zeitschrift fur Unternehmens- und Gesellschaftsrecht*, 6, 1977

MERTENS, HANS-JOACHIM e ANDREAS CAHN, in ZÖLLNER, WOLFGANG e ULRICH NOACK (eds.) – *Kölner Kommentar zum Aktiengesetz*, 3.ª ed., 2010

MESSINEO, FRANCESCO – *Manuale di diritto civile e commerciale*, 1, 9.ª ed., Milano: Giuffrè, 1957

MESSINEO, FRANCESCO – *Manuale di diritto civile e commerciale*, 4, 8.ª ed., Milano: Giuffrè, 1954

MESTMÄCKER, ERNST-JOACHIM – *Verwaltung, Konzerngewalt und Rechte der Aktionäre*, Karlsruhe: C. F. Müller, 1958

MEYER-LANDRUT, JOACHIM, in BARZ, CARL HANS (ed.) – *Aktiengesetz Großkommentar*, 3.ª ed., Berlin: de Gruyter, 1970

MIGNOLI, ARIBERTO – Idee e problemi nell'evoluzione della "company" inglese, *Rivista delle Società*, 5:4, 1960

MILLER, GEOFFREY – Political structure and corporate governance: Some points of contrast between the United States and England, *Columbia Business Law Review*, 1998:51, 1998

MILLER, RICHARD I. e MICHAEL R. YOUNG – Financial reporting and risk management in the 21st century, *Fordham Law Review*, 65, 1997

MINERVINI, GUSTAVO – *Gli amministratori di società per azioni*, Milano: Giuffrè, 1956

MIRANDA, JORGE – *Manual de direito constitucional*, 5, 4.ª ed., Coimbra: Coimbra Editora, 2011

MIRANDA, JORGE – *Poder paternal e assistência social*, Lisboa: Ministério da Saúde e Assistência, 1969

MOHL, ROBERT VON – Die Aktiengesellschaften, volkswirthschaftlich und politisch betrachtet, *Deutsche Vierteljahrs-Schrift*, 4, 1856

MOHNHAUPT, HEINZ – "Erteilung und Widerruf von Privilegien nach der gemeinrechtlichen Lehre vom 16. bis 19. Jahrhundert", in DÖLEMEYER, BARBARA e HEINZ MOHNHAUPT (eds.) – *Das Privileg im europäischen Vergleich*, 1, Frankfurt am Main: Klostermann, 1997

MOLLE – *Die Lehre von den Aktiengesellschaften und den Commanditgesellschaften auf Aktien: nach dem Allgemeinen Deutschen Handelsgesetzbuche und dem Reichsgesetz vom 11. Juni 1870*, Berlin: Vahlen, 1875

MÖLLERS, THOMAS M.J. – "Treuepflichten und Interessenkonflikte bei Vorstands und Aufsichtsratsmitgliedern", in HOMMELHOFF, PETER, KLAUS J. HOPT e AXEL v. WERDER (eds.) – *Handbuch Corporate Governance: Leitung und Überwachung börsennotierter Unternehmen in der Rechts- und Wirtschaftspraxis*, 2.ª ed., Köln, Stutgard: Schmidt, Schäffer-Poeschel, 2009

MONACHE, STEFANO DELLE – La «contemplatio domini». Contributo alla teoria della rappresentanza, Milano: Giuffrè 2001

MONTALENTI, PAOLO – The New Italian Corporate Law: An Outline, *European Company and Financial Law Review*, 1:3, 2004

ÍNDICE BIBLIOGRÁFICO

MONTEIRO, JORGE SINDE – *Responsabilidade por conselhos, recomendações ou informações*, Coimbra: Almedina, 1989

MORAIS, HELENA R., in CÂMARA, PAULO (ed.) – *Código de Governo das Sociedades anotado*, Coimbra: Almedina, 2012

MOREIRA, GUILHERME DE – *Instituições do direito civil português*, 1, Coimbra: Imprensa da Universidade, 1907

MOSSA, LORENZO – *Trattato del Nuovo Diritto Commerciale*, 4 – Società per Azioni, Padova: CEDAM, 1957

MOTTEK, HANS – "Einleitende Bemerkungen : Zum Verlauf und zu einigen Hauptproblemen der industriellen Revolution in Deutschland", in MOTTEK, HANS (ed.) – *Studien zur Geschichte der industriellen Revolution in Deutschland*, Berlin, 1960

MÜLLER, ALEXANDER – *Archiv für die neueste Gesetzgebung aller deutschen Staaten*, 8 : 1, Stuttgart: L. F. Rieger & Comp., 1838

MÜLLER, HANS-FRIEDRICH, in SPINDLER, GERALD e EBERHARD STILZ (eds.) – *Kommentar zum Aktiengesetz* 2.ª ed., München: Beck, 2010

MÜLLER-ERZBACH, RUDOLF – *Deutsches Handelsrecht*, 3.ª ed., Tübingen: Mohr, 1928

MÚRIAS, PEDRO – "O que é um interesse no sentido que geralmente interessa aos juristas?", in *Estudos em memória do Prof. J. L. Saldanha Sanches*, 2, Coimbra: Coimbra Editora, 2011

MÚRIAS, PEDRO e MARIA DE LURDES PEREIRA – *Obrigações de meios, obrigações de resultado e custos da prestação*, inédito, 2012

MUTTER, STEFAN – *Unternehmerische Entscheidungen und Haftung des Aufsichtsrats der Aktiengesellschaft*, Köln: O. Schmidt, 1994

MYNERS, PAUL – *Institutional investment in the UK: A review*, 2001

N.D. – Auditors answer criticism by SEC; Price, Waterhouse & Co. See an 'Unbridled Use of Hindsight' in McKesson Report, *The New York Times*, 7 de dezembro de 1940

N.D. – Le Compagnie olandesi del secolo XVII nelle Relazioni degli ambasciatori veneti, *Rivista delle Società*, 5:3, 1960

N.D. – Oracle versus PeopleSoft – Barbarians in the Valley : Oracle's hostile bid for PeopleSoft will supply the best evidence yet about whether the rules of American business are changing, *The Economist*, 28 de junho de 2003

NASS, GUSTAV – *Person, Persönlichkeit und juristische Person*, Berlin: Duncker & Humblot, 1964

NAVARRINI, UMBERTO – *Commentario al Codice di Commercio*, 2 – Delle società e delle associazioni commerciali, Milano: Francesco Vallardi, s.d.

NAVARRINI, UMBERTO – *Trattato elementare di diritto commerciale*, 2 – I commercianti (persone single ed enti collectivi), la tutela e la fine del rapporto giuridico commerciale (esercizio delle azioni, fallimento, prescrizione), Milano: Fratelli Bocca, 1911

DA ADMINISTRAÇÃO À FISCALIZAÇÃO DAS SOCIEDADES

NAVARRINI, UMBERTO – *Trattato teorico-pratico di diritto commerciale*, 4 – Diritto delle persone: I commercianti (persone single, enti colletivi), Milano: Fratelli Bocca, 1919

NEIDLINGER, KARL – *Studien zur Geschichte der deutschen Effektenspekulation von ihren Anfängen bis zum Beginn der Eisenbahnaktienspekulation: ein Beitrag zur Börsengeschichte*, Jena: Fischer, 1930

NENOVA, TATIANA – The value of corporate voting rights and control: A cross-country analysis, *Journal of Financial Economics*, 68, 2003

NEUMANN, FRANZ L. – *Behemoth: the structure and practice of national socialism, 1933-1944*, Toronto ; New York: Oxford University Press, 1944

NEVES, ANTÓNIO CASTANHEIRA – "Entre o «legislador», a «sociedade« e o «juiz» ou entre «sistema», «função» e «problema» – Os modelos actualmente alternativos da realização jurisdicional do Direito", in *Digesta: Escritos acerca do Direito, do pensamento jurídico, da sua metodologia e outros*, 3, Coimbra: Coimbra Editora, 2008

NEVES, ANTÓNIO CASTANHEIRA – "Método jurídico", in *Digesta: Escritos acerca do Direito, do pensamento jurídico, da sua metodologia e outros*, 2, Coimbra: Coimbra Editora, 1995

NEVES, ANTÓNIO CASTANHEIRA – *Metodologia jurídica: Problemas fundamentais*, Coimbra: Coimbra Editora, 1993

NEVES, ANTÓNIO CASTANHEIRA – *O actual problema metodológico da interpretação jurídica* 1, Coimbra: Coimbra Editora, 2003

NEVES, ANTÓNIO CASTANHEIRA – "O problema da discricionariedade", in *Digesta: Escritos acerca do Direito, do pensamento jurídico, da sua metodologia e outros*, 1, Coimbra: Coimbra Editora, 1995

NEVES, RUI DE OLIVEIRA – "O governo das sociedades prestadoras de serviços de interesse económico geral: notas acerca de algumas características do caso português", in CÂMARA, PAULO (ed.) – *O governo das organizações: a vocação universal do corporate governance*, Coimbra: Almedina, 2011

NEW YORK STOCK EXCHANGE – Corporate governance rule proposals reflecting recommendations from the NYSE Corporate Accountability and Listing Standards Committee as approved by the NYSE board of directors August 1, 2002, disponível em http://www.nyse.com/pdfs/corp_gov_pro_b.pdf

NEW YORK STOCK EXCHANGE – Independent audit and audit procedures, *Accountant*, 122:4, 1940

NEW YORK STOCK EXCHANGE – *Listed company manual*, 2012, disponível em http://nysemanual.nyse.com/lcm/

NEW YORK STOCK EXCHANGE – Statement of the New York Stock Exchange on audit committee policy, 1977

ÍNDICE BIBLIOGRÁFICO

NEW YORK STOCK EXCHANGE e NATIONAL ASSOCIATION OF SECURITIES DEALERS – Report and recommendations of the Blue Ribbon Committee on improving the effectiveness of corporate audit committees, 1999

NIEMEIER, CHARLES D. – *Independent oversight of the auditing profession: Lessons from U.S. history*, 2007, disponível em http://pcaobus.org/News/Speech/Pages/11082007_NiemeierGermanPublicAuditorsCongress.aspx

NITZAN, SHEMUEL e JACOB PAROUSH – Optimal decision rules in uncertain dichotomous choice situations, *International Economics Review*, 23, 1982

NITZAN, SHEMUEL e URIEL PROCACCIA – Optimal voting procedures for profit maximizing firms *Public Choice*, 51, 1986

NOLAN, RICHARD C. – The continuing evolution of shareholder governance, *Cambridge Law Journal*, 65:1, 2006

NOLAN, RICHARD C. – "The legal control of directors' conflicts of interest in the United Kingdom: Non-executive directors following the Higgs Report", in ARMOUR, JOHN e JOSEPH A. MCCAHERY (eds.) – *After Enron: Improving corporate law and modernising securities regulation in Europe and the US*, 2006

NÖRR, KNUT WOLFGANG – Zur Entwicklung des Aktien- und Konzernrechts während der Weimarer Republik, *Zeitschrift fur das gesamte Handelsrecht und Wirtschaftsrecht*, 150, 1986

NOTO-SARDEGNA, GIUSEPPE – *Le società anonime*, Palermo: Orazio Fiorenza, 1908

NUNES, ANA SOFIA – Auditoria de demonstrações financeiras consolidadas, *Revisores e Auditores*, 47, 2009

NUNES, PEDRO CAETANO – *Corporate governance*, Coimbra: Almedina, 2006

NUNES, PEDRO CAETANO – *Dever de gestão dos administradores de sociedades anónimas*, Coimbra: Almedina, 2012

NUNES, PEDRO CAETANO – *Dever de gestão dos administradores de sociedades anónimas*, Faculdade de Direito da Universidade Nova de Lisboa, inédito, 2011

O'CONNOR, SEAN M. – Be careful what you wish for: how accountants and congress created the problem of auditor independence, *Boston College Law Review*, 45, 2004

OCDE – *Guidelines for Multinational Enterprises*, 2011, disponível em http://www.oecd.org/dataoecd/43/29/48004323.pdf

OCDE – *Principles of corporate governance*, 2004, disponível em http://www.oecd.org/dataoecd/32/18/31557724.pdf

OECHELHÄUSER, WILHELM – *Die Nachtheile des Aktienwesens und die Reform der Aktiengesetzgebung*, Berlin: Springer, 1878

OLAVO, FERNANDO – Alguns apontamentos sobre a reforma da legislação comercial, *Boletim do Ministério da Justiça*, 293, 1980

OLAVO, FERNANDO – *Direito Comercial*, 1, 2.ª ed., Lisboa: [s.n.], 1974

DA ADMINISTRAÇÃO À FISCALIZAÇÃO DAS SOCIEDADES

OLIVEIRA, ANA PERESTRELO DE – *A responsabilidade civil dos administradores nas sociedades em relação de grupo*, Coimbra: Almedina, 2007

OLIVEIRA, ANA PERESTRELO DE – *Grupos de sociedades e deveres de lealdade: por um critério unitário de solução do "conflito de grupo"*, Coimbra: Almedina, 2012

OLIVEIRA, ANA PERESTRELO DE – Os credores e o governo societário: deveres de lealdade para os credores controladores, *Revista de Direito das Sociedades*, 1:1, 2009

OLIVEIRA, ANA PERESTRELO – in CORDEIRO, ANTÓNIO MENEZES (ed.) – *Código das Sociedades Comerciais anotado*, 2.ª ed., Coimbra: Almedina, 2012

OLIVEIRA, ANA PERESTRELO DE e MADALENA PERESTRELO DE OLIVEIRA – Derivados financeiros e governo societário: A propósito da nova regulação mobiliária europeia *Revista de Direito das Sociedades*, 4:1, 2012

OLIVEIRA, ANTÓNIO FERNANDES DE – "A responsabilidade civil dos administradores", in CÂMARA, PAULO (ed.) – *Código das sociedades comerciais e governo das sociedades*, Coimbra: Almedina, 2008

OLIVEIRA, FERNANDA PAULA – *A discricionariedade de planeamento urbanístico municipal na dogmática geral da discricionariedade administrativa*, Coimbra: Almedina, 2011

OLIVEIRA, NUNO PINTO DE – *Princípios de direito dos contratos*, Coimbra: Coimbra Editora, 2011

OLIVEIRA, NUNO PINTO DE – "Responsabilidade civil em instituições privadas de saúde: problemas de ilicitude e de culpa", in *Responsabilidade civil dos médicos*, Coimbra: Coimbra Editora, 2005

OLIVERI, G. – "La rilevanza giuridica del bilancio consolidato", in COLOMBO, G.E. e G.B. PORTALE (eds.) – *Tratatto delle società per azioni*, 7, Torino: UTET, 1994

OLTMANNS, MARTIN – *Geschäftsleiterhaftung und unternehmerisches Ermessen. Die Business Judgment Rule im deutschen und im amerikanischen Recht*, Frankfurt: Lang, 2001

OPPENHEIM, HEINRICH BERNHARD – *Die Gewerbefreiheit und der Arbeitsvertrag*, Breslau: Koebner, 1880

OTERO, PAULO – *Conceito e fundamento da hierarquia administrativa*, Coimbra: Coimbra Editora, 1992

PAEFGEN, WALTER – Dogmatische Grundlagen, Anwendungsbereich und Formulierung einer Business Judgment Rule im künftigen UMAG, *Die Aktiengesellschaft*, 49:5, 2004

PAEFGEN, WALTER – *Unternehmerische Entscheidungen und Rechtsbindung der Organe in der AG*, Köln: O. Schmidt, 2002

PAHLOW, LOUIS – "Aktienrecht und Aktiengesellschaft zwischen Revolution und Reichsgründung. Das Allgemeine Deutsche Handelsgesetzbuch von 1861", in BAYER, WALTER e MATHIAS HABERSACK (eds.) – *Aktienrecht im Wandel*, 1 – Entwicklung des Aktienrechts, Tübingen: Mohr Siebeck, 2007

ÍNDICE BIBLIOGRÁFICO

PAHLOW, LOUIS – "Das Aktienrecht im Handelsgesetzbuch von 1897", in BAYER, WALTER e MATHIAS HABERSACK (eds.) – *Aktienrecht im Wandel*, 1 – Entwicklung des Aktienrechts, Tübingen: Mohr Siebeck, 2007

PARMEGGIANI, FEDERICO – Il collegio sindacale e il comitato per il controllo interno: una convivenza possibile?, *Giurisprudenza Commerciale*, 36:2, 2009

PAULINY, AKOS e ULRICH TROITZSCH – *Mechanisierung und Maschinisierung 1600 bis 1840*, KÖNIG, WOLFGANG, Propyläen Technikgeschichte : Einführung des Herausgebers, 3, Berlin, Framkfurt am Main: Propyläen, 1990

PAZ-ARES, CÁNDIDO – *La ley, el mercado y la independencia del auditor*, Madrid: Editorial Civitas, 1996

PEREIRA, ANDRÉ GONÇALVES – *Erro e ilegalidade no acto administrativo*, Lisboa: Edições Ática, 1962

PEREIRA, MARIA DE LURDES – *Conceito de prestação e destino da contraprestação*, Coimbra: Almedina, 2001

PEREIRA, MARIA DE LURDES – Os estados subjectivos na representação voluntária. Em especial o conhecimento ou desconhecimento juridicamente relevante, *Revista da Faculdade de Direito da Universidade de Lisboa*, 39, 1998

PERSIL, EUGÈNE – *Des sociétés commerciales ou Commentaire sur les sociétés en général*, Paris: Nève, 1833

PIDWELL, PEDRO – *O processo de insolvência e a recuperação da sociedade comercial de responsabilidade limitada*, Coimbra: Coimbra Editora, 2011

PIMENTEL, JOSÉ MENÉRES – *Código das Sociedades Comerciais e legislação complementar*, com prefácio e notas de Menéres Pimentel, Lisboa: Instituto Progresso Social e Democracia – Francisco Sá Carneiro, 1987

PINHEIRO, JORGE DUARTE – "O negócio consigo mesmo", in *Estudos em Homenagem ao Professor Doutor Inocêncio Galvão Telles*, 4, 2003

PINHEIRO, LUÍS DE LIMA – "Competition between legal systems in the European Union and Private International Law", in *Estudos de Direito Internacional Privado*, 2, Coimbra: Almedina, 2009

PINTO, CARLOS DA MOTA, ANTÓNIO PINTO MONTEIRO e PAULO MOTA PINTO – *Teoria geral do direito civil*, 4.ª ed., Coimbra: Coimbra Editora, 2005

PINTO, CARLOS MOTA – *Cessão da posição contratual*, reimp., Coimbra: Almedina, 2003

PINTO, PAULO MOTA – *Interesse contratual negativo e interesse contratual positivo*, 1, Coimbra: Coimbra Editora, 2008

PISTOR, KATHARINA – "Co-determination in Germany: A socio-political model with governance externalities", in BLAIR, MARAGERT e MARK ROE (eds.) – *Employees and Corporate Governance*, Washington, DC: Brookings Institution Press, 1999

PISTOR, KATHARINA, DANIEL BERKOWITZ e JEAN-FRANCOIS RICHARD – *Economic development, legality and the transplant effect*: SSRN, 1999

PISTOR, KATHARINA e CHENGGANG XU – "Fiduciary duty in transitional civil law jurisdictions: Lessons from the incomplete law theory", in MILHAUPT, CURTIS J. (ed.) – *Global Markets, Domestic Institutions: Corporate Law and Governance in a New Era of Cross-Border Deals*, New York: Columbia University Press, 2003

PLESSIS, JEAN DU e OTTO SANDROCK – "The German System of Supervisory Code-termination by Employees", in AA.VV. (ed.) – *German Corporate Governance in International and European Context*, Berlin, Heidelberg, New York: Springer, 2007

PLESSIS, JEAN J. DU – "Some Thoughts on the German System of Supervisory Code-termination by Employees", in HÜBNER, ULRICH e WERNER F. EBKE (eds.) – *Festschrift für Bernhard Großfeld zum 65. Geburtstag*, Heidelberg: Verlag Recht und Wirtschaft, 1999

POEHLS, MENO – *Das Recht der Actiengesellschaften: mit besonderer Rücksicht auf Eisen-bahngesellschaften*, Hamburg Hoffmann und Campe, 1842

POHL, HANS – "Die Entwicklung der deutschen Volkswirtschaft (1830-1880)", in COING, HELMUT e WALTER WILHELM (eds.) – *Wissenschaft und Kodifikation des Privatrechts im 19. Jahrhundert*, 2, Frankfurt: Klostermann, 1977

POHL, MANFRED – *Einführung in die deutsche Bankengeschichte: Die Entwicklung des gesamten deutschen Kreditwesens*, Frankfurt a.M. : Knapp, 1976

PORTUGAL – *Appendice ao Codigo Commercial Portuguez, aprovado pela Carta de Lei de 28 de Junho de 1888*, contendo o relatorio do ministro da justiça, os pareceres das comissões das camaras dos deputados e pares do reino e a discussão em ambas estas camaras sobre o projecto d'aquele codigo, 2.ª ed., Coimbra: Imprensa da Universidade, 1893

PORTUGAL – Código das Sociedades (Projecto), *Boletim do Ministério da Justiça*, 327, 1983

POSNER, RICHARD A. – *Economic analysis of law*, New York: Aspen, 2007

POTTHOFF, ERICH – "Zur Geschichte der Mitbestimmung", in POTTHOFF, ERICH, OTTO BLUME e HELMUT DUVERNELL (eds.) – *Zwischenbilanz der Mitbestimmung*, Tübingen Mohr, 1962

POWERS, WILLIAM C., JR., RAYMOND S. TROUBH e HERBERT S. WINOKUR, JR. – *Report of Investigation by the Special Investigative Committee of the Board of Directors of Enron, Corp.*, 2002

PRECHAL, SACHA – *Directives in EC Law*, 2.ª ed., Oxford: Oxford University Press, 2009

PREVITS, GARY JOHN e BARBARA DUBIS MERINO – *A history of accountancy in the United States: the cultural significance of accounting*, Columbus: Ohio State University Press, 1998

PRIESTER, HANS-JOACHIM – "Hinzutritt außenstehender Gesellschafter beim GmbH-Unternehmensvertrag", in LUTTER, MARCUS (ed.) – *Festschrift für Martin Peltzer zum 70. Geburtstag*, Köln: Schmidt, 2001

PRIME, TERENCE e GARY SCANLAN – *The law of private limited companies*, London: Butterworths, 1996

PRIMKER – "Die Aktiengesellschaft", in ENDEMANN, WILHELM (ed.) – *Handbuch des deutschen Handels-, See- und Wechselrecht*, 1, 1881

PROENÇA, JOSÉ CARLOS BRANDÃO – *Lições de cumprimento e não cumprimento das obrigações*, Coimbra: Coimbra Editora, 2011

PUBLIC OVERSIGHT BOARD – Panel on Audit Effectiveness: Report and Recommendations, 2000

RAISER, THOMAS – Pflicht und Ermessen von Aufsichtsratsmitgliedern: Zum Urteil des OLG Düsseldorf im Fall ARAG/Garmenbeck, *Neue Juristische Wochenzeitung*, 49, 1996

RAISER, THOMAS – The theory of enterprise law in the Federal Republic of Germany, *The American Journal of Comparative Law*, 36:1 1988

RAJAK, HARRY – *Sourcebook of Company Law*, 2.ª ed., Bristol: Jordan, 1995

RAMALHO, MARIA DO ROSÁRIO PALMA – *Da autonomia dogmática do direito do trabalho*, Coimbra: Almedina, 2001

RAMALHO, MARIA DO ROSÁRIO PALMA – *Grupos empresariais e societários: Incidências laborais*, Coimbra: Almedina, 2008

RAMOS, ELISABETE GOMES – Aspectos substantivos da responsabilidade civil dos membros do órgão de administração perante a sociedade, *Boletim da Faculdade de Direito da Universidade de Coimbra*, 78, 1997

RAMOS, ELISABETE GOMES – *O seguro de responsabilidade civil dos administradores: Entre a exposição ao risco e a delimitação da cobertura*, Coimbra: Almedina, 2010

RAMOS, ELISABETE GOMES – *Responsabilidade civil dos administradores e directores das sociedades anónimas perante os credores sociais*, Coimbra: Coimbra Editora, 2002

RATHENAU, WALTHER – *Deutschlands Rohstoffversorgung*, Berlin: S. Fischer, 1916

RATHENAU, WALTHER – La realtà della società per azioni: Riflessioni suggerite dall'esperienza degli affari, *Rivista delle Società*, 5, 1960

RATHENAU, WALTHER – *Probleme der Friedenswirtschaft*, Berlin: S. Fischer, 1917

RATHENAU, WALTHER – "Vom Aktienwesen : Eine geschäftliche Betrachtung", in *Gesammelte Schriften*, 5, Berlin: S. Fischer, 1918

RATHENAU, WALTHER – *Vom Kommenden Dingen*, Berlin: S. Fischer, 1918

RAUCH, KARL – Die Aktienvereine in der geschichtlichen Entwicklung des Aktienrechts, *Zeitschrift der Savigny-Stiftung für Rechtsgeschichte (Germanistische Abteilung)*, 69, 1952

RAZ, JOSEPH – "Voluntary obligations and Nnormative powers", in PAULSON, STANLEY L. e BONNIE LITSCHEWSKI PAULSON (eds.) – *Normativity and norms: critical perspectives on Kelsenian themes*, Oxford, New York: Oxford University Press, 1998

REGO, MARGARIDA LIMA – *Contrato de Seguro e Terceiros: Estudo de Direito Civil*, Coimbra: Coimbra Editora, 2010

DA ADMINISTRAÇÃO À FISCALIZAÇÃO DAS SOCIEDADES

REICH, NORBERT – *Die Entwicklung des deutschen Aktienrechtes im neunzehnten Jahrhundert*, COING, HELMUT, Ius Commune, 2, Frankfurt am Main: Klostermann, 1969

REIS, NUNO TRIGO – "Os deveres de lealdade dos administradores de sociedades comerciais", in *Cadernos o Direito: Temas de Direito Comercial*, Coimbra: Almedina, 2009

RENAUD, ACHILLES – *Das Recht der Actiengesellschaften*, 1.ª ed., Leipzig: Verlag von Bernhard Tauchnitz, 1863

RENAUD, ACHILLES – *Das Recht der Actiengesellschaften*, 2.ª ed., Leipzig: Verlag von Bernhard Tauchnitz, 1875

REUS Y GARCIA, JOSÉ – *Codigo de Comercio de 1885 comentado y concordado con el anterior y los extranjeros*, Madrid: Revista de legislación, 1886

RIBEIRO, MARIA DE FÁTIMA – A responsabilidade de gerentes e administradores pela actuação na proximidade da insolvência de sociedade comercial, *O Direito*, 142:1, 2010

RIBEIRO, MARIA DE FÁTIMA – *A tutela dos credores da sociedade por quotas e a "desconsideração da personalidade jurídica"*, Coimbra: Almedina, 2009

RIBEIRO, RICARDO LUCAS – *Obrigações de meios e obrigações de resultado*, Coimbra: Coimbra Editora, 2010

RICKFORD, JONATHAN – "A history of the company law review", in DE LACY, JOHN (ed.) – *The Reform of United Kingdom Company Law*, London, Sydney, Portland, Oregon: Cavendisch, 2002

RIESSER, JAKOB – Die Kommissions-Beratungen über den Entwurf eines Handelsgesetzbuches, *Deutsche Juristen-Zeitung*, 1, 1896

RILEY, C.A. – The company director's duty of care and skill: The case for an onerous but subjective standard, *Modern Law Review*, 62, 1999

RING, VIKTOR – Das Aktienrecht in dem Entwurf eines Handelsgesetzbuchs, *Deutsche Juristen-Zeitung*, 1, 1896

RING, VIKTOR – *Das Reichsgesetz betreffend die Kommanditgesellschaften auf Aktien und die Aktiengesellschaften vom 18. Juli 1884*, Berlin: Heymann, 1893

RIPERT, GEORGES – *Aspects juridiques du capitalisme moderne*, 2.ª ed., Paris: LGDJ, 1951

RIPERT, GEORGES e RENÉ ROBLOT – *Traité élémentaire de droit commercial*, 1 – Commerçants, sociétés, valeurs mobilières et bourses de valeurs, banques et opérations de banque, Paris: Pichon & Durand-Auzias, 1963

RIPLEY, WILLIAM Z. – *Main Street and Wall Street*, Boston: Little, Brown, 1927

RITTER, CARL – *Aktiengesetz mit Einführungsgesetz*, München, Berlin: Schweitzer, 1938

RITTNER, FRITZ – "Die Verschwiegenheitspflicht der Aufsichtsratsmitglieder nach BGHZ 64, 325", in *Festschrift für Wolfgang Hefermehl zum 70. Geburtstag*, München: Beck, 1976

RIVIÈRE, H. F. – *Commentaire de la loi du 24 juillet 1867 sur les sociétés*, Paris: A. Marescq Ainé, 1868

ROBERTS, JOHN, TERRY MCNULTY e PHILIP STILES – Beyond Agency Conceptions of the Work of the Non-Executive Director: Creating Accountability in the Boardroom, *British Journal of Management*, 16, 2005

RODRIGUES, ILÍDIO DUARTE – *A administração das sociedades por quotas e anónimas*, Lisboa: Petrony, 1990

ROE, MARK J. – Chaos and evolution in law and economics, *Harvard Law Review*, 109, 1996

ROE, MARK J. – Foundations of corporate finance: the 1906 pacification of the insurance industry, *Columbia Law Review*, 93, 1993

ROE, MARK J. – Legal origins, politics and modern stock markets, *Harvard Law Review*, 120:2, 2006

ROE, MARK J. – *Political determinants of corporate governance*, Oxford, New York: Oxford University Press, 2003

ROE, MARK J. – A political theory of American corporate finance, *Columbia Law Review*, 91, 1991

ROE, MARK J. – "What corporate law cannot do", in MILHAUPT, CURTIS J. (ed.) – *Global Markets, Domestic Institutions: Corporate Law and Governance in a New Era of Cross-Border Deals*, New York: Columbia University Press, 2003

ROMANO, ROBERTA – Corporate governance in the aftermath of the insurance crisis, *Emory Law Journal*, 39, 1990

ROMANO, ROBERTA – Empowering investors: A market approach to securities regulation, *Yale Law Journal*, 107:5, 1998

ROMANO, ROBERTA – Metapolitics and corporate law reform, *Stanford Law Journal*, 36, 1984

ROMANO, ROBERTA – The Sarbanes-Oxley Act and the making of quack corporate governance *Yale Law Journal*, 114, 2005

ROSA, ANTONIO – Nuovi profili della disciplina dei gruppi societari, *Rivista delle Società*, 48:4, 2003

ROSE, PAUL – EU company law convergence possibilities after Centros, *Transnational Law & Contemporary Problems*, 11, 2001

ROSS, ALF – *Directives and norms*, Clark, NJ: The Lawbook Exchange, Ltd, 2009

ROSSI, ENZO – *Amministratori di società ed esercizio del potere: con particolare riferimento alle normative OPA e antitrust*, Milano: Giuffrè, 1989

ROTH, MARKUS – *Unternehmerisches Ermessen und Haftung des Vorstands: Handlungsspielräume und Haftungsrisiken insbesondere in der wirtschaftlichen Krise*, München: Beck, 2001

ROTHWEILER, ESTELLE e STEFAN GEYER – "Von der Compagnie de commerce zur société anonyme: Die Geschichte der Aktiengesellschaft in Frankreich bis zum Code de commerce", in BAYER, WALTER e MATHIAS HABERSACK (eds.) – *Aktien-*

DA ADMINISTRAÇÃO À FISCALIZAÇÃO DAS SOCIEDADES

recht im Wandel, 1 – Entwicklung des Aktienrechts, Tübingen: Mohr Siebeck, 2007

ROUSSEAU, JEAN-JACQUES – *Du Contrat Social ou Principes du Droit Politique*, Amsterdam: Marc Michel Rey, 1762

ROXIN, CLAUS – *Strafrecht: Allgemeiner Teil*, 1- Grundlagen der Aufbau der Verbrechenslehre, 3.ª ed., München: Beck, 1997

ROYER, COPPER – *Traité théorique et pratique des sociétés anonymes: suivi de formules annotées concernant tous les actes de la vie sociale*, 1, 3.ª ed., Paris: Marchal et Godde, 1925

RÜTHERS, BERND, CHRISTIAN FISCHER e AXEL BIRK – *Rechtstheorie mit Juristischer Methodenlehre*, 6.ª ed., München: Beck, 2011

SÁ, FERNANDO OLIVEIRA e – "A transformação de créditos em capital e o problema das entradas em espécie ocultas", in Nos 20 anos do Código das Sociedades Comerciais: Homenagem aos Profs. Doutores A. Ferrer Correia, Orlando de Carvalho e Vasco Lobo Xavier, 2, Coimbra: Coimbra Editora, 2007

SAHA, ARPITA – *Whistle-blowing in the United Kingdom*, 2008, disponível em http://ssrn.com/paper=1106544

SALE, HILLARY A. – Delaware's good faith, *Cornell Law Review*, 89, 2004

SAMUEL, GEOFFREY – *Law of obligations*, Cheltenham, Northampton: Edward Elgar, 2010

SANDRELLI, GIAN GIACOMO – Doveri di controllo degli amministratori e crisi finanziaria: una decisione della Chancery Court del Delaware, *Rivista delle Società*, 54:2-3, 2009

SANDROCK, OTTO – Gehören die deutschen Regelungen über die Mitbestimmung auf Unternehmensebene wirklich zum deutschen ordre public?, *Die Aktiengesellschaft*, 49:2, 2004

SANTO, JOÃO ESPÍRITO – *Sociedades por quotas e anónimas: vinculação: objecto social e representação plural*, Coimbra: Almedina, 2000

SANTOS, FILIPE CASSIANO DOS – *Estrutura associativa e participação societária capitalística: Contrato de sociedade, estrutura societária e participação do sócio nas sociedades capitalísticas*, Coimbra: Coimbra Editora, 2006

SAPORI, ARMANDO – Dalla "Compagnia" alla "Holding", *Rivista delle Società*, 1:1, 1956

SARTORIUS VON WALTERSHAUSEN, AUGUST – *Deutsche Wirtschaftsgeschichte 1815-1914*, 2.ª ed., Jena: Fischer, 1923

SATTLER, HEINRICH – *Die Revision bei Gründung von Aktiengesellschaften: nach der Praxis dargestellt*, Berlin: Vahlen, 1893

SAVIGNY, FRIEDRICH CARL VON – *System des heutigen Romischen Rechts*, 2, 2 reimp., Berlin1840

SCHÄFER, CARSTEN – Die Binnenhaftung von Vorstand und Aufsichtsrat nach der Renovierung durch das UMAG, *Zeitschrift für Wirtschaftsrecht*, 26:29, 2005

ÍNDICE BIBLIOGRÁFICO

SCHÄFFLE, ALBERT – *Das heutige Aktienwesen im Zusammenhang mit der neueren Entwicklung der Volkswirthschaft, Deutsche Vierteljahrs-Schrift*, 4, 1856

SCHILLING, WOLFGANG – Das Aktienunternehmen, Zeitschrift fur das gesamte Handelsrecht und Wirtschaftsrecht, 144, 1980

SCHLEGELBERGER, FRANZ, in SCHLEGELBERGER, FRANZ (ed.) – *Aktiengesetz*, 3.ª ed., Berlin: Vahlen, 1939

SCHLIMM, KATRIN – *Das Geschäftsleiterermessen des Vorstands einer Aktiengesellschaft*, Baden-Baden: Nomos, 2009

SCHMIDT, KARSTEN – *Einhundert Jahre Verbandstheorie im Privatrecht: aktuelle Betrachtungen zur Wirkungsgeschichte von Otto v. Gierkes Genossenschaftstheorie*, Hamburg: Joachim Jungius-Gesellschaft der Wissenschaften, 1987

SCHMIDT, KARSTEN – *Gesellschaftsrecht*, 4.ª ed., Köln, Berlin, Bonn, München: Heymann, 2002

SCHMITTHOFF, CLIVE M. – *Palmer's Company Law*, London, Edinburgh: Stevens & Sons, W. Green & Son, 1987

SCHMITZ, RONALDO H. – "Praktische Ausgestaltung der Überwachungstätigkeit des Aufsichtsrats in Deutschland", in FEDDERSEN, DIETER e THEODOR BAUMS (eds.) – *Corporate governance: Optimierung der Unternehmensführung und der Unternehmenskontrolle im deutschen und amerikanischen Aktienrecht*, Köln: O. Schmidt, 1996

SCHMOLLER, GUSTAV, in HILDEBRAND, BRUNO e JOHANNES CONRAD (eds.) – *Jahrbücher für Nationalökonomie und Statistik*, 22, 1874

SCHNEIDER, SVEN H. – *Informationspflichten und Informationssystemeinrichtungspflichten im Aktienkonzern*, Berlin: Duncker & Humblot, 2006

SCHROTH, ULRICH – "Hermenêutica filosófica e jurídica", in KAUFMANN, ARTHUR, WINFRIED HASSEMER e (REV. E COORD. DA VERSÃO PORTUGUESA POR ANTÓNIO MANUEL HESPANHA) (eds.) – *Introdução à filosofia do direito e à teoria do direito contemporâneas*, Lisboa: Fundação Calouste Gulbenkian, 2002

SCHUBERT, WERNER – *Akademie für Deutsches Recht, 1933 – 1945, Protokolle der Ausschüsse*, Frankfurt am Main, Berlin, Bern, Wien: Lang, 1986

SCHUBERT, WERNER – Die Abschaffung des Konzessionssystems durch die Aktienrechtsnovelle von 1870, *Zeitschrift fur Unternehmens- und Gesellschaftsrecht*, 10:2, 1981

SCHUBERT, WERNER – "Die Entstehung des Aktiengesetzes von 1884", in SCHUBERT, WERNER e PETER HOMMELHOFF (eds.) – *Hundert Jahre modernes Aktienrecht: Eine Sammlung von Texten und Quellen zur Aktienrechtsreform 1884 mit zwei Einführungen*, Berlin, New York: de Gruyter, 1985

SCHUBERT, WERNER – *Protokolle der Commission zur Berathung eines allgemeinen deutschen Handelsgesetz-Buches*, 1, Frankfurt a.M.: Keip, 1984

SCHUBERT, WERNER e PETER HOMMELHOFF – *Hundert Jahre modernes Aktienrecht: Eine Sammlung von Texten und Quellen zur Aktienrechtsreform 1884 mit zwei Einfüh-*

DA ADMINISTRAÇÃO À FISCALIZAÇÃO DAS SOCIEDADES

rungen Zeitschrift für Unternehmens- und Gesellscahftsrecht, Berlin, New York: de Gruyter, 1985

SCHUBERT, WERNER, PETER HOMMELHOFF e WOLFGANG SCHILLING – *Die Aktienrechtsreform am Ende der Weimarer Republik*, Berlin: de Gruyter, 1987

SCHUBERT, WERNER, BURKHARD SCHMIEDEL e CHRISTOPH KRAMPE – *Quellen zum Handelsgesetzbuch von 1897*, 2.1, Frankfurt am Main: Klostermann, 1987

SCHUBERT, WERNER, BURKHARD SCHMIEDEL e CHRISTOPH KRAMPE – *Quellen zum Handelsgesetzbuch von 1897*, 2.2, Frankfurt am Main: Klostermann, 1988

SCHUMACHER, HERMANN – *Die Entwicklung der inneren Organisation der Aktiengesellschaft im deutschen Recht bis zum Allgemeinen Deutschen Handelsgesetzbuch: ein Beitrag zur Frage der Führung der Aktiengesellschaft*, Stuttgart: Enke, 1937

SCHUMPETER, JOSEPH A. – *Capitalism, Socialism and Democracy*, 5.ª ed., London, New York: Taylor & Francis, 2003

SCOTT, KENNETH E. – Corporation law and the American Law Institute Corporate Governance Project, *Stanford Law Review*, 35, 1983

SCOTTON, MASSIMILIANO – "C" di Commenda: una costante nella storia del diritto commerciale? Ovvero sulla storicità del diritto, *Rivista del Diritto Commerciale e del Diritto Generale delle Obbligazioni*, 104, 2006

SEALY, LEN e SARAH WORTHINGTON – *Cases and materials in company law*, 8.ª ed., Oxford, New York: Oxford University Press, 2008

SEARLE, JOHN R. – How to derive "ought" from "is", *The Philosophical Review*, 73:1, 1964

SEARLE, JOHN R. – *Speech acts: An essay in the philosophy of language*, Cambridge: Cambridge University Press, 1969

SECURITIES AND EXCHANGE COMMISSION – *Accounting Series Release no. 20*, 1940

SECURITIES AND EXCHANGE COMMISSION – Accounting Series Release no. 123: "Standing audit committees composed of outside directors", 1972

SECURITIES AND EXCHANGE COMMISSION – Accounting Series Release no. 165: "Notice of amendments to require increased disclosure of relationships between registrants and their independent public accountants", 1974

SECURITIES AND EXCHANGE COMMISSION – *Corporate accountability*, Washington, DC: Commission Print, 1980

SECURITIES AND EXCHANGE COMMISSION – Exchange Act Release no. 37260: "Ownership reports and trading by officers, directors and principal security holders", 1996

SECURITIES AND EXCHANGE COMMISSION – Securities Act Release no. 8220: "Standards relating to listed company audit committees", 2003

SEHRT, OTTO – *Die niederrheinischen Aktiengesellschaften unter dem Code de commerce*, 1912

SEIBERT, ULRICH – "UMAG – Zu den Begriffen "Unredlichkeit oder grobe Verletzung des Gesetes oder der Satzung" in § 148 AktG und zu den Zusammenhängen zwischen §§ 93 und 148 AktG"", in *Festschrift für Hans-Joachim Priester zum 70. Geburtstag*, Köln, 2007

SEIBT, CHRISTOPH H., in SCHMIDT, KARSTEN e MARCUS LUTTER (eds.) – *Aktiengesetz Kommentar*, 1, Köln: Verlag Dr. Otto Schmidt, 2008

SEIBT, CHRISTOPH H. – "Anotação ao § 77 AktG", in SCHMIDT, KARSTEN e MARCUS LUTTER (eds.) – *Aktiengesetz Kommentar*, 1, Köln: Verlag Dr. Otto Schmidt, 2008

SEIDENSTICKER, JOHANN ANTON LUDWIG – *Einleitung in den Codex Napoleon*, Tübingen: Cotta, 1808

SELIGMAN, JOEL – A sheep in wolf's clothing: The American Law Institute Principles of Corporate Governance project, *George Washington Law Review*, 55, 1987

SEMLER, JOHANNES – *Münchener Kommentar zum Aktiengesetz*, 2 – §§ 76-117, MitbestG, DrittelbG, 2.ª ed., München: Beck, Franz Vahlen, 2004

SEMLER, JOHANNES – *Münchener Kommentar zum Aktiengesetz*, 2 – §§ 76-117, MitbestG, DrittelbG, 3.ª ed., München: Beck, Franz Vahlen, 2008

SEMLER, JOHANNES – "Die interne Überwachung in der Holding", in LUTTER, MARCUS (ed.) – *Holding Handbuch: Recht, Management, Steuern*, 4.ª ed., Köln: Schmidt, 2004

SEMLER, JOHANNES – "Die Kompetenzen des Vorstands und der Vorstandsmitglieder", in SEMLER, JOHANNES e MARTIN PELTZER (eds.) – *Arbeitshandbuch für Vorstandsmitglieder*, München: C. H. Beck, 2005

SEMLER, JOHANNES – *Die Überwachungsaufgabe des Aufsichtsrats*, Berlin, Bonn, München: Heymann, 1980

SEMLER, JOHANNES – "Entscheidungen und Ermessen im Aktienrecht", in *Festschrift für Peter Ulmer zum 70. Geburtstag*, Berlin: de Gruyter, 2003

SEMLER, JOHANNES – *Leitung und Überwachung der Aktiengesellschaft*, 2.ª ed., Bonn, München: Heymann, 1996

SEMLER, JOHANNES – "The practice of the German Aufsichtsrat", in HOPT, KLAUS J., HIDEKI KANDA, MARK J. ROE, EDDY WYMEERSCH e STEFAN PRIGGE (eds.) – *Comparative corporate governance: The state of the art and emerging research*, Oxford: Clarendon Press, 1998

SEMLER, JOHANNES – Zur aktienrechtlichen Haftung der Organmitglieder einer Aktiengesellschaft, *Die Aktiengesellschaft*, 50:9, 2005

SEMLER, JOHANNES e MARTIN PELTZER – *Arbeitshandbuch für Vorstandsmitglieder*, München: C. H. Beck, 2005

SEN, AMARTYA – Behavior and the Concept of Preference, *Economica*, 40, 1988

SERENS, MANUEL NOGUEIRA – A *monopolização da concorrência e a (re-)emergência da tutela da marca*, Coimbra: Almedina, 2007

SERENS, MANUEL NOGUEIRA – *Notas sobre a sociedade anónima*, 2.ª ed., Coimbra: Coimbra Editora, 1997

SERRA, ADRIANO VAZ – Contrato consigo mesmo, *Revista de Legislação e de Jurisprudência*, 91, 1958

SERRA, ADRIANO VAZ – Contrato consigo mesmo e negociação de directores ou gerentes de sociedades anónimas ou por quotas com as respectivas sociedades, *Revista de Legislação e de Jurisprudência*, 100, 1967

SERRA, ADRIANO VAZ – Obrigações alternativas. Obrigações com faculdade alternativa, *Boletim do Ministério da Justiça*, 55, 1956

SERRA, ADRIANO VAZ – *Provas (direito probatório material)*, Lisboa: [s.n.], 1962

SERRA, CATARINA – *A falência no quadro da tutela jurisdicional dos direitos de crédito*, Coimbra: Coimbra Editora, 2009

SCHENCK, KERSTEN VON – "Überwachung der Geschäftsführung", in SEMLER, JOHANNES e KERSTEN VON SCHENCK (eds.) – *Arbeitshandbuch für Aufsichtsratsmitglieder*, 3.ª ed., München: Beck, Vahlen, 2009

SIEVEKING, HEINRICH – *Historia Económica Universal*, Madrid: Editorial Revista de Derecho Privado, 1941

SILVA, F. V. GONÇALVES DA e J.M. ESTEVES PEREIRA – *Contabilidade das sociedades*, 10.ª ed., Lisboa: Plátano, 1996

SILVA, GASPAR PEREIRA DA – *Fontes proximas do codigo commercial portuguez ou referencia aos codigos de nações civilisadas e ás obras dos melhores jurisconsultos onde se encontrão disposições ou doutrinas identicas, ou similhantes á legislação do mesmo codigo*, Porto: Typographia Commercial Portuense, 1843

SILVA, J. F. AZEVEDO E – *Commentario ao Novo Codigo Commercial Portuguez*, 1, Lisboa: Typographia Nacional, 1888

SILVA, JOÃO CALVÃO DA – "Corporate governance": A responsabilidade civil dos administradores não executivos, da comissão de auditoria e do conselho geral e de supervisão, *Revista de Legislação e de Jurisprudência*, 136:3940, 2006

SILVA, JOÃO CALVÃO DA – *Cumprimento e sanção pecuniária compulsória*, Coimbra: Almedina, 2007

SILVA, JOÃO CALVÃO DA – "A responsabilidade civil dos administradores não executivos", in *A Reforma do Código das Sociedades Comerciais: Jornadas em Homenagem ao Professor Doutor Raúl Ventura*, Coimbra: Almedina, 2007

SILVA, JOÃO CALVÃO DA – A responsabilidade civil dos administradores não executivos, da comissão de auditoria e do conselho geral e de supervisão, *Revista da Ordem dos Advogados*, 67:1, 2007

SILVA, JOÃO SOARES DA – A responsabilidade civil dos administradores de sociedades: os deveres gerais e os princípios da *corporate governance*, *Revista da Ordem dos Advogados*, 57, 1997

ÍNDICE BIBLIOGRÁFICO

SILVA, MANUEL GOMES DA – *O dever de prestar e o dever de indemnizar*, 1, Lisboa: FDL, 1944

SILVA, PAULA COSTA E – *A litigância de má fé*, Coimbra: Coimbra Editora, 2008

SILVA, PAULA COSTA E – "O administrador independente", in *Direito dos Valores Mobiliários*, 6, Coimbra: Coimbra Editora, 2006

SILVA, PAULA COSTA E – Sociedade aberta, domínio e influência dominante, *Revista da Faculdade de Direito da Universidade de Lisboa*, 48:1 e 2, 2007

SILVA, VASCO PEREIRA DA – *Em busca do acto administrativo perdido*, Coimbra: Almedina, 1986

SMITH, ADAM – *Inquérito sobre a natureza e as causas da riqueza das nações*, 2, 4.ª ed., Lisboa: Fundação Calouste Gulbenkian, 2006

SMITH, BRYAN F. – Corporate governance: A director's view, *University of Miami Law Review*, 37, 1983

SMITH, D. GORDON – A proposal to eliminate director standards from the Model Business Corporation Act, *University of Cincinnati Law Review*, 67, 1999

SOMMER, A. A., JR. – Auditing audit committees: An educational opportunity for auditors, *Accounting Horizons*

SORKIN, ANDREW ROSS – Too big to fail: inside the battle to save Wall Street, New York: Penguin, 2009

SOUSA, MIGUEL TEIXEIRA DE – *As partes, o objecto e a prova na acção declarativa*, com atualizações (policopiadas) do autor no ano lectivo de 2003/2004, Lisboa: Lex, 1995

SOUSA, MIGUEL TEIXEIRA DE – Da crítica da dogmática à dogmática crítica, *O Direito*, 121:4, 1989

SOUSA, MIGUEL TEIXEIRA DE – *Introdução ao Direito*, Coimbra: Almedina, 2012

SOUSA, MIGUEL TEIXEIRA DE – "Linguagem e Direito", in *Estudos em honra do Professor Doutor José de Oliveira Ascensão*, 1, Coimbra: Almedina, 2008

SPADA, PAOLO – *La tipicità delle Società*, Padova: CEDAM, 1974

SOUSA, MIGUEL TEIXEIRA DE – "Positivismo e valores", in *Estudos de homenagem ao Prof. Doutor Jorge Miranda*, 6, Coimbra: Almedina, 2012

SPARKS, A. GILCHRIST, III, S. MARK HURD e SAMUEL T. HIRZEL, II – Good faith and the Walt Disney Company derivative litigation: Guidance for directors of delaware corporations, *Practising Law Institute – Corporate Law and Practice Course Handbook Series*, 1528, 2006

SPINDLER, GERALD, in GOETTE, WULF, MATHIAS HABERSACK e SUSANNE KALSS (eds.) – *Münchener Kommentar zum Aktiengesetz*, 2 – §§ 76-117, MitbestG, DrittelbG, 3.ª ed., München: Beck, Franz Vahlen, 2008

SPINDLER, GERALD – "Anotação ao § 93 AktG", in GOETTE, WULF, MATHIAS HABERSACK e SUSANNE KALSS (eds.) – *Münchener Kommentar zum Aktiengesetz*, 2 – §§ 76-117, MitbestG, DrittelbG, München: Beck, Franz Vahlen, 2008

DA ADMINISTRAÇÃO À FISCALIZAÇÃO DAS SOCIEDADES

SPINDLER, GERALD – "Die Haftung von Vorstand und Aufsichtsrat für fehlerhafte Auslegung von Rechtsbegriffen", in HELDRICH, ANDREAS, JÜRGEN PRÖLSS e INGO KOLLER (eds.) – *Festschrift für Claus-Wilhelm Canaris zum 70. Geburtstag*, München: Beck, 2007

SPINDLER, GERALD – Haftung und Aktionärsklage nach dem neuen UMAG, *Neue Zeitschrift für Gesellschaftsrecht*, 8, 2005

SPINDLER, GERALD – "Kriegsfolgen, Konzernbildung und Machtfrage als zentrale Aspekte der aktienrechtlichen Diskussion in der Weimarer Republik", in BAYER, WALTER e MATHIAS HABERSACK (eds.) – *Aktienrecht im Wandel*, 1 – Entwicklung des Aktienrechts, Tübingen: Mohr Siebeck, 2007

SPINDLER, GERALD – Prognosen im Unternehmensrecht, *Die Aktiengesellschaft*, 51:16, 2006

STAPLEDON, G. P. – *Institutional shareholders and corporate governance*, Oxford: Clarendon Press, 1996

STEINBECK, CLAUDIA – *Überwachungspflicht und Einwirkungsmöglichkeiten des Aufsichtsrats der Aktiengesellschaft*, Berlin: Duncker und Humblot, 1992

STIGLER, GEORGE J. e CLAIRE FRIEDLAND – The literature of Economics: The case of Berle and Means, *Journal of Law and Economics*, 26:2, 1983

STRAMPELLI, GIOVANNI – La revisione contabile nell'Unione europea: i risultati della consultazione della Commissione sul Libro verde del 2010, *Rivista delle Società*, 56:2-3, 2011

STRAMPELLI, GIOVANNI – La revisione contabile nell'Unione europea: un'indagine della Commissione, *Rivista delle Società*, 55:6, 2010

STRANDMANN, HARTMUT P. VON – *Walther Rathenau, industrialist, banker, intellectual, and politician: notes and diaries 1907-1922*, Oxford, New York: Oxford University Press, 1967

STRAUCH, DIETER – "Unternehmensrecht im 19. Jahrhundert", in SCHERNER, KARL OTTO e DIETMAR WILLOWEIT (eds.) – *Vom Gewerbe zum Unternehmen: Studien zum Recht der gewerblichen Wirtschaft im 18. und 19. Jh.*, Darmstadt Wiss. Buchges., 1982

STREY, ALWIN – *Das Deutsche Handelsgesellschafts-Recht: insbesondere das Recht der offenen, Commandit -, Commandit-Actien- und Actiengesellschaften unter Berücksichtigung der Entscheidungen des Reichs-Oberhandelsgerichts und der ausländischen Gesetzgebungen*, Berlin: Guttentag, 1873

STRINE, LEO E., JR., *et al.* – Loyalty's core demand: The defining role of good faith in corporation law, *Georgetown Law Journal*, 98, 2010

STROMBECK, J. v. – *Ein Votum zur Reform der Deutschen Actiengesetzgebung*, Berlin: Haude & Spener, 1874

STUDY GROUP CHAIRED BY SIR RICHARD GREENBURY – *Report on Directors' Remuneration*, London: Gee, 1995

ÍNDICE BIBLIOGRÁFICO

SUMMERS, ROBERT S. – "Good Faith" in general contract law and the sales provisions of the Uniform Commercial Code, *Virginia Law Review*, 54:2, 1968

SZRAMKIEWICZ, ROMUALD – *Histoire du droit des affaires*, Paris: Montchrestien, 1989

TAVARES, JOSÉ – Elementos constitutivos da pessoa colectiva, *Gazeta da Relação de Lisboa*, 38, 1924

TAVARES, JOSÉ – *Os principios fundamentais do direito civil*, 2, Coimbra: Coimbra Editora, 1928

TAVARES, JOSÉ – Pessoas colectivas nacionais e estrangeiras, *Gazeta da Relação de Lisboa*, 38, 1924

TAVARES, JOSÉ – *Sociedades e empresas comerciais*, 2.ª ed., Coimbra: França Amado, 1924

TAVARES, JOSÉ – Teorias sobre o conceito e fundamento da personalidade colectiva, *Gazeta da Relação de Lisboa*, 38, 1924

TELLES, INOCÊNCIO GALVÃO – Contrato entre a sociedade anónima e o seu director, *O Direito*, 87, 1955

TELLES, INOCÊNCIO GALVÃO – *Manual dos contratos em geral*, Lisboa: FDL, 1965

TELLES, INOCÊNCIO GALVÃO – O contrato consigo mesmo, *O Direito*, 79, 1947

TELLKAMPF, JOHANN LUDWIG – *Über die neuere Entwicklung des Bankwesens in Deutschland mit Hinweis auf dessen Vorbilder in England, Schottland, und Nordamerika und auf die französische Société générale de Crédit mobilier*, 4.ª ed., Breslau: Morgenstern, 1857

THALLER, EDMOND – *Traité élémentaire de droit commercial e l'exclusion du droit maritime*, 4.ª ed., Paris: Librairie Nouvelle de Droit et de Jurisprudence, 1910

THE PANEL ON TAKEOVERS AND MERGERS – *The City Code on Takeover and Mergers*, 10.ª ed., London: RR Donnelley, 2011

THEISEN, MANUEL R. – Das Board-Modell: Lösungsansatz zur Überwindung der "Überwachungslücke" in deutschen Aktiengesellschaften?, *Die Aktiengesellschaft*, 34:5, 1989

THEISEN, MANUEL R. – *Die Überwachung der Unternehmungsführung: Betriebswirtschaftliche Ansätze zur Entwicklung erster Gründsätze ordnungsmäßiger Überwachung*, Stuttgart: Poeschel, 1987

THORNBURGH, DICK – *First Interim Report of Dick Thornburgh, Bankruptcy Court Examiner* (In re: Worldcom Inc.), 2002

THÜMMEL, RODERICH CHRISTIAN – Organhaftung nach dem Referentenentwurf des Gesetzes zur Unternehmensintegrität und Modernisierung des Anfechtungsrechts (UMAG) – Neue Risiken für Manager?, *Der Betrieb*, 57:9, 2004

THÜSING, GREGOR – "Abberufung und Kündigung der Anstellung des Vorstands", in FLEISCHER, HOLGER (ed.) – *Handbuch des Vorstandsrechts*, München: Beck, 2006

TILLY, RICHARD H. – *Kapital, Staat und sozialer Protest in der deutschen Industrialisierung*, Göttingen: Vandenhoeck und Ruprecht, 1980

TILLY, RICHARD H. – Zur Entwicklung des Kapitalmarktes und Industrialisierung im 19. Jahrhundert unter besonderer Berücksichtigung Deutschlands, *VSWG*, 60, 1973

TRIUNFANTE, ARMANDO M. – *Código das Sociedades Comerciais Anotado*, Coimbra: Coimbra Editora, 2007

TVERSKY, A. e D. KAHNEMAN – Availability: A heuristic for judging frequency and probability, *Cognitive psychology*, 5, 1973

ULMER, PETER – Der Deutsche Corporate Governance Kodex: ein neues Regulierungsinstrument für börsennotierte Aktiengesellschaften, *Zeitschrift fur das gesamte Handelsrecht und Wirtschaftsrecht*, 166, 2002

ULMER, PETER – Die Aktionärsklage als Instrument zur Kontrolle des Vorstands- und Aufsichtsratshandelns, *Zeitschrift fur das gesamte Handelsrecht und Wirtschaftsrecht*, 163, 1999

ULMER, PETER – Editorial: Paritätische Arbeitnehmermitbestimmung im Aufsichtsrat von Großunternehmen – noch zeitgemäß?, *Zeitschrift fur das gesamte Handelsrecht und Wirtschaftsrecht*, 166, 2002

ULMER, PETER – Haftungsfreistellung bis zur Grenze grober Fahrlässigkeit bei unternehmerischen Fehlentscheidungen von Vorstand und Aufsichtsrat?: Kritische Bemerkungen zur geplanten Kodifizierung der business judgment rule im UMAG-Entwurf (§ 93 Abs. 1 Satz 2 AktG), *Der Betrieb*, 57:16, 2004

UNGARI, PAOLO – *Statuti di compagnie e società azionarie italiane (1638-1808): per la storia delle società per azioni in Italia*, Milano: Giuffrè, 1993

UNGARI, PAOLO – *Profilo storico del diritto delle anonime in Italia*, Roma: Bulzoni, 1974

VAGTS, DETLEV F. – Reforming the "modern" corporation: Perspectives from the German, *Harvard Law Review*, 80, 1966

VAN DER BURG, WIBREN – Essentially ambiguous concepts and the Fuller-Hart-Dworkin debate, *Archiv für Rechts-und Sozialphilosophie*, 95:3, 2009

VARELA, JOÃO ANTUNES – Anotação ao acórdão do Tribunal Arbitral de 31 de Março de 1993, *Revista de Legislação e de Jurisprudência*, 126, 1994

VARELA, JOÃO ANTUNES – *Das obrigações em geral*, 1, 10.ª ed., Coimbra: Almedina, 2000

VASCONCELOS, PEDRO LEITÃO PAIS DE – *A autorização*, Coimbra: Coimbra Editora, 2012

VASCONCELOS, PEDRO LEITÃO PAIS DE – *A procuração irrevogável*, Coimbra: Almedina, 2002

VASCONCELOS, PEDRO PAIS DE – *Business judgment rule*, deveres de cuidado e de lealdade, ilicitude e culpa e o artigo 64.º do Código das Sociedades Comerciais, *Direito das Sociedades em Revista*, 1:2, 2009

VASCONCELOS, PEDRO PAIS DE – *Contratos atípicos*, 2.ª ed., Coimbra, Almedina, 2009

ÍNDICE BIBLIOGRÁFICO

Vasconcelos, Pedro Pais de – "Direitos destacáveis – O problema da unidade e pluralidade do direito social como direito subjectivo", in *Direito dos Valores Mobiliários*, 1, Coimbra: Coimbra Editora, 1999

Vasconcelos, Pedro Pais de – *A participação social nas sociedades comerciais*, 2.ª ed., Coimbra: Almedina, 2006

Vasconcelos, Pedro Pais de – Responsabilidade civil dos gestores das sociedades comerciais, *Direito das Sociedades em Revista*, 1:1, 2009

Vasconcelos, Pedro Pais de – *Teoria geral do direito civil*, 7.ª ed., Coimbra: Almedina, 2012

Vasques, José – *Estruturas e conflitos de poderes nas sociedades anónimas*, Coimbra: Coimbra Editora, 2007

Vavasseur, Auguste – *Traité des sociétés civiles et commerciales (avec formules)*, 2, 6.ª ed., Paris: LGDJ, 1910

Vaz, Teresa Anselmo – A responsabilidade do accionista controlador, *O Direito*, 128:3-4, 1996

Veasey, E. Norman – Should corporation law inform aspirations for good corporate governance practices – or vice versa?, *University of Pennsylvania Law Review*, 149, 2001

Veasey, E. Norman – State-federal tension in corporate governance and the professional responsibilities of advisors, *Journal of Corporation Law*, 28, 2003

Veblen, Thorstein – *Absentee ownership: Business enterprise in recent times: The case of America*, New York: B.w.Heubsch, 1923

Veit, Martin e Joachem Wichert – Unternehmerische Mitbestimmung bei europäischen Kapitalgesellschaften mit Verwaltungssitz in Deutschland nach "Überseering" und "Inspire Art", *Die Aktiengesellschaft*, 49:1, 2004

Ventura, Raul – Adaptação do Direito português à 1.ª Directiva do Conselho da CEE sobre Direito das Sociedades, *Documentação e direito comparado*, 2, 1980

Ventura, Raul – *Estudos vários sobre sociedades anónimas: Comentário ao Código das Sociedades Comerciais*, 1 reimp., Coimbra: Almedina, 2003

Ventura, Raul – Grupos de sociedades : Uma introdução comparativa a propósito de um Projecto Preliminar da Directiva da C.E.E. , *Revista da Ordem dos Advogados*, 41, 1981

Ventura, Raul – *Novos estudos sobre sociedades anónimas e sociedades em nome colectivo*, reimp., Coimbra: Almedina, 2003

Ventura, Raul – *Sociedades comerciais: dissolução e liquidação*, 2, Lisboa: Ática, 1960

Ventura, Raul – *Sociedades por quotas: Comentário ao Código das Sociedades Comerciais*, 1, 2.ª ed., 3 reimp., Coimbra: Almedina, 1989

Ventura, Raul – *Sociedades por quotas: Comentário ao Código das Sociedades Comerciais*, 2, 1.ª ed., 2 reimp., Coimbra: Almedina, 1999

DA ADMINISTRAÇÃO À FISCALIZAÇÃO DAS SOCIEDADES

VENTURA, RAUL – *Sociedades por quotas: Comentário ao Código das Sociedades Comerciais*, 3, reimp., Coimbra: Almedina, 1996

VENTURA, RAUL e LUÍS BRITO CORREIA – *Responsabilidade civil dos administradores e directores das sociedades anónimas e dos gerentes das sociedades por quotas: Estudo comparativo dos direitos alemão, francês, italiano e português. Nota explicativa do capítulo II do Decreto-Lei n.º 49381 de 15 de Novembro de 1969*, Separata do Boletim do Ministério da Justiça n.ºs 192, 193, 194 e 195, Lisboa: Ministério da Justiça, 1970

VERRUCOLI, PIERO – "Esperienze comparatistiche in tema di controlli interni ed esterni sulle societá per azioni con particular risguardo ai paesi della CEE", in *Controlli interni ed esterni delle societa per azioni*, Milano: Giuffrè, 1972

VICENTE, DÁRIO MOURA – *Direito comparado*, 1, 2.ª ed., Coimbra: Almedina, 2012

VIGHI, ALBERTO – Notizie storiche sugli amministratori ed i sindaci delle società per azioni anteriori al codice di commercio francese (Contributo alla storia delle società per azioni), *Rivista delle Società*, 14:1, 1969

VISCONTI, GIORGIO MORO – *Il collegio sindacale: funzioni, compensi, e responsabilità dei sindaci delle società di capitali*, 4.ª ed., Roma: Buffetti, 1987

VIVANTE, CESARE – *Trattato di Diritto Commerciale*, 2 – Le società commerciali, 5.ª ed., Milano: Francesco Vallardi, 1923

VOGT, GUSTAV – Zur Theorie der Handelsgesellschaften, insbesondere der Actiengesellschaft, *Zeitschrift für das gesammte Handelsrecht*, 1, 1858

VUILLERMET, G. – *Droit des Sociétés Commerciales: Nouvelle Législation*, Paris: Dunod, 1969

WAGNER, ADOLPH, in HILDEBRAND, BRUNO e JOHANNES CONRAD (eds.) – *Jahrbücher für Nationalökonomie und Statistik*, 21, 1873

WAGNER, WOLFGANG – "Gesellschaftsrecht Deutschland", in COING, HELMUT (ed.) – *Handbuch der Quellen und Literatur der neueren europäischen Privatrechtsgeschichte*, 3.3, München: Beck, 1986

WATSON, ALAN – *Legal transplants: An approach to comparative law*, 2.ª ed., Athens, Ga.: University of Georgia Press, 1993

WATSON, ALAN – *Legal transplants and European private law*, 2000, disponível em <http://www.ejcl.org/ejcl/44/44-2.html>

WEHLER, HANS-ULRICH – *Deutsche Gesellschaftsgeschichte (1700-1990)*, 2, München: Beck, 2008

WEIPERT, O., in GADOW, WILHELM (ed.) – *Aktiengesetz Kommentar*, Berlin: de Gruyter, 1939

WENGLER, FRIEDRICH ALBERT – *Das allgemeine deutsche Handelsgesetzbuch*, Leipzig: Verlag von Bernhard Tauchnitz, 1867

WERDER, AXEL VON, in RINGLEB, HENRIK-MICHAEL, THOMAS KREMER, MARCUS LUTTER e AXEL VON WERDER (eds.) – *Kommentar zum Deutschen Corporate Governance Kodex*, 4.ª ed., München: Beck, 2010

WERNER, WALTER – Corporation Law in Search of Its Future, *Columbia Law Review*, 81, 1981

WIEACKER, FRANZ – "Leistungshandlung und Leistungserfolg im bürgerlichen Schuldrecht", in *Festschrift für Hans Carl Nipperdey zum 70. Geburtstag*, 1, München: Beck, 1965

WIEDEMANN, HERBERT – *Die Unternehmensgruppe im Privatrecht: Methodische und sachliche Probleme des deutschen Konzernrechts*, Tübingen: Mohr, 1988

WIEDEMANN, HERBERT – *Gesellschaftsrecht*, 1, München: Beck, 1980

WIEDEMANN, HERBERT – Grundfragen der Unternehmensverfassung, *Zeitschrift für Unternehmens- und Gesellschaftsrecht*, 4, 1975

WIENER, HEINRICH – *Der Aktiengesetz-Entwurf: Betrachtungen u. Vorschläge*, Leipzig: Veit, 1884

WIESNER, GEORG e ERNST-THOMAS KRAFT – "Organpflichten des Vorstands", in HOFFMANN-BECKING, MICHAEL (ed.) – *Münchener Handbuch des Gesellschaftsrechts*, 4, München: Beck, 2007

WIETHÖLTER, RUDOLF – *Interessen und Organisation der Aktiengesellschaft im amerikanischen und deutschen Recht*, Karlsruhe: Müller, 1961

WILLIAMSON, OLIVER E. – *The economic institutions of capitalism: firms, markets, relational contracting*, New York, London: Free Press, Collier Macmillan, 1985

WILLOWEIT, DIETMAR – "Gewerbeprivileg und "natürliche" Gewerbefreiheit", in SCHERNER, KARL OTTO e DIETMAR WILLOWEIT (eds.) – *Vom Gewerbe zum Unternehmen: Studien zum Recht der gewerblichen Wirtschaft im 18. und 19. Jh.*, Darmstadt Wiss. Buchges., 1982

WINDBICHLER, CHRISTINE – "Prozessspezifika unter besonderer Berücksichtigung des faktischen Konzerns", in HOMMELHOFF, PETER, KLAUS J. HOPT e AXEL V. WERDER (eds.) – *Handbuch Corporate Governance: Leitung und Überwachung börsennotierter Unternehmen in der Rechts- und Wirtschaftspraxis*, Köln, Stutgard: Schmidt, Schäffer-Poeschel, 2003

WINDSCHEID, BERNHARD e THEODOR KIPP – *Lehrbuch des Pandektenrechts*, 1, Frankfurt am Main: Scientia, 1963

WISSMANN, HELLMUT – Das Montan-Mitbestimmungsänderungsgesetz: Neuer Schritt zur Sicherung der Montan-Mitbestimmung, *Neue Juristische Wochenschrift*, 35, 1982

WOLFF, HANS JULIUS – *Organschaft und juristische Person: Untersuchungen zur Rechtstheorie und zum öffentlichen recht*, 2, reimp., Aalen: Scientia, 1968

WORTHINGTON, SARAH – Reforming directors' duties, *Modern Law Review*, 64:3, 2001

WRIGHT, GEORG HENRIK VON – *Norm and action: a logical enquiry*, London: Routledge & Kegan Paul, 1963

DA ADMINISTRAÇÃO À FISCALIZAÇÃO DAS SOCIEDADES

WYMEERSCH, EDDY – "Corporate Governance Regeln in ausgewählten Rechtssystemen", in HOMMELHOFF, PETER, KLAUS J. HOPT e AXEL V. WERDER (eds.) – *Handbuch Corporate Governance: Leitung und Überwachung börsennotierter Unternehmen in der Rechts- und Wirtschaftspraxis*, 2.ª ed., Köln, Stuttgart: Schmidt, Schäffer--Poeschel, 2009

WYMEERSCH, EDDY – The transfer of the company's seat in European company law, *Common Market Law Review*, 40, 2003

XAVIER, VASCO DA GAMA LOBO – *Anulação de deliberação social e deliberações conexas*, reimp., Coimbra: Almedina, 1998

ZAMPERETTI, GIORGIO MARIA – *Il dovere di informazione degli amministratori nella governance della società per azioni*, Milano: Giuffrè, 2005

ZIMMERMANN, FRIEDRICH – Das Gesetz betr. die Commanditgesellschaften auf Actiën und die Actiengesellschaften vom 11. Juhi 1870, *Archiv für Theorie und Praxis des Allgemeinen deutschen Handelsrechts*, 20, 1871

ZÖLLNER, WOLFGANG – Treupflichtgesteuertes Aktienkonzernrecht, *Zeitschrift für das gesammte Handelsrecht und Wirtschaftsrecht*, 162, 1998

ÍNDICE GERAL

Nota prévia e agradecimentos	7
Resumo	9
Abstract	10
Advertências	11
Plano da Tese	13

INTRODUÇÃO

§ 1. A importância e a atualidade do tema	15
§ 2. Plano de exposição e metodologia	20
§ 3. A *ratio* dos mecanismos internos de fiscalização	31
3.1. Considerações gerais	31
3.2. A teoria dos problemas e dos custos de agência	32
A. Considerações gerais	32
B. Os problemas de agência	33
C. Os custos de agência	38
D. A relação dos gestores com a sociedade: o problema de agência dos gestores (*managerial agency problem*)	41
D.1. Questão prévia: a separação entre a propriedade e o controlo	41
D.2. A relação dos gestores com a sociedade: o problema de agência dos gestores (*managerial agency problem*)	51
E. A relação do sócio controlador com a sociedade: o problema de agência do sócio controlador (*controlling shareholder agency problem*) e sua compensação (*o controlling shareholder tradeoff*)	54
E.1. A relação do sócio controlador com a sociedade: o problema de agência do sócio controlador (*controlling shareholder agency problem*)	54

DA ADMINISTRAÇÃO À FISCALIZAÇÃO DAS SOCIEDADES

E.2. O equilíbrio entre os custos e os benefícios decorrentes da existência de um sócio controlador: o *controlling shareholder tradeoff* — 65

3.3. A limitação da teoria da agência face à teoria dos "conselhos amigáveis" — 67

§ 4. A *ratio* da imposição normativa de órgãos com obrigações de vigilância na sociedade anónima — 69

§ 5. Os modelos de governo das sociedades anónimas — 77

CAPÍTULO I – A OBRIGAÇÃO DE VIGILÂNCIA DOS ÓRGÃOS DA SOCIEDADE ANÓNIMA: O MODELO TRADICIONAL PORTUGUÊS ENQUANTO MODELO BASE

SECÇÃO I – INTRODUÇÃO HISTÓRICO-CRÍTICA

§ 6. O *Code de Commerce* como berço do Direito societário continental europeu: o sistema de concessão — 85

§ 7. A fiscalização das sociedades anónimas no sistema de concessão do Código Comercial de Ferreira Borges (1833) — 95

§ 8. A evolução de um sistema de concessão para um sistema normativo na Lei das Sociedades Anonymas (1867): o advento do conselho fiscal — 99

Excurso: a evolução do sistema francês nas décadas de 1850 e 1860 e sua influência na Ley das Sociedades Anonymas de 1867 — 106

§ 9. A fiscalização das sociedades anónimas no Código Comercial de Veiga Beirão (1888) — 109

Excurso: a evolução do sistema italiano e sua influência no Código de Veiga Beirão — 112

§ 10. O Decreto de 14 de janeiro de 1911 e a Lei n.º 1.995, de 17 de maio de 1943: o breve regresso à fiscalização administrativa e os antecedentes dos revisores oficiais de contas — 119

§ 11. A fiscalização das sociedades anónimas no Decreto-Lei n.º 49.381, de 15 de novembro de 1969: a introdução de um sistema híbrido, incluindo o revisor oficial de contas como membro do conselho fiscal — 122

Excurso: o advento e a evolução dos revisores de contas a nível internacional — 125

A. Dos primórdios da contabilidade à revisão de contas no Reino Unido — 125

B. A evolução da revisão de contas nos Estados Unidos — 131

C. A introdução e evolução do *Abschlussprüfer* no sistema alemão — 137

D. A introdução e evolução do *revisore contabile* no sistema italiano — 140

§ 12. A regulação da atividade dos revisores oficiais de contas no Decreto-Lei n.º 1/72 e no Decreto-Lei n.º 519-L2/79: a regulação da profissão e a autonomização do revisor oficial de contas como órgão social — 143

12.1. A regulação da profissão no Decreto-Lei n.º 1/72 — 143

12.2. A autonomização do revisor oficial de contas como órgão social no Decreto-Lei n.º 519-L2/79 — 145

ÍNDICE GERAL

SECÇÃO II – AS OBRIGAÇÕES DE VIGILÂNCIA DO CONSELHO
DE ADMINISTRAÇÃO E DOS SEUS MEMBROS

§ 13. A recondução das obrigações de vigilância do conselho de administração
e dos seus membros às respetivas obrigações de administração 148

§ 14. A obrigação de vigilância dos administradores perante a delegação
de poderes pelo conselho de administração: sentido e alcance do
"encargo especial" previsto no art. 407.º/1 e 2 CSC 164

§ 15. A obrigação de vigilância dos administradores perante a delegação
de poderes pelo conselho de administração: sentido e alcance da "delegação
da gestão corrente" regulada pelo art. 407.º/3 a 8 CSC 176

§ 16. O conteúdo da obrigação de vigilância: considerações gerais 180

§ 17. Os poderes-deveres de obtenção de informação e de inspeção do conselho
de administração e dos seus membros 182

17.1. Os poderes-deveres de obtenção de informação e de inspeção
do conselho de administração e dos seus membros em geral 182

17.2. Os poderes-deveres de obtenção de informação e de inspeção
no contexto dos grupos de sociedades: considerações gerais 187

17.3. Os poderes-deveres de obtenção de informação e de inspeção
do conselho de administração da sociedade-mãe e dos seus membros
nos grupos *de iure* emergentes de contratos de subordinação e de
domínio total 196

17.4. Os poderes-deveres de obtenção de informação e de inspeção
do conselho de administração da sociedade-mãe e dos seus membros
em caso de consolidação de contas 201

17.5. Os poderes-deveres de obtenção de informação e de inspeção
do conselho de administração da sociedade-mãe e dos seus membros
noutros grupos (*de iure* e *de facto*) 209

§ 18. O dever de avaliação pelo conselho de administração e pelos seus membros 214

§ 19. Os poderes-deveres de reação do conselho de administração e dos seus
membros 216

§ 20. A variável intensidade das obrigações de vigilância do conselho
de administração e dos seus membros 227

20.1. A equívoca dicotomia entre vigilância sintética (geral) e vigilância
analítica (específica) perante a delegação da gestão corrente da
sociedade e sua superação 227

20.2. A variável intensidade das obrigações de vigilância do conselho
de administração e dos seus membros: parâmetros gerais e grupos
de casos 233

§ 21. Outros deveres do conselho de administração 239

SECÇÃO III – AS OBRIGAÇÕES DE VIGILÂNCIA DO CONSELHO FISCAL
E DOS SEUS MEMBROS (OU DO FISCAL ÚNICO)

§ 22. Evolução do enquadramento normativo 244

1047

DA ADMINISTRAÇÃO À FISCALIZAÇÃO DAS SOCIEDADES

22.1. Do regime original de 1986 às alterações de 1996 — 245

22.2. As alterações de 1996: a desvalorização do conselho fiscal — 248

22.3. As alterações de 2004 e de 2005: o reforço da fiscalização prospetiva pelo conselho fiscal — 254

22.4. A reforma de 2006: a reação às crises do novo milénio pelo reforço da fiscalização, em transposição da Diretriz 2006/43/CE — 257

22.5. As alterações de 2009: o reforço da prestação de contas em transposição da Diretriz n.º 2006/46/CE — 266

§ 23. Configuração geral: a obrigação de vigilância como conceito-síntese e como conceito determinado pela função (*In- und Zweckbegriff*); a natureza da relação com o conselho de administração; a natureza repressiva (retrospetiva) e preventiva (prospetiva) da vigilância devida; a vigilância do mérito da administração — 273

§ 24. Os poderes-deveres de obtenção de informação e de inspeção do conselho fiscal e dos seus membros — 281

24.1. Os poderes-deveres de obtenção de informação e de inspeção do conselho fiscal e dos seus membros em geral — 281

24.2. Os poderes-deveres de obtenção de informação e de inspeção do conselho fiscal e dos seus membros no contexto dos grupos de sociedades: considerações gerais — 290

24.3. Os poderes-deveres de obtenção de informação e de inspeção do conselho fiscal da sociedade-mãe e dos seus membros em grupos *de iure* emergentes de contratos de subordinação e de domínio total — 291

24.4. Os poderes-deveres de obtenção de informação e de inspeção do conselho fiscal da sociedade-mãe e dos seus membros em caso de consolidação de contas — 294

24.5. Os poderes-deveres de informação e inspeção do conselho fiscal da sociedade-mãe e dos seus membros noutros grupos (*de iure* e *de facto*) — 296

24.6. A problemática do acesso direto à informação (sem intervenção da administração) — 298

24.7. A obtenção de informação pelo conselho fiscal através das comunicações de irregularidades: o enquadramento normativo do *whistleblowing* — 306

§ 25. O dever de avaliação do conselho fiscal e dos seus membros — 315

25.1. O dever de avaliação — 315

25.2. Os critérios de avaliação: licitude, regularidade, economicidade e adequação — 318

A. A licitude — 318

B. A regularidade — 319

C. A economicidade — 323

D. A adequação — 324

§ 26. Os poderes-deveres de reação do conselho fiscal e dos seus membros — 326

ÍNDICE GERAL

26.1. A necessária articulação do conselho fiscal com a assembleia geral
e o problema da dependência face ao acionista controlador   326

26.2. A necessária articulação do conselho fiscal com o conselho de
administração na reação às irregularidades detetadas   331

26.3. Os poderes-deveres de reação dos membros do conselho fiscal a
título individual   333

§ 27. A variável intensidade da obrigação de vigilância do conselho fiscal e
dos seus membros: parâmetros gerais e grupos de casos   336

§ 28. Outros deveres do conselho fiscal e dos seus membros   341

SECÇÃO IV – EM ESPECIAL, AS OBRIGAÇÕES DE VIGILÂNCIA DO CONSELHO
DE ADMINISTRAÇÃO E DO CONSELHO FISCAL PERANTE NEGÓCIOS COM
CONFLITOS DE INTERESSES

§ 29. Enquadramento geral   349

§ 30. Antecedentes normativos do art. 397.º/2 CSC   353

§ 31. Recondução dogmática e escopo da norma do art. 397.º/2 CSC   357

§ 32. Delimitação da previsão normativa do art. 397.º/2 CSC   364

32.1. Extensão da previsão normativa aos casos de dupla representação   367

32.2. Extensão da previsão normativa aos casos de comunhão de
administradores (sem dupla representação)   370

32.3. Extensão da previsão normativa aos negócios celebrados com
membros do conselho fiscal: remissão   372

32.4. A nulidade dos negócios entre a sociedade e o seu acionista
controlador por contrariedade aos bons costumes e por violação
das regras sobre distribuição de bens aos sócios   372

32.5. A aferição da existência de vantagens especiais e da inclusão do
contrato no próprio comércio da sociedade face ao n.º 5 do
art. 397.º CSC   381

SECÇÃO V – A OBRIGAÇÃO DE VIGILÂNCIA DO REVISOR OFICIAL DE CONTAS

§ 33. Evolução do enquadramento normativo   383

33.1. O regime original do Código das Sociedades Comerciais: o revisor
oficial de contas como órgão singular e como membro do conselho
fiscal   384

A. A articulação das funções do revisor oficial de contas como órgão
singular e como membro do conselho fiscal   384

B. A designação do revisor oficial de contas: as dificuldades
na articulação do Código das Sociedades Comerciais com o
regime jurídico específico dos revisores oficiais de contas   388

33.2. As primeiras alterações ao Código das Sociedades Comerciais com
impacto no revisor oficial de contas   389

33.3. A revogação do Decreto-Lei n.º 519-L2/79 pelo Decreto-Lei
n.º 422-A/93: apreciação crítica; a autorregulação e o sistema
de *peer review*   390

DA ADMINISTRAÇÃO À FISCALIZAÇÃO DAS SOCIEDADES

33.4. As alterações verificadas entre 1991 a 2006, relativas à revisão das contas consolidadas, ao processo de elaboração, apresentação e exame das contas, à imputação de um "dever de vigilância" ao revisor oficial de contas e ao reforço da sua independência 396

33.5. A reforma do Código das Sociedades Comerciais de 2006, em transposição da Diretriz 2006/43/CE: o reforço da fiscalização e a articulação do revisor oficial de contas com o conselho fiscal 398

33.6. A alteração do Estatuto da Ordem dos Revisores Oficiais de Contas de 2008 e a criação do Conselho Nacional de Supervisão de Auditoria, em transposição da Diretriz 2006/43/CE: o reforço da independência do revisor oficial de contas 400

§ 34. Configuração geral da obrigação de vigilância do revisor oficial de contas: A dupla função de controlo 402

§ 35. Os poderes-deveres de obtenção de informação e de inspeção do revisor oficial de contas 408

35.1. Os poderes-deveres de obtenção de informação e de inspeção do revisor oficial de contas em geral 408

35.2. Os poderes-deveres de informação do revisor oficial de contas nos grupos de sociedades. A questão da "inteira responsabilidade" do "revisor do grupo" pela certificação legal das contas consolidadas 411

35.3. A delimitação da dimensão passiva dos poderes-deveres de informação e inspeção do revisor oficial de contas 417

§ 36. O dever de avaliação do revisor oficial de contas 419

§ 37. Os poderes-deveres de reação do revisor oficial de contas 422

37.1. A certificação legal de contas 422

37.2. O dever de colaboração com o conselho fiscal 423
A. O dever de comunicação de irregularidades ao conselho fiscal 423
B. O dever de colaboração com o conselho fiscal na articulação das competências cumulativas de fiscalização contabilística 429

37.3. O "dever de vigilância" previsto no art. 420.º-A CSC: os deveres de comunicação ao conselho de administração e à assembleia geral de «factos que revelem graves dificuldades na prossecução do objecto da sociedade» 432

§ 38. Outros deveres do revisor oficial de contas 436

CAPÍTULO II – A OBRIGAÇÃO DE VIGILÂNCIA DOS ÓRGÃOS DA SOCIEDADE ANÓNIMA: O MODELO GERMÂNICO

SECÇÃO I – INTRODUÇÃO HISTÓRICO-CRÍTICA

§ 39. Os antecedentes normativos da Aktiengesetz 1965 e a fiscalização da sociedade por ações 441

39.1. O *Code de Commerce* como berço do *Aktienrecht*: remissão 441

1050

ÍNDICE GERAL

39.2. O contexto alemão no princípio do séc. XIX, as limitações da *Personalgesellschaft*, regulada pelo *ALR* de 1794, e a sujeição da *Aktienverein* a um sistema de outorga (*Oktroisystem*)   443

39.3. A passagem de um sistema de outorga (*Oktroisystem*) a um sistema de concessão (*Konzessionsystem*) na regulação das sociedades de caminhos de ferro pela *EBG* de 1838: a combinação da fiscalização administrativa com deveres de publicação de informação societária; os antecedentes do *Aufsichtsrat*   448

39.4. A instituição de um sistema de concessão (*Konzessionsystem*) de carácter geral pela AktG 1843: a fiscalização administrativa, a regulação da organização interna pelos sócios, o papel do *Aufsichtsrat* na prática e os primórdios da fiscalização contabilística   452

39.5. A unificação do Direito das sociedades anónimas pelo ADHGB de 1861, de acordo com um sistema de concessão (*Konzessionsystem*): a fiscalização administrativa, a regulação da organização interna, a introdução do *Aufsichtsrat* como órgão típico facultativo   456

39.6. A substituição do sistema de concessão (*Konzessionssystem*) por um sistema normativo (*Normativsystem*) através da primeira alteração ao ADHGB de 1870: a correção dos abusos económico-privados pelas forças de mercado e a consequente substituição da fiscalização administrativa pela regulação da constituição, organização, administração e fiscalização da sociedade; o *Aufsichtsrat* como órgão imperativo   463

39.7. O nascimento do "moderno" *Aktienrecht* com a segunda alteração ao ADHGB de 1884: o reforço dos deveres de informação, o reforço da *Selbsthilfe* orgânica através da reestruturação do *Aufsichtsrat*, e a promoção de opções de *Selbsthilfe* a exercer coletivamente pelos acionistas   474

39.8. A fiscalização no contexto do HGB de 1897: a fiscalização inicial por *Revisoren*, a fiscalização orgânica pelo *Aufsichtsrat* e a fiscalização contabilística facultativa por *Revisoren*; a pretensão do Estado de intervenção nas sociedades anónimas   479

39.9. A discussão e a evolução jus-societária na República de Weimar: o pensamento da "*Unternehmen an sich*", a proteção das sociedades contra aquisições estrangeiras e a revisão dos mecanismos de fiscalização   484

39.10. Os projetos de reforma de 1930 e 1931 e o decreto de emergência de 1931: o equilíbrio entre a autonomia da administração e os direitos de informação dos acionistas, a prestação de contas, a fiscalização pelo *Aufsichtsrat* e a imperatividade da fiscalização contabilística por um *unabhängige Bilanzprüfer*, o desenvolvimento dos grupos de sociedades e a questão da sua fiscalização   488

DA ADMINISTRAÇÃO À FISCALIZAÇÃO DAS SOCIEDADES

39.11. A AktG 1937: o *Führerprinzip*, o novo equilíbrio interorgânico e os seus reflexos ao nível da fiscalização das sociedades por ações ... 494

39.12. O movimento de reforma pós II Guerra Mundial e os propósitos da AktG 1965 ... 501

§ 40. A direção e a vigilância da sociedade por ações na AktG 1965 ... 503

40.1. A direção da sociedade pelo *Vorstand* ... 504

40.2. A vigilância da gestão pelo *Aufsichtsrat* ... 508

40.3. O *Abschlussprüfer* enquanto responsável pela certificação de contas e enquanto órgão auxiliar do *Aufsichtsrat*: remissão ... 514

§ 41. A expansão do modelo germânico e a sua receção em Portugal: a intermediação do Direito francês e da proposta de 5.ª Diretriz ... 514

§ 42. A configuração do modelo germânico no Código das Sociedades Comerciais entre 1986 e 2006 ... 519

42.1. Evolução do enquadramento normativo da direção ... 520

42.2. Evolução do enquadramento normativo do conselho geral ... 525

42.3. Evolução do enquadramento normativo do revisor oficial de contas ... 527

§ 43. A reforma do modelo germânico em 2006: apreciação crítica da multiplicação de modelos e submodelos de governo e do afastamento do modelo germânico face ao seu sistema de origem ... 530

SECÇÃO II – AS OBRIGAÇÕES DE VIGILÂNCIA DO CONSELHO DE ADMINISTRAÇÃO EXECUTIVO E DOS SEUS MEMBROS

§ 44. As obrigações de vigilância do conselho de administração executivo e dos seus membros, de acordo com o Código das Sociedades Comerciais: remissão ... 536

SECÇÃO III – AS OBRIGAÇÕES DE VIGILÂNCIA DO CONSELHO GERAL E DE SUPERVISÃO E DOS SEUS MEMBROS

§ 45. As obrigações de vigilância do conselho geral e de supervisão e dos seus membros face ao Código das Sociedades Comerciais: configuração geral ... 539

§ 46. Os poderes-deveres de obtenção de informação e de inspeção do conselho geral e de supervisão ... 545

§ 47. O dever de avaliação do conselho geral e de supervisão e dos seus membros: remissão ... 555

§ 48. Os poderes-deveres de reação do conselho geral e de supervisão e dos seus membros ... 557

§ 49. Em particular: a sujeição de determinadas categorias de atos a prévio consentimento do conselho geral e de supervisão (art. 442.º/1 CSC) ... 562

§ 50. A variável intensidade da obrigação de vigilância do conselho geral e de supervisão: parâmetros gerais e grupos de casos: remissão ... 568

§ 51. Outros deveres do conselho geral e de supervisão e dos seus membros ... 568

ÍNDICE GERAL

SECÇÃO IV – EM ESPECIAL, AS OBRIGAÇÕES DE VIGILÂNCIA DO CONSELHO
DE ADMINISTRAÇÃO EXECUTIVO E DO CONSELHO GERAL E DE SUPERVISÃO
PERANTE NEGÓCIOS COM CONFLITOS DE INTERESSES

§ 52. Em especial, as obrigações de vigilância do conselho de administração
executivo e do conselho geral e de supervisão perante negócios com
conflitos de interesses 574

SECÇÃO V – A OBRIGAÇÃO DE VIGILÂNCIA DO REVISOR OFICIAL DE CONTAS

§ 53. A obrigação de vigilância do revisor oficial de contas face ao Código das
Sociedades Comerciais e ao regime jurídico dos revisores oficiais de
contas: remissão 580

CAPÍTULO III – A OBRIGAÇÃO DE VIGILÂNCIA DOS ÓRGÃOS DA SOCIEDADE ANÓNIMA: O MODELO ANGLO-SAXÓNICO

SECÇÃO I – ENQUADRAMENTO

§ 54. Considerações gerais 581
§ 55. O advento da comissão de auditoria no espaço norte-americano 582
    55.1. Enquadramento no Direito das sociedades norte-americano 582
    55.2. Do *advisory* ao *monitoring board* 588
    55.3. A crescente importância dos administradores independentes no
    funcionamento do *board of directors* 597
    55.4. O advento do *audit committee* 603
    55.5. A crítica ao *monitoring model* e ao papel normativamente atribuído
    aos administradores independentes 612
§ 56. A introdução da comissão de auditoria em Inglaterra 615
    56.1. Enquadramento no Direito das sociedades inglês 615
    56.2. A estrutura, a composição e a função do conselho de administração 626
    56.3. O papel dos administradores não-executivos e, em particular, dos
    administradores independentes na vigilância da administração 635
    56.4. A introdução do *audit committee* 643
    56.5. Análise crítica do papel do *audit committee* 648
§ 57. A comissão de auditoria no Direito europeu 649

SECÇÃO II – A INTRODUÇÃO DO MODELO ANGLO-SAXÓNICO E AS
OBRIGAÇÕES DE VIGILÂNCIA DA COMISSÃO DE AUDITORIA E DOS SEUS
MEMBROS

§ 58. A introdução do modelo anglo-saxónico no Código das Sociedades
Comerciais em 2006: apreciação crítica face aos "sistemas de origem"
e negação do "transplante" 658
§ 59. A composição da comissão de auditoria: o conceito de "administrador
não-executivo" face ao art. 423.º-B/3 668

DA ADMINISTRAÇÃO À FISCALIZAÇÃO DAS SOCIEDADES

§ 60. As obrigações de vigilância da comissão de auditoria e dos seus membros:
remissão   673

CAPÍTULO IV – A CONSTRUÇÃO UNITÁRIA DA OBRIGAÇÃO DE VIGILÂNCIA DOS ÓRGÃOS DA SOCIEDADE ANÓNIMA

§ 61. Delimitação do conceito de órgão social   673
§ 62. O conteúdo da obrigação de vigilância   703

   62.1. As normas de competência societária e o seu modo deôntico:
o fundamento normativo da obrigação de vigilância   703

   62.2. A obrigação de vigilância como obrigação de meios ou como
obrigação de resultado: a importância da classificação na compreensão
do seu conteúdo e na delimitação da conduta devida   713

   62.3. A obrigação de vigilância como obrigação indeterminada e a sua
determinação no caso concreto, em função do padrão de diligência
normativa   722

   62.4. O interesse da sociedade como resultado definidor da prestação
de vigilância   733

     A. A determinação do interesse da sociedade enquanto resultado
definidor da prestação de vigilância   733

     B. A heterodelimitação do interesse da sociedade perante o seu
dever de lealdade e perante as instruções recebidas nos termos
do art. 503.º/2   751

     C. A contraposição da racionalidade finalística ao funcionalismo
jurídico   760

   62.5. O sentido dos "deveres de cuidado" referidos no art. 64.º/1, *a*) e 2 CSC
face à obrigação de vigilância   763

   62.6. A estrutura da obrigação de vigilância: poderes-deveres de informação
e inspeção, dever de avaliação e poderes-deveres de reação   771

   62.7. A variável intensidade da obrigação de vigilância no confronto com o
princípio jus-societário da confiança dos órgãos sociais na informação
recebida: a questão da *reliance*   779

§ 63. A discricionariedade dos órgãos sociais perante normas de conduta com
alternativas de ação   802

§ 64. A discricionariedade dos órgãos sociais, a *business judgment rule* e o papel
do art. 72.º/2 CSC na densificação da obrigação de vigilância   821

   64.1. A *business judgment rule* nos Estados Unidos da América   822

     A. Origem e evolução inicial   822

     B. Articulação com o *duty of care*   828

     C. Diferentes perspetivas e apreciação crítica   831

     D. Evolução recente da problemática na articulação com as
cláusulas estatutárias de exculpação e com a ascensão do *duty
of good faith*   841

ÍNDICE GERAL

64.2. A problemática no Reino Unido 853
64.3. A problemática na Alemanha antes e depois da decisão *ARAG/ /Garmenbeck* e da positivação da *business judgment rule* no § 93(1)2 AktG 855
64.4. A problemática em Itália 871
64.5. A problemática em Portugal antes da positivação da *business judgment rule* 876
64.6. A positivação da *business judgment rule* no art. 72.º/2 CSC 883
64.7. Principais orientações doutrinais sobre o art. 72.º/2 CSC 887
64.8. Os elementos da previsão normativa do art. 72.º/2 CSC 904
64.9. Conclusão sobre o sentido do art. 72.º/2 CSC 913
64.10. A aplicação da *business judgment rule* aos órgãos de fiscalização 915
§ 65. A discricionariedade dos órgãos sociais na interpretação de normas jurídicas 921

CONCLUSÕES
§ 66. Conclusões 929

ÍNDICE DE SIGLAS E ABREVIATURAS 941

ÍNDICE DE JURISPRUDÊNCIA 945

ÍNDICE IDEOGRÁFICO 965

ÍNDICE BIBLIOGRÁFICO 977

ÍNDICE GERAL 1045